LES FONDEMENTS DE LA
PSYCHOLOGIE SOCIALE

2e édition

Sous la direction de
Robert J. Vallerand

LES FONDEMENTS DE LA
PSYCHOLOGIE SOCIALE

2e édition

**gaëtan morin
éditeur**

CHENELIÈRE ÉDUCATION

Les fondements de la psychologie sociale – 2e édition

Sous la direction de Robert J. Vallerand

© 2006 **Les Éditions de la Chenelière inc.**
© 1994 gaëtan morin éditeur ltée

Éditeur : Luc Tousignant
Éditeur adjoint : Francis Dugas
Coordination : Lucie Turcotte
Révision linguistique : Sylvain Archambault et Yvan Dupuis
Correction d'épreuves : Nathalie Larose et Isabelle Roy
Conception graphique et infographie : Interscript

**Catalogage avant publication
de Bibliothèque et Archives Canada**

Vedette principale au titre :

Les fondements de la psychologie sociale

2e éd.

Comprend des réf. bibliogr. et un index.

ISBN 2-89105-954-9

1. Psychologie sociale. 2. Relations humaines. 3. Comportement collectif. 4. Groupes sociaux. 5. Perception sociale.
I. Vallerand, Robert J.

HM1033.F65 2005   302   C2005-942202-5

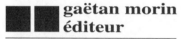

CHENELIÈRE ÉDUCATION

5800, rue Saint-Denis, bureau 900
Montréal (Québec) H2S 3L5 Canada
Téléphone : 514 273-1066
Télécopieur : 514 276-0324 ou 1 800 814-0324
info@cheneliere.ca

ISBN 978-2-89105-954-1

Dépôt légal : 1er trimestre 2006
Bibliothèque nationale du Québec
Bibliothèque et Archives Canada

Imprimé au Canada

8   9   10   11   12   M   22   21   20   19   18

Chenelière Éducation remercie le gouvernement du Québec de l'aide financière qu'il lui a accordée pour l'édition de cet ouvrage par l'intermédiaire du Programme de crédit d'impôt pour l'édition de livres (SODEC).

Ce projet est financé en partie par le gouvernement du Canada

Tableau de la couverture :
L'aube
Œuvre de **Chrystel Robin**

Âgée de moins de 40 ans, Chrystel Robin est déjà une artiste dont les œuvres sont prisées par de nombreux collectionneurs. Née à Paris, elle a beaucoup voyagé dans sa jeunesse et a habité en Afrique durant plusieurs années. Par les sujets qu'elles illustrent et leurs couleurs, ses œuvres, exposées en galerie depuis 10 ans, témoignent de la richesse des influences culturelles qui l'ont nourrie. Animée d'un grand pouvoir créateur et d'une volonté de dépassement, Chrystel Robin signe des œuvres expressionnistes empreintes de mystère que l'on peut admirer chez ARTIS Galerie d'art.

Dédicace

Dans sa chanson *Beautiful Boy*, John Lennon disait : « La vie est ce qui vous arrive pendant que vous faites d'autres plans ». Je tiens ici à remercier les êtres qui me sont chers et qui me permettent à la fois de vivre à fond « d'autres plans », comme ce livre, et de retirer ce qu'il y a de plus beau de la vie en leur compagnie. À Bouchra, ma conjointe ; Mathieu et Georges-Étienne, mes garçons ; André, mon frère, ainsi que sa famille ; mes parents, Diane et Maurice ; et mes deux complices, Jean-Guy et Pierre.

Plus de douze ans se sont déjà écoulés depuis la première édition du présent ouvrage. Le temps passe vite, et la recherche, elle, progresse à un rythme vertigineux. Nous avons donc jugé opportun d'en publier une nouvelle édition. Dire que ce fut une entreprise facile serait mentir, car de nombreux changements se sont produits au cours de ces douze dernières années. Bien que la structure de la discipline soit demeurée sensiblement la même, plusieurs nouveaux paradigmes de recherche sont apparus, de sorte que l'ensemble de la discipline s'est considérablement complexifié. Le rôle des processus implicites (ou inconscients), de la culture et des processus biologiques (hérédité, évolution et neurosciences) dans la prédiction du comportement social a pris une importance considérable au cours des dernières années. En raison précisément de l'explosion des nouvelles connaissances et de l'apparition de nouvelles perspectives d'étude, l'exercice de révision de l'ouvrage fut des plus motivants, et j'ose espérer que l'intérêt et la stimulation intellectuelle que les contributeurs et moi-même avons ressentis au cours de la rédaction des divers chapitres trouveront un écho dans votre lecture.

Lorsque fut publiée la première édition, en 1994, je proposais que l'étude de la psychologie sociale était l'un des secteurs les plus fascinants, les plus importants et les plus complexes de la psychologie. Cette situation est encore plus vraie en 2005. La psychologie sociale est fascinante en soi, car elle porte sur une pléiade de comportements que l'animal social que nous sommes est appelé à émettre quotidiennement. En effet, très peu de comportements ne sont pas influencés d'une façon ou d'une autre par des stimuli sociaux. Qu'il s'agisse de nos perceptions d'autrui, de nos attitudes, de nos relations intimes, ou encore de nos comportements à l'intérieur des groupes, l'influence des autres est prépondérante.

La psychologie sociale est également importante à plusieurs autres égards. Elle met en lumière les processus psychologiques responsables des comportements que nous émettons en contexte social et nous permet, par conséquent, de bâtir l'édifice des connaissances scientifiques à ce sujet. En outre, les théories et connaissances en psychologie sociale sont également importantes pour d'autres secteurs de la psychologie qui visent à mieux cerner l'influence du contexte social sur divers types de comportements. Par exemple, la relation entre un client et un psychothérapeute, à savoir une relation entre deux personnes, est régie par les mêmes règles que toute relation interpersonnelle. Il n'est donc pas étonnant que diverses théories et divers phénomènes issus de la psychologie sociale soient étudiés en psychologie clinique, certes, mais également dans d'autres sphères de la psychologie. Enfin, la psychologie sociale est aussi reconnue comme étant l'un des secteurs les plus propices à l'application parmi les disciplines de la psychologie. Dans cette optique, comme nous le verrons dans cet ouvrage, et plus particulièrement dans le chapitre 14, la psychologie sociale peut s'avérer fort utile pour comprendre et, à l'occasion, résoudre certains problèmes psychologiques et sociaux.

Enfin, la psychologie sociale est également complexe, puisqu'elle a pour objectif d'étudier une multitude de phénomènes différents qui n'ont pour point commun que l'influence d'autrui sur notre comportement. Il n'est donc pas étonnant que la discipline soit organisée autour de thèmes et de théories souvent restreints. Cette complexité est également décuplée du fait de l'explosion des nouvelles connaissances, qui viennent se juxtaposer aux résultats classiques. Une intégration des connaissances classiques et contemporaines est donc vivement souhaitable.

À la lumière des considérations présentées ci-dessus, l'ouvrage est construit autour de trois objectifs. Tout d'abord, il s'agissait de présenter les phénomènes et les théories de base (ou classiques) en psychologie sociale. Puisque ce livre porte sur les fondements de la psychologie sociale, le traitement des principaux éléments de cette discipline s'imposait. Ensuite, il fallait également présenter une vision contemporaine des thèmes les plus fondamentaux en psychologie sociale. Ainsi, outre certains résultats et certaines théories classiques, ce livre comporte des comptes rendus récents des connaissances relatives aux principaux secteurs de la psychologie sociale. Enfin, l'ouvrage devait présenter certaines applications de la psychologie sociale, ainsi que des exemples concrets permettant de mieux comprendre nos comportements quotidiens.

J'aimerais brièvement décrire la structure qui sous-tend l'organisation du livre. On comprendra ainsi plus aisément comment les objectifs visés pourront être atteints. Comme vous l'avez peut-être constaté en jetant un coup d'œil sur la table des matières, le contenu est réparti en cinq parties. Chacune d'entre elles comprend un certain nombre de chapitres faisant le point sur diverses théories et divers phénomènes sociaux. Outre la première partie, qui constitue une introduction à la discipline, les trois parties suivantes traitent de phénomènes sociaux selon les quatre niveaux d'analyse proposés par Breakwell et Rowett (1982). Ces niveaux d'analyse représentent des stades variés allant des phénomènes intrapersonnels aux phénomènes intergroupes. Ainsi, la deuxième partie, « Les cognitions sociales et les attitudes », traite principalement du comportement social étudié à la lumière d'analyses de premier niveau (intrapsychique, par exemple le soi) et de second niveau (interpersonnel, par exemple les perceptions sociales). Dans la troisième partie, « Les communications et les interactions sociales », on traite plus spécifiquement du deuxième niveau d'analyse. Les troisième et quatrième niveaux d'analyse, qui correspondent aux comportements de groupe et aux comportements intergroupes, sont abordés dans la quatrième partie, « Les influences sociales et les relations de groupes ». En somme, les thèmes couverts sont présentés progressivement, à partir du niveau d'analyse intrapersonnel jusqu'au niveau d'analyse intergroupes. Enfin, la dernière partie, qui traite de la psychologie sociale appliquée, complète ce tour d'horizon du champ d'étude de la psychologie sociale.

Par ailleurs, l'ouvrage présente certaines caractéristiques qui en rehaussent l'intérêt et facilitent l'acquisition des connaissances. Premièrement, chaque chapitre débute par une mise en situation concrète permettant de mieux saisir l'essence des éléments qui y sont couverts. Deuxièmement, les termes clés sont imprimés en caractères gras et sont définis dans le glossaire, à la fin du livre. Troisièmement, plusieurs figures et graphiques illustrent clairement les résultats de recherche dont il est question. Quatrièmement, les notions théoriques sont appuyées par plusieurs exemples issus de la vie quotidienne, ce qui permet de mieux saisir leur pertinence. Cinquièmement, des encadrés enrichissent l'ouvrage et mettent en relief divers éléments d'intérêt particulier. Certains d'entre eux traitent d'une théorie importante ; d'autres sont consacrés à un phénomène social intéressant, et parfois étonnant, bien documenté en recherche ; d'autres encore soulignent le rôle de la psychologie sociale dans la compréhension et, parfois, dans la résolution de problèmes sociaux importants. Sixièmement, tous les chapitres se ferment sur un résumé des principaux éléments abordés. Septièmement, à la suite du résumé, on propose une liste d'ouvrages spécialisés permettant au lecteur intéressé d'approfondir ses connaissances sur le sujet couvert dans chaque chapitre. Dans la mesure du possible, on a fourni des titres d'ouvrages en langue française. Enfin, on propose une révision des notions vues dans le chapitre au moyen d'une liste de questions, dont les réponses apparaissent à la fin du livre.

Au-delà du simple fait qu'il est rédigé en français, cet ouvrage propose des objectifs et des moyens pour les atteindre qui, j'ose espérer, sauront apporter une contribution des plus originales en psychologie sociale. En effet, il présente les phénomènes, concepts et théories de base dans ce domaine, intègre les résultats récents présentés dans différentes publications pertinentes et souligne plusieurs des applications de la discipline. Il se veut donc un guide essentiel à tout cours universitaire sur la psychologie sociale, un ouvrage de référence des plus complets pour le chercheur en psychologie sociale, ainsi qu'une lecture tout indiquée pour le lecteur qui s'intéresse aux divers phénomènes que recouvre cette discipline. Bonne lecture !

Robert J. Vallerand, Ph.D.
Montréal,
octobre 2005

Aucune réalisation de l'envergure de celle-ci ne peut être effectuée par une seule personne. En fait, ce projet aurait été inconcevable sans les encouragements, l'aide et la contribution de nombreuses personnes.

Mes remerciements vont donc, dans un premier temps, aux collaborateurs de cet ouvrage, des scientifiques canadiens d'expression française reconnus sur la scène internationale dans le domaine de la psychologie sociale. Non seulement ils ont accepté avec enthousiasme de participer à la préparation du livre, mais ils se sont aussi pliés de bon gré à mes exigences et recommandations quant au contenu qu'il m'apparaissait important d'établir. Je les remercie de leur professionnalisme.

Mes plus sincères remerciements vont aussi à l'équipe de Gaëtan Morin Éditeur, principalement à M. Luc Tousignant, éditeur, et à Mme Lucie Turcotte, chargée de projet, qui a supervisé la révision linguistique du manuscrit. Ils ont su faire preuve du doigté nécessaire pour favoriser l'atteinte des objectifs tout en respectant les délais visés.

Ma gratitude va aussi à Mme Marie-Ève Charbonneau, du Laboratoire de recherche sur le comportement social de l'UQAM, pour son dévouement et son efficacité dans les diverses communications avec les collaborateurs et l'équipe de Gaëtan Morin Éditeur.

Je tiens aussi à souligner la contribution de M. François Labelle, psychologue et dessinateur au Département de psychologie de l'UQAM, qui a conçu une bonne part des figures qui illustrent les chapitres 1, 2, 3, 5, 6, 10 et 13.

Enfin, et surtout, je réserve mes derniers remerciements à ma conjointe, Bouchra, et à mon plus jeune garçon, Mathieu. Ce livre est en quelque sorte le vôtre, car il a été réalisé bien souvent sur nos heures de musique, de cinéma ou de basket-ball.

Michel Alain a obtenu un doctorat (Ph. D.) de l'Université de Waterloo (Ontario) en 1980. Il est professeur titulaire à l'Université du Québec à Trois-Rivières. Ses travaux de recherche et ses publications touchent à la psychologie du témoignage oculaire, à l'expertise psychojuridique, à la psychologie du contrôle et de la résignation acquise, de même qu'au domaine des attributions et du style attributionnel.

Stéphanie Austin Fernet a obtenu un baccalauréat en psychologie de l'Université de Moncton et une maîtrise en épidémiologie de l'Université Laval. Elle est actuellement étudiante au doctorat en psychologie sociale à l'Université Laval. Ses travaux de recherche portent sur les processus individuels et contextuels qui facilitent l'adaptation psychosociale des personnes atteintes d'une maladie chronique comme le diabète ou le cancer du sein. Les déterminants motivationnels d'adoption, de maintien et de changement des comportements de santé, de même que l'amélioration de la qualité de vie des malades sont au cœur de ses préoccupations.

Michel Boivin est professeur de psychologie, titulaire de la Chaire de recherche du Canada sur le développement social de l'enfant et chercheur chevronné des IRSC (2000-2004) à l'École de psychologie de l'Université Laval. Ses travaux de recherche portent principalement sur l'examen des composantes biologiques, psychologiques et sociales du développement de l'enfant. Il est aussi membre du comité exécutif et directeur, pour l'Université Laval, du Groupe de recherche sur l'inadaptation psychosociale à l'enfance (GRIP), un centre de recherche interuniversitaire qui vise la compréhension interdisciplinaire du développement des difficultés d'adaptation sociale chez les jeunes et la découverte des moyens les plus efficaces pour les prévenir.

Richard Y. Bourhis a obtenu un baccalauréat ès sciences (B. Sc.) en psychologie de l'Université McGill et un doctorat en psychologie sociale de l'Université de Bristol en Angleterre. Il a été professeur au Département de psychologie de l'Université McMaster (Ontario), de 1978 à 1988. En 1989, il s'est joint au Département de psychologie de l'Université du Québec à Montréal, où il est professeur titulaire et directeur de la Chaire Concordia-UQAM en études ethniques depuis 1996. Il a été élu Fellow de la Société Canadienne de Psychologie en 1988, et membre de la Society for Experimental Social Psychology en 1991. Richard Y. Bourhis a publié plus de 130 articles et chapitres dans les domaines de la discrimination et des relations intergroupes, de l'acculturation et de l'immigration, de la communication interculturelle et de l'aménagement linguistique.

Richard Clément (Ph. D., University of Western Ontario) est actuellement professeur titulaire de psychologie et titulaire de la Chaire de recherche Bilinguisme et société de l'Université d'Ottawa. Son champ de spécialisation en psychologie sociale comprend les phénomènes de relations et de communication intergroupes, de changement identitaire et d'ajustement social. Ses recherches, publiées tant en anglais qu'en français, ont paru en Amérique et en Europe. Il a été élu Fellow de la Société canadienne de psychologie et de l'American Psychological Association. Il est présentement président élu de l'International Association for Language and Social Psychology.

Lise Dubé a obtenu un doctorat (Ph. D.) en psychologie de l'Université McGill en 1975. Elle enseigne depuis au Département de psychologie de l'Université de Montréal, où elle fut nommée professeure titulaire en 1986. Fellow de la Société canadienne de psychologie, elle a aussi siégé au conseil d'administration de cette société et a été rédactrice associée de *Psychologie canadienne*. En tant que chercheuse, elle s'est surtout intéressée aux relations interpersonnelles et intergroupes, et elle se concentre maintenant sur la quête du bonheur.

Claude Fernet est titulaire d'un baccalauréat de l'Université de Moncton et d'une maîtrise en psychologie de l'Université Laval. Il poursuit actuellement ses études doctorales en psychologie sociale à l'Université Laval. Ses recherches portent sur la motivation humaine dans le domaine du travail. Il s'intéresse particulièrement au développement de l'épuisement professionnel des enseignants, ainsi qu'aux comportements organisationnels et à la mise en place d'interventions visant le maintien et l'amélioration de la santé psychologique des travailleurs.

André Gagnon a achevé ses études de baccalauréat et de maîtrise à l'Université de Montréal, et a obtenu un doctorat (Ph. D.) en psychologie sociale de l'Université du Québec à Montréal en 1994. Il est professeur titulaire à l'Université du Québec en Abitibi-Témiscamingue, où il intervient surtout au premier cycle et à la maîtrise en psychoéducation. Il est membre de la Société canadienne de psychologie et de la Society for Personality and Social Psychology. Il s'intéresse aux relations intergroupes et à l'identité sociale dans des recherches réalisées tant en laboratoire qu'en terrain naturel (par exemple les relations entre autochtones et non-autochtones).

Serge Guimond est professeur à l'Université Blaise Pascal de Clermont-Ferrand et directeur de recherche au sein du Laboratoire CNRS de psychologie sociale et cognitive. Québécois d'origine, il a étudié et enseigné la psychologie sociale dans de nombreuses universités au Québec et au Canada. Il est éditeur associé et membre du comité éditorial de revues scientifiques telles que *Psychologie française*, *Group Processes & Intergroup Relations*, *Social Psychology of Education*, et *European Journal of Social Psychology*. Coauteur, avec Guy Bégin, d'une monographie en langue française, il a publié récemment un ouvrage collectif international intitulé *Social comparison and social psychology*.

Yves Lafrenaye, admirateur de Lewin, s'est toutefois rapidement dissocié des contributions de ce théoricien, qui portaient sur la dynamique de groupe et la recherche-action. À l'encontre de cette approche, alors dominante au Québec, M. Lafrenaye s'est efforcé de promouvoir l'étude expérimentale des phénomènes psychosociaux, et d'affirmer l'héritage « galiléen » de Lewin ainsi que de l'œuvre de ses successeurs (par exemple Festinger, Schachter). Ses champs d'intérêt l'ont amené à étudier les concepts de causalité et d'explication à partir des théories de l'attribution et des attitudes. Ses recherches ont porté sur le changement des attitudes, ainsi que sur l'étude et la mesure de leurs propriétés. Malheureusement, le professeur Lafrenaye est décédé le 13 décembre 2003.

Kimberly A. Noels est professeure de psychologie sociale et culturelle au Département de psychologie de l'Université d'Alberta. Elle s'intéresse principalement à la communication interculturelle, et son programme de recherche porte actuellement sur les relations entre l'apprentissage et l'emploi des langues secondes, l'identité ethnique située, l'adaptation transculturelle, le rôle de la motivation dans l'apprentissage d'une langue seconde, et l'influence des relations interpersonnelles et intergroupes sur le développement et le maintien de la motivation.

Isabelle Ouellet-Morin est étudiante au doctorat en psychologie clinique à l'Université Laval. Elle s'intéresse au rôle de la réactivité au stress dans le développement des troubles affectifs, anxieux et extériorisés. Ses recherches portent actuellement sur l'étiologie génétique et environnementale de la sécrétion cortisolaire durant la petite enfance.

Luc G. Pelletier est professeur titulaire de psychologie à l'Université d'Ottawa. Il a achevé ses études doctorales en psychologie sociale à l'Université du Québec à Montréal en 1989. Ses champs d'intérêt, en recherche, se situent dans les domaines de la motivation humaine et des perceptions sociales. Il s'intéresse plus particulièrement aux mécanismes intrapersonnels et interpersonnels qu'utilisent les gens pour maintenir leur motivation, à la motivation à l'endroit des comportements écologiques ainsi qu'aux mécanismes sous-jacents aux échecs d'autorégulation.

Amélie Petitclerc est étudiante au doctorat en psychologie clinique à l'Université Laval. Ses travaux de recherche portent sur le développement et l'étiologie des conduites antisociales chez l'enfant.

Blanka Rip a obtenu un baccalauréat en psychologie avec une mineure en science politique de l'Université McGill. Elle est actuellement étudiante au doctorat en psychologie sociale à l'Université du Québec à Montréal. En plus de son domaine de spécialisation en psychologie sociale, elle s'intéresse au domaine de la psychologie politique. Ses champs d'intérêt en recherche portent sur la motivation et la passion. Elle s'intéresse notamment à la passion pour les causes (par exemple la souveraineté, l'environnement) telle qu'elle est vécue par les activistes et les militants politiques.

Caroline Senécal a obtenu un doctorat en psychologie de l'Université du Québec à Montréal en 1994. Elle a ensuite fait des études postdoctorales à l'Université McGill. Elle est maintenant professeure titulaire à l'École de psychologie de l'Université Laval. Spécialisée en psychologie de la motivation humaine, elle s'intéresse aux fondements théoriques et pratiques de la motivation. Ses travaux de recherche portent sur les déterminants psychosociaux et les conséquences de la motivation qui expliquent différents problèmes de santé, dont la non-observance du traitement du diabète, l'obésité, l'épuisement professionnel des enseignants et la dépression postnatale.

Robert J. Vallerand a obtenu un doctorat de l'Université de Montréal et réalisé des études postdoctorales en psychologie sociale expérimentale à l'Université de Waterloo (Ontario). Il a enseigné à l'Université de Guelph, puis à l'Université du Québec à Montréal, où il est professeur titulaire en psychologie et directeur du Laboratoire de recherche sur le comportement social. Il fut président de la Société québécoise pour la recherche en psychologie et est président désigné de la Société canadienne de psychologie pour l'année 2005. Il siège également aux comités éditoriaux de plusieurs revues internationales. Le professeur Vallerand a signé plus de 160 publications et 300 communications scientifiques, notamment dans le secteur de la motivation. Ses travaux portent surtout sur l'étude de la motivation intrinsèque et extrinsèque, et sur celle du concept de passion. Il est Fellow de la Société canadienne de psychologie.

TABLE DES MATIÈRES

Avant-propos vii

Remerciements ix

Les auteurs xi

PARTIE I
Introduction à la psychologie sociale

CHAPITRE 1
Une introduction à la psychologie sociale contemporaine 3
Robert J. Vallerand

Mise en situation 4

Introduction 4

L'analyse intuitive
du comportement social 5

La psychologie sociale :
définitions et caractéristiques 7

Définitions 8

Caractéristiques 9

Historique de la psychologie sociale 12

Les influences philosophiques 13

Les débuts de la discipline : de 1897 à 1930 14

Les années 1930 16

Les années 1940 et 1950 16

Les années 1960 et 1970 19

Les années 1980 et 1990 21

Les années 2000 22

Conclusion 24

Les influences théoriques en psychologie sociale 24

La théorie des rôles 27

La théorie du renforcement 28

La théorie cognitive 30

Conclusion 31

La psychologie sociale contemporaine 31

Une science en pleine effervescence 31

De plus en plus internationale 32

Des thèmes diversifiés 32

Les carrières en psychologie sociale 33

Résumé 34

Bibliographie spécialisée 34

Questions de révision 35

Encadré 1.1 Première expérimentation
en psychologie sociale 15

Encadré 1.2 Le père de la psychologie sociale 18

Encadré 1.3 La psychologie sociale
au Canada et au Québec 26

CHAPITRE 2
Les méthodes de recherche en psychologie sociale 37
Robert J. Vallerand

Mise en situation 38

Introduction 38

Les étapes de recherche en psychologie sociale 38

La phase de la formulation des hypothèses 40

Qu'est-ce qu'une hypothèse de recherche ? 40

D'où proviennent les hypothèses de recherche ? 40

Les concepts fondamentaux préalables 41

Les variables dépendantes
et les variables indépendantes 41

Le concept de validité 43

Le concept de fidélité 45

Les devis de recherche 45

Le devis expérimental en laboratoire 45

Le devis expérimental en terrain naturel 48

Le devis quasi expérimental 50

Le devis corrélationnel 52

Les méthodes de recherche non expérimentales 54

Les enquêtes et les entrevues 54

La simulation et le jeu de rôles 57

Les méthodes secondaires 59

La méthode la plus efficace 63

Le choix de la mesure du phénomène étudié 64

Les mesures verbales 65

Les mesures implicites 66

Les mesures physiologiques 66

Les mesures comportementales 67

Les mesures non réactives 68

Quelle mesure devrait-on utiliser ? 68

L'analyse statistique des données 68

Les analyses statistiques traditionnelles 69

Les analyses statistiques sophistiquées 70

L'interprétation des résultats 72

Thèmes particuliers 73

Les biais en recherche 73

Les aspects déontologiques 75

Les valeurs en recherche 77

Résumé 77

Bibliographie spécialisée 79

Questions de révision 79

**Encadré 2.1 Théorie et recherche
en psychologie sociale** 43

Encadré 2.2 L'effet Hawthorne 55

PARTIE II
Les cognitions sociales et les attitudes

CHAPITRE 3
Le soi : déterminants, conséquences et processus 83
Robert J. Vallerand et Blanka Rip

Mise en situation 84

Introduction 84

Qu'est-ce que le soi ? 85

Le soi comme contenu 86

Le concept de soi 86

L'estime de soi 87

Les soi possibles 91

Les schémas sur le soi 91

**Apprendre à se connaître : les déterminants
du soi comme contenu** 93

L'observation de soi-même 93

L'évaluation de soi-même 95

Le contexte social 97

Les sources interpersonnelles 98

Les influences non perçues consciemment . . . 101

La culture 102

Le soi : stabilité et changement 103

Le soi comme processus 105

La conscience de soi : la route permettant
l'accès au soi 105

Les types de conscience de soi 107

Les déterminants de la conscience de soi privée
et publique 107

Les processus du soi 110

Certaines conséquences intrapersonnelles du soi 111

Certaines conséquences d'ordre cognitif 111

La régulation des émotions et de la santé mentale . . . 113

Le soi et la motivation 119

Le soi et la performance 121

Certaines conséquences interpersonnelles du soi 127

La perception des autres 127

Le choix de situations et d'interactions sociales 130

La présentation de soi 132

Résumé 138

Bibliographie spécialisée 139

Questions de révision 139

**Encadré 3.1 La fabrique des bombes humaines :
le rôle de l'identité collective dans le terrorisme** 106

**Encadré 3.2 Les passions de l'âme :
théorie et recherche** 122

CHAPITRE 4
Les perceptions et les cognitions sociales : percevoir les gens qui nous entourent et penser à eux 141
Luc G. Pelletier

Mise en situation 142

Introduction 143

**Les composantes sociales des perceptions et
des cognitions sociales** 144

Est-ce que la perception des objets et la perception des
personnes diffèrent entre elles ? 144

Le traitement de l'information sociale :
un phénomène social 147

**Conclusion : qu'est-ce que l'étude
des perceptions et des cognitions sociales ?** 148

**Les cognitions sociales : des processus par lesquels
nous traitons l'information sur notre monde social** . . 149

Les schémas 149

Les processus de base dans le traitement
de l'information sociale 153

Résumé 157

**L'utilisation de schémas et l'intégration
d'informations multiples sur la cible** 158

L'utilisation d'informations multiples sur la cible . . . 158

Les conditions favorisant l'analyse
d'informations multiples sur la cible 160

Un continuum de processus perceptuels 163

Résumé 165

Quel est le schéma qui sera activé? **165**
Les caractéristiques du contexte 165
Les caractéristiques de la cible 168
Les caractéristiques du percevant 173
Résumé 174

L'utilisation de raccourcis dans les perceptions
  et les cognitions sociales **175**
L'utilisation d'heuristiques mentales 175
L'utilisation de processus automatiques 177
La suppression d'une pensée 178
La vérification confirmatoire des hypothèses 179
Les prophéties qui s'autoréalisent et leurs effets 180

Résumé **184**

Bibliographie spécialisée **185**

Questions de révision **185**

Encadré 4.1 Comment les stéréotypes survivent-ils? . . 152

Encadré 4.2 Vos schémas gardent-ils votre attention? . . 154

Encadré 4.3 Le jugement global d'un individu
  et le rappel des faits justifiant l'évaluation 157

CHAPITRE 5

**Les attributions : déterminants
et conséquences** **187**
Robert J. Vallerand

Mise en situation **188**

Introduction **189**

Qu'est-ce qu'une attribution? **190**
Définition 190
Les types d'attributions 190
Comment mesure-t-on les attributions? 192

Les attributions : qui, quand et pourquoi **193**
Pourquoi faire des attributions? 193
Quand fait-on des attributions? 194
Qui fait des attributions? 195

Les processus menant aux attributions :
  les théories de l'attribution **196**
La théorie naïve de Heider 196
La théorie des inférences correspondantes
  de Jones et Davis 197
La théorie de la perception de soi de Bem 200
Les théories de Kelley 201
Les approches récentes 204

Les biais attributionnels **208**
Les biais dans les attributions des acteurs 208
Les biais dans les attributions des observateurs 211

Les différences entre les attributions émises par
  les acteurs et celles émises par les observateurs 214
Les différences entre les sexes 215
L'effet temporel 216

Les théories attributionnelles :
  l'étude des conséquences des attributions **216**
Les attributions et les émotions 216
Les attributions et la motivation 220
Les attributions et l'adaptation psychologique
  à la suite d'événements négatifs 225
Modifier les attributions 230

Résumé **233**

Bibliographie spécialisée **233**

Questions de révision **234**

Encadré 5.1 Le raisonnement contrefactuel 207

Encadré 5.2 Attributions et relations amoureuses 224

Encadré 5.3 Attributions et santé 230

CHAPITRE 6

Les attitudes **235**
Robert J. Vallerand

Mise en situation **236**

Introduction **236**

Qu'est-ce qu'une attitude? **237**
Définition 237
Les caractéristiques de l'attitude 238
Les modèles de la structure attitudinale 243

Comment mesure-t-on les attitudes? **245**
Les mesures directes de l'attitude 246
Les mesures indirectes de l'attitude 247

À quoi les attitudes servent-elles? **251**
Les fonctions des attitudes 251
Les valeurs 253
Les relations valeurs-attitudes-comportement 255

La formation des attitudes **255**
Les sources affectives 256
Les sources comportementales 258
Les sources cognitives 260
Les sources culturelles 261
Les sources génétiques 261

Conclusion 262

Une analyse du changement d'attitude 263
Les théories relatives à la consistance cognitive 263
La théorie de l'équilibre de Heider 263
La dissonance cognitive 264

La persuasion par le message 271
L'approche fondée sur l'apprentissage du message . . . 271
L'approche fondée sur la réponse cognitive 273
Le modèle de la vraisemblance
de l'élaboration cognitive 275
Que se passe-t-il quand une attitude change ? 278
La résistance à la persuasion . . . . : . . 280

La relation attitude-comportement 282
Les conditions facilitant
le lien attitude-comportement 282
Les modèles théoriques de prédiction
du comportement 285

Résumé 290

Bibliographie spécialisée 290

Questions de révision 290

**Encadré 6.1 Peut-on changer les attitudes de personnes
fortement convaincues ?** 241

**Encadré 6.2 L'effet d'assoupissement :
une augmentation de l'efficacité persuasive
à retardement** 274

**Encadré 6.3 Comment persuader des comités ?
Une application du modèle de la vraisemblance
de l'élaboration cognitive** 279

PARTIE III
La communication et les interactions sociales

CHAPITRE 7
La communication sociale : aspects interpersonnels et intergroupes 295
Richard Clément et Kimberly A. Noels

Mise en situation 296

Introduction 296

Un peu d'histoire 296

Les symboles et la coordination 298

La communication non verbale 299
Les expressions du visage 300
Le regard 302

Le langage du corps 303
Le toucher 306

La communication verbale 308
À propos de la langue 308
Le langage et la communication 311

Les modalités de communication combinées 314
La tromperie 315

Communication et société 317
L'acquisition d'une langue seconde 318
Les codes et leur usage 320
Le langage et l'identité 323

Résumé 325

Bibliographie spécialisée 326

Questions de révision 326

**Encadré 7.1 À propos des théories
de la communication** 297

Encadré 7.2 La langue et la loi 324

CHAPITRE 8
Les relations interpersonnelles 329
Lise Dubé

Mise en situation 330

Introduction 331

La perspective évolutionniste 331
L'évolution et la survie humaine 331
Le besoin d'appartenance 332

La perspective conceptuelle 332
Qu'est-ce qu'une relation interpersonnelle ? 332
Les taxonomies des relations interpersonnelles 334

La perspective historique 335

La perspective théorique 337
L'interdépendance sociale 337
D'autres processus relationnels . . . . : 339

**Le développement des relations :
de l'attirance initiale aux relations intimes** 339
La popularité : les personnes que tout le monde aime . . 340
Les premières rencontres 340
La beauté physique 341
Les relations intimes 344

L'amour 347
Les théories cliniques de l'amour vrai 347
L'amour comparé à l'amitié 348
L'amour-tendresse 348
L'amour-passion 349

Les couleurs de l'amour ou les différentes
façons d'aimer 351

La théorie triangulaire de l'amour :
intimité, passion et engagement 352

L'attachement **354**

L'attachement dans l'enfance 355

L'attachement adulte 356

L'influence des modèles d'attachement adulte dans
différents domaines 358

La constance des modèles d'attachement adulte 359

L'engagement **359**

Le pour et le contre dans la continuation
d'une relation 361

L'investissement dans la relation 361

La motivation à poursuivre la relation 362

**Les conséquences positives des relations
interpersonnelles** **365**

La santé 365

Le bonheur 367

Les côtés sombres des relations **371**

Les autres ne sont pas toujours source de bien-être . . 371

La fin du rêve 372

La violence physique 373

La violence psychologique 374

La solitude : le manque des autres **374**

Qu'est-ce que la solitude ? 374

Pourquoi la solitude ? 376

Résumé **378**

Bibliographie spécialisée **379**

Questions de révision **379**

Encadré 8.1 Le choix d'un partenaire amoureux :
caractéristiques jugées désirables et indésirables . . . 354

Encadré 8.2 L'attachement anxieux dans une relation
amoureuse : les conflits dans la vie au jour le jour des
étudiants en psychologie 360

Encadré 8.3 Processus psychologiques liés
à la satisfaction chez les couples québécois 369

CHAPITRE 9
Une analyse psychosociale de l'agression
. . . . **381**
Michel Boivin, Isabelle Ouellet-Morin et Amélie Petitclerc

Mise en situation **382**

Introduction **382**

Distinctions et définitions **383**

L'agression selon la perspective psychanalytique **384**

L'agression selon la perspective éthologique **385**

Les théories psychosociales de l'agression **386**

L'hypothèse du lien frustration-agression :
la théorie originale 386

Le lien frustration-agression dans
une perspective néoassociationniste 392

L'activation physiologique et l'agression :
la théorie du transfert d'excitation de Zillmann 397

L'agression selon la théorie de l'apprentissage social . . 400

Le processus de coercition familiale
et l'apprentissage des conduites agressives 404

Le traitement cognitif de l'information
sociale propre aux enfants agressifs 405

**Une remise en question de l'apprentissage social
des conduites agressives** **410**

Les conduites agressives sont-elles le fruit
d'un apprentissage ou le résultat
d'un échec de socialisation ? 410

**La violence dans les médias et
les conduites agressives** **413**

Résumé **420**

Bibliographie spécialisée **420**

Questions de révision **421**

Encadré 9.1 Le manifeste de Séville sur la violence . . . **387**

Encadré 9.2 La catharsis de l'agression :
un mythe plutôt qu'une réalité **392**

Encadré 9.3 La violence dans les jeux vidéo **418**

CHAPITRE 10
Le comportement d'aide : perspectives classiques et contemporaines
. . . . **423**
Robert J. Vallerand

Mise en situation **424**

Introduction **424**

Le comportement d'aide : une définition **425**

Les influences situationnelles **425**

Les normes 425

Les modèles et le comportement d'aide 427

Les messages implicites 430

L'effet de la présence des autres sur le comportement
d'aide en situation d'urgence 430

Les influences personnelles **436**

Les facteurs génétiques 436

Le sexe de l'aidant 438

Les facteurs de personnalité 438

Les facteurs émotionnels 440

Le degré de difficulté à sortir de la situation 444

Les influences interpersonnelles **447**

Les caractéristiques perçues de
la personne demandant de l'aide 447

La relation entre l'aidant et l'aidé 448

Les conséquences du comportement d'aide **449**

Les conséquences liées à l'aide apportée 449

Les conséquences liées à la non-adoption
du comportement d'aide 453

Résumé **456**

Bibliographie spécialisée **457**

Questions de révision **457**

Encadré 10.1 L'effet du passant **431**

Encadré 10.2 Les téléthons **441**

Encadré 10.3 Le bénévolat **450**

PARTIE IV
Les influences sociales
et les relations de groupes

CHAPITRE 11
Les influences sociales **461**
Michel Alain

Mise en situation **462**

Introduction **462**

Des concepts liés au conformisme 463

Le conformisme **464**

Pourquoi se conforme-t-on? 465

L'influence de la majorité 468

L'indépendance : l'influence de la minorité 472

L'acquiescement **472**

La présentation de la demande 473

La réciprocité 474

La manipulation 475

La stratégie du pied dans la porte
(*foot-in-the-door*) 475

La stratégie de la porte au nez (*door-in-the-face*) 478

L'amorçage 479

Ce n'est pas tout ! (*That's not all*) 480

Quelques variantes 481

Le jeu de la rareté (*Playing hard to get*) 481

Qui préfère quoi ? Différences individuelles
dans l'utilisation des techniques d'acquiescement . . 482

Le pouvoir social 483

L'obéissance à l'autorité **484**

L'obéissance à l'autorité de Milgram 485

Les variantes du modèle original 486

Résumé **490**

Bibliographie spécialisée **491**

Questions de révision **491**

Encadré 11.1 Le massacre de Jonestown :
une forme ultime d'obéissance **486**

CHAPITRE 12
Les processus de groupe **493**
Serge Guimond

Mise en situation **494**

Introduction **494**

Les différentes approches dans l'étude des groupes
en psychologie sociale **495**

La nature des groupes :
qu'est-ce qu'un groupe social ? **497**

Les différents types de groupes 498

L'entitativité des groupes 500

La formation des groupes :
pourquoi se joint-on à un groupe ? **500**

Le modèle fonctionnaliste :
lorsque le groupe comble nos besoins 500

La cohésion : on se joint aux gens qu'on aime 502

La théorie de l'autocatégorisation :
on aime les gens auxquels on s'est joint 504

Le groupe comme agent de socialisation **505**

La structure des groupes 505

L'influence des groupes au fil du temps 507

La trilogie de Newcomb :
50 ans dans la vie des étudiantes de Bennington . . . 508

L'influence des « cultures » scolaires 510

La théorie de la dominance sociale et
les mécanismes de la socialisation 510

L'orientation à la dominance sociale :
trait de personnalité ou processus de groupe ? 511

Le leadership et l'exercice du pouvoir **516**

Les approches classiques **516**

Les dimensions du leadership et les styles de
commandement **517**

La psychologie sociale de l'influence
et l'étude du leadership **519**

La renaissance de l'intérêt pour le leadership
en psychologie sociale **520**

Le groupe, le leader et la prise de décision **521**

L'efficacité du travail en groupe **522**

La coaction **523**

L'interaction en groupe **523**

L'anticipation de l'interaction en groupe **525**

Des processus de groupe à la création de la culture :
la théorie de l'impact social dynamique **525**

Résumé **527**

Bibliographie spécialisée **528**

Questions de révision **528**

Encadré 12.1 La comparaison sociale
et les processus de groupe **502**

Encadré 12.2 L'efficacité des styles démocratique
et autoritaire à l'école **518**

CHAPITRE 13
Les préjugés, la discrimination et les relations intergroupes **531**
Richard Y. Bourhis et André Gagnon

Mise en situation **532**

La psychologie sociale des relations intergroupes **533**

Les stéréotypes **534**

Les préjugés **544**

La discrimination **548**

Les explications de la discrimination et
des relations intergroupes **559**

Les explications sur le plan intrapersonnel **559**

Les explications sur le plan interpersonnel **563**

Les explications sur le plan intergroupes **564**

Les explications sur le plan idéologique **579**

Comment atténuer la discrimination et
les tensions intergroupes ? **584**

L'information et l'éducation **585**

Les contacts intergroupes **586**

Les approches sociocognitives **588**

Les interventions légales **592**

Conclusion **594**

Résumé **595**

Bibliographie spécialisée **596**

Questions de révision **596**

Encadré 13.1 « Race », racisme et néoracisme **546**

PARTIE V
La psychologie sociale appliquée

CHAPITRE 14
La psychologie sociale appliquée : contributions aux secteurs de la santé, de la justice et du travail **601**
Caroline Senécal, Stéphanie Austin Fernet et Claude Fernet

Mise en situation **602**

Introduction **602**

Qu'est-ce que la psychologie sociale appliquée ? **603**

Historique **603**

Les modèles intégratifs en psychologie
sociale appliquée **603**

La psychologie sociale appliquée au domaine
de la santé **605**

Les facteurs psychosociaux favorisant l'apparition
de la maladie **605**

L'observance du traitement et le maintien
du changement **612**

Les modèles visant à favoriser l'adoption
d'un comportement de santé **612**

La psychologie sociale appliquée au domaine
de la justice **617**

La sélection du jury **617**

Les éléments de preuve **622**

La délibération du jury **625**

La psychologie sociale appliquée
au domaine du travail **632**

La satisfaction au travail **632**

Les déterminants de la satisfaction au travail **633**

Les conséquences de la satisfaction au travail **637**

Le stress et l'adaptation psychologique au travail **639**

Résumé **644**

Bibliographie spécialisée **644**

Questions de révision **645**

Encadré 14.1 Nos croyances religieuses ont-elles
une influence sur notre santé ? **611**

Encadré 14.2 Le syndrome du survivant **636**

**Encadré 14.3 L'épuisement professionnel
des enseignants** 640

Glossaire 647

Corrigé 661

Bibliographie 675

Index des auteurs 725

Index des sujets 737

Partie I

Introduction à la psychologie sociale

CHAPITRE 1   Une introduction à la psychologie sociale contemporaine

CHAPITRE 2   Les méthodes de recherche en psychologie sociale

Une introduction
à la psychologie sociale
contemporaine

**Robert J.
Vallerand**

Laboratoire de recherche
sur le comportement social
Université du Québec
à Montréal

ous fouillez dans vos tiroirs, dans vos vêtements, partout, mais sans succès. Il faut vous rendre à l'évidence : vous êtes fauché ! Que faire ? Il reste encore deux semaines au trimestre et vous devriez non seulement étudier pour les examens, mais aussi vous serrer la ceinture ? Pas question ! Vous décidez d'en parler à votre colocataire, Pascale. « Je suis dans la même situation que toi, dit-elle, et il n'y a qu'une seule solution : faire appel à nos parents ! » Tout de go, elle prend le téléphone et appelle son père. « Allô ! Papa ? C'est Pascale. Tu vas bien ? Oui ? Bon. Moi, ça ne va pas très bien. À vrai dire, je suis un peu coincée. On n'est pas encore arrivé à la fin du mois et je n'ai plus d'argent. Je ne sais plus quoi faire. Et puis, avec tous ces examens, ce n'est vraiment pas facile. Pourrais-tu me passer un peu d'argent pour finir le mois ?... Combien ? Oh ! à peu près 500 $. » Vous entendez soudain le père de Pascale lâcher un cri de douleur qui se rend à vos oreilles à partir du téléphone. Pascale a peine à se retenir. Reprenant son sérieux, elle rassure son père : « Ne t'affole pas, papa. Laisse-moi voir… Si je fais vraiment attention, en me privant de petits "superflus" et en ne faisant pas de folies, je crois que je vais pouvoir m'en sortir avec 200 $. Peux-tu me prêter cette somme-là ? » Le sourire sur le visage de Pascale vous indique immédiatement que son père a acquiescé à sa demande. En raccrochant le combiné, elle vous dit : « Je savais que cette bonne vieille technique consistant à demander le gros lot pour se contenter d'une somme raisonnable fonctionnerait. Bon, bien, tout ça m'a donné faim. Je vais aller me chercher une pizza. Tu viens ? » Vous répondez à Pascale : « Je ne peux pas. » Vous lui dites : « Je dois préparer ma section de l'examen en psychologie de la personnalité. J'ai promis au groupe que je participerais à la rencontre. Chacun est responsable d'une partie de l'examen et je ne voudrais pas les décevoir. De plus, on doit discuter plus tard de l'examen avec une autre équipe et il faut être prêt pour ne pas avoir trop l'air fou ! » « O.K. À tantôt ! » dit-elle avant de disparaître. Après le départ de Pascale, plusieurs questions vous viennent à l'esprit. « Comment a-t-elle réussi ce tour de force avec son père ? Son truc est-il infaillible ? Serais-je capable de l'utiliser avec mes parents ? Pascale agit-elle de la même façon avec ses amis ? Est-elle manipulatrice à ce point ? Hum… Pourtant, c'est mon amie, je la connais bien et ce n'est pas son genre. » Ces questions vous absorbent jusqu'à ce que vous vous rendiez soudainement compte qu'il est 17 h 45. Vous allez tout de suite vous faire plusieurs de ces tartines au beurre d'arachide dont vous raffolez… et vous commencez à préparer votre examen.

INTRODUCTION

Les relations interpersonnelles sont au cœur même de l'existence de l'être humain. Ce dernier est le fruit d'une relation interpersonnelle, il naît et se voit immédiatement plongé dans un réseau de relations, et toute sa vie se déroulera dans un cadre de relations avec autrui. Les gens qui nous entourent jouent donc un rôle de premier plan dans notre existence. Ils influencent nos comportements, nos émotions et nos pensées quotidiennement. Pensez au professeur qui vous stimule en classe et au patron qui vous énerve dans votre travail de fin de semaine. Les autres ont le tour d'influencer nos pensées et nos émotions.

Et à long terme, ils influent sur notre développement personnel (Pasupathi, 2001 ; Reis, Collins & Berscheid, 2000). Par exemple Kasser, Koestner et Lekes (2002) ont observé que les enfants de cinq ans qui avaient des parents contrôlants et restrictifs devenaient des adultes plus dépendants et moins orientés vers la recherche de réalisations personnelles 26 ans plus tard. Vu l'importance des autres dans notre vie, il est tout à fait normal que l'on se questionne sur leurs comportements ainsi que sur l'influence qu'ils peuvent exercer sur nous. Il n'est donc guère surprenant que les émissions de télé-réalité soient actuellement si populaires.

La **psychologie sociale** a pour but de répondre aux questions posées par l'« animal social » que nous sommes. Toutefois, contrairement à monsieur ou madame Tout le Monde qui s'intéresse aux comportements d'autrui d'une manière purement intuitive, la psychologie sociale utilise un cadre scientifique afin de dégager certaines lois générales du comportement social. Le but du présent chapitre est de décrire brièvement les éléments de base de la discipline. Ainsi, nous présentons une définition de la psychologie sociale, ses principales caractéristiques et en donnons un bref historique. Nous présentons également les principales influences théoriques que l'on y retrouve et nous brossons le tableau actuel de la discipline. Toutefois avant d'entreprendre notre description, il y a lieu de nous demander si une analyse scientifique du comportement social est vraiment nécessaire. En effet, des poètes, des écrivains et des dramaturges illustres ont également considéré l'être humain dans son contexte social et en ont proposé certaines conceptions qui semblent très pertinentes. Leurs analyses sont-elles erronées ? Sont-elles incomplètes ? Quel est dès lors l'apport de la psychologie sociale ? Nous nous penchons sur ces questions dans la prochaine section.

L'ANALYSE INTUITIVE DU COMPORTEMENT SOCIAL

Le comportement social a fait l'objet de nombreuses œuvres littéraires, philosophiques et artistiques fort intéressantes. Par exemple, plusieurs siècles avant notre ère, Aristote affirmait que la capacité d'un orateur à convaincre son auditoire dépendait de trois facteurs : la personnalité de l'orateur, l'état d'esprit de l'auditoire (ou de l'interlocuteur) et la nature des arguments présentés. La manière de voir d'Aristote a été remise à l'honneur plus de deux millénaires plus tard par Hovland et ses collègues dans leur étude portant sur la persuasion et le changement d'attitude (voir le chapitre 6). Même si les résultats des travaux de Hovland démontrent que la perspective aristotélicienne est incomplète,

on ne peut pour autant affirmer qu'elle est fausse. La profondeur de l'analyse d'Aristote, surtout eu égard à l'époque où elle a été conduite, commande l'admiration.

Toutes les affirmations ayant rapport avec des attitudes ou des comportements n'ont pas obtenu le même succès. C'est le cas de plusieurs adages ou proverbes que l'on trouve dans notre langage et notre culture. Par exemple, la loi du talion (« Œil pour œil, dent pour dent ») autorise la personne qui a été frappée à se venger. Elle s'oppose directement au précepte qui veut que l'on tende la joue droite quand on a été frappé sur la joue gauche. Qui a raison ? Quel précepte doit prévaloir ? Les deux préceptes ont subi l'épreuve du temps, et il est fort probable qu'ils sont tous deux corrects. Chacun s'applique sans doute dans des situations définies. Mais lesquelles ? La position intuitive ne permet pas de le préciser. Le même problème se présente avec les proverbes « Qui se ressemble s'assemble » et « Les contraires s'attirent ». En tenant compte de ces proverbes, que conseilleriez-vous à une jeune fille éprise de deux garçons dont l'un aurait des caractéristiques semblables aux siennes et l'autre, des caractéristiques différentes des siennes ? Devrait-elle choisir le garçon avec qui elle est liée par de multiples affinités ou celui qui présente des attributs complémentaires aux siens ? Il est impossible de répondre à cette question en se basant uniquement sur la position intuitive (voir le chapitre 8, qui présente une analyse scientifique de l'amour romantique). On peut donc voir que l'approche intuitive ou populaire ne permet pas une analyse fiable du comportement social (voir la figure 1.1).

Poursuivons notre analyse. Considérez les énoncés suivants et indiquez ceux avec lesquels vous êtes en accord.

1. Les meilleures décisions sont celles qui sont longuement mûries ;
2. Il faut être très perfectionniste pour pouvoir atteindre les plus hauts niveaux de rendement ;

3. Pour modifier les comportements des gens à l'égard des membres de minorités ethniques, on doit d'abord les amener à changer leurs attitudes ;

4. Les autres influencent notre santé psychologique, mais non notre santé physique.

Avec combien de ces énoncés êtes-vous d'accord ? Deux, trois ? Peut-être l'êtes-vous avec les quatre. Sans doute direz-vous que ce qui était énoncé était à ce point évident que l'accord était inévitable. En fait, une telle analyse fait problème, car des recherches ont permis d'établir que tous les énoncés présentés ci-dessus sont faux. Ainsi il est démontré :

– que les décisions complexes prises sans de longues délibérations sont plus judicieuses que celles qui sont mûries (Dijksterhuis, 2004) ;

– que les athlètes très perfectionnistes ont souvent un rendement faible (Flett & Hewitt, 2005) ;

– que la meilleure façon de changer les préjugés de certaines personnes est d'établir une interaction positive entre ces dernières et des personnes appartenant à des minorités ethniques (Aronson, 1990 ; Sherif, 1966) ;

– que des interactions sociales de qualité protègent non seulement les gens contre des difficultés psychologiques (Nezlek *et al.*, 2000), *mais* aussi contre des affections physiques comme le rhume (Cohen *et al.*, 2003).

Il semble donc que l'approche intuitive du comportement social est à tout le moins incomplète et parfois erronée. En effet, non seulement une analyse intuitive ne permet pas de déterminer comment il faut agir dans une situation telle que celle où l'on a été frappé à la joue, mais elle fait même naître de fausses croyances relatives aux déterminants du comportement humain. L'analyse intuitive du comportement social mène donc à une impasse. Que faire ?

Un élément important permettant de résorber cette impasse nous est fourni par la psychologie sociale. Celle-ci propose qu'afin d'obtenir une information exacte et utile sur le comportement social on se doit d'utiliser une approche scientifique. En d'autres termes, les psychologues sociaux croient que l'on peut comprendre et expliquer le comportement social dans toute sa complexité dans la mesure où l'on est prêt à l'étudier et à le scruter de façon scientifique.

La psychologie sociale est une discipline relativement nouvelle. En effet, ses débuts remontent à la fin du XIXe siècle, et la majorité des connaissances ont été acquises grâce à des recherches réalisées dans la seconde moitié du XXe siècle. Malgré son jeune âge, la psychologie sociale se révèle une science dynamique qui a déjà su produire un bagage important d'informations relatives à une foule de questions et de thèmes.

Ainsi, retournons à la mise en situation du début du chapitre afin de voir quels types de questions ont été abordées par les psychologues sociaux. Plusieurs

FIGURE 1.1 **Exemple de perception intuitive du comportement social**

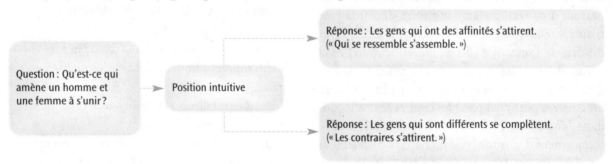

La perception intuitive donne souvent une idée ambiguë ou confuse du comportement social.

questions ou thèmes qui seront abordés dans le présent volume sont illustrés dans cet exemple. En premier lieu, le fait que Pascale réussit à convaincre son père de lui prêter de l'argent est étudié dans le chapitre traitant de l'influence sociale et plus particulièrement de l'acquiescement (chapitre 11). Deuxièmement, dans l'exemple, vous avez deviné que Pascale avait réussi à soutirer l'argent à son père bien avant que celle-ci vous l'annonce. Vous l'avez « lu » sur sa figure. La communication entre les gens par l'expression faciale représente un autre domaine important d'étude, celui de la communication non verbale (chapitre 7). Un troisième thème d'analyse est la cause du succès de Pascale. Le fait de se demander comment elle a pu accomplir ce tour de force représente une attribution, et ce secteur de recherche est toujours très actif en psychologie sociale (chapitre 5). Un quatrième champ de recherche illustré dans l'exemple a trait aux modèles. Le simple fait d'avoir vu Pascale réussir à obtenir de l'argent de son père vous amène à penser que vous pourriez utiliser le même procédé à votre tour. Cette approche sur les modèles a été étudiée surtout dans le cadre de l'agression (chapitre 9) et de l'altruisme (chapitre 10). Un autre élément qui ressort de l'exemple se rapporte à l'influence exercée par un groupe d'appartenance sur nous-mêmes, même en son absence de celui-ci. C'est en effet l'allégeance à votre groupe d'étude qui vous a poussé à demeurer à la maison et à préparer votre partie de l'examen au lieu d'aller manger avec votre amie Pascale. Mais, même le fait de vous priver d'une succulente pizza ne devrait pas trop vous faire souffrir, car vous dites aimer les tartines de beurre d'arachide. Les attitudes des gens envers divers objets (comme les tartines) seront discutées au chapitre 6. L'effet normatif du groupe est une question qui a préoccupé longtemps les psychologues sociaux (voir le chapitre 12). De plus, votre désir soudain de vous faire une opinion de Pascale (« Est-elle manipulatrice à ce point ? ») est étudié en psychologie sociale sous le thème de la formation d'impressions et des perceptions sociales (voir le chapitre 4), même si elle est l'une de vos amies (voir le chapitre 8 sur les relations interpersonnelles). Il semble effectivement

naturel à l'être humain de vouloir comprendre ses semblables, ses amis même, et de se faire une opinion d'eux. Il en va de même en ce qui nous concerne nous-même. Ainsi, le fait de vous demander si vous êtes capable d'adopter un comportement donné (« Serais-je capable d'utiliser ce truc avec mes parents ? ») touche l'étude du soi (voir le chapitre 3). Enfin, le fait que votre groupe d'étude rencontre une autre équipe relève du domaine des relations intergroupes, dont il sera question au chapitre 13.

Comme nous pouvons le constater, un exemple anodin comme celui qui a été présenté au début du présent chapitre nous laisse voir une foule de thèmes qui, pour la plupaart, sont couverts dans les chapitres de l'ouvrage. Ajoutons que beaucoup d'autres thèmes y seront traités (voir la table des matières). Avant de nous mettre à explorer chacun d'eux, il convient d'abord de comprendre la nature de la psychologie sociale. C'est ce à quoi nous nous attacherons dans les pages qui suivent.

LA PSYCHOLOGIE SOCIALE : DÉFINITIONS ET CARACTÉRISTIQUES

Présenter une définition et les caractéristiques d'un champ d'étude n'est jamais chose facile. Il existe toujours un danger de négliger certains aspects importants et de présenter une vision biaisée de la discipline. Ce danger qui guette la personne qui veut connaître à fond une discipline est plus présent que jamais à l'heure actuelle. En effet, l'explosion des connaissances qui s'est produite au cours des dernières années rend leur synthèse, et donc celle d'une discipline, encore plus périlleuse. Ainsi, pour la seule année 1997, plus de 3,7 millions d'articles scientifiques ont été publiés dans tous les domaines scientifiques (Adair & Vohra, 2003). Les chercheurs en psychologie sociale se révèlent très dynamiques. Au cours des dernières années, de nouveaux thèmes d'étude ont été abordés, de nouvelles revues ont été fondées, à un point tel que la discipline évolue et qu'une analyse du secteur est devenue une entreprise presque téméraire. Malgré les difficultés auxquelles nous risquons de nous heurter, il est nécessaire de définir la psychologie sociale et d'en présenter les caractéristiques essentielles de manière à rendre le lecteur capable d'entrer dans les arcanes de cette science.

Définitions

Nous avons mentionné précédemment que la psychologie sociale consistait dans l'étude scientifique du comportement social. Plusieurs définitions de la psychologie sociale ont été proposées. La définition la plus populaire est celle qu'a fournie Gordon Allport (1968). Ce dernier suggère que « la psychologie sociale consiste à essayer de comprendre et d'expliquer comment les pensées, les sentiments et les comportements des individus sont influencés par la présence imaginaire, implicite ou explicite des autres ».

Cette définition est importante pour trois raisons. Premièrement, elle indique clairement que la psychologie sociale s'intéresse au comportement social de l'individu et non à celui de groupes, de collectivités ou de nations. Cette position correspond à la perspective proposée en 1924 par Floyd Allport, le frère de Gordon, et situe clairement le champ d'étude de la psychologie sociale dans la perspective psychologique, et non sociologique.

Deuxièmement, la psychologie sociale s'intéresse autant aux pensées et sentiments de la personne qu'à son comportement. Donc, les émotions, attitudes, attributions et autres phénomènes émotifs ou cognitifs se révèlent d'un très grand intérêt pour le psychologue social. Il serait beaucoup trop limitatif de se restreindre à l'étude du seul comportement. Notons, par contre, que les psychologues sociaux utilisent couramment l'expression « comportement social » pour désigner l'ensemble des pensées, sentiments et comportements de la personne. Nous n'échapperons pas à cette pratique dans ce volume.

Enfin, la définition d'Allport souligne aussi le fait que les gens qui nous entourent peuvent nous influencer de maintes façons, soit par leur présence directe, soit par leur présence implicite (on croit qu'une personne nous observe, par exemple) ou encore de façon imaginaire. Donc, une personne seule dans une pièce peut très bien agir en fonction de règles sociales intériorisées. Son comportement est par conséquent fondamentalement social.

Il nous paraît toutefois important de développer la définition précédente en y ajoutant certains éléments. Un premier élément est constitué par les caractéristiques d'autrui. En effet, nous réagissons souvent aux caractéristiques des autres, et non uniquement à leurs comportements. Au volant de votre voiture, réagissez-vous de la même façon lorsque la voiture à côté de la vôtre est conduite par une jolie personne ou par un policier ? La race, l'âge et l'apparence physique sont d'autres facteurs qui doivent être pris en compte dans l'étude du comportement social. Les caractéristiques des autres influent sur notre comportement à l'égard d'autrui même s'il nous est explicitement demandé de ne pas en tenir compte (voir Hassin & Trope, 2000).

Les stimuli sociaux constituent le deuxième élément. Ils correspondent notamment à des objets et à des lieux de notre environnement qui sont susceptibles d'influer sur notre comportement social. Par exemple, vous êtes en train de fouiller dans vos vieilles affaires et vous mettez soudainement la main sur un objet qui appartenait à votre ex-conjoint, ou ex-conjointe. Que ressentez-vous ? À quoi pensez-vous ? Que faites-vous ? Il est probable que quantité de souvenirs reviendront. À ceux-ci sont sans doute associés de l'amertume, du chagrin ou de la joie. Il se peut également que vous oubliiez un moment ce que vous cherchiez dans vos affaires. Votre comportement ainsi que vos pensées et vos sentiments sont donc influencés par un objet en l'absence de toute autre personne dans la pièce.

Parfois, les stimuli sociaux sont plus éloignés du contexte social. Par exemple, les panneaux publicitaires, que l'on trouve un peu partout, influent souvent sur nos comportements. Ainsi, c'est un panneau publicitaire installé près du pont Jacques-Cartier à Montréal qui a lancé la carrière de la chanteuse Marie-Chantal Toupin. Enfin, les caractères de l'habitat (par exemple la grandeur et la distribution des pièces de la maison) ont aussi un effet sur nos comportements sociaux. À cet égard, des recherches démontrent que la chaleur favorise le comportement agressif (Anderson *et al.*, 2000).

Enfin, un dernier élément à prendre en considération dans la définition de la psychologie sociale est constitué par les composantes psychologiques personnelles de l'individu. Cet élément réfère au fait que l'individu lui-même peut être la seule cause efficiente de son comportement envers les autres (Snyder & Cantor, 1998). Deux types de variables peuvent être incluses dans cette catégorie. La première a trait aux pensées, aux croyances, aux stéréotypes et aux souvenirs (le rôle de la mémoire est très étudié en psychologie sociale) relatifs aux personnes qui nous entourent. Cela a rapport à ce qu'on désigne sous le nom de « cognitions sociales ». Par exemple, le fait de penser à la querelle que vous avez eue avec un de vos amis peut vous amener à être agressif envers un passant qui vous demande un renseignement.

La seconde variable psychologique personnelle correspond aux différences individuelles relativement stables qu'une personne peut posséder, tant en ce qui concerne sa personnalité que des aspects biologiques. Vous direz sans doute qu'il est alors question de psychologie de la personnalité et non de psychologie sociale. Et dans un certain sens vous aurez raison. Par contre, il faut bien comprendre que le psychologue social s'intéresse toujours au comportement social alors que ce n'est pas toujours le cas du chercheur ou du théoricien de la personnalité. De plus, le psychologue social n'a pas vraiment pour rôle d'étudier les variables de la personnalité qui permettent de prédire le comportement social dans toutes les situations, ce qui arrive plutôt rarement de toute façon (Mischel, 2004). Il cherche plutôt à déterminer comment les variables individuelles interagissent avec la situation pour produire un comportement donné. Par exemple, on considère que les enfants qui ont grandi dans un milieu familial sévère et rigide ont tendance à voir leurs

fonctions endocrinienne et cardiovasculaire devenir anormalement actives chaque fois qu'ils subissent un stress, ce qui a pour effet de favoriser à long terme l'apparition de troubles physiques et mentaux (Taylor *et al.*, 2004). On peut ainsi noter l'interaction étroite qui existe entre l'environnement social et le biologique. Nous aurons plusieurs fois l'occasion de revenir là-dessus.

En nous appuyant sur la définition donnée par Allport (1968) et sur les divers éléments décrits plus haut, nous sommes maintenant en mesure de fournir une définition de la psychologie sociale qui tient compte des diverses dimensions qu'elle comporte :

> La psychologie sociale est le domaine d'étude scientifique qui analyse la façon par laquelle nos pensées, sentiments et comportements sont influencés par la présence imaginaire, implicite ou explicite des autres, par leurs caractéristiques et par les divers stimuli sociaux qui nous entourent, et qui de plus examine comment nos propres composantes psychologiques et biologiques personnelles influent sur notre comportement social.

En somme, la psychologie sociale s'intéresse en tant que science à une foule de sujets qui ont rapport avec le comportement de l'être humain dans son milieu social. Maintenant que nous avons une meilleure idée de ce qu'est la psychologie sociale, nous sommes en mesure de dégager ses principales caractéristiques.

Caractéristiques

À la suite de ce bref défrichage, cinq caractéristiques de la psychologie sociale peuvent être relevées.

La psychologie sociale est une science. Cette caractéristique fait parfois sourire certaines gens. Comment une discipline qui étudie des phénomènes comme l'altruisme, les relations amoureuses ou l'agression peut-elle être une science au même titre que la chimie, la biologie ou la physiologie ? La réponse à cette question dépend de la manière dont on définit la science. Celle-ci implique l'utilisation de techniques et de méthodes reconnues servant à l'étude objective d'une catégorie définie de phénomènes. Dans la mesure où une discipline recourt à ces dernières, elle peut être considérée comme une science. C'est le cas de la psychologie sociale où l'utilisation de méthodologies scientifiques est de rigueur. En fait, la psychologie sociale est reconnue dans les sciences sociales à la fois pour sa rigueur scientifique et pour sa créativité (voir le chapitre 2 pour un aperçu de l'approche méthodologique en psychologie sociale). Par conséquent, même si les thèmes étudiés en psychologie sociale sont différents de ceux des sciences traditionnelles, son approche n'est pas pour autant moins scientifique.

La psychologie sociale a pour but de comprendre les causes du comportement social. Les psychologues sociaux croient que les connaissances résultant de la recherche permettront de prédire celui-ci et de résoudre certains problèmes sociaux importants. Ces deux objectifs renvoient respectivement aux aspects fondamentaux et appliqués de la psychologie sociale. Même si nous privilégierons l'aspect fondamental dans le présent ouvrage, l'aspect appliqué ne sera cependant pas négligé (voir le chapitre 14). Comme nous l'avons déjà mentionné, les phénomènes étudiés en psychologie sociale sont fort nombreux. Les causes du comportement social sont donc forcément multiples. Les connaissances acquises en psychologie sociale sont pour ainsi dire innombrables, et nous verrons en quoi elles consistent dans les différents chapitres de ce volume.

La psychologie sociale s'intéresse au comportement de l'individu en contexte social. La psychologie sociale, surtout à ses débuts, a hésité un certain temps avant de décider de son point d'intérêt. Devrait-on étudier la personne ou le groupe ? Floyd Allport (1924) a définitivement orienté la psychologie sociale vers l'étude de la personne, et non des groupes, par la position prise dans son volume. À cet effet, Allport mentionnait :

Il n'y a pas de psychologie des groupes qui ne soit essentiellement et entièrement une psychologie des individus [...]. Lorsque nous disons que la foule est excitée, impulsive et irrationnelle, nous voulons dire que les individus qui s'y retrouvent sont excités, impulsifs et irrationnels. (Traduction libre, p. 4 et 5.)

Les idées de Floyd Allport se sont peu à peu répandues, si bien que de nos jours, la psychologie sociale s'intéresse au comportement de la personne influencé par le contexte social, que celle-ci soit seule ou en groupe. Car les groupes intéressent le psychologue social. Comme nous le verrons dans les chapitres 12 et 13, le groupe constitue un objet d'étude important en psychologie sociale.

La psychologie sociale vise un cadre intégratif modéré. La psychologie sociale entretient des liens plus ou moins étroits avec plusieurs disciplines, notamment la sociologie et la psychologie en général. Pour mieux comprendre la psychologie sociale et sa vision, il est important de connaître les éléments d'analyse de ces dernières disciplines. La sociologie consiste en l'étude scientifique de la société humaine. Ses domaines d'étude incluent les institutions sociales (par exemple la famille, la religion, la politique), la stratification à l'intérieur de la société (classe économique, race et ethnie), les processus sociaux (socialisation, interaction et contrôle social) et la structure d'unités sociales (groupes, organisations et bureaucraties) (Burr, 2002 ; Michener, DeLamater & Myers, 2004). Par contre, la psychologie étudie l'individu et son comportement, qui peut être social, mais pas nécessairement. La psychologie a des sujets d'étude tels que l'apprentissage humain et animal, la perception, l'intelligence, la motivation et les émotions, et inclut la psychologie clinique et de la personnalité.

Puisque la psychologie sociale analyse le comportement de la personne en contexte social, elle permet donc de faire le pont entre les disciplines de la psychologie et de la sociologie. À ce titre, elle est souvent vue comme un domaine interdisciplinaire. En fait, la psychologie sociale est étudiée selon des perspectives psychologique et sociologique. Il existe donc deux types de psychologie sociale, soit la psychologie sociale sociologique et la psychologie sociale « psychologique ». La première des deux approches encourage surtout l'utilisation d'enquêtes et d'observations systématiques, et s'intéresse aux liens entre les individus et les groupes auxquels ils appartiennent. Elle se penchera alors sur des thèmes tels que la socialisation, la déviance sociale et le recrutement des membres dans des groupes. Le terme « psychosociologie », souvent utilisé dans les écrits européens, correspond surtout à ce premier type de psychologie sociale. Bien que la psychologie sociale psychologique utilise une foule de méthodes de recherche, comme nous le verrons au chapitre 2, elle favorise particulièrement l'utilisation de la méthode expérimentale en laboratoire et, comme il a été indiqué précédemment, elle s'intéresse au comportement individuel influencé par le contexte social. Le soi (voir le chapitre 3), les attitudes (voir le chapitre 6), la perception sociale (voir le chapitre 4), les attributions (voir le chapitre 5) et l'altruisme (voir le chapitre 10) sont les principaux thèmes étudiés. C'est à la psychologie sociale psychologique que cet ouvrage est consacré. Le lecteur désireux de mieux saisir les rapprochements entre les deux types de psychologie sociale saura puiser dans Stephan, Stephan et Pettigrew (1991) et dans Michener et ses collègues (2004) plusieurs éléments intéressants.

Après avoir situé la psychologie sociale (psychologique) entre la psychologie et la sociologie, il serait peut-être intéressant de la présenter dans un cadre plus large en la comparant avec les autres sciences. Une unité de comparaison utile consiste dans le continuum « réductionnisme-intégration » pour l'explication des phénomènes. Une explication réductionniste met l'accent sur des éléments moléculaires (tels des cellules ou des atomes), alors qu'une position intégrative propose des mécanismes d'ordre beaucoup plus grand (telles des influences sociétales ou même planétaires). La figure 1.2 présente une telle comparaison entre diverses sciences. On peut noter que le continuum réductionnisme-intégration

s'étend de la physique à la théologie. La psychologie sociale, quant à elle, se situe en plein centre d'un tel continuum. Les mécanismes explicatifs proposés par la psychologie sociale se situent donc dans une sphère plus réduite que ceux proposés en sciences politiques, mais dans une sphère plus molaire ou intégrative que ceux proposés en biologie. Nous croyons que l'utilisation d'un niveau modéré d'intégration procure l'avantage d'explications empiriquement vérifiables pouvant mener à l'accumulation de connaissances sur le comportement social et pouvant avoir des incidences importantes pour notre société.

La psychologie sociale offre un cadre d'analyse varié. Puisque le comportement social étudié est varié et, par conséquent, que les causes de ce comportement sont diverses, il est entendu que différents niveaux d'analyse seront empruntés en psychologie sociale. Certains auteurs (par exemple Breakwell & Rowett, 1982 ; Doise, 1986) ont offert une analyse de ces différents niveaux. La position proposée par Breakwell et Rowett (1982) présente une vision qui s'apparente beaucoup à la nôtre. Selon ces derniers auteurs, quatre niveaux d'analyse caractérisent le champ d'étude de la psychologie sociale. Le premier niveau d'analyse est le niveau intrapsychique. À ce stade, les théories et les recherches ont pour but de décrire les phénomènes dont les mécanismes résident à l'intérieur d'une seule personne. Ainsi la façon dont les individus organisent leurs perceptions, l'évaluation de leur environnement social et leur comportement dans le cadre d'un tel environnement fait partie de ce premier niveau.

Le deuxième niveau d'analyse s'intéresse aux processus interpersonnels tels qu'ils surviennent dans le cadre d'une situation donnée. En conséquence, l'étude de l'influence du comportement d'une personne sur une autre, comme l'effet d'une récompense matérielle sur la motivation intrinsèque d'un individu (Deci & Ryan, 2000), s'insère dans ce niveau d'analyse. Le rôle des attributions dans la perception d'autrui (par exemple Jones & Davis,

1965 ; Kelley, 1967) fait également partie de ce niveau d'analyse.

Les phénomènes intragroupes, où les phénomènes d'interaction se situent entre un individu et les membres du groupe, constituent le troisième niveau d'analyse. Des phénomènes tels que le fait de se conformer aux pressions des membres du groupe (Martin & Hewstone, 2001) et l'influence que le groupe peut exercer sur la performance individuelle de ses membres (Guerin, 1993) se situent à ce niveau.

Enfin, le quatrième niveau d'analyse consiste dans les situations intergroupes. Dans de telles situations, les psychologues sociaux se penchent sur les comportements des individus en ce qu'ils sont influencés par les relations et interactions entre les groupes. Les situations de compétition et de coopération et leurs influences sur le comportement individuel (par exemple l'étude classique de Sherif *et al.*, 1961), ainsi que les comportements entre individus de différentes cultures, comme les Canadiens anglophones et les Canadiens francophones (Lambert, 1987), font partie de ce quatrième niveau (voir le chapitre 13).

Bien que ces différents niveaux soient présentés de façon linéaire et relativement statique, il semble bon de mentionner que plus d'un niveau peut avoir cours dans une situation donnée. Par exemple, la performance d'un individu peut être diminuée lorsqu'elle est effectuée dans le contexte d'un groupe (niveau 3), ce qui amène cet individu à produire des phénomènes de comparaison sociale (niveau 2) avec certains membres bien précis de ce groupe ou encore à changer sa perception de lui-même en repensant à sa performance (niveau 1). Plusieurs niveaux d'analyse peuvent donc s'imbriquer les uns dans les autres. En conséquence, le fait de souligner la présence de différents niveaux d'analyse dans une même situation permet de déceler l'existence de plusieurs processus psychologiques dans cette situation sociale.

Après avoir décrit sommairement la psychologie sociale, il est temps d'en retracer l'historique.

HISTORIQUE DE LA PSYCHOLOGIE SOCIALE

Faire l'historique d'une science est une tâche très difficile. Nous nous contenterons ici de présenter les points essentiels afin de permettre au lecteur de connaître les origines de la psychologie sociale et

FIGURE 1.2 **Niveau d'analyse dans les sciences selon un continuum d'explication intégratif-réductionniste**

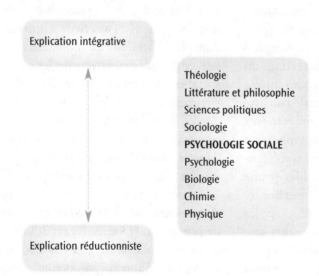

d'être ainsi en mesure de mieux comprendre la discipline telle qu'elle existe aujourd'hui. Le lecteur est référé à d'autres sources pour une exposition plus complète de la discipline (Farr, 1996 ; Jones, 1985 ; Sahakian, 1982 ; Taylor, 1998).

Les influences philosophiques

Les philosophes grecs représentent probablement les premiers théoriciens en psychologie sociale. Platon (427-347 av. J.-C.), par exemple, proposait dans *La République* que les interactions sociales se développaient parce qu'aucun être humain n'était autosuffisant. Ayant besoin de l'aide des autres, les individus formaient alors des États ou des gouvernements. Platon favorisait donc une vision utilitaire des interactions humaines et des regroupements. Aristote (384-322 av. J.-C.), en revanche, voyait les gens comme des animaux politiques mus par un instinct grégaire. Il croyait que les interactions sociales étaient nécessaires au développement normal de l'être humain. C'est donc leur grégarisme inné qui amènerait les gens à s'affilier aux autres.

Plus de deux millénaires plus tard, les philosophes s'intéressaient toujours au comportement social. Une première influence provint d'Auguste Comte (1798-1857), qui inventa le terme « sociologie » et qui fit beaucoup pour situer les sciences sociales parmi la famille des sciences. Il croyait que les sciences devaient passer par trois stades, soit les stades théologique (où les événements sont expliqués et personnifiés par des dieux), métaphysique (où les événements sont expliqués par des lois issues d'une réflexion philosophique) et positif (où les phénomènes sont expliqués par des lois ayant été vérifiées empiriquement et ayant démontré leur invariabilité et leur constance). Une science véritable était une science qui avait atteint ce dernier stade. Comte proposait à l'époque que, en ce qui concerne le comportement humain, ce troisième niveau serait atteint par un hybride de la biologie et de la sociologie. Cette « véritable science finale » aurait pour objet d'étude l'individualité de l'être humain qui se développe d'après la nature biologique

de ce dernier à l'intérieur du contexte social et culturel (voir Allport, 1968 ; Sahakian, 1982).

La proposition de Comte était importante pour au moins deux raisons. Premièrement elle encourageait l'adoption d'une approche scientifique de l'étude du comportement social (à l'opposé d'une approche métaphysique comme c'était la coutume à l'époque), et deuxièmement cette vision de Comte traçait une ligne directrice pour les recherches à venir dans les sciences sociales, y compris la psychologie sociale. D'ailleurs, certains auteurs, tel Gordon Allport (1968), proposent que Comte soit considéré comme le fondateur de la psychologie sociale. Il est toujours difficile de déterminer avec certitude qui est le fondateur d'une discipline (sur ce sujet, voir Farr, 1996). Toutefois, il est indéniable que l'influence de Comte fut importante, et son nom mérite d'être cité dans une telle perspective historique.

D'autres philosophes français ont également joué un rôle considérable dans la pose des premiers jalons de la psychologie sociale. Ainsi, dans *Les Lois de l'imitation* (1890/1903), Gabriel Tarde (1843-1904) affirme que la société est unifiée parce que ceux qui suivent imitent les personnes au pouvoir. Tarde en viendra à adopter une position essentiellement psychologique de la psychologie sociale et avancera que la société est ni plus ni moins qu'un agrégat d'individus en interaction où les forces sociales n'ont aucune réalité indépendante de l'individu (Hilgard, 1987). Tarde fut également le premier auteur à utiliser l'expression « psychologie sociale » dans un titre de volume (*Études de psychologie sociale*) en 1898.

Le sociologue Gustave Le Bon (1841-1931) proposait, quant à lui, le concept de « suggestion » comme explication du comportement social. Par le truchement de ce concept, explicité dans *La Psychologie des foules* (1895), Le Bon expliquait le comportement irrationnel des individus qui perdent le contrôle d'eux-mêmes dans des foules par l'influence d'un leader ou par la contagion du comportement de masse.

Comte fut le premier à insister sur l'étude positive du comportement social, et Émile Durkheim (1858-1917) fut le premier à suivre ses recommandations. Durkheim effectua pour la première fois des travaux méthodologiques du comportement social, notamment dans l'étude du suicide. Il a contribué au développement du concept d'« anomie », variable importante dans le comportement suicidaire. L'anomie caractérise l'individu qui devient comme perdu parce que, selon Durkheim, la hiérarchie des valeurs dans la société s'est désintégrée. Durkheim encourageait une vision holistique de la société, où les forces sociales devenaient une réalité indépendante des individus qui la composent et dictaient le comportement humain. Donc, contrairement à Tarde, qui proposait une approche « psychologique » de l'étude du comportement social, Durkheim présentait plutôt une position essentiellement sociologique. Ces deux positions de la psychologie sociale se sont perpétuées jusqu'à nos jours.

Bien d'autres théoriciens mériteraient d'être nommés comme sources d'influence dans le développement de la psychologie sociale. Ainsi les travaux des Allemands Moritz Lazarus (1824-1903) et Heyman Steinthal (1823-1899), qui ont fondé en 1860 la revue *Zeitschrift für Volkerpsychologie* (« Revue de psychologie sociale »), et l'illustre Wilhelm Wundt (1832-1920), qui a également écrit un ouvrage sur ce sujet (1912/1916), doivent être mentionnés. Soulignons enfin que, vers la fin du XIXe siècle, les théoriciens s'entendaient pour accorder une place importante à l'étude des effets des facteurs sociaux sur le comportement humain, et que le terrain était ensemencé et prêt à porter le fruit de la première recherche expérimentale en psychologie sociale.

Les débuts de la discipline : de 1897 à 1930

L'honneur d'avoir effectué la première recherche expérimentale en psychologie sociale revient à Norman Triplett (1897/1898). En examinant les résultats de courses de bicyclettes, Triplett nota que les cyclistes pédalaient plus vite lorsqu'ils couraient contre un autre cycliste que lorsqu'ils couraient seuls. Afin de mieux comprendre le phénomène, il effectua une expérience en laboratoire dans laquelle des enfants devaient effectuer une tâche, seuls ou en présence d'un autre enfant. Triplett rapporte qu'en général, la présence des autres favorise la performance. Le premier thème de recherche, la facilitation sociale — thème encore d'actualité —, était né (voir l'encadré 1.1 sur la première expérimentation en psychologie sociale).

À la suite de cette recherche, d'autres expériences furent menées, tant dans le secteur de la facilitation sociale que sur d'autres thèmes. Le moment était venu de « lancer » la discipline en publiant un manuel d'introduction à la psychologie sociale. Ainsi, en 1908, deux ouvrages entièrement consacrés à la psychologie sociale parurent : l'un écrit par un psychologue (William McDougall, *An introduction to social psychology*) et l'autre par un sociologue (Edward Ross, *Social psychology : An outline and source book*). McDougall expliquait le comportement social au moyen d'une variété d'instincts. Ross, par contre, proposait que les forces qui dictent le comportement social étaient l'imitation et la suggestion, deux concepts discutés par les philosophes Tarde et Le Bon respectivement. Déjà dans ces deux ouvrages la séparation entre la **psychologie sociale psychologique** et la **psychologie sociale sociologique** se faisait sentir : les thèmes abordés et les auteurs cités étaient nettement différents.

Malgré une certaine ouverture d'esprit de la part du milieu universitaire, les deux ouvrages eurent une audience limitée. En effet, pour plusieurs universitaires de l'époque, la position selon laquelle l'instinct et la suggestion expliquent tous les comportements sociaux était intenable. De plus, peu de temps après la parution des deux ouvrages, les résultats de nombreuses recherches expérimentales apparurent dans des publications à caractère social. Aucun de ces deux livres ne mettait la recherche expérimentale au premier plan. La psychologie sociale était donc en quête d'un ouvrage qui lui apporterait son identité.

ENCADRÉ 1.1   Première expérimentation en psychologie sociale

Norman Triplett a effectué la première expérimentation en psychologie sociale (en 1897-1898). Triplett, qui était un avide spectateur de courses de bicyclettes, avait remarqué que les cyclistes pédalaient plus vite en présence d'autres coureurs cyclistes. Il a donc mené deux recherches afin de vérifier son hypothèse. La première, qui, malheureusement, est rarement rapportée, était en réalité une analyse archivistique des courses faites par plus de 2 000 cyclistes de haut calibre selon trois catégories : course seul contre la montre, course contre la montre, mais avec un « meneur » (un autre cycliste non engagé dans la course, mais qui doit pédaler à une vitesse rapide déterminée d'avance), et enfin course contre d'autres cyclistes. À la suite de ses compilations, Triplett a observé les temps suivants pour des courses de 25 milles (environ 40 kilomètres) :

Course contre la montre	Course avec meneur	Course contre d'autres cyclistes
2 min 29,9 s	1 min 55,5 s	1 min 50,35 s

Courir en présence des autres semblait procurer des avantages par rapport au fait de courir seul. Toutefois, Triplett ne pouvait en être tout à fait sûr, puisque ce n'étaient pas les mêmes cyclistes qui participaient aux trois types de courses. Il se pouvait donc que les cyclistes qui couraient contre d'autres fussent supérieurs à ceux qui couraient contre la montre.

C'est alors que Triplett eut l'idée d'effectuer une recherche en laboratoire afin de déterminer l'effet de la présence d'autrui sur le comportement des participants. Dans le cadre de cette étude, 40 enfants devaient enrouler le plus rapidement possible un moulinet fixé à une tige semblable à une canne à pêche. Au bout de cette tige était accroché un drapeau. Après s'être familiarisé avec la tâche, les participants devaient effectuer, en alternance, six essais chronométrés, trois seul et trois en présence d'un autre concurrent.

Les statistiques du type test-t et analyse de variance n'existant pas à l'époque, Triplett dut se contenter de constater que, dans l'ensemble, la performance de la majorité des participants s'était sensiblement améliorée en présence d'un autre participant. Mais était-ce vrai ? Afin de répondre à cette question, nous avons utilisé les pointages des participants à l'étude de Triplett (publiés à la fin de son article) et effectué une analyse statistique, comparant les temps enregistrés lorsque le participant était seul et lorsqu'il se trouvait en présence d'un autre participant. Les résultats furent les suivants :

Un seul participant : 39,39 s	Participant en présence d'un autre participant : 37,42 s

Cette différence est hautement significative à l'aide d'un test-t, $t(39) = 4,97$, $p < 0,0001$.

Les participants enroulent le moulinet significativement plus vite en présence d'un autre participant que lorsqu'ils sont seuls. Triplett avait raison de conclure que la présence d'autrui favorise la performance (d'où l'expression « facilitation sociale »). La psychologie sociale était née.

Seize ans plus tard, Floyd Allport (1924) publiait ce qui devait s'avérer l'un des volumes les plus importants de l'histoire de la psychologie sociale. La position théorique d'Allport était essentiellement béhavioriste. Pour lui, le comportement social était le comportement des individus dans un contexte social, et la façon dont ils se conduisaient était déterminée par ce qu'ils avaient appris.

L'ouvrage d'Allport est important pour au moins quatre raisons. Premièrement, comme nous l'avons déjà mentionné, il donnait une direction définitive à l'objet d'étude que les recherches en psychologie sociale devraient dorénavant utiliser, soit l'individu (au lieu du groupe). Deuxièmement, il constituait un compte rendu précis des recherches conduites dans les différents champs d'étude de l'époque où l'aspect expérimental était privilégié. Troisièmement, les divers thèmes recensés (comme les émotions, la facilitation sociale, le développement social, la communication non verbale, l'effet du groupe sur l'individu) ont donné le ton à la psychologie sociale, si bien que, de nos jours, un bon nombre de ces thèmes se trouvent dans les manuels de psychologie sociale. C'était le début de la psychologie sociale telle qu'on la connaît aujourd'hui. Enfin, quatrièmement, l'ouvrage d'Allport donnait un visage et une identité à la psychologie sociale, qui était pleinement acceptable par la discipline mère, la psychologie. En fait, il a été le premier livre de base en psychologie sociale à permettre l'inclusion de cette discipline dans le programme d'études permanent des départements de psychologie des universités américaines (Hilgard, 1987). Il est certain que Floyd Allport a joué un rôle de premier plan dans le domaine de la psychologie sociale.

Les années 1930

Les années qui suivirent la parution de l'ouvrage d'Allport furent fébriles. La psychologie sociale s'était donné une identité et un mandat : elle devait étudier le comportement de l'individu en contexte social. Pour ce faire, il devenait impératif de mettre au point une méthodologie adéquate. C'est ce que les chercheurs se sont efforcés de faire durant cette période.

Un aspect qui retint l'attention des chercheurs fut la mesure des attitudes (voir le chapitre 6). Ainsi, après un article très influent (en 1928) postulant que les attitudes pouvaient être mesurées, Leon Thurstone élabora deux méthodes de mesure des attitudes faisant appel à l'appréciation de juges dans la phase de validation, à savoir la méthode des intervalles apparaissant égaux et celle des intervalles successifs. Bien que laborieuses, ces deux méthodes permettaient de mesurer les attitudes des gens dans une foule de domaines allant de la religion aux préjugés raciaux. Par la suite, Rensis Likert (1932) mit au point une technique où il suffit de demander aux participants d'indiquer dans quelle mesure ils sont en accord ou en désaccord avec des énoncés extrêmes sur un sujet donné. La mesure des attitudes la plus populaire en psychologie sociale était créée. D'autres types de mesures furent également mises au point. Ainsi Levy Moreno (1934) introduisit la mesure sociométrique et Dorothy Thomas (1929), celle de l'observation du comportement systématique et quantifiée.

En plus de la mesure des attitudes, les chercheurs en psychologie sociale se sont tournés vers le laboratoire afin de répondre à des questions importantes. Frederick Bartlett (1932), dans *Remembering*, démontra clairement l'importance de l'approche expérimentale pour la compréhension de variables culturelles et motivationnelles dans les mécanismes de perception et de mémoire. Ses recherches précédaient ainsi le développement des cognitions sociales (voir Fiske & Taylor, 1984, 1991 ; Moskowitz, 2005).

Deux autres noms méritent d'être mentionnés relativement à ce cadre expérimental : il s'agit de Muzafer Sherif (1906-1990) et de Gardner Murphy (1895-1979). Selon Sahakian (1982), Sherif (1936) aurait conçu le premier **programme de recherche** à cadre expérimental. Il s'intéressait alors à l'étude des normes sociales, c'est-à-dire les règles dictant les conduites des individus. Les normes sociales seront étudiées dans le chapitre 12. En 1931, Murphy, pour sa part, rédigea, en collaboration avec sa femme Loïs Murphy, *Experimental social psychology*, réédité en 1937. L'ouvrage prônait une approche expérimentale. En raison du caractère innovateur de ce dernier et de l'influence que Gardner Murphy a exercée comme chercheur à l'Université Columbia, Sahakian (1982) estime que celui-ci a joué un rôle de tout premier plan dans le développement de l'approche expérimentale en psychologie sociale.

Les années 1940 et 1950

À la fin des années 1930, l'approche expérimentale battait son plein, et l'étude de l'individu dans les groupes devenait de plus en plus populaire. Les recherches se multipliaient. C'est durant cette période que la psychologie sociale a pris son essor et est devenue l'une des principales sciences sociales. Selon Gardner Murphy (1949), trois raisons expliquent l'expansion prise par la discipline. D'abord, la psychologie sociale s'était dotée d'une méthodologie rigoureuse et scientifique applicable à l'étude du comportement social. Ensuite, même à l'intérieur de la psychologie expérimentale générale, on se tournait vers l'influence des facteurs sociaux (les travaux de Bartlett en 1932 sur la mémoire en sont un exemple probant). Enfin, il existait maintenant suffisamment de recherches, de données et d'information pour rédiger des ouvrages sur le sujet et pour mettre sur pied des cours appropriés.

Un événement crucial est venu encore accélérer le développement de la psychologie sociale : la

Seconde Guerre mondiale. Celle-ci a eu trois effets heureux. D'abord, on s'est tourné vers la jeune discipline pour résoudre divers problèmes sociaux tant dans la population (par exemple Lewin, 1947) que dans l'armée (pour des comptes rendus des recherches menées, voir Hovland, Lumsdaine & Sheffield, 1949 ; Stouffer, Lumsdaine *et al.*, 1949 ; Stouffer, Suchman *et al.*, 1949, 1950). Cette utilisation de la discipline permettait de vérifier plusieurs théories « sur le terrain » et de s'intéresser à divers problèmes importants.

Un deuxième effet de la guerre est que de nombreux chercheurs désireux de servir leur pays furent dégagés de leurs tâches universitaires afin qu'ils se consacrent à la recherche appliquée. Comme une grande partie des recherches concernaient la psychologie sociale ou étaient dirigées par des chercheurs en psychologie sociale (ainsi, Rensis Likert dirigeait la Division des enquêtes intensives de la section intérieure du Bureau de l'information de guerre des États-Unis), plusieurs individus reçurent une formation en psychologie sociale au cours de cette période. À la fin de la guerre, plusieurs professeurs de psychologie qui retournèrent dans leur département d'origine se tournèrent vers l'étude de la psychologie sociale ou en sont devenus des défenseurs.

Mais la conséquence la plus importante de la Seconde Guerre mondiale pour la psychologie sociale fut sans contredit le fait qu'elle attira en Amérique du Nord de nombreux théoriciens européens qui voulaient échapper à l'hitlérisme. Parmi les chercheurs les plus influents qui vinrent poursuivre leurs travaux en Amérique du Nord figurent Fritz Heider, T.W. Adorno et surtout Kurt Lewin. Ces psychologues ont eu (et certains ont toujours) une incidence importante sur la direction qu'allait prendre la psychologie sociale dans les décennies suivantes.

T.W. Adorno et ses collègues (1950) ont conçu un programme de recherche fort important sur la personnalité autoritaire. Celle-ci croit en l'autorité, qu'il faut respecter à tout prix. De plus, elle inflige souvent des punitions. Enfin, pour elle, le monde se divise en deux parties : les « bons » et les « méchants ». Les bons pensent comme elle, et les méchants pensent différemment. Les recherches initiales d'Adorno et de ses collègues ont démontré que les personnes autoritaires avaient beaucoup plus tendance à avoir des préjugés raciaux que les personnes égalitaristes, qui, elles, sont tournées vers le respect et la liberté des autres personnes. Ces travaux menèrent à l'élaboration de plusieurs programmes de recherche sur les préjugés raciaux (sur ce sujet, voir le chapitre 13).

Fritz Heider (1896-1991), pour sa part, quitta Hambourg et vint enseigner au Smith College, dans le Massachusetts, jusqu'en 1947, puis à l'Université du Kansas jusqu'à la fin de sa carrière. Il s'intéressait à la perception sociale, c'est-à-dire aux mécanismes par lesquels nous percevons les gens et les événements qui nous entourent. Il n'était pas vraiment intéressé par les travaux expérimentaux, mais plutôt par la désignation théorique des mécanismes par lesquels nous percevons notre monde. Même s'il s'est intéressé à plusieurs thèmes d'étude, Heider est surtout connu pour *The psychology of interpersonal relations* (1958), dans lequel il érigeait les bases de sa théorie sur les attributions. Comme nous le verrons au chapitre 5, cette théorie examine les explications que les gens donnent sur le comportement des autres et d'eux-mêmes, et sur les événements qui surviennent.

Sans vouloir rien enlever aux deux théoriciens précédents, Kurt Lewin (1890-1947) est peut-être le chercheur étranger qui a eu le plus d'influence sur les fondements de la psychologie sociale expérimentale. Celle-ci s'est fait sentir à plusieurs égards, à un point tel qu'il est reconnu comme le père de la psychologie sociale (voir l'encadré 1.2).

Outre la Seconde Guerre mondiale, le développement des statistiques, tels le test-t et l'analyse de variance, a considérablement influé sur l'accréditation de la méthode expérimentale en psychologie sociale (Jones, 1985). En effet, il devenait maintenant possible de déterminer objectivement si les manipulations expérimentales exerçaient une influence significative sur la variable d'intérêt. Une décennie plus tôt, les chercheurs comparaient les moyennes des réponses des participants « à l'œil nu ». Le seuil de signification de l'effet expérimental indiquerait dorénavant si les résultats sont probants ou non, ajoutant ainsi à l'objectivité de l'approche méthodologique utilisée.

ENCADRÉ 1.2   Le père de la psychologie sociale

Kurt Lewin a reçu son doctorat en 1916 de l'Institut de psychologie de l'Université de Berlin sous la supervision de Carl Stumpf. Lewin fut également influencé par le philosophe Ernst Cassirer (1874-1945), qui l'aida à clarifier sa vision de la science et de la recherche. Après la Première Guerre mondiale, à laquelle il participa en tant que civil puis comme lieutenant, Lewin retourna à l'Institut de psychologie de Berlin à titre de professeur et se familiarisa avec la psychologie de la Gestalt de Köhler, de Koffka et de Wertheimer. De 1924 à 1935, Lewin et ses étudiants allemands (notamment Ovsiankina, Dembo, Zeigarnik et Birenbaum) effectuèrent de nombreuses expériences. Plusieurs de ces recherches étaient issues du jumelage de ses observations et de sa théorie du champ. Par exemple, Lewin et ses étudiants allaient souvent prendre un café dans un bistro du coin. Lewin était intrigué par le fait que le serveur se rappelait exactement ce que chacun des membres du groupe avait commandé jusqu'au moment du règlement de l'addition ; par la suite, il ne s'en souvenait plus. Lewin et une de ses étudiantes, Bluma Zeigarnik, décidèrent d'étudier ce phénomène en laboratoire, ce qui permit de mettre au jour l'effet Zeigarnik (le fait d'être motivé dans ses efforts pour poursuivre une tâche jusqu'à son achèvement).

Se sentant menacé à la venue de la Seconde Guerre mondiale, Lewin, qui était juif, quitta l'Allemagne en 1935 pour se joindre à l'Université de l'Iowa. C'est là que, jusqu'en 1944, il mena certaines de ses recherches les plus intéressantes. Ses travaux initiaux s'inscrivaient dans une perspective de motivation sociale. Il s'intéressait notamment à l'effet du degré d'aspiration sur la performance et aux activités substitutives consécutives à un échec. Par la suite, il étudia les comportements des enfants qui résultent de la frustration et, finalement, leurs comportements en situation de groupe. C'est dans le cadre de ces dernières recherches qu'il analysa le leadership. Lewin s'intéressait également à l'étude de problèmes sociaux. C'est d'ailleurs dans cette perspective qu'il étudia les conditions amenant les mères de famille à préparer les repas familiaux avec des restes de nourriture (abats de poulet, par exemple) durant la guerre.

En 1944, il fonda le Research Center for Group Dynamics au Massachusetts Institute of Technology (MIT), qu'il dirigea jusqu'en 1947, année de sa mort. Durant ces trois années, il dirigea un groupe de psychologues sociaux prestigieux. Après sa mort, l'un de ses élèves, Leon Festinger, prit la relève comme directeur du centre. Le Research Center s'établit en 1949 à l'Université du Michigan et il y est toujours.

Lewin a influé sur la psychologie sociale d'au moins quatre façons. Premièrement, il fut l'un des premiers à utiliser le laboratoire de façon créative afin de vérifier des hypothèses précises. Par exemple, la recherche de Lewin, Lippitt et White (1939) étudia le comportement d'enfants en situation de groupe avec des leaders agissant de façon démocratique, autocratique ou laisser-faire. Lewin démontra que les comportements des enfants différaient non seulement en fonction des conditions expérimentales, mais également en fonction de la présence ou de l'absence du leader. Les études en laboratoire poursuivent encore cette tradition de nos jours. Deuxièmement, Lewin fut aussi l'un des premiers à insister sur le fait que les hypothèses devaient être formulées de façon claire (et non de façon floue et exploratoire) et être principalement issues de formulations théoriques. De telles recherches, selon Lewin, feraient avancer les connaissances beaucoup plus vite que de simples recherches sans cadre théorique. Une troisième influence de Lewin a trait à son intérêt pour l'étude de problèmes sociaux, mais toujours à partir de formulations théoriques. C'est lui qui a prononcé les paroles célèbres : « Il n'y a rien de plus pratique qu'une bonne théorie. » Il a effectué plusieurs recherches appliquées et publié plusieurs écrits à ce sujet.

Enfin, une dernière influence de Lewin sur la psychologie sociale contemporaine concerne tous les psychologues sociaux qu'il a formés selon son approche et sa vision de la science. White, Lippitt, Marrow, Newcomb, Kelley, Festinger et bien d'autres ont été formés par Lewin ou par ses collègues du Research Center for Group Dynamics. Sa vision de la science a, par la suite, été propagée par cette seconde génération de psychologues sociaux, et c'est elle qui prévaut présentement en psychologie sociale.

À la lumière de toutes ces contributions, il n'est pas surprenant que plusieurs considèrent Kurt Lewin comme le père de la psychologie sociale contemporaine. À ce titre, le *Journal of Social Issues* lui consacrait un numéro complet (n° 2, vol. 48, 1992) et deux ouvrages ont été publiés sur son œuvre (Gold, 1999 ; Lewin, 1997) plus de 50 ans après sa mort.

Terminons cette phase mouvementée de l'histoire de la psychologie sociale en mentionnant rapidement les grands thèmes de recherche de l'époque. Il est possible d'en distinguer trois qui ont peu à peu dominé en psychologie sociale pendant les années 1940 et 1950. Le premier a trait à l'étude de l'individu en contexte de petit groupe. Ainsi les thèmes du leadership (Lewin, Lippitt & White, 1939), de la coopération-compétition (Deutsch, 1949), du pouvoir social (French, 1956), de la conformité avec le groupe (Asch, 1952) et du processus interactif (Bales, 1950) furent étudiés à maintes reprises (ils seront analysés dans les chapitres 11 à 13). Le deuxième thème, issu des processus de groupe, portait sur la comparaison sociale (Festinger, 1954). Festinger, un ancien étudiant de Lewin, mettait en évidence le fait que l'individu ressent un besoin de se comparer avec les autres pour vérifier ses opinions et habiletés. Ces comparaisons peuvent avoir une incidence importante sur l'estime de soi de la personne (cette théorie sera examinée au chapitre 3). Enfin, le troisième champ d'étude prioritaire de cette période concernait les attitudes. Par contre, comparativement à la période précédente (jusqu'aux années 1930), l'intérêt des chercheurs n'était plus centré sur la mesure des attitudes, mais plutôt sur l'explication des changements de ces dernières. Dans un tel cadre, trois modèles théoriques furent d'une grande importance, soit ceux de la communication et de la persuasion de l'Université Yale (Hovland, Janis & Kelley, 1953), de la théorie de l'équilibre cognitif (Heider, 1946) et de la dissonance cognitive (Festinger, 1957). Cette dernière théorie (qui postule que les gens trouvent déplaisantes les incohérences entre deux cognitions, ou entre leurs pensées et leur comportement, et cherchent à les réduire en changeant soit leurs pensées, soit leur comportement) attire encore l'attention des chercheurs de nos jours (voir le chapitre 6).

Les années 1960 et 1970

Au début des années 1960, la psychologie sociale a continué sur sa lancée de la décennie précédente avec une explosion de thèmes d'étude. Parmi ceux qui reçurent le plus d'attention, il faut mentionner la perception sociale (comment l'on se fait une impression des autres — voir le chapitre 4), l'agression et la violence (la désignation des causes de l'agression et de techniques pour réduire cette dernière — voir le chapitre 9), l'attraction et l'amour (pourquoi les gens s'aiment-ils ? qu'est-ce que l'amour romantique ? — voir le chapitre 8), la prise de décision en groupe (les groupes sont-ils plus efficaces que les individus seuls pour prendre des décisions ? — voir le chapitre 12) et l'altruisme et le comportement prosocial (pourquoi les gens n'aident-ils pas ceux qui sont en situation d'urgence ? quelles sont les variables encourageant le comportement d'aide ? — voir le chapitre 10).

Plusieurs recherches se sont également efforcées de consolider les connaissances sur des thèmes déjà établis dans la période précédente. C'est le cas des trois secteurs de recherche suivants : le leadership (le leader efficace est-il né meneur ou est-il plutôt issu de la situation ? — voir le chapitre 12), la dissonance cognitive (dans quelles circonstances la théorie s'applique-t-elle et dans quelles situations ne s'applique-t-elle pas ? — voir le chapitre 6) et la facilitation sociale (voir le chapitre 12). Celle-ci revint à la surface grâce aux travaux de Robert Zajonc (1965). À la suite de la première étude de Triplett, plusieurs études avaient été effectuées sur le phénomène de la facilitation sociale. Certaines études parmi celles-ci démontraient que la présence des autres facilitait la performance, alors que d'autres révélaient qu'elle nuisait au rendement. Dashiell (1935) recommanda même qu'on abandonne ce secteur de recherche. En se servant de la théorie du *drive*, Zajonc permit de résoudre une énigme vieille de près de 30 ans selon laquelle, en présence des autres, certaines personnes réussissent mieux alors que d'autres font moins bien. Selon Zajonc, la présence des autres produit une excitation physiologique (*arousal*). Cette dernière amène les gens à émettre les réponses dominantes en ce qui concerne l'activité en question. Si vous êtes expérimenté, les réponses dominantes émises seront correctes et votre performance sera facilitée. Par contre, si vous êtes novice, des réponses dominantes incorrectes seront émises et votre performance en souffrira. Zajonc démontra ainsi la puissance du raisonnement théorique afin de permettre de donner un sens aux connaissances dans un secteur d'étude.

Alors que les recherches se poursuivaient vers la fin des années 1960, un malaise commença à faire surface. Un certain nombre de personnes firent connaître leur mécontentement vis-à-vis de ce qu'était devenue la discipline. La psychologie sociale était dans la phase communément appelée **crise de confiance** et qui devait durer près de 10 ans. Deux sources distinctes de critique furent le grand public et les psychologues sociaux eux-mêmes. Il faut se rappeler qu'à cette époque, la société américaine ainsi que la plupart des sociétés occidentales étaient en pleine évolution et turbulence. C'était l'époque du *flower power*, du mouvement de la libération de la femme (le *women's lib*), des manifestations étudiantes, tant en Europe qu'en Amérique du Nord, et des manifestations contre la guerre au Viêt Nam. Malgré une orientation clairement sociale, la psychologie sociale n'était pas encore prête à contribuer à la résolution de problèmes aussi concrets que les affrontements entre étudiants et policiers, les mésententes raciales et autres graves problèmes sociaux.

La seconde critique vint de chercheurs en psychologie sociale, qui se disaient mécontents de l'évolution de la discipline. Parmi les points importants, notons le laboratoire comme principal moyen de recherche (la grande majorité des recherches durant cette période étaient menées en laboratoire), le recours exagéré à des étudiants en psychologie comme participants (pas moins de 87 % des recherches publiées dans le *Journal of Personality and Social Psychology* au cours de l'année 1974 firent appel à des étudiants comme participants), le peu de souci pour la contribution théorique (la plupart des recherches étaient très limitées dans leur incidence théorique) et l'écart qui s'agrandissait entre la psychologie sociale expérimentale et la psychologie sociale appliquée. En d'autres mots, plusieurs chercheurs en psychologie

sociale déploraient l'aspect artificiel des recherches dans leur secteur, et certains vinrent à douter de la validité externe (c'est-à-dire le fait que les résultats de leurs recherches peuvent se généraliser à d'autres populations et contextes) des connaissances assimilées dans la discipline ainsi que de la contribution de cette dernière à la société.

Parmi les critiques émises par des scientifiques en psychologie sociale, nulle ne fut plus virulente que celle exprimée par Ken Gergen (1973). Nous avons vu qu'une des caractéristiques de la psychologie sociale est qu'elle se veut scientifique. Or, selon Gergen, la psychologie sociale n'est pas scientifique mais plutôt historique :

> [...] contrairement aux sciences naturelles, elle s'intéresse à des faits qui sont largement non reproductibles et qui fluctuent de façon marquée dans le temps. Des principes de l'interaction humaine ne peuvent être identifiés sur une base temporelle parce que les faits sur lesquels ils reposent ne demeurent généralement pas stables. Les connaissances ne peuvent s'accumuler comme on l'entend généralement en science parce que de telles connaissances ne peuvent pas généralement transcender leurs barrières historiques. (Traduction libre, p. 310.)

Plusieurs chercheurs en psychologie sociale ont répliqué à l'attaque de Gergen, et une polémique s'engagea sur le sujet (voir à ce propos le volume 2 du *Personality and Social Psychology Bulletin* [1976] et le volume 19 du *European Journal of Social Psychology* [1989]). La position prédominante vis-à-vis du problème soulevé par Gergen est qu'il s'agit en fait d'un faux problème. Sur le plan strictement observable ou béhavioriste, Gergen a raison : les connaissances, lorsqu'elles sont présentées au public, risquent fort de mener à des changements dans la société. Les résultats peuvent donc sembler être limités historiquement. Par contre, cela ne veut pas automatiquement dire que les principes théoriques qui sous-tendent ces observations sont infirmés ou limités dans une perspective historique.

Prenons un exemple. Un résultat reconnu dans le secteur de la motivation intrinsèque (être motivé à faire quelque chose par plaisir) est que le fait de fournir des renforcements verbaux positifs à une personne (comme lui dire qu'elle est douée pour l'activité) accroît la motivation intrinsèque à l'égard de l'activité en question (par exemple Deci, 1975 ; Vallerand & Reid, 1984, 1988). Face à ces connaissances, les tenants de la perspective historique (Gergen, 1973) avanceraient que le fait de procurer cette information à la société éliminerait l'effet en question. Point intéressant, la théorie de l'évaluation cognitive (Deci & Ryan, 2000) peut très bien expliquer et prédire cet effet proposé par l'approche historique. Selon cette théorie, le **renforcement** verbal positif peut avoir au moins deux fonctions : il peut servir d'information concernant la performance de la personne ou il peut servir à manipuler le récepteur du message. Le renforcement positif augmentera la motivation intrinsèque dans la mesure où celui-ci est perçu comme un message de compétence par la personne. Conséquemment, si la personne se croit douée pour l'activité, elle y retournera avec intérêt. Par contre, si elle sait que le but du renforcement verbal positif est de la manipuler, alors l'effet positif du renforcement verbal ne se produira pas, la personne ne se sentant pas compétente, mais plutôt contrôlée par le renforcement. La théorie permet donc de prédire quand l'effet observable de l'augmentation de la motivation intrinsèque se produira ou ne se produira pas.

En somme, Gergen erre fondamentalement quand il propose que les principes sous-jacents au comportement social en sont pour autant infirmés. Comme il a été démontré dans l'exemple ci-dessus, le comportement observable peut changer, mais l'explication théorique de ce comportement, bien sûr, lorsque l'analyse est bien menée, demeure.

Bien que la crise ait terni quelque peu l'image extérieure de la psychologie sociale, elle entraîna au moins deux conséquences heureuses. Premièrement, elle engendra un souci pour une méthodologie renouvelée et non uniquement dépendante du laboratoire. On se dirigeait donc vers une position multimodale où les résultats de plusieurs études, dans le même article, épousant diverses approches méthodologiques viennent confirmer la validité des

conclusions. On trouvait, associée à cette approche, une considération plus équilibrée entre la validité interne (le fait que les effets obtenus sont bel et bien dus à la variable indépendante) et la validité externe. D'ailleurs, après une analyse des écrits publiés à la suite de la période de crise, Vitelli (1988) concluait que celle-ci avait ouvert la voie à l'utilisation d'autres types de méthodologies, telles que l'enquête par questionnaire, et bien que le laboratoire demeure l'outil de prédilection des psychologues sociaux, ces derniers font maintenant beaucoup moins usage de la tromperie (*deception*) dans leurs recherches.

Deuxièmement, cette période de crise a également amené les chercheurs à être plus conscients de leur responsabilité envers la société. Cette conscientisation devait mener, en 1970, à la création d'une revue spécialisée sur le sujet, le *Journal of Applied Social Psychology*, et à la mise en place de programmes d'études en psychologie sociale appliquée (voir Bickman *et al.*, 1980 ; Fisher, 1982). Cette période de crise semble donc avoir eu des effets heureux sur la discipline.

Enfin, avant de clore cette section sur les années 1970, il ne faudrait pas manquer de souligner l'importance que la perspective attributionnelle a eue en psychologie sociale. À travers la crise qui a sévi au cours de cette période, le thème d'étude des attributions (le fait d'expliquer son comportement, celui des autres ainsi que les divers événements dans notre vie) s'est développé à un rythme tel que plus de 4 000 articles ont été écrits sur le sujet et qu'au milieu des années 1970, plus de 50 % des articles parus dans les principaux périodiques de psychologie traitaient des attributions (Vallerand & Bouffard, 1985). Les théories de Kelley (1973), de Bem (1972) et de Weiner (1972, 1979) ont notamment fait l'objet de plusieurs recherches théoriques et appliquées (voir le chapitre 5).

Les années 1980 et 1990

Vers la fin des années 1970, les recherches en psychologie sociale continuaient de se succéder à un rythme trépidant. La crise étant passée (Fiske & Taylor,

1984), les chercheurs s'orientaient vers de nouveaux horizons. Les années 1980 et 1990 furent caractérisées par quatre faits marquants. Premièrement, malgré le fait qu'encore une grande majorité des recherches étaient orientées vers l'étude de mécanismes attributionnels, petit à petit une orientation nouvelle voyait le jour et allait dominer les années 1980 jusqu'à nos jours. Cette approche, qui porte le nom de « cognitions sociales », représente un amalgame de la psychologie sociale et de la psychologie cognitive. Le secteur des cognitions sociales s'intéresse aux concepts de la psychologie cognitive (par exemple, les schémas, l'attention, la mémoire, le rappel et autres concepts) appliqués à certains aspects du comportement social. Les chercheurs étaient alors préoccupés par des questions telles que l'influence de certains schémas de soi (ou représentations qu'une personne a d'elle-même) sur le comportement social et l'influence du rappel d'événements stockés en mémoire sur la perception d'autrui (voir le chapitre 4).

Cet accent sur le rôle des mécanismes cognitifs dans le comportement social a sûrement contribué au deuxième fait marquant des années 1980 et 1990, soit le retour du soi (*self*) comme objet d'étude. Bien que certains travaux aient été menés au début du siècle par Cooley et G.H. Mead et que l'intérêt pour ce thème soit réapparu durant les années 1970 (par exemple Bandura, 1977a ; Duval & Wicklund, 1972 ; Markus, 1977), l'étude du soi a vraiment pris son essor au cours des années 1980. Les positions théoriques de l'autoefficacité (Bandura, 1982, 2001), de la conscience de soi (Carver & Scheier, 1981, 1998) et du monitorage de soi (Snyder, 1987) furent particulièrement populaires auprès des scientifiques (voir le chapitre 3).

Un troisième fait marquant de cette période est l'influence que la **psychologie sociale appliquée** a exercée sur cette époque (et qu'elle exerce toujours, voir le chapitre 14). Durant cette période, plusieurs monographies ont été publiées sur sa portée (par exemple Bickman, 1980 ; Fisher, 1982 ; Kidd & Saks, 1980), certaines revues virent le jour (par exemple

Basic and Applied Social Psychology, Journal of Social and Clinical Psychology) et un très grand nombre de chercheurs se mirent à étudier des problèmes appliqués importants, non pas tant pour tester des théories en contexte écologique que pour contribuer à la compréhension de ces problèmes et, éventuellement, aider à les résoudre. Nous parlerons de certaines de ces recherches dans le présent ouvrage, notamment au chapitre 14.

Enfin, un quatrième fait marquant de cette période, et non le moindre, réside dans l'utilisation de nouvelles techniques statistiques. Alors que les recherches effectuées au cours de la décennie précédente faisaient un usage presque exclusif de l'analyse de variance et du test-t, celles des années 1980 et 1990 commencèrent à utiliser des techniques plus sophistiquées permettant de répondre à des questions plus complexes. Ces diverses techniques permettaient donc de pousser encore plus loin l'étude de l'être humain en contexte social. Ainsi des techniques telles l'analyse multidimensionnelle, l'analyse acheminatoire et les équations structurales (par exemple Kline, 1998, 2005) sont apparues et font maintenant partie de l'arsenal du psychologue social. Certaines de ces techniques seront abordées au chapitre 2.

Les années 2000

Les années 2000 ont vu les recherches et théories en psychologie sociale se poursuivre sur la voie tracée au cours des années précédentes. Ainsi, le rôle des cognitions et perceptions sociales, du soi, des attitudes, des stratégies d'application et des techniques statistiques sophistiquées dans l'analyse du comportement social est réaffirmé. Toutefois, au moins trois nouvelles tendances se sont démarquées nettement.

Une première tendance se rattache à une vision élargie des cognitions sociales. Alors que, dans les années 1970, 1980 et 1990, on s'est attaché surtout à étudier l'influence des cognitions conscientes (ou contrôlées) sur le comportement social, dans les années 2000, on a assisté à une explosion des recherches sur les **cognitions inconscientes** (ou implicites). Cet inconscient est radicalement différent de celui qui est décrit par Freud. On parle ici non pas de pulsions réprimées, mais plutôt de processus cognitifs opérant en dehors du champ de la conscience (voir, entre autres, Bargh & Ferguson, 2000). Ainsi, si on présente pendant une fraction de seconde des stimuli de façon subliminale à des participants, ces derniers seront incapables de les distinguer en raison de leur brièveté (voir Bargh & Chartrand, 2000, pour plus d'information sur une telle méthodologie). Il y a alors effet d'amorçage de certains schémas et stéréotypes, et les jugements, les perceptions, les émotions et les comportements sociaux se trouvent modifiés (voir Bodenhausen, Macrae & Hugenberg, 2003). Ainsi, on a observé que les participants à qui on avait présenté *subliminalement* des mots évoquant des personnes âgées marchaient plus lentement par la suite (Bargh, Chen & Burrows, 1996). Les émotions et la motivation peuvent aussi être ainsi influencés (Kihlstrom, 2004).

La recherche sur les mécanismes implicites ou inconscients fait souvent appel à une méthodologie où l'ordinateur joue un rôle central. Par exemple, des chercheurs ont validé une mesure implicite (sans que le participant s'en rende compte) des attitudes, des préjugés et de l'estime de soi en notant le temps de réaction de participants qui devaient taper le plus rapidement possible une touche du clavier chaque fois qu'on leur présentait un mot sur un écran d'ordinateur (voir Greenwald *et al.*, 2002). Une telle approche ouvre aussi la voie aux recherches réalisées par Internet sur les sites Web des chercheurs (voir Birnbaum, 2004), un mode de recherche qui devrait être grandement employé au cours des prochaines années.

La deuxième tendance est de mettre en évidence les aspects biologiques du comportement social. Ainsi, des recherches ont démontré que le fait de présenter de façon subliminale des stimuli connus à des participants produit des émotions positives que la personne ressentirait au niveau biologique (mesuré par la réaction électromyographique), mais non au niveau cognitif (Harmon-Jones & Allen, 2001). Cela conduit à des applications fort intéressantes

tant sur le plan théorique que sur le plan pratique (Berridge & Winkielman, 2003 ; Kihlstrom, 2004). D'autres recherches démontrent que certaines variables individuelles qui peuvent influer sur le comportement social, comme le conservatisme, l'autoritarisme et la religiosité, sont largement déterminées génétiquement (Bouchard, 2004). Les recherches ont présentement pour but de déterminer comment ces variables individuelles transmises en bonne partie génétiquement interagissent avec les variables sociales dans la prédiction du comportement social.

Enfin, d'autres travaux d'orientation biologique portent sur la relation bidirectionnelle entre le comportement social et le cerveau (Cacioppo, 2002). Ainsi, il y a un recouvrement important des centres stimulés dans le cerveau au cours d'une réflexion sur soi et sur une personne proche (Lichty *et al.*, 2004). Il semble donc que nous intériorisons les autres dans notre soi, selon certains auteurs (Aron *et al.*, 1992). Mais notre cerveau, s'il influence notre comportement social, est aussi influencé à son tour par ce dernier et par le contexte dans lequel nous interagissons. En effet, selon plusieurs auteurs (par exemple Cacioppo *et al.*, 2000 ; Davidson *et al.*, 2000), l'environnement social modèle les relations neuronales et le cerveau, rendant celui-ci plus ou moins apte à nous mener à un comportement déterminé, selon le développement qu'il aura eu. En d'autres termes, l'environnement social influe indirectement sur le comportement social du fait de son action sur le développement du cerveau. Ces travaux sur les neurosciences sociales (voir Cacioppo *et al.*, 2002) sont particulièrement intéressants et ils pourraient représenter l'un des paradigmes de recherche les plus brûlants au cours des prochaines années.

Si les aspects biologiques influent sur le comportement social, c'est qu'ils ont été transmis au fil des ans. Cela a mené à la **perspective évolutionniste** (Bursntein & Branigan, 2001 ; Simpson & Kenrick, 1997). Cette perspective se fonde sur la théorie de l'évolution de Darwin (1859). Selon cette théorie, certaines variations se produisent chez l'humain et sont transmises dans la chaîne phylogénétique.

Certains mécanismes sont plus adaptatifs que d'autres et ils assurent la survie à ceux qui les possèdent. Éventuellement, ces mécanismes ou ces caractéristiques qui ont permis la survie se retrouvent dans la population. Selon Buss (1997), l'intégration de la théorie de l'évolution dans le domaine de la psychologie permet de mieux comprendre le comportement social. Par exemple, si la survie de nos ancêtres dépendait des autres, certains mécanismes doivent avoir été mis en place au fil des millénaires pour créer un besoin d'affiliation. MacDonald et Leary (2005) supposent que ce mécanisme est la douleur physique. Suivant les observations qu'ils ont menées, les individus exclus ou rejetés par autrui ressentent une douleur physique. Il n'est donc pas étonnant qu'on éprouve de la difficulté à se concentrer et à accomplir des tâches demandant toute notre attention lorsqu'on est rejeté ou mis à l'écart par les autres (Baumeister *et al.*, 2005). Si on se base sur la théorie de l'évolution, on peut présumer que nos ancêtres rejetés par autrui auraient ressenti une douleur physique, ce qui les aurait motivés à se regrouper avec d'autres personnes, augmentant ainsi leurs chances de survie. C'est ainsi que ce besoin d'affiliation nous aurait été transmis. On peut voir dans cette théorie un apport de la psychologie évolutionniste à l'étude du comportement social.

Enfin, une troisième nouvelle tendance en psychologie sociale est la mise en évidence de l'influence de la culture sur le comportement social. Comme ils s'attachent à dégager des lois fondamentales s'appliquant à tous les individus, les chercheurs en psychologie sociale ont été amenés à privilégier des modèles explicatifs qui font abstraction des facteurs culturels (voir Higgins & Kruglanski, 1996). Cependant, différents courants de recherche montrent que des différences culturelles peuvent expliquer bon nombre de phénomènes (voir Miller, 2001). Ainsi, Nisbett et ses collègues (2001) font valoir que la culture de l'Asie de l'Est a suivi une orientation holistique où l'attention de la personne est centrée sur l'ensemble du champ d'attention, alors que la culture de l'Ouest (notamment, l'Amérique du Nord et l'Europe) est plus analytique et porte sur l'objet et ce qui s'y rattache. Cela signifie que les événements sont interprétés différemment d'une culture à l'autre. Ainsi, alors que les Nord-Américains voient un poisson seul suivi d'un banc de poissons comme un leader, les Asiatiques de l'Est voient le banc de poissons comme chassant le poisson isolé (voir Hong, Chiu & Kung, 1997). Ces recherches sur la culture nous aident à mieux comprendre l'ensemble des facteurs qui influent sur le comportement social. Les recherches devraient se multiplier dans ce secteur au cours des prochaines années.

Conclusion

La psychologie sociale a parcouru beaucoup de chemin depuis ses débuts. Elle est maintenant enseignée dans la plupart des départements de psychologie dans le monde. S'étant dotée d'une méthodologie rigoureuse, elle est résolument orientée vers l'étude d'une foule de thèmes. Le tableau 1.1 présente les principaux événements qui ont jalonné l'histoire de la psychologie sociale, et l'encadré 1.3 (p. 26) relate des événements qui ont marqué l'histoire de la psychologie sociale canadienne et québécoise.

LES INFLUENCES THÉORIQUES EN PSYCHOLOGIE SOCIALE

En psychologie sociale, les théories sont utilisées de façon systématique et constituent un outil essentiel à la démarche scientifique. De façon générale, nous pouvons considérer une **théorie** comme un ensemble de conventions créées afin de représenter la réalité (Hall & Lindzey, 1985). De façon plus officielle, une théorie peut être définie comme « un ensemble d'hypothèses ou de propositions interreliées concernant un phénomène ou un ensemble de phénomènes » (Shaw & Costanzo, 1982, p. 4).

Chaque théorie émet un certain nombre de postulats relatifs à la nature du comportement qu'elle essaie de décrire et d'expliquer. Elle contient aussi un ensemble de définitions empiriques et de construits théoriques. Bien qu'elles puissent varier entre elles, les théories visent toutes les mêmes buts. Un premier but consiste à organiser et à expliquer la relation entre les diverses connaissances que nous possédons sur un phénomène social donné. Ainsi, une théorie devrait être capable de regrouper, sous divers postulats, les différentes connaissances concernant les effets de la bonne humeur sur le comportement social. En d'autres termes, une théorie cherche à intégrer des faits empiriquement reconnus à l'intérieur d'un modèle logique et parcimonieux (Hall & Lindzey, 1985).

Un second but important des théories consiste à prédire certaines relations entre diverses variables qui n'ont pas encore été étudiées. Selon Higgins

TABLEAU 1.1   Événements importants dans l'histoire de la psychologie sociale

Dates	Événements
1897/1898	Triplett effectue la première étude expérimentale en psychologie sociale.
1908	McDougall et Ross publient les deux premiers ouvrages de base en psychologie sociale.
1918	Thomas et Znaniechi commencent leurs travaux sur les attitudes.
1924	Floyd Allport publie *Social Psychology*.
1929	Murchison et Dewey fondent le *Journal of Social Psychology*.
1934	Mead publie ses travaux sur le soi. LaPiere démontre que le comportement et les attitudes ne correspondent pas toujours entre eux.
1935	Murchison publie le premier *Handbook of social psychology*.
1936	Fondation de la Society for the Psychological Study of Social Issues (groupe prônant l'étude de problèmes sociaux importants).
1939	Début de la Seconde Guerre mondiale.
1944	Lewin fonde le Research Center for Group Dynamics.
1946	Asch étudie la formation d'impressions.
1952	Asch publie ses travaux sur la conformité en groupe.
1953	Hovland publie ses travaux sur la persuasion et le changement d'attitude.
1954	Festinger formule sa théorie de la comparaison sociale.
1958	Heider publie *The psychology of interpersonal relations*.
1962	Schachter et Singer publient leur article sur les émotions.
1964	Berkowitz lance sa série *Advances in Experimental Social Psychology*.
1965	Le *Journal of Personality and Social Psychology* est fondé. Zajonc publie ses travaux sur la facilitation sociale.
1968	Latané et Darley commencent leurs travaux sur le comportement d'aide.
1971	Streufert fonde le *Journal of Applied Social Psychology*.
1972	Weiner publie la première version de sa théorie attributionnelle de la motivation à l'accomplissement.
1973	Gergen présente son examen critique de la discipline.
1975	Deci publie *Intrinsic motivation*.
1979	Bégin et Joshi publient *Psychologie sociale*, le premier ouvrage de psychologie sociale paru au Québec.
1982	Schneider fonde la revue *Social Cognition*.
1984	Fiske et Taylor publient le premier volume de *Social Cognition*.
1989	Kruglanski publie *Lay epistemology and human knowledge*.
1992	Wegner présente son modèle du processus ironique dans *Psychological Review*.
1994	Bourhis et Leyens publient *Stéréotypes, discrimination et relations intergroupes*.
1995	Triandis publie *Individualism and collectivism*.
1996	Eagly et Chaiken publient *The psychology of attitudes*.
1998	Gilbert, Fiske et Lindzey publient la quatrième édition du *Handbook of social psychology*.
2002	Cacioppo et ses collègues publient *Foundations in social neuroscience*.

(2004), c'est là peut-être le rôle essentiel d'une théorie. La théorie propose des hypothèses novatrices qui conduiront à de nouvelles recherches, qui enrichiront le bagage de connaissances sur un phénomène social bien précis. Elle permet de progresser dans les investigations sur le monde qui nous entoure.

Dans un cadre scientifique, les théories jouent un rôle capital. Elles rendent possible l'étude des relations entre certaines variables. Ces résultats, en retour, éclairent les chercheurs sur la valeur (ou la validité) de la théorie. Notons qu'une théorie peut être confirmée ou infirmée par les recherches. Cependant, elle demeure essentielle, même si elle est infirmée, car elle permet la réalisation d'études qui font avancer les connaissances sur un phénomène donné et qui mèneront ultimement à des modèles plus justes du comportement social.

Il est important de souligner qu'aucune théorie ne permet d'expliquer adéquatement tous les phénomènes sociaux. Il en va ainsi dans tous les secteurs scientifiques (par exemple, la théorie de la relativité d'Einstein ne peut expliquer le phénomène de

---

ENCADRÉ 1.3   La psychologie sociale au Canada et au Québec

La psychologie sociale a connu des débuts modestes au Canada. En effet, comme les autres secteurs de la psychologie, ses progrès ont été retardés parce que la discipline mère a été longtemps considérée comme une sous-discipline de la philosophie. Ce n'est donc qu'au début du siècle dernier que la psychologie sociale canadienne a pu se développer. Elle semble avoir principalement pris racine dans trois départements anglophones, soit ceux de l'Université McGill, de l'Université de Toronto et de l'Université de l'Alberta. Bien que l'Université de Toronto ait fondé son laboratoire de psychologie avant celui de McGill, il semble que le premier cours de psychologie sociale ait été offert dans ce dernier établissement en 1913 (Wright & Myers, 1982). Par la suite, la psychologie sociale aurait commencé à être enseignée à l'Université de Toronto au début des années 1920 et à l'Université de l'Alberta en 1925. L'ouvrage de William McDougall (1908) y était alors utilisé.

Le premier cours de psychologie sociale en français aurait été dispensé en 1942 à l'Institut de psychologie (maintenant le département de psychologie) de l'Université de Montréal. Le livre utilisé était *Social psychology* de LaPiere et Farnsworth (1942). Rédigé par un psychologue et un sociologue, cet ouvrage intégrait donc les perspectives psychologique et sociologique de la psychologie sociale. Par la suite, l'Université d'Ottawa offrit également des cours de psychologie sociale en français, suivie de l'Université Laval dans les années 1960.

Il est très difficile de désigner le moment et l'endroit où les premières recherches en psychologie sociale auraient été réalisées. Nous savons toutefois que des études sur l'acquisition de langues modernes et sur les délinquants ont été effectuées à l'Université de Toronto dès les années 1920, notamment par Blatz et MacPhee, et que la formation d'impressions a été étudiée par Luchins à l'Université McGill dès les années 1940.

Il est impossible de nommer le premier psychologue social au Canada, car la discipline était si différente à l'époque et notre information si incomplète que nous pourrions facilement nous tromper. Il semble toutefois que les Ketchum, Blatz et MacPhee (à l'Université de Toronto), dès les années 1920, et les Mailhot et Lussier à l'Université de Montréal, vers la fin des années 1940, aient été parmi les premiers psychologues sociaux anglophones et francophones, respectivement (Pinard, 1987, communication personnelle ; Wright & Myers, 1982). Par la suite, plusieurs psychologues sociaux sont venus se greffer sur les corps professoraux existant dans les diverses universités canadiennes, dont Wallace Lambert à l'Université McGill en 1957, John Arrowood à l'Université de Toronto, Brendan Rule à l'Université de l'Alberta en 1961, Robert Gardner et William McClelland à l'Université Western Ontario et Melvin Lerner à l'Université de Waterloo vers 1965.

Le développement de la psychologie sociale sur le plan francophone au Québec ne s'est fait que plus tard. En effet, malgré des tentatives entreprises dans les années 1940 à l'Université de Montréal, ce n'est que vers le milieu des années 1970 qu'un nombre plus important de psychologues sociaux ont commencé leurs travaux. Lise Dubé et Luc Lamarche (Université de Montréal), Guy Bégin et Purushottam Joshi (Université Laval), Yves Lafrenay et Paul Cowen (Université du Québec à Montréal) et plusieurs autres ont aidé au développement de la psychologie sociale par leur enseignement et leurs recherches. Les psychologues sociaux forment aujourd'hui un groupe imposant de chercheurs actifs dans tous les départements de psychologie au Québec et au Canada, ainsi que dans d'autres départements universitaires et certains services publics et gouvernementaux.

l'accélération des corps en chute libre). La tendance actuelle en psychologie sociale est d'utiliser des **minithéories** propres à des phénomènes précis, tels l'amour romantique, la solitude ou la motivation intrinsèque. Certains chercheurs déplorent l'absence de « métathéories » en psychologie sociale. Ainsi, selon Kruglanski (2004), de telles théories permettraient non seulement l'intégration des connaissances en psychologie sociale, mais aussi l'établissement de liens avec d'autres sciences sociales. L'avenir seul nous dira si les métathéories sont viables en psychologie sociale. Dans l'ensemble, les diverses théories existantes peuvent se regrouper selon leurs affinités et postulats sous trois grandes théories, soit la théorie des rôles, la théorie du renforcement et la théorie cognitive.

La théorie des rôles

Notons qu'il n'y a pas, à proprement parler, de théorie des rôles. Il s'agit plutôt d'un ensemble de postulats, de principes et d'hypothèses liés logiquement entre eux (Shaw & Costanzo, 1982). La **théorie des rôles** résulte principalement d'influences sociologiques. En effet, même s'il est possible de retracer ses débuts dans les conceptions de rôles théâtraux d'il y a plus de deux millénaires chez les Grecs, c'est George Herbert Mead (1913) qui rendit le concept de « rôle » populaire dans son analyse du soi en relation avec les gens qui l'entourent.

Selon la théorie des rôles, différents concepts individuels tels que les attitudes, la motivation et la personnalité ne figurent pas dans le cadre d'une analyse du comportement social. Ce dernier est plutôt expliqué grâce aux rôles, aux attentes et exigences des rôles, de même qu'aux habiletés exigées par les rôles et par les groupes de référence ayant une influence sur les participants dans des interactions sociales (Shaw & Costanzo, 1982). Dans la même idée macroscopique, et en contraste avec un aspect plus psychologique présent dans les deux autres grandes approches théoriques, la théorie des rôles accorde beaucoup d'attention aux réseaux sociaux et aux organisations.

Un rôle peut être défini comme « les fonctions remplies par une personne lorsqu'elle occupe une position particulière à l'intérieur d'un contexte social donné » (Shaw & Costanzo, 1982, p. 296). Chacun d'entre nous joue plusieurs rôles selon les contextes. Ainsi, en classe, vous pouvez être un étudiant modèle ; à la cafétéria, vous êtes peut-être la personne gloutonne qui mange tout ce qui lui passe entre les mains ; en amour, vous êtes cette personne douce et agréable qui sait tout donner ; enfin, dans les sports, vous êtes un adversaire coriace qui n'aime pas perdre. Ces rôles très diversifiés que nous sommes appelés à jouer constituent un reflet de ce que nous sommes. Ce serait donc une erreur de penser qu'il s'agit de faux comportements adoptés de façon à prétendre ou à faire semblant que nous sommes de telle ou telle façon. Bien au contraire, le concept du rôle renvoie ici à différents comportements exprimés en accord avec le contexte social dans lequel nous nous trouvons et selon la position que nous occupons dans un contexte précis.

Les attentes des gens à l'égard de notre rôle ainsi que nos propres attentes dans un contexte donné peuvent exercer des influences importantes sur notre comportement. Par exemple, le professeur en classe s'attend à ce que l'étudiant approfondisse le sujet du cours et non pas qu'il mange son hamburger tout garni ! De même, l'entraîneur s'attend à ce que l'athlète arrive prêt à faire face à l'autre équipe et non pas, guitare en main, prêt à exécuter un spectacle rock ! Les normes représentent des attentes encore plus généralisées concernant le comportement appris au cours du processus de socialisation (Cialdini & Trost, 1998). À titre d'exemple, je peux avoir des normes générales sur ce que les relations entre les hommes et les femmes doivent être d'après mon expérience acquise dans le cadre de relations spécifiques. Bien sûr, à l'intérieur de chaque contexte, il y a place pour de la latitude. Il demeure tout de même que les attentes et les normes à l'égard des rôles sont importantes pour spécifier le cadre acceptable des comportements pouvant être adoptés dans un contexte donné. À ce titre, elles peuvent donc exercer une influence considérable sur notre comportement, et plusieurs recherches s'y sont consacrées.

Vu la multitude des rôles à jouer chaque jour, il ne faut pas se surprendre si certains conflits surviennent. Des conflits de rôles se produisent lorsqu'une personne tient plusieurs rôles aux exigences incompatibles (**conflits interrôles**) ou qu'un rôle unique possède deux ou plusieurs attentes incompatibles entre elles (**conflit intrarôle**). Un adolescent qui se promène avec sa petite amie et qui soudainement la délaisse pour retrouver son groupe d'amis du même sexe fait preuve d'un comportement résultant d'un conflit interrôles. Par contre, l'étudiante qui doit décider si elle prépare son examen de psychologie sociale ou celui de psychologie du développement vit un conflit intrarôle (celui d'étudiante).

La théorie des rôles a mené à plusieurs recherches et minithéories en psychologie sociale. Ainsi les recherches sur les normes sociales (voir le chapitre 11) ainsi que celles sur le processus de communication (voir le chapitre 7) se rattachent à des positions théoriques faisant appel à des concepts reliés à la théorie des rôles. De même, les recherches et théories sur le soi ont fait usage de la théorie des rôles. Par exemple, les travaux de Mark Snyder (1987 ; Gangestad & Snyder, 2000) sur le concept de « monitorage de soi » — la tendance chez certaines personnes à contrôler la façon dont elles sont perçues par les autres — et ceux de Barry Schlenker (2003) sur la présentation de soi — le recours à divers comportements afin de créer l'impression désirée chez l'autre personne — constituent des exemples de minithéories prenant racine dans la position des rôles qui seront présentées au chapitre 3.

La théorie du renforcement

Il est possible de distinguer deux grands types de théories du renforcement et de l'apprentissage en psychologie sociale : la **théorie de l'apprentissage social** et la **théorie de l'échange social**.

La théorie de l'apprentissage social. En 1941, Miller et Dollard créaient les fondements de la théorie de l'apprentissage social. Leurs postulats étaient les suivants : l'imitation, comme la plupart des comportements humains, est apprise, et le comportement et l'apprentissage sociaux peuvent être compris grâce aux principes généraux de l'apprentissage. Miller et Dollard attribuaient un rôle central à l'imitation dans l'explication de l'apprentissage que fait le jeune enfant des divers comportements sociaux tels que le langage. Miller et Dollard ajoutaient que l'imitation était importante dans le maintien de la discipline et de la conformité avec les normes de la société. Ainsi le jeune enfant qui voit son grand frère obtenir une récompense parce qu'il a bien écouté à l'école essaiera d'en faire autant. Dans la mesure où il accomplit ce geste, il sera récompensé à son tour. L'imitation est devenue source de récompense, et la réponse imitée pourra se généraliser à une foule de situations.

Plus contemporain, Albert Bandura, chercheur canadien, maintenant professeur émérite à l'Université Stanford, a conçu une perspective plus globale de la théorie de l'apprentissage social. Selon lui (1986, 1996), le comportement social peut se produire par l'intermédiaire de conséquences directes (comme le renforcement) d'une réponse émise ou encore, plus fréquemment, par notre **observation vicariante** du comportement des autres. Dans ce dernier cas, le comportement de cette personne (appelée « modèle ») sert de source d'information. L'observateur peut par la suite utiliser cette information afin d'adopter le même comportement, même en l'absence de renforcement. Ce dernier fait a été démontré par Bandura et ses collègues à maintes reprises avec divers types de comportements sociaux (voir Bandura, Ross & Ross, 1963, pour un exemple classique concernant l'agression). Dans sa théorie, Bandura propose que certains processus cognitifs sont compris dans un tel apprentissage. En fait, une séquence de quatre étapes est proposée, soit les phases d'attention (regarder le modèle afin de savoir comment s'y prendre), de rétention (il s'agit alors de coder en mémoire le comportement observé, de l'organiser en mémoire et de le pratiquer mentalement), de reproduction motrice (il ne sert à rien d'observer un modèle faisant du ski acrobatique si l'on ne possède pas l'habileté motrice pour exprimer le comportement désiré !) et enfin la présence de renforcements (il s'agit ici des attentes de renforcements ; si l'on s'attend à se faire récompenser parce qu'on a vu le modèle recevoir une récompense ou parce que cette dernière nous a été promise, il y a des chances pour que nous reproduisions le comportement désiré).

La théorie de l'échange social. Cette théorie inclut des principes de renforcement ainsi que des notions d'économie dans son analyse du comportement social. Parmi les principes de la théorie, ceux des coûts et des bénéfices sont très importants. Ainsi nous sommes particulièrement intéressés par les relations interpersonnelles qui nous rapportent plus que ce qu'elles nous coûtent, alors que nous tentons d'éviter celles qui promettent d'être plus coûteuses que bénéfiques. Diverses positions théoriques appartenant à la théorie de l'échange social ont été proposées (par exemple Cook, 1987). Une des plus intéressantes est sans contredit celle de Thibaut et Kelley (Kelley & Thibaut, 1978 ; Kelley *et al.*, 2003). Ces chercheurs basent leur théorie de l'interdépendance sur le processus d'interaction — une situation qui se présente lorsque deux personnes agissent et réagissent entre elles, et lorsque les actions d'une personne peuvent avoir un effet sur l'autre personne. Afin d'analyser les résultats potentiels d'une interaction, Thibaut et Kelley ont proposé la matrice des résultats : il s'agit de juxtaposer les coûts et bénéfices, pour chacune des deux personnes, associés à la pratique de divers comportements faisant partie de leur relation interpersonnelle. Pour chaque combinaison d'actions, un résultat particulier peut être défini. Le comportement adopté devrait dépendre de l'analyse du résultat de la grille faisant la somme des différents coûts et bénéfices compris dans la relation en question.

Prenons un exemple. Une de vos amies qui suit avec vous le cours de psychologie sociale vous

téléphone. Vous lui aviez déjà promis d'aller faire du ski avec elle. Et voilà que c'est justement ce qu'elle vous demande. Elle s'est fait remplacer à son emploi de fin de semaine afin de pouvoir vous accompagner. Mais vous ne pensiez pas qu'elle vous inviterait si tôt et vous aviez prévu préparer votre examen de psychologie sociale (on ne peut que vous féliciter !). Pour vous, préparer votre examen est plus renforçant, alors qu'aller faire du ski est plus intéressant pour votre amie. Il semble donc que vous ayez un problème. Que faire ?

Selon Thibaut et Kelley, afin de comprendre le comportement des deux amis, il faut étudier les coûts et bénéfices prévus pour chacune des deux actions. Si vous étudiez, vous aurez la satisfaction du travail bien accompli et peut-être les notes qui s'imposent à l'examen (bénéfices). Par contre, vous aurez probablement des remords à la pensée d'avoir laissé tomber votre amie ainsi que d'avoir perdu une occasion en or de faire du ski, l'un de vos sports favoris (coûts). Pour votre amie, c'est un peu le contraire. Dans la mesure où elle pourra skier avec vous, elle sera très contente (bénéfices) alors qu'elle n'est pas du tout tentée de travailler durant la fin de semaine (coûts). Dans une telle situation d'échanges, les participants doivent calculer les coûts et bénéfices pour chaque combinaison d'actions et déterminer quel comportement sera le plus bénéfique pour les deux. Ainsi, dans notre exemple, vous pourriez faire reconnaître à votre amie que préparer l'examen de motivation procurerait le plus haut niveau de récompense et pour vous et pour elle (de meilleures notes à l'examen). Vous pourriez par la suite aller célébrer vos bons résultats à l'examen sur la piste de ski de son choix ! Vous pourriez aussi remettre le ski. Par contre, si aucune entente n'est possible, il se peut fort bien que vous commenciez à entrevoir la possibilité de terminer cette amitié pour en nouer une nouvelle avec une personne aux intérêts plus proches des vôtres. Dans un tel cas, le degré de comparaison des coûts-bénéfices entre la relation d'amitié nouvelle potentielle et celle avec votre amie serait mis en balance. Le ratio le plus élevé devrait dicter si une nouvelle amitié sera entreprise ou si l'ancienne sera poursuivie.

Dans l'ensemble, l'application des principes de renforcement à l'étude du comportement social a suscité un intérêt soutenu en psychologie sociale (voir Lott & Lott, 1985, pour un relevé à ce sujet). De tels principes ont été utilisés afin d'expliquer la formation d'attitudes envers les objets (Zanna, Kiesler & Pilkonis, 1970) et envers les gens qui nous entourent (Byrne, 1971). Par exemple, Byrne suggère que nous aimons les gens qui sont semblables à nous sur une variété de dimensions parce qu'une telle similitude est renforçante ou plaisante. Plusieurs autres phénomènes ont été étudiés sur la base de la théorie de l'échange social ; c'est le cas, entre autres, de la compétition, de la coopération, des relations interpersonnelles et conjugales, des relations de pouvoir et de marchandage et, enfin, de la négociation. Somme toute, l'approche du renforcement semble importante en psychologie sociale.

La théorie cognitive

Le terme « cognitif » fait référence à une orientation théorique générale qui met l'accent, dans son schème explicatif, sur les processus centraux tels que les pensées, les attentes, les attitudes, les attributions et autres structures internes (voir Shaw & Costanzo, 1982). Il se rapporte donc à des processus internes qui doivent être inférés et non observés.

Un certain nombre d'approches « cognitives » peuvent s'inscrire sous la bannière de la **théorie cognitive**. Une première renvoie à la position de la **Gestalt**, qui a été popularisée par Wertheimer, Koffka et Köhler dans les années 1930. Cette approche met l'accent sur les pensées et la perception active de la personne. La position gestaltiste postula le concept de l'*insight* et avança le postulat selon lequel « le tout est plus grand que la somme de ses parties ». Ce faisant, l'approche gestaltiste s'éloignait de l'analyse de stimuli et de réponses observables pour se diriger vers l'inférence de processus cognitifs internes. De plus, l'approche gestaltiste encourage la personne à avoir une cohérence intérieure. Les théories de la congruence cognitive (par exemple Festinger, 1957 ; Heider, 1946), représentent un exemple de ce type de théories. Elles permettent d'expliquer comment les changements d'attitudes surviennent. Selon ces dernières, nous désirons que nos différentes attitudes ou que nos attitudes, et nos comportements soient cohérents entre eux. Ils doivent avoir une bonne forme (une « gestalt »). Lorsque ce n'est pas le cas, nous sommes motivés à effectuer des changements. Les théories de la congruence cognitive diraient que vous avez changé votre attitude à l'égard de l'activité afin de rendre votre attitude cohérente avec votre comportement. Nous verrons ces théories au chapitre 6.

Une deuxième approche cognitive est celle de la **phénoménologie.** Selon cette approche, il est possible d'expliquer le comportement d'une personne uniquement en sachant comment elle perçoit le monde qui l'entoure. Qui plus est, les jumelages stimuli-réponses et autres apprentissages effectués dans le passé ne sont importants que dans la mesure où ils sont représentés en conscience ou influent sur les structures cognitives conscientes. L'approche phénoménologique propose donc que seules les cognitions en conscience (le « ici et maintenant »), durant un épisode quelconque, détermineront le comportement social d'un individu.

Une troisième position considérée est la **théorie du champ** de Kurt Lewin (Lewin, 1951). Celle-ci est étroitement reliée à l'approche phénoménologique et accorde beaucoup d'importance aux perceptions qu'ont les individus de leur environnement social ou ce que Lewin appelle « espace vital » (*life space*). Ce sont les perceptions des gens qui dicteront leurs comportements. Contrairement à l'approche phénoménologique, cependant, Lewin postule que l'élément de conscience n'est pas nécessaire pour que les perceptions et le sens donné aux divers stimuli sociaux dans l'espace vital influent sur le comportement social.

Enfin, l'approche du traitement de l'information (par exemple Shiffrin & Schneider, 1977) représente une dernière orientation théorique qui joue présentement un rôle prépondérant dans les recherches en psychologie sociale. Cette position théorique, issue de la psychologie cognitive, tient plutôt du paradigme de recherche que d'une théorie en soi. Elle établit une analogie entre l'ordinateur et l'être humain dans l'explication du fonctionnement cognitif de ce dernier. Ce faisant, cette approche propose qu'il faut distinguer les différents processus, dont la perception de stimuli, leur entreposage en mémoire à court et à long terme, le rappel et la prise de décision. De plus, tel un ordinateur, l'être humain peut traiter de l'information sans en être conscient. Cela a ouvert la porte à l'étude de l'inconscient et aux modèles et théories sociales cognitives pour les expliquer (par exemple Bargh & Ferguson, 2000 ; Wegner, 1994). Une telle perspective est particulièrement importante de nos jours, et ce, tant selon une perspective théorique que selon une perspective appliquée. Ainsi, des abus physiques déréglent le système de traitement d'information des enfants, ce qui amène ceux-ci à mal décoder les situations sociales dans lesquelles ils se trouvent et à réagir de façon agressive et violente à leur tour (Dodge *et al.*, 1995).

La théorie cognitive permet d'expliquer des situations qui semblent de prime abord incompréhensibles. Prenons un exemple. Vous venez de recevoir la note de votre premier examen en psychologie de du développement : 75 % ! Vous vous dites que ce n'est pas si mal, puisque vous n'avez pas trop étudié. Au même instant, vous entendez votre voisin de gauche laisser aller un cri de douleur ainsi qu'une bordée d'injures. Sans vouloir bousculer les choses, vous lui demandez sa note, et il vous répond sur un ton agressif : « 75 %, un vrai échec... » Vous sursautez. Comment la même note peut-elle produire des effets si différents chez deux personnes ? C'est, entre autres, ce type de phénomène que l'approche cognitive désire expliquer et peut élucider. La réponse, selon cette approche, réside dans la perception du résultat de l'examen et de ce qu'il représente pour l'étudiant, et non pas dans la note, ou dans l'aspect objectif du stimulus en tant que tel.

Les quatre positions théoriques cognitives présentées ci-dessus ont joué un rôle important dans la formulation des théories et modèles cognitifs plus contemporains. Et de nos jours, un grand nombre de formulations théoriques en psychologie sociale sont redevables à l'approche cognitive. Par exemple, la façon dont nous nous percevons nous-mêmes, ainsi que ceux qui nous entourent, fait nécessairement appel à des concepts cognitifs tels que les schémas, la mémoire, les prototypes et autres formes de cognitions sociales ; le concept des « attributions », c'est-à-dire la manière dont nous expliquons un événement qui survient dans notre vie, est très populaire en psychologie sociale et représente un autre concept cognitif important. Ces divers concepts seront abordés, entre autres, aux chapitres 3, 4 et 5.

Conclusion

Les théories cognitives, du rôle et du renforcement ont joué, et jouent encore, un rôle important en psychologie sociale. Même si elles mettent l'accent sur des processus différents, il reste que chacune des trois approches contribue à mieux faire comprendre divers comportements sociaux. De nos jours, l'approche cognitive est la plus populaire auprès des théoriciens et chercheurs. Néanmoins, les deux autres positions théoriques continuent d'exercer une influence notable dans le secteur.

LA PSYCHOLOGIE SOCIALE CONTEMPORAINE

Jusqu'ici, nous avons défini la psychologie sociale, effectué un survol de la psychologie sociale, de ses débuts à nos jours, et présenté les influences théoriques majeures. Il semble opportun, à ce stade-ci de notre discussion, d'aborder la psychologie sociale comme elle existe présentement, dans les années 2000.

Une science en pleine effervescence

Dans une période qui se caractérise par une explosion des connaissances, des découvertes et des publications (Adair & Vohra, 2003 ; Bok, 1986), la psychologie sociale est devenue l'un des domaines de recherche les plus actifs en psychologie et dans les sciences sociales. Plus d'une vingtaine de revues scientifiques existent en psychologie sociale. Les plus importantes sont, dans l'ordre : *Advances in Experimental Social Psychology* (monographie annuelle), *Journal of Personality and Social Psychology*, *Journal of Experimental Social Psychology* et *Personality and Social Psychology*. La plus influente de ces revues est le *Journal of Personality and Social Psychology*. Cette revue publie annuellement plus de 500 articles, qui sont cités aussi souvent que ceux des 10 autres revues d'importance en psychologie sociale combinées. Elle définit donc en bonne partie les directions de la discipline. Autant que nous sachions, seulement deux revues sont publiées en français : la *Revue internationale de psychologie sociale* et les *Cahiers internationaux de psychologie sociale*. Comme dans toutes les autres sciences, la langue de Shakespeare est la langue de communication en psychologie sociale.

Enfin, si l'on ajoute à ces diverses revues spécialisées celles qui accueillent des articles traitant de psychologie sociale, le nombre d'articles publiés annuellement relevant de cette dernière se chiffre facilement à plusieurs dizaines de milliers. La psychologie sociale est donc en pleine effervescence et occupe une place de choix en psychologie et dans les sciences sociales.

De plus en plus internationale

Les chercheurs américains ont dominé en psychologie sociale au cours des 50 premières années de la discipline (Jones, 1985), mais un changement important est en train de s'opérer. La discipline devient de plus en plus internationale : elle est maintenant enseignée dans la plupart des universités à travers le monde. De plus, les chercheurs non américains sont très actifs. Ainsi, des chercheurs canadiens font partie des comités éditoriaux des principales revues. Au fil des ans, les auteurs principaux qui publièrent dans le *Journal of Personality and Social Psychology*, la revue

de psychologie sociale la plus prestigieuse, provenaient de 45 pays différents. Le Canada se situe au premier rang de ces pays (autres que les États-Unis), devançant largement l'Allemagne, Israël, le Royaume-Uni, l'Australie et les Pays-Bas. Enfin, pour l'année 2000, pas moins de 30 % des premiers auteurs des articles publiés provenaient de l'extérieur des États-Unis (Quinones-Vidal *et al.*, 2004). Il ne fait aucun doute que la psychologie sociale s'internationalise, et l'apport du Canada et du Québec est notable.

Des thèmes diversifiés

Dans notre discussion sur l'évolution de la psychologie sociale, nous avons mentionné certains thèmes d'étude qui, selon les époques, avaient la cote de popularité auprès des chercheurs. Où en sommes-nous maintenant ? Tesser et Jopp Bau (2002) ont mené une analyse quantitative de textes importants publiés en 1996 et 1998 par les auteurs les plus cités en psychologie sociale. Leur étude révèle que les auteurs effectuent de la recherche sur huit grands thèmes, à savoir :

1) le soi ;
2) les cognitions sociales ;
3) les attitudes ;
4) les attributions et la motivation ;
5) les relations interpersonnelles ;
6) les influences sociales ;
7) les relations intergroupes et les stéréotypes ;
8) la culture et l'évolution.

L'analyse de Tesser et Jopp Bau est quelque peu limitée, mais elle donne tout de même un portrait assez précis de la situation actuelle. Les thèmes en question sont en effet très en vogue. C'est pourquoi nous accordons beaucoup de place à ces thèmes dans le présent volume. On pourrait aussi ajouter à ces thèmes ceux de l'influence de la personnalité sur le comportement social (Roberts & Pomerantz, 2004 ; Swann & Seyle, 2005) et de la psychologie sociale appliquée dans des secteurs aussi variés que la santé, la loi, l'éducation, le travail et le sport (voir Schneider, Gruman & Coutts, 2005). Ce qui relève de la **psychologie positive**, c'est-à-dire de la branche de la psychologie qui étudie les mécanismes qui permettent à l'être humain de fonctionner efficacement, est très en vogue (Seligman & Csikszentmihalyi, 2000 ; Sheldon & King, 2001).

En somme, les psychologues sociaux s'intéressent à de nombreux thèmes de recherche. Certains secteurs de recherche continuent d'être explorés, d'autres sont délaissés (voir Jones, 1985, pour une discussion des causes de ces changements), mais l'intérêt pour la recherche demeure, comme vous serez à même de le constater dans le présent ouvrage.

LES CARRIÈRES EN PSYCHOLOGIE SOCIALE

Certains d'entre vous se sont peut-être déjà posé des questions telles que celles-ci : « Y a-t-il de l'emploi en psychologie sociale ? Quels types d'emplois y trouve-t-on ? Que faut-il faire pour faire carrière dans cette discipline ? » Nous tenterons de répondre à ces questions.

Comme la plupart d'entre vous le savent fort probablement, le baccalauréat en psychologie n'est pas terminal en soi. C'est dans des études doctorales que l'étudiant en psychologie va puiser la spécialisation et les compétences nécessaires à un emploi à venir. Il n'en est pas autrement en psychologie sociale. Après l'obtention d'un baccalauréat en psychologie, l'étudiant désireux de faire carrière en psychologie sociale doit donc poursuivre des études spécialisées dans cette discipline. Dans la plupart des universités en Amérique du Nord et en Europe, ce cheminement suppose des études d'une durée de quatre ou cinq ans menant à l'obtention du doctorat (Ph. D.).

Le domaine de la psychologie sociale représente un secteur fort populaire de la psychologie. À preuve, une étude de l'American Psychological Association (APA) révèle que la psychologie sociale se situait au troisième rang, derrière la psychologie clinique/counseling et la psychologie de l'éducation pour le nombre de doctorats accordés au cours de l'année 1996. La psychologie sociale est devenue de plus en plus populaire auprès de la gent féminine au cours des dernières années : alors que seulement 25 % des docteurs en psychologie sociale en 1975 étaient des femmes, ce pourcentage a grimpé à 63 % en 1996.

En ce qui concerne les perspectives d'emploi en psychologie sociale, elles semblent intéressantes. En effet, une autre étude de l'APA auprès des diplômés de 2001 révèle que 83 % des étudiants ayant un doctorat en psychologie sociale se trouvent un emploi à temps plein en psychologie. On remarque aussi que la majorité des emplois en psychologie sociale concernent l'enseignement et la recherche (67 %), avec des postes de professeurs ou de scientifiques en milieu universitaire ou collégial. Ce pourcentage est le plus élevé de tous les secteurs de spécialisation en psychologie. La fonction publique et les organismes gouvernementaux attirent aussi des diplômés.

Enfin, après leurs études doctorales, plusieurs étudiants en psychologie sociale suivent un stage postdoctoral de une ou deux années pour parfaire leur formation en recherche. La tendance est assez marquée. Les étudiants peuvent ainsi mener de nouvelles recherches et avoir l'occasion de publier leurs travaux et accroître, ce faisant, leurs chances de dénicher un emploi dans le secteur de l'enseignement et de la recherche. Cette tendance s'observe peu chez les diplômés se dirigeant vers le secteur public ou privé.

RÉSUMÉ

Malgré plusieurs analyses populaires intéressantes, nous avons vu qu'une analyse intuitive du comportement social fait souvent problème. Une analyse scientifique du comportement social est donc requise afin de permettre une vision éclairée des divers phénomènes qui nous préoccupent. Dans cette optique, la psychologie sociale peut être définie sommairement comme la discipline scientifique qui essaie de comprendre le comportement humain en contexte social.

Bien que l'interprétation du comportement social remonte à plusieurs millénaires, l'étude scientifique de ce dernier est plutôt récente. En fait, la psychologie sociale n'a vraiment émergé comme science que dans les premières décennies du XXe siècle, et même beaucoup plus tard au Québec. Une fois lancée, en revanche, la discipline s'est développée à un rythme fulgurant. L'aspect social étant omniprésent dans notre vie, les chercheurs en psychologie sociale se sont donc intéressés à une foule de phénomènes. Dans ce cadre de référence, les années 1960 ont fort probablement marqué la discipline, les chercheurs se mettant à la poursuite de nombreux thèmes qui sont encore étudiés de nos jours, tels que les perceptions sociales, l'attraction interpersonnelle et l'amour, l'agression et les attributions. De plus, les intérêts pour les applications des connaissances devinrent plus marqués. Au cours des décennies suivantes, ces tendances se sont amplifiées et d'autres sont apparues, en particulier celles qui consistent à étudier les cognitions inconscientes et à prendre en compte les neurosciences sociales.

De nos jours, la psychologie sociale est devenue un secteur de recherche en pleine effervescence. Une multitude de phénomènes sont étudiés, et plusieurs minithéories ont été formulées pour les expliquer. De plus, la psychologie sociale est nettement marquée par une orientation internationale et offre des perspectives d'emploi fort intéressantes.

BIBLIOGRAPHIE spécialisée

CACIOPPO, J.T. *et al.* (2002). *Foundations in social neuroscience.* Cambridge, Mass. : MIT Press.

FARR, R.M. (1996). *The roots of modern social psychology.* Oxford, G.-B. : Blackwell.

GILBERT, D., FISKE, S. & LINDZEY, G. (1998). *The handbook of social psychology*, 4e éd. New York : Random House, 2 vol.

HEWSTONE, M. & BREWER, M. (dir.) (2001). *Blackwell handbook of social psychology.* Oxford, G.-B. : Blackwell, 4 vol.

MOSKOWITZ, G.B. (2005). *Social cognition : Understanding self and others.* New York : Guilford.

SCHNEIDER, F.W., GRUMAN, J.A. & COUTTS, L.M. (dir.) (2005). *Applied social psychology : Understanding and adressing social and practical problems.* Londres : Sage.

LIENS INTERNET

Society for Personality and Social Psychology :
http ://www.spsp.org/index.html
(La plus grande organisation dédiée à la psychologie sociale avec plus de 4 000 membres.)

Social Psychology Network :
http ://www.socialpsychology.org
(Site qui donne un bon aperçu de la discipline.)

Questions

DE RÉVISION

1. Pourquoi l'approche intuitive utilisée par « monsieur et madame Tout le Monde » pour expliquer le comportement social est-elle incomplète et parfois erronée ?

2. Qu'est-ce que la psychologie sociale ?

3. Nommez au moins trois caractéristiques de la psychologie sociale.

4. Nommez les quatre niveaux d'analyse utilisés en psychologie sociale.

5. Qui a réalisé la première étude expérimentale en psychologie sociale et sur quel phénomène portait-elle ?

6. Qui considère-t-on comme le père de la psychologie sociale ? Donnez au moins deux raisons qui justifient cette appellation.

7. Nommez trois nouvelles tendances que l'on observe actuellement en psychologie sociale.

8. Nommez au moins deux fonctions des théories.

9. Nommez les trois grands types de théories que l'on retrouve en psychologie sociale.

10. Nommez les principaux milieux de travail des psychologues sociaux.

CHAPITRE 2

Les méthodes de recherche en psychologie sociale

Robert J. Vallerand

Laboratoire de recherche
sur le comportement social
Université du Québec
à Montréal

psychologie sociale

ous aviez donné votre nom pour participer pour la première fois à une étude en psychologie sociale, et voici arrivé le grand jour ! Vous vous trouvez maintenant devant le local où se déroulera l'expérience. Vous vous demandez ce qui va bien pouvoir se passer et vous cognez à la porte. Un homme vous ouvre : « C'est pour l'expérience sur les attitudes personnelles ? » Vous hochez la tête. « Si tu veux me suivre. » Vous entrez dans un cabinet de travail. L'expérimentateur vous demande de vous asseoir et vous explique que « le but de la recherche est d'en savoir plus sur les attitudes personnelles des étudiants en milieu universitaire. La recherche se fera en deux temps. Premièrement, tu auras à répondre à un court questionnaire et à rédiger un court texte sur la parabole du bon Samaritain. Tu connais la parabole dans la Bible où un Samaritain trouve sur son chemin une personne blessée, s'arrête et en prend soin ? Vous faites signe que oui. Il s'agit d'écrire ce que tu ressens en pensant à cette histoire. La suite de l'expérience se fera dans un autre immeuble au bout du campus. Des questions ? O.K., je quitte le local et te laisse répondre au questionnaire. » Quelques minutes plus tard, l'expérimentateur revient, et vous lui remettez le questionnaire dûment rempli. Il regarde sa montre et vous dit : « Ah ! mon dieu ! On a pris du retard. Il est déjà 9 h 20 et l'autre expérimentateur t'attend dans 10 minutes. Puisqu'il faut au moins ce temps pour te rendre au local en question, tu dois te dépêcher. Pas le temps de flâner ! Il faut que tu te rendes au pavillon Casgrain, local 4321. Des questions ? Très bien, vas-y ! » Vous partez immédiatement en regardant votre montre. Tout à coup, sur votre chemin, vous voyez un étudiant par terre qui semble mal en point. Il gémit. Vous hésitez, vous ne savez si vous devez l'aider. Vous regardez encore votre montre... plus que trois minutes pour vous rendre à l'autre local. Vous regardez l'étudiant de nouveau, puis vous vous dites que vous n'avez malheureusement pas le temps de l'aider et que quelqu'un d'autre viendra sûrement lui porter secours. Même si vous vous sentez un peu mal à l'aise, vous vous dirigez tout de même vers le pavillon Casgrain. Un expérimentateur vous y attendait. Il vous dit que l'expérience est terminée et vous demande de le suivre dans son bureau pour vous expliquer le déroulement de l'expérience et ses hypothèses de recherche. Un peu déconcerté, vous suivez l'expérimentateur en vous demandant ce qui a bien pu se passer dans cette expérience.

INTRODUCTION

Comme toute science, la psychologie sociale possède ses méthodologies et techniques propres lui permettant d'effectuer des découvertes scientifiques sur le comportement social. Ces techniques sont diverses et variées. Ainsi, certaines études sont faites en laboratoire, d'autres en milieu naturel. C'est le cas de la mise en situation présentée plus haut, qui portait sur le comportement d'aide (voir l'étude classique de Darley & Batson, 1973, traitée au chapitre 10). Il existe en fait de multiples façons d'étudier le comportement social. C'est ce que nous verrons dans ce chapitre. De façon spécifique, nous traiterons donc de la formation des hypothèses, de certains concepts fondamentaux, des devis et des techniques de recherche, de la mesure de la variable dépendante, des analyses statistiques des données, de l'interprétation des résultats et de certains thèmes particuliers. Nous aimons à penser que l'exposé que nous allons faire facilitera votre compréhension des chapitres ultérieurs et vous disposera à poursuivre votre lecture.

LES ÉTAPES DE RECHERCHE EN PSYCHOLOGIE SOCIALE

Les chemins qui mènent au savoir sont nombreux et diversifiés. Même s'il existe effectivement maintes façons de mener des études sur le comportement social, il n'en demeure pas moins qu'une certaine « philosophie » de travail les sous-tend (Cook & Groom, 2004 ; Fiske, 2004 ; Vallerand *et al.*, 2000). Cette philosophie propose que le comportement social peut être étudié scientifiquement et qu'il existe une façon logique de procéder dans un tel cadre. L'approche scientifique utilisée en psychologie sociale comprend au moins cinq étapes : 1) la formulation d'hypothèses ; 2) le choix d'une méthode de recherche ; 3) le choix d'une mesure du phénomène à l'étude ; 4) l'analyse statistique des données ; et 5) l'interprétation des résultats. Ces étapes sont illustrées à la figure 2.1. À ces étapes, on peut ajouter la diffusion scientifique des résultats, mais cette étape ne sera pas abordée dans le présent chapitre (sur ce sujet, voir Doré & Goulet, 2000 ; Vallerand *et al.*, 2000). On remarque, dans la figure, que les diverses étapes sont présentées dans un ordre temporel séquentiel allant de la formulation des hypothèses à l'interprétation des résultats. Chacune des étapes influe sur la suivante. Ce fait est représenté par les flèches unidirectionnelles qui unissent les différentes étapes les unes aux autres. Cependant, les choses sont rarement aussi simples. Il est plutôt rare que le choix effectué à une étape ne soit pas influencé par les possibilités (avantages et désavantages) offertes par les étapes ultérieures de la démarche scientifique. En d'autres termes, les choix opérés au cours des différentes étapes ne sont que rarement linéaires et unidirectionnels. Le chercheur expérimenté considère l'ensemble de la démarche et les conséquences des diverses possibilités à tous les niveaux avant de décider comment réaliser l'ensemble de l'étude envisagée. Cette réalité est représentée par les flèches reliant les étapes « ultérieures » aux étapes « antérieures ». Examinons maintenant chacune de ces étapes de recherche.

FIGURE 2.1   Étapes de la recherche en psychologie sociale

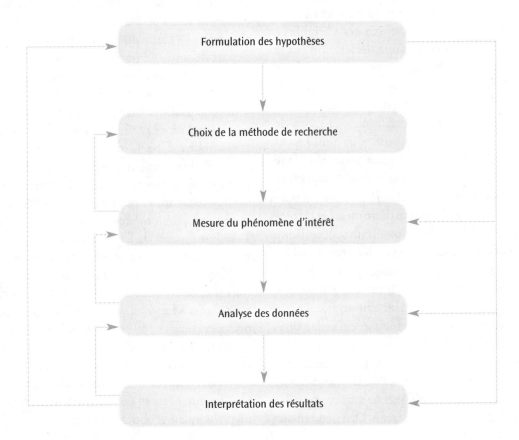

LA PHASE DE LA FORMULATION DES HYPOTHÈSES

Quand j'étais doctorant, l'une de mes plus grandes craintes était qu'après l'obtention de mon doctorat je devienne incapable de trouver des idées originales. Mais, peu de temps après ma nomination comme professeur adjoint, j'ai découvert que le problème était non pas de concevoir des idées, mais de reconnaître celles qui méritaient d'être étudiées. (Mark Zanna, 2004, p. 210 ; M. Zanna est professeur à l'Université de Waterloo en Ontario et directeur de la publication de la prestigieuse série *Advances in Experimental Social Psychology* ; traduction libre.)

Qu'est-ce qu'une hypothèse de recherche ?

La première étape dans le processus de recherche, quel que soit le secteur, consiste à formuler une ou plusieurs hypothèses de recherche. Une **hypothèse** de recherche représente un « énoncé conjectural de la relation entre deux ou plusieurs variables » (Kerlinger, 1973). Il s'agit d'une déclaration sur la nature de la relation entre certaines variables. Un tel énoncé entraîne des conséquences directes pour la recherche (Philippot, 2000). Plus particulièrement, il apporte des indications concernant la façon de tester l'hypothèse. Par exemple, si nous nous reportons à la mise en situation du début, l'énoncé : « Être pressé diminue le comportement d'aide » constitue une hypothèse parce qu'il établit la nature de la relation entre deux variables (le fait d'être pressé et le comportement d'aide). De plus, l'énoncé indique comment vérifier la relation entre les deux variables (il s'agirait de vérifier si effectivement les gens pressés aident moins autrui que ceux qui ont tout leur temps).

Les hypothèses se révèlent importantes pour au moins deux raisons. Premièrement, elles dirigent la réalisation de recherches en précisant quelles variables doivent être étudiées et la nature de la relation qui devrait exister entre les variables en cause. Sans hypothèses, les scientifiques ne sauraient quelles variables étudier et de quelle façon. Deuxièmement,

parce qu'elles sont souvent issues de théories, les hypothèses permettent d'accroître les connaissances scientifiques. En effet, si une hypothèse issue d'une théorie donnée est infirmée, ce démenti indique que la théorie en question n'est pas adéquate. De tels résultats permettent de relancer les recherches sur des pistes plus fructueuses.

Donc, dans l'ensemble, les hypothèses de recherche sont indispensables pour la réalisation de recherches scientifiques, car elles représentent le lien entre la théorie et l'étude empirique des relations entre diverses variables. Certains chercheurs pensent même que l'on accorde trop d'attention à la réalisation de la recherche, et pas assez à l'étape préalable de la formulation des hypothèses (Ellsworth, 2004). Nous discuterons de ce point plus loin.

D'où proviennent les hypothèses de recherche ?

On entend souvent les chercheurs débutants s'exclamer : « Mais où diable prenez-vous vos idées de recherche ? » Cette question représente le point de départ de toute démarche scientifique.

Plusieurs propositions ont été formulées afin d'expliquer comment des hypothèses de recherche sont conçues. Silverman (1977), par exemple, affirme que la curiosité et l'observation du chercheur sont essentielles dans la démarche conduisant à la construction d'une hypothèse. À titre d'exemple, un psychologue social amateur de sport pourra sans doute observer des phénomènes intéressants dans ce secteur, phénomènes que sa curiosité l'amènera à vouloir étudier de façon scientifique par la suite. En fait, c'est exactement ce qui est arrivé dans le cas de Norman Triplett et de son étude sur la facilitation sociale évoquée dans l'encadré 1.1 du chapitre précédent. « Les cyclistes sont-ils plus rapides en présence d'autres cyclistes que seuls ? » s'est demandé Triplett. Il a par la suite mené sa célèbre recherche en laboratoire.

Dans d'autres situations, le processus peut être plus fortuit. C'est le cas lorsqu'un chercheur étudie un phénomène et obtient des résultats inattendus par l'effet du hasard ou des résultats qui se rapportent à un autre phénomène. Bon nombre de découvertes en psychologie sont arrivées de cette façon ; c'est le cas du conditionnement classique (Pavlov, 1927) et de la résignation acquise (Seligman, 1975).

Dans une analyse du secteur de la psychologie sociale, McGuire (1973, 1999) a déterminé un certain nombre de façons d'établir des hypothèses de recherche. Les approches, au nombre de neuf, sont décrites dans le tableau 2.1. Elles ont toutes été utilisées en psychologie sociale. Parmi celles-ci, les plus populaires sont sûrement l'approche hypothético-déductive (n° 4), où le lien entre la théorie et l'observation empirique est permis par l'hypothèse (sur ce sujet, voir le tableau 2.1) ; la tentative d'expliquer des résultats conflictuels (n° 5) ; et l'explication d'incidents surprenants (n° 2). Il est à remarquer que certaines approches sont issues de la vie de tous les jours : le psychologue social curieux et ouvert à son environnement saura y puiser sa juste part d'hypothèses de recherche. D'autres approches, par contre, exigent énormément de travail de la part du chercheur (les approches n°ˢ 1, 4, 5 et 8, par exemple). Quelle que soit la technique génératrice utilisée, l'important est de poser la bonne question. L'hypothèse de recherche représente la fondation de l'édifice scientifique. Si les fondations sont solides, la démarche scientifique le sera aussi fort probablement. Par contre, si les fondations sont fragiles, c'est-à-dire si l'hypothèse est mal formulée, le processus scientifique de la recherche en cours pourrait vaciller, voire s'écrouler, et engendrer ainsi une perte énorme d'efforts et d'argent pour le chercheur et pour la communauté scientifique.

LES CONCEPTS FONDAMENTAUX PRÉALABLES

Une fois l'hypothèse de recherche formulée, il reste à la vérifier. Cette étape suppose que l'étude qui cherche à vérifier l'hypothèse en question soit bien menée, car c'est elle qui déterminera le choix du test approprié. Dès lors, le devis de recherche, les mesures du phénomène d'intérêt utilisées ainsi que les analyses statistiques doivent être adéquats. Certains concepts fondamentaux préalables doivent donc être acquis. C'est vers ces derniers éléments que nous nous tournons maintenant.

Les variables dépendantes et les variables indépendantes

La réalisation d'une étude nécessite la sélection de variables permettant la mise en relation des concepts impliqués dans l'hypothèse à l'étude. Celles-ci sont de deux types, soit les variables dépendantes et les variables indépendantes. Prenons le cas du comportement d'un participant mesuré par l'expérimentateur et mis en relation avec une autre variable. Le comportement du participant sert alors de **variable dépendante**. Par contre, d'autres variables, appelées **variables indépendantes**, sont des facteurs contrôlés ou manipulés par l'expérimentateur, et qui peuvent être perçus comme la cause du comportement du participant. Ces deux types de variables vont de pair, puisque les variables dépendantes ne sont que mesurées alors que les variables indépendantes sont contrôlées et variées par l'expérimentateur afin de vérifier si elles constituent des causes de la variable dépendante. En fait, la variable dépendante, comme son nom le suggère, dépend de la variable indépendante.

Par exemple, un chercheur peut manipuler le succès ou l'échec (variable indépendante), et voir leurs effets sur la motivation intrinsèque (ou le fait de faire une activité par plaisir ; voir le chapitre 3). La motivation intrinsèque constitue alors la variable dépendante. La motivation intrinsèque dépend (sera plus ou moins élevée) du succès ou de l'échec vécu. Au contraire, des chercheurs étudiant la relation entre la perception de succès ou déchec et la motivation intrinsèque (voir Vallerand, 1997, pour un résumé de leurs études) n'utilisent pas de variable indépendante, mais ne font que mettre en relation deux variables dépendantes. Cette différence dans la façon de procéder ne rend pas la première approche nécessairement supérieure à la seconde. Tout dépend du but de l'étude. Il se révèle parfois impossible, sur les plans tant pratique que déontologique, de manipuler certaines variables et donc d'utiliser une variable indépendante. Que penseriez-vous d'un chercheur qui manipulerait (ou induirait) la dépression clinique (élevée chez certains patients et basse chez d'autres) afin d'étudier ses effets sur la prise de décision ? Cela serait inacceptable. En revanche, il est tout à fait acceptable de mesurer la dépression déjà existante chez certaines personnes et de mettre en relation cette mesure avec des indices de prise de

TABLEAU 2.1   **Différentes façons de bâtir une hypothèse de recherche**

1. Approfondir une étude de cas

Janis (1972) a étudié en profondeur différents fiascos, dont celui de la baie des Cochons à Cuba, résultant de discussions de groupe, ce qui l'a amené à proposer une théorie sur la pensée de groupe. Kelman et Hamilton (1989) ont fait de même avec divers crimes d'obéissance.

2. Chercher à expliquer un événement paradoxal ou surprenant

Darley et Latané (1968) ont cherché à expliquer pourquoi les témoins du meurtre de Kitty Genovese n'ont rien fait pour aider celle-ci. Ils ont postulé des hypothèses concernant la diffusion de responsabilité en présence d'autres personnes.

3. Établir une analogie

En se servant d'un modèle cybernétique comme exemple, Carver et Scheier (1981, 1998) ont postulé un modèle sur l'autorégulation.

4. Approche hypothético-déductive

Ici le chercheur combine un certain nombre de principes provenant de recherches antérieures et, par l'intermédiaire de méthodes logiques et déductives, arrive à des prédictions. Par exemple, Baumeister *et al.* (2005) se sont basés sur les travaux antérieurs de Baumeister et Leary (1995) traitant du besoin fondamental d'affiliation pour prédire et démontrer que le fait d'être rejeté par les autres entraîne un dérèglement et donc une diminution de la performance au cours d'une activité réalisée à la suite du rejet.

5. Essayer d'expliquer des résultats conflictuels

Jusqu'en 1965, les écrits sur la facilitation sociale démontraient que la présence des autres pouvait parfois faciliter la performance alors que, dans d'autres circonstances, elle pouvait lui nuire. Zajonc a émis l'hypothèse que cela était dû à des habitudes différentes chez les participants en accord avec la théorie du *drive* de Hull. Zajonc a ainsi résolu un problème épineux en psychologie sociale.

6. Approche fonctionnelle ou adaptative

Le chercheur observe un phénomène et postule certains mécanismes psychologiques afin d'expliquer son occurrence. Par exemple, Roy Baumeister s'est rendu compte qu'il avait moins d'énergie immédiatement après avoir fait une tâche qui demandait de la retenue. Cela l'a amené à élaborer son modèle de la perte d'énergie de l'ego (voir Baumeister & Vohs, 2003), suivant lequel le fait d'exécuter une première action nécessitant de la retenue (par exemple s'abstenir de manger des biscuits au chocolat quand on a faim) entraîne une baisse de rendement dans l'action qui suit.

7. Réduire l'étude de certaines variables à certaines composantes de cette relation

Un chercheur peut décider d'étudier certaines composantes d'un phénomène au lieu d'étudier le phénomène au complet. À titre d'exemple, au lieu d'étudier le phénomène de la prophétie qui s'autoréalise (un professeur croit qu'un étudiant n'est pas brillant, et ce dernier éprouve finalement des problèmes en classe), un certain nombre de chercheurs ont étudié quelques éléments de la chaîne causale, comme le type de rétroaction verbale que des professeurs donnent à des étudiants jugés brillants et à d'autres considérés comme médiocres (voir Rosenthal, 2003).

8. Chercher à expliquer des exceptions dans des résultats généraux

Ce type d'approche de génération d'hypothèses est très populaire en psychologie sociale. Ainsi, une étude conduite après celle qui concerne la mise en situation a révélé que l'effet négatif qu'a le fait d'être pressé sur le comportement d'aide ne s'observe que dans des situations importantes (Batson *et al.*, 1978).

9. Analyser le fonctionnement de certaines personnes habiles

Cialdini a suivi des cours pour devenir vendeur d'automobiles ; il voulait ainsi déterminer comment les vendeurs arrivent à leur fin. Par la suite, dans les recherches qu'il a conduites, il a testé différentes hypothèses, en particulier celles de la stratégie de la porte dans la face et de la faveur déguisée (voir Cialdini, 2001).

décision. Bien que cette façon de procéder ne soit pas parfaite pour inférer la présence de causalité entre les deux construits, les chercheurs possèdent au moins certains résultats qui, lorsqu'ils sont confirmés dans d'autres études et avec d'autres méthodes, peuvent les amener à mieux comprendre le phénomène à l'étude.

Le concept de validité

Afin de pouvoir utiliser les résultats d'une étude en toute confiance, il est nécessaire de démontrer que cette dernière est valide. On a établi différents types de validité (voir Brewer, 2000 ; Hess *et al.*, 2000), mais trois méritent notre attention. Un premier type fait référence à la **validité de construit** ou validité théorique (voir Westen & Rosenthal, 2003). Cette dernière représente le degré de correspondance entre les variables dépendantes et indépendantes utilisées dans l'étude et les concepts postulés dans l'hypothèse de recherche. Ainsi, si l'on désire étudier l'agression, il faut s'assurer que les variables mesurent bien ce concept, et non quelque chose de similaire, mais non équivalent telle que l'affirmation.

Un deuxième type de validité concerne la **validité interne** de l'étude. Une étude possède un haut niveau de validité interne lorsque les résultats obtenus sont dus uniquement aux variables manipulées (variables indépendantes) par l'expérimentateur. Cela implique que ce dernier a pris toutes les précautions qui s'imposent afin de contrôler l'effet indésirable d'autres variables. Un problème qui

---

ENCADRÉ 2.1   Théorie et recherche en psychologie sociale

Comme nous l'avons vu au chapitre 1, la psychologie sociale ne se limite pas à une étude intuitive, mais utilise une perspective scientifique afin de décrire, de comprendre, d'expliquer et de prédire le comportement social. Dans un tel cadre, les **théories** jouent un rôle de tout premier plan. En effet, parce qu'elles permettent, par déduction logique, d'émettre des prédictions concernant le comportement, les théories offrent la possibilité de proposer des hypothèses relatives aux relations entre diverses variables d'intérêt. Ainsi, si votre théorie postule que les gens heureux rendent les gens autour d'eux heureux, cela vous conduirait à formuler l'hypothèse suivante : les gens qui interagissent avec des personnes heureuses seront plus heureux que ceux qui interagissent avec des personnes tristes. Vous pourriez alors étudier des étudiants heureux et tristes à l'université, et comparer leurs effets sur l'humeur des autres étudiants avec lesquels ils interagissent. Votre théorie vous aura donc permis de concevoir une hypothèse qui pourra par la suite être étudiée dans une recherche.

Toutefois, il ne faudrait pas croire que les théories ne font qu'engendrer des hypothèses : elles se nourrissent aussi des résultats empiriques. En fait, les théories représentent des généralisations de résultats empiriques. Par processus d'induction logique, elles sont initialement émises afin d'expliquer des observations empiriques, puis progressivement modifiées dans le but de rendre compte de nouvelles observations. Les recherches alimentent les théories, même lorsqu'elles ne les soutiennent pas. En effet, les théories ne peuvent pas tout expliquer, et il devient important d'établir leurs limites. En somme, une relation bidirectionnelle existe entre les formulations théoriques et la recherche.

Enfin, même les recherches appliquées peuvent éclairer les théories. Parce que la plupart des recherches portant sur des thèmes appliqués ont pour prémisse une perspective théorique qui les guide, les résultats de telles recherches ont une incidence fort importante sur les théories. En effet, si une recherche appliquée guidée par une théorie quelconque mène à des résultats conformes aux prédictions de la théorie, les résultats appliqués apportent un soutien majeur à celle-ci. Par exemple, la théorie de l'autodétermination (Deci & Ryan, 1985) prédit que la motivation intrinsèque (le fait d'accomplir une activité par plaisir) amène les individus à persister dans une activité. Dans la mesure où une recherche démontre qu'un programme favorisant le maintien de ce type de motivation chez des étudiants qui risquent d'abandonner leurs études enraye effectivement l'abandon des études, un soutien empirique pour la théorie est produit.

Comme on peut le voir, la théorie se situe au cœur même de la recherche en psychologie sociale, que cette recherche soit de nature fondamentale ou appliquée. Vous serez à même de vous en rendre compte dans les différents chapitres du volume.

survient à l'occasion en recherche réside dans le fait qu'une variable autre que celle qui est manipulée par l'expérimentateur covarie avec le traitement expérimental. C'est ce qu'on appelle l'effet de confusion. La validité interne de l'étude se révèle alors si faible qu'il devient impossible de déterminer avec certitude si les résultats sont dus à la variable indépendante ou à un autre facteur. Ainsi, dans l'exemple de la figure 2.2, si vous essayez toutes les stratégies indiquées, il vous sera impossible de déterminer pourquoi votre récital de musique a été un succès, car trop de variables covarient. Il faudrait plutôt en faire varier une à la fois afin de déterminer laquelle produit l'effet escompté sur votre rendement.

Enfin, un troisième type de validité concerne le degré de généralisation des résultats d'une étude donnée. Elle est appelée **validité externe**. Bien que l'on distingue plusieurs types de validité externe (voir Brewer, 2000), typiquement, on s'intéresse surtout à la généralisation des résultats à une population beau-coup plus vaste que celle sur laquelle porte la recherche (la validité écologique) ainsi qu'à d'autres variables dépendantes et indépendantes (la solidité des résultats et la possibilité de les reproduire). Alors que, dans certaines disciplines comme la chimie, la physique et autres sciences pures et appliquées, l'aspect de validité externe ne joue pas un rôle particulièrement important, il en va tout autrement en psychologie sociale. En effet, puisque cette dernière étudie les gens en interaction, il est nécessaire que les individus choisis soient bel et bien représentatifs de la population générale (« monsieur et madame Tout le Monde ») afin d'éviter la situation fâcheuse où les résultats de l'étude ne seraient valables que pour les participants à l'étude (sur ce sujet, voir Sears, 1986). Il en va de même avec le choix de variables dépendantes et indépendantes. Dans la mesure où les résultats ne sont obtenus qu'avec un seul type de variable indépendante et une seule mesure de variable dépendante, nous sommes en droit de douter de la validité externe

FIGURE 2.2 **Un exemple de l'effet de confusion**

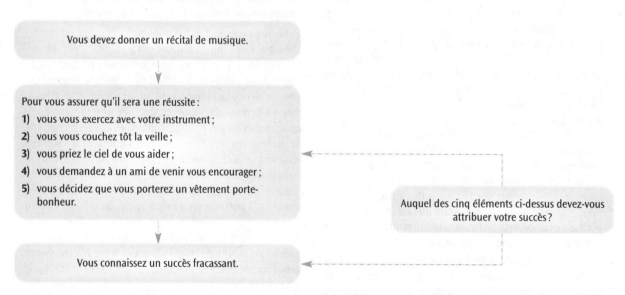

Lorsque plusieurs variables susceptibles d'influer sur le comportement ont l'occasion de varier en même temps, il devient difficile de déterminer laquelle a produit les effets obtenus. Afin d'éviter une telle confusion, les psychologues sociaux essaient toujours de tenir constants les facteurs autres que la variable indépendante dans leurs expériences.

Source : Adapté de Baron & Byrne (1981).

des résultats : ils semblent se produire dans des situations extrêmement limitées et ils ne sont probablement pas très importants. La seule façon de s'assurer que les résultats obtenus possèdent un haut niveau de validité externe consiste à mener plusieurs études avec diverses populations, dans plusieurs situations et avec des méthodologies différentes. La convergence des résultats atteste alors la validité externe de l'étude et permet de croire à la généralité de ces derniers. Cette pratique est fort répandue en psychologie sociale, car, dans les principales revues, règle est qu'un article rende compte de plus d'une étude. La possibilité de généraliser les résultats est alors accrue.

Le concept de fidélité

Généralement, le concept de fidélité est utilisé dans le cadre de notions psychométriques reliées à l'élaboration d'instruments de mesure par questionnaire ou par observation. Un instrument de mesure démontre de la **fidélité** (ou fiabilité ; voir Hess *et al.*, 2000) lorsqu'il mène invariablement aux mêmes résultats. Cet aspect se révèle très important en recherche. En effet, un des fondements de la science étant l'aspect de reproductibilité, les éléments méthodologiques fiables sont donc essentiels. Notons que le concept de fidélité diffère de celui de validité : un questionnaire, par exemple, pourrait toujours mesurer de manière fiable un construit autre que celui postulé conceptuellement. L'instrument serait alors fidèle sans pour autant être valide.

On peut distinguer deux grands types de fidélité. Le premier type renvoie à ce que l'on appelle la **fidélité temporelle**. Pour démontrer ce type de fidélité, un instrument devrait mener aux mêmes résultats lorsqu'il est présenté à des participants à deux reprises dans le temps. Par exemple, une mesure d'estime de soi fidèle indiquerait à peu près les mêmes niveaux lorsqu'un participant y répondrait de nouveau plusieurs mois après la première séance (voir Vallières & Vallerand, 1990, pour un tel exemple).

La **fidélité interjuges ou interitems** représente le second type de fidélité. Il s'agit de démontrer que les items (dans le cas d'un questionnaire) ou les juges (dans le cas d'une mesure par observation ou d'une analyse de contenu) s'entendent pour mesurer la même chose de la même façon. Ainsi, si la variable dépendante utilisée pour mesurer la motivation intrinsèque des participants consiste dans le temps passé par ces derniers sur une activité critère durant une période libre (où ils peuvent faire autre chose s'ils le désirent ; voir Deci, 1971), cette mesure sera jugée fidèle si deux observateurs, de façon indépendante, s'entendent pour accorder le même nombre de secondes à chacun des participants de l'étude. En ce qui concerne la fidélité interitems, elle sera élevée lorsque les items formant un questionnaire démontreront une forte homogénéité. Celle-ci peut être démontrée statistiquement par différents procédés, l'alpha de Cronbach étant le plus utilisé de nos jours (Schmitt, Eid & Maes, 2003).

LES DEVIS DE RECHERCHE

Le **devis de recherche** réfère à la planification systématique de la recherche en vue d'arriver à des conclusions valides (Smith, 2000). Il détermine les opérations à accomplir, c'est-à-dire qu'il précise la façon dont l'hypothèse sera testée. Il existe plusieurs types de devis de recherche (voir Smith, 2000 ; West, Biesanz & Pitts, 2000). Nous en décrirons quatre dans les sections qui suivent : le devis expérimental en laboratoire, le devis expérimental en terrain naturel, le devis quasi expérimental et le devis de nature corrélationnelle.

Le devis expérimental en laboratoire

Deux éléments caractérisent le **devis de recherche expérimental**, soit la manipulation de la variable indépendante et l'**affectation aléatoire** des participants à l'une ou l'autre des conditions expérimentales créées par la manipulation de la variable indépendante. Nous avons vu précédemment que la manipulation de la variable indépendante permettait généralement d'inférer que les résultats obtenus étaient dus à la variable indépendante en question. Mais il arrive parfois que certaines variables indésirables entraînent un effet de confusion. Cette situation se produit lorsque des variables qui n'ont pas été contrôlées par l'expérimentateur covarient avec la variable indépendante (voir la figure 2.2). Il devient alors difficile d'inférer avec certitude que les effets obtenus sont dus à la variable indépendante (voir Haslam & McGarty, 2004, pour la description d'une série de facteurs confondants). C'est ici qu'entre en jeu le deuxième élément caractéristique du devis expérimental, soit l'affectation aléatoire des participants aux différentes conditions expérimentales. Avec la méthode d'affectation aléatoire, l'expérimentateur peut contrôler les différences systématiques qui pourraient exister chez les groupes de participants. Cette méthode est relativement simple puisqu'il suffit de déterminer au hasard à quelle condition expérimentale chaque participant sera soumis.

Afin de permettre au lecteur de mieux saisir les dessous d'une étude empruntant un devis expérimental en laboratoire, revenons à la mise en situation du début du chapitre, alors que vous participiez à une expérience. Cette étude classique a déjà été menée par Darley et Batson (1973 ; voir aussi Batson *et al.*, 1978, pour une variante), et nous examinerons plus en détail la position théorique sous-jacente à cette étude au chapitre 10. Le but de cette étude était d'analyser la relation entre le fait d'être pressé et le comportement d'aide. L'hypothèse du chercheur pourrait s'énoncer comme suit : « Plus une personne est pressée, moins elle aide une personne dans le besoin. » Pour ce faire, le chercheur a décidé de créer deux niveaux de la variable indépendante, soit le fait d'être pressé ou d'avoir tout son temps. Il y avait une autre variable indépendante, mais nous n'en parlerons pas ici. Afin de contrôler l'effet de confusion, le chercheur affecta aléatoirement les participants à l'une des deux conditions. Vous avez été affecté à la condition « pressé ». Puis il fallait créer une situation d'aide urgente qui serait équivalente dans les deux conditions. Ainsi, l'étudiant qui était étendu par terre et qui avait besoin d'aide était un complice du chercheur. En réalité, il n'était pas blessé. Son rôle était d'agir de la même façon avec tous les

participants, et il n'était pas au courant de la condition dans laquelle ceux-ci se trouvaient. La mesure du comportement d'aide était tout simplement de déterminer si le participant s'arrêterait et aiderait le complice.

Une fois le nombre de participants requis obtenu (environ 15 par groupe), le chercheur a recueilli ses observations et comparé les moyennes des deux groupes. Que donnèrent les résultats ? Ils confirmèrent l'hypothèse : les participants dans la condition « pressée » aidèrent significativement moins (10 %) l'étudiant étendu par terre que ceux dans la condition où ils avaient tout leur temps (41 %). Donc, pour revenir à la parabole du bon Samaritain, celui-ci ne devait pas être trop pressé puisqu'il a secouru la personne qui était dans le besoin !

Dans le cadre de recherches expérimentales, il est également possible de manipuler *plus d'une variable expérimentale à la fois*. C'est ce que l'on appelle un devis factoriel expérimental. Ce genre de devis est généralement utilisé lorsque le chercheur s'attend à ce que l'effet d'une variable indépendante sur la variable dépendante soit différent selon la nature de la seconde variable indépendante. Il s'agit alors d'un effet d'interaction. Par exemple, Winkielman, Berridge et Wilbarger (2005) ont étudié la relation entre, d'une part, un état motivationnel (la soif) et l'état affectif inconscient (la colère ou la joie) et, d'autre part, la consommation de boissons (il y avait aussi une troisième dimension affective neutre, mais nous n'en discuterons pas ici). En arrivant au laboratoire, les participants devaient indiquer sur une échelle de 0 à 11 l'étendue de leur soif. Les participants ont été divisés selon qu'ils avaient soif ou non (première variable indépendante). Ensuite, ils ont été aléatoirement assignés à l'une de deux conditions où ils ont été soumis à huit stimuli affectifs subliminaux dénotant soit la joie, soit la colère (seconde variable indépendante). Les participants pouvaient donc se retrouver dans l'une des quatre conditions suivantes : 1) grande soif et grande joie ; 2) grande soif et grande colère ; 3) petite soif et petite joie ; et 4) petite soif et petite colère. Par la suite, les participants ont eu la possibilité de se verser une boisson à saveur de fruit présentée par l'expérimentateur et d'en boire à satiété. Enfin, ils ont rempli un questionnaire servant à mesurer leurs états affectifs.

L'hypothèse des chercheurs était que l'effet de la soif sur la consommation de la boisson dépendait de l'état affectif inconscient, ce qui constitue une interaction entre les deux conditions expérimentales. Spécifiquement, on avait prévu que la condition motivationnelle de la soif amènerait une plus grande consommation de la boisson lorsqu'un sentiment de joie était induit subliminalement, du fait que celui-ci pousse davantage à l'action que le sentiment de colère (entraînant la retenue). Par contre, dans la condition de faible soif, les hypothèses contraires étaient formulées. Ainsi, la retenue induite dans la condition de colère devrait mener les gens à vouloir boire plus, car, vraisemblablement, les gens devaient se retenir de ne pas boire (et donc avoir plus l'envie de boire), alors que les participants devaient boire moins dans la condition de joie et de faible soif, puisqu'ils pouvaient alors conforter la tendance à l'« action » de ne pas boire. Les résultats sont présentés à la figure 2.3. Comme on peut le remarquer, ils ont confirmé les hypothèses. Signalons qu'ils ont été obtenus sans que les participants ressentent les états affectifs conscients rapportés dans le questionnaire rempli à la fin de l'expérience.

Le devis expérimental tel qu'il est employé en laboratoire représente la méthode de recherche la plus utilisée en psychologie sociale (West, Newsom & Fenaughty, 1992). Et pour cause ! Il offre en effet de nombreux avantages. Comme nous l'avons déjà mentionné, cette approche méthodologique permet de contrôler ou de manipuler la ou les variables indépendantes. De plus, l'utilisation du laboratoire permet à l'expérimentateur de limiter les influences indésirables d'autres variables (la présence d'autres personnes, par exemple) sur la variable dépendante qui a été définie. Il devient alors possible de déterminer l'effet « pur » de différentes variables indépendantes et de pouvoir juger s'il y a relation de causalité entre la variable indépendante et la variable dépendante.

De plus, il est possible de tester des effets d'interaction comme dans le cas de l'étude de Winkielman et ses collègues (2005).

Toutefois, certains désavantages sont également associés à l'utilisation du devis expérimental en laboratoire. Un premier désavantage est l'aspect artificiel de la recherche en laboratoire. Certaines critiques ont été formulées selon lesquelles plusieurs situations créées en laboratoire ont peu de ressemblance avec le monde réel extérieur. Même si le fait de mener une étude dans un espace restreint et limité, tel le laboratoire, produit un aspect artificiel, une telle pratique n'affecte pas automatiquement la validité externe. En fait, Aronson, Wilson et Brewer (1998) considèrent qu'il faut étudier le niveau de réalisme de l'étude en question afin de pouvoir statuer sur la validité d'une étude en laboratoire. Selon ces auteurs, une étude est réaliste si la situation est « prenante » pour les participants et a un effet sur eux. Et ce réalisme peut se produire tant en laboratoire (réalisme expérimental) qu'en milieu naturel (réalisme mondain). Il s'agit que l'étude en laboratoire soit bien menée et qu'elle implique le participant pour que le réalisme soit présent. Toutefois, selon Aronson et ses collègues, l'important est de faire preuve de **réalisme psychologique** dans l'étude

FIGURE 2.3 Exemple d'un schème factoriel menant à une interaction statistique

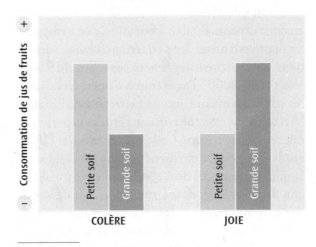

Source : Adapté de Winkielman *et al.* (2005).

en laboratoire, c'est-à-dire de veiller à ce que les processus psychologiques qui se produisent dans le laboratoire soient les mêmes que ceux que l'on observe en milieu naturel. Dans la mesure où le réalisme psychologique est conservé, le laboratoire n'entraînera pas de perte de validité externe.

D'autres désavantages viennent s'ajouter au premier. Ils concernent les comportements des participants et de l'expérimentateur dans le cadre de la recherche. D'une part, si le participant ressent une certaine peur de se faire juger ou de se faire tester par l'expérimentateur (appréhension de l'évaluation), il pourrait agir différemment qu'en temps normal. D'autre part, l'expérimentateur, souvent subjectivement investi dans la conduite de la recherche, pourra, à son insu, suggérer au participant une manière d'agir déterminée dans le contexte expérimental. Ce facteur indésirable constitue ce que les psychologues sociaux appellent le **biais de l'expérimentateur**. Notons que ces derniers désavantages ne s'appliquent pas uniquement à l'approche expérimentale en laboratoire. Nous traiterons d'ailleurs de ces derniers problèmes ainsi que d'autres de façon plus approfondie dans la section portant sur les thèmes particuliers.

Le devis expérimental en terrain naturel

Certains croient qu'un devis expérimental ne peut s'utiliser qu'en laboratoire. Rien n'est plus faux. Bien qu'il soit effectivement plus facile d'avoir recours au devis expérimental en laboratoire, rien n'empêche l'utilisation d'un tel devis en terrain naturel, surtout pour un chercheur ingénieux (voir Smith, 2000; West *et al.*, 2000). Par exemple, Robert Cialdini et ses collègues et étudiants à l'Université de l'État de l'Arizona ont effectué plusieurs études expérimentales en milieu naturel. Cialdini et Schroeder (1976, étude 1) ont aléatoirement assigné 84 résidences familiales à l'une des deux conditions expérimentales afin d'étudier l'effet de la formulation de la demande sur le comportement d'aide. La première formule correspondait à celle traditionnellement utilisée par la Société américaine pour la lutte contre le cancer:

« Nous recueillons des fonds pour la Société américaine pour la lutte contre le cancer. Seriez-vous prêt à nous aider en faisant un don ? » En revanche, la seconde formule a été énoncée de façon à légitimer toute donation, quel que soit le montant: « Nous recueillons des fonds pour la Société américaine pour la lutte contre le cancer. Seriez-vous prêt à nous aider en faisant un don ? Même un sou nous aiderait. » Les chercheurs s'attendaient que la formule de demande minimale amène les gens à donner plus, car seule une personne sans cœur peut refuser de donner un sou et nul ne voudrait être confondu avec cette dernière. Les résultats ont confirmé les hypothèses. En moyenne, les participants dans le groupe de la petite demande donnèrent plus souvent que les participants de la condition traditionnelle (50 % contre 26 %). De plus, ils versèrent presque autant d'argent chaque fois (1,44 $ contre 1,54 $). Le montant total des recettes pour 42 participants dans la condition de légitimation a donc été beaucoup plus élevé (30,24 $) que celui de la condition traditionnelle (16,82 $). L'hypothèse des chercheurs était donc confirmée. Cialdini a conduit beaucoup d'autres recherches expérimentales en milieu naturel (Cialdini, 2001).

Depuis quelques années, les recherches expérimentales en milieu naturel peuvent se faire plus facilement qu'avant grâce aux ordinateurs et à Internet (voir Birnbaum, 2004). Outre les sondages auxquels les gens peuvent prendre part en envoyant un courriel, il est possible d'effectuer des recherches expérimentales dans la mesure où il y a appariement aléatoire des participants aux différentes conditions expérimentales. Cela est d'autant plus intéressant que les recherches révèlent que les études réalisées par le moyen d'Internet donnent les mêmes résultats que les études traditionnelles (McGraw, Tew & Williams, 2000).

L'étude menée par Lerner et ses collègues (2003) à la suite des attentats du 11 septembre 2001 le montre de façon éloquente. Dans un premier temps, les chercheurs ont réussi à obtenir la participation de près de 1 000 personnes représentatives de la population générale en effectuant des appels téléphoniques aléatoires. Les participants reçurent une webtélé et un abonnement à Internet gratuits. Par la suite, les participants ont été aléatoirement assignés à l'une de deux conditions. Dans la condition de peur, les gens ont reçu un court texte suivi de photographies mettant en évidence la peur que les attaques en question pouvaient provoquer. Dans l'autre condition, la manipulation (la photo et le texte) induisait la colère. Les participants répondirent par la suite à différentes questions concernant leur comportement à l'égard d'attentats futurs. En s'appuyant sur des résultats antérieurs qui montraient que la peur amène un optimisme moins élevé que la colère (car la peur implique un moins grand contrôle des événements futurs que la colère), on a prédit que les individus dans la condition de peur émettraient des jugements moins optimistes quant à leur interaction avec l'environnement que ceux dans la condition de colère. Les résultats ont confirmé les hypothèses. Ainsi, les participants dans la condition de peur croyaient que les risques d'attentats contre les États-Unis iraient en augmentant, qu'eux-mêmes et l'Américain moyen couraient plus de risques et, donc, qu'ils prendraient plus de précautions exagérées au cours de la prochaine année que les participants dans la condition de colère. De plus, les participants dans la condition de peur accueillaient plus favorablement les décisions du gouvernement visant à raffermir les liens avec les pays arabes et à faire de la prévention sur le plan de la santé que les participants dans la condition de colère.

Comme on peut le voir, le devis expérimental en terrain naturel offre de nombreux avantages. Ainsi, parce que la recherche est effectuée en terrain naturel, il y a de fortes chances que la validité externe des résultats soit élevée. De plus, puisque le devis expérimental est de mise (contrôle des variables indépendantes et affectation aléatoire des participants aux diverses conditions), l'étude à caractère expérimental en terrain naturel permet, autant que le devis expérimental en laboratoire, d'inférer qu'il existe une relation de cause à effet entre la ou les variables indépendantes et les variables dépendantes.

Enfin, mentionnons que les résultats peuvent également servir sur une base appliquée. Dans le cas de l'étude de Cialdini et Schroeder, inutile de dire que la Société américaine pour la lutte contre le cancer a trouvé intéressante cette nouvelle manière de collecter des fonds ! Quant à l'étude de Lerner et ses collègues (2003), elle aide à mieux comprendre la stratégie utilisée par le président George W. Bush et consistant à faire usage d'un code de couleurs pouvant aller du jaune au rouge (on n'est jamais passé au rouge) pour indiquer le niveau de danger d'attaques terroristes avant les élections présidentielles de 2004. En induisant la peur dans la population, il lui était maintenant possible de justifier une gamme de décisions gouvernementales qui auraient été autrement peu populaires, et d'affirmer qu'il était l'homme de l'heure, celui qu'il fallait réélire si l'on voulait être bien protégé contre le danger. D'ailleurs, les recherches montrent que la popularité du Président Bush augmentait chaque fois que l'alerte montait d'un cran (Willer, 2004). Et celui-ci fut d'ailleurs réélu !

Le devis expérimental en terrain naturel comporte de nombreux avantages, notamment l'association du contrôle du laboratoire et de la recherche sur le terrain, mais il a aussi des inconvénients. On peut en nommer au moins trois. Un premier inconvénient réside dans le fait qu'en terrain naturel, diverses influences autres que la variable indépendante risquent d'apparaître et d'affecter la variable dépendante. Par exemple, dans l'étude de Lerner et ses collègues (2003), il est impossible de déterminer avec certitude si les participants ont été influencés par une autre personne pendant qu'ils répondaient au questionnaire à la maison. Un deuxième inconvénient concerne l'aspect déontologique soulevé par le fait d'amener des gens à participer à une recherche à leur insu, comme dans le cas de l'étude de Cialdini et Schroeder. En effet, si l'on informe les participants qu'ils prennent part à une expérience, autant mener l'étude en laboratoire, puisque l'on vient de supprimer l'un des éléments essentiels de l'étude en terrain naturel. Par contre, pouvons-nous amener des personnes à participer à une recherche sans leur consentement ? La position actuelle en recherche (voir Bouchard *et al.*, 2000) est que les recherches en terrain naturel sont les bienvenues dans la mesure où les variables indépendantes utilisées sont courantes, que le contexte expérimental a pour cadre un lieu public et, enfin, que l'étude en soi n'engendre pas de pressions émotionnelles indues chez le participant. En d'autres mots, l'étude est justifiée dans la mesure où elle ne diffère pas d'autres situations de la vie de tous les jours. C'est bien le cas de l'étude de Cialdini et Schroeder. Nous reviendrons sur cet aspect déontologique dans la section portant sur les thèmes particuliers.

Le devis quasi expérimental

Le contrôle expérimental, c'est-à-dire l'affectation aléatoire des participants aux diverses variables indépendantes de l'étude, n'est pas toujours possible. Il est surtout absent des cas de thèmes ne pouvant être étudiés en laboratoire et souvent imprévisibles en terrain naturel. Par exemple, si vous désirez étudier les réactions psychologiques des victimes de désastres naturels tels que les éruptions volcaniques, vous ne pouvez, bien sûr, aléatoirement affecter des participants à des conditions d'éruption volcanique et de groupe témoin (aucune éruption). Qu'allez-vous faire ? Au moins deux stratégies s'offrent à vous (il en existe d'autres, mais nous nous limiterons à celles-ci).

Une première stratégie consisterait à comparer les réactions psychologiques de gens ayant vécu un tel événement (un sinistre, par exemple) avec celles de personnes vivant habituellement dans des habitats similaires, mais n'ayant pas subi un tel événement. C'est ce que l'on appelle en recherche un **devis avec groupe témoin non équivalent**. Pour ajouter à l'interprétation concernant la relation de cause à effet, il est parfois possible d'utiliser des mesures prises avant l'événement et de les comparer avec celles d'après l'événement, en plus de les comparer avec celles de participants dans un groupe témoin. Cette variation du premier devis représente un **devis prétest post-test avec groupe témoin non**

équivalent. Comme ce dernier type de devis est plus complet que le premier, nous allons examiner une étude qui en a fait usage à bon escient.

Vers 4 heures du matin, le mercredi 28 mars 1979, à Harrisburg dans l'État de Pennsylvanie, un réacteur nucléaire de la centrale de Three Mile Island surchauffa. De l'eau radioactive se répandit sur le plancher où se trouvait le réacteur. Celle-ci fut immédiatement aspirée par une pompe non conçue à cet effet. Du gaz radioactif s'échappa alors par le système de ventilation de cette pompe. Après plusieurs vaines tentatives, les opérateurs de la centrale purent stabiliser le réacteur et refroidir le « cœur nucléaire ». Des experts ont estimé qu'il n'aurait fallu que 30 à 60 minutes de plus pour que toute la centrale explose, ce qui aurait pu causer un désastre sans précédent en Amérique du Nord, et peut-être sur toute la planète.

Un tel événement a sûrement eu des effets psychologiques considérables sur les habitants de la région. Mais il y avait encore plus à faire. Il fallait nettoyer la centrale avant de poursuivre les opérations, et deux choix s'offraient aux opérateurs : libérer le gaz radioactif tout d'un coup ou encore y aller par petites quantités sur une plus longue durée. La Commission de régulation nucléaire des États-Unis devait prendre cette décision. Elle demanda à un groupe de psychologues sociaux dirigés par Andrew Baum de l'aider à le faire. Après avoir étudié différents dossiers, des écrits sur le stress et d'autres sources d'information, ces chercheurs jugèrent qu'il était préférable de laisser s'échapper le gaz vicié en petites quantités sur une certaine période de temps. Les habitants de Three Mile Island finiraient par s'habituer au stress occasionné par ces ventilations. Après mûre réflexion, la Commission accepta la proposition de Baum et de ses collègues, et leur demanda d'étudier l'impact de cette première phase de ventilation du gaz radioactif.

Limités par le temps (les chercheurs n'eurent que trois semaines pour se préparer et ne purent commencer leur étude que cinq jours avant le début de la ventilation), Baum et ses collègues décidèrent d'utiliser un devis quasi expérimental, et plus particulièrement un devis prétest post-test avec groupe témoin non équivalent. Afin d'étudier l'impact de cette phase de ventilation du gaz radioactif, Baum et ses collègues (voir Baum, Fleming & Singer, 1982) choisirent au hasard 44 personnes vivant à moins de 8 kilomètres de Three Mile Island et 31 personnes de la ville de Frederick. Cette dernière était située à 120 kilomètres de Three Mile Island et elle a été choisie comme groupe témoin parce qu'elle présentait des similitudes sur les plans démographique et du style de vie, tout en n'étant pas située près de la centrale nucléaire. Les chercheurs décidèrent de mesurer quatre fois plusieurs variables dépendantes reliées au stress, soit cinq jours avant la ventilation du gaz, pendant la phase de ventilation, de trois à cinq jours après la fin des travaux de ventilation, et enfin, six semaines après la fin de la ventilation. L'hypothèse des chercheurs était qu'avec le temps, le stress et les symptômes psychologiques négatifs disparaîtraient. La figure 2.4 rapporte les résultats en ce qui concerne les symptômes dépressifs. On remarque que l'hypothèse des chercheurs est confirmée. En effet, alors que d'importantes différences existaient entre les participants des deux villes avant et pendant la phase de ventilation, ces différences s'atténuèrent avec le temps si bien qu'à la phase du suivi, six semaines après la fin des travaux, les différences entre les deux villes n'étaient plus significatives.

Donc, même si l'expérimentateur n'exerce pas un contrôle total sur le déroulement d'une étude en terrain naturel, comme nous l'avons vu dans l'étude de Baum et ses collègues (1982), l'utilisation d'un ou plusieurs groupes témoins appropriés permet une interprétation éclairée de l'impact de la variable indépendante. Par contre, il peut arriver qu'il soit impossible d'utiliser un groupe témoin approprié et que l'on désire tout de même étudier l'impact d'une variable indépendante. Que faire ? Les psychologues sociaux ont découvert que, dans la mesure où il était possible de mesurer le comportement cible (ou la variable dépendante d'intérêt) plusieurs fois avant et après l'intervention d'une variable indépendante, ils

étaient tout de même capables de statuer sur la relation de cause à effet entre les variables concernées. Ce type de devis s'appelle un devis à séries temporelles interrompues.

Par exemple, si O représente des observations (variables dépendantes) et X, une variable indépendante quelconque, un **devis à séries temporelles interrompues** ressemblerait à ceci :

O O O O O O O O O O X O O O O O O O O O O

S'il y a changement dans la variable dépendante O seulement après l'intervention de la variable indépendante X, il est alors possible d'attribuer un tel effet à la variable indépendante.

Dans une étude classique, Mazur-Hart et Berman (1979) ont utilisé un tel devis afin d'étudier l'impact du divorce sans responsabilité (*no fault divorce*) sur le nombre de divorces prononcés à la suite de l'adoption d'une nouvelle loi dans l'État du Nebraska. En se servant des données archivées (nous décrirons plus loin le procédé), Mazur-Hart et

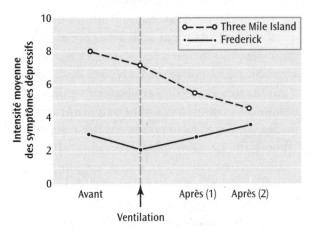

FIGURE 2.4   **Exemple d'étude utilisant un devis quasi expérimental prétest post-test avec groupe témoin non équivalent**

On remarque que l'intensité des symptômes dépressifs (en ordonnée) diminue avec le temps pour les sujets de Three Mile Island alors qu'aucun changement ne s'opère chez les habitants de la ville de Frederick.

Source : Adapté de Baum, Fleming et Singer (1982).

Berman furent en mesure de relever le nombre de divorces pour chaque mois entre 1969 et juillet 1972 (imposition de la nouvelle loi), ainsi qu'après cette date jusqu'en 1974. Puis les données furent étudiées à l'aide d'analyses statistiques pour séries temporelles. Les résultats révélèrent une augmentation des divorces après l'établissement de la nouvelle loi. Toutefois, cette augmentation pouvait être prédite par le patron du taux de divorces avant l'imposition de la loi. Cela indique que l'augmentation du taux de divorces était due non pas à la nouvelle loi sur le divorce, mais plutôt à une autre variable dont l'influence s'est fait sentir avant l'établissement de la loi. Les changements dans les mœurs des Américains constitueraient une cause plausible d'une telle augmentation. N'oublions pas que c'est le grand nombre de points de mesure avant et après l'intervention de la variable indépendante qui rend ce type de devis interprétable (sur ce sujet, voir West *et al.*, 2000). La seule étude des résultats après l'imposition de la nouvelle loi, par exemple, mènerait à la conclusion erronée que celle-ci a entraîné un changement important. C'est donc le patron de l'ensemble des résultats avant et après l'intervention de la variable indépendante qui dicte l'interprétation des résultats.

Les exemples d'études ayant utilisé des devis quasi expérimentaux que nous avons présentés plus haut démontrent bien les avantages d'une telle approche méthodologique. Ce type de devis permet d'étudier les effets de variables très puissantes (comme le mauvais fonctionnement d'une centrale nucléaire). Ces effets ne pourraient être examinés en laboratoire. Le devis quasi expérimental permet également au chercheur d'analyser l'impact de nouvelles décisions d'ordre politique ou judiciaire qui ne peuvent pas non plus être étudiées en laboratoire avec le réalisme expérimental qui s'impose. En somme, un tel devis offre au chercheur une possibilité de tester hypothèses et théories dans un contexte de validité externe très élevée.

Cependant, il ne faudrait pas croire que le devis quasi expérimental est exempt de toute faiblesse. Comme nous l'avons indiqué au début de cette section, le chercheur utilisant un tel devis n'a pas de contrôle sur la variable indépendante. Il se peut donc que l'effet apparent de la variable indépendante (comme la nouvelle loi sur le divorce) soit dû en fait à une variable inattendue (par exemple, les mœurs changeantes de la population).

De plus, le chercheur ne peut que rarement affecter aléatoirement les individus aux diverses conditions, et certaines caractéristiques psychologiques individuelles des participants choisis risquent d'influer sur les résultats. Par exemple, il se peut que les résultats de l'étude de Baum et ses collègues (1982) aient été modérés par l'attitude des habitants de Three Mile Island à l'égard de l'énergie nucléaire. Il est possible en effet que ces habitants soient très favorables au nucléaire (état de fait prévisible puisqu'ils ont décidé d'aller vivre à cet endroit et peut-être d'y travailler, ou d'y demeurer en dépit de la construction de la centrale), ce qui a peut-être eu pour effet de diminuer l'impact négatif de l'accident de la centrale et celui de la ventilation du gaz radioactif sur la santé mentale des résidants. Des participants issus de la population en général auraient peut-être réagi de façon plus négative aux procédés de ventilation. La validité externe des résultats aurait alors été affectée, puisque les résultats de l'étude n'auraient pas pu s'appliquer à la population en général. Donc, le fait de mener une étude en terrain naturel n'assure pas automatiquement une validité externe élevée.

Le devis corrélationnel

Le **devis corrélationnel** est un devis où, comme dans l'exemple de la centrale de Three Mile Island, aucune des deux variables n'est manipulée par le chercheur et où l'affectation aléatoire n'est pas présente (Haslam & McGarty, 2004). Il va sans dire que ce type de devis est surtout utilisé en terrain naturel. Le terme « corrélationnel » est employé dans un tel cadre parce que ce type de schème admet l'utilisation de la corrélation comme analyse statistique (cette dernière représente une mesure d'association entre les deux variables en cause ; nous étudierons brièvement celle-ci plus loin dans ce chapitre).

Un pareil devis peut-il renseigner les chercheurs sur la relation de cause à effet entre diverses variables ? Dans certains cas, la relation est plutôt difficile à démontrer. En revanche, dans d'autres situations, il devient possible de désigner avec un certain degré de certitude la direction de la causalité. Par exemple, en ce qui concerne la relation entre le niveau d'études des gens et leurs préjugés raciaux, on ne saurait conclure que les préjugés raciaux influent sur le niveau d'études. Il y a de fortes chances que ce soit le niveau d'études qui produise la baisse des préjugés raciaux observés et non le contraire (sur ce sujet, voir le chapitre 12).

Bon nombre d'études font appel à un devis corrélationnel en recherche. Quatre raisons motiveraient l'utilisation d'un tel devis de recherche. Premièrement, cette approche peut s'avérer très utile dans les premières étapes de vérification des hypothèses. Au lieu de débuter par une recherche expérimentale, les scientifiques effectuent souvent une simple étude à schème corrélationnel afin de vérifier s'il existe une relation entre les deux variables en question. Dans la mesure où une telle relation est obtenue, le psychologue social peut dès lors effectuer une recherche à cadre expérimental, sachant fort bien qu'il ne perd pas son temps. Une deuxième utilité du devis corrélationnel consiste à permettre la vérification d'un modèle théorique. De nouvelles techniques statistiques sophistiquées existent maintenant afin de tester un modèle théorique dans son ensemble, et non en pièces détachées comme dans les devis expérimentaux (voir la section ci-dessous sur l'analyse des résultats à cet effet). Une troisième utilité du devis corrélationnel a trait à son utilisation dans le cadre de recherches désirant étudier plus en profondeur la validité d'un construit psychologique. Dans une telle perspective, il est courant de demander à des participants de répondre à divers instruments, et par la suite, d'étudier le degré d'association entre l'instrument retenu et certains autres instruments bien précis. Notons que ce troisième type d'utilisation du devis corrélationnel ne présume pas de la direction de la causalité entre les deux concepts. Les hypothèses, dans ce cas, ne portent que sur le degré et la direction de l'association entre les concepts, et non sur la relation de cause à effet.

Enfin, la dernière raison justifiant l'utilisation d'un schème corrélationnel est que, parfois, il est impossible de faire autrement pour vérifier une hypothèse. Prenons un exemple. Il semble exister une perception généralisée suivant laquelle les personnes de grande taille réussissent mieux que celles de petite taille. Les personnes plus grandes sont plus persuasives et plus souvent choisies comme leaders (Highman & Carment, 1992 ; Young & French, 1996). Cela peut s'expliquer par la théorie de l'évolution, car la taille d'une personne est une indication de pouvoir et de force respectée dans la nature. Il se peut qu'un tel indice nous affecte encore aujourd'hui. Judge et Cable (2004) voulaient vérifier si la taille réelle d'une personne (et non la taille perçue, ce qui aurait pu être manipulé dans une étude à devis expérimental) était reliée à des indicateurs de performance. Ils ont donc utilisé un devis corrélationnel avec plus de 8 500 participants. Les chercheurs ont pu recueillir les informations nécessaires pour mesurer la taille et le poids des participants, leur sexe, leur emploi ainsi que leur salaire. Les résultats ont confirmé les hypothèses. Plus les gens étaient de grande taille, plus leur salaire était élevé. Même si le lien n'était que de + 0,26, il était hautement significatif. Ce lien contrôlait aussi l'influence d'autres variables externes comme le poids, le sexe et l'âge. De plus, ces résultats étaient également valides pour les hommes et les femmes, bien que la relation fût légèrement plus élevée pour les hommes. Enfin, la relation était pratiquement la même pour tous les types d'emploi. Il semble donc payant d'être grand. Il reste à comprendre les processus menant à un tel effet.

Le devis corrélationnel permet donc de vérifier certaines hypothèses dans un cadre réel (généralement en terrain naturel), et de façon relativement rapide et peu coûteuse. Par contre, le devis corrélationnel comporte également certains désavantages. Un premier désavantage concerne le fait suivant :

aucune variable indépendante n'est manipulée, le chercheur qui a recours à ce type de devis doit demeurer prudent dans son interprétation de la relation de cause à effet entre les variables en jeu. Il est en effet possible qu'une tierce variable influe sur les deux variables en relation, menant à une relation significative entre celles-ci. Par exemple, dans l'étude de Judge et Cable (2004), les chercheurs n'ont pas mesuré le revenu des parents. Il est possible qu'une famille bien nantie amène à la fois une meilleure santé chez les enfants (et donc une taille optimale), une meilleure éducation et un meilleur salaire. La relation entre la taille et le salaire serait dans ce cas-ci uniquement fortuite et le reflet de l'influence d'une tierce variable (le revenu des parents). Donc, dans la mesure où le chercheur se sert d'un devis corrélationnel pour vérifier certaines hypothèses préliminaires, il doit être conscient des dangers d'interprétation des résultats. Notons toutefois que certaines analyses statistiques (comme l'analyse de corrélation partielle ou de régression) peuvent être utilisées afin d'éliminer un certain nombre d'hypothèses rivales plausibles, comme l'ont fait Judge et Cable dans leur étude.

Un second désavantage du devis corrélationnel réside dans le fait que les participants sont généralement conscients de participer à une étude (voir l'encadré 2.2). Au même titre que le devis expérimental en laboratoire, le fait d'être conscient de participer à une étude peut amener plusieurs biais chez le participant, qui risquent d'influer sur les résultats de l'étude. Le psychologue social aura donc tout avantage à gagner la confiance des participants avant de leur demander de participer à l'étude.

LES MÉTHODES DE RECHERCHE NON EXPÉRIMENTALES

Les divers devis de recherche présentés dans la section précédente constituent sans contredit les méthodes de recherche les plus utilisées en psychologie sociale. Cependant, bon nombre d'autres façons d'obtenir de l'information sur le comportement social sont employées par les chercheurs. Ces diverses autres techniques de recherche possèdent certaines caractéristiques. Ainsi, le psychologue social n'exerce généralement pas de contrôle sur la variable indépendante, sauf en ce qui concerne la méthode par simulation. En outre, plusieurs de ces techniques demandent l'utilisation de données de second ordre, c'est-à-dire obtenues non pas par le chercheur lui-même, mais par d'autres sources. C'est ce qui leur confère leur titre de méthodes « non expérimentales ». Ces diverses techniques sont l'enquête, la simulation et le jeu de rôles, l'étude de cas, l'analyse de contenu, l'analyse archivistique et la méta-analyse.

Les enquêtes et les entrevues

Parfois le psychologue social ne désire pas étudier la relation de cause à effet entre diverses variables. Dans certaines circonstances, il sera tout simplement satisfait de connaître l'opinion des gens à l'égard d'un domaine bien précis. Ce genre de méthodologie d'**enquête** ou d'**entrevue**, bien que non expérimentale en soi, peut s'avérer très utile. Par exemple, Blais et ses collègues (1990), de l'Université du Québec à Montréal, voulaient comprendre l'importance que les étudiants du collégial accordaient aux différents domaines d'activité de leur vie. L'étude d'une telle question ne nécessite pas un devis expérimental ou même quasi expérimental. Aucune relation entre des variables n'est postulée. Blais et ses collègues ont donc effectué une enquête (voir Visser *et al.*, 2000) auprès d'environ 500 étudiants de différents collèges choisis au hasard dans la région de Montréal. Les participants devaient répondre à un questionnaire dans lequel on leur demandait d'indiquer à quel point (sur une échelle de huit points) divers domaines de leur vie (l'éducation, la famille, les loisirs, etc.) étaient importants. Les résultats ont révélé que les collégiens accordent énormément d'importance aux secteurs de l'éducation, des besoins vitaux, des relations interpersonnelles (amis, couple et famille), des loisirs et de la santé. Il est intéressant de noter que les deux domaines les moins importants (sur un total de 21) étaient l'engagement

---

ENCADRÉ 2.2   L'effet Hawthorne

L'effet Hawthorne prend son nom d'une recherche qui s'est déroulée à l'usine Western Electric Hawthorne à Cicero, dans l'Illinois. Durant une période d'une année, les chercheurs (Roethlisberger & Dickson, 1939) ont vérifié les effets de plusieurs variables sur le rendement de certains des employés de l'usine. Ainsi les effets de la période de travail, de la période de repos, de l'éclairage et des conditions salariales sur la productivité ont été étudiés. Les résultats furent initialement surprenants : toutes ces variables ont augmenté la productivité des employés. Que les heures de travail fussent longues ou courtes, que la lumière fût forte ou faible, la productivité grimpa ! On en conclut que le simple fait de recevoir l'attention des chercheurs en tant que participants d'une étude avait amené les employés à augmenter leur rendement. Bien que ce résultat n'ait été en rien relié au but initial de la recherche, ce phénomène intéressant allait devenir fort populaire et connu sous le nom d'« effet Hawthorne ».

Au fil des ans, plusieurs chercheurs se sont intéressés au phénomène (voir Adair, Sharpe & Huynh, 1989). Même si certaines recherches ont reproduit les résultats initiaux, plusieurs ne purent y parvenir. Une considération importante était que les facteurs menant précisément à l'effet Hawthorne n'avaient jamais été clairement établis. Les auteurs originaux, Dickson et Roethlisberger (1966), ont avancé plus tard que 17 facteurs, dont trois variables médiatrices majeures, déterminaient si l'effet Hawthorne se produirait ou non : une attention particulière accordée aux participants de l'étude, la conscience des participants de participer à une recherche et la nouveauté, ou l'aspect unique, associée à la tâche expérimentale.

John Adair et ses collègues de l'Université du Manitoba (Adair *et al.*, 1989) ont effectué une série de recherches afin de déterminer si l'ensemble des études ayant respecté ces trois critères avaient mené à l'effet Hawthorne. Les résultats d'une méta-analyse sur l'ensemble de ces données se sont avérés peu concluants. Même les études qui ont contrôlé l'effet de ces trois variables clés n'ont pu reproduire l'effet Hawthorne !

Si, pour des participants, le fait de savoir qu'ils participent à une recherche peut influer sur leur comportement, une telle conséquence ne se produit pas automatiquement. Pis encore, on ne sait toujours pas avec précision quand et comment l'effet se produit. Certains auteurs (Rice, 1982) vont même jusqu'à avancer que l'effet Hawthorne ne s'est jamais produit à l'usine Hawthorne ! Les résultats auraient été la conséquence de procédés méthodologiques viciés. Le problème reste entier, et des recherches futures seront nécessaires afin de démythifier le phénomène.

---

social ou politique et la religion. Signalons toutefois que l'étude a été conduite plusieurs années avant la grève étudiante du printemps 2005, où plus de 140 000 étudiants universitaires et collégiaux ont défié le gouvernement du Québec. Certains se demanderont si une telle recherche est vraiment essentielle pour la psychologie sociale. En elle-même, cette recherche n'apporte aucun nouvel élément théorique. Mais elle peut tout de même avoir une influence considérable de par ses résultats, qui indiquent clairement quels sont les domaines privilégiés par cette strate de la population. Les chercheurs désireux d'étudier certains problèmes majeurs chez cette population, notamment quant au soi (voir le chapitre 3), auraient donc tout intérêt à se concentrer sur les domaines les plus importants pour ces jeunes. D'ailleurs, Vallerand et ses collègues ont mis au point des questionnaires servant à mesurer la motivation dans les domaines de vie désignés par Blais et ses collègues, le tout menant au modèle hiérarchique de la motivation (Vallerand, 1997, 2001 ; Vallerand & Ratelle, 2002). Dans ce cadre, une étude prenant la forme d'une enquête peut être d'une très grande utilité et faire découvrir de nouvelles pistes de recherche.

Dans l'étude de Blais et ses collègues (1990), un questionnaire avait été utilisé. Bon nombre de chercheurs procèdent de même dans leurs enquêtes (voir Visser *et al.*, 2000). Toutefois, un grand nombre d'enquêtes sont menées aussi par le moyen d'entrevues (voir Bartholomew, Henderson & Marcia, 2000). Avec cette dernière méthode, le chercheur pose des questions oralement aux participants et enregistre leurs réponses. Vous est-il déjà arrivé qu'on vous demande de répondre à un sondage dans un centre commercial ? C'est un peu le même principe avec l'approche de l'entrevue. Celle-ci est généralement utilisée lorsqu'on désire approfondir certaines questions que le questionnaire ne ferait qu'effleurer. Il va sans dire qu'une entrevue qui peut durer parfois quelques heures est plus exigeante (en temps et en argent) que l'approche par questionnaire. Dans une telle perspective, il n'est pas surprenant que le chercheur qui se sert de l'entrevue fasse appel à un nombre moindre de participants que celui qui utilise le questionnaire.

Même si l'approche par questionnaire ou par entrevue semble relativement simple, le chercheur doit néanmoins prendre certaines précautions afin de s'assurer de la validité des résultats obtenus. Un des dangers les plus grands lorsque l'approche par entrevue est utilisée réside dans les biais de l'expérimentateur dont nous avons parlé dans le cadre des devis expérimentaux. Dans une entrevue, il se peut que l'expérimentateur amène le participant à répondre de telle ou telle façon uniquement par son comportement. L'expérimentateur doit donc prendre tous les moyens possibles afin de ne pas transmettre au participant certaines évaluations de ses réponses. Il devra éviter les « Ah ! intéressant ! », « Vous êtes sérieuse, madame ? » ou encore les « Êtes-vous bien sûr de votre réponse ? » car de telles rétroactions faisant suite aux réponses du participant indiquent clairement à ce dernier la position personnelle de l'expérimentateur. Le participant pourra dès lors, dans sa réponse, confirmer sa position ou l'infirmer intentionnellement. L'approche idéale consiste tout d'abord à établir un climat de confiance et non évaluatif avec le participant, en l'assurant de la confidentialité des résultats et, du fait qu'il s'agit d'opinions, qu'il n'y a pas de bonnes ou de mauvaises réponses. Une fois le climat de confiance instauré, il devient possible au chercheur d'aller plus en profondeur dans ses questions.

Il ne suffit pas de bien préparer son questionnaire ou son entrevue et de présenter le tout adéquatement aux participants, il faut aussi s'assurer que ces derniers sont représentatifs de la population. Cette représentativité constitue un autre problème dont le chercheur

doit être conscient. Si des chercheurs désirent connaître l'opinion des Québécois sur un référendum sur l'indépendance du Québec, par exemple, il devient important de veiller à ce que les participants interviewés représentent toutes les couches de la société, et non seulement les membres du Parti québécois ou ceux du Mount-Royal Sport Club. Dans de tels cas, les résultats seraient biaisés dans une direction ou dans l'autre, selon l'échantillon choisi. Le chercheur utilise alors des procédés d'échantillonnage afin de choisir ses participants. Plusieurs techniques existent à cet effet (voir Voyer, Valois & Rémillard, 2000). Lorsqu'il le pourra, le chercheur utilisera des procédés d'échantillonnage aléatoire, où les participants sont choisis au hasard. Deux techniques d'échantillonnage aléatoire ont la faveur des chercheurs. Dans la première, l'échantillonnage aléatoire simple, toutes les personnes de la population visée (comme les Québécois) ont une chance égale de participer à l'étude sur la loi 101, par exemple. À cette fin, un chercheur pourrait utiliser la liste des noms des quelque sept millions de Québécois, en choisir 2 000 au hasard et aller les interviewer. Par contre, une telle technique n'assure pas une représentativité en nombre suffisant de toutes les régions ou encore de toutes les différentes ethnies. Afin d'éviter cette sous-représentativité, une seconde technique, appelée échantillonnage aléatoire stratifié, peut être utilisée. Un chercheur employant cette approche de sélection de participants désignerait, dans un premier temps, tous les sous-groupes (anglophones, francophones, Vietnamiens, etc.) qui l'intéressent. Puis, dans un second temps, il choisirait au hasard un certain nombre de participants à l'intérieur de ces sous-groupes. Le chercheur s'assurerait ainsi que tous les groupes représentatifs de la société font partie de son échantillon. Il pourrait alors établir des comparaisons entre ces différents groupes.

L'approche de l'enquête et de l'entrevue offre de nombreux avantages. Parmi ceux-ci, notons le fait que cette approche est claire et très directe. Des participants répondent à des questions sur un thème précis. Nul n'est besoin de demander aux participants de se présenter à un laboratoire ou encore de manipuler certaines variables indépendantes. L'enquête et l'entrevue procurent donc au chercheur un élément de simplicité dans l'étude du comportement social. Notons que cette approche s'avère parfois la seule façon d'étudier un problème. Par exemple, comment vous y prendriez-vous pour étudier l'impression qu'une personne âgée conserve de ses parents décédés ? Vous devriez procéder par l'intermédiaire de l'entrevue ou du questionnaire. Bien savoir utiliser cette technique peut représenter une corde (importante) de plus à l'arc du psychologue social.

Cependant, certains désavantages demeurent rattachés à l'utilisation de l'enquête et de l'entrevue. Un premier désavantage tient à la possibilité que les réponses des participants soient peu valides. En effet, le chercheur doit être conscient que, pour une foule de raisons, les réponses données par les participants ne sont pas toujours exactes. Ainsi la mémoire des gens ne constitue pas toujours un reflet fidèle des événements passés. De plus, certains thèmes peuvent susciter des réponses plus ou moins honnêtes des participants. Par exemple, un chercheur demandant en entrevue à des élèves du secondaire s'ils ont déjà eu des relations sexuelles risque fort d'obtenir un pourcentage de réponses positives plus élevé que ne le démontre la réalité. De plus, l'utilisation du questionnaire brime souvent le participant dans son choix de réponses. Peut-on vraiment être sûr que les réponses des participants aux questions imposées correspondent vraiment à leur attitude ou à leur opinion ? Enfin, l'emploi de l'entrevue prend généralement beaucoup plus de temps que l'approche par questionnaire ou l'observation du comportement du participant en terrain naturel.

La simulation et le jeu de rôles

Lorsqu'on demande à des psychologues sociaux de nommer l'étude qui les a le plus marqués en psychologie sociale, bon nombre d'entre eux citent l'étude classique de la prison simulée par Philip Zimbardo et ses collègues (Haney, Banks & Zimbardo, 1973 ; Zimbardo, 1975). Pourtant, cette étude n'a pas utilisé les devis ou cadres d'expérience présentés jusqu'ici. Elle a utilisé une approche de **jeu de rôles** où l'on a demandé aux participants de jouer les rôles de gardiens de prison ou de prisonniers.

Zimbardo et ses collègues désiraient mieux comprendre le fonctionnement des prisons. Comme l'observation systématique de vraies prisons leur avait été refusée, la seule solution qu'il leur restait consistait à organiser une simulation dans laquelle des étudiants seraient appelés à jouer les rôles de prisonniers et de gardiens de la « prison de l'Université Stanford ». Vingt-deux participants tout à fait normaux et équivalents sur différentes mesures de personnalité furent aléatoirement affectés aux conditions de gardiens de prison et de prisonniers. Un beau dimanche d'été, la police de la ville de Palo Alto, en Californie, vint arrêter à l'improviste les 11 « prisonniers ». Après que les empreintes digitales eurent été prises, les prisonniers furent conduits à la prison de l'Université Stanford. Dépouillés de leurs vêtements, ils durent revêtir la tunique des prisonniers avec un numéro. Ce numéro deviendrait leur nom pour la durée de l'expérience. Pendant ce temps, les gardiens reçurent leur brève formation. Cette dernière se résuma à leur faire comprendre qu'on attendait d'eux qu'ils se comportent… comme des gardiens de prison. Par la suite, les chercheurs restèrent le plus possible à l'écart des interactions entre les gardiens et les prisonniers, et se contentèrent d'observer et de filmer les comportements dans les deux groupes.

L'expérience était censée durer deux semaines. Après six jours, on dut cesser toute l'opération. Les gardiens étaient devenus déchaînés et traitaient les prisonniers comme des animaux. Les prisonniers, pour leur part, étaient sur le point de craquer. En fait, l'un deux avait été retiré de l'étude après seulement quelques jours, car il était sur le point de faire une dépression alors qu'un autre prisonnier avait des rougeurs sur tout le corps. Ces deux cas, malheureusement, n'étaient pas des cas isolés : tous les prisonniers manifestaient, à la fin de l'étude, des signes de dépression et de perception de soi négative. Que s'était-il passé ? Les effets négatifs vécus par les « prisonniers » avaient-ils été vraiment causés par le comportement des « gardiens » ? Comment des participants qui savaient pourtant très bien qu'ils participaient à une étude en cadre universitaire avaient-ils pu réagir de cette façon ? Les résultats de l'étude démontrant l'effet néfaste de la prison et des contacts qui y étaient vécus étaient-ils valides ?

La validité d'une **simulation** ou d'un jeu de rôles dépend en grande partie du degré de participation des participants engendré par le réalisme du contexte expérimental. Dans la mesure où les participants sont vraiment engagés dans le contexte expérimental (réalisme expérimental) et où ce dernier représente une approximation décente du contexte visé (**réalisme mondain**), alors les résultats peuvent effectivement représenter une analyse valide des processus en jeu dans la vie réelle (réalisme psychologique). Dans l'étude de la prison simulée, tout portait les participants des deux groupes (prisonniers et gardiens) à vivre leur rôle avec une grande intensité. La validité des résultats peut être difficilement mise en doute, même si certaines critiques ont été formulées à l'endroit de l'étude sur une base méthodologique (par exemple, Banuazizi & Movahedi, 1975). De plus, puisque les participants ont été aléatoirement affectés aux conditions de prisonniers et de gardiens, il ne peut y avoir de doute quant à la cause des réactions des prisonniers : elles ont bel et bien été provoquées par les comportements des gardiens. Quand on compare les résultats de l'étude à ce qui s'est passé dans la prison d'Abou Gharib en Irak au printemps 2004, on est frappé par la ressemblance. Les soldats américains et anglais ont alors torturé, agressé et violé les prisonniers irakiens, le tout avec photos et vidéos à l'appui ! Le fait que deux clans (prisonniers et gardiens) relativement anonymes et ne pouvant se parler (comme dans l'étude de Zimbardo) ont été créés a produit une situation qui a dégénéré.

Clairement, les résultats d'une étude qui emprunte une approche de simulation et de jeu de rôles peuvent donc être valides et même très importants sur une base théorique ou appliquée (comme ce fut le cas pour l'étude de Zimbardo). Le lecteur désireux d'en savoir plus sur l'étude de Zimbardo lira avec profit un article de Haney et Zimbardo (1998) qui a réévalué l'étude 25 ans plus tard et dégagé ses implications pour les services correctionnels. Le film allemand *Das Experiment* (2001) relate cette histoire en l'amplifiant un peu.

Il ne faudrait pas croire que toutes les études utilisant une approche de simulation doivent être aussi audacieuses et intenses que celle de Zimbardo. Il existe d'autres approches moins envahissantes. L'une d'entre elles se réfère à la réalité virtuelle (Blascovich *et al.*, 2002). Ainsi, un participant muni d'un casque ou de lunettes spéciales se trouve à percevoir un environnement comme s'il était réel. Il est alors possible grâce à un programme informatique spécial de présenter l'information au participant de façon contrôlée comme en laboratoire. Il est également possible d'inclure dans le programme d'autres personnes de sorte que des études sur une foule de thèmes en psychologie sociale puissent être réalisées avec un réalisme surprenant. Par exemple, Swinth et Blascovich (2001, cités dans Blascovich *et al.*, 2002) ont créé un environnement virtuel de casino et ont assigné les participants à deux conditions principales, soit le fait de gager dans un petit groupe où la règle est de gager gros, soit le fait de gager dans un groupe où l'on gage peu. Les chercheurs ont rapporté les résultats antérieurs démontrant que les joueurs gagent plus d'argent lorsque la règle est de gager beaucoup que lorsque la règle est de gager peu. Notons que cette approche pourrait permettre d'étudier avec un devis expérimental des phénomènes qu'il était difficile d'étudier jusqu'ici, comme les réactions à des vols à main armée ou les effets d'un changement d'identité sur les relations intergroupes, changement consistant à transformer un homme en femme ou en membre d'une minorité visible.

Une autre approche de simulation consiste à demander aux participants de lire des scénarios hypothétiques, sur questionnaires, décrivant diverses situations et d'indiquer sur différentes échelles comment ils réagiraient dans ces situations. Les scénarios peuvent être préparés de manière à ce que des variables indépendantes soient manipulées dans l'histoire présentée. Le secteur des attributions fait usage de cette approche (voir le chapitre 5).

Enfin, une dernière approche de simulation est celle utilisant l'ordinateur (Hastie & Stasser, 2000). Bien qu'il puisse y avoir plusieurs variantes, l'une des plus populaires consiste à élaborer un modèle computationnel qui simule les postulats d'une théorie et à analyser les résultats théoriques obtenus par l'ordinateur. Ainsi, Thomas Shultz, de l'Université McGill, et Mark Lepper (1996) ont pris comme point de départ la théorie de la dissonance cognitive (Festinger, 1957 ; voir aussi le chapitre 6) afin de concevoir un modèle modifié de la consonance (où l'accord entre diverses cognitions ou entre les cognitions et le comportement est recherché par le système). Ce modèle théorique a été par la suite confirmé dans une expérience en laboratoire menée auprès d'un groupe d'enfants. Avec les développements à l'interface du connectionnisme et de la psychologie sociale (Smith, 1996), la voie de la simulation par ordinateur semble prometteuse.

Le lecteur attentif aura su noter les nombreux avantages que l'approche de la simulation et du jeu de rôles peut procurer au chercheur sachant s'en servir correctement. Ainsi cette méthode permet aux chercheurs d'étudier certaines situations qui ne peuvent que très difficilement être analysées en laboratoire et en terrain naturel comme le fonctionnement d'une prison ou les délibérations d'un jury. En revanche, il devient possible d'en faire une approximation par l'intermédiaire de la simulation et ainsi d'étudier les processus psychologiques en cause. Un deuxième avantage de cette approche méthodologique a trait à la perspective déontologique : les participants ne sont pas trompés (comme c'est souvent le cas en laboratoire). Les participants sont au courant des intentions du chercheur ainsi que du rôle que l'on s'attend à les voir jouer. La simulation et le jeu de rôles semblent donc constituer une solution de remplacement à l'approche en laboratoire, qui, somme toute, postule qu'il est préférable que le participant ne soit pas au courant du but réel de l'étude. Enfin, l'approche de la simulation permet, avec relativement de facilité, de mener des études selon une perspective expérimentale (en affectant des participants aléatoirement à diverses conditions des variables indépendantes).

Malgré les divers avantages qu'elle peut procurer, il faut tout de même soulever le fait que l'approche de la simulation demeure l'une des méthodes de recherche les plus critiquées (voir Jones, 1985). La critique la plus sévère, à notre avis, consiste à dire que, lorsque des participants se comportent comme s'ils jouaient un rôle, il se peut fort bien qu'ils n'adoptent pas le même comportement que dans une situation réelle. Non pas parce que les participants sont malhonnêtes, mais plutôt parce qu'il est parfois difficile de prédire comment on va réagir dans des situations jamais vécues. Par exemple, comment réagiriez-vous si vous étiez témoin d'un vol à main armée ? Bien malin qui peut le dire. On peut parfois répondre une chose et parfois agir autrement. Même si certaines recherches indiquent que les participants agissent souvent de la même façon dans les deux cas (Betancourt, 1990 ; Blascovich *et al.*, 2002), le problème demeure entier.

Les méthodes secondaires

Certaines méthodes de recherche sont dites « secondaires », car elles font généralement usage d'informations déjà disponibles dans des études antérieures ou des rapports préliminaires. C'est le cas notamment de l'étude de cas, de l'analyse de contenu, de l'analyse archivistique et de la méta-analyse. Nous discuterons de ces différents types de recherche dans les paragraphes qui suivent.

L'étude de cas. L'**étude de cas** implique l'étude en profondeur d'une personne, d'un groupe ou d'un événement précis. Cette technique est utilisée avec assez de régularité en psychologie de la personnalité et en psychologie clinique (Yin, 1984), mais relativement peu souvent en psychologie sociale contemporaine à cause de la tendance méthodologique expérimentale et quasi expérimentale de la discipline. Le chercheur qui utilise l'étude de cas essaie de comprendre l'événement ou la personne dans toute sa complexité afin d'en retirer une explication psychologique. L'étude de cas peut se faire à partir de sources d'information primaires (le sujet de l'étude lui-même ; voir Wilson, 2000) ou secondaires (rapports concernant l'événement, description de la façon dont la personne en question est perçue). Toutes les sources d'information valides sont utilisées : entrevues, articles scientifiques et non scientifiques (comme ceux publiés dans les journaux), enregistrements vidéo et audio des personnes concernées ou provenant d'autres sources (émissions de télévision et de radio, etc.). Comme on peut le voir, l'étude de cas laisse beaucoup de latitude au chercheur quant aux outils à utiliser afin d'aller puiser les éléments d'information nécessaires pour vérifier l'hypothèse de recherche ou encore pour aider à formuler un modèle théorique.

L'une des études de cas les plus populaires en psychologie sociale est celle de Janis (1972) sur la pensée groupale. Janis désirait mieux comprendre la façon d'opérer des groupes ayant travaillé à des projets qui avaient abouti à des fiascos. L'analyse de l'échec de l'invasion de la baie des Cochons est particulièrement percutante. On se souviendra que, le 17 avril 1961, certains de pouvoir écraser le régime de Fidel Castro, les États-Unis décidèrent de lancer une attaque qui devait conduire à l'un des pires fiascos de leur histoire. À peine quelques jours après l'attaque, plus de 1 400 soldats américains furent faits prisonniers et renvoyés aux États-Unis en échange de denrées alimentaires et de matériel médical d'une valeur de 50 millions de dollars.

Après avoir étudié divers documents historiques, les procès-verbaux des réunions du groupe décisionnel, des lettres, des ordres du jour, et les mémoires des membres du groupe et communiqués de presse officiels, Janis conclut que le groupe chargé de la décision d'envahir la baie des Cochons avait subi l'effet de la pensée groupale. Cet effet se définit comme une « détérioration de l'efficacité mentale, de

la vérification de la réalité et du jugement moral qui résulte des pressions à l'intérieur du groupe » (Janis, 1972, p. 9). En d'autres termes, le groupe qui devait décider d'attaquer ou non Cuba n'avait pas étudié toutes les possibilités parce que ses membres ne s'étaient pas exprimés ouvertement sur les dangers d'une telle opération de peur de détruire la cohésion du groupe ou de subir des représailles. Les membres mirent le projet à exécution même si, en leur for intérieur, plusieurs le désapprouvaient. Cette analyse mena au modèle de la pensée groupale de Janis (sur ce sujet, voir le chapitre 12).

Comme toutes les approches que nous avons vues dans ce chapitre, un devis de recherche à cas unique comporte des avantages et des inconvénients. Parmi les avantages, on se doit de souligner le fait que cette approche permet une analyse détaillée et fouillée d'une personne, d'un groupe ou d'un événement comme il ne serait pas possible d'en faire une avec d'autres méthodologies. De plus, les mesures utilisées dans un tel type de recherche ne sont pas soumises à un effet de réactivité de la part du participant puisque, généralement, il s'agit de rapports écrits et que les phénomènes d'intérêt ont déjà eu lieu.

Parmi les désavantages de cette approche, notons la possibilité que la personne, le groupe ou l'événement étudié ne soient pas représentatifs de la population considérée. Un modèle théorique conçu à partir de l'analyse de situations extraordinaires et non représentatives du quotidien pourrait éventuellement se révéler faux. Deuxièmement, l'information recueillie pourrait être fausse, et le chercheur ne possède que peu de façons de distinguer les « vrais » documents des « faux ». Enfin, il faut bien comprendre que, quelque bien menée qu'elle puisse être, l'étude de cas n'emprunte pas une approche expérimentale et ne peut que très rarement apporter des réponses à une relation de cause à effet entre deux ou plusieurs variables.

L'analyse de contenu. « L'analyse de contenu est une technique utilisée pour extraire l'information désirée d'un ensemble de données en dégageant de façon systématique et objective les caractéristiques distinctives du matériel recueilli. » (Smith, 2000, p. 314.) Elle permet de réduire une grande quantité d'informations en des unités beaucoup plus petites et interprétables. Il s'agit ici non pas d'une interprétation subjective ou clinique de l'information qui doit être codée, mais bien d'une analyse objective et précise de l'information qui est de nature qualitative. L'analyse de contenu peut être effectuée sur des informations provenant de sources secondaires ou sur des données recueillies par le chercheur lui-même, au cours d'entrevues, par exemple (voir Bartholomew *et al.*, 2000).

En effectuant une **analyse de contenu**, le chercheur doit considérer au moins quatre éléments. Dans un premier temps, il est essentiel de choisir une unité d'analyse reflétant bien le phénomène d'intérêt. En d'autres termes, le chercheur doit choisir la meilleure variable dépendante possible. Parfois, une telle variable existe déjà ; plus souvent le chercheur devra la « créer » à même les sources d'information disponibles. Une deuxième considération importante consiste justement à trouver les plus pertinentes sources d'information ayant traité du phénomène à l'étude et ayant mesuré la variable dépendante choisie. Troisièmement, il faut concevoir une façon de coder les données qui permettra d'étudier objectivement le phénomène. Enfin, le chercheur devra bien choisir l'échantillon duquel il retirera les données afin de s'assurer que les résultats obtenus peuvent être généralisés à la population visée.

De plus en plus d'études utilisent l'analyse de contenu (Bartholomew *et al.*, 2000 ; King, 2004) à cause de la richesse de l'information fournie par les participants. Cette information peut permettre de prédire l'ajustement psychologique de la personne à la suite d'événements importants. Ainsi, Nolen-Hoeksema, McBride et Larson (1997) ont analysé le contenu d'entrevues réalisées avec 30 hommes dont la conjointe était décédée au cours du dernier mois. Ils ont notamment codé le niveau de rumination (pensée ou action récurrente ayant rapport au conjoint décédé) présent dans l'entrevue avec l'aide

de trois juges agissant en toute indépendance. Leurs résultats ont démontré que plus il y avait rumination dans l'entrevue, plus grande était la détresse psychologique un mois et même un an plus tard. Est-ce qu'une échelle de type Likert mesurant la rumination aurait mené aux mêmes résultats ? Peut-être. Toutefois, les présents résultats soulignent la pertinence de l'analyse de contenu.

L'analyse de contenu comporte sensiblement les mêmes avantages et désavantages que l'étude de cas. Toutefois, il faut se rappeler que l'analyse de contenu porte sur le caractère qualitatif de divers documents et qu'elle doit être menée avec soin pour conduire à des résultats valides. Cette condition nécessite la préparation d'une grille de codification qui permettra aux différents observateurs de coder le comportement observé dans les différentes catégories prévues avec un accord inter-juges (indice de fidélité) élevé. Plus d'une étude connaît des problèmes sérieux à cet égard, et les résultats doivent alors être réexaminés.

L'analyse archivistique. L'**analyse archivistique** constitue une analyse de différentes sources d'information, autres que celle obtenue par le chercheur lui-même, contenant des statistiques ou des données quantifiables sur des éléments divers. Comme dans le cas de l'analyse de contenu et de l'étude de cas, les sources d'information sont innombrables. Les bureaux de statistique et de recensement gouvernementaux constituent des sources importantes d'information. Deschênes (1987) a ainsi utilisé tous les recensements québécois de 1951 à 1981 en vue d'étudier les changements qui se sont opérés au sein de la famille québécoise durant cette période. Certains des résultats révèlent que même si 85 % des gens demeurent toujours en famille, celle-ci est devenue moins populeuse (en moyenne 1,4 enfant par femme). De plus, on retrouve en 1981 davantage de familles monoparentales et de ménages homosexuels. De nos jours, au Québec, pas moins de 20 % des familles sont monoparentales, et la majorité (plus de 75 %) des parents de ces familles sont des femmes (Tremblay, 2002). Quels seront les effets psychologiques de ces changements sociaux sur la prochaine génération de Québécois ?

Les sources d'information archivistiques peuvent se trouver un peu partout, même dans les couvents ! Par exemple, Danner, Snowdon et Friesen (2001) ont voulu étudier la relation entre les émotions et la santé à long terme. Selon ces auteurs, le fait de ressentir des émotions positives de façon répétée devrait avoir un effet bénéfique sur la santé du fait qu'elles suscitent un pattern physiologique adaptatif, alors que l'on devrait s'attendre que les émotions négatives aient l'effet contraire. Afin de vérifier leur hypothèse, les chercheurs ont analysé les autobiographies de 180 sœurs lorsqu'elles avaient en moyenne 22 ans… en 1930. Les chercheurs ont par la suite codé les autobiographies selon les émotions rapportées (et non pas les événements ayant produit ces émotions ou les conséquences de ces émotions). Ils ont distingué aussi entre les émotions positives et les émotions négatives ou neutres (aucune émotion), et ont fait le compte de chacune. Ils ont fait de même pour le contenu émotionnel des phrases. Des analyses de fidélité inter-juges ont révélé un haut niveau d'accord. Puis, pour vérifier leur hypothèse, les chercheurs ont consulté les dossiers médicaux des sœurs tels qu'ils se présentaient 60 ans plus tard. Les résultats sont éloquents. Il y avait une relation inverse très forte entre les émotions positives vécues à l'âge de 22 ans et les risques de mortalité. Aucun lien ne fut trouvé avec les émotions négatives ou neutres. En fait, que les émotions positives soient mesurées par le nombre de mots ou de phrases, le quart des sœurs qui avaient rapporté le plus d'émotions positives à l'âge de 22 ans avaient 2,5 plus de chances d'être toujours en vie 60 ans plus tard ! Les mécanismes physiologiques n'ont pas été étudiés, mais les résultats témoignent tout de même du potentiel de l'analyse archivistique.

L'analyse archivistique peut prendre de multiples formes et permet d'étudier des éléments qui seraient parfois difficiles à étudier en laboratoire. Par exemple, elle permet notamment de mieux saisir certains changements ou les effets de certaines variables

selon une perspective temporelle (comme l'étude portant sur les sœurs). Par contre, comme de telles analyses sont basées sur des relevés souvent incomplets, le chercheur doit se limiter à l'information comprise dans les banques de données en question. De plus, le chercheur doit se limiter à des schèmes corrélationnels, et le lien de causalité n'est pas toujours facile à établir. Par exemple, pouvez-vous déterminer quelles sont les causes des changements survenus au sein de la famille québécoise ? Bien malin qui pourrait le faire.

La méta-analyse. La **méta-analyse** consiste en l'« analyse statistique d'une large collection de résultats d'analyses issus d'études individuelles ayant pour but d'intégrer les résultats de l'ensemble de ces études » (Glass, 1976, p. 3, traduction libre). En d'autres termes, la méta-analyse fait appel aux résultats des études ayant observé un phénomène donné et s'en sert de façon à ce que chaque résultat issu d'une étude représente un « participant ». Il devient alors possible d'effectuer diverses analyses statistiques incluant les résultats de chaque étude et ainsi de résumer les résultats de tout un secteur de connaissances (Johnson & Eagly, 2000 ; Rosenthal & DiMatteo, 2001 ; Wood & Christensen, 2004).

La méta-analyse semble complexe. En fait, le principe est tout simple : il s'agit de rassembler les recherches qui ont étudié le phénomène qui nous intéresse et d'utiliser les résultats de chacune des études dans une ou plusieurs analyses statistiques afin d'obtenir une appréciation globale de ce qu'indique l'ensemble des résultats sur le phénomène en question. Prenons un exemple. Nummenmaa et Niemi (2004) voulaient déterminer ce que dit l'ensemble de la littérature sur les effets du succès et de l'échec sur les émotions. Dans l'étude typique, un participant se présente au laboratoire et exécute une tâche cognitive quelconque, à la suite de quoi il reçoit un *feed-back*. Puis le participant répond à un questionnaire servant à mesurer ses émotions. Les chercheurs ont répertorié 32 études sur le sujet, mettant à contribution plus de 2 400 participants. Puis ils ont calculé la taille de l'effet (*effect size*) de chaque étude et combiné les résultats des 32 études. Les résultats ont révélé un effet de niveau moyen (une corrélation de 0,37). Donc, les personnes qui rencontraient un succès rapportaient des émotions plus positives que celles qui subissaient un échec. De plus, les résultats étaient les mêmes, quels que fussent l'échelle utilisée pour mesurer les émotions, le type de tâche réalisé par les participants et la façon dont le *feedback* de succès ou d'échec était présenté. L'effet témoigne donc d'un haut niveau de validité externe.

L'analyse archivistique et la méta-analyse possèdent un certain nombre d'avantages. Un premier avantage réside dans le fait que ces types de recherche permettent au chercheur de vérifier des hypothèses en employant des données qui ne sont pas fournies directement par les participants. Les résultats ainsi obtenus ne seront pas soumis à l'effet d'appréhension de l'évaluation de la part du participant ni à celui des différents biais de la part du chercheur. Comme elle est basée sur l'analyse de sources d'information secondaires, cette approche de recherche n'entraîne aucun problème de déontologie. De plus, comme les données ont été récoltées dans diverses situations, les résultats de la méta-analyse ou des études archivistiques apportent une validité externe aux résultats. Enfin, puisqu'elle est basée sur un ensemble de recherches, la méta-analyse permet de mieux comprendre certaines questions de recherche et de cerner les connaissances dans tout un secteur de recherche faisant intervenir de nombreux participants placés dans diverses situations. Le niveau de validité externe peut alors être relativement élevé.

Par contre, certains désavantages sont également à noter. Un premier désavantage concerne la difficulté à pouvoir mettre la main sur des données pertinentes puisque le chercheur ne récolte pas lui-même les variables dépendantes. Un deuxième désavantage, relié au premier, a trait au fait que la qualité des résultats de l'analyse archivistique ou de la méta-analyse est fortement dépendante des propriétés méthodologiques des données ou des études qu'elles utilisent. Dans la mesure où les sources de données sont faussées et où le chercheur ne fait pas l'effort nécessaire pour inclure dans son analyse l'ensemble des études existantes, les résultats risquent d'être également faussés. Ce point est fort important. Prenons un exemple. Plusieurs études ont démontré que le fait de recevoir une récompense matérielle pour avoir accompli une tâche intéressante risquait d'entraîner une baisse de motivation intrinsèque lorsque, par la suite, la tâche devra être exécutée gratuitement (voir Deci & Ryan, 2000 ; Vallerand et Halliwell, 1983, et Vallerand, 1997 pour des recensions). Des méta-analyses de Rummel et Feinberg (1988), de Wiersma (1992) et de Tang et Hall (1995) arrivent à la même conclusion. Toutefois, Eisenberger et Cameron (1996) ont conduit une nouvelle méta-analyse et sont arrivés à des résultats contraires. En effet, ils ont démontré que ce n'était le cas que dans certaines circonstances relativement rares. Comment expliquer ces résultats contraires ? Par les études incluses dans la méta-analyse. Eisenberger et Cameron (1996) avaient négligé d'inclure un grand nombre d'études dans leur méta-analyse. Deci, Koestner et Ryan (1999) ont repris leur méta-analyse, en incluant cette fois *toutes* les études recensées dans la littérature. Les résultats ont été très concluants et ont confirmé que l'effet négatif était très puissant et que la majorité des formes de récompenses matérielles diminuaient la motivation intrinsèque. Donc, la qualité d'une méta-analyse dépend des données ou des études utilisées dans l'analyse.

Enfin, un dernier désavantage concerne le temps que doit consacrer le chercheur à cette approche de recherche lorsqu'il a choisi de l'utiliser. Il commet une grave erreur quand il la choisit parce qu'il la croit plus rapide que la recherche en laboratoire ou en terrain naturel. Selon l'ampleur du problème étudié, la recherche archivistique et la méta-analyse demandent généralement autant de temps, et parfois plus, que les autres types de recherche.

La méthode la plus efficace

Nous venons de voir neuf méthodes de recherche. Vous devez probablement vous demander quelle technique est la meilleure. La réponse qui vous vient d'emblée est : « Toutes et aucune à la fois ». Une méthode de recherche n'est adéquate que dans la mesure où elle permet de vérifier l'hypothèse énoncée initialement. Si le but de la recherche est d'étudier le pourcentage d'étudiants qui souffrent de solitude chronique, alors la méthodologie de l'enquête peut fort bien faire l'affaire. Par contre, s'il s'agit d'étudier les *causes* de la solitude chronique chez ces mêmes étudiants, alors on devrait plutôt se tourner vers des approches permettant une analyse de cause à effet entre certaines variables dépendantes et indépendantes, comme les devis expérimental et quasi expérimental.

Chaque approche méthodologique peut être utile en soi dans la mesure où elle est utilisée dans un cadre qui tient compte de ses possibilités et de ses limites. Chaque technique a des avantages et des inconvénients. Il appartient donc au chercheur de bien connaître ceux-ci et de choisir l'approche qui convient le plus pour mettre l'hypothèse retenue à l'épreuve. Le tableau 2.2 résume les avantages et les inconvénients des différentes méthodes selon certains critères de recherche fondamentaux. Vous remarquerez qu'aucune approche n'est en mesure d'offrir au chercheur une garantie optimale de validité pour toutes les dimensions considérées. Il revient donc au chercheur de choisir l'approche qui sied le mieux à la vérification de l'hypothèse. Dans cette perspective, il convient davantage de se poser la question suivante : « Quand une approche méthodologique est-elle appropriée ? »

LE CHOIX DE LA MESURE DU PHÉNOMÈNE ÉTUDIÉ

Le processus de recherche ne s'arrête pas à la formulation de l'hypothèse et au choix d'une méthode de recherche. Comme le montre la figure 2.1, une troisième étape dans toute recherche consiste à choisir la mesure du phénomène étudié. En termes scientifiques, il s'agit de mesurer la variable dépendante.

TABLEAU 2.2 **Résumé des forces et des faiblesses des différentes méthodes de recherche**

Méthodes	Validité interne	Validité externe	Contrôle de l'expérimentation	Soumis aux biais de l'expérimentateur	Problèmes d'éthique	Facilité d'utilisation
Expérimentale en laboratoire	Forte	Modérée	Fort	Modérément	Certains	Modérée
Expérimentale en terrain naturel	Modérée	Forte	Fort	Modérément	Certains	Ardue
Quasi expérimentale	Modérée	Modérée	Modéré	Modérément	Très peu	Ardue
Corrélationnelle	Faible	Modérée	Faible	Modérément	Certains	Modérée
Enquête et entrevue	Modérée	Modérée	Modéré	Modérément	Certains	Modérée
Simulation et jeu de rôles	Modérée	Modérée	Fort	Modérément	Certains	Modérée
Étude de cas	Faible	Faible	Faible	Faiblement	Très peu	Modérée
Analyse de contenu	Modérée	Modérée	Faible	Modérément	Très peu	Assez aisée
Analyse archivistique*	Faible	Modérée	Faible	Fortement	Très peu	Modérée

*Inclut la méta-analyse.

Source : Adapté de Penrod (1983).

Les mesures verbales

Les mesures verbales peuvent être de différents ordres. Un premier type, très utilisé en psychologie sociale, consiste dans des **questionnaires auto-rapport** préparés par le chercheur et auxquels le participant répond. Ces questionnaires peuvent prendre plusieurs formes et être construits selon différentes philosophies. Certains questionnaires ne se servent que d'un énoncé pour mesurer la variable considérée. Ils sont à éviter, car leur fidélité ne peut être vérifiée et peut s'avérer douteuse.

D'autres questionnaires utilisent plusieurs items afin de mesurer un même construit. Ces questionnaires peuvent être élaborés de différentes façons. Les approches de type Thurstone, Guttman et Likert sont très utilisées, la dernière technique étant nettement la plus populaire en psychologie sociale (voir John & Benet-Martinez, 2000; Wegener & Fabrigar, 2004). Avec le questionnaire de type Likert, le participant répond à un ensemble d'items en indiquant sur une échelle de cinq, sept ou neuf points dans quelle mesure il est en accord ou en désaccord avec l'énoncé. On obtient le pointage du participant en additionnant ses scores pour chacun des items. Le questionnaire est employé à plusieurs fins en recherche, mais généralement il est utilisé afin de mesurer des variables de nature cognitive et affective (attitudes, émotions et autres). Il représente la mesure par excellence en psychologie sociale, puisque plus de 80 % des recherches en psychologie sociale en font usage (West *et al.*, 1992).

Un point intéressant à noter est que l'utilisation des questionnaires s'est sensiblement élargie depuis le début des années 2000. Ainsi, il y a une tendance très forte à mesurer les réactions et les perceptions des gens dans leur vie de tous les jours de manière à « capter la vie telle qu'elle est vécue » (Bolger, Davis & Rafaeli, 2003). Une approche fort utilisée consiste à demander aux participants de rédiger un « journal de bord » tous les soirs pendant une période de temps déterminée (disons 10 jours) en vue d'avoir une idée plus écologique de ce que vivent les gens dans leur vie quotidienne (voir Reis & Gable, 2000; Stone *et al.*, 1999). D'autres techniques plus complexes impliquent que les participants portent sur eux un ordinateur de poche de type Palm Pilot, qu'ils reçoivent des messages un certain nombre de fois par jour envoyés au hasard et qu'ils répondent immédiatement à un court questionnaire sur l'ordinateur (Feldman-Barrett & Barrett, 2001). Il est alors possible d'obtenir les réponses des participants sur-le-champ, ce qui évite les erreurs commises au moment de rappeler les participants à la fin de la soirée (Todd *et al.*, 2004). De plus, on peut suivre l'évolution des réactions des participants au cours de la journée et, au surplus, les données sont immédiatement saisies sur ordinateur, puis intégrées telles quelles dans une banque de données sans erreur de transcription.

L'échelle conçue par Guay, Vallerand et Blanchard (2000) est un exemple d'échelle verbale. Elle peut être utilisée un peu partout pour mesurer la motivation situationnelle, et porte sur le moment présent. Le tableau 2.3 donne un aperçu de son fonctionnement.

TABLEAU 2.3   Certains items de l'échelle situationnelle de motivation

Je fais présentement mon activité…							
1. … parce qu'elle est intéressante	1	2	3	4	5	6	7
2. … parce que je suis censé la faire	1	2	3	4	5	6	7
3. … je fais l'activité, mais je ne suis pas sûr que cela en vaille la peine	1	2	3	4	5	6	7
4. … par décision personnelle	1	2	3	4	5	6	7

Note : item 1 = motivation intrinsèque ; item 2 = motivation extrinsèque par régulation externe ; item 3 = amotivation ; item 4 = motivation extrinsèque identifiée.

Le second type de mesure verbale utilisée en psychologie sociale est constitué par les mesures de type qualitatif (voir King, 2004). Comme nous l'avons vu précédemment, les données proviennent de sources diverses, essentiellement représentées par les archives et les entrevues. Il suffira de souligner que les données d'ordre qualitatif sont de plus en plus utilisées, notamment dans des situations réelles comme les relations de couple (voir Bartholomew *et al.*, 2000).

Les mesures implicites

Les types de mesures verbales présentées ci-dessus sont fondés sur le principe que les représentations mentales conscientes influent sur le comportement social. Toutefois, depuis le début des années 1980, il est devenu de plus en plus évident que des représentations mentales extérieures au champ de conscience pouvaient aussi avoir une influence importante sur le comportement. Les mesures captant de telles cognitions sont dites « **implicites** », car elles permettent de mesurer les attitudes, les croyances, les valeurs, etc., dont les personnes ne sont pas conscientes (voir Bargh & Chartrand, 2000 ; Fazio & Olson, 2003 ; Kihlstrom, 2004).

Bien qu'il y ait des variantes, la plupart des mesures découlent du principe d'amorçage. Prenons un exemple. Imaginez que vous êtes en face d'un ordinateur. Votre tâche consiste à regarder deux séries de lettres et à frapper le plus rapidement possible une touche (disons le *p*) si les séries forment des mots, et une autre touche (disons le *o*) si elles ne forment pas de mots. On vous présente une série de lettres et de mots. Les chercheurs ont écrit des prénoms masculins et féminins comme Jacques, Paul, Marie et Diane ainsi que des noms de profession comme médecin, infirmière, mécanicien et serveuse. Maintenant, supposons que, quand vous voyez la série « J-AC-Q-U-E-S-M-É-D-E-C-I-N », votre temps de réaction est de 0,018 seconde, et que, quand la série est « M-A-R-I-E M-É-D-E-C-I-N », votre temps est de 0,032 seconde. De plus, supposons que l'inverse se produit, que votre temps

de réaction est plus court, disons 0,019 seconde, pour la combinaison « M-A-R-I-E I-N-F-I-R-M-I-E-R-E » que pour la combinaison « P-A-U-L I-N-F-I-R-M-I-E-R », disons 0,039 seconde. Il est possible de conclure de ce test que vous faites preuve de préjugés en ce qui a trait aux rôles propres aux hommes et aux femmes. En effet, vos résultats sur cette mesure implicite révèlent un temps de latence plus rapide lorsqu'il y a congruité entre le sexe (Jacques) et le rôle (médecin) que lorsqu'il y a incongruité.

Bien sûr, cet exemple est simpliste et, dans une situation réelle, vous auriez à évaluer une centaine de pairages de mots entremêlés avec des lettres sans signification. Toutefois, les résultats obtenus avec le test d'association implicite (TAI ; *implicit association test*), une mesure un peu plus complexe apparentée à la précédente mesure, démontrent qu'il permet de mesurer implicitement une foule de concepts tels que les attitudes, l'estime de soi et les préjugés (Greenwald & Banaji, 1995 ; Greenwald *et al.*, 1998 ; Greenwald, Nosek & Banaji, 2003). De plus, le TAI a permis de prédire une foule de conséquences intéressantes. Par exemple, les participants ayant une attitude implicite négative envers les Noirs font preuve de comportements moins positifs au cours d'interactions avec des personnes de race noire (McConnell & Leibold, 2001). Enfin, il semble que cette mesure fort populaire, utilisée avec plusieurs milliers de participants dans plus de 120 articles publiés en date de 2005, donne des résultats très robustes (Nosek, Greenwald & Banaji, 2005). L'avenir saura déterminer la valeur prédictive relative des échelles implicites et explicites (ou verbales) du comportement social.

Les mesures physiologiques

Les **mesures physiologiques** représentent un troisième grand type de mesures utilisées en psychologie sociale (Blascovich, 2000). Elles sont utilisées depuis fort longtemps, notamment pour mesurer les émotions (voir Ekman, 1993, pour une recension). Toutefois, depuis peu, les psychologues explorent deux nouveaux domaines. Le premier concerne le lien entre certains indices physiologiques et divers comportements. Par exemple, Blascovich et ses collègues (2004) ont mis sur pied un modèle biopsychosocial servant à l'étude des situations de performance. Dans ces situations, les individus peuvent réagir de deux façons : ils peuvent percevoir la tâche soit comme un défi, soit comme une menace. Ces deux types de réactions entraînent chacun un pattern physiologique cardiovasculaire distinct. Ainsi, le défi amène une augmentation de l'output cardiaque et une diminution de la résistance périphérique totale (une constriction ou une dilatation du système artériel). La menace, quant à elle, a peu d'effet sur l'output cardiaque et augmente la résistance périphérique totale. De plus, tant en situation de menace qu'en situation de défi, il y a augmentation du rythme cardiaque et de la contractilité ventriculaire quand les gens s'investissent dans une tâche. Blascovich et ses collègues ont démontré que les indices physiologiques mesurés auprès des joueurs avant le début de la saison de baseball permettent de prédire la performance au bâton des athlètes durant la saison. Ce genre de résultats explique l'engouement actuel pour ce type de mesures physiologiques.

Le second type de mesures physiologiques est constitué par les mesures neuropsychologiques (Bandettini, Birn & Donahue, 2000 ; Cacioppo *et al.*, 2004). La mesure neuropsychologique la plus couramment employée est très certainement l'imagerie par résonance magnétique fonctionnelle (IRMf). L'IRMf mesure la quantité d'oxygène dans le sang dans des régions déterminées du corps humain, principalement dans le cerveau. Ainsi, elle permet de déterminer les régions du cerveau qui sont activées (dans lesquelles il y a augmentation de l'oxygène dans le sang). Employée depuis peu dans le secteur des neurosciences sociales, l'IRMf a servi notamment dans l'étude des centres utilisés lors de l'amorçage (Schacter & Badgaiyan, 2001), de la perception de soi (Kelley *et al.*, 2002), des attributions (Martin & Weisberg, 2003), de l'amour romantique (Bartels & Zeki, 2000), des comportements raciaux (Eberhardt, 2005) et de l'autorégulation

des émotions. Par exemple, Mario Beauregard et ses collègues (2001) de l'Université de Montréal ont démontré que, lorsque l'on demande à des participants de réaliser une tâche d'autorégulation (contrôler leur activation sexuelle au cours du visionnement d'un film pornographique), il y a activation du gyrus frontal supérieur droit et du gyrus antérieur droit. Beauregard et ses collègues pourraient ainsi avoir identifié certains centres de l'autorégulation sociale. La figure 2.5 résume les résultats obtenus. Cette étude témoigne de l'intérêt que représentent ces mesures.

FIGURE 2.5   Condition d'inhibition émotionnelle

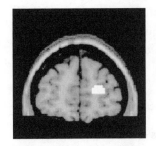 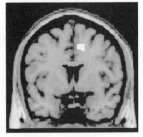

Gyrus frontal supérieur droit   Gyrus cingulaire antérieur droit

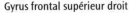

Source : Adapté de Beauregard *et al.* (2001).

Les mesures comportementales

Les **mesures comportementales** touchent de nombreux domaines (Wilkinson, 2000). Lorsqu'il décide d'employer une mesure comportementale, le chercheur doit déterminer sous quel angle il considérera le comportement. Le comportement peut être en effet envisagé sous le rapport de la fréquence, du taux et du niveau, de la vitesse, de l'intensité, de la durée, etc. (voir Bakeman, 2000). Par exemple, le nombre de fois qu'un professeur fournit un renforcement verbal positif en classe correspond à une mesure de fréquence, et le nombre de secondes qu'un participant met à accomplir une action en période libre se rattache à la durée. Par ailleurs, l'observation systématique du comportement social a porté tant sur les relations de couples (voir Kashy & Kenny, 2000) que sur les groupes (Kerr, Aronoff & Messé, 2000). Les études classiques de Festinger, Riecken et Schachter (1956), où les chercheurs se sont insérés dans un groupe (les Seekers) qui attendait la fin du monde, et de John Gottman et Levenson (2000), qui ont établi que le comportement dyadique permettait de prédire, plusieurs années à l'avance, la séparation de couples amoureux, sont des exemples de recherches consistant à observer le comportement des groupes et des couples.

Comme le participant n'est pas toujours conscient d'être observé (il en vient à oublier la présence du chercheur ou de la caméra), les biais de présentation de soi peuvent être limités. De plus, les informations recueillies peuvent être riches et variées. Il n'est donc pas surprenant que les mesures comportementales soient fort utilisées en psychologie sociale (Wilkinson, 2000).

Les mesures non réactives

Les **mesures non réactives** constituent le quatrième grand type de variables dépendantes. Il s'agit ici de mesures du contexte social qui ne portent pas directement sur les participants à une étude. Ces mesures sont généralement prises en terrain naturel. Ainsi, pour mesurer l'intérêt porté à une peinture dans un musée, un chercheur peut comparer le degré d'usure du parquet près de cette dernière avec celui qui est observé près d'autres toiles (Webb *et al.*, 1982). D'autres recherches ayant pour but de mesurer le degré de respect envers des affiches interdisant d'écrire sur les murs ont consisté à compter le nombre de graffitis sur les murs ou l'affiche elle-même (Pennebaker & Sanders, 1976 ; Sechrest & Belew, 1983). Cette approche non réactive s'avère très utile, car, comparativement aux mesures verbales ou parfois même comportementales, les participants ne sont pas conscients d'être analysés. Il y a donc moins de risques que les données soient influencées par des biais de la part des participants.

Quelle mesure devrait-on utiliser ?

Les facteurs tels que le but de l'étude, le concept étudié ainsi que la méthode de recherche déterminent la mesure à employer en recherche. En effet, il n'existe pas de mesure idéale (si l'on suppose, bien sûr, que ces mesures sont toutes valides et fidèles). La bonne mesure est celle qui permet de vérifier l'hypothèse à l'étude en réduisant au minimum les biais, autant ceux du chercheur que ceux du participant. Enfin, un dernier élément que le psychologue social doit prendre en considération dans son choix de la mesure porte sur le type d'analyses statistiques qui peuvent être effectuées. En effet, le choix de la variable dépendante les détermine. Les variables mesurées sur une échelle à intervalle de neuf points, par exemple, représentent des données d'ordre continu. De telles données peuvent être analysées par des statistiques paramétriques (test-t, analyses de variance, etc.). Ces analyses sont les plus puissantes, et il est conseillé de s'en servir lorsque cela est possible. Quand les variables sont mesurées de façon discrète, avec des « vrai ou faux » ou des pourcentages, par exemple, alors le chercheur doit utiliser des analyses non paramétriques telles que le khi-carré. L'aspect statistique doit donc également être pris en considération dans le choix d'une mesure.

L'ANALYSE STATISTIQUE DES DONNÉES

L'**analyse statistique** permet de déterminer quantitativement, et donc objectivement, si l'hypothèse à l'étude est confirmée ou infirmée. On ne saurait donc sous-estimer son importance. Aux fins de la présente discussion, on peut diviser en deux catégories les analyses statistiques utilisées en psychologie sociale, soit les analyses traditionnelles et les analyses sophistiquées. Les analyses traditionnelles renvoient aux analyses d'association et de différences entre les groupes, alors que les analyses sophistiquées permettent d'aller plus loin dans l'analyse de la causalité entre les différentes variables à l'étude.

Les analyses statistiques traditionnelles

Dans le cadre d'**analyses statistiques traditionnelles**, quatre concepts doivent être abordés : la tendance centrale, la **variabilité**, l'association et les différences entre des groupes. Le concept de **tendance centrale** concerne la réponse représentative de l'ensemble des participants. En général, la **moyenne** des réponses des participants est utilisée. Il s'agit ici de la somme des pointages des participants divisée par le nombre de participants. Par exemple, dans l'étude de Vallerand et ses collègues (1986) sur l'effet de la compétition sur la motivation intrinsèque présentée antérieurement, il y avait 13 participants dans la condition de compétition. Ces participants ont totalisé 809 secondes passées sur l'activité critère en période libre (mesure comportementale de motivation intrinsèque). Les participants de ce groupe ont donc obtenu une moyenne de 62,23 secondes (809 ÷ 13).

Parfois, la **médiane** est employée comme donnée représentative des réponses des participants. La médiane représente le point milieu d'une distribution, c'est-à-dire que la moitié des participants est en haut de la médiane, alors que l'autre moitié est située en bas de celle-ci. Dès lors, si dans une étude les points suivants sont obtenus : 50, 75, 100, 125 et 150, la médiane se situera à 100 (le point milieu de la distribution). Fait intéressant, la moyenne d'une telle distribution est également de 100. Par contre, la moyenne et la médiane ne mènent pas toujours au même pointage, et cette différence dépend de la variabilité des données.

Un troisième concept utile est celui d'**association**. Ce concept a rapport au degré de la relation entre deux variables. Nous avons déjà brièvement présenté le concept de la **corrélation** : il s'agit d'une mesure d'association entre deux variables qui peut varier entre +1 et −1, où 0 indique une relation nulle entre les deux variables, +1 une relation parfaite positive (c'est-à-dire qu'une augmentation sur une des deux variables est associée à une augmentation sur l'autre variable) et −1, une relation parfaite négative (une diminution sur une des deux variables sera associée à une augmentation sur l'autre variable). La corrélation (r) de Pearson est l'indice de corrélation le plus utilisé en recherche. Donc, un chercheur qui établirait qu'il y a une corrélation de +0,54 entre le style hostile mutuel observé chez un couple et les problèmes agressifs subséquents de leurs enfants utiliserait la corrélation Pearson à bon escient (voir Katz & Gottman, 1993, pour de tels résultats).

Enfin, le quatrième et dernier élément à aborder dans le cadre des statistiques traditionnelles concerne l'élément de différence entre des groupes. Il s'agit ici de comparer deux ou plusieurs groupes sur leurs moyennes obtenues quant à la variable dépendante considérée. Par exemple, dans l'étude de Vallerand et ses collègues (1986) sur les effets de la compétition sur la motivation intrinsèque, les participants en compétition avaient passé moins de temps en moyenne (62,23 s) sur l'activité que les participants en condition de maîtrise intrinsèque de l'activité (151,10 s). Un test de différence (test-t) entre ces deux moyennes avait démontré qu'elles étaient *significativement* différentes à un niveau de probabilité (*p*) inférieur à 0,01. En d'autres termes, il y avait moins de 1 % de chances que les chercheurs fassent erreur en concluant que les deux groupes étaient différents en ce qui concerne leur degré de motivation intrinsèque. Vallerand et ses collègues pouvaient donc conclure avec certitude que la compétition diminue la motivation intrinsèque.

Dans l'exemple présenté ci-dessus, il n'y avait que deux groupes, et un test-t a été effectué. Dans d'autres cas, par contre, plus de deux groupes sont comparés. Une analyse de variance est alors employée. Lorsque plusieurs groupes sont comparés sur une seule variable indépendante, le résultat de cette comparaison représente l'**effet principal**. Un effet principal significatif indique que les groupes sont différents. Par contre, lorsque l'effet principal n'est pas significatif à un degré approprié (généralement à 0,05 ou 0,01 de probabilité), les groupes sont considérés comme équivalents.

Notons qu'il est possible d'analyser les effets de plus de deux variables indépendantes en même temps. Cette étude se fait généralement par une **analyse de**

variance. En plus de rendre possible l'étude des deux effets principaux, une telle analyse permet également d'étudier l'**effet d'interaction statistique.** Nous avons déjà décrit l'interaction, au cours de la discussion sur le devis expérimental en laboratoire, comme le résultat de l'effet d'une première variable indépendante qui varie selon le niveau de la seconde variable indépendante. Cette définition avait été explicitée avec l'étude de Winkielman et ses collègues (2005, voir la figure 2.3). Les résultats de cette étude montrent que le fait d'avoir soif ou non produisait des effets différents selon que les participants avaient reçu des stimuli subliminaux orientés vers les sentiments de joie ou de colère inconscients. En d'autres termes, la première variable indépendante (la soif) avait produit des effets différents selon le niveau de la seconde variable indépendante (joie ou colère inconsciente). Une telle perspective d'interaction est très utilisée en psychologie sociale.

En somme, les analyses statistiques traditionnelles permettent d'étudier les rapports d'association existant entre certaines variables, ou de comparer deux ou plusieurs groupes de participants sous certains rapports. Dans ce cadre, l'analyse de variance représente un outil très précieux... et très populaire. En effet, plus de 60 % des articles publiés dans les meilleures revues utilisent ce type d'analyse (Reis & Stiller, 1992).

Les analyses statistiques sophistiquées

Bien que l'analyse de variance constitue le type d'analyse le plus employé en psychologie sociale, il n'en demeure pas moins que, depuis la fin des années 1980, de nouvelles techniques statistiques sont devenues extrêmement populaires dans cette discipline. Nous voudrions ici illustrer le potentiel de deux de ces techniques : l'analyse multidimensionnelle et le modelage par équations structurales.

L'analyse multidimensionnelle. L'analyse multidimensionnelle, bien que nouvellement utilisée en psychologie sociale, n'est pas un type d'analyse récente pour autant (Kruskal & Wish, 1978). Elle est utilisée dans plusieurs sciences, dont la sociologie, l'économie et le marketing, depuis fort longtemps. L'**analyse multidimensionnelle** (AMD) a pour but de déceler les pensées sous-jacentes d'un individu. Le procédé est fort simple. On demande à des participants de comparer le degré de similitude entre différents énoncés (une paire d'énoncés à la fois) représentant les divers éléments conceptuels d'intérêt sur une échelle de neuf points allant de 1 (très différent) à 9 (très semblable). À l'occasion, les jugements sont effectués de façon non comparative sur une échelle de type Likert (« Désaccord/Accord »). Par la suite, les réponses sont analysées par l'AMD afin de reproduire graphiquement les distances entre les divers énoncés et, ainsi, de tracer les dimensions psychologiques responsables des perceptions des participants. Une récente étude ayant employé cette technique statistique nous fournira un exemple qui aidera à mieux comprendre ce type d'analyse.

Dans une étude sur la justice sociale, Oswald et ses collègues (2002) ont étudié les dimensions cognitives qui sous-tendent les jugements des tribunaux relatifs à des crimes commis. Les participants étaient 357 hommes et femmes représentatifs de la région de Berne, en Suisse, qui étaient âgés de 46 ans. Ils devaient lire trois scénarios décrivant un crime et évaluer différentes motivations typiquement reconnues comme influençant les décisions des jurés (Tyler & Boeckmann, 1997) sur des échelles de cinq points. Une AMD a révélé que la structure était la même pour les trois scénarios. Cette structure est présentée dans la figure 2.6. Comme on peut le voir, deux dimensions ressortent clairement. La première, située sur l'axe vertical, concerne la victime (en haut) et la société (en bas). La seconde dimension est relative à un but de punition (à droite) ou de réhabilitation (à gauche). Il semble donc que, lorsqu'une personne évalue la sentence devant être prononcée contre une personne, les deux dimensions mises en évidence par l'AMD sont prises en considération. Les résultats obtenus témoignent de l'utilité de l'AMD. Cette dernière permet de mieux saisir la complexité d'un jugement social.

FIGURE 2.6   Exemple de résultats d'une analyse multidimensionnelle

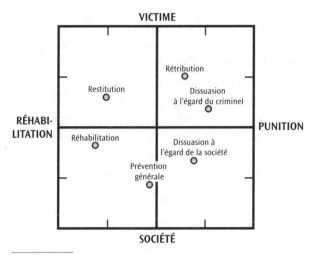

Source : Adapté de Oswald *et al.* (2002).

Le modelage par équations structurales.
Alors que l'AMD permet de déceler les structures cognitives sous-jacentes à la perception sociale, le **modelage par équations structurales** (MES) a pour but de tester la viabilité de certains modèles théoriques dans leur ensemble (Kline, 2005 ; MacCallum & Austin, 2000). Le MES constitue un bon exemple d'une technique statistique s'appuyant sur une méthodologie corrélationnelle capable d'informer le chercheur de la validité de certains effets provenant de plusieurs variables indépendantes interreliées qui s'intègrent dans un modèle théorique défini (Wegener & Fabrigar, 2004). Par exemple, la variable A influe sur la variable B, qui détermine la variable C.

L'utilisation de cette technique statistique implique en général les étapes suivantes. Dans un premier temps, le chercheur choisit le modèle théorique qu'il veut mettre à l'épreuve. Cela représente une condition *sine qua non* de l'emploi du MES, car le test d'adéquation du modèle repose sur la définition précise de toutes les constituantes du modèle. Par la suite, le chercheur demande aux participants de répondre à des questionnaires comprenant des mesures des différents concepts postulés théoriquement. On utilise alors généralement un devis corrélationnel, bien que certaines études (par exemple Reisenzein, 1986) aient recours également au devis expérimental. Puis les données sont soumises à l'analyse statistique à l'aide de l'un des nombreux progiciels qui existent sur le marché (EQS, LISREL, AMOS, etc.). Bien que ces analyses puissent être faites de différentes façons, le modèle de base implique le test d'adéquation des relations entre les différents construits du modèle théorique.

Prenons un exemple. Le modèle de Fredrickson (2001) postule que les personnes résilientes (celles qui s'adaptent efficacement à un environnement changeant) réussissent à faire face aux difficultés de la vie parce que leur résilience leur permet de vivre des émotions positives qui, en retour, facilitent l'ajustement psychologique. Fredrickson et ses collègues (2003) ont testé ce modèle à la suite de l'attaque terroriste du 11 septembre 2001. La question est particulièrement pertinente si on considère que pas moins de 17 % des Américains résidant à l'*extérieur* de New York vivaient toujours un stress post-traumatique deux mois après les événements (Silver *et al.*, 2002). Des participants ont répondu à l'échelle de résilience de Block et Kremen (1996) entre mars et juin 2001, avant l'attaque du 11 septembre 2001. Puis les participants ont répondu à une échelle d'émotions positives et à une échelle de dépression environ un mois après les événements. Les résultats sont présentés à la figure 2.7. Comme on peut le voir, le modèle de Fredrickson reçoit une nouvelle confirmation. La résilience constatée avant les attaques du 11 septembre 2001 prédit les émotions vécues après les attaques, et ces dernières, en retour, prédisent une baisse de la dépression. En d'autres termes, la résilience permet à la personne de vivre des émotions positives même dans l'adversité, et celles-ci protègent la personne contre la dépression. Il s'agit là d'un modèle fort intéressant, que l'analyse MES permet de vérifier dans son ensemble. Cela souligne bien l'utilité du MES pour la compréhension de divers phénomènes sociaux.

FIGURE 2.7 **Relations entre la résilience psychologique, les émotions positives et les symptômes de dépression**

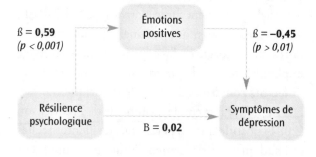

Source : Fredrickson *et al.* (2003).

L'INTERPRÉTATION DES RÉSULTATS

La phase d'interprétation des résultats représente la dernière étape en recherche (en omettant, bien sûr, la rédaction et la publication du manuscrit). Par contre, il ne faut pas sous-estimer l'importance de cette dernière pour autant (Markovits, 2000). En effet, les lecteurs d'écrits scientifiques que vous êtes doivent être conscients que l'interprétation que le chercheur donne des résultats de l'étude n'est pas toujours optimale. Il y a souvent un excès de confiance dans les résultats qui ne sont pas justifiés objectivement. Il revient donc au lecteur de se faire une opinion de la qualité de l'étude. Celui-ci devrait par conséquent se poser au moins trois grandes questions. « La recherche, telle qu'elle a été menée, permet-elle de vérifier l'hypothèse de l'étude ? » est la première. On a hélas ! souvent la mauvaise habitude de l'oublier. Afin de pouvoir y répondre, le lecteur doit étudier la méthodologie de la recherche (devis, choix de la mesure, statistiques utilisées, etc.) et déterminer s'il y a problème.

Par exemple, si l'hypothèse porte sur les effets de la frustration sur l'agression et que votre analyse critique de la mesure du phénomène utilisée en est plutôt une d'affirmation, la validité de construit de la variable dépendante est plutôt faible, et vous seriez en droit de conclure que l'étude n'a probablement pas permis une vérification juste de l'hypothèse de recherche. Dans le même ordre d'idées, si les participants n'ont pas été aléatoirement affectés aux différents niveaux de la variable indépendante, ou si d'autres variables covarient avec les conditions expérimentales, il y peut y avoir effet de confusion, et des hypothèses rivales à celle qui est mise à l'étude risquent de pouvoir expliquer les résultats obtenus.

La deuxième question porte directement sur la relation entre les résultats obtenus et l'hypothèse de recherche, et elle pourrait être formulée comme suit : « Les résultats de l'étude sont-ils interprétés en fonction de l'hypothèse ? » Trop souvent, le chercheur, ou la personne qui se sert des résultats du chercheur (comme dans le cadre d'une recherche commanditée), déborde le cadre de l'étude (et de l'hypothèse) et présente une interprétation exagérée des résultats. Prenons l'exemple d'un article paru dans *La Presse* le 16 mai 2001. Dans cet article, on interprète les résultats d'une étude de Derevensky et Gupta (2001) de l'Université McGill en disant dans le titre : « Le jeu cause un désastre chez les ados québécois ». Qu'a-t-on trouvé dans cette étude ? Que la proportion de joueurs compulsifs en 2000 était passée à 6,5 %, alors qu'elle était de 3,9 % en 1992. C'est tout. Ce n'est certainement pas une bonne nouvelle, mais l'étude en question n'autorise pas à conclure qu'il y a désastre chez les jeunes. Certains chercheurs, comme Robert Ladouceur, de l'Université Laval, suggèrent que le fait d'être un joueur compulsif à l'adolescence ne serait pas aussi grave que le fait de l'être à l'âge adulte. On serait alors loin du désastre annoncé par *La Presse*. En somme, cette interprétation des résultats est injustifiée. C'est une chose de déterminer le taux de prévalence d'un problème comme le jeu compulsif dans une population spécifique telle que les adolescents, et c'en est une autre de conclure que la situation est désastreuse, surtout si les problèmes qui y sont liés ne sont pas mesurés dans l'étude. Vous voyez, même si vous ne devenez jamais chercheur, vos connaissances méthodologiques pourront vous servir toujours pour faire une lecture judicieuse des résultats de recherche. L'exemple que nous avons donné est pris dans la vie courante, mais il ne faut pas s'illusionner : les problèmes d'interprétation se rencontrent aussi, malheureusement, dans les écrits scientifiques.

La troisième question que doit se poser le lecteur averti est la suivante : « Quelles sont les limites de l'étude ? » En d'autres termes, dans quelle mesure est-il possible de généraliser cette recherche, quel est son degré de validité externe ? Cette question est importante puisqu'il est possible que l'hypothèse de recherche soit vérifiée correctement, que les résultats soient interprétés avec justesse, mais que des limites importantes soient tout de même présentes dans l'étude. Ainsi, il se peut que des résultats obtenus dans un cadre artificiel ne puissent se généraliser hors du contexte de la recherche. Dans pareil cas, l'interprétation des résultats devrait souligner ce point de façon explicite.

THÈMES PARTICULIERS

Nous aimerions terminer cette discussion à propos de la recherche en traitant de certains thèmes qui débordent quelque peu le cadre des méthodes de recherche spécifiques, mais qui ont tout de même une incidence importante sur la façon dont les recherches sont menées. Trois thèmes ont été retenus : les biais en recherche, les aspects déontologiques et les valeurs en recherche.

Les biais en recherche

Les biais en recherche représentent des variables contaminantes qui influent sur les résultats de façon relativement imprévisible. Les biais ont parfois des effets si puissants qu'ils peuvent rendre l'interprétation des résultats tout à fait impossible. Plusieurs types de biais existent.

Les participants volontaires. Un premier biais dont nous discuterons porte sur le choix de **participants volontaires**. L'utilisation de participants volontaires se fait lorsque ces derniers ont décidé d'eux-mêmes de participer à une étude après avoir

vu une affiche ou après avoir donné leur nom, leur numéro de téléphone ou leur adresse électronique en classe. Puisque ces participants n'ont pas été choisis aléatoirement parmi une certaine population, il se peut qu'ils soient différents des autres membres de la population étudiante sur plusieurs points, et notamment sur celui de la motivation à l'égard de la recherche (voir Rosnow & Rosenthal, 2005). Étant donné que la population étudiante diffère déjà de la population générale à certains égards, le seul fait d'avoir des participants volontaires qui se distinguent de la population étudiante risque de réduire sérieusement la validité externe des résultats.

Comme le fait d'avoir des participants volontaires risque d'affecter la validité interne et externe de l'étude, les psychologues sociaux utilisent différents moyens pour résoudre le problème. Par exemple, on peut écarter complètement les participants volontaires, et prendre à la place des échantillons aléatoires provenant de la population générale ou de la population étudiante, selon le but de l'étude. On peut aussi employer les méthodes usuelles de recrutement (par exemple l'affichage) en les rendant extrêmement intéressantes. Cela permettra d'obtenir un échantillon beaucoup plus grand de volontaires représentatifs de la population visée. Enfin, une dernière approche consiste à effectuer un certain nombre d'études avec différents groupes de participants volontaires. Un expérimentateur pourrait donc mener une étude avec des volontaires issus du milieu universitaire, du milieu des affaires et d'autres contextes. Dans la mesure où les résultats convergent, le chercheur peut être assuré que les résultats ne sont pas engendrés par le type de participants, mais bien par la variable indépendante postulée.

Les biais dus au contexte expérimental. Certains aspects de la recherche peuvent suggérer au participant les hypothèses de l'étude ou encore le comportement qu'on attend de lui. Il est alors possible que le participant soit enclin à confirmer ou à infirmer l'hypothèse. Dans une telle situation, le fait de participer à une étude pourrait modifier l'attitude du participant ; c'est ce qu'on appelle le **biais dû au contexte expérimental** (*demand characteristics* ; Orne, 1962). C'est un peu comme si le participant faisait sa propre expérience à l'intérieur de l'expérience du chercheur. La validité interne de l'étude pourrait alors en être affectée. Le chercheur ne peut se fier aux résultats d'une telle étude, car il ne sait pas s'ils sont produits par la variable indépendante ou par le désir des participants de contribuer (ou de nuire) à la vérification de l'hypothèse de recherche. Il y aurait donc possibilité d'effet de confusion (voir la figure 2.2).

Au cours des dernières années, les psychologues sociaux ont élaboré un certain nombre de techniques afin de réduire au minimum l'effet indésirable dû au contexte expérimental. Une première approche consiste à duper les participants concernant le but réel de l'étude à laquelle ils participent. Puisqu'ils sont informés du faux but de l'étude, des participants sont moins susceptibles d'adopter un comportement qui influe sur la véritable hypothèse à l'étude. Une deuxième technique implique que l'expérimentateur oriente la session expérimentale de sorte que la mesure de la variable dépendante soit prise dans un contexte ou dans un endroit autre que celui où s'est déroulée l'étude. Il demande alors aux participants de participer à une « seconde étude », qui est en réalité un second contexte expérimental, différent du premier, permettant de recueillir la variable dépendante. Enfin, une troisième méthode consiste à déguiser le contexte expérimental de sorte que les participants ne soient pas conscients qu'ils participent à une étude ou, du moins, que la variable dépendante est recueillie. On remarquera que ces deux dernières stratégies ont été utilisées dans la mise en situation du début du chapitre et l'étude dont elle est tirée (Darley & Batson, 1973).

Les biais de l'expérimentateur. Dans son interaction avec le participant, l'expérimentateur introduit une foule de variables qui risquent d'influer sur le comportement et sur les réponses de ce dernier. Ainsi, les attentes de l'expérimentateur à

l'égard du participant, de ses caractéristiques (âge, sexe et manière de se vêtir) et même de son comportement envers les différents participants peuvent influer sur ceux-ci (Rosenthal, 2003). Qui ne se souvient pas de cette scène du début du film *S.O.S. Fantômes* (*Ghostbusters*) dans laquelle le chercheur (Bill Murray) vérifie son hypothèse sur la télépathie auprès d'un participant masculin et d'un participant féminin ? Il agit de façon brusque avec le premier et s'amuse à lui donner des chocs électriques (malgré ses bonnes réponses !) alors qu'il fait les yeux doux à la seconde… et finit par prendre rendez-vous avec elle. Bien qu'elle soit invraisemblable dans un cadre scientifique, cette situation illustre les dangers découlant de comportements non standardisés adoptés par l'expérimentateur.

De nos jours, on recommande d'ailleurs d'utiliser des expérimentateurs du même sexe que le participant. Et pour cause ! Une étude de Rosenthal (1963) a rapporté que seulement 12 % des expérimentateurs avaient souri aux participants masculins, alors que 70 % avaient gratifié les participants féminins d'un sourire. Par la suite, on a établi que le sourire de l'expérimentateur avait influé sur les résultats de l'étude. Des résultats similaires ont été obtenus dans une étude en milieu organisationnel (Davidson & Eden, 2000). Ayant reçu des fausses informations positives sur certaines de leurs employées, les superviseurs se sont attendus à une meilleure performance de leur part, ont agi de façon plus positive envers elles, et celles-ci ont par la suite eu une meilleure performance. Ce phénomène, appelé la prophétie qui s'autoréalise, sera vu au chapitre 4.

Conscients des différents problèmes inhérents aux biais produits par l'expérimentateur, les chercheurs en psychologie sociale ont mis au point un certain nombre de techniques permettant de contrecarrer ces nombreux biais. Une première approche consiste à utiliser plusieurs expérimentateurs. Ainsi les caractéristiques d'un seul chercheur ne peuvent influer sur les réponses des participants. Une autre technique consiste à ne pas informer les expérimentateurs de l'hypothèse ou même du thème de la recherche (c'est ce qu'on appelle l'expérience à double insu) et à réduire au minimum les contacts entre l'expérimentateur et le participant (par l'emploi d'informations préenregistrées sur cassette, par exemple).

Les aspects déontologiques

Au cours des dernières décennies, les psychologues sociaux sont devenus conscients des divers problèmes déontologiques qui pouvaient être associés à la pratique de la recherche sociale (voir Kimmel, 2004, pour un historique). Ces réflexions se sont traduites par plusieurs écrits sur le sujet (Bouchard *et al.*, 2000 ; Barrett, 2000). L'American Psychological Association (1992) et la Société canadienne de psychologie (1991) ont même rédigé des manuels sur les aspects de la recherche humaine en psychologie. De plus, les trois conseils de recherche au Canada (le CRSH, le CRSNG et les Instituts de recherche en santé du Canada) se sont entendus sur des politiques à ce sujet. Parmi les aspects déontologiques qui ont suscité l'intérêt des psychologues sociaux, trois thèmes méritent notre attention : le stress psychologique, la duperie et l'invasion de l'intimité du participant.

Le stress psychologique. Le psychologue social désireux de mieux comprendre les phénomènes susceptibles d'engendrer du stress doit les étudier soit expérimentalement, soit par d'autres moyens, dans des situations qui risquent d'être plus ou moins déplaisantes pour les participants. Que font les psychologues sociaux dans de pareilles situations afin de réduire au minimum l'inconfort vécu par les participants tout en conservant l'aspect réaliste de l'étude ? Premièrement, ils doivent s'assurer que l'étude en vaut la peine sur le plan scientifique. Deuxièmement, il doit être impossible de mener l'étude d'une autre façon. Troisièmement, le participant doit remplir un formulaire de consentement éclairé sur le contenu potentiellement désagréable de l'étude. L'information fournie concernant le but et le contenu de l'étude ainsi que les droits du participant doit être présentée verbalement à ce dernier,

et par écrit sur un formulaire de consentement, qui est alors signé par le participant au début de la recherche. Enfin, le participant doit avoir le droit de cesser sa participation quand bon lui semble. Donc, si des sentiments vécus par un participant devenaient trop négatifs, il pourrait se retirer de l'étude sans préjudice.

De tels procédés assurent, minimalement du moins, que les participants aux recherches ne seront pas exposés à des situations désagréables contre leur gré et que les conditions utilisées par le chercheur sont *nécessaires* pour étudier l'hypothèse.

La duperie. Nous avons vu précédemment qu'il peut arriver que des participants essaient de deviner le but de la recherche en cours. Une stratégie souvent utilisée par les psychologues sociaux pour contrecarrer cette influence néfaste sur le déroulement de l'étude consiste à présenter l'étude de façon à déguiser son but réel. Le chercheur y parvient en omettant d'informer le participant de certains aspects de l'étude ou en présentant carrément un tout autre but d'étude. En agissant de la sorte, il dupe le participant. Une telle pratique est assez courante en psychologie sociale, notamment dans les études expérimentales en laboratoire (Gross & Fleming, 1982). Une telle pratique est-elle justifiée ? D'une part, certains chercheurs soulignent que la **duperie** peut entraîner certains effets négatifs chez les participants (Bersoff, 1999), effets qui pourraient se faire parfois sentir en dehors du cadre expérimental (voir Kimmel, 2004). Par exemple, une étudiante qui a participé à une expérience faisant appel à la duperie peut perdre confiance dans le processus scientifique. La duperie serait donc à proscrire selon cette manière de voir.

D'autre part, un autre courant d'idées recommande son utilisation pour au moins deux raisons. Premièrement, présenter les vrais buts de l'étude peut amener les participants à complètement entraver, par leurs comportements, l'évolution du phénomène considéré (Bröder, 1998). Dans ce cas, la duperie permettrait de préserver la validité interne de l'étude. Deuxièmement, les études (par exemple Smith &

Berard, 1982) qui ont analysé les réactions des participants à des conditions de duperie indiquent que les participants comprennent l'importance d'utiliser cette technique et répondent souvent que leur participation à l'étude, en dépit de la duperie, leur a permis d'apprendre quelque chose d'intéressant.

Par contre, il semble que la présence de certains éléments est importante pour amener les participants à apprécier leur participation à l'étude et à voir l'utilisation de la duperie comme nécessaire (Milgram, 1977 ; Smith, 1983). Un premier élément porte sur l'aspect confidentiel des résultats. Dans la mesure où le chercheur assure la confidentialité des résultats, les participants sont rassurés. Le deuxième élément est qu'il ne doit pas y avoir d'autres façons de mener l'étude ; la duperie doit être vraiment nécessaire. Enfin, le but réel de l'étude et toutes les caractérisques de l'expérience doivent être expliqués aux participants une fois l'étude terminée. Cette **séance d'information postexpérimentale** (*debriefing*) peut prendre diverses formes (voir Aronson *et al.*, 1998). L'important, cependant, c'est qu'à la suite du déroulement de l'étude, on explique au participant les hypothèses, les différentes conditions expérimentales et l'aspect essentiel de la duperie, et surtout qu'il ait l'occasion de décrire son expérience personnelle dans le cadre de l'étude en question. Moyennant que ces trois éléments soient présents, la très grande majorité des participants trouveront enrichissante leur contribution à une recherche faisant appel à la duperie.

En somme, il y a à la fois des arguments pour et contre l'utilisation de la duperie. Au chercheur de juger, tout en étant conscient qu'il faut utiliser cette stratégie avec grand soin.

L'invasion de l'intimité du participant.

Jusqu'ici la discussion a porté sur les problèmes et les dilemmes associés à l'utilisation de la recherche en laboratoire puisque, de par sa structure expérimentale, cette dernière soulève plus de questions déontologiques que les autres méthodes de recherche. Celles-ci, cependant, ne sont pas à l'abri de pareils soucis. Par exemple, un des problèmes associés aux recherches en terrain naturel est que, dans une large mesure, les participants ne sont pas conscients de participer à une étude. L'intimité du participant peut alors être violée. Jusqu'où le chercheur peut-il mener son étude du comportement social sans en informer le participant, et où doit-il s'arrêter s'il veut respecter l'intimité de ce dernier ?

Au moins deux questions devraient guider la décision du chercheur de mener une étude sans le consentement des participants : « Existe-t-il un danger de conséquences psychologiques (ou autres) sérieuses associées à la participation des participants à l'étude en question ? » ; « La situation à l'étude peut-elle être étudiée dans un cadre réaliste et dans un contexte quotidien ? » Dans la mesure où aucune conséquence grave n'est prévue pour les participants, déjà les problèmes d'ordre déontologique paraissent beaucoup moins importants. Cela sera d'autant plus le cas si le comportement observé fait partie de la vie quotidienne des participants.

Par contre, plusieurs études ont été critiquées parce que le thème à l'étude était trop privé. Ainsi, aux États-Unis, le sénateur William Proxmire, de l'État du Wisconsin, a ouvertement indiqué que, selon lui, il n'était pas correct d'étudier certains comportements sociaux, dont l'amour : « Les 200 millions d'Américains veulent que certaines choses demeurent des mystères dans la vie et tout en haut de cette liste se trouve le désir de ne pas vouloir savoir pourquoi un homme tombe amoureux d'une femme et vice versa. » (Baron & Byrne, 1981, p. 16.)

À cette critique, Ellen Berscheid et Elaine Hatfield, deux éminentes scientifiques dans le secteur de l'amour (nous verrons leurs travaux au chapitre 8), ont répliqué que de telles recherches étaient importantes non seulement sur une base scientifique, mais également sur une base appliquée. En effet, de meilleures connaissances sur le phénomène de l'amour pourront aider les individus à mieux choisir leurs compagnons et compagnes, à éviter des divorces et des problèmes familiaux, et à mieux comprendre leurs sentiments envers leur conjoint (sur ce sujet, voir Gottman & Silver, 1994). Selon vous, devant les divers bénéfices qui peuvent découler de telles études, la tenue de recherches dans le secteur de l'amour est-elle justifiée ?

Les valeurs en recherche

Un dernier thème dont nous aimerions traiter dans ce chapitre porte sur le rôle des valeurs en recherche. Plusieurs d'entre vous croient sûrement que les valeurs du chercheur n'ont pas de raison d'être en recherche. Puisque la recherche scientifique en psychologie sociale est caractérisée par la rigueur méthodologique, on ne devrait peut-être pas permettre aux opinions ou aux sentiments personnels d'avoir une influence sur le processus scientifique. Et sur ce point, vous avez assurément raison. Les valeurs du psychologue social ne devraient *jamais* influer sur le mécanisme de collecte et d'analyse des données ou encore sur celui de l'interprétation des résultats. S'il fallait que les chercheurs décident de biaiser leur collecte de données afin de voir confirmée leur hypothèse préférée, nous n'irions pas bien loin dans l'avancement de nos connaissances.

Malgré l'influence néfaste possible des valeurs sur certains éléments du processus de la recherche, les chercheurs s'accordent pour dire que celles-ci peuvent avoir un effet bénéfique sur d'autres aspects de la démarche scientifique (voir Hillerband, 1987 ; Howard, 1985). Par exemple, les valeurs peuvent influer positivement sur l'opinion que les chercheurs ont de leur profession. De plus, elles peuvent aussi amener les chercheurs à adopter une orientation bien définie dans leur travail. Ainsi, une personne qui a des idées libérales pourrait adopter une ou des théories progressistes, alors qu'un chercheur conservateur pourrait adopter une théorie et des hypothèses de recherche, et même des méthodologies, radicalement différentes. Les deux chercheurs contribueraient ainsi à faire progresser les connaissances dans des secteurs divers. Enfin, les valeurs peuvent amener certains chercheurs à vouloir étudier certains thèmes en vue d'améliorer le sort de l'humanité. D'autres, par contre, préféreront ne pas exprimer leur vision personnelle du monde à travers leurs recherches. Toutefois, un nombre sans cesse croissant de psychologues sociaux (par exemple Schneider *et al.*, 2005) se font les défenseurs de cette branche de la psychologie sociale appelée « psychologie sociale appliquée ». Ces chercheurs croient fondamentalement que les thèmes d'étude choisis selon leurs valeurs humanitaires peuvent être étudiés sans partisanerie et sans biais selon les traditions scientifiques, et mener à des solutions pour les différents problèmes étudiés (sur ce sujet, voir le chapitre 14).

RÉSUMÉ

Les psychologues sociaux étudient le comportement social de façon systématique et scientifique. Le processus scientifique en psychologie sociale implique différentes étapes bien précises et débute avec la formulation d'hypothèses. Cette étape a pour but de clairement préciser le type de relation devant être étudiée entre différentes variables. De plus, elle peut aider à préparer la deuxième étape, celle du choix de la méthode de recherche. Cette dernière peut être à caractère expérimental, quasi expérimental, corrélationnel, ou encore elle peut relever davantage de l'observation. Dans cet esprit, nous avons traité les approches de l'enquête et de l'entrevue, de la simulation et du jeu de rôles, de l'étude de cas, de l'analyse de contenu, des études archivistiques et de la méta-analyse. Le point majeur qui fut souligné réside dans le fait que chacune des méthodes possède ses points forts et ses faiblesses. Il est du ressort du chercheur de décider quelle méthode utiliser en fonction de l'hypothèse à l'étude. Le choix de la méthode de recherche suppose une considération des notions de validité interne et externe. Celles-ci ont trait respectivement au degré de confiance que l'on possède concernant l'effet que la variable indépendante (cause) a sur la variable dépendante (effet) et au degré de généralisation des résultats. De plus, *(suite)* l'aspect de la fidélité, qui renvoie à la fiabilité de la méthode d'étude, doit également être considéré dans le choix d'une méthode de recherche.

La troisième étape du processus de recherche porte sur le choix d'une mesure du phénomène à l'étude. Plusieurs mesures peuvent être utilisées, et elles sont souvent originales. Elles peuvent être de quatre types : des questionnaires ou entrevues, des mesures implicites, des mesures d'observation sur les participants ou encore des mesures non réactives de l'environnement social. Le choix de la mesure du phénomène est déterminé par toutes les phases précédentes du processus ainsi que, dans une certaine mesure, par la quatrième étape, soit l'analyse des résultats. Ces analyses peuvent être de nature paramétrique ou non paramétrique, selon que la variable dépendante est continue (une échelle de sept points, par exemple) ou discrète (vrai ou faux, oui ou non, etc.). De plus, les analyses peuvent être subdivisées en deux catégories : celles qui sont traditionnelles, comme les tests-t, les analyses de variance, les corrélations, et celles qui sont plus sophistiquées, comme l'analyse multidimensionnelle et les analyses de modelage par équations structurales. Alors que les premières analyses permettent des tests d'association ou de différences entre les moyennes de différents groupes, le second type d'analyse offre au chercheur l'avantage de pouvoir étudier les dimensions cognitives sous-jacentes aux croyances et aux comportements des participants, et de pouvoir vérifier la viabilité de modèles théoriques de façon globale.

Enfin, la dernière étape du processus scientifique porte sur l'interprétation des résultats. Nous avons alors souligné l'importance que celle-ci soit effectuée de façon éclairée et honnête en faisant ressortir l'incidence des résultats obtenus en fonction de l'hypothèse à l'étude et en soulignant les limites de l'étude. Il ne doit pas y avoir de place, dans cette étape, pour la partisanerie ou le biais de préférences personnelles.

Nous avons terminé notre analyse en soulevant certains thèmes d'intérêt particulier. Dans un premier temps, notre attention s'est portée sur les différents biais que l'on peut retrouver en recherche, notamment ceux associés à l'utilisation de participants volontaires et ceux dus au contexte expérimental. De plus, nous avons discuté des techniques à utiliser afin de réduire au minimum ces effets néfastes. Dans un second temps, nous avons discuté des aspects déontologiques. Nous avons souligné l'importance première que le chercheur devrait accorder au bien-être du participant dans l'entreprise scientifique. Nous avons essayé de sensibiliser le lecteur aux avantages et désavantages associés à la pratique de certaines techniques, dont celles impliquant un stress indu, la duperie ou la perte d'intimité du participant. Enfin, le rôle des valeurs dans la recherche en psychologie sociale a été abordé. Il a alors été démontré que les valeurs font partie du processus de la recherche scientifique, notamment en contribuant à l'essor de la science de par leurs effets sur le choix de carrière du chercheur, l'adoption d'une approche théorique ou philosophique de l'étude du comportement social et, enfin, en amenant le chercheur à s'engager dans l'étude de certains problèmes sociaux importants.

Somme toute, la recherche en psychologie sociale constitue une vaste entreprise qui met à contribution un éventail de méthodes et de techniques s'inscrivant dans un processus hautement scientifique. L'utilisation de l'une ou l'autre des méthodes de recherche dépend d'une foule de facteurs aussi variés que la nature du thème à l'étude et les goûts personnels du chercheur. Ces différentes méthodes de recherche ont été utilisées pour étudier une foule de thèmes, que nous verrons dans les chapitres qui suivent. Nous espérons que les notions acquises dans ce chapitre faciliteront votre lecture et vous permettront d'apprécier la qualité et l'originalité des différentes recherches effectuées en psychologie sociale.

BIBLIOGRAPHIE spécialisée

ARONSON, E., WILSON, T.D. & BREWER, M. (1998). Experimentation in social psychology. Dans D. Gilbert, S. Fiske & G. Lindzey (dir.), *Handbook of social psychology* (p. 99-142). New York : McGraw-Hill.

BIRNBAUM, M.H. (dir.) (2000). *Psychological experiments on the Internet.* New York : Academic Press.

DEVELLIS, R.F. (2003). *Scale development : Theory and applications* (2e éd.). Thousand Oaks, Calif. : Sage.

KLINE, R.B. (2005). *Principles and practice of structural equation modeling* (2e éd.). New York : Guilford.

REIS, H. & JUDD, C.M. (dir.) (2000). *Handbook of research methods in social and personality psychology.* New York : Cambridge.

SANSONE, C., MORF, C.C. & PANTER, A.T. (dir.) (2004). *The SAGE handbook of methods in social psychology.* Thousand Oaks, Calif. : Sage.

VALLERAND, R.J. & HESS, U. (dir.) (2000). *Méthodes de recherche en psychologie.* Boucherville : Gaëtan Morin Éditeur.

Questions DE RÉVISION

1. Quelles sont les principales étapes du processus de recherche en psychologie sociale ?

2. Définissez ce qu'est une hypothèse et précisez quels en sont les principaux buts.

3. Définissez la variable indépendante et la variable dépendante, et donnez un exemple de chacune.

4. Définissez les notions de validité et de fidélité, et mettez-les en parallèle.

5. Quelles sont les principales caractéristiques du devis expérimental ?

6. Qu'est-ce qui distingue le devis quasi expérimental du devis expérimental ?

7. Quels sont les trois principaux types de mesure utilisées en psychologie sociale ?

8. Nommez deux types d'analyses statistiques sophistiqués, et dites à quoi ils servent.

9. En quoi l'interprétation des résultats est-elle importante ?

10. Quels sont les principaux biais que l'on rencontre en recherche ?

Partie II

Les cognitions sociales et les attitudes

CHAPITRE 3   Le soi : déterminants, conséquences et processus

CHAPITRE 4   Les perceptions et les cognitions sociales : percevoir les gens qui nous entourent et penser à eux

CHAPITRE 5   Les attributions : déterminants et conséquences

CHAPITRE 6   Les attitudes

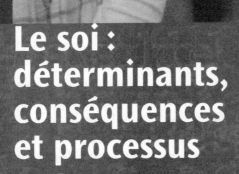

Le soi : déterminants, conséquences et processus

**Robert J.
Vallerand et
Blanka Rip**

Laboratoire de recherche
sur le comportement social
Université du Québec
à Montréal

arc a finalement la chance de rencontrer la femme de ses rêves ! Il se présente au bar étudiant du campus, où Jean l'attend en compagnie de sa copine, Hélène. Jean et Hélène ont planifié cette sortie afin que Marc puisse enfin rencontrer Mélanie, dont il rêve de faire la connaissance depuis le début de l'année universitaire. Marc a beaucoup misé sur cette rencontre et aimerait bien faire une bonne impression auprès de Mélanie. Après les présentations, Jean et Hélène veulent engager la conversation, mais de quoi parler ? Idéalement d'un sujet pas trop intime pour débuter. Un thème qui pourrait concerner également Marc et Mélanie.

Hélène commence la conversation en parlant de ses frustrations dans son cours de statistique. Le thème des études les touche tous, puisque les quatre sont des étudiants de première année au baccalauréat en psychologie. « Je me demande ce qu'un cours de "stats" va me donner, moi qui ai l'intention de faire de la pratique privée comme psychologue, déclare Hélène. Et j'ai vraiment l'impression que tout le monde dans la classe se demande la même chose. » Mélanie, qui fait partie de la classe d'Hélène, n'est cependant pas de cet avis. Au contraire, elle croit que plusieurs étudiants considèrent la statistique comme essentielle à la compréhension et à l'analyse critique d'explications du comportement humain, et qu'elle s'avère donc importante dans la formation de tout intervenant en psychologie. La conversation se poursuit, et chacun a la chance de parler de son programme d'études, de ses frustrations et de ses succès dans ses cours.

Puis Mélanie demande à Marc quels sont ses projets d'études futures et de carrière. Marc voit là une bonne occasion d'impressionner un peu Mélanie et lui répond qu'il songe poursuivre ses études et devenir professeur de psychologie. Jean, le meilleur ami de Marc, en est estomaqué : « Marc ! Es-tu sérieux ? C'est la première fois que je t'entends parler d'un tel projet. Je croyais que tu ne savais pas ce que tu voulais faire plus tard, et tu parlais de peut-être voyager pour un bout de temps. » Après un court silence, Marc tente tant bien que mal de se remettre de l'affront que vient de lui faire son meilleur ami. Il reprend la parole en défendant bien ses projets et en soulignant qu'il n'en avait finalement parlé qu'à très peu de personnes.

La soirée progresse. À un moment donné, Marc s'excuse pour aller aux toilettes. Il en profite pour vérifier son apparence. Tout en examinant sa coiffure dans le miroir, il se rappelle son interaction avec Jean plus tôt dans la soirée. Marc se dit : « C'est vrai que devenir professeur, c'est plutôt pour impressionner Mélanie. Et puis, finalement, Jean a raison : je ne suis vraiment pas sûr de ce que je veux faire plus tard. » Il met en doute sa franchise à l'égard de Jean, Hélène et Mélanie, et ressent de la culpabilité. Marc va rejoindre ses amis en se disant qu'il leur doit certaines explications.

INTRODUCTION

Est-ce que le scénario de Marc et de ses amis vous rappelle une situation que vous avez déjà vécue ? Vous est-il déjà arrivé d'avoir, comme Marc, à vous présenter à d'autres et d'essayer de faire bonne impression ? Comme Marc, avez-vous quelque peu exagéré la réalité ? Comment vous êtes-vous alors senti : coupable comme lui ? Mais qu'est-ce qui fait en sorte que nous pouvons présenter notre personne aux autres ? Quel processus nous évalue et fait en

sorte que nous nous sentons coupables de ne pas avoir agi selon nos valeurs personnelles ? Comme nous le verrons dans ce chapitre, le soi joue un rôle crucial dans la régulation de nos pensées, de nos émotions et de notre comportement.

Le soi est l'un des construits les plus vieux en psychologie sociale (voir Baumeister, 1998), remontant au tout début de la discipline (par exemple Cooley, 1902 ; James, 1890). Il est très étudié en psychologie sociale de nos jours. Ainsi, les construits suivants représentent des domaines d'étude très populaires : l'estime de soi, le concept de soi, la conscience de soi, la présentation de soi, la vérification de soi, l'autoefficacité, les schémas sur le soi, l'autorégulation de soi, l'autodétermination et le monitorage de soi. Le lecteur se reportera à Leary et Tangney (2003) pour une liste encore plus exhaustive de thèmes d'étude sur le soi. De plus, de nouvelles tendances dans l'étude du soi impliquant des analyses culturelles (Cross & Gore, 2003), cliniques (Westen & Heim, 2003) et des neurosciences (Gillihan & Farah, 2005 ; Heatherton, Mcarae, & Kelley, 2004) sont apparues. Enfin, pour l'année 2004 seulement, tout près de 30 000 articles, chapitres de livre et livres ont été répertoriés par Psych Info avec le mot *self*. Tout cela indique que l'intérêt pour le soi est toujours bien présent dans la communauté scientifique.

Il en est de même dans les différents cercles populaires. En effet, nous vivons dans une ère qui encourage la connaissance de soi. Les librairies vendent beaucoup de livres promettant plein de belles choses à ceux qui parviendront à découvrir les puissances qui se cachent à l'intérieur d'eux-mêmes. Les revues populaires et les journaux font aussi mention de l'importance de mieux se connaître. À titre d'exemple, une recherche sur google.com effectuée en juillet 2005 révèle l'existence de pas moins de 13 400 000 titres se rapportant au soi (*self*) et près de deux millions liés à la croissance personnelle (*self help*). Somme toute, le message provenant de ces différentes sources d'information est relativement clair : afin de devenir une personne complète pouvant actualiser ses possibilités, il faut se connaître. Bien sûr, il est loin d'être évident que cette hypothèse soit vraie. En revanche, l'intérêt accordé au soi constitue à lui seul un phénomène fort intéressant et souligne la correspondance entre les pensées populaire et scientifique. Le soi semble donc très important dans notre vie. Et pour cause ! Le soi résulte en bonne partie de l'influence d'autrui, et les diverses ramifications qu'il engendre influencent le moindre de nos comportements envers les gens qui nous entourent. Il mérite donc une place de choix dans notre analyse du comportement social.

Dans ce chapitre, nous allons traiter des principaux thèmes sur le soi. Ce chapitre se divise en cinq sections. Les deux premières sections traitent du soi comme contenu et de ses déterminants. La troisième section porte sur le rôle de la conscience de soi comme processus rendant possible l'influence du soi sur nos comportements. Les deux dernières sections traitent des conséquences intrapersonnelles et interpersonnelles du soi. Il sera alors question des influences du soi pour une foule de phénomènes personnels cognitifs, affectifs et motivationnels, et de phénomènes interpersonnels. Entre autres, nous étudierons le rôle de notre soi dans notre perception des autres, dans notre présentation de notre personne, qu'elle soit stratégique (comme Marc, qui, dans la mise en situation, voulait bien paraître aux yeux de Mélanie) ou authentique, ou encore dans nos diverses interactions sociales. Ces thèmes, et plusieurs autres, relatifs à la notion du soi sont traités dans ce chapitre. Bienvenue dans l'univers du soi !

QU'EST-CE QUE LE SOI ?

Les philosophes et les sociologues se sont intéressés au soi tant par curiosité que par respect pour une certaine idéologie humaniste. En effet, l'être humain peut raisonner et, s'il le fait, il doit bien y avoir une entité chez ce dernier qui en est responsable. Cette entité, c'est le soi. Essayez un instant de réfléchir à ce que vous êtes en train de faire. Vous lisez un livre. Vous déchiffrez ce qu'il y a d'écrit sur du papier. Vous évaluez également le sens des mots et (espérons-le) vous gardez en mémoire ce que vous apprenez. Mais qui donc exerce toutes ces fonctions ? Votre corps ? En y pensant bien, il semble qu'il y a quelque chose à l'intérieur de notre enveloppe physique qui évalue le monde pour nous, qui enregistre l'information perçue et même qui guide nos actions. Quel que soit le nom qu'on donne à cette entité — âme, esprit, pensée ou soi —, cette présence intérieure fait son apparition chaque fois qu'on se penche sur son for intérieur.

Mais qu'en est-il de cette entité intérieure ou de ce soi ? Qu'est-ce que le soi au juste ? Les chercheurs et théoriciens en psychologie s'entendent pour dire que le soi comporte deux aspects : le soi comme contenu et le soi comme processus. C'est d'ailleurs l'illustre psychologue William James (1890) qui a proposé cette dichotomie du soi il y déjà plus d'un siècle. Selon lui, lorsqu'on dirige notre attention vers l'intérieur de nous-mêmes, nous pouvons alors entrer en contact avec le contenu de notre soi. Celui-ci porte sur les caractéristiques que nous croyons posséder en tant qu'individu, tels notre corps, notre personnalité, etc. James appelait cet aspect du soi le « moi » (à ne pas confondre avec le moi de Freud) ou le « connu ». Il ajoutait que, si le contenu de notre soi peut être perçu, alors l'entité qui perçoit et permet un tel contact doit nécessairement faire partie de nous. Cet agent percepteur représente le second aspect du soi. James l'appelait le « je » ou le « connaissant ». C'est cet aspect du processus du soi qui remplit plusieurs fonctions, telles l'évaluation de soi, la présentation sociale et bien d'autres.

D'autres auteurs contemporains soulignent aussi cette dualité du soi (par exemple Baumeister, 1998 ; Baumeister et Vohs, 2003 ; Kihlstrom, Beer, & Klein, 2003), et elle sera retenue pour présenter et intégrer les recherches réalisées sur le soi. Il est important de noter toutefois que, bien qu'il y ait deux dimensions du soi, dans les faits, il y a certains recoupements et même une certaine intégration entre les deux parties du soi (Roser & Gazzaniga, 2004 ; Sedikides & Gregg, 2003). Après tout, il s'agit toujours de la même personne. Le soi en tant que processus évalue souvent l'environnement social à la lumière même du soi comme contenu (à une personne dépressive, la vie apparaît sombre). Et le soi comme contenu se développe avec l'apport de nouveaux éléments teintés de l'influence du soi comme processus (à force de voir la vie en noir, la personne demeure dépressive).

En somme, le soi est en général perçu comme un élément à deux entités, en l'occurrence le soi comme contenu et le soi comme processus, avec toutes ses fonctions. Dans les sections qui suivent, nous allons traiter de ces deux aspects du soi. Nous commencerons notre analyse avec le soi comme contenu.

LE SOI COMME CONTENU

Le soi comme contenu comporte divers renseignements sur nous-mêmes issus de nos évaluations et de nos prises de conscience, qui peuvent être considérés selon trois grandes composantes : le concept de soi, l'estime de soi et les sois possibles. Enfin, le dernier type de composantes du soi porte sur les schémas sur le soi. C'est grâce à ces derniers que le soi comme contenu, ou l'ensemble de l'information sur soi, peut être organisé, permettant ainsi de maintenir une certaine cohésion à l'intérieur des dimensions du soi. Les différentes composantes du soi comme contenu sont examinées plus en détail dans les paragraphes qui suivent.

Le concept de soi

Le **concept de soi** peut être vu comme un résumé des perceptions et des connaissances que les gens possèdent de leurs propres qualités et caractéristiques. Il est important de noter que le concept de soi ne constitue pas nécessairement une vision « objective » de ce que nous sommes, mais plutôt un reflet de nous-mêmes tels que nous nous percevons. Plusieurs types d'information peuvent ainsi faire partie du concept de soi. William James (1890) considère que le soi comme objet ou contenu peut se diviser en au moins trois grandes catégories : le soi spirituel, le soi matériel et le soi social. Le soi spirituel renvoie aux expériences intérieures, aux habiletés, aux valeurs et aux idéaux qui représentent des aspects relativement stables de nous-mêmes. L'aspect central du soi social a trait à l'image qu'on projette ainsi qu'aux différents rôles qu'on joue devant les gens qui nous entourent. Il peut donc y avoir plusieurs soi sociaux. Enfin, le soi matériel inclut les aspects de notre corps, de nos vêtements et de toutes nos possessions.

Dans quelle mesure le concept de soi des individus se rapporte-t-il aux différentes catégories de James ? Afin de répondre à cette question, il faut pouvoir mesurer le concept de soi. Une technique utilisée à cet effet consiste à laisser le participant répondre librement à la question : « Qui suis-je ? » Dans une étude classique, Gordon (1968) a employé cette technique auprès d'élèves du secondaire. Le tableau 3.1 présente certains des résultats de son étude. On peut noter qu'un fort pourcentage des participants mentionnent le soi social (par exemple les relations avec les autres : 59 %), le soi spirituel (les goûts et les activités : 58 %), et les émotions : 52 %) et le soi matériel (l'apparence physique : 36 %). Ils corroborent donc la position de James. Ils ont été essentiellement reproduits avec des étudiants universitaires américains (Kanagawa, Cross & Markus, 2001 ; Rentsch & Heffner, 1994).

Au cours des dernières années, les chercheurs se sont penchés sur diverses activités liées au concept de soi. Ainsi, Carroll et Anderson (2002) ont démontré que la tendance des adolescents à changer certains aspects de leur soi matériel, en se faisant tatouer le corps et percer le nombril, la lèvre et autres parties de leur anatomie, pourrait s'expliquer par le désir de reprendre le contrôle de leur soi à une époque où c'est de plus en plus difficile de le faire. Pour leur part, Addis et Tippett (2004) ont démontré que le développement de notre concept de soi dépend de l'intégration des souvenirs autobiographiques emmagasinés dans notre mémoire. Ils ont constaté que des personnes diagnostiquées comme atteintes de la maladie d'Alzheimer (donc qui ne peuvent se rappeler des éléments sur leur soi) avaient un concept de soi moins riche et moins stable que les personnes qui avaient toute leur mémoire. Enfin, les personnes ayant un soi riche (Orbach *et al.*, 1998) et clair (Campbell, Assanand & Di Paula, 2003) font preuve d'un meilleur ajustement sur le plan psychologique.

En somme, en accord avec cette quête pour une meilleure connaissance de soi, il semble effectivement que le fait de bien se connaître a des conséquences positives.

L'estime de soi

Alors que le concept de soi porte sur les perceptions que nous entretenons à notre sujet, l'**estime de soi**

TABLEAU 3.1   **Perceptions d'élèves du secondaire relativement à différentes catégories de leur concept de soi**

Thèmes	Types de soi	Pourcentage
1. Relations avec les autres. (P. ex. : « J'ai de bonnes relations. »)	Social	59
2. Jugements, goûts ou activités. (P. ex. : « Je joue au basket-ball. »)	Spirituel	58
3. Comportements et sentiments habituels. (P. ex. : « Je suis de bonne humeur. »)	Spirituel	52
4. Apparence physique. (P. ex. : « Je parais bien. »)	Matériel	36
5. Liberté d'action. (P. ex. : « Je suis quelqu'un qui décide lui-même de ses activités. »)	Spirituel	23
6. Sentiment de valeur morale. (P. ex. : « Je me respecte personnellement. »)	Spirituel	22
7. Les réactions des autres à mon égard. (P. ex. : « Je suis populaire. »)	Social	18
8. Les possessions matérielles. (P. ex. : « Je possède une voiture. »)	Matériel	5
9. Unité ou manque d'unité de la personne. (P. ex. : « Je suis tout mêlé. »)	Spirituel	5

Source : Adapté de Gordon (1968).

se réfère à l'évaluation, bonne ou mauvaise, que nous faisons de ces perceptions. Comme le mentionnent plusieurs auteurs (par exemple Greenwald *et al.*, 2002 ; Sedikides & Gregg, 2003), l'estime de soi peut être vue comme une attitude envers soi qui peut être favorable ou défavorable. Dans la mesure où une personne se respecte, s'accepte et s'évalue positivement, nous disons qu'elle possède une estime de soi élevée ou positive. Par contre, si une personne se rejette, se déprécie et s'évalue négativement, alors cette dernière possède une estime de soi faible ou négative. Donc, en plus de posséder un soi, nous jugeons celui-ci favorablement ou défavorablement.

Au cours des dernières années, les psychologues sociaux en sont venus à préciser l'estime de soi de diverses façons. Premièrement, on fait maintenant la distinction entre une **estime de soi personnelle** et une **estime de soi collective** (Luhtanen & Crocker, 1992). L'estime de soi personnelle renvoie à l'évaluation subjective des attributs qui nous sont propres. C'est en quelque sorte ce que la plupart des gens ont en tête lorsqu'ils utilisent l'expression « estime de soi » ou « estime personnelle ». L'estime de soi collective réfère aux jugements de valeur de la personne à l'égard des caractéristiques du ou des groupes auxquels elle s'identifie. Ainsi une personne pourrait dire que les groupes sociaux auxquels elle appartient forment une partie importante de son estime de soi (Luhtanen & Crocker, 1992 ; Zhang, 2005). Des résultats empiriques utilisant l'échelle de l'estime de soi collective de Luhtanen et Crocker (1992) soutiennent la thèse voulant que l'estime de soi collective peut être mesurée fidèlement et qu'elle est empiriquement distincte, mais liée à l'estime de soi personnelle (Luhtanen & Crocker, 1992). Aussi, plus une personne est acceptée dans un groupe, plus son estime de soi collective est positive (Jetten, Branscombe & Spears, 2002).

La deuxième précision importante concernant l'estime de soi a trait à la distinction entre l'**estime de soi situationnelle** (ou d'état) et l'**estime de soi dispositionnelle**. Il nous arrive à tous de vivre des périodes difficiles. Rien ne va et le monde semble gris. Heureusement, il y a également de ces périodes où tout marche comme sur des roulettes et où tout ce qu'on entreprend s'avère une réussite. Nos évaluations sur nous-mêmes risquent alors de varier en fonction des situations. Lorsque les choses vont mal, notre estime de soi peut alors être abaissée temporairement, tandis que lorsque les choses vont bien, elle peut être rehaussée. Ces variations ponctuelles dans l'évaluation de soi renvoient alors à ce que certains appellent l'estime de soi situationnelle. Heatherton et Polivy (1991) ont conçu un instrument pour mesurer ce type d'estime de soi, l'échelle d'estime de soi situationnelle. Lorsqu'ils répondent à l'échelle, les participants doivent indiquer comment ils se sentent sur le moment. La première partie du tableau 3.2 donne un exemple de quelques énoncés issus de cette échelle. Imaginez que vous venez d'échouer à un examen important, puis répondez aux énoncés. Maintenant, faites le même exercice en supposant que vous vous êtes bien tirés de cet examen. Le total des points devrait être plus bas après l'échec qu'après le succès. Cela est conforme aux résultats de Heatherton et Polivy (1991, étude 3), où les étudiants qui venaient d'échouer à un examen montraient une baisse de l'estime de soi situationnelle, alors que ce n'était pas le cas pour les étudiants qui l'avaient réussi. D'autres recherches démontrent que le rejet social (une sorte d'échec social) peut aussi induire une baisse importante de l'estime de soi situationnelle (Leary *et al.*, 1998).

À la dimension situationnelle on peut opposer la dimension dispositionnelle de notre estime de soi. C'est la dimension stable de notre personne. Plusieurs instruments ont été construits afin de mesurer cette dimension que nous effectuons de notre personne, le plus important d'entre eux étant celui qui a été mis au point par Rosenberg (1965). La seconde portion du tableau 3.2 présente un certain nombre d'énoncés faisant partie de ce questionnaire, validé en français par Vallières et Vallerand (1990). On remarque que la personne doit donner des indications sur la manière dont elle se perçoit en général.

Plus récemment, les chercheurs ont mis sur pied de nouvelles mesures d'estime de soi dispositionnelle. Ainsi, Robins, Hendin et Trzesniewski (2001) ont démontré, dans le cadre de trois études, qu'un seul item (« J'ai une haute estime de soi ») corrèle très fortement (de 0,70 à 0,80) avec l'échelle de Rosenberg et que ce même item affiche un patron de corrélations avec d'autres échelles presque identique à celui que l'on obtient avec l'échelle de Rosenberg. Toutefois, ces résultats semblent se limiter aux adultes et ne pas s'appliquer aux enfants. Dans ce cadre, signalons la nouvelle mesure d'estime de soi dispositionnelle dans laquelle une marionnette (le Crocodile Croco) pose 20 questions à l'enfant et permet de déterminer si celui-ci a une perception positive ou négative de lui-même (Verschueren *et al.*, 2001). Cette mesure produit des résultats particulièrement intéressants. Ainsi, plus l'élève a une estime de soi positive, plus son niveau de fonctionnement socio-émotionnel à l'école, tel qu'il est évalué par le professeur trois ans plus tard, est élevé.

Une troisième distinction relative à l'estime de soi consiste à distinguer les aspects globaux des éléments plus particuliers relevant de divers contextes de vie. Plusieurs chercheurs (par exemple Harter, 2003 ; Marsh *et al.*, 2005) croient que l'estime de soi donne lieu non seulement à une évaluation générale, mais aussi à une évaluation portant sur de nombreux aspects particuliers. Plusieurs recherches corroborent cette thèse. Les gens se voient effectivement de façon intégrée, avec une attitude globale envers eux-mêmes, et de façon morcelée avec des évaluations pouvant varier selon les situations de la vie (voir Harter, 1999, 2003), celles-ci devenant de plus en plus nombreuses à mesure que la personne vieillit et que le soi se complexifie (Harter, 1999 ; Marsh & Craven, 2002). D'ailleurs, Harter (2002) souligne que cette différenciation du soi est particulièrement difficile, mais importante, à l'adolescence. Les recherches de Vallerand, Pelletier et Gagné (1991 ; Vallerand *et al.*, 1994) montrent que la distinction entre l'estime de soi globale et l'estime de soi

TABLEAU 3.2 **Exemples d'énoncés servant à mesurer l'estime de soi situationnelle et l'estime de soi dispositionnelle**

Items traduits librement de l'échelle d'estime de soi situationnelle de Heatherton et Polivy (1991)						
Aucunement en accord	Un peu en accord	Relativement en accord	Très en accord		Tout à fait en accord	
1	2	3	4		5	
1. Je suis présentement satisfait de mon apparence.	1	2	3	4	5	
2. J'ai confiance dans mes capacités.	1	2	3	4	5	
3. J'ai l'impression que les autres me respectent et m'admirent.	1	2	3	4	5	
4. Je me sens actuellement inférieur aux autres*.	1	2	3	4	5	
5. J'ai le sentiment de ne pas bien faire*.	1	2	3	4	5	

Items tirés de la validation canadienne française (Vallières & Vallerand, 1990) de l'échelle d'estime de soi dispositionnelle (Rosenberg, 1965)				
Tout à fait en désaccord	Plutôt en désaccord	Plutôt en accord	Tout à fait en accord	
1	2	3	4	
1. Je pense que je possède un certain nombre de belles qualités.	1	2	3	4
2. Dans l'ensemble, je suis satisfait de moi.	1	2	3	4
3. Parfois je me sens vraiment inutile*.	1	2	3	4
4. J'ai une attitude positive vis-à-vis de moi-même.	1	2	3	4
5. Il m'arrive de penser que je ne suis bon à rien*.	1	2	3	4

Note: Plus le score est élevé sur les échelles, plus l'estime de soi est haute.

* Le pointage pour cet énoncé doit être inversé.

multidimensionnelle permet de mieux comprendre le fonctionnement du soi. Ces chercheurs ont observé que le seul type d'estime de soi qui distingue des étudiants particulièrement doués des étudiants ordinaires était relatif aux perceptions de compétence scolaire. Aucune différence n'existe en ce qui concerne les compétences sociale et physique (ou sportive) ou même l'estime de soi globale. Les changements concernant le soi pourraient donc s'opérer sur le plan des contextes de la vie avant d'être intériorisés globalement.

Un autre élément important concernant le soi global est le fait qu'il comporterait deux dimensions : l'autoacceptation (ou l'amour de soi) et la compétence personnelle perçue (le sentiment de compétence plus ou moins vif qui est éprouvé ; Tafarodi & Milne, 2002). Chose intéressante, Tafarodi (1998) a montré qu'il pouvait y avoir opposition entre les deux dimensions (l'une est élevée, et l'autre faible). Cela constitue une estime de soi paradoxale qui peut produire des effets surprenants. Ainsi, la personne dont l'autoacceptation est paradoxale (autoacceptation faible, mais compétence personnelle élevée) reçoit de son environnement une image négative d'elle-même. Cela résulterait du conflit existant entre son autoacceptation négative et sa compétence perçue positive. Elle cherche alors à vérifier si effectivement elle est « négative ». Dès lors, la dimension négative prendra le dessus chez elle et la conduira à percevoir divers éléments de façon négative. Pour elle, le verre est bien souvent à moitié vide plutôt qu'à moitié plein.

Enfin, une dernière dimension de l'estime de soi qui mérite de retenir notre attention réfère à la distinction entre l'**estime de soi implicite** et l'**estime de soi explicite.** Alors que l'estime de soi explicite représente l'évaluation positive ou négative *consciente* que la personne a d'elle-même, l'estime de soi implicite réfère à « [...] une attitude automatique envers le soi qui influence les évaluations subséquentes du soi et des objets pertinents pour le soi dans l'environnement » (Baccus, Baldwin & Packer, 2004, p. 498). L'estime de soi implicite diffère donc de l'estime de soi explicite en ce que

l'évaluation positive ou négative à laquelle elle donne lieu est inconsciente.

Comme nous l'avons vu au chapitre 2, les mesures explicites sont celles mesurées en demandant directement à la personne d'indiquer sa réponse (par exemple sur le test de Rosenberg). Pour leur part, les tests implicites reposent généralement sur le temps de réaction dans une tâche de prise de décision concernant des mots qui se rapportent au soi et où l'attitude de la personne est inférée indirectement par le temps de latence. Il existe divers types de mesure indirectes pour mesurer l'estime de soi (voir Baccus, Baldwin & Packer, 2004 ; Dijksterhuis, 2004). L'un des tests les plus utilisés pour évaluer l'estime de soi est le test d'association implicite (TAI ; Greenwald *et al.*, 2002 ; Greenwald & Farnham, 2000), qui mesure le temps de latence à la suite de la présentation de mots sur un écran d'ordinateur. Plus une personne répond rapidement que des mots positifs la caractérisent et que des mots négatifs ne la caractérisent pas, plus son estime de soi implicite est considérée comme élevée (voir Kihlstrom, 2004).

Les recherches sur l'estime de soi implicite n'en sont qu'à leurs débuts. Il nous faut donc attendre avant de pouvoir définir avec précision son rôle dans le fonctionnement humain et social. Jusqu'ici, les résultats révèlent que le soi implicite permet de prédire des effets différents de l'estime de soi explicite (Farnham *et al.*, 1999). Ainsi, les personnes avec une haute estime de soi implicite manifestent, durant une entrevue évaluative, moins d'anxiété que les personnes ayant un haut niveau d'estime de soi explicite (Sparling & Hardin, 1999) et sont moins affectées par des jugements négatifs les concernant que des personnes ayant un faible niveau d'estime de soi (Greenwald & Farnham, 2000).

En conclusion, l'estime de soi est une évaluation que l'on fait de soi-même et qui peut prendre diverses formes (globale ou multidimensionnelle ; situationnelle ou dispositionnelle ; personnelle ou collective ; implicite ou explicite). La diversité de ces formes montre bien que l'évaluation que nous faisons de nous-mêmes est complexe.

Les soi possibles

« Je me vois plus tard avec un doctorat et pratiquant la psychothérapie » ; « Je me vois avec mon conjoint et nos enfants » ; « J'ai peur de me voir seule et sans le sou ». Avez-vous déjà eu de telles idées à propos de vous-même ? Hazel Markus et ses collègues (Markus & Nurius, 1986 ; Ruvolo & Markus, 1992) estiment que ce genre de représentations que nous avons à notre sujet sont importantes pour nous. En effet, elles constituent ce que l'on appelle les « **soi possibles** ». Ceux-ci incluent les soi liés à des actions présentes et futures, et que nous pourrions et voudrions devenir, ainsi que ceux que nous avons peur de devenir. Il peut y avoir une multitude de soi possibles. Les soi possibles désirés peuvent être, par exemple, un soi mince, un soi riche, un soi créatif, un soi aimé et admiré. Les soi possibles craints peuvent être un soi seul, un soi dépressif, un soi sans emploi et un soi alcoolique.

Selon plusieurs auteurs (Chalk *et al.*, 2005 ; Ouellette *et al.*, 2005 ; Stein, Roeser & Markus, 1998), les soi possibles sont essentiels parce qu'ils mettent les représentations cognitives de soi en relation avec la motivation à cultiver ou à éviter celles-ci. Il n'est donc pas surprenant que les soi possibles désirés soient liés à un sain ajustement psychologique, alors que les soi possibles craints correspondent à un moins bon ajustement psychologique, que ce soit chez les adolescents (Aikins, Bierman & Parker, 2005) ou les adultes (King & Smith, 2004).

Les schémas sur le soi

Nous avons déjà vu que le soi comme contenu représentait l'ensemble de l'information que l'individu possède sur lui-même. Mais comment, au juste, le soi organise-t-il ces diverses perceptions sur nous-mêmes ? De l'avis de la plupart des chercheurs et théoriciens, le soi agit comme un système de mémoire spécialisé qui intègre nos perceptions sur nous-mêmes (Kihlstrom, Beer & Klein, 2003 ; Showers & Zeigler-Hill, 2003). Ces perceptions sont regroupées et organisées de façon hiérarchique (Marsh *et al.*,

2005 ; Yeung *et al.*, 2000), et sont interreliées par des réseaux fort complexes dont l'unité de base est le **schéma** (Smith, 1998). Nous avons dit précédemment que la psychologie sociale contemporaine était très cognitive. Issu de la psychologie cognitive, le concept de schéma représente donc un ensemble organisé de connaissances sur un domaine particulier (Alba & Hasher, 1983). Et l'un de ces domaines peut être le soi. À la lumière de ce que nous venons de voir, un schéma sur le soi peut être défini comme « des généralisations cognitives à propos de soi issues d'expériences passées qui organisent et guident le traitement de l'information contenue dans les expériences sociales de la personne » (Markus, 1977, p. 64).

Selon plusieurs auteurs (Montepare & Clements, 2001 ; Oyserman *et al.*, 2003), les **schémas sur le soi** nous aident à rassembler et à structurer les données que nous avons ramassées sur nous-mêmes au fil des années. Les schémas servent en quelque sorte de classeurs où l'on peut ranger l'information tout en sachant où aller fouiller pour la retrouver. Chaque « chemise » porte sur un aspect de notre soi, et les données y sont incluses ou exclues à la lumière de nos expériences. En plus de porter sur un élément précis de nous-mêmes (par exemple la dimension d'indépendance), le schéma contient des expériences particulières pertinentes (« J'agis généralement de façon indépendante ») et des implications pour l'action (« Une personne indépendante doit agir à sa façon »).

La spécificité des schémas peut varier en fonction de l'expertise de la personne dans le domaine en question. Les schémas d'un professeur sur la psychologie sociale « devraient » donc être beaucoup plus complexes que ceux de l'étudiant à qui il enseigne. Et c'est normal. Le professeur a accumulé au fil des ans un bagage important de connaissances dans ce secteur qui nécessite un système de classeurs (ou schémas) plus complexe. En revanche, les schémas de l'étudiant sur la musique rock ou la musique techno pourraient être plus détaillés que ceux du professeur, selon l'expérience antérieure de l'étudiant et celle du professeur dans ce champ d'activité.

Le nombre de schémas sur le soi que les gens possèdent peut aussi varier d'une personne à l'autre en fonction de sa complexité, de sa maturité ainsi que de son expérience personnelle dans divers secteurs donnés. De plus, il convient de noter que la représentation schématique de soi n'est pas statique, mais possède un potentiel de réactivation d'un réseau d'unités qui ont été activés ensemble (Smith, 1998). La figure 3.1 présente un exemple de schémas sur le soi que pourrait posséder une étudiante en psychologie. On peut voir que les schémas sur le soi sont intimement liés au soi (étudiante, femme), alors que d'autres schémas le sont peu (musique et sports). Tout en formant des généralisations d'information, ces derniers schémas ne sont probablement pas fondés sur l'expérience personnelle de l'individu, ou moins importants pour la personne. Ainsi, si quelqu'un prononce le mot psychologie, une foule de structures cognitives associées à ce mot (étudiante,

cours, examens, travaux) sont alors activées, prêtes à traiter l'information. Les schémas peuvent aussi inclure certains aspects des relations avec les autres (Baldwin & Dandeneau, 2005). Ainsi, on peut voir dans la figure 3.1 un lien avec la représentation du partenaire amoureux. La nature des schémas qui seront utilisés à un moment donné est fonction de la fréquence de leur utilisation (chronicité), de l'importance du lien qui unit les schémas entre eux (Smith, 1998) et des éléments de la situation qui peuvent déclencher un des schémas (voir le chapitre 4). Si vous aviez à définir les schémas sur votre soi, quel type de figure obtiendriez-vous ? Votre figure ressemblerait-elle à la figure 3.1 ?

Comme vous vous en êtes sûrement rendu compte en essayant de comparer votre configuration personnelle à celle de la figure 3.1, nous avons tous des schémas plus importants que d'autres, qui ne sont pas nécessairement les mêmes pour tout le

FIGURE 3.1 **Les schémas sur le soi d'une étudiante en psychologie**

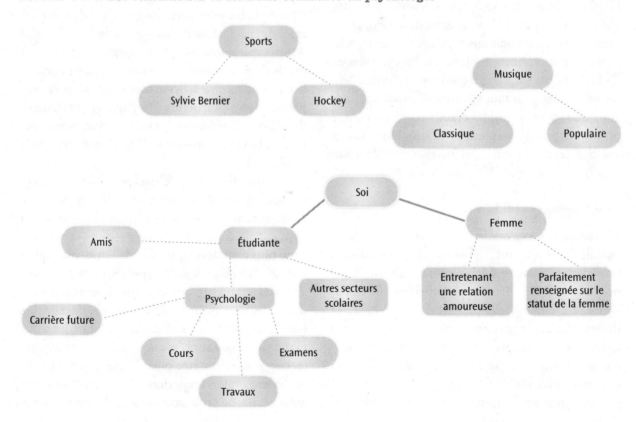

monde. Lorsqu'une personne possède un schéma sur une dimension précise, on dit alors qu'elle est « schématique » sur cette dimension. Par contre, lorsqu'elle ne possède pas de schéma détaillé sur une dimension donnée, alors elle est dite « non schématique » ou « aschématique » sur cette dimension. Plusieurs recherches démontrent que les gens qui sont schématiques sur une dimension quelconque se connaissent beaucoup mieux que ceux qui sont aschématiques sur la dimension en question. Ainsi les participants schématiques prennent moins de temps à désigner, dans une liste qui leur est présentée, les adjectifs qui les caractérisent (puisqu'ils se connaissent mieux sur la dimension donnée, ils peuvent répondre plus rapidement), se rappellent généralement plus d'items figurant dans la liste et donnent plus d'exemples de comportements passés relatifs à la dimension précise que les individus non schématiques sur la même dimension (voir Kihlstrom, 2004 ; Kihlstrom *et al.*, 2003, pour une recension sur le sujet). Par leur influence sur notre perception sociale, les schémas peuvent aussi affecter notre fonctionnement. Par exemple, une étude longitudinale réalisée auprès de plus de 10 000 femmes a montré que les personnes ayant des schémas de soi négatifs risquaient plus de souffrir de dépression que les personnes ayant des schémas de soi positifs (Evans *et al.*, 2005). Les schémas peuvent aussi avoir des effets dans les relations interpersonnelles. Nous reviendrons là-dessus plus loin.

APPRENDRE À SE CONNAÎTRE : LES DÉTERMINANTS DU SOI COMME CONTENU

Comment notre soi avec toute sa complexité a-t-il été façonné et comment continue-t-il de l'être ? C'est ce à quoi nous tenterons de répondre dans cette section. Nous verrons que ces sources d'influence sont nombreuses et variées. Celles-ci peuvent être de nature intrapersonnelle, interpersonnelle, sociale ou culturelle. Parfois elles ne sont pas perçues

consciemment. Examinons en premier lieu les influences intrapersonnelles.

L'observation de soi-même

Une façon importante d'apprendre à se connaître consiste à s'observer soi-même. Les observations peuvent porter sur nos comportements ainsi que sur nos pensées et nos sentiments. Daryl Bem (1967, 1972) a proposé la **théorie de la perception de soi** afin d'expliquer comment nous apprenons à nous connaître. Selon Bem, en temps normal nous avons très peu accès à nos états intérieurs pour déterminer nos goûts et nos intérêts personnels (sur ce sujet, voir également Wilson, 2002 ; Wilson & Dunn, 2004). Ne pouvant nous servir de cette source interne d'information, nous devons agir de la même façon qu'un observateur le ferait afin d'apprendre à nous connaître, c'est-à-dire en nous observant agir. Bem (1972) considère que l'on parvient à se connaître en observant son comportement. Il est alors possible d'inférer de ces observations des éléments caractérisant notre soi.

Par exemple, vous est-il déjà arrivé de vous mettre à table sans appétit apparent, puis de vous surprendre à manger comme un ogre ? Comment avez-vous réagi ? Il y a de fortes chances que vous vous soyez exclamé : « Eh bien ! je devais avoir faim après tout. » Comme le suggère Bem, notre comportement peut, dans certaines situations, refléter nos états intérieurs et ainsi nous aider à mieux nous connaître. En nous regardant agir dans différentes conditions, nous démêlons les motifs de nos actions. Ainsi, si, de vous-même, vous avez mangé toute votre assiette sans aucune pression, vous pouvez probablement en conclure que vous aviez plus faim que vous ne le pensiez. Si, par contre, vous avez mangé pour faire plaisir à vos parents, qui vous ont mitonné un « bon petit repas », vous pourriez alors conclure que c'était non pas la faim qui vous a amené à manger, mais le désir de plaire à vos parents.

Il convient de souligner que Bem n'affirme pas que nous formons « toujours » notre concept de soi à partir des observations de notre comportement.

En fait, deux conditions sont nécessaires pour que nous puissions utiliser notre comportement comme source d'information sur nous-mêmes. Premièrement, les facteurs présents dans la situation ne doivent pas être les facteurs contrôlants de l'émission du comportement. Sinon, le comportement est attribué aux conditions environnementales et il ne peut pas apporter d'information sur les états intérieurs. Deuxièmement, les actions ne seront utilisées comme source d'information sur nous-mêmes que dans la mesure où nos états intérieurs sont « faibles, ambigus ou non interprétables ». Donc, lorsque nous nous connaissons bien une dimension donnée, il est peu probable que nous accordions de l'importance à l'observation de notre comportement comme déterminant de notre soi. Ce second point soulève l'aspect de « développement » lié à la connaissance de soi. Les enfants se trouvent souvent dans des situations où leurs états intérieurs sont « faibles, ambigus ou non interprétables ». Se connaissant peu, les enfants ont tendance non seulement à s'observer pour apprendre à se connaître, mais également à demander à leurs parents de les observer pour que ces derniers les aident à se connaître. Les parents entendent des phrases comme celles-ci à longueur de journée : « Papa, j'ai aidé Mathieu à ranger ses jouets ; je suis gentil, n'est-ce pas ? » Ou encore : « Maman, j'ai compté trois paniers au basket-ball ; je suis bon, non ? » À mesure que l'enfant vieillit, on devrait s'attendre qu'il se connaisse mieux et qu'il n'observe son comportement que lorsque ses états intérieurs sont flous et ne sont pas accessibles. Comme le signale Wilson (2002), la théorie de Bem est utile aussi bien pour découvrir des aspects de notre soi déjà présents, mais flous ou incertains, que pour créer de nouveaux éléments de notre soi, comme dans le cas des enfants.

Dans une étude classique, Chaiken et Baldwin (1981) ont examiné le rôle de la clarté des états intérieurs (ou le fait de se connaître soi-même) et de l'information comportementale dans l'élaboration du concept de soi. Dans leur étude, ils ont sélectionné des individus qui avaient une attitude favorable à la conservation de l'environnement, mais qui la voyaient différemment. La moitié d'entre eux se considéraient comme des environnementalistes, alors que les autres avaient une vision ambiguë d'eux-mêmes par rapport à l'environnement, malgré le fait que leur attitude y était favorable. Les deux types de participants ont été aléatoirement affectés à l'une des deux conditions suivantes : on leur demanda de se rappeler soit des comportements passés qui cadraient avec le souci de l'environnement, soit des comportements nuisibles à l'égard de ce dernier. Sur quoi les participants se baseraient-ils pour se définir par rapport à la dimension de l'environnement : leurs comportements passés ou leur états intérieurs ? Les résultats ont montré que cela dépendait de la connaissance que les participants avaient d'eux-mêmes et de leur rapport à l'environnement. Les participants qui se percevaient comme des environnementalistes n'ont pas été affectés par le rappel de comportements favorables ou nuisibles à l'environnement. Par contre, les participants qui avaient une perception de soi ambiguë en ce qui concernait l'environnement ont été fortement affectés par le rappel de comportements passés. Plus précisément, ceux qui se sont rappelé des comportements favorables à l'environnement se percevaient comme des personnes beaucoup plus environnementalistes que ceux qui se sont rappelé des comportements nuisibles à l'environnement. Ces résultats sont présentés à la figure 3.2.

D'autres études corroborent la thèse de Bem. L'une des plus intéressantes est celle qui a été menée par Yihong et ses collègues (2005) : elle a démontré que, chez des étudiants chinois apprenant l'anglais (donc en contact avec une autre culture et d'autres valeurs), des changements dans le soi avaient été observés seulement chez ceux qui avaient fait le choix d'étudier à l'université dans un programme d'anglais. Il semble donc possible d'abonder dans le sens de Bem et de dire que, pour que des changements puissent être intégrés dans le soi, le comportement doit non pas être senti comme étant dicté par l'environnement, mais résulter d'un choix personnel. Il est alors possible de conclure que le comportement émane d'une dimension du soi (par exemple « j'aime la langue et la culture anglaise »), permettant ainsi d'enrichir le soi dans sa dimension spirituelle.

Notre recherche d'informations sur nous-mêmes ne se limite pas à l'observation de nos comportements. Nous pouvons aussi observer et analyser nos pensées et nos sentiments. Le fait d'observer que vous éprouvez des sentiments négatifs en écoutant de la musique classique peut vous amener à conclure que vous n'aimez pas ce genre de musique. Les travaux de Andersen et Williams (1985) ont montré que le changement dans le soi qui a lieu en privé résulte de l'observation des pensées et des sentiments (comme dans le cas de la musique classique), et que l'observation du comportement public entraîne des changements plus considérables. Il semble donc que les deux types d'observation, l'observation du comportement et l'observation d'éléments internes, ont des effets différents sur le soi selon que le contexte est public ou privé.

FIGURE 3.2   L'effet de la réception d'une information comportementale sur notre concept de soi

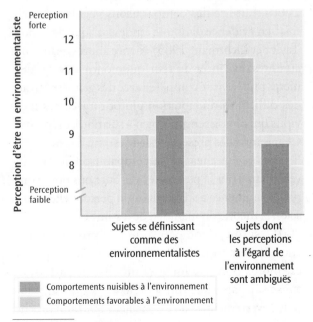

Source : Chaiken & Baldwin (1981).

L'évaluation de soi-même

Parfois, l'observation de notre comportement ne suffit pas. Nous désirons nous évaluer en tant que tel. Nous pouvons d'abord utiliser notre environnement physique pour nous évaluer selon des critères objectifs. Mais il n'est pas toujours possible de le faire. Nous nous tournons alors vers les autres pour faire notre évaluation. Nous considérerons ici tour à tour ces deux moyens d'évaluation de notre soi.

Se tester soi-même selon des critères objectifs. Imaginez que vous suivez des cours de guitare depuis un certain temps et que vous vous surprenez à penser : « Je me demande bien si j'ai le talent nécessaire pour jouer de façon convenable. » Qu'allez-vous faire pour répondre à votre question ? Selon la théorie de l'évaluation de soi, de Yaacov Trope (1983, 1986), lorsque nous sommes incertains de nos caractéristiques ou de nos capacités, nous avons tendance à nous tester sur des tâches qui permettent de lever nos incertitudes et qui sont propres à nous renseigner clairement sur l'étendue de nos capacités. Donc, dans la situation décrite ci-dessus, vous testeriez vos capacités en jouant différents morceaux de musique. Mais pas n'importe lesquels. Vous essaieriez de jouer des pièces qui permettraient de déterminer si vous êtes bon ou pas en musique. Ce pourraient être, par exemple, des pièces que seuls les musiciens habiles réussissent. C'est ce que Trope appelle des éléments (ou des tâches) à degré élevé de **diagnosticité**.

La théorie de Trope a été étudiée à maintes reprises, et les résultats indiquent que, lorsque les gens veulent connaître leurs capacités, ils se testent délibérément sur des tâches ayant un haut niveau de diagnosticité (Trope, 1980 ; Trope & Ben-Yair, 1982). Mentionnons que cette recherche d'information sur nous-mêmes n'est pas limitée aux attributs positifs et qu'elle se fait même s'il y a risque de trouver des caractéristiques négatives (Trope, 1986). La recherche d'informations négatives sera facilitée si la personne ressent de l'affect positif ou vient de vivre un succès, car elle est alors capable de recevoir un feedback potentiellement négatif (Trope & Neter,

1994). Enfin, certaines personnes, spécialement celles qui ont de la difficulté à tolérer l'incertitude, sont plus portées que d'autres à rechercher de l'information sur elles-mêmes en situation d'incertitude (Sorrentino & Short, 1986).

S'évaluer en se comparant aux autres. Leon Festinger (1954) a élaboré une théorie très connue, la **théorie de la comparaison sociale**, suivant laquelle l'être humain aurait une tendance innée à évaluer ses opinions et ses habiletés. Lorsque nous ne disposons pas de moyens d'évaluation physique ou objective, nous comparons nos opinions et nos habiletés avec celles des gens qui nous entourent, que ce soit en matière de sport (« Le Canadien de Montréal est la meilleure équipe de hockey professionnelle »), de musique (« Suis-je le seul à préférer la musique classique à la musique rock ? ») ou de politique (« Ai-je raison de penser que la politique étrangère des États-Unis devrait être modifiée ? »).

Plusieurs recherches ont porté sur la **comparaison sociale** (pour des recensions, voir Buunk & Mussweiler, 2001 ; Suls & Wheeler, 2000 ; Wood & Wilson, 2003). Bien que des différences individuelles existent et que certaines personnes fassent plus de comparaisons sociales que d'autres (Gibbons & Buunk, 1999 ; Wheeler, 2000), il ressort de ces études que tout le monde fait de temps à autre des comparaisons sociales. Donc, si la comparaison sociale est un phénomène inhérent à l'interaction sociale, alors avec qui nous comparons-nous ? Les travaux de Joanne Wood de l'Université de Waterloo en Ontario démontrent que la réponse à cette question dépend de la motivation sous-jacente au processus de comparaison (Wood, 2000). À cet égard, Wood et Taylor (1991) considèrent qu'il existe au moins trois types de motifs pour lesquels on peut établir une comparaison sociale. Le premier a rapport à une évaluation relativement objective de soi. Lorsque nous voulons nous évaluer sur un point déterminé, nous nous comparons avec des personnes qui nous ressemblent sur ce point. Cette comparaison avec autrui constitue en quelque sorte le test le plus objectif que nous puissions faire de nos habiletés.

Le deuxième motif est le désir de s'améliorer. Dans ce cas, il y a avantage à établir des comparaisons avec les gens qui nous sont supérieurs sur un ou plusieurs points. Les comparaisons nous permettent alors de nous améliorer et nous poussent à nous surpasser (Seta, 1982). C'est ce que Festinger appelle la tendance unidirectionnelle vers le haut. En faisant une comparaison avec ce qui est plus haut que vous, vous êtes conduit à vous fixer un but personnel à atteindre. Progressivement, vos étalons de mesure deviendront plus élevés.

Le rehaussement de soi constitue le troisième motif qui mène à établir des comparaisons sociales. Ce motif apparaît surtout dans les situations où notre estime de soi est menacée. Nous cherchons alors à obtenir une évaluation favorable de nous-mêmes et, pour ce faire, nous établissons des comparaisons vers le bas, c'est à dire que nous nous comparons avec une personne qui est inférieure à nous sur un point déterminé. Il nous est dès lors possible d'aboutir à une évaluation qui nous soit favorable et, ainsi, de rehausser notre estime de soi (Gibbons *et al.*, 2002 ; Lockwood, 2002 ; Wood, Michela & Giordano, 2000). L'utilité des comparaisons vers le bas a été mise en évidence dans une étude classique de Wood, Taylor et Lichtman (1985), menée auprès de femmes atteintes du cancer du sein, qui montre que ces dernières préfèrent se comparer avec des gens éprouvant des difficultés d'adaptation plutôt qu'avec des individus qui réussissent très bien à surmonter l'épreuve. Ce faisant, elles préservent leur estime de soi.

Les recherches sur la comparaison sociale révèlent aussi que la personne avec qui nous nous comparons influence notre évaluation personnelle. Ainsi, selon la théorie du maintien de l'estime de soi (Tesser, 2001), si l'on se compare à un ami proche sur une chose qui est importante pour celui-ci, le fait que l'on est moins bon que lui aura un effet négatif limité sur le soi, parce que l'on sera heureux que l'ami soit bon. Inversement, si on est meilleur que l'ami proche, on sera quelque peu déçu que ce dernier soit moins bon que soi, et l'effet positif de la comparaison vers le bas ne sera pas aussi grand qu'avec un inconnu. De nombreuses autres études aboutissent aux mêmes conclusions (Gardner *et al.*, 2002 ; Lockwood *et al.*, 2004 ; McFarland *et al.*, 2001). De plus, la comparaison avec une personne avec qui l'on vient de coopérer dans le cadre d'une activité quelconque aura le même effet, car le fait de coopérer avec un inconnu nous amène à nous sentir proche de la personne qui sert de point de comparaison (Mussweiler, 2001 ; Stapel & Koomen, 2005).

Enfin, on a récemment montré que la comparaison sociale était possible lorsque des standards de comparaison étaient présentés en dehors du champ de la conscience. Par exemple, Stapel et Blanton (2004, étude 4) ont démontré que le seul fait de présenter *subliminalement* et de façon répétée (20 fois) à un groupe de participants une image représentant Einstein était suffisant pour affecter négativement la perception que ceux-ci avaient de leur propre intelligence, tandis que les images de clowns ou l'absence d'image n'avaient en rien modifié la perception d'un autre groupe de participants. Des résultats similaires ont aussi été obtenus par Mussweiler, Rüter et Epstude (2004). Enfin, l'étude 6 de Stapel et Blanton a aussi montré que la comparaison sociale subliminale se faisait surtout chez les participants qui étaient incertains de leur soi. Il semblerait donc que nous ne sommes pas nécessairement des marionnettes sujettes aux influences subliminales exercées par quiconque voudrait nous influencer.

Le contexte social

Selon le postulat de distinction (McGuire, 1984 ; McGuire & McGuire, 1981, 1988), une personne qui essaie de se connaître et de se définir prend bonne note des traits et caractéristiques qui lui sont propres, car ceux-ci sont beaucoup plus informatifs et permettent de mieux distinguer son soi de celui des autres. Dans ce cadre, le contexte social dans lequel vit la personne peut représenter un ensemble de déterminants extrêmement puissants des caractéristiques distinctives de la personne et de son soi.

Ainsi, le sexe des gens qui nous côtoient (Cota & Dion, 1986 ; McGuire, McGuire & Winton, 1979), les groupes ethniques différents du nôtre (McGuire *et al.*, 1978) et les caractéristiques physiques comme la couleur de la peau, la taille et le poids, la couleur et la longueur des cheveux, et le port de lunettes sont évidemment importants et peuvent amener le développement de schémas de soi (von Hippel, Hawkins & Schooler, 2001). De ce point de vue, il se peut que les anglophones et les francophones résidant au Québec et fréquentant les mêmes classes aient été conduits à faire de la langue un des éléments importants de leur concept de soi (Taylor & Dubé, 1986).

Il semble donc que la simple présence des autres dans notre environnement suffit pour nous amener à nous comparer à eux et, par conséquent, à définir notre soi. Morse et Gergen l'ont démontré dans une étude classique (1970). Dans cette dernière, des étudiants se présentèrent individuellement au laboratoire, croyant postuler pour un emploi d'été. À son arrivée, le participant devait remplir seul une série de questionnaires, dont un portait sur l'estime de soi et servait de variable dépendante. Après que le participant avait répondu à la première partie de ce questionnaire, l'expérimentateur faisait entrer un second participant qui postulait également pour le même poste. Ce dernier était un complice de l'expérimentateur et se présentait sous un aspect déterminé, selon la condition expérimentale fixée pour le premier participant. Dans la première condition, le complice présentait une image très pauvre. Il portait un chandail malpropre, un pantalon déchiré et ne s'était pas rasé depuis quelques jours. Dans la seconde condition, le postulant présentait une image très soignée. Il portait un complet élégant et avait une mallette à la main. Cette dernière contenait divers objets (règle à calculer, livres, crayons, etc.) témoignant du caractère méticuleux et soigné de la personne. Une fois le complice installé sur sa chaise, le participant remplissait, sans interaction avec celui-ci, la seconde partie du questionnaire portant sur l'estime de soi.

Que démontrèrent les résultats ? Pour pouvoir répondre à cette question, il faut se mettre dans la peau du participant. Celui-ci se présente à une entrevue pour un emploi d'été et, bien sûr, espère l'obtenir… Mais, soudainement, un concurrent apparaît. Quelles sont ses chances d'obtenir l'emploi ? La seule façon de répondre à cette question consiste à se comparer avec le seul autre postulant qu'il connaît, en l'occurrence le complice de l'expérimentateur qui est en face de lui. Comme il s'est présenté vêtu à peu près normalement, on devrait s'attendre que le participant se trouve supérieur au complice à l'image pauvre et que son estime de soi en soit rehaussée. En revanche, il devra se trouver inférieur au complice à l'image soignée, et son estime de soi en sera diminuée. C'est exactement ce que les résultats ont démontré.

Il semble donc que la simple présence des autres nous amène à nous comparer à eux, l'effet sur notre soi résultant alors du type de personne se trouvant dans notre environnement social. Plusieurs études réalisées en milieu naturel soutiennent ces résultats. Les plus fascinantes sont peut-être celles qui portent sur l'effet du « gros poisson et du petit étang » (Marsh & Hau, 2003 ; Marsh, Kong & Hau, 2000). Tout comme dans l'étude de Morse et Gergen (1970), cet effet tient au fait que, pour évaluer leur compétence scolaire, les élèves d'une même école se comparent entrent eux. Or, les élèves des écoles privées diffèrent de ceux des écoles publiques. Il en résulte que l'élève moyen d'une école privée se compare avec des élèves plus forts (comparaison vers le haut), ce qui, toutes proportions gardées, devrait mener à une baisse de l'estime de soi et, éventuellement, à un moins bon rendement à l'école. Par contre, l'élève moyen d'une école publique se compare avec des élèves moins forts (comparaison vers le bas), ce qui entraîne des effets plus positifs. C'est ce que les résultats de plusieurs études révèlent (Marsh, 1991 ; Marsh & Craven, 1997, 2002), y compris l'étude conduite auprès de plus de 100 000 élèves provenant de 26 pays et appartenant à des cultures différentes (Marsh & Hau, 2003 ; Marsh, Hau & Craven, 2004).

Les sources interpersonnelles

Les théoriciens en sociologie et en psychologie ont proposé depuis fort longtemps que la formation du soi repose fondamentalement sur des bases interpersonnelles (Cooley, 1902 ; James, 1890 ; Mead, 1934). Selon ces théoriciens, notre concept de soi peut être lié aux évaluations des autres à notre égard. Par exemple, votre professeur peut vous féliciter pour votre bon travail. Le message est clair et direct : « Vous êtes un bon étudiant. » Cette appréciation pourrait vous amener à vous percevoir effectivement de cette façon. Parfois, le message est moins évident : une personne de votre entourage cesse de vous parler lorsque vous prenez quelques bières de trop. Il semblerait que la personne qui vous boude ne prise guère votre consommation d'alcool. Cette attitude pourrait vous révéler que vous avez un problème de ce côté. Nous pouvons donc voir que, en nous procurant de l'information sur nous-mêmes, les autres nous aident à nous connaître. Comme le disait Cooley (1902), les gens qui nous entourent représentent un miroir que nous pouvons utiliser afin d'apprendre à mieux nous connaître. Cette position des déterminants de notre soi est appelée **interactionnisme symbolique**, parce que notre conception de nous-mêmes est le fruit de nos interprétations des rétroactions symboliques exprimées par les autres dans leurs interactions avec nous (voir Stets & Burke, 2003 ; Tice & Wallace, 2003, pour un résumé des points de vue actuels sur le sujet). Les recherches concernant les influences interpersonnelles portent sur les influences directes, les influences filtrées (indirectes) et les influences bloquées.

Les influences interpersonnelles directes. L'influence des autres sur notre soi n'est probablement jamais plus grande que dans les situations où notre connaissance de nous-mêmes est inexistante ou très limitée. Par exemple, Vallerand et Reid (1984) ont étudié les changements dans les perceptions de compétence de participants par rapport à une tâche motrice jamais réalisée auparavant (le stabilomètre) qui consistait à demeurer en équilibre. Au cours d'une première séance, les participants participèrent à l'activité sans aucune rétroaction de la part de l'expérimentateur et indiquèrent leur évaluation de leur habileté pour l'activité en question. Trois semaines plus tard, les participants retournèrent au laboratoire et furent répartis aléatoirement dans l'une des trois conditions suivantes : rétroaction positive, rétroaction négative et aucune rétroaction concernant leur performance. Les participants n'avaient pas accès à d'autres sources d'information concernant leur performance. Les résultats, présentés à la figure 3.3, révélèrent que les participants qui avaient reçu une rétroaction positive de l'expérimentateur démontraient une hausse de perception de leur compétence au regard de l'activité en question, alors que les participants qui avaient reçu une rétroaction négative démontraient une baisse de perception de leur compétence. Enfin, les participants qui n'avaient reçu aucune rétroaction avaient la même perception de leur compétence à la fin de l'expérience qu'au début. Les résultats de l'étude de Vallerand et Reid (1984) montrent que, lorsque nous ne connaissons pas nos habiletés pour une dimension donnée, la

rétroaction des autres peut servir à former (de façon directe) une perception de nous-mêmes sur la dimension en question. Des études en milieu naturel soutiennent cette interprétation (Bois *et al.*, 2005 ; Whitehead & Corbin, 1991).

En plus du feedback de compétence, Leary *et al.* (2003) ont aussi démontré que le rejet social, qui peut consister, par exemple, dans le fait de se faire dire par la personne avec qui on interagit qu'elle ne désire plus continuer la conversation avec nous, a un effet très négatif sur l'estime de soi. Zadro, Williams et Richardson (2004) ont même constaté l'effet négatif de l'exclusion sociale sur l'estime de soi avec un simple ordinateur qui rejette son utilisateur. Comment expliquer que le rejet provenant d'un simple ordinateur puisse affecter l'estime de soi ? Selon le **modèle du sociomètre** de l'estime de soi de Leary et de ses collègues (Leary & Baumeister, 2000 ; Leary & Downs, 1995 ; Leary & McDonald, 2003), nous avons un besoin fondamental d'appartenance sociale. Ce besoin a son origine dans la phylogenèse, à l'époque lointaine où nos ancêtres avaient besoin des autres pour leur survie. L'estime de soi est dès lors importante, car elle varie suivant la valeur des nos relations avec les autres. Si cette valeur est faible, nous nous sentirons mal (baisse d'estime de soi situationnelle), ce qui nous motivera à améliorer nos relations avec autrui. Le modèle du sociomètre se fonde sur la théorie de l'évolution et postule que, de même que nos ancêtres qui avaient besoin des autres pour survivre, nous sommes sensibles au rejet des autres… au point de réagir négativement au rejet d'un ordinateur !

Les influences interpersonnelles filtrées. Il ne faudrait pas croire que nous acceptons toujours ce que les autres nous disent sans dire un mot. En fait, nous nous connaissons tout de même sur plusieurs dimensions, et il est donc normal que notre perception de nous-mêmes filtre la rétroaction des autres. Ainsi, c'est beaucoup plus notre perception de ce que les autres disent de nous que ce qu'ils disent vraiment qui détermine notre soi (Felson, 1981, 1985 ; O'Connor & Dyce, 1993). Une étude classique

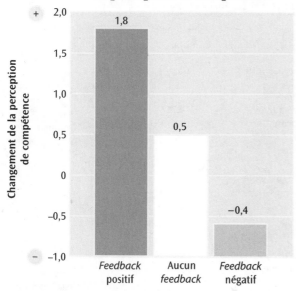

FIGURE 3.3 **Effets de la rétroaction positive et négative sur les changements de perception de compétence**

Source : Adapté de Vallerand et Reid (1984).

de Schafer et Keith (1985) illustre très bien ce fait. Les participants étaient 333 couples mariés depuis 24 ans en moyenne. Chaque membre du couple évalua son estime de soi, l'estime de soi du conjoint, et indiqua sa perception de la façon dont le conjoint le percevait. Les chercheurs effectuèrent une analyse acheminatoire (voir le chapitre 2) sur les données afin de préciser les déterminants de l'estime de soi de chaque membre du couple. Les résultats sont présentés à la figure 3.4. On remarque que les résultats sont les mêmes pour l'estime de soi du mari et de la femme. Par exemple, l'évaluation du mari quant à l'estime de soi de sa femme détermine sa perception à elle de l'évaluation que son mari fait à son sujet. Et c'est cette dernière perception (plutôt que la première) qui, en retour, détermine l'estime de soi de la conjointe. L'effet du mari sur la perception de l'estime de soi de sa femme n'est donc qu'indirect. Il est filtré par la perception de la conjointe quant à ce que son mari pense d'elle, qui détermine sa perception d'elle-même. Il en est de même pour l'estime de soi du mari.

Les influences interpersonnelles bloquées. L'information que nous recevons des autres n'est pas que filtrée. Parfois, elle est carrément rejetée.

Comment réagiriez-vous si quelqu'un vous disait que vous êtes stupide ? Vous vous efforceriez sûrement de démontrer à cette personne que vous êtes plutôt intelligent et qu'elle s'est royalement trompée à votre égard. Et c'est ce que révèle l'étude de Swann et Hill (1982). Dans cette étude, des participants qui se percevaient comme des personnes dominatrices, et d'autres comme des gens soumis, travaillèrent avec un partenaire à une tâche relativement simple. Au milieu de l'expérience, le partenaire, qui était en réalité un complice de l'expérimentateur, émit l'une de ces deux rétroactions : il dit au participant qu'il le trouvait dominateur ou qu'il le trouvait soumis. Comment ont réagi les participants ? Les résultats ont révélé que les participants qui se percevaient comme des personnes dominatrices et qui reçurent le message qu'ils étaient du type soumis agirent par la suite de façon nettement plus dominatrice que lorsqu'ils furent informés que le collègue les trouvait dominateurs. Tout à fait l'inverse survint pour les participants qui se percevaient comme des gens du type soumis : ils devinrent encore plus soumis (ou moins dominateurs) à la suite de la rétroaction selon laquelle

FIGURE 3.4   **L'estime de soi et les perceptions dans les relations de couple**

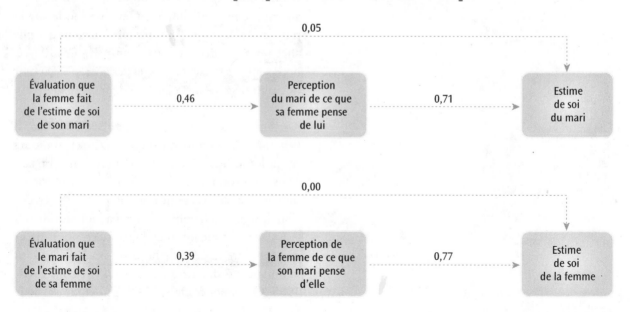

ils étaient perçus comme des personnes dominatrices par le collègue.

Il semble donc légitime de déclarer que nous jouons un rôle actif dans l'élaboration de ce que nous sommes en acceptant, filtrant ou réfutant la rétroaction que nous recevons des autres. Nous sommes plus enclins à accepter l'évaluation que les autres font de nous quant à une dimension donnée lorsque cette évaluation rejoint celle que nous avons de nous-mêmes ou lorsque nous sommes incertains quant à notre propre conception de cette dimension. Par contre, nous risquons fort de réagir contre la rétroaction des autres lorsqu'elle est négative et qu'elle concerne une dimension centrale pour notre personne (Swann, Bosson & Pelham, 2002). Et dans la mesure où nous sommes certains de nos attributs, nous convainquons plus efficacement les autres de nos caractéristiques, qu'eux n'arrivent à nous convaincre de leurs perceptions à notre égard (Swann, 1999) (sur ce sujet, voir le chapitre 4). Toutefois, il existe un type d'influences contre lesquelles il nous est difficile de nous défendre : ce sont les influences non perçues consciemment.

Les influences non perçues consciemment

Chaque jour nous sommes bombardés de milliers de messages et d'information dont seulement une infime partie est perçue et traitée de façon consciente. Par exemple, dans le wagon du métro que vous prenez peut-être chaque jour, vous avez des dizaines d'affiches publicitaires (« Moi j'aime McDonald » ; « Donnez du sang à la Croix-Rouge » ; « Prenez position [pour l'UQAM] » etc.), plusieurs personnes qui vous entourent, les nouvelles sur l'écran du métro et la première page du journal de la personne du siège d'à côté (« Neuf femmes ordonnées prêtres et prêtes à être excommuniées »). Tout cela est perçu par votre cerveau, mais vous ne le percevez peut-être pas nécessairement consciemment. Et ces différentes sources potentielles d'influence peuvent agir sur vous à votre insu. Ainsi, toujours dans le métro, imaginons que vous ouvrez le livre de poésie érotique que votre ami vous a récemment prêté. Vous commencez à lire et après quelques pages, vous vous sentez mal. En fait, vous avez un peu honte de faire une telle lecture et vous en sentez de la culpabilité. Pourtant, ce n'est pas la première fois que vous lisez de la poésie érotique. Pourquoi vous sentez-vous mal cette fois-ci ? Une explication est que le titre du journal sur la prêtrise des femmes que vous avez brièvement aperçu dans le journal du voisin a amorcé chez vous le schéma du Pape, et ce, en dehors de votre champ de conscience. Puisque le Pape désapprouve de telles lectures et que vous partagez certaines des valeurs qu'il promulgue, vous désapprouverez votre comportement. Conséquemment, votre estime de soi situationnelle est abaissée, et vous ressentez de la honte. Une étude de Mark Baldwin (Baldwin, Carrell & Lopez, 1990), de l'Université McGill, a essentiellement reproduit ces résultats en contexte de laboratoire.

Plusieurs autres études ont démontré les répercussions insoupçonnées des sources d'influence non conscientes sur notre soi (voir Baldwin & Dandeneau, 2005). Les résultats les plus excitants obtenus jusqu'ici sont peut-être ceux qui démontrent que l'estime de soi implicite peut être augmentée en dehors du champ de conscience de la personne par le principe de conditionnement classique (Baccus *et al.*, 2004 ; Dijksterhuis, 2004). Ainsi, en présentant de façon répétée divers pairages de mots positifs avec des mots caractérisant la personne (Dijksterhuis, 2004), ou en pairant de l'information sur soi (nom, date de naissance) avec des photographies présentant des personnes souriantes dans le cadre de jeux informatiques (Baccus *et al.*, 2004), il est possible d'augmenter l'estime de soi implicite de la personne. Plus encore, une fois augmentée, l'estime de soi implicite permet alors de résister à la présentation de feedback négatif concernant l'intelligence de la personne (Dijksterhuis, 2004, études 5a, 5b). Ces résultats sur le conditionnement classique de l'estime de soi sont particulièrement intéressants sur une base clinique. Le lecteur intéressé aux jeux informatiques sur l'estime de soi implicite est invité à visiter le site Web du professeur Baldwin (www.selfesteemgames.mcgill.ca/).

La culture

Que penseriez-vous d'un étudiant masculin de premier cycle dans votre cours qui se présenterait chaque jour dans votre classe, la tête basse, sans parler à personne ? De plus, que diriez-vous si on ajoutait que son score est nettement inférieur à la moyenne de la classe sur le questionnaire d'estime de soi globale de Rosenberg ? Qu'il a une faible estime de soi ? Enfin, si on vous apprend que le jeune homme est immigrant et qu'il vient de Taïwan, pensez-vous toujours qu'il a une faible estime de soi ? Avant de répondre à cette question, il faudrait prendre en considération la culture de la personne. En effet, la culture à laquelle nous appartenons détermine dans une large mesure notre perception de nous-mêmes. Plusieurs recherches démontrent que la culture de l'est de l'Asie est orientée vers l'amélioration de soi, alors que la culture nord-américaine favorise le rehaussement du soi (par exemple Chang & Asakawa, 2003 ; Heine *et al.*, 2001 ; White & Lehman, 2005). Sur une échelle d'estime de soi comme le Rosenberg, les Nord-Américains obtiennent des pointages plus élevés que les Asiatiques (Heine *et al.*, 1997, 1999). Alors que les Asiatiques se situent en moyenne en plein milieu de l'échelle (31), les Nord-Américains se situent beaucoup plus haut (40). Qui plus est, Heine et ses collègues (1997) ont démontré que les normes prévalentes dans les cultures jouaient un rôle fondamental dans l'estime de soi des gens. Ainsi, des Japonais vivant au Canada depuis sept mois ont vu leur score augmenter au Rosenberg de façon significative, alors que des Canadiens vivant au Japon ont vu leur pointage baisser de façon notable. Aussi, plus les gens adhéraient aux normes de leur nouvelle culture, plus leur estime de soi subissait des effets. Il semble donc que l'effet de la culture sur l'estime de soi soit le reflet de comportements et de valeurs apprises, et non uniquement le fruit de notre bagage génétique.

L'étude des personnes bilingues est encore plus fascinante. Ces personnes ont acquis beaucoup plus qu'une seconde langue. En effet, comme le mentionne Lambert (1987), elles ont modifié leur soi de sorte que des aspects de chaque culture ont été intériorisés. En accord avec les recherches sur les cognitions sociales, il devient alors possible de rendre accessibles les aspects liés à l'une ou l'autre culture, selon l'amorçage utilisé. La langue utilisée pour répondre à un questionnaire ou à une entrevue représente un tel amorçage. Ainsi, les travaux de Marian et Neisser (2000) ont révélé que les personnes parlant couramment le russe et l'anglais avaient plus de souvenirs personnels de leur vie en Russie lorsqu'ils répondaient en russe, et plus de souvenirs liés à leur séjour aux États-Unis lorsqu'ils répondaient en anglais. De même, Ross, Xun et Wilson (2002), de l'Université de Waterloo en Ontario, ont démontré que des personnes parlant le chinois et l'anglais qui répondaient à une échelle d'estime de soi en anglais avaient un niveau d'estime de soi plus élevé que ceux qui répondaient à une échelle en chinois.

Les cultures se distinguent également selon la dimension individualisme-collectivisme (Triandis, 1995). Ainsi, la culture nord-américaine met l'accent sur l'individualité et l'accomplissement de la personne, alors que d'autres cultures, telle la culture asiatique, favorisent l'appartenance au groupe. Cette distinction a une influence certaine sur la perception de soi. Par exemple, Kanawaga, Cross et Markus (2001) ont démontré que des participants japonais et américains ne répondaient pas de la même façon au test de concept de soi « Qui suis-je ? » de Gordon (1968), décrit au tableau 3.1. Alors que les participants américains répondent surtout à des éléments se rattachant à des attributs personnels et plus stables, les participants japonais font référence beaucoup plus à leurs relations interpersonnelles et font preuve de plus de variabilité. Il semblerait aussi que des normes d'individualisme amènent les Nord-Américains à développer un sens du soi personnel plus tôt dans la vie que les normes collectivistes (Wang, 2001).

Sedikides et Brewer (2001) ont aussi proposé qu'à la dualité indidivualisme-collectivisme il fallait ajouter le concept de soi relationnel, qui rend compte de notre soi dans nos relations interpersonnelles.

Une étude de Kashima et ses collègues (2004) démontre bien l'utilité de l'ajout de cette troisième dimension. Ces auteurs ont comparé des hommes et femmes de métropoles ou de villes régionales de cultures individualiste (Australie) et collectiviste (Japon). Leurs résultats ont révélé que les Australiens possédaient un soi individuel plus élevé que les Japonais, que les femmes faisaient preuve d'un soi relationnel plus élevé que les hommes, et que les résidents de villes régionales avaient un soi collectif plus élevé que les résidents de métropoles. Les trois éléments semblent donc influer sur le soi.

Bien que plusieurs études aient porté sur l'estime de soi, très peu d'entre elles ont essayé de découvrir le pourquoi de l'estime de soi chez l'être humain et le rôle de la culture dans ce processus. Dans le cadre de leur **théorie de la gestion de la terreur de l'estime de soi**, Greenberg et ses collègues (Pyszczynski *et al.*, 2004 ; Pyszczynski, Greenberg & Solomon, 2000 ; Solomon, Greenberg & Pyszczynski, 1991) affirment que les gens sont motivés à maintenir une estime de soi positive afin de se protéger de diverses sources anxiogènes présentes dans la vie, notamment la peur de la mort. Ainsi, selon cette théorie, la personne a besoin de valoriser son existence et de croire qu'elle a sa raison d'être dans un univers qui a un sens. L'estime de soi positive permettrait alors à l'individu de surmonter (en partie) l'anxiété provenant du fait que son existence se terminera un jour par la mort. Et c'est la culture dans laquelle la personne vit qui détermine ce qui est approprié afin d'avoir une estime de soi positive.

Cette théorie a connu un engouement tel que plus de 100 études ont été réalisées et procurent un soutien important pour la théorie (voir Pyszczynski *et al.*, 2004, pour une recension). La théorie peut mener à des prédictions surprenantes. Ainsi, une étude (Routledge, Arndt & Goldenberg, 2004) a démontré que le fait de mettre en évidence le fait que l'on mourra un jour amène les participants à vouloir plus se faire bronzer sans produits protecteurs... et donc à courir le risque de mourir du cancer de la peau. Pourquoi ? Parce que, selon la théorie, avoir une belle peau bronzée est valorisé dans notre culture et rehausse l'estime de soi, ce qui dissipe l'anxiété de la mort. Une autre étude s'est penchée sur le rôle joué par la pensée de sa propre mort sur la performance sportive (Peters *et al.*, 2005). Selon les chercheurs, le fait de songer à la mort provoque une anxiété que les gens veulent éviter. Si on offre la possibilité de réaliser une tâche sportive, une augmentation de la performance devrait être évidente, mais seulement pour les personnes qui sont investies dans ce type d'activité (des sportifs) et qui en retirent une source d'estime de soi leur permettant de réduire l'anxiété associée à la mort. Les gens d'un groupe témoin qui pensent à autre chose (comment on se sent chez le dentiste) ne devraient pas voir leur performance affectée. Les résultats sont présentés au tableau 3.3. Comme on peut le constater, seuls les participants qui étaient investis dans la tâche ont montré une augmentation de leur performance du prétest au post-test après avoir pensé à leur mort. Ces résultats corroborent la théorie de la gestion de la terreur de l'estime de soi.

Le soi : stabilité et changement

Dans la section précédente, nous avons présenté un grand nombre de déterminants du soi. L'image qui pourrait ressortir de notre discussion est que le soi est continuellement en évolution et qu'il change au gré de notre environnement social. Pourtant, cette variation semble contraire au sentiment de stabilité que nous éprouvons par rapport à nous-mêmes. En effet, d'aussi loin que nous nous souvenions, nous avons toujours été foncièrement la même personne. Il y a également, semble-t-il, un aspect de continuité dans notre soi. Certains changements mineurs se sont peut-être produits, mais en général, nous sommes demeurés les mêmes. Et bon nombre de recherches valident cette perception : nous recherchons une cohérence et une stabilité dans notre concept de soi, et résistons activement à ce qui aurait pour effet de nous changer (Swann, 1999). Qu'en est-il dans les faits ? Sommes-nous immuables comme on pourrait le croire et comme le suggèrent

TABLEAU 3.3 **La peur de mourir et la performance sportive**

	Participants			
	Investis		Non investis	
	Prétest	Post-test	Prétest	Post-test
Pensée de la mort	41,08	45,33	37,37	37,89
Groupe témoin	42,74	41,43	36,44	39,11

n = varie de 23 à 27 par cellule.

Source : Peters *et al.* (2005).

certaines recherches, ou sommes-nous changeants comme l'indiquent d'autres études ?

Selon les recherches réalisées dans le domaine (sur ce sujet, voir Kernis & Goldman, 2003), notre soi est à la fois stable et changeant. Notre concept de soi est stable en ce sens que, malgré toutes les pressions sociales qui s'exercent sur nous, notre manière de voir ou de sentir subit peu ou pas de changement. Nous sommes la même personne, avec notre inaltérable personnalité. C'est notamment le cas de l'estime de soi. Ainsi, Trzesniewski, Donnellan et Robins (2003), dans deux études menées auprès de plus de 100 000 participants, ont montré que l'estime de soi demeure très stable, avec des indices de corrélation variant de 0,50 à 0,70, selon les groupes d'âge. Ces indices sont aussi élevés que ceux qui seraient obtenus pour des traits de personnalité, ce qui témoigne de leur très grande stabilité.

Cependant, deux types de changements mineurs peuvent se produire dans notre soi à l'âge adulte. Premièrement, après avoir subi des influences sociales, il arrive que certaines « nouvelles » perceptions de nous-mêmes viennent s'ajouter à notre concept de soi. Cela se produit surtout lorsque nous ne possédons aucune connaissance de nous-mêmes sur un point particulier. Par exemple, Morfei et ses collègues (2001) ont étudié la stabilité dans les soi possibles désirés et craints comme parents avec 105 nouveaux parents suivis sur une période allant de deux à trois ans. Même s'il y avait certaines marques de stabilité, le changement prédominait. Il semble que, au contact de l'expérience, les parents en venaient à voir quelque peu différemment leur soi possible comme parents.

Le second type de changement se produit lorsque des événements importants nous forcent à « remettre en question » des idées majeures nous concernant. Le contenu du **concept de soi à l'œuvre** (Markus & Wurf, 1987) peut alors varier, et des éléments nouveaux ou moins présents habituellement dans notre soi sont mis en pleine lumière (Kruglanski, 2004). Cette nouvelle orientation du soi peut alors avoir des conséquences considérables, bien que parfois temporaires, sur notre estime de soi situationnelle, nos humeurs, nos émotions, nos pensées et notre comportement. Toutefois, ce second type de changement est en général momentané. Au bout d'un certain temps, le soi retourne à la normale, et les conséquences disparaissent. Cependant, si la personne subit de telles conséquences de façon répétée, elle peut finir par les intégrer de façon permanente dans son concept de soi (Vallerand, 1997).

Par exemple, un nouvel étudiant en psychologie à l'université qui a toujours obtenu de bonnes notes au cégep devrait accueillir son premier échec à un examen avec stupeur, et une baisse temporaire de l'estime de soi situationnelle devrait s'ensuivre. Son soi risque alors d'être perturbé pendant quelques heures ou même quelques jours. Sa perception de lui-même et du monde qui l'entoure risque alors de changer, et pas nécessairement pour le mieux. Mais, après quelque temps, tout devrait rentrer dans l'ordre. Cependant, s'il connaît constamment des échecs, la perception de lui-même en tant qu'étudiant risque de demeurer négative et d'être incorporée dans l'estime de soi dispositionnelle. Le changement dans son soi serait alors non pas temporaire, mais permanent.

Il semble intéressant de noter que le fait que nous ayons de la difficulté à changer certains aspects de notre soi quand nous le voulons peut renforcer la perception de stabilité que nous projetons. Ainsi, qui n'a pas déjà essayé de changer un trait de sa personnalité ou encore un comportement (par exemple essayer d'arrêter de fumer ou de perdre du poids) pour se rendre bientôt à l'évidence que le changement souhaité sera nettement plus ardu que prévu ? Polivy et Herman (2000, 2002) ont montré qu'il était très difficile de produire de tels changements et que cela risquait d'engendrer le « syndrome du faux espoir », où la personne ne parvient pas à changer malgré des efforts répétés, ce qui entraîne des conséquences négatives sur le plan psychologique.

Ces tentatives vaines de changement peuvent nous donner l'impression que nous sommes très stables. Toutefois, un changement peut se produire, mais il est en général mineur, et survient habituellement à la suite d'expériences répétées, et non d'un seul coup, éliminant ainsi le sentiment de « conversion » chez la personne. La question suivante pourrait s'inscrire dans cette optique : « Comment une personne normalement pacifique peut-elle en venir à modifier son soi et à épouser une idéologie prônant des actions terroristes ? » Nous tentons de répondre à cette question dans l'encadré 3.1 en adoptant la perspective de Taylor et Louis (2004), de l'Université McGill. Ces auteurs affirment que la recherche d'une identité collective (ou d'un concept de soi collectif) conduit la personne à modifier son soi collectif de façon à intégrer les valeurs et les croyances défendues par le groupe auquel elle appartient. La personne finit alors par agir selon ses nouvelles croyances et valeurs… malheureusement.

LE SOI COMME PROCESSUS

Dans cette section, nous nous attaquons à la seconde composante du soi, c'est-à-dire le soi comme processus. C'est la partie de nous qui prend connaissance de qui nous sommes, de ce que nous faisons, de ce que nous désirons devenir et de l'image que nous projetons aux autres. C'est aussi la partie de nous-mêmes qui nous évalue, qui règle nos efforts, qui ajuste notre motivation en fonction des demandes de l'environnement et de nos possibilités telles que nous les percevons. Bref, le soi comme processus est la partie du soi qui nous permet d'être en contact avec nous-mêmes et qui est aux commandes de notre personne.

La conscience de soi : la route permettant l'accès au soi

Notre attention est malheureusement limitée. Elle ne peut en même temps être dirigée vers nous-mêmes et vers l'environnement. Elle peut osciller entre les deux, mais elle ne peut être orientée vers les deux à la fois (Carver, 2003). Il nous faut donc choisir entre notre personne et notre environnement. Vous est-il déjà arrivé de traverser la rue tout en réfléchissant à un événement que vous veniez de vivre dans la journée ? Il se peut fort bien que le klaxon d'une automobile vous ait alors ramené rapidement à la réalité : gare à celui qui ne se concentre pas sur l'environnement !

Une attention accordée à l'environnement nous amène à être en contact avec celui-ci et à agir en fonction des règles implicites ou explicites inhérentes à la situation sociale donnée. Par contre, lorsque notre attention est orientée vers nous-mêmes, notre comportement sera réglé par nos standards personnels internes, par nos valeurs et par nos croyances. Lorsque nous dirigeons notre attention sur l'intérieur de nous-mêmes afin de nous concentrer sur le contenu de notre soi, nous sommes alors dans un état de conscience de soi (Carver, 2003 ; Silvia & Duval, 2001). Sans cette conscience de soi, il nous serait impossible d'avoir accès à notre soi comme contenu. En d'autres termes, il nous serait impossible de savoir qui nous sommes. En outre, sans ce contact avec nous-mêmes, il est difficile de gouverner nos actions et de les accomplir selon nos standards ou nos critères personnels. Il est donc évident que la **conscience de soi** joue un rôle important dans l'organisation, le développement et la

---

ENCADRÉ 3.1   La fabrique des bombes humaines : le rôle de l'identité collective dans le terrorisme

New York, Washington, Moscou, Madrid, Londres, Israël, Irak, etc. Comment un être humain peut-il se faire sauter avec l'intention de tuer en même temps le plus grand nombre possible de personnes ? Les chercheurs et chercheuses s'efforcent de comprendre le phénomène de l'attentat suicide, devenu depuis quelques années l'arme par excellence des organisations terroristes (par exemple Al-Qaïda, Hamas, PIJ, JI, Fatah, etc.). La littérature récente suggère que les kamikazes actuels et les terroristes en général ne souffrent pas de psychopathologie et n'ont pas de traits de personnalité distinctifs (Atran, 2004 ; Kruglanski, 2002 ; Merari, 2005 ; Victoroff, 2005). Si la psychopathologie n'est pas à l'origine de ce comportement destructeur, quels en sont les facteurs déterminants ?

Répondant en partie à la question, Taylor et Louis (2004) mettent en évidence le fait que la recherche d'une identité collective claire rend les recrutés potentiels réceptifs aux idées des organisations terroristes. L'identité collective reposant sur des principes *culturels*, et dans certains cas, *religieux*, est considérée comme ayant un statut spécial, car elle s'applique à tous les aspects de vie de la personne, procurant à ces membres non seulement un sentiment d'histoire partagée et une série de buts généraux, mais aussi de l'information normative détaillée sur la façon d'atteindre ces derniers. Sans une identité culturelle ou religieuse collective clairement définie, la personne serait acculée au désespoir.

Selon Taylor et Louis (2004), les jeunes adultes provenant de milieux où les gens jugent que leur identité collective de longue date a été bouleversée par un ennemi commun (la culture occidentale en général et les États-Unis en particulier) et où les sentiments de colère, de frustration, d'humiliation et d'injustice sont répandus (camps de réfugiés, territoires occupés, expatriés marginalisés, etc.), seraient particulièrement enclins à vouloir adopter l'identité collective ultra-claire et non négociable décrite par les organisations terroristes. Cette identité inclurait un fondement religieux ou nationaliste riche, un ennemi clairement défini, ainsi qu'une série de normes relatives au comportement (par exemple l'attentat-suicide) et au succès social (par exemple mourir en martyr), dans un milieu où l'avancement personnel et social semble impossible. Les jeunes adultes ambitieux et relativement privilégiés par rapport aux autres membres de la société apparaissent comme particulièrement aptes à organiser et à diriger les activités terroristes.

Les recherches qualitatives et archivistiques existantes corroborent la thèse de Taylor et Louis (2004). L'identité collective offerte aux candidats terroristes est considérée par ces derniers comme étant non seulement *le* chemin vers la gloire et, dans le cas du terrorisme islamiste, vers la rédemption personnelle et familiale, mais aussi un moyen d'améliorer les conditions de vie de leur communauté désavantagée (par exemple les Palestiniens), ou du monde musulman en général dans le cas des terroristes d'Al-Qaïda (Hafez, 2004 ; Sageman, 2004 ; Soibelman, 2004). En fait, le manuel d'entraînement d'Al-Qaïda insiste sur l'obligation du musulman à participer au *jihad* (guerre sainte) contre l'ennemi commun et sur le caractère sanctifiant du martyre (Hellmich, 2005).

Suivant le modèle théorique de Taylor et Louis (2004), le kamikaze palestinien moyen est un jeune homme (seulement neuf sur 182 étaient des femmes) célibataire ayant un niveau de scolarité relativement élevé (88 % avaient un diplôme d'études secondaires ou plus) et un statut socio-économique représentatif de la société palestinienne en général (Merari, 2005). Toutefois, une étude centrée sur les chefs du Jihad transnational (organisation qui regroupe des terroristes de différents pays) guidé par Al-Qaïda révèle que plusieurs proviennent de familles riches ou aisées, et sont des professionnels (médecins, ingénieurs, spécialistes en informatique, etc.) mariés avec enfants. La plupart sont des expatriés et des immigrants de la seconde génération qui étaient à la fois coupés de leur identité culturelle collective d'origine, sous-employés et marginalisés dans leur pays d'accueil (Sageman, 2004). Ils sont donc très réceptifs aux valeurs collectives prônées par les groupes religieux ou politiques qui viennent combler un vide important et donner un sens à la vie de la personne.

En conclusion, il semble que la quête d'une identité collective fondée sur des principes culturels ou religieux clairs joue un rôle important dans la décision des futurs terroristes de devenir des bombes humaines. Les organisations terroristes tentent de combler ce besoin d'identité en offrant à de jeunes adultes relativement privilégiés, mais vivant dans une société sans avenir, ainsi qu'à des expatriés marginalisés une identité collective prosociale de martyr et de guerrier de la liberté, défenseur de leur communauté.

régulation de notre soi (Carver & Scheier, 1998). Examinons de plus près le concept de conscience de soi.

Les types de conscience de soi

Silvia et Duval (2001) proposent que lorsque notre attention est dirigée sur notre soi, il en résulte un état de conscience de soi objective, puisque le soi est alors l'objet de notre attention. Toutefois, de nombreuses recherches ont démontré que la conscience de soi se subdivise en deux composantes, soit les éléments privés et les éléments publics (voir Carver, 2003 ; Carver & Scheier, 1998). La **conscience de soi privée** a trait au fait d'être en contact avec les aspects intérieurs de soi, ceux qui ne sont pas accessibles aux autres, tels que les attitudes et les sentiments, les pensées, les désirs, les motivations, les valeurs et autres éléments faisant partie de la vie intérieure de la personne. En revanche, la **conscience de soi publique** renvoie au soi tel qu'il apparaît aux yeux des autres. Dans ce cas, il s'agit d'éléments permettant aux autres de se faire une opinion de notre personne. Le comportement, nos manières, notre habillement et d'autres aspects liés à la présentation sociale ou à notre description physique font l'objet d'attention de la conscience de soi publique.

De même que nous ne pouvons être concentrés sur l'environnement et sur nous-mêmes en même temps, de même nous ne pouvons être concentrés en même temps sur les éléments privés et sur les éléments publics de notre soi (Scheier & Carver, 1983). Cela ne nous empêche pas cependant de réfléchir aux deux aspects dans une situation donnée. Mais cette double réflexion doit se faire de façon séquentielle. L'individu doit décider sur quelle dimension de son soi il portera son attention, et cette décision aura des répercussions importantes pour lui-même et pour les gens qui l'entourent, comme nous le verrons ci-dessous. Mais avant d'examiner ces conséquences, il est nécessaire de désigner les déterminants de la conscience de soi.

Les déterminants de la conscience de soi privée et publique

Nous avons tous une idée de ce qui peut attirer notre attention sur l'environnement : un bruit soudain, un film intéressant ou tout simplement une activité nécessitant la plus grande concentration. Mais qu'est-ce qui détermine lequel des deux types de conscience de soi captera notre attention ? Il semble exister au moins deux sources d'influence de la conscience de soi : les influences situationnelles et les influences dispositionnelles.

Les influences situationnelles. Nous avons tendance à nous concentrer sur nous-mêmes lorsque des objets ou des personnes dans notre environnement nous font penser à nous-mêmes. Ainsi vous serez en état de conscience de soi si vous échappez votre café en pleine classe et que tous les regards se tournent vers vous ; ou encore si vous écrivez une lettre à un ami relatant vos expériences personnelles récentes. Vous serez également concentré sur vous si l'on vous pose une question personnelle ou si vous vous apprêtez à être photographié. Puisque les stimuli sociaux qui ont un sens pour nous sont relativement nombreux, il est tout à fait normal que nous soyons amenés à penser à notre personne assez fréquemment au cours d'une journée.

Toutefois, ces différents stimuli sociaux ne sont pas équivalents. En effet, certains nous incitent à diriger notre attention vers les aspects privés de nous-mêmes, alors que d'autres produisent une conscience de soi publique. Ainsi les caméras, les appareils photo et les spectateurs représentent autant de stimuli qui amènent la personne à se concentrer sur les éléments « publics » d'elle-même (Carver & Scheier, 1998). Les miroirs et le fait d'être interrogé sur nous-mêmes nous amènent à nous concentrer sur notre soi privé : les miroirs sont généralement placés dans des endroits privés (toilettes et salles de bain, chambre à coucher), alors que les questions sur nous-mêmes nous incitent à entrer en contact avec nos pensées et nos attitudes personnelles (Carver & Scheier, 1998).

Cette information devrait vous aider à saisir le comportement de Marc dans l'exemple du début du chapitre. Ainsi, en se regardant dans le miroir des toilettes, il s'est senti coupable d'avoir menti à ses amis. Ce sentiment de culpabilité a été causé par une comparaison entre le comportement qu'il venait d'adopter et ses standards intérieurs d'honnêteté, rendus accessibles par l'état de conscience de soi privée induit par le miroir. Il a alors décidé d'aller s'excuser auprès de ses amis.

Les influences dispositionnelles. Des facteurs dispositionnels influent également sur la direction de notre attention. Certaines personnes sont plus orientées vers elles-mêmes, alors que d'autres sont surtout orientées vers l'environnement. Les gens se distinguent également d'après leurs tendances à se concentrer sur les aspects publics ou privés d'eux-mêmes. En d'autres mots, les gens ont en quelque sorte intériorisé des façons de percevoir le contenu de leur soi qui modèlent les influences des variables situationnelles déclenchant la conscience de soi. Une personne ayant une tendance à se concentrer sur les aspects privés d'elle-même possède une conscience dispositionnelle de soi privée élevée par rapport à une autre n'ayant pas une telle tendance. De même, un individu ayant une forte tendance à se concentrer sur les éléments publics de lui-même sera perçu comme quelqu'un possédant une conscience dispositionnelle de soi publique élevée.

Fenigstein et ses collègues (1975) ont conçu un instrument (l'échelle de conscience de soi) afin de mesurer ces dispositions publiques et privées. Il s'agit d'un questionnaire qui a été subséquemment modifié par Scheier et Carver (1985) afin d'être utilisé en recherche avec des populations diverses. Pelletier et Vallerand (1990) ont traduit et validé cet instrument en français. Certains des énoncés de l'échelle sont présentés au tableau 3.4. Vous pouvez répondre au questionnaire afin de voir quels sont vos pointages aux énoncés des sous-échelles de conscience de soi privée et publique.

Plusieurs questions peuvent être posées quant à l'état de conscience de soi : quels sont les effets de la conscience de soi privée ? Les effets sont-ils les mêmes pour les gens dans un état de conscience de soi privée et pour ceux dans un état de conscience de soi publique ? Enfin, la conscience de soi engendrée par des éléments de la situation produit-elle les mêmes effets que la conscience de soi dispositionnelle ? Une étude classique de Scheier et Carver (1977) répond à ces questions de façon éloquente. Dans cette étude, Scheier et Carver ont induit des émotions soit positives, soit négatives chez les participants en leur faisant lire une série d'énoncés à cet effet. Puis les chercheurs ont demandé aux participants d'évaluer leurs émotions sur un questionnaire. Certains participants ont répondu en étant en condition de conscience de soi privée (en face d'un miroir), alors que d'autres ont répondu sans être en condition de conscience de soi privée (en face d'un mur). Les résultats ont démontré que la conscience de soi privée amplifie les émotions positives et négatives. Les participants « joyeux » se sont montrés plus joyeux en condition de conscience de soi privée (en face d'un miroir) que les participants qui n'étaient pas en état de conscience de soi privée (en face d'un mur). De même, les participants « tristes » ont déclaré s'être sentis plus tristes (ou moins joyeux) en condition de conscience de soi privée qu'en condition de non-conscience de soi privée (voir la figure 3.5).

Il est intéressant de noter que, dans cette étude, Scheier et Carver (1977) ont également analysé les résultats en divisant les participants selon qu'ils avaient eu un score élevé ou faible sur l'échelle de conscience de soi privée. Les résultats obtenus avec la variable situationnelle (le miroir) ont essentiellement été reproduits. De plus, contrairement à l'échelle de conscience de soi privée, l'échelle de conscience de soi publique n'a eu aucun effet sur les émotions ressenties par les participants. Dans l'ensemble, les résultats de l'étude de Scheier et Carver démontrent trois points importants. Premièrement, la dimension privée amplifie les émotions. Deuxièmement, la conscience de soi privée mène à des

TABLEAU 3.4   **Énoncés tirés de la version canadienne-française (Pelletier & Vallerand, 1990) de l'échelle révisée de conscience de soi (Scheier & Carver, 1985)**

Pas du tout semblable à moi 0	Un peu semblable à moi 1	Assez semblable à moi 2		Très semblable à moi 3	
1. J'essaie continuellement de me comprendre.		0	1	2	3
2. Je réfléchis beaucoup sur moi-même.		0	1	2	3
3. Mes rêveries sont souvent à mon sujet.		0	1	2	3
4. Je suis généralement attentif à mes sentiments.		0	1	2	3
5. Je ne m'analyse jamais de près*.		0	1	2	3
6. Je me soucie généralement de faire bonne impression.		0	1	2	3
7. Je suis soucieux de mon apparence.		0	1	2	3
8. Avant de quitter la maison, je vérifie mon apparence.		0	1	2	3
9. D'habitude je suis conscient de mon apparence.		0	1	2	3
10. Je me préoccupe de ce que les gens pensent de moi.		0	1	2	3

Note: Un score élevé sur les items 1 à 5 indique une forte conscience de soi privée, alors qu'un score élevé sur les items 6 à 10 indique une forte conscience de soi publique.

*Pour cet énoncé, le pointage doit être inversé.

conséquences différentes de la dimension publique. Cette différence justifie la distinction entre les deux composantes de la conscience de soi. Et troisièmement, les déterminants situationnels (par exemple les miroirs) et dispositionnels (l'échelle de conscience de soi privée) conduisent à des résultats similaires. Cela valide donc la perspective sur les déterminants de la conscience de soi.

De nombreuses autres études ont été réalisées en vue de mieux saisir les effets de la conscience de soi sur les émotions. Ainsi, il semble qu'un état de conscience de soi privé induit effectivement un effet d'amplification de l'émotion. Toutefois, les émotions vécues par la personne dépendront du type d'activité cognitive réalisée pendant qu'elle est en état de conscience de soi privée. Ainsi, il a été démontré qu'un certain type d'attention sur soi, la rumination, entraîne des émotions négatives (Mor & Winquist, 2002; Lischetzke & Eid, 2003; Trapnell & Campbell, 1999). Toujours repenser à la situation négative ou à nos émotions ne fait que renforcer l'émotion négative. Toutefois, une attention sur le soi de type réflectif, orientée vers la prise de contrôle de l'émotion et l'identification d'une façon de modifier les émotions

FIGURE 3.5   **L'état de conscience de soi privée intensifie les émotions.**

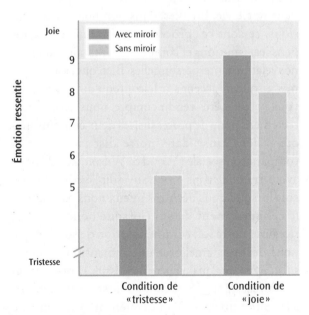

Assis en face d'un miroir, les sujets dans la condition de «tristesse» se sont sentis davantage tristes, et ceux dans la condition de «joie» se sont sentis plus joyeux.

Source : Adapté de Scheier & Carver (1977).

négatives, est très efficace pour modifier ces dernières. Dans ce cadre, plusieurs personnes qui vivent des émotions négatives les éliminent en détournant leur attention du soi et en la dirigeant vers des éléments de l'environnement. Par exemple, Moskalenko et Heine (2003) ont démontré que les gens qui ressentent des émotions négatives ont plus tendance à regarder la télévision, ce qui leur permet de se désengager du soi et ainsi de diminuer les émotions négatives vécues. Enfin, notons que le fait de se retrouver dans un groupe peut mener à une perte de conscience individuelle et à un état de **désindividuation** (Sassenberg & Postmes, 2002). Cela permet d'expliquer des phénomènes de foule comme des émeutes, où la personne régit alors son comportement en fonction des normes prévalentes dans la situation, et non selon ses propres valeurs. Le chapitre 12 traite de cette question.

Les processus du soi

Les processus du soi jouent un rôle prépondérant dans notre vie. En effet, dans bon nombre d'occasions, ce sont ces processus qui influent sur nos pensées, émotions et comportements, ainsi que sur nos relations interpersonnelles. Bien que nous ayons mis jusqu'ici l'accent sur le contenu du soi, comme vous vous en êtes rendu compte, nous avons indirectement parlé de processus, les deux étant intimement liés. Ainsi, dans notre discussion sur la comparaison sociale (Wood & Wilson, 2003), nous avons traité de trois processus, soit l'**évaluation de soi** (lorsque nous désirons mieux nous connaître), le **rehaussement de soi** (lorsque nous désirons restaurer notre soi) et l'**amélioration de soi** (lorsque nous désirons améliorer une dimension de notre soi). Signalons qu'un autre processus, la **protection de soi**, est lié au rehaussement de soi. Par exemple, à la suite d'un échec à un examen, mon soi aura été affecté négativement et, pour le protéger, j'aurai tendance à vouloir me rehausser (voir Sedikides & Gregg, 2003). De plus, en discutant des travaux de Swann et ses collègues (2003) sur les relations interpersonnelles, nous avons vu que bien souvent nous

recherchons une **cohérence de soi** dans divers aspects de notre vie. Enfin, comme nous le verrons dans les pages qui suivent, un dernier processus porte sur le désir de la personne de se présenter à autrui (Schlenker, 2003). Une telle **présentation de soi** peut, comme nous le verrons plus loin, prendre diverses formes : elle est parfois stratégique, parfois authentique.

Le type de processus qui sera mis en opération dans une situation précise dépend à la fois de la personne et de ses orientations personnelles, ainsi que des éléments dans la situation et, bien souvent, de l'interaction des deux forces en puissance (Mischel, 2004 ; Snyder & Cantor, 1998). Lorsque la personne est en état de conscience de soi privée, son comportement découlera de ses états internes, croyances, attitudes et valeurs. La conscience de soi permet à la personne de régir son comportement, et d'agir selon des motivations et des processus déterminés. Lorsque la personne n'est pas dans un tel état, la situation et les normes qu'elle met de l'avant dicteront sa marche à suivre (Nisbett & Ross, 1980). Une telle influence peut agir de façon consciente, où la personne décide d'adhérer aux influences situationnelles, ou même de façon inconsciente, où un amorçage aura su déclencher le comportement en dehors du champ de conscience de la personne (Bargh *et al.*, 2001). Toutefois, même dans cette dernière situation, le soi reste impliqué, car l'influence de l'amorçage dépend, du moins en partie, des structures cognitives présentes dans le soi : l'amorçage ne peut se faire en l'absence de structures cognitives pouvant le déceler (Higgins, 1996).

Enfin, il est important de souligner que, même si certains processus sont peut-être plus en opération dans certaines cultures que d'autres, tous les processus sont utilisés dans toutes les cultures à des degrés variables et, peut-être, pour des comportements différents (Berry *et al.*, 1992). Par exemple, Sedikides, Gaertner et Toguchi (2003) ont démontré que les personnes issues de cultures indépendantes (Américains) se trouvaient supérieures aux autres (processus de rehaussement de soi) à propos de caractéristiques individuelles (par exemple indépendance, originalité), mais non à propos de caractéristiques collectives (par exemple coopération, loyauté). En revanche, les personnes de cultures interdépendantes (Japonais) se trouvaient supérieures aux autres à propos de caractéristiques collectives, mais non à propos de caractéristiques indépendantes. Les individus des deux cultures faisaient donc preuve du même processus de rehaussement de soi, mais à l'égard de comportements appropriés dans chaque culture, soulignant ainsi l'application universelle du processus.

Selon les éléments du soi suscités dans une situation précise, divers processus seront déclenchés menant à diverses conséquences. Comme nous le verrons, le soi affecte notre fonctionnement d'une foule de façons. Dans les pages qui suivent, nous nous penchons sur les dimensions intrapersonnelles et interpersonnelles.

CERTAINES CONSÉQUENCES INTRAPERSONNELLES DU SOI

Au cours des dernières années, un grand nombre de recherches ont souligné l'influence du soi quant à plusieurs conséquences intrapersonnelles. Parmi ces conséquences, les suivantes méritent notre attention : 1) certaines conséquences d'ordre cognitif ; 2) la régulation des émotions et de la santé mentale ; 3) la motivation ; et 4) la performance. Ces diverses conséquences et les recherches qui s'y rattachent sont abordées dans ce qui suit.

Certaines conséquences d'ordre cognitif

Notre soi joue un rôle très actif dans nos cognitions. Cette activité a été démontrée de maintes façons.

Un traitement plus efficace de l'information reliée au soi. Un premier constat en ce qui concerne le traitement de l'information : nous sommes généralement très sensibles à l'information qui nous concerne. Vous est-il déjà arrivé d'entendre votre prénom dans une fête où pourtant il y avait beaucoup de bruit ? Probablement que oui, et vous vous

êtes sûrement demandé si l'on parlait de vous. Le simple fait que notre soi puisse être concerné nous amène à traiter l'information de façon bien différente. Cette constatation a été soutenue dans plusieurs études (par exemple Baumeister, 1998). Ainsi Nuttin (1985) a démontré que des participants préféraient les lettres de leur prénom à d'autres lettres, même si elles étaient insérées dans une série de lettres de façon que ce dernier ne puisse être immédiatement reconnu ! Par exemple, une personne s'appelant Jean préférerait la première série de lettres à la seconde :

HJCLESMAVLN,   HICLTNMRVLS.

De plus, les gens préfèrent des produits dont le nom commencent par la première lettre de leur nom ou de leur prénom (Hodson & Olson, 2005). Non seulement sommes-nous plus attirés par les stimuli qui sont liés à notre soi, comme notre nom, mais il apparaît également que ces stimuli sont traités de façon plus efficace lorsque nous sommes en état de conscience de soi. En effet, le fait d'être en état de conscience de soi rend accessibles les schémas sur notre soi, et ces derniers nous aident à traiter l'information pertinente au soi plus rapidement et avec plus de confiance que les autres types de stimuli. Ce phénomène a été mis en évidence à plusieurs reprises et dans de nombreuses situations. Ainsi, Eichstaedt et Silvia (2003, étude 1) ont démontré que plus les gens avaient une disposition élevée de conscience de soi privée, plus ils répondaient rapidement à des mots liés au soi présentés très rapidement (400 millisecondes). Ces réponses étaient aussi nettement plus rapides que les réponses à des mots neutres. De plus, dans une seconde étude, ces chercheurs ont obtenu le même type de résultats, en induisant situationnellement l'état de conscience de soi privée au moyen de questions portant sur des aspects personnels relatifs aux participants.

Ces résultats montrent donc que nous sommes très sensibles à l'information sur notre personne, et ce, d'autant plus lorsque nous sommes en état de conscience de soi privée.

Les biais dans les processus de mémoire. Des chercheurs ont démontré que la mémoire sur notre soi est qualitativement différente des mémoires sur des objets inanimés ou d'autres personnes. Cette mémoire, appelée mémoire autobiographique (Nelson & Fivush, 2004 ; Skowronski & Walker, 2004), porte sur les événements de notre vie. Elle fait en sorte qu'une trame permanente sur nous se construit, se développe et se modifie tout au long de notre vie. Une telle **mémoire autobiographique** est en partie tributaire des fonctions du soi tout en contribuant à une meilleure compréhension de notre soi (Habermas & Bluck, 2000). Il semble qu'elle débute durant l'enfance (Nelson & Fivush, 2004), qu'elle se développe plus particulièrement à l'adolescence (McAdams, 1985) et qu'elle est toujours active par la suite. Bien sûr, cette trame diffère d'une personne à l'autre. Ainsi, pour un individu, elle représente la personne confiante qui étudie, fait du sport et devient un journaliste de renom, avec famille et enfants, et des aspirations à devenir écrivain. Pour un autre, ce sera la personne insécure qui a des difficultés scolaires, qui quitte l'école et trouve un emploi de journalier, fonde une famille et fait de son mieux pour joindre les deux bouts. Bien que ces deux histoires de vie soient fort différentes, elles sont issues des mêmes processus du soi, qui perçoit les stimuli, les évalue, les rejette ou les incorpore dans la mémoire autobiographique selon leur pertinence et leur lien avec la trame de fond de l'histoire de vie. De plus, l'histoire de vie de chacun est influencée par la culture et les étapes de développement ontologique. Une telle perspective implique, dans ce dernier cas, qu'à mesure que l'on vieillit, nos relations sociales sont de plus en plus importantes pour nous et influent sur le contenu de notre histoire de vie (Wang & Conway, 2004).

Puisque notre histoire de vie est avec nous constamment, il n'est pas surprenant que les stimuli liés au soi s'inscrivent aisément dans la mémoire. Il peut donc y avoir **rappel sélectif**. Ainsi nous nous rappelons beaucoup plus l'information qui concerne notre soi que l'information relative à des objets ou à d'autres personnes (par exemple Rogers, Kuiper & Kirker, 1977). C'est ce qu'on appelle l'« effet de référence à soi ». D'ailleurs, une méta-analyse englobant de nombreuses études a confirmé la présence de cet effet mnémonique préférentiel du soi (Symons & Johnson, 1997). Cette préférence serait due sans doute aux propriétés organisatrices du soi en mémoire, qui amènent l'information sur soi à être mieux traitée et, donc, mieux rappelée (sur ce sujet, voir Monteil, 1993). Certains chercheurs (Gillihan & Farah, 2005 ; Kihlstrom *et al.*, 2003) considèrent plutôt que le rappel préférentiel pour le soi serait seulement dû au fait que nous sommes appelés à traiter cette information plus souvent. Par contre, les travaux de Todd Heatherton (chercheur canadien maintenant au Dartmouth College) et de ses collègues ont utilisé la IRMf et ont démontré que les structures sollicitées lors de l'effet de référence à soi (entre autres le cortex préfrontal médian) sont distinctes de celles en opération lors du traitement d'informations qui ne concernent pas le soi. Ces résultats démontrent que l'effet de référence au soi est bel et bien distinct du rappel d'éléments non liés au soi, tout en soulignant l'utilité des neurosciences sociales pour résoudre une énigme scientifique (voir Heatherton, Macrae & Kelley, 2004 ; Kelley *et al.*, 2002 ; Macrae *et al.*, 2004).

Certains chercheurs considèrent que notre estime de soi globale représente en partie la valence (ou la dimension positive vs négative) de notre histoire de vie (Christensen, Wood & Feldman Barrett, 2003 ; Tafarodi, Marshall & Milne, 2003). Dans ce cadre, il ne faut donc pas être surpris si notre estime de soi influe sur le travail de la mémoire. Ainsi, Christensen et ses collègues (2003) ont démontré que, au fil du temps, les personnes ayant une estime de soi positive se rappellent plus positivement des événements passés qu'ils ne le faisaient tout de suite après que les événements sont survenus. En revanche, les personnes avec une estime de soi négative se souviennent des événements survenus il y a un certain temps comme étant plus négatifs qu'ils ne l'étaient en réalité. Des études réalisées par d'autres chercheurs vont dans le même sens (Tafarodi *et al.*, 2001, 2003).

Nous sommes également sujets à faire des oublis sélectifs. Cela se conçoit aisément : qui voudrait se souvenir d'avoir été le seul d'un groupe d'étudiants à avoir échoué à un examen ? Qui voudrait se remémorer des incidents malheureux, des situations où nous avons été réprimandés ou insultés en public ? Il ne faut pas oublier que le rappel de faits ou d'événements fâcheux fait généralement resurgir les émotions qui les ont accompagnés (Bower, 1981 ; Deci, 1980). Le désir de ne pas revivre une émotion pénible semble donc expliquer l'oubli. Ce phénomène d'oubli sélectif a été très bien documenté dans l'étude de Vreven et Nuttin (1976), qui a montré que les participants se sont rappelé avoir connu un nombre d'échecs nettement au-dessous de celui objectivement atteint dans l'étude. Les recherches démontrent également que divers mécanismes de défense seraient à l'origine de cet oubli sélectif (Sedikides & Green, 2004).

Il est important de souligner que notre mémoire autobiographique peut aussi nous amener à émettre des jugements biaisés sur nous-mêmes. Dans leur théorie de l'autoévaluation temporelle, Michael Ross et Ann Wilson proposent qu'en général, les gens exagèrent leur soi présent et diminuent leur soi passé. Ce biais serait dû à un besoin de rehaussement du soi. En effet, comme les gens veulent se rehausser et qu'ils ne peuvent pas exagérer outre mesure leur compétence actuelle, ils ont toujours la ressource de dire qu'ils étaient bien pires autrefois.

Plusieurs études soutiennent cette théorie (Ross & Wilson, 2002, 2003 ; Wilson & Ross, 2000, 2001). L'une des études les plus intéressantes est probablement celle de Conway et Ross (1984). Dans cette étude, les étudiants ont pris part à un programme expérimental durant lequel ils ont travaillé sur leurs habiletés dans la prise de notes et dans l'étude, ou ont été affectés à un groupe témoin. Tous les participants ont évalué leurs habiletés dans l'étude au début et à la fin de la recherche. De plus, à la fin, on leur a demandé de se rappeler comment ils étaient au début de la recherche. Aucune différence quant à la performance scolaire des deux groupes de participants ne fut observée à la suite du programme. Comment ont réagi les participants à cette information ? Comme ils ne pouvaient pas mettre en valeur leur soi présent (ils ne s'étaient pas améliorés) pour satisfaire leur besoin de rehaussement, les participants n'avaient pas d'autre choix que de diminuer leur soi antérieur. Ils ont diminué leur rappel de leur évaluation au début : ils étaient si mauvais au départ que, à la fin, leur performance s'est améliorée. Ces participants ont donc fait preuve de rappel sélectif et biaisé.

Enfin, notons que la culture peut influer sur le contenu de nos rappels sur notre personne. Ainsi, plusieurs études ont comparé des participants nord-américains et asiatiques. Comme les Américains appartiennent à une culture plus indépendante, et que les Asiatiques ont une culture qui valorise l'interdépendance et l'esprit collectif (*collectivistic culture*) (Kitayama *et al.*, 1997 ; Markus & Kitayama, 1991 ; Oyserman & Markus, 1996), leurs mémoires personnelles devraient différer dans ce sens. Ainsi, Wang et Conway (2004) ont utilisé une approche qualitative et ont démontré que les récits d'adultes nord-américains incluaient beaucoup plus d'événements individualistes, et mettaient l'accent sur leurs propres rôles et émotions. En revanche, les Asiatiques se souvenaient beaucoup plus d'interactions sociales et d'autres personnes. Il semble donc que la conservation des souvenirs est en partie déterminée par la culture.

La régulation des émotions et de la santé mentale

De nombreuses recherches démontrent que le soi est mis à contribution dans plusieurs de nos états affectifs (Frijda, Manstead & Bem, 2000 ; Lewis & Haviland-Jones, 2000). Nous aborderons ci-dessous le rôle du soi, notamment en ce qui a trait aux processus attentionnels, aux structures du soi, et à l'autorégulation des émotions et de la santé mentale.

La conscience de soi. Comme nous l'avons déjà vu, Silvia et Duval (2001) proposent que la conscience de soi permet à l'individu de comparer son soi réel avec des normes personnelles visées ou avec certains idéaux. Puisque peu d'aspects de son soi réel satisfont à ses idéaux, il est fort probable que la personne en conclue qu'elle n'atteint pas les standards personnels auxquels elle se compare. Elle peut alors éprouver un affect négatif. Ainsi, toujours selon ces auteurs, une concentration de l'attention sur soi (ou la conscience de soi) est généralement considérée comme néfaste, puisqu'il en résulte un affect négatif.

Toutefois, Carver (2004 ; Carver & Scheier, 1998) considère que la conscience de soi n'est pas toujours néfaste. En effet, selon lui, si la personne croit qu'elle peut éventuellement atteindre son objectif, alors elle devrait ressentir un affect positif et persévérer davantage afin de rapprocher l'aspect du soi de l'idéal recherché (Carver & Scheier, 1981). Donc, certains auteurs jugent que l'attention sur soi entraîne invariablement des émotions négatives (Silvia & Duval, 2001), alors que d'autres affirment que cela n'est pas toujours le cas (Carver & Scheier, 1998).

Une étude de Sedikides (1992) permet d'élucider cet imbroglio. Dans cette étude, des participants possédant soit une conception positive, soit une image négative d'eux-mêmes ont été affectés à l'une des deux conditions expérimentales suivantes : l'expérimentateur créait chez le participant un état de conscience de soi privée ou un état de conscience axé sur une autre personne (que le participant avait rencontrée une ou deux fois). Les résultats révélèrent que, lorsqu'ils étaient dans un état de conscience de soi privée, les participants ayant une image positive d'eux-mêmes se disaient heureux, tandis que ceux qui avaient une image négative d'eux-mêmes affirmaient être plutôt malheureux. En revanche, dans la condition de conscience de l'autre, il n'y avait pas de différence quant à l'affect ressenti entre les participants ayant une image positive d'eux-mêmes et ceux qui avaient une image négative d'eux-mêmes. Contredisant la position de Silvia et Duval, la recherche conduite par Sedikides montre que la conscience de soi n'amène pas nécessairement des émotions négatives.

L'affect ressenti sera alors positif ou négatif selon l'image que la personne a d'elle-même.

La conscience de soi semble ainsi jouer un rôle important dans la régulation des émotions, et cela peut avoir des conséquences sur l'ajustement psychologique ponctuel ou permanent. Les résultats de plusieurs études indiquent qu'en général, une forte conscience dispositionnelle de soi privée (telle qu'elle est mesurée par l'échelle de conscience de soi) et une attention fixée sur des aspects négatifs du soi ont des effets négatifs sur la santé mentale des individus. Dans ce cadre, Pyszczynski et Greenberg (1987 ; Pyszczynski *et al.*, 1991) ont proposé la **théorie de la dépression réactive de la conscience de soi**. Selon cette théorie, la dépression réactive résulterait de la perte d'une source importante d'estime de soi (comme la disparition d'un être cher peut en entraîner une) qui plongerait la personne dans un cercle vicieux d'autorégulation, où elle ne voit aucun moyen de réduire l'écart entre l'état réel et l'état souhaité (retrouver l'être cher). La difficulté éprouvée à diminuer cet écart amène alors la personne à redoubler d'effort pour le réduire et donc à adopter un état de conscience de soi privée presque constant, ce qui accroît l'affect négatif et conduit la personne à se déprécier davantage, et parfois à plonger dans une dépression, qui est alors entretenue par le fait que son attention est constamment fixée sur elle-même. Plusieurs études vont dans ce sens et montrent que la tendance à fixer son attention sur soi est liée à des émotions négatives et à la dépression (Mor & Winquist, 2002).

La dépression n'est pas la seule conséquence au point de vue de la santé mentale qui puisse découler d'une conscience de soi privée négative. En effet, selon Roy Baumeister et ses collègues, un tel état incite la personne à vouloir réduire l'écart entre le soi réel et le soi idéal. Toutefois, dans la mesure où il lui est impossible d'y parvenir, l'individu cherchera alors à s'échapper de la conscience de soi en ayant recours à des comportements autodestructeurs, tels que l'abus d'alcool, la boulimie, le masochisme et même le suicide (Baumeister, 1990, 1991 ; Baumeister,

Heatherton & Tice, 1994 ; Vohs & Baumeister, 2000). Malheureusement, nous ne savons toujours pas pourquoi une personne va éviter ce contact avec le soi en regardant la télévision (Moskalenko & Heine, 2003), en prenant un comportement autodestructeur comme celui qui consiste à abuser constamment de l'alcool (Hull & Slone, 2004) ou, carrément, en s'enlevant la vie (Baumeister, 1990).

Si, dans certaines situations, l'état de conscience de soi privée exacerbe des états négatifs, la personne n'a alors qu'à tourner son attention vers l'environnement. Le fait que plusieurs personnes restent centrées sur elles-mêmes montre qu'elles ont de la difficulté à modifier l'objet de leur attention. Muraven (2005) a démontré que le fait d'être incapable de varier l'objet de l'attention renforçait le lien entre l'échelle de soi privé et la dépression. Brown et Ryan (2003) ont aussi démontré qu'une attention flexible favorisait l'ajustement psychologique. Ces résultats vont donc dans le sens de la théorie de Pyszczynski et Greenberg et soulignent que ce n'est pas tant l'attention sur soi qui produit la dépression, que le fait de ne pas pouvoir détacher celle-ci de son objet.

Il importe de noter que la conscience de soi publique peut également jouer un rôle dans les troubles de santé mentale. En effet, certaines recherches révèlent qu'une forte conscience dispositionnelle de soi publique favoriserait la paranoïa, alors que ce n'est pas le cas pour la conscience de soi privée (Fenigstein & Vanable, 1992). De plus, Muraven (2005) a montré que le fait d'avoir de la difficulté à détourner son attention de soi renforçait le lien entre l'échelle de soi publique et l'anxiété sociale.

Bref, il apparaît que la conscience de soi, autant privée que publique, joue un rôle dans la régulation des émotions et de la santé mentale. Il en va de même des structures du soi.

Les structures du soi. Un autre type d'influence du soi sur les émotions provient des structures du soi. Trois positions théoriques soulignent l'importance de cette source d'influence. Dans la première de ces positions, Patricia Linville (1987) propose un modèle selon lequel la complexité des structures du soi sert d'agent protecteur contre les conséquences négatives d'événements menaçants pour la personne. Selon ce modèle, plus une personne possède de représentations diverses d'elle-même (étudiant, travailleur à temps partiel, athlète, amateur de films, etc.) et plus ces structures sont distinctes, moins sa santé mentale pourra être affectée par les effets négatifs d'événements anxiogènes. D'après Linville, une personne ayant une faible complexité de soi serait plus sujette à vivre des troubles affectifs à la suite d'événements stressants, parce que les sentiments négatifs vécus dans un domaine de sa vie peuvent se propager plus facilement dans les autres domaines. Il s'ensuit alors des émotions négatives généralisées et une altération plus ou moins sérieuse de la santé mentale. En revanche, une personne qui a des structures du soi nombreuses et diversifiées serait moins exposée à voir ces sentiments se ramifier, puisque ces structures permettraient d'atténuer les effets d'un agent stresseur.

Un certain nombre d'études soutiennent la thèse de Linville (voir Koch & Shepperd, 2004 ; Rafaeli-Mor & Steinberg, 2002 ; Showers & Zeigler-Hill, 2003). Celle-ci est séduisante, mais on peut objecter que si le soi devient complexe au point d'être fragmenté, l'ajustement psychologique de la personne risque d'en souffrir (Donahue *et al.*, 1993). Showers (1992, 2000) a énoncé une thèse intermédiaire. Selon Showers, les personnes les mieux ajustées psychologiquement sont celles dont les attributs *positifs* sont complexes (on peut les retrouver dans différentes sphères du soi) et dont les attributs négatifs sont intégrés (concentrés dans un ou deux endroits dans le soi). Ainsi, lorsque la personne vit un événement négatif, seuls un ou deux aspects négatifs du soi seront sollicités. L'effet sur la personne ne sera pas trop négatif. Par contre, lors d'un événement positif, cet événement amorcera plusieurs structures positives, permettant ainsi à la personne de vivre plus d'émotions positives. Plusieurs études viennent appuyer la thèse de Showers (Showers, 1992 ; Showers, Abramson, & Hogan, 1998 ; Showers & Kling, 1996).

Une seconde position théorique concernant le rôle joué par les structures du soi dans la manifestation des émotions est défendue par un Montréalais d'origine, Tory Higgins (Higgins, 1999, 2000, 2001). Selon la théorie qu'il a mise sur pied, la **théorie de la direction de la régulation** (*regulatory focus theory*), la personne peut accomplir une action en ayant en vue soit la promotion (essayer de bien faire quelque chose), soit la prévention (essayer de ne pas échouer). Higgins (voir Higgins & Spiegel, 2004) a démontré que ces deux orientations étaient fort différentes. Ainsi, la promotion consiste à essayer de progresser et de réaliser des choses. En exécutant une tâche, la personne essaie alors d'aller vite, quitte à faire quelques erreurs. La prévention consiste à mettre l'accent sur la prévention et la sécurité. La personne veut faire le moins d'erreurs possible, quitte à sacrifier la vitesse. Ces deux orientations peuvent être mises en opération soit par des éléments de la situation ou par la personnalité de la personne. Dans le cas de la personnalité, la personne se trouve dans une situation de promotion lorsqu'elle essaie de réduire l'écart entre le soi idéal (ce qu'elle aimerait faire ou être) et le soi réel (comment elle se perçoit). En revanche, dans la situation de prévention, il y a volonté de réduire l'écart entre le soi obligé (ce que l'on se sent obligé de faire ou d'être) et le soi réel.

Enfin, les deux orientations ont des effets émotionnels différents. La promotion conduit à ressentir de la joie à la suite d'un succès, alors que la prévention amène surtout un soulagement. Pensez à ce que vous avez senti après avoir réussi un examen qui était déterminant pour la suite de vos études et que vous ne pouviez échouer … Vous avez probablement éprouvé du soulagement. Maintenant, comparez cette émotion avec celle ressentie après avoir réussi un examen pour lequel vous étiez bien préparé et que vous aviez même hâte de passer. Il y a fort à parier que vous avez ressenti une joie intense. C'est exactement ainsi que les participants de l'étude de Higgins, Shah et Friedman (1997) ont réagi lorsqu'on a leur demandé d'accomplir une tâche leur permettant de gagner six dollars (promotion)

ou d'éviter de perdre la même somme (prévention) et qu'ils ont réussi. Enfin, Higgins propose aussi que les personnes qui vivent l'harmonie entre leur orientation personnelle et celle dictée par la situation se trouvent dans une situation de *fit*, ce qui les amène à se sentir mieux, à prendre de meilleures décisions et à mieux performer (voir Galinsky *et al.*, 2005 ; Higgins & Spiegel, 2004).

La troisième et dernière position théorique liée à la structure du soi concerne la stabilité de l'estime de soi dispositionnelle (Kernis & Goldman, 2003 ; Kernis *et al.*, 2000). Kernis a démontré que les gens peuvent se distinguer selon que leur estime de soi dispositionnelle est stable ou variable. Il ressort que plus la structure de l'estime de soi varie, plus la capacité d'ajustement psychologique est faible, et ce, peu importe que l'estime de soi soit positive ou négative. Un élément permettant de déterminer si l'estime de soi varie est l'aspect contingent ou non contingent de l'estime de soi de la personne (Deci & Ryan, 1995, 2000). La personne a une estime de soi contingente lorsqu'il est important pour elle de prouver aux autres ainsi qu'à elle-même qu'elle est capable de mener à bien diverses tâches ou activités. Un échec entraînera une baisse importante de son estime de soi. Cette personne essaiera donc de protéger son soi, qui est relativement fragile. En revanche, la personne avec une estime de soi non contingente n'a pas besoin de réussir pour se sentir valorisée et bien dans sa peau.

Récemment, Jennifer Crocker et ses collègues (Crocker & Park, 2003, 2004 ; Crocker & Wolfe, 2001) ont réalisé une série d'études soutenant cette thèse. Par exemple, ces chercheurs ont demandé à des étudiants qui attendaient des réponses de demande d'admission aux études avancées de répondre à une échelle d'estime de soi globale (le Rosenberg) deux fois par semaine et chaque fois qu'ils recevaient une réponse d'un programme d'études. Les résultats ont révélé que les personnes pour qui le secteur scolaire était une contingence pour leur soi vivaient de fortes hausses ou baisses de leur estime de soi, les jours qu'ils avaient été respectivement acceptés ou refusés.

Il semble que la contingence de l'estime de soi expose la personne à vivre des fluctuations de son estime de soi et, éventuellement, des problèmes d'ajustement psychologique.

L'autorégulation des émotions. Vous arrive-t-il parfois de vous sentir triste ? Que faites-vous ? Plusieurs vont alors essayer d'agir concrètement afin de changer ces émotions, soit en se distrayant ou en faisant une activité qu'ils aiment. Ce faisant, vous faites preuve d'**autorégulation.** L'autorégulation peut être définie comme « tout effort accompli par le soi en vue de changer un état interne ou un comportement (Vohs & Baumeister, 2004, p. 2). Il semble y avoir deux grandes stratégies d'autorégulation des émotions : diminuer les émotions négatives et augmenter les émotions positives (Larsen & Prizmic, 2004).

En ce qui concerne les stratégies pour diminuer les émotions négatives, les recherches révèlent que certaines sont particulièrement efficaces. Par exemple, la distraction est la plus utilisée par les étudiants universitaires quand ils désirent éliminer des émotions négatives, car elle est utilisée dans 14 % des cas. Par contre, bien qu'efficace sur le coup, son effet ne dure pas très longtemps (Larsen, 1993). D'autres stratégies comprennent la récompense par une activité plaisante, la rencontre d'autres personnes et la comparaison avec d'autres personnes qui sont pires que nous (comme nous l'avons déjà vu). Ces stratégies sont généralement efficaces, suivant les situations. Une autre stratégie efficace consiste à réévaluer la situation de façon à trouver un sens positif à ce qui vient de nous arriver. Ainsi, Davis et ses collègues (1998) ont démontré que, à la suite de la perte d'un être cher (un frère, un conjoint ou un enfant), les personnes qui avaient trouvé un sens positif à l'événement (« cela a changé ma vie pour le mieux, et je profite maintenant de chaque instant ») étaient moins stressées six mois plus tard que celles qui n'avaient pu le faire. Toutefois, les stratégies qui consistent à manger (bien souvent du *junk food*) ou à se défouler, souvent pour faire disparaître la colère, sont

clairement inefficaces. Ainsi, Bushman (2002) a démontré expérimentalement que le défoulement avait pour effet de produire plus (et non moins) d'agressions par la suite.

La seconde grande stratégie d'autorégulation consiste à tenter d'augmenter les émotions positives. Elle semble très répandue, car pas moins de 91 % des étudiants l'utilisent à un moment ou à un autre (Larsen & Prizmic, 2004). L'une des stratégies augmentant les émotions positives consiste à noter chaque soir les bonnes choses survenues durant la journée et pour lesquelles nous devrions être reconnaissants (Emmons & McCullough, 2003). Aider les autres est une autre stratégie qui fonctionne bien (Midlarsky & Kahana, 1994). Cela amène l'aidant à vivre plus d'émotions positives et, éventuellement, à avoir une meilleure santé mentale et même physique (Brown *et al.*, 2003). Nous reviendrons sur ce sujet dans le chapitre 10. Enfin, rire et pouvoir s'amuser semblent aussi avoir un effet positif sur les émotions positives de la personne (Lefcourt, 2002).

Fredrickson (1998, 2001, 2002) a proposé une théorie bidirectionnelle reliant les émotions positives et le soi qui explique le fait que les émotions positives aident les gens à faire face à des difficultés de la vie. Selon sa théorie, les émotions positives procurent un répertoire momentané élargi des pensées et réponses à la disposition de la personne pour faire face aux situations aversives (voir Fredrickson & Branigan, 2005). Éventuellement, ces ressources nouvelles se transforment en ressources personnelles, elles sont intériorisées dans le soi et elles le transforment de sorte que ce dernier peut agir de façon plus efficace dans les transactions stressantes ou négatives avec l'environnement. Plusieurs recherches soutiennent ce modèle (voir Fredrickson, 2002). De plus, ce modèle expliquerait pourquoi les personnes résilientes (les personnes se remettant vite sur leurs pieds après des événements négatifs) récupèrent bien à la suite d'un événement stressant. Ainsi, Tugade et Fredrickson (2004) ont démontré que les personnes résilientes réussissent à vivre un certain niveau d'émotions positives même pendant un événement stressant (comme avoir trois minutes pour présenter un message qui sera enregistré sur vidéo et présenté à un grand nombre de personnes), et ces émotions positives favorisent la récupération physique (aident à diminuer le rythme cardiaque) à la suite de l'événement en question.

Enfin, une dernière position sur l'autorégulation des émotions a trait aux biais ou aux **illusions du soi** entretenues par les gens, et qui les concernent eux-mêmes ou leur environnement. Contrairement aux positions cliniques traditionnelles, cette position propose qu'une vision réaliste de la vie ne mène pas nécessairement à une saine adaptation psychologique. Il semble plutôt que les personnes qui font preuve d'adaptation cognitive en utilisant des illusions positives sont mieux adaptées psychologiquement (Taylor *et al.*, 2003). Shelley Taylor et ses collègues ont découvert trois types d'illusions du soi qui semblent jouer un rôle dans la régulation des émotions et de la santé mentale des gens, en l'occurrence l'évaluation excessivement positive de soi, des perceptions de contrôle exagérées et un optimisme irréaliste (Taylor & Brown, 1988, 1994).

Bien que cette position ait été critiquée par plusieurs chercheurs (par exemple Colvin, Block & Funder, 1995 ; Paulhus, 1998 ; Robins & Beer, 2001), l'effet positif des illusions a été reproduit maintes fois, y compris par ceux qui critiquent la théorie (Paulhus *et al.*, 2003). Ainsi, une étude qui pourrait s'avérer pertinente pour le lecteur portait sur la période transitoire d'étudiants qui quittaient la demeure familiale pour aller poursuivre des études universitaires à l'extérieur (Aspinwall & Taylor, 1992). Les résultats ont démontré que les étudiants qui avaient des illusions positives quant à leur estime de soi, leur contrôle et leur optimisme faisaient usage de stratégies actives de *coping* au lieu de recourir à l'évitement. Cette façon de procéder les amenait à rechercher un soutien social approprié et à s'adapter à la vie universitaire. D'autres recherches ont révélé que les illusions amenaient des personnes atteintes du sida à trouver un sens à leur vie et à avoir un meilleur ajustement psychologique (Taylor *et al.*,

2000). Des résultats similaires ont été obtenus avec des femmes atteintes du cancer du sein (Helgeson, Snyder, & Seltman, 2004) et ayant subi une angioplastie (Helgeson, 2003). De plus, l'étude de Taylor et ses collègues (2000) a même démontré que les hommes atteints du sida qui avaient des illusions positives *vivaient* plus longtemps que ceux qui n'en avaient pas.

Il semble maintenant bien fondé empiriquement qu'au moins sous certaines conditions, les illusions positives aident la personne à faire face à des situations négatives, et ce, tant sur le plan psychologique que sur le plan physique (Taylor *et al.*, 2003). Il reste toutefois à déterminer comment les illusions opèrent dans des situations bien précises pour procurer cet avantage à celui qui sait s'en servir sans pour autant se déconnecter de la réalité (Schneider, 2001). Une possibilité est que les illusions permettent à la personne de maintenir sa motivation, d'atteindre ses objectifs, de rehausser son soi et, conséquemment, d'assurer son ajustement psychologique. C'est d'ailleurs la conclusion à laquelle arrivent Ratelle et ses collègues (2004). Ces auteurs ont suivi 420 adultes âgé de 36 ans représentatifs de la population générale pendant un an. Ils ont mesuré les illusions positives (ou adaptation cognitive) ainsi que leur ajustement psychologique au temps 1. Puis un an plus tard, au temps 2, ils ont mesuré la motivation autodéterminée des participants (ou le fait de faire des activités par choix ou par plaisir ; voir la section suivante) et leur ajustement psychologique. Les résultats de l'analyse de modélisation par équations structurales (voir le chapitre 2), présentés à la figure 3.6, ont montré que la motivation autodéterminée agit comme médiateur entre les illusions positives et l'ajustement psychologique. Ce serait donc la motivation qui permettrait aux illusions d'influencer positivement l'ajustement psychologique. Nous nous pencherons maintenant sur la motivation.

Le soi a toujours été impliqué dans certains processus de motivation (voir Baumeister & Vohs, 2003 ; Vallerand & Thill, 1993). Les théories de l'auto-efficacité (Bandura, 2001) et de l'autodétermination

(Deci & Ryan, 2000) sont parmi les théories les plus influentes en psychologie. Toutefois, au cours de la dernière décennie, de nouveaux modèles sont apparus, mettant au premier plan la passion qui anime la personne. Nous présentons ces divers modèles dans les sections qui suivent.

Le soi et la motivation

Les sentiments d'autoefficacité. La théorie de l'autoefficacité (Bandura, 1977a, 1977b, 2001) postule que nous avons des attentes d'**autoefficacité** variables à propos de la réalisation de diverses activités bien précises. Ces attentes d'autoefficacité ou de compétence peuvent être issues de différentes sources d'information : les expériences passées, les expériences vicariantes (avoir vu les autres effectuer l'activité), la persuasion verbale des autres personnes, et l'expérience émotionnelle ou physiologique. Ces différentes sources d'information amènent la personne à avoir des attentes d'autoefficacité bien précises à

l'égard de l'activité en question, et ces attentes, en retour, influent sur la motivation de la personne à accomplir l'activité.

Prenons l'exemple d'une personne qui a un faible niveau d'efficacité en mathématiques. Selon Bandura, cette personne a probablement connu des échecs dans cette matière et des rétroactions verbales négatives (« Comment se fait-il que tu ne comprennes pas alors que les autres sont capables de résoudre leurs problèmes ? ») la menant à se sentir inefficace et à perdre tout intérêt pour les mathématiques. Que faire ? Selon Bandura, il faudrait amener cette personne à vivre des expériences de succès répétés qui rehausseraient son autoefficacité et sa motivation. Bandura et Schunk (1981) ont démontré que, en aidant des jeunes à connaître des succès répétés en mathématiques, il était possible d'accroître leurs attentes d'autoefficacité à l'égard de cette matière et leur motivation au point de les amener à faire des problèmes durant la pause entre les cours.

FIGURE 3.6   Résultats de l'étude de Ratelle *et al.* **(2004) sur le rapport entre les illusions positives, la motivation autodéterminée et l'ajustement psychologique**

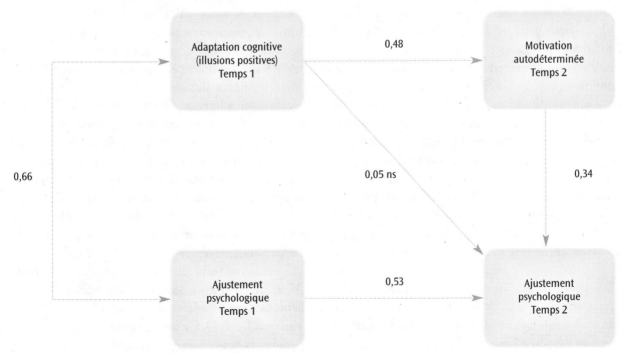

Plusieurs recherches menées dans une foule de secteurs démontrent la validité de cette théorie. Ainsi, de hautes attentes d'autoefficacité dans une activité permettent d'améliorer la persévérance, la performance individuelle et l'ajustement psychologique (voir Cervone *et al.*, 2004 ; Maddux & Gosselin, 2003). De plus, il semble que le développement de l'autoefficacité par des cours ou une intervention dans un domaine tel que l'autodéfense peut se généraliser et avoir une influence positive dans d'autres domaines tels que l'affirmation de soi (Weitlauf *et al.*, 2001). D'autres recherches révèlent que l'autoefficacité peut contribuer à assurer la santé physique. Cet apport positif se ferait de deux façons. Premièrement, le fait d'avoir un niveau d'autoefficacité élevé conduit à adopter et à garder des comportements adaptatifs (exercice, nutrition), et à rompre pour de bon avec des habitudes malsaines (fumer, manger du *junk food*) (voir Bandura, 1997, 2001). Deuxièmement, l'autoefficacité influe aussi sur différents marqueurs biologiques, tel le système immunitaire, qui, à leur tour, ont un effet positif sur la santé physique (O'Leary & Brown, 1995).

Enfin, l'efficacité collective a également été étudiée avec succès. Celle-ci peut être définie comme « la croyance partagée d'un groupe dans ses habiletés conjointes à organiser et à exécuter les actions requises pour produire des niveaux d'accomplissement donnés » (Bandura, 1997, p. 477). Ainsi, les groupes qui ont un niveau d'efficacité collective élevé performent mieux que ceux dont ce niveau est plus faible, tout en contrôlant l'influence de l'autoefficacité personnelle. On observe ces effets notamment dans des sports tels que le basket-ball (Watson, Chemers & Preiser, 2001) et le football universitaire américain (Myers, Feltz & Short, 2004). En somme, le sentiment d'autoefficacité est un facteur motivationnel très puissant.

La théorie de l'autodétermination. Selon cette théorie (Deci & Ryan, 2000, 2002), l'être humain est mû par trois besoins fondamentaux : le besoin de compétence, le besoin d'appartenance sociale et le besoin d'autonomie. Ayant déjà traité des deux premiers dans notre discussion des théories de l'autoefficacité (Bandura, 2001) et du sociomètre (Leary & McDonald, 2003), nous n'examinerons ici que le troisième besoin. Selon la théorie de l'autodétermination, ce dernier renvoie au désir de choisir librement l'action à exécuter. Ce besoin constitue une source capitale de motivation. Lorsque les situations ou les personnes autour de nous respectent notre autonomie, notre **motivation autodéterminée** envers une activité donnée sera maintenue ou augmentée, c'est-à-dire que nous serons prêts à faire l'activité par plaisir ou par choix, sans que des pressions nous y forcent. En revanche, si l'environnement social brime notre autonomie, alors notre motivation autodéterminée sera affectée. Dans ce cas, la motivation sera plus extrinsèque, la personne n'accomplira l'activité qu'à seule fin d'obtenir quelque chose en retour (récompense matérielle ou sociale), et non par plaisir ou par choix. Ce type de motivation est nettement moins efficace à long terme (sur ce sujet, voir Deci & Ryan, 1985, 1991, 2000).

Prenons un exemple. Supposons que vous avez un travail de fin de session à réaliser. Alors que vous commencez votre réflexion sur le thème de votre travail, le professeur vous impose un sujet. Comment vous sentirez-vous ? Vous vous sentirez probablement lésé. On vous a privé de votre droit de décider. Vos **sentiments d'autonomie** se trouveront diminués. Votre motivation autodéterminée pour le travail en sera affectée, et la qualité de votre travail pourra en souffrir. En somme, cette perte d'autonomie aura diminué votre motivation au travail. Par contre, si le professeur vous laisse choisir le sujet de votre travail et approuve votre choix, il y a de fortes chances que cette attitude augmente ou du moins préserve vos sentiments d'autonomie et que, en conséquence, vous soyez plus motivé à l'égard de votre travail.

Plusieurs recherches soutiennent cette théorie. Ainsi, un environnement social contrôlant diminue la motivation autodéterminée (Deci & Ryan, 2000 ; Vallerand, 1997). De plus, suivant cette théorie, les personnes qui ont une motivation autodéterminée envers une activité montrent des résultats plus adaptatifs sur les plans cognitif (concentration, mémoire, apprentissage), affectif (émotions positives, plaisir à vivre, ajustement psychologique) et comportemental (persévérance, complexité, intensité), et même sur la performance (voir Deci & Ryan, 1991, 2000, 2002 ; Vallerand, sous presse ; Vallerand & Grouzet, 2001 ; Vallerand & Rousseau, 2001, pour des recensions). Chose encore plus impressionnante, le soutien pour la théorie de l'autodétermination a été obtenu dans divers contextes de vie tels que le travail (Gagné & Deci, 2005), la famille (Senécal & Vallerand, 1999), les loisirs (Pelletier *et al.*, 1995), la santé (Williams *et al.*, 2004), l'activité physique et le sport (Vallerand, 2004 ; Vallerand & Blanchard, 2000 ; Vallerand & Losier, 1999), l'éducation (Vallerand & Bissonnette, 1992 ; Vallerand *et al.*, 1997), la psychothérapie (Pelletier *et al.*, 1996 ; Sheldon *et al.*, 2003), la préservation de l'environnement (Pelletier *et al.*, 1998), la politique (Koestner *et al.*, 1996), le vieillissement (Vallerand *et al.*, 1995) et les relations amoureuses (Knee *et al.*, 2002) (voir aussi le chapitre 8 sur les relations interpersonnelles).

En somme, non seulement la théorie de l'autodétermination permet de comprendre et de prédire des conséquences importantes, mais elle mène également à des résultats qui peuvent être appliqués dans une foule de domaines.

La passion. Vous êtes-vous déjà demandé ce qui pouvait amener quelqu'un à s'adonner corps et âme à une activité pendant plusieurs années, voire toute une vie ? Des personnages aussi connus que B.B. King (guitariste), Picasso (peintre) et Michael Jordan (joueur de basket-ball) vous diront que c'est la **passion** qui les anime qui les a amenés à s'investir dans leur activité de prédilection pendant toutes ces années et à atteindre l'excellence. Comme le dit Jean Béliveau, l'un des grands joueurs de hockey de l'histoire du Canadien de Montréal : « Le hockey était ma passion. Mais même si votre passion n'est pas un sport, si votre talent est un métier ou un emploi, vous devez ajouter travail, passion et talent afin d'atteindre votre

potentiel. Ceci ne s'applique pas qu'au hockey, mais à tout. » (*The Chronicle*, 29 octobre 2003, p. A4, traduction libre.) Mais que penser de la passion pour les jeux de hasard et d'argent, qui peut amener les gens à jouer jusqu'à tout perdre ? Ou de celle qui peut animer des gens comme Stéphane Breitwieser de Strasbourg, arrêté en 2002, dont la passion pour l'art l'a conduit à voler des centaines de tableaux pour pouvoir s'entourer de nombreuses œuvres prestigieuses ? On invite le lecteur à prendre connaissance de l'encadré 3.2 sur la passion.

Le soi et la performance

Le 21 juillet 2005. Deux jours à peine après avoir décroché la médaille d'or au plongeon du trois mètres, Alexandre Despatie remporte de nouveau l'or au plongeon de un mètre aux Jeux mondiaux de sports aquatiques à Montréal. Du jamais vu ! Comment expliquer une performance presque parfaite, plongeon après plongeon, et ce, dans deux épreuves différentes ? Bien sûr, le plongeon représente pour Alexandre Despatie une activité qui lui fait éprouver un sentiment d'autoefficacité et une motivation autodéterminée, et qui constitue pour lui une grande passion. Il est donc très motivé à s'entraîner et à persévérer dans cette activité, ce qui doit aboutir à une bonne performance (Fortier, Vallerand et Guay, 1995 ; Guay & Vallerand, 1996). Mais comment, au juste, cette motivation très forte mène-t-elle spécifiquement à une performance parfaite dans une tâche exigeante comme le plongeon ? En revanche, comment une performance peut-elle dérailler et quel est alors le rôle du soi ?

L'autorégulation et la performance. Carver et Scheier (1998) se sont inspirés des modèles cybernétiques du comportement (par exemple Powers, 1973) pour proposer un **modèle de l'autorégulation** permettant de mieux comprendre comment le soi procède dans l'apprentissage de tâches complexes. Ce modèle (voir Carver, 2004) postule l'existence de différents processus qui peuvent se regrouper sous l'acronyme TATS (test-agir-test-sortir). Dans

ENCADRÉ 3.2 Les passions de l'âme : théorie et recherche

Avez-vous déjà ressenti un attrait tellement fort pour une activité que vous ne feriez que cela si vous le pouviez ? Si la réponse est affirmative, il est fort possible que cette activité représente une passion pour vous. Afin de développer une meilleure compréhension de la puissante force motivationnelle qu'est la passion, Vallerand et ses collègues (2003) ont proposé un modèle théorique de la passion envers les activités.

Ce modèle théorique postule que la passion constitue une vive inclination envers une activité que la personne aime, valorise, et dans laquelle elle investit temps et énergie de façon régulière. En fait, selon Vallerand et ses collègues (2003), les activités passionnantes représentent des composantes centrales de l'identité des personnes de sorte que ces dernières se définissent au moins en partie par leur activité passionnante, se décrivant comme des « danseurs », des « artistes » ou des « joueurs de basket ».

Deux types de passion sont proposés, soit la passion harmonieuse et la passion obsessive. Ces deux passions se distinguent non seulement par la façon dont elles ont été intériorisées dans l'identité de la personne, mais aussi par leurs conséquences affectives, cognitives et comportementales. Le premier type de passion, la **passion harmonieuse**, résulte d'une intériorisation autonome de l'activité dans l'identité de la personne, intériorisation qui survient dans un contexte de choix et d'exploration, et non pas dans un contexte de pression interne, interpersonnelle ou sociale. La passion harmonieuse reflète donc une force motivationnelle qui amène la personne à s'investir profondément dans une activité, sans qu'il y ait de contingences pour le soi liées à son investissement. Ce type d'activité passionnante occupe une place significative, mais non excessive, dans l'identité de la personne, s'harmonise avec les autres sphères et activités de la vie, et reste sous le contrôle conscient de la personne. On postule que la passion harmonieuse permet à la personne de vivre plusieurs conséquences affectives et cognitives positives pendant et après la pratique de l'activité.

Le second type de passion, la **passion obsessive**, est le fruit d'une intériorisation contrôlée de l'activité dans l'identité, intériorisation qui survient dans un contexte de contingences, où la pratique de l'activité finit par être liée à des aspects de soi spécifiques, tels que la perception de compétence, d'estime de soi ou d'acceptation sociale. La passion obsessive reflète donc une pression interne à s'engager dans son activité passionnante. Ce type de passion risque d'occuper une place disproportionnée dans l'identité de la personne, engendrant la suridentification et menant à des conflits entre les différentes sphères et activités de la vie.

Se sentant irrésistiblement interpellée de façon régulière par l'activité passionnante, il est probable que la personne néglige d'autres sphères de sa vie, qu'elle en vienne à ne vivre que pour faire son activité passionnante. On postule donc que la passion obsessive mène à plusieurs conséquences intrapersonnelles et interpersonnelles négatives.

Employant une échelle de passion validée mesurant la passion harmonieuse et obsessive (Vallerand *et al.*, 2003), des chercheurs ont démontré que ces deux types de passion sont associés à des conséquences divergentes sur le plan intrapersonnel et interpersonnel. Sur le plan intrapersonnel, la passion harmonieuse est associée au vécu d'émotions positives et d'états cognitifs désirables, tels que le sentiment d'immersion profonde (*flow*) dans une activité (Csikszentmihalyi, 1982), pendant la pratique de l'activité passionnante (Vallerand *et al.*, 2003). De plus, la passion harmonieuse entraîne un cercle d'affects positifs : en permettant, de façon répétée, à la personne d'éprouver des émotions positives pendant la pratique de l'activité passionnante, la passion harmonieuse entraîne alors une hausse du bien-être subjectif (Rousseau & Vallerand, 2003 ; Vallerand *et al.*, 2005). D'ailleurs, le concept de passion semble être pertinent pour le milieu organisationnel, où la passion harmonieuse est associée à un meilleur ajustement psychologique au travail (Vallerand & Houlfort, 2003).

La passion obsessive, quant à elle, est associée à la perception d'un conflit entre l'activité passionnante et les activités quotidiennes, à l'expérience d'émotions négatives, telles que la honte et la culpabilité pendant et après la pratique de l'activité passionnante, et à des émotions négatives dans la vie en général (Mageau & Vallerand, 2005 ; Vallerand *et al.*, 2005). La passion obsessive entraîne aussi de la rumination par rapport à l'activité passionnante, ainsi qu'une baisse accentuée de l'affect positif quand la personne fait autre chose (Mageau & Vallerand, 2005 ; Vallerand *et al.*, 2005). Il n'est pas rare de voir des cyclistes qui continuent à faire du vélo en hiver dans les rues verglacées de Montréal, même si cette activité comporte un risque pour leur santé physique. Les recherches démontrent que la passion obsessive, plutôt que la passion harmonieuse, sous-tend ce type de comportement risqué (Vallerand *et al.*, 2003). De même, chez les danseurs, la passion obsessive, et non la passion harmonieuse, est associée au fait de continuer à danser malgré la douleur éprouvée et les blessures, ainsi qu'à une durée de souffrance plus longue due à des blessures chroniques (Rip, Fortin & Vallerand, 2005). La passion obsessive, et non la passion harmonieuse, semble être aussi impliquée dans le jeu pathologique (Ratelle *et al.*, 2004). En fait, il apparaît que c'est non pas le fait de parier en soi qui mène à des conséquences négatives, mais bien la passion qui sous-tend la participation au jeu (Mageau *et al.*, 2005). Enfin, sur le plan interpersonnel, la passion obsessive pour l'Internet semble être liée à des conflits dans le couple, ce qui n'est pas le cas pour la passion harmonieuse (Séguin-Levesque *et al.*, 2003).

En somme, les recherches sur le concept de passion démontrent que le fait de s'investir dans une activité a des conséquences positives sur les plans intrapersonnel et interpersonnel,

dans la mesure où la passion demeure harmonieuse. De plus, il semble possible d'avoir le beurre et l'argent du beurre : non seulement la passion harmonieuse rend la personne plus heureuse, mais elle permet aussi d'atteindre des niveaux de performance équivalents à ceux auxquels conduit la passion obsessive (voir Vallerand *et al.*, 2005 ; Vallerand & Miquelon, sous presse). Et vous, avez-vous une passion pour une activité ? Et si oui, est-elle harmonieuse ?

le modèle de Carver et Scheier, la personne essaie d'atteindre un but ou un standard (la phase « test »). Le comparateur (le soi) guide alors le comportement en accord avec le standard visé, et il y a comportement (« agir »). Ce comportement produit un effet sur l'environnement. Cet effet sert alors d'information qui est comparée au but initial de nouveau par le comparateur (« test »). Si le comportement n'est pas au point, la personne émet un comportement de nouveau et essaie de le modifier de façon à le rendre conforme au standard de comparaison. Cela se fait autant de fois qu'il est nécessaire pour atteindre le standard visé. Enfin, lorsque le comportement satisfait au standard défini, la personne peut passer à la dernière étape (« sortir ») et cesser le comportement. Bien souvent, une tâche complexe quelconque implique une série de séquences qui se succèdent pour former un tout. La figure 3.7 présente le modèle de Carver et Scheier (1998).

Prenons un exemple. Vous souvenez-vous quand vous avez appris à conduire ? Bien s'asseoir, régler les rétroviseurs, faire démarrer la voiture, actionner le clignotant pour indiquer que l'on s'engage dans la rue, regarder en arrière et sur les côtés, tourner le volant, appuyer sur l'accélérateur, rouler sur la chaussée, continuer à regarder en avant, changer de vitesse, accélérer, regarder dans le rétroviseur, etc. Chacune des ces actions a dû être pratiquée individuellement. Puis, par la suite, elles ont été fusionnées, le tout menant à un comportement intégré. Toutefois, pendant l'exécution de chacune de ces actions, il y a un élément qui sert de comparateur pour déterminer si le comportement est approprié (en accord avec le standard de comparaison). Cet élément, c'est le soi. Selon Carver et Scheier, afin de pouvoir réaliser

ces fonctions d'autorégulation, le soi doit être en état de conscience de soi pour pouvoir comparer le comportement au standard. Sinon, il sera impossible de corriger le tout. Par exemple, il y a quelques années, l'un des auteurs du présent chapitre était au volant sur la route et parlait avec son frère. Son attention étant dirigée vers l'environnement (son frère et la conversation) et non sur la conduite automobile, il ne s'est pas rendu compte qu'il avait accéléré, avec la conséquence qu'il n'a pu modifier son comportement et observer la limite de vitesse (100 km/h), ce que les policiers, eux, ont vite fait de remarquer !

De nombreuses études ont été réalisées afin de vérifier différents aspects du modèle de Carver et Scheier. Ainsi, le fait d'être en état de conscience de soi privée amène la personne à agir conformément à ses standards internes. Par exemple, le lien entre notre attitude envers un objet (qui sert alors de standard) et le comportement subséquent ne sera significatif que si la personne est en état de conscience de soi. En d'autres termes, la réduction de l'écart entre mon attitude (« J'aime jouer de la guitare ») et ma guitare, qui est dans la salle de séjour, fera que je me lèverai et irai dans cette pièce, que je prendrai l'instrument et en jouerai seulement si je suis en conscience de soi privée et si je pense à mon attitude. Sinon, je pourrais bien me mettre à lire un livre ou saisir un article plus accessible dans mon environnement immédiat (voir Carver, 1975). De plus, certaines personnes sont plus sujettes que d'autres à percevoir un écart entre le standard et le comportement. C'est le cas, par exemple, des perfectionnistes. Vohs et ses collègues (1999) ont démontré que les femmes qui sont perfectionnistes ont plus tendance à se percevoir comme ayant un surplus de poids que celles qui ne

FIGURE 3.7 **Le modèle d'autorégulation de Carver et Scheier**

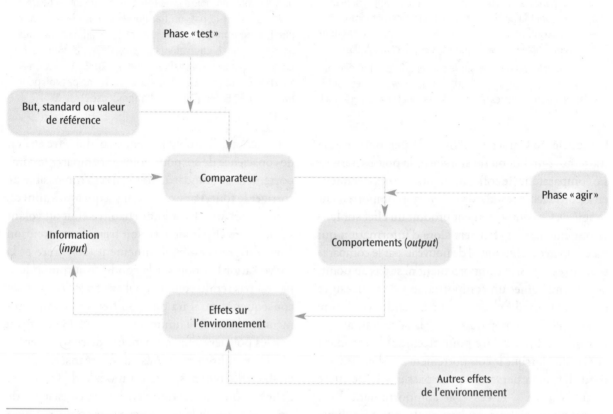

Source : Adapté de Carver (2004).

sont pas perfectionnistes, sans qu'il y ait un écart réel de poids entre les deux types de femmes. Les perfectionnistes essaient d'atteindre un standard inaccessible, ce qui peut entraîner des symptômes boulimiques. D'autres personnes ont une plus grande confiance dans leurs capacités de réduire l'écart entre le standard et leur comportement. Ils seront donc très motivés à répéter le geste de façon à pouvoir le maîtriser. C'est le cas notamment des personnes ayant une haute estime de soi, qui consacrent plus de temps à une tâche à la suite d'un échec que les personnes ayant un faible niveau d'estime de soi (Di Paula & Campbell, 2002). Il en va de même pour les personnes optimistes (Carver & Scheier, 2002).

La question suivante vous vient probablement à l'esprit : « Doit-on toujours se concentrer sur chaque élément d'une action pour bien performer ? » Poser la question, c'est y répondre. Non. Comme nous l'avons dit dans la section portant sur la conscience de soi, cela ne serait pas toujours avantageux. Il est bien souvent préférable de faire les choses de façon automatique. Ainsi, si vous conduisez une voiture depuis quelques années, est-il nécessaire de penser à chacune des actions mentionnées plus haut quand vous êtes au volant ? Bien sûr que non. Vous décidez que vous allez à tel endroit, vous mettez en branle la suite de gestes automatiques et vous y allez. D'ailleurs, plusieurs recherches démontrent que nombre de nos actions, comme la conduite automobile, sont automatisées et que, donc, nous les accomplissons sans nous en rendre compte (Bargh, sous presse ; Bargh & Chartrand, 1999 ; Fitzsimons & Bargh, 2004).

Vous êtes-vous déjà rendu à un endroit sans vous souvenir comment vous avez fait pour vous y rendre ? Si c'est le cas, il est évident que votre conduite était alors automatisée.

D'autres recherches révèlent que, tout comme le comportement, le but visé peut être activé en dehors du champ de conscience. Bargh (1990 ; Bargh & Chartrand, 1999) a proposé sa **théorie de la motivation autonome** (*auto-motive model*) dans laquelle il est postulé qu'à la suite de pairages répétés entre des éléments dans l'environnement et certains buts, la représentation mentale du but est liée automatiquement à la représentation cognitive de la situation. Par la suite, lorsque certains aspects de la situation surviennent, ils amorcent le but avec lequel ils étaient liés dans la mémoire. De plus, ce n'est pas seulement le but qui est activé, mais toute la séquence TATS, plaçant ainsi toute la séquence d'autorégulation en dehors du champ de conscience.

Une récente étude de Ratelle, Baldwin et Vallerand (2005, étude 1) illustre ce principe en ce qui concerne la motivation intrinsèque. Dans cette étude, tous les participants ont effectué une tâche sur ordinateur comportant 20 essais ; au début de cette tâche, ils entendaient un timbre très léger (« boing ») et à la fin, un autre timbre (« bing »), accompagné d'un message contrôlant (« Vous avez fait l'essai comme vous deviez le faire. Maintenant, vous devez continuer, c'est ce que l'on attend de vous. »). Environ 10 minutes plus tard, on a demandé aux participants d'effectuer une autre tâche similaire pour laquelle ils étaient aléatoirement assignés à l'une de deux conditions : dans la première, ils entendaient le timbre associé au message contrôlant (« bing » — condition expérimentale) et dans la seconde, le timbre associé au message neutre (« boing » — condition témoin). Puisque les messages contrôlants diminuent la motivation intrinsèque, on s'attendait à ce que le timbre « bing », qui accompagnait dans la première phase les messages contrôlants, s'inscrive dans la mémoire avec ce type de message et le type de tâche auquel il était associé et que, lorsqu'il serait réentendu, il réactive la

motivation intrinsèque envers la première tâche, déterminant ainsi la motivation envers la nouvelle tâche à accomplir, analogue à la première. C'est ce que les résultats ont démontré. Qui plus est, lorsqu'on a demandé aux participants si le son des timbres les avait dérangés, ils ont tous répondu : « Quel timbre ? » Ils ne s'étaient pas rendu compte qu'ils avaient entendu le son en question. L'effet s'était produit en dehors de leur champ de conscience. Il semble donc possible d'avoir des motivations non conscientes qui auront un effet subséquent sur le comportement et la performance (voir Fitzsimons & Bargh, 2004).

Pourquoi une performance peut être sous-optimale. Comme nous le savons tous, parfois nous échouons à performer. Un trou de mémoire à l'examen, une mauvaise maîtrise du véhicule durant l'examen de conduite ou une contre-performance au cours d'une compétition sportive. Pourquoi ? Plusieurs explications peuvent être présentées. Toutefois, si on se limite à son rôle, le soi peut défaillir de multiples façons : fatigue mentale, anxiété non justifiée, désir de trop bien faire. Nous étudierons ici ces diverses explications d'une mauvaise performance impliquant le soi.

Une première explication provient du **modèle de la perte d'énergie du soi** (Baumeister *et al.*, 1998 ; Muraven, Tice & Baumeister, 1998 ; Vohs & Heatherton, 2000). Selon ce modèle, l'énergie du soi est limitée. Donc, le fait d'exécuter une première tâche demandant beaucoup d'autorégulation peut mobiliser toute l'énergie du soi, ce qui fait que si la performance dépend de l'énergie, ce qui est souvent le cas, la seconde tâche en souffrira. Par exemple, Baumeister et ses collègues (1998) ont démontré que les participants qui doivent se retenir de manger des biscuits au chocolat chauds vers 11 h 45 alors qu'ils n'ont pas déjeuné réussissent moins bien par la suite dans l'exécution d'une tâche de résolution d'anagrammes que ceux qui doivent se retenir de manger des radis ! Comme presque toute l'énergie sert à se maîtriser pour éviter de manger les biscuits, il n'en reste plus assez par la suite pour venir à bout de la résolution des anagrammes. Plusieurs études soutiennent cette interprétation (voir Baumeister & Vohs, 2003 ; Muraven & Baumeister, 2000).

Une seconde explication est le fait de « **craquer sous la pression** », qui corrrespond à la situation où la personne qui veut faire le mieux possible fait moins bien. Et comme le mentionne le professionnel de golf Jean-Louis Lamarre : « J'ai un petit secret pour vous autres, tout le monde « choke » de temps en temps » (*La Presse*, 1ᵉʳ septembre 2004, p. 68). Mais pourquoi, au juste, craquons-nous sous la pression ? Selon Baumeister (1984 ; Wallace, Baumeister & Vohs, 2005), le fait d'être dans une situation exigeant une performance optimale engendre de la pression, ce qui amène la personne à devenir consciente de ses processus internes liés à la performance. Cet état de conscience accrue perturbe le déroulement normal d'une tâche apprise, qui devrait s'effectuer de façon automatique, et a pour effet de diminuer la qualité de la performance. Baumeister (1984) a mené plusieurs études afin de valider son modèle. Dans une de ces études (étude 6), il a fourni à des joueurs de jeux vidéo dans une salle de jeux électroniques (« dans une vraie arcade ») la possibilité de gagner une partie gratuite s'ils réussissaient à obtenir pour la partie suivante un score supérieur au précédent. Les résultats ont montré que le seul fait d'avoir à dépasser le score précédent et de n'avoir qu'une seule chance pour le faire a amené une baisse de performance de l'ordre de 25 %. D'autres études ont permis d'établir que des situations critiques au cours d'une compétition sportive, comme le match décisif d'une série finale au hockey, amenaient aussi un surcroît de pression qui pouvait faire craquer les joueurs, surtout ceux de l'équipe locale, à cause de la pression additionnelle exercée par les partisans

(Baumeister & Steinhilber, 1984 ; Heaton & Sigall, 1991 ; Wallace *et al.*, 2005).

Comme l'affirme Baumeister, il semble que cet effet négatif est dû à un dérèglement de l'attention de la personne et de l'automatisme. D'ailleurs, Ellen Langer (1997, 2000, 2002) a démontré qu'un état d'**attention flexible** (*mindfulness*), permettant à la personne d'être plus souple dans son interaction avec l'environnement, favorise plus une saine performance qu'un état d'**attention insouciante** (*mindlessness*), qui, lui, entraîne une rigidité cognitive qui empêche l'utilisation d'une bonne partie des ressources du soi.

Des études expérimentales sur la performance sportive soutiennent la position de Baumeister. Ainsi, Beilock et ses collègues (2002, étude 1) ont demandé à des experts golfeurs, au moment de « putter », soit de se concentrer sur chacune des étapes du « put », soit d'exécuter de temps à autre, pendant le « put », une tâche périphérique (rapporter l'occurrence d'un certain type de timbre). Si l'activité motrice de l'expert golfeur est automatisée, le fait de faire une seconde tâche ne devrait pas le déranger outre mesure. En fait, cela devrait l'encourager à utiliser un mode automatique et, ainsi, à le faire mieux performer. Par contre, le fait de se concentrer sur chacune des étapes du « putting » devrait nuire à la réalisation automatique du mouvement. C'est exactement ce que les résultats ont révélé. Le tableau 3.5 illustre les résultats. La meilleure performance fut obtenue lorsque le golfeur devait automatiser son geste, et la pire performance fut enregistrée lorsque le golfeur portait attention à chaque étape de son geste. Ces résultats ont été reproduits dans d'autres études (Beilock *et al.*, 2002, étude 2 ; Perkins-Ceccato, Passmore & Lee, 2003). Enfin d'autres

TABLEAU 3.5 **Automatisation et performance au golf**

	Double tâche	Groupe témoin	Concentration sur chacune des étapes
Performance en centimètres	13,74	15,09	19,44

Note : La performance est la distance du trou en centimètres. Plus le score est faible, meilleure est la performance.

Source : Beilock *et al.* (2002).

résultats de Baumeister (1984, étude 4) démontrent que les personnes ayant une forte conscience de soi sont peu sujettes à ces baisses de performance, ce qui est peut-être dû au fait qu'elles sont habituées à être conscientes de leurs mouvements et états intérieurs, et qu'un tel état ne nuit pas à la production automatique du geste.

Enfin, une dernière explication de la baisse de performance est fournie par le **modèle de la menace du stéréotype** de Steele et ses collègues (Davies, Spencer & Steele, 2005 ; Steele, 1997 ; Steele & Aronson, 2004). Suivant ce modèle, le simple fait de souligner que le groupe auquel appartient une personne n'exécute pas bien une tâche (ce qui correspond généralement à un stéréotype) suffit pour amener cette personne à ne pas bien réussir la tâche en question dans la mesure où il importe pour elle de bien l'exécuter. Par contre, si on ne mentionne pas d'éléments se rattachant à un stéréotype, il n'y a pas de baisse de performance. Considérons, par exemple, le stéréotype selon lequel les femmes sont moins bonnes que les hommes en mathématiques. Si des femmes subissent un test de mathématiques et que le professeur mentionne tout bonnement : « O.K., les filles, c'est un test de maths, mais faites de votre mieux quand même », les femmes risquent de moins bien performer que les hommes. Mais il n'y pas d'effet négatif si on dit : « O.K., tout le monde, voici le test de maths. Bonne chance. »

De nombreuses études soutiennent le modèle de la menace du stéréotype, et ce, pour plusieurs stéréotypes : les joueurs de basket-ball blancs sont censés être moins bons que les joueurs noirs (Stone, 2002) ; les personnes de race noire sont censées avoir de moins bons résultats aux tests d'intelligence que les Blancs (Davies *et al.*, 2005 ; Steele, 1997) ; les personnes pauvres sont censées moins bien performer aux tests d'intelligence (Spencer, Steele & Quinn, 1999), et les femmes sont censées moins bien réussir en maths que les hommes (Steele, 1997). Différentes explications ont été présentées pour expliquer le phénomène. Ainsi, il semble que présenter le stéréotype produirait de l'anxiété (Johns, Schmader &

Martens, 2005) et une surcharge cognitive due au désir de vouloir bien faire (Croizet *et al.*, 2004), le tout menant à un dérèglement des fonctions d'exécution du soi.

En somme, pour revenir à Alexandre Despatie, s'il a si bien réussi à Montréal aux Mondiaux de 2005 et, en outre, devant ses partisans (ce qui aurait pu accroître la pression ; Wallace *et al.*, 2005), c'est que, dans un premier temps, il a pratiqué ses plongeons au point où ils sont devenus presque parfaits et où il les a automatisés. Puis, au cours des finales, il a su rester dans sa « bulle » et ainsi écarter toute variable qui aurait pu dérégler l'automatisation de son geste moteur, tout en s'assurant que le soi dirige le tout, et qu'il soit prêt à intervenir en douceur et à corriger le geste si besoin est. Et cela a fonctionné !

CERTAINES CONSÉQUENCES INTERPERSONNELLES DU SOI

Le soi intervient dans une multitude de conséquences interpersonnelles (Baldwin, 2005 ; Dunning, 2003 ; Vohs & Ciarocco, 2004). Il faudrait un volume entier pour traiter de toutes les influences interpersonnelles engendrées par le soi. Dans les pages qui suivent, nous soulignerons quelques processus et influences interpersonnels. Nous traiterons des conséquences du soi à l'égard de trois grands types de phénomènes interpersonnels : 1) la perception des autres ; 2) le choix de situations et d'interactions sociales ; et 3) la présentation de soi à autrui.

La perception des autres

Parfois, notre soi influe sur la perception que l'on a de l'ensemble des gens qui nous entourent. Par exemple, si on vous demande si les Québécois aiment la crème glacée, que répondrez-vous à brûle-pourpoint ? Vous réfléchirez un peu, vous vous direz que vous raffolez de la crème glacée et que, probablement, tout bon Québécois qui se respecte adore la crème glacée, surtout par une belle journée d'été où il fait 35 °C avec le facteur humidex ! Vous aurez donc considéré votre propre attitude relativement à la consommation de crème glacée, et vous en serez servi comme point de référence pour répondre à la question. C'est ce qu'on appelle le **biais de faux consensus** (Ross, Greene & House, 1977). Plusieurs recherches soutiennent cette perspective. Par exemple, lors du référendum canadien de 1992 sur l'accord de Charlottetown, Richard Koestner, de l'Université McGill, et ses collègues (1995) ont observé que les gens qui allaient voter « oui » au référendum croyaient que plus de personnes allaient voter « oui » (conformément à leur intention de vote) que ce qui fut le cas en réalité. Que les prédictions portent sur les attitudes, les opinions ou les comportements des autres, les gens ont tendance à exagérer le nombre de personnes qui partagent leur point de vue (Monin & Norton, 2003).

Nous exagérons donc le nombre de personnes qui partagent nos attitudes et nos opinions ; par contre, il semble que nous soyons portés à sous-évaluer le nombre de personnes ayant les mêmes habiletés que nous. C'est ce que nous appelons le **biais de fausse perception d'unicité** (Lynn & Snyder, 2002). Ainsi l'étudiante qui est très bonne en statistique aura tendance à croire que peu d'étudiants sont aussi doués qu'elle dans cette matière. Chose intéressante, Lynn et Harris (1997) ont démontré que les gens peuvent afficher leur unicité par les objets qu'ils achètent. Plus les personnes ont un besoin élevé d'unicité, plus ils achèteront des objets rares ou spécialisés (des gadgets nouveaux, par exemple).

Si on les compare entre eux, les biais de faux consensus et de fausse perception d'unicité peuvent sembler incompatibles. Cependant, si l'on admet que la personne est motivée à conserver une vision positive d'elle-même, alors l'opposition entre les deux phénomènes disparaît. En effet, quoi de plus satisfaisant que de savoir que nous avons des habiletés et des objets que peu de gens possèdent, et des opinions et goûts partagés par la plupart des gens ? Nos opinions sont correctes (approuvées par la plupart des gens), et nous avons des habiletés uniques. Nous avons alors le meilleur des deux mondes. D'ailleurs, selon certains auteurs, la combinaison de ces deux tendances est liée à un meilleur ajustement psychologique (Suls & Wan, 1987).

Un second type d'influence du soi sur notre perception sociale concerne notre perception des étrangers. Vous est-il déjà arrivé de vous promener dans les corridors de l'université avec un ami et de vous faire demander par celui-ci : « Eh, que penses-tu de l'étudiant là-bas ? » Si vous ne connaissez pas la personne qui est désignée et que le comportement de celle-ci ne mène pas à des inférences claires (voir à ce sujet le chapitre 5), il est probable que vous vous appuierez sur vos caractéristiques personnelles pour en déterminer votre perception. En fait, cela constitue une projection (Holmes, 1978). Par exemple, Green et Sedikides (2001) ont fait lire un passage très neutre relatant différents aspects de la vie d'une étudiante (Chris). Par la suite, on demanda à des participants qui étaient soit schématiques sur la dimension d'indépendance, soit schématiques sur la dimension de dépendance, d'évaluer Chris sur diverses dimensions, et en particulier celles d'indépendance et de dépendance. Comme le montre la figure 3.8, les personnes schématiques-indépendantes ont perçu Chris comme plus indépendante que les personnes schématiques-dépendantes, alors que cela a été l'inverse pour la dimension de dépendance. Ces résultats ont été reproduits à plusieurs reprises (Beauregard & Dunning, 1998 ; Dunning & Beauregard, 2000 ; Sedikides, 2003).

Nous pouvons donc projeter sur autrui nos propres caractéristiques personnelles. Nous le faisons lorsque nous avons peu d'information sur la personne (son comportement est ambigu ; Green & Sedikides, 2001) et que nos schémas sur nous-mêmes sont très accessibles (Higgins, 1996) et donc faciles à utiliser pour percevoir autrui. Nous pouvons aussi le faire lorsque nous venons tout juste d'accomplir une action ayant un but explicite (imposé par l'expérimentateur) ou implicite (présenté de façon subliminale). Ce but sera par la suite projeté sur autrui (Kawada *et al.*, 2004). Enfin, comme l'avait déjà prédit Freud (1915, 1957), il semble que la projection peut aussi servir à projeter nos caractéristiques non désirées sur autrui, ce qui nous permet de nous éloigner psychologiquement de ces caractéristiques négatives (voir Schimel, Greenberg & Martens, 2003). La projection n'est donc pas uniquement un phénomène clinique, et son utilisation est, semble-t-il, largement répandue.

Enfin, notre soi influera aussi sur notre perception d'un inconnu qui ressemble physiquement ou psychologiquement à une personne qui nous est chère. Dans ce cas, notre perception de l'inconnu sera influencée par les schémas sur nos relations avec nos proches qui sont inscrits dans notre mémoire. En effet, selon Andersen (Andersen & Chen, 2002 ; Andersen & Saribay, 2005 ; Chen & Andersen, 1999), les schémas relationnels peuvent influer sur notre perception des inconnus et nos comportements à leur égard dans la mesure où un élément présent chez cette personne vient déclencher, en dehors de notre champ de conscience, un schéma relationnel emmagasiné dans notre mémoire. Ce phénomène se rattache au concept clinique de

transfert. Ainsi, si, dans l'exemple précédent, l'étudiant inconnu ressemblait physiquement à l'un de vos amis, la ressemblance physique pourrait déclencher à votre insu le schéma relationnel relatif à celui-ci qui s'est inscrit dans votre mémoire, et vous amener à attribuer à l'étudiant inconnu des traits identiques à ceux de votre ami. Andersen a réalisé plusieurs études qui démontrent que nous aimons plus un inconnu et que nous sommes plus enclins à nous rapprocher de lui lorsqu'il ressemble à une personne aimée que lorsqu'il nous fait penser à une personne peu importante pour nous (Andersen *et al.*, 1996 ; Andersen & Baum, 1994 ; Berk & Andersen, 2000).

Il est important de souligner que la culture dans laquelle nous avons grandi et qui a été intériorisée dans notre soi influe aussi sur notre perception sociale. Nisbett (2003) a proposé que la perception de l'environnement social pouvait être influencée par deux façons de penser. La première est celle qui est véhiculée par la culture nord-américaine et qui amène la personne à percevoir les événements dans l'environnement comme étant isolés et indépendants, tout comme l'est le soi de la personne. La seconde est propre à la culture des habitants de l'est de l'Asie et conduit la personne à percevoir les éléments de l'environnement comme solidaires les uns des autres. Plusieurs recherches ont soutenu cette perspective (voir Nisbett, 2003). Par exemple, Chua, Leu et Nisbett (2005) ont démontré que, comparativement à des participants appartenant à une culture asiatique, les Nord-Américains qui lisaient un passage du journal de bord d'une personne avaient beaucoup plus tendance à penser que celui-ci portait sur son auteur et que le comportement de ce dernier était intentionnel. Les participants asiatiques mettaient au premier plan les personnes décrites ou mentionnées dans le passage, et les circonstances dans lesquelles s'inscrivait le comportement de l'auteur du texte. Il semble donc que la personne oriente son attention sur différents éléments présents dans la situation selon les caractères de sa culture propre.

Toutefois, ce qui est encore plus intéressant, c'est qu'il est possible d'induire l'un ou l'autre de ces

FIGURE 3.8   **Le rôle des schémas de soi dans la perception sociale**

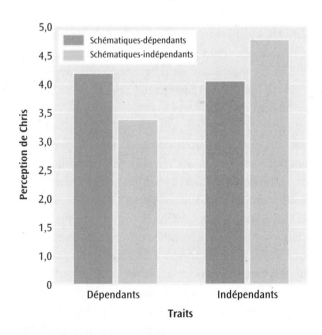

Source : Adapté de Green et Sedikides (2001).

deux styles cognitifs chez toute personne, et ce, quelle que soit sa culture d'origine, en amorçant soit un soi indépendant (comme dans la culture nord-américaine), soit un soi interdépendant (comme dans la culture asiatique ; voir Kühnen *et al.*, 2001 ; Kühnen & Oyserman, 2002). Cela signifie donc que ces deux façons de percevoir l'environnement sont à l'intérieur de nous. Bien que nous utilisions l'une plus que l'autre (en partie à cause de notre culture), cela ne veut pas dire que l'autre mode de perception ne sera pas utilisée. Car, comme l'ont démontré Kühnen et ses collègues, il est toujours possible de rendre accessible chaque mode de perception par amorçage. On notera à quel point les recherches sur la culture permettent de faire progresser les connaissances sur les processus de base de l'individu.

Le choix de situations et d'interactions sociales

Le choix des situations. Notre soi nous amène bien souvent à choisir dans quelle situation nous déciderons d'interagir. Ainsi, la personne extravertie s'investira dans des activités de bénévolat (Bekkers, 2005), alors que la personne dépressive préférera rester seule (Argyle, 1987b). Les choix résultent généralement d'une mûre réflexion, car la personne veut obtenir quelque chose qui correspond à ce qu'elle est. D'autre part, il semble que notre soi implicite nous amène aussi à faire certains choix de situations à notre insu. Par exemple, dans une longue série d'études archivistiques et expérimentales, Pelham et ses collègues (Jones *et al.*, 2004 ; Pelham *et al.*, 2002, 2003, 2005) ont démontré que nous avons tendance à graviter autour de personnes, d'endroits et de choses qui ressemblent à notre soi. Qui plus est, cette tendance serait non consciente. C'est ce que les auteurs appellent l'**égotisme implicite**.

Une étude menée auprès de plus de 75 000 femmes a démontré que les femmes s'appelant Florence, Georgia, Louise et Virginia avaient nettement plus de chance de vivre respectivement dans les États de la Floride, de la Georgie, de la Louisiane

et de la Virginie que dans d'autres États américains, et ce, en s'assurant de retenir uniquement les personnes qui n'étaient pas nées dans ces États (car les parents auraient alors pu les nommer d'après le nom de l'État). Les gens choisissent aussi leur ville, leur rue et même leur conjoint en fonction de leur nom ou de leur date de naissance (voir Pelham *et al.*, 2002). L'étude la plus convaincante est probablement celle qui a été réalisée en laboratoire par Jones et ses collègues (2004, étude 7). Ces derniers ont démontré que des participants masculins étaient plus attirés par la photo d'une jeune femme qui portait un chandail avec un numéro (16), qui avait préalablement été pairée subliminalement avec leur nom, que par celle d'une autre femme ayant un numéro neutre. Intéressant, n'est-ce pas ? Et vous, y a-t-il des choses dans votre vie qui ressemblent à des éléments de votre soi ?

Enfin, signalons que, par l'intermédiaire des choix de situations qu'elle décide d'intégrer, la personne a une influence sur les situations qui, en retour, influeront sur le développement ou le maintien de son soi. Ainsi, la personne introvertie qui reste chez elle demeurera introvertie. Ce jeu d'influences renvoie au concept d'**interactionnisme réciproque** (Bandura, 1977b, 1978). Plusieurs études démontrent qu'en effet, l'être humain peut avoir une influence sur lui-même en choisissant de participer à telle activité et d'écarter telle autre (Snyder & Cantor, 1998 ; Snyder & Stukas, 1999).

Le soi dans la situation. Il semble que notre soi nous amène aussi à agir différemment dans une situation donnée. Ainsi, lorsqu'on induit par amorçage subliminal un soi indépendant (voir Cross *et al.*, 2000 ; Markus & Kitayama, 1991) chez la personne, celle-ci se tient plus éloignée durant une interaction que des personnes chez qui on a induit un soi interdépendant (Holland *et al.*, 2004, études 1 et 2). Les mêmes résultats furent obtenus avec des personnes ayant des orientations stables indépendantes (Holland *et al.*, 2004, étude 3). Il est fort probable qu'un tel comportement indépendant puisse susciter une réaction négative chez les autres, et les amener à rejeter ou à écarter la personne.

Et comment réagissons-nous au rejet social ? Très mal merci ! Non seulement des attaques à notre soi affectent notre estime de soi situationnelle (Leary *et al.*, 1998) et nous causent de la honte (Dickerson, Gruenewald & Kemeny, 2004), mais elles provoquent également immédiatement une hausse de l'activité cytokine proinflammatoire et du cortisol. De plus, si une telle situation se répète régulièrement, à long terme elle aura un effet néfaste prolongé sur notre système immunitaire, et notre santé physique risque d'être hypothéquée (Dickerson *et al.*, 2004). En outre, le rejet social préoccupe la personne au point où elle devient incapable de se concentrer sur ses tâches coutumières et où elle contracte des habitudes peu saines, comme celle de mal se nourrir (Baumeister *et al.*, 2005 ; Twenge *et al.*, 2002).

Allons-nous décider de poursuivre nos interactions avec les personnes qui nous rejettent ou allons-nous choisir d'interagir avec d'autres personnes ? Encore ici, notre soi risque d'entrer en jeu. Une dimension qui semble importante en contexte social est la conscience de soi publique (Baldwin & Main, 2001 ; Fenigstein, 1979). Par exemple, dans une étude classique, Fenigstein (1979) a démontré que, à la suite d'un rejet social, les participants ayant une faible conscience de soi publique choisissent de poursuivre l'interaction avec les complices dans 50 % des cas, alors que les participants ayant une conscience de soi publique élevée ne le font que dans 15 % des cas. En revanche, les participants non rejetés choisissent de poursuivre l'interaction avec les complices dans environ 75 % des cas. En d'autres mots, les personnes sensibles à leur image publique (forte conscience de soi publique) ne sont pas portées à poursuivre des relations avec des gens les faisant mal paraître. D'autres recherches (Dandeneau & Baldwin, 2004) révèlent que les gens ayant une estime de soi faible sont très sensibles au rejet social. Conséquemment, elles risquent de très mal réagir dans de telles situations.

Le soi dans les relations interpersonnelles. Plusieurs résultats viennent appuyer la notion selon laquelle nous choisissons les individus à fréquenter en fonction de notre soi. De même que les études de Pelham et de son groupe sur l'égotisme implicite, les travaux de Bill Swann et ses collègues (De La Ronde & Swann, 1998 ; Swann, Hixon & De La Ronde, 1992) révèlent que les gens cherchent à confirmer leurs perceptions d'eux-mêmes en côtoyant les personnes qui les voient comme ils se perçoivent eux-mêmes. Par exemple, Swann et ses collègues (1992) ont démontré que les gens qui ont une estime de soi négative vont préférer des conjoints qui les perçoivent négativement plutôt que des conjoints qui essaient de les valoriser, alors que c'est le contraire pour les individus qui ont une image positive d'eux-mêmes. Il en va de même du choix de colocataires (Swann, Bosson & Pelham, 1999). Selon la **théorie de la vérification de soi** (Swann, 1999), il semble que cette préférence pour des partenaires confirmant notre vision de nous-mêmes, même si ce choix implique un reflet négatif de notre personne, est due à notre désir de prédire et de contrôler la façon dont les autres vont agir envers nous. Puisque notre concept de soi reflète les réactions passées des autres à notre égard, les relations avec des gens qui nous perçoivent de la même manière que nous les percevons devraient être plus harmonieuses. Les personnes préféreraient alors avoir des relations harmonieuses plutôt que des relations dans lesquelles le conjoint les valorise sans que cela soit « mérité ».

Il semble y avoir toutefois une exception qui s'applique au choix du conjoint : les gens préfèrent se lier avec une personne qui les perçoit de façon plus positive que cela ne l'est justifié uniquement sur les dimensions qui sont pertinentes pour la relation avec cette personne (par exemple la beauté physique). Pour ce qui est des autres dimensions, les gens préfèrent une personne reflétant une perception qu'ils jugent véridique d'eux-mêmes (Swann, Bosson, & Pelham, 2002 ; voir aussi Bernichon, Cook, & Brown, 2003 pour un point de vue analogue).

Et une fois le partenaire choisi, quels seraient les éléments du soi qui pourraient influer sur la qualité de la relation amoureuse ? Une première variable réfère aux illusions positives qu'entretient la personne envers l'être aimé. En effet, de même que des illusions sur nous-mêmes nous assurent plusieurs bénéfices (Taylor *et al.*, 2003), des illusions positives que nous entretenons à l'endroit de notre partenaire ont des conséquences positives sur la relation amoureuse (voir Gagné & Lydon, 2004 ; Murray & Holmes, 1997). Ainsi, dans la mesure où l'être aimé est perçu comme le meilleur, le plus doux, le plus intelligent, même s'il laisse parfois traîner des choses (« mais ce n'est pas grave »), la relation se portera très bien. En outre, l'estime de soi semble aussi jouer un rôle important. Ainsi, les travaux de Sandra Murray (2005 ; Murray & Derrick, 2005) démontrent que les personnes ayant une faible estime de soi globale vont donner une importance exagérée à un commentaire négatif émis par leur conjoint, se sentir rejetées, ce qui diminuera leur estime de soi et les amènera à réduire l'intimité avec le conjoint et, conséquemment, la qualité de la relation. En quelque sorte, elles finiront par confirmer la fausse perception négative qu'elles avaient initialement du comportement du conjoint (voir le chapitre 4). En revanche, les personnes avec une haute estime de soi ne seront pas offusquées par un commentaire négatif, seront enclines à aller au-devant de l'être aimé, à parler de l'incident sans crainte d'être rejetées, et parviendront à conserver un niveau élevé d'intimité avec le conjoint et à maintenir la qualité de la relation amoureuse. Enfin, les gens qui ont un haut niveau de maîtrise de soi, tel qu'il est mesuré par l'échelle de Tangney, Baumeister et Boone (2004), savent se gouverner et agir positivement à la suite d'une parole ou d'un geste négatifs de la part du conjoint. Ce faisant, ils préservent l'harmonie du couple (Finkel & Campbell, 2001). Le lecteur est invité à consulter le chapitre 8 sur les relations interpersonnelles à ce sujet.

En somme, le soi est au cœur des choix de situations et des interactions avec autrui, y compris nos relations intimes. Il est aussi impliqué dans un autre phénomène important, la présentation de soi.

La présentation de soi

Nous seuls possédons toute l'information relative à notre soi. Il nous revient donc de décider quels aspects de ce dernier nous voulons partager avec autrui (Schlenker, 2003). Généralement, on peut distinguer deux types de **présentation de soi** : la présentation de soi stratégique et la présentation de soi authentique (Vallerand & Losier, 1994). Parfois, nous hésitons entre les deux formes de présentation, un peu comme Marc dans l'exemple du début, qui désirait se présenter sous son jour le meilleur afin d'être bien perçu par Mélanie.

La présentation de soi stratégique. La présentation de soi stratégique consiste à adopter différents comportements sociaux ayant pour but de créer une impression bien précise sur autrui. Bien que divers éléments de la **présentation de soi stratégique** puissent devenir automatiques, il existe tout de même une motivation de la part de l'acteur à produire une impression particulière chez l'observateur ou chez l'autre personne (Schlenker, 2003 ; Schlenker & Pontari, 2000). Et plus la situation sort de la normale (par exemple demeurer modeste au cours de la première rencontre), plus d'efforts et d'énergie devront être consentis afin de pouvoir présenter l'image de soi désirée (Vohs, Baumeister & Ciarocco, 2005). Plusieurs stratégies peuvent être utilisées, et ce, dans une foule de situations.

Une première situation dans laquelle nous utilisons souvent la présentation de soi stratégique est lorsque nous désirons sauver la face à cause d'une piètre performance qui pourrait nous arriver. Un ensemble de stratégies peut alors nous permettre d'y parvenir : ce sont les **stratégies autohandicapantes** (Berglas & Jones, 1978 ; Jones & Berglas, 1978). De telles stratégies consistent à préparer « à l'avance » des conditions qui serviront d'excuses en cas d'échec. Ainsi, Berglas et Jones (1978) ont démontré que les participants qui avaient reçu un feedback positif de performance (fictif) sur des problèmes insolubles préféreraient utiliser une drogue pouvant nuire à leur performance sur une seconde tâche (Pandocrin). En effet, puisque leur succès dans la première tâche était probablement dû à la chance, en utilisant une stratégie autohandicapante (la prise de Pandocrin), ils protégeaient leur estime de soi en cas d'échec dans la nouvelle tâche. Par contre, les participants qui étaient parvenus à résoudre des problèmes qui étaient à leur portée dans la première tâche ont plutôt choisi la drogue facilitant la performance (Actavil), puisque leur succès dans la première tâche avait été obtenu grâce à leur habileté : ils ne devraient alors pas sentir le besoin de se protéger en cas d'échec dans la seconde tâche.

Les études qui ont suivi celles de Berglas et Jones (1978) ont permis de mieux circonscrire l'effet des stratégies autohandicapantes. Ainsi, elles sont utilisées dans plusieurs domaines de la vie, en particulier ceux où la performance est importante et où le soi peut être facilement menacé, tels que le sport (Parpavessis *et al.*, 2003 ; Shields *et al.*, 2003 ; Stone, 2002) et les études universitaires (Martin *et al.*, 2001 ; McCrea & Hirt, 2001 ; Urdan, 2004). Il n'est guère étonnant que les personnes qui ont une faible estime de soi globale (Harris & Snyder, 1986) aient tendance à utiliser ces stratégies. D'ailleurs, deux études (Feick & Rhodewalt, 1997 ; McCrea & Hirt, 2001) ont démontré que des stratégies autohandicapantes mises en place avant un examen de psychologie permettaient de préserver l'estime de soi globale de la personne et aussi d'accroître (en cas de succès) ou de préserver (en cas d'échec) les perceptions de compétence. Par ailleurs, les hommes auraient plus tendance que les femmes à utiliser les stratégies autohandicapantes (Harris & Snyder, 1986 ; Rhodewalt & Davison, 1986 ; Shepperd & Arkin, 1989). Enfin, bien que certains avantages pour l'estime de soi puissent résulter de la mise en œuvre de ces stratégies, les recherches démontrent généralement qu'à long terme, elle peut affecter la performance (Martin *et al.*, 2001 ; Urdan, 2004), et la santé mentale et physique (Zuckerman & Tsai, 2005), et aussi entraîner des

problèmes sociaux. D'ailleurs, les femmes ont une très mauvaise opinion de ceux qui utilisent les stratégies autohandicapantes (Hirt, McCrea & Boris, 2003). Messieurs, vous êtes avertis !

Une seconde stratégie de présentation de soi fort utilisée est celle qui consiste à nous associer avec des gens reconnus pour leur efficacité ou pour leurs succès. En nous associant avec de telles personnes, on espère généralement qu'une part de leur succès rejaillira sur soi. C'est ce qu'on appelle le fait de se couvrir de gloire indirectement (Cialdini *et al.*, 1976). Il n'est pas rare, au Québec, d'entendre quelqu'un dire qu'il vient de la même ville que l'un des joueurs du Canadien de Montréal. Les comportements des gens se manifestent souvent au grand jour le lendemain d'événements importants tels que des élections ou un match d'une série éliminatoire (Wolfson, Wakelin & Lewis, 2005). Cialdini et ses collègues (1976) ont démontré que, le lendemain de matchs où leur équipe avait gagné, les partisans portaient beaucoup plus de tee-shirts et d'objets à l'effigie de leur équipe que si cette dernière avait perdu. De plus, il semble que nous prenons garde de ne pas être trop associés publiquement à notre équipe dans la défaite. Ainsi, le « *On* a gagné hier soir ! » après une victoire de notre équipe préférée devient le « *Ils* ont mal joué, c'est pas possible ! » à la suite d'une défaite. À la lumière de cette information, on peut mieux comprendre le comportement des partisans du Canadien ou des Alouettes de Montréal après un match de leur équipe favorite !

Une dernière série de techniques nous permet de nous attirer les bonnes grâces des gens en agissant de manière à nous en faire apprécier ou aimer. Cette approche est communément appelée **stratégie de manipulation**. Généralement, quatre types de manipulations peuvent être utilisées (Jones & Pittman, 1982). Une première consiste à se présenter verbalement à son entourage de façon à rehausser son image (« se vanter », en bon québécois). Ce procédé peut être employé dans le cadre d'une entrevue pour un emploi, par exemple. Alors que, dans plusieurs cas, il est approprié de « se vanter » un peu, dans d'autres situations il est préférable de rester modeste (Tsai *et al.*, 2005). En effet, à vouloir trop en mettre, on risque d'être mal vu de l'évaluateur (par exemple Baron, 1986).

Une deuxième stratégie de manipulation consiste à complimenter ou à louer l'autre personne. Lorsqu'elle est perçue comme sincère, cette stratégie a en général des conséquences positives pour le manipulateur (Blickle, 2003). Par contre, si les compliments sont perçus comme visant à obtenir des faveurs, les conséquences pourraient être très négatives pour le manipulateur (Vecchio, 2005). Une troisième approche manipulatrice consiste à accorder une faveur ou à rendre un service à quelqu'un. Celui qui agit de la sorte devrait un jour ou l'autre recevoir les dividendes de son geste pour au moins deux raisons : d'abord, il semble exister une « norme de réciprocité » ou un principe selon lequel celui qui a aidé sera aidé à son tour (voir à ce sujet le chapitre 10) ; ensuite, ceux qui accordent des faveurs gagnent généralement la sympathie des autres.

Enfin, une dernière stratégie de manipulation consiste à se conformer (du moins ouvertement) à l'opinion de la personne cible. Ainsi, nous nous présentons souvent de façon verbale (Zanna & Pack, 1975) et non verbale (Von Baeyer, Sherk & Zanna, 1981) conformément aux attentes des autres. Par exemple, Von Baeyer et ses collègues (1981) ont observé que le comportement non verbal des femmes devenait stéréotypé (plus de maquillage, de bijoux, parlaient moins et étaient jugées plus belles par des juges) si elles croyaient qu'elles auraient une entrevue pour un emploi avec des patrons « traditionnels ». Les gens peuvent donc se présenter aux autres d'une façon qui répond à leurs attentes. Ce type de manipulation est plus subtil que les autres, mais non moins efficace. Il est d'ailleurs fort utilisé dans les lettres de présentation envoyées en vue d'obtenir un emploi (Rafaeli & Harness, 2002).

La présentation de soi authentique. Il nous arrive de vouloir être vus sous notre vrai jour dans nos rapports avec les autres. Nous divulguons alors de l'information de nature privée sur notre personne. C'est ce qu'on appelle la **révélation de soi** (Derlega *et al.*, 1993). Parler à un ami de choses intimes ou personnelles, ou encore lui demander conseil pour un problème personnel sont des exemples de révélations de soi sur le plan verbal. Toutefois, avec l'utilisation de plus en plus répandue des services de messagerie en temps réel (*chat line* ; Dietz-Uhler *et al.*, 2005) et du courriel (Leung, 2002), la révélation de soi écrite devient de plus en plus importante.

Selon Omarzu (2000), la révélation de soi comporte trois dimensions : la profondeur des renseignements donnés (c'est-à-dire leur caractère plus ou moins confidentiel), leur quantité et la durée de l'épisode de révélation de soi. De plus, Omarzu propose de considérer la révélation de soi comme une interaction où la personne qui se révèle le fait afin d'atteindre au moins l'un des buts suivants : 1) l'approbation sociale (se faire aimer par autrui) ; 2) accroître l'intimité et faire progresser la relation entre les deux personnes ; 3) la résolution de problèmes ; 4) soumettre (subtilement ou non) autrui à un contrôle social ; et 5) définir pour soi-même (et pour autrui) son identité personnelle. Selon Omarzu (2000 ; voir aussi Baumeister, 1982), la révélation de soi a en général pour but l'obtention de l'approbation sociale. Toutefois, le but peut varier en fonction des différences individuelles (certaines personnes mettent généralement l'accent sur un but précis) et les situations (certaines situations favorisent l'atteinte d'un but déterminé). De plus, l'épisode de révélation de soi étant perçu comme une interrelation, si la personne qui désire se révéler ne trouve pas un interlocuteur approprié, il n'y aura pas de révélation de soi. Enfin, l'utilité de l'épisode pour la personne qui se confie déterminera la profondeur et la durée de l'épisode, alors que le niveau d'intimité du contenu partagé sera déterminé par le risque tel qu'il est subjectivement perçu par celui qui se confie.

Plusieurs études soutiennent le modèle de Omarzu (2000). Ainsi, la personne qui se confie est à la recherche de l'accueil approprié en fonction de l'information qu'elle désire livrer (Horowitz *et al.*, 2001 ;

Kelly & McKillop, 1996). Par exemple, on ne peut révéler au premier venu qu'on est atteint du sida. Il y aura alors une période de *testing* afin de déterminer à qui l'information sera divulguée (Derlega *et al.*, 2004). De plus, il semble effectivement que le but le plus recherché lorsqu'on divulgue des choses sur soi est l'approbation sociale (Collins & Miller, 1994). Aussi, tel que le propose Omarzu (2000), le contexte social joue un rôle important dans la révélation de soi. Ainsi, nous sommes plus portés à nous confier dans une pièce confortable et chaleureuse à éclairage tamisé que dans un local froid et très éclairé (Chaiken, Derlega & Miller, 1976), si nous sommes d'humeur positive (Cunningham, 1988), si nous avons pris de l'alcool modérément (Caudill, Wilson & Abrams, 1987 ; Rohrberg & Sousa-Poza, 1976) et si notre interlocuteur vient juste de se confier à nous (Chaiken & Derlega, 1974).

Enfin, tel que proposé par Omarzu, il y a des différences individuelles qui influent sur le fait de se révéler ou non à autrui. Ainsi, les personnes ayant un attachement de type évitant se révèlent moins que celles qui ont un attachement confiant (*secure*) (Bradford, Feeney & Campbell, 2002). De plus, les femmes se confient davantage que les hommes, et elles le font davantage avec les femmes qu'avec les hommes (Dindia & Allen, 1992). Les femmes divulguent aussi plus d'informations à caractère émotionnel (Murstein & Adler, 1995) et sexuel (Byers & Demmons, 1999) que les hommes. Enfin, les personnes issues de cultures interdépendantes (comme les Asiatiques) sont *moins* portées à se confier à autrui, car dans ces cultures, il convient de ne pas rompre l'harmonie avec autrui en se déchargeant sur lui de ses problèmes (Taylor *et al.*, 2004).

La révélation de soi peut amener plusieurs conséquences positives qui vont de concert avec les buts recherchés par la personne qui se confie : sentiment d'être accepté et aimé d'autrui, soulagement d'émotions négatives, clarification de notre identité, contrôle social et augmentation de l'intimité avec le confident. Dans ce dernier cas, les recherches portant sur des couples démontrent que le niveau de révélation de soi était positivement associé avec la qualité de la relation amoureuse (Sprecher & Hendrick, 2004), et notamment en ce qui concerne les révélations à caractère sexuel (MacNeil & Byers, 2005). Notons aussi que le fait de savoir se confier à autrui de façon appropriée est généralement associé à un bon ajustement psychologique (Mendolia & Kleck, 1993), probablement parce qu'il permet de se défaire à l'occasion d'émotions négatives. Enfin, la révélation de soi représente un excellent moyen de moduler le développement d'une relation interpersonnelle intime (Duck, 1986). En effet, puisque la révélation de soi constitue un message d'intimité à l'autre personne, le fait de se confier ou non immédiatement après qu'une autre personne s'est ouverte à nous permet d'envoyer un message à cette dernière concernant notre intérêt dans le développement de l'intimité de la relation. Ne pas vouloir révéler de l'information alors que l'autre personne l'a fait peut être perçu par celle-ci comme un refus d'aller plus loin dans l'échange, alors que se révéler peut permettre à la relation de progresser (Baxter & Wilmot, 1985).

Toutefois, la révélation de soi ne rapporte pas que des avantages personnels. Elle peut aussi comporter certains coûts. Un premier coût porte sur les émotions négatives qui sont vécues lorsque nous révélons des expériences passées pénibles (Gibbons *et al.*, 1985). Le rappel de souvenirs négatifs peut être troublant en lui-même. Si l'on ajoute à cela le fait qu'on les a confiés à quelqu'un qui pourrait nous rejeter et peut-être nous ridiculiser, on comprendra que la révélation de soi puisse être parfois pénible. Notons aussi que les révélations doivent être faites au bon moment dans la relation (ni trop tôt ni trop tard), sinon elles risquent d'avoir un effet négatif (Archer & Burleson, 1980). Par exemple, le fait de parler de vos relations sexuelles passées avec une personne de l'autre sexe dont vous venez tout juste de faire la connaissance pourrait avoir pour effet de la rendre mal à l'aise et de mettre en péril votre nouvelle relation.

Enfin, notons qu'il nous est parfois impossible pour diverses raisons de nous confier à autrui. Le journal intime constitue une solution de rechange. C'est ce que l'on appelle la révélation de soi émotionnelle (Pennebaker, 1989). Les recherches révèlent qu'écrire pendant 20 minutes trois jours de suite sur un traumatisme vécu personnellement, et notamment sur les aspects émotionnels de ce dernier, a, à moyen terme, des effets positifs sur la santé physique (moins de visites chez le médecin, système immunitaire plus fort) (voir Niederhoffer & Pennebaker, 2002). Ces effets ont été observés notamment chez les étudiants universitaires (Sheese, Brown & Graziano, 2004), les personnes atteintes de fibromyalgie (Broderick *et al.*, 2005), d'arthrite rhumatoïde et d'asthme (Smyth *et al.*, 1999).

Qu'est-ce qui explique l'effet positif de l'écriture émotionnelle sur la santé physique ? Il semble que le fait d'écrire sur un sujet troublant nous permet de trouver un sens à l'événement (Kelly *et al.*, 2001), de mieux nous connaître (Campbell & Pennebaker, 2003) et de faire tomber l'inhibition, préservant ainsi l'intégrité du système immunitaire et, conséquemment, la santé physique (Pennebaker *et al.*, 1988). De plus, même si écrire sur des sujets difficiles émotionnellement peut être pénible psychologiquement sur le coup, à plus long terme, cela semble avoir des effets positifs sur la santé psychologique (meilleur ajustement psychologique, satisfaction à vivre, etc. ; voir Hemenover, 2003 ; Sheese *et al.*, 2004). Il semble que, bien qu'efficace dans tous les cas, cette technique fonctionne particulièrement bien pour les personnes peu ouvertes émotionnellement ou peu enclines à se confier (Niederhoffer & Pennebaker, 2002). Enfin, pour ceux qui ne seraient pas tentés par l'expérience d'écrire à propos d'un traumatisme psychologique, King (2001) a démontré qu'écrire sur nos buts recherchés dans la vie apportait les mêmes bénéfices tout en étant moins difficile affectivement au moment de le faire.

En somme, la **présentation de soi authentique** a de nombreuses conséquences positives. Il n'est donc pas surprenant que nous désirions adopter de tels comportements malgré les risques qu'ils comportent.

Les différences individuelles dans la présentation de soi. Plusieurs auteurs (par exemple Goffman, 1959 ; Schlenker, 1985) soulignent que « la vie est une scène » dans laquelle nous sommes des acteurs. Comme dans toute pièce de théâtre, certains d'entre nous sont meilleurs comédiens que d'autres. Ainsi les gens se distinguent dans la façon dont ils peuvent exercer leur contrôle sur leur présentation verbale et non verbale à autrui. Ces différences individuelles sont à la base du **monitorage de soi** (Gangestad & Snyder, 2000). La théorie de Snyder, un Montréalais d'origine, propose que les personnes fortes en monitorage de soi sont particulièrement sensibles aux expressions et aux présentations stratégiques de soi des gens en contexte social, ainsi qu'à ce qui est approprié dans le contexte en question. Ces personnes sont motivées à utiliser cette information à bon escient afin de contrôler leur propre présentation de soi et d'influer sur la perception des autres à leur égard. En outre, elles ont la capacité d'atteindre ce but. En revanche, les personnes faibles en monitorage de soi se voient comme des gens à la recherche de la cohérence entre leurs actions dans les situations sociales et leurs attitudes, leurs sentiments ou leurs dispositions intérieures. En d'autres termes, les personnes fortes en monitorage de soi agissent selon ce qui semble approprié dans la situation, alors que les personnes faibles à cet égard se comportent de façon conforme à leurs propres dispositions personnelles, et ce, quelle que soit la situation.

Afin de mesurer ces différences individuelles, Mark Snyder (1974) a conçu l'échelle de monitorage de soi, qui fut révisée subséquemment (Snyder & Gangestad, 1986). Cette échelle contient 18 énoncés dont il s'agit de dire s'ils sont vrais ou faux. Le tableau 3.6 présente un certain nombre de ces énoncés. Comment vous évaluez-vous sur cette échelle ?

Étudions une expérience pour mieux saisir le comportement des personnes ayant un haut ou faible monitorage de soi en contexte social. Klein,

Snyder et Livingston (2004) ont étudié le rôle du monitorage de soi dans l'expression des préjugés envers les gais. Dans un premier temps, on a mesuré l'orientation au monitorage de soi. Puis, trois semaines plus tard, on a convoqué les participants de nouveau, et on les a informés qu'ils devraient présenter leur position personnelle sur les gais et les lesbiennes à une personne provenant d'un groupe défendant une position. Dans une condition expérimentale, cette personne fut présentée comme étant favorable aux gais, alors que dans l'autre condition expérimentale, elle fut présentée comme étant défavorable à ces derniers. Donc, les participants qui étaient forts ou faibles en monitorage de soi devaient parler à une personne favorable ou défavorable aux gais. On demanda alors aux participants d'écrire ce qu'ils diraient à la personne en question concernant les gais. Puis ce fut la fin de l'expérience, la mesure écrite servant de pointage des préjugés. Qu'ont donné les résultats ?

Les résultats apparaissent à la figure 3.9. Comme prévu par la théorie, les personnes ayant un faible monitorage de soi ont présenté à peu près le même nombre de préjugés dans les deux conditions. En effet, ces personnes se servent de leur attitude personnelle pour baser leur comportement. Ils ne devraient donc pas varier selon l'attitude de la personne à qui ils vont présenter leur propre opinion. En revanche, les personnes ayant un haut niveau de monitorage de soi se basent habituellement sur ce qui est approprié dans l'environnement pour déterminer leurs actions. Ils devraient donc présenter un niveau de préjugé plus élevé en présence d'une personne ayant des préjugés qu'en présence d'une personne favorable aux gais. Et c'est ce que les résultats ont démontré.

Malgré certaines critiques (voir John, Cheek & Klohnen, 1996), plusieurs études ont produit des

FIGURE 3.9 **Les effets des dispositions élevées et faibles de monitorage de soi sur l'expression de préjugés selon l'attitude de l'auditoire**

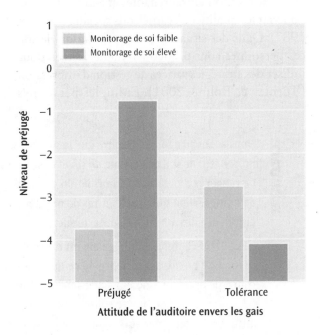

Source : Klein *et al.* (2004).

TABLEAU 3.6 **Énoncés tirés de la version révisée de l'échelle de monitorage de soi de Snyder et Gangestad**

1. Je peux seulement défendre des points de vue auxquels je crois*.	Vrai _____	Faux _____
2. J'imagine que je joue un peu la comédie pour impressionner ou pour divertir les autres.	Vrai _____	Faux _____
3. Je pourrais probablement être bon comédien.	Vrai _____	Faux _____
4. Dans les rencontres sociales, je n'essaie pas de dire ou de faire des choses que les autres aiment*.	Vrai _____	Faux _____
5. Je ne suis pas toujours la personne que je parais être.	Vrai _____	Faux _____

Note : Accordez un point à chaque réponse notée «vrai». Un score élevé indique un monitorage de soi élevé.

* Pour cet énoncé, le pointage doit être inversé.

Source : Adapté de Snyder et Gangestad (1986).

résultats intéressants. Entre autres, certaines recherches révèlent que les personnes fortes en monitorage de soi saisissent ce qui est approprié dans de nouvelles situations, possèdent un excellent contrôle de leurs émotions et peuvent utiliser leurs habiletés avec efficacité afin de créer les impressions qu'elles désirent (Gangestad & Snyder, 2000). En fait, ces personnes sont tellement habiles en tant qu'« acteurs » des situations de tous les jours qu'elles peuvent adopter les manières d'une personne réservée et introvertie, et soudainement faire volte-face et se montrer entreprenantes et extraverties : on pourrait les qualifier de caméléons sociaux (Snyder, 1987). Dans des situations de présentation de soi, ces personnes sont particulièrement douées pour utiliser des stratégies variées de gestion d'impression (Turnley & Bolino, 2001). Enfin, les personnes

fortes en monitorage de soi déploient des efforts importants dans le but de mieux étudier et comprendre les autres (Wong & Watkins, 1996). Ces résultats ont été obtenus dans une foule de domaines, en particulier dans la sélection du personnel (Jawahar & Mattsson, 2005), le comportement au travail (Jenkins, 1993 ; Kilduff & Day, 1994), les effets de la publicité (Lavine & Snyder, 1996), l'efficacité dans le cadre d'entrevues (Shaffer & Pegalis, 1998), les relations avec les amis (Snyder, Gangestad & Simpson, 1983), le conjoint (Simpson et al., 1993 ; Snyder & Simpson, 1984) et les partenaires sexuels (Snyder, Simpson & Gangestad, 1986). Comme on peut le voir, la théorie du monitorage de soi permet de mieux comprendre les déterminants personnels et situationnels du comportement social, et ce, dans une foule de secteurs.

RÉSUMÉ

Nous avons vu dans ce chapitre que le soi est à la fois contenu et processus. L'aspect contenu se compose du concept de soi, de l'estime de soi et des soi possibles. De plus, les schémas sur le soi nous permettent de ranger et d'organiser l'information sur nous-mêmes. Le soi comme contenu est le fruit, notamment, de l'observation que nous faisons de notre propre comportement et de l'évaluation de nous-même, de l'influence des autres, du contexte social et de la culture.

Si le soi est contenu, il est également processus. Le soi comme processus est cette dimension du soi qui permet de prendre conscience de ce que nous sommes et qui remplit une foule de fonctions en ce qui concerne notre soi. L'accès à notre soi est permis par l'état de conscience de soi ou le fait d'être en contact avec soi-même. Cet état de conscience de soi peut être privé — l'accent est alors mis sur nos pensées, attitudes et états intérieurs — ou public — l'accent est plutôt mis sur notre apparence telle qu'elle apparaît aux yeux des autres. Ces deux états de conscience de soi peuvent être induits par des indices environnementaux (miroirs, caméras, auditoire) et dispositionnels (personnalité des gens).

Le soi joue un rôle important dans diverses conséquences intrapersonnelles et interpersonnelles. Parmi les conséquences intrapersonnelles, on peut souligner un traitement accru d'information sur soi, une mémoire biaisée, la régulation des émotions et de la santé mentale, ainsi que des effets sur la motivation et la performance de l'individu. Le soi est également responsable d'un grand nombre de conséquences interpersonnelles. Ainsi il peut influer sur notre perception des autres, sur le choix des situations dans lesquelles nous nous engageons et des actions à accomplir, et même sur la qualité de nos relations avec les autres. Dans un dernier temps, nous avons vu que le soi influe de façon importante sur notre présentation de nous-mêmes, laquelle peut être de nature stratégique ou authentique. De plus, nous avons vu que certaines personnes étaient plus douées que d'autres dans l'art de la présentation de soi. Les gens avec un fort monitorage de soi ont tendance à régler leurs comportements

(suite) en fonction de la situation. Par contre, les personnes avec un faible monitorage de soi agissent en fonction de leurs états intérieurs et de leurs attitudes.

En somme, notre soi est largement le fruit d'influences sociales, et il représente un déterminant important de nos pensées, de nos sentiments, et de nos comportements intrapersonnels et interpersonnels. Il se situe alors au cœur même de nos relations sociales. Il n'est donc pas surprenant que le soi constitue un des champs d'étude les plus étudiés et les plus fertiles en psychologie sociale.

BIBLIOGRAPHIE spécialisée

BAUMEISTER, R.F. & VOHS, K.D. (2004). *Handbook of self-regulation : Research, theory, and applications.* New York : Guilford.

LEARY, M.R. & TANGNEY, J.P. (2003). *Handbook of self and identity.* New York : Guilford.

SEDIKIDES, C. & BREWER, M.B. (dir.) (2001). *Individual self, relational self, collective self.* New York : Psychology Press.

SULS, J. & WHEELER, L. (dir.) (2000). *Handbook of social comparison : Theory and research.* New York : Kluwer.

TESSER, A., STAPEL, D.A. & WOOD, J.V. (dir.) (2002). *Self and motivation : Emerging psychological pespectives.* Washington, D.C. : APA.

Questions DE RÉVISION

1. Qu'est-ce que le concept de soi ?

2. Qu'est-ce que l'estime de soi ? Quelles en sont les principales dimensions ?

3. Qu'est-ce qu'un schéma de soi ?

4. Quels types de comparaison sociale pouvons-nous faire et pourquoi ?

5. Comment en vient-on à définir notre soi ?

6. Nommez et définissez deux types de conscience de soi.

7. Quelles sont les principales influences cognitives du soi ?

8. Quelles sont les principaux processus par lesquels le soi influence les émotions et l'ajustement psychologique ?

9. Nommez certaines des conséquences interpersonnelles du soi.

10. Qu'est-ce que le monitorage de soi ?

Les perceptions et les cognitions sociales : percevoir les gens qui nous entourent et penser à eux

Luc G. Pelletier

École de psychologie
Université d'Ottawa

À la suite d'une annonce dans le journal local, quatre personnes se sont présentées pour les deux places disponibles comme colocataire d'une maison que louent Michèle et Danielle. Ces dernières n'ont pas entièrement déterminé le genre de personne qu'elles recherchent. Elles ont toutefois établi préalablement certaines caractéristiques qui devraient leur permettre de choisir un candidat susceptible de s'harmoniser avec leur style de vie. La première personne à se présenter, Caroline, est une femme d'une trentaine d'années nouvellement arrivée dans la région après avoir accepté un nouvel emploi. Elle est habillée impeccablement. Bien que d'apparence réservée et tranquille, elle n'hésite pas à poser plusieurs questions sur la propreté des lieux, sur le style de vie de Michèle et Danielle, et sur leurs occupations. À première vue, Caroline semble très déterminée. Il est clair qu'elle a déjà partagé un appartement avec d'autres personnes, ce qui inspire confiance à Michèle et à Danielle. Toutes les deux en viennent à la conclusion que Caroline pourrait faire une très bonne colocataire. La deuxième personne à se présenter, Richard, étudie à l'université. Richard commence sa troisième année en physiothérapie. Il donne l'impression d'être très gêné. Il ose à peine examiner les lieux. Il se décrit comme fiable et ordonné. Les tâches ménagères ne le rebuteraient pas. Michèle se rend vite compte que Richard est intéressé par l'appartement, mais qu'il porte un jugement hâtif sans avoir pris le temps de réfléchir vraiment à leur entente future. De plus, Michèle a le sentiment qu'il essaie de donner une bonne image de lui-même, car elle ne trouve pas naturel son enthousiasme envers les tâches ménagères. Pour sa part, Danielle trouve bizarre qu'un étudiant de troisième année à l'université soit si réservé. Michèle conclut de sa rencontre avec Richard qu'il est bien gentil, mais qu'il ne représente pas le type de colocataire qu'elle recherche. Le troisième candidat s'appelle Guy. Il est technicien en informatique. Il n'est pas sitôt entré qu'il commence à visiter le logement sans qu'il soit invité à le faire. Bien qu'il soit normal qu'un futur locataire visite les lieux, Michèle trouve son attitude plutôt impolie et inappropriée. Guy mentionne que, comme Michèle et Danielle, il aime que la place soit propre et en ordre, mais sa façon de communiquer ce message laisse Michèle et Danielle perplexes. Elles ont l'impression que Guy s'attend à ce que l'appartement soit propre, elles ne savent pas trop quoi penser de son comportement à l'égard des tâches ménagères. Lorsque Guy les quitte et se dirige vers son véhicule, Michèle et Danielle constatent qu'il conduit un utilitaire sport. Après un moment d'hésitation, Danielle confie à Michèle : « Il n'est pas question que nous ayons un colocataire qui conduit un 4 X 4. Ce n'est vraiment pas écologique. » Après le départ de Guy, Michèle et Danielle concluent qu'il n'est pas du tout le type de colocataire qu'elles recherchent. Finalement, une quatrième candidate se présente ; elle se prénomme Nathalie. Avant de lui faire visiter la maison, Michèle parle longuement avec Nathalie. Celle-ci donne l'impression de vouloir bien connaître les gens qu'elle rencontre, surtout s'il s'agit d'éventuels colocataires. Bien que Nathalie soit un peu timide, elle semble s'entendre avec Danielle et Michèle, et ce sentiment semble réciproque. Cette première rencontre avec Nathalie rappelle aussi à Michèle la première rencontre qu'elle a eue avec Danielle, il y a quelques années, alors qu'elle cherchait une colocataire. Depuis lors, elles sont devenues de bonnes amies. Après s'être communiqué leurs impressions sur les quatre visiteurs, Michèle et Danielle décident de communiquer avec Nathalie et Caroline, car celles-ci représentent clairement les deux meilleurs choix. Nathalie accepte l'offre de Michèle et de Danielle avec plaisir, tandis que Caroline la décline, puisqu'elle a changé d'idée et qu'elle désire vivre seule en appartement. Michèle et Danielle doivent donc chercher un autre colocataire, ou choisir entre Richard et Guy. Après réflexion, Michèle et Danielle réexaminent la candidature de Richard. Après tout, celui-ci ne leur paraît pas un si mauvais candidat que cela lorsqu'elles le comparent à Guy. Il semble courtois et respectueux. Qui n'a pas déjà essayé de faire bonne impression ? Michèle et Danielle en viennent à la conclusion qu'il devrait faire un bon colocataire.

INTRODUCTION

Comment formons-nous des impressions au sujet des autres personnes ? Qu'est-ce qui détermine ce que nous pensons ou ce que nous ressentons à l'égard des gens qui nous entourent ? Comment les impressions et les cognitions influent-elles sur notre comportement social ? Bien que percevoir les autres ou déterminer la signification d'une situation sociale semble simple et facile à première vue, en fait l'étude de ces phénomènes sociaux représente un défi de taille. Comme la mise en situation qui précède le montre, nous formons des impressions sur les gens que nous rencontrons sur la base de quelques indices qui ne sont pas toujours entièrement représentatifs de ces personnes. Nous utilisons des informations sur des événements passés pour porter un jugement sur les événements présents. Lorsque nous en sentons le besoin, nous examinons de nouveau des indices perçus sur autrui en fonction de critères différents ou en les comparant aux indices perçus chez une autre personne. Nous ne sommes pas toujours conscients des objectifs qui guident nos perceptions sociales. Pourtant, ces objectifs ont une influence à la fois sur la façon dont nous traitons l'information perçue et sur la perception résultante. Finalement, notre tâche est rendue encore plus complexe par le fait que la cible, c'est-à-dire la personne que nous percevons, joue un rôle actif dans ce processus. D'une part, elle tente de nous percevoir et, d'autre part, elle utilise certains indices ou manifeste certains comportements dans le but d'influencer la perception que nous avons d'elle.

La mise en situation décrite plus haut permet aussi de faire ressortir d'autres éléments importants. Entre autres, selon le point de vue où on se place, soit celui du percevant (par exemple celui de Michèle ou de Danielle) ou celui de la cible (par exemple celui de la personne qui cherche un appartement), les interprétations de la situation peuvent différer. Chacun des individus construit une réalité subjective qui lui est propre en se basant sur les objectifs visés lors de cette situation et sur sa perception de l'information. C'est donc cette construction de la réalité qui va influer sur nos actions, et non l'information objective qui est présente dans une situation. Par exemple, Michèle perçoit Richard comme une personne qui tente de faire bonne impression, tandis que Danielle le voit comme une personne gênée et réservée. Est-ce qu'il est possible que Michèle et Danielle aient perçu des indices différents dans les gestes de Richard ou est-ce plutôt les attentes de chacune qui les amènent à interpréter ces derniers de façon différente ? Nos perceptions peuvent changer à mesure que notre construction de la réalité change ou que viennent s'ajouter de nouvelles informations. Par exemple, les perceptions de Michèle et de Danielle à l'égard de Richard vont changer avec le temps. Si elles ne font pas de comparaisons avec les autres personnes qu'elles ont rencontrées, Michèle et Danielle en viennent à la conclusion que Richard ne correspond pas au type de colocataire qu'elles recherchent. Par contre, lorsqu'elles le comparent à Guy, Richard ne semble pas si mal.

Toutes ces descriptions traitent de **perceptions** et de **cognitions sociales**, c'est-à-dire de notre façon de percevoir les gens que nous rencontrons et de les évaluer. Il va sans dire que nos perceptions des autres représentent une partie importante de notre vie sociale. Même lorsque nous connaissons très peu une personne, nous disposons d'une grande quantité d'informations sur elle. Nous savons à quoi elle ressemble, comment elle se présente, nous pouvons interpréter ce qu'elle donne comme réponse aux questions que nous jugeons importantes. Ces impressions nous permettent de comprendre, de prédire et de contrôler, dans une certaine mesure, nos interactions avec les autres. Sans ces impressions que nous avons des autres, il nous serait impossible d'entrer en relation avec eux. Tous les gens nous paraîtraient identiques, et nous ne pourrions pas faire la distinction entre nos amis et nos ennemis, nos relations profondes et nos relations superficielles. Sans notre capacité à percevoir les autres et à les évaluer, notre vie serait une série ininterrompue de rencontres avec des étrangers (Zebrowitz, 1997 ; Zebrowitz & Collins, 1997). Lorsqu'on verra la personne de nouveau, on continuera à recueillir de l'information afin de préciser et de vérifier l'évaluation qu'on a faite d'elle. Par la suite, on agira à son égard en fonction de l'évaluation. Pourquoi l'individu procède-t-il de la sorte ? Comment arrive-t-il à telle ou telle conclusion ? C'est ce que les psychologues sociaux, qui étudient les perceptions et les cognitions sociales, essaient de déterminer.

Dans le présent chapitre, nous examinerons certains travaux réalisés dans le domaine. Dans un premier temps, nous préciserons ce en quoi consiste l'étude des perceptions et des cognitions sociales. Puis nous étudierons la nature des processus qui amènent la personne à traiter les informations sur la cible, et le type de structures qu'elles ont élaboré pour le faire. Nous arrêterons alors notre regard sur les cognitions sociales, c'est-à-dire sur l'attention, l'emmagasinement de l'information, la mémoire, le rappel des souvenirs et l'appréciation de l'information en contexte social. Nous examinerons le rôle joué par les schémas cognitifs, lesquels sont des structures cognitives qui servent à la fois de résumés pratiques sur une multitude de sujets et d'outils pour traiter l'information dans les contextes sociaux. Dans la troisième section, nous indiquerons dans quelles circonstances le percevant utilise des schémas lors de perceptions, par opposition à un traitement plus minutieux des informations multiples sur une cible. Dans la quatrième section, nous examinerons plus en détail les facteurs qui déterminent l'utilisation des différents schémas dans les perceptions sociales. Enfin, nous décrirons les raccourcis auxquels on fait appel au cours du traitement de l'information sociale et comment, à l'occasion, ces derniers peuvent produire des **biais** dans le traitement de l'information sociale.

LES COMPOSANTES SOCIALES DES PERCEPTIONS ET DES COGNITIONS SOCIALES

Le domaine des perceptions et des cognitions sociales partagent beaucoup de construits avec le domaine de la psychologie de la perception et celui de la psychologie cognitive. Mais il diffère aussi sur plusieurs plans de ces deux derniers. Dans la présente section, nous allons discuter de trois aspects des perceptions et des cognitions sociales qui justifient l'étude de ces phénomènes en psychologie sociale. Bien que ces trois aspects soient liés entre eux, nous étudierons chacun d'eux séparément.

Est-ce que la perception des objets et la perception des personnes diffèrent entre elles ?

Est-ce que la perception d'un individu est identique à la perception d'un objet ? L'une des premières stratégies employées pour répondre à cette question a consisté à appliquer le modèle de la lentille (*lens model*), conçu par Brunswick (1934), lequel a pour objet de rendre compte de la perception d'un objet inanimé. Selon ce modèle, les objets physiques et les situations sociales ne font pas partie de l'individu. Celui-ci les perçoit par le moyen des récepteurs sensoriels (les yeux perçoivent les ondes lumineuses, les oreilles captent les sons, les doigts permettent d'apprécier les qualités physiques d'un objet). On admet généralement que les stimuli perçus sont des représentations incomplètes de l'objet réel. Une grande partie de l'information reçue n'est pas perçue par l'individu, ou se perd. En effet, l'individu a une capacité d'attention qui est limitée et qui s'exerce de façon sélective, et il lui est impossible de traiter toute l'information. Par exemple, si vous regardez un film avec un groupe d'amis, chacun d'entre vous percevra l'image et le son, mais il se peut que votre attention soit dirigée sur le jeu des acteurs, tandis que l'un de vos amis s'occupera uniquement de la logique du scénario et qu'un autre fixera son esprit sur la mise en scène. Comme il est impossible de considérer en même temps tous les aspects du film et d'enregistrer toute l'information qui est donnée, il en résultera que vos amis et vous aurez vu le film sous des angles différents, bien que la source de stimulation externe ait été la même pour tous.

Le modèle élaboré par Brunswick a donc fourni la possibilité de vérifier si les individus procédaient de la même façon pour percevoir un objet ou un autre individu. L'une des différences entre les deux types de perceptions qui ont été mises en évidence est que la source d'information (la cible) est dynamique dans le cas de la perception d'un individu, et stable dans le cas de la perception d'un objet. De plus, le contexte dans lequel l'action de l'individu s'accomplit permet de donner un sens à celle-ci. Ainsi, si vous voyez une personne sortir précipitamment de chez elle, vous pourriez sans doute en inférer qu'elle est en retard. Mais si vous voyez en outre que la maison est en feu, vous conclurez à bon droit que cette personne veut sauver sa vie. En résumé, nous ne percevons pas passivement les comportements des autres, au contraire : nous interprétons activement leurs comportements en considérant les éléments fournis par le contexte de façon à donner un sens à ce que nous percevons.

Un autre exemple est tiré d'une étude réalisée par Leeper (1935). Dans cette étude, Leeper a présenté à des participants un dessin ambigu qui pouvait représenter aussi bien une vieille femme qu'une jeune femme attirante (voir la figure 4.1b). Si vous regardez avec attention la figure 4.1, vous verrez tantôt l'une,

tantôt l'autre. Leeper fit ensuite deux versions du dessin : l'une faisait davantage ressortir la jeune femme (figure 4.1c) tandis que l'autre rendait plus apparente la vieille femme (figure 4.1a). Leeper demanda à un premier groupe de participants de regarder avec attention la figure 4.1c, représentant la jeune femme, et à un second groupe, de regarder la figure 4.1a, présentant la vieille femme. Leeper demanda ensuite aux deux groupes de participants de bien observer la figure ambiguë 4.1b pendant un certain temps et d'indiquer ce qu'ils voyaient. Comme prévu, tous les participants qui avaient vu la figure présentant la vieille femme indiquèrent qu'ils ne voyaient que la vieille femme dans la figure ambiguë, alors que 95 % des participants qui avaient vu la jeune femme disaient ne voir que la jeune femme dans la figure ambiguë 4.1b. Cette étude classique montre que les caractéristiques du percevant jouent un rôle actif dans la détermination de la structure des stimuli perçus dans notre environnement.

Notre perception, qu'elle soit relative aux objets ou aux personnes, possède une certaine stabilité. Si vous avez d'abord vu la vieille femme dans la figure 4.1b, il vous sera difficile ensuite d'y voir la jeune femme. Lorsque la perception d'une chose ou d'une personne s'est établie, elle devient relativement stable,

FIGURE 4.1   **La jeune femme et la vieille sorcière**

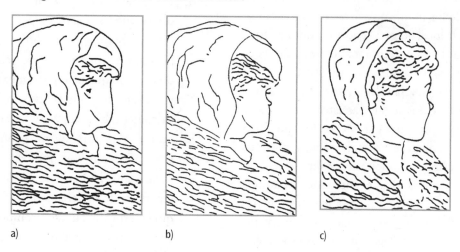

a)   b)   c)

Source : Adapté de Leeper (1935).

et il est assez difficile par la suite de la modifier. Une table demeurera une table, quel que soit le regard que vous porterez sur elle par la suite. Il en est de même pour la perception des individus. Par contre, la stabilité attachée à la perception des autres personnes semble être facilitée par la présence de trois facteurs liés aux situations sociales. Premièrement, lorsque nous regardons les autres, nous portons volontiers attention à leurs qualités permanentes telles que leur apparence physique ou la couleur de leur peau. Ces qualités nous font maintenir notre perception initiale de la personne. Nous verrons un peu plus loin les conséquences qui leur sont associées lorsque nous traiterons du rôle joué par les **stéréotypes** dans la perception des individus. Deuxièmement, nous rangeons souvent les autres dans des catégories : une bonne personne, une méchante personne, un athlète, un chanteur, un étudiant, un professeur, etc. En classant ainsi les gens ou en mettant l'accent sur leurs qualités permanentes, on assure une certaine stabilité à la perception qu'on a d'eux. Cela constitue un élément de la perception sociale qui joue un rôle essentiel dans la prédiction du comportement des individus. Troisièmement, la plupart des personnes que nous percevons s'insèrent dans une suite d'événements qui s'enchaînent de façon rationnelle. Par exemple, lorsque vous allez à vos cours le matin, vous entrez dans le pavillon, vous voyez des gens qui se dirigent vers le local où votre cours est donné. Vous voyez les étudiants entrer dans le local, s'asseoir, prendre un classeur à anneaux, un stylo, écrire et écouter le professeur. Sans le sens attaché à chacune d'elles, les actions liées au fait d'assister à un cours ne seraient reliées entre elles par aucune logique. Bien sûr, les éléments de structure et de stabilité que nous avons déjà décrits y sont pour beaucoup dans notre expérience du sens des événements auxquels nous participons. Par contre, nos perceptions des individus et des événements sont grandement influencées par le contexte dans lequel elles se produisent.

Fiske et Taylor (1991) ont fait ressortir les différences qui existent entre la perception des personnes et la perception des objets. Les principales différences sont les suivantes :

1. Une personne peut changer après avoir été l'objet d'une perception. Puisqu'elles sont sensibles au jugement des autres, les personnes peuvent changer leur attitude ou leur comportement de façon à donner une image favorable d'elles-mêmes. Bien sûr, un objet tel qu'une table ne peut se modifier lui-même ;

2. Les personnes changent avec le temps et les circonstances, alors que les objets demeurent ce qu'ils sont. Un de vos amis, que vous trouviez naïf il y a un an, peut être devenu depuis plus clairvoyant. On ne peut en dire autant d'un objet inanimé ;

3. Les personnes peuvent vouloir influencer l'environnement de façon à mener à bien leurs desseins ; en d'autres mots, elles peuvent vouloir agir sur nos perceptions. Il n'en est pas de même des objets ;

4. Les personnes, sur le plan social, sont à la fois perçues et percevantes. Vous évaluez une personne, et celle-ci fait de même avec vous. Les perceptions sociales sont des perceptions réciproques ;

5. Les personnes sont infiniment plus complexes que les objets. La perception sociale est donc beaucoup plus difficile et beaucoup plus approximative que la perception des objets. Lorsque vous examinez une voiture, par exemple, vous pouvez voir sa forme, sa couleur, d'autres caractéristiques constantes. Mais lorsque vous considérez une personne, vous vous intéressez non seulement à son apparence extérieure, mais aussi aux traits de sa personnalité, aux émotions qu'elle exprime ou à son comportement. La complexité de la personne amène souvent le percevant à faire des déductions qui ne sont pas immédiatement contrôlables.

Le traitement de l'information sociale : un phénomène social

Les distinctions entre la recherche sur les cognitions et la recherche sur les perceptions et les cognitions sociales ne se limitent pas à la nature du stimulus. Le traitement de l'information dans les situations ou les contextes sociaux représente un phénomène social en lui-même. La perception et le traitement de l'information d'un percevant dans une situation sociale sont grandement influencés par les caractéristiques et les actions des individus placés dans cette dernière. Ces influences prennent diverses formes.

Premièrement, dans sa perception de l'information concernant la cible, et dans le traitement de cette information, le percevant construit une réalité subjective. Comme l'expliquent les études consacrées au soi (voir le chapitre 3 sur le soi en psychologie sociale), le percevant possède certaines caractéristiques sur le plan psychologique qui déterminent sa perception du monde. Par exemple, la mise en situation présentée au début de ce chapitre montre que les gens amorcent la perception d'une cible en fonction de motifs ou d'attentes précises, ce qui les incite à sélectionner ou à traiter l'information pour la rendre compatible avec leurs attentes, leurs motivations et leurs objectifs personnels (Showers & Cantor, 1985 ; Wyer & Radvansky, 1999 ; Wyer, 2004). Il est également possible que les gens projettent leurs propres caractéristiques dans la perception d'autrui. Par exemple, les gens soucieux de leur image corporelle ont tendance à porter une attention particulière à l'excès ou aux variations de poids des gens qu'ils rencontrent (Markus, Smith & Moreland, 1986). Selon Newman, Duff et Baumeister (1997), les individus qui veulent éliminer certains traits de leur personne qu'ils jugent indésirables ont tendance à projeter ces traits dans leur perception des personnes qui les entourent. Selon ces auteurs, le fait de vouloir éliminer ces traits contribue à rendre plus aisé leur rappel à la mémoire. Lorsqu'ils appréhendent de voir apparaître ces traits, ils tentent de les supprimer activement, ce qui a pour effet de les leur

faire apercevoir plus facilement chez les autres. Enfin, la personne qui se sent pleinement engagée dans une action ou qui est placée dans une situation qui revêt de l'importance pour elle a tendance à traiter l'information plus en détail, car, selon Kruglanski (2004), elle sent le besoin de se concentrer ou craint davantage de commettre une erreur.

Deuxièmement, la cible elle-même, parce qu'elle évolue dans un contexte social donné, influence la perception du percevant. Comme nous le verrons un peu plus loin dans ce chapitre, l'influence peut s'exercer de plusieurs façons. Par exemple, la cible peut adopter un rôle en fonction du contexte social, comme dans la mise en situation du début du chapitre, où Guy, Richard, Nathalie et Caroline jouent le rôle du chercheur d'appartement. Les questions qu'ils posent, leurs actions et leurs attitudes au cours de leur courte visite témoignent de ce rôle, elles déterminent la nature des impressions de Michèle et de Danielle. L'influence peut même être exercée par une indication qui est fournie exprès, comme celle qui, dans la mise en situation, consiste à dire son intérêt pour les tâches ménagères. L'indication donnée par Richard peut avoir pour but de faire bonne impression sur Danielle et Michèle, ou de les assurer qu'il attache, lui aussi, de l'importance aux tâches domestiques.

Troisièmement, la culture influe, elle aussi, sur le traitement de l'information sociale. Certains traits relatifs à l'origine culturelle des individus jouent un rôle important dans la perception, la **formation d'une impression** (Elfenbein & Ambady, 2003) ou la manière de considérer les individus appartenant à une culture donnée (Hong *et al.*, 2000). Selon Nisbett et ses collègues (2001), la culture n'est pas seulement l'objet de nos perceptions, elle détermine aussi, dans une large mesure, les croyances des individus dans différents domaines, leur manière d'analyser les événements sociaux, et la nature des processus cognitifs qui sont utilisés. La culture à laquelle nous appartenons influe grandement sur la façon dont nous comprenons et dont nous interprétons le monde qui nous entoure.

Enfin, la situation sociale comporte aussi un aspect temporel. Dans la plupart des situations sociales, nous avons très peu de temps pour répondre à l'information, la percevoir et la traiter. Par exemple, lorsque vous rencontrez une personne pour la première fois, la plupart du temps il vous faut déterminer rapidement si cette personne est bien ou mal disposée à votre égard. Quelle que soit la conclusion à laquelle vous arrivez, votre impression va influer sur votre réaction à l'attitude de votre interlocuteur, et cette réaction influera à son tour sur celle de la personne. Le court laps de temps dont vous disposez détermine la quantité d'informations qui sera traitée et, par conséquent, votre appréciation de l'attitude de la personne et la suite de la rencontre. L'aspect temporel joue aussi un rôle selon que vous réfléchissez aux conséquences immédiates ou futures d'un événement (Trope & Liberman, 2003). Dans une conversation avec votre conjoint portant sur un voyage que vous avez projeté de faire ensemble dans quelques mois, vous parlerez sûrement des endroits à visiter ou des plaisirs que vous voulez goûter. Par contre, si vous parlez du voyage quelques heures avant votre départ, il est fort probable qu'il sera question du contenu de vos valises, ou de la confirmation de vos réservations à l'hôtel. Bref, le fait de penser à un moment futur plutôt qu'à un moment présent change aussi notre façon d'examiner une situation et nous incite à passer d'un mode d'analyse abstrait à un mode d'analyse concret.

CONCLUSION : QU'EST-CE QUE L'ÉTUDE DES PERCEPTIONS ET DES COGNITIONS SOCIALES ?

Les cognitions et les perceptions sociales représentent des phénomènes sociaux en eux-mêmes. Globalement, la recherche dans ce domaine tente de déterminer comment nous pensons ou comment nous nous sentons lorsque nous percevons et traitons l'information circulant dans notre monde social. Les perceptions sociales peuvent avoir rapport à un individu, ou à un groupe habitant une ville ou un pays. Elles représentent notre évaluation, notre impression ou encore notre compréhension de ce que sont cet individu ou ce groupe. Les cognitions sociales font référence aux processus psychologiques, ou plus précisément aux processus cognitifs par lesquels nous émettons un jugement ou une perception sociale. Les perceptions sociales se rapportent plus spécifiquement aux processus de réflexion et d'évaluation concernant les personnes faisant partie de notre environnement social ainsi qu'à leurs conséquences. Étant intimement liées entre elles, les perceptions et les cognitions sociales sont souvent influencées par les mêmes facteurs. Ainsi, le traitement de l'information produite dans une situation sociale est grandement influencé par le percevant, la ou les cibles concernées par cette situation, le contexte social, la culture et la perspective temporelle ; elles peuvent être rapides ou réfléchies et elles peuvent également être réalisées dans le cadre de différents types d'interaction. Ces influences mutuelles impliquent que ce qui intervient dans le traitement de l'information (par exemple ce qui est perçu, ce qui sollicite l'attention, la recherche d'information en mémoire) joue un rôle important dans la construction de l'événement. Ces processus vont influencer non seulement les perceptions du percevant, mais aussi ses réponses, et celles-ci, à leur tour, influenceront les réponses de la cible. Ils se poursuivront jusqu'à ce que le percevant décide d'y mettre fin ou que l'objectif initial ait été atteint. Il n'est donc pas surprenant de constater que les efforts des chercheurs en psychologie sociale aient porté sur l'étude de plusieurs caractéristiques associées à chacun de ces grands facteurs (voir Bless, Fiedler & Strack, 2004 ; Kunda, 1999 ; Fiske & Taylor, 1991 ; Wyer, 2004). Quelles sont nos perceptions sociales et comment naissent-elles ? Nous tenterons de répondre à cette question dans les sections suivantes.

LES COGNITIONS SOCIALES : DES PROCESSUS PAR LESQUELS NOUS TRAITONS L'INFORMATION SUR NOTRE MONDE SOCIAL

L'habileté de percevoir les autres et d'interpréter leurs comportements est une habileté humaine importante. Cependant, nous n'avons pas un temps illimité devant nous pour évaluer avec précision tous les nouveaux contextes sociaux ou tous les gens que nous rencontrons. Principalement à cause de la complexité de notre environnement social, nous nous devons d'être sélectif dans ce que nous notons, ce que nous apprenons et ce que nous entreposons en mémoire sur les individus qui nous entourent (voir Fiske & Taylor, 1991 ; Kunda, 1999 ; Wyer & Radvinsky, 1999 ; Wyer, 2004). Comme le montre la figure 4.2, nous avons besoin de stratégies cognitives qui vont nous aider à prendre des décisions efficaces, qui n'accapareront pas nos ressources mentales au point de nous empêcher d'exécuter d'autres tâches. Bref, nous avons besoin de moyens qui vont nous permettre de percevoir les gens autour de nous de façon acceptable tout en déployant le minimum d'efforts sur le plan mental. Dans cette section, nous traiterons des principaux processus et des principales structures impliqués dans les cognitions sociales qui nous permettent d'atteindre cet objectif. Nous commencerons par discuter des **schémas** et nous examinerons ensuite les différents processus à la base du traitement de l'information sociale.

La multitude des informations présentes et notre incapacité à toutes les traiter nous conduisent à vouloir ménager nos ressources mentales et, par conséquent, à faire usage de stratégies simples dans les perceptions sociales.

Les schémas

Les schémas sont des structures issues de notre expérience qui nous aident à créer un ordre et à organiser la nouvelle information qui nous parvient. De façon plus précise, les schémas sociaux peuvent être définis comme des structures mentales mutuellement dépendantes qui nous permettent d'organiser une grande quantité d'informations de façon efficace (Fiske & Taylor, 1991). Ainsi, si je prononce le mot « automobile », l'image d'une automobile devrait apparaître dans votre esprit. Si vous pensez à une automobile, certaines informations devraient devenir accessibles sur les automobiles en général ou sur votre automobile. À mesure que vous pensez à l'information qui est soudainement devenue accessible, celle-ci peut vous mener vers des souvenirs plus précis concernant vos expériences antérieures avec les automobiles (par exemple les coûts liés à son utilisation, le plaisir de la conduire). Cette information peut disparaître rapidement et elle peut être remplacée par un autre type d'information entreposé en mémoire si je mentionne le mot « père ». Soudainement, certaines informations emmagasinées dans votre mémoire sur votre père devraient devenir accessibles. Un point important est que les schémas sont à la fois une structure permettant d'emmagasiner l'information nouvelle et un processus, dans la mesure où ils influencent la façon dont nous recevons et traitons l'information nouvelle. Les schémas qui sont élaborés influent sur plusieurs aspects du traitement

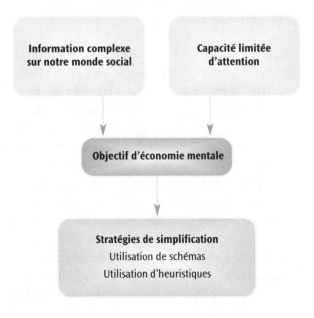

FIGURE 4.2 **La simplification des perceptions sociales**

des cognitions sociales. Nous verrons plus loin dans ce chapitre que les schémas nous permettent d'interpréter le monde qui nous entoure. Les psychologues sociaux s'accordent généralement pour dire qu'il existe au moins quatre types de schémas, à savoir les schémas sur le soi, les schémas sur la personne, les schémas sur les rôles et les schémas sur les événements.

Les schémas sur le soi. Comme nous l'avons vu au chapitre 3, les **schémas sur le soi** consistent en des représentations que nous avons sur nous-mêmes et que nous avons emmagasinées dans notre mémoire. Ainsi, une personne peut se percevoir comme étant intelligente, habile, bonne étudiante, bonne sportive, joyeuse, aimable, serviable et même enjouée. Par contre, dans certains secteurs, comme dans le milieu des affaires, la personne peut avoir une image plutôt floue d'elle-même et elle ne disposera pas de schéma sur cette dimension particulière. À mesure que la personne accumule les expériences, les schémas relatifs à ces différentes dimensions deviennent de plus en plus clairs et ils l'amènent à percevoir le monde à la lumière du contenu du schéma. Comme nous le verrons un peu plus loin dans le présent chapitre, les schémas sur le soi jouent un rôle important dans la perception des individus que nous rencontrons.

Les schémas sur les personnes. Bien sûr, le soi n'est pas la seule personne sur laquelle nous possédons des informations organisées en mémoire. Pour chaque personne que nous connaissons bien, nous avons développé un schéma, qui organise ce que nous savons, ce que nous ressentons face à cette personne. En plus d'entreposer de l'information spécifique sur différentes personnes que nous connaissons bien, nous emmagasinons également de l'information sur des catégories d'individus. Par exemple, nous avons tous une série de schémas sur nos meilleurs amis et les membres de notre famille. Nous avons aussi une idée de ce qu'est une personne agressive, une personne prétentieuse, un étudiant brillant ou un bon professeur. Les schémas que nous avons élaborés pour représenter ces types de personnes sont souvent appelés des **prototypes**. Ils comprennent des traits, des comportements, des sentiments que nous pouvons éprouver à l'endroit de ces types de personnes. Ce type de schéma nous aide à catégoriser les autres et à mieux retenir l'information qui les concerne.

Les schémas sur les rôles ou les groupes sociaux. Les schémas sur les rôles représentent l'information que nous avons emmagasinée sur des membres de groupes ethniques ou raciaux, sur des personnes des deux sexes ou sur leurs occupations. Ces schémas nous amènent à traiter l'information et à avoir des attentes déterminées par rapport au comportement des personnes. On peut ainsi voir que les schémas sur les rôles représentent des structures cognitives importantes relativement aux perceptions intergroupes et à l'utilisation de stéréotypes. Ils nous amènent à avoir des idées bien précises sur ce que les personnes de différents âges, de différentes races, de différents sexes ou de différentes professions devraient avoir comme comportement.

Comme les autres formes de schémas, les stéréotypes représentent une forme catégorisée d'information sur un groupe d'individus. D'une part, les stéréotypes facilitent la perception et le traitement de l'information d'individus appartenant à un groupe donné. Ils représentent donc des éléments utiles lors des perceptions sociales. D'autre part, la formation de stéréotypes incite les individus à percevoir les membres d'un groupe sans porter attention aux différences individuelles entre ceux-ci. En outre, ils incitent les percevants à attribuer des caractéristiques à l'ensemble des membres de groupes sociaux sans que ces dernières aient été observées chez chacun d'entre eux. Les caractéristiques contenues dans les stéréotypes peuvent donc influencer les attentes que nous avons à l'égard d'un individu faisant partie d'un groupe social, et comment nous allons traiter cet individu (Sellers & Shelton, 2003). Les stéréotypes peuvent favoriser l'éclosion de préjugés et la discrimination à l'égard des membres de groupes sociaux (voir à ce sujet le chapitre 13).

Une des principales formes de discrimination basées sur le sexe des individus est le sexisme. Lorsque nous demandons à des individus de décrire les caractéristiques de l'homme et de la femme types, les hommes sont généralement décrits comme étant dominants, affirmatifs, indépendants et orientés vers la tâche ; les femmes, quant à elles, sont décrites comme étant sensibles, chaleureuses, dépendantes et orientées vers les relations entre les gens (Ashmore, 1981). Deux caractéristiques additionnelles de ces stéréotypes doivent être mentionnées. La première est que la plupart des gens croient que certaines caractéristiques se retrouvent uniquement chez les hommes et que d'autres se rencontrent uniquement chez les femmes (Deaux & Lewis, 1984), alors qu'en réalité, plusieurs individus rapportent avoir les caractéristiques associées aux hommes et aux femmes (Bem, 1993). La seconde est que les croyances relatives au sexe sont si solidement ancrées qu'elles peuvent influencer le comportement des adultes dès la naissance d'un enfant. Par exemple, dans une étude qu'ils ont menée, Condry et Condry (1976) ont demandé à des participants adultes des deux sexes de regarder un film où un enfant de neuf mois se mettait à pleurer lorsqu'une boîte à surprise s'ouvrait. La moitié des participants furent informés que l'enfant était un garçon, l'autre moitié croyait qu'il était une fille. Lorsqu'on leur a demandé de décrire le comportement du bébé, les participants ont répondu qu'*il était fâché* ou qu'*elle avait peur*.

Les schémas sur les événements. Ce dernier type de schéma réfère à des structures cognitives qui servent à l'emmagasinement d'informations sur la succession de faits familiers (type de schéma parfois appelé **script** ; voir à ce sujet Schank & Abelson, 1995), de faits inhabituels (Wyer & Radvinsky, 1999) ou d'événements sociaux significatifs qui sont partagés par plusieurs (Moscovici, 1984, 2001).

Nous savons tous comment il faut agir quand nous allons au restaurant. Nous attendons qu'on nous assigne une table, nous parcourons le menu, nous choisissons un plat, nous le recevons, nous mangeons et, à la fin, nous payons l'addition. Cette séquence logique est emmagasinée en mémoire et nous amène à comprendre les divers événements qui en font partie. Ainsi, si je vous demande de répéter les diverses actions que je viens d'énumérer, il se peut fort bien que vous disiez que j'ai reçu l'addition. Or, je n'ai pas mentionné que j'ai reçu l'addition. Le fait que vous ayez ajouté cette action indique que vous avez acquis un schéma sur les événements. Cet exemple aide à comprendre le rôle du schéma sur les événements, appelé aussi script, qui conduit une personne à ajouter, dans une séquence, une action qui parfois n'a pas été exécutée (Schank & Abelson, 1995).

Nous développons aussi des schémas sur des événements que nous avons vécus. Ces événements représentent des actions bien précises (par exemple un moment agréable comme un anniversaire, la naissance de votre enfant), une expérience vécue (par exemple être témoin d'un accident) ou imaginée (par exemple gagner à la loterie). Ces informations entreposées en mémoire font, elles aussi, référence à des événements. Elles comprennent des séquences qui sont construites spontanément, qui sont emmagasinées dans la mémoire, qui nous aident à comprendre ce qui nous est arrivé et qui nous aident à préserver des souvenirs sur des expériences passées (Conway, 1996 ; Kintsch, 1998). Cependant, ces schémas ne suivent pas une séquence déterminée comme les scripts, ils contiennent la plupart du temps uniquement l'information pertinente pour nous aider à comprendre ce qui s'est passé (Wyer & Radvinsky, 1999 ; Zwaan & Radvinsky, 1998).

Nous élaborons aussi des schémas sur les événements sociaux marquants, appelés représentations sociales (Moscovici, 2001), qui nous permettent de retenir ces derniers et de leur donner une signification. À la différence des schémas sur les événements personnels, les schémas sur les représentations sociales sont partagés par plusieurs personnes. Par exemple, si je prononce le mot « clonage », l'image

Les stéréotypes procurent des résumés rapides et pratiques sur des groupes sociaux variés. Cependant, il arrive fréquemment que les stéréotypes représentent des croyances généralisées incitant les individus à ne pas prendre en considération les différences entre les membres d'un groupe social. Les stéréotypes peuvent donc mener les percevants à se former des impressions erronées des individus. Comment se fait-il que des stéréotypes puissent survivre et se perpétuer alors que, souvent, ils mènent à des perceptions erronées des individus et qu'ils augmentent le risque d'erreur dans les perceptions sociales?

L'une des réponses à cette question peut être trouvée dans l'utilisation de **corrélations illusoires**, soit la tendance de surestimer l'association entre deux variables qui sont légèrement ou pas du tout liées entre elles (Ehrlinger & Dunning, 2003; Haselton & Buss, 2000; Maner *et al.*, 2003). Selon Hamilton (1981), les membres d'un groupe favorisent la formation de corrélations illusoires, car les indices les caractérisant sont jugés comme nouveaux ou différents, et captent ainsi plus facilement l'attention des percevants. Afin de vérifier cette hypothèse, Hamilton et Gifford (1976) demandèrent à des participants de lire une série d'énoncés décrivant une caractéristique désirable ou non désirable chez un individu appartenant à l'un des deux groupes, le groupe A ou le groupe B. Les proportions de caractéristiques désirables et non désirables étaient les mêmes pour les deux groupes (les deux tiers des caractéristiques étaient désirables pour les deux groupes, et un tiers des caractéristiques étaient non désirables pour les deux groupes). Cependant, plus d'informations étaient présentées aux participants du groupe A qu'à ceux du groupe B. Plus précisément, les deux tiers des caractéristiques présentées décrivaient des individus du groupe A (majorité) plutôt que ceux du groupe B (minorité). De façon objective, les participants ne devaient donc pas avoir une impression plus favorable des membres d'un groupe en particulier, car ils possédaient la même proportion de caractéristiques désirables à propos des deux groupes.

Comme le montre la figure 4.3, lorsqu'on leur a demandé d'estimer la quantité d'information des deux types (désirables et non désirables) qui était présentée aux participants de chacun des deux groupes, les participants ont surestimé le nombre de fois que les deux variables les plus distinctes étaient reliées (le groupe B et les caractéristiques non désirables). Apparemment, les participants surestimèrent le caractère ambigu de comportements non désirables pour le groupe minoritaire. Dans une recherche réalisée par la suite, Hamilton et Rose (1980) proposèrent que les stéréotypes ainsi formés incitaient les individus à croire que les personnes faisant partie d'un groupe possédaient des caractéristiques particulières. Dans cette étude, les participants

devaient lire 24 énoncés où des individus exerçant des professions déterminées (comptable, médecin, vendeur, agent de bord, libraire, serveuse) étaient associés à une caractéristique (perfectionniste, timide, riche, réfléchi, enthousiaste, sociable, productif, séduisant, sérieux, occupé). Chacune des professions était associée un nombre égal de fois à chacune des caractéristiques. On a demandé par la suite aux participants d'évaluer le nombre des occurrences des associations comptable-timide, médecin-riche, vendeur-sociable, libraire-sérieux, et agent de bord-séduisant. Dans chacun des cas, les participants surestimèrent le nombre d'occurrences de ces énoncés. Les participants déjà familiarisés avec ces stéréotypes perçurent des corrélations qui étaient anticipées, mais qui n'existaient pas en réalité.

FIGURE 4.3 **La corrélation illusoire**

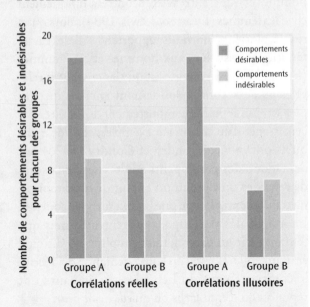

Les études sur les illusions de corrélations peuvent être utiles pour mieux comprendre l'effet tenace des stéréotypes. Dans un premier temps, parce que les membres d'un groupe minoritaire représentent des individus distincts et que, par le fait même, ils sont plus facilement identifiables, la fréquence de leurs actions est plus facilement surestimée. Dans un deuxième temps, l'existence de croyances stéréotypées est plus facilement soutenue. L'individu qui croit que les politiciens sont malhonnêtes estimera à tort qu'il survient plus de scandales dans le groupe des politiciens que dans les autres groupes. En d'autres mots, lorsqu'un stéréotype est en place, les gens ont tendance à relever les situations qui renforcent le stéréotype, et même à en imaginer.

d'une brebis devrait venir à l'esprit de plusieurs d'entre vous. Cette image fonctionne sur la base d'un consensus partagé par un groupe de personnes et elle nous aide à donner une signification commune à une réalité vécue par celui-ci (Tomassello & Rakoczy, 2003). Ces représentations sont le résultat de notre vie en société ou en groupe, de communications sociales ou encore de l'influence des médias (Lyons & Kashima, 2003). Les représentations sociales ont tendance à être conventionnelles et à associer l'interprétation ou la représentation de l'événement à une image. Elles sont donc définies par les opinions sociales et les valeurs qui étaient associées à l'événement au moment de sa perception. Par exemple, les individus qui sont exposés aux mêmes récits stéréotypés impliquant des cibles de différentes races (Lowery, Hardin & Sinclair, 2001), ou des cibles du genre masculin ou féminin (Kray, Thompson & Galinsky, 2001), ont tendance à véhiculer les mêmes préjugés dans leur perception d'un événement social.

Nous gardons dans notre mémoire un grand nombre de schémas de types variés. Les schémas nous aident à percevoir l'environnement de façon très économique en nous amenant à simplifier un monde parfois très complexe, et ce, de façon très rapide. Les schémas peuvent avoir cependant certains désavantages. En effet, il ne faut pas confondre efficacité et exactitude. Une réponse rapide n'est pas toujours exacte. Il se peut que nos schémas, tout en étant efficaces, affectent la précision de nos perceptions et, par le fait même, notre jugement d'autrui. Nous verrons plus loin dans quelle mesure nos schémas guident nos perceptions et aussi que, parfois, ils nous induisent en erreur. Une chose est certaine : les schémas jouent un rôle central dans les divers processus du traitement de l'information.

Les processus de base dans le traitement de l'information sociale

Quels sont les processus de base dans le traitement de l'information sociale ? Quel est le rôle des schémas

dans ces différents processus ? Afin de répondre à ces questions, nous examinerons quatre principaux processus cognitifs et leur relation avec les schémas. Ces divers processus sont ceux de l'attention, de l'emmagasinement de l'information, du rappel de l'information et, enfin, du jugement social. L'attention réfère à l'information que nous notons. L'emmagasinement désigne le processus par lequel l'information qui a été perçue s'inscrit dans la mémoire. Finalement, le rappel de l'information est le processus par lequel nous cherchons l'information emmagasinée dans la mémoire en vue, par exemple, de porter un jugement sur une personne.

Il est important de noter, en ce qui concerne le traitement de l'information, que, à mesure que nous progressons dans les processus cognitifs de l'attention en allant jusqu'au rappel, de plus en plus d'informations se perdent. Ainsi, nous percevons seulement une partie de ce qui existe dans le monde extérieur, nous enregistrons une partie seulement de ce que nous avons perçu et, enfin, nous nous rappelons seulement une partie de ce qui a été emmagasiné dans notre mémoire. Il importe de dire que ce qui est perçu, emmagasiné dans la mémoire et rappelé à la conscience est déterminé en bonne partie par les schémas acquis. Nos schémas guident nos processus d'attention, d'emmagasinement et de rappel de façon sélective (Fiske & Taylor, 1991 ; Wyer & Radvinsky, 1999 ; Wyer, 2004). Donc, cette perte d'information des différents stimuli environnementaux n'est pas nécessairement aléatoire. Elle se fait souvent sous l'influence des schémas. Il serait faux cependant de penser que nos schémas sont seulement des filtres cognitifs. Ils ont un rôle plus actif. Parfois ils changent notre perception et notre compréhension de l'information, parfois ils ajoutent des éléments qui nous permettent de donner un sens à l'information et ils servent à donner une signification à notre monde social. Enfin, ces processus peuvent varier selon le niveau de conscience et, comme nous le verrons un peu plus loin, ils peuvent même être, à l'occasion, inconscients.

L'attention. L'attention précède l'entreposage et le rappel de l'information. Bien sûr, on ne peut se rappeler une information que nous n'avons pas encore perçue. L'attention est donc un phénomène cognitif difficile à étudier, parce qu'il est difficile de préciser si une information n'a pas été perçue ou si elle a été perçue mais a été oubliée. Pour cette raison, nous savons beaucoup moins de choses sur l'attention que sur les autres processus cognitifs. Nous savons cependant que l'attention implique une relation étroite entre le percevant et l'environnement (Higgins & Bargh, 1987). En effet, l'attention perceptuelle implique une interaction constante entre l'information provenant du contexte social et la représentation mentale qu'en a le percevant (Bargh, Lombardi & Higgins, 1988 ; Neisser, 1976). En fait, l'information qui ne correspond pas aux composantes de nos schémas est souvent écartée (Wyer & Radvinsky, 1999). Certains stimuli de notre environnement peuvent être captés par nos schémas, ou structures internes, lesquels, en retour, nous amèneront à porter beaucoup plus d'attention à

ENCADRÉ 4.2   Vos schémas guident-ils votre attention ?

Quel rôle jouent nos schémas dans des situations nouvelles ? Plusieurs études suggèrent que nos schémas nous facilitent la tâche lorsque nous percevons les situations, spécialement si ces dernières sont ambiguës. Dans l'étude classique de Harold Kelley (1950), des étudiants en économie d'universités américaines eurent un professeur remplaçant pour un cours. Afin de créer un schéma pour le professeur remplaçant, Kelley informa les étudiants que le département d'économie voulait connaître l'opinion des étudiants concernant les nouveaux professeurs et que, pour les aider dans leur évaluation, il allait leur remettre une courte biographie du nouveau professeur d'économie avant qu'il ne donne son premier cours.

La notice biographique indiquait l'âge du professeur et donnait de l'information sur ses occupations passées et son expérience en tant qu'enseignant. Dans cette description, Kelley avait inséré deux versions d'un court énoncé sur la personnalité du professeur. La première version décrivait le professeur comme une personne froide, travailleuse, critique, pratique et déterminée. La seconde était identique à la première à ceci près que la mention « une personne froide » était remplacée par « une personne chaleureuse ». Les deux versions furent distribuées aux étudiants de façon aléatoire. Par la suite, le professeur remplaçant anima une discussion d'une durée de 20 minutes, puis on demanda aux étudiants d'évaluer le professeur. Est-ce qu'il avait un bon sens de l'humour ? Paraissait-il sociable ? Était-il bien intentionné ? Étant donné que les étudiants n'avaient vu le professeur remplaçant que pendant 20 minutes, Kelley leur suggéra d'utiliser, pour leur évaluation, le schéma constitué par la notice biographique. L'hypothèse de Kelley fut confirmée. Les étudiants à qui on avait décrit le professeur comme « chaleureux » évaluèrent celui-ci de façon plus positive et lui posèrent plus de questions que les étudiants à qui on avait dit que le professeur était « froid ».

Est-ce que vous avez déjà vécu une expérience semblable ? Est-ce que vos premières impressions au sujet d'un professeur ont déjà influencé votre jugement à son égard ? Peut-être que vous n'êtes pas convaincu. Prenons un autre exemple. Supposons qu'un match de football oppose l'équipe de votre université à celle d'une autre université. Est-ce que vous pensez que les arbitres sont toujours objectifs dans leur jugement des infractions commises de part et d'autre ? La plupart des partisans estiment que les arbitres ne sont pas toujours justes et qu'ils ont tendance à favoriser l'équipe adverse. Mais si les partisans des deux équipes sont de cette opinion, comment les arbitres peuvent-ils être injustes à l'égard des deux équipes ? Selon Hastorf et Cantril (1954), bien que les partisans assistent au même match, ils ne voient pas celui-ci de la même façon, car le fait qu'ils favorisent une équipe guide leur attention dans la perception du déroulement du match. Afin de vérifier cette hypothèse, Hastorf et Cantril ont montré un match de football entre les universités Dartmouth et Princeton aux étudiants des deux universités. Ils demandèrent aux deux groupes d'étudiants d'indiquer le nombre d'infractions commises par les joueurs des deux équipes. L'hypothèse des chercheurs fut confirmée. Les étudiants des deux universités rapportèrent plus d'infractions commises par les joueurs de l'autre université que par les joueurs de leur propre université. Les deux exemples que nous avons rapportés illustrent un phénomène fréquent : nous utilisons nos schémas pour nous faciliter la tâche dans la perception de situations très variées. Nous faisons appel à ces derniers lorsque la situation est ambiguë ou que la personne perçue ne nous est pas très familière. Ils déteignent sur notre perception de la réalité.

ces stimuli. Donc, selon le cas, notre attention sera dirigée ou non sur les stimuli en question. Conséquemment, ce qui attire notre attention est fonction du stimulus et du percevant : ce qui attire l'attention d'une personne peut ne pas attirer l'attention d'une autre (Bargh *et al.*, 1988). Considérons, par exemple, les cas d'un individu qui mesure plus de deux mètres, d'un individu se déplaçant en fauteuil roulant et d'une femme sur le point d'accoucher. Ces personnes devraient attirer notre attention dans la plupart des contextes. Cependant, dans certains contextes (respectivement un terrain de basket-ball, une conférence sur les droits des personnes handicapées, la salle d'attente d'un gynécologue), elles passeraient inaperçues, parce que leur présence n'y serait pas inhabituelle.

L'emmagasinement d'informations dans la mémoire. De ce que nous percevons, seulement un certain pourcentage sera emmagasiné en mémoire. L'attention ne mène pas à l'emmagasinement dans tous les cas. Les schémas jouent un rôle prépondérant dans l'enregistrement de l'information. Cela se fait à deux niveaux. Dans un premier temps, les schémas sont importants parce qu'ils offrent une structure dans laquelle l'information peut être intégrée. Par exemple, si vous voyez un anglophone et un francophone discuter entre eux, votre information sera emmagasinée dans un schéma sur les rôles (les rôles sur les groupes sociaux comme les anglophones, les francophones, etc.). Si une telle structure des schémas sur les rôles n'existe pas dans votre répertoire cognitif, alors cette information risque d'être éliminée, et elle ne sera pas emmagasinée dans votre mémoire. En plus de fournir une structure dans laquelle l'information peut être enregistrée, les schémas jouent également un rôle important en dictant sous quelle forme l'information reçue sera emmagasinée. L'information emmagasinée par le moyen de nos schémas peut être de différents types : elle peut porter sur les comportements, les traits, l'apparence des gens et elle peut être fort riche et diversifiée, ou encore limitée, selon notre degré de

connaissance de la personne ou des groupes en question. Il semble également que ces informations soient emmagasinées en mémoire de façon hiérarchique, c'est-à-dire du plus général au plus spécifique (Hampson, John & Goldberg, 1986). En outre, il semble que l'information que nous avons sur les autres soit emmagasinée séparément dans nos schémas sous deux formes distinctes, soit l'information de base initiale (les comportements, les traits, l'apparence, etc.) et l'évaluation que nous nous faisons de la personne ou l'impression qu'elle nous donne (Pavelchak, 1989). Le fait que nous emmagasinons également nos évaluations ou nos impressions semble être une stratégie efficace dans nos relations sociales. En effet, nous n'avons pas à refaire chaque fois le processus de formation d'impressions. Il s'agit tout simplement de nous rappeler, comme nous le verrons plus loin, notre évaluation initiale de la personne. Par contre, cela nous amène à souligner un point très important. Une fois que l'évaluation d'une personne est faite, il est difficile par la suite de la modifier.

Le rappel de l'information. Le rappel de l'information réfère à l'information qui, une fois emmagasinée dans la mémoire, peut être récupérée par la personne. Comme nous l'avons déjà vu, ce que nous récupérons en mémoire est tributaire des processus d'attention et d'entreposage d'information. De plus, nos structures cognitives (c'est-à-dire les schémas) jouent un rôle important dans le rappel d'information portant sur les autres. Il semble que, généralement, on se souviendra de l'information la plus congruente avec nos structures cognitives encodées en mémoire (Higgins & Bargh, 1987 ; Higgins, 1996). Par contre, d'autres recherches suggèrent qu'à l'occasion, l'information non congruente avec nos structures cognitives sera mieux rappelée que l'information congruente (Stern *et al.*, 1984). Il semble que, pour que l'information non conforme aux schémas soit rappelée de façon préférentielle, il est nécessaire que la personne ait pour objectif de se former une impression de la cible en question et qu'elle ait le temps d'étudier chacun de ses comportements. Sans ces conditions, il semble que l'information congruente avec les schémas sera rappelée de façon préférentielle (Higgins 1996).

S'il nous arrive de porter plus attention à l'information non conforme aux schémas, et ce, dans certaines conditions seulement, il ne faudrait pas croire pour autant que ces informations soient suffisantes pour changer un schéma. En effet, certaines recherches (O'Sullivan & Durso, 1984) soulignent que lorsque nous rencontrons de l'information non conforme à l'un de nos schémas, au lieu de changer ce dernier nous essayons de nous rappeler l'information qui se rattache au schéma. Cela a un effet double. Dans un premier temps, nous avons tendance à oublier l'information contradictoire à cause du laps de temps considérable que nous accordons au rappel de l'information congruente avec le schéma. Dans un deuxième temps, cela nous amène à conserver nos schémas initiaux, puisque le rappel d'information congruente avec les schémas a pour effet de soutenir plus fortement ces derniers. Par exemple, Lord, Ross et Lepper (1979) ont démontré que des participants opposés à la peine capitale s'élevaient encore plus contre cette dernière après avoir lu de l'information qui allait à l'encontre de leur opinion. Le fait de voir émettre des idées contraires aux leurs a probablement amené les participants à réfléchir et à se rappeler l'information conforme à leur opinion, le tout les incitant à soutenir et à renforcer leur schéma initial (Anderson, 1983 ; Hirt & Sherman, 1985).

Le jugement. Parfois, nous sommes appelés à porter un jugement sur une personne. On se souviendra de la mise en situation du début du chapitre. Michèle et Danielle devaient porter un jugement sur chacun des candidats qu'elles rencontraient. Bien que nous traitions de ce phénomène cognitif en dernier lieu, cela ne signifie pas que celui-ci se produit toujours après les autres. Le jugement peut être formulé à n'importe quel moment. Il n'implique pas nécessairement un emmagasinement ou un rappel

de l'information. Un certain nombre de recherches (Pennington & Hastie, 1988 ; Srull & Wyer, 1989) suggèrent que les jugements que nous portons sur les autres se font généralement de façon rapide et au fur et à mesure que les nouvelles informations nous parviennent. Récemment, Wyer et Radvinsky (1999 ; voir aussi Wyer, 2004) ont proposé un modèle du jugement reposant sur différents processus cognitifs. D'après ce modèle, le jugement s'effectuerait en quatre étapes. Dans un premier temps, les participants interprètent chacun des comportements de la cible en fonction d'un concept général. Si les participants ont certaines attentes par rapport à des traits de la cible, ces traits servent à l'interprétation de ses comportements. Par contre, s'il n'y a aucune attente, les participants interprètent les comportements de la cible par rapport au trait qui sera présent à leur esprit à ce moment-là. Dans un deuxième temps, en se basant partiellement sur les inférences par rapport aux traits qu'ils viennent de faire, les participants essaient de faire une évaluation générale de la cible, de dire, par exemple, qu'elle est aimable ou désagréable. Si cette évaluation générale peut être faite facilement sur la base de l'information initiale, les autres informations qui parviendront par la suite n'auront qu'une faible influence sur ce jugement général. Dans un troisième temps, une fois que les participants ont fait une évaluation générale de la cible, ils interprètent ses comportements en fonction de l'évaluation. Enfin, quatrièmement, lorsque la personne doit porter un jugement sur la cible, elle fouillera dans sa mémoire afin de trouver le concept, ou l'évaluation générale, sur la cible pertinent à ce jugement. Si une telle évaluation générale existe, le percevant l'utilisera afin d'émettre son jugement, sans réviser les comportements déterminés qui ont été emmagasinés dans la mémoire. Ces derniers seront utilisés uniquement si aucune des évaluations générales faites sur la personne n'est pertinente au jugement en question. En somme, les jugements que nous portons sur les autres dépendent en grande partie des autres processus cognitifs qui interviennent dans le traitement de l'information sociale.

Résumé

Les cognitions sociales, c'est-à-dire les processus par lesquels nous percevons et jugeons les gens qui nous entourent, sont diverses et complexes. Les divers processus importants de ce phénomène sont l'attention que nous accordons aux stimuli présents dans notre environnement social, l'emmagasinement de l'information dans la mémoire, le rappel de cette information et, enfin, les jugements sociaux. Dans un tel cadre, les schémas sur la personne, sur le soi, sur les rôles ou sur les événements jouent un rôle prépondérant dans le traitement de cette information sociale. Les conditions qui semblent favoriser différents types de traitement de l'information sont associées à une grande variété de processus, ce qui laisse

---

ENCADRÉ 4.3   Le jugement global d'un individu et le rappel des faits justifiant l'évaluation

Est-ce que notre jugement global d'un individu est étroitement associé à l'information sur laquelle s'appuie notre évaluation ? Théoriquement, nous devrions nous attendre à ce que l'information que nous sommes en mesure de nous rappeler sur un individu s'accorde avec l'évaluation de cette personne. S'il vous est demandé d'indiquer ce que vous pensez de votre conjoint et pourquoi vous avez une telle opinion, vous devriez être en mesure de justifier facilement votre réponse. Mais est-ce bien le cas ? Si vous avez de la difficulté à justifier votre réponse, ou que très peu d'informations vous viennent à l'esprit, consolez-vous, vous n'êtes pas différent des autres individus.

Les raisons qui ont été élaborées pour justifier un tel phénomène sont basées sur la théorie de la représentation duale (Adaval & Wyer, 2002 ; Srull & Wyer, 1989 ; Wyer, 2002). Le principe de base de cette théorie est que, lorsque nous considérons l'information qui nous servira à nous former une impression globale d'un individu, nous emmagasinons de façon indépendante les caractéristiques évaluatives du comportement observé en même temps que les comportements (voir la figure 4.4). Donc, si nous voyons quelqu'un se comporter d'une façon altruiste, nous emmagasinons

de façon indépendante dans notre mémoire notre évaluation de la personne et son comportement. À mesure que nous apprenons de nouvelles choses sur cette personne, nous révisons notre impression de la personne et nous enregistrons le comportement nouvellement observé. Cependant des mécanismes différents sont utilisés pour accomplir ces deux tâches. Dans le premier cas, l'évaluation globale de la personne se fait en prenant en considération l'évaluation initiale de la personne comme point d'ancrage. Dans le second cas, les comportements sont emmagasinés l'un à la suite de l'autre de sorte que les comportements les plus récents deviennent plus accessibles que les comportements initialement observés. Par conséquent, lorsque nous demandons à quelqu'un ce qu'il pense d'un autre individu, l'évaluation globale est influencée par l'information initiale sur la personne (effet de primauté). Si nous demandons à cette personne de justifier son évaluation, celle-ci se rappellera les comportements les plus récemment inscrits dans la mémoire (effet de récence). Ainsi, l'évaluation globale de la personne ne correspond pas exactement aux comportements qui nous viennent à l'esprit concernant cette personne.

FIGURE 4.4   La théorie de la représentation duale

supposer que le degré de précision du percevant varie grandement en fonction des buts visés ou des exigences de la situation. Comme nous l'avons vu, les schémas jouent un rôle à toutes les étapes des processus de traitement de l'information. Il devient donc difficile de déterminer avec certitude à quelle étape l'effet des schémas se produit (Fiske & Taylor, 1991 ; Kunda, 1999 ; Wyer, 2004). Une chose est certaine, les schémas influent sur les perceptions que nous avons des autres. Toute situation incitant le percevant à se former un jugement rapide qui peut être communiqué facilement aux autres favorise l'utilisation de schémas.

L'UTILISATION DE SCHÉMAS ET L'INTÉGRATION D'INFORMATIONS MULTIPLES SUR LA CIBLE

Jusqu'à maintenant nous avons examiné les processus de base impliqués dans le traitement de l'information sociale. L'analyse proposée repose grandement sur l'utilisation de schémas dans les perceptions sommaires d'individus. En fait, la majeure partie des recherches sur les perceptions sociales portent sur des situations où l'on présente un étranger sur vidéo ou par écrit, et où l'on demande au participant de s'en faire une idée. Cela se conçoit aisément, car ce type de situation représente une grande partie de notre vécu quotidien. La personne qui vient s'asseoir à côté de vous dans le métro ou le passant que vous croisez à une intersection représentent tous deux des cibles de vos perceptions sociales dont vous allez vous former une idée en utilisant différents aspects de l'information sociale disponible, et ce, sans interagir avec ces individus. Il convient toutefois d'ajouter que bon nombre de situations courantes exigent une analyse détaillée de l'information disponible pour avoir une idée plus précise des personnes que nous rencontrons ou pour que cette information s'inscrive dans notre mémoire (Wyer & Radvinsky, 1999 ; Wyer & Srull, 1989). Mais comment procédons-nous pour convertir l'ensemble de l'information reçue en

une impression globale de la personne ? Quels sont les aspects les plus importants des informations qui sont retenues ? Comment parvenons-nous à combiner des aspects de l'information sociale qui nous paraissent contradictoires ?

Dans cette section, nous tenterons de répondre à ces questions. Dans un premier temps, nous allons examiner comment nous recherchons et évaluons les caractéristiques multiples et souvent contradictoires de la cible afin d'utiliser ces informations pour former une impression générale de la personne. Dans un deuxième temps, nous allons examiner les circonstances qui incitent les percevants à rapidement se former une idée d'une cible par opposition aux circonstances qui les incitent à analyser en détail l'information disponible. Finalement nous allons examiner comment certains chercheurs ont proposé d'intégrer les deux modes de fonctionnement, soit l'utilisation rapide et économique des schémas et la recherche d'informations multiples sur la cible. Nous examinerons alors plus en détail un modèle selon lequel il est proposé que les processus utilisés pour percevoir les autres peuvent se placer sur un continuum allant des processus reposant principalement sur les schémas aux processus reposant principalement sur les attributs de la personne.

L'utilisation d'informations multiples sur la cible

Lorsque nous voulons être plus précis dans nos interactions sociales, nous nous appliquons à recueillir plus d'informations que nous ne le faisons d'habitude. Nous avons tendance à écouter davantage et à poser plus de questions (Darley *et al.*, 1988). Erber et Fiske (1984) ont observé que nous avons aussi tendance à nous concentrer davantage sur les caractéristiques de la personne qui nous paraissent incohérentes. Si la personne se présente de façon positive, nous avons tendance à examiner les informations négatives et, à l'inverse, si elle se présente de façon négative, nous avons tendance à examiner les informations positives. Mais, à mesure que nous recueillons plus d'informations sur une cible, comment procédons-nous pour nous en former une impression ? Anderson (1981) a proposé plusieurs modèles afin d'expliquer comment nous prenons en considération les attributs ou les caractéristiques de la cible pour en faire une évaluation globale, qui constituera l'impression que nous avons de la personne.

Le modèle additif et le modèle de la moyenne. Anderson (1965, 1968) a proposé au départ le modèle additif et le modèle de la moyenne afin d'expliquer comment nous intégrons l'information sur la cible. Le modèle additif postule tout simplement que l'impression que nous nous formons de la cible est une résultante de la somme des caractéristiques de cette dernière. Donc, plus une personne possède de caractéristiques positives, plus nous la percevrons de façon positive. Par contre, le modèle de la moyenne propose que notre évaluation de la cible consiste en la somme des caractéristiques de cette dernière divisée par le nombre d'informations que nous avons sur celle-ci. Lequel de ces modèles est supérieur à l'autre ?

Anderson (1965) a réalisé une étude afin de répondre à cette question. Dans cette étude, les participants reçurent quatre types de traits qui variaient à divers degrés de positivité. Certains de ces traits, comme la franchise, étaient hautement positifs (H) ; d'autres, comme le fait d'être travailleur, étaient modérément positifs (M+) ; d'autres, comme une trop grande popularité, étaient modérément négatifs (M−) ; et enfin d'autres étaient hautement négatifs (N). On retrouvait quatre conditions. Dans deux de ces conditions, Anderson avait regroupé deux caractéristiques très positives, ou encore deux caractéristiques très négatives, de la cible. Dans les deux autres conditions, Anderson avait regroupé les caractéristiques hautement positives avec des caractéristiques positives moyennes, et les caractéristiques fortement négatives avec des caractéristiques modérément négatives. L'hypothèse d'Anderson était la suivante : si c'est le modèle additif qui est valide, les conditions comprenant les caractéristiques très positives et celles modérément positives devraient mener à l'évaluation

la plus positive. Dans les conditions négatives, ce serait exactement l'inverse. Si c'est le modèle de la moyenne qui est correct, seules les conditions comprenant les traits extrêmes (uniquement positifs ou uniquement négatifs) donneraient lieu à des évaluations extrêmes. Les résultats obtenus par Anderson (1965) ont confirmé la valeur du modèle de la moyenne. L'évaluation la plus positive était produite par la présence de deux caractéristiques très positives, et l'évaluation la plus négative était produite uniquement par la présence de caractéristiques très négatives.

Le modèle de la moyenne pondérée. Le modèle de la moyenne permet donc de mieux décrire plusieurs types de jugements sociaux. Cependant, Anderson observa que, dans plusieurs cas, certains types d'informations étaient jugés plus importants que d'autres. Il paraît donc logique que, lorsque nous évaluons une personne, ces types d'informations soient pondérés et qu'ils prédominent sur les autres types d'informations lorsque nous intégrons l'information et lorsque se forment nos impressions sur la personne. Il proposa donc un troisième modèle, celui de la moyenne pondérée (Anderson, 1981). Le modèle de la moyenne pondérée est identique à celui de la moyenne. Toutefois, avant de faire la moyenne des caractéristiques qui nous intéressent, nous multiplions chaque caractéristique par un poids subjectif en fonction de l'importance que nous lui accordons. Une telle perspective permet donc de prendre en considération le fait que, pour certaines personnes, certaines caractéristiques de la cible sont plus importantes que d'autres.

Plusieurs recherches d'Anderson (1981) soutiennent ce modèle. Le modèle de la moyenne pondérée est important parce qu'il permet d'expliquer le fait que certaines informations ou caractéristiques de la cible sont jugées plus importantes que d'autres dans notre formation d'impressions sur cette dernière. Par exemple, si vous parlez d'un autre étudiant qui est peu intelligent, peu travailleur et agressif, il se peut fort bien que cette dernière caractéristique joue un rôle beaucoup plus important que les deux autres dans votre formation d'impressions. Cela s'accorde avec certains résultats qui indiquent que le poids accordé à chaque caractéristique de la cible est en rapport avec l'importance du trait considéré : les traits extrêmes recevraient beaucoup plus de poids que les traits modérés. Il en serait de même pour l'information négative sur la cible (Erber & Fiske, 1984). Plusieurs recherches sur la formation d'impression (voir Skowronski & Carlston, 1987, 1989) révèlent que nous prêtons plus de valeur à l'information négative que nous possédons sur une cible qu'à l'information positive. Selon Skowronski et Carlston, l'information extrême et négative l'emporte sur l'autre parce qu'elle est considérée comme de l'information plus diagnostique de la personne. Ainsi, si l'on croit que de tels indices nous apportent plus d'information sur la cible, il est normal que nous lui accordions plus de poids.

La compréhension de l'information sociale.

Les modèles élaborés par Anderson sont des modèles relativement simples et rationnels qui permettent de comprendre comment l'information détaillée sur une cible est intégrée. Bien que ces modèles puissent expliquer certains de nos jugements, selon plusieurs chercheurs (Smith, 1994 ; Wyer & Carlston, 1994 ; Wyer, 2004), nous procédons rarement de la sorte, car les schémas déjà en place interviennent dès que nous commençons à traiter de nouvelles informations. En utilisant nos schémas déjà existants, nous nous assurons que l'information perçue sera traitée et interprétée plus facilement, et aussi qu'elle pourra être rappelée à la mémoire aisément par la suite.

Plus récemment, Wyer et Radvinsky (1999) ont proposé un modèle qui intégrait les modèles précédents sur le traitement rapide et le traitement d'informations multiples relatives à une cible, et qui rendait mieux compte de la façon dont nous traitons l'information sociale. Selon eux, l'information relative à une nouvelle situation sociale sera traitée seulement si elle réfère à un événement ou à un fait qui est déjà fixé dans la mémoire. Si l'information

disponible ne peut être rattachée à nos schémas, il y a peu de chances qu'elle soit traitée au moment où nous percevons la situation. La compréhension de nouvelles informations sur une cible va donc consister à construire un schéma spécifique sur la cible en question en utilisant les informations pertinentes déjà confiées à la mémoire. En d'autres mots, aussitôt qu'une nouvelle information est perçue, elle est interprétée automatiquement en fonction de schémas déjà existants. L'individu ne pourra par la suite obtenir des informations supplémentaires que si celles-ci sont liées à la cible ou à la situation qui fait l'objet de la perception, ou si l'objectif visé n'a pas été atteint.

Selon Wyer et Radvinsky (1999), l'information sociale peut donc être assimilée de deux façons. La première implique que l'information est interprétée rapidement et simplement en fonction de schémas déjà établis sur les personnes, les objets ou les événements. Le jugement qui résulte de cette analyse est alors fortement influencé par les schémas qui ont été activés. Si l'information perçue ne peut être facilement comprise ou si elle nécessite une analyse plus détaillée, l'individu peut faire appel à une seconde stratégie plus exigeante, qui consiste à créer un sous-schéma pour intégrer et traiter l'information perçue. Bien que cette stratégie serve la plupart du temps à formuler un jugement plus précis, cette construction est effectuée en s'inspirant fortement de schémas pertinents qui sont déjà emmagasinés dans la mémoire. Le jugement qui résulte de la création de ce nouveau schéma est donc fortement influencé par les jugements précédents. Comme nous le verrons dans la section qui suit, la stratégie qui concerne l'analyse d'informations multiples sur la cible comporte, elle aussi, certaines limites.

Les conditions favorisant l'analyse d'informations multiples sur la cible

Il est possible que l'impression que nous nous faisons des autres suive deux types de processus. Selon le premier processus, nous avons recours à nos schémas pour nous faire une impression très rapide des autres. Selon le second, il arrive que nous considérons plus en détail les différentes caractéristiques de la cible afin de préciser l'impression que nous en avons. Quand utilise-t-on l'un ou l'autre des processus ? Comme le montre la figure 4.5, deux facteurs, le niveau d'occupation cognitive du percevant et sa motivation, peuvent influer sur le processus qui sera utilisé. C'est ce que nous verrons dans cette section.

La crainte de commettre une erreur ou le fait que l'action de la cible soit contraire à nos attentes, joint au fait que nos ressources cognitives sont disponibles, nous conduisent à vouloir raffiner notre perception de la cible, ce qui entraîne une recherche d'information non biaisée, la prise en considération d'informations multiples sur la cible et la formation d'un schéma spécifique sur la cible.

Le niveau d'occupation cognitive du percevant. Un percevant actif ou occupé sur le plan cognitif est un percevant qui cherche à la fois, par exemple, à se former une impression d'un individu et à prédire le comportement d'un autre individu, et qui est préoccupé par une pensée ou qui tente d'évaluer les probabilités qu'un événement futur se produise. L'attention du percevant porte alors sur plusieurs tâches simultanées. Un percevant faiblement actif sur le plan cognitif est un percevant dont l'attention porte uniquement sur l'interaction actuelle avec un autre individu. Gilbert, Pelham et Krull (1988) postulent que, lorsqu'il est actif sur le plan cognitif, le percevant fait appel à des processus faisant intervenir des structures cognitives déjà organisées (par exemple un schéma). Alors, il ne serait pas en mesure de prendre en compte l'information provenant du contexte ou d'utiliser toute information additionnelle permettant de modifier la perception qu'il a d'une cible. Par conséquent, les individus actifs sur le plan cognitif devraient plus facilement avoir recours à des schémas déjà organisés pour traiter l'information sociale. À l'opposé, les individus moins actifs sur le plan cognitif devraient utiliser plus d'information sur le comportement de la cible et les caractéristiques de la situation. Afin

de vérifier ces hypothèses, Gilbert, Pelham et Krull ont demandé à des participants d'écouter une personne chargée de lire un discours pour ou contre l'avortement, et de juger de l'opinion de cette personne sur cette question. Les participants dans la condition de faible niveau d'activité cognitive devaient tout simplement écouter le discours. Les participants dans la condition de haut niveau d'activité cognitive devaient écouter le discours tout en sachant qu'ils auraient, eux aussi, à lire et à préparer un discours par la suite. Nous pouvons inférer que les derniers participants étaient actifs sur le plan cognitif étant donné que, en même temps qu'ils écoutaient le discours de la personne, ils devaient réfléchir au leur. Les auteurs ont constaté que les participants moins actifs sur le plan cognitif avaient pris en compte le contexte, c'est-à-dire le fait qu'on avait demandé à la personne de lire un discours qui défendait une opinion qui n'était

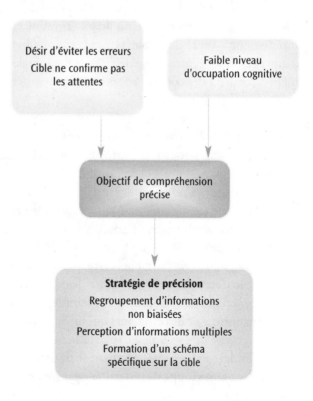

FIGURE 4.5 L'analyse d'informations multiples sur la cible

Désir d'éviter les erreurs
Cible ne confirme pas les attentes

Faible niveau d'occupation cognitive

Objectif de compréhension précise

Stratégie de précision
Regroupement d'informations non biaisées
Perception d'informations multiples
Formation d'un schéma spécifique sur la cible

pas nécessairement la sienne. En conséquence, ils ont évalué cette personne de façon beaucoup moins extrême que les individus cognitivement actifs. Ces résultats montraient que les percevants moins actifs considéraient l'ensemble de l'information disponible (le contexte et la cible) et que les percevants actifs fixaient leur attention sur l'information relative au comportement de la cible.

La motivation du percevant. Un deuxième type de facteurs qui influe sur le processus utilisé pour percevoir une cible est la motivation du percevant. Les buts poursuivis par les individus dans les perceptions sociales sont aussi importants que l'information elle-même (Fiske & Taylor, 1991). Les variations dans les buts poursuivis par les percevants et la nature de la situation peuvent stimuler l'utilisation rapide de schémas déjà emmagasinés dans la mémoire ou une analyse systématique de toute l'information disponible. Par exemple, on peut concevoir aisément qu'un individu se fasse rapidement une impression à l'aide du schéma d'une cible qui a attiré son attention. Il est, par contre, plus difficile d'imaginer un membre d'un jury se prononcer rapidement à l'aide de schémas sur la culpabilité d'une personne accusée de meurtre, puisque le jugement à rendre a des conséquences sérieuses (sur ce sujet, voir le chapitre 5).

Les buts poursuivis par le percevant regroupent un ensemble de construits qui sont employés non seulement pour structurer l'information qui est perçue (voir, par exemple, Trzebinski & Richards, 1986), mais aussi pour guider nos impressions lorsqu'un objectif est poursuivi (Wyer, 2004 ; Wyer & Radvinsky, 1999 ; Hastie, Park & Weber, 1984). Plus une structure cognitive peut être utile en fonction des buts du percevant, plus cette dernière sera susceptible d'être utilisée par celui-ci lors du processus de la perception sociale. Par exemple, si, lors de sa rencontre avec des étudiants qui suivent également son cours de psychologie sociale, le percevant cherche à déterminer quel étudiant il pourra admettre dans son groupe d'étude, il se peut fort bien

que les structures portant sur les caractéristiques d'un bon étudiant soient alors utilisées. Par contre, s'il désire évaluer si la cible en question peut devenir un partenaire amoureux, alors il se peut que la structure cognitive sur les caractéristiques d'un partenaire amoureux influence l'information qui sera recueillie dans diverses situations (Glick, Zion & Nelson, 1988). Maner et ses collègues (2005) ont ainsi démontré que, du fait de leur objectif qui consiste à protéger le soi, les participants perçoivent plus de colère sur des visages masculins de race noire et d'origine arabe. De même, la recherche d'un partenaire conduit les hommes à percevoir plus d'activation sexuelle chez des personnes attrayantes de l'autre sexe. Dans les deux cas, la perception des individus n'était modifiée que s'il y avait poursuite d'un objectif. Il est aussi important de considérer que les objectifs poursuivis par le percevant (percevoir, évaluer, porter un jugement, sélectionner un candidat, etc.) vont influer sur la nature des interactions entre la cible et le percevant et, éventuellement, sur la perception de la cible (Jones & Thibault, 1958).

Les principes justifiant l'utilisation de schémas à la place de l'analyse détaillée d'information semblent donc être liés aussi à la nature des relations entre le percevant et la cible, et aux conséquences négatives que peut entraîner une perception erronée. Dans divers genres de situations, les informations contenues dans les schémas permettent de percevoir une cible avec assez de précision pour répondre aux besoins du moment. Cependant, l'examen des interactions entre le percevant et la cible exige parfois une analyse plus détaillée de la cible à cause, principalement, des conséquences qu'entraîne une erreur. Comme plusieurs éléments de la situation peuvent aggraver les effets d'une perception erronée, il est nécessaire d'examiner systématiquement l'information présente.

Si ce que la personne retire d'une situation (une récompense, un bénéfice, une punition, etc.) dépend de ses actions aussi bien que des actions d'un autre, on dit alors que les *conséquences de la situation dépendent de la personne*. Dans une situation de ce genre, les individus portent plus attention à la cible (Berscheid *et al.*, 1976) et ils prennent en compte l'information qui ne concorde pas avec leurs schémas (Erber & Fiske, 1984). Le fait d'être membre d'une équipe peut faire naître l'objectif d'être plus précis dans le jugement porté sur une autre personne, de renoncer aux stéréotypes que l'on véhicule (Fiske & Neuberg, 1990). Par exemple, au moment de former une équipe de travail diligente, un étudiant reconsidérera sérieusement l'information concernant un autre étudiant regardé initialement comme paresseux.

Lorsqu'ils *doivent justifier une décision* ou un jugement devant une autre personne, les individus se montrent plus prudents dans leurs perceptions. Ainsi que nous l'avons vu, le membre d'un jury se fie moins à sa première impression et tend à considérer l'ensemble de l'information, car il sait que son jugement a des conséquences sérieuses (Tetlock, 1983).

Le désir d'éviter les *conséquences entraînées par l'erreur* pousse les individus à être plus prudents. Dans une série d'études menées par Kruglanski (2004), les participants furent amenés à croire que les jugements qu'ils émettraient serviraient à mettre en lumière certaines de leurs capacités, que leurs jugements seraient comparés à ceux des autres juges, ou évalués selon des critères objectifs, ou qu'ils auraient à justifier leurs jugements devant d'autres individus. Étant donné le caractère de la situation et l'absence de limite de temps, les participants se sont moins fiés à leurs schémas et se sont attachés à considérer l'ensemble de l'information disponible sur les cibles perçues.

Finalement, bien que, très fréquemment, le percevant et la cible coopèrent entre eux pour des raisons pragmatiques dans les situations de perception sociale (Swann, 1984), la cible peut à l'occasion adopter un comportement qui ne correspond pas au schéma utilisé par le percevant. Dans certaines situations, les cibles peuvent inciter les percevants à porter attention à des caractéristiques inconciliables avec leurs propres schémas, et même à changer leur perception initiale et à revenir sur leurs jugements.

Par exemple, lorsque les cibles sont certaines de leur concept de soi, les percevants ont beaucoup de difficulté à agir en se fondant sur une impression initiale erronée. Parfois alors, la cible oblige le percevant à rectifier son opinion et à examiner en détail son comportement (Swann & Ely, 1984 : Swann, Pelham & Chidester, 1988).

Un continuum de processus perceptuels

Au cours des dernières années, les psychologues sociaux se sont penchés sur les mécanismes schématiques et sur les attributs de la personne comme déterminants de la formation d'impressions (voir Fiske, Lin, & Neuberg, 1999 ; Fiske & Neuberg, 1990 ; Fiske & Pavelchak, 1986 ; Pavelchak, 1989 ; Smith, 1994 ; Wyer & Radvinsky, 1999). Ces auteurs s'entendent pour dire que nous pouvons former des impressions des autres de plusieurs façons. Ces façons peuvent se placer sur un continuum allant des processus reposant principalement sur les schémas aux processus reposant principalement sur les attributs de la personne, ces processus dépendant en partie de la nature de l'information qui est disponible. Les stimuli qui sont facilement catégorisables en schémas devraient déclencher des processus schématiques, alors que les stimuli qui sont difficilement catégorisables devraient déclencher des processus reposant sur les attributs (processus d'intégration de l'information). Fiske et Neuberg (1990 ; Fiske *et al.*, 1999) ont proposé un modèle qui tient compte de ces deux perspectives dans la formation d'impressions. Le modèle est appliqué en plusieurs étapes (voir la figure 4.6). Une fois la cible perçue, la première étape consiste à définir certains de ses attributs et à les catégoriser à l'aide de schémas. Il s'agit pour le percevant de vérifier s'il est possible de catégoriser la cible à l'aide de ses propres schémas. Dans la deuxième étape, après avoir utilisé le schéma considéré comme le plus approprié (même uniquement à titre d'essai), le percevant définit des attributs additionnels en vue de vérifier la validité de ce dernier. Dans la troisième étape, si le schéma est jugé valide et s'il permet

FIGURE 4.6 **Un continuum de processus de formation d'impressions allant de l'utilisation d'informations basées sur une catégorie à l'utilisation d'informations basées sur l'individu**

Continuum des processus	Exemple d'informations utilisées
Catégorisation initiale	
a) Étiquette seulement (aucune donnée)	Paul C., un étudiant en génie Les Allemands en général
b) Données facilement catégorisées	Un étudiant toujours en retard et qui ne comprend pas le contenu du cours Un individu athlétique, compétitif et non intellectuel
Catégorisation confirmatoire	
a) Étiquette + données consistantes avec la catégorie	Un vendeur qui est opportuniste et sans cœur Un homme qui est fort et affirmatif
b) Étiquette + données mixtes	Un étudiant désavantagé qui quelquefois réussit bien et quelquefois, moins bien Une femme qui est à l'occasion affirmative et à l'occasion passive
c) Étiquette + données non associées avec la catégorie	Un criminel qui a plusieurs enfants Un individu d'origine asiatique qui conduit une voiture
Recatégorisation	
a) Faible étiquette + données non associées	Un artiste qui a un emploi à temps plein et qui regarde la télévision Un violeur qui est propriétaire d'une quincaillerie
b) Étiquette + données non associées	Un homme divorcé qui a la garde des deux enfants Une femme qui réagit toujours de façon agressive Un médecin qui est ignorant, inefficace et non entreprenant

Source : Adapté du modèle proposé par Fiske & Neuberg (1990).

d'expliquer la plupart ou l'ensemble des attributs de la personne, le percevant fait uniquement appel à ses schémas pour décrire la manière dont il perçoit la personne et répondre à celle-ci. Cela représente le mode préféré de traitement de l'information sur la cible. Par contre, si notre évaluation de l'exactitude du schéma se révèle négative, dans une quatrième étape le percevant essayera d'utiliser des sous-catégories qui lui permettraient alors de catégoriser la cible. La sous-catégorisation représente un genre d'hybride entre une analyse schématique et une analyse reposant sur les attributs. Par exemple, supposons que vous possédiez des schémas au contenu négatif sur les rôles des politiciens et que vous receviez de l'information sur un politicien qui fait preuve d'honnêteté et d'intégrité. Il se peut fort bien que vous vous fassiez une impression sur cette personne qui soit mitoyenne. Ainsi, vous pourriez dire « c'est un politicien *intègre* et *honnête* ». Une telle perspective de sous-catégorisation permet l'utilisation des schémas, mais également des attributs de la personne. L'évaluation est donc issue d'une interaction entre les deux perspectives et elle mène au développement d'un nouveau schéma représentant l'intégration des deux types d'informations qui permettent de relier le tout aux schémas déjà existants (Wyer & Radvinsky, 1999). Votre évaluation du politicien sera alors plus positive que celle des autres politiciens, mais probablement moins positive que celles que vous avez des gens intègres et honnêtes. Enfin, dans une cinquième étape, si la sous-catégorisation s'avère impossible, alors l'impression suscitée par la cible reposera entièrement sur les attributs qui ont été perçus. Bien que ce nouveau schéma représente l'ensemble des attributs perçus, selon Wyer et Radvinsky (1999), chacun de ces attributs sera relié à d'autres schémas en mémoire. En conséquence, si le percevant a le temps et la capacité cognitive de traiter l'information, la perception de la cible devrait refléter un jugement où l'information est intégrée selon le modèle de la moyenne ou celui de la moyenne pondérée. Par contre, si le percevant a peu de temps ou s'il est occupé sur le plan cognitif, son jugement de la cible devrait dépendre de l'attribut qui sera le plus accessible en mémoire (Wyer, 2004 ; Wyer & Radvinsky, 1999), de la caractéristique de la situation, de la caractéristique de la cible ou de la caractéristique du percevant qui domine l'attention du percevant.

Résumé

La perception des individus autour de nous peut se faire de façon économique et rapide en fonction de structures cognitives, appelées schémas, que nous avons emmagasinées dans notre mémoire. Nos perceptions peuvent aussi être le résultat d'une analyse plus détaillée et plus exigeante sur le plan cognitif des caractéristiques de la situation ou des attributs de la cible. Il semble, de prime abord, que le percevant est toujours motivé par un souci d'efficacité et d'économie, ce qui l'inciterait à utiliser les schémas déjà existants qui sont entreposés en mémoire pour construire ce schéma. Ce processus aurait au moins deux conséquences. La première est que l'activation du nouveau schéma pourrait se faire par l'entremise de l'activation des autres schémas reliés à celui-ci. La seconde est que, lors du jugement de la cible, les liens avec les autres schémas pourraient venir teinter le jugement de la cible ou la compréhension du contexte social.

QUEL EST LE SCHÉMA QUI SERA ACTIVÉ ?

Il semble que, par souci d'efficacité et d'économie, les individus utilisent, dans leur traitement de l'information sociale, les schémas résultant de leurs expériences antérieures. Les schémas influencent à la fois l'information que nous sélectionnons et son traitement, et ils nous aident à organiser l'information sociale en un tout cohérent afin de donner une signification à la situation que nous vivons. Vu le grand nombre de schémas emmagasinés dans la mémoire du percevant, sur quoi le choix du schéma à utiliser lors d'une perception reposera-t-il ? Doit-on choisir un schéma sur les rôles, un schéma sur les événements ou un schéma sur les personnes ? Un certain nombre de facteurs sont à considérer au moment du choix du schéma (voir le tableau 4.1). Ces facteurs peuvent être rangés sous trois grandes catégories : les caractéristiques du contexte actuel, les caractéristiques de la cible et celles du percevant. Nous allons examiner ces trois types de caractéristiques à tour de rôle.

Les caractéristiques du contexte

Le contexte réfère généralement à toutes les caractéristiques de la situation qui ne sont pas directement liées au stimulus ou au percevant. Il inclut donc les facteurs externes, le caractère social de la situation et le contexte physique (par exemple le lieu géographique) dans lequel l'action se déroule. Bien qu'il ne soit pas utilisé de façon régulière en tant que tel, le contexte semble jouer un rôle prépondérant dans les perceptions sociales (Wyer & Radvinsky, 1999). En effet, comme l'ont suggéré depuis fort longtemps les chercheurs gestaltistes (Asch, 1946 ; Lewin, 1936), le contexte est la toile de fond qui permet au percevant de donner un sens à ce qu'il observe. Le contexte joue donc un rôle principalement en ce qui concerne l'activation de divers schémas chez le percevant. Par exemple, si vous êtes à une réception, vous allez utiliser les schémas qui se rapportent à l'habillement des gens, à la nourriture qui vous est servie, au type de

TABLEAU 4.1 Éléments à prendre en compte au moment de choisir le schéma

1. Les caractéristiques du contexte
La saillance de l'information
L'intensité du stimulus
Les caractéristiques du contexte
L'amorçage
La présence d'information hors du champ d'attention
2. Les caractéristiques de la cible
La culture
Le ouï-dire
L'apparence physique
La voix
La tenue vestimentaire et la propreté personnelle
Le comportement
Le rôle « actif » des cibles
3. Les caractéristiques du percevant
La motivation
L'humeur
La perspective temporelle de l'événement

conversations que vous avez avec les autres invités ou au déroulement de la réception elle-même. L'information provenant du contexte fait en sorte que des schémas spécifiques seront activés, alors que vos schémas sur vos joutes de tennis, vos dernières vacances ou sur un match de football ne seront probablement pas activés pour interpréter ce qui se passe au moment présent.

Parfois le contexte peut faire naître certains schémas qui nous permettront de nous faire une impression d'une cible. En effet, le contexte permet généralement de nous faire une impression rapide des personnes qui en font partie, surtout lorsqu'un script (ou schéma sur les événements) semble évident. Une étude de Langer et Abelson (1974) le démontre de façon convaincante. Dans cette étude, des psychothérapeutes devaient visionner une bande vidéo sur laquelle apparaissait une personne. Les psychothérapeutes reçurent l'une des deux informations suivantes : la personne sur la bande vidéo était soit une personne qui discutait avec un thérapeute dans le cadre d'une séance de thérapie, ou une personne qui discutait de son travail avec un conseiller en orientation. Les participants (psychothérapeutes)

devaient évaluer l'ajustement psychologique de la personne cible. Bien sûr, une des hypothèses était que le contexte dans lequel se faisait l'entrevue devait avoir un effet prépondérant sur la perception d'ajustement psychologique d'une cible. Comme prévu, la personne perçue dans le cadre d'une entrevue psychothérapeutique fut regardée comme moins bien ajustée psychologiquement que la personne présentée dans le cadre d'une séance d'orientation.

Enfin, certaines caractéristiques du contexte peuvent, de façon plus spécifique, être à l'origine de l'activation d'un schéma, ou même en être la cause. En voici quelques-unes.

La saillance de l'information. Nous avons vu jusqu'à maintenant que nous sommes sensibles à plusieurs indices caractérisant les autres personnes et que nous utilisons ces indices pour nous en faire une impression. Par contre, nous n'utilisons pas tous les indices disponibles. Nous avons tendance à utiliser les indices qui ressortent le plus, c'est-à-dire les indices les plus **saillants**. Donc, un premier facteur en mesure d'influencer le schéma qui sera activé est l'aspect du contexte social qui nous apparaît le plus saillant. Zebrowitz (1997) a dégagé un certain nombre de caractéristiques des stimuli saillants. Ainsi, selon elle, les stimuli nouveaux attireront plus l'attention que les stimuli familiers. En plus, les stimuli qui sont extrémistes attireront davantage notre attention que ceux qui sont modérés. En outre, des stimuli intenses (un gros bruit, par exemple) pourront, bien sûr, attirer plus notre attention que des stimuli limités. Enfin, des stimuli qui se produisent soudainement attirent davantage notre attention. Donc, de nombreuses caractéristiques des stimuli font que ceux-ci attireront ou n'attireront pas notre attention avec les conséquences que cela peut entraîner pour les autres processus de traitement de l'information. Par exemple, une personne qui est l'objet de notre attention est généralement considérée comme plus responsable de l'issue d'une interaction sociale que celle que nous ne regardons pas ou peu (Taylor & Fiske, 1978). De même les vidéos qui mettent l'accent sur différentes prises de vue au cours de l'interrogation d'un accusé par des policiers mènent à des perceptions différentes de l'accusé (Lassiter *et al.*, 2001). Bref, comme le suggèrent de nombreux psychologues sociaux (par exemple Fiske & Taylor, 1991 ; Zebrowitz, 1997), les stimuli auxquels nous accordons notre attention semblent devenir extrêmement importants dans notre perception des autres.

L'intensité du stimulus. Selon Nisbett & Ross (1980), un autre élément des stimuli saillants aurait un rôle important à jouer dans l'activation d'un schéma : il s'agit de l'intensité du stimulus. Un stimulus est intense lorsqu'il provoque des émotions intenses, des images et des sensations particulières. Plus un stimulus est intense, plus il attire notre attention. Par exemple, une personne qui vient de subir un accident de la route et qui saigne abondamment attirera beaucoup plus notre attention qu'une autre personne qui passe tout simplement dans la rue. Les éléments saillants et les éléments intenses peuvent tous deux attirer notre attention,

mais les éléments intenses ont plus d'influence. Cela semble dû en partie au fait que les stimuli intenses provoquent des émotions qui sont souvent puissantes, ce qui a pour effet de nous amener à nous concentrer sur le stimulus intense et à ne pas porter attention aux autres sources d'information présentes au même moment.

L'amorçage. Un troisième facteur associé au contexte a trait au fait que, lorsqu'un schéma a été utilisé récemment dans un certain contexte et qu'un élément d'un nouveau contexte contient une information associée à ce schéma, il arrive que ce dernier soit utilisé de nouveau pour interpréter cette nouvelle situation. Cet effet est appelé **amorçage** (*priming*). Prenons un exemple pour mieux comprendre ce phénomène. Supposons que vous venez de lire un article portant sur les femmes médecins qui révèle que celles-ci sont plus attentionnées, qu'elles écoutent plus leurs patients et qu'elles manifestent plus d'empathie à l'égard de ces derniers que les hommes médecins. Peu de temps après cette lecture, vous vous rendez à l'hôpital pour une raison quelconque. Il est probable que vous comparerez alors le comportement des femmes médecins avec celui des hommes médecins. Plusieurs recherches (voir Higgins, 1996) vont dans ce sens. Apparemment, lorsque nous rencontrons des personnes, les choses que nous remarquons à leur propos et dont nous nous souvenons peuvent être affectées de façon importante par nos structures cognitives (ou catégories) qui ont été activées ou rendues accessibles récemment. Donc, si à un moment donné un schéma sur les personnes est activé à cause d'un effet d'amorçage qui a eu lieu précédemment ou encore à cause d'une utilisation récente de ce schéma, celui-ci devrait alors avoir la prépondérance sur d'autres structures cognitives (Wyer & Radvinsky, 1999 ; Wyer & Srull, 1989). Ces schémas seront ultérieurement utilisés, même si la situation qui les a fait surgir n'est pas vraiment liée à celle de leur création. Ainsi, le contexte sert à préparer le terrain de façon à ce que certains schémas soient plus susceptibles d'être utilisés lors de la perception sociale qui suivra.

La présence d'information hors du champ d'attention. Un autre type d'influence provenant du contexte qui peut activer des schémas spécifiques concerne l'information présentée en dehors du cercle d'attention consciente de la personne. Plusieurs recherches au cours des dernières années (Bargh & Chartrand, 1999 ; Bargh & Ferguson, 2000 ; Bargh *et al.*, 2001) ont démontré qu'il est possible de présenter de l'information de façon subliminale (en dehors du champ d'attention consciente) et que cette information influence les perceptions sociales. Par exemple, Bargh et ses collègues (2001) ont démontré que des participants qui avaient reçu de l'information subliminale qui demandait de bien performer (lorsqu'ils étaient comparés à des participants qui avaient reçu de l'information subliminale qui demandait de coopérer) réussissaient mieux à une tâche intellectuelle (étude 1), mais avaient tendance à moins coopérer avec d'autres individus et à exploiter les ressources en poisson d'un lac (étude 2). Un point important à noter concernant les influences subliminales est que ces dernières seront d'autant plus importantes que les schémas correspondants sont déjà présents chez le percevant. Par exemple, Neuberg (1988) a démontré que des incitations à la compétition présentées de façon subliminale étaient surtout efficaces chez les participants qui avaient déjà des tendances compétitives. Les mêmes incitations avaient un effet contraire chez les participants coopératifs. Ces derniers résultats suggèrent donc que les influences subliminales ne sont peut-être pas aussi prépondérantes qu'on voudrait le laisser croire. Par contre, dans la mesure où les influences subliminales issues du contexte sont en accord avec les schémas déjà existants chez la personne, elles pourraient effectivement avoir une influence sur sa perception sociale.

Les caractéristiques de la cible

Les aspects saillants de l'information disponible ou l'intensité de certains stimuli ne concernent pas uniquement le contexte. Plusieurs caractéristiques de la cible peuvent mettre en opération certaines structures cognitives chez le percevant. C'est souvent ainsi que les caractéristiques de la cible influencent les perceptions sociales, surtout lorsqu'on en est à une première perception. De tels processus nous permettent de nous faire une impression des gens, et ce, de façon relativement rapide et efficace. L'utilisation de ces structures pour traiter l'information est importante non seulement parce que celles-ci aident les gens à former des jugements et prendre des décisions, mais aussi parce qu'elles fournissent certaines indications pour nos interactions avec les individus perçus. Il est important de noter que nous pouvons obtenir des informations sur les cibles de plusieurs façons. Nous pouvons entendre parler d'eux avant même de les rencontrer ou nous pouvons avoir des indices sur le genre de personnes qu'elles sont sur la base de l'observation de leurs comportements initiaux. Cependant, cela sous-entend que les cibles jouent un rôle passif dans les perceptions sociales, c'est-à-dire qu'elles se laissent percevoir sans tenter d'influencer le percevant. Est-ce que cette prémisse reflète bien la réalité ? Lorsque nous interagissons avec la cible, quel est son rôle dans la formation d'une impression ? Lorsque nous utilisons nos schémas, comment ces derniers influencent-ils notre comportement envers la cible ? Quels sont les effets de nos actions sur le comportement de la cible ? Dans cette section, nous verrons que les cibles influencent nos perceptions de façon passive, et aussi de façon active.

La culture. Nous véhiculons tous plus ou moins des stéréotypes (ou des schémas sur les rôles) concernant des caractéristiques psychologiques ou autres liées à la culture ou à la race (Hong *et al.*, 2000). Par exemple, on s'attend généralement qu'un Irlandais ait les cheveux roux, qu'il ait un caractère plutôt colérique et qu'il aime la boisson. Les stéréotypes relatifs à certaines cultures et aux autres races sont utiles d'une certaine façon, parce qu'ils nous permettent de catégoriser les personnes que nous rencontrons en fonction de différents critères bien établis. En revanche, ils influencent la façon dont nous percevons les personnes appartenant à d'autres cultures ou à d'autres races. À cet égard, nos schémas relatifs à la culture influent grandement sur nos perceptions. Malheureusement, ils ne sont pas toujours appropriés. D'une part, ils nous conduisent à juger l'individu en nous fondant sur la race et à faire de la discrimination raciale lorsque leur contenu est négatif (Sellers & Shelton, 2003). D'autre part, lorsque leur contenu est négatif, les schémas sur les groupes culturels peuvent, eux aussi, être activés de façon automatique, ce qui entraîne l'implantation de préjugés concernant les individus faisant partie de groupes sociaux (Lowery *et al.*, 2001).

Il importe de noter que l'origine culturelle est non seulement l'objet de nos perceptions, mais qu'elle est aussi à la source des systèmes de pensée, de l'analyse et du traitement de l'information (Nisbett *et al.*, 2001). Par exemple, les Asiatiques ont tendance à avoir des vues holistiques des événements, à percevoir des relations entre ceux-ci et à croire que nos actions sont solidaires les unes des autres, tandis que les Européens et les Nord-Américains ont des systèmes de cognition axés sur les objets qui visent principalement le contrôle de l'événement. Ainsi, lorsque des individus d'origine asiatique et américaine perçoivent un même événement, ils ont tendance à l'interpréter de façon différente. Les Asiatiques ont tendance à percevoir de fortes relations entre des événements qui sont rapprochés, tandis que les Américains ont tendance à analyser les événements de façon indépendante (Ji, Peng & Nisbett, 2000). Choi et ses collègues (2003) ont aussi observé que les Asiatiques considéraient plus d'informations que les Américains avant de porter un jugement ou d'effectuer une attribution, ce qui les incitaient à percevoir le rôle des facteurs liés au contexte social comme étant plus importants, alors que les Américains avaient tendance à percevoir la cible comme étant la source d'influence la plus importante de l'événement observé.

Le ouï-dire. Bon nombre de nos impressions au sujet des autres personnes reposent entièrement sur de l'information de second ordre, c'est-à-dire non pas sur de l'information que nous avons recueillie nous-mêmes, mais sur de l'information qui nous vient des autres. Par exemple, nous avons souvent une opinion sur des personnes célèbres que nous n'avons jamais rencontrées et que nous ne connaissons que pour les avoir vues à la télévision ou entendues à la radio. Gilovich (1987) a voulu déterminer si l'effet du ouï-dire est du même ordre que celui de l'information que nous recueillons nous-mêmes. Gilovich (1987) a demandé à des participants de regarder une vidéo dans laquelle une personne rapportait des actions répréhensibles qu'elle avait commises dans le passé. Les participants devaient évaluer la personne sur différents traits de personnalité et résumer verbalement ce qu'ils avaient vu. Leurs propos étaient enregistrés, et les enregistrements étaient ensuite présentés à un deuxième groupe de participants qui, eux, devaient dire quelle était leur impression à l'égard de la personne en se fondant sur l'information véhiculée par le premier groupe de participants. Le second groupe devait évaluer la cible sur les mêmes dimensions psychologiques que le premier. Les résultats de la recherche ont démontré que les participants qui se sont basés sur l'information provenant du ouï-dire avaient une impression de la cible beaucoup plus positive ou beaucoup plus négative que les participants qui avaient regardé la vidéo. Ils suggèrent donc que les impressions basées sur le ouï-dire tendent à être plus polarisées.

L'apparence physique. L'apparence physique d'une personne représente l'un des déterminants les plus importants de notre perception sociale. Le sexe, la race, l'âge, la taille et les autres caractères visibles jouent un rôle très important dans l'impression que nous nous faisons d'une personne (Zebrowitz, 1997 ; Zebrowitz & Collins, 1997). Un des éléments les plus étudiés est la beauté physique. Les hommes et les femmes qui sont attrayants physiquement sont évalués généralement de façon plus positive que les personnes qui le sont moins (Berscheid & Walster, 1978) et ils sont plus facilement reconnus que les personnes de l'autre sexe qui sont moins attrayantes (Maner *et al.*, 2003). On attribue aussi à ces personnes des traits de personnalité plus positifs (Dion, Berscheid & Walster, 1972 ; Albright, Kenny & Malloy, 1988). Ainsi, les femmes et les hommes attrayants physiquement sont perçus comme modestes, sociables, gentils, intellectuels, heureux, affirmatifs et confiants (Berscheid & Walster, 1974).

Un autre élément relatif à l'apparence physique qui est susceptible d'influencer notre perception ou notre impression est la ressemblance d'un étranger avec une personne de notre connaissance. Les étrangers qui ressemblent à des personnes que l'on connaît se verraient attribuer plusieurs traits de personnalité de ces derniers (White & Shapiro, 1987). Dans l'ensemble, il apparaît donc que l'apparence physique peut parfois, à notre insu, influer sur notre impression à l'égard d'une autre personne.

La voix. La voix est une autre caractéristique qui influe sur nos perceptions de la cible. Certaines recherches semblent indiquer que nous entretenons des stéréotypes par rapport aux caractères psychologiques attribués à différents types de voix. Par exemple, des voix douces au ton aigu suscitent des impressions de soumission et de sincérité beaucoup plus que ne le font des voix fortes et au ton grave (Robinson & McArthur, 1982). En plus, le débit, la variabilité, la clarté et la tension dans la voix influencent nos perceptions de la cible. Enfin, il semble que les voix qui évoquent celles des enfants font percevoir la cible comme étant plus faible, plus incompétente et plus chaleureuse (Montepare & McArthur, 1988).

La tenue vestimentaire et la propreté personnelle. Nos impressions d'une personne sont également influencées par sa tenue vestimentaire et son degré de propreté. L'effet de la tenue vestimentaire et de la propreté personnelle peut varier considérablement selon les cultures ou selon les modes. En général, cependant, les individus dont la tenue vestimentaire et les soins corporels sont conformes aux normes sociales donnent une meilleure impression que ceux qui y contreviennent (Livingston, 2001).

Abbey et ses collègues (1987) ont étudié les impressions que produisent des tenues vestimentaires présentant un caractère attrayant (une jupe courte ajustée chez la femme, une chemise ouverte chez l'homme). Les résultats indiquaient que les femmes qui portaient de tels types de vêtements étaient perçues comme plus « sexy », plus séduisantes et plus permissives sexuellement que celles qui portaient des vêtements non révélateurs. De plus, les femmes portant des vêtements aguichants étaient perçues également comme étant plus affirmatives, athlétiques, attirantes et sophistiquées que celles qui ne portaient pas de tels types de vêtements. Par contre, les femmes portant des vêtements révélateurs étaient perçues comme étant moins gentilles, moins sincères et moins attentionnées que celles qui ne portaient pas de tels types de vêtements. Enfin, les conclusions étaient les mêmes pour les hommes portant des vêtements révélateurs, même si les résultats étaient moins probants qu'avec les femmes. Il se pourrait donc que nous véhiculions des stéréotypes concernant la tenue vestimentaire de sorte que, lorsque certaines personnes portent, par exemple, certains types de vêtements, nos perceptions et nos impressions immédiates sont déclenchées et entretenues par nos schémas.

Le comportement. Plusieurs recherches ont été réalisées afin d'étudier quel genre d'impression certains types de comportements de la cible pouvaient faire sur le percevant. Par exemple, il semble que ce que nous mangeons influe sur les impressions que les autres se font à notre sujet. Ainsi, les femmes qui prennent de petits repas sont perçues comme plus féminines, plus soucieuses de leur apparence et physiquement plus attirantes. On leur attribue plus de traits de personnalité typiquement féminins qu'aux femmes qui mangent beaucoup (Mori, Chaiken & Pliner, 1987). La grosseur du repas n'influence pas les impressions que l'on se fait des hommes.

Souvent, ce n'est pas l'action que nous sommes en train d'accomplir en tant que telle qui influence l'impression des autres, mais plutôt la façon dont nous l'exécutons. Dans de telles situations, notre corps envoie souvent un message aux autres (parfois sans que nous nous en rendions compte), et ce message est bel et bien capté par le percevant. Ce dernier en retire alors une impression de la cible. Ainsi, le regard, la position du corps, les gestes de la main ou de l'avant-bras, la façon de toucher l'autre personne représentent des messages qui appartiennent au monde du comportement non verbal (DePaulo & Friedman, 1998). Le comportement non verbal a une grande influence sur les impressions que le percevant se fait de la cible. Cela est dû à au moins deux facteurs. Premièrement, nous avons élaboré des schémas sur le type de gestes, de **communication non verbale** qui est approprié. Des déviations par rapport à ces normes peuvent mener à des impressions négatives de la personne. Deuxièmement, nous avons également élaboré des schémas sur des rôles (stéréotypes), des traits psychologiques sous-jacents à tel ou tel geste, ou à tel type de communication non verbale (DePaulo & Friedman, 1998). Le comportement non verbal sera étudié plus en profondeur dans le chapitre consacré à la communication sociale.

Le rôle actif des cibles. Selon plusieurs auteurs, les cibles ne sont pas passives dans les perceptions sociales. Elles sont beaucoup plus actives que nous ne le croyons. Entre autres, elles agiraient de façon à s'assurer qu'elles sont perçues comme elles se perçoivent elles-mêmes (Lecky, 1945 ; Secord & Backman, 1965 ; Swann, 1999). Dans le chapitre 3, portant sur le soi, nous avons vu que les individus ont la capacité d'observer leur propre comportement et les réactions des gens qui les entourent à l'égard de celui-ci, et qu'ils comparent leur performance à celle des autres. Graduellement, ils utilisent

ces observations pour se former un concept de soi. À mesure que nous élaborons un concept de soi, nous nous vérifions et confirmons par l'action les perceptions que nous avons de nous-mêmes. Selon Bill Swann (1999), il en résulte une série d'activités comportementales au cours desquelles la cible tente d'influencer l'image du percevant.

Une première stratégie utilisée pour influencer les perceptions des gens qui nous entourent consiste à *fournir certains indices* correspondant à l'image ou à l'identité que nous voulons adopter. Ces indices peuvent viser notre habillement (le type de vêtements que nous portons pour nous donner une allure sportive, décontractée, méticuleuse, à la page, etc.), notre apparence physique (par exemple l'utilisation du maquillage, le port d'une perruque), ou les postures corporelles et les manières que nous adoptons. Ces indices peuvent même aller jusqu'à la modification de certaines caractéristiques de notre apparence physique. Considérons, par exemple, le cas de l'athlète qui lève des poids pour montrer sa forte musculature, des individus qui s'imposent des diètes sévères pour paraître sveltes, qui changent la couleur de leur chevelure afin d'avoir l'air plus jeunes ou qui font appel à la chirurgie esthétique (par exemple implants mammaires, reconstruction du visage, liposuccion) pour changer leur apparence physique. Enfin, quand ces indices ne suffisent pas, certains ont recours à l'utilisation de titres ou d'étiquettes caractérisant leur occupation, indiquant par le fait même le type d'identité qu'ils désirent adopter. Bref, selon Swann (1999), plusieurs des indices que nous utilisons pour percevoir les autres (par exemple indices sur leur apparence physique et leur habillement, leurs comportements non verbaux, les rôles qu'ils adoptent, etc.) sont aussi des indices utilisés par les cibles pour influencer nos perceptions.

Malgré les soins que la cible apporte à définir son identité face aux autres, le percevant peut apercevoir une caractéristique non désirée ou une caractéristique ne correspondant pas à l'image que la cible se fait d'elle-même. Lorsque cela se produit, celle-ci a alors tendance à *mettre en œuvre des straté-gies destinées à engager le percevant à modifier l'image qui a été construite.* Pour mieux saisir le fonctionnement de cette stratégie, examinons une étude menée par Swann et Read (1981). Ces chercheurs informèrent des participants se percevant eux-mêmes comme étant agréables ou désagréables qu'ils auraient à interagir avec un percevant qui s'était déjà formé une impression d'eux. Certains participants apprirent que les percevants avaient une perception positive d'eux ; d'autres apprirent que les percevants avaient une perception négative d'eux ; et d'autres encore ne surent rien de la perception des percevants. Par la suite, les auteurs déterminèrent dans quelle mesure les cibles avaient agi de façon agréable ou désagréable, et quelles avaient été les perceptions résultantes des percevants. Comme le montre la figure 4.7, les cibles tentèrent globalement de solliciter de la part des percevants des réactions qui confirmaient la perception qu'elles avaient d'elles-mêmes. Les moyennes présentées à la figure 4.7 indiquent que cette tendance était plus prononcée lorsque les cibles croyaient que l'impression des percevants était différente de celle

que les cibles avaient d'elles-mêmes. Les cibles qui se percevaient comme étant agréables sollicitèrent des réactions positives principalement lorsqu'elles croyaient que les percevants avaient une image négative d'elles, et les cibles qui avaient une image négative d'elles-mêmes sollicitèrent plus de réactions lorsqu'elles croyaient que les percevants avaient une image positive d'elles.

Finalement, selon Swann, les cibles peuvent s'assurer de maintenir l'image qu'elles ont d'elles-mêmes en *choisissant d'interagir ou d'entretenir certaines relations de façon sélective.* Lemay et Ashmore (2004) rapportent que des étudiants du niveau collégial avaient tendance à se défaire de leur colocataire lorsque celui-ci avait une perception différente d'eux, soit positive, soit négative. De même, on a observé que, lorsque des individus dépressifs avaient le choix entre interagir avec un partenaire les percevant positivement et interagir avec un partenaire les percevant négativement, ils manifestaient une nette préférence pour ceux qui les percevaient négativement (Swann, 1999). Une caractéristique importante de cette stratégie est qu'en décidant d'interagir avec des

FIGURE 4.7 **Autovérification au cours d'interactions sociales**

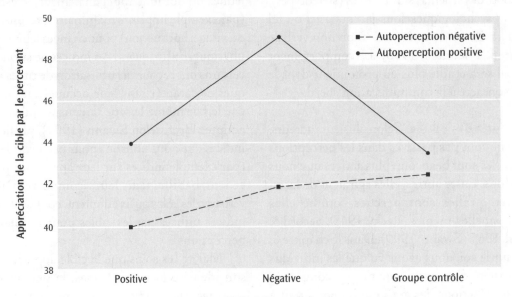

Source : Adapté de Swann & Read (1981).

individus qui sont semblables à nous ou qui nous perçoivent comme nous nous percevons, nous contribuons à nous installer dans une situation où nous nous confortons dans l'image que nous avons de nous-mêmes.

Les caractéristiques du percevant

Plusieurs caractéristiques du percevant jouent, elles aussi, un rôle actif dans le traitement de l'information et la perception d'une cible. Nous avons vu, dans la section sur la motivation du percevant, que la motivation de ce dernier et les buts poursuivis représentaient des déterminants importants. Il existe d'autres caractéristiques du percevant qui influent sur le type de schéma qui sera activé. Nous en examinerons deux : l'humeur du percevant et la perspective temporelle adoptée par le percevant.

L'humeur du percevant. Nous savons tous que, lorsque nous sommes de bonne humeur, nous pensons à des choses plus positives. Ces pensées, à leur tour, nous incitent à voir le monde qui nous entoure de façon plus positive. Est-ce que le fait d'être de bonne ou mauvaise humeur change notre perception du monde qui nous entoure ? La plupart des individus sont conscients qu'ils pensent d'une façon différente lorsqu'ils ressentent des émotions positives que lorsqu'ils sont déprimés. Par exemple, lorsque nous sommes de bonne humeur, les tâches difficiles apparaissent plus faciles à exécuter que lorsque nous sommes de mauvaise humeur. Est-ce que ces impressions sont bien fondées ? Au cours des 20 dernières années, la recherche sur les cognitions sociales a permis d'établir que l'humeur d'un individu avait une influence sur la plupart des processus cognitifs dont l'étude relève de la psychologie sociale (par exemple la perception d'une cible, l'attraction interpersonnelle, la formation d'attitudes, la persuasion, l'aide apportée à autrui, etc.) (voir Bless, 2001 ; Forgas, 2000, pour des recensions sur ces différents sujets).

Premièrement, on a observé que les états émotifs agissaient sur la perception des stimuli ambigus. En général, ces stimuli sont perçus et évalués plus favorablement lorsque nous sommes de bonne humeur que lorsque nous sommes de mauvaise humeur (Bless, 2001). Par exemple, lorsqu'on leur demande d'évaluer des candidats à un emploi dont les compétences sont incertaines, les participants perçoivent plus favorablement ces derniers lorsqu'ils sont de bonne humeur (par exemple s'ils viennent de recevoir une rétroaction positive) que lorsqu'ils sont de mauvaise humeur (par exemple s'ils viennent de recevoir une rétroaction négative) (Baron, 1990).

Deuxièmement, l'humeur influe grandement sur la mémoire des individus (Forgas, 2000). En règle générale, il est plus aisé de se rappeler une information qui s'accorde avec notre humeur qu'une information qui ne s'accorde pas avec elle. De plus, notre humeur semble influer non seulement sur la perception de l'information, mais aussi sur le codage et le rappel de l'information en mémoire. Une étude effectuée par Forgas et Bower (1987) illustre les effets de l'humeur. Dans cette étude, une humeur positive ou négative fut induite chez des participants à l'aide de rétroactions positives ou négatives pour une tâche ayant pour but de mesurer la personnalité et le degré d'ajustement social des participants. Les participants dans la condition d'humeur positive recevaient des rétroactions leur indiquant que leur pointage était supérieur à la moyenne. Les individus dans la condition d'humeur négative recevaient des rétroactions les informant que leur pointage était inférieur à la moyenne. Les participants dans les deux conditions devaient alors lire une description réaliste des caractéristiques de quatre individus. On leur a fourni un nombre égal de caractéristiques positives (par exemple Robert a toujours excellé dans les sports) et de caractéristiques négatives (par exemple Claire est petite et bien ordinaire). Après avoir lu ces descriptions, les participants devaient évaluer les individus décrits sur différents points (par exemple dans quelle mesure ils leur paraissaient intelligents ou stupides, heureux ou malheureux). Les participants devaient aussi écrire tout ce qu'ils pouvaient se rappeler concernant les caractéristiques des quatre individus. On a constaté que les participants de bonne humeur avaient une impression beaucoup plus favorable et positive des individus décrits que les participants de mauvaise humeur. De plus, les participants pouvaient se rappeler plus de caractéristiques en accord avec leur humeur que de caractéristiques en désaccord avec leur humeur. Pourquoi en est-il ainsi ? Il se peut que ce soit parce qu'il est plus aisé de faire des associations avec les informations cohérentes avec notre humeur qu'avec les informations incohérentes avec notre humeur. Ainsi, lorsqu'on demande aux participants de rappeler l'information en mémoire, celle qui est cohérente avec leur humeur devient plus facilement accessible que celle qui ne l'est pas (Forgas, 2000 ; Isen, 1987).

La perspective temporelle des événements.
Une seconde caractéristique pouvant affecter le traitement de l'information est la perspective temporelle adoptée par le percevant. En d'autres mots, le fait que nous pensons à des événements rapprochés ou à des événements futurs influe sur notre façon de percevoir ces événements. Par exemple, nous avons tendance à croire que plus d'événements positifs que d'événements négatifs vont nous arriver dans le futur. Ainsi, lorsque nous nous comparons aux gens autour de nous, nous avons tendance à croire que nous aurons un meilleur emploi qu'eux, que nous serons mariés plus longtemps, que nous serons plus heureux, que nous vivrons plus vieux et que nous risquons moins de perdre notre emploi (voir Shepperd, Ouellette & Fernandez, 1996 pour une revue des écrits sur ce sujet). Selon Shepperd et ses collègues (1996), ces évaluations deviennent moins optimistes à mesure que les individus se rapprochent de l'événement. Ainsi, ces auteurs ont observé que des étudiants universitaires avaient tendance à croire qu'ils auraient un meilleur emploi et un meilleur revenu après la fin de leurs études, mais que ces perceptions optimistes avaient tendance à disparaître chez les étudiants sur le point d'obtenir leur diplôme.

Selon Trope et Liberman (2003), la différence entre les réponses à des événements rapprochés et

à des événements futurs s'expliquerait par notre perception de la distance temporelle. Plus un événement est éloigné dans le temps, plus nous avons tendance à nous le représenter de façon abstraite et moins nous avons tendance à penser à ses aspects concrets. Par exemple, si vous avez prévu de faire un voyage dans le sud de la France l'année prochaine, les pensées qui vous viendront à l'esprit concernant ce voyage seront probablement abstraites (par exemple vous vous voyez déguster de bons vins ou visiter des sites pittoresques). Si vous devez partir pour le sud de la France demain matin, il est fort probable que les pensées qui vous viendront à l'esprit seront beaucoup plus concrètes (par exemple vous pensez à préparer vos valises). L'éloignement dans le temps agirait aussi dans les situations qui requièrent l'utilisation de notre jugement (Eyal *et al.*, 2004). Par exemple, imaginez qu'on vous demande de donner votre opinion concernant une politique publique (par exemple une loi incitant les citoyens à faire de la récupération) qui entrerait en vigueur soit dans un an, soit dans une semaine. Est-ce que, dans les deux cas, vos arguments seraient les mêmes ? Selon Eyal et ses collègues (2004), vous devriez formuler plus d'arguments en faveur de la loi sur la récupération si son entrée en vigueur a lieu dans un an. Par contre, vous aurez tendance à produire plus d'arguments contre cette loi si celle-ci prend effet la semaine prochaine. Notre jugement sur un événement donné dépend donc de son éloignement dans le temps.

Résumé

Nous pouvons classer en trois catégories les facteurs qui déterminent les schémas qui seront utilisés : les facteurs liés au contexte social, ceux qui sont liés à la cible et ceux qui ont directement rapport au percevant. Bien que chacun de ces facteurs soit présenté de façon indépendante, il est fort probable que plusieurs interagissent dans une situation donnée. Un point important à retenir est l'aspect dynamique des perceptions et des cognitions sociales. Entre autres, soulignons que la cible n'est pas entièrement passive dans les situations sociales, qu'elle a un rôle actif dans le contexte social et que, en même temps, elle tente de projeter une image d'elle-même.

L'UTILISATION DE RACCOURCIS DANS LES PERCEPTIONS ET LES COGNITIONS SOCIALES

Non seulement le monde dans lequel nous vivons est riche en informations, mais il renferme aussi une multitude d'événements qui s'enchaînent rapidement. C'est pourquoi nous mettons en œuvre des stratégies cognitives pour faire face à une situation donnée rapidement, et même pour faire face à plus d'une situation à la fois. Les processus décrits jusqu'à maintenant nous ont permis d'examiner quels sont les facteurs importants qui peuvent déterminer comment nous traitons l'information sociale, quels sont les facteurs qui nous incitent à traiter cette information en détail, et quels sont les schémas qui seront utilisés pour traiter l'information et les perceptions sociales. Bien que nous soyons assez bien équipés pour faire face à la plupart des situations, nous avons parfois recours à des raccourcis qui facilitent le traitement de l'information. Dans cette section, nous allons examiner certains de ces raccourcis et certaines des conséquences liées à leur utilisation. Entre autres, nous allons examiner ce qui se passe lorsque nous tentons d'exécuter deux tâches cognitives au même moment, et les conséquences que cela peut avoir sur notre capacité de mener à bien une autre tâche. Finalement, nous verrons que l'utilisation de nos schémas nous incite à avoir des hypothèses spécifiques dans nos interactions, et que ces dernières peuvent nous inciter à confirmer ces hypothèses, un phénomène connu sous le nom de prophéties qui s'autoréalisent.

L'utilisation d'heuristiques mentales

Le traitement de l'information sociale est un processus qui nous permet d'effectuer des tâches cognitives telles que celles qui consistent à porter un jugement, à évaluer la probabilité qu'un événement se produise et à nous former une opinion. Afin d'effectuer ces tâches rapidement, nous avons souvent recours à des processus mentaux qui réduisent l'information complexe en des jugements simples. Ces processus sont appelés **heuristiques** (Gilovich, Grifin & Kahneman, 2002 ; Kahneman, 2003). Nous décrirons brièvement cinq types d'heuristiques : les **heuristiques de représentativité**, les **heuristiques de disponibilité**, les **heuristiques par simulation**, les **heuristiques d'ancrage** et les **heuristiques affectives**.

Les heuristiques de représentativité. L'une des tâches fréquemment effectuées dans les perceptions sociales consiste à déterminer si un individu ou une situation sociale représente un exemple faisant partie d'un schéma en mémoire. Les heuristiques représentatives nous procurent une méthode très rapide pour réaliser cette tâche. De façon simple, les heuristiques de représentativité associent l'information provenant de notre environnement social à un schéma déjà existant afin de déterminer si les deux correspondent. Si les deux correspondent, le schéma qui est activé sera alors utilisé pour nous permettre de traiter l'information sociale. Considérons l'exemple qui suit : « Paul est très timide et renfermé, il est toujours prêt à aider les gens dans le besoin, mais il s'intéresse peu aux activités sociales ou à la réalité du monde actuel » (Tversky & Kahneman, 1974 ; traduction). Maintenant, pouvez-vous répondre à la question suivante : Quel est l'emploi de Paul ? Est-il cultivateur, clown de cirque, bibliothécaire ou pédiatre ?

Pour répondre à cette question, la plupart des gens font habituellement appel à une stratégie appelée heuristique de représentativité. Les étudiants ayant répondu à la question en laboratoire déterminaient si les caractéristiques de Paul représentaient des éléments typiquement associés aux emplois mentionnés en les comparant à leurs schémas concernant chacun des emplois. En général, les étudiants en viennent à la conclusion que Paul est bibliothécaire, car les attributs décrits sont associés de façon stéréotypée à cette profession.

Les heuristiques de disponibilité. Il arrive souvent que nous ayons à répondre à des questions telles que les suivantes : « Quel est le pourcentage d'étudiants qui pratiquent une activité physique quotidiennement ? » « Combien d'individus récupèrent les bouteilles ou les vieux journaux ? » Une stratégie fréquemment utilisée pour répondre à ce genre de questions consiste à dénombrer mentalement les individus et à nous fonder là-dessus pour élaborer notre jugement. Parce que vous venez de voir un individu qui pratiquait une activité physique ou parce que vous connaissez un grand nombre d'individus qui pratiquent une activité physique quotidiennement, ou qui font régulièrement de la récupération, vous allez inférer qu'une grande quantité d'individus accomplissent ces activités. Le processus par lequel vous utilisez l'information que vous pouvez vous rappeler rapidement afin de porter un jugement se rapporte aux heuristiques de disponibilité (Tversky & Kahneman, 1973).

Les heuristiques par simulation. Supposons que vous êtes en retard à un rendez-vous avec une personne qui vous est chère. Que répondriez-vous à la question suivante : « Quelle sera sa réaction ? » Vous pouvez penser à ce que vous savez de la personne, de ses réactions passées dans des situations analogues, et vous retiendrez un certain nombre de possibilités. La personne se sera inquiétée de votre retard, vous boudera ou aura décidé de ne pas vous attendre. La spontanéité avec laquelle vous déterminez les possibilités devrait vous indiquer quelle est la réaction que vous jugerez la plus probable. En d'autres termes, si la réaction qui vous vient spontanément à l'esprit est celle que vous avez observée la dernière fois que vous étiez en retard (et non toutes les fois que vous l'avez été), elle sera retenue pour porter un jugement sur la réaction de la personne. Cette technique, appelée heuristiques par simulation (Kahneman & Tversky, 1982), est souvent utilisée pour déterminer ce qui va se passer dans le futur, ou ce qui s'est déjà passé, et fait en sorte que les conséquences que nous anticipons à la suite

de l'utilisation de ce type d'heuristique ont plus de chances de se produire (Anderson & Godfrey, 1987).

Les heuristiques d'ancrage. Imaginez que quelqu'un vous demande quel est le point de congélation du vin. Vous n'en avez aucune idée, mais vous savez que le point de congélation de l'alcool est inférieur à celui de l'eau. En prenant en considération cette information, vous allez probablement estimer que le vin gèle à une température inférieure à 0 °C. Dans ce cas précis, il est possible que vous n'ayez aucune idée de la bonne réponse, mais vous utiliserez une information de base comme point de référence ou d'ancrage (le point de congélation de l'eau), dont vous tirerez une estimation (Tversky & Kahneman, 1974). Lorsque des individus doivent porter un jugement dans des situations ambiguës ou dans des situations à propos desquelles ils n'ont pas d'information, ils réduisent leur degré d'incertitude en appuyant leur analyse sur un point d'ancrage. Par la suite, ils peuvent modifier leur jugement en prenant en considération d'autres éléments qui sont eux aussi approximatifs.

Les heuristiques affectives. Les heuristiques affectives, définies par Slovic et ses collègues (2002), reposent sur l'idée qu'une très grande quantité de stimuli provoquent une réaction affective qui n'est pas toujours consciente (Bargh & Ferguson, 2000). Selon Slovic et ses collègues (2002), cette réaction affective de base peut servir de substitut dans les jugements plus complexes. Supposons, par exemple, qu'on vous demande d'évaluer la quantité de produits radioactifs provenant d'une centrale nucléaire qui pourrait être entreposée de façon sécuritaire. Si vos connaissances sur le sujet sont très limitées et que le seul fait de prononcer les mots « produits radioactifs » provoque une forte réaction de crainte ou de peur, il est fort probable que votre réaction affective servira de substitut pour déterminer qu'une très petite quantité pourrait être entreposée de façon sécuritaire. Ce type d'heuristique est aussi un type de jugement basé sur l'effort (Kruger *et al.*, 2004).

Dans une étude qu'ils ont menée (2004), Kruger et ses collègues ont présenté à un premier groupe de participants deux toiles du même artiste et leur ont demandé de dire celle qu'ils préféraient et combien ils étaient prêts à payer pour chacune, sachant que la première toile a demandé quatre heures de travail et la seconde, 26 heures. Ils ont demandé la même chose à un second groupe de participants en inversant les chiffres. Kruger et ses collègues ont observé que les participants avaient tendance à préférer la toile qui avait demandé plus de travail, et à la payer plus cher. Apparemment, l'idée d'effort servirait d'heuristique mentale pour nous former une opinion lorsque nous nous trouvons devant des stimuli ambigus.

Ces techniques de traitement de l'information offrent l'avantage d'être rapides et sont souvent efficaces. Par contre, elles ne sont pas infaillibles, parce que les gens ont tendance à mettre plusieurs éléments d'information de côté, ou encore à inférer certains éléments en s'appuyant sur des bases purement intuitives. Le tableau 4.2 donne une description sommaire des différentes heuristiques.

L'utilisation de processus automatiques

Nous avons vu précédemment que nos schémas peuvent être activés de façon automatique lorsque de l'information qui est hors de notre champ d'attention nous est présentée. Un autre aspect du traitement de l'information sociale qui, tout comme les heuristiques, est non consciente, non intentionnelle, involontaire, et qui demande peu d'effort, réfère au mode de pensée automatique (Bargh & Ferguson, 2000). Le mode de pensée automatique s'installe lorsqu'une tâche ou un type d'information nous sont très familiers. Nous pouvons alors exécuter cette tâche ou traiter l'information sans y penser consciemment et, quelquefois, bien malgré nous. Par exemple, pour plusieurs personnes, se promener à bicyclette, conduire sa voiture ou jouer d'un instrument de musique sont des actions qui, au début, ont demandé beaucoup d'attention. La pratique aidant, progressivement, ces tâches sont passées du mode de contrôle conscient à un mode d'exécution automatique, qui ne demande que très peu d'attention. Ce type d'exécution est quelque chose que nous recherchons dans plusieurs contextes. Cela nous permet de concentrer notre attention sur d'autres actions tout en demeurant efficaces dans les actions accomplies mécaniquement.

Jusqu'à un certain point, nous développons aussi des modes de pensée qui nous permettent de traiter l'information sociale de façon automatique. Par exemple, lorsque nous avons élaboré un schéma pour un groupe social tel que celui qui est formé par

TABLEAU 4.2 L'utilisation d'heuristiques en situation d'incertitude

Heuristique	Jugement	Exemple
Représentativité	Probabilité	Vous concluez que Robert est un avocat, car il agit et est vêtu comme un avocat.
Disponibilité	Fréquence/probabilité	Vous jugez que telle marque de voiture est la plus populaire, car vous pouvez rapidement penser à plusieurs personnes qui possèdent cette voiture.
Ajustement et ancrage	Position sur une dimension	Vous jugez si quelqu'un est actif physiquement en vous basant sur la fréquence de vos activités physiques.
Simulation	Ce qui va se produire	Vous prédisez comment une personne réagira à un échec à un examen en vous basant sur la facilité avec laquelle vous imaginez différentes possibilités.
Affectivité	Jugement et appréciation	Vous jugez du prix d'une toile en vous basant sur l'effort du peintre ou sur votre réaction affective.

les membres d'une profession ou par les gens appartenant à une même race, nous pouvons penser très rapidement aux caractères que présentent les individus qui font partie de ce groupe. La vue d'une personne à la peau foncée peut donc automatiquement activer un stéréotype négatif à propos des individus de race noire, même si nous n'avons aucune raison de percevoir la personne en question en fonction de ce stéréotype.

Un autre aspect à la fois intéressant et surprenant de ce type d'effet est que le schéma qui est activé peut exercer des effets automatiques sur le comportement. Autrement dit, les gens en viennent à agir en accord avec leurs schémas sans qu'ils soient conscients que leur comportement est déterminé par ces derniers et bien que cela ne soit pas leur intention. Une étude de Bargh, Chen et Burrows (1996) illustre cet effet. Tout d'abord, ces chercheurs ont activé soit un schéma pour le trait impoli, soit un schéma pour le trait poli à l'aide d'une stratégie d'amorçage. Cela était accompli en demandant à des participants de remettre en ordre des mots de phrases qui évoquaient l'impolitesse (par exemple rude, impoli, irrespectueux) ou la politesse (par exemple courtois, poli, patient). Après avoir terminé la tâche, les participants devaient se rapporter au chercheur afin d'obtenir des informations concernant une nouvelle tâche. Lorsque les participants allaient voir le chercheur, celui-ci était engagé dans une conversation avec une autre personne. Le chercheur notait la présence des participants et continuait de parler avec l'autre personne. Bargh, Chen et Burrows avaient émis comme hypothèse que les participants de la condition « impoli » auraient tendance à interrompre la conversation du chercheur, et que ceux de la condition « poli » auraient tendance à ne pas le déranger. C'est ce que, en effet, les chercheurs observèrent. En somme, ces résultats et ceux de plusieurs autres études confortent l'idée que nous avons deux modes de traitement de l'information sociale, l'un automatique, qui répond rapidement, sans effort et sans intention consciente, et un second, que nous utilisons lorsque nous voulons traiter

l'information de façon plus systématique. Après tout, nous n'avons pas toujours le temps d'évaluer tout ce qui se passe autour de nous de façon systématique et détaillée. Cependant, la réduction de l'effort et la facilité peuvent parfois entraîner des biais, ou conduire à accomplir des actions qui ne sont pas intentionnelles.

La suppression d'une pensée

La combinaison de plusieurs activités cognitives peut avoir des effets inattendus. Plusieurs situations sociales peuvent être à l'origine de l'activation de certaines pensées dans notre esprit. Il se peut que nous soyons conscients de la présence de ces pensées et que nous ne voulions pas qu'elles influent sur nos jugements. Par exemple, si vous observez une diète, la vue d'une pâtisserie peut provoquer chez vous le désir de supprimer l'image de celle-ci de votre esprit, car vous craignez de céder à la tentation.

Comment supprimons-nous une pensée ? Est-ce que cela fonctionne ? Selon Wegner (1994), la **suppression d'une pensée** de notre esprit comporte deux processus. Le premier implique la recherche de la pensée à supprimer. Une fois la pensée à supprimer isolée, un second processus, plus exigeant et moins automatique, entre en action. Il consiste à tenter de se distraire en pensant à autre chose. Le premier processus vise à déterminer si la pensée à supprimer est présente, alors que le second processus vise à chasser la pensée qui a été isolée. Généralement, nous supprimons la pensée, car nous ne voulons pas que cette pensée nous influence. Par exemple, si vous vous sentez déprimé, vous vous efforcerez probablement de penser à des choses positives. Qu'arrive-t-il si nous voulons réaliser une action en même temps (par exemple lire le présent chapitre) ? Selon Wegner (1994), plus on cherche à supprimer une pensée indésirable, plus celle-ci devient présente. Le phénomène s'expliquerait par deux causes. Premièrement, la suppression d'une pensée indésirable de notre esprit demande un effort mental et, comme nous avons besoin de nos ressources pour comprendre ce que nous lisons, nous avons du mal à chasser de notre esprit la pensée indésirable. Deuxièmement, même si nous sommes parvenus à supprimer la pensée indésirable de notre esprit, nous continuons tout de même à la chercher, ce qui nous conduit à y penser. En voulant ne pas penser à quelque chose et vérifier en même temps si nous avons réussi à le faire, nous ne faisons que rendre plus présente la pensée à éliminer (Wegner & Erber, 1992).

L'action de supprimer une pensée de notre esprit a aussi des conséquences sur notre manière d'aborder d'autres tâches, que celles-ci soient cognitives ou comportementales. Entre autres, comme nous venons de le voir, la suppression d'une pensée requiert des efforts considérables sur le plan cognitif et la mobilisation de nos ressources mentales. Selon Baumeister et ses collègues (1998), comme l'action de supprimer une pensée draine nos ressources, il ne nous en reste plus suffisamment pour accomplir d'autres tâches. Ces auteurs ont testé cette hypothèse dans une série d'études qui consistaient à comparer une condition exigeante sur le plan cognitif (par exemple supprimer ses émotions durant le visionnement d'un film) avec une condition peu exigeante sur le plan cognitif (par exemple donner libre cours à nos émotions durant le visionnement d'un film). Ils ont par la suite examiné le nombre d'anagrammes que les participants dans les deux conditions parvenaient à résoudre pendant une période de six minutes. Les résultats sont présentés au tableau 4.3.

Comme ce tableau l'indique, il apparaît plus difficile de supprimer des émotions que de les exprimer. Cela a eu pour conséquence que les participants dans la condition de suppression des émotions ont résolu un nombre significativement moins élevé d'anagrammes que les participants de l'autre condition. Il est possible de conclure de ces travaux que le fait de vouloir supprimer une pensée, comme celle de céder à la tentation et de cesser d'observer une diète, peut non seulement avoir des effets ironiques comme le dit Wegner (1994), mais aussi réduire notre capacité à exécuter une autre tâche, comme celle qui consiste à refuser un dessert qui nous est présenté.

La vérification confirmatoire des hypothèses

Dans cette section, nous allons voir que les croyances ou les schémas concernant le monde qui nous entoure peuvent non seulement être une source de biais dans notre perception des gens, mais aussi influer grandement sur notre comportement envers les autres. Selon un très grand nombre d'études publiées sur le sujet, nous interagirions de façon à confirmer nos croyances relatives aux gens qui nous entourent. Nous utilisons des stratégies consistant à solliciter des informations qui sont de nature à confirmer nos croyances (ou schémas) concernant les autres (Snyder & Klein, 2005). Comment un tel phénomène peut-il se produire ? Ce processus, appelé **vérification confirmatoire d'une hypothèse**, peut être constitué de deux types de comportements : la perception biaisée de certains comportements manifestés par la cible et la manifestation de comportements spécifiques nous conduisant à aller chercher l'information qui confirme nos croyances. Ce phénomène a été observé dans une grande variété de contextes sociaux (Berk & Andersen, 2000 ; Higgins & Bargh, 1987 ; Kassin, Goldstein & Savitsky, 2003 ; Snyder, 1984).

TABLEAU 4.3   **Perception du degré de difficulté de la suppression ou de l'expression des émotions durant le visionnement du film, et du taux de succès dans la résolution des anagrammes**

Condition	Difficulté de la tâche	Anagrammes résolus
Suppression des émotions	13,88	4,94
Expression des émotions	5,64	7,29

Source : Baumeister *et al.* (1998).

Par exemple, Snyder et Swann (1978) ont indiqué à des étudiants qu'ils allaient interviewer d'autres étudiants dans le cadre d'une étude en laboratoire. Ils ont demandé à une moitié des participants de déterminer si la personne interviewée était extravertie, et à l'autre moitié de déterminer si les individus interviewés étaient introvertis. Tous les participants reçurent un ensemble de questions portant sur des comportements extravertis et des comportements introvertis, et ils devaient choisir des questions qui leur serviraient à déterminer à quel type de comportement l'interviewé appartenait. Les participants qui devaient déterminer si la personne interviewée était extravertie choisirent de poser des questions portant sur les comportements extravertis (par exemple : « Que feriez-vous pour mettre un peu de gaieté dans un party ? »), tandis que ceux qui devaient déterminer si la personne était introvertie optèrent pour des questions sur les comportements introvertis (par exemple : « Quels sont les facteurs qui font en sorte qu'il vous est difficile de discuter ouvertement avec les autres ? »). Ces questions firent en sorte que les participants interviewés apparurent comme étant extravertis ou introvertis, respectivement, simplement parce qu'ils répondirent aux questions qui leur étaient posées, confirmant ainsi l'hypothèse à vérifier.

Bien qu'un grand nombre d'études montrent la validité de la vérification confirmatoire des hypothèses, il existe des conditions où les percevants sont moins susceptibles d'utiliser des questions menant les cibles à confirmer leurs croyances initiales. Le fait d'avoir une hypothèse de rechange ou d'avoir un besoin d'information valide réduit la probabilité que les individus cherchent à confirmer sélectivement leur hypothèse (Kassin *et al.*, 2003 ; Kruglanski & Mayseless, 1988 ; Skov & Sherman, 1986 ; Trope & Mackie, 1987). Par exemple, lorsque des individus prévoient qu'ils auront à travailler avec la cible ultérieurement, ils exigent de meilleures questions, et il devient moins probable qu'ils s'engagent dans des processus les amenant à confirmer sélectivement leurs croyances initiales (Darley *et al.*, 1988).

Les prophéties qui s'autoréalisent et leurs effets

Parfois, le schéma que vous avez sur un autre individu n'influencera pas seulement le type d'information que vous recherchez à son sujet et les jugements que vous porterez sur lui, mais aussi vos comportements à son égard, ses réactions face à vos comportements et même les perceptions que celui-ci aura de lui-même. Comme le montre la figure 4.8, lorsque les croyances erronées du percevant poussent la cible à adopter des comportements conformes aux attentes de celui-ci, apparaît alors ce qu'on appelle une « prophétie qui s'autoréalise » (*self-fulfilling prophecy*). Le concept de **prophétie qui s'autoréalise** a été introduit par Merton en 1948. Selon lui, une prophétie qui s'autoréalise est une définition erronée d'une situation qui provoque un nouveau comportement, lequel, en se manifestant, confirme la définition erronée. La prophétie qui s'autoréalise perpétue une croyance erronée. Elle a fait l'objet d'études portant sur des situations sociales telles que les variations dans les valeurs boursières et les cycles d'escalade dans les armements à l'origine de conflits internationaux. Dans cette dernière situation, les attentes d'un pays amorcent un ensemble de réactions confirmatoires. Ainsi, lorsque le pays A s'attend que le pays B soit hostile et menaçant, il peut se mettre à accroître son armement. Le pays B interprète les actions du pays A comme une menace à sa sécurité, ce qui le pousse à faire la même chose, c'est-à-dire à accroître son armement. La réaction du pays B est interprétée par le pays A comme une confirmation de ses croyances initiales. Dans le contexte du paradigme sur les prophéties qui autoréalisent, selon la thèse de Merton, des percevants reçoivent des informations les incitant à se former des attentes erronées sur la cible. Il est important de préciser que, parfois, les prophéties qui s'autoréalisent peuvent être basées sur des faits réels.

FIGURE 4.8   **Modèle des prophéties qui s'autoréalisent**

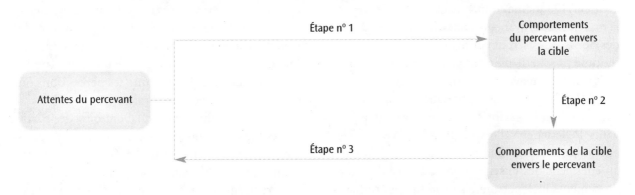

Selon le modèle des prophéties qui s'autoréalisent, (1) le percevant a une certaine perception des caractéristiques de la cible ; (2) le percevant agit conformément aux attentes relatives à la cible ; (3) la cible réagit ou ajuste son comportement en fonction des actions du percevant, confirmant ainsi les attentes initiales de ce dernier.

Rosenthal et Jacobson (1968) furent les premiers à vérifier l'existence des prophéties qui s'autoréalisent dans un contexte scolaire, en prenant bien soin d'inclure dans le paradigme la présence d'une condition où aucune attente erronée n'était introduite. Certains enseignants furent amenés à croire que certains de leurs élèves étaient plus lents que d'autres à comprendre la matière. Même si cette information était fausse, les élèves désignés comme retardataires obtinrent de moins bonnes notes que les autres. Plusieurs aspects méthodologiques de cette étude furent critiqués. Les études menées par la suite ne ne donnèrent pas toutes les mêmes résultats que celle qui avait été conduite par Rosenthal et Jacobson. Cependant, un fait est demeuré incontesté : la performance des étudiants pouvait être influencée par les attentes des enseignants. Lors d'une revue des études effectuées au cours des années 1960 et 1970 sur le sujet, Rosenthal et Rubin (1978) conclurent que les différentes formes d'attentes de la part des enseignants avaient provoqué des prophéties qui s'autoréalisaient dans les deux tiers des 345 études qu'ils avaient recensées. Plus récemment, Jussim et Harber (2005) ont examiné de nouveau les études sur les attentes des enseignants conduites au cours des 35 dernières années. Ils ont conclu que les prophéties qui s'autoréalisent se produisent dans le milieu de l'éducation, quoique avec des effets relativement modestes ; les effets les plus puissants s'observent dans les groupes sociaux les plus schématisés. Les attentes des enseignants peuvent prédire les résultats des étudiants, mais ces effets se produisent parce que les attentes des enseignants sont précises, et non parce qu'elles s'autoréalisent.

Les prophéties qui s'autoréalisent ont fait l'objet d'un très grand nombre d'études. Très peu d'entre elles ont porté sur les processus médiateurs sous-jacents à ce phénomène. Ce n'est que vers la fin des années 1970 que Snyder et ses collègues (Snyder & Swann, 1978 ; Snyder, Tanke & Berscheid, 1977) ont examiné en détail certains des processus sous-jacents au phénomène des prophéties qui s'autoréalisent. Ils appelèrent « paradigme de la confirmation béhavioriste » le phénomène des prophéties qui s'autoréalisent pour distinguer les cas où il y avait interaction entre un percevant et une cible (le cas du paradigme de la confirmation béhavioriste) des cas où des prophéties pouvaient se réaliser sans qu'il y ait interaction entre deux individus. Supposons, par exemple, que vous croyez en l'astrologie, que votre horoscope vous dit que vous risquez d'avoir un accident aujourd'hui et qu'en conséquence, vous demeurez à la maison afin de réduire vos risques d'avoir un accident. À la fin de la journée, vous vous dites que, grâce à votre horoscope, vous avez évité un accident. Du même coup, puisque vous êtes resté à la maison, vos croyances quant à la valeur prédictive des horoscopes seront confirmées. Dans cet exemple, une prophétie pourrait s'autoréaliser sans qu'il y ait interaction avec une autre personne.

Afin d'étudier les processus menant à une confirmation béhavioriste des attentes de percevants, Pelletier et Vallerand (1996) ont vérifié si les croyances relatives à la motivation des étudiants amèneraient des enseignants à adopter des comportements interpersonnels incitant des étudiants à confirmer leurs croyances initiales. Il était postulé au départ qu'un étudiant perçu comme étant motivé intrinsèquement (c'est-à-dire qui fait quelque chose par plaisir) devrait inciter un enseignant à agir de façon à soutenir l'autonomie, car, étant donné que l'étudiant aime la tâche qu'il accomplit, il a besoin non pas d'être poussé, mais simplement d'être encouragé. À l'opposé, si l'étudiant est perçu comme étant motivé extrinsèquement (c'est-à-dire qui fait quelque chose par obligation), l'enseignant devrait agir de façon contraignante afin de s'assurer que ce dernier demeure motivé et que les comportements attendus sont exécutés. Ces actions accomplies par l'enseignant devraient inciter l'étudiant à agir de façon à confirmer ou à valider les croyances de celui-ci. Lorsque l'enseignant agit de façon à soutenir l'autonomie, l'étudiant devrait être intrinsèquement motivé, ce qui devrait amener l'enseignant à croire que ses perceptions ou ses attentes initiales étaient vraies. Inversement, lorsque l'enseignant agit de façon contraignante, l'étudiant devrait être extrinsèquement motivé, ce qui, encore une fois, devrait inciter l'enseignant à croire que ses perceptions ou croyances initiales étaient vraies.

Au cours d'une étude en laboratoire, des participants jouant le rôle d'enseignants furent erronément amenés à croire que des individus agissant en tant qu'étudiants étaient motivés intrinsèquement (ou extrinsèquement, selon la condition) à l'égard d'une tâche consistant à réaliser différentes figures à l'aide de blocs. À la suite d'une interaction entre les participants, au cours de laquelle les enseignants devaient aider les étudiants à exécuter la tâche, différentes mesures relatives au comportement interpersonnel de l'enseignant et à la motivation de l'étudiant furent recueillies. Les résultats de l'étude confirmèrent les hypothèses formulées au départ (voir le tableau 4.4). Les enseignants qui croyaient interagir avec des étudiants motivés intrinsèquement adoptèrent un style favorisant leur autonomie. Par contre, les enseignants qui croyaient interagir avec des étudiants motivés extrinsèquement usèrent de contraintes dans leurs comportements envers ces derniers. Les différences dans les comportements manifestés par les enseignants provoquèrent des réactions chez les étudiants qui s'accordaient avec les

TABLEAU 4.4 **Les niveaux de soutien de l'autonomie et de contrôle perçus chez des enseignants qui croyaient interagir avec des étudiants motivés intrinsèquement ou extrinsèquement**

	Attentes de motivation intrinsèque	Attentes de motivation extrinsèque
Soutien de l'autonomie	31,3	23,8
Contrôle	17,2	27,0

Niveaux d'intérêt et de motivation intrinsèque des étudiants des deux conditions (attentes de motivation intrinsèque et attentes de motivation extrinsèque)

	Attentes de motivation intrinsèque	Attentes de motivation extrinsèque
Intérêt montré par les étudiants	50,4	40,1
Perceptions des enseignants de la motivation intrinsèque des étudiants après l'expérience	37,3	25,8

croyances des enseignants. Les étudiants présentés initialement, sans le savoir, comme étant motivés intrinsèquement en sont venus à se percevoir comme tels et à manifester plus de motivation intrinsèque que des étudiants considérés comme motivés extrinsèquement. Les perceptions initiales des enseignants concernant la motivation des étudiants étaient confirmées.

La négociation entre la cible et le percevant. Nous pouvons conclure de ce qui a été dit jusqu'ici que les schémas constituent des structures cognitives puissantes qui influent non seulement sur la façon dont l'information est perçue, mais aussi sur les interactions dans les contextes sociaux. Lorsque nos interactions avec les gens qui nous entourent sont influencées de la sorte, notre perception initiale se trouve confirmée, ce qui nous conduit à avoir une croyance (souvent erronée) concernant les gens de notre entourage. Parfois, cependant, les gens qui ont des perceptions erronées des autres rencontrent des individus qui considèrent les croyances qu'on entretient à leur propos comme erronées. Alors qu'advient-il des croyances du percevant ? En d'autres mots, qui, du percevant ou de la cible, va réussir à changer la perception de l'autre ?

Selon Swann et Ely (1984), la capacité des individus à résister aux influences des percevants dépend de leur certitude à l'égard de leurs propres perceptions. Selon Swann (1987), à mesure qu'ils deviennent certains de leurs propres caractéristiques, les individus ont tendance à se fier à celles-ci pour organiser leurs expériences et prédire les événements futurs, et ils les défendent activement face aux perceptions erronées que l'on a d'elles. Les gens qui sont certains de leurs perceptions d'eux-mêmes cherchent à les confirmer dans leurs interactions sociales (Lemay & Ashmore, 2004 ; Madon *et al.*, 2001). Par exemple, dans une étude menée par Swann et Ely (1984), des percevants ont été amenés à se former des attentes certaines ou incertaines qui étaient opposées aux perceptions que les cibles avaient d'elles-mêmes. Ainsi, des percevants furent amenés à croire avec plus ou moins de certitude

que la cible était extravertie (laquelle se percevait comme introvertie), tandis que d'autres furent amenés à croire avec certitude ou incertitude que la cible était introvertie (alors qu'elle-même se percevait comme extravertie). Les percevants ont alors interagi avec des cibles qui étaient soit certaines, soit incertaines de leur introversion ou de leur extraversion. Cette étude a révélé que les perceptions de la cible à son propre égard étaient des déterminants plus puissants que les attentes des percevants à propos de son comportement. Après que le percevant eut interagi avec la cible, ses impressions étaient plus en accord avec les autoperceptions de cette dernière qu'avec ses croyances initiales à son sujet. Les confirmations béhavioristes se produisaient seulement lorsque les cibles étaient incertaines de leur introversion ou de leur extraversion, et que les percevants étaient certains de leurs croyances. En d'autres mots, lorsque les percevants étaient certains et que les cibles étaient incertaines, les percevants réussissaient à influencer celles-ci de façon à les amener à agir conformément à leurs croyances. Le point essentiel à retenir ici est que les attentes des percevants peuvent avoir une influence sur les comportements des cibles, mais elles n'incitent pas celles-ci à agir en opposition avec des perceptions d'elles-mêmes profondément ancrées.

Une autre caractéristique de la cible susceptible d'influer sur la négociation entre le percevant et la cible est son degré de motivation à repousser les attentes du percevant. Habituellement, les attentes des percevants ne sont pas énoncées ouvertement : elles sont subtilement incluses dans le processus de la négociation d'une identité. Dans une étude menée par Hilton et Darley (1985), un certain nombre de percevants furent amenés à croire que des cibles avaient une attitude froide, tandis que d'autres ne furent pas informés des caractéristiques des cibles. Parallèlement à ces conditions, des cibles furent informées que des percevants s'attendaient qu'elles réagissent de façon froide, tandis que d'autres ne reçurent pas cette information. Les résultats de cette étude ont démontré que les cibles qui étaient informées des attentes particulières des percevants concernant leur comportement étaient en mesure de renverser les impressions de ceux-ci. Les cibles qui n'avaient pas été informées des attentes des percevants ont été incapables d'en détecter les indices et ont agi conformément à celles-ci.

Le niveau de certitude des autoperceptions de la cible et la motivation à démentir les attentes du percevant ne constituent que deux exemples de variables nous informant sur le rôle actif de la cible dans les perceptions sociales. Selon Swann (1987), les individus jouent un rôle très actif dans les perceptions sociales du fait qu'ils veulent s'assurer que la façon dont ils sont perçus correspond à leurs attentes. Bref, les gens que nous percevons ne sont pas, comme nous le mentionnions au début du chapitre, des objets inertes. Ils jouent un rôle actif dans les situations où il y a perception sociale et, par le fait même, ils influent grandement sur la perception sociale dont ils sont l'objet.

RÉSUMÉ

L'étude des cognitions sociales concerne les processus utilisés par les gens pour interpréter, analyser, se rappeler et traiter l'information provenant de leur environnement social. Nous avons vu dans ce chapitre qu'à cause principalement de sa capacité limitée à traiter l'information sociale, l'individu doit élaborer des stratégies qui lui permettent d'utiliser l'information disponible efficacement et de porter des jugements rapidement. Les stratégies cognitives consistent essentiellement à utiliser des heuristiques et des schémas. Les heuristiques sont des règles décisionnelles rapidement applicables, faciles à utiliser et la plupart du temps correctes, bien qu'à l'occasion, elles induisent en erreur. Les schémas servent à emmagasiner l'information perçue et à la traiter, à déterminer ce à quoi le percevant peut s'attendre des individus autour de lui ou des contextes dans lesquels il évolue.

L'utilisation des schémas peut, elle aussi, mener à des croyances erronées, à des biais dans l'information perçue et retenue en mémoire, et à des erreurs perceptuelles. La plupart des situations où il y a perception sociale peuvent être catégorisées d'une part selon un mode de perception automatisé qui facilite le traitement de l'information ou, d'autre part, selon un mode de perception détaillé et systématique. Quel que soit le mode de perception, une multitude de facteurs peuvent modifier les perceptions des individus. Ces facteurs peuvent être rangés dans trois catégories : les caractéristiques de la cible, les caractéristiques du contexte et les caractéristiques du percevant. Les situations où il y a perception sociale peuvent aussi comporter des interactions entre le percevant et la cible. Dans de tels contextes, le percevant tente de vérifier de façon confirmatoire ses croyances initiales, et les croyances du percevant peuvent influer sur les comportements adoptés par la cible, et amener celle-ci à confirmer les attentes initiales du percevant. Bien que relativement fréquentes, les prophéties qui s'autoréalisent ne se produisent pas tout le temps. Une analyse du rôle joué par la cible dans les contextes où il y a perception sociale nous indique qu'elle joue un rôle dynamique dans ce contexte. Principalement lorsque les cibles sont certaines de leurs propres caractéristiques ou qu'elles sont conscientes des attentes des percevants, elles peuvent conduire ces derniers à changer la perception qu'ils ont d'elles. Les cibles peuvent aussi jouer un rôle actif en projetant une image désirée ou en adoptant des comportements spécifiques qui ont pour but d'inciter les percevants à les voir selon l'identité souhaitée.

BIBLIOGRAPHIE spécialisée

BLESS, H., FIEDLER, K. & STRACK, F. (2004). *Social cognition : How individuals construct social reality.* New York : Psychology Press.

FISKE, S.T., LIN, M.H. & NEUBERG, S.L. (1999). The continuum model : Ten years later. Dans S. Chaiken & Y. Trope (dir.), *Dual process theories in social psychology* (p. 231-254). New York : Guilford.

FORGAS, J.P. (2000). *Feeling and thinking : The role of affect in social cognition.* New York : Cambridge University Press.

KRUGLANSKI, A.W. (2004). *The psychology of closed mindedness.* New York : Psychology Press.

KUNDA, Z. (1999). *Social cognition : Making sense of people.* Cambridge, Mass. : MIT Press.

MOSKOWITZ, G.B. (2001). *Cognitive social psychology : The Princeton Symposium on the legacy and future of social cognition.* Mahwah, N.J. : Erlbaum.

WYER, R.S., Jr. & RADVINSKY, G.A. (1999). The comprehension and validation of social information. *Psychological Review, 106,* 89-118.

WYER, R.S., Jr. (2004). *Social comprehension and judgment : The role of situation models, narratives, and implicit theories.* Mahwah, N.J. : Erlbaum.

Questions DE RÉVISION

1. Quels sont les principaux éléments qui distinguent la perception d'un objet et la perception d'une personne ?

2. Expliquez pourquoi le phénomène de la corrélation illusoire rend compte de la persistance d'un stéréotype culturel.

3. Quels sont les différents types de schémas que nous utilisons ?

4. Quel type de schéma contient des informations telles que celles qui sont relatives aux attaques terroristes du 11 septembre à New York ?

5. En quoi nos schémas influent-ils sur le traitement de l'information sociale et sur notre perception des autres ?

6. Quels sont les facteurs qui nous incitent à traiter l'information détaillée sur une cible ?

7. Expliquez les diverses façons dont la culture influe sur les perceptions sociales.

8. La cible peut influencer la façon dont elle est perçue. Quels sont les moyens concrets qu'elle utilise pour influencer la perception du percevant ?

9. Quel effet ironique résulte-t-il du fait de s'efforcer de ne pas penser à un stéréotype quand on est en présence d'une cible appartenant à un groupe culturel déterminé ? Comment peut-on l'expliquer ?

10. La vérification confirmative d'informations sur une cible peut mener à une prophétie qui s'autoréalise. Expliquez comment.

11. Quelle distinction faites-vous entre une prophétie qui s'autoréalise et une confirmation béhavioriste ?

12. La cible ne répond pas toujours aux attentes du percevant. Indiquez une situation où cela se produit.

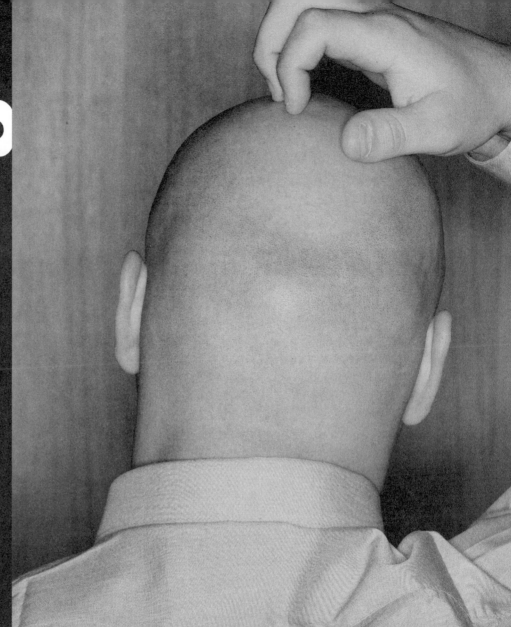

Les attributions : déterminants et conséquences

Robert J. Vallerand

Laboratoire de recherche
sur le comportement social
Université du Québec
à Montréal

e 10 février 2004, la vérificatrice générale du Canada, Mme Sheila Fraser, déclarait dans un rapport percutant que le programme des commandites du gouvernement fédéral témoignait d'une gestion des fonds publics « extrêmement troublante ». Elle concluait que, depuis 1995, des fonctionnaires responsables de l'application du programme des commandites, ainsi que ceux de cinq sociétés d'État (Postes Canada, Via Rail, la GRC, la Banque de développement du Canada et la Société du Vieux-Port de Montréal), avaient contrevenu aux règles d'attribution des contrats pendant plus de quatre ans.

On peut alors se demander *pourquoi* cela s'est produit et même *pourquoi* le gouvernement canadien avait senti le besoin de mettre en place ce programme. Le programme des commandites a été mis sur pied à la suite des résultats serrés du référendum du 30 octobre 1995 sur l'indépendance du Québec. Pourvu d'un budget de 250 millions de dollars, il avait pour but d'accroître la visibilité du Canada au Québec en mettant en évidence la contribution apportée par le Canada à divers événements ou diverses activités populaires. On peut présumer que le gouvernement canadien voulait redorer le blason du Canada au Québec et augmenter ses chances de gagner haut la main un nouveau référendum.

L'une des particularités du programme, c'est que les fonds étaient parfois octroyés à des firmes de publicité québécoises sans qu'il y ait de vrais concours. De plus, ces firmes ont été surpayées. Mme Fraser a estimé que plus de 100 millions de dollars ont été versés en trop aux agences de publicité. On peut encore se demander *pourquoi* le gouvernement canadien a versé des sommes aussi exorbitantes.

À la suite du rapport de la vérificatrice générale, le premier ministre Martin a mis sur pied la Commission Gomery afin de faire la lumière sur cette affaire. Pendant plusieurs mois, de nombreux témoins ont été entendus. Même l'ancien premier ministre du Canada, Jean Chrétien, est venu témoigner, sans ajouter quoi que ce soit de nouveau. Mais ce sont les interrogatoires de joueurs moins importants qui nous en ont appris le plus. Ainsi, selon leurs propres témoignages, Jean Brault, Claude Boulay et Luc Lemay, tous propriétaires de firmes de publicité, auraient reçu des sommes élevées (plusieurs millions de dollars), parfois pour des événements qui n'ont jamais eu lieu. Mais *pourquoi* payer des services non fournis et *pourquoi* les agences de publicité ont-elles accepté des sommes importantes pour ces derniers ?

Il y a plus : selon certains acteurs de notre Watergate canadien, il semble que plusieurs firmes ayant profité du programme des commandites ont remboursé une partie de l'argent reçu aux organisateurs du Parti libéral du Canada. M. Jean Brault de Groupaction a affirmé avoir remboursé plus de un million de dollars au Parti libéral du Canada. Encore une fois, *pourquoi* avoir agi de la sorte ? Selon lui, il n'avait pas le choix. S'il voulait bénéficier d'autres commandites, il devait payer. De plus, il avoue avoir eu peur pour sa vie. Si on prend en considération le fait que M. Alain Richard, ancien vice-président de Groupaction, aurait reçu des menaces de mort, l'aveu ne sonne pas trop faux. Pourtant le public reste quelque peu perplexe devant les explications de M. Brault et de certains autres hommes d'affaires (voir *La Presse* du 21 mai 2005). L'appât du gain pourrait aussi être une explication plausible du comportement de ces dirigeants d'entreprises.

Si on confronte les diverses informations recueillies au cours des séances de la commission Gommery, il semblerait que le programme des commandites avait un second but non avoué, soit de permettre au PLC de bien garnir ses coffres en vue des élections fédérales de 2004. On est bien loin du premier but des commandites, qui était de sauver le Canada !

Enfin, selon le témoignage de Charles Guité, le directeur du programme des commandites, le bureau du premier ministre prenait part directement à certaines décisions relatives au programme des commandites. Cela laisse entendre que l'ex-premier ministre Jean Chrétien aurait pu être impliqué dans les opérations. Alors, encore une fois, *pourquoi* ? Pourquoi Jean Chrétien aurait-il pris un tel risque ? Est-ce que ce sont la soif du pouvoir de l'homme ou les exigences de la situation (le risque d'une séparation du Québec ou les besoins pécuniaires du Parti libéral) ? L'histoire nous le dira peut-être un jour.

INTRODUCTION

La mise en situation relate très brièvement le scandale des commandites et met en évidence certaines des questions qu'il suscite. Pourquoi avoir mis sur pied le programme ? Pourquoi des chefs d'entreprise ont-ils pris les risques que l'on sait ? Et pourquoi Jean Chrétien, si on découvre qu'il a trempé dans l'affaire, aurait-il pris le pari de la réussir ? Pourquoi Richard Nixon, à l'époque où il était président des États-Unis, a-t-il fait le même pari et dirigé le cambriolage du bureau des Démocrates dans l'édifice Watergate, pour sa propre perte ? Le parallèle entre les deux événements n'est pas farfelu, car le scandale des commandites pourrait éventuellement avoir des répercussions non seulement pour Jean Chétien, mais aussi pour le Parti libéral et toute la politique canadienne (Cuccioletta, 2005).

Toutes ces questions soulevées par le scandale des commandites nous conduisent à chercher des explications ou des raisons qui représentent des **attributions**, c'est-à-dire à attribuer une ou plusieurs causes bien précises à l'événement. Par exemple, Jean Brault (président de Groupaction) a déclaré que son comportement présumé illégal était dû à la pression exercée sur lui par les Libéraux . « Ils m'ont corrompu », a-t-il dit. L'attribution était donc extérieure à lui-même (c'est la faute des Libéraux).

La recherche d'informations concernant les attributions est tout à fait naturelle, car, comme l'a si bien dit Heider (1958), nous désirons connaître et contrôler notre environnement. Pareille recherche est essentielle à notre « survie sociale », qu'il s'agisse de mieux comprendre la politique canadienne, de comprendre pourquoi un ami n'est pas venu à un rendez-vous ou encore de prendre une décision éclairée concernant la poursuite de ses études à la suite d'une note faible obtenue à un examen.

Les attributions émises ne sont pas à coup sûr objectivement « correctes ». Il ne faut pas oublier qu'elles représentent une explication subjective d'un événement. Par exemple, quand on a demandé à des accidentés de la route, qui étaient intoxiqués, « à quel point [leur] consommation d'alcool était responsable de [leur] blessure », pas moins de 37,8 % des répondants ont répondu : « Aucunement » (Sommers *et al.*, 2000). Et il se peut aussi que des situations identiques engendrent des attributions distinctes selon les individus ou les circonstances. Ainsi, vos amis et vous pourriez arriver à des attributions fort différentes pour expliquer le comportement des organisateurs du Parti libéral du Canada dans le cadre du scandale des commandites, suivant, entre autres, votre allégeance politique.

Qui plus est, des attributions différentes mènent généralement à des conséquences distinctes. Ainsi, en émettant une attribution externe pour ses gestes, Jean Brault de Groupaction (l'un des acteurs importants du scandale des commandites) essaie peut-être de se disculper et ainsi d'atténuer la gravité de ses actes aux yeux des autres. En effet, si ce sont les Libéraux qui sont responsables de ses comportements, M. Brault est innocent. Mais si les jurés, lors de son procès, émettent une attribution de responsabilité, alors il devra en subir les conséquences. Il est en effet intéressant de noter que les attributions ont été étudiées dans un contexte judiciaire et qu'elles permettent de prédire les jugements et les sentences prononcées contre les suspects (voir Weiner, 1995a, 1995b).

Ce chapitre a pour but de brosser un tableau des recherches et des théories relatives au domaine des attributions. Ce dernier étant très fertile en psychologie sociale, il est impossible de rendre compte de façon exhaustive de l'état actuel des connaissances. Nous commencerons par définir ce qu'est une attribution. Puis nous expliquerons quand et pourquoi des attributions sont effectuées, et nous déterminerons quel est le type de personne le plus susceptible de mener des raisonnements causaux. Par la suite, nous présenterons les principales théories de l'attribution permettant de saisir la nature des mécanismes qui nous amènent à émettre une attribution spécifique. Dans la quatrième section, nous traiterons d'une question connexe à la précédente, soit les divers biais qui influent sur l'issue de notre réflexion causale. Pour terminer, nous présenterons diverses théories attributionnelles qui permettent de comprendre les conséquences des attributions.

QU'EST-CE QU'UNE ATTRIBUTION ?

Définition

Une attribution est une inférence ayant pour but d'expliquer *pourquoi* un événement a eu lieu (Weiner & Graham, 1999) ou encore qui a pour but d'expliquer le comportement d'autrui aussi bien que notre propre comportement (Vallerand, 1994 ; Vallerand & Bouffard, 1985). L'électeur qui se demande pourquoi le gouvernement Chrétien a agi comme il l'a fait en ce qui concerne les commandites, l'étudiant qui se demande pourquoi il a échoué à son dernier examen et la femme qui s'explique mal pourquoi son conjoint l'a frappée se posent tous trois des questions qui vont mener à des attributions. Les attributions émises par ces personnes auront un effet déterminant sur leurs comportements à venir. Si l'électeur émet l'attribution que les Libéraux sont malhonnêtes, il pourrait alors fort bien voter pour un autre parti aux prochaines élections. De même, l'étudiant qui croit que son échec est dû à son manque de talent pourrait abandonner le cours. Enfin, si la femme violentée attribue les actions de son conjoint à des dispositions de ce dernier (par exemple une jalousie maladive), elle pourrait le quitter ; par contre, si elle s'attribue les événements (par exemple la provocation), elle pourrait fort bien poursuivre la relation, acceptant son sort avec résignation puisqu'elle se sent responsable de ce qui s'est passé. Les attributions jouent donc un rôle prépondérant dans nos comportements sociaux (Malle, 2004).

Les types d'attributions

Les attributions émises peuvent être regroupées en trois types principaux, soit les attributions causales, les attributions dispositionnelles et les attributions de responsabilité.

Les attributions causales. Ce premier type d'attributions porte sur la recherche des causes d'un événement, d'un succès ou d'un échec (par exemple Weiner, 1979, 1985a, 1986, 1995a, 1995b), ou a pour objet d'expliquer un manque de contrôle sur l'environnement (Abramson, Seligman & Teasdale, 1978).

Selon Weiner (1986), les **attributions causales** comportent trois dimensions : le lieu de causalité, la stabilité temporelle et le contrôle. Le **lieu de causalité** permet de distinguer la perception de l'origine de la cause de l'action. Prenons le cas de deux employés qui viennent de perdre leur travail. Le premier déclare : « J'aurais dû travailler plus fort. » L'autre attribue ce malheureux événement à son employeur : « C'est de la faute du patron, il ne m'aime pas du tout. » La première attribution est *interne* (le manque d'effort), alors que la seconde attribution (la faute de l'employeur) est *externe* à l'employé.

Les attributions causales émises par les deux employés en question se distinguent également sur une deuxième dimension, soit celle de la **stabilité**. En effet, le manque d'effort implique une cause *instable*, qui pourrait changer éventuellement (en travaillant plus fort). Cependant, le fait de ne pas être aimé par son employeur représente une cause *stable*, qui risque peu de changer dans l'avenir (du moins avec cet employeur-là).

Enfin, les deux causes se distinguent également sur le plan de la **contrôlabilité**. La première attribution (le manque d'effort) est perçue comme un élément *contrôlable* par l'**attributeur**. En effet, il y a possibilité de contrôler son effort, éventuellement de travailler plus fort et ainsi (peut-être) de trouver un autre emploi. Par contre, la seconde attribution est perçue comme un élément *incontrôlable*, puisque l'employé ne peut pour ainsi dire pas contrôler le fait que l'employeur ne l'aime pas. Enfin, notons que chaque attribution peut être catégorisée sur les trois dimensions. Ainsi, le fait de ne pas être aimé de son employeur représente une cause externe, stable et incontrôlable. Le tableau 5.1 présente différentes attributions représentant les trois

dimensions causales de la théorie de Weiner émises pour expliquer un succès scolaire.

La catégorisation des attributions selon les trois dimensions de Weiner se révèle très utile sur au moins deux plans. Dans un premier temps, elle permet de regrouper une myriade d'attributions. Imaginez le professeur qui essaie de comprendre les attributions de ses élèves à la suite d'un échec. Il se retrouvera devant pas moins de 30 attributions distinctes. En utilisant les dimensions causales, il sera en mesure de mieux comprendre les attributions émises par ses élèves (voir le tableau 5.1). En plus de les regrouper, il devient également possible de comparer les conséquences des divers types d'attributions causales. Le fait de pouvoir établir des comparaisons s'avère particulièrement important, car, selon Weiner (1985a), les dimensions causales mènent à différentes conséquences (diminution de l'estime personnelle, d'attentes de succès futurs, etc.). Nous reviendrons sur ce point un peu plus loin dans le cadre de la théorie de Weiner. Enfin, notons que les recherches démontrent que les gens utilisent effectivement les trois dimensions causales lorsqu'ils émettent des attributions de façon spontanée (Weiner, 1985b).

En plus des trois dimensions causales présentées par Weiner, Abramson et ses collègues (1978) ont proposé une quatrième dimension causale, soit celle de la **globalité**. Cette dimension fait référence à une généralisation intersituationnelle. Une cause sera *globale* si elle est perçue comme récurrente de situation en situation ; elle sera considérée comme *spécifique* si elle est limitée à une situation bien précise. Ainsi une agression due à la personnalité d'un individu sera perçue comme globale, alors qu'une agression provoquée par autrui sera perçue comme une cause spécifique. Nous reviendrons sur le rôle de la dimension de la globalité dans la section portant sur les diverses conséquences des attributions.

Les attributions dispositionnelles. Dans le cas d'**attributions dispositionnelles**, on cherche à déterminer dans quelle mesure l'action que vient d'accomplir un individu nous permet d'inférer des caractéristiques sur celui-ci (Gilbert, 1998). Dans la mesure où les caractéristiques de la personne permettent d'expliquer le comportement adopté, nous possédons alors une attribution pour l'action ainsi que des inférences relatives à la personnalité réelle de l'individu.

Par exemple, si une personne frappe soudainement un individu, on sera porté à juger la situation entourant cet acte afin de découvrir si la personne possède une prédisposition à la violence (cette appréciation sera d'autant plus importante si nous devons interagir avec cette personne). Pour répondre à cette question, on essaiera de déterminer si l'action violente découlait des traits de la personne. Dans la mesure où l'on peut répondre dans l'affirmative, on pourra juger la personne sur diverses composantes reliées

TABLEAU 5.1   Les trois dimensions causales de Weiner appliquées à un succès scolaire

Lieu de causalité	Stabilité	Contrôlabilité	Exemple
Interne	Stable	Contrôlable	« J'étudie toujours fort. »
Interne	Stable	Incontrôlable	« J'ai beaucoup d'habileté dans ce champ d'études. »
Interne	Instable	Contrôlable	« Cette fois-là j'ai étudié fort. »
Interne	Instable	Incontrôlable	« J'étais dans une bonne période. »
Externe	Stable	Contrôlable	« Le professeur m'a aidé. »
Externe	Stable	Incontrôlable	« La question était facile. »
Externe	Instable	Contrôlable	« J'ai réussi à convaincre un ami de m'aider. »
Externe	Instable	Incontrôlable	« J'ai été chanceux. »

au comportement émis. Ces composantes représentent alors des attributions dispositionnelles.

Les attributions de responsabilité. Ce troisième et dernier type d'attributions est peut-être le plus difficile à cerner (voir Weiner, 1995a, 1995b, à ce sujet), car il revêt plusieurs significations (voir Vallerand, 1994). La plupart des recherches se réfèrent à l'aspect moral où les attributions portent surtout sur un jugement de valeur concernant la responsabilité d'une personne (soi-même ou autrui) à l'égard d'un événement. Plusieurs recherches sur les **attributions de responsabilité** ont porté directement sur les attributions de blâme personnel qui peuvent jouer un rôle adaptatif dans l'ajustement psychologique à la suite d'événements malheureux (par exemple Janoff-Bulman, 1979, 1992).

Comment mesure-t-on les attributions ?

Il existe plusieurs stratégies pour mesurer les attributions, et nous ne pouvons les mentionner toutes ici. Typiquement, les attributions de responsabilité sont mesurées par une ou plusieurs questions du type : À quel point vous tenez-vous responsable de l'accident ? » sur une échelle allant de 1 (Pas du tout) à 7 (Complètement). Des résultats intéressants ont été obtenus dans ce cadre. Ainsi, le fait de se tenir responsable d'un feu dans lequel on a souffert peut mener à un meilleur ajustement psychologique (Lambert, Difede & Contrada, 2004). Nous y reviendrons.

En ce qui concerne les attributions dispositionnelles, on se contente de demander au participant d'évaluer une personne sur différents traits de personnalité pouvant expliquer le comportement observé. Ainsi, à la suite de la présentation d'une vidéo dans laquelle l'acteur (la personne qui agit) pousse une autre personne, l'observateur (celui qui observe l'acteur) aurait à indiquer, sur une échelle de un à sept points pour chacun des adjectifs, dans quelle mesure il juge cette personne brutale, arrogante et irrespectueuse (voir Gilbert, 1998).

Enfin, les attributions causales sont certes le type d'attribution qui a connu le plus grand développement (voir Vallerand, 1985, 1994). Notons que, si autrefois les chercheurs mesuraient diverses attributions brutes telles que l'habileté et l'effort (voir Weiner, 1983), de nos jours les chercheurs vont surtout mesurer les dimensions causales sous-jacentes aux attributions, notamment celles proposées par Weiner (1979, 1986). À cette fin, Russell (1982) a conçu l'Échelle des dimensions causales (*Causal Dimension Scale*) (CDS), qui a été améliorée par la suite par McAuley et ses collègues (1992). Cette échelle comprend 12 énoncés servant à mesurer les trois dimensions causales décrites par Weiner (1979, 1985a), à savoir le lieu de causalité, la stabilité et la contrôlabilité de la cause. De plus, cette dernière dimension est divisée en deux, soit le contrôle interne (une cause contrôlable par soi) et le contrôle externe (une cause contrôlable par autrui). Le tableau 5.2

TABLEAU 5.2 **Quelques énoncés de l'Échelle des dimensions causales (*Causal Dimension Scale*) (CDS) appliquée à un résultat scolaire**

Quelle serait, selon toi, la raison principale qui pourrait expliquer ton résultat scolaire ? _____ Évalue la raison donnée précédemment selon les énoncés ci-dessous :								
1) Est-ce que la cause : reflétait un aspect de la situation ?	1	2	3	4	5	6	7	reflétait un aspect de toi-même
2) Est-ce que la cause était : temporaire ?	1	2	3	4	5	6	7	permanente
3) Est-ce que la cause était : contrôlable par toi ?	1	2	3	4	5	6	7	incontrôlable par toi
4) Est-ce que la cause était : contrôlable par quelqu'un d'autre ?	1	2	3	4	5	6	7	incontrôlable par quelqu'un d'autre

Note : 1) dimension du lieu de causalité ; 2) dimension de la stabilité ; 3) dimension de la contrôlabilité personnelle ; 4) dimension de la contrôlabilité externe.

présente un énoncé de chacune des quatre sous-échelles de la CDS II. Signalons que la CDS II a aussi été adaptée pour mesurer les attributions des équipes sportives (voir Greenlees *et al.*, 2005).

Parfois, les chercheurs désirent mesurer non pas les attributions émises à un moment particulier, mais plutôt le *style attributionnel* ou habituel des participants. C'est dans ce cadre que l'*Attributional Style Questionnaire* (ASQ) a été élaboré par Seligman et ses collègues (Peterson & Seligman, 1984 ; Peterson *et al.*, 1982 ; Peterson & Villanova, 1988). Se basant sur le modèle attributionnel de la résignation acquise (Abramson *et al.*, 1978), l'ASQ mesure les dimensions causales de lieu de causalité, de stabilité et de globalité pour différentes situations positives et négatives susceptibles de se produire dans la vie, permettant ainsi de décrire un style attributionnel. Toutes les questions sont mesurées sur des échelles de 1 à 7. L'ASQ a été utilisé dans plusieurs centaines d'études qui ont mené à plusieurs résultats intéressants. Par exemple, il a été démontré qu'un style attributionnel optimiste (attribution externe, instable et spécifique pour expliquer des événements négatifs) conduit à une meilleure performance chez les sportifs (Seligman *et al.*, 1990), les étudiants au baccalauréat (Peterson & Barrett, 1987) et même les vendeurs d'assurances (Seligman & Schulman, 1986). Une échelle du type ASQ a aussi été développée pour les enfants avec le même succès (Seligman *et al.*, 1984).

Le ASQ a aussi été adapté aux situations de vie conjugale (la *Relationship Attributions Measure* — RAM ; Fincham & Bradbury, 1992). Plusieurs études ont démontré qu'un style plus adaptatif (des attributions externes, instables, spécifiques et moins de responsabilité pour un comportement négatif) était associé à une meilleure satisfaction conjugale (Fincham, 2001). On a aussi adapté une échelle pour enfants concernant leurs perceptions des comportements de leurs parents (Fincham *et al.*, 1998).

Enfin, une autre technique de mesure des attributions porte sur les attributions émises spontanément et librement. Lorsque cette technique est employée, l'expérimentateur demande au participant d'exprimer ses pensées et ses sentiments, ou encore il recueille des éléments d'information déjà fournis par la personne (par exemple Lee *et al.*, 2004). Il devient alors possible pour les chercheurs de coder les attributions en fonction de leurs propriétés psychologiques. Ce type de mesure est de plus en plus utilisé pour évaluer tant les attributions situationnelles (par exemple Möller & Köller, 2000) que le style attributionnel (par exemple Burns & Seligman, 1989). Une telle perspective peut mener à des recherches fort intéressantes. Ainsi Peterson, Seligman et Vaillant (1988) ont démontré que le style attributionnel tel qu'il était déterminé par une analyse des écrits des participants lorsqu'ils avaient 25 ans permettait de prédire leur état de santé physique à l'âge de 45 et même de 65 ans.

En somme, les chercheurs ont conçu une multitude de façons de mesurer les attributions. Vous serez à même de vous en rendre compte dans la suite du chapitre.

LES ATTRIBUTIONS : QUI, QUAND ET POURQUOI

Pourquoi faire des attributions ?

Pourquoi nous posons-nous des questions sur les événements qui nous touchent ou qui touchent les autres ? Lorsqu'on sait que le résultat d'une telle analyse cognitive peut être parfois douloureux (pensons à la personne violentée qui cherche à comprendre pourquoi une telle chose lui est arrivée), il peut paraître surprenant qu'on fasse des attributions au lieu de tout simplement tourner la page et d'oublier le tout.

Fritz Heider (1944, 1958) fut l'un des premiers à relever le fait que les gens ressentent une motivation profonde à comprendre leur environnement et, ce faisant, à se poser plusieurs questions concernant les causes des événements et comportements observés. Les réponses (attributions) qu'ils apportent à ces questions les amènent à comprendre, à organiser et à concevoir des croyances et schémas leur permettant de donner un sens à leur environnement social. Donc, le but le plus fondamental des attributions consiste à permettre aux gens de *comprendre* ce qui serait, sans attributions, un environnement contenant un amas de stimuli souvent désorganisés et même, parfois, une vie dépourvue de sens. Par exemple, Suedfeld (2003) a constaté que les survivants de l'Holocauste avaient émis plus d'attributions pour expliquer leur survie que d'autres juifs ayant vécus durant la même période à l'abri de la persécution des nazis.

Le fait de mieux saisir notre environnement nous permet en plus de prédire les événements et les comportements des gens qui nous entourent (Pittman, 1993 ; Shiloh *et al.*, 2002 ; Silver *et al.*, 1983). Dans la mesure où les attributions émises sont « correctes », nos prédictions se révèlent justes, et nos interactions et comportements sociaux sont plus adaptés (Lippke, Knäuper & Fuchs, 2003). Par contre, si nos attributions sont erronées, notre compréhension du monde l'est également, ce qui rendra nos comportements futurs beaucoup moins efficaces. Les attributions s'avèrent donc très importantes pour notre « survie » sociale (voir Malle, 2004). Il n'est alors pas surprenant que nous commencions à émettre des balbutiements attributionnels dès l'âge de 12 mois (Kuhlmeier, Wynn & Bloom, 2003) et peut-être même avant (White, 1988).

D'autres théoriciens ont proposé que les attributions pouvaient aussi protéger, maintenir ou même augmenter nos perceptions sur nous-mêmes, ainsi que notre estime personnelle. Par exemple, nous avons vu que, dans la mise en situation du début du chapitre, M. Jean Brault a rejeté la faute sur les Libéraux au lieu de reconnaître son manque d'éthique professionnelle. En faisant une telle attribution, il ménageait son estime personnelle (ce n'est pas lui qui a mal agi, mais bien les Libéraux). Dans cette situation, l'attribution sert ainsi à protéger le soi de M. Brault. Plusieurs études soutiennent le rôle des attributions dans ce cadre (voir Anderson, Krull & Weiner, 1996 ; Weiner & Graham, 1999).

Enfin, il ne faut pas oublier que les attributions émises sont souvent communiquées à ceux qui nous entourent. Ainsi, en effectuant publiquement une attribution positive sur nous-mêmes, nous nous présentons aux autres sous notre meilleur jour. De plus, en communiquant aux autres les attributions que nous émettons pour expliquer leur comportement, nous leur envoyons aussi un message sur notre façon de les percevoir. On peut donc voir que les attributions jouent un rôle important dans la communication sociale (Fincham, 2001 ; Malle, 2004).

Quand fait-on des attributions ?

Comme la réflexion causale est exigeante sur le plan cognitif, il est impensable que nous soyons constamment, ou même souvent, en train de faire des attributions. Vous voyez-vous en train de traverser la rue en vous demandant pourquoi vous n'avez pas attendu le feu vert ? Une réflexion causale à un tel moment peut s'avérer extrêmement coûteuse, voire fatale, et il est donc fort peu probable que nous la fassions. Alors, si nous sommes sélectifs quant aux circonstances qui nous amènent à effectuer des attributions, quelles sont ces circonstances ?

Une situation de tous les jours consiste à effectuer une attribution lorsque quelqu'un nous demande notre perception des causes d'un événement donné. Par exemple, si l'un de vos amis vous demande en classe : « Sais-tu pourquoi le Canadien a perdu hier soir ? », l'attribution que vous faites constitue alors la réponse à la question de votre ami. C'est ce que l'on appelle une recherche attributionnelle de type réactif (Hall, French & Marteau, 2003). C'est habituellement ce type de situation qui se présente en recherche, même si, à l'occasion, une recherche attributionnelle spontanée peut aussi être étudiée en recherche (par exemple Möller & Köller, 2000). Selon Weiner (1985b), trois autres facteurs ont un effet direct sur la recherche spontanée d'information causale. L'incertitude représente le premier de ces facteurs. L'incertitude peut nous amener à scruter l'information de sorte à mieux comprendre la situation et à nous permettre ainsi de préciser l'émotion que nous vivons. Les travaux de Gifford Weary et ses collègues

(2001) révèlent effectivement qu'induire des croyances d'incertitude quant aux causes d'un comportement d'autrui mène à une analyse causale plus élaborée et à un recours moins fréquent aux stéréotypes pour expliquer le comportement en question.

Les événements inattendus constituent le second facteur amenant la production d'attributions spontanées (voir Weiner, 1985b, pour une recension des écrits sur le sujet). Ainsi, si vous voyez une personne se promener nu-jambes dans la rue en plein hiver, il y a de bonnes chances que vous vous demandiez, après avoir ri, pourquoi quelqu'un se comporte de la sorte.

Enfin, les échecs produisent aussi l'émission d'attributions, probablement parce qu'elles répondent à plusieurs besoins ou fonctions. En effet, en effectuant une attribution à la suite d'un échec, vous pouvez sans doute mieux comprendre ce qui s'est passé. Vous pouvez également mieux prédire, contrôler et prévenir un échec futur. De plus, faire une attribution dans de telles circonstances pourrait vous permettre aussi de protéger votre estime personnelle (Möller & Köller, 2000) et de sauver la face. Il n'est donc pas surprenant que nous soyons plus portés à faire des attributions à la suite d'un échec qu'à la suite d'un succès (Weiner, 1985b ; Wong & Weiner, 1981).

En somme, nous serions particulièrement portés à faire spontanément des attributions en situation d'incertitude, d'échec et d'événements inattendus. Toutefois, cela ne veut pas nécessairement dire que des attributions ne sont pas effectuées à la suite d'événements prévus ou encore à la suite d'un succès. Elles sont seulement moins fréquentes.

Qui fait des attributions ?

De même que certaines situations nous amènent à faire une recherche attributionnelle plus poussée, des dispositions personnelles peuvent amener la personne à effectuer une réflexion causale plus poussée. Ainsi les personnes ayant un **désir de contrôle** élevé (Burger & Hemans, 1988), celles qui désirent mieux comprendre leur environnement telles que

celles démontrant un haut niveau de cognition (Cacioppo *et al.*, 1996), et celles ressentant une incertitude causale chronique concernant les causes des événements qu'elles vivent (Weary & Edwards, 1994 ; Weary *et al.*, 2001) ont tendance à effectuer une analyse attributionnelle plus poussée. En revanche, les personnes qui ont un vif besoin d'arriver à une conclusion rapide (*need for closure* ; Mannetti *et al.*, 2002 ; Webster & Kruglanski, 1994) veulent trouver une attribution rapidement. Leur réflexion attributionnelle est donc plus brève.

Enfin, une dernière différence individuelle porte sur le niveau de **complexité attributionnelle** de la personne (Fletcher *et al.*, 1986). Plus une personne est complexe du point de vue de l'attribution, plus sa recherche des causes est affinée, plus elle la conduit à faire un grand nombre d'attributions, riches et complexes. Comparons, par exemple, deux personnes : Michelle et Joanne. Michelle aime les choses simples. Elle préfère qu'on lui dise blanc ou noir, mais pas gris. Elle croit généralement qu'il n'existe qu'une seule réponse à ses questions. Joanne est tout le contraire : elle aime les choses complexes ; elle aime envisager diverses possibilités et réfléchir sur les causes des événements ; elle croit que ces derniers sont généralement le fruit de causes multiples. Selon la perspective de la complexité attributionnelle, Joanne démontrerait un degré élevé de complexité attributionnelle, alors que Michelle serait plutôt de nature simpliste. Fletcher et ses collègues (1986) ont conçu une échelle servant à mesurer cette dimension. Le tableau 5.3 présente certains énoncés de l'échelle. Où vous situez-vous sur cette échelle ?

En résumé, nous faisons des attributions dans une foule de situations, et ce, de façon spontanée ou réactive. De même que certaines situations, des différences individuelles peuvent mener à une recherche attributionnelle plus poussée. Parfois ces différences individuelles peuvent s'influencer, comme le besoin de cognition qui semble nourrir la complexité attributionnelle (Sargent, 2004). Mais comment en vient-on à faire des attributions ? Quels sont les mécanismes psychologiques à la base des attributions ? C'est à ces questions que nous tenterons de répondre dans la prochaine section.

LES PROCESSUS MENANT AUX ATTRIBUTIONS : LES THÉORIES DE L'ATTRIBUTION

Kelley et Michela (1980) distinguent deux types de théories dans le domaine des attributions : les théories de l'attribution et les théories attributionnelles. Les **théories de l'attribution** sont celles postulant la nature des processus qui mènent à la formation d'attributions. Elles portent sur les déterminants des attributions. Par contre, les **théories attributionnelles** ont pour but de prédire et d'expliquer la nature des conséquences psychologiques découlant de l'émission de différentes attributions telles que les émotions, la motivation, l'ajustement psychologique et même le comportement à l'égard d'autrui. Ce modèle général du secteur de l'attribution ainsi que les noms de certains théoriciens sont présentés à la figure 5.1. Considérons maintenant les théories de l'attribution.

La théorie naïve de Heider

Dans son livre classique de 1958, *The psychology of interpersonal relations*, Fritz Heider propose une analyse naïve de l'action qui présente une vision phénoménologique des causes menant à l'action. Selon lui, le rôle de l'attributeur se compare à celui du philosophe qui cherche à reconnaître les facteurs qui seraient logiquement nécessaires pour qu'une action se produise. L'attributeur observe les actions d'une personne donnée (elle-même ou une autre) et en déduit les facteurs qui doivent avoir été présents pour que l'action ait pu être accomplie. Par exemple, si un professeur désire savoir pourquoi un étudiant a obtenu une forte note dans un examen difficile, il lui faudra, selon Heider, analyser les différentes causes en jeu. Dans le cadre de cette analyse causale, il faut considérer certaines variables clés. Ainsi, afin d'émettre l'action (réussir l'examen), il doit y avoir *intention* de la part de l'étudiant (on ne réussit pas un examen difficile sans le vouloir) ; de plus, celui-ci doit *s'être efforcé* de réussir l'examen (la matière ne s'apprend pas toute seule) et les *capacités* de l'étudiant doivent être suffisamment grandes pour

TABLEAU 5.3   **Quelques énoncés de l'échelle de complexité attributionnelle**

1. Généralement, je ne cherche pas à analyser et à expliquer le comportement des gens (–).

Fortement en désaccord −3	Modérément en désaccord −2	Légèrement en désaccord −1	Ni en accord ni en désaccord 0	Légèrement en accord +1	Modérément en accord +2	Fortement en accord +3

2. Lorsque j'ai trouvé une cause au comportement d'une personne, je ne vais généralement pas plus loin (–).

Fortement en désaccord −3	Modérément en désaccord −2	Légèrement en désaccord −1	Ni en accord ni en désaccord 0	Légèrement en accord +1	Modérément en accord +2	Fortement en accord +3

3. Selon moi, les causes du comportement des gens sont généralement complexes (+).

Fortement en désaccord −3	Modérément en désaccord −2	Légèrement en désaccord −1	Ni en accord ni en désaccord 0	Légèrement en accord +1	Modérément en accord +2	Fortement en accord +3

4. J'aime analyser les raisons ou les causes du comportement des gens (+).

Fortement en désaccord −3	Modérément en désaccord −2	Légèrement en désaccord −1	Ni en accord ni en désaccord 0	Légèrement en accord +1	Modérément en accord +2	Fortement en accord +3

Le signe (–) indique un énoncé mesurant un faible degré de complexité attributionnelle.
Le signe (+) indique un énoncé mesurant un degré élevé de complexité attributionnelle.

Pour obtenir une idée de votre degré de complexité attributionnelle, inversez les points des deux premiers énoncés (c.-à-d. –3 devient +3, –2 devient +2, etc.) et faites le total des points obtenus aux quatre énoncés. Plus le total est élevé et plus vous avez un degré élevé de complexité attributionnelle.

lui permettre de surmonter les *difficultés de la tâche* (en l'occurrence, l'examen). Ce dernier point implique une relation entre un élément de *force personnelle* (capacité) et un élément de force environnementale (difficultés de la tâche) : si les forces personnelles se révèlent plus puissantes que les forces environnementales, la personne (l'étudiant) *peut* accomplir la tâche. Par contre, si la personne ne possède pas l'habileté nécessaire (ici l'intelligence), elle ne pourra réussir, quels que soient les efforts déployés.

Cette analyse des causes sous-jacentes à l'action mène à l'attribution émise pour expliquer le comportement (ici, le succès à l'examen difficile). Selon Heider (1958), la personne met au premier plan une cause émanant soit d'elle-même (par exemple, l'effort ou la capacité), soit de l'environnement (la difficulté de l'examen), mais pas nécessairement des deux. De plus, selon lui, une relation hydraulique unit les forces personnelles et les forces environnementales : lorsque les premières forces sont perçues comme élevées, les secondes sont considérées comme faibles.

La théorie de Heider eut une influence majeure, car elle représentait un premier effort d'analyse théorique des causes des comportements ou des événements. Cependant, sa position n'était pas présentée sous une forme théorique formelle (Gilbert, 1998), et son analyse attributionnelle n'a pas eu d'effet immédiat appréciable sur le développement de la recherche dans le domaine de l'attribution. Il revint donc à d'autres psychologues sociaux de formuler des théories propres à permettre le recours à l'expérimentation dans l'étude des attributions.

La théorie des inférences correspondantes de Jones et Davis

Jones et Davis (1965) furent les premiers à prolonger les travaux de Heider (1958). Ces théoriciens restreignirent l'analyse de Heider de trois façons : 1) ils ne s'intéressèrent qu'aux attributions faites par un **observateur** (c'est-à-dire celui qui observe quelqu'un d'autre agir, soit l'**acteur**) ; 2) ils se limitèrent aux attributions de type dispositionnel seulement ; et 3) ils analysèrent les attributions faites à partir d'une seule observation.

Le concept central de la théorie est celui de la **correspondance**. Il a trait à la clarté de l'attribution de disposition en relation avec le comportement observé. Si l'observateur croit que l'action peut être le résultat de plusieurs dispositions de l'acteur, alors le degré de correspondance de l'action est faible. En revanche, si l'observateur perçoit l'action comme un élément résultant d'une seule disposition de l'acteur, le comportement possède alors un haut degré de correspondance, car il correspond à la disposition inférée.

Par exemple, vous vous promenez avec un ami quand, tout à coup, un inconnu frappe celui-ci. Vous

FIGURE 5.1 **Théories de l'attribution et théories attributionnelles**

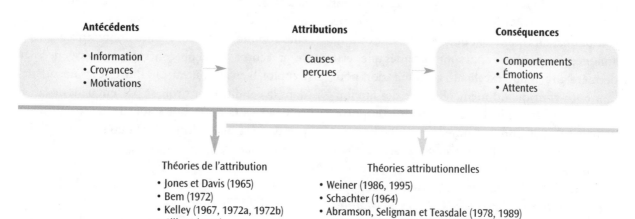

vous demandez quelle peut bien être cette personne à qui vous avez affaire. Dans la mesure où il vous est possible d'établir que l'action de l'agresseur est imputable à sa personnalité « violente », vous effectuez une attribution de correspondance. Par contre, s'il vous est impossible de déterminer si le comportement est dû à une disposition à l'agressivité chez l'acteur, la correspondance entre les dispositions de l'acteur et l'action est faible, et il devient alors impossible de faire une attribution dispositionnelle. L'analyse attributionnelle se termine alors là, puisque Jones et Davis (1965) ne se sont intéressés qu'aux attributions dispositionnelles, et non aux autres causes possibles (l'environnement, par exemple).

Trois facteurs sont proposés dans la théorie comme déterminants de l'attribution de correspondance : la « désirabilité sociale » (*social desirability*), les effets distinctifs (*non common effects*) et le choix dont dispose l'acteur quant à l'émission de l'action. Le facteur *choix* représente un genre de préalable de l'analyse attributionnelle de correspondance. En effet, dans la mesure où l'action a été accomplie par l'individu en toute liberté, il est possible de passer à l'analyse des deux autres facteurs afin de déterminer s'il y a correspondance. Par contre, si l'individu a été forcé d'adopter le comportement observé, il ne devrait pas y avoir lieu de chercher à établir un lien entre ses actions et une disposition sous-jacente. Fait intéressant à noter : l'observateur est souvent porté à inférer que l'acteur avait le choix d'accomplir l'action alors que ce n'était pas nécessairement le cas (voir Jones & Harris, 1967). Par exemple, des consommateurs qui voient une personnalité connue annoncer un produit et qui sont informés que cette dernière a reçu une excellente rémunération pour l'annonce vont quand même émettre des attributions de correspondance et inférer du comportement que la personnalité aime le produit (Cronley *et al.*, 1999). Cette tendance à faire abstraction de l'influence de la situation et à insister sur le rôle de l'acteur dans l'émission de son comportement s'appelle le biais de correspondance (Gilbert & Malone, 1995). Nous y reviendrons ultérieurement.

La *désirabilité sociale* représente un facteur pouvant influer directement sur l'attribution de correspondance émise. Selon Jones et Davis (1965), plus un comportement est adopté en accord avec une norme de désirabilité sociale, moins l'observateur peut faire une attribution de correspondance. Ce ne sont que les actions qui diffèrent des attentes usuelles dans une situation donnée qui apportent l'information nécessaire à l'émission d'une attribution dispositionnelle. Par exemple, si votre ami vous offre un cadeau à Noël, pouvez-vous conclure qu'il est généreux ? Non, car la norme de désirabilité sociale présuppose qu'il est usuel d'offrir des cadeaux à Noël. On ne peut donc attribuer un tel comportement à une disposition particulière de l'acteur. Cependant, si le cadeau vous est offert un mardi du mois de juin (alors que rien n'indique que c'est ce qu'il faut faire), il est alors probable que vous ferez une attribution de correspondance et que vous regarderez votre ami comme une personne effectivement généreuse.

Dans une étude classique sur la désirabilité sociale, Jones, Davis et Gergen (1961) ont démontré que des observateurs émettaient des attributions de correspondance plus extrêmes et confiantes concernant des postulants à un emploi dont la manière de se présenter ne s'accordait pas avec le profil de ce dernier. Pourquoi ? Parce qu'on s'attend à ce que la présentation d'un postulant à un emploi soit conforme aux exigences de celui-ci. Or, les personnes dont la manière de se présenter ne correspond pas aux exigences de l'emploi doivent être vraiment telles qu'elles se décrivent, sinon pourquoi se présenteraient-elles comme elles le font (elles n'ont rien à gagner à se présenter de façon contraire aux exigences de l'emploi, bien au contraire) ? Puisque les postulants dans la condition antirôle se présentaient de façon contraire à la désirabilité sociale, ils furent donc perçus de façon conforme à leur présentation d'eux-mêmes, beaucoup plus que les postulants dans la condition conforme aux exigences de l'emploi.

Dans une reformulation de la théorie, Jones et McGillis (1976) ont apporté certains changements au concept de la désirabilité sociale. Le concept renvoie maintenant au construit d'attentes. Deux types d'attentes sont distingués. Les attentes peuvent être formulées à l'égard de la catégorie de comportements adoptés, ce qui correspond en substance à l'ancien concept de la désirabilité sociale ; le second type d'attentes porte sur la cible ou sur la personne qui accomplit l'acte. Cet élément représente un ajout important à la théorie. Selon Jones (1979), plus les attentes (tant pour la catégorie que pour la cible) envers l'émission d'un comportement sont faibles, plus on doit émettre des attributions de correspondance si le comportement est effectivement adopté.

Une telle proposition, en ce qui concerne les attentes reliées à la catégorie du comportement en question, demeure fidèle à l'ancienne proposition sur la désirabilité sociale (moins on s'attend à ce qu'un comportement soit adopté et plus on fera une attribution de correspondance si l'action est accomplie). Par contre, en ce qui concerne les attentes reliées à la cible, la proposition semble quelque peu surprenante. Comment des attentes basées sur une personne et nous indiquant que cette dernière ne devrait pas avoir un comportement précis peuvent-elles nous amener à émettre une attribution de correspondance à la suite de l'adoption du comportement ? L'explication tient au fait que, comme il a été mentionné précédemment, la théorie ne s'applique qu'aux attributions effectuées à partir d'une seule observation. L'observateur ne peut donc avoir d'attentes solidement ancrées au sujet de cette personne. En fait, les attentes à l'égard de la cible dont parle Jones et McGillis reposent essentiellement sur les stéréotypes que nous possédons envers les autres.

Par exemple, si un étudiant francophone ne s'attend vraiment pas à ce qu'un anglophone vienne étudier à l'Université du Québec à Montréal (faibles attentes à l'égard de la cible) et qu'il se rend compte qu'il y en a un dans sa classe, alors il y a de fortes chances qu'il effectue une attribution de correspondance : il aime vraiment la langue française. Ce nouvel ajout dans la théorie permet donc d'expliquer les attributions de correspondance effectuées en ce qui concerne les personnes sur qui nous possédons très peu d'informations et envers qui nous entretenons des attentes préliminaires.

Les **effets distinctifs** représentent le troisième facteur dans l'analyse des attributions correspondantes. Ce facteur est peut-être le plus complexe de la théorie. Selon celle-ci, l'observateur juge des conséquences de l'action choisie et les compare avec celles découlant des solutions délaissées. De cette analyse ressortent les effets (ou conséquences) distinctifs, c'est-à-dire les conséquences associées uniquement à la solution choisie. Moins il y a d'effets distinctifs résultant du comportement de l'acteur, plus on peut émettre une attribution fortement correspondante. Toutefois, si de nombreux effets distinctifs sont associés à la solution choisie par l'acteur, il devient alors impossible d'inférer une disposition, car trop de raisons peuvent être invoquées pour expliquer le comportement.

Prenons l'exemple de l'étudiant ayant à décider quoi faire un vendredi soir (exemple adapté de West & Wicklund, 1980, p. 121). Cet exemple figure au tableau 5.4. On peut y voir que l'étudiant possède trois choix : 1) aller dans une discothèque ; 2) aller au casse-croûte du coin ; ou 3) aller au cinéma. À

TABLEAU 5.4　La sortie du vendredi soir : analyse des effets distinctifs

Discothèque	Casse-croûte	Cinéma
• Ne pas étudier	• Ne pas étudier	• Ne pas étudier
• Écouter de la musique	• Manger	• Stimulation intellectuelle
• Rencontrer des personnes de l'autre sexe	• Rencontrer des personnes de l'autre sexe	
• Rencontrer des amis		

Source : Adapté de West et Wicklund (1980), et reproduit de Vallerand et Bouffard (1985), avec permission.

chacun de ces choix sont associés des effets. En examinant, parmi ces effets, uniquement ceux qui sont distinctifs, il devient alors possible d'effectuer les attributions dispositionnelles suivantes. S'il choisit d'aller dans une discothèque, les effets distinctifs ou propres à cette option étant d'écouter de la musique et de rencontrer des amis, l'étudiant sera perçu comme une personne sociable ; s'il choisit d'aller au casse-croûte, il sera perçu comme un amateur de nourriture, car seul l'effet « nourriture » distingue ce choix des autres ; enfin, si l'étudiant décide d'aller au cinéma, il sera perçu comme un intellectuel peu sociable, car l'aspect « intellectuel » et le fait de ne pas sembler vouloir rencontrer d'autres gens sont associés à son choix.

Très peu de chercheurs ont étudié les effets distinctifs de la théorie. Ceux qui l'ont fait, cependant, ont démontré, conformément à la théorie, que les attributions de correspondance sont plus extrêmes et confiantes lorsque le nombre d'effets distinctifs est faible (Ajzen & Holmes, 1976 ; Newtson, 1974). De plus, il semble que nos jugements sur la personne sont plus influencés par les effets distinctifs associés au comportement choisi que par ceux reliés aux comportements (ou options) rejetés (Newtson, 1974).

Il est important de noter que pour Jones et Davis, des attributions de correspondance peuvent être le fruit non seulement de l'analyse cognitive du comportement, mais aussi de processus motivationnels. Deux processus (ou biais) motivationnels peuvent influer sur l'attribution émise, soit la **pertinence hédonique** (*hedonic relevance*) et le **personnalisme** (*personalism*). Lorsque le comportement de l'acteur a des conséquences (positives ou négatives) pour l'observateur, il y a alors pertinence hédonique, et l'attribution risque d'être biaisée. Par exemple, si un individu insulte votre conjoint, vous vous retrouvez en situation de pertinence hédonique. Il ne serait alors pas surprenant que vous le traitiez d'abruti ! Si le même individu vous insulte aussi, il y a alors condition de personnalisme, et la même attribution dispositionnelle sera émise. Dans les deux cas, cette attribution dispositionnelle de « personne abrutie » pourrait être fort différente de celle émise par un

observateur non concerné personnellement (Chaikin & Cooper, 1973). De plus, dans une situation de personnalisme, l'attribution de correspondance risque de mener au comportement. Ainsi, dans une étude où l'acteur avait agi de façon agressive au préalable envers l'observateur, ce dernier avait alors émis une attribution de correspondance et s'était montré agressif envers l'acteur (DeRidder *et al.*, 1999).

La théorie de la perception de soi de Bem

Darryl Bem (1967, 1972) a probablement proposé la théorie de l'attribution la plus simple. Comme nous l'avons vu au chapitre 3, Bem désirait déterminer comment les gens en viennent à connaître leurs propres attitudes et états intérieurs dans de *nouvelles* situations. La **théorie de la perception de soi** postule deux propositions fondamentales : 1) les individus en viennent à connaître leurs attitudes, émotions et autres états intérieurs partiellement en les inférant des observations de leurs comportements ou des circonstances dans lesquelles le comportement a eu lieu ; et 2) dans la mesure où les indices internes sont faibles, ambigus ou non interprétables, l'individu est fonctionnellement dans la même position qu'un observateur qui doit nécessairement se fier aux indices externes afin d'inférer ses états intérieurs (tiré de Bem, 1972).

Par exemple, vous consultez un thérapeute une fois par semaine afin qu'il vous aide à devenir plus affirmatif. Après quelques rencontres vous acceptez, à la demande du thérapeute, de participer à des jeux de rôles. Vous engagez alors une conversation avec une autre personne qui, sans que vous le sachiez, est de connivence avec le thérapeute. Elle s'arrange pour faciliter votre affirmation de soi à l'intérieur de la discussion. Elle vous demande de lui prêter 200 $, et vous refusez. Elle vous demande également de venir garder ses enfants pour la soirée, car elle doit sortir, mais vous refusez de nouveau. La personne en question vous remercie tout de même, et le jeu de rôles se termine là. Par la suite, le thérapeute vous demande de vous remémorer la situation vécue et d'expliquer ce qui s'est passé. En réfléchissant, vous vous surprenez à penser : « C'est drôle, je ne croyais pas être capable de m'affirmer de la sorte ! Pourtant cela n'a pas été facile. L'autre personne était assez convaincante. J'ai été quand même à la hauteur. Je dois être plus affirmatif que je ne le croyais. Je suis sur la bonne voie. » Selon Bem, vous avez apprécié votre disposition d'affirmation en étudiant votre comportement dans la situation en cause. Personne ne vous a forcé à être affirmatif. Bien au contraire, l'autre personne se montrait très convaincante. Vous attribuez donc le fait d'avoir résisté aux demandes d'une autre personne à vos propres capacités et vous vous percevez comme quelqu'un d'affirmatif (du moins plus qu'avant).

De façon générale, les recherches portant sur la théorie de la perception de soi confirment cette dernière. En effet, dans des situations nouvelles, nos attitudes et états internes peuvent être inférées de notre comportement (par exemple Fazio, 1981) et de la situation qui prévaut lors de l'émission de notre comportement (Forehand, 2000 ; Hayward, Rindova & Pollock, 2004). De plus, les acteurs peuvent faire parfois les mêmes inférences attributionnelles que les observateurs (Pelletier & Vallerand, 1996). Cependant, il existe des exceptions à ces derniers résultats, comme nous le verrons dans la section sur les biais attributionnels (voir Rogoff *et al.*, 2004 ; Sedikides *et al.*, 1998).

Les théories de Kelley

La position de Kelley comprend deux théories distinctes. La première théorie de Kelley (1967) est basée sur le principe de covariation et permet d'expliquer surtout comment des attributions sont émises lorsque plusieurs sources d'information se trouvent à notre disposition, et ce, tant de la part de l'acteur que de la part de l'attributeur. Le **principe de covariation** implique qu'un effet est attribué à l'une des causes plausibles avec laquelle il covarie. Par exemple, si chaque fois que vous portez votre complet neuf, les personnes de l'autre sexe se retournent sur votre passage et si, lorsque vous ne le portez pas, personne ne fait attention à vous, alors, en vous

basant sur le principe de covariation, vous conclurez que c'est votre complet neuf qui fait se retourner les gens sur votre passage.

Selon Kelley, on se sert de trois dimensions d'information afin d'analyser la covariation perçue. Ces trois dimensions sont celles de consensus, de distinction et de consistance. La dimension de **consensus** (*consensus*) réside dans l'ensemble de l'information recueillie en comparant le comportement de la personne étudiée avec celui d'autres personnes. La dimension de **distinction** (*distinctiveness*) porte sur le comportement de la personne en interaction avec des entités ou des activités autres que celles en cause. Enfin, dans la dimension de **consistance** (*consistency*), l'attributeur compare le comportement de la personne étudiée dans la situation en cause avec celui adopté par cette personne à d'autres moments dans le temps ou dans d'autres circonstances (ou modalités).

Dans l'analyse attributionnelle, l'attributeur compare les trois dimensions d'information et en retire l'attribution causale expliquant le comportement ou l'événement observé. L'attribution peut alors porter sur la personne, l'entité, les modalités ou l'interaction entre ces divers éléments. En raison de sa ressemblance avec l'analyse de variance (ANOVA) à trois facteurs (donc trois effets principaux et quatre interactions possibles), cette théorie de Kelley a été appelée la « théorie ANOVA de l'attribution ».

Dans l'exemple du tableau 5.5, Claude assiste à un match de basket-ball où s'affrontent deux équipes qu'il ne connaît pas et il agit de façon très émotionnelle (il crie, gesticule et fait du tapage tout le long du match). Vous désirez savoir pourquoi Claude s'est comporté de cette façon. Sept attributions sont alors possibles. Si vous jugez que Claude n'agit pas comme Jean et Pierre (consensus bas) et qu'il se comporte toujours ainsi (consistance élevée) quelles que soient l'activité (distinction basse) et les modalités (assister au match ou le regarder à la télé), vous attribuerez le comportement de Claude à une aptitude naturelle : il est une personne très émotive. Par contre, si Claude, Jean et Pierre réagissent également de façon émotionnelle au match de basket-ball (consensus élevé), mais ne se comportent pas de la même façon à un match de hockey (distinction élevée), quelles que soient, par ailleurs, les modalités (consistance élevée), une attribution au basket-ball serait faite : ce sport doit être excitant au possible. La même analyse peut être faite pour la dimension de modalité. Les interactions, quant à elles, prennent en considération le jeu de plus d'une dimension. Par exemple, si Claude est le seul à agir de façon émotionnelle (consensus bas), mais que ce comportement ne se produit que lorsqu'il regarde un match de basket-ball (distinction élevée), quelles que soient les modalités (consistance élevée), on attribuera son comportement à une interaction particulière entre Claude et ce sport : Claude est un fanatique du basket-ball. La même analyse causale se fait pour les autres interactions présentées au tableau 5.5.

Plusieurs études ont testé la théorie de Kelley (voir Van Overwalle & Heylighen, 1995). Dans

l'ensemble, elles confirment la théorie. Par exemple, McArthur (1972) a présenté à des participants différents scénarios hypothétiques qui contenaient de l'information relative au consensus, à la distinction et à la consistance du comportement. En accord avec la théorie de Kelley, les résultats démontrèrent que des attributions à la personne étaient effectuées plus souvent lorsque le consensus et la distinction étaient faibles, et la consistance élevée. Par contre, des attributions à l'entité (activité ou objet) étaient émises plus souvent lorsque le consensus, la distinction et la consistance étaient élevés. D'autres recherches ont conclu que des attributions dispositionnelles (à la personne) émanaient surtout d'un bas niveau de consensus et de distinction (Van Overwalle, 1997). De plus, le modèle de Kelley a été trouvé pertinent pour prédire les attributions émises par des candidats à des postes en milieu organisationnel, ainsi que les conséquences vécues pendant le processus d'entrevue (Ployhart et al., 2005). Enfin, une série d'études

TABLEAU 5.5 **Rôle joué par les trois dimensions de Kelley dans divers types d'attributions**

Attribution	Consensus	Dimensions Distinction	Consistance
Personne (Claude)	B	B	H
Entité (match de basket-ball)	H	H	H
Modalité (spectateur au match)	H	B	B
Interaction personne-entité (Claude – basket-ball)	B	H	H
Interaction entité-modalité (basket-ball – spectateur au match)	H	H	B
Interaction personne-modalité (Claude – spectateur au match)	B	B	B
Interaction personne-entité-modalité (Claude – basket-ball – spectateur)	B	H	B

Note : B = bas, H = haut niveau de la dimension. Plus particulièrement, un bas niveau de consensus équivaut à un manque de consensus, alors qu'un haut niveau de consensus renvoie à un consensus élevé entre les différentes personnes comparées. Un haut niveau de distinction dénote la particularité de l'entité en cause, alors qu'un bas niveau de distinction indique que l'entité ne se distingue pas d'autres entités. Enfin, un haut niveau de consistance révèle que le comportement observé est peu variable à travers les modalités, alors qu'un bas niveau indique que le comportement peut varier selon la modalité où le comportement est observé.

Source : Vallerand & Bouffard (1985). Reproduit avec autorisation.

de Van Overwalle et Heylighen (1995) ont ouvert une nouvelle dimension de recherches en étudiant le lien entre la théorie de Kelley et les dimensions causales de Weiner (1986) et de Abramson et ses collègues (1978). Ces chercheurs ont démontré que la manipulation de l'information relative au consensus, à la distinction, à la consistance et à la contingence du comportement (lien entre l'action et les conséquences de celle-ci) menait respectivement aux dimensions causales de lieu de causalité, de stabilité, de globalité et de contrôle. Cette intégration théorique semble particulièrement intéressante.

Toutefois, certaines recherches infirment la théorie. Ainsi le fait que les gens peuvent, dans certaines circonstances, sous-utiliser la dimension de consensus dans leurs attributions (Ross & Fletcher, 1985) et le fait que certains biais semblent exister dans les attributions émises à la suite d'un succès et d'un échec (Mezulis *et al.*, 2004) ne sont pas pris en compte dans la théorie rationnelle de Kelley.

Signalons que Kelley (1972a) a précisé que, bien que sa théorie ANOVA se révèle appropriée dans certaines situations, elle ne saurait être représentative de tous ou même de la majorité des raisonnements attributionnels. Selon lui, c'est une entreprise coûteuse pour l'individu que de se servir d'une analyse attributionnelle si poussée. Il propose plutôt que nous prenons souvent des raccourcis, qu'il appelle des « schémas causaux ». Ceux-ci représentent de l'information relative aux relations causales dans notre environnement social et conservée dans la mémoire. Cette information est le fruit de nos expériences passées et nous permet d'émettre rapidement des attributions sans être obligés de faire une analyse exhaustive de la situation. Cela constitue le point de départ de sa seconde théorie.

Dans sa deuxième théorie, Kelley (1972a, 1973) propose deux schémas causaux : le schéma de causalité « nécessaire » et celui de causalité « suffisante ». Comme il serait trop long de les décrire ici, nous nous contenterons d'aborder deux principes dérivant ces deux schémas causaux, soit le **principe d'ignorement** et le principe d'augmentation. Le

principe d'ignorement (*discounting principle*) s'applique dans la mesure où « le rôle d'une cause donnée dans la production d'un effet est ignoré si d'autres causes plausibles sont aussi présentes » (Kelley, 1972b, p. 8, traduction libre). Supposons, par exemple, que vous apprenez que l'organisateur du « psycho-show » (spectacle de variétés présenté dans la plupart des départements de psychologie) a été accepté au doctorat par l'un des professeurs participant à l'événement. Vous appliquerez le principe d'ignorement si vous écartez la générosité comme cause de la participation de l'organisateur à l'événement et retenez plutôt le désir d'entrer en contact avec le professeur en question.

Le **principe d'augmentation** s'applique généralement lorsque, pour un effet donné, une cause inhibitrice et une cause facilitante sont présentes. La cause facilitante sera jugée alors plus importante que si elle avait été présentée comme seule cause du comportement (Kelley, 1972b, p. 12). Par exemple, si un étudiant se présente très malade à un examen difficile et le réussit malgré tout, on attribuera alors son succès à son intelligence, et ce, encore plus que s'il avait réussi l'examen dans une excellente forme. La cause inhibitrice (maladie) a pour effet de rendre la cause facilitante (intelligence) encore plus importante.

Plusieurs recherches ont été menées afin de vérifier la viabilité de ces deux principes (voir Harvey & Weary, 1981, 1984 ; McClure, 1998). Ainsi, Baron, Markman et Hirsa (2001) ont démontré que des observateurs émettaient des attributions dispositionnelles et causales très positives pour expliquer le succès des femmes qui ont réussi à mettre sur pied leur propre entreprise. En effet, pour en arriver là, elles ont dû surmonter de nombreux obstacles (et souvent plus que la plupart des hommes), ce qui a pour effet d'augmenter la perception positive de leurs caractéristiques.

La grande majorité des études consacrées aux schémas causaux portent sur le principe d'ignorement. Ainsi, dans une étude fort intéressante, Enzle, Hansen et Lowe (1975) ont démontré une spécification du principe d'ignorement : lorsque des causes internes et externes sont présentées et peuvent toutes deux expliquer le comportement, les causes internes seront ignorées, et les causes externes seront retenues par l'observateur comme explication du comportement de l'acteur. Mais cela ne veut pas nécessairement dire que les causes internes sont les seules à être ignorées. En effet, certaines recherches (Fazio, 1981) prouvent que, lorsqu'une cause interne est très saillante, les causes externes peuvent également être ignorées à leur tour. Ce phénomène s'observe surtout lorsque le comportement adopté se révèle essentiel pour l'identité de la personne (Braun & Wicklund, 1989). Enfin, certaines recherches démontrent que le principe d'ignorement est plus puissant que celui d'augmentation (Hansen & Hall, 1985).

Les approches récentes

Les théories que nous avons vues jusqu'ici présentent, dans l'ensemble, des mécanismes relativement complexes afin d'expliquer le processus d'inférences causales. Est-ce bien ce qui se passe dans la vie courante ? Sommes-nous aussi consciencieux dans notre recherche causale ? Certains théoriciens ont récemment proposé que, dans la vie de tous les jours, nous sommes loin de raisonner comme des scientifiques qui analysent toute l'information à leur disposition afin d'obtenir l'attribution la plus juste. Selon ces théoriciens, notre recherche des attributions est beaucoup moins délibérée et approfondie que les théories « classiques » ne pourraient nous le laisser croire. Les propositions théoriques récentes qui ont été avancées pour expliquer un tel phénomène peuvent être classées dans deux groupes, soit les approches pragmatiques et celles du traitement de l'information.

L'approche pragmatique. En général, les tenants de l'**approche pragmatique de l'attribution** considèrent que nous agissons de la façon la plus efficace possible, en fonction de la situation dans laquelle nous nous trouvons. Différentes positions pragmatiques ont été formulées. Suivant Hansen (1980,

1985), le principe utilisé couramment dans notre recherche causale est celui de l'économie cognitive. Selon ce principe, lorsqu'on essaie de déterminer la cause d'un événement, on commence par rechercher une cause préliminaire plausible. Par la suite, cette première attribution sert de point de départ à une recherche d'information. Celle-ci est rarement poussée, car la personne essaie de confirmer l'attribution initiale au lieu de tester réellement sa validité, ou tente d'écarter d'autres causes possibles (rappelons-nous le biais confirmatif [Stukas & Snyder, 2001] vu dans le chapitre précédent). En accord avec Kelley (1972a), Hansen suggère dans son modèle de l'**économie cognitive** qu'afin de confirmer l'attribution initiale, le principe de covariation est utilisé. Donc, si la cause initiale est perçue comme covariant avec l'effet, on peut alors émettre cette attribution sans détours inutiles. Ainsi, si vous entendez un bruit fort d'accident dans la rue et que vous voyez au loin un camion et deux voitures qui obstruent la rue, vous vous direz probablement que le camion a frappé l'une des deux voitures et a causé l'accident. Pourquoi ? Généralement, un bruit fort est dû à une importante cause, c'est-à-dire que les causes majeures covarient habituellement avec les effets majeurs. Dans ce cas-ci, vous attribueriez donc l'accident à la cause majeure qu'est le camion. Les résultats de plusieurs études soutiennent la position de l'économie cognitive de Hansen (par exemple Hansen, 1980).

Plusieurs auteurs (Gilbert, 1998 ; Gilbert *et al.*, 1988 ; Quattrone, 1982 ; Trope, 1986 ; Trope & Alfieri, 1997) ont poursuivi l'analyse de Hansen et proposé que les processus attributionnels comportaient plus d'une phase. Selon le modèle de Gilbert (1998), par exemple, il y aurait deux phases. La première consiste à percevoir un comportement et elle mène automatiquement à une inférence dispositionnelle sur l'acteur. La seconde phase consiste à apporter une correction situationnelle pour tenir compte de diverses influences du contexte social et mène à l'attribution finale. Alors que la première phase est automatique, la seconde est directement

FIGURE 5.2 **Modèle attributionnel de Gilbert**

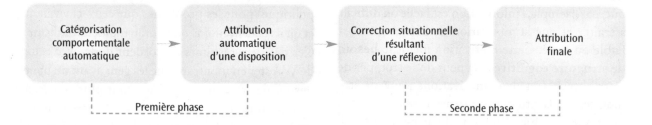

sous l'emprise délibérée de la personne. Le modèle de Gilbert est illustré à la figure 5.2.

Supposons, par exemple, que vous êtes à la bibliothèque et que, soudainement, vous entendez une étudiante parler très fort. Vous pensez immédiatement qu'il s'agit d'une personne qui manque de considération pour les autres (attribution dispositionnelle). Puis, vous étudiez un peu plus la situation et vous vous rendez compte que l'étudiante en question parle à une personne âgée qui est sourde. Vous remplacez alors votre attribution dispositionnelle par une attribution situationnelle : l'étudiante parlait fort à cause de la surdité de la personne âgée.

Le modèle de Gilbert a suscité plusieurs recherches intéressantes. Ainsi, si la seconde phase est effectivement délibérée, en amenant les gens à être occupés mentalement pendant le raisonnement causal, il serait possible de les empêcher d'utiliser l'information situationnelle et de faire la correction appropriée à la fin du processus. Les gens qui sont occupés mentalement devraient alors faire plus d'attributions dispositionnelles que ceux qui ne le sont pas. C'est exactement ce que les études de Gilbert et ses collègues (1988) démontrent. De plus, il semble que deux stratégies puissent être utilisées dans la phase de la correction, soit une attention centrée sur les forces situationnelles et une suppression des attributions dispositionnelles émises dans la seconde phase. Vincent Yzerbyt et ses collègues de l'Université catholique de Louvain-la-Neuve (2001) ont démontré que, quand l'observateur utilise cette seconde stratégie, il y a une augmentation des attributions dispositionnelles lors d'une observation ultérieure d'un autre acteur.

En effet, en accord avec les travaux de Wegner (1992), la suppression de pensées produit un effet de rebond qui entraîne un retour en force des pensées chassées, ici les attributions dispositionnelles.

Plus récemment, Lieberman et ses collègues (2002) ont intégré le modèle de Gilbert à la perspective des neurosciences sociales cognitives. Il serait trop long de présenter ce modèle en détail. Mentionnons seulement que les chercheurs précisent qu'il y aurait deux systèmes de traitement de l'information, chacun étant associé avec des structures particulières du cerveau. De plus, chacun de ces systèmes jouerait un rôle dans les deux phases du modèle attributionnel de Gilbert. Ainsi, la perception du comportement et l'attribution dispositionnelle automatique qui en découle (première phase) seraient régies par le système X, lequel dépendrait surtout du cortex temporal latéral et de l'amygdale. En revanche, la seconde phase relèverait du système C, et dépendrait surtout du cingulaire antérieur et de l'hypocampe (voir Lieberman *et al.*, 2002, p. 236). Il reste tout de même à faire subir à ce nouveau modèle le test de l'expérimentation : une nouvelle voie de recherches vient de s'ouvrir sur les neurosciences des attributions.

On a pu voir qu'une attribution causale peut être émise sans pour autant qu'un attributeur se serve de principes attributionnels complexes (Gilbert, 1998 ; Trope & Alfieri, 1997 ; Trope & Gaunt, 2000). Pourtant, les travaux sur les théories de l'attribution démontrent que nous pouvons à l'occasion utiliser de tels mécanismes plus délibérés. Alors quand utilise-t-on les deux types de processus ? Selon la théorie de l'épistémologie naïve (Kruglanski,

1989 ; Kruglanski & Webster, 1996), notre recherche d'information sera rapide ou très poussée selon que, par exemple, l'information est facile ou difficile à traiter et que la motivation de la personne est faible ou forte. Cette motivation inclut le **besoin de structure cognitive** et la peur de se tromper de l'attributeur. Ces deux motivations peuvent être induites par la situation ou peuvent exister chez la personne sous forme de traits de personnalité. Le premier élément correspond au besoin d'obtenir une réponse rapidement à sa question ; le second (la peur de se tromper dans la recherche épistémique) amène la personne à examiner les différentes hypothèses plausibles de façon à choisir la plus appropriée. Comme nous pouvons le voir, ces deux motivations sont opposées l'une à l'autre.

Selon Kruglanski, lorsqu'une personne ressent un fort besoin de structure (par exemple si elle doit prendre une décision très rapidement), elle émettrait une attribution très rapidement. Par contre, lorsqu'elle a un faible besoin de structure cognitive (par exemple si elle a tout l'été pour décider si elle aime la psychologie au point d'y consacrer sa vie), elle serait alors plus encline à formuler différentes hypothèses et à conserver la plus probable à la suite d'une recherche des plus complètes. Une théorie plus complexe comme celle de Kelley pourrait alors être utilisée.

Les résultats des recherches corroborent la théorie de Kruglanski. Ainsi, Webster (1993, étude 2) a démontré que le biais de correspondance (où l'attributeur infère que l'acteur agit par intérêt pour la cause dont il parle, même si les apparences indiquent le contraire) se retrouve seulement chez les participants ayant un haut besoin de structure cognitive (qui sont motivés à émettre une attribution rapidement). En revanche, les personnes ayant un faible niveau de structure font des attributions plus réfléchies et tiennent compte de la situation. Conséquemment, ils font plus d'attributions dispositionnelles exemptes de biais de correspondance. De plus, Chirumbolo et ses collègues (2004) ont montré que les étudiants italiens qu'ils ont observés qui

avaient un haut besoin de structure cognitive étaient plus portés à blâmer les gens (mais non le système politique) pour les problèmes que ceux-ci vivaient et qu'ils étaient moins ouverts au multiculturalisme. Ces derniers résultats s'accordent donc avec ceux de Webster en montrant que les gens ayant un haut besoin de structure cognitive sont plus portés à émettre une attribution rapide sur la personne, et moins motivés à étudier l'ensemble des autres causes situationnelles possibles, comme le système politique. Il n'est donc pas surprenant de voir que les gens faisant preuve de conservatisme sur le plan politique soient rigides et aient un besoin de structure cognitive élevé (Jost *et al.*, 2003).

Une troisième position pragmatique est celle qui consiste à considérer que le processus attributionnel porte surtout sur un raisonnement mental de type contrefactuel (*counter-factual*) (Roese, 2005). Dans ce processus, la personne compare la condition passée avec d'autres conditions qui auraient pu se produire. Dans la mesure où des variables sont susceptibles d'influer sur le cours d'un événement, elles sont perçues comme ayant causé ce dernier. L'encadré 5.1 explique en détail le raisonnement contrefactuel.

L'approche du traitement de l'information. L'approche du traitement de l'information postule que les attributions que nous formulons sont soumises aux mêmes influences cognitives que les autres cognitions sociales, soit les phénomènes d'attention, d'entreposage en mémoire, de rappel à la mémoire et de jugement. On devrait donc s'attendre à ce que ces diverses opérations influent sur l'établissement d'une cause. Plusieurs recherches tendent à le démontrer. Par exemple, on a observé que l'attention des gens est déterminante dans le choix des attributions choisies pour expliquer une action. Ainsi, le taux de perception de la culpabilité d'un accusé dont l'interrogatoire est filmé sur vidéo sera plus élevé si la caméra est fixée sur l'accusé que

---

ENCADRÉ 5.1   Le raisonnement contrefactuel

Imaginez la situation suivante. Vous venez tout juste d'imprimer votre travail de fin de session et vous devez le remettre au professeur aujourd'hui avant 17 heures, sinon vous serez pénalisé... Vous courez jusqu'à l'arrêt d'autobus. Tout va bien, vous dites-vous, vous avez encore 30 minutes. Mais l'autobus se fait attendre... Au bout de 10 minutes, vous vous dites que vous devriez prendre un taxi, mais l'autobus arrive et vous montez. « Ça va être serré », vous dites-vous en consultant votre montre. Arrivé à l'université, vous vous précipitez vers le bureau du professeur... qui n'est plus là ! Vous regardez votre montre : 17 h 05. Vous serez pénalisé. Si vous êtes comme la plupart des gens, vous ferez alors des suppositions : « Si seulement j'avais pris un taxi... » ou « Si seulement j'avais commencé mon travail avant... » Le fait que vous n'ayez pu remettre votre travail à temps et que vous vouliez atteindre cet objectif vous motive à faire de telles simulations qui font partie de ce qu'on appelle le **raisonnement contrefactuel**. Roese (1997, p. 133) définit ces suppositions comme « des représentations mentales des alternatives au passé et qui produisent des conséquences qui peuvent être aussi bien positives que fâcheuses pour la personne ».

Le raisonnement contrefactuel, bien que différent des autres théories de l'attribution, implique lui aussi une recherche causale. Ainsi, si vous vous dites que, si vous aviez commencé votre travail le week-end précédent au lieu de faire la fête, vous auriez pu remettre votre travail à temps, vous établissez une des causes de votre retard, qui est le fait d'avoir commencé le travail trop tard, et votre examen pourrait vous amener à changer vos habitudes de travail. D'ailleurs, selon Roese (2005), le raisonnement contrefactuel est généralement bénéfique pour la personne, car il permet de découvrir des solutions qui peuvent être utilisées par la suite, même si, sur le coup, le raisonnement contrefactuel peut susciter un malaise.

Le raisonnement contrefactuel peut mener à imaginer de meilleurs résultats (contrefactuel vers le haut) ou de moins bons résultats (contrefactuel vers le bas). Et de tels scénarios peuvent entraîner des conséquences affectives fort différentes pour la personne. Ainsi, la recherche révèle que les raisonnements contrefactuels vers le haut s'accompagnent habituellement du mécontentement de ne pas avoir gagné ou de ne pas avoir bien fait. Les raisonnements contrefactuels vers le bas provoquent habituellement des émotions de satisfaction et de soulagement (voir Roese, 2005). Une étude de Medvec, Madey et Gilovich (1995) avec des athlètes olympiques illustre très bien la chose. Medvec et ses collègues ont constaté que les athlètes qui avaient gagné la médaille d'argent (ils ont fini seconds) étaient

moins heureux que ceux qui avaient gagné la médaille de bronze (ou la troisième place, étude 1). Pourquoi ? C'est que les médaillés d'argent avaient fait plus de raisonnements contrefactuels vers le haut : « Si seulement j'avais... », et que les médaillés de bronze avaient fait plus de raisonnements contrefactuels vers le bas : « Au moins... »

Une recherche menée par Kruger, Wirtz et Miller (2005) est susceptible de vous intéresser. Ces auteurs expliquent pourquoi la plupart des étudiants aiment mieux, lors d'un examen, conserver leur réponse que la changer s'ils ont un doute, même s'il est généralement admis qu'il est préférable, dans un tel cas, de changer la réponse. Dans le cadre de quatre études, les chercheurs démontrent que changer sa réponse et se tromper (ce qui peut arriver, mais moins souvent que conserver sa mauvaise réponse) produit des raisonnements contrefactuels vers le haut (« Si seulement j'avais conservé ma réponse... ») qui suscitent des émotions négatives (mécontentement) qui s'inscrivent fortement dans la mémoire. On se souvient alors davantage des fois où l'on s'est trompé en changeant de réponse que des fois où le fait changer de réponse a eu un effet bénéfique. C'est ce qui explique que la fausse croyance qu'on gagne toujours à conserver sa réponse se perpétue.

Enfin, bien que les études rapportées plus haut se placent du point de vue de l'acteur, le raisonnement contrefactuel peut aussi bien être fait par l'observateur. Ainsi, dans l'une des études de Wells et Gavanski (1989, étude 1), on présenta un scénario à des participants dans lequel on indiquait qu'une employée était morte à la suite d'une réaction allergique à un repas commandé par son patron. Les participants jugèrent ce dernier plus coupable lorsqu'on les informa qu'il avait envisagé le choix d'un autre mets ne contenant pas l'ingrédient allergène que lorsqu'on leur soumit l'idée qu'il avait envisagé le choix d'un autre mets le contenant. Dans le premier cas, les participants avaient pu trouver une autre issue à l'événement en changeant le choix du patron. Celui-ci était donc jugé responsable de la tragédie. Il semblerait que les jurés emploient le raisonnement contrefactuel pour déterminer le montant d'indemnisation à accorder dans des poursuites civiles (Goldinger *et al.*, 2003).

En somme, le raisonnement contrefactuel décrit par des chercheurs canadiens il y a maintenant 20 ans (Kahneman & Miller, 1986 ; Miller, Turnbull & McFarland, 1989 ; Roese & Olson, 1996 ; Wells & Gavanski, 1989) correspond à une réalité de tous les jours pouvant avoir des implications importantes. Alors, lorsque vous aurez un travail à remettre, souvenez-vous de la dernière fois où vous vous êtes dit : « Si seulement... »

si elle montre alternativement l'interviewer et l'accusé (Lassiter *et al.*, 2001, 2005).

La mémoire semble également jouer un rôle important. Par exemple, Rholes et Pryor (1982) ont démontré que les causes les plus accessibles à la mémoire sont perçues comme des attributions plus importantes que les causes moins accessibles dans la mesure où la relation de cause à effet est plausible. Par exemple, si vous venez d'inférer qu'une personne vient de griller volontairement un feu rouge (attribution dispositionnelle de négligence), vous serez enclin à refaire la même attribution si le même comportement se reproduit peu de temps après, l'attribution étant encore très accessible à la mémoire (voir sur ce sujet Wyer & Srull, 1986).

D'autres auteurs (Reeder, 1985 ; Reeder & Brewer, 1979) affirment que nous avons des schémas préétablis qui nous amènent à effectuer des attributions dispositionnelles sur autrui dès que le comportement en question est adopté. Par exemple, les travaux de Dodge (1980, 1986) sur des jeunes garçons agressifs révèlent que ces derniers possèdent des schémas cognitifs qui les prédisposent à inférer une attribution de responsabilité chez autrui pour un geste déplacé, même si ce dernier est simplement accidentel. Dans ce cadre, de Castro et ses collègues (2003) ont démontré que l'affect négatif présent chez un enfant agressif dans un premier contexte (après voir perdu à un jeu) déclenche le schéma « agressif » dans un autre contexte (évaluer une autre personne), le tout menant à une attribution hostile envers la seconde personne évaluée.

Il semble donc que des facteurs échappant à notre conscience, telles les émotions éprouvées dans un premier contexte (de jeu), peuvent influer sur le processus attributionnel dans un autre contexte. Une étude de Graham et Lowery (2004) confirme cette hypothèse. Des policiers (étude 1) et des agents de probation (étude 2) de la région de Los Angeles ont été exposés subliminalement soit à des mots évoquant la race noire, soit à des mots neutres. Par la suite, ils ont lu des scénarios hypothétiques relatant des crimes commis par des adolescents. Aucune indication ne fut fournie sur la race de l'agresseur ni sur la cause du crime. Par la suite, ils devaient déterminer les attributions dispositionnelles, le niveau de culpabilité de l'agresseur et la sentence à prononcer. Les résultats ont révélé que les participants des deux études qui étaient dans la condition « race noire » ont émis plus d'attributions dispositionnelles pour l'agression que les participants de la condition contrôle. L'amorçage subliminal est donc venu activer en mémoire le stéréotype associé à « race noire » véhiculé aux États-Unis (violence et criminalité), ce qui a mené à des attributions dispositionnelles pour expliquer le crime.

En somme, les études récentes portant sur l'attribution soulignent que les attributions peuvent être aussi le résultat de nombreux processus rapides, le plus souvent délibérés bien que parfois inconscients. Les nouvelles recherches visant à intégrer les deux types de processus sont particulièrement intéressantes (Mandel, 2003 ; McGill & Tenbrunsel, 2000).

LES BIAIS ATTRIBUTIONNELS

Les attributions que nous faisons à notre sujet et à celui des autres ne sont pas toujours effectuées de façon objective. Comme le mentionnait Fritz Heider (1958) il y a maintenant près de 50 ans, l'attributeur est sujet à plusieurs sources de biais motivationnels et cognitifs. C'est de ces biais que nous allons traiter dans cette section. Nous allons débuter par les biais impliqués dans les attributions que nous faisons à notre sujet. On dit dans ce cas que l'attributeur agit en tant qu'acteur. Il sera surtout question du biais égocentrique. Puis nous traiterons des biais qui influent sur les attributions émises au sujet des autres. Les différences d'attributions entre les acteurs et les observateurs seront ensuite abordées.

Les biais dans les attributions des acteurs

Il ne se passe pas un jour dans notre vie sans que divers événements qui nous paraissent importants se produisent. Certains sont positifs, d'autres négatifs :

vous tombez amoureux ; vous obtenez une faible note dans l'un de vos examens ; vous vous disputez avec vos parents ; vous parvenez à vous dénicher un emploi d'été. Normalement, nous effectuons des attributions pour déterminer les causes de ces divers événements positifs et négatifs. Ce faisant, nous révélons généralement un biais très intéressant : nous attribuons nos succès (ou événements plaisants) à des causes qui nous sont propres, mais nos échecs, à des causes extérieures à nous. Par exemple, si vous venez d'obtenir 90 % à votre examen de psychologie sociale, il y a de fortes chances qu'on vous entende dire : « C'est vrai que je suis particulièrement doué pour cette matière. » Par contre, si vous obtenez une faible note au même examen, on ne serait pas surpris de vous entendre dire que le professeur a été trop sévère ou que l'examen ne portait pas sur les questions que vous avez étudiées. Cette tendance à attribuer nos succès à des causes internes et nos échecs à des causes externes est appelé le **biais égocentrique.**

Une étude de Rogoff et ses collègues (2004) démontre ce phénomène. Dans cette étude, les auteurs ont demandé à des propriétaires de commerces et à des pharmaciens d'indiquer les facteurs qui expliquaient leurs succès et leurs échecs dans leur travail. Les attributions furent alors analysées afin de déterminer si elles représentaient des causes internes ou externes. Les résultats furent essentiellement les mêmes pour les deux groupes. Les résultats des commerçants sont présentés à la figure 5.3. Nous voyons nettement que les commerçants émirent beaucoup plus d'attributions internes que d'attributions externes pour expliquer leurs succès. On observe l'inverse en ce qui concerne les échecs.

Les résultats de plusieurs autres études vont dans le même sens, et ce, tant en laboratoire qu'en milieu naturel. Que ce soit à la suite d'examens, de compétitions sportives, de paris, d'élections ou même de travail exécuté à l'ordinateur, le résultat est généralement le même : nous attribuons nos succès à des causes internes et nos échecs à des causes externes (voir, par exemple, Forsyth & McMillan, 1981 ; Gilovich, 1983 ; Grove, Hanrahan

& McInman, 1991 ; Moon & Nass, 1998 ; Vallerand & Richer, 1988). De plus, il semble que non seulement nos attributions sont plus internes après nos succès qu'après nos échecs, mais qu'elles sont aussi plus stables et globales. C'est ce que Mezulis et ses collègues (2004) ont démontré dans une méta-analyse comportant 266 études et mettant à contribution plus de 41 500 participants. Le biais égocentrique semble donc très puissant.

Mais pourquoi sommes-nous sujets à ce biais ? Un certain nombre d'explications ont été fournies. Une première explication est la tendance à protéger l'estime de soi (Campbell & Sedikides, 1999). Si la personne émettait une attribution interne pour son échec, elle ressentirait des émotions négatives, et son estime de soi serait diminuée. Elle a donc tendance à attribuer l'échec à des causes externes, ce qui lui permet de préserver l'estime qu'elle a d'elle-même.

Plusieurs études ont confirmé de façon empirique la thèse de la protection de l'estime de soi. Ainsi, à la suite d'un succès, les attributions internes augmentent les émotions liées à l'estime de soi comparativement aux attributions externes, alors qu'à la suite d'un échec, l'inverse se produit (McFarland & Ross, 1982). Notons aussi que le biais égocentrique

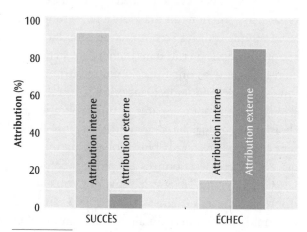

FIGURE 5.3 **Le biais égocentrique : attributions internes et externes à la suite de succès et d'échecs en affaires**

Source : Adapté de Rogoff *et al.* (2004).

est lié non seulement à l'estime de soi, mais aussi à divers signes de santé mentale (Mezulis *et al.*, 2004), à un bon fonctionnement du système immunitaire (Taylor *et al.*, 2000) et une bonne santé physique (Lee & Seligman, 1997), et même à une grande longévité (Peterson & Seligman, 1987).

Une seconde explication du phénomène du biais égocentrique est que les attributions que nous faisons sont influencées par nos attentes (par exemple Miller & Ross, 1975). Ainsi, comme la majeure partie des gens s'attendent à réussir ce qu'ils entreprennent, ils émettront des attributions internes et stables à la suite d'un succès. Par contre, lorsqu'ils échouent (ce qui est contraire à leurs attentes), ils effectuent des attributions externes et instables pour expliquer cet événement plutôt inattendu. Donc, dans ce cas, le biais égocentrique s'expliquerait non pas par une motivation du participant à protéger le soi, mais plutôt, de façon assez logique, par la nature des informations dont il dispose.

Anderson et Slusher (1986) ont proposé un modèle à deux temps du biais égocentrique qui incorpore les perspectives motivationnelle et cognitive (voir aussi Tetlock & Levi, 1982) et qui présente une certaine similitude avec le modèle de Gilbert (1998). Selon ce modèle, au premier stade, l'acteur essaie de définir l'événement qui vient de se produire. Les processus motivationnels amènent alors la personne à choisir les structures d'information nécessaires pouvant expliquer l'événement en question. Certains types d'information (ou d'attributions) seront choisis alors que d'autres seront mis de côté. La motivation joue donc un rôle dans le choix des structures cognitives qui seront mises à contribution dans l'analyse au second stade. Dans celui-ci, les éléments d'information sont comparés, et une explication est choisie de façon logique et rationnelle. La cause choisie sera celle qui s'avérera la plus probable parmi celles qui avaient été sélectionnées à la phase précédente.

Considérons l'exemple suivant. Vous venez d'obtenir la note A+ dans votre premier examen de psychologie de la personnalité. Dans un premier temps, comme cet examen est très important pour

vous (source de motivation), vous commencez à émettre des hypothèses concernant les causes de votre succès. Ainsi, vous pouvez penser que ce succès est dû à votre intelligence (après tout, vous étudiez à présent à l'université et vous avez obtenu une très bonne note), à votre effort (vous avez étudié très fort la veille de l'examen, et le travail que vous avez fait est très saillant dans votre mémoire) et à votre intérêt pour la matière (c'est votre cours préféré). Par la suite, dans la seconde phase proposée par Anderson et Slusher, vous choisissez comme attribution votre intérêt pour la psychologie de la personnalité, car, selon vous, il est la cause la plus plausible de votre succès. Vous attribuez donc finalement votre succès à votre intérêt pour la matière. Les résultats de trois études (Anderson & Slusher, 1986) tendent à confirmer la validité du modèle à deux temps des attributions égocentriques.

Enfin, une dernière explication du biais égocentrique a rapport au rôle social des attributions (Malle, 1999, 2004 ; Manusov & Harvey, 2001). Ainsi, lorsque nos comportements sont publics, nous voulons nous assurer que les autres ne nous considérerons pas comme responsables de nos échecs et qu'ils voudront bien nous regarder comme l'auteur de nos succès. Donc, en effectuant des attributions internes pour nos succès et des attributions externes pour nos échecs, nous communiquons une image très positive de nous-mêmes aux autres. Encore ici, de nombreuses études confirment le rôle joué par la présentation de soi dans l'émission d'attributions à la suite d'un succès et d'un échec (Bradley, 1978 ; Weary, 1980 ; Weary & Arkin, 1981).

En terminant, il est important de signaler quelques exceptions au biais égocentrique. Ainsi, les gens ne manifestent pas de biais s'ils agissent conjointement avec quelqu'un qui leur est proche et à l'égard de qui ils sont favorablement disposés (Sedikides *et al.*, 1998) ou si leur comportement est orienté vers la satisfaction des besoins d'autrui (orientation dite « communale ») (McCall *et al.*, 2000). Cela est encore plus vrai quand la personne avec qui ils interagissent a aussi une attitude altruiste. Les femmes âgées de 25 à 55 ans font moins preuve de biais égocentriques que les hommes du même groupe d'âge. Un certain nombre d'études ont observé que les cultures de l'est de l'Asie étaient moins sujettes au biais égocentrique (Anderson, 1999 ; Crittenden & Bae, 1994 ; Heine *et al.*, 1999 ; Mezulis *et al.*, 2004). Enfin, notons que les coûts sociaux que peuvent engendrer des attributions qui vont à l'encontre de l'opinion courante peuvent amener les gens à faire des attributions exemptes de tout biais égocentrique. Ainsi, alors que les personnes qui sont l'objet de discrimination émettront des attributions externes (à la discrimination) pour expliquer en privé leur échec dans la recherche d'un emploi, elles feront des attributions internes (absence d'effort) en public par peur de se faire montrer du doigt pour leur critique de la discrimination sociale (voir Kaiser & Miller, 2001 ; Sechrist *et al.*, 2004).

Les biais dans les attributions des observateurs

Nous pouvons être biaisés non seulement lorsque nous faisons des attributions sur nous-mêmes, mais également lorsque nous effectuons des attributions pour expliquer le comportement des autres. Étudions quelques-uns de ces biais.

L'erreur attributionnelle fondamentale. Un piéton qui traverse la rue sans attendre le feu vert agit de la sorte (selon nous) parce qu'il est négligent et non parce qu'il est en retard à un rendez-vous. Et le professeur refuse de s'amuser en classe parce qu'il possède une personnalité plutôt froide et non parce qu'il doit présenter toute la matière avant la tenue du prochain examen. Ces exemples, et l'on pourrait en présenter plusieurs autres, ont tous un point en commun : ils illustrent notre tendance à surestimer l'influence causale des facteurs dispositionnels et à déprécier le rôle des facteurs situationnels dans l'explication du comportement d'autrui. Cette tendance, qui avait été appelée le biais de correspondance, est si puissante qu'elle a été surnommée « l'**erreur attributionnelle fondamentale** » par Lee

Ross (1977). Cette dernière s'applique non seulement aux comportements négatifs, mais aussi aux comportements positifs. Par exemple, Hayward et ses collègues (2004) ont démontré la tendance qu'ont les journalistes du milieu des affaires à attribuer les bonnes performances d'une compagnie au président-directeur général, et non pas aux diverses variables situationnelles pouvant expliquer les résultats financiers positifs. Ce faisant, les journalistes créent ce que Hayward et ses collègues appellent les P.-D.G. vedettes. Bill Gates (Microsoft), Michael Eisner (Disney) et même Pierre-Karl Péladeau (Québécor) sont des P.-D.G. vedettes.

Une étude classique de Jones et Harris (1967) nous servira à illustrer ce biais. Certains participants furent informés que la personne qui avait écrit un essai en faveur de Fidel Castro avait eu le choix d'écrire ce qu'elle pensait, alors que d'autres participants furent informés que la personne en question n'avait pas eu ce choix. Les participants devaient par la suite déterminer la véritable attitude (attributions dispositionnelles) de l'auteur à l'égard de Fidel Castro. Les résultats révélèrent que les participants crurent que l'essai reflétait la véritable attitude de la personne à l'égard de Castro, même si cette dernière n'avait pas eu le choix d'écrire ce qu'elle voulait.

Ce biais a été retrouvé dans de nombreuses études (voir Gilbert & Malone, 1995 ; Jones, 1979 ; Ross, 1977) et se révèle très puissant. Ainsi il apparaît que des attributions dispositionnelles seront émises même dans des conditions où l'attributeur est responsable du comportement de l'acteur (Gilbert & Jones, 1986 ; Snyder & Jones, 1974). Par exemple, dans l'étude de Gilbert et Jones (1986), même si les participants avaient dicté aux répondants ce qu'il fallait écrire dans un essai sur l'avortement, les participants inférèrent tout de même que l'essai en question reflétait l'attitude des répondants. Le biais semble donc assez puissant pour que nous ne nous rendions pas compte de notre propre influence sur le comportement d'autrui (sur ce sujet, voir Gilbert, Krull & Pelham, 1988).

Puisqu'ils sont à l'origine du biais égocentrique, les processus cognitifs peuvent expliquer l'erreur attributionnelle fondamentale. Ainsi, si votre attention est centrée sur une personne, il y a de fortes chances que vous lui attribuiez les actes observés. Plusieurs études tendent à confirmer cette hypothèse. Ainsi, les travaux de Lassiter et ses collègues (2002, 2005) ont démontré qu'un film dans lequel la caméra est fixée sur l'acteur mène à des attributions plus dispositionnelles qu'une autre version du même film où la caméra montre les différents acteurs. De plus, les différences obtenues entre les cultures orientales et occidentales appuient la thèse des processus cognitifs (Choi *et al.*, 1999, 2003 ; Nisbett, 2003 ; Norenzayan & Nisbett, 2000). Ainsi, un Occidental aura un point de vue analytique et concentrera son attention sur la personne au détriment des autres éléments présents, le tout menant à une attribution dispositionnelle. Par contre, un Oriental considérera la situation dans son ensemble et, en conséquence, il émettra moins d'attributions dispositionnelles. Mais les Asiatiques commettent, eux aussi, des erreurs attributionnelles fondamentales. Seulement, ils passent beaucoup plus de temps à étudier les diverses influences situationnelles que les Occidentaux (Choi *et al.*, 2003) et, par conséquent, ils font beaucoup moins preuve de biais attributionnels (Choi *et al.*, 1999). Enfin, les recherches de Miller (1984) démontrent que le biais attributionnel est appris, car ce n'est que vers l'âge de 15 ans que les membres des deux cultures commencent à se différencier en ce qui concerne l'erreur attributionnelle fondamentale.

La motivation joue aussi un rôle dans l'erreur attributionnelle fondamentale. Par exemple, les observateurs dont les bénéfices dépendent d'une future interaction avec une personne seront très motivés à bien observer cette personne et feront moins d'attributions dispositionnelles (Vonk, 1999). De plus, les observateurs font moins preuve de biais attributionnel s'ils sont informés que l'observateur pourrait avoir différentes raisons d'agir. Ils sont alors très motivés à étudier le comportement de l'observateur, ce qui donne

lieu à une attribution moins dispositionnelle (Fein, 1996 ; Reeder *et al.*, 2004 ; Vonk, 1998). Dans ce sens, les personnes dépressives qui sont reconnues pour être très motivées à mieux comprendre l'environnement qui les entoure font moins d'erreurs attributionnelles fondamentales (Yost & Weary, 1996). Enfin, les personnes faisant preuve d'une complexité attributionnelle élevée, et donc qui sont motivées à traiter les causes en profondeur, sont aussi moins susceptibles de commettre une erreur attributionnelle fondamentale (Fletcher, Reeder & Bull, 1990).

L'attribution de responsabilité injustifiée. Non seulement faisons-nous des attributions dispositionnelles pour expliquer le comportement d'autrui, mais nous émettons également des attributions de responsabilité pour expliquer le sort de victimes d'accident. En d'autres termes, nous blâmons souvent la victime pour ce qui lui est arrivé, et cela est d'autant plus le cas lorsque les conséquences de l'accident sont graves (voir Bègue & Bastounis, 2003 ; Furnham, 2003 ; Hafer & Bègue, 2005).

Deux explications peuvent être fournies pour rendre compte de cette attribution de blâme injustifiée. La première nous est donnée par l'**hypothèse du monde juste** de Melvin Lerner (1970, 2003). Selon lui, les gens croient qu'ils vivent dans un monde juste où ils méritent ce qui leur arrive et où ce qui leur arrive est mérité. Donc, au lieu de penser que certaines victimes souffrent injustement (ce qui attaque notre croyance selon laquelle nous vivons dans un monde juste et ordonné), nous attribuons l'accident à la victime. Le fait de ne pas rendre les victimes responsables des drames qu'elles vivent équivaudrait également à accepter que le monde est injuste et que d'innocentes personnes (comme nous-mêmes) peuvent souffrir à leur tour. L'attributeur protège donc ses propres croyances et sentiments en blâmant les victimes d'un accident : ce qui leur arrive est donc juste.

Plusieurs études tendent à confirmer cette hypothèse (pour une recension, voir Hafer & Bègue, 2005). Par exemple, Hafer (2000) a démontré que les témoins d'injustices sérieuses étaient très préoccupés par l'événement, surtout quand les coupables de l'agression n'avaient pas été punis (pas de rétribution pour la victime). Et plus les participants étaient préoccupés et dérangés par les injustices en question, plus ils blâmaient la victime, mais seulement s'il n'y avait pas eu rétribution pour la victime. En d'autres termes, s'il y a eu rétribution pour la victime (les coupables de l'injustice furent punis), les perceptions de justice de l'observateur sont rétablies. L'injustice envers la victime a été punie et donc, en ce bas monde, il y a une justice sociale. Par contre, si l'injustice n'a pas été punie, il y a incohérence entre cette situation et la perception qu'il y a justice sur terre. Comment alors rétablir cette incohérence de la part de l'observateur ? En rendant la victime responsable de l'injustice qu'elle a vécue.

La seconde explication de l'attribution de responsabilité injustifiée nous est fournie par le **biais de connaissance après les faits** (*hindsight bias* ; Fischhoff, 1975 ; Hölzl & Kirchler, 2005 ; Viscusi & Zeckhauser, 2005). Ainsi, Janoff-Bulman, Timko et Carli (1985) ont démontré que le fait d'être mis au courant de ce qui est survenu à une victime (un viol, par exemple) rend l'issue de l'événement plus prévisible aux yeux de l'attributeur, ce qui amène ce dernier à blâmer la victime pour ne pas avoir été plus prévoyante et ne pas avoir évité l'événement en question. De plus, cet effet semble très puissant, puisque même un ajout d'information selon laquelle le sort de la victime aurait pu être fort différent ne suffit pas à l'éliminer.

Même si nous blâmons souvent injustement une victime, il ne faudrait pas croire que ce biais survient toujours. Il peut arriver, dans certaines situations, que nous sympathisions avec la victime. Prenons le cas de Nathalie Simard, qui, au printemps 2005, a levé le voile sur les viols et les agressions commis sur sa personne par l'imprésario Guy Cloutier à l'époque où elle était adolescente. Mme Simard avait été l'idole d'une génération qui a grandi avec elle. Ces enfants devenus adultes n'allaient pas lui tourner le dos. Ainsi, la réponse publique fut presque unanimement en sa faveur. D'ailleurs, Stéphane Laporte, du quotidien *La Presse*, dans sa chronique du 29 mai 2005 intitulée « Pourquoi les gens font mal aux gens ? » présentait une recherche attributionnelle des plus complètes afin de comprendre ce qui a pu motiver un comportement aussi vil. Il résumait l'opinion publique en concluant : « Nathalie, tu mérites, pour toujours, notre plus grand respect. »

Un autre exemple nous est fourni par les tragiques événements du 11 septembre 2001, où les deux tours du World Trade Center furent percutées par des avions conduits par des terroristes qui les firent s'écrouler, et où plus de 3 000 personnes périrent. Partout dans le monde, ce fut un sentiment d'horreur, mais en Amérique du Nord, dont au Canada et au Québec, nous nous sommes identifiés aux victimes. En fait, un sentiment contraire au blâme a été ressenti. On voulait plutôt venir en aide aux victimes (ce qui fut fait de diverses façons) et même les venger, si c'était possible. Selon la théorie du monde juste (Lerner, 2003), lorsque l'on s'identifie à la victime, on est plutôt porté à la défendre, à demander une rétribution pour elle et même à vouloir la venger. Cela nous permettrait d'éliminer les sentiments négatifs que l'on éprouve à la suite d'une injustice.

Kaiser, Vick et Major (2004) ont voulu vérifier cette hypothèse. Ils ont demandé à 83 étudiants universitaires américains de répondre à l'échelle des croyances en un monde juste de Lipkus et Bissonnette (1996), cinq à huit mois avant les événements du 11 septembre 2001. Puis, deux mois après les événements, les chercheurs ont demandé aux participants de répondre à des mesures de détresse personnelle suivant les actes terroristes, et à des mesures de soutien à la décision du gouvernement américain de se venger. Une analyse acheminatoire a soutenu l'hypothèse de la théorie du monde juste. Plus les participants croyaient en un monde juste, plus ils ressentaient de la détresse à la suite des événements du 11 septembre. Cette détresse menait ensuite au désir de vengeance. La figure 5.4 présente les résultats de cette étude.

FIGURE 5.4 **Effet des croyances en un monde juste sur le désir de venger la victime**

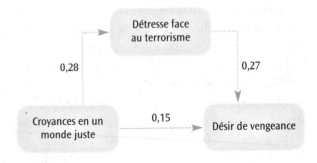

Source : Kaiser *et al.* (2004).

Les différences entre les attributions émises par les acteurs et celles émises par les observateurs

Un des résultats intéressants des recherches sur les attributions réside dans le fait que les acteurs et les observateurs émettent des attributions différentes pour expliquer leur comportement. Jones et Nisbett (1972) expliquent le **biais acteur-observateur** de la façon suivante : « Il y a une tendance importante chez les acteurs à attribuer leurs actions aux pressions de la situation alors que chez les observateurs il y a une tendance à attribuer ces mêmes comportements à des dispositions personnelles des acteurs. » (P. 80.)

Ces différences entre les attributions émises par les acteurs et celles émises par les observateurs peuvent mener à des conflits interpersonnels. Par exemple, vous étiez censé téléphoner à votre petite amie hier soir, mais vous ne l'avez pas fait. Elle vous téléphone et vous dit : « Tu ne m'as pas appelée hier soir ? » Vous répondez que vous avez complètement oublié, que vous étiez trop occupé à étudier (attribution situationnelle). Votre petite amie vous dit alors que vous êtes négligent (attribution dispositionnelle), et une discussion houleuse s'ensuit. Comme nous pouvons le voir, des attributions différentes sont émises par l'acteur et par l'observateur pour le même comportement, et le conflit attributionnel se traduit par une dispute.

Une étude classique est celle de Nisbett et ses collègues (1973). Dans cette recherche, des étudiants devaient expliquer dans un court texte pourquoi ils aimaient la jeune fille qu'ils fréquentaient. Par la suite, ils devaient expliquer pourquoi leur meilleur ami aimait la jeune fille qu'il fréquentait. Les auteurs ont comparé les réponses des étudiants selon qu'ils avaient répondu pour eux (en tant qu'acteurs) ou pour leurs amis (en tant qu'observateurs).

Les résultats figurent au tableau 5.6. On remarque que les participants ont émis plus d'attributions situationnelles afin d'expliquer pourquoi ils aimaient leur petite amie qu'ils ne l'ont fait pour expliquer le même comportement chez leur meilleur ami. Dans l'ensemble, ces résultats soutiennent la position de Jones et Nisbett selon laquelle les acteurs émettent plus d'attributions situationnelles pour expliquer leur comportement, alors que les observateurs font plus d'attributions dispositionnelles pour expliquer le même comportement chez autrui.

TABLEAU 5.6 **Le biais acteur-observateur**

Attribution	Raison pour aimer leur petite amie	
	Situationnelle	Dispositionnelle
Leur propre comportement (acteurs)	4,61	2,04
Le comportement de leur ami (observateurs)	2,70	2,57

Nombre d'attributions dispositionnelles et situationnelles émises par des étudiants pour expliquer leur propre choix et celui de leur meilleur ami en ce qui concerne leur petite amie.

Source : Adapté de Nisbett *et al.* (1973).

Plusieurs études ont étayé cette différence entre acteurs et observateurs (par exemple Krueger, 1998 ; Lester *et al.*, 2002 ; Saulnier & Perlman, 1981 ;

Schoeneman & Rubanowitz, 1985). Ainsi, si une organisation ne respecte pas son contrat avec un employé, celui-ci émettra une attribution dispositionnelle à l'organisation pour le bris de contrat, alors que la compagnie émettra une attribution situationnelle (Lester *et al.*, 2002). Une autre étude a démontré que des détenus expliquaient leur délit par une attribution situationnelle, alors que leur conseiller à la prison utilisait une attribution dispositionnelle (Saulnier & Perlman, 1981).

Il existe au moins trois explications pour le biais acteur-observateur. Une première réfère aux facteurs cognitifs. Ainsi, la quantité d'informations à la disposition des deux attributeurs peut expliquer pourquoi des attributions différentes sont émises par l'acteur et par l'observateur. Un observateur qui ne connaît pas l'acteur et qui n'observe que le comportement de ce dernier dans une situation donnée pourrait conclure que le comportement de celui-ci est adopté selon les dispositions de l'acteur. En revanche, l'acteur qui, lui, se connaît bien peut très bien voir que le comportement qu'il adopte est dû non pas à sa propre personne, mais bien à la nouvelle situation dans laquelle il se trouve. Donc, dans ce cas-ci, les différences dans les attributions émises par l'acteur et par l'observateur pourraient être dues à la quantité d'informations dont disposent les deux personnes.

Il est important de noter que le centre d'attention des deux personnes émettant l'attribution diffère également. Lorsqu'il accomplit l'action, l'acteur dirige son attention sur l'environnement. Il n'est donc pas surprenant que les attributions qu'il émet concernent ce dernier facteur. Par contre, l'attention de l'observateur est généralement dirigée sur l'acteur. Il est donc raisonnable et compréhensible que les attributions de l'observateur portent sur l'acteur. Un certain nombre d'études soutiennent cette analyse. Ainsi une étude de Storms (1973) a démontré que le biais acteur-observateur était complètement inversé lorsque les acteurs et les observateurs émettaient leurs attributions après avoir visionné une bande vidéo présentant la perspective inverse (les acteurs visionnent ce que les observateurs voient, et les observateurs

visionnent ce que les acteurs voient). D'autres études démontrent aussi que si on demande à l'observateur de s'imaginer qu'il est acteur, les attributions de l'obervateur deviennent semblables à celles de l'acteur (Chen, Yates & McGinnies, 1988 ; Gould & Sigall, 1977 ; Regan & Totten, 1975).

Une seconde explication est fournie par les facteurs motivationnels. Ainsi, certaines études (par exemple Snyder, Stephan & Rosenfield, 1976) ont soutenu l'hypothèse voulant que la motivation joue un rôle important dans l'émission d'attributions par les acteurs et par les observateurs. En effet, dans ces recherches, les attributions émises par le perdant d'une compétition (qui devient l'observateur du comportement du gagnant) afin d'expliquer le succès de l'acteur étaient beaucoup plus externes (la chance) que les attributions émises par le gagnant ou par l'acteur lui-même. Les résultats de Snyder suggèrent que l'observateur hésite à donner du crédit à l'acteur, car cela pourrait être menaçant pour l'ego de l'observateur.

Enfin, une troisième explication pour le biais acteur-observateur a été donnée par Malle (2004 ; Malle & Knobe, 1997b). Selon Malle, des différences importantes surviennent parce que les acteurs et les observateurs n'essaient pas d'expliquer le même comportement. Les observateurs portent surtout attention aux comportements qui seront intentionnels et observables, car ces derniers permettront d'en dire beaucoup sur les acteurs. Cela mènera à des attributions dispositionnelles. En revanche, l'acteur essaiera de fixer son attention sur les comportements non intentionnels. Cela l'amène à en apprendre beaucoup sur la façon de contrôler son environnement, le tout menant à des attributions situationnelles.

Les différences entre les sexes

Les attributions émises par les hommes et les femmes sont, dans l'ensemble, relativement similaires (Bornholt & Möller, 2003 ; Callagan & Manstead, 1983). Deaux (1984) explique ce phénomène par les croyances et les attentes que les gens entretiennent quant aux comportements des hommes et des femmes. Ce sont ces attentes qui déterminent les attributions qui seront émises, et ce, tant de la part de l'acteur que de la part de l'observateur. Dans la mesure où les attentes des hommes et des femmes sont similaires, les attributions le seront également.

Il semble y avoir deux exceptions, toutefois. Premièrement, les hommes semblent présenter un biais égocentrique légèrement plus fort que celui des femmes (Mezulis *et al.*, 2004 ; Olsson, 2002). Secondement, la tâche effectuée est importante. En effet, les attributions de l'acteur comme celles de l'observateur seront influencées par la nature masculine ou féminine de l'activité (Deaux & Emswiller, 1974 ; Deaux & Farris, 1977). Si la tâche est perçue comme étant masculine, les acteurs de même que les observateurs s'attendront à ce que les hommes réussissent mieux que les femmes. Des attributions internes seront donc émises pour expliquer le succès des hommes, et des attributions externes, pour expliquer celui des femmes, comme la chance. Par contre, pour une tâche féminine, aucune différence n'est obtenue. Il est possible que les gens croient que les tâches typiquement féminines telles que celles qui permettent de reconnaître des ustensiles (voir Deaux & Emswiller, 1974) soient perçues comme relativement faciles pour les hommes également, d'où le fait qu'on émette des attributions internes aussi bien aux hommes qu'aux femmes pour de telles tâches.

L'effet temporel

Un dernier **biais attributionnel** auquel nous sommes soumis est celui dû à l'effet du temps. En effet, certains résultats indiquent que le passage du temps influe sur les attributions émises (Burger, 1991 ; Trope & Liberman, 2003). Bien que les résultats ne soient pas tous concluants à cet égard, il semble que dans l'ensemble, les attributions des acteurs deviennent plus situationnelles avec le passage du temps (Miller & Porter, 1980) et celles des observateurs, plus dispositionnelles (Nussbaum *et al.*, 2003 ; Trope & Liberman, 2003). En d'autres termes, le biais acteur-observateur est accentué avec le temps. Selon Semin et Smith (1999), cela serait dû au fait qu'avec le passage du temps, les informations sont

mémorisées de façon plus schématique et générale. En revanche, les informations récentes sont plus riches et concrètes, et incluent à la fois des éléments de la situation et de la personne. Puisque les informations mémorisées sont différentes pour les acteurs (surtout des facteurs situationnels) et les observateurs (des facteurs dispositionnels), le passage du temps accentuera donc le biais acteur-observateur.

Il est bon de noter que le même phénomène d'accentuation avec le temps semble se produire également pour le biais égocentrique (Burger, 1985, 1986b, 1987 ; Burger & Huntzinger, 1985). Donc, à la suite passage du temps, nous devrions nous souvenir beaucoup plus d'attributions internes que des attributions externes à la suite d'un succès, alors que les causes externes seront plus probantes que les causes internes pour expliquer un échec. Enfin, il semble bon de souligner que les attributions des acteurs et des observateurs risquent de devenir de moins en moins valides à mesure que le temps passe (Funder & Van Ness, 1983).

Maintenant que nous avons étudié les déterminants des attributions, il est temps de passer aux conséquences des attributions.

LES THÉORIES ATTRIBUTIONNELLES : L'ÉTUDE DES CONSÉQUENCES DES ATTRIBUTIONS

Au cours des dernières années, les chercheurs se sont également intéressés aux conséquences des attributions. Plusieurs théories ont été formulées à cet égard (voir la figure 5.1). Les théories et les recherches que nous étudierons traitent des émotions, de la motivation, de l'adaptation psychologique et du mécanisme de réattribution.

Les attributions et les émotions

Nous avons traité des **émotions** dans le chapitre 3 et point n'est besoin de s'attarder encore ici à l'importance qu'elles ont dans notre vie. Comment sont produites ces diverses émotions qui jouent un rôle si important dans notre vie quotidienne ? Plusieurs théories ont été présentées à cet effet (voir Jenkins *et al.*, 1998 ; Lewis & Haviland-Jones, 2000 ; Plutchik, 2002). Les psychologues sociaux s'entendent pour dire que les cognitions jouent un rôle causal et déterminant dans la production des émotions (voir Lazarus, 1998). Dans un tel cadre, les attributions ont reçu la faveur des chercheurs et sont au cœur de plusieurs théories des émotions.

La théorie bifactorielle de Schachter. Une première théorie attributionnelle des émotions est celle de Schachter (1964 ; Schachter & Singer, 1962). Selon lui, l'émotion résulte de deux composantes, soit l'activation physiologique et les cognitions expliquant l'activation physiologique en question. L'activation physiologique se traduit par une augmentation du rythme cardiaque, la transpiration, une sensation de nœud dans l'estomac, etc. Les cognitions cherchent à expliquer pourquoi l'individu ressent l'activation physiologique en question. Les cognitions, dans ce cas-ci, deviennent donc des attributions. Selon Schachter, nous ressentons tout d'abord une augmentation d'activation physiologique. Par la suite, nous effectuons une recherche épistémique ou attributionnelle afin d'expliquer pourquoi nous ressentons l'activation physiologique. Enfin, la présence conjointe de l'activation physiologique et des attributions mène à l'expérience de l'émotion. Il est un point important à noter : d'après Schachter, l'activation physiologique et les cognitions représentent des causes nécessaires et non suffisantes de l'émotion, c'est-à-dire que, si l'une de ces deux variables est absente, il n'y aura pas d'émotion. C'est la combinaison des deux composantes qui produit l'émotion.

Prenons un exemple. Le 26 novembre 1988, à l'heure du souper, pendant que nous mangions en famille et bavardions, tout à coup la table s'est mise à bouger. Nous nous sommes tous regardés, puis la table a bougé de nouveau. Nous nous sommes levés, les enfants nous ont regardés, et soudainement leur mère a dit : « C'est un tremblement de terre. » En effet, le Québec était en train de vivre l'un de ses tremblements de terre les plus importants du

XXᵉ siècle. À ces mots, les enfants, les yeux grands ouverts et le corps tout raide, se sont dit en même temps : « J'ai peur ! »

On remarque dans cet exemple que, premièrement, les enfants ont ressenti une augmentation d'activation physiologique évidente de par leurs yeux ouverts et le raidissement de leur corps et que, deuxièmement, ils se sont mis à chercher une explication à cette activation physiologique. L'attribution qu'ils ont émise fut suggérée par l'environnement (plus particulièrement par leur mère, qui a déclaré que c'était un tremblement de terre). Enfin, troisièmement, conjointement avec l'activation physiologique déjà ressentie, cette explication (ou attribution) a mené au sentiment de peur.

La théorie bifactorielle de Schachter et Singer se révèle une théorie importante en psychologie sociale, expliquant plusieurs émotions, dont celles de l'amour (Dutton & Aron, 1974), de l'encombrement (*crowding* ; Worchel & Teddlie, 1976) et même de l'excitation sexuelle (Scheier, Carver & Gibbons, 1979). Cependant, il faut noter que la théorie n'est pas sans critique (Marshall & Zimbardo, 1979 ; Maslach, 1979 ; voir Schachter & Singer, 1979, pour une réplique convaincante) et demeure quelque peu restreinte, se limitant aux situations où nous ressentons une activation physiologique sans cause préalable apparente. De plus, il se peut que parfois, au lieu de nous tourner vers l'environnement pour de l'information sur notre état émotionnel, nous nous tournions plutôt vers nous-mêmes (Carver & Scheier, 1998 ; Maslach, 1979). En effet, comme nous l'avons vu au chapitre 3, le soi peut également procurer de l'information émotionnelle.

Ce dernier constat mène à l'hypothèse intéressante qui propose que l'émotion d'une personne peut être produite par de l'information issue de l'environnement (selon la théorie de Schachter) ou de la personne (selon les théories sur le soi). Il devient alors possible d'étudier la part de chaque déterminant dans la production de l'émotion dans une situation bien précise. Scheier et ses collègues (1979) ont effectué un certain nombre d'études afin de vérifier cette hypothèse. Leurs travaux démontrent que, lorsque la personne est dans un état de conscience de soi privée, alors ses émotions sont déterminées par ses états intérieurs, comme le proposent les théories sur le soi. Par contre, lorsque la personne ne se trouve pas dans un état de conscience de soi privée, les émotions sont alors fonction de l'information provenant de l'environnement social, comme le propose Schachter. En somme, la recherche d'information externe (dans l'environnement) et interne (par l'entremise de notre soi privé) représente donc deux types de déterminants de nos émotions. L'utilisation de l'un ou l'autre de ces types d'information dépend de la situation ou de la personne en question. La théorie de Schachter doit donc être précisée à la lumière des études plus récentes sur le soi.

La théorie attributionnelle des émotions de Weiner.

La théorie des émotions de Weiner s'inscrit dans le même courant cognitif et attributionnel que celle de Valins (1966, 1972), où les cognitions sont suffisantes pour mener à l'émotion et où il n'est nul besoin d'activation physiologique préexistante, comme le suggérait Schachter. C'est ce courant qui a mené à l'exploration des évaluations cognitives (*appraisals* ; par exemple Scherer, 1999). Weiner s'est intéressé aux émotions ressenties en situation d'accomplissement (par exemple fierté, honte) et dans les interactions sociales (par exemple sympathie, colère).

Dans une première recherche, Weiner, Russell et Lerman (1978) ont étudié les émotions spécifiques ressenties à la suite de la perception des causes d'un succès et d'un échec. Dans cette étude, les chercheurs ont établi une liste de 250 émotions pouvant être ressenties à la suite d'un succès et d'un échec dans le domaine scolaire. Par la suite, des scénarios hypothétiques présentant un succès ou un échec dû à des attributions spécifiques furent présentés aux participants. Ces derniers devaient indiquer l'intensité des 250 émotions qu'ils ressentiraient dans de telles situations. Deux résultats

intéressants furent obtenus. Premièrement, on nota la présence d'émotions dépendantes du résultat et indépendantes des attributions. Ces émotions étaient générales et soit positives, soit négatives, selon l'issue de la performance. Par exemple, à la suite d'un succès, les gens se sentent heureux, joyeux, positifs, etc., alors qu'à la suite d'un échec, les gens se sentent malheureux, désolés, déçus et négatifs, et ce, indépendamment des attributions émises. Deuxièmement, on remarqua, tant en condition de succès qu'en condition d'échec, que des émotions bien spécifiques étaient liées à certaines attributions. Le tableau 5.7 montre les liens entre les attributions et les émotions bien spécifiques pour le succès et pour l'échec. Certains résultats peuvent être expliqués assez facilement. Par exemple, le succès dû à l'habileté mène à des sentiments de confiance et de compétence ; la gratitude est vécue lorsqu'on attribue le succès à l'aide des autres, et la chance mène généralement à des sentiments de surprise, etc. Un résultat non prévisible, par contre, est que l'effort instable (à court terme) mène à une augmentation de l'activation (des émotions comme le délire, une joie intense), alors que l'effort plus stable (à long terme) mène au calme et à la relaxation à la suite du succès.

TABLEAU 5.7 **Relations entre les attributions et les émotions à la suite d'un succès ou d'un échec**

Attributions	Émotions
Succès	**Succès**
Habileté	Confiance (et compétence)
Effort instable	Haute activation
Effort stable	Relaxation
Personnalité propre à soi	Sentiment de grandeur
Effort et personnalité des autres	Gratitude
Chance	Surprise
Échec	**Échec**
Habileté	Incompétence
Effort stable	Culpabilité (et honte)
Personnalité propre à soi	Résignation
Effort et personnalité des autres	Agression
Chance	Surprise

Source : Adapté de Weiner (1980, p. 336).

Les résultats de l'étude de Weiner et ses collègues (1978) ont été reproduits dans une seconde recherche de Weiner, Russell et Lerman (1979) dans laquelle on demanda aux participants de se rappeler un succès ou un échec qui avait été dû aux différentes attributions énumérées précédemment. De plus, plusieurs études ont démontré que les dimensions causales pouvaient prédire les émotions ressenties par les personnes en contexte d'accomplissement (voir Graham *et al.*, 2002 ; McAuley, 1991 ; Vallerand, 1987 ; Vallerand & Blanchard, 2000).

Toutefois, peu d'études ont démontré que les attributions produisaient (ou causaient) l'occurrence des émotions. En effet, la plupart des études ont utilisé un schème corrélationnel. Une étude de Neumann (2000) a démontré cet effet. Dans cette étude, Neumann a utilisé une tâche d'amorçage cognitif où les participants devaient, à leur insu, accomplir une tâche induisant une attention dirigée soit sur eux-mêmes (attention interne), soit sur autrui (attention externe). Ensuite, les participants ont été informés qu'ils devaient aller participer à une seconde étude immédiatement et qu'ils étaient en retard. Une fois rendus au local où celle-ci devait se dérouler, ils purent lire sur la porte : « Défense d'entrer, expérimentation en cours ». Étant donné leur retard, tous entrèrent, et ils furent vertement réprimandés par le second expérimentateur à l'intérieur du local. Par la suite, le premier expérimentateur revint et mesura les attributions et les émotions vécues après l'événement. Suivant la théorie de Weiner (1986), une attention sur soi doit mener à une attribution interne pour l'événement négatif (se faire sortir du local) et, subséquemment, entraîner de la culpabilité. Par contre, une attention externe doit mener à des attributions externes et de la colère. C'est exactement ce que les résultats ont démontré.

À la lumière de l'ensemble de ces résultats, Weiner (1985a) a proposé la séquence causale suivante en ce qui concerne la production des émotions. Premièrement, la personne juge le résultat ou l'événement comme positif ou négatif. À la suite de cette appréciation, la personne ressent presque automatiquement une émotion générale et globale soit positive, soit négative selon qu'il y a perception de succès ou d'échec. Deuxièmement, une appréciation plus approfondie de la situation mène à une attribution précise qui produit une émotion distincte. Par exemple, une attribution à l'habileté par suite d'un succès conduit à des sentiments de compétence, alors qu'une attribution au manque d'habileté par suite d'un échec mène à des sentiments d'incompétence. Troisièmement, ces attributions sont codées de façon plus globale selon les dimensions attributionnelles de Weiner (lieu de causalité, stabilité et contrôlabilité de la cause). Ces différentes dimensions causales conduisent par la suite à d'autres émotions plus stables que celles engendrées par les attributions elles-mêmes, comme l'estime de soi et la confiance en soi.

Weiner propose donc que les cognitions, en l'occurrence les attributions causales, représentent des causes nécessaires et suffisantes de l'émotion. Toutefois, il convient de noter que, bien que certains psychologues sociaux ne nient pas le rôle causal que peuvent jouer les attributions dans les émotions, ils postulent tout de même une interaction bidirectionnelle entre les deux variables (Zajonc, 1998, 2000). D'ailleurs les travaux de Forgas démontrent clairement que les émotions peuvent influencer aussi les cognitions (Forgas & Laham, 2005). De plus, Zajonc et McIntosh (1992 ; McIntosh *et al.*, 1997) ont démontré que des facteurs non cognitifs (comme inspirer de l'air froid ou chaud par le nez) menait à des émotions distinctes (d'où l'expression de bien respirer par le nez !). Enfin, des recherches récentes (Winkielman & Berridge, 2004) ont prouvé qu'il est possible d'induire des émotions de façon subliminale, que de telles émotions ne sont pas ressenties de façon consciente, mais qu'elles auront tout de même un effet sur le comportement futur.

En somme, sans nier que les émotions puissent être soumises à des influences autres que cognitives (Izard, 1993), les psychologues sociaux s'entendent pour dire que les cognitions (et notamment les attributions) jouent un rôle causal dans une grande partie des émotions que nous ressentons. Il en va de même de la motivation, que nous examinerons dans la section qui suit.

Les attributions et la motivation

Au cours des dernières décennies, plusieurs recherches ont démontré que les attributions pouvaient influer sur le comportement motivé. En d'autres termes, l'explication donnée pour un événement peut dicter notre comportement dans de telles conditions. Par exemple, si vous croyez n'avoir pas obtenu l'emploi d'été désiré parce que vous n'étiez pas habillé de façon convenable, il est fort probable que vous vous mettrez sur votre trente et un pour la prochaine entrevue. Ainsi l'attribution que vous avez faite pour expliquer votre échec dans l'obtention de l'emploi dicte le comportement que vous adopterez dans une situation analogue à l'avenir. À cet égard, une théorie fort importante est celle de Weiner (1986, 1995a, 1995b). Weiner a en fait proposé deux modèles de la motivation : le premier est de nature intrapersonnelle et porte sur la **motivation à l'accomplissement** (Weiner, 1986), et le second, plus interpersonnel, est axé sur la motivation sociale (Weiner, 1980a, 1980b, 1995a, 1995b). Nous présentons les deux modèles brièvement ci-dessous.

La théorie attributionnelle de la motivation à l'accomplissement de Weiner. La théorie de Weiner porte sur les comportements motivés des gens en condition d'accomplissement, c'est-à-dire des conditions dans lesquelles les gens essaient de faire de leur mieux afin d'obtenir un succès (ou d'éviter un échec). La théorie s'inscrit dans une orientation théorique « attente-valeur » (voir aussi Atkinson, 1964 ; McClelland, 1985) où la motivation de l'individu résulte des attentes (ou probabilités) à l'égard de l'objectif visé ainsi que de la valeur (les émotions) associées à l'atteinte de l'objectif en question.

Plusieurs versions de la théorie ont été présentées au fil des ans (Weiner, 1972, 1974, 1979, 1986). Dans sa plus récente version, la théorie attributionnelle de l'accomplissement propose la séquence motivationnelle présentée à la figure 5.5. À la suite d'un événement, l'individu juge le résultat comme un succès ou un échec subjectif. Après cette appréciation, il effectue une recherche causale et émet une attribution pour expliquer son succès ou son échec. Par la suite, cette cause est placée dans les dimensions causales qui représentent des dimensions plus fondamentales de l'attribution en question. Comme nous l'avons vu précédemment, Weiner propose la présence de trois dimensions causales fondamentales, soit le lieu de causalité, la stabilité de la cause et la contrôlabilité de la cause. Ces dimensions causales sont importantes, car elles mènent à des conséquences psychologiques diverses. Ainsi la stabilité de la cause joue un rôle prépondérant en ce qui concerne les attentes de la personne relatives au succès ou à l'échec futur dans l'activité en question

FIGURE 5.5   **La théorie attributionnelle de la motivation à l'accomplissement de Weiner appliquée à un échec en statistique**

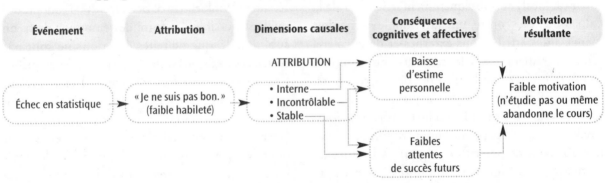

ou dans une activité similaire. De plus, le lieu de causalité influe de façon importante sur les émotions liées à l'estime de soi qui sont ressenties à la suite d'un succès (fierté, sentiments de compétence, de confiance) ou d'un échec (sentiments d'incompétence, de honte). Les dimensions de stabilité et de contrôle peuvent également jouer un rôle non négligeable sur diverses émotions ressenties par la personne (voir Weiner, 1985a). Ensuite, les attentes concernant un succès ou un échec futur, ainsi que les émotions ressenties par les personnes mènent conjointement au comportement motivé.

Par exemple, une étudiante vient d'obtenir 52 % dans son dernier examen de statistique. Elle considère cette note comme un échec cuisant. Sa recherche attributionnelle l'amène à imputer son échec à un manque d'effort. Elle peut alors coder implicitement la cause perçue (l'effort) selon les dimensions causales suivantes : il s'agit d'une cause interne, instable et contrôlable. Une telle caractérisation de la cause selon les dimensions causales présentées ici mène à différentes conséquences psychologiques pour l'étudiante. Comme la cause est interne, l'étudiante pourrait se sentir quelque peu incompétente et même avoir honte de sa performance, et donc ressentir des émotions relativement négatives. Par contre, le fait que l'attribution au manque d'effort est une attribution instable indique que les attentes de l'étudiante à l'égard d'un échec similaire dans l'avenir devraient être faibles. En effet, si la personne déploie un effort plus grand dans l'avenir, l'échec pourrait être évité et un succès pourrait même en résulter. Par conséquent, des succès futurs, moyennant un effort raisonnable, peuvent être escomptés. Dans un dernier temps, les attentes de succès futurs et les émotions ressenties à la suite de l'échec (la honte) mènent à un comportement motivé orienté vers le succès à venir (étudier plus fort pour le prochain examen, mieux se préparer en classe, etc.).

Toutefois, si l'étudiante avait émis une attribution au manque d'habileté pour expliquer son échec, des effets différents auraient été obtenus en ce qui concerne sa motivation. En effet, une attribution au manque d'habileté se situe sur les pôles interne, stable et incontrôlable des diverses dimensions causales postulées par Weiner. Dans de telles circonstances, des conséquences psychologiques très néfastes s'ensuivent : les attentes de succès futur sont très faibles et les émotions ressenties, très négatives (sentiment d'incompétence, manque de confiance, etc.). À leur tour, des émotions et des attentes négatives diminuent la motivation et mènent à l'absence de comportement positif en ce qui concerne l'action en question (ne pas étudier pour le prochain examen ou même vouloir se retirer et abandonner le cours). Comme on peut le voir, les attributions émises par la personne pour expliquer un succès ou un échec jouent un rôle prépondérant dans la motivation à l'accomplissement.

Dans l'ensemble, les recherches effectuées pour vérifier les divers liens postulés par la théorie de Weiner soutiennent cette dernière (voir Anderson *et al.*, 1996 ; Courneya & McAuley, 1996 ; Weiner, 1985a, 1986 ; Weiner & Graham, 1999). Par exemple, Courneya et ses collègues (2004) ont réalisé une étude avec 46 personnes qui ont survécu au cancer et qui participaient à un programme d'exercice de 10 semaines dans lequel ils s'entraînaient de trois à cinq fois par semaine, à raison de 20 à 30 minutes à chaque fois. À la fin du programme, les participants ont répondu à un questionnaire mesurant les dimensions causales (McAuley *et al.*, 1992) pour expliquer leur succès dans le programme, ainsi que leurs émotions positives et négatives, et leurs attentes de succès futur dans la poursuite de l'exercice. Enfin, cinq semaines plus tard, les participants ont indiqué à quel point ils avaient poursuivi leur exercice par eux-mêmes. Les résultats ont soutenu le modèle de Weiner. Ainsi, les attributions de contrôle personnel ont positivement prédit les émotions positives et les attentes de succès futurs, mais négativement les émotions négatives. Les attentes de succès futurs et les émotions positives étaient positivement liées à la persévérance à l'exercice, alors que les émotions négatives étaient négativement liées à cette dernière.

La théorie attributionnelle des conduites sociales de Weiner. À partir de sa théorie attributionnelle générale, Weiner (1979, 1986) a aussi élaboré une théorie portant sur les comportements interpersonnels. Selon une première version de la théorie (Weiner, 1980a, 1980b), lorsque nous sommes dans une situation où nous devons agir avec d'autres personnes, nous émettons des attributions pour comprendre leur comportement. Ces attributions sont codées selon les dimensions interne/externe, stable/instable et contrôlable/incontrôlable par l'acteur. C'est surtout la dimension de contrôle qui est importante sur le plan social. En effet, des attributions contrôlables de la part de l'acteur produiront des émotions positives (par exemple, la sympathie), alors que des attributions incontrôlables provoqueront des émotions négatives (par exemple, la colère), et ce sont ces émotions qui dicteront le comportement qui sera émis.

Supposons, par exemple, que vous étudiez à la bibliothèque en vue de l'examen du lendemain. Un étudiant de votre cours vient vous demander vos notes de cours. Il a manqué le dernier cours parce qu'il a dû aller voir le médecin (cela semble vrai, car il a un bandage sur l'œil). Vous attribuez son besoin d'aide à une cause incontrôlable de sa part (le rendez-vous chez le médecin), vous ressentez de la sympathie pour lui et vous lui prêtez vos notes de cours. Un peu plus tard, un autre étudiant de votre cours vient vous demander, lui aussi, vos notes de cours. Il a manqué le dernier cours parce qu'il est allé voir le spectacle des Rolling Stones à Los Angeles. Très rapidement, vous attribuez sa demande à un comportement contrôlable de sa part (il faisait la fête), vous ressentez de la colère envers lui et lui dites : « Ne compte pas sur mes notes de cours. Va donc les demander à Mick Jagger ! » Et en voilà un qui n'aura pas votre aide. On peut ainsi voir l'application du modèle « attributions-émotions-comportement ».

La théorie semble coller à une réalité vécue par la plupart d'entre nous, et ce, dans une foule de situations. Il n'est donc pas surprenant que plusieurs études soutiennent les deux versions de la théorie

de Weiner. En outre, elle a été appliquée dans l'étude de divers phénomènes très intéressants comme le comportement d'aide (Meyer & Mulherin, 1980 ; Schmidt & Weiner, 1988), les jugements de sentence ou de libération conditionnelle (Carroll, 1978 ; Graham *et al.*, 1997 ; Graham & Lowery, 2004), la violence (Betancourt & Blair, 1992), les relations entre collègues de travail (Struthers *et al.*, 2001 ; Taggar & Neubert, 2004), la prise en charge des enfants retardés mentalement (Dagnan & Cairns, 2005), la satisfaction du consommateur (Hess *et al.*, 2003), le comportement sexuel (Bingman *et al.*, 2001) et la jalousie amoureuse (Bauerle *et al.*, 2002).

Plus récemment, Weiner (1995a, 1995b) a proposé que l'élément interpersonnel important était la notion de **responsabilité**. En effet, ce serait surtout le fait de tenir autrui responsable à la suite d'attributions contrôlables qui mènerait aux émotions de colère et au comportement conséquent. Un certain nombre d'études soutiennent cette nouvelle version de la théorie. Par exemple, Graham, Weiner et Zucker (1997, étude 1) ont étudié les réactions des gens à la suite des procès de O.J. Simpson aux États-Unis. Rappelons-nous que Simpson avait été déchargé des accusations d'homicide prémédité au terme d'un procès au criminel, mais trouvé coupable à l'issue d'un procès au civil pour les mêmes crimes. Graham et ses collègues ont demandé aux gens leurs attributions, leurs perceptions de responsabilité, leurs émotions de colère et de sympathie, et leur décision de recommander une punition menant à une réhabilitation ou à une réparation (payer pour ses crimes). Les résultats ont soutenu le modèle de Weiner. Plus les gens tenaient Simpson pour responsable, plus ils ressentaient de la colère et moins ils ressentaient de la sympathie. Ces deux émotions prédisaient, respectivement, la réparation et la réhabilitation.

En somme, bien que les comportements sociaux ne soient pas toujours guidés par les émotions de sympathie ou de colère, on ne peut nier que la théorie sur les conduites sociales de Weiner permet d'expliquer un grand nombre de phénomènes sociaux.

À cet égard, l'encadré 5.2 précise le rôle des attributions dans les relations amoureuses.

La motivation intrinsèque. Il existe une foule d'activités auxquelles nous aimons prendre part pour le plaisir que nous en retirons. Nos passe-temps préférés comme jouer de la guitare, pratiquer un sport ou encore peindre ne représentent que quelques-unes de ces activités. De tels comportements sont décrits comme étant issus de la **motivation intrinsèque**, c'est-à-dire que les individus prennent part à ces activités parce qu'ils les trouvent agréables, et non pas dans le but de recevoir des récompenses qui seraient extérieures à l'activité en question, comme de l'argent ou toute autre source de renforcement (pour des recensions sur la motivation intrinsèque et extrinsèque, voir Ryan & Deci, 2000 ; Vallerand, 1997, 2001 ; Vallerand & Blanchard, 1998 ; Vallerand & Ratelle, 2002).

Mais qu'arriverait-il, justement, si les personnes recevaient des récompenses extérieures à l'activité pour participer à une activité intrinsèquement motivante ? Plusieurs théories comme la théorie de l'évaluation cognitive (Ryan & Deci, 2000), la théorie de Bem (1972) et celle de Kelley (1972a) suggèrent une réponse très intéressante à cette question. En effet, ces théories prédisent que, dans certaines conditions, le fait de se faire offrir des récompenses extrinsèques pour participer à une activité déjà plaisante peut induire une perte de motivation intrinsèque et d'intérêt pour l'activité en question. C'est ce qu'on appelle l'« effet de surjustification » (Lepper, Greene & Nisbett, 1973).

Puisque nous avons discuté de la théorie de l'autodétermination (Ryan & Deci, 2000) au chapitre 3, nous nous concentrerons ici sur la position attributionnelle. Selon la théorie de la perception de soi (Bem, 1972), l'individu se trouve dans la même position qu'un observateur pour inférer sa motivation envers une activité. S'il n'y a pas de forces situationnelles saillantes pour expliquer son comportement d'intérêt envers l'activité, la personne va attribuer ce comportement à un intérêt ou à son amour pour l'activité. En revanche, si la personne a effectué l'activité en sachant qu'elle recevrait une récompense en retour, alors une force saillante est présente pour expliquer son comportement (la récompense), et la personne n'attribuera pas son comportement à son intérêt pour l'activité, mais plutôt à la récompense. La position de Kelley (1972a) est relativement similaire. Ainsi, la personne rémunérée pour participer à une activité agréable appliquera le principe d'ignorement en laissant de côté les raisons intrinsèques qui peuvent expliquer sa participation et en inférant qu'elle participera à l'activité pour des raisons extrinsèques (la récompense). Cela entraînera, par la suite, une baisse de la motivation intrinsèque à l'égard de l'activité. La personne n'aime plus l'activité. Elle l'avait faite pour recevoir une récompense.

Plusieurs études ont été effectuées afin de vérifier cette hypothèse. Ainsi dans l'étude classique de Lepper et ses collègues (1973), de jeunes enfants effectuèrent une tâche très populaire (soit de faire des dessins) dans l'une ou l'autre des trois conditions expérimentales qui avaient été définies. Dans la première, on demanda aux enfants de dessiner avec le but explicite de recevoir un certificat de bon participant. Dans le second groupe, aucune récompense ne fut mentionnée. Toutefois, à la fin de la séance de dessin, le certificat fut aussi remis aux membres de ce groupe. Enfin, dans le troisième groupe, aucune récompense ne fut promise ni reçue. Durant la semaine qui suivit, les chercheurs ont mesuré le temps qu'ont passé les participants des trois groupes durant une période libre où ils avaient le choix de faire ce qu'ils voulaient, dont faire du dessin. Le temps passé à dessiner représentait la mesure de motivation intrinsèque. Suivant les théories de Bem et Kelley, on s'attendait qu'il y aurait une perte de motivation intrinsèque, mais seulement dans la condition où la récompense avait été promise avant de faire l'activité. Aucune baisse de la motivation intrinsèque n'était attendue dans les deux autres groupes, puisqu'il n'y avait pas de récompense (groupe témoin) ou que la récompense avait été remise une fois l'activité terminée. La récompense ne pouvait donc pas

Jacinthe décide de faire une surprise à son petit ami. Elle travaille toute la journée pour lui préparer son plat préféré et l'invite à la maison. Après le repas, sans dire un mot, celui-ci va s'installer dans la salle de séjour pour regarder son match de hockey à la télévision. Et là, Jacinthe explose : « T'aurais pu au moins dire merci ou me donner un coup de main pour la vaisselle. Jean, veux-tu bien me dire pourquoi tu agis comme cela ? Tu es tellement égoïste ! Puis t'es toujours comme ça. J'en ai assez ! Je crois qu'il vaut mieux que tu t'en ailles. »

Cette scène (avec quelques variantes) est vécue par plusieurs couples chaque jour. Il y a une situation qui déplaît à l'une des deux personnes. Il y a une recherche des causes pour expliquer le comportement de cette dernière et, selon l'attribution émise, il en résulte des conséquences positives ou négatives pour le couple. Dans l'exemple que nous venons de donner, une attribution interne et stable a été émise (Jean est perçu comme égoïste et il est toujours comme cela), menant à une conséquence négative : le couple se quitte pour la soirée.

Les recherches sur les attributions ont débuté il y a 30 ans avec une recherche de Kelley et ses collègues (Orvis, Kelley & Butler, 1976). Plusieurs études ont été réalisées par la suite (voir Fincham, 2001). Typiquement, les recherches ont surtout suivi le modèle de Abramson et ses collègues (1978), et étudié les déterminants et conséquences des attributions. La *Relationship Attribution Measure* (RAM ; Fincham & Bradbury, 1992) est utilisée dans ces études. Comme nous l'avons vu dans la section sur les mesures des attributions, l'instrument mesure les trois dimensions proposées par Abramson et ses collègues (1978), ainsi que la perception de responsabilité du conjoint pour des comportements positifs et négatifs. Dans l'ensemble, les recherches démontrent que les couples heureux ne font pas le même type d'attributions que les couples moins bien ajustés. Ainsi, les premiers auront tendance à émettre des attributions internes, stables, globales et responsables pour expliquer un comportement positif du conjoint, et des attributions externes, instables, spécifiques et non responsables pour expliquer un comportement négatif. Et c'est exactement le contraire pour les couples moins bien ajustés. Ce résultat a été obtenu dans plus de 20 études (Fincham, Bradbury & Scott, 1990), dont certaines ont été conduites au Québec (voir Sabourin, Lussier & Wright, 1991 ; Sabourin *et al.*, 1993 ; Wright & Fichten, 1976).

Il y a lieu de se réjouir que les recherches ne se soient pas limitées à étudier les étudiants universitaires, mais qu'elles aient porté aussi sur la population générale. De plus, elles ont examiné diverses phases de la vie de couple. Par exemple, les recherches ont étudié le rôle des attributions dans les premiers mois d'un mariage (McNulty & Karney, 2001), le rôle à long terme des attributions dans l'ajustement dyadique (Fincham *et al.*, 2000), la confiance entre les partenaires (Miller & Rempel, 2004) et même le pardon (Fincham *et al.*, 2002). Il a aussi été établi que la relation entre les attributions et l'ajustement dyadique n'est pas uniquement corrélationnelle : les attributions prédisent la satisfaction à long terme des partenaires dans le couple (Fincham *et al.*, 1997).

Certaines recherches ont porté sur des événements de tous les jours. Par exemple, Neff et Karney (2004) ont démontré que le stress de la vie quotidienne amène l'émission d'attributions non adaptatives qui, en retour, entraînent une baisse de satisfaction dans le couple. D'autres recherches ont étudié le rôle des attributions dans la violence conjugale et dans la décision de quitter un mari violent (Pape & Arias, 2000). Par exemple, Andrews et Brewin (1990) ont comparé les attributions de femmes battues par leur mari et ont démontré que les femmes qui ont quitté leur mari faisaient maintenant plus d'attributions internes au partenaire pour expliquer les incidents violents que les femmes qui sont toujours avec leur mari violent. Enfin, certaines études ont commencé à analyser le rôle des attributions émises par les enfants pour expliquer le comportement de leurs parents et comment cela influe sur la qualité de la relation entre parents et enfants (Fincham *et al.*, 1998 ; Hassall & Rose, 2005 ; MacKinnon-Lewis *et al.*, 2001). Toutes ces études mettent en évidence le rôle important des attributions adaptatives pour une foule de conséquences positives touchant le couple, et, bien sûr, l'inverse pour les attributions non adaptatives.

En somme, les attributions se situent au cœur des relations amoureuses. Elles dictent nos perceptions du conjoint, nos émotions et nos comportements à son égard. Il n'est donc pas surprenant que, comme le mentionnait Fritz Heider (1958) il y a près de 50 ans et d'autres auteurs plus récemment (Malle, 2004 ; Manusov & Harvey, 2001 ; Vallerand & Bouffard, 1985), les attributions jouent un rôle prépondérant dans notre survie sociale.

expliquer pourquoi la personne avait effectué l'activité. C'est exactement ce que les résultats ont montré.

Par la suite, plus d'une centaine d'études ont reproduit ces résultats (voir Deci, Koestner & Ryan, 1999, 2001) pour des méta-analyses sur le sujet. Au cours des dernières années, les chercheurs se sont rendu compte que non seulement les récompenses financières, mais également de nombreuses autres variables situationnelles pouvaient diminuer la motivation intrinsèque des participants. Ainsi les prix, les bonbons, les jouets, une surveillance étroite, des temps clairement déterminés pour effectuer l'activité, un contexte évaluatif, l'imposition de buts à atteindre et même la compétition constituent des variables situationnelles qui ont entraîné des baisses de la motivation intrinsèque (voir Deci & Ryan, 1985, 2000). Ces résultats montrent l'importance du contrôle social dans la motivation, et ils peuvent recevoir des applications, notamment dans le milieu scolaire et le milieu du travail. Parfois en voulant susciter la motivation chez autrui, on risque de détruire ce qui existait déjà (Pelletier & Vallerand, 1996).

Les attributions et l'adaptation psychologique à la suite d'événements négatifs

Imaginez que vous venez de vivre un événement extrêmement négatif tel qu'une très grave maladie, un vol ou encore un accident d'automobile très grave. Comment réagiriez-vous face à ces divers événements ? Les théories attributionnelles sur la résignation acquise et l'attribution du blâme personnel proposent que les attributions que vous émettrez pour expliquer ces divers événements négatifs joueront un rôle crucial dans votre adaptation psychologique subséquente.

Les attributions et la résignation acquise. Dans le cadre d'études portant sur l'apprentissage chez le chien, Martin E.P. Seligman (Seligman & Maier, 1967) s'était rendu compte que les chiens qui avaient été forcés de recevoir des chocs électriques sans pouvoir les éviter avaient accepté par la suite des chocs électriques passivement, alors qu'ils auraient pu les éviter. Les chiens avaient appris à se résigner à l'événement négatif qui survenait.

Seligman basa sa théorie de la **résignation acquise** sur cette découverte. Selon lui, la résignation acquise représente « un état psychologique qui résulte fréquemment d'événements incontrôlables menant à des états émotionnels, cognitifs et motivationnels déficitaires » (Seligman, 1975, p. 9, traduction libre). Les résultats initiaux obtenus auprès des animaux ont été reproduits dans de nombreuses études auprès de participants humains (Glass & Singer, 1972 ; Hiroto, 1974 ; Hiroto & Seligman, 1975 ; Klein, Fencil-Morse & Seligman, 1976). L'ensemble de ces résultats amena Seligman (1975) à proposer que le fait d'entretenir des attentes d'incontrôlabilité (ou de non-contingence) à l'égard des actions futures engendre chez la personne un état de résignation acquise, ce qui mène à des conséquences psychologiques semblables à celles produites par la dépression réactive.

Même si la formulation initiale de la théorie de la résignation acquise permettait d'expliquer l'état de résignation acquise dont faisaient preuve les participants humains dans certaines situations, plusieurs critiques ont été formulées à son endroit (Blaney, 1977 ; Golin & Terrell, 1977 ; Wortman & Brehm, 1975). À la suite de ces critiques, Seligman et ses collègues (Abramson et al., 1978) ont présenté une reformulation de la théorie qui prend en considération le potentiel cognitif de la personne. Selon la théorie, la présence d'une situation incontrôlable (ou non contingente) mène à la perception que la situation est effectivement incontrôlable. Cette perception en elle-même n'est pas suffisante, cependant, pour conduire aux diverses conséquences psychologiques néfastes qui caractérisent la résignation acquise. En effet, selon la théorie, ce sont les attributions émises pour expliquer la non-contingence de la situation qui mèneront (ou pas) à ces diverses conséquences négatives. D'après Abramson et ses collègues (1978), une plus grande résignation acquise sera vécue par la personne lorsque cette dernière émet des attributions internes, stables et globales pour expliquer la non-contingence ou l'incontrôlabilité de la situation. Dans de telles circonstances, des attentes de non-contingence future seront ressenties, et la personne pourra vivre un état relié à la dépression réactive ainsi que des sentiments de faible estime personnelle, et ce, non seulement dans la situation immédiate, mais également dans d'autres situations. En revanche, lorsque des attributions externes, instables et spécifiques sont émises pour expliquer la non-contingence, alors les symptômes de la résignation acquise seront très faibles et moins susceptibles de réapparaître dans une nouvelle situation. Plusieurs études ont procuré un soutien pour la reformulation de la théorie, autant avec des attributions émises en laboratoire qu'en milieu naturel, avec le *Attributional Style Questionnaire* qui mesure le **style attributionnel** de la personne (par exemple Brewin, 1985 ; Peterson & Seligman, 1984 ; Sweeney, Anderson & Bailey, 1986).

Subséquemment, Abramson, Metalsky et Alloy (1989) ont présenté une autre reformulation de la théorie. Dans celle-ci, deux éléments sont clairement mis en évidence. Premièrement, la nouvelle version de la théorie s'inscrit dans un courant *diathesis-stress*, où le style cognitif (ou attributionnel) représente une vulnérabilité (*diathesis*) chez la personne qui la prédisposera à éprouver des problèmes psychologiques qui n'apparaîtront qu'à la suite d'un événement négatif (le stress). Si tout va bien dans la vie de la personne, tout devrait bien aller pour elle même avec un style attributionnel pessimiste. C'est à la suite de problèmes ou d'événements négatifs que les attributions vont mener à un moins bon ajustement psychologique. Yu et Seligman (2002) ont soutenu cet aspect de la reformulation théorique avec 185 enfants de Pékin. C'était l'interaction entre un style attributionnel pessimiste et des événements de vie négatifs qui avait prédit une augmentation de dépression chez les enfants, quatre mois et même huit mois plus tard. Le modèle théorique semble donc s'appliquer aussi à la culture asiatique.

La seconde proposition de la reformulation théorique est que, à la suite d'un événement négatif, un style cognitif dépressogène (incluant un style attributionnel négatif) mène à des sentiments de perte d'espoir qui, en retour, produisent des symptômes dépressifs. Ce sont les sentiments de perte d'espoir qui mènent directement aux problèmes d'ajustement psychologique, et non les attributions. Une étude de Hull et Mendolia (1991, étude 2) le démontre. Les chercheurs ont mesuré le style attributionnel pour des événements positifs et négatifs, le degré d'optimisme (l'inverse de la perte d'espoir) et la dépression, et ont effectué une analyse par équation structurale. Les résultats furent les mêmes dans deux études. Les résultats sont présentés sous une forme simplifiée à la figure 5.6. On remarque qu'un style attributionnel interne, stable et global pour des événements négatifs influe négativement sur l'optimisme, lequel, en retour, détermine négativement les sentiments de dépression. Le résultat contraire est obtenu avec le style attributionnel positif. Le modèle théorique de Abramson et ses collègues (1989) est donc soutenu. Plusieurs autres recherches ont procuré un soutien empirique à différents aspects de la nouvelle théorie (Alloy & Clements, 1998 ; Försterling & Bühner, 2003 ; Hankin *et al.*, 2001, 2004 ; Prinstein *et al.*, 2005 ; Reilly-Harrington *et al.*, 1999 ; Rigby & Huebner, 2005).

Les excuses et leurs conséquences psychologiques. Qu'est-ce qu'une **excuse** ? Selon plusieurs auteurs (par exemple Schlenker *et al.*, 2001 ; Snyder & Higgins, 1988 ; Snyder, Higgins & Stucky, 1983), les excuses représentent un processus motivé qui nous amène à déplacer les attributions causales émises afin d'expliquer un événement ou un résultat négatif, des sources qui sont centrales à notre personne vers d'autres sources personnelles moins centrales, ou encore extérieures. Considérons l'exemple suivant. Vous venez d'échouer à votre examen dans le cours de statistique. Un de vos amis vous demande votre note, et vous lui répondez : « Ah ! j'ai seulement eu 58 % cette fois-ci. C'est parce que je n'ai pas eu le temps d'étudier, je devais aider ma sœur à déménager. » En émettant une attribution de type externe, vous déplacez ainsi la cause de votre piètre performance d'une dimension centrale de votre personne (manque d'habileté en statistique) vers un élément moins central de votre personne (manque de temps pour étudier).

Selon Snyder et Higgins (1988), le fait de recourir à des excuses pour décentraliser des résultats négatifs amène la personne à réduire au minimum l'attention sur le soi et à la diriger sur la tâche à effectuer, maintenant ainsi une image positive d'elle-même et des perceptions de contrôle sur la situation en question. Une telle stratégie entraîne des bénéfices pour l'estime personnelle, les émotions, la santé et la performance de la personne. Par contre, lorsque la personne ne formule pas d'excuses, des conséquences négatives peuvent alors survenir : elle dirige son attention sur elle-même, sur ses incapacités, le tout menant à des émotions négatives susceptibles d'engendrer des effets négatifs sur sa santé physique et sur sa performance (voir Schlenker *et al.*, 2001 ; Snyder & Higgins, 1988 ; Taylor *et al.*, 2000).

Les excuses peuvent aussi avoir des répercussions sur nos relations interpersonnelles (Caprara *et al.*, 1994 ; Weiner *et al.*, 1987 ; Weiner, Figueroa-Munoz & Kakihara, 1991). Dans ce cadre, Weiner et ses collègues (1991) ont démontré que les excuses présentées à autrui pour expliquer nos actions sont motivées par trois raisons : préserver notre estime personnelle, diminuer la colère de l'autre personne et modifier ses attentes. Ce sont ces motifs qui dicteront le type d'excuses ou d'attributions qui seront utilisées. En effet, à chacun de ces motifs est associé un type de dimension causale particulière, soit, respectivement, les dimensions de lieu de causalité, de contrôlabilité et de stabilité. Par exemple, si je désire apaiser la colère de mon ami, qui m'attend depuis deux heures, j'emploierai une attribution de type incontrôlable (« Ce n'est pas de ma faute, il y a eu une panne dans le métro »), car cette dimension détermine les émotions interpersonnelles.

Mais les excuses fonctionnent-elles toujours ? Pas nécessairement. Selon plusieurs auteurs (Gold & Weiner, 2000 ; Schlenker *et al.*, 2001 ; Snyder & Higgins, 1988), les excuses vont avoir des conséquences

FIGURE 5.6   **Test de la reformulation de la théorie de la résignation acquise**

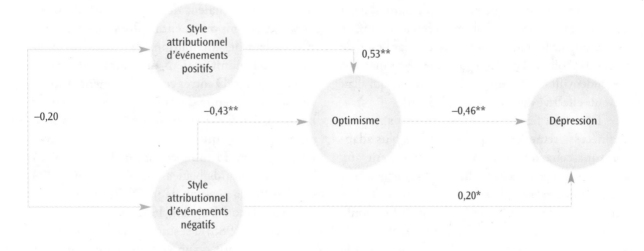

Note : *p < 0,05 ; **p < 0,001.

Source : Adapté de Hull & Mendolia (1991).

positives dans la mesure où les gens auxquels nous les offrons, pour notre piètre performance ou pour l'événement négatif qui est survenu, ne peuvent avoir accès aux vraies raisons expliquant la situation en question. Par contre, dans la mesure où ces personnes ont accès aux véritables raisons de nos échecs, l'utilisation d'excuses peut amener une réaction négative de la part de celui qui s'excuse (Mehlman & Snyder, 1985).

Alors, si les gens ont accès aux vraies raisons de notre comportement négatif, sommes-nous fichus pour autant ? Pas nécessairement. Il reste toujours une porte de sortie : la confession avec remords sincère (Gold & Weiner, 2000 ; Shaw, Wild & Colquitt 2003). En effet, Gold et Weiner (2000) ont démontré que, si la personne se confesse en présentant un remords sincère, l'auditoire va percevoir la cause du comportement négatif comme étant moins stable (et donc ne devrait pas se reproduire), et la personne comme étant plus morale. Ils vont ressentir aussi moins de colère et plus de sympathie envers elle ; ils seront moins portés à la punir et plus enclins à lui pardonner. Par contre, ce sera le contraire si le remords n'est pas sincère. Et alors attention aux conséquences ! Qui ne se souvient pas du discours du premier ministre du Québec de l'époque, Jacques Parizeau, qui, le soir du référendum de 1995 sur l'indépendance du Québec, avait attribué l'issue du vote à « l'argent et au vote ethnique ». Le lendemain, il avait présenté une confession où il avait reconnu avoir parlé sur le coup de l'émotion, sans toutefois manifester de remords profond. L'opinion publique a été sans pitié. Le lendemain soir, il remettait sa démission, qui allait devenir effective quelques mois plus tard.

Toutefois, l'existence de ce processus ne veut pas nécessairement dire que les gens les plus adaptés sont ceux qui recourent constamment aux excuses. En effet, le recours constant aux excuses peut mener à une érosion de l'environnement social, les gens retirant leur confiance à celui qui est toujours en train de présenter des excuses (Schlenker *et al.*, 2001). De plus, en utilisant les excuses comme béquille, la personne ne cherche plus à s'améliorer. Il y a alors un coût à la fois sur le plan personnel et

sur le plan social (Schlenker *et al.*, 2001). Donc, le recours exagéré aux excuses peut avoir des conséquences néfastes pour la personne tant sur le plan personnel que sur le plan social.

Le blâme personnel et l'adaptation psychologique. Plusieurs études se sont penchées sur le rôle des attributions de blâme dans l'ajustement psychologique. Contre toute attente, un courant de recherche propose que certains types de blâme pourraient contribuer *positivement* à l'ajustement psychologique (Bulman & Wortman, 1977 ; Janoff-Bulman, 1979, 1992). Selon cette position, il existerait deux types de blâme personnel : le **blâme personnel caractériel** et le blâme personnel comportemental. Le blâme personnel caractériel consiste à blâmer des aspects stables de notre personnalité pour expliquer l'événement négatif qui survient. Par exemple, une personne peut déclarer : « Je me suis fait voler mon portefeuille parce que je suis stupide. » Le **blâme personnel comportemental** consiste à blâmer le comportement que nous avons adopté, et non notre personnalité. Ainsi la victime du vol pourrait dire : « C'est de ma faute, je n'aurais pas dû sortir si tard ce soir-là. » Janoff-Bulman (1979) a démontré que les personnes qui s'adaptaient le mieux psychologiquement à la suite d'un événement négatif étaient celles qui effectuaient des attributions de blâme personnel comportemental, alors que celles qui effectuaient des attributions de blâme personnel caractériel manifestaient une faible adaptation psychologique. D'autres recherches menées auprès de patients atteints de cancer (Timko & Janoff-Bulman, 1985), de victimes de désastres technologiques tels que celui survenu à Three Mile Island (Baum, Fleming & Singer, 1983) et même auprès des grands brûlés (Lambert *et al.*, 2004) soutiennent la position de Janoff-Bulman.

Selon Janoff-Bulman (1992 ; Janoff-Bulman & Lang-Gunn, 1988), à la suite d'un événement aussi intense et négatif qu'un viol ou qu'une agression, trois croyances centrales chez la personne sont attaquées et parfois même détruites : la croyance dans une invulnérabilité relative, une image positive de soi comprenant le contrôle et l'autonomie, et enfin le fait de comprendre pourquoi l'événement s'est produit. La personne qui réussit à restaurer ces trois croyances parviendra à s'adapter psychologiquement à son environnement à la suite de l'événement traumatisant. Lorsque la personne émet des attributions de blâme personnel comportemental, elle est en mesure d'expliquer ou de comprendre pourquoi l'événement a eu lieu, et peut également reconstruire une image positive d'elle-même, puisque l'événement n'est pas dû à sa personnalité, mais plutôt à un comportement susceptible d'être modifié ultérieurement. Du même coup, elle est en mesure de restaurer cette croyance en l'invulnérabilité, puisqu'en modifiant son comportement futur, elle se protège d'autres situations négatives qui pourraient survenir. Par contre, l'individu qui émet des attributions de blâme personnel caractériel admet, par le fait même, que l'événement qui vient de survenir est dû à quelque chose de stable, soit sa personnalité. Conséquemment, il perd tout contrôle sur la situation future, même si l'attribution en question lui permet de comprendre pourquoi l'événement s'est produit. L'événement traumatisant risque donc de se reproduire dans l'avenir, et l'individu ne se sentira pas à l'abri de tels événements. Il en va de même pour les attributions de blâme externe, qui indiquent que l'événement risque de se reproduire, car la personne ne peut savoir d'avance qui elle pourrait rencontrer de nouveau (Tennen & Affleck, 1990). Les croyances de l'individu quant à son invulnérabilité et à son image positive de lui-même, et quant au contrôle qu'il peut exercer sur l'événement futur, ne se voient donc pas rétablies (voir Mueller & Major, 1989 ; Tennen, Affleck & Gershman, 1986, pour des recherches confirmant l'interprétation de Janoff-Bulman).

Il est à noter que certaines études démontrent un lien négatif entre les attributions de blâme personnel et l'ajustement psychologique (par exemple Branscombe *et al.*, 2003 ; Glinder & Compas, 1999 ; Lambert *et al.*, 2004). De plus, il semble qu'émettre des attributions de blâme à autrui mène également à un moins bon ajustement psychologique. Une étude de Branscombe et ses collègues (2003) avec 85 victimes de viol a démontré que plus les victimes faisaient un raisonnement contrefactuel vers le haut (« Si seulement je n'étais pas sortie à cette heure si tardive, j'aurais pu éviter le viol »), plus elles émettaient des attributions de blâmes personnels. Les attributions de blâme personnel, en retour, diminuaient l'ajustement psychologique. Blâmer les hommes en général n'était pas prédit par le raisonnement contrefactuel, mais menait aussi à un moins bon ajustement.

Toutefois, il semblerait que ces différences entre les résultats des études de Janoff-Bulman et ceux de Branscombe et ses collègues pourraient être expliqués par différents facteurs. Ainsi, des études telles que celles conduites par Lambert et ses collègues (2004) et par Branscombe et ses collègues (2003) n'ont pas fait de distinction entre les deux types d'attribution de blâme personnel (caractériel et comportemental). Cela est particulièrement important, car Anderson et ses collègues (1994) ont démontré que si on mesure les attributions de blâme proposées par Janoff-Bulman à partir des dimensions causales typiques (internalité, stabilité, contrôlabilité et globalité), les hypothèses de Janoff-Bulman sont confirmées. Il faudrait aussi tenir compte de la réalité de la victime en relation avec l'événement victimisant. Si la personne ne revivra plus jamais une telle situation (un grave incendie, par exemple), il n'est probablement pas adaptatif de se blâmer, même de façon comportementale, car cette situation ne pourra être changée à l'avenir, puisqu'elle ne sera pas vécue de nouveau. Par contre, si la situation peut être vécue de nouveau (un accident de la route, par exemple), alors l'attribution de blâme comportemental pourrait avoir un effet salutaire sur la personne. Il est évident que d'autres recherches doivent être faites sur le sujet.

En somme, plusieurs types d'attributions peuvent être émises à la suite d'événements négatifs, et ces attributions peuvent avoir des conséquences majeures sur la santé psychologique de la personne. En fait, les attributions sont tellement importantes pour notre adaptation psychologique que certaines recherches révèlent que les personnes qui s'adaptent le moins bien à leur vie à la suite d'événements traumatisants tels que l'inceste sont celles qui ne réussissent pas à émettre des attributions pour expliquer l'événement (Silver, Boon & Stones, 1983). Il est à noter que les attributions jouent également un rôle important en ce qui concerne la santé physique. L'encadré 5.3 traite de cet aspect.

Modifier les attributions

Les chercheurs ont étudié différentes façons de modifier les attributions. Une telle approche s'avère intéressante pour des raisons théoriques et pratiques. En effet, modifier les attributions émises par la

---

ENCADRÉ 5.3   Attributions et santé

Vous est-il déjà arrivé de tomber malade et de vous demander pourquoi? Si oui, vous n'êtes pas le seul. En effet, plusieurs recherches révèlent que la grande majorité des gens émettent des attributions pour comprendre ce qui leur arrive. Par exemple, Taylor, Lichtman et Wood (1984) ont démontré que pas moins de 95% des femmes atteintes d'un cancer du sein avaient trouvé une ou plusieurs attributions afin d'expliquer leur état de santé. Il semble que nous émettions des attributions dans de telles situations afin de comprendre pourquoi la maladie nous a frappés et, par la suite, de mieux guérir ou encore d'éviter que la maladie ne frappe de nouveau (Michela & Wood, 1986).

Les attributions ont-elles un effet réel sur notre santé? Les recherches à ce sujet indiquent que c'est effectivement le cas, et ce, pour une foule de problèmes de santé. Ainsi les personnes au style attributionnel pessimiste (attributions internes, stables et globales pour expliquer des événements négatifs) sont plus exposées à développer par la suite des affections épisodiques telles qu'un rhume (Lee & Seligman, 1997; Peterson, Seligman & Vaillant, 1988), à visiter plus souvent le médecin (Lee & Seligman, 1997), à être plus atteints d'affections chroniques qui durent parfois plusieurs années (Peterson *et al.*, 1988) et à manifester un moins bon ajustement psychologique face à ces affections (Hommel *et al.*, 1998).

Dans ce cadre, il semble que l'influence des attributions sur la santé soit médiatisée par un processus physiologique de base, plus précisément par une baisse d'efficacité du système immunitaire (immunocompétence). Les gens au style attributionnel pessimiste connaissent une baisse d'efficacité du système immunitaire, ce qui leur fait courir le risque de développer certaines maladies où le système immunitaire est touché (Kamen-Siegel *et al.*, 1991; Taylor *et al.*, 2004).

De plus, le style attributionnel pessimiste semble jouer un rôle également dans le cas des comportements de santé. Par exemple, le style attributionnel pessimiste des personnes aux prises avec un problème de poids permet de prédire leurs difficultés à suivre leur régime (Ogden & Wardle, 1990) et, conséquemment, à ralentir la perte de poids qui en résulte (Hospers, Kok & Strecher, 1990).

Enfin, les attributions semblent aussi avoir un effet sur l'issue du processus de guérison. Par exemple, Laubach et ses collègues (1996) ont démontré que les patients qui avaient subi une opération à un genou et dont le médecin estimait que leur guérison progressait rapidement faisaient plus d'attributions internes et de contrôle personnel relativement à leur guérison que ceux qui guérissaient moins vite. De même, une recherche de Affleck et ses collègues (1987) a démontré que le fait que les malades attribuent la cause d'une crise cardiaque à leur comportement et au stress qu'ils vivent était lié aux croyances selon lesquelles de nouvelles attaques étaient évitables et pouvaient être prévenues par les choix de vie éventuels. Une telle perspective devrait amener ces gens à se prendre en main et à se rétablir beaucoup plus vite que d'autres qui ne perçoivent pas que leur guérison dépend de leurs comportements. En effet, le fait de blâmer les autres pour expliquer une crise cardiaque amène les malades à percevoir une diminution de leur contrôle sur d'éventuelles attaques. Pour leur part, Weinman et ses collègues (2000) ont démontré que plus les victimes d'un infarctus du myocarde faisaient des attributions à leurs mauvais comportements de santé (mauvaise alimentation, pas assez d'exercice) pour expliquer leur infarctus, plus ils avaient fait des changements sur ce plan six mois plus tard et plus ils avaient bien récupéré (voir aussi Cameron *et al.*, 2005).

En somme, les attributions semblent jouer un rôle majeur en santé, et ce, sur plus d'un plan. La prochaine fois que vous tomberez malade, essayez donc de savoir pourquoi. Peut-être cela vous aidera-t-il à vous rétablir.

personne permettrait à celle-ci de mieux s'ajuster psychologiquement et favoriserait la vérification de l'exactitude de nos théories. Deux techniques ont surtout été utilisées dans la modification des attributions : la mésattribution et la réattribution.

La mésattribution. Il y a **mésattribution** lorsque le participant attribue la hausse d'activation ou de stress provoquée par un stimulus à une cause autre que celle qui est responsable de l'activation, de façon à atténuer la réaction émotionnelle à ce stimulus stressant. Par exemple, une étude classique de Storms et Nisbett (1970) a démontré qu'il était possible de réduire l'insomnie en recourant à la mésattribution. Dans cette étude, des participants insomniaques reçurent des placebos, qu'ils devaient prendre avant de se coucher. Certains participants furent informés que les pilules les amèneraient à se détendre, alors que d'autres participants furent informés qu'elles entraîneraient une augmentation de l'activation physiologique. Toutes les pilules étaient, en fait, des placebos. L'hypothèse des auteurs était que, pour les participants informés de l'effet activant des pilules, l'activation physiologique induite par l'insomnie serait mésattribuée aux pilules. Une telle attribution empêcherait la personne de s'attribuer l'activation physiologique due au fait de ne pas dormir, diminuant ainsi son anxiété concernant le sommeil et l'aidant à s'endormir. Les participants dans cette condition s'endormiraient donc plus facilement que les participants ayant reçu des pilules qui devaient, en fait, les aider à dormir. Les résultats ont confirmé l'hypothèse des auteurs. Ces résultats ont été reproduits par la suite (Storms & McCaul, 1976 ; Storms et al., 1979).

Plusieurs études ont démontré l'efficacité de la mésattribution pour réduire la gêne (Brodt & Zimbardo, 1981), l'anxiété à s'exprimer en public (Olson, 1988) et l'anxiété face à l'attente de résultats d'un examen (Shepperd et al., 2005). Par exemple, Shepperd et ses collègues (2005) ont démontré que le simple fait d'amener des étudiants à mésattribuer leur anxiété au café qu'ils venaient de boire

a réduit l'anxiété et les a rendus plus confiants concernant les résultats de l'examen. De plus, il semble que la mésattribution peut non seulement diminuer l'activation physiologique et l'anxiété, mais aussi augmenter l'agressivité (Anderson & Dill, 2000 ; Anderson et al., 1995 ; Anderson, Anderson & Deuser, 1996) et même accroître le sentiment de se sentir psychologiquement près de quelqu'un (Fraley & Aron, 2004).

Il est important de mentionner que toutes les études n'ont pas soutenu l'effet de mésattribution (voir Kellogg & Baron, 1975 ; Reisenzein, 1983). Afin d'expliquer ce fait, Michael Ross, de l'Université de Waterloo, et Jim Olson, de l'Université Western Ontario (1981), jugent que quatre conditions doivent être présentes pour que l'effet de mésattribution se produise : 1) la cause de l'activation doit être manifeste ; 2) la source de la mésattribution doit être évidente ; 3) les participants doivent pouvoir considérer le stimulus servant à la mésattribution comme une cause possible de l'activation ; et 4) les participants doivent croire que la source de la mésattribution a un effet plus grand sur les symptômes que ce n'est actuellement le cas. Des recherches d'Olson et Ross (Olson, 1988 ; Olson & Ross, 1988) soutiennent les propositions principales du modèle.

Il semble donc que la mésattribution peut parfois être utilisée pour produire une relaxation ou, du moins, atténuer un problème psychologique face à un stimulus qui peut, en temps normal, s'avérer stressant. La mésattribution constituerait un procédé qui pourrait être utile auprès de certains types de personnes. Toutefois, cette utilité demeure limitée, car un certain nombre d'études montrent que si l'activation physiologique ou le problème émotionnel est trop intense, la mésattribution se révèle inefficace (Bootzin, Herman & Nicassio, 1976 ; Singerman, Borkovec & Baron, 1976).

La réattribution. Bon nombre d'individus ont appris à se servir des « bonnes » attributions afin de protéger leur estime de soi et leur santé psychologique.

Par contre, d'autres personnes n'ont pas appris à utiliser les attributions bénéfiques à leur développement et à leur adaptation psychologiques. Serait-il possible de réduire au minimum les problèmes psychologiques des gens en leur apprenant de façon systématique à se servir des attributions adéquates ? Selon plusieurs auteurs (Barber *et al.*, 2005 ; Försterling, 1985 ; Hilt, 2003-2004), il semblerait que oui. Selon ces auteurs, les processus de **réattribution**, qui amènent à apprendre à utiliser les attributions plus positives à la suite d'un échec, permettent à la personne de mieux s'adapter psychologiquement à la suite d'événements négatifs.

Plusieurs études ont été effectuées afin de vérifier les effets de la réattribution. Un grand nombre d'entre elles ont amené les gens à attribuer leur échec à un manque d'effort plutôt qu'à un manque d'habileté. Le fait d'amener les gens à expliquer leur échec par un manque d'effort les aiderait à percevoir un changement pour l'avenir, qui entraînerait une augmentation du contrôle et un changement réel dans les situations ultérieures. Par exemple, Dweck (1975) a démontré que les étudiants qui avaient été amenés à expliquer leur échec par un manque d'effort ont mieux réussi des anagrammes difficiles comparativement à des participants qui n'avaient connu que des succès. Toutefois, il semble qu'une réattribution à l'effort puisse, à long terme, entraîner des conséquences néfastes, notamment si la personne continue d'échouer (Dweck *et al.*, 1980). En effet, si je donne tout l'effort possible et que j'échoue, il en résulte que je suis vraiment incompétent ! Cela expliquerait d'ailleurs pourquoi plusieurs étudiants étudient beaucoup moins qu'ils ne le devraient (Covington, 1992). Il semblerait donc plus profitable d'apprendre à réattribuer l'échec à des causes instables telles que des mauvaises stratégies (Robertson, 2000).

Dans ce cadre, Wilson et Linville (1982, 1985) ont démontré qu'amener des étudiants de premier trimestre à attribuer leurs difficultés scolaires à des causes instables les a conduits à mieux réussir des examens distribués par les chercheurs et à obtenir, au trimestre suivant, de meilleures notes que les étudiants qui n'ont pas fait l'objet de pareille intervention. De même, Van Overwalle et DeMetsenaere (1990) ont prouvé, dans le cadre de deux études, qu'un programme d'intervention dans lequel les étudiants apprennent à faire des attributions instables et contrôlables pour expliquer leur piètre performance de première année avait permis d'augmenter le pourcentage d'étudiants qui ont réussi leurs examens de fin d'année (augmentation de 19 % en moyenne). De plus, un tel programme s'est avéré plus efficace qu'un programme scolaire basé sur les habitudes et les stratégies de prise de notes et d'étude. Il semble donc que réattribuer ses échecs à des causes instables et contrôlables est fort efficace en milieu scolaire.

Les processus de réattribution ont été aussi utilisés avec succès dans d'autres domaines que le domaine scolaire. Ainsi, les résultats positifs de la réattribution à des causes instables et contrôlables ont été aussi reproduits en milieu sportif, où il a été démontré que la performance au basket-ball (Orbach, Robert & Murphey, 1997) et au tennis (Orbach, Singer & Price, 1999) s'en trouvait améliorée. La réattribution a aussi été utilisée avec succès auprès de personnes âgées habitant des centres d'accueil (Rodin & Langer, 1980), d'individus souffrant d'anxiété sociale (Forsyth & Forsyth, 1982), de fumeurs en voie d'abandonner le tabac (Harackiewicz *et al.*, 1987) et même auprès de personnes en psychothérapie, tant chez les adultes (DeRubeis & Hollon, 1995 ; Seligman *et al.*, 1988) que chez les enfants (Benfield *et al.*, 1988 ; Yu & Seligman, 2002). D'ailleurs, il est intéressant de noter que, selon certaines études, le fait de participer à une psychothérapie de nature cognitive produit un changement positif dans le style attributionnel de la personne. En retour, les attributions plus positives prédisent la rémission de la dépression (Barber *et al.*, 2005 ; Yu & Seligman, 2002).

Enfin, notons que les processus de réattribution peuvent amener des changements relativement stables, notamment en ce qui concerne les habiletés de lecture (Borkowski, Weyhing & Carr, 1988), le fait de cesser de fumer (Harackiewicz *et al.*, 1987) et l'absence de rechute de dépression à la suite d'une thérapie cognitive (DeRubeis & Hollon, 1995). Dans l'ensemble, ces résultats semblent encourageants pour ce qui est du rôle potentiel de la réattribution dans la résolution de certains problèmes psychologiques et de l'utilisation possible de cette stratégie dans les thérapies cognitives reconnues. D'ailleurs certains auteurs (Perry *et al.*, 1993) recommandent que la réattribution soit ajoutée à l'arsenal usuel du professeur d'école.

RÉSUMÉ

Les attributions représentent des inférences que nous émettons à propos de nos comportements, de ceux des autres ou encore des événements qui surviennent. Elles s'avèrent importantes parce qu'elles nous permettent de comprendre notre environnement social, de prédire les événements qui s'y produisent, de préserver notre estime personnelle et de communiquer aux autres nos idées et nos sentiments. Parmi les théories de l'attribution, certaines proposent des processus plus délibérés, alors que d'autres mettent l'accent sur des processus plus rapides et pragmatiques, ou même inconscients. Le rôle de divers biais dans l'analyse attributionnelle a aussi été souligné, notamment celui du biais égocentrique, du biais acteur-observateur et de l'erreur attributionnelle fondamentale.

Les théories attributionnelles s'intéressent aux conséquences des attributions telles que les émotions et la motivation intrinsèque, ainsi qu'à l'accomplissement et à l'adaptation psychologique à la suite d'événements incontrôlables ou négatifs. Le rôle des attributions dans les comportements sociaux et ceux des couples a été souligné. Enfin, les psychologues sociaux ont également étudié les propriétés bienfaisantes des mécanismes de changement des attributions non adaptatives. Les recherches effectuées sur la mésattribution et la réattribution attestent que le fait d'amener les gens à émettre des attributions plus positives peut entraîner de nombreuses conséquences positives pour la personne, et ce, à plusieurs égards.

En somme, les attributions jouent un rôle capital dans les diverses sphères de notre vie sociale. Comme vous avez pu vous en rendre compte, les attributions que nous faisons chaque jour sont au cœur de notre relation avec le monde qui nous entoure et avec les personnes qui en font partie.

BIBLIOGRAPHIE spécialisée

DARLEY, J.M. & COOPER, J. (dir.) (1998). *Attribution and social interaction : The legacy of Edward E. Jones*. Washington, D.C. : APA.

MALLE, B.F. (2004). *How the mind explains behavior : Folk explanations, meaning, and social interaction*. Cambridge, Mass. : MIT Press.

MANUSOV, V. & HARVEY, J.H. (2001). *Attribution, communication, behavior, and close relationships*. New York : Cambridge.

ROESE, N. (2005). *If only : How to turn regret into opportunity*. New York : Broadway.

WEINER, B. (1995a). *Judgments of responsibility : A foundation for a theory of social conduct*. New York : Guilford.

Questions

DE RÉVISION

1. Qu'est-ce qu'une attribution ?

2. Quels sont les types d'attributions qui peuvent être émis ?

3. Quand faisons-nous surtout des attributions ?

4. Qu'est-ce qu'une attribution de correspondance dans le modèle de Jones et Davis (1965) ?

5. Quelles sont les trois dimensions causales de Kelley (1967) et à quoi correspondrait une attribution interne à la personne selon celles-ci ?

6. Qu'est-ce que le biais attributionnel acteur-observateur ?

7. Qu'est-ce que l'erreur attributionnelle fondamentale ?

8. Quelles sont les dimensions causales du modèle de Weiner (1986) ?

9. Quelle est la séquence de la théorie attributionnelle des conduites sociales de Weiner (1995a) ?

10. Qu'est-ce que la réattribution ?

Les attitudes

**Robert J.
Vallerand**

Laboratoire de recherche
sur le comportement social
Université du Québec
à Montréal

Yves Lafrenaye

Université du Québec
à Montréal

ascale et Émilie étaient deux grandes amies ; elles ont étudié ensemble en psychologie à l'université. Dans le cadre de leur cours de psychométrie, elles ont obtenu le même score à l'échelle des attitudes envers les détenus de Bégin et Couture (1980). Elles étaient toutes deux très favorables à la réinsertion des détenus dans la vie courante. Par la suite, elles ont suivi le même cheminement universitaire, et chacune a obtenu un doctorat en intervention en psychologie.

Aujourd'hui, après plusieurs années, elles se retrouvent à un congrès de psychologie. Pascale est mère de deux filles alors qu'Émilie n'a pas encore d'enfant. Nos deux amies se mettent à parler du congrès et, notamment, de l'importance de l'aspect scientifique dans l'intervention. Au souper, après avoir épluché différents sujets tels que leur emploi et leur vie amoureuse, elles se mettent à discuter de l'actualité. Émilie lance tout de go : « Je ne comprends pas l'attitude des gens envers Karla Homolka. C'est vrai qu'elle a commis des actes terribles. Commettre des agressions sexuelles sur trois jeunes filles, y compris sa sœur, et les tuer par la suite avec son mari de l'époque, ce n'est pas génial. Par contre, elle a purgé sa peine, plus de 12 ans en prison, et je crois qu'elle a droit qu'on lui fiche la paix. Lui imposer toutes ces conditions pour sa liberté, c'est nettement exagéré. Il faut donner la chance au coureur. » Pascale répond alors : « Émilie, es-tu sérieuse ? Tu ne voudrais quand même pas qu'on laisse tout à fait libre une personne qui a commis ces crimes affreux ? Il est important qu'elle soit surveillée. Je ne pense pas qu'on puisse lui faire confiance. En fait, je crois qu'on ne devrait pas la laisser s'établir au Québec ! J'ai d'ailleurs signé une pétition à ce sujet. » Émilie est toute surprise et renchérit : « Eh bien, là, je suis étonnée ! Mon Dieu que tu as changé ! Tu ne te souviens pas de toutes ces discussions qu'on avait avec les autres étudiants pour les amener à mieux percevoir les ex-détenus ? Et ton stage au Centre des services psychologiques, où tu avais suivi pendant un semestre un ex-détenu. Que s'est-il passé ? Est-ce le fait que tu as des filles maintenant qui t'a amenée à changer d'attitude de façon si évidente ? » Pascale réfléchit un instant, puis répond qu'elle n'a pas changé d'attitude et dit « avoir toujours pensé de la sorte ».

Comment expliquer un tel revirement ? Deux grandes amies, un même cheminement à l'université et un score identique élevé à une échelle d'attitude envers les détenus. En un mot, une socialisation qui semblait les avoir menées à des attitudes similaires. Et, pourtant, quelques années plus tard, ces deux amies se retrouvent et ont des attitudes fort différentes. L'une, Émilie, a conservé son attitude positive envers les détenus alors que l'autre, Pascale, a diamétralement changé d'opinion et s'oppose à la pleine liberté des ex-détenus. Cette transformation semble même avoir modifié le souvenir des attitudes passées de Pascale, au point où elle ne se souvient même plus de son ancienne attitude. Que s'est-il passé ?

INTRODUCTION

Cette anecdote se rattachant au cas de Karla Homolka (où les attitudes négatives des gens à l'égard de la détenue ont amené la Cour du Québec à lui imposer des conditions de liberté extraordinaires à l'été 2005) met en relief quelques-uns des aspects de notre vie courante qui seront éclairés par l'étude des **attitudes**. D'abord, tout comme Pascale et Émilie, les attitudes nous distinguent les uns des autres. De plus, nos attitudes peuvent refléter notre identité

sociale. Pascale est maintenant mère de deux filles, et son attitude envers Karla Homolka correspond à sa nouvelle identité sociale. On se souviendra que Homolka a été directement impliquée dans le viol et le meurtre d'au moins trois jeunes filles. Puis, il y a le rôle des attitudes comme variables prédictives des comportements. Pascale a d'ailleurs signé une pétition afin que la détenue ne puisse s'établir au Québec. On note aussi que les attitudes peuvent rester stables (dans le cas d'Émilie) ou changer (dans le cas de

Pascale). Enfin, les attitudes influent aussi sur notre traitement de l'information, dont un des effets est de modifier notre souvenir. En effet, Pascale ne se souvient pas d'avoir déjà eu une attitude positive envers les détenus. Mais est-ce bien le cas, où s'agit-il chez elle d'un désir de présentation de soi cohérente ?

Dans ce chapitre, nous essaierons de répondre à ces diverses questions et à bien d'autres. Ainsi, nous étudierons six facettes importantes du construit psychologique que représente l'attitude. D'abord, nous présenterons succinctement les aspects définitionnels et les caractéristiques et structures des attitudes. En second lieu, nous effectuerons un survol des principales techniques de mesure de l'attitude. Puis les fonctions de l'attitude comme facteur d'organisation de notre expérience psychologique et le rôle des valeurs seront exposés. La quatrième section de notre étude portera sur les divers processus de la formation des attitudes. La facette la plus développée de ce chapitre concerne le changement des attitudes. Dans ce cadre, nous étudierons les théories et processus relatifs au changement d'attitudes chez une personne. On verra alors que ces divers processus peuvent être très réfléchis ou carrément hors du champ de conscience de la personne (Petty, Wheeler & Tormala, 2003). Enfin, la dernière partie du chapitre portera sur l'attitude comme élément aidant à prédire le comportement. Nous considérerons alors, entre autres, les facteurs facilitant le lien attitude-comportement et les modèles théoriques expliquant l'influence de l'attitude sur le comportement.

QU'EST-CE QU'UNE ATTITUDE ?

Définition

Déjà, dans les années 1920 et 1930, les études étaient fort populaires en psychologie sociale (Likert, 1932 ; Thurstone, 1928). D'ailleurs, à l'époque, Gordon Allport avait mentionné que « le concept d'attitude était probablement le concept le plus distinctif et le plus indispensable de la psychologie sociale contemporaine » (Allport, 1935, p. 198). Plus de 70 ans plus tard, ces paroles sont toujours aussi vraies. Mis à part une courte période dans les années 1970 où les attitudes avaient perdu la faveur populaire, le secteur des attitudes représente toujours l'un des plus actifs en recherche. En effet, durant la seule année 2004, près de 6 000 volumes et articles traitant des attitudes furent publiés. On peut donc imaginer le nombre de recherches réalisées depuis les années 1920. Cette abondance de recherches a mené à une multiplicité de définitions. Par exemple, Petty et ses collègues (2003, p. 353) définissent les attitudes comme « l'évaluation générale et relativement durable que les gens ont par rapport à des objets, idées ou autres personnes. Ces évaluations peuvent être positives, négatives ou neutres et peuvent varier en intensité ». Fazio (1986), pour sa part, définit une attitude comme une évaluation affective de l'objet attitudinal stockée en mémoire sous la forme d'une représentation mentale. Plusieurs autres définitions ont été présentées (voir Eagly & Chaiken, 1993, chapitre 1 ; Eagly & Chaiken, 1998).

La définition par excellence de l'attitude est peut-être encore aujourd'hui celle de Gordon Allport (1935). Cette définition a l'avantage de définir l'attitude par rapport à d'autres construits tout en soulignant les principales facettes qui la caractérisent encore de nos jours :

> Une attitude représente un état mental et neuropsychologique de préparation à répondre, organisé à la suite de l'expérience et qui exerce une influence directrice ou dynamique sur la réponse de l'individu à tous les objets et à toutes les situations qui s'y rapportent. (P. 810 ; traduction libre.)

Comme cette formulation désigne les aspects distinctifs de l'attitude, nous la reprendrons point par point.

L'attitude représente un état mental et neuropsychologique. Il s'agit d'une expérience privée, propre à la personne, reposant, dans un premier temps, sur des éléments cognitifs. De plus, en mentionnant l'aspect neuropsychologique, Allport devançait de plus d'un demi-siècle les recherches en neurosciences sociales sur les attitudes (Lieberman, Schreiber & Ochsner, 2003). Autre point important : puisque l'attitude est un état mental, on ne peut ressentir directement l'attitude d'autrui. Pour l'observer, il faut la mesurer dans des manifestations extérieures. Afin de mesurer l'attitude, diverses techniques standardisées de mesure ont été élaborées. Nous y reviendrons ultérieurement.

L'attitude représente un état [...] de préparation à répondre [...] qui exerce une influence directrice ou dynamique. Cet aspect met en relief le côté motivationnel de l'attitude, soit une composante de préréponse préparant la personne à l'action (par exemple Ajzen, 2001 ; Fazio & Towles-Schwen, 1999). De plus, l'attitude oriente le comportement dans une direction bien précise. Ainsi, si un individu possède une attitude négative envers les minorités ethniques, il sera pressé de traduire ses attitudes racistes en votant pour un candidat politique favorable à des lois restrictives sur l'immigration.

L'attitude représente un état [...] organisé à la suite de l'expérience. Selon Allport, l'attitude permet d'organiser les croyances, affects et aspects conatifs (orientés vers l'action) se rattachant à l'objet attitudinal. Encore une fois, cette position se rattache aux approches cognitives contemporaines, où l'attitude est vue comme une représentation en mémoire de cognitions associées à des affects négatifs ou positifs au regard d'un objet donné (par exemple Fazio, 2000). Cette connexion entre cognition et affect caractérise particulièrement l'attitude. Sans nier le rôle de l'hérédité dans le développement des attitudes (Olson *et al.*, 2001), les psychologues sociaux s'entendent pour dire que les attitudes

découlent en bonne partie de notre expérience personnelle (Petty *et al.*, 2003).

L'attitude [...] exerce une influence [...] sur la réponse de l'individu à tous les objets et à toutes les situations qui s'y rapportent. Cet élément de la définition de l'attitude souligne le fait que l'attitude au regard d'un objet bien précis serait une appréciation affective se manifestant de façon régulière dans diverses actions et situations liées à l'objet. Ainsi, l'individu qui a une attitude positive envers le basket-ball jouera au basket-ball, appréciera la lecture des pages sportives traitant de son activité, regardera les matchs à la télévision, achètera des cadeaux (par exemple des ballons de basket) à ses amis, et ainsi de suite. En revanche, il serait étonnant de trouver cette même personne à une manifestation antisportive devant l'amphithéâtre Air Canada à Toronto, tentant de convaincre les partisans des Raptors (équipe de basket de Toronto) de boycotter le match !

Nous le verrons tout le long de ce volume, le concept d'attitude se trouve au cœur de l'activité sociale (Durrheim & Dixon, 2004). Comme le mentionnent Eagly et Chaiken (1998), les attitudes négatives envers les minorités ethniques sont appelées préjugés ; les attitudes positives envers les personnes individuelles, attirance interpersonnelle ; les attitudes envers soi, estime de soi ; et, enfin, les attitudes envers les processus politiques, attitudes politiques. Les évaluations affectives que nous faisons au regard d'une foule d'objets, d'activités et de personnes sont donc fort nombreuses et influent sur plusieurs aspects importants de notre vie.

Les caractéristiques de l'attitude

Au fil des ans, plusieurs caractéristiques attitudinales ont été proposées. Nous considérerons ici six propriétés couramment évoquées dans les ouvrages sur les attitudes : la direction, l'intensité, la centralité, l'accessibilité, l'ambivalence et l'aspect implicite/explicite (Ajzen, 2001 ; Olson & Maio, 2003 ; Petty *et al.*, 2000).

La direction. Cette première propriété, la direction (ou valence), a trait à la position de l'attitude, qui peut être négative ou positive au regard d'un objet, défavorable ou favorable à un objet. Ainsi, si l'une de vos amies passe tout son temps libre à écouter de la musique classique, elle fait donc preuve d'une attitude positive envers ce genre de musique. Cette attitude est basée sur un ensemble d'éléments cognitifs (cognitions ou croyances) associés à des étiquettes affectives, négatives ou positives. De plus, ces cognitions, lorsqu'elles sont couplées, présenteraient une organisation polarisée selon une structure cognitive bipolaire ou unipolaire (Pratkanis, 1989). Les attitudes suscitées par un objet controversé (par exemple la peine de mort, le service militaire obligatoire, l'avortement) s'apparenteraient à une structure à deux extrémités, lesquelles représenteraient les aspects favorables et défavorables relatifs à l'objet. La figure 6.1 illustre une telle organisation bipolaire par rapport à l'énergie nucléaire. Ainsi, au pôle pronucléaire, on relève un ensemble d'idées ou de croyances qui mettent en évidence les avantages de l'énergie nucléaire ; à l'autre extrémité, l'information est organisée de façon à inciter au rejet du nucléaire.

L'intensité. L'intensité fut et demeure la propriété privilégiée des chercheurs (Olson & Maio, 2003). Elle fait l'objet des théories des échelles classiques de mesure et est utilisée pour déterminer le degré de changement d'attitude. Dès 1929, Thurstone et Chave définissaient l'attitude par l'intensité de l'affect négatif ou positif ressenti à l'égard d'un objet. En fait, il s'agit d'une grandeur d'affect qu'on peut évaluer sur un continuum gradué dont les pôles sont « défavorable » et « favorable ». Sur une échelle de −3 (défavorable) et +3 (favorable), certains situeront le vin comme une divine boisson (+3) ou

FIGURE 6.1   **Structure bipolaire hypothétique du schème sous-jacent à l'attitude à l'égard de l'énergie nucléaire**

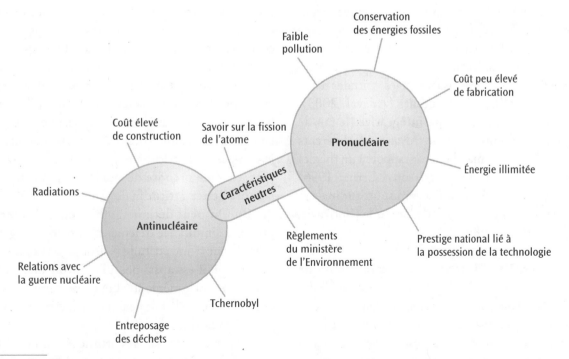

Source : Adapté de Pratkanis (1989).

comme un aigre liquide (−3) ne pouvant jamais faire le poids devant une bière à la riche saveur de houblon.

Une sous-propriété liée à l'intensité est l'extrémité (Petty & Krosnick, 1995). Si des individus ressentent un sentiment positif, ils peuvent l'exprimer à l'aide d'une attitude positive allant de « légèrement positive » à « extrêmement positive ». Plus l'affect exprimé se rapproche des catégories extrêmes du continuum « tout à fait contre » ou « tout à fait pour », plus il s'agit d'une attitude polarisée ou extrême. Depuis de nombreuses années, cette caractéristique a attiré l'attention des chercheurs et elle a été l'objet, récemment, d'importantes clarifications. Ainsi, il appert que les attitudes extrêmes ou très intenses sont très résistantes au changement (Bassili, 1996).

Plusieurs facteurs influent sur l'extrémité attitudinale. Ainsi, le fait de simplement penser à un objet pendant un certain temps polarise l'attitude attitudinale (Tesser, 1978). En d'autres mots, si l'on accorde à des participants du temps pour réfléchir à un thème, leur attitude initialement positive tendra à devenir plus positive, ou leur attitude initiale négative tendra à devenir plus négative. Tentez l'expérience : repensez à d'anciennes amours et observez l'état attitudinal qui en résulte ! Il en va de même pour l'affect positif et l'affect négatif, qui polarisent respectivement les attitudes positives et les attitudes négatives envers différents produits (Adaval, 2003). Inversement, la **complexité intégrative** (le fait de posséder un nombre élevé de croyances de différents degrés d'intensité, mais liées par rapport à un thème) (Tetlock, 1984 ; Tetlock, Peterson & Lerner, 1996) mène à une réduction de l'extrémité attitudinale et à une position plus neutre de l'attitude (Sotirovic, 2001 ; Tetlock, 1989).

La centralité. Une troisième caractéristique renvoie à la centralité (ou l'importance) de l'attitude. Elle est aussi associée à l'implication du soi (*ego-involvement*) en présence de l'objet d'une attitude. Selon ce point de vue, nos positions attitudinales témoignent d'un engagement personnel. Certaines de ces attitudes auront ainsi plus de valeur affective que d'autres (Abelson, 1986). Par conséquent, certaines attitudes seront liées à des aspects affectivement chargés de notre implication dans notre environnement social.

Encore ici, les chercheurs ont démontré empiriquement un lien entre la centralité (c'est-à-dire le degré d'implication du soi) et l'extrémité du jugement attitudinal : plus un objet sollicite un complexe cognitif-affectif proche des valeurs d'une personne, plus l'expression de l'attitude tendra à être polarisée (Sherif, Sherif & Nebergall, 1965). Par exemple, plus des étudiants entretenaient des croyances et possédaient des valeurs personnelles élevées par rapport à une cause qui leur tenait à cœur, soit la préservation de l'environnement, plus ils avaient une attitude positive élevée envers un scientifique qui avait écrit un article sur les dangers imminents qui guettent l'environnement (Sprecker, 2002). L'encadré 6.1 porte sur le rôle de l'implication du soi dans la persuasion.

L'ambivalence. En plus d'une structure attitudinale bipolaire, Pratkanis et Greenwald (1989) ont aussi supposé l'existence de structures unipolaires cognitives sous-jacentes à l'attitude. Et cette perspective ouvre la porte à une situation fort intéressante où une personne peut entretenir des évaluations à la fois positives et négatives envers divers éléments liés à l'objet attitudinal. Par exemple, une personne peut avoir une attitude positive envers le goût du *junk food*, mais une attitude négative envers ses effets (par exemple prendre du poids). Cela mène à de l'**ambivalence** attitudinale (Maio, Esses & Bell, 2000). On peut définir l'ambivalence comme la présence simultanée d'éléments positifs et négatifs à l'intérieur d'une attitude (Olson & Maio, 2003). Notons qu'il est aussi possible d'avoir une ambivalence envers le même attribut d'une attitude (avoir des sentiments à la fois positifs et négatifs envers un groupe minoritaire).

Les recherches sur les attitudes ambivalentes révèlent qu'elles sont plus faciles à changer que

ENCADRÉ 6.1 Peut-on changer les attitudes de personnes fortement convaincues?

Nous avons mentionné que la centralité de l'attitude prédispose à des attitudes extrêmes. En outre, une telle attitude offre une résistance plus grande au changement. À cet égard, Sherif, Sherif et Nebergall (1965) ont proposé la théorie du jugement social. Selon cette approche, l'attitude fournit un cadre de référence interne pour juger les objets des attitudes et y réagir. Dans ce cadre de référence, la position attitudinale personnelle sert de point d'ancrage et définit le degré de centralité de l'attitude. Par conséquent, plus l'implication du soi sera intense, plus il y aura d'effets sur les autres positions attitudinales du continuum. De fait, les théoriciens du jugement social prétendent que le continuum attitudinal se divise en trois zones ou latitudes : 1) la latitude d'acceptation, comprenant notre propre attitude et les positions attitudinales voisines qui nous paraissent acceptables; 2) la latitude de rejet, comprenant les positions inacceptables; et 3) la zone d'indifférence, contenant les degrés plus ou moins acceptables de l'attitude.

Selon la théorie du jugement social, l'implication du soi influe sur la persuasion à deux égards. En premier lieu, il y aura persuasion en ce qui a trait aux messages qui tombent dans la latitude d'acceptation; en fait, les messages qui soutiennent des positions similaires à l'attitude du récepteur seront quand même acceptés par l'entremise du processus d'«assimilation». Quant aux messages se situant au-delà de la zone d'indifférence, ils seront perçus comme plus divergents de la position du récepteur qu'ils ne sont en réalité et auront donc un faible potentiel persuasif. Ce type de distorsion de jugement est appelé «contraste».

En second lieu, l'implication influe sur la persuasion par la largeur des latitudes. Ainsi, les participants fortement impliqués ont tendance à découper une large latitude de rejet et une très faible zone d'indifférence, sinon aucune; les individus faiblement impliqués au regard de l'objet d'une attitude produisent une latitude plus étroite de rejet et une large latitude d'indifférence. Par conséquent, on observera peu de changements d'attitude chez les participants fortement engagés, parce que les probabilités sont élevées que le message contre-attitudinal tombe dans la large latitude de rejet. Comme le confirme la méta-analyse de Johnson et Eagly (1989), il est ainsi plus difficile de changer les attitudes à forte centralité que les attitudes de participants faiblement

impliqués. En effet, les attitudes centrales déterminent une zone de rejet plus étendue et favorisent moins l'acceptation des messages différents de la position attitudinale du récepteur. Faut-il alors conclure qu'il n'existe pas de tactique susceptible de changer l'attitude des gens convaincus?

Swann, Pelham et Chidester (1988) ont conçu une stratégie prometteuse pour de telles situations. À cette fin, le communicateur présente des énoncés plus *extrêmes* que ce que représente la position attitudinale réelle des participants. Ces énoncés tendancieux rejoignent donc le point de vue du récepteur, mais vont encore plus loin que ce qu'il est prêt à accepter comme attitude. Pour ne pas paraître extrémiste, il devra exprimer un certain désaccord avec le communicateur et adopter ainsi une position plus modérée, le tout menant à une diminution de l'attitude.

Afin de déterminer l'efficacité de cette méthode des énoncés hyperattitudinaux, Swann et ses collègues ont ciblé un groupe d'étudiantes qui possédaient une conception conservatrice du rôle féminin. Par exemple, elles approuvaient l'énoncé suivant : «Si jamais mon mari et moi sommes engagés dans une activité professionnelle, la carrière de mon mari sera prioritaire.» Les participantes, réparties en deux groupes, furent ensuite exposées à l'un des deux procédés suivants. Dans la première condition, on leur demanda de répondre à 10 questions contraires à leurs idées conservatrices (par exemple : «Pour quelles raisons les femmes sont-elles de meilleures administratrices que les hommes?»). Dans la deuxième condition, les étudiantes furent invitées à répondre à des questions tendancieuses suggestives de réponses plus extrêmes (par exemple : «Pourquoi partagez-vous le point de vue de certains hommes selon lequel il est préférable de garder les femmes à la maison, dans un état d'indigence, occupées à faire des enfants?»). Soutenant l'hypothèse des chercheurs, les résultats ont démontré que les questions hyperattitudinales avaient mené à un changement d'attitude plus de deux fois supérieur au changement observé avec la méthode traditionnelle.

En conclusion, on peut dire que les personnes aux fortes convictions ne sont pas imperméables à toute tentative de persuasion, bien au contraire. Il s'agit de les amener dans les derniers retranchements de leur opinion extrême.

---

d'autres attitudes (Armitage & Conner, 2000), mais qu'elles sont moins pertinentes quant à la prédiction du comportement (Lavine *et al.*, 1998). De plus, les personnes qui ont une attitude ambivalente ont tendance à traiter l'information pertinente à l'objet attitudinal de façon plus attentionnée (Jonas, Diehl

& Bromer, 1997) et à être plus sujettes à l'effet d'amorçage (Bell & Esses, 1997). Par exemple, ces derniers auteurs ont démontré que des Canadiens ayant une attitude ambivalente envers les Amérindiens agissaient en fonction de l'humeur qui avait été induite par l'expérimentateur. Plus l'humeur était positive, plus leur comportement était positif. Enfin, les personnes ayant une attitude ambivalente envers leur conjoint ont plus de difficulté à lui pardonner une transgression, car le comportement négatif de ce dernier rend saillants les éléments négatifs inhérents à cette attitude ambivalente (Kachadourian, Fincham & Davila, 2005). On peut ainsi voir que l'ambivalence attitudinale peut nous aider à comprendre certains fonctionnements de la vie courante.

Les attitudes implicites et explicites. Au cours des dernières années, les scientifiques du comportement social en sont venus à distinguer deux types d'attitude, l'une explicite et l'autre implicite. Une **attitude explicite** est celle que la personne est consciente de posséder et qu'elle peut aller chercher en mémoire et décrire dans un questionnaire ou dans le cadre d'une entrevue. Il va sans dire que la grande majorité des recherches sur les attitudes ont porté sur les attitudes explicites. Par contre, au cours de la dernière décennie, beaucoup de recherches ont porté sur un autre type d'attitudes, que l'on nomme implicites et qui peuvent être définies comme suit : « les **attitudes implicites** sont manifestes comme des actions et jugements qui sont sous le contrôle d'une évaluation activée automatiquement sans que l'acteur en soit conscient » (Greenwald, McGhee & Schwartz, 1998, p. 1464). Selon plusieurs auteurs (par exemple Greenwald *et al.*, 1998 ; Petty *et al.*, 2003), la caractéristique la plus nette d'une attitude implicite est le fait que la personne n'est pas consciente d'en avoir une. Par exemple, certaines personnes qui rapportent avoir une attitude explicite positive envers des minorités ethniques peuvent tout de même montrer des attitudes implicites négatives. Comment est-ce possible ? Il y a en fait plusieurs explications possibles (Petty *et al.*, 2003 ; Wilson, Lindsey & Schooler, 2000). Ainsi, il se peut que des attitudes négatives envers des minorités ethniques qui avaient été construites dans la jeunesse d'une personne aient été mises de côté et remplacées par des attitudes plus positives.

Toutefois, les attitudes négatives antérieures continueraient d'exister en mémoire et elles pourraient se manifester sans que la personne ne s'en rende compte. Par ailleurs, une personne pourrait ne pas vouloir se rendre à l'évidence qu'elle a toujours des attitudes négatives envers diverses personnes. De telles attitudes, parce qu'elles sont jugées inacceptables par la personne, seraient bloquées par cette dernière, mais continueraient de coexister avec des attitudes plus positives envers des groupes ethniques. Elles sont pourtant en mémoire et accessibles, et peuvent se manifester sans que la personne s'en rende compte. Nous y reviendrons.

L'accessibilité. L'**accessibilité** d'une attitude réfère à la facilité avec laquelle une attitude donnée peut être activée (Higgins, 1996). Des attitudes accessibles sont des évaluations qui viennent rapidement et spontanément à l'esprit quand l'objet attitudinal est présenté, que cette attitude soit positive ou négative (Fazio, 1995, 2000). Les travaux de Russ Fazio ont grandement contribué à élargir nos connaissances sur le sujet. Il a démontré que, pour un objet donné, il existe un continuum pouvant aller de la « non-attitude » (ou l'absence d'attitude ou d'évaluation de l'objet en mémoire) à l'autre extrémité, où une attitude bien définie, négative ou positive, est facilement accessible à partir de la mémoire, de façon spontanée et automatique. Plus la réponse est automatique, plus il est permis de conclure que l'attitude est cristallisée et, par conséquent, susceptible de permettre de prédire la conduite.

En empruntant une perspective de la cognition sociale (voir le chapitre 4), on a pu opérationnaliser la mesure de la facilité d'accès de l'attitude à l'aide du temps de latence (ou vitesse de réponse), qui est le temps que prend un objet à provoquer une réaction d'attrait ou de répulsion. Ainsi, les plats de viande crue (steak tartare) provoquent instantanément une mimique de dégoût chez les inconditionnels du cuit ; par contre, si ce plat n'évoque rien chez le sujet, peu d'expression affective se manifestera, ce qui se reflétera par un temps de latence plus long.

La force de la connexion objet-évaluation variera selon des conditions facilitantes. Mentionnons deux facteurs : l'expérience directe et la manipulation de l'attention. L'expérience directe avec l'objet attitudinal implique que la personne explore de son propre chef son environnement ou qu'elle est guidée dans cette démarche par diverses forces sociales (Fazio, Eiser & Shook, 2004 ; Fazio & Zanna, 1981). L'accessibilité de l'attitude variera également selon certaines manipulations de l'attention : le résultat de ces manipulations consiste en l'augmentation de la probabilité que l'évaluation liée à l'objet soit activée à partir de la mémoire au moment de la simple apparition de l'objet de l'attitude (Fazio, 1989). Ainsi, lorsqu'on répète à des participants de l'information relative à un thème ou lorsqu'on leur demande de se situer sur une échelle d'attitude à plusieurs reprises, il en résulte une accessibilité plus grande de l'attitude (Fazio & Roskos-Ewoldsen, 2005).

L'accessibilité de l'attitude mène à des conséquences importantes. Ainsi, les attitudes très accessibles sont plus résistantes au changement (Bassili, 1996), influencent la perception d'événements liés à l'objet attitudinal et permettent de mieux prédire le comportement. Par exemple, Etcheverry et Lee (2005) ont démontré que plus l'implication amoureuse était accessible (telle qu'elle est mesurée par un temps de latence rapide), plus l'attitude envers l'être amoureux permettait de prédire que le couple serait toujours formé sept mois plus tard. De même, Fletcher (2000) a montré que plus le temps de latence était rapide, plus les gens allaient voter en fonction de leurs attitudes lors des élections fédérales canadiennes. L'accessibilité de l'attitude peut donc influencer de façon significative autant nos comportements personnels que nos relations interpersonnelles.

Les modèles de la structure attitudinale

Jusqu'à présent, nous avons circonscrit l'attitude à l'aide de définitions descriptives. Mais comment l'attitude est-elle structurée ? Comme l'illustre la figure 6.2, trois modèles principaux se disputent l'attention des chercheurs qui tentent de répondre à cette question.

Le modèle unidimensionnel classique. Le modèle d'attitude le plus courant montre que l'attitude représente la réponse évaluative (affect), défavorable ou favorable, à un objet. L'attitude constitue ainsi une réponse situant l'objet sur une position du continuum d'évaluation. Ce modèle dit « unidimensionnel » (voir le point A de la figure 6.2) est sous-jacent à la majorité des échelles de mesure de l'attitude. De plus, les approches cognitives définissent aussi l'attitude comme un affect associé à la représentation mentale d'un objet stockée en mémoire (par exemple Fazio *et al.*, 2004 ; Nosek *et al.*, 2005). Le concept d'attitude à l'intérieur des modèles de l'action raisonnée et de l'action planifiée (Ajzen, 2001 ; Ajzen & Fishbein, 2005), dont on traite plus loin, se rapproche de ce modèle unidimensionnel.

Le modèle tripartite classique. Ce modèle (voir le point B de la figure 6.2) suggère que l'attitude est une disposition résultant de l'organisation de trois composantes : une composante cognitive, une composante affective et une composante comportementale (ou conative). Proposé par Rosenberg et Hovland (1960), ce modèle présente l'avantage de suffisamment distinguer les trois dimensions de façon à en permettre l'opérationnalisation. La composante cognitive renvoie aux **croyances** ou opinions évoquées par l'objet d'une attitude ; la composante affective est associée à l'affect ou à l'émotion suscitée ; enfin, la composante conative (ou comportementale) a trait au plan d'action. Par exemple, par rapport à un programme d'études de baccalauréat, vous pouvez croire que le programme mène à une profession prestigieuse (aspect cognitif), ressentir des émotions plaisantes suscitées par la satisfaction du besoin d'actualisation de soi (aspect affectif) et, aussi, être poussé à adopter divers comportements pour bien le réussir (aspect conatif).

Comme les trois composantes reflètent la même attitude, elles devraient corréler entre elles. Par ailleurs, puisqu'elles mesurent des entités psychologiques différentes, les composantes cognitive, affective et conative ne devraient pas être totalement redondantes. Des recherches de Breckler (1984) avec différents objets attitudinaux, y compris des serpents (!), ont révélé que les croyances, les affects et les comportements étaient modérément corrélés, ce qui définit la partie commune de l'attitude. De plus, une contribution unique caractérisait chaque composante. Les trois dimensions convergent donc suffisamment pour assurer une signification commune, mais, par ailleurs,

il existe aussi une validité discriminante permettant d'établir une distinction entre chacune d'elles.

Le modèle tripartite révisé. Zanna et Rempel (1988) ont proposé une version modifiée du modèle tripartite classique, qui intègre le modèle unidimensionnel (voir le point C de la figure 6.2). En premier lieu, l'attitude est définie comme une catégorisation de l'objet attitudinal en fonction de la dimension évaluative « défavorable-favorable ». Dans ce modèle, l'attitude devient donc un jugement (c'est-à-dire

FIGURE 6.2 **Représentation de la structure de l'attitude selon trois des modèles les plus couramment utilisés**

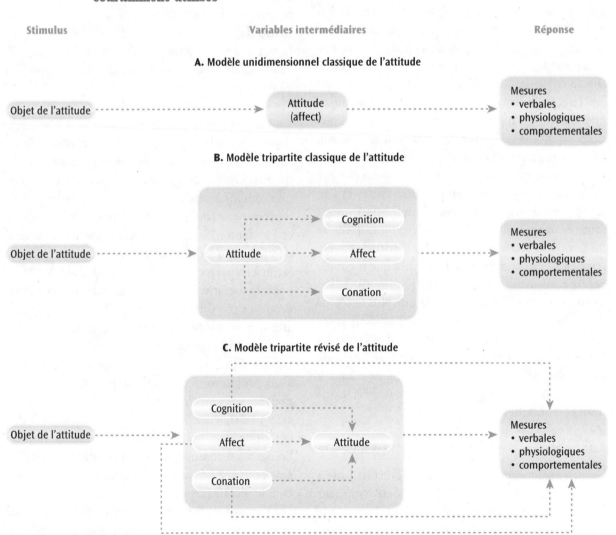

une opinion) exprimant un degré d'aversion ou d'attirance sur un axe bipolaire. En second lieu, cette attitude-jugement est vue comme un élément prenant appui sur trois sortes d'information : une information cognitive, une information affective, et une information basée sur le comportement antérieur ou l'intention d'agir. On distingue ainsi l'attitude, qui consiste en un jugement « froid » sur ce qu'on aime ou déteste, l'affect, qui fait référence à l'émotion ressentie, les croyances, qui sont les conséquences négatives ou positives associées à l'objet, et la structure cognitive d'anticipation de l'action. Zanna et Rempel donnent l'exemple d'un parent dont l'enfant a été tué par un conducteur en état d'ébriété. Lors de la passation d'un test mesurant, sur une échelle, l'attitude à l'égard de l'ivresse au volant, le résultat obtenu par le parent indiquera une position (un chiffre de 1 à 7) sur un continuum « contre-pour » (fort probablement 1). Cependant, cette attitude-jugement ne reflétera vraisemblablement pas toute la réaction physiologique (par exemple la fréquence cardiaque) associée à l'information de type émotionnel ressenti par le parent.

En fait, les auteurs suggèrent que les trois sortes d'information, séparément ou conjointement, peuvent déterminer l'attitude-jugement. Il en découle une « dérivation » intéressante : nous pourrions posséder plusieurs attitudes différentes à l'égard d'un même objet selon le type d'information saillante dans diverses situations. Ainsi, par rapport au condom, une attitude positive peut être exprimée si l'on considère le moyen de protection qu'il représente contre les MTS (information cognitive) ; par contre, dans une perspective plus émotionnelle, hédoniste (par exemple l'interruption des ébats sexuels pour mettre le condom), l'attitude, basée sur une information plus affective, sera probablement négative. Comme nous l'avons vu antérieurement, une telle perspective est conforme à l'ambivalence des attitudes.

Des recherches récentes de Haddock soutiennent l'utilité du modèle en démontrant que, pour certaines personnes, l'attitude peut résulter de certains déterminants (par exemple la dimension cognitive),

alors que, pour d'autres, l'attitude résulte principalement d'autres déterminants (comme le facteur affectif). Par exemple, Huskinson et Haddock (2004, étude 1) ont démontré que les personnes ayant un haut besoin d'évaluer les choses (Jarvis & Petty, 1996) voient leurs attitudes déterminées principalement par leurs cognitions. En revanche, la dimension affective est le principal déterminant des attitudes des personnes ayant un besoin élevé de vivre des émotions (Maio & Esses, 2001). Qui plus est, Huskinson et Haddock (2004, étude 2) ont montré qu'en présentant des messages axés sur les dimensions cognitives ou affectives, il devient alors plus aisé de modifier les attitudes des membres du premier et du second groupe, respectivement.

En somme, le modèle tripartite traditionnel montre que des manifestations cognitives, affectives et comportementales résultent du construit hypothétique de l'attitude. Par ce modèle, on s'intéresse donc aux conséquences des attitudes. Par contre, le modèle tripartite révisé porte sur les expériences cognitives, affectives et comportementales pouvant mener aux attitudes. Par ce modèle, on s'intéresse donc aux déterminants des attitudes. On peut donc voir que le concept d'attitude se trouve au confluent de conséquences et de déterminants cognitifs, affectifs et comportementaux. Il n'est donc pas surprenant de constater que nos attitudes puissent jouer un rôle si important dans notre vie.

COMMENT MESURE-T-ON LES ATTITUDES ?

Nous avons déjà vu dans le cadre du chapitre 2, qui portait sur la méthodologie, divers types de mesures permettant d'évaluer une pléiade de construits. Plusieurs de ces outils sont utilisés dans le domaine des attitudes. À ce propos, certains auteurs (Ajzen, 2002 ; Petty *et al.*, 2003) suggèrent de distinguer les mesures explicites des mesures implicites. Les mesures explicites sont celles qui reposent directement sur la description qu'une personne fait de son attitude envers un objet donné. Quant aux mesures implicites, ce sont celles qui permettent d'inférer indirectement l'attitude du participant à partir de ses jugements, réactions, comportements ou réactions. Aux fins de la présente discussion, nous utilisons cette dichotomie : mesures directes contre mesures indirectes.

Les mesures directes de l'attitude

La méthode des intervalles apparaissant égaux (Thurstone, 1931), la technique de l'addition des estimations (Likert, 1932) et l'échelle du différenciateur sémantique (Osgood, Suci & Tannenbaum, 1957) sont les trois échelles d'attitude les plus couramment utilisées. Nous les présentons brièvement ci-dessous.

La méthode des intervalles apparaissant égaux (Thurstone). C'est à Thurstone (Thurstone & Chave, 1929) qu'on doit la première tentative majeure de mesurer les attitudes. Thurstone (1928) a conçu plusieurs méthodes de mesure de l'attitude : la plus utilisée est celle des intervalles apparaissant égaux. La particularité de cette méthode est de soumettre les items à des juges (et non à des participants) afin qu'ils évaluent *objectivement*, sur le plan de l'attitude, la nature négative ou positive des items au regard de l'objet. Il est important de souligner que les juges ne doivent pas indiquer leur propre attitude envers l'objet attitudinal, mais bien le degré objectif de positivité ou négativité de l'énoncé. Ainsi, si l'objet de l'attitude était le hockey, l'affirmation « Le hockey est le jeu le plus barbare jamais inventé » serait classée « très défavorable » puisqu'elle indique une représentation très négative de ce sport. Même un adepte du hockey qui servirait de juge devrait évaluer un tel item comme étant défavorable. Par la suite, le chercheur doit retenir des énoncés qui recouvrent l'ensemble du continuum « défavorable-neutre-favorable » selon des intervalles assez égaux. Enfin, une fois les énoncés choisis, l'échelle finale est présentée aux participants, qui n'ont qu'à cocher les affirmations qu'ils approuvent. Le score du participant est alors la médiane des valeurs d'échelle des

items favorables ainsi choisis (voir Vallerand, Guay & Blanchard, 2000).

La technique de l'addition des estimations (Likert). Ce type d'échelle est celui qui est le plus utilisé, généralement, en psychologie sociale ainsi que dans le secteur des attitudes (John & Benet-Martinez, 2000 ; Wegener & Fabrigar, 2004). Il ne s'agit pas ici de présenter les phases du développement de l'échelle (voir Vallerand *et al.*, 2000, à ce sujet). Il suffit de souligner que les échelles de ce type contiennent un certain nombre d'énoncés positifs et négatifs présentant une position *extrême* (soit positive ou négative, mais pas neutre). Ces énoncés, déterminés par le chercheur, sont présentés au participant, qui doit alors indiquer son niveau d'approbation ou de désapprobation relativement à chaque énoncé. Cette évaluation se fait à l'aide d'un format de réponse « désaccord/accord », les réponses étant notées sur une échelle de cinq, sept ou neuf points. Lorsque les participants ont terminé leur évaluation de tous les énoncés, on additionne les valeurs accordées à chaque énoncé. Il ne faut pas oublier d'inverser les chiffres lorsque les items sont rédigés négativement. Le total des points permet de déterminer le score total du participant.

Prenons un exemple. L'un des sujets les plus chauds au Canada durant l'année 2005, hormis le scandale des commandites, aura certes été le projet de loi C-38 sur les mariages gais annoncé par le gouvernement Martin. À la suite d'une décision favorable de la Cour suprême, le premier ministre Martin a décidé d'aller de l'avant et de proposer un projet de loi sur le sujet. Ce dernier a divisé le pays. Les groupes gais, bien sûr, se sont prononcés ouvertement en faveur du projet, alors que la plupart des congrégations religieuses furent catégoriquement contre. Il en fut de même pour les partis politiques nationaux, avec le NPD au pôle favorable, le Parti conservateur au pôle défavorable et les libéraux aux trois quarts du chemin vers le pôle favorable et le NPD. Toutefois, même à l'intérieur du Parti libéral, des attitudes défavorables au projet de loi ont été ouvertement affichées.

En fait, certains députés libéraux, comme M. Pat O'Brien, ont même décidé de quitter le Parti libéral et de siéger à titre d'indépendant au Parlement, et le ministre d'État responsable du développement économique, Joe Comuzzi, a choisi de se défaire de son ministère parce qu'il était contre le projet de loi. Donc, des attitudes diamétralement opposées ont été exprimées à travers le Canada relativement à ce projet de loi sur les mariages gais, qui fut finalement adopté le 28 juin 2005 par un vote de 158 contre 133.

Et vous, quelle est votre attitude envers les mariages gais ? Bien qu'il ne semble pas exister d'échelle pour mesurer l'attitude envers les mariages gais, Bégin et ses collègues (1981) ont développé une échelle de type Likert pour mesurer les attitudes des gens envers l'homosexualité. Cette échelle contient 32 énoncés, dont certains apparaissent dans le tableau 6.1. Ces énoncés sont évalués sur une échelle de cinq points. Quel est votre pointage sur cette échelle ? Et si vous étiez député ou ministre, auriez-vous agi comme Pat O'Brien et Joe Comuzzi, et quitté le Parti libéral ou votre ministère, ou auriez-vous appuyé le projet de loi, comme le demandait le premier ministre Martin ? Nos attitudes guident nos comportements, et cela est d'autant plus vrai qu'elles sont liées à des valeurs importantes pour nous, comme nous le verrons dans une prochaine section.

L'échelle évaluative du différenciateur sémantique (Osgood et al., 1957). Les techniques de Likert et de Thurstone exigent l'élaboration d'une échelle originale pour chaque nouveau contenu d'attitude. En revanche, l'échelle évaluative du différenciateur sémantique est une sorte de méthode « tout usage » qui offre la possibilité de mesurer différentes attitudes à l'aide d'une échelle unique. Selon Osgood et ses collègues (1957), le différenciateur sémantique vise à déterminer la signification qu'un individu attache à un objet, ce qui est désigné par la valeur connotative d'un objet. En ce qui concerne l'évaluation (négatif-positif), l'échelle évaluative du différenciateur sémantique consiste en un ensemble d'énoncés constitués d'adjectifs antonymes. Généralement, il s'agit d'échelles à sept points, allant de -3 à $+3$. Le total des points inscrit à côté de l'objet attitudinal est la somme ou la moyenne des évaluations de l'ensemble des échelles bipolaires. Dans la théorie de l'action raisonnée et planifiée (Ajzen, 2001 ; Ajzen & Fishbein, 2005), on fait usage de cette méthodologie (voir le tableau 6.2 pour un exemple adapté à l'exercice).

Les mesures indirectes de l'attitude

Les techniques indirectes d'estimation de l'attitude sont considérées comme moins directes que les mesures verbales parce que leur connexion avec l'attitude doit être inférée par le chercheur en fonction des observations recueillies sur le participant. Le grand avantage de ces techniques est qu'elles permettent de mesurer l'attitude du participant à son insu. Il est donc fort difficile pour ce dernier de présenter une image embellie de son attitude.

TABLEAU 6.1   Énoncés extraits de l'échelle des attitudes envers les homosexuel(le)s

	Énoncés	(Corrélation item-score total)
1	L'homosexualité est une maladie mentale*.	(0,64)
2	L'homosexualité n'est pas une maladie, mais reflète un choix personnel.	(0,60)
3	Si j'apprenais que mon (ou ma) meilleur(e) ami(e) est homosexuel(le), cela ne changerait rien à notre amitié.	(0,56)
4	Les communautés homosexuelles sont un ramassis de pervers sexuels*.	(0,59)
5	La majorité des homosexuel(le)s sont des obsédé(e)s sexuel(le)s.	(0,59)
6	J'accepterais de côtoyer des homosexuel(le)s.	(0,71)

*Inverser le score.

Source : Adapté de Bégin, Tremblay et Lavoie (1981).

TABLEAU 6.2 **Exemple d'une échelle d'attitude de type différentiateur sémantique**

	Pour moi, faire de l'exercice est :						
nuisible	1 extrêmement	2 modérément	3 légèrement	4 ni l'un ni l'autre	5 légèrement	6 modérément	7 extrêmement	bénéfique
mauvais	1 extrêmement	2 modérément	3 légèrement	4 ni l'un ni l'autre	5 légèrement	6 modérément	7 extrêmement	bon
plaisant (pour moi)	1 extrêmement	2 modérément	3 légèrement	4 ni l'un ni l'autre	5 légèrement	6 modérément	7 extrêmement	déplaisant (pour moi)
une perte de temps	1 extrêmement	2 modérément	3 légèrement	4 ni l'un ni l'autre	5 légèrement	6 modérément	7 extrêmement	utile

Les indicateurs comportementaux de l'attitude. Comme nous l'avons vu au chapitre 2, les mesures comportementales peuvent être utilisées de mille et une façons (Wilkinson, 2000). Dans une étude classique, Milgram (1972) a élaboré la technique de la lettre perdue. Cette technique permet de vérifier l'attitude des gens par l'observation de leur comportement : il s'agit de voir si les gens retourneront une lettre perdue qui va dans le sens de leur attitude. Par exemple, vous êtes consulté par un parti politique qui vous demande de vérifier scientifiquement la véracité des derniers sondages montrant que les Montréalais ont une attitude plus positive envers les minorités ethniques que les habitants des autres villes du Québec (voir *La Presse* du 17 juin 2005). Puisque vous pensez que ce sujet est controversé et que les gens ne seront pas nécessairement prêts à dévoiler leur attitude réelle, vous décidez d'utiliser la technique de la lettre perdue.

Votre hypothèse est que les gens accepteront plus volontiers de poster une lettre perdue adressée à un groupe correspondant à leur attitude et qu'ils seront moins disposés à se rendre jusqu'à une boîte aux lettres pour acheminer une lettre adressée à un organisme opposé à leur attitude. Pour tester l'hypothèse, vous préparez des enveloppes-réponses, une moitié à l'attention d'un organisme défendant les droits d'un groupe minoritaire ethnique et l'autre moitié à l'attention d'un organisme québécois. Après y avoir apposé les timbres (et, bien sûr, l'adresse de retour, qui est la vôtre), vous déposez 50 enveloppes dans divers endroits passants de chacune des villes échantillonnées (Montréal, Québec, Sherbrooke et Trois-Rivières). Le pourcentage des lettres postées pour chacun des organismes devrait vous permettre de déterminer s'il existe des différences significatives entre les villes au regard de leur attitude envers les minorités ethniques. Conformément au sondage de *La Presse* mentionné plus haut, vous pourriez ainsi trouver qu'à Montréal, on a retourné 80 % des lettres adressées à l'organisme défendant les droits d'une minorité ethnique, alors que les pourcentages dans les autres villes variaient de 35 % à 60 %.

Une variante plus moderne de cette technique est celle du « courriel perdu » (Bushman & Bonacci, 2004). Ces auteurs ont démontré que des participants américains de descendance européenne qui avaient reçu un courriel perdu le retournait en plus grande proportion si le message initial était adressé à un autre Américain de descendance européenne (« Peter Brice ») que s'il était adressé à un Américain de descendance arabe (« Mohammed Hamed »), démontrant ainsi une attitude plus positive envers les Américains de descendance européenne qu'envers ceux de descendance arabe.

Des mesures de comportements non verbaux, comme le hochement de tête, peuvent aussi servir d'indicateurs de l'attitude. Ainsi, Wells et Petty (1980) ont enregistré sur ruban magnétoscopique des étudiants en situation d'écoute d'un message persuasif. Les résultats indiquent que, lorsque l'émetteur du message défend une position agréée par les auditeurs (baisse des frais de scolarité), la plupart d'entre eux hochent la tête de haut en bas ; par contre, quand il s'agit de la hausse des frais, les mouvements de tête sont effectués de droite à gauche, comme en signe de négation. Plusieurs autres indices non verbaux, comme le contact visuel, le sourire, l'hésitation de la voix, pourraient constituer des mesures possibles de l'attitude (voir Brinol & Petty, 2003 ; Dovidio *et al.*, 1997).

Les indicateurs psychophysiologiques de l'attitude. Alors que les gens peuvent contrôler leur comportement ou, encore, répondre verbalement de façon polie, les modes (*patterns*) des réponses psychophysiologiques apportent une information moins confondue par les facteurs volontaires. Le groupe de recherche de Cacioppo a réussi à démontrer qu'au moins une mesure psychophysiologique, la réaction électromyographique, peut enregistrer la direction de l'attitude au-delà d'indices usuels tels que la dilatation de la pupille. À l'aide de l'électromyographe (EMG), cet appareil qui enregistre les potentiels électriques des microcontractions musculaires, Cacioppo et Petty (1979) démontrèrent que des participants soumis à un message proattitudinal eurent une réaction musculaire associée au plaisir, alors que les individus exposés à un message contre-attitudinal eurent une activité musculaire typique du déplaisir. De plus, Cacioppo et ses collègues (1986) ont montré que l'EMG peut mesurer à la fois la valence et l'intensité de l'attitude de participants au cours du visionnement de diapositives présentant des objets légèrement ou modérément agréables ou désagréables. Chose intéressante, l'EMG a détecté les différences dans les expressions faciales, ce qu'aucun des observateurs-juges n'a pu effectuer, les micromouvements musculaires étant trop subtils pour être visibles à l'œil nu. Ainsi, l'approche contemporaine des mesures électrophysiologiques semble réhabiliter la conception de l'attitude de Darwin, selon laquelle l'attitude se rapporterait à l'expression faciale de l'émotion.

Enfin, des recherches plus récentes ont aussi porté sur les différentes régions du cerveau impliquées dans la manifestation des attitudes ; on a alors utilisé la technique de l'imagerie par résonance magnétique fonctionnelle (IRMf ; voir le chapitre 2 à ce sujet). On se rappellera que la IRMf permet de repérer les aires du cerveau qui sont utilisées au cours de diverses opérations parce qu'elle mesure le changement d'oxygène dans le sang dans les régions bien précises du cerveau (une augmentation d'oxygène témoignant de l'utilisation de ces régions). Puisque les attitudes reposent sur des jugements du type « bon-mauvais » (ou « positif-négatif »), on a demandé aux participants de plusieurs études d'indiquer si les noms de personnes célèbres (par exemple Adolf Hitler, Bill Clinton, Bill Cosby, Mère Teresa) sont « bons » ou « mauvais ». De plus, à des fins de comparaison, on a aussi demandé aux participants d'émettre un autre type de jugement non évaluatif (donc non attitudinal), comme indiquer si la personne fait partie du présent ou du passé (par exemple, Hitler serait typiquement évalué comme « mauvais » dans la première tâche et comme « passé » dans la seconde ; Cunningham *et al.*, 2003).

Des études utilisant cette perspective révèlent que des centres du cerveau, tels que l'amygdale du cervelet, semblent impliqués dans des processus évaluatifs automatiques pouvant entrer en fonction à environ 160 millisecondes de la perception de l'objet (Kawasaki *et al.*, 2001 ; Oschner *et al.*, 2002). Chose intéressante, l'amygdale sera activée même si les stimuli ayant déjà une valence (bonne ou mauvaise) relativement à l'objet sont présentés hors du champ de conscience, de façon subliminale (par exemple Whalen *et al.*, 1998). De plus, l'amygdale sera sollicitée automatiquement, sauf si des processus cognitifs amènent la personne à suspendre ou à modifier son jugement de l'objet attitudinal (Ochsner *et al.*, 2002). En revanche, d'autres centres, dont le cortex préfrontal médian et ventro-latéral, semblent impliqués dans des processus attitudinaux plus délibérés (Cunningham *et al.*, 2003). Enfin, le cortex préfrontal ventro-latéral droit semble impliqué dans l'évaluation d'éléments positifs et négatifs de l'objet attitudinal caractérisant une ambivalence attitudinale (Cunningham *et al.*, 2003).

En somme, l'utilisation de la IRMf permet non seulement de vérifier le rôle de différents centres neuronaux dans divers processus de jugement attitudinal, mais elle permet également d'apporter un soutien intéressant à l'étude de différents phénomènes, tels que l'ambivalence attitudinale (Maio *et al.*, 2000), et des modèles suggérant l'existence de processus automatiques (par exemple Fazio & Towles-Schwen, 1999) et délibérés (Ajzen & Fishbein, 2005) de génération des attitudes. Nous reviendrons sur ces modèles dans la section sur la prédiction du comportement.

Les mesures implicites. Nous avons déjà discuté des mesures dites « implicites » dans le chapitre 2. Celles-ci reposent généralement sur le temps de réaction à des stimuli qui peuvent être présentés sous diverses formes (voir Bargh & Chartrand, 2000 ; Fazio & Olson, 2003 ; Kihlstrom, 2004). De nos jours, deux stratégies principales sont employées. Une première se rattache à la perspective du test d'association implicite (TAI) (Greenwald *et al.*, 1998 ; Nosek, Greenwald & Banaji, 2005), dont il fut question dans le chapitre 2. Ainsi, si vous désirez mesurer implicitement votre attitude envers le judaïsme, vous procéderez de la manière suivante (vous pouvez faire l'exercice en allant sur le site de la professeure Banaji de l'Université Harvard, https ://implicit.harvard.edu/implicit/) : après divers essais où, pour vous familiariser avec la façon de répondre, vous appuierez sur les touches de l'ordinateur, on mesurera la rapidité avec laquelle vous indiquez si une image décrivant le judaïsme (par exemple la Torah) est représentative du judaïsme *ou* de quelque chose de « bon » en frappant une touche de l'ordinateur avec la main gauche (par exemple « E »), ou si elle se rattache plutôt à d'autres religions ou à « mauvais » en frappant une autre touche de la main droite (par exemple « I »). Lorsque vous procédez à plusieurs essais, dont certains avec inversion (c'est-à-dire judaïsme *ou* « mauvais » contre autres religions *ou* « bon »), il est alors possible de comparer les temps de réaction et de déterminer si votre temps de latence est plus rapide lors de choix impliquant « judaïsme » ou « bon » que lors du choix des autres possibilités, ce qui signifierait alors que vous avez une attitude positive envers le judaïsme. Le TAI a été appliqué pour mesurer différents types d'attitudes, y compris certaines relatives à la consommation (Maison, Greenwald & Bruin, 2004). Les résultats ont montré qu'effectivement, les attitudes implicites se distinguent des attitudes explicites, menant le plus souvent à des comportements implicites et spontanés (voir Greenwald *et al.*, 2002 ; Nosek *et al.*, 2005).

Une seconde technique similaire au TAI s'appelle l'amorçage évaluatif séquentiel (Fazio *et al.*, 1995). Elle consiste, par exemple, à présenter séparément une image de la religion judaïque et un mot positif ou négatif (sur une page différente), et ce, plusieurs fois. Le participant doit alors répondre rapidement en indiquant si le mot suivant l'image est positif ou négatif. Ce qui importe dans cette mesure, c'est le temps de latence qui précède l'indication de la nature du mot (positif ou négatif) qui suit l'image. Ainsi, si la personne réagit plus rapidement aux mots négatifs suivant les images du judaïsme qu'aux mots positifs, on peut en inférer une attitude négative envers le judaïsme.

Chose intéressante, les mesures implicites ne sont que très faiblement corrélées avec les mesures explicites et permettent de prédire des comportements différents, souvent plus spontanés que les attitudes explicites (Dovidio, Kawakami & Beach, 2001 ; Dovidio *et al.*, 1997). Toutefois, plus l'attitude est importante, plus le lien entre les attitudes implicites et explicites est important (Karpinski, Steinman & Hilton, 2005), ce qui montre que les attitudes importantes peuvent être très accessibles (Fazio & Roskos-Ewoldsen, 2005) et qu'elles mènent ainsi à des évaluations similaires sur les plans implicites et explicites. Enfin, les mesures implicites étant relativement nouvelles, des recherches additionnelles seront nécessaires afin de pouvoir déterminer, par exemple, si elles mesurent bien les attitudes de la personne, ou plutôt ses connaissances des stéréotypes existant dans la société envers l'objet attitudinal (Fazio & Olson, 2003).

Conclusion sur les mesures. En somme, plusieurs types de mesures existent. Les mesures directes de type verbal mesurent clairement et ouvertement, par questionnaire, l'attitude des gens envers un objet donné. Par contre, ce type de mesure prête le flanc à la critique, car il est alors possible à la personne de se présenter sous un jour plus positif que ne le démontrerait la réalité. Les mesures indirectes, notamment les mesures implicites, sont très populaires de nos jours. En effet, elles permettent de mesurer les attitudes sans que les participants s'en rendent vraiment compte. De plus, elles permettent aussi de mesurer des attitudes que les participants ne sont peut-être pas conscients d'avoir envers des objets ou des personnes. Toutefois, plus de recherches sont nécessaires afin de mieux comprendre les mécanismes psychologiques sous-jacents à ces mesures (Fazio & Olson, 2003).

À QUOI LES ATTITUDES SERVENT-ELLES ?

Comme l'exprimait Allport (1935) : « Les attitudes déterminent pour chaque individu ce qu'il verra et entendra, ce qu'il pensera et exécutera. » Les attitudes sont une sorte de filtre nous aidant à trouver notre chemin dans un monde complexe. Il va sans dire que nos attitudes nous permettent de répondre à divers besoins ou à diverses fonctions.

Les fonctions des attitudes

À quoi servent les attitudes ? C'est essentiellement la question à laquelle les tenants de l'approche fonctionnaliste des attitudes (Katz, 1960 ; Smith, Bruner & White, 1956) essaient de répondre. Selon cette perspective, l'attitude est une organisation cognitive dotée d'une étiquette défavorable ou favorable, et elle prédispose à l'action tout en répondant à des besoins motivationnels. La proposition centrale de l'approche fonctionnaliste énonce qu'une même attitude peut remplir des fonctions différentes chez

différents individus ou même chez une même personne, selon les circonstances.

Bien que plusieurs positions aient été formulées (voir Fabrigar, MacDonald & Wegener, 2005), Katz (1960) a proposé l'une des positions les plus complètes sur les fonctions des attitudes. Il mentionne quatre fonctions importantes : connaissance, adaptation, défense du soi et expression des valeurs. Nous commenterons brièvement la taxonomie de Katz.

La fonction de connaissance. On peut voir les attitudes comme un type de « schéma » (voir le chapitre 3) permettant non seulement de remiser les informations sur l'objet attitudinal (Holbrook *et al.*, 2005), mais également de filtrer et d'influencer notre lecture du monde qui nous entoure par rapport à des dimensions liées à l'objet en question. Par exemple, Stewart et ses collègues (2000) ont démontré que les personnes qui avaient une attitude progressiste envers les rôles des femmes et des hommes dans la société se formaient une opinion beaucoup moins stéréotypée d'une femme et d'un homme en particulier, présentés dans une vidéo, que les personnes qui avaient une attitude plus traditionnelle à l'égard des rôles sexuels.

De plus, nous voyons d'un œil suspect des informations contraires à notre attitude (Giner-Sorolla & Chaiken, 1997). Par exemple, certains sondages (réalisés entre le 19 et le 30 mai 2005), qui indiquent que 52 % à 54 % des Québécois ont l'intention de se séparer du Canada, peuvent être interprétés différemment selon l'attitude de la personne. Les gens qui ont une attitude peu favorable quant à la séparation du Québec diront que ces données représentent seulement le mouvement constant du balancier et qu'elles peuvent refléter l'influence momentanée de la commission Gomery sur le scandale des commandites. En revanche, les personnes favorables à la séparation diront que cette position est claire et qu'elle reflète le fait que les Québécois sont prêts à assumer leur pleine responsabilité en tant que peuple.

La fonction d'adaptation sociale. Les attitudes jouent un rôle d'adaptation sociale en permettant la maximisation de l'acceptation et de l'approbation des autres. Les attitudes aident à adopter des stratégies appropriées permettant de maximiser notre adaptation sociale. Ainsi, on peut exprimer des attitudes positives à l'égard d'un candidat politique dans le but de pénétrer son groupe de proches. On peut aussi présenter des arguments étoffés pour justifier notre attitude afin d'être bien perçus par autrui. Par exemple, Nienhuis, Manstead et Spears (2001) ont demandé à des gens de générer des arguments soutenant la légalisation des drogues dures (que leur attitude soit favorable ou non à une telle légalisation) dans des conditions où ils seraient soit peu ou très évalués par autrui à la suite de leur prestation. Les résultats ont montré que plus les personnes seraient évaluées par autrui, plus elles présentaient un grand nombre d'arguments soutenant la légalisation des drogues dures. En somme, les gens désiraient présenter une image d'une personne ayant une position solide. Ils désiraient être bien perçus. Et cela portait sur une attitude qui n'était probablement pas la leur. Imaginez leurs efforts s'il s'était agi d'une attitude fondamentale pour eux !

La fonction d'expression. Le troisième rôle rempli par l'attitude concerne l'extériorisation des croyances et des valeurs centrales que l'on possède. Selon l'approche fonctionnaliste, une gratification est obtenue par la simple expression d'attitudes qui nous distinguent d'autrui. Soutenir une position controversée témoigne souvent d'attitudes centrées sur des valeurs. Par exemple, l'attitude pro-vie d'un individu peut n'avoir aucun lien avec la connaissance de femmes ayant eu recours à l'avortement : une telle attitude peut simplement être l'affirmation de valeurs religieuses. Plusieurs recherches effectuées sur la propriété de centralité de l'attitude, traitée antérieurement, recoupent donc les études qui ont révélé le rôle expressif de l'attitude. De plus, comme le démontre Shavitt (1989, 1990), certains objets induisent des attitudes facilitant l'expression des valeurs. On pense à un drapeau piétiné ou à une bague de fiançailles.

La fonction de défense du soi. À l'occasion, nos attitudes peuvent augmenter notre estime de soi, ou la protéger contre des menaces extérieures ou des conflits internes. Ainsi, nous pouvons posséder des attitudes négatives à l'égard de certaines personnes non à cause des frustrations qu'elles suscitent en nous, mais comme moyen de satisfaire un besoin de nous sentir bons ou supérieurs à elles. Par exemple, Lapinski et Boster (2001) ont démontré que nos attitudes protègent notre estime de soi des messages qui pourraient être menaçants pour le soi. Les chercheurs ont présenté des messages menaçants (« être un bon étudiant implique d'étudier pratiquement tout le temps », ce que, bien sûr, les étudiants ne font pas) et non menaçants pour le soi (« étudier la veille des examens est généralement suffisant pour réussir ») à des étudiants universitaires. Puis ils ont mesuré les réactions à ces messages (toutes les pensées positives et négatives émises à la suite de la présentation du message, résultant en un indice total des pensées positives — soit les pensées positives moins les pensées négatives), la dérogation de la source du message et l'attitude de la personne envers le fait d'être un bon étudiant. Les auteurs ont effectué une analyse des données par équation structurale. Les résultats, présentés dans la figure 6.3, révèlent que plus le message était menaçant pour le soi, moins les participants avaient des pensées positives relativement à ce message, ce qui affectait la négation du message. Par ailleurs, plus cette négation était élevée, plus il y avait diminution de la crédibilité de la source du message, ce qui, enfin, menait à une attitude négative envers le message. Il semble donc que nos attitudes peuvent servir à protéger notre soi.

Nous avons vu, dans la mise en situation, que les attitudes des gens peuvent varier substantiellement quand il est question des conditions de libération des détenus. Ainsi, on se rappellera qu'Émilie appuyait l'idée d'une libération totale de Karla

Homolka, alors que Pascale désirait des conditions très strictes de liberté. Demski et McGlynn (1999) ont étudié les fonctions sous-jacentes aux attitudes favorables et défavorables par rapport à la libération conditionnelle des prisonniers. Leurs résultats ont révélé que ceux qui sont contre des libérations conditionnelles le sont beaucoup plus par peur (fonction de protection) que par conviction profonde (fonction d'expression). Par contre, ceux qui étaient favorables aux libérations l'étaient beaucoup plus par conviction profonde que par peur. On peut ainsi voir qu'à l'occasion, les fonctions des attitudes peuvent se mêler, le tout pouvant mener à des attitudes ambivalentes (Wyman & Snyder, 1997). Comme le mentionne Herek (2000), les attitudes envers des objets sociaux bien précis, comme les détenus (Silvia, 2003) ou les gens qui ont le SIDA (Herek, 1997), sont souvent socialement déterminées parce qu'elles remplissent une fonction sociale, comme sécuriser l'ego des membres de la société.

Les valeurs

Dans ce chapitre, nous avons évoqué l'idée de **valeurs** à plusieurs reprises, sans toutefois définir le concept. On pourrait dire que les valeurs représentent « des buts trans-situationnels variant en importance qui servent de principes directeurs dans notre vie » (Schwartz, 1996, p. 2). À la différence des attitudes, qui sont associées à des objets particuliers, les valeurs sont plus globales, elles sont comme des principes abstraits. Ce sont des préférences concernant ce qui est désirable, idéal, moral, important pour un individu. Par exemple, vous pourriez faire de la liberté une valeur élevée, qui se traduirait par des attitudes favorables à la libération conditionnelle des détenus, à l'abolition des gouvernements totalitaires dans le monde et même au fait de laisser les fumeurs fumer dans les endroits publics. Ainsi, une même valeur peut sous-tendre plusieurs attitudes. Thomsen, Lavine et Kounios (1996) ont montré que, lorsqu'une valeur était amorcée, plusieurs attitudes devenaient accessibles. En revanche, amorcer une attitude ne rendait accessibles que quelques valeurs. Les valeurs représentent bel et bien un construit plus large sous-tendant plusieurs attitudes.

Diverses théories sur les valeurs ont été proposées. Rokeach (1973, 1979) a proposé une typologie des valeurs : elles se distinguent par le fait qu'elles sous-tendent des buts dans la vie (des valeurs terminales) ou des modes préférés de comportement (des valeurs instrumentales). Parmi les 18 valeurs terminales, on trouve des fins comme l'amour, la justice, le salut éternel, la sagesse, le plaisir et la beauté du monde, alors que les 18 valeurs instrumentales recouvrent des modes d'action comme l'ambition, l'affection, la maîtrise de soi, la logique. La position de Rokeach a permis de réaliser des recherches intéressantes. Ainsi, il a été démontré que les fumeurs habituels ordonnent de façon plus élevée que les non-fumeurs les valeurs terminales relatives à une vie excitante, à la liberté, à la joie, à l'amour mature et au plaisir. Par contre, les non-fumeurs ordonnent de façon plus élevée les valeurs relatives à l'accomplissement, à la beauté du monde, à la sécurité familiale, au salut (*salvation*) et au respect de soi (Grube *et al.*, 1984).

Une autre perspective théorique est celle de Schwartz (1996 ; Schwartz & Bardi, 2001). Schwartz

FIGURE 6.3   **Influence du message sur les pensées et l'attitude de la personne**

Source : Adapté de Lapinski et Bosner (2001).

propose 10 valeurs qui sont théoriquement liées entre elles de façon structurale selon deux axes : 1) conservation (sécurité, conformité et tradition) contre ouverture au changement (stimulation, hédonisme et direction personnelle) ; et 2) transcendance de soi (bénévolence et universalisme) contre croissance de soi (accomplissement et pouvoir). Ces valeurs apparaissent dans la figure 6.4. Les valeurs adjacentes sont supposées être fortement liées (par exemple la direction personnelle et la stimulation) et, à mesure que l'on s'éloigne d'une valeur, la relation diminue et peut même devenir négative lorsque les deux valeurs sont face à face (pouvoir contre universalisme ou bénévolence). Des recherches transculturelles dans 65 cultures différentes et 23 pays ont permis de confirmer le bien-fondé de la perspective de Schwartz (voir Bardi & Schwartz, 2003 ; Schwartz, 1994 ; Schwartz & Sagiv, 1995).

Il est à noter qu'une relation négative entre deux valeurs opposées dans la perspective de Schwartz indique la présence de conflit entre les valeurs. Dans ce cadre, les travaux de Tetlock et ses collègues (1996) sur le **pluralisme des valeurs** indiquent que les conflits entre les valeurs produisent souvent un état désagréable amenant la personne à essayer d'éliminer le conflit de la façon la moins exigeante possible. Cela peut se faire, en premier lieu, en essayant de privilégier une valeur au détriment d'une autre si les attitudes ne sont pas trop proches sur le plan de l'importance personnelle, ou en remettant l'odieux de la décision à prendre à une autre personne (Tetlock & Boettger, 1994). Toutefois, si les valeurs sont similaires en importance, la personne devra alors faire un compromis et établir une intégration des deux valeurs afin de résoudre l'impasse.

L'un des secteurs de recherche florissants et intéressants sur les valeurs concerne les différences culturelles. Dans ce cadre, le World Values Survey (Inglehart & Baker, 2000) constitue une étude très impressionnante qui a mesuré les valeurs de plus de 165 000 répondants provenant de tous les continents et représentant 65 pays. On ne peut pas parler ici de quelques répondants pris çà et là.

Les participants ont répondu à un questionnaire mesurant diverses variables ; il comprenait des énoncés associés aux valeurs de Rokeach et à d'autres perspectives se rattachant à différentes valeurs. Se fondant sur ces données, le sociologue Victor Armony (2002), de l'Université du Québec à Montréal, a réalisé des analyses fines permettant de comparer les valeurs des Québécois (ici définis comme tous les habitants du Québec, peu importe leur langue maternelle), des Canadiens anglais et des Américains. La position de Armony est que les Québécois sont au confluent de trois sources d'influence : le Canada, l'Europe francophone (surtout la France) et les États-Unis. Donc, les valeurs qu'ils ont intégrées au fil des générations seraient influencées par ces trois sources, si bien que même si elles sont relativement similaires à celles des deux autres groupes culturels, elles devraient se démarquer davantage de celles des Américains.

Comme on peut le remarquer dans la figure 6.5, c'est ce qu'on observe dans l'ensemble. C'est

FIGURE 6.4 **La structure prototypique du système de valeurs de Schwartz**

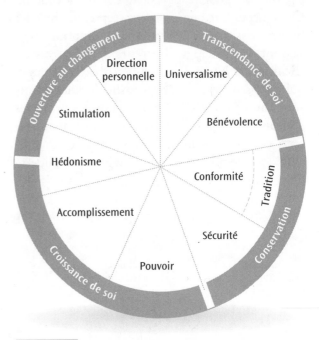

Source : Adapté de Bardi et Schwartz (2003).

notamment le cas en ce qui concerne l'ordre (le maintien de l'ordre social), la tolérance envers autrui et le respect de l'individualité (au regard de choix difficiles comme l'euthanasie et l'avortement). Compte tenu de cette tolérance et du respect de l'individualité que montrent les Québécois, il n'est donc pas surprenant que les institutions d'enseignement privées et publiques québécoises permettent à leurs étudiants de porter le voile islamique, le foulard musulman, la kippa juive ou, encore, le turban sikh, alors que plusieurs autres sociétés les défendent. Notons que le Canada anglais occupe toujours une position intermédiaire entre le Québec et les États-Unis relativement aux diverses valeurs mesurées.

Les relations valeurs-attitudes-comportement

Selon Rokeach (1973), les valeurs sont des antécédents des attitudes et des comportements : elles sont donc plus centrales dans la personnalité que ne le sont les attitudes. De nombreuses recherches ont établi une corrélation entre les valeurs et les attitudes, toutes se conformant aux attentes relevant du sens commun. Les opposants à l'utilisation de l'énergie nucléaire insistent sur le respect de l'environnement, tandis que ses défenseurs privilégient la prospérité économique (par exemple Eiser & van der Pligt, 1988). Rokeach (1973) rapporte une étude où les préférences pour le détergent Ivory reposaient sur la valeur instrumentale de propreté ainsi que sur le salut éternel (ces résultats semblaient être liés au slogan d'Ivory, « Pur à 99,44 % » !).

Bien que certains théoriciens des valeurs pensent que les valeurs peuvent influer sur le comportement (Bardi & Schwartz, 2003 ; Maio *et al.*, 2001), la plupart seront d'accord pour dire que l'influence des valeurs sur le comportement passe par les attitudes (par exemple Homer & Kahle, 1988 ; Kristiansen & Hotte, 1996). Ainsi, Shim et Eastlick (1998) se sont intéressés au rôle des valeurs et des attitudes de 557 habitants de différentes villes du sud-ouest des États-Unis dans la prédiction de leur fréquentation de petits supermarchés de leur région.

Les chercheurs ont mesuré les valeurs à l'aide de l'instrument de Homer et Kahle (1988), qui a permis d'isoler deux grandes valeurs, soit l'actualisation de soi et l'affiliation sociale. De plus, ils ont mesuré l'attitude des participants à l'égard de différents éléments du centre commercial (par exemple un environnement sécuritaire, la propreté des lieux, la qualité des produits, etc.), et le nombre de fois qu'ils fréquentaient le centre commercial et les dépenses mensuelles qu'ils y faisaient. Une analyse structurale fut réalisée. Les résultats ont démontré que les deux valeurs ont influé sur l'attitude envers le centre commercial régional et, en retour, l'attitude a permis de prédire le comportement. Ces résultats montrent bien l'ordonnancement des relations entre les valeurs, les attitudes et le comportement.

LA FORMATION DES ATTITUDES

Dans une « carrière » antérieure, le premier auteur de ce chapitre fut joueur de basket-ball. Cette activité lui

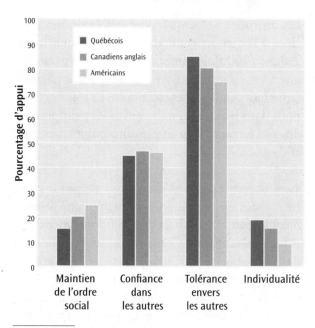

FIGURE 6.5 **Comparaison des valeurs des Québécois, des Canadiens anglais et des Américains**

Source : Adapté de Armony (2002).

a permis de faire plus d'un voyage. Lors d'un périple en France, un événement cocasse se produisit. Après un match à Paris, il alla fêter avec ses coéquipiers la victoire de son équipe. À la fin de la soirée, tout allait pour le mieux : la bière était bonne, les blagues de plus en plus drôles, et tous chantaient toutes les chansons des Beatles et des Rolling Stones. Tout à coup, par derrière, il reçut un coup de poing bien senti. Il se retourna et quelle ne fut pas sa surprise d'entendre : « Putains d'Américains, retournez chez vous ! » Un Parisien venait de le frapper en pensant qu'il était un Américain ! Alors qu'il s'apprêtait à riposter, son frère le retint et l'empêcha de faire une bêtise. Plus tard, en retournant à l'hôtel (tout en jetant un coup d'œil en arrière — on ne sait jamais…), il se demandait bien comment on pouvait en venir à développer une attitude si négative envers les Américains, au point de frapper une autre personne… même si elle n'est pas américaine ! C'est de ce thème dont il sera question dans la présente section. Nous verrons que nos attitudes prennent racine dans de multiples sources : affectives, comportementales, cognitives, culturelles et génétiques.

Les sources affectives

Les attitudes peuvent résulter des émotions associées à l'objet attitudinal. Comme le mentionne Zajonc (2000), les émotions peuvent représenter une forme d'influence très rapide pouvant agir de façon indépendante des cognitions. Le rôle des émotions dans la formation des attitudes peut prendre diverses formes. Nous en présentons quelques-unes ci-dessous.

Le conditionnement classique ou pavlovien.

Les études sur ce phénomène ont appliqué directement les principes de base du conditionnement classique aux attitudes. Considérons une application dans la publicité. Une image positive (une actrice, un athlète ou un chanteur connu et adulé) est présentée (stimulus inconditionné : SI) et génère une émotion positive. À cette image positive est associé un stimulus conditionné (SC), soit le produit que

l'on désire vendre, un appareil photo. Après un certain nombre de représentations et de pairages entre le SC et le SI, le SC (soit l'appareil photo) devrait mener à une réponse affective similaire à celle générée par le SI (la star tant aimée), donc à une attitude positive envers l'objet en question.

Plusieurs études soulignent le rôle du processus de conditionnement classique dans la formation d'attitudes. Ainsi, Staats et Staats (1958) ont montré que des mots ayant des significations affectives fortes peuvent produire des attitudes positives ou négatives envers un stimulus neutre, par simple couplage avec ce stimulus. Dans une expérience, il a été demandé à des participants de mémoriser deux séries de mots : une série de noms de diverses nationalités, comprenant ceux de stimuli neutres (« Suédois » et « Hollandais »), était présentée sur écran tandis qu'une autre série, composée d'adjectifs positifs (« heureux », « doués ») ou négatifs (« acerbes », « laids »), était présentée à l'aide d'écouteurs. La moitié des participants fut exposée aux mots positifs associés à « Suédois » et aux mots négatifs liés à « Hollandais » ; on présenta l'arrangement inverse à l'autre moitié des participants. Plus tard, les participants évaluèrent leur attitude à l'égard de plusieurs nations, dont la Suède et la Hollande. Les résultats confirmèrent la liaison nationalité-mot affectif : les nationalités qui avaient été couplées avec les mots positifs furent évaluées favorablement et, inversement, les nationalités couplées avec des mots négatifs furent évaluées défavorablement. On peut donc en tirer la conclusion qu'il est possible de conditionner des attitudes.

Malgré certaines critiques concernant le fait qu'il se pourrait que les résultats aient été influencés par des biais expérimentaux (Page, 1969, 1974), les résultats de Staats et Staats (1958) ont été reproduits à de nombreuses reprises. Par exemple, Zanna, Kiesler et Pilkonis (1970) ont démontré l'effet du conditionnement classique, mais en mesurant l'attitude finale du participant envers les stimuli conditionnés (les mots *light* et *dark*) dans le cadre d'un contexte qui était présenté aux participants comme une seconde étude totalement différente de la première. De plus, le conditionnement se généralisa à des mots sémantiquement proches (*white, black*). Un tel procédé confirme donc que le conditionnement attitudinal peut être obtenu en l'absence de biais des participants. Enfin, notons que l'effet du conditionnement classique et de la généralisation d'un produit (par exemple Garra) à un autre similaire (Gurra) a été reproduit de nombreuses fois dans le milieu de la publicité (par exemple Till & Priluck, 2000).

Peut-il y avoir conditionnement d'attitudes sans conscience des contingences SC-SI ? De nouvelles études de Olson et Fazio (2001, 2002), qui utilisent le paradigme de l'apprentissage implicite, montrent que oui. Dans ces études, les participants furent informés que l'étude portait sur l'attention et la rapidité (« tel le rôle d'un gardien de sécurité »). On leur présenta des centaines de mots et d'images, dont certains étaient appariés. On s'assura que deux appariements clés (une image d'un Pokémon — personnage d'un jeu vidéo animé — avec des mots positifs et celle d'un autre Pokémon avec des mots négatifs), présentés 20 fois chacun, étaient « enfouis » parmi plusieurs autres appariements. Par la suite, on demanda aux participants de répondre à un questionnaire où ils évaluaient toutes les images présentées, y compris celles des deux Pokémons. Les résultats soutinrent la thèse de l'effet du conditionnement classique. Le Pokémon apparié à des mots positifs fut évalué plus positivement que celui associé à des mots négatifs. De plus, aucun des participants ne rapporta s'être souvenu des deux appariements clés. Ces résultats furent reproduits dans le cadre de deux autres études (Olson & Fazio, 2001, étude 2 ; Olson & Fazio, 2002). De plus, Olson et Fazio (2002) ont démontré, en utilisant le TAI comme mesure, que l'effet du conditionnement classique se produit même sur l'attitude implicite de la personne.

C'est donc dire que l'effet du conditionnement classique se produit en dehors du champ de conscience de la personne, car cette dernière n'est consciente ni du processus menant à la formation de la nouvelle attitude ni de la mesure de son attitude (mesure implicite). Les processus affectifs sont donc responsables de l'effet.

L'effet de simple exposition. De nombreuses recherches ont mis en lumière le fait que l'exposition répétée à un stimulus accroît notre attirance pour celui-ci (Zajonc, 1968). Il s'agit d'un processus de formation de l'attitude qui ne recourt pas aux notions de renforcement ou de réduction de tension. Ainsi, Kunst-Wilson et Zajonc (1980) ont soumis des participants à une tâche d'écoute dichotique. Munis d'écouteurs, ils entendaient d'une oreille une série de mots qu'ils devaient comparer à un texte écrit placé devant eux ; de l'autre oreille, ils entendaient une série de mélodies qui, apparemment, n'étaient pas liées à la tâche. Plus tard, les participants durent écouter une série d'airs afin d'indiquer si les mélodies leur étaient familières, ainsi que leur attitude à leur égard. Même s'ils ne furent pas reconnus, les airs préférés étaient ceux qui avait été précédemment entendus. En d'autres mots, le simple fait d'être exposé aux mélodies, sans être conscient de l'exposition, a suffi à créer une attitude envers celles-ci.

L'**effet de simple exposition** a été démontré en ce qui concerne de nombreux types d'objets : des idéogrammes chinois, des mots de langues étrangères, des visages, des mélodies. Cela élimine les biais possibles émanant de la présentation sociale. À la suite d'une méta-analyse portant sur 208 études, Bornstein (1989) conclut que l'effet est plus évident lorsque le nombre de présentations du stimulus se situe entre un et neuf, et que la durée d'exposition est inférieure à une seconde. De plus, dans plusieurs études, les stimuli sont présentés de façon subliminale, donc en dehors du champ de conscience (à ce sujet, voir De Houwer, Thomas & Baeyens, 2001 ; Winkielman & Berridge, 2004 ; Zajonc, 1998, 2000, 2001).

Plusieurs recherches sur le terrain ont aussi permis d'observer la formation d'attitudes résultant de la simple exposition (voir Zajonc, 1998, 2000). Par exemple, le nombre de fois que le nom d'un candidat est entendu peut constituer un facteur prédictif important des résultats d'une élection (par exemple Grush, 1980). De plus, nous préférons voir une photographie « normale » de nous-mêmes (qui nous présente tel que nous nous sommes vus des milliers de fois dans le miroir) plutôt que l'inverse (Mita, Dermer & Knight, 1997). Enfin, notons que l'effet a aussi été observé chez les animaux (Hill, 1978). Il est donc très robuste.

Ce qui est moins clair, toutefois, c'est la nature des processus sous-jacents à l'effet. Zajonc (2000 ; Monahan, Murphy & Zajonc, 2000) propose une explication affective : l'effet se produit parce que la présentation répétée du stimulus génère une éva- luation autonomique positive automatique du stimu- lus, associée à un état affectif global positif. Bien que d'autres explications aient été proposées (par exemple Weisbuch, Mackie & Garcia-Marques, 2003), les résultats des études de Harmon-Jones et Allen (2001) soutiennent la position de Zajonc. Ces chercheurs ont démontré que la présentation subliminale répétée de stimuli (photographies de femmes) généra non seulement une attitude plus positive par la suite lorsque les photographies furent présentées aux participants pour évaluation, mais qu'elle produisit aussi une augmentation de l'activité dans le muscle zygomatique (de la joue), indiquant ainsi un affect automatique plus positif que celui issu de l'évaluation de photographies non visionnées.

Il ne faut pas minimiser les conséquences perni- cieuses de l'effet de simple exposition. Depuis notre tendre enfance, nous avons été surexposés passi- vement, de façon répétée, à de nombreux objets et comportements, soit par la voie de la publicité, soit par leur disponibilité à domicile. Les parents ou les amis qui fument, qui mangent du *junk food*, qui ne font pas d'exercice, qui consomment des films violents ou sexuellement explicites, et qui agissent négativement à l'endroit des groupes minoritaires sont autant de phénomènes qui risquent de s'inté- grer dans notre style de vie sans que nous nous en ren- dions compte, tout simplement parce qu'ils sont là, répétitifs, et que nous avons fini par développer une

attitude positive envers eux (Walther, Nagengast & Trasselli, 2005). Cela devrait nous faire réfléchir, au- tant pour nous que pour les gens qui nous entourent, comme nos frères et sœurs, et nos enfants.

L'infusion de l'affect. Une dernière influence affective sur nos attitudes provient de l'information que connotent les émotions que l'on peut ressentir à un moment bien précis (Forgas, 1995, 2001). Lorsque les gens croient que les émotions procurent une source valide d'information, elles peuvent influer sur leurs attitudes. Par exemple, vous venez de voir un film très drôle, et votre ami vous demande comment les choses vont ces temps-ci ? Vous prenez une seconde pour réfléchir et vous dites que votre vie ne pourrait aller mieux. C'est effectivement ce que Forgas et Moylan (1987) ont démontré en inter- rogeant des personnes à la sortie de salles de cinéma. Celles qui venaient de voir un film comique avaient une attitude plus positive à l'égard de leur vie que celles qui avaient vu un film sérieux ou triste. Les émotions générées par le film avaient influé sur les attitudes des gens envers la vie. Plusieurs études (voir Forgas, 1995, 2001 ; Wood, 2000) montrent que l'effet de l'infusion de l'affect se produit surtout lorsque les gens sont amenés à prendre une décision ou à émettre un jugement, comme dans le cas d'une attitude.

Les sources comportementales

Le conditionnement opérant ou skinnerien. Ce processus d'apprentissage repose sur un principe : la formation d'attitudes positives est plus probable quand elle mène à des récompenses plutôt qu'à des punitions. Bon nombre d'études soutiennent cette perspective (voir Eagly & Chaiken, 1993). Par exem- ple, dans une étude classique, Scott (1957) a démontré que, parmi des participants invités à défendre une position attitudinale dans un débat (non la leur), les participants « gagnants » du débat adoptèrent subséquemment davantage l'attitude défendue au cours du débat que les « perdants » ne le firent. Le renforcement de la victoire avait amené les gagnants à adopter la nouvelle attitude. D'autres études ont également démontré que, lors d'une entrevue téléphonique, le simple fait d'entendre le mot « bien » à la suite de l'une de leurs réponses allant dans le sens des politiques d'une université avait incité les gens à développer une attitude plus favorable envers ces politiques sur-le-champ, au téléphone (Hildum & Brown, 1956), ainsi qu'une semaine plus tard (Insko, 1965). Et Diamond et Loewry (1991) ont prouvé qu'en récompensant les gens avec un billet de loterie, on renforçait le comportement qui consiste à récupérer les déchets domestiques.

Au cours des dernières années, les psychologues sociaux ont utilisé une approche plus écologique en prenant en compte le fait que, dans la vie courante, généralement, les renforcements sont associés uniquement à des objets et des activités que l'on essaie. En d'autres termes, plusieurs de nos attitudes sont formées par l'entremise d'une exploration active du monde qui nous entoure. C'est en interagissant avec différents objets, différentes activités et différentes personnes que nous découvrons si nous les aimons (à la suite d'expériences ou de renforcements positifs) ou non (à la suite de renforcements négatifs), ce qui mène à des attitudes positives ou négatives, et à des comportements consonants. Ces évaluations se font sur-le-champ (Betsch *et al.*, 2001) et mènent à la formation de nos attitudes envers les objets explorés. Fazio et ses collègues (2004) ont réalisé une série de cinq études soutenant cette perspective. Leurs résultats montrent que l'on apprend mieux à discerner les objets pour lesquels on a reçu une rétroaction négative plutôt qu'une rétroaction positive (même si un apprentissage se fait dans les deux cas), que l'expérience directe mène à un meilleur apprentissage et qu'un tel apprentissage mène aussi à une généralisation de nos attitudes envers des objets similaires. Les résultats de Fazio et de ses collègues (2004) ont aussi été reproduits par une simulation connexionniste par ordinateur (Eiser *et al.*, 2003).

Prenons un exemple : en 1992, le premier auteur du présent chapitre assistait à un congrès en Belgique. Il s'était promis d'essayer les fameuses « moules et frites » que l'on y trouve un peu partout. Il avait résisté jusqu'à ce moment, où il a décidé de vivre dangeureusement. Sur le coup, il a trouvé le goût un peu bizarre, mais avec des frites et une bonne bière, le tout passa assez bien… mais, au cours de la nuit, il fut malade comme jamais. Ce fut la fin des moules (mais pas des frites), qu'il ne peut toujours pas manger. Et ce comportement s'est même généralisé aux huîtres, qu'il mangeait pourtant avant l'incident. Comme dans les études de Fazio et ses collègues, son comportement d'exploration l'a amené à essayer un nouveau mets. À la suite de la rétroaction négative qu'il a reçue, son attitude est devenue très négative envers ce mets et s'est même généralisée à un autre mets. Et son comportement a suivi : il ne mange plus ni moules ni huîtres aujourd'hui.

La perception de soi. Comme nous l'avons vu dans le chapitre 5, dans la présentation de la théorie de l'attribution de la perception de soi (Bem, 1972), il nous arrive, à l'occasion, de former nos attitudes en fonction de l'observation de notre comportement. La proposition centrale de cette approche est la suivante : l'accès à nos états intérieurs (y compris nos attitudes) s'effectue partiellement à partir des mêmes indices extérieurs qu'un étranger utiliserait pour nous observer.

Salancik et Conway (1975 ; voir Salancik, 1982) ont mené une étude classique sur ce sujet. Salancik a inventé un ingénieux paradigme méthodologique démontrant l'effet subtil du rappel d'un comportement passé sur la formation des attitudes : il s'agissait d'un questionnaire qu'il avait modifié. Deux groupes d'étudiants remplirent un questionnaire comportant 24 énoncés relatifs à des comportements antireligieux ou proreligieux. Dans le questionnaire du premier groupe, la plupart des énoncés proreligieux contenaient l'expression « à l'occasion » (« À l'occasion, je me rends à l'église ou à la synagogue. »). De plus, les items liés à des actions antireligieuses comprenaient l'adverbe « fréquemment »

(« Je refuse fréquemment de discuter religion avec des amis. »). Une telle manipulation expérimentale devrait amener les participants à se rappeler plus de comportements religieux, donc à inférer une attitude plus religieuse à la suite de cette observation. En effet, il devient plus facile d'être en accord avec des énoncés proreligieux contenant la locution « à l'occasion » et ainsi d'inférer une attitude positive à partir de ces rappels de comportements. Le procédé inverse fut appliqué au second groupe : les énoncés proreligieux étaient associés à l'adverbe « fréquemment » et les items antireligieux, à la locution « à l'occasion », ce qui devait amener les participants à se rappeler moins de comportements proreligieux et ainsi à adopter une attitude moins positive à l'égard de la religion. Par la suite, les participants répondirent à un test comprenant une échelle d'attitude envers la religion. Comme prévu, les étudiants du deuxième groupe (énoncés proreligieux fréquents) estimèrent posséder des attitudes religieuses moins positives que ceux du premier groupe. Par conséquent, on constata que des attitudes nouvelles avaient été fabriquées, à l'insu des participants, par l'effet trivial des deux locutions adverbiales différemment associées à des comportements passés.

Les travaux subséquents de Albarracin et Wyer (2000) ont montré, comme dans l'étude de Salancik et Conway, que ce qui compte, c'est que la personne *croie* qu'elle a adopté un comportement donné dans le passé, même si ce n'est pas vraiment le cas. L'attitude subséquente à une telle réflexion devient cohérente avec le rappel du comportement antérieur, même si ce rappel est faussé et mène à un comportement futur conforme à la nouvelle attitude. D'autres études soutiennent la perspective de Bem (voir Olson & Stone, 2005 ; Van Laar *et al.*, 2005). Ainsi, les recherches sur l'acceptation et l'utilisation des nouvelles technologies montrent que, même si la présentation de messages peut rendre plus positives les perceptions et attitudes relatives à l'utilisation de ces technologies, l'utilisation directe du produit précédée d'une période d'apprentissage guidé mène à des évaluations plus réalistes et à une plus grande utilisation du produit subséquemment (Xia & Lee, 2000). On connaît bien une application de ce principe : la remise aux consommateurs d'un échantillon d'un produit, inséré dans l'incontournable « publi-sac », pour qu'ils l'essaient. L'utilisation du produit les amène par la suite à développer une attitude positive envers le produit... dans la mesure où l'expérience aura été positive (Fazio *et al.*, 2004).

Les sources cognitives

Notre façon d'interpréter le monde qui nous entoure peut également déterminer nos attitudes. En effet, celles-ci peuvent découler de l'observation des autres, ainsi que de notre analyse des croyances se rattachant aux éléments de l'objet attitudinal.

L'apprentissage social ou apprentissage par observation. Bandura (1977a, 2001) a élaboré une troisième théorie de l'apprentissage dans laquelle le renforcement ne s'avère pas un élément indispensable de l'apprentissage : le simple fait d'observer une autre personne accomplir une action constitue une condition suffisante pour faire l'apprentissage et, éventuellement, adopter une attitude. Un tel processus s'appelle « apprentissage par observation » ou imitation. Par exemple, vous attendez au coin de la rue que la lumière soit verte pour traverser. Soudainement, une personne à côté de vous traverse la rue. Vous regardez à droite et à gauche : aucune voiture. Vous vous dites : « Elle a bien raison. Pourquoi attendre pour rien ? Il n'y a aucun risque, alors traversons. » Et vous traversez également. Votre observation vous a amené à réfléchir sur le comportement d'une autre personne et à former une attitude relative au fait de traverser la rue alors que l'on est censé ne pas le faire (*jay walking*) et à agir conformément à cette attitude.

Plusieurs études soutiennent la perspective de Bandura. Ainsi, comme nous le verrons dans le chapitre 10, le visionnement d'émissions de télévision à caractère prosocial encourage les attitudes et les comportements positifs envers autrui (Hearold, 1986). En revanche, comme nous le verrons dans le chapitre 9, l'effet des médias de masse sur l'apprentissage des comportements violents par imitation de même que sur la formation d'attitudes plus tolérantes à l'égard de la violence est indéniable (Geen & Thomas, 1986). En ce sens, il est intéressant de noter que la probabilité que des comportements terroristes se manifestent augmente proportionnellement aux unités (standardisées) de programmation d'émissions télévisées portant sur le terrorisme (Weimann & Brosius, 1989).

Le modèle croyance-évaluation de l'attitude.
Selon ce modèle, lorsque l'on forme des croyances sur différents aspects d'un objet, automatiquement une évaluation (positive ou négative) de ces aspects est associée à ces croyances. L'attitude totale de la personne devient alors la somme des multiplications de chaque croyance par sa valeur (ou son évaluation) subjective (Ajzen, 2001 ; Ajzen & Fishbein, 1980, 2000). Par exemple, l'un de vos amis peut croire que l'utilisation de préservatifs diminue le plaisir sexuel (probabilité très élevée de +2 sur une échelle de −3 à +3) et, de plus, considérer que cette croyance est associée à une évaluation très négative (−3 sur une échelle d'évaluation dont les extrémités sont « mauvais » et « bon »). Il manifestera donc une attitude négative à l'égard de l'utilisation du condom. Toutefois, même si une personne peut développer plusieurs croyances relativement à un objet spécifique, seulement celles qui seront accessibles en mémoire influeront sur son attitude (van der Pligt *et al.*, 2000).

Les sources culturelles

La culture constitue une autre influence sur les attitudes. Elle peut influer sur la formation des attitudes d'au moins deux manières. Premièrement, une culture donnée peut rendre saillants dans l'environnement de la personne certains objets, au détriment d'autres, et, ainsi, contribuer à favoriser des attitudes positives envers ces objets. Par exemple, dans les cultures africaines, le hockey est très peu populaire, car, contrairement à la situation au Québec, le climat ne se prête pas à ce sport d'hiver. Par contre, l'athlétisme et le soccer sont largement disponibles, ce qui permet le développement d'attitudes positives envers ces deux sports dont la valence (aspect positif ou négatif) sera déterminée par les processus mentionnés dans la présente section (par exemple, le conditionnement opérant).

Le second mécanisme par lequel la culture influe sur les attitudes est constitué de la valeur subjective qu'une culture accorde à un objet ou une activité, valeur qui sera transmise à l'individu de cette culture. Par exemple, une récente étude de Loiselle et de ses collègues (2005) révèle que, même si les deux groupes jouent le même nombre d'heures par semaine au soccer, les immigrants de première génération provenant de pays d'Europe, où le soccer est le sport numéro un, ont une plus grande passion obsessive pour ce sport (une pression intérieure à faire l'activité que l'on aime ; Vallerand *et al.*, 2003, voir le chapitre 3) que les Québécois.

Une culture donnée fournit donc l'objet en fonction duquel une attitude sera développée, et propose une évaluation subjective de cet objet. Bien que les influences culturelles puissent être filtrées par la cellule familiale (Fredricks & Eccles, 2004), la culture joue néanmoins un rôle non négligeable dans la formation des attitudes de l'individu.

Les sources génétiques

Nous avons toujours condidéré que nos attitudes étaient acquises par l'entremise des apprentissages et des expériences que nous faisions et vivions au fil du temps (voir Eagly & Chaiken, 1993). Or, tout récemment, certains chercheurs ont démontré qu'en plus de l'influence de l'environnement, notre hérédité contribuait aussi au développement de nos attitudes (Bouchard, 2004). La plupart de ces études reposent sur l'étude de jumeaux monozygotes (provenant du même œuf et, de ce fait, identiques et partageant 100 % de leur hérédité) et dizygotes (provenant de deux œufs et ne partageant donc que 50 % de leur hérédité). Certains de ces jumeaux ont été élevés dans les mêmes familles (donc dans le même environnement) et d'autres ont été séparés peu après la naissance. Ces différentes caractéristiques des participants à diverses études permettent de départager les rôles de l'hérédité et de l'environnement dans la formation des attitudes.

Bien que peu d'études aient été effectuées jusqu'ici sur le rôle de l'hérédité dans la formation des attitudes, il ressort que l'environnement explique une part plus importante du développement des attitudes que l'hérédité (Olson *et al.*, 2001). Toutefois, les facteurs génétiques expliquent une part non négligeable du développement des attitudes. Par exemple, Arvey et ses collègues (1989) ont constaté qu'environ 30 % de la satisfaction au travail était expliquée par des facteurs héréditaires. Similairement, Keller et ses collègues (1992) ont démontré qu'environ 38 % des différentes valeurs associées au travail relevaient de facteurs héréditaires. De même, l'équipe de Martin (1986) a expliqué, grâce à l'étude du comportement de plus de 3 000 jumeaux, que 21 à 51 % de la variance de différents énoncés attitudinaux portant sur une foule de sujets (la musique, la supériorité des blancs, la religion, etc.) dépendait de facteurs héréditaires. Plus récemment, Alford, Funk et Hibbing (2005 ; voir aussi Alford & Hibbing, 2004) ont mesuré les attitudes de plus de 8 000 jumeaux relativement à divers thèmes sociaux (l'avortement, la censure, la prière à l'école, les droits des homosexuels, etc.). Les différentes attitudes apparaissent dans le tableau 6.3. On peut remarquer une certaine variabilité d'une attitude à l'autre (de 25 à 41 % de variance expliquée par l'hérédité), mais, dans l'ensemble, la contribution génétique est indéniable. Les résultats montrent qu'en moyenne, 34 % de la variance provient de l'hérédité.

Si la génétique joue un rôle dans la formation des attitudes, alors comment cet effet se produit-il ? Olson et ses collègues (2001) de l'Université Western Ontario se sont penchés sur cette question en analysant un échantillon de plus de 300 jumeaux. Ces chercheurs ont reproduit l'effet génétique : sur 30 attitudes, 26 étaient significativement expliquées par l'hérédité, avec une moyenne de 35 % de variance

expliquée. Ces attitudes concernaient des objets allant de la peine de mort au plaisir de faire un tour dans les montagnes russes du parc d'amusement. Puis, les chercheurs ont démontré que trois variables, elles-mêmes influencées génétiquement, semblaient jouer le rôle de médiateur entre la génétique et les attitudes. Ces variables sont la sociabilité (ou le fait d'être gentil ou agréable), le talent athlétique et l'intelligence. Il semblerait donc que certaines caractéristiques de notre personnalité, de notre corps et de notre intelligence, qui sont jusqu'à un certain point déterminées génétiquement, servent à développer, en partie, nos attitudes. Ces résultats ouvrent la voie à de nouvelles recherches intéressantes sur le sujet. Toutefois, comme le rappellent Olson et ses collègues, plus de 60 % de la variance des attitudes proviennent des influences de notre environnement.

Conclusion

En guise de conclusion, nous formulerons trois remarques. Rappelons d'abord que les processus de formation des attitudes sont nombreux et variés. Certains peuvent opérer en dehors de notre champ de conscience (par exemple l'effet de simple exposition) alors que d'autres font appel à notre réflexion (l'approche fondée sur les croyances). De plus, d'autres modèles de développement des attitudes existent.

TABLEAU 6.3 **Attitudes et pourcentage de leur développement qui serait génétique**

Attitude envers :	Pourcentage de la contribution génétique
1. la prière à l'école	41 %
2. les taxes sur la propriété	41 %
3. le capitalisme	39 %
4. le pacifisme	38 %
5. le socialisme	36 %
6. l'immigration	33 %
7. la peine de mort	38 %
8. la censure	30 %
9. la ségrégation	27 %
10. l'avortement	25 %

Source : Adapté de Alford *et al.* (2005).

Bien que ces autres modèles puissent expliquer la formation d'attitudes, nous croyons qu'ils sont plus efficaces pour expliquer les changements d'attitudes. Nous aborderons maintenant cette dimension.

UNE ANALYSE DU CHANGEMENT D'ATTITUDE

L'étude du changement d'attitude est l'un des plus anciens secteurs d'étude en psychologie sociale, puisqu'elle date d'une soixantaine d'années (Heider, 1946). Le centre d'intérêt des recherches en ce domaine a historiquement été le changement des attitudes explicites, c'est-à-dire le changement des attitudes rapportées par des personnes à l'aide de questionnaires. Par exemple, si votre attitude initiale envers l'avortement est négative et que, à la suite d'une intervention quelconque, votre attitude explicite devient plus positive, il y a eu changement d'attitude. Même si certains travaux récents s'intéressent au changement d'attitude implicite (Dasgupta & Greenwald, 2001 ; Kawakami *et al.*, 2000), aucune étude n'a démontré jusqu'ici l'existence de processus menant à un changement d'attitude implicite en l'absence de changement d'attitude explicite (Petty *et al.*, 2003). En plus, certaines recherches (Gawronski & Strack, 2004) montrent que les procédures de changement d'attitude habituelles, comme la dissonance cognitive, que nous verrons ultérieurement, mènent à des changements d'attitudes explicites, mais non implicites. En conséquence, la présente section ne traitera que des études et théories portant sur le changement d'attitudes explicites. Nous examinerons donc les principales théories relatives à la consistance cognitive, l'approche fondée sur l'apprentissage du message, l'approche fondée sur la réponse cognitive et le modèle de la vraisemblance de l'élaboration cognitive.

Les théories relatives à la consistance cognitive

Les philosophes affirment depuis des siècles que les humains sont rationnels et cohérents dans leurs pensées et leurs actions. Les théories relatives à la consistance cognitive s'appuient sur cette perspective et postulent que, chez tout individu, la consistance est l'élément descriptif de l'organisation des éléments cognitifs entre eux (soit les attitudes, les croyances, les comportements, les besoins, les souvenirs, etc.). De plus, toute rupture d'équilibre suscitera une action visant à réduire l'inconsistance entre les éléments, ce qui mènera alors à un changement d'attitude afin de retrouver une consistance cognitive. McGuire (1985) a dénombré près d'une dizaine de théories portant sur la consistance cognitive. Toutefois, nous nous concentrerons principalement sur deux d'entre elles, soit la théorie de l'équilibre cognitif (Heider, 1946, 1958) et celle de la dissonance cognitive (Festinger, 1957).

La théorie de l'équilibre de Heider

Théoricien de la tradition de la Gestalt, Heider a appliqué les lois de la perception physique à l'univers cognitif. Selon cette approche, les individus recherchent l'ordre, la symétrie et la cohérence ; l'unité d'analyse est la « bonne forme », la « bonne figure ». Considérons une situation typique étudiée par Heider, celle de la triade : elle comprend la personne (p), une autre personne avec laquelle il y a relation (o) et l'objet de l'attitude (x) auquel p et o sont reliés. Si les deux personnes sont en relation d'admiration, d'amitié ou d'amour (+), p ressentira un état d'équilibre lorsqu'il percevra le partage d'attitudes importantes (voir le point A de la figure 6.6) ou il éprouvera un déséquilibre s'il observe des attitudes différentes (voir le point B de la figure 6.6). Aussi, la théorie prédit la stabilité de la triade lorsque les deux participants se détestent (−) mais manifestent des attitudes différentes à l'égard d'un objet (voir le point C de la figure 6.6). Évidemment, le cas d'ennemis possédant des attitudes similaires envers une même cible produira une triade non équilibrée. Cartwright et Harary (1956) ont proposé une règle facile pour déterminer si une configuration d'éléments cognitifs (dont les triades) est balancée ou non. Il s'agit d'une multiplication algébrique des signes

FIGURE 6.6 Diagrammes illustrant l'équilibre cognitif de triades p-o-x

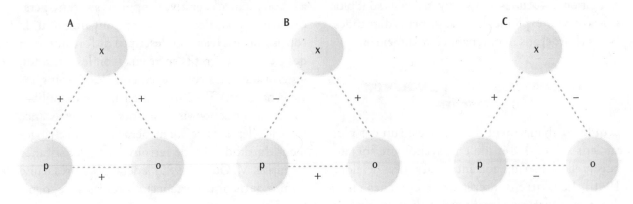

p et o sont des individus en relation d'attirance (+) ou d'aversion (−), tous deux pouvant posséder une attitude positive (+) ou négative (−) envers l'objet X. Selon la règle multiplicative, seule la triade B serait non équilibrée.

affectifs des trois relations. Pour être en équilibre, le produit de cette multiplication doit être positif. Par exemple, au point C de la figure 6.6, où p déteste (−) o, on obtient : (−) x (+) x (−) = +.

En général, les gens préfèrent les triades balancées. Cela est observable du fait que les gens préfèrent des relations humaines équilibrées. Plusieurs recherches soutiennent la thèse de la position d'équilibre entre les triades, notamment dans les secteurs de la vente (Homburg & Stock, 2005), de la consommation de divers produits (Woodside & Chebat, 2001), de la communication entre les utilisateurs de produits informatiques (Nakanishi *et al.*, 2003) et de la politique (Visser, 1994). De plus, les triades équilibrées sont également mieux mémorisées, sans doute parce qu'elles sont codées en mémoire comme une seule unité, tandis que les configurations non balancées sont emmagasinées en pièces détachées (Fiske & Taylor, 1991). Il est en effet plus aisé de se souvenir de l'accord entre deux amis ou du désaccord entre deux ennemis que de se rappeler qui, de deux personnes, aime ou n'aime pas un objet litigieux. Enfin, notons que les changements que les gens feront pour rétablir un équilibre représenteront ceux dont le coût psychologique sera moindre (Abelson & Rosenberg, 1958). Ainsi, il est plus aisé de changer votre attitude envers un chemisier nouveau genre que de remettre en question votre relation avec votre meilleure amie qui vient de vous l'offrir.

La dissonance cognitive

Comme nous l'avons mentionné précédemment, nous sommes motivés à maintenir une cohérence ou « consonance » entre nos pensées, nos cognitions et nos comportements. À cet égard, Festinger (1957) a proposé une théorie fort importante, soit la **théorie de la dissonance cognitive**. Selon cette approche, une cognition représente un élément de connaissance. Une cognition peut donc être une idée (« Il fait chaud. »), une croyance (« La chaleur me rend léthargique. »), une attitude (« Je hais la chaleur. »), un comportement (« Durant la canicule, je m'en vais dans le Nord. »), voire une valeur ou une émotion. Les cognitions peuvent se trouver dans une relation de non-pertinence ou de pertinence les unes par rapport aux autres. La théorie s'intéresse aux cognitions pertinentes qui peuvent être consonantes (c'est-à-dire consistantes) ou dissonantes (c'est-à-dire inconsistantes). Plus particulièrement, « deux éléments sont en relation dissonante si, lorsqu'on les considère isolément, on constate que l'inverse de l'un découlera de l'autre. En termes plus formels, x et y sont dissonants si non-x découle de y » (Festinger, 1957, p. 13 ; traduction libre). Ainsi, l'opposition comprise entre l'attitude « J'aime m'exposer au soleil. » et la croyance « L'exposition au soleil est un facteur associé au cancer de la peau. » représente un état de dissonance. De plus, à l'instar des états motivationnels de soif ou de faim, la dissonance engendre un état d'activation physiologique désagréable qui incite l'individu à chercher des façons de la réduire.

Le taux de dissonance ressenti est fonction de trois variables : l'écart entre les cognitions, l'importance des cognitions et le nombre de cognitions dissonantes en présence. Il peut être représenté par le rapport suivant :

$$\text{taux de dissonance} = \frac{\text{importance} \times \text{nombre de cognitions dissonantes}}{\text{importance} \times \text{nombre de cognitions consonantes}}$$

L'élément qui distingue le plus la théorie de la **dissonance cognitive** des autres théories relatives au changement d'attitude se trouve dans le fait qu'elle postule que l'incohérence entre deux cognitions ou entre une cognition et un comportement produit un état d'inconfort qui doit être éliminé. C'est cet état affectif négatif qui mène au changement d'attitude. Plusieurs études soutiennent l'assertion de Festinger quant à l'existence d'un tel état affectif (par exemple Croyle & Cooper, 1983 ; Losch & Cacioppo, 1990). Ainsi, Elliot et Devine (1994) ont montré, dans le cadre de deux études, que la dissonance correspond à un état affectif d'inconfort psychologique (comme se sentir mal à l'aise et dérangé), et non à un état de baisse d'estime de soi situationnel. Ces résultats ont été reproduits par Galinsky, Stone et Cooper (2000).

Si nous cherchons à atténuer la dissonance ressentie, alors comment nous y prenons-nous pour le faire ? Les recherches sur la théorie montrent que nous utilisons au moins quatre grands processus pour réduire la dissonance entre une cognition (Le fait de fumer est mauvais pour la santé.) et un comportement (« Je fume. »). Festinger (1957) affirmait que la façon la plus simple de réduire la dissonance était de changer le comportement. Cela représente le premier processus. Toutefois, il est

parfois fort difficile de le réaliser (arrêter de fumer n'est pas facile), et la personne ne sera pas nécessairement intéressée, au premier abord, à s'exécuter. La personne préférera peut-être utiliser un second processus, soit chasser de sa conscience ces idées qui engendrent l'état de tension ressenti. Cela peut se faire en se changeant les idées par le visionnement d'un bon film (Cooper, Fazio & Rhodewalt, 1978) ou par la consommation d'alcool (Steele, Southwick & Critchlow, 1981). Par contre, si la dissonance porte sur un aspect important (ici, la santé), il se peut fort bien que ce processus soit inefficace. Donc, un troisième processus pourrait devenir utile, la banalisation. On essaie alors de croire que l'un des éléments produisant la dissonance n'est pas si important que cela (« Fumer quelques cigarettes par jour ne peut me faire tant de mal que cela. »). Toutefois, même cette stratégie peut s'avérer inefficace compte tenu d'une information qu'il est difficile de mettre de côté (les statistiques sont claires : fumer, même quelques cigarettes par jour, *cause* plusieurs problèmes de santé). Un quatrième processus sera alors de vouloir ajouter des éléments consonants, donc de réduire le taux de dissonance (voir la formule précédente sur le taux de dissonance ressenti). Ainsi, notre fumeur pourrait se dire qu'il fait beaucoup d'exercice, ce qui devrait réduire considérablement l'effet négatif de la cigarette sur la santé, voire l'éliminer.

La théorie de la dissonance a ouvert nombre de pistes ou de paradigmes de recherche ; elle a aussi provoqué plusieurs controverses théoriques constructives. Nous ferons un survol de cinq paradigmes qui ont mobilisé les chercheurs.

La soumission induite. On doit à Festinger et Carlsmith (1959) l'expérience classique sur la soumission induite à partir d'une justification insuffisante. Ces chercheurs ont vérifié les hypothèses suivantes de la dissonance : si un individu est amené à s'exprimer ou à agir de façon contraire à son attitude, il ressentira un état de dissonance l'incitant à changer son attitude de manière à la faire correspondre à ce qu'il a dit ou fait. Plus les déterminants externes susceptibles d'inciter à l'action sont forts, plus faible sera le changement d'attitude (contrairement à la position issue du renforcement). Pour mener leur vérification, ils ont fait effectuer des tâches ennuyeuses à des participants (comme tourner des chevilles de bois d'un quart de tour). À la moitié d'entre eux on a offert une faible rémunération (1 dollar) ; l'autre moitié a reçu une compensation plus appréciable (20 dollars). En retour, tous les participants devaient dire à un autre sujet que la tâche expérimentale était très intéressante. À la suite de l'actualisation de ce comportement contre-attitudinal, on a évalué l'attitude réelle des participants à l'égard de la tâche. Conformément à l'effet du « moins qui mène à plus », les participants dans la condition de faible récompense ont manifesté une attitude plus favorable que les participants dans la condition de récompense élevée (voir la figure 6.7).

Ces résultats ont été confirmés à maintes reprises, en fonction de presque toutes les modalités sensorielles. Question de goût, mentionnons l'« appétissante » recherche de Zimbardo (1965), qui a montré que des soldats qui avaient été invités par un expérimentateur antipathique à déguster des sauterelles grillées finirent par aimer davantage les sauterelles que les soldats qui en avaient mangé à la demande d'un expérimentateur sympathique. En effet, accepter de manger des sauterelles pour faire plaisir à un expérimentateur antipathique est dissonant. Une façon de résoudre la dissonance ressentie est de changer son attitude envers l'objet en question, soit les sauterelles : « Après tout, elles sont relativement bonnes ! »

Plusieurs études réalisées au cours des 50 dernières années soutiennent toujours l'essentiel de ce paradigme : amener une personne à adopter un comportement contraire à son attitude initiale pour des raisons minimales produit un changement d'attitude subséquent (voir Harmon-Jones & Mills, 1999, et Olson & Stone, 2005, pour une recension à ce sujet).

Le paradigme de l'hypocrisie. Ce qui est surprenant de nos jours relativement aux comportements de santé, comme faire de l'exercice ou porter

FIGURE 6.7 **Mentir pour des dollars**

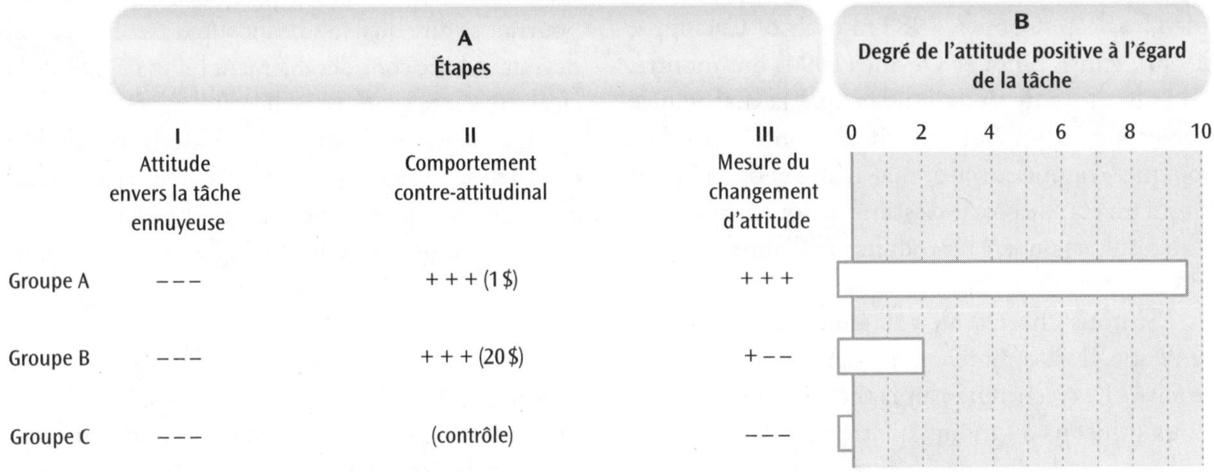

	A — Étapes			B — Degré de l'attitude positive à l'égard de la tâche
	I — Attitude envers la tâche ennuyeuse	II — Comportement contre-attitudinal	III — Mesure du changement d'attitude	0 2 4 6 8 10
Groupe A	– – –	+ + + (1 $)	+ + +	████████████
Groupe B	– – –	+ + + (20 $)	+ – –	██
Groupe C	– – –	(contrôle)	– – –	█

A : déroulement en trois temps de l'expérience de dissonance cognitive induite d'une conduite contre-attitudinale faiblement ou fortement rémunérée ;

B : résultats confirmant le changement d'attitude consécutif à la soumission librement consentie.

Source : Adapté de Festinger et Carlsmith (1959).

le condom, c'est que la majorité des gens savent que c'est bon pour eux. En fait, il est fort probable que la majorité des gens ont une attitude relativement positive envers les comportements de santé, mais beaucoup ne les adoptent quand même pas. Donc, ce qui serait important n'est pas tant de produire un changement d'attitude qu'un changement de comportement. Certaines recherches (par exemple Barquissau & Stone, 2000 ; Fried & Aronson, 1995 ; Stone *et al.*, 1997) portant sur la théorie de la dissonance cognitive proposent une façon de le faire : amener les gens à se sentir hypocrites lorsqu'ils se rendent compte de la dissonance entre ce qu'ils recommandent publiquement et leur propre comportement antérieur, le tout devant mener à un changement de comportement.

Par exemple, dans l'étude de l'équipe de Stone (1997, étude 1), des étudiants universitaires ont participé à une vidéo amateur dans laquelle ils promouvaient l'utilisation du condom afin de prévenir la transmission du VIH. Par la suite, les participants furent aléatoirement assignés à l'une de deux conditions : réfléchir aux raisons expliquant pourquoi ils n'ont pas utilisé le condom dans le passé (condition de raisons personnelles) ou réfléchir aux raisons expliquant pourquoi les gens, en général, n'utilisent pas le condom (raisons normatives). Par la suite, les participants eurent la possibilité d'acheter des condoms. Il était prédit que les participants dans la condition des raisons personnelles auraient la forte impression de commettre une hypocrisie parce qu'il y avait dissonance entre leur comportement antérieur (la non-utilisation du condom) et leur présentation publique (comportement présent) promouvant l'utilisation du condom. En conséquence, ils devraient acheter des condoms en plus grand nombre que les participants de l'autre condition, qui devraient ressentir peu de dissonance, car ils ne se concentreraient pas sur leur propre comportement, mais sur celui des gens en général. Les résultats ont confirmé les hypothèses. Les participants dans la condition de raisons personnelles ont acheté plus de condoms (78 %) que ceux dans la condition de raisons normatives (26 %).

Plusieurs autres études ont étayé les résultats de Stone et de ses collègues (1997) dans des domaines comme la préservation de l'environnement (Dickerson *et al.*, 1992 ; Fried & Aronson, 1995), l'habitude de faire de l'exercice (Barquissau & Stone, 2000) et la diminution des préjugés raciaux (Son Hing, Li & Zanna, 2002). Ce paradigme semble donc particulièrement utile pour susciter des changements de comportement.

La dissonance postdécisionnelle. Selon Festinger, toute prise de décision mène à un certain degré de dissonance. En effet, une décision requiert un choix parmi deux ou plusieurs options. Comme il est rare que l'option retenue soit tout à fait satisfaisante, et que celle non retenue soit tout à fait négative, il y a un conflit qui mène à la dissonance. En évaluant plus positivement la proposition retenue et plus négativement celle rejetée, on peut alors réduire la dissonance.

Une expérience classique (Brehm, 1956) illustre ce phénomène. Sous prétexte d'aider une firme de commercialisation, on demanda à des femmes d'évaluer des articles ménagers. Par la suite, en guise de remerciement, on les invita à choisir l'un de ces articles. Dans la condition de dissonance élevée, les participantes choisissaient entre deux produits dont les évaluations étaient similaires ; dans la condition de faible dissonance, le choix s'effectuait entre deux articles dont les évaluations étaient différentes. Dans la condition de contrôle, un article était choisi par l'expérimentateur et donné en cadeau. Par la suite, les femmes eurent à lire de brefs rapports techniques du manufacturier, puis furent de nouveau invitées à juger les articles. Les résultats indiquèrent un changement important d'attitude dans la condition de dissonance élevée, où se trouvaient les produits similaires. L'attitude positive envers le produit choisi avait augmenté, alors que l'attitude positive envers le cadeau non choisi avait diminué, confirmant ainsi l'effet d'écartement de l'attitude envers des produits similaires.

Les recherches subséquentes ont soutenu ces résultats, et ce, dans divers secteurs, comme le choix de partenaires amoureux (Johnson & Rusbult, 1989), et les décisions de groupe (Zanna & Sande, 1987) et individuelles (Stone, 1999). Un instrument pour mesurer le degré de dissonance ressenti après un achat a même été élaboré (Sweeney, Hausknecht & Soutar, 2000) et permet de mesurer, notamment, les aspects émotionnels (par exemple « J'étais désespéré. »), cognitifs (« Avais-je vraiment besoin de ce produit ? ») et d'inquiétude (« Je me demande si je me suis fait rouler. ») à la suite d'un achat.

Il peut même arriver qu'à l'occasion, après avoir réaffirmé son choix par la voie de la dissonance, on ressente un regret post décisionnel, notamment si des coûts importants sont associés à la décision. Par exemple, si vous avez décidé de vous acheter un ordinateur et avez hésité entre un PC et un Macintosh, un regret post décisionnel est bien normal. Il n'est alors pas surprenant que le vendeur vous téléphone pour vous féliciter de votre choix. Bien que de tels regrets ne durent généralement pas très longtemps (Stone, 1999), en agissant de la sorte, le vendeur diminue votre dissonance en ajoutant des cognitions additionnelles consonantes quant à votre choix. Il s'assure ainsi que vous ne profiterez pas de votre droit d'annuler la vente dans les 10 jours suivant celle-ci !

La perception sélective de l'information. Festinger (1957, 1964) soutenait que les gens cherchent à éviter la dissonance, donc ils essaient de ne pas se mettre dans une situation pouvant créer un état de dissonance. Cela mena à la prédiction que nous aurons tendance à prêter davantage attention à l'information qui appuie nos attitudes et à éviter celle qui les heurte, de même qu'à choisir notre environnement social selon sa compatibilité avec nos attitudes.

Une astucieuse recherche (Kleinhesselink & Edwards, 1975) a mis en lumière cet état de fait.

On présenta à des participants un message en faveur de la marijuana. Le message comportait un certain nombre d'arguments présentés à l'aide d'écouteurs et était accompagné d'un bruit statique constant qui en rendait l'audition pénible. L'expérimentateur, tout en s'excusant du bruit sur l'enregistrement, expliqua qu'un bouton permettait d'interrompre le bruit cinq secondes durant. Le sujet pouvait y recourir aussi souvent qu'il le désirait. En réalité, ce bouton constituait la mesure de la variable dépendante : plus le sujet poussait sur le bouton pour arrêter le bruit, plus il prêtait attention à des parties du message. Les résultats furent très révélateurs : les participants favorables à la marijuana interrompirent davantage le bruit lorsque les arguments étaient très favorables à la légalisation de cette drogue ; les participants opposés à la marijuana firent exactement le contraire. Chacun des groupes s'est donc exposé à de l'information qui a renforcé ses attitudes existantes. Les recherches subséquentes ont démontré l'effet différentiel d'attention, et ce, tant en laboratoire (Frey & Rosch, 1984) qu'en milieu naturel (Lavine, Borgida & Sullivan, 2000 ; Sweeney & Gruber, 1984).

La justification de l'effort. La théorie de la dissonance permet de prédire qu'un but atteint au terme d'efforts intenses sera jugé plus favorablement qu'un objectif atteint avec peu d'efforts ou sans effort. Si nous dépensons beaucoup d'énergie pour atteindre l'objectif visé et que, à la fin, nous l'évaluons négativement, il va de soi qu'un état de dissonance sera créé. On peut toujours se convaincre que, au fond, l'effort investi fut négligeable. Mais il est plus aisé d'élever notre attitude envers l'objectif atteint et, ainsi, de justifier l'effort accompli. De nombreuses recherches ont confirmé cette prédiction. Par exemple, des participants ont été soumis à des séances pénibles d'initiation (des séances de chocs électriques, entre autres) préalablement à leur admission dans des groupes convoités (par exemple Gerard & Mathewson, 1966). Même si ces groupes étaient vraiment ennuyeux ou déplaisants, les participants à ces initiations les jugeaient plus positivement que les participants dont l'initiation avait été peu exigeante.

Certains chercheurs ont même utilisé le paradigme de la justification de l'effort pour expliquer l'efficacité de la psychothérapie. En effet, une thérapie exige du temps, de l'argent et un investissement émotionnel. Afin de justifier ces divers coûts, le client en viendra à évaluer positivement les tâches et le but thérapeutiques. Dans une recherche, Axsom et Cooper (1985) ont soumis des participants obèses à une thérapie basée sur des tâches cognitives difficiles, mais ne requérant pas d'effort physique. Il est à noter que ces exercices intellectuels ne pouvaient aucunement les aider à perdre du poids. Pourtant, après trois mois, les participants du groupe où l'effort cognitif était considérable perdirent nettement plus de poids que les participants dans la condition d'effort minime. De plus, cette différence s'est accrue au cours des six mois suivants. Fait encore plus surprenant, Axsom (1989) a pu démontrer que l'anticipation de l'effort (et non l'effort lui-même) est suffisante pour engendrer une dissonance susceptible d'être réduite par le changement thérapeutique.

De façon analogue, Jost et ses collègues (2003) ont soutenu que les personnes qui croient le plus dans le système social actuel devraient être celles qui sont les plus défavorisées par le système. En effet, celles qui travaillent le plus fort pour arriver à subvenir à leurs besoins devraient ressentir un haut niveau de dissonance au regard de la situation dans laquelle elles se trouvent. Puisqu'elles ne peuvent arrêter de travailler, la seule façon de réduire leur dissonance est de croire davantage dans le système social dont elles font partie. Les résultats d'une série de cinq études (Jost *et al.*, 2003) menées dans la population vont dans ce sens. Par exemple, les personnes à faible revenu (moins de 10 000 $ par année), qu'elles soient blanches, noires ou d'origine hispanique, se montraient davantage favorables que les groupes plus riches à la limitation des critiques faites à l'endroit du gouvernement par la presse et les citoyens (étude 1), et affirmaient plus fermement

que le gouvernement travaille pour le bien de tous (étude 2) et que des différences de salaire sont nécessaires afin d'inciter les gens à travailler plus fort (étude 3). Il semble donc, ici aussi, que l'interprétation de Festinger voulant que l'effort mène à une justification soit confirmée, même auprès de groupes sociaux qui devraient pourtant être les derniers à arriver à de telles conclusions.

Les autres interprétations possibles. Au fil des ans, plusieurs théories ont été présentées pour remplacer la théorie de la dissonance. Une première proposition divergente porte sur la gestion de l'impression. Selon Tedeschi, Schlenker et Bonoma (1971 ; Schlenker, 1982), les gens, par leur socialisation, sont davantage prêts à se montrer d'accord avec les attentes d'autrui qu'à être cohérents logiquement. En conséquence, cette théorie postule qu'il existe un état motivationnel désagréable qui consiste en l'appréhension d'être jugé négativement par autrui. Dans le paradigme de la soumission induite, les participants feraient semblant d'être cohérents dans leur attitude envers un comportement contre-attitudinal. Ils adopteraient une attitude qui les protégerait de l'accusation de n'être pas sincères et d'être hypocrites. Certaines études soutiennent cette interprétation (par exemple Gaes, Kalle & Tedeschi, 1978) en démontrant que si l'expérimentateur réussit à convaincre le participant qu'il peut mesurer sa vraie attitude, alors ce dernier ne change pas d'attitude dans le paradigme de la soumission induite. Toutefois, les tenants de cette version de la théorie vont peut-être trop loin en affirmant que le changement d'attitude est feint. Par exemple, plusieurs recherches montrent que le changement d'attitude dans les paradigmes de la dissonance peuvent se produire lorsque le participant est seul (voir Eagly & Chaiken, 1993, 1998). Cela souligne le fait que la perspective de la gestion d'impression face à autrui est, à tout le moins, incomplète.

Plus récemment, d'autres perspectives ont vu le jour. Ainsi, Beauvois et Joule (1996, 1999) proposent un prolongement de la théorie initiale de la dissonance cognitive encore plus radical et, contrairement aux autres avenues théoriques, ne nécessitant pas d'autres ajouts de processus. Par exemple, ces auteurs postulent, entre autres, que, dans le paradigme de la soumission induite (l'étude de Festinger & Carlsmith, 1959 ; voir la figure 6.7), les participants réalisent non pas une, mais deux tâches (soit faire une tâche monotone et mentir à une autre personne) qui produisent toutes deux de la dissonance. Or, selon les auteurs, cette seconde tâche est consonante avec la première et devrait mener à moins de changement d'attitude que le simple fait de faire seulement la première tâche (la tâche ennuyeuse). C'est ce que leurs recherches ont démontré (Beauvois & Joule, 1996).

Harmon-Jones et Harmon-Jones (2002) ont proposé un modèle d'action orientation pour tenter d'expliquer pourquoi la dissonance est ressentie. Selon ces chercheurs, les cognitions sont au service du comportement. Si une cognition est contraire à une action que l'on vient de faire, et qu'elle indique que l'on n'aurait pas dû émettre le comportement, il y aura dissonance. En effet, l'action efficace que l'on croyait avoir menée n'est peut-être pas si efficace que cela. Les auteurs ont effectivement démontré, dans le cadre de deux études réalisées dans le paradigme de la dissonance post décisionnelle, que l'on ressent plus de dissonance à la suite d'une décision qui doit mener à une action concrète que si la décision ne mène pas à un comportement.

Un autre regroupement de théories découlant de la théorie de la dissonance cognitive se rattachent au concept d'**autoaffirmation**. Selon certains auteurs, comme Elliot Aronson (1969), d'ailleurs un ancien étudiant de Festinger, ce dernier aurait mal cerné la source de la dissonance. Ce qui est critique, c'est la dissonance entre le comportement et le concept de soi. La dissonance ne résulterait donc pas d'une contradiction logique entre deux cognitions : elle se manifesterait plutôt lorsqu'une conduite menace de diminuer l'estime de soi. Dans l'expérimentation de Festinger et Carlsmith (1959), l'inconsistance ne se situerait pas entre la croyance « Cette tâche est

vraiment ennuyeuse. » et la croyance « J'ai dit que cette tâche était intéressante. ». D'après Aronson, il faut repérer la dissonance entre les croyances « Je suis une bonne personne. » et « J'ai menti. » Des recherches confirment cette interprétation. Ainsi, l'effet de dissonance est observé quand des participants sont amenés à mentir à quelqu'un qu'ils aiment, mais non dans le cas d'un mensonge à une personne détestée (Cooper, Zanna & Goethals, 1974). Les recherches sur le paradigme de l'hypocrisie (Barquissau & Stone, 2000 ; Fried & Aronson, 1995 ; Stone et al., 1997) découlent d'ailleurs de cette position. En effet, il y alors incohérence entre le fait que je suis une bonne personne et que je ne fais pas ce que je dis aux autres de faire. Je change alors de comportement.

Steele (1988) a prolongé la réflexion d'Aronson en affirmant qu'il n'est pas requis de transiger directement avec l'inconsistance qui menace le soi pour réduire la dissonance. En fait, toute action ou pensée susceptible d'affirmer des aspects importants du soi pourra servir à réduire l'inconsistance. Par exemple, Luce, une fille très rationnelle, connaît les effets cancérigènes de la cigarette, mais, pourtant, elle fume. Elle est agacée par la perception de son impuissance à s'affranchir de cette dépendance. Elle compense cette désagréable sensation de dissonance par les dons qu'elle fait régulièrement aux œuvres pour les pauvres de sa paroisse. Ces dons affirment sa perception positive d'elle-même et diminuent sa dissonance. Plusieurs études soutiennent cette perspective et montrent que le fait d'affirmer un aspect positif du soi (par exemple en donnant de l'argent pour les bonnes œuvres) permet à la personne de réduire la dissonance sans pour autant changer d'attitude ou de comportement par rapport à la cigarette (Aronson, Cohen & Nail, 1999 ; Steele, 1988).

Enfin, Stone (2003 ; Stone & Cooper, 2001) a proposé un modèle des standards du soi permettant d'intégrer la perspective de l'autoaffirmation de Steele à celle de Festinger. Parmi les nombreuses prédictions que permet de faire ce modèle, celle relative à la réduction de la dissonance est fort intéressante. Ainsi, lorsque l'on ressent de la dissonance, la réduction de cette dernière se fera par l'entremise de l'autoaffirmation si les aspects du soi sont saillants, ou par un changement d'attitude si des aspects normatifs (ou ce qui est approprié dans la situation) le sont. Plusieurs études soutiennent cette perspective (voir Stone, 2001).

En guise de conclusion, soulignons l'impressionnante richesse de la théorie de la dissonance cognitive, qui nous mène à une meilleure compréhension des processus de changements d'attitudes et qui permet de générer de nouvelles connaissances et perspectives d'étude. Ainsi, des études récentes montrent que le fait de voir une autre personne vivre une dissonance entre son attitude et son comportement peut induire le même état de dissonance chez l'observateur, dans la mesure où ce dernier a établi un lien avec l'acteur (Norton *et al.*, 2003 ; Sakai, 1999). De plus, Lieberman et ses collègues (2001) ont montré, dans deux études, que le changement d'attitude induit par la dissonance se produit quand même chez des gens souffrant d'amnésie antérograde (donc qui ne peuvent retrouver dans leur mémoire de nouveaux souvenirs) et chez d'autres dont l'attention est centrée vers une autre tâche. Ces résultats démontrent que le changement d'attitude induit par la dissonance peut se produire sans délibération consciente, donc de façon inconsciente. Ces recherches, et d'autres (voir Olson & Stone, 2005 ; Harmon-Jones & Mills, 1999), ouvrent peut-être la voie à un autre 50 ans de recherche théorique.

LA PERSUASION PAR LE MESSAGE

L'approche fondée sur l'apprentissage du message

Chaque jour, nous sommes bombardés de milliers de messages. Quels seront les effets de ces messages sur notre attitude et notre comportement ? C'est sur cette question que les premiers chercheurs s'intéressant à l'approche fondée sur le message dans l'étude du changement d'attitude se sont attardés. Les premiers efforts en ce sens provenaient de Carl Hovland et son groupe de l'Université Yale (Hovland, Janis & Kelley, 1953). Ce groupe n'a pas proposé une théorie formelle de la **persuasion**, mais plutôt des principes. Selon cette approche, le changement d'attitude résulterait d'un apprentissage du message subséquent à la communication du message. Selon Hovland, un tel apprentissage passerait par plusieurs étapes cognitives : prêter attention au message, comprendre le message, apprendre le message, accepter le message, et se souvenir du message.

Pour Hovland et son équipe, il s'agissait donc de trouver les façons les plus efficaces d'amener les gens à apprendre le message et, ainsi, à modifier leurs attitudes. Dans cet esprit, Hovland et les chercheurs qui l'ont suivi ont étudié une multitude de variables indépendantes. En fait, Oskamp (1991) a recensé près d'une centaine de ces variables. Elles peuvent aisément être regroupées sous l'énoncé suivant, suggéré par Lasswell (1948) :

Qui (source) dit **Quoi** (message) **À qui** (auditoire) et **Comment** (médium).

D'innombrables études ont été réalisées dans ce cadre (voir Petty & Wegener, 1998). Nous résumons brièvement certains de leurs résultats clés ci-dessous.

La source du message. La personne qui présente le message y est pour beaucoup dans la persuasion de l'auditoire. Au moins trois variables semblent importantes dans ce cadre : la crédibilité de la source, la similitude avec l'auditoire et la sympathie que peut susciter la source (Perloff, 2003 ; Petty & Wegener, 1998). Une source sera perçue comme crédible s'il est démontré qu'elle est experte et digne de confiance. Cette démonstration peut se faire à l'aide d'un titre (D^r, professeur), de diplômes affichés sur les murs ou d'un résumé des faits saillants de sa carrière (McCroskey & Teven, 1999). La similitude implique qu'il y a un lien, une connexion, avec la source, que ce lien soit physique ou psychologique. Enfin, une source sera perçue comme sympathique si on sent qu'elle est authentique et affectueuse (Perloff, 2003).

Plusieurs recherches montrent que la source influe sur le caractère persuasif d'un message. Par exemple, les sources plus sympathiques peuvent rendre un message plus persuasif (Rhoads & Cialdini, 2002 ; Sharma, 1999). Ce phénomène peut être dû au fait que la source nous met dans un état plus positif, état qui peut être associé au message, comme on l'a vu précédemment, par conditionnement classique, par cohérence cognitive des triades ou par infusion de l'affect, le tout menant à une attitude plus positive. D'autres études mettent en lumière l'effet de la crédibilité de la source sur la persuasion (Linnehan, 2004 ; Sussman & Siegal, 2003). Toutefois, il peut arriver qu'une source n'affichant pas les caractéristiques positives usuelles aient aussi un effet persuasif. Par exemple, une source non similaire peut amener l'auditoire à réfléchir davantage à un message et, dans la mesure où ce dernier est bien présenté, à être persuadé de sa valeur (voir Petty & Wegener, 1998).

Le message. Le message représente l'une des variables les plus importantes. Toutefois, c'est aussi l'une des variables les plus complexes. Plusieurs aspects du message ont été étudiés. Parmi ceux-ci, notons la structure du message et son contenu. En ce qui concerne la structure du message, il semble que les messages qui présentent les deux côtés d'une situation sont plus efficaces que ceux qui ne présentent que la seule position du communicateur (Allen, 1998 ; O'Keefe, 1999). Cela sera surtout le cas si l'auditoire possède une attitude contraire à celle prônée par la source du message, et si cette dernière va plus loin qu'une simple présentation de l'autre perspective et réussit à détruire les arguments associés à celle-ci (O'Keefe, 1999). De plus, il semble que présenter une conclusion récapitulative et claire à la fin de la présentation d'un message augmente les chances que le message soit plus persuasif (Cruz, 1998). Enfin, les messages qui sont présentés sous une forme prescriptive, où l'on encourage à adopter

un comportement (faire de la récupération, par exemple), sont plus efficaces que les messages proscriptifs, où l'on dit aux gens de ne pas faire quelque chose (ne pas jeter les papiers par terre) (Winter et al., 2000). Cela pourrait être dû au fait qu'en défendant aux gens de faire quelque chose, on leur indique souvent que plusieurs personnes le font, légitimant ainsi l'action que l'on veut défendre (Cialdini, 2003).

Le contenu du message joue également un rôle fondamental. Présenter des arguments puissants (Reynolds & Reynolds, 2002) de façon saillante (Nisbett et al., 1976), comme des situations narratives concernant des vraies personnes, dans la vraie vie, peut avoir une plus grande influence qu'une foule de statistiques (Green & Brock, 2000). Plusieurs recherches ont également porté sur l'utilisation de la peur comme agent de persuasion (Dillard, 1994 ; Leventhal, 1970 ; Witte, 1998). L'idée maîtresse derrière cette stratégie est qu'en effrayant les gens, on les incite à changer leurs attitudes et leur comportement (cesser de fumer, de boire, etc.). En fait, les choses ne sont pas si simples : plusieurs études montrent qu'une telle approche ne produit pas toujours de changement d'attitude (Rogers, 1983).

Witte (1998) a proposé un modèle permettant de mieux comprendre les effets des messages reposant sur la peur. Selon cette chercheuse, les messages basés sur la peur peuvent contenir deux types d'information : de l'information créant de la peur et de l'information sur les choses à faire pour enrayer le danger. Les deux types d'information doivent être traités de façon cognitive afin d'être efficaces. Toutefois, si le traitement de la peur prend plus d'importance que l'information sur les choses à faire pour éviter le danger, ou si ce dernier élément est absent, il n'y aura pas de changement d'attitude. Witte affirme que l'information doit posséder quatre caractéristiques pour qu'un message basé sur la peur soit efficace : la sévérité de l'information (« L'embonpoint crée plusieurs problèmes sérieux, y compris des problèmes coronariens. ») ; les probabilités que le problème survienne (« Les probabilités sont élevées que des problèmes coronariens affectent les sédentaires avant l'âge de 50 ans. ») ; l'efficacité de la réponse (« Faire de l'exercice réduit les dangers liés aux problèmes coronariens. ») ; et l'efficacité personnelle à agir (« Vous pouvez faire de l'exercice. »). Les recherches révèlent que les messages contenant ces quatre éléments sont relativement efficaces (Witte & Allen, 2000).

L'encadré 6.2 traite d'un effet surprenant pouvant justement provenir de la présentation d'un message, soit l'**effet d'assoupissement**.

L'auditoire. Y a-t-il des gens plus susceptibles que d'autres d'être persuadés par un message, peu importe son contenu ? Bien qu'on puisse s'attendre au contraire, la réponse est non. En fait, les recherches réalisées en fonction de trois variables, l'estime de soi, l'intelligence et le sexe, ne révèlent pas de modèle clair (voir Perloff, 2003 ; Petty & Wegener,1998). Le problème est que les variables de personnalité peuvent jouer différents rôles selon les diverses fonctions cognitives impliquées dans la réception du message, comme comprendre le message et accepter de changer d'attitude (ou céder au message) (McGuire, 1989). Ainsi, selon Rhodes et Wood (1992), les personnes ayant une haute estime de soi comprennent les messages, mais ne cèdent pas, alors que les personnes ayant une faible estime de soi sont plus enclines à céder, mais peuvent avoir de la difficulté à comprendre le message. Ce serait alors les personnes ayant un niveau moyen d'estime de soi qui seraient plus susceptibles d'être persuadées, c'est-à-dire la majorité des gens, et on se retrouve à la case départ. Toutefois, comme on le verra ultérieurement, certaines variables de personnalité peuvent interagir avec le contenu du message, de sorte que certains types de messages seront plus efficaces avec certaines personnes.

Le médium. Est-ce que la façon dont un message est présenté affecte son pouvoir de persuasion ? Il semble que oui. Par exemple, Chaiken et Eagly (1976) ont démontré que les messages écrits étaient plus efficaces que les messages audio et vidéo, surtout s'ils étaient complexes. Plus le message était complexe, plus les participants préféraient le mode écrit, probablement parce que ce mode leur permettait de relire les passages difficiles, ce qu'on ne peut faire avec les messages audio et vidéo (Petty & Wegener, 1998).

Hovland et, subséquemment, d'autres chercheurs ont étudié les effets interactifs des variables de la source, du message, de l'auditoire et du médium, et plusieurs de ces travaux ont donné des résultats quelque peu surprenants. Ainsi, une étude classique de Kiesler et Mathog (1968) a mis en lumière le fait que des sources crédibles menaient à un changement plus grand lorsque l'auditoire était distrait plutôt que concentré, et que l'inverse se produisait quand les sources étaient peu crédibles. Ces résultats et bien d'autres (voir Petty & Wegener, 1998) ont montré les limites de l'approche fondée sur l'apprentissage du message et incité à étudier plus en profondeur le rôle du récipiendaire du message dans le processus de persuasion.

L'approche fondée sur la réponse cognitive

Selon l'approche fondée sur la réponse cognitive, le participant en présence d'une communication traite l'information de façon active. L'effet persuasif d'un message dépend principalement des pensées ou des cognitions (« réponses cognitives ») que le sujet génère spontanément au fur et à mesure qu'il est exposé à l'information. Il ne s'agit donc plus de simple répétition du contenu, comme le croyait Hovland, mais plutôt, comme le mentionnent Petty et Cacioppo (1981), d'autopersuasion. Si la communication suscite des pensées favorables (arguments pour), il y a hausse de la persuasion ; si la communication engendre des pensées non favorables (arguments contre), il y a inhibition de la persuasion. Plusieurs études ont effectivement démontré le rôle actif de l'auditoire dans la persuasion (voir Petty *et al.*, 2003 ; Petty & Wegener, 1998 ; Wood, 2000).

Prenons un exemple. Vous êtes en deuxième année de votre programme de premier cycle en psychologie. Le directeur des études de premier cycle vient rencontrer les étudiants de votre groupe et les

---

ENCADRÉ 6.2 **L'effet d'assoupissement : une augmentation de l'efficacité persuasive à retardement**

De façon générale, l'influence des messages persuasifs se dissipe avec le temps (McGuire, 1985). Pourtant, des chercheurs ont observé, sous certaines conditions, l'effet contraire. En effet, il a été démontré que des messages émis par des communicateurs à faible crédibilité suscitaient plus de persuasion à long terme que les messages émanant de communicateurs ayant une haute crédibilité qui, eux, pouvaient avoir un effet immédiat plus grand. En d'autres mots, le changement d'attitude induit par un émetteur fortement crédible s'estompait avec le temps, conformément aux courbes classiques d'oubli, tandis que l'ampleur du changement d'attitude engendré par les communicateurs ayant une faible crédibilité augmentait, à l'occasion, avec le passage du temps. Cet accroissement du changement d'attitude, à retardement, dans des situations où le communicateur est faiblement crédible fut nommé « effet d'assoupissement ». Comme on le constate, un tel effet semble défier l'entendement. Par exemple, Hovland, Lumsdaine et Sheffield (1949) relevèrent une influence plus grande de certains films persuasifs après un délai de neuf semaines plutôt que dans la semaine qui suivait la projection. Bien qu'on n'ait pas constaté cet effet dans toutes les études (par exemple Gillig & Greenwald, 1974), des recherches bien menées expérimentalement ont reproduit l'effet en question (Florack et al., 2002 ; Pratkanis et al., 1988).

Voici la description de l'expérimentation typique qui assure l'obtention de l'effet d'assoupissement (par exemple Gruder et al., 1978). Les participants sont d'abord invités à lire, à deux reprises, un message d'environ 1 000 mots visant à les convaincre par rapport à un objet attitudinal (comme accepter la semaine de travail de quatre jours). Le premier groupe ne lit que le message persuasif, tandis que le second groupe, qui lit également le message, prend connaissance de l'indice atténuateur (condition : indice atténuateur après le message) : par exemple, ce groupe est informé que le message est erroné. Dans la troisième condition expérimentale, les participants prennent connaissance de l'indice atténuateur avant de lire le message (condition : indice atténuateur avant le message). Dans la condition témoin, les participants n'ont pas à lire le message. Quelques semaines plus tard, on demande aux participants de décrire leur attitude. Les résultats suivants sont obtenus : au terme d'une période d'environ cinq semaines, seule la condition de l'indice atténuateur consécutif au message s'est traduite par une augmentation d'attitudes favorables au regard de l'objet attitudinal (la semaine de travail de quatre jours).

Comment expliquer l'effet persuasif plus grand de messages reconnus comme faux par rapport à des messages vrais ? Selon le modèle de la disparition différentielle des effets (Pratkanis et al., 1988), l'information attitudinale et l'information cognitive sont codées, dans la mémoire à long terme, dans des systèmes indépendants. En d'autres mots, le sujet disposerait de deux mémoires : une mémoire contenant les arguments du message et une mémoire contenant l'indice atténuateur. L'effet d'assoupissement résulterait de la disparition plus rapide de la trace mémorielle des indices atténuateurs, de sorte qu'avec le temps, l'effet résiduel du message non complètement oublié exercerait une action persuasive sur l'attitude de la personne. Une méta-analyse de Kumkale et Albarracin (2004) portant sur 72 études soutient essentiellement cette analyse de l'effet d'assoupissement.

On peut conclure en rappelant que le format de certaines annonces publicitaires favorise l'effet d'assoupissement. Par exemple, des magazines donnent parfois à leurs publicités l'aspect d'un long document d'information factuelle. Le lecteur qui s'est studieusement engagé dans la lecture du texte découvre, à la toute fin, et à sa grande stupéfaction, qu'il s'agit d'un message publicitaire faisant la promotion d'un article de consommation (indice atténuateur reçu après la lecture du message). Qu'importe la réaction négative du lecteur bien intentionné qui se voit ainsi dupé, l'information cognitive est maintenant codée. Dans quelques semaines, lorsque les raisons de rejeter cette information auront été oubliées, l'information résiduelle pourra influer positivement sur l'attitude envers l'objet en question. Un lecteur averti en vaut deux !

---

informe du fait que l'université songe à instaurer un examen intégratif terminal sur la matière vue durant les études de premier cycle dès l'an prochain. Vous êtes peu réceptif à cette idée. En fait, votre attitude est carrément négative, car ça ne vous tente guère de revoir toute la matière que vous avez étudiée depuis votre entrée à l'université. Le directeur commence à présenter différents arguments : « Cela permettra à l'étudiant d'intégrer et de consolider la matière vue de façon éparse durant le programme. Cela lui sera salutaire au cours de ses études doctorales. » Vous vous dites : « C'est vrai que cela serait bien d'intégrer tout ce que l'on a vu durant le programme. Pas si fou que ça, l'examen intégratif... » Puis il ajoute d'autres arguments : « Un tel examen rehaussera le prestige de notre institution, car on s'assurera de la qualité de la formation des étudiants qui obtiennent un diplôme de notre université. » Là, vous vous dites : « Eh bien, c'est ça le souci de la qualité de la formation et de l'intégration ? Pas trop fort, ce dernier argument. » En fait, ce que vous faites, c'est que vous générez des pensées favorables ou non favorables par rapport au message du directeur des études. Et ce sont ces pensées auto-générées qui détermineront si vous changerez ou non d'attitude envers l'examen intégratif. Plus vous générez de pensées favorables au message, plus vous serez persuadé et, inversement, plus vos idées seront défavorables au message, moins vous serez persuadé. Friedrich et ses collègues (1996) ont réalisé une étude portant exactement sur l'exemple ci-dessus, qui soutient cette conclusion. Il semble donc que ce soit le récepteur du message, par les pensées qu'il génère, qui détermine s'il sera convaincu ou non par le message.

D'autres études montrent qu'en plus de la quantité et de la valence (ou favorabilité) des pensées générées par un message, la confiance dans ces dernières joue un rôle important dans la persuasion. Ainsi, plus un message génère des pensées positives dans lesquelles le récepteur du message a une grande confiance, plus grand sera le changement d'attitude (Petty, Brinol & Tormala, 2002 ; Tormala & Petty, 2004b).

Toutefois, il est impossible de croire que chaque fois que nous écoutons un message, nous puissions y prêter attention. Pensez au nombre de messages que nous entendons chaque jour à la télévision, à la radio, en classe, et même provenant des parents et des amis. Cela en fait beaucoup. Parfois, nous sommes fatigués ou distraits, plus ou moins intéressés à écouter le message en question ou, encore, nous ne comprenons pas complètement l'information présentée. Dans de telles situations, il devient difficile de générer des pensées menant à l'attitude. Cette dernière sera plutôt

influencée par d'autres mécanismes plus automatiques (Chen & Chaiken, 1999 ; Petty *et al.*, 2005). Par exemple, si le directeur des études de premier cycle de l'Université Harvard vient vous parler afin d'appuyer le projet de son université d'aller de l'avant avec un examen intégratif de fin d'études, vous risquez d'être moins intéressé à écouter et vous vous direz probablement : « Cet expert a sans doute raison. » Et vous pourriez vous rallier à l'attitude positive de l'Université Harvard envers ce projet sans même prêter attention au contenu du message. Plusieurs études confirment que le changement d'attitude peut se faire sans pour autant que la personne traite le message en profondeur (voir Petty *et al.*, 2005 ; Wood, 2000). L'approche fondée sur la réponse cognitive semble donc avoir également des limites.

Le modèle de la vraisemblance de l'élaboration cognitive

Puisque le changement d'attitude peut résulter tout aussi bien d'une profonde réflexion sur le message que d'une décision rapide prise sans que le message soit évalué, on se trouve donc dans une impasse. Quelle est la stratégie à utiliser, quand doit-on l'utiliser et qui doit l'utiliser ? C'est pour répondre à ces questions que Petty et Cacioppo (1986 ; Petty *et al.*, 2005 ; Petty & Wegener, 1999) ont proposé le **modèle de la vraisemblance de l'élaboration cognitive.** Selon ce modèle théorique intégratif, le changement d'attitude peut, en certaines occasions, s'effectuer de façon réfléchie, après considération des arguments pertinents, et, en d'autres circonstances, il est le résultat d'un processus plus rapide et peu réfléchi, comme le conditionnement, la simple inférence ou l'association avec des indices externes positifs ou négatifs connexes au message.

À la base du modèle de la vraisemblance de l'élaboration cognitive proposé par Petty et Cacioppo, on trouve un certain nombre de postulats. Un premier est que les gens veulent avoir des attitudes correctes, parce que de telles attitudes leur permettront de mieux transiger dans les diverses situations de leur vie. Si une personne aime un type de voiture, achète cette voiture et se rend compte qu'elle ne vaut rien, elle sera moins heureuse que si elle avait acheté une perle. Donc, avoir la bonne attitude peut être très adaptatif. Un second postulat est qu'il y a deux routes menant à la persuasion. La première est la route centrale, où le message est traité en profondeur et où la qualité des arguments influe sur l'attitude de la personne. La route centrale (ou traitement systématique) suppose une prise en considération minutieuse et rationnelle de l'information pertinente : c'est avec une attention contrôlée (Sherman, 1987) que le sujet analyse le contenu du message et le compare à ses connaissances, à ses croyances et à ses attitudes antérieures. Comme dans le cas de l'approche fondée sur la réponse cognitive, le receveur du message élabore des arguments favorables et défavorables pour en arriver à une position attitudinale dérivée de ses pensées. La route périphérique, quant à elle, représente le second chemin par lequel la persuasion agit. Cette route exige beaucoup moins d'efforts cognitifs et repose sur des stratégies moins réflectives : la simple exposition, le conditionnement et les règles simples de décision que représentent les heuristiques, comme se fier à l'expertise de la source ou, tout simplement, au *nombre* d'arguments inclus dans le message, et non à leur qualité. Ces heuristiques, apprises et disponibles en mémoire, peuvent être évoquées par des indices inclus dans le message ou amorcées par des tâches préalables. Le modèle est résumé dans le tableau 6.4.

Il est possible de concevoir les deux routes, par rapport au message présenté, comme les deux extrémités d'un continuum d'élaboration cognitive, faible contre élevé. Il est bon de souligner que la persuasion peut s'observer en tout point du continuum, même si les processus de persuasion seront différents selon le degré de l'élaboration cognitive. Il faut donc se garder de conclure à une persuasion nulle dans les cas de faible élaboration cognitive. En effet, dans ce dernier cas, le changement d'attitude est tout aussi probable qu'en situation de forte vraisemblance de l'élaboration, mais il se fera à l'aide

de processus différents (voir aussi Chaiken, 1987 ; Chen & Chaiken, 1999, pour un modèle similaire).

Un troisième postulat réfère au fait que certaines variables relatives à la situation, au message ou à la personne détermineront la route qui sera utilisée dans le processus de persuasion. Deux de ces variables sont la motivation à traiter le message et l'habileté à le faire. Ainsi, si le message est important (vous ne voulez pas faire une examen intégratif à la fin de vos études), vous serez alors très motivé à écouter le message attentivement, et le changement d'attitude passera par la voie centrale (et la qualité des arguments). Par contre, si tout le monde parle pendant que vous écoutez (vous êtes distrait) ou que la présentation se fait un lundi, à huit heures du matin, le lendemain d'une fête mémorable, il se peut alors que vous soyez trop fatigué pour écouter. Le changement d'attitude passera alors par la voie périphérique et les indices que l'on trouve dans l'environnement (expertise du conférencier, nombre d'arguments, etc.).

Une étude classique de Petty et Cacioppo (1979, étude 2), ayant pour thème l'examen intégratif, a démontré que l'importance que revêt l'objet attitudinal influe sur les processus centraux ou périphériques qui seront en opération et qui influeront, à leur tour, sur l'attitude. Ainsi, si l'étudiant doit passer l'examen intégratif, il sera donc très motivé à écouter les arguments, et la qualité de ceux-ci (la route centrale) déterminera son attitude d'acceptation de l'examen, des arguments puissants plutôt que faibles menant à une attitude plus positive. En revanche, si l'étudiant n'a pas à faire l'examen intégratif, il est donc peu motivé à écouter les arguments, et ceux-ci n'auront que peu d'influence sur son attitude. Cette interaction statistique est présentée dans la figure 6.8

Cacioppo et Petty (1982) ont postulé que des différences individuelles pouvaient aussi influer sur la motivation des gens à élaborer des pensées à la suite de la présentation d'un message (donc à passer par la voie centrale). Pour s'en assurer, ces chercheurs ont élaboré l'échelle du **besoin de cognition**. Cet

TABLEAU 6.4 **Répartition des variables et des théories liées au changement d'attitude en fonction du continuum périphérique-central du modèle de la vraisemblance de l'élaboration cognitive**

Faible	← Vraisemblance de l'élaboration →	Forte
	Persuasion par la route	
Périphérique		Centrale
	Variables typiques	
• Crédibilité, attirance, similarité entre le communicateur et le récepteur		• Communicateurs multiples – arguments multiples
• Émotions (positives-négatives) associées au message		• Qualité des arguments
• Quantité élevée de détails		• Répétition des arguments
• Attaque sournoise		• Degré de difficulté du message
• Réactions de l'auditoire (applaudissements, par exemple)		
• Effet de l'interpellateur		
	Théories typiques du changement d'attitude	
• Conditionnement classique et instrumental		• Apprentissage du message
• Perception de soi		• Dissonance cognitive
• Simple exposition		• Jugement social (latitude d'acceptation ou de rejet)
• Traitement de l'information par heuristiques		• Réponse cognitive
		• Composante croyance-évaluation du modèle de l'action raisonnée

instrument mesure la tendance à s'engager dans des activités cognitives qui exigent un effort et à en retirer du plaisir. Les personnes qui possèdent un fort besoin de cognition produisent plus de réponses cognitives en présence de messages persuasifs, que les arguments soient pour ou contre. Elles devraient donc réagir comme les participants pour qui le message était important dans l'étude de Petty et Cacioppo (1979, étude 2), présentée dans la figure 6.8. Par contre, les personnes ayant un faible besoin de cognition devraient réagir comme les personnes pour qui le message n'était pas important dans la même étude. En fait, Cacioppo, Petty et Morris (1983, étude 2) ont étudié ce phénomène, et les résultats ont confirmé ces hypothèses. Les deux figures sont superposables.

Récemment, il a été démontré que les messages publicitaires ou politiques étaient plus efficaces s'ils étaient adaptés à la personnalité des gens (par exemple Lavine, Lodge & Freitas, 2005 ; Wheeler, Petty & Bizer, 2005). Inspirés par le modèle de Petty et ses collègues, Wheeler et son équipe (2005) ont montré que si un magnétoscope (VCR) est présenté

en fonction des personnes extroverties (« Avec le MANNUX VCR, vous serez le clou du spectacle, chez vous ou à l'extérieur. »), celles-ci traiteront le message de façon plus poussée (aspect central de la persuasion), ce qui les mènera à une attitude plus favorable que si le message est adapté en fonction des personnes introverties (« Avec le MANNUX VCR, vous pouvez avoir tout le luxe d'un théâtre sans avoir à subir les foules. »). L'inverse est également vrai pour les personnes introverties. Il semble donc qu'une association entre la personnalité et le contenu du message permet de capter l'attention de la personne, ce qui se traduit par un traitement plus poussé du message et une attitude plus positive à son égard.

Un dernier postulat relatif au modèle de la vraisemblance est que les attitudes qui proviennent de la route centrale sont beaucoup plus fortes, qu'elles persistent plus longtemps et permettent de mieux prédire le comportement que celles qui proviennent de la route périphérique. Par exemple, Petty, Tormala et Rucker (2004) ont démontré que le fait de penser davantage à des arguments liés à un message amène la personne à réfléchir plus longuement au sujet du message et à développer une plus grande confiance dans l'attitude développée par rapport à ce sujet. Une attitude que nous détenons avec confiance sera beaucoup plus résistante qu'une attitude formée rapidement en fonction d'indices superficiels (voie périphérique). Cela pourrait expliquer pourquoi les nouvelles attitudes des personnes ayant un haut besoin de cognition persistent plus longtemps que celles des personnes ayant un faible besoin de cognition (Haugtvedt & Petty, 1992).

En somme, selon le modèle de la vraisemblance de l'élaboration cognitive, le changement d'attitude peut passer par différents chemins et avoir diverses conséquences. Bien que certains chercheurs pensent que la persuasion passe plutôt par un seul chemin (par exemple Kruglanski & Stroebe, 2005), le modèle de la vraisemblance de l'élaboration cognitive représente l'une des belles contributions théoriques à la psychologie sociale; il a même été soutenu par des simulations par ordinateur (Mosler *et al.*, 2001). L'encadré 6.3 présente une application du

modèle de vraisemblance de l'élaboration cognitive dans la vie de tous les jours.

Que se passe-t-il quand une attitude change ?

Au cours des dernières années, les psychologues sociaux se sont penchés sur cette importante question (Petty *et al.*, 2003; Wilson *et al.*, 2000). La position traditionnelle sur cette dimension a toujours été que, lorsqu'il y a changement d'attitude, la « vieille » attitude est incorporée dans la « nouvelle », de sorte que l'ancienne est, en quelque sorte, morte. Dans ce cas, l'ancienne attitude ne produit plus d'effets, et c'est la nouvelle attitude qui permet de prédire le comportement relativement à l'objet attitudinal. Bien que cela soit possible, une nouvelle perspective suggère que l'ancienne attitude continue d'exister de façon indépendante de la nouvelle, de sorte que la personne peut se trouver avec deux attitudes pour un même objet, une ancienne et une nouvelle (Wilson *et al.*, 2000). La nouvelle attitude (celle qui est changée) est considérée comme explicite, car la personne est consciente de la posséder. En revanche, l'ancienne attitude est stockée en mémoire, et fort probablement en dehors du champ de conscience de la personne. À ce titre, elle est considérée comme implicite. Selon Wilson et ses collègues, les deux attitudes peuvent influencer différemment le comportement, l'attitude implicite affectant des comportements spontanés et l'attitude explicite, des comportements nécessitant temps et réflexion. Petty et ses collègues (2003) ont présenté un modèle similaire.

Prenons un exemple. Vous vous préparez à faire un stage en milieu correctionnel auprès d'un détenu qui a commis des crimes sordides. Pour vous préparer, votre superviseur vous donne une photo du criminel et une cassette sur laquelle vous l'entendez décrire ses crimes. Il vous donne aussi une photo du procureur qui a plaidé la cause et envoyé le détenu en prison, et un enregistrement expliquant sa position dans le procès. Après que vous avez entendu le tout, votre superviseur de stage vous informe qu'il y a eu erreur sur la personne. La photo du détenu

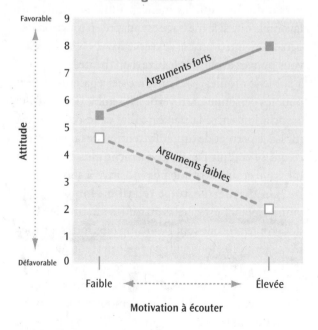

FIGURE 6.8 **Attitude selon la motivation à écouter le message et la qualité des arguments**

Source : Adapté de Petty et Cacioppo (1979).

était celle du procureur, et vice versa. Afin que vous établissiez votre attitude initiale envers le détenu avant que ne débute le stage, votre superviseur vous demande de remplir un questionnaire traditionnel sur les attitudes tout en regardant la bonne photo. Après cette tâche, il regarde l'heure et vous demande d'évaluer la personne en fonction de certains traits de caractère, mais de faire vite, car il doit partir sous peu. Comment évaluerez-vous le détenu ?

Pour répondre à cette question, résumons ce qu'il s'est passé. Vous aviez formé une première attitude positive envers la personne que vous croyiez être le procureur (photo). Puis, quand vous avez été informé de l'erreur de votre superviseur, vous avez fort probablement modifié votre attitude envers le détenu, de sorte qu'elle est devenue plus négative. Selon Wilson et ses collègues, cette attitude négative explicite envers le criminel devrait ressortir sur

---

ENCADRÉ 6.3 **Comment persuader des comités ? Une application du modèle de la vraisemblance de l'élaboration cognitive**

En 2005, plusieurs comités se sont penchés sur des questions importantes. L'hôpital des Shriners doit-il déménager à London (Ontario) ou demeurer à Montréal ? Les championnats du monde de la FINA (en natation) doivent-ils avoir lieu à Montréal ? La firme Bombardier doit-elle aménager une usine au Mexique ou à Mirabel ? Les membres du G8 doivent-ils apporter leur aide à l'Afrique ? Et les Jeux olympiques d'été de 2012 doivent-ils être octroyés à Londres ou à Paris ? Quelle est la meilleure façon de présenter de l'information à un ensemble de personnes dont les votes individuels détermineront la décision qui sera prise ? Les comités étant formés de diverses personnes, chacune ayant des caractéristiques qui lui sont propres, il semblerait préférable d'exploiter différentes stratégies, certaines déclenchant un traitement central de l'information et d'autres, un traitement périphérique (Petty & Wegener, 1999).

Prenons l'exemple de la candidature de Londres pour les Jeux olympiques de 2012. La présentation écrite et la vidéo finale présentaient plusieurs arguments importants : la beauté des secteurs (Wimbledon, Hyde Park, etc.), la réhabilitation de sites défavorisés, l'intégration des Jeux paralympiques (pour les handicapés) aux Olympiques eux-mêmes, la proximité des installations et du village olympique, etc. À ces solides arguments venait s'ajouter une trame de fond, un fil conducteur, qui a aussi servi de conclusion : l'inspiration que les Jeux londoniens désiraient offrir aux jeunes (dont un sur trois souffre d'embonpoint) relativement à l'importance de faire du sport. Ces différents arguments ont fort probablement déclenché un traitement central chez plusieurs délégués. Puisque les arguments étaient solides, ils devraient avoir généré des pensées favorables et une attitude positive envers Londres.

Toutefois, pour ne rien laisser au hasard, des éléments facilitant le traitement de l'information périphérique ont aussi été utilisés et ont pu mieux convaincre d'autres délégués.

Ainsi, de nombreux athlètes britanniques, dont David Beckham, étaient non seulement dans la vidéo, mais également sur place à Singapour (où la décision finale fut prise) pour le sprint final (qui ne veut pas serrer la main de Beckham ?). Par ailleurs, la crédibilité de la source du message était importante : Tony Blair (premier ministre britannique) et Sebastian Coe (double médaillé d'or olympique) ont présenté le dossier et rencontré individuellement les délégués indécis. Ces indices périphériques ont pu générer des pensées qui, même si elles n'étaient pas directement liées aux arguments principaux du dossier, ont pu tout de même être favorables à la décision finale. Ainsi, des pensées comme « Wow ! Beckham est vraiment *cool*, et s'il a décidé de passer tout ce temps à Singapour, c'est qu'il croit vraiment aux Jeux de Londres. » et « Avec le leadership de Blair, les Jeux seront un succès ! » ont sans doute fait pencher la balance.

Cette stratégie multifacette, mettant l'accent à la fois sur le traitement central des arguments importants et sur des éléments plus périphériques, semble avoir porté fruits. Comme le mentionnait un délégué du CIO : « Londres a fait une grande présentation, et Sebastian Coe a parlé au cœur des gens. Et le cœur des gens a parlé en retour. » Et Londres fut choisi de justesse devant Paris (54 voix contre 50) le 6 juillet 2005.

En somme, lorsqu'on doit persuader un comité comprenant plusieurs délégués, il semble que la façon la plus efficace d'y arriver soit d'y aller avec des éléments mettant en branle les processus de traitement d'information central et périphérique, l'approche centrale menant à la persuasion de certaines personnes et l'approche périphérique, d'autres. Londres semble l'avoir bien compris. Et on espère que Paris, dont c'était la troisième tentative infructueuse d'obtenir les Jeux olympiques en 20 ans, retiendra la leçon…

l'échelle traditionnelle du questionnaire auquel vous avez répondu en prenant votre temps. Toutefois, toujours selon Wilson et ses collègues, l'ancienne attitude (qui est celle envers la personne que vous croyiez être le procureur et qui était initialement positive) est toujours là, mais de façon implicite. Elle devrait donc influer sur vos comportements spontanés, soit l'évaluation des traits de personnalité du détenu que vous avez faite rapidement. Cette dernière évaluation devrait être moins négative que celle apparaissant sur l'échelle traditionnelle. C'est ce que révèlent les résultats de l'étude de Wilson, Lindsey et Anderson (1998, cités dans Wilson *et al.*, 2000).

En somme, ce n'est pas parce que notre attitude a changé que l'ancienne attitude ne peut surgir à l'occasion et induire des comportements spontanés pouvant différer de ceux engendrés par la nouvelle attitude (Dovidio *et al.*, 2001). Cela mène à des questions fort intéressantes en ce qui a trait à la pratique, et ce, tant pour le psychologue qui désire produire chez son client un changement d'attitude envers lui-même en thérapie que pour l'intervenant social qui veut produire un changement d'attitude et de comportement sur le plan de la santé, par exemple, au sein de la population. Que faire de l'ancienne attitude ? Que faire lorsque l'ancienne attitude réapparaît : la chasser de ses pensées ou se concentrer sur la nouvelle attitude ? Les chercheurs devront se pencher sur ces questions afin de mieux connaître le fonctionnement humain et de mieux guider les interventions.

La résistance à la persuasion

Lorsqu'on pense un peu au nombre de messages que l'on reçoit chaque jour, une chose est claire : on résiste nettement plus que l'on est persuadé. Pensez-y. Dans chaque émission de télévision de 30 minutes, il y a environ sept minutes de publicité. Changez-vous de désodorisant, de boisson gazeuse, de vêtement, de voiture ou d'épicerie pour autant ? Non ! Alors quels sont les mécanismes que nous utilisons pour contrer ces efforts constants pour nous persuader ?

La réactance psychologique. Ne vous est-il pas arrivé qu'une personne fasse pression sur vous pour vous faire voir les choses selon son point de vue, et que vous vous sentiez de plus en plus irrité par ce comportement ? Qu'il s'agisse d'un vendeur de voitures ou d'assurances, ou encore d'un ami qui essaie de vous convaincre, vous avez sans doute vécu cette situation. Que faites-vous alors ? Vous résistez aux efforts de persuasion, fort probablement. Ce faisant, vous faites preuve de **réactance psychologique**. La réactance représente une réaction négative aux efforts des autres pour nous contrôler et nous amener à faire ce qu'ils veulent bien (Brehm, 1966). En fait, la documentation révèle que, à la suite des efforts faits pour la manipuler ou la contrôler, la personne risque même d'adopter une position encore plus extrême que celle qu'elle épousait avant l'effort de persuasion (Brehm & Brehm, 1981). Par exemple, Bushman et Stack (1996) ont démontré que les personnes ayant une orientation élevée à la réactance psychologique désirent encore plus regarder un film violent après avoir reçu un message disant que ce film est violent et qu'il doit être regardé avec prudence que si elles n'ont pas reçu ce type d'information.

La défense active. Certaines stratégies portent sur ce que l'on pourrait appeler une défense active : nous diminuons l'efficacité de la communication persuasive par l'entremise de nos pensées et de nos comportements. Une première stratégie est d'éviter sélectivement certains types d'information. Ainsi, si vous regardez la télévision, vous éviterez les publicités en changeant de chaîne, quitte à revenir à votre émission à la fin de la pause publicitaire. Ce faisant, vous avez évité sélectivement de vous soumettre à une tentative de persuasion. Une seconde stratégie est l'assimilation biaisée (Miller *et al.*, 1993). Celle-ci consiste à évaluer une position contraire à la nôtre comme étant moins fiable et moins convaincante. La polarisation de l'attitude représente une troisième stratégie très utilisée. Il s'agit d'évaluer l'information présentée de façon à y trouver des éléments soutenant notre position, rendant ainsi notre attitude initiale encore plus extrême. Par exemple, vous avez une discussion avec un ami concernant le type de mets que vous mangerez ensemble ce soir. Si vous mentionnez que vous désirez manger des mets chinois et que votre ami déclare : « Je sais que le chinois est super bon, mais… », vous pourriez bien l'interrompre sur-le-champ et lui dire : « Le chinois est vraiment super bon ? Alors, c'est réglé, on mange du chinois ! »

Une dernière stratégie active découle de la position de la réponse cognitive (Petty & Cacioppo, 1981) et consiste à formuler des pensées contraires au message suscitant notre opposition. Ce faisant, le message contraire à notre attitude sera plus saillant en mémoire, mais aura moins d'emprise sur notre attitude (Eagly et al., 1999, 2000). Une étude de Eagly et ses collègues (2000) le démontre bien. Dans cette étude, des participants qui étaient pour ou contre l'avortement furent exposés à des messages en faveur de l'avortement ou contre celui-ci. Après le visionnement, on demanda aux participants de rapporter leurs attitudes envers l'avortement, les arguments présents dans le message et les pensées qui leur sont venues à l'esprit durant la présentation des messages. Les résultats ont révélé que les participants se sont souvenu également des arguments favorables et défavorables à leur position. Toutefois, leurs réactions cognitives aux deux types d'arguments furent très différentes. Ainsi, ils ont généré plus de pensées favorables lors de la présentation d'un message soutenant leur position, mais plus de pensées défavorables lors de la présentation d'un message contre-attitudinal. L'effet persuasif du message a donc été bloqué.

D'autres recherches (Tormala & Petty, 2004a, 2004b) ont aussi démontré que cette résistance à la persuasion provenait en partie de l'élaboration cognitive, qui rend les attitudes des gens encore plus fortes et résistantes. De plus, même si la contre-argumentation d'une personne n'est pas suffisamment efficace pour lui permettre de totalement résister au message, il semble que le fait de s'engager

dans un tel processus de contre-argumentation confère des propriétés de force à l'attitude initiale de la personne qui, en retour, prédira son comportement de façon plus directe. Dans l'ensemble, ces résultats soulignent bien le rôle actif de la personne pour contrer les efforts que fait autrui pour la convaincre.

L'influence d'autrui. Les autres peuvent aussi nous aider à nous protéger de la persuasion. Une première façon de le faire réside dans l'**inoculation psychosociale** (McGuire, 1964). Cette technique consiste à exposer d'abord les participants à des arguments faibles contraires à leur position attitudinale (comme un vaccin sur le plan médical) envers l'objet de l'attitude, puis à réfuter ces arguments d'invalidation à l'aide d'autres arguments. Selon l'approche fondée sur la réponse cognitive, la condition de réfutation incite le sujet à s'engager dans sa défense argumentative et à se préparer à contre-argumenter. Il y a donc résistance à la persuasion.

McGuire (1964) a démontré empiriquement l'efficacité de cette technique. De plus, d'autres auteurs ont mis en lumière l'efficacité de méthodes similaires. Ainsi, Hersey et ses collègues (2005) ont montré l'efficacité d'une méthode d'immunisation dans le cadre d'un programme d'acquisition d'attitudes antitabagiques (Flay et al., 1985). Bernard, Maio et Olson (2003), quant à eux, ont montré que l'effet de l'inoculation sur la résistance passait par la contre-argumentation, comme le soutient la théorie de la réponse cognitive. Enfin, Sagarin et ses collègues (2002) ont montré que l'on peut enseigner une technique de résistance à la persuasion, et que celle-ci est efficace dans la mesure où la personne perçoit chez la source du message une intention de la manipuler et ressent une certaine vulnérabilité au regard de cette manipulation.

Les autres peuvent aussi nous aider à résister à la persuasion en nous prévenant à l'avance de la possibilité d'être persuadé par une communication. Par exemple, votre professeur vous informe qu'une sommité en matière judiciaire va venir vous rencontrer pour vous convaincre des avantages de la peine de mort. Qu'arrivera-t-il s'il vous dit : « Il va essayer de vous convaincre. Ne vous laissez pas faire » ? Il se peut fort bien que le fait d'avoir été prévenu des intentions du conférencier vous amène à être fin prêt à résister à ses efforts de persuasion. Vous pourriez alors vous préparer d'avance et sélectionner les arguments les plus percutants vous permettant de résister à l'attaque. Dans une méta-analyse, Wood et Quinn (2003) démontrent qu'effectivement, le fait d'être prévenu du danger de persuasion avant la présentation du message mène généralement à une résistance à la persuasion, surtout si le sujet est important pour vous (par exemple si vous êtes un activiste qui œuvre pour l'abolition de la peine de mort dans tous les pays). Toutefois, il arrive que, même en étant prévenu, on se fait persuader quand même. Cela se produira surtout si le thème de la communication est peu important pour nous. Enfin, notons que si autrui vous prévient seulement *après* la communication que la source essayait de vous persuader, cela enraie systématiquement l'effet de persuasion. Ainsi, si votre professeur vous informait, après la communication, des efforts de la sommité mondiale pour vous convaincre, aucun changement d'attitude n'aurait eu lieu.

LA RELATION ATTITUDE-COMPORTEMENT

Comme nous l'avons vu dans la section sur les fonctions des attitudes, les attitudes reflètent en bonne partie ce que nous sommes avec nos valeurs et nos particularités. Il serait donc normal que les attitudes guident nos comportements, n'est-ce pas ? En fait, la situation n'est pas aussi simple. Effectivement, plusieurs recherches ont démontré que les attitudes mènent au comportement. Par exemple, Kelley et Mirer (1974) ont fait voir que les attitudes des gens avant une élection permettaient de prédire leur choix électoral dans 85 % des cas, et ce, lors de quatre élections différentes. En revanche, d'autres recherches ont montré que les attitudes ne permettaient pas de

prédire le comportement, ou ne le permettaient que très peu. À ce sujet, l'étude probablement la plus connue est celle de LaPiere (1934), qui avait analysé la relation entre le comportement de propriétaires d'hôtels et de restaurants et leur attitude envers les Chinois. Pour mener sa recherche, l'auteur s'était rendu avec un couple chinois dans 200 restaurants et hôtels. À l'exception d'un seul endroit, les visiteurs furent accueillis et servis avec courtoisie. Quelques mois plus tard, LaPiere fit parvenir une lettre à tous les établissements visités, leur demandant s'ils accepteraient deux Chinois comme clients. Plus de 90 % des réponses furent négatives. D'autres études ont reproduit ces résultats (par exemple Deutscher, 1966 ; Wicker, 1969). Leur conclusion : en moyenne, l'attitude n'expliquerait qu'environ 10 % de la variable comportementale.

Comment expliquer que l'attitude permet parfois de prédire le comportement et, en d'autres occasions, ne le permet pas ? Selon plusieurs auteurs, une série de facteurs viennent moduler la relation attitude-comportement (pour des recensions, voir Ajzen, 2001 ; Fazio & Roskos-Ewoldsen, 2005 ; Olson & Maio, 2003). Ci-dessous, nous traiterons de certains des facteurs qui déterminent quand l'attitude permet de prédire le comportement. Ensuite, il sera question de la façon dont l'attitude guide le comportement.

Les conditions facilitant le lien attitude-comportement

Si on veut déterminer quand l'attitude mènera au comportement, il devient important de considérer les facteurs relatifs à la fois au comportement, à la personne et à la situation dans laquelle se trouve la personne s'apprêtant à agir, ainsi que l'attitude elle-même.

Le comportement. L'une des contributions les plus importantes de Ajzen et Fishbein (1977), outre leur théorie de l'action raisonnée, fut de démontrer empiriquement que les attitudes permettent de prédire le comportement si ce dernier est mesuré au même niveau de spécificité que l'attitude. À cette fin, quatre éléments sont importants : l'action, la cible, la situation et le temps. Ainsi, si vous avez une attitude positive envers le théâtre et qu'un de vos amis vous invite à assister à une pièce de théâtre classique mercredi soir prochain à la Place des Arts, il se peut que vous disiez non, car, bien qu'il y ait consonance sur l'action (assister à une pièce de théâtre), il y aura divergence sur les éléments de la cible (il s'agit d'une pièce de théâtre classique, que vous aimez moins), la situation (vous n'aimez pas la Place des Arts) et le temps (vous ne sortez pas en semaine). Il faut qu'il y ait correspondance entre l'attitude et le comportement sur ces quatre points pour que l'attitude puisse être prédictive du comportement (Ajzen & Fishbein, 1977 ; Kraus, 1995).

D'autre part, puisque la plupart des échelles d'attitude mesurent une attitude globale, pour qu'il y ait correspondance entre l'attitude et le comportement, ce dernier devrait donc être mesuré également de façon globale. Fishbein et Ajzen (1974) proposent qu'à cette fin, il serait plus judicieux d'utiliser un indice comportemental composite (ou une agrégation de comportements). D'ailleurs, ces auteurs ont démontré que la corrélation entre une échelle d'attitude typique et un seul comportement était de 0,15, alors que celle entre la même échelle et la sommation de 100 comportements liés à la même attitude était de 0,71. Plusieurs recherches subséquentes ont confirmé l'intérêt du principe d'agrégation des actions en un indice composite (par exemple Weigel & Newman, 1976).

Il faut aussi noter que certains objets (une pomme) sont plus représentatifs d'une classe d'objets (les fruits) que d'autres (une papaye). Cet objet (une pomme) peut être vu comme un élément prototypique de la classe d'objets qu'il représente. Une attitude positive envers les fruits devrait alors être plus fortement prédictive du fait de manger une pomme que du fait de manger une papaye. C'est ce qu'indique la documentation. Par exemple, les attitudes d'étudiants envers des personnes décrites comme homosexuelles ne permettaient de prédire leur comportement à l'égard des homosexuels que si ces derniers cadraient avec le prototype de l'homosexuel. Dans la mesure où un individu homosexuel différait du prototype, la relation attitude-comportement n'était plus consistante (Blessum, Lord & Sia, 1998 ; Lord, Lepper & Mackie, 1984).

Enfin, il faut souligner que les attitudes ne devraient être prédictibles que des comportements volitionnels, c'est-à-dire des comportements que les gens sont libres d'adopter ou non. Par exemple, si vous ne pouvez assister à la pièce de théâtre de mercredi soir parce que vous avez une rencontre avec votre groupe d'étude, alors, même si votre attitude envers le théâtre est très positive, il n'y aura pas de comportement. C'est d'ailleurs cet élément qui a amené Ajzen (1991) à modifier la théorie de l'action raisonnée et à y incorporer le contrôle comportemental, comme nous le verrons.

La personne. Il y a aussi des caractéristiques de la personne qui modulent la force de la relation attitude-comportement. Ainsi, les personnes qui sont très sensibles à leurs attitudes et à leurs sentiments devraient se servir de ces indices lorsqu'elles agissent, et le lien attitude-comportement devrait donc être plus fort chez elles que chez les personnes qui se fient surtout sur les indices émanant de la situation pour déterminer leur façon d'agir. Comme on l'a vu dans le chapitre 3, les personnes ayant un faible monitorage de soi (Snyder, 1987) correspondent à ce premier type de personnes, alors que celles ayant un monitorage de soi élevé agissent en fonction de ce qui est approprié dans la situation. Il n'est donc pas surprenant de constater que les personnes ayant un monitorage faible démontrent un lien attitude-comportement plus fort que celles ayant un monitorage de soi élevé. Par exemple, Snyder et Swann (1976) ont démontré que les attitudes des personnes ayant un faible monitorage de soi étaient davantage prédictives du comportement adopté dans une cause légale (r = 0,42) que celles des personnes ayant un monitorage de soi élevé (r = 0,03). De nombreuses études ont reproduit ces résultats (voir Gangestad & Snyder, 2000).

Notons que des résultats similaires ont été obtenus relativement à d'autres dimensions de la personnalité, comme la conscience de soi privée et la conscience de soi publique. Les personnes ayant un haut niveau de conscience de soi privée ont conscience de leurs états internes, alors que celles ayant un haut niveau de conscience publique sont plus conscientes de leur apparence aux yeux des autres (voir le chapitre 3). Les premières démontrent donc un lien attitude-comportement plus fort que les secondes (Scheier, Buss & Buss, 1978 ; Wicklund, 1982).

La situation. Deux éléments de la situation influent sur le lien attitude-comportement. Le premier est le niveau normatif de la situation. Un haut niveau normatif de la situation implique qu'il faut agir d'une façon bien précise. Par exemple, si, chaque mercredi soir, votre groupe d'étude se rencontre, vous n'irez pas au théâtre ce soir-là, même si vous aimez cette activité, car l'aspect normatif de la situation indique que vous devriez plutôt participer aux travaux de votre groupe d'étude. Il n'y aura alors pas de lien entre votre attitude envers le théâtre et votre comportement dans cette situation. Les travaux de Ajzen et Fishbein (1980, 2005 ; Ajzen, 2001) démontrent la puissance de l'aspect normatif comme élément prédictif du comportement. Vous le verrez également dans le chapitre 11, qui porte sur l'influence sociale.

Une autre dimension importante de la situation a trait au temps que nous avons pour prendre une décision ou adopter un comportement dans une situation donnée. Dans quelle situation l'attitude influencera-t-elle le plus le comportement : quand vous avez beaucoup ou peu de temps ? Les résultats révèlent que moins nous avons de temps, plus notre attitude entre en jeu (Jamieson & Zanna, 1989). Ce résultat surprenant s'explique par le fait que, quand nous avons peu de temps, nous utilisons l'indice le plus accessible, qui, pour plusieurs, sera

l'attitude. Il y a alors un lien fort entre l'attitude et le comportement. En revanche, quand nous avons beaucoup de temps, l'attitude ne devient qu'un des facteurs que nous prenons en considération. Nous avons le temps d'étudier la situation en profondeur, de percevoir des indices situationnels qui nous échapperaient si nous étions pressés, et même de demander l'avis des autres. Et, parfois, ce n'est pas mauvais. Aimeriez-vous qu'une personne raciste se base sur son attitude pour rendre un verdict comme juré dans une cause impliquant un accusé d'un groupe minoritaire ? Notre attitude ne mène pas toujours au comportement, et cela peut se comprendre.

La nature de l'attitude. Les attitudes ne sont pas toutes équivalentes. En effet, elles se distinguent sur plusieurs dimensions qui peuvent influer sur la relation attitude-comportement. Ainsi, les attitudes qui proviennent de notre expérience directe sont plus fortes, stables, et nous les tenons avec plus de confiance que les attitudes développées de façon indirecte (Fazio & Zanna, 1981). Les premières influent donc de façon plus importante sur le comportement que les secondes (Kraus, 1995). Par exemple, le premier auteur de ce chapitre sait, par expérience directe, qu'il n'aime pas les moules, ayant déjà été malade après en avoir mangé en Belgique. Son attitude est forte et stable. Conséquemment, il n'en a pas mangé depuis 1992. Par contre, il a déjà eu une attitude négative envers le rugby, basée sur le visionnement d'un match pendant seulement 10 minutes. Pourtant, à l'automne 2003, étant en Angleterre, il s'est surpris à regarder la finale mondiale de rugby, à aimer cela et à savourer la victoire de l'équipe d'Angleterre, en prolongation. Son attitude négative initiale envers le rugby n'était pas très forte, ni stable, résultant plus d'une incompréhension du jeu que d'une expérience directe négative. Le changement d'attitude s'est alors produit plus facilement, et le comportement (regarder tout le match) a suivi.

Une autre dimension importante de l'attitude concerne son accessibilité. Certaines attitudes sont plus accessibles que d'autres. Les attitudes accessibles sont évoquées spontanément lorsque l'objet attitudinal apparaît. Une telle réaction implique une relation intime entre l'objet et l'attitude, car les deux seraient stockés ensemble en mémoire (Fazio, 1990 ; Fazio & Roskos-Ewoldsen, 2005). Cette proximité entre les deux construits entraîne de nombreuses conséquences comportementales, comme une meilleure adaptation à de nouveaux environnements, une attention sélective en harmonie avec l'attitude et une prise de décision plus rapide (Fazio & Powell, 1997 ; Krauss, 1995). Par exemple, il a été démontré que les électeurs qui avaient des attitudes plus accessibles (qui effectuaient une évaluation plus rapide de leur candidat) votaient beaucoup plus pour ce candidat par la suite que les personnes ayant des attitudes moins accessibles (Fazio & Williams, 1986).

Une autre dimension importante est celle de l'ambivalence de l'attitude. Les attitudes ambivalentes sont moins prédictives du comportement, car les éléments conflictuels peuvent devenir saillants à différents moments ou dans différentes situations, pouvant ainsi mener à différents comportements (Armitage & Conner, 2000 ; MacDonald & Zanna, 1998). Enfin, soulignons que les attitudes qui ont une origine en partie biologique, comme celles relatives à la religion, seront plus fortes (Olson *et al.*, 2001) et stables (Tesser, 1993) et, en conséquence, devraient induire fortement un comportement.

En somme, plusieurs facteurs influent sur la force de la relation ente l'attitude et le comportement. Il n'est donc pas surprenant que ce lien puisse fluctuer autant. Toutefois, dans plusieurs circonstances, l'attitude agira comme un élément prédictif valide du comportement. Ci-dessous, nous présentons les processus psychologiques par lesquels l'attitude influe sur le comportement.

Les modèles théoriques de prédiction du comportement

Deux approches théoriques ont proposé des processus fort différents pour expliquer l'influence de l'attitude sur le comportement. La distinction majeure entre les deux théories tient au niveau de la réflexion qui précède l'action. Une première théorie, la **théorie de l'action raisonnée et du comportement planifié** (Ajzen, 1991, 2001 ; Ajzen & Fishbein, 1980) est nettement plus rationnelle, alors que la seconde, le **modèle du processus attitude-comportement** (Fazio, 1986 ; Fazio & Roskos-Ewoldsen, 2005), est plus spontanée. Nous les présentons brièvement ci-dessous.

La théorie de l'action raisonnée et du comportement planifié. Cette théorie vise la prédiction et l'explication de la plupart des comportements sociaux à l'aide d'un nombre limité de construits théoriques insérés dans une « chaîne causale » de relations logiques (Ajzen, 1989 ; Ajzen & Fishbein, 1980, 2005 ; Fishbein & Ajzen, 1975). Le construit central de la théorie est l'**intention comportementale**. L'intention reflète les facteurs motivationnels qui mènent à l'action. Elle indique l'intensité de la volonté d'accomplir les actions requises pour atteindre des buts précis. En conséquence, la théorie considère l'intention d'adopter ou non un comportement comme le « déterminant immédiat » de ce comportement (Fishbein, 1980). L'intention comportementale constitue donc le seul construit de la théorie de l'action raisonnée qui permet de prédire l'action.

Deux construits clés agissent comme déterminants de l'intention : l'attitude au regard du comportement et les normes subjectives. Conformément à l'un des trois modèles courants de la représentation de l'attitude vus précédemment, l'attitude consiste en l'évaluation favorable ou défavorable d'un objet donné, sauf que, chez Ajzen et Fishbein (1980), l'objet attitudinal est l'accomplissement ou le non-accomplissement d'un comportement. Ainsi, l'attitude n'affecte le comportement que de façon indirecte, par l'entremise de son influence sur l'intention. Le second déterminant de l'intention, les normes subjectives, évoque une causalité plus sociale que celle de l'attitude. En effet, les normes subjectives reflètent la perception de l'individu relativement aux pressions sociales saillantes ressenties (comme celles des parents, des amis, du partenaire) par rapport à l'exécution du comportement.

À leur tour, l'attitude et les normes subjectives sont déterminées par deux ensembles de croyances, qui se mesurent séparément. Ainsi, l'attitude est conceptualisée à l'aide du modèle générique de la valeur de l'attente (*expectancy-value models*). À cet égard, l'attitude, quant à l'accomplissement d'une action, est fonction des attentes ou des croyances relatives aux résultats prévus de l'exécution du comportement ainsi que de la valeur accordée à ces conséquences. C'est la somme de toutes ces croyances, multipliées par leurs évaluations respectives, qui constitue l'attitude à l'égard de l'accomplissement d'une action donnée.

Les normes subjectives attachées à l'accomplissement de l'action cible sont fonction, d'une part, des croyances que possède l'individu quant au fait que des personnes ou des groupes de personnes importants attendent un comportement donné de sa part et, d'autre part, de sa motivation à se soumettre à ces attentes. Selon Fishbein et Ajzen (1975), l'individu croit non seulement que certaines conséquences sont associées à l'accomplissement d'une action, mais également que certaines personnes ou certains groupes de personnes attendent de lui un comportement précis en relation avec cette action. Le poids de ces attentes et l'importance que leur accorde l'individu vont influer sur son intention d'accomplir ou non l'action donnée. C'est en mesurant sa motivation à se soumettre à ces attentes qu'on pourra le mieux juger de cette influence. Ici encore, c'est la somme de toutes ces croyances normatives, multipliées par la motivation à se soumettre à chacune d'elles, qui constitue la norme subjective attachée à l'accomplissement d'une action précise.

Pour Ajzen et Fishbein (1980), seules les attitudes et les normes subjectives influent directement sur l'intention, donc, indirectement, sur le comportement. Selon la théorie, l'intention comportementale est sous l'influence immédiate des composantes de l'attitude et de la norme subjective qui, toutes deux, se trouvent sous l'influence des composantes qui

les constituent, c'est-à-dire les croyances et l'évaluation des conséquences pour l'attitude, et les croyances normatives et la motivation à se soumettre pour la norme subjective. Enfin, la théorie du comportement planifié (Ajzen, 1991) représente une extension de la théorie de l'action raisonnée. L'ajout du concept du contrôle comportemental perçu comme élément prédictif de l'intention ou du comportement a pour but de contrôler le fait que, dans le cas de plusieurs types de comportements, la personne n'a pas un contrôle total sur le comportement. Puisque les concepts attitudinaux sont typiquement volitionnels, en ajoutant le contrôle comportemental perçu, on peut alors mieux prédire les comportements qui sont moins sous l'emprise de la personne. La figure 6.9 présente la théorie de l'action raisonnée et du comportement planifié. On peut ainsi noter que, selon ce modèle théorique, l'attitude ne représente pas un déterminant direct du comportement. En fait, elle doit être traduite en intention afin d'exercer une influence sur la conduite. De plus, l'attitude ne représente que l'un de trois éléments prédictifs de l'intention, les deux autres étant les normes subjectives et le contrôle comportemental perçu.

Prenons un exemple adapté de Baron et Byrne (2004). Supposons que vous songiez à vous faire percer le nez pour y poser un anneau. Allez-vous le faire ou non ? Selon la théorie de Ajzen et Fishbein, cela dépendrait de votre intention qui, elle, dépendrait de votre attitude et des normes subjectives. Si vous avez une attitude positive envers le comportement (vous pouvez croire que cela ne fera pas mal et que c'est beau), des normes subjectives soutenant votre quête pour cet ornement nasal (vos amis l'ont déjà fait et vous encouragent à le faire) et que vous savez où aller pour le faire (contrôle comportemental perçu), votre intention à le faire sera forte et vous devriez passer à l'action. Par contre, si vous croyez que cela fera mal et que ce n'est pas très beau (attitude négative), que vos amis n'approuvent pas le port de cet ornement (normes subjectives négatives) et que vous ne savez pas où aller pour subir cette délicate opération (contrôle comportemental faible), votre intention sera faible et vous ne passerez pas à l'action.

De façon générale, l'intention d'adopter un comportement sera en relation directe avec les influences provenant de l'attitude et des normes subjectives. Toutefois, la théorie postule que l'importance relative des deux facteurs dépend de la nature du comportement cible et de la situation. Par conséquent, par rapport à certaines intentions, l'effet de l'attitude sera prédominant ; dans d'autres situations, les normes subjectives seront plus importantes ; enfin, dans d'autres situations encore, les deux composantes contribueront à la production de l'intention de façon égale. Une étude de Ybarra et Trafimow (1998) le démontre. Ces chercheurs ont mis en lumière le fait qu'en amorçant la notion de soi privé (les éléments du soi qui sont personnels, voir le chapitre 3), l'attitude permettait de mieux prédire l'intention que les normes subjectives. En revanche, en amorçant le soi collectif (les éléments du soi liés aux groupes qui sont importants pour la personne), les normes subjectives permettaient de mieux prédire l'intention. Donc, les éléments de la situation peuvent moduler l'importance relative de l'influence de l'attitude et des normes subjectives sur l'intention.

La théorie a joui d'un grand soutien empirique (Ajzen, 2001 ; Ajzen & Fishbein, 2005). Les principes de base de la théorie ont été soutenus à maintes reprises. Ainsi, une méta-analyse de plusieurs méta-analyses (Sheeran, 2002) révèle que le lien moyen entre l'intention et le comportement est de 0,53, ce qui est fort intéressant. D'autres recherches montrent que la corrélation entre les attitudes comme éléments prédictifs et l'intention varie de 0,45 à 0,60. De même, la corrélation entre les normes subjectives et l'intention va de 0,35 à 0,46 ; ces deux éléments permettent donc de prédire fort bien l'intention. Le contrôle comportemental perçu, pour sa part, obtient les mêmes indices que les normes subjectives (Albarracin *et al.*, 2001 ; Armitage & Conner, 2001 ; Hagger *et al.*, 2002). Bien que certaines lacunes

FIGURE 6.9　**La théorie de l'action raisonnée et du comportement planifié**

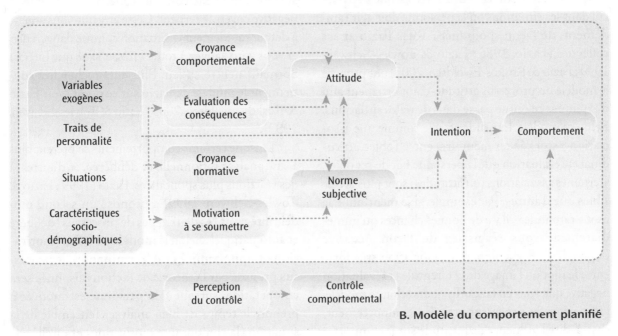

Sources : A : Adapté de Fishbein et Ajzen (1975) ; B : Adapté de Ajzen (1991).

puissent exister en ce qui concerne le rôle des déterminants des attitudes et des normes subjectives (Vallerand *et al.*, 1992), et le rôle précis du contrôle comportemental perçu (Ajzen et Fishbein ne précisent pas clairement s'il sert à prédire l'intention, le comportement ou les deux. Voir Bagozzi *et al.*, 2004), le soutien apporté à l'ensemble de la théorie est impressionnant. Ainsi, la théorie a permis de prédire des comportements aussi variés que l'utilisation de condoms (Albarracin *et al.*, 2001), la perte de poids (Gardner & Hausenblas, 2004), l'adhésion à un programme d'exercice (Armitage, 2005 ; Blanchard *et al.*, 2003 ; Rhodes & Courneya, 2003), la protection de l'environnement (Pouta & Rekola, 2001 ; Valle *et al.*, 2005), l'examen préventif des seins (Norman & Hoyle, 2004) et le fait de quitter un conjoint abusif (Byrne & Arias, 2004).

Le modèle du processus attitude-comportement. La théorie de l'action raisonnée et sa modification subséquente (théorie du comportement planifié) ont reçu un soutien considérable relativement aux situations où la personne a beaucoup de temps pour réfléchir et agir. Toutefois, que se passe-t-il dans les situations où la personne doit agir rapidement, de façon spontanée ? Russ Fazio et ses collègues (Fazio, 1986 ; Fazio & Towles-Schwen, 1999 ; Fazio & Roskos-Ewoldsen, 2005) ont proposé le modèle du processus attitude-comportement afin d'expliquer ce qui se passe dans de telles situations. Selon ce modèle, l'attitude est vue comme une association , stockée en mémoire, entre l'objet attitudinal et l'évaluation que la personne fait de cet objet. Certaines associations (ou attitudes) sont plus accessibles que d'autres. Par exemple, si je mentionne le mot « tarentule », il y a de bonnes chances qu'immédiatement vous réagissiez de façon négative (« pouah »). Il y a alors une association très forte entre le mot ou l'image de la tarentule et l'évaluation négative que vous en faites. Toujours selon ce modèle, l'initiation du processus attitude-comportement, c'est-à-dire l'influence de l'attitude sur le comportement, se fait par le truchement de l'accessibilité de l'attitude. Si l'attitude n'est pas accessible, elle ne pourra pas influer sur le comportement, comme nous l'avons mentionné précédemment. Lorsque l'attitude est activée, par la présentation de l'objet attitudinal ou par des indices de la situation, elle est le filtre par lequel l'objet attitudinal est perçu dans la situation. Cette perception de l'objet mène à une définition de l'événement qui, en retour, mène au comportement. Plus une attitude est accessible, plus sa relation avec la perception de l'objet sera forte. De même, plus l'attitude est accessible, plus le lien entre l'attitude et le comportement sera fort. Par contre, notons qu'il est possible que des indices normatifs associés à la situation servent aussi à définir la situation et à guider l'action. Ces aspects normatifs peuvent enrayer l'influence de l'attitude ou l'appuyer, selon leur contenu. Ce modèle est présenté dans la figure 6.10.

Prenons un exemple. Imaginons que vous entreprenez un voyage en Amérique du Sud pour visiter un ami. Dans le cadre de ce voyage, vous faites une petite randonnée en forêt et arrivez face à face avec un serpent, et pas un petit. Cet événement déclenche automatiquement votre attitude très accessible et négative envers le serpent. Cette attitude vous amène à définir rapidement la situation comme dangereuse, et vous vous sauvez à toute vitesse, sans que l'aspect normatif n'entre en jeu. Plusieurs recherches soutiennent le modèle de Fazio sur ce point (voir Fazio & Roskos-Ewoldsen, 2005 ; Fazio & Towles-Schwen, 1999).

Puisque certains comportements se prêtent plus à une analyse rationnelle et délibérée, et d'autres, à des réactions plus spontanées, Fazio (1999 ; Fazio & Towles-Schwen, 1999) a proposé un second modèle intégrant ces deux types de processus (délibéré et automatique). Selon le **modèle MODE (motivation et opportunité et déterminants)**, le processus proposé par la théorie de l'action raisonnée sera en opération, surtout si la personne est motivée à prendre le temps de bien analyser l'ensemble de la situation (la composante motivation) et qu'elle a le temps de le faire (la composante opportunité). Si l'un de ces deux éléments est absent, le processus utilisé sera celui proposé par le processus attitude-comportement. Une étude classique de Sanbonmatsu et Fazio (1990) le démontre bien. Dans cette étude, les participants ont lu un long texte dans lequel on présentait les qualités de deux magasins, Smith et Brown. Smith était le meilleur magasin en général, mais Brown avait le meilleur rayon de photo. Par la suite, les participants furent informés qu'ils devaient choisir l'endroit où acheter un appareil photo. Ils furent aléatoirement assignés à l'une de quatre conditions selon qu'ils avaient une grande motivation à prendre la bonne décision (ils devaient expliquer leur choix à d'autres étudiants et à l'expérimentateur) ou une faible motivation (ils avaient simplement à faire le choix), et l'opportunité de prendre le temps de faire le bon choix (ils avaient tout leur temps pour décider) ou peu de temps (ils devaient faire vite). Selon le modèle MODE, la meilleure décision (Brown) ne devrait être prise que lorsque la personne est motivée à prendre la bonne décision *et* en a l'opportunité. Donc, les participants dans la condition haute motivation et opportunité auraient dû choisir le magasin Brown en plus grand nombre que ceux dans les autres conditions. C'est exactement ce que les résultats ont démontré. Dans les autres conditions, les participants ont réagi de façon presque automatique et ont laissé leur attitude positive envers le magasin Smith dicter leur comportement.

En somme, nous avons fait beaucoup de chemin dans la connaissance du lien attitude-comportement depuis l'étude classique de LaPiere (1934). Parfois, notre comportement résultera d'une analyse très rationnelle, alors que, dans d'autres circonstances, il sera spontané. Dans les deux cas, l'attitude peut jouer un rôle important, mais le processus sera différent. Le concept d'attitude justifie donc sa place centrale dans la prédiction du comportement social.

FIGURE 6.10 **Modèle du processus attitude-comportement**

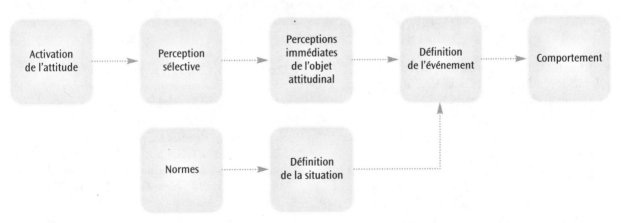

Source : Adapté de Fazio et Roskos-Ewoldsen (2005).

RÉSUMÉ

L'attitude est généralement définie comme une évaluation, positive ou négative, de tout objet humain ou inanimé de notre environnement social. Les attitudes peuvent être explicites (nous en sommes conscients) ou implicites (nous ne sommes pas conscients de les avoir). Nos attitudes proviennent de diverses sources pouvant aller de facteurs biologiques à la culture dans laquelle on évolue, et ont plusieurs fonctions, dont l'expression de nos valeurs propres et la défense de notre soi. Les attitudes peuvent être mesurées de diverses façons : par questionnaire, par le comportement, physiologiquement et à l'aide de mesures implicites telles que le temps de réaction après la présentation de stimuli représentatifs de l'objet attitudinal. Plusieurs théories ont été proposées pour expliquer le changement d'attitude. Certaines mettent l'accent sur le rôle de la consistance cognitive que la personne sera motivée à conserver, alors que d'autres soulignent le rôle du traitement cognitif du message et des indices qui y sont associés, que ce traitement cognitif soit élaboré ou rapide. Enfin, l'attitude peut mener au comportement. Toutefois, l'influence de l'attitude sera présente ou non en fonction de plusieurs variables, dont la personne, la situation, l'attitude elle-même et le comportement devant être adopté. Les modèles théoriques proposés pour expliquer le lien attitude-comportement font ressortir la dualité que revêt notre vie de tous les jours : certains comportement sont plus spontanés, alors que d'autres sont plus délibérés. Il en va de même des processus impliquant l'attitude comme déterminant du comportement. En somme, près de 80 ans après les premières recherches empiriques sur les attitudes, ce concept demeure toujours fondamental pour mieux comprendre le comportement social et ses complexités.

BIBLIOGRAPHIE spécialisée

ALBARRACIN, D., JOHNSON, B.T. & ZANNA, M.P. (dir.) (2005). *Handbook of attitudes and attitude change*. Mahwah, N.J. : Erlbaum.

BROCK, T. & GREEN, M. (dir.) (2005). *Persuasion : Psychological insights and perspectives*. Thousand Oaks, Calif. : Sage.

HARMON-JONES, E. & MILLS, J. (dir.) (1999). *Cognitive dissonance : Progress on a pivotal theory in social psychology*. Washington, D.C. : American Psychological Association.

PERLOFF, R.M. (2003). *The dynamics of persuasion : Communication and attitudes in the 21st century* (2e éd.). Mahwah, N.J. : Erlbaum.

PETTY, R.E. & WEGENER, D.T. (1998). Attitude change : Multiple roles for persuasion variables. Dans D. GILBERT, S. FISKE & G. LINDZEY (dir.), *The handbook of social psychology* (4e éd., vol. 1, p. 323-390). New York : McGraw-Hill.

Questions DE RÉVISION

1. Définissez brièvement le concept d'attitude.

2. Présentez au moins quatre caractéristiques de l'attitude.

3. Nommez quatre types de mesure de l'attitude.

4. Quelles sont les quatre principales fonctions des attitudes ?

5. Nommez les cinq principales sources de la formation des attitudes.

6. Selon la théorie de la dissonance cognitive (Festinger, 1957), quel est le processus psychologique par lequel le changement d'attitude se produit ?

7. Selon l'approche de la réponse cognitive, quel principe prévaut dans le changement d'attitude ?

8. Selon le modèle de la vraisemblance de l'élaboration cognitive, quel principe prévaut dans le changement d'attitude ?

9. Présentez succinctement le modèle de la théorie de l'action raisonnée (Ajzen & Fishbein, 1980) et de la théorie du comportement planifié (Ajzen, 1991).

10. Présentez brièvement le modèle du processus attitude-comportement (Fazio, 1990 ; Fazio & Roskos-Ewoldsen, 2005).

Partie III

La communication et les interactions sociales

CHAPITRE 7   La communication sociale :
aspects interpersonnels
et intergroupes

CHAPITRE 8   Les relations interpersonnelles

CHAPITRE 9   Une analyse psychosociale
de l'agression

CHAPITRE 10   Le comportement d'aide :
perspectives classiques
et contemporaines

La communication sociale : aspects interpersonnels et intergroupes

Richard Clément

École de psychologie
Université d'Ottawa

**Kimberly
A. Noels**

Département
de psychologie
Université de l'Alberta

Mise en situation

ous avez organisé une soirée à laquelle vous avez invité certains de vos amis et amies mélomanes rencontrés pendant vos études universitaires à Montréal. Plusieurs d'entre eux ne se sont jamais rencontrés. C'est le cas d'Émilie (une Québécoise du Lac Saint-Jean) et d'Alexandre (originaire de Paris), que vous apercevez présentement en grande conversation sur le canapé. La position de leurs corps, orientés l'un vers l'autre et légèrement penchés en avant, vous laisse supposer qu'ils s'entendent déjà très bien. Vous vous approchez discrètement et vous écoutez leur conversation : l'augmentation des taxes et ses conséquences sur le prix des vins fins. De toute évidence, une conversation très ennuyeuse. Vous révisez donc votre impression première jusqu'au moment où vous vous souvenez que vos deux amis sont des gourmets accomplis — dans leur cas, il s'agit d'une conversation excitante. Mais vous savez, par ailleurs, que les deux ont des partenaires de longue date et que leurs relations sont très stables. Vous vous préparez à vous éloigner en pensant que vous n'assisterez pas à l'éclosion d'une idylle lorsqu'Émilie passe sa main ouverte dans ses cheveux en regardant Alexandre pendant quatre à cinq secondes…

INTRODUCTION

Ce court passage illustre bien la complexité de l'acte de communication. Les comportements dont vous êtes témoin sont ambigus pour vous, parce que leur signification est instable — continuellement révisée en fonction de nouvelles informations et de nouvelles perspectives. De plus, la communication s'opère tout autant par les gestes que par les paroles et par l'interaction de ces modalités. Dans le décodage des signaux, le « récepteur » d'une communication a donc, tout autant que l'émetteur, un rôle actif à jouer (voir Bowers & Bradac, 1982). On peut donc définir comme pertinents à la **communication** l'ensemble des comportements et des processus psychologiques qui permettent de transmettre et de recevoir des informations dans un contexte donné.

Après quelques mots sur l'histoire du domaine de la communication et sur la perspective dans laquelle s'inscrit ce chapitre, nous aborderons tour à tour la communication non verbale et la communication verbale. Une courte section traitera ensuite de la combinaison de ces deux modalités. Enfin, une dernière section portera sur le lien entre la langue et l'appartenance à un groupe linguistique particulier. Cette façon de décrire le phénomène permet, selon nous, de rendre compte de façon détaillée de l'état des connaissances dans ce domaine. Cela ne veut pas dire pour autant qu'il n'existe pas d'approche globale dans l'étude de la communication. Au contraire, comme l'illustre l'encadré sur les positions théoriques (encadré 7.1), les perspectives d'ensemble ont évolué rapidement au cours des dernières années.

UN PEU D'HISTOIRE

Les travaux contemporains portant sur la psychologie sociale de la communication se réclament de nombreuses disciplines, comme la sociologie du langage, les sciences de la communication et l'anthropologie. Dans le cas plus précis du comportement non verbal, DePaulo et Friedman (1998) retracent les racines de son étude aux travaux de biologie de Darwin (1872) sur l'expression des émotions chez l'humain et l'animal. Giles et Robinson (1990), quant à eux, soulignent l'importance de linguistes tels que Chomsky (1957) et Labov (1966) en ce qui a trait à l'évolution du domaine.

En psychologie, Farr (1980) et Moscovici (1967) n'attribuent pas la paternité du domaine aux mêmes chercheurs. Pour le premier (voir aussi Kroger & Scheibe, 1990), la jonction de la psychologie sociale et du langage était un des principaux thèmes de la *Völkerpsychologie* de Wundt (1900-1920), qui traitait de phénomènes collectifs et de personnes en interaction. Cet ouvrage fut cependant largement ignoré dans le contexte nord-américain, principalement à cause de l'insistance d'Allport (1924) sur le

---

ENCADRÉ 7.1 À propos des théories de la communication

Au cours des quarante dernières années, plusieurs modèles de la communication ont vu le jour. Certains de ces modèles sont dérivés du *modèle encodeur-décodeur* proposé originalement par Shannon et Weaver (1949). Ces chercheurs décrivent la communication comme un acte par lequel une source transmet de l'information à un récepteur par l'entremise d'un moyen quelconque. La communication est donc décrite ici comme un processus similaire à celui du transport de l'eau dans un seau d'un point à un autre.

Bien que le modèle de Shannon et Weaver ait eu une grande influence sur la recherche en communication, certains chercheurs ont tout de même souligné que plusieurs aspects de la communication humaine ne correspondent pas au modèle proposé (voir Adler, Rosenfeld & Towne, 1986). Premièrement, ce modèle linéaire présume que la communication ne se produit que dans un sens, soit de l'émetteur au récepteur. Or, dans la plupart des interactions sociales, l'émetteur d'un message est aussi récepteur de la réaction provoquée chez son interlocuteur. Cette approche interactive de la communication suggère que celle-ci est un échange bidirectionnel et qu'elle ressemble plus à un match de ping-pong qu'au transport d'une substance de la source au récepteur. De plus, l'information qui est échangée par les interlocuteurs n'est pas nécessairement perçue de la même manière par chacun d'entre eux. L'information, qui n'est pas un objet concret, est traitée de façon différente en fonction des motivations et des contextes dans lesquels se trouvent les émetteurs et les récepteurs.

Dans les développements théoriques subséquents, on a cherché à franchir les limites du modèle encodeur-décodeur original. Les *théories de l'adaptation interpersonnelle* définissent en effet la communication comme un processus d'influence et d'adaptation mutuelle, impliquant des actions et des réactions conduisant à des styles de communication plus ou moins similaires. Dans certains cas, les interlocuteurs pourront manifester un comportement d'approche suggérant leur intimité et leur engagement dans l'échange ; dans d'autres cas, des comportements d'évitement démontreront l'opposé. Les comportements dyadiques d'interaction peuvent donc être réciproques (les échanges entre les partenaires se font dans la même direction et ont la même intensité) ou compensatoires (ils prennent des directions opposées). Burgoon, Stern & Dillman (1995) prétendent qu'il y a une tendance fondamentale chez l'humain à harmoniser sa communication à celle de son interlocuteur. Des facteurs sociaux et personnels dictent le degré de réciprocité approprié pour la situation. L'échec de la communication se produit donc lorsqu'une erreur dans la perception du comportement d'harmonisation de l'interlocuteur entraîne une réponse non appropriée.

D'autres modèles, dits *intentionalistes*, mettent en lumière le fait que la signification littérale d'un message n'est pas toujours celle qui est voulue ou même perçue (Krauss & Fussell, 1996 ; Krauss & Chiu, 1998). On peut exprimer la même intention en utilisant une grande variété d'expressions. On peut, par exemple, demander à une personne de fermer la porte de bien des façons : « Ferme la porte ! », « Pourrais-tu fermer la porte s'il te plaît ? », « La porte est ouverte. », « Il fait froid ici. » Afin de répondre de façon appropriée, la personne qui écoute doit comprendre non seulement la signification littérale du message, mais aussi l'intention de son interlocuteur. Pour découvrir cette intention, on aura recours aux normes, stéréotypes et règles concernant l'usage des expressions dans différents contextes (voir à ce sujet Grice, 1975 ; Searle, 1975). L'expression « Il fait froid ici » venant d'une personne invalide incapable d'atteindre la porte n'aura pas la même signification que si elle vient de la personne qui entre à l'instant. Les erreurs de communication se produisent donc lorsque les interlocuteurs interprètent incorrectement leurs intentions, probablement parce qu'ils ne partagent pas les mêmes conventions sociales (voir à ce sujet la section sur l'affiliation dans les pages qui suivent).

Les *modèles dialogiques*, quant à eux, prolongent ce paradigme interprétatif en mettant l'accent sur le processus qui fait que les interlocuteurs travaillent en collaboration pour créer et refléter un contexte partagé (Rommetveit, 1974). Dans cette perspective, la signification n'est pas une caractéristique propre aux symboles eux-mêmes : elle émerge du contexte particulier dans lequel le dialogue se déroule. Comme dans l'approche intentionaliste, les conventions et les règles sociales servent de point de départ commun aux conversations, mais la signification est élaborée au cours de la conversation. Il est nécessaire que chaque interlocuteur se place dans la peau de l'autre personne afin de tenter de voir la situation à travers les yeux de celle-ci pour en arriver, éventuellement, à l'intersubjectivité. Chacun est donc attentif aux réactions de l'autre afin de s'assurer que le message envoyé est compris comme on veut qu'il soit compris. De cette façon, un *terrain d'entente* (voir dans les pages qui suivent) est établi, lequel permet à la conversation de continuer. Les erreurs de communication se produisent donc lorsque les interlocuteurs ne parviennent pas à l'intersubjectivité et que, par conséquent, un contexte ne peut être créé pour donner une signification à l'interaction.

Du modèle linéaire initial de Shannon et Weaver (1949) on est donc passé à des modèles interactifs, impliquant des inférences quant à la signification de l'interaction sur la base du contexte immédiat de celle-ci.

fait que l'unité d'analyse appropriée était l'individu, sans égard à son contexte.

Pour Moscovici, la distinction faite par de Saussure (1955) entre langue et parole a cristallisé la séparation entre le système langagier relativement stable (la langue) et la façon dont le langage est utilisé par ses usagers (la parole). La linguistique s'est alors presque exclusivement penchée sur la langue, écartant la parole et ses connotations plus sociales comme objet légitime de recherche. Il faut attendre 1965 pour que la question de la parole soit évoquée dans le contexte d'un manuel de psychologie sociale (Brown, 1965). Moscovici lui-même (1972a) fait également figure de pionnier, avec Robinson (1972), par ses tentatives d'illustrer le lien entre les phénomènes de communication interpersonnelle et les thèmes dominants de la psychologie sociale. Sur le plan des rapports intergroupes, la première monographie d'approche psychosociale semble être celle de Gardner et Lambert (1972), portant essentiellement sur l'apprentissage du français, langue seconde, dans le contexte canadien.

Dans une perspective plus contemporaine, l'intérêt pour le lien entre psychologie sociale et langage n'a fait que croître. Depuis 1979, la Conférence internationale sur la psychologie sociale et le langage s'est tenue régulièrement. Elle en était à sa neuvième édition en 2004. En 1982, le *Journal of Language and Social Psychology* a produit son premier volume et, en 1990, Giles et Robinson ont publié le *Handbook of Language and Social Psychology*. Dix ans plus tard, l'évolution importante du domaine a nécessité la production d'une deuxième édition (Robinson & Giles, 2001). Finalement, depuis 1997, le domaine a une institution qui le représente, l'International Association for Language and Social Psychology.

L'importance du lien entre communication et psychologie sociale est illustrée par le parallèle proposé par Krauss et Fussell (1996) entre le développement des études sur la cognition sociale et celui des études sur la communication. Ces auteurs prétendent qu'historiquement, la psychologie sociale a toujours été cognitive au sens où les chercheurs présumaient, sans les définir avec précision, de l'existence de mécanismes cognitifs responsables des attitudes et des impressions, et de l'existence de catégories mentales. La contribution de l'étude de la cognition sociale a été de substituer à un modèle cognitif imprécis des modèles spécialisés permettant de voir comment les mécanismes cognitifs eux-mêmes pouvaient influencer ces phénomènes. De la même façon, les chercheurs contemporains en psychologie sociale présument de l'existence de la communication dans tous les phénomènes sans pour autant préciser comment ce mécanisme les influence. Si leur modèle implicite de la communication est adéquat, leur compréhension du phénomène étudié sera également adéquate. Si, par contre, leur modèle de la communication est défectueux, il en sera de même pour leur modèle de recherche. Il est donc important pour tout psychologue social de se familiariser avec les mécanismes de la communication, quel que soit son champ d'intérêt.

LES SYMBOLES ET LA COORDINATION

On nomme **symboles** les comportements porteurs de sens. Ce sont des actions (comme un clin d'œil) ou des conséquences d'une action (comme le son de la voix) auxquels on attribue une signification différente de ce qu'elles sont. Leur sélection est arbitraire, et leur signification dépend essentiellement de conventions établies dans une société donnée. Ainsi, le pouce levé utilisé par César pour gracier les gladiateurs est-il adopté par les aviateurs pour signifier que tout est en ordre, alors qu'en Sardaigne, c'est un geste équivalent à la présentation du majeur en position verticale en Occident (Ekman, Friesen & Bear, 1984). La décision d'utiliser un symbole, verbal ou autre, dépend de l'accord social régissant la relation entre le symbole et sa signification.

S'inspirant de Schelling (1960) et de Lewis (1969), Clark (1985 ; voir aussi Clark & Krych, 2004) décrit cet accord social sur la signification des symboles comme répondant au *problème de coordination*. Supposons qu'au cours de leur conversation,

Émilie, sans directement s'adresser à Alexandre, remarque à voix haute que son verre est vide. Que devrait être la réaction d'Alexandre ? Cette remarque peut être une invitation à lui procurer une boisson comme elle pourrait signifier que la conversation est terminée. D'après Clark (1985), le message ne sera compris que si le problème de coordination entre le symbole et sa signification est résolu. Cette résolution ne peut avoir lieu que si les interlocuteurs partagent au préalable un *terrain d'entente* lié à trois aspects de leur interaction.

1. *L'expérience langagière.* Alexandre et Émilie partagent comme terrain d'entente les éléments linguistiques déjà définis dans la conversation (Émilie a peut-être déjà demandé à Alexandre d'aller lui chercher une autre boisson) ;

2. *L'expérience perceptuelle.* Le terrain d'entente est aussi fait de tous les aspects paraverbaux de la conversation (Alexandre a peut-être déjà esquissé un geste en direction du verre d'Émilie) ;

3. *L'appartenance à une même communauté.* Alexandre et Émilie partagent la connaissance des règles d'usage du français. En tant qu'individus ayant fréquenté l'université, ils partagent aussi une connaissance des faits et des personnages notoires commune aux individus ayant le même niveau de scolarité. En tant que membres de la classe moyenne nord-américaine, ils partagent un certain nombre de croyances à propos de la nutrition, de la santé, de l'écologie, de l'exercice physique… Ils partagent également un certain nombre de « scénarios » (voir Schank & Abelson, 1977) quant aux comportements appropriés pour différentes occasions, dont les réunions d'amis et les rapports hétérosexuels. Enfin, ils font partie d'un sous-groupe de gourmets qui savent ce que veut dire « déglacer une poêle », ainsi que d'une communauté montréalaise qui connaît l'emplacement des restaurants « branchés ».

L'effet de l'appartenance à une même communauté sur la résolution du problème de coordination a au moins deux conséquences pour notre compréhension des phénomènes de communication. La première est que l'analyse et la connaissance de la structure et des mécanismes d'une **langue** particulière (au sens de système codifié et répertorié) ne peut rendre compte du phénomène de coordination. Tout symbole ne prend une signification qu'en fonction du terrain d'entente créé par son contexte social plus large. La deuxième est que la solution aux bris de communication auxquels on impute les problèmes graves de notre société (violence, divorce, guerre…) n'est pas réductible à une intervention purement linguistique. Elle requiert une compréhension du contexte social dans lequel baigne la communication, et une action sur ce contexte.

Dans ce qui suit, nous passerons en revue un certain nombre de comportements utilisés comme véhicules de communication. Il devrait cependant être clair, au regard de ce qui précède, qu'il n'existe pas de correspondance unique entre un symbole et sa signification. Variant de culture en culture, de groupe en groupe et, à la rigueur, de situation de communication en situation de communication, les interprétations proposées ici sont donc toutes relatives.

LA COMMUNICATION NON VERBALE

Aujourd'hui (DePaulo & Friedman, 1998 ; Hickson, Stacks & Moore, 2004 ; Kraus & Chiu, 1998 ; Noels, Giles & LePoire, 2003), on s'accorde habituellement pour aborder l'expression non verbale du point de vue de ses fonctions intégrées au langage. Avant de revenir à cette perspective, il semble cependant opportun de dire quelques mots à propos de cette modalité particulière et de ses éléments. Par communication non verbale, on désigne habituellement toute forme de communication utilisant un instrument autre que la voix. Selon Patterson (1983), cette forme de communication remplit plusieurs fonctions : 1) elle communique nos sentiments et notre identité ; 2) elle permet de régulariser les conversations ; 3) elle permet d'exprimer l'intimité ; 4) elle traduit la volonté de contrôle ; et, enfin, 5) elle sert de support à la communication verbale. De plus, selon DePaulo et Friedman (1998), bien que la capacité d'interpréter utilement des signaux non verbaux semble être universelle, il existe des différences individuelles importantes dans la capacité d'interpréter correctement ces signaux. Les résultats obtenus à l'aide du test *Profile of Nonverbal Sensitivity* (PONS) (Rosenthal *et al.*, 1979) révèlent, par exemple, que les femmes, de même que les enseignants et les thérapeutes qui ont du succès, sont en général plus sensibles aux messages non verbaux non liés à la tromperie. De plus, l'interprétation sera plus juste lorsque l'aide qu'on espère recevoir dépend de celle-ci.

Sur le plan de l'expression, les signaux non verbaux sont une composante importante des habiletés sociales : les personnes qui s'expriment de façon ouverte et appropriée sont, en général, plus positivement appréciées que celles qui sont trop réservées, qu'on perçoit comme anxieuses ou dépressives. Bien qu'il existe une base génétique à l'expression des émotions, certaines personnes étant naturellement plus expressives que d'autres, DePaulo (1992) soutient que la plus grande partie de ces comportements opèrent sous le contrôle individuel dans l'optique d'une présentation optimum de soi. Il semble évident que le comportement non verbal varie selon les contingences sociales imposées par les situations de communication, qui changent en fonction de la présence ou de l'absence d'autres personnes, ou de la motivation à obtenir leur approbation, par exemple. Il semble également évident que la production de signaux émotifs non verbaux peut se faire en l'absence de l'émotion véritable, sans que la chose ne soit nécessairement perçue comme telle (Gosselin, Kirouac & Doré, 1995). La régulation délibérée des expressions non verbales est essentielle au déroulement harmonieux de la vie sociale. C'est de cette façon que les interlocuteurs manifestent leurs identités et leurs intentions, signalant ainsi aux autres

comment interagir avec eux. On pourrait croire que des expressions spontanées seraient plus faciles à comprendre parce qu'elles sont plus naturelles. Au contraire, ce sont les émotions exprimées de façon délibérée qui sont habituellement les mieux comprises (DePaulo, Bell & Witt, 1996, cités dans DePaulo & Friedman, 1998).

Les expressions du visage

Les expressions du visage jouent un rôle des plus importants dans la communication. En fait, d'après Bugental, Kaswan et Love (1970), lorsque le message verbal et l'expression du visage sont en contradiction, c'est habituellement l'expression du visage qui est acceptée comme le reflet le plus exact de la signification du message. Cela est sans doute lié au fait que les expressions faciales apparaissent habituellement de façon automatique et involontaire (Ekman & Friesen, 1975).

Keating et ses collègues (2003) suggèrent que, chez les adultes, des visages aux traits enfantins attirent davantage la sympathie que des visages aux traits adultes, et ce, qu'il s'agisse de visages afro-américains ou de visages européen-américains, tant aux États-Unis qu'au Kenya. En fait, l'étude des expressions faciales date (dans une perspective contemporaine) des travaux de Darwin (1872), dont la thèse est que l'expression des émotions est universelle. Selon lui, cette caractéristique particulière est liée à la nécessité, pour différentes espèces, de pouvoir communiquer entre elles pour des questions de survie (Hansen & Hansen, 1988 ; Zajonc, 1985). Cet impératif lié, à l'origine, aux conditions créées par l'environnement s'est transmis au cours de l'évolution et ferait maintenant partie du bagage génétique humain (Montepare, 2003).

La plupart des recherches menées auprès de participants humains portent sur six émotions primaires : la surprise, la peur, la haine, le dégoût, la joie et la tristesse (voir la figure 7.1). Le programme de recherche mené par Ekman et ses collègues (1982) a résulté en une description précise de l'expression faciale accompagnant chacune de ces émotions. Une personne surprise, par exemple, lèvera les sourcils, entrouvrira la bouche ; des rides horizontales apparaîtront sur son front ; ses paupières s'écarteront, et le blanc de ses yeux paraîtra au-dessus et en dessous de l'iris (Ekman & Friesen, 1975). Des résultats plus récents montrent, de plus, que le sourire associé à la communication d'une joie véritable est sensiblement différent de celui qui est associé à une joie feinte (Ekman, Friesen & O'Sullivan, 1988). Les sourires accompagnant la joie correspondent d'ailleurs à une activation cérébrale différente de celle associée à d'autres types de sourires (Ekman, Davidson & Friesen, 1990).

La technique de l'*électromyographie faciale* (Hess *et al.*, 1989 ; Rinn, 1984), qui procure un relevé des moindres mouvements des muscles du visage, permet de décrire avec beaucoup de précision les mouvements musculaires du visage associés à chaque émotion, et d'examiner les composantes d'une expression qui sont essentielles à la communication de l'émotion correspondante. Généralement, les trois

FIGURE 7.1   Les six émotions primaires exprimées par le visage

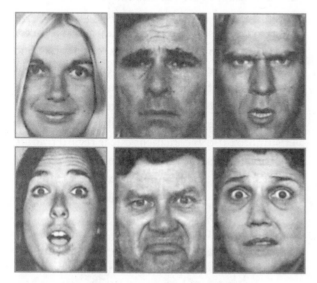

De gauche à droite, rangée du haut : la joie, la tristesse, la haine ; rangée du bas : la surprise, le dégoût, la peur.

Source : Adapté d'Ekman & Friesen (1975).

parties du visage (front et sourcils ; yeux et nez ; bouche et joues) participent à l'expression d'une émotion. La peur et la tristesse, par exemple, sont communiquées plus particulièrement par les yeux et les paupières.

Ces recherches sur les composantes des émotions ont été menées dans plusieurs pays dans l'optique d'évaluer leur universalité (Elfenbein & Ambady, 2002). Les travaux d'Ekman et de ses collègues montrent que des habitants du Japon, des États-Unis, de Bornéo, d'Europe et d'Amérique du Sud reconnaissent tous correctement, sur des photos, l'émotion exprimée par des individus appartenant à d'autres cultures que la leur. Des étudiants américains n'ont eu aucune difficulté à reconnaître l'émotion affichée par des habitants de Nouvelle-Guinée à qui on avait demandé d'exprimer l'émotion ressentie par les personnages d'une histoire. De plus, il semble qu'un affichage très bref d'une émotion faciale soit suffisant pour la reconnaître (Kirouac & Doré, 1984). Tant du côté de la reconnaissance que du côté de l'expression, les résultats des recherches tendent donc à confirmer l'universalité de l'expression des six émotions de base (Ekman, 1992 ; Izard, 1992). Des recherches portant sur de très jeunes enfants (Izard *et al.*, 1980) et sur des enfants aveugles (Boucher, 1974) viennent encore corroborer cette conclusion. Cela ne signifie pas pour autant qu'il y ait uniformité : chez des enfants, on note, par exemple, une amélioration de la perception avec l'âge (Gosselin & Simard, 1999 ; Tremblay, Kirouac & Doré, 1987) ainsi que des différences importantes dans la vitesse de reconnaissance des différentes émotions (Kirouac, Doré & Gosselin, 1985). Par ailleurs, certaines expressions sont mieux reconnues selon les caractéristiques physionomiques de l'acteur (Gosselin & Kirouac, 1995 ; Gosselin & Larocque, 2000).

Autres variations : même si leur manifestation est universelle, la *production* des expressions faciales n'est pas la même dans toutes les occasions et dans toutes les cultures. Dans certaines cultures, il n'est pas bien vu de manifester ses émotions, particulièrement si elles sont négatives. Des normes sociales se traduisent par ce que Ekman (1992) a appelé des **règles de manifestation des émotions faciales**, lesquelles dictent quand et où certaines expressions peuvent être affichées. Pour démontrer la relativité culturelle de ces normes, Argyle (1987a) a présenté à des juges italiens, anglais et japonais les émotions affichées par des acteurs de ces mêmes pays. Les juges italiens, anglais et japonais n'ont eu aucune difficulté à reconnaître les émotions des acteurs italiens et anglais. Tous, y compris les juges japonais, ont cependant eu de la difficulté à reconnaître les émotions de l'acteur japonais (voir aussi Matsumoto, 1992).

Outre les règles de manifestation, la motivation sociale influence l'affichage des émotions par l'entremise d'expressions faciales volontaires. Ainsi, la grimace affichée lorsqu'on assiste à un accident a pour but de témoigner une certaine sympathie à la victime (Bavelas *et al.*, 1986). De leur enquête portant sur le sourire, Kraut et Johnston (1979) concluent qu'il apparaît plus fréquemment en tant que moyen de communiquer la joie ou le bonheur qu'en tant que manifestation d'une réaction involontaire à un événement. LaFrance, Hecht et Paluck (2003) concluent, quant à eux, que les femmes sourient plus souvent que les hommes, mais que la situation joue un rôle important. Cette différence est notamment plus présente lorsque la situation prescrit un comportement correspondant étroitement au sexe des participants.

Il semble de plus en plus évident que les expressions faciales ont un effet non seulement sur l'interlocuteur, mais aussi sur l'humeur de la personne qui les produit. Zuckerman et ses collègues (1981) ont demandé à des participants auxquels on présentait une comédie, un documentaire neutre ou des scènes d'accidents déplaisantes d'exagérer ou de supprimer l'expression faciale de leurs émotions. Un autre groupe n'avait reçu aucune directive particulière. Les résultats ont démontré que les participants auxquels on avait demandé d'exagérer l'expression faciale de leur émotion témoignaient d'une activation physiologique plus élevée et rapportaient des réactions affectives plus positives ou plus négatives,

selon le cas, que les participants de l'autre groupe. Une explication possible de ce phénomène, la théorie de la rétroaction faciale (Tomkins, 1962, 1963), suggère en fait que la contraction des muscles du visage est une réaction du système autonome. L'agencement des contractions propres à chaque émotion permet à l'individu de reconnaître les émotions et de les distinguer.

Le regard

Le regard fait évidemment partie intégrante de l'expression faciale. À cause de son importance dans la communication, il a suscité un grand nombre de recherches empiriques. Celles-ci permettent de décrire trois fonctions du regard : communiquer l'information, régler l'interaction et exercer le contrôle (Kleinke, 1986).

Communiquer l'information. Les premières recherches sur le sujet suggèrent que le temps passé à regarder une personne est directement lié à l'attrait éprouvé pour cette personne. On regarde davantage un collègue qui nous approuve qu'un collègue qui nous désapprouve (Exline & Winters, 1965), et on pense que des couples sont plus amoureux si les partenaires se regardent davantage (Kleinke, Meeker & LaFong, 1974). D'autres recherches, dont certaines plus récentes, indiquent cependant que le fait de regarder fixement provoquerait l'inconfort et des réactions déplaisantes. En fait, Ellsworth (1975), Kimble, Forte et Yoshikawa (1981) et Matsumoto (1989) concluent que le regard traduit l'intensité du message plutôt que son intention positive. Il est utilisé pour souligner ce qui est transmis de façon verbale ou non verbale, que ce soit de l'intimité ou de l'hostilité.

Régler l'interaction. Une autre fonction importante du regard est de permettre à des interlocuteurs de synchroniser leur interaction. Par exemple, Duncan (1972) rapporte qu'un regard dirigé vers l'interlocuteur est habituellement le signal qu'il a la parole. Par ailleurs, lorsque la personne qui écoute détourne le regard, cela signifie habituellement qu'elle veut prendre la parole (Duncan & Niederehe, 1974). Argyle (1987a) rapporte que les « coups d'œil » (regards n'impliquant pas de contact visuel avec l'interlocuteur) comptaient pour 60 % de tous les regards dans une conversation sur un sujet neutre entre deux personnes distantes l'une de l'autre de deux mètres. Dans 75 % des cas, ces regards coïncidaient avec le fait d'écouter l'interlocuteur. Dans 40 % des cas, le regard coïncidait avec le fait de parler. La longueur moyenne des regards était de trois secondes. Les cas de contacts visuels mutuels étaient moins fréquents (30 %) et duraient en moyenne 1,5 seconde. Ces chiffres peuvent évidemment varier selon le type de situation, la relation entre les interlocuteurs et nombre d'autres facteurs. Ce qui est important, cependant, c'est qu'un écart des normes est interprété comme étant significatif : il peut s'agir d'une façon de communiquer l'hostilité ou la volonté d'augmenter l'intimité, par exemple.

Exercer le contrôle. Le regard fixe peut également servir à exprimer la volonté de contrôler l'interlocuteur. Par exemple, un professeur fixera un étudiant tapageur tout en continuant à donner son cours pour l'intimider et lui signifier que son comportement est déplacé. On regarde également avec plus d'intensité quelqu'un qu'on voudrait persuader ou dont on voudrait obtenir les faveurs (Aguinis & Henle, 2001 ; Kleinke, 1986). Exline, Ellyson et Long (1975) soutiennent, pour leur part, que le fait de fixer son interlocuteur lorsqu'on parle est une façon de garder le contrôle d'un auditoire. Ils avancent une définition du **comportement de domination visuelle** (CDV) qui peut-être exprimé de la façon suivante :

$$CDV = \frac{\text{Temps passé à regarder en parlant/Temps total de parole}}{\text{Temps passé à regarder en écoutant/Temps total d'écoute}}$$

Le CDV est plus important chez les individus dont le statut est relativement élevé par rapport à celui de leur interlocuteur. Ainsi, le fait de regarder quelqu'un en lui parlant serait un signal de domination, alors que le fait de regarder quelqu'un en

l'écoutant serait un signal d'attention soumise. Un score supérieur à un (1) indiquerait la domination, alors qu'un score fractionnaire indiquerait la soumission ; c'est ce que montre une étude d'Exline et ses collègues (1975) menée dans le cadre d'interactions entre militaires de grades différents.

L'effet « incitateur » du regard est aussi évident dans les cas de demandes d'aide. Par exemple, les automobilistes s'arrêtent plus volontiers pour prendre des auto-stoppeurs qui les fixent (Snyder, Grether & Keller, 1974), et on aide plus volontiers une personne qui a échappé sa monnaie (Valentine, 1980) ou ses questionnaires (Goldman & Fordyce, 1983) lorsque cette personne nous regarde.

La transmission de l'information, la synchronisation de l'échange et le contrôle social sont les fonctions principales exercées par le regard. Malgré l'intérêt des recherches rapportées ci-dessus, il semble cependant de plus en plus évident que la signification précise d'un regard à un moment particulier varie selon le contexte situationnel et interpersonnel. Pour comprendre un comportement non verbal, il est nécessaire, selon Patterson (1982) et Kleinke (1986), d'analyser les antécédents des personnes (l'âge, le sexe, la personnalité des interlocuteurs, la culture), les facteurs précédant l'interaction (l'activation physiologique et l'évaluation cognitive-affective de la situation) ainsi que les autres aspects de l'interaction (contenu verbal, message véhiculé par les autres aspects, etc.). Il y a donc peu d'espoir pour ceux qui rêveraient d'élaborer un « dictionnaire » des regards.

Le langage du corps

En tant qu'observateur de l'interaction entre Émilie et Alexandre, présentée au début de ce chapitre, vous avez probablement utilisé (sans vous en rendre compte, sans doute) la position de leur corps comme indice d'intimité. Si les deux personnes sont assises droites, les reins légèrement cambrés, le torse légèrement incliné vers l'avant et les jambes en position symétrique, vous en conclurez probablement qu'elles entretiennent une bonne relation ; votre constat serait différent, cependant, si elles se tenaient toutes les deux dans des positions asymétriques et « fermées ». Un des premiers chercheurs à aborder ce sujet fut Ray Birdwhistell (1970), qui a proposé une description des postures et des mouvements du corps selon des « kinèmes » et des « kinémorphes », soit des construits analogues aux phonèmes et aux morphèmes en linguistique. Malgré la portée de cette proposition, la théorie « linguistique » du « langage du corps » a reçu plusieurs critiques. La plus importante remet en question la validité de la prémisse selon laquelle la posture constitue un langage autonome et indépendant du langage verbal.

Les postures. Quoi qu'il en soit, les postures ont fait l'objet de nombreuses recherches dans le monde de la psychologie. Il y a plusieurs années, Rosenberg et Langer (1965) ont demandé à des étudiants et à des étudiantes universitaires d'évaluer, en fonction de plusieurs dimensions, une série de dessins représentant différentes postures du corps. Les dimensions évaluées comprenaient la couleur, le sentiment exprimé, la stabilité et l'orientation dans l'espace. Dans presque tous les cas, et particulièrement dans celui des postures représentées dans la figure 7.2, l'accord des participants au sujet de leur signification a largement dépassé le consensus attribuable à la chance seule. Dans l'étude du langage non verbal, on reconnaît donc à la posture la capacité de présenter une gamme de signaux valides et partagés.

Dans la foulée de cette recherche, les principales dimensions étudiées sont l'inclinaison (par en avant, par en arrière, sur le côté), la position des bras (ouverts, croisés, sur les hanches), la position de la tête (baissée, relevée, inclinée de côté) et la position des jambes (étirées, ouvertes, croisées). Il est aussi possible d'attribuer des caractéristiques générales comme « tendu » ou « relaxé » (Argyle, 1987a). Mehrabian (1972) rapporte d'ailleurs qu'une posture relaxée est une des façons de signifier la dominance. Par position relaxée on entend une position où les bras et les jambes sont dans une position asymétrique, où le corps est penché sur le côté ou vers l'arrière, et où les mains sont lâches. Face à un supérieur, l'interlocuteur

de statut inférieur aura plus probablement une position tendue : le corps droit, les pieds ensemble et posés par terre et les bras près du corps.

L'attrait interpersonnel est aussi communiqué clairement au moyen de la posture. Ainsi, le fait d'être incliné vers l'avant et de mettre en position « ouverte » ses bras et ses jambes signale l'attrait. La relaxation communique donc aussi bien l'attrait que la domination. En fait, un degré intermédiaire de relaxation est associé au contact avec ceux qu'on aime, alors qu'un degré plus grand de relaxation est associé au contact avec ceux qu'on apprécie moins ou qu'on ne respecte pas.

Enfin, la posture nous permet de communiquer certaines émotions. Les travaux de Bull (1987) suggèrent que l'intérêt d'une personne assise pour son interlocuteur se manifeste par une inclinaison vers l'avant et des jambes ramenées vers l'arrière. Par contre, l'ennui est manifesté par des jambes étirées et la tête baissée ou supportée par une main. Lorsque des représentations graphiques de ces positions sont présentées à des observateurs naïfs, ces derniers reconnaissent correctement l'émotion représentée. De façon plus précise, bien que la joie et la surprise semblent susciter une certaine confusion, les observateurs distinguent bien la haine, le dégoût, la peur et la tristesse (Coulson, 2004).

Les mouvements. Il est difficile de parler de posture sans aussi parler des mouvements du corps. En fait, les postures ont moins de signification en elles-mêmes que les mouvements qui servent à les changer. Si Émilie passe d'une position semi-ouverte à une position ouverte, ce geste est plus significatif quant à son intérêt pour Alexandre que si elle avait conservé une position ouverte depuis le début de la soirée.

Les mouvements du corps qui sont « significatifs » sur le plan de la communication sont habituellement ceux qui sont volontaires. On distingue quatre types de mouvements, qui varient quant à leur signification (Ekman & Friesen, 1969). Les **emblèmes** sont des mouvements du corps qui revêtent une même signification pour tous les membres d'un groupe culturel donné. Ce sont habituellement des mouvements de main ou de tête qui ont une signification précise. Les emblèmes les plus connus sont sans doute les mouvements de tête pour dire oui et non. Mais d'autres emblèmes existent pour insulter, répondre, donner une direction, exprimer un état tel que la fatigue ou la surprise. Toutes les cultures ont des emblèmes, mais ce ne sont pas nécessairement les mêmes (Ekman, 1979). Ainsi, ce par quoi nous exprimons « non » veut dire « oui » en Inde. De plus, toutes les cultures n'utilisent pas ces gestes avec la même intensité. Ainsi, les Italiens et d'autres groupes méditerranéens les utilisent beaucoup plus que les groupes anglophones. On peut apparemment connaître l'appartenance ethnique d'individus sur la base de leur seul comportement gestuel (Lacroix & Rioux, 1978).

Une deuxième catégorie de mouvements rassemble les **illustrateurs**. Il s'agit de gestes qui sont employés pour appuyer un discours verbal. Le doigt pointé pour accompagner les mots « toi » et « moi » est probablement le plus populaire dans notre culture. Les illustrateurs nous permettent de communiquer une grande quantité d'information, principalement de l'information concernant des objets concrets complexes, tels qu'une route à suivre ou une forme difficile à décrire verbalement (Riseborough, 1981). Les illustrateurs sont également utilisés pour décrire des verbes et des concepts abstraits (par exemple « s'accrocher à une idée ») de même que des concepts mathématiques (par exemple les concepts de limite et de parabole) (McNeill, 1985 ; McNeill & Levy, 1982). Leur usage fait partie de la plupart des interactions et témoigne de leur sens.

Lorsqu'une conversation se déroule harmonieusement, on note habituellement le phénomène de synchronisation non verbale. La posture et les mouvements des interlocuteurs prendront la même allure au même moment (Bernieri, 1988). Hess

FIGURE 7.2   **Différentes postures et leur interprétation**

Intrigué   Indifférent   Refusant   En colère

Accueillant   Attentif   Relaxé   Excité

Contrôlant   Sournois   Décidé   Pensif

Source : Adapté de Rosenberg & Langer (1965, p. 594). Reproduit avec la permission de l'American Psychological Association.

Philippot et Blairy (1999) rapportent que cette imitation réciproque des interlocuteurs est liée à un bon rapport interpersonnel et à des sentiments semblables et positifs. Des résultats similaires ont été obtenus par Capella (1997), Van Swol (2003), et Neumann et Strack (2000). Dans ce dernier cas, on parle même de contagion de l'humeur résultant de l'imitation. Il y aurait cependant une exception à cette règle dans les rapports entre les personnes ayant un pouvoir inégal. Selon Hall, Carter et Horgan (2001), par exemple, les subalternes ont une meilleure mémoire des gestes de leur patron que l'inverse. Tiedens et Fragale (2003) avancent que certains gestes et certaines postures associés à l'occupation d'un espace important par le déploiement des membres témoignent d'une position de domination ; d'autres, associés à un resserrement du corps, témoignent d'une position de soumission. Leur étude démontre que, lorsque ces comportements entrent en jeu, c'est la complémentarité qui produit les meilleurs résultats. Le contexte de l'interaction est donc de première importance dans la détermination de ses conséquences interpersonnelles.

Les **régulateurs** sont utilisés pour régler la conversation. Ils indiquent à l'interlocuteur quand parler et quand ne pas parler. Plus précisément, ils servent à signaler quand on veut entrer ou sortir, ou quand on veut garder la parole dans une conversation. Un hochement de tête ou un renversement de la tête signale qu'on a reconnu une personne avec laquelle on veut entamer une conversation. Un regard soutenu conjugué à l'approche confirme l'intention de communiquer et, finalement, le contact physique (poignée de main, par exemple) signale le début de la conversation. Les tours de parole dans la conversation sont par la suite orchestrés par une variété de mouvements impliquant les hochements de tête, l'inclinaison du corps et des mouvements de la main, comme lever le doigt lorsqu'on veut prendre la parole. L'alternance des tours de parole se poursuit habituellement selon un schéma moi-toi-moi-toi-moi-toi… à l'aide de signaux qui sont culturellement déterminés (Iizuka, 1993). Burgoon, Buller et Woodall

(1996) rapportent qu'une conversation où cet aspect synchronique serait absent témoignerait de tensions et de désaccords entre les interlocuteurs.

Le quatrième type de mouvements est constitué de gestes, appelés **adaptateurs**, qui ont pour objet le corps du locuteur : se gratter l'oreille, se frotter la joue, taper du pied. Ce sont habituellement des mouvements qui satisfont un besoin ou qui reflètent une certaine nervosité. Leur fréquence est associée à l'importance des troubles éprouvés par des patients psychiatriques (Harper, Wiens, & Matarazzo, 1978). On trouve également une plus grande fréquence de ces gestes chez les gens qui ont un statut inférieur lorsqu'une personne est en présence d'un membre de l'autre sexe (Goldberg & Rosenthal, 1986). Il semble donc que ce type de mouvements soit associé à des situations stressantes ou généralement aversives, et qu'il n'ait pas pour but la communication d'une émotion, mais plutôt la satisfaction d'un besoin propre au locuteur.

Le toucher

Mehrabian (1981) soutient que le caractère immédiat du comportement correspondant à la manifestation ouverte d'une appréciation positive (sourires, toucher, rapprochement) plutôt que d'une appréciation négative (retrait, détournement du regard) est un facteur important du type de relation établi avec des interlocuteurs. Le caractère immédiat du comportement non verbal est caractéristique des relations intimes et, plus généralement, donne à la personne qui le manifeste une allure « approchable » qui influence l'évaluation qu'on fait d'elle (Andersen, 2000 ; Burgoon & Le Poire, 1999). Cette caractéristique, liée au degré d'extraversion (Riggio & Riggio, 2002), s'est avérée importante dans le contexte de la salle de classe (Richmond, Gorham & McCroskey, 1987), où les enseignants manifestant un caractère plus immédiat sont habituellement plus aimés de leurs élèves que les autres enseignants.

Le contact physique entre deux personnes implique une réduction à zéro de l'espace vital de la personne, un phénomène étudié sous le nom de

proxémique. Selon Hall (1966), chaque individu possède un espace vital, soit une espèce de « bulle » entourant son corps, dont la dimension varie en fonction du type de relation établi avec son environnement. Le Nord-Américain blanc, par exemple, dispose d'une zone *intime* (de 0 à 46 cm), d'une zone *personnelle* (de 46 cm à 1,20 m), d'une zone *sociale* (de 1,20 m à 3,65 m) et d'une zone *publique* (de 3,65 m à 7,60 m). À chacune de ces zones correspond un type d'interlocuteur ou de relation. Ainsi, notre partenaire ou un ami très proche sera admis à l'intérieur de notre zone *intime*, alors que ce ne sera pas le cas pour des collègues. Selon Burgoon (1978), nous réagissons très fortement à une transgression de nos attentes quant à la distance normative qu'un interlocuteur devrait observer. Dans un tel cas, notre attention est immédiatement tournée vers cette personne dans le but d'évaluer son potentiel positif ou négatif. La signification accordée à ces transgressions sera fonction de trois facteurs : 1) les caractéristiques personnelles, positives ou négatives, de l'intrus ; 2) la direction de la transgression — vers une réduction ou une augmentation de la distance ; et 3) l'importance de la transgression par rapport à la norme. Une réaction positive réciproque suivra l'identification d'une personne ayant des caractéristiques désirables (par son statut, son apparence ou sa richesse), réduisant la distance tolérable de façon modérée.

Cependant, il existe des variations culturelles importantes quant aux normes régissant la distance interpersonnelle optimale. Les groupes culturels affichant un haut degré de caractère immédiat appartiennent à des cultures à contact prononcé. Ce sont, traditionnellement, les cultures sud-américaines, du sud et de l'est de l'Europe, et les groupes arabes. Les Asiatiques et les Nord-Européens appartiennent plutôt à des cultures à contact réduit. Selon Andersen et ses collègues (2002), ces différences pourraient s'expliquer par le climat plus froid dans les régions où sont représentées la plupart des cultures à contact réduit, lequel serait moins propice aux contacts interpersonnels ; dans le cas des Asiatiques, elles seraient attribuables à une philosophie mettant l'accent sur le décorum et le contrôle de soi. Les résultats de certaines recherches (McDaniel & Andersen, 1998) suggèrent toutefois que les Européens et les Nord-Américains font probablement partie des cultures à contact prononcé.

Malgré l'importance qu'on accorde unanimement à l'aspect proxémique du comportement comme voie de communication, les recherches effectuées sur cette question montrent clairement la difficulté d'établir des règles générales quant à la signification précise de comportements particuliers.

Un deuxième facteur important dans l'interprétation du comportement concerne le sexe des interlocuteurs. Leathers (1997) rapporte que les femmes sont plus portées à toucher pour exprimer leur affection, alors que les hommes expriment ainsi le pouvoir et le contrôle. Une série d'études menées dans un hôpital (Fisher, Rytting & Henslin, 1976 ; Whitcher & Fisher, 1979) démontre, relativement au fait d'être touché, que la réaction des femmes est plus positive que celle des hommes. L'observation de l'arrivée dans les aéroports (Heslin & Boss, 1980) suggère aussi que les femmes ont tendance à se toucher (à s'étreindre) de façon plus intime que les hommes. L'explication proposée quant à ces différences est liée à la socialisation des filles et des garçons (Wood, 2001). Les filles seraient touchées plus souvent que les garçons (Stier & Hall, 1984) et seraient donc plus à l'aise par rapport à ce type de communication plus tard dans leur vie. Les garçons considéreraient ces gestes comme menaçants ou dominants, ou encore comme des signes d'homosexualité (Derlega *et al.*, 1989) dans la plupart des cas, sauf dans les sports (Berman & Smith, 1984).

Au-delà des différences relatives au genre, il semble que la réaction au toucher, comme l'intrusion dans la zone vitale, est liée, dans une large mesure, à l'intention perçue de la personne qui touche. Heslin et Alper (1983) suggèrent même que les touchers qui créent une réaction positive peuvent varier en degré d'intimité (du touché professionnel du médecin au toucher « activant » d'un partenaire sexuel). Mais la réaction positive ou négative est fonction de la mesure dans laquelle l'intention perçue du toucheur est légitime et voulue. Selon Argyle (1987a), le toucher peut être interprété comme une avance sexuelle, une offre d'affiliation et de chaleur, un acte d'agression ou de domination, etc. À chacune de ces fonctions correspondent des gestes habituels dans notre société. Une caresse est habituellement un signe d'affection, le fait de retenir un bras, un signe de contrôle, et un coup, un signe d'agression. Mais la signification véritable de chacun de ces gestes est aussi, et surtout, fonction de son contexte et de l'intention perçue de l'interlocuteur.

Récapitulons. Dans leur ensemble, les résultats des études portant sur la communication non verbale démontrent que ces comportements servent à accompagner et à appuyer, dans une certaine mesure, le comportement verbal. Ils jouent donc un rôle essentiel dans la présentation de soi (DePaulo & Friedman, 1998) ainsi que dans les mécanismes cognitifs réglant les interactions sociales (Chartrand & Bargh, 1999). Il appert également que, hormis l'expression faciale des émotions, les phénomènes étudiés sont dans tous les cas intimement liés à une culture particulière (Andersen *et al.*, 2002). Malgré cette spécificité, tous contribuent à l'expression de l'une ou l'autre de deux dimensions fondamentales, ou des deux : l'affiliation et la domination (Capella & Palmer, 1989). Bien qu'ambigus lorsqu'ils sont considérés hors contexte, les éléments du lexique non verbal d'une culture contribuent tous à communiquer un certain degré (qui peut être négatif) de rapport affectif ainsi qu'une position hiérarchique par rapport à l'interlocuteur. Dans la section qui suit, nous verrons que la communication verbale, bien que plus appropriée pour véhiculer un contenu informationnel, peut aussi exprimer l'affiliation et la domination.

LA COMMUNICATION VERBALE

Malgré l'attention qu'on leur voue, les médias non verbaux sont limités comme instruments de communication. En plus de respecter des normes sociales qui régissent certains comportements (par exemple pleurer en public), le code non verbal comporte habituellement des limites 1) quant à l'envergure de l'information qu'il est possible de communiquer ; 2) quant à la clarté des signaux ; et 3) quant à la conscience que les interlocuteurs en ont (Schneider, Hastorf & Ellsworth, 1979). Le comportement non verbal sert à communiquer des intentions ou des sentiments, mais la complexité des entreprises humaines requiert un outil plus sophistiqué et plus précis. C'est sans doute la raison de l'émergence de la langue comme moyen de communication (Hagège, 1985).

À propos de la langue

Toutes les langues sont faites de **phonèmes,** en nombre variable, qui sont assemblés en **morphèmes,** éléments qui constituent les plus petites unités porteuses de sens dans une langue donnée. Dans tous les cas, une grammaire et une syntaxe régissent la formation des mots et des phrases. Même si leurs règles ne sont pas codifiées explicitement (comme par l'Académie française), elles respectent des normes partagées par un groupe donné, qui considère cette langue comme la sienne. Nous verrons un peu plus loin comment cet aspect de l'appartenance sociale se traduit sur le plan de la communication intergroupes. Les travaux récents sur la cognition sociale suggèrent cependant que la langue et l'usage langagier ont une fonction cognitive importante.

Langue et pensée : l'hypothèse de la relativité linguistique. Dans le contexte de ce livre, la langue est principalement traitée comme un instrument de communication. Mais c'est aussi un instrument de pensée. Nos réflexions prennent souvent l'allure d'un discours muet. Si c'est le cas, est-ce que les limites individuelles ou culturelles de notre vocabulaire ou de notre grammaire dictent les limites de notre pensée ? D'après Sapir (1949) et Whorf (1956), c'est le cas. De nombreux exemples appuient cette thèse : la langue navajo contient des expressions différentes permettant de décrire des variations infimes dans la description de la pluie (ici, ailleurs, hier, aujourd'hui, demain, fort, faiblement, etc.). Leur usage de différentes expressions déterminerait leur capacité de détecter et de *distinguer* ces phénomènes qui, pour nous, ne correspondent qu'à une seule expression et que nous ne pourrions, par conséquent, distinguer.

Dans le même ordre d'idées, Gleason (1961) décrit la classification des couleurs du spectre lumineux en anglais, en *shona* (une langue du Zimbabwe) et en *bassa* (une langue du Liberia). Comme le montre la figure 7.3, cette opération d'étiquetage tout à fait arbitraire produit des versions sensiblement différentes de la réalité. Ainsi, le *shona* divise le spectre en trois parties. *Cips^wuka* apparaît à chaque extrémité du spectre, parce que le rouge et le pourpre sont classifiés dans la même catégorie. Le locuteur *bassa*, quant à lui, n'utilise que deux catégories de couleurs. Cela veut-il dire qu'il n'en perçoit effectivement que deux et qu'il ne peut effectivement penser aux couleurs qu'en fonction de deux catégories ?

Les critiques de l'hypothèse de la relativité linguistique rejettent l'idée que des langues différentes nous fassent vivre dans des mondes sensoriels différents. Ce n'est pas parce qu'on n'a pas accès à deux mots différents qu'on ne pourra voir la différence entre deux sortes de pluie. Les travaux de Chomsky (1992), déjà cité, et de Pinker (1993) ont orienté le débat vers l'étude des structures profondes d'un langage commun à tous les humains plutôt que vers les variations culturelles de surface. De plus, il semble évident que la pensée n'opère pas seulement sur la base du langage, mais également sur la base d'images et des relations entre ces images (Paivio, 1986). Sur le plan de la communication interculturelle, la situation n'est donc pas aussi catastrophique que le laisserait penser l'hypothèse de Whorf.

Il est cependant impossible d'éviter entièrement d'évoquer l'influence, par l'entremise de la langue, de la culture sur la pensée. Les psychologues culturels (voir Lehman, Chiu & Schaller, 2004 ; Markus & Kitayama, 1991) présentent la culture comme un système de symboles partagés par une collectivité. Cette culture émerge à cause de la nécessité de définir et de valider de façon consensuelle ce qu'est la réalité. Elle est construite à partir des interactions entre les membres de cette collectivité. Les croyances et les comportements qui sont plus communicables sont

FIGURE 7.3   Représentation des catégories du spectre lumineux dans trois langues

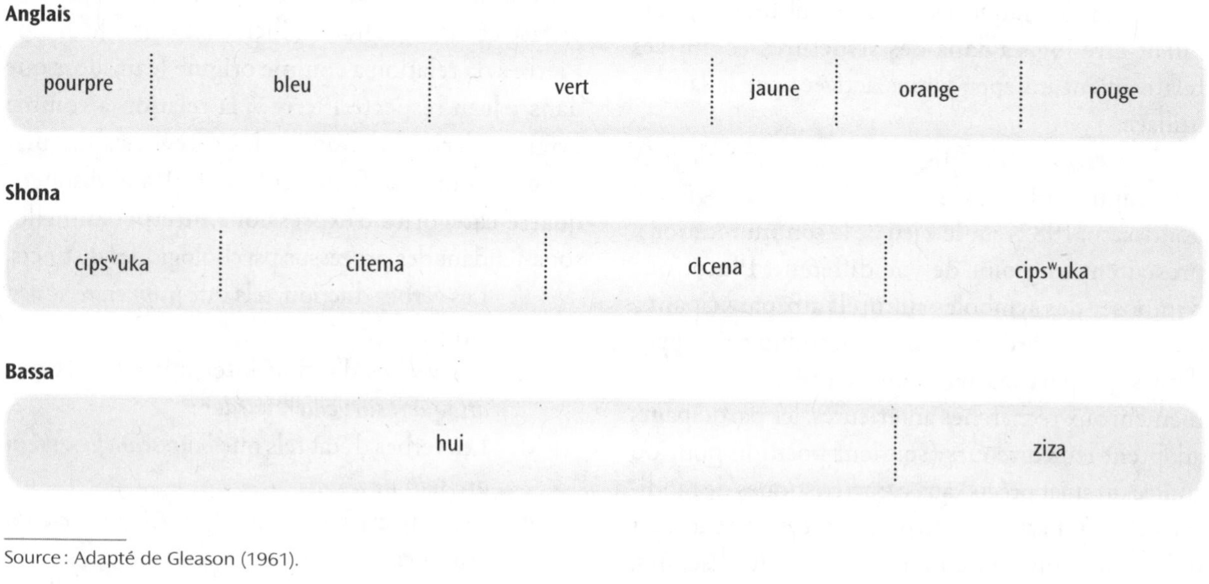

Source : Adapté de Gleason (1961).

donc plus susceptibles de devenir des normes culturelles (voir les chapitres 10 et 11). De la même façon que les processus psychologiques influencent l'émergence et le contenu d'une culture, celle-ci influence en retour les processus cognitifs. Hong, Chiu et Kung (1997) (voir aussi Hong *et al.*, 2003) ont, par exemple, démontré que, chez des Chinois de Hong Kong, on pouvait activer un schéma culturel chinois en présentant au préalable des images archétypiques de cette culture (par exemple des dragons et des instruments de musique traditionnels). Le fait d'être exposé à ces images a augmenté le nombre des attributions internes faites par les participants et a porté ces derniers à endosser les valeurs traditionnelles plus fortement que les membres d'un groupe contrôle exposé à des stimuli neutres.

Comme tout autre symbole, la langue est une façon efficace d'activer les schémas culturels. Des étudiants chinois bilingues sont moins dogmatiques lorsqu'ils répondent à l'échelle de dogmatisme (Rokeach, 1960) en anglais plutôt qu'en chinois (Earle, 1969 ; voir aussi Bond, 1983). Plus près de nous, Ross, Xun et Wilson (2002) rapportent que des Canadiens d'origine chinoise font davantage référence à la collectivité chinoise et agréent mieux les valeurs chinoises lorsqu'ils répondent en chinois plutôt qu'en anglais à un questionnaire. Ces chercheurs concluent que les identités culturelles pourraient être logées dans des structures cognitives relativement indépendantes activées par la langue utilisée.

Les travaux de Higgins et de ses collègues (McCann & Higgins, 1992 ; McCann, Higgins & Fondacaro, 1982) sur le « jeu de la communication » présentent un point de vue différent. Plutôt que d'imposer des symboles culturels aux participants, on leur demande de s'adresser à un auditoire à propos d'un sujet particulier. Comme prévu, et conformément aux recherches antérieures, les participants adaptent leur discours (soit leur position pour ou contre un sujet précis) aux caractéristiques de l'auditoire. Ce qui est plus surprenant, cependant, c'est qu'avec le temps, et comme résultat du discours,

l'attitude des participants, quelle qu'en ait été la nature initiale, en vient à ressembler davantage à celle de l'auditoire. Le processus de communication dans un contexte précis a donc une influence rétroactive sur les croyances des locuteurs.

D'autres recherches, résumées par Lehman et ses collègues (2004) et par Krauss et Chiu (1998), suggèrent que la langue d'usage influencera la façon de visualiser des objets, l'apprentissage verbal, la mémoire visuelle, la prise de décision et la solution de problèmes. Dans leur ensemble, ces recherches montrent que, si la langue n'a pas d'influence directe sur la structure cognitive, son usage a des conséquences importantes pour le fonctionnement cognitif.

Avec l'intention de pousser plus loin les mécanismes précis de la relation entre le langage et la cognition, Semin (2003 ; voir aussi Semin & Fiedler, 1988) s'est penché sur les caractéristiques des verbes décrivant des événements et des relations interpersonnelles. Suivant les travaux de Abelson et Kanouse (1966) et de Brown et Fish (1983), il émet l'hypothèse que différents types de verbes utilisés pour décrire une situation interpersonnelle sont porteurs d'une causalité différente. Des verbes d'action tels que *aider*, *frapper* et *parler* imputent la cause de l'action au sujet de la phrase, alors que des verbes d'état tels que *aimer*, *haïr* et *respecter* désignent l'objet de la phrase comme origine de l'action. Dans « Jean aide Pierre », la relation a comme origine Jean, alors que dans « Jean respecte Pierre », la relation a comme origine Pierre. Le modèle des catégories linguistiques introduit par Semin et Fiedler (1988) distingue quatre catégories d'expressions interpersonnelles sous-tendant des processus psychologiques distincts.

1. Les verbes d'action, tels que *frapper, regarder, escorter* ;
2. Les verbes d'action interprétatifs tels que *attaquer, surveiller, garder* ;
3. Les verbes d'état tels que *haïr, se méfier, prendre soin de* ;
4. Les adjectifs tels que *agressif, suspicieux, protecteur*.

Les quatre catégories sont organisées en ordre croissant d'abstraction, de sorte que le fait de dire « Jean frappe Pierre » (niveau le plus concret) ou « Jean est agressif » (niveau le plus abstrait) conduit à des inférences causales très différentes sur au moins quatre plans. Plus le niveau d'abstraction est élevé, 1) plus il sera possible d'attribuer l'action à une disposition personnelle de l'acteur ; 2) moins l'action sera vérifiable ; 3) moins l'action sera circonscrite dans le temps et l'espace ; et 4) plus grande sera la probabilité qu'un événement similaire se reproduise plus tard. L'encodage linguistique des relations a donc des conséquences importantes pour les mécanismes d'attribution et leurs conséquences sur le plan des relations entre les personnes.

Le langage et la communication

L'analyse de la relation entre usage langagier et cognition présentée ci-dessus débouche donc tôt ou tard sur la question de l'usage de la langue dans un contexte interpersonnel, c'est-à-dire sur la question du **langage**. Plutôt que d'aborder le phénomène par rapport à ses éléments constituants et à sa mécanique interne, plusieurs chercheurs empruntent, pour étudier directement le langage, une perspective davantage liée aux aspects interactifs de la communication. Par exemple, la théorie des *actes de parole* de Searle (1975) propose d'envisager le comportement verbal du point de vue de l'intention du locuteur. Searle distingue cinq catégories générales d'intention : 1) décrire quelque chose ; 2) amener quelqu'un à faire quelque chose ; 3) exprimer des sentiments et des attitudes ; 4) promettre quelque chose ; et 5) faire quelque chose. Des analyses plus récentes des aspects verbaux et paraverbaux du langage proposent, dans le même ordre d'idées, une analyse fonctionnelle des phénomènes langagiers. Par analyse fonctionnelle, on entend une approche dont la perspective serait celle des fonctions servies par le langage. Deux de ces fonctions permettent de regrouper la majorité des phénomènes de la communication verbale : il s'agit des processus d'affiliation et des processus de contrôle (voir Patterson, 1990 ; Noels *et al.*, 2003).

Le contrôle. On entend par contrôle l'ensemble des contraintes que des interlocuteurs s'imposent mutuellement par ce qu'ils disent et par la façon dont ils structurent la conversation. Cela a pour conséquence de limiter les options comportementales, cognitives et affectives à la portée des participants. Bales (1970) avait déjà établi que, dans des discussions de groupe, plus de la moitié des interventions des participants avaient pour but de formuler une opinion ou de donner une orientation à la conversation. De plus, la quantité de paroles semble avoir un effet important sur la perception des qualités de leader des participants (Sorrentino & Boutillier, 1975). Les personnes plus bavardes sont généralement perçues comme plus compétentes et plus intéressées au sort du groupe.

Il ne faudrait évidemment pas trop généraliser ces conclusions hors de leur contexte spécifique. Il semble en effet que l'évaluation de la compétence des individus soit influencée dans une large mesure par la correspondance entre le style et le contenu de leur intervention. On ne peut, par exemple, demander une augmentation de salaire sans manifester verbalement un certain respect à l'égard de son supérieur. Des normes situationnelles guident l'usage d'une langue, et un comportement non conforme est perçu négativement. Ainsi, on s'attend à ce qu'un langage plus soigné soit associé à des occasions plus formelles (Labov, 1966 ; Taylor & Clément, 1974). Dans certains milieux multilingues, il existe parfois des attentes par rapport à l'usage de langues différentes dans différentes situations, un phénomène connu sous le nom de diglossie. Au Luxembourg, par exemple, la majorité des habitants parlent le *letzeburgisch*, qui n'est pas écrit, sauf dans les livres d'enfants. La langue de la petite école est l'allemand, alors que la langue de l'enseignement supérieur et des institutions est le français (Hamers & Blanc, 1983). Le *letzeburgisch*, qui a pourtant le statut de langue nationale, n'est pas nécessairement bien vu dans les affaires de l'État.

Puisqu'il existe des normes, on peut évidemment modifier son discours de façon à créer une image de soi plus positive (Giles & Street, 1985). Il y a cependant des limites à ce jeu. On risque toujours de se trahir, comme la personne qui adopterait un langage très soigné, mais qui laisserait percer dans son discours des expressions relevant d'un langage plus familier. Par ailleurs, la volonté d'établir un contrôle peut se traduire par un comportement inapproprié aux yeux des interlocuteurs. Par exemple, Caporael, Lukaszewski et Culbertson (1983) rapportent que des infirmières avaient tendance à utiliser un parler enfantin avec des personnes âgées, quelle que soit leur autonomie. Ce comportement, cause de ressentiment de la part des aînés, serait motivé, selon Ryan et ses collègues (1986), par la volonté de contrôle des locuteurs. Le fait de parler de façon enfantine communique l'attitude d'impuissance qu'on voudrait que les patients endossent (Street, 2001).

Outre ces caractéristiques plus globales et le style du discours, des aspects verbaux spécifiques sont utilisés pour établir le contrôle. Par exemple, il a été démontré qu'un discours incluant une grande *variété* de mots avait plus d'influence qu'un discours constitué d'un nombre limité de mots et d'expressions (Bradac & Wisegarver, 1984). O'Barr (1982) propose les concepts de **parole puissante** et de parole impuissante pour rendre compte de l'influence d'un discours. Ces concepts sont illustrés par Ng (1990) : supposons que vous êtes blessé à la suite d'une émeute et que vous désirez attirer l'attention d'une personne pour qu'elle vous vienne en aide. Un groupe de badauds s'est formé, caractérisé par la confusion, l'inhibition et la diffusion de la responsabilité (au sein du groupe, personne n'est responsable ; voir le chapitre 10 à ce sujet). « Au secours ! » n'aurait aucun effet, pas plus que « Aidez-moi, s'il vous plaît ! » Une parole plus puissante serait : « Vous, monsieur ! Appelez l'ambulance tout de suite ! Allez ! » ou encore, en la pointant du doigt, « Vous, Madame, avec le foulard vert ! Donnez-moi des mouchoirs, je saigne. »

Trois aspects caractérisent la parole puissante. En premier lieu, elle définit la situation comme ayant de *vraies conséquences* (vous êtes vraiment blessé).

Ces dernières ne sont pas toujours évidentes pour un observateur externe non impliqué. En deuxième lieu, les mots puissants *ciblent* une personne en particulier. Cela a pour effet de personnaliser le problème et de singulariser la responsabilité de l'intervention. Enfin, la parole puissante précise l'intervention attendue. *Définition de la situation, ciblage* et *définition de l'action* sont donc les caractéristiques de la parole puissante, du moins en ce qui a trait à de courtes interventions.

La distinction entre parole puissante et parole impuissante a été invoquée pour comparer les styles langagiers respectifs des hommes et des femmes. Certains chercheurs ont suggéré que ces variations seraient le reflet de la différence de pouvoir entre les deux groupes. Conformément à leur statut plus élevé, les hommes auraient un style relativement puissant par rapport aux femmes. Lakoff (1975) soutient, par exemple, que les femmes emploient plus de « queues de phrases interrogatives » (« C'est bon, n'est-ce pas ? ») que les hommes parce qu'elles éprouveraient de l'incertitude face à leur interlocuteur masculin et lui manifesteraient de la déférence.

La recherche empirique portant sur plusieurs de ces différences a donné des résultats équivoques. Certains chercheurs ont trouvé, comme nous venons de l'évoquer, que les femmes emploient plus de queues de phrases interrogatives que les hommes (McMillan *et al.*, 1977), d'autres n'ont trouvé aucune différence entre les hommes et les femmes (Baumann, 1976) et d'autres, enfin, rapportent que les hommes les emploient plus souvent (Lapadat & Seesahai, 1977). Il est possible que la fonction et l'usage de ces structures linguistiques varient non seulement selon le sexe des interlocuteurs, mais aussi selon le contexte, le thème de la conversation, les rôles et d'autres facteurs sociaux (Deaux & La France, 1998 ; Ng & Bradac, 1993 ; Wood, 2001). On pourrait, par exemple, employer les queues de phrase interrogatives pour provoquer une réponse d'un partenaire non communicatif (Fishman, 1980), pour alimenter l'interaction (Johnson, 1980) ou pour éviter l'opposition (Dubois & Crouch, 1977), autant de fonctions de contrôle. Ces résultats soulignent la difficulté d'associer des structures linguistiques à des stratégies et à des caractéristiques des interlocuteurs. Ils illustrent aussi la subtilité avec laquelle la dimension de contrôle peut se manifester (Ng & Reid, 2001).

L'affiliation. Un des facteurs de contrôle dont on a discuté est l'usage du style de langage accepté, sur le plan normatif, par une communauté donnée. L'utilisation de la forme la plus prestigieuse d'une langue projette l'image d'une personne compétente et intelligente, mais pas nécessairement celle d'une personne chaleureuse ou agréable en ce qui a trait aux relations interpersonnelles. Le processus d'affiliation interpersonnelle est principalement représenté dans le langage verbal par le phénomène de révélation de soi (voir Altman & Taylor, 1973). La révélation de soi correspond à la communication volontaire d'informations personnelles, informations qui ne seraient pas disponibles autrement. Le but du processus de révélation de soi est de permettre une affiliation de plus en plus importante entre deux individus par l'accroissement de leur intimité interpersonnelle. La norme de réciprocité (Gouldner, 1960) constitue le mécanisme de base de la révélation de soi. Ainsi, la révélation d'une information plutôt intime à propos de soi implique la révélation de la part de l'interlocuteur d'une information à peu près équivalente sur le plan de la valence (information positive ou négative) et du degré d'intimité (Ludwig, Franco & Malloy, 1986). Ainsi, au gré des échanges de révélations de soi, la relation devient de plus en plus intime, et le degré d'affiliation croît entre les interlocuteurs.

Cette explication du mécanisme d'affiliation défie cependant certaines des règles connues de la conversation. Les travaux de Alicke et ses collègues (1992), par exemple, montrent que les plaintes sont rarement formulées dans le but de changer l'état des choses. Leur but est plutôt d'exprimer l'insatisfaction et de créer un lien avec l'interlocuteur. Celui-ci répond rarement par une plainte équivalente : il offre plutôt son appui ou encore une solution. Dans le même ordre d'idées, si vous avez tendance à répondre à une confidence par une autre confidence, vous courez le risque de manquer d'à-propos, d'indiquer à votre interlocuteur que sa vie intime ne vous intéresse pas. Dans deux études, Berg et Archer (1980, 1983) démontrent que l'expression d'intérêt ou d'inquiétude à propos de la confidence de l'interlocuteur est mieux évaluée que le fait d'offrir une confidence équivalente sur le plan de l'intimité, à moins que cette confidence ne porte sur le même sujet.

Ce qui semble ressortir de ces travaux pris dans leur ensemble, c'est que le phénomène de révélation de soi fait partie des stratégies de **projection de l'image de soi** (*facework* en anglais, voir MacMartin, Wood & Kroger, 2001), lesquelles sont motivées, fondamentalement, par le désir de présenter et de préserver une image positive de soi au cours d'une interaction. La révélation de soi peut, en soi, être menaçante, parce qu'il existe une possibilité de non-réciprocité et de dévalorisation de son auteur. Le mécanisme d'affiliation verbale par révélation de soi réciproque ne fonctionne donc que si le contexte et la réponse de l'interlocuteur permettent de promouvoir à la fois une image de soi plus positive et une plus grande intimité entre les partenaires (Tracy, 1990).

Une autre stratégie verbale directement liée au maintien d'une image de soi positive consiste en l'utilisation de formules de politesse (Holtgraves, 2001). S'inspirant des travaux de Goffman (1967) et de Durkheim (1937), Brown et Levinson (1978) postulent l'existence de deux types de stratégies : la stratégie positive, qui correspond au désir de projeter une image positive de soi, et la stratégie négative, qui correspond au désir d'autonomie. Pour ces auteurs, toute forme d'interaction entre des interlocuteurs est susceptible de menacer leur image de soi. L'échange de commentaires critiques menace leur image positive, alors que le seul fait d'entrer en communication menace leur image négative en les obligeant à fournir une réponse. Pour cette raison, les interlocuteurs feront usage de formules de politesse destinées à sauvegarder réciproquement leur image de soi. Plus précisément, Brown et Levinson (1978) définissent le degré de politesse requis dans une interaction en fonction de trois facteurs : l'écart de statut entre les interlocuteurs, le pouvoir relatif de l'auditeur sur le parleur et l'importance de la demande. Ainsi, plus de politesse sera exigée pour demander une augmentation de salaire substantielle à un patron que pour emprunter 5 $ à un ami. Les formules de politesse sont organisées selon cinq types de stratégies, allant des moins polies (« Ferme la porte ! ») aux plus polies (« Il fait froid ici ! »). Dans ce dernier cas, l'accent porte sur l'ambiguïté de la demande, donc sur la possibilité qu'a l'interlocuteur de l'ignorer. Entre ces deux extrêmes, il y a des formules de politesse positives (« Voudrais-tu fermer la porte, s'il te plaît ? »), qui visent à préserver l'image de soi de l'interlocuteur, et des formules de politesse négatives (« Tu fermeras la porte, n'est-ce pas ? »), qui visent à préserver l'autonomie de l'interlocuteur.

Le résultat des recherches pertinentes, bien que soutenant l'idée que la politesse est un facteur important dans l'harmonisation des relations interpersonnelles déjà positives, fait valoir l'importance de facteurs contextuels susceptibles de faire varier l'interprétation que les interlocuteurs font de la politesse. L'utilisation de formules d'une politesse extrême par une personne dont le statut est supérieur à celui de l'interlocuteur peut engendrer une réaction négative, contraire aux prédictions de la théorie. Un professeur s'adressant à deux étudiants parlant ensemble à l'arrière de la classe ne pourrait dire : « Lorsque ces messieurs daigneront mettre fin à leur important dialogue, nous pourrons continuer le cours » sans mettre en danger leurs images de soi négatives et positives. Slugoski et Hilton (2001) affirment que toute conversation est sujette à des règles internes de logique qui sont étroitement dépendantes des présuppositions en fonction desquelles les interlocuteurs initient les conversations.

LES MODALITÉS DE COMMUNICATION COMBINÉES

Les résultats des études de Mehrabian (1972) sur l'importance relative des modes de communication

suggèrent que les émotions sont principalement communiquées par les expressions faciales (55 %), ensuite par l'expression vocale (38 %) et, en dernier lieu, par le contenu verbal (7 %). Les études de Mehrabian et de ses collègues (1972) sont cependant fondées sur une méthodologie quelque peu artificielle combinant en laboratoire des messages, des expressions et des contenus différents.

Afin de dépasser cette limite, Krauss et ses collègues (1981) ont utilisé des extraits du débat présidentiel américain Mondale-Dole de 1976. Ils ont demandé à des participants d'évaluer le contenu émotionnel de ces échanges présentés de quatre façons différentes, soit sous la forme 1) d'extraits complets ; 2) de la bande sonore seulement ; 3) de la bande vidéo seulement ; et, finalement, 4) de la bande sonore filtrée de façon à ne laisser passer que l'expression vocale dépourvue de son contenu (ce qu'on appelle le **paralangage** et la **prosodie**). Les résultats ont démontré que c'était l'évaluation de la bande sonore non filtrée qui se rapprochait le plus de l'évaluation de l'extrait complet. Ces résultats montrent clairement l'importance du contenu verbal en situation naturelle.

Cela ne veut cependant pas dire que les aspects paralangagiers et non verbaux ne sont pas importants. DePaulo et ses collègues (1978), par exemple, ont combiné sur bande magnétoscopique des messages verbaux et non verbaux (expressions du visage et positions du corps) disparates. Le contenu des messages verbaux était rendu incompréhensible par l'intermédiaire de filtres sonores. On présenta par la suite cet enregistrement aux participants en mode vidéo seul, en mode audio seul, puis en mode audio-vidéo combiné. On leur demanda d'évaluer dans quelle mesure le message était positif (ou négatif), dominant (ou soumis) et disparate. La figure 7.4 illustre les moyennes obtenues dans l'évaluation du degré de positivité de la communication. Dans le cas des messages positifs comme des messages négatifs, la condition « vidéo seul » donne des résultats plus semblables à ceux de la condition « audio-vidéo » qu'à ceux de la condition « audio seul ». L'évaluation des participants est donc plus fortement influencée par les signaux non verbaux que par les signaux verbaux. De plus, cet « effet vidéo » semble caractériser plutôt les réponses des femmes.

Une analyse plus détaillée de ces résultats amène cependant DePaulo et ses collègues (1978) à conclure que plus les messages audio et vidéo sont disparates, plus les participants prêtent attention aux aspects qui semblent hors du contrôle de la personne cible, notamment le ton de la voix et la position du corps, plutôt qu'à l'expression faciale. Des messages verbaux et non verbaux ne véhiculant pas le même sens signaleraient à l'auditeur la possibilité d'une tentative de tromperie ; celui-ci prêterait alors davantage attention aux modalités moins contrôlables, donc susceptibles de « laisser fuir » des indices de vérité. Ainsi, cette recherche et d'autres plus récentes (voir O'Sullivan *et al.*, 1985) suggèrent qu'il n'existe pas une modalité qui soit de façon permanente plus responsable qu'une autre de la formation des impressions interpersonnelles. La véracité perçue de ce qui est communiqué, l'état émotif du locuteur, l'aspect évalué et les modes d'information disponibles déterminent celle qui sera privilégiée.

La tromperie

La coordination des différentes modalités présente un intérêt particulier pour notre compréhension de la fabrication et de la détection de la **tromperie**. Par tromperie, on entend ici toute communication interpersonnelle qui vise à induire en erreur. Les tromperies varient évidemment quant à la gravité de leurs conséquences. Les premières recherches portant sur les « fuites » non verbales accompagnant le comportement verbal (voir Ekman, 1985 ; Ekman & Friesen, 1969) montrent que les trompeurs ont tendance à ne pas faire d'affirmations factuelles, à être vagues dans leurs propos, ou encore à prendre un certain temps à répondre. Leur voix peut devenir plus aiguë, et ils accompagnent leur discours d'un grand nombre de gestes dirigés vers le corps (comme porter les mains au visage). Dans une étude méta-analytique plus récente, DePaulo et ses collègues (2003) examinent l'efficacité relative de 158 indices de tromperie. Leurs conclusions laissent voir que les menteurs sont moins ouverts et qu'ils racontent des histoires moins croyables que les gens qui disent la vérité. Ils donnent une impression plus négative et sont plus tendus. Leurs histoires recèlent moins d'imperfections et d'événements inusités. Comme l'indique la recherche de DePaulo et de ses collègues (1978) citée précédemment, il semble, cependant, que les signaux provenant du visage soient beaucoup moins fiables pour déceler la tromperie. Ils sont en effet beaucoup plus sujets au contrôle volontaire du locuteur.

On note également beaucoup de variations quant à ce qui constituerait des indices sûrs du comportement trompeur, variations liées à nombre de facteurs. Zuckerman, DePaulo et Rosenthal (1981) suggèrent que le comportement du trompeur est

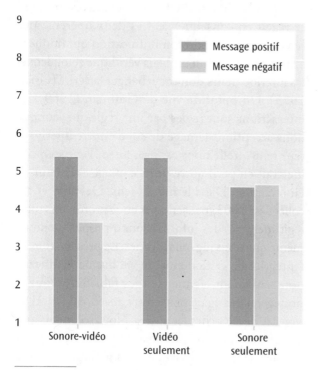

FIGURE 7.4   **Évaluation moyenne en fonction de la condition expérimentale et du type de message**

Source : Adapté de DePaulo *et al.* (1978).

influencé par son niveau d'activation (sa motivation à tromper), ses émotions (sa peur ou sa culpabilité), la complexité relative de générer un faux message et sa capacité de contrôler son comportement. Tornqvist, Anderson et DePaulo (2001) affirment que les bons menteurs ont une apparence physique et un comportement qui projettent une impression d'honnêteté. Parmi les caractéristiques physiques qui contribuent à cette impression, un visage aux traits enfantins (grands yeux, petit nez) semble être une constante. Sur le plan de la personnalité, les bons menteurs sont plutôt extravertis, chaleureux et enthousiastes ; ils ont aussi tendance a contrôler leur comportement de près.

Des variations similaires sont observées du côté des facteurs qui déterminent la possibilité de détecter une tromperie. D'après Friedman et Tucker (1990), la probabilité de détection d'une tromperie se situe autour du seuil de la chance pour la plupart des individus (Vrij, 2000). Même de présumés experts comme les agents des douanes ne semblent pas plus doués que des étudiants de niveau universitaire (Kraut & Poe, 1980). Une des raisons évoquées pour expliquer cette faible performance est que la plupart des gens ne font pas attention aux fuites ou ne prêtent pas attention aux bons signaux. Ainsi, d'après DePaulo, Stone et Lassiter (1985) et Zuckerman, Koestner et Driver (1981), la plupart des gens prêteront attention à la direction du regard, à la logique de l'énoncé, à l'impassibilité du visage, aux hésitations et au rythme de parole — des indices peu fiables dans la plupart des cas.

La capacité de détecter la tromperie semble plutôt liée à des facteurs comme la motivation à le faire, la sensibilité aux signaux non verbaux, certaines habiletés cognitives permettant de percevoir l'incohérence entre différents signaux, le fait de prêter ou non attention aux mouvements du corps dans une situation particulière et la connaissance que l'on a du trompeur (Friedman & Tucker, 1990). Dans le contexte de relations amicales, Anderson, Ansfield et DePaulo (1999) rapportent que la capacité de détecter la tromperie ne s'améliore cependant

que dans le cas de relations relativement intimes. L'effet de tous ces facteurs, dans un contexte particulier, déterminera si oui ou non la tromperie est effectivement décelée.

Les travaux de recherche effectués sur la tromperie, tant du côté de sa fabrication que du côté de sa détection, démontrent qu'il serait futile de penser formuler une règle d'or permettant aux policiers ou aux juges de la déceler. Bien qu'il soit possible de reconnaître, dans une situation précise et dans un environnement contrôlé, les véritables signaux de tromperie, il n'y a aucune assurance que ces résultats soient généralisables à d'autres situations. On devrait plutôt envisager la tromperie comme un processus dans lequel un trompeur et un trompé, tous deux plus ou moins habiles, participent à un échange (Buller & Burgoon, 1996). Le trompeur, caractérisé par ses motivations, ses émotions, son style particulier et sa connaissance préalable du trompé, propose à ce dernier une version de la réalité. Le trompé, caractérisé également par ses propres motivations ainsi que par sa connaissance préalable du trompeur, tente d'évaluer la véracité du discours qui lui est proposé et réagit en conséquence. Les deux opèrent sous l'égide de normes de communication qui donnent à la communication un biais véridique selon lequel les interlocuteurs doivent échanger la vérité (Grice, 1975). Du point de vue de Goffman (1969), les interactions sont régies par une règle qui veut que nous acceptions l'image de soi de notre interlocuteur telle qu'elle nous est présentée. Tout soupçon mettrait en péril notre propre image et l'avenir de l'interaction. Dans le même sens, DePaulo et ses collègues (2003) pensent que nous protégeons tous, légitimement, des informations à propos de nous-même que nous jugeons intimes. La préservation de l'intégrité de ce domaine de vie intime justifierait non seulement les mensonges fabriqués pour le protéger, mais également notre absence de motivation à le déceler chez les autres. Nous reconnaissons aux autres la même prérogative quant aux aspects intimes de la vie privée que nous nous accordons à nous-mêmes.

Ainsi, que ce soit en raison de normes dialogiques, de principes d'interactions ou de croyances fondamentales quant à la vie privée, le biais général contrôlant *a priori* l'interaction veut que la tromperie en soit absente. Relativement à la détection de celle-ci, il se peut fort bien que le handicap le plus important soit la volonté de croire le trompeur : une femme violentée par son conjoint préférera peut-être croire à son sincère repentir plutôt que de le quitter et de se trouver seule. On aura aussi peu tendance à mettre en doute une confidence à propos d'un sujet intime, surtout si un tel comportement implique de poser des questions indiscrètes.

À partir du contact initial, le comportement du trompé sera alors utilisé par le trompeur comme source d'indices quant à la façon de poursuivre la tromperie. Les tours de parole s'emboîtent donc les uns dans les autres, s'influençant mutuellement, mais sont aussi susceptibles de connaître des changements abrupts, comme dans toute autre conversation. En ce sens, le mécanisme de la tromperie correspondrait plutôt à un épisode de négociation de la réalité impliquant tous les partis et toutes les modalités de communication.

COMMUNICATION ET SOCIÉTÉ

Jusqu'à présent, nous avons traité des phénomènes de communication comme de phénomènes interpersonnels (Krauss & Fussel, 1996). Mais, dans une certaine mesure, la façon dont nous nous exprimons peut avoir pour but d'afficher notre appartenance à un groupe, ou d'en témoigner (voir Turner *et al.*, 1987 ; Turner & Reynolds, 2001). Nous savons que, dans l'exemple du début du chapitre, Alexandre est Français et Émilie, Québécoise. Une affirmation de cette dernière signifiant que seule la cuisine au cidre et au bleuet a du goût peut tout aussi bien indiquer sa préférence personnelle que son appartenance ethnique. La mesure dans laquelle une situation est définie comme intergroupe ou interindividuelle tient probablement à une question de degré. Dans la plupart des cas, les situations impliquent un mélange

des deux types, même s'il est possible de mettre en scène des situations où l'un prévaudra sur l'autre.

Bien que plusieurs recherches aient associé langage et groupe *ethnique*, c'est sans doute parce que des ethnies se distinguent de façon plus évidente par leur langue. Mais des langages, dans l'acceptation large du terme, peuvent caractériser plusieurs sous-groupes différents à l'intérieur d'un groupe qui parle la même langue. Un mécanicien francophone parle-t-il le même langage qu'un avocat francophone ou qu'un pâtissier francophone ? En fait, des développements récents suggèrent que l'appartenance à un groupe sur la base du genre, de l'orientation sexuelle, de l'état de santé, de l'âge et de l'habileté intellectuelle a un effet sur la façon de s'exprimer et sur les conséquences interpersonnelles de ces caractéristiques (Clément, 1996 ; Noels *et al.*, 2003). Le langage peut également varier en fonction de contingences situationnelles tout à fait momentanées. Ainsi, en période de négociations syndicales, un travailleur francophone partage davantage son langage avec un collègue anglophone qu'avec un patron francophone.

Ce qui est reflété dans les différences langagières, ce sont des différences culturelles (Gudykunst & Mody, 2002). Celles-ci déterminent le **degré d'interculturalité** de l'échange. Ce degré est bas dans la mesure où les deux individus partagent 1) les mêmes valeurs ; 2) les mêmes normes par rapport au comportement ; 3) une perception égalitaire de l'échange et des buts communs ; et 4) des moyens d'expression mutuellement intelligibles. Dans ce cas, qui ne peut durer que quelques minutes (la pause entre deux séances de négociation), la communication entre les deux individus demande une énergie moindre, et la probabilité d'atteindre le but fixé est plus élevée que dans le cas défini par les conditions contraires (Sarbaugh, 1988). Une situation où il y a un degré élevé d'interculturalité comporte non seulement des moyens d'expression non mutuellement intelligibles (comme des langues différentes), mais aussi des valeurs et des normes différentes, ainsi que des statuts et des buts différents (Kim, 2001). Vue sous cet angle, une conversation entre deux personnes comporte toujours un degré plus ou moins grand d'interculturalité. De plus, selon les variations momentanées dans les buts poursuivis et les rapports entre deux individus, ce degré peut varier durant un même échange.

L'aspect social de la communication tient principalement au fait que les caractéristiques culturelles qui déterminent le langage (valeurs et normes) sont toujours partagées par un certain groupe d'individus. Cela ne veut pas dire pour autant que nous sommes condamnés à une communication éternellement difficile avec une personne d'un autre groupe. En tant qu'individus, nous faisons partie de plus d'un groupe (Tajfel, 1974 ; Turner & Reynolds, 2001). Ainsi, si Alexandre et Émilie ne parviennent pas à s'entendre sur le plan culinaire, peut-être parviendraient-ils à diminuer le degré d'interculturalité de leur échange s'ils parlaient de musique.

En plus d'étudier comment l'appartenance à un groupe influence notre façon de communiquer, on s'est intéressé, plus récemment, au fait que l'utilisation de certaines façons de parler perpétue les différences entre les groupes et, notamment, au rôle du langage comme instigateur de préjugés et de stéréotypes. Fiedler et Schmid (2001) prétendent, par exemple, que les stéréotypes sont d'abord représentés (ou encodés) de façon verbale. Par la suite, les traits ainsi attribués à un groupe sont liés à d'autres traits selon leur degré d'association sémantique plutôt que sur la base d'observations véritables. Par exemple, extraversion et leadership sont souvent associés positivement, même si la corrélation entre ces traits est pratiquement nulle. Le stéréotype prend donc une vie qui lui est propre à partir du moment où un ensemble de traits liés sémantiquement est attribué à un groupe de personnes. De plus, l'absence de relation entre cet ensemble de traits et la réalité rend difficile l'élimination de la distorsion attribuable au champ sémantique.

L'influence de la syntaxe du langage sur la genèse et la perpétuation des stéréotypes et des préjugés s'ajoute à l'effet des réseaux sémantiques (Bourhis & Maass, 2004). Dans une série d'études, Maass et ses collègues (Maass, 1999 ; Maass, et al., 1989) ont documenté comment le **biais linguistique pro-endogroupe** servait à communiquer de façon détournée des opinions positives ou négatives à l'égard de membres d'autres groupes. Leur recherche utilise comme point de départ le modèle des catégories linguistiques de Semin et Fiedler (1988), décrit précédemment. L'hypothèse de base veut que des caractéristiques positives d'un autre groupe soient décrites à l'aide d'un verbe d'action concret (par exemple « Ils ont gagné »), marquant ainsi le fait que cette caractéristique est liée à des circonstances particulières. Des caractéristiques négatives seraient, par contre, décrites à l'aide d'adjectifs plus abstraits (« Ils sont paresseux ») pour marquer la permanence de ce trait. L'inverse serait vrai lorsqu'on parle de son propre groupe. Ainsi, de façon subtile, les mots choisis pour décrire une situation, par leur fonction, contribuent à la perpétuation des préjugés.

Même si l'on peut envisager la plupart de nos communications à la fois comme des résultats et comme des créatrices d'interculturalité, les recherches portant sur le sujet ont principalement visé à décrire et à expliquer le comportement langagier d'individus se distinguant principalement par leur langue (par exemple anglais, français, espagnol), donc par leur groupe ethnolinguistique. Sans vouloir limiter la portée de ce qui suit, on peut dire qu'il sera principalement question ici des facteurs personnels et sociaux qui influencent l'acquisition et l'usage des langues, puis des conséquences, tant interpersonnelles que sociales, de l'usage de celles-ci.

L'acquisition d'une langue seconde

L'étude de l'acquisition des langues secondes est à la fois une contribution spécifiquement canadienne aux recherches sur la communication et une étude de cas particulièrement intéressante de l'interculturalité. Si, vers le début des années soixante, un groupe de chercheurs de l'Université McGill a proposé une approche qui soulignait l'importance des attitudes et de la motivation, aujourd'hui, l'anxiété et la confiance en soi semblent être au centre du débat. Nous aborderons tour à tour ces deux questions.

Les attitudes et la motivation. L'idée initiale proposée par Gardner et Lambert (1959, 1972) est relativement simple. S'inspirant des travaux de Mowrer (1950) sur l'apprentissage de la langue première, ils postulent que la motivation joue un rôle prépondérant dans l'acquisition d'une langue seconde. De plus, ils soulignent que cette motivation, appelée **motivation intégrative,** devrait être liée à l'attitude (ou aux prédispositions affectives) des individus à l'égard du groupe de langue seconde. Les résultats initiaux (Gardner & Lambert, 1972) tout autant que ceux obtenus plus récemment (Gardner, 1985, 2001 ; Gardner & Clément, 1990) confirment le lien étroit existant entre l'acquisition d'une langue et les prédispositions de l'apprenant à l'égard du groupe associé à cette langue, faisant de l'apprentissage un exercice autre qu'exclusivement pédagogique. En fait, les formulations subséquentes ont toutes eu pour but d'augmenter l'envergure du phénomène d'apprentissage, tant du point de vue de ses déterminant que de celui de ses conséquences.

Gardner (1985) résume et évalue sept modèles différents qui rendent compte, chacun à leur façon, des processus responsables de l'acquisition des langues secondes. Par exemple, le modèle socioéducatif de Gardner (1985) rend spécialement compte des influences qui jouent dans le contexte de la salle de classe, y compris l'attitude à l'égard de l'enseignant et du cours (voir aussi Clément, Dörnyei & Noels, 1994). Hamers et Blanc (2000) (voir aussi Hamers, 2004) présentent une conceptualisation ontogénétique du bilinguisme, liant celui-ci à un processus de socialisation dans un contexte social étendu. Plus récemment, devant la multiplication des modèles ayant trait à l'acquisition des langues secondes (par exemple Dörnyei & Schmidt, 2001), Clément et Gardner (2001) constatent que, dans tous les cas, les éléments fondamentaux de ces modèles se ressemblent. Les divergences proviennent plutôt de la façon de définir ces éléments et leurs interrelations.

Une élaboration récente de modèles de motivation par Noels et ses collègues (Noels, 2001 ; Noels et al., 2000) nous amène à envisager la motivation selon les principes de la théorie d'autodétermination de Deci et Ryan (1985 ; voir le chapitre 3). Cette théorie démontre que la motivation à apprendre et à utiliser une langue seconde est liée de façon différentielle à la motivation intrinsèque, à la motivation extrinsèque et à l'amotivation, selon le continuum d'autodétermination. Les résultats que Noels (2001) résume suggèrent que des individus plus autodéterminés que d'autres s'engageront davantage dans l'étude de la langue seconde, deviendront plus compétents et seront mieux évalués par leurs professeurs. Étant donné l'importance du contexte social dans la genèse des comportements autodéterminés, cette recherche accentue encore le lien entre l'apprentissage des langues secondes et son contexte.

La confiance langagière. MacIntyre et ses collègues (1998) soutiennent que la volonté de communiquer dans une autre langue est déterminée par la confiance que l'on a en sa capacité de communiquer efficacement. Comme les recherches antérieures l'ont démontré, les prédispositions affectives sont liées aux attitudes des parents à l'égard du groupe apprenant la langue seconde (voir Gardner, 1985, chap. 6) et, plus généralement, aux attitudes de la communauté à l'égard du groupe parlant la langue seconde (Clément & Gardner, 2001). Cependant, la majorité des premières recherches ont été effectuées dans des milieux anglophones relativement homogènes. Les contacts avec le groupe de langue seconde (dans ce cas-ci, les francophones) y sont limités et surviennent principalement par l'entremise des médias. Lorsque des contacts avec des membres de l'autre groupe sont possibles, un autre processus entre en jeu.

Cet autre processus est responsable du degré d'anxiété ou de **confiance langagière** ressentie par l'individu lorsqu'il utilise la langue seconde. Il s'agit ici de l'estimation que le locuteur fait de sa capacité de communiquer de façon adaptative et efficace dans une langue seconde dans un contexte particulier. Une faible confiance en soi implique un degré d'anxiété élevé par rapport à la situation de communication. Il s'agit ici d'anxiété et de confiance en soi spécifiques à la situation de communication, plutôt que d'anxiété générale et permanente (MacIntyre & Gardner, 1990).

Ce sont les caractéristiques du contact avec les membres de l'autre groupe — sa fréquence et sa qualité — qui déterminent la confiance linguistique de la personne. Ainsi, des contacts fréquents et agréables avec les membres de l'autre groupe augmenteront la confiance et, éventuellement, la motivation à apprendre une autre langue (Clément & Kruidenier, 1985). Dans ces circonstances, la confiance en soi sera également liée à la compétence en langue seconde, principalement si celle-ci est définie comme la capacité de communiquer oralement plutôt que comme la connaissance grammaticale de l'autre langue (Clément, 1986). Le modèle intégratif de MacIntyre et ses collègues (1998) (voir aussi Clément, Baker & MacIntyre, 2003) fait de la confiance langagière le précurseur immédiat de la volonté de communiquer dans la langue seconde. Il suggère même que, comme les attitudes, la genèse de la confiance langagière est profondément ancrée dans l'idéologie multiculturelle de la société, les caractéristiques personnelles, les pratiques sociales et les stratégies d'apprentissage individuelles. Ces dernières considérations concernant les éléments de base sous-tendant l'apprentissage et l'usage des langues secondes font donc de cet apprentissage bien plus qu'une simple matière scolaire. Il s'agit d'une activité depuis longtemps profondément enchâssée dans notre tissu social, et qui le restera.

Les codes et leur usage

Dans ce qui précède, nous avons fait état des facteurs motivationnels liés à l'apprentissage et à l'usage d'une langue seconde par un individu. Ce phénomène peut être considéré comme un cas particulier dans une gamme de phénomènes caractérisant toute interaction ou plus d'un code est utilisé. Le terme « code »

désigne ici non seulement une langue particulière, mais également les **dialectes** et les **styles d'une langue**. On entend par dialectes des variétés d'une même langue *non mutuellement intelligibles*, c'est-à-dire non comprises et non utilisées par les locuteurs des autres variétés (par exemple le français, l'occitan et le créole haïtien). On entend par styles d'une langue des variétés d'une langue qui se distinguent principalement par l'intonation, l'accent et le lexique. Les styles d'une langue (par exemple le québécois, le français standard, le français parlé en Provence) sont, cependant, habituellement mutuellement intelligibles. Il existe également des jargons et des argots spécialisés propres à des sous-groupes particuliers, connus d'eux seuls et utilisés dans un contexte précis (par exemple la langue des avocats ou des scientifiques dans des congrès ou des conférences). Ces variations représentent autant de codes, et les facteurs qui déterminent leur apprentissage et leur usage ont fait l'objet des recherches de sociolinguistes (par exemple Gumperz & Hymes, 1972) et de psychologues sociaux (par exemple Giles & Powesland, 1975) depuis bon nombre d'années.

Parmi les phénomènes qui attirent le plus l'attention, le **mélange de codes** et l'**alternance de codes** sont ceux qui ont conduit aux analyses les plus poussées. Les deux phénomènes sont liés à la notion de **tour de parole**. Le tour de parole correspond à la période pendant laquelle un locuteur s'exprime de façon ininterrompue. Une conversation est, par définition, composée des tours de parole des interlocuteurs. On désigne par l'expression « mélange de codes » l'utilisation, au cours d'un tour de parole, de mots ou d'expressions empruntés à un autre code. Par exemple, la phrase française « les *boys* ont aimé leur *party* » comporte deux emprunts à la langue anglaise. L'expression « alternance de codes » désigne habituellement les variations de codes qui coïncident avec les tours de parole dans une conversation.

Les travaux des sociolinguistes ont bien documenté le fait que certains codes sont plus utilisés dans certaines situations que dans d'autres. Ainsi, on aura davantage tendance à utiliser la forme **standard d'une langue** (par exemple le français international) dans des situations formelles (par exemple avec un supérieur) que dans des situations informelles (par exemple avec des amis).

Ce qui semble avoir intéressé les psychologues sociaux, c'est que les variations semblent parfois se produire en l'absence ou en dépit de normes sociales. Par exemple, un patron francophone bilingue décidera de ne parler que le français avec un subalterne anglophone unilingue, ou encore le client francophone d'un garagiste francophone introduira dans son discours les mêmes emprunts à l'anglais que ceux qu'utilise le garagiste. Les changements et les alternances de codes ont une signification sociale et servent à transmettre un message à l'interlocuteur. Trois stratégies principales ont attiré l'attention des chercheurs : la convergence langagière, la divergence langagière et le maintien langagier. La **convergence langagière** est le processus par lequel un des interlocuteurs modifie son comportement langagier pour le rendre semblable à celui de son interlocuteur (par exemple le francophone qui passe à l'anglais avec un interlocuteur anglophone). La **divergence langagière** est le processus inverse : on modifie son langage afin qu'il se distingue au maximum de celui de son interlocuteur (par exemple commencer une conversation avec un anglophone en anglais et passer au français familier par la suite). Le **maintien langagier** est la stratégie qui consiste, pour un interlocuteur, à conserver le code langagier qui lui est propre durant toute une conversation. La figure 7.5 présente de façon schématique les trois stratégies telles qu'elles pourraient être utilisées par un francophone parlant à un anglophone.

Dans le cas de la divergence, le francophone passe de l'anglais, au tour 2, au français, au tour 4. Dans le cas de la convergence, c'est le contraire : le francophone passe du français, au tour 2, à l'anglais, au tour 4. Dans le cas du maintien, le francophone ne change pas de code, quel que soit le comportement de son interlocuteur. Il est bien entendu que ces stratégies sont applicables à des langues, à des dialectes

et à des styles différents, et que l'interlocuteur anglophone pourra, lui aussi, varier son utilisation des stratégies. Dans le cadre d'une conversation naturelle, convergence, divergence et maintien sont donc définis de façon interactive.

Une motivation importante qui détermine l'usage de l'une ou l'autre des stratégies semble être la volonté de se créer une identité sociale positive, c'est-à-dire de projeter une image qui corresponde à une évaluation positive de soi. C'est du moins ce qu'on soutient dans la **théorie de l'accommodation de la communication** (Gallois *et al.*, 1995 ; Sachdev & Bourhis, 2001). Ainsi, la volonté de se rapprocher d'un interlocuteur et de nouer des relations positives avec lui se traduirait généralement par un comportement langagier de convergence. Par contre, l'hostilité ou l'antagonisme interpersonnel correspondrait à un comportement de divergence ou de maintien (Clément & Noels, 1994).

Ces stratégies individuelles peuvent également avoir leur fondement dans l'appartenance au groupe, symbolisée par un code particulier. S'appuyant sur la théorie de l'identité sociale (Tajfel & Turner, 1979 ; voir le chapitre 13), les auteurs de la théorie de l'accommodation de la communication affirment qu'une part de notre identité est dérivée de notre

FIGURE 7.5   Représentation schématique de trois stratégies langagières

Interlocuteur	Tour de parole						
	1	2	3	4	5	6	7
	Divergence						
Anglophone	a		a		a		a
Francophone		a		f		f	
	Convergence						
Anglophone	a		a		a		a
Francophone		f		a		a	
	Maintien						
Anglophone	a		a		f		a
Francophone		f		f		f	

Note : a = anglais ; f = français.

appartenance à un groupe, et que cette appartenance entraîne l'usage d'un code caractérisant ce groupe. Afin de promouvoir une image positive de soi, on doit nécessairement signifier son adhésion à un groupe valorisé. L'usage approprié du code qui caractérise ce groupe est un instrument de cette identification. Cette motivation, similaire à la motivation intégrative dont il a été question précédemment, entraîne la convergence langagière vers le code d'un groupe valorisé ou la divergence langagière comme façon de distinguer son identité de celle des membres d'un autre groupe. La star québécoise adoptera ainsi un accent parisien si son but est de percer sur le marché français. Par contre, au cours d'un débat politique, des francophones parfaitement bilingues augmenteront volontairement leur accent français lorsqu'ils parleront anglais afin de bien marquer leur allégeance.

Mais, alors, qu'est-ce qui détermine les codes vers lesquels on convergera davantage ou dont on divergera ? La réponse à cette question correspond, dans une large mesure, au jeu des forces et des influences des groupes qui utilisent les différents codes (Sachdev & Bourhis, 1990). Sur le plan social, toutes les langues ne sont pas équivalentes, certaines marquant l'appartenance à des groupes plus prestigieux que d'autres. On devrait normalement tendre à converger vers les langues associées au prestige et à la puissance.

Selon Giles, Bourhis et Taylor (1977), les facteurs qui déterminent l'importance d'une langue définissent du même coup la **vitalité ethnolinguistique** de celle-ci. Ces facteurs sont au nombre de trois : 1) la *représentation démographique*, qui correspond au nombre relatif des locuteurs d'un code dans un milieu donné ; 2) le *statut socio-économique*, qui se mesure à l'accessibilité qu'ont les locuteurs d'un code aux biens et services ; et 3) la *représentation institutionnelle*, qui correspond au contrôle que les locuteurs d'un code exercent sur les institutions politiques et communautaires. Selon la formulation théorique originale, la vitalité ethnolinguistique est définie *objectivement*, comme la représenteraient les chiffres des démographes, des économistes et des statisticiens.

Comme le montrent Harwood, Giles et Bourhis (1994), la vitalité ethnolinguistique a de nombreuses implications en ce qui a trait au comportement langagier des individus. Un des aspects importants de ce phénomène correspond, selon Landry et Bourhis (1997), au **paysage langagier**, qui se rapporte à la langue des signes et enseignes trouvés sur la voie publique. Le paysage langagier joue deux rôles. En premier lieu, il informe sur la langue propre au territoire où l'on se trouve et signale la langue qui sera appropriée pour interagir avec les personnes qui se trouvent sur ce territoire. En deuxième lieu, le paysage linguistique a une fonction symbolique en marquant un territoire, particulièrement lorsque la langue est un symbole important de l'identité des occupants. Dans leur recherche, Landry et Bourhis (1997) constatent qu'un paysage linguistique plus francophone va de pair avec une impression subjective plus prononcée de la vitalité du français (voir ci-dessous) et une tendance plus prononcée à utiliser le français dans la vie de tous les jours. Dans une étude plus récente, Bourhis et Landry (2002) confirment cet « effet d'entraînement » : le paysage linguistique a un effet sur le comportement langagier qui dépasse son contexte immédiat. Selon ces auteurs :

> En excluant une langue minoritaire du paysage linguistique, en limitant son enseignement dans les écoles et en réduisant les services hospitaliers, juridiques et administratifs offerts dans cette langue, la majorité dominante réduit la vitalité objective de la minorité linguistique, transforme à la baisse la représentation de la force et de la vitalité de sa communauté linguistique, fragilise son désir de transmettre la langue à sa progéniture et peut réussir à miner sa volonté de se mobiliser afin de survivre en tant que communauté linguistique distincte. (P. 128.)

En tant que manifestation de la vitalité ethnolinguistique objective, le paysage linguistique fait partie d'un ensemble de phénomènes résultant d'un processus sociohistorique complexe (Bourhis & Lepick, 1990, 2002) et sujet à des interventions ponctuelles (voir à ce sujet l'encadré 7.2 sur la langue et la loi).

Le langage et l'identité

Dès qu'on parle du langage comme symbole d'appartenance à un groupe, on sous-entend sa relation avec l'identité personnelle (voir Giles & Coupland, 1991 ; Gudykunst & Moddy 2002 ; Kim, 2001 ; Pavlenko & Blackledge, 2004). La plupart des écrits portant sur ce phénomène particulier endossent, au moins implicitement, la position de Tajfel (1978c), déjà décrite : les individus cherchent à conserver une évaluation positive de leur identité personnelle. Dans la mesure où l'identité, l'appartenance à un groupe et l'usage d'un code particulier sont liés, ils deviennent interdépendants. Lambert (1974) avait d'ailleurs avancé l'idée que l'apprentissage d'une langue seconde pouvait entraîner l'acquisition de compétences mentales et culturelles supplémentaires (le **bilinguisme additif**) ou, dans le cas de groupes minoritaires, la perte de la langue et de la culture première (le **bilinguisme soustractif**).

Certains auteurs considèrent le lien entre langage et identité ethnique comme fondamental (par exemple Fishman, 1977), alors que d'autres pensent que l'identité ethnique peut persister de nombreuses années en l'absence d'un code qui la caractérise (voir Edwards, 1994 ; Edwards & Chisholm, 1987). Quoi qu'il en soit, même si l'identité d'un groupe peut survivre à l'érosion et à la disparition de son langage, il semble certain que l'usage et la valorisation d'un code particulier sont liés à une identité ethnolinguistique forte. La relation entre identité et langage a été traitée en fonction des phénomènes de divergence et de convergence langagière, et en fonction des phénomènes relevant de l'acquisition des langues secondes. Ainsi, une identité ethnique forte a été associée à des stratégies de divergence et à un manque de motivation relativement à l'acquisition d'une langue seconde. Cependant, les différentes formulations varient sensiblement quant à la direction du lien causal entre l'identité et la pratique d'un code.

Dans une première façon de voir cette relation, l'identité est présentée comme la cause du comportement langagier. Ainsi, Giles et ses collègues (Giles & Byrne, 1982 ; Giles & Johnson, 1981, 1987) soutiennent qu'une forte identification à son propre groupe ethnique (associée à d'autres conditions) serait une des conditions menant à des stratégies de divergence langagière. Schumann (1978) et Young et Gardner (1990), quant à eux, pensent que la compétence en langue seconde est le résultat d'un processus d'acculturation par lequel les individus empruntent les valeurs du groupe auquel ils désirent appartenir.

À l'opposé, d'autres théoriciens croient que le comportement langagier précède, en quelque sorte, la formation de l'identité ethnique. Pour Berger et Bradac (1982), par exemple, une communication interpersonnelle est régie par la volonté de réduire l'incertitude à propos de l'interlocuteur. Le comportement langagier particulier de celui-ci joue alors un rôle causal quant au type d'identité qui sera endossé par le locuteur. Par ailleurs, pour Clément (1984), l'apprentissage d'une langue seconde se traduit par des conséquences sur le plan de l'identité sociale. Selon qu'il s'agit d'un groupe minoritaire qui apprend la langue d'un groupe majoritaire, ou d'un groupe majoritaire qui apprend la langue d'un groupe minoritaire, une identité ethnique différente en résultera. Dans le premier cas, l'apprentissage de la langue seconde provoquera la perte de l'identité première, et ce sera l'assimilation ; dans le deuxième cas, les individus bénéficieront de l'ajout d'une deuxième identité, un phénomène appelé « intégration ». Cette distinction correspond à celle faite entre le bilinguisme soustractif et le bilinguisme additif, décrite précédemment, et y ajoute l'idée que le gain ou la perte d'une langue ont des conséquences sociales tant pour l'individu que pour la collectivité.

Les recherches empiriques portant sur ces formulations ont offert un certain appui aux relations postulées. Noels et Clément (1996 ; Clément, Noels & Deneault, 2001) montrent, par exemple, comment, pour un groupe majoritaire, une confiance langagière accrue en sa capacité de s'exprimer dans la langue d'un groupe minoritaire conduit à une plus grande identification à ce groupe et à un meilleur ajustement personnel général, sans perte de l'identification au

ENCADRÉ 7.2 La langue et la loi

Au Québec, de 1969 à 1996, six lois ont été adoptées relativement à la question linguistique. La plus célèbre est sans doute la Charte de la langue française (loi 101), qui a fait du français la seule langue officielle du Québec en 1977. Cette loi est assortie de provisions qui obligent les immigrants à fréquenter l'école française, qui font du français la langue d'affichage principale partout au Québec et qui obligent les entreprises désireuses de faire affaire avec le gouvernement québécois à obtenir un certificat de francisation.

Les travaux de recherche destinés à évaluer les répercussions de la Charte relèvent principalement de la démographie linguistique. Ainsi, on remarque que, de 1971 à 1996, la proportion des francophones québécois utilisant le français à la maison est passée de 80,8% à 82,8%, alors que la proportion d'anglophones utilisant l'anglais à la maison est passée de 14,7% à 10,8%. Il y a aussi eu une augmentation de la proportion des enfants immigrants qui fréquentent les écoles de langue française, qui est passée de 15% en 1972 à 79% en 1995. La proportion d'entreprises comptant plus de 50 employés et ayant obtenu leur certificat de francisation est passée de 7,7% en 1980 à 71,6% en 1999, et on remarque que la proportion des administrateurs et professionnels francophones à Montréal est passée de 55% en 1971 à 68% en 1991. Dans le même ordre d'idées, la proportion de travailleurs francophones qui utilisent le français comme langue principale de travail est passée de 52% en 1971 à 63% en 1989. Chez les anglophones, cependant, l'effet est moindre, la proportion passant de 2% à 8%. À l'inverse, l'usage de l'anglais comme langue de travail principale a diminué chez les francophones (de 12% à 6%) ainsi que chez les anglophones, même si ceux-ci travaillent toujours majoritairement en anglais (de 86% à 55%).

En ce qui a trait au paysage linguistique créé par les lois sur l'affichage, les conclusions sont moins évidentes. Bourhis et Landry (2002) notent tout de même que plus le paysage linguistique sera perçu comme francophone par les élèves des écoles secondaires québécoises, plus ils auront tendance à évaluer positivement la vitalité ethnolinguistique des francophones, et plus ils utiliseront le français dans la vie de tous les jours. Ils concluent à un « effet d'entraînement » du paysage langagier, qui se traduit par l'usage des langues qu'il met le plus en évidence.

On remarque également que le fait de promouvoir l'utilisation du français par l'adoption de la Charte a sans doute eu comme conséquence une perte de prestige de l'anglais. Cela peut expliquer l'exode des anglophones, dont le nombre a chuté, leur proportion au Québec passant de 13% à 8,8%

entre 1971 et 1996 (Castonguay, 1999). Cependant, chez ceux qui restent, on note une popularité croissante des programmes d'immersion. De 1971 à 1981, le taux de bilinguisme des anglophones est passé de 37% à 53%. Durant la même période, l'usage du français à la maison est passé, chez les anglophones, de 2% à 12% (Termote & Gauvreau, 1988). Dans l'ensemble, les lois linguistiques semblent donc avoir eu l'effet escompté sur le statut du français.

Des exceptions intéressantes sont cependant à noter. L'usage public du français, du moins à Montréal, varie selon les groupes linguistiques. Comme on peut le penser, la presque totalité (97%) (Bourhis, 2001) des francophones utilisent le français en public, alors que les allophones le font majoritairement (54%). Les anglophones, par ailleurs, utilisent exclusivement l'anglais dans une proportion de 77%. Des résultats allant dans le même sens sont obtenus si on prend des mesures de comportement et d'évaluation liées à des situations précises. Dans le cas des interactions entre francophones et anglophones, c'est l'anglais qui prévaut. Les résultats d'une série de recherches portant sur des demandes d'information à des passants dans les rues de Montréal en 1977, 1979, 1991 et 1997 (Moïse & Bourhis, 1994 ; Amiot & Bourhis, 1999) montrent que ce n'est que lors du volet le plus récent que les anglophones ont enfin répondu régulièrement en français à des francophones s'adressant à eux en français. Les auteurs concluent à un effet favorable des politiques linguistiques québécoises. La même étude souligne cependant le fait que cette convergence est beaucoup moindre lorsque l'interlocuteur francophone est noir. Un tel phénomène met en évidence la complexité du problème de l'usage d'une langue dans une société diversifiée sur le plan ethnique.

Les chiffres présentés ci-dessus laissent penser qu'au cours des années, la politique linguistique québécoise a eu un effet positif sur l'usage du français. Mais la diversification ethnique accrue de la société québécoise et, surtout, la valorisation de cette mosaïque culturelle et l'hégémonie mondiale de l'anglais vont poser d'autres défis. Est-ce suffisant, dans ces circonstances, de ne compter que sur une politique linguistique pour promouvoir la langue française ? Clément et Baker (à paraître) croient que l'usage langagier reflète les profils identitaires des citoyens et la qualité des relations interethniques dans une société. Le français ne peut dominer que si cette langue est associée à l'harmonie sociale, à l'absence de discrimination et à l'accès équitable de tous aux biens et services. L'usage langagier est donc un phénomène qui dépasse amplement l'envergure d'une simple loi linguistique. Il dépend d'un projet global de société.

groupe d'origine. Pour le groupe minoritaire apprenant et utilisant la langue du groupe dominant, l'identification au groupe dominant et une meilleure adaptation vont de pair avec la perte de l'identité originale.

De façon générale, comme l'illustre notre analyse de la tromperie et de la projection de l'image de soi, le langage et la communication sont toujours utilisés dans le contexte d'une présentation de soi associée aux circonstances. La question de la direction du lien causal entre la langue et l'identité est peut-être futile : le langage et l'identité interagissent continuellement. Au cours d'un échange, les interlocuteurs partagent une identité résultant d'interactions précédentes et modifient cette identité en fonction du comportement langagier qu'ils adoptent momentanément.

RÉSUMÉ

En traitant de la relation entre le langage et l'identité, on souligne la relation entre la communication et les phénomènes cognitifs et affectifs faisant l'objet de paradigmes et de théories spécialisées. On complète ainsi le survol des relations entre la communication et les principaux domaines de la psychologie sociale, soit les phénomènes interpersonnel, traités dans la première partie de ce chapitre, les phénomènes de groupe, abordés dans la seconde partie, et les phénomènes cognitifs et affectifs concomitants qui en résultent.

La communication interpersonnelle a été abordée en fonction de deux modalités principales. En premier lieu, dans le cadre de la communication non verbale, le rôle des expressions faciales, du regard, du langage du corps et du toucher a été décrit. Bien que l'universalité de six expressions faciales fondamentales ait été soulignée, les règles relatives à leur manifestation sont, elles, culturellement définies. En outre, la signification des regards, du langage du corps (postures et mouvements) et du toucher a été définie selon deux axes principaux : l'affiliation et le contrôle. Encore là, les signes précis servant à transmettre ces messages sont interprétés en fonction d'un contexte culturel et situationnel particulier.

En deuxième lieu, nous avons abordé la communication verbale. Les premières sections ont porté sur la définition des langues et sur la relation entre la langue et la pensée. Bien qu'il semble clair qu'il existe une composante innée du fonctionnement langagier, il semble également que l'usage des langues soit sujet à des contraintes situationnelles et culturelles. De plus, la langue n'est pas le seul outil de pensée et, par conséquent, ne peut être perçue comme son déterminant unique.

Les sections subséquentes ont traité du langage, c'est-à-dire de la langue comme instrument de communication. Comme c'est le cas en ce qui concerne la communication non verbale, les aspects de contrôle et d'affiliation exprimés par ces modalités constituent les bases fondamentales de leur illustration et de leur description. La toute dernière section, qui portait sur la tromperie, servait deux buts : d'abord, illustrer comment les modalités verbales et non verbales sont combinées dans un discours particulier ; ensuite, démontrer l'importance déterminante du contexte dans la détection et l'interprétation des signaux échangés par des interlocuteurs.

Les influences contextuelles de l'usage des langues montrent leurs fonctions sociale et culturelle. C'est ce qui est abordé dans la deuxième partie de ce chapitre sous le titre « Communication et société ». Le lien entre ces deux concepts est illustré par l'exploration de la relation entre l'usage d'un langage et l'appartenance à un groupe, l'apprentissage des langues secondes et l'usage contextualisé de différents codes et dialectes. La nature sociale du langage est également soulignée par l'exploration des conséquences de son usage sur l'évaluation interpersonnelle et sur l'identité.

(suite) Dans l'ensemble, ces recherches montrent que si l'usage d'une langue relève des individus, le sens véhiculé est tributaire d'un système symbolique socialement déterminé. Dans la mise en situation présentée au début du chapitre, lorsque Alexandre et Émilie causent, il ne s'agit pas d'un simple échange interpersonnel de symboles arbitraires. Ces symboles renvoient à la relation réciproque que ces deux personnes entretiennent avec la société qui les entoure. En fait, la relation est tellement étroite entre l'acte de communication et ce qu'on définit comme le comportement social que Clément et Laplante (1983) affirment qu'on pourrait appliquer le paradigme de la communication à tous les phénomènes relevant de la psychologie sociale.

BIBLIOGRAPHIE spécialisée

BROMBERG, M. & TROGNON, A. (dir.) (2004). *Psychologie sociale et communication*. Paris : Dunod.

DEPAULO, B. (1992). Non-verbal behavior and self-presentation. *Psychological Bulletin, 111,* 203-243.

ROBINSON, W.P. & GILES, H. (dir.) (2001). *The new handbook of language and social psychology*. Londres : John Wiley & Sons.

HAMERS, J.F. & BLANC, M. (2000). *Bilinguality and bilingualism*. Cambridge : Cambridge University Press.

HICKSON, M., STACKS, D.W. & MOORE, N.J. (2004). *Nonverbal communication* (4e éd.). Los Angeles : Roxbury.

GUDYKUNST, W. B. & MODY, B. (dir.) (2002). *Handbook of international and intercultural communication* (2e éd.). Thousand Oaks : Sage.

MYERS, G.E. & MYERS, M.T. (1990). *Les bases de la communication humaine*. Montréal : McGraw-Hill.

Questions

DE RÉVISION

1. Pourquoi, historiquement, l'étude du langage et de la communication a-t-elle été marginalisée en psychologie sociale ?

2. Par rapport aux premières théories de la communication, comment les théories contemporaines se démarquent-elles ?

3. Qu'entend-on par « terrain d'entente » lorsqu'on fait référence à une interaction ?

4. Dans quelle mesure la manifestation et l'interprétation des expressions du visage ont-elles un caractère universel ?

5. Quelles sont les fonctions principales du regard comme mode d'expression ?

6. Sur le plan interpersonnel, quelles sont les fonctions principales des postures et des mouvements ?

7. Qu'est-ce que la proxémique ?

8. Quel est le statut scientifique actuel de l'hypothèse de la relativité linguistique ?

9. Qu'est-ce que la parole puissante ?

10. Comment les formules de politesse contribuent-elles à promouvoir une interaction harmonieuse ?

11. Comment, dans une perspective interactive, peut-on comprendre la tromperie ?

12. Qu'est-ce que le degré d'interculturalité ?

13. Comment l'appartenance à un groupe influence-t-elle la façon de s'exprimer ?

14. Comment les attitudes à l'égard de l'autre groupe et la confiance langagière influencent-elles la compétence dans une autre langue et l'usage de cette langue ?

15. Quels sont les facteurs principaux susceptibles d'influencer l'accommodation langagière ?

16. Comment peut-on comprendre la relation entre la langue et l'identité ethnique ?

Les relations interpersonnelles

Lise Dubé
Université de Montréal

La rencontre du renard et du petit prince

— Qui es-tu? dit le petit prince. Tu es bien joli…

— Je suis un renard, dit le renard.

— Viens jouer avec moi, lui proposa le petit prince. Je suis tellement triste…

— Je ne puis pas jouer avec toi, dit le renard. Je ne suis pas apprivoisé.

— Ah! pardon, fit le petit prince. Mais, après réflexion, il ajouta :

— Qu'est-ce que signifie «apprivoiser»? […]

— C'est une chose trop oubliée, dit le renard. ça signifie «créer des liens…».

— Créer des liens?

— Bien sûr, dit le renard. Tu n'es encore pour moi qu'un petit garçon tout semblable à cent mille petits garçons. Et je n'ai pas besoin de toi. Et tu n'as pas besoin de moi non plus. Je ne suis pour toi qu'un renard semblable à cent mille renards. Mais, si tu m'apprivoises, nous aurons besoin l'un de l'autre. Tu seras pour moi unique au monde. Je serai pour toi unique au monde…

— Je commence à comprendre, dit le petit prince. Il y a une fleur… je crois qu'elle m'a apprivoisé… […]

Mais le renard revint à son idée :

— Ma vie est monotone. Je chasse les poules, les hommes me chassent. Toutes les poules se ressemblent, et tous les hommes se ressemblent. Je m'ennuie donc un peu. Mais, si tu m'apprivoises, ma vie sera comme ensoleillée. Je connaîtrai un bruit de pas qui sera différent de tous les autres. Les autres pas me font rentrer sous terre. Le tien m'appellera hors du terrier, comme une musique. Et puis regarde! Tu vois, là-bas, les champs de blé? Je ne mange pas de pain. Le blé pour moi est inutile. Les champs de blé ne me rappellent rien. Et ça, c'est triste! Mais tu as des cheveux couleur d'or. Alors ce sera merveilleux quand tu m'auras apprivoisé! Le blé, qui est doré, me fera souvenir de toi. Et j'aimerai le bruit du vent dans le blé…

Le renard se tut et regarda longtemps le petit prince :

— S'il te plaît… apprivoise-moi! dit-il.

[…]

Ainsi le petit prince apprivoisa le renard. Et quand l'heure du départ fut proche :

— Ah! dit le renard… Je pleurerai.

— C'est ta faute, dit le petit prince, je ne te souhaitais point de mal, mais tu as voulu que je t'apprivoise…

— Bien sûr, dit le renard.

— Mais tu vas pleurer! dit le petit prince.

— Bien sûr, dit le renard.

— Alors tu n'y gagnes rien!

— J'y gagne, dit le renard, à cause de la couleur du blé.

Puis il ajouta :

— Va revoir les roses. Tu comprendras que la tienne est unique au monde. Tu reviendras me dire adieu, et je te ferai cadeau d'un secret.

Le petit prince s'en fut revoir les roses :

— Vous n'êtes pas du tout semblables à ma rose, vous n'êtes rien encore, leur dit-il. Personne ne vous a apprivoisées et vous n'avez apprivoisé personne. Vous êtes comme était mon renard. Ce n'était qu'un renard semblable à cent mille autres. Mais j'en ai fait mon ami, et il est maintenant unique au monde.

[…]

— Vous êtes belles, mais vous êtes vides, leur dit-il encore. On ne peut pas mourir pour vous. Bien sûr, ma rose à moi, un passant ordinaire croirait qu'elle vous ressemble. Mais à elle seule elle est plus importante que vous toutes, puisque c'est elle que j'ai arrosée. Puisque c'est elle que j'ai mise sous globe. Puisque c'est elle que j'ai abritée par le paravent. […] Puisque c'est ma rose.

Et il revint vers le renard :

— Adieu, dit-il…

— Adieu, dit le renard. Voici mon secret. […] C'est le temps que tu as perdu pour ta rose qui fait ta rose si importante. […] Les hommes ont oublié cette vérité. […] Mais tu ne dois pas l'oublier. Tu deviens responsable pour toujours de ce que tu as apprivoisé.

Source : Antoine de Saint-Exupéry (1946).

INTRODUCTION

Cet extrait du *Petit Prince* de Saint-Exupéry évoque plusieurs aspects de nos relations avec les autres. Au début, on ne connaît pas l'autre personne, et elle ne nous connaît pas. Petit à petit, on apprend à la connaître et à se laisser connaître. On l'apprivoise et on se laisse apprivoiser. On crée des liens.

Cet apprivoisement mutuel s'accompagne de la sensation que l'autre est unique, du besoin de l'autre, de la dépendance de l'autre, de l'attachement à l'autre, de l'engagement et de la responsabilité envers l'autre. Apprivoiser signifie créer des liens, découvrir le prix du bonheur.

Ce chapitre vous propose d'entrer dans l'univers fascinant de nos relations avec les autres. Pourquoi aime-t-on certaines personnes et pas d'autres ? La beauté physique a-t-elle une influence sur nos rapports avec les autres ? Comment et pourquoi tombe-t-on amoureux ? Quelle est la différence entre l'amour et l'amitié ? Y a-t-il des gens plus doués que d'autres en matière d'amour ? Ces questions, et plusieurs autres, préoccupent les gens dans leur vie quotidienne, et avec raison. En effet, la majeure partie de l'activité humaine consiste à coordonner ses actions avec celles des autres. Pour l'individu, le succès ou l'échec de ses *relations* avec les autres influeront sur ses accomplissements et son bien-être, tant sur le plan de la famille et des amis que sur celui des études, du travail, du voisinage et des différents groupes auxquels il appartient (Reis & Collins, 2004).

L'étude scientifique des relations interpersonnelles est une partie fondamentale et essentielle de la psychologie et a connu, particulièrement dans les dernières années, une croissance et un essor explosifs (Berscheid, 1999 ; Baldwin, 2005 ; Hendrick, C. & Hendrick, 2000 ; Mashek & Aron, 2004 ; Reis, Collins & Berscheid, 2000). Comme il n'est pas possible de rendre compte de tous les développements récents en cette matière à l'intérieur d'un seul chapitre, nous proposons une revue sélective de certains thèmes considérés comme importants par les chercheurs dans le domaine et comme potentiellement intéressants pour les étudiants en psychologie sociale. Nous espérons que les différents ouvrages cités contribueront à satisfaire le désir de connaissances supplémentaires de certains lecteurs.

LA PERSPECTIVE ÉVOLUTIONNISTE

D'être isolé des autres est la pire punition qui puisse être infligée. (Charles Darwin.)

Peu de gens oseraient mettre en question le fait qu'on a besoin des autres. On dit souvent que l'être humain est un animal social. Mais pourquoi a-t-on besoin des autres ? Grâce à nos expériences quotidiennes, nous savons déjà que nous avons besoin des autres pour passer du bon temps, nous faire consoler, apprendre de nouvelles choses, atteindre certains buts, satisfaire nos besoins importants. Toutes ces bonnes raisons, et bien d'autres encore, peuvent toutefois être réduites à un constat fondamental : nous avons besoin des autres pour vivre et survivre.

L'évolution et la survie humaine

Plusieurs théoriciens considèrent les relations avec les autres comme un besoin primaire, au même titre que le besoin de nourriture. Selon ces auteurs, les autres ont une fonction biologique dans la survie de l'individu et de l'espèce. Cette approche, de plus en plus populaire en psychologie, est influencée par Darwin (1859, 1872) et conforme à l'hypothèse de la sélection naturelle : les espèces qui ont survécu au cours des millénaires sont celles qui ont su s'adapter de façon optimale à leur environnement.

Plusieurs croient que la stratégie la plus importante que l'humain puisse adopter pour survivre est, encore et toujours, la coopération entre les membres d'un petit groupe (Brewer & Caporael, 1990 ; Stevens & Fiske, 1995). Selon ces théoriciens, c'est grâce à cette coopération sociale que, des premiers hommes aux humains des temps présents, il est possible de se protéger contre un environnement hostile, notamment de se défendre contre les prédateurs, d'avoir accès à la nourriture et de s'abriter des éléments. Par conséquent, les humains auraient développé une propension à coopérer, à être loyal au groupe, à adhérer à certaines normes et à craindre l'exclusion du groupe. Les relations sociales auraient donc joué un rôle crucial dans l'évolution humaine, et la plupart de nos processus cognitifs et sociaux se seraient développés dans le but spécifique de faciliter les rapports interpersonnels (Cacioppo *et al.*, 2000 ; Cosmides & Tooby, 1992).

Pour les psychologues de l'évolution, le passé est la clé pour comprendre le présent (Tooby & Cosmides, 1990). Selon eux, le passé ne réfère pas seulement au passé de l'individu, à ses expériences dans un certain milieu familial et dans une certaine culture : le passé évolutionnaire serait tout aussi important, ce passé qui a forgé non seulement le corps humain, mais aussi l'esprit humain. Selon cette approche, les relations sexuelles, amoureuses et familiales, les relations d'alliance et de coalition ainsi que les comportements hiérarchiques ont des conséquences importantes pour la survie de l'individu et de l'espèce (Buss & Kenrick, 1998 ; Kenrik & Trost, 2000).

Les derniers écrits en psychologie de l'évolution font une place importante aux relations interpersonnelles et proposent des explications intéressantes dans des domaines aussi variés que le choix d'un partenaire sexuel, les relations amoureuses, la jalousie, l'importance de la beauté physique, l'amitié, les relations familiales, l'altruisme et la violence dans le couple (Buss & Kenrick, 1998 ; Kenrick & Trost, 2000).

Le besoin d'appartenance

Dans le passé, les relations avec les autres nous ont permis de survivre et de nous reproduire. Par conséquent, rechercher la compagnie des autres ferait maintenant partie de notre héritage génétique et expliquerait pourquoi les humains ont développé le **besoin d'appartenance**, qui renvoie au besoin de créer et de maintenir un minimum de relations interpersonnelles importantes, durables et positives (Baumeister & Leary, 1995 ; Deci & Ryan, 1991). L'être humain a un besoin fondamental de s'engager dans des interactions fréquentes et plaisantes avec

au moins quelques personnes, dans un contexte relativement stable où chacun est à la recherche du bien-être de l'autre. Dans toutes les cultures, l'être humain proteste et éprouve beaucoup de détresse lorsqu'une relation interpersonnelle se termine (Baumeister & Leary, 1995).

Le besoin des autres, soit le besoin d'aimer et d'être aimé, de s'attacher aux autres, et de faire l'expérience de la sécurité et de l'intimité, fait partie de « l'architecture de la nature humaine » (Deci & Ryan, 2000, p. 252).

Le fait que les psychologues sociaux accordent maintenant une grande importance au rôle de l'évolution dans les relations interpersonnelles ne veut pas dire que l'influence de l'environnement est inexistante. Au contraire. Il existe de grandes différences dans les relations vécues par les différents individus. Ces différences reposent sur le rôle de la socialisation. C'est le besoin des autres pour vivre et survivre qui serait universel, non pas la qualité des relations interpersonnelles. Les études sur la survie de l'enfant liée à l'attachement à sa mère attirent justement l'attention sur les différences observées dans les liens entre mères et enfants (Ainsworth *et al.*, 1978 ; Bowlby, 1969, 1973, 1980, 1988). Ces différences, et leurs conséquences à l'âge adulte, seront abordées dans une section ultérieure portant spécifiquement sur le processus d'attachement.

LA PERSPECTIVE CONCEPTUELLE

Qu'est-ce qu'une relation interpersonnelle ?

Dans sa définition la plus simple, la **relation interpersonnelle** est un ensemble de liens continus entre deux personnes ou plus. Reis (1995) propose cinq caractéristiques importantes de la relation interpersonnelle qui nous permettent d'approfondir ce concept.

1. Une relation interpersonnelle existe dans le temps. De par sa nature, qui s'inscrit dans la continuité, elle suppose l'existence d'un *cadre temporel* qui inclut, en plus du présent,

une histoire passée et un futur imaginé. Les événements passés influencent l'expérience présente, laquelle est aussi affectée par les attentes, les rêves et les projets élaborés pour le futur.

2. La relation interpersonnelle implique une *influence mutuelle*. L'essence même d'une relation interpersonnelle vient des interactions qui ont lieu entre les personnes engagées dans cette relation, et le trait distinctif de ces interactions est l'influence mutuelle (Reis, Collins & Berscheid, 2000). Dans une relation interpersonnelle, les pensées, les émotions et les comportements de l'une des deux personnes influencent les pensées, les émotions et les comportements de l'autre personne.

3. Chaque personne possède, au départ, sa propre idée, sa définition personnelle, son prototype de ce qu'est — ou devrait être — une relation interpersonnelle. Les partenaires conçoivent aussi une image cognitive et particulière de leur relation. Cette prise de conscience de la relation repose sur un ensemble de croyances et de sentiments au sujet de la nature de la relation elle-même, et aussi à propos de soi, du partenaire et de ce que chacun peut attendre de l'autre. Ces perceptions forment un *cadre cognitif* qui influence la relation interpersonnelle.

4. Les relations interpersonnelles existent toujours à l'intérieur d'un *cadre social*. Chaque relation s'imbrique dans de plus larges réseaux sociaux. Les partenaires doivent répondre aux besoins de cette relation en tenant compte des besoins relatifs à d'autres relations, ainsi qu'aux différents groupes sociaux auxquels ils appartiennent. On peut penser, par exemple, aux partenaires d'un couple d'amoureux qui sont aussi parents de jeunes enfants et qui doivent composer avec les exigences liées à leur emploi respectif, aux systèmes de garde, au système scolaire, à leurs deux familles d'origine, à leurs amis et au sport d'équipe que chacun pratique séparément. Ces différents réseaux sociaux auront tous une influence sur leur vie de couple.

5. Les relations interpersonnelles varient quant au *nombre des dimensions* que chacune des relations comprend. Certaines relations ne comportent qu'une sphère d'activité, comme la plupart des relations entre professeurs et étudiants, tandis que d'autres sont plus diversifiées, comme beaucoup de relations conjugales où les partenaires doivent exécuter les tâches ménagères, équilibrer le budget et éduquer les enfants en plus d'essayer de satisfaire leurs besoins personnels, familiaux, sexuels et récréationnels.

Il faut ajouter une sixième et dernière caractéristique importante des relations interpersonnelles qui, souvent, n'est pas mentionnée par les auteurs tant elle semble évidente : les relations interpersonnelles supposent toujours l'existence d'un *cadre émotionnel*. Les émotions peuvent être ce qui fait naître, ce qui nourrit ou ce qui fait mourir la relation, comme c'est souvent le cas dans les relations amoureuses. Mais, dans l'amour comme dans les autres relations interpersonnelles, diverses émotions, à la fois positives et négatives, sont toujours en cause. De par leur importance pour les êtres humains et de par les échanges et les influences mutuelles qu'elles suscitent, les relations avec les autres sont toujours accompagnées d'émotions plus ou moins nombreuses et plus ou moins intenses.

Ce sont donc les liens qui existent entre les personnes, et aussi la qualité de ces liens, qui définissent les relations interpersonnelles. Une relation interpersonnelle peut donc être définie comme un ensemble de liens continus entre deux personnes ou plus, lesquelles s'influencent mutuellement dans un cadre émotionnel, cognitif, social, temporel et multidimensionnel.

Les taxonomies des relations interpersonnelles

Étant donné que les relations humaines sont complexes et diversifiées, le concept de relations interpersonnelles peut regrouper plusieurs types de relations. Différentes **taxonomies des relations interpersonnelles**, c'est-à-dire diverses façons de classifier les relations, ont été utilisées jusqu'à maintenant. Parmi les classifications existantes, la plus simple consiste à considérer les personnes entre lesquelles il existe un lien. On parlera alors de relations amoureuses (par exemple Harvey & Wenzel, 2001), maritales (par exemple Gottman, 1998), parentales (par exemple Amato & Booth, 2001), familiales (par exemple Buehler & Gerard, 2002), de parenté (par exemple Neyer & Lang, 2003), d'amitié (par exemple Fehr, 2000) ou de travail (par exemple Podsakoff *et al.*, 2000 ; Borman, 2004). Il peut aussi s'agir de relations homosexuelles (par exemple Peplau & Spalding, 2000) ou multiculturelles (par exemple Gaines & Liu, 2000). Plusieurs écrits contemporains se concentrent sur l'un ou l'autre de ces types de relations.

Une autre façon d'étudier les relations est de suivre le cycle de vie, de la naissance à la mort, et de considérer les relations interpersonnelles à l'*enfance* (par exemple Rose & Asher, 2000), à l'*adolescence* (par exemple Collins & Laursen, 2000), à l'*âge adulte*, avec ses différentes étapes potentielles — les premières relations amoureuses (par exemple Conger *et al.*, 2000 ; Hendrick & Hendrick, 2000) et sexuelles (Rathus, Nevid & Fichner-Rathus, 2005), le mariage (par exemple Steil, 2000), le divorce (par exemple Cherlin, 1992 ; Gottman & Levenson, 2000), les familles monoparentales (par exemple Fine, 2000), les familles recomposées (par exemple Ganong & Coleman, 2004) – et chez les *personnes âgées* (par exemple Blieszner, 2000).

D'autres théoriciens présentent une taxonomie qui tient compte des principales dimensions qui définissent toute relation. Blumstein et Kollock (1988), par exemple, suggèrent de considérer cinq dimensions ayant trait à la nature des relations, qui peuvent être : familiales ou non familiales ; sexuelles et/ou amoureuses, ou non sexuelles et/ou non amoureuses ; hiérarchiques ou égalitaires ; entre des personnes de même sexe ou non ; et, finalement, entre des personnes qui habitent ou non ensemble.

Certains chercheurs préfèrent prêter attention aux processus importants présents dans les relations avec les autres. Bugental (2000), par exemple, propose une taxonomie basée sur les processus fondamentaux qui régissent les relations dans différents contextes sociaux. Elle propose cinq contextes, chacun étant accompagné d'un processus important : un contexte d'*attachement*, où les personnes essaient de maintenir une certaine proximité dans une relation protectrice ; un contexte *sexuel*, caractérisé par la sélection de partenaires sexuels et la protection de l'accès à ces partenaires ; un contexte de *réciprocité*, caractérisé par la négociation de bénéfices partagés entre personnes de statut égal ; un contexte de *pouvoir hiérarchique*, caractérisé par l'utilisation et la reconnaissance de la dominance sociale ; et un contexte de *coalition de groupe*, lié à l'identification sociale et à son maintien en fonction des dimensions « nous » et « eux ». Bugental (2000) considère que ces contextes sociaux servent différentes fonctions et opèrent selon des principes distincts, et qu'ils sont tous liés à différents types de relations interpersonnelles.

Enfin, une taxonomie quelque peu similaire permet de classifier les relations selon les différentes motivations qui amènent les gens à coordonner leurs activités. Selon Fiske et Haslam (1997, 2005 ; Haslam, 2004), il existe quatre modèles relationnels pour expliquer l'ensemble des liens sociaux : 1) le *partage communautaire*, où les gens contribuent sans que soit assignée une responsabilité individuelle ; 2) la *hiérarchie basée sur une autorité*, laquelle décide des tâches à faire et en délègue l'exécution selon un organigramme ; 3) les *rencontres égalitaires*, où tout le monde est traité sur le même pied et où chacun a son mot à dire dans l'organisation des activités ; et 4) le *prix du marché* (*market pricing*), où chacun reçoit une rémunération en fonction de ce qu'il mérite, la valeur de celle-ci étant basée sur l'utilité du produit ou du service offert. D'après Fiske et Haslam (2005), dans la plupart des relations interpersonnelles durables, on aurait recours à plus d'un de ces modes relationnels pour coordonner les activités.

Ces différentes taxonomies sont des outils utiles pour décrire les caractéristiques des différentes relations interpersonnelles et les processus qui sont présents dans ces relations. Toutefois, comme les relations humaines sont complexes, la recherche empirique ne nous permet pas, présentement, de distinguer avec certitude les qualités uniques à certaines relations de celles communes à plusieurs autres (Reis *et al.*, 2000).

Dans un seul chapitre, on ne peut évidemment analyser tous les aspects des différentes taxonomies. Les connaissances touchant le jeune adulte seront donc privilégiées, et les autres moments de la vie seront rarement abordés. Dans cette perspective, on traitera principalement des relations amoureuses entre personnes de sexe opposé, dans les contextes d'attachement et de réciprocité. (Les processus de coalition de groupe et de pouvoir hiérarchique sont traités dans la partie IV du présent ouvrage, « Les influences sociales et les relations de groupes »).

LA PERSPECTIVE HISTORIQUE

Depuis plus de 70 ans, plusieurs questions touchant les relations interpersonnelles ont intéressé les chercheurs et les théoriciens en psychologie sociale. Est-ce que certaines personnes nous attirent plus que d'autres ? Peut-on différencier plusieurs façons d'aimer ? Peut-on décrire les processus qui expliquent la façon dont s'établissent les liens avec les autres ? Toutefois, toutes ces questions, et beaucoup d'autres, ne les ont pas fascinés au même moment. L'intérêt pour certains thèmes, qui nous semblent aujourd'hui essentiels à la compréhension des relations interpersonnelles, s'est développé graduellement, tout particulièrement dans les 20 dernières années.

Il semble important de situer l'étude des relations interpersonnelles dans un contexte temporel. Nous commencerons donc par présenter, dans le tableau 8.1, un survol historique de la période où certaines théories ou certains thèmes ont été prédominants. Il importe d'insister sur le fait que l'influence de ces théories et la recherche sur ces différents thèmes ne sont pas confinées à la décennie qui a vu leur émergence. En réalité, des recherches sur la plupart de ces thèmes se poursuivent toujours, et les diverses influences théoriques se font encore sentir aujourd'hui, à des degrés divers, cependant.

En psychologie sociale, on considère souvent que l'étude scientifique des relations interpersonnelles a débuté en 1934 avec Moreno et le sociogramme. Cette technique sociométrique, première tentative d'observation systématique, a beaucoup été utilisée par la suite comme instrument de recherche et comme moyen d'intervention dans les groupes. On a donc vu, dans les quelque 20 années qui ont suivi (1934-1950), une multitude de recherches

TABLEAU 8.1   Perspective historique de l'étude des relations interpersonnelles en psychologie sociale

1934	Début des études empiriques sur le sujet
1934-1950+	Caractéristiques liées à la popularité
1950-1960+	Théories cognitives : équilibre et dissonance Théorie de la comparaison sociale Maintien et changement dans les relations existantes
1960-1970+	Théories du renforcement : échange social et équité Attirance initiale entre deux personnes
1970-1980+	Interdépendance sociale
	Début des études sur les relations intimes
1980-1990+	Grande importance donnée à l'étude des relations intimes Étude scientifique de thèmes ignorés jusque-là : amour, solitude, jalousie, pouvoir dans le couple
1990-2000+	Immense essor Théorie de l'attachement Effets bénéfiques des relations sur la santé physique et mentale Différences culturelles dans les rapports avec les autres Relations intimes et mécanismes liés à la survie de l'espèce Influence bidirectionnelle des relations interpersonnelles et des processus cognitifs et émotionnels

portant sur les caractéristiques personnelles et sociales liées à la popularité.

Les années 1950-1960 ont été témoins de l'apport des théories de l'harmonie cognitive et de la comparaison sociale.

Les années 1960-1970 ont été caractérisées par l'emprunt des concepts de la théorie de l'apprentissage, qu'on a appliqués au contexte des relations interpersonnelles, qui sont vues à travers le paradigme stimulus-réponse (S-R). Durant cette période, on étudie les antécédents de l'attraction interpersonnelle, et plus particulièrement l'attirance initiale entre deux personnes.

Dans les années 1970-1980, on passe de l'étude des antécédents de l'attirance initiale entre deux inconnus à l'étude de l'évolution des stades des relations intimes à long terme et des processus qui leur sont sous-jacents. On s'intéresse particulièrement à la différenciation entre l'amitié et l'amour, et à la mesure de ces sentiments. L'influence de la psychologie sociale cognitive se fait sentir dans l'étude des relations interpersonnelles, tout particulièrement grâce aux théories de l'équité et de l'attribution. Berscheid (1985) offre un compte rendu détaillé des contributions théoriques et empiriques parues de 1930 à 1985.

On donne de plus en plus d'importance à l'étude des relations interpersonnelles dans les années 1980-1990. On propose même que le domaine des relations interpersonnelles devienne une discipline scientifique distincte de la psychologie et de la psychologie sociale (Hinde, 1997 ; Kelley, 1986 ; Kelley et al., 2002). En effet, selon ces auteurs, en plus d'être affectées par des facteurs personnels et sociaux, et d'influencer la personne et la société, les relations interpersonnelles ont aussi leur propre dynamique, qui doit être étudiée dans sa spécificité. De plus, quoique les liens entre la personne et la société ne soient pas tous établis par l'entremise des relations interpersonnelles, il demeure qu'elles en sont la jonction la plus importante.

En outre, on a observé, dans les années 1980-1990, l'émergence de l'étude scientifique de thèmes presque complètement ignorés jusque-là, comme la solitude, la jalousie, le pouvoir dans le couple, les aspects psychosociaux des relations sexuelles, les relations interpersonnelles à différents âges (enfants, adolescents, adultes, personnes âgées), les relations interpersonnelles des personnes déprimées. On commence aussi à se pencher sur certains modes de vie dits « non traditionnels », comme les relations amoureuses homosexuelles, la cohabitation, le divorce, le remariage, les familles recomposées. Un livre publié par Harold Kelley et un groupe de psychologues sociaux en 1983, et encore d'actualité, car réédité en 2002, offre un portrait complet de la psychologie des relations intimes à cette époque (Kelley et al., 2002).

L'étude des relations interpersonnelles s'impose, dans les années 1990-2000, comme un domaine scientifique interdisciplinaire distinct et vigoureux. Comme discipline à part entière, l'étude des relations interpersonnelles connaît, dans cette décennie, une croissance fulgurante : si elle permet d'explorer les thèmes qui lui sont propres, comme ceux cités précédemment, elle apparaît aussi comme une discipline qui enrichit et illumine la connaissance des processus sociaux fondamentaux.

Au cours des années 1990-2000, l'étude des relations interpersonnelles permet en effet de mieux comprendre des phénomènes comme l'agression, l'altruisme, l'influence sociale et les relations intergroupes. De plus, cette étude permet de comprendre jusqu'à quel point des phénomènes aussi variés que la perception de soi, l'attachement, le stress, le soutien social, l'attribution, le processus de décision dans les jurys, en fait, les cognitions sociales en général, sont affectés par les dynamiques interpersonnelles (voir Berscheid & Reis, 1998 ; Hendrick, C. & Hendrick, 2000 ; Reis et al., 2000).

Cet essor fulgurant se poursuit dans le troisième millénaire, et les thèmes étudiés sont aussi diversifiés que durant les années 1990-2000, comme en témoignent les derniers livres publiés au moment de l'écriture de ce chapitre (par exemple Baldwin, 2005 ; Berscheid & Regan, 2005 ; Harvey, Wenzel & Sprecher, 2004 ; Mashek & Aron, 2004 ; Reis &

Rusbult, 2004). Après avoir été, pendant plusieurs années, un domaine fortement influencé par les connaissances de la psychologie sociale, l'étude scientifique des relations interpersonnelles a, à son tour, « un impact révolutionnaire » sur la psychologie sociale et la psychologie générale actuelle (Ickes & Duck, 2000, p. 2).

Un autre phénomène contemporain vaut la peine d'être relevé. En psychologie traditionnelle, où l'accent est mis sur l'*individu*, on n'a pas toujours intégré le contexte des relations interpersonnelles dans les théories, les recherches et les interventions cliniques. Maintenant que la nécessité de cette intégration pour comprendre les facteurs liés au bien-être des individus devient évidente, on remarque de plus en plus d'intérêt et d'enthousiasme pour une approche qui considère à la fois les processus individuels, les processus interpersonnels et les processus sociétaux. Il en résultera une meilleure compréhension des processus interpersonnels, et la validité et l'utilité de la psychologie en général s'en trouveront renforcées (Reis & Collins, 2004).

LA PERSPECTIVE THÉORIQUE

Les premiers cadres théoriques qui ont influencé l'étude des relations interpersonnelles sont les mêmes que ceux qui ont servi de toile de fond aux autres domaines de recherche en psychologie sociale, soit les théories de l'harmonie cognitive et les théories du renforcement (voir le chapitre 1, qui porte sur les théories en psychologie sociale). Plusieurs des théories particulières aux relations interpersonnelles représentent une synthèse de ces deux approches : les théories du renforcement insistent sur les renforcements provenant des autres, tandis que les théories cognitives mettent l'accent sur le rôle joué par l'individu dans sa représentation et son contrôle de l'environnement (Berscheid, 1985).

Les théoriciens du renforcement proposent un postulat très simple : l'être humain, dans ses relations avec les autres, est attiré par une personne qui lui apporte des choses positives, et plus les renforcements sont positifs et nombreux, plus il est attiré par cette personne. Les **théories de l'échange social** furent les premières théories du renforcement appliquées à l'étude des relations interpersonnelles (Blau, 1964 ; Homans, 1961, 1974). Ces théories soulignent l'importance de comprendre les échanges de ressources dans la formation et le maintien des relations interpersonnelles. Les relations avec les autres sont considérées en fonction des coûts et des bénéfices inhérents à toute interaction sociale. Homans (1961, 1974), par exemple, introduit le concept de *satiété* pour tenir compte du fait que plus une personne a accès à une certaine ressource, moins cette ressource a de la valeur pour elle (quelqu'un qui reçoit souvent des confirmations d'approbation sociale est moins touché par de nouvelles marques d'affection que le serait une personne qui en est privée), et le concept de *rareté* qui fait qu'une personne qui dispose d'une ressource rare peut exiger beaucoup en retour de cette ressource (les personnes qui peuvent offrir des ressources rares exigent souvent l'estime des autres en retour).

Dans ses relations avec les autres, l'être humain s'attend à une certaine **justice distributive** : les récompenses doivent être proportionnelles aux coûts encourus et les profits, proportionnels aux investissements. Il s'attend aussi à une certaine **équité**, c'est-à-dire à une correspondance entre ce qu'il donne et reçoit, et ce que l'autre personne donne et reçoit. L'important n'est donc pas l'égalité entre ce qui est reçu par les deux personnes, mais plutôt la considération du fait que ce qui a été mis dans la balance suscite un sentiment d'équité. Un sentiment d'iniquité provoque une tension que l'individu essaiera d'éliminer ou de réduire en modifiant, dans les faits ou dans sa perception, les différentes contributions (Adams, 1963, 1965 ; Hatfield & Traupmann, 1981 ; Hatfield, Walster & Berscheid, 1978).

L'interdépendance sociale

Les théories de l'échange social et de l'équité ont donné naissance à la **théorie de l'interdépendance sociale**, qui tient compte de la dépendance de chacun des partenaires dans l'échange de ressources (je dépends de l'autre pour obtenir ce que je veux). Plus précisément, chez des individus qui interagissent, l'**interdépendance sociale** réfère « à la force et à la qualité des effets de l'un sur l'autre dans les préférences, les motivations et les comportements de chacun » (Rusbult & Arriaga, 2000, p. 80, traduction libre).

L'interdépendance suppose que les deux partenaires s'influencent mutuellement et comptent fortement l'un sur l'autre pour satisfaire leurs besoins. Selon Kelley et ses collègues (2002), les indicateurs de cette interdépendance élevée sont les suivants : 1) la *fréquence* des influences réciproques : une rencontre annuelle à la célébration familiale de Noël ne permet pas une influence mutuelle ; 2) la *diversité* des domaines où s'exercent les influences : les partenaires ne se rencontrent pas seulement pour des activités sexuelles, mais s'influencent aussi quant aux idées politiques, au choix de livres, de films et de musique, et à la préférence d'un quartier où vivre, et dans d'autres domaines ; 3) la *force* des influences mutuelles. La force de l'influence est souvent mesurée en fonction de la *vitesse* avec laquelle les partenaires réagissent l'un à l'autre. Si une personne demande à l'autre de ramasser ses vêtements sales qui traînent et qu'elle le fait immédiatement, l'influence est plus forte que si elle attend au lendemain pour le faire. La force est aussi révélée par l'*amplitude* de la réponse. Si le partenaire à qui on a demandé de ramasser ses choses ne ramasse que celles qui sont juste devant lui, l'influence est moins forte que s'il ramasse tous les vêtements sales dans l'appartement. La force de l'influence est aussi mesurée par l'*économie* des propos, c'est-à-dire par la capacité d'obtenir une réponse sur une longue période de temps après une seule intervention : la personne n'a pas à se faire dire chaque jour de ramasser ses affaires. Plusieurs théoriciens considèrent cette influence comme la clé qui permet de comprendre la complexité des relations interpersonnelles (voir, par exemple, Johnson, 2003 ; Reis, 1995).

Parmi les concepts les plus importants proposés par les premiers théoriciens de l'interdépendance sociale (Thibaut & Kelley, 1959 ; Kelley & Thibaut,

1978), on trouve ceux liés aux niveaux de comparaison. Selon Thibaut et Kelley, chaque personne se crée des attentes au regard de ce qu'elle peut obtenir des autres. On définit le **niveau de comparaison** comme le standard en fonction duquel une personne compare les coûts et les gains d'une relation donnée à ce qu'elle pense qu'elle devrait recevoir. Si l'échange avec l'autre amène autant ou plus que le niveau attendu, il y aura maintien ou augmentation du sentiment positif chez cette personne à l'égard de la relation. Si l'échange amène moins, il y aura diminution du sentiment positif. En ce sens, les résultats d'une étude où on a mesuré les attentes des membres de couples par rapport aux comportements quotidiens de leurs partenaires (comme le partage des tâches domestiques, la bonne humeur et la communication des émotions) révèlent que plus les comportements sont congruents aux attentes du partenaires, plus les couples sont satisfaits de leur relation (Dainton, 2000). Les échanges passés influencent aussi le niveau de comparaison. Ainsi, une personne qui a reçu beaucoup de renforcements positifs de la part des autres et qui a vécu plusieurs relations satisfaisantes dans le passé s'attendra à beaucoup dans ses relations présentes.

D'autre part, le **niveau de comparaison des options possibles** réfère au standard en fonction duquel une personne évalue les renforcements positifs qu'elle croit pouvoir obtenir dans une autre relation (ou dans une absence de relation). C'est le standard utilisé quand il faut décider de maintenir ou de quitter une relation. La personne compare sa relation actuelle avec une relation potentielle. Si les renforcements positifs de la relation actuelle dépassent ceux d'une relation potentielle, la relation actuelle sera stable et satisfaisante. Si la relation actuelle offre moins qu'une relation possible (ou qu'une absence de relation), il y a de fortes chances que l'individu quitte la relation ou, du moins, pense à le faire (la rupture réelle dépendra de la présence ou de l'absence de barrières économiques, légales ou sociales).

Le choix des options à partir desquelles se fera la comparaison influencera donc le niveau de satisfaction. Dans une étude, on a demandé à des couples de se comparer à d'autres couples et de déterminer les aspects positifs de leur couple, tandis qu'à d'autres couples, on a simplement demandé d'établir la liste des bons aspects de leur couple. Les couples à qui on avait demandé de se comparer à d'autres couples se sont considérés comme beaucoup plus satisfaits de leur relation amoureuse que les couples qui n'avaient réfléchi qu'aux aspects positifs de leur couple (Buunk, Oldersma & de Dreu, 2001). Le concept du niveau de comparaison des options possibles permet d'expliquer pourquoi certaines personnes peuvent demeurer dans des relations très insatisfaisantes : elles ne perçoivent pas d'alternative possible. L'apparente « loyauté » à une relation peut venir du fait que la personne pense qu'elle ne peut obtenir mieux dans une autre relation ou dans une absence de relation.

L'interdépendance sociale est une théorie qui offre des principes généraux qui s'appliquent à plusieurs types de nos relations avec les autres, sinon à tous, puisqu'elle tient compte à la fois des personnes et des situations. Dans le contexte des relations interpersonnelles, l'interdépendance sociale montre que l'interaction entre deux personnes est fonction des dispositions interpersonnelles (attitudes, motivations et buts de chacune des deux personnes) qui sont pertinentes dans la situation particulière d'interdépendance dans laquelle l'interaction se produit (Holmes & Cameron, 2005). Chaque situation particulière détermine, en effet, les différentes façons dont les deux personnes sont dépendantes l'une de l'autre et s'influencent l'une l'autre pour obtenir ce qu'elles veulent (d'où le terme « interdépendance »).

La théorie de l'interdépendance sociale offre des explications intéressantes relativement à plusieurs phénomènes interpersonnels, allant de l'altruisme à l'engagement, de l'attribution à la présentation de soi, des normes sociales au conflit (voir Batson, 1991 ; Holmes & Cameron , 2005 ; Rusbult & Van Lange, 2003 ; Kelley *et al.*, 2003).

D'autres processus relationnels

D'autres processus, souvent liés à l'interdépendance sociale, sont à l'œuvre dans les relations interpersonnelles. Plusieurs sont présentés dans les différents chapitres de ce livre. On peut penser, par exemple, aux processus impliqués dans la perception de soi et des autres (voir le chapitre 4), dans les attributions (voir le chapitre 5), dans les comportements pour venir en aide aux autres (voir le chapitre 10), ou dans la coopération et la compétition avec les autres (voir le chapitre 12).

Plusieurs processus spécifiques à certaines relations interpersonnelles ont aussi été étudiés par les psychologues sociaux dont, entre autres, la sexualité (par exemple Harvey *et al.*, 2004 ; Hyde & DeLamater, 2006), la jalousie amoureuse (par exemple Harris, 2003 ; Salovey, 1991), la communication interpersonnelle (par exemple Knapp & Vangelisti, 2000 ; Wood, 2004), l'amitié (par exemple Blieszner & Adams, 1992 ; Fehr, 1996, 2000), le conflit (par exemple Gottman & Silver, 1999 ; Noller & Feeney, 1998), l'attribution et la communication des émotions (par exemple Manusov & Harvey, 2001), la violence dans le couple (par exemple Hearn, 1998 ; Jacobson & Gottman, 1998 ; Johnson, 1995), l'empathie (Davis, 1996 ; Ickes, 1997) ou, encore, les différences entre les hommes et les femmes dans leurs façon d'approcher les relations interpersonnelles (par exemple Eagly, Beall & Sternberg, 2004). Il serait intéressant d'aborder chacun de ces processus dans ce chapitre. Toutefois, la nature introductive du présent volume nous oblige à en présenter un nombre limité : l'intimité, l'amour, l'attachement, l'engagement et le soutien social.

LE DÉVELOPPEMENT DES RELATIONS : DE L'ATTIRANCE INITIALE AUX RELATIONS INTIMES

Des sept millions d'individus qui habitent le Québec, la plupart resteront des étrangers pour nous. Des multiples rencontres que l'on fait quotidiennement, un tout petit nombre se transformeront en relations interpersonnelles. Un nombre encore plus infime de nos relations interpersonnelles évolueront vers une relation intime. Qu'est ce qui fait que l'on prête attention à certaines personnes et pas à d'autres ? Que l'on est attiré par certaines et non par d'autres ? Que se passe-t-il pour qu'une rencontre initiale superficielle se transforme éventuellement en une relation intime ?

La popularité : les personnes que tout le monde aime

Dans un premier effort pour étudier empiriquement les relations interpersonnelles, Moreno (1934) proposa le **sociogramme**, technique qui permet d'obtenir des données quantitatives quant aux préférences des membres d'un groupe donné relativement à d'autres membres du même groupe. On obtient cette mesure en demandant à chacune des personnes à l'intérieur d'un groupe de déterminer les individus qu'elle aime le plus (ou le moins), ou ceux avec qui elle aimerait le plus (ou le moins) faire une activité quelconque. Par exemple : « Toute votre classe doit se rendre à New York dans le cadre d'une activité scolaire. Avec quelles personnes de la classe aimeriez-vous le plus faire le trajet en auto ? Avec quelles personnes aimeriez-vous le moins faire ce trajet ? » ou « Vous avez un travail à faire en équipe. Avec quelles personnes aimeriez-vous le plus travailler ? Avec quelles personnes aimeriez-vous le moins travailler ? »

Cette mesure toute simple permet de reconnaître, à l'intérieur d'un groupe, les personnes *populaires*, c'est-à-dire les gens choisis par plusieurs personnes, les *cliques* ou les *bandes*, c'est-à-dire les gens qui se rassemblent, qui se choisissent entre eux et qui se retrouvent souvent autour d'une personne populaire, et les personnes *isolées*, soit les gens qui ne sont choisis par personne.

Comme on peut le constater, cette technique sociométrique est, en fait, une mesure de popularité. On définit la **popularité** comme l'attirance générale ou collective pour d'autres personnes, la personne populaire étant une personne aimée par *plusieurs* personnes qui n'interagissent pas nécessairement

avec elle. La popularité renvoie au prestige social, à l'admiration, au charisme.

Il y a eu énormément d'études portant sur les caractéristiques personnelles et sociales liées à la popularité. Quelle est cette personne choisie, aimée, admirée par plusieurs ? Une revue exhaustive de la documentation sur le sujet (Lindzey & Byrne, 1968) révèle que nous choisissons en général :

1) les personnes avec qui nous avons déjà eu une possibilité d'interagir ;
2) les personnes qui ont les caractéristiques les plus désirables selon les normes et les valeurs partagées par les membres de notre groupe ;
3) les personnes les plus semblables à nous-mêmes quant à certaines caractéristiques sociales (âge, religion, groupe ethnique, statut socioéconomique) ;
4) les personnes les plus semblables à nous-mêmes quant aux attitudes et aux valeurs personnelles ;
5) les personnes qui nous perçoivent d'une façon positive ;
6) les personnes qui nous voient comme nous nous voyons nous-mêmes ;
7) les personnes qui ont déjà satisfait certains de nos besoins ;
8) les personnes intelligentes, jouissant d'une bonne santé physique et mentale ;
9) les personnes physiquement attirantes.

Les premières rencontres

Pourquoi est-on attiré initialement par certaines personnes, alors que d'autres nous laissent indifférents ? C'est une question intéressante. En effet, l'attirance initiale est nécessaire au développement de plusieurs de nos relations intimes importantes.

Si on suppose que vous arrivez dans une salle pleine de gens que vous ne connaissez pas, peut-on prédire avec qui vous avez plus de chances de vous entendre, d'établir une relation plus intime ? Eh bien oui ! Afin de comprendre le tout début de l'attirance initiale entre deux personnes, attirance non encore biaisée par le passé connu de ces personnes ou vécu entre elles, les psychologues ont souvent amené des étrangers dans un laboratoire pour étudier l'attirance plus ou moins forte qu'ils ressentent l'un pour l'autre. Les résultats de ces très nombreuses recherches (voir Berscheid & Walster, 1978, pour un résumé de ces recherches, et Berscheid & Reis, 1998, pour une analyse de leurs résultats) peuvent nous permettre de conclure que vous avez de très fortes chances d'être attiré par une personne si :

1) elle a les mêmes opinions et les mêmes valeurs que vous ;
2) elle peut satisfaire certains de vos besoins ;
3) elle vit près de vous géographiquement ;
4) elle semble aussi être attirée par vous ;
5) elle est plaisante et agréable à côtoyer ;
6) elle est physiquement attirante.

C'est donc dire qu'à partir de perspectives théoriques et méthodologiques très différentes, les recherches portant sur la popularité et sur le processus d'attirance initiale entre deux personnes sont arrivées à des conclusions presque identiques. En effet, les caractéristiques personnelles et sociales des personnes avec qui on aimerait faire plus ample connaissance, avec qui on pourrait se lier d'amitié, ressemblent beaucoup aux caractéristiques de la personne populaire.

L'importance de certaines de ces caractéristiques ne surprend pas beaucoup. Il n'est pas étonnant, par exemple, que la similitude quant aux croyances, aux attitudes et aux valeurs soit particulièrement importante (Berscheid, 1985). Cette attirance initiale vers des gens qui partagent nos façons de penser et d'agir permet de valider notre vision du monde et facilite les relations en atténuant considérablement les risques de mésentente et de conflit (Byrne, 1971 ; Chen & Kenrick, 2002 ; Rosenbaum, 1986). La similitude dans les attitudes servirait aussi d'indice pour percevoir l'autre comme faisant partie de notre famille (*kinship*), comme étant l'un des nôtres que nous pouvons et que nous devons aider (Park & Schaller, 2005).

Certaines autres caractéristiques surprennent davantage, comme la proximité physique. La proximité géographique, tout en facilitant la première rencontre, permet aussi des rencontres subséquentes, et la répétition des rencontres résulte souvent en une évaluation positive (Zajonc, 1968 ; Moreland & Zajonc, 1982). Par exemple, plus des étudiants avaient vu souvent une certaine étudiante dans leur cours (dans un grand groupe où l'étudiante en question n'interagissait ni avec le professeur ni avec les autres étudiants), plus ils étaient attirés par cette étudiante à la fin du semestre (Moreland & Beach, 1992). Cette réponse positive à des visages familiers a aussi été observée chez des bébés, qui sourient plus facilement à des photos de personnes qu'ils ont vues auparavant qu'à des photos de personnes qu'ils n'ont jamais rencontrées (Brooks-Gunn & Lewis, 1981).

Il n'y a pas de données empiriques sur le sujet, mais il est possible que le vedettariat des « stars » du cinéma, de la télévision et de la musique populaire puisse venir du fait que leur image se trouve constamment dans divers médias. Plus les gens les voient, plus ils sont attirés par eux. Plus ils sont attirés, plus les fans veulent en savoir sur leurs idoles. Plus on leur donne d'information sur elles dans les médias, plus les gens en veulent et plus ils sont attirés. Ce serait comme la publicité d'une certaine marque de saucisses…

La beauté physique

Les deux courants de recherche présentés précédemment soulignent le rôle important joué par l'apparence physique dans l'attirance initiale. La **beauté physique** réfère à un ensemble de caractéristiques du visage et du corps considérées comme visuellement attirantes par plusieurs, dans une culture donnée, à une période donnée. Dans notre société, il est généralement considéré comme « incorrect » d'accorder une trop grande attention à la beauté physique. Or, les résultats de très nombreuses recherches montrent que nous sommes fortement influencés, dans nos perceptions, nos évaluations et nos comportements, par l'aspect extérieur des gens et particulièrement par leur beauté physique (Bull & Rumsey, 1988 ; Hatfield & Sprecher, 1986 ; Patzer, 1985).

Par comparaison avec des gens moins beaux, les gens beaux sont considérés comme étant plus gentils, sensibles, intéressants, sociables, excitants, indépendants, forts et *sexy*, et comme étant de meilleurs partenaires sexuels et des êtres mieux adaptés sur le plan psychologique (Dion, Berscheid & Walster, 1972 ; Dion & Dion, 1987 ; Moore, Graziano & Miller, 1987). Les beaux garçons sont perçus comme étant plus masculins que les garçons moins beaux, et les belles filles, comme étant plus féminines que les filles moins belles (Gillen, 1981). Une méta-analyse de plusieurs autres études qui confirment l'existence de ces stéréotypes indique que les gens accordent effectivement plus de qualités aux personnes physiquement attirantes qu'aux autres personnes (Eagly *et al.*, 1991). Ces différences entre les personnes plus attirantes et moins attirantes sont extrêmement significatives en ce qui a trait aux caractéristiques liées à la compétence sociale, elles le sont un peu moins par rapport aux traits liés à la compétence intellectuelle et à la santé mentale (*personal adjustment*), et elles ne le sont pas du tout au regard des traits liés à l'intégrité des personnes et à leur niveau de compassion pour les autres.

Les résultats d'une autre méta-analyse révèlent que, chez des étudiants universitaires, les gens plus beaux ne sont pas seulement perçus comme ayant plusieurs autres qualités (stéréotype des gens beaux), mais sont, dans les faits, plus populaires ; ils souffrent moins de solitude, montrent plus de compétences sociales et sont plus actifs sexuellement (Feingold, 1992b).

Plusieurs études ont établi qu'il existe un stéréotype qui veut que les gens beaux dénichent de meilleurs emplois, mènent une vie plus satisfaisante et ont, en général, plus de succès dans la vie que les gens moins beaux (voir Eagly *et al.*, 1991). Deux économistes ont analysé, dans une très large étude menée au Canada et aux États-Unis, le lien entre la beauté physique et un critère facilement mesurable, le salaire gagné (Hamermesh & Biddle, 1994). Le niveau d'attirance physique était évalué par les personnes qui interviewaient des candidats se présentant pour un emploi. Ces deux chercheurs ont découvert que les gens d'apparence ordinaire (*plain*) gagnaient

systématiquement moins (dans l'emploi qu'ils désiraient quitter) que les gens moyennement beaux qui, à leur tour, gagnaient moins que les gens très attirants physiquement. Cette relation entre la beauté et le salaire était significative dans plusieurs types d'occupations, tant chez les hommes que chez les femmes.

Que les gens beaux soient traités de façon différente serait un phénomène qui commencerait tôt dans la vie. Par rapport aux bébés moins beaux, les mères accordent plus d'attention, prennent davantage dans leurs bras et touchent plus souvent les beaux bébés (Langlois *et al.*, 1995). Des enfants de maternelle considérés comme plus beaux que les autres (par des adultes qui sont arrivés à un large consensus sur « qui » est beau et « qui » est moins beau) sont aussi plus populaires que les autres enfants (Dion & Berscheid, 1974).

La beauté physique joue un rôle important non seulement dans la formation des relations amoureuses (Feingold, 1990, 1992a ; Sprecher & Duck, 1994), mais aussi dans leur maintien (Buss & Shackelford, 1997 ; Simpson, Gangestad & Lerma, 1990). Elle a aussi une incidence sur le niveau de satisfaction au regard de la relation (Sangrador & Yela, 2000 ; Shackelford, 2001).

Les hommes et les femmes accordent une grande importance à la beauté physique et au statut social du partenaire (Regan, 1998 ; Kenrick *et al.*, 1993). Toutefois, quand on leur demande pourquoi ils *ne* veulent *pas* se *marier* avec certaines personnes, les hommes mentionnent plus souvent le manque d'attraits physiques et les femmes, l'incompatibilité quant au statut social (voir Feingold, 1990, 1992a ; Kenrick *et al.*, 1990 ; Li *et al.*, 2002 ; Sprecher, Sullivan & Hatfield, 1994).

On a déjà avancé l'hypothèse que les femmes valorisent le statut social et le pouvoir chez les hommes parce que ce sont elles qui, depuis des millénaires, s'investissent dans la satisfaction des besoins des jeunes enfants et que, en valorisant ainsi ces traits, elles s'assurent que leurs enfants bénéficieront d'un père ayant le potentiel d'acquérir les ressources nécessaires à leur bien-être (voir Trivers, 1972). Cette hypothèse trouve une validation dans le fait que les femmes, dans les relations à court terme (Buss & Schmitt, 1993 ; Gangestad & Simpson, 2000) et dans les relations sexuelles non conjugales (Scheib, 2001), accordent, dans ce type de relations non associées au soin des enfants, une très grande importance à l'apparence physique des hommes. De plus, les femmes ayant des attitudes sexuelles plus libérales (qui, par exemple, ne considèrent pas l'amour et l'engagement comme des conditions aux relations sexuelles) accordent plus d'attention aux beaux hommes que les femmes affichant des attitudes plus conservatrices (Maner *et al.*, 2003).

Il est intéressant de noter que les très belles femmes, comparativement aux femmes moyennement belles, captent plus l'attention et des hommes et... des femmes (Shepard & Ellis, 1973 ; Hassebrauck, 1998 ; Maner *et al.*, 2003). Quand une femme voit de très belles femmes (et on sait qu'on présente de très belles et de très jeunes femmes, dont les photos sont retouchées, dans les magazines et les publicités), elle a tendance à se percevoir comme étant moins attirante et moins désirable (Gutierres, Kenrick & Partch, 1999 ; Kenrick *et al.*, 1993 ; Thornton & Moore, 1993). Il a été suggéré que cette attention prêtée aux belles femmes par les autres femmes viendrait du fait que les belles femmes représentent des menaces potentielles dont il faut tenir compte si on veut maintenir des relations amoureuses existantes (Gutierres *et al.*, 1999 ; Buss & Shackelford, 1997). Les hommes prêteraient moins attention à la beauté physique des autres hommes parce qu'ils n'ont pas l'habitude d'être en compétition avec les hommes dans ce domaine (Tooke & Camire, 1991).

Mythe ou réalité ? L'importance accordée à la beauté physique fut, au départ, une surprise désagréable pour les chercheurs en psychologie sociale. Par la suite, plusieurs ont longtemps refusé de croire que l'apparence physique puisse avoir une telle influence. Ils ont donc proposé différentes explications aux résultats des études sur le sujet : l'apparence physique serait importante seulement dans les premières rencontres, et son effet s'estomperait par la suite ; ce serait vraiment la beauté intérieure qui est perçue à travers la beauté physique ; plusieurs études souffriraient de limites méthodologiques du fait qu'elles utilisent souvent des étudiants universitaires et comportent plusieurs expériences en laboratoire, et seraient donc ainsi loin de la vraie vie (voir Berscheid & Regan, 2005).

Dans une tentative de faire le point sur le sujet, un groupe de chercheurs a décidé d'analyser près de 2 000 études portant sur la beauté physique (Langlois *et al.*, 2000). Après avoir éliminé les études en laboratoire afin de s'assurer de la validité écologique des recherches sur lesquelles ils se pencheraient, ils soumirent les résultats des quelque 900 études qui restaient à des méta-analyses. Les conclusions de ces analyses sont surprenantes par leur importance, leur puissance et leur similitude par rapport à la diversité des populations étudiées. Quels que soient leur âge, leur sexe, leur classe socioéconomique et leurs différentes situations de vie, les milliers d'hommes et de femmes qui ont participé à ces études ont considéré que la beauté physique était importante (Langlois *et al.*, 2000). Plus spécifiquement, les méta-analyses révèlent différents points : par rapport aux enfants et aux adultes jugés comme moins beaux, les enfants et les adultes considérés comme beaux dans leur culture sont *perçus*, *évalués* et *traités* différemment. Nous associons donc des stéréotypes à ces gens, et avons des préjugés et des comportements plus favorables à leur égard ; la beauté physique est importante pour les garçons et les filles, pour les hommes et les femmes ; et les jugements relatifs à l'évaluation de la beauté des visages sont plus semblables que différents d'une population à l'autre, d'un groupe ethnique à l'autre, d'une culture à l'autre.

Les conséquences pour les relations interpersonnelles. Ces résultats sont lourds de conséquences négatives pour les gens moins beaux. Que dire et que faire devant une telle situation ? Tout d'abord, pour nous consoler, si jamais nous ne sommes pas membres du club select des *top models*, nous devons nous rappeler que leur nombre est justement limité. La plupart d'entre nous font partie de la moyenne, avec une apparence relativement agréable. Ce constat soulève un point important : les recherches ont, jusqu'à maintenant, fait état de résultats très significatifs en comparant les gens très beaux à des gens vraiment moins beaux (voir Langlois *et al.*, 2000 ; Berscheid & Regan, 2005). Or, qu'en est-il des gens qui sont dans la moyenne, c'est-à-dire de la majorité de la population ? Il faut d'autres études à ce sujet.

De plus, il est intéressant de constater qu'il n'y a qu'une très faible relation entre la beauté physique telle qu'elle est *évaluée par les autres* et le sentiment de bien-être et de bonheur (Diener, Wolsic & Fujita, 1995). Toutefois, les gens qui se perçoivent *eux-mêmes* comme étant physiquement attirants ont une meilleure estime de soi et sont aussi plus heureux (Diener *et al.*, 1995 ; Nell & Ashton, 1996 ; Thornton & Moore, 1993).

Finalement, il nous faut prendre conscience que nous avons affaire ici à des processus de catégorisation et de généralisation. Ces processus donnent naissance à des biais perceptuels (stéréotypes), émotionnels (préjugés) et comportementaux (discrimination). Comme nous le verrons dans le chapitre 13, qui traite des relations intergroupes, si la catégorisation est inévitable, une généralisation exagérée, erronée ou rigide ne nous est d'aucune utilité dans nos relations avec les autres. Nous devons nous efforcer de considérer l'ensemble des caractéristiques importantes des gens que nous rencontrons. Il nous faut découvrir et apprécier leurs différentes qualités.

Les relations intimes

En quoi les relations intimes sont-elles différentes des autres relations interpersonnelles ? Qu'est-ce que l'intimité ? Les mots « intime » et « intimité » font partie de notre langage quotidien. Nous les utilisons souvent. Que veulent-ils dire ? Le mot intimité vient du mot latin *intimus*, le superlatif de intérieur, qui signifie donc « le plus intérieur possible ». Dans plusieurs langues européennes, tout comme en français, la racine du mot utilisé pour désigner l'intimité réfère à la conscience de l'intérieur, à la connaissance de la réalité la plus secrète de l'autre. L'intimité réfère au processus qui fait que deux personnes essaient de se rapprocher l'une de l'autre et en viennent à se connaître l'une l'autre dans ce qu'elles sont au plus profond d'elles-mêmes.

Les caractéristiques des relations intimes. Les relations intimes sont le sujet d'étude de la plupart des recherches liées aux relations interpersonnelles en psychologie sociale (Reis *et al.*, 2000). Mais qu'est ce qu'une **relation intime** ? En intégrant des composantes proposées par différents auteurs (par exemple Andersen & Saribay, 2005 ; Aron & Aron, 1986, 1996 ; Aron, 2003 ; Berscheid & Regan, 2005 ; Berscheid & Reis, 1998 ; Berscheid, Snyder & Omoto, 2004 ; Hinde, 1997 ; Kelley *et al.*, 2002 ; Mashek & Aron, 2004 ; Reis *et al.*, 2000 ; Reis & Patrick, 1996 ; Sternberg, 1986), on peut définir la relation intime comme une relation où l'autre a une très grande importance émotionnelle et motivationnelle pour soi, et où les partenaires manifestent un fort degré d'interdépendance durant une longue période de temps. Il s'agit d'une relation caractérisée par la révélation de soi, la familiarité avec l'autre, l'inclusion de l'autre en soi et un niveau élevé d'engagement envers l'autre et envers la relation.

Un niveau élevé d'interdépendance est une caractéristique importante des relations intimes. L'interdépendance suppose que les deux partenaires s'influencent réciproquement et comptent fortement l'un sur l'autre pour satisfaire leurs besoins (voir la section « La perspective théorique »). Pour qu'une relation soit considérée comme une relation intime, il importe aussi que l'interdépendance existe depuis une période de temps relativement longue, ce qui exclut des relations intimes les aventures d'un soir (*one night stand*), les amours passagères et les coups de foudre.

L'inclusion de l'autre en soi est aussi une caractéristique importante des relations intimes selon les

Aron et leurs collègues (Aron, 2003 ; Aron & Aron, 1986 ; Aron, Aron & Norman, 2001 ; Aron, Mashek & Aron, 2004 ; Aron *et al.*, 2005). L'inclusion de l'autre en soi est l'inclusion de l'autre dans la représentation mentale qu'on se fait de soi, c'est le sentiment que l'autre fait partie de soi. Dans une relation intime, les partenaires agissent comme si certains ou tous les aspects de l'autre devenaient les leurs, l'inclusion étant plus ou moins complète. Il y a des avantages à inclure l'autre en nous parce que, ainsi, nous incorporons en nous les ressources de l'autre, c'est-à-dire que nous avons l'impression que ces ressources nous sont accessibles, que nous considérons ces ressources comme étant nôtres. Les ressources peuvent être matérielles (logement, compte de banque), informationnelles (ce que mon partenaire sait, je le sais aussi) ou sociales (statut social, avantages sociaux liés au travail ou à la profession). Incorporer en soi ce qui appartient à l'autre signifie aussi que l'on incorpore en soi la perte de ces ressources (si mon partenaire échoue à un examen ou perd son travail, c'est moi aussi qui vit ces expériences).

Selon les Aron et leurs collègues, l'inclusion de l'autre en nous influence aussi, consciemment ou inconsciemment, notre perception du monde et notre identité personnelle : plus nous devenons intime avec l'autre, plus nous voyons le monde comme l'autre le perçoit, et plus nous mélangeons nos traits et nos souvenirs personnels avec ceux de l'autre.

Le développement de l'intimité. Certains éléments sont considérés comme essentiels au développement et au maintien de l'intimité (Lippert & Prager, 2001 ; Prager, 1995, 2003 ; Reis & Shaver, 1988). L'intimité débute vraiment lorsqu'une personne révèle à une autre, par des comportements verbaux ou non verbaux, des informations, des pensées ou des émotions personnelles. La **révélation de soi**, c'est-à-dire la communication à l'autre d'informations importantes au sujet de soi-même (ses émotions, ses rêves, ses peurs, ses pensées les plus secrètes), est indispensable pour qu'il y ait intimité (voir le chapitre 3). La prochaine étape vers l'intimité dépendra de la réaction de l'autre personne. Une écoute attentive et la compréhension de ce qui est exprimé aideront à la naissance de l'intimité entre deux personnes. Une réponse inappropriée, froide, égocentrique, blasée ou accusatrice empêchera un développement possible.

Une réponse positive conduit au sentiment d'être compris et apprécié par l'autre. Cette perception d'être validé par l'autre fait naître le sentiment que l'autre se soucie de notre bien-être et se préoccupe de nous. Ces sentiments partagés par les deux partenaires donnent naissance à l'**intimité**, qui peut être définie comme le processus interactif par lequel une personne, compte tenu des comportements de son partenaire en réponse à ses propres comportements, en vient à se sentir comprise, acceptée et appréciée par ce partenaire, et à se percevoir comme une personne à laquelle ce partenaire tient, dont il prend soin et dont il a à cœur le bien-être (Reis & Shaver, 1988 ; Reis & Patrick, 1996). Cette intimité procure beaucoup de plaisir dans les interactions et incite à l'expression d'émotions positives, lesquelles conduisent à encore plus d'intimité.

On considère que le processus d'intimité est en constante évolution, les pensées, les émotions et les comportements des deux personnes étant sans cesse modifiés et révisés selon la nature des événements qui se produisent dans la relation. Il faut souligner le rôle essentiel joué par les deux entités, soi et l'autre. La bonne volonté des deux partenaires est absolument nécessaire au développement et au maintien d'une relation intime. Il faut prendre soin de (*minding*) la relation pour préserver l'intimité et le bien-être qu'elle procure (Harvey & Omarzu, 1997).

Les personnes marquantes dans notre vie. Ce sont les relations intimes qui font que certaines personnes sont marquantes et tiennent une grande place dans notre vie. Ces personnes importantes (*significant others*) sont celles qui ont, ou ont eu, une très grande influence sur nous, que nous connaissons très bien et à qui nous tenons énormément (Chen & Andersen, 1999). Ce sont celles qui nous permettent de nous connaître, de nous définir comme individu, celles qui influencent notre estime de soi (Baldwin, 1992 ; Felson, 1989 ; Kenny, 1994 ; Leary & Baumeister, 2000 ; Murray & Derrick, 2005 ; Murray, Holmes & Griffin, 2000). Ces personnes importantes inspirent les buts que nous nous fixons dans la vie, sont liées à nos besoins, à nos désirs et à nos motivations (Fitzsimons & Bargh, 2003 ; Fitzsimons *et al.*, 2005 ; Shah, 2003). Ce sont des personnes dont nous nous sentons proches, à qui nous accordons notre confiance. Ces personnes peuvent inclure (sans inclusion obligatoire) notre mère, notre père, nos grands-parents, nos frères et sœurs, d'autres membres de la famille, nos amis proches, la personne avec qui nous vivons une relation amoureuse, notre thérapeute, certains professeurs, certains entraîneurs, et certains patrons et mentors. Ces personnes déterminantes peuvent être des personnes avec qui nous avons une relation au moment présent ou qui font partie de nos expériences passées. Pour être considérées comme des personnes significatives, il importe toutefois qu'elles aient, ou aient eu, une influence déterminante sur nous (Andersen & Saribay, 2005).

Les schémas et les sois relationnels. L'idée que chacun transporte en soi l'image, la représentation mentale, le schéma des personnes marquantes dans sa vie est un postulat important pour plusieurs théoriciens en psychologie. Le concept de *transfert*, selon lequel le patient « transfère » sa relation avec ses parents sur son analyste (Freud, 1916-1917/1956) et, surtout, celui des *personnifications*, ces images de soi liées aux gens qui ont pris soin de nous durant l'enfance (Sullivan, 1953), ont été assimilés par plusieurs théoriciens en cognition sociale (par exemple Andersen & Chen, 2002 ; Baldwin, 1992 ; Baldwin & Dandeneau, 2005 ; Safran, 1998).

Pour rendre compte de l'image en soi des personnes significatives, Baldwin (1992) propose le concept du **schéma relationnel**, qui comprend trois composantes : un schéma de *soi*, qui représente la façon dont le soi se perçoit en relation avec une autre personne, un schéma du *partenaire*, qui représente

les attributs du partenaire, et un *script* ou un scénario *interpersonnel*, qui représente les attentes généralisées sur la base des interactions passées (Si je fais trop confiance à mon partenaire, il va sûrement me tromper.).

Andersen et ses collègues (Andersen & Chen, 2002 ; Andersen & Saribay, 2005) proposent un concept similaire, le **soi relationnel**, qui est la représentation de soi en relation avec une personne importante dans notre vie. Selon ces auteurs, nous avons, ou avons eu, une façon particulière d'être et de nous comporter avec chacune des personnes marquantes de notre vie. L'image de cette expérience relationnelle se grave dans notre mémoire : c'est le soi relationnel. Comme il est possible que nous ayons vécu des relations avec plus d'une personne déterminante pour nous, nous pouvons avoir plusieurs sois relationnels. Toutes nos expériences avec une personne marquante forment, dans notre mémoire, un répertoire de nos sois relationnels, chacun rattaché à une personne significative particulière.

Empiriquement, et de façon répétée, Andersen et ses collègues (voir, par exemple, Andersen & Coles, 1990 ; Andersen *et al.*, 1995) ont réussi à démontrer que, lorsque nous rencontrons une nouvelle personne qui ressemble plus ou moins à une des personnes marquantes de notre vie, c'est-à-dire lorsqu'un des sois relationnels est activé, nous réagissons à l'égard de cette nouvelle personne comme si elle était cette personne significative. Cette réaction est très semblable au concept clinique de **transfert** (Andersen & Baum, 1994). D'après Andersen et ses collègues, c'est par les sois relationnels conservés en mémoire que l'influence d'une personne dans une relation passée réapparaît au présent pour nous faire devenir, avec cette nouvelle personne, la personne que nous étions avec la personne significative (Andersen & Saribay, 2005). Comme l'ont démontré plusieurs recherches en laboratoire, ces réactions relatives à de nouvelles personnes se produisent de façon automatique, sans effort ni contrôle, souvent même inconsciemment (Andersen, Reznik & Glassman, 2004 ; Bargh & Chartrand, 1999).

Quoique la théorie du soi relationnel prenne sa source dans des écrits cliniques, le mécanisme du transfert étudié par Andersen et ses collègues ne se limite pas aux contextes thérapeutiques, même s'il a des implications pour ceux-ci. Andersen estime en effet que le transfert n'est pas un phénomène pathologique, mais plutôt un processus normal, agissant chez des gens « normaux », dans la vie de tous les jours (Andersen & Saribay, 2005).

L'AMOUR

All you need is love. (The Beatles.)

Parmi les personnes significatives au moment présent, il y en a souvent une qui importe encore plus que les autres, sur laquelle on peut toujours compter. Cette personne, plus déterminante que toutes les autres à une période donnée, peut changer avec le temps. Quand nous sommes enfant, ce peut être notre mère ou notre père, à l'adolescence, notre meilleur ami et, à l'âge adulte, notre partenaire amoureux. Quoique toutes ces relations soient des relations intimes importantes, les psychologues sociaux ont prêté une attention particulière aux relations d'amour entre deux adultes, lesquelles aboutissent souvent au mariage ou à la cohabitation.

L'amour est une des émotions les plus intenses, une des expériences les plus recherchées. Par amour, plusieurs personnes ont accompli de grandes choses. D'autres ont menti, trahi, triché, volé, tué. Pour vous, qu'est-ce que l'amour ? Quelle est votre façon d'aimer ? Connaissez-vous les coups de foudre ou tombez-vous amoureux graduellement, au fur et à mesure que vous connaissez mieux la personne ? L'attirance sexuelle joue-t-elle une grande place dans vos relations amoureuses ? Et que veut dire le verbe « aimer » ? Peut-on expliquer l'amour ? Dans les pages qui vont suivre, nous verrons certaines des réponses proposées par la psychologie.

Les théories cliniques de l'amour vrai

Sans amour, l'humanité ne pourrait survivre plus d'une journée. (Fromm, 1956.)

Les premières théories relatives à l'amour en psychologie ont été élaborées par des psychologues cliniciens. Selon les observations personnelles de plusieurs d'entre eux, il existe une relation importante entre le sentiment de dépendance que l'on ressent envers une personne et le sentiment d'amour que l'on éprouve pour cette même personne. La dépendance psychologique, qui est considérée comme étant plutôt malsaine, est ici définie comme le besoin égoïste de l'autre afin de satisfaire d'abord ses propres besoins. Selon ces théoriciens, il existe plus d'une forme d'amour, certaines considérées comme plus vraies, authentiques ou matures que d'autres.

Maslow (1954, 1968), un des théoriciens soutenant le principe de dépendance, propose deux types d'amour : l'amour D, ou l'amour déficient (*D-love*, D= *deficiency*), basé sur nos insécurités, et l'amour B, ou le bon amour (*B-love*, B= *the other being*), l'amour de l'autre pour l'autre. Maslow considère cependant que ce type d'amour est plutôt rare, vécu seulement par les personnes « actualisées » qui seraient les seules capables d'aimer l'autre pour l'autre, pour l'actualisation et le développement personnel de l'autre.

Fromm, un autre théoricien clinique de cette époque, propose une approche semblable dans son *Art d'aimer* (1967). Selon lui, l'amour vrai, l'amour de l'autre pour l'autre, est composé de quatre éléments : la connaissance de l'autre, le souci de l'autre, la responsabilité envers l'autre et le respect de l'autre. Ces éléments seraient à la base de l'amour vrai ou mature (*real love*), tandis que l'amour illusoire (*pseudo-love*), beaucoup plus fragile, serait fondé sur une adoration et une idéalisation exagérée de l'autre. L'amour illusoire serait vécu par des personnes ayant une faible identité personnelle, incapables de s'engager dans un amour où les deux partenaires sont égaux.

Les psychologues théoriciens de l'approche clinique ont été longtemps les seuls psychologues à parler d'amour. Avant les années 1970, plusieurs chercheurs en psychologie considéraient l'amour comme un sujet non scientifique, ne se prêtant pas aux exigences empiriques. Plusieurs étaient sceptiques quant à son existence même (voir Berscheid & Walster, 1978).

L'amour comparé à l'amitié

Une des premières façons d'étudier l'amour, en psychologie sociale, fut de le comparer à l'amitié. Rubin (1970, 1973), un pionnier dans l'étude empirique des relations amoureuses, fut l'un des premiers à suggérer que, même s'il existe des points communs entre l'amour et l'amitié, aimer un ami n'est pas la même chose qu'aimer un amoureux. Dans son livre *Liking and loving* (deux verbes en anglais, un seul en français), il décrit les composantes distinctes de chacun des deux sentiments.

Selon Rubin, les trois composantes de l'**amour** sont : 1) l'attachement à une autre personne, la dépendance envers cette personne, qui s'exprime par le besoin de l'autre (une expression qui caractérise bien cette composante est « prendre chez l'autre ») ; 2) le souci de l'autre, la préoccupation pour l'autre personne. Le mot anglais qui exprime très bien ce concept, le verbe *to care*, est impossible à traduire avec justesse en français. On parle ici de don de soi, de préoccupation pour l'autre, de prédisposition à aider et à prendre soin de l'autre (l'expression qui caractérise cette composante est « donner à l'autre ») ; et 3) un sentiment d'exclusivité associé à l'autre, un sentiment de fusion avec l'autre. On réfère ici à l'intimité, à la communication d'information sur le moi le plus intime (l'expression pour caractériser cette composante est « se fondre dans l'autre »).

Toujours selon Rubin, les composantes de l'**amitié** sont, principalement, 1) l'évaluation positive d'une autre personne en fonction de plusieurs de ses dimensions, comme la compétence, l'intelligence, le jugement ou la maturité. Cette composante correspondrait de près à ce que l'on appelle le respect et l'admiration pour une autre personne ; et 2) la tendance à percevoir l'autre personne comme étant semblable à soi. Si certaines recherches empiriques n'ont pas permis de déceler des différences aussi claires entre l'amour et l'amitié (par exemple Dion & Dion, 1976 ; Steck *et al.*, 1982), les travaux de Rubin, toutefois, ont forcé plusieurs auteurs à distinguer différents concepts associés aux relations intimes.

L'amour, plus particulièrement, tel qu'il est vécu dans la vie de tous les jours, prend différents aspects. Nous connaissons tous, par exemple, le « grand amour », pour l'avoir vécu ou, du moins, en avoir entendu parler. C'est l'amour qui nourrit les poètes et les romanciers, celui qui nous permet d'assister aux plus grands drames au théâtre et au cinéma, mais aussi dans la vie quotidienne. C'est celui qui cause les plus grands bonheurs et les plus grandes douleurs. Nous savons aussi qu'il existe d'autres formes d'amour, plus calmes, plus reposantes, plus sereines, plus confiantes, qui procurent un grand bien-être aux personnes qui les vivent. Afin de tenir compte de ces deux réalités, plusieurs auteurs considèrent qu'il existe au moins deux types d'amour : l'amour-tendresse et l'amour-passion (par exemple Hatfield, 1988 ; Peele, 1988 ; Sprecher & Regan, 1998).

L'amour-tendresse

> L'amour, c'est être là. Toujours là. Pour quelqu'un.
> (Stéphane Laporte, 2003.)

L'**amour-tendresse** (*companionate-love*) est fréquemment assimilé à l'amitié amoureuse, à l'amour qui dure. L'amour-tendresse est caractérisé par l'affection profonde et la tendresse éprouvées pour l'autre, la complicité, l'interdépendance, le souci du bien-être de l'autre et l'engagement envers l'autre ; c'est un amour rempli de confiance, qui se développe lentement et dure longtemps (Berscheid & Regan, 2005 ; Berscheid & Walster, 1978 ; Brehm, 1985 ; Fehr, 1988, 1994 ; Hatfield & Rapson, 1993 ; Sternberg, 1986, 1988). Cet amour s'appuie sur le respect et l'estime de l'autre, ainsi que, facteur très important, sur la confiance en l'autre.

La **confiance** est l'une des caractéristiques les plus importantes de l'amour-tendresse (Holmes & Rempel, 1989). Le développement d'une profonde intimité entre deux personnes augmente, en effet, la possibilité de donner et de recevoir beaucoup dans la relation et, ainsi, de devenir dépendant du partenaire. Cette dépendance place les partenaires dans une position de risque et de vulnérabilité : un des deux partenaires pourrait contribuer plus ou moins que l'autre à la relation, et rendre celle-ci inéquitable et insatisfaisante (Holmes & Rempel, 1989). La confiance est composée de trois éléments qui se développent au fur et à mesure que progresse la relation : la prévisibilité des comportements du partenaire ; la perception de la fiabilité et de l'honnêteté du partenaire ; et la sécurité émotionnelle, c'est-à-dire la conviction profonde que l'autre agira toujours dans le but de protéger notre bien-être et que, en dépit des problèmes vécus ou d'un futur incertain, il sera toujours là pour prendre soin de nous (Johnson-George & Swap, 1982 ; Rempel, Holmes & Zanna, 1985).

Plusieurs recherches empiriques montrent que l'amour-tendresse est associé, d'une part, à la confiance mutuelle, et aussi à d'autres expériences et sentiments positifs tels que la chaleur, le respect, la tolérance, l'amitié, la bonne humeur, le contentement, la satisfaction, l'intimité sexuelle (la capacité de parler ouvertement de sexualité avec le partenaire) et, d'autre part, à moins d'expériences et de sentiments négatifs comme la colère, l'anxiété, la dépression et la solitude (voir, par exemple, Fehr, 1988, 1994 ; Lamm & Wiesmann, 1997 ; Sprecher & Regan, 1998).

L'amour-passion

There is no cure for love. (Leonard Cohen.)
L'amour-passion est très différent de l'amour-tendresse. On peut le décrire comme un état émotionnel très intense où l'on est complètement absorbé par l'autre et où l'on connaît une confusion de sentiments allant de l'extase d'être aimé par l'autre à l'angoisse d'en être rejeté ou abandonné (Berscheid & Walster, 1978). Selon ces auteurs, l'amour-passion, cette « fleur rare et exotique », est toujours accompagné de sentiments conflictuels tels que « l'extase et la douleur, l'altruisme et la jalousie, l'anxiété et le réconfort » (p. 176-177). Il ne faut pas oublier que

le mot passion tire son origine du mot latin *passio*, qui signifie souffrance, agonie, comme dans « la passion du Christ ». Plusieurs philosophes, poètes et romanciers ont maintes fois exprimé, avec un brin d'humour, l'aspect conflictuel associé à l'amour (voir, dans le tableau 8.2, quelques citations qui illustrent ce propos).

L'amour-passion commence toujours par une forte attirance sexuelle et s'accompagne d'une obsession cognitive pour l'autre : « l'amoureux passionné est impatient de tout connaître de l'autre — et désire ardemment le déshabiller le plus rapidement possible » (Lee, 1988, p. 50, traduction libre). Dans l'amour-passion, l'être aimé est perçu comme l'unique personne qui puisse, maintenant et à jamais, satisfaire tous nos besoins de bien-être et de bonheur, d'où la dépendance extrême envers cette personne, le besoin d'exclusivité et la peur morbide de la perdre (Berscheid & Fei, 1977 ; Peele, 1988 ; Tennov, 1979, 1998).

L'amour-passion est volatil, fragile, transitoire. Il augmente rarement avec le temps : « Une histoire d'amour, c'est le drame de la bataille contre le temps. » Le *désir* sexuel (en opposition avec d'autres phénomènes sexuels) semble être sa marque de commerce (Berscheid, 1988 ; Hatfield, 1988 ; Hatfield & Rapson, 1993 ; Regan & Berscheid, 1999). En effet, le défi que représente la conquête de l'autre, une personne difficile à convaincre (*hard to get*), augmente souvent le sentiment de passion. L'amour-passion est fréquemment synonyme « de *tomber* amoureux », cet état d'intense désir sexuel, d'exclusivité, de pensées obsessives pour l'autre, d'impatience quant à la réciprocité, d'idéalisation de l'autre, de timidité excessive, de peur du rejet, de fluctuations rapides de l'humeur et de réactions physiques comme le manque d'appétit ou le mal de cœur (Tennov, 1979, 1998).

L'amour-passion fait une très grande place à l'imagination. Les amoureux pensent et rêvent aux choses que l'autre personne pourrait leur donner, ou leur donnera éventuellement. Souvent, ce qu'ils reçoivent de l'autre n'est pas en corrélation avec l'intensité de leur sentiment. Person (1988) parle de l'amour comme d'un acte de notre imagination, et Brehm a cette phrase éloquente : « [A]u cœur de l'amour-passion on retrouve cette capacité de construire dans notre imagination une vision élaborée d'un état futur de bonheur parfait » (1988, p. 253). Qui d'entre nous n'est pas capable et coupable de semblable élaboration ?

L'amour-passion n'est pas un état agréable à vivre. Il est souvent synonyme d'anxiété, d'instabilité et d'obsession (Hindy, Schwarz & Brodsky, 1989 ; Tennov, 1979, 1998). L'amoureux passe de l'euphorie à la dépression, ne tient pas en place, éprouve des difficultés à se concentrer et souffre d'insomnie. C'est à se demander si nous ne devrions pas considérer l'amour-passion comme un aspect très bizarre du comportement humain. En effet, comment expliquer que l'être humain accepte si facilement et,

souvent même, recherche activement une condition où l'agonie accompagne obligatoirement l'extase ? La réponse pourrait être de nature sociobiologique.

Plusieurs auteurs soulignent le caractère sociobiologique de l'amour-passion (par exemple Buss, 1988 ; Buss & Kenrick, 1998 ; Kenrick, 1989 ; Hazan & Shaver, 1987 ; Kenrik & Trost, 2000 ; Mellen, 1981 ; Tennov, 1998). Selon les théoriciens de cette approche, l'amour-passion est un processus biologique dont la fonction principale est la reproduction et la survie de l'espèce. L'attirance sexuelle et l'intimité qui en résulte assurent la reproduction. Le lien d'attachement qui se développe entre les deux partenaires — perçu comme étant de l'amour —, ainsi que l'exclusivité sexuelle, le partage des ressources,

TABLEAU 8.2 **L'amour et ses sentiments conflictuels**

Quelqu'un a déjà dit que peu importe la définition qu'on donne à l'amour, il y a de grandes chances qu'elle soit bonne. Peut-être à cause de la confusion qu'il provoque...

L'amour est une maladie.   Burton (1651)
L'amour est comme la rougeole, plus on l'attrape tard, plus le mal est sérieux.   Jerrold (1858)
L'amour est un cancer d'origine inconnue qui se développe souvent sans que le sujet le sache ou le souhaite.   Durrell (1961)
L'amour rend aveugle, mais le mariage rend la vue.   Stéphane Laporte (2003)
L'amour, c'est une névrose institutionnalisée.   Askew (1965)
Pour un plaisir, mille douleurs.   Villon (1463)
L'amour est un tyran qui n'épargne personne.   Corneille (1636)
On ne saurait être sage quand on aime, ni aimer quand on est sage.   Publilius Syrus (1er siècle av. J.-C.)
Les grandes amours aussi doivent être endurées.   Coco Chanel (1883-1971)
L'amour fait passer le temps, et le temps fait passer l'amour.   La Mésangère (1821)
On ne tombe pas en amour par inclination, mais par trébuchement.   Albert Brie (1992)
Si l'amour est la réponse, pouvez-vous me répéter encore une fois la question ?   Lily Tomlin
Donnez-moi une douzaine de peines d'amour, si ça peut m'aider à perdre du poids.   Colette (1873-1954)

la création d'une cellule familiale, sont tous des facteurs qui facilitent l'investissement parental, lequel a pour fonction de protéger et d'éduquer les enfants et, ainsi, d'assurer la pérennité de l'espèce humaine. Cette façon de traiter de l'amour-passion n'est pas sans soulever beaucoup de scepticisme et un fort déni chez les amoureux, qui s'imaginent vivre un amour unique et éternel. L'interprétation sociobiologique retire en effet de l'amour-passion ses éléments de rêve, de mystère et de fascination auxquels nous ont habitués les interprétations romantiques.

Les conceptualisations de l'amour-passion et de l'amour-tendresse ont été incorporées par d'autres théoriciens dans les métaphores des différentes couleurs de l'amour (Lee, 1973, 1977, 1988) et du triangle de ses trois composantes (Sternberg, 1986, 1998), qui sont présentées dans la prochaine section.

Les couleurs de l'amour ou les différentes façons d'aimer

> J'aimerais te dire ô combien je t'aime, mais les mots me manquent. (Paul Kunigis.)

Dans sa typologie de l'amour, le sociologue John Lee (1973, 1977, 1988) utilise la métaphore des couleurs pour décrire les différentes façons d'aimer. Il y aurait autant de types d'amour qu'il y aurait de couleurs. À la base, toutefois, il y aurait trois couleurs primaires (*eros*, *ludus*, *storge*) et trois couleurs secondaires (*mania*, *agape*, *pragma*). Inspiré par la littérature et l'histoire, et se fondant sur des données recueillies dans plusieurs entrevues et soumises à des techniques complexes d'analyse statistique, Lee propose les « couleurs » suivantes pour représenter les différentes façons d'aimer.

Eros, ou l'*amour-passion*, est un amour où l'apparence physique joue un rôle essentiel : la personne tombe amoureuse instantanément et complètement avec une image physique attirante. Dans ce type d'amour, la composante sexuelle est très importante, et les amoureux désirent une relation intense et ont besoin de contacts quotidiens. L'amour romantique s'accompagne de plusieurs inquiétudes quant à la relation, particulièrement quant à son exclusivité.

Ludus, ou l'*amour ludique*, est l'amour perçu comme un jeu, un jeu qui demande beaucoup d'habiletés et de contrôle émotionnel puisqu'il est joué avec plusieurs partenaires à la fois. Il n'y a pas d'implication émotionnelle dans ce type d'amour, pas de révélation de soi, pas de jalousie, pas de sentiment de possession et pas d'engagement envers l'autre ou envers la relation. L'amoureux ludique ne recherche pas les contacts trop fréquents avec l'autre, et considère que les mensonges sont justifiés par les « règles du jeu ». Cette façon d'aimer ne s'accompagne pas d'une préférence pour un type physique : l'amour et le sexe sont une partie de plaisir qui peut être jouée avec plusieurs, sans qu'intervienne un type physique prédéterminé.

Storge (mot grec référant à l'amour parental), ou l'*amour-tendresse*, est un amour exclusif, durable, qui se développe lentement, prudemment. Il est fondé sur une solide base d'affection, de respect, de confiance et d'amitié. C'est un type d'amour où les amoureux préfèrent partager des intérêts et des activités communes plutôt que d'exprimer directement leurs sentiments d'amour. Cet amour mène souvent à un engagement durable.

Selon Lee, les styles d'amour primaires, à l'instar des couleurs primaires, peuvent se combiner pour former des couleurs secondaires ou des façons d'aimer qui possèdent leurs propres caractéristiques. Plusieurs combinaisons sont possibles en plus des trois principales qui sont présentées ci-dessous.

Mania, ou l'amour *possessif*, est une combinaison de l'amour-passion (*eros*) et de l'amour ludique (*ludus*), mais il n'est pas marqué par la confiance en soi de l'amour-passion et le contrôle émotionnel de l'amour ludique. C'est un amour caractérisé par l'obsession, la jalousie, des états émotionnels très intenses et des sentiments de perte de contrôle. La personne amoureuse imagine très rapidement un futur avec la personne nouvellement rencontrée. Elle est exigeante envers le partenaire et manifeste de la possessivité à son endroit ; elle essaie désespérément de forcer le sentiment amoureux chez l'autre et demande constamment la confirmation de l'amour de l'autre. Cette façon d'aimer ne permet pas de faire confiance à l'autre et de jouir de l'amour exprimé par le partenaire.

Agape (mot latin désignant une fête où l'on donnait aux pauvres), ou l'amour *altruiste*, est une combinaison de l'amour-passion (*eros*) et de l'amour-tendresse (*storge*). L'amour altruiste est un amour généreux, centré sur l'autre, qui n'exige rien en retour. La personne amoureuse se dévoue pour l'autre sans égoïsme aucun. Elle considère que toute personne, quelle qu'elle soit, est digne d'amour, et que c'est le devoir d'une personne mature d'aimer sans attente de réciprocité. Ce type d'amour est un idéal partagé par plusieurs amoureux dans le monde. Toutefois, Lee ne croit pas à ce type d'amour. Selon lui, l'amour purement altruiste n'existe pas dans la réalité : la plupart des amours entre deux adultes exigent que l'on donne à l'autre, mais aussi que l'on reçoive de l'autre.

Pragma, ou l'amour *pratique*, est une combinaison de l'amour-tendresse (*storge*) et de l'amour ludique (*ludus*). Bien qu'il comprenne une recherche du plaisir, ce type d'amour est basé sur des considérations pratiques conscientes : on tombe amoureux avec la « bonne personne » en fonction de critères comme l'âge, la santé, le niveau d'instruction, la classe sociale, le type de travail, le salaire, la religion, la distance géographique et les aptitudes à bien prendre soin des enfants. C'est la recherche de l'amour avec, en main, une liste d'épicerie qui permettra de trouver le conjoint idéal, celui qui nous procurera le plus de plaisir, celui qui sera le plus compatible avec nous.

Fondée sur des données empiriques, la typologie de Lee intègre plusieurs des dimensions considérées comme importantes par d'autres théoriciens, comme l'intensité de l'expérience amoureuse, l'engagement, les caractéristiques recherchées chez la personne aimée et les attentes quant au fait d'être aimé en retour. C'est probablement pour ces raisons que certains chercheurs ont voulu quantifier et mesurer ces différentes façons d'aimer (par exemple Lasswell & Lobsenz, 1980). Ce sont toutefois Clyde et Susan Hendrick et leurs collègues (Hendrick & Hendrick,

1986, 1988, 1989, 1991, 1992, 1993 ; Hendrick, S.S. & Hendrick, 2000 ; Hendrick, Hendrick & Dicke, 1998) qui ont effectué les recherches les plus poussées sur la base de cette typologie.

En plus d'offrir des mesures empiriques des différentes façons d'aimer, le couple Hendrick a étudié, notamment, les différences potentielles entre les femmes et les hommes. Selon plusieurs études, si les hommes et les femmes privilégient également l'amour-passion (*eros*) et l'amour altruiste (*agape*), il existe des différences significatives entre les genres quant aux autres façons d'aimer (voir Hendrick, S.S. & Hendrick, 1992, 2000, pour une revue de la documentation sur le sujet). Les hommes, beaucoup plus que les femmes, ont tendance à voir l'amour comme un jeu (*ludus*), tandis que les femmes, beaucoup plus que les hommes, vivent l'amour-tendresse (*storge*), l'amour pragmatique (*pragma*) et l'amour possessif (*mania*). Ces différences entre les hommes et les femmes ont amené Hendrick et Hendrick (1991, 1992 ; Hendrick, S.S. & Hendrick, 2000) à suggérer une réalité sociobiologique dans l'amour, comme nous le mentionnions dans une section précédente : l'amour plus ludique de l'homme et l'amour plus pragmatique, durable et possessif de la femme favoriseraient conjointement le succès de la reproduction et la protection de l'espèce.

La théorie triangulaire de l'amour : intimité, passion et engagement

S'appuyant sur les théories déjà existantes en psychologie sociale et se fondant sur une compilation d'expériences amoureuses rapportées par des hommes et des femmes, le psychologue Robert Sternberg soutient que l'amour peut être conceptualisé à l'aide d'un triangle constitué de trois composantes : l'intimité, la passion et l'engagement (Sternberg, 1986, 1998 ; Sternberg & Barnes, 1988 ; Sternberg & Beall, 1991 ; Sternberg & Grajek, 1984). C'est ce qu'on nomme la **théorie triangulaire de l'amour**.

L'intimité, composante surtout émotionnelle ou affective, réfère aux sentiments qui font qu'on se sent très près de quelqu'un, qu'on se sent lié, connecté,

TABLEAU 8.3 **Niveau d'intimité, de passion et d'engagement dans les différents types d'amour**

	Intimité	Passion	Engagement
Absence d'amour	bas	bas	bas
Amitié	élevé	bas	bas
Coup de foudre	bas	élevé	bas
Amour-passion	élevé	élevé	bas
Amour responsable	bas	bas	élevé
Amour-tendresse	élevé	bas	élevé
Amour hollywoodien	bas	élevé	élevé
Amour idéal	élevé	élevé	élevé

Source : Adapté de Sternberg (1986) et de Brehm *et al.* (2002) ; traduction libre.

attaché à cette personne. Ces sentiments se traduisent par une expérience de bien-être, d'harmonie et de chaleur à l'intérieur de la relation. Les indicateurs de l'intimité sont le désir du bien-être de l'autre, le bonheur que l'on éprouve en sa présence, la compréhension et le respect qu'on manifeste à cette personne, la capacité de fournir du soutien à cette personne et d'en recevoir, le fait que l'on peut compter sur elle dans les moments difficiles, le partage avec elle de son temps et de ses possessions matérielles, et le fait que l'on est heureux de la présence de cette personne dans sa vie. La composante d'intimité, une fois établie, est relativement stable dans une relation. Elle est considérée comme très semblable d'une relation « aimante » à une autre : relations familiales (père, mère, frère, sœur), relations d'amitié avec des personnes de même sexe ou de sexe opposé, et relations amoureuses.

La *passion*, composante motivationnelle, renvoie à l'énergie, aux forces qui provoquent, entre autres, le désir de romance, l'attirance physique et l'acte sexuel. La passion est ressentie comme un état émotionnel intense où l'on désire ardemment être avec l'autre, uni le plus intimement possible à lui. La passion s'exprime souvent à travers la sexualité, mais, selon Sternberg et Grajek (1984), d'autres besoins, apparemment très différents les uns des autres (par exemple les besoins d'affiliation, de pouvoir, de soumission, d'actualisation et d'estime de soi), peuvent aussi contribuer à l'expérience de la passion. La composante passionnelle est beaucoup moins stable et prévisible que les deux autres.

La troisième composante, principalement cognitive et comportementale, a deux aspects : le premier s'inscrit dans une perspective à court terme et concerne la *décision* d'être amoureux d'une autre personne, la prise de conscience de l'existence de cet amour, tandis que le deuxième s'inscrit dans une perspective à long terme et réfère à l'*engagement* de maintenir la relation même dans les moments difficiles. Ces deux aspects, décision et engagement, ne vont pas toujours ensemble. Il est possible qu'une personne se rende compte qu'elle est amoureuse, et qu'elle ne veuille pas ou ne puisse pas s'engager envers l'être aimé (par exemple la personne aimée est déjà mariée et ne veut pas divorcer), tout comme il est possible de s'engager dans une relation à long terme avec une personne sans être amoureux d'elle (deux personnes qui élèvent des enfants ensemble, sans être amoureuses). Habituellement, toutefois, la décision précède l'engagement. Cette dernière composante n'a pas le feu, la force, la charge émotionnelle de l'intimité ou de la passion. C'est toutefois une composante importante, stable, essentielle au maintien de la relation. C'est souvent la seule composante qui reste dans les temps difficiles. C'est elle qui permet de « passer à travers » en attendant que reviennent, éventuellement, la passion ou l'intimité.

Comme on peut le voir dans le tableau 8.3, ces trois composantes, selon leur intensité dans leurs différentes combinaisons, génèrent huit différents types d'amour, qui vont de l'absence d'amour à l'amour idéal, en passant par l'amitié, le coup de foudre, l'amour-passion, l'amour-tendresse, l'amour responsable et l'amour hollywoodien, car beaucoup de stars du cinéma tombent amoureuses (composante passion) et se marient rapidement (composante engagement) sans vraiment connaître l'autre (composante intimité).

L'ATTACHEMENT

[...] l'attachement, ce fabuleux mystère qui conditionne la manière dont l'enfant perçoit le monde. L'attachement, c'est confortable pour l'enfant. C'est une représentation préalable du monde à venir. (Gloria Jeliu, pédiatre, hôpital Sainte-Justine, et professeure, Université de Montréal, *La Presse*, 4 janvier 2004.)

Avez-vous confiance en vous ? En général, faites-vous confiance aux gens ? Quels sont vos sentiments à l'égard de la plupart des gens que vous rencontrez ? Avez-vous peur d'avoir à compter sur les autres ? Vous faites-vous facilement des amis ? Êtes-vous habituellement heureux en amour ? Lorsque vous étiez enfant, pouviez-vous vous fier aux adultes qui

---

ENCADRÉ 8.1   Le choix d'un partenaire amoureux : caractéristiques jugées désirables et indésirables

Les hommes et les femmes s'entendent sur presque tous les attributs qu'ils disent rechercher chez un partenaire amoureux avec qui ils envisagent se marier (Regan & Berscheid, 1997 ; Regan *et al.*, 2000). Voici les caractéristiques désirables qui reviennent le plus souvent :

- L'intelligence ;
- L'honnêteté ;
- La stabilité émotionnelle ;
- Un caractère agréable ;
- Le sens de l'humour ;
- Une personnalité dynamique ;
- Une belle apparence physique* ;
- Un même statut social*.

* Les hommes comme les femmes accordent une grande importance à la beauté physique et au statut social du partenaire (Regan, 1998 ; Kenrick *et al.*, 1993). C'est quand on leur demande avec qui ils *ne* veulent *pas* se *marier* que les hommes mentionnent plus souvent le manque d'attraits physiques et que les femmes mentionnent l'incompatibilité par rapport au statut social (voir Feingold, 1992a ; Sprecher, Sullivan & Hatfield, 1994).

Les femmes et les hommes s'entendent aussi sur les caractéristiques et les comportements qu'ils ne veulent pas retrouver chez un partenaire amoureux. En général, ils essaient d'éviter les gens qui sont insensibles aux besoins des autres, qui s'imposent, qui ne respectent pas les normes sociales de leur groupe et qui ont de mauvaises manières en présence des autres (Kowalski, 2001 ; Miller, 2001). Plusieurs comportements ont été qualifiés de non désirables chez un partenaire amoureux avec qui on envisage une relation à long terme (Cunningham, Barbee & Druen, 1997 ; Berscheid & Regan, 2005). Est considérée comme indésirable comme partenaire amoureux une personne qui :

- se plaint constamment de ses problèmes personnels ;
- s'énerve pour des détails ;
- fait des commentaires sur votre façon de conduire ;
- sait tout, a tout vu, est un « p'tit Joe Connaissant » ;
- insiste pour vous aider quand vous n'avez même pas demandé de l'aide ;
- essaie de contrôler vos agissements en public ;
- laisse traîner ses choses partout ;
- met ses pieds sur les meubles ;
- n'aide pas dans les tâches domestiques ;
- a de mauvaises manières à table ;
- a mauvaise haleine ;
- se tient trop près de son interlocuteur ou le dévisage ;
- poursuit ses activités à l'ordinateur en même temps qu'elle vous parle ;
- boit trop d'alcool ;
- ne conduit pas prudemment ;
- triche en jouant ;
- est toujours en retard ;
- est souvent en colère ;
- fume ;
- utilise un parfum trop odorant ;
- prend trop de temps à se préparer avant de sortir ;
- se préoccupe trop de son apparence ;
- pose des questions personnelles embarrassantes ;
- demande votre avis, mais ne le suit jamais ;
- regarde constamment les personnes du sexe opposé en votre présence ;
- se vante de ses conquêtes sexuelles passées ;
- parle sans cesse de ses partenaires antérieurs.

vous entouraient ? Respectaient-ils leurs promesses ? Pensiez-vous à eux comme à des gens gentils, affectueux, chaleureux ? Vos parents vous faisaient-ils sentir qu'ils aimaient l'enfant que vous étiez ?

Selon les théoriciens de l'attachement, le type de relations que vous avez eu avec vos parents influence les relations que vous avez aujourd'hui avec les autres. Pourquoi ne pas faire l'activité présentée dans le tableau 8.4 afin de vous situer quant à la façon dont vous percevez les relations interpersonnelles ?

L'attachement dans l'enfance

L'attachement réfère au lien affectif qui s'exprime par un désir de contact et de proximité avec l'autre, ainsi que par la tendance à rechercher chez l'autre attention et réconfort. Selon Bowlby (1982, 1973, 1980, 1988), le contact étroit entre la mère et l'enfant sert une importante fonction de survie. La présence sécurisante de la mère permet graduellement à l'enfant d'explorer son environnement et d'établir des contacts affiliatifs avec les autres membres de la famille et de la communauté.

La plupart des enfants établissent leur premier lien humain avec la mère, puisque ce sont habituellement les femmes qui prennent soin des jeunes enfants. Toutefois, des liens d'attachement peuvent être tissés avec d'autres figures stables de l'environnement de l'enfant : son père, ses frères et sœurs ou toute autre personne réconfortante qui prend soin de lui, de façon constante, durant son enfance. Cette première relation de l'enfant avec la figure d'attachement est très importante, puisque cette personne communique à l'enfant qui il est, la façon dont il est reçu et qui est cette personne qui s'occupe de lui. Ce premier lien révèle à l'enfant ce que sont les relations avec les autres, la façon de les approcher et à quoi il doit s'attendre dans ses interactions futures (Ainsworth *et al.*, 1978 ; Bartholomew & Horowitz, 1991 ; Miller, 1993).

Bowlby (1973) décrit des différences individuelles importantes dans ces premiers liens qui se créent entre l'enfant et ses parents. Selon que ceux-ci offrent une base de sécurité plus ou moins efficace, l'enfant développe un **style d'attachement** particulier, c'est-à-dire une façon confiante (*secure*) ou anxieuse (*insecure*) d'aborder les relations avec les autres. Les styles d'attachement sont des représentations mentales de soi, de la figure d'attachement, et de la relation entre soi et cette figure (Lévesque, Larose & Bernier, 2002). Trois styles d'attachement ont été proposés : l'attachement *confiant*, l'attachement *anxieux évitant* et l'attachement *anxieux ambivalent* (Ainsworth *et al.*, 1978 ; Tarabulsy *et al.*, 2000 ; Weinfield *et al.*, 1999).

TABLEAU 8.4   L'attachement dans vos relations amoureuses

Activité : Choisissez parmi les descriptions suivantes celle qui représente le mieux votre façon habituelle de vous comporter dans vos relations amoureuses.

Descriptions :

I. Je considère qu'il est facile d'avoir des relations intimes avec les autres. Je me sens bien à l'idée d'avoir besoin des autres et que les autres aient besoin de moi. Je ne crains pas la solitude. Je n'ai pas peur que les autres ne m'acceptent pas ou m'abandonnent. Je fais confiance aux autres. (**Attachement confiant [*secure*]**)

II. Je trouve que les autres hésitent à être aussi intimes avec moi que je le souhaiterais. Je m'inquiète souvent du fait qu'on ne m'aime pas vraiment ou pas assez. J'ai souvent peur qu'on me quitte. Je veux vraiment ne faire qu'un avec l'autre ; ce désir fait quelquefois peur aux gens, et ils s'éloignent. On m'accuse parfois d'être une personne trop collante, « contrôlante », soupçonneuse et jalouse. (**Attachement préoccupé**)

III. Je suis mal à l'aise quand les autres deviennent trop intimes avec moi, ça me rend inconfortable. Je désire des liens intimes avec les autres, mais j'ai peur de souffrir si je les laisse s'approcher trop près de moi. Je trouve difficile de faire entièrement confiance à quelqu'un. (**Attachement craintif**)

IV. Je me sens à l'aise à l'idée de ne pas avoir des liens très intimes avec les gens. Il est très important pour moi d'être une personne indépendante, autonome, de ne pas avoir à compter sur les autres. Je considère ne pas avoir vraiment besoin des autres, car ils sont peu fiables, en général. Je préfère aussi que les autres ne comptent pas trop sur moi. (**Attachement détaché**)

Source : Adapté de Hazan & Shaver (1987) et de Bartholomew et Horowitz (1991) ; traduction libre.

Un attachement *confiant* se développe quand les personnes qui prennent soin de l'enfant sont aimantes, attentives, disponibles, capables de répondre à ses besoins. Grâce à la constance et la qualité des réponses parentales, l'enfant développe une image positive de lui-même (il se dit qu'il doit être quelqu'un de bien puisqu'on l'aime), des autres (les gens sont là pour lui, il peut leur faire confiance) et de son environnement (il se sent capable d'exercer une influence sur son entourage).

L'attachement *anxieux évitant* se manifeste lorsque les adultes qui prennent soin de l'enfant ne sont pas affectueux, manquent d'écoute et d'empathie, et semblent éprouver des difficultés à avoir du plaisir avec l'enfant. L'enfant ne peut exprimer ses émotions et en arrive souvent à les nier. En effet, des émotions comme l'agressivité, la tristesse, la colère sont exclues parce qu'elles sont considérées comme trop dangereuses. Ces conditions sont très éprouvantes pour l'enfant, qui en vient à se détacher de l'adulte et à l'éviter, même dans des situations où cette personne pourrait lui être utile. Cet enfant n'a pas confiance en lui, et considère qu'il ne vaut rien et qu'on ne peux l'aimer. Les autres ne sont pas là pour l'aider. Il en arrive à voir ses parents comme des personnes qui ne pourront jamais satisfaire ses besoins, avec qui les contacts sont déplaisants.

Les deux styles d'attachement précédents se manifestent quand les parents ont des comportements relativement stables ; l'attachement *anxieux ambivalent*, pour sa part, se développe lorsque les parents traitent leurs enfants de façon fluctuante et imprévisible. À certains moments, les personnes qui s'occupent de l'enfant sont aimantes, lui accordent une grande attention, quelquefois même de façon intrusive et exagérément affectueuse. À d'autres moments, elles sont indifférentes ou adoptent une attitude de rejet. Cette confusion rend l'enfant anxieux et le met en colère, puisqu'il se rend compte de sa dépendance envers ces personnes à l'humeur changeante. Comme les enfants ont tendance à penser que les adultes ont toujours raison, ils en viennent à croire qu'ils sont eux-mêmes la source du problème : ils ne valent pas d'être aimés et méritent ce qui leur arrive.

Les modèles d'interaction appris durant l'enfance influencent la façon dont l'enfant se perçoit lui-même et perçoit le monde qui l'entoure (Bowlby, 1973 ; Main, Kaplan & Cassidy, 1985). L'enfant se fait une idée de sa valeur personnelle, de ce qu'il est, de ce qu'il représente, en évaluant jusqu'à quel point il est aimé ou non, accepté ou non, par la figure d'attachement. La perception d'être accepté par la figure d'attachement et estimé digne de son affection, ainsi que l'accessibilité de cette personne et sa capacité de répondre aux besoins de l'enfant sont considérées comme les éléments fondamentaux du développement d'un attachement confiant (Bernier, Larose & Boivin, 2000). Grâce à la constance et la qualité des réponses, l'enfant peut donc développer une image positive de lui-même, des autres et de son environnement.

L'attachement adulte

> Nous sommes tous, du berceau au cercueil, le plus heureux quand la vie est organisée en une série d'excursions, longues ou courtes, faites à partir de la base sécurisante offerte par nos figures d'attachement. (Bowlby, 1988.)

Dans l'élaboration de leur théorie, Bowlby (1988) et Ainsworth (1990) émettent l'hypothèse d'une continuité, dans le temps et dans les situations, des styles d'attachement qui deviendraient, chez l'adulte, des modèles internes influençant son fonctionnement. De nombreuses études en psychologie sociale et clinique ont confirmé cette hypothèse : il existe des différences individuelles dans la façon d'aborder et de vivre les relations intimes à l'âge adulte, et ces différences sont liées au modèle d'attachement appris durant l'enfance. Les résultats relatifs à cette hypothèse sont documentés dans plusieurs recensements, anthologies et livres sur le sujet (par exemple Cassidy & Shaver, 1999 ; Feeney & Noller, 1996 ; Guedeney & Guedeney, 2002 ; Mikulincer & Shaver, 2003, 2005 ; Miljkovitch, 2001 ; Pierrehumbert, 2003 ; Simpson & Rholes, 1997 ; Solomon & George, 1999 ; Tarabulsy *et al.*, 2000).

On définit les **modèles d'attachement adulte** comme des façons émotionnelles et comportementales, relativement constantes et cohérentes, d'aborder les relations intimes à l'âge adulte. Ces différences individuelles se reflètent dans les croyances, les attitudes et les attentes au sujet du soi, des autres et des relations avec les autres (Shaver, Collins & Clark, 1996). Les modèles d'attachement adulte découlent de la façon dont la personne intègre son *image de soi* et son *image des autres*, images élaborées en fonction des expériences de l'enfance (voir le tableau 8.5). Les images de soi et des autres peuvent être plus ou moins *positives*, ou plus ou moins *négatives* selon que la personne croit ou non qu'elle est susceptible d'être aimée et protégée (image de soi), et selon qu'elle perçoit ou non les autres comme des êtres disponibles, fiables et dignes de confiance (image des autres).

Ces images positives et négatives génèrent des niveaux plus ou moins élevés *d'anxiété ou d'insécurité par rapport à de l'abandon*, et *d'évitement de l'intimité*. L'anxiété relative à l'abandon renvoie au niveau d'inquiétude associé à la possibilité de ne pas être aimé des autres, d'en être abandonné ou rejeté. L'évitement de l'intimité évoque l'intensité avec laquelle une personne cherche à éviter les autres ou à créer des liens avec eux, et sa prédisposition à privilégier ou non l'intimité et l'interdépendance avec

les autres. Ces images de soi et des autres, plus ou moins positives ou négatives, se traduisent par quatre différents modèles ou styles d'attachement : confiant (*secure*), préoccupé, craintif et détaché (voir le tableau 8.5).

Cette conceptualisation de l'attachement adulte et les mesures qui en sont dérivées (Bartholomew, 1990 ; Bartholomew & Horowitz, 1991 ; Brennan, Clark & Shaver, 1998 ; Collins & Read, 1990 ; Fraley & Shaver, 2000 ; Lafontaine & Lussier, 2003) témoignent du fait que les différents modèles d'attachement ne sont pas des catégories claires et nettes : ce sont plutôt des variables continues où chaque personne peut obtenir un *résultat plus ou moins élevé* dans chacune des dimensions. Donc, même si on parle, dans ce chapitre, et ailleurs, de modèles d'attachement confiant ou préoccupé, craintif ou détaché, c'est souvent parce qu'il s'agit d'une façon commode de s'exprimer. Les modèles ne représentent pas des typologies, mais plutôt des points dans un espace bidimensionnel (Mikulincer & Shaver, 2005).

Les quatre modèles d'attachement ont été associés à différentes façons d'aborder les relations amoureuses et de se comporter dans ces relations (voir, par exemple, Cassidy & Berlin, 1994 ; Feeney, 1999 ; Fishtein *et al.*, 1999 ; Fraley & Shaver, 2000 ; Larose *et al.*, 1999 ; Lévesque *et al.*, 2002 ; Lussier,

TABLEAU 8.5 **Styles d'attachement adulte**

	Image de soi	
Image des autres	**Positive** (peu d'anxiété)	**Négative** (anxiété élevée)
Positive (peu d'évitement)	**I. Confiant** Bonne estime de soi Confiance dans les autres Sentiment de confort dans l'intimité Dépendance saine envers les autres	**II. Préoccupé** Faible estime de soi Confiance dans les autres Besoin exagéré d'intimité Forte dépendance envers les autres Peur intense du rejet et de l'abandon
Négative (évitement élevé)	**IV. Détaché** Bonne estime de soi Méfiance à l'égard des autres Non-valorisation de l'intimité Valorisation : – de l'autonomie – de la réussite – de l'indépendance	**III. Craintif** Faible estime de soi Méfiance à l'égard des autres Désir d'être aimé mais croyance dans le fait de ne pas le mériter Sentiment d'inconfort relatif aux émotions et à l'intimité Colère, hostilité

Source : Inspiré de Bartholomew et Horowitz (1991, figure 1, p. 227).

Sabourin & Turgeon, 1997 ; Pietromonaco & Carnelley, 1994 ; Rholes *et al.*, 2001 ; Shaver & Brennan, 1992 ; Simpson, Ickes & Grich, 1999 ; Simpson & Rholes, 1997).

La personne faisant preuve d'un attachement *confiant*, par exemple, a tendance à être sociable et affectueuse. Son sentiment de sécurité fait qu'elle est capable de s'engager dans une relation amoureuse sans dépendre de cette relation pour assurer sa valeur personnelle ; elle peut gérer les défis et les déceptions survenant dans sa relation intime sans perdre son estime de soi. La personne ayant tendance à avoir un attachement *préoccupé*, quant à elle, vit des relations amoureuses tumultueuses, remplies d'émotions intenses avec des hauts et des bas. Elle développe des stratégies d'*hyperactivation* de l'attachement en demandant beaucoup à son partenaire et en le sollicitant constamment (Mikulincer & Shaver, 2003, 2005). De son côté, la personne qui développe un attachement *craintif* aimerait être aimée, mais ne croit pas qu'on puisse l'aimer. Elle se méfie des autres en général et ne fait pas confiance à son partenaire. Elle développe des stratégies de *désactivation* de l'attachement en se distançant des autres et en les évitant (Mikulincer & Shaver, 2003, 2005).

Le dernier modèle, l'attachement *détaché*, ne faisait pas partie des premières conceptualisations de l'attachement. La personne qui manifeste un attachement détaché a une image très positive d'elle-même et se perçoit comme compétente dans plusieurs domaines. Toutefois, elle valorise davantage son indépendance et son autonomie personnelle que l'établissement de liens intimes avec les autres. Les autres sont peu fiables, à son avis, et elle estime préférable de ne compter que sur elle-même. Cette personne développe, elle aussi, une stratégie de *désactivation* de l'attachement en se détachant des autres (Mikulincer & Shaver, 2003, 2005). Le modèle détaché provient souvent de parents froids, « contrôlants », et indifférents aux émotions et aux besoins de leur enfant. Cet enfant est souvent encouragé à valoriser des domaines non relationnels, comme la réussite scolaire ou sportive, au détriment des domaines plus affectifs.

L'influence des modèles d'attachement adulte dans différents domaines

Les différences individuelles dans l'organisation de l'attachement adulte affectent un large éventail de processus cognitifs et émotionnels, ainsi que différents comportements dans divers domaines. Les personnes ayant développé un attachement confiant vivent des relations amoureuses beaucoup plus heureuses, confiantes et amicales que les personnes dont l'attachement est anxieux (Bégin *et al.*, 1997 ; Boisvert *et al.*, 1996 ; Feeney, 2002 ; Hazan & Shaver, 1987 ; Kirkpatrick & Davis, 1994 ; Lapointe *et al.*, 1994 ; Lussier *et al.*, 1997 ; Simpson, 1990). De plus, les relations amoureuses dans le cadre d'un attachement confiant conduisent, par comparaison avec les relations vécues dans un attachement moins confiant, à un niveau plus élevé d'engagement, de confiance, de révélation de soi et de confort émotionnel, ainsi qu'à un niveau moindre de conflits, de jalousie et de difficultés interpersonnelles (Brennan & Shaver, 1995 ; Collins & Feeney, 2000 ; Feeney & Cassidy, 2003 ; Feeney & Collins, 2003 ; Klohnen & Bera, 1998 ; Simpson, Rholes & Nelligan, 1992).

Dans la vie de tous les jours, par comparaison avec les personnes anxieuses (*insecure*), les personnes dont l'attachement est confiant vivent plus d'émotions positives (Pietromonaco & Feldman Barrett, 1997 ; Tidwell, Reis & Shaver, 1996). Ces émotions positives des individus confiants se retrouvent aussi dans les relations sexuelles (Tracy *et al.*, 2003), dans l'amitié (Mikulincer & Selinger, 2001) et dans les interactions de groupes (Mikulincer & Shaver, 2005).

Les modèles d'attachement ont aussi une influence dans des domaines autres que ceux liés plus spécifiquement aux relations interpersonnelles. Ils influent sur le besoin d'accomplissement, sur la peur du succès et la peur de l'échec chez les adultes, et sur les réponses à des événements anxiogènes (Elliot & Reis, 2003 ; Mikulincer *et al.*, 2000 ; Mikulincer & Florian, 1995 ; Mikulincer, Gillath & Shaver, 2002). Fonctionnant comme les autres schémas (voir le chapitre 3 sur les *cognitions sociales*), les modèles d'attachement interviennent pour filtrer et organiser l'information (Baldwin, 1992, 1995). De nombreuses études menées auprès d'enfants, d'adolescents et d'adultes ont démontré l'influence des modèles d'attachement sur plusieurs processus, comme l'attention, la perception, la mémoire, les attributions et l'estime de soi (Baldwin & Dandeneau, 2005 ; Baldwin & Kay, 2003 ; Feeney & Cassidy, 2003). Avec des étudiants québécois de niveau collégial, par exemple, il fut démontré que les modèles d'attachement peuvent avoir des répercussions sur la performance scolaire, les réactions à la suite d'une aide offerte sous forme de tutorat, la capacité d'adaptation à de nouvelles situations, ainsi que sur les attitudes et les comportements en général relatifs à l'enseignement et au travail scolaire (Larose, Bernier & Tarabulsy, 2005 ; Larose et al., 1999 ; Lévesque et al., 2002).

La constance des modèles d'attachement adulte

Tout comme d'autres caractéristiques personnelles, les modèles d'attachement adulte semblent être modérément stables dans le temps (Feeney & Noller, 1996 ; Keelan, Dion & Dion, 1994 ; Levy & Davis, 1988 ; Scharfe & Bartholomew, 1994 ; Shaver & Brennan, 1992). Comme on ne peut changer ni ses parents ni son enfance, doit-on penser qu'on est forcé de reprendre le modèle transmis par ses parents ? Une enfance vécue dans l'insécurité conduit-elle inévitablement à des difficultés dans les relations avec son partenaire amoureux et, par la suite, dans les relations avec ses propres enfants ?

Selon Bowlby (1988) et Mikulincer et Shaver (2003, 2005), les modèles d'attachement sont des orientations globales envers les relations intimes en général, mais ces orientations peuvent être activées ou modifiées selon les interactions avec les différentes personnes importantes dans notre vie. Les études empiriques révèlent qu'il existe une variation intra-personnelle dans la sécurité ressentie dans l'attachement à différentes personnes (Baldwin et al., 1996 ; Cook, 2000 ; Pierce & Lydon, 2001 ; Ryan & Deci, 2001). En d'autres mots, le mode d'attachement serait stable dans le cas d'une figure d'attachement donnée, mais ne serait pas le même à l'endroit de toutes les personnes importantes dans la vie d'un individu. Par exemple, des études qui comparent les styles d'attachement de jeunes adultes avec leur mère, leur père, leur partenaire amoureux et leur meilleur ami montrent des différences sur le plan des modèles d'attachement observés dans les différentes relations (La Guardia et al., 2000 ; Overall, Fletcher & Friesen, 2003).

Cette variation chez un même individu est importante, car elle indique que le style d'attachement, dans une relation donnée, est influencé non seulement par une prédisposition chez la personne, mais aussi par les caractéristiques personnelles de son partenaire relationnel. Certaines personnes auraient la capacité d'induire la sécurité (ou l'insécurité) chez les autres (Cook, 2000). L'attachement confiant proviendrait principalement de personnes qui satisfont les besoins d'autonomie, de compétence et d'affection de l'autre (La Guardia et al., 2000).

Finalement, si l'être humain ne peut changer les expériences de son enfance, il peut modifier l'orientation globale de son attachement en remettant en question ses croyances négatives au sujet de soi et des autres. Avec la maturité et l'établissement d'une distanciation par rapport aux parents, il est possible d'arriver à reconnaître les aspects négatifs (et positifs) de ses relations d'enfance et à faire dévier la continuité intergénérationnelle. Le modèle d'attachement hérité de son enfance peut donc évoluer en fonction des expériences de vie à l'âge adulte (LePoire, Shepard & Duggan, 1999 ; Neyer, 2002). L'influence négative des premiers liens peut être rompue (Pierrehumbert, 2003).

L'ENGAGEMENT

La plupart des psychologues considèrent que l'engagement tient une place importante dans les relations intimes, mais ils ne s'entendent pas toujours sur sa définition (Frank & Brandstätter, 2002 ; Lydon, 1996). Toutefois, la continuation de la relation ou,

ENCADRÉ 8.2 L'attachement anxieux dans une relation amoureuse : les conflits dans la vie au jour le jour des étudiants en psychologie

Que se passe-t-il dans la vie quotidienne des personnes ayant un attachement anxieux (*insecure*) ? Vivent-elles plus de conflits que les autres ? Comment réagissent-elles à ces conflits ? Qu'arrive-t-il lorsqu'elles obtiennent du soutien de leur partenaire ?

Afin de répondre à ces questions, Lorne Campbell et ses collègues (Campbell *et al.*, 2005) ont demandé aux partenaires de 103 couples hétérosexuels d'écrire séparément leur journal durant 14 jours. Les couples étaient formés, en moyenne, depuis 18 mois, leurs membres avaient un âge moyen de 19 ans, et au moins un des partenaires étudiait en psychologie.

Méthodologie

Première étape. Avant de remplir leur journal quotidien, les 206 participants ont répondu à différentes questions sur leur modèle d'attachement adulte, leur estime de soi et leurs perceptions quant à la qualité de leur relation.

Deuxième étape. Chaque jour, les participants écrivaient séparément leur journal. Celui-ci comprenait trois sections. Dans la première, les participants évaluaient, à l'aide d'échelles, leurs perceptions et leur niveau de satisfaction au sujet de leur partenaire et de leur vie de couple au cours de la journée. Dans la deuxième, les participants décrivaient de façon détaillée le conflit qu'il considérait comme le plus important de la journée (s'il y avait eu effectivement un conflit). Un conflit était défini comme une situation pouvant aller d'un simple désaccord à un problème de couple vraiment sérieux. Dans la troisième, les participants décrivaient de façon détaillée un événement où du soutien avait été offert par eux-mêmes ou par leur partenaire durant la journée (s'il y avait effectivement eu une situation où du soutien avait été donné). Un comportement de soutien était défini comme un moment dans la journée où une personne avait agi de façon à faciliter les choses pour l'autre personne.

Troisième étape. Après la remise finale du journal quotidien, on a demandé à chacun des couples de déterminer le conflit qui lui apparaissait comme ayant été le plus important durant les deux semaines qu'avait duré l'écriture du journal. On a ensuite invité les couples à essayer de résoudre ce conflit devant une caméra vidéo. Quatre-vingt-dix-huit couples ont accepté. Dix personnes, spécialement entraînées, ont ensuite évalué séparément, selon différents critères, le comportement des couples sur vidéo. Durant l'enregistrement vidéo, chaque participant a aussi évalué son état émotif pendant la tentative de résolution du conflit.

Résultats

Il faut mentionner, tout d'abord, qu'il y avait une très faible corrélation, sur le plan de l'attachement anxieux, entre les partenaires d'un même couple. Ce qui veut dire qu'une personne très anxieuse n'était généralement pas en couple avec une autre personne très anxieuse.

Les personnes ayant un attachement anxieux ont eu tendance à percevoir plus d'aspects négatifs dans leur relation amoureuse que les personnes dont l'attachement était confiant. L'analyse des journaux a aussi révélé que les personnes dont l'attachement était anxieux, comparativement aux personnes plus confiantes, rapportaient un plus grand nombre de conflits chaque jour et un plus grand nombre de conflits que leurs propres partenaires plus confiants. Contrairement à ces derniers, elles percevaient davantage d'escalade dans les conflits, se sentaient plus blessées à la suite d'un conflit et étaient beaucoup moins optimistes quant à l'avenir de la relation.

Les journées où il n'y a pas eu de conflits, un effet positif émanant de la perception d'un soutien reçu fut observé chez *tous* les participants : ce furent les journées où les personnes confiantes *et* les personnes anxieuses se sont senties le plus satisfaites de la relation, et où elles étaient le plus optimistes quant à l'avenir de la relation. Toutefois, pendant les journées où il y a eu des conflits, les personnes confiantes se sont senties réconfortées par le soutien offert par leurs partenaires, mais pas les personnes anxieuses, qui n'ont pas réagi aux gestes positifs faits par ceux-ci.

L'analyse des comportements durant la tentative de résolution du conflit perçu comme le plus important des deux semaines a aussi laissé voir des différences entre les personnes dont l'attachement était confiant et celles dont l'attachement était anxieux. Comparativement aux personnes confiantes, les personnes anxieuses ont rapporté se sentir beaucoup plus malheureuses. Elles sont apparues aux observateurs (qui ne connaissaient pas le niveau d'attachement des étudiants) comme étant beaucoup plus affectées par la situation de résolution de conflit, et comme ayant davantage tendance à réagir trop intensément et à aggraver le conflit. De plus, elles se sont senties malheureuses, indépendamment des comportements positifs de leurs partenaires (évalués par les observateurs). Au contraire, durant la résolution du conflit, les personnes plus confiantes furent influencées par la réponse de leurs partenaires : elles se sont senties plus malheureuses lorsque leurs partenaires adoptaient des comportements négatifs, et moins malheureuses lorsque leurs partenaires adoptaient des comportements positifs.

Conclusion

Les personnes ayant un attachement anxieux ont donc tendance à biaiser leur perception de la relation et à voir beaucoup d'aspects négatifs dans la relation présente et future. Parce qu'elles évaluent la qualité de leur relation en fonction d'une amplification des conflits quotidiens, aggravent les conflits, se sentent blessées par les conflits tout en n'étant pas réconfortées par le soutien et les comportements positifs de leurs partenaires, les personnes dont l'attachement est anxieux semblent provoquer ce qu'elles craignent le plus : la déstabilisation de leur relation amoureuse.

du moins, une intention avouée ou inférée de maintenir une relation fait habituellement partie de la définition adoptée par chacun (par exemple Adams & Jones, 1997 ; Dubé & Brault-Labbé, 2002 ; Johnson & Rusbult, 1989 ; Hinde, 1979, 1997 ; Leik & Leik, 1977 ; Levinger, 1980 ; Lydon, 1996 ; Lydon, Burton & Menzies-Toman, 2005 ; Rusbult, 1991). Si l'engagement est simplement considéré comme l'intention de maintenir la relation, on a constaté, par exemple, que le niveau d'engagement est plus élevé chez les couples qui disent être amoureux que chez ceux qui ne le disent pas (Hendrick & Hendrick, 1988). Par ailleurs, dans une courte étude longitudinale, le meilleur prédicteur pour savoir si des couples étudiants existeraient encore après deux mois fut le désir de continuer la relation, tel qu'il fut mesuré au début de l'étude, celui-ci étant un meilleur prédicteur que le niveau de satisfaction dans la relation (Hendrick, Hendrick & Adler, 1988).

Dans le présent chapitre, nous définirons l'**engagement** comme le processus par lequel une personne se sent liée à une autre personne, ce lien influençant l'intention de continuer la relation ; c'est la force qui assure la continuation d'une relation lorsque celle-ci se heurte à des obstacles difficiles ou lorsque les partenaires sont soumis à la tentation offerte par une option intéressante. Différents modèles ont été proposés pour expliquer la continuation de la relation dans l'engagement.

Le pour et le contre dans la continuation d'une relation

Selon Kelley et ses collègues (2002), pour prédire la continuation d'une relation, il faut connaître les conditions qui incitent une personne à demeurer dans une relation ainsi que celles qui la poussent hors de celle-ci. Donc, contrairement aux théoriciens qui conceptualisent l'engagement comme une intention personnelle de poursuivre la relation, Kelley voit l'engagement comme un ensemble de conditions et de processus qui contribuent à la stabilité d'une relation.

Dans cette conceptualisation de l'engagement, les conditions qui incitent la personne à demeurer dans la relation sont la satisfaction dans la relation et les coûts encourus par son abandon, tandis que la principale condition qui pousse une personne hors de la relation est la force d'attraction d'une option intéressante. Pour que la relation continue, il faut que le pour soit beaucoup plus important que le contre. Si le pour ne pèse pas beaucoup plus que le contre, il faut alors une constance dans le pour et le contre, sinon le contre prendra le dessus, au moins pour un des partenaires, et mettra la relation en péril (Kelley *et al.*, 2002). La fluctuation est un concept important dans la théorie. Ainsi, Arriaga (2001) a constaté, chez des couples récemment formés, que même les relations satisfaisantes risquent de se terminer si les partenaires ne sont pas heureux de façon stable, et que les relations insatisfaisantes peuvent continuer si le niveau d'insatisfaction demeure le même.

L'investissement dans la relation

Une grande partie de la recherche sur l'engagement dans les relations intimes s'est faite en fonction du modèle de l'investissement de Caryl Rusbult et de ses collègues (par exemple Drigotas, Rusbult & Verette, 1999 ; Rusbult, 1991 ; Rusbult & Martz, 1995). Inspirée par la théorie de l'interdépendance de Kelley (1979 ; Kelley *et al.*, 2002), Rusbult (1991) cherche à prédire la continuité d'une relation en se servant de la notion d'investissement. L'investissement dans la relation réfère aux différentes ressources investies (temps, argent et efforts) qui seront irrémédiablement perdues si les partenaires rompent la relation. Aux coûts présents et futurs associés à la fin de la relation s'ajoutent donc les coûts passés, ou l'investissement dans la relation. Selon Rusbult (1991), les investissements passés intensifient l'engagement en augmentant les coûts de la séparation. La durée de la relation est donc liée à l'engagement puisque plus elle est longue, plus longue est la période d'investissements de toutes sortes. Cette hypothèse est en partie corroborée par Statistique Canada (2005), qui indique que le taux le plus élevé de divorce est observé après quatre ans de mariage, mais que ce taux diminue par la suite après chaque année de mariage supplémentaire (Ambert, Statistique Canada, 2005).

Selon le modèle de l'investissement, l'engagement est donc conceptualisé comme l'addition de trois éléments : 1) la satisfaction envers la relation ; 2) l'ampleur des ressources déjà investies dans la relation ; et 3) le manque d'options possibles. Ainsi, selon ce modèle, l'engagement d'un individu augmente au fur et à mesure qu'augmentent la satisfaction dans la relation et les ressources investies, et que diminue la qualité d'une option possible.

L'engagement conceptualisé comme investissement (satisfaction + ressources investies + manque d'options) permet effectivement de prédire la durée de la relation (par exemple Bui, Peplau & Hill, 1996 ; Drigotas & Rusbult, 1992 ; Lund, 1985 ; Rusbult, 1983 ; Rusbult & Martz, 1995). De plus, l'engagement engendre des attitudes et des comportements qui aident au maintien de la relation et augmentent sa longévité. Il peut s'agir, par exemple, de l'accommodation au partenaire, de la capacité de faire des sacrifices, du manque d'attention prêtée à de potentiels partenaires attirants et de la diminution de la valeur de ceux-ci (Johnson & Rusbult, 1989 ; Lydon *et al.*, 1999 ; Miller, 1997 ; Rusbult *et al.*, 1991 ; Simpson *et al.*, 1990 ; Van Lange *et al.*, 1997 ; Wieselquist *et al.*, 1999). Plusieurs études démontrent donc que l'engagement, tel qu'il est conceptualisé et mesuré par l'addition de la satisfaction, des ressources investies et du manque d'options, a une influence positive sur la durée de la relation (pour un résumé de ce sujet, voir Rusbult & Van Lange, 2003).

La motivation à poursuivre la relation

Différents facteurs contribuant à l'engagement sont décrits dans le modèle de l'investissement, et l'addition des trois éléments dont nous venons de traiter permet de mesurer le *niveau* d'engagement. Cependant, on peut aller au-delà de cette mesure et chercher à déterminer les raisons qui font qu'une personne se sent engagée envers son partenaire amoureux, et à connaître les facteurs qui motivent une personne à ne pas quitter une relation (Frank & Brandstätter, 2002). D'autres approches s'intéressent plus précisément aux raisons qui incitent une personne à continuer une relation (par exemple Brickman, 1987 ; Dubé, Kairouz & Jodoin, 1997 ; Frank & Brandstätter, 2002 ; Johnson, 1991 ; Lydon, 1996 ; Lydon, Burton & Menzies-Toman, 2005 ; Lydon, Pierce & O'Regan, 1997). Quelle est la *motivation* à maintenir une relation ? Quelle est la *force* qui stabilise la continuation d'une relation lorsque celle-ci se heurte à des obstacles difficiles ou que les partenaires sont soumis à la tentation qu'offre une option intéressante ? Deux forces principales, l'engagement d'obligation et l'engagement personnel, peuvent expliquer le maintien d'une relation dans les moments difficiles.

L'engagement d'obligation. Dans l'**engagement d'obligation** (aussi appelé engagement structurel, comportemental ou normatif), la continuation de la relation est assurée par les attentes et les normes sociales, ainsi que par les coûts afférents à un éventuel changement (Festinger, 1957 ; Kiesler, 1971 ; Lund, 1985). Même s'il ne ressent aucun attachement émotionnel pour son partenaire, l'individu continue une relation parce qu'il s'y sent obligé. C'est le cas, par exemple, de personnes mariées qui sont en perpétuel conflit et qui ne s'entendent vraiment plus, mais qui ne veulent pas divorcer. Selon Johnson (1991), la continuation de la relation sur la base de ce type d'engagement est assurée par les normes sociales (que vont penser les amis, les voisins, les membres de la famille, ceux qui nous voient comme le couple idéal), les pertes et les coûts encourus si on effectue un changement (déménagement, pertes financières, changement d'école pour les enfants), et le manque de partenaires disponibles intéressants pour envisager une nouvelle relation.

L'engagement d'obligation n'émane donc pas de la personne, mais de circonstances et de raisons qui lui sont extérieures, lesquelles lui dictent la façon dont elle doit se comporter. Ce type d'engagement est régi par la motivation extrinsèque (je veux garder les avantages matériels de mon mode de vie) ou la motivation par introjection (je me sentirais coupable si je quittais mon partenaire), décrites dans la théorie de l'autodétermination (Deci & Ryan, 2000 ; Ryan & Deci ; 2001 ; Vallerand, 1997). Du fait que, en s'engageant par obligation, la personne veut principalement éviter les conséquences négatives associées à la dissolution de la relation, l'engagement d'obligation peut être considéré comme un engagement d'évitement (Carver & Scheier, 1998 ; Elliot & Church, 1997 ; Frank & Brandstätter, 2002 ; Higgins, 1998).

L'engagement personnel. Dans l'**engagement personnel** (aussi appelé engagement affectif), l'individu maintient la relation parce que cette relation a une valeur personnelle et qu'elle donne un sens à sa vie (Brickman, 1987 ; Dubé *et al.*, 1997 ; Lydon *et al.*, 2005). La relation est valorisée et est porteuse de sens parce qu'elle satisfait le besoin fondamental d'aimer et d'être aimé (Deci & Ryan, 2000 ; Ryan & Deci, 2001). L'engagement personnel résulte du pouvoir de l'attitude positive et de l'attachement émotionnel envers le partenaire et envers la relation, et met l'accent sur la perception personnelle de la valeur attachée à la continuation de la relation (Antonovsky, 1987 ; Brickman, 1987 ; Csikszentmihalyi, 1990 ; Johnson, 1991 ; Klinger, 1977 ; Novacek & Lazarus, 1990). Ce type d'engagement émane donc de la personne, de sa motivation à accorder à son partenaire attention et énergie, durant une longue période de temps, parce que ses actions sont en harmonie avec ses valeurs personnelles et lui procurent une joie, une signification et des récompenses personnelles (Deci et Ryan, 2000). Dans les moments difficiles, la personne engagée personnellement prend conscience du fait que les aspects négatifs présentement vécus (inévitables dans toute relation) doivent être résolus pour permettre la continuation de la jouissance des aspects positifs de la relation (Brickman, 1987). C'est le processus de réconciliation du positif et du négatif qui assure le maintien de la relation dans les jours difficiles.

L'engagement personnel est régi par la motivation intrinsèque et la motivation d'identification,

selon la théorie de l'autodétermination (Deci & Ryan, 2000 ; Ryan & Deci, 2001 ; Vallerand, 1997). L'identification avec le partenaire et avec la relation est d'ailleurs considérée comme un processus intimement lié à l'engagement personnel (Burke & Reitzes, 1991 ; Lydon *et al.*, 2005 ; Meyer & Allen, 1991). Selon Lydon et ses collègues, plus il y a inclusion de l'autre en soi (Aron *et al.*, 2004), plus il y a engagement envers le partenaire. Dans une étude menée dans Internet, par exemple, la motivation intrinsèque à être dans une relation intime (je suis dans cette relation parce que mon partenaire et moi avons du plaisir ensemble) et la motivation d'identification (je suis dans cette relation parce mon partenaire et moi partageons les mêmes attitudes et les mêmes valeurs) ont toutes deux été étroitement liées à une mesure d'engagement (Menzies-Toman & Lydon [2005], rapporté dans Lydon *et al.*, 2005).

Comme l'engagement personnel conduit à rechercher principalement les incitateurs positifs associés à la continuation de la relation, il peut être considéré comme un engagement d'approche (Carver & Scheier, 1998 ; Elliot & Church, 1997 ; Frank & Brandstätter, 2002 ; Higgins, 1998).

Les conséquences de l'engagement personnel et de l'engagement d'obligation. Les buts que nous poursuivons et les raisons pour lesquelles nous les poursuivons influent sur nos émotions et nos comportements (Deci & Ryan, 2000). La psychologie a déjà bien documenté le fait que la motivation intrinsèque et la motivation d'identification (voir les chapitres 3 et 5), dans la perspective d'objectifs valorisés, génèrent des sentiments de bien-être, la persistance dans l'action, une meilleure gestion des conflits et la progression dans l'atteinte des buts fixés, alors que la motivation extrinsèque, la motivation par introjection et les comportements adoptés dans le but d'éviter des conséquences négatives sont associés à l'anxiété, à une baisse d'estime et de contrôle de soi, à des symptômes physiques, à une augmentation des affects négatifs, et à une diminution des affects positifs et de la satisfaction de vivre (Blais et al., 1990 ; Carver & Scheier, 1998 ; Deci & Ryan, 2000 ; Elliot & Harackiewicz, 1996 ; Elliot & Sheldon, 1997, 1998 ; Elliot, Sheldon & Church, 1997 ; Emmons, 1997 ; Emmons & Kaiser, 1996 ; Higgins, 1998 ; Higgins, Grant & Shah, 2003 ; Ryan & Deci, 2001 ; Vallerand, Fortier & Guay, 1997).

Il est donc plausible de penser que l'engagement personnel a des conséquences plus positives que l'engagement d'obligation. Quelques études vont dans ce sens. Dans une étude menée auprès de jeunes couples, on voulait précisément vérifier si un engagement d'approche (semblable à l'engagement personnel décrit précédemment) et un engagement d'évitement (semblable à l'engagement d'obligation) avaient des conséquences différentes (Frank & Brandstätter, 2002). Les résultats ont démontré que les couples vivant un engagement d'approche, comparativement aux couples vivant un engagement d'évitement, ressentaient des émotions plus positives au jour le jour, passaient un plus grand nombre de moments agréables ensemble et étaient beaucoup plus satisfaits de leur relation au début de l'étude, ainsi que six mois et 13 mois après. La pertinence de la notion d'investissement (ressources investies qui font durer la relation dans l'engagement d'obligation) fut confirmée par les couples vivant un engagement d'évitement, mais pas par ceux vivant un engagement d'approche.

La similitude quant à la perception de ce qui fait une bonne relation amoureuse (par exemple « s'accepter l'un l'autre », « avoir du plaisir ensemble », « partager les mêmes vues sur les choses ») était beaucoup plus élevée chez les couples vivant un engagement d'approche que chez ceux vivant un engagement d'évitement, ce qui suggère l'importance, dans l'engagement personnel, de pouvoir s'identifier à son partenaire. Il fut justement établi que, chez des personnes prenant soin d'un membre de leur famille atteint de la maladie d'Alzheimer, la motivation d'identification (mais pas la motivation par introjection) était liée, sur le plan de leur bien-être, à leur capacité de voir les problèmes vécus comme

des défis plutôt que comme des menaces, et à leur persistance à assumer les soins (Pierce, Lydon & Yang, 2001).

Finalement, dans quelques études québécoises proposant un modèle d'engagement personnel à trois composantes (où l'*attirance* pour un objet d'engagement est intrinsèquement liée à la *réconciliation des aspects positifs et négatifs* associés à cet objet d'engagement ainsi qu'à l'intention de *persévérance* dans les comportements liés à l'objet d'engagement), les résultats ont révélé que la capacité d'engagement personnel est fortement associée à des mesures d'affects positifs, de la satisfaction de vie en général, de la satisfaction de vie dans différents domaines spécifiques (relations intimes, famille, travail, loisirs, etc.) et du sens donné à la vie (Dubé *et al.*, 1997). Ainsi, dans une première étude menée auprès de jeunes adultes étudiants (hommes et femmes) et d'un de leurs parents (mère ou père), ainsi que dans une deuxième étude, menée auprès d'étudiantes, de leurs mères et de leurs grands-mères, il fut établi que, même si les grands-mères et les parents se perçoivent généralement comme étant plus heureux que les jeunes adultes, c'est vraiment la capacité d'engagement et la perception de l'engagement personnel dans différents domaines qui constituent les meilleurs prédicteurs de bonheur. En d'autres mots, même si un plus grand nombre de grands-mère et de parents étaient heureux, les jeunes adultes plus engagés étaient plus heureux, et les grands-mères et les parents moins engagés, moins heureux.

Deux autres études ont porté plus spécifiquement sur le lien potentiel entre l'engagement au travail et le bonheur. Elles ont été menées auprès de deux groupes de professionnels, des médecins spécialistes et des administrateurs travaillant dans le milieu éducationnel (Jodoin & Dubé, 2000). Même à un niveau intense d'engagement dans leur travail, les professionnels plus engagés personnellement rapportaient une plus grande fréquence d'affects positifs liés au bonheur et une moins grande fréquence d'affects négatifs. Ils signalaient aussi une moins grande fréquence de symptômes physiques et de stress au travail. Toutefois, un résultat de ces études est très important pour notre propos quant à l'importance des relations intimes : lorsque ces mêmes professionnels faisaient preuve de *surengagement* au travail en négligeant leurs relations intimes et en accordant plus d'intérêt à leur travail qu'aux domaines personnels de leur vie, ils éprouvaient beaucoup moins d'émotions positives et beaucoup plus d'émotions négatives, et étaient plus fréquemment affectés de problèmes de santé physique.

LES CONSÉQUENCES POSITIVES DES RELATIONS INTERPERSONNELLES

La santé

Au début de ce chapitre, nous avons mentionné le rôle essentiel joué par les relations interpersonnelles dans la survie de l'espèce humaine en général et dans celle de chaque être humain en particulier. Si la survie des humains dépend de leurs liens avec les autres, il est raisonnable de supposer qu'il y a une corrélation positive entre les relations interpersonnelles et la santé. Il existe maintenant plusieurs recherches empiriques de nature épidémiologique (étude de la fréquence et de la distribution de certains facteurs en fonction de la santé) qui ont démontré le lien important existant entre la santé et les relations avec les autres. Voici quelques exemples qui illustrent ce lien.

La mortalité est moins élevée chez les gens mariés que chez les gens non mariés ou qui vivent seuls lorsqu'il est question de cancer, de problèmes cardiaques ou d'opérations chirurgicales (Chandra *et al.*, 1983 ; Gordon & Rosenthal, 1995). Dans un échantillon de 1 234 patients victimes d'un premier infarctus, il y a eu deux fois plus de rechute chez les personnes vivant seules dans les six mois suivant l'attaque (Case *et al.*, 1992). Dans une autre étude regroupant 1 965 patients ayant des problèmes cardiaques, les résultats indiquent qu'après cinq ans, 82 % des patients mariés, ou ayant la possibilité de se confier à quelqu'un, avaient survécu, alors que ce

fut le cas de seulement 50 % des patients non mariés ou qui n'avaient personne à qui se confier (Williams *et al.*, 1992). Dans un groupe de personnes atteintes de leucémie ayant reçu une greffe de moelle osseuse, 80 % des gens qui disaient recevoir peu de soutien de leurs parents et amis étaient décédés après deux ans, tandis que 54 % des gens jouissant de plus de soutien étaient encore en vie (Colon *et al.*, 1991).

Les personnes qui vivent des relations intimes gèrent mieux différents stress liés à la perte d'un être cher, au chômage et au viol (Abbey & Andrews, 1985 ; Perlman & Rock, 1987), et souffrent moins de dépression (Mastekaasa, 1995 ; Robins & Regier, 1991). Une étude portant sur la mort d'un conjoint (Stroebe *et al.*, 1996) indique un déclin majeur du niveau de bonheur juste avant et juste après la perte du conjoint. De plus, la vulnérabilité à la maladie et le taux de mortalité augmentent chez les personnes récemment divorcées ou dont le conjoint vient de mourir (Dohrenwend *et al.*, 1982 ; Kaprio, Koskenvuo & Rita, 1987).

L'absence de liens ou la rupture de liens intimes importants vécues dans la solitude, le rejet, la séparation ou le divorce ont donc des conséquences négatives importantes relativement à la maladie et à la mortalité. De plus, le risque de mourir prématurément est moindre lorsqu'il existe des liens avec d'autres personnes, et ce, non seulement avec la famille et des amis, mais aussi avec des collègues, des membres d'associations religieuses et de groupes de soutien (Cohen, 1988 ; Cohen, Underwood & Gottlieb, 2000 ; Nelson, 1988). Parmi des personnes parfaitement en santé au début d'une étude, celles vivant dans une maison avec moins de gens et celles ayant un réseau social restreint ou peu diversifié risquaient plus que les autres d'être décédées deux à 15 ans plus tard (Rozanski, Blumenthal & Kaplan, 1999).

Ces données empiriques, et beaucoup d'autres émanant de plusieurs recherches, furent colligées et examinées à l'aide de méta-analyses qui confirment deux résultats importants pour la santé (House, Landis & Umberson, 1988 ; Kiecolt-Glaser &

Newton, 2001 ; Uchino, Cacioppo & Kiecolt-Glaser, 1996). Premièrement, dans ces méta-analyses, on arrive à la conclusion qu'un faible niveau de liens sociaux constitue un facteur de risque de mortalité statistiquement aussi important que les risques associés à la cigarette, au cholestérol, à la pression sanguine, à l'obésité et au manque d'activité physique (House *et al.*, 1988). Il est intéressant de noter que les conséquences négatives du manque des autres quant à la maladie et la mortalité sont semblables chez les humains et chez les primates, ce qui suggère l'existence de processus liés à l'évolution (voir, par exemple, Coe, 1993 ; Laudenslager, Boccia & Reite, 1993). Deuxièmement, il est possible de constater que l'effet bénéfique des relations interpersonnelles sur la santé est perceptible dans différents processus physiologiques affectant les fonctions cardiovasculaire, endocrinienne et immunitaire (Uchino *et al.*, 1996). Ces méta-analyses regroupant plusieurs milliers de participants et de multiples études menées au cours des dix dernières années valident donc l'hypothèse voulant que les relations interpersonnelles, et tout particulièrement les relations intimes, aient un important effet sur la santé des gens (voir aussi Berkman & Kawachi, 2000 ; Cacioppo *et al.*, 2002 ; Cohen *et al.*, 2000 ; Gurung, 2006 ; Ryff & Singer, 2001, 2005).

Pourquoi la santé ? Le soutien social. Comment expliquer ce lien puissant qui existe entre la santé et les relations interpersonnelles ? L'hypothèse la plus souvent retenue fait mention de la protection offerte par les différentes ressources disponibles dans certaines relations avec les autres (Sarason, Sarason & Gurung, 2001 ; Stroebe & Stroebe, 1996 ; Umberson, 1992). Ce n'est pas seulement l'existence de rapports avec les autres qui est importante, mais aussi la qualité de ces rapports. Ce sont les relations interpersonnelles qui permettent un échange de ressources importantes, celles qui offrent un **soutien social**, qui nous protègent d'une multitude de problèmes et procurent des effets bénéfiques.

Le soutien social est un échange interpersonnel de ressources où une personne en aide une autre afin de lui permettre de satisfaire ses besoins ou d'atteindre des buts personnels importants. Il renvoie au fait que les besoins importants d'une personne sont satisfaits à travers ses interactions avec d'autres personnes à cause des ressources tangibles et intangibles que ces personnes prodiguent (Uchino, 2004). L'aide offerte peut être de différents types, selon la ressource offerte (Berscheid & Reis, 1998).

1. Le soutien *émotionnel* est exprimé par des marques d'amitié, d'amour, d'attachement, d'estime, de respect, de préoccupation pour l'autre.

2. Le soutien *informatif* (ou évaluatif) offre à une personne des informations sur ses comportements, sur la façon dont elle est perçue par les autres. Ces informations et ces évaluations positives ou négatives lui permettent de s'évaluer de façon réaliste. L'information à teneur négative aide la personne à s'adapter, à changer les attitudes ou les comportements qui constituent des obstacles à sa survie et à son bien-être. Ce type de soutien a une valeur formative et éducative qui aide la personne à fonctionner de façon optimale dans son environnement. L'information à teneur positive lui permet de s'affirmer, de prendre conscience de sa valeur et de se sentir acceptée. Le soutien informatif prend la forme d'évaluations, de rétroactions, de critiques, de conseils et de recommandations.

3. Le soutien *matériel* est une aide offerte sous forme d'argent, de biens, de services ou de temps. C'est souvent le type de soutien qui vient à l'esprit quand on parle « d'aider quelqu'un ». La réalité concrète et la forte visibilité de ce type de soutien ne doivent pas nous faire oublier, toutefois, l'importance des deux autres types de soutien qui, plus abstraits, peuvent parfois être perçus comme étant moins importants. Toute l'importance des soutiens émotionnel et informatif se fait sentir lorsqu'on en manque.

Selon les théoriciens du soutien social, il existe une corrélation positive entre l'existence de rapports avec les autres et la santé physique et mentale. Plus spécifiquement, les autres nous aident à demeurer en santé ou à récupérer plus rapidement après une maladie, et l'absence de relations augmente la probabilité de mourir prématurément de maladies cardio-vasculaires, de cancers et du sida (voir Billings & Moos, 1982 ; House *et al.*, 1988 ; Kiecolt-Glaser & Newton, 2001 ; Leavy, 1983 ; Uchino *et al.*, 1996 ; Uchino, 2004).

Le soutien social peut provenir de différents types de relations : conjugales, amoureuses, amicales, familiales, mais aussi des rapports sociaux entretenus au travail ou dans différentes organisations sociales, communautaires ou religieuses. Les relations plus intimes ont toutefois plus de chances d'offrir en concomitance les trois types de soutien et, de ce fait, sont très importantes sur le plan de la prévention et de la récupération en ce qui a trait aux maladies mentales et physiques. En fait, une perception de soutien semble être une conséquence directe des relations intimes (Burleson, 1994 ; Johnson, Hobfoll & Zalcberg-Linetzy, 1993 ; Reis & Franks, 1994).

Il est important de noter que, pour qu'il y ait un effet bénéfique, ce n'est pas tellement le soutien réellement offert par les autres qui est salutaire, mais plutôt la *perception* d'un soutien disponible (Wethington & Kessler, 1986 ; Sarason, Sarason & Gurung, 2001). On a même suggéré que le soutien social devrait être défini comme la *perception* de pouvoir compter sur quelqu'un en cas de besoin ou en période de crise (Sarason, Sarason & Pierce, 1990 ; Uchino, 2004). C'est la perception d'un soutien social, plus que les liens objectifs, qui est associée à plusieurs indicateurs de santé physique, comme une meilleure tension artérielle, un meilleur système immunitaire et un faible niveau d'hormones de stress, les catécholamines (Uchino *et al.*, 1996).

La perception d'un soutien social (et les effets positifs qui en découlent) semble influencée par les modèles d'interaction appris lors de l'enfance, comme le suggèrent Bowlby et la théorie de l'attachement (Sarason *et al.*, 1991). Ce sont les gens qui ont appris qu'ils peuvent attendre du soutien des autres qui perçoivent ce soutien, qui sont satisfaits du soutien reçu et qui en retirent le plus d'effets positifs (Ognibene & Collins, 1998 ; Simpson *et al.*, 2002).

S'il n'est pas toujours facile de distinguer clairement l'effet du soutien social réel d'autres facteurs importants tels que la perception de ce soutien et la capacité d'aller chercher une aide efficace, nous pouvons affirmer, toutefois, que les autres (ou, du moins, la perception de leur disponibilité) nous aident à demeurer en santé physique et psychologique.

Le bonheur

Tous les hommes recherchent d'être heureux ; cela est sans exception. (Pascal.)

Le besoin des autres est un besoin fondamental, et les autres sont nécessaires à notre survie et à notre santé physique et mentale. Nous pouvons imaginer qu'ils sont aussi essentiels à notre **bonheur**. Comme les gens organisent leurs perceptions de soi, des autres, des relations et des événements sous la forme de schémas et de scripts (voir les chapitres 3 et 4, qui traitent du soi et des cognitions sociales), ils organisent aussi leurs croyances et leurs attentes pour expliquer et prédire le bonheur dans leur propre vie et dans celle des autres. Les **scripts personnels du bonheur** sont l'ensemble des connaissances personnelles relatives au bonheur qui servent à guider les comportements vers la quête du bonheur, et à expliquer et prédire le bonheur dans sa propre vie ou dans celle des autres (Dubé & Brault-Labbé, 2002).

Dans leurs scripts personnels du bonheur, la plupart des gens perçoivent l'amour et les relations interpersonnelles comme des ingrédients essentiels à leur bonheur. À la question de savoir ce qui les rendrait le plus heureux — gagner des millions à la loterie, réussir dans leur carrière, tomber ou rester amoureux du partenaire idéal — 78 % des répondants (des étudiants à l'université) ont choisi l'amour (Pettijohn & Pettijohn, 1996). Plusieurs études corroborent ce fait : les gens accordent une grande importance aux autres dans leurs scripts personnels du bonheur. En effet, lorsqu'on leur demande ce qui les rend heureux, beaucoup de gens répondent spontanément que ce sont des éléments liés aux relations interpersonnelles, comme la famille, une vie de couple harmonieuse, les amis et une vie sociale satisfaisante (Campbell, 1981 ; Chiasson & Dubé, 1997 ; Chiasson, Dubé & Blondin, 1996 ; Dubé, Blondin & Kairouz, 1991 ; Freedman, 1978 ; Klinger, 1977 ; Lu & Shih, 1997).

Est-ce que les gens ont raison de percevoir un lien entre le bonheur et les relations interpersonnelles ? Dans les faits, les bienfaits de la présence des autres ne se limitent pas seulement à la santé physique, comme il en a été question dans la section précédente. La satisfaction du besoin d'aimer et d'être aimé est essentielle au bien-être et au bonheur (Baumeister & Leary, 1995 ; Deci & Ryan, 1991, 2000), et ce, pas seulement d'une façon globale. Dans leur vie quotidienne, les gens ont besoin de satisfaire leur besoin des autres pour se sentir heureux (Reis *et al.*, 2000). Les gens font état de sentiments plus heureux lorsqu'ils sont avec d'autres personnes plutôt que seuls (Pavot, Diener & Fujita, 1990), et les personnes ayant plusieurs amis intimes sont plus heureuses que les personnes solitaires (Diener, 2000). Le fait d'avoir des relations intimes satisfaisantes est un meilleur prédicteur de bonheur que le sont l'âge, la situation économique ou les événements de la vie (Argyle, 1987b ; Brown, *et al.*, 2005 ; Diener *et al.*, 1999 ; Gove, Style & Hughes, 1990 ; Inglehart, 1990, 1997 ; Mastekaasa, 1995 ; Myers, 1997, 2000 ; Shmotkin & Lomranz, 1998 ; Veenhoven, 1989).

L'importance accordée aux relations interpersonnelles dans l'échelle personnelle des valeurs influe aussi sur le bonheur. Parmi les étudiants de niveau universitaire, ceux qui valorisent l'argent plus que les relations amoureuses sont moins satisfaits de leur vie (Diener & Oishi, 2000). Après avoir terminé leurs études, les diplômés universitaires qui privilégient l'amitié et le mariage sont plus heureux que ceux qui donnent une plus grande importance au prestige, au succès professionnel et aux salaires élevés

(Perkins, 1991). Plusieurs auteurs soulèvent le fait que d'accorder une plus grande importance à la richesse, aux biens matériels, à l'image, au prestige et à la célébrité, au détriment des relations intimes, est un obstacle au bonheur (Csikszentmihalyi, 1999 ; Deci & Ryan, 2000 ; Diener & Biswas-Diener, 2002 ; Dubé & Brault-Labbé, 2002 ; Kasser & Ryan, 1993, 1996 ; Ryan *et al.*, 1996, 1999 ; Sheldon & Kasser, 1998).

Pour conclure, on peut donc souligner que les gens, dans leurs scripts personnels du bonheur, accordent une grande importance aux relations interpersonnelles satisfaisantes, qu'ils réfèrent à l'amour, aux amis, à la famille ou aux relations sociales en général. Et ils ont raison. *Toutes* les revues de la documentation portant sur le bonheur, *sans exception*, des toutes premières aux plus récentes, arrivent à la même conclusion : de bonnes relations avec les autres sont essentielles au bonheur (voir, par exemple, Argyle, 1987b ; Bradburn, 1969 ; Campbell, 1981 ; Freedman, 1978 ; Myers, 2000 ; Diener & Seligman, 2002 ; Diener *et al.*, 1999 ; Kahneman, Diener & Schwarz, 2003 ; Lyubomirski, 2001 ; Ryff & Singer, 2001 ; Strack, Argyle & Schwartz, 1991).

Comment avoir des relations intimes plus heureuses ? La vie à deux offre des possibilités de bonheur et de santé, mais elle est aussi source d'irritations, de contrariétés, de conflits, de compromis et de sacrifices, et n'est pas nécessairement un gage de bonheur éternel, comme en témoigne le taux élevé de divorce dans nos sociétés (voir la section suivante).

Il n'existe pas de secret ni de potion magique pour réduire instantanément les hauts taux de séparation et de divorce. Toutefois, la psychologie offre plusieurs avenues pour augmenter la satisfaction dans les relations amoureuses et protéger leur avenir. Comme nous le soutenions dans les sections précédentes, une saine estime de soi, un attachement confiant, un engagement personnel envers son partenaire et envers la relation sont des facteurs associés à des sentiments de bien-être et à des relations intimes

ENCADRÉ 8.3 **Processus psychologiques liés à la satisfaction chez les couples québécois**

Quels sont les déterminants du bonheur et de la satisfaction conjugale ? Plusieurs chercheurs s'intéressent à cette question, tant en psychologie fondamentale qu'en psychologie appliquée, ce qui illustre bien l'intégration des deux domaines.

Chez les couples québécois, comme chez les couples en général, le bonheur et la satisfaction sont liés à plusieurs facteurs associés à la fois aux attitudes et comportements de chacun des partenaires, et aux diverses situations vécues par les couples. Relativement à la satisfaction conjugale, des processus aussi variés que les attributions de causalité, la motivation, les attentes d'efficacité personnelle et les façons d'aborder les problèmes ont été étudiés chez des couples québécois francophones.

Les attributions de causalité. Les attributions ou les inférences quant à la cause des comportements du partenaire sont différentes selon que les individus sont satisfaits ou non satisfaits de leur relation conjugale. Les individus satisfaits de leur relation de couple expliquent les comportements négatifs de leur partenaire et les conflits dans leur couple par des attributions externes, transitoires et circonstancielles. Les attributions que formulent ces personnes montrent aussi qu'elles n'ont pas tendance à blâmer leur conjoint pour leurs comportements négatifs, ni à voir dans ces comportements le reflet d'une intention négative et d'une motivation égoïste (Dulude *et al.*, 1990 ; Sabourin, Lussier & Wright, 1991).

La motivation. Une étude de Blais et ses collègues (1990), menée auprès de couples mariés ou vivant en cohabitation, montre que le type de motivation (Deci & Ryan, 1985, 1991 ; Vallerand, 1997) qu'ont les hommes et les femmes à maintenir une relation conjugale influence leur niveau de satisfaction. C'est plus précisément le fait d'être intrinsèquement motivé à maintenir la relation (vouloir maintenir la relation pour sa valeur propre), plutôt que d'être extrinsèquement motivé à la maintenir (vouloir la maintenir pour les bénéfices externes qu'on en retire, comme le confort matériel procuré par le bon salaire du conjoint), qui favorise la perception de l'adaptation conjugale. La mesure de l'adaptation conjugale (Baillargeon, Dubois & Marineau, 1986 ; Spanier, 1976) évalue les niveaux de consensus, d'expression affective, de cohésion et de satisfaction exprimés par les partenaires : plus ces différents niveaux sont élevés, plus les membres du couple sont considérés comme satisfaits de leur union.

Dans une recherche longitudinale (Sabourin, Valois & Aimé, 2000), on a voulu de nouveau définir le lien entre le style motivationnel et le niveau de satisfaction, tout en vérifiant s'il y a similitude entre les styles motivationnels des deux partenaires d'un même couple. Parmi les 226 couples qui ont participé à la première étape de l'étude, beaucoup partageaient le même style motivationnel. Trois regroupements principaux sont ressortis : 135 couples partageaient une motivation intrinsèque, 10 couples partageaient une motivation extrinsèque et 81 couples ne partageaient pas le même style motivationnel. La satisfaction conjugale s'est révélée significativement plus élevée chez les couples partageant une motivation intrinsèque que chez les couples des deux autres groupes. Les couples n'ayant pas le même style de motivation se disaient toutefois plus satisfaits que les couples partageant une motivation extrinsèque.

De ces 226 couples, 87 couples ont collaboré de nouveau à l'étude, trois ans plus tard. Les styles de motivation semblaient stables, puisque 70 % des couples avaient conservé le même appariement au temps 1 et au temps 2 de l'étude. Chez ces couples, le niveau de satisfaction du temps 2 était presque identique à celui du temps 1. Les seuls couples chez qui on a observé une baisse significative de la satisfaction étaient les couples qui partageaient une motivation intrinsèque au temps 1 et où, trois ans plus tard, un ou les deux partenaires étaient maintenant motivés de façon extrinsèque. Cette étude confirme l'existence d'un lien entre le style motivationnel et la satisfaction conjugale, et montre que les changements de style motivationnel s'accompagnent d'une évolution dans la satisfaction.

Les attentes d'efficacité personnelle. Les attentes d'efficacité personnelle d'un individu, c'est-à-dire le degré de confiance qu'il manifeste quant à sa capacité de résoudre ses problèmes, ont une influence sur la satisfaction conjugale. Selon Bélanger et ses collègues (1993), les attentes permettant le mieux de prédire le degré de satisfaction conjugale sont, chez la femme, liées à des attentes globales d'efficacité, tandis que, chez l'homme, elles ont trait plus spécifiquement à une perception de son pouvoir personnel et à une tendance à réexaminer ses activités de résolution de problèmes.

Ces auteurs ont aussi étudié le lien entre les attentes d'efficacité personnelle et les comportements de résolution de problèmes. Il ressort de cette étude que les comportements négatifs (par exemple la critique) permettent de prédire de faibles attentes d'efficacité quant à la résolution de problèmes, alors que les comportements positifs (par exemple le soutien) sont associés à la présence d'attentes positives.

Les façons de réagir aux problèmes de couple. Les couples ne réagissent pas tous de la même façon aux problèmes inévitables de la vie conjugale. Des études québécoises indiquent que les partenaires de couples heureux et les partenaires de couples malheureux n'utilisent pas les mêmes stratégies d'adaptation lorsqu'ils éprouvent des problèmes. Les époux des couples insatisfaits utilisent l'affrontement, l'évitement et la résignation, tandis que les couples plus heureux recourent à des comparaisons optimistes, et essaient d'évaluer positivement le problème et de planifier sa résolution par la négociation (Bouchard et al., 1998 ; Sabourin, Laporte & Wright, 1990).

Bouchard et Thériault (2003) ont voulu étudier l'utilisation conjointe de certaines stratégies d'adaptation suggérées par la psychologie sociale (Lazarus & Folkman, 1984) et de certains mécanismes de défense promus par les théories psychanalytiques (Andrews, Singh & Bond, 1993 ; Vaillant, 1992) pour résoudre les problèmes maritaux. À l'instar d'autres auteurs (Parker & Endler, 1996 ; Plutchik, 1995), Bouchard et Thériault ont conclu que les stratégies d'adaptation et les mécanismes de défense ne sont pas des construits indépendants. Ils ont aussi montré qu'il existe un lien significatif entre les moyens utilisés pour résoudre les problèmes de couple et la satisfaction conjugale.

Les partenaires satisfaits de leur relation ont tendance à essayer de modifier leurs pensées agressives, à essayer d'être gentils avec leur partenaire, même s'il ne le mérite pas toujours, à essayer d'aider les autres en général, à s'excuser après avoir été trop directs, à essayer de voir le beau côté des choses, à faire preuve de créativité en présence de problèmes de couple, à élaborer un plan d'action et à le suivre lorsqu'ils font face à un problème marital et, finalement, à déployer beaucoup d'efforts pour que les choses se règlent.

Pour leur part, devant un problème marital, les partenaires insatisfaits de leur relation font comme si le problème n'existait pas ou espèrent qu'un miracle se produira, essaient d'oublier les difficultés éprouvées, pensent qu'ils peuvent catégoriser les gens en général, et leur partenaire amoureux en particulier, comme bons ou mauvais, agissent de façon impulsive lorsqu'une chose les dérange, deviennent agressifs lorsqu'ils se sentent blessés et essaient de cacher leurs émotions.

satisfaisantes. Certains processus à l'œuvre chez les couples heureux ont aussi été présentés dans les encadrés 8.2 et 8.3. Ainsi, les membres des couples satisfaits attribuent à des causes externes, transitoires et circonstancielles, plutôt qu'à des traits stables de personnalité, les comportements négatifs et les manquements de leurs partenaires. Ils sont motivés intrinsèquement à maintenir la relation plutôt que par des bénéfices externes, comme le confort matériel et le statut social. Ils ont un sentiment d'efficacité personnelle lorsque des problèmes surviennent et utilisent des moyens constructifs pour résoudre les conflits. Ils ne recourent pas à l'affrontement et à l'évitement, se refusent à exercer des représailles ou à se venger, et essaient plutôt d'évaluer positivement les problèmes et de planifier leur résolution par la négociation.

D'autres comportements ont aussi été relevés chez les couples vivant des relations satisfaisantes. Nous savons, par exemple, que ces personnes mettent la relation au premier plan, et qu'elles veulent satisfaire les besoins de leur partenaire, même si cela signifie qu'elles doivent faire des sacrifices (Van Lange et al., 1997). Elles sont préoccupées par le bien-être de leur conjoint et prêtes à tolérer une iniquité temporaire dans l'échange des ressources. En fait, elles vivent beaucoup plus des relations de partage (communal relationships), où les ressources sont attribuées selon les besoins de chacun, que des relations d'échange (exchange relationships), basées sur ce que chacun mérite (Clark & Mills, 2001). Les personnes vivant une relation de couple heureuse s'arrangent pour satisfaire les besoins de leur partenaire, au fur et à mesure qu'ils surviennent, plutôt que de garder un bilan de quand et qui a donné quoi à qui (Grote & Clark, 2001).

Les personnes vivant dans un couple heureux utilisent aussi certains moyens cognitifs qui augmentent leurs chances de bonheur dans la vie à deux. Comment font-elles, par exemple, pour vivre avec les défauts et les faiblesses de leur partenaire ? Tomber amoureux et vivre avec quelqu'un signifie s'attacher à quelqu'un dont on découvrira, tôt ou tard, les défauts, et dépendre d'une personne qui ne tiendra pas toujours ses promesses. Comment réussir à s'accommoder des faiblesses de l'autre et à être heureux dans la relation ?

Certains de ces moyens peuvent être déconcertants, comme celui d'entretenir des illusions positives par rapport à son partenaire. On définit les **illusions positives par rapport au partenaire** comme des tentatives de voir son partenaire sous le meilleur jour possible, même si cela signifie percevoir chez lui des qualités que lui-même ne voit pas (Murray & Derrick, 2005). Selon Sandra Murray et John Holmes, tout comme des illusions positives par rapport à soi-même (voir le chapitre 3) peuvent protéger la santé physique et mentale (Taylor *et al.*, 2000), des illusions positives par rapport au partenaire peuvent protéger la relation et rendre plus heureux (Murray & Holmes, 1993 ; Murray, Holmes & Griffin, 1996a).

Afin de vérifier cette hypothèse quelque peu surprenante, Murray, Holmes et leurs collègues ont donc entrepris une série d'études. Dans l'une d'elles, par exemple, ils ont demandé à des personnes vivant en couple de se décrire personnellement, de décrire leur partenaire et leur perception du partenaire idéal (Murray *et al.*, 1996a). Les résultats ont démontré qu'effectivement, les gens entretenaient des illusions positives par rapport à leur partenaire. De plus, ces illusions étaient liées au bien-être ressenti dans la relation : les participants ont rapporté une plus grande satisfaction lorsqu'ils percevaient leur partenaire d'une façon plus positive que le partenaire se voyait lui-même. Ces gens ont été contactés trois fois dans l'année qui a suivi (Murray, Holmes & Griffin, 1996b). Les perceptions initiales biaisées de leur partenaire ont eu des effets positifs durant toute cette période. Plus les partenaires avaient idéalisé leur partenaire, et plus leur partenaire les avait idéalisés, plus les gens étaient heureux dans leur relation, et moins ils rapportaient de conflits et de doutes quant à leur partenaire et à la relation.

De multiples études subséquentes ont étayé ces résultats : les personnes vivant des relations heureuses perçoivent leur partenaire sous le meilleur jour possible. Elles voient des qualités dans leur partenaire qu'elles ne voient pas chez les autres (Rusbult *et al.*, 2000), que leurs amis ne voient pas (Murray

et al., 2000) et dont le partenaire lui-même n'est pas conscient (Murray *et al.*, 1996a ; Neff & Karney, 2002). Elles associent au partenaire idéal les qualités qu'elles reconnaissent chez leur partenaire (Murray & Holmes, 1999 ; Murray *et al.*, 1996b) et réussissent même à voir des qualités dans les défauts de celui-ci (Murray & Holmes, 1993).

Cette valorisation du partenaire est considérée, par ces auteurs, comme essentielle pour maintenir la confiance et la satisfaction dans le couple (Holmes & Rempel, 1989 ; Murray, 1999). Les partenaires évoluant dans une relation satisfaisante minimisent ainsi le cycle de négativité que pourraient générer les fautes, les faiblesses et les manquements de l'autre (Gottman, 1994), et, de ce fait, instaurent plutôt un cycle positif. Le regard positif que l'un porte sur l'autre favorise le développement d'une confiance réciproque et mène à la générosité (Murray & Derrick, 2005 ; Murray, Holmes & Griffin, 2000 ; Murray *et al.*, 2005).

LES CÔTÉS SOMBRES DES RELATIONS

> Y fait pas beau tout le temps partout
> Y fait pas beau tout le temps chez nous
> (Mara Tremblay.)

Les autres ne sont pas toujours source de bien-être

Une grande partie des problèmes quotidiens dans la vie avec d'autres personnes vient de certains comportements qui agacent, dérangent ou indisposent (Leary & Springer, 2000). Ces comportements ont un effet négatif parce qu'ils mettent souvent en lumière l'égoïsme et le manque de considération de la personne qui les adopte. Parmi ces comportements, on peut citer ceux qui se traduisent par un empiètement sur notre espace personnel et social, comme le manque de contrôle sur son propre corps (gaz, rots), le fait de laisser traîner ses choses dans un espace partagé, et la pollution de notre environnement personnel par une musique trop forte ou des déchets non ramassés (Miller, 2001). D'autres comportements, fréquemment adoptés sous le couvert de l'humour, peuvent blesser. Bien souvent les taquineries du genre « C'est juste une blague ! » n'ont pas seulement l'humour comme composante, mais aussi une dose d'agressivité, de pouvoir, d'ambiguïté et de méchanceté (Feinberg, 1996 ; Kowalski, 2000 ; Shapiro, Baumeister & Kessler, 1991). Enfin, plusieurs autres comportements peuvent être irritants dans une relation interpersonnelle, comme les interruptions verbales (LaFrance, 1992), la vantardise (Leary *et al.*, 1997), le mensonge (DePaulo & Kashy, 1998) et les tentatives de culpabilisation (Sommer & Baumeister, 1997).

Dans les relations intimes, on peut aussi connaître des peines et subir des blessures qui font très mal. Une trahison commise par une personne qui nous connaît parfaitement, à qui nous faisons confiance et de qui nous dépendons pour satisfaire nos besoins les plus fondamentaux ébranle nos convictions les plus profondes. Quelle qu'en soit la forme, que l'autre nous abandonne, qu'il nous mente ou agisse contre nos intérêts, qu'il nous soit infidèle sexuellement ou amoureusement, la trahison cause énormément de peine et remet en question l'avenir de la relation (Jones *et al.*, 2001). Les problèmes associés aux relations interpersonnelle, et tout particulièrement aux relations intimes, sont très troublants pour la majorité des gens, et constituent l'une des principales raisons qui incitent une personne à entreprendre une thérapie (Bolger *et al.*, 1989 ; Lepore, 1992 ; Rook, 1998 ; Veroff, Kulka & Douvan, 1981 ; Vinokur & van Ryn, 1993).

Quoique tous les types de relations puissent comporter des aspects difficiles, c'est souvent avec les membres de notre famille, nos amis, nos proches et notre partenaire que certains comportements sont le plus dérangeants (Antonucci, Akiyama & Lansford, 1998 ; Walen & Lachman, 2000). Si plusieurs études confirment, par exemple, l'effet positif du mariage sur la santé physique et mentale et sur le bonheur des gens, la simple présence d'un conjoint n'est pas suffisante pour procurer un effet bénéfique. La durée d'une relation n'est pas, non plus, synonyme de satisfaction dans la relation (Karney, Bradbury & Johnson, 1999). Les problèmes dans un mariage sont une source importante de stress, et les gens célibataires sont, de façon générale, plus heureux que les couples dans un mariage conflictuel (Coyne & DeLongis, 1986 ; Glenn & Weaver, 1981). Ainsi, une revue de 64 études publiées entre 1990 et 2000 précise que ce n'est pas le fait d'être en couple, mais bien la *qualité* du mariage qui a un effet sur la santé physique (Kiecolt-Glaser & Newton, 2001). Selon les analyses faites par ces auteurs, les mésententes maritales ont un effet *négatif direct* sur la santé par l'entremise des mécanismes physiologiques qui affectent les fonctions immunitaire, cardiovasculaire, endocrinienne et neurologique, et un effet *négatif indirect* par le truchement des modes de vie néfastes qu'elles engendrent (mauvaise alimentation, troubles du sommeil, alcoolisme).

La fin du rêve

Nous rêvons tous, probablement, d'un amour éternel et d'une famille où il fait bon vivre. Selon un sondage réalisé auprès de 2 100 Canadiens, la grande majorité des gens aspirent à se marier, à vivre des relations qui durent, à élever des enfants heureux et en santé, à être de bons parents, à prendre soin de leurs parents âgés et, au besoin, dans leur propre vieillesse, à recevoir des soins de leurs enfants (Bibby, 2004). Les adolescents ont des aspirations similaires : dans une proportion de 90 %, ils disent vouloir se marier, avoir des enfants et vivre toute leur vie avec le même conjoint (Bibby, 2004).

Toutefois, pour plusieurs personnes, cet idéal du mariage et de la famille demeurera un rêve plutôt qu'une réalité. Les estimations de Statistique Canada indiquent que 50 % des couples, au Québec, risquent de divorcer avant leur trentième anniversaire de mariage (Ambert, Statistique Canada, 2005). Et ces chiffres ne tiennent pas compte de la cohabitation. Au Québec, la cohabitation est plus courante que le mariage comme première union et après un divorce. Or, une union libre qui se brise constitue un divorce caché dont la dissolution ne paraîtra pas dans les statistiques, mais qui se traduira néanmoins par une peine et un désarroi qui seront intimement vécus par les partenaires du couple et par leurs enfants (au Québec, 31 % de tous les enfants de moins de six ans vivent avec des parents non mariés) (Ambert, Statistique Canada, 2005).

Les conséquences psychologiques et sociales du divorce et des séparations sont souvent négatives pour les enfants et leurs parents (voir, par exemple, Amato & Sobolewski, 2001 ; Ambert, 2005 ; Bouchard, 1991 ; Dandurand, 1994 ; Furstenberg & Cherlin, 1991 ; Christensen & Heavy, 1999 ; Jacobson & Gurman, 1995 ; Kiecolt-Glaser & Newton, 2001 ; Laumann-Billings & Emery, 2000 ; Williams, 2001). Le propos n'est pas ici de condamner le divorce (il est un mal nécessaire, comme en témoigne la section suivante), mais plutôt de rappeler, de façon préventive, que les relations amoureuses sont vulnérables aux problèmes quotidiens, aux conflits inévitables et aux tentations créées par de nouveaux partenaires potentiels. Tout amour qui commence possède déjà en lui les germes de sa détérioration possible. De nous en souvenir peut nous rendre plus prudents avant d'officialiser une relation (par le mariage, l'union libre et la naissance des enfants) et plus conscients des efforts qu'il faudra faire pour préserver la *relation* amoureuse et les *relations* familiales.

La violence physique

Certaines relations ne sont pas simplement négatives, elles peuvent être dangereuses et même mortelles. Les journaux nous rappellent quotidiennement ce que les statistiques policières révèlent : dans un très grand nombre de cas, les victimes de crimes violents sont attaquées par un partenaire amoureux ou un membre de leur famille. Ce qui est particulièrement troublant, c'est que la violence physique est répandue dans les relations amoureuses des jeunes âgés de 15 à 25 ans (O'Leary & Cascardi, 1998 ; Statistique Canada, voir Ambert, 2005). Or, les jeunes de cet âge sont particulièrement démunis devant de tels comportements et ne connaissent pas toujours les ressources existantes auxquelles ils

pourraient recourir. Une étude menée auprès d'un groupe de personnes âgées de 21 ans, par exemple, révèle que les personnes vivant en union libre étaient beaucoup plus susceptibles d'avoir à souffrir de comportements violents que celles qui se fréquentaient sans vivre ensemble (Magdol *et al.*, 1998).

Selon Statistique Canada (voir Ambert, 2005), les femmes sont particulièrement vulnérables. Par exemple, même si de nombreux cas de violence ne sont pas signalés à la police, les femmes, comparées aux hommes, ont six fois plus de probabilités de signaler avoir été agressées sexuellement, cinq fois plus d'avoir été étouffées, plus de deux fois plus d'avoir été battues et presque deux fois plus d'avoir été menacées au moyen d'une arme ou d'un couteau. De plus, elles risquent davantage de se faire tuer par leur conjoint : au Canada, au cours des deux dernières décennies, trois fois plus de femmes se sont fait tuer par leur mari que de maris par leur femme. Malgré qu'il ne s'agisse pas du même type de violence, les hommes aussi peuvent être la cible de comportements violents : les hommes, par comparaison avec les femmes, se font plus souvent mordre et frapper avec les mains, les pieds ou un objet qui leur est lancé.

Bien que certains facteurs, seuls ou combinés, ne constituent pas des causes directes de violence, des statistiques récentes montrent qu'ils sont associés à un risque accru de violence (Statistique Canada, voir Ambert, 2005). Parmi les principaux facteurs de risque connus, qui affectent tant les femmes que les hommes, on trouve les suivants : être jeune, avoir un partenaire qui boit beaucoup, vivre en union libre ou venir tout juste de se séparer. Après une séparation, le risque d'être tué est toutefois beaucoup plus grand pour la femme que pour l'homme.

Il semble y avoir un lien entre les styles d'attachement et les comportements violents. Une étude portant sur des couples adultes a démontré que la violence physique et verbale était beaucoup plus fréquente dans les couples ayant un style d'attachement craintif que dans les couples confiants et les couples détachés ; dans les couples ayant un attachement préoccupé, la violence était présente, mais à un niveau moindre que dans les couples où l'attachement est craintif (Dutton *et al.*, 1994).

La violence psychologique

La violence n'est pas toujours physique. La violence psychologique, où une personne essaie de contrôler et de diminuer une autre personne, est une importante source de stress (Coyne & Downey, 1991 ; Rook, 1998). Encore une fois, les femmes sont davantage victimes de certains types de violence psychologique (Statistique Canada, 2000, voir Ambert, 2005). Comparées aux hommes, elles ont quatre fois plus de probabilités de signaler à la police s'être vu refuser l'accès au domicile familial, et deux fois plus de voir leur propriété endommagée ou leurs possessions détruites ; elles rapportent plus fréquemment avoir été isolées de la famille et des amis, et avoir subi des humiliations et des railleries.

La violence psychologique n'est pas toujours facile à reconnaître, mais elle comporte souvent des tentatives de dévaloriser l'autre afin de diminuer son estime de soi et sa valeur personnelle. Pour aider à reconnaître les comportements associés à la **dévalorisation sociale**, Vinokur et van Ryn (1993) proposent les indices suivants : des manifestations de colère ; des critiques et des évaluations négatives de l'autre quant à ses attributs physiques et psychologiques, à ses actions et à ses efforts ; et des comportements qui interfèrent avec la réalisation des projets et des objectifs de l'autre.

Ce qui est pernicieux avec la dévalorisation sociale, c'est qu'elle peut exister parallèlement à des comportements de soutien social (McCaskill & Lakey, 2000 ; Vinokur & van Ryn, 1993). Ainsi une personne peut soutenir son partenaire dans différents domaines, mais le dévaloriser dans d'autres, l'aider dans certaines circonstances, mais le dénigrer dans d'autres. Les conséquences négatives de la dévalorisation peuvent alors surpasser les conséquences positives du soutien social et avoir un effet dévastateur.

LA SOLITUDE : LE MANQUE DES AUTRES

Nous ne pouvons parler de relations interpersonnelles sans évoquer le sentiment provoqué par un manque dans nos rapports avec les autres. Personne n'échappe à la solitude, qui va de la tristesse devant l'impossibilité de partager certaines choses avec autrui à la grande douleur devant le vide créé par le départ d'un être cher.

Qu'est-ce que la solitude ?

Ce ne sont pas toutes les expériences de solitude qui sont vécues de façon négative. Chacun, à certains moments, aime être seul, et certaines personnes, plus que d'autres, aiment se trouver seules pour accomplir plusieurs activités. La solitude équivaut souvent, dans ce cas, à un désir d'être seul, dans un certain espace physique délimité, durant une certaine période de temps déterminée. C'est une solitude désirée, voulue ou, du moins, tolérée. Les gens qui cherchent activement à être seuls ne souffrent habituellement pas de solitude (Burger, 1995). Ce n'est pas de ce type de solitude dont nous parlerons. Notre propos ici est de traiter de la solitude non souhaitée, de la solitude qui fait mal. On reconnaît deux types de solitude qui provoquent des sentiments négatifs : la solitude existentielle et la solitude interpersonnelle.

La solitude existentielle. Il y a un sentiment de solitude qui persiste en dépit de la quantité et de la qualité de nos relations avec les autres. La **solitude existentielle** réfère au « gouffre incommensurable entre soi-même et tout autre être humain » (Yalom, 1980, p. 355). Cette solitude découle de la condition inévitable de l'expérience humaine de la prise de conscience de l'incapacité des autres à faire disparaître chez soi l'anxiété d'exister et d'avoir à faire face à la mort certaine.

Selon plusieurs philosophes et psychologues de l'approche existentielle (Fromm, 1941 ; Heidegger, 1962 ; Kierkegaard, 1954 ; Maslow, 1968 ; Rank, 1945 ; Yalom, 1980), chacun de nous doit faire face à la mort, et les relations avec les autres ne peuvent éliminer cette certitude. Plusieurs psychologues de l'approche existentielle croient toutefois aux bienfaits des relations intimes relativement à cette anxiété (par exemple Fromm, 1941 ; Maslow, 1968 ; Yalom, 1980). Selon eux, il est possible, après avoir pris conscience de son anxiété existentielle, de partager avec l'autre ce fait de la vie et d'aimer l'autre pour l'autre, en se souciant plus de son bien-être que de l'élimination de sa propre anxiété face à la condition humaine.

La psychologie récente s'est aussi intéressée au fait que la prise de conscience humaine (les autres êtres vivants n'auraient pas cette connaissance) de la certitude de la mort tient une place importante dans nos vies quotidiennes, nous terrifie et, par conséquent, génère différents mécanismes de protection (*terror management theory*) (Greenberg, Solomon & Pyszczynski, 1997). Parmi les différents moyens psychologiques créés pour faire face à notre *terreur* de la mort, laquelle peut être inconsciente, un premier mécanisme consiste à développer, à adopter et à défendre une conception du monde qui donne à ce monde des valeurs, un ordre et un sens établi, et à éviter, à diminuer, à punir et même à agresser physiquement les gens qui ne partagent pas notre vision culturelle du monde (Mikulincer & Florian, 2000). Un deuxième mécanisme est de rehausser l'estime de soi. En effet, en augmentant sa valeur personnelle, l'être humain donne un sens à sa vie et se convainc de son invulnérabilité, ce qui lui permet de nier ou, du moins, de repousser sa propre finitude.

Un troisième mécanisme, proposé plus récemment et qui nous intéresse ici plus particulièrement, est la formation et le maintien de liens intimes, notamment de liens amoureux avec les autres (Mikulincer, Gillath & Shaver, 2002). Selon Mikulincer et ses collègues, ce sont principalement les personnes ayant un attachement confiant, comparativement aux personnes ayant un attachement anxieux, qui ont cette capacité d'aller vers les autres pour soulager l'anxiété provoquée par la pensée de leur propre mort (Mikulincer & Florian, 2000 ; Mikulincer & Shaver, 2005).

La solitude interpersonnelle. La **solitude interpersonnelle** est une expérience désagréable vécue lorsque le réseau des relations sociales est déficient d'une façon quantitative ou qualitative (Perlman & Peplau, 1981). La déficience vient de l'écart perçu entre la quantité et la qualité désirées, et la quantité et la qualité actuelles des relations interpersonnelles, et peut causer deux types de solitude : la solitude sociale et la solitude émotionnelle (Archibald, Bartholomew & Marx, 1995 ; Peplau & Perlman, 1982 ; Vincenzi & Grabosky, 1989 ; Weiss, 1973).

La **solitude sociale** vient d'un manque de *relations sociales* satisfaisantes avec des amis, des voisins ou des collègues de travail. Ce type de solitude fait que la personne n'a pas l'impression d'appartenir ou d'être intégrée à une communauté. Cette solitude est surtout liée au *nombre* et à la *fréquence* des relations interpersonnelles, et peut être vécue comme une expérience difficile quand la personne se perçoit comme étant incapable d'effectuer un changement dans une période de temps raisonnable (De Jong-Gierveld, 1986).

La **solitude émotionnelle** résulte de l'absence ou de la perte d'une *relation intime* satisfaisante avec quelqu'un. Cette solitude, liée à un manque dans la *qualité* des relations, est considérée comme étant plus douloureuse que la solitude sociale. La solitude émotionnelle est en corrélation positive avec des mesures de pessimisme, et en corrélation négative avec le bonheur et la satisfaction de vie (Rokach & Bacanli, 2001 ; Rokach *et al.*, 2001).

Évaluée chez des étudiants de niveau universitaire, la solitude émotionnelle serait ressentie dans deux des principales sphères de leur vie : les relations amoureuses et la famille (DiTommaso & Spinner, 1997). Selon une autre étude menée auprès d'étudiants de niveau universitaire et d'adultes plus âgés (Green *et al.*, 2001), il apparaît, bien qu'il existe une corrélation modérée entre la solitude sociale et la solitude émotionnelle, que les gens des deux groupes d'âge se sentent moins seuls s'il y a un partenaire amoureux dans leur réseau social. Dans cette étude, toutefois, la solitude avait beaucoup plus à voir avec le nombre d'amis, dans le cas des étudiants, et avec la satisfaction du besoin d'intimité, dans le cas des adultes plus âgés. Dans une étude faite en Hollande, auprès d'une population de femmes et d'hommes âgés de 25 à 75 ans, les gens qui vivaient sans partenaire amoureux avaient beaucoup plus tendance à souffrir de la solitude que les gens qui vivaient avec un conjoint (De Jong-Gierveld, 1986). Et ce n'est pas uniquement le fait de vivre seul qui provoque la solitude, puisque les parents d'enfants vivant sous leur toit, mais sans partenaire amoureux, disaient dans 60 % des cas souffrir de solitude (la proportion est de 50 % dans le cas des gens vivant complètement seuls, et de seulement 13 % dans le cas des gens vivant avec un conjoint).

Il y a un facteur subjectif important dans l'expérience de la solitude (McWhirter, 1990 ; Russell, Peplau & Cutrona, 1980 ; Seeman, 2000). Être seul n'est pas la même chose que se sentir seul. Une personne qui a des contacts fréquents avec un grand nombre de personnes et une autre avec un partenaire amoureux peuvent, toutes les deux, se *sentir* très seules. Si les relations existantes ne satisfont pas les besoins les plus importants, comme le besoin d'affection, le besoin de recevoir de l'aide et des soins, et le besoin d'être rassuré sur sa propre valeur personnelle, il s'ensuivra un sentiment de solitude.

L'expérience de la solitude a des effets négatifs sur la santé. On savait déjà que les gens seuls avaient plus de problèmes de santé et qu'ils vivaient moins longtemps que les autres, mais des recherches ont maintenant donné des explications : la solitude altère le fonctionnement cardiaque, la tension artérielle et le sommeil des gens, et ces facteurs, à leur tour, ont un effet sur la résilience par rapport aux maladies (Cacioppo, Hawkley & Berntson, 2003 ; Cacioppo *et al.*, 2002 ; Everson-Rose & Lewis, 2005).

Pourquoi la solitude ?

Si les gens reconnaissent l'importance des autres dans leur recherche du bonheur, comment se fait-il que tant de monde souffre de solitude ? Qu'est-ce qui cause la solitude ? Quels en sont les corrélats ? Plusieurs facteurs ont été associés à la solitude, dont des événements ou des circonstances qui amènent habituellement une perception de solitude, ainsi que des caractéristiques personnelles qui prédisposent une personne à ressentir souvent des sentiments de solitude.

Les événements. Les événements réfèrent aux changements qui se produisent dans la vie d'une personne et qui peuvent causer un sentiment de solitude. Ces changements peuvent affecter une seule relation importante ou le réseau complet des relations sociales. Ces changements provoquent un état de solitude plutôt temporaire, lié à des événements spécifiques.

Un des principaux événements liés à l'expérience douloureuse de la solitude est la fin d'une relation intime ou amoureuse à la suite de la mort du partenaire, d'un divorce, ou de l'arrêt de la cohabitation ou des fréquentations (Gordon, 1976 ; Lopata, 1969 ; Weiss, 1973). Il faut se rendre compte aussi que, à la suite d'une séparation amoureuse, les gens perdent non seulement leur partenaire, mais aussi une grande partie de leur réseau social. La séparation causée par la distance physique entre soi-même et le conjoint, la famille ou les amis (déménagement forcé, séjour prolongé à l'hôpital, voyages d'affaires ou heures de travail supplémentaires fréquentes) est aussi considérée comme un événement associé à la solitude (Perlman & Peplau, 1981).

La position d'une personne à l'intérieur d'un groupe ou d'une organisation a une influence considérable sur ses interactions avec les autres, à la fois à l'intérieur et à l'extérieur du groupe. Les changements de rôle ou de statut social, qu'ils soient considérés comme positifs ou négatifs, peuvent donc précipiter un sentiment de solitude. C'est pourquoi une promotion, une rétrogradation, le chômage, la retraite, la naissance des enfants et le départ des enfants de la maison à l'âge adulte sont tous des événements qui amènent souvent un sentiment de solitude (Rubenstein, Shaver & Peplau, 1979). Un sentiment de solitude assez étonnant a même été observé chez des personnes nouvellement mariées (Sadava & Matejcic, 1987).

Les caractéristiques personnelles. Indépendamment des circonstances ou des événements récents, certaines personnes ont moins de contacts sociaux que les autres. Certaines caractéristiques personnelles prédisposent un individu à devenir une personne qui ressent souvent de la solitude ou qui persiste à se sentir seule sur une longue période de temps, après des changements dans sa vie. Contrairement aux circonstances, qui provoquent un état de solitude plutôt temporaire lié à des changements spécifiques, les caractéristiques personnelles sont des facteurs plutôt stables qui prédisposent à la solitude. Ces traits de caractère influencent et limitent les façons dont les individus réagissent aux changements dans leur vie, et augmentent, chez eux, le risque de souffrir de solitude de façon permanente.

On connaît plusieurs caractéristiques qui ne facilitent pas l'établissement et le maintien de relations satisfaisantes avec les autres (voir, par exemple, Anderson *et al.*, 1994 ; Bell, 1991 ; Cutrona, 1982 ; Duggan & Brennan, 1994 ; Jones, Carpenter & Quintana, 1985 ; Hawkley *et al.*, 2003 ; Rokach & Neto, 2000 ; Sermat, 1980 ; Weiss, 1973 ; Zimbardo, 1977). Parmi les traits de caractère, les comportements et les troubles personnels qui éloignent les autres, on remarque :
- l'anxiété ;
- le pessimisme ;
- la dépression ;
- un style d'attachement anxieux ;
- la timidité ;
- une faible estime de soi ;
- un manque de confiance dans les autres ;
- une attention exagérée accordée au soi ;

- un manque de réponses aux besoins des autres ;
- une tendance à traiter les autres durement et méchamment ;
- un lieu de contrôle externe ;
- des révélations de soi inappropriées ;
- un manque général d'habiletés sociales.

Nous savons que ces caractéristiques sont associées à la solitude ; elles peuvent en être la cause, mais aussi une conséquence. En effet, un individu peut souffrir de dépression à la suite de la mort d'un être cher et ne pas rechercher la compagnie des autres. Les gens, n'étant pas attirés par une personne malheureuse et négative, l'évitent à leur tour. Un enfant peut avoir été rejeté par les autres enfants dans son enfance et avoir développé une attitude cynique qui l'amène à être rude dans ses propos. La dureté et la méchanceté de ses propos font que personne ne souhaite être en sa compagnie.

Heureusement, ce cercle négatif peut être brisé. Au moins deux approches procurent des résultats positifs, souvent en un court laps de temps. La première est la thérapie cognitive, qui permet de changer les cognitions négatives relatives au soi et aux autres. En modifiant ses perceptions négatives, la personne apprend à se faire confiance et à réagir de façon plus appropriée et, surtout, plus gratifiante dans différentes situations sociales (André, 1998 ; Cottraux, 2001). Une deuxième approche est le développement d'habiletés sociales. Les gens peuvent se rendre compte de leur maladresse dans différentes situations sociales, mais ne savent pas qu'il est relativement facile de s'améliorer. Dans des ateliers d'apprentissage d'habiletés sociales, souvent offerts sur les campus universitaires, il est possible, dans un milieu non menaçant, de s'observer et de répéter de nouveaux comportements dans différentes situations interpersonnelles. Ces ateliers renseignent les participants sur des aspects très spécifiques des relations avec les autres, comme la façon d'initier une conversation et de terminer un entretien, ce qu'il faut faire pour que les autres nous trouvent intéressants et nous écoutent, la façon d'accepter et de faire des compliments, la façon de critiquer d'une manière constructive et non menaçante, et ainsi de suite. Plusieurs livres, dont les enseignements sont faciles à mettre en pratique, ont aussi été écrits sur le sujet (Boisvert & Beaudry, 1979 ; Chneiweiss & Tanneau, 2003 ; Cungi, 2001 ; Macqueron & Roy, 2004).

Ces différentes approches valent vraiment la peine d'être expérimentées. En effet, non seulement les relations intimes avec les autres en seront facilitées, mais aussi d'autres situations interpersonnelles, comme le fonctionnement optimal dans le travail d'équipe, la communication avec ses parents, le respect de ses droits lorsqu'on est injustement traité, les entrevues pour se trouver un travail, l'interaction avec les collègues de travail, le développement de sa propre entreprise, ainsi que toutes les autres relations interpersonnelles dans la vie de tous les jours.

Avec cette section sur la solitude se referme la boucle ouverte au début de ce chapitre. En effet, nous avions introduit ce chapitre en soulignant l'incommensurable besoin que nous avons des autres, et nous le terminons en présentant le sentiment douloureux qui accompagne le manque des autres. Nous osons espérer, compte tenu de l'immense importance des relations interpersonnelles et, en particulier, des relations intimes pour notre santé et notre bonheur, que chacun de nous prendra soin de ses relations privilégiées avec les autres. Et si la solitude est trop présente, s'il y a quelqu'un, quelque part, qui attend de se laisser apprivoiser, il faut risquer les premiers pas. Car nous ne saurions être heureux sans les autres.

RÉSUMÉ

On a besoin des autres pour vivre et survivre. On a tous besoin d'aimer et de se faire aimer, c'est-à-dire de former et de maintenir un minimum de relations importantes, durables et positives avec les autres.

Une relation interpersonnelle est définie comme un ensemble de liens continus entre deux personnes ou plus, lesquelles s'influencent mutuellement dans un cadre émotionnel, cognitif, social, temporel et multidimensionnel. Il existe plusieurs types de relations interpersonnelles. Parmi les classifications existantes, une des plus simples consiste à considérer les personnes entre lesquelles il existe un lien. On parlera alors de relations amoureuses, maritales, parentales, familiales, d'amitié ou de travail.

Dans le présent chapitre, l'étude des relations interpersonnelles est située dans un contexte historique où sont présentés brièvement les thèmes qui ont principalement intéressé les chercheurs, ainsi que dans le contexte théorique de l'interdépendance sociale. Cette théorie propose des principes généraux et des explications intéressantes relativement à plusieurs phénomènes interpersonnels.

Les relations interpersonnelles sont analysées en fonction du développement des relations, qui va de l'attirance initiale aux relations intimes en passant par la popularité, de l'importance des premières rencontres et de l'influence de la beauté physique. Comme les relations intimes sont le sujet d'étude de la plupart des recherches liées aux relations interpersonnelles en psychologie sociale, la plus grande partie du chapitre leur est consacrée. Les relations intimes sont définies comme des relations où l'autre a une très grande importance émotionnelle et motivationnelle pour soi, et où les partenaires manifestent un fort degré d'interdépendance durant une longue période de temps. Les relations intimes sont abordées en fonction de l'importance des personnes marquantes dans notre vie, des schémas et des sois relationnels, et du processus de transfert.

Bien qu'il existe plusieurs types de relations intimes importantes, les psychologues sociaux ont prêté une attention particulière aux relations d'amour entre deux adultes. Différentes théories ont été proposées jusqu'à maintenant pour expliquer l'amour, et nous les abordons sous les angles suivants : les théories

(suite) cliniques de l'amour vrai, la comparaison entre l'amour et l'amitié, l'amour-passion, la classification des différentes façons d'aimer et l'identification de trois composantes considérées comme essentielles dans l'amour (l'intimité, la passion et l'engagement). L'amour nous amène naturellement à considérer les différents modèles de l'attachement adulte (confiant, préoccupé, craintif et détaché), lesquels affectent un large éventail de processus et de comportements dans différents domaines. L'amour peut aussi conduire à l'engagement, processus par lequel une personne se sent liée à une autre personne et, à cause de ce lien, a l'intention de continuer la relation. Différents modèles sont proposés pour expliquer la continuation de la relation dans les moments difficiles.

Les conséquences positives des relations interpersonnelles sur la santé et le bonheur des gens, particulièrement par le processus du soutien social, sont présentées, avec un rappel de certaines avenues possibles pour jouir de relations intimes plus satisfaisantes. Certains côtés sombres des relations sont exposés : les comportements irritants, la dissolution des relations, et la violence physique et psychologique.

Finalement, on ne peut parler de relations interpersonnelles sans évoquer le sentiment provoqué par un manque dans nos rapports avec les autres. La solitude existentielle et la solitude interpersonnelle sont distinguées, ainsi que les événements et les caractéristiques personnelles qui peuvent mener à la solitude temporaire ou permanente. Des approches sont proposées afin de vaincre la solitude.

BIBLIOGRAPHIE spécialisée

BALDWIN, M.W. (dir.) (2005). *Interpersonal cognition.* New York : Guilford Publications.

BERSCHEID, E. & REGAN, P. (2005). *The psychology of interpersonal relationships.* Upper Saddle River, N.J. : Pearson/Prentice Hall.

FLETCHER, G.J.O. (2002). *The new science of intimate relationships.* Malden, Mass. : Blackwell.

HENDRICK, C. & HENDRICK, S.S. (dir.) (2000). *Close relationships. A sourcebook.* London : Sage Publications.

MASHEK, D. & ARON, A. (dir.) (2004). *The handbook of closeness and intimacy.* Mahwah, N.J. : Erlbaum.

REIS, H.T. & RUSBULT, C.E. (dir.) (2004). *Key readings on close relationships.* Washington, D.C. : Taylor & Francis.

TARABULSY, G., LAROSE, S., PEDERSON, D.R. & MORAN, G. (dir.) (2000). *Attachement et développement : Le rôle des premières relations dans le développement humain.* Sainte-Foy : Presses de l'Université du Québec.

UCHINO, B.N. (2004). *Social support and physical health : Understanding the health consequences of relationships.* New Haven, Conn. : Yale University Press.

ADRESSES

Bibliothèque virtuelle sur différents aspects liés à la famille (Institut Vanier de la famille) :
http://www.ivfamille.ca/library/library_fr.html

Pour en savoir plus sur la recherche scientifique portant sur les relations interpersonnelles (International Association for Relationship Research) :
www.iarr.org/

DE RÉVISION

1. Qu'est-ce que le besoin d'appartenance et comment s'est-il développé, selon la perspective évolutionniste?

2. Qu'est-ce qu'une relation interpersonnelle et comment peut-on classifier ses différentes formes?

3. Qu'est-ce que la théorie de l'interdépendance sociale et quels sont les indicateurs d'une interdépendance élevée?

4. Au moment des premières rencontres, quelles sont les personnes qui nous attirent le plus?

5. Selon la théorie triangulaire de l'amour, quelles sont les trois composantes qui, selon leur intensité dans leurs différentes combinaisons, génèrent différents types d'amour?

6. Comment les relations avec nos parents peuvent-elles avoir une influence sur nos relations amoureuses?

7. Quelles sont les différentes raisons qui peuvent amener une personne à vouloir continuer une relation dans les moments difficiles?

8. Selon plusieurs études empiriques, quels sont les deux grands domaines de vie où les relations intimes ont une influence positive?

9. Selon les statistiques récentes, quels sont les facteurs associés à la violence physique?

10. Quelles sont les différentes raisons qui peuvent amener une personne à se sentir seule?

Une analyse psychosociale de l'agression

Michel Boivin

Isabelle Ouellet-Morin

Amélie Petitclerc

Université Laval

P ar une belle soirée d'automne, un groupe d'amis est attablé devant un bon repas bien arrosé. Jusque-là anodine, la conversation s'anime, le vin aidant. Il est question du film *Éléphant*, réalisé par Gus Van Sant, qui vient de reprendre l'affiche dans un cinéma de répertoire. Ce film s'inspire des événements survenus à l'école Columbine aux États-Unis il y a quelques années : deux adolescents avaient fait irruption dans leur école et abattu plusieurs de leurs camarades de classe avant de se suicider.

« Ça m'attriste beaucoup, commente Marie. Ça me rappelle l'assassinat des 14 étudiantes à l'École Polytechnique de Montréal. L'assassin avait expliqué son geste par sa haine des féministes.

— En effet, ajoute Jean. Et comment ne pas se souvenir de l'épisode de l'Université Concordia au milieu des années 1990… Décidément, nous vivons dans une société de plus en plus violente.

— Je pense que tu exagères, rétorque Pierre, les médias accordent peut-être plus d'importance aux problèmes de violence, ce qui serait plutôt le signe que la société y est aussi plus sensible.

— Les médias font partie du problème. Il est clair pour moi que toute la violence présentée à la télé a un effet, surtout sur les enfants. »

Josée, qui était restée silencieuse, intervient :

« Il ne faut pas perdre de vue que nous sommes en pleine crise économique et que le chômage est très élevé. Je pense que les gens sont frustrés de cette situation et cherchent des boucs émissaires. Je suis convaincue que la frustration a un rôle à jouer dans tout ça.

— Je suis d'accord, reprend Jean. Mais il y a des personnes qui sont plus vulnérables que d'autres à la frustration, et ça dépend de l'éducation qu'elles ont reçue de leurs parents. La discipline et la maîtrise de soi, c'est une chose qui s'apprend d'abord à la maison.

— Oui, répond Josée, mais la société actuelle ne facilite pas la tâche des jeunes familles, et l'encadrement des enfant est plus difficile qu'avant. Je souhaite vivement que les nouvelles mesures gouvernementales de conciliation travail-famille fassent évoluer les choses positivement dans les entreprises.

— Frustration… discipline… Peut-être. Mais moi, je pense que la violence est inévitable et qu'elle doit s'exprimer. Il faudrait d'ailleurs que j'en parle à mon psy… »

Sourires entendus. On change de sujet de conversation.

INTRODUCTION

Les questions touchant la violence et l'agressivité interpersonnelle sont certes d'actualité et nous laissent rarement indifférents. Quels sont les facteurs liés à l'expression de l'agressivité interpersonnelle ? Celle-ci est-elle inévitable ? D'où vient-elle ? Existe-t-il plusieurs types de comportements agressifs ? Comment sont-ils acquis ? Quels sont les mécanismes en cause ? Quel est le rôle des médias dans la propagation de la violence et de l'agressivité interpersonnelle ?

Ce chapitre tente de faire le point sur ces questions. Les approches psychanalytique et éthologique sur l'agression seront d'abord abordées brièvement. Puis les théories dites « psychosociales » seront examinées. Il sera notamment question de l'hypothèse d'une relation entre la frustration et l'agression, et des modèles qui postulent que l'agressivité est un comportement acquis. Puis le chapitre présentera certaines données récentes, provenant principalement d'études longitudinales et d'études génétiquement informatives qui remettent en question les modèles fondés sur l'apprentissage social des conduites agressives. Enfin, le chapitre fera le point sur nos connaissances actuelles concernant les effets de la violence présentée dans les médias.

DISTINCTIONS ET DÉFINITIONS

Dans le langage quotidien, le terme « agressivité » prend des significations multiples, souvent erronées. De prime abord, il désigne généralement la tendance de certains individus à commettre des actes nuisibles envers d'autres individus. Par ailleurs, il peut être utilisé pour décrire des comportements, des attitudes ou des états motivationnels plus généraux. Ainsi on dira d'un joueur de tennis qu'il est « agressif dans son jeu au filet » pour signifier qu'il joue avec audace et intensité, sans laisser entendre pour autant qu'il manifeste des comportements agressifs envers son adversaire. Pourront également être décrits comme « agressifs » un journaliste qui cherche à obtenir des réponses claires d'un politicien, une personne qui s'affirme verbalement au cours d'une entrevue ou encore une femme d'affaires qui décide de conquérir un nouveau marché.

L'étude scientifique de l'agression n'échappe pas à cette diversité de définitions et de catégories. L'agression pourra être définie tantôt comme un trait de personnalité, tantôt comme un instinct ou, plus particulièrement, comme une classe de réponses physiques et verbales observables. Il va sans dire que ces nombreuses significations rendent la tâche malaisée à celui ou celle qui cherche à comprendre le comportement agressif chez l'humain. Aussi est-il important de distinguer les notions dont il sera question dans ce chapitre.

Il importe avant tout de dissocier le comportement agressif du processus sous-jacent, soit l'état émotionnel ou le trait de personnalité pouvant expliquer la manifestation comportementale de l'agressivité (Feshbach, 1970, 1989). Ainsi un état de colère ne se traduit pas nécessairement par un comportement agressif, pas plus qu'un comportement agressif n'implique nécessairement un état de colère. En outre, des personnes pourront être décrites comme agressives parce qu'on perçoit chez elles des

dispositions émotionnelles susceptibles de provoquer des réponses agressives qui, par ailleurs, seront très différentes selon les individus. Des comportements agressifs similaires pourront également s'expliquer par des facteurs très différents. En somme, les personnes agressives ne se comportent pas toujours de façon agressive ; de même, les individus non agressifs ne se comportent pas toujours de façon non agressive.

En ce qui concerne le comportement, une première distinction s'impose pour les psychologues sociaux : celle entre l'**assertion**, qui correspond à un comportement assuré, énergique, orienté vers la réalisation d'un objectif (qui s'appliquerait aux exemples du journaliste ou de la femme d'affaires décrits plus haut), et l'**agression**, qui est définie comme un comportement physique ou verbal dirigé vers une personne avec l'intention de lui causer du tort sur le plan physique ou psychologique. Cette dernière définition exclut les dommages subis par la personne à la suite d'un accident, mais elle inclut les comportements dont l'objectif est de blesser une autre personne, que ce comportement y parvienne ou pas.

La notion d'« intention » ne fait pas l'unanimité chez les chercheurs, certains théoriciens ayant proposé de considérer comme une agression tout comportement qui a pour effet de blesser autrui ou de lui causer du tort (Buss, 1961), ce qui amène à envisager certains comportements accidentels comme étant agressifs. Il faut souligner que l'utilisation de la notion d'« intention » présente un certain nombre de difficultés théoriques et pratiques. En effet, puisque la distinction entre ce qui est accidentel et ce qui est intentionnel s'avère souvent difficile à faire, on aura tendance à déduire du comportement l'intention plutôt que de la mesurer de façon indépendante.

Ces remarques amènent une deuxième distinction importante pour les psychologues sociaux, celle entre l'agression hostile et l'agression instrumentale fondée sur la motivation sous-jacente (Feshbach, 1964). L'**agression hostile** a pour objectif d'infliger la douleur à autrui et de le blesser. L'**agressivité instrumentale** a également pour conséquence de nuire à autrui, mais dans le but de réaliser certains objectifs.

Ce type de comportement agressif est donc perçu comme un moyen d'obtenir certaines ressources, d'atteindre ou de maintenir une position sociale, et non comme un but en soi. Zillmann (1978) propose plutôt de distinguer entre l'agression motivée par une condition désagréable provoquant le malaise (état émotionnel négatif, comportement négatif provenant d'autrui) et celle motivée par des facteurs extérieurs. Dans cette perspective, l'**agression défensive** renvoie à un comportement agressif provoqué par les actions d'autrui. Elle présente généralement une composante affective forte, étant souvent associée à la colère ou à la peur. Elle correspond à la première catégorie proposée par Zillmann (1978) de même qu'à la notion d'« agression hostile ». On emploie souvent l'expression « agressivité réactive » pour décrire les comportements agressifs qui constituent une réaction à une situation perçue comme provocante et aversive (Dodge et Coie, 1987 ; Poulin & Boivin, 2000 ; Vitaro & Brendgen, 2005). À cette dernière notion on peut opposer celle d'« agressivité proactive » qui, comme le terme l'indique, serait exprimée de façon délibérée par l'individu, généralement en vue de servir ses intérêts. Ces diverses notions ne sont pas indépendantes les unes des autres, et il existe des recoupements conceptuels et opérationnels importants entre elles : l'agressivité réactive est généralement de nature hostile, alors que l'agressivité proactive a souvent un caractère instrumental.

Enfin, il y a lieu de distinguer aussi l'agressivité directe ou manifeste de l'agressivité indirecte, sociale ou relationnelle (Bjoerkqvist, Lagerspetz & Kaukiainen, 1992 ; Crick & Grotpeter, 1995 ; Galen & Underwood, 1997). L'agressivité directe se rapporte aux comportements physiques ou verbaux dirigés vers une personne avec l'intention de lui nuire, alors que l'**agressivité indirecte, sociale ou relationnelle** (les trois adjectifs sont utilisés indifféremment) réfère aux comportements qui ont pour objectif de causer du tort à une personne en faisant obstacle à ses relations avec autrui (par exemple menace de rompre une amitié, exclusion sociale, médisance, calomnie). Les nombreuses recherches récentes consacrées à ce dernier type de conduite agressive témoignent d'un intérêt nouveau pour les formes de conduites agressives qui caractérisent les filles (Galen & Underwood, 1997 ; Underwood, Galen & Paquette, 2001 ; Vaillancourt, 2005).

En somme, il n'y a pas de définition unique de l'agression qui permette de rendre compte de la diversité des significations populaires et des stratégies de recherche. Aussi certains ont-ils proposé que l'agression soit considérée avant tout comme un jugement social effectué par un observateur qui estime que le comportement constitue une violation des normes culturelles (Parke & Slaby, 1983). Ce jugement serait effectué selon une appréciation du contexte social, notamment de l'intention, des circonstances antérieures, de la forme et de l'intensité du comportement, de même que des rôles et de la position sociale des personnes en cause.

Quoi qu'il en soit, il est probable que les facteurs expliquant l'agression varient selon les différents types d'agression mentionnés. Il sera donc important de garder ces distinctions à l'esprit lors de l'examen des théories proposées pour élucider le phénomène de l'agression, cela afin de bien en circonscrire la signification.

L'AGRESSION SELON LA PERSPECTIVE PSYCHANALYTIQUE

Selon Freud (1950), l'agression provient de l'instinct de mort (*thanatos*), qui est inscrit biologiquement et est initialement dirigé vers l'autodestruction. Cependant, chez la plupart des personnes, cet instinct est rapidement réorienté vers l'extérieur et devient la source de pulsions hostiles à l'endroit des autres. Si l'agressivité ne peut être dirigée vers des cibles extérieures, elle pourra éventuellement se retourner contre le sujet lui-même et conduire à des symptômes névrotiques et psychotiques. En conséquence, l'expression de l'agressivité est vue comme un mal nécessaire.

Certaines remarques s'imposent relativement aux explications psychanalytiques de l'agression. La première remarque concerne la définition de la notion, qui semble inclure une grande diversité de comportements, d'attitudes et d'états émotionnels. Le concept d'« agression » est utilisé tantôt de façon particulière, tantôt de façon générale : « En somme, l'agression revêt deux significations. D'une part, elle est directement ou indirectement une réaction à la frustration. D'autre part, elle constitue l'une des deux sources de l'énergie individuelle » (Winnicott, 1964, p. 239). Cette ambivalence et surtout le caractère trop général de la notion d'agression ne permettent pas de dégager des prédictions précises qui pourraient être soumises à des tests empiriques rigoureux.

Deuxièmement, le point de vue psychanalytique prétend que l'agression est un phénomène inévitable et biologiquement déterminé, ce qui, d'une part, ne permet pas de rendre compte de la très grande variabilité observée quant à son expression et, d'autre part, amène à proposer des stratégies de maîtrise de l'agressivité qui sont très discutables au regard de ce qui est maintenant connu sur le plan empirique. Ces stratégies se fondent sur la notion de **catharsis**, selon laquelle la pulsion agressive doit s'exprimer pour être réduite. Non seulement cette idée n'est pas appuyée par des données empiriques, mais certaines études suggèrent que, sous certaines conditions, l'expression de l'agressivité peut entraîner une augmentation de la tendance à agresser autrui. Cette question sera examinée en détail plus loin (voir l'encadré 9.2, p. 392).

Enfin, aucun mécanisme physiologique n'a été associé au caractère instinctuel de l'agressivité, bien que le fonctionnement du modèle proposé soit implicitement analogue aux systèmes régissant la faim et la soif. On admet généralement que l'être humain a développé, au cours de son évolution, certains mécanismes psychophysiologiques associés à la fuite et à l'attaque pouvant susciter des réactions agressives. Cependant, tout comme chez les espèces non humaines, ces réactions agressives dépendent également des conditions environnementales.

L'AGRESSION SELON LA PERSPECTIVE ÉTHOLOGIQUE

L'**éthologie** est la science qui a pour objet l'étude comparative des bases biologiques du comportement animal et du comportement humain. Pour les éthologistes classiques, les processus adaptatifs et les mécanismes évolutifs déterminent le répertoire comportemental de chaque espèce et les mécanismes d'activation des comportements chez les individus de l'espèce. Ainsi, les espèces « posséderaient » des caractères comportementaux aussi bien que des traits physiologiques et structuraux. À la suite des pressions sélectives de l'environnement, un comportement sera retenu dans le répertoire de l'espèce parce qu'il favorise la survie et le succès reproductif de l'individu qui le manifeste. Cet avantage lui permettra ainsi de transmettre ces caractéristiques comportementales à un plus grand nombre de descendants comparativement aux individus qui ne présentent pas ce comportement. Ces descendants auront eux-mêmes de plus grandes chances de survivre et de se reproduire dans la mesure où les conditions de survie sont semblables, de sorte que les comportements qui contribuent à la survie de l'individu et à sa reproduction deviendront de plus en plus communs à l'espèce.

Ce paradigme constitue la toile de fond de l'interprétation éthologique la plus connue de l'agression : celle proposée par Konrad Lorenz dans *L'Agression*. Le modèle avancé par Lorenz (1966) stipule l'existence d'une **agression intraspécifique** qui est définie comme « l'instinct de combat chez la bête et l'homme qui est dirigé contre les membres de la même espèce ». Ce modèle propose une vision hydrodynamique de l'agression intraspécifique, celle-ci faisant partie d'un système instinctif engendrant une énergie indépendante de la stimulation extérieure. Puisque cette énergie s'accumule, elle doit être relâchée lorsqu'elle est déclenchée par des stimuli appropriés de l'environnement. La manifestation de l'agression intraspécifique est donc fonction de l'énergie agressive accumulée ainsi que de la présence et de l'intensité de stimuli particuliers dans l'environnement qui peuvent agir comme déclencheurs.

Selon Lorenz, l'agression intraspécifique n'est pas en soi une mauvaise chose. Cet instinct fonctionne afin de préserver l'espèce et l'individu. Il permet le contrôle du nombre d'individus à l'intérieur de l'espèce, de même que la dispersion optimale des individus sur un territoire donné, favorisant ainsi la survie de l'espèce. Ces comportements ont également une fonction de sélection sexuelle en permettant aux individus les plus forts de se reproduire et de perpétuer l'espèce. L'agression intraspécifique ne devient nuisible que lorsque l'espèce, le genre humain en particulier, n'a pas eu l'occasion d'acquérir les mécanismes d'inhibition requis pour neutraliser efficacement les débordements de cette agression. Chez les espèces spécialement bien équipées pour la lutte et la prédation, les combats intraspécifiques se terminent habituellement non pas par la mort de l'opposant, mais par des comportements d'apaisement de la part du perdant qui ont pour fonction de réduire les comportements agressifs subséquents. Selon Lorenz, le problème devant lequel est placée l'espèce humaine tient au fait qu'elle est sous-équipée physiquement en ce qui regarde la capacité de tuer. Par conséquent, elle n'aurait pas élaboré les mécanismes d'inhibition qui permettent de prévenir les abus de violence.

Plusieurs aspects de la théorie de Lorenz (1966) ont été critiqués. Comme dans le cas de l'approche psychanalytique, la difficulté majeure de cette théorie provient de l'utilisation du modèle hydrodynamique. Même chez les espèces non humaines, les comportements complexes se construisent graduellement au cours du développement par l'intégration progressive de différentes influences provenant de l'organisme et de l'environnement. De plus, les modèles instinctuels de la motivation ne s'appliquent pas à l'espèce humaine dans la mesure où ils suggèrent qu'une absence prolongée de stimuli déclencheurs entraîne une accumulation de l'énergie agressive et augmente la probabilité d'une agression. Non seulement cette assertion est fausse, mais elle conduit à des recommandations pour le moins contestables concernant la maîtrise de l'agression, comme nous le verrons plus loin.

Enfin, on a également reproché à Lorenz de manquer de nuances dans la généralisation de ses observations du comportement animal à l'espèce humaine et de négliger certains faits illustrant l'influence de l'expérience sociale chez certaines espèces animales (Bandura, 1973 ; Tinbergen, 1968). Plusieurs études indiquent que les comportements agressifs ne sont pas stimulés automatiquement, mais dépendent du contexte social. L'être humain a été favorisé dans le processus de sélection naturelle en ce que son comportement ne dépend pas entièrement de l'instinct, qu'il peut s'adapter facilement à un changement d'environnement du fait de ses capacités d'apprentissage.

LES THÉORIES PSYCHOSOCIALES DE L'AGRESSION

L'hypothèse du lien frustration-agression : la théorie originale

En 1939, à l'aube de la Seconde Guerre mondiale, John Dollard et des collègues de l'Institute of Human Relations de l'Université Yale publient *Frustration and aggression*, un livre qui a eu, à l'époque, un grand retentissement dans la communauté scientifique (Dollard *et al.*, 1939). Les deux principaux auteurs, John Dollard et Neal Miller, sont des théoriciens de l'apprentissage qui ont été influencés par la théorie psychanalytique, tous deux ayant fréquenté les milieux psychanalytiques européens à la fin de leurs études doctorales. L'objectif du livre est d'effectuer une synthèse des idées psychanalytiques et de l'approche béhavioriste en les appliquant au champ de la psychologie sociale et, au premier chef, au phénomène de l'agression. Cet ouvrage a suscité un vif intérêt, car un numéro spécial de la prestigieuse *Psychological Review* paru en 1941 a été en partie consacré à une discussion au sujet des idées avancées par Dollard et ses collègues.

La théorie s'inscrit dans une ligne d'interprétation dynamique de l'agression tout en rejetant l'instinct comme en étant le moteur principal ; la personne

---

ENCADRÉ 9.1 Le manifeste de Séville sur la violence

Plusieurs croyances erronées circulent dans la société concernant la violence et la guerre. Ainsi, certains prétendent que la violence est inévitable parce qu'elle fait partie de la nature humaine, ou que les guerres sont une conséquence des tendances agressives des individus. Préoccupés par ces croyances erronées, des scientifiques de plusieurs pays se sont réunis à Séville, en Espagne, en mai 1986, sous les auspices de l'UNESCO, afin de mettre au point la déclaration de Séville sur la violence. En voici des extraits.

« Croyant qu'il est de notre responsabilité d'étudier sous l'angle de nos disciplines respectives les activités les plus dangereuses et les plus destructrices de notre espèce, la violence et la guerre ; admettant que la science est un produit culturel humain qui ne peut être définitif ou répondre à toutes les questions ; […] nous, soussignés chercheurs de différents pays et de disciplines pertinentes, nous sommes réunis et sommes arrivés à la présente déclaration sur la violence. Dans celle-ci, nous récusons certaines présumées données biologiques utilisées, même par certaines de nos disciplines, afin de justifier la violence et la guerre. […] Nous présentons notre position sous la forme de cinq propositions. […]

« IL EST SCIENTIFIQUEMENT INCORRECT d'affirmer que nous avons hérité une tendance à faire la guerre de nos ancêtres animaux. Bien que le combat soit largement répandu chez les espèces animales, seulement quelques cas de combat intraspécifique entre groupes organisés ont été rapportés chez les espèces vivant en milieu naturel, et aucun de ceux-ci n'entraîne l'utilisation d'outils comme armes. L'alimentation normale par prédation d'autres espèces ne peut être assimilée à la violence intraspécifique. […]

« Le fait que la guerre se soit modifiée si rapidement avec le temps indique qu'elle est un produit de la culture. La connexion biologique s'effectue principalement par le biais du langage, qui rend possible la coordination des groupes, la transmission de la technologie et l'utilisation des outils. La guerre est biologiquement possible, mais elle n'est pas inévitable. […] Certaines cultures n'ont pas été mêlées à une guerre pendant des siècles, d'autres l'ont été fréquemment à certains moments et pas à d'autres.

« IL EST SCIENTIFIQUEMENT INCORRECT d'affirmer que la guerre ou tout autre comportement violent est génétiquement programmé dans la nature humaine. Bien que les gènes soient présents à tous les niveaux du fonctionnement du système nerveux, ils apportent un potentiel de développement qui ne peut être actualisé qu'en conjonction avec l'environnement écologique et social. Même si les individus diffèrent quant à la prédisposition à être influencés, par l'expérience,

c'est l'interaction entre leur bagage génétique et les conditions d'éducation qui détermine leur personnalité.

À l'exception de rares pathologies, les gènes ne produisent pas des individus nécessairement prédisposés à la violence. […] Pas plus qu'ils ne déterminent l'inverse. […]

« IL EST SCIENTIFIQUEMENT INCORRECT d'affirmer qu'au cours de l'évolution humaine les comportements agressifs ont été sélectionnés dans une plus large mesure que les autres comportements. Chez toutes les espèces bien étudiées, le statut à l'intérieur d'un groupe est obtenu par l'habileté à coopérer et à accomplir des fonctions sociales reliées à la structure de ce groupe. La position de "dominance" implique des liens et des affiliations ; elle n'est pas une simple affaire de possession et d'utilisation d'une puissance physique supérieure, bien qu'elle entraîne des comportements agressifs. Lorsqu'une sélection génétique selon des comportements agressifs a été artificiellement effectuée chez les animaux, elle a rapidement réussi à produire des individus hyperagressifs, ce qui indique que l'agression n'a pas été sélectionnée d'une façon maximale dans les conditions naturelles. Lorsque ces animaux hyperagressifs et créés expérimentalement sont présents dans un groupe social, ils perturbent la structure sociale ou sont repoussés à l'extérieur…

« IL EST SCIENTIFIQUEMENT INCORRECT d'affirmer que les humains ont un "cerveau violent". Bien que nous possédions un appareil nerveux nous permettant d'agir violemment, il n'est pas activé automatiquement par des stimuli internes ou externes. Comme les primates supérieurs et à la différence des autres animaux, nos processus neuronaux supérieurs filtrent ces stimuli avant d'agir sur eux. Notre conduite est façonnée par la manière dont nous avons été conditionnés et socialisés. Il n'y a rien dans notre neurophysiologie qui nous oblige à réagir violemment.

« IL EST SCIENTIFIQUEMENT INCORRECT d'affirmer que la guerre est causée par un "instinct" ou toute motivation unique. L'émergence de la guerre moderne a suivi une trajectoire débutant par la primauté de facteurs motivationnels et émotionnels, quelquefois appelés "instincts" et conduisant à la primauté des facteurs cognitifs. La guerre moderne implique un usage institutionnel de caractéristiques personnelles telles que l'obéissance, la sensibilité à la suggestion et l'idéalisme, d'habiletés sociales comme le langage, et de considérations rationnelles telles que le calcul du coût, la planification et le traitement de l'information. […]

« Nous concluons que la biologie ne condamne pas l'humanité à la guerre. […] De la même façon que "les guerres débutent dans l'esprit des hommes", la paix débute également

··········➤

dans nos esprits. La même espèce qui a inventé la guerre est capable d'inventer la paix. La responsabilité réside en chacun de nous.

Séville, le 16 mai 1986 »

Suivent les noms des 20 signataires participant à la rencontre de Séville. La déclaration de Séville a depuis suscité l'adhésion de plusieurs organisations professionnelles et scientifiques, dont l'American Psychological Association, l'American Anthropological Association, le Canadian Psychologists for Social Responsibility et l'International Council of Psychologists. Par ailleurs, elle a suscité un débat chez les scientifiques concernant l'utilité, l'influence sur le public et la validité des énoncés mêmes de la déclaration, notamment en ce qui a trait à sa position à l'égard de certaines interprétations biologiques de l'agression.

Source : Adams *et al.* (1990) ; traduction libre.

humaine est appelée à agir de façon agressive par un état motivationnel interne (*drive*) qui est le produit d'une frustration. Les postulats de base sont catégoriques : 1) l'agression présuppose toujours l'existence d'une frustration ; et 2) l'existence d'une frustration conduit toujours à une forme d'agression. La notion de **frustration** réfère ici à un événement qui interfère avec l'atteinte d'un objectif poursuivi par un individu plutôt qu'à la réaction affective de l'individu à cette interférence (Miller *et al.*, 2003). Par agression, les auteurs entendent tout comportement qui a pour objectif de blesser ou de punir l'autre personne. Sur la base de ces deux postulats, les auteurs développent un modèle théorique ambitieux qui tente d'expliquer les modalités d'expression, l'inhibition et le déplacement de l'agression.

Ainsi, l'intensité et la fréquence de l'agression varient en fonction de la force de la frustration. Or, l'intensité de la frustration dépend de l'ampleur de l'interférence et de l'importance accordée par le sujet à l'objectif poursuivi. Dollard et ses collègues considèrent également que les frustrations antérieures ou simultanées peuvent avoir des effets cumulatifs et diminuer le seuil de tolérance à la frustration. Par ailleurs, ils affirment que la tendance à l'agression se maintient tant que le comportement agressif ne se manifeste pas. Sans en faire une règle absolue, la théorie postule un effet cathartique, c'est-à-dire l'hypothèse selon laquelle l'expression de l'agression réduit la propension à l'agression, une idée qu'elle partage avec les modèles psychanalytiques et éthologiques décrits précédemment. Nous y reviendrons.

Par ailleurs, la réponse agressive peut également être inhibée partiellement par la crainte d'une punition, par l'impossibilité de retracer l'auteur de la provocation et par la difficulté de déterminer la source de la frustration (Miller, 1941). Ces deux types de facteurs antagonistes, l'un instigateur et l'autre inhibiteur, se combineraient, agissant comme des forces mécaniques orientées dans des directions opposées. Ainsi, une intense force instigatrice d'un acte agressif pourrait réduire la crainte de la punition et amener un comportement agressif dont la force sera en rapport avec la relation algébrique de ces deux tendances.

Selon l'hypothèse du lien frustration-agression, le comportement agressif est naturellement dirigé vers la personne responsable de la frustration. Cependant, lorsque cette réponse est impossible ou inhibée par la peur de la punition, les conséquences peuvent être de deux ordres : des changements dans la forme du comportement agressif (formes indirectes d'agression telles que l'ignorance, la propagation de rumeurs, le refus de collaborer, la rumination, etc.) ou encore un déplacement de l'agression vers une autre cible (bouc émissaire). En ce qui regarde le déplacement de l'agression, l'objet et la force des réponses déplacées dépendent de trois variables principales : 1) la force de la tendance à l'agression (intensité de la frustration) ; 2) la force de l'inhibition (crainte de la punition) ; et 3) la ressemblance existant entre les cibles possibles et la personne responsable de la frustration (Miller *et al.*, 2003).

Cette première formulation de l'hypothèse du lien frustration-agression a suscité rapidement beaucoup de critiques de la part de la communauté scientifique. La nature absolue du postulat de base concernant le caractère nécessaire du lien causal entre la frustration et l'agression fut dès le début l'un des aspects les plus souvent attaqués (Bateson, 1941 ; Maslow, 1941 ; Rosenweig, 1944 ; Wright, 1942, 1943). On fit valoir notamment que l'agression n'est pas une réponse typique à la frustration dans plusieurs cultures (Bateson, 1941).

Miller (1941), l'un des auteurs de *Frustration and aggression*, sentit très vite le besoin de réviser la théorie et reconnut que la frustration pouvait provoquer des réponses autres que l'agression tout en soulignant que cette dernière est la réponse naturellement dominante. Selon lui, la frustration crée une prédisposition à agresser autrui, prédisposition qui ne se traduirait pas nécessairement par une agression ouverte. Il fait valoir par ailleurs que l'organisme peut avoir appris d'autres façons de répondre à la frustration (Berkowitz, 1989).

Les premières études visant à vérifier l'hypothèse de la relation frustration-agression furent marquées par des problèmes de circularité des définitions (Johnson, 1972). Souvent, la présence de la frustration fut considérée comme un signe d'agression et, réciproquement, la présence d'agression fut utilisée comme un indice d'une expérience frustrante. Par la suite, lorsque les deux phénomènes furent mesurés de façon indépendante, on put constater que la frustration n'est pas un construit unitaire et que les tentatives d'induction (expérimentales) de la frustration ne sont pas nécessairement équivalentes. Selon Dollard et ses collègues, il y a frustration lorsque survient une interférence qui nuit à l'atteinte d'un objectif. Cette définition très générale a incité les chercheurs à utiliser une variété de procédures expérimentales ayant pour objectif de provoquer une frustration chez les participants. Outre l'interférence dans l'atteinte d'un objectif spécifique, on retrouve aussi l'utilisation d'insultes personnelles, de traitements physiques douloureux, la privation de

récompenses, l'expérience d'un échec et des conditions environnementales hostiles (Marcus-Newhall *et al.*, 2000). Ce type de procédure implique souvent des facteurs autres que la stricte interférence dans l'atteinte d'un objectif, créant ainsi un problème d'interprétation de la définition de la frustration[1]. De plus, toutes les formes de frustration ne sont pas également susceptibles de provoquer l'agression. Ainsi, bien souvent, un blocage ou une privation qui représentent une menace pour la personnalité, la sécurité ou les objectifs de vie de l'individu n'ont pas le même effet qu'un blocage qui ne comporte pas ces menaces pour l'individu (Lazarus, 1991). En somme, la frustration ne provoquerait qu'un état irritant pour l'organisme, la direction du comportement n'étant déterminée que par la personnalité et les motivations de l'individu, de même que par sa perception de la situation.

Un lien entre la frustration et l'agression est plus susceptible d'être observé si le comportement agressif est perçu comme un moyen efficace d'éliminer la source de la frustration (Roseman, Antoniou & Jose, 1996). De plus, certaines études démontrent que très peu d'agression est manifestée lorsque le désir de succès de l'individu dans une tâche est contré par le comportement non hostile d'un confrère (Buss, 1966). Selon Berkowitz (1993), les insultes personnelles et les menaces sont plus susceptibles de provoquer l'agression envers la personne responsable qu'une simple interférence dans la poursuite d'un objectif. Enfin, les insultes personnelles et les traitements physiques douloureux sont associés à une plus grande fréquence de comportements agressifs sur une cible déplacée (Marcus-Newhall *et al.*, 2000).

Dans une étude menée par Geen (1968), des étudiants universitaires furent soumis à différentes conditions. Dans la première condition, on demandait aux étudiants de faire un casse-tête insoluble. Dans la deuxième condition, une personne — une complice de l'expérimentateur — avait pour consigne d'empêcher le sujet de compléter le casse-tête. Dans la troisième condition, le sujet était insulté par la

---

1. Il apparaît ici important de distinguer la frustration d'avec la provocation. Celle-ci réfère à une situation sociale qui engendre un état de colère, alors que la frustration constitue une interférence dans l'accomplissement d'une tâche (Miller *et al.*, 2003).

personne en question. Un quatrième groupe de sujets ne subit aucune frustration et a servi de groupe contrôle. Par la suite, tous les sujets ont regardé un film de boxe. Enfin, tous les sujets ont été soumis à une situation d'évaluation factice (à leur insu) où ils devaient punir le complice en lui administrant des chocs électriques, le nombre de chocs administrés étant considéré comme la mesure de l'agression. Bien que tous les sujets des trois conditions expérimentales aient administré plus de chocs que les sujets contrôles, Geen (1968) a constaté que les sujets insultés en avaient donné plus que ceux des trois autres groupes, ce qui appuie l'idée que les provocations interpersonnelles jouent un rôle important dans l'agression humaine (Berkowitz, 1993 ; Geen 2001).

Peut-être à cause de ses conséquences potentielles sur le plan social, la question du déplacement de l'agression a fait l'objet de plusieurs recherches (Green, Glaser & Rich, 1998 ; Pedersen, Gonzales & Miller, 2000 ; Miller *et al.*, 2003). Les recherches ont surtout visé à élucider les mécanismes impliqués dans le déplacement. Selon une méta-analyse récente (Marcus-Newhall *et al.*, 2000), la frustration et le déplacement de l'agression sont intimement liés entre eux, mais plusieurs facteurs viendraient influer sur les liens qui les unissent, notamment certaines caractéristiques de l'agresseur (par exemple la réactivité émotionnelle, le narcissisme, la tendance à la rumination), la consommation d'alcool et la présence, dans l'environnement, d'objets suggérant la violence (dessins violents, armes, etc.). Ainsi, Pedersen et ses collègues (2000) ont montré que la probabilité d'occurrence d'une réponse agressive est plus élevée lorsqu'un individu déjà frustré est à nouveau provoqué, même faiblement, par la cible de l'agression déplacée. Il semble que l'induction d'émotions négatives favoriserait la manifestation de ces dernières à la suite d'une nouvelle provocation. Ce phénomène pourrait à son tour influer sur les processus d'attention et d'attribution de l'intention, et entraîner une réponse plus agressive que celle associée à la simple addition des sources de frustration (Miller

et al., 2003). À l'opposé, la probabilité de voir apparaître une réponse agressive peut diminuer si les comportements manifestés par la cible potentielle contrastent avec ceux ayant suscité la provocation initiale (Marcus-Newhall *et al.*, 2000 ; Vasquez *et al.*, 2005).

Il semble également que l'intervalle entre la provocation initiale et la manifestation de l'agression déplacée est un élément important à considérer. Dans la plupart des études consacrées à cette question, on a constaté qu'il y avait un court intervalle entre les deux (environ 20 minutes en moyenne ; Marcus-Newhall *et al.*, 2000). Cet intervalle est plus bref que ceux habituellement observés en milieu naturel.

Comment alors expliquer le maintien de la tendance à l'agression pendant une longue période de temps ? La **rumination**, c'est-à-dire les représentations cognitives des aspects négatifs ayant suscité la provocation qui persistent au-delà de l'activation physiologique, pourrait maintenir et même amplifier l'activation des réseaux associés aux émotions et aux souvenirs négatifs, augmentant de ce fait la probabilité ultérieure d'émettre une réponse agressive à la suite d'une légère provocation (Miller *et al.*, 2003 ; Rusting & Nolen-Hoeksema, 1998).

Rusting et Nolen-Hoeksema (1998) ont mené une étude qui avait pour but de déterminer dans quelle mesure la rumination maintient ou amplifie la colère. Ils ont demandé à des individus de remplir des questionnaires visant à évaluer le niveau de colère initial (prétest), puis de penser à une histoire qui suscite des sentiments de colère et d'injustice : « Pensez à un moment dans votre vie où votre colère était tellement forte que vous étiez sur le point d'exploser. » Ces participants ont par la suite été assignés aléatoirement à l'une ou l'autre des trois conditions suivantes : 1) induction de rumination ; 2) induction de distraction ; ou 3) non-induction (condition contrôle). Dans la condition rumination, les participants étaient invités à fixer leur attention sur des pensées liées à leur état émotionnel (par exemple : « Pourquoi les gens vous traitent-ils de cette façon ? »). Dans la condition distraction, les participants devaient fixer leur attention sur des pensées dont le contenu était non émotionnel et non lié à la situation qui a provoqué la colère (par exemple : « Imaginez la disposition de votre bureau de poste »). Dans la condition contrôle, les participants étaient laissés libres de penser à ce qu'ils voulaient. Enfin, on a demandé aux participants de remplir de nouveau les questionnaires initiaux (post-test). Les niveaux de colère observés dans les trois conditions ont été comparés. Les résultats de cette étude sont présentés à la figure 9.1. Comme on peut le voir, il n'y a, dans le prétest, aucune différence significative entre les trois conditions. Par ailleurs, le sentiment de colère s'est accru chez les participants de la condition rumination alors qu'il a légèrement diminué dans les deux autres groupes. Les participants qui ont exécuté une tâche de distraction sont ceux qui ont rapporté le moins de colère en post-test (significativement moins que la condition neutre). Ces résultats indiquent que la rumination, lorsqu'elle suit l'induction de la colère, aggrave cet état émotionnel négatif. La raison en est sans doute qu'elle maintient actifs les réseaux ayant rapport aux émotions et aux souvenirs liés à la colère. Bref, il semble important de distinguer les phénomènes qui apparaissent peu de temps après la provocation initiale et qui expriment un éveil émotionnel de ceux qui, comme celui de la rumination, surviennent plus tard.

La justification perçue serait également importante à considérer dans l'évaluation de la situation frustrante, suggérant en cela une médiation cognitive (Baumeister, Stillwell & Wotman, 1990). Ainsi, une interférence sera moins frustrante et risque moins d'entraîner une agression si elle est jugée justifiée et non intentionnelle plutôt qu'arbitraire et intentionnelle (Dill & Anderson, 1995 ; Feshbach, 1989). Par exemple, un individu qui attend dans une salle d'urgence et qui croit s'être fait voler son tour dans une file d'attente risque moins de manifester de l'agressivité s'il s'aperçoit que le cas est plus urgent que le sien ou que la personne qui a pris sa place ne l'a pas fait exprès. Ces éléments renvoient à une interprétation cognitive des situations

sociales susceptibles de créer de la frustration et ils permettent de voir que la recherche des causes peut contribuer à clarifier le lien entre la frustration et l'agression (Anderson & Bushman, 2002 ; Berkowitz & Harmon-Jones, 2004).

Enfin, concernant la notion d'agression, il est important de préciser que l'hypothèse formulée par Dollard et ses collègues comporte une définition plutôt restrictive de l'agression. Celle-ci est en effet définie comme toute séquence de comportements dont le but est de blesser ou de punir une personne. Il est clair ici que cette définition met l'accent sur l'intention hostile, négligeant le fait que l'agression peut être également utilisée à des fins instrumentales.

En conclusion, il semble que la frustration ne soit qu'un des facteurs, pas nécessairement le plus important, influant sur l'expression de l'agression (Bandura, 2001). La frustration, au sens où l'entendent

FIGURE 9.1   **Colère rapportée par les participants avant et après l'exposition à une condition de rumination, de distraction ou de contrôle**

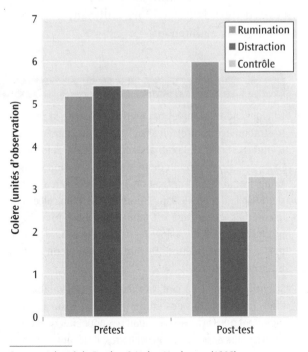

Source : Adapté de Rusting & Nolen-Hoeksema (1998).

Dollard et ses collègues, ne suscite qu'un éveil émotionnel général. Selon la théorie de l'apprentissage social (voir plus loin), ce sont les apprentissages sociaux antérieurs qui déterminent comment l'individu répondra à la frustration (Bandura, 1973 ; Mischel & Shoda, 1995). Bandura (2001) soutient que l'interférence dans l'atteinte d'un objectif poursuivi par un individu (la frustration) n'est pas en soi un élément déclencheur. Les confirmations empiriques de l'hypothèse frustration-agression s'appuient sur des éléments qui ne sont pas pris en compte dans la théorie originale, comme le fait que la situation implique une attaque personnelle ou que la réaction agressive puisse être perçue comme un moyen d'éliminer l'interférence.

En somme, l'hypothèse du lien frustration-agression devrait être définitivement écartée. On continue d'étudier le phénomène de l'agression déplacée, même si la manière dont on l'explique procède des théories qui sont décrites dans les sections suivantes. L'hypothèse du lien frustration-agression a le mérite d'avoir suscité un débat productif et permis la mise sur pied des théories actuelles sur l'agression, notamment celles proposées par Leonard Berkowitz et Dorf Zillman, que nous présenterons maintenant.

Le lien frustration-agression dans une perspective néoassociationniste

Dans ses premiers efforts pour appliquer aux préjugés la théorie du lien frustration-agression, Leonard Berkowitz (1962) s'est rendu compte de l'ambiguïté de la formulation de cette dernière. Selon lui, le lien entre la frustration et l'agression ne s'observe que sous certaines conditions. Premièrement, la frustration doit d'abord susciter une réaction émotionnelle de colère pour inciter à l'agression. De plus, Berkowitz ajoute la notion d'indices externes à la théorie originale, la frustration ou la colère ne causant l'agression que dans le cas où certains indices sont présents. Si ces derniers sont absents, la réponse à la frustration pourra être différente et non agressive. En somme, la colère est perçue comme un état motivationnel intervenant entre la frustration et l'agression, cet état sensibilisant l'individu aux indices de l'environnement qui pourront alors activer la réponse agressive.

Les indices sont de trois types : les cibles, les situations et les objets. D'abord, la personne perçue comme responsable de la frustration peut certainement être un indice associé à la colère et, de ce fait, évoquer la réponse agressive. Par ailleurs, l'individu

---

ENCADRÉ 9.2   La catharsis de l'agression : un mythe plutôt qu'une réalité

Une des thèses avancées par les théoriciens de la relation frustration-agression et qui a fait l'objet d'un grand nombre d'études est celle de la catharsis de l'agression. Selon cette thèse : « [...] l'expression de tout acte d'agression est une catharsis qui réduit l'instigation à tout autre acte d'agression » (Dollard *et al.*, 1939, p. 53). Grandement véhiculée dans les médias, cette thèse est admise par bon nombre de psychanalystes et d'éthologistes, ainsi que par une grande partie de la population (Bushman & Anderson, 2001 ; Bushman *et al.*, 2001).

Scientifiquement parlant, la thèse n'est pas valable. En effet, les recensions des études empiriques sur le sujet indiquent que la catharsis n'aurait pas pour effet de réduire les actes agressifs, mais qu'au contraire, elle les augmenterait

(Bushman, 2002). La recherche sur le sujet indique que la tendance à l'agression n'est pas réduite par l'observation de la violence dans les films ou à la télévision (Anderson *et al.*, 2003), par le fait de s'en prendre à des objets ou de se livrer à des attaques verbales contre autrui. L'agression n'est pas non plus réduite par un exercice physique vigoureux tel que celui qui consiste à frapper un *punching-bag* (Bushman, 2002) ou à pédaler vigoureusement sur une bicyclette (Zillmann, 1978). En fait, il semble que la tendance agressive ne serait réduite que dans les cas où le comportement de la personne qui est à la source de la frustration peut être interprété comme une provocation et où la réponse agressive constitue un moyen de faire cesser la frustration. De plus, dans les quelques études où l'on a observé une réduction de la tendance agressive à la suite d'un acte ou de propos agressifs (par exemple Fromkin, Goldstein & Brock, 1977 ; Konecni & Ebbesen, 1976), cette réduction peut être interprétée comme une réponse dirigée contre l'agression (sentiment de culpabilité ou inhibition) plutôt que comme l'effet d'une libération produite par une catharsis. Lorsque ces contraintes sont minimes, l'expression de l'agression semble conduire à une augmentation plutôt qu'une diminution de l'hostilité. Les sujets à qui l'on offre la possibilité d'agresser de façon répétée l'agent provocateur ont davantage tendance à le faire, ce qui laisse croire que le fait de se livrer à une agression entraîne une diminution de l'inhibition.

Par ailleurs, il est vrai que l'interprétation des résultats des études empiriques portant sur la catharsis se complique du fait qu'il n'existe pas de consensus sur la mesure de l'effet cathartique. L'effet cathartique pourrait aussi être considéré comme une baisse de la tension émotionnelle ou, de façon plus générale, de l'intensité des affects négatifs ressentie (Bushman, 2002 ; Bushman, Baumeister & Stack, 1999). Les études menées par Hokanson (Hokanson, 1970 ; Hokanson & Burgess, 1962 ; Hokanson, Burgess & Cohen, 1963) concluent que l'expression du comportement agressif peut abaisser la tension émotionnelle, mais seulement dans des conditions particulières. Dans ces études expérimentales menées en laboratoire, les sujets sont d'abord perturbés dans leur travail et insultés par un expérimentateur-complice, puis ils se voient offrir ou non la possibilité de punir la personne à l'origine de la frustration. La tension artérielle des sujets qui ont la possibilité de punir le complice baisse plus rapidement que celle de ceux qui n'ont pas cette possibilité. Toutefois, cette baisse se produit seulement dans des circonstances déterminées, notamment lorsque la cible est la personne à l'origine de la provocation, lorsque le sujet juge la réponse justifiée et que la personne cible n'est pas intimidante pour lui. La spécificité des circonstances donnant lieu à l'effet cathartique attendu suggère à nouveau l'intervention de facteurs cognitifs dans la relation entre l'expression du comportement agressif et la baisse de la tension artérielle.

Contrairement aux hommes, les femmes ne subissent pas de baisse de la tension artérielle à la suite de l'expression de l'agression, ce qui s'expliquerait par l'apprentissage social (Hokanson, Willers & Koropsak, 1968). Selon Hokanson et ses collègues (1968), les hommes et les femmes auraient appris différentes stratégies comportementales en réponse à la frustration. Pour vérifier cette hypothèse, Hokanson et ses collègues (1968) ont modifié la procédure de façon à offrir un choix de réponses aux sujets : punition ou récompense. La session expérimentale est divisée en trois étapes. La première étape consiste en une série d'échanges entre le sujet et un complice au cours desquels chacun doit punir ou renforcer les réponses de l'autre, les réponses du complice étant déterminées aléatoirement à l'insu du sujet. À cette étape, les femmes voient leur tension artérielle baisser lorsqu'elles répondent de façon non agressive aux punitions du complice. Pour leur part, lorsqu'ils répondent de façon agressive (c'est-à-dire punitive), les hommes voient leur tension diminuer rapidement. Dans la seconde phase de l'expérimentation, les réponses agressives des femmes et les réponses positives des hommes sont systématiquement renforcées. À la fin de cette session, la distribution des réponses observée à l'étape 1 est inversée : les femmes ont une plus forte baisse de tension à la suite de réponses agressives, et les hommes commencent à avoir une baisse plus marquée après leurs réponses positives. Enfin, dans la dernière étape, les conditions initiales sont rétablies et les réponses des hommes et des femmes sont les mêmes que celles observées à l'étape 1. En somme, cette étude indique une baisse possible de la tension artérielle à la suite de réponses agressives, mais cette baisse s'explique par des expériences antérieures renforçantes plutôt que par l'expression même de l'agression. Cet effet ne s'exerce pas dans tous les cas, l'expression de la colère pouvant parfois favoriser la rumination, ce qui contribuerait à entretenir les émotions et les pensées liées à la colère, et à accroître la probabilité de voir apparaître des comportements agressifs (Berkowitz & Harmon-Jones, 2004).

La thèse de la catharsis semble maintenant abandonnée par la plupart des psychologues sociaux (Baumeister, Dale & Sommer, 1998 ; Bushman, 2002 ; Geen & Quanty, 1977). Comment alors expliquer que la population en général continue d'y croire ? Certains pensent que le mythe des effets bénéfiques de la catharsis serait entretenu par les médias, en particulier chez les individus qui expriment ouvertement leur colère (Bushman *et al.*, 2001). Bushman et ses collègues (1999) rapportent que, après avoir lu un court article appuyant la thèse de la catharsis, les participants expriment plus fortement le désir de se livrer à une activité cathartique à la suite d'une provocation. À l'opposé, ceux qui ont lu un article rejetant la thèse de la catharsis sont plus réticents à accomplir une action agressive.

peut également apprendre que certaines personnes ou certains groupes de personnes sont des cibles « appropriées » de l'agression. Selon Berkowitz, un individu frustré ou en colère aura tendance à exprimer de l'agressivité si une cible « appropriée » est présente. Certaines situations peuvent également être associées à la violence, les individus étant plus susceptibles d'exprimer de l'agressivité dans les bars ou dans les ruelles qu'à l'église ou au restaurant. Enfin, les personnes associent également certains objets à l'expression de l'agressivité, ces objets agissant comme stimuli évocateurs et déclencheurs pour l'agressivité suscitée par la frustration ou la colère. Les armes constituent un exemple d'objet étroitement associé à la violence de sorte qu'on peut prédire que la présence d'armes dans une situation de frustration favorise l'expression de l'agressivité.

L'étude qu'ont menée Berkowitz et LePage en 1967, et qui est considérée comme un classique, illustre bien cet effet. Des étudiants universitaires ont été répartis aléatoirement entre sept groupes expérimentaux. On a provoqué de la frustration chez la moitié des participants en leur faisant subir plusieurs chocs électriques légers. L'autre moitié n'a reçu qu'un choc électrique. Les sujets ont dû évaluer le rendement d'un individu dans une tâche en lui administrant des chocs plus ou moins grands. L'individu en question était en fait un complice de l'expérimentateur dont le rendement avait été soigneusement réglé de façon à ne pas faire varier l'intensité des chocs. Dans le cas des individus frustrés, quatre groupes ont été aléatoirement constitués. Le premier groupe n'a été exposé qu'au générateur de chocs. Deux autres groupes ont été exposés au générateur de chocs, mais on a placé également deux armes à feu (un fusil de calibre 12 ainsi qu'un revolver de calibre .38) sur une table à proximité du générateur. On a indiqué à l'un de ces groupes que les armes appartenaient au complice (condition armes associées) et à l'autre, que ces armes étaient utilisées dans une autre recherche (condition armes non associées). Pour le quatrième groupe, des raquettes de badminton remplaçaient les armes sur la table. Les individus non frustrés étaient placés dans les

mêmes conditions, à l'exception des raquettes de badminton. Tous ces sujets ont alors été comparés du point de vue du nombre de chocs électriques administrés au complice. Les résultats ont montré que, quelles que soient les conditions, les sujets frustrés administrent plus de chocs électriques que les sujets non frustrés. Par ailleurs, chez les sujets frustrés, le nombre de chocs est significativement plus élevé dans les deux conditions où les armes sont présentes, et ce, que les armes aient été décrites comme appartenant ou non au complice. Cette étude démontre bien que les indices présents dans l'environnement peuvent influer sur l'intensité de la réponse à la frustration, ce qui corrobore la thèse avancée par Berkowitz.

En somme, Berkowitz propose une interprétation du lien frustration-agression fondée sur les principes du conditionnement classique. Cette position théorique l'amène à remettre en cause l'hypothèse d'un effet cumulé de frustrations répétées. En effet, Dollard et ses collègues (1939) ont émis l'hypothèse que le seuil de tolérance à la frustration diminuait à mesure que les expériences frustrantes s'accumulaient. Selon Berkowitz, cette relation n'est pas linéaire, mais curvilinéaire, la tendance à agresser augmentant jusqu'à un certain niveau, puis déclinant à la suite d'expériences frustrantes. Il avance que l'individu s'habitue à la situation en modifiant ses attentes, ce qui aurait pour effet de réduire le sentiment de frustration.

Plusieurs études expérimentales ont été menées par Berkowitz et ses collègues au cours des trente dernières années sur cette version modifiée de l'hypothèse frustration-agression. Ces travaux et d'autres l'ont amené à reformuler et à généraliser certains énoncés (Berkowitz, 1989, 1990, 1993, 2000 ; Berkowitz & Harmon-Jones, 2004). La dernière version s'inscrit toujours dans la foulée de l'hypothèse originale avancée par Dollard et ses collègues (1939). Le nouveau modèle proposé par Berkowitz est qualifié de néoassociationniste, parce qu'il reste fidèle aux principes du **conditionnement classique**. En effet, bien que certains aient fait valoir que la réaction agressive à la frustration peut avoir une fonction instrumentale (diminuer le stimulus négatif ; voir Bandura, 1973 ; Zillmann, 1983), Berkowitz et Harmon-Jones (2004) sont plutôt d'avis que les actions agressives n'ont habituellement pas pour objectif d'éliminer les conditions déplaisantes auxquelles le sujet est exposé. Au contraire, l'agressivité réactive serait principalement caractérisée par la présence d'émotions négatives intenses et d'une activation physiologique accrue (Herrald & Tomaka, 2002). En somme, Berkowitz maintient que la réaction agressive à la frustration est essentiellement hostile et qu'en conséquence, ses mécanismes explicatifs diffèrent de ceux qui s'appliquent dans le cas de l'agression instrumentale. (Le lecteur trouvera des précisions sur celle-ci dans la section portant sur la théorie de Bandura relative à l'apprentissage social.)

Selon la perspective néoassociationniste du lien frustration-agression, pour que la frustration conduise à l'agression, il faut nécessairement qu'elle soit ressentie comme aversive (c'est-à-dire déplaisante) par l'individu. Berkowitz propose donc de considérer la relation frustration-agression comme un cas particulier de la relation générale entre le caractère aversif d'une stimulation et l'inclination agressive d'un individu. La notion d'aversion est ici prise au sens large et réfère à l'induction d'un déplaisir en réponse à un stimulus donné et d'une envie subséquente de s'y soustraire. Les stimuli aversifs pouvant favoriser les sentiments négatifs et le comportement agressif peuvent avoir des fonctions et des formes différentes (Anderson & Bushman, 2002 ; Berkowitz, 1993 ; Berkowitz & Harmon-Jones, 2004 ; Smith & Kirby, 2004 ; Smith et al., 1993). De multiples événements déplaisants, et en particulier la frustration, peuvent provoquer des réactions agressives contre une cible disponible (Berkowitz, 2000).

Par exemple, Monteith et ses collègues (1990) ont demandé à des participants qui exécutaient une tâche provoquant un inconfort physique minime (étendre son bras sur une table) ou appréciable (tenir son bras en l'air) de s'imaginer dans une situation pouvant induire de la frustration (par exemple être immobilisé dans le trafic alors qu'on est attendu à un rendez-vous important), de l'anxiété (par exemple être seul dans un ascenseur en panne pendant la nuit) ou dans une situation neutre (par exemple faire l'épicerie). Six groupes ont ainsi été aléatoirement constitués (deux conditions d'inconfort pour chacune de trois conditions cognitives). Monteith et ses collègues ont par la suite interrogé les participants afin d'évaluer leur degré de colère et de peur. Les participants assignés à la condition de frustration ont rapporté avoir senti plus de colère que ceux qui étaient assignés aux situations anxiogène ou neutre. De plus, les participants soumis à un inconfort physique maximal et à la situation anxiogène ont rapporté plus de colère que ceux qui étaient assignés aussi à la situation anxiogène, mais qui étaient soumis à un inconfort physique minimal. Ces résultats appuient l'idée que l'inconfort physique et les pensées associées à une situation aversive peuvent accroître les sentiments de colère.

S'appuyant sur plusieurs études en laboratoire et en milieu naturel, Berkowitz (1990) maintient donc que la frustration, parce qu'elle est vécue comme un état aversif, peut mener à l'agression hostile, même dans les cas où elle n'est pas perçue comme arbitraire, illégitime ou intentionnelle (la frustration dans un sport compétitif, par exemple). Cependant, l'expérience aversive ne déclenche pas inévitablement une réponse d'attaque. D'autres facteurs, comme l'évaluation de l'intensité de l'aversion et des affects négatifs provoqués, interviennent (Berkowitz, 2000). Divers processus psychologiques peuvent ainsi modifier la probabilité d'occurrence de la réponse agressive, notamment les règles sociales et les inhibitions, les apprentissages antérieurs, les différences individuelles sur le plan du tempérament et de la personnalité, de même que les cognitions que l'individu entretient quant à l'objectif poursuivi et aux causes de la frustration (Anderson & Bushman, 2002 ; Roseman, 2004). Quoi qu'il en soit, un individu est plus susceptible de répondre agressivement s'il perçoit la réponse comme un moyen d'atteindre son objectif (Stein & Levine, 1999) et s'il juge que la personne responsable de la frustration a agi de façon délibérée et injustifiable (Berkowitz & Harmon-Jones, 2004 ; Lazarus, 1991).

Comme l'illustre la figure 9.2, suivant la théorie néoassociationniste, l'association entre la frustration et l'agression suit plusieurs étapes (Berkowitz, 2000). Lorsqu'un individu est exposé à une expérience aversive, plusieurs affects négatifs plus ou moins différenciés peuvent alors être ressentis (par exemple une frustration, un inconfort physique comme l'infliction de la douleur, ou un inconfort psychologique tel

qu'un sentiment diffus de tristesse ou de rejet). Cet affect négatif entraînerait l'activation d'un réseau associatif dont les composantes partagent à divers degrés les affects négatifs en lien avec le stimulus (Berkowitz, 2000). Il s'agit d'un processus cognitif primitif qui implique un traitement préliminaire et expéditif de l'information. L'activation du réseau associatif donnerait ensuite naissance à une variété de réponses motrices, de réponses physiologiques et de pensées associées soit à la fuite et à l'évitement,

FIGURE 9.2 **Processus cognitifs entrant dans l'expérience émotionnelle faisant suite à un événement déplaisant selon Berkowitz**

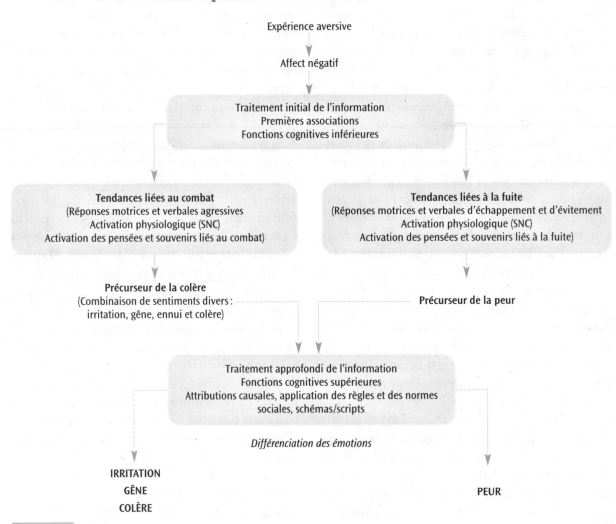

Source : Adapté de Berkowitz (2000).

soit à l'agression. Ces deux ensembles distincts de réponses expliqueraient la tendance de l'individu à opter pour la fuite ou le combat et, conséquemment, à ressentir une émotion primitive associée davantage à la peur ou à la colère (Anderson & Bushman, 2002). La nature et la force de la tendance dominante dépendraient d'une combinaison de facteurs individuels et contextuels.

Les processus cognitifs primaires seraient principalement dominés par des mécanismes d'association qui sont, le plus souvent, inconscients (Berkowitz, 2000). Par la suite, d'autres processus cognitifs supérieurs alimenteraient la réaction initiale et tendraient à être davantage conscients, surtout si les individus recherchent la nature exacte des sentiments ressentis, tentent d'effectuer les attributions causales concernant cette expérience déplaisante ou désirent maîtriser l'expression de leurs sentiments et de leurs comportements. La construction cognitive de l'expérience déplaisante serait aussi guidée par l'interprétation que l'individu donne de la présence d'une émotion donnée dans un contexte spécifique (schémas/scripts) (Berkowitz & Harmon-Jones, 2004). Les comportements agressifs adoptés à la suite de cette réponse initiale seraient également influencés par l'évaluation subjective de leurs coûts et de leur efficacité. Par l'entremise de ce traitement avancé de l'information, l'expérience émotionnelle de base serait enrichie, différenciée, intensifiée ou supprimée.

En somme, selon Berkowitz (2000), les sentiments, les idées et les souvenirs sont organisés en réseaux mnémoniques, et l'activation d'un élément a tendance à activer les autres éléments du réseau. Il considère que toutes les formes d'affect négatif, y compris la tristesse et le sentiment dépressif, peuvent provoquer un sentiment primitif de colère et donc une inclination à l'agression hostile avant que des processus cognitifs supérieurs interviennent.

Même s'il fait une plus grande place aux processus cognitifs supérieurs, notamment aux perceptions de l'individu frustré quant aux causes de la frustration, Berkowitz (1989, 2000) maintient qu'ils sont postérieurs à la réaction initiale de colère et

soutient que la frustration peut inciter à l'agression hostile indépendamment du type d'attribution causale effectué par l'individu (c'est-à-dire dans quelle mesure il perçoit cette frustration comme illégitime ou intentionnelle). Par ailleurs, bien que Berkowitz (2000) considère l'association entre la frustration et l'agression comme naturelle, il insiste pour dire que les individus peuvent apprendre à contrôler leurs affects négatifs, notamment au moyen des processus cognitifs supérieurs. Dans ce cas, les émotions initiales de colère pourront être atténuées, ce qui empêchera les comportements agressifs.

Cette préoccupation pour le rôle conjoint des émotions négatives et des processus cognitifs supérieurs dans l'expression des conduites agressives est un thème de recherche récurrent dans les tentatives d'explications du comportement agressif. Dans cette perspective, les travaux de Zillman sur le rôle de l'interprétation cognitive de l'activation physiologique dans l'agression sont particulièrement importants.

L'activation physiologique et l'agression : la théorie du transfert d'excitation de Zillmann

Pour bien comprendre la position et la contribution de Dorf Zillmann dans le débat concernant le lien entre la frustration et l'agression, il est nécessaire de considérer de plus près la notion d'émotion. Depuis les travaux de Schachter et Singer (1962 ; voir le chapitre 5), la plupart des théories contemporaines de l'émotion distinguent au moins deux composantes de l'expérience émotive : 1) l'activation physiologique ; et 2) l'interprétation cognitive du contexte, qui donnerait une signification à cette activation physiologique (peur, colère, etc.) et influencerait ainsi la sélection de la réponse (Reisenzein, 1983).

Or, comme le souligne Zillmann (1979 ; voir aussi Scherer & Wallbott, 1994), l'augmentation de l'activité du système nerveux autonome (augmentation du rythme cardiaque, de la tension artérielle, du rythme respiratoire, de la température corporelle et de l'activité électrodermale) constitue l'une des caractéristiques physiologiques de la réponse à la frustration tout comme elle caractérise celles liées à la colère et à la peur (Herrald & Tomaka, 2002). Puisque les émotions (et donc l'activation physiologique qui leur est associée) jouent un rôle important, bien que non exclusif, dans la réponse d'agression (Berkowitz, 1990), on peut se demander si c'est l'activation physiologique ou l'interprétation cognitive (c'est-à-dire l'attribution causale) que l'individu en fait qui est l'élément essentiel. Pour Zillmann (1988), c'est l'interaction entre l'activation physiologique et l'interprétation cognitive du contexte qui provoque cette émotion.

Zillmann (1979) s'est d'abord attaché à démontrer que l'activation physiologique est en soi un élément qui augmente la probabilité d'une réaction agressive. Il s'est appuyé sur des études expérimentales qui démontrent que l'activation physiologique provenant de sources aussi diverses qu'une participation à un jeu compétitif (Christy, Gelfand & Hartmann, 1971), un exercice physique vigoureux (Bushman, 2002 ; Zillmann, Katcher & Milavsky, 1972) et des bruits intenses (Geen & O'Neal, 1969) peut induire un comportement agressif.

Afin d'expliquer l'augmentation du risque de voir apparaître un comportement agressif à la suite d'une activation physiologique, Zillmann (1983) invoque la notion de **transfert d'excitation** (*excitation transfer theory*). Cette notion réfère au fait que l'activation physiologique faisant suite à un événement quelconque se dissipe lentement et qu'elle peut favoriser l'expression de la colère du fait que la cause est attribuée erronément à un événement subséquent (Cornelius, 1996 ; Zillmann, 1983). Ainsi, un individu qui vient d'éviter un accident d'automobile grave pourra, quelques minutes après, répondre de façon agressive à une insulte parce qu'il est toujours sous l'effet d'une activation physiologique résiduelle liée à la première situation.

La première étude démontrant que l'activation résiduelle peut provoquer l'agression fut menée par Zillmann (1971). Dans cette étude, des sujets étudiants ont été provoqués, puis invités à regarder des films qui devaient les activer physiologiquement à des degrés divers. Ils ont ensuite été observés après avoir été placés dans une situation où ils avaient la possibilité de punir la personne qui les avait provoqués. À plusieurs moments pendant la projection du film, le niveau d'activation des sujets a été évalué au moyen d'indices physiologiques mesurés directement auprès des sujets (rythme cardiaque, tension artérielle, etc.). Les observations ont montré que le film qui ne contenait aucune scène de violence ou d'activité sexuelle (condition neutre) suscitait peu d'activation physiologique. Un deuxième groupe d'étudiants a regardé un film qualifié de modérément excitant, bien que fortement agressif (condition agressive). Enfin, le troisième groupe a vu un film présentant des scènes explicites d'activités sexuelles et suscitant une forte activation physiologique (condition érotique). Après la projection, les sujets devaient agir comme moniteurs en enseignant à leur élève, en l'occurrence le provocateur, des listes de mots et en sanctionnant ensuite sa performance en lui administrant des chocs électriques plus ou moins intenses. L'intensité des chocs électriques administrés à l'agent provocateur a servi à mesurer l'agressivité. Bien sûr, cette dernière personne était de connivence avec l'expérimentateur et elle ne recevait pas de vrais chocs électriques. Les principaux résultats de cette étude sont présentés à la figure 9.3.

Tel qu'il l'avait prévu, Zillmann (1971) a observé que la force de l'agression peut être prédite par le niveau d'activation mesuré chez les sujets. Les étudiants qui ont été les plus excités, en l'occurrence ceux qui ont regardé le film contenant des scènes explicites d'activités sexuelles, furent ceux qui manifestèrent le plus d'agression. Selon Zillmann, cette étude démontre que l'activation résiduelle résultant d'une stimulation antérieure peut favoriser un comportement agressif. Cette étude conclut également qu'une exposition à un matériel érotique peut favoriser l'agression, ce qui est corroboré par plusieurs autres études expérimentales (Donnerstein *et al.*, 1975 ; Donnerstein & Hallam, 1978 ; Meyer, 1972 ; Zillmann, Hoyt & Day, 1974), mais infirmé par

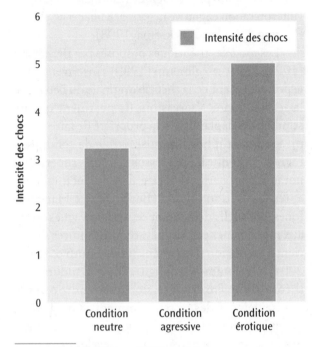

FIGURE 9.3 **Intensité moyenne des chocs administrés à l'agent provocateur dans les trois conditions expérimentales**

Source : Adapté de Zillmann (1971).

d'autres (Baron, 1974 ; Baron & Bell, 1973). Ce lien est donc plus complexe qu'il n'y paraît à première vue.

Malgré le fait que certaines études empiriques appuient l'hypothèse du transfert d'excitation comme facilitateur de l'agression, ce phénomène ne se produit pas dans toutes les conditions. Selon Zillmann (1988), l'effet facilitateur dépend également du contexte, et surtout de l'interprétation cognitive de l'individu (c'est-à-dire de l'attribution causale). Ainsi, il est moins susceptible de survenir en l'absence de provocation. De plus, il serait plus susceptible de se produire lorsque l'individu n'est pas conscient de cet effet résiduel ou qu'il attribue l'excitation résiduelle à la situation de provocation (Cornelius, 1996). Ainsi, si on revient à l'exemple de l'accident d'automobile donné plus haut, la personne sera moins susceptible de réagir de façon agressive si elle est consciente que son émotion provient de l'expérience dangereuse qu'elle vient de vivre et si elle ne l'attribue pas entièrement à la provocation. Zillmann (1978) a notamment démontré que l'on peut réduire la probabilité d'une réaction agressive à une situation de provocation en indiquant au sujet que cette situation ne constitue pas une attaque délibérée de la part de l'autre personne. Younger et Doob (1978) observent également que les individus qui font l'objet d'une provocation sont moins susceptibles de répondre agressivement s'ils peuvent attribuer leur sentiment négatif à une pilule (placebo) qu'ils viennent d'ingérer.

Selon Zillmann (1988), la médiation cognitive favoriserait une réponse mieux adaptée aux circonstances. Toutefois, dans le cas où l'individu est dans un état d'activation très élevée, les mécanismes cognitifs seraient affectés. Zillmann et Cantor (1975) ont placé des sujets masculins dans une situation où un expérimentateur complice les provoquait. Celui-ci avait pour consigne de paraître insatisfait et de critiquer les travaux effectués par les sujets. Par la suite, ces derniers étaient soumis à l'une des deux conditions suivantes : une tâche relaxante (activation basse) ou un exercice physique intense (activation élevée). À la suite de cette séance, le dispositif expérimental plaçait les sujets devant l'une des deux conditions où une jeune fille se faisait à son tour insulter par l'expérimentateur complice. Dans la première condition, la jeune fille expliquait que l'expérimentateur venait de connaître un échec personnel qui l'affectait beaucoup alors que, dans la deuxième condition, aucune explication de ce type n'était apportée. Enfin, on a demandé aux sujets de remplir un questionnaire destiné à mesurer la tendance à l'agression en l'absence de l'expérimentateur. Les résultats ont révélé que l'hostilité est moins grande dans la condition où des explications sont apportées que dans celle où elles sont absentes. Cependant, cet effet a été observé dans la condition de basse activation, mais non dans celle d'activation élevée.

Cette étude démontre comment la perception de « circonstances atténuantes » peut réduire l'instigation à agression hostile. Par ailleurs, elle indique également que la médiation cognitive et l'attribution causale ne jouent pas ce rôle lorsque le niveau d'activation est élevé. Dans ce cas, l'individu a plus tendance à répondre de façon stéréotypée et automatique en fonction de ses expériences antérieures (Zillmann, 1988).

De même que l'activation physiologique élevée réduit l'influence de la médiation cognitive, l'attribution causale négative semble être associée à une activation physiologique plus élevée. Smith et Gallo (1999) ont rapporté qu'au cours d'interactions verbales, les hommes qui attribuaient à leur conjointe des caractéristiques dénotant une absence de soutien avaient tendance à être plus hostiles et montraient une plus grande réactivité physiologique (tension artérielle). Dans cette étude, les individus les plus hostiles étaient ceux qui avaient tendance à être dominants dans leurs interactions avec leur conjointe.

En somme, ces travaux tendent à montrer que l'individu confronté à une action potentiellement provocante essaie généralement de comprendre les raisons qui ont pu la motiver. Ces attributions jouent un rôle important dans l'organisation de la réponse. Si l'individu attribue celle-ci à des causes externes à la personne (c'est-à-dire des causes accidentelles), il sera vraisemblablement plus susceptible de répondre de façon moins agressive que s'il estime que ce comportement est dû à des causes internes (c'est-à-dire à des motivations personnelles). Par ailleurs, si les informations nécessaires à une interprétation non hostile de la situation sont disponibles avant la provocation, les individus, une fois confrontés au stimulus aversif, manifesteront peu d'activation physiologique (augmentation de la tension artérielle ou du rythme cardiaque), voire pas du tout (Zillmann, 1979).

L'interprétation cognitive de l'activation physiologique est une hypothèse valide pour expliquer l'association entre la frustration ou la provocation et l'agression. Cependant, étant donné que l'activation physiologique est limitée dans le temps, cette hypothèse ne tient pas suffisamment compte de l'aggravation des réponses agressives à la suite de provocations qui impliquent des délais plus longs. D'autres mécanismes doivent alors être invoqués, telles la rumination cognitive, qui peut alors maintenir l'activation physiologique (Zillmann, 1988), et l'interprétation cognitive négative (Miller *et al.*, 2003 ; Rusting & Nolen-Hoeksema, 1998).

Les modèles théoriques proposés par Berkowitz (1993, 2000) et Zillmann (1988) s'inscrivent dans le prolongement de la théorie originale du lien entre la frustration et l'agression. Ils postulent qu'une stimulation déplaisante a la propriété de faire naître un sentiment d'hostilité susceptible de conduire à l'agression et que les processus cognitifs supérieurs, notamment l'attribution causale, seraient impliqués après la réaction initiale (Berkowitz & Harmon-Jones, 2004). Ils demeurent cependant vagues quant aux mécanismes par lesquels certains indices s'associent à l'agression (Roseman, 2004 ; Smith & Kirby, 2004). Or, comme le souligne Albert Bandura, une théorie complète de l'agression doit rendre compte non seulement des facteurs immédiats qui provoquent les comportements agressifs, mais également des processus qui permettent le développement et le maintien de ceux-ci (Bandura, 1973). Les théoriciens de l'apprentissage social ont des propositions précises sur ce plan.

L'agression selon la théorie de l'apprentissage social

Contrairement aux théoriciens qui définissent l'agression comme un instinct ou comme la manifestation d'une tendance motivationnelle interne (*drive*), les tenants de la théorie de l'apprentissage social avancent que l'agression est un comportement essentiellement acquis et maintenu, au même titre que les autres comportements sociaux (voir Eron, 1994). Ce point de vue théorique reconnaît que certaines contraintes biologiques limitent les comportements agressifs adoptés et le rythme de leur apprentissage. Cependant, il exprime également l'idée selon laquelle la contrainte biologique serait moins déterminante pour l'espèce humaine que pour les autres espèces, étant donné ses capacités d'apprentissage.

La frustration et la colère sont perçues comme des facteurs qui facilitent l'agression sans en être les déterminants premiers. Par exemple, à la suite d'une provocation arbitraire, des enfants qu'on a habitués à se comporter de façon agressive réagissent plus agressivement que les enfants habitués à coopérer avec autrui, ces derniers manifestant des stratégies plus coopératives. En somme, les apprentissages antérieurs et les conséquences attendues détermineraient le type de comportement adopté en situation d'éveil émotionnel. L'individu ne serait pas prédisposé *a priori* à se comporter de manière agressive : il apprendrait plutôt ces comportements par l'expérience directe selon les principes du **conditionnement opérant**, ou par l'observation selon le principe de l'**apprentissage vicariant** (Bandura, 1973).

L'apprentissage par l'expérience directe résulte des actions de l'individu et de leurs conséquences. Selon les principes du conditionnement opérant, le comportement agressif, comme tout autre comportement, sera plus susceptible de se reproduire dans l'avenir s'il est récompensé. La gamme des renforçateurs positifs (c'est-à-dire des stimuli ayant la propriété d'augmenter la probabilité des réponses ultérieures) est très vaste, ceux-ci pouvant prendre la forme d'argent pour les adultes ou de bonbons pour les enfants, de même que d'approbation sociale ou d'un statut social. Certaines études affirment même que, à la suite d'une très forte provocation, la souffrance d'une victime sert de renforçateur au comportement agressif de la personne provoquée (Baron, 1974 ; Feshbach, Stiles & Bitter, 1967).

Par ailleurs, le fonctionnement humain serait grandement limité s'il ne devait recourir qu'à l'expérience directe. Aussi l'apprentissage par observation se voit-il confier un rôle central dans le processus d'acquisition des comportements en général et du comportement agressif en particulier. Selon Bandura (1973), les comportements agressifs sont surtout appris par imitation de modèles tels que les parents et les pairs observés dans des situations naturelles, ou par imitation de modèles présentés par l'intermédiaire des médias.

Plusieurs études empiriques viennent appuyer ce point de vue. Ainsi, dans une étude classique menée par Bandura et ses collègues (Bandura, Ross & Ross, 1961), des enfants d'âge préscolaire furent invités individuellement à coller des images dans le coin d'une pièce. Peu après, un adulte s'installa dans le coin opposé de la pièce, où des jouets se trouvaient rassemblés (c'est-à-dire une poupée gonflable appelée Bobo, une mallette, des autos et des camions, etc.). Trois conditions expérimentales furent prévues. Dans la première condition, l'adulte avait pour directive de se comporter de façon physiquement et verbalement agressive envers la poupée Bobo (il s'agissait de frapper la poupée en se servant notamment de la mallette, de lui donner des coups de pied, de la lancer brutalement dans les airs). Il faut noter que les comportements exprimés par le modèle furent déterminés de manière précise afin qu'on puisse distinguer ultérieurement les comportements agressifs imités par les enfants de ceux non imités par eux. Dans la deuxième condition, le même adulte s'amusait avec les jouets de façon non agressive et ignorait Bobo. La moitié des enfants de chaque groupe étaient placés devant un modèle du même sexe qu'eux alors que les autres enfants faisaient face à un modèle du sexe opposé. Enfin, dans la troisième condition, le groupe n'était placé devant aucun modèle. Par la suite, les enfants furent soumis à une frustration légère, soit l'interdiction de s'amuser avec un jouet qu'ils aimaient, puis ils furent amenés dans une autre pièce où l'on trouvait des jouets « agressifs » (c'est-à-dire semblables à ceux qui avaient servi au modèle agressif, comme la poupée Bobo) et des jouets « non agressifs ». Leurs comportements furent alors observés et notés pendant 20 minutes.

Cette observation révéla que les enfants placés devant un modèle agressif manifestèrent plus de comportements agressifs que les enfants placés devant un modèle non agressif ou que ceux du groupe contrôle. Les enfants reproduisirent des comportements agressifs affichés par le modèle (agression imitée) et présentèrent aussi des comportements agressifs que n'avait pas adoptés le modèle (agression non imitée) (voir la figure 9.4).

Ces résultats illustrent les deux mécanismes proposés par Bandura (1973) pour expliquer l'apprentissage vicariant de l'agression. Le premier mécanisme touche l'acquisition du comportement agressif, et l'autre son expression. D'abord, lorsqu'un modèle manifeste un comportement d'agression qui ne fait pas partie du répertoire de l'observateur, ce comportement peut être retenu dans sa mémoire et être utilisé par la suite. On parle alors de l'acquisition d'une nouvelle réponse.

Par ailleurs, un comportement risque plus de se manifester ultérieurement si l'observateur voit que ce comportement est suivi d'une récompense ou qu'il n'est pas suivi d'une punition. Ainsi, l'observation d'un modèle agressif peut avoir un effet inhibiteur ou désinhibiteur selon les conséquences positives ou négatives observées sur le modèle. Dans l'expérience réalisée par Bandura et ses collègues (1961), l'observation d'un modèle agressif non puni a eu un effet désinhibiteur sur les enfants.

Ces effets peuvent également se produire sur le plan des cognitions sociales. Pour illustrer ce dernier point, Varella Mallou et ses collègues (1992) ont exposé des garçons à un modèle qui, face à un échec, réagissait de façon agressive ou pro-sociale (c'est-à-dire avec effet de surprise), ou à un modèle qui accomplissait une autre activité (condition contrôle). Ces garçons ont par la suite été frustrés légèrement par l'échec subi à trois reprises dans une tâche où ils devaient répondre à 12 questions pour gagner des points à échanger contre des récompenses. Les auteurs ont observé les réactions verbales et non verbales des garçons. Ils leur ont également demandé comment ils expliquaient leurs échecs. L'étude révèle que les enfants ayant observé un modèle agressif ont réagi de façon plus agressive que les autres et qu'ils ont eu plus tendance à attribuer l'échec à une attaque personnelle que les autres enfants. En somme, l'observation d'un modèle agressif peut non seulement inciter des enfants à se comporter de façon agressive, mais également susciter chez eux des interprétations négatives de la situation.

Bandura (1973) note que les effets du modèle dépendent du degré d'attention de l'observateur, de sa motivation, de sa capacité à bien percevoir la situation et à la mémoriser, de la pratique mentale et de la reproduction motrice des actions du modèle, de même que de la relation entre celui-ci et le modèle. S'appuyant sur son expérience directe et sur l'observation des comportements sociaux et de leurs conséquences, chaque individu en arrive à se construire un système de valeurs (Bandura, 1986). Certaines personnes se seraient ainsi défini un système de valeurs selon lequel les comportements agressifs sont une source d'estime de soi et de fierté. En d'autres mots, le comportement agressif aurait acquis chez eux la propriété de susciter une satisfaction personnelle, ce qui est une expérience renforçante. Par ailleurs, pour la majorité des

FIGURE 9.4 **Nombre de comportements agressifs chez des enfants placés devant différents modèles**

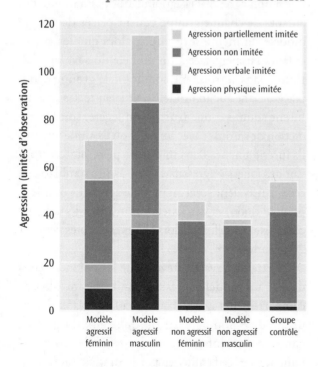

Source : Adapté de Bandura, Ross et Ross (1961).

individus, les actes agressifs seraient plutôt associés à de l'autocritique de sorte que l'anticipation des conséquences émotionnelles négatives de ces comportements les dissuaderait de les adopter (Bandura, 1986).

Dans certaines situations, les individus peuvent mettre en œuvre diverses stratégies de désengagement moral qui auraient pour effet de réduire l'anticipation d'autocritique et de les désinhiber par rapport à la possibilité de commettre un acte agressif (Bandura *et al.*, 1996). Parmi les stratégies adoptées, on note la justification de l'agression par la comparaison avec des actes plus odieux et excessifs, la propension à se référer à des principes moraux prétendument plus élevés, le refus d'envisager les conséquences de ses actes, la déshumanisation des victimes, le rejet du blâme sur ces dernières et la diffusion de la responsabilité.

Une étude expérimentale menée par Phillip Zimbardo (1970) illustre bien ce dernier mécanisme. Prenant prétexte d'une étude sur les réactions des gens à la douleur d'autrui, Zimbardo compara deux conditions expérimentales. Dans ces deux conditions, il demanda à quatre étudiants de partager la responsabilité de donner des chocs électriques à un autre étudiant. Dans la première condition, qui était anonyme, les étudiants mettaient une cagoule, ne révélaient jamais leur nom et effectuaient leur tâche dans l'obscurité. Dans la deuxième condition, on soulignait l'individualité des participants en s'adressant à eux par leur nom, en donnant à chacun un badge portant son nom et en s'arrangeant pour que chacun connaisse les noms des autres. Chaque groupe fut ainsi laissé libre de faire subir à l'étudiant autant de chocs qu'il le voulait. Comme prévu, des chocs plus nombreux et plus forts furent donnés dans la condition d'anonymat, ce qui laisse entendre que les individus ont plus tendance à commettre des actes agressifs lorsqu'ils sont assurés de ne pas être reconnus.

Ces résultats montrent que des conditions qui augmentent l'anonymat contribuent à minimiser le souci face à l'évaluation, ce qui a pour résultat de diminuer l'efficacité des mécanismes d'inhibition basés sur la peur, la honte et la culpabilité. Les seuils d'inhibition des comportements sont diminués, et l'individu risque alors davantage d'accomplir des actes agressifs déviants. Le concept de « désindividuation » peut également s'appliquer à la victime ; Milgram (1965, voir chapitre 12) a ainsi montré que certaines personnes sont plus susceptibles d'infliger des chocs électriques lorsqu'elles ne peuvent voir la victime ni en être vues.

En somme, selon Bandura (1973), ce sont les expériences et les apprentissages antérieurs, les conditions plus immédiates de l'environnement social, la médiation cognitive et les mécanismes d'autorégulation qui expliquent le fait qu'un individu acquiert et maintient des comportements agressifs. Par ailleurs, il est important de noter que la théorie frustration-agression et la théorie de l'apprentissage social portent sur des formes différentes d'agression. Si la théorie du lien entre la frustration et l'agression et ses dérivés plus récents (Berkowitz & Harmon-Jones, 2004) mettent l'accent sur l'agression hostile, la théorie de l'apprentissage social insiste, de son côté, sur la dimension instrumentale du comportement agressif.

Les théoriciens de l'apprentissage social des conduites agressives postulent donc que si certains individus sont plus agressifs que d'autres, c'est qu'ils en ont fait l'apprentissage plus tôt dans leur vie. En effet, très tôt dans le développement de la personne, on observe globalement une grande stabilité dans les résultats individuels sur l'agressivité (Hay, 2005), les coefficients de stabilité sur l'agressivité durant l'enfance étant comparables à ceux observés pour le quotient intellectuel (Olweus, 1979). Cette relative stabilité a donc incité les chercheurs qui s'intéressent au développement des comportements agressifs à se pencher sur les mécanismes qui expliquent la stabilité et le changement des comportements agressifs des individus. Outre l'imitation et les renforcements positifs décrits par Bandura (1973), d'autres processus d'apprentissage rattachés au conditionnement opérant ont été proposés pour expliquer le développement des conduites agressives. En particulier, les travaux de Gerald Patterson (1982, 1992) ont permis de mettre en lumière un autre mécanisme d'apprentissage, le renforcement négatif des comportements agressifs en milieu familial, qui expliquerait la présence, dès l'enfance, de différences individuelles quant aux conduites agressives.

Le processus de coercition familiale et l'apprentissage des conduites agressives

Selon Patterson (1992), les modèles explicatifs qui mettent l'accent uniquement sur les facteurs propres à l'enfant ou uniquement sur les facteurs propres au parent sont inadéquats. Ce seraient plutôt les interactions entre les différents membres de la famille qui expliqueraient l'apprentissage des conduites agressives tôt dans l'enfance. À la suite d'observations minutieuses de familles en difficulté, Gerald Patterson et son équipe du Oregon Social Learning Center ont mis en évidence un fonctionnement familial particulier qui aurait pour effet de susciter, de maintenir et même d'étendre les comportements agressifs chez les membres d'une même famille.

Plus précisément, le **processus de coercition familiale** (Patterson, 1982) fait référence à une dynamique familiale marquée par un manque de constance dans les réponses parentales et par des sanctions inadéquates à l'égard des comportements inappropriés de leur enfant, l'incohérence et l'inefficacité des réponses incitant l'enfant à reproduire ces comportements. À l'origine des comportements agressifs dans une famille, on trouverait souvent un enfant dont le tempérament est jugé difficile, un manque de compétence des parents et la présence de facteurs stressants qui affaiblissent une compétence parentale déjà limitée. Selon Patterson, c'est le manque de constance et l'inefficacité des réponses parentales aux comportements inappropriés de l'enfant qui feraient en sorte que les conduites parentales perdraient progressivement leur valeur de contrôle sur l'enfant. Dans l'escalade des situations conflictuelles décrite par Patterson (1992), les parents seraient souvent poussés à durcir leurs punitions. Souvent, à la suite d'un échange aversif avec l'enfant, le père ou la mère baisserait les bras, ce qui aurait pour effet d'encourager l'enfant à poursuivre l'escalade (renforcement négatif). Comme les échanges avec l'enfant deviennent de plus en plus difficiles, les parents en viendraient à battre en retraite afin de clore les échanges négatifs ou à se comporter de façon abusivement violente. Il s'agit ici d'un processus de renforcement négatif bidirectionnel : le comportement inapproprié de l'enfant (réponse négative ou agressive) est renforcé du fait de son efficacité à éliminer un stimulus négatif ou frustrant (par exemple la demande du parent). De même, le fait que le retrait de la demande du parent ait pour effet de mettre fin à l'escalade aversive renforce également le parent à adopter des réponses inappropriées telles que le retrait ou l'évitement.

Pour comprendre le développement des comportements agressifs durant l'enfance, il importe de reconnaître que la famille constitue une unité d'analyse et que l'enfant, ses parents, ses frères et ses sœurs s'influencent réciproquement. Dans ce cadre, la famille est perçue comme un système d'individus en interaction qui en viennent à adopter certains comportements à la suite d'un apprentissage de réponses des uns aux autres.

Selon Patterson (1992), les enfants issus de familles où a cours le processus de coercition familiale chercheraient souvent à maximiser les bénéfices à court terme de leur comportement et à en ignorer les coûts à long terme. Le fait qu'ils soient moins sensibles aux renforcements sociaux, aux réprimandes ou aux menaces réduirait leur capacité de s'adapter en fonction des personnes et des situations sociales, ce qui se traduirait également par des difficultés plus générales qui débordent le contexte familial, notamment sur le plan des relations avec les autres enfants et sur celui du rendement scolaire. Ces difficultés s'ajouteraient comme facteurs de risque dans la trajectoire de développement de l'enfant ; elles pourraient également conduire à une marginalisation croissante de l'enfant à l'égard des pairs normatifs et à une affiliation avec des pairs déviants. Ce type d'affiliation est susceptible de renforcer les attitudes appuyant les comportements agressifs, et de créer des occasions de commettre des actes délinquants et antisociaux (Boivin, Vitaro & Poulin, 2005 ; Boivin & Vitaro, 1995 ; Cairns *et al.*, 1988 ; Dishion, Patterson & Griesler, 1994).

Le modèle proposé par Patterson (1992) a suscité de nombreux travaux empiriques ayant recours à l'observation directe et minutieuse des interactions familiales en laboratoire et en milieu naturel. Ces travaux viennent appuyer le modèle de coercition familiale, et ce, dès que les enfants sont âgés de quatre et cinq ans (Coie & Dodge, 1998 ; Snyder & Patterson, 1995).

Le point de vue de Patterson est celui d'un béhavioriste « opérant » de stricte obédience qui analyse de façon nuancée les transactions interpersonnelles complexes à l'intérieur de la famille. Ce sont les contingences propres à ces échanges, c'est-à-dire la somme des renforcements résultant de ces échanges, qui façonnent progressivement le comportement social de l'enfant et l'incitent à se servir des conduites agressives pour atteindre ses buts. Dans ce cadre, les cognitions sociales (par exemple la valorisation des conduites agressives et l'interprétation des situations sociales conduisant à l'agression) peuvent être associées aux conduites agressives, mais elles ne les déterminent pas.

À ce point de vue, on peut opposer l'idée que les cognitions sociales permettent dans une large mesure d'expliquer comment certaines expériences sociales favorisent l'apprentissage des conduites agressives. Les travaux de Berkovitz et de Zillman, décrits plus haut, ont en effet montré que la perception des intentions et les attributions cognitives jouent un rôle important dans l'organisation de la réponse agressive. Au cours des vingt dernières années, cet aspect a été plus spécifiquement étudié chez les enfants, notamment par Kenneth Dodge, afin de comprendre le fonctionnement socio-cognitif des enfants jugés agressifs.

Le traitement cognitif de l'information sociale propre aux enfants agressifs

Kenneth Dodge a construit un modèle visant à décrire la relation entre les cognitions sociales et le fonctionnement social durant l'enfance (Crick & Dodge, 1994 ; Dodge, 1986 ; Dodge *et al.*, 1986 ; Dodge & Richard, 1985 ; pour une présentation du modèle, voir Gagnon & Coutu, 1986). Le modèle décrit la relation cyclique qui s'établit entre la connaissance sociale, le traitement cognitif de l'information sociale et le comportement social. Il se veut général, mais les recherches empiriques qui viennent l'appuyer ont surtout porté sur les cognitions sociales des enfants agressifs, et elles ont eu pour objet de déterminer en quoi elles diffèrent des cognitions des enfants non agressifs. La figure 9.5 donne une description sommaire du modèle de Crick et Dodge.

Le modèle descriptif proposé par Dodge (1986 ; Crick & Dodge, 1994) part du principe que chaque situation sociale peut être considérée comme une tâche ou un problème à résoudre (par exemple comment s'intégrer à un groupe de jeu déjà formé, comment réagir lorsque quelqu'un nous vole notre place dans une file d'attente, que faire lorsqu'on reçoit un coup). La résolution de ce problème nécessite un traitement approprié de l'information accessible. Selon Dodge, ce traitement s'effectue en plusieurs étapes, et les expériences antérieures pourront influer sur chaque étape du processus de traitement de l'information sociale (Crick & Dodge, 1994).

La première étape du processus de traitement de l'information sociale consiste à encoder l'information livrée, entre autres, par des indices externes tels que l'expression du visage et par des indices internes comme le niveau d'activation physiologique ressenti. L'enfant doit alors sélectionner et assimiler l'information pertinente en concentrant son attention sur les indices appropriés. Comparativement aux enfants non agressifs, les enfants agressifs utilisent un moins grand nombre d'indices et portent plus attention aux indices sociaux agressifs qu'aux indices sociaux non agressifs (Crick & Dodge, 1994).

À la deuxième étape, l'individu procède à l'interprétation de l'information encodée en la situant par rapport aux objectifs qu'il poursuit et en se référant à ses expériences antérieures. Dodge (1986) considère que cette étape est rarement dissociable de celle qui précède étant donné qu'il est presque impossible d'encoder les indices sans les interpréter. Selon lui, il y a alternance rapide entre ces deux étapes, l'enfant revenant à la recherche d'indices significatifs afin de confirmer ou d'infirmer l'interprétation émergente. Une partie importante de cette étape consiste à attribuer une intention à l'autre personne. L'enfant juge, par exemple, si un camarade de jeu qui l'a bousculé l'a fait de façon accidentelle (attribution bénigne) ou délibérée (attribution hostile). L'aptitude à interpréter les intentions d'autrui s'acquiert graduellement. Cependant, on observe que les enfants agressifs commettent plus d'erreurs dans l'interprétation des intentions des autres, même lorsque leurs intentions sont clairement bénignes ou clairement hostiles (Crick & Dodge, 1994).

L'attribution d'intentions s'appuie souvent sur l'expérience sociale déjà acquise (« S'il sourit aux autres, c'est qu'il voulait me provoquer devant eux »),

FIGURE 9.5 **Modèle de traitement cognitif de l'information sociale selon Crick & Dodge (1994)**

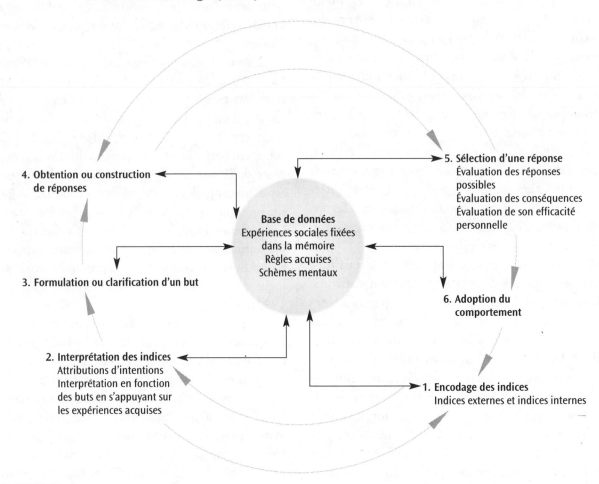

Source : Adapté de Crick & Dodge (1994).

celle-ci ayant été intégrée et ayant servi à la construction de schèmes mentaux. Les schèmes mentaux sont des structures de connaissances sociales qui s'appliquent à une situation concrète (par exemple être refusé dans un groupe de jeu). Dans une situation donnée, l'individu puise dans sa mémoire les schèmes pertinents, qui lui servent de guides dans la compréhension et l'interprétation de la situation. Cependant, en même temps qu'ils facilitent et accélèrent le traitement de l'information, les schèmes peuvent conduire à des réponses inappropriées s'ils conviennent plus ou moins à la situation, et s'ils nuisent à l'encodage et à l'interprétation de certains indices (Crick & Dodge, 1994). Dès la maternelle, on peut observer des différences individuelles en ce qui concerne la tendance à attribuer des intentions hostiles (Crick & Dodge, 1994). Les garçons agressifs présentent un **biais d'attribution hostile**, c'est-à-dire une tendance à attribuer des intentions hostiles à autrui dans les situations ambiguës. Il semble que ce biais est lié aux conduites d'agression réactive plutôt qu'aux conduites d'agression proactive (Crick & Dodge, 1996 ; Vitaro & Brendgen, 2005).

Dodge et Frame (1982) ont cherché à vérifier si ce biais d'attribution était dû à une tendance à percevoir autrui comme se comportant généralement de façon hostile (vision cynique) ou s'il ne se limitait pas plutôt aux situations qui ont des conséquences négatives pour soi (vision paranoïaque). À cette fin, ils demandèrent à des garçons agressifs et à des garçons non agressifs d'interpréter les intentions d'un pair fictif responsable d'un incident ayant des conséquences négatives pour le sujet (condition A) ou pour un autre garçon (condition B) dans une situation ambiguë. Dodge et Frame (1982) observèrent un biais d'attribution chez les garçons agressifs uniquement lorsqu'ils étaient victimes de l'incident, ce qui suggère l'influence de schèmes paranoïaques plutôt que cyniques dans l'interprétation de l'intention d'autrui.

L'attribution est influencée non seulement par des schèmes qui s'appliquent aux situations sociales, mais aussi par des schèmes qui portent sur les personnes, c'est-à-dire des idées et des croyances concernant des personnes ou des groupes de personnes (Anderson & Bushman, 2002). Hubbard et ses collègues (2001) ont rencontré des groupes de six enfants d'une même classe et les ont interrogés à partir de situations hypothétiques. Ils ont demandé à chaque enfant d'imaginer qu'il était victime d'un acte pouvant être perçu comme une provocation ou un accident (par exemple recevoir un coup au visage en s'élançant pour faire un panier au basketball). Pour chaque situation, les enfants devaient s'imaginer que l'auteur de cet acte était, à tour de rôle, l'un des cinq autres enfants du groupe ; ils devaient aussi déterminer s'il s'agissait d'un accident ou d'un geste prémédité. Comme dans les études précédentes, les résultats indiquent que les attributions d'intentions varient selon la personne qui fait l'attribution, c'est-à-dire que les enfants diffèrent quant à leur tendance à attribuer des intentions hostiles à autrui. Cependant, les résultats indiquent que les attributions d'intentions varient aussi selon les relations dyadiques, c'est-à-dire que, pour une même situation hypothétique, un enfant attribuera des intentions différentes aux autres enfants selon la relation qu'il entretient avec eux. L'attribution d'intentions hostiles dans une dyade est ainsi associée à l'agressivité réactive manifestée dans cette dyade, et ce, même en tenant compte des attributions hostiles et de l'agressivité réactive de chaque enfant, et en tenant compte du fait que l'enfant est l'objet d'attributions hostiles et la cible d'une agressivité réactive (Hubbard *et al.*, 2001). Le contexte interpersonnel semble donc être une source d'explication unique à cette association, ce qui laisse penser qu'il peut contribuer à son développement.

À la troisième étape, l'individu formule ou clarifie un objectif (par exemple éviter l'humiliation, être premier dans une rangée, être accepté dans un groupe) en accord avec son interprétation de la situation et, éventuellement, à ses préférences générales en matière de comportements sociaux. Pour étudier les objectifs sociaux des enfants, on les place généralement dans une situation sociale hypothétique et on leur demande de choisir parmi plusieurs objectifs sociaux possibles. Dans ce type d'étude, les enfants bien ajustés socialement préfèrent des objectifs qui contribuent à améliorer la relation sociale (aider autrui, par exemple), tandis que les enfants qui présentent des difficultés sociales (agressifs et rejetés) préfèrent des objectifs qui risquent de miner une relation (se venger, l'emporter sur l'autre, etc.) (Crick & Dodge, 1994).

À la quatrième étape, l'enfant effectue une recherche de réponses en fonction de l'objectif poursuivi. Au cours de cette étape, les garçons agressifs élaborent un moins grand nombre de solutions lorsqu'on leur demande de résoudre des problèmes interpersonnels (Rubin & Krasnor, 1986). Ces solutions seraient également de moindre qualité que celles proposées par les enfants non agressifs. Lorsque la première solution se révèle insatisfaisante, les enfants agressifs ont tendance à opter pour des stratégies plus agressives, et donc plus susceptibles d'être jugées inadéquates par leur entourage. Cette tendance serait observée dans plusieurs contextes interpersonnels (provocation de la part d'un autre enfant, insertion dans un groupe, acquisition d'un objet, établissement d'une amitié, voir Crick & Dodge, 1994). Cette tendance à émettre des solutions plus agressives serait influencée en partie par des attitudes favorables à l'utilisation de l'agression en réponse à une provocation (Zelli *et al.*, 1999). Les enfants agressifs auraient en effet tendance à percevoir positivement les conduites agressives et à croire qu'elles sont conformes aux normes sociales (Guerra, Huesmann & Hanish, 1995).

Cette recherche d'une réponse conduit à la cinquième étape, au cours de laquelle l'enfant fait le choix d'une réponse sur la base d'une évaluation de sa valeur (selon des standards internes), de ses conséquences possibles et de sa propre capacité à la mettre en œuvre. Les enfants agressifs ont tendance à évaluer favorablement les solutions agressives, et défavorablement les solutions prosociales. De plus, ils considèrent que les comportements agressifs leur permettent davantage de parvenir à leurs fins (Cuddy & Frame, 1991). Ces croyances sont surtout

associées à l'agressivité proactive ou instrumentale (Crick & Dodge, 1996). Ces perceptions positives quant à l'efficacité des comportements agressifs varient non seulement selon l'auteur de l'agression, mais aussi en fonction de la victime potentielle (Hubbard *et al.*, 2001). Certains enfants seraient perçus comme plus susceptibles de répondre agressivement que d'autres, ce qui pourrait expliquer le fait qu'ils sont plus susceptibles d'être l'objet d'une agressivité proactive ou instrumentale (Coie *et al.*, 1999). Finalement, les enfants agressifs sont également plus confiants que les enfants non agressifs dans leur capacité à agir efficacement de façon agressive (Yuzawa & Yuzawa, 2001).

Il est possible que les réponses comportementales des enfants agressifs soient influencées non seulement par l'efficacité de leurs expériences antérieures, mais aussi par le renforcement offert par leurs parents. Barrett et ses collègues (1996) ont présenté des situations hypothétiques ambiguës à trois groupes d'enfants — des enfants anxieux, des enfants agressifs et des enfants qui ne sont ni anxieux ni agressifs (groupe contrôle) — ainsi qu'à leurs parents (par exemple : « Tu t'approches d'un groupe pour jouer et tu t'aperçois qu'ils sont en train de rire... »). Ils ont d'abord demandé aux enfants de choisir parmi les interprétations possibles des situations celle qui correspond soit à une intention menaçante (« l'un d'eux va s'approcher et te pousser »), soit à une intention positive (« l'un d'eux va te remarquer et te sourire »), soit à une attitude neutre. Puis ils ont demandé aux enfants de choisir entre une réponse d'évitement, une réponse agressive et une réponse neutre. Enfin, ils ont demandé aux enfants d'en parler avec leurs parents et de faire un choix définitif parmi les réponses proposées. Les enfants agressifs et les enfants anxieux avaient plus tendance que les enfants du groupe contrôle à interpréter de façon menaçante des situations ambiguës. Les enfants agressifs ont choisi également des réponses plus agressives que les autres enfants, mais de façon encore plus marquée à la suite de la conversation avec leurs parents. Il semble bien que dans les familles d'enfants agressifs, les échanges avec les parents peuvent contribuer à renforcer le choix de réponses agressives.

Enfin, à la sixième étape, celle de la performance (à savoir l'adoption du comportement), l'enfant doit répondre selon la stratégie qu'il a retenue. La qualité de sa réponse dépend alors de sa capacité de mobiliser ses ressources verbales et motrices. Dodge (1986) souligne qu'il peut y avoir un décalage important entre les étapes cognitives antérieures et la mise en action, cette dernière pouvant être limitée par le niveau de compétence de l'enfant.

Au moyen d'une série d'études ingénieuses, Dodge et ses collègues (1986) ont montré que chaque élément du modèle proposé est nécessaire, mais non suffisant pour prédire le comportement social qui se manifeste dans deux situations particulières (soit l'intégration à un groupe de pairs et la réaction à un geste de provocation de la part d'un autre enfant). Comme il a été prévu, ces deux études révèlent des corrélations modérées ou faibles entre les mesures cognitives des différentes étapes et le rendement comportemental évalué par les autres enfants, les enseignants et les observateurs. Par ailleurs, la combinaison des résultats au cours des cinq étapes du modèle fournit une excellente prédiction du rendement comportemental, un résultat confirmé par plusieurs autres études (Dodge & Price, 1994 ; Weiss *et al.*, 1992). De plus, l'ensemble de ces mesures cognitives permet de distinguer les enfants jugés très agressifs des enfants non agressifs. Selon Dodge (1991), 70 % des enfants agressifs, comparativement à 10 % des enfants non agressifs, présenteraient des biais ou des déficits à au moins trois des étapes que nous venons de décrire. Plus récemment, Crick et Dodge (1996) ont montré que les premières étapes du processus (encodage et attributions hostiles) sont plus fortement associées à l'agressivité réactive, alors que les étapes subséquentes (évaluation de la réponse) sont plus étroitement associées à l'agressivité proactive.

En somme, dans une situation sociale donnée, l'enfant agressif serait plus susceptible de sélectionner des indices suggérant l'hostilité, de considérer les intentions d'autrui comme hostiles, d'élaborer des solutions plutôt agressives, de choisir une solution agressive par suite d'une évaluation sommaire de son efficacité et de ses conséquences, et de se livrer à une agression excessive ou maladroite. Cette réponse agressive risque d'être considérée comme inappropriée par l'entourage qui traite la même information. En retour, ce comportement inapproprié est susceptible de provoquer des réponses d'agression ou de rejet de la part des autres enfants, ce qui renforcera chez l'enfant agressif l'impression que les autres sont hostiles. Le modèle proposé par Dodge ne s'arrête donc pas au traitement de l'information sociale : il tente également de décrire le cycle d'interactions déplaisantes avec les autres enfants.

Il semble clair que le recours aux conduites agressives est associé à des biais dans la cognition sociale, notamment à des biais hostiles dans l'interprétation des situations sociales. Cette association a été observée dans plus d'une quarantaine d'études (Coie & Dodge, 1998), et des analyses longitudinales prospectives soulignent que la tendance à attribuer des intentions hostiles annonce l'adoption ultérieure de conduites agressives (Dodge *et al.*, 1995).

D'où vient cette association prédictive ? Selon une étude de Dodge, Bates et Pettit (1990), elle s'expliquerait en partie par la violence familiale. Dans cette étude, les auteurs ont voulu vérifier si l'abus physique en bas âge est un prédicteur de l'agression ultérieure et si cette relation s'explique par le fait que les enfants maltraités physiquement sont plus susceptibles de développer des biais hostiles dans le traitement cognitif de l'information sociale. Des enfants sur le point d'être admis en maternelle et leur mère ont participé à l'étude. Les mères ont été interrogées à propos de leurs pratiques disciplinaires et de la possibilité que l'enfant ait été maltraité physiquement depuis sa naissance. Douze pour cent des enfants ont ainsi été considérés comme ayant été maltraités et ont été comparés au reste de l'échantillon sur les mesures suivantes. Tous les enfants ont regardé une vidéo montrant une série de situations hypothétiques, et en particulier des gestes pouvant être perçus comme des provocations par des pairs. Ils ont été interrogés sur leur perception de ces situations afin d'évaluer certains aspects du traitement de l'information sociale, notamment la capacité à encoder l'information pertinente, la tendance à attribuer des intentions hostiles, la tendance à choisir des solutions agressives, et l'évaluation des conséquences résultant d'une réponse agressive. Enfin, le comportement agressif de l'enfant a été évalué six mois plus tard, à la maternelle, par l'observation directe du comportement, et d'après les jugements formulés par les autres enfants et l'enseignant.

Dodge et ses collègues ont d'abord constaté que les enfants maltraités se distinguaient des autres par des scores d'agressivité plus élevés sur les trois indices retenus, et ce, même en tenant compte des écarts entre les deux groupes en ce qui concernait la violence conjugale (violence entre conjoints), le niveau socioéconomique, le tempérament et le sexe de l'enfant, son état de santé à la naissance, la séparation des conjoints ainsi que le stress vécu par la famille au cours de la première année de vie de l'enfant. Ils ont aussi observé que les modes de traitement de l'information sociale mesurés par la difficulté à porter attention aux indices pertinents, la tendance à attribuer des intentions hostiles et à adopter des solutions agressives étaient associés aux scores d'agressivité en maternelle. Des déficiences sociocognitives spécifiques peuvent donc être associées au recours aux conduites agressives. Enfin, ils ont constaté que les différences observées quant au comportement agressif entre les deux groupes s'effacent lorsque les modes de traitement de l'information sociale sont pris en compte dans l'analyse, ce qui appuie l'idée que l'association entre maltraitance et agression s'explique par des déficiences sociocognitives spécifiques. En accord avec les propositions générales de la perspective socio-cognitive, la configuration générale de ces résultats permet donc de penser que l'abus physique conduit certains enfants à percevoir le monde comme menaçant, et donc à adopter un mode de fonctionnement plus agressif et, éventuellement, à perpétuer le cycle et la transmission intergénérationnelle de la violence.

UNE REMISE EN QUESTION DE L'APPRENTISSAGE SOCIAL DES CONDUITES AGRESSIVES

Les conduites agressives sont-elles le fruit d'un apprentissage ou le résultat d'un échec de socialisation ?

Comme nous l'avons vu dans les sections précédentes, les théoriciens de l'apprentissage social considèrent que les conduites agressives sont le fruit d'un apprentissage, que cet apprentissage débute à l'âge préscolaire en milieu familial, qu'il s'accompagne de cognitions sociales qui incitent à l'adoption de conduites agressives, et qu'il se poursuit dans le contexte des interactions entre enfants. Mais cette manière de voir ne fait pas l'unanimité chez les chercheurs. Selon Tremblay et ses collègues (1999 ; Tremblay & Nagin, 2005), elle est infirmée par les données d'études sur la prévalence de l'agressivité physique au cours du développement. L'argument est simple et clair : si, comme le suppose la théorie de l'apprentissage social, les conduites agressives sont apprises au cours de l'enfance, on devrait observer une augmentation progressive de leur fréquence avec l'âge, augmentation qui s'expliquerait par l'addition des occasions d'apprentissage. Or, les données fournies par des **études transversales et longitudinales** qui ont été réalisées récemment montrent au contraire que les conduites d'agressivité physique (comme frapper, mordre, pousser l'autre) sont fréquentes dès que l'enfant est physiquement capable de les adopter, soit vers deux ou trois ans, et qu'elles deviennent progressivement moins fréquentes par la suite.

Par exemple, dans l'Étude longitudinale nationale des enfants et des jeunes (ELNEJ), à laquelle plus de 22 000 enfants représentatifs de la population canadienne ont participé, on a observé que les comportements d'agressivité physique (rapportés par la mère) étaient plus fréquents chez les enfants de trois ans et qu'ils devenaient de moins en moins fréquents par la suite, du moins jusqu'à l'âge de 11 ans (Tremblay *et al.*, 1996). Les données fournies par des études longitudinales, c'est-à-dire par des études conduites sur les mêmes enfants à différents moments dans le temps en vue d'en suivre le développement, confirment que la majorité des enfants deviennent de moins en moins agressifs physiquement entre l'âge de deux et huit ans (Early Child Care Research Network, 2004 ; Shaw *et al.*, 2003). Cependant, tous ne présentent pas le même profil de développement. Lorsque l'on distingue des sous-groupes d'enfants sur la base de leur trajectoire d'agressivité physique depuis la petite enfance, c'est-à-dire à la fois selon le niveau initial (bas, élevé) et le cours ultérieur (augmentation, diminution, ou stabilité), on ne retrouve pas de sous-groupes d'enfants qui présenteraient une augmentation de l'agressivité physique après l'âge de deux-trois ans (Early Child Care Research Network, 2004 ; Shaw *et al.*, 2003). De même, on observe des trajectoires stables ou légèrement en baisse pour la plupart des enfants entre l'âge de l'entrée à l'école et la préadolescence (Broidy *et al.*, 2003).

En somme, les nouvelles données sur le développement des conduites agressives au début de l'enfance indiquent que la thèse de l'apprentissage social devrait être inversée. Les enfants n'apprendraient pas à se comporter de façon agressive. Ce serait plutôt une combinaison de facteurs liés à la maturation et à la socialisation, notamment le développement du langage, qui favoriserait l'apprentissage de moyens autres que l'agressivité physique pour parvenir à ses fins et résoudre les conflits de façon socialement acceptable. Malheureusement, pour diverses raisons liées aux caractéristiques de l'enfant et de la famille, un petit nombre d'enfants, environ 4 % à 10 %, principalement des garçons (Broidy *et al.*, 2003), ne feraient pas l'apprentissage nécessaire et continueraient d'avoir recours à l'agressivité physique pendant l'enfance.

Une autre source de données issues de recherches en **génétique du comportement** oblige à nuancer l'interprétation fondée sur l'apprentissage social des conduites agressives. En effet, les études en génétique du comportement, principalement celles qui sont basées sur la **méthode des jumeaux**, indiquent qu'une proportion importante des différences individuelles sur le plan de l'agressivité s'explique par des facteurs génétiques. Pour bien comprendre la signification de ces résultats, il importe de bien saisir les principes de la méthode des jumeaux.

La méthode dite « des jumeaux » repose sur l'analyse de la similarité observée entre les jumeaux d'une même famille. Cette similarité entre jumeaux, exprimée généralement par la corrélation inter-jumeaux, peut théoriquement s'expliquer par deux sources d'influence : l'influence génétique, liée au fait que deux jumeaux d'une même famille partagent un même bagage génétique, et l'influence de l'environnement partagé, c'est-à-dire les expériences liées au fait que les jumeaux sont issus de la même famille, qu'ils sont nés au même moment, ont été élevés par les mêmes parents et ont vécu les mêmes événements familiaux. Ces deux sources d'influence expliqueraient les similitudes intrafamiliales observées dans la population.

Comment alors distinguer l'influence de la génétique d'avec celle de l'environnement ? L'expérience naturelle de la gémellité, telle qu'elle est formalisée par la génétique du comportement, présente un grand avantage heuristique. Il y a deux types de jumeaux : les jumeaux monozygotes (MZ) sont identiques sur le plan génétique, car ils proviennent de la séparation d'un ovule peu après sa fécondation ; les jumeaux dizygotes (DZ) sont issus de deux ovules fécondés séparément et partagent en moyenne la moitié de leurs gènes. Cette différence sur le plan de la similarité génétique permet de déterminer l'influence d'origine génétique : une plus forte similarité observée chez les MZ que chez les DZ sur un trait donné (l'agressivité, par exemple) reflète présumément 50 % de l'influence génétique sur ce trait (soit 100 % moins 50 % représentant l'influence génétique déjà observée chez les DZ), si l'on suppose que les deux types de jumeaux MZ et DZ ont connu des environnements semblables. Il est alors possible non seulement de déterminer la part des différences individuelles sur le trait qui peut être associée aux facteurs génétiques, c'est-à-dire l'héritabilité du trait, mais aussi de distinguer trois différentes sources de variation du trait : 1) les influences génétiques (ou l'héritabilité) ; 2) les influences environnementales partagées ou communes, c'est-à-dire les sources d'influence responsables de la ressemblance entre les jumeaux qui sont associées non pas aux facteurs génétiques, mais plutôt aux expériences partagées par les jumeaux d'une même famille ; et 3) les influences environnementales uniques, c'est-à-dire celles qui sont propres à chaque individu (Plomin *et al.*, 2001).

Les **études d'adoption** constituent un autre type d'étude permettant de distinguer l'influence des facteurs génétiques de celle des facteurs environnementaux. Elles mesurent la similitude entre les individus adoptés et les membres de leur famille adoptive, présumés non apparentés sur le plan génétique. Sous certaines conditions, notamment lorsque l'adoption a eu lieu peu de temps après la naissance et en l'absence de placement sélectif, on peut considérer que cette similitude résulte de l'environnement partagé. D'autre part, lorsqu'il est possible de l'évaluer, la similitude entre les individus adoptés et les membres de la famille d'origine, apparentés sur le plan génétique, reflète l'influence génétique. Ces études d'adoption sur les conduites agressives sont toutefois moins nombreuses que les études de jumeaux.

Que nous révèle l'ensemble de ces études ? Une méta-analyse menée par Rhee et Waldman (2002), fondée sur 14 études génétiquement informatives, employant principalement la méthode des jumeaux et regroupant 4 408 participants d'âges variés (enfants, adolescents et adultes) indique que les différences individuelles quant à l'agression s'expliquent principalement par des sources d'influence génétiques (de 40 % à 50 % de la variance) et des sources liées à l'environnement unique. Les facteurs liés à l'environnement commun auraient des effets négligeables. D'autres méta-analyses ont présenté des conclusions similaires (Cadoret, Leve & Devor, 1997 ; DiLalla,

2002 ; Miles & Carey, 1997). De plus, l'influence de l'environnement commun aurait tendance à décroître avec l'âge, alors que celle d'origine génétique tendrait à augmenter (Miles & Carey, 1997), ce qui s'explique probablement par l'autonomie croissante des individus à l'égard de la famille et l'autosélection accrue des environnements avec l'âge (Plomin *et al.*, 2001).

La plupart de ces études concluent que les conduites agressives s'expliquent en partie par des facteurs génétiques et que ce sont les sources d'influence génétiques, plutôt que les expériences partagées dans la famille (les pratiques parentales, la pauvreté économique, le voisinage, etc.), qui sont responsables des ressemblances intrafamiliales sur le plan de l'agressivité. L'environnement unique jouerait un rôle important dans l'émergence de différences entre les enfants d'une même famille.

Est-ce à dire qu'il faille rejeter les théories de l'apprentissage social et celles qui mettent l'accent sur l'apprentissage en milieu familial des conduites agressives sous prétexte qu'elles ont sous-estimé le rôle des influences génétiques dans l'apparition des différences individuelles quant à l'agressivité ? Il serait prématuré de le faire. En effet, plusieurs nuances doivent être apportées dans l'interprétation de ces résultats, notamment en ce qui regarde le rôle limité que jouerait l'environnement partagé (par opposition à l'environnement unique). Ainsi, les conclusions générales doivent être nuancées par le fait que les estimés dérivés des études génétiquement informatives varient selon les méthodes d'évaluation de l'agressivité (Leve *et al.*, 1998 ; Rhee et Waldman, 2002). L'évaluation indirecte, notamment par les parents, révèle une héritabilité plus élevée que l'observation directe du comportement. Il semble que les parents seraient sujets à des biais de perception qui les porteraient à percevoir les jumeaux MZ comme plus similaires et les jumeaux DZ comme plus différents, surévaluant ainsi le rôle de l'hérédité (Pérusse & Gendreau, 2005 ; Simonoff *et al.*, 1995). Par ailleurs, l'observation directe aurait recours à des échantillons temporels trop courts, limitant de ce fait la fiabilité de la mesure et surestimant le rôle de l'environnement unique. Ces limites militent donc en faveur d'un recours à des mesures multiples des comportements agressifs afin d'apprécier plus justement leur étiologie génétique et environnementale.

Sur le plan de l'examen des processus de développement, il faut souligner que la méthode décrite ci-dessus postule que les facteurs génétiques et environnementaux contribuent de façon indépendante aux comportement agressifs, alors qu'ils présentent probablement des transactions complexes au cours du développement. Ces transactions peuvent se présenter sous la forme d'une **interaction gène-environnement**, c'est-à-dire qu'un même génotype pourra s'exprimer différemment en fonction des environnements ou, inversement, qu'un même environnement conduit à des comportements différents selon le génotype. Un exemple de ce type de phénomène a été rapporté par Caspi et ses collègues (2002), qui se sont intéressés à deux versions (ou « allèles ») distinctes du gène responsable de la mono-amine-oxydase A (MAO A), une enzyme intervenant dans le métabolisme de la sérotonine, laquelle est un neurotransmetteur responsable de la maturation des émotions. Une combinaison d'allèles de ce gène entraîne une sous-activation de la MAO. Au moyen d'une étude longitudinale, Caspi et ses collègues ont montré que l'association entre l'abus physique en bas âge et les conduites antisociales mesurées à l'âge adulte était plus marquée pour les individus porteurs de la version du gène responsable de la sécrétion réduite comparativement aux porteurs d'un gène normal.

La **corrélation gène-environnement** est un autre type de transaction gène-environnement qui illustre l'enchaînement de ces deux sources d'explication du comportement humain, et des conduites agressives en particulier. Il se produit lorsque le génotype influence plus ou moins directement certains aspects de l'environnement, eux-mêmes impliqués dans l'apparition du trait d'intérêt. Par exemple, dans une étude récente portant sur des jumeaux âgés de cinq mois et leur parents, Boivin et ses collègues (2005) ont montré que le tempérament difficile de l'enfant était associé à des conduites hostiles et réactives de ses parents et

que cela s'expliquait en grande partie par le génotype de l'enfant. L'environnement auquel sera exposé l'individu au cours de son développement n'est donc pas totalement indépendant de ses caractéristiques génétiques, et il est important de bien analyser ces transactions complexes afin de mieux comprendre leur rôle dans l'émergence des différences individuelles quant à l'agression.

En conclusion, il est nécessaire de prendre en compte les mécanismes psycho-biologiques responsables du développement et du maintien des conduites agressives, de même que les transactions complexes entre les gènes et l'environnement. Il est maintenant clair que les conduites agressives ne peuvent pas seulement s'expliquer par des facteurs environnementaux. Les théories psychosociales, et en particulier la théorie de l'apprentissage social, devront être ajustées pour pouvoir expliquer pourquoi seule une fraction des enfants adoptent des comportements problématiques et résistent aux stratégies disciplinaires parentales.

LA VIOLENCE DANS LES MÉDIAS ET LES CONDUITES AGRESSIVES

La présentation d'événements violents dans un contexte d'information ou de divertissement peut-elle avoir pour effet d'inciter quelqu'un à ce type de violence ? Cette question rejoint celle plus générale des effets de la violence présentée dans les médias, notamment à la télévision, dans les cinémas (Anderson *et al.*, 2003) et dans les jeux vidéo (Funk *et al.*, 2003), sur la population en général, et sur les enfants et les adolescents en particulier.

Presque tous les enfants canadiens et québécois sont témoins de la violence télévisée. En effet, la télévision est présente dans presque tous les foyers, et plusieurs foyers ont plus d'un téléviseur. Le deuxième téléviseur est souvent utilisé par les enfants. Une étude nationale américaine rapporte qu'un enfant passe en moyenne 40 heures par semaine de son temps à regarder des films et à jouer à des jeux vidéo (Kaiser Family Foundation, 1999).

Selon Statistique Canada (2003), les enfants canadiens âgés de deux à 11 ans passent plus de 14 heures par semaine en moyenne (près de 15 heures au Québec) devant le téléviseur, alors que ceux de 12 à 17 ans y consacrent 13 heures par semaine (plus de 14 heures au Québec). Compte tenu du fait qu'ils sont plus souvent devant le téléviseur pendant les fins de semaine, les congés et les vacances, les enfants passent plus de temps à regarder la télévision ou des films, et à jouer à des jeux vidéo qu'à accomplir n'importe quelle autre activité, y compris la fréquentation de l'école, et les échanges avec les amis et les membres de la famille (Parke & Slaby, 1983 ; Williams & Handford, 1986).

Une récente analyse de contenu de plus de 8 000 heures de télévision révèle qu'environ 60 % des émissions contenaient de la violence (National Television Violence Study, 1996-1998). Les émissions canadiennes comportent, elles aussi, de nombreux épisodes violents. Une étude menée à l'Université Laval par Jacques de Guise et Guy Paquette a montré qu'entre 1993 et 2001, le nombre d'épisodes violents a augmenté de 378 % dans les films, les séries télévisées et les émissions pour enfants, à l'exception des dessins animés (De Guise & Paquette, 1999). En 2001, une moyenne de 40 comportements violents par heure était notée. La violence est aussi présente dans les émissions pour enfants présentées le samedi matin : plus de 60 % des enfants y sont exposés (Comstock & Scharrer, 1999).

Malgré les craintes exprimées à l'égard de la violence présentée dans les émissions pour enfants, la très grande majorité des parents n'exercent aucun contrôle sur la quantité ou le contenu des émissions. Il y a encore beaucoup de confusion et d'incertitude dans le grand public concernant les effets potentiellement négatifs de la violence présentée dans les médias (Bushman & Anderson, 2001). Plusieurs questions pertinentes doivent être débattues. La violence dans les médias a-t-elle un effet sur la tendance à se comporter de façon agressive ? Cette relation s'observe-t-elle de façon générale ou est-elle plus marquée pour certains sous-groupes d'individus ? Le cas échéant, quels sont les mécanismes impliqués ?

Alors que les études expérimentales effectuées en laboratoire examinent principalement les effets à court et à moyen terme de la violence présentée dans les médias, les études corrélationnelles transversales et longitudinales décrivent davantage les effets à long terme, ainsi que les effets de l'exposition cumulée à des contenus télévisuels violents sur les comportements agressifs ultérieurs des enfants, des adolescents et des jeunes adultes.

Dans la foulée des études montrant l'importance de l'observation de modèles agressifs dans l'émergence et le maintien des conduites agressives chez les jeunes enfants (Bandura, 1973), plusieurs études expérimentales ont été menées afin de vérifier si le fait d'être placé devant des modèles agressifs à la télévision peut inciter les spectateurs à l'agression. Généralement, ces études présentent des émissions ou des films violents à des enfants ou à des adultes, puis ces sujets sont mis dans une situation où ils peuvent agresser une autre personne. Paik et Comstock (1994) ont effectué une méta-analyse des tailles d'effets relatifs notés dans 217 études expérimentales randomisées, publiées entre 1957 et 1990. Les résultats indiquent que les enfants et les adolescents ayant visionné des épisodes violents manifestent par la suite plus de comportements agressifs dirigés vers une autre personne que les enfants ayant été exposés à un autre contenu visuel. La grandeur d'effet moyenne calculée est de $r = 0,38$ lorsque l'ensemble des études est considéré, et de $r = 0,32$ (basée sur 71 études indépendantes) lorsque la mesure retenue se rapporte à la violence envers une personne.

Dans l'ensemble, donc, les recherches expérimentales randomisées en laboratoire indiquent que le fait d'être placé devant des modèles agressifs augmente la probabilité d'adopter ultérieurement un comportement agressif. En plus de faciliter l'inférence causale (c'est-à-dire le sens de la causalité entre deux variables), ces études en laboratoire ont permis de préciser les conditions sous lesquelles l'observation de l'agression est plus susceptible d'avoir un effet. Selon Comstock (1995), la présentation d'une récompense à l'agresseur (ou l'absence de punition à son endroit), le fait de décrire la violence de façon plaisante, ou encore le fait de veiller à ce que celle-ci ne suscite pas le dégoût ou l'inhibition chez le spectateur constituent des éléments qui augmentent la probabilité d'un comportement agressif ultérieur. Cet effet est également observé si la scène fait naître ou maintient un état de colère ou de frustration, ou, plus simplement, une activation physiologique chez le spectateur ; si elle présente des événements réels plutôt que fictifs ; si elle laisse entendre que la violence est justifiée par le comportement de la victime ou que le comportement agressif est motivé par le désir d'infliger une blessure ou une douleur ; si certains éléments de la situation décrite ressemblent à ceux de la vie réelle (par exemple le fait que la victime porte le même nom qu'une personne envers laquelle le spectateur entretient du ressentiment), suggèrent une similitude entre l'agresseur et le spectateur, ou encore correspondent à des attitudes et à des croyances qui encouragent le recours à l'agression interpersonnelle (Vidal, Clemente & Espinosa, 2003). Enfin, on observe une augmentation de la probabilité d'adopter un comportement agressif lorsque la scène est montrée en l'absence de commentaires critiques quant à la violence observée, notamment de la part des parents (Nathanson, 1999). En somme, toute scène qui présente l'agression comme efficace, normale et appropriée augmente la probabilité d'un comportement agressif ultérieur, surtout lorsque la situation émotionnelle du spectateur l'y prédispose.

La question est cependant de savoir si ces données sont pertinentes eu égard aux programmes et aux habitudes d'écoute de la télévision dans la vie quotidienne. La recherche en laboratoire impose certaines conditions qui rendent difficile une généralisation des résultats à l'extérieur du laboratoire (Anderson & Bushman, 1997). En effet, les mesures en laboratoire ne sont souvent que des substituts à l'agression (par exemple le fait de frapper une poupée ou de faire subir un choc électrique) fréquemment

permis et même encouragés implicitement par le contexte expérimental. Contrairement au contexte naturel, le contexte expérimental ne permet pas à la victime de se venger de l'agresseur ou de le punir. De plus, le matériel visuel utilisé ne constitue qu'un faible pourcentage des émissions de télévision violentes, et il est souvent sélectionné afin de maximiser les effets. Il n'est généralement présenté que durant une très courte période. Enfin, les effets d'une émission ou d'un film pris isolément peuvent être très différents de ceux d'un programme qui comprend une variété d'émissions violentes et non violentes. En somme, il se peut que les habitudes télévisuelles aient des effets très différents de ceux produits par les situations expérimentales.

Un autre type de recherche expérimentale s'est intéressé à l'influence à moyen terme de la violence télévisée, en respectant les critères de validité externe évoqués précédemment. Ces études ont cherché à déterminer dans quelle mesure le fait d'être placé plus longtemps devant la violence que durant la simple présentation d'un film incite à l'agression dans un environnement autre que celui du laboratoire. Un bel exemple de ce type d'études nous est fourni par l'étude réalisée en Belgique par Leyens et ses collègues (1975) dans un établissement hébergeant des adolescents aux prises avec des problèmes de comportement. Le fait que les activités des adolescents se sont déroulées uniquement dans l'établissement a permis une observation systématique des comportements avant et après la présentation des films. La première semaine de l'expérience fut consacrée à l'évaluation du niveau de base des comportements agressifs. La semaine suivante, on a montré une série de films ayant un contenu violent à un premier groupe d'adolescents (résidences 1 et 2), alors qu'un second groupe d'adolescents (résidences 3 et 4) a visionné une série de films ayant un contenu non violent. Les taux de comportements agressifs physiques et verbaux furent évalués pendant une semaine, avant, pendant et après la présentation de la série de films.

Les principaux résultats de cette étude sont présentés à la figure 9.6. Celle-ci montre une augmentation marquée de la fréquence des agressions physiques lors des périodes du soir suivant immédiatement la projection du film violent. Dans le cas des films ayant un contenu non violent, il n'y eut aucune augmentation de la fréquence des agressions physiques dans une résidence, et une baisse fut observée dans l'autre résidence. Aucune modification ne fut cependant observée durant les périodes d'observation du midi. De plus, l'augmentation des actes agressifs commis le soir ne se maintint pas au cours de la troisième semaine d'observation. Selon Leyens et ses collègues, le caractère éphémère des effets des films violents pourrait s'expliquer par la crainte de sanctions de la part de l'établissement et des pairs. Sur le plan de l'agression

verbale, les effets furent moins marqués, parce que cet aspect était moins mis en évidence dans les films violents.

Une autre stratégie utilisée en vue de contourner les limites évoquées précédemment consiste à étudier la relation entre les habitudes télévisuelles des enfants et les comportements agressifs en milieu naturel. De façon générale, ces études corrélationnelles indiquent une relation positive entre le fait d'être placé devant la violence télévisée et l'agression, car les enfants qui regardent un plus grand nombre d'émissions violentes se comportent habituellement de façon plus agressive (Eron *et al.*, 1972 ; Bushman, 1995 ; Milavsky *et al.*, 1982 ; Singer & Singer, 1980 ; Berkowitz, 1993 ; Huesmann *et al.*, 2003 ; Paik & Comstock, 1994). Dans l'ensemble, quoiqu'il y ait une grande variabilité dans les résultats, ces études indiquent l'existence d'une faible relation entre le fait d'observer la violence télévisée et l'agression ($r = 0,19$ selon la méta-analyse de Paik & Comstock, 1994).

Cependant, comme les données concernant l'observation de la violence et l'agression ont été recueillies au même moment, il est impossible de savoir avec certitude si l'observation de la violence télévisée influe sur l'adoption de comportements agressifs. Ces résultats pourraient s'expliquer par le fait que les enfants agressifs préfèrent les émissions violentes ou que des facteurs latents, non mesurés dans l'étude, prédisposent les enfants à l'agression et à s'exposer aux émissions violentes (Anderson *et al.*, 2003).

Pour déterminer si les habitudes télévisuelles prédisent ou non les taux ultérieurs de comportements agressifs, il peut être utile de mener des études longitudinales dans lesquelles les sujets sont suivis pendant une certaine période de temps. Bien qu'elles ne puissent démontrer avec certitude que l'observation de la violence télévisée incite à la violence, les données recueillies dans ces études constituent un appui plus substantiel à cette idée que la simple découverte d'une corrélation entre deux indices mesurés au même moment.

FIGURE 9.6 **Moyennes de comportements agressifs observés en soirée dans les différentes résidences**

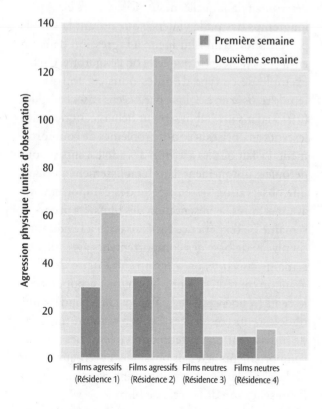

Source : Adapté de Leyens *et al.* (1975).

Huesmann et ses collègues (2003) ont mené une étude longitudinale afin de déterminer s'il y avait une relation entre la violence télévisuelle regardée par plus de 300 enfants (garçons et filles) âgés de six ans à 10 ans et les comportements agressifs manifestés 15 ans plus tard (figure 9.7). Une corrélation significative s'observe entre la fréquence d'écoute d'émissions violentes à l'âge de six à 10 ans et l'agression 15 ans plus tard (r = 0,19), et ce, en tenant compte de la contribution initiale de l'agression mesurée à l'âge de six à 10 ans à celle rapportée à l'âge adulte (r = 0,17), et de la relation déjà notée pendant l'enfance entre la fréquence de visionnement d'émissions violentes et l'agression (r = 0,17). Cette relation demeure présente lorsque les tendances agressives mesurées à l'enfance, les capacités intellectuelles et l'éducation des parents sont considérées. Il est intéressant de noter que l'agression mesurée pendant l'enfance ne semble pas associée à la fréquence d'écoute d'émissions violentes 15 ans plus tard (r = 0,08).

Ces résultats appuient donc l'idée que l'observation de la violence télévisée peut, à long terme, inciter les garçons et les filles à se comporter de façon agressive. Le réalisme de la violence à la télévision et l'identification avec un personnage télévisuel violent de même sexe contribuent à les y encourager (Huesmann *et al.*, 2003 ; Vidal *et al.*, 2003). La violence des dessins animés ne semble pas avoir d'effet sur l'adoption de comportements agressifs (Huesmann *et al.*, 2003), ce qui porte à croire que l'identification au personnage agressif et le réalisme perçu de la violence sont des facteurs importants. Par ailleurs, la plupart des études visant à évaluer l'effet de la violence dans les médias sur les attitudes des enfants et des adolescents n'ont noté aucune différence entre les sexes quant à l'agressivité observée à court et à long terme (Bushman, 1995 ; Huesmann *et al.*, 2003).

Il importe toutefois de nuancer ces résultats en insistant sur le fait que la majorité des études ont accordé plus d'importance aux facteurs situationnels qu'aux caractéristiques individuelles stables telles que la personnalité, l'impulsivité, la préférence pour des émissions ayant un contenu violent et la propension à l'agressivité. Bushman (1995) a mesuré la tendance à l'agression et à l'impulsivité auprès de 420 étudiants universitaires. Il leur a demandé de rapporter le nombre d'heures passées à regarder différents types d'émissions de télévision et les a interrogés sur leur désir de regarder des émissions violentes. Bushman observe que la tendance à l'agression est associée positivement au désir de regarder des émissions violentes ainsi qu'à

FIGURE 9.7   **Relations entre la fréquence d'écoute d'émissions télévisées violentes et les tendances agressives durant l'enfance et à l'âge adulte**

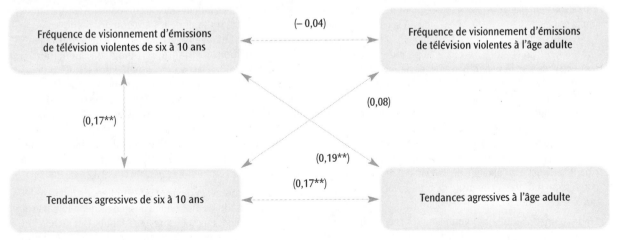

**p < 0,01.

Source : Adapté de Huesmann *et al.* (2003).

l'exposition quotidienne à ce type d'émissions. Par ailleurs, les individus qui rapportent une plus grande tendance à l'agressivité paraissent plus sensibles aux effets de la violence dans les médias que ceux qui rapportent une faible tendance à l'agression.

En somme, la violence télévisée encourage les comportements violents, mais l'effet varie selon le contexte social. Plusieurs mécanismes seraient potentiellement impliqués. Premièrement, comme le propose Zillmann (1983, 1996), il se peut que ce ne soit pas le contenu comme tel qui est à l'origine de cet effet, mais plutôt l'activation qu'il produit chez l'individu. L'observation de la violence à la télévision provoquerait une activation physiologique

---

ENCADRÉ 9.3   La violence dans les jeux vidéo

Certains chercheurs qui se sont donné pour tâche de mesurer l'influence de l'exposition à la violence à la télévision s'intéressent depuis peu à l'effet des jeux vidéo violents. Cet intérêt nouveau s'explique notamment par la grande popularité de ces derniers. Selon Buchman & Funk (1996), une forte majorité des garçons et des filles de la quatrième à la huitième année scolaire affirment que leurs jeux vidéo favoris sont violents (voir aussi Dietz, 1998). Les enfants qui optent pour les jeux vidéo violents auraient une perception de soi plus négative (Funk *et al.*, 2003) et seraient aussi plus agressifs que les autres enfants (Anderson & Bushman, 2001 ; Anderson & Dill, 2000 ; Van Schie & Wiegman, 1997).

Les recherches visant à mesurer l'effet des jeux vidéo violents sur les comportements agressifs sont moins nombreuses que celles portant sur la violence télévisée. Cependant, les résultats des recherches menées sur ces deux questions convergent (Anderson & Bushman, 2001 ; Anderson & Dill, 2000 ; Anderson & Murphy, 2003).

Ainsi, Bartholow et Anderson (2002) ont examiné l'influence des jeux vidéo violents sur l'agression auprès de jeunes adultes qui ne jouaient pas à des jeux vidéo fréquemment. Les participants ont été assignés de façon aléatoire à la condition « jeu violent » (*Mortal Kombat*) ou « jeu non violent » (*PGA Tournament Golf*). Après une courte période au cours de laquelle ils se sont familiarisés avec le jeu, les participants ont été invités à participer à une tâche compétitive contre un autre participant (complice de l'expérimentateur) installé dans une salle adjacente. Les participants étaient alors informés qu'ils pouvaient, en cas de réponse incorrecte de la part de l'adversaire, augmenter la fréquence et l'intensité du bruit aversif pour le punir. Les résultats ont montré que les participants assignés à la condition de jeux violent montraient plus d'agression (nombre et intensité de bruits aversifs attribués) que ceux assignés à un jeu non violent.

Les facteurs présumés intervenir sont les mêmes que ceux proposés pour la violence dans les médias en général (Anderson & Bushman, 2001), mais certains chercheurs pensent que les effets des jeux vidéo violents sur la manifestation ultérieure de l'agression pourraient être plus marqués que ceux exercés par la télévision (Anderson & Dill, 2000). L'identification à l'agresseur serait un facteur particulièrement puissant dans les jeux vidéo violents, puisque les participants sont invités à adopter le rôle d'un individu violent (Huesmann *et al.*, 2003). Il s'agit donc non pas d'être seulement le témoin de la violence, mais plutôt d'y participer activement en modifiant son propre degré d'exposition à celle-ci. Le caractère proactif de l'implication serait un facteur déterminant à cet égard (Anderson *et al.*, 2003). D'abord, cela accélérerait le processus d'identification à l'agresseur, surtout dans un cadre caractérisé par le réalisme des graphiques. Ensuite, dans la mesure où cette participation active consiste à utiliser des stratégies violentes (blesser, tuer, saccager, etc.) en vue d'accéder au niveau suivant ou d'accumuler des points, ces dernières seraient renforcées (Bandura, 1973 ; Bushman & Anderson, 2002 ; Panee & Ballard, 2002).

L'observation répétée de modèles agressifs favoriserait l'apprentissage de comportements violents (Bushman, 1995), du fait de la formation de liens accrus entre les composantes émotionnelles, situationnelles et comportementales de la violence, permettant ainsi la consolidation de scripts violents dans la mémoire sémantique (Anderson, Benjamin & Bartholow, 1998). L'activation répétée des scripts violents pourrait, à la longue, modifier les croyances, les perceptions, les attitudes et les manifestations liées à l'agression (Anderson & Bushman, 2001 ; Anderson & Bushman, 2002 ; Panee & Ballard, 2002). Enfin, l'exposition prolongée à des jeux vidéo violents pourrait aussi entraîner une désensibilisation des réponses cognitives, émotionnelles ou comportementales à un stimulus violent (Funk *et al.*, 2003 ; Vidal *et al.*, 2003).

Toutes ces hypothèses devront être étudiées de façon systématique. L'étude de l'influence des jeux vidéo violents sur le comportement en est encore à ses débuts. Des recherches longitudinales devront notamment examiner les effets cumulatifs et à long terme de l'exposition à des jeux vidéo violents.

(rythme cardiaque, conductance de la peau, etc.) qui persisterait pendant un certain temps. Deux mécanismes seraient alors mis en branle. Le premier réfère à l'augmentation de l'énergie disponible à l'organisme résultant de l'activation physiologique induite par l'exposition à la violence. L'activation physiologique favoriserait alors l'accomplissement d'une action entreprise, qu'il s'agisse d'une tentative de fuite ou d'agression. Le deuxième mécanisme consiste dans le fait que l'individu ayant regardé le contenu violent peut attribuer de façon erronée la source de son activation physiologique à une tierce personne (à la suite d'une provocation, par exemple). Considérés de façon isolée, l'activation physiologique et le transfert d'excitation seraient proposés davantage pour expliquer les effets à court terme de la violence télévisée (de quelques secondes à quelques minutes).

Deuxièmement, à court et à moyen terme, le fait d'être placé devant des modèles agressifs dans les médias peut amener un apprentissage par imitation de ces comportements. Cet effet est mis en évidence dans les études menées par Albert Bandura (1973) : les enfants qui y étaient observés avaient tendance à imiter les comportements des personnages de l'émission. Par ailleurs, l'apprentissage des conduites agressives par l'imitation de modèles agressifs présentés dans les médias risque davantage de se poursuivre si les comportements du spectateur sont renforcés (Anderson *et al.*, 2003).

Troisièmement, comme le propose également Bandura, l'observation de la violence télévisée peut avoir pour effet de désinhiber l'individu face à la violence, car le fait d'observer un individu se comporter de façon agressive peut diminuer les craintes et les hésitations. De plus, cet effet serait plus important lorsque l'observateur peut constater qu'il n'y a pas de conséquences négatives pour l'assaillant et que son comportement lui permet d'atteindre ses objectifs. Cette désinhibition peut également se faire sentir à plus long terme sur le plan des attitudes et des valeurs, et entraîner une attitude indifférente à l'égard de la violence (Bushman & Huesmann, 2001 ; Funk *et al.*, 2003 ; Grossman, 1996), une déshumanisation de la victime (Guerra, Nucci & Huesmann, 1994) et une valorisation de l'utilisation de moyens violents dans la résolution des conflits (Barkin, Kreiter & DuRant, 2001).

Enfin, selon Berkowitz (2000), l'observation d'un comportement agressif peut simplement avoir pour effet d'éveiller des pensées, des émotions, des scripts et des schémas associés à la violence, rendant celle-ci plus accessible au point de vue cognitif, et donc plus probable. L'activation cognitive causée par la violence pourrait biaiser temporairement la perception des indices présents dans l'environnement, surtout dans les situations ambiguës (Anderson *et al.*, 2003). Aussi, si l'exposition à la violence se poursuit, les pensées, les émotions, les scripts et les schémas associés à la violence pourraient devenir plus rapidement accessibles par suite d'une activation répétée (Anderson & Huesmann, 2003 ; Anderson *et al.*, 2003).

En résumé, les effets potentiels de la violence dans les médias ont été abondamment étudiés. Un recensement des études — essentiellement des études expérimentales, corrélationnelles, longitudinales et des méta-analyses — nous indique qu'il y a une augmentation de la tendance à l'agression à court terme et à long terme à la suite du visionnement d'une émission de télévision à caractère violent (Anderson *et al.*, 2003 ; Bushman & Anderson, 2001).

RÉSUMÉ

Ce chapitre avait pour objectif de présenter les principaux points de vue théoriques au sujet du comportement agressif en insistant particulièrement sur les perspectives psychosociales. Après avoir défini l'agression de façon générale et établi des distinctions entre ses différentes formes, nous avons brièvement présenté les perspectives psychanalytique et éthologique, en soulignant les difficultés engendrées par le manque de spécificité des notions et par l'incapacité du modèle hydrodynamique, marqué par un fort déterminisme biologique, à rendre compte de la complexité du phénomène chez l'être humain. Nous avons par la suite examiné les théories psychosociales de l'agression en critiquant, sur les plans théorique et empirique, les fondements de l'hypothèse du lien entre la frustration et l'agression, et ceux de l'hypothèse de la catharsis. Nous avons également discuté de la contribution de Leonard Berkowitz, qui fait une plus grande place aux processus cognitifs supérieurs dans l'examen du lien entre la frustration et l'agression, et de celle de Dorf Zillman, qui présente le transfert d'excitation comme un facilitateur potentiel de l'agression tout en soulignant que c'est l'interaction entre l'activation physiologique et l'interprétation cognitive du contexte qui donne lieu à l'émotion négative favorisant l'agression. Puis, nous avons présenté les fondements de la théorie de l'apprentissage social d'Albert Bandura et du modèle de la coercition familiale de Gerald Patterson, qui s'inscrivent dans la perspective du conditionnement opérant : ce sont les expériences et les apprentissages antérieurs, et les conditions plus immédiates de l'environnement qui expliquent qu'un individu adopte et maintient des comportements agressifs. Nous avons aussi abordé les importants travaux de Kenneth Dodge, qui a étudié plus particulièrement les problèmes de traitement de l'information sociale qui caractérisent les enfants agressifs. Enfin, nous avons présenté un nouveau corpus de recherches longitudinales et génétiquement informatives qui oblige à un nouvel examen des modèles fondés sur l'apprentissage social des conduites agressives. Le chapitre se ferme sur la présentation de l'état actuel des connaissances concernant les effets de la violence dans les médias. Ce thème a été traité de façon à refléter l'état actuel des connaissances sur cette question et à illustrer la valeur des modèles théoriques pour la compréhension du phénomène de l'agression interpersonnelle.

BIBLIOGRAPHIE spécialisée

ANDERSON, C., BERKOWITZ, L., DONNERSTEIN, E., HUESMANN, L.R., JOHNSON, J.D., LINZ, D., MALAMUTH, N.M. & WARTELLA, E. (2003). The influence of media violence on youth. *Psychological Science in the Public Interest, 4*, 81-110.

ANDERSON, C.A. & BUSHMAN, B.J. (2002). Human aggression. *Annual Review of Psychology, 53*, 27-51.

BANDURA, A. (2001). Social cognitive theory : An agentic perspective. *Annual Reviews of Psychology, 52*, 1-26.

BERKOWITZ, L. (1993). *Aggression : Its causes, consequences, and control.* New York : McGraw-Hill.

COIE, J.D. & DODGE, K.A. (1998). Aggression and antisocial behaviour. Dans W. Damon (dir.), *Handbook of child psychology* (5e éd.). Vol. 3 : N. Eisenberg (dir.), *Social emotional and personality development* (p. 779-862). New York : Wiley.

COMSTOCK, G. & SCHARRER, E. (1999). *Television : What's on, who's watching, and what it means.* San Diego, Calif. : Academic Press.

PATTERSON, G.R., REID, J.B. & DISHION, T.J. (1992). *Antisocial boys.* Eugene, Ore. : Castalia.

TREMBLAY, R.E., HARTUP, W. & ARCHER , J. (2005). *Developmental origins of aggressive behaviour.* New York : Guilford Press.

DE RÉVISION

1. Distinguez l'agression hostile de l'agression instrumentale.

2. Selon Konrad Lorenz, quelles sont les principales fonctions de l'agression intraspécifique?

3. Quelle est la position de Berkowitz à l'égard de l'hypothèse de la relation frustration-agression?

4. Expliquez brièvement les mécanismes d'acquisition et d'expression du comportement agressif selon l'apprentissage vicariant proposé par Bandura.

5. Nommez cinq stratégies de désengagement moral et expliquez brièvement comment elles contribuent à l'expression de comportements agressifs.

6. Décrivez, en vous référant au principe de renforcement négatif bidirectionnel, comment les situations familiales conflictuelles peuvent s'aggraver progressivement et aboutir à la fois à une hausse de l'agressivité de l'enfant et à un durcissement des punitions infligées par les parents.

7. Résumez le traitement de l'information sociale caractérisant les enfants agressifs en vous référant à au moins quatre des six étapes du traitement de l'information sociale.

8. Nommez deux façons dont les comportements des parents peuvent influencer le traitement de l'information sociale chez leurs enfants.

9. Que peut-on conclure des méta-analyses des études génétiquement informatives portant sur les conduites agressives?

10. Expliquez en quoi l'exposition à la violence télévisée peut favoriser les comportements violents.

Le comportement d'aide : perspectives classiques et contemporaines

Robert J. Vallerand

Laboratoire de recherche
sur le comportement social
Université du Québec
à Montréal

Mise en situation

I l est 3 h 30 du matin. Richard Lemieux se réveille en sursaut. Il vient d'entendre des cris à l'extérieur. « C'étaient des cris de mort ! je m'attendais à des coups de feu ! » dit-il. Lemieux sort du lit et regarde par la fenêtre. Il voit des flammes qui sortent de l'immeuble d'à côté. Il crie à sa conjointe d'appeler le 911, sort et court vers l'immeuble voisin. En arrivant, il se rend compte qu'une femme a déjà fait un saut fatal sur le sol. Il pénètre dans l'immeuble et crie « Au meurtre ! » pour forcer les locataires à sortir. Il essaie d'entrer dans l'appartement du quatrième étage d'où sortent les flammes, mais sans succès. Il entre donc dans l'appartement voisin et se dirige vers le balcon, d'où il aperçoit deux adolescents, un garçon et une fille, à la fenêtre d'à côté qui hurlent : « Je vais mourir ! Je vais mourir ! » Lemieux s'installe sur le balcon et tend les bras vers les adolescents. Le garçon saute, mais ne parvient qu'à s'agripper précairement à la rampe. Lemieux le saisit par le fond de culotte et le tire dans l'appartement. Le garçon déguerpit immédiatement et ne revient plus. La jeune fille est figée par la peur et ne bouge pas. Heureusement, les pompiers, qu'avait appelés la conjointe de Lemieux, arrivent et, grâce à leur échelle, ils peuvent faire descendre la jeune fille. Quelques secondes plus tard, les flammes atteignent l'endroit où elle se tenait.

Par son geste héroïque, Lemieux a directement sauvé deux vies, sans compter celles des autres locataires de l'immeuble qu'il a réveillés. Si vous aviez été dans la même situation, seriez-vous allé voir à votre fenêtre ce qu'il se passait ? Auriez-vous pensé à demander à votre conjoint d'appeler le 911 ? Vous seriez-vous précipité dans l'immeuble pour prévenir les locataires ? Seriez-vous allé sur le balcon de l'appartement d'à côté pour aider les adolescents ? Bien malin celui qui peut répondre à ces questions : de nombreuses influences peuvent affecter notre comportement d'aide, comme notre personnalité, la situation dans laquelle on se trouve, et même notre expérience dans ce type de situation. Et si on vous disait que Richard Lemieux est pompier, trouveriez-vous son geste moins héroïque ?

INTRODUCTION

Nous rencontrons chaque jour des personnes qui ont besoin d'aide. Ce peut être des personnes en situation d'urgence, comme dans la mise en situation, mais il peut aussi s'agir d'un ami que notre réconfort pourrait soutenir ou, encore, d'un étudiant que nos notes de cours pourraient dépanner. La situation d'aide peut être temporaire ou relativement permanente, comme dans le cas de visites rendues à des personnes âgées dans le cadre d'activités bénévoles. Le comportement d'aide peut comprendre une foule de tâches et se manifester en de multiples situations, ce qui rend sa prédiction encore plus difficile.

Comme on peut le remarquer dans la mise en situation, où sont relatés des événements qui ont réellement eu lieu dans la nuit du 30 avril 2005, les gens n'aident pas toujours ceux qui en expriment le besoin (le garçon a déguerpi sans se demander si la jeune fille avait besoin de lui). Pourquoi les

réponses, relativement à un comportement d'aide, varient-elles autant ? Il serait facile de répondre que ces réponses dépendent des gens. Par exemple, un pompier sait ce qu'il faut faire et il est donc moins surprenant de constater qu'il apporte son aide en de telles circonstances. Pourtant, bien d'autres personnes risquent leur vie chaque année sans pour autant être des professionnels habitués à ce genre de situation. En y réfléchissant bien, vous vous rendrez compte qu'il vous arrive, à l'occasion, d'aider une personne qui en a besoin, alors qu'à d'autres moments, vous n'accordez pas votre aide. Il semble qu'une foule de facteurs interviennent dans la décision d'aider les autres ou non (Penner *et al.*, 2005).

Ce chapitre mettra l'accent sur l'étude des différentes sources d'influence sur le comportement d'aide. Notamment, les influences situationnelles, personnelles et interpersonnelles découlant de la relation même entre l'aidant et l'aidé seront abordées.

De plus, nous allons étudier les conséquences associées au comportement d'aide, plus particulièrement celles consécutives au fait d'aider et de ne pas aider quelqu'un, et ce, autant dans la perspective de la personne aidante que dans celle de la personne qui reçoit de l'aide. Dans ce cadre, nous utiliserons le terme **aidant** pour parler de la personne qui apporte son aide ainsi que le terme **aidé** pour désigner la personne qui reçoit de l'aide. Toutefois, avant de passer à l'analyse des différentes sources d'influence, nous nous intéresserons à une définition du comportement d'aide.

LE COMPORTEMENT D'AIDE : UNE DÉFINITION

Le secteur du comportement d'aide s'étend bien au-delà de l'exemple présenté au début du chapitre. Le comportement d'aide peut être défini par des conduites, comme aider une personne à ramasser le contenu de son sac d'épicerie, donner de l'argent à un mendiant, faire du bénévolat sur une base régulière ou, encore, prêter ses notes de cours à un étudiant. Il implique d'aider d'autres individus dans la vie quotidienne par des gestes qui semblent parfois banals. Ainsi, le comportement d'aide ne relève pas uniquement d'actes héroïques et courageux dont l'une des journaux s'empare souvent.

Les chercheurs dans le domaine du comportement d'aide distinguent le concept de l'**altruisme** de celui du **comportement d'aide**. Le comportement altruiste consiste à faire une action dont une personne ou un groupe de personnes bénéficiera et dont le but premier n'est pas d'en retirer quelques conséquences positives pour soi-même (Batson, 1998 ; Krebs, 1982). Quant au comportement d'aide, il consiste uniquement à aider une personne afin qu'elle puisse en bénéficier, du moins en apparence. Comme le soulignent plusieurs auteurs (Batson, 1998 ; Dovidio & Penner, 2004), un comportement d'aide peut donc être altruiste ou égoïste, selon les motifs de l'aidant.

Dans les pages qui suivent, nous mettrons l'accent sur le concept du comportement d'aide. En suivant une telle approche, il nous sera possible de déterminer avec plus de précision les différents déterminants ou les différentes sources d'influence du comportement d'aide, que celui-ci soit altruiste ou non. Tournons-nous maintenant vers l'analyse des diverses influences agissant sur le comportement d'aide.

LES INFLUENCES SITUATIONNELLES

Dans cette section, nous étudierons comment la situation et les différentes significations qu'elle revêt peuvent influer sur le comportement d'aide. En effet, il existe des facteurs qui suscitent plus que d'autres le comportement d'aide. Devant le grand nombre de variables, nous nous contenterons d'étudier les suivantes : 1) les normes inhérentes à certaines situations ; 2) les modèles ; et 3) la présence des autres.

Les normes

Une **norme** constitue une règle de conduite dictée par la société et qui reflète des standards d'approbation ou de désapprobation sociale (Grusec & Lytton, 1986). En d'autres termes, une norme détermine ce qui est attendu dans une situation, c'est-à-dire l'ensemble des gestes perçus comme normaux, et elle indique également quel comportement est désavoué ou considéré comme anormal. Depuis des millénaires, l'être humain se préoccupe d'autrui (Fiske, 1991 ; Fiske & Haslam, 2005). L'altruisme représente l'une des valeurs les plus universelles. Presque chaque culture possède des normes qui valorisent le dévouement à autrui et désapprouvent l'égoïsme. On s'attend donc à ce qu'une personne qui a besoin d'aide puisse se faire aider dans la mesure où ce comportement n'est pas trop exigeant pour l'aidant. Certaines sociétés ont même légiféré sur les conditions dans lesquelles une personne devait apporter son aide à une autre ou subir les conséquences de son inaction. L'universalité de cette norme du comportement d'aide indique sa valeur fonctionnelle et son utilité pour la vie sociale.

On peut noter au moins quatre types de normes liées au comportement d'aide. La première, la **norme de réciprocité**, repose sur des principes d'échanges sociaux et postule que les gens sont récompensés pour ce qu'ils apportent aux autres. Les individus auront donc tendance à aider ceux qui les auront aidés, surtout si cette aide a été apportée gratuitement et volontairement (Whatley *et al.*,1999). De plus, Holmes, Miller et Lerner (2002), de l'université de Waterloo, en Ontario, ont démontré que les gens sont plus enclins à aider une organisation à but humanitaire s'ils peuvent en retirer quelque chose en retour (même une simple chandelle). Toutefois, cette aide sera d'autant plus importante si les gens qui vont recevoir l'aide en ont vraiment besoin. Enfin, les gens seront aussi plus enclins à aider des gens qui aident les autres (Boster *et al.*, 2001), sans doute parce qu'ils croient que ceux-ci pourraient les aider à l'avenir. La norme de réciprocité semble donc être bien établie en ce qui concerne le comportement d'aide.

Une deuxième norme, celle de l'**équité** (voir le chapitre 8), repose sur le fait que les gens qui se perçoivent dans des situations non équitables où ils croient recevoir plus de bénéfices qu'ils n'en procurent aux autres devraient aider ceux qui en ressentent le besoin afin de réduire l'inéquité et, ainsi, de restaurer l'équilibre (Walster, Walster & Berscheid, 1978). Ainsi, des gens qui avaient été pardonnés pour une mauvaise action sentaient qu'ils devaient quelque chose à la personne qui leur avait pardonné (sentiment de rétribution), et ils aidaient davantage les autres par la suite que ceux à qui on n'avait pas accordé le pardon (Kelln & Ellard, 1999). En revanche, lorsque des personnes jugent qu'elles ont été traitées de façon inéquitable, elles sont moins portées à aider les autres par la suite que celles qui ont été traitées équitablement (Organ & Ryan, 1995). La norme d'équité semble donc importante relativement au comportement d'aide.

La troisième norme, celle de la **responsabilité sociale**, veut que les gens ressentent un besoin moral d'aider les autres, et surtout ceux qui dépendent d'eux (Berkowitz, 1972). Cette norme crée un sentiment d'obligation d'aider les autres. Un certain nombre de recherches démontrent effectivement que les personnes qui ont intériorisé une telle norme sont plus enclines à aider les autres (Bierhoff *et al.*,1991 ; Eisenberg *et al.*, 1989).

Par exemple, on se souviendra qu'au début du mois de janvier 1998, le Québec et l'est du Canada ont vécu une « crise du verglas » pendant laquelle des millions de personnes se sont trouvées sans électricité ni chauffage pendant plusieurs jours. Au cours de cette crise, les gens ont mis en application la norme de responsabilité sociale. En effet, des gens de partout au Canada ont envoyé des dons, des denrées, du bois de chauffage et même des génératrices pour l'électricité. Certains se sont même déplacés pour venir en aide aux gens qui étaient demeurés à leur domicile sans chauffage. Les joueurs de la Ligue nationale de hockey ont aussi contribué à ces efforts en versant 500 000 $ au fonds de la Croix-Rouge pour les victimes de la crise du verglas. Une dame de LaSalle (Mme Giselle Van Lieu), qui avait eu la chance de conserver l'électricité, a même transformé sa maison en un logement pour sinistrés, et a logé et nourri gratuitement pas moins de 15 personnes pendant plusieurs jours. Cependant, ce n'est pas nécessairement tout le monde qui a adhéré à cette norme : en effet, certains commerçants en ont profité pour doubler le prix de leurs génératrices, et des personnes sont même allées jusqu'à voler celle de leur voisin. Mais, dans l'ensemble, un esprit de solidarité sociale pancanadien fut montré, et de belle façon.

Enfin, une dernière norme, celle de la **justice**, amène les gens à aider autrui, surtout dans la mesure où ils croient que ceux qui ressentent un besoin d'aide méritent cette aide (Lerner, 1970, 2003). Nous avons déjà parlé de la théorie du monde juste de Lerner dans le chapitre 5. Il est bon de répéter que les gens se distinguent quant à leurs croyances à ce sujet. Certains croient que nous vivons dans un monde juste, qu'il arrive aux gens ce qu'ils méritent et que les gens méritent ce qui leur arrive. D'autres, par contre, ne souscrivent pas à une telle croyance. Miller (1977) a démontré que les personnes qui adhèrent à la croyance en un monde juste ne sont prêtes à aider que sur une base ponctuelle (donner un panier de Noël), et non pas à long terme (donner de l'argent durant toute l'année). Après tout, les gens ont ce qu'ils méritent, pensent-elles. Par contre, les gens qui n'adhèrent pas à la croyance en un monde juste évaluent la situation et sont plus enclins à aider à court terme et à long terme, si c'est la chose juste à faire.

Les normes de réciprocité, d'équité, de responsabilité sociale et de justice n'affectent pas toujours le comportement d'aide. Plusieurs explications permettent de comprendre ce phénomène. Premièrement, les normes relatives au comportement d'aide peuvent souvent entrer en conflit avec d'autres types de normes. Par exemple, Batson, Tsang et Thompson (2000) ont découvert que, lorsque les gens ont le choix entre la norme qui consiste à faire ce qui est correct pour autrui et celle qui dit que « charité bien ordonnée commence par soi-même », la plupart choisissent la dernière. De plus, la norme de justice sociale peut être contrecarrée par la croyance en un monde juste, comme on l'a vu dans l'étude de Miller (1977), dans la mesure où l'aidant croit que la victime mérite son sort (Lerner, 2003). La norme qui exercera la plus grande influence sur le comportement d'aide dépendra donc de la personne et de la situation où elle se trouve. Deuxièmement, il ne faut pas oublier que les normes sont générales et qu'elles ne peuvent s'appliquer à toutes les circonstances. Ainsi, une personne peut comprendre qu'elle a la responsabilité sociale d'aider les autres, mais elle ne le fera pas si elle ne sait pas comment le faire ou si elle n'aime pas la personne ayant besoin d'aide. Troisièmement, il faut aussi noter que des différences culturelles existent (Levine, 2003 ; Perlow & Weeks, 2002), de sorte que les normes ne s'appliqueront pas nécessairement de la même façon dans différentes cultures. Par exemple, alors que l'aveugle qui essaie de traverser la rue sera universellement aidé (norme de responsabilité sociale), celui qui est blessé à une jambe ne le sera pas partout, le besoin de la personne étant jugé différemment selon les cultures (voir Levine, 2003). Enfin, il faut souligner que les gens se distinguent quant au degré d'intériorisation des différentes normes et à leur perception de la situation. Diverses perceptions et divers degrés d'intériorisation peuvent mener à des comportements fort différents. En somme, bien que les normes puissent avoir une influence importante sur le comportement d'aide, leur action pourra être limitée ou même contrecarrée par diverses variables situationnelles.

Les modèles et le comportement d'aide

Le modelage représente une des façons les plus simples par lesquelles les autres influent sur notre comportement d'aide. On entend par « modelage » le fait d'imiter une autre personne (Bandura, 1997). Plusieurs études ont souligné l'effet majeur lié à l'observation d'une autre personne qui aide autrui sur l'adoption consécutive du comportement d'aide. Par exemple, Bryan et Test (1967) ont démontré que le simple fait de regarder une personne en aider une autre à changer un pneu crevé ou, encore, donner de l'argent à l'Armée du salut augmentait les probabilités que l'observateur du comportement d'aide fasse de même. De nombreuses recherches en laboratoire et sur le terrain ont reproduit ces résultats (voir Spacapan & Oskamp, 1992).

Si le fait de voir quelqu'un aider une autre personne nous amène à vouloir en faire autant, que se passe-t-il lorsqu'un **modèle** n'aide pas autrui ? Imite-t-on l'individu qui n'apporte son aide à personne ? Pas nécessairement. Par exemple, des passants qui observent un modèle qui refuse d'aider quelqu'un et même qui se montre très impoli en refusant de le faire seraient plus portés à aider autrui que des gens qui n'ont pas vu un tel modèle (MacAulay, 1970). En conséquence, le fait d'observer quelqu'un manquer à son devoir d'aider les autres peut nous rendre sensibles à la norme de responsabilité sociale. Dans ce cas, les modèles, même lorsqu'ils n'aident pas autrui, peuvent nous amener à réfléchir sur ce que nous sommes censés faire et nous conduire à aider les autres.

La similarité entre le modèle et l'observateur. L'effet du modèle sur le comportement d'aide de l'observateur dépend, entre autres, de qui est le modèle et de ce qu'il fait. Une étude classique menée sur le terrain par Hornstein, Fisch et Holmes (1968) souligne l'importance de la similarité entre les deux personnes. Ces chercheurs avaient déposé sur le sol des enveloppes contenant un porte-monnaie retrouvé et une note préparée par la personne qui avait trouvé le porte-monnaie. Bien sûr, le porte-monnaie et la note étaient des éléments fictifs. La note indiquait que la personne avait trouvé le porte-monnaie et le retournait avec son argent au propriétaire. Ainsi, cette note laissait croire que quelqu'un avait trouvé le porte-monnaie et qu'en voulant le restituer à son propriétaire, il l'avait échappé et perdu. La personne qui avait écrit la note pouvait donc servir de modèle à celle qui retrouverait l'enveloppe. Les chercheurs ont créé deux conditions de similarité entre les gens qui ont retrouvé les enveloppes et la personne qui avait trouvé initialement le porte-monnaie en manipulant le contenu de la note. Dans une condition, la note était écrite dans un anglais correct alors que, dans l'autre condition, la note était rédigée dans un mauvais anglais et soulignait également que son auteur était un étranger. De plus, relativement à chacune des conditions du modèle (semblable et différente), le contenu de la note dénotait un état affectif positif (la personne se montrait polie et heureuse d'aider le propriétaire du porte-monnaie), négatif (la personne se plaignait du dérangement que cet envoi lui occasionnait) ou neutre. L'hypothèse de Hornstein et de ses collègues était qu'un modèle différent de la personne qui retrouve l'enveloppe aurait beaucoup moins d'influence sur le comportement d'aide qu'un autre modèle semblable à cette personne. Les chercheurs ont posté des observateurs afin de voir le nombre de personnes qui allaient ramasser le porte-monnaie et le restituer avec l'argent.

Les résultats de cette étude sont présentés dans le tableau 10.1. On remarque que les gens ont davantage décidé de rendre le porte-monnaie lorsque le modèle leur ressemblait, sauf dans la condition d'état négatif, où ils apportaient beaucoup moins leur aide, probablement parce que les commentaires du modèle avaient amené les personnes à se rendre compte des problèmes liés au fait d'aider le propriétaire du porte-monnaie.

Bien sûr, d'autres facteurs peuvent moduler l'influence du modèle sur le comportement d'aide des observateurs. Par exemple, l'amitié ou l'amour qui existe entre le modèle et l'observateur représente un point important d'influence ; le rôle des parents correspond bien à cette dernière perspective. Ainsi,

TABLEAU 10.1 **Pourcentage de retours du porte-monnaie selon le type de modèle et le message dans le porte-monnaie**

Conditions	Total des retours	Total des non-retours
Modèle semblable		
Message neutre	12	8
Message positif (courtois)	14	6
Message négatif (plainte)	2	18
Modèle différent		
Message neutre	4	11
Message positif (courtois)	5	10
Message négatif (plainte)	6	9

Note : Les gens retournent davantage le porte-monnaie lorsque le modèle est semblable à eux, sauf si le message est négatif ou s'il n'y a pas d'écart significatif avec le modèle différent d'eux.

Source : Adapté de Hornstein, Fisch et Holmes (1968).

les enfants de mères ayant des caractéristiques proso-ciales (haut niveau de compassion et de souci pour autrui) font aussi preuve de telles caractéristiques (Eisenberg *et al.*, 2000 ; Zhou *et al.*, 2002). Parfois, le modèle n'est pas en chair et en os, mais télévisuel. A-t-il tout de même une influence ? Il semble que oui. Ainsi, Hearold (1986) a rapporté que certaines émissions du type *Mister Rogers' Neighborhood* (émission du type de *Passe-Partout* aux États-Unis) avaient une influence positive sur le comportement d'aide. Par contre, d'autres recherches avec devis expérimental démontrent que la participation à des jeux vidéo agressifs comme *Mortal Kombat* et *Street fighter* diminue la coopération (Sheese & Graziano, 2005) et le comportement d'aide à la suite du visionnage (Anderson & Bushman, 2001 ; Wiegman & van Schie, 1998).

Les messages verbaux de la part du modèle.
Vos parents vous ont probablement déjà encouragé à aider telle ou telle personne ou, encore, à donner de l'argent à un organisme de charité. Quelles sont les conséquences d'une telle approche ? Certaines recherches révèlent que l'encouragement verbal au comportement d'aide peut également susciter ce comportement. En effet, selon Walters et Grusec (1977), les encouragements verbaux à adopter un comportement d'aide peuvent se révéler efficaces dans la mesure où ils amènent la personne à attribuer son comportement à des dispositions intérieures. Dans un tel contexte, la personne peut ainsi se percevoir comme quelqu'un qui aime aider les autres. Elle aide donc autrui pour des raisons (ou attributions) (voir le chapitre 5 à ce sujet) internes, et devrait adopter le comportement d'aide ultérieurement. Par contre, si la personne effectue une attribution externe (elle aide autrui parce qu'elle se sent obligée de le faire), le comportement d'aide ne suivra pas. Cette hypothèse a été confirmée par une étude de Grusec et ses collègues (1978), dans laquelle il a été démontré que des enfants donnaient plus de leurs gains pour des causes charitables lorsqu'on les encourageait à le faire pour des causes internes (ils

représentent le type d'enfants qui aiment donner aux autres) plutôt qu'externes (parce que c'est ce qu'on attend d'eux). Ces travaux vont dans le sens des résultats de Hastings et de ses collègues (2000), qui démontrent que les parents qui prennent le temps d'expliquer à leurs enfants le pourquoi d'un bon comportement sans l'imposer (comme le ferait un style parental autoritaire) ont des enfants qui aident beaucoup plus que les parents qui ont un style plus contrôlant.

Mais vos parents vous ont peut-être encouragé à faire ce geste sans pourtant l'accomplir eux-mêmes, d'où l'expression : « Fais ce que je dis et non ce que je fais. » Que se passe-t-il dans de telles circonstances, quand le modèle encourage verbalement les gens à faire quelque chose, mais n'adopte pas le comportement lui-même ? Certaines recherches (par exemple Grusec & Skubiski, 1970) ont démontré qu'un modèle qui agissait de façon généreuse amenait les enfants à donner plus de leurs gains que le modèle qui encourageait verbalement les enfants à se montrer généreux sans pour autant l'être lui-même.

Enfin, dans un dernier temps, il serait important de souligner les raisons susceptibles d'expliquer l'efficacité des modèles (voir Bandura, 1991). D'abord, les modèles nous aident à définir la nature de la situation. Lorsqu'on voit une personne en aider une autre, il devient évident que la situation en est une où il faut apporter son aide, et on est alors plus porté à adopter ce comportement. Ensuite, en regardant le modèle agir, nous nous rendons compte que le comportement d'aide peut être renforcé de façon vicariante. Ainsi, les recherches démontrent que lorsque les observateurs voient un modèle être récompensé pour son comportement d'aide, ils sont alors plus portés à aider autrui (Rushton & Sorrentino, 1981). De plus, par l'aide qu'ils apportent aux autres, les modèles nous amènent à prendre connaissance des normes qui existent dans la société, le tout favorisant le comportement d'aide de notre part. Finalement, en regardant les modèles aider les autres, nous apprenons de nouveaux comportements qui pourront être éventuellement utilisés dans des circonstances similaires. En somme, les modèles jouent un rôle important dans l'adoption du comportement d'aide, et ce, à plus d'un égard.

Les messages implicites

Les années 2000 ont vu le début de l'étude du rôle de processus implicites (ou en dehors du champ de conscience de la personne) sur le comportement d'aide (Garcia *et al.*, 2002 ; van Baaren, 2004). Par exemple, van Baaren et ses collègues (2004, étude 1) ont étudié le rôle du mimétisme (copier le comportement d'une personne) au regard du comportement d'aide en créant deux conditions expérimentales. Dans la première condition, un expérimentateur copiait de façon subtile le comportement non verbal du participant pendant une interaction de six minutes alors que, dans l'autre condition, aucun mimétisme n'était pratiqué au cours de l'interaction. L'expérimentateur échappait ensuite ses stylos par terre. Les participants l'ont tous aidé lorsque la condition de mimétisme prévalait (100 % d'aide), alors que seulement 33 % l'ont fait dans la condition de non-mimétisme. De plus, dans une seconde étude (van Baaren *et al.*, 2004, étude 2), l'effet de mimétisme amena même le participant à aider une tierce personne. Selon les auteurs, le mimétisme produirait chez la personne une orientation momentanée vers autrui, ce qui l'amène à être plus ouverte à ses besoins et à adopter un comportement d'aide à son égard si cela est nécessaire.

L'effet de la présence des autres sur le comportement d'aide en situation d'urgence

Imaginez que vous soyez dans le métro et que vous voyiez une personne se faire attaquer. Comment réagiriez-vous ? Iriez-vous aider la personne ou continueriez-vous votre chemin ? Une telle situation représente une situation d'urgence, et plusieurs travaux démontrent que le comportement d'aide variera, entre autres, en fonction du nombre de personnes présentes au moment de l'événement. Plus

précisément, les résultats des travaux révèlent que les passants apportent moins leur aide si d'autres personnes sont présentes. Ce phénomène est appelé l'**effet du passant** (Darley & Latané, 1968). C'est dans cette perspective que les premiers travaux en psychologie sociale sur le comportement d'aide ont été menés. John Darley et Bibb Latané avaient été estomaqués de se rendre compte que les passants aidaient très peu les victimes en **situation d'urgence** (voir l'encadré 10.1). Ces chercheurs ont élaboré un programme de recherche afin de mieux comprendre les processus psychologiques responsables de l'inaction des passants. Dans le cadre de leurs travaux, Latané et Darley (1970) ont conçu un **modèle cognitif du comportement d'aide** afin d'expliquer le comportement des gens dans des situations d'urgence.

Ce modèle est présenté dans la figure 10.1 (p. 10) et comprend cinq phases. Chacune d'elles doit être franchie pour que le comportement d'aide soit adopté. Ces phases sont décrites plus longuement ci-dessous. Comme nous le verrons, la présence des autres devient alors très importante pour nous aider à déterminer si le comportement d'aide se manifestera ou non.

Phase 1 : percevoir la situation. Avant de pouvoir apporter son aide, il faut d'abord percevoir une situation d'aide. Par exemple, si vous vous promenez dans la rue avec une amie et que vous discutez intensément de différents sujets, il vous sera sans doute difficile d'entendre les cris provenant d'un appartement avoisinant. Il devient alors impossible d'aider quelqu'un dans une telle situation. Dans plusieurs études sur le comportement d'aide, des personnes qui n'avaient pas apporté leur secours dans diverses situations d'urgence ont déclaré ne pas s'être rendu compte de la présence d'une personne ayant besoin d'aide. La situation avait plutôt été vue de façon routinière. Aucun indice de demande au secours n'avait été perçu (Latané & Darley, 1970).

Phase 2 : interpréter correctement la situation. À moins que la situation d'aide ne soit tout à fait évidente, il existe généralement plusieurs façons de l'interpréter. Ainsi, une personne qui court après une autre personne peut être pressée de la rencontrer, et non de lui voler son sac à main ; deux étudiants qui se bagarrent peuvent être des amis en train de s'amuser, etc. Comme on peut le remarquer, une situation d'urgence est souvent ambiguë. Dans une telle perspective, le rôle du contexte social et, nécessairement, celui des gens en notre présence, se révèlent très importants pour nous aider à définir correctement la situation. En effet, dans un cas de

---

ENCADRÉ 10.1	**L'effet du passant**

Est-il possible qu'une quinzaine de personnes assistent sans bouger au spectacle horrifiant d'un homme qu'on poignarde dans un wagon de métro ? Ce drame n'est pas le fruit de l'imagination d'un producteur de cinéma qui aurait voulu nous faire frémir, mais bien un événement qui s'est déroulé dans la soirée du lundi 6 juillet 1987, à Montréal. Non seulement personne n'est intervenu pour défendre la victime, mais encore tous ont quitté rapidement les lieux du crime de sorte que la police a cherché désespérément des témoins. Ce genre de situation a trop souvent lieu, et trop de gens ne font rien pour aider la victime ou retenir les agresseurs. Selon un policier montréalais : « Le même phénomène se produit avec un accident de la circulation. Très peu d'automobilistes s'arrêtent pour porter secours aux personnes au bord de la route. Ils filent sur leur chemin sans se soucier d'autrui. » Cette attitude passive, bien que révoltante pour plusieurs d'entre nous, est fréquente lorsqu'il s'agit d'événements tragiques comme ceux-ci. Ce phénomène, que l'on nomme « effet du passant », survient le plus souvent lorsque plusieurs individus sont témoins d'un événement tragique et que personne n'aide la victime.

L'effet du passant a fait l'objet de plusieurs recherches (Darley & Latané, 1968 ; Latané & Darley, 1970 ; Latané & Rodin, 1969), qui ont permis de mieux en comprendre les processus sous-jacents. Les résultats des études sur l'effet du passant ont démontré la relation entre la présence des gens et l'aide apportée à la victime. Plus précisément, les résultats ont révélé que, dans les conditions où une personne était seule avec une victime, 70 % des gens apportaient leur aide. Par contre, dans les conditions où le passant était en présence d'autres gens, seulement 40 % d'entre eux aidaient la victime. Ainsi, il s'est avéré que la présence de plus d'une personne près de la victime au moment de l'accident inhibait le comportement d'aide et empêchait donc les gens d'aider la victime.

D'autres résultats ont révélé que 59 % des gens qui n'interviennent pas se disent incertains de ce qui se passe, tandis que 46 % des personnes pensent, dans la plupart des cas, que l'incident n'est pas sérieux. Il semble ainsi que le degré d'ambiguïté de la situation joue un rôle important et influe considérablement sur l'adoption du comportement d'aide.

D'autres recherches ont également permis de découvrir que l'ambiguïté de la situation était souvent créée par le comportement passif des autres personnes au regard de la tragédie. Si, pour deux événements, le degré d'ambiguïté est le même, c'est-à-dire qu'un des deux événements ne sème pas plus de confusion que l'autre, on devrait se trouver avec une aide semblable apportée aux victimes des deux événements. Or, ce n'est pas le cas. Il a été démontré que ce n'est pas le degré d'ambiguïté de l'événement tragique qui influe sur l'adoption du comportement d'aide, mais bien le nombre de personnes présentes lors de la tragédie. En effet, plus le nombre de personnes augmente au moment de la tragédie, moins il y a d'aide apportée à la victime.

En 1970, Latané et Darley ont étudié ce phénomène et ont découvert, eux aussi, que l'ambiguïté créée par le comportement passif des gens autour de la victime n'expliquait pas parfaitement le fait que, dans les conditions où ils étaient seuls avec elle, ils l'aidaient davantage que dans les conditions où ils étaient plusieurs à ses côtés. D'après eux, dans la mesure où il y a plus d'une personne, les gens ont tendance à croire que d'autres sont peut-être déjà en train d'aider la victime, donc ils ne se sentent pas aussi obligés de l'aider que s'ils étaient seuls avec elle. Ainsi, Latané et Darley ont conclu que la « diffusion de responsabilité » pouvait entraîner une diminution de l'aide apportée à la victime.

Chose intéressante, l'effet de diffusion de responsabilité existe aussi en milieu virtuel. En effet, plusieurs études démontrent que les gens aident beaucoup moins quelqu'un qui envoie une demande par courriel ou sur un salon de clavardage (*chat room*) à plusieurs personnes en même temps que quelqu'un s'adressant à une seule personne directement (Barron & Yechiam, 2002 ; Blair *et al.*, 2005 ; Yechiam & Barron, 2003).

Maintenant que vous connaissez l'effet du passant, comment pensez-vous qu'une tragédie pareille à celle de l'homme poignardé dans le métro vous ferait réagir ? Iriez-vous aider la victime ? Plusieurs penseraient laisser cette responsabilité à la personne se tenant à côté d'eux, mais vous, vous croyez-vous assez brave pour aider la victime devant une foule de personnes ? Prendriez-vous le temps d'apporter votre aide à la victime ou seriez-vous sujet à l'effet du passant ?

FIGURE 10.1 **Les différents niveaux cognitifs amenant une personne à adopter un comportement d'aide**

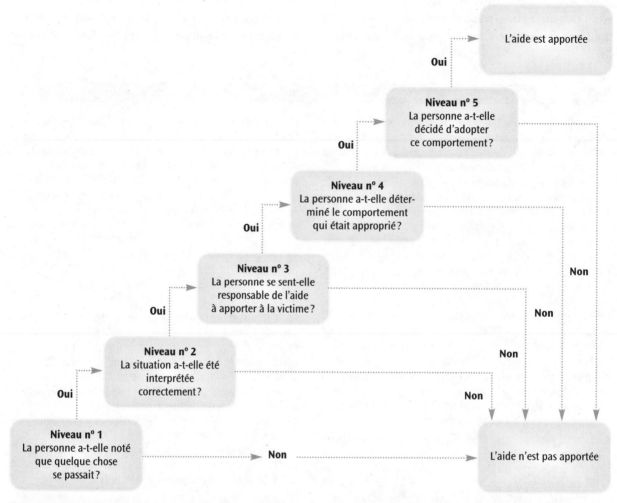

Selon une analyse cognitive proposée par Latané et Darley (1970), l'individu qui fait face à une situation d'urgence, comme une personne en détresse, suivra ces cinq niveaux cognitifs, ce qui lui permettra de décider s'il apportera ou non son aide. Le comportement d'aide est adopté seulement si l'individu répond dans l'affirmative à chacun des niveaux.

Source : Adapté de Baron & Byrne (1981).

situation ambiguë, nous utilisons un processus de comparaison sociale (voir le chapitre 3) et étudions le comportement des personnes présentes afin de déterminer s'il s'agit effectivement d'une urgence ou non. S'il s'agit d'une urgence, les individus présents devraient apporter leur aide ou, au moins, indiquer la nature de la situation, permettant ainsi sa clarification.

Toutefois, si les spectateurs ne font rien, c'est probablement qu'il n'y a pas de quoi s'inquiéter. La réalité, cependant, peut s'avérer tout autre : chaque personne étudie les individus situés près d'elle au moment de l'incident et tente de clarifier la situation avant d'aider la victime. Finalement, personne ne bouge et, de ce fait, la situation ne semble pas nécessiter notre intervention. Cela mène donc à la situation quelque peu paradoxale où les gens aident moins en présence des autres que lorsqu'ils sont seuls, notamment parce que chacune des personnes présentes induit les autres en erreur.

Staub (1999, 2000) croit que cette situation où les gens n'apportent pas leur aide lorsque personne ne semble indiquer qu'il y a urgence ou même besoin d'aide permet d'expliquer que des génocides comme celui qui a eu lieu en 1994 au Rwanda se produisent. On se souviendra que plus de 800 000 Tutsis furent tués par les Hutus durant la seule année 1994. Bien que le général canadien Dallaire, qui était en charge de la mission de paix au Rwanda pour les Nations unies, ait demandé de l'aide additionnelle à l'ONU, aucune ne fut apportée. Plusieurs pays, y compris le Canada et les États-Unis, ont décidé de ne pas s'impliquer. Pourquoi ? Sans doute, comme le mentionne Staub, parce que personne n'a utilisé le mot « génocide ». Puisqu'il ne s'agissait pas d'un génocide selon les États-Unis et d'autres pays influents, mais plutôt de querelles internes, on n'avait pas à s'inquiéter outre mesure : la situation n'était pas urgente et il ne devenait pas nécessaire d'intervenir ni d'aider. Le monde entier était sujet à l'effet du passant, et le génocide des Tutsis au Rwanda en témoigne. D'ailleurs, Bandura (1999) souligne avec justesse que l'utilisation judicieuse des mots permet souvent de désengager moralement les gens (et les pays) d'intervenir. Un génocide devient une querelle et une guerre devient une « attaque préventive » (*a preventive strike*). Une telle description de la situation envoie le message qu'il n'y a pas lieu de s'inquiéter ni d'intervenir.

Une étude classique de Latané et Rodin (1969) a analysé le rôle des autres dans l'interprétation d'une situation. Ces auteurs ont comparé le comportement d'aide d'une personne qui se trouve seule, qui se trouve en présence d'un inconnu ou qui se trouve avec un ami dans un local. Soudainement, les participants entendaient un bruit provenant du local adjacent, comme si quelqu'un était tombé. Les participants iraient-ils l'aider ? Les hypothèses des chercheurs

étaient les suivantes : les personnes seules dans le local ne se fieraient qu'à elles-mêmes pour déterminer s'il s'agit d'une situation d'urgence, et devraient donc aider beaucoup plus l'individu à côté, leur intention de vérifier la nature de la situation n'étant pas contrée par l'inertie d'une autre personne présente dans le local. Par contre, celles qui attendent en présence d'un inconnu auraient peu tendance à lui demander s'il s'agit d'une urgence de peur de s'être trompées et d'avoir l'air ridicule. Elles devraient donc aider très peu la personne à côté. Finalement, les gens en compagnie d'un ami n'auraient pas peur de révéler vraiment ce qu'ils pensent : ils discuteraient de la situation pour déterminer si elle nécessite un comportement d'aide. Ces personnes devraient donc apporter leur aide autant que les personnes seules dans le local. Ces hypothèses ont été confirmées : les participants qui aidèrent le plus l'individu à côté furent les personnes seules dans le local, suivies de celles qui attendaient en compagnie d'un ami et, enfin, de celles qui attendaient en compagnie d'un étranger.

Phase 3 : accepter la responsabilité de devoir aider autrui. Afin d'adopter le comportement d'aide, il s'avère également nécessaire d'accepter la responsabilité d'agir. Plusieurs études ont démontré que le comportement d'aide des gens peut être inhibé lorsque quelqu'un d'autre se trouve près de la victime. Dans une autre étude, Darley et Latané (1968) se sont penchés sur la question. Un participant isolé dans un cabinet de travail communiquait par interphone avec d'autres participants à une étude ; chacun devait parler des problèmes relatifs à sa vie à l'université. Soudain, un des étudiants était pris d'un malaise et demandait de l'aide, indiquant qu'il avait de la difficulté à respirer et qu'il croyait qu'il allait mourir. Puis le silence s'installait. Pour les besoins de l'expérience, les participants devaient rester dans leur local, et la situation faisait qu'ils ne pouvaient parler à personne d'autre, puisque l'interphone était ouvert dans le local de la victime.

Les résultats de l'étude de Darley et Latané sont présentés dans la figure 10.2. On remarque que, moins il y a de personnes avec la victime, plus les gens sont prêts à l'aider et plus ils agissent rapidement. Latané et Darley ont expliqué ces résultats par le **phénomène de diffusion de responsabilité**. En effet, plus le nombre de personnes en mesure d'aider la victime augmente, moins chacune d'elles sentira personnellement le besoin d'agir. Une personne se dira que quelqu'un d'autre aidera la victime à sa place et qu'adopter le comportement d'aide dans de telles circonstances ne servirait à rien.

Garcia et ses collègues (2002, étude 2) ont aussi démontré que l'effet du passant pouvait être amorcé de façon cognitive. Il a été démontré que le simple fait, pour une personne, de s'imaginer être dans un groupe (alors que, dans les faits, elle est seule) l'amenait à moins contribuer financièrement à une œuvre de charité que si elle s'imaginait être seule. De plus, d'autres études de ce groupe de chercheurs indiquent que le phénomène de diffusion de responsabilité, tel qu'il est décrit par Darley et Latané, est la cause de cet effet (voir Garcia *et al.*, 2002, études 4 et 5).

L'effet paralysant de la présence des autres peut se rencontrer non seulement dans des situations d'urgence, mais également dans tout événement où l'intervention des gens serait clairement appropriée. Par exemple, Darley (1970) a démontré que des étudiants témoins du vol d'une caisse de bière avaient beaucoup moins tendance à rapporter le vol s'ils étaient en présence d'autres personnes que s'ils se trouvaient seuls. Toutefois, il a aussi été démontré que, lorsque des participants se sont engagés à surveiller des objets appartenant à une autre personne, ils sont alors prêts à poursuivre un voleur et même à l'appréhender afin de défendre les intérêts de la victime (Moriarty, 1975 ; Shaffer, Rogel & Hendrick, 1975).

En somme, dans la mesure où les autres nous amènent à nous sentir responsables de l'aide à apporter à la victime, il y aura comportement d'aide. Par contre, si la présence des autres suscite en nous une diffusion de responsabilité, alors le comportement d'aide ne sera pas adopté.

Phase 4 : choisir le comportement approprié à adopter. Si la situation d'urgence perçue est interprétée correctement et si vous décidez que vous avez la responsabilité d'aider la personne, il reste tout de même à choisir le geste à accomplir. Par exemple, si une personne perd connaissance et arrête de respirer, allez-vous lui faire le bouche à bouche ou appeler une ambulance ? Votre connaissance des premiers soins ou votre compétence dans le domaine représentent, bien sûr, un facteur vous permettant de déterminer le comportement à adopter. Il a été démontré qu'en situation d'urgence, des infirmières en présence d'autres personnes aident autant la victime que si elles sont seules (71 % contre 78 % du temps, respectivement), alors que des étudiantes de niveau universitaire aident beaucoup moins une victime en présence d'autres personnes que si elles sont seules (36 % contre 71 %, respectivement) (Cramer *et al.*, 1988). De plus, il a été prouvé que

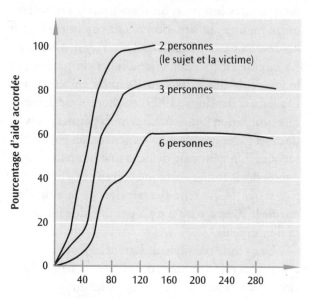

FIGURE 10. 2 **Effet du passant**

Pourcentage d'aide accordée / Temps moyen requis pour apporter l'aide (en secondes)

2 personnes (le sujet et la victime)
3 personnes
6 personnes

Darley et Latané (1968) ont découvert que les gens qui sont seuls avec la victime l'aident davantage et plus rapidement que s'ils sont en présence d'autres témoins.

Source : Adapté de Darley & Latané (1968).

l'effet du passant a été éliminé chez les infirmières parce qu'elles avaient une plus grande confiance en leur habileté à aider autrui et qu'elles savaient quel comportement adopter dans une situation d'urgence.

Le degré d'expérience de l'aidant potentiel dans de telles situations constitue également un excellent élément prédictif de son comportement d'aide. Un certain nombre de recherches révèlent que, tout comme dans le cas de l'exemple du pompier Richard Lemieux dans la mise en situation, les personnes qui ont déjà apporté leur aide dans le passé sont plus portées à aider autrui par la suite (Schwartz & Gottlieb, 1980). Ainsi, il n'est pas surprenant que certaines personnes aident régulièrement les autres en situation d'urgence parce qu'elles savent justement quel comportement émettre. C'est le cas de M. Pierre Drolet, de Laval, qui recevait en 1987 le prix Lemon Hart pour avoir sauvé de la noyade plusieurs personnes au fil des ans.

Phase 5 : adopter le comportement d'aide. L'étape finale réside dans l'adoption du comportement d'aide. Si les décisions aux quatre niveaux précédents ont été affirmatives, il reste tout de même à décider d'accomplir le geste en tant que tel. À ce stade surgit un déterminant important : le coût lié au comportement d'aide. Les coûts peuvent être de différents ordres. Par exemple, si vous êtes très pressé et que vous ne pouvez vous permettre d'être en retard, le coût de l'aide apportée sera associé au temps requis pour aider autrui. À d'autres occasions, aider quelqu'un peut impliquer de tacher ses vêtements, d'endommager sa voiture, de risquer sa vie, d'avoir l'air ridicule aux yeux des autres ou même de se faire blâmer par les autres passants pour ce qui est survenu (Cacioppo *et al.*, 1986).

Afin de mieux saisir le rôle des coûts et des bénéfices dans la décision d'aider autrui, Piliavin et ses collègues (1981) ont proposé le **calcul du passant**. Selon ce modèle, lorsque les bénéfices sont plus élevés que les coûts, les gens ont tendance à aider les autres ; par contre, lorsque les coûts sont plus élevés que les bénéfices, les gens ont tendance à ne pas

adopter le comportement d'aide. Il faut toutefois souligner que cette analyse du passant implique également l'analyse des coûts liés au fait d'aider et de ne pas aider autrui, et ce, en fonction de l'aidant potentiel et de la victime, respectivement. En effet, si le coût associé à l'aide apportée est énorme pour l'aidant potentiel (il va manquer un rendez-vous important pour un emploi), mais qu'il est encore plus élevé pour la victime (elle pourrait mourir), le comportement d'aide pourrait tout de même être adopté.

Plusieurs recherches ont soutenu ce modèle en ce qui concerne des situations d'urgence où des victimes souffraient de problèmes physiques (voir Dovidio *et al.*, 1991 ; Dovidio & Penner, 2004 ; Penner *et al.*, 2005). Les chercheurs ont aussi appliqué le modèle à des situations d'urgence où la victime demandait une aide psychologique. Par exemple, Otten, Penner et Waugh (1988) ont vérifié les intentions d'aide dans une situation fictive où un ami venait de rompre sa relation amoureuse. Les participants devaient s'imaginer en train d'étudier pour un examen important et ils devaient déterminer à quel point ils aideraient leur ami dans une telle situation. Différentes variables du modèle ont été mesurées et une analyse par équations structurales a été effectuée (voir le chapitre 2, où on présente ce type d'analyses statistiques).

Les résultats de cette analyse sont présentés dans la figure 10.3. On remarque que ceux-ci soutiennent le modèle. Ainsi, le coût associé au fait d'aider autrui diminue les chances que le comportement d'aide soit adopté, alors que c'est le contraire en ce qui a trait au coût associé au fait de ne pas aider autrui. De plus, la variable du temps requis pour aider une victime représente un déterminant du coût de l'aide (plus on croit que l'aide prendra du temps, plus on perçoit qu'un coût est lié au comportement d'aide), alors que la diffusion de responsabilité et l'impression que la victime mérite de l'aide influent sur la perception du coût associé au fait de ne pas l'aider (moins on ressent la diffusion de responsabilité et plus on croit que la victime mérite de l'aide, plus on perçoit que le coût lié au fait de ne pas l'aider est important). Il semble donc que le modèle du calcul du passant puisse s'appliquer à l'aide psychologique.

En somme, la décision d'aider autrui dans des conditions d'urgence reflète une analyse cognitive impliquant plusieurs phases qui s'imbriquent les unes dans les autres. Dans la mesure où le comportement des autres facilite une compréhension de la situation, l'acceptation de la responsabilité d'aider la victime et, aussi, une analyse minimale du coût lié à l'aide apportée, il y a de fortes chances que le comportement d'aide soit adopté. Par contre, dans la vie de tous les jours, une analyse de ces circonstances semble démontrer que la situation et le comportement des autres nuisent à l'adoption du comportement d'aide plus souvent qu'ils ne la favorisent.

LES INFLUENCES PERSONNELLES

Une perception populaire est que les gens se distingueraient, entre autres, par leur tendance à aider les autres. Qu'en est-il dans les faits ? Les psychologues sociaux soutiennent que plusieurs types de facteurs personnels peuvent influer sur le comportement d'aide, dont les facteurs génétiques, de personnalité et émotionnels. Il en est question dans ce qui suit.

Les facteurs génétiques

Comme on l'a mentionné dans le chapitre 1, l'idée que le comportement social puisse être déterminé, du moins en partie, par des facteurs génétiques est de plus en plus acceptée (Bursntein & Branigan, 2001 ; Simpson & Kenrick, 1997). Il en va de même pour le comportement d'aide. Entre autres, des sociobiologistes, comme Wilson (1975, 1978), soutiennent que les gènes responsables du comportement d'aide ont été sélectionnés au fil des générations. En effet, à long terme, le sacrifice de soi, qui va de pair avec le comportement d'aide, augmente la probabilité que l'espèce survive. Des observations par les éthologistes Lorenz et Tinbergen ont permis de mener à une telle conclusion sur le comportement d'aide. Par exemple, ils ont remarqué que, lorsqu'un prédateur s'approche d'un groupe d'animaux, certains membres du groupe émettront un cri. Ce cri permet de préserver l'espèce puisqu'il avertit les congénères du danger imminent. Par contre, l'animal qui émet

FIGURE 10.3 **Test du modèle de Piliavin, Dovidio, Gaertner et Clark (1981)**

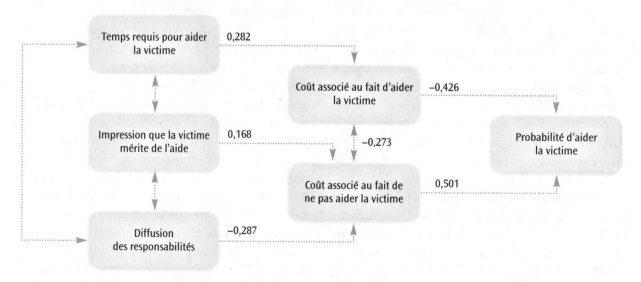

Otten, Penner et Waugh (1988) ont vérifié les intentions d'aide dans une situation fictive où un ami venait de rompre sa relation amoureuse et demandait du réconfort.

le cri se trouve lui-même en danger et risque de mourir : il se sacrifie. Pourquoi pensez-vous que l'animal, qui ne possède aucun mécanisme de raisonnement, se sacrifie ainsi pour sauver son groupe ? Il se peut, effectivement, qu'un processus biologique soit à l'œuvre chez les animaux.

Un autre point intéressant porte sur le mécanisme de sélection responsable de la préservation du gène en question. Si l'animal avertit les autres du danger, il augmente le risque d'être tué, et le **gène altruiste** risque d'être perdu. Par conséquent, les animaux qui demeureraient en vie seraient les moins altruistes. Comment le gène altruiste pourrait alors se reproduire ? Une explication est proposée par Wilson (1978), qui suggère le concept de la **sélection familiale**. Dans un premier temps, si un individu se sacrifie pour aider quelqu'un de sa famille ou un groupe de sa parenté à survivre, alors le trait ou le gène altruiste (qui est partagé par les gens de sa famille) sera préservé. Dans ce cadre, certaines recherches révèlent que non seulement les gens auront tendance à préserver leurs gênes en préservant leur famille immédiate en premier, mais aussi que, en cas de danger, ils sauveront les personnes qui ont le plus de chances de reproduire leurs gênes, comme les plus jeunes et en meilleure santé plutôt que les plus âgées et celles ayant besoin d'assistance (Burnstein *et al.*, 1994 ; Wang, 2002). Il semble aussi que la sélection familiale passe par la qualité du lien affectif que l'on entretient avec la personne de sa famille (Korchmaros & Kenny, 2001). Plus ce lien sera fort, plus on aidera la personne en question, permettant ainsi de préserver le gène altruiste.

D'autre part, Trivers (1971) avance l'idée que le comportement possédant la valeur de survie la plus élevée n'est pas le comportement altruiste en soi, mais plutôt le comportement altruiste réciproque. Selon Trivers, c'est ce comportement d'aide réciproque ainsi que la tendance à vouloir partager une telle réciprocité qui sont choisis par le mécanisme d'évolution. Ainsi, les groupes qui mettent leur vie en danger seront en quelque sorte récompensés par d'autres groupes qui, en d'autres circonstances,

mettront eux aussi leur vie en danger pour les sauver. Le fait que la norme de réciprocité existe dans toutes les cultures (voir Schroeder *et al.*, 1995) et que les gens soient plus enclins à aider ceux qui aident les autres (Boster *et al.*, 2001) va donc dans le sens de l'explication de Trivers.

Les psychologues sociaux, pour leur part, sans nécessairement mettre de côté cette perspective purement biologique, ajoutent une perspective plus sociale. Caporael (2001), par exemple, propose plutôt la sélection des groupes restreints comme point le plus important en ce qui a trait à l'évolution. Selon elle, les comportements sociaux, comme la coopération, la conformité, la loyauté — et nous pourrions également ajouter le comportement d'aide envers les membres du groupe —, permettent d'expliquer la survie du groupe. En effet, plus il y a de personnes altruistes dans le groupe, plus les membres de ce groupe survivront et pourront se reproduire, assurant ainsi la survie du gène altruiste. Caporael (2001 ; voir aussi Caporael & Brewer, 1990) suggère donc de prendre en considération une perspective évolutive dans une approche plus large incluant les modèles psychologiques, économiques et sociaux (voir Fiske & Haslam, 2005).

Si l'évolution de l'espèce humaine a transmis cette tendance biologique à aider autrui (ou, du moins, certaines personnes plus que d'autres), ce phénomène devrait pouvoir être observé biologiquement. Effectivement, certains auteurs (Buck, 2002 ; Preston & de Waal, 2002) ont proposé des modèles de fonctionnement de certains centres neurologiques facilitant le comportement d'aide. Par exemple, dans leur modèle « Perception-Action », Preston et de Waal (2002) montrent que voir quelqu'un qui souffre active automatiquement notre représentation mentale de cet état de souffrance, ce qui génère des réponses autonomes et somatiques, sauf s'il y a inhibition. Ces auteurs décrivent en détail les différents centres neuroanatomiques responsables de cette réaction complexe (Preston & de Waal, 2002, p. 11-12). Toutefois, aucune étude n'a été réalisée afin de vérifier la justesse de leur modèle. D'autres auteurs

(Eslinger *et al.*, 2002) ont aussi démontré que le fait de simplement regarder des stimuli à contenu moral activait des centres neurologiques différents de ceux sollicités par la perception. Ces centres additionnels sont ceux, entre autres, du cortex orbitofrontal médian et du gyrus frontal médian. Il semblerait donc qu'il existe certains centres neurologiques préparant les humains à réagir de façon à aider autrui. Ces résultats apportent donc un poids indéniable à la possibilité que nous soyons biologiquement prédisposés au comportement d'aide.

Le sexe de l'aidant

En général, les recherches indiquent que les hommes aident plus les autres que les femmes, même si l'on relève une certaine variation dans les résultats des études (Eagly & Crowley, 1986 ; Piliavin & Unger, 1985). Toutefois, il est important de souligner que les recherches effectuées en psychologie sociale ont, pour la plupart, porté sur une rencontre entre deux inconnus et que le type de comportement étudié a été restreint à l'aide apportée dans des situations d'urgence. Ces résultats peuvent donc être expliqués, en partie, par les normes qui prévalent dans la société (Eagly, 1987 ; Eagly & Crowley, 1986). En effet, on attend des hommes qu'ils aident les gens en difficulté et qu'ils protègent également les plus faibles. Par contre, il n'est pas rare de défendre aux petites filles de discuter avec des étrangers. Ce faisant, on n'encourage pas chez les femmes la propension à aider les personnes étrangères qui pourraient se trouver en situation d'urgence. La différence de comportement entre les hommes et les femmes dans de telles circonstances ne surprendra donc pas.

Par ailleurs, peut-on généraliser ces résultats sur l'aide en situation d'urgence à l'ensemble des différents types de comportement d'aide ? Bien sûr que non ! Le comportement d'aide renvoie à une foule de situations pouvant aller du soutien social au bénévolat. Dans ce cadre, il ne faudrait pas s'étonner de voir les femmes fournir davantage d'aide que les hommes dans des situations qui, bien que non physiquement dangereuses, exigent de la part de l'aidant du temps et de l'énergie, parfois sans que les autres personnes en soient conscientes (Otten *et al.*, 1988). C'est notamment le cas des relations plus intimes où l'aide est apportée de différentes façons, qui n'ont rien à voir avec le fait de sauver la vie d'une personne (écouter l'autre, le réconforter, etc.) (voir à ce sujet Midlarsky & Kahana, 1994 ; Wills, 1991).

Les facteurs de personnalité

Mère Teresa et le Canadien Norman Bethune, deux personnes qui ont consacré leur vie à s'occuper des pauvres et à les soigner, sont des exemples de personnes qui semblent posséder une personnalité d'aidant. Est-il possible que des éléments de leur personnalité soient responsables de leur comportement d'aide ? Que dit la recherche à ce propos ?

Les essais initiaux pour isoler des variables de personnalité qui permettraient de prédire le comportement d'aide ont connu un succès mitigé (Hartshorne & May, 1928). Plus récemment, l'analyse de diverses caractéristiques de la personnalité a montré une relation entre ces caractéristiques et le comportement d'aide. Ainsi, les gens qui acceptent une responsabilité personnelle pour aider (Staub, 1996), qui font preuve d'un haut niveau d'auto-efficacité (Bandura, 2001), qui ont un haut niveau d'empathie dispositionnelle (trait de personnalité) (Davis, 1994) ont davantage tendance que d'autres personnes à aider autrui dans une foule de situations. Les recherches longitudinales de Nancy Eisenberg et de ses collègues (1999, 2001, 2002) révèlent également que les gens montrent des dispositions très stables au comportement d'aide en bas âge, et que ces dispositions permettent de prédire ce comportement, même sur une période de 17 ans. Il semble que l'empathie soit au cœur de cette disposition.

D'autres recherches ont révélé que les personnes ayant un style d'attachement fondé sur la sécurité (Bowlby, 1982) ressentent plus de compassion pour autrui et aident plus les autres que celles ayant un style dispositionnel ambivalent ou d'évitement (Mikulincer & Shaver, 2005). Ce phénomène serait dû au fait que les personnes qui se sentent en sécurité n'ont pas peur d'exprimer un souci réel pour l'autre dans leurs actions. De plus, il a aussi été démontré que l'on peut créer momentanément, de façon subliminale, un style d'attachement fondé sur la sécurité et que les mêmes effets sont obtenus (Mikulincer *et al.*, 2004, cité dans Mikulincer & Shaver, 2005).

D'autres chercheurs ont combiné certaines variables de personnalité, puis les ont associées au comportement d'aide. Ainsi, dans une étude effectuée sur le terrain, Bierhoff et ses collègues (1991) ont démontré que les personnes qui avaient déjà apporté leur aide à des accidentés de la route possédaient un lieu de contrôle interne plus élevé, croyaient plus en un monde juste, se sentaient plus responsables socialement et ressentaient davantage d'empathie que celles qui avaient observé des accidents sans pour autant apporter leur aide aux victimes. Le tableau 10.2 expose les différences entre les deux groupes de participants. Des résultats obtenus dans le cadre d'un travail bénévole présentent un portrait très similaire (Penner, 2002).

Enfin, une variable de personnalité qu'on a commencé à étudier de façon scientifique et qui promet beaucoup dans le cadre du comportement d'aide a trait à l'intelligence émotionnelle. Mayer, Salovey et Caruso (2000 ; voir aussi Salovey *et al.*, 2003) ont proposé un modèle d'intelligence émotionnelle dans lequel la personne peut avoir des degrés plus ou moins élevés d'habiletés objectives 1) à reconnaître les émotions (les siennes et celles d'autrui) ; 2) à

utiliser les émotions de façon à mieux réfléchir ; 3) à comprendre le sens de l'émotion ressentie ; et 4) à gérer ses émotions. Donc, une personne ayant un haut niveau d'intelligence émotionnelle se trouvant dans une situation d'urgence devrait mieux décoder la situation, ressentir une plus grande empathie et adopter davantage un comportement d'aide qu'une personne ayant un faible niveau d'intelligence émotionnelle. Les recherches récentes à ce sujet démontrent effectivement que les personnes qui gèrent bien leurs émotions ont de meilleures relations interpersonnelles et apportent un meilleur soutien émotionnel aux autres, comme le rapportent leurs amis (Lopes *et al.*, 2004). De plus, l'intelligence émotionnelle est aussi corrélée avec l'altruisme et le comportement organisationnel positif, au travail (Charbonneau & Nicol, 2002). L'intelligence émotionnelle, et notamment la perspective scientifique de Salovey et Mayer, représente une variable de personnalité importante à considérer comme un déterminant du comportement d'aide.

Ce survol rapide souligne le rôle de la personnalité dans le comportement d'aide. Toutefois, la nature des processus par lesquels la personnalité mène au comportement d'aide doit être précisée davantage. Certains auteurs, dont Eisenberg et ses collègues (1989, 1999) soutiennent que l'influence de la personnalité passe par les émotions, notamment la sympathie ressentie dans une situation d'aide. Nous nous pencherons maintenant sur le rôle des émotions.

TABLEAU 10.2   Moyennes des échelles de personnalité pour les gens qui aident autrui et pour ceux qui n'aident pas autrui

Variables	Groupes	
	Contrôle (passivité)	Aidants
Lieu de contrôle interne	4,43	4,82
Croyance dans un monde juste	2,57	3,13
Responsabilité sociale	4,28	4,72
Empathie	4,76	5,52

Note : Relativement à toutes les variables, les deux groupes se distinguent significativement.

Source : Adapté de Bierhoff, Klein & Kramp (1991).

Les facteurs émotionnels

Les émotions jouent un rôle prédominant dans le comportement humain (Feldman Barrett & Salovey, 2002 ; Lewis & Haviland-Jones, 2000). Il n'est donc pas surprenant qu'elles influent sur le comportement d'aide. Dans ce cadre, il semble important de distinguer les effets de l'humeur des effets des émotions. L'**humeur** est un état affectif plus ou moins général et peu intense qui peut être positif ou négatif (être de bonne ou de mauvaise humeur) ; les émotions sont des états affectifs plus précis comme la joie, la fierté, la culpabilité et la colère (Kirouac, 1993 ; Vallerand & Blanchard, 2000). Nous étudierons leurs effets sur le comportement d'aide dans la prochaine section.

Les effets de l'humeur positive et négative sur le comportement d'aide.

Plusieurs recherches en psychologie sociale ont démontré que les facteurs émotionnels étaient des déterminants majeurs du comportement d'aide (Batson & Powell, 2003 ; Eisenberg, 2000). Ainsi, lorsque les gens sont de bonne humeur, ils sont beaucoup plus prêts à aider les autres que lorsqu'ils sont d'humeur neutre. C'est ce qu'on appelle l'**effet d'être de bonne humeur** (voir, par exemple, Isen & Levin, 1972). Ainsi, les gens qui reçoivent de petites attentions, qui trouvent de la monnaie dans une cabine téléphonique, qui écoutent leur musique favorite, qui s'imaginent en vacances au soleil ou, encore, qui regardent un comédien présenter des histoires drôles ressentent une humeur positive qui les amène à adopter un comportement d'aide. La séquence est assez simple : une variable contextuelle quelconque amène la personne à se sentir de bonne humeur, et le fait d'être de bonne humeur la conduit à adopter un comportement positif, comme le comportement d'aide (voir Isen, 1987, 2001).

Les gens et les organismes qui sollicitent des dons se révèlent particulièrement efficaces pour influer sur l'humeur des gens. Ainsi, au cours des téléthons, plusieurs sources d'influence sont utilisées (voir l'encadré 10.2), y compris la musique. Puisque les chanteurs les plus populaires de l'heure participent généralement à ces téléthons, notre musique préférée se trouvera donc au programme. Comme celle-ci agit sur notre humeur et la rend plus joyeuse, il y a alors de fortes chances que nous encouragions par nos dons la cause en question.

Si les effets de l'humeur positive sur le comportement d'aide sont bien documentés, les processus psychologiques par lesquels l'humeur positive augmente les probabilités d'adoption du comportement d'aide sont toutefois loin d'être évidents. Certains chercheurs croient qu'il existe au moins deux explications à ce phénomène (Carlson, Charlin & Miller, 1988). Une de ces explications a trait au fait que, lorsque nous sommes de bonne humeur, nos attentes quant à notre efficacité augmentent (Bandura, 1996), ce qui nous pousse à l'action. Une deuxième explication est que, si nous ressentons une humeur positive, notre désir de continuer à éprouver de la joie augmente. Puisque le fait d'aider autrui est reconnu comme une expérience positive, l'adoption du comportement d'aide devrait donc suivre. Toutefois, ces explications sont très peu documentées. Il serait donc bon de tenter de connaître les processus psychologiques sous-jacents à la relation entre les émotions et le comportement d'aide. Dans le cadre de deux études sur une tâche cognitive (et non de comportement d'aide), Erez et Isen (2002) ont démontré que les participants chez qui on avait suscité des émotions positives avaient des attentes de succès et d'instrumentalité plus élevées et, en retour, fournissaient plus de temps et d'effort relativement à la tâche que les participants du groupe contrôle. Ces résultats vont dans le sens de la première hypothèse (attentes d'efficacité).

Si les gens sont plus portés à aider autrui lorsqu'ils se sentent d'humeur joyeuse, nous devrions nous attendre à ce qu'une humeur terne enraie le comportement d'aide. Cette conclusion n'est pas nécessairement vraie. En fait, un certain nombre de recherches démontrent que les gens qui ressentent des émotions négatives sont également plus portés à aider les autres. Comment ce phénomène s'explique-t-il ? Afin de

---

ENCADRÉ 10.2   Les téléthons

Que ce soit pour vaincre l'alcoolisme ou la paralysie cérébrale, les téléthons permettent toujours de recueillir beaucoup d'argent. Ainsi, depuis 1977, a lieu le Téléthon de la paralysie cérébrale et, chaque année, on y amasse plus de un million de dollars. Comment les organisateurs s'y prennent-ils ? Même si les gens n'en sont pas toujours conscients, les principes d'organisation de ces manifestations se révèlent très efficaces pour influer sur leur humeur et, par conséquent, pour les inciter à faire des dons.

Par exemple, si, pendant plusieurs heures, vous entendez de la musique jouée ou chantée par vos artistes préférés, ce qui est généralement le cas pendant les téléthons, vous serez de bonne humeur et vous serez alors plus enclins à aider les autres (Carlson, Charlin & Miller, 1988). Au cours des téléthons, les témoignages de personnes atteintes de la maladie (paralysie cérébrale ou autre), qui vous demandent de l'aide et vous informent de l'utilité de vos dons, suscitent votre empathie et votre sympathie. Cette réaction constitue un autre facteur qui vous amènera à faire un don (Krebs, 1975).

En même temps que vous assistez au spectacle, tous les numéros de téléphone et toutes les adresses utiles pour faire parvenir un don défilent à l'écran. Les établissements où envoyer de l'argent sont toujours facilement accessibles (une caisse populaire Desjardins, par exemple) de façon à ce que vous n'éprouviez aucun problème à le faire parvenir. Tous ces procédés viennent réduire au minimum le coût de votre acte et facilitent votre comportement d'aide (Weyant, 1978).

Des dirigeants viennent remettre le chèque de leur organisme ou société en direct à la télévision et invitent les gens à donner généreusement. Ces présentations ont souvent

pour effet d'accroître le pourcentage des dons. Ce processus, qu'on pourrait qualifier d'« entraînement à faire des dons », peut s'expliquer grâce au « modelage », ou à l'imitation d'une autre personne. Et l'on sait que les modèles généreux encouragent autrui à l'être également (Rushton, 1975). Plusieurs des sociétés ou des individus (modèles) qui donnent de l'argent sont heureux de leur contribution et le montrent bien lorsqu'ils passent à la télévision avec leur chèque en main. Les spectateurs qui les voient heureux d'avoir accompli leur bonne action se sentent encore plus encouragés à donner de leur argent. En effet, il a été démontré que l'état affectif positif du modèle qui aide autrui amenait davantage la personne semblable au modèle à aider, elle aussi, les autres. Ainsi, le fait, pour les téléthons, de présenter des gens heureux et satisfaits de donner de l'argent incite ceux qui les observent à faire de même.

De plus, la publicité autour des téléthons ainsi que le rassemblement des bénévoles et des animateurs qui travaillent pour la même cause et vous encouragent à donner accroissent les chances que vous donniez de l'argent. Effectivement, il a été prouvé que les encouragements verbaux à adopter un comportement d'aide peuvent avoir un effet d'entraînement très efficace (Walters & Grusec, 1977). Enfin, c'est aussi au moment de dévoiler la somme recueillie et de rappeler l'objectif à atteindre que les gens pourront vouloir participer, puisqu'ils se sentiront davantage concernés par la cause à soutenir et voudront s'unir avec les gens dans le besoin (Maner *et al.*, 2002). Avec tous ces procédés, il n'est pas surprenant que les téléthons soient si efficaces pour ramasser des sommes importantes.

---

répondre à cette question, Cialdini et ses collègues (1987) ont proposé le **modèle du soulagement des émotions négatives.** Selon ce modèle, les individus aident les autres afin d'éliminer les émotions négatives qu'ils peuvent ressentir à les voir souffrir. Plusieurs recherches soutiennent cette position (Cialdini, Darby & Vincent, 1973 ; Cialdini *et al.*, 1987 ; Manucia, Baumann & Cialdini, 1984).

D'autres processus impliquant les émotions négatives ont été décrits par Robert Cialdini et ses collègues (1997 ; Maner *et al.*, 2002). Ainsi, nous serions plus enclins à aider les autres parce que cela nous amène à nous sentir bien émotionnellement (Yinon & Landau, 1987). Par exemple, les

personnes qui vivent des émotions négatives ou qui sont de mauvaise humeur disent se sentir beaucoup mieux après avoir aidé quelqu'un, comparativement à celles qui n'ont pas aidé autrui (Millar, Millar & Tesser, 1988). Enfin, il semblerait que l'aidant désire apporter son aide s'il a établi une relation avec la personne ayant besoin d'aide et qu'un lien s'est formé. C'est ce lien qui amènerait l'aidant à aider. Une étude de Maner et de ses collègues (2002) a effectivement démontré que, dans une situation d'aide, la peine ressentie par l'aidant et le lien qu'il percevait avec l'aidé ont permis de prédire le comportement d'aide.

Contrairement à Cialdini et à ses collègues (1987), avec leur modèle de soulagement des émotions négatives, Piliavin et ses collègues (1981 ; voir aussi Dovidio *et al.*, 1991) ont proposé un modèle de coût-bénéfice associé aux émotions fortes. Selon le **modèle activation-coût et bénéfice** du comportement d'aide, devant une situation d'urgence, les gens vont réagir en ressentant une hausse de leur niveau d'activation qui sera en relation avec la gravité de l'urgence. Par exemple, une personne accidentée dont un des bras est sectionné provoquera un très haut niveau d'activation chez le passant. Plus l'activation est déplaisante, plus la personne est motivée à réduire ce sentiment désagréable. Elle aura tendance à choisir la méthode la plus rapide et la plus exempte de coûts nets (les coûts moins les bénéfices liés à l'aide apportée) pour réduire cette forte activation à l'égard de la personne en détresse. Si le comportement d'aide permet de réduire l'activation et le choc ressentis, alors le comportement d'aide sera adopté. Par contre, si une façon plus facile de réduire l'activation existe (par exemple se sauver), c'est cette option qui sera choisie. Ainsi, le modèle de l'activation-coût et bénéfice vient en quelque sorte compléter celui du soulagement des émotions négatives.

Il est à noter que certaines limites existent concernant cet effet positif des émotions négatives sur le comportement d'aide. Premièrement, lorsqu'ils ressentent des émotions négatives, les gens sont moins portés à offrir leur aide si le comportement d'aide exige beaucoup d'eux (Weyant, 1978). Il est plausible que le fait de vouloir aider quelqu'un afin de chasser des émotions négatives comporte un coût trop élevé lorsque le comportement d'aide est exigeant : en effet, il est alors peu probable que les émotions négatives soient éliminées. En revanche, lorsque le coût est faible, le but recherché à ce moment, soit la disparition des émotions négatives, peut être atteint. Le comportement d'aide pourra dès lors être adopté. Deuxièmement, lorsque l'humeur négative vécue est très intense, comme une lourde peine ou une sévère dépression, ces effets positifs sur le comportement d'aide ne se produisent pas. Il semblerait que, dans ce genre de situation, l'effet positif du comportement d'aide entraîne plutôt un changement

dans l'intensité de l'émotion négative, allégeant le sentiment ressenti. Puisque ces émotions négatives intenses ne sont pas éliminées par le comportement d'aide, les gens seraient alors peu enclins à l'adopter.

Les émotions empathiques et les émotions de détresse personnelle. Plus récemment, les chercheurs sont allés au-delà des humeurs positive et négative et ont désigné deux grandes classes d'émotions qui semblent jouer un rôle prépondérant par rapport au comportement d'aide : les **émotions empathiques** et les **émotions de détresse personnelle** (voir Batson, Fultz & Shoenrade, 1987 ; Carlo *et al.*, 1991). Par exemple, vous vous promenez sur le campus quand, tout à coup, vous apercevez l'une de vos amies par terre en train de pleurer. Elle vient de se faire agresser et voler son argent. Votre amie a été frappée durement ; elle saigne et semble beaucoup souffrir. Vous ressentirez alors de fortes émotions en la regardant. Plus précisément, ces émotions devraient être de deux types. D'abord, vous éprouverez sûrement des émotions négatives, comme le dégoût ou la colère ; vous serez problablement aussi choqué et alarmé, et ces émotions devraient vous troubler personnellement. Ces réactions sont des émotions de détresse personnelle. Puis, en restant auprès de votre amie, vous commencerez à vous identifier à elle, à vous mettre un peu dans sa peau, et à ressentir de la peine et de la sympathie pour elle. Dans une telle perspective, vos émotions seront différentes des émotions décrites ci-dessus et se rapporteront plutôt à ce qu'on appelle l'empathie. De telles émotions peuvent inclure la tendresse, la compassion et la sympathie à l'égard de la personne.

Bien qu'il soit évident que les deux types d'émotions décrites ci-dessus surviennent à peu près en même temps, plusieurs recherches démontrent qu'elles sont effectivement distinctes. Par exemple, Eisenberg et Fabes (1990) ont révélé que la sympathie et la détresse personnelle se distinguaient par des indices physiologiques distincts sur le plan de l'expression faciale. Ainsi, l'activation physiologique est beaucoup plus grande en ce qui concerne la détresse personnelle que les réactions de sympathie. De plus, il semble que les deux types de réactions émotionnelles mènent à des autoévaluations par questionnaire fort différentes (Batson *et al.*, 1987 ; Carlo *et al.*, 1991 ; Eisenberg & Fabes, 1990). En effet, les résultats de ces études ont révélé que la sympathie, la compassion, la tristesse, le souci pour l'autre et le fait de se sentir touché et attendri représentent un facteur émotionnel distinct (les émotions empathiques), alors que le fait de se sentir troublé, inquiet, dérangé, mal à l'aise et de ressentir une détresse par rapport à soi représente un second regroupement émotionnel (les émotions de détresse personnelle).

En plus, il semble que les deux types de réactions émotionnelles puissent amener la personne à vouloir aider la victime ou l'individu qui demande de l'aide. En effet, en ce qui concerne les émotions empathiques, plus une personne en ressent à l'égard d'une autre personne, plus elle est prête à se défaire de ses gains financiers afin que cette dernière puisse en bénéficier (Krebs, 1975) et plus elle est prête à donner un coup de main en participant à une recherche (Coke, Batson & McDavis, 1978). Enfin, il semble qu'un observateur puisse également ressentir de la colère empathique (c'est-à-dire être en colère au regard de la situation injuste de la victime), ce qui amène la personne à vouloir aider la victime et punir le responsable de cette situation (Vitaglione & Barnett, 2003). Par ailleurs, comme nous l'avons vu

précédemment, en ce qui concerne les émotions de détresse personnelle de l'observateur, les travaux de Cialdini et de ses collègues (1987, 1997 ; Maner *et al.*, 2002) ont indiqué que de telles émotions négatives influent aussi sur le comportement d'aide.

En se basant sur les travaux de McDougall (1908), Batson et ses collègues (1987 ; voir aussi Batson & Powell, 2003) proposent un modèle motivationnel pour expliquer comment des réactions aussi différentes que les émotions empathiques et les émotions de détresse personnelle peuvent avoir la même influence sur le comportement d'aide. Ce modèle est présenté dans la figure 10.4. Il suggère que le fait de ressentir des sentiments de détresse personnelle produit une motivation égoïste à vouloir éliminer ces émotions négatives. Lorsque la motivation est égoïste (réduction de la détresse personnelle), le comportement d'aide est adopté seulement si les participants n'ont pas le choix. Dans la mesure où la personne croit que le comportement d'aide peut chasser ces émotions négatives et qu'il s'agit de la seule façon de les faire disparaître, alors le comportement d'aide devrait suivre. Toutefois, s'il existe une manière plus simple d'éliminer de telles émotions, ce moyen sera utilisé. En outre, la personne qui ressent de l'empathie pour la victime voudra réduire la souffrance de cette dernière et aura donc une motivation altruiste à l'aider. L'aidant sera alors prêt à aider la victime, peu importe la situation,

FIGURE 10.4   Détresse et empathie

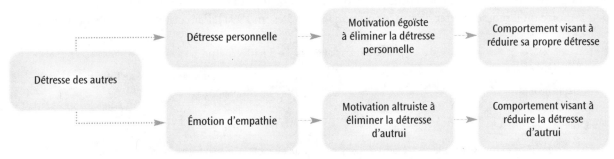

Rôle des émotions de détresse personnelle et d'empathie dans le comportement d'aide

Source : Adapté de Batson (1987).

puisque le but premier de l'aidant consiste à arrêter la souffrance de l'autre.

Afin de vérifier la pertinence de son modèle, Batson a créé un paradigme expérimental. Ce paradigme consiste à demander aux participants d'observer un individu qui reçoit des chocs électriques (ce dernier est un complice de l'expérimentateur et il ne reçoit pas de chocs électriques). Par la suite, les participants observateurs sont divisés en deux groupes : les participants du premier groupe peuvent quitter le laboratoire avant la fin de l'expérimentation s'ils le désirent, et ceux du second groupe doivent assister à toute l'expérimentation et observer la souffrance de la personne qui reçoit les chocs électriques. Ensuite, après avoir regardé deux essais au cours desquels l'individu affiche une grande détresse à la suite de la réception des chocs électriques, les participants observateurs ont la possibilité de prendre la place de cet individu, donc de le soulager de sa détresse. Dans la mesure où l'observateur qui peut quitter immédiatement le laboratoire décide de prendre la place de l'individu, on peut inférer qu'il y a présence de motivation altruiste.

De plus, Batson manipule la perspective empathique du participant en lui disant que la personne qui reçoit les chocs électriques partage plusieurs de ses valeurs et intérêts, alors que, dans l'autre condition, les valeurs du participant sont très différentes de celles de la personne qui reçoit les chocs électriques. Compte tenu de ce paradigme, on pourrait s'attendre à ce que, lorsqu'il y a empathie, le participant observateur soit prêt à prendre la place de l'autre personne et à recevoir les chocs électriques, peu importe qu'il puisse quitter librement ou non le

laboratoire. En effet, s'il ressent vraiment de l'empathie pour cette personne, il sera prêt à l'aider, quelles que soient les conditions. Par contre, si peu d'empathie est éprouvée à l'égard de la personne recevant les chocs électriques, alors le participant ne devrait l'aider que lorsqu'il s'y voit obligé, c'est-à-dire lorsqu'il est contraint de rester pour la durée de l'expérience (condition de fuite difficile).

Dans une étude classique, Batson et ses collègues (1981) ont cherché à vérifier la justesse de ces hypothèses. Les résultats qui figurent dans le tableau 10.3 présentent un portrait du comportement d'aide tout à fait conforme aux hypothèses de ces chercheurs. On remarque que le pourcentage des participants qui ont décidé de prendre la place de la personne recevant les chocs électriques et, ainsi, de l'aider était relativement élevé dans la condition de fortes émotions empathiques, et ce, peu importe si les participants pouvaient quitter le laboratoire librement ou non. Par contre, lorsque les émotions empathiques étaient faibles, les participants n'aidaient la personne que lorsqu'ils y étaient obligés. Ces résultats ont été reproduits dans plusieurs études (par exemple Batson *et al.*, 1989 ; voir Batson, 1998 ; Batson & Powell, 2003, pour des recensions).

Le degré de difficulté à sortir de la situation

Les recherches de Batson et de ses collègues semblent donc démontrer qu'une **motivation altruiste** peut mener au comportement d'aide, et ce, peu importent les conditions préexistantes (voir Batson & Oleson, 1991). Par contre, ressentir une **motivation**

TABLEAU 10.3 **Proportion des gens qui apportent de l'aide à une personne**

Possibilité de fuite	Niveau d'empathie de l'aidant	
	Faible	Élevé
Facile	18 %	91 %
Difficile	64 %	82 %

Note : Lorsqu'une personne possède un faible niveau d'empathie et qu'il lui est facile de quitter le laboratoire, peu d'aide est apportée à la victime. En revanche, si le niveau d'empathie est élevé, la grande majorité des gens vont aider la victime, peu importe s'il leur est difficile ou non de quitter le laboratoire.

Source : Adapté de Batson, Fultz & Shoenrade (1987).

égoïste (réduction d'émotions négatives) implique que le comportement d'aide ne sera adopté que si les participants y sont contraints. Toutefois, dans ses propres études, Batson n'avait pas mesuré les émotions sous-jacentes au comportement d'aide. Carlo et ses collègues (1991) ont donc reproduit en partie l'étude de l'équipe de Batson (1981) tout en mesurant les émotions relatives à la détresse personnelle et à l'empathie. Ils ont alors établi des corrélations entre les deux types d'émotions et le comportement d'aide dans les situations de retrait libre et de non-retrait. Les résultats ont révélé que, lorsque le participant pouvait se retirer librement de l'expérience, les émotions empathiques étaient les plus liées au comportement d'aide. Cependant, lorsque le participant devait assister à l'expérience et observer la souffrance de la victime, les émotions empathiques et celles de détresse personnelle étaient toutes liées au comportement d'aide, même si ces dernières montraient des corrélations plus fortes. Ces résultats soutiennent en tous points la position de Batson.

Pris dans leur ensemble, ces travaux démontrent donc que, selon les circonstances, le comportement d'aide peut être le fruit de motivations altruistes ou égoïstes. Bien que certains chercheurs postulent toujours que le comportement purement altruiste n'existe pas (Cialdini *et al.*, 1997 ; Maner *et al.*, 2002), il semble que la position plus nuancée de Batson (1998 ; Batson & Powell, 2003) voulant que le comportement d'aide puisse être, selon les circonstances, altruiste ou égoïste soit celle reflétant le mieux l'état des connaissances. Cette dualité chez l'être humain décrite depuis des millénaires (voir Allport, 1968) représenterait une réalité, du moins en ce qui concerne le comportement d'aide. Dans les recherches futures, on devrait s'efforcer de désigner les déterminants de ces deux types de motivations et explorer la piste ouverte par Clary et Orenstein (1991) pour déterminer dans quelle mesure les comportements d'aide issus des motivations altruistes et égoïstes sont qualitativement différents.

Enfin, notons que des chercheurs ont récemment étudié le rôle joué par certaines émotions négatives liées au soi, comme la honte et la culpabilité, dans le comportement d'aide (voir Eisenberg, 2000 ; Tangney, 2003). La culpabilité réfère à un regret d'avoir mal agi, alors que la honte réfère à une émotion négative suscitée par une dévaluation du soi en entier à la suite d'une mauvaise action (Eisenberg, 2000). On pourrait faire le rapprochement entre le fait de blâmer son comportement et le fait de blâmer sa propre personne pour une action négative (Janoff-Bulman, 1992, voir le chapitre 5). Les recherches indiquent que la culpabilité amène la personne à faire preuve d'empathie à l'égard de la victime et à vouloir l'aider, alors que la honte ne produit pas cet effet positif sur le comportement d'aide (Eisenberg, 2000 ; Tangney & Dearing, 2002). Selon Tangney (2003), puisque la honte est orientée vers soi, il est impossible pour la personne de penser à l'autre et de l'aider. En revanche, puisque l'émotion de culpabilité est orientée vers le comportement négatif, elle amène la personne à vouloir réparer le tort sans craindre d'être perçue comme une « mauvaise personne ». Tangney et Dearing (2002) démontrent que la culpabilité mesurée en cinquième année permet de prédire positivement, huit ans plus tard, la participation d'étudiants à des services à la communauté, alors qu'une relation négative est observée pour la honte. La prochaine fois que vous ferez une bêtise (et on en fait tous !), prêtez attention à vos sentiments, votre comportement d'aide subséquent envers autrui pourrait en dépendre.

Le modèle « attributions-émotions-comportement d'aide » de Weiner. Vous est-il déjà arrivé de marcher dans la rue et de voir une personne étendue par terre sentant l'alcool et réclamant votre aide ? Vous avez alors probablement détourné le visage et poursuivi votre chemin. En revanche, il vous est peut-être déjà arrivé de voir une personne âgée trébucher et de l'aider avant même qu'elle vous le demande. Pourquoi ces comportements sont-ils si différents ?

Selon Weiner (1980a, 1980b), une analyse attributionnelle des causes du besoin d'aide de la personne est effectuée dans de telles circonstances (voir la présentation de la théorie attributionnelle de Weiner dans le chapitre 5). L'individu en position d'aider une personne essaie alors de comprendre pourquoi cette dernière a besoin d'aide, et les attributions émises vont alors engendrer des émotions qui, à leur tour, dicteront s'il y aura adoption du comportement d'aide ou pas. Dans la mesure où les attributions émises indiquent que la personne qui a besoin d'aide est responsable de son état, des émotions négatives comme le dégoût et la colère seront ressenties, et aucune aide ne sera apportée. Cependant, si la personne qui demande de l'aide n'est pas tenue pour responsable de sa situation, alors des émotions plus positives, comme la sympathie, seront éprouvées et le comportement d'aide sera probablement adopté.

Plusieurs études soutiennent le **modèle des attributions-émotions-comportements d'aide** de Weiner (par exemple Betancourt, 1990 ; Meyer & Mulherin, 1980 ; Reisenzein, 1986 ; Schmidt & Weiner, 1988 ; Weiner, 1980a, 1980b). Ainsi, dans l'étude de Schmidt et Weiner (1988), les participants devaient s'imaginer qu'un étudiant de leur classe leur demandait de lui prêter leurs notes de cours, soit parce qu'il avait eu des problèmes avec

ses yeux durant la semaine (attribution incontrôlable indiquant la non-responsabilité du demandeur), soit parce qu'il avait été à la plage durant le cours (attribution contrôlable impliquant la responsabilité du demandeur). Par la suite, les participants devaient répondre à différentes questions mesurant leurs attributions de contrôlabilité quant au comportement du demandeur, leurs sentiments de colère ou de sympathie à son égard ainsi que leur intention de l'aider. Les chercheurs ont effectué une analyse par équations structurales. Les résultats sont présentés dans la figure 10.5. Ils soutiennent le modèle de Weiner. En effet, moins la demande d'aide semble être sous le contrôle du demandeur, plus l'aidant potentiel ressent de la sympathie pour lui et moins il éprouve de la colère à son endroit. Et plus l'aidant potentiel ressent de la sympathie et moins il éprouve de la colère à l'égard du demandeur, plus il a l'intention de l'aider.

Diverses recherches ont reproduit l'essentiel de ces résultats dans des secteurs aussi divers que la publicité de divers produits et leur consommation subséquente (Morales, 2005), l'éducation (Dagnan & Cairns, 2005 ; Hill & Dagnan, 2002 ; Reyna &

FIGURE 10.5 **Le rôle des attributions dans le comportement d'aide : un test du modèle de Weiner (1980a)**

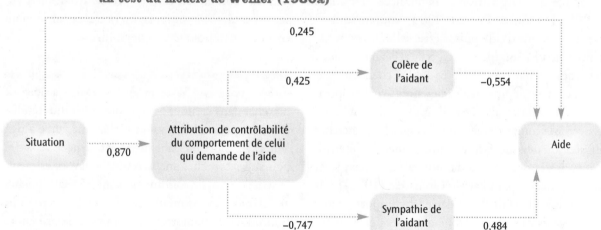

Source : Adapté de Schmidt et Weiner (1988).

Weiner, 2001), et l'interaction entre divers patients dans le milieu de la santé (Cruce *et al.*, 2003 ; Skelton, 2005). Par exemple, dans une méta-analyse impliquant plus de 2 500 participants, Skelton rapporte que les participants ont tendance à considérer qu'une personne est davantage responsable de son état de santé si elle souffre du sida plutôt que de la leucémie. Il y a donc une attribution de responsabilité personnelle sous-jacente à ces deux maladies : le fait de contracter le sida est généralement vu comme la faute de la personne alors que le fait de souffrir de la leucémie ne l'est pas (Weiner, 1995a, 1995b). Cela amène les participants à ressentir plus d'hostilité et moins de sympathie à l'égard du patient sidatique, et à moins vouloir interagir avec celui-ci. Dans la mesure où les participants des études rapportées par Skelton étaient des infirmières et de futurs médecins et dentistes, on peut comprendre que le patient sidatique risquait fort de ne pas recevoir une aide médicale (et même humanitaire) optimale. Le rôle des attributions et des émotions dans le comportement d'aide semble donc fort important dans diverses sphères de notre société.

En somme, plusieurs travaux de recherche soulignent l'importance des facteurs personnels, dont les émotions, dans l'adoption du comportement d'aide. Toutefois, même si de telles influences ne sont pas à négliger, une partie du comportement d'aide observé tous les jours semble être sous l'emprise d'autres variables, notamment les influences interpersonnelles.

LES INFLUENCES INTERPERSONNELLES

Dans cette section, nous dirigerons notre attention sur les facteurs interpersonnels qui peuvent influer sur l'adoption du comportement d'aide. Plus particulièrement, notre analyse portera sur deux points bien précis, soit les caractéristiques de la personne demandant de l'aide et la relation qui existe entre l'aidant et l'aidé.

Les caractéristiques perçues de la personne demandant de l'aide

Un certain nombre de caractéristiques de la personne demandant de l'aide ont été étudiées. Une première consiste en l'attirance physique de la personne qui demande de l'aide. Nous avons vu dans le chapitre 8 que les personnes physiquement attirantes recevaient une foule de faveurs de la part des autres. L'une de celles-ci est qu'elles ont plus de chances d'être aidées que les personnes qui ne sont pas attirantes (Benson, Karabenick & Lerner, 1976). D'autre part, plusieurs recherches indiquent que, si la personne ayant besoin d'aide est une femme, les hommes auront plus tendance à vouloir apporter leur aide. Cependant, s'il s'agit d'un homme, ou d'un homme et une femme, l'aide apportée par les hommes sera moindre. Les femmes, elles, auront moins tendance à aider autrui, peu importe le sexe de la personne ayant besoin d'aide (Pomazal & Clore, 1973). Ce phénomène se vérifie dans des situations d'urgence, lorsqu'un automobiliste a besoin d'aide sur le bord de la route, par exemple. Des résultats différents semblent associés aux situations d'aide récurrentes, comme la prise en charge d'un malade (par exemple Vitaliano *et al.*, 2003).

Le nombre de victimes constitue une autre variable qui semble avoir une influence sur le comportement d'aide. Les recherches montrent que plus les victimes sont nombreuses, plus elles seront aidées, sans doute parce que, en une telle circonstance, la norme d'obligation d'aider autrui apparaît plus saillante (Wegner & Schaefer, 1978).

Le degré de similarité entre l'aidé et l'aidant s'avère aussi très important. Un certain nombre de recherches indiquent que le fait de percevoir l'aidé semblable à nous augmente les chances que nous adoptions un comportement d'aide (Benson *et al.*, 1976 ; Gaertner, 1975 ; Hornstein, 1982 ; Rabow *et al.*, 1990). De tels résultats ont été obtenus dans diverses circonstances et avec différentes formes de similarité, qu'il s'agisse des attitudes, des intérêts, de l'habillement (voir Dovidio, 1984) et même du groupe d'appartenance. Dans ce cadre, plusieurs études révèlent que nous sommes plus enclins à aider les gens qui sont dans notre groupe, qu'il s'agisse des partisans de notre équipe sportive (Levine *et al.*, 2005) ou des personnes de notre race (Bushman & Bonacci, 2004), par exemple. À ce sujet, les recherches sur l'aide apportée aux gens de race noire révèlent que, lorsque l'aide demandée est exigeante et implique des coûts pour l'aidant, les participants aident davantage les gens de race blanche que les gens de race noire. Aucune différence n'apparaît lorsque l'aide demandée est peu exigeante (Saucier, Miller & Doucet, 2005).

Enfin, Batson et ses collègues (2005) soutiennent que l'effet de la similarité entre l'aidant et l'aidé sur l'empathie ressentie par l'aidant passerait par un besoin inné de prendre soin d'autrui. Il est ainsi possible de comprendre que nous soyons plus enclins à ressentir de l'empathie à l'égard d'une personne partageant nos valeurs, nos attitudes et nos perspectives, et, finalement, à vouloir aider une personne de notre race qu'une personne d'une autre ethnie (voir Stürmer *et al.*, 2005).

La relation entre l'aidant et l'aidé

Nous tournons maintenant notre attention vers des facteurs directement associés à la relation interpersonnelle entre l'aidant et l'aidé. Une première variable consiste en la relation de dépendance liant l'aidé à l'aidant potentiel. Berkowitz et ses collaborateurs (Berkowitz & Connor, 1966 ; Berkowitz & Daniels, 1963) ont démontré que la productivité des travailleurs augmente lorsque leur rétribution dépend de leur contremaître, même lorsqu'ils croient que leur rendement personnel ne peut être évalué. De même, Midlarsky (1968) a démontré que les gens sont plus portés à aider une personne ayant un problème de vision parce que ses lunettes sont brisées qu'une personne dont le problème de vision est autre. Toutefois, il est important de souligner qu'une telle aide ne sera apportée que si la personne se sent investie de la responsabilité d'aider l'individu dans le besoin (Schopler, 1967).

La qualité de cette relation constitue une seconde variable. Dans ce cadre, plusieurs concepts ont été analysés. Un premier a trait au degré de communalité existant dans la relation (Clark & Grote, 2003 ; Clark & Mills, 1979). Les relations communales sont celles dans lesquelles les personnes ressentent le besoin d'aider un individu lorsque celui-ci en exprime le besoin, et non pas seulement parce que ce dernier leur a déjà rendu service dans le passé. Dans le cadre de deux études, Clark et ses collègues (1987) ont démontré qu'effectivement, lorsqu'une relation entre deux personnes est caractérisée par un esprit de communalité, les gens en position d'aider les autres les aidaient beaucoup plus que ceux qui étaient engagés dans des relations non communales, notamment lorsque le besoin d'aide était clairement exprimé. D'ailleurs, dans les relations communales, l'attention des deux personnes est centrée sur le besoin de l'autre, et non sur le « donnant-donnant » (voir Clark, Dubash & Mills, 1998). Cela assure que le besoin d'aide sera perçu par l'autre et que le comportement d'aide suivra.

Le degré d'intimité entre l'aidé et l'aidant représente la seconde variable reflétant la qualité de la relation. Comme vous vous en doutez sûrement, un certain nombre de recherches révèlent que, dans l'ensemble, les amis intimes s'aident beaucoup plus qu'ils n'aident des étrangers (Sawyer, 1966 ; Shoenrade *et al.*, 1986). En effet, si nous sommes incapables d'aider nos proches, qui aiderons-nous ? Toutefois, doit-on s'attendre à ce que nous aidions toujours nos amis ? Ainsi, ne vous est-il jamais arrivé de ne pas vouloir aider un de vos amis afin qu'il ne puisse obtenir une meilleure note que vous au même examen ? Comment ce type de comportement, bien que logique, s'explique-t-il ?

Le **modèle du maintien de l'autoévaluation**, d'Abraham Tesser (1988 ; Beach & Tesser, 1995), permet d'expliquer cette attitude apparemment contradictoire. Selon ce modèle, la performance des autres peut avoir une influence significative sur nos sentiments et comportements, et le type de tâche accomplie joue un rôle prépondérant quant à notre décision d'adopter ou non un comportement d'aide. Par exemple, si l'un de vos amis effectue une tâche sans importance à vos yeux, vous serez alors enclin, selon le modèle de Tesser, à l'aider pour qu'il obtienne le meilleur rendement possible. Vous pourrez par la suite faire savoir aux autres que votre ami a très bien exécuté cette tâche, et la performance de votre ami pourra ainsi rehausser votre estime personnelle. Par contre, si votre ami effectue une tâche importante à vos yeux, il serait alors menaçant pour votre estime personnelle qu'il réussisse mieux que vous. Dans une telle situation, vous serez moins enclin à l'aider. Plusieurs études ont démontré cet effet (Pemberton & Sedikides, 2001 ; Tesser, 1988 ; Tesser & Smith, 1980).

Les recherches présentées dans cette section soulignent que la relation entre une personne ayant besoin d'aide et la personne en position de l'aider joue un rôle considérable dans l'adoption du comportement d'aide. Même si une telle analyse n'est pas, à première vue, surprenante, le fait qu'à l'occasion, nous soyons plus motivés à aider les étrangers que nos amis est étonnant. Au-delà de la relation interpersonnelle, il faut se souvenir qu'une foule de variables, allant des facteurs biologiques au contexte, influent sur le comportement d'aide (Dovidio & Penner, 2004). Une telle perspective élargie permet une compréhension accrue des déterminants du comportement d'aide.

LES CONSÉQUENCES DU COMPORTEMENT D'AIDE

Jusqu'ici dans ce chapitre, nous avons étudié les déterminants du comportement d'aide, c'est-à-dire les variables qui peuvent amener une personne à aider ou à ne pas aider une autre personne. Nous nous intéresserons maintenant aux conséquences de ce comportement. En effet, le comportement d'aide peut engendrer plusieurs conséquences susceptibles d'affecter sérieusement autant l'aidant que l'aidé. Nous nous pencherons donc sur les conséquences relatives à l'aide apportée et sur celles qu'entraîne le

fait de ne pas aider autrui, et ce, autant dans la perspective de la personne en position d'aider que dans celle de la personne qui demande de l'aide.

Les conséquences liées à l'aide apportée

Les conséquences pour l'aidant. Comme vous l'avez sûrement constaté à de nombreuses reprises, aider les autres ne comporte pas que des coûts : plusieurs conséquences positives peuvent en résulter. En fait, ce que les gens retirent de l'aide apportée aux autres représente un déterminant important de leur engagement à long terme dans des activités d'aide, comme le bénévolat (Penner, 2002 ; Snyder & Clary, 2004) (voir l'encadré 10.3 à ce sujet).

Les conséquences du comportement d'aide peuvent être diverses. Ainsi, sur le plan cognitif, certaines recherches démontrent que l'aidant en arrive souvent à se percevoir comme une personne « aidante » et compréhensive. Et cette nouvelle autoperception peut s'inscrire dans le concept de soi de l'aidant. Toutefois, il apparaît que les gens se perçoivent comme des personnes aidantes dans la mesure où ils procèdent à des attributions internes relativement à l'adoption de leur comportement d'aide. Par exemple, les participants qui avaient reçu une récompense pour avoir aidé quelqu'un d'autre (condition d'attribution externe) se sont évalués comme des personnes moins altruistes que les participants qui n'en avaient pas reçu (Batson *et al.*, 1978).

Comme nous l'avons vu dans la section sur les facteurs émotionnels, sur le plan affectif, les recherches démontrent qu'aider autrui amène l'aidant à se sentir beaucoup mieux (voir Batson, 1998 ; Batson & Powell, 2003 ; Cialdini & Kenrick, 1976). Apporter son aide à quelqu'un accroît les émotions positives, et cet acte contribue aussi à diminuer les émotions négatives. La recherche d'émotions positives serait, en fait, l'une des motivations majeures amenant les aidants à s'engager dans des activités de bénévolat (Clary *et al.*, 1998 ; Snyder & Clary, 2004 ; Snyder & Omoto, 1992).

Le bénévolat représente une véritable force économique au Québec. En effet, au cours de la seule année 2000, on comptait pas moins de 1,1 million de bénévoles à temps plein ou partiel qui ont donné pas moins de 175 millions d'heures à une foule d'organismes de bienfaisance. Cela équivaut à 96 000 emplois à temps plein et à un investissement annuel de près de 2 milliards de dollars. Pas moins de 19 % de la population québécoise donne de son temps pour aider la communauté (Hall, McKeown & Roberts, 2001). Même si ce pourcentage est plus faible que la moyenne canadienne (27 %), il représente un engagement communautaire remarquable.

Le bénévolat se trouve partout, même en plein cœur de l'actualité : services sociaux de soutien et d'aide, bien entendu, mais aussi action culturelle, éducation populaire, mouvements environnementaux et écologiques. Le nombre grandissant de bénévoles québécois nous fait nous rendre compte que plusieurs personnes ont le désir d'offrir leur aide, et du temps pour le faire. Par ailleurs, ce comportement d'aide suscite des questions. Par exemple, pourquoi les gens aident-ils les autres de cette façon ?

Beaucoup d'entre vous doivent penser que les gens qui font du bénévolat ont du temps à perdre, qu'il s'agit de personnes assez riches pour se laisser vivre et assez bonnes pour aider autrui. Détrompez-vous : le bénévolat constitue une aide qui a plusieurs raisons d'être. Si, autrefois, l'oubli de soi et le désintéressement étaient les caractéristiques dominantes du geste bénévole, aujourd'hui, même les justifications et les motivations les plus égoïstes ont droit de cité : désir de rendre un service qui nous concerne directement ; envie d'utiliser et de faire valoir nos compétences ; besoin de combler notre solitude ; et même, pourquoi pas, envie d'exercer un certain pouvoir dans notre communauté.

Prenons l'exemple du sida : vous êtes-vous déjà demandé pourquoi certaines personnes s'offrent pour être bénévoles auprès des sidatiques, alors que d'autres fuient tout contact avec ces malades ? Snyder, Clary, Omoto et leurs collègues (Clary & Snyder, 2002 ; Snyder & Clary, 2004 ; Snyder & Omoto,1992) ont analysé la motivation des individus à faire du bénévolat auprès des populations atteintes du sida. Ils en sont venus à décrire six catégories de motivation : 1) l'expression de ses valeurs personnelles. Par exemple, aider des victimes, dans ce cas, ferait partie des besoins, sur le plan humanitaire, de la personne ; 2) l'apprentissage à faire auprès de la personne. Ainsi, une personne aiderait les sidatiques pour mieux comprendre et apprendre comment ils adaptent leur mode de vie à cette maladie ; 3) l'appartenance sociale à des communautés et à des groupements sociaux. Dans ce cas-ci, la personne se sentirait proche, entre autres, de la communauté homosexuelle ; 4) la croissance et le développement personnel. L'individu voudrait alors relever de nouveaux défis et développer de nouvelles habiletés ; 5) le rehaussement de l'estime personnelle. Être

bénévole permettrait à la personne de se valoriser ; et (6) une fonction protectrice. Il pourrait s'agir ici de réduire une culpabilité associée au fait de ne pas en faire assez pour les sidatiques.

Comme on peut le remarquer, les types de motivation à faire du bénévolat sont nombreux. Les motivations expliqueraient également, selon Snyder, pourquoi certains bénévoles poursuivent leur action et d'autres pas. Ainsi, Clary et ses collègues (1998) ont démontré que la source de motivation du bénévole et ce qu'il retire de sa participation sont cruciaux quant à la nature de son engagement. Ainsi, si un bénévole agit surtout pour établir des contacts sociaux et développer de nouvelles habiletés, et que c'est exactement ce qu'il retire de son action bénévole, alors il va être plus satisfait de son engagement, travaillera mieux et sera moins susceptible de souffrir d'épuisement.

Snyder et Clary (2004) affirment aussi que le bénévolat représente un besoin de **générativité.** Ce concept représente le souci d'assurer un bien-être aux générations futures, et l'engagement qui y correspond. Les personnes s'impliquant dans les scouts (les guides), au sein des Grands Frères et des Grandes Sœurs, ou comme entraîneurs dans le sport amateur font preuve de générativité. Bien que le développement de ce concept remonte à Erikson (1950, 1963), ce n'est que tout récemment qu'une étude psychologique en a été faite (voir de St. Aubin, McAdams & Kim, 2004, pour un compte rendu). Il semble que la générativité soit particulièrement présente durant la période adulte moyenne (35 à 55 ans). Toutefois, elle peut aussi être observée à tout âge, et reposer sur une foule de facteurs personnels, familiaux, éducationnels et culturels (McAdams & Logan, 2004). Enfin, elle peut répondre autant à des fins altruistes (pour le bien des jeunes) qu'à des fins égoïstes (avoir une influence même après sa mort). Ne serait-ce pas un peu pour cette raison que des gens s'engagent en politique (Peterson, 2004) ?

Enfin, des chercheurs ont étudié d'autres types de motivation à faire du bénévolat. Ainsi, Chantal et Vallerand (2000) ont démontré que les gens qui agissent bénévolement pour le plaisir d'aider (motivation intrinsèque), parce que cela représente un choix réel (régulation connue) et une conviction personnelle profonde (régulation intégrée) sont plus satisfaits de leur engagement et ont davantage l'intention de persévérer que ceux qui font du bénévolat pour en retirer des bénéfices (régulation externe), comme se servir de cette expérience pour trouver un emploi plus tard.

La source de motivation à faire du bénévolat est évidemment importante pour le bénévole lui-même, mais elle devient un élément de considération important aux yeux des gens qui le côtoient, puisque la motivation influera sur son humeur et sur la qualité de ses gestes bénévoles, quels qu'ils soient. Et vous, faites-vous du bénévolat ? Et pourquoi ?

Sur le plan comportemental, les études révèlent que plus les gens aident autrui, plus ils sont portés à aider les autres de nouveau (par exemple Schwartz & Gottlieb, 1980). En effet, il semble plausible qu'ayant déjà aidé autrui, la personne ait acquis une perception de sa compétence et certaines habiletés nécessaires pour faire face à une situation similaire dans l'avenir. Ce phénomène sera particulièrement vrai dans le cas où le comportement d'aide initial aura mené l'individu à se percevoir comme une personne aidante (Freedman & Fraser, 1966). De plus, plus une personne aide autrui, plus elle recevra de l'aide de tierces personnes en retour (Boster et al., 2001).

D'autres recherches ont porté sur les conséquences de l'action d'aider sur le développement à long terme des adolescents. Par exemple, il semble que plus un jeune est impliqué dans des activités communautaires, plus il développera des attitudes prosociales qui l'amèneront, plus tard, à s'engager dans du bénévolat (Hansen et al., 2003 ; Johnson et al., 1998). Il sera alors moins sujet à participer à des activités dangereuses et antisociales (drogues, alcool, abandon des études, délinquance, grossesse prématurée, etc.) (voir Barber et al., 2001 ; Eccles & Barber, 1999).

Des conséquences positives semblent découler de l'engagement bénévole des personnes âgées. Ainsi, des études longitudinales révèlent que les personnes âgées de plus de 65 ans qui font du bénévolat ressentent plus de bien-être subjectif (Morrow-Howell et al., 2003) et souffrent moins de dépression (Musick & Wilson, 2003). Midlarsky (1991 ; Midlarsky & Kahana, 1994) a même démontré, dans des études avec devis expérimental, que les personnes âgées qui aident les autres et qui, pourtant, auraient besoin d'aide elles-mêmes voient leur santé mentale s'améliorer en une période de six mois. Selon Midlarsky (1991), une personne ayant besoin d'aide a le choix de se percevoir comme une victime qui décide de ne rien faire et qui attend l'aide des autres, ou comme une personne-ressource qui peut agir et aider les autres. Puisque aider autrui engendre des conséquences affectives positives pour l'aidant, accomplir ce geste peut donc avoir des conséquences adaptatives positives pour la santé mentale de la personne.

Il y a plus ! Faire du bénévolat mène aussi à une meilleure santé physique (Oman et al., 1999). En fait, une étude de Brown et de ses collègues (2003) révèle que les personnes âgées qui agissent comme aidants dans leur communauté ou auprès de leur amis et de leur conjoint vivent plus longtemps que celles qui ne le font pas. Il reste toutefois à connaître les processus par lesquels cet effet bénéfique se produit. En somme, les bénévoles sont plus heureux et vivent plus longtemps (ce qui est particulièrement vrai dans le cas des personnes âgées). Qu'attendez-vous pour vous inscrire à l'activité bénévole de votre choix ?

Il y a toutefois un type de comportement d'aide qui a généralement des effets néfastes sur la santé physique et mentale de l'aidant : la prise en charge d'une personne malade à domicile. Il semble, en effet, qu'une telle activité soit très exigeante et se traduise, éventuellement, par un certain coût sur le plan de la santé physique (Vitaliano et al., 2003) et mentale de l'aidant (Boerner et al., 2004 ; Bookwala & Schulz, 2000). Contrairement au bénévolat, la prise en charge d'une personne malade est lourde en matière d'engagement et d'effort, et pas toujours vraiment choisie. Et, selon l'aidé, la situation peut être tendue. Plusieurs personnes souffrant d'une longue maladie sont déprimées, frustrées, exigeantes et en colère, amenant les mêmes états affectifs chez leurs aidants (Strack & Coyne, 1983). Il n'est donc pas surprenant de constater que, selon certaines études (Schulz et al., 1995), près de 30 % des aidants en viennent à souffrir d'une dépression clinique dans une telle situation.

Les conséquences pour l'aidé. Au-delà des conséquences directes associées au comportement d'aide lui-même (par exemple se sortir d'une impasse), le fait d'être aidé peut entraîner plusieurs conséquences psychologiques chez la personne. Ces conséquences peuvent être de nature cognitive, affective et comportementale. Ainsi, sur le plan cognitif, le fait pour une victime d'être aidée peut avoir des effets importants sur son autoperception. Dans la mesure où l'aide est accordée dans un contexte de respect, l'aidé peut se percevoir comme une « bonne personne », comme un individu digne de respect qui mérite l'aide des autres. Par contre, si l'aide est offerte de façon hautaine, l'aidé peut alors se considérer comme une personne incapable de réussir sans l'aide des autres (Nadler, 2002 ; Nadler & Fisher, 1986). Parfois, le seul fait d'être aidé alors que d'autres ne le sont pas est suffisant pour mener à des autoperceptions d'incompétence (Nadler & Mayseless, 1983). De plus, s'il s'avère que les observateurs de la séance d'aide ont une perception de l'aidé semblable à sa propre autoperception (Graham & Barker, 1990), il se peut fort bien que le contexte social ambiant de l'aidé l'amène à se percevoir comme une personne incompétente pendant une période prolongée. De telles conséquences peuvent avoir des effets perfides sur sa motivation et sur sa performance future dans l'activité où l'aide est requise (par exemple Graham, 1984).

Sur le plan affectif, la personne aidée peut ressentir de la satisfaction et de la gratitude après avoir reçu de l'aide, mais elle peut également éprouver de l'humiliation et de la honte, selon les circonstances entourant le comportement d'aide (Graham, 1984). Imaginez pour un instant que vous avez des problèmes dans votre cours de statistiques, que votre petit frère, qui est en troisième secondaire, vous aide à comprendre la matière et que vos collègues de classe s'en rendent compte. Comment vous sentiriez-vous ? Il se peut fort bien que vous sentiez de l'humiliation. De même, si le réconfort (ou le soutien social) des autres peut avoir des conséquences positives sur la santé mentale des gens (Cohen & Wills, 1985 ; Midlarsky, 1991), il n'en demeure pas moins que ses effets ne sont pas toujours aussi évidents. Ainsi, Wortman et Dunkel-Schetter (1987) affirment que ceux qui apportent leur aide aux victimes d'événements traumatisants, comme un viol ou une agression, ne savent pas toujours comment s'y prendre pour les aider. La victime se sentira souvent rejetée, abandonnée ou critiquée (voir Peters-Golden, 1982).

Dans une étude menée auprès de victimes du cancer du sein, Dakof et Taylor (1990) ont analysé les comportements d'aide qui engendraient le plus de satisfaction et d'insatisfaction chez les aidées. Ainsi, les patientes ressentaient beaucoup de satisfaction lorsque l'aidant (conjoint) était présent et disponible, lorsqu'il faisait preuve d'empathie (membres de la famille et amis), lorsqu'il donnait de l'information utile (médecin) ou lorsqu'il témoignait d'une compréhension particulière (autre victime du cancer du sein). Par contre, les patientes se sentaient insatisfaites de l'aide lorsque l'aidant critiquait leur façon d'affronter la maladie (conjoint), lorsqu'il minimisait l'importance du cancer (famille), lorsqu'il les évitait (amis), lorsqu'il ne leur offrait pas d'information utile (médecin) et lorsqu'il n'agissait pas comme un bon modèle pour elles (autres patientes).

En fait, certaines études longitudinales ont démontré que le comportement de l'aidant avait une influence importante sur la santé mentale de l'aidé et sur la qualité de la relation de couple (Feeney & Colllins, 2003). Ainsi, moins l'aidant sera contrôlant et pressé dans ses tâches et plus il sera attentionné à l'endroit de l'aidé, plus ce dernier verra son bien-être et sa satisfaction conjugale s'améliorer. De plus, plus l'aidé est satisfait de l'aide reçue, meilleure sa santé mentale sera par la suite (Krause, Liang & Yatomi, 1989). En ce sens, il semble important pour l'aidé que l'aidant agisse à cause des sentiments positifs qu'il ressent à son égard, et non pas par obligation ou pour en retirer quelque chose en retour. Sinon, il y aura des conséquences sur la relation du couple à long terme (Ames, Flynn, & Weber, 2004).

Enfin, le dernier type de conséquences concerne le comportement de l'aidé. Celui-ci aura généralement tendance à rendre l'aide reçue à la personne qui l'a secouru, et ce, dans une mesure largement équivalente à cette aide (Wilke & Lanzetta, 1970). Plus l'aide aura été généreuse et plus elle le sera dans l'avenir. Il semble donc que les normes de réciprocité et d'échange social soient respectées dans une telle situation. Dans pareil cadre, les travaux de Pruitt (1968) indiquent que l'échange social sous-jacent au futur comportement d'aide de la personne ayant reçu l'aide initiale sera fonction du sacrifice consenti par l'aidant. Par exemple, une personne millionnaire qui donnerait un dollar à une œuvre de charité recevrait moins d'aide par la suite qu'une personne pauvre ayant donné le même montant. Les mêmes principes semblent également régir les relations d'aide en milieu de travail (voir Flynn & Brockner, 2003).

Toutefois, nous sommes tous conscients que, dans plusieurs cas, l'aidé ne renverra pas l'ascenseur et n'aidera pas, subséquemment, la personne qui l'a aidé. En effet, ne vous est-il jamais arrivé de prêter vos notes de cours à étudiant et de vous faire refuser le même service par la suite ? Si oui, ce qui suit pourrait vous intéresser. Généralement, il n'y aura pas réciprocité en matière de comportement d'aide si l'aidé n'est pas satisfait de l'aide reçue ou des conditions qui y sont associées. L'aidé se sentira alors contrôlé par l'aidant, et cette obligation d'aider risque fort d'enrayer son désir de le faire (Brehm & Cole, 1966), notamment afin de pouvoir récupérer sa liberté qui aura été brimée (Brehm, 1966 ; Brehm & Brehm, 1981). La norme de réciprocité ne sera donc pas toujours respectée.

Un deuxième facteur qui amènera l'aidé à ne pas assister l'aidant concerne l'aspect d'iniquité de la situation. En effet, s'il est impossible pour la personne ayant reçu de l'aide d'aider l'autre de façon équitable ou à peu près équivalente dans l'avenir, probablement que l'aide ne sera pas apportée, l'aidé préférant ne pas aider l'autre plutôt que de se sentir humilié et obligé d'accorder une aide non équivalente à celle reçue (Berscheid & Walster, 1978).

Enfin, un troisième facteur susceptible d'influer négativement sur la réciprocité du comportement d'aide a trait à la menace contre l'estime personnelle de l'aidé (Fisher, Nadler & Whitcher-Alagna, 1982 ; Nadler, 1991, 2002 ; Nadler & Fisher, 1986). Selon le **modèle de la menace de l'estime personnelle** (Fisher *et al.*, 1982), lorsque le comportement adopté amène une personne recevant de l'aide à se sentir menacée, méprisée ou inférieure, cette personne aura tendance à ne pas rendre l'aide reçue. En revanche, lorsque l'individu qui apporte son aide amène l'aidé à se sentir soutenu, encouragé et apprécié, alors ce dernier adoptera sans doute un comportement d'aide dans l'avenir.

Selon ce modèle, au moins trois conditions peuvent rendre l'aide reçue menaçante pour l'estime personnelle de l'aidé et, par conséquent, enrayer un comportement d'aide à venir par rapport à l'aidant. Premièrement, les personnes aidées par un individu semblable à elles réagiront de façon négative puisqu'une personne dans la même situation ou dans la même condition qu'elles se trouve en mesure de les aider. Le processus de comparaison sociale indique alors une infériorité par rapport à l'aidant et peut mener à une baisse de l'estime personnelle (Fisher, Harrison & Nadler, 1978). Une deuxième condition renvoie au degré d'estime personnelle de l'individu recevant de l'aide. Les recherches suggèrent que les gens qui possèdent une forte estime personnelle réagissent de façon plus négative à l'aide reçue que les gens dont l'estime personnelle est faible, et ce, parce qu'ils sont alors plus sensibles à leur incapacité de prendre soin d'eux-mêmes (Nadler & Mayseless, 1983).

Enfin, une troisième condition susceptible de menacer l'estime personnelle de l'aidé et, par conséquent, de l'empêcher d'accorder son aide à l'aidant concerne le type de relation qui existe entre l'aidant et l'aidé ainsi que l'activité liée au contexte d'aide. Dans la même veine que le modèle du maintien de l'autoévaluation de Tesser, Nadler et ses collaborateurs (1983) ont affirmé et démontré que recevoir de l'aide d'un proche pour une tâche importante à nos yeux implique une menace pour notre estime personnelle, alors que le fait de recevoir une telle aide pour une tâche peu importante à nos yeux ne comporte aucune menace.

Les conséquences liées à la non-adoption du comportement d'aide

Les conséquences pour celui qui n'aide pas autrui. Comme nous l'avons vu tout le long de ce chapitre, plusieurs facteurs peuvent amener une personne à ne pas vouloir aider celle qui en ressent le besoin (voir Barnett, Thompson & Schroff, 1987, qui ont réalisé une enquête validant plusieurs facteurs énoncés dans ce chapitre). Pour celui qui n'aide pas les autres, des conséquences non négligeables peuvent se produire. Ainsi, sur le plan cognitif, la personne pourrait modifier son concept de soi et se percevoir comme une « mauvaise personne » ou, du moins, comme une « personne qui n'aide pas les autres ». Toutefois, cette réaction risque peu de survenir, et ce, pour au moins deux raisons. Premièrement, parce que les gens ont généralement tendance à se voir sous un jour positif (Taylor *et al.*, 2000). Ils ne devraient donc pas accepter de se considérer comme des personnes insensibles. Deuxièmement, comme nous l'avons vu dans le chapitre 5, les travaux sur la théorie de la perception de soi (Bem, 1972) démontrent que les gens font plus d'inférences sur eux en fonction de l'adoption du comportement qu'en fonction de sa non-adoption (Fazio, 1987).

Sur le plan affectif, la personne qui n'adopte pas le comportement d'aide peut ressentir des sentiments négatifs, comme la culpabilité et l'anxiété (Salovey *et al.*, 1991). De tels sentiments dérangent, et la personne aura probablement tendance à essayer de les éliminer. Comme nous l'avons vu précédemment, il se peut que l'individu n'ayant pas initialement accordé son aide veuille, par la suite, aider la personne dans le besoin afin de chasser ses sentiments négatifs. Toutefois, dans la mesure où il est impossible d'adopter un tel comportement, d'autres conséquences se produiront. D'abord, nous allons carrément éliminer de notre pensée les personnes demandant de l'aide. Ce type de comportement n'est pas nouveau, et nous l'affichons tous plus ou moins régulièrement. Ainsi, nous tournons la tête afin de ne pas regarder les mendiants ou nous tentons d'oublier les gens qui auraient besoin de notre aide, comme les personnes âgées en centre d'accueil, ou les oncles et les tantes qui restent à la maison et qui souhaiteraient recevoir des visites ou du réconfort.

Cependant, s'il nous est impossible de chasser de notre pensée les personnes que nous ne pouvons aider ou que nous ne voulons pas aider, nous les blâmerons afin d'éliminer les sentiments négatifs que nous ressentons (Lerner & Simmons, 1966). En effet, au lieu de nous sentir coupables de ne pas les avoir aidées, il nous semblera plus approprié, du moins dans notre esprit, de rendre les victimes responsables de leur condition (Lerner, 2003). Il devient dès lors justifié de ne pas aider ces gens et nos sentiments négatifs disparaîtront.

Enfin, une troisième conséquence est liée à la précédente : si une personne est responsable de ce qui lui arrive, pourquoi l'aider ? Ainsi, nous serons beaucoup moins portés à aider une victime que nous jugeons responsable de son sort qu'une personne qui se trouve dans une situation vraiment malheureuse (Weiner, 1995a, 1995b). Ce jugement mène à un cercle vicieux où le fait de ne pas vouloir aider un individu une première fois conduit à une évaluation négative de cet individu, ce qui incite à ne pas l'aider de nouveau. Donc, il se peut que nous n'aidions jamais certaines personnes. N'est-ce pas malheureusement ce processus de stigmatisation (Heatherton *et al.*, 2000 ; Jones *et al.*, 1984) qui apparaît lorsqu'on est en présence de différents groupes, comme les sans-abri ?

Les conséquences pour celui qui n'est pas aidé. Pour la personne qui a besoin d'aide, les conséquences d'un refus peuvent s'avérer relativement banales (marcher un kilomètre pour aller chercher de l'essence dans un garage) ou carrément dramatiques (mourir parce qu'aucun automobiliste ne s'est arrêté). Au-delà de ces conséquences physiques, des conséquences psychologiques bien réelles affecteront la personne qui a besoin d'aide. Ainsi, sur le plan cognitif, le rejet vécu par la victime peut l'amener à intérioriser l'évaluation négative que se fait d'elle la personne qui ne l'aide pas. Ce phénomène est d'autant plus vrai que le rejet est vécu régulièrement. Sur le plan affectif, la victime pourrait, bien sûr, se sentir rejetée, dépréciée ou, encore, en colère, selon les attributions qu'elle fait pour expliquer le refus des autres de l'aider. Dans la mesure où la personne effectue des attributions internes pour expliquer l'absence d'aide (« Je ne mérite pas d'être aidée. »), elle se sentira rejetée et sans valeur. Par contre, si des attributions externes à sa personne sont faites (« Les gens sont égoïstes. »), elle pourrait être en colère contre les gens qui n'aident pas autrui. Sur le plan comportemental, les personnes qui ont vécu un rejet pourraient en venir à éviter les interactions futures dans lesquelles elles auraient à demander de l'aide (Rosen, 1983). Cela pourrait mener à la situation malheureuse où les individus qui ont le plus besoin d'aide sont ceux qui en demandent le moins.

Enfin, une dernière conséquence mérite d'être soulignée : le refus de l'aide qui est offerte. En effet, il n'est pas rare qu'on soit prêt à aider une personne qui, pour une raison ou pour une autre, refuse notre aide. Rosen, Mickler et Collins (1987) ont étudié les conséquences d'une telle situation. Ils ont demandé à des étudiants universitaires de participer à une étude au cours de laquelle ils auraient à aider d'autres étudiants dans une activité de formation de mots. À certains moments, les participants ont vu leur aide être refusée, alors qu'à d'autres, leur aide a été acceptée. Enfin, un groupe témoin auquel aucune aide n'était offerte ni fournie fut également formé. Par la suite, les chercheurs ont demandé aux participants de juger la personne à qui ils avaient offert leur aide relativement à différentes questions évaluatives et affectives.

Les résultats de cette étude figurent dans le tableau 10.4. On remarque que les participants dont l'aide a été refusée ont ressenti des émotions plus négatives et ont porté un jugement plus défavorable sur la personne qu'ils voulaient aider que les participants des autres groupes. De plus, ils ont moins désiré rencontrer de nouveau la personne qu'ils devaient aider que les membres des autres groupes. Ces résultats montrent que, par le rejet d'une offre d'aide, la personne qui aurait eu besoin de soutien peut amener chez l'aidant potentiel des conséquences cognitives, affectives et comportementales négatives pour sa propre personne. En retour, ces conséquences pourraient avoir une influence importante sur les chances de l'aidé de recevoir de l'aide à d'autres occasions. Il semble donc que, dans certaines circonstances, un individu ayant besoin d'aide puisse être son propre ennemi (voir Nadler, 2002).

TABLEAU 10.4   **Jugement porté par les participants sur la personne à qui ils avaient offert leur aide relativement à différentes questions évaluatives et affectives**

Réactions	L'aide offerte par les participants est :		
	Rejetée	Non offerte	Acceptée
Émotions	−1,15	0,34	0,75
Évaluation	−1,96	0,19	1,69
Désir de rencontrer de nouveau la personne	−0,33	0,08	0,23

Note : Les participants dont l'aide a été refusée ont ressenti des émotions plus négatives et ont porté un jugement plus défavorable sur la personne qu'ils voulaient aider que les participants des autres groupes.

Source : Adapté de Rosen, Mickler & Collins (1987).

RÉSUMÉ

Le but de ce chapitre était d'effectuer un survol des différentes connaissances sur le comportement d'aide. D'abord, nous avons distingué le comportement d'aide du comportement altruiste. Alors que le comportement altruiste provient d'un désir chez l'aidant d'apporter son aide sans qu'aucune conséquence positive ou récompense n'en découle pour lui-même, le comportement d'aide peut être adopté pour une foule de raisons, y compris pour des motifs égoïstes ou altruistes.

Par la suite, nous avons parlé des différents types d'influence sur l'adoption du comportement d'aide. Le premier type d'influence abordé avait trait aux rôles des influences situationnelles. Celles-ci incluent les normes, les modèles et la présence des autres. Nous avons alors vu qu'en situation d'urgence, un passant risque moins d'apporter son aide lorsque d'autres passants sont présents (Darley & Latané, 1970). Un deuxième type d'influence concernait les influences personnelles. Dans ce cadre, nous avons traité des facteurs génétiques, du sexe de l'aidant (les hommes aidant généralement plus autrui comparativement aux femmes) et de sa personnalité.

Nous avons également étudié le rôle des facteurs émotionnels dans l'adoption du comportement d'aide. Dans cette perspective, nous avons vu que les gens qui se sentent de bonne humeur aident davantage les autres que les gens ayant une humeur neutre. Il en va de même pour les gens ayant une humeur négative, car ces derniers désirent éliminer leurs sentiments négatifs, et aider autrui permet généralement de le faire. Nous avons également vu deux écoles de pensée, soit celle qui suggère que le comportement d'aide est issu d'une motivation égoïste et celle qui postule qu'un tel comportement provient d'une motivation altruiste. Enfin, la perspective attributionnelle de Weiner a également été étudiée. Celle-ci montre que les attributions émises pour expliquer la demande d'aide de la victime peuvent amener les gens à ressentir différents types d'émotion (sympathie ou colère) à l'égard de cette dernière, et à l'aider ou pas, selon l'émotion ressentie.

Nous avons également vu que les caractéristiques de l'aidé potentiel jouent aussi un rôle non négligeable dans l'adoption du comportement d'aide. Ainsi, l'attirance de l'aidé ainsi que le degré de similarité entre l'aidant et l'aidé sont importants dans cette perspective. De plus, la relation elle-même entre l'aidant et l'aidé (l'aspect de dépendance ou, encore, l'amitié existant entre les deux personnes) aura une influence importante sur le comportement d'aide qui sera adopté.

Enfin, nous avons discuté des diverses conséquences de l'aide, autant pour l'aidé que pour l'aidant. Ainsi, nous avons vu que le fait d'aider autrui pouvait amener des conséquences généralement positives pour l'aidant, sur les plans cognitifs, affectifs et comportementaux, et même sur la santé physique et mentale. De plus, le fait d'être aidé peut engendrer des conséquences autant positives que négatives chez la personne recevant de l'aide, selon les conditions dans lesquelles l'aide est apportée. Si l'aide est empreinte de respect, l'aidé vivra des conséquences positives (par exemple estime de soi rehaussée). Par contre, si l'aidant ne respecte pas l'aidé dans sa démarche d'aide, alors des conséquences négatives pourraient en découler, pouvant même amener l'aidé à ne pas rendre ultérieurement l'aide reçue.

En somme, comme nous avons pu le voir dans ce chapitre, les études sur le comportement d'aide se révèlent très intéressantes et importantes, et ce, tant sur le plan scientifique que sur le plan pratique, puisqu'il en va souvent de la survie de l'être humain. Même si ce secteur de recherche est l'un des plus récents en psychologie sociale, n'ayant été exploré que vers la fin des années 1960 avec les travaux de Darley et Latané (1968), il constitue quand même un domaine vigoureux de recherche qui continue de progresser.

BIBLIOGRAPHIE spécialisée

BATSON, C.D. & POWELL, A.A. (2003). Altruism and prosocial behavior. Dans T. Million & M.J. Lerner (dir.), *Handbook of psychology. Vol. 5 : Personality and social psychology* (p. 463-484). New York : Wiley.

EISENBERG, N. (2000). Emotion, regulation, and moral development. *Annual Review of Psychology, 51,* 665-697.

PENNER, L.A., DOVIDIO, J.F., PILIAVIN, J.A. & SCHROEDER, D.A. (2005). Prosocial behavior : Multilevel perspectives. *Annual Review of Psychology, 56,* 365-392.

ST.AUBIN, E., MCADAMS, D.P. & KIM, T-C. (dir.) (2004). *The generative society : Caring for future generations.* Washington, D.C. : American Psychological Association.

STAUB, E. (2003). *The psychology of good and evil.* New York : Cambridge.

STUKAS, A.A. & DUNLAP, M.R. (dir.) (2002). Community involvement : Theoretical approaches and educational intitiatives. *Journal of Social Issues, 58* (tout le numéro porte sur l'implication communautaire).

Questions DE RÉVISION

1. Définissez le comportement d'aide et l'altruisme, et comparez les deux.

2. Quelles sont les normes qui influent sur le comportement d'aide ?

3. Définissez l'effet du passant et expliquez pourquoi il a lieu ?

4. Nommez certaines variables personnelles de l'aidant qui permettent de prédire le comportement d'aide.

5. Expliquez l'effet d'être de bonne humeur sur le comportement d'aide, selon Isen et ses collègues.

6. Expliquez le modèle du soulagement des émotions négatives de Cialdini et ses collègues.

7. Définissez et distinguez les émotions empathiques et les émotions de détresse personnelle, et précisez leurs liens avec les motivations altruistes et égoïstes, et avec le comportement d'aide.

8. Expliquez le modèle des attributions-émotions-comportements d'aide de Weiner.

9. Nommez certaines des caractéristiques de l'aidé potentiel qui favorisent l'adoption du comportement d'aide.

10. Nommez certaines des conséquences positives et négatives qui peuvent toucher l'aidant ?

Partie IV

Les influences sociales et les relations de groupes

CHAPITRE 11   **Les influences sociales**

CHAPITRE 12   **Les processus de groupe**

CHAPITRE 13   **Les préjugés, la discrimination et les relations intergroupes**

Les influences sociales

Michel Alain

Université du Québec
à Trois-Rivières

Mise en situation

C'était la première réunion de l'association étudiante, et Pierre éprouvait d'autant plus de nervosité qu'il était le « petit nouveau » parmi les six membres du comité. Enfin il avait son poste ! Il voulait tellement faire partie de l'association pour essayer de tempérer un peu l'ardeur du comité ! Le gouvernement venait de réduire les prêts et bourses, et il y avait des rumeurs de débrayage dans l'air. Comme la majorité des étudiants ne semblaient pas d'accord pour débrayer (il existait d'autres moyens de pression), il était important qu'il soit présent à l'association pour éviter que des décisions fâcheuses ne soient prises. Cette première réunion promettait donc d'être orageuse. Les anciens avaient l'air de bien se connaître et de s'estimer, ils blaguaient ensemble et, lui, il se sentait isolé.

Sans préambule, le président se lança dans un réquisitoire contre le gouvernement, contre l'injustice dont les étudiants faisaient les frais. Les autres semblaient gagnés d'avance, ils approuvaient de la tête et, même, applaudissaient. Le président termina son discours avec fougue en faveur du débrayage. Puis les autres prirent la parole à tour de rôle. Les « anciens » parlèrent d'abord. « Était-ce une stratégie ? » se demandera Pierre, plus tard. Le deuxième membre qui s'adressa au groupe était entièrement d'accord avec son président ; quant au troisième, il trouvait même qu'on n'allait pas assez loin ; le quatrième reprit les mêmes arguments ; puis le cinquième se prononça également en faveur du débrayage. Pierre ne s'était jamais senti aussi seul au monde. Que se passait-il donc ? Avaient-ils tous perdu la raison ? Ou bien était-ce lui qui était peureux ? Leurs arguments lui semblaient pourtant convaincants… Puis les yeux se braquèrent sur Pierre : le « nouveau » était-il un gars « correct » ? Par conséquent, pensait-il comme eux ? Pierre aurait aimé être ailleurs. Pourquoi se donner tant de mal ? Après des hésitations et des éclaircissements de voix, Pierre conclut rapidement que le débrayage pourrait en effet faire bouger le gouvernement. « Proposition adoptée : on recommande le débrayage à l'assemblée générale ! »

INTRODUCTION

Pourquoi Pierre a-t-il soudainement changé d'idée ? Il était fondamentalement contre toute forme de débrayage et, pourtant, il a voté en faveur de celui-ci. Comment expliquer une telle volte-face ? Elle est le résultat de l'influence sociale. Pierre a été victime de pressions subtiles de son groupe d'appartenance, qui l'a forcé à se conformer à la position défendue.

Que pensez-vous de Pierre ? Quelle image avez-vous en tête lorsque vous songez à lui ? Celle d'un conformiste ? Vous vous faites peut-être l'image négative de quelqu'un d'influençable, qui n'est pas capable de défendre ses idées, qui se range facilement à l'avis ou aux décisions des autres. Toutefois, notez que le conformisme peut être perçu de différentes façons suivant le point de vue que l'on prend ou la situation qui prévaut. Par exemple, un conformiste peut être perçu négativement si on l'associe à l'image d'un faible, d'un mouton de Panurge, d'une personne qui se plie aux règlements ou à tout ce qu'on lui dit d'accomplir. Par le fait même, son contraire, le non-conformiste, est perçu positivement, parce qu'il évoque l'image de l'indépendant, de l'aventurier, peut-être, d'une personne qui rejette les valeurs de la masse, d'une sorte de coureur des bois des temps modernes.

Mais changez de perspective maintenant. Pensez, par exemple, à une équipe de hockey ou de football : chaque membre d'une telle équipe doit faire *exactement* tout ce que son entraîneur lui dira. Ainsi, ce qui compte, c'est de se conformer au groupe et à ses directives pour réaliser un but commun ; tout le monde doit travailler de façon à atteindre un objectif : la victoire. L'équipe a besoin d'un effort collectif : c'est tous pour un et un pour tous. Dans cette situation, le non-conformiste (c'est-à-dire le déviant) nuit à l'esprit du groupe. Il devient le trouble-fête.

Parce qu'il ne s'intègre pas au groupe, il est perçu de plus en plus négativement, jusqu'à en être rejeté.

Ainsi, le conformisme ne doit pas être considéré uniquement comme une chose négative, même si une telle perspective est plus répandue. Imaginons ce qui se passerait si personne ne se conformait aux règles de la circulation. À la campagne, on pourrait toujours éviter le pire, mais on peut imaginer le chaos qui régnerait dans une grande ville…

Ce chapitre porte sur les influences sociales. Il traite de l'effet de la présence des autres et de leurs comportements sur nos attitudes et nos comportements (incitation à adopter de nouveaux comportements ou modification d'anciens). Le fait de vivre en société, de se trouver dans un milieu culturel donné, d'être en compagnie d'une ou de plusieurs personnes peut amener un individu à agir (ou à réagir) d'une manière particulière : il s'agit là des influences sociales (voir la figure 11.1). Le contexte social peut entraîner des modifications importantes dans nos comportements, modifications qui n'auraient peut-être pas eu lieu n'eût été la pression sociale. D'abord, nous définirons et éclaircirons différents termes apparentés au concept de « conformisme ». Ensuite, nous présenterons les « classiques » du conformisme, soit les premiers chercheurs dans ce domaine. Par la suite, nous examinerons des situations générales d'influence sociale (l'acquiescement) en nous intéressant à la façon dont une personne s'y prend pour en influencer une autre. Puis nous considérerons les diverses formes que peut prendre le pouvoir social, lequel constitue une autre stratégie d'influence. Nous verrons, finalement, une situation particulière d'influence, l'obéissance à l'autorité.

Des concepts liés au conformisme

Selon les psychologues sociaux, il y a **conformisme** lorsque, chez un individu, il y a un changement dans le comportement, dans les opinions ou dans les perceptions suscité par la présence, réelle ou imaginée, d'une personne ou d'un groupe. Ces influences sont souvent très subtiles, non intentionnelles, et nos réactions ressemblent alors à des réflexes, comme le mentionne Cialdini (2001). Par exemple, on bâille en voyant quelqu'un bâiller. On rit en entendant les autres rire. C'est peut-être pour cette raison que les producteurs de séries humoristiques à la télévision font appel à des rires enregistrés. Selon une recherche de Porterfield et de ses collègues (1988), il semble que cette technique soit efficace.

FIGURE 11.1   Les différentes facettes de l'influence sociale

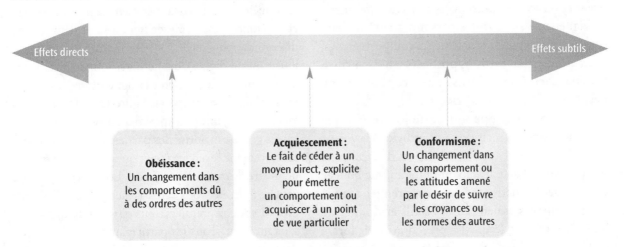

Effets directs   Effets subtils

Obéissance :
Un changement dans les comportements dû à des ordres des autres

Acquiescement :
Le fait de céder à un moyen direct, explicite pour émettre un comportement ou acquiescer à un point de vue particulier

Conformisme :
Un changement dans le comportement ou les attitudes amené par le désir de suivre les croyances ou les normes des autres

Les influences sociales peuvent être directes ou subtiles.

Tous les jours, nous entendons les termes « conformisme » et « anticonformisme », ou des termes semblables. Wrightsman et Deaux (1981) ont clarifié les différents termes susceptibles d'être utilisés. Par exemple, ils soulignent que l'**uniformité** est différente du conformisme et qu'elle renvoie à une similarité des idées et des opinions de personnes qui ne proviennent pas des pressions sociales. Le **conventionnalisme** concerne une personne qui adopte les valeurs de la société sans subir de pressions sociales (comme le fait de suivre la mode). L'**indépendance** désigne l'attitude d'une personne qui garde ses idées et ses valeurs en dépit des pressions sociales. Par ailleurs, l'**anticonformisme** renvoie à l'attitude d'une personne qui lutte contre les pressions sociales par esprit de contradiction. L'anticonformiste est donc très conformiste : il va simplement à l'opposé des pressions sociales. Une personne anticonformiste peut être facilement manipulée quand on sait comment la prendre. La **déviance**, quant à elle, fait référence à l'attitude d'une personne dont le comportement échappe aux règles admises par la société.

LE CONFORMISME

Sherif (1936) fut un pionnier de l'étude du conformisme. Il prétendait que les gens qui sont dans une situation peu familière, qui ne savent pas de quelle façon agir, qui ne connaissent pas les « normes » en vigueur, se servent des personnes autour d'eux comme guides pour modeler leurs comportements. Afin de vérifier cette hypothèse, Sherif utilisa l'**effet autocinétique**. Dans une pièce obscure, une petite source lumineuse fixe semble se déplacer. Cette impression est purement subjective, puisque la lumière est fixe, mais certains individus la voient se déplacer de quelques centimètres, d'autres d'un mètre ou plus (un participant l'a même vue bouger de plus de 25 mètres !). Dans un premier temps, les participants étaient laissés seuls et donnaient leurs estimations, lesquelles présentaient de fortes différences individuelles. Par la suite, des petits groupes de trois participants, pendant trois sessions

consécutives, fournirent leurs estimations à tour de rôle. Après trois jours, chaque groupe établit ses propres normes quant aux estimations, et celles-ci convergèrent vers une estimation semblable, même si, au départ, les estimations étaient très différentes. Lorsque les participants se trouvèrent de nouveau seuls pour refaire ces estimations, ils conservèrent l'estimation établie en groupe. Ils avaient donc intériorisé les normes de leur groupe.

Ce type de recherche permit de conclure que, lorsque la réalité n'indique pas clairement la ligne de conduite à suivre, les gens se conforment aux autres, qui servent de cadre de référence relativement au bon comportement à adopter. Rappelez-vous la première fois que vous vous êtes trouvé dans un endroit nouveau, un restaurant ultrachic, par exemple. Pour ne pas commettre un impair, pour paraître bien éduqué, discrètement vous avez jeté des coups d'œil rapides sur les personnes présentes pour découvrir comment elles mangeaient leurs artichauts ou voir les couverts qu'elles employaient.

Quinze ans après Sherif, Asch (1951) avança l'idée que, même dans des situations où la réalité physique est très évidente, on peut observer le conformisme. Imaginez la situation suivante. On vous a recruté pour participer à une expérience de psychologie. Lorsque vous arrivez au local indiqué, six autres participants y sont déjà. Vous vous asseyez donc sur la dernière chaise libre. L'expérimentateur arrive ensuite et explique la tâche à exécuter : il s'agit d'un test de discrimination visuelle. On vous montrera des cartons illustrant des lignes de différentes longueurs et votre tâche consistera à repérer la ligne qui ressemble le plus à la ligne critère (voir la figure 11.2). Cela semble facile. En fait, une préexpérimentation a montré que la très grande majorité des participants réussissaient correctement l'exercice (ceux qui échouaient étaient peut-être des anticonformistes). Le test se déroule de gauche à droite, vous serez l'avant-dernier à répondre... Les deux premiers tours passent rapidement et sans incident. Tous les participants donnent facilement la bonne réponse. Cette recherche vous paraît un peu banale parce qu'elle est trop facile et que les stimuli présentés sont évidents. Tout à coup, au troisième tour, le premier participant donne une réponse erronée, mais sans que sa voix ni son comportement marquent d'hésitation. Que se passe-t-il ? A-t-il perdu la tête, la vue ou les deux à la fois ? Le deuxième participant donne la même réponse erronée. Lui aussi a perdu la tête ! Le troisième participant réagit de la même façon, en ayant l'air également sûr de lui. Avant même que vous ayez trouvé une bonne explication à ces comportements, les cinq participants qui vous précèdent ont tous donné la même mauvaise réponse. Votre tour arrive. Qu'allez-vous faire ? Il y a fort à parier que vous ferez comme les participants à cette expérience d'Asch (et comme ceux qui ont pris part aux nombreuses répétitions de l'expérience qui ont été faites) et que vous vous conformerez au groupe.

Vous avez sûrement deviné que six des sept participants étaient en fait des complices de l'expérimentateur auxquels on avait demandé de se comporter de cette façon un certain nombre de fois. Les participants à cette recherche se sont conformés à la majorité incorrecte dans 37 % des cas. Mais ce ne sont pas tous les participants qui se sont conformés à cette majorité. Environ 25 % des participants ont refusé systématiquement de s'y conformer. Par ailleurs, environ 50 % des participants s'y sont conformés une fois sur deux. Les autres participants s'y sont conformés occasionnellement. On trouve le même taux de conformisme 30 ans plus tard, et dans des recherches qui impliquent d'autres types de tâches cognitives (Larsen, 1990 ; Schneider & Watkins, 1996).

Il est important de mentionner que ce type d'influence sociale n'est pas limité à de simples tâches de jugement en laboratoire. Dans une série d'études, des chercheurs ont voulu vérifier l'hypothèse selon laquelle les électeurs seraient influencés par les autres dans la façon dont ils perçoivent les candidats dans un débat au cours d'une élection présidentielle. Dans une de ces études, un groupe d'étudiants universitaires regardaient le débat télévisé de 1992 entre George Bush, Bill Clinton et Ross Perot (il s'agissait d'un enregistrement présenté 30 minutes après la fin du débat). Dans une pièce, les participants étaient en compagnie de complices de l'expérimentateur qui devaient appuyer Bush. Dans une autre pièce, les complices appuyaient Clinton et, dans la troisième pièce, il n'y avait pas de complices. Sur une échelle de 100 points, il y avait une différence de 45 points en faveur de Bush dans la situation où un complice appuyait celui-ci et une différence de 45 points en faveur de Clinton dans la situation où un complice appuyait ce candidat, comparativement à la situation où il n'y avait pas de complice. Les réactions des complices dans la salle ont vraiment influencé la façon dont le débat a été perçu par les participants (Fein, Goethals & Kassin, 1998, cités dans Brehm, Kassim & Fein, 1999).

Pourquoi se conforme-t-on ?

Asch a prouvé que, contrairement aux affirmations de Sherif, les gens peuvent être amenés à se conformer, même lorsque la réalité est très évidente. Combien de fois vous êtes vous conformé tout bêtement à un groupe, par exemple en applaudissant un conférencier que vous avez trouvé ennuyeux, mais que les autres avaient semblé apprécier ?

FIGURE 11.2   **Comparaison entre une ligne critère (standard) et d'autres lignes**

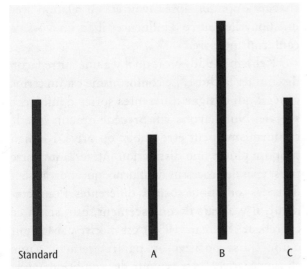

Quelle ligne, parmi les lignes de droite, ressemble le plus à la ligne de gauche, comme dans l'étude de Asch (1951) ?

Mais pourquoi se conforme-t-on ? Pourquoi Pierre, dans la mise en situation du début du chapitre, s'est-il conformé à son groupe ? Comparons les situations expérimentales de Sherif et celle de Asch. Les deux chercheurs ont démontré que nos perceptions pouvaient être fortement influencées par les autres. Mais ces situations sont-elles vraiment semblables ? Les participants dans ces deux situations ont-ils présenté la même sorte de conformisme, et pour les mêmes raisons ?

Même si les résultats des recherches précédentes sont semblables, celles-ci fournissent deux raisons différentes pour expliquer le conformisme : les effets de l'**influence de l'information** et les effets de l'**influence des normes**. Si plusieurs personnes semblent d'accord, je peux en venir à penser qu'elles ont sûrement raison (pourquoi autant de personnes se tromperaient-elles ?), et cela est d'autant plus vrai lorsque la réalité n'est pas évidente (comme dans la situation de Sherif). J'aurai donc davantage tendance à me conformer, pensant que les autres ont raison. Ils possèdent de l'information que je n'ai pas ou à laquelle je n'ai pas accès. Dans la recherche de Sherif, c'est probablement ce qui s'est passé. La tendance à se conformer en raison de l'influence de l'information dépendra de deux aspects de la situation : la perception qu'a l'individu de la qualité de l'information détenue par le groupe (ou les personnes en cause), d'une part, et la confiance qu'il a en ses propres jugements, d'autre part. Par exemple, vous faites partie d'un comité d'experts en santé mentale alors que vous êtes un étudiant du premier cycle en psychologie. Les autres personnes possèdent sans doute plus d'information que vous et peuvent mieux évaluer la situation. Si votre opinion diffère de la leur, vous vous rallierez probablement à celle-ci.

L'influence des normes m'amènera à me conformer par peur des conséquences négatives, ou pour être davantage aimé ou accepté. Qu'est-ce que les autres penseront de moi si je ne dis pas ou ne fais pas comme eux ? Les autres servent alors de critères, parce que j'ai besoin de leur approbation, que j'ai peur d'être rejeté par eux ou que je ne veux tout

simplement pas avoir de problèmes avec eux. La recherche montre que les individus qui s'éloignent des normes d'un groupe sont souvent rejetés, haïs ou ridiculisés (Levine, 1989 ; Schachter, 1951), particulièrement lorsque le groupe doit atteindre un consensus (Kruglanski & Webster, 1991). Une des implications de cette démarche est que je dirai ou ferai comme les autres, mais que, au fond de moi-même, je demeurerai convaincu d'avoir raison. Ces deux types d'influences peuvent être présents en même temps. En somme, la motivation à se conformer provient du désir d'avoir une attitude correcte et d'être aimé par le groupe. La force de ces deux motivations varie beaucoup selon les situations.

Le conformisme peut aussi se vivre sur d'autres plans. On distingue le **conformisme public** du **conformisme privé**. Si je demeure convaincu que j'ai raison, mais que je me soumets aux idées des autres, je fais alors preuve de conformisme public. J'ai une opinion *publique* et une opinion *privée*. Dans une variante de l'expérimentation de Asch, on demandait au participant de répondre par écrit (sans que les autres sachent sa réponse) après qu'il eut entendu la réponse des complices de l'expérimentateur. À ce moment, le conformisme diminuait fortement (Deutsch & Gerard, 1955). Par contre, je peux changer d'opinion après avoir été en relation avec une nouvelle source d'influence ; il s'agira alors de conformisme *privé*.

Kelman (1958) croit qu'il y a une autre façon d'examiner la chose. Le conformisme est un terme général qui désigne différentes sortes d'influence sociale. Nous avons vu, précédemment, que le conformisme peut être public ou privé. Kelman propose plutôt une distinction intéressante entre trois types de processus d'influence qui apparaissent dans des conditions sociales différentes. Premièrement, il y aurait l'acquiescement, qui, selon ce chercheur (Kelman, 1958), est motivé par l'attrait d'une chose positive ou par l'évitement d'une chose négative. Il est typique des conditions où le conformisme joue un rôle purement instrumental : il s'agit, pour la personne, de gagner l'approbation sociale ou d'éviter des désagréments pouvant résulter d'un non-conformisme.

Lorsqu'un individu désire particulièrement obtenir l'amitié des autres, il est sous l'influence d'une pression normative à acquiescer. Dans ce cas, plus l'individu est attiré par les autres, plus l'acquiescement risque d'être fort. L'individu veut alors désespérément éviter de ne pas être aimé.

Il faut toutefois indiquer que, dans ce type de conformisme, un individu peut acquiescer publiquement, mais rejeter l'opinion sociale en privé (par exemple s'il y a un vote secret). Les croyances profondes de la personne ne sont pas atteintes.

Bref, l'acquiescement, ou la complaisance, est motivé par l'attrait du renforcement positif ou l'évitement du renforcement négatif. Cette technique d'influence s'avère limitée. Par exemple, elle est temporaire : elle durera tant et aussi longtemps que la pression sociale sera source de sanctions ou que la personne estimera que les sanctions des autres sont importantes. On n'observe pas d'adhésion durable aux idées des autres, puisque les croyances profondes ne sont pas atteintes. Il s'agit seulement d'une acceptation publique des idées ou des opinions des autres.

Le deuxième type de conformisme, selon Kelman (1958), est le processus d'**identification**. Il survient lorsque l'individu désire établir ou maintenir des relations sociales positives qu'il juge intéressantes. Le participant croirait réellement en ce qu'il affirme, mais l'important, pour lui, ne serait pas la réponse spécifique à un contenu spécifique, mais plutôt sa relation avec les autres. Le processus d'identification se produit quand l'individu cède à la pression sociale parce que les autres possèdent des qualités ou des caractéristiques qu'il souhaite avoir. La préférence sociale est adoptée à la fois en public et en privé.

Généralement, les effets de l'identification sont plus profonds et plus durables que les effets de l'acquiescement ou de la complaisance. L'identification peut avoir comme objet une seule personne d'un groupe donné (par exemple le leader). Ce type de conformisme est motivé par le désir d'être comme quelqu'un que l'on estime beaucoup. Ainsi, on se conformera à ses valeurs, à ses opinions et même à son habillement. La tenue de certains adolescents illustre bien leur identification aux musiciens, acteurs ou chanteurs rock qu'ils préfèrent.

En somme, l'identification est motivée par le désir d'un individu d'être comme une personne qu'il estime. Il y a alors acceptation publique et privée de ses opinions et de ses valeurs, entre autres, mais cela ne se fait pas en profondeur. L'individu adhérera à ces valeurs aussi longtemps que la personne à laquelle il s'identifie restera importante à ses yeux, qu'elle conservera ses valeurs, ou que ces valeurs ne seront pas attaquées par de meilleurs arguments.

Finalement, dans la perspective de Kelman (1958), le troisième type de conformisme est le processus d'**intériorisation**. Il apparaît lorsque les réponses conformistes ne proviennent ni du contrôle social ni de la présence d'un groupe, mais plutôt de l'intégration au système de valeurs de l'individu. La personne est motivée par le besoin ou le désir d'être juste et honnête. L'agent d'influence sera la personne digne de confiance, qui a un bon jugement. L'individu acceptera alors ses opinions et ses idées, et il les intégrera à son système de valeurs. Il se conformera non pas pour s'identifier au groupe ou parce qu'il a peur d'être rejeté, mais parce que cela rejoint ses valeurs, sa ligne de conduite. Le processus d'intériorisation se produit lorsqu'un individu en vient à croire que la source d'influence a raison. Il en a assimilé les opinions, les préférences ou les actions : il y a donc à la fois acceptation publique et privée. Par conséquent, l'intériorisation représente l'influence la plus solide (c'est-à-dire le type de conformisme le plus stable et le plus permanent). Elle est suscitée par le désir d'être intègre, elle n'est pas influencée par des renforcements extérieurs, et elle implique une acceptation publique et une acceptation privée.

Ces trois types de conformisme ont à la base trois composantes différentes. L'acquiescement relève du pouvoir que détient une personne ou un groupe de récompenser ou de punir un individu ; il s'agit d'une relation d'influence fondée sur des rapports de pouvoir. Pour sa part, l'identification repose sur l'attraction ressentie pour une personne, pour un modèle ; l'individu veut alors être comme cette personne. Enfin, l'intériorisation traduit la crédibilité, l'intégrité de la source.

Ces trois types de conformisme ne sont pas indépendants les uns des autres. On peut les trouver simultanément chez une personne. De même, dans un processus de développement, les trois peuvent intervenir. Essayons de comprendre comment des individus « normaux », sains d'esprit, deviennent soudainement des adeptes de sectes mystico-religieuses comme on en compte beaucoup dans nos sociétés. Le premier type de conformisme est sûrement présent. L'individu puise dans ce groupe du réconfort, une acceptation inconditionnelle (croit-il !) de sa personne. Bref, il est à l'aise, il se sent accepté par le groupe. Celui-ci le soutient psychologiquement, lui procure un renforcement positif. De plus, la plupart du temps, dans ce genre de groupe, le leader est extrêmement habile à convaincre, il possède un tel charisme que tous veulent l'imiter, veulent être comme lui. Cette identification au leader favorise le conformisme. Il obtient facilement l'obéissance et la soumission totale des membres du groupe. À force de petits gestes de conformisme, probablement parce qu'ils ont besoin de se justifier (de réduire la dissonance cognitive — voir le chapitre 6) et qu'ils sont éloignés des autres sources d'influence, les individus en viennent à intégrer parfaitement les valeurs véhiculées par la secte, de sorte qu'ils deviennent convaincus que cette façon d'être et de vivre est la seule possible. Imaginons, alors, la force de cette conviction et tout le travail qui sera nécessaire pour arracher un individu à cette source d'influence, et pour le réintégrer dans la société.

L'influence de la majorité

Est-on vraiment beaucoup influencé par les autres ? Si c'est le cas, de quelles façons ? Nous savons que les gens ont davantage tendance à se conformer lorsque la pression sociale est forte et qu'ils ne sont pas sûrs du bien-fondé de leurs agissements (Santee & Maslach, 1982 ; Campbell & Fairey, 1989 ;

Cialdini, 2001). Mais quelle est la cause de ces sentiments d'insécurité et de cette pression ? Examinons quatre influences : la grandeur du groupe, la conscience des normes, la présence d'un allié et différentes caractéristiques individuelles.

La grandeur du groupe. Est-ce que plus il y a de personnes qui donnent la même mauvaise réponse (majorité unanime), plus le taux de conformisme augmente ? Malgré ce qu'on pourrait croire, les choses ne se passent pas ainsi. Asch (1956) a observé que le conformisme augmentait en fonction de la grandeur du groupe (1, 2, 3, 4, 8 ou 15 complices), mais jusqu'à un certain point seulement (voir la figure 11.3). Quand il y avait plus de trois ou quatre complices, le taux de conformisme se stabilisait autour de 37 % (voir aussi Gerard, Whilhelmy & Connolley, 1968 ; Knowles, 1983 ; Mullen, 1983).

Ce qui serait déterminant, ce serait moins le nombre de personnes que le nombre de personnes *différentes*. Il se peut, lorsqu'il y a un certain nombre de personnes, que le participant les perçoive comme

FIGURE 11.3   Effet de la majorité

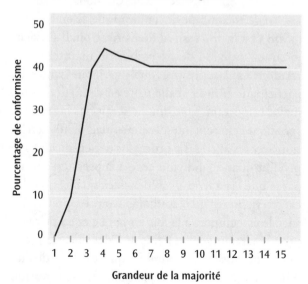

La grandeur de la majorité unanime n'augmente pas le taux de conformisme quand il y a plus de trois ou quatre personnes.

Source : Adapté de Asch (1951).

formant un tout (c'est-à-dire un groupe très homogène) et que le nombre total de personnes perde alors de son effet. Wilder (1977) a vérifié une hypothèse semblable. Il a découvert que les personnes étaient davantage influencées par deux groupes de deux personnes que par un groupe de quatre, et par deux groupes de trois personnes que par un groupe de six personnes. C'est peut-être pour cette raison que l'influence de la majorité n'augmente pas de façon linéaire.

La conscience des normes. La grandeur du groupe influence peut-être la quantité de pression ressentie, mais ce sont les normes sociales qui mènent au conformisme, et uniquement lorsqu'elles sont connues et mises en évidence. Autrement dit, il faut que certaines normes sociales soient activées et saillantes pour amener le comportement désiré. Le fait de savoir comment les autres réagissent dans une situation donnée est nécessaire pour susciter le conformisme, mais ces normes sont susceptibles de nous influencer seulement lorsqu'elles réveillent, en quelque sorte, notre sensibilité à leur égard. Cette idée a été démontrée dans une série de recherches sur la pollution par le papier. Dans une première étude, des complices distribuaient des encarts publicitaires à des visiteurs dans un parc d'attractions. Les chercheurs ont varié la quantité de détritus qui apparaissait dans une section précise du parc (ce qui donnait donc une bonne indication quant au comportement des autres dans un tel endroit). Les résultats ont montré que plus il y avait de détritus, plus les visiteurs laissaient tomber l'encart publicitaire par terre (Cialdini *et al.*, 1990). Une deuxième étude (Cialdini *et al.*, 1990) a montré que les passants étaient davantage influencés par le comportement des autres quand leur attention était attirée vers la norme existante. Dans cette étude, les chercheurs observaient le comportement des gens dans le stationnement d'un garage qui était soit propre, soit plein de détritus (papiers, bouts de cigarettes, etc.). Dans la moitié des cas, la norme qui était déjà en vigueur à cet endroit (propre ou sale) était activée par un complice

qui jetait un papier par terre en passant. Dans l'autre moitié, il ne jetait rien. Lorsque les passants arrivaient à leur voiture, ils avaient une publicité sur leur pare-brise les incitant à conduire prudemment. Ont-ils ou non jeté le papier par terre? Les résultats ont montré que les gens avaient davantage tendance à se conformer à la norme (en jetant davantage leur papier quand le garage était sale que quand il était propre) quand le complice jetait son papier (l'action qui a activé la norme). En somme, les normes sociales ont besoin d'être activées, d'être amenées à la conscience pour influencer le comportement (Cialdini *et al.*, 1991). Dans une troisième étude (Cialdini *et al.*, 1990) se déroulant dans un stationnement extérieur (avec détritus ou propre), certains participants voyaient un complice jeter par terre un sac en papier (provenant d'une entreprise de restauration rapide), alors que d'autres voyaient le complice se pencher et ramasser un tel sac de papier pour le mettre à la poubelle (éveillant, par conséquent, une autre norme sociale). Le deuxième complice a eu beaucoup plus d'influence que le premier, même quand le stationnement était sale (voir la figure 11.4). Il semble que ces deux situations ont activé deux types de normes sociales. Quand le complice a jeté le détritus, les participants ont pris conscience de la *norme descriptive*, qui les informait sur ce que la plupart des autres *avaient tendance à faire*. Quand le complice a lui-même ramassé un détritus qui n'était pas le sien, les participants ont pris conscience de la *norme prescriptive* (la norme de rigueur), qui les informait sur ce que les gens *devraient* faire.

En reliant les comportements à des signes d'approbation ou de désapprobation sociale, les normes sociales ont une puissante influence sur les gens (Reno *et al.*, 1993), et ce, dans différents domaines, comme la récupération (Schultz, 1999), la pollution (Kallgren *et al.*, 2000) et même l'évasion fiscale (Kahan, 1997).

La présence d'un allié. Dans la situation originale imaginée par Asch (1951), les participants faisaient face à une majorité unanime. Que se passerait-il maintenant si les participants avaient un allié ? Par exemple, sur cinq complices, il pourrait y en avoir quatre qui donnent la même mauvaise réponse, et un qui donne la bonne réponse. Dans une telle situation, Asch a observé que le conformisme diminuait grandement, pour se situer autour de 6 %. On a aussi constaté que si le dernier complice donnait une *autre* mauvaise réponse, cela diminuait le taux de conformisme de la même façon (Allen & Levine, 1969). Dans une variante sur ce thème, Allen et Levine (1971) ont modifié la compétence de cet allié. Par exemple, dans une situation, il portait des verres très épais et se plaignait que sa vision n'était pas très bonne tandis qu'il examinait les cartons que l'expérimentateur présentait. Cela ne faisait pas de lui un allié très rassurant, n'est-ce pas ? Faux ! Sa présence a suffi à réduire le taux de conformisme. Ces expériences montrent que ce n'est pas tant le fait qu'une autre personne ait la même idée qui nous importe, mais bien qu'il y ait une autre personne qui ose défier la majorité.

Traits de personnalité. Nous connaissons tous des gens qui semblent se conformer socialement plus que d'autres. Cette tendance serait-elle liée à des caractéristiques de la personnalité ? Les recherches ont permis de relever quelques différences entre les individus quant à la personnalité. Par exemple, les individus ayant une faible estime d'eux-mêmes (voir à ce sujet le chapitre 3) sont plus susceptibles de se conformer, tandis que ceux qui ont une estime de soi élevée risquent moins de le faire. La raison en est relativement simple : les gens qui ont une faible estime d'eux-mêmes n'ont pas beaucoup confiance dans leur capacité de sorte que, lorsqu'ils se trouvent avec des personnes qui ont une opinion différente de la leur (et qui sont unanimes), ils en concluent que celles-ci ont raison (Stang, 1972).

Les gens qui ont un grand besoin d'affiliation se conforment plus rapidement que ceux qui manifestent un besoin moins grand en cette matière. Les premiers semblent ainsi essayer de se faire aimer des autres (McGhee & Teevan, 1967).

Dans la plupart des cas, les individus qui obtiennent un résultat élevé sur l'échelle F, mesurant l'autoritarisme, se conforment plus que ceux qui enregistrent un résultat plus faible. La personne autoritaire se conformerait en raison de son respect inconditionnel des conventions, des normes, du pouvoir et de l'autorité (Crutchfield, 1955).

Différences culturelles. La recherche de Asch a été reprise dans d'autres pays que les États-Unis. Par exemple, on a relevé des taux de conformisme similaires (soit autour de 30 %) à Hong Kong, au Liban et au Brésil. Mais, chez le peuple bantu au Zimbabwe, où le non-conformisme est puni, 51 % des participants se conformaient (Whittaker & Meade, 1967). Les cultures dans le monde peuvent se différencier en fonction du degré d'individualisme et de collectivisme que la société prône. Ainsi, des milieux comme les États-Unis, l'Australie, la

FIGURE 11.4   La conscience des normes

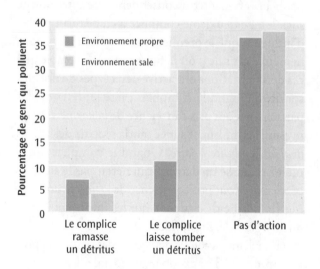

Quand des passants voient un étranger ramasser des détritus (donc activer une norme prescriptive), ils sont moins portés à polluer, que ce soit dans un endroit propre ou dans un endroit sale.
Au contraire, quand ils voient un étranger polluer (donc activer une norme descriptive), ils sont moins portés à polluer eux-mêmes, mais dans un endroit propre seulement.

Source : Adapté de Reno, Cialdini & Kallgren (1993).

Grande-Bretagne et le Canada, où l'on encourage beaucoup l'autonomie et l'indépendance (donc l'individualisme), diffèrent, quant au degré de conformisme, de certaines parties de l'Asie, de l'Afrique et de l'Amérique du Sud, où les valeurs d'interdépendance et de coopération (donc de collectivisme) sont plus fréquentes (Hofstede, 1980) (voir la figure 11.5).

Différences selon le sexe. Les hommes se conforment-ils davantage que les femmes ? Ou est-ce l'inverse ? Les recherches dans ce domaine ont mené à la conclusion que les femmes avaient tendance à se conformer davantage que les hommes. Toutefois, les recherches qui ont porté sur cette question à partir des années 1970 montrent qu'il faut considérer deux aspects : la familiarité avec la tâche expérimentale et le type de pression sociale à laquelle les gens font face dans une telle situation. Après avoir examiné les recherches passées dans le domaine du

FIGURE 11.5   **Conformisme et taille du groupe**

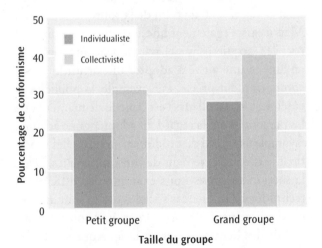

Les recherches laissent voir que le conformisme est plus élevé dans les cultures de type collectiviste (qui mettent l'accent sur le fait de faire partie d'un groupe) que dans les cultures de type individualiste (qui mettent l'accent sur l'individualité), indépendamment de la taille du groupe.

Source : Adapté de Bond & Smith (1996).

conformisme et des différences sexuelles, Sistrunk et McDavid (1971) en sont arrivés à suspecter la présence d'un biais possible dans les méthodes utilisées. Il semble, effectivement, que le matériel employé dans les situations de conformisme était plus adapté aux participants masculins qu'aux participants féminins. Il était donc normal, dans ce cas, que les participants féminins manifestent plus de conformisme, puisque les participants masculins paraissaient plus compétents dans ce domaine. Pour vérifier la justesse de cette idée, ces chercheurs ont demandé à des participants masculins et féminins de remplir un questionnaire touchant un éventail de faits et d'opinions. Certains thèmes étaient associés aux hommes (les autos de sport, la politique, les mathématiques) tandis que d'autres thèmes étaient liés aux femmes (le maquillage, la couture, la cuisine). Pour inciter au conformisme, on avait indiqué, dans le questionnaire, après chaque question, ce que la majorité des étudiants avaient prétendument répondu.

Les résultats ont montré que les hommes se conformaient plus que les femmes sur les thèmes féminins et que les femmes se conformaient plus que les hommes sur les thèmes masculins. Dans le cas des thèmes neutres, il n'y avait pas plus de conformisme chez l'un ou l'autre sexe.

Le fait de se sentir observé et évalué a une influence sur les comportements. Lorsque les gens pensent qu'ils sont observés, les femmes se conforment plus que les hommes (Eagly & Chravala, 1986 ; Eagly, Wood & Chaiken, 1981 ; Eagly, Wood & Fishbaugh, 1981). La présentation de soi serait une explication, selon Eagly (1987 ; voir aussi Alain, 1985), de sorte que les hommes, pour projeter l'image stéréotypée des hommes (c'est-à-dire des êtres dominants, fiers, affirmatifs, etc.), se conformeraient moins en public, alors que pour paraître « femmes » (c'est-à-dire gentilles, compréhensives, etc.), les femmes se conformeraient davantage. Notez que cette explication comporte des limites culturelles et historiques. En effet, l'image de l'homme et celle de la femme diffèrent selon les cultures et les époques. Par conséquent, le conformisme varie également.

L'indépendance : l'influence de la minorité

Le fait de se conformer à une majorité constitue un aspect crucial de notre vie sociale. L'accent mis sur le pouvoir de la majorité ne devrait pas, cependant, nous faire oublier l'importance de l'influence d'une minorité. Une minorité déterminée peut quelquefois modifier la position de la majorité. Les premières études qui montraient que la dissension réduisait le conformisme ont soulevé des questions sur l'influence de la toute-puissante majorité. Au fil des années, beaucoup de recherches sur le conformisme ont sondé l'influence d'une minorité (Maass & Clark, 1984). Les travaux de Moscovici (1985) dans ce domaine sont particulièrement percutants. Par exemple, dans l'une des premières études sur ce sujet, Moscovici, Lage et Naffrechoux (1969) placèrent une majorité de participants naïfs devant une minorité de complices de l'expérimentateur dans une situation semblable au paradigme de Asch. La pression du groupe minoritaire fit qu'environ le tiers des participants majoritaires se conformaient lors de certains essais. La minorité eut donc un effet sur cette majorité naïve.

Moscovici (1985) mentionne que le style comportemental de la minorité est ce qui importe. Pour s'avérer efficace, une minorité doit être logique, cohérente et énergique. Ce style comportemental est interprété par la majorité comme un signe de confiance et de certitude de la minorité par rapport à sa position (Maass, Clark & Haberkorn, 1982). Même si les membres d'une telle minorité sont moins aimés que les membres d'une majorité, ils sont perçus comme des individus davantage compétents et honnêtes (Bassili & Provencal, 1988).

Les recherches ont aussi souligné d'autres facteurs qui déterminent l'influence d'une minorité (Maass & Clark, 1984 ; Moscovici, Mugny & van Avermaet, 1985). Par exemple, une minorité agit plus efficacement lorsque son style comportemental est logique et cohérent, mais non rigide, c'est-à-dire lorsqu'elle est perçue comme ayant à la fois des positions bien définies et un style de présentation flexible. De plus, le climat social général doit être considéré. Une minorité sera plus efficace si ses idées suivent les tendances sociales qui prévalent et si ses membres ressemblent à ceux de la majorité sur beaucoup de points, hormis celui en litige (Turner, 1991 ; Wood et al., 1996).

Hollander (1958) recommande d'abord de se conformer à la majorité, puis de s'en dissocier petit à petit, contrairement à Moscovici qui, lui, recommande la dissension. Hollander affirme que les positions d'un individu qui s'oppose tout de suite au groupe risquent de tomber dans l'oreille d'un sourd. Il vaut mieux, suggère-t-il, se faire accepter petit à petit par le groupe, puis, lorsque ses compétences commencent à être reconnues par le groupe, s'en dissocier. Plusieurs études confirment que cette approche s'avère efficace (Bray et al., 1982 ; Lortie-Lussier, 1987).

Nous avons vu que, de façon subtile, les autres peuvent modifier notre comportement de façon telle qu'il se rapproche de celui de la source d'influence. Mais il existe également une autre forme d'influence sociale (l'acquiescement), par laquelle une personne en amène une autre à adopter une attitude ou un comportement précis. Par exemple, la publicité (à la télévision ou ailleurs) est conçue de manière que les personnes qui la regardent adoptent une attitude favorable au regard du produit et, qu'ainsi, elles modifient leur comportement de consommateurs. Dans la section suivante, nous examinerons différentes techniques d'influences sociales qui se sont avérées particulièrement efficaces. Peut-être pourrez-vous établir des liens avec des situations que vous avez déjà vécues.

L'ACQUIESCEMENT

Comment peut-on amener une personne à accepter une idée, à mener l'action que l'on veut qu'elle fasse et qu'elle n'a pas nécessairement l'intention de faire ?

On pourrait peut-être utiliser la force, mais cela ne constitue pas le meilleur moyen. Même si les gens exécutent l'action en question, ils s'y sentiront contraints et ne la répéteront sûrement pas d'eux-mêmes en l'absence de la coercition. Il faut une technique plus subtile pour les inciter à agir d'eux-mêmes, sans qu'ils puissent percevoir une source d'influence sociale. L'**acquiescement** constitue une forme d'influence sociale basée sur une demande présentée de façon plus ou moins directe (Joule & Beauvois, 2002). Différentes techniques permettent de provoquer l'acquiescement : nous en examinerons quelques-unes.

La présentation de la demande

De quelle façon peut-on amener les gens à faire ce qu'on aimerait qu'ils fassent ? En observant les experts de l'influence (c'est-à-dire les publicitaires, les politiciens, les prédicateurs à la télévision, les animateurs de téléthons ou, encore, les vendeurs en télémarketing), les psychologues sociaux ont mieux compris les mécanismes qui favorisent l'influence sociale. Par exemple, lorsque les gens sont surpris par l'aspect inhabituel d'une demande, les chances qu'ils y acquiescent sont plus grandes. Dans une recherche de Milgram et Sabini (1978), la moitié des participants, passagers du métro, étaient avertis que quelqu'un se présenterait pour leur demander leur siège. Le moment venu, 28 % des gens ont cédé leur siège tout de suite après que la demande fut faite. Par contre, dans le cas de l'autre moitié des participants, qui n'étaient pas avertis qu'une telle demande serait faite, deux fois plus de personnes (56 %) ont laissé leur place.

Il semble que, dans une large mesure, l'effet menant à l'acquiescement réside dans la façon de demander quelque chose. Dans l'étude de Langer, Blank et Chanowitz (1978), par exemple, une personne attendait qu'un participant potentiel arrive devant la photocopieuse de la bibliothèque pour lui demander si elle pouvait se servir de l'appareil avant lui. Dans le premier groupe, la demande se faisait à peu près comme suit : « Excuse-moi, j'ai cinq pages, est-ce que je peux utiliser la photocopieuse ? » Dans ce cas, 60 % des participants ont acquiescé à la demande. Ce résultat s'explique en partie par l'aspect inhabituel de la demande. Dans le deuxième groupe, la demande était modifiée : « Excuse-moi, j'ai cinq pages, est-ce que je peux utiliser la photocopieuse, parce que je suis pressé ? » Dans ce cas-là, 94 % des participants ont dit oui. Les gens sont généreux, prêts à rendre service à quelqu'un dans le besoin ! Dans le troisième groupe, la demande était la suivante : « Excuse-moi, j'ai cinq pages, est-ce que je peux utiliser la photocopieuse, parce que je veux faire des photocopies ? » Dans ce dernier cas, 93 % ont accédé à cette requête.

Il est à remarquer que la raison donnée dans le troisième cas n'est pas très valable. Pourquoi voudrait-on utiliser la photocopieuse, sinon pour faire des photocopies ? Ce dernier aspect relève de ce que Langer (1989) nomme l'attention insouciante (*mindlessness*), laquelle constitue un état de non-conscience ou, encore, d'automatisme. Par exemple, lorsque les gens nous demandent une faveur, nous nous attendons la plupart du temps à ce qu'ils nous donnent une raison. Ainsi, s'ils ajoutent à leur demande « parce que... », nous considérerons rapidement cette information comme justifiée, même si elle est anodine. Le tout se fait inconsciemment, automatiquement. Notons que, lorsque la demande est si importante qu'elle nous « ramène à la réalité », cette façon passive de traiter l'information est stoppée. Dans la recherche de Langer et de ses collègues (1978), il y avait trois autres conditions semblables à celles énumérées précédemment, mais cette fois la demande était plus sérieuse, l'expérimentateur ayant 20 pages à photocopier au lieu de cinq. Le groupe auquel on avait présenté une raison anodine (« parce que je veux faire des photocopies ») n'acquiesça pas à cette demande (il était semblable au groupe contrôle).

Les gens font souvent les choses de façon automatiques, et c'est peut-être pour cette raison qu'ils sont imperturbables devant les nombreuses sollicitations dans les grandes villes. C'est le raisonnement de

Santos et de ses collègues (1994), qui croient que, dans ce cas-là, il faut en quelque sorte perturber les automatismes pour que les gens acquiescent à la requête. Ils ont engagé un complice qui abordait les gens dans la rue avec la phrase typique « Avez-vous de la monnaie à me donner ? » (*Can you spare a quarter ?*) ou, encore, avec la phrase « Avez-vous 37 cents à me donner ? ». Cette dernière approche, atypique, a suscité plus de commentaires et de questions chez les personnes sollicitées et a également résulté en une augmentation de 60 % de donneurs.

Le fait que nous fassions souvent les choses de façon automatique peut également nous amener à acquiescer à différentes demandes. Burger et ses collègues (2004) ont examiné une foule de petites situations où les gens ont davantage acquiescé à une demande parce qu'ils ressentaient une quelconque affinité avec le demandeur. Par exemple, dans leur première étude, des participants apprenaient subtilement que leur date d'anniversaire coïncidait avec celle d'un complice, lequel leur faisait, par la suite, une demande. Beaucoup plus de participants de ce groupe (62,2 %), comparativement à ceux du groupe témoin (34,2 %), ont acquiescé à cette demande, sachant qu'ils avaient quelque chose en commun avec le demandeur. Dans la deuxième étude, les participants apprenaient (ou non) qu'ils avaient le même prénom que le demandeur. Cette « affinité » a résulté en un don plus important (2,07 $ vs 1,00 $) des participants. Dans la troisième étude, les participants apprenaient qu'ils partageaient (ou non) avec le demandeur une caractéristique très rare relative aux empreintes digitales, présente chez seulement 2 % de la population. Dans cette situation, 81,2 % des participants ont acquiescé à la demande, comparativement à 48,3 % des participants du groupe témoin. Finalement, la quatrième étude montre que le fait de partager une chose (relativement rare) avec une autre personne, donc le fait de se sentir davantage similaire à cette personne, augmente notre attirance pour celle-ci. Ce serait cette attirance pour le demandeur qui fait que nous acquiescerions davantage à ses demandes.

La réciprocité

Vous êtes-vous déjà senti mal à l'aise après avoir reçu un cadeau tout à fait inattendu ? Si c'est le cas, la première chose qui vous est peut-être venue à l'esprit (si ce n'est de refuser le cadeau !) a été de vous demander comment vous pourriez rendre à cette personne quelque chose d'équivalent. La **norme de réciprocité** est un facteur d'influence très efficace (Rind & Strohmetz, 1999 ; Strohmetz *et al.*, 2002). Les gens veulent répondre aux faveurs qu'on leur fait (Whatley *et al.*, 1999). Regan (1971) fit appel à deux participants en même temps, dont l'un d'eux était un complice de l'expérimentateur. Dans la moitié des situations, ce complice se comportait de façon aimable, alors que, dans l'autre moitié des situations, il était un compagnon de travail tout à fait détestable. Pendant une pause, le complice s'absenta et revint avec un coca-cola pour lui et un pour l'autre participant (dans deux autres conditions, rien n'était offert, ou bien le coca-cola était donné par l'expérimentateur). À la fin de la recherche, le complice annonça qu'il vendait des billets à 0,25 $ chacun pour un tirage et proposa au participant d'en acheter. En moyenne, les participants achetèrent plus de billets après avoir reçu une faveur (surtout quand elle provenait du complice plutôt que de l'expérimentateur) que lorsqu'ils n'en avaient pas reçu. La norme de réciprocité était à ce point forte que les participants rendirent même la faveur (en achetant des billets) au complice désagréable. En fait, les participants, dans ce dernier cas, achetèrent en moyenne pour 0,43 $ de billets. Considérant que le coca-cola coûtait moins de 0,25 $ à cette époque, cette tactique s'avéra une bonne stratégie d'investissement !

Toutefois, ce sentiment de réciprocité ne dure pas nécessairement très longtemps. Par exemple, Burger et ses collègues (1997) ont repris la recherche de Regan (1971), en ajoutant une autre condition : le complice offrait ses billets au participant une semaine plus tard. Dans ce cas, les participants ne ressentaient pas l'obligation de lui rendre la réciproque.

Selon Greenberg et Westcott (1983), certaines personnes ont plus tendance que d'autres à recourir à la norme de réciprocité lorsque des gains personnels sont en cause. Ces chercheurs nomment « créditeurs » les individus susceptibles d'utiliser la norme de réciprocité de cette façon, car ils laisseront aux autres une dette envers eux-mêmes et pourront retirer des avantages de cette situation lorsque le besoin s'en fera sentir. Eisenberger, Cotterell et Marvel (1987) ont élaboré une échelle de réciprocité qui permet de déterminer jusqu'à quel point un individu est « créditeur » ou « débiteur ». Par exemple, un créditeur pourra être d'accord avec un énoncé comme celui-ci : « Si une personne vous fait une faveur, il est bon de lui accorder en retour une plus grande faveur. » Pour sa part, un débiteur est plus susceptible de refuser une faveur qui lui créerait une « dette » envers une autre personne. Le débiteur serait d'accord avec un énoncé comme celui-ci : « Le fait de demander de l'aide à une personne donne à celle-ci du pouvoir sur votre vie. »

La manipulation

Pour essayer d'influencer les autres et, ainsi, obtenir ce qu'ils désirent, les individus tenteront de se montrer sous leur meilleur jour ; ils parleront avec adresse et subtilité afin de parvenir à leurs fins. La technique de manipulation, popularisée par Jones (1964 ; Jones & Wortman, 1973 ; Gordon, 1996 ; Vonk, 2002 ; Higgins & Judge, 2004), est basée sur la présentation de soi (l'idée de paraître le mieux possible) (voir aussi le chapitre 3) et sur la flatterie. Par exemple, un individu qui veut refiler à un collègue de travail une tâche qu'il n'aime pas faire pourrait lui dire : « C'est bien, ce que tu fais ; tu as le tour avec les gens. Je suis certain que tu es le mieux placé pour aller rencontrer M. Martin afin de l'aider à régler ce problème-là. »

Comme vous l'avez sûrement constaté, Jones n'a rien inventé ; peut-être même avez-vous déjà utilisé cette stratégie ! Si c'est le cas, vous aurez sans doute appris (à vos dépens !) qu'elle ne fonctionne pas toujours… Jones mentionne que cette stratégie doit être employée d'une façon subtile, sinon les gens ne seront pas dupes et, alors, elle risque de se retourner contre vous et d'avoir des conséquences désastreuses. Une étude de Dickoff (1961) illustre bien les conséquences possibles de la manipulation. Des participants féminins écoutaient une évaluation d'elles-mêmes faite par une étudiante diplômée qui les avait observées auparavant derrière un miroir unidirectionnel. L'étudiante en question (qui était complice de l'expérimentateur) variait la proportion de compliments présentés selon trois conditions expérimentales : elle faisait des compliments excessifs, elle faisait des compliments en nombre raisonnable et elle donnait une rétroaction sans compliment. L'expérimentateur avait aussi prévu le fait que l'étudiante diplômée avait quelque chose ou non à gagner pour agir de la sorte. Par exemple, dans un cas, on amenait les participants à penser que l'étudiante essayait d'être le plus précise et honnête possible. Dans un autre cas, l'étudiante avait prétendument une bonne raison d'agir comme elle le faisait : elle voulait demander aux étudiantes de participer à des recherches ultérieures. Les résultats ont montré que le fait de complimenter une personne augmente l'attirance de celle-ci pour la personne qui complimente mais, lorsque la personne complimentée devine les intentions de son interlocuteur, son attirance pour lui diminue fortement.

La stratégie du pied dans la porte
(*foot-in-the-door*)

Le fait de présenter d'abord une demande anodine à une personne pourrait-il faciliter le consentement à une demande plus importante par la suite ? Prenons un exemple. Une personne reçoit un appel téléphonique : on sollicite sa participation à un sondage sur différents produits de consommation. On lui demande, au début, si elle veut bien répondre à quelques questions sur les produits de consommation qu'elle utilise fréquemment ; cela ne prendra que quelques minutes de son temps, ajoute-t-on. Effectivement, après quelques questions banales, le sondage semble terminé. Mais, juste avant de raccrocher (et après les remerciements d'usage !), le sondeur lui demande si elle veut répondre à un autre questionnaire, qu'on lui enverra par la poste, qui prolonge ce sondage, mais qui va plus en profondeur et qui est donc, de ce fait, plus important pour la maison en question. Eh bien, il y a tout à parier que cette personne donnera gentiment son nom et son adresse pour recevoir le fameux questionnaire ! Elle vient d'être victime de la stratégie du pied dans la porte.

La **stratégie du pied dans la porte** (*foot-in-the-door*) fonctionne de la manière suivante. Il faut d'abord présenter à une personne une demande si peu importante qu'il lui sera difficile de ne pas y acquiescer. Par la suite, on fait la deuxième demande, celle qui nous intéresse vraiment. Cette technique est simple, n'est-ce pas ? Mais quel est le mécanisme ou la théorie qui permet de comprendre son fonctionnement ? Nous verrons cela un peu plus loin. Pour le moment, examinons la recherche.

Freedman et Frazer (1966), les premiers, ont testé l'efficacité de cette stratégie au moyen d'une expérimentation sur le terrain. Dans une première étude, un expérimentateur, qui se présentait comme un employé d'un organisme étudiant les habitudes de consommation, appela plusieurs femmes à la maison et leur demanda de bien vouloir répondre à quelques questions sur des produits domestiques. À celles qui acceptèrent, il posa des questions banales telles que « Quelle marque de détersif utilisez-vous ? » puis les remercia de leur participation et raccrocha. Trois jours plus tard, l'expérimentateur les rappela pour leur demander une grande faveur : une équipe de cinq ou six hommes pouvait-elle aller chez elles pendant environ deux heures pour inventorier tous les produits qu'elles utilisaient, recenser le contenu des armoires, du garde-manger, des penderies, etc. ? La technique du pied dans la porte s'avéra très efficace. Lorsque les participantes du groupe témoin reçurent uniquement cette requête excessive, 22 % acceptèrent. Par contre, plus du double des participantes du groupe expérimental (ceux de la stratégie du pied dans la porte) l'acceptèrent (53 %) !

Dans une deuxième étude, les auteurs (Freedman & Frazer, 1966) ont plutôt demandé aux participants de placer sur leur petite pelouse un immense panneau publicitaire où était écrit « Conduisez prudemment » pour rappeler aux gens de leur quartier que c'était la semaine de la sécurité au volant. Des participants qui reçurent uniquement cette demande importante, 16 % y consentirent. Par contre, lorsque la stratégie du pied dans la porte fut utilisée, 76 % acquiescèrent.

Ces résultats ont été répétés plusieurs fois depuis (voir Burger, 1999, pour une méta-analyse). Ainsi, on a constaté que les gens étaient plus susceptibles de donner de leur temps, de leur argent et de leur sang, ou de laisser utiliser leur maison ou d'autres ressources lorsqu'on employait la stratégie du pied dans la porte. Même si les taux de succès ne sont pas toujours aussi élevés que ceux qu'ont obtenus Freedman et Frazer (1966), il reste que, chaque fois qu'on demandait une petite faveur aux participants avant de présenter la plus grosse demande, on obtenait de meilleurs résultats (Beaman *et al.*, 1983 ; Dillard, Hunter & Burgoon, 1984).

Pour bien comprendre ce phénomène, il faut se référer à la théorie de la perception de soi (Bem, 1972). Selon cette théorie, les gens déterminent leurs attitudes en examinant leur comportement (voir le chapitre 5, qui traite des attributions). Appliquée à la stratégie du pied dans la porte, cette explication suggère l'existence de deux étapes (DeJong, 1979). D'abord, en observant ses comportements d'acquiescement quand il y a de petites demandes, on en vient à adopter une image de soi qui est celle d'un individu bon, gentil, serviable, qui coopère dans ce genre de requête, etc. Une fois que cette caractéristique a été intégrée et qu'une autre requête est présentée, même si elle est plus importante, on y acquiescera de façon à maintenir cette nouvelle image de soi.

Des recherches ont confirmé cette explication. Par exemple, lorsque la première demande est trop banale (de sorte qu'elle ne risque pas d'affecter l'image de soi) ou que les gens sont payés pour donner leur premier acquiescement, ils ne se verront pas comme des gens coopératifs, et la technique ne fonctionnera pas (Seligman, Bush & Kirsch, 1976 ; Zuckerman, Lazzaro & Waldgeir, 1979). De même, l'effet se produira seulement quand les gens seront incités à se comporter d'une façon qui correspond à leur image de soi. S'ils ne sont pas satisfaits des effets de leur comportement sur leur image de soi ou, encore, si la correspondance avec leur image de soi n'est pas importante, la technique ne fonctionnera pas (Eisenberg *et al.*, 1987 ; Kraut, 1973 ; Burger & Guadagno, 2003 ; Burger & Caldwell, 2003). Mais, pour bien démontrer que c'est la théorie de la perception de soi qui explique l'acquiescement dans la stratégie du pied dans la porte, il faudrait pouvoir mesurer la perception de soi en même temps que le comportement d'acquiescement. C'est ce que Burger et Caldwell (2003) ont fait. En plus des deux conditions typiques de la stratégie du pied dans la porte, deux autres conditions ont été ajoutées. Dans une situation semblable à la manipulation du pied dans la porte, le complice qui faisait la demande ajoutait, après l'acception de la demande initiale, que le participant devait être une personne généreuse, sensible, etc., de façon à mettre en valeur chez lui une bonne perception de soi. Cette manipulation aurait théoriquement le même effet que la stratégie du pied dans la porte, soit un rehaussement de la perception de soi. L'autre condition expérimentale visait à éliminer ou à diminuer l'effet de la perception de soi en donnant une motivation externe à l'acquiescement, qui était de recevoir un paiement (1 $) pour accepter la demande initiale (voir la figure 11.6). Les résultats soutiennent la théorie de la perception de soi. De plus, des analyses statistiques plus poussées de régression logistique ont confirmé le rôle médiateur de la perception de soi.

La théorie de l'engagement (Kiesler, 1971) explique également, du moins en partie, certains résultats des recherches sur la stratégie du pied dans la porte (et sur l'acquiescement en général) (voir aussi Joule & Beauvois, 1987, 2002). Selon cette théorie, lorsque des conditions de choix libres sont présentes, une personne se sent liée par ses comportements, et il lui devient de plus en plus difficile de changer de direction. Par exemple, en ce qui concerne la stratégie du pied dans la porte, la personne a déjà adopté une ou plusieurs fois des comportements semblables, de sorte que, lorsqu'une demande plus importante est présente, elle continue d'acquiescer parce qu'elle est engagée dans cette voie.

L'efficacité de la stratégie du pied dans la porte est à la fois excitante et inquiétante : elle est excitante pour le propriétaire du pied, mais inquiétante pour le propriétaire de la porte. Cialdini (2001) le résume bien :

> Vous pouvez accomplir de petits gestes d'engagement pour modifier l'image qu'une personne a d'elle-même ; vous pouvez faire ces gestes pour transformer de simples citoyens en « serviteurs publics », d'acheteurs éventuels en « clients », de prisonniers en « collaborateurs ». Et une fois que l'image de soi de la personne correspondra

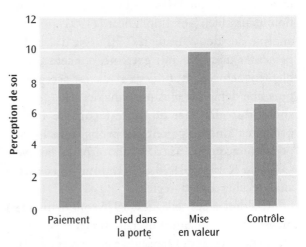

FIGURE 11.6   La perception de soi et l'acquiescement

Le fait d'acquiescer à une demande initiale augmente positivement la perception de soi du participant, qui se voit comme une personne généreuse, aidante, etc. Le fait d'accentuer cette perception par la mise en valeur de cette qualité par le complice qui fait la demande contribue également à créer une bonne perception de soi.

Source : Adapté de Burger & Caldwell (2003).

à celle que vous désirez qu'elle ait, cette dernière devrait se soumettre facilement à toute une gamme de requêtes qui confirmeront cette nouvelle image de soi. (P. 64.)

La stratégie de la porte au nez
(*door-in-the-face*)

« L'autre jour, mon meilleur ami est venu me demander une grande faveur, a-t-il dit. Comme sa voiture était en réparation depuis plusieurs jours, il voulait que je lui prête la mienne pour toute la fin de semaine. C'était effectivement une grande faveur. Même si c'est mon meilleur ami, j'ai dû, à regret, refuser, car j'avais besoin de mon auto. Trois jours sans auto, c'est difficile. Suivant mon refus, il m'a demandé si je pouvais la lui prêter vendredi seulement, il aurait alors le temps de faire toutes ses courses pour la fin de semaine. Eh bien, j'ai accepté ! Je venais d'être la victime de la stratégie de la porte au nez ! »

Cet exemple fictif nous montre que la **stratégie de la porte au nez** (*door-in-the-face*) est l'inverse de la stratégie du pied dans la porte, et qu'elle fonctionne aussi bien (voir Price Dillard [1991] pour une analyse des deux stratégies) ! Il s'agit d'abord de présenter une demande extrême, qui sera probablement refusée (tant mieux si elle est acceptée !), puis une demande plus raisonnable, celle que l'on souhaitait effectuer de toute façon. Le fait de procéder ainsi augmente la probabilité qu'une personne acquiesce à la demande qu'on lui fait (voir O'Keefe & Hale, 1998, 2001, pour deux méta-analyses de cette stratégie).

Cialdini et ses collègues (1975) ont demandé à un groupe d'étudiants universitaires en psychoéducation de devenir des conseillers bénévoles pendant deux ans, à raison de deux heures par semaine, auprès d'un groupe de jeunes délinquants. Il n'est pas surprenant que tous les étudiants aient dit non à une telle demande, refermant en quelque sorte la porte au nez de l'expérimentateur ! Cependant, celui-ci est tout de suite revenu à la charge en demandant aux mêmes participants de se porter volontaires pour accompagner un groupe de jeunes délinquants au zoo de la ville

pendant deux heures. Cette stratégie a marché à merveille ! Parmi le groupe d'étudiants qui ont reçu uniquement cette dernière requête (la visite au zoo), seulement 17 % ont accepté. En revanche, lorsque celle-ci était précédée de la demande irréaliste, 50 % des étudiants ont accepté. Et il ne s'agit pas uniquement de fausses promesses, car les participants ont respecté leur engagement (Cialdini & Ascani, 1976).

On peut expliquer de trois façons le fonctionnement de cette stratégie. En premier lieu, il y a le principe de contraste perceptuel. Venant après la demande exagérée, la seconde demande paraît plus modeste et plus raisonnable que si elle était présentée seule. Cela n'explique pas tout le phénomène, car il suffirait de présenter au participant la demande irréaliste sans lui demander d'acquiescer et, par simple contraste, la demande réelle semblerait plus raisonnable et susciterait davantage le consentement. Cependant, lorsqu'elle se déroule de cette façon, la stratégie ne fonctionne pas (Cialdini *et al.*, 1975). Les participants qui ont entendu la demande irréaliste sans avoir à se prononcer ont accepté l'autre demande dans une proportion à peine plus élevée (25 %) que ceux qui n'ont eu que la vraie demande (17 %).

En deuxième lieu, il y a la présentation de soi. Après avoir refusé une première fois, une personne craindra peut-être de mal paraître aux yeux des autres ou d'avoir l'air égoïste, ou elle se sentira coupable. Elle acquiescera donc à une demande ultérieure pour restaurer son image sociale au regard des autres (Millar, 2002). Qu'est-ce que mon ami penserait de moi si je rejetais également sa deuxième demande ? En tout cas, j'aurais intérêt à me chercher un autre ami !

En dernier lieu, il y a le mécanisme de concession réciproque. Semblable à la norme de réciprocité, la notion de « concession réciproque » renvoie au fait que la personne qui formule une demande donne l'impression de faire une concession lorsqu'elle revient à la charge avec une demande plus limitée. Cela augmente la pression sur l'autre personne pour qu'elle fasse, à son tour, une concession. Il ressort de cela que, pour que cette technique fonctionne, il faut que ce soit les deux mêmes personnes qui participent à la négociation (Cialdini *et al.*, 1975). En outre, si la première requête est à ce point excessive qu'elle ne s'apparente pas à une première offre (dans la perspective de la négociation), la technique ne fonctionnera pas (Schwarzwald, Raz & Zvibel, 1979 ; Mowen & Cialdini, 1980).

De plus, comme le soulignent O'Keefe et Figge (1997), le fait de refuser une première requête peut susciter des remords chez la personne, de sorte qu'en acquiesçant à une seconde requête, plus modeste, elle diminuera ses remords.

Même si les deux dernières stratégies se ressemblent, elles sont vraiment très différentes à cause des mécanismes et des théories qu'implique leur fonctionnement et à cause de leurs conditions d'application. Nous avons vu précédemment que la stratégie du pied dans la porte pouvait s'expliquer par la théorie de la perception de soi (Bem, 1972). Par contre, trois mécanismes rendent compte du fonctionnement de la stratégie de la porte au nez, soit le contraste perceptuel, la présentation de soi et la concession réciproque. Par ailleurs, les deux stratégies s'utilisent dans des conditions différentes. Pour ce qui est de la stratégie du pied dans la porte, les deux demandes (la modeste et la véritable) peuvent être effectuées par la même personne ou par deux personnes. Cela s'explique par le fait que la personne qui reçoit la première demande intègre dans son image de soi une nouvelle facette d'elle-même ; peu importe alors qui lui adresse l'autre demande, elle continuera à se considérer comme une personne qui collabore, qui aide.

En ce qui a trait à la stratégie de la porte au nez, il faut que ce soit la même personne qui fasse les deux demandes (la demande irréaliste et la vraie demande) à cause des mécanismes de présentation de soi et de concession réciproque. Une troisième distinction entre les deux stratégies réside dans les conditions d'application, c'est-à-dire les séquences de présentation. En effet, dans la première stratégie, il peut y avoir un long intervalle entre les deux demandes.

Par contre, dans la deuxième stratégie, les deux demandes doivent être consécutives et rapprochées dans le temps.

L'amorçage

« Un de mes amis voulait s'acheter une auto neuve. Étant un consommateur averti, il savait qu'il devait magasiner un peu et marchander beaucoup avec le vendeur pour obtenir le meilleur prix. Ayant arrêté son choix sur un modèle, il alla voir le vendeur et commença son marchandage. Après une négociation, le vendeur lui fit une offre "définitive" très alléchante, qu'il n'aurait pas pu obtenir ailleurs. Il accepta d'emblée et se voyait déjà au volant de son petit bijou. Il pourrait, d'ailleurs, repartir avec sa nouvelle voiture, l'avait-on assuré. Cependant, il y avait un "mais". C'est que le patron devait approuver toutes les offres que les vendeurs faisaient aux clients. Le vendeur dut donc le consulter. Quelques minutes plus tard, il revint la mine basse… Son patron avait refusé le prix convenu parce qu'il était trop bas et que l'entreprise ne ferait aucun profit, mais il était d'accord pour fixer le prix à tel montant (quelques centaines de dollars de plus que précédemment). En fait, le prix final était plus élevé que celui que mon ami aurait obtenu ailleurs (ayant magasiné auparavant, il connaissait les chiffres). Malgré cela, il accepta cette proposition. Pour le rassurer, je lui dis qu'il venait d'être la victime de la stratégie de l'amorçage (connaître le diagnostic aide souvent à guérir !). »

L'idée qui se trouve derrière la **stratégie de l'amorçage** et que montre l'exemple fictif ci-dessus, c'est que les gens ne connaissent pas tous les coûts réels (incluant les coûts cachés) qu'implique un accord, mais, comme ils sont déjà engagés psychologiquement (Kiesler, 1971), il devient difficile pour eux de changer d'idée. Pour le personnage de notre exemple, qui se voyait déjà dans sa voiture neuve, il aurait été malaisé de faire abstraction de son engagement psychologique quand le vendeur revint lui annoncer qu'il ne pouvait lui accorder le prix qui avait été négocié. La théorie de l'engagement, selon Kiesler (1971), nous aide à comprendre les mécanismes qui sont en œuvre dans cette stratégie. Les gestes qu'une personne accomplit ont un effet sur ses comportements ultérieurs, parce que cette personne se sentira engagée psychologiquement à continuer dans le sens des comportements initiaux (Cialdini & Trost, 1998 ; Burger & Cornelius, 2003).

Cialdini et ses collègues (1978) ont utilisé cette stratégie pour recruter davantage de participants pour leurs expérimentations. Voici comment ils ont procédé. Ils demandèrent à des personnes de participer à une recherche en psychologie. Dans le groupe expérimental (qui reçut l'amorçage), l'expérimentateur demanda au participant potentiel s'il désirait participer à cette recherche (qu'il décrivit). Lorsque le participant donnait son accord, l'expérimentateur ajoutait : « C'est très bien, elle aura lieu lundi à sept heures du matin. Êtes-vous toujours intéressé ? » Dans le groupe témoin, la demande se faisait d'un seul coup ; on demanda donc au participant potentiel s'il désirait participer à une recherche en psychologie (qu'on décrivit) qui aurait lieu le lundi à sept heures du matin. Parmi les participants du groupe témoin, 31 % acceptèrent de participer à la recherche, comparativement à 56 % des participants qui reçurent l'amorçage. Peut-être pensez-vous que les gens ont dit oui sans avoir vraiment l'intention d'y aller. Loin de là ! Parmi les participants du groupe témoin, 24 % (du total, non pas de ceux qui acceptèrent) se présentèrent à l'heure déterminée ainsi que 53 % des participants du groupe qui reçut l'amorçage (voir la figure 11.7).

Ce n'est pas tout ! (That's not all)

Il vous est peut-être déjà arrivé, en magasinant, de tomber sur une offre que vous ne pouviez refuser. Parce que vous étiez le premier, le dernier ou le énième client de la journée, on vous offrait, « juste à vous », une aubaine extraordinaire : ou bien on réduisait le prix, ou bien on ajoutait quelque chose pour le même prix. Comment avez-vous réagi ? Vous avez probablement sauté sur l'occasion ! Le contexte sérieux et contrôlé d'une expérimentation montre que cette stratégie fonctionne très bien. La recherche

de Burger (1986) l'a prouvé. Sur un campus universitaire, il avait installé un stand où on vendait des gâteaux. À certains clients qui s'informaient du prix de ces gâteaux on disait qu'ils coûtaient 0,75 $ chacun. À d'autres on disait qu'ils coûtaient 1 $ chacun, mais, juste avant qu'ils puissent répondre quelque chose, on réduisait le prix à 0,75 $ chacun. Comme le prix des gâteaux était finalement le même dans les deux conditions, il n'y aurait pas dû y avoir de différences entre les ventes. On a pourtant observé que, dans la situation « contrôle » (où le prix était fixé dès le départ à 0,75 $), il y a eu 44 % de ventes. En revanche, dans la situation où les participants croyaient à une réduction soudaine des prix, les ventes ont été de 73 %. Dans une variante de cette expérience, Burger (1986) a obtenu les mêmes résultats, non pas en diminuant soudainement les prix, mais en ajoutant des produits pour le même prix (voir aussi Burger *et al.*, 1999).

Le tableau 11.1 résume les différents aspects des stratégies décrites dans la présente section du chapitre.

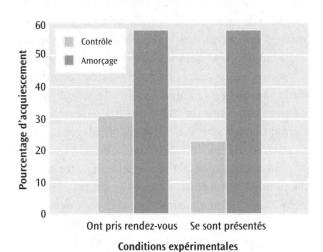

FIGURE 11.7 L'amorçage

L'amorçage représente une bonne stratégie d'influence sociale.

Source : Adapté de Cialdini *et al.* (1978).

TABLEAU 11.1   Les stratégies basées sur la séquence des présentations

Plusieurs stratégies d'acquiescement sont basées sur la présentation de deux requêtes. Dans la première requête, on amorce la trappe et, dans la deuxième, on attrape la proie.

Type de requête	Stratégie	Description
Une petite requête suivie d'une plus grande	*Pied dans la porte*	On commence avec une petite requête ; la personne acquiesce ; puis, plus tard, on présente la plus grande requête.
	Amorçage	On amène la personne à acquiescer à la requête puis, après, on en accroît l'importance en révélant ses coûts cachés.
Une grande requête suivie d'une plus petite	*Porte au nez*	On commence avec une grande requête qui sera refusée ; on présente ensuite une plus petite requête.
	Ce n'est pas tout	On commence avec une requête importante, puis on diminue son coût en la bonifiant ou en abaissant son prix.

Quelques variantes

Lorsque l'on voit plusieurs personnes acquiescer à une demande, on est plus susceptible d'acquiescer à son tour. Par exemple, si, dans le métro, vous voyez tour à tour un certain nombre de personnes donner de l'argent à un musicien, il est probable que vous donnerez de l'argent vous aussi. Cette situation crée un effet de consensus, de norme sociale. Par exemple, Reingen (1982) a observé que les gens donnaient beaucoup à une œuvre de charité quand d'autres avaient donné beaucoup avant eux, et qu'ils donnaient peu quand d'autres personnes avant eux avaient donné peu.

Lorsqu'une faveur est demandée par deux personnes, les chances sont plus grandes pour que vous l'accordiez. Est-ce pour cette raison que, dans certains groupes religieux, on se présente chez les gens par paire pour tenter de les convertir ?

Le jeu de la rareté
(Playing hard to get)

Il est généralement reconnu que les objets rares ou difficiles à obtenir sont considérés comme plus précieux que les objets que l'on peut trouver partout et en grande quantité. Ainsi, nous aurons tendance à dépenser plus d'efforts, d'énergie et d'argent pour obtenir ces objets précieux. C'est ce **principe de la rareté** qui sous-tend les deux stratégies suivantes.

Beaucoup de gens savent que le principe de la rareté, c'est-à-dire la difficulté d'obtention, peut être efficace dans les relations amoureuses. En suggérant qu'il est difficile de gagner leur affection ou qu'il y a plusieurs prétendants à leur amour, des individus peuvent augmenter leur désirabilité (Walster *et al.*, 1973). Mais cette stratégie n'est pas limitée au domaine de l'attraction interpersonnelle. La recherche démontre qu'elle peut être utilisée par un candidat à un emploi pour augmenter son attrait auprès d'un employeur potentiel (Williams *et al.*, 1993). Williams et ses collègues ont créé une situation pour étudier le travail de chasseurs de tête qui venaient interviewer des étudiants pour des postes possibles dans leurs entreprises. Dans certains dossiers, on indiquait que l'étudiant avait déjà reçu deux offres d'emploi (condition de rareté [*hard to get*]) ou n'avait pas reçu d'offres d'emploi (*easy to get*) et qu'il était très qualifié (ses notes étaient très fortes), ou moins bien qualifié (ses notes se situaient sous la moyenne). Les chasseurs de tête ont évalué ces candidats en fonction de plusieurs aspects (qualifications, désirabilité, attrait pour l'entreprise, possibilité de l'appeler pour une entrevue, etc.). Les résultats furent frappants : les candidats « rares » étaient évalués beaucoup plus favorablement que les candidats faciles à recruter, et ce, indépendamment de leurs notes scolaires. Et ceux qui étaient difficiles à recruter et qui, en outre, avaient de bonnes notes reçurent les plus fortes évaluations.

Il existe une autre stratégie similaire qui joue sur la rareté, soit la **stratégie de l'ultimatum**. Par exemple, un solde à un prix donné qui prendra fin à telle date crée un sentiment de rareté (parce qu'une telle occasion ne se présentera plus) et, ainsi, conduit les gens à acheter le produit au rabais.

Qui préfère quoi ? Différences individuelles dans l'utilisation des techniques d'acquiescement

Peut-être avez-vous été séduit par la stratégie de la porte au nez ? Ou, encore, peut-être utilisez-vous fréquemment la stratégie du pied dans la porte ? Ce qui est certain, c'est que vous avez rencontré la plupart de ces stratégies dans votre vie. Mais laquelle préférez-vous ? Préférez-vous une approche directe pour essayer de persuader les gens d'accepter votre point de vue ou d'agir d'une façon donnée à l'aide d'arguments rationnels et d'information ? Ou préférez-vous plutôt des stratégies qui vous permettent de mettre de la pression sur les gens par la menace, le chantage, la peur ou autres (voir Yukl & Tracey, 1992) ? Une partie de la réponse à ces questions dépend de votre personnalité. Différentes personnes ayant différents traits de personnalité peuvent très bien préférer certaines stratégies plutôt que d'autres. Une étude de Caldwell et Burger (1997) illustre ces différences. Ces chercheurs émettaient l'hypothèse que plusieurs traits de personnalité de l'inventaire de personnalité à cinq facteurs (Costa & McCrae, 1992), de même que le niveau de monitorage de soi (Lennox & Wolfe, 1984) et de désir de contrôle (Burger,

1986) seraient liés à certaines préférences particulières en matière de stratégies d'influence. Pour vérifier cette hypothèse, ils ont demandé à plusieurs centaines d'étudiants de remplir un sondage sur leurs préférences quant aux différentes tactiques d'influence sociale et, en même temps, de répondre à des questions permettant d'obtenir différentes mesures de la personnalité. Ils ont ensuite examiné s'il y avait des regroupements possibles entre ces deux domaines.

Le tableau 11.2 montre qu'effectivement, il y a des liens entre la personnalité et la préférence pour différentes stratégies d'influence. Par exemple, les personnes ayant obtenu des résultats élevés sur le plan de l'« amabilité » (*agreeableness*) de même que sur le plan de l'« intégrité » (*conscientiousness*) affirmaient préférer les stratégies de persuasion rationnelle aux stratégies de pression. De même, les personnes ayant obtenu des résultats élevés sur les plans de l'extraversion et du monitorage de soi préféraient toutes les stratégies, sauf les stratégies de persuasion rationnelle. Les personnes ayant obtenu des résultats élevés sur le plan du désir de contrôle indiquaient une préférence pour les stratégies de persuasion rationnelle et les stratégies de pression plutôt que pour des stratégies plus subtiles, comme la manipulation.

En somme, selon leurs traits de personnalité, les individus vont préférer des stratégies d'influence à d'autres, mais cela ne signifie pas que ces stratégies sont plus efficaces. De plus, même si les gens utiliseront différentes stratégies selon leur personnalité, la recherche montre que certains vont obtenir plus de succès que d'autres. Par exemple, les personnes ayant obtenu des résultats élevés sur le plan du besoin de cognition (la motivation et le plaisir à faire des tâches cognitives) (voir Petty & Cacioppo, 1986) réussissent plus facilement à influencer les autres (Shestowsky, Wegener & Fabrigar, 1998). Puisqu'elles possèdent plus de facilité dans les tâches cognitives, elles trouvent davantage d'arguments convaincants pour influencer les autres.

TABLEAU 11.2 **Traits de personnalité et choix de stratégies d'influence**

Traits de personnalité	Stratégies d'influence préférées	Stratégies d'influence évitées
Amabilité élevée		Stratégie de pression (comme exiger, menacer, se mettre en colère)
Intégrité élevée	Persuasion rationnelle (comme expliquer, informer, faire voir différents points de vue)	
Extraversion élevée		Persuasion rationnelle
Monitorage de soi élevé (sensible aux réactions des autres ; désir de changer ses comportements, selon les situations)	Presque toutes les stratégies	
Désir élevé de contrôle (contrôle sur sa vie)	Persuasion rationnelle Stratégies de pression	Manipulation

Source : Adapté de Caldwell et Burger (1997).

Le pouvoir social

Lorsque Kipnis (1984) a demandé à des administrateurs de diverses organisations comment ils amenaient leurs employés à exécuter une tâche, ils ont répondu des choses comme « Je leur ordonne simplement de faire ce que je veux qu'ils fassent », « J'agis de façon très humble en présentant ma demande » ou « J'explique les raisons de ma demande ». Lorsque ce chercheur a demandé à des personnes en couple de décrire comment elles s'y prenaient pour influencer leur conjoint, il a obtenu des réponses comme « Je me mets en colère et j'exige qu'il cède », « Je me comporte avec une telle gentillesse qu'il ne peut refuser ce que je lui demande » ou, encore, « Nous discutons à propos de notre désaccord ».

Le pouvoir social concerne l'utilisation de telles stratégies d'influence. French et Raven (1959 ; Raven, 1988 ; Raven *et al.*, 1998) (voir aussi Koslowsky & Schwarzwald, 2001) ont établi une classification intéressante qui permet d'analyser ces stratégies d'influence. Ils ont désigné six bases importantes de pouvoir, chacune représentant une ressource qui peut servir à influencer quelqu'un.

Les récompenses. L'une des bases de pouvoir consiste en la possibilité de procurer des gratifications à une personne (l'aider à atteindre un objectif qu'elle s'est fixé ou lui offrir une récompense intéressante). Certaines récompenses sont très personnelles, comme un sourire d'approbation à un ami. D'autres, comme de l'argent, sont plutôt impersonnelles. Parfois, une personne utilise le pouvoir des récompenses pour négocier autre chose : c'est le cas du père qui promet de l'argent à son enfant si celui-ci range sa chambre.

La coercition. La coercition consiste en l'usage de la force physique, de menaces de punition ou de signes subtils de désapprobation. Par exemple, après avoir en vain essayé de convaincre un bébé de dormir, la mère peut tout simplement le placer dans son berceau et sortir de la chambre. Un directeur peut menacer de congédiement un employé qui arrive toujours en retard au travail.

Les récompenses et la coercition ne sont pas des contraires parfaits. Pour obtenir une récompense, les gens sont motivés à faire savoir qu'ils ont adopté le « bon » comportement. Par contre, la personne qui subit une contrainte risque de faire ce qu'il lui est demandé, mais uniquement lorsqu'elle est surveillée. Le pouvoir de la récompense ne requiert pas de surveillance, tandis que le pouvoir de la coercition l'exige.

L'expertise. Des connaissances particulières, une formation spéciale ou une habileté donnée constituent des sources de pouvoir. Nous nous soumettons aux spécialistes et nous suivons leurs conseils parce que nous croyons que leurs connaissances nous aideront à atteindre nos objectifs. Si un médecin nous recommande de prendre trois pilules vertes par jour pour combattre une allergie, nous lui obéirons, même si nous ne connaissons ni les composantes ni les effets de ces pilules.

L'information. Nous essayons souvent d'influencer les autres à l'aide d'information ou d'arguments qui, croyons-nous, indiquent la voie à suivre. Ainsi, un ami nous convaincra d'aller au cinéma en nous renseignant sur le film qui est présenté. Dans ce cas, la personne qui influence n'est pas un spécialiste : c'est plutôt le contenu du message qui produit l'influence. Le pouvoir de l'information est aussi appelé « pouvoir de persuasion. »

Le pouvoir de référence. Il y a pouvoir de référence lorsque nous admirons un individu ou un groupe, ou lorsque nous nous identifions à lui. Dans cette situation, nous pouvons copier volontairement les comportements appréciés, ou faire ce qui nous est demandé parce que nous voulons être comme cet individu ou ce groupe. Le jeune enfant qui admire son grand frère et qui reproduit ses façons d'agir constitue un exemple du pouvoir de référence. La personne qui adopte une marque de bière parce qu'elle s'associe à l'image machiste projetée par la publicité en est un autre exemple. Raven (1988) signale aussi le pouvoir de référence inverse, qui se manifeste lorsqu'une personne adopte certaines attitudes pour se distinguer d'un individu ou d'un groupe détesté.

L'autorité légitime. Parfois, une personne est autorisée à demander à une autre personne d'agir d'une certaine façon. Le directeur qui ordonne à un subordonné d'exécuter une tâche ou le général qui lance ses troupes au combat utilisent le pouvoir de l'autorité légitime. Certains rôles sociaux, comme ceux du père ou de la mère et des enfants, de l'enseignant et des élèves, du directeur et des employés, s'appuient sur des droits ou des responsabilités légitimes. Même de jeunes enfants, par exemple, sentent qu'on doit obéir aux directives d'un médecin ou d'un dentiste. Le fait que les diverses parties doivent s'entendre sur les normes en cause constitue l'un des préalables du pouvoir de l'autorité légitime.

Un cas particulier du pouvoir légitime est ce que Raven nomme le « pouvoir de l'impuissance ». Le jeune enfant qui demande à sa mère d'attacher ses chaussures, le touriste étranger qui sollicite un renseignement, la personne aveugle qui demande à quelqu'un le prix indiqué sur une boîte de conserve constituent des exemples du pouvoir de l'impuissance. La personne qui requiert de l'aide est dans une situation d'impuissance. Notre culture véhicule une norme de responsabilité sociale qui guide nos comportements dans de telles situations.

L'OBÉISSANCE À L'AUTORITÉ

Nous avons vu dans ce chapitre que les gens qui nous entourent peuvent avoir une très grande influence sur nos actions. En réagissant aux pressions qui visent à nous amener à nous conformer, nous risquons de nier publiquement nos croyances les plus profondes et de donner notre accord à des énoncés nettement faux.

L'autorité représente une source d'influence extrêmement puissante. Nous sommes éduqués avec l'idée qu'il faut obéir à nos parents, à nos enseignants, aux lois et aux règlements, à nos employeurs, à notre entraîneur, aux gouvernements, etc. Même de faibles signes d'autorité, comme un titre (docteur, maître, Votre Honneur) ou un uniforme peuvent nous influencer. Par exemple, l'expérimentatrice de Bushman (1988) arrêtait des passants et leur ordonnait de donner de l'argent à une personne étrangère qui n'avait pas de monnaie pour le parcomètre. Obéiriez-vous à quelqu'un qui vous demanderait une telle chose ? Lorsqu'elle était habillée en mendiante ou de façon ordinaire, à peu près une personne sur deux obéissait à son ordre.

Mais lorsqu'elle portait un uniforme d'agent de sécurité, 72 % des gens obtempéraient !

Si les gens sont à ce point influencés par de « faibles » marques d'autorité, que penser alors lorsque les ordres viennent d'une autorité établie ? Dans la société, il existe un grand nombre de structures hiérarchiques de pouvoir : les enfants et leurs parents, les adultes et les lois, le monde du travail et les patrons, l'armée et ses généraux, etc. Les soldats doivent exécuter les ordres qu'on leur donne sous peine de sanctions. Il suffit de se rappeler le lieutenant américain William Calley, qui fut poursuivi en cour martiale pour avoir massacré des villages entiers de femmes et d'enfants pendant la guerre du Viêt Nam. Pour expliquer ses gestes, il dit qu'il n'avait fait que suivre les ordres qu'on lui avait donnés.

Que penser du suicide collectif des disciples du Temple de Jésus ? Sentant une menace venir de l'extérieur, le leader, Jimmy Jones, ordonna à tous ses disciples (ils étaient près de 900) de tuer leurs enfants (en leur faisant boire un liquide empoisonné) et de se suicider par la suite (voir l'encadré 11.1).

La Seconde Guerre mondiale nous a laissé son lot d'horreurs par l'extermination de millions de Juifs. Comment les gens ont-ils pu être amenés à tant de cruauté ? Avaient-ils déjà des tendances personnelles à la cruauté ? Cela serait rassurant pour nous s'il en était ainsi : nous pourrions, en quelque sorte, avoir la conscience tranquille. Mais vous connaissez maintenant assez bien la psychologie sociale pour savoir que la réponse est tout autre...

L'hôpital est un autre milieu où il existe une hiérarchie du pouvoir, les médecins dominant habituellement tout le personnel. Considérons la recherche suivante de Hofling et ses collègues (1966). Le Dr Smith (il y en a toujours un dans les grands hôpitaux américains !) demanda à 22 infirmières d'administrer 20 milligrammes d'un médicament (de l'Astroten) à un patient pour le soulager jusqu'à ce qu'il arrive sur les lieux. Dans la pharmacie de l'hôpital, sur la bouteille du médicament, la posologie indiquait clairement que la dose maximale était de 10 milligrammes par jour. Selon vous, les infirmières ont-elles donné une surdose pour obéir au médecin, mettant ainsi en danger la santé du patient ? Heureusement qu'on avait remplacé le médicament par un placebo, parce que 21 infirmières sur 22 ont obéi aux ordres du médecin !

L'obéissance à l'autorité de Milgram

Tout cela n'arrive qu'aux autres, n'est-ce pas ? Mettez-vous à la place des personnes qui ont agi comme participants dans les expériences de Milgram (1963). Afin d'obtenir 4,50 $ l'heure, vous arrivez au laboratoire d'une université prestigieuse (Yale) en même temps qu'une autre personne, un homme d'un certain âge, presque chauve et faisant de l'embonpoint. Vous apprenez que l'étude porte sur la punition et l'apprentissage. L'un de vous deux agira à titre de professeur et l'autre, à titre d'élève. Vous êtes chanceux, un tirage au sort vous désigne comme professeur, l'autre personne sera l'élève. C'est donc elle qui recevra les punitions : des chocs électriques. L'appareil utilisé est muni de boutons associés à des chocs d'intensité croissante, allant de 15 volts à 450 volts. Le plus petit voltage est étiqueté « choc léger », alors que le plus élevé indique « danger : choc grave ».

Votre tâche est de vous assurer que l'élève apprend bien : s'il fait des erreurs, vous devrez le punir par des chocs d'intensité toujours croissante. Mais l'élève n'est pas très bon. Il commet beaucoup d'erreurs, de telle sorte que vous passez vite de 15 volts à 45 volts. À partir de 75 volts, l'élève commence à gémir. À 150 volts, il crie qu'il ne veut plus participer à l'expérience et, à 350 volts, il ne montre plus de réactions. Il s'était pourtant plaint auparavant d'avoir le cœur fragile...

Lorsque vous émettez des doutes sur le déroulement de l'expérience, l'expérimentateur vous répond en vous donnant trois ordres de plus en plus sévères : « S'il vous plaît, continuez. » Après le premier refus : « C'est absolument essentiel que vous continuiez. » Après le deuxième refus : « Vous n'avez pas le choix, vous devez continuer. » Après le troisième refus, il met fin à l'expérimentation.

L'élève était en réalité un complice de Milgram, un acteur semi-professionnel bien formé pour ce rôle : aucun choc n'avait vraiment été donné. Avant de commencer, Milgram ne croyait pas qu'un seul participant puisse obéir jusqu'au bout. Quarante psychiatres partageaient son avis. Ceux-ci prédirent que la majorité des participants ne dépasseraient pas 150 volts, que de rares individus (1 %) (névrotiques, probablement) iraient au-delà. Des diplômés en psychologie firent à peu près les mêmes prédictions (3 %).

Les résultats montrent que 65 % des participants se sont pleinement soumis et ont continué à infliger des chocs jusqu'à qu'à la limite de 450 volts (voir la figure 11.8). Il est à noter que les participants n'éprouvaient aucun plaisir à faire souffrir quelqu'un, bien au contraire, mais ils continuaient quand même à obéir à l'autorité.

Les variantes du modèle original

La recherche de Milgram (1963) est peut-être celle qui a été le plus souvent répétée dans le monde, sans doute à cause des résultats percutants qu'elle a produits (Blass, 1999, 2000). Chaque fois qu'on a reproduit cette situation expérimentale, le taux d'obéissance à l'autorité a été aussi élevé (Shanab & Yahya, 1978). À la suite de ces constatations, on a commencé à étudier les conditions qui pourraient influer sur le taux de soumission à l'autorité.

ENCADRÉ 11.1 Le massacre de Jonestown : une forme ultime d'obéissance

Pour beaucoup de gens, les premiers indices de la tragédie parurent dans un court paragraphe d'un journal rapportant l'embuscade, dans une jungle en Amérique du Sud, où était tombé un représentant de la Californie au Congrès américain. Le jour suivant, le journal ne rapportait rien. Puis, graduellement, l'histoire a commencé à être connue. Quand toutes les informations ont été mises à jour, on apprenait que plus de 900 personnes étaient mortes après avoir obéi à l'ordre de leur leader, le révérend Jim Jones, de participer à « un suicide révolutionnaire ».

Ayant été informé que le *congressman* Leo J. Ryan et des membres de son entourage avaient été tués alors qu'ils essayaient d'aider des fuyards à s'évader de Jonestown (c'est ainsi qu'on appelait l'endroit où la secte vivait), Jones a réuni ses disciples et leur a dit que le temps était venu pour eux de réaliser ce qu'ils s'étaient exercés à faire plusieurs fois auparavant. Ils devaient se suicider tous ensemble en buvant un liquide contenant du cyanure. Une heure plus tard, ou à peu près, pratiquement tous les membres de la commune du Temple de Jésus en Guyane étaient morts.

Pourquoi ont-ils fait cela ? Quelle force a bien pu pousser des parents à faire boire un liquide empoisonné à leurs propres enfants, à entendre leurs cris de terreur, à les voir en convulsion, puis à les voir mourir ? Quelle puissance peut être suffisamment forte pour amener des centaines de personnes à se donner la mort volontairement ?

Quand les nouvelles ont rapporté qu'il y avait aussi des gardes armés entourant le groupe et que les corps de beaucoup de victimes montraient des signes qu'on leur avait injecté de force le poison, le public a accepté l'idée que l'événement était autant un meurtre collectif qu'un suicide collectif. Cependant, sous le poids des preuves (les témoignages de deux personnes qui avaient réussi à s'évader dans la jungle ; l'enregistrement sur bande magnétique de l'incitation macabre de Jones ; les récits de membres ou d'ex-membres de la secte qui n'étaient pas là au moment de la tragédie), il appert que la majorité des décès ne pouvaient être attribués au meurtre ou à la force extrême. Au contraire, les indications de toutes ces sources révélaient que Jones avait un pouvoir énorme sur ses disciples, et que tous lui obéissaient aveuglément.

En plus du pouvoir de l'obéissance à cette autorité, on peut aussi penser au pouvoir de la conformité. La pression de groupe devait être insupportable. Le fait de voir leurs amis et parents tuer leurs enfants et, ensuite, se donner la mort a dû convaincre un grand nombre de membres que le suicide était la seule option possible pour eux.

Cette tragédie nous aide à comprendre l'importance de l'influence sociale dans nos vies. Il est à souhaiter que nous en retiendrons certaines leçons. Cependant, au Québec, l'histoire de Roch Thériault nous laisse croire que de tels événements peuvent malheureusement se reproduire. Ce leader, qui se faisait appeler Moïse, a été trouvé coupable, en 1989, de différents actes criminels. Le comédien québécois Luc Picard a fait une excellente interprétation de ce personnage dans le film *Le messie* en 2002 : à voir ou à revoir !

Quelques situations expérimentales entraînent des taux d'obéissance différents.

La proximité de la victime. Plus la victime est éloignée du participant, plus celui-ci a tendance à se conformer aux directives de l'expérimentateur. Dans une recherche de Miller (1986), la victime dans la première condition (« Victime éloignée ») se trouvait dans une autre pièce, et le participant ne pouvait ni la voir ni l'entendre (si ce n'est par quelques coups de poing qu'elle donnait sur le mur), les communications se faisant par signaux lumineux. Dans la deuxième condition (« Victime éloignée-Voix seulement »), la victime était dans une autre pièce, mais les communications se faisaient verbalement, par interphone. Dans la troisième condition (« Victime proche »), le complice se trouvait dans la même pièce que le participant, à quelques mètres de lui. Finalement, dans la quatrième condition (« Touchée-Proche »), le participant devait prendre la main de la victime (avec de gros gants

isolants) et la placer sur une plaque électrique pour lui infliger la punition.

Comme l'illustre la figure 11.9, les résultats montrent une relation linéaire à mesure que la victime s'éloigne du participant. Lorsque le participant doit toucher la victime pour la punir, on observe 30 % d'obéissance, puis 40 % lorsque le participant est dans la même pièce, près de 60 % lorsqu'il est dans la pièce voisine et que les échanges sont personnels et, finalement, près de 70 % lorsque aucun contact personnel n'est permis. Il est donc plus facile d'obéir à quelqu'un et d'infliger une punition à une autre personne lorsqu'on ne voit pas les conséquences de ses gestes.

La proximité de l'autorité. Cette grande soumission à l'autorité est peut-être due au prestige de l'expérimentateur de même qu'au fait qu'il était toujours présent pour veiller à ce que ses ordres soient exécutés. Dans une deuxième étude (Miller, 1986), on a mis l'accent sur la proximité ou sur

FIGURE 11.8   **Intensité croissante des chocs électriques**

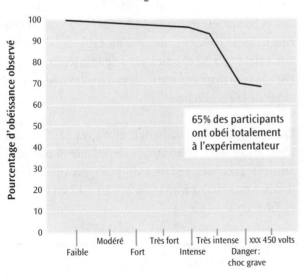

Source : Adapté de Milgram (1963).

FIGURE 11.9   **Proximité ou éloignement de la victime**

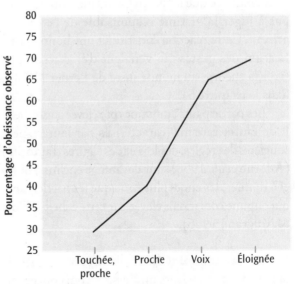

Plus la victime est éloignée, plus il est facile d'obéir aux ordres donnés.

Source : Adapté de Lamberth (1980).

l'éloignement de l'expérimentateur par rapport au participant. Dans la première condition, l'expérimentateur était toujours présent, comme dans la recherche originale, alors que, dans la deuxième condition, il donnait ses instructions par téléphone. Le taux d'obéissance a grandement diminué lorsque l'expérimentateur était absent (il se situait autour de 40 %). Mais, de plus, on a observé que plusieurs participants mentaient à propos de leurs comportements. Par exemple, ils affirmaient qu'ils avaient infligé des chocs d'intensité croissante, comme le voulait la règle, mais l'appareillage a révélé que ce n'était pas le cas : les participants donnaient souvent les chocs les plus faibles.

Les caractéristiques personnelles des participants. Les recherches ont aussi porté sur les caractéristiques personnelles des participants, lesquelles pourraient expliquer certains des comportements d'obéissance observés. En général, peu de caractéristiques de la personnalité se sont avérées de bons éléments prédictifs des comportements des participants. Les participants qui obéissaient avaient plus tendance que les participants qui n'obéissaient pas à juger la victime responsable de ce qui lui arrivait. Cette réaction constituait une bonne justification des gestes qui venaient d'être accomplis (voir la théorie du monde juste de Lerner [1980], dans le chapitre 5).

Les participants ayant une cote élevée sur l'échelle F de l'autoritarisme (caractérisés par leur respect soucieux des règles, des lois et des figures d'autorité) (Adorno *et al.*, 1950) sont davantage enclins à obéir et à donner des chocs plus forts que les participants qui ont une cote moins élevée sur cette échelle (Elms & Milgram, 1966).

La différence sexuelle. Kilham et Mann (1974) ont étudié une variante intéressante qui concernait à la fois des différences possibles entre les hommes et les femmes et des différences possibles entre les transmetteurs d'ordre et les exécutants. Ils ont émis l'hypothèse qu'il était probablement plus facile d'obéir en donnant l'ordre qui cause du tort à une personne qu'en exécutant personnellement cet ordre. Leur situation expérimentale mettait en présence deux vrais participants (deux hommes ou deux femmes) au lieu d'un seul. L'un des participants agissait à titre de transmetteur d'ordre, c'est-à-dire qu'il suggérait, en conformité avec les règles établies, des chocs d'intensité croissante au fur et à mesure que l'élève commettait des erreurs. L'autre participant agissait à titre d'exécutant, c'est-à-dire qu'il tournait les boutons pour infliger les chocs électriques suggérés.

Les résultats ont montré que le taux d'obéissance était plus élevé chez les transmetteurs d'ordres (54 %) que chez les exécutants (28 %). Il est en effet plus facile d'obéir à ce type d'ordres lorsqu'on n'a pas à les exécuter personnellement. Par ailleurs, les femmes avaient tendance à moins obéir que les hommes, autant chez les transmetteurs d'ordres (40 % contre 80 %) que chez les exécutants (10 % contre 50 %).

C'est peut-être le contexte particulier de cette recherche (par exemple le fait qu'il y avait deux participants qui pouvaient « défier » l'expérimentateur) qui explique les différences entre les participants masculins et féminins, car Milgram (1963) ainsi que Blass (1991) avaient observé un taux d'obéissance aussi élevé (65 %) chez les participants féminins que chez les participants masculins dans le modèle original de la recherche.

L'effet de l'âge. Shanab et Yahya (1977) ont obtenu des taux d'obéissance semblables à ceux des adultes avec des enfants de trois groupes d'âge différents, soit 6 à 8 ans (75 %), 10 à 12 ans (80 %) et 14 à 16 ans (63 %).

L'effet du groupe. Dans une variante de l'expérimentation (Milgram, 1965), il y avait trois participants au lieu d'un (dont deux étaient complices). Selon les instructions, on devait infliger le choc le plus léger parmi ceux recommandés par les trois personnes. Il n'y avait donc plus d'autorité comme dans la recherche originale. Cette recherche était surtout une étude sur le conformisme, que nous avons défini au début du chapitre. Les deux complices de l'expérimentateur suggérèrent des chocs de plus en plus forts. En fin de compte, c'est le troisième participant (le vrai) qui déterminait l'intensité du choc. Il pouvait alors proposer un choc faible (et risquer d'être détesté par ses collègues) ou le même choc qu'eux (et ainsi être accepté par eux). Dans cette situation, seulement 18 % des participants se sont conformés aux deux complices. La pression du conformisme, même si elle est moins forte que la pression d'obéissance à une autorité, s'avère quand même assez importante. Notons, en passant, que la diffusion de la responsabilité (Latané & Darley, 1970) peut en partie expliquer ces résultats (voir à ce sujet le chapitre 10).

Une autre variante de cette expérimentation (Milgram, 1965) montre, cette fois, que la présence d'autres personnes peut inciter les participants à désobéir à des ordres contraignants. Dans cette expérience, Il y avait aussi trois participants (dont deux complices de l'expérimentateur, qui devaient lui désobéir). Le premier complice refusa de continuer à donner des chocs après que ceux-ci eurent atteint 150 volts. Le deuxième complice abandonna à son tour après que les chocs eurent atteint 210 volts. Ayant comme modèles deux personnes qui osaient défier l'autorité, le vrai participant continuerait-il à donner des chocs électriques ? Dans cette situation, seulement 10 % des participants infligèrent des chocs allant jusqu'à 450 volts.

Comme vous avez pu le constater, les recherches sur l'obéissance à l'autorité ont été amplement documentées. La figure 11.10 résume les pourcentages d'obéissance à l'autorité obtenus dans les différentes variantes expérimentales.

L'autorité. L'autorité est importante si l'on veut obtenir l'obéissance des participants. Lorsque la personne en position d'autorité était absente de la salle d'expérimentation, les participants obéissaient beaucoup moins. De même, lorsque l'autorité était contestée par certaines personnes, le taux d'obéissance diminuait. L'expérimentateur représente, aux yeux des participants, une personne qui possède une position sociale et un prestige élevés, et qui peut, par conséquent, inciter davantage à l'obéissance. Lorsqu'on modifie l'autorité — lorsque, par exemple, l'expérimentateur est remplacé par une personne ordinaire —, le taux d'obéissance s'abaisse pour atteindre environ 20 %.

La victime. La situation dans laquelle la victime se trouve aide à déterminer l'ampleur de l'obéissance. Milgram raconte que le criminel de guerre nazi Adolf Eichmann a eu un haut-le-cœur en visitant les camps de concentration, mais que, pour remplir son rôle dans l'holocauste, il n'avait qu'à signer des papiers assis derrière un bureau. Sur ce point, nous avons vu que plus la victime était éloignée de son bourreau, plus il était facile pour ce dernier d'obéir.

La méthode. Dans la situation originale permettant de mesurer l'obéissance à l'autorité, les participants relevaient de l'expérimentateur, lequel assumait

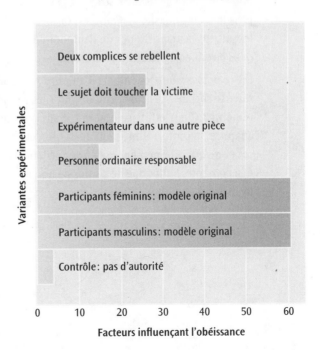

FIGURE 11.10 Participants obéissants dans les différentes variantes expérimentales (en %)

entièrement les conséquences éventuelles de l'expérience. Lorsque les participants étaient amenés à croire qu'ils étaient eux-mêmes responsables de ces conséquences, le degré d'obéissance diminuait considérablement (Tilker, 1970). Se borner à transmettre des ordres suscite beaucoup plus d'obéissance que devoir les exécuter directement. Gilbert (1981) a comparé la procédure de Milgram à la stratégie du pied dans la porte et à la psychologie de l'engagement (Kiesler, 1971). Le participant est progressivement engagé dans l'escalade de la punition. Chaque geste de punition exécuté le pousse à donner des chocs plus forts. À quel moment prend-il conscience qu'il est allé trop loin ? Et n'est-il pas déjà trop tard lorsqu'il en prend conscience ?

RÉSUMÉ

Dans ce chapitre, nous avons vu que la présence réelle ou imaginée des autres peut modifier nos comportements, nos attitudes ou nos opinions. En effet, les autres définissent, dans une certaine mesure, ce qui devrait être dit ou fait dans une situation donnée. Le conformisme peut avoir des conséquences importantes sur notre pouvoir d'action et de décision. Lorsque la pression provient d'une personne en position d'autorité, la soumission a également des conséquences notables sur nos comportements. Dans certaines conditions, les gens vont se soumettre aveuglément aux ordres émanant d'une autorité. Nous avons, en outre, étudié différentes stratégies d'acquiescement utilisées pour amener quelqu'un à exécuter une action donnée. Ces petites stratégies de tous les jours régissent une partie appréciable de nos comportements en société.

Comme nous l'avons vu, les conséquences de l'influence sociale peuvent être très importantes. Heureusement, elles ne surviennent que dans des situations particulières. Les gens ne se conforment pas tout le temps. De plus, les temps changent. Les gens changent. Même à l'intérieur d'une culture déterminée, les valeurs changent. Posez-vous la question suivante : si vous étiez père ou mère, quels traits voudriez-vous que votre enfant développe ? Lorsque cette question fut posée à des mères de famille américaines en 1924, elles optèrent pour l'obéissance stricte et la loyauté, qui sont des caractéristiques du conformisme. Lorsqu'on posa la même question 54 ans plus tard, les choix se portèrent sur l'indépendance et la tolérance envers les autres, caractéristiques de l'autonomie. On a observé des tendances semblables dans des enquêtes dans l'ex-Allemagne de l'Ouest, en Italie, en Angleterre et au Japon (Remley, 1988).

Est-ce possible que les enfants d'aujourd'hui, qui sont les adultes de demain, résistent davantage à l'influence sociale ? Les changements dans les valeurs entraîneront-ils des changements dans les comportements ? Quels effets cela aura-t-il sur nos sociétés ? Comme nous l'avons vu au tout début de ce chapitre, le conformisme peut aussi bien être associé à un manque d'indépendance, d'affirmation de soi et de questionnement qu'à une incitation à l'unité, à l'harmonie, à la solidarité entre les groupes et à l'entente. Plutôt que de bannir de nos valeurs l'un ou l'autre aspect des choses, il faudra sans doute trouver un équilibre entre les deux.

BIBLIOGRAPHIE spécialisée

BURGER, J.M. (1999). The foot-in-the-door compliance procedure : A multiple-process analysis and review. *Personality and Social Psychology Review, 3,* 303-325.

BOND, R. & SMITH, P.B. (1996). Culture and conformity : A meta-analysis of studies using Asch's (1952, 1956) line judgment. *Psychological Bulletin, 119,* 111-137.

CIALDINI, R.B. (2001). *Influence : Science and practice* (4e éd.). Boston : Allyn & Bacon.

CIALDINI, R.B. (1987). *Influence : Soyez celui qui persuade, ne soyez pas celui qu'on manipule.* Paris : Albin Michel.

JOULE, R.V. & BEAUVOIS, J.L. (2002). *Petit traité de manipulation à l'usage des honnêtes gens* (2e éd.). Grenoble : Presses universitaires de Grenoble.

MILGRAM, S. (1974). *Soumission à l'autorité.* Paris : Calmann-Levy.

MOSCOVICI, S. (1979). *Psychologie des minorités actives.* Paris : Presses universitaires de France.

O'KEEFE, D.J. & HALE, S.L. (2001). An odds-ratio-based meta-analysis of research on the door-in-the-face influence strategy. *Communications Report, 14,* 31-38.

Questions DE RÉVISION

1. En reprenant exactement la recherche originale de Milgram sur l'obéissance à l'autorité, on a constaté que :
   a) les femmes donnent plus de chocs que les hommes ;
   b) les femmes donnent moins de chocs que les hommes ;
   c) les femmes donnent autant de chocs que les hommes ;
   d) les femmes donnaient plus de chocs à des élèves masculins qu'à des élèves féminins ;
   e) aucune de ces réponses.

2. Généralement, la conformité à un comportement (dans les recherches comme celles de Asch : évaluation de lignes verticales) atteint son maximum d'efficacité lorsque :
   a) 2 personnes sont unanimes ;
   b) 3 ou 4 personnes sont unanimes ;
   c) 10 à 12 personnes sont unanimes ;
   d) 15 personnes sont unanimes ;
   e) la conformité augmente de façon linéaire avec le nombre de personnes.

3. Indiquez si l'énoncé suivant est : a) vrai ; b) faux.
   Ce n'est qu'en période de fragilité psychologique que je suis sensible à la sympathie et aux gentillesses venant de gens qui tentent de m'influencer.

4. Indiquez si l'énoncé suivant est : a) vrai ; b) faux.
   La technique de l'amorçage amène le sujet à acquiescer à une petite demande pour ensuite acquiescer à une demande plus grande.

5. L'énoncé suivant illustre bien la stratégie de la porte au nez : a) vrai ; b) faux.
   Le petit Pierrot demande à sa mère un gros morceau de gâteau au chocolat avec de la confiture, de la crème glacée et un verre de lait. Après le refus de sa mère, son frère Arthur s'empresse de demander trois biscuits, qu'il obtient facilement.

6. La technique du pied dans la porte fonctionne de la façon suivante :

   a) lorsque la personne a le pied pris dans la porte, lui faire signer le contrat de vente ;

   b) amener la personne à acquiescer à une petite demande, puis lui présenter la vraie demande ;

   c) amener la personne à être mal à l'aise en lui présentant une grosse demande qu'elle refusera, puis lui présenter une demande plus raisonnable ;

   d) faire sa demande d'aide sans rien cacher de celle-ci ;

   e) aucune de ces réponses.

7. Nommez les trois types de conformisme étudiés par Kelman et dites lequel est le plus durable.

8. Parmi les observations suivantes, relevez celle ou celles qui ont eu pour effet de diminuer la conformité, telle qu'elle a été étudiée par Asch et ses collègues à l'aide de l'évaluation de lignes verticales :

   a) une majorité unanime de 30 complices comparativement à celle de 15 complices ;

   b) la présence d'un participant qui soutient notre idée ;

   c) la présence d'une personne du sexe opposé ;

   d) toutes ces réponses ;

   e) aucune de ces réponses.

9. Le pouvoir de référence est basé sur :

   a) la surveillance ;

   b) l'accord ;

   c) l'habileté ;

   d) l'identification ;

   e) aucune de ces réponses.

10. Si je conserve mes opinions et mes idées malgré les pressions que le groupe peut exercer sur moi, je suis :

   a) un anticonformiste ;

   b) un indépendant ;

   c) un déviant ;

   d) un marxiste-léniniste ;

   e) un fasciste.

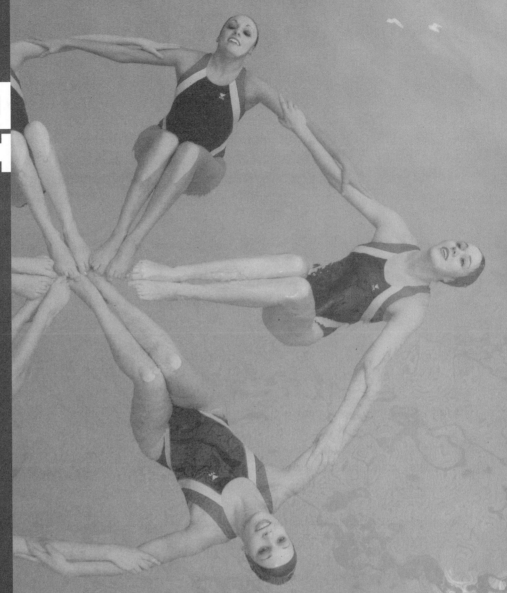

Les processus de groupe

Serge Guimond

Université Blaise Pascal
Clermont-Ferrand, France

L'union fait la force !

n soir, deux jeunes de 15 ans, Dominique et Paul, marchent vers leur domicile. Il est minuit. La soirée s'est terminée plus tard que prévu. La ville est calme. Soudain, du bruit.

Dominique : « Veux-tu qu'on passe de ce côté ? Il y a une bande là-bas, et tu ne souhaites peut-être pas te mesurer à elle. »

Paul : « Ces gens ne sont pas ensemble, mais c'est vrai qu'un des trois types a l'air assez costaud. »

Dominique (d'un air moqueur) : « De toute façon, n'aie pas peur. J'ai passé ma ceinture noire, je vais te protéger ! »

Paul : « Utiliser la force, c'est dépassé. Moi, mon arme, c'est la psychologie. Tout est là-dedans. »

En approchant, les deux amis se rendent compte qu'il s'agit d'une mère et de ses deux enfants…

INTRODUCTION

Dans certaines circonstances, il peut être très utile de savoir si l'on a affaire à un groupe ou à des individus sans aucun rapport entre eux. Dans la mise en situation, Dominique perçoit un groupe, une bande organisée, et lui attribue certaines caractéristiques psychologiques ; Paul, pour sa part, n'est pas convaincu : il croit que ce sont des personnes indépendantes. La question est d'importance : devoir se défendre contre une attaque organisée provenant d'un groupe est très différent de la possibilité d'affronter un seul individu. Savoir ce qu'est un groupe n'est donc pas seulement d'un intérêt théorique.

La mise en situation illustre aussi le fait que certains groupes dont nous ne faisons pas partie peuvent être perçus comme menaçants, même s'il n'y a pas de raison objective à cela. À l'inverse, d'autres groupes, habituellement ceux dont nous sommes membres, peuvent être associés à des sentiments de bien-être et de sécurité. Que ce soit à l'école, au travail, dans nos loisirs ou à la maison, une grande partie de notre vie se passe en groupe, là où on se sent chez soi, en sécurité. Mais, lorsqu'on quitte son pays, lorsqu'on quitte son école, son lieu de travail ou sa famille, il faut un certain temps avant de développer ce sentiment d'appartenance, avant de pouvoir se sentir chez soi à nouveau. Dans *L'homme dépaysé*, le célèbre écrivain français d'origine bulgare Tzvetan

Todorov, marié à une Canadienne, résume son expérience : « J'ai dû me rendre à l'évidence : je ne serais jamais un Français tout à fait comme les autres. Du reste, la femme que j'ai épousée à la veille de mon voyage en Bulgarie était, comme moi, une étrangère en France […] Je vis désormais dans un espace singulier, à la fois dehors et dedans : étranger « chez moi » (à Sofia), chez moi « à l'étranger » (à Paris). » (Todorov, 1996, p. 23.)

Il revient à la psychologie sociale d'étudier, de comprendre et d'expliquer les phénomènes de groupe et leurs implications en ce qui a trait au comportement des individus. Dans ce chapitre, nous commencerons par situer brièvement la problématique du groupe en psychologie sociale, dans une perspective historique. Ensuite, chaque section du chapitre servira à faire le point sur les questions suivantes.

1. Qu'est-ce qu'un groupe ? Quelles distinctions importantes y a-t-il entre les différents types de groupes ?

2. Comment et pourquoi se joint-on à un groupe ?

3. Que se passe-t-il à la suite de la formation d'un groupe et de notre adhésion à un groupe ? Quels sont les changements temporels qui se produisent à l'intérieur des groupes ?

4. Si le groupe nous influence, comment un individu peut-il influencer un groupe ? Sur quoi se fondent le leadership et l'exercice du pouvoir ?

5. Quel effet le groupe a-t-il sur la prise de décision ou sur la performance dans une activité ?

LES DIFFÉRENTES APPROCHES DANS L'ÉTUDE DES GROUPES EN PSYCHOLOGIE SOCIALE

Trois principales approches caractérisent l'étude des groupes en psychologie sociale : l'approche dynamique des groupes, l'approche basée sur les cognitions sociales et l'approche intergroupes (Deschamps *et al.*, 1999 ; Moreland, Hogg & Hains, 1994 ; Oberlé, 1996). Avant de retracer brièvement l'émergence de ces différentes perspectives, on doit d'abord dire que la raison d'être de la psychologie sociale comme discipline scientifique distincte tient, en partie, à l'existence des phénomènes de groupes (Doise, 1976). En effet, il est apparu assez rapidement aux spécialistes que le comportement des individus se modifie parfois de manière étonnante sous l'influence d'un groupe. Dans son livre *Psychologie collective et analyse du moi*, Freud (1953) constate qu'après avoir analysé les prédispositions de l'individu, une nouvelle tâche impérieuse attendait la psychologie, celle de « fournir l'explication de ce fait surprenant que l'individu qu'elle croyait avoir rendu intelligible, se met, dans certaines conditions, à sentir, à penser et à agir d'une manière toute différente de celle à laquelle on pourrait s'attendre, et que ces conditions sont fournies par son incorporation dans une foule humaine » (p. 11). La notion de foule n'était pas utilisée par hasard par Freud. Elle renvoyait directement au travail de Le Bon (1895), publié plusieurs années auparavant, qui représentait l'un des premiers ouvrages de cette nouvelle discipline qu'on allait nommer psychologie sociale. Beaucoup plus tard, c'est-à-dire au début des années 1950, aucun autre concept, à part peut-être celui

d'attitude, ne pouvait rivaliser avec celui de « petit groupe » comme centre d'attention des psychologues sociaux (Beauvois, 1995a). C'était l'époque du paradigme des « relations humaines » et le début d'une longue tradition de recherches sur la psychologie des groupes restreints (De Visscher, 1991 ; Richard, 1995). Cette première approche, marquée par un intérêt exclusif pour le petit groupe et pour les relations intragroupes, sans considération pour le fait qu'un groupe existe en fonction des autres groupes dans l'environnement, constitue ce qu'il est convenu d'appeler l'*approche dynamique des groupes* (De Visscher, 2001 ; Oberlé, Testé & Drozda-Senkowska, 2002). Les tenants de cette approche s'intéressent principalement à la dynamique des relations entre les membres d'un petit groupe et aux rapports entre un leader et les membres du groupe. La dynamique des groupes a été un courant très influent en psychologie sociale jusqu'au début des années 1970. Mais, à partir de ces années, l'intérêt pour les phénomènes de groupe a chuté considérablement, à tel point que certains, comme Steiner (1974), se sont demandé où était passé le groupe en psychologie sociale. Dans les années 1980, ce déclin du nombre d'études sur le groupe en psychologie sociale s'est maintenu, alors que les années 1990 ont été marquées par un vif regain d'intérêt pour le groupe (Moreland *et al.*, 1994 ; Oberlé, 1996). L'émergence du domaine des cognitions sociales aux États-Unis et la naissance d'une approche intergroupes en Europe, fondée principalement sur la théorie de l'identité sociale (Tajfel, 1972), expliquent en bonne partie ce phénomène, caractérisé par un intérêt non seulement pour le petit groupe, mais aussi pour la psychologie des grands groupes comme la nation, le groupe ethnique, les groupes de genre, les classes sociales et le groupe culturel (Deschamps *et al.*, 1999). Bref, au-delà de l'intérêt pour le petit groupe et la dynamique des groupes, l'*approche basée sur les cognitions sociales* et l'*approche intergroupes* constituent actuellement deux nouveaux courants de recherche dans l'étude des groupes en psychologie sociale. Ces deux approches privilégient une orientation cognitive basée sur le rôle des processus de catégorisation. On pense ici aux études de Tajfel (1972, 1974) sur la catégorisation sociale, ou à celles de Turner (1982) sur l'autocatégorisation relativement à l'approche intergroupes, et à l'ouvrage de Hamilton (1981) sur les stéréotypes et les processus cognitifs de traitement de l'information en ce qui a trait à l'approche basée sur les cognitions sociales. Cependant, ces deux approches se distinguent par rapport à la façon de conceptualiser les rapports entre la psychologie individuelle et la psychologie des groupes (Brown & Turner, 1981 ; Taylor & Brown, 1979 ; Tajfel, 1979). La psychologie individuelle est-elle plus « fondamentale » que la psychologie sociale ? L'étude de la psychologie des groupes, la psychologie collective, donc, nécessite-t-elle une approche distincte de l'étude de la psychologie des individus ? Est-il nécessaire ou important de distinguer les comportements individuels et les comportements des membres de groupes ?

Devant de telles questions, les chercheurs qui défendent l'approche basée sur les cognitions sociales ont tendance à soutenir que, puisque tous les groupes sociaux sont composés d'individus, il devrait être suffisant d'étudier ces individus pour comprendre le groupe. Ainsi, F.H. Allport écrivait, en 1924 : « Il n'y a pas de psychologie de groupes qui n'est pas essentiellement et entièrement une psychologie d'individus. La psychologie sociale ne doit pas être vue en opposition à la psychologie de l'individu ; *c'est une partie de la psychologie de l'individu.* » (P. 4, italique dans l'original.) Dans la mesure où les recherches dans le domaine de la cognition sociale ont pour but de mettre en évidence les processus cognitifs de base permettant d'expliquer les phénomènes de groupe, elles peuvent être situées dans cette perspective (Abrams & Hogg, 1999). Ainsi, Kerr et Tindale (2004) caractérisent cette approche comme étant « l'étude de la cognition individuelle à propos des groupes » (p. 641).

L'approche intergroupes suppose, au contraire, que le groupe est plus que la somme des individus qui le composent. En effet, selon ce point de vue, des phénomènes nouveaux émergent lorsqu'on se trouve en groupe, et la compréhension de ces phénomènes ne peut reposer sur la seule étude des individus, pris de manière isolée. Par exemple, les recherches expérimentales de Sherif (1936) à l'aide de l'effet autocinétique (voir le chapitre 11) montrent qu'en groupe, les individus font converger leur jugement vers une norme commune, que cette norme guide le comportement des individus même lorsqu'ils ne sont plus en présence du groupe, et qu'une addition de jugements individuels ne permet pas d'arriver au jugement collectif des individus réunis en groupe. Les chefs de file de la psychologie sociale européenne, comme Moscovici (1972b) ou Tajfel (1972, 1978a), qui ont développé l'approche intergroupes, ont soutenu avec force cette seconde perspective, défendue à l'origine par Lewin (voir Beauvois, 1995b). Comme le notent Moghaddam, Taylor et Wright (1993), « la psychologie sociale européenne est devenue plus *sociale* que la psychologie sociale aux États-Unis » (p. 16). Dès 1972, Moscovici et Ricateau s'interrogeaient sur la conception dominante des fonctionnements psychologiques :

> Selon cette conception, le social, le relationnel sont des dimensions accessoires ou complémentaires des processus individuels, non relationnels, posés comme fondamentaux, élémentaires, et jusqu'à un certain point « naturels ». Dès lors, le social apparaît comme une complication de l'individuel et l'on peut parler des jugements ou perceptions résultant d'une interaction comme de « déformations », d'« illusions », de « conventions », puisque le vrai, l'authentique, le nécessaire se révèle uniquement quand une personne juge ou perçoit seule. » (P. 143.)

Les chercheurs en cognition sociale, en adoptant la méthodologie de la psychologie cognitive, en adoptent aussi les *a priori* concernant l'authenticité des jugements d'un individu isolé, et la « déformation » des jugements d'un individu dans une situation sociale.

Moscovici et Ricateau (1972) pensent qu'une autre conception est nécessaire. Ils soutiennent que « la considération attentive des phénomènes psychologiques, en milieu social réel, incite à opérer un renversement du schéma traditionnel [...] : la situation d'interaction, de rapport à autrui [...] est *la* situation normale, "naturelle" » (p. 143). Bref, si l'on admet que, dans l'état actuel, la situation d'un individu isolé, sans contact avec autrui, est une situation plutôt exceptionnelle, donc peu propice à l'élaboration de principes généraux du comportement humain, la hiérarchie implicitement établie entre les différentes psychologies ne trouve pas sa raison d'être. C'est l'argument développé plus récemment par Turner et ses collègues (1994), pour qui l'idée selon laquelle les processus de traitement de l'information seraient de nature purement individuelle et asociale représente une fiction utile, mais trompeuse, de la psychologie moderne. Une meilleure compréhension du comportement social pourrait être obtenue dans la mesure où l'on étudie les individus non pas de manière isolée, mais au cours de leur interaction avec autrui ou en relation avec des processus de groupes (Moghaddam *et al.*, 1993).

LA NATURE DES GROUPES : QU'EST-CE QU'UN GROUPE SOCIAL ?

Le bon sens nous dit qu'il faut au moins deux individus pour composer un groupe. Mais le simple critère numérique semble insuffisant pour nous permettre de décrire ce qu'on entend habituellement par la notion de groupe. Par exemple, s'il y a cinq personnes dans un ascenseur, serait-ce suffisant pour qu'on dise qu'il existe un groupe social dans l'ascenseur ? Est-ce que les dix personnes attendant à l'arrêt d'autobus forment un groupe ? Dans ces deux exemples, nous avons affaire, selon les psychologues sociaux, à une collection d'individus, ou un *agrégat* de personnes, mais pas vraiment à un groupe social. Pour qu'il soit justifié d'utiliser le concept de **groupe**, la plupart des auteurs soutiennent qu'il faut non seulement qu'il y ait un ensemble d'individus, mais aussi 1) que ces personnes aient une certaine forme d'interaction sociale entre elles, habituellement une interaction face à face ; 2) qu'elles aient un but commun ; 3) qu'elles s'influencent

mutuellement ; et/ou 4) qu'il y ait une interdépendance entre les différents membres du groupe (Alcock, Carment & Sadava, 1991 ; Citeau & Engelhardt-Bitrian, 1999).

Ainsi, les personnes qui attendent l'autobus pourraient passer de l'état d'agrégat à l'état de groupe dans la mesure où elles se mettent à interagir les unes avec les autres pour discuter, par exemple, du retard prolongé de l'autobus ou des autres moyens de se rendre à leur destination. Le même commentaire s'applique à toute une gamme de situations d'urgence (panne d'ascenseur, prise d'otages, grève, tremblement de terre) qui peuvent transformer sous nos yeux une collection d'individus hétérogènes en un groupe capable d'action commune. Pourquoi ? C'est que, nous explique Lewin (1948), dans de telles circonstances, les individus deviennent presque totalement interdépendants. Le sort de l'un est lié au sort de l'autre. Le fait « d'être dans le même bain » et de ne pas pouvoir s'en sortir seul représente donc un des éléments essentiels de la notion de groupe. C'est à ce moment, semble-t-il, que nous cessons d'être de simples individus pour nous fondre dans un groupe.

Les recherches en psychologie sociale ont montré, plus récemment, l'importance d'une approche cognitive au regard de l'étude du groupe. Turner (1982) propose qu'on définisse un groupe social comme « deux personnes ou plus [...] qui se considèrent membres de la même catégorie sociale » (p. 15). Ce critère de définition du groupe devient particulièrement important lorsque nous passons de l'étude du petit groupe, composé de quatre, cinq ou dix personnes, à l'étude des groupes de grande taille composés de centaines ou de milliers d'individus. Le critère d'interaction face à face comme élément de définition du groupe ne trouve plus sa pertinence dans le cas des groupes de grande taille au sein desquels des membres n'ont souvent aucun contact direct avec d'autres membres du même groupe. Personne au Québec, en France ou en Algérie n'a eu de contacts face à face avec tous les autres Québécois, Français ou Algériens. Pourtant, le sentiment d'appartenance à un groupe national est souvent d'une importance capitale pour les individus (Depuiset & Butera, 2003). Enfin, la reconnaissance extérieure, c'est-à-dire le fait d'être perçu par autrui comme appartenant à un groupe, peut aussi s'avérer un élément déterminant dans la définition du groupe (Taylor & Moghaddam, 1994). Lorsque, en raison de leur apparence physique ou de leur accent langagier, on rappelle constamment à certains nouveaux arrivants qu'il ne sont pas membres du groupe national, on influence la perception que ces nouveaux arrivants peuvent avoir quant à leur appartenance ou non-appartenance à une catégorie sociale, comme en témoignent Tzvetan Todorov, cité précédemment (« je ne serais jamais un Français tout à fait comme les autres »), et de nombreuses recherches en psychologie sociale (Bourhis & Leyens, 1999 ; Clément, 1986 ; Schmitt & Branscombe, 2002).

Les différents types de groupes

Qu'y a-t-il de commun entre un parti politique, un groupe de jeunes, une équipe de travail, un orchestre symphonique, un club de football et une bande de randonneurs ? Peut-être très peu de choses, outre le fait d'être un groupe. C'est évidemment une des difficultés qu'il faut garder en tête tout le long de ce chapitre. Les éléments de définition que nous venons d'examiner, et les principes généraux que nous allons proposer, peuvent s'appliquer plus ou moins bien selon le type de groupe qu'on envisage d'étudier. Dans cette perspective, il est utile de considérer certaines dimensions qui permettent de différencier les groupes.

Les groupes formel et informel. On distingue fréquemment, dans la documentation scientifique, le groupe formel du groupe informel. Selon Maillet (1988) : « Le groupe formel est un groupe qui a pour fonction de s'acquitter d'un travail spécifique et bien défini. » (P. 297.) Il est habituellement formé par la direction d'une organisation qui fixe les normes de rendement, l'objectif et le statut des membres. À l'inverse, le groupe informel se développe naturellement, en fonction de préférences ou d'intérêts communs (Savoie, 1993). L'adhésion au groupe informel est volontaire, et aucun membre n'est nommé, comme c'est le cas dans les groupes formels. Les caissières et les caissiers des marchés d'alimentation feraient donc partie d'un groupe formel, alors que les employés qui s'unissent pour revendiquer certains droits particuliers feraient plutôt partie d'un groupe informel. Cette distinction s'est avérée importante, notamment dans le domaine des sciences de l'organisation. En effet, il paraît sensé de s'attendre à ce que les groupes formels, qui sont créés spécifiquement pour accomplir un travail, aient plus d'influence sur la productivité dans les entreprises que les groupes informels. Mais les recherches désormais classiques de Elton Mayo à la société Western Electric de Hawthorne, à Chicago, ont accrédité l'idée que les processus des groupes informels avaient autant d'importance sinon plus (Beauvois, 1995a). Selon Peters et Waterman (1982), l'influence et le rôle des groupes informels sont parmi les principales caractéristiques des entreprises américaines les plus performantes.

Les groupes primaire et secondaire. Une seconde distinction d'importance est celle faite entre groupe primaire et groupe secondaire (Citeau & Engelhardt-Bitrian, 1999). Les groupes primaires sont ceux qui nous touchent le plus personnellement. Ils sont composés de personnes ayant des contacts réguliers, personnels et intimes avec nous, comme notre famille ou nos amis. Le groupe secondaire, par contre, désigne un ensemble numériquement plus important de personnes avec qui nous avons des contacts de façon plus sporadique et dans un contexte plus formel et impersonnel. L'université, l'usine, ou le syndicat seraient des exemples de groupes secondaires.

Les groupes d'appartenance et les groupes de référence. Les groupes sociaux qu'un individu adopte comme cadre de référence quant à ses comportements, ses attitudes ou ses valeurs sont appelés des groupes de référence, concept introduit en 1942

par Hyman (Merton & Kitt, 1965). Souvent, le **groupe de référence** d'un individu est aussi un groupe d'appartenance (Sherif, 1953). Cependant, les groupes de référence peuvent aussi être des groupes dont on ne fait pas partie, mais qui nous servent de modèle et auxquels on aspire appartenir un jour.

Les groupes restreints, la catégorie sociale et la foule. Enfin, il peut être utile de distinguer les groupes sociaux selon leur taille. Ainsi, on parlera de groupe restreint pour désigner des groupes qui, étant relativement bien structurés, sont composés d'un petit nombre d'individus ayant des contacts face à face de façon plus ou moins régulière (De Visscher, 1991). À l'inverse, on utilisera le concept de catégorie sociale ou celui de foule pour faire référence à des groupes très grands, relativement peu structurés, composés de centaines ou de milliers de personnes, et où il n'est pas question de parler d'interactions face à face entre les différents membres du groupe (Brown, 1988). Les francophones, les femmes, les riches sont des catégories sociales, alors que les ministres composant un gouvernement constituent un exemple de groupe restreint.

La psychologie des groupes restreints se distingue de celle des catégories sociales de façon importante. Par exemple, dans un groupe restreint, tous les membres peuvent se connaître personnellement par leur prénom, alors que les catégories sociales impliquent souvent un certain anonymat. Les théories et les recherches liées au concept de **désindividuation** (Festinger, Pepitone & Newcomb, 1952) ont permis de faire avancer les connaissances de la psychologie des foules.

La notion de désindividuation fait référence aux conditions contribuant à masquer l'identité personnelle d'un individu et à le rendre relativement anonyme. Ces conditions caractérisent évidemment la situation d'une personne au milieu d'une foule. Peu importe les actions de cette personne, elle est maintenant anonyme et, en un sens, ce n'est plus elle qui agit, mais « la foule ». Or de nombreuses recherches ont révélé que la désindividuation augmente la probabilité de comportements agressifs ou anti-sociaux (Prentice-Dunn & Rogers, 1989). Au début des années 1970, Zimbardo vérifia en laboratoire l'effet de la désindividuation sur l'agressivité ; il s'agissait d'une expérience en groupe. Dans la condition de désindividuation, les participants portaient tous des vêtements de laboratoire et des cagoules identiques de façon à ce qu'il n'y ait aucun moyen de les identifier personnellement. Les participants dans la condition individualisée, par contre, gardaient leurs vêtements et portaient de gros macarons les identifiant clairement par leur nom. Au cours de l'expérience, les participants devaient donner des chocs électriques à un autre étudiant dans le cadre d'une tâche d'apprentissage. Comme prévu, et malgré l'apparente souffrance de la prétendue victime (en réalité complice de l'expérimentateur), les participants désindividualisés ont donné deux fois plus de chocs électriques que les participants individualisés. De la même façon, quand on a fourni à des enfants l'occasion de voler de l'argent ou des bonbons durant la soirée de l'halloween, les vols étaient plus fréquents lorsque les enfants étaient en groupe et que leur déguisement masquait complètement leur identité (Diener *et al.*, 1976). Ce type d'effet ne semble pas particulier à la culture occidentale. À l'aide d'un échantillon d'individus provenant de 200 cultures de partout dans le monde, Watson (1973) a montré que la désindividuation, telle qu'elle est mesurée par des changements dans la conscience individuelle au cours de danses collectives ou de chants, est liée de manière significative aux tortures et aux mutilations infligées à l'ennemi durant des combats guerriers.

Il ne faut pas conclure, cependant, que les personnes anonymes sont toujours dangereuses. Les recherches ont montré, plus récemment, que les conditions de désindividuation peuvent libérer les gens de toutes sortes d'inhibitions sociales, et non pas seulement des inhibitions liées à l'agression. En effet, selon Prentice-Dunn et Rogers (1989), une des caractéristiques de l'état de désindividuation serait la perte de contact avec le soi privé, c'est-à-dire la partie de soi qui contient les standards et les règles de conduite internes (voir le chapitre 3). Ayant une conscience de soi affaiblie, les gens seraient naturellement portés à compter sur la situation immédiate pour fixer leurs comportements. Par conséquent, si les circonstances sont empreintes de violence, ils seront relativement plus violents. Mais ils devraient être influencés tout autant par d'autres types de conditions. Ainsi, Spivey et Prentice-Dunn (1990) ont démontré expérimentalement que la désindividuation peut être la source de comportements altruistes. La désindividuation s'avère donc un état rendant les membres d'un groupe particulièrement sensibles aux influences situationnelles, que ces influences soient antisociales ou prosociales. Ainsi, la méta-analyse des recherches dans ce domaine effectuée par Postmes et Spears (1998) montre que, dans un état de désindividuation, les individus et les groupes se conforment davantage à des normes spécifiques à la situation, peu importe les normes sociales générales (voir aussi Postmes, Spears & Lea, 1999).

L'entitativité des groupes

Dans la recherche de ce qui définit le groupe, une perspective importante s'est développée récemment autour du concept théorique d'**entitativité** proposé par Campbell (1958). Ce concept correspond au degré auquel un groupe peut être considéré comme une entité réelle, une unité cohérente. Un groupe entitatif serait celui dont l'existence, en tant qu'entité, ne fait aucun doute, alors qu'un ensemble d'individus relativement hétérogènes, ayant peu de liens cohérents entre eux, apparaîtrait comme peu entitatif. Les recherches liées à ce concept montrent que la perception d'entitativité a des conséquences psychologiques importantes et donnent une pertinence nouvelle à la question de savoir ce qu'est un groupe (Castano *et al.*, 2002 ; Hamilton, Sherman & Castelli, 2002 ; Yzerbyt *et al.*, 2000). Ainsi, l'entitativité entraîne des modifications sur le plan du traitement de l'information (Hamilton, Sherman & Maddox, 1999). Tout se passe comme si, lorsque l'entitativité d'un groupe s'accroît, les mécanismes perceptuels et cognitifs impliqués dans la réaction

des gens relativement à ce groupe s'apparentaient davantage à ceux qui interviennent lorsque la cible d'un jugement est un autre individu. En ce qui concerne, par exemple, l'erreur fondamentale d'attribution (voir le chapitre 4), on sait que les individus ont tendance à expliquer les actions d'autrui par des causes personnelles internes, même lorsqu'il existe de fortes contraintes situationnelles. Une série d'expériences de Yzerbyt et Rougier (2001) a montré que, lorsqu'il s'agit d'expliquer le comportement des membres d'un groupe, l'erreur fondamentale d'attribution se produit avec beaucoup plus de force lorsque ce groupe est entitatif. Cela suggère que nous avons tendance à croire en l'existence de traits de caractère que tous les membres d'un groupe partageraient, donc à construire des stéréotypes dès lors que nous percevons ces individus comme formant une entité cohérente, un véritable groupe.

LA FORMATION DES GROUPES : POURQUOI SE JOINT-ON À UN GROUPE ?

Pourquoi, dans quelles circonstances et pour quels motifs des individus isolés en viennent-ils à s'associer pour former un groupe ? Intimement liée à cette question, il y a celle de la pérennité du groupe dans le temps ou, au contraire, celle de son éclatement à plus ou moins brève échéance. Pourquoi les membres de certains groupes semblent-ils unis par des liens très forts alors que d'autres groupes se désintègrent au premier obstacle ? On peut distinguer trois principales approches relatives au problème de la formation des groupes : le modèle fonctionnaliste, le modèle de la cohésion sociale et, enfin, le modèle de l'identification sociale et de l'autocatégorisation (Forsyth, 1999 ; Moreland, 1987 ; Turner *et al.*, 1982, 1987).

Le modèle fonctionnaliste : lorsque le groupe comble nos besoins

Selon une première approche que l'on peut qualifier de fonctionnaliste, il importe, pour être en mesure d'expliquer la formation des groupes, de bien saisir les fonctions psychologiques et sociales que ceux-ci permettent de remplir. Autrement dit, on se joint à un groupe tout simplement parce qu'il est utile de le faire, parce que l'appartenance au groupe nous permet de combler certains de nos besoins psychologiques fondamentaux.

Nous nous trouvons souvent, en tant qu'individu, dans des situations menaçantes où notre bien-être, voire notre survie, est en danger. Il est très utile, en de telles circonstances, d'avoir l'appui de quelqu'un qui nous est sympathique, de pouvoir nous confier, ou de nous entraider. Un groupe peut donc se former parce qu'il permet aux individus de satisfaire leur besoin de sécurité. Schachter (1959) a présenté une démonstration expérimentale de cette idée. Les étudiantes qui ont participé à cette étude étaient reçues par un chercheur affirmant appartenir au département de neurologie et de psychiatrie médicale. Il précisait, d'un air sérieux, qu'il étudiait les effets des chocs électriques sur les êtres humains. Dans une condition de faible anxiété, les étudiantes apprenaient que les chocs seraient si faibles qu'ils seraient ressentis comme de légers chatouillements. Les participantes soumises, au hasard, à la condition d'anxiété élevée apprenaient, en revanche, que les chocs seraient de forte intensité, qu'ils feraient mal mais, évidemment, sans laisser de dommages permanents. L'expérimentateur expliquait ensuite aux participantes qu'elles devaient attendre leur tour et leur demandait si elles désiraient attendre seules, avec d'autres, ou si elles n'avaient pas de préférence. Comme prévu, les résultats ont démontré que le pourcentage d'étudiantes désirant se joindre à d'autres personnes était beaucoup plus important dans la condition d'anxiété élevée (63 %) comparativement à la condition d'anxiété faible (33 %). C'est donc, peut-être, afin de diminuer leur insécurité que les gens sont portés à se regrouper.

Les recherches subséquentes ont confirmé l'hypothèse de la théorie de la comparaison sociale (voir le chapitre 3 et l'encadré 12.1) selon laquelle l'insécurité entraîne l'affiliation avec des personnes similaires partageant le même état, et non avec des personnes qui se trouvent dans une situation différente (Cottrell & Epley, 1977 ; Wheeler & Zuckerman, 1977). Cette constatation mène à l'idée de sort commun et d'interdépendance, éléments évoqués précédemment dans la définition du groupe. Hogg (2000) a présenté des résultats appuyant une hypothèse similaire : les individus s'identifieraient plus fortement à un groupe lorsqu'ils se trouvent dans une situation qui les rend insécures ou incertains. En prenant les cultures nationales et non les individus comme unité d'analyse, Bollinger et Hofstede (1987) observent une relation significative et négative entre le « contrôle de l'incertitude » et l'« individualisme », deux dimensions culturelles fondamentales qui se trouvent à divers degrés dans toutes les cultures. Cette relation signifie que les cultures préoccupées par la réduction de l'incertitude manifestent une plus grande propension à s'identifier à des groupes et à se définir collectivement. On peut également penser qu'il existe un fondement biologique à cette hypothèse d'un lien entre la peur ou l'incertitude et l'affiliation, étant donné que les individus qui réussissent à former un groupe acquièrent probablement des avantages adaptatifs par rapport à des personnes isolées et, de ce fait, plus vulnérables (Desor, 1999). Les sentiments d'insécurité sont d'ailleurs fortement prédictifs quant au rejet des exogroupes (Berry, Kalin & Taylor, 1977).

De nombreuses recherches ont aussi porté sur l'existence d'un besoin d'affiliation proprement dit, c'est-à-dire la nécessité que nous aurions tous, à divers degrés, d'avoir des contacts sociaux (voir Baumeister & Leary, 1995 ; McClelland, 1985). Le fait de se joindre à un club du troisième âge, ou de devenir membre d'une équipe sportive ou d'un club de danse, peut très bien être un moyen utilisé par les individus pour combler ce besoin d'affiliation.

Enfin, il existe des tâches difficiles à exécuter seul. On cherchera donc à réunir un groupe lorsqu'on veut atteindre un objectif commun ou exécuter une tâche particulière qui nécessite la participation

---

ENCADRÉ 12.1   La comparaison sociale et les processus de groupe

De nombreux travaux en psychologie sociale ont montré l'importance de la comparaison sociale et de la privation relative pour comprendre le comportement des individus et des groupes (Dambrun, Guimond & Taylor, 2006 ; Suls & Wheeler, 2000 ; Walker & Smith, 2002). Pour un observateur externe, les réactions de certains individus apparaissent souvent incongrues. Pourquoi Robert est-il insatisfait à son travail alors qu'il a un bon salaire, plusieurs semaines de vacances et de bonnes conditions ? Et pourquoi, au contraire, Louise, qui est moins bien payée que ses collègues masculins, semble-t-elle parfaitement heureuse de sa situation ? Une des premières recherches à avoir mis en évidence de tels écarts dans la réaction des gens relativement aux circonstances objectives dans lesquelles ils se trouvent est celle de Stouffer, Suchman et leurs collègues (1949). Ces chercheurs avaient constaté, par exemple, que les soldats d'une division de l'armée américaine au sein de laquelle les promotions étaient très rapides se déclaraient pourtant les plus mécontents du système de promotion de l'armée. Les concepts de comparaison sociale et de privation relative sont utiles pour comprendre et expliquer de tels phénomènes, parce qu'ils attirent notre attention sur l'importance de la relativité des choses. Dans un groupe, comme une division de l'armée ou une équipe de travail, les individus se comparent aux autres membres du groupe, et ces comparaisons sont des éléments déterminants pour comprendre leurs réactions. Ainsi, selon les travaux de Crosby (1982), les femmes au travail sont personnellement satisfaites de leur sort, même si leurs collègues masculins sont mieux traités, parce qu'elles ont tendance à se comparer à d'autres femmes et non à des hommes. D'autre part, en distinguant les niveaux d'analyse individuel et collectif, de nombreuses études ont montré que les individus sont motivés à vouloir changer les choses et à participer à des mouvements sociaux lorsqu'ils comparent leur groupe d'appartenance à un autre groupe pertinent, et qu'ils prennent la mesure des inégalités dont ils sont victimes (Dambrun & Guimond, 2001 ; Dubé & Guimond, 1986 ; Guimond & Tougas, 1999 ; Tougas & Beaton, 2002 ; Tougas, Dubé & Veilleux, 1987 ; Tougas & Veilleux, 1991 ; Wright & Tropp, 2002). En somme, lorsque la comparaison avec autrui est défavorable, les gens réagissent.

Fait plus surprenant encore, lorsque les choses vont bien et même s'améliorent, cela peut également déclencher des réactions d'hostilité. C'est ce qui a été constaté dans une série de recherches expérimentales examinant le rôle de la gratification relative. Comme le notent Guimond & Dambrun (2002), la gratification relative fait référence à une situation où on se compare favorablement à autrui, c'est-à-dire l'inverse de la privation relative. Que se passe-t-il en de telles circonstances, lorsqu'on se trouve mieux traité que les autres ? Guimond et Dambrun (2002) ont émis l'hypothèse que, dans de telles conditions, les gens peuvent avoir tendance à vouloir justifier la situation et qu'une façon de le faire est de dénigrer autrui. Plusieurs recherches récentes ont confirmé cette hypothèse et permis de souligner que les effets de la gratification relative sur les préjugés contre des groupes stigmatisés sont, en fait, aussi importants, sinon plus, que ceux de la privation relative, sur lesquels la plupart des recherches ont porté (Dambrun *et al.*, 2006 ; Guimond, Dif & Aupy, 2002 ; Guimond & Dambrun, 2002).

---

d'autrui. Dans tous ces cas, le modèle fonctionnaliste met l'accent sur l'utilité du groupe, sur le rôle qu'il joue dans la satisfaction des besoins humains.

La cohésion : on se joint aux gens qu'on aime

Selon ce qu'on peut appeler le modèle de la cohésion sociale, c'est l'attirance que les individus éprouvent les uns envers les autres qui les conduit éventuellement à former un groupe. Il est donc question d'attraction interpersonnelle comme processus fondamental impliqué dans la formation des groupes, et non de la satisfaction des besoins psychologiques.

Par conséquent, les théories et les recherches examinées dans le chapitre 8 sont pertinentes ici et peuvent être utilisées pour comprendre la formation des groupes sociaux. Cependant, dans le contexte de l'étude des groupes, le concept crucial utilisé pour désigner l'attraction entre les membres d'un groupe est celui de **cohésion**. Ce concept correspond à la force des liens qui unissent les différents membres d'un groupe. Les groupes cohésifs sont des groupes attirants auxquels les gens désirent appartenir. La recherche a permis de développer des instruments pour mesurer la cohésion des groupes (voir Brawley, Carron & Widmeyer, 1987) et connaître les facteurs susceptibles d'augmenter ou de diminuer l'attraction entre les membres d'un groupe.

Les facteurs favorables à la cohésion. Les observateurs de la politique internationale remarquent fréquemment que le chef du gouvernement d'un pays n'est jamais aussi populaire qu'au moment où son pays entre en conflit avec un pays étranger. À ce moment, tous les citoyens semblent se tenir fermement derrière leur chef, bien qu'ils aient pu, auparavant, le critiquer sévèrement. Ce phénomène illustre un principe bien connu en psychologie sociale : la compétition intergroupes augmente la cohésion intragroupe (Sherif & Sherif, 1953). Ce phénomène peut s'expliquer par la notion de menace (Dion, 1979). Dans un conflit entre deux groupes, le groupe adverse constitue une menace. Or, il semble que toute forme de menace extérieure, qu'elle soit de nature physique, psychologique ou sociale, a comme propriété d'augmenter la cohésion intragroupe. On a observé, par exemple, que les communautés victimes de désastres naturels (Quarentelli & Dynes, 1972) ou les populations civiles soumises à des bombardements (Janis, 1951) vont se serrer les coudes pour affronter de telles situations.

L'issue de la compétition est un deuxième facteur qui peut avoir une incidence sur la cohésion. Habituellement, les groupes qui réussissent à atteindre leur objectif sont plus unis que ceux qui échouent (Dion, 1979 ; Lott & Lott, 1965). Cependant, les objectifs visés par le groupe (le plaisir, la victoire ou la détente) et la façon dont les membres du groupe interprètent la réussite ou l'échec peuvent en moduler les effets (Taylor, Doria & Tyler, 1983). Ainsi, l'attraction entre les membres d'un groupe qui échoue peut *augmenter* lorsque ceux-ci attribuent la cause de l'échec à des conditions environnementales externes (Worchel & Norvell, 1980).

Les conséquences de la cohésion. Logiquement, la cohésion devrait s'accompagner de diverses manifestations comportementales, comme un faible taux de roulement au sein du groupe, ou

une participation élevée et assidue aux activités du groupe. Les recherches confirment ces prédictions (Carron, Widmeyer & Brawley, 1988). Mais la cohésion a d'autres effets importants sur le conformisme, au regard des normes d'un groupe, et sur le rendement des groupes (Stephan & Stephan, 1990). Les gens ont davantage tendance à se conformer aux normes d'un groupe ayant une cohésion élevée qu'à celles d'un groupe ayant une faible cohésion (Lott & Lott, 1965 ; Wyer, 1966). Une étude expérimentale classique de Schachter (1951) a très bien illustré ce phénomène.

Pour manipuler la cohésion, Schachter a fait varier le degré d'attrait des activités d'un groupe auquel des étudiants étaient invités à se joindre. Chaque étudiant fut assigné à un groupe qui l'attirait beaucoup (condition de cohésion élevée) ou à un groupe qui l'attirait peu (condition de cohésion faible). Au total, 32 groupes furent créés. Chaque groupe avait pour tâche de se réunir et de discuter du cas d'un jeune délinquant, Johnny Rocco. L'objectif était d'arriver à une décision quant à la manière, indulgente ou sévère, de traiter le cas de ce jeune. Or, chaque groupe était composé d'environ six participants naïfs et de trois complices de l'expérimentateur, que les autres considéraient comme des membres ordinaires. Ces trois complices adoptaient l'un des trois rôles pour lequel ils avaient été formés : le rôle du « déviant », la personne qui adopte une position diamétralement opposée à l'orientation prédominante du groupe ; le rôle du « conformiste », la personne qui prend la même position que celle adoptée par la plupart des participants réels ; et le rôle du « flottant », la personne dont la position initiale est celle du déviant, mais qui, au cours de la discussion, en vient graduellement à se conformer à la position des autres membres du groupe. Les résultats démontrent clairement que le rejet du déviant est beaucoup plus fort dans les groupes jouissant d'une forte cohésion que dans ceux où la cohésion est faible. Autrement dit, la cohésion semble aller de pair avec une intolérance à la déviance. Si, de façon générale, le conformiste est préféré au déviant, c'est dans les groupes cohésifs que ce phénomène se développe réellement. Les implications de ces résultats sont considérables. La même opinion « déviante » ou « contestataire » serait réprimée avec beaucoup plus de force au sein d'un groupe ayant une forte cohésion. Ainsi, les réactions d'intolérance à l'égard de la déviance peuvent être le produit d'une situation de groupe très précise (cohésion élevée), et non le reflet d'une tendance inhérente à être intolérant.

La cohésion entraîne donc, dans la vie des groupes, une tendance plus marquée vers le conformisme. Nous verrons plus loin des implications potentiellement néfastes de cet aspect pour la prise de décision en groupe. Une deuxième raison expliquant l'intérêt que l'on porte au concept de cohésion se trouve dans l'hypothèse selon laquelle la cohésion aurait aussi comme conséquence d'améliorer de manière significative le rendement des groupes et des organisations (Mullen & Copper, 1994). Cette hypothèse a été largement étudiée dans des contextes organisationnels variés. Dans le domaine militaire, les experts en politique de défense considèrent que la cohésion serait l'arme la plus efficace d'une unité militaire (Henderson, 1985). Un groupe ayant une forte cohésion offre donc habituellement un rendement supérieur à celui d'un groupe ayant une faible cohésion. Toutefois, les recherches ont révélé qu'il faut aussi tenir compte du type de performance qui est valorisé par les membres du groupe pour bien comprendre la relation entre la cohésion et la performance (Kerr & Tindale, 2004 ; Ouwerkerk, Ellemers & de Gilder, 1999). Supposons que se développent, au sein d'un groupe de travail, certaines normes du type « il ne faut pas trop travailler » ou « il ne faut pas être trop zélé, juste assez pour ne pas paraître paresseux », comme ce qu'avait constaté Mayo dans sa célèbre enquête. On pourrait s'attendre à ce que les groupes ayant une cohésion élevée réussissent mieux que les autres à instaurer un conformisme par rapport à de telles normes, donc à ce que le travail accompli par ces groupes soit inférieur à celui produit par un groupe ayant des normes équivalentes, mais une cohésion plus faible.

Ainsi, en comparant des groupes présentant une cohésion, élevée à des groupes ayant une faible cohésion, et en utilisant des complices, Schachter et ses collègues (1951) ont pu établir que, lorsque les complices incitent les autres membres du groupe à accélérer leur rendement, le groupe ayant une forte cohésion donne le meilleur rendement, un résultat conforme aux études montrant que la cohésion a des effets bénéfiques sur le rendement du groupe. Cependant, Schachter et ses collègues ont aussi montré qu'à l'inverse, lorsque les complices incitent les autres membres du groupe à ralentir la cadence, c'est encore le groupe ayant une forte cohésion qui se distingue, au sens où il offre alors un rendement inférieur à celui d'un groupe ayant une faible cohésion. La loyauté aux normes du groupe interagit donc avec la cohésion pour déterminer la nature du rendement d'un groupe.

La théorie de l'autocatégorisation : on aime les gens auxquels on s'est joint

La théorie de l'autocatégorisation a été présentée par Turner (Turner *et al.*, 1982, 1987, 1995) comme une théorie susceptible de remplacer le modèle de la cohésion sociale. En développant certaines implications de la théorie de l'identité sociale (Tajfel & Turner, 1986), Turner propose, dans la théorie de l'autocatégorisation, une façon différente de comprendre et d'expliquer la formation des groupes en se basant essentiellement sur les mécanismes de l'identification sociale et de la catégorisation de soi. Il soutient que l'appartenance psychologique à un groupe et la formation du groupe sont des phénomènes ayant une base perceptuelle ou cognitive, et non une base affective, comme le prétendent les tenants du modèle de la cohésion sociale. Pour Turner (1982), la question fondamentale et déterminante en matière de formation psychologique du groupe n'est pas « Est-ce que j'aime ces individus ? » mais « Qui suis-je ? ». Ainsi, la théorie de l'autocatégorisation soutient que ce qui importe pour comprendre la formation des groupes sociaux, c'est la façon dont les individus se perçoivent et se définissent. De ce point de vue, la cause nécessaire et suffisante de la formation d'un groupe est que les individus se classifient comme membres d'une catégorie sociale particulière (Turner *et al.*, 1987).

Dans toutes les situations sociales, il existe différentes catégories sociales. Supposons, par exemple, qu'il y ait quatre personnes dans une salle d'attente, deux femmes et deux hommes. Dans la mesure où la situation rend saillante l'appartenance à la catégorie « homme » par opposition à la catégorie « femme », il y aura, selon la théorie de l'autocatégorisation, formation psychologique d'un groupe. C'est-à-dire que le comportement des deux hommes reflétera alors des comportements de membres de groupe, et non des comportements purement individuels, et il en sera de même pour les femmes. Si, par contre, la situation rend saillante l'appartenance religieuse, et qu'une femme et un homme sont de confession musulmane, contrairement aux deux autres, on verra encore une fois la formation psychologique du groupe, mais, cette fois, les individus agiront en fonction de leur appartenance religieuse respective (voir Hogg & Turner, 1987).

Ce modèle a des implications intéressantes relativement au concept d'attraction interpersonnelle entre les membres d'un groupe et à celui de cohésion (voir Hogg, 1995). En effet, l'attraction interpersonnelle ne devient plus nécessaire à la formation du groupe. Comme l'écrit Turner (1982) : « la cohésion sociale peut émerger comme produit direct de l'identification sociale. On ne formerait pas un groupe avec des individus qu'on aime autant qu'on aimerait des individus parce qu'ils font partie du même groupe que nous. » (P. 25.) Ainsi, dans la situation de la salle d'attente, la théorie de l'autocatégorisation suggère que les sentiments d'attraction interpersonnelle ne seraient pas à l'origine de la formation du groupe des deux personnes qui se perçoivent comme membres d'une même catégorie, mais il est fort probable que des sentiments positifs se développent à la suite de la formation psychologique du groupe. On peut donc avancer que le simple fait de se percevoir et de se définir en tant que membre d'un groupe est un des processus fondamentaux à la base de la formation

des groupes. Pour Turner (1995), c'est la catégorisation de soi en tant que membre d'un groupe qui rend l'action collective possible.

LE GROUPE COMME AGENT DE SOCIALISATION

Après avoir défini la notion de groupe et traité de la formation des groupes, nous pouvons nous demander ce qui se passe à la suite de la formation d'un groupe et de l'adhésion à un groupe. Dans cette section, nous discuterons donc des changements qui se produisent au sein des groupes sociaux au fil du temps. Nous aborderons d'abord la question de l'émergence d'une structure au sein du groupe et nous montrerons ensuite, en examinant des groupes particuliers, comment cette structure permet de comprendre les changements psychologiques qui s'opèrent dans la vie des groupes.

La structure des groupes

Lorsque des individus se réunissent en groupe, on observe, après quelque temps, certaines constantes dans la manière d'agir des différents membres du groupe. Ainsi, après trois réunions, les groupes de jeunes enfants auront déjà établi des traditions (Merei, 1949). Chacun aura choisi la place qui lui appartient dans la salle, et les enfants auront déterminé qui jouera avec quel jouet et la séquence des activités qui sera suivie. On appelle ces tendances relativement constantes des groupes, peu importe qui en fait partie, la **structure des groupes**. Trois concepts importants se rapportent à la structure de tous les groupes sociaux : les rôles, les normes et le statut.

Les rôles. Au sein de n'importe quel groupe, il existe habituellement une certaine différenciation sur le plan des activités et des tâches qui incombent à chacun des membres. Certains sont des attaquants, d'autres des défenseurs. Un tel est nommé trésorier, un autre, président. Bref, chaque membre du groupe a son **rôle** à jouer. La notion de rôle implique donc une certaine spécialisation des tâches à l'intérieur du groupe. Sur le plan psychologique, les rôles ont une importance considérable en raison des attentes qui y sont liées. En effet, lorsqu'un individu adopte un rôle spécifique, les autres membres du groupe s'attendent à ce qu'il agisse conformément à ce rôle et se comportent eux-mêmes à son égard en fonction de ces attentes. C'est pourquoi on définit habituellement le rôle comme étant l'ensemble des comportements attendus et jugés appropriés d'un individu occupant une certaine position dans un groupe (Sarbin & Allen, 1968). Les effets saisissants des rôles sur les comportements ont été démontrés dans de célèbres expériences en psychologie sociale, comme celles de Milgram (1974) portant sur le rôle de l'autorité scientifique ou de Zimbardo portant sur les rôles de gardiens de prison et de détenus (relativement à cette expérience de Zimbardo, voir le site Internet http://www.prisonexp.org/).

Les normes. Il a déjà été question du second élément de la structure des groupes sociaux, soit les normes (voir les chapitres 10 et 11). Rappelons qu'il s'agit de règles habituellement implicites qui indiquent aux membres du groupe les comportements qui sont appropriés ou inappropriés dans une situation donnée. De manière plus générale, les **normes** font référence à ce qui est perçu comme socialement désirable ou valorisé. Par exemple, les recherches liées à la théorie de la norme d'internalité montrent qu'il existe, dans nos sociétés, une valorisation de l'explication interne des comportements, c'est-à-dire une valorisation de tout ce qui accentue le poids causal de l'acteur dans les explications (Beauvois, 1994 ; Dubois, 1994). Ainsi, dans un contexte de recrutement, les candidats « internes » sont habituellement évalués plus favorablement que les candidats « externes », et lorsqu'on demande à des individus de donner une image positive d'eux-mêmes, ils répondent en endossant davantage des explications internes que des explications externes ou situationnelles des comportements. Cela suggère une certaine clairvoyance par rapport à la norme d'internalité (Jouffre, Py & Somat, 2001). Mais nous ne sommes

pas toujours pleinement conscients de l'existence des normes, et ce, même lorsque notre comportement est régi par elles. Les députés et ministres en complets-veston, comme les jeunes qui portent des jeans, en viennent peut-être à se convaincre que leurs vêtements reflètent leur préférence personnelle, mais, en réalité, les différents styles vestimentaires sont de bons exemples de conduites normatives. De manière générale, les normes sociales ont pour fonction de faciliter l'interaction sociale, et de rendre l'interaction à l'intérieur du groupe plus efficace ou plus satisfaisante au regard des objectifs du groupe (Brown, 1988).

Le statut. Pour comprendre le fonctionnement psychosocial du groupe, on doit considérer la façon dont les rôles et les normes interagissent avec un troisième élément de la structure groupale : le **statut**. En effet, les rôles attribués à chacun des membres d'un groupe n'ont pas nécessairement le même degré de prestige, et les normes ne s'appliquent pas à tous avec la même sévérité. Le concept de statut permet de prendre en compte ces variations. Il réfère précisément aux différences relativement stables de prestige, de dominance ou de contrôle entre les membres du groupe (Forsyth, 1999). Le rôle de chef cuisinier, par exemple, implique plus de prestige que celui de serveur, et on observe que les membres de statut élevé peuvent s'écarter plus facilement des normes du groupe que les membres de statut faible (Brown, 1988). Les groupes sociaux se caractérisent donc fréquemment par une structure hiérarchique plus ou moins rigide (Sidanius et Pratto, 1999). Selon les travaux de Lorenzi-Cioldi (2002 ; Lorenzi-Cioldi & Chatard, 2006), l'appartenance à un groupe de statut relativement élevé ou faible a des répercussions psychologiques importantes. Les membres d'un groupe de statut élevé (par exemple les hommes) fonctionnent habituellement comme s'ils appartenaient à des « groupes-collection », c'est-à-dire qu'ils accordent beaucoup d'importance au fait de se distinguer des autres, et se perçoivent comme des agents autonomes et indépendants. En revanche, les membres d'un groupe de faible statut (par exemple les femmes) fonctionnent habituellement comme s'ils appartenaient à des « groupes-agrégat », c'est-à-dire de manière plus collectiviste, en ayant une définition d'eux-mêmes qui repose davantage sur leur appartenance sociale (voir aussi Deschamps, 1982).

L'influence des groupes au fil du temps

L'adhésion à un groupe social implique l'insertion dans un système de rôles, de normes et de statut. Ces concepts sont utiles pour analyser les groupes sociaux et comprendre leur influence sur les individus. Mais ils sont aussi insuffisants. Les rôles sociaux, notamment, ne font pas partie de notre patrimoine génétique. Ils supposent une période d'apprentissage ou de socialisation. La **socialisation**, écrit Serge Albouy (1976), « est le mécanisme par lequel une société transmet sa culture, c'est-à-dire son système de valeurs, de normes, de rôles sociaux et de sanctions » (p. 417). Loin de faire uniquement référence à la période de l'enfance, les processus de socialisation ont, en fait, une portée plus générale. Ils concernent l'ensemble des mécanismes contribuant à transformer les individus en membres de groupes, peu importe la nature du groupe (Guimond & Dif, 2001). Dans les sociétés modernes, cette socialisation s'exerce principalement par l'entremise de la famille, de l'école et du milieu de travail.

Le groupe familial. La famille est habituellement considérée comme le principal agent de socialisation. C'est effectivement au sein du groupe familial que nous sommes exposés pour la première fois à un système de rôles, de normes et de statuts. Dès la naissance, la plupart des parents traitent les garçons et les filles de façon différente en leur offrant des jouets différents ou en leur faisant porter des vêtements différents. Pourquoi ? L'étude de Condry et Condry (1976) fournit quelques indices. Dans cette recherche, on demandait à des étudiants d'observer le comportement d'un bébé de neuf mois présenté comme « Diane » ou « David » selon la condition expérimentale. Les résultats montrent que, lorsque

« David » réagissait devant une boîte à surprise qui s'ouvrait soudainement en faisant du bruit, sa réaction était décrite comme de la « colère », alors que la même réaction du bébé « Diane » était décrite comme de la « peur ». Autrement dit, le stéréotype culturel associé au genre a joué un rôle dans la perception et l'interprétation du comportement du bébé. Et on a de bonnes raisons de penser que le comportement des parents à l'égard de l'enfant est également influencé par les stéréotypes, les croyances, les valeurs ou les normes culturelles (Guimond, 1999b).

Plus généralement, étant donné notre tendance à imiter et à reproduire les conduites qu'on a pu observer chez nos parents, tendance étayée par de nombreuses recherches (Leyens & Yzerbyt, 1997), on peut s'attendre à ce que le groupe familial exerce une influence significative sur notre développement psychologique. Cette attente est à la base d'un grand nombre de recherches concernant l'influence des parents sur le développement de l'enfant (Ruble & Goodnow, 1998). Ces travaux ont réservé quelques surprises. Ainsi, Harris (1995), qui a fait la revue de la documentation existante, souligne qu'il faut sans doute se résoudre à penser que l'influence directe des parents dans le développement de la personnalité de l'enfant serait à peu près nulle. En effet, si l'on considère les enfants d'une même famille, qui ont les mêmes parents, qui sont élevés dans la même maison et dans le même milieu social, et qui sont soumis aux mêmes pratiques de socialisation, on devrait constater qu'ils se ressemblent énormément sur le plan psychologique. Partageant l'héritage génétique de leur parents et soumis à une socialisation culturelle commune, ils devraient forcément être très semblables. Or, comme chacun peut le constater dans sa propre famille, ce n'est pas le cas. Les enfants d'une même famille développent des caractéristiques psychologiques aussi différentes que ceux issus de milieux complètement différents. Comment expliquer cet état de fait ?

Maccoby et Martin (1983) dégagent deux possibilités : soit que les parents ont en réalité très peu d'influence sur leurs enfants, soit qu'ils ont une influence différente sur chacun de leurs enfants. Or, selon Harris (1995), les travaux voulant mettre en évidence une influence différentielle des parents au sein de la famille n'y sont pas parvenus. Reste donc l'autre possibilité : les parents auraient un effet négligeable sur le développement psychologique de leurs enfants. Ce constat amène Harris (1995) à proposer une nouvelle théorie, la théorie de la socialisation collective, selon laquelle l'influence des parents serait indirecte et se produirait par l'entremise du groupe de pairs. Selon elle, la socialisation par le groupe de pairs à l'extérieur de la famille, un processus qui se trouve dans toutes les cultures, serait responsable du développement de caractéristiques psychologiques différentes chez les enfants d'une même famille.

Spécialiste internationalement reconnue dans ce domaine, Maccoby (2000) a voulu relever le défi lancé par Harris. Tout en rejetant la thèse de Harris sur la base de travaux menés au cours des dix dernières années, Maccoby reconnaît l'influence salutaire du questionnement de Harris et admet que les chercheurs ont sans doute surestimé la puissance de l'influence des parents, négligeant du même coup le rôle d'autres sources d'influence tout aussi significatives. Bref, si Harris exagère en disant que les parents n'ont aucune influence, elle a raison de dire que l'influence des pairs est probablement aussi importante que celle des parents, sinon plus. D'ailleurs, il est raisonnable de s'attendre à ce que l'influence des parents et des pairs varie selon l'âge des enfants, et se traduise par une influence plus importante des parents sur les enfants en bas âge et par une influence plus grande des pairs sur les enfants qui vieillissent.

L'école et l'influence des pairs. Dès que l'âge scolaire est atteint, la famille commence peu à peu à perdre son emprise sur l'enfant au profit du groupe d'amis (Bar-Tal *et al.*, 1991 ; Berndt, 1979). Le groupe de pairs qui se forme en milieu scolaire a depuis longtemps été reconnu, en matière de puissance, comme le deuxième agent de socialisation.

Il fait peu de doute que notre intégration au sein d'un groupe d'amis modifie considérablement notre conduite. Par exemple, si la plupart de vos amis fument la cigarette, ou font usage d'alcool ou de drogues, cela augmente d'une manière significative la probabilité que vous utilisiez de telles substances (Aloise-Young, Graham & Hanse, 1994 ; Borsari & Carey, 2001). Le seul fait de croire que la plupart de vos amis sont favorables à la consommation d'alcool à outrance peut influencer à la hausse votre propre consommation, et ce, même si cette croyance est erronée (Prentice & Miller, 1993).

L'allongement de la période scolaire d'un grand nombre de jeunes constitue un phénomène relativement nouveau dont on commence à peine à saisir la portée. À tel point qu'on est en droit de se demander si l'école n'est pas devenue, dans les sociétés modernes, le principal agent de socialisation, ayant une influence encore plus déterminante que celle de la famille (Trottier, 1983). En 1943 déjà, les résultats obtenus par Newcomb dans une étude menée au collège de Bennington soulevaient la question.

La trilogie de Newcomb : 50 ans dans la vie des étudiantes de Bennington

Theodor Newcomb était professeur dans un petit collège universitaire américain qui accueillait chaque année quelques centaines d'étudiantes provenant, pour la plupart, de familles aisées et conservatrices. Etant donné que les normes en vigueur au collège de Bennington étaient décidément libérales (ou de gauche), Newcomb décida de mener une expérience « naturelle » afin d'étudier la façon dont des jeunes filles habituées à des normes conservatrices (ou de droite) s'adaptaient à ce nouvel environnement. Il interrogea donc les étudiantes de Bennington à plusieurs reprises au cours de leur formation. Les résultats ont permis d'observer des transformations très nettes dans les attitudes des étudiantes : de conservatrices, la grande majorité d'entre elles sont devenues libérales (c'est-à-dire de gauche). Ainsi, au cours des quatre années de formation universitaire, la proportion d'étudiantes favorables à un parti socialiste (à un parti encore plus à gauche politiquement que le parti démocrate américain) passa de moins de 10 % à plus de 30 %.

Ces résultats correspondent à un phénomène général en matière de relations intragroupes. En somme, on cherche à se conformer aux normes de notre groupe et de notre société. S'il est bien vu dans notre cercle d'amis d'être favorable à telle option politique, à tel genre de film ou à tel type de musique, si la norme est de se teindre les cheveux en rouge ou en vert, nous tendons petit à petit à adhérer à cette demande implicite du groupe. Comme Festinger, Schachter et Back (1950) le notent : « Lorsqu'une personne désire rester membre d'un groupe, elle est sujette aux influences provenant du groupe, et elle voudra se conformer aux règles que le groupe établit. » (P. 91.) Les attitudes sociales et politiques peuvent donc se développer sous l'influence de tels processus de socialisation, ce qui signifie que, lorsqu'on s'intègre à un nouveau groupe social et qu'on désire en faire partie, on adoptera petit à petit les attitudes, les valeurs et les normes propres à ce groupe.

Mais comment Newcomb explique-t-il de tels résultats ? Pourquoi les étudiantes de Bennington sont-elles devenues plus « libérales » ? Newcomb (1943, 1958) fonde son interprétation principalement sur la théorie du groupe de référence. Il suggère que les étudiantes ont changé d'attitudes parce qu'elles ont changé de groupe de référence. Effectivement, les entretiens réalisés par Newcomb révèlent que les étudiantes devenues libérales étaient celles qui s'identifiaient fortement à la communauté universitaire, elle-même largement progressiste, et qui recherchaient l'approbation de cette communauté. Autrement dit, le collège constituait, pour ces étudiantes, un nouveau groupe de référence. Par contre, la minorité d'étudiantes ayant maintenu des attitudes conservatrices était composée de jeunes femmes qui continuaient à prendre leur famille comme groupe de référence et qui étaient relativement isolées de la communauté universitaire, ou qui s'y étaient moins bien intégrées. C'est dire que, pour certaines étudiantes, le collège représentait

un groupe d'appartenance sans nécessairement être un groupe de référence.

Le caractère unique de cette recherche de Newcomb tient cependant à la suite qu'on lui a donnée. Les étudiantes qui ont participé à cette étude à l'âge de 20 ans durant les années 1930 ont été jointes une deuxième fois 25 ans plus tard (Newcomb *et al.*, 1967), au moment où elles atteignaient la quarantaine, et même une troisième fois en 1984, au moment où elles dépassaient la soixantaine (Alwin, Cohen & Newcomb, 1991). Ces efforts ont permis de mettre en évidence l'étonnante *stabilité* des attitudes sociales et politiques au cours de la période *suivant* la fin des études à Bennington. En effet, le changement d'attitudes observé au cours de la première partie de la recherche s'est maintenu à l'âge adulte, c'est-à-dire 25 ans et même 50 ans plus tard. Ainsi, la socialisation politique assurée par le groupe familial peut non seulement se transformer radicalement sous l'effet du milieu universitaire, mais, de plus, cette nouvelle socialisation s'avère, contrairement à la première, des plus persistantes et durables (Kinder & Sears, 1985).

Des résultats analogues obtenus dans différents milieux suggèrent qu'il s'agit d'une tendance relativement générale (Pascarella & Terenzini, 1991). Les jeunes adultes âgés de 18 à 25 ans se distinguent, en effet, de tous les autres groupes d'âge par une plus grande instabilité dans leurs attitudes politiques, ce qui suggère que cette période de la vie est particulièrement importante pour la formation et le développement des attitudes sociales et politiques (Krosnick & Alwin, 1989). Mais, contrairement à la croyance populaire, cette prédisposition au changement ne serait pas le reflet d'une grande malléabilité inhérente aux jeunes : elle s'explique plutôt par le fait que la période de 18 à 25 ans est une période de la vie où il y a plus d'*occasions* de changement. En effet, lorsqu'elles sont soumises aux mêmes tentatives d'influence, les personnes âgées changent d'attitudes dans la même mesure que les plus jeunes (Guimond, 1995 ; Guimond & Dif, 2001 ; Tyler & Schuller, 1991 ; Schein, 1967).

L'influence des « cultures » scolaires

Le projet de Newcomb, et l'explication qu'on en retient dans les manuels de psychologie sociale, accorde un rôle central à l'influence des pairs dans le processus de socialisation (Brown, 1988 ; Forsyth, 1999 ; Mackie, Worth & Asuncion, 1990 ; Ross & Nisbett, 1991 ; Turner, 1991). En revanche, on a rarement remarqué que Newcomb a aussi souligné, dans le dernier chapitre de son livre de 1943, que le rôle des enseignants et des domaines d'études était capital pour comprendre l'origine des changements d'attitudes observés chez les étudiantes de Bennington (Guimond, 1999a). Effectivement, il n'est pas possible de considérer que les étudiants ou les professeurs font partie d'un groupe social homogène tellement les différences d'attitudes qu'ils manifestent, selon la discipline scolaire où ils œuvrent, sont importantes.

Les professeurs d'université font partie des classes relativement privilégiées de la société. De plus, le travail, le statut social, le niveau d'éducation et le salaire d'un professeur d'université sont essentiellement les mêmes dans un département de chimie, de géologie ou d'histoire. On pourrait donc s'attendre à ce que les professeurs d'université soient uniformément conservateurs dans leurs orientations sociales et politiques. Pourtant, les recherches ne confirment pas cette hypothèse. Par exemple, Spaulding et Turner (1968) ont mesuré les attitudes sociopolitiques de plus de 2 000 professeurs d'université provenant de neuf disciplines distinctes. Globalement, ils observent que seulement 9 % des professeurs de philosophie peuvent être classés comme « conservateurs » selon leur réponse, contre 26 % des professeurs de psychologie, 54 % des professeurs de mathématiques et 66 % des ingénieurs. Sur le plan du comportement électoral, alors que 79 % des philosophes votent pour un candidat de gauche, seulement 27 % des ingénieurs font de même. Ces écarts sont énormes. On s'attend à obtenir de tels résultats en comparant des groupes complètement différents, comme les riches et les pauvres. Pourtant, ces écarts selon la discipline universitaire se trouvent dans la plupart des pays, chez les enseignants comme chez les étudiants (Galland, 1995 ; Guimond, 1992 ; Guimond & Palmer, 1996 ; Guimond, Palmer & Bégin, 1989 ; Ladd & Lipset, 1975 ; Sidanius et al., 1991).

Des recherches menées au Québec, en Ontario, en France et aux États-Unis suggèrent que l'intégration des étudiants universitaires au sein d'une filière scolaire s'accompagne de l'acquisition d'un certain nombre d'attitudes, de croyances et de valeurs propres à cette filière (Dambrun, Guimond & Duarte, 2002 ; Guimond, 1998, 2000). Par exemple, l'étude longitudinale de Guimond et Palmer (1996) montre que, de la première à la troisième année à l'université, la socialisation des étudiants en commerce les amène à percevoir les syndicats d'une manière plus négative que les étudiants en sciences sociales, qui maintiennent des attitudes neutres ou légèrement positives à l'égard des syndicats. Parmi les mécanismes permettant d'expliquer de tels effets différentiels de socialisation en fonction de la discipline scolaire, les recherches récentes ont mis en évidence le rôle de l'orientation à la dominance sociale.

La théorie de la dominance sociale et les mécanismes de la socialisation

La théorie de la dominance sociale représente un des plus récents efforts d'intégration des connaissances en psychologie sociale (Pratto, 1999 ; Sidanius & Pratto, 1999). Elle s'inspire des plusieurs champs disciplinaires distincts, comme la psychologie de la personnalité, la psychologie sociale, la sociologie politique, la biologie et l'anthropologie. Elle a de nombreuses implications pour la compréhension des phénomènes d'oppression et de conflits intergroupes, et offre aussi une perspective importante pour comprendre les phénomènes de socialisation intragroupe et leurs répercussions. Le point de départ de cette théorie est d'avancer que toutes les sociétés complexes sont organisées selon un mode hiérarchique, avec au moins un groupe dominant au sommet de la hiérarchie sociale, et un ou plusieurs groupes dominés à la base. À l'instar des travaux antérieurs en sociologie ou en psychologie sociale, la théorie de la dominance sociale suggère que les groupes dominants développent des idéologies afin de légitimer les inégalités sociales et de perpétuer leur dominance. Ces idéologies sont appelées « mythes de légitimation » et définies comme « des valeurs, des attitudes, des croyances, des attributions causales, et des idéologies qui fournissent une justification intellectuelle et morale aux pratiques sociales » (Sidanius & Pratto, 1999, p. 104). Toutefois, contrairement aux conceptions antécédentes, la théorie de la dominance sociale distingue *deux* principales catégories de mythes de légitimation : les mythes *accentuant la hiérarchie sociale*, qui justifient les inégalités entre les groupes, et les mythes *atténuant la hiérarchie sociale*, qui justifient, au contraire, l'égalité sociale et cherchent à atténuer les rapports de domination (Sidanius *et al.*, 2001). Comme exemple des premiers, Sidanius et Pratto citent notamment le racisme, qui justifie les inégalités entre les groupes raciaux, le sexisme, qui justifie les inégalités entre les hommes et les femmes, et les attributions internes de la pauvreté, qui justifient les inégalités entre les riches et les pauvres. Comme exemple des seconds, ils citent le féminisme, le multiculturalisme, le socialisme, les droits humains universels et les attributions externes de la pauvreté, qui représentent, dans tous les cas, des croyances favorables à l'atténuation de la hiérarchie sociale.

L'originalité de la théorie de la dominance sociale provient également de la proposition d'une distinction analogue en matière de rôles sociaux. Elle distingue les rôles accentuant la hiérarchie sociale, qui impliquent des activités favorables aux dominants, des rôles atténuant la hiérarchie sociale, qui impliquent, au contraire, la défense des intérêts des faibles contre les intérêts des puissants. Une carrière dans le secteur des services sociaux correspondrait à ce dernier type de rôle social, alors qu'une carrière de policier ou de militaire serait un bon exemple de rôle accentuant la hiérarchie sociale.

Une question intéressante se pose quant au rapport entre cette distinction des rôles sociaux et la distinction des mythes de légitimation. Toutes choses égales par ailleurs, ne peut-on pas supposer que les personnes occupant des rôles accentuant la hiérarchie sociale adhéreront davantage à des mythes de légitimation, qui renforcent les inégalités entre les groupes sociaux, alors que l'inverse serait vrai pour ce qui est de l'atténuation des inégalités sociales ? Les résultats des recherches mentionnées précédemment concernant la socialisation des étudiants selon la filière scolaire répondent positivement à cette question. Comme le montrent les figures 12.1 et 12.2, à mesure qu'ils progressent dans leur formation, les étudiants en sciences sociales, qui se destinent à un rôle atténuant la hiérarchie sociale, adhèrent de plus en plus à des mythes visant à atténuer la hiérarchie sociale, comme le socialisme (figure 12.1), alors qu'au même moment, les étudiants en commerce, qui se destinent à un rôle accentuant la hiérarchie sociale, adhèrent de plus en plus à des mythes accentuant la hiérarchie sociale, comme le conservatisme (figure 12.2) (Guimond, Palmer & Bégin, 1989). Des résultats du même type sont obtenus en mesurant les attributions causales en ce qui a trait à la pauvreté et au chômage, dans des études transversales et longitudinales. Les attributions externes ou situationnelles deviennent relativement plus importantes quand le nombre d'années d'études en sciences sociales augmente, alors qu'en ce qui concerne les études en commerce, c'est l'inverse (Guimond, Bégin & Palmer, 1989 ; Guimond & Palmer, 1996).

L'orientation à la dominance sociale : trait de personnalité ou processus de groupe ?

La théorie de Sidanius et Pratto (1999) propose également un nouveau concept psychologique afin de rendre compte du degré d'adhésion des individus à des mythes de légitimation, l'**orientation à la dominance sociale** (ODS). Ce concept fait référence à l'attitude générale des individus envers les rapports de domination et les relations hiérarchiques. Un instrument permettant de mesurer cette orientation a été développé et validé par Pratto et ses collègues (1994). Duarte, Dambrun et Guimond (2004) ont validé une version française de cette échelle, qui est composée de huit énoncés indiquant une attitude favorable envers les relations hiérarchiques et la dominance (par exemple : « C'est probablement une bonne chose qu'il y ait certains groupes au sommet et d'autres groupes au plus bas niveau. »), et de huit énoncés indiquant, au contraire, une attitude favorable envers l'égalité sociale (par exemple : « Ce serait bien si les groupes pouvaient être égaux. »). Les individus indiquent leur degré d'acceptation des énoncés. Les scores aux énoncés relatifs à l'égalité sociale sont inversés, de sorte que plus les individus ont des scores élevés sur cette échelle, plus leur ODS est élevé et, autrement dit, plus ils sont favorables à des relations intergroupes hiérarchiques et inégalitaires. Il est à noter que les énoncés de cet instrument font référence à des « groupes », et non à des individus, mais sans préciser de groupes particuliers.

Conformément à la théorie, les recherches utilisant cet instrument montrent que les individus ayant des scores d'ODS élevés sont favorables à des mythes accentuant la hiérarchie sociale et défavorables à des mythes atténuateurs (Duckitt, 2001 ; Guimond, 2004 ; Sidanius & Pratto, 1999). Les travaux de Altemeyer (1998) indiquent qu'aucune autre mesure de personnalité, parmi une vingtaine d'échelles, ne permet une meilleure prédiction du niveau des préjugés d'un individu (pas même l'échelle d'autoritarisme développée par Altemeyer lui-même !). En France, plus les individus ont des scores d'ODS élevés, plus ils expriment des préjugés contre les Nord-Africains et plus ils manifestent des attitudes favorables à l'égard du Front national, un parti politique d'extrême droite connu pour ses positions discriminatoires à l'égard des immigrants (Dambrun *et al.*, 2002 ; Duarte *et al.*, 2004). De plus, les recherches suggèrent que l'ODS permet de prédire non seulement des attitudes, mais aussi des comportements de discrimination (Amiot & Bourhis, sous presse ; Michinov *et al.*, 2005).

Ces fortes corrélations entre l'ODS, divers comportements et diverses attitudes sont importantes,

FIGURE 12.1 **Évolution des attitudes envers les « socialistes » le long du parcours scolaire et universitaire, selon la discipline**

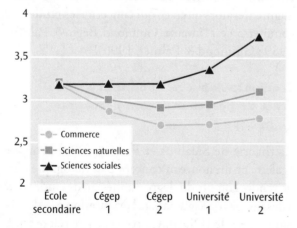

FIGURE 12.2 **Évolution des attitudes envers les « conservateurs » le long du parcours scolaire et universitaire, selon la discipline**

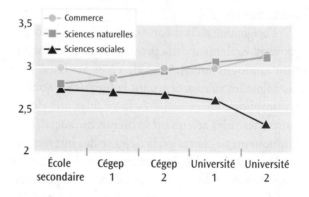

Note : Cégep 1 et 2 sont des classes transitoires qui précèdent l'entrée à l'université dans la province de Québec. Échelles de type Likert en 5 points (1 : défavorable ; 5 : favorable).

Source : Guimond, Palmer et Bégin (1989).

mais elles peuvent être interprétées de plusieurs façons. Ainsi, certains chercheurs considèrent qu'elles appuient un modèle de la personnalité qui explique les attitudes négatives envers certains groupes sociaux par les traits de caractère des individus (Altemeyer, 1998 ; Whitley, 1999). Selon ce modèle, l'ODS représente un trait de personnalité, une caractéristique stable et profondément ancrée chez les individus qui les prédispose à avoir des préjugés. Opposées à ce modèle de la personnalité, des recherches récentes ont montré qu'en réalité, le rôle de l'ODS relève d'un processus de groupe. Plus précisément, selon le modèle proposé par Guimond et ses collègues (2003), l'ODS fait partie d'un processus de socialisation en groupe permettant d'expliquer pourquoi les individus occupant divers rôles sociaux développent ou non des attitudes négatives envers certains groupes. Ainsi, lorsque la socialisation dans un rôle se traduit par une augmentation des scores à l'ODS, ce modèle permet de prévoir une adhésion plus forte à des mythes de légitimation.

En harmonie avec ce modèle, plusieurs recherches ont mis en évidence un effet du statut social sur les scores obtenus à l'échelle ODS (Guimond *et al.*, 2003 ; Schmitt, Branscombe & Kappen, 2003 ; Sidanius & Pratto, 1999). Ainsi, comme le montre la figure 12.3, des étudiants en droit, un domaine soutenant la hiérarchie sociale, ont des scores d'ODS plus élevés en troisième année à l'université qu'en première année, alors que l'inverse est observé en psychologie, un domaine préparant davantage à des rôles favorisant l'égalité sociale. Conformément au modèle de la socialisation en groupe, l'écart entre les domaines d'études dans l'orientation à la dominance sociale se creuse avec les années. Ces résultats suggèrent que la socialisation dans une position sociale dominante entraîne une augmentation des scores d'ODS, donc une attitude plus favorable à l'égard des relations intergroupes hiérarchiques et des inégalités. En revanche, la socialisation dans un domaine visant à atténuer la hiérarchie sociale, comme la psychologie, semble associée à une diminution des scores d'ODS.

De nombreuses recherches ont aussi montré que les personnes occupant une position sociale dominante, comme celles appartenant à des groupes de statut élevé, adhèrent davantage à divers mythes de légitimation (Bettencourt *et al.*, 2001 ; Brauer, 2001 ; Guimond, 2000 ; Sidanius & Pratto, 1999). De fait, selon les recherches de Guimond et de ses collègues (2003), le simple fait d'attribuer à des individus, de façon aléatoire, une position dominante dans un système hiérarchique (comme leader ou directeur dans une grande entreprise) est suffisant pour augmenter de manière significative leur adhésion à des mythes de légitimation, comme le racisme ou le sexisme. De plus, cette augmentation du racisme ou du sexisme s'explique par l'effet de la position sociale sur l'ODS. Autrement dit, lorsqu'on se trouve au sommet de la hiérarchie, on a tendance à percevoir les inégalités et les relations hiérarchiques sous un jour nouveau. Les inégalités ne nous apparaissent plus aussi inacceptables (les scores sur l'échelle d'ODS augmentent) et, en conséquence, on devient plus réceptif à des idéologies justifiant ces inégalités, comme le racisme et le sexisme (l'adhésion à des mythes de légitimation augmente).

L'ODS n'apparaît donc pas dans ces recherches comme un trait stable de la personnalité des individus, mais beaucoup plus comme un système de

FIGURE 12.3 **Influence du nombre d'années d'études en droit et en psychologie sur l'ODS**

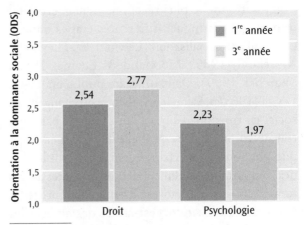

Source : Guimond *et al.* (2003).

croyances relativement malléables, résultant d'un processus de socialisation en groupe (voir Amiot & Bourhis, sous presse ; Duckitt, 2001 ; Guimond et al., 2003).

Le travail. Les processus de socialisation dont il vient d'être question sont aussi à l'œuvre dans le domaine des entreprises et des organisations. La fin de la période des études et le passage à d'autres occupations impliquent une intégration au sein d'un nouveau milieu social, ce qui signifie l'adaptation à un nouveau système de rôles, de normes et de statuts entraînant divers changements psychologiques. Les psychologues sociaux qui s'intéressent à ce passage étudient les processus de **socialisation organisationnelle**, c'est-à-dire les facteurs qui influencent l'acquisition, par les nouveaux membres d'une organisation, des normes, des rôles et des valeurs propres à cette organisation (Baron, 1986). En effet, le nouvel employé doit non seulement être capable de faire les tâches qu'on lui confie, mais il doit aussi démontrer sa capacité d'agir en fonction des normes et des valeurs qui gouvernent les habitudes de cette organisation. Les organisations peuvent recruter des individus possédant les valeurs d'entreprise recherchées, mais elles peuvent également socialiser leurs membres de façon à ce qu'ils adoptent les attitudes et les valeurs désirées.

Une longue tradition théorique, en psychologie sociale d'abord, et dans le domaine de la psychologie organisationnelle plus récemment, suggère qu'il importe de distinguer différentes étapes dans le processus de socialisation (Lewin, 1965 ; Levine & Moreland, 1985 ; Moreland & Levine, 1982 ; Worchel, 1999). Dans un texte publié en 1947, Lewin (1965) présentait une théorie du changement social en trois phases qui allait servir de base aux travaux futurs. L'idée essentielle de cette théorie est que, pour obtenir un changement réussi (sur le plan des comportements alimentaires ou de toutes autres caractéristiques normatives), il faut d'abord procéder à une décristallisation, c'est-à-dire déstabiliser les bases collectives qui soutiennent les comportements,

attitudes ou valeurs qu'on désire remplacer. En effet, comme les pages précédentes l'ont montré, les attitudes, les croyances et les valeurs des individus n'existent pas dans un vacuum social. Ces attitudes et ces croyances sont intimement liées à celles des groupes auxquels les individus appartiennent ou souhaitent appartenir. Pour changer ces attitudes et ces comportements, il faut donc chercher d'abord à réduire ce soutien normatif que procure le groupe. Ensuite seulement peut-on changer les comportements ou les valeurs, et aller vers un nouveau seuil pour, enfin, passer à la troisième phase, qui vise à procurer une stabilité à long terme à ce changement par la « cristallisation de la vie du groupe au nouveau niveau atteint » (Lewin, 1965, p. 516).

À l'instar de Lewin, de nombreux théoriciens de la socialisation organisationnelle suggèrent l'existence de trois principaux stades de socialisation : la rencontre, la métamorphose et, enfin, la stabilisation (Hackman, 1990 ; Moore, 1969 ; Porter, Lawler & Hackman, 1975 ; Sampson & Marthas, 1990 ; Schein, 1987). Le premier stade correspondrait à une période initiale et intense de socialisation constituée d'événements « négatifs » ou stressants dont le but serait de délester l'individu de ses anciennes valeurs. C'est le stade de la « rencontre », qui couvre toute la période au cours de laquelle l'individu cherche à s'intégrer au sein d'un nouveau groupe ou d'une organisation. Il ressemble, en quelque sorte, à la période d'initiation ou de bizutage que devaient vivre à une époque, et bien malgré eux, tous les étudiants de première année à l'université.

Diverses observations suggèrent que ce premier stade de socialisation a effectivement un effet déstabilisateur sur l'individu (Ryan, Robinson & Hausman, 2004). Meyer et Allen (1987) ont étudié, auprès des finissants de l'Université Western Ontario, le développement du sentiment d'engagement envers l'organisation de travail au cours des premier mois suivant l'embauche, donc durant le premier stade de la socialisation au travail (voir aussi Meyer & Allen, 1997). Les participants avaient, pour la plupart, un diplôme de premier cycle, ils en étaient à leur premier travail à temps plein pour une organisation de grande taille (plus de 500 employés) dans le secteur de l'assurance, de l'actuariat, ou du développement et de la vente de matériel informatique. Confirmant les hypothèses des chercheurs, les résultats ont démontré un déclin significatif de la satisfaction au travail et de l'engagement organisationnel au cours des neuf premier mois suivant l'embauche. Cette période de stress, au cours de laquelle les sentiments d'anxiété et d'incertitude peuvent être importants (Ryan *et al.*, 2004), semble donc vécue de manière négative et provoque une déstabilisation par rapport à l'organisation. La même constatation est faite en milieu militaire, un milieu réputé pour assurer un entraînement particulièrement dur et sévère. Du début à la fin de la première année de socialisation, on observe une diminution de l'engagement des recrues quant à une carrière dans les forces armées, et seulement chez les recrues ayant été effectivement soumises à une socialisation militaire intense (Guimond, 1995).

Ce premier stade serait suivi d'un stade de « métamorphose », au cours duquel se produit l'internalisation d'un nouvel ensemble d'attitudes et de valeurs (voir Guimond, 1995). Après l'étape de l'initiation stressante, ce nouveau stade a pour but d'inculquer de nouvelles attitudes et de nouvelles valeurs conformes à la culture de l'organisation. Ainsi, si les changements de valeurs au cours de la période initiale de socialisation militaire sont négatifs, on observe, au deuxième stade, un renversement complet : durant la dernière année de formation militaire, les candidats changent à nouveau de manière significative, mais dans une direction conforme aux valeurs de l'organisation (Guimond, 1995). Ils deviennent alors plus convaincus qu'ils ne l'étaient au départ du bien-fondé des valeurs militaires professionnelles. Comment expliquer un tel renversement ? Comment, après les avoir « dégoûtés » dans une première étape, les organisations peuvent-elles, dans une deuxième étape, susciter l'allégeance et la loyauté de leurs membres ? Plusieurs processus sont en jeu. D'abord, on peut parler des effets de la dissonance

cognitive (Festinger, 1957) : plus un individu est amené à choisir de faire des tâches fastidieuses et ennuyantes de son plein gré, plus cela risque de créer un état de dissonance, donc de motiver l'individu à se convaincre qu'il souhaite vraiment faire ce qu'il fait. Ainsi, l'individu devient en quelque sorte son propre agent de socialisation. Selon Schein (1987), une des principales méthodes employées dans cette perspective consiste à offrir une « promotion » au nouveau venu en lui attribuant un poste de responsabilité. Dans de telles conditions, c'est-à-dire la nécessité de faire fonctionner le système et de socialiser ses propres subordonnés, l'individu adopte soudainement une perspective totalement différente au regard de valeurs dont il a pu se moquer auparavant. Ainsi, Schwarzwald, Koslowsky et Shalit (1992) ont montré, au sein d'une grande entreprise, que les candidats promus comme chef de division ou de département ont un engagement organisationnel plus élevé que ceux qui n'ont pas été promus.

Les études longitudinales de la socialisation militaire permettent d'observer le même phénomène (Guimond, 1995). Durant la dernière année de formation militaire, on offre aux futurs officiers militaires la possibilité d'exercer leur talent de chef de groupe. Certains d'entre eux sont alors « promus » à des positions de leaders dans la hiérarchie militaire. Or, avant cette promotion, il n'y a pas de différences d'attitudes ou de valeurs entre les candidats promus et non promus. Mais, après cette promotion, un changement significatif (et positif) dans l'adhésion aux valeurs militaires professionnelles est observé seulement chez ceux qui ont exercé leurs capacités de leadership. Autrement dit, la promotion à une position hiérarchique permet d'expliquer les changements psychologiques qui surviennent au cours du stade de métamorphose (Guimond, 1995 ; Guimond *et al.*, 2003). Enfin, ce stade de changement et de métamorphose serait suivi du troisième et dernier stade de socialisation, la « stabilisation », au cours duquel il faut s'assurer que ces changements perdurent.

Mais l'individu doit-il accepter toutes les valeurs et les normes de l'organisation ? Heureusement, cela ne semble ni dans l'intérêt de l'organisation ni dans l'intérêt de l'individu. Comme le montre Schein (1987), les différentes valeurs et normes d'une organisation n'ont pas toutes la même importance. Certaines sont capitales, d'autres sont simplement désirables. Schein observe trois types de réponses individuelles à la socialisation organisationnelle :

1. La rébellion : le rejet de toutes les valeurs et de toutes les normes ;

2. L'individualisme créatif : l'acceptation des valeurs et des normes capitales seulement ; le rejet des autres valeurs et normes ; et

3. Le conformisme : l'acceptation de toutes les valeurs et de toutes les normes.

Le rebelle sera probablement expulsé de l'organisation. Le conformiste pourra conserver sa place, mais il réprime sa créativité au point où il engage l'organisation dans la voie d'une forme stérile de bureaucratie. Seul le deuxième type adhère aux normes fondamentales de l'organisation tout en conservant sa liberté et sa créativité, qualités chères à la plupart des organisations, selon Schein (1987). L'important dans ces réactions est de souligner le caractère actif des individus dans le processus de socialisation. Peu importe le groupe dont il est question, et même s'il s'agit de la famille, les individus n'attendent pas patiemment qu'on les socialise. Ils agissent et réagissent, et peuvent influencer les agents de socialisation tout autant qu'ils sont influencés par eux. En considérant maintenant le leadership, c'est précisément cette question de l'influence de l'individu sur un groupe que nous allons aborder.

LE LEADERSHIP ET L'EXERCICE DU POUVOIR

Le **leadership** peut être distingué de concepts analogues, comme ceux d'autorité ou de pouvoir. Alors que l'autorité est une forme de pouvoir ou d'influence qui s'appuie sur la position occupée par un acteur dans la structure sociale (autorité du patron, du policier) et que le pouvoir est aisément associé à l'idée de force, à la capacité d'influencer autrui

même contre son gré en ayant recours à diverses ressources économiques ou politiques (armée, système judiciaire, etc.), le leadership est une forme d'influence qui n'a rien de tout cela. Dans les mots de Moscovici (1988), le leadership, et en particulier le leadership charismatique, a « pour préalable un don personnel de convaincre, alors que le pouvoir traditionnel ou le pouvoir légal existent d'emblée, appuyés sur des qualités ou des moyens impersonnels » (p. 272). Ainsi, lorsqu'il est question d'un leader, il est question d'une personne qui influence un groupe, mais sans moyens externes apparents autres que la communication (Bergeron, 1979 ; Moscovici, 1988). Un second élément de définition réside dans l'aspect volontaire et même souvent enthousiaste de la soumission au chef. Le véritable leader est non seulement une personne qui met l'accent sur la persuasion, sur l'exhortation à l'action plutôt que sur la contrainte, la force ou la menace, mais aussi une personne à qui on se rallie d'emblée, plein d'ardeur et de foi. Et l'on se rallie au leader, comme le note Moscovici (1988), parce que « le meneur d'hommes est convaincu d'être investi d'une mission » (p. 255). C'est la personne qui formule un projet collectif, qui définit un objectif commun, et chez qui il semble exister « un sentiment de fusion entre le destin individuel et collectif ». C'est en étant totalement engagé dans la tâche commune et en faisant preuve d'une énergie incomparable que le meneur parvient à subjuguer le groupe.

Les approches classiques

L'étude du leadership a été stimulée en psychologie sociale avant tout par des considérations pratiques. Dans le milieu politique, au sein des entreprises ou dans les forces armées, on cherche des leaders qui peuvent diriger des groupes et assurer un travail bien fait. Quelles sont les caractéristiques de ces grands leaders ? Où peut-on les trouver ? Comment un leader peut-il maximiser l'efficacité du groupe ? On peut distinguer trois approches classiques dans l'étude du leadership, ces approches ayant servi de guide pour examiner une telle question : l'**approche**

personnaliste, l'**approche situationniste** et l'**approche interactionniste**. La première suggère, comme son nom l'indique, que l'essentiel, dans le leadership, c'est la personne, le leader, son caractère, sa personnalité, ses comportements. Ainsi, les études sur le leadership ont d'abord voulu décrire les caractéristiques psychologiques distinguant les leaders des non-leaders, avec des résultats souvent contradictoires (Aebischer & Oberlé, 1998 ; Forsyth, 1999). La **grille managériale** de Blake et Mouton (1978) est un bon exemple d'une théorie personnaliste du leadership, puisqu'elle suppose l'existence d'un style de commandement idéal, peu importe la situation. En effet, selon ces auteurs, le style de « gestion par travail en équipe », c'est-à-dire le fait de manifester beaucoup d'intérêt à la fois pour le travail et pour les membres du groupe, représente *la* meilleure façon de diriger.

À l'opposé s'est développée l'approche situationniste, où la personne a bien peu d'importance relativement à la situation dans laquelle elle se trouve (Baron, 1986). C'est l'époque qui fait l'homme, c'est la situation historique dans laquelle se trouve une personne à un moment donné qui expliquerait, en majeure partie, pourquoi tout le monde peut s'entendre pour lui attribuer de grandes qualités de leadership. Les études historiques offrent des exemples de cette approche situationniste lorsqu'elles expliquent comment une personne a pu jouer un rôle important dans l'histoire simplement parce qu'elle s'est trouvée à la bonne place au bon moment. Enfin, ces travaux ont culminé grâce à l'approche interactionniste, qui combine les deux premières en avançant que, pour comprendre le leadership, il faut à la fois tenir compte de l'individu, de ses qualités personnelles et de la situation dans laquelle il se trouve. Ainsi, selon la théorie de Fiedler (1978), une conception interactionniste du leadership parmi les plus influentes, l'efficacité d'un style de commandement particulier dépend de la façon dont il se combine à la situation que rencontre le leader. De ce point de vue, il n'y a pas, de manière absolue, un style de leadership idéal : l'efficacité d'un style de leadership varie selon les caractéristiques de la situation (pour des exemples de recherches où prévaut cette conception interactionniste, voir l'encadré 12.2).

Les dimensions du leadership et les styles de commandement

Peu importe l'approche dans laquelle elles se situent, les théories du leadership distinguent habituellement divers styles de commandement. Après avoir observé le comportement des leaders, on a d'abord supposé qu'une dimension principale caractérisait ces comportements : la dimension « considération/structure », qu'on peut aussi appeler « orientation vers les relations/orientation vers la tâche ». Le pôle « considération » ou « orientation vers les relations » de cette dimension fait donc référence à des comportements du leader dénotant une préoccupation pour le bien-être de ses subordonnés. En adoptant une orientation axée sur les personnes et les relations, le leader est en quelque sorte un spécialiste des problèmes socioaffectifs. À l'opposé, le pôle « structure » ou « orientation vers la tâche » concerne les leaders spécialistes de la tâche. La notion de structure fait référence, en effet, à tous les comportements du leader démontrant une préoccupation pour la tâche que le groupe doit accomplir. Bref, il y aurait deux types de leaders : ceux qui ne pensent qu'au travail à accomplir et les autres, qui ne pensent qu'à leurs subordonnés. Il est apparu assez rapidement, comme ce fut le cas dans d'autres domaines de recherche en psychologie sociale, que cette dimension à deux pôles opposés pouvait, en fait, représenter non pas une, mais deux dimensions distinctes et relativement indépendantes. Cette distinction est cruciale.

La conception unidimensionnelle (une dimension unique) implique qu'il est impossible d'être à la fois un leader orienté vers la tâche et orienté vers les relations. On est soit l'un, soit l'autre. Une conception bidimensionnelle (deux dimensions indépendantes) suggère au contraire que toutes les combinaisons sont possibles : un leader peut faire preuve de force ou de faiblesse dans chacune de ces deux orientations, et ce, de manière relativement indépendante.

De nombreuses théories du leadership vont se développer en privilégiant différentes combinaisons de ces orientations (voir Bollinger & Hofstede, 1987 ; Blake & Mouton, 1978 ; Hersey & Blanchard, 1988). Une question majeure est donc de savoir quelle peut être l'efficacité de ces différents styles de commandement (voir l'encadré 12.2).

L'effet du style de commandement sur le groupe. Dans une étude classique de la psychologie sociale, Lewin, Lippitt et White (1939) ont cherché à établir, en utilisant des procédés expérimentaux, l'effet du leadership sur le groupe. Des groupes de jeunes garçons de 10 et 11 ans affectés à un travail étaient dirigés par un leader autoritaire, par un leader démocratique ou par un leader « laisser-faire ». Le leader autoritaire utilisait un style très directif. Il n'acceptait aucune suggestion des membres du groupe, prenait les décisions lui-même et attribuait les tâches à chacun. Il adoptait principalement des

---

ENCADRÉ 12.2 L'efficacité des styles démocratique et autoritaire à l'école

Existe-t-il des méthodes d'enseignement permettant de favoriser l'apprentissage et le développement psychologique des jeunes à l'école ? En harmonie avec un modèle interactionniste du leadership, certaines recherches suggèrent qu'il n'y a pas de style d'enseignement idéal. Plutôt, l'efficacité des méthodes d'enseignement varie selon les caractéristiques des élèves auxquels on s'adresse.

C'est ce que défendent Mugny et ses collègues avec l'*hypothèse de correspondance* (Mugny *et al.*, 2002 ; Quiamzade *et al.*, 2004). Selon cette hypothèse, l'efficacité d'une source experte (un enseignant, un leader) varie selon l'adéquation entre le style de présentation du message et les caractéristiques du contexte et du rapport établi avec la cible d'influence (les élèves, les membres du groupe). Ainsi, dans un contexte potentiellement menaçant pour le concept de soi des élèves, un style *démocratique* serait plus efficace pour désamorcer cette menace alors que, dans un contexte non menaçant, un style *autoritaire* ou contraignant serait préférable. Une série d'expérimentations a permis de confirmer ces prédictions. Dans une expérience, on demande à des étudiants en psychologie de prendre connaissance d'une recherche réalisée par un expert et publiée dans une revue scientifique reconnue. La description de cette recherche fait état d'une étude dont les résultats contredisent les croyances des étudiants. Après la lecture de cette information contradictoire, les auteurs manipulent le type de rapport d'influence en faisant varier la façon dont la source experte formule ses conclusions. Avec la moitié des étudiants, choisis au hasard, un style *autoritaire* est utilisé, et on souligne qu'aucune contestation de ces résultats n'est possible. Dans l'autre condition, un style *démocratique* est utilisé, et on suggère plutôt que d'autres points de vue peuvent être acceptables s'ils sont bien argumentés. Les résultats montrent que l'effet du style d'enseignement (démocratique vs autoritaire) sur les croyances des élèves varie selon l'autoévaluation que les étudiants font de leur propre compétence dans le domaine.

Les étudiants qui se jugent compétents vont dans le sens de la source experte lorsque celle-ci adopte un style démocratique plutôt qu'autoritaire. Le style démocratique est donc plus efficace avec des gens qui se pensent compétents, alors qu'une tendance inverse est observée lorsque le style est autoritaire. Ces résultats sont reproduits dans une expérience comparant des étudiants de 1re année et de 4e année. Les résultats indiquent la présence de l'interaction prévue entre le style du message et le niveau universitaire. Les étudiants de première année (peu compétents) changent davantage leur point de vue avec un message autoritaire qu'avec un message démocratique. Les étudiants de quatrième année, plus compétents, changent davantage leur point de vue avec un message démocratique qu'avec un message autoritaire.

Une recherche de Ellis et Kruglanski (1992) montre le même phénomène. Cette recherche compare l'effet de deux méthodes d'enseignement des mathématiques en fonction du sentiment de compétence des élèves (faible vs élevé). Dans l'enseignement basé sur la première méthode, dite « expérientielle », les élèves participent activement à l'apprentissage alors que dans l'enseignement basé sur la seconde méthode, plus traditionnelle, ils reçoivent passivement l'information qui leur est transmise par l'enseignant. Les résultats obtenus à un test de mathématique montrent un effet d'interaction entre la méthode pédagogique et le sentiment de compétence des élèves. Les élèves qui se considèrent compétents retirent plus de bénéfices de la méthode expérientielle que les élèves qui se voient comme moins compétents.

Ces résultats remettent en question l'idée que l'apprentissage par expérience est *la* méthode pédagogique idéale. En somme, lorsqu'on a affaire à des gens compétents, le style « démocratique » semble préférable alors que si on a affaire à des débutants, il vaut mieux adopter un style plus « autoritaire ».

comportements axés sur la tâche. Le leader démocratique, en revanche, encourageait la participation des membres du groupe et favorisait le développement d'un climat égalitaire. Il adoptait beaucoup plus de comportements orientés vers les relations. Le leader « laisser-faire », enfin, intervenait très rarement dans les activités du groupe. Les membres du groupe étaient laissés à eux-mêmes, et le leader constituait tout au plus une source d'information technique. Ce troisième style de commandement correspond donc à un leader n'adoptant que très peu de comportements axés sur la tâche et très peu de comportements axés sur les relations.

Les auteurs espéraient sans doute démontrer que le leader démocratique obtiendrait de meilleurs résultats. Mais la situation ne s'est pas révélée aussi simple. S'il est vrai que le leadership démocratique est apparu supérieur au leadership autoritaire ou « laisser-faire » pour ce qui est de créer des sentiments de satisfaction et d'amitié entre les membres du groupe, il est difficile, par contre, de dire la même chose pour ce qui est du travail accompli. Globalement, la productivité du groupe était aussi élevée avec un leader autoritaire qu'avec un leader démocratique. Ainsi, contrairement à ce qu'on a pu écrire au sujet de cette recherche, elle ne démontre pas, sur le plan du travail accompli, une nette supériorité du leadership démocratique. C'est la conclusion à laquelle arrive Stogdill (1974) après avoir examiné plus de 40 recherches évaluant l'efficacité des méthodes de leadership : le style démocratique ou participatif n'est pas, en soi, associé à une augmentation de la productivité.

L'étude de Lewin et ses collègues (1939) a cependant mis en évidence des différences importantes quant aux comportements du groupe en présence et en l'absence du leader. Lorsque le leader était présent, les groupes dirigés par un leader autoritaire effectuaient plus de travail que les groupes dirigés par un leader démocratique. Mais, lorsque le leader était absent, c'était l'inverse. Dans ce dernier cas, la productivité des groupes dirigés de façon autoritaire diminuait considérablement alors que celle des groupes dirigés de manière démocratique se maintenait au

même niveau. Comment expliquer de telles différences ? Un rapprochement entre les travaux sur l'influence sociale en psychologie sociale et les études sur le leadership offre une perspective originale sur cette question.

La psychologie sociale de l'influence et l'étude du leadership

Pour des raisons historiques (voir Beauvois & Oberlé, 1995), les recherches dans le domaine de l'influence sociale et celles dans le domaine du leadership se sont développées d'une manière relativement distincte. Bien qu'il s'agisse de domaines connexes, ils ont rarement été considérés conjointement, alors qu'une telle considération permet d'étonnantes constatations.

Le leadership est un phénomène d'influence, et tous les spécialistes s'entendent sur ce point. Or, que nous enseigne la psychologie sociale en matière d'influence ? Dans son *Traité de la servitude libérale*, Beauvois (1994) montre que la principale constatation qu'on peut faire à la lumière de ces années de recherche sur l'influence sociale, c'est que, dans l'ensemble, les gens ont tendance à se soumettre assez facilement aux demandes d'autrui. Les recherches menées pour évaluer la théorie de la dissonance cognitive révèlent ce phénomène : les individus feront à peu près tout ce qu'une personne en position d'autorité leur demande, y compris adopter des comportements allant à l'encontre de leurs propres convictions (mentir, se priver de fumer, manger des insectes, etc.). Une telle constatation est assez différente, c'est le moins qu'on puisse dire, de l'impression se dégageant de la littérature sur le leadership dans les organisations. En effet, dans cette littérature, on parle du leader comme d'une personne exceptionnelle ayant un pouvoir presque magique permettant d'influencer le groupe, comme si peu de gens parvenaient à influencer les autres, comme si les gens ne faisaient pas le travail qu'ils ont à faire sans leader.

Les études de Milgram sur l'obéissance à l'autorité ont aussi démontré cette étonnante facilité avec laquelle les gens se soumettent à l'autorité. Milgram

(1974) écrit : « C'est la volonté extrême des adultes de suivre à peu près n'importe quel commandement de l'autorité qui constitue le principal résultat de cette étude. » (P. 5.) Nous savons aussi qu'en décrivant une situation d'influence ou de conformisme et en demandant aux gens de dire ce qu'ils feraient dans de telles circonstances, les réponses verbales s'écartent habituellement des comportements observés. Les gens prétendent qu'ils ne seraient pas, eux, influencés par le groupe ou par l'autorité, contrairement à nous tous ! Cela suggère la puissance extraordinaire de l'image que nous avons de nous-mêmes en tant qu'individus libres, autonomes et indépendants. Mais cette image ne correspond pas vraiment aux résultats de recherches démontrant notre tendance à la soumission.

La soumission à l'autorité semble donc beaucoup plus facile à obtenir que ce que l'on croit généralement. De plus, Beauvois (1994) met en relief les conséquences psychologiques importantes découlant de la soumission lorsqu'elle se manifeste dans des conditions de déclaration de liberté. Dans de telles conditions, c'est-à-dire lorsque la personne est déclarée libre de se soumettre ou non, on constate que cette déclaration n'a aucun effet sur le niveau de soumission. Les gens acceptent de se soumettre dans la même mesure, qu'ils soient déclarés libres ou non. En revanche, seule la condition de déclaration de liberté entraîne un changement d'attitude. En effet, il est bien établi que les effets de la dissonance cognitive se produisent lorsque l'individu a l'impression d'être responsable de son choix, et non lorsqu'il est contraint d'agir contre son gré (voir le chapitre 6). Selon les termes de la théorie de Joule et Beauvois (1998), la déclaration de liberté entraîne un processus de rationalisation : non seulement y a-t-il soumission, mais, de plus, les gens se persuadent de la valeur ou du bien-fondé de cette soumission. Autrement dit, ils rationalisent leur comportement en internalisant des attitudes et des valeurs conformes à celui-ci.

En considérant de nouveau les différences observées par Lewin et ses collègues (1939) entre les conditions « leader présent » et « leader absent »,

le lecteur devinera peut-être la suite. Quelle différence majeure existe-t-il entre un style autoritaire et un style de commandement démocratique ? Sous un régime autoritaire, l'individu n'a pas le choix, le leader lui dit ce qu'il faut faire, et il le fait. Mais, sous un régime démocratique, il y aura probablement une déclaration de liberté. Le leader indiquera que l'individu a le choix, qu'il peut prendre part à la prise de décision. On peut donc s'attendre à ce que la soumission soit identique quel que soit le style de commandement. Les gens font ce qu'on leur demande de faire. Mais on peut aussi prévoir que, dans un cas, les gens se soumettent sans être convaincus du bien-fondé de leurs actes (leadership autoritaire) alors que, dans l'autre (leadership démocratique), ils se soumettent et internalisent les valeurs qui correspondent à leur comportement. Ils font le travail et se convainquent que c'est une bonne chose. Par conséquent, sous un leadership démocratique, les individus devraient continuer à travailler même lorsque le leader s'absente alors que, sous un leadership autoritaire, ils devraient manifester une tendance à cesser leur activités dès que le leader s'absente. C'est exactement ce que Lewin et ses collègues ont mis en évidence. Les différences importantes dans les styles de commandement ne semblent donc pas se situer sur le plan de la réalisation de la tâche, mais plutôt sur le plan de leur répercussion sur les attitudes et la motivation des subordonnés.

La renaissance de l'intérêt pour le leadership en psychologie sociale

Au délaissement de ce domaine succède actuellement une résurgence du leadership comme thème d'études en psychologie sociale. L'approche adoptée est sensiblement différente, cependant. Des théories générales des comportements sociaux servent à développer des hypothèses visant à mettre en évidence différentes facettes du leadership.

Par exemple, Higgins, Kruglanski et Pierro (2003) utilisent la théorie des modes de régulation pour examiner la préférence des individus relativement à certains styles de leadership et pour déterminer les effets potentiels de différents styles de commandement. La théorie distingue deux modes d'autorégulation : le mode appelé « locomotion », indiquant une préoccupation pour l'action et le changement, et le mode appelé « évaluation », indiquant une préoccupation pour l'évaluation et l'analyse critique des choses en les comparant les unes aux autres. Suivant cette distinction, Higgins et ses collègues (2003) montrent, dans une série de recherches, que le mode « locomotion » est lié à une préférence pour un style de commandement directif ou autoritaire qui met en relief le désir d'agir et de procéder à des changements. En revanche, le mode « évaluation » est lié à une préférence pour un style participatif ou démocratique qui met en relief le désir d'analyser les choses et de participer à la prise de décision. De plus, les résultats révèlent, au sein d'un échantillon de policiers, que les subordonnés ont un niveau de satisfaction au travail plus élevé lorsque leurs superviseurs utilisent un style de commandement correspondant bien à leur mode d'autorégulation préféré.

De nombreux travaux sont aussi réalisés en vue de mettre en valeur la pertinence de la théorie de l'identité sociale et de l'autocatégorisation pour étudier les questions de leadership et les questions organisationnelles en général (Haslam, 2001). Dans cette perspective, on ne conçoit pas le leadership comme objet de la psychologie des petits groupes, mais plutôt comme objet de la psychologie des catégories sociales (genre, classe sociale, groupe ethnique, etc.). Les politiques d'action positive visant à augmenter le nombre de femmes ou de membres de groupes minoritaires occupant des postes de direction soulèvent de nouvelles problématiques en matière de leadership, problématiques qui s'intègrent facilement dans cette perspective (Tougas & Beaton, 2002 ; Tougas, Beaton & Veilleux, 1991). Les travaux de Eagly et de ses collègues (Eagly & Carli, 2003 ; Eagly, Johannesen-Schmidt & van Engen, 2003) fournissent des renseignements précieux au sujet de l'efficacité des hommes et des femmes leaders, et de leurs préférences pour certains styles de commandement. Ils soutiennent que les femmes adoptent

plus volontiers que les hommes un style de leadership démocratique et que, même si elles sont toujours pénalisées dans certains contextes par l'existence de préjugés à leur encontre, elles sont aussi efficaces et, dans certains cas, plus efficaces que les hommes lorsqu'elles sont en position de leadership.

La théorie de l'autocatégorisation permet d'éclairer certaines facettes du leadership qui ont été négligées jusqu'à présent (Haslam, 2001 ; Oakes, Haslam & Turner, 1999). Le leadership est essentiellement un phénomène relationnel. Il met en relation un leader et les membres d'un groupe. Or, selon la théorie de l'autocatégorisation, le fait de tenir compte du sentiment d'appartenance au groupe, c'est-à-dire du degré d'identification des individus au groupe, devrait permettre de mieux comprendre la dynamique des relations entre le leader et les membres du groupe. Les recherches visant à vérifier les hypothèses centrales de cette conception du leadership à l'aide de la théorie de l'autocatégorisation et de l'identité sociale en sont à leur début, mais les premiers résultats semblent prometteurs (Hogg & van Knippenberg, 2003). Par exemple, lorsque les membres d'un groupe s'identifient fortement au groupe, ils sont plus motivés à faire des efforts pour le groupe, y compris au travail (Ouwerkerk, Ellemers & de Gilder, 1999 ; Redersdorff & Martinot, 2003). Des actions du leader démontrant qu'il agit dans l'intérêt du groupe ont alors une importance énorme pour les membres du groupe. Ainsi, plus le leader manifeste clairement, par ses comportements, son allégeance au groupe et sa préférence pour les membres de son groupe, plus il a de chances d'être perçu comme un leader acceptable (Haslam & Platow, 2001).

LE GROUPE, LE LEADER ET LA PRISE DE DÉCISION

Lorsqu'il faut prendre d'importantes décisions, est-il préférable, pour le leader, de décider seul ou de prendre une décision en groupe ? Vroom et Yetton (1973) ont proposé un modèle normatif intégrant les connaissances dans ce domaine. Ce modèle est normatif au sens où il vise non pas à favoriser la compréhension des processus en jeu, mais plutôt à indiquer des repères pour l'action. Ces auteurs distinguent trois catégories principales de décisions : les décisions prises seul, les décisions que le leader prend seul mais après avoir consulté le groupe et, enfin, les décisions prises en groupe. Deux facteurs importants sont à considérer pour choisir parmi ces catégories de décisions : le type du problème à résoudre et l'importance du degré d'acceptation de la décision par les personnes affectées. Pour ce qui est de la nature du problème à résoudre, il est clair que plus le problème est complexe, peu structuré et mal défini, et que des informations supplémentaires sont nécessaires, plus il peut être intéressant de consulter le groupe afin d'obtenir de l'aide et de l'information. En revanche, si le problème est dénué d'ambiguïté et si une solution est clairement envisageable, le recours à des consultations peut s'avérer inutile et coûteux en temps. D'autre part, de nombreuses recherches montrent que les individus se sentent davantage engagés par une décision lorsqu'ils ont participé à son élaboration que lorsque cette décision leur est imposée de l'extérieur (Testé, 2001). Par conséquent, plus il importe que les personnes affectées par la décision l'acceptent, plus une décision en groupe devrait être envisagée. On peut toutefois s'attendre à des variations culturelles importantes à cet égard.

En effet, les recherches interculturelles laissent voir que la préférence pour un style de commandement démocratique, impliquant une participation à la prise de décision, pourrait caractériser certaines cultures particulières (comme la culture nord-américaine) alors que, dans d'autres cultures, les individus peuvent préférer un style de commandement autoritaire et, sous ce commandement, manifester une meilleure disposition au travail (Smith & Bond, 1999). Une série de recherches de Brockner et de ses collègues (2001) permet d'appréhender ces différences en fonction de la dimension culturelle qu'est la distance hiérarchique. Toutes les cultures peuvent être ordonnées en fonction de cette dimension qui correspond

au degré des inégalités de pouvoir qui est considéré comme normal et acceptable (Bollinger & Hofstede, 1987). Selon Brockner et ses collègues (2001), les personnes appartenant à des cultures où la distance hiérarchique est élevée, comme au Mexique ou en Malaisie, peuvent trouver normal et légitime que les gens occupant une position de pouvoir ou de leadership prennent des décisions sans les consulter. Les normes culturelles prescrivent ce genre de conduite. Cependant, dans les cultures où la distance hiérarchique est faible, comme au Canada, aux États-Unis ou en Suisse, où il est perçu comme socialement désirable de faire des efforts pour réduire les inégalités de pouvoir, les gens peuvent plutôt trouver normal qu'on les consulte. Suivant cette analyse, Brockner et ses collègues (2001) montrent qu'effectivement, les Américains et les Allemands (faible distance hiérarchique) réagissent beaucoup plus négativement que les Chinois ou les Mexicains (forte distance hiérarchique) lorsqu'ils ne sont pas impliqués dans la prise de décision.

Le contexte social, les normes culturelles et le type de problème à résoudre sont donc des facteurs à considérer pour décider de l'à-propos d'une prise de décision en groupe. De manière plus générale, le travail collectif peut entraîner divers processus de groupe susceptibles d'améliorer, ou de nuire, à l'efficacité du travail à accomplir.

L'EFFICACITÉ DU TRAVAIL EN GROUPE

La question de l'efficacité du travail en groupe est issue de l'approche basée sur la dynamique des groupes et de l'intérêt qu'elle suscite pour les groupes restreints. Cette question demeure une préoccupation importante en psychologie sociale (voir Kerr & Tindale, 2004). Les travaux à ce sujet abordent trois grandes problématiques. D'abord, on peut s'interroger sur l'effet de la simple présence d'autrui sur le comportement individuel. L'exécution d'une tâche en présence d'autres personnes qui travaillent à la même tâche, une situation de coaction, peut être distinguée de l'exécution de la même tâche en solitaire. Cette situation de coaction a des répercussions importantes qui ont été mises en évidence dans une première série de recherches. Mais la coaction n'implique pas de véritables interactions en groupe menant à la solution d'un problème. Une deuxième catégorie de recherches traitent de l'influence de ces situations. Elles ont des implications directes pour la question des déterminants de la performance des groupes en tant que groupes. Enfin, on peut aussi s'interroger sur la façon dont le groupe, ou l'anticipation du travail en groupe, influence les performances individuelles. De nouvelles recherches, influencées en particulier par l'approche basée sur les cognitions sociales, ont mis en valeur l'importance de cette question.

La coaction

Une des toutes premières expériences en laboratoire à avoir été réalisées en psychologie sociale, menée par Triplett (voir le chapitre 1), concerne l'influence d'autrui sur le rendement individuel. Depuis ce temps, la question de l'efficacité du travail collectif a été au cœur d'un grand nombre de recherches (Huguet, 1995). Ces travaux suggèrent qu'on peut s'attendre à des effets de **facilitation sociale**, c'est-à-dire à des effets bénéfiques de la présence d'autrui sur la réalisation d'une tâche lorsque cette tâche est familière et relativement bien maîtrisée (Zajonc, 1965). En revanche, le travail fait en solitaire sera supérieur au travail fait en présence d'autrui lorsque les tâches sont peu familières et mal maîtrisées. En effet, dans de telles conditions, le groupe risque d'accroître les difficultés au lieu de les diminuer. D'autre part, même en ce qui a trait à des tâches simples, le travail en condition de coaction comporte certains dangers. On a constaté à plusieurs reprises une tendance chez les individus à consacrer moins d'énergie et à faire moins d'efforts lorsqu'ils exécutent une tâche en groupe plutôt que seuls (Hoeksema-van Orden, Gaillard & Buunk, 1998 ; Latané, Williams & Harkins,1979). Ce phénomène est appelé **paresse sociale**, étant donné que les gens

sont apparemment plus fainéants en groupe que seuls. Cette tendance se manifeste surtout lorsque les gens savent que leur travail sera combiné à celui des autres (afin de produire un résultat collectif) et lorsqu'ils pensent que personne ne peut connaître la nature exacte de leur contribution individuelle. En revanche, lorsque les individus ne peuvent se cacher à l'intérieur du groupe et qu'on peut déterminer clairement la contribution de chaque personne, la paresse sociale disparaît (Williams, Harkins & Latané, 1981). Offrir aux individus la possibilité de comparer publiquement leur performance individuelle à celle des autres membres du groupe est un autre moyen de motiver les individus et de réduire ce phénomène de paresse sociale en groupe (Hoeksema-van Orden *et al.*, 1998).

L'interaction en groupe

Dans certaines situations, les individus doivent non seulement travailler en présence des autres, mais aussi travailler et interagir avec les autres, en groupe, en vue de résoudre un problème important. Par exemple, dans la plupart des systèmes de justice dans le monde, les décisions quant à la culpabilité des accusés sont prises en groupe, par un jury. De nombreuses recherches en psychologie sociale ont montré l'influence des processus de groupe dans ce contexte (voir Bordel *et al.*, 2004 ; Finkelstein, 2004 ; Guingouain, Manchec & Testé, 2002 ; Kaplan & Martin, 1999 ; Oberlé & Gosling, 2003).

La pensée groupale et l'effet de polarisation sont deux processus de groupe qui ont particulièrement retenu l'attention des chercheurs. Janis (1982) nomme **pensée groupale** le processus qui amène les groupes à prendre de très mauvaises décisions. Il s'agit d'une forme de pensée qui apparaît lorsque les membres d'un groupe de cohésion élevée voient leur désir d'unanimité prendre le dessus sur le besoin d'évaluer d'une manière réaliste les différentes options possibles. Dans de telles conditions, les membres du groupe sont, en quelque sorte, aveuglés par leur volonté de bien s'entendre avec les autres. Ils commettent donc de graves erreurs qui, autrement, seraient évitées.

Le processus de pensée groupale a joué un rôle, selon Janis (1982), dans de nombreux épisodes de la politique étrangère américaine, où des comités d'experts prenaient des décisions qui, après coup, apparaissaient de toute évidence erronées (par exemple le manque total de préparation au moment de l'attaque aérienne japonaise à Pearl Harbor en 1941, l'escalade de la guerre du Vietnam, le scandale du Watergate). On trouve fréquemment ce processus au sein d'un groupe qui se sent invulnérable et excessivement optimiste. Les membres du groupe sont convaincus d'être « les meilleurs » et d'être à l'abri de toute erreur. Mais Janis (1982) soutient qu'il s'agit là de symptômes de la pensée groupale, laquelle aurait en fait quatre causes principales : une forte cohésion au sein du groupe, l'imperméabilité aux sources d'influence externes, la présence d'un leader puissant et une situation critique. Dans ces circonstances, le leader pourra argumenter avec force en faveur d'une solution particulière au problème. Les membres du groupe n'exprimeront pas leur désaccord, en partie par peur d'être rejetés par le groupe, mais aussi parce qu'ils veulent à tout prix éviter de briser la bonne entente qui y règne (voir à ce sujet la partie traitant des conséquences de la cohésion). Comme il n'y a pas de sources externes pour remettre en question la proposition du leader, celle-ci sera adoptée à l'unanimité alors qu'en réalité, beaucoup de points de désaccord n'ont tout simplement pas été exprimés. La solution devient un moyen utile de réduire le stress auquel le groupe fait face.

La nature de l'influence du groupe sur le fonctionnement des individus a été examinée de manière plus précise dans de nombreuses recherches qui ont comparé, par rapport à un même problème, les décisions que prennent les individus lorsqu'ils sont seuls et celles qu'ils prennent à la suite d'une discussion en groupe. Ces travaux impliquent habituellement un dispositif en trois phases : décisions individuelles (préconsensus), discussion et décisions collectives en petits groupes, la consigne étant d'arriver à un jugement unanime (consensus), et nouvelles décisions individuelles (postconsensus). Les études de ce type

ont d'abord mis en évidence le phénomène de **déplacement vers l'audace** (*risky shift*), c'est-à-dire la tendance au sein des groupes à prendre des décisions plus risquées, plus hasardeuses ou moins sûres que celles prises par des individus (voir Testé, 2001). Mais il est apparu que le phénomène a une portée plus générale. Des chercheurs ont défendu l'idée, maintenant bien admise, que l'effet du groupe est de polariser les attitudes (Doise, 1969 ; Moscovici & Zavalloni, 1969). Autrement dit, lorsque les gens discutent d'un problème en groupe, ils ont tendance à aboutir à des positions plus extrêmes que celles qu'ils prendraient individuellement, et la direction de cet extrémisme dépend du point de vue prédominant dans le groupe (Doise & Moscovici, 1984).

Plusieurs facteurs permettent d'expliquer cet **effet de polarisation**. Par exemple, selon les travaux de Brauer et Judd (1996), le simple fait d'exprimer à plusieurs reprises une attitude, ce qui se produit au cours d'une discussion en groupe, contribue à rendre plus extrême l'expression subséquente de cette attitude. Ces résultats ne sont pas incompatibles avec la théorie plus ancienne des arguments persuasifs (Burnstein & Vinokur, 1977). Selon cette théorie, la polarisation s'explique principalement par le fait qu'au cours de la discussion en groupe, chaque membre aura tendance à entendre des arguments favorables à sa position, mais auxquels il n'avait pas pensé. Cela aurait pour effet de renforcer la position initiale des membres du groupe. Cette explication privilégie donc le contenu même des arguments et leur caractère plus ou moins persuasif pour rendre compte du phénomène. Mais, selon la théorie de l'autocatégorisation (Turner, 1991), la définition même de ce qu'est un argument persuasif ou valide dépend non seulement de critères cognitifs, mais aussi de critères sociaux. Ainsi, le même argument sera perçu comme plus persuasif s'il provient d'une source digne de confiance (un membre de son propre groupe) que s'il provient d'une source à laquelle on ne s'identifie pas (un membre d'un autre groupe). Les recherches de Turner, Wetherell et Hogg (1989) ont confirmé cette hypothèse en montrant que la polarisation en groupe est, en fait, un processus de conformisme lié à la norme de son propre groupe, peu importe que cette norme implique une tendance vers le risque ou une tendance vers la prudence. Cette interprétation va dans le sens de Sanders et Baron (1977), pour qui le processus de comparaison sociale est fondamental pour expliquer les effets de polarisation. Selon eux, ces effets découlent non pas simplement du contenu des arguments échangés, mais bien des possibilités de comparaison sociale offertes par la discussion en groupe.

Ces différentes explications peuvent être considérées comme complémentaires et non contradictoires les unes par rapport aux autres. Les recherches les plus récentes montrent que la polarisation en groupe peut impliquer à la fois des dynamiques cognitives et des processus de régulation sociale (Testé, 2001). Ainsi, contrairement à ce qu'on avait pensé jusqu'alors, les effets de polarisation peuvent se produire non pas simplement dans le cas de tâches d'opinion et de jugement, mais aussi dans le cas de problèmes de raisonnement pour lesquels existe une réponse correcte (Oberlé, Drozda-Senkowska & Quémy, 2002). La simple répétition, donc la familiarisation avec ce type de tâches, sans discussion en groupe, ne permet aucun progrès, alors que, dans certaines conditions, la discussion en groupe permet effectivement un effet de polarisation vers la bonne solution (Drozda-Senkowska & Oberlé, 2000 ; Oberlé *et al.*, 2002). Bref, la résolution de problèmes pour lesquels existe une réponse correcte soulève de nouvelles questions et permet d'examiner sous un nouvel angle l'effet polarisateur du groupe. Il est cependant possible que le simple fait d'anticiper un travail en groupe, avant même qu'il n'ait lieu, modifie les comportements de façon significative.

L'anticipation de l'interaction en groupe

Supposons qu'on vous invite à prendre part à une discussion de groupe sur un sujet sur lequel vous êtes très bien informé. La réunion aura lieu dans une dizaine de jours, et vous vous imaginez déjà en train d'informer les autres membres du groupe des solutions potentielles à envisager. Bref, vous avez déjà commencé à affiner votre analyse du problème, avant même de prendre part au travail en groupe. On pourrait donc s'attendre à ce que l'anticipation du travail en groupe, dans une telle situation, vous amène à utiliser avantageusement l'information dont vous disposez. Effectivement, les expériences de Augustinova, Oberlé et Stasser (2005) ont montré récemment que la performance individuelle, dans la résolution de problèmes cognitifs difficiles, s'améliore lorsque les individus croient avoir plus d'informations que les autres membres du groupe avec lequel ils s'attendent à discuter, avant même que cette discussion ait lieu. En revanche, l'anticipation d'interaction en groupe diminue les performances individuelles des membres qui croient avoir moins d'informations que les autres membres du groupe. Ce constat est également intéressant puisqu'il suggère une limite aux effets bénéfiques de la comparaison sociale quant aux performances. En effet, la comparaison avec des individus qui font mieux que soi, une comparaison dite ascendante, peut entraîner une volonté de s'améliorer qui aura généralement des effets bénéfiques sur les performances (Seta, 1982). Les résultats obtenus par Augustinova et ses collègues (2005) suggèrent que cet effet bénéfique de la comparaison ascendante se produit uniquement dans des conditions où les individus ne s'attendent pas à interagir avec autrui. Effectivement, on constate, lorsque les individus s'attendent à interagir en groupe et qu'ils pensent avoir moins d'informations que les autres (une condition de comparaison ascendante), que leur performance cognitive individuelle est nettement inférieure à celle des participants qui ne s'attendent pas à interagir avec autrui.

DES PROCESSUS DE GROUPE À LA CRÉATION DE LA CULTURE : LA THÉORIE DE L'IMPACT SOCIAL DYNAMIQUE

L'ensemble des phénomènes de groupe examinés dans ce chapitre montre que ces phénomènes sont souvent beaucoup plus complexes que prévu. De manière incontournable, le progrès et l'avancement des recherches révèlent de nouvelles dimensions à des processus de groupe qu'on croyait pourtant avoir cernés et circonscrits. Comment analyser cette complexité ? L'objectif ultime des psychologues sociaux est d'arriver à décrire et à comprendre les processus de groupe de la manière la plus simple possible, c'est-à-dire en reconnaissant un nombre limité de variables qui, par leur combinaison, permettraient d'expliquer un grand nombre d'effets différents. La théorie de l'impact social de Latané (1981) et son prolongement en une théorie de l'impact social dynamique (Latané, 1996) offrent un exemple de cet effort qui apparaît prometteur pour l'avenir.

Selon Latané (1981), l'influence du groupe sur l'individu dépend de trois facteurs principaux : 1) le *nombre* de personnes dans le groupe, c'est-à-dire le nombre de sources d'influence ; 2) la *force* de ces sources d'influence (mesurée, par exemple, par le statut, le pouvoir ou les ressources) ; et 3) l'*immédiateté* ou la proximité de la source par rapport à la cible d'influence. Pour favoriser la compréhension de l'effet de ces facteurs, Latané suggère de considérer l'analogie de l'ampoule électrique. La quantité de lumière qui atteint une surface dépend évidemment du nombre d'ampoules, de la force de ces ampoules et de la proximité des ampoules par rapport à la surface. De la même façon, plus les sources d'influence sont nombreuses, plus elles ont de force et plus elles sont proches de la cible d'influence, plus il y aura d'impact. Une grande quantité de phénomènes d'interaction et d'influence sociales peuvent être examinés à la lumière de cette théorie. Les travaux de Milgram sur l'obéissance à l'autorité (voir le chapitre 11) illustrent, par exemple, la notion d'immédiateté. Les participants avaient bien plus tendance à obéir aux ordres de l'expérimentateur lorsque celui-ci était physiquement présent. De même, les travaux concernant la persuasion (voir Jackson, 1987) ont montré que les communicateurs dont le statut ou la crédibilité est élevé (source forte) ont plus d'influence que ceux dont le statut ou la crédibilité est faible (source faible). Le nombre de personnes constituant la source d'influence s'est aussi révélé un facteur déterminant en matière d'impact social. L'expérience de Milgram, Bickman et Berkowitz (1969), notamment, a permis de constater que plus il y a de gens sur la rue qui regardent vers le ciel, plus ces sources d'influence ont un impact sur le comportement des passants et suscitent chez eux le même geste.

Les recherches menées dans le but précis de vérifier la justesse de la théorie de l'impact social de Latané (1981) ont aussi fourni des appuis importants (par exemple Sedikides & Jackson, 1990). Plus récemment, Latané (1996) a proposé un prolongement de sa théorie, qu'il a nommé « théorie de l'impact social dynamique ». Cette théorie considère les implications du développement et de la perpétuation dans le temps des processus d'influence décrits dans la théorie de l'impact social. Elle montre comment ces processus permettent de rendre compte de la formation d'une culture au sein d'un système donné. Les traits distinctifs d'une culture, le fait qu'à l'intérieur d'un espace géographique déterminé, un ensemble d'individus partagent certaines croyances, certaines valeurs, certaines normes et certaines façons de s'exprimer, y compris un langage et des accents particuliers, peuvent s'expliquer, selon cette théorie, par les processus d'influence et de communication interpersonnelle décrits dans la théorie de l'impact social. Des expérimentations en laboratoire, des études longitudinales et des simulations sur ordinateur ont permis de démontrer que l'émergence de formes culturelles rudimentaires est une conséquence des dynamiques d'influence, produites en fonction du nombre d'individus au sein de la population, de leur proximité et de leur force en tant que source d'influence (Latané & Bourgeois, 2001). Cette théorie offre donc une perspective cohérente et articulée pour résoudre un problème extrêmement complexe, celui d'expliquer la formation ou la création de la culture (Lehman, Chiu & Schaller, 2004).

RÉSUMÉ

En plus de l'approche basée sur la dynamique des groupes, l'approche basée sur les cognitions sociales et l'approche intergroupes offrent de nouvelles perspectives qui orientent l'étude des groupes en psychologie sociale. Plusieurs facteurs contribuent à transformer une collection d'individus hétérogènes en un groupe social véritable : l'interaction entre les membres du groupe et les influences mutuelles, le partage d'un but commun, l'interdépendance entre les membres et le fait de se percevoir comme membre d'un groupe. On peut distinguer plusieurs types de groupe : les groupes formel et informel, les groupes primaire et secondaire, les groupes d'appartenance et de référence, les groupes restreints, les catégories sociales et les foules. Des recherches récentes montrent que les groupes n'ont pas tous le même niveau d'entitativité perçu, et que des conséquences psychologiques importantes découlent de cette perception.

Pour expliquer la formation des groupes, le modèle fonctionnaliste se concentre sur les besoins psychologiques ou sociaux que l'appartenance à un groupe permet de combler. Le modèle de la cohésion sociale soutient, en revanche, que c'est l'attraction que des individus ressentent pour d'autres individus qui les amène à former un groupe. Le concept de cohésion est utilisé pour analyser les sentiments amicaux qui unissent les membres d'un groupe. Le succès, la menace externe et la compétition intergroupes sont des facteurs qui influencent positivement la cohésion des groupes. Cette cohésion peut entraîner un conformisme plus important au regard des normes du groupe, et améliorer le rendement du groupe. La théorie de l'autocatégorisation montre que la façon dont les individus se perçoivent et se définissent est une des principales causes de la formation psychologique du groupe.

Il y a trois concepts importants qui se rapportent à la structure des groupes sociaux : les rôles, les normes et le statut. Le groupe est un puissant agent de socialisation. Les recherches révèlent des changements d'attitudes, de valeurs et de comportements attribuables à l'influence de la famille, de l'école et du milieu de travail. Les travaux de Newcomb laissent voir que l'influence du milieu universitaire sur les attitudes des étudiants peut persister tout le long de la vie adulte. Mais cette socialisation est souvent très particulière, selon la discipline scolaire d'appartenance. L'orientation à la dominance sociale est un des mécanismes permettant d'expliquer les effets de la socialisation sur les attitudes et les croyances. Les recherches ont révélé l'existence de trois principaux stades dans la socialisation organisationnelle : la rencontre, la métamorphose et la stabilisation. La promotion à une position de responsabilité est un processus important qui provoque les changements survenant durant le stade de la métamorphose.

Le leadership concerne l'ensemble des activités et, surtout, des communications par lesquelles un individu exerce une influence sur le comportement d'un groupe. Parmi les approches classiques dans l'étude du leadership, on peut distinguer l'approche personnaliste, selon laquelle les traits psychologiques du leader constituent le fondement du leadership ; l'approche situationniste, selon laquelle la situation où se trouve un individu détermine son potentiel de leadership ; et l'approche interactionniste, qui combine les deux précédentes. Le modèle contingent de Fiedler se situe dans le cadre de l'approche interactionniste. D'après ce modèle, un style de leadership est plus ou moins efficace selon les caractéristiques de la situation dans laquelle se trouve le leader.

Les styles de commandement (autoritaire, démocratique, « laisser-faire ») ont des effets importants sur le groupe. Ces effets peuvent varier selon la culture. On constate actuellement un accroissement du nombre d'études en psychologie sociale portant sur le leadership et le comportement organisationnel. La théorie de l'autocatégorisation fournit à ces nouvelles recherches une perspective théorique importante.

(suite) Le groupe influence le rendement individuel de ses membres et la prise de décision. Le concept de facilitation sociale a été utilisé pour désigner l'effet bénéfique de la présence d'autrui sur le rendement d'un individu. De manière générale, la présence d'autrui améliore le rendement dans une tâche familière et bien apprise, mais nuit à l'accomplissement d'une nouvelle tâche qui n'est pas bien maîtrisée par l'individu. La paresse sociale et la pensée groupale sont deux processus de groupe qui peuvent nuire à son efficacité. Les groupes ont tendance à prendre des décisions plus extrêmes que celles prises par des individus isolés. Lorsqu'ils s'attendent à interagir en groupe et croient disposer de plus d'informations pertinentes que les autres membres du groupe, les individus offrent de meilleures performances cognitives. De toute évidence, les processus de groupe ont une influence significative sur les comportements. Selon la théorie de l'impact social dynamique, le développement de ces processus dans le temps permet d'expliquer la formation de la culture.

BIBLIOGRAPHIE spécialisée

AEBISCHER, V. & OBERLÉ, D. (1998). *Le groupe en psychologie sociale.* Paris : Dunod.

DE VISSCHER, P. (2001). *La dynamique des groupes d'hier à aujourd'hui.* Paris : PUF.

FORSYTH, D.R. (1999). *Group dynamics.* New York : Brooks/Cole Wadsworth.

HASLAM, S.A. (2001). *Psychology in organizations : The social identity approach.* London : Sage.

LORENZI-CIOLDI, F. (2002). *Les représentations des groupes dominants et dominés : Collections et agrégats.* Grenoble : Presses Universitaires.

TOCZEK, M.C. & MARTINOT, D. (dir.) (2004). *Le défi éducatif.* Paris : Armand Collin.

YZERBYT, V., JUDD, C.M. & CORNEILLE, O. (dir.) (2004). *The Psychology of group perception : Perceived variability, entitativity, and essentialism.* New York : Psychology Press.

DE RÉVISION

1. Un critère particulièrement important pour définir les grands groupes (les catégories sociales) par opposition aux groupes restreints est :

a) la perception ou le sentiment qu'ont les individus d'être membres d'un groupe ;

b) le contact face à face ;

c) l'indépendance entre les différents membres du groupe ;

d) toutes ces réponses ;

e) aucune de ces réponses.

2. Le concept de désindividuation fait référence :

a) aux problèmes d'identité que vivent certains individus ;

b) aux conditions qui rendent l'identité personnelle de l'individu saillante ;

c) aux liens qui unissent plusieurs individus entre eux ;

d) aux individus ayant de multiples identités ;

e) aux conditions contribuant à masquer l'identité personnelle d'un individu et à le rendre relativement anonyme.

3. La cohésion peut être associée à des conséquences importantes dont :

   a) l'enculturation ;

   b) une plus grande intolérance à l'égard de la déviance ;

   c) une meilleure prise de décision ;

   d) toutes ces réponses ;

   e) aucune de ces réponses.

4. Les différences importantes entre les styles de commandement ou de leadership semblent se situer sur le plan :

   a) de leur répercussion sur les attitudes et la motivation des subordonnés ;

   b) de leur répercussion sur la réalisation du travail ;

   c) théorique seulement ;

   d) a et b ;

   e) aucune de ces réponses.

5. La théorie de la comparaison sociale permet de prévoir que, lorsque les gens se sentent dans une position d'insécurité :

   a) ils développeront des maladies mentales ;

   b) ils chercheront à s'affilier à des personnes qui vivent la même situation ;

   c) ils stigmatiseront autrui ;

   d) ils développeront une plus grande cohésion ;

   e) aucune de ces réponses.

6. Parmi les facteurs qui augmentent la cohésion d'un groupe, on peut nommer :

   a) la compétition intergroupes ;

   b) la croyance en un monde juste ;

   c) la croyance en un monde injuste ;

   d) la désindividuation ;

   e) toutes ces réponses.

7. Les recherches en psychologie sociale montrent que les jeunes adultes âgés de 18 à 25 ans se distinguent des adultes d'autres groupes d'âge :

   a) par des attitudes plus conservatrices que celles des gens âgées ;

   b) par une plus grande malléabilité qui leur est inhérente ;

   c) par une tendance à davantage changer d'attitudes que les gens âgés lorsqu'ils sont soumis aux mêmes tentatives d'influence ;

   d) par une plus grande instabilité dans leurs attitudes politiques ;

   e) par une plus faible malléabilité qui leur est inhérente.

8. Les recherches d'Altemeyer (1998) suggèrent que le facteur psychologique le plus fortement lié aux préjugés et aux rejets des exogroupes serait :

   a) le mécanisme de projection ;

   b) le phénomène de répression ;

   c) l'autoritarisme ;

   d) l'intelligence ;

   e) l'orientation à la dominance sociale.

9. La tendance, même soudaine, des nouveaux membres d'une organisation à adhérer fortement aux valeurs et aux normes propres à cette organisation peut s'expliquer par :

   a) la catharsis ;

   b) l'imitation ;

   c) la promotion à une position de responsabilité à l'intérieur de l'organisation ;

   d le stade de l'initiation ;

   e) le stade de la métamorphose.

10. Lorsque des individus, après une discussion en groupe, prennent une décision plus extrême que leur décision individuelle initiale, nous sommes en face d'un effet de :

   a) la polarisation du groupe ;

   b) la pensée groupale ;

   c) la paresse sociale ;

   d) la facilitation sociale ;

   e) aucune de ces réponses.

Les préjugés, la discrimination et les relations intergroupes

Richard Y. Bourhis
Université du Québec
à Montréal

André Gagnon
Université du Québec
en Abitibi-Témiscamingue

L e 4 août 2005 à Ottawa, Mme Michaëlle Jean prononçait son discours d'acceptation en tant que gouverneure générale du Canada. Vingt-septième titulaire de ce poste, Mme Jean devient la première personne noire et la troisième femme à exercer cette fonction honorifique et protocolaire qui consiste à représenter la Couronne britannique au Canada et à promouvoir l'acceptation de la diversité culturelle et linguistique au pays. Voici des extraits de sa déclaration, publiés en page A11 de *La Presse* du 5 août 2005.

« On parlait autrefois de la solitude des peuples fondateurs du Canada. De nos jours, le Canada compte une multitude de voix, des voix voulant se faire entendre, se faire respecter et se faire comprendre. La diversité de notre géographie, de notre population, de nos cultures fait naître un sentiment d'appartenance à la collectivité canadienne. Les gens de ce pays ont besoin non seulement de se faire dire qu'ils sont inclus, mais aussi de découvrir et d'expérimenter ce que le Canada signifie pour eux, et de pouvoir prendre part à tout ce que le pays a à offrir. La grande force de ce pays, c'est qu'il se transforme. Durant toutes ces années où j'ai œuvré comme journaliste et animatrice, sur les différentes chaînes de notre télévision publique, j'ai vu les préjugés reculer et les mentalités évoluer. Fini le temps où l'on osait penser et dire qu'une personne de race noire n'avait aucune crédibilité en information aux yeux du public.

Il faut continuer d'avancer. Et c'est dans cet esprit que j'acquiesce à la proposition qui m'est faite, et que j'entends exercer le rôle de gouverneur général. Je vais donc représenter la Couronne au Canada et accomplir tous les devoirs constitutionnels et protocolaires que nécessite notre démocratie parlementaire. Mais plus encore, ce qui m'importe, c'est vraiment de faire de cet espace institutionnel un lieu où la parole citoyenne trouve un écho. Car j'estime que cette institution se doit d'être à la portée de toutes et de tous dans ce pays, sans distinction. Je désire que cette institution continue d'être pleine de vie et qu'elle rejoigne les gens de tous les milieux et de toutes les origines, en d'autres mots qu'elle tisse des liens avec tous les Canadiens et Canadiennes. […]

Les efforts de ceux qui luttent pour être entendus, ici comme ailleurs dans le monde, ont nourri mon parcours journalistique, ma curiosité intellectuelle et ma passion. […] Des années d'engagement social et de journalisme ont forgé mon regard et mon appréciation des réalités de notre monde de plus en plus complexe. J'aimerais, à titre de gouverneure générale, pousser encore plus loin mon désir de contribuer à la nécessaire humanisation de l'humanité. Je viens de loin. Mes ancêtres étaient des esclaves. Je suis née en Haïti, le pays le plus pauvre de cet hémisphère. Je suis fille d'exilés chassés de leur terre natale par un régime dictatorial. Je suis mère de famille inquiète de ce que l'avenir sera pour son enfant et pour les enfants sur cette terre. Je tiens aux valeurs fondatrices de ce pays, qui nous unissent et qu'il nous faut défendre, faire évoluer et préserver. La valeur souveraine à mes yeux étant celle du respect, le Canada que j'aime est celui qui se définit dans le respect de l'autre, le respect de son intégrité et de sa dignité. Pour tout cela, je veux bien mettre l'épaule à la roue. […] »

INTRODUCTION

En tant que gouverneure générale du Canada, Mme Michaëlle Jean a bien raison de déclarer qu'elle vient de loin : ses ancêtres étaient des esclaves en Haïti. En tant que femme noire, Michaëlle Jean aurait aussi bien pu avoir des ancêtres esclaves en Nouvelle France. Au Canada français, avant et après la conquête britannique, on estime à plus de 4 000 le nombre d'esclaves noirs et autochtones achetés, battus, vendus, affranchis ou pendus par leurs maîtres canadiens français de Montréal, Trois-Rivières et Québec (Trudel & D'Allaire, 2004 ; Beaugrand-Champagne,

2004). Plus de 130 ans après l'abolition de l'esclavage dans l'Empire britannique en 1838 (lequel incluait le Québec), Pierre Vallières, père spirituel du Front de libération du Québec (FLQ), proposait l'analyse suivante de l'esclavage et du racisme dans son livre *Nègres blancs d'Amérique* :

> Être un « nègre », ce n'est pas être un homme en Amérique, mais être esclave de quelqu'un. Pour le riche Blanc de l'Amérique yankee, le « nègre » est sous-homme. Même les pauvres Blancs considèrent le « nègre » comme inférieur à eux […]. Très souvent, ils ne se doutent même pas qu'ils sont aussi des nègres, des esclaves, des « nègres blancs ». Le racisme blanc cache la réalité, en leur donnant l'occasion de mépriser un inférieur, de l'écraser mentalement ou de le prendre en pitié. Mais les pauvres Blancs qui méprisent ainsi les Noirs sont doublement nègres, car ils sont victimes d'une aliénation de plus, le racisme, qui loin de les libérer, les emprisonne dans un filet de haine ou les paralyse dans la peur d'avoir un jour à affronter le Noir dans une guerre civile. (Vallières, 1969, p. 23.)

Le Québec d'hier comme celui d'aujourd'hui est non seulement une société majoritairement francophone, mais aussi une société multilingue, multiethnique et multiculturelle, d'où notre intérêt dans ce chapitre pour la psychologie sociale du préjugé, de la discrimination et des relations intergroupes.

LA PSYCHOLOGIE SOCIALE DES RELATIONS INTERGROUPES

Nous faisons tous partie d'une multitude de groupes et de catégories sociales. Dans le cas des catégories comme le sexe, l'âge, l'ethnie, la langue maternelle et la nationalité, notre appartenance nous est imposée par les aléas de notre naissance. Par contre, dans certains cas, nous décidons volontairement de nous joindre à une catégorie sociale, comme en ce qui a trait à notre appartenance à une équipe sportive, à notre formation comme psychologue ou journaliste, ou à notre adhésion à un parti politique. Que notre appartenance à une catégorie sociale soit imposée ou non, nous avons tendance à dire « nous » pour référer à notre **endogroupe**, c'est-à-dire un groupe composé des individus que nous catégorisons comme membres de notre groupe d'appartenance et auxquels nous avons tendance à nous identifier. Par ailleurs, on définit un **exogroupe** comme un groupe composé des individus qu'une personne a catégorisés comme membres d'un groupe d'appartenance autre que le sien et auxquels elle n'a pas tendance à s'identifier. Ainsi, lorsque nous parlons d'un exogroupe, nous aurons tendance à parler de « eux ». Comme nous le verrons dans cette section, les termes endogroupe et exogroupe sont très utiles pour étudier les relations intergroupes et les phénomènes qui en découlent.

Traditionnellement, les psychologues sociaux se sont surtout intéressés aux phénomènes intergroupes relevant des catégories imposées et liées au sexe, à l'âge, à l'origine ethnique et au handicap physique (Fiske, 1998). Les individus membres de ces catégories « naturelles » peuvent difficilement nier qu'ils sont membres de ces groupes et ils ne peuvent pas facilement changer d'appartenance. Une femme maghrébine aux prises avec le racisme et le sexisme ne peut se défaire de sa double appartenance à son genre et à son ethnie pour échapper aux préjugés et à l'exclusion qu'elle subit quotidiennement. De même, une étudiante à l'université peut s'identifier à la fois à la catégorie « nous, les femmes » et à la catégorie « nous, les étudiantes à l'université ». Elle est donc membre de différents endogroupes, et l'**autocatégorisation** à l'une ou l'autre de ces catégories change en fonction des circonstances (Oakes, Haslam & Turner, 1994). Par exemple, la catégorie endogroupe « nous, les étudiantes » prendrait le dessus dans l'éventualité où le gouvernement annoncerait que les frais de scolarité à l'université doubleront au prochain semestre. Au même moment, le caractère saillant de la catégorie exogroupe « eux, les politiciens » prendrait aussi de l'importance. Par contre, pour cette même étudiante, la catégorie endogroupe « nous, les femmes » prend plus d'importance lorsqu'on relate la tuerie qui s'est déroulée à l'École polytechnique de Montréal, en décembre 1989. Sans prétendre expliquer cet événement déconcertant, on peut dire que les victimes, anonymes pour l'agresseur, ont été choisies uniquement en fonction de leur catégorie sexuelle et de leur domaine d'études, le génie, traditionnellement réservé aux hommes. On se rappellera que le jeune homme armé, après avoir obligé les étudiants à sortir de la salle de classe, a traité les étudiantes de « féministes qui veulent prendre la place des hommes ». Malgré les protestations de certaines d'entre elles qui affirmaient ne pas être féministes, le jeune homme a tué 14 femmes et en a blessé 11 autres avant de se suicider. De tels événements tragiques renforcent le caractère saillant de la catégorie endogroupe « nous, les femmes » et peuvent inciter plusieurs femmes à considérer les hommes non seulement comme des individus, mais aussi comme des membres d'une catégorie exogroupe « eux, les hommes » (Bourhis, 1994a ; Bourhis, Gagnon & Cole, 1997).

L'étude des relations intergroupes fait partie des préoccupations de la psychologie sociale depuis le début du XXᵉ siècle et a d'abord porté sur les perceptions intergroupes (Bogardus, 1925 ; Guilford, 1931 ; Katz et Braly, 1933 ; LaPiere, 1934 ; Rice, 1926). Même si les relations entre les groupes peuvent souvent être harmonieuses, ce sont surtout les phénomènes liés aux relations problématiques ou conflictuelles qui ont retenu l'attention des chercheurs. La montée du nazisme et la Deuxième Guerre mondiale (1939-1945) sont des événements qui ont stimulé la recherche et l'élaboration d'explications théoriques des comportements intergroupes antagonistes. Les relations entre les groupes entraînent, chez leurs membres respectifs, des pensées, des perceptions, des sentiments, des émotions, des motivations ainsi que des actions ayant rapport aux membres de l'exogroupe. Traditionnellement, trois concepts sont utilisés en psychologie sociale pour décrire les aspects cognitifs, affectifs et comportementaux des relations intergroupes : il s'agit des stéréotypes, des préjugés et de la discrimination. Cette section offre un survol des recherches importantes concernant chacun de ces trois concepts.

Les stéréotypes

Les groupes psychologiques évoqués par les termes « nous » et « eux » sont le produit d'un des processus cognitifs les plus fondamentaux de l'être humain, la **catégorisation** (Allport, 1954 ; Bruner, 1957). À l'aide de cet outil cognitif, nous découpons, classifions et organisons notre environnement physique et social. Nous regroupons des objets dans une catégorie parce que nous pensons qu'ils se ressemblent par certains aspects et diffèrent des objets qui ne font pas partie de cette catégorie. Les résultats de nombreuses recherches sur l'**assimilation-différenciation** montrent que la catégorisation mène à atténuer les différences perçues entre les éléments d'une même catégorie et à accentuer les différences perçues entre des éléments appartenant à des catégories différentes (McGarty, 1999 ; Tajfel, 1981). Ainsi, la catégorisation nous permettrait de donner un sens à notre environnement et de le rendre plus prévisible (Anderson, 1991b).

Lorsque le processus de catégorisation s'applique à des personnes, il s'agit alors de catégorisation sociale (Tajfel, 1981). Les auteurs s'entendent sur l'utilité de la catégorisation pour l'être humain, mais ils ne s'entendent pas toujours sur sa fonction principale et sur ses conséquences (Leyens, Yzerbyt & Schadron, 1996). Les uns insistent sur le fait que la catégorisation permet de résumer une très grande quantité d'informations. Étant donné notre capacité limitée de traiter de l'information, la catégorisation servirait à simplifier le monde très complexe qui nous entoure (Fiske, 1998 ; Hamilton & Trolier, 1986 ; Taylor, 1981). D'autres insistent plutôt sur le fait que la catégorisation permet de tirer des conclusions en fonction de très peu d'informations et d'inférer de notre environnement des informations qui ne sont pas directement accessibles par nos sens, mais qui reflètent nos besoins et nos buts immédiats (Medin, 1988 ; Oakes, 2001).

Lorsque nous catégorisons des individus comme des membres d'un exogroupe, nous attribuons aux membres de cette catégorie une **entitativité**, soit la propriété d'être un groupe cohérent et homogène, unifié par des croyances et des actions, et regroupant des individus semblables et ayant un destin commun (Yzerbyt, Corneille & Estrada, 2001). Selon le degré d'identification à l'endogroupe et le sentiment de menace suscité par la présence d'exogroupes, cette perception de l'entitativité peut aussi s'appliquer aux membres de l'endogroupe (Yzerbyt *et al.*, 2000). Plus nous jugeons que les membres de l'endogroupe ou de l'exogroupe ont une forte entitativité, plus nous sommes portés à croire à leur **essentialisme**, à leur appartenance à un noyau « pur et dur » rendant la réalité du groupe fondamentale et naturelle (Yzerbyt, Judd & Corneille, 2004). Notons que, lorsqu'une catégorie est objectivable visuellement (par exemple selon l'âge, le sexe ou l'ethnicité), la croyance au caractère « naturel » de cette catégorie sera facilitée. L'idée d'**essentialisme psychologique** suggère que les observateurs considéreront une catégorie « naturelle » comme le reflet de la vraie identité, de la vraie nature, de l'essence même d'un groupe, inaltérable et immuable. En langage populaire, on parle alors de « l'éternel féminin », ou on dit qu'« il a du sang juif ». Pour Corneille et Leyens (1999) :

> Les processus de catégorisation sociale seraient facilités par la saillance de similitudes de surface comme la couleur de la peau ou l'emploi d'une langue ; celles-ci seraient sous-tendues par une explication essentialiste. Cet essentialisme faciliterait à son tour un processus d'homogénéisation (assimilation) à l'intérieur des catégories et d'hétérogénéisation entre ces catégories (différenciation). La disponibilité d'une explication essentialiste provoquerait donc une plus grande cohérence catégorielle. Le « NOUS » serait distingué du « EUX » en référence non simplement à des attributs de surface mais à des essences (génétique, raciale, culturelle, linguistique, historique, etc.) qui leur donnent sens. (P. 54.)

Les idéologies nationalistes, racistes et sexistes utilisent souvent l'essentialisme psychologique pour légitimer la supériorité de l'endogroupe et la « différence » des exogroupes dévalorisés (Altemeyer, 1998 ; Billig, 1978, 1996 ; Jost & Major, 2001 ; Sidanius & Pratto, 1999 ; Taguieff, 1987 ; Reicher & Hopkins, 2001).

Lorsque nous catégorisons des personnes, nous ne nous limitons pas à les regrouper dans une catégorie, nous leur associons également des attributs que nous croyons être caractéristiques des membres de cette catégorie, c'est-à-dire des **stéréotypes.** Les stéréotypes sont composés de traits physiques (par exemple les Scandinaves sont grands et blonds), de traits de personnalité (par exemple les hommes sont ambitieux et agressifs) ainsi que de comportements (par exemple les Noirs jouent au basket-ball et font du *rap*) qui sont perçus comme étant caractéristiques d'un groupe de personnes (Schneider, 2004.) Par ailleurs, les membres d'un groupe peuvent également entretenir des croyances concernant les attributs qui définissent ou caractérisent, selon eux, les membres de leur endogroupe ; on parle alors d'**autostéréotypes.** Comme le note Susan Fiske (1998), les stéréotypes et les autostéréotypes deviennent plus saillants et vigoureux lorsqu'ils sont perçus comme le reflet de **catégories naturelles**, lorsque les groupes peuvent être identifiés sur la base de caractéristiques physiques et visuellement repérables, comme le sexe, l'âge, les attributs physiques (blanc, asiatique, noir). Selon Rothbart et Taylor (1992), cela explique la puissance des stéréotypes basés sur ce type de catégories naturelles.

Les attributs composant les stéréotypes ne sont pas nécessairement négatifs. Nous pourrions en effet croire que les membres d'un exogroupe donné sont à la fois intelligents et avares, et que les membres de notre propre groupe sont optimistes et bavards. Voici l'exemple d'une blague où, dans un premier temps, des stéréotypes positifs à l'endroit de certains groupes nationaux sont présentés et où, dans un deuxième temps, des stéréotypes négatifs à l'endroit des mêmes groupes sont ensuite suggérés par la permutation des premiers énoncés.

Le ciel ou l'enfer ? Le ciel, c'est le lieu où les Français sont les cuisiniers, les Italiens sont les amants, les Anglais sont les policiers, les Allemands sont les mécaniciens, et où tout est organisé par les Suisses. L'enfer, c'est le lieu où les *Anglais sont les cuisiniers, les Suisses sont les amants, les Allemands sont les policiers, les Français sont les mécaniciens, et où tout est organisé par les Italiens.*

Comme cet exemple le montre, les stéréotypes peuvent contenir des croyances à la fois positives et négatives au sujet des caractéristiques de divers groupes sociaux. Bien que les stéréotypes soient surtout des cognitions, ils comportent également un aspect évaluatif, donc affectif. Par ailleurs, notons que nous avons tous une connaissance plus ou moins élaborée des stéréotypes associés aux multiples groupes et catégories sociales composant notre environnement. Toutefois, comme le soulignent Devine et Elliot (1995), il faut distinguer entre *connaître* les stéréotypes et les *approuver*. Ainsi, on peut savoir que l'on dit des femmes qu'elles sont sentimentales et bavardes, et que les hommes sont égoïstes et ambitieux, sans pour autant être d'accord avec ces croyances.

Les psychologues sociaux américains étudient depuis longtemps, auprès des membres du groupe majoritaire, le contenu des stéréotypes qu'ils partagent au sujet des membres de différents groupes minoritaires (Dovidio & Gaertner, 1986 ; Fiske *et al.*, 2002 ; Gilbert, 1951 ; Karlins, Coffman & Walters, 1969). Dans leur étude classique, Katz et Braly (1933) ont analysé les perceptions d'étudiants universitaires blancs de l'Université de Princeton relativement à dix groupes, dont les Allemands, les Japonais, les Turcs, et les Américains noirs. À l'aide d'une liste de 84 caractéristiques positives et négatives, les participants devaient choisir les cinq caractéristiques les plus typiques de chacun des groupes. En 1930, les résultats montraient une convergence remarquable concernant les caractéristiques choisies pour certains groupes. Par exemple, la majorité des étudiants blancs croyaient que les Noirs étaient superstitieux (84 %) et paresseux (75 %), et que les Allemands étaient travailleurs (65 %) et impassibles (44 %). Par contre, le consensus était moindre dans le cas des stéréotypes concernant les Japonais : 45 % des étudiants les considéraient comme intelligents, et 43 % les considéraient comme

travailleurs. Cette étude illustre le contenu des stéréotypes associés à certains groupes au seuil de la Deuxième Guerre mondiale, mais elle démontre surtout l'aspect consensuel du contenu des stéréotypes entretenus par un groupe d'étudiants blancs et bourgeois inscrits dans une des universités les plus prestigieuses du nord-est des États-Unis. C'est en considérant cette étude classique que nous sommes en mesure d'apprécier la pertinence de la définition suivante du stéréotype : « Le stéréotype est un ensemble de croyance *partagées* à propos des caractéristiques personnelles mais aussi des comportements propres à un groupe de personnes. » (Leyens *et al.*, 1996.)

Après la victoire des Américains et des Alliés contre les Allemands et les Japonais, qui mit fin à la Deuxième Guerre mondiale, les stéréotypes que des ûtudiants de Princeton associaient aux dix groupes cibles incluant les Allemands les Japonais et les Américains noirs furent de nouveau analysés en 1950. Les stéréotypes de cette nouvelle génération d'étudiants blancs avaient changé depuis la guerre : seulement 50 % des étudiants considéraient les Allemands comme travailleurs, et très peu les considéraient impassibles (10 %). De même, les stéréotypes relatifs aux Japonais était moins favorables, puisque 11 % des étudiants les considéraient comme intelligents et que seulement 12 % les jugeaient travailleurs. Après les prouesses des soldats noirs dans l'armée américaine durant la guerre, les stéréotypes associés à ce groupe étaient moins négatifs : 41 % des étudiants considéraient les Noirs comme des gens superstitieux, et il n'y avait plus que 31 % des étudiants qui les croyaient paresseux. Ainsi, les stéréotypes peuvent changer positivement ou négativement avec le temps et selon les événements, suivant ainsi l'évolution des rapports de force existant entre les groupes sociaux (compétition et conflits, coopération et harmonie intergroupes).

Le contenu des stéréotypes sert aussi d'outil idéologique pour justifier, légitimer ou contester le *statu quo* entre les groupes dominants et les groupes minoritaires ou subordonnés (Oakes *et al.*, 1994 ; Jost

& Major, 2001). Les riches diront que les pauvres sont paresseux et peu instruits pendant que les militants contre la pauvreté affirmeront que les riches sont exploiteurs et avares. L'étude de Katz et Braly (1933) à l'Université de Princeton a été reprise par plusieurs chercheurs au fil des décennies (en 1930, 1950, 1969 et 2000). Les résultats obtenus en 2000 avec des étudiants blancs de Princeton démontrent non seulement une modération dans le fait d'endosser des stéréotypes originalement entretenus envers les groupes les plus dévalorisés (les Américains noirs, les Turcs), mais aussi le refus d'un grand nombre d'étudiants d'accomplir la tâche, considérée comme futile et plus ou moins raciste (Fiske, 2004, p. 406). Ces résultats témoignent d'attitudes plus égalitaires envers les minorités, ils reflètent la tendance à endosser la « rectitude politique » et la crainte de paraître xénophobe chez les nouvelles générations d'étudiants blancs inscrits à l'Université de Princeton (Fiske, 2004).

Il est pertinent de souligner ici la distinction entre le stéréotype, qui réfère au contenu, et la stéréotypisation, qui désigne un processus. Oakes et ses collègues (1994) définissent la stéréotypisation comme « […] le processus d'attribution de caractéristiques à des personnes sur la base de leur appartenance de groupe » (p. 1). Comme l'indiquent Leyens et ses collègues (1996), l'application d'un jugement stéréotypique « […] rend les individus interchangeables avec les autres membres de leur catégorie » (p. 24). L'usage des stéréotypes mène souvent à des jugements erronés en raison de généralisations concernant les caractéristiques de *tous* les individus membres d'une catégorie sociale donnée. Croire que les Françaises qu'on pourrait rencontrer à Paris seront toutes habillées comme des mannequins, seront toutes d'excellentes cuisinières et seront toutes cultivées contient certainement un brin de vérité, mais ces stéréotypes demeurent des généralisations excessives au regard des différences individuelles distinguant les Françaises les unes des autres. Ainsi les stéréotypes deviennent problématiques, surtout lorsqu'ils sont inexacts et qu'ils résistent au changement, même quand des informations pertinentes les contredisent (Schneider, 2004).

Au fil des ans, différentes méthodes ont été élaborées pour mesurer les stéréotypes. Dans une variante de la méthode Katz-Braly, les participants indiquent jusqu'à quel point un groupe possède chacune des caractéristiques présentées à l'aide d'une échelle de type Likert. Dans une autre variante de la méthode, on demande aux participants d'estimer le pourcentage des membres d'un groupe donné qui possèdent chacune des caractéristiques de la liste qui leur est soumise. Centers (1951) a proposé d'inverser la méthode de Katz et Braly (1933) et de demander aux participants d'indiquer, relativement à chacune des caractéristiques présentées, le ou les groupes qui la possèdent. Donc, plutôt que d'associer des caractéristiques à des groupes, les participants doivent associer des groupes à des caractéristiques. Une autre technique utilisée pour mesurer les stéréotypes fait appel aux réponses libres des participants, sans proposer de liste fermée de caractéristiques (Allen, 1996).

L'acceptation ou non de la présence des immigrants et des minorités visibles se reflètent souvent dans le genre de stéréotypes qu'entretiennent les membres majoritaires de la société d'accueil. Quel genre de stéréotypes relatifs aux immigrants et aux minorités visibles trouvons-nous chez les Québécois francophones ? Les études sur le contenu des stéréotypes des Québécois au regard des groupes minoritaires sont très rares au Québec. Une de ces études a été entreprise à Montréal, au cégep de Saint-Laurent, par Peggy Tchoryk-Pelletier (1989). Ce cégep francophone a vu sa part d'étudiants immigrants passer de 15 % à 23 % en 1987. L'étude portait sur de nombreux thèmes liés au pluralisme ethnique vécu par les étudiants de 17 à 19 ans inscrits à ce cégep multiethnique. Nous limiterons notre présentation aux résultats concernant les stéréotypes touchant cinq groupes d'immigrants fréquentant cette institution. Dans cette partie de l'étude, la chercheuse a demandé à un échantillon de 150 étudiants québécois francophones de porter un jugement sur les représentants typiques de cinq minorités ethniques importantes inscrits au cégep. Il s'agissait des Asiatiques (Vietnamiens), des Européens francophones (Français, Belges), des Haïtiens, des Juifs sépharades (originaires de l'Afrique du nord) et des Latino-Américains. Le groupe des Européens francophones avait été choisi étant donné que ses membres parlent la langue de la majorité d'accueil et ne sont pas catégorisés comme faisant partie d'une « minorité visible » au Québec (Montreuil & Bourhis, 2001, 2004).

Dans le cadre d'une adaptation de la méthode Katz-Braly, les étudiants québécois avaient à porter un jugement sur chacun des groupes à l'aide de 11 caractéristiques choisies spécialement pour l'étude. Ainsi, les collégiens indiquaient jusqu'à quel point ils considéraient que les représentants typiques de chaque groupe étaient sympathiques, travailleurs, ponctuels, intelligents, agressifs, etc. Chacune des évaluations était faite à l'aide d'une échelle de Likert en neuf points. La moyenne obtenue pour chaque groupe d'immigrants et pour chaque caractéristique était calculée et révélait jusqu'à quel point, par rapport à chacune des caractéristiques, les différents groupes étaient jugés positivement ou négativement.

Supposons que les collégiens jugent que les Latino-Américains sont « sympathiques » en leur attribuant un résultat de 5,5 sur l'échelle de neuf points. Peut-on dire que ce résultat indique que le groupe latino-américain est jugé positivement puisqu'il se situe du côté positif de la médiane de cinq sur l'échelle de neuf points ? Pas nécessairement, car il est possible que les participants québécois francophones pensent que la plupart des immigrants des cinq minorités de leur cégep sont sympathiques en leur attribuant un résultat global de sept sur l'échelle. Dans ce cas, un résultat de 5,5 indiquerait plutôt un jugement relativement négatif envers le groupe latino-américain. Tout jugement sur les groupes ethniques doit donc être analysé dans une perspective de relativité. Il serait imprudent d'interpréter de tels résultats de façon absolue, puisque chaque participant utilise ses propres critères pour émettre ses jugements.

Ce problème, commun à la majorité des études portant sur les stéréotypes, peut être contourné à l'aide de la méthode employée par Tchoryk-Pelletier (1989). Relativement à chaque caractéristique, on calcule le résultat moyen accordé à l'ensemble des cinq minorités par un participant. Ensuite, on examine le résultat attribué à chaque groupe d'immigrants par le même participant pour savoir s'il est supérieur ou inférieur au résultat moyen donné à l'ensemble des cinq minorités immigrantes. Par conséquent, en soustrayant le résultat moyen global du résultat attribué à une minorité ethnique particulière, on réussit à déterminer le degré de relativité des stéréotypes de chaque participant. Cette méthode permet d'éviter les jugements absolus tout en fournissant un portrait plus juste de la façon dont chaque groupe d'immigrants est jugé par rapport aux autres (Berry, Kalin & Taylor, 1977). En appliquant cette méthode à l'ensemble des participants québécois, l'auteure de la recherche a obtenu un portrait de leurs stéréotypes au regard des cinq minorités ethniques du collège. Le tableau 13.1 présente ces stéréotypes en faisant ressortir les caractéristiques qui se sont traduites, par rapport à chaque groupe d'immigrants, par un résultat d'au moins 0,5 point supérieur ou inférieur à la moyenne globale.

Ces résultats montrent que les collégiens francophones entretiennent un stéréotype très positif à l'endroit des Asiatiques, auxquels ils attribuent les qualités de l'élève modèle (travailleur, intelligent, qui réussit bien à l'école), par rapport aux jugements qu'ils portent sur l'ensemble des cinq minorités ethniques. Les stéréotypes relatifs aux Européens francophones sont aussi très positifs sur tous les points liés à la réussite scolaire. La présence du trait « sympathique » indique une proximité affective des participants par rapport aux Européens francophones, avec qui ils partagent la langue et plusieurs éléments culturels. Les stéréotypes relatifs aux Juifs, aux Latino-Américains et aux Haïtiens sont beaucoup moins favorables. Même si les Juifs sépharades sont perçus comme plus travailleurs et moins violents que la moyenne, ils sont néanmoins jugés moins favorablement au regard de traits affectifs tels que la sympathie, la sincérité et la confiance qu'ils inspirent. Cet ensemble de croyances à l'égard des Juifs montre bien que les individus peuvent entretenir des stéréotypes à la fois positifs et négatifs à l'égard d'un exogroupe, selon les aspects de l'évaluation qui sont considérés. Les Latino-Américains et les Haïtiens ne suscitent que des stéréotypes négatifs chez les participants québécois. Les Haïtiens obtiennent huit évaluations négatives sur un total de 11 caractéristiques. Ce résultat est exactement l'inverse de celui obtenu par les Asiatiques, qui, eux aussi, doivent composer avec la réalité d'être membres d'une minorité visible au Québec.

Nous avons déjà mentionné que les stéréotypes contiennent souvent des éléments de vérité (Eagly, 1987). La polarisation des stéréotypes relatifs aux Asiatiques et aux Haïtiens s'explique, en partie, par les résultats scolaires obtenus par ces deux minorités ethniques au cégep de Saint-Laurent. Dans son étude, Tchoryk-Pelletier (1989) analyse les résultats scolaires des collégiens en fonction de leur lieu de naissance. Selon les dossiers scolaires du cégep, les ressortissants des pays asiatiques ont des résultats supérieurs ou égaux à ceux des autres groupes, incluant non seulement les Haïtiens, mais aussi les Québécois francophones. Par contre, les collégiens haïtiens ont des résultats scolaires inférieurs à la moyenne de tous les autres groupes ethniques du cégep, sauf en éducation physique, où ils se classent

TABLEAU 13.1 **Stéréotypes de collégiens québécois francophones relativement à cinq groupes ethniques au Québec**

Groupes ethniques[1]	Différence moyenne + 0,5 au-dessus de la moyenne[2]	Différence moyenne − 0,5 au-dessous de la moyenne[2]
Asiatiques (Vietnamiens, Khmers)	• travailleurs • ponctuels • réussissent bien à l'école • intelligents • dignes de confiance • respectueux des règlements • habiles dans les choses pratiques	• agressifs ou violents
Européens francophones	• réussissent bien à l'école • dignes de confiance • sympathiques • francs, sincères	• se tiennent en bande
Juifs	• travailleurs	• agressifs ou violents • dignes de confiance • sympathiques • francs, sincères
Latino-Américains	• agressifs ou violents	• travailleurs • réussissent bien à l'école • respectueux des règlements
Haïtiens	• agressifs ou violents • se tiennent en bande	• travailleurs • ponctuels • réussissent bien à l'école • intelligents • dignes de confiance • respectueux des règlements

1. Le tableau indique les caractéristiques qui se sont traduites, par rapport aux cinq groupes ethniques, en des résultats supérieurs ou inférieurs à la moyenne.

2. L'absence d'une caractéristique signifie qu'aucun écart notable, par rapport aux notes moyennes obtenues pour l'ensemble des cinq groupes ethniques, n'a été observé.

Source : Adapté de Tchoryk-Pelletier (1989).

parmi les groupes dont la réussite est moyenne. Le taux de succès des Haïtiens est particulièrement bas (moins de 50 %) en mathématiques, en sciences, et en techniques physiques et biologiques. Le stéréotype associé aux Haïtiens reflète donc, en partie, les difficultés qui caractérisent la vie scolaire de beaucoup de membres de cette minorité visible au Québec. C'est lorsqu'on généralise ces données à tous les étudiants haïtiens, malgré l'existence de différences individuelles, que de tels jugements deviennent erronés et néfastes en tant que stéréotypes.

Dans l'étude de Tchoryk-Pelletier, les collégiens québécois francophones devaient aussi émettre des jugements sur les membres typiques de leur propre endogroupe en fonction des 11 caractéristiques en question. Ces autostéréotypes exprimés à l'endroit des Québécois étaient tellement favorables comparativement aux évaluations des cinq exogroupes immigrants qu'ils n'ont pas été inclus dans le calcul des moyennes globales de l'étude. Les résultats relatifs aux autostéréotypes des Québécois étaient supérieurs aux résultats moyens relatifs à l'ensemble des immigrants (de 0,5 à 1,6) au regard de chacune des caractéristiques suivantes : sympathiques, francs et sincères, habiles dans les choses pratiques, dignes de confiance, travailleurs et moins enclins à se tenir en bande. La seule caractéristique négative que les participants québécois francophones reconnaissaient aux membres de l'endogroupe était qu'ils se révélaient plus « agressifs et violents » que la majorité des immigrants sur lesquels ils s'étaient prononcés. La tendance des Québécois francophones à attribuer des stéréotypes plus favorables à leur endogroupe qu'à certains exogroupes reflète l'effet classique du **biais proendogroupe**. Cette tendance à favoriser les membres de son propre groupe par rapport à ceux de l'exogroupe (favoritisme proendogroupe) apparaît dans la plupart des études portant sur les relations intergroupes dans le monde (Brewer & Brown, 1998 ; Brewer & Kramer, 1985 ; Fiske, 1998 ; Hewstone, Rubin & Willis, 2002 ; LeVine & Campbell, 1972 ; Messick & Mackie, 1989 ; Tajfel, 1982).

Le biais proendogroupe se manifeste d'une façon plus subtile dans le domaine des **attributions intergroupes** (Hewstone, 1988, 1990). Les recherches indiquent que, lorsque nous observons un *comportement positif* adopté par un membre de l'endogroupe, nous avons tendance à l'attribuer à des dispositions essentiellement positives des membres de l'endogroupe (Hewstone & Ward, 1985). Par contre, lorsque ce même comportement positif est adopté par les membres de l'exogroupe, nous avons plutôt tendance à l'attribuer au contexte particulier de la situation (Taylor & Jaggi, 1974). Par ailleurs, un *comportement négatif* adopté par un membre de l'endogroupe aura tendance à être attribué à des circonstances atténuantes, et le même comportement négatif adopté par un membre de l'exogroupe aura tendance à être attribué aux dispositions essentiellement négatives de ses membres. C'est justement en situation de fortes tensions intergroupes que ce type d'attribution intergroupes est plus susceptible de contribuer à l'essentialisme psychologique : les membres de l'endogroupe sont perçus comme étant fondamentalement « bons », alors que les membres de l'exogroupe sont perçus comme étant essentiellement « mauvais » (Yzerbyt & Rogier, 2001).

Les techniques présentées jusqu'à maintenant ont un point commun : on demande explicitement aux participants d'énoncer leurs stéréotypes concernant certains groupes. Étant donné les pressions de la rectitude politique, cette façon de mesurer les stéréotypes peut entraîner une certaine résistance chez les participants, qui hésitent à faire part de leurs vraies croyances. Pour contourner cette difficulté, des mesures moins réactives ont été mises au point. La majorité des mesures implicites des stéréotypes sont basées sur le temps de réaction : on s'appuie sur le principe selon lequel des éléments d'information qui sont déjà bien associés dans la mémoire seront traités plus rapidement sur le plan cognitif que des éléments qui le sont moins ou qui ne le sont pas du tout (voir les chapitres 3 et 4). Par exemple, si on demande à des Canadiens de nommer les termes associés au mot « neige », la réponse sera plus rapide avec des mots comme « blanc » ou « hiver » qu'avec des mots comme « traîneau » ou « raquettes ». Dans leur étude, menée à Montréal, Gardner, MacIntyre et Lalonde (1995) ont demandé à des étudiants canadiens-anglais d'évaluer des caractéristiques stéréotypiques et des caractéristiques non stéréotypiques de Canadiens français, de Canadiens anglais, d'hommes et de femmes. Les participants reconnaissaient plus rapidement les caractéristiques qui correspondaient aux stéréotypes associés à chacun des groupes cibles que celles qui ne correspondaient pas aux stéréotypes entretenus à l'égard de chacun de ces groupes. De nombreuses études ont confirmé que les stimuli associés à un groupe sont traités plus rapidement que des stimuli qui ne le sont pas, et ce, qu'ils soient basés sur le sexe, l'âge ou l'origine ethnique (Greenwald, McGhee & Schwartz, 1998 ; Greenwald *et al.*, 2002 ; Lalonde & Gardner, 1989 ; Macrae *et al.*, 1994). Ainsi, grâce à une variation de cette technique, Fazio et ses collègues (1995) ont pu montrer que la présentation de visages de Blancs à des Américains blancs entraîne des temps de réaction plus courts pour juger et que des qualificatifs positifs sont positifs et que la présentation de visages de Noirs elle, entraîne des temps de réaction plus courts pour juger que des qualificatifs négatifs sont négatifs. Des résultats inverses ont été obtenus avec des participants africains-américains : la présentation de visages de Noirs facilite le jugement de mots positifs et la présentation de visages de Blancs facilite le jugement concernant des caractéristiques négatives. Bien que leur exploitation représente un travail onéreux et complexe, les méthodes « temps de réaction » permettent de mieux comprendre les processus cognitifs liés aux stéréotypes et aux préjugés implicites sans provoquer des réactions de désirabilité sociale ou de résistance chez les participants (Brown *et al.*, 2003).

Une des conséquences de la catégorisation sociale est que nous accentuons les différences entre les personnes appartenant à des groupes distincts et que nous minimisons les différences entre les individus appartenant au même groupe (Eiser, 1990 ; McGarty & Penny, 1988 ; Tajfel, 1981). Par exemple, en France, ce phénomène d'assimilation-différenciation peut inciter une personne à exagérer les différences entre les Maghrébins et les Français d'origine, et à minimiser, en même temps, les différences réelles qui existent entre les membres de chacun de ces deux groupes. Cependant, le degré de réduction des différences intragroupes dépend du groupe observé. De façon générale, nous avons davantage tendance à minimiser les différences individuelles entre les membres de l'exogroupe qu'entre les membres de notre propre groupe (Rothbart, Dawes & Park, 1984). Le phénomène de l'**homogénéisation de l'exogroupe** nous amène à percevoir qu'« eux » sont tous pareils alors que « nous » sommes très différents les uns des autres (Mullen & Hu, 1989 ; Duck, Hogg & Terry, 1995). Cette homogénéisation de l'exogroupe, qui est à la base des stéréotypes, nous permet de faire l'économie de jugements complexes sur chacun des innombrables individus membres d'exogroupes que nous côtoyons dans nos activités journalières. La perception de l'homogénéité d'un groupe peut aussi varier en fonction du poids numérique relatif de l'endogroupe et de l'exogroupe. Ainsi, les membres de groupes majoritaires percevront l'exogroupe minoritaire comme plus homogène que l'endogroupe, alors que les membres de groupes minoritaires percevront leur endogroupe comme plus homogène que l'exogroupe (Simon & Brown, 1987). C'est surtout en situation de tension intergroupes que les membres du groupe minoritaire auront tendance à percevoir leur endogroupe comme plus homogène (Simon, 1992). L'**homogénéisation de l'endogroupe** augmente la cohésion interne du groupe minoritaire et assure une identité endogroupe distincte de celle de la majorité exogroupe (Brown, 1988). D'autres études démontrent que plus les individus s'identifient à leur endogroupe, plus la tendance à l'homogénéisation de l'endogroupe est forte, et ce, surtout en ce qui a trait aux dimensions identitaires qui sont saillantes et valorisées, accentuant ainsi la force de l'autostéréotype (Doosje *et al.*, 1999 ; Oakes *et al.*, 1994).

En tant que produits du processus de catégorisation, les stéréotypes sont des raccourcis cognitifs permettant de percevoir un ensemble d'individus comme faisant partie de la même catégorie et d'en inférer, par la suite, que toutes ces personnes ont des caractéristiques communes (Anderson, 1991b). Justement parce qu'ils sont des raccourcis, les stéréotypes conduisent souvent à des inférences erronées. Par exemple, les **corrélations illusoires** consistent à percevoir une relation, qui n'existe pas réellement, entre l'appartenance à un groupe et le fait de posséder certains traits inusités (Hamilton & Gifford, 1976). Des recherches ont montré qu'une personne d'un groupe minoritaire qui adopte un comportement inusité se fait particulièrement remarquer. Ce comportement exceptionnel risque alors d'être fortement inscrit en mémoire (Hamilton & Sherman, 1989). Cette tendance à mieux nous souvenir d'un comportement rare adopté par un groupe minoritaire peut nous mener à percevoir une corrélation illusoire entre le fait d'appartenir à ce groupe et un type particulier de comportement indésirable (Hilton & von Hippel, 1996). Par exemple, au Québec, la proportion de Latino-Américains est très faible par rapport à celle des Québécois francophones. Par conséquent, les Latino-Américains constituent une des nombreuses minorités ethniques de la province. De même, le fait d'attaquer des passants avec un couteau est un événement relativement rare à Montréal. Un article de journal rapportant qu'un groupe de jeunes Latino-Américains a attaqué une personne au moyen d'une arme blanche relaterait donc un événement qui serait doublement inusité et qui, ainsi, resterait plus solidement inscrit en mémoire. Cela pourrait nous conduire à associer fortement le fait d'être un jeune Latino-Américain au fait d'être violent, même si, selon les statistiques, la plupart des agressions au couteau signalées dans les médias sont commises par les membres de la majorité, en l'occurrence les jeunes Québécois francophones. Les recherches sur la stabilité cognitive des stéréotypes nous aident à mieux comprendre pourquoi il est si difficile d'éliminer ce genre de perceptions.

Les gens qui entretiennent des stéréotypes peuvent être amenés à rencontrer des personnes qui ne correspondent pas à ceux-ci. Par exemple, il pourrait leur arriver de rencontrer des Anglais chaleureux et exubérants, des homosexuels qui ne sont pas efféminés ou des coiffeurs qui ne sont pas homosexuels. Alors, comment maintiennent-ils leurs stéréotypes à l'égard de ces membres d'exogroupes ? Nos stéréotypes sont essentiellement des schémas, et nous interprétons et nous nous rappelons l'information qui confirme nos schémas (Hamilton & Trolier, 1986 ; Mackie & Hamilton, 1993). Les recherches sur l'**effet du cas exceptionnel** démontrent que l'information individualisante qui contredit un stéréotype nous amène rarement à modifier le stéréotype en question (Krueger & Rothbart, 1988). En effet, le stéréotype continue à s'appliquer à l'ensemble du groupe, sauf au cas particulier de l'individu : ce dernier devient l'exception qui confirme la règle du stéréotype (Rothbart & Lewis, 1988). Désignés comme un **cas exceptionnel**, le skinhead antiraciste, le juif charitable ou la femme compétente en mécanique ne contredisent pas le stéréotype du groupe en général. De même, en considérant le succès de la carrière canadienne de Michaëlle Jean, la tentation de certains souverainistes québécois « purs et durs » serait de considérer ce cas comme exceptionnel par rapport aux stéréotypes négatifs entretenus envers l'ensemble des Haïtiens.

Les études démontrent aussi qu'un individu qui ne se conforme pas au stéréotype peut être recatégorisé comme membre d'un **sous-groupe exceptionnel**, ce qui permet de ne pas remettre en cause la généralité du stéréotype. L'homosexuel monogame qui contredit le stéréotype de l'homosexuel volage devient membre d'un nouveau sous-groupe exceptionnel quand ont apprend qu'il est aussi comptable. Ainsi, le stéréotype de l'homosexuel volage est maintenu si on considère le sous-groupe des homosexuels *comptables* comme une exception à la règle (Kunda & Oleson, 1997).

Un autre phénomène favorisant la stabilité cognitive des stéréotypes a trait à la **prophétie qui**

s'autoréalise (voir le chapitre 4). Puisque nos comportements à l'égard d'un membre d'un exogroupe se fondent souvent sur nos stéréotypes, ils peuvent le conduire à réagir conformément à nos attentes. Par exemple, dans une conversation téléphonique, si un homme croit qu'une femme est très attirante, il aura tendance à se comporter à son égard d'une manière très amicale et chaleureuse. Ce comportement amènera la femme à être calme et assurée, confirmant ainsi le stéréotype selon lequel les femmes attirantes sont socialement compétentes (Snyder, Tanke & Berscheid, 1977).

Dans un autre ordre d'idées, les résultats d'une série d'études américaines montrèrent qu'un stéréotype auquel nous *n'adhérons pas* peut influer sur notre perception d'une personne sans que nous nous en rendions compte : il s'agit de l'effet de l'**activation automatique de stéréotypes négatifs** à l'égard des groupes dévalorisés (Devine, 1989). Les sujets d'une de ces études étaient des étudiants blancs qui avaient ou non des préjugés envers les Noirs. On leur a présenté des mots sur un écran à une vitesse telle que, par la suite, ils ont été incapables de les distinguer d'autres mots qui ne leur avaient pas été présentés (technique de l'amorçage subliminal ou *priming*). Dans la première situation expérimentale, les mots présentés très rapidement (stimuli subliminaux) étaient des mots que les étudiants savaient être généralement associés aux Noirs (« blues », « rythme », « ghetto », « esclavage », etc.). Dans la deuxième situation, les mots n'étaient pas associés aux Noirs. De cette façon, pour la moitié des participants, les stéréotypes relatifs aux Noirs étaient déclenchés par les mots communément associés aux Noirs et, pour l'autre moitié des participants, les stéréotypes n'étaient pas déclenchés. Par la suite, tous les participants lisaient des renseignements en fonction desquels ils devaient se former une opinion sur une personne nommée Donald dont le comportement pouvait ou non être perçu comme hostile et agressif. Aucune mention n'était faite à propos de son origine ethnique. Les résultats indiquèrent que les participants chez qui les stéréotypes relatifs aux

Noirs avaient été déclenchés par les amorces subliminales ont davantage perçu le comportement de Donald comme agressif, conformément au stéréotype négatif des Noirs, que ceux chez qui les stéréotypes n'avaient pas été déclenchés. Les résultats furent les mêmes tant chez les participants qui avaient des préjugés à l'égard des Noirs que chez ceux qui n'en avaient pas. Bref, on peut exposer une personne à des stéréotypes négatifs à son insu et, ainsi, influencer défavorablement sa perception des membres d'un exogroupe dévalorisé. Dans une étude utilisant une procédure semblable, Lepore et Brown (1997) ont plutôt utilisé l'expression « personne noire » comme amorce subliminale. Dans cette condition, seuls les participants blancs qui entretenaient déjà des préjugés envers les Noirs activèrent des stéréotypes négatifs à leur endroit. Dans une deuxième tâche indépendante, les mêmes participants blancs avaient à se faire une opinion sur un individu dont les caractéristiques étaient celles d'une personne noire. Les résultats démontrent que les participants blancs qui entretenaient des préjugés envers les Noirs avaient une opinion plus négative de l'individu cible que les participants qui n'avaient pas ce genre de préjugés. Donc, dans cette dernière étude, l'amorce subliminale utilisant le *nom* du groupe dévalorisé, « Noir », eut un effet différent selon les préjugés des participants blancs. L'ensemble de ces résultats porte Fazio et ses collègues (1995) à conclure que, par rapport à l'attitude envers les Africains-Américains, il y a trois types d'Américains blancs : 1) les Blancs qui n'entretiennent aucun préjugés envers les Noirs et qui ne répondent pas à l'activation automatique de stéréotypes négatifs relatifs aux Noirs ; 2) les Blancs qui ont des préjugés envers les Noirs, qui ne les cachent pas et qui activent leurs stéréotypes défavorables envers les Noirs à la suite des procédures d'amorçage automatique de stéréotypes négatifs ; et 3) les Blancs qui activent des stéréotypes négatifs relatifs aux Noirs à la suite des procédures d'amorçage, mais qui aimeraient réprimer ce genre de réactions, qu'ils considèrent socialement indésirables. Plusieurs autres études explorent les processus cognitifs et motivationnels qui affectent l'activation de stéréotypes explicites et implicites relatifs aux minorités dévalorisées aux États-Unis (Amodio, Harmon-Jones & Devine, 2003 ; Devine *et al.*, 2002). De même, les concepts et techniques de la neuro-cognition permettent d'élargir notre compréhension des processus cognitifs associés aux stéréotypes ethniques (Amodio *et al.*, 2004 ; Wheeler & Fiske, 2005).

Finalement, les recherches sur les **méta-stéréotypes** démontrent que les stéréotypes relatifs aux exogroupes peuvent aussi dépendre de l'idée que nous nous faisons des stéréotypes que ces exogroupes entretiennent envers les membres de notre propre endogroupe. Une étude canadienne montre que les étudiants blancs de l'Université du Manitoba perçoivent des méta-stéréotypes très négativement : ils estiment que les Autochtones de la région perçoivent les Blancs comme des gens arrogants, égoïstes, riches, matérialistes et racistes (Vorauer, Main & O'Connel, 1998). L'étude démontre aussi que ce sont les participants blancs qui entretiennent le moins de préjugés envers les Autochtones et qui jugent que les Autochtones expriment des stéréotypes plus négatifs relativement aux Blancs (méta-stéréotypes négatifs). Par contre, ces méta-stéréotypes négatifs sont justement plus faibles, surtout chez les étudiants blancs qui entretiennent des préjugés envers les Autochtones (Vorauer & Kumhyr, 2001).

Les préjugés

> Il est plus difficile de désagréger un préjugé qu'un atome. (Albert Einstein.)

Comme l'étymologie du mot l'indique, le préjugé est un jugement *a priori*, un parti pris, une opinion préconçue qui concerne un groupe de personnes ou un individu appartenant à ce groupe (Schneider, 2004). Théoriquement, le jugement préconçu constituant le préjugé peut être aussi bien positif que négatif. Par contre, la majorité des auteurs attribuent une connotation négative au concept de préjugé et utilisent l'expression « préjugé favorable » lorsqu'ils veulent lui donner un sens positif. Dans son acceptation usuelle, le **préjugé** est défini comme « une attitude négative ou une prédisposition à adopter un comportement négatif envers un groupe, ou envers les membres de ce groupe, qui repose sur une généralisation erronée et rigide » (Allport, 1954). Les préjugés s'expriment surtout sur les plans affectif et émotif. Les sentiments les plus souvent associés aux préjugés peuvent aller du simple inconfort en présence d'un membre de l'exogroupe jusqu'à la méfiance, la peur, le dégoût et l'hostilité. Les préjugés peuvent également se manifester dans les comportements verbaux et non verbaux qui expriment l'antipathie éprouvée à l'égard des membres d'un exogroupe (Bourhis & Maass, 2005 ; Ruscher, 2001).

On peut entretenir des préjugés à l'endroit des membres de n'importe quel groupe ou de n'importe quelle catégorie sociale. On peut ainsi avoir des préjugés contre les membres d'une classe socioéconomique (les pauvres), d'une affiliation religieuse (les musulmans), d'un groupe ethnique (les Haïtiens), d'un parti politique (les conservateurs) et même contre les membres d'une discipline scientifique autre que la sienne (les sociologues). Aux préjugés sont parfois associées des étiquettes particulières précisant la catégorie sociale visée. Ainsi, le *sexisme* désigne le préjugé basé sur le sexe, l'*antisémitisme* correspond au préjugé contre les Juifs, le *linguicisme* est un préjugé contre un exogroupe linguistique, l'*âgisme* représente le préjugé fondé sur l'âge, le *racisme* désigne le préjugé contre les individus d'une autre groupe ethnique, l'*homophobie* correspond au préjugé contre les homosexuels, et la *xénophobie* représente le préjugé et l'hostilité envers les étrangers.

Les préjugés ont été étudiés à partir des années 1920 dans le cadre de la psychométrie des attitudes intergroupes. L'échelle de distance sociale élaborée par Bogardus (1925) permet de mesurer les préjugés entretenus envers des groupes valorisés et dévalorisés. On demande aux participants d'exprimer le degré d'intimité sociale qu'ils sont prêts à partager avec un membre du groupe en question. Les items sont placés en ordre ascendant d'intimité, allant de « l'accepter » à « ne pas l'accepter » comme immigrant dans notre pays, comme préposé au magasin du coin, comme voisin de palier, comme meilleur ami ou comme conjoint. Ainsi, l'ampleur des préjugés se mesure par la distance sociale que le participant veut maintenir entre lui-même et les membres d'un exogroupe valorisé ou dévalorisé. Le développement des échelles de mesure des préjugés a permis d'élaborer des instruments mesurant les préjugés contre les minorités ethniques (Berry & Kalin, 1995) ou contre l'homosexualité masculine (Leaune & Adrien, 2004). Étant donné l'actualité de la rectitude politique, les chercheurs ont également élaboré des mesures moins transparentes du préjugé : l'échelle de racisme symbolique (Henry & Sears, 2002), l'échelle d'ambivalence raciale (Katz & Hass, 1988), l'échelle de sexisme ambivalent (Glick & Fiske, 1996), l'échelle de néoracisme (Tougas et al., 1998) et l'échelle de néosexisme (Tougas et al., 1995).

Dans leur programme de recherche sur les préjugés, Esses, Haddock et Zanna (1993) soutiennent que plusieurs facteurs autres que les stéréotypes alimentent nos préjugés. Les préjugés relatifs aux exogroupes valorisés ou dévalorisés semblent être tributaires des éléments suivants : 1) les croyances stéréotypiques entretenues envers l'exogroupe ; 2) les émotions positives ou négatives ressenties à l'égard des exogroupes ; 3) la perception qui mène à croire que les membres de l'exogroupe menacent les valeurs de l'endogroupe, ce qui correspond aux croyances symboliques ; et 4) les expériences de vie avec les membres de l'exogroupe, incluant la fréquence et la qualité des contacts avec les groupes cibles. Haddock, Zanna et Esses (1994) ont demandé à des étudiants de l'Université de Waterloo (sud de l'Ontario) d'exprimer leurs attitudes (les préjugés) envers les Canadiens anglais, les Autochtones, les Pakistanais et les homosexuels. Ils leur ont aussi demandé de faire part de leurs croyances stéréotypiques concernant chacun des groupes cibles, de décrire les émotions qu'ils ressentent en pensant à chacun de ces exogroupes, de décrire leurs croyances symboliques relativement à chacun des groupes, et de décrire la fréquence et la qualité des contacts entretenus avec les membres de chacun de ces exogroupes. Les

résultats montrent que les stéréotypes ne sont pas les meilleurs prédicteurs des préjugés exprimés à l'endroit de chacun des groupes cibles, surtout quand l'ensemble des autres facteurs est pris en considération. En ce qui concerne les groupes cibles canadiens anglais et autochtones, ce sont les émotions positives qu'ils suscitent qui constituent les meilleurs prédicteurs du peu de préjugés exprimés envers ces deux exogroupes. Les préjugés très négatifs à l'endroit des Pakistanais et des homosexuels sont mieux prédits par les croyances symboliques, puisque l'existence de ces deux exogroupes est perçue comme une menace à l'endroit des valeurs et des croyances des étudiants anglophones du sud de l'Ontario. Dans une étude évaluant la force relative des mêmes facteurs, Corenblum et Stephan (2001) obtiennent des résultats démontrant que les émotions, encore plus que les autres facteurs, sont de puissants prédicteurs des préjugés des Canadiens anglais contre les Autochtones. Des résultats semblables démontrant la force des émotions sont obtenus en ce qui a trait aux préjugés entretenus par les Autochtones envers les Canadiens blancs. Dans une série d'études expérimentales plutôt que corrélationelles, Esses et Zanna (1995) ont induit des émotions positives, neutres ou négatives chez des étudiants canadiens anglais avant de leur confier la tâche d'évaluer plusieurs exogroupes. Les résultats démontrent clairement que les participants de mauvaise humeur expriment des préjugés plus négatifs contre l'ensemble des exogroupes que les étudiants de bonne humeur.

L'ensemble de ces résultats suggèrent que les interventions pour réduire les préjugés ont plus de chances de réussir si on fait appel aux émotions des individus plutôt qu'à leur raisonnement, qui est basé sur les stéréotypes qu'ils entretiennent déjà envers les exogroupes (Wilder & Simon, 2001). Dans une étude en laboratoire, Esses et Dovidio (2002) ont fait voir à des étudiants américains blancs une vidéo montrant une personne noire qui est victime de discrimination dans plusieurs situations de la vie quotidienne aux États-Unis. Certains participants avaient reçu la consigne de visionner chacun des incidents de discrimination en prêtant surtout attention aux émotions qu'ils pouvaient ressentir par rapport à ces situations déconcertantes. Les autres participants avaient reçu une consigne les invitant à prêter attention à leurs interprétations cognitives de chacune des situations de discrimination. Les répondants ayant reçu la consigne émotionnelle ont exprimé un plus grand désir d'avoir des contacts avec des personnes noires que les répondants ayant reçu la consigne cognitive. D'autres analyses suggèrent que les participants blancs ayant reçu la consigne émotionnelle n'ont pas changé leurs stéréotypes et croyances symboliques à l'égard des Noirs. Par contre, cette consigne a eu un effet sur leurs émotions, et ils entretenaient ensuite des sentiments plus positifs envers les Noirs, et exprimaient un plus grand désir d'avoir des contacts avec eux dans le futur.

Les préjugés sont souvent tributaires du sentiment de menace que suscitent certaines minorités dévalorisées. Le **modèle intégré de la menace** (MIM) (Stephan & Stephan, 2000) propose les facteurs qui suivent comme prédicteurs de nos préjugés contre certains exogroupes : 1) la *perception* que les exogroupes sont une menace réelle ; 2) le sentiment que l'exogroupe constitue une menace symbolique ; 3) un sentiment d'anxiété lorsque nous sommes en présence d'exogroupes dévalorisés. Selon le modèle MIM, l'ensemble de ces facteurs contribue à la force du préjugé contre les exogroupes. Ainsi, la perception qu'un exogroupe pose une menace réelle à l'existence de l'endogroupe sur le plan économique, linguistique, politique ou territorial alimente les préjugés. Quand l'exogroupe est perçu comme une menace aux coutumes, aux traditions et aux valeurs centrales de l'endogroupe, il s'agit alors de menaces symboliques. L'anxiété intergroupes se manifeste quand les membres de l'endogroupe se sentent personnellement embarrassés, rejetés ou menacés lorsqu'ils rencontrent des membres de l'exogroupe. Les préjugés contre les exogroupes reflètent ces types de menaces dans la mesure où ces attitudes traduisent des relations négatives, déplaisantes ou conflictuelles avec l'exogroupe. Les résultats d'une série d'études américaines montrent qu'une combinaison spécifique de ces trois types de menaces permet de prédire les préjugés entretenus par les étudiants américains blancs contre les immigrants mexicains (Université du Nouveau-Mexique), les immigrants cubains (Université de Floride) et les immigrants asiatiques (Université d'Hawaii) (Stephan, Ybarra & Bachman, 2001). Des résultats du même genre sont obtenus avec

---

ENCADRÉ 13.1 « Race », racisme et néoracisme

Un journaliste demanda un jour à Papa Doc Duvalier, président d'Haïti à cette époque, combien son pays comptait de personnes de « race blanche ». « Quatre-vingt-dix-neuf pour cent des Haïtiens sont blancs », répondit Duvalier. Tout étonné, le journaliste lui demanda comment il définissait « Blanc ». Duvalier lui retourna sa question en demandant au journaliste comment lui définissait « Noir ». « Toute personne qui a du sang noir », répondit le journaliste. « C'est exactement ainsi que je définis "Blanc" », rétorqua Duvalier.

Cette anecdote rapportée par Stephen Reicher (2001) souligne bien le caractère arbitraire du concept de « race » utilisé pour catégoriser les gens. Ce concept tire son origine de la biologie et désigne une subdivision de l'espèce zoologique qui présente des caractéristiques héréditaires discontinues et distinctives. Au XIXe siècle, les anthropologues divisaient l'espèce humaine en trois « races » en fonction de la couleur de la peau et d'autres traits physiques : noire, jaune et blanche (ou négroïde, mongoloïde et caucasienne). Dès 1850 jusqu'aux années 1930, les théories racistes plaçant les groupes ethniques européens au haut de la hiérarchie des « races » ont fleuri, tant en biologie et en anthropologie, qu'en ethnologie et en psychologie (Richards, 1997 ; Taguieff, 1977). Depuis cette époque, les développements de la génétique ont permis de constater que les différences existant entre les individus catégorisés dans la même « race » sont plus importantes que celles qui peuvent exister entre les « races » (Stringer, 1991). Force est de constater qu'il est impossible d'identifier des caractéristiques héréditaires discontinues qui distingueraient réellement une « race » humaine des autres « races ». Par exemple, la couleur de la peau présente un continuum de nuances depuis le teint le plus pâle jusqu'au teint le plus foncé. En conséquence, les scientifiques de toutes les disciplines s'entendent sur le fait que le terme « race » ne peut s'appliquer aux êtres humains (Smedley & Smedley, 2005 ; UNESCO, 1969).

Le concept de « race » constitue plutôt une construction sociopolitique qui définit arbitrairement un groupe en fonction de critères physiques ou sociobiologiques (Helms, Jernigan & Mascher, 2005 ; Taguieff, 1997 ; Van den Berghe, 1967). Ainsi, selon le critère utilisé, on pourrait classer les humains en deux, quatre, cinq ou même 128 catégories « raciales », comme ce fut le cas à Saint-Domingue à l'époque coloniale (James, 1989). Dans ce contexte, nous utilisons le terme « race » en le plaçant entre guillemets pour bien souligner que ce concept correspond à une position idéologique, et non à une réalité sociobiologique. Par contre, des individus et des groupes continuent à promouvoir ce système de classification dépassé et à attribuer une supériorité à certaines « races » par rapport aux autres. Ainsi, en France, le parti xénophobe du « Front national » propose l'idée de l'« inégalité des races » pour justifier ses politiques d'exclusion envers les minorités maghrébines et étrangères établies au pays (Taguieff, 1987). Ce type de **racisme hiérarchique** est même légitimé par certains universitaires de diverses disciplines. Ainsi, des psychologues prétendent que certaines « races » sont plus intelligentes et douées que d'autres (Rushton & Jensen, 2005), une position réfutée par l'ensemble des psychologues contemporains (Gould, 1996 ; Nisbett, 2005 ; Sternberg, 2005 ; Sternberg, Grigorenko & Kidd, 2005 ; Suzuki & Aronson, 2005). Au Canada, le débat concernant la supériorité des Asiatiques sur les Caucasiens et, surtout, sur les Négroïdes a fait rage entre le psychologue Rushton (1988a, 1988b, 1990, 1991) et l'ensemble des psychologues canadiens (Anderson, 1991a ; Weizmann *et al.*, 1990, 1991 ; Zuckerman & Brody, 1988). Les recherches sur le génome humain renouvellent l'intérêt pour l'ethnicité et la génétique en psychologie, comme en témoigne le numéro thématique du *American Psychologist* sur cette question (Anderson & Nickerson, 2005).

Toutefois, comme le précise Jones (1997), le racisme n'est pas que le fait d'individus, il existe également au niveau institutionnel (inégalités systématiques résultant des pratiques institutionnelles) et au niveau culturel (imposition de la culture dominante au détriment de la culture des groupes minoritaires ou ayant moins de pouvoir). L'idéologie raciste demeure un instrument politique souvent employé pour légitimer le traitement inégal et injuste réservé à des groupes dévalorisés par des groupes dominants (Jost & Major, 2001 ; Sidanius & Pratto, 1999 ; Smedley & Smedley, 2005 ; Taguieff, 1987, 1997 ; Wieviorka, 1991, 1998).

Par ailleurs, une autre idéologie raciste s'est développée à partir des années 1960. Ce racisme, à la différence du racisme hiérarchique, rejette l'idée d'une hiérarchie des « races »

fondée sur des différences génétiques (Taguieff, 1987). Les défenseurs de cette forme de racisme invoquent plutôt l'idée que l'affinité existant entre les membres d'une même « race » est naturelle et inévitable. Ce **racisme différencialiste** repose sur le fait que l'antagonisme et les préjugés entre les membres de « races » différentes seraient naturels et inévitables (Hopkins, Reicher & Levine, 1997). L'accent est mis ici sur les différences culturelles entre les groupes « raciaux ». Les tenants de cette idéologie raciste soutiennent que, puisque l'intégration culturelle ou religieuse des immigrants « trop différents » est impossible, la solution est de rapatrier ces immigrants dans leur pays d'origine et d'interdire l'entrée de nouveaux immigrants. Tout cela au nom de la survie de la majorité d'accueil « de souche », qui doit protéger son territoire, sa langue, sa culture, ses valeurs et son identité (Reicher, 2001). Certaines de ces croyances sont incluses dans les programmes politiques de partis nationalistes tels que le British National Party de Grande-Bretagne et le Front national en France. Il est à remarquer que ce racisme différencialiste est d'autant plus insidieux que ceux qui y adhèrent s'affichent comme étant non racistes en rejetant l'idée d'une hiérarchie des « races ». Toutefois, leur « analyse » du racisme garde sous silence les différences de pouvoir et les inégalités sociales structurelles caractérisant nos sociétés.

Le néoracisme

Depuis le début des années 1970, les normes sociales, particulièrement dans les pays occidentaux, ont évolué vers la désapprobation des manifestations flagrantes du racisme et de la xénophobie. Les programmes d'accès à l'égalité, par exemple, ont permis de dénoncer et de réduire certains cas patents de discrimination. Mais cette atténuation des comportements discriminatoires les plus évidents correspond-elle à une plus grande tolérance de la part des membres de la majorité ? Est-il possible que des formes cachées de racisme puissent exister chez des gens appartenant à des groupes majoritaires ou minoritaires qui se disent opposés aux formes traditionnelles ou flagrantes de racisme ? Ces questions ont amené des chercheurs à élaborer différents modèles pour étudier la forme que prend le racisme dans le contexte actuel. Parmi ces modèles, on trouve le modèle du racisme symbolique (McConahay & Houg, 1976 ; Kinder & Sears, 1981), le modèle du racisme régressif (Rogers & Prentice-Dunn, 1981), le modèle du racisme moderne (McConahay, 1986), le modèle du racisme aversif (Gaertner & Dovidio, 1986), la théorie de l'ambivalence-amplification (Katz & Hass, 1988 ; Katz, Wackenhut & Hass, 1986), le modèle du racisme subtil (Pettigrew & Meertens, 1995), le modèle de la dissociation (Devine, Plant & Blair, 2001) et le modèle du néoracisme (Tougas *et al.*, 2004). Bien que leurs dénominations représentent des différences conceptuelles importantes, ces modèles partagent des éléments centraux communs. Ainsi, dans tous ces modèles, on reconnaît le fait que le racisme n'est plus ouvertement accepté dans la société et que la plupart des gens tentent de le combattre d'une manière ou d'une autre. On souligne, de plus, que les membres du groupe majoritaire vivent des tensions entre, d'une part, leurs valeurs humanistes et égalitaires et, d'autre part, les sentiments négatifs qu'ils éprouvent à l'endroit des groupes minoritaires ou des immigrants de leur société. Cela les amène à orienter leurs préjugés vers des objets sociaux plus neutres et à élaborer des justifications socialement acceptables de leur racisme. Ce faisant, ils sont convaincus qu'ils ne sont pas racistes. Par exemple, au nom de la méritocratie, ces personnes se disent opposées aux programmes d'accès à l'égalité, parce que ces mesures favoriseraient l'embauche de personnes moins compétentes ou moins performantes. Bien qu'elles coexistent depuis longtemps avec les formes « traditionnelles » du racisme (Reicher, 2001), ces formes dites contemporaines de racisme semblent être devenues dominantes dans les sociétés occidentales au cours des 40 dernières années. Ces perspectives sur les différentes formes de racisme ont été élaborées, pour la plupart, dans le contexte particulier des relations entre Blancs et Noirs aux États-Unis. Par ailleurs, elles ont été également appliquées aux préjugés contre d'autres groupes, comme les immigrants (Joly, Tougas & de la Sablonnière, 2004 ; Tougas *et al.*, 2004), et contre les femmes (Glick & Fiske, 1996 ; Tougas *et al.*, 1995).

des étudiants espagnols en ce qui a trait aux immigrants marocains dans le sud de l'Espagne, et avec des étudiants juifs lorsqu'il est question des immigrants russes et éthiopiens en Israël (Stephan *et al.*, 1998). Dans l'ensemble, ces études montrent bien que ces trois types de menaces alimentent les préjugés contre les exogroupes dévalorisés.

Nous avons vu que les stéréotypes et les préjugés se situent sur le plan des jugements cognitifs et des réactions affectives liés aux exogroupes. Lorsqu'on passe aux actes, lorsque des réactions comportementales sont observables, il est question du concept de discrimination. Comme le souligne Stephen Reicher (2001), l'intérêt de la psychologie sociale pour les relations intergroupes s'est développé depuis la Deuxième Guerre mondiale « [...] non pas parce que les Nazis pensaient du mal des Juifs, mais bien parce qu'ils en ont massacré six millions » (p. 274). Cela nous amène au concept de discrimination, présenté dans la section suivante.

La discrimination

La **discrimination** est un comportement négatif dirigé contre des membres d'un exogroupe à l'endroit duquel nous entretenons des préjugés (Dovidio & Gaertner, 1986). Bien que la discrimination émane souvent de préjugés, cette relation n'est pas automatique. Nous avons vu dans le chapitre 6 que les attitudes et les comportements ne sont pas nécessairement liés. Notre comportement est tributaire à la fois de nos convictions personnelles et des circonstances externes qui peuvent échapper à notre contrôle personnel. Par exemple, une personne peut avoir des préjugés ancrés contre une minorité ethnique, mais sentir qu'il lui est impossible d'agir en fonction de ses sentiments négatifs parce que de tels comportements discriminatoires sont socialement indésirables, ou carrément interdits par la loi et les chartes des droits de la personne. Par contre, un individu qui n'a pas de préjugés contre les femmes peut être obligé de faire de la discrimination à leur endroit à cause de lois ou de règlements sexistes existant dans l'organisation où il travaille, ou dans le pays où il habite : il s'agit ici de **discrimination institutionnelle**. Par exemple, plusieurs pays du Moyen-Orient ont des lois sévères (la charia islamique) qui interdisent la participation des femmes dans de nombreux domaines d'activités professionnelles et sociales, malgré le désaccord d'un bon nombre de femmes et d'hommes qui ne croient pas à l'idéologie religieuse qui légitime ce sexisme institutionnalisé (Balta, 1995).

C'est dans le domaine de l'emploi que la discrimination fait le plus de tort à ses victimes et cause le plus de tensions intergroupes (Bataille, 1997 ; Blier & de Royer, 2001). Avec ses 530 000 postes de fonctionnaires francophones, le gouvernement du Québec est le plus important employeur de la province. La présence quasi exclusive de Québécois francophones « de souche » dans l'administration civile du gouvernement du Québec fut la règle après la Révolution tranquille, dans les années 1960. Mais, à la suite de l'ouverture du Québec à l'immigration, dans les années 1970, le gouvernement provincial a dû mettre sur pied des campagnes de recrutement pour assurer une représentation plus équitable des communautés culturelles (immigrants et allophones) et des minorités anglophones et autochtones dans les ministères du gouvernement du Québec. Les programmes d'accès à l'égalité constituent des outils par excellence pour lutter contre les biais institutionnalisés et la **discrimination systémique** en milieu de travail qui sévissent au Québec et au Canada (Barrette & Bourhis, 2004 ; Fleras & Elliot, 1999 ; Pendakur, 2000). Fondés sur les données sur l'origine ethnique apparaissant dans le recensement canadien (Bourhis, 2003), ces programmes visent à augmenter la représentativité des minorités en milieu organisationnel

(Francesco & Gold, 1998). Grâce à la diversité culturelle ainsi atteinte, la créativité et le pouvoir d'adaptation des organisations se bonifient (Cox, 2001).

Mais, malgré la mise en place de programmes d'accès à l'égalité, de graves lacunes existent toujours dans le recrutement de membres des communautés culturelles et d'anglophones au sein de l'administration civile du gouvernement provincial, lacunes mentionnées dans le rapport annuel de la Commission des droits de la personne et des droits de la jeunesse de 1998 (CDPDJ, 1998). Comme l'illustre la figure 13.1, par rapport à leur proportion dans la société québécoise, les membres des communautés culturelles, les anglophones et les autochtones sont sous-représentés dans la fonction publique provinciale québécoise. Les analyses de la CDPDJ (1998) ont montré que cette sous-représentation *ne* pouvait *pas* s'expliquer par une maîtrise insuffisante du français ou par un manque de compétences des

FIGURE 13.1   **Groupes minoritaires dans la fonction publique québécoise**

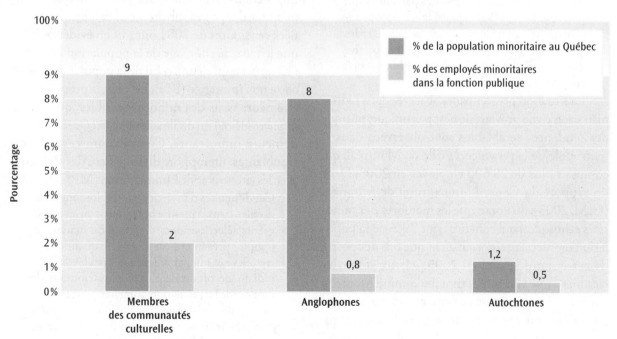

Source : Commission des droits de la personne et des droits de la jeunesse (1998), *Les programmes d'accès à l'égalité au Québec*, p. 46. Adapté de Barrette & Bourhis (2004).

candidats anglophones et allophones, ni par une absence de candidatures de leur part. Les enquêtes laissent penser que les gestionnaires de l'administration québécoise ont tendance à privilégier les candidats qui partagent les mêmes repères culturels et linguistiques qu'eux. Cette tendance à favoriser les candidatures de « québécois de souche » se manifeste durant le processus de sélection et, en plus, elle joue un rôle dans la promotion et la rémunération (Simard, 1998). Au Québec, les études démontrent que, dans les administrations civiles et les entreprises, les gestionnaires du groupe majoritaire basent souvent leurs procédés de recrutement sur le bouche à oreille parmi les membres de leur endogroupe, limitant ainsi la possibilité de considérer les candidats anglophones, allophones et autochtones, ainsi que les minorités visibles (Barrette & Bourhis, 2004 ; CRI, 1999). En 2003, Joseph Facal, qui était président du Conseil du Trésor et ministre responsable de l'Administration et de la Fonction publique du gouvernement du Québec, déclarait :

> Si nous souhaitons une fonction publique représentative de l'ensemble des personnes qui composent le Québec aujourd'hui, il reste beaucoup de travail à faire… Il faut sensibiliser les gestionnaires du gouvernement qui font preuve d'une sensibilité insuffisante envers la diversité. (*Le Devoir*, 25 février 2003, p. 8.)

La situation préoccupante observée dans l'administration civile provinciale n'est pas unique, puisque des tendances semblables sont observées dans la métropole de la province, la ville de Montréal, qui comptait plus de 28 600 employés en 2005. Dans un rapport du Conseil interculturel de Montréal (CIM, 2005), on notait que les membres des minorités ethniques, qui constituaient 29 % de la population montréalaise, n'occupaient que 6 % des postes de cette municipalité en 2005. Mieux servir les citadins d'une ville multiethnique comme Montréal suppose des services municipaux offerts par des employés qui connaissent la population et qui représentent bien sa diversité culturelle et ethnique. Le rapport juge que l'administration montréalaise ne fait pas assez d'efforts pour embaucher des candidats issus des minorités visibles et des minorités ethniques. Selon la présidente du CIM : « La ville n'a pas suffisamment de ressources, elle n'est pas assez proactive et les structures actuelles continuent de favoriser l'embauche des hommes "montréalais de souche". » Pour se conformer à la Loi sur l'accès à l'égalité en emploi adoptée par le gouvernement du Québec en 2001, la Ville de Montréal devra mettre en application, d'ici 2009, un plan d'accès à l'égalité ; elle devra donc embaucher, à compétences égales, des femmes, des membres des minorités visibles et des minorités ethniques, et des autochtones, lorsqu'il y aura sous-représentation dans les emplois dotés (*Le Devoir*, 9 juin 2005, p. 10).

Les minorités visibles, qui constituaient 5 % de la population active au Québec en 1996, étaient systématiquement *sous-représentées* dans les catégories d'emplois supérieures et, à l'inverse, étaient *surreprésentées* dans les échelons inférieurs de l'emploi au Québec (CRI, 1999). Ainsi, dans l'ensemble des emplois au Québec, les minorités visibles n'occupaient que 2,2 % des postes de contremaîtres, alors qu'ils comblaient 7,6 % des postes de travailleurs manuels, des postes subalternes. Par ailleurs, les données censitaires de 2001 ont mis en évidence le fait que le taux de chômage de la population immigrée (12 %) est supérieur à celui de la population québécoise non immigrée (8 %). De plus, la proportion de chômeurs issus des minorités visibles, qu'ils aient *immigré* (15 %) ou qu'ils soient *nés au Québec* (14 %), demeure importante. Commentant ces données troublantes, un rapport du ministère des Relations avec les citoyens et de l'Immigration (MRCI) notait :

> Ces difficultés d'insertion en emploi sont paradoxales, dans la mesure notamment où les immigrants sélectionnés en fonction du marché de l'emploi présentent un niveau de qualification très élevé et où, par ailleurs, le marché de l'emploi québécois est de plus en plus tributaire de l'apport de la population immigrée pour la satisfaction de ses besoins. En effet, en raison de la faiblesse relative de la natalité au Québec au cours des trois dernières décennies, une part croissante des nouveaux arrivants sur le marché du travail provient de l'immigration. Ainsi, pour

la période de 1991 à 2001, plus de 60 % de la croissance de la population active est attribuable à l'immigration. (MRCI, 2003, p. 23.)

Parmi les facteurs invoqués pour expliquer les taux de chômage importants chez les immigrés et les minorités visibles, le rapport mentionne les problèmes liés à la non-reconnaissance, par les corporations professionnelles, des formations suivies et des expériences acquises à l'étranger, la discrimination à l'égard de membres de minorités visibles, la méconnaissance du français ou de l'anglais et le manque d'expérience de travail en contexte québécois. Notons qu'une étude de l'Institut de la statistique du Québec prévoit que la population québécoise en âge de travailler (les 20 à 64 ans) commencera à diminuer dès 2013. Le déclin que subira le Québec dans ce domaine aura pour effet de réduire de 50 % la performance de l'économie québécoise en moins de 10 ans. De plus, les perspectives d'emploi pour les années 2002-2006 font déjà état d'un manque de main-d'œuvre totalisant plus de 600 000 postes, causé à la fois par les retraites et par l'expansion des activités économique de la province (MRCI, 2003). L'immigration, parce qu'elle permet un apport direct et immédiat de jeunes travailleurs qualifiés, peut contribuer à atténuer cette pénurie de main-d'œuvre. Par contre, les résultats d'une importante étude longitudinale montrent que 30 % des immigrants finissent par quitter le Québec après 10 années de séjour dans « la belle province » (Renaud & Goyette, 2002). L'étude souligne que ces départs, surtout vers l'Ontario, sont motivés en grande partie par le manque d'accès aux emplois dans le secteur privé et, surtout, dans les administrations civiles du gouvernement du Québec et de la plupart des municipalités, y compris celle de Montréal (CDPDJ, 1998 ; CRI, 1999, 2001).

Il y a aussi un exode des anglophones du Québec vers les autres provinces du Canada. Au fil des ans, cette tendance migratoire a eu un effet dévastateur sur la proportion des anglophones au Québec : de 13 % qu'elle était en 1971 (789 000), la proportion des anglophones est tombée à 8,3 % en 2001 (591 380), soit une perte de près de 200 000 anglophones pour la province, la grande majorité étant de jeunes Anglo-Québécois. Au terme d'une étude portant sur l'exode des jeunes anglophones, Magnan et Gauthier (2004) observent :

> Il reste que l'on assiste à une diminution constante du nombre de jeunes Anglo-Québécois. Le taux de sortie du Québec vers le reste du Canada selon la langue maternelle des jeunes adultes de 25 à 34 ans pour la période de 1996-2001 était de 15,8 % pour la catégorie « anglais », comparativement à 6,1 % pour la catégorie « autre » et à 1,6 % pour la catégorie « français ». (P. 3-4.)

Précisons que l'apprentissage du français par les anglophones depuis l'adoption de la *Charte de la langue française* (« loi 101 ») et l'exode d'un nombre important d'anglophones unilingues fait en sorte que la connaissance de la langue française est passée de 37 % en 1971 à 67 % en 2001. À ce propos, Magnan et Gauthier (2004) observent :

> Le niveau élevé de bilinguisme observé chez les jeunes anglophones ne contribue pas à réduire leur propension à émigrer à l'extérieur du Québec. Ceci s'explique peut-être par le fait que les jeunes anglophones sont convaincus qu'ils ne peuvent pas rivaliser avec leurs homologues francophones dans l'emploi malgré leurs habiletés en français. Ce sentiment de discrimination les pousserait à partir. D'autre part, leur bilinguisme contribuerait à faciliter leur mobilité au sein du Canada [...] Le sentiment de ne pas être accepté au sein de la majorité francophone expliquerait en partie l'exode des jeunes anglophones à l'extérieur du Québec. (P. 52.)

Le Québec perd ainsi ce capital scientifique, économique et culturel que constituent les jeunes anglophones, qui demeurent malgré tout attachés socioaffectivement à leur province natale. Force est de constater que bien des anglophones, des immigrants et des membres des minorités visibles considèrent leurs difficultés dans le monde du travail comme un symptôme de la fermeture de la société civile québécoise.

C'est souvent dans le domaine de l'emploi que la discrimination s'exprime de façon particulièrement pernicieuse. Une série d'études entreprises auprès d'étudiants anglo-canadiens du sud de l'Ontario démontre bien l'effet pervers de la discrimination dans le monde du travail. Dans une étude expérimentale, 200 étudiants de premier cycle à l'Université Queen's devaient jouer le rôle d'un directeur du personnel qui avait à évaluer et à sélectionner 10 candidats pour différents postes dans une grande entreprise manufacturière (Kalin & Rayko, 1978). Le poste le plus élevé hiérarchiquement était celui de contremaître, suivi de celui de mécanicien industriel et de celui d'assembleur sur la ligne d'assemblage. Le poste le moins élevé hiérarchiquement était celui de préposé au nettoyage de l'entrepôt. Les participants devaient évaluer chaque candidat pour chacun des quatre postes à pourvoir. L'information concernant chaque candidat était présentée de telle sorte qu'elle était équivalente en ce qui avait trait à l'âge, à l'état civil, à l'éducation et à l'expérience de travail préalable. Par contre, l'origine ethnique des candidats variait systématiquement. En plus d'étudier le dossier de chaque candidat, les participants écoutaient un extrait de 30 secondes d'une portion anodine d'une entrevue de sélection déjà effectuée avec chaque candidat. C'est par le truchement de l'accent des locuteurs qu'on a pu faire varier systématiquement l'origine ethnique des candidats.

Comme nous l'avons vu dans le chapitre 7, l'accent d'un locuteur peut être l'indice qui nous permet de déterminer l'origine ethnique ou régionale d'un individu (Sachdev et Bourhis, 2001, 2005). Dans l'étude en question, cinq candidats s'exprimaient en anglais avec un accent canadien-anglais typique du sud de l'Ontario, donc semblable à celui des participants eux-mêmes. Les cinq autres candidats parlaient l'anglais avec les accents étrangers suivants : italien, grec, portugais, slovaque et ouest-africain. Des juges indépendants avaient estimé préalablement que les accents étrangers et canadien-anglais étaient tout aussi compréhensibles les uns que les autres.

Quels étaient les candidats jugés les plus aptes à occuper les différents postes disponibles ? Les principaux résultats de l'étude sont présentés dans la figure 13.2. Premièrement, il est clair que les candidats canadiens-anglais ont été jugés plus aptes à occuper les postes ayant une position élevée (contremaître, mécanicien) que les candidats étrangers. À l'inverse, en ce qui concerne le poste de préposé à l'entretien, ce sont les candidats étrangers plutôt que canadiens-anglais qui ont été jugés les plus aptes à l'occuper. Étant donné l'équivalence des candidats à tous les points de vue, sauf en ce qui avait trait à l'origine ethnique, Kalin et Rayko (1978) en ont conclu que le traitement réservé aux candidats étrangers était discriminatoire. De plus, ce traitement était pernicieux, car, dans la réalité, les candidats étrangers seraient affectés au bas de l'échelle occupationnelle, ce qui retarderait inévitablement leur accès à des postes de prestige au sein de l'entreprise. Ce type d'embauchage discriminatoire démontre que les immigrants ont plus de mal à gravir les échelons sociaux dans le pays d'accueil. Par contre, les résultats révèlent aussi que les participants

FIGURE 13.2 **Choix des candidats pour les postes selon l'origine ethnique**

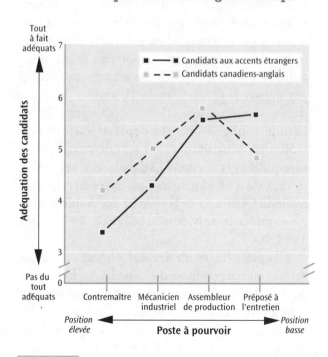

Source : Adapté de Kalin et Rayko (1978).

canadiens-anglais n'hésitaient pas à manifester un biais proendogroupe, ce qui, dans la réalité, faciliterait leur propre réussite sociale dans l'entreprise.

Dans deux études de terrain, Henry (1989) a tenté de cerner l'évolution de la discrimination dans le domaine de l'emploi à Toronto. Dans les deux études, des compères noirs antillais et blancs canadiens-anglais jouèrent le rôle de candidats à un emploi au cours d'entrevues réelles dans des entreprises de Toronto. Les candidats noirs et blancs, qui avaient une compétence équivalente, se présentèrent aux entrevues de sélection à une heure d'intervalle au maximum. Le comportement discriminatoire des employeurs fut évident dans l'étude de 1984 : les candidats blancs avaient été retenus quatre fois plus souvent que les candidats noirs (Henry & Ginsberg, 1985). Par contre, les résultats obtenus en 1989 révélèrent que les candidats noirs s'étaient vu offrir un poste aussi souvent que les candidats blancs. Les auteurs notèrent que la pénurie de main-d'œuvre sur le marché du travail à Toronto en 1989 ne pouvait avoir influé directement sur les résultats étant donné que les employeurs pouvaient choisir entre des candidats blancs ou noirs qui avaient une compétence équivalente.

Un deuxième volet des études de Henry (1989) consistait à recueillir un grand nombre d'offres d'emplois publiées dans les journaux torontois et à téléphoner aux employeurs anglo-canadiens pour solliciter une entrevue de sélection. Pour chaque emploi, quatre compères ayant une compétence équivalente téléphonaient, dans un court laps de temps, pour obtenir une entrevue. Comme dans les études de Kalin (1981), l'origine ethnique était suggérée par l'accent respectif des candidats. Les quatre accents, en anglais, étaient les suivants : indo-pakistanais, antillais, italien et canadien-anglais. On notait, pour chaque candidat et chaque emploi, si la conversation téléphonique aboutissait ou non à une offre d'entrevue de sélection. En 1984, les résultats avaient montré que les candidats ayant un accent étranger avaient reçu systématiquement moins d'offres d'entrevue que ceux qui avaient un accent canadien-anglais

(Henry & Ginsberg, 1985). De plus, parmi les candidats dont l'accent était étranger, les candidats ayant un accent antillais ou indo-pakistanais furent particulièrement désavantagés. Les résultats obtenus en 1989 se révélèrent semblables à ceux de 1984. Les candidats ayant un accent étranger furent victimes de discrimination, car ils obtinrent systématiquement moins d'offres d'entrevue que les candidats canadiens-anglais. Parmi les candidats étrangers, ce sont les candidats indo-pakistanais qui obtinrent le moins d'offres d'entrevue, alors que les candidats antillais et italiens se virent offrir un nombre équivalent d'entrevues. Ces études suggèrent qu'il est peut-être plus facile de faire de la discrimination à la suite d'une conversation téléphonique qu'à la suite d'une entrevue. L'entrevue face à face semble en effet offrir plus de possibilités à l'employeur de surmonter ses préjugés comparativement à l'entrevue téléphonique, qui est moins personnelle. Par contre, il s'avère que c'est justement au cours du premier contact téléphonique que, souvent, l'employeur décide de proposer une entrevue de sélection.

Qu'en est-il du sentiment d'être victime de discrimination dans un pays d'immigration comme le Canada, qui a adopté une politique d'intégration favorisant le pluralisme culturel (*Loi sur le multiculturalisme canadien*) et le bilinguisme français-anglais (*Loi sur les langues officielles*) plutôt que la politique d'assimilation, qui demeure l'approche préférée aux États-Unis et dans des pays de l'Union européenne, comme la France, l'Italie, l'Espagne et l'Allemagne (Berry, 1997 ; Bourhis *et al.*, 1997 ; Fleras & Elliot, 1999 ; Lahav, 2004 ; Montreuil *et al.*, 2000 ; Wihtol de Wenden, 1999) ? Une vaste enquête portant sur la diversité ethnique, l'intégration et la discrimination fut menée à l'échelle du Canada en 2002 par Statistique Canada et Patrimoine Canada. Cette enquête sur la diversité ethnique (EDE) avait pour but d'amener une meilleure compréhension de la façon dont les antécédents démographiques et sociaux des citoyens de différentes origines ethniques influencent leur participation à la vie sociale, économique et culturelle de la société canadienne. L'enquête EDE était une étude postcensitaire, ce qui signifie que l'échantillon stratifié fut obtenu à partir du recensement canadien de 2001. La population de l'enquête était constituée des personnes de 15 ans et plus, de toutes les classes sociales, vivant dans les 10 provinces canadiennes et dans les grands centres urbains comme Toronto, Vancouver et Montréal. Plus de 42 000 entrevues téléphoniques d'une durée de 35 à 45 minutes furent menées non seulement en anglais ou en français, selon le désir des répondants, mais aussi dans les sept langues suivantes, qui représentent la diversité linguistique des Canadiens : le mandarin, le cantonais, l'italien, le punjabi, le portugais, le vietnamien et l'espagnol. À l'aide d'échelles de type Likert, les participants répondaient par téléphone à plus d'une centaine de questions organisées autour de 13 thèmes portant sur la diversité ethnique au Canada. La répartition de l'échantillon fut établie à un tiers pour la représentation des Canadiens anglais (d'origine britannique) et des Canadiens français (Québécois, Acadiens, Franco-Ontariens, etc.). Étant donné le but principal de l'enquête EDE, les deux tiers des répondants étaient d'origines autres que canadienne-française ou canadienne-anglaise. Ces répondants étaient de toutes les origines ethniques, ce qui incluait les minorités visibles et les immigrants de première, de deuxième et de troisième génération en provenance d'Europe, d'Asie, d'Afrique et des Amériques.

Nous présentons ici les résultats obtenus quant à l'expérience d'avoir été victime de discrimination. Une des questions sur ce thème était la suivante :

La discrimination peut survenir lorsqu'une personne est maltraitée parce qu'elle est vue comme étant différente des autres. Au cours des cinq dernières années pensez-vous que vous avez été victime de discrimination ou traité(e) injustement par d'autres personnes au Canada à cause de votre appartenance : ethnique, culturelle, votre race, la couleur de votre peau, votre langue, votre accent ou votre religion ?

En général, les individus n'aiment pas avouer avoir subi de la discrimination, car ils n'aiment pas entretenir une image d'eux-même qui en soit une de « victime » ou de membre d'une minorité « dévalorisée » par la majorité dominante.

Considérons maintenant le pourcentage des répondants qui ont répondu « oui » à cette question sur l'échantillon total des répondants (N= >42 000) (Derouin, 2003). À l'échelle du Canada, seulement 8 % des hommes et 7 % des femmes ont déclaré avoir été victimes de discrimination durant les cinq dernières années. Par contre, les Canadiens immigrants de première génération ont déclaré être plus victimes de discrimination (13 %) que les Canadiens de deuxième (6 %) ou de troisième génération (5 %). Le pourcentage des répondants déclarant avoir été victimes de discrimination fut plus important à Toronto (11 %) et Vancouver (11 %) qu'à Montréal (9 %) et que dans l'ensemble des autres villes canadiennes (7 %). En dépit du fait qu'il est déplorable que des répondants aient été victimes de discrimination, les résultats obtenus suggèrent que la politique *pluraliste* d'immigration et d'intégration canadienne porte peut-être ses fruits étant donné l'ampleur de la diversité ethnique, culturelle et linguistique au Canada (Fleras & Elliot, 1999).

Le portrait est beaucoup moins encourageant dans l'analyse qui distingue entre les Canadiens blancs (Canadiens français et anglais de souche, Canadiens et immigrants originaires d'Europe) et les Canadiens appartenant à des minorités visibles, dont les Chinois, les Indo-Pakistanais, les Noirs (Haïtiens, Jamaïcains, Africains), les Sud-Américains et les Arabes, qui représentent 13 % (trois millions de personnes) de la population canadienne selon le recensement de 2001 (Bourhis, 2003). À l'échelle du Canada, seulement 5 % des Canadiens blancs déclarent avoir été victimes de discrimination, mais ce pourcentage est de 20 % dans le cas des minorités visibles. Parmi les répondants appartenant à des minorités visibles, la proportion de gens déclarant avoir été victimes de discrimination est de 22 % à Toronto, et de 19 % à Montréal et à Vancouver. Ainsi, ce sont les membres des minorités visibles beaucoup plus que les Canadiens blancs qui portent le fardeau de la discrimination au Canada.

Dans une autre analyse des résultats de l'enquête EDE, on a comparé le sentiment d'avoir été victime de discrimination au Québec à ce même sentiment dans le reste du Canada (RDC), et ce, en fonction de l'*origine ethnique* des répondants (Bourhis *et al.*, 2005). La figure 13.3 montre que près de deux fois plus de Canadiens français (14 %) résidant hors du Québec (RDC) que de Québécois francophones résidant au Québec (8 %) déclarent avoir été victimes de discrimination. Inversement, les répondants canadiens-anglais (d'origine britannique) résidant au Québec sont plus susceptibles d'avoir été victimes de discrimination (14 %) que leurs homologues vivant dans le reste du Canada (11 %). De même, 17 % des Canadiens d'origine européenne résidant au Québec déclarent avoir été victimes de discrimination, alors que chez ceux qui demeurent dans le reste du Canada, la proportion est de 11 %. Par ailleurs, selon l'origine ethnique, ce sont les Canadiens membres de minorités

visibles qui subissent le plus de discrimination : 30 % d'entre eux au Québec et 35 %, dans le RDC.

D'autres analyses, menées cette fois en fonction de la langue maternelle des répondants, montrent que 12 % des Canadiens français vivant hors du Québec subissent de la discrimination, alors que seulement 7 % des francophones du Québec en subissent. Que si peu de francophones québécois déclarent avoir été victimes de discrimination témoigne du statut de « majorité dominante » atteint par cette communauté linguistique au Québec (Bourhis, 2001). La situation des répondants dont la langue maternelle est l'anglais (toute origines ethniques confondues) est surtout problématique au Québec, où 25 % d'entre eux déclarent avoir été victimes de discrimination, alors qu'ils sont 12 % dans le RDC, soit deux fois moins. Notons que les allophones (langue maternelle autre que le français ou l'anglais) déclarent être victimes de discrimination autant au Québec (20 %) que dans le RDC (22 %). Par ailleurs, les résultats

FIGURE 13.3   **Enquête EDE (2003) : sentiment d'avoir été victime de discrimination selon l'origine ethnique, au Québec et dans le reste du Canada (RDC)**

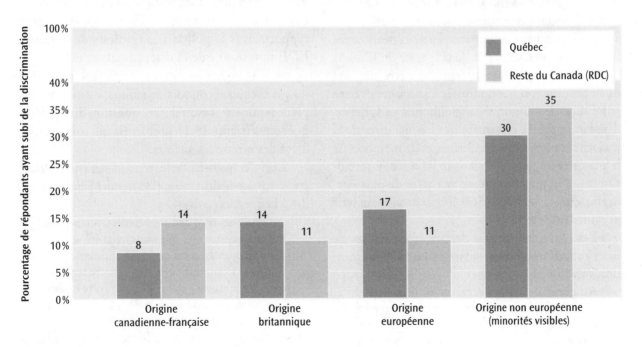

Source : Bourhis *et al.* (2005).

montrent qu'au Québec, ce sont surtout les minorités visibles qui ont l'anglais comme langue maternelle (par exemple les Jamaïcains) qui sont le plus susceptibles d'être victimes de discrimination (41 %), bien que 28 % des membres des minorités visibles dont la langue maternelle est le français (par exemple les Haïtiens) subissent aussi l'odieux de la discrimination. Au Québec, la **double catégorisation** « minorité visible » et « anglais langue maternelle » rend particulièrement vulnérables les individus appartenant à une « double minorité » (Bourhis, 1994b ; Bourhis *et al.*, 2005). Il est intéressant de noter que, dans le reste du Canada, les minorités visibles ayant le français comme langue maternelle sont moins susceptibles d'avoir été victimes de discrimination (32 %) que les minorités visibles dont la langue maternelle est l'anglais (47 %). Ces résultats montrent que la discrimination demeure un problème de taille, surtout pour les *minorités visibles* au Québec et dans le RDC. Compte tenu que plus d'un tiers des membres des minorités visibles déclarent être victimes de discrimination, il est difficile pour les gouvernements en place et les citoyens en général d'ignorer les problèmes de racisme et de xénophobie, autant au Québec qu'au Canada. Ces résultats montrent aussi que ce sont les répondants qui appartiennent à une minorité linguistique au Québec et dans le reste du Canada (RDC) qui sont le plus susceptibles d'être victimes de discrimination : les minorités francophones dans le RDC et les minorités anglophones au Québec, d'où l'importance de sensibiliser les membres de la majorité francophone du Québec et les membres de la majorité anglophone dans le RDC à l'interculturalité, afin qu'ils adoptent une attitude plus égalitaire envers les minorités linguistiques de leur province respective.

Les répondants ayant déclaré être victimes de discrimination devaient aussi répondre à la question suivante :

> Au cours des cinq dernières années, à quel endroit ou [dans quelle] situation pensez-vous que vous avez été victime de discrimination ou traité(e) injustement par d'autres personnes au Canada ? Était-ce : 1) sur la rue ? ; 2) dans un magasin, une banque ou un restaurant ? ; 3) au travail ou au moment de présenter une demande d'emploi ou d'avancement ? ; 4) dans vos rapports avec la police ou les tribunaux ? ; 5) à l'école ?

Les résultats obtenus à l'échelle du Canada, en fonction de la langue maternelle des répondants, sont présentés dans la figure 13.4. Ces résultats montrent que la discrimination est surtout vécue au travail, comme en témoignent les Canadiens de langue maternelle anglaise (44 %), les Canadiens de langue maternelle française (45 %) et, encore plus, la majorité des allophones (53 %). Indépendamment de la langue maternelle, la discrimination est aussi présente dans les magasins, les banques et les restaurants (32 %). Dans la rue, la discrimination touche plus fortement les allophones (28 %) et les anglophones (26 %) que les francophones (19 %). Peu de discrimination est vécue à l'école et dans les rapport avec la police. Ces résultats sont valides autant au Québec que dans le RDC, à une exception près : 50 % des anglophones du Québec déclarent avoir été victimes de discrimination dans les magasins, les banques et les restaurants, et 23 % d'entre eux ont aussi subi de la discrimination dans leurs rapports avec la police. Les résultats de l'enquête EDE montrant que la discrimination est surtout vécue dans le monde du travail reflètent assez bien les problèmes d'emplois que nous avons évoqués précédemment lorsqu'il a été question du contexte québécois (figure 13.1), problèmes qui sont surtout le lot des minorités visibles.

Dans l'enquête EDE, les répondants ayant déclaré être victimes de discrimination devaient aussi répondre à la question suivante :

> Au cours des cinq dernières années, pour quelle raison pensez-vous que vous avez été victime de discrimination ou traité(e) injustement au Canada ? Était-ce à cause de : 1) votre appartenance ethnique ou culturelle ? ; 2) votre race ou la couleur de votre peau ? ; 3) votre langue ou accent ? ; 4) votre religion ?

Les résultats obtenus à l'échelle du Canada, en fonction de la langue maternelle des répondants, sont

FIGURE 13.4   **Enquête EDE (2003): endroits où la discrimination a été subie, selon la langue maternelle des répondants, dans l'ensemble du Canada**

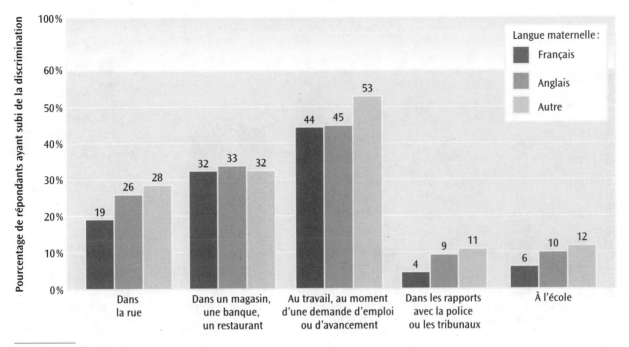

Source: Bourhis *et al.* (2005).

présentés dans la figure 13.5. Ces résultats montrent que la discrimination est surtout suscitée par la race et la couleur de la peau en ce qui a trait aux anglophones (54 %) et aux allophones (50 %), ce qui n'est pas aussi évident chez les francophones (18 %). Par contre, 63 % des Canadiens dont la langue maternelle est le français déclarent que la discrimination subie est surtout suscitée par la langue ou l'accent. Cette raison linguistique est aussi invoquée par 40 % des allophones et 28 % des anglophones. Notons que peu de répondants invoquent la religion comme une des causes de la discrimination qu'ils subissent. Dans une analyse de ces résultats à l'échelle du Québec, on note que la discrimination est surtout vécue à cause de la langue et de l'accent, notamment par les anglophones (67 %), mais aussi par les francophones (61 %). Chez les allophones, la discrimination est vécue à cause de la langue et de l'accent (52 %), de l'ethnicité (40 %) et de la race (33 %). Ces résultats illustrent le fait que le *linguicisme* est la source majeure de discrimination au Québec, un constat qui témoigne

bien de la saillance des tensions linguistiques au Québec (Bourhis, 1984a, 1994b, 2001). Dans le reste du Canada, la race et la couleur de la peau s'avèrent les causes majeures de discrimination à l'endroit des anglophones (56 %) et des allophones (53 %). Par contre, toujours dans le RDC, la discrimination suscitée par la langue et l'accent est surtout vécue par les francophones (68 %), les allophones (39 %) et les anglophones (25 %). Malgré l'adoption de la *Loi sur les langues officielles* et les efforts faits par le Bureau du commissaire aux langues officielles pour améliorer le soutien institutionnel apporté aux minorités francophones dans le RDC, et protéger le soutien institutionnel des communautés anglophones au Québec, le linguicisme demeure une réalité assez vive autant pour les francophones hors Québec que pour les anglophones du Québec (Bourhis, 1994a; Bourhis *et al.*, 2005; Canada, 2005).

Finalement, des études canadiennes et américaines ont révélé que les individus victimes de préjugés et de discrimination souffraient d'une estime

FIGURE 13.5   **Enquête EDE (2003): raison pour laquelle il y a discrimination, selon la langue maternelle des répondants dans l'ensemble du Canada**

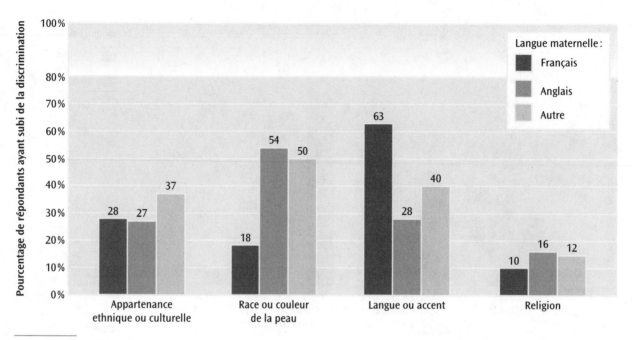

Source: Bourhis *et al.* (2005).

de soi négative et, en outre, se sentaient plus tristes, plus stressés et plus dépressifs que ceux qui ne subissaient pas ce genre d'abus (Branscombe, Schmitt & Harvey, 1999; Croizet & Leyens, 2003; Dion, 1986; Swim & Stangor, 1998). Les recherches montrent aussi qu'en général, la discrimination représente une menace contre l'identité sociale des victimes (Crocker & Quinn, 2001; Schmitt & Branscombe, 2001). Ce sentiment de menace amène parfois les victimes à s'identifier plus fortement à leur endogroupe, ce qui a pour effet de provoquer un repli identitaire qui nuit à l'intégration des minorités et qui peut même provoquer l'adoption de stratégies d'acculturation séparatistes par rapport à la société d'accueil, comme le démontre une récente étude entreprise avec des étudiants universitaires maghrébins à Paris (Barrette *et al.*, 2004). L'effet néfaste de la discrimination sur l'estime de soi peut être atténué lorsque la victime attribue cette discrimination au comportement discriminatoire de l'exogroupe plutôt qu'à des faiblesses personnelles ou à des faiblesses collectives

au sein de son endogroupe (Dion, 1975; Major, Quinton & McCoy, 2002). À la longue, les conséquences de la discrimination sont lourdes à porter pour les victimes et vont même jusqu'à entraîner une détérioration de la santé physique. Aux États-Unis, plusieurs études épidémiologiques commencent à démontrer que les victimes chroniques de préjugés, de discrimination et d'injustice développent des sentiments de manque de contrôle et d'impuissance au regard de la vie, ce qui les rend plus susceptibles de souffrir d'hypertension et de maladies cardiaques. Ainsi, le **syndrome du John Henryisme** caractérise l'ouvrier afro-américain pauvre et peu éduqué qui s'acharne à son travail malgré le racisme dont il subit les affres et qui, à l'usure, l'amène à souffrir d'hypertension et de maladies cardiaques (James & Thomas, 2000). Le racisme et le sexisme sont donc des phénomènes néfastes qui sévissent encore dans nos sociétés. Pour les combattre, nous devons mieux les comprendre grâce à l'étude systématique des relations intergroupes.

LES EXPLICATIONS DE LA DISCRIMINATION ET DES RELATIONS INTERGROUPES

D'où viennent les préjugés contre les immigrés et les autres groupes minoritaires ? Qu'est-ce qui déclenche la discrimination ? Pourquoi avons-nous tendance à percevoir plus positivement les membres de notre endogroupe par rapport à ceux des autres groupes ? Quels facteurs déterminent l'évolution des relations intergroupes vers des rapports conflictuels plutôt qu'harmonieux ? Les différentes sciences humaines ont abordé ces problèmes en fonction de leur champ d'analyse respectif, et abouti à des réponses partielles mais complémentaires (Allport, 1954).

Dans la perspective sociologique, on aborde les préjugés et la discrimination en mettant l'accent sur la stratification sociale fondée sur les inégalités de richesse, de pouvoir et de prestige entre les groupes majoritaires et minoritaires (Farley, 2000 ; Renaud, Germain & Leloup, 2004 ; Schaefer, 2000 ; Wieviorka, 1998). Les groupes dominants dans la plupart des sociétés légitiment le système de stratification par une idéologie qui justifie la situation d'inégalité qui les avantage (Bourdieu & Passeron, 1970 ; Jost & Major, 2001 ; Schermerhorn, 1970 ; Sidanius & Pratto, 1999 ; Taguieff, 1987). Ainsi, en Afrique du Sud, c'est l'idéologie du racisme, institutionnalisé par les lois de l'apartheid, qui a longtemps été invoquée par la minorité dominante blanche pour justifier son exploitation de la majorité noire dans ce pays (Omond, 1986 ; Van den Berghe, 1976).

La psychologie sociale, de son côté, propose une synthèse permettant l'articulation des aspects psychologiques et sociologiques de la réalité intergroupes (Azzi & Klein, 1998). Comme l'indique Willem Doise (1986), l'originalité de l'apport de la psychologie sociale réside dans la possibilité qu'elle offre de combiner quatre niveaux d'analyse pour mieux comprendre les processus intergroupes : l'intrapersonnel, l'interpersonnel, l'intergroupes et l'idéologique. Dans un premier temps, nous considérerons les explications *intrapersonnelles* de la discrimination et des rapports intergroupes. La

personnalité autoritaire, la frustration et le rôle des boucs émissaires constituent les éléments classiques de ces explications. Nous nous intéresserons ensuite à la théorie de l'apprentissage social, qui se penche sur l'analyse *interpersonnelle*, et qui fait état du développement social et de l'apprentissage social dans son explication du préjugé et de la discrimination. Puis nous passerons à l'explication de la discrimination et des rapports endogroupes/exogroupes qu'offre l'analyse *intergroupes*. Il sera alors question de la théorie des conflits réels (TCR) et de la théorie de l'identité sociale (TIS). Enfin, nous traiterons de l'explication *idéologique*, où les notions d'équité et de privation relative nous amèneront à considérer la mobilisation sociale des groupes défavorisés qui tentent d'améliorer leur sort dans la structure sociale. La théorie de la dominance sociale (TDS) et la théorie de justification du système (TJS) nous aideront à comprendre pourquoi les groupes dominants et même les groupes dominés résistent aux changements sociaux qui impliquent une remise en question de la stratification sociale entre les groupes avantagés et désavantagés.

Les explications sur le plan intrapersonnel

La fin de la Deuxième Guerre mondiale a placé l'humanité devant la manifestation la plus tragique du racisme qu'ait connue l'histoire du monde. Nous parlons de l'extermination, dans les camps de concentration et les chambres à gaz, de plus de six millions de Juifs et de membres des autres « races » que le régime nazi d'Adolf Hitler qualifiait d'inférieures. Comment expliquer la mentalité des officiers, des gardiens et des fonctionnaires qui, durant toute la guerre, se sont chargés quotidiennement d'organiser la déportation et l'extermination des millions de victimes des camps de concentration ? Ces fonctionnaires de la mort étaient-ils recrutés parmi les nazis les plus fanatiques ou étaient-ils de simples individus accomplissant de leur mieux des tâches de militaires ou de fonctionnaires en temps de guerre ? Comment comprendre que la grande majorité des

Allemands de cette époque aient pu accepter l'idéologie nazie (Darley, 1992 ; Goldhagen, 1997 ; Peukert, 1989) qui, par des croyances racistes et fascistes, légitimait l'extermination de peuples entiers ? Comme le note François Mauriac dans sa préface du volume de Léon Poliakov (1951) sur l'Holocauste :

> La proscription de toute une race d'hommes par d'autres hommes n'est pas un événement nouveau dans l'histoire humaine ; elle fut toujours le fait de personnages instruits qui agissaient selon des principes, des idées, s'ils étaient mus par la haine. Mais notre génération aura eu le privilège d'être le témoin du massacre le plus étendu, le mieux mené, le plus médité : un massacre administratif, scientifique, consciencieux [...] » (P. IX.)

À la suite du procès de Nuremberg, où des dirigeants nazis furent jugés pour des crimes contre l'humanité, le Comité juif américain subventionna une vaste enquête sur l'antisémitisme aux États-Unis. Le but de cette étude était justement de déterminer pourquoi certains individus plus que d'autres acceptaient si volontiers des idées racistes et fascistes. L'enquête visait aussi à évaluer la possibilité d'une montée des croyances racistes aux États-Unis. Les résultats de cette étude furent publiés dans un des volumes les plus importants de la psychologie sociale de l'époque, *The authoritarian personality* (Adorno *et al.*, 1950). Des centaines d'individus, surtout issus de la classe moyenne blanche, furent interviewés au sujet de leurs sentiments à l'égard de leur enfance, de la famille et de la société américaine en général, ce qui incluait les relations ethniques aux États-Unis. Les participants remplirent également des questionnaires spécialement conçus pour mesurer l'autoritarisme, l'ethnocentrisme et l'antisémitisme. Adorno et ses collègues (1950) avancèrent l'hypothèse que le racisme et l'antisémitisme sont des phénomènes non pas isolés mais généralisés, découlant de caractéristiques fondamentales de la personnalité situées dans l'inconscient.

Les résultats de l'étude permirent de dégager le concept de **personnalité autoritaire**. Premièrement, le caractère autoritaire a comme trait la *soumission*

autoritaire, qui se traduit par l'acceptation sans condition, par l'individu, d'une autorité morale idéalisée, accompagnée d'un profond désir d'être associé au symbole de l'autorité et de faire partie de l'endogroupe idéalisé. Deuxièmement, l'autoritarisme repose sur le *conventionnalisme*, soit la conformité aux traditions et aux conventions sociales, dont la nécessité d'obéir aux lois et règlements en place. Troisièmement, la personne autoritaire a aussi des tendances à l'*agression autoritaire*, c'est-à-dire qu'elle surveille les manquements aux règlements et aux valeurs traditionnelles, puis condamne et punit les coupables. L'autoritaire valorise le pouvoir et la fermeté ; sa pensée est organisée en fonction de catégories sociales rigides. Des années 1950 jusqu'aux années 1970, ces trois éléments de la personnalité autoritaire ont été opérationnalisés à l'aide de l'échelle d'autoritarisme (*Facism Scale*) et ont généré énormément de recherches empiriques (Christie, 1991).

Après avoir mené de multiples entrevues et utilisé l'échelle d'autoritarisme, Adorno et ses collègues constatèrent que les relations des individus autoritaires avec les membres d'exogroupes se caractérisaient par l'ethnocentrisme. Le concept de l'ethnocentrisme est toujours utile. On le définit ainsi :

> L'ethnocentrisme est le nom scientifique de l'attitude qui consiste à considérer son propre groupe comme le centre de l'univers et à évaluer et à juger tous les autres groupes en fonction du sien. [...] Chaque groupe entretient sa propre fierté et son orgueil, se croit supérieur aux autres, a ses propres dieux et méprise les étrangers. Chaque groupe estime que seules ses coutumes sont valables, et la constatation que d'autres groupes ont leurs propres coutumes aiguise son mépris. (Sumner, 1906, p. 12.)

Mesuré à l'aide de l'échelle d'ethnocentrisme (Berry *et al.*, 1977), l'**ethnocentrisme** se caractérise, chez un individu, par 1) des attitudes positives à l'endroit de l'endogroupe ; 2) des attitudes négatives à l'égard des exogroupes ; et 3) la conviction que les exogroupes sont inférieurs à l'endogroupe. Adorno et ses collègues (1950) constatèrent également que les personnes autoritaires étaient non seulement ethnocentriques et antisémites, mais qu'elles avaient aussi des attitudes négatives envers plusieurs exogroupes ethniques, religieux et culturels aux États-Unis. Les liens entre l'autoritarisme, l'ethnocentrisme et les préjugés envers les minorités ethniques ont été amplement confirmés dans plusieurs recherches au Canada (Fleras & Elliot, 1999 ; Berry & Kalin, 1995 ; Berry *et al.*, 1977 ; Moghaddam & Vuksanovic, 1990).

Comment se développe la personnalité autoritaire et pourquoi les personnes autoritaires sont-elles particulièrement ethnocentriques et intolérantes envers les minorités ? Dans leurs entrevues avec les participants, Adorno et son équipe (1950) constatèrent que les personnes autoritaires avaient grandi dans des familles où la discipline était très sévère et menaçante. De plus, les individus autoritaires avaient des parents qui entretenaient des espoirs démesurés relativement à la réussite sociale de leurs enfants. Les chercheurs ont soutenu que, dans un tel environnement, les enfants répriment les sentiments négatifs et les frustrations qu'ils finissent par entretenir à l'égard de leurs parents, trop exigeants et rigides. C'est donc ce type d'encadrement familial très strict et compétitif qui engendre la personnalité autoritaire. Selon cette théorie, l'hostilité réprimée lors de l'enfance est finalement « projetée » sur les minorités ethniques et sur d'autres exogroupes jugés indésirables dans un contexte social donné. C'est ainsi que l'agression autoritaire contre des minorités dévalorisées peut servir de soupape à des sentiments de frustration longtemps réprimés dans le contexte familial. C'est ce type de dynamique familiale qui permit aux chercheurs d'affirmer que la personnalité autoritaire est à la source de l'ethnocentrisme, du racisme et de la discrimination. Par contre, malgré bien des efforts, les recherches empiriques n'ont pas fourni d'assises empiriques à l'hypothèse de la personnalité autoritaire (Martin, 2001 ; Pettigrew, 1999).

Reprenant les trois éléments fondamentaux de l'autoritarisme, la *soumission autoritaire*, le *conventionnalisme* et l'*aggression autoritaire*, Altemeyer (1981) a proposé le concept de l'*autoritarisme de droite*, offrant ainsi une interprétation moins essentialiste et plus contextuelle de l'orientation autoritaire moderne. L'échelle de l'autoritarisme de droite (*Right-wing authoritarianism* [RWA]) proposée par ce chercheur mesure l'ensemble des trois éléments fondamentaux de l'autoritarisme et est largement utilisée dans les recherches actuelles (Altemeyer, 1988, 1998). Les études entreprises à l'aide de l'échelle RWA démontrent que les personnes qui endossent les croyances autoritaires sont intolérantes et font souvent preuve de discrimination envers la plupart des groupes minoritaires, dont les minorités visibles, les immigrants, les homosexuels et les féministes (Altemeyer, 1988, 1996 ; Funke, 2005). L'origine épistémologique de la version originale de la personnalité autoritaire concorde avec l'analyse intrapersonnelle des phénomènes liés aux préjugés et à la discrimination. Par contre, il s'avère que le concept plus moderne de l'autoritarisme de droite se rapproche des notions relatives aux systèmes de croyances et aux idéologies qui prévalent dans les contextes historiques et sociologiques des différents types de relations intergroupes (Pettigrew, 1999). Par exemple, Duckitt (1992) pense que plus les personnes s'identifient fortement à leur endogroupe dans une situation intergroupes donnée, plus elles sont susceptibles d'endosser l'autoritarisme de droite, surtout si elles perçoivent que leur endogroupe est menacé physiquement ou symboliquement par un exogroupe (Stellmacher & Petzel, 2005). Par conséquent, en tant que système de croyances ou d'orientation idéologique, l'autoritarisme de droite, comme élément explicatif du préjugé et de la discrimination, est surtout pertinent dans le cadre d'une analyse idéologique de l'explication du préjugé et de la discrimination (Duckitt, 2001).

L'idée plus générale selon laquelle la frustration peut provoquer l'agression contre les groupes minoritaires fait partie de la **théorie du bouc émissaire** (Dollard *et al.*, 1939). Les tenants de cette théorie soutiennent que les frustrations que nous vivons tous les jours au travail, à la maison ou collectivement en tant que membres de notre propre groupe d'appartenance peuvent nous porter à être hostiles envers autrui (Berkowitz, 1989). Lorsque les causes de cette frustration sont trop puissantes pour que nous nous y attaquions, nous sommes portés à diriger notre hostilité vers des minorités plus faibles. Les cibles de ce déplacement de l'agression changent en fonction de la dynamique des relations intergroupes dans chaque contexte culturel. Ainsi, les Allemands, qui souffraient énormément du chaos économique engendré par leur défaite lors de la Première Guerre mondiale et par la crise économique des années 1930, pouvaient difficilement s'en prendre directement à la France ou à la Grande-Bretagne pour résoudre leurs problèmes sociaux et économiques. Comme le note Allport (1954), la minorité juive, malgré sa forte assimilation linguistique et culturelle à la société allemande, fut choisie par les nationalistes comme bouc émissaire au regard de tous les problèmes de l'Allemagne. Une fois les nationalistes au pouvoir, l'antisémitisme mena rapidement à l'adoption des lois discriminatoires de Nuremberg (Poliakov, 1951). Cette discrimination institutionnelle excluait les Juifs des professions libérales, de l'administration publique, de l'enseignement et de tous les secteurs de la vie sociale allemande. Dès 1933, les clients allemands soumirent les commerces des Juifs à un boycottage de plus en plus strict, et, en 1935, une loi vint interdire, au nom de la « pureté de la race allemande », les mariages et les rapports sexuels entre Allemands et Juifs (Peukert, 1989).

La théorie du bouc émissaire a été corroborée par plusieurs études empiriques de l'époque (Campbell, 1947 ; Hovland & Sears, 1940). Celle de Campbell fut entreprise immédiatement aux États-Unis après la Deuxième Guerre mondiale. Trois cents Anglo-Américains furent interviewés sur leurs attitudes envers les Juifs, sur leur degré de satisfaction concernant la scène politique américaine et sur leur situation financière personnelle. Les participants insatisfaits et frustrés de leur situation économique étaient plus enclins à manifester des attitudes défavorables envers

les Juifs que ceux qui étaient satisfaits de leur sort. Comme en Allemagne, l'hostilité engendrée par les frustrations économiques et politiques était projetée sur la minorité juive, qui servait de bouc émissaire aux mécontents. La théorie du bouc émissaire pourrait aussi aider à expliquer l'antisémitisme qui sévissait au Canada anglais (Fleras & Elliot, 1999) et au Québec durant les années 1930 et 1940 (Anctil, 1988a, 1988b). En effet, malgré le sort déplorable de millions de Juifs d'Europe, le Canada décida d'admettre moins de 500 réfugiés juifs durant la période de 1933 à 1945. Aujourd'hui, la théorie du bouc émissaire semble s'appliquer en France dans le cas du Front national, un parti nationaliste qui accuse les Maghrébins d'être la cause du chômage et de la violence urbaine dans ce pays (Taguieff, 1987, 1997 ; Wieviorka, 1991, 1998). Le programme du Front national prône une politique de « préférence nationale » en faveur des « Français de souche » en matière d'aide sociale, de logement et d'emploi, et propose au nom d'une « France un peu plus française » la déportation des citoyens d'origines maghrébines du sol français. Notons qu'au premier tour des présidentielles de 2002, le Front national a obtenu 20 % des suffrages, une hausse importante du vote raciste d'extrême droite en France (Prévost, 2004).

Les différences individuelles liées à la personnalité autoritaire ainsi que la théorie du bouc émissaire expliquent en partie les comportements extrêmes des nazis qui étaient directement affectés à l'extermination des Juifs et des autres « minorités indésirables » comme les homosexuels, les gitans et les handicapés mentaux. Les différences individuelles liées aux croyances autoritaires et à l'ethnocentrismes nous aident à mieux comprendre l'origine des préjugés et de la discrimination chez certains individus. Mais l'hypothèse de la personnalité autoritaire et de l'ethnocentrisme ne peut rendre compte de l'omniprésence des préjugés et de la discrimination dans la plupart des sociétés du monde.

Les explications sur le plan interpersonnel

L'existence d'un phénomène tel que l'Allemagne nazie des années 1933 à 1945 montre que des processus autres que des différences de personnalité jouent un rôle dans la genèse du préjugé, de la discrimination et des conflits intergroupes. La théorie du bouc émissaire aide à comprendre pourquoi Adolf Hitler n'a pas eu trop de mal à faire accepter ses théories racistes pour blâmer les Juifs de tous les problèmes économiques et sociaux que connaissait l'Allemagne durant les années 1930. Par contre, les préjugés antisémites étaient répandus depuis déjà fort longtemps dans la société allemande quand le parti national-socialiste prit le pouvoir en 1933 (Goldhagen, 1997). À cette époque, beaucoup de jeunes Allemands avaient déjà « appris » l'antisémitisme sur les genoux de leurs parents ou sur les bancs de l'école (Peukert, 1989).

La socialisation de l'enfant dans la famille, à l'école et par les médias peut occuper une place importante dans l'apprentissage des préjugés, des stéréotypes et de la discrimination. Les études américaines des années 1950 montrèrent que les enfants blancs acquéraient une bonne part de leurs préjugés envers les Noirs simplement en observant et en copiant les attitudes et les comportements racistes de leurs propres parents (Kelly, Ferson & Holtzam, 1958). Des entrevues avec des parents blancs américains, faites au début des années 1950, révélèrent que la moitié des familles avaient des règlements interdisant à leurs enfants de jouer avec les enfants noirs du quartier (Bird, Monachesi & Burdick, 1952). Les enfants blancs du sud des États-Unis pouvaient entendre leurs parents raconter des blagues racistes sur les Noirs ou constater que leurs parents évitaient d'inviter des collègues de travail noirs à la maison. Ces modèles parentaux de croyances, d'attitudes et de comportements permettent l'apprentissage des préjugés et des stéréotypes par l'enfant, et favorisent la transmission d'attitudes et de comportements racistes d'une génération à l'autre (Aboud, 1988 ; Phinney & Rotheram, 1987). Les études portant sur le développement social montrent que, chez les enfants blancs américains, les préjugés contre les minorités sont déjà très soutenus dès l'âge de cinq ou six ans, bien qu'à partir de l'âge de sept ans, cette tendance xénophobe décroisse chez au moins la moitié des jeunes, et ce, jusqu'à l'âge de 12 ans (Aboud & Amato, 2001 ; Brown, 1995).

À l'adolescence, les attitudes xénophobes acquises durant l'enfance ont plus de chances de s'actualiser dans des comportements discriminatoires, surtout quand l'individu se trouve dans un cercle d'amis qui partagent les mêmes préjugés (Aboud & Amato, 2001). Ce n'est pas par hasard si, jusqu'aux années 1960 aux États-Unis, les agressions contre les Noirs étaient perpétrées par des groupes de jeunes Blancs plutôt que par des individus seuls. Pettigrew (1959, 1991) démontra dans ses études que le conformisme occupe un rôle crucial dans le développement et le maintien des préjugés et de la discrimination. Les adolescents ont tendance à forger leurs propres attitudes en fonction de celles de leur groupe de référence. Le **groupe de référence** est le groupe auquel un individu s'identifie et dont il aimerait faire partie (voir le chapitre 12). Si le groupe de référence entretient des attitudes plus racistes que celles d'un adolescent qui en fait partie, ce dernier sera enclin à se conformer aux attitudes plus extrêmes du groupe. L'étude classique de Newcomb (1943) établit le rôle du conformisme et de l'apprentissage dans le développement des attitudes d'étudiants blancs à l'université. L'étude indiqua qu'après un certain nombre de mois passés à l'université, les étudiants blancs conservateurs adoptaient des attitudes raciales plus tolérantes, lesquelles correspondaient à celles de leur nouveau groupe de référence.

Peut-on conclure que l'expérience scolaire en soi génère nécessairement des attitudes plus tolérantes envers les minorités ? Les études canadiennes révèlent une corrélation positive entre le nombre d'années de scolarité et les attitudes plus favorables envers les immigrés et les groupes minoritaires (Berry & Kalin, 1995). Un programme de recherche dirigé par Serge Guimond (1992) au Canada et en France apporte un éclairage important sur cette question (voir le chapitre 12). Tant le niveau de scolarité que la socialisation particulière à l'intérieur des domaines d'études (valorisante ou dévalorisante envers les exogroupes) ont une influence sur les attitudes intergroupes des étudiants. Les résultats obtenus dans des recherches menées auprès d'étudiants universitaires au Canada et en Europe, ainsi que dans l'armée canadienne, permettent de conclure que la socialisation à l'intérieur de chaque discipline amène les étudiants à élaborer une vision du monde et des attitudes intergroupes (favorables ou défavorables) conformes à leur domaine d'études (Dambrun, Guimond & Duarte, 2002 ; Guimond, 1998 ; Guimond & Palmer, 1990). Ces recherches mettent en évidence le rôle des groupes de référence et de la socialisation dans le développement des préjugés et de la discrimination (Guimond, 2000, 2004).

Plusieurs études révèlent qu'à l'âge de 12 ans, une forte proportion d'enfants canadiens et américains ont déjà passé plus de temps devant le téléviseur qu'à l'école (Gerbner & Gross, 1976). On peut croire que les séries télévisées qui montrent systématiquement les femmes ou les membres des minorités visibles dans des occupations subalternes, ou des rôles déviants ou violents, sont en partie responsables de la formation et de la perpétuation des stéréotypes associés aux femmes et aux minorités ethniques. Pendant longtemps, au Canada comme au Québec, les séries dramatiques et la publicité télévisée ont été faites essentiellement pour un auditoire blanc et ne mettaient en vedette que des acteurs blancs, sans aucun souci de mieux représenter les minorités ethniques ou religieuses, qui constituent une part grandissante du marché des auditeurs et de la consommation en Amérique du Nord (Moore & Cadeau, 1985). La façon dont les bulletins de nouvelles, les articles de journaux et les hebdomadaires rapportent les incidents qui impliquent des groupes minoritaires peut renforcer les préjugés contre ces groupes. Ce genre de représentations négatives peut finir par avoir un effet cumulatif et entraîner une diabolisation des groupes minoritaires dévalorisés.

Malgré le fait que les stéréotypes peuvent être transmis très tôt et qu'ils influent sur nos perceptions des individus membres d'exogroupes, il faut souligner l'importance de faire la distinction entre notre connaissance des stéréotypes et notre adhésion à ces stéréotypes. Il est possible que nous apprenions très jeunes certains stéréotypes, mais aussi que nous les rejetions à l'âge adulte. Cela ne signifie pas pour autant que nous puissions éliminer les stéréotypes de notre esprit, mais, lorsque nous y faisons référence de manière consciente, nous pouvons marquer notre désapprobation à leur égard (Devine, 1989).

Les explications sur le plan intergroupes

Selon la **théorie des conflits réels** (TCR), la concurrence entre les groupes pour l'obtention de ressources limitées serait une des causes fondamentales des préjugés et de la discrimination (Sherif, 1966). Selon Muzafer Sherif, l'existence ou non d'un réel conflit d'intérêts entre deux groupes détermine la qualité des relations qu'ils entretiennent entre eux. La *coopération* engendre des perceptions positives et des comportements intergroupes harmonieux, alors que la *compétition* entraîne des attitudes et des comportements défavorables à l'exogroupe. Toujours selon la théorie des conflits réels, plus la concurrence pour l'obtention de ressources limitées est grande, plus les préjugés, la discrimination et l'hostilité seront intenses entre les groupes intéressés (Jackson, 1993 ; Sherif, 1966).

Au Québec, la crise d'Oka de l'été 1990 constitue un excellent exemple de cette compétition entre deux groupes pour l'obtention de ressources limitées. D'une part, la municipalité francophone d'Oka voulait agrandir son golf municipal sur un terrain légalement acheté par la ville. D'autre part, la communauté autochtone s'opposait à l'agrandissement du terrain de golf en affirmant que le terrain acheté par la municipalité n'avait jamais vraiment appartenu aux Blancs, puisqu'ils avaient jadis saisi illégalement ce territoire ancestral autochtone. Après des négociations infructueuses, les Mohawks érigèrent des barricades pour empêcher la municipalité d'Oka de procéder à l'aménagement du terrain. C'est alors que la municipalité demanda à la Sûreté du Québec de déloger les Mohawks du terrain de golf. L'assaut de la Sûreté du Québec fut repoussé par des Mohawks armés ; un policier fut tué au cours de l'affrontement. Cet incident eut lieu le 11 juillet 1990 et déclencha la crise d'Oka, qui se termina, 78 jours plus tard, par la reddition des Mohawks et des « warriors », opposés aux forces armées canadiennes. Durant la crise, les affrontements entre, d'un côté, la Sûreté du Québec et les forces armées canadiennes et, de l'autre, les « warriors » et les Mohawks furent souvent violents et provoquèrent des tensions très fortes entre les Blancs et les Autochtones des régions touchées par la crise (Lamarche, 1990). C'est donc une concurrence vive pour l'occupation d'une parcelle de territoire qui fut à l'origine d'un affrontement majeur entre les Autochtones et les forces de l'ordre du Québec, l'armée canadienne et de nombreux citoyens francophones et anglophones de la région. Les débordements xénophobes de nombreux Blancs riverains (francophones et anglophones) ainsi que les innombrables témoignages d'intolérance et de racisme diffusés à la radio, dans les tribunes téléphoniques et dans la presse écrite suffisent pour démontrer que la compétition intergroupes joue un rôle important dans la formation des préjugés, de la discrimination et des conflits intergroupes (Brisson, 2000).

C'est à partir de 1953 que Muzafer Sherif et ses collègues effectuèrent les expériences sur le terrain qui leur permirent de développer la théorie des conflits réels (Sherif, 1966 ; Sherif & Sherif, 1953). Cette série d'études, qui s'échelonna sur plusieurs années, fut entreprise dans des colonies de vacances typiques des États-Unis. Chaque étude regroupait plus d'une vingtaine de jeunes garçons de 10 à 12 ans qui ne savaient pas qu'ils participaient à une recherche pendant leur séjour à la colonie de vacances. Tous ces jeunes garçons blancs étaient psychologiquement bien adaptés et avaient été soigneusement choisis parmi des familles stables de la classe moyenne anglo-américaine. Chaque étude a duré de deux à trois semaines et avait pour but de vérifier empiriquement les assises de la théorie des conflits réels (Sherif, 1966). Étant donné la similitude de ces études, nous en traiterons globalement. Chaque étude comportait trois phases : 1) la formation des groupes ; 2) la compétition intergroupes ; et 3) la coopération intergroupes.

Première phase : la formation des groupes. À leur arrivée à la colonie de vacances, les jeunes furent répartis en deux groupes égaux, semblables sur les plans physique et psychologique. On s'assura aussi de séparer les garçons qui étaient déjà liés par l'amitié. Durant les premiers jours, les chercheurs, se présentant comme les moniteurs de la colonie de vacances, observèrent les deux groupes d'enfants durant leurs activités respectives (natation, repas, excursions, basket-ball, etc.). Rapidement, chaque groupe élabora sa structure et sa culture intragroupe. Chaque groupe s'était choisi un nom et un leader, et avait établi ses règles informelles de fonctionnement. En dépit de l'absence de contact entre les groupes, les chercheurs notèrent qu'à l'occasion, les jeunes aimaient bien se comparer avec l'exogroupe tout en déclarant que leur endogroupe lui était certainement supérieur (Sherif, 1966). Il faut noter que ces comparaisons sociales avec les membres de l'exogroupe se firent spontanément, avant l'amorce de la deuxième phase de l'expérience (Billig, 1976).

Deuxième phase : la compétition intergroupes. Les moniteurs annoncèrent aux jeunes que des tournois entre les deux groupes auraient lieu dans la deuxième semaine de leur séjour à la colonie de vacances. L'équipe gagnante des tournois de basket-ball obtiendrait un trophée, et chacun de ses membres recevrait un canif. L'aspect « jeu à somme nulle » de la compétition intergroupes fut consacré par l'annonce que l'équipe perdante ne recevrait ni trophée ni canifs. La dynamique intergroupes passa d'une relation d'indépendance entre les deux groupes (première phase) à une relation d'**interdépendance négative** dans laquelle le gain d'un groupe se fait aux dépens de l'exogroupe (deuxième phase). C'est dans cette situation de compétition pour l'obtention de ressources limitées (les récompenses) que Sherif (1966) s'attendait à voir apparaître des attitudes et des comportements négatifs dans les relations entre les groupes.

Comme prévu, la compétition intergroupes se traduisit par des attitudes et des comportements hostiles dirigés contre le groupe adverse. Les chercheurs organisèrent une série de mises en situation permettant de suivre l'évolution des attitudes et des comportements intergroupes durant la semaine des tournois. Malgré les liens d'amitié qui existaient avant la formation des groupes, les choix sociométriques observés durant la semaine des tournois indiquèrent que 90 % des choix des « meilleurs amis » se faisaient maintenant parmi les membres de l'endogroupe. La structure interne des équipes se modifia sous l'effet de la compétition intergroupes : les équipes devinrent plus cohésives, et des changements de leaders se firent en faveur d'individus plus combatifs et plus aptes à diriger le groupe dans la compétition avec l'équipe adverse. Systématiquement, les jeunes jugeaient que le rendement de leur propre équipe était meilleur que celui de l'équipe adverse. De plus, les résultats démontrèrent que les équipes gagnantes manifestaient un biais proendogroupe plus prononcé que celui des équipes perdantes. Ces résultats remettaient en question l'hypothèse voulant que la frustration soit la source du préjugé : dans ce cas-ci, les équipes gagnantes étaient évidemment moins frustrées que les équipes perdantes. Finalement, après seulement quelques jours de tournoi, les tensions dégénérèrent en conflit ouvert entre les équipes (bagarres, vandalisme dans les dortoirs de l'équipe adverse, etc.). L'hypothèse de la personnalité autoritaire est également difficile à soutenir dans ce cas-ci, étant donné que les jeunes garçons avaient été choisis justement en fonction de la stabilité de leur famille et de leur personnalité particulièrement bien adaptée et non autoritaire.

Troisième phase : la coopération intergroupes. Dès lors, le défi des chercheurs fut de rétablir des relations harmonieuses entre les équipes adverses. Selon la théorie des conflits réels, il s'agissait de remplacer la compétition par des relations d'**interdépendance positive** entraînant la coopération intergroupes. Grâce à une série de mises en scène, Sherif (1966) créa des buts communs supraordinaux exigeant la réunion des efforts des participants des deux équipes, afin d'assurer la survie de l'ensemble des jeunes de la colonie de vacances. La collaboration des deux groupes fut rendue nécessaire pour la réalisation de buts tels que le dépannage du camion de livraison des provisions de la colonie de vacances et la détermination de l'origine d'une panne de l'approvisionnement en eau. Grâce à ces activités de collaboration intergroupes orientées vers la réalisation d'un but commun, les attitudes et les comportements intergroupes devinrent plus harmonieux. Le succès des équipes dans la résolution collective de ces problèmes se traduisit par des évaluations plus positives des membres des équipes adverses. La mise en commun de l'argent de poche des équipes pour l'achat de friandises à partager consacra la réconciliation des équipes. De plus, les jeunes des deux équipes décidèrent de prendre le même autobus pour le retour en ville. Les résultats des études de terrain de Sherif (1966) démontrèrent clairement l'effet de la compétition et de la coopération intergroupes sur la formation des préjugés, la discrimination et les comportements intergroupes antagonistes ou harmonieux.

Les recherches de Sherif inspirèrent un grand nombre d'études sur les relations intergroupes aux États-Unis et en Europe. Entre autres, Blake et Mouton (1962) appliquèrent la théorie des conflits réels dans une série d'études menées dans le monde du travail aux États-Unis. Dans une de ces études, 48 équipes de cadres d'entreprises participèrent à des compétitions où il fallait résoudre des problèmes propres à leurs organisations. Chaque équipe devait évaluer son rendement par rapport à celui de l'équipe adverse. L'effet du favoritisme proendogroupe fut observé dans 46 des 48 équipes. Deux équipes jugèrent les rendements des deux équipes égaux, alors qu'aucune équipe ne concéda la supériorité à l'équipe adverse. Des résultats semblables furent obtenus par Kahn et Ryan (1972) avec des équipes d'étudiants américains en compétition dont les membres étaient anonymes. Malgré cet anonymat, les membres de l'endogroupe furent jugés plus favorablement que les membres de l'exogroupe. Comme dans les études de Sherif (1966), l'effet du biais proendogroupe fut plus marqué chez les membres des équipes gagnantes que chez ceux des équipes perdantes. En Angleterre, une étude démontra aussi l'effet du favoritisme proendogroupe sur des équipes de travail d'une usine de papier. Chaque équipe de travail au sein de l'entreprise évaluait sa contribution au bon fonctionnement de l'usine par rapport à la contribution des autres unités de travail. Plus une équipe de travail sentait qu'elle était en concurrence avec une autre équipe, plus l'effet du biais proendogroupe se manifestait fortement par rapport à l'équipe rivale (Brown & Williams, 1984). Des études canadiennes confirment aussi ces prémisses fondamentales de la théorie des conflits réels (TCR). Par exemple, une étude expérimentale a démontré que des répondants canadiens anglais adoptaient des attitudes particulièrement négatives envers des immigrants fictifs qui avaient été présentés comme étant compétents et compétitifs, même en période de fort chômage dans la région (Esses *et al.*, 2001). Plus les participants canadiens sentaient que leur emploi était menacé par la présence de ces immigrants talentueux et travailleurs, plus ils les percevaient d'une façon négative, bien qu'en temps normal, les immigrants ayant ces qualités fussent très favorablement perçus.

Les études de Sherif (1966) dans les colonies de vacances ont aussi démontré que la compétition intergroupes pouvait entraîner des comportements antagonistes dirigés contre l'exogroupe. Dans une étude de terrain menée en Israël, Struch et Schwartz (1989) corroborèrent l'effet de la compétition intergroupes sur les intentions de comportements violents envers un exogroupe. Des adultes juifs ayant des croyances religieuses modérées remplirent un questionnaire portant sur leurs sentiments à l'égard de leur propre groupe religieux et à l'égard d'une minorité de Juifs ultra-orthodoxes récemment installés dans leur quartier de Jérusalem. Comme dans les études antérieures, les évaluations faites de l'endogroupe furent beaucoup plus favorables que celles portant sur l'exogroupe. Mais cet effet du favoritisme proendogroupe n'avait pas de lien direct avec le désir de se comporter d'une façon violente envers la minorité ultra-orthodoxe. Les intentions agressives envers cette dernière furent plutôt liées à la perception de l'existence d'un conflit réel entre les deux communautés religieuses. Cette relation était très forte chez les Juifs qui s'identifiaient fortement à leur endogroupe et qui déshumanisaient systématiquement l'exogroupe en prétendant que les valeurs des Juifs ultra-orthodoxes étaient à l'antipode des leurs. Par conséquent, les Juifs modérés qui percevaient un conflit réel entre les groupes religieux, qui s'identifiaient fortement à leur propre groupe d'appartenance et qui déshumanisaient systématiquement l'exogroupe étaient ceux qui manifestaient les intentions les plus antagonistes à l'égard de la minorité juive ultra-orthodoxe installée depuis peu dans leur quartier.

Plusieurs études ont confirmé d'autres aspects des études de Sherif (1966) en démontrant que la compétition intergroupes pouvait produire une augmentation de la cohésion et de la solidarité endogroupe chez les membres du groupe gagnant, alors que la cohésion et la solidarité diminuaient chez les perdants (Deutsch, 1949). Dans une étude longitudinale, Taylor, Doria et Tyler (1983) ont suivi l'équipe de hockey de l'Université McGill, les Redmen, au cours d'une saison complète au Québec. Malgré des performances désastreuses, 22 défaites en 25 parties, l'équipe conserva un bon moral et une bonne cohésion tout le long de la saison. Comment expliquer ces résultats, qui contredisent ceux des études américaines des années 1960 et 1970? Turner et ses collègues (1984) ont suggéré que, dans ce type de situation, les joueurs choisissent librement de se joindre à l'équipe sportive, ce qui suscite chez eux une forte identification sociale au groupe et entraîne un engagement très marqué envers les autres membres de l'équipe. Devant les échecs répétés de l'équipe, les joueurs réduisirent leur dissonance cognitive en se disant que l'adhésion au groupe était en soi plus importante que la réalisation des objectifs communs du groupe (gagner les matchs de hockey). Pour vérifier cette hypothèse, Turner et ses collègues (1984) ont formé plusieurs équipes rivales de filles qui avaient pour tâche de résoudre correctement le plus grand nombre possible de problèmes. Dans un cas, les filles furent amenées à croire que l'expérimentateur avait décidé seul de leur répartition dans les équipes. Dans l'autre cas, on laissa entendre aux filles qu'elles avaient le choix de se joindre à l'une ou l'autre des équipes. Après la compétition, les équipes gagnantes et perdantes remplirent un questionnaire mesurant la cohésion et l'estime de soi des filles des deux types d'équipes. Chez les filles qui n'avaient pu choisir leur équipe d'appartenance, les résultats habituels furent observés. En effet, les membres des équipes gagnantes étaient plus cohésives et avaient une estime de soi plus positive que les membres des équipes perdantes. Par contre, des résultats opposés furent obtenus dans les équipes formées de filles qui croyaient avoir choisi librement leur groupe d'appartenance. Il est apparu que les filles de ces équipes perdantes étaient plus cohésives et avaient une estime de soi plus positive que celles des équipes gagnantes. Ces résultats appuyèrent l'explication basée sur l'identification sociale et la dissonance cognitive proposée par Turner et ses collègues (1984).

Comme dans le cas des membres des groupes formés sur une base non volontaire dans l'étude de Turner et de ses collègues (1984), nous ne choisissons pas les groupes sociaux dont nous faisons partie à notre naissance (classe sociale, sexe, ethnie). Les individus ne peuvent pas tous naître dans le « groupe gagnant » ou dans la classe dominante d'une société donnée. Les résultats de l'étude de Turner et de son équipe (1984) indiquent que les échecs répétés d'un groupe défavorisé peuvent avoir pour effet de réduire

la cohésion sociale et l'estime de soi de ses membres qui, au départ, n'ont pas choisi d'appartenir à ce groupe. Nous verrons plus loin que, par les aléas de leur naissance, les membres des minorités désavantagées se trouvent souvent dans une situation de « perdants » par rapport aux classes dominantes, qui contrôlent les principaux leviers de la société.

La théorie de l'identité sociale. En analysant les études de Sherif (1966) menées dans les colonies de vacances, Billig (1976) remarqua que les perceptions négatives de l'exogroupe étaient apparues avant même que les chercheurs amorcent la compétition entre les groupes. Ainsi, Sherif avait noté qu'avant même le début de la phase de compétition, des graffiti antiexogroupe avaient fait leur apparition dans les toilettes de la colonie de vacances. On s'est alors intéressé aux conditions minimales qui peuvent provoquer la discrimination intergroupes.

La répartition d'individus en deux groupes sur une base arbitraire est-elle suffisante pour susciter le préjugé et la discrimination ? Rabbie et Horwitz (1969) avaient déjà montré qu'une catégorisation arbitraire en un « groupe vert » et en un « groupe bleu » suffit pour que les évaluations portant sur l'endogroupe soient plus favorables que celles portant sur l'exogroupe. Tajfel et ses collègues (1971) ont établi qu'à la suite d'une catégorisation arbitraire, le biais proendogroupe ne se limite pas aux perceptions, mais se manifeste aussi dans le comportement discriminatoire des participants. C'est justement la catégorisation arbitraire « eux-nous » qui constitue le fondement de la démarche de Henri Tajfel visant à déterminer les conditions nécessaires et suffisantes pour qu'apparaisse le biais proendogroupe. Tajfel et ses collègues ont jeté les bases d'un paradigme expérimental en isolant les conditions minimales menant au comportement discriminatoire entre les groupes sociaux (Tajfel, 1978b, 1981 ; Tajfel *et al.*, 1971). En soulignant que l'expérience avait pour but d'étudier les processus de prise de décision, on attribua aux participants la tâche de distribuer des ressources importantes entre des individus membres de l'endogroupe et de l'exogroupe. Bourhis, Sachdev et Gagnon (1994) résument ainsi les éléments du **paradigme des groupes minimaux (PGM)** :

1. Deux groupes sont créés sur la base d'une répartition arbitraire (pile ou face) ;

2. Aucune histoire de conflits d'intérêts ou de compétition intergroupes n'existe entre ces groupes. Les groupes ne sont formés que pour les besoins immédiats de l'expérience ;

3. L'anonymat des participants est complet, tant sur le plan individuel que sur le plan de l'appartenance à un groupe, ce qui élimine les effets possibles des affinités interpersonnelles ou des conflits de personnalité préexistants ;

4. Aucune interaction sociale n'a lieu entre les participants, ni entre les membres de l'endogroupe, ni avec les membres de l'exogroupe, ce qui élimine le développement d'affinités ou d'incompatibilité interpersonnelle ou intergroupes ;

5. Il y a absence de lien instrumental entre les réponses des participants et leur intérêt propre, les répondants ne s'allouant jamais de ressources personnellement.

C'est cette situation expérimentale, dans laquelle la catégorisation sociale est l'unique variable indépendante manipulée, qui constitue le paradigme des groupes minimaux (Tajfel, 1978b ; Tajfel *et al.*, 1971). Cette situation expérimentale visait à éliminer tous les facteurs sociologiques, historiques, économiques et psychologiques habituellement reconnus comme causes de la discrimination entre les groupes. Une situation aussi épurée et absurde pouvait-elle susciter des attitudes négatives et des comportements discriminatoires à l'endroit de l'exogroupe ? Tajfel et ses collègues furent très surpris de constater que, malgré le caractère minimal de la situation, la représentation d'un environnement social uniquement composé des catégories « eux » et « nous » semblait suffisante pour entraîner des comportements discriminatoires en faveur de l'endogroupe : les participants distribuèrent

plus de ressources aux membres de l'endogroupe qu'aux membres de l'exogroupe (l'effet classique du favoritisme proendogroupe). Cette discrimination peut aller jusqu'à amener l'endogroupe à obtenir un gain absolu inférieur pourvu qu'il constitue un gain supérieur à celui de l'exogroupe. En d'autres mots, on est prêt à se contenter de moins d'argent pour son endogroupe pour s'assurer qu'il en a plus que l'autre groupe (différenciation maximale). Ce favoritisme proendogroupe a été corroboré par une multitude d'études qui ont tenté de cerner les balises du PGM en faisant intervenir des facteurs aussi variés que l'âge, le sexe, l'appartenance de classe ou la culture (Bourhis, 1994b ; Brewer, 1979 ; Brewer & Kramer, 1985 ; Hewstone *et al.*, 2002 ; Messick & Mackie, 1989 ; Rubin et Hewstone, 1998 ; Tajfel, 1982). De plus, l'effet du biais proendogroupe a été confirmé à l'aide de diverses mesures telles que les perceptions intergroupes, l'évaluation de traits et de rendement dans des tâches variées, les biais de la mémoire et la distribution de diverses ressources comme des points symboliques, de l'argent, des points supplémentaires dans un cours et des congés additionnels (Bourhis & Gagnon, 2001 ; Bourhis *et al.*, 1994 ; Bourhis, Gagnon & Sachdev, 1997 ; Brewer & Kramer, 1985 ; Brown, 2000 ; Messick & Mackie, 1989).

Dans une première tentative d'explication du biais proendogroupe observé dans les études utilisant le PGM, on a constaté que la catégorisation « eux-nous » suffisait pour activer une norme de compétition associée aux jeux d'équipe très en vogue dans les pays de l'Occident (Tajfel *et al.*, 1971). Cette norme amènerait les sujets à distribuer les ressources inégalement dans l'espoir de « gagner » la partie. De même, on a invoqué l'influence de la norme d'égalité pour expliquer le comportement paritaire des participants. C'est donc l'influence relative de la norme de compétition opposée à celle de parité qui expliquerait en partie les résultats obtenus dans les études utilisant le PGM (Amiot & Bourhis, 2005b). Mais, comme le note Turner (1980), l'explication normative doit permettre de prédire dans quels cas l'une ou l'autre des normes aura le plus d'influence sur les réponses des participants. Des normes de compétition, de gain maximal, d'égalité ou d'équité pourraient toutes être en jeu dans cette situation. Mais comment préciser leur apport respectif autrement qu'en utilisant les résultats, une fois qu'ils ont été obtenus ? En plus d'être trop générale et imprécise, l'explication normative se limite, au mieux, à une « redescription » des résultats obtenus (Turner, 1981).

Henri Tajfel proposa une explication à la fois cognitive et motivationnelle du biais proendogroupe observé dans les études utilisant le PGM (Tajfel, 1978b ; Tajfel & Turner, 1979). Selon la **théorie de l'identité sociale** (TIS) (voir la figure 13.6), la catégorisation sociale permet à l'individu de se définir en tant que membre de groupes particuliers au sein de la structure sociale (Tajfel, 1981). Le résultat de ce processus d'autocatégorisation est que l'individu en vient à s'identifier à certains groupes liés au genre, à l'âge, à l'ethnie, à la classe sociale, etc. Dans le PGM, les individus s'identifiant à la catégorie endogroupe sont justement ceux qui discriminent en faveur de l'endogroupe. Selon Tajfel et Turner (1986), il serait fondamental pour l'individu de vouloir maintenir ou atteindre une identité sociale positive en tant que membre de son propre groupe d'appartenance. L'**identité sociale** est cette « partie du concept de soi des individus qui provient de leur appartenance à un groupe social, associée à la valence et à la signification émotive de cette appartenance » (Tajfel, 1981, p. 255).

Pour développer une *identité sociale positive*, le groupe d'appartenance doit paraître différent des autres groupes dans des dimensions jugées positives et importantes par les membres de ce groupe. S'inspirant de la théorie de la **comparaison sociale**, Tajfel (1978b) précise que c'est par l'intermédiaire de comparaisons sociales favorables à l'endogroupe qu'une identité sociale positive peut être établie. Comme le montre la figure 13.6, les individus de l'endogroupe et de l'exogroupe se comparent par rapport à des dimensions valorisées dans le contexte intergroupes donné. Plus les membres d'un groupe se comparent favorablement aux membres d'un exogroupe, plus ils bénéficient d'une identité sociale positive. Par contre, les comparaisons défavorables aux membres de l'endogroupe génèrent une *identité sociale négative* qui peut avoir un effet néfaste sur l'estime de soi des individus (Brewer, 1991 ; Brown, 2000 ; Ellemers, Spears & Doosje, 2002). Cette identité sociale négative peut entraîner le mépris pour son propre groupe d'appartenance, et même son rejet comme groupe de référence (Tajfel, 1978b). L'identité sociale négative peut aussi mener au **favoritisme proexogroupe**, qui est une surévaluation de l'exogroupe perçu comme ayant les caractéristiques et les qualités valorisées par l'endogroupe.

Le cas des relations intergroupes entre les francophones et les anglophones du Québec dans les années 1960 offre un exemple de l'effet de la comparaison défavorable sur la qualité de l'identité sociale d'une majorité subordonnée à une élite dominante (Sachdev & Bourhis, 1990). Dans une étude classique menée à Montréal, les chercheurs ont recouru à la « technique du locuteur masqué » pour examiner les réactions évaluatives d'étudiants montréalais d'origine anglophone et francophone à l'égard de locuteurs s'exprimant en anglais ou en français sur une bande sonore (Lambert *et al.*, 1960). Les auditeurs croyaient avoir affaire à huit locuteurs différents alors qu'en réalité, il s'agissait de quatre locuteurs de sexe masculin lisant chacun le même passage deux fois, une fois en anglais et une fois en français. Les auditeurs avaient comme consigne de se faire une opinion sur chacun des locuteurs, bien qu'en fait, la tâche fût plutôt une façon « non réactive » de connaître les stéréotypes candides des membres de l'endogroupe et de l'exogroupe. Les résultats ont montré que les auditeurs anglophones accordaient la préférence aux représentants de leur endogroupe, puisque sur sept traits liés au statut (par exemple intelligence et ambition) et à la solidarité (par exemple gentillesse et fiabilité), ils évaluaient les locuteurs anglophones plus favorablement que les locuteurs francophones : il s'agit là de l'effet classique du favoritisme proendogroupe. En outre, les auditeurs francophones

FIGURE 13.6   **Représentation schématique de la théorie de l'identité sociale (TIS) (Tajfel & Turner, 1986)**

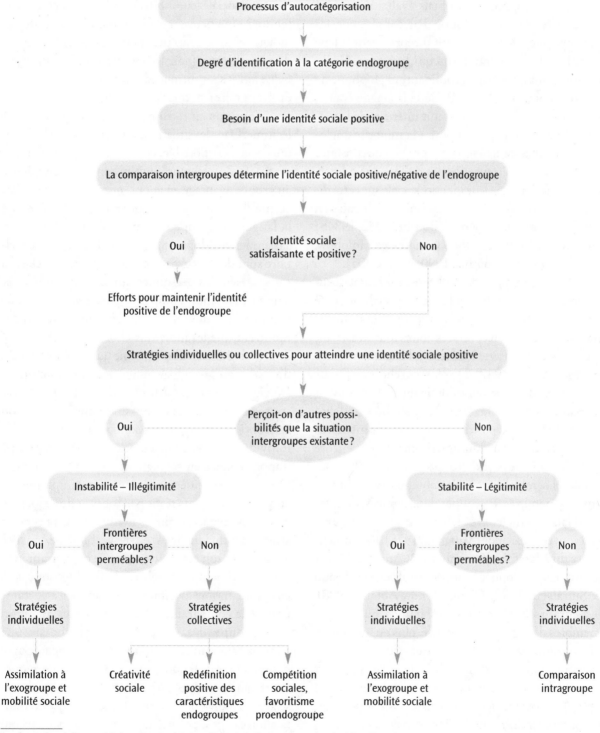

Source : Adapté de Bourhis (1997), Capozza & Volpato (1999) et Taylor & Moghaddam (1994).

accordèrent des évaluations *supérieures* aux locuteurs anglophones relativement aux traits de statut et de solidarité, et même de façon encore plus marquée que les juges anglophones : un biais évaluatif marqué de favoritisme proexogroupe. Par conséquent, les francophones des années 1960 reprenaient à leur compte le statut d'infériorité qui leur était dévolu par les membres de l'élite dominante anglophone de l'époque (Bourhis, 2001). Puisque la langue était le symbole par excellence du statut inférieur de la majorité francophone par rapport à la minorité anglophone dominante, il n'est pas surprenant de constater que les auditeurs francophones de l'époque admettaient l'infériorité de leur identité sociale sur cette dimension spécifique de comparaison sociale mise en relief dans les bandes sonores (Bourhis, 1982, 1984b ; Genesee & Bourhis, 1988 ; Genesee & Holobow, 1989 ; Sachdev & Bourhis, 1990, 2001, 2005).

D'autres exemples de ce phénomène furent documentés dans les études sur l'identité sociale négative des jeunes Noirs américains qui préféraient les poupées blanches aux poupées noires tout en sachant que les poupées noires leur ressemblaient davantage (Clark & Clark, 1947). De plus, ces choix en faveur du symbole de l'exogroupe dominant allaient souvent de pair avec les évaluations des membres de l'exogroupe blanc, plus positives que celles des membres de l'endogroupe africain-américain : il s'agit encore là de favoritisme proexogroupe (Brown, 1995). Des résultats semblables ont été obtenus avec d'autres enfants membres de groupes désavantagés, dont les Antillais en Angleterre (Milner, 1975), les Maoris en Nouvelle-Zélande (Vaughan, 1978), les Autochtones du Manitoba (Corenblum & Annis, 1987) et les Antillais anglophones de Montréal (Doyle, Aboud & Sufrategui, 1992). Comme le note Aboud (1988), les enfants apprennent très jeunes qu'ils sont membres d'un groupe défavorisé, plus ou moins mal perçu par la majorité dominante et victime de discrimination (Brown & Bigler, 2005). Le développement cognitif, le choix du groupe de référence ainsi que le besoin d'avoir une identité sociale positive sont des facteurs qui influent sur l'identité sociale des membres des groupes minoritaires, de l'enfance à l'âge adulte (Aboud & Amato, 2001).

Tajfel et Turner (1986) proposent que, si la comparaison sociale leur est défavorable, les membres de l'endogroupe peuvent avoir recours à des stratégies individuelles ou collectives pour rehausser leur image de soi collective (voir la figure 13.6). Les *stratégies individuelles* sont surtout adoptées quand les membres du groupe croient que la situation intergroupes offre peu d'options au *statu quo* et qu'elle est stable et légitime. Dans les situations intergroupes où la mobilité sociale est possible, les individus qui se comparent défavorablement peuvent tenter de se joindre au groupe avantagé en adoptant ses caractéristiques culturelles et ses valeurs fondamentales. Apprendre la langue du groupe dominant, changer son nom, s'assimiler en adoptant la culture du groupe majoritaire sont des stratégies de mobilité individuelle qui caractérisent les personnes qui tentent d'améliorer leur sort en tant qu'individus plutôt qu'en tant que membres de leur groupe d'appartenance. Des études montrent que les individus choisissent la stratégie de la mobilité individuelle même quand leurs chances d'accéder au groupe avantagé sont presque nulles (Wright, Taylor & Moghaddam, 1990). Cette stratégie individuelle est possible dans la mesure où les frontières intergroupes sont perméables et où les individus peuvent facilement changer de groupe d'appartenance en se joignant au groupe avantagé. Quand cette frontière intergroupes est imperméable et que les individus n'ont pas l'option de se joindre au groupe avantagé qui les exclut, un autre type de stratégie individuelle est envisageable. Elle consiste à améliorer son estime de soi en se comparant avec d'autres individus membres de l'endogroupe qui, eux, sont moins avantagés par rapport à certains points de comparaison. Par exemple, les membres d'un groupe désavantagé peuvent choisir une comparaison intragroupe afin de se comparer avec des membres de l'endogroupe qui sont économiquement plus démunis qu'eux-mêmes. L'usage de ces stratégies individuelles ne remet pas en cause la stratification des groupes avantagés par rapport à ceux qui sont démunis, ce qui permet aux groupes dominants de se maintenir en place. Les individus démunis qui adoptent les stratégies individuelles ont tendance à ne pas trop remette en cause l'idéologie qui justifie la stratification sociale en faveur du groupe dominant (Jost, Burgess & Mosso, 2001 ; Sidanius *et al.*, 2001).

Comme le montre la figure 13.6, les *stratégies collectives* sont adoptées dans les situations où la structure de la relation intergroupes est perçue comme étant plus ou moins illégitime et instable (Major & Schmader, 2001 ; Turner & Brown, 1978). De plus, les stratégies collectives sont susceptibles d'être adoptées dans les cas où les individus perçoivent qu'ils ne peuvent facilement changer de groupe d'appartenance étant donné que la mobilité sociale est bloquée et que les frontières intergroupes sont imperméables. Parmi les stratégies collectives, la *créativité sociale* permet aux membres d'un groupe de créer de nouvelles dimensions de comparaison qui pourront les avantager dans des comparaisons sociales avec les membres de l'exogroupe (Tajfel, 1978b). Par exemple, dans le cadre du mouvement nationaliste québécois des années 1970, les artistes et les créateurs issus de la majorité francophone ont « fabriqué » une nouvelle culture théâtrale, musicale et littéraire qui a grandement contribué à la fierté nationale des « Québécois ». C'est ainsi que, par rapport à la culture anglo-canadienne, la langue et la culture québécoises sont devenues des nouvelles dimensions de comparaison positives pour l'identité sociale de la majorité francophone du Québec (Bourhis, 1994b, 2001 ; Sachdev & Bourhis, 1990).

Une autre stratégie collective est celle de la *redéfinition positive* des caractéristiques endogroupes longtemps méprisées par la culture dominante. Par exemple, les Noirs américains des années 1970 ont *redéfini* d'une façon positive les caractéristiques de leur négritude depuis toujours méprisées par la majorité blanche euro-américaine (peau noire, cheveux crépus, musique gospel et blues). Le mouvement *Black is beautiful* a revalorisé les caractéristiques physiques et culturelles des *African-Americans*, permettant ainsi une comparaison plus valorisante

et positive de l'endogroupe « Noir » avec la majorité dominante blanche (Tajfel, 1978b). Cette redéfinition positive des caractéristiques physiques et culturelles des *African-Americans* a contribué à la mobilisation collective pour l'émancipation de cette minorité aux États-Unis (Pinkney, 1987). La créativité sociale et la redéfinition positive sont des stratégies collectives qui mènent à une *différenciation positive* de l'identité endogroupe au regard du groupe dominant. Dans certains cas, cette différenciation positive est justement l'élément qui déclenche l'action collective nécessaire à la contestation de la stratification sociale favorisant les groupes dominants. Dans d'autres cas, cette différenciation contribue à l'identité positive du groupe défavorisé sans toutefois déclencher l'action collective menant au changement social.

Une autre stratégie collective consiste à surpasser les membres de l'exogroupe dans la dimension même qui les désavantage (voir la figure 13.6). Selon Tajfel et Turner (1986), la stratégie de **compétition sociale** activée en fonction d'une dimension de comparaison valorisée par les deux groupes rivaux rend possible l'établissement d'une distinction positive de l'endogroupe par rapport à l'exogroupe. Dans la situation des groupes minimaux, la distribution de ressources en faveur de l'endogroupe est la seule dimension qui puisse permettre de créer une *différenciation positive* entre les deux groupes. C'est ainsi que le favoritisme proendogroupe contribue directement à la construction de l'identité sociale positive des individus dans les études du PGM. Ce désir de différenciation positive par rapport à l'exogroupe peut être à l'origine du préjugé et de la discrimination non seulement dans la situation des groupes minimaux, mais aussi dans les relations intergroupes de la vie courante. Plusieurs études de laboratoire et de terrain appuient cette hypothèse fondamentale de la théorie de l'identité sociale (Abrams & Hogg, 1990 ; Brown, 2000 ; Capozza & Brown, 2000 ; Hewstone *et al.*, 2002 ; Rubin & Hewstone, 1998 ; Tajfel, 1982).

Selon la théorie de l'identité sociale, le comportement discriminatoire contribue à forger une identité sociale positive, laquelle influe directement sur l'estime de soi des individus (Tajfel & Turner, 1986). Dans une étude astucieuse, Lemyre et Smith (1985) ont exploré les effets de la catégorisation et de la discrimination sur l'estime de soi comme mesure du caractère positif de l'identité sociale. Les situations expérimentales variaient en fonction de trois paramètres : 1) les participants étaient catégorisés aléatoirement en groupes distincts ou ne l'étaient pas du tout ; 2) ils accomplissaient des tâches différentes de distribution de points ; et 3) ces distributions de points avaient lieu avant la mesure de l'estime de soi, ou après. Premièrement, les résultats ont démontré que l'estime de soi des répondants non catégorisés demeurait constante. À l'inverse, les participants catégorisés qui avaient eu la possibilité de faire de la discrimination en faveur de leur endogroupe (librement ou contre leur gré) ont manifesté une estime de soi supérieure à celle des participants qui n'avaient pas eu l'occasion de faire de la discrimination en faveur de leur endogroupe. Ainsi, plus les participants ont avantagé leur endogroupe, plus ils ont manifesté une estime de soi élevée. Ces résultats confirment le fait que la discrimination contribue à une estime de soi plus élevée. De plus, Lemyre et Smith (1985) avancent que la simple catégorisation pourrait être en elle-même une menace contre l'estime de soi, menace que la personne peut réduire par la compétition sociale, qui prend souvent la forme de la discrimination. Cette étude confirme l'aspect central de la théorie de l'identité sociale dans l'explication de la discrimination, surtout dans le cadre expérimental du PGM (Brown, 2000 ; Ellemers *et al.*, 2002 ; Hogg & Abrams, 1990).

L'étude de Lemyre et Smith (1985) soulève la question suivante : si la catégorisation, en soi, menace l'estime de soi des individus, les personnes bénéficiant déjà d'une estime de soi positive n'auraient-elles pas intérêt à adopter la discrimination afin de maintenir et de protéger leur estime de soi dans une situation implicitement menaçante, comme la catégorisation « nous-eux » du PGM ? Des études européennes et américaines soutiennent cette hypothèse et démontrent que les individus ayant une forte estime de soi personnelle adoptent un favoritisme proendogroupe plus soutenu que les individus ayant une faible estime de soi (Aberson, Healy & Romero, 2000 ; Long & Spears, 1997). Par ailleurs, des recherches récentes montrent que l'estime de soi des individus est composée de l'estime de soi *explicite* et consciente, mesurée à l'aide d'échelles conventionnelles (Rosenberg, 1965), et de l'estime de soi *implicite*, moins consciente et mesurée à l'aide de techniques subliminales (temps de réaction) (Jordan, Spencer & Zanna, 2003). Ainsi, une personne ayant une estime de soi *explicite* positive peut connaître le doute et souffrir d'insécurité personnelle au niveau inconscient de l'estime de soi *implicite*. Chez ce genre de personne, le comportement devient plus défensif, et le besoin de rationaliser des comportements devient plus important étant donné le vif besoin de rétablir l'estime de soi. Dans une étude portant sur des groupes minimaux, il s'est avéré que les individus ayant une forte estime de soi *explicite*, mais une faible estime de soi *implicite*, étaient justement ceux qui avaient le plus de propension à la discrimination par rapport aux individus évoluant dans un climat de sécurité et ayant une estime de soi positive à la fois explicite et implicite (Jordan *et al.*, 2003). Le même genre de résultat a été obtenu dans une étude canadienne : la discrimination ethnique contre un Autochtone était plus intense chez les étudiants dont l'estime de soi explicite était forte, mais dont l'estime de soi implicite était faible (Jordan, Spencer & Zanna, 2005). Dans les deux types de situations, les individus ayant une estime de soi *explicite* forte, mais une estime de soi *implicite* faible semblent adopter la discrimination afin de rétablir et de protéger leur estime de soi implicite. Ainsi, pour autant que la discrimination contribue à former une identité sociale plus positive (Tajfel & Turner, 1986), il s'avère que l'estime de soi *personnelle* peut être maintenue ou bonifiée par une *identité sociale* plus positive. Ce phénomène illustre la complémentarité des niveaux d'analyse intrapersonnel et intergroupes dans l'explication des préjugés et de la discrimination.

L'intérêt économique des individus est peut-être l'explication la plus simple et la plus fonctionnelle du comportement discriminatoire dans le PGM. Rabbie, Schot et Visser (1989) croient que le PGM repose sur une *interdépendance mutuelle* qui fait en sorte que les individus dépendent des autres membres de l'endogroupe pour satisfaire leur *intérêt économique personnel* plutôt que leur besoin identitaire. Les individus dans le PGM favorisent les individus anonymes de l'endogroupe, car ils croient que ceux-ci feront de même en appliquant la *norme de réciprocité*. Bien que les répondants dans le PGM ne puissent s'attribuer des ressources, ils favorisent les membres de l'endogroupe dans l'espoir que ces derniers feront de même, contribuant ainsi à la satisfaction de leur intérêt économique personnel respectif. Dans leur étude du PGM, Rabbie et ses collègues (1989) démontrent que les répondants dont le sort était uniquement tributaire des distributions faites par les membre de l'endogroupe étaient justement ceux qui optaient le plus fortement pour le favoritisme proendogroupe (la discrimination). Par contre, les individus dont le sort était uniquement tributaire des distributions faites par les membres de l'exogroupe étaient justement ceux qui optaient pour le comportement rare du favoritisme proexogroupe. Enfin, dans la condition classique du PGM, ces mêmes chercheurs obtiennent les résultats classiques du favoritisme proendogroupe. Donc, s'éloignant de l'explication identitaire du favoritisme proendogroupe issue de la TIS de Tajfel et Turner (1986), Rabbie et ses collègues (1989) pensent que la satisfaction de l'intérêt économique des individus et la norme de réciprocité constituent d'autres explications possibles du comportement discriminatoire observable dans le PGM.

Pour vérifier la pertinence de ces différentes explications de la discrimination dans le PGM, Gagnon et Bourhis (1996) ont créé les deux situations expérimentales suivantes dans une étude du PGM, menée à l'Université de Montréal. La première condition est celle du PGM dans laquelle la distribution finale des ressources est tributaire des décisions prises autant par les membres de l'endogroupe que par ceux de l'exogroupe : il s'agit donc de la condition d'interdépendance classique. Dans la condition d'autonomie positive, la distribution se fait comme dans la situation classique, sauf que les répondants reçoivent un message personnel les assurant que, quel que soit leur choix de distribution des ressources, ils sont assurés personnellement de recevoir le total des point possibles dans l'étude. Les répondants dans cette condition ne dépendent ni des distributions de l'endogroupe ni de celles de l'exogroupe. Selon l'explication de Rabbie et de ses collègues (1989), l'option du favoritisme proendogroupe est inutile, puisque l'intérêt personnel est déjà satisfait totalement, et la norme de réciprocité devient inutile ; seule la parité est pertinente dans cette condition d'autonomie positive. Par contre, selon l'explication issue de la TIS, tant les répondants dans la condition d'autonomie que ceux dans la condition d'interdépendance classique cherchent toujours à se différencier positivement de l'exogroupe par l'usage du favoritisme proendogroupe. Les résultats de l'étude sont clairs : les répondants dans la condition d'autonomie positive adoptent la discrimination autant que ceux dans la condition d'interdépendance classique. De plus, les résultats montrent que le groupe de répondants s'identifiant le plus fortement à l'endogroupe est celui qui, justement, fait davantage preuve de discrimination en faveur de l'endogroupe. Par contre, les répondants s'identifiant très peu à leur endogroupe n'adoptent pas du tout la discrimination et optent pour la stratégie *paritaire* en distribuant autant de points aux membres de l'endogroupe qu'aux membres de l'exogroupe. Ces résultats soutiennent l'explication identitaire présentée dans la TIS plutôt que celle reposant sur l'intérêt personnel et la norme de réciprocité, proposée par Rabbie et ses collègues (1989). Des résultats semblables sont obtenus dans l'étude de Perreault et Bourhis (1998), mais cette fois en manipulant non seulement la condition d'interdépendance classique et celle d'autonomie positive, mais aussi la condition d'autonomie négative : les individus reçoivent un message personnel les informant qu'ils n'obtiendront aucun point supplémentaire dans l'étude, et ce, quelle que soit leur distribution des points aux membres de l'endogroupe et de l'exogroupe. Les résultats démontrent que les répondants discriminent autant dans les trois conditions. Ils démontrent aussi que, à la suite de la catégorisation initiale « nous-eux », l'identification à l'endogroupe est plus forte *après* que les répondants ont eu l'occasion de discriminer qu'*avant*. Finalement, les résultats montrent que, à la suite de la catégorisation « nous-eux », l'identité sociale est plus positive *après* que les répondants ont eu l'occasion de discriminer qu'*avant*. Ces résultats illustrent le rôle de l'identité sociale dans l'explication du comportement discriminatoire dans le PGM (Bourhis, Turner & Gagnon, 1997). Dans les situations de conflits réels entre les groupes, le comportement discriminatoire se traduit souvent par des avantages économiques et matériels pour l'endogroupe (des emplois, des logements locatifs). Mais, comme nous l'avons vu, au-delà de l'intérêt économique, la discrimination procure aussi des avantages identitaires tels que la différenciation positive au regard de l'exogroupe et la construction d'une identité sociale plus positive (Turner & Bourhis, 1996). L'explication complémentaire du comportement discriminatoire issue de la TIS peut nous être utile quand il s'agit de proposer des interventions locales ou nationales pour réduire les préjugés et la discrimination.

Malgré la complémentarité de la théorie de l'identité sociale (Tajfel, 1978b) et de la théorie des conflits réels (Sherif, 1966) dans l'explication des préjugés et de la discrimination, les études s'inspirant de ces approches ont longtemps négligé les asymétries sur le plan du statut et du pouvoir dans l'analyse des relations intergroupes. Par exemple, Sachdev et Bourhis (1984, 1985, 1987) notent qu'en général, les études en laboratoire de type « groupes minimaux » n'ont porté que sur des groupes numériquement égaux

dont le pouvoir et le statut relatif étaient implicitement égaux, stables et légitimes. De même, Sherif (1966), dans ses études, ne s'est penché que sur des groupes de jeunes dont le statut, le pouvoir et le poids numérique étaient égaux. Or, il s'avère que la plupart des conflits intergroupes se produisent entre des groupes minoritaires et majoritaires qui bénéficient d'un prestige social plus ou moins grand et dont les rapports dominants-dominés sont souvent perçus comme plus ou moins stables ou légitimes (Bettencourt *et al.*, 2001 ; Boldry & Kashy, 1999 ; Bourhis, 1994b ; Brewer & Brown, 1998 ; Lorenzi-Cioldi, 2002 ; Ng, 1982 ; Turner, 2005).

Dans une étude utilisant le PGM, Sachdev et Bourhis (1991) ont été parmi les premiers à tenter de combler les lacunes soulignées par les observations ci-dessus. Ils ont effectué cette étude en modifiant systématiquement le statut, le pouvoir et le poids numérique de groupes ad hoc composés d'étudiants anglophones du sud de l'Ontario. Dans ce type d'étude, le statut social reflète la position relative d'un groupe par rapport à un autre dans une dimension de comparaison valorisée. Dans l'étude en question, les sujets effectuaient un test de créativité et, d'après leurs résultats, ils étaient répartis en deux groupes : le groupe très créatif (statut élevé) et le groupe peu créatif (statut bas). Le poids numérique était manipulé par l'entremise de l'information donnée aux participants concernant les résultats du test, qui les situaient dans le groupe majoritaire (80 %) ou dans le groupe minoritaire (20 %) à l'université.

Dans cette étude, le pouvoir social était défini comme le degré de contrôle dont bénéficie un groupe quant à sa propre destinée et à celle des exogroupes (Jones, 1972). La perception d'une relation de pouvoir arbitraire fut induite par un tirage à pile ou face qui donna le pouvoir absolu à un groupe (100 % du pouvoir) et n'attribua aucun pouvoir à l'autre groupe (0 % du pouvoir). Le pouvoir absolu donna au groupe dominant le plein contrôle sur la distribution des récompenses aux deux groupes pour le rendement dans une tâche de créativité sans lien avec le test initial. Les récompenses distribuées constituaient une ressource importante pour les participants, puisqu'il s'agissait de points dont l'obtention exemptait les étudiants de l'obligation de rédiger un travail dans le cours d'introduction à la psychologie.

Les résultats confirment, sur le plan des attitudes, l'émergence du favoritisme proendogroupe suscité par la catégorisation sociale : dans leurs évaluations, tous les participants ont déclaré qu'ils préféraient les membres de l'endogroupe à ceux de

l'exogroupe, quels que soient le pouvoir, le statut ou le poids numérique de leur groupe. Par contre, comme le montre la figure 13.7, la position de pouvoir et de statut des groupes a un effet marqué sur le comportement discriminatoire et paritaire des individus. Les résultats montrent clairement que le comportement des membres du groupe dominant est beaucoup plus discriminatoire que celui des membres du groupe subordonné (Amiot &

FIGURE 13.7 Parité et discrimination dans les groupes dominants et dominés, selon le statut et le nombre

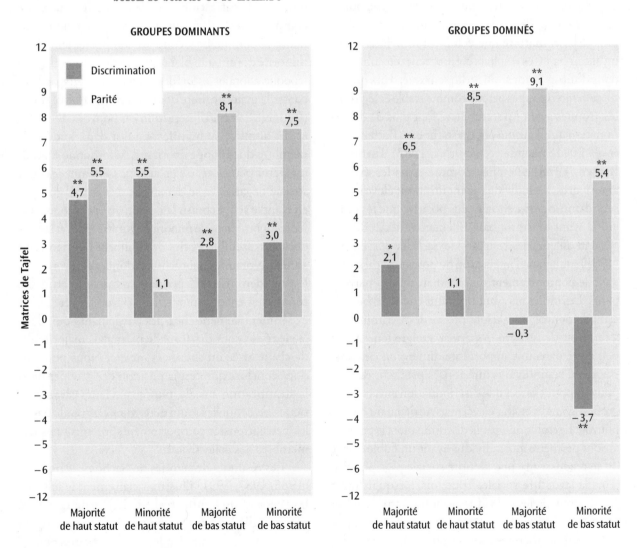

(* p ≤ 0,05 ** p ≤ 0,01 Test de Wilcoxon)

Source : Adapté de Sachdev & Bourhis (1991).

Bourhis, 2005a ; Sachdev & Bourhis, 1985). Le pouvoir absolu permet une manifestation marquée du favoritisme proendogroupe dans la distribution des ressources. Cependant, le biais proendogroupe ne peut s'actualiser par un comportement discriminatoire chez les répondants sans aucun pouvoir (0 %) qui, eux, ont surtout un comportement paritaire plutôt que discriminatoire. Ces résultats confirment la proposition de Ng (1982) : sans pouvoir, la catégorisation sociale en soi ne permet pas la discrimination à l'endroit de l'exogroupe (Sachdev & Bourhis, 1985). Les résultats montrent aussi que le comportement des individus ayant un statut élevé est plus discriminatoire que celui des individus ayant un statut bas. Ces résultats corroborent ceux observés dans d'autres études, qui indiquent que, dans une situation intergroupes perçue comme stable et légitime, les groupes ayant un statut élevé font plus de discrimination que ceux qui ont un statut bas (Bettencourt *et al.*, 2001 ; Sachdev & Bourhis, 1987 ; Turner & Brown, 1978). De plus, comme dans les études antérieures, les individus ayant un statut élevé jouissent d'une identité sociale plus positive que les individus ayant un statut bas (Ellemers *et al.*, 2002).

Par ailleurs, les résultats de Sachdev & Bourhis (1991) soulignent l'interaction du pouvoir et du statut dans le comportement discriminatoire des participants. Les individus ayant un statut bas, mais bénéficiant du pouvoir absolu font preuve de discrimination à l'endroit de l'exogroupe. Ainsi, malgré leur statut peu élevé dans une importante dimension de comparaison, ces individus infériorisés profitent de leur pouvoir pour exercer une discrimination envers l'exogroupe ayant un statut élevé, mais ne détenant aucun pouvoir. Il semble que, par la discrimination, le pouvoir absolu permette aux individus ayant un faible statut de se reconstruire une identité sociale plus positive dans la structure sociale. Toutefois, lorsqu'ils n'ont pas de pouvoir, les individus ayant un statut élevé ne peuvent actualiser leur sentiment de supériorité par l'exercice de la discrimination à l'endroit de l'exogroupe.

Finalement, l'effet combiné du pouvoir, du statut et du poids numérique s'exprime nettement dans le cas des membres de l'élite dominante de l'étude. Les résultats démontrent que ce sont les membres de la *minorité* dominante de haut statut qui adoptent le comportement discriminatoire le plus univoque envers l'exogroupe. En plus d'avoir un comportement discriminatoire, les membres de cette élite dominante sont les seuls dans l'étude à *ne pas* faire usage de la parité dans la distribution des ressources. Face à un exogroupe dominé de faible statut mais *majoritaire*, la *minorité* dominante utilise uniquement le favoritisme proendogroupe pour maintenir sa position privilégiée d'élite dans la stratification sociale de cette étude. Le comportement discriminatoire de cette élite dominante ressemble beaucoup au comportement de la minorité dominante blanche d'Afrique du Sud qui, à l'époque, adoptait les lois discriminatoires de l'apartheid contre la majorité noire dominé, ayant un faible statut (Omond, 1986). L'interaction du pouvoir, du statut et du nombre se manifeste aussi dans le cas des membres du groupe minoritaire, subordonné et ayant un statut peu élevé. Ce groupe possède une identité sociale négative et se démarque des autres groupes en étant le seul à choisir le favoritisme proexogroupe. Ce comportement de minoritaires infériorisés et subordonnés ressemble à celui des minorités défavorisées antillaise, maorie et autochtone dont nous avons parlé précédemment. Cependant, dans cette étude, le comportement de minoritaires défavorisés a été induit expérimentalement chez des participants qui, dans la vie réelle, sont des Canadiens anglais majoritaires de classe aisée du sud de l'Ontario. Nous pouvons donc conclure que c'est la position des groupes dans la stratification sociale, plutôt que leurs caractéristiques « essentielles », qui détermine en grande partie les perceptions et comportements intergroupes des membres des collectivités.

Les résultats des études de Sachdev et Bourhis (1985, 1987, 1991) illustrent clairement le fait que les théories du conflit réel (TCR) et de l'identité sociale (TIS) doivent mieux rendre compte d'une réalité fondamentale : la plupart des relations intergroupes se vivent entre groupes sociaux dont le pouvoir, le statut et le poids numérique sont inégaux

(Bourhis *et al.*, 1997). De plus, la majorité de ces relations sont perçues comme étant plus ou moins stables et légitimes (Tajfel, 1978b ; Jost *et al.*, 2001). Des études indiquent que les préjugés et la discrimination sont d'autant plus virulents quand la situation d'inégalité intergroupes est jugée illégitime et instable (Caddick, 1982 ; Ellemers, 2001 ; Ellemers, van Knippenberg & Wilke, 1990 ; Grant, 1992). Par ailleurs, une série d'études portant sur le PGM montrent que, dans une situation d'instabilité intergroupes, les femmes autant que les hommes préfèrent être membres du groupe dominant plutôt que du groupe dominé (Bourhis, 1994b). Sans vouloir s'approprier le pouvoir absolu, les femmes autant que les hommes aimeraient mieux que leur endogroupe bénéficie de deux fois plus de pouvoir (66 %) que l'exogroupe (33 %). Il semble que l'avantage du pouvoir soit l'outil par excellence que les groupes utilisent pour exercer un certain contrôle sur les ressources qu'ils convoitent. Les inégalités de pouvoir et de statut entre les groupes entraînent inévitablement des inégalités dans la distribution des ressources matérielles et symboliques. Ces inégalités nous amènent à considérer les questions idéologiques de l'équité, de la privation relative et de l'action collective.

Les explications sur le plan idéologique

Qu'est-ce qui pousse les groupes défavorisés à percevoir que leur sort collectif est juste ou injuste ? Selon la théorie de l'équité, les gens cherchent à atteindre une certaine justice dans leurs relations avec autrui et se sentent affligés quand ils font face à l'injustice sociale. Même si la plupart des recherches dans ce domaine ont porté sur les sentiments d'équité éprouvés sur le plan interpersonnel (Austin, 1986), cette perspective peut nous être utile pour mieux comprendre ce qu'il se passe quand un groupe désavantagé compare son sort avec celui d'exogroupes plus avantagés (Tajfel, 1984 ; Taylor & Moghaddam, 1994). Le sentiment d'équité peut refléter nos croyances dans un « monde juste » et dans la justice sociale, et, à ce titre, il contribue à forger l'explication idéologique des relations intergroupes (Billig, 1982 ; Billig,

Condor & Edwards, 1988 ; Ibanez, 1999 ; Lerner, 1980, 2003 ; Tyler, 2001) (voir le chapitre 5).

Selon la **théorie de l'équité**, nous évaluons la justice d'une situation en considérant à la fois les efforts consacrés par les individus pour parvenir à leurs buts (les contributions) et les résultats obtenus (Walster, Walster & Berscheid, 1978). Les contributions peuvent inclure des éléments tels que les efforts et le temps consacrés, la compétence et les habiletés acquises ; elle inclut aussi des éléments négatifs tels que des conditions de travail pénibles, des tâches ingrates et le harcèlement psychologique subi (le racisme, le sexisme). Les résultats sont constitués des récompenses tangibles reçues pour ces efforts. Ils comprennent, entre autres, la rémunération, la qualité de vie, le pouvoir et le prestige. Une relation intergroupes est perçue comme équitable et juste lorsque le rapport entre la contribution et les résultats de l'endogroupe est jugé équivalent à celui de l'exogroupe. Ainsi, en comparant le sort des cadres avec celui des ouvriers d'une entreprise, on tient compte non seulement du salaire et du statut respectif de ces catégories de personnes (les résultats), mais aussi des efforts que ces gens ont consacrés à l'atteinte de leur position respective dans l'entreprise (la contribution). Par conséquent, même en constatant que le salaire des cadres est le triple de celui des ouvriers, on pourrait estimer que cet écart est juste et équitable si on considère que les cadres ont consacré plus de temps et d'efforts pour acquérir leur compétence d'administrateurs et qu'ils travaillent durant un plus grand nombre d'heures que les ouvriers.

Les tenants de la théorie de l'équité soutiennent que nous sommes généralement assez rationnels dans l'application des règles de proportionnalité qui nous permettent de porter des jugements sur la justice sociale (Walster *et al.*, 1978). Par contre, les recherches montrent que nos jugements relativement à l'ampleur des efforts accomplis et des récompenses obtenues par l'endogroupe et par l'exogroupe sont souvent biaisés en faveur de l'endogroupe (Pelham & Hetts, 2001). En effet, le favoritisme proendogroupe fait en sorte que les gens ont tendance à exagérer les efforts de l'endogroupe et à minimiser ceux de l'exogroupe (Ng, 1984 ; Van Knippenberg & Van Oers, 1984).

La théorie de l'équité avance que la perception de l'injustice sociale provoque un malaise psychologique qui nous porte à vouloir rétablir l'équité. La justice sociale peut être rétablie de deux façons distinctes : l'une matérielle, l'autre psychologique. Dans un contexte intergroupes, l'équité peut être rétablie grâce à un *ajustement matériel* qui change systématiquement les rapports entre les résultats et les contributions de l'endogroupe et de l'exogroupe. Ainsi, en constatant qu'à compétence égale les femmes gagnent moins que les hommes pour le même travail, le patron d'une entreprise pourrait tout simplement augmenter le salaire des femmes pour qu'il soit égal à celui des hommes, ce qui représenterait la solution préférée des femmes pour régler cette situation d'injustice sociale (Tougas & Veilleux, 1992). Cette solution d'ajustement matériel a été adoptée par le gouvernement du Canada en 2000 dans le cadre d'un programme d'équité dans l'emploi, qui concernait le salaire des hommes et des femmes dans l'administration publique fédérale. Afin de compenser en partie l'écart historique entre les salaires qui désavantageait ses fonctionnaires féminines, le gouvernement canadien à consacré cinq milliards de dollars à un ajustement salarial pour ses employées. Cet ajustement partiel répondait au principe de « salaire égal pour un travail à valeur égale » et représentait un paiement d'environ 30 000 $ par fonctionnaire féminine de l'administration fédérale.

Le deuxième type d'ajustement consiste à élaborer des *ajustements psychologiques* en opérant des déformations cognitives de la valeur de la contribution de l'endogroupe et de l'exogroupe, et des résultats obtenus par chacun de ces groupes. Ces déformations cognitives permettent de rétablir une perception de justice sociale sans toutefois changer la situation objective des groupes en présence. Du point de vue d'un groupe avantagé de cadres, l'une des déformations cognitives possibles serait d'exagérer la contribution de l'endogroupe (la compétence acquise, les responsabilités plus lourdes, etc.) servant à légitimer les salaires très généreux qu'ils obtiennent comparativement à ceux des ouvriers (Pelham & Hetts, 2001). Une autre déformation cognitive employée par un groupe avantagé consisterait à rejeter le blâme sur l'exogroupe désavantagé en se convainquant que la contribution de l'exogroupe est minime ou déficiente, et que, par conséquent, elle ne justifie pas de compensation particulière. Les cadres masculins d'une entreprise pourraient, par exemple, justifier le salaire inférieur des femmes en invoquant le fait qu'elles sont moins motivées au travail et moins intéressées par le développement de l'entreprise à cause de leur rôle familial, qui les empêche de faire des heures supplémentaires (Guimond & Tougas, 1999). On constate qu'en général, pour des raisons pécuniaires évidentes, les groupes avantagés préfèrent recourir à des ajustements psychologiques plutôt que matériels pour rétablir leur sentiment d'équité.

Par contre, certaines recherches nous portent à croire que les groupes avantagés peuvent être amenés à opter pour une compensation matérielle en faveur du groupe défavorisé pour autant que des mécanismes précis garantissent que cette compensation ne sera pas excessive (Gunderson, 1989). De plus, un groupe avantagé peut en venir à accorder une compensation matérielle à cause d'une information systématique au sujet de l'inégalité de la situation intergroupes (Tougas & Veilleux, 1989). La transmission de cette information objective empêcherait le groupe avantagé d'avoir recours à des déformations cognitives justifiant le sort des groupes défavorisés (Taylor & Moghaddam, 1994). Un contact soutenu entre les membres du groupe avantagé et ceux des groupes défavorisés a aussi pour effet de contrer l'utilisation de déformations cognitives qui légitiment l'iniquité. Toutefois, il faut noter que, dans la plupart des sociétés, les groupes avantagés réussissent assez bien à s'isoler des groupes défavorisés, soit de façon officielle, comme dans le cas de la ségrégation mutuelle (« réserves autochtones » du Canada et des États-Unis), soit de façon non officielle par la ségrégation résidentielle (par exemple dans les banlieues de France, qui séparent les Maghrébins et les Français, et les *gated communities* aux États-Unis, qui isolent les riches des pauvres).

Les groupes défavorisés préfèrent que l'équité soit restaurée par des compensations matérielles plutôt que par des compensations psychologiques. Cependant, ces groupes sont souvent dépourvus du pouvoir qui leur permettrait d'obtenir les compensations matérielles requises pour restaurer l'équité. Ne pouvant pas facilement changer la stratification du système qui les désavantage injustement, plusieurs individus défavorisés finissent par rationaliser et même souscrire au *statu quo* (Jost *et al.*, 2003). Cette situation porte souvent les groupes défavorisés à accepter les déformations cognitives véhiculées par les groupes avantagés qui légitiment l'injustice sociale (Jost, Pelham & Carvallo, 2002). La **théorie de la justification du *statu quo*** (TJS) offre une analyse des facteurs et des processus psychologiques qui expliquent pourquoi les groupes désavantagés adoptent les déformations cognitives et les rationalisations idéologiques utilisées pour justifier le système en place, même quand ce système les désavantage personnellement ou collectivement (Jost & Hunyady, 2002 ; Jost, Banaji & Nosek, 2004). Ainsi, ces déformations cognitives incitent les groupes défavorisés à croire que la structure intergroupes qui les désavantage est non seulement équitable, mais aussi stable et légitime (Jost *et al.*, 2003 ; Taylor & Moghaddam, 1994). Plusieurs études montrent que ces déformations cognitives consistent à minimiser la contribution de l'endogroupe défavorisé (« Nous manquons d'habiletés, de compétence ou d'intelligence. ») et à exagérer celle de l'exogroupe avantagé (« Ils sont plus intelligents, éduqués et compétents que nous. ») (Jost *et al.*, 2002 ; Overbeck *et al.*, 2004). De plus, ce genre de déformations cognitives amène les groupes défavorisés à croire que leur situation désavantageuse est méritée, ce qui les incite à maintenir des autostéréotypes négatifs (Jost & Banaji, 1994). Nous avons vu que les francophones montréalais des années 1960 évaluaient plus négativement les membres de leur endogroupe que les membres de l'exogroupe anglophone, et ce, d'une façon plus intense que ne le faisaient les anglophones eux-mêmes (Lambert *et al.*, 1960 ; Bourhis & Lepicq, 1993). Aux États-Unis, ce genre d'autostéréotype dépréciatif était encore observable en 1990 dans les réponses que donnaient les Afro-Américains dans les sondages nationaux (« Nous sommes paresseux, irresponsables et violents. ») (Sniderman & Piazza, 1993). Des études plus récentes montrent que les Afro-Américains endossent un favoritisme proendogroupe, par rapport à l'évaluation des Euro-Américains, quand ce type de jugement évaluatif est explicitement sollicité. Par contre, les autostéréotypes dépréciatifs des Afro-Américains se maintiennent quant les évaluations sont obtenues à l'aide de techniques implicites (Nosek, Banaji & Greenwald, 2002), ce qui corrobore les hypothèse de la théorie de la justification du *statu quo* (Jost *et al.*, 2001). L'adoption de déformations cognitives par les groupes défavorisés est souvent encouragée par l'idéologie du groupe dominant, qui a tout intérêt à blâmer les victimes de l'injustice sociale. Il est notoire que la plupart des stéréotypes entretenus par les groupes dominants laissent entendre que les minorités sont désavantagées parce qu'elles sont composées de gens paresseux, mal formés ou peu motivés au travail (Jost & Banaji, 1994). Dans l'ensemble, les études menées auprès des groupes désavantagés corroborent les prémisses de la théorie de la justification du *statu quo* tout en démontrant la complémentarité de cette théorie avec la théorie de l'identité sociale et celle de l'équité (Jost & Thompson, 2000).

Il va de soi que les membres du groupe avantagé trouvent leur compte dans le fait de percevoir le *statu quo* qui les avantage comme étant équitable, stable et légitime. Les recherches sur la **théorie de la dominance sociale** (TDS) montrent que les individus qui souscrivent à l'idéologie de la dominance sociale considèrent que les groupes sociaux sont fondamentalement inégaux et que les groupes supérieurs méritent d'être mieux traités que les groupes inférieurs (Sidanius & Pratto, 1999). Ces individus perçoivent la stratification sociale des groupes avantagés et désavantagés comme étant juste et légitime (Sidanius *et al.*, 2001). Ceux qui souscrivent à l'idéologie de la dominance sociale préfèrent être membres d'un groupe avantagé même si l'accession à cette position privilégiée peut nécessiter d'infliger un mauvais traitement aux exogroupes « inférieurs ». Ils approuvent les énoncés suivants de l'échelle de dominance sociale (EDS) (Pratto *et al.*, 1994) :

> Les groupes supérieurs devraient dominer les groupes inférieurs ; les groupes inférieurs devraient rester à leur place ; certains groupes d'individus méritent plus d'estime que d'autres ; il est parfois nécessaire de dominer les autres groupes pour arriver à ses fins.

Les recherches menées un peu partout dans le monde démontrent que plus les individus souscrivent à l'idéologie de la dominance sociale, plus ils sont conservateurs, racistes, sexistes et susceptibles d'entretenir des préjugés envers les minorités, dont les homosexuels (Pratto *et al.*, 2000 ; Whitley, 1999). En général, les membres des groupes avantagés sont plus susceptibles de souscrire à l'idéologie de la dominance sociale que les membres des groupes désavantagés (Sidanius & Pratto, 1999). Les recherches canadiennes montrent que les Canadiens anglais qui endossent l'idéologie de la dominance sociale sont moins susceptibles d'être en faveur de l'immigration et s'opposent aux programmes ayant pour but de faciliter l'intégration des immigrants au Canada (Esses *et al.*, 2001). Au Québec, plus les Québécois francophones souscrivent à l'idéologie de la dominance sociale, plus ils sont susceptibles de souscrire aux orientations d'acculturation assimilationniste, ségrégationniste et exclusionniste envers les immigrants dévalorisés (Arabes musulmans) par rapport aux immigrants valorisés (Français de France) (Montreuil, Bourhis & Vanbeselaere, 2004). En Israël, les étudiants juifs qui souscrivent à l'idéologie de la dominance sociale sont ceux dont les orientations d'acculturation relatives aux Arabes israéliens et aux immigrants russes et éthiopiens sont assimilationnistes, ségrégationnistes et exclusionnistes (Bourhis & Dayan, 2004).

Les individus qui souscrivent à l'idéologie de la dominance sociale sont surtout intéressés à dominer et à opprimer les exogroupes plutôt qu'à simplement favoriser les membres de leur endogroupe (Sidanius, Pratto & Mitchell, 1994). Ils ont tendance à être cruels envers les exogroupes et à soutenir les politiques punitives dans le monde judiciaire (Pratto *et al.*, 1994). Dans le domaine du comportement discriminatoire il apparaît que plus les individus souscrivent à l'idéologie de la dominance sociale, plus ils ont tendance à adopter des attitudes discriminatoires non seulement en offrant davantage de ressources aux membres de l'endogroupe qu'à ceux de l'exogroupe, mais aussi en punissant plus vivement les membres de l'exogroupe que les membres de l'endogroupe (Mummendey & Otten, 1998). Une étude en deux étapes a été menée par Amiot et Bourhis (2005b) afin de vérifier cette hypothèse. Dans un premier temps, un chercheur d'une des deux universités francophones montréalaises a évalué l'appui fourni aux idéologies de l'autoritarisme et de la dominance sociale par des collégiens québécois francophones. Un mois plus tard, une expérimentatrice de l'autre université francophone de Montréal a organisé une étude portant sur le PGM avec les mêmes répondants (Amiot & Bourhis, 2005b). Après avoir procédé à la catégorisation « eux-nous », les collégiens devaient distribuer aux membres anonymes de l'endogroupe et de l'exogroupe des « augmentations de salaires », dans une condition, ou des « réductions salariales », dans l'autre condition, dans le cadre d'une mise en scène où on évaluait l'effet positif ou négatif d'une fusion d'entreprises. Les résultats montrent que les répondants adoptaient des comportements discriminatoires autant dans la distribution des réductions salariales que dans la distribution des augmentations salariales. Les analyses statistiques associant l'appui aux idéologies et les comportements discriminatoires révélèrent que l'appui à l'idéologie autoritariste de droite (Altemeyer, 1998) n'était pas lié aux comportements discriminatoires des répondants un mois plus tard. Par contre, plus les répondants québécois souscrivaient à l'idéologie de la dominance sociale dans la première phase de l'étude, plus leur distribution des augmentations salariales et des réductions salariales étaient discriminatoires dans la deuxième phase de l'étude. Par ailleurs, bien que le favoritisme proendogroupe dans la distribution des augmentations salariales à l'endogroupe ait contribué à l'identité positive des répondants, la discrimination dans la distribution des réductions salariales n'a pas contribué à l'identité sociale des répondants. Faire plus de mal aux membres de l'exogroupe qu'aux membres de l'endogroupe ne contribue pas à l'identité positive des répondants (Amiot & Bourhis, 2005b).

L'appui à une idéologie comme la dominance sociale influence non seulement les préjugés envers les groupes avantagés et désavantagés (Guimond *et al.*, 2003), mais a aussi un effet sur les comportements discriminatoires dans l'attribution d'augmentations et de réductions salariales. À l'instar de l'autoritarisme de droite (Altemeyer, 1998), l'appui à l'idéologie de la dominance sociale est tributaire de l'apprentissage social en famille, du conformisme associé aux pairs et au groupe de référence, et de l'influence des idéologies dominantes qui caractérisent les sociétés dont la stratification sociale est plus ou moins accentuée, stable et légitime (Sidanius *et al.*, 2004). Par contre, comme le souligne Altemeyer (1998), l'autoritarisme de droite peut être considéré comme un autoritarisme de soumission par rapport à l'idéologie de la dominance sociale, qui représente un autoritarisme de dominance. Finalement, les assises théoriques, méthodologiques et idéologiques de la dominance sociale ne font pas l'unanimité, comme en témoigne la virulence des débats sur ces questions (Sidanius *et al.*, 2004 ; Schmitt, Branscombe & Kappen, 2003 ; Turner & Reynolds, 2003).

Les recherches s'intéressant à la théorie de la dominance sociale (TDS) nous aident à apprécier les facteurs idéologiques qui font en sorte que les groupes avantagés résistent si systématiquement aux changements qui pourraient remettre en cause leur ascendant dans la structure sociale qui les avantage. Les recherches inspirées par la théorie de l'équité et la

théorie de la justification du *statu quo* nous permettent de mieux comprendre pourquoi si peu de groupes défavorisés s'engagent spontanément dans des mouvements de revendication pour obtenir une distribution plus juste des ressources. Par ailleurs, la **théorie de la privation relative** (TPR) nous aide à mieux saisir les processus qui poussent les groupes défavorisés à agir collectivement au nom de leurs revendications (Crosby, 1982 ; Guimond & Tougas, 1999 ; Walker & Smith, 2002). L'hypothèse initiale de cette théorie est que le mécontentement et la révolte surgissent lorsque les individus perçoivent subjectivement une contradiction entre leur niveau de vie actuel et celui auquel ils croient avoir droit (Gurr, 1970). Selon cette théorie, plus l'écart entre les réalisations actuelles et les attentes subjectives est prononcé, plus le sentiment de privation relative est vif et plus les individus sont tentés d'agir pour atteindre leurs buts. Cette version initiale de la théorie met l'accent sur le sentiment personnel de privation relative qui suscite la frustration individuelle et risque de mener à des actes isolés de violence (Berkowitz, 1962). Dans une enquête faite quelque temps après de graves émeutes raciales à Detroit, en 1968, Crawford et Naditch (1970) ont constaté que les Noirs qui ressentaient le plus intensément la privation relative étaient justement ceux qui étaient les plus favorables à l'utilisation de la force, plutôt qu'à l'utilisation de la persuasion, pour changer les attitudes raciales des Blancs.

Le sociologue Runciman (1966) distingue la privation relative vécue individuellement de celle vécue collectivement. La privation relative collective est ressentie lorsque les membres d'un groupe perçoivent une contradiction entre le sort actuel de l'endogroupe et celui auquel ils aspirent collectivement. La distinction entre les deux formes de privation relative permet de mettre en lumière des aspects particuliers de la **privation relative collective** par rapport à la **privation relative personnelle** (Smith, Spears & Hamstra, 1999). Ainsi, les gens déclarent plus facilement que leur endogroupe est victime d'injustice ou de discrimination qu'ils avouent en être eux-mêmes personnellement victimes (Taylor *et al.*, 1990). Par exemple, une enquête réalisée auprès de femmes sur le marché du travail a révélé que celles-ci considéraient la situation des femmes au travail comme étant injuste et insatisfaisante, mais ne rapportaient que peu de ressentiment par rapport à leur situation personnelle au travail (Crosby, 1982). Par ailleurs, Runciman (1966) soutient que les mouvements collectifs de revendication sont le résultat du sentiment de privation relative ressenti du point de vue du groupe plutôt que du point de vue personnel. Il note que les participants aux émeutes sont rarement les individus les plus défavorisés sur le plan personnel : ce sont plutôt ceux qui ont déjà atteint un niveau relatif de réussite sociale au sein du groupe. Allant dans le même sens, l'étude américaine de Caplan (1970) a montré que, dans le cas des plus démunis, les sentiments de privation relative mènent plutôt au désespoir et à la résignation acquise (Seligman, 1975 ; Walker & Pettigrew, 1984).

Au Québec, une série d'études empiriques a montré que c'est le sentiment de privation relative collective plutôt que le sentiment de privation relative personnelle qui est directement lié aux attitudes et aux comportements de revendications sociales (Dubé-Simard & Guimond, 1986). Dans les années 1980, les résultats ont clairement fait voir que plus les francophones ressentaient la privation relative collective, plus ils appuyaient la souveraineté du Québec et la *Charte de la langue française* (Bourhis, 1984a, 1994b, 2001) ; le sentiment de privation relative personnelle, quant à lui, n'était pas du tout lié aux attitudes de revendications collectives (Guimond & Dubé-Simard, 1983). Une étude menée auprès de chômeurs australiens est venue corroborer les résultats obtenus au Québec (Walker & Mann, 1987). Cette étude a pu démontrer que c'est le sentiment de privation relative collective, plutôt que celui de privation relative personnelle, qui détermine les intentions de revendication violente des jeunes chômeurs. Plus le sentiment de privation relative collective des chômeurs australiens était fort, plus ces chômeurs désiraient s'engager dans des activités militantes, allant de simples manifestations jusqu'à la destruction de propriétés publiques et privées. Par contre, les chômeurs qui ressentaient surtout la privation relative personnelle n'étaient pas tentés par l'action collective ; ils présentaient plutôt des symptômes de stress : maux de tête, troubles digestifs et insomnie. Ces résultats ont amené Walker et Mann (1987) à conclure que la privation relative a des effets systématiques sur les attitudes et les comportements des individus. La privation relative personnelle semble avoir un effet nocif sur la santé mentale des individus, et le sentiment de privation relative collective influencerait surtout les attitudes et les comportements intergroupes pouvant conduire à des revendications collectives plus ou moins violentes.

Les études ont démontré que l'intensité du sentiment de privation relative collective dépend autant de la perception de l'inégalité sociale entre l'endogroupe et l'exogroupe que du degré d'identification au groupe d'appartenance (Tropp & Wright, 1999). Plus les gens s'identifient fortement à leur endogroupe désavantagé, plus ils sont susceptibles d'envisager l'action collective pour changer la situation et de participer activement au mouvement de contestation (Branscombe & Ellemers, 1998 ; Ellemers, Spears & Doosje, 1997 ; Klandermans *et al.*, 2002 ; Simon & Klandermans, 2001). Les recherches d'Abrams (1992) menées auprès de nationalistes écossais indiquent, de plus, que la privation relative collective mène à des revendications collectives surtout chez les gens qui ont déjà acquis une idéologie collective prônant le changement social.

COMMENT ATTÉNUER LA DISCRIMINATION ET LES TENSIONS INTERGROUPES ?

Selon la théorie de l'équité, il suffirait de partager les ressources matérielles et symboliques d'une façon équitable pour éliminer les préjugés, la discrimination et les conflits intergroupes (Austin, 1986). Dans la mesure où le partage équitable des ressources élimine en grande partie la compétition intergroupes, la théorie des conflits réels de Sherif (1966) implique que la justice sociale est la solution la plus susceptible de réduire les préjugés, la discrimination et les hostilités intergroupes (Azzi & Klein, 1998 ; Tyler, 2001). Par contre, la stratification sociale qui caractérise la plupart des sociétés montre que le partage inégal du pouvoir, du statut et des richesses est la règle plutôt que l'exception dans les relations intergroupes (Lenski, 1984 ; Schermerhorn, 1970 ; Sidanius & Pratto, 1999). De plus, la catégorisation sociale « nous-eux » et l'identification à l'endogroupe est suffisante pour déclencher le préjugé et la discrimination, malgré l'absence de conflits réels entre les groupes sociaux (Tajfel & Turner, 1986). Il revient donc aux psychologues sociaux de proposer des mesures efficaces pour atténuer les préjugés et la discrimination dans les contextes où l'inégalité sociale est une réalité incontournable. Quatre approches susceptibles de diminuer quelque peu les préjugés et la discrimination ont été proposées par les psychologues sociaux : 1) l'information et l'éducation ; 2) les contacts intergroupes ; 3) les techniques sociocognitives ; et 4) les interventions légales. Nous aborderons brièvement chacune de ces approches en faisant valoir leurs forces et leurs faiblesses.

L'information et l'éducation

Le principe qui anime les programmes d'information et d'éducation suppose que « l'ignorance de l'autre » constitue la base des préjugés et de la discrimination. On invoque le modèle de la socialisation, selon lequel les préjugés sont acquis par les processus de l'apprentissage social et par la conformité aux normes culturelles locales. Soutenus par de l'information et des activités éducatives appropriées, les programmes d'intervention capitalisent sur ces même processus de socialisation pour aider les jeunes à acquérir de nouvelles attitudes favorisant la diversité culturelle, la tolérance et l'égalité des chances. Ces programmes d'éducation interculturelle antiraciste ont été implantés en contexte scolaire, auprès d'élèves et d'étudiants appartenant au groupe majoritaire (Bigler, 1999). Dans les interventions, on mise surtout sur

la présentation d'informations sur les exogroupes : leur histoire, leur culture et leur mode de vie.

Récemment, plus de 350 programmes d'intervention visant la réconciliation interraciale étaient répertoriés sur l'ensemble du territoire des États-Unis (Oskamp & Jones, 2000). L'étude d'un échantillon des 124 programmes les plus importants révèle que seulement 41 % de ces programmes contiennent des éléments d'évaluation de leurs effets. Cette proportion n'est plus que de 10 %, environ, si on ne retient que les programmes où on a eu recours à des experts *externes* pour réaliser l'évaluation. Dans leurs conclusions, Oskamp et Jones (2000) insistent sur l'importance d'évaluer les effets de ces programmes pour pouvoir diffuser des connaissances pertinentes et utiles sur ce qui fonctionne et sur ce qui ne fonctionne pas.

Les évaluations de ce type de programmes montrent que leur efficacité est très faible en ce qui concerne le changement des attitudes des élèves. Les résultats des quelques évaluations rigoureuses de ces interventions amènent à conclure que fournir de l'information dans le but de combattre l'ignorance a peu d'effet sur les préjugés (Aboud & Levy, 2000).

Par contre, la présentation d'informations factuelles sur les exogroupes entraîne de meilleurs résultats lorsqu'elle est associée à des discussions ou à des débats portant sur les relations ethniques (Aboud & Levy, 2000). Au Canada, une recherche d'Aboud et Doyle (1996) montre qu'une discussion entre élèves ayant des niveaux différents de préjugés contribue à diminuer le niveau de préjugés de ceux qui sont particulièrement xénophobes. Ainsi, l'expression d'attitudes tolérantes et leur justification par un pair ayant peu de préjugés a un effet positif sur les enfants ayant un niveau élevé de préjugés. En Australie, une évaluation des effets d'un programme de ce type, appliqué à des employés de l'administration civile, montre qu'une réduction des préjugés contre les aborigènes s'est fait sentir immédiatement après l'intervention (Hill & Augoustinos, 2001). Toutefois, l'évaluation réalisée trois mois plus tard ne révèle aucune baisse du niveau des préjugés par rapport à celui qui existait avant l'intervention.

D'autres méthodes visent plutôt l'acquisition d'habiletés sociocognitives permettant d'atténuer la stéréotypisation et les préjugés. Ces méthodes, inspirées de la théorie du développement cognitif de Piaget, sont centrées sur les processus de traitement de l'information plutôt que sur les préjugés ou les stéréotypes. Les recherches menées à l'aide de ces méthodes montrent qu'elles produisent des changements notables. Toutefois, comme elles ne font pas encore partie de programmes de longue durée, on ignore toujours leurs effets à long terme (Aboud & Levy, 2000).

D'autres méthodes visent le développement de l'empathie. Ces méthodes recourent à des jeux de rôles dans lesquels les participants, issus de véritables groupes majoritaires ou dominants, deviennent les victimes de préjugés et de discrimination dans le cadre d'une simulation de relations intergroupes. Ces interventions sont inspirées de l'initiative de Jane Elliot qui, dans les années 1960, enseignait dans une école primaire américaine dont la clientèle était composée très majoritairement d'élèves blancs. Dans le but de faire comprendre ce que ressentent les victimes de discrimination, elle a eu l'idée de diviser sa classe sur la base de la couleur des yeux. Ainsi, une journée, les Yeux-bleus ont été déclarés supérieurs aux Yeux-bruns, et l'enseignante leur a accordé un traitement préférentiel et une attention toute particulière. Le lendemain, elle a annoncé à ses élèves que c'étaient plutôt les Yeux-bruns qui étaient supérieurs ; elle leur a, à leur tour, accordé attention et privilèges. Les élèves ont ainsi eu l'occasion de vivre une expérience concrète de discrimination fondée sur un critère tout à fait arbitraire. Plusieurs variantes ont été proposées au fil des ans, mais très peu ont fait l'objet d'une évaluation systématique et rigoureuse. De plus, comme le soulignent Aboud et Levy (2000), le rôle exact de l'empathie éprouvée à l'égard des victimes de préjugés et de discrimination reste encore à préciser. Selon Stephan et Finlay (1999), l'activation de l'empathie risque de susciter de la pitié

ou de la compassion sans que les participants prennent conscience de leur propre responsabilité dans la situation que vivent les victimes. De plus, l'utilisation sans discernement de l'empathie pourrait entraîner des effets inverses de ceux attendus : confirmation de stéréotypes négatifs et évitement des membres de l'exogroupe perdants et dévalorisés.

Les contacts intergroupes

Connue sous le nom d'**hypothèse du contact**, cette approche repose sur l'idée que le contact entre les membres de différents groupes améliorera les relations qu'ils entretiennent entre eux. Cette méthode d'intervention visant à réduire les tensions intergroupes est probablement celle qui a mené au plus grand nombre de recherches et d'applications, tant en psychologie sociale qu'en sociologie et en éducation. Et c'est en s'appuyant sur cette hypothèse que les décideurs américains ont introduit des politiques en faveur de l'intégration « raciale » dans le monde scolaire, l'habitation et les forces armées (Hewstone, 1996). Pour les initiateurs de l'idée, le contact intergroupes devait combattre « l'ignorance de l'autre », perçue comme responsable des préjugés et des tensions entre les groupes sociaux. Obtenir des informations de première main au sujet des exogroupes et créer des liens d'amitié franchissant les frontières entre les groupes devaient permettre aux gens de corriger leurs conceptions erronées et, ainsi, de réduire leurs préjugés.

Dans son ouvrage classique intitulé *The nature of prejudice*, Allport (1954) fait une synthèse des connaissances dans le domaine et avance que trois conditions sont nécessaires à la réduction des préjugés et de l'hostilité par l'entremise du contact intergroupes : 1) les participants doivent avoir un statut égal dans la situation de contact ; 2) le contact doit comporter un élément de coopération en vue d'atteindre un but commun, et 3) le contact intergroupes doit être sanctionné par un appui officiel des autorités. Tenu dans de telles conditions, le contact intergroupes suscite chez les participants des deux groupes la perception qu'ils partagent des intérêts communs, qu'ils sont semblables et qu'ils appartiennent à une supracatégorie commune : les humains. Allport (1954) en arrive à la conclusion que ce n'est qu'en réunissant ces conditions optimales que les politiques de contact et d'intégration ethniques ont des chances d'atteindre leurs buts dans les domaines de l'emploi, de l'éducation et de l'habitation.

Que disent les résultats des recherches quant à la valeur de l'hypothèse du contact pour réduire les préjugés, la discrimination et les tensions intergroupes ? Les recensions des recherches réalisées au cours de cinq décennies mènent à des constats contradictoires : Pettigrew (1998) souligne qu'il existe un appui à l'hypothèse du contact ; Stephan (1987) constate plutôt que l'appui est faible ; Ford (1986) conclut que les résultats infirment l'hypothèse. Afin d'y voir plus clair dans cet ensemble de recherches sur l'hypothèse du contact, Pettigrew et Tropp (2000) ont réalisé une méta-analyse portant sur 203 études regroupant quelque 90 000 participants. Les chercheurs présentent sept constats fondés sur leurs analyses : 1) de manière générale, le contact intergroupes atténue les préjugés ; 2) plus les études sont menées de manière rigoureuse, plus l'effet est important ; 3) le respect des conditions de la proposition d'Allport (1954) entraîne des effets plus favorables ; 4) les changements sont mesurables sur les plans cognitif et affectif ; 5) les changements sont plus importants chez les participants provenant de groupes majoritaires que chez ceux provenant de groupes minoritaires ou stigmatisés ; 6) l'ampleur de l'effet varie en fonction du groupe cible : effet plus élevé pour les homosexuels et moins élevé pour les personnes âgées ; et 7) les effets du contact se généralisent à l'ensemble de l'exogroupe.

Cet appui à l'hypothèse du contact laisse néanmoins dans l'ombre un certain nombre d'éléments importants. Par exemple, parmi les trois conditions spécifiées dans la proposition initiale (Allport, 1954), quelle est l'importance de la contribution de la coopération dans l'atteinte d'un but commun ? Plusieurs études de terrain et en laboratoire ont établi que la coopération intergroupes pour atteindre

un but commun peut atténuer les préjugés et la discrimination (Aronson *et al.*, 1978 ; Blake, Shepard & Mouton, 1964 ; Brown & Abrams, 1986 ; Johnson, Johnson & Maruyama, 1983). Par exemple, dans une étude en laboratoire mettant en contact des équipes adverses dans une phase compétitive, puis dans une phase coopérative, Ryen et Kahn (1975) ont obtenu une atténuation, et non l'élimination, du favoritisme proendogroupe. L'étude a également démontré qu'après la phase coopérative de l'étude, les individus des équipes adverses s'asseyaient plus près les uns des autres.

Par contre, Worchel (1986) soutient que même la coopération pour atteindre un but commun n'aboutit pas nécessairement à une atténuation des préjugés et de l'hostilité intergroupes. Worchel, Andreoli et Folger (1977) notent que, dans toutes les études de Sherif (1966), la coopération intergroupes avait abouti à la solution des problèmes communs auxquels faisaient face les équipes concurrentes. Qu'advient-il des attitudes et des comportements intergroupes si la coopération n'aboutit pas à la réalisation du but commun visé ? Les études de Worchel (1986) démontrent que c'est la réussite dans l'atteinte du but commun plutôt que l'activité de coopération en soi qui semble à l'origine de l'amélioration des perceptions et des relations intergroupes. Worchel (1986) nous met en garde contre les tentatives trop hâtives d'utiliser la coopération intergroupes comme moyen d'atténuer les conflits intergroupes. Avant de s'engager dans la voie de la coopération intergroupes, il est important de bien évaluer ses chances de succès. Sinon, l'échec de la coopération intergroupes mènera à une accentuation du biais proendogroupe, par le blâme de l'exogroupe, et risquera d'accentuer les tensions intergroupes au lieu de les atténuer. De plus, il faut admettre qu'il n'est pas facile, dans la réalité, d'instaurer la coopération intergroupes entre des groupes rivaux qui sont déjà en situation de conflit réel. Finalement, il reste à démontrer que l'effet bénéfique de la coopération peut être généralisé aux situations intergroupes plus communes, qui se caractérisent par un partage inégal du pouvoir, du statut et des ressources.

Les approches sociocognitives

En plus de s'intéresser aux conditions essentielles de l'efficacité du contact intergroupes, les chercheurs ont voulu préciser la nature des processus cognitifs qui permettent la réduction des préjugés et sa généralisation subséquente à d'autres membres de l'exogroupe et à d'autres situations de contact (Brewer & Gaertner, 2001). Différents modèles sociocognitifs ont été élaborés et vérifiés empiriquement, tant en laboratoire que sur le terrain : il s'agit des modèles de la décatégorisation, de la recatégorisation, de l'identification double et de la catégorisation croisée.

La décatégorisation et le modèle de la personnalisation.
La *décatégorisation* est une façon d'atténuer le caractère saillant des appartenances et des frontières de groupes pour amener les participants au contact intergroupes à interagir en tant qu'individus, et non en tant que membres de groupes distincts (Brewer & Miller, 1984 ; Miller, 2002). En situant les contacts sur le plan interpersonnel, la décatégorisation aurait pour effet de faciliter l'échange d'informations personnelles entre les protagonistes, et ainsi de leur faire mieux prendre conscience de leurs ressemblances à cet égard. Selon le modèle de la personnalisation de Brewer et Miller (1984), la décatégorisation totale des individus rend inutile la catégorie « eux-nous » et réduit la saillance de l'identité sociale collective au profit de l'identité personnelle basée sur le soi individualisé (Brewer, 1979, 1991 ; Turner, 1982, 1985). Le besoin de différencier son groupe n'est plus pertinent dans cette situation, puisqu'il s'agit d'une rencontre entre individus, et non entre membres de groupes.

Brewer, Miller et leurs collègues ont réalisé, en laboratoire, une série de recherches expérimentales démontrant les effets positifs du contact personnalisé sur la réduction du biais proendogroupe (par exemple Bettencourt *et al.*, 1992 ; Bettencourt, Charlton & Kernahan, 1997 ; Miller, Brewer & Edwards, 1985). Les chercheurs ont également décrit le mécanisme qui permet à la décatégorisation d'atténuer les préjugés. Par exemple, Miller et ses collègues

(1985) ont mis en évidence le fait que l'individuation des membres de l'endogroupe et de l'exogroupe rend les catégories « nous » et « eux » moins étanches, et que cela réduit l'homogénéité des perceptions de l'exogroupe et de l'endogroupe. L'individuation des membres de l'exogroupe contribuerait donc à atténuer le biais proendogroupe.

Ces résultats encourageants ne sont toutefois pas sans équivoque. Par exemple, le fait de personnaliser la situation de contact va à l'encontre de l'idée de généralisation des effets bénéfiques aux autres membres de la catégorie. Les personnes de l'exogroupe rencontrées sur une base interpersonnelle sont facilement classées comme étant non représentatives de leur groupe. En d'autres termes, elles sont perçues comme des cas spéciaux, des exceptions à la règle. Ainsi, les attitudes positives qui se développent après de telles rencontres se limitent aux participants eux-mêmes et ne risquent guère de se généraliser à l'ensemble des membres de l'exogroupe (Rothbart & John, 1985 ; Weber & Crocker, 1983). En effet, dans une étude ingénieuse, Wilder (1984) a démontré que le contact plaisant avec un individu clairement catégorisé comme étant typique de l'exogroupe produit une plus grande généralisation positive dans l'ensemble de l'exogroupe qu'un contact tout aussi plaisant avec un membre de l'exogroupe considéré comme un membre atypique du groupe en question. Dans le même ordre d'idées, on peut mentionner que les recherches sur le changement des stéréotypes montrent que les informations qui infirment un stéréotype doivent être associées à un membre représentatif de la catégorie pour qu'un changement se produise. Sinon, on assiste à la création d'une sous-catégorie, traitée comme cas spécial, et il n'y a aucun changement du stéréotype de départ (Johnston & Hewstone, 1992). Tout en maintenant que les contacts personnalisés répétés devraient permettre la généralisation, Brewer et Miller (1988) reconnaissent la contradiction entre la décatégorisation (l'élimination des catégories) et la généralisation à l'ensemble des membres de l'exogroupe.

La recatégorisation : le modèle de l'identité commune. Le modèle de l'*identité sociale commune* propose la *recatégorisation* comme outil cognitif susceptible d'atténuer le favoritisme proendogroupe (Gaertner *et al.*, 2000 ; Gaertner & Dovidio, 2000). Des recherches expérimentales, réalisées en laboratoire, appuient le modèle de l'identité sociale commune. Dans une première étude, Gaertner et ses collègues (1989) ont utilisé une procédure en deux étapes dans laquelle deux groupes ont d'abord travaillé isolément, puis ont été réunis dans différentes conditions expérimentales : 1) la disposition physique (intégrés ou séparés) ; 2) le type d'interdépendance entre les groupes (collaboration ou compétition) ; et 3) les étiquettes identifiant les participants (un nouveau nom de groupe, les noms des deux groupes de départ ou les noms des personnes participantes). Ces manipulations expérimentales devaient susciter des représentations différentes chez les participants, soit celle de deux groupes distincts (catégorisation), celle d'individus distincts (décatégorisation) et celle d'un groupe unique (recatégorisation). Les résultats révèlent qu'indépendamment de la relation d'interdépendance entre les groupes, le favoritisme proendogroupe était plus faible chez les participants dans les conditions de décatégorisation et de recatégorisation que chez les participants dans la condition de catégorisation, laquelle maintenait intactes les frontières entre les deux groupes. De plus, les auteurs ont noté que les effets positifs de la décatégorisation et de la recatégorisation ne semblaient pas découler des mêmes processus. D'une part, la décatégorisation entraînerait une diminution du favoritisme proendogroupe en réduisant l'attrait des individus anciennement membres de l'endogroupe. D'autre part, la recatégorisation en un groupe unique agirait sur le biais proendogroupe en augmentant l'attrait des individus anciennement membres de l'exogroupe.

Dans une deuxième étude, deux groupes distincts d'étudiants ont été amenés à maintenir les deux groupes distincts (catégorisation) ou à recomposer un groupe unique (recatégorisation) (Gaertner *et al.*, 1990). Dans chaque cas, les deux groupes coopéraient pour résoudre un problème commun ou accomplissaient de façon indépendante une tâche. Dans les groupes demeurés distincts, la coopération a eu l'effet classique d'atténuer le favoritisme proendogroupe. De plus, comme dans les études de Sherif (1966), la coopération a créé une perception plus unifiée des deux groupes. Les résultats les plus importants sont ceux qui démontrent que le favoritisme proendogroupe a été davantage réduit chez les participants du groupe unifié (recatégorisation) que dans les groupes qui sont demeurés distincts (catégorisation), même dans la situation où il n'y a eu aucune coopération intergroupes. Ces résultats confirment que la recatégorisation en un seul groupe unifié, indépendamment de la coopération, augmente l'attrait des individus anciennement membres de l'exogroupe et diminue d'autant le favoritisme proendogroupe.

Toutefois, plusieurs recherches ont révélé des limites importantes à l'approche fondée sur la recatégorisation. D'une part, le statut du groupe d'appartenance réel des participants influe de manière importante sur leurs perceptions, même s'il est équivalent dans la situation de contact intergroupes. Ainsi, les membres d'un groupe minoritaire ont tendance à être moins satisfaits de la situation de contact, et à la trouver moins harmonieuse et moins productive que les participants provenant d'un groupe majoritaire (Gaertner *et al.*, 1996 ; Islam & Hewstone, 1993). Les participants minoritaires ont également plus tendance à préférer une situation leur permettant de maintenir leur identité (deux groupes distincts), alors que les membres d'un groupe majoritaire préfèrent plutôt la situation de recatégorisation (une seule catégorie « englobante »), qui souvent les avantage (Eller & Abrams, 2003 ; Gaertner *et al.*, 1996 ; Wittig & Molina, 2000). D'autre part, le degré d'identification des participants à leur groupe d'appartenance réel a agi comme modérateur dans l'atténuation des préjugés. En effet, Crisp et Beck (2005) ont ajouté une manipulation expérimentale en suscitant chez les participants une perception de chevauchement entre deux groupes d'abord perçus comme distincts. Comme permet de le prévoir le modèle de l'identité sociale commune, la réduction des frontières perçues entre les groupes atténue le favoritisme proendogroupe tant dans les répartitions de ressources que dans les évaluations. Cependant, les résultats indiquent également que cet effet d'atténuation du favoritisme proendogroupe se produit chez les participants qui s'identifient peu à leur groupe, mais pas chez ceux qui s'y identifient fortement.

Comme le propose la théorie de l'identité sociale (Tajfel & Turner, 1986), le besoin d'établir une différenciation positive de l'endogroupe par rapport aux exogroupes rend moins efficaces les interventions visant à faire disparaître les distinctions entre les groupes. La loyauté envers l'endogroupe, particulièrement celui d'un groupe minoritaire, rend problématique une stratégie d'atténuation du biais proendogroupe basée tant sur l'abolition (décatégorisation) de l'identité sociale que sur sa transformation (recatégorisation). Les gens sont rarement prêts à sacrifier une identité sociale qui leur est chère pour adopter une identité plus large qui reflète moins bien leur particularité en tant que collectivité. Par exemple, combien de Québécois accepteraient d'abandonner leur identité québécoise pour adopter une identité strictement canadienne ou américaine ? De même, combien de citoyens des pays membres de l'Union européenne sont prêts à sacrifier leur identité nationale pour adopter une identité européenne plus large ?

L'identification double. Alors que les modèles basés sur la décatégorisation ou la recatégorisation mènent à l'élimination des catégories existantes, l'*identification double* suppose plutôt la création d'une identité supraordinale commune aux deux groupes tout en assurant le maintien de la saillance et de la valorisation des identités respectives des groupes en contact (Dovidio, Kawakami & Gaertner, 2000 ; Gaertner *et al.*, 2000). Ainsi, le *modèle de la double identité* suggère de maintenir et de valoriser à la fois la distinction entre l'endogroupe et l'exogroupe et,

en même temps, d'établir une identité globale commune (Hornsey & Hogg, 2000 ; Kenworthy *et al.*, 2005 ; Miller, 2002). Ce modèle de contact intergroupes encourage le développement d'identités doubles ou même d'identités multiples. La formation de « deux groupes dans la même équipe » où les participants de chacun des groupes reconnaissent réciproquement leurs éléments de force et de faiblesse tout en accordant une importance égale aux aspects qui avantagent chacun des deux groupes. De plus, des rôles complémentaires pour chacun des groupes sont prévus dans la situation de contact de manière à ce que la réussite de la tâche commune soit vécue comme un succès, de façon équivalente, par les membres de chacun des groupes. Les études suggèrent que maintenir la saillance des identités sociales de chacun des groupes tout en suscitant une identité supraordinale favorise la généralisation des attitudes favorables développées au cours du contact intergroupes (Brown, Vivian & Hewstone, 1999 ; Van Oudenhoven, Groenewoud & Hewstone, 1996). D'autres résultats confirment le potentiel du modèle de la double identité par rapport aux modèles de la décatégorisation et de la recatégorisation (Gonzalez & Brown, 2003). Ainsi, selon cette approche, l'adoption de la double identité (par exemple québécoise et canadienne, bretonne et française, flamande et belge, basque et espagnole) favoriserait le développement d'attitudes et de comportements intergroupes plus positifs et harmonieux. Par contre, d'autres recherches indiquent que l'identification simultanée à un endogroupe et à une catégorie supraordonnée est plutôt associée à des attitudes peu positives à l'égard de l'exogroupe, parce que les membres de l'endogroupe seraient perçus comme étant plus prototypiques, c'est-à-dire plus représentatifs, de la catégorie « englobante » (Mummendey & Wenzel, 1999 ; Waldzus *et al.*, 2003). Toutefois, en suscitant une représentation complexe de la catégorie supraordonnée, on peut réduire le caractère prototypique de l'endogroupe et, ainsi, rendre plus positives les attitudes envers l'exogroupe (Waldzus *et al.*, 2003).

La catégorisation croisée et le modèle des identités sociales multiples. Notre environnement social peut parfois nous paraître composé de deux groupes seulement, surtout dans une situation polarisée de tension intergroupes. Mais, en fait, notre réalité est plus souvent formée de catégories sociales multiples incluant l'âge, le sexe, la langue, la religion, la nationalité et l'origine ethnique. Lorsque différentes catégories sont saillantes simultanément, certaines d'entre elles ne sont plus mutuellement exclusives : elles se chevauchent (Vanbeselaere, 1991). La figure 13.8 illustre une telle situation. Il s'agit de **catégorisation croisée** : deux catégories dichotomiques, le genre et la langue, s'entrecroisent. Ainsi, les membres des groupes 1 et 2 appartiennent à des groupes différents selon la catégorie du genre, tout en faisant partie du même groupe selon la catégorie de la langue ; les groupes 1 et 3 diffèrent sur le plan linguistique, mais se rejoignent pour ce qui est du genre. Appliquée à un contexte interethnique, la catégorisation croisée pourrait faire en sorte que les préjugés d'un Blanc de classe moyenne contre les Noirs s'atténuent lorsque des Noirs partagent une catégorie commune avec ce Blanc, par exemple s'ils sont tous membres de la classe moyenne. La différenciation négative établie entre le Blanc et l'exogroupe des Noirs est alors neutralisée par le biais proendogroupe favorable aux membres de la classe moyenne (Doise, 1976). Cette approche pour réduire le favoritisme proendogroupe, appliquée en situation de contact intergroupes, consisterait à mettre en évidence la catégorisation croisée créée par une appartenance simultanée à deux ou à plusieurs catégories sociales. Brewer (2000) associe la catégorisation croisée au modèle de la double identité (Dovidio *et al.*, 2000 ; Gaertner *et al.*, 2000) en soulignant que la réalité sociale correspond à une situation où les catégories se croisent et s'entrecroisent, et où les identités sociales sont multiples, ce qui favorise d'autant la possibilité de réduction des préjugés et de la discrimination.

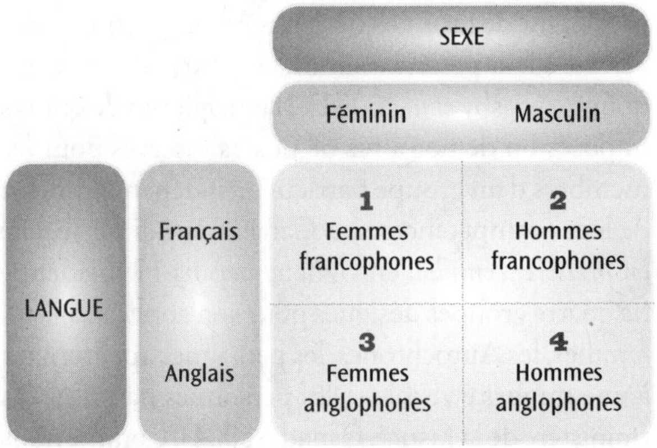

Bien que prometteurs en théorie, les effets de la catégorisation croisée sur l'atténuation des préjugés et de la discrimination tardent à être clairement démontrés par les recherches. En effet, les résultats accumulés jusqu'à maintenant sont plutôt contradictoires (Migdal, Hewstone & Mullen, 1998 ; Urban & Miller, 1998), allant de la réduction du favoritisme proendogroupe (Deschamps & Doise, 1978 ; Marcus-Newhall *et al.*, 1993 ; Vanbeselaere, 1987, 1991, 1996) à l'augmentation du biais proendogroupe (Vanbeselaere, 1996), en passant par un effet nul (Brown & Turner, 1979 ; Singh *et al.*, 1997). De plus, le processus à la base de l'effet n'est toujours pas clairement décrit. Il reste donc beaucoup de travail à faire, tant sur le plan conceptuel que sur le plan méthodologique, pour que la catégorisation croisée puisse faire ses preuves en tant que moyen d'intervention efficace pour atténuer les préjugés et la discrimination (Crisp & Hewstone, 1999).

Les modèles sociocognitifs actuels. Les développements récents en psychologie sociale vont dans le sens d'une intégration des modèles cognitifs de la réduction des préjugés et de la discrimination. Parmi les modèles intégratifs, celui élaboré par Pettigrew (1998) permet d'introduire de manière séquentielle la décatégorisation et la recatégorisation afin de profiter des avantages de chacun des types d'intervention

FIGURE 13.8 **Catégorisation croisée de deux catégories dichotomiques : le genre et la langue**

		SEXE	
		Féminin	Masculin
LANGUE	Français	1 Femmes francophones	2 Hommes francophones
	Anglais	3 Femmes anglophones	4 Hommes anglophones

tout en minimisant leurs effets négatifs. L'aspect le plus original de l'approche est d'introduire la variable *temps* dans un modèle unifié. Selon Pettigrew (1998), l'effet positif des contacts intergroupes se rapprochent plus du développement de relations intimes à long terme que du fait de côtoyer un membre de l'exogroupe au cours d'une brève rencontre. Cette constatation l'amène à proposer d'ajouter une autre condition à celles déjà mises de l'avant par Allport (1954) pour assurer le succès des contacts intergroupes : la situation de contact doit offrir la possibilité de développer, à long terme, des relations d'amitié entre les participants de l'endogroupe et de l'exogroupe. L'établissement de relations amicales faciliterait la généralisation parce qu'il implique des contacts répétés dans le temps et dans une multitude de situations sociales (Pettigrew, 1998).

Une autre caractéristique des modèles récents est l'inclusion des aspects émotif et affectif dans l'explication des effets du contact intergroupes (Paolini *et al.*, 2005). À preuve, parmi les articles publiés dans le numéro spécial de la revue *Group Processes and Intergroup Relations* consacré au contact intergroupes, la moitié (3/6) prête une attention particulière à l'anxiété et à l'amitié intergroupes (Eller & Abrams, 2003 ; Levin, Van Laar & Sidanius, 2003 ; Wagner *et al.*, 2003). De plus, la recommandation de Pettigrew (1998) d'étudier le contact intergroupes dans une perspective à plus long terme ne semble pas être restée lettre morte : deux des six articles étudient la question du contact intergroupes en fonction d'un devis longitudinal (Eller & Abrams, 2003 ; Levin *et al.*, 2003). Les résultats de ces recherches démontrent clairement l'importance de tenir compte de l'anxiété et de l'amitié intergroupes dans l'organisation de contacts intergroupes soutenus dans le temps et visant l'atténuation des préjugés et de la discrimination entre les groupes (Dovidio, Gaertner & Kawakami, 2003).

Les interventions légales

Le recours aux mesures légales constitue un autre type d'actions entreprises afin de réduire les préjugés et la discrimination intergroupes. Comme le souligne

Duckitt (2001), lorsque les tensions intergroupes sont vives, les interventions intrapersonnelles et interpersonnelles sont beaucoup moins susceptibles d'être efficaces. Dans la plupart des États de droit, un ensemble de chartes, de lois et de règlements interdit la discrimination fondée sur des catégories sociales (par exemple l'origine ethnique, la langue, le sexe, la religion, l'orientation sexuelle), et ce, dans les différents domaines de la vie (comme l'emploi, le logement et l'éducation). Cette protection légale contre la discrimination agit de manière préventive : il s'agit de mesures passives qui visent à assurer à tous les citoyens l'égalité des chances. Mais ce type de législation ne corrige pas les inégalités persistant entre les groupes sociaux. D'autres interventions légales, plus proactives, doivent être menées afin de redresser les situations caractérisées par une longue histoire d'exclusion et de discrimination systématiques et institutionnalisées (Crosby, Ferdman & Wingate, 2001). Parmi ces mesures, l'action positive est la plus connue.

Les programmes d'action positive. L'**action positive** constitue un « ensemble cohérent de mesures prises pour éliminer la discrimination subie par un groupe de personnes et remédier aux inégalités de fait en leur accordant temporairement certains avantages préférentiels, notamment en matière de recrutement » (Office québécois de la langue française, 2004). Les programmes d'action positive sont constitués des balises que se donne une organisation pour surveiller ses propres pratiques et, ainsi, s'assurer qu'elle emploie des personnes qualifiées provenant de groupes désignés en proportion équivalente à leur présence sur un territoire administratif donné (Crosby *et al.*, 2001). Il ne s'agit pas de quotas imposés ou de nombres de postes réservés pour les membres d'un groupe particulier, indépendamment de leurs compétences. Au Canada, la *Loi sur l'équité en matière d'emploi*, en vigueur depuis 1996, identifie quatre groupes désignés pour son application : les femmes, les Autochtones, les personnes appartenant à une minorité visible et les personnes handicapées (ministère de la Justice, Canada, 2004). Comme nous l'avons déjà vu, les administrations civiles du Québec et du Canada ont encore beaucoup de chemin à faire en ce domaine (voir la figure 13.1).

Aux États-Unis, les programmes d'action positive mis en place depuis quelques décennies ont eu pour effet d'améliorer le taux d'emploi, le revenu, le taux de promotion et le statut professionnel des groupes désignés (Kravitz et al., 1997). De plus, la mise en place de telles politiques contribue au dynamisme économique et à la diversité culturelle et linguistique des firmes et des administrations civiles en cause (Barrette & Bourhis, 2004 ; Cox, 2001 ; Francesco & Gold, 1998). Par contre, l'adoption des programmes d'action positive ne se fait pas sans heurt ni résistance. Le principal objet d'étude de la psychologie sociale en ce domaine est constitué des réactions et des attitudes suscitées par l'action positive tant chez les membres des groupes privilégiés que chez ceux des groupes bénéficiaires. Les recherches montrent que les membres des groupes avantagés sont moins favorables à l'action positive que ceux des groupes désignés (Crosby et al., 2001 ; Kravitz et al., 1997). Cette constatation est cohérente par rapport à la théorie de l'équité appliquée aux relations intergroupes (Taylor & Moghaddam, 1994). L'intérêt personnel est l'explication de l'appui et de l'opposition à l'action positive qui vient le plus spontanément à l'esprit. En effet, il est très logique de penser que les gens des groupes avantagés craignent que de telles mesures ne briment leurs aspirations professionnelles et, par conséquent, s'y opposent, alors que les personnes des groupes désignés y sont favorables parce que ces mesures vont leur permettrent de réaliser leurs propres aspirations. Toutefois, les résultats des recherches à ce propos ne mènent pas encore à des conclusions très fermes (Aberson, 2003). Les chercheurs ont poussé plus loin leur questionnement en tentant de découvrir d'autres variables permettant de prédire les attitudes favorables ou défavorables à l'action positive, tant chez les membres des groupes avantagés que chez ceux des groupes bénéficiaires.

Les recherches réalisées jusqu'à maintenant permettent de dégager certaines variables qui sont liées à l'opposition des membres des groupes avantagés à l'action positive. De nombreuses études montrent que les préjugés racistes (Tougas, Joly et al., 1998) et sexistes (Tougas et al., 1995) sont associés à l'opposition aux programmes d'action positive. La nature du groupe désigné a également une influence sur le degré d'appui ou d'opposition à ces programmes : les gens sont plus favorables à des mesures visant les personnes handicapées qu'à des mesures visant les femmes ou les membres des minorités visibles (Beaton & Tougas, 2001 ; Kravitz & Platania, 1993). Aux États-Unis, les programmes visant les personnes âgées et les personnes handicapées sont jugés plus positivement que ceux visant les Africains-Américains, particulièrement s'ils ne sont pas explicitement justifiés par des injustices historiques ou le principe de la diversité (Murrell et al., 1994). Ces derniers résultats mettent en lumière une autre variable pertinente : le type des programmes d'action positive. Ainsi, les gens sont moins opposés aux programmes visant à éliminer les barrières nuisant à l'égalité des chances qu'aux programmes comprenant un traitement préférentiel en faveur des groupes désignés (Crosby et al., 2001). La variable qui semble avoir de l'importance ici est le sentiment d'équité, de justice : le traitement préférentiel des groupes désignés, même dans les cas de compétences égales, est perçu par les groupes privilégiés comme une forme de *discrimination à rebours* affectant les membres des groupes avantagés (Kravitz et al., 1997).

Les chercheurs se demandent si le sentiment d'injustice ressenti à l'égard de l'action positive ne masque pas tout simplement des motifs tout autres, tels les préjugés et la xénophobie. Il est plausible que les préjugés des membres des groupes avantagés les amènent à percevoir comme injustes des mesures compensatoires qui pourraient entraver les aspirations des membres de leur endogroupe simplement parce que les groupes bénéficiaires n'en font pas partie. Sans avoir à directement exprimer les préjugés envers les groupes bénéficiaires, il peut être suffisant de s'opposer aux programmes d'accès à l'égalité en invoquant qu'ils remettent en cause les valeurs de la méritocratie et de l'équité. Toutefois, une étude portant sur l'action positive révèle qu'indépendamment de leur niveau de préjugés, les participants s'opposent aux mesures qui contreviennent aux normes d'équité dans les procédures (justice procédurale) et les résultats (justice distributive) (Azzi & Klein, 1998 ; Bobocel et al., 2001). Cela nous amène à considérer l'adhésion au principe de la méritocratie comme une variable importante dans l'opposition à l'action positive (Son Hing, Bobocel & Zanna, 2002). Bref, les recherches mettent en lumière l'importance de tenir compte des préjugés et des préoccupations de justice pour comprendre l'opposition des membres des groupes avantagés à l'action positive.

Parmi les variables permettant de prédire l'appui à l'action positive chez les membres des groupes désignés par les programmes d'action positive, la perception de l'équité des mesures implantées semble être de première importance. Plusieurs études montrent que, tout comme les membres des groupes avantagés, les membres des groupes défavorisés préfèrent les mesures qui respectent à leurs yeux les normes sociales d'équité et de justice (Crosby et al., 2001 ; Kravitz et al., 1997). Par exemple, les recherches canadiennes indiquent que les femmes sont plus favorables à des programmes visant à éliminer les pratiques discriminatoires qu'à ceux fondés sur un traitement préférentiel ou compensatoire réservé aux femmes (Tougas & Veilleux, 1988).

Les recherches ont également porté sur un point important du problème : le fait d'avoir soi-même vécu des expériences de racisme ou de sexisme peut-il influer sur l'appui que les membres des groupes désignés apportent aux programmes d'action positive ? Selon une revue de la documentation, aucune tendance ne se dégage clairement des résultats accumulés (Crosby et al., 2001). Cette situation pourrait en partie s'expliquer par la confusion qui existe dans plusieurs recherches entre les intérêts individuels et les intérêts collectifs. Par exemple, on a fait un sondage téléphonique à Miami auprès d'un échantillon de Blancs, de Noirs et d'Hispaniques pour connaître les attitudes de ces groupes à l'égard des programmes d'action positive ciblant les Noirs et les Hispaniques en Floride (Crosby et al., 2001). Les résultats révèlent que les participants avaient surtout des attitudes positives à l'égard des programmes ciblant leur propre endogroupe. Même si cette recherche illustre la concordance entre l'intérêt personnel et l'appui à l'action positive chez les membres des groupes bénéficiaires, il n'est pas impossible que ce soit plutôt leur intérêt collectif qui soit en jeu. Nous avons déjà examiné les déterminants psychologiques qui font en sorte que les gens passent de l'acceptation passive de leur situation désavantageuse à l'action individuelle pour améliorer leur sort personnel ou, encore, à l'action collective pour favoriser le changement d'une situation intergroupes perçue comme injuste. Ainsi, le processus de privation collective, plutôt que la privation individuelle, expliquerait pourquoi les groupes bénéficiaires pourraient se mobiliser en faveur de programmes d'action positive bénéficiant à l'ensemble des membres de l'endogroupe, alors qu'un programme ne bénéficiant qu'à certains individus particulièrement méritoires ne recevrait pas autant leur appui (Branscombe & Ellemers, 1998 ; Simon & Klandermans, 2001 ; Wright & Troop, 2002).

CONCLUSION

Pour en arriver à atténuer les effets négatifs des préjugés, de la discrimination et des tensions intergroupes, la psychologie sociale doit mieux intégrer les approches cognitives et motivationnelles relatives à ces phénomènes. L'intégration théorique des recherches sur les stéréotypes à celles qui portent sur le préjugé et sur la discrimination serait certainement un premier pas dans ce sens (Leyens & Bourhis, 1999). C'est grâce à ce type de recherche fondamentale que les psychologues seront en mesure de développer les programmes d'éducation et d'intervention légale les plus susceptibles de porter fruit. L'ampleur grandissante de l'intolérance en Europe, aux États-Unis et au Canada pousse de plus en plus de psychologues sociaux à se consacrer à l'étude des mécanismes susceptibles d'atténuer les préjugés, de contrer la discrimination et de résoudre les conflits intergroupes.

RÉSUMÉ

Nous sommes membres de catégories sociales multiples qui sont plus ou moins saillantes selon les circonstances. L'endogroupe est un groupe composé des individus que nous considérons comme membres de notre groupe d'appartenance et auxquels nous avons tendance à nous identifier. Les stéréotypes sont des croyances positives ou négatives au sujet des caractéristiques des membres d'un groupe ou d'une catégorie sociale. Ces croyances, entretenues d'une façon assez consensuelle par une communauté de personnes, sont généralisées à l'ensemble des membres de l'exogroupe. Le préjugé se définit comme une attitude négative envers l'ensemble des membres d'un exogroupe dévalorisé. Les préjugés sont des attitudes injustifiables, car ils donnent lieu à des généralisations défavorables à l'endroit de chacun des individus qui sont membres de l'exogroupe. La discrimination consiste en tout comportement négatif dirigé contre un membre d'un exogroupe et résultant d'un préjugé à l'égard du groupe en question.

Les principales explications relatives à la discrimination et aux rapports intergroupes peuvent être classées selon quatre niveaux d'analyse : intrapersonnel, interpersonnel, intergroupes et idéologique. Au niveau d'analyse intrapersonnel, la personnalité autoritaire, la frustration et le rôle des boucs émissaires constituent les principaux éléments explicatifs. Au niveau interpersonnel, la théorie de l'apprentissage social fonde son explication des rapports intergroupes sur l'influence que la famille, l'école et les médias exercent sur l'apprentissage des stéréotypes et des préjugés envers les groupes valorisés et dévalorisés. Au niveau intergroupes, la théorie des conflits réels (TCR) affirme que le type de relations existant entre deux groupes détermine les attitudes et les comportements intergroupes qu'adoptent leurs membres respectifs. Ainsi, la collaboration favorise les attitudes positives, alors que la compétition pour l'accès à des ressources limitées entraîne les préjugés, la discrimination et les conflits intergroupes. En outre, la théorie de l'identité sociale (TIS) soutient que la catégorisation « eux-nous » et l'identification à l'endogroupe sont suffisantes pour déclencher les préjugés et la discrimination intergroupes, et ce, indépendamment de l'intérêt personnel et de la compétition pour l'obtention de ressources limitées. Selon cette théorie, le besoin d'une identité sociale positive pousserait les gens à faire de la discrimination en faveur de leur endogroupe. De plus, la TIS explique les stratégies individuelles et collectives qu'adoptent les groupes de faible et de haut statut afin d'atteindre ou de maintenir une identité sociale positive. Enfin, au niveau idéologique, les concepts d'équité et de privation relative nous aident à mieux comprendre les circonstances dans lesquelles les membres de groupes défavorisés agissent collectivement afin d'améliorer leur sort par rapport aux groupes dominants. La théorie de la justification du *statu quo* documente les déformations cognitives souvent adoptées par les groupes désavantagés afin de légitimer le système qui les pénalise. Par ailleurs, la théorie de la dominance sociale explique comment la croyance en l'inégalité des groupes et en la supériorité des groupes dominants freine le changement social en faveur de l'égalité entre les groupes favorisés et défavorisés dans les sociétés stratifiées.

La psychologie sociale propose divers moyens d'atténuer les préjugés, la discrimination et les tensions intergroupes. Parmi ceux-ci, les contacts intergroupes peuvent atténuer le préjugé et la discrimination, mais seulement lorsqu'ils sont établis dans des circonstances particulières. Par ailleurs, l'information et l'éducation interculturelle permettent d'obtenir des résultats plutôt mitigés. Les approches socio-cognitives proposent de diminuer le caractère saillant des catégorisations « eux-nous » en décatégorisant ou en recatégorisant les individus dans un seul groupe les réunissant tous. Il existe une solution prometteuse qui intègre les aspects cognitifs et motivationnels des phénomènes intergroupes : le modèle de la double identité. Celui-ci favorise la réduction des préjugés en combinant les modèles de l'identité *(suite)* commune et de la différenciation intergroupes réciproque. Théoriquement, la catégorisation croisée atténue les préjugés et la discrimination intergroupes puisque les individus partagent au moins une appartenance sociale avec les membres de l'exogroupe. Par contre, la double catégorisation, le pendant de la catégorisation croisée, accentue les attitudes négatives et les comportements discriminatoires en additionnant les différences de catégories entre les individus. Finalement, les interventions légales ont démontré l'efficacité des programmes d'action positive qui donnent aux minorités la possibilité d'intégrer le marché de l'emploi et de prouver ainsi leurs compétences et leur aptitude à occuper des postes décisionnels au sein des entreprises et des administrations civiles. En conclusion, malgré les progrès réalisés grâce aux différentes approches de la psychologie sociale, il n'existe aucune solution miracle pour atténuer les préjugés, la discrimination et les conflits intergroupes.

BIBLIOGRAPHIE spécialisée

BOURHIS, R.Y. & LEYENS, J.P. (dir.) (1999). *Stéréotypes, discrimination et relations intergroupes* (2ᵉ éd.). Sprimont, Belgique : Mardaga.

BROWN, R. & GAERTNER, S.L. (dir.) (2001). *Blackwell handbook of social psychology. Intergroup processes.* Oxford : Blackwell.

DOVIDIO, J., GLICK, P. & RUDMAN, L.A. (dir.) (2005). *On the nature of prejudice. Fifty years after Allport.* Malden, Mass. : Blackwell.

JOST, J.T. & MAJOR, B. (dir.) (2001). *The psychology of legitimacy : Emerging perspectives on ideology, justice and intergroup relations.* Cambridge : Cambridge University Press.

OSKAMP, S. (dir.) (2000). *Reducing prejudice and discrimination.* Mahwah, N.J. : Erlbaum.

SCHNEIDER, D.J. (2004). *The psychology of stereotyping.* New York : Guilford.

SIDANIUS, J. & PRATTO, F. (1999). *Social dominance : An intergroup theory of social hierarchy and oppression.* Cambridge : Cambridge University Press.

Questions DE RÉVISION

1. Décrivez les phénomènes suivants, liés à la catégorisation sociale.

   a) L'assimilation-différenciation.

   b) L'entitativité.

   c) L'essentialisme psychologique.

2. Les stéréotypes sont souvent des raccourcis cognitifs permettant de percevoir comme identiques les caractéristiques personnelles et comportementales de tous les individus membres d'une même catégorie sociale. Décrivez comment pourrait fonctionner l'effet du cas exceptionnel dans le cas

de Mme Michaëlle Jean qui, après une carrière de journaliste à Radio-Canada, est devenue la première femme noire à occuper le poste de gouverneure générale et, ainsi, à représenter la Couronne britannique et à promouvoir l'acceptation de la diversité au Québec et au Canada.

3. Le concept de « race » correspond à une position idéologique plutôt qu'à une réalité biologique de l'être humain. Décrivez les caractéristiques idéologiques qui correspondent au racisme hiérarchique et au racisme différencialiste.

4. Décrivez les caractéristiques principales de la discrimination individuelle et de la discrimination institutionnelle.

5. Énumérez les principaux éléments de la personnalité autoritaire tels qu'ils ont été décrits par Adorno et ses collaborateurs (1950), et mis à jour par Altemeyer (1998).

6. Quels sont les principaux éléments de la théorie des conflits réels (TCR) proposée par Sherif (1966) ?

7. Les études utilisant le paradigme des groupes minimaux (PGM) ont démontré que la catégorisation « nous-eux » et l'identification à l'endogroupe sont des éléments suffisants pour entraîner des comportements discriminatoires. Décrivez les éléments du paradigme des groupes minimaux (PGM).

8. Décrivez la théorie de la justification du *statu quo* (TJS) et la théorie de la dominance sociale (TDS). En quoi ces deux théories sont-elles complémentaires dans l'explication du changement intergroupes ?

9. L'approche basée sur l'hypothèse du contact repose sur l'idée que les contacts entre les membres de groupes rivaux améliorent les relations entre eux. Décrivez les conditions nécessaires à la réduction des préjugés et des tensions intergroupes dans le cadre de contacts intergroupes selon les propositions classiques de Allport (1954)

et la synthèse récente des résultats d'études proposée par Pettigrew et Tropp (2000).

10. Les souverainistes « purs et durs » n'ont pas manqué de souligner la nature anachronique, protocolaire et impuissante du poste de gouverneur général du Canada, mettant ainsi en question le jugement et la sincérité de Mme Michaëlle Jean, qui, selon eux, a accepté un poste considéré comme « de vitrine » au sein de la fédération canadienne. De plus, ces « purs et durs » ont aussi mis en cause les allégeances politiques de Jean-Daniel Lafond, l'époux de Mme Jean (Jacques Lanctôt, *La Presse,* 11 août, 2005 ; Yves Beauchemin, *La Presse,* 16 août 2005, etc.). La publication de ces propos a créé un « incident critique » non seulement au Québec, dans les communautés d'accueil francophones et anglophones, mais aussi au Canada anglais et au sein de la communauté haïtienne du Québec. L'écrivain québécois d'origine haïtienne Dany Laferrière a réagi aux insinuations concernant le caractère de Mme Jean en ces termes :

Je n'entends pas défendre Michaëlle Jean et Jean-Daniel Lafond ici. Ils répondront eux-mêmes aux attaques dirigées contre eux. Moi, je veux défendre les sans-voix qui ne peuvent que rentrer se coucher avec leur douleur au ventre. Et la tristesse de voir des gens salir leur unique bonne nouvelle. Mais je leur rappelle aussi que 89 % des Québécois ont accueilli favorablement la nomination de Michaëlle Jean comme gouverneure générale du Canada. Voilà une deuxième bonne nouvelle. Si un petit groupe de gens croit qu'il peut changer les choses et pousser Michaëlle Jean à la démission, je tiens à les avertir que les Haïtiens et leurs nombreux amis sortiront pour la première fois dans les rues de Montréal pour défendre leur fierté bafouée, comme on l'a déjà fait au Québec lors de l'affaire Maurice Richard. Car, depuis trente ans que je suis au Québec, je n'ai jamais senti monter une telle fierté de se sentir québécois suivie d'une telle déception dans la population haïtienne. Une déception qui pourrait bien se changer en colère. (*La Presse*, 16 août 2005, p. A21.)

a)   À l'aide des théories ou des phénomènes intergroupes décrits dans ce chapitre, expliquez certains des facteurs qui ont pu pousser les souverainistes « purs et durs » à mettre en cause le jugement et la sincérité de Michaëlle Jean en raison du fait qu'elle a accepté le poste de gouverneure générale du Canada.

b)   De même, expliquez certaines des prémisses intergroupes qui sous-tendent l'analyse que fait l'écrivain Dany Laferrière dans son interprétation de la réaction de la communauté haïtienne du Québec aux insinuations concernant le caractère de Michaëlle Jean.

Partie V

La psychologie sociale appliquée

CHAPITRE 14   La psychologie sociale appliquée : contributions aux secteurs de la santé, de la justice et du travail

La psychologie sociale appliquée : contributions aux secteurs de la santé, de la justice et du travail

Caroline Senécal,
Stéphanie Austin
Fernet et
Claude Fernet

Université Laval

n janvier 2003, une nouvelle choc se répand dans la ville de Québec. Un cas de négligence à l'hôpital psychiatrique Robert-Giffard de Québec fait les manchettes. Un bénéficiaire aurait été maintenu en isolement pendant six jours sans être lavé. Cette intervention aurait eu pour but de le corriger de sa mauvaise habitude de souiller ses vêtements avec ses excréments. Le recours à l'isolement prolongé afin de modifier un comportement contrevient à la loi et est jugé « socialement » inacceptable. La nouvelle estomaque les gens de Québec. Dans les tribunes téléphoniques, on dit s'inquiéter des soins offerts dans cet hôpital. Les gens de Québec font valoir les droits des malades et on met en cause le travail du personnel de l'établissement. Devant les protestations, la direction de l'hôpital sanctionne son personnel. Un infirmier cadre est affecté à une autre unité et 21 autres employés (éducateurs, infirmières et préposés aux bénéficiaires) se retrouvent en congé avec solde. Une enquête disciplinaire est entamée et la Sûreté du Québec entreprend une enquête criminelle. Tout ce remue-ménage secoue le personnel de l'hôpital et les bénéficiaires. Les recours judiciaires et les critiques incessantes du public nuisent au climat de travail. La santé psychologique des travailleurs, des bénéficiaires et de leur famille s'en trouve affectée. Malgré la colère que l'affaire a suscité et les nombreuses critiques dont l'établissement et le personnel soignant ont été la cible, aucune accusation n'a été portée. La tournure des événements étonne plusieurs personnes. On se pose bon nombre de questions : pourquoi n'y a-t-il pas eu de poursuites ? Qu'est-ce qui pourrait redonner aux principaux acteurs le goût de travailler ? Que faut-il faire pour assurer la qualité des traitements ? Qu'est-ce qui assurera la qualité de vie de tous ?

INTRODUCTION

Bon nombre de théories de psychologie sociale visent à mieux comprendre les comportements des gens. Plusieurs fondements théoriques ont déjà été présentés dans les chapitres qui précèdent. Le présent chapitre, pour sa part, permettra au lecteur d'accroître ses connaissances sur les applications de ces théories. Notamment, il s'agira de déceler et de comprendre les facteurs psychosociaux qui entraînent chez les individus des comportements adaptés et non adaptés dans des domaines aussi essentiels que ceux de la santé, de la justice et du travail. En ce qui a trait au scandale dont l'Hôpital Robert-Giffard a été l'objet, la psychologie sociale peut apporter des éléments d'explication et de solution. Ainsi, les psychologues sociaux qui s'intéressent au domaine du travail tenteront d'élucider les facteurs psychosociaux qui ont incité les employés à agir comme ils l'ont fait. Ils préciseront notamment les facteurs contextuels et individuels (le climat de travail, les relations hiérarchiques entre les personnes, la motivation) qui ont poussé les professionnels de la santé

à isoler le bénéficiaire durant six longues journées. Pour leur part, les psychologues sociaux qui s'intéressent au domaine de la santé chercheront à comprendre les facteurs de stress et les stratégies d'adaptation qui expliquent l'adoption de cette mesure disciplinaire. Ils étudieront aussi le protocole de traitement ainsi que les facteurs qui permettent aux professionnels de la santé de le maintenir. Quant aux psychologues sociaux spécialisés dans le domaine de la justice, ils feront un examen minutieux et approfondi de l'enquête qui a été menée étant donné qu'aucune accusation n'a été portée. L'enquête mène à conclure à l'absence de responsabilité professionnelle et de crime. Pourtant, il apparaît bien que le personnel soignant a manqué au devoir de sa charge. Dans sa recherche, le psychologue social appliquera certaines théories de la psychologie sociale qui ont été décrites dans le présent ouvrage en vue d'aider les individus à retrouver une qualité de vie.

Avant de voir quelles sont les applications qu'il est possible d'en faire dans les domaines de la santé, de la justice et du travail, il convient de définir ce qu'est la psychologie sociale appliquée, de retracer son histoire et de décrire les différents modèles intégratifs qui ont permis de délimiter ses buts.

QU'EST-CE QUE LA PSYCHOLOGIE SOCIALE APPLIQUÉE ?

La psychologie sociale appliquée est une branche de la psychologie sociale qui a pour but de comprendre les problèmes sociaux et de concevoir des stratégies d'intervention permettant d'améliorer la manière de fonctionner des individus et des groupes dans différents domaines de la vie (par exemple le travail, la santé, la justice). La conception de stratégies d'intervention constitue le caractère distinctif de cette branche de la psychologie sociale.

Historique

La psychologie sociale appliquée remonte aux années 1930, et plus précisément aux travaux de Kurt Lewin (1936). Celui qu'on nomme le « père de la psychologie sociale » a conduit plusieurs recherches dans le but de comprendre divers problèmes sociaux. L'une d'entre elles avait pour but de déterminer en quoi le style d'un employeur pouvait influer sur la productivité et les relations entre ses employés. Ses travaux ont sans aucun doute aidé au développement de ce qui constitue aujourd'hui la psychologie sociale appliquée. Les recherches de Lewin se distinguent de celles qui les ont précédées par les méthodes scientifiques mises en œuvre pour résoudre des problèmes de société. En intégrant théorie, recherche et pratique, Kurt Lewin a donné une solide base scientifique à ce que l'on nomme aujourd'hui la psychologie sociale appliquée.

Dans le chapitre 1, nous avons vu que la Seconde Guerre mondiale a suscité quantité de recherches en psychologie sociale. Une particularité de cette guerre est qu'elle a amené de nombreux chercheurs à étudier des problèmes très appliqués, tels que la violence, le pouvoir, les préjudices, etc. Or, malgré le fait qu'elles gagnaient en importance et en nombre, les recherches réalisées en psychologie sociale appliquée se sont heurtées aux critiques de la communauté scientifique qui déplorait leur piètre qualité, perçue comme une menace à l'intégrité scientifique de la discipline. C'est ainsi que, durant les années 1940 et 1950, la psychologie sociale appliquée a été délaissée pour la psychologie sociale fondamentale, axée sur la conduite d'études en laboratoire. Dans les années 1960 et 1970, la guerre du Vietnam, l'assassinat du président Kennedy et les revendications des droits de la personne ont ranimé l'intérêt pour la psychologie sociale appliquée. Les chercheurs et la société en général s'intéressaient de plus en plus à la conduite d'études sur le terrain. Ainsi, en 1969, la revue *American Psychologist* publiait une série d'articles portant sur l'interface entre la psychologie sociale fondamentale et la psychologie sociale appliquée. Suivirent, durant les années 1970 et 1980, des périodiques dédiés à la psychologie sociale appliquée : *Journal of Applied Social Psychology* (1970-1971), *Basic and Applied Social Psychology* (1980) et la publication annuelle d'une série de quatre volumes sur la psychologie sociale appliquée (Bickman, 1980). En 1982, Fisher a publié un ouvrage marquant : *Social Psychology : An Applied Approach*. Des programmes d'études de doctorat en psychologie sociale appliquée ont par ailleurs été mis en route au début des années 1970 (par exemple à la Loyola University de Chicago en 1974). Aujourd'hui, la psychologie sociale appliquée est largement étudiée. Elle a toujours pour but d'appliquer la théorie dans l'étude et la résolution des problèmes sociaux.

La section qui suit présente un certain nombre de modèles intégratifs en psychologie sociale appliquée. Ces modèles visent à cerner avec précision le rôle de la psychologie sociale appliquée ainsi que la place qu'elle occupe dans le domaine de la psychologie.

Les modèles intégratifs en psychologie sociale appliquée

Il existe plusieurs modèles intégratifs en psychologie sociale appliquée. Parmi les principaux modèles qui ont été mis sur pied figure celui de Mayo et La France (1980). Mayo et La France se sont attachées à préciser l'objet de la psychologie sociale et ses applications. Elles ont tenté de montrer, dans le cadre d'un modèle, l'importance de l'application de la psychologie sociale.

À l'instar de Kurt Lewin, elles insistent sur l'importance de la théorie pour la compréhension des problématiques sociales. Elles considèrent toutefois que trop de psychologues sociaux ont étudié les théories au détriment de leur application. Selon elles, le principal but d'une théorie est de comprendre ce qui est susceptible d'améliorer la qualité de vie des individus. Toute bonne théorie est élaborée d'après l'analyse d'un problème social. C'est ainsi que Mayo et La France ont mis sur pied un modèle d'application de la psychologie sociale. Ce modèle comporte des *éléments principaux* tels que l'intervention, l'amélioration de la qualité de vie et le développement des connaissances, et des *éléments périphériques* comme la définition du problème, le choix de la méthode de recherche, l'analyse des systèmes particuliers, la définition du rôle, l'évaluation et l'interprétation (voir la figure 14.1).

Les éléments centraux et périphériques peuvent se lier entre eux de deux façons : dans le sens des aiguilles d'une montre ou dans le sens inverse. Par exemple, si on interprète ce modèle en allant dans le sens des aiguilles d'une montre, celui-ci nous dit qu'intervenir augmente la qualité de vie des individus et entraîne le développement de nouvelles connaissances. Si on procède dans le sens inverse, on applique le principe selon lequel comprendre une chose signifie vouloir la changer. Plus précisément, cela implique que l'intervention influe sur le développement des connaissances de telle manière qu'il en découle une nouvelle conception de ce qui peut améliorer la qualité de vie des individus. Selon Mayo et La France, quel que soit le sens dans lequel il est interprété, le modèle est constitué d'un ensemble d'éléments qui forment un système intégré et qui illustrent l'importance de l'application en psychologie sociale.

Selon l'une des grandes prémisses sous-jacentes au modèle de Mayo et La France, la psychologie sociale appliquée aurait en vue la qualité de vie des individus. D'après les auteures, la psychologie sociale est devenue de plus en plus spécialisée et de plus en plus coupée de la réalité (House, 1977). Manifestement, pour être applicable, la psychologie sociale doit devenir proactive et considérer les facteurs qui déterminent la *qualité de vie* des gens. Il est donc essentiel d'intégrer la variable qualité de vie dans toute analyse conduite en psychologie sociale appliquée. Une deuxième prémisse concerne le développement et le pouvoir de prédiction du savoir. Plus précisément, Mayo et La France estiment que la psychologie sociale a pour but non seulement de comprendre les comportements sociaux, mais aussi de mettre en application les connaissances acquises. Une meilleure compréhension du comportement social par le moyen du *développement du savoir* devrait inévitablement mener à une meilleure prédiction des comportements sociaux. Une troisième prémisse confère un rôle central à l'utilisation du savoir en tant que moyen d'intervention en psychologie sociale appliquée. Traditionnellement, les psychologues sociaux reléguaient au second plan l'application du savoir. Pour différentes raisons, ils préféraient laisser aux intervenants le soin d'appliquer les notions fondamentales de psychologie sociale. Selon Mayo et La France, la discipline doit être proactive : il lui faut à la fois faire progresser la théorie, et l'utiliser pour intervenir et solutionner différentes problématiques sociales.

Les éléments périphériques du modèle de Mayo et La France se lient aux éléments centraux (qualité

FIGURE 14.1 **Le modèle intégratif de Mayo et La France (1980)**

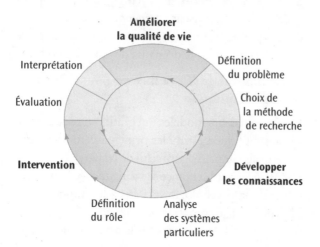

Améliorer
la qualité de vie

Interprétation

Définition
du problème

Évaluation

Choix de
la méthode
de recherche

Intervention

Développer
les connaissances

Définition
du rôle

Analyse
des systèmes
particuliers

de vie, intervention et développement des connaissances) pour former un système intégratif cohérent. Ainsi, il est essentiel de connaître le rôle du psychologue social appliqué (c'est-à-dire de *définir son rôle avec précision*) pour comprendre la nature de l'intervention qui sera entreprise. Étant donné que les psychologues sociaux peuvent agir à différents titres (comme chercheur, expert, médiateur, etc.), l'analyse du problème peut se faire sur différents plans. Par conséquent, la nature de l'intervention entreprise varie selon le rôle exercé par le psychologue. Enfin, selon une quatrième prémisse, le modèle de Mayo et La France doit être circulaire plutôt que linéaire. La plupart des modèles linéaires élaborent d'abord la théorie, puis la mettent à l'épreuve et ensuite l'appliquent. Le modèle de Mayo et La France est cyclique et a pour but d'intégrer trois éléments qui doivent être constamment pris en compte dans toute étude en psychologie sociale : le développement du savoir, l'intervention et la qualité de vie.

Il existe d'autres modèles intégratifs qui intègrent la mise en application. Cependant, les vues des psychologues sociaux concernant ce qu'est l'application varient : certains tendent à adopter un *modèle d'application en science naturelle*, alors que d'autres emploient un *modèle purement scientifique* (Stephenson, 1996). Le premier modèle vise à solutionner des problèmes sociaux particuliers. Il consiste précisément à concevoir des stratégies d'application. Pour sa part, le psychologue social qui suit le modèle purement scientifique doit non pas résoudre le problème comme le ferait un consultant, mais plutôt agir à titre de collaborateur avec les membres des établissements qui font l'objet de l'étude. Somme toute, les modèles mis sur pied varient selon la conception que l'on se fait de la psychologie sociale appliquée.

LA PSYCHOLOGIE SOCIALE APPLIQUÉE AU DOMAINE DE LA SANTÉ

Le gouvernement canadien investit des sommes considérables dans l'amélioration de la qualité des soins et dans la recherche relative à la santé. Le domaine de la santé est un de ceux auxquels on attache le plus d'importance dans notre société. Lorsqu'on interroge les gens sur ce que représente la santé pour eux, ils l'associent spontanément et le plus souvent à l'aspect physique et médical de la chose. Autrefois, les maladies consistaient en des infections virales du type influenza, pneumonie et tuberculose. Depuis la découverte des vaccins et des traitements, elles sont contrôlées et elles n'entraînent plus automatiquement la mort. Maintenant, la mort est davantage causée par des maladies comme le cancer, le sida et les maladies cardiovasculaires. Ces maladies peuvent être souvent prévenues par l'adoption de saines habitudes de vie. D'ailleurs, il est maintenant établi que le fait de ne pas fumer, de bien s'alimenter et de faire de l'exercice prévient les maladies cardiovasculaires (Fondation des maladies du cœur du Canada, 2005). Manifestement, le grand défi auquel font face les professionnels de la santé consiste maintenant à promouvoir la santé et ses outils de prévention. À cet égard, la psychologie sociale joue un rôle de premier plan (Friedman, 2002 ; Suls & Wallston, 2005 ; Taylor, 2002).

Les facteurs psychosociaux favorisant l'apparition de la maladie

L'échec de l'autorégulation. Il est difficile de comprendre pourquoi les individus adoptent des comportements qui ne sont pas nécessairement bons pour leur santé. L'**échec de l'autorégulation** est probablement la « maladie » la plus répandue dans notre société. Ainsi que nous l'avons vu au chapitre 3, l'*autorégulation* est définie comme la capacité d'exercer un contrôle sur ses propres états internes et sur ses processus psychologiques, et de se comporter comme il convient dans telle ou telle circonstance (Baumeister, Heatherton & Tice, 1994). Le comportement est alors régularisé en fonction du soi idéal, des buts, des attentes et d'autres standards. L'autorégulation désigne plus précisément l'effort que fait un individu pour modifier ou arrêter un comportement impulsif.

Son échec entraîne nécessairement des conséquences négatives sur le plan de la santé mentale et physique de l'individu. L'échec de l'autorégulation est assez commun. Pensons par exemple à ceux qui sont incapables de maîtriser leur envie de manger, de consommer des drogues, de fumer la cigarette, de jouer aux jeux de hasard et d'argent, etc. Ces personnes peuvent avoir assez de volonté pour s'autoréguler et prendre le comportement souhaité. Or, pour diverses raisons, elles échouent. Il n'est donc pas étonnant que l'échec de l'autorégulation soit à l'origine de plusieurs maladies.

Selon Baumeister et ses collègues (1994), trois facteurs psychologiques peuvent expliquer l'échec de l'autorégulation : les *standards*, le *monitorage* et l'*opération*. Pour comprendre le rôle de chacun de ces facteurs dans l'échec de l'autorégulation, considérons le cas d'une personne qui désire perdre du poids. Elle s'efforce de maîtriser son envie de manger. Elle invoque différents standards qui sont essentiellement des concepts abstraits lui indiquant comment elle aimerait être, comment elle devrait être. Ces standards peuvent se traduire par des buts personnels, des attentes concernant la réaction de son entourage, etc. Plus les standards sont clairs, meilleur est le processus d'autorégulation. Plus les standards sont ambigus, moins le processus d'autorégulation est efficace. Par exemple, l'individu chez qui l'envie de manger entre en conflit avec la peur de prendre du poids n'a pas de standards clairs. Autrement dit, il a envie de manger des aliments qui goûtent bon et il veut éviter à tout prix d'engraisser. Malheureusement, les aliments qui procurent le plus de plaisir sont souvent ceux qui sont le plus nuisibles pour la santé. Il va sans dire que l'individu qui est aux prises avec ce genre de conflit a de la difficulté à contrôler sa consommation de nourriture.

Pour éviter l'échec, l'individu doit se concentrer sur ce qu'il fait et ne pas perdre de vue ses objectifs. Ce deuxième aspect du processus d'autorégulation renvoie à la composante du *monitorage*. La personne qui échoue dans le monitorage a de la difficulté à autoréguler son comportement. Ainsi, l'autorégulation de la personne qui veut perdre du poids, mais qui perd peu à peu de vue le but qu'elle s'est fixé risque d'échouer. Ce serait le cas d'un individu au régime qui, un soir, se mettrait à s'empiffrer d'aliments riches en gras et en sucre (croustilles, gâteaux, etc.) et qui, par la suite, en consommerait régulièrement dans la même quantité. Cette situation se rencontre souvent chez les personnes qui perdent de vue les objectifs qu'elles se sont fixés dans leur régime. Selon Baumeister, les individus qui veulent parvenir à s'autoréguler doivent concentrer leur attention sur les buts (standards) qu'ils poursuivent (monitorage).

Finalement, la dernière composante à considérer est l'*opération*. Celle-ci réfère à la *volonté* et à la *force* dont l'individu fait preuve dans l'accomplissement des actions qui lui permettront d'atteindre les buts visés. Selon Baumeister et ses collègues, même si l'individu a des standards et est attentif à ce qu'il fait, s'il n'a pas l'énergie ou la force de suivre un régime, l'autorégulation est vouée à l'échec. C'est d'ailleurs à cause d'un manque de volonté et de force dû à la fatigue que les individus ont plus de difficulté à suivre leur régime à la fin de la journée qu'au début. De même, il est plus difficile pour l'individu de s'astreindre à un régime dans une période stressante de sa vie. Tous les événements épuisants diminueront la force dont l'individu dispose pour assurer l'autorégulation de son comportement. D'autres situations peuvent aussi empêcher l'autorégulation de son comportement, notamment celles où l'individu poursuit en même temps plusieurs buts. Une personne qui a subi une crise cardiaque et qui désire cesser de fumer et perdre du poids en est un bon exemple. Elle doit avoir la force de contrôler ses comportements alimentaires et son envie de fumer. Or, compte tenu de l'importance que revêtent ces deux objectifs pour la santé de la personne et du fait qu'elle les poursuit tous les deux en même temps, cela exige une volonté telle que la personne risque d'échouer dans l'autorégulation de ses comportements. Le même phénomène pourrait se produire chez la personne qui désire perdre du poids après avoir arrêté de fumer. Compte tenu des efforts fournis pour arrêter de fumer, cette personne risque de ne pas avoir la volonté et l'énergie nécessaires pour répondre à la nouvelle demande de changement (à savoir perdre du poids). Dans de telles circonstances, la personne risque d'échouer dans son processus d'autorégulation. Comme nous l'avons vu au chapitre 4, l'autorégulation fonctionne comme un muscle (Baumeister *et al.*, 1994 ; Mischel, 1996). Lorsque le muscle est fatigué, il a de la difficulté à continuer de fonctionner de manière aussi intense. De toute évidence, transiger avec le stress ou la détresse émotionnelle, ou encore s'autocontrôler de manière continue, entraîne des difficultés importantes pour l'individu qui veut régulariser d'autres comportements (par exemple cesser de boire, de consommer des drogues, contrôler son alimentation ou ses émotions) (Muraven & Baumeister, 2000 ; Muraven, Baumeister & Tice, 1999 ; Muraven, Collins & Neinhaus, 2002). Des résultats d'études, tout de même encourageants, montrent que, puisque l'autorégulation est comme un muscle, il est possible de l'entraîner pour qu'il puisse être plus fort et réponde à plusieurs demandes à la fois (Muraven *et al.*, 1999).

La prochaine section traite d'un autre facteur psychosocial qui contribue à l'apparition de la maladie : la personnalité.

La personnalité. La personnalité peut-elle expliquer pourquoi certains individus ont plus de difficulté à prendre soin de leur santé ? La réponse est controversée. Ceux qui pensent que non croient que la personnalité peut être liée indirectement à plusieurs maladies et qu'en réalité ce sont les comportements déviants dont elle est à l'origine qui sont les véritables déterminants de la maladie (Wills *et al.*, 2000). Par exemple, l'anxiété chronique amène certains individus à fumer, ce qui les expose à développer un cancer du poumon. Or, le fait de diminuer l'anxiété ne préviendra pas à lui seul le cancer du poumon, il faut que l'individu cesse de fumer. Certains problèmes de personnalité favorisent l'établissement d'habitudes de vie plus ou moins saines. Les individus dépressifs, impulsifs et

névrotiques risquent davantage, notamment, de souffrir de désordres alimentaires, d'abuser de l'alcool et des drogues.

Il importe de savoir que la personnalité est un objet d'étude fort pertinent en psychologie sociale. Bien que le contexte social pèse parfois plus lourd que la personnalité dans la prédiction d'un comportement, certaines situations sociales permettent à certains traits de personnalité de s'exprimer (Britt & Shepperd, 1999 ; Tett & Guterman, 2000). Par exemple, si vous êtes une personne dont le trait névrotique constitue l'élément central de sa personnalité, il est probable que, dans les situations sociales stressantes (changer d'emploi, se séparer de son conjoint, etc.), ce trait soit plus fort et que le risque de devenir dépressif soit plus élevé. Il est donc important d'étudier l'interaction entre la personnalité de l'individu et la situation dans laquelle il se trouve. À ce chapitre, deux des cinq traits de personnalité de l'un des modèles de personnalité les plus utilisés en psychologie sociale — le modèle à cinq facteurs (*big five* ; McRae & Costa, 1987) — ont attiré l'attention des chercheurs en psychologie sociale appliquée au domaine de la santé : il s'agit du trait consciencieux et du trait névrotisme (Digman, 1990). Le premier réfère à une personnalité conventionnelle, disciplinée et organisée, minutieuse, fiable et persévérante, et le second à une personnalité inquiète, anxieuse, émotive et insécure (McCrae & Costa, 1987 ; Digman, 1990). On a observé que les gens qui présentent une plus grande instabilité émotionnelle (névrotisme) sont ceux qui rapportent plus fréquemment des symptômes de maladie, qui consultent plus régulièrement les professionnels de la santé, qui vivent plus de détresse émotionnelle et qui déclarent être de manière générale en moins bonne santé (Costa & McCrae, 1987a, 1987b ; Costa *et al.*, 1982; Shekelle, Vernon & Ostfeld, 1991). D'ailleurs, chez les personnes qui souffrent du diabète, celles qui sont plus instables émotionnellement (névrotiques) craignent plus de souffrir d'hypoglycémie, alors que les diabétiques consciencieux ont tendance à mieux contrôler leur diabète (Christensen, Moran & Wiebe, 1999 ; Ryden et al., 1990) et à souffrir moins d'affections rénales à long terme (Brickman et al., 1996). En général, les personnes consciencieuses ont tendance à vivre plus longtemps (Friedman et al., 1995).

Un autre type de personnalité largement étudié en psychologie sociale est celui de la personnalité de type A. Celle-ci groupe un ensemble de caractéristiques qui sont connexes entre elles telles que la compétitivité, une ambition élevée, un désir de contrôle élevé, l'hostilité, un sentiment d'urgence, l'impatience, l'irritabilité et le cynisme (Bruck & Allen, 2003 ; Friedman & Booth-Kewley, 1987a, 1987b ; Matthews, 1988). La personnalité de type A connaît bien la formule « La vie n'est pas éternelle » et elle l'applique constamment. Notamment, elle fera plus en moins de temps. On la remarquera surtout parce qu'elle parle vite, marche vite, coupe la parole, se sent toujours pressée, travaille de façon acharnée, est très impatiente et plus entreprenante que les autres. Ce type de personnalité risque plus de développer des maladies cardiovasculaires (MCV) dans des situations de vie stressantes (Catipovic-Veselica, 2003 ; Eysenck, 2000 ; McCann, 2001 ; Smith et al., 2004). De leur côté, les personnes qui sont de nature optimiste ont une meilleure santé. Elles ont moins de symptômes de maladie et, si elles en ont, ils sont faibles (Scheier, Carver & Bridges, 1994 ; Tomakowsky et al., 2001). Les personnes optimistes surmontent plus facilement les chirurgies cardiaques (Scheier et al., 1989) et ont un meilleur système immunitaire (Segerstrom et al., 1998). Elles se caractérisent par leur esprit positif et elles sont naturellement prédisposées à mieux s'adapter aux évenements de vie stressants (Carver & Scheier, 1994a, 1994b). Elles affrontent la maladie en mettant en œuvre des stratégies adaptées au lieu de fuir ou d'éviter le problème comme le font les pessimistes. De toute évidence, les stratégies d'adaptation utilisées pour s'adapter aux événements stressants semblent tout aussi importantes que la personnalité pour prédire l'apparition de la maladie.

Les stratégies d'adaptation. Comme plusieurs événements de notre vie s'accompagnent de stress (par exemple un examen, un déménagement, un mariage, une opération chirurgicale), il est nécessaire, si nous voulons conserver notre santé, que nous élaborions des stratégies pour y faire face. Lazarus et Folkman (1984), deux psychologues sociaux, définissent le **stress** comme la représentation mentale d'une transaction particulière et problématique entre la personne et son environnement. Cela signifie que les sources de stress provoquent des réactions différentes selon les personnes : ce qui est stressant pour l'un peut ne pas l'être pour l'autre. La nature subjective du stress implique également que les degrés de stress varient chez une même personne selon les circonstances. Selon Lazarus et Folkman, ce qui explique en partie ces différences ou ces variations, ce sont les stratégies d'adaptation. En effet, comme ils sont tous différents, les individus n'utilisent pas les mêmes stratégies pour faire face aux événements stressants. Afin de comprendre les réactions individuelles, Lazarus et Folkman ont mis sur pied un *modèle transactionnel du stress*. Celui-ci est présenté à la figure 14.2.

Ce modèle s'appuie sur les concepts d'évaluation et de stratégie d'adaptation. Le premier concept réfère à l'évaluation faite par la personne du degré de stress que comporte une situation. Il renvoie à l'interaction entre une personne et l'environnement où elle se trouve. Dans une situation stressante, la personne tente d'abord de comprendre ce qui est en jeu et, ensuite, elle se trace une ligne d'action. La personne est donc amenée à évaluer si l'événement est stressant ou s'il comporte des difficultés à surmonter (défis). À ce stade précis de l'analyse, tout repose sur la subjectivité. La manière de percevoir une situation stressante pouvant varier d'un individu à l'autre, il est important de comprendre comment la personne perçoit, elle, cette situation. Cette évaluation dépend de la perception qu'a la personne du contrôle qu'elle peut exercer sur la situation. La personne tient donc compte des ressources dont elle dispose pour répondre à la situation ou surmonter celle-ci. Ainsi, la personne qui se perçoit comme ayant des ressources personnelles (un certain contrôle, par exemple) pour affronter la situation stressante ne réagira pas de la même façon que celle qui se perçoit comme n'en ayant pas. Les stratégies que la personne utilisera pour s'adapter au stress varient selon la plus ou moins grande capacité de maîtriser la situation.

Les **stratégies d'adaptation**, aussi appelées *coping*, se définissent comme l'ensemble des efforts cognitifs et comportementaux ayant pour but de maîtriser, de réduire ou de tolérer les obstacles internes ou externes qui menacent ou dépassent les ressources d'un individu. Selon Lazarus et Folkman (1984), les stratégies d'adaptation ont deux fonctions principales : 1) maîtriser ou modifier le problème qui introduit du stress dans l'environnement — on parlera alors de stratégie centrée sur la situation ; et 2) réguler la réponse émotionnelle du problème — on parlera alors de stratégie centrée sur l'émotion (Carver, Scheier & Weintraub, 1989 ; Endler & Parker, 1994). Dans les deux cas, des stratégies efficaces permettront de diminuer les conséquences négatives sur la santé et, par le fait même, d'empêcher l'apparition de la maladie. Les résultats de recherche montrent notamment que les individus qui vivent beaucoup de stress et qui ne mettent pas en œuvre des stratégies positives présentent plus de problèmes de santé (par exemple difficultés respiratoires, maladies infectieuses, déficits immunitaires, migraine, hypertension, asthme et arthrite rhumatoïde) (Brannon & Feist, 2000 ; Sarafino, 2002).

Les individus qui adoptent des stratégies négatives pour venir à bout d'une situation ont tendance à nier le problème, à le fuir, à l'oublier, à ne pas en parler. Souvent, ces personnes se servent de l'alcool et de la drogue pour supprimer en quelque sorte l'élément stressant. Manifestement, ils ne maîtrisent pas la situation et ils retirent de leur attitude plus d'inconvénients que de bénéfices.

Un bon exemple de stratégie négative et inactive que nous avons tous déjà utilisée au moins une fois dans notre vie est celle qui consiste à procrastiner. La procrastination se définit comme la tendance qui consiste à remettre à plus tard une action et qui s'accompagne d'un état de malaise moral. Ce phénomène est un bon exemple montrant les inconvénients d'une stratégie inadaptée. Dans le cadre d'une étude longitudinale menée auprès d'étudiants du niveau collégial, Tice et Baumeister (1997) ont comparé ceux qui procrastinent avec ceux qui ne le font pas. Ils ont d'abord mesuré le degré de procrastination dispositionnelle des étudiants, puis, en cours de session, ils ont vérifié comment ceux-ci se sentaient et quel était l'état de leur santé physique (maladie, symptômes, fréquence de consultation d'un médecin). Les résultats de leur étude ont montré que les étudiants qui présentent des degrés élevés de procrastination au début de la session sont ceux qui procrastinent le plus en fin de session. Par ailleurs, des résultats étonnants ont aussi été obtenus : les étudiants qui présentent des degrés de procrastination plus élevés sont moins stressés et en meilleure forme physique au début de la session que ceux qui présentent des degrés de procrastination moins élevés. Or, à la fin de la session, l'effet inverse survient : les étudiants qui présentaient des degrés de procrastination plus

FIGURE 14.2   Le modèle transactionnel du stress de Lazarus et Folkman (1984)

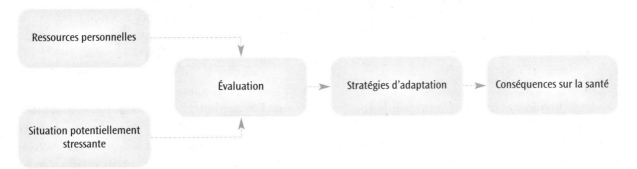

élevés au début de la session non seulement subissaient beaucoup plus de stress, mais aussi déclaraient être plus souvent malades, avoir plus de symptômes de maladie et avoir plus fréquemment consulté leur médecin au cours de la session que ceux qui présentaient des degrés moins élevés de procrastination au début de la session. Ces résultats sont fort intéressants, car ils montrent à quel point le fait de refuser de prendre la situation en main, en adoptant des stratégies négatives inadaptées (procrastination), a des conséquences néfastes sur la santé physique et mentale des individus.

À l'opposé, les individus qui adoptent une stratégie positive et proactive parviennent à réduire leur stress et à avoir moins de problèmes de santé (Aspinwall & Taylor, 1997). Par exemple, les stratégies mises en place par les diabétiques pour faire face au stress et mieux le gérer ont un effet positif sur leur ajustement à la maladie et, par le fait même, sur leur glycémie (Karlsen & Bru, 2002 ; Macrodimitris & Endler, 2001 ; Rubin & Peyrot, 2001). En conclusion, l'individu qui désire se maintenir en bonne santé physique et mentale a avantage à se doter de stratégies proactives. À cet fin, l'entourage peut être d'une aide utile.

Le soutien social. L'être humain possède un instinct grégaire. Il cherche à entrer en contact avec les autres, et les relations qu'il noue l'aident à faire face aux petits et aux grands problèmes de la vie. Selon Cohen et ses collègues (2000), le soutien social réfère à l'aide qui nous est fournie par les personnes qui nous entourent. Il joue un rôle thérapeutique en ce qui a trait à notre santé psychologique et physique. Que l'on pense, par exemple, au réconfort reçu à l'occasion de la première peine d'amour, d'une maladie, d'un stress engendré par des difficultés scolaires, etc. Le soutien des autres permet à l'individu de surmonter les difficultés, de résister au stress et de prévenir la maladie (Lafrenière, Ledgerwood & Docherty, 1997).

Une première manière de concevoir le soutien social consiste à considérer l'étendue des relations sociales d'un individu. Des études longitudinales d'envergure menées aux États-Unis sur une période de neuf à 12 ans montrent que plus les gens ont de relations sociales, plus ils vivent vieux. Ces résultats valent pour les hommes et les femmes, les riches et les pauvres et pour les gens de diverses origines ethniques (Berkman & Syme, 1979 ; House, Landis & Umberson, 1988). Il s'avère cependant limitatif de considérer le soutien social sous le seul angle de la quantité. La qualité des relations compte aussi beaucoup. Le fait de se sentir à l'aise de demander l'aide de quelqu'un dans une période difficile est tout aussi important que d'avoir de nombreux contacts sociaux (Evans & Lepore, 1993). En l'occurrence, la qualité de la relation et le degré d'intimité qu'elle comporte semblent être plus significatifs que le nombre de relations que l'individu entretient avec d'autres pour prédire son bien-être physique et psychologique.

Dans une récente étude, Helgeson et ses collègues (2000) ont observé que les groupes d'entraide dans lesquels plusieurs contacts sociaux sont établis ont un effet bénéfique sur la santé mentale et physique des femmes atteintes d'un cancer du sein. Or, les résultats de leur étude montrent aussi que celles qui vivent à la maison avec quelqu'un qui les soutient dans leur maladie ne ressentent pas le besoin de faire partie de ces groupes d'entraide et que, si elles le font, cela n'a guère d'effet sur leur santé en général. Ces résultats de recherche accréditent l'idée que le degré d'intimité dans la relation l'emporte sur la quantité de relations. Avoir une personne chère qui nous soutient améliore la qualité de notre vie. Parmi les personnes atteintes du cancer, celles qui sont mariées ont plus de chances de survivre au cancer pendant cinq ans que les personnes célibataires, divorcées ou veuves (Taylor, 1990). De même, les personnes qui ont subi une crise cardiaque risquent moins d'en être victime une deuxième fois lorsqu'elles vivent avec quelqu'un que lorsqu'elles vivent seules (Case *et al.*, 1992). De toute évidence, les relations intimes ont un effet bénéfique sur la santé physique des gens. Il faut cependant que la relation ne soit pas conflictuelle (Gallo *et al.*, 2003). Une étude de Kiecolt-Glaser et Newton (2001) montre, entre autres, que les relations conjugales conflictuelles augmentent le stress, la tension artérielle, les risques de dépression, d'abus d'alcool et de drogue. Somme toute, la qualité et la quantité des relations sont donc deux éléments qui doivent être pris en considération dans l'analyse de l'effet du soutien social sur la santé des individus.

Le soutien social peut prendre différentes formes : il peut s'agir d'un soutien moral (amour, empathie, sécurité), d'un soutien tangible (service, argent) ou d'un soutien informationnel (conseils, informations, rétroaction). Plusieurs recherches montrent que ces différentes formes de soutien ont un effet positif sur la santé, notamment sur celle des malades chroniques ou incurables (Helgeson & Cohen, 1996 ; Uchino, Cacioppo & Kiecolt-Glaser, 1996). Par exemple, les résultats d'une étude récente de Krohne et Slangen

(2005) menée auprès de patients qui doivent subir une chirurgie montrent que plus ces derniers reçoivent du soutien moral et informationnel, moins ils sont anxieux avant l'opération, moins la dose de narcotiques servant à l'anesthésie est élevée, plus leur séjour à l'hôpital après la chirurgie est court et mieux ils s'adaptent. Ces résultats concordent avec ceux de nombreuses autres recherches conduites dans le domaine (Bunzel & Wollenek, 1994 ; Jenkins, Stanton & Jono, 1994 ; Krohne, Slangen & Kleemann, 1996 ; Kulik & Mahler, 1989). Les résultats d'une autre étude, réalisée cette fois-ci auprès d'individus atteints du sida, montrent que les soutiens tangible, moral et informationnel réduisent tous la gravité de leur dépression (Taylor, 2002). Il semble toutefois que le

---

ENCADRÉ 14.1   Nos croyances religieuses ont-elles une influence sur notre santé ?

Les statistiques révèlent que le nombre de personnes qui ne pratiquent aucune religion est en hausse au Canada (Statistique Canada, 2004). En effet, le pourcentage de personnes ayant déclaré n'avoir aucune religion est passé de 1 % avant 1971 à 16 % en 2001 (Statistique Canada, 2003). Le groupe d'âge qui présente le plus fort pourcentage de non-appartenance à une religion est celui des 25-44 ans, et celui qui présente le pourcentage le plus élevé d'appartenance à une religion est celui des 55-64 ans. De telles statistiques sont-elles inquiétantes ? Selon la perspective dans laquelle on envisage la chose, on répondra par l'affirmative ou la négative. Or, du point de vue de la santé, l'absence de croyances religieuses peut être néfaste. Saviez-vous, par exemple, que les personnes qui pratiquent une religion boivent moins, fument moins et font plus d'activités physiques que les autres ? (Strawbridge *et al.*, 2001) Elles vivent aussi plus longtemps que celles qui ne pratiquent aucune religion (McCullough *et al.*, 2000). Quel est le lien entre la religion et la santé ? Les recherches faites dans le domaine de la santé suggèrent que les croyances religieuses sont une source importante de soutien moral et social. Ellison et George (1994) ainsi que Bradley (1995) ont indiqué que les personnes qui pratiquent leur religion et qui assistent aux offices religieux ont plus de chances de développer un réseau social, d'avoir des contacts de vive voix ou par téléphone que les autres. Ces personnes perçoivent davantage que le soutien apporté par leur entourage est de qualité. La religion permettrait ainsi de créer un réseau social qui peut s'avérer utile lorsque l'individu tombe malade. Toutefois, les croyances religieuses permettent-elles seulement de bénéficier d'un soutien

social ? Selon Contrada et ses collègues (2004), leurs bienfaits ne s'arrêtent pas là. Ces chercheurs ont montré que les croyances religieuses dépassent largement la notion de soutien de la part des autres. Dans leur étude menée auprès de 142 patients, ils ont constaté que la religion a un effet très bénéfique sur la convalescence des personnes qui ont subi une chirurgie cardiaque. Plus précisément, les résultats de cette étude montrent que ceux dont la croyance religieuse était forte présentaient moins de complications liées à la chirurgie et demeuraient moins longtemps à l'hôpital que ceux qui n'avaient pas de croyance religieuse. De plus, les résultats ont montré que ce sont les croyances spirituelles qui apparaissent comme une source de réconfort et facilitent l'adaptation au stress qui entoure la chirurgie (Pargament, 1997). En effet, quelle que soit la conviction religieuse qui est professée, la chirurgie cardiaque met en évidence l'importance de la religion et des croyances telles que celle en la vie éternelle. Ces résultats, bien que mitigés, s'accordent avec d'autres qui témoignent de l'effet positif de la croyance religieuse sur divers aspects de la santé (Koenig, McCullough & Larson, 2001). La religion apporte un soutien social et moral du fait du réseau de contacts qu'elle permet aux gens d'établir. Mais elle procure aussi une croyance spirituelle en un état meilleur susceptible d'aider l'individu à faire face à des événements stressants comme la chirurgie cardiaque (Contrada *et al.*, 2004). Bien que plusieurs recherches concluent au caractère bienfaisant des croyances religieuses, il demeure important de noter que de nombreux autres chercheurs s'interrogent sur la validité de ces résultats (Miller & Thoresen, 2003 ; Powell, Shahabi & Thoresen, 2003).

soutien moral, particulièrement s'il est exprimé par le conjoint, un membre de la famille ou des amis, est celui qui est le plus important pour les personnes atteintes du cancer du sein (Hegelson & Cohen, 1996). Pour sa part, le soutien informationnel semble n'avoir d'effet appréciable sur les femmes atteintes du cancer du sein que lorsqu'il provient des professionnels de la santé. Il importe donc d'apprécier la forme prise par le soutien et de se rappeler aussi qu'elle n'a pas le même effet chez tous les individus et dans toutes les situations.

L'observance du traitement et le maintien du changement

D'autres aspects importants en psychologie sociale appliquée au domaine de la santé sont certes ceux de l'observance du traitement et du maintien du changement. Dans les deux cas, le soutien social joue un rôle de premier plan. Considérons, par exemple, le cas des personnes qui présentent un désordre alimentaire (boulimie et anorexie) et qui suivent un traitement pour le faire cesser. Le traitement est très exigeant du point de vue émotionnel, et aussi en temps, en énergie (volonté de changement) et en argent (coût de l'intervention). Après le traitement, les patients vivent généralement plusieurs changements sur les plans psychologique, social et nutritionnel. Maintenir ces changements après la période de traitement au cours de laquelle le soutien social est reçu revêt une grande importance et représente un véritable défi pour les patients. Par ailleurs, des résultats de recherche montrent que le taux de rechute se situe entre 33 % et 63 %, et qu'il n'est pas rare de réadmettre des patients au programme de traitement des désordres alimentaires (Field *et al.*, 1997 ; Woodside, Kohn & Kerr, 1998). Or, selon les résultats d'une étude de Cockell et de ses collègues (2004), il s'avère qu'après le traitement, les patients qui peuvent parler ouvertement et honnêtement avec une autre personne et qui se sentent compris par elle maintiennent les habitudes nouvellement acquises et risquent moins de rechuter. Les résultats de cette étude montrent à quel point le soutien social est un

facteur déterminant dans le maintien d'un changement d'habitude à la suite d'une intervention.

De plus, le soutien social est aussi déterminant dans l'observance des traitements comme celui qui est prescrit aux personnes diabétiques. Les personnes atteintes de cette maladie chronique doivent suivre un traitement afin de maintenir un bon taux de glycémie. Ce traitement exige beaucoup de volonté et de discipline. Il suppose une prise des repas et des collations à des heures fixes, l'observance d'un régime alimentaire, une mesure du taux de la glycémie trois à quatre fois par jour et, pour plusieurs, il comprend aussi plusieurs injections d'insuline quotidiennes. Des résultats de recherche (Brannon & Feist, 2000 ; Williams, Freedman & Deci, 1998 ; Williams *et al.*, 2004) montrent que plus l'individu se sent soutenu par les professionnels de la santé, plus il suit son traitement et meilleur est son taux d'hémoglobine glyquée (HbA1c : moyenne du taux de sucre sanguin durant les trois derniers mois). Dans toutes les interventions, le soutien social offert au patient constitue une source de vitalité, de confiance et d'espoir (Horvath & Luborsky, 1993). Les professionnels de la santé qui informent les patients sur leur maladie, qui leur enseignent des moyens de s'adapter au changement et leur laissent la possibilité de faire des choix dans le traitement à suivre apportent au patient un soutien informationnel et augmentent, par le fait même, leur taux d'observance du traitement (Williams, 2002 ; Williams, Deci & Ryan, 1998). Cette forme de soutien s'est révélée déterminante dans le traitement de l'alcoolisme (Miller, 1985), de l'obésité (Mendonca & Brehm, 1983 ; Williams, Rodin *et al.*, 1998) et du diabète (Williams *et al.*, 2004). Le fait d'avoir la possibilité de faire des choix et de se sentir soutenu dans sa décision permet au patient de mieux comprendre pourquoi il suit son traitement et de sentir davantage qu'il contrôle celui-ci.

Les modèles visant à favoriser l'adoption d'un comportement de santé

Dans la section précédente, nous avons considéré les facteurs qui favorisent ou, au contraire, qui empêchent l'apparition ou la réapparition de la maladie. Dans cette section, nous présenterons des modèles ayant pour but la promotion de la santé. Nous traiterons en particulier de la façon d'amener les individus à changer leurs comportements de santé et à en adopter de plus sains.

Le modèle de la croyance à la santé. Plusieurs facteurs peuvent influencer les individus dans l'adoption d'un comportement de santé : les facteurs sociodémographiques (par exemple le statut socio-économique), l'accès au système de santé, la personnalité, le soutien social et les facteurs cognitifs (Taylor, 1991). En ce qui a trait aux facteurs cognitifs, ils consistent en deux concepts : 1) les croyances de l'individu relatives à la probabilité d'être atteint d'une maladie ; et 2) la perception qu'a l'individu qu'une action particulière lui permettra de prévenir cette maladie. L'examen des facteurs cognitifs est essentiel pour déterminer si l'individu adoptera ou non un comportement de santé. Par ailleurs, ces facteurs s'intègrent dans un modèle couramment utilisé en psychologie de la santé, le **modèle de la croyance à la santé** (Janz & Becker, 1984 ; Rosenstock, 1974, 2000). Ce modèle, conçu en 1950 par Hochbaum, Rosenstock et Kegels, a pour but de promouvoir des mesures préventives (par exemple l'immunisation). Plus précisément, il indique les facteurs qui doivent être pris en compte dans la rédaction de messages persuasifs concernant la santé. Le modèle de la croyance à la santé a des points communs avec la théorie de l'action raisonnée (Fishbein & Ajzen, 1975) en ce qu'il considère, lui aussi, que l'individu est entièrement maître de son comportement. Or, contrairement à la théorie de l'action raisonnée, le modèle de la croyance à la santé propose qu'il existe un lien direct entre les croyances et le comportement, et non pas un lien indirect constitué par la variable médiatrice, qui est l'intention du comportement. Dans sa version initiale, le modèle de la croyance à la santé postule que les actions de l'individu qui visent à protéger sa santé sont influencées par des facteurs comme la *vulnérabilité perçue*, la *gravité perçue*, les *coûts et bénéfices des actions entreprises* et les *incitatifs à agir*. La figure 14.3 permettra de mieux comprendre ce modèle. Les facteurs qui le composent sont décrits

FIGURE 14.3　**Le modèle de la croyance à la santé**

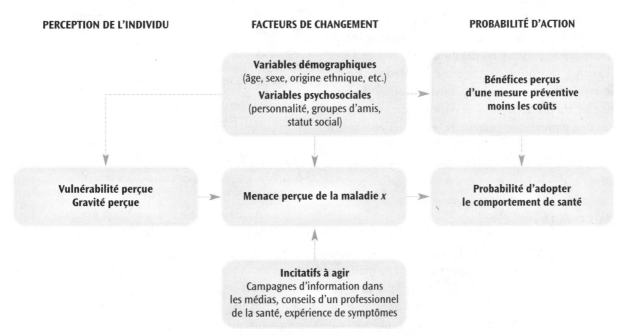

dans la section qui suit et un exemple est présenté pour chacun d'eux.

La vulnérabilité perçue. Il s'agit de la perception subjective qu'une personne a du risque de contracter une maladie. Le degré de vulnérabilité dépend des connaissances qu'a l'individu de la maladie et de ses chances de la contracter. Par exemple, un adolescent qui a des relations sexuelles sans condom avec plusieurs partenaires pourrait craindre davantage de contracter le VIH/sida. S'il connaît la nature de cette maladie et les risques qu'il court, il se sentira plus vulnérable, et cela pourra l'inciter à utiliser le condom.

La gravité perçue. Impressions concernant la gravité de la maladie quand elle est contractée ou qu'elle n'est pas traitée. Plus l'individu perçoit que la maladie est grave, plus il sera motivé à agir de façon à la prévenir. Par exemple, l'adolescent qui connaît les conséquences désastreuses du VIH/sida sera encore plus motivé à utiliser un condom.

Ces deux derniers éléments du modèle amènent l'individu à croire que sa santé est menacée. En conséquence, cela le motive à réaliser les buts qu'il s'est fixés.

Les coûts et bénéfices. Il s'agit d'une analyse de rapport que fait l'individu concernant le traitement et les comportements qu'il doit adopter. Dans l'exemple que nous avons donné, l'adolescent évalue le rapport entre les inconvénients (coûts) de l'utilisation du condom (sensation moins forte ou embarras d'en parler à son partenaire) et les bénéfices qu'il en tire (prévention contre le VIH/sida et assurance de vivre en santé). L'adolescent qui fait l'analyse des coûts et des bénéfices, et qui conclut que le condom comporte plus d'avantages que d'inconvénients sera plus enclin à l'utiliser.

Les incitatifs à agir. Il s'agit d'un rappel concernant le problème de santé possible. Les incitatifs sont de deux ordres : l'incitatif externe (par exemple recommandations d'un professionnel de la santé ou annonce dans les médias) et l'incitatif interne (par

exemple apparition de symptômes de la maladie). À l'école, plusieurs méthodes sont utilisées pour encourager les jeunes à utiliser le condom. Il peut s'agir de messages tels que : « Sans préservatif, c'est avec le SIDA que vous faites l'amour. Protégez-vous. » On peut aussi inscrire sur le matériel scolaire la phrase : « Sortez couvert ». Plus il y a d'incitatifs à utiliser le condom, plus l'adolescent sera motivé à l'adopter.

Naturellement, il faut aussi tenir compte des facteurs démographiques et psychosociaux pour aider l'analyse du comportement et comprendre la motivation de l'adolescent à utiliser un condom.

Le modèle de la croyance à la santé s'est révélé fort utile pour prédire l'adoption de comportements sains. En 1975, Becker et Maiman ont remanié le modèle et y ont ajouté d'autres variables comme les *valeurs accordées à la santé* et le *sentiment d'efficacité*. Les résultats de recherche de Becker ont montré que la motivation à adopter des comportements de santé variait suivant la valeur que les individus accordaient à leur santé. Ces résultats indiquent que les adolescents qui ne valorisent pas leur santé ne sont pas motivés à utiliser un condom. De la même manière, les résultats de nombreuses autres recherches ont montré que le sentiment d'efficacité de l'individu au regard du nouveau comportement à adopter est aussi un élément déterminant qu'il importe de considérer (par exemple Garcia & Mann, 2003 ; Norman & Brain, 2005). Le sentiment d'efficacité a rapport au degré de confiance et d'habileté que l'individu croit posséder lorsqu'il pense au comportement de santé à adopter (Bandura, 1997). Par exemple, l'adolescent qui sait comment utiliser le condom et qui a confiance dans la méthode fait preuve d'un meilleur contrôle et, par le fait même, éprouve le sentiment d'être plus efficace.

Le modèle de la croyance à la santé a fait l'objet de nombreuses études (voir Harrison, Mullen & Green, 1992, pour une méta-analyse des études qui ont porté sur l'utilisation de ce modèle avec des adultes ; Norman & Brain, 2005). Plusieurs programmes basés sur le modèle ont été conçus pour promouvoir d'autres comportements de santé, comme ceux portant sur l'abandon du tabac, l'exercice physique, le port du casque protecteur à vélo et la vaccination contre les maladies infectieuses (Champion, 1990 ; Sheeran & Abraham, 1996 ; Stacy & Loyd, 1990 ; Taylor, 2002). Bien que le modèle de la croyance à la santé soit perçu comme un précurseur des théories sur l'éducation en matière de santé, il présente tout de même certaines lacunes : 1) plusieurs études n'ont pu reproduire qu'en partie les effets escomptés des variables du modèle ; et 2) toutes les études n'opérationnalisent pas nécessairement de la même manière les variables que comporte le modèle et elles ne les mesurent pas non plus de façon identique (Bishop, 1994).

La théorie du comportement planifié. Le but premier de tous les programmes d'éducation en matière de santé est de changer les habitudes de vie des gens pour qu'ils soient en meilleure santé : perdre du poids, faire de l'activité physique, cesser de fumer, utiliser de la crème solaire, etc. (Hooker *et al.*, 2005 ; Keller *et al.*, 2005 ; Saraiya *et al.*, 2004 ; Steinbeck, 2005). Une des théories largement étudiées en psychologie sociale est celle du comportement planifié de Ajzen (1991). Cette théorie est décrite au chapitre 6, portant sur les attitudes. Elle est utile pour comprendre comment changer les comportements de santé des gens. Selon cette théorie, si on veut qu'un individu modifie son comportement, il faut d'abord l'amener à changer ses intentions de comportement. L'individu adoptera de saines habitudes s'il a l'intention arrêtée de le faire.

Prenons l'exemple de Juliette, une adolescente de 16 ans qui travaille comme sauveteuse dans une piscine extérieure à Québec. Juliette est ravissante et elle aime bien pouvoir profiter du soleil tout en travaillant. Elle aime se faire bronzer, mais elle est aussi informée du danger que l'exposition au soleil représente pour la peau. L'*intention* de Juliette d'utiliser de la crème solaire sera influencée par différentes composantes de la théorie du comportement planifié. D'emblée, Juliette souscrit à l'idée d'utiliser une crème solaire. Elle sait qu'elle risque de développer un cancer de la peau si elle s'expose au soleil sans crème et elle croit qu'il est important pour sa santé d'utiliser un écran solaire. De plus, sa décision de faire usage de la crème solaire sera influencée par les *normes subjectives*, c'est-à-dire par ce que les autres pensent de cette mesure préventive, et par sa motivation à se conformer à ce que les autres en pensent. Juliette sait que ses parents et ses amis désapprouvent qu'elle s'expose au soleil sans crème solaire. Or, les autres sauveteurs avec qui elle travaille font peu de cas de cette mesure préventive. Comme ils veulent bronzer rapidement, il n'utilisent pas la crème. À ce stade-ci de l'analyse, il est difficile de déterminer si Juliette fera ou non usage de la crème solaire. Comme ses proches (parents et amis) l'encouragent à le faire, il y a de fortes chances qu'elle y soit motivée. Un dernier facteur est à considérer : la *perception de contrôle* du comportement. Ce facteur réfère au degré de contrôle que l'individu perçoit avoir sur le comportement à adopter. La perception de contrôle est influencée par le sentiment d'efficacité de l'individu (Ajzen, 1998). De toute évidence, Juliette perçoit qu'elle a le contrôle de ce comportement. Nous pouvons ainsi conclure que Juliette adoptera la saine habitude de s'enduire la peau de crème solaire.

Il arrive parfois que la personne ne se sente pas en contrôle. Considérons, par exemple, le cas d'une personne qui veut abandonner la cigarette et qui a déjà essayé plusieurs fois de le faire, sans succès. Il est probable que cette personne se sente peu confiante de pouvoir changer son comportement. Bien qu'elle soit entourée de gens qui l'encouragent à arrêter de fumer et qu'elle soit motivée à se conformer à ce que ces personnes veulent, il est difficile de dire si elle cessera de fumer pour de bon vu sa faible perception de contrôle. La majorité des études consacrées à la théorie du comportement planifié montrent que la perception de contrôle est le facteur qui influe le plus sur l'intention d'adopter le comportement et sur le comportement en lui-même (Stroebe & Stroebe, 1995). Il semble toutefois qu'en augmentant l'efficacité de l'individu, on le fortifie dans la conviction qu'il a de contrôler le comportement qu'il a l'intention de changer. Il convient donc de procéder de la sorte dans l'application des programmes de promotion de la santé.

Le modèle transthéorique ou modèle des stades de changement. Les psychologues de la santé s'entendent pour dire que les individus qui veulent changer un comportement pour être en meilleure santé ne sont pas tous nécessairement au même stade dans le processus de changement. Supposons, par exemple, que deux individus veuillent cesser de fumer. L'un pourrait avoir simplement envisagé de cesser dans quelques mois, alors que l'autre pourrait déjà avoir réduit considérablement le nombre de cigarettes qu'il fume chaque jour. Il conviendrait peu d'intervenir de la même manière avec ces deux personnes, puisqu'elles ne sont pas au même stade. C'est pour résoudre ce genre de situation que Prochaska et DiClemente (1983, 1986) ont élaboré le **modèle transthéorique**, aussi appelé modèle des stades de changement. Ce modèle a pour but de présenter les différents stades du changement d'un comportement de santé. Selon les auteurs, c'est l'effet du stade de changement qui est le plus important déterminant du comportement de santé. Les stades du changement sont la *précontemplation*, la *contemplation*, la *préparation*, l'*action* et le *maintien*. Au stade de la *précontemplation*, l'individu n'a pas l'intention d'abandonner le comportement nuisible à sa santé. Le comportement ne lui apparaît pas problématique et, dans le meilleur des cas, il ne serait prêt à l'abandonner que dans un avenir lointain (plus de six mois). Au stade de la *contemplation*, l'individu envisage sérieusement de changer son comportement dans les six mois à venir. S'il ne passe pas à l'action dans les délais, il demeurera à ce stade durant quelques années (en moyenne deux ans). Au stade de la *préparation*, l'individu a l'intention de changer de comportement dans le mois qui suit. Il sait déjà quelles sont les actions qu'il lui faudra accomplir pour enrayer le comportement nuisible. Parfois, les individus qui ont déjà tenté sans succès de modifier un comportement se retrouvent à ce stade, prêts à

recommencer. Au stade de l'*action*, l'individu parvient à changer son comportement. Toutefois, à ce stade moins stable, l'individu est exposé à reprendre ses vieilles habitudes. Après avoir connu du succès durant les six mois que dure le stade de l'*action*, l'individu accède au stade du *maintien*. Durant cette période, il continue de maintenir le comportement de santé qu'il a adopté jusqu'à ce qu'il n'y ait plus de risque de rechute.

Plusieurs recherches en psychologie sociale de la santé ont tenté de résoudre des problèmes de consommation d'alcool et de cigarettes, de jeux, etc., à l'aide du modèle transthéorique. D'ailleurs, les résultats d'une étude menée auprès de 4 653 fumeurs ont montré que grâce à des interventions qui correspondent au stade où les fumeurs sont rendus et qui les font progresser d'un seul stade, le pourcentage d'abstinence est supérieur à 75 %. Les interventions qui font progresser les gens de deux stades font grimper ce pourcentage à 300 % (Prochaska *et al.*, 2004). Il va sans dire qu'il importe de respecter les stades de l'intervention pour arriver aux résultats désirés. Les résultats de cette étude s'accordent avec ceux d'autres études menées auprès de fumeurs souffrant d'une maladie cardiovasculaire et d'un cancer de la gorge (Prochaska, DiClemente & Norcross, 1992). Le modèle transthéorique véhicule aussi une vision optimiste du changement de comportement de santé. Considérons, par exemple, le cas d'un individu qui suit son plan alimentaire depuis six mois et qui, un jour, rechute dans son penchant. Ne sacrifiant pas à la mentalité du « tout ou rien », le modèle voit la rechute comme un simple recul dans le processus. L'individu rétrogradera simplement du stade de l'action au stade de la préparation et, moyennant une intervention adaptée au stade où il est rendu, il n'aura qu'à poursuivre le processus.

Il va sans dire que la psychologie sociale appliquée au domaine de la santé répond à la fois à des intérêts individuels et à des intérêts sociaux, notamment en ce qui concerne la mise sur pied de mesures et de programmes destinés à promouvoir la santé et à encourager la prévention.

LA PSYCHOLOGIE SOCIALE APPLIQUÉE AU DOMAINE DE LA JUSTICE

L'appareil judiciaire constitue une société miniature où interagissent une diversité d'acteurs. Les enquêteurs, les témoins, le juge et les membres du jury en sont des exemples. Idéalement, ces acteurs doivent être justes et impartiaux. Or, une foule de variables psychosociales telles que les stéréotypes et les préjugés peuvent altérer leur jugement et leurs comportements. Comme les enquêtes et les procès ont des effets éminemment sérieux, il est nécessaire de connaître les facteurs psychosociaux qui influencent le système judiciaire et comment s'opère cette influence. Mais il importe d'abord de se familiariser avec certaines procédures utilisées dans les procès.

La sélection du jury

> Le jury est l'un des grands protecteurs du citoyen puisqu'il est composé de douze personnes qui expriment collectivement le bon sens de la société.
>
> (Henry Morgentaler c. Sa Majesté la Reine.)
> (Cour suprême du Canada, 1988.)

Les procédures légales de sélection du jury. Lorsqu'un individu plaide non coupable aux chefs d'accusation portés contre lui, il est cité à comparaître en cour. Pour être jugé, il a alors le choix entre un tribunal composé d'un juge seul et un tribunal formé d'un juge et d'un jury. Au Canada, le procès devant jury se déroule à peu près de la même manière que le procès sans jury. La principale différence est que, dans le second cas, c'est le juge, et non le jury, qui décide de la culpabilité de l'accusé. Le procès de Paul Bernardo est un bon exemple de procès devant jury. Rappelons-nous qu'au début des années 1990, ce citoyen de St. Catharines (Ontario) a été reconnu coupable à deux chefs d'accusation de meurtre au premier degré, enlèvement, séquestration et agressions sexuelles graves (Campbell, 1996). Au Canada, le jury est composé de 12 jurés choisis parmi les citoyens de la communauté où est situé le tribunal. Ces derniers sont choisis au hasard dans les listes

électorales. Cette méthode permet d'éliminer toute discrimination et de convoquer à la cour un groupe de citoyens représentatifs de la communauté. On appelle ce groupe un *tableau des jurés*. Le tableau des jurés est convoqué devant le tribunal, où l'on procède au choix des jurés qui constitueront le jury. Ce sont le juge et les avocats représentant la Couronne (la poursuite) et l'accusé (la défense) qui décident de la composition du jury (ministère de la Justice du Canada, 2005b ; ministère de la Justice du Québec, 2005).

Une fois les candidats jurés présélectionnés par le juge, les avocats peuvent récuser des jurés de deux manières : par une **récusation motivée** et par une **récusation péremptoire.** La récusation motivée est une exclusion fondée sur des motifs sérieux tels que ceux qui sont constitués par des croyances, des opinions ou des préjugés qui empêchent le candidat juré de prendre une décision basée sur la preuve (Dufresne, 2001). Comme il est difficile de prouver l'impossibilité pour l'individu d'être impartial, les avocats préfèrent procéder selon une récusation péremptoire. Dans ce cas, les avocats n'ont pas à justifier les raisons qui les amènent à refuser certains candidats et à en admettre d'autres. Ce type de récusation laisse plus de liberté aux avocats dans le choix du jury, mais il comporte un maximum de 20 récusations pour les procès pour meurtre, et de 12 pour la plupart des autres crimes. Évidemment, les avocats ont intérêt à faire des choix judicieux. Dans l'affaire Bernardo, ce n'est qu'au terme de cinq longues journées d'auditions que les avocats sont parvenus à s'entendre sur la composition du jury : huit hommes et quatre femmes ont été assermentés comme jurés à ce procès devenu historique (Vidmar & Schuller, 2001).

En vue d'aider les avocats à utiliser au mieux les récusations péremptoires, des chercheurs ont analysé les variables psychosociales qui influencent les jurés au cours du procès.

Les facteurs qui influent sur la sélection du jury. Bien que les premiers travaux sur la sélection du jury remontent à plus de 20 ans, de nombreuses recherches portent encore aujourd'hui sur cette question. L'objectif commun de ces recherches est de cerner les variables psychosociales susceptibles d'influencer le travail des jurés afin de mieux prédire leur verdict. À ce jour, deux principaux types de variables psychosociales retiennent l'attention des chercheurs et des avocats, à savoir les caractéristiques sociodémographiques et les attitudes des jurés. Les prochaines sections traitent de l'analyse de ces facteurs par les avocats. On y abordera également les innovations visant à mieux déceler les biais et les préjugés manifestes des jurés au moment de leur sélection.

Les facteurs sociodémographiques. La recherche en psychologie sociale montre que l'impression que se forment les avocats au sujet de chacun des candidats jurés est basée sur des facteurs sociodémographiques (genre, ethnie, niveau d'instruction et statut socio-économique) et que, pour ce faire, les avocats s'appuient sur leurs théories implicites de la personnalité (Fulero & Penrod, 1990). Selon Leyens (1983), les théories implicites de la personnalité sont des croyances générales, non scientifiquement fondées, qui concernent autrui et qui ont pour but d'expliquer ou de prédire son comportement (voir le chapitre 8 sur les relations interpersonnelles). En général, ces impressions émanent de trois sources : des caractéristiques physiques (Machover, 1949), des informations verbales (Asch, 1946) et de l'appartenance à un groupe (les stéréotypes culturels ; Leyens, 1983). Évidemment, dans leur sélection, les avocats tentent délibérément de prédire quels sont les jurés favorables ou défavorables à leur cause. Il n'est donc guère surprenant de constater que les recherches en psychologie sociale qui ont pour objet d'étudier l'influence des facteurs sociodémographiques liés aux jurés sur l'établissement des verdicts sont très nombreuses (Dane, 1992 ; Dane & Wrightsman, 1982 ; Kerr *et al.*, 1995 ;

Sommers & Ellsworth, 2001). Or, à ce jour, les résultats de ces recherches sont loin d'être concluants (Fulero & Penrod, 1990 ; Hastie, Penrod & Pennington, 1983). Malgré tout, les avocats s'y réfèrent et persistent à croire à certaines idées qui ne sont, ni plus ni moins, que des croyances populaires. Par exemple, on croit qu'il est préférable que l'avocat de la défense choisisse des athlètes, parce qu'ils ont moins de sympathie pour les victimes fragiles ou blessées, et des jurés de la même origine ethnique que l'accusé, parce qu'ils sont moins portés à rendre un verdict de culpabilité. Par ailleurs, du côté de la poursuite, les avocats croient qu'il est préférable de choisir des femmes jurées dans les procès pour des crimes sexuels graves, parce que les hommes ont tendance à penser que les victimes sont consentantes. De plus, les croyances populaires veulent que les jurés âgés, peu instruits et de milieu pauvre favoriseraient la poursuite plutôt que la défense.

En résumé, bien que les résultats de recherche en psychologie sociale montrent que les variables sociodémographiques telles que le sexe, l'âge et le statut socioéconomique influencent la sélection des jurés, celles-ci ne permettent pas de prédire de manière absolue le verdict d'un jury. Il en va tout autrement des résultats des études menées sur les attitudes des jurés à l'égard des crimes qu'ils doivent juger. La prochaine section traite de l'analyse des attitudes des jurés par les avocats.

Les attitudes. Plusieurs recherches en psychologie sociale ont analysé le rôle des attitudes dans la prédiction des comportements (Ajzen, 1989 ; Martin & Cohn, 2004 ; O'Neil, Patry & Penrod, 2004 ; Worthington, 2004). Les études les plus importantes dans ce secteur de la recherche ont porté sur le **Voir Dire**[1], une particularité du système judiciaire américain. En résumé, le Voir Dire est l'ensemble des auditions au cours desquelles les avocats interrogent tour à tour les candidats jurés sur divers sujets susceptibles d'influencer leur verdict. Ainsi, à la différence des avocats canadiens, les avocats américains ont la possibilité d'analyser les attitudes des candidats avant de faire leur sélection. Les avocats américains

---

1. La procédure du Voir Dire, utilisée aux États-Unis, diffère de la procédure du voir-dire, qui a cours au Canada. Dans le premier cas, il s'agit d'une procédure que l'on applique au moment de la sélection d'un jury alors que dans le deuxième cas, il s'agit d'une procédure à laquelle on a recours pour débattre de l'admissibilité d'un élément de preuve.

s'intéressent aux opinions et aux croyances des candidats concernant différents problèmes de société et différentes causes criminelles. Les recherches dans ce secteur révèlent notamment que les attitudes des jurés à l'égard de la nature d'un crime (par exemple homicide, vol, viol) permettent de prédire efficacement l'orientation de leur jugement. Par conséquent, les Américains dépensent des sommes impressionnantes pour choisir les jurés qui sont favorables à leur cause. D'ailleurs, la sélection des jurés est une industrie prospère aux États-Unis. Elle représente un chiffre d'affaires de plus de 400 millions de dollars par année et comprend plus de 400 firmes spécialisées (Strier, 1999 ; Cutler, 1990). Par ailleurs, la *sélection scientifique du jury*, une méthode américaine fort controversée en matière de sélection des jurés, retient particulièrement l'attention des avocats canadiens.

La sélection scientifique du jury. Cette méthode a été élaborée dans les années 1970 par Jay Schulman, un sociologue américain qui a été appelé à aider l'avocat d'un groupe d'activistes opposés à la guerre du Vietnam dans la sélection des jurés. Schulman et ses collègues (1973) ont d'abord interrogé 840 résidents de la communauté où se déroulait le procès. Ils leur demandaient des informations d'ordre démographique (genre, ethnie, âge, niveau de scolarité) ainsi que des précisions concernant leur attitude à l'égard de la cause en question (gouvernement, guerre et dissidence politique). Les chercheurs ont ensuite fait des analyses corrélationnelles des données recueillies. C'est d'ailleurs en raison de l'utilisation d'analyses statistiques que cette méthode est appelée « sélection scientifique du jury ». Grâce aux résultats des analyses, Schulman et son équipe ont dressé un profil du juré favorable à la défense (c'est-à-dire favorable aux activistes). Par la suite, au moment des Voir Dire, l'avocat responsable de la défense des activistes a interrogé les candidats et utilisé ses récusations péremptoires en vue de choisir le plus grand nombre possible de jurés correspondant au profil

type. Contre toute attente, 10 des 12 jurés ont rendu un verdict qui était favorable à la défense.

Malgré les résultats de cette recherche, la méthode de la sélection scientifique du jury est d'application difficile, et très peu de données existent sur le sujet. Néanmoins, les résultats de recherche montrent que les attitudes influent sur les verdicts et que les sondages auprès de la population aident les avocats à reconnaître les attitudes souhaitées chez le juré au moment de la sélection du jury. Par ailleurs, la rémunération des consultants et le travail d'enquête auprès de la population sont très onéreux. Ainsi, seuls les clients riches peuvent profiter des recherches en matière de sélection des jurys. On est ainsi conduit à se poser la question suivante : est-il possible d'acheter un jury ? Quel en est le prix ? Dans cet ordre d'idée, il convient de penser au procès d'O.J. Simpson. Certains sont d'avis que les innovations en matière de sélection des jurys affectent l'administration de la justice, puisqu'elles permettent aux avocats de choisir un jury qui leur est favorable plutôt qu'un jury impartial (Kressel & Kressel, 2002). D'autres pensent plutôt que les avocats ont le droit de vouloir être le plus renseignés possible sur les variables psychosociales qui influencent les jurés. Mais quels types de biais peut-on retrouver chez les candidats jurés ? Et comment les avocats s'y prennent-ils pour les déceler ?

Les biais observés chez les candidats jurés. Plusieurs recherches en psychologie sociale ont été consacrées à l'étude des biais présents chez certains jurés (Fiske & Taylor, 1991 ; Fulero & Penrod, 1990 ; Haney, 1984 ; Hastie *et al.*, 1983 ; Kerr *et al.*, 1995 ; Platz & Hosch, 1988). Ainsi, on a montré que les jurés peuvent avoir des préjugés favorables à l'égard de la Couronne et à l'égard de la défense. On appelle **biais d'indulgence** les attitudes qui favorisent la défense (MacCoun & Kerr, 1988). Entre autres, le biais consistant à penser que « ce qui est beau est bon » a été largement étudié dans le contexte judiciaire, et on a pu démontrer que certains candidats jurés avaient tendance à être indulgents ou cléments à l'égard d'un accusé physiquement attrayant (à ce sujet, voir aussi le chapitre 8 sur les relations interpersonnelles). Un exemple de ce biais nous est fourni par l'attitude à l'égard de Karla Homolka. Rappelons qu'à l'époque de son procès, les médias l'avaient surnommée « Barbie » parce qu'elle était blonde, jeune et jolie. Bien que le procès ne se soit pas déroulé devant un jury, plusieurs sont d'avis que l'image présentée par la défense a réussi à tromper le système judiciaire canadien. Par ailleurs, on appelle **biais d'autoritarisme** les attitudes qui favorisent la Couronne et qui tendent ainsi à ne pas tenir compte du droit de l'accusé à la présomption d'innocence jusqu'à preuve du contraire (Narby, Cutler & Moran, 1993). Les études montrent que ce biais est généralement présent chez les candidats jurés qui veulent être associés à une figure d'autorité, et qui sont intolérants envers les accusés et toutes les personnes qui sont différentes d'eux (exogroupe) telles que les homosexuels ou les personnes d'autres origines ethniques (Narby *et al.*, 1993). Le tableau 14.1 présente quelques énoncés du *Juror Bias Scale*, un instrument utilisé pour évaluer dans quelle mesure un candidat juré est enclin à favoriser la Couronne ou la défense (Kassin & Wrightsman, 1983 ; Lecci & Myers, 2002).

Les préjugés des candidats jurés. Il arrive que, dans des causes judiciaires, une des parties allègue que justice n'a pas été rendue en raison d'un préjugé manifeste chez le jury. Les travaux de Johnson (1985) et de Pfeifer (1990) soulignent notamment qu'il est plus facile pour les membres d'un jury de rendre un verdict de culpabilité lorsque l'accusé appartient à une autre origine ethnique que la leur. Plusieurs recherches se sont donc intéressées aux *préjugés* qui influencent injustement l'issue des procès, c'est-à-dire les verdicts (Ellsworth, 1991 ; Sommers & Ellsworth, 2001 ; Schuller & Yarmey, 2001 ; Vidmar, 1997, 1999 ; Vidmar & Schuller, 2001). À ce sujet, Vidmar (1997, 1999) propose quatre catégories de préjugés qui peuvent biaiser de diverses façons l'issue d'un procès, et dont le juge et les avocats doivent faire l'examen : le *préjugé fondé sur l'intérêt*, le *préjugé dû au conformisme*, le *préjugé générique* et le *préjugé spécifique*.

TABLEAU 14.1 **Énoncés du *Juror Bias Scale* servant à déceler les biais favorables envers la Couronne et la défense.**

	Fortement en accord 1	Modérément en accord 2	Neutre 3	Modérément en désaccord 4	Fortement en désaccord 5
1. Trop de personnes innocentes sont emprisonnées à tort.					
2. Trop souvent, les jurés hésitent à condamner l'accusé par excès de sympathie.					
3. Le suspect qui fuit ou évite les autorités est probablement l'auteur du crime.					
4. Lorsqu'un individu commet un délit mineur ou un crime sans faire de victimes (par exemple possession de marijuana), la justice devrait être clémente pour elle et ne pas le condamner.					

Note: Les items 1 et 4 ont rapport avec un biais favorable à la défense, et les items 2 et 3, avec un biais favorable à la Couronne.

Source : Adapté de Kassin & Wrightsman (1983).

Le *préjugé fondé sur l'intérêt* se rencontre chez le juré qui est mêlé de près ou de loin à l'affaire jugée en ce qu'il a un intérêt personnel dans le procès ou qu'il a des relations économiques, sociales ou familiales avec le défendeur, la poursuite ou les témoins. Par exemple, dans une cause où la poursuite a voulu démontrer que, parce qu'elle avait insuffisamment testé un médicament, une société pharmaceutique avait causé la mort d'une personne, l'avocat de la défense a demandé à la cour de récuser un candidat juré qui avait déjà fait usage du médicament en question. Quant au *préjugé dû au conformisme*, il s'observe chez un juré qui appartient à une communauté manifestant un vif intérêt pour le procès et qui, au lieu de tenir compte, dans son jugement, uniquement des éléments de preuve présentés en cour, tend à faire valoir certaines idées véhiculées dans sa communauté. Une cause d'agressions sexuelles sur des enfants dans laquelle l'accusé est le curé d'une petite paroisse constitue un bon exemple de ce type de biais. Le *préjugé générique* consiste, quant à lui, en des croyances ou en des attitudes stéréotypées du juré concernant certains groupes sociaux ou des événements. Comme les stéréotypes représentent des croyances généralisées, ils incitent habituellement le juré à se forger une opinion erronée des personnes impliquées dans le procès (par exemple défendeur, poursuivant et témoins) ou de la cause (par exemple la nature du crime). Les préjugés raciaux ou ethniques, les préjugés sexistes ainsi que les préjugés contre les personnes accusées d'agression sexuelle en sont de bons exemples (Egbert *et al.*, 1992 ; Mazzella & Feingold, 1994 ; Moore *et al.*, 1994). Enfin, le *préjugé spécifique* a rapport aux attitudes et aux croyances qui empêchent le juré de juger impartialement de la culpabilité ou de l'innocence de l'accusé. La publicité donnée dans les médias à l'affaire portée devant les tribunaux et les opinions exprimées dans la communauté au sujet de celle-ci contribuent à l'éclosion du préjugé spécifique (Ogloff & Vidmar, 1994).

Le préjugé spécifique est le type de biais qui a été le plus étudié en psychologie sociale. L'étude de Kramer, Kerr et Carroll (1990) montre que les faits publicisés par les journaux influent sur le jugement des jurés. Les participants à cette étude ont été aléatoirement assignés à deux conditions. Les participants assignés à la première condition ont lu des coupures de journaux dont le contenu était neutre (par exemple date, lieu, nombre de victimes, nature du crime), tandis que les participants assignés à la seconde condition ont lu des coupures de journaux dont le contenu était incriminant (par exemple dévoilement de l'existence d'un casier judiciaire). Ensuite, tous les participants ont regardé la bande vidéo du procès dont il était question dans les journaux (il s'agissait d'un procès concernant un vol à main armée). Dans la condition « absence de matériel incriminant », 33 % des participants étaient convaincus de la culpabilité du suspect, alors que, dans la condition « présence de matériel incriminant », 48 % des participants étaient convaicus de la culpabilité du suspect. Signalons qu'on avait demandé à tous les participants de fonder leur verdict uniquement sur la preuve présentée au procès. Les résultats de cette étude montrent toute l'importance de déceler la présence du *préjugé spécifique* chez les jurés potentiels. Par ailleurs, les résultats de recherche indiquent que le juré potentiel est davantage convaincu de la culpabilité de l'accusé quand ce dernier et le crime ont été l'objet d'une vaste couverture dans les médias avant le procès (Kovera, 2002 ; Moran & Cutler, 1991).

La loi canadienne oblige à utiliser un certain nombre de procédures destinées à empêcher la présence de biais chez les membres du jury. Le juge a ainsi le pouvoir d'écarter les candidats jurés qui ont des préjugés manifestes. C'est ce que l'on appelle la *présélection judiciaire* du tableau des jurés (Rescol canadien, 1998). Or, dans certaines causes criminelles, il arrive qu'un préjugé est à ce point répandu dans une communauté que le juge soit en droit de conclure que tous les jurés qui en font partie sont incapables de rendre un verdict impartial. L'affaire Paul Bernardo et l'affaire Robert Gillet (procès sur la prostitution juvénile) témoignent de ce genre de situation. Dans les causes criminelles très publicisées, le juge peut décider de remettre à plus tard la tenue du procès en faisant valoir que le temps aura raison des rumeurs et des souvenirs concernant la publicité donnée à l'affaire. Les études montrent toutefois que la remise à plus tard atténue seulement les effets négatifs des données factuelles qui ont été médiatisées (date et lieu du crime, chefs d'accusation) et non pas ceux des informations à contenu émotif (informations qui ne portent pas sur le cas, mais qui suscitent des sentiments négatifs à l'égard de l'accusé) (Kramer *et al.*, 1990). Ainsi, dans les causes de meurtre, les individus se rappellent plus difficilement les circonstances exactes du crime que le souvenir d'une famille éprouvée. Par ailleurs, il semble qu'en plus de faire oublier certains éléments qui ont été médiatisés, la remise à plus tard du procès efface aussi le souvenir exact des faits de la mémoire des témoins oculaires (Vidmar & Schuller, 2001). Par conséquent, bien que le report du procès à une date ultérieure préserve le droit de l'accusé à être jugé devant les membres de sa communauté, les juges hésitent à le prononcer dans des causes hautement médiatisées et controversées. La solution de rechange la plus commune au report du procès consiste à transporter le procès dans une autre communauté. De cette façon, le préjugé envers l'accusé est moins répandu (Vidmar & Schuller, 2001). C'est ce qui a été constaté au procès de Paul Bernardo. Celui-ci devait avoir lieu dans la ville de St. Catharines, mais on a décidé de le transférer à Toronto, où l'affaire était l'objet de moins de rumeurs et de publicité. Rappelons que, avant le procès, 980 personnes ont été convoquées comme candidats à une séance de sélection des jurés dans cette affaire (Vidmar & Schuller, 2001). En général, la cour convoque une centaine de personnes. De ce nombre, seulement 15 à 20 sont retenues pour former le jury. Les mesures prises dans l'affaire Bernardo sont exceptionnelles, car elles contreviennent à la règle de présomption d'impartialité des jurés. Le tableau 14.2 présente un certain nombre de questions qui ont été posées dans les séances de sélection des jurés au procès de Bernardo.

Les éléments de preuve

Une fois le jury formé, le tribunal ouvre le procès. Les avocats appliquent dès ce moment diverses tactiques pour influencer le jury. Ces dernières se rattachent à un seul but : fournir des éléments de preuve. Dans la présente section, nous rapportons les résultats d'études en psychologie sociale qui déterminent les sources de biais susceptibles de nuire aux interrogatoires et qui, par le fait même, contribuent à améliorer les méthodes de collecte des éléments de preuve.

Les fausses confessions. L'un des devoirs de l'appareil de la justice pénale est de veiller à ce qu'aucune personne innocente ne soit déclarée coupable. Des données révèlent que près de 15 % des accusés qui se sont déclarés coupables (et qui ont été jugés coupables) ont été innocentés à la suite de la passation d'un test d'ADN (Gudjonsson & Sigurdsson, 1994 ; *Innocence Project*, 2001). Qu'est-ce qui pousse des gens innocents à se déclarer coupables de crimes qu'ils n'ont pas commis ? Que peut faire le système judiciaire pour éviter les erreurs qui découlent des fausses confessions ?

TABLEAU 14.2   **Exemples de questions posées dans les séances de sélection des jurés au procès de Paul Bernardo**

1. Avez-vous lu, entendu ou vu quoi que ce soit au sujet de cette cause dans les médias (journaux, radio ou télévision) ?
2. Avez-vous lu, entendu ou vu quoi que ce soit au sujet des antécédents, de la réputation ou du style de vie de l'accusé, Paul Bernardo ?
3. Avez-vous lu, entendu ou vu quoi que ce soit au sujet de Karla Homolka ou de son procès ?
4. Répondez à la prochaine question par un oui ou un non : Y a-t-il quoi que ce soit que nous avons omis de vous demander qui vous rendrait inhabile à juger de cette affaire en toute impartialité, selon les preuves qui vous seront présentées en cour et selon les directives du juge ?

Note : Lorsqu'il était démontré qu'un candidat juré manquait d'impartialité, il était récusé pour motif [récusation motivée].

Source : Adapté de Vidmar & Schuller (2001).

Une personne peut déclarer avoir commis un crime à seule fin de se soustraire à une exigence pénible (confrontation ou interrogatoire policier) (Horselenberg, Merckelbach & Josephs, 2003 ; Kassin & Kiechel, 1996). Cette réaction de la personne peut s'expliquer par le désir de *conformité*. La personne accepte alors se rendre à l'opinion de la majorité (par exemple les policiers). Un autre exemple a rapport aux tactiques employées par les enquêteurs. Le type de fausse confession qui découle de tactiques qui conduisent la personne innocente à tomber dans la confusion, à douter de sa mémoire, à être un moment persuadée de sa culpabilité et à se dire coupable d'un crime qu'elle n'a pas commis se nomme la *fausse confession induite par persuasion sans coercition* (Ofshe & Leo, 1997).

Kassin et Kiechel (1996) ont réalisé sur le sujet une étude expérimentale particulièrement intéressante. Dans leur étude, des étudiants ont eu à exécuter une tâche de saisie de données en vue de l'évaluation de leur temps de réaction. D'abord, ils ont été assignés aléatoirement à deux conditions : l'une relativement facile, dont le rythme était lent (faible vulnérabilité), l'autre relativement difficile, dont le rythme était rapide (vulnérabilité élevée). Ils ont tous été avisés de ne jamais enfoncer la touche « ALT » du clavier sous le prétexte que cela provoquerait l'arrêt du programme de l'ordinateur et la perte des données de l'expérimentation. On avait prévu que, peu de temps après le début de l'expérimentation, l'ordinateur cesserait de fonctionner sans que la touche interdite ait été enfoncée. L'assistant de recherche devait ensuite accuser le participant d'avoir causé la perte des données et demander à son complice s'il avait ou non été témoin de la scène. Selon la réponse du complice, les participants étaient assignés aléatoirement à deux autres conditions expérimentales. Dans le cas où le complice affirmait n'avoir rien vu de la scène, il y avait « absence de preuve incriminante » contre le participant (groupe contrôle), tandis que, dans le cas où le complice affirmait avoir vu le participant enfoncer la touche, il y avait « présence de preuve incriminante » contre le participant (condition « faux témoin »). Bien qu'aucun des participants n'ait enfoncé la touche interdite, 69 % d'entre eux (toutes conditions expérimentales confondues) ont signé un formulaire d'aveux indiquant qu'ils l'avaient fait.

Les résultats de cette étude sont présentés au tableau 14.3. Ils suggèrent qu'il est facile d'amener des individus à croire en leur culpabilité et à donner de fausses confessions. L'utilisation d'une preuve fabriquée au cours des interrogatoires a augmenté de 100 % la tendance des suspects innocents à croire en leur culpabilité et à signer des aveux en situation de vulnérabilité (condition expérimentale « faux témoin/rythme rapide »). Qui plus est, dans 65 % des cas, l'utilisation d'une preuve fabriquée a amené les participants à intérioriser leur action à un point tel qu'ils ressentaient le besoin de confesser leur « faute » à une personne étrangère, qui attendait dans une salle d'attente. L'*intériorisation* est généralement considérée comme l'une des plus puissantes formes d'influence sociale (à ce sujet, voir le chapitre 11 sur les influences sociales). Enfin, dans 35 % des cas, les participants ont donné à l'assistant de recherche des explications précises sur leur erreur (par exemple :

TABLEAU 14.3   **Pourcentage de participants qui ont signé le formulaire d'aveux selon les conditions expérimentales de l'étude de Kassin et Kiechel (1996)**

	Groupe contrôle (absence de preuve incriminante)		« Faux témoin » (présence de preuve incriminante)	
	Rythme lent	Rythme rapide	Rythme lent	Rythme rapide
Conformité	35	65	89	100
Intériorisation	0	12	44	65
Fabulation	0	0	6	35

Source : Adapté de Kassin et Kiechel (1996).

« J'ai enfoncé la touche ALT avec ma main droite au lieu d'enfoncer la touche M »). Ces participants ont fait ce qu'on appelle de la *fabulation*. Celle-ci se définit comme l'« action de présenter des événements imaginaires comme réels, soit en leur donnant la forme d'un récit cohérent, soit en faisant des affirmations gratuites sans rapport avec les circonstances de temps et de lieu » (Office québécois de la langue française, 2005).

D'autres études dans ce secteur de recherche révèlent notamment que certains accusés sont portés à faire de fausses confessions. C'est le cas particulièrement de ceux qui ont de la difficulté à mémoriser correctement les faits et les événements (problèmes de codage, de stockage ou de rappel des faits) et de ceux qui sont perméables à la désirabilité sociale. Ces accusés sont généralement jeunes, anxieux ou ont un faible quotient intellectuel. Ils ont tendance à réagir d'une manière socialement acceptable, mais qui ne correspond pas à leurs attitudes réelles. De tels biais sont certainement à l'origine d'événements malheureux comme celui de Simon Marshall. Ce jeune déficient intellectuel de 31 ans, surnommé l'agresseur de Sainte-Foy, a été emprisonné durant cinq longues années, bien qu'il ne se soit jamais livré aux agressions sexuelles qu'il a déclaré sous serment avoir commises. Grâce au test d'ADN, Marshall a pu être libéré en août 2005. Bon nombre de personnes ont purgé des peines pour des crimes ou des délits qu'elles n'ont jamais commis. Depuis l'avènement des tests génétiques, dans les années 1980, les accusés et les condamnés pour des crimes graves, ainsi que plusieurs associations font pression sur le gouvernement et le système judiciaire pour que les personnes chargées des enquêtes policières utilisent des méthodes et des procédés plus justes, et pour qu'elles n'inculpent plus des innocents. En 2004, un comité de représentants du ministère de la Justice du Canada a publié un document intitulé *Rapport sur la prévention des erreurs judiciaires*. Un chapitre entier de ce rapport est consacré aux fausses confessions et aux condamnations injustifiées. Le comité y formule différentes recommandations telles que l'enregistrement systématique des interrogatoires policiers sur bande magnétoscopique et l'utilisation plus étendue des tests génétiques (test d'ADN). Ces nouvelles procédures permettraient certainement d'analyser de manière plus poussée les méthodes d'interrogation qui amènent les suspects innocents à passer aux aveux et à être, par la suite, condamnés de façon injustifiée.

Comment les méthodes d'interrogation influencent-elles l'analyse des aveux faite par la cour? Lorsqu'un accusé demande à la cour de rétracter ses aveux, il incombe d'abord au juge d'évaluer si les personnes chargées de l'enquête ont usé de moyens de contrainte ou d'intimidation au cours de leur interrogatoire. Parmi les méthodes de contrainte, citons l'isolement prolongé de l'accusé, la privation de nourriture, d'eau ou de sommeil, ainsi que les abus physiques et les menaces. S'il est démontré que l'une de ces méthodes a été employée pour arracher des aveux à l'accusé, le juge a l'obligation d'exclure ces derniers comme élément de preuve. Rappelons que, dans l'affaire Julie Boisvenu, Hugo Bernier a avoué aux enquêteurs qu'il avait assassiné la jeune femme de Sherbrooke. Toutefois, le juge avait choisi de soustraire aux yeux des jurés cet élément de preuve. Les aveux de Bernier avaient été extorqués durant un interrogatoire de plus de 14 heures au cours duquel les policiers n'avaient pas respecté le droit fondamental au silence de l'intéressé (invoqué à maintes reprises par l'accusé) et s'étaient montrés brutaux envers celui-ci, le bafouant et le menaçant de représailles (Hébert, 2004). Au bout du compte, le jury a néanmoins rendu un verdict de culpabilité dans cette affaire. Bernier purge actuellement une peine d'emprisonnement à perpétuité pour l'enlèvement, la séquestration, le viol et le meurtre de Julie Boisvenu.

Lorsqu'il est impossible de démontrer l'extorsion des aveux, il appartient au jury de juger de la véracité de ceux-ci. Les jurés ont habituellement tendance à sous-estimer les facteurs sociaux et environnementaux qui ont influencé l'accusé au cours de son interrogatoire, et à attribuer un rôle excessif à la personnalité de l'accusé. Ainsi, ils croiront volontiers non pas que l'enquêteur a usé de moyens de contrainte, mais plutôt que l'accusé a avoué ses crimes parce qu'il se sentait coupable. Ce genre d'erreur, appelé *erreur attributionnelle fondamentale* (Gilbert & Malone, 1995 ; Ross, 1977), a été abondamment étudié en psychologie sociale. Voyons maintenant en quoi consiste exactement cette erreur.

L'erreur attributionnelle fondamentale. Dans leur étude, Kassin et Sukel (1997) ont recruté des participants pour juger de la culpabilité d'un suspect dans une cause de meurtre. L'expérience comportait trois conditions expérimentales auxquelles les « jurés » ont été aléatoirement assignés. Les trois groupes de jurés ont eu à examiner les mêmes éléments de preuve, à l'exception de la confession du suspect. Un premier groupe de jurés a jugé l'affaire sans la preuve de confession (groupe contrôle). Seulement 19 % des jurés de ce groupe étaient convaincus de la culpabilité du suspect. Le deuxième groupe de jurés a été informé que le suspect a avoué avoir commis le meurtre au cours d'un interrogatoire où les enquêteurs avaient exercé peu de pressions (groupe « faible coercition »). Soixante-deux pour cent des jurés de ce groupe ont jugé que le suspect était coupable du meurtre. Les jurés du troisième groupe ont reçu, eux aussi, la preuve de confession. Mais ils ont été avisés que la confession avait été faite dans un climat de peur et que le suspect avait été interrogé, menottes aux mains, pendant une longue période de temps (groupe « coercition élevée »). La moitié des jurés (50 %) de ce dernier groupe a rendu un verdict de culpabilité, même si la confession du suspect était inadmissible. Ces résultats montrent que les jurés, tout comme la plupart d'entre nous, ont tendance à faire des attributions dispositionnelles (par exemple l'accusé a avoué parce qu'il était coupable) plutôt que des attributions situationnelles (par exemple les aveux ont été obtenus par des méthodes coercitives). Le phénomène de l'erreur attributionnelle fondamentale permet d'expliquer pourquoi, malgré l'utilisation évidente de méthodes d'interrogation abusives, les jurys rendent un verdict de culpabilité dans des causes où le suspect a avoué avoir commis un crime qu'il n'a en réalité pas commis (fausses confessions). En vue de comprendre la difficulté pour la cour de vérifier si les aveux formulés dans les interrogatoires sont vrais, de récentes études en psychologie sociale ont examiné les effets de la caméra vidéo.

La caméra vidéo. Les travaux de Lassiter et de ses collègues (Lassiter & Irvine, 1986 ; Lassiter *et al.*, 2001a ; Lassiter *et al.*, 2001b) expliquent bien en quoi les films vidéo peuvent biaiser le jugement de la cour. Dans une de leurs études, Lassiter et ses collaborateurs (2001a) ont demandé aux participants d'évaluer le climat de contrainte dans lequel avait été extorquée la confession d'un suspect. Les participants devaient jouer le rôle de juré et juger dans quelle mesure les aveux du suspect étaient volontaires. Cette expérience comportait deux conditions expérimentales correspondant à deux prises de vue différentes de l'accusé et de la personne qui l'interrogeait. Dans la première condition, seul le suspect était clairement visible tandis que, dans la deuxième condition, le suspect et la personne qui l'interrogeait étaient tous les deux clairement visibles. Lorsque la caméra montrait uniquement le suspect, les « jurés » croyaient les aveux. Ils ne croyaient pas qu'il s'agissait d'une fausse confession. En revanche, lorsque la caméra montrait à la fois le suspect et la personne qui l'interrogeait, les « jurés » croyaient que la confession était fausse. Soixante-quinze pour cent des participants de la première condition croyaient dans la culpabilité du suspect comparativement à seulement 42 % dans la deuxième condition. Ainsi, quand il lui est demandé de rejeter les aveux de l'accusé, la cour doit faire preuve de vigilance et analyser l'influence des caméras sur la perception et la prise de décision des jurés.

Comment distinguer la vérité du mensonge ?
Les interrogatoires policiers sont la pierre angulaire des enquêtes criminelles, tout comme les interrogatoires et contre-interrogatoires des témoins, victimes, experts et suspects sont les éléments essentiels des procès. Étant donné les enjeux des procès criminels, il importe que les enquêteurs et les membres du

tribunal soient capables de distinguer le vrai du faux. En pratique, la question est de savoir comment vérifier si un individu ment ou dit la vérité. Cette section traite des travaux en psychologie sociale portant sur la manière de reconnaître les mensonges.

Des psychologues sociaux estiment qu'en moyenne, les gens mentent deux fois par jour (DePaulo *et al.*, 1996). De nombreuses recherches ont tenté de déterminer, d'une part, les motifs qui poussent les gens à mentir et, d'autre part, l'aptitude des gens à détecter les mensonges. Au cours des 20 dernières années, la recherche sur le sujet a permis de mettre en évidence quatre principaux motifs du mensonge : 1) la préservation ou la valorisation de l'image de soi ; 2) la persuasion en vue de l'obtention d'un avantage ; 3) l'évitement des conflits ; et 4) la sympathie envers l'interlocuteur ou la crainte de le décevoir (désirabilité sociale). Dans le contexte judiciaire, la connaissance des motivations qui poussent les individus à mentir permet aux enquêteurs et aux avocats d'orienter leurs interrogatoires. Toutefois, les mensonges demeurent extrêmement difficiles à détecter. Plusieurs études ont montré que la détection des mensonges relève de la chance (Ekman, 1992 ; Miller & Burgoon, 1982 ; Zuckerman, DePaulo & Rosenthal, 1981). Des recherches indiquent que les gens réussissent à distinguer le mensonge de la vérité dans seulement 60 % des cas (la chance étant de 50 %). Mais qu'en est-il des individus dont le métier exige la capacité de déceler le mensonge ? Selon Paul Ekman, l'expert mondial sur la détection du mensonge, certains groupes d'individus tels que les agents des services secrets et les psychologues qui ont un intérêt particulier pour la détection des mensonges parviennent assez souvent à distinguer le vrai du faux (Ekman & O'Sullivan, 1991 ; Ekman, O'Sullivan & Frank, 1999). Or, les résultats d'autres recherches montrent qu'en général, les personnes chargées de l'application de la loi (enquêteurs criminels, douaniers et policiers) n'ont pas plus d'aptitudes dans ce domaine que les autres personnes (DePaulo & Pfeifer, 1986 ; Kohnken, 1987 ; Kraut & Poe, 1980).

Dans le cadre d'une étude expérimentale, DePaulo et Pfeifer (1986) ont comparé l'aptitude à déceler les mensonges manifestée par les enquêteurs criminels avec celle des étudiants. Les résultats de leur recherche ont montré qu'il n'y avait pas de différence entre ces deux groupes, malgré le fait que la majorité des enquêteurs avaient plusieurs années d'expérience en matière d'interrogation. Ils suggèrent que le sentiment de confiance qu'ont développé les enquêteurs criminels au fil des ans n'améliore pas leur capacité à détecter les mensonges. Comment les autorités policières peuvent-elles alors mener à bien leurs enquêtes si elles ne sont pas véritablement capables de distinguer la vérité du mensonge ?

Depuis plusieurs années, les autorités policières ont recours au polygraphe (« détecteur de mensonges »), un instrument dont la capacité à détecter les mensonges est loin d'être considérée comme éprouvée. Plusieurs études qui avaient pour but d'évaluer l'efficacité du polygraphe ont conclu que ce dernier donnait une proportion considérablement élevée de résultats faussement positifs (Horvath, 1977). En d'autres termes, le polygraphe parvient à détecter les mensonges chez la plupart des individus coupables, mais il en décèle aussi chez la majorité des individus innocents. La principale explication que l'on donne de ces résultats est qu'il est difficile de différencier correctement les « innocents anxieux » des individus coupables (Furedy & Heslegrave, 1991). La recherche en psychologie sociale tente de trouver des pistes de recherche pour l'élaboration de méthodes plus efficaces. Les derniers travaux sur la détection des mensonges suggèrent notamment que l'analyse du langage verbal (inflexions de la voix, rapidité du débit, fréquence des mots, etc.) et non verbal (remuement des mains ou des pieds, mouvements des muscles faciaux, etc.) permet de distinguer la vérité du mensonge. Entre autres, la durée de l'hésitation du suspect avant de répondre à des questions ayant rapport avec le crime retient particulièrement l'attention. Les résultats de recherche montrent plus précisément que plus un suspect hésite à répondre, plus il y a de chances qu'il ait commis le crime (Seymour *et al.*, 2000).

Les témoins oculaires. Au cours des *exposés préliminaires*, les avocats exposent brièvement aux membres du jury les preuves qu'ils entendent soumettre et les témoins qu'ils désirent faire entendre. S'ensuit une série de *témoignages*, d'*interrogatoires* et de *contre-interrogatoires* sur différents points. Le rôle du témoin oculaire est de déclarer avec confiance et conviction au tribunal les faits directement liés au crime dont il a été témoin. Par exemple, la cour peut appeler un témoin ou une victime à faire une déposition sur des événements ou des personnes qu'ils ont vus, ou sur des conversations qu'ils ont entendues. Le témoignage oculaire permet généralement de lier le suspect au crime. Il constitue alors une des preuves les plus importantes du procès. Les résultats d'une étude indiquent d'ailleurs que 72 % des jurés rendent un verdict de culpabilité quand il y eu témoignage oculaire, comparativement à seulement 18 % en l'absence de cet élément de preuve (Loftus & Doyle, 1992). Or il arrive aussi que les témoins oculaires ont de la difficulté à se rappeler les faits. Après tout, la mémoire est une faculté qui oublie...

La recherche sur les témoins oculaires montre : 1) que la mémoire des témoins oculaires est loin d'être infaillible ; 2) que certains facteurs psychologiques et situationnels peuvent affecter la valeur d'un témoignage oculaire ; et 3) que les juges, les jurés et les avocats sont peu renseignés sur ces derniers (Cutler & Penrod, 1995 ; Sporer *et al.*, 1995 ; Wells & Olson, 2003). Les résultats de recherche indiquent que la mémoire du témoin oculaire peut être influencée de trois manières. Elle peut soit être incapable d'enregistrer les faits (codification), soit perdre au fil du temps ce qui avait déjà été enregistré (stockage), soit être incapable de récupérer les faits enregistrés et conservés (récupération).

Considérons maintenant les facteurs psychosociaux qui influencent la codification, le stockage et la récupération des faits par les témoins oculaires.

La codification des faits. Des facteurs situationnels comme l'éclairage, la distance physique, la distraction, la durée du regard, le bruit ambiant et la consommation d'alcool ou de drogues peuvent affecter significativement la perception du témoin oculaire et, donc, la codification des faits. De plus, certains facteurs psychologiques paraissent agir sur la codification des faits. Entre autres, il semble que, sous l'effet des émotions ressenties au moment de crimes graves, les victimes ou les témoins fixent toute leur attention sur un élément central de la scène du crime, c'est-à-dire l'agresseur, la victime ou l'arme du crime. Les émotions affaiblissent alors le souvenir des éléments périphériques (rappel des lieux, du temps et de tout autre détail du crime), qui sont tout aussi importants à l'enquête criminelle. Le stress empêche ainsi les témoins oculaires de revoir la scène du crime dans son ensemble (Loftus, 1979 ; Brown, 2003 ; Christianson, 1992). Les résultats de plusieurs études ont montré qu'il est particulièrement difficile aux témoins oculaires de reconnaître un agresseur quand une arme est présente sur la scène du crime (Pickel, 1999 ; Steblay, 1992). Le phénomène est communément appelé **effet de focalisation sur l'arme du crime** (*weapon focus effect*). Cet effet s'expliquerait par deux causes : 1) les gens sont habituellement agités en présence de stimuli menaçants (Maass & Kohnken, 1989) ; et 2) vu son caractère inattendu, les témoins concentrent toute leur attention sur l'arme du crime plutôt que sur le visage de l'agresseur, et ce, même dans des situations anodines (Loftus, Loftus & Messo, 1987). Les études sur les interactions sociales ont aussi permis de déceler un biais moins apparent, mais tout aussi important pour expliquer certaines erreurs dans les témoignages oculaires. Il s'agit du **biais d'identification selon l'origine ethnique** (*cross-race identification bias*). Ce type de biais réfère principalement à la difficulté qu'ont les témoins oculaires à reconnaître et à différencier les suspects qui appartiennent à une autre origine ethnique que la leur (Malpass & Kravitz, 1969). Pour vérifier l'existence de ce biais, Meissner et Brigham (2001) ont regroupé les résultats de 39 études dont le but était l'identification de suspects d'origines ethniques différentes de celle du témoin oculaire. La méta-analyse qu'ils ont conduite a permis à Meissner et Brigham de montrer que, quand il a à identifier des suspects d'une autre origine ethnique, le témoin oculaire fait la plupart du temps de fausses identifications.

Le stockage et la récupération des faits. Les souvenirs s'émoussent graduellement avec le temps. Plus l'espace de temps qui sépare un événement et son rappel à la mémoire est grand, plus le souvenir de ce dernier devient imprécis ou risque d'être oublié (Shapiro & Penrod, 1986). Un des principaux facteurs qui contribuent à émousser le souvenir du crime est la consolidation de nouveaux renseignements confiés à la mémoire après ce dernier (Loftus & Palmer, 1996). Ce phénomène est connu sous le nom d'*effet de désinformation (misinformation effect)*. Les rumeurs véhiculées dans la collectivité et les médias constituent des éléments qui viennent déformer le souvenir. Par exemple, lors des causes criminelles très médiatisées, il arrive que les journalistes interrogent des témoins avant les enquêteurs. Si des photos et des noms de suspects circulent alors que le témoin oculaire n'a pu identifier formellement le suspect, la cour considérera être en face d'un problème important (ministère de la Justice du Canada, 2005a). Pour empêcher la contamination des preuves d'identification, la cour veille à réduire le plus possible l'intervalle de temps qui sépare la mise en accusation d'un suspect et l'ouverture de son procès.

Les travaux d'Elizabeth Loftus nous livrent beaucoup de renseignements sur l'effet de désinformation. Dans le cadre d'une étude classique, Loftus et son collaborateur John Palmer (1974) ont d'abord demandé à des étudiants de regarder un film montrant deux voitures qui entrent en collision. Dans la première phase de leur étude, les auteurs voulaient évaluer l'effet des mots prononcés au cours des interrogatoires sur le stockage et le rappel à court terme des informations. Pour ce faire, Loftus et Palmer ont posé une unique question à tous les participants, question dans laquelle il manquait un mot. La question était la suivante : « À quelle vitesse les voitures se sont-elles _____ ? » Les mots utilisés dans chacune des conditions expérimentales étaient les suivants : 1) écrasées ; 2) frappées ; et 3) touchées. La deuxième phase de l'étude avait pour but d'évaluer l'effet des mots sur la consolidation et le rappel des souvenirs à plus long terme. Loftus et Palmer ont demandé aux participants de se présenter de nouveau au laboratoire de recherche la semaine suivante pour qu'ils décrivent les particularités de l'accident. Parmi les questions posées, Loftus et Palmer ont demandé aux participants s'ils se rappelaient avoir vu des éclats de verre au moment de l'accident (en réalité, il n'y en avait pas). Le tableau 14.4 présente les résultats des deux phases de l'étude. Les résultats de la première phase de cette étude montrent que le simple fait de changer le mot « touchées » par un mot ayant un sens plus fort comme « frappées » ou « écrasées » a eu un effet sur le rappel à court terme des événements. Ils montrent en particulier que plus le mot utilisé au cours de l'interrogatoire est violent (par exemple écrasées au lieu de touchées), plus les participants jugeaient élevée la vitesse à laquelle les voitures sont entrées en collision. Les résultats de la deuxième phase de l'étude indiquent qu'il est possible qu'un témoin consolide de faux souvenirs à la suite d'un interrogatoire. En effet, 32 % des participants dont les questions du premier interrogatoire étaient dirigées sur le fait que les voitures s'étaient « écrasées », ont dit, une semaine après avoir regardé le film, avoir vu des éclats de verre, contre seulement 14 % des participants avec qui on avait employé le mot « frappées ». Bref, les résultats montrent que le choix des mots influe non seulement sur le stockage des faits dans la mémoire (surestimation de la vitesse des voitures), mais aussi sur le rappel à long terme de faux souvenirs (présence d'éclats de verre).

Plusieurs facteurs peuvent affecter la mémoire des témoins oculaires, et les conséquences d'un mauvais témoignage peuvent être désastreuses pour un accusé innocent. Aussi le juge doit-il examiner les témoignages avec attention.

Le juge peut-il influencer le verdict ? Dans un procès devant jury, le jugement des faits relève des jurés, et toute décision relative à l'application des règles de droit est l'apanage du juge. Le juge décide notamment des éléments de preuve qui sont recevables en cour et des procédures que peuvent employer les avocats. De plus, une fois la plaidoirie terminée, il incombe au juge de répondre aux questions des jurés et de les informer sur des notions de droit telles que la *présomption d'innocence*, le *fardeau de la preuve* et la *démonstration de culpabilité « hors de tout doute raisonnable »*. Mais, au moment de donner ses instructions et de répondre aux questions posées, le juge peut-il influencer les membres du jury ? En d'autres mots, le juge peut-il transmettre ses croyances au jury ?

Hart (1995) s'est intéressé à la question. Il a cherché à déterminer si l'opinion du juge concernant la culpabilité d'un accusé influence le verdict du jury. Dans le cadre de son étude, Hart a demandé à des participants de regarder des extraits du film où de « vrais » juges présentaient leurs instructions aux jurys dans différentes causes criminelles. Seul Hart connaissait l'opinion « réelle » des juges à l'égard de la culpabilité des différents accusés au moment précis où ils donnaient leurs instructions aux jurys. En effet, les juges avaient indiqué par écrit à l'expérimentateur quelle était leur opinion personnelle sur la culpabilité des accusés. L'étude comportait alors deux conditions expérimentales, selon ce que l'opinion du juge envers la culpabilité de l'accusé pouvait être (coupable ou innocent). Après avoir vu les extraits du film, les participants devaient dire s'ils croyaient l'accusé coupable ou innocent. Les résultats de cette étude sont présentés à la figure 14.4 ; ils montrent que, lorsque les juges concluent à la culpabilité des accusés, la majorité des participants rendent un verdict de culpabilité (64 %). Dans l'autre condition, c'est-à-dire lorsque les juges considèrent que les accusés sont innocents, les participants rendent un verdict de culpabilité dans seulement 50 % des cas. Hart conclut que les participants ont été influencés par les comportements non verbaux des juges au cours des instructions aux jurys. Les résultats de cette étude montrent clairement que,

FIGURE 14.4   Le juge peut-il influencer le verdict ?

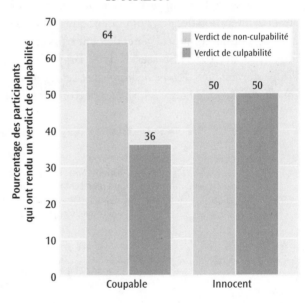

Source : Adapté de Hart (1995).

TABLEAU 14.4   L'effet de la désinformation chez les témoins oculaires

	Phase 1 : À quelle vitesse les voitures se sont-elles (écrasées, frappées, touchées) ?	Phase 2 : Avez-vous vu des éclats de verre au moment de l'accident ?
	Vitesse supposée (km/h)	Oui (%)
1. écrasées	66	32
2. frappées	55	14
3. touchées	50	N/A

Source : Adapté de Loftus et Palmer (1974).

même de façon inconsciente, les attitudes des juges peuvent influencer les verdicts des jurys.

La délibération du jury

Après avoir entendu les plaidoiries et les instructions du juge, le jury commence à délibérer à huis clos. Cette étape du procès est cruciale, puisque c'est le sort de l'accusé qui y est décidé. Au cours des dernières décennies, de nombreuses recherches se sont attachées à analyser les dynamiques sociales à l'intérieur des jurys. La section qui suit traite des facteurs qui influent sur les jugements, tant individuels que collectifs, des jurés au cours des délibérations.

Le processus décisionnel. Les recherches portant sur la délibération des jurys indiquent que le processus décisionnel comporte généralement trois étapes (Hastie *et al.*, 1983 ; Stasser, Kerr & Bray, 1982) : l'*étape d'orientation*, l'*étape des conflits* et l'*étape de réconciliation* (voir la figure 14.5). L'étape d'orientation

a pour but de déterminer la marche qui sera suivie. À cette étape, les jurés peuvent notamment nommer une personne qui dirigera les délibérations et représentera le groupe auprès du juge ou au moment de rendre le verdict en cour. Ensuite, le jury commence généralement à examiner les faits et les éléments de preuve qui ont été présentés en cour. Les jurés donnent alors leur interprétation des faits. Les éléments nouveaux que la discussion a fait surgir sont rassemblés et classés selon leurs schémas sociaux (voir le chapitre 5 sur les perceptions et les cognitions sociales). Les jurés émettent parfois de nouvelles attributions sur les motifs des diverses actions, les circonstances des événements et les dispositions de l'accusé (voir le chapitre 6 sur les attributions). Comme les conséquences d'un mauvais jugement sont lourdes et qu'il faut se garder à tout prix de commettre une erreur, les jurés préparent généralement une liste de questions qu'ils poseront au juge. Dans ses réponses, le juge éclaire le jury sur les lois

FIGURE 14.5 La délibération du jury : le processus décisionnel

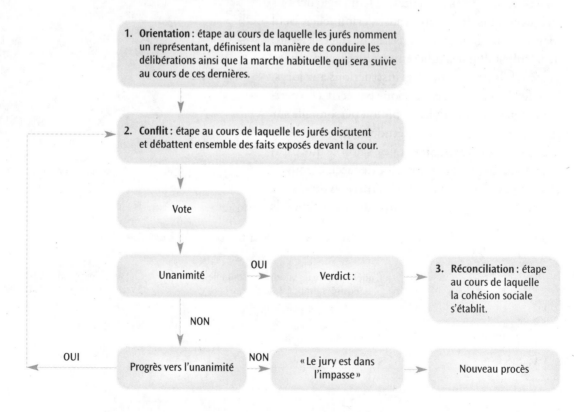

qui se rapportent à la cause et sur la manière de considérer les éléments de preuve présentés devant le tribunal. L'étape d'orientation se termine avec l'exposé de l'opinion personnelle de chacun des jurés sur la culpabilité de l'accusé.

L'étape des conflits fait suite au premier vote des jurés. Rappelons d'abord qu'au Canada, les jurés doivent délibérer *à l'unanimité*, sans le moindre doute raisonnable, que l'accusé est coupable (ce n'est pas tout à fait le cas dans le système judiciaire américain). Aussi, à cette étape du processus décisionnel, les jurés doivent-ils examiner avec attention tous les points de désaccord entre eux. Ils discutent ensuite les diverses interprétations possibles des éléments de preuve. Dans le cas où il y a impossibilité d'obtenir un verdict unanime, on fait généralement pression sur les dissidents. Les pressions exercées ont généralement pour objet de modifier les perceptions sociales des dissidents dans l'affaire jugée, c'est-à-dire leur jugement ou leur opinion concernant l'accusé. Il arrive que les jurés échappent aux influences sociales et ne parviennent pas à s'entendre. On dit dans ce cas que « le jury est dans l'impasse » (Rescol canadien, 1998). Le jury est alors dissous, et il faudra tenir un nouveau procès. Par contre, s'il y a unanimité chez les jurés, l'étape de la réconciliation peut débuter. Chacun des jurés a alors l'occasion d'exprimer sa satisfaction concernant l'issue du procès, de même que ses excuses à ceux avec qui il est entré en conflit. Au cours de cette étape s'établissent donc des rapports de convivialité entre les membres du jury. En d'autres mots, plus la cohésion sociale est forte au sein du jury, plus les jurés se sentent solidaires à l'égard du verdict rendu et ont la satisfaction du devoir accompli (Kerr, 1981). En ce qui concerne l'issue des délibérations, certains affirment qu'il est possible de prédire le verdict final du jury d'après le résultat du premier vote (Kalven & Zeisel, 1966).

Le juré et le jury. Selon Kerr, Niedermeier et Kaplan (1999), les jurés ne sont pas nécessairement plus influencés par des biais parce qu'ils font partie d'un groupe. Mais cette assertion est-elle vraie ?

La recherche sur les dynamiques sociales appuie ce résultat, à l'exception des travaux portant sur le *biais d'indulgence*, qui semblent contredire l'assertion en question (voir la section consacrée aux biais observés chez les candidats jurés). Rappelons d'abord que le biais d'indulgence provient d'une attitude favorable envers la défense (MacCoun & Kerr, 1988). La recherche indique que les jurés comme groupe tendent davantage à voter « non coupable » que les jurés comme individus. Les jurés, pris individuellement, ont plus tendance à voter « coupable » avant le début des délibérations qu'après (MacCoun & Kerr, 1988). Dans une étude portant sur l'évaluation des processus sociaux qui mènent au consensus, Kerr (1981) a expliqué comment survenait le biais d'indulgence chez les candidats jurés. Il a recruté des participants qui devaient jouer le rôle de jurés et débattre individuellement, puis collectivement différentes causes de vols à main armée. Les résultats montrent notamment que, lorsque le jury est divisé au premier vote, les délibérations ultérieures amènent les jurés dissidents à favoriser la défense (biais d'indulgence). Ainsi, si trois jurés sur six pensent que l'accusé est coupable, le verdict final sera favorable à la défense (l'accusé est jugé non coupable) dans 51 % des cas, tandis que le verdict final sera défavorable à la défense (l'accusé est jugé coupable) dans seulement 9 % des cas. Ces résultats montrent que les échanges sociaux au cours des délibérations amènent les jurés dissidents à être plus indulgents envers le suspect. Certains chercheurs expliquent le phénomène par le simple fait qu'il est plus facile de faire naître un doute raisonnable dans l'esprit des jurés que de démontrer hors de tout doute la culpabilité d'un suspect (Brehm, Kassin & Fein, 2005).

La recherche en psychologie sociale permet de voir qu'il suffit de peu pour ébranler la légitimité d'un procès. Bien que, jusqu'à maintenant, les études de psychologie sociale appliquée aient principalement porté sur des problèmes importants de justice, elle a permis de dégager des éléments qui peuvent assurer aux accusés un procès juste et équitable.

LA PSYCHOLOGIE SOCIALE APPLIQUÉE AU DOMAINE DU TRAVAIL

Le travail occupe une place importante dans la société moderne. Il occupe près du tiers de notre vie. Comme il comporte un ensemble d'interactions fort complexes entre la personne et son environnement, plusieurs principes de la psychologie sociale y ont été appliqués. La satisfaction au travail est un des domaines du travail (les émotions, la motivation, la concentration, la performance, etc.) qui ont été le plus largement étudiés (Judge, 2004). C'est la principale raison pour laquelle nous avons décidé de lui consacrer une section de ce chapitre. Le stress et l'adaptation psychologique au travail sont également abordés.

La satisfaction au travail

Êtes-vous satisfait de votre vie au travail ? Y êtes-vous heureux ou malheureux ? Si vous en aviez la possibilité, modifiriez-vous votre situation de travail ? Tous les individus qui travaillent peuvent aisément répondre à ces questions parce que tous ont une attitude précise à l'égard de leur travail. De nombreuses recherches en psychologie sociale ont été consacrées à l'étude des facteurs qui, de près ou de loin, contribuent à satisfaire les gens dans leur vie au travail (Judge, 2004). Comme elle assure le rendement des travailleurs et la productivité des entreprises, la satisfaction au travail a fait l'objet de nombreuses études. La **satisfaction au travail** peut être définie comme un état émotionnel positif et agréable résultant de l'évaluation qu'un individu fait de la pratique de son travail (Locke, 1976). Cet état le dispose à répondre favorablement ou défavorablement aux exigences de sa tâche (Steers & Porter, 1991). Parmi les notions connexes à celle de la satisfaction au travail, mentionnons l'engagement organisationnel et l'implication au travail (Allen & Meyer, 1990 ; Kanungo, 1982).

Étudiant la notion de satisfaction de vie, les psychologues sociaux ont d'abord cherché à déterminer dans quelle mesure les individus sont satisfaits de leur vie au travail. Dans une enquête nationale, le Angus Reid Group (1997) a évalué l'attitude des Canadiens à l'égard de leur travail. Les résultats de l'enquête sont révélateurs autant que surprenants. Ils indiquent que près de la moitié des Canadiens (47 %) sont très satisfaits au travail et que 39 % se disent simplement satisfaits. Qui mieux est, 44 % des travailleurs sondés affirment que leur travail est très intéressant et stimulant. Enfin, 75 % des Canadiens estiment qu'ils sont traités justement et équitablement au travail. On peut donc dire que la majorité des travailleurs canadiens sont globalement satisfaits de leur travail. Paradoxalement, des recherches récentes révèlent que plus du tiers des travailleurs se disent stressés à cause d'une charge excessive de travail ou d'un trop grand nombre d'heures travaillées (Stansfeld, 2005). D'ailleurs, 25 % à 35 % des demandes d'indemnisation pour invalidité au travail ont rapport à des problèmes de santé mentale. Comment expliquer la forte tendance à évaluer positivement son travail, étant donné le grand nombre de travailleurs stressés qui ont des problèmes de santé ? Les recherches portant sur les attitudes et les cognitions sociales (à ce sujet, voir les chapitres 5 et 6) nous aident à expliquer ce paradoxe. Des théories comme celles de la consistance (Heider, 1946) et de la dissonance cognitive (Festinger, 1957) veulent que les gens recherchent généralement un équilibre entre leurs attitudes et leurs comportements. Les individus dépourvus de cet équilibre sont anxieux et tendus. Suivant la théorie de la dissonance cognitive, le travailleur qui consacre chaque semaine un grand nombre d'heures au travail aurait tendance à lier son ardeur au travail à la satisfaction que lui procure celui-ci. En rationalisant de la sorte, l'individu arrive à établir un certain équilibre entre son comportement (nombre d'heures travaillées) et sa pensée (satisfaction de vie). Naturellement, les travailleurs qui vivent de la dissonance cognitive cherchent à diminuer l'écart entre la pensée et l'action. Somme toute, la théorie de la dissonance cognitive rend convenablement compte de la tendance des gens à se dire globalement satisfaits de leur travail malgré des conditions de travail parfois stressantes et épuisantes.

Il existe, bien sûr, une variabilité certaine quant au « degré » de satisfaction au travail. Dans la section qui suit, nous examinerons les déterminants de la satisfaction au travail et les conséquences qui leur sont associées.

Les déterminants de la satisfaction au travail

Comment pouvons-nous expliquer que certains travailleurs soient plus satisfaits que d'autres ? Est-ce dû aux caractéristiques de leur travail, au milieu dans lequel ils travaillent ou à leurs caractéristiques personnelles ? Les psychologues sociaux ont défini plusieurs déterminants de la satisfaction au travail. Les déterminants se répartissent entre trois catégories (voir figure 14.6). La première est relative aux *caractéristiques du travail*, la deuxième à l'*environnement psychosocial du travail*, et la troisième aux *caractéristiques personnelles des travailleurs*.

Les caractéristiques du travail. Quels sont les aspects du travail qui déterminent le degré de satisfaction des travailleurs ? Selon Hackman et Oldham (1976), la satisfaction au travail est principalement déterminée par les caractéristiques du travail, c'est-à-dire par la nature du travail et le contenu des tâches. Plus les tâches sont stimulantes et significatives pour le travailleur, plus il est satisfait au travail. Selon Hackman et Oldham, pour être satisfaisantes, les tâches doivent comporter cinq caractéristiques : la variété des habiletés requises, l'identification aux tâches, l'importance de celles-ci, l'autonomie et la rétroaction. Lorsqu'elles présentent ces caractéristiques, les tâches favorisent la satisfaction des travailleurs. La profession d'enseignant nous servira à illustrer le lien entre chacune de ces caractéristiques et la satisfaction au travail.

1. *La variété des habiletés requises.* L'enseignant exécute plusieurs tâches. Il prépare des cours, enseigne, prend part à l'organisation des activités étudiantes, participe aux réunions administratives, etc. Ces diverses tâches requièrent des habiletés et des compétences. Selon Hackman et Oldham, plus les tâches de l'enseignant l'amènent à utiliser toutes ses habiletés, plus il devrait s'en trouver satisfait.

2. *L'identification aux tâches.* Selon Hackman et Oldham, plus l'enseignant est en mesure d'établir un lien étroit entre son travail et les résultats de celui-ci, plus il se sent satisfait au travail. Par exemple, l'enseignant qui organise des activités d'apprentissage et conçoit des examens est en mesure d'évaluer lui-même les résultats de ces derniers. En effet, le degré de réussite des élèves aux examens qu'il a conçus et leur taux de participation aux activités pédagogiques le renseignent sur la valeur de son travail. L'enseignant est alors capable de faire le lien entre son travail et les résultats qui en découlent. Il devrait ainsi s'en trouver plus satisfait.

FIGURE 14.6　Déterminants et conséquences de la satisfaction au travail

3. *L'importance des tâches.* Selon Hackman et Oldham, l'enseignant qui est en mesure de percevoir l'importance du travail qu'il accomplit sera plus satisfait. Par exemple, l'enseignant qui voit que son travail stimule la curiosité intellectuelle de ses élèves et qu'il les aide à cheminer dans leurs études est en mesure de concevoir toute l'importance de son travail. Le cas échéant, l'enseignant s'en trouve satisfait au travail.

4. *L'autonomie au travail.* Bien que l'enseignant doive respecter un programme pédagogique, il dispose d'une certaine marge de manœuvre en ce qui concerne les méthodes à employer pour le réaliser. Selon Hackman et Oldham, plus l'enseignant se perçoit comme étant autonome au travail, plus il est satisfait.

5. *La rétroaction.* L'intérêt des élèves qui se manifeste, entre autres, par leur attention et leur concentration en classe renseigne l'enseignant sur la qualité de son travail. Selon Hackman et Oldham, plus l'enseignant reçoit des rétroactions positives (*feedback* positif) sur le travail qu'il effectue, plus il est satisfait.

De nombreuses recherches empiriques ont montré l'importance de ces cinq caractéristiques de travail pour prédire le degré de satisfaction des travailleurs (Judge, 2004). D'ailleurs, lorsqu'on demande aux gens d'indiquer les éléments liés à leur travail (salaire, promotions, relations interpersonnelles, etc.) qui les satisfont le plus, le contenu des tâches est nommé en premier (Jurgensen, 1978 ; Rentsch & Steel, 1992).

L'environnement psychosocial du travail.

L'environnement organisationnel et social du travail a fait l'objet d'un certain nombre d'études. Les auteurs de ces études ont constaté que ce n'était pas toujours le contenu des tâches qui donnait aux gens le plus de satisfaction au travail : le climat de travail, le sentiment d'équité et de justice organisationnelle, la possibilité d'obtenir une promotion, une augmentation salariale ou une prime (le système de récompenses) sont parfois des sources de satisfaction irremplaçables.

Le climat de travail. Le climat de travail contribue grandement à maintenir la satisfaction au travail. Il peut être déterminé par différents aspects relationnels du travail tels que le style de gestion et de leadership de l'organisation, et le mode de communication adopté dans l'organisation. Ces éléments reflètent aussi la qualité des relations entre le travailleur et la direction, ses collègues ou la clientèle. Dans une étude menée en entreprise, Deci, Connell et Ryan (1989) ont évalué les effets du style interpersonnel des gestionnaires sur la satisfaction au travail des employés. Deux styles interpersonnels ont été évalués : le *style informationnel* et le *style contrôlant*. Le style informationnel favorise l'implication des employés. Il encourage le travailleur à faire des choix, à prendre des décisions, et il le soutient dans sa démarche. À l'opposé, le style contrôlant comporte différentes formes de contrôle et de pression, qui contraignent ou obligent l'employé à exécuter des tâches précises et à prendre certaines décisions. Le style contrôlant affecte négativement le climat de travail.

Deci et ses collègues (1989) ont mis sur pied une intervention ayant pour but de parfaire le style informationnel des gestionnaires. Cette intervention visait à montrer aux gestionnaires comment accroître le sentiment d'autonomie des employés, comment donner des rétroactions qui mettent l'accent sur les compétences des employés et qui montrent aussi que l'on fait cas de l'opinion des employés. Les résultats de l'étude de Deci et de ses collègues montrent qu'après l'intervention, les gestionnaires ont adopté un style interpersonnel plus informationnel, et les employés ont alors témoigné davantage de satisfaction et de confiance envers l'entreprise. Manifestement, ces résultats montrent qu'un climat de travail caractérisé par le soutien à l'autonomie et l'esprit de coopération, plutôt que par le contrôle, accroît la satisfaction au travail. Ces résultats concordent d'ailleurs avec ceux de nombreuses autres recherches faites dans le domaine du travail (Blais *et al.*, 1993 ; Gagné & Deci, 2005). Sur le plan pratique, ces résultats suggèrent qu'il est possible d'augmenter la satisfaction des employés en améliorant les rapports de subordination. Un des moyens pour y parvenir serait de modifier les attentes que les supérieurs (par exemple un gestionnaire) entretiennent à l'égard de leur employés.

Dans le cadre d'une étude expérimentale, Pelletier et Vallerand (1996) ont montré que les croyances des supérieurs concernant la motivation de leurs subordonnés conduisent ceux-ci à se comporter de manière que ces croyances soient confirmées. Ainsi, un gestionnaire qui perçoit ses employés comme étant motivés aura tendance à utiliser un style informationnel (c'est-à-dire qui favorise leur autonomie). À l'opposé, le gestionnaire qui perçoit ses employés comme étant peu motivés aura tendance à les contrôler. En retour, les employés agissent de manière à confirmer les croyances du gestionnaire. Ce processus ressemble à la prophétie qui s'autoréalise (à ce sujet, voir le chapitre 4) et il peut, lui aussi, affecter le climat à l'intérieur de l'entreprise et la satisfaction au travail des employés.

Le sentiment d'équité et de justice organisationnelle. La justice organisationnelle est un autre déterminant de la satisfaction au travail. Le sentiment de **justice organisationnelle** éprouvé par l'employé a sa source dans sa perception que l'entreprise le traite de manière juste et équitable (Greenberg, 1990). On distingue trois types de justice organisationnelle : la *justice distributive* (Adams, 1965), la *justice procédurale* (Thibaut & Walker, 1975 ; Blader & Tyler, 2003) et la *justice interactionnelle* (Bies, 1987, 2001). La justice distributive est celle qui s'exerce, par exemple, lorsqu'un employé reçoit une récompense qu'il estime lui être due selon les règles de l'équité (par exemple salaire, prime, promotion). L'employé qui est satisfait de son salaire et qui le trouve équitable lorsqu'il le compare à celui des autres employés de même rang a le sentiment d'une justice distributive. Quant à la justice procédurale, elle est satisfaite quand les processus de décision relatifs à l'attribution des salaires sont considérés comme équitables. Ce type de justice est relatif à la valeur des décisions prises par l'entreprise et à la façon dont les rétributions accordées aux employés (par exemple augmentations de salaire, promotions) sont

fixées (Blader & Tyler, 2003). L'employé qui s'aperçoit qu'il y a des passe-droits dans la façon d'attribuer les primes pourrait déplorer un manque de justice procédurale. Enfin, la justice interactionnelle s'exerce lorsque les rapports de supérieur à inférieur sont respectueux et sincères. Les employeurs qui informent clairement les employés des décisions qui intéressent l'ensemble de l'entreprise et qui font participer les employés à la prise de décisions favorisent la justice interactionnelle. Là où la justice organisationnelle s'exerce, les employés ont un degré élevé de satisfaction au travail.

La justice organisationnelle découle de la théorie de l'équité (Adams, 1963, 1965). Selon cette théorie, la satisfaction au travail provient de la comparaison que fait l'employé entre sa propre situation et celle des autres employés. L'individu est amené dans son travail à évaluer sa contribution (*input*) en fonction de sa rétribution (*output*) et à les comparer toutes deux à celles d'autres employés. Considérons, par exemple, le cas d'un comptable. La contribution du comptable peut être constituée par son rendement (par exemple nombre d'heures facturées aux clients), sa formation (par exemple CA ou CMA), ses compétences (par exemple ses domaines d'expertise) et son ancienneté. Quant à sa rétribution, elle peut être constituée par son salaire, ses conditions de travail, son statut dans l'entreprise, la reconnaissance reçue et la possibilité d'obtenir des promotions. Sa perception que l'entreprise exerce une justice procédurale et interactionnelle fait aussi partie de la rétribution du comptable. Le comptable doit notamment percevoir que les politiques de l'entreprise sont justes et que les dirigeants expliquent clairement les motifs de leurs décisions. Le comptable examine sa situation au travail et détermine s'il est traité équitablement. Il compare de diverses manières sa contribution avec sa rétribution, ainsi que sa situation avec celle des autres employés. Lorsque le comptable conclut qu'il y a un juste rapport entre sa situation et celles des autres, il éprouve un sentiment de justice et est, par le fait même, satisfait de son travail. La rétribution qu'il retire de son travail lui paraît juste au regard de la rétribution et de la contribution des autres collègues de travail. Si, à l'issue de sa comparaison, le comptable est insatisfait de sa situation, l'injustice qu'il perçoit provoquera un état de tension psychologique qu'il cherchera à supprimer ou à atténuer en changeant sa conduite ou sa manière de percevoir la situation. En conclusion, le concept de justice organisationnelle permet non seulement de prédire le degré de satisfaction au travail (Colquitt & Greenberg, 2003), mais aussi d'expliquer l'attitude des travailleurs à l'endroit des changements organisationnels.

Le système de récompenses au travail. Un système de récompenses dans une entreprise peut-il améliorer la satisfaction au travail ? Ce système est constitué de mesures qui visent à accroître les efforts des employés. Il comporte des promotions, des primes de rendement, des programmes de reconnaissance, etc. Il est utilisé dans différents secteurs de l'industrie.

Par exemple, dans le sport professionnel, les athlètes peuvent toucher diverses primes de rendement. Celles-ci peuvent être attribuées selon le rendement individuel (nombre de points) ou de l'équipe (championnat), selon les mérites de l'athlète (joueur le plus utile) ou les profits réalisés par l'organisation. Selon diverses théories motivationnelles (par exemple Locke & Latham, 1990 ; Herzberg, 1966 ; McGregor, 1960 ; Porter & Lawler, 1968 ; Vroom, 1964), les systèmes de récompenses et les mesures incitatives favorisent le rendement des travailleurs. Mais favorisent-ils aussi la satisfaction au travail ? Les opinions à ce sujet sont partagées.

Selon la théorie des attentes ou théorie de l'expectation de Victor Vroom (1964), le système de récompenses influe sur la satisfaction au travail dans la mesure où le travailleur leur accorde de l'importance. Ainsi, un athlète professionnel qui désire gagner beaucoup d'argent ne sera satisfait que si un

---

ENCADRÉ 14.2   Le syndrome du survivant

Depuis les années 1980-1990, le monde du travail est marqué par le phénomène social de la décroissance organisationnelle. Celle-ci se définit comme une stratégie consistant à réduire les effectifs et visant à améliorer l'efficience, la productivité et la compétitivité de l'organisation (Freeman & Cameron, 1993). Au cours des dernières années, cette stratégie de gestion a été largement utilisée dans plusieurs organisations des secteurs privé et public. Ainsi, dans le secteur public, la fonction publique fédérale du Canada a réduit de 16,2 % ses effectifs entre 1994 et 1997 (Nehmé, 1998). La stratégie est relativement simple. Faute de pouvoir augmenter les revenus, mais désireux de maintenir ou d'augmenter les profits, les gestionnaires tendent à diminuer les coûts, en particulier ceux qui sont liés à la rémunération du personnel. Or, il semble que, paradoxalement, la restructuration majeure (par exemple réorganisation du travail, attribution de nouvelles tâches, départ des collègues, etc.) qu'entraîne la décroissance organisationnelle affecte psychologiquement les survivants, c'est-à-dire les employés non licenciés. Par exemple, ils éprouvent des sentiments d'injustice, d'insécurité et de méfiance envers leur entreprise et perdent le goût de travailler (Brockner, 1988 ; Noer, 1993). L'ensemble de ces signes manifestés par les employés non

licenciés à la suite d'une compression du personnel constitue le syndrome du survivant.

Dans le secteur public québécois, on a mené, ces dernières années, des études qui avaient pour but de préciser les effets de la décroissance organisationnelle sur les survivants (Ngo Manguelle & Rinfret, 2004 ; Tremblay, Senécal & Rinfret, 2001). Comme certaines politiques provinciales et fédérales ont entraîné la réduction de la fonction publique (par exemple programme de retraite anticipée), nombreux sont les fonctionnaires qui ont vécu la décroissance organisationnelle. Dans le cadre d'une étude réalisée auprès de 611 fonctionnaires québécois, Tremblay et ses collègues ont examiné les processus psychologiques sous-jacents à la santé mentale des survivants d'une décroissance organisationnelle. Leur étude avait pour but de tester le modèle suivant lequel la perception de justice organisationnelle influence positivement la motivation au travail et, par voie de conséquence, la santé psychologique des survivants. Les résultats ont appuyé la validité du modèle. Ils soulignent l'importance du contexte dans lequel s'effectue la décroissance organisationnelle et suggèrent que des interventions visant à modifier de manière juste et équitable la culture organisationnelle et le style interpersonnel des dirigeants peuvent neutraliser les effets négatifs de la décroissance.

système de récompenses encourage ses performances (par exemple primes de rendement). D'autres études concluent cependant qu'un système de récompenses a peu d'influence sur la satisfaction au travail. Par exemple, une étude de Lowe (2001 ; citée dans Robbins & Langton, 2003) menée auprès de plus de 2 500 Canadiens indique que leur degré de satisfaction au travail est davantage déterminé par le climat de travail que par la possibilité d'obtenir des promotions. Plusieurs études montrent en outre que les récompenses diminuent la motivation au travail (Deci, Koestner & Ryan, 1999). Pour améliorer la satisfaction au travail, il vaut sans doute mieux miser sur autre chose que les récompenses telles que les augmentations de salaire.

Les caractéristiques personnelles des travailleurs. La recherche n'a que depuis peu commencé à déterminer en quoi les caractéristiques personnelles telles que la motivation au travail pouvaient influer sur la satisfaction au travail (Hulin & Judge, 2003). Les chercheurs veulent notamment expliquer pourquoi, à l'intérieur d'une même entreprise, certains travailleurs sont plus satisfaits que d'autres. L'examen des caractéristiques personnelles des travailleurs se fonde sur le principe que le comportement au travail dépend à la fois des caractéristiques individuelles et du contexte dans lequel évolue le travailleur.

La motivation est un déterminant de la satisfaction au travail. Il existe plusieurs théories sur la motivation. La théorie de l'autodétermination (Deci & Ryan, 1985), décrite au chapitre 3, a largement été utilisée pour expliquer en quoi la motivation des employés est la cause de leur satisfaction au travail (Gagné & Deci, 2005). Selon cette théorie, l'individu peut être motivé de manière autodéterminée ou de manière non autodéterminée. L'individu motivé de manière autodéterminée fait son travail parce qu'il a du plaisir à travailler et éprouve de la satisfaction lorsqu'il accomplit ses différentes tâches. Il accorde de l'importance à son travail et le valorise. À l'opposé, l'individu qui exécute son travail pour répondre à des pressions externes ou encore parce qu'il se sentirait coupable de ne pas travailler est motivé de manière non autodéterminée. Par exemple, un travailleur qui cherche continuellement à se prouver qu'il peut être performant s'impose une pression interne, alors que celui qui cherche à prouver aux autres (par exemple un supérieur ou des collègues) qu'il peut être efficace subit une pression externe. Dans les deux cas, l'individu est motivé de manière non autodéterminée. La motivation non autodéterminée est synonyme de contrainte et de pression, alors que la motivation autodéterminée est synonyme de plaisir et de liberté. Selon Deci et Ryan (1985), la motivation au travail varie en fonction de l'aspect de l'environnement psychosocial de travail qui est le plus en évidence, qu'il soit informationnel ou contrôlant. Comme nous l'avons vu, l'aspect informationnel est présent lorsque l'individu perçoit qu'il peut lui-même choisir, prendre ses décisions et être soutenu dans ce processus. Quant à l'aspect contrôlant, il est présent lorsque différentes formes de contrôle sont exercées sur l'individu, soit pour lui imposer des restrictions, soit pour limiter ses choix. Plusieurs recherches ont montré qu'un environnement psychosocial informationnel au travail favorise la motivation autodéterminée, alors qu'un environnement psychosocial contrôlant mène à la motivation non autodéterminée (par exemple Lévesque, Blais & Hess, 2004a, 2004b). Par conséquent, plus la motivation est autodéterminée, plus elle favorise la satisfaction au travail, alors que c'est le contraire pour la motivation non autodéterminée (par exemple Blais *et al.*, 1993 ; Richer, Blanchard & Vallerand, 2002).

Les conséquences de la satisfaction au travail

Quelles sont les conséquences liées à la satisfaction ou à l'insatisfaction au travail ? Cette question a suscité un nombre impressionnant de recherches en psychologie sociale. On a ainsi étudié l'effet de la satisfaction au travail sur les comportements des travailleurs et sur le fonctionnement des organisations dans leur ensemble. Certaines recherches ont examiné les conséquences de la satisfaction au travail, telles que les comportements prosociaux (engagement organisationnel et comportements discrétionnaires) et la performance au travail (rendement des employés et productivité des organisations). D'autres se sont intéressées aux conséquences de l'insatisfaction au travail : comportement d'effacement (par exemple absentéisme et intention de quitter) et comportement contreproductif (par exemple vols et violence au travail).

L'absentéisme, l'intention de quitter et le départ volontaire.

Différents comportements témoignent de l'insatisfaction au travail. Ces comportements correspondent à ce qu'on appelle l'« effacement au travail ». Ils peuvent prendre différentes formes comme l'absentéisme, la recherche active d'un nouvel emploi et l'intention de quitter son emploi. Les coûts associés à l'absentéisme des employés sont exorbitants pour les entreprises nord-américaines. Selon Lu (1999), les coûts liées aux congés de maladie, à la perte de productivité et aux frais de remplacement représentent annuellement plus de 10 milliards de dollars pour les entreprises canadiennes, alors qu'ils sont évalués à plus de 45 milliards de dollars pour les entreprises américaines. Évidemment, l'ensemble des coûts résultant de l'absentéisme ne peut uniquement être attribué à l'insatisfaction des employés. Cependant, on s'accorde pour dire que plus un travailleur est insatisfait, plus il a tendance à s'absenter de son travail (Porter & Steers, 1973). Des recherches montrent également que l'insatisfaction au travail est liée à l'intention des employés de quitter leur emploi (Irvine & Evans, 1995). Richer et ses collègues (2002) ont testé un modèle motivationnel qui précise les processus psychologiques sous-jacents à l'intention des travailleurs de quitter leur emploi. Les résultats montrent que le degré de motivation au travail détermine l'insatisfaction au travail qui, elle, prédit leur intention de quitter leur emploi. Qui plus est, les résultats révèlent que, avec le temps, l'insatisfaction au travail conduit les travailleurs à adopter un comportement d'effacement manifeste en quittant leur emploi. Bien que les résultats des études suggèrent que l'insatisfaction au travail est associée aux comportements d'effacement des gens au travail, plusieurs employés insatisfaits gardent leur emploi. Cela nous conduit à poser la question suivante : est-ce que les employés insatisfaits qui demeurent au travail sont moins productifs ? Nous tenterons de répondre à cette question dans la prochaine section.

Le rendement des travailleurs.

L'étude de la relation entre la satisfaction au travail et le rendement des travailleurs est un classique de la psychologie sociale appliquée au monde du travail (Judge et al., 2001). Depuis les études de Hawthorne réalisées dans les années 1920 et 1930, les chercheurs et les praticiens organisationnels ont toujours montré de l'intérêt pour ce genre d'étude. On a cru longtemps que la satisfaction au travail était proportionnelle à l'effort fourni par le travailleur, et donc que plus le travailleur était satisfait, plus il était performant. Toutefois, cette idée s'est avérée peu plausible sur le plan empirique. Iaffaldano et Muchinsky (1985), au terme d'une méta-analyse d'envergure qui demeure encore largement citée, ont indiqué qu'ils n'avaient pu vérifier empiriquement cette idée. Ils montrent que la corrélation entre la satisfaction de vie au travail et la performance est de 0,17. Une récente méta-analyse de Judge et de ses collègues (2001) portant sur plus de 300 études révèle que la corrélation entre la satisfaction au travail et la performance est de 0,30, une proportion près de deux fois supérieure à celle qui a été rapportée par Iaffaldano et Muchinsky. Judge et ses collègues ont obtenu ces résultats après avoir corrigé certaines faiblesses méthodologiques de la recherche de ces derniers. Étant donné la force de cette corrélation, il apparaît que d'autres facteurs permettent d'expliquer la relation entre la satisfaction et la performance au travail. Un de ces facteurs est le niveau de qualification requis pour réaliser un travail.

Moins un emploi exige de qualifications, moins le degré de satisfaction détermine la performance du travailleur (Judge, 2004). Par exemple, la performance d'un ouvrier qui effectue un travail automatisé (à la chaîne) paraît davantage déterminée par le rythme de la machine que par son niveau de satisfaction au travail. Des facteurs sur lesquels le travailleur n'a aucune prise influent aussi sur cette relation. Ainsi, le rendement d'un agent immobilier est fonction de l'état du marché. Par exemple, lorsque l'immobilier est à la hausse, le volume de ventes des maisons est plus élevé. Les courtiers satisfaits au travail et ceux qui le sont moins peuvent profiter les uns autant que les autres de l'état actuel du marché. Enfin, la relation entre la satisfaction et la performance au travail peut être influencée par certains facteurs personnels. Par exemple, cette relation peut être plus faible chez les gens consciencieux. En effet, les études montrent que les travailleurs consciencieux maintiennent un rendement élevé au travail, même s'ils sont insatisfaits (Mount *et al.*, 2000). En résumé, il semble que l'insatisfaction au travail a des conséquences négatives tant pour le travailleur que pour l'entreprise. Néanmoins, la complexité de cette relation entre satisfaction et rendement fait encore aujourd'hui l'objet de plusieurs recherches.

Dans ce premier volet portant sur l'application de la psychologie sociale au monde du travail, nous avons fait un survol des déterminants de la satisfaction au travail et des conséquences que celle-ci entraîne. Dans la section qui suit, nous abordons la question de l'adaptation psychologique des travailleurs au stress et aux contraintes psychosociales de leur travail.

Le stress et l'adaptation psychologique au travail

Le stress au travail est un phénomène de plus en plus fréquemment observé au Canada. Une enquête nationale indique qu'en 2000, plus de 35 % des travailleurs étaient stressés au travail, comparativement à 27,5 % en 1991 (Statistique Canada, 2003). Le stress au travail a des effets négatifs non seulement sur l'adaptation psychologique au travail, mais également sur les entreprises et les organisations. Sur le plan individuel,

le stress au travail peut provoquer différents problèmes de santé mentale (par exemple épuisement professionnel ; voir l'encadré 14.3) et de santé physique (par exemple maladies cardiovasculaires et troubles musculosquelettiques). Sur le plan organisationnel, les coûts engendrés par le stress au travail ont surtout rapport avec les comportements contreproductifs et d'effacement des employés (par exemple la diminution de la motivation et de la productivité des employés, ainsi que l'accroissement des accidents de travail et de l'absentéisme). Inévitablement, ces comportements entraînent des coûts exorbitants pour les entreprises. D'ailleurs, au Canada, les problèmes liés au stress au travail occasionnent des pertes annuelles de 30 milliards de dollars (Mental Health Works, 2005). Dans la section suivante, nous examinons deux ensembles de facteurs qui influencent le stress au travail et l'adaptation psychologique : les facteurs contextuels et les facteurs individuels.

Les facteurs contextuels liés au travail. Différents facteurs contextuels peuvent expliquer le stress perçu et l'adaptation psychologique des travailleurs. Ces facteurs sont des éléments physiques, psychosociaux et organisationnels inhérents au travail. Ils sont des contraintes qui nuisent à la réalisation des tâches et qui accroissent la charge de travail et la tension psychologique du travailleur. Les contraintes au travail les plus souvent étudiées par les psychologues sociaux sont l'*environnement physique du travail*, la *surcharge de travail* ainsi que l'*absence de ressources psychosociales au travail* telles que le soutien social et l'autonomie au travail.

Les contraintes liées à l'environnement physique du travail ont rapport à des conditions physiques qui varient suivant l'emploi exercé. Citons parmi les conditions physiques les variations de la température, l'éclairage, le bruit, l'exposition à des produits ou à des substances toxiques, la qualité de l'air, l'aire de travail et l'ergonomie du travail. Par exemple, dans la réalisation de leur travail, les ouvriers travaillant en usine sont exposés à des bruits continus (par exemple bruit d'un ventilateur) ou ponctuels (par exemple marteau pneumatique). Lorsque ces bruits dépassent une certaine intensité, ils peuvent constituer un risque pour la santé des travailleurs. L'exposition aux contraintes physiques peut nuire à la santé et à l'adaptation au travail de l'employé (Carlopio, 1996 ; Herzberg, 1966). Ces contraintes peuvent provoquer de la fatigue, de l'irritabilité, des pertes de mémoire et de concentration.

Les contraintes peuvent être liées à la surcharge de travail perçue ou vécue par les travailleurs. Une surcharge de travail se caractérise par des demandes cognitives, émotionnelles ou physiques excessives par rapport au temps accordé pour effectuer le travail

exigé (Karasek & Theorell, 1990). En général, la surcharge résulte de la multiplicité des tâches à accomplir, mais elle peut aussi découler du travail mental que requièrent les tâches. Par exemple, à la suite d'une compression budgétaire dans une entreprise, le réaménagement des effectifs oblige souvent les travailleurs à travailler davantage. Un technicien qui avait auparavant pour unique tâche de fabriquer un produit peut se voir confier certaines opérations de mise en marché du produit en question. Évidemment, si le travailleur n'est pas outillé pour accomplir ses nouvelles tâches, il risque d'être surchargé de travail. D'un autre côté, une sous-charge de travail

---

ENCADRÉ 14.3   L'épuisement professionnel des enseignants

L'épuisement professionnel est un des principaux problèmes de santé mentale liés au travail des enseignants. Ce syndrome comporte trois principaux symptômes résultant de l'activité de travail, à savoir : l'épuisement émotionnel, la dépersonnalisation et la perte du sentiment d'accomplissement au travail (Maslach, 1982). L'épuisement émotionnel se définit comme un tarissement des ressources physiques et émotionnelles. L'enseignant qui se sent continuellement fatigué et qui n'a plus l'énergie créatrice nécessaire pour accomplir son travail se trouve dans un état d'épuisement émotionnel. La dépersonnalisation se caractérise par un état de détachement et d'indifférence à l'égard du travail. Un enseignant qui devient insensible à l'égard de ses élèves, de ses collègues, de la direction d'école, et envers les exigences de son travail se trouve en état de dépersonnalisation. La perte du sentiment d'accomplissement réfère à une diminution des sentiments de compétence et d'accomplissement au travail. Il est possible que l'enseignant qui se sent constamment incapable de régler les situations conflictuelles rencontrées en classe ait perdu ce sentiment. Non seulement l'épuisement professionnel constitue une perte d'énergie émotionnelle, mais il entraîne aussi une dévitalisation des rapports avec les autres et un désengagement personnel au travail.

Il est difficile de connaître la prévalence de l'épuisement professionnel chez les enseignants québécois, mais certaines données montrent que le problème est d'importance. Par exemple, la Fédération des commissions scolaires du Québec (2000) estime que l'épuisement professionnel chez les enseignants explique 40 % de leurs absences du travail. De plus, elle en évalue le coût à une trentaine de millions de dollars par année. Les résultats d'études suggèrent même

qu'un enseignant sur trois est à risque de connaître l'épuisement professionnel (Fernet, Senécal & Guay, 2005). Certaines contraintes liées au travail expliqueraient, selon les chercheurs, l'épuisement professionnel des enseignants. Parmi ces contraintes, l'accroissement de la charge de travail, les difficultés à diriger la classe, et le manque de reconnaissance et de soutien au travail ont été mis en rapport avec l'épuisement professionnel des enseignants (Schaufeli & Enzmann, 1998). Manifestement, les enseignants qui manquent de temps, de ressources et de soutien pour accomplir leurs différentes tâches sont plus exposés à connaître l'épuisement professionnel. Outre ces facteurs, d'autres recherches montrent que certaines caractéristiques individuelles prédisposent les enseignants à l'épuisement professionnel (Semmer, 1996). Par exemple, des enseignants ayant un style d'adaptation passif, un faible sentiment d'efficacité personnelle et une faible estime de soi présentent davantage de symptômes liés à l'épuisement professionnel (Maslach, Schaufeli & Leiter, 2001).

Dans les recherches qui ont été réalisées jusqu'à maintenant, on n'a pas expliqué le développement de l'épuisement professionnel chez les enseignants. En effet, le désengagement psychologique qui est attaché à l'épuisement professionnel est progressif (Maslach & Leiter, 1997). Or, malgré le fait que l'épuisement professionnel est progressif, peu de chercheurs ont tenté d'expliquer comment le milieu et les conditions de travail ainsi que les facteurs personnels se conjuguaient pour aboutir à l'épuisement professionnel. L'étude de cette question devrait permettre de mieux cerner le rôle joué par le milieu de travail et les prédispositions de l'enseignant dans son adaptation psychologique au travail.

qui se traduit par l'absence de responsabilités ou de stimulations au travail peut également affecter l'adaptation psychologique des travailleurs. Dans ces diverses situations de travail, l'employé n'utilise pas toutes ses capacités (Payne & Morrison, 1999).

D'autres facteurs contextuels liés au travail jouent un rôle important dans l'adaptation psychologique. Par exemple, certaines ressources psychosociales protègent le travailleur contre les effets négatifs du stress. L'une d'entre elles est le réseau social. Le réseau social au travail est précieux en ce qu'il fournit de l'information, des rétroactions, de l'assistance en cas de difficultés, de l'aide matérielle et de la valorisation (Vézina *et al.*, 1992). Le réseau social procure un soutien social et permet au travailleur de recevoir de l'aide dans les situations stressantes. Les résultats d'une méta-analyse réalisée par Viswesvaran, Sanchez et Fisher (1999) montrent que le soutien social est négativement lié aux contraintes organisationnelles et aux tensions vécues au travail. Le soutien social facilite la gestion des situations de travail exigeantes pour l'employé et réduit le sentiment de stress de celui-ci.

Certains chercheurs estiment par ailleurs que l'autonomie au travail favorise aussi l'adaptation psychologique des gens au travail. Ce concept se définit comme la capacité du travailleur à prendre des décisions et la possibilité d'exercer un certain contrôle sur son travail. Des résultats d'enquêtes menées au Québec révèlent que le sentiment d'autonomie des travailleurs a significativement diminué entre 1992 et 1998 (Bourbonnais *et al.*, 2001). La proportion des travailleurs rapportant un faible degré d'autonomie au travail est passée de 44 % à 56 %. Ce degré d'autonomie au travail paraît inquiétant si nous considérons les postulats du modèle demande-autonomie au travail de Karasek (1979 ; Karasek & Theorell, 1990). Selon ce modèle, l'autonomie au travail s'avère une ressource essentielle pour les travailleurs, car elle leur permet de tolérer ou de réduire les exigences propres à leur travail. Plus précisément, le modèle de Karasek met l'accent sur l'interaction entre la demande psychologique des travailleurs et leur degré d'autonomie au travail pour prédire leur adaptation psychologique. La demande psychologique réfère à la quantité de travail à accomplir, aux exigences de la tâche et aux contraintes de temps imposées pour réaliser un travail. Elle représente donc la charge de travail. Le modèle demande-autonomie au travail repose principalement sur deux hypothèses, celle de la tension au travail et celle de l'apprentissage actif. Ces deux hypothèses sont représentées par les diagonales A et B dans la figure 14.7.

FIGURE 14.7   Le modèle demande-autonomie au travail

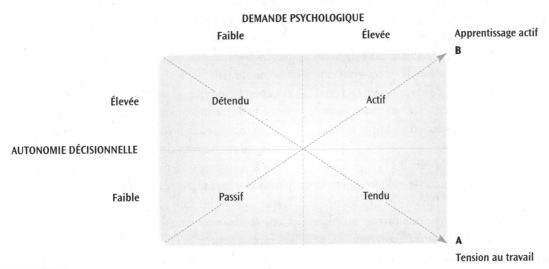

Source : Adapté de Karasek (1979).

Un niveau élevé de demande au travail (par exemple rythme effréné) peut provoquer un état de stress (tension) chez certains individus, alors que, chez d'autres, la situation peut être simplement stimulante (actif). Selon ce modèle, la différence entre les deux conséquences réside dans le degré d'autonomie au travail. Le niveau de tension vécue risque de s'accroître si l'employé n'a pas de contrôle sur la demande propre à son travail. Il peut alors en résulter des effets négatifs sur les plans psychologique (par exemple irritabilité, anxiété, etc.), physique (par exemple hyperactivité artérielle) et comportemental (par exemple comportements violents, abus de drogues, d'alcool et de médicaments). Une tension continuelle peut entraîner l'épuisement professionnel et la dépression, ainsi que des maladies cardiovasculaires et des problèmes musculosquelettiques (voir Van der Doef & Maes, 1998, 1999, pour une revue de la littérature). À l'inverse, lorsque la situation de travail lui permet d'exercer un certain contrôle sur la demande (rythme et charge de travail), l'employé peut être stimulé (actif). Il est alors motivé et créatif, et il exploite ses habiletés et compétences professionnelles. Par conséquent, il vit moins de stress au travail.

Le modèle de Karasek a marqué la recherche sur les déterminants de l'adaptation psychologique des travailleurs. Cependant, comme ce modèle adopte un point de vue organisationnel plutôt qu'individuel, on lui a reproché de ne pas prendre en compte les différences individuelles. En effet, les individus ne réagissent pas tous de la même manière aux exigences du travail et au stress qui en découle. Il est vraisemblable de penser que, du fait de certaines caractéristiques qui leur sont propres, certains travailleurs tolèrent mieux que d'autres les contraintes de leur travail.

Dans le cadre d'une récente étude, Fernet, Guay et Senécal (2004) ont examiné le rôle joué par la motivation autodéterminée dans le travail des professeurs d'université. Comme nous l'avons vu plus haut, la motivation autodéterminée correspond au fait d'exercer un travail par choix, pour le plaisir et pour la satisfaction qu'on en tire. À l'opposé, les professeurs qui accomplissent leurs tâches seulement sous l'action de pressions internes ou externes affichent une motivation non autodéterminée. Le but de cette étude était d'évaluer si la motivation au travail facilite l'adaptation psychologique des professeurs au travail. Ainsi, on a postulé que les professeurs autodéterminés useraient de l'autonomie au travail pour s'adapter aux demandes psychologiques liées à leur travail. En conséquence, l'autonomie au travail réduirait leur sentiment d'épuisement professionnel et accroîtrait leur sentiment d'accomplissement. On supposait aussi que les professeurs non autodéterminés s'adapteraient plus difficilement à l'autonomie au travail. Par conséquent, l'autonomie au travail augmenterait la demande psychologique au travail, et il en résulterait un plus grand épuisement professionnel et moins d'accomplissement au travail.

Les résultats de l'étude ont confirmé uniquement l'hypothèse relative aux professeurs autodéterminés. Il est apparu que l'autonomie au travail était cruciale pour les professeurs ayant une motivation autodéterminée. Sous la pression d'un travail exigeant, l'autonomie au travail tend à favoriser leur adaptation psychologique au travail. Or, lorsqu'ils ne peuvent jouir d'un niveau suffisant d'autonomie au travail, les professeurs autodéterminés sont davantage exposés à connaître l'épuisement professionnel, et leur sentiment d'accomplissement se trouve amoindri. Chez les professeurs non autodéterminés, le fait d'être autonome ne semble pas accentuer la demande psychologique perçue au travail. Toutefois, l'autonomie ne contribue pas significativement à leur adaptation psychologique au travail. En somme, les résultats de cette étude indiquent que la motivation au travail est susceptible de favoriser ou de retarder l'apparition de problèmes de santé psychologique liés au travail. Toutefois, la présence de certains facteurs psychosociaux tels que l'autonomie au travail facilite l'expression de la motivation autodéterminée au travail. Cette étude montre qu'il est nécessaire de tenir compte du rapport entre les facteurs contextuels et les caractéristiques motivationnelles adaptatives pour expliquer le stress et l'adaptation psychologique au travail.

Les caractéristiques individuelles. Dans le cadre de la recherche portant sur l'adaptation psychologique au travail, les chercheurs tentent généralement de déterminer dans quelle mesure les caractéristiques individuelles des travailleurs expliquent leur résistance ou leur vulnérabilité à l'égard des exigences de leur travail. Bien que l'importance des émotions dans l'accomplissement du travail soit reconnue depuis longtemps, ce n'est que depuis peu que l'on étudie le rôle l'**intelligence émotionnelle** dans l'adaptation des travailleurs. L'intelligence émotionnelle intègre le système émotionnel de l'individu dans une perspective d'adaptation sociale, ce qui rend possible l'élaboration d'une théorie sur les différences individuelles liées aux compétences émotionnelles (Salovey & Pizarro, 2003). L'intelligence émotionnelle est définie comme la capacité à utiliser ses propres émotions et celles des autres pour réaliser ses objectifs (Mayer & Salovey, 1997). Elle repose sur quatre compétences émotionnelles : 1) la capacité de reconnaître adéquatement ses propres émotions et celles des autres (porter attention, décoder et interpréter) ; 2) la capacité d'utiliser ses émotions dans la communication ; 3) la capacité de réguler ou de gérer ses émotions et celles des autres ; et 4) la capacité de comprendre les causes et les conséquences des émotions. Selon des études réalisées récemment, les compétences émotionnelles sont requises pour s'adapter dans diverses situations de travail (Daus & Ashkanasy, 2005).

Pour comprendre comment s'applique cette théorie, examinons le cas d'un gestionnaire qui rencontre un de ses employés harcelé psychologiquement par ses collègues. Comment utilisera-t-il ses compétences émotionnelles ? Il doit d'abord discerner les émotions vécues par son employé en regard de l'interprétation qu'il fait de la situation. S'agit-il de honte, d'humiliation, de colère, de tristesse, etc. ? La connaissance des émotions et de leur complexité permet au gestionnaire d'agir plus efficacement dans la situation. Comme les émotions évoluent, leur connaissance facilite la compréhension de la réaction de l'employé. Par exemple, une frustration peut entraîner de la colère ou de la culpabilité. De plus, le fait que le gestionnaire reconnaît ses propres émotions favorise sa position à l'égard de la situation, en plus des décisions qu'il devra prendre. S'il se sent interpellé par la situation, il sera peut-être porté à mûrir sa décision. Enfin, la gestion des émotions permet au gestionnaire de se contenir devant la situation, en plus d'être empathique envers son employé. En revanche, un gestionnaire qui fait preuve de peu de compétences émotionnelles pourrait blâmer l'employé pour la situation. Il pourrait également s'emporter contre l'ensemble des employés, sans considérer leurs points de vue. Les résultats de recherche montrent que l'intelligence émotionnelle des travailleurs est associée à la qualité du leadership, ainsi qu'aux performances individuelles et au rendement des équipes de travail (Daus & Ashkanasy, 2005). De plus, il apparaît qu'en situation de stress, les individus qui sont capables de gérer les émotions des autres présentent moins de symptômes dépressifs, souffrent moins de la solitude et ont moins d'idées suicidaires (Ciarrochi, Dean & Anderson, 2002).

Il semble donc que l'intelligence émotionnelle est une caractéristique individuelle qui peut influencer l'adaptation des gens aux contraintes de leur travail. Comme le stress est un phénomène subjectif, chacun ne réagit pas de la même façon aux exigences de son travail. Néanmoins, comme nous l'avons vu dans cette section, plusieurs contraintes au travail excèdent les capacités d'adaptation d'un grand nombre de travailleurs. Dans l'application de la psychologie sociale, il importe de considérer l'interaction entre les facteurs contextuels du travail et les caractéristiques individuelles. Cela devrait aider à la mise sur pied d'interventions portant sur le stress et l'adaptation psychologique au travail.

RÉSUMÉ

Le présent chapitre a traité de la psychologie sociale appliquée dans les domaines de la santé, de la justice et du travail. Nous avons vu, dans la section sur la santé, quels sont les facteurs qui favorisent l'apparition de la maladie. Il est apparu que le soutien social influence l'observance du traitement et le maintien du changement d'un comportement de santé. Nous avons décrit trois modèles qui favorisent l'adoption d'un comportement de santé. Manifestement, les résultats d'études dans ce secteur de la psychologie sociale rendent compte de l'importance de cette discipline pour l'élaboration de programmes d'intervention et de prévention en matière de santé. Dans la section portant sur la justice, nous avons abordé les éléments qui influencent la sélection des membres du jury, la collecte et l'interprétation des éléments de preuves ainsi que le processus de délibération du jury. La recherche psychosociale appliquée dans ce secteur est fort importante pour expliquer l'évolution des événements et les décisions rendues dans certains procès. Les études traitant des préjugés, de la discrimination et de la conformité montrent de quelle façon les maîtres d'œuvre dans ce secteur (par exemple avocats et juges) peuvent être influencés dans leurs prises de décision. Dans la section consacrée au travail, nous avons présenté des recherches qui portent sur les déterminants et les conséquences de la satisfaction au travail. Les facteurs personnels et contextuels qui expliquent le stress au travail ont été décrits. De toute évidence, le traitement de facteurs aussi fondamentaux qu'est la satisfaction au travail est au cœur de la recherche menée en psychologie sociale appliquée. Il n'est donc pas étonnant de voir que les recherches menées dans ce domaine ont servi à la conception des programmes d'aide aux employés et aux entreprises. Les différentes recherches présentées dans les trois domaines d'application ont permis de constater que la psychologie sociale appliquée a pour but de comprendre les phénomènes sociaux et, surtout, de discerner les facteurs qui permettent l'amélioration de la qualité de vie des gens.

BIBLIOGRAPHIE spécialisée

JUDGE, T.A., THORESEN, C.J., BONO, J.E. & PATTON, G.K. (2001). The job satisfaction-job performance relationship : A qualitative and quantitative review. *Psychological Bulletin, 127,* 376-407.

KROHNE, H.W. & SLANGEN, K.E. (2005). Influence of social support on adaptation to surgery. *Health Psychology, 24,* 101-105.

MASLACH, C., SCHAUFELI, W.B. & LEITER, M.P. (2001). Job burnout. *Annual Review of Psychology, 52,* 397-422.

SARAFINO, E.P. (2002). *Health psychology : Biopsychosocial interactions* (4ᵉ éd.). New York : John Wiley.

SCHNEIDER, F.W., GRUMAN, J.A. & COUTTS, L.M. (2005). *Applied Social Psychology : Understanding and Addressing Social and Practical Problems.* London : Sage Publications.

SCHULLER, R.A. & OGLOFF, J.R.P. (2001). *Introduction to psychology and law : Canadian perspectives.* Toronto : University of Toronto Press.

SMITH, T.W., GLAZER, K., RUIZ, J.M. & GALLO, L.C. (2004). Hostility, anger, aggressiveness, and coronary heart disease : An interpersonal perspective on personality, emotion, and health. *Journal of Personality, 72,* 1217-1270.

Questions

DE RÉVISION

1. Pourquoi les individus échouent-ils dans l'autorégulation de leur comportement ?

2. Selon le modèle à cinq facteurs (*big five* ; Costa & McCrae, 1987), quel est le trait de personnalité qui est le plus fréquemment associé aux symptômes de la maladie ? Justifiez votre réponse.

3. Quels sont les facteurs qui contribuent à diminuer le stress ?

4. Vous référant au modèle de la croyance à la santé, nommez un facteur qui peut amener l'individu à adopter un comportement de santé.

5. Comment peut-on expliquer le phénomène de la focalisation sur l'arme du crime ?

6. Un candidat est davantage convaincu de la culpabilité de l'accusé lorsque les médias ont abondamment parlé de ce dernier et de son crime avant le procès. Cet énoncé est-il vrai ou faux ?

7. Les jurées doutent plus facilement de l'innocence d'un accusé que leurs confrères masculins et elles ont plus tendance qu'eux à rendre un verdict de culpabilité. Dites si cet énoncé est vrai ou faux.

8. Dites quel est le but de la sélection scientifique des jurés et comment elle s'effectue.

9. Comment peut-on expliquer le comportement d'une personne qui se dit insatisfaite de son emploi et qui tient cependant à le garder ?

10. Un employé qui a le sentiment d'être surpayé a tendance à travailler plus qu'un autre employé qui considère son salaire comme proportionné au travail qu'il fournit. Dites si cet énoncé est vrai ou faux.

11. Dans certaines situations, une surcharge de travail peut favoriser le développement psychologique. Dites si cet énoncé est vrai ou faux.

12. Certains modèles psychosociaux suggèrent qu'un environnement de travail contraignant nuit à l'adaptation psychologique. Alors, comment expliquer que deux personnes qui occupent un même emploi réagissent différemment aux exigences de ce dernier ?

A

Accessibilité (6) : facilité avec laquelle une attitude donnée peut être activée.

Acquiescement (11) : fait de céder à la pression du groupe pour éviter la punition ou obtenir un renforcement positif.

Acteur (5) : personne qui accomplit une action.

Action positive (13) : ensemble cohérent de mesures prises par les organisations gouvernementales et privées pour assurer l'emploi et la promotion de personnes qualifiées provenant de groupes défavorisés, en proportion équivalente à leur présence démographique dans une région donnée.

Activation automatique de stéréotypes négatifs (13) : processus cognitif permettant à un stéréotype auquel nous n'adhérons pas d'influer sur notre perception d'une personne sans que nous nous en rendions compte.

Adaptateurs (7) : mouvements ayant pour objet le corps du locuteur et destinés à satisfaire des besoins de ce dernier, comme alléger l'anxiété.

Affectation aléatoire (2) : affectation des participants par processus de hasard aux diverses conditions expérimentales.

Agression (9) : tout comportement physique ou verbal dirigé vers une personne avec l'intention de lui causer du tort sur le plan physique ou psychologique.

Agression défensive (9) : comportement agressif provoqué par les actions d'autrui. Elle présente généralement une composante affective forte, étant souvent associée à la colère ou à la peur.

Agression hostile (9) : comportement qui a pour but d'infliger de la douleur à autrui et de le blesser.

Agression intraspécifique (9) : instinct de combat chez l'animal et l'homme qui est dirigé contre les membres de la même espèce (selon Konrad Lorenz).

Agressivité indirecte, sociale ou relationnelle (9) : comportement qui vise à nuire à une personne en intervenant dans ses relations avec autrui.

Agressivité instrumentale (9) : comportement agressif qui a pour but d'avoir accès à certaines ressources, d'atteindre ou de maintenir un statut. Il peut avoir pour conséquence d'infliger la douleur ou de blesser autrui mais dans le but d'atteindre d'autres objectifs.

Aidant (10) : personne qui apporte son aide à autrui.

Aidé (10) : individu à qui l'on apporte son aide.

Alternance de codes (7) : changement de code coïncidant avec le changement de tour de parole.

Altruisme (10) : comportement dont bénéficie autrui et pour lequel aucune récompense n'est attendue.

Ambivalence (6) : présence simultanée d'éléments positifs et négatifs à l'intérieur d'une même attitude.

Amélioration de soi (3) : processus par lequel nous désirons améliorer un aspect de notre soi.

Amitié (8) : relation intime entre deux personnes qui ont beaucoup de plaisir à interagir ensemble et qui exclut habituellement l'intimité sexuelle.

Amorçage (4) : forme d'activation non consciente de l'information emmagasinée dans la mémoire.

Amour (8) : relation très intime où l'on trouve habituellement une composante sexuelle.

Amour-passion (8) : état émotionnel très intense caractérisé par la confusion de sentiments très positifs et très négatifs, un fort désir sexuel, un désir d'exclusivité, des pensées obsessives pour l'autre, une impatience quant à la réciprocité, l'idéalisation de l'autre, la peur du rejet, des fluctuations rapides de l'humeur et des réactions physiques comme l'insomnie, le manque d'appétit ou la nervosité. C'est un sentiment volatil et transitoire qui peut naître et disparaître rapidement.

Amour-tendresse (8) : amour assimilé à l'amitié amoureuse, caractérisé par l'affection, la tendresse, la confiance, la complicité, l'interdépendance, le respect et le souci de l'autre, l'engagement envers l'autre ; amour qui se développe lentement et qui dure longtemps.

Analyse archivistique (2) : étude de différentes sources d'information déjà quantifiées et issues de matériel stocké dans des endroits tels que des bureaux de statistique et de recensement gouvernementaux.

Analyse de contenu (2) : étude systématique d'informations déjà existantes afin d'en désigner les dimensions sous-jacentes.

Analyse de variance (2) : analyse statistique traditionnelle permettant de vérifier les différences dans les moyennes de divers groupes, ces différences ayant été généralement induites par diverses variables indépendantes.

Analyse multidimensionnelle (2) : analyse statistique sophistiquée permettant de vérifier les dimensions sous-jacentes aux jugements et aux perceptions des participants.

Analyse statistique (2) : analyse permettant de vérifier les différences entre divers groupes ou encore l'exactitude de modèles théoriques à partir de chiffres, et la probabilité que l'effet obtenu soit dû au hasard.

Analyse statistique sophistiquée (2) : nouveau type d'analyse permettant d'aller au-delà des analyses statistiques traditionnelles, comme l'analyse multidimensionnelle et le modelage par équations structurelles.

Analyse statistique traditionnelle (2) : type d'analyse utilisé couramment et comprenant, entre autres, l'analyse de variance et les corrélations.

Anticonformisme (11) : comportement qui va à l'encontre des pressions du groupe.

Apprentissage vicariant (9) : apprentissage qui se fait par l'observation d'un modèle.

Approche interactionniste (12) : approche fondée sur l'hypothèse voulant que les traits psychologiques d'un individu interagissent avec les caractéristiques de la situation pour déterminer son comportement.

Approche personnaliste (12) : approche fondée sur l'hypothèse voulant que les traits psychologiques d'un individu déterminent son comportement, peu importe la situation.

Approche pragmatique de l'attribution (5) : ensemble des positions qui postulent que les attributions ne sont pas nécessairement émises de la façon la plus logique en fonction d'une analyse complexe de tous les facteurs en cause, mais plutôt en fonction de l'analyse la plus efficace selon la situation dans laquelle l'attribution doit être émise.

Approche situationniste (12) : approche fondée sur l'hypothèse voulant que la situation, et non les traits psychologiques, détermine le comportement d'un individu.

Assertion (9) : comportement assuré, énergique, orienté vers l'atteinte d'un objectif.

Assimilation-différenciation (13) : processus cognitif qui mène à l'atténuation des différences perçues entre les individus membres d'une même catégorie sociale et à l'accentuation des différences perçues entre les individus membres de catégories sociales distinctes.

Association (2) : concept qui renvoie au degré de relation entre deux variables.

Attachement (8) : lien affectif qui s'exprime par un désir de contact et de proximité avec l'autre ainsi que par la tendance à rechercher chez l'autre attention et réconfort.

Attachement (théorie) (8) : théorie selon laquelle la façon dont les parents se comportent avec leur enfant lui enseigne ce que sont les relations avec les autres, la façon de les approcher et ce à quoi il doit s'attendre dans ses interactions futures. Ces modèles internes appris dans l'enfance influencent le comportement amoureux à l'âge adulte.

Attention flexible (*mindfulness*) (3) : état marqué par un accroissement d'activité et de flexibilité cognitives qui amène la personne à s'ouvrir davantage à l'environnement et ainsi à pouvoir utiliser de façon plus efficace les diverses ressources du soi.

Attention insouciante (*mindlessness*) (3) : état marqué par une rigidité cognitive accrue qui inhibe l'utilisation du répertoire cognitif complet du soi, ce qui incite la personne à agir avec automatisme ou de façon insouciante.

Attitude (6) : état affectif général et persistant, positif ou négatif, ressenti à l'égard d'une personne, d'un objet ou d'un thème.

Attitude explicite (6) : attitude que la personne est consciente d'avoir et qu'elle peut aller chercher en mémoire et décrire dans un questionnaire ou dans le cadre d'une entrevue.

Attitude implicite (6) : attitude que la personne n'est pas consciente d'avoir envers un objet quelconque.

Attributeur (5) : personne qui émet l'attribution.

Attribution (5) : inférence à propos de la cause d'un événement ou du comportement d'une personne.

Attribution causale (5) : raison utilisée afin d'expliquer un succès, un échec ou encore la nature des causes de différents événements.

Attribution de responsabilité (5) : attribution qui a pour effet de blâmer une personne pour un événement qui s'est produit.

Attribution dispositionnelle (5) : attribution portant sur les traits de personnalité

d'une personne afin d'expliquer son comportement.

Attribution intergroupes (13) : biais attributionnel portant à attribuer les comportements positifs (actes charitables) de l'endogroupe à des causes dispositionnelles, mais à des circonstances externes dans le cas d'acteurs appartenant à des exogroupes.

Autoaffirmation (6) : action cherchant à affirmer ou à rehausser des aspects importants du soi.

Autocatégorisation (13) : selon la situation et le contexte intergroupes, activation et saillance d'*une* des multiples catégories auxquelles les individus peuvent appartenir.

Autoefficacité (3) : confiance en sa propre capacité d'adopter un comportement qui produira l'effet escompté dans une tâche déterminée.

Autorégulation (3) : tout effort fourni par le soi en vue de changer un état interne ou un comportement.

Autostéréotype (13) : croyance qu'une personne entretient au sujet des caractéristiques des membres de son endogroupe.

B

Beauté physique (8) : ensemble de caractéristiques du visage et du corps considérées comme visuellement attirantes par plusieurs, dans une culture donnée, à une période donnée.

Besoin d'appartenance (8) : besoin de créer et de maintenir un minimum de relations interpersonnelles importantes, durables et positives.

Besoin de cognition (6) : besoin chez la personne de comprendre ce qui se passe dans son environnement et aussi de vouloir réfléchir profondément à diverses situations.

Besoin de structure cognitive (5) : dans le modèle de l'épistémologie naïve de Kruglanski (1989), besoin plus ou moins élevé que ressent une personne d'arriver à une conclusion.

Biais (4) : en ce qui concerne les cognitions sociales, tendance à traiter l'information de telle façon que des inférences ou des conclusions erronées sont tirées.

Biais acteur-observateur (5) : tendance des acteurs à attribuer leur comportement à des facteurs situationnels et à attribuer le comportement des autres à des facteurs dispositionnels.

Biais attributionnel (5) : tendance à émettre des attributions qui semblent rompre avec la logique ou avec des principes théoriques usuels.

Biais d'attribution hostile (9) : tendance à attribuer des intentions hostiles à autrui dans les situations ambiguës.

Biais d'autoritarisme (14) : dans le domaine judiciaire, tendance des candidats jurés qui ont un profond désir d'être associés à une figure de l'autorité à ne pas tenir compte du droit d'un accusé à la présomption d'innocence et à favoriser la poursuite jusqu'à l'établissement du verdict de culpabilité.

Biais de connaissance après les faits (5) : tendance à percevoir un événement comme étant plus probable après son arrivée qu'avant.

Biais de fausse perception d'unicité (3) : tendance à sous-estimer à quel point nos habiletés ou attributs généraux se retrouvent dans la population.

Biais de faux consensus (3) : tendance à surestimer à quel point nos attitudes ou opinions se retrouvent dans la population.

Biais de l'expérimentateur (2) : comportement de l'expérimentateur non relié à la variable indépendante et qui influe sur le résultat de l'étude.

Biais d'identification selon l'origine ethnique (14) : biais qui renvoie à la tendance des gens à éprouver de la difficulté à reconnaître et à différencier les individus qui appartiennent à une autre origine ethnique que la leur.

Biais d'indulgence (14) : dans le domaine judiciaire, tendance des candidats jurés à favoriser la partie de la défense. Cette tendance s'exprime tout particulièrement à l'égard des accusés qui ont des caractéristiques désirables.

Biais dû au contexte expérimental (2) : biais consistant dans le fait que le participant tend à confirmer ou à infirmer l'hypothèse initiale de l'étude.

Biais égocentrique (5) : tendance à attribuer un succès à des causes internes et des échecs à des causes externes.

Biais linguistique proendogroupe (7) : tendance manifestée par l'utilisation de différents items lexicaux reflétant une préférence pour l'endogroupe par rapport à l'exogroupe.

Biais proendogroupe (13) : tendance à adopter une attitude plus favorable à l'égard des membres de son endogroupe qu'à l'égard de ceux d'exogroupes. Cette tendance peut se manifester tant sur le plan des évaluations (préjugés) et des perceptions et croyances (stéréotypes) que sur celui des comportements (discrimination).

Bilinguisme additif (7) : situation où l'apprentissage d'une langue seconde ou étrangère mène à l'addition de caractéristiques culturelles nouvelles.

Bilinguisme soustractif (7) : situation où l'apprentissage d'une langue seconde ou étrangère mène à la perte de caractéristiques culturelles souvent associées à la langue première.

Blâme personnel caractériel (5) : attribution d'une personne qui blâme son caractère ou une disposition stable pour expliquer un événement qui s'est produit.

Blâme personnel comportemental (5) : attribution d'une personne qui blâme son comportement pour un événement qui est survenu.

Bonheur (8) : état de bien-être psychologique qui résulte de l'évaluation que chacun fait de ses expériences personnelles et de sa vie en général.

C

Calcul du passant (10) : dans le modèle de Piliavin et ses collègues (1981), analyse faite par la personne des coûts et des bénéfices relatifs à l'adoption du comportement d'aide qui l'amène à décider d'aider ou non la victime.

Cas exceptionnel (13) : l'information individualisante qui contredit un stéréotype est considérée comme un cas d'exception, ce qui permet de maintenir intact le contenu du stéréotype.

Catégories naturelles (13) : types de catégories regroupant les individus sur la base de caractéristiques physiques et visuellement repérables comme le sexe, l'âge et les attributs physiques (faciès blanc, asiatique, noir).

Catégorisation (13) : processus cognitif par lequel l'être humain segmente son environnement physique et social en catégories, et classe différents éléments dans ces catégories. Le terme « catégorisation sociale » renvoie au processus de la catégorisation appliquée aux êtres humains.

Catégorisation croisée (13) : situation dans laquelle deux catégorisations dichotomiques se combinent pour créer des groupes qui partagent une catégorie tout en étant différents dans l'autre catégorie.

Catharsis (9) : idée selon laquelle la pulsion agressive doit s'exprimer pour être réduite.

Cognition inconsciente (1) : ensemble de croyances ou schémas disponibles chez la personne, mais momentanément non accessibles, qui peuvent influer sur les jugements, les émotions et le comportement de la personne.

Cognition sociale (4) : c'est à la fois un domaine de la psychologie sociale et un ensemble de processus utilisés par les individus pour interpréter, analyser, se rappeler et utiliser l'information provenant du monde social.

Cohérence de soi (3) : processus qui amène l'individu à maintenir un équilibre cognitif en recherchant de l'information qui confirme ses préconceptions de lui-même et ainsi à ressentir qu'il a une vision cohérente de lui-même.

Cohésion (12) : force des liens unissant les membres d'un groupe.

Communication (7) : ensemble des comportements et des processus psychologiques servant à transmettre et à recevoir des informations.

Communication non verbale (4) : information relative à des attitudes ou à des émotions exprimées par des mouvements corporels tels que la posture, le regard ou le toucher.

Comparaison sociale (3, 13) : processus de comparaison avec les autres qui permet de se former une idée de soi-même, et de s'autoévaluer ou d'évaluer le groupe dont on fait partie.

Compétition sociale (13) : forme de compétition motivée par l'autoévaluation, à la suite d'une comparaison sociale, et qui vise à établir et à maintenir une distinction en faveur de l'endogroupe par rapport aux exogroupes.

Complexité attributionnelle (5) : disposition selon laquelle les personnes ayant un haut niveau de complexité attributionnelle feront non seulement plus d'attributions, mais également des attributions plus complexes que les personnes présentant un faible niveau de complexité attributionnelle.

Complexité intégrative (6) : selon Tetlock (1996), le fait de posséder un nombre élevé de croyances différentes, mais liées par rapport à un thème, représente un haut degré de complexité intégrative. Plus la complexité intégrative sera élevée, moins l'attitude sera extrême.

Comportement d'aide (10) : type de comportement qui fait qu'une personne accomplit un geste au bénéfice d'une autre.

Comportement de domination visuelle (7) : tendance chez les individus dont le statut est relativement élevé par rapport à celui de leur interlocuteur à moins regarder ce dernier en l'écoutant, et à le regarder davantage en lui parlant.

Concept de soi (3) : ensemble des représentations sur soi.

Concept de soi à l'œuvre (3) : structures de notre concept de soi qui sont en activité dans une situation donnée.

Conditionnement classique (9) : apprentissage fondé sur l'établissement de règles d'association entre les objets et les événements.

Conditionnement opérant (9) : apprentissage fondé sur l'établissement d'une relation contingente entre un comportement et les conséquences réelles ou perçues de ce dernier.

Confiance (8) : sentiment qui se développe au fur et à mesure que progresse la relation intime. Il est composé de trois éléments : la prévisibilité des comportements du partenaire ; la perception de la fiabilité et de l'honnêteté du partenaire ; et la sécurité émotionnelle, la conviction profonde que l'autre agira toujours dans le but de protéger notre bien-être et sera toujours là pour prendre soin de nous.

Confiance langagière (7) : confiance qu'éprouve une personne en sa capacité d'utiliser une langue seconde de façon adaptative et efficace dans un contexte donné.

Conflit interrôles (1) : discordance entre deux rôles (par exemple celui de l'étudiant et celui de père ou de mère) qu'une personne doit remplir.

Conflit intrarôles (1) : discordance entre différents choix et comportements à l'intérieur d'un même rôle (par exemple avoir à choisir entre deux cours en tant qu'étudiant).

Conformisme (11) : changement dans les croyances ou dans les comportements suscité par la présence réelle ou imaginée d'une personne ou d'un groupe de personnes.

Conformisme privé (11) : il y a conformité privée si l'individu est convaincu par la source d'influence.

Conformisme public (11) : il y a conformité publique si l'individu se conforme devant les autres, mais demeure convaincu de la justesse de ses idées.

Conscience de soi (3) : état où l'attention de la personne est orientée vers des aspects de soi pouvant être de nature privée ou publique.

Conscience de soi privée (3) : état de conscience où l'attention est orientée vers des aspects de soi invisibles aux autres tels que les croyances ou les valeurs personnelles. Elle peut être induite par des variables de la situation ou de la personnalité.

Conscience de soi publique (3) : état de conscience de soi où l'attention est dirigée vers des aspects de soi visibles aux autres tels que l'apparence physique ou le comportement. Elle peut être induite par des variables de la situation ou de la personnalité.

Consensus (5) : dans la théorie de Kelley, le fait, pour différentes personnes, d'agir ou de ne pas agir de la même façon devant une entité quelconque.

Consistance (5) : dans la théorie de Kelley, le fait, pour une personne, d'agir ou de ne pas agir de la même façon lorsqu'une cause particulière est présente.

Contrôlabilité (5) : dans la théorie de Weiner, le fait, pour un acteur ou pour un observateur, de juger une cause comme un élément qu'ils peuvent contrôler.

Conventionnalisme (11) : adoption des valeurs de la société sans qu'il y ait de pression sociale.

Convergence langagière (7) : modification du comportement langagier en vue de le rendre plus semblable à celui de l'interlocuteur.

Corrélation (2) : mesure d'association entre deux variables. Cet indice peut varier de −1 (corrélation inverse parfaite) à +1 (corrélation directement proportionnelle parfaite).

Corrélation gène-environnement (9) : phénomène qui se produit lorsque le génotype d'un individu influence plus ou moins directement l'environnement de ce dernier.

Corrélation illusoire (4, 13) : croyance que deux choses sont liées entre elles parce que nos attentes nous incitent à croire qu'elles le sont, alors qu'en réalité ces deux choses ont peu ou pas de relations entre elles.

Correspondance (5) : dans la théorie de Jones et Davis, attribution dispositionnelle pour expliquer le comportement de l'acteur.

Craquer sous la pression (*choking*) (3) : mal performer lorsque les conditions exigent un rendement optimal.

Crise de confiance (1) : période durant laquelle les chercheurs en psychologie sociale ont remis en question plusieurs approches, notamment le type de participants (étudiants universitaires) et d'expérimentation (laboratoire) utilisés.

Croyances (6) : opinions à propos d'un élément de l'objet attitudinal.

D

Degré d'interculturalité (7) : étendue de la différence quant aux valeurs, aux normes et aux codes langagiers dans la communication entre des individus de cultures différentes.

Déplacement vers l'audace (12) : tendance des groupes à prendre des décisions plus audacieuses que celles prises par des individus isolés.

Désindividuation (3, 12) : perte plus ou moins prolongée de la conscience de soi où l'individu vient à déterminer son comportement en fonction de l'environnement ou des comportements des gens dans son entourage immédiat.

Désir de contrôle (5) : tendance à vouloir contrôler les événements qui surviennent.

Dévalorisation sociale (8) : tentative de dévaloriser l'autre afin de diminuer son estime de soi et sa valeur personnelle, identifiable par les indices suivants : manifestations de colère, critiques et évaluations négatives, et comportements qui interfèrent avec la réalisation des projets et des objectifs de l'autre.

Devis à séries temporelles interrompues (2) : méthode de recherche dans laquelle plusieurs mesures d'une variable dépendante donnée sont recueillies avant et après l'effet d'une variable indépendante.

Devis avec groupe témoin non équivalent (2) : méthode de recherche dans laquelle deux groupes non affectés de façon aléatoire aux conditions de recherche sont comparés et où les mesures des participants ne sont prises qu'à un seul moment dans le temps.

Devis corrélationnel (2) : devis de recherche dans lequel le but est d'étudier l'association entre deux ou plusieurs variables dépendantes.

Devis de recherche (2) : plan de la recherche qui permet de vérifier l'hypothèse formulée initialement.

Devis de recherche expérimental (2) : devis de recherche dans lequel une ou plusieurs variables indépendantes sont manipulées afin d'étudier leurs effets sur la variable dépendante et dans lequel les participants sont aléatoirement assignés aux conditions expérimentales.

Devis prétest – post-test avec groupe témoin non équivalent (2) : devis dans lequel deux groupes de participants sont comparés sans avoir été aléatoirement affectés aux conditions de l'étude, mais où, en plus, les participants sont mesurés à deux moments dans le temps, ce qui permet une mesure des changements qui pourraient être dus à l'événement vécu par les participants dans l'un des deux groupes.

Devis quasi expérimental (2) : méthode de recherche dans laquelle les réactions à un événement vécu par un groupe de participants sont comparées avec celles d'un groupe témoin, mais sans que ces deux groupes aient été aléatoirement affectés aux deux conditions.

Diagnosticité (3) : qualité de l'information que procure une tâche par sa rétroaction pertinente, claire et précise permettant à une personne de s'autoévaluer sur une habileté précise.

Dialectes (7) : variétés régionales d'une langue qui ne sont pas habituellement mutuellement intelligibles (par exemple le français, le catalan et le créole).

Dimension causale (5) : dans la théorie de Weiner, les différentes dimensions qui peuvent sous-tendre diverses attributions. On retrouve notamment les dimensions de lieu de causalité, de stabilité et de contrôlabilité.

Discrimination (13) : tout comportement négatif dirigé contre une personne et reflétant une attitude défavorable uniquement fondée sur l'appartenance à un exogroupe donné.

Discrimination institutionnelle (13) : système de lois et de règlements d'un gouvernement ou d'une organisation publique ou privée qui institutionnalise le traitement inégal réservé à certains groupes dévalorisés par rapport au traitement dont jouissent des groupes avantagés (par exemple pas d'embauche de membres de minorités visibles pour certains postes).

Discrimination systémique (13) : pratique touchant également tous les individus, mais qui a comme conséquence *involontaire* de nuire à certaines personnes, en raison de leur appartenance de groupe, quant aux possibilités d'emplois ou de promotions (par exemple test d'embauche biaisé culturellement).

Dissonance cognitive (6) : état affectif d'inconfort psychologique déplaisant découlant d'une incohérence entre deux cognitions, ou un comportement et une cognition.

Distinction (5) : dans la théorie de Kelley, le fait, pour une personne, de réagir ou de ne pas réagir de la même façon à différents stimuli ou dans différentes situations.

Divergence langagière (7) : modification du comportement langagier en vue de le rendre moins semblable à celui de l'interlocuteur.

Double catégorisation (13) : situation dans laquelle deux catégorisations dichotomiques sont combinées pour créer des groupes d'individus qui sont différents dans chacune des catégories dont ils font partie.

Duperie (2) : processus par lequel les chercheurs cachent le vrai but de l'étude aux participants à la recherche. L'utilisation de cette technique provient de la croyance selon laquelle les participants qui ne connaissent pas le vrai but de l'étude ne modifieront pas leur comportement et l'attitude observée sera la plus réelle possible.

E

Échec de l'autorégulation (14) : « pathologie » sociale qui consiste dans la perte ou le manque de contrôle d'un individu. Cette perte de contrôle, qu'elle soit comportementale, cognitive ou émotionnelle, est au cœur de divers problèmes sociaux comme la procrastination, la boulimie, le jeu compulsif, le sexe, etc.

Économie cognitive (5) : principe selon lequel la recherche d'information pour effectuer l'attribution est limitée à la recherche préliminaire d'une cause plausible avant de faire une recherche plus approfondie afin de confirmer cette cause.

Effet autocinétique (11) : illusion d'optique produite par un point lumineux fixe qui semble bouger. Utilisé par Sherif pour mesurer la conformité.

Effet d'assoupissement (6) : effet par lequel, avec le passage du temps, une information que l'on sait être fausse finit par avoir un effet plus grand sur la persuasion qu'une information véridique.

Effet de confusion (2) : effet qui se produit lorsque des facteurs autres que la manipulation de la variable indépendante dans l'étude varient. Avec cet effet de confusion, il s'avère impossible de déterminer si les résultats obtenus sont dus à la variable indépendante de l'étude ou aux autres facteurs.

Effet de focalisation sur l'arme du crime (14) : phénomène qui fait obstacle à l'identification des suspects et qui s'observe chez les témoins oculaires lorsque des armes sont présentes sur la scène d'un crime. Il peut apparaître lorsque les témoins concentrent leur attention sur l'arme plutôt que sur le visage du suspect.

Effet de polarisation (12) : hypothèse selon laquelle les jugements de groupe sont plus extrêmes que les jugements individuels et vont dans le sens de la position initiale prédominante au sein du groupe.

Effet de simple exposition (6) : processus de formation d'attitudes résultant de la simple exposition répétée à un stimulus.

Effet d'être de bonne humeur (10) : processus qui rend une personne de bonne humeur plus apte à aider les autres qu'une personne qui est dans un état neutre.

Effet d'interaction statistique (2) : variation de l'effet de la première variable indépendante sur la variable dépendante selon le niveau d'une seconde variable indépendante.

Effet du cas exceptionnel (13) : tendance à créer une sous-catégorie pour mettre à part les personnes qui ne correspondent pas aux stéréotypes du groupe dans lequel elles ont été catégorisées. Les stéréotypes sont maintenus pour l'ensemble des membres de ce groupe, à l'exception des cas mis à part, plutôt que d'être modifiés ou abandonnés.

Effet du passant (10) : processus par lequel la présence d'autres individus inhibe le comportement d'aide.

Effet principal (2) : effet produit par une variable indépendante sur la variable dépendante.

Effets distinctifs (5) : dans la théorie de Jones et Davis (1965), réfère à l'analyse des effets uniquement liés aux choix d'un comportement. Des effets distinctifs peu nombreux peuvent contribuer à émettre une attribution de correspondance.

Égotisme implicite (3) : tendance non consciente à graviter autour de personnes, d'endroits et de choses qui ressemblent ou sont liés à notre soi.

Emblème (7) : mouvement du corps qui a une signification propre pour les membres d'une communauté particulière.

Émotion (3, 5) : selon Deci (1980), réaction à un événement (présent ou imaginé). L'émotion implique un changement dans les viscères et la musculature de la personne, est vécue subjectivement de façon caractéristique, est exprimée par des changements faciaux et des tendances à l'action, et peut médier et énergiser des comportements subséquents.

Émotion de détresse personnelle (10) : émotion négative, troublante, qui est vécue par une personne qui observe la souffrance d'une autre personne.

Émotion empathique (10) : émotion de compassion, de sympathie, vécue par l'aidant et qui est compatible avec les émotions vécues par la victime.

Endogroupe (13) : groupe d'appartenance d'une personne composé de l'ensemble des individus que cette personne a catégorisés comme membres de son propre groupe et auxquels elle a tendance à s'identifier.

Engagement (8) : processus par lequel une personne se sent liée à une autre personne, ce lien influençant l'intention de continuer la relation ; force qui assure la continuation d'une relation lorsque celle-ci se heurte à des obstacles difficiles ou lorsque les partenaires sont soumis à la tentation créée par une option intéressante.

Engagement d'obligation (8) : engagement régi par des forces extérieures à l'individu, comme les normes sociales, les ressources investies, le manque de partenaires, qui font en sorte que l'individu se sent obligé de continuer une relation même s'il ne ressent aucun attachement émotionnel pour son partenaire ; l'individu veut principalement éviter les conséquences négatives associées à la dissolution de la relation.

Engagement personnel (8) : engagement régi par l'attachement émotionnel à son partenaire et à la relation, où l'individu maintient la relation dans les moments difficiles parce que cette relation a une valeur personnelle et donne un sens à sa vie ; ce sont principalement les aspects positifs associés à la relation qui assurent sa continuation.

Enquête (2) : collecte d'informations sur des comportements de la vie quotidienne tels qu'ils ont été recensés par questionnaire ou par entrevue.

Entitativité (12, 13) : état faisant référence à la réalité perceptuelle des groupes, à la tendance plus ou moins importante à les percevoir comme des entités réelles.

Entrevue (2) : collecte de données obtenues de façon directe en interrogeant verbalement le participant.

Équité (8) : dans une relation interpersonnelle, un sentiment d'équité existe quand une correspondance est perçue entre ce qui est donné et reçu par une personne, et ce qui est donné et reçu par l'autre personne. L'important n'est pas ce qui est reçu et donné, mais plutôt la considération du fait que ce qui a été mis dans la balance suscite un sentiment d'équité. Un sentiment d'iniquité provoque une tension que l'individu essaiera d'éliminer ou de réduire en modifiant, dans les faits ou dans sa perception, les différentes contributions.

Erreur attributionnelle fondamentale (5) : tendance des attributeurs à inférer que le comportement de l'acteur reflète des dispositions internes et à faire abstraction des facteurs externes susceptibles d'expliquer ce comportement.

Essentialisme psychologique (13) : perception qui mène à la croyance qu'une catégorie naturelle (sexe, âge, ethnicité) reflète non seulement des attributs de surface, mais aussi des essences (génétiques, raciales, linguistiques) révélant la vraie nature, inaltérable et immuable, du groupe.

Estime de soi (3) : composante affective qui renvoie à l'évaluation subjective des aspects positifs et négatifs de soi-même.

Estime de soi collective (3) : évaluation positive ou négative des aspects du soi qui ont trait aux caractéristiques des groupes auxquels on s'identifie.

Estime de soi dispositionnelle (3) : évaluation subjective générale et relativement stable de soi-même.

Estime de soi explicite (3) : évaluation subjective et consciente de soi.

Estime de soi implicite (3) : évaluation subjective et inconsciente de soi.

Estime de soi personnelle (3) : évaluation subjective des aspects du soi qui ont trait aux attributs propres à l'individu, tels que les compétences ou les qualités.

Estime de soi situationnelle (ou d'état) (3) : évaluation subjective ponctuelle de soi-même à un moment déterminé.

Ethnocentrisme (13) : tendance chez un individu à surévaluer les caractéristiques de son endogroupe, à mépriser celles de l'exogroupe et à croire que l'endogroupe est supérieur à l'exogroupe.

Éthologie (9) : science qui a pour objet l'étude comparative des bases biologiques du comportement animal et du comportement humain.

Étude d'adoption (9) : en génétique du comportement, étude consistant dans l'examen de la similitude observée entre les individus adoptés, les membres de leur famille adop-tive et (idéalement) les membres de leur famille biologique.

Étude de cas (2) : méthode de recherche portant sur l'étude approfondie d'un individu, d'un groupe ou d'un événement.

Étude longitudinale (9) : étude qui décrit et analyse des traits, des comportements ou des caractéristiques mesurés auprès des mêmes individus de façon répétée dans le temps en vue de comprendre le développement et l'évolution de ces caractéristiques.

Étude transversale (9) : étude qui décrit et compare des groupes d'individus d'âge différents sur une ou des variables afin d'examiner les différences liées à l'âge.

Évaluation de soi (3) : processus par lequel nous désirons mieux nous connaître.

Excuses (5) : selon Snyder et ses collègues (1983), les excuses représentent un processus motivé qui nous amène à déplacer les attributions causales, émises afin d'expliquer un événement ou un résultat négatif, des sources qui sont centrales, à notre personne vers d'autres sources personnelles moins centrales, ou encore extérieures.

Exogroupe (13) : tout groupe autre que le groupe d'appartenance d'une personne. L'exogroupe est composé de l'ensemble des individus catégorisés comme membres d'autres groupes et auxquels la personne n'a pas tendance à s'identifier.

F

Facilitation sociale (12) : amélioration du rendement d'une personne lorsqu'elle travaille en présence d'autrui.

Favoritisme proendogroupe (13) : tendance à favoriser les membres de son propre groupe par rapport à ceux de l'exogroupe, évaluativement et dans la distribution de ressources valorisées. *Voir aussi* Biais proendogroupe.

Favoritisme proexogroupe (13) : tendance à favoriser les membres de l'exogroupe par rapport aux membres de l'endogroupe, évaluativement et dans la distribution de ressources valorisées.

Fidélité (2) : facilité avec laquelle certains résultats obtenus sont reproduits (consistance dans les résultats).

Fidélité interjuges ou interitems (2) : cohérence entre les jugements d'observateurs ou les mesures de certains items.

Fidélité temporelle (2) : capacité d'un test à reproduire les mêmes résultats avec un intervalle temporel.

Formation d'une impression (4) : processus par lequel nous combinons plusieurs informations sur une personne pour ne former qu'une seule impression.

Frustration (9) : un événement qui interfère avec l'atteinte d'un objectif poursuivi par un individu (selon Dollard *et al.*, 1939).

G

Gène altruiste (10) : gène responsable du comportement d'aide qui a été sélectionné au fil des générations et qui prédispose biologiquement les gens à aider ceux qui en ont besoin.

Générativité (10) : concept qui représente le souci d'assurer un bien-être aux générations futures, et l'engagement dans ce but.

Génétique du comportement (9) : science qui étudie l'influence exercée isolément ou conjointement par le génotype et l'environnement sur le comportement de l'individu.

Gestalt (1) : théorie qui met l'accent sur la perception intégrative des formes et des stimuli comme déterminants du sens donné à un objet ou à un événement.

Globalité (5) : dans la théorie de Abramson, Seligman et Teasdale, dimension causale qui renvoie à une stabilité intersituationnelle, c'est-à-dire qu'une cause donnée sera globale si elle se retrouve de situation en situation.

Grille managériale (12) : théorie du leadership proposée par Blake et Mouton selon laquelle les leaders les plus efficaces sont ceux qui manifestent beaucoup d'intérêt à la fois pour la production et pour les gens.

Groupe (12) : ensemble d'individus interdépendants qui s'influencent mutuellement et se perçoivent comme membres de la même entité sociale.

Groupe de référence (12, 13) : groupe qu'un individu adopte comme cadre de référence relativement à ses attitudes ou à ses valeurs.

H

Heuristiques (4) : règles ou principes permettant aux individus de formuler un jugement social rapidement et avec un minimum d'effort.

Heuristiques affectives (4) : stratégies qui consistent à utiliser la réaction affective provoquée par un événement au moment de formuler un jugement ou une appréciation.

Heuristiques d'ancrage (4) : stratégies mentales qui consistent à se servir d'un événement similaire comme point de référence pour arriver à une estimation.

Heuristiques de disponibilité (4) : stratégies utilisées pour formuler un jugement basées sur la capacité de se rappeler rapidement une information.

Heuristiques de représentativité (4) : stratégies utilisées pour formuler un jugement basées sur la ressemblance entre un stimulus ou un événement et l'information jugée typique.

Heuristiques par simulation (4) : stratégies mentales ayant pour but de prédire ce qui arrivera dans un futur plus ou moins proche, ou de déterminer ce qui s'est passé antérieurement en se basant sur les connaissances acquises.

Homogénéisation de l'exogroupe (13) : tendance à percevoir plus de similitudes entre les membres d'un groupe qu'entre ceux d'un autre groupe. Ce phénomène peut se produire par rapport à l'endogroupe ou à l'exogroupe, selon le contexte social.

Humeur (10) : état affectif d'une personne à un moment bien précis.

Hypothèse (2) : prédiction testable issue de formulations théoriques.

Hypothèse du contact (13) : hypothèse voulant que certains types de contacts intergroupes aident à combattre « l'ignorance de l'autre » et permettent aux individus de corriger leurs conceptions erronées des exogroupes et, ainsi, de réduire leurs préjugés et leurs comportements discriminatoires.

Hypothèse du monde juste (5) : croyance suivant laquelle les gens méritent ce qui leur arrive et ce qui arrive aux gens est mérité.

I

Identification (11) : processus par lequel on cède aux pressions d'un groupe à cause d'une identification au groupe ou à une personne dans le groupe.

Identité sociale (13) : ensemble des aspects du concept de soi découlant de l'appartenance à différents groupes et à différentes catégories sociales.

Illusions du soi (3) : position de Taylor suivant laquelle le fait d'entretenir des biais positifs à notre endroit tels que l'évaluation excessivement positive de soi, des perceptions de contrôle exagérées et un optimisme irréaliste contribue à assurer l'ajustement psychologique.

Illusions positives par rapport au partenaire (8) : dans une relation amoureuse, tentatives de voir son partenaire sous le meilleur jour possible même si cela signifie percevoir chez lui des qualités que lui-même ne voit pas.

Illustrateurs (7) : gestes qui sont employés pour appuyer une communication verbale.

Inclusion de l'autre en soi (8) : caractéristique des relations intimes qui consiste en l'inclusion de l'autre dans la représentation mentale de soi. C'est le sentiment que l'autre fait partie du soi et qu'on a ainsi accès à ses ressources.

Indépendance (11) : qualité d'une personne qui conserve ses idées ou ses valeurs en dépit des pressions du groupe.

Influence de l'information (11) : l'influence de l'information amène l'individu à se conformer parce qu'il présume que les autres doivent avoir raison (pourquoi autant de gens se tromperaient-ils?).

Influence des normes (11) : l'influence des normes amène l'individu à se conformer par peur des conséquences négatives ou pour être davantage accepté.

Inoculation psychosociale (6) : technique suscitant la résistance à la persuasion par l'exposition à des arguments faibles et aisément réfutables.

Intelligence émotionnelle (14) : capacité des gens à utiliser leurs émotions et celles des autres pour atteindre et réaliser leurs objectifs.

Intention comportementale (6) : concept renvoyant à la prédisposition à agir dans la théorie de l'action raisonnée et du comportement planifié de Ajzen et Fishbein.

Interaction gène-environnement (9) : phénomène consistant dans le fait qu'un même génotype s'exprime différemment d'un environnement à l'autre ou que, inversement, un même environnement détermine des comportements différents selon le génotype.

Interactionnisme réciproque (3) : renvoie au biais de sélection que manifeste la personne dans son choix de situations qu'elle décide d'intégrer, ce qui a un effet sur elle-même et sur les gens qui l'entourent.

Interactionnisme symbolique (3) : position selon laquelle la personne acquiert une conception d'elle-même par l'entremise de ses relations interpersonnelles et des échanges qu'elle a avec les autres.

Interdépendance négative (13) : relation intergroupes dans laquelle le gain d'un groupe se fait au dépens de l'exogroupe, attisant ainsi la compétition entre les groupes.

Interdépendance positive (13) : relation intergroupes dans laquelle l'atteinte d'un but commun supraordinale ou la défense contre une menace commune exige la coopération intergroupes.

Interdépendance sociale (8) : influence mutuelle entre deux personnes qui comptent l'une sur l'autre pour satisfaire leurs besoins.

Intériorisation (11) : processus par lequel on se soumet aux attentes du groupe parce que l'on croit que le groupe a raison. L'individu fait siennes les valeurs véhiculées par le groupe.

Intimité (8) : processus interactif, en constante évolution, par lequel une personne, compte tenu des comportements de son partenaire en réponse à ses propres comportements, en vient à se sentir comprise, acceptée et appréciée par ce partenaire, et à se percevoir comme une personne à laquelle le partenaire tient, dont il prend soin et dont il a à cœur le bien-être.

J

Jeu de rôles (2) : méthode de recherche qui demande aux participants d'agir comme s'ils se trouvaient en situation réelle.

Justice distributive (8) : standard social selon lequel la distribution des ressources doit se faire de façon telle que les récompenses sont proportionnelles aux coûts encourus, et que les profits sont proportionnels aux investissements.

Justice organisationnelle (14) : sentiment de l'employé provenant de sa perception qu'il reçoit un traitement juste et équitable de la part de l'entreprise et de ses dirigeants.

L

Langage (7) : la langue telle qu'elle est utilisée en fonction des contraintes situationnelles d'un contexte donné.

Langue (7) : système de communication verbal normalisé propre à une communauté linguistique.

Leadership (12) : ensemble des activités et, surtout, des communications par lesquelles un individu exerce une influence sur le comportement des membres d'un groupe dans le sens d'une réalisation volontaire de certains objectifs communs.

Lieu de causalité (5) : dans la théorie de Weiner, dimension causale qui situe l'attribution à l'intérieur ou à l'extérieur de la personne.

M

Maintien langagier (7) : stratégie par laquelle le locuteur conserve le même code langagier tout le long de l'interaction, quel que soit le comportement de l'interlocuteur.

Médiane (2) : point milieu d'une distribution de points.

Mélange de codes (7) : introduction, au cours d'un tour de parole, de mots ou d'expressions empruntés à un autre code.

Mémoire autobiographique (3) : mémoire que nous avons des divers événements de notre vie.

Mésattribution (5) : processus attributionnel par lequel une personne attribue à tort son activation physiologique interne à d'autres causes que la cause réelle.

Mesure comportementale (2) : variable dépendante portant sur l'observation du comportement.

Mesure implicite (2) : type de mesure permettant de mesurer les attitudes, les croyances, les valeurs et les motivations que les individus ne sont pas conscients d'avoir.

Mesure non réactive (2) : variable dépendante mesurée à l'insu du participant afin de l'empêcher de réagir de façon favorable ou défavorable à cette mesure.

Mesure physiologique (2) : type de mesure portant sur certaines composantes physiologiques de la personne telles que les fonctions cardiovasculaires et le fonctionnement du cerveau.

Méta-analyse (2) : analyse statistique d'une large collection de résultats issus de sources secondaires ayant pour but d'intégrer ces résultats.

Méta-stéréotypes (13) : idées qu'un individu se fait des stéréotypes que les exogroupes entretiennent envers les membres de son endogroupe.

Méthode des jumeaux (9) : méthode de la génétique du comportement consistant dans l'analyse populationnelle de la similarité observée entre des jumeaux d'une même famille.

Mini théorie (1) : théorie ayant pour but d'expliquer et de prédire un type de phénomène relativement restreint, comme l'agression et le comportement d'aide.

Modelage par équations structurales (2) : analyse statistique sophistiquée permettant de tester un modèle théorique dans son ensemble, y compris les diverses variables indépendantes.

Modèle (10) : personne ou groupe de gens auquel on se réfère ou qu'on imite pour adopter un comportement d'aide.

Modèle activation-coût et bénéfice (10) : processus décrit par Piliavin et ses collègues par lequel un individu choisit la méthode la plus rapide et la moins coûteuse pour réduire sa forte activation au regard d'une situation d'urgence.

Modèle cognitif du comportement d'aide (10) : modèle proposé par Darley et Latané (1968) présentant les cinq niveaux d'analyse cognitive qui permettent à un individu de décider d'apporter son aide ou non lorsqu'il fait face à une situation d'urgence où un individu est en détresse, par exemple.

Modèle de l'autorégulation (3) : modèle de Carver et Scheier (1998) postulant l'existence de processus d'ordre cybernétique ainsi que de processus de comparaison avec standards afin d'expliquer le comportement humain et social.

Modèle de la croyance à la santé (14) : modèle de Becker (1974) qui a pour but de prédire si l'individu adoptera ou pas des comportements de santé pour prévenir ou enrayer la maladie. Ce modèle repose sur les perceptions qu'a l'individu des risques d'être atteint de la maladie et sur la plus ou moins forte croyance qu'il a qu'une mesure préventive permettrait de supprimer tout risque de développer la maladie.

Modèle de la menace de l'estime personnelle (10) : processus décrit par Nadler et Fisher (1986) par lequel le comportement de l'aidant (menaçant ou compatissant) influe sur les perceptions de l'aidé et, par le fait même, sur le futur comportement d'aide de ce dernier par rapport à l'aidant.

Modèle de la menace du stéréotype (3) : modèle de Steele qui propose que le simple fait de souligner que le groupe auquel appartient une personne n'exécute habituellement pas une tâche de manière convenable (ce qui correspond généralement à un stéréotype) suffit pour amener cette personne à ne pas bien accomplir la tâche en question dans la mesure où il est important pour elle de bien faire cette tâche.

Modèle de la perte d'énergie du soi (3) : modèle de Baumeister selon lequel le fait de devoir fournir des efforts d'autorégulation dans une première activité diminue les réserves d'énergie du soi et laisse moins d'énergie pour réaliser des activités subséquentes.

Modèle de la vraisemblance de l'élaboration cognitive (6) : théorie sur le changement d'attitude proposée par Petty et Cacioppo, qui affirment que la persuasion peut s'effectuer par deux routes : par la route centrale (soit l'analyse des arguments du message) et par la route périphérique (les éléments secondaires associés au message ou au contexte dans lequel le message est présenté).

Modèle des attributions-émotions-comportements d'aide (10) : modèle de Weiner (1980a), qui soutient que les raisons invoquées ou les attributions émises par l'aidant potentiel afin d'expliquer l'aide demandée influent sur les émotions de sympathie ou de mépris qu'il ressentira et qui, à leur tour, agiront sur le comportement d'aide au regard de la personne aidée.

Modèle du maintien de l'autoévaluation (10) : modèle de Tesser (1988) permettant d'expliquer l'influence que peuvent avoir la performance des autres et l'importance du type de tâche effectuée sur les sentiments et les comportements d'aide.

Modèle du processus attitude-comportement (6) : modèle élaboré par Fazio (1990) dans le but d'expliquer la nature des processus automatiques par lesquels l'attitude influe sur le comportement. Selon ce modèle, l'accessibilité de l'attitude (ou évaluation de l'objet) stockée en mémoire serait responsable de cette influence.

Modèle du soulagement des émotions négatives (10) : modèle de Cialdini et de ses collègues (1987) qui montre que l'aidant adopte le comportement d'aide afin d'enrayer ou de diminuer les émotions négatives qu'il ressent.

Modèle intégré de la menace (13) : modèle de Stephan et Stephan (2000) où la menace symbolique, la menace réelle et l'anxiété intergroupes seraient les prédicteurs principaux de nos préjugés contre les minorités dévalorisées.

Modèle MODE (motivation et opportunité et déterminants) (6) : modèle de Fazio qui soutient que l'action peut résulter de processus qui sont automatiques ou réfléchis.

Modèle transthéorique (14) : aussi appelé modèle des stades de changement, modèle conçu par Prochaska et DiClemente (1983, 1986) qui a pour but de présenter les différents stades du changement d'un comportement de santé. Ces stades sont au nombre de cinq : la précontemplation, la contemplation, la préparation, l'action et le maintien.

Modèles d'attachement adulte (8): façons émotionnelles et comportementales, relativement constantes et cohérentes, d'aborder les relations intimes à l'âge adulte, fondées sur les images de soi et les images des autres. Ces images, plus ou moins positives ou négatives, se combinent pour composer quatre différents modèles ou styles d'attachement: confiant, préoccupé, craintif et détaché.

Monitorage de soi (3): différence individuelle renvoyant à l'orientation de la personne à agir soit selon ce qui est approprié dans une situation donnée (monitorage de soi élevé), soit selon ses propres attitudes et valeurs (monitorage de soi faible).

Morphèmes (7): assemblages de phonèmes qui constituent les plus petites unités porteuses de sens dans une langue donnée.

Motivation à l'accomplissement (5): théorie de Weiner selon laquelle les attributions influent sur les attentes et les émotions vécues en contexte d'accomplissement, ces dernières influant à leur tour sur la motivation à l'accomplissement futur.

Motivation altruiste (10): besoin d'aider une personne non pas pour augmenter les émotions positives ou pour diminuer les émotions négatives ressenties, mais simplement pour aider la personne qui a besoin d'aide.

Motivation autodéterminée (3): effectuer une action pour le simple plaisir ou par choix réel, et non par pression interne ou externe.

Motivation égoïste (10): besoin d'aider une personne afin de pouvoir éliminer les émotions négatives ressenties à l'égard de la personne qui demande de l'aide.

Motivation intégrative (7): ensemble des facteurs affectifs sous-jacents à la motivation à apprendre une langue seconde.

Motivation intrinsèque (5): le fait d'accomplir une activité par plaisir, et non pour des raisons externes à celle-ci.

Moyenne (2): somme des points des participants divisée par le nombre de participants.

Niveau de comparaison (8): standard en fonction duquel une personne compare les coûts et les gains d'une relation donnée à ce qu'elle pense qu'elle devrait recevoir. Si l'échange avec l'autre amène autant ou plus que le niveau attendu, il y aura un maintien ou une augmentation du sentiment positif à l'égard de cette personne et à l'égard de la relation. Si l'échange amène moins, il y aura diminution du sentiment positif.

Niveau de comparaison d'une possibilité (8): standard en fonction duquel une personne évalue les renforcements positifs qu'elle croit pouvoir obtenir dans une autre relation (ou dans une absence de relation). C'est le standard utilisé quand il faut décider de maintenir ou de quitter une relation. Si les renforcements positifs de la relation actuelle dépassent ceux d'une relation potentielle, la relation actuelle sera stable et satisfaisante. Si la relation actuelle offre moins qu'une relation possible (ou qu'une absence de relation), il y a de fortes chances que l'individu quitte la relation ou, du moins, pense à le faire (la rupture réelle dépendra de la présence ou de l'absence de barrières économiques, légales ou sociales).

Norme (10, 12): valeur, opinion ou règle de conduite implicite qui reflète des standards d'approbation ou de désapprobation sociale.

Norme d'équité (10): norme fondée sur le postulat selon lequel les gens qui se perçoivent dans des situations non équitables où ils croient recevoir plus de bénéfices qu'ils n'en procurent aux autres devraient aider ceux qui ont besoin d'aide afin de réduire l'inéquité et, ainsi, de restaurer l'équilibre.

Norme de justice (10): norme qui amène les gens à aider les autres, surtout dans la mesure où ils croient que ceux qui expriment un besoin d'aide méritent cette aide.

Norme de réciprocité (10, 11): norme qui repose sur des principes d'échange social et qui postule que les gens aident autrui parce qu'un jour, ils désireront être aidés à leur tour par les autres.

Norme de responsabilité sociale (10): règle sociale qui suscite chez les gens un besoin moral d'aider les autres, et surtout ceux qui dépendent d'eux. Elle crée un sentiment d'obligation et de devoir qui les amène à vouloir aider les autres.

Observateur (5): personne qui observe un acteur.

Observation vicariante (1): processus par lequel de nouvelles réponses sont apprises par l'observation et l'imitation des autres.

Orientation à la dominance sociale (12): concept qui concerne l'attitude générale des individus à l'égard des relations intergroupes, et leur préférence pour des relations plus ou moins hiérarchiques et inégalitaires.

Paradigme des groupes minimaux (13): situation expérimentale dans laquelle la catégorisation sociale « nous-eux » est l'unique variable indépendante manipulée, laquelle peut susciter des comportements discriminatoires chez les gens qui s'identifient à leur endogroupe.

Paralangage (7): ensemble des caractéristiques du discours contribuant à sa caractérisation sonore, comme la force, le ton et la vitesse du débit.

Paresse sociale (12): tendance chez les individus à mettre moins d'effort dans l'accomplissement d'une tâche lorsqu'ils effectuent cette tâche avec d'autres personnes plutôt que seuls.

Parole puissante (7): genre d'intervention verbale caractérisée par des définitions précises de la situation et de l'interlocuteur, ce qui confère au locuteur un certain contrôle sur son interlocuteur.

Participant volontaire (2): personne qui participe volontairement à une étude.

Passion (3): vive inclination envers une activité que la personne aime, valorise, et dans laquelle elle investit temps et énergie de façon régulière.

Passion harmonieuse (3): forme adaptative de la passion qui résulte d'une intériorisation de l'activité dans l'identité de la personne qui s'est faite dans un contexte de choix et où la personne garde le contrôle sur l'activité passionnante.

Passion obsessive (3): forme non adaptative de la passion résultant d'une intériorisation contrôlée et non réellement choisie de l'activité dans l'identité de la personne et où l'activité finit par prendre le contrôle sur la personne.

Paysage langagier (7): l'ensemble des manifestations publiques de l'utilisation de différentes langues pour l'affichage, la publicité, les médias, etc.

Pensée groupale (12): dans la prise de décisions, le fait que le désir d'unanimité des membres d'un groupe ayant une forte cohésion l'emporte sur la nécessité d'évaluer d'une manière réaliste les différentes options possibles.

Perception sociale (4): processus par lequel nous cherchons à connaître et à comprendre les autres personnes.

Personnalisme (5) : processus par lequel l'attribution de l'observateur est directement concernée par le comportement de l'acteur.

Personnalité autoritaire (13) : type de personnalité caractérisée par une pensée rigide et par un ensemble de croyances et de valeurs, dont la soumission et l'identification à l'autorité.

Perspective évolutionniste (1) : approche théorique qui vise à comprendre le comportement social à partir de l'évolution phylogénétique de l'espèce humaine.

Persuasion (6) : processus par lequel on produit un changement d'attitude chez une personne.

Pertinence hédonique (5) : selon la théorie de Jones et Davis, les attributions de l'observateur seront influencées par le comportement de l'acteur lorsque celles-ci ont des conséquences pour l'observateur.

Phénomène de diffusion de responsabilité (10) : dans une situation d'urgence, plus le nombre de personnes qui sont en mesure d'aider la victime augmente, moins chacune d'elles sentira personnellement le besoin de le faire ; chaque personne pensera, dans la plupart des cas, que quelqu'un d'autre peut apporter son aide à sa place.

Phénoménologie (1) : perspective théorique selon laquelle le comportement est dicté par la perception que la personne a de la situation.

Phonèmes (7) : éléments sonores d'une langue.

Pluralisme des valeurs (6) : position de Tetlock (1996) qui postule que les conflits entre les valeurs produisent souvent un état désagréable amenant la personne à essayer d'éliminer le conflit de la façon la moins exigeante possible.

Popularité (8) : attirance générale ou collective pour d'autres personnes, la personne populaire étant une personne aimée par plusieurs personnes qui n'interagissent pas nécessairement avec elle. La popularité peut être associée au charisme.

Préjugé (13) : attitude négative généralisée envers les membres d'un exogroupe et fondée uniquement sur leur appartenance à ce groupe.

Présentation de soi (3) : activités et processus qui consistent à présenter aux autres une image de soi.

Présentation de soi authentique (3) : processus consistant à nous présenter aux autres

sous notre vrai jour afin qu'ils puissent mieux nous connaître.

Présentation de soi stratégique (3) : présentation de soi visant à contrôler les perceptions des autres et à influer sur les impressions qu'ils peuvent avoir de notre personne.

Principe d'augmentation (5) : dans la théorie de Kelley, tendance à attribuer à un événement une cause facilitante si cette cause se produit en la présence d'un ou de plusieurs facteurs inhibiteurs.

Principe de covariation (5) : dans la théorie de Kelley, principe selon lequel un effet est attribué à l'une des causes plausibles avec lesquelles il covarie.

Principe de la rareté (11) : stratégie d'influence sociale consistant à souligner le fait qu'un objet convoité est appelé à devenir rare et difficile à obtenir.

Principe d'ignorement (5) : dans la théorie de Kelley, principe selon lequel le rôle d'une cause donnée est ignoré si d'autres causes plausibles sont aussi présentes.

Privation relative collective (13) : sentiment éprouvé par une personne après qu'elle a perçu une contradiction entre le sort actuel de son endogroupe et celui auquel elle estime que les membres de son endogroupe ont droit collectivement.

Privation relative personnelle (13) : sentiment éprouvé par une personne après qu'elle a perçu une contradiction entre son sort actuel et celui auquel elle estime avoir droit personnellement.

Processus de coercition familiale (9) : dynamique familiale marquée par un manque de constance dans les réponses parentales ou des sanctions inadéquates face aux comportements inappropriés de l'enfant, ce qui conduit à des échanges de plus en plus aversifs avec le temps, le caractère inconsistant ou inefficace des réponses incitant l'enfant à reproduire ces comportements, et les parents à accentuer le caractère punitif de leurs sanctions.

Programme de recherche (1) : série de recherches ayant pour but de faire avancer les connaissances sur un thème précis.

Projection de l'image de soi (7) : l'ensemble des stratégies interpersonnelles visant à présenter et à promouvoir une image positive de soi-même dans un contexte particulier.

Prophétie qui s'autoréalise (4, 13) : effet que les attentes d'un percevant, quant au comportement futur d'une cible, ont sur son comportement et qui, en retour, amène la

cible à agir de façon à confirmer les attentes initiales du percevant.

Prosodie (7) : ensemble des caractéristiques du discours, habituellement mesurées de façon discrète, qui contribuent à lui donner son rythme : position de l'accent tonique, nombre de pauses, inflexion de la voix, etc.

Protection de soi (3) : processus permettant à la personne d'écarter une menace à son estime de soi.

Prototype (4) : schéma défini par les caractéristiques propres à un type de personnes (professeur, athlète ou personne snob, par exemple).

Proxémique (7) : étude des distances optimales entre les individus selon le contexte culturel et le degré d'intimité.

Psychologie positive (1) : domaine de la psychologie qui étudie les forces psychologiques de l'être humain.

Psychologie sociale (1) : domaine d'étude scientifique qui analyse la façon dont les pensées, les sentiments et les comportements de l'individu sont influencés par la présence imaginaire, implicite ou explicite des autres, par leurs caractéristiques et par les divers stimuli sociaux, et qui, de plus, examine comment les composantes psychologiques et biologiques propres à l'individu influent sur son comportement social.

Psychologie sociale appliquée (1) : aspect de la psychologie sociale qui a pour but d'étudier les problèmes sociaux afin de mieux en cerner les déterminants et, éventuellement, de proposer des pistes d'action permettant de les enrayer.

Psychologie sociale psychologique (1) : branche de la psychologie sociale qui favorise surtout l'utilisation de la méthode expérimentale en laboratoire et qui s'intéresse au comportement individuel influencé par le contexte social.

Psychologie sociale sociologique (1) : branche de la psychologie sociale qui encourage surtout l'utilisation d'enquêtes et d'observations systématiques, et qui s'intéresse aux liens entre les individus et les groupes auxquels ils appartiennent.

 Q

Questionnaire auto-rapport (2) : série de questions permettant de mesurer les réponses des participants.

R

Racisme différencialiste (13) : idéologie raciste selon laquelle les différences culturelles entre les « races », considérées comme naturelles, rendent les antagonismes intergroupes inévitables. Cette idéologie raciste valorise une ségrégation des « races » ou l'expulsion des minorités raciales jugées non assimilables.

Racisme hiérarchique (13) : idéologie raciste selon laquelle des caractéristiques communes de certaines « races » (intelligence) les rendent supérieures aux autres (par exemple supériorité des Asiatiques par rapport aux Caucasien et aux Négroïdes).

Raisonnement contrefactuel (5) : il s'agit de représentations mentales des alternatives au passé entraînant des conséquences qui peuvent être soit bénéfiques, soit nuisibles pour la personne.

Rappel sélectif (3) : rappel biaisé qui permet à la personne de réviser le passé de façon à le rendre plus cohérent avec une vision subjective de son soi.

Réactance psychologique (6) : sentiment de perte de liberté induit par le comportement contraignant d'autrui et qui amène la personne à agir de façon contraire à ce qu'autrui désirerait qu'elle fasse.

Réalisme mondain (2) : condition expérimentale en laboratoire où la situation correspond à une situation existant dans la vie courante.

Réalisme psychologique (2) : condition où les processus psychologiques observés en laboratoire sont identiques à ceux que l'on retrouve en milieu naturel.

Réattribution (5) : processus par lequel les gens apprennent à modifier leurs attributions incorrectes afin d'utiliser des attributions « plus adaptatives » dans le but d'expliquer divers événements négatifs.

Récusation motivée (14) : à l'étape de la sélection du jury, procédure judiciaire qui permet au juge et aux avocats de la défense et de la poursuite de refuser d'admettre une personne comme juré pour motif. Ce type de récusation est illimité, mais requiert la démonstration probante que le candidat a des croyances ou des opinions qui l'empêchent de fonder sa décision uniquement sur la preuve.

Récusation péremptoire (14) : dans le contexte de la sélection du jury, procédure judiciaire qui permet aux avocats de la défense et de la poursuite de refuser d'admettre un nombre limité de personnes parmi les jurés. Ce type de récusation est sans appel et ne nécessite aucune explication de la part des avocats.

Règles de manifestation des émotions faciales (7) : règles qui dictent quand, dans un contexte culturel particulier, certaines émotions peuvent être affichées ouvertement.

Régulateurs (7) : mouvements du corps destinés à régler la conversation en signifiant à l'interlocuteur, par exemple, qu'il a la parole.

Rehaussement de soi (3) : processus par lequel nous désirons restaurer ou augmenter notre perception de nous-même.

Relation interpersonnelle (8) : ensemble de liens continus entre deux personnes ou plus, lesquelles s'influencent mutuellement dans un cadre émotionnel, cognitif, social, temporel et multidimensionnel.

Relation intime (8) : relation où l'autre a une très grande importance émotionnelle et motivationnelle pour soi, et où les partenaires manifestent un fort degré d'interdépendance durant une longue période de temps ; relation caractérisée par la révélation de soi, la familiarité avec l'autre, l'inclusion de l'autre en soi, et un niveau élevé d'engagement envers l'autre et envers la relation.

Renforcement (1) : processus ayant pour effet de favoriser un comportement donné par le moyen de récompenses.

Résignation acquise (5) : croyance d'un individu résultant d'échecs répétitifs et selon laquelle aucune de ses actions ne peut changer la situation présente.

Responsabilité (5) : une personne sera tenue responsable d'une action si le lieu de causalité est interne, si la cause est contrôlable et s'il n'y a pas de facteur pouvant excuser son comportement.

Révélation de soi (3, 8) : forme de présentation de soi authentique qui consiste à divulguer de l'information réelle sur soi.

Rôle (12) : ensemble des comportements attendus et jugés appropriés d'un individu occupant une certaine position dans un groupe.

Rumination (9) : opération mentale qui consiste à maintenir actives les représentations négatives un certain temps après que l'événement qui les a suscitées a cessé.

S

Saillant (4) : qualité d'un stimulus qui s'impose à l'attention.

Satisfaction au travail (14) : état émotionnel positif et agréable résultant de l'évaluation qu'un individu fait de son expérience de travail.

Schéma (3, 4) : structure cognitive qui comporte un ensemble de connaissances organisées et relatives à un domaine particulier, ce qui permet de catégoriser, d'entreposer et d'interpréter l'information nouvelle qui a trait à ce domaine.

Schéma relationnel (8) : image du soi en relation avec l'autre, composée de trois éléments : le schéma de soi, le schéma du partenaire et le script ou le scénario interpersonnel des attentes généralisées sur la base des interactions passées.

Schémas sur le soi (3, 4) : généralisations cognitives sur soi qui contiennent les observations de nos interactions antérieures avec notre environnement, qui servent à guider le processus de traitement de l'information sur soi et le monde qui nous entoure.

Script (4) : ensemble organisé de connaissances incluant les aspects invariants ou normalement rencontrés lors d'une situation.

Scripts personnels du bonheur (8) : l'ensemble des connaissances personnelles relatives au bonheur qui guident les comportements dans la quête du bonheur.

Séance d'information postexpérimentale (ou de désengagement – *debriefing*) (2) : session d'information suivant l'expérience où les participants sont informés des procédés par lesquels ils ont été dupés dans le cadre de l'étude et qui les aide à interpréter et à comprendre les hypothèses, et le but de la recherche.

Sélection familiale (10) : processus par lequel se fait la sélection du gène altruiste. C'est grâce à ce processus que le gène altruiste se transmet et survit de génération en génération.

Sentiments d'autonomie (3) : perceptions relatives à l'impression de choix ou à la liberté d'agir dans une situation donnée.

Simulation (2) : procédé méthodologique par lequel les participants sont appelés à agir comme s'ils se trouvaient en situation réelle.

Situation d'urgence (10) : situation dans laquelle se trouvent un ou plusieurs individus qui sont victimes d'un accident quelconque et qui ont besoin d'une aide immédiate.

Socialisation (12) : acquisition, par l'individu, des attitudes, des valeurs et des normes propres à un groupe social et, réciproquement, adaptation du groupe aux valeurs, aux attitudes et aux intérêts de l'individu.

Socialisation organisationnelle (12) : acquisition, par les nouveaux membres d'une organisation, des normes, des rôles et des valeurs propres à cette organisation.

Sociogramme (8) : instrument de mesure qui permet d'obtenir des données quantitatives quant aux préférences des membres d'un groupe donné relativement à d'autres membres du même groupe.

Soi possible (3) : visions plus ou moins lointaines de ce qu'on souhaite devenir ou de ce qu'on a peur de devenir.

Soi relationnel (8) : représentation de soi en relation avec une personne importante dans notre vie. Nous pouvons avoir plusieurs sois relationnels, chacun rattaché à une des personnes marquantes de notre vie.

Solitude émotionnelle (8) : sentiment résultant de l'absence ou de la perte d'une relation intime satisfaisante avec une personne. Cette solitude est liée à un manque dans la qualité des relations et est considérée comme étant beaucoup plus douloureuse que la solitude sociale.

Solitude existentielle (8) : sentiment qui découle de la condition inévitable de l'expérience humaine de la prise de conscience de l'incapacité des autres à faire disparaître chez soi l'anxiété d'exister et d'avoir à faire face à la mort certaine.

Solitude interpersonnelle (8) : expérience désagréable vécue lorsque le réseau des relations sociales est déficient d'une façon quantitative ou qualitative.

Solitude sociale (8) : manque de relations sociales satisfaisantes avec des amis, des voisins ou des collègues de travail qui fait que la personne n'a pas l'impression d'appartenir ou d'être intégrée à une communauté ; sentiment de solitude surtout lié au nombre et à la fréquence des relations interpersonnelles.

Soumission (11) : changement d'un comportement, de valeurs, etc., en réponse à l'action d'une figure d'autorité.

Sous-groupe exceptionnel (13) : un individu qui ne se conforme pas au stéréotype est recatégorisé comme membre d'un sous-groupe, ce qui permet de ne pas remettre en cause la généralité du stéréotype.

Soutien social (8) : perception de pouvoir compter sur une ou sur plusieurs personnes en cas de besoin ou en période de crise. Échange interpersonnel de ressources où une personne en aide une autre afin de lui permettre de satisfaire ses besoins ou d'atteindre des buts importants. Le soutien peut être émotionnel, informatif ou matériel.

Stabilité (5) : dans la théorie de Weiner, propriété d'une cause qui se veut stable selon une perspective temporelle.

Standard d'une langue (7) : style langagier reconnu comme correspondant à la langue habituellement de mise dans les situations formelles.

Statut (12) : différences relativement stables de prestige entre les membres d'un groupe.

Stéréotype (4, 13) : croyance qu'un groupe de personnes entretiennent au sujet des caractéristiques des membres d'un exogroupe.

Stratégie de l'amorçage (11) : stratégie d'influence sociale qui consiste à accorder une faveur et, ensuite, à en réduire la portée.

Stratégie de la porte au nez (11) : stratégie d'influence sociale qui consiste à faire une demande exagérée dans le but d'obtenir une faveur moindre.

Stratégie de l'ultimatum (11) : stratégie d'influence sociale visant à créer une impression de rareté fondée sur le fait qu'un objet convoité ne sera plus offert ou qu'un événement attendu prendra fin à une date donnée.

Stratégie de manipulation (3) : ensemble des moyens utilisés par une personne en vue d'amener les autres à faire ce qu'elle désire.

Stratégie du pied dans la porte (11) : stratégie d'influence sociale qui consiste à présenter d'abord une petite demande avant de présenter, ultérieurement, la vraie demande.

Stratégies autohandicapantes (3) : comportements visant à justifier à l'avance une contre-performance ou à se prouver à soi-même qu'on est talentueux dans le cas d'une bonne performance en dépit d'une préparation inadéquate.

Stratégies d'adaptation (14) : stratégies utilisées pour diminuer le stress. Elles concernent ce que l'individu fait ou pense pour diminuer ce stress et les effets négatifs qu'entraîne celui-ci.

Stress (14) : ensemble des facteurs physiques ou psychologiques qui sont perçus comme capables d'affecter émotionnellement l'individu.

Structure des groupes (12) : ensemble de relations relativement stables entre les membres d'un groupe.

Style attributionnel (5) : tendance relativement stable des gens à émettre des attributions de la même façon, peu importe la situation.

Style d'attachement (chez l'enfant) (8) : façon particulière d'aborder les relations avec les autres basée sur l'efficacité des parents à susciter un sentiment de sécurité chez l'enfant ; trois styles d'attachement ont été proposés : confiant, anxieux ambivalent et anxieux évitant.

Styles d'une langue (7) : variétés d'une langue associées à différentes situations et habituellement mutuellement intelligibles. Les styles se distinguent principalement par des éléments du lexique, de l'intonation et de l'accent.

Suppression d'une pensée (4) : action consciente qui consiste à faire disparaître une pensée de son esprit.

Symboles (7) : tous les comportement et les signes qui, en vertu d'une convention arbitraire, sont porteurs de sens dans une communauté donnée.

Syndrome du John Henryisme (13) : affection caractéristique des ouvriers afro-américains pauvres qui subissent le racisme au quotidien et qui, à l'usure, en viennent à souffrir d'hypertension et de maladies cardiaques.

T

Taxonomies des relations interpersonnelles (8) : les diverses façons de classifier les relations interpersonnelles.

Tendance centrale (2) : réponse représentative de l'ensemble des participants de l'étude.

Théorie (2) : postulat présenté sous forme intégrée ayant pour but d'expliquer et de prédire différents phénomènes observés.

Théorie attributionnelle (5) : théorie cherchant à expliquer les conséquences des attributions sur les plans cognitif, affectif et comportemental.

Théorie cognitive (1) : théorie qui postule que les gens sont actifs dans leur perception et leur interprétation des stimuli dans leur environnement.

Théorie de l'accommodation de la communication (7) : théorie visant à expliquer le comportement langagier en fonction de l'appartenance des individus à des groupes variant quant à leurs caractéristiques ethnoculturelles.

Théorie de l'action raisonnée et du comportement planifié (6) : théorie de Ajzen et Fishbein soutenant que le déterminant direct du comportement est l'intention du comportement. L'attitude, quant à elle, ne représente qu'un déterminant de l'intention comportementale, conjointement avec les normes subjectives et le contrôle comportemental perçu.

Théorie de l'apprentissage social (1) : perspective théorique selon laquelle les comportements sociaux peuvent être compris grâce aux principes généraux de l'apprentissage.

Théorie de l'attribution (5) : théorie cherchant à expliquer les mécanismes par lesquels les gens en viennent à émettre des attributions.

Théorie de l'équité (13) : théorie selon laquelle la perception de l'injustice sociale provoque chez l'individu un malaise psychologique qui le porte à vouloir rétablir l'équité matérielle ou psychologique.

Théorie de l'identité sociale (13) : explication du comportement intergroupes fondée sur des aspects cognitifs (différenciation catégorielle) et motivationnels (besoin d'une identité sociale positive) qui entraîneraient les membres d'un groupe à adopter des stratégies individuelles ou collectives pour atteindre ou maintenir une identié sociale positive.

Théorie de l'interdépendance sociale (8) : théorie qui tient compte de la dépendance mutuelle de chacun des partenaires dans l'échange de ressources et qui explique la force et la qualité des effets de l'un sur l'autre dans les préférences, les motivations et les comportements de chacun.

Théorie de la comparaison sociale (3) : théorie de Festinger qui postule que nous avons un besoin fondamental d'évaluer nos attitudes, valeurs et autres éléments de notre personne pour nous former une opinion de nous-mêmes. Lorsque cette évaluation ne peut être faite par des moyens objectifs, nous devons alors nous comparer avec les autres.

Théorie de la dépression réactive de la conscience de soi (3) : théorie de Pyszczynski et Greenberg selon laquelle la personne peut être plongée dans la dépression à la suite de l'adoption d'un état de conscience de soi privée quasi constant.

Théorie de la direction de la régulation (3) : théorie de Higgins qui propose que la personne peut effectuer toute action avec une orientation à la promotion (essayer de bien faire quelque chose) ou une orientation à la prévention (essayer de ne pas échouer).

Théorie de la dissonance cognitive (6) : théorie de Festinger qui postule que l'on cherche à éviter et à réduire l'état de dissonance cognitive en changeant notre attitude ou en changeant notre comportement.

Théorie de la dominance sociale (13) : selon cette théorie, les individus qui endossent l'idéologie de la dominance sociale (IDS) perçoivent les groupes sociaux comme étant fondamentalement inégaux au sein de la stratification sociale et considèrent que les groupes « supérieurs » méritent d'être mieux traités que les groupes « inférieurs ». Les individus qui endossent l'idéologie de la dominance sociale sont plus susceptibles que d'autres d'être conservateurs, racistes, sexistes et homophobes.

Théorie de la gestion de la terreur de l'estime de soi (3) : théorie de Pyszczynski, Greenberg et Solomon soutenant que les gens sont motivés à maintenir une estime de soi positive en agissant selon les normes de la culture afin de contrer diverses sources anxiogènes, notamment la peur de mourir.

Théorie de la justification du *statu quo* (13) : théorie relative aux processus psychologiques qui expliquent pourquoi les groupes désavantagés adoptent les rationalisations idéologiques véhiculées par les groupes avantagés pour justifier le système en place, même quand ce système les désavantage personnellement ou collectivement.

Théorie de la motivation autonome (3) : théorie de Bargh suivant laquelle des éléments antérieurement pairés avec certains buts dans des situations précises peuvent réamorcer dans ces mêmes situations le but (ou la motivation) en question.

Théorie de la perception de soi (3) : théorie de D. Bem (3) qui postule que, lorsque nous sommes incertains de nos attitudes, émotions et autres états intérieurs, nous les interprétons en effectuant des inférences en partie à partir de notre propre comportement.

Théorie de la privation relative (13) : théorie selon laquelle le mécontentement et la révolte surgissent lorsque les individus perçoivent subjectivement une contradiction entre leur niveau de vie actuel et celui auquel ils croient avoir droit personnellement ou collectivement.

Théorie de la vérification de soi (3) : théorie de Swann selon laquelle l'individu préfère interagir avec les personnes confirmant sa vision (positive ou négative) de lui-même qui serait due à son désir de prédire et de contrôler la façon dont les autres vont agir à son égard.

Théorie des conflits réels (13) : explication des attitudes et des comportements intergroupes en fonction de la compétition entre les groupes pour l'accès à des ressources limitées.

Théorie des rôles (1) : perspective théorique qui cherche à expliquer le comportement social en faisant référence aux rôles, aux attentes et exigences des rôles, aux habiletés exigées par les rôles et 3 les groupes de référence ayant une influence sur les participants dans des interactions sociales.

Théorie du bouc émissaire (13) : explication du biais proendogroupe selon laquelle l'individu, après avoir vécu une frustration, déplacerait son agressivité vers les membres d'un exogroupe plus faible lorsque la source réelle de la frustration est inattaquable.

Théorie du champ (1) : perspective théorique qui accorde beaucoup d'importance aux perceptions qu'ont les individus de leur environnement social ou ce que Lewin appelle « espace vital » (*life space*). Contrairement à l'approche phénoménologique ou cognitive, l'élément de conscience n'est pas nécessaire pour que les perceptions et le sens donné aux divers stimuli sociaux dans l'espace vital influent sur le comportement social.

Théorie triangulaire de l'amour (8) : conceptualisation de l'amour en fonction d'un triangle composé de trois éléments : l'intimité, la passion et l'engagement. Selon leur intensité dans leurs différentes combinaisons, ces trois composantes génèrent différents types d'amour.

Théories de l'échange social (1, 8) : théories du renforcement appliquées à l'étude des relations interpersonnelles qui postulent l'importance de comprendre les échanges de ressources dans la formation et le maintien des relations. Les relations avec les autres sont considérées en fonction des coûts et des bénéfices inhérents à toute interaction sociale.

Tour de parole (7) : période de temps pendant laquelle un locuteur s'exprime de façon ininterrompue.

Transfert (8) : processus par lequel, en fonction des sois relationnels conservés en mémoire, nous réagissons à l'égard d'une nouvelle personne comme si elle était une des personnes marquantes de notre vie. Ces réactions se produisent de façon automatique et souvent inconsciente.

Transfert d'excitation (9) : activation physiologique résiduelle pouvant inciter un individu à se comporter de façon agressive selon le contexte.

Tromperie (7) : toute communication interpersonnelle par laquelle le trompeur cherche à induire son interlocuteur en erreur.

U

Uniformité (11) : similarité des idées ou des opinions qui ne proviennent pas des pressions de groupe.

V

Valeurs (6) : représentations des buts transsituationnels qui varient en importance et qui servent de principes directeurs dans notre vie.

Validité de construit (2) : justesse avec laquelle les variables dépendantes et indépendantes, telles qu'elles sont utilisées dans la recherche, correspondent bien au concept postulé dans l'hypothèse de la recherche.

Validité externe (2) : degré de généralisation des résultats d'une étude à une population beaucoup plus vaste que celle étudiée dans la recherche en question.

Validité interne (2) : concept qui indique à quel point les résultats d'une recherche sont le seul fruit des variables manipulées (variables indépendantes).

Variabilité (2) : étendue des réponses des participants.

Variable dépendante (2) : variable mesurée qui sert à vérifier l'hypothèse de la recherche.

Variable indépendante (2) : variable manipulée par l'expérimentateur et qui a un effet sur la variable dépendante.

Vérification confirmatoire d'une hypothèse (4) : stratégie consistant à prendre sélectivement, dans une relation avec une autre personne, de l'information qui confirme une hypothèse plutôt que de l'information permettant à la fois de confirmer ou d'infirmer cette dernière.

Vitalité ethnolinguistique (7) : caractéristique d'un groupe ethnolinguistique qui correspond à sa capacité de transiger avec son milieu de façon active, autonome et distincte.

Voir Dire (14) : procédure judiciaire américaine qui est utilisée au moment de la sélection du jury et qui permet aux avocats d'analyser les attitudes et les opinions des jurés potentiels à l'égard de la cause à juger. Dans le cadre de cette procédure, les avocats débattent de la composition du jury et, le cas échéant, récusent des jurés pour motif (récusation motivée) ou sans motif (récusation péremptoire).

Chapitre 1

1. Parce que cette approche n'est pas scientifique.

2. La psychologie sociale est le domaine d'étude scientifique qui analyse la façon dont les pensées, les sentiments et les comportements sont influencés par la présence imaginaire, implicite ou explicite des autres, par leurs caractéristiques et par les divers stimuli sociaux, et qui examine comment les caractères psychologiques et biologiques propres à un individu influent sur son comportement social.

3. 1) la psychologie sociale est scientifique ; 2) elle a pour but de comprendre les causes du comportement social ; 3) elle s'intéresse au comportement de l'individu en contexte social ; 4) elle vise à fournir un cadre intégratif modéré ; et 5) elle offre un cadre d'analyse varié.

4. 1) intrapsychique ; 2) interpersonnel ; 3) interactif entre la personne et le groupe ; et 4) intergroupes.

5. Triplett, en 1897-1898. Elle portait sur le phénomène de la facilitation sociale.

6. Kurt Lewin. 1) Il fut l'un des premiers à utiliser le laboratoire pour étudier des hypothèses ; 2) il fut l'un des premiers à recommander que les hypothèses soient clairement formulées et qu'elles soient fondées sur des théories ; 3) il a recommandé que l'on étudie les phénomènes appliqués en s'appuyant sur une théorie ; 4) il a formé un grand nombre de chercheurs qui ont adopté et défendu sa conception de la psychologie sociale.

7. Les cognitions sociales inconscientes, les facteurs biologiques et la culture dans l'étude du comportement social.

8. Permettre de regrouper les connaissances acquises dans un secteur donné et permettre de formuler des hypothèses novatrices et, ainsi, d'agrandir le champ du savoir.

9. La théorie des rôles, la théorie du renforcement et la théorie cognitive.

10. Les universités et les organismes gouvernementaux.

Chapitre 2

1. Il y a cinq étapes importantes en recherche : 1) la formulation d'hypothèses ; 2) le choix d'une méthode de recherche ; 3) le choix d'une mesure du phénomène à l'étude ; 4) l'analyse des données et 5) l'interprétation des résultats.

2. L'hypothèse est un énoncé conjectural concernant la relation entre deux ou plusieurs variables. Elle remplit au moins deux buts : 1) elle dirige la recherche en précisant quelles variables doivent être étudiées et comment ; 2) elle permet de développer les connaissances scientifiques en nous informant sur la validité des théories.

3. La variable indépendante est une variable qui est contrôlée par le chercheur et qui influe sur la variable dépendante, laquelle sert à mesurer les effets sur le phénomène à l'étude. Par exemple, le succès provoque plus d'émotions positives qu'une situation neutre. Le succès ou la situation neutre est la variable indépendante, alors que les émotions positives constituent la variable dépendante.

4. La validité réfère au degré de confiance que l'on a dans les résultats obtenus. L'effet de confusion, par exemple, indique que l'on ne peut pas avoir confiance dans les résultats du fait que d'autres facteurs que ceux qui sont manipulés ou contrôlés par le chercheur ont été introduits dans l'étude. La fidélité réfère au degré de fiabilité dans la reproductibilité d'une mesure utilisée. Notons qu'une échelle pourrait mesurer fidèlement (coup après coup) le mauvais construit. Il y aurait donc absence de validité, mais un haut degré de fidélité.

5. Il comporte la manipulation d'une ou de plusieurs variables indépendantes, et les participants sont aléatoirement assignés à diverses conditions.

6. L'affectation aléatoire des participants aux différentes conditions expérimentales.

7. Les mesures verbales (auto-rapport), implicites et comportementales.

8. L'analyse multidimensionnelle et l'analyse par équations structurales. La première permet d'inférer les dimensions cognitives sous-jacentes au comportement social, et la seconde sert à vérifier un modèle postulant un ensemble de relations entre les variables d'un modèle.

9. Elle permet de faire le point sur les résultats de l'étude et sur ce que l'on peut en tirer.

10. Les biais dus à l'utilisation des participants volontaires, les biais dus au contexte expérimental et les biais dus au comportement de l'expérimentateur.

Chapitre 3

1. C'est l'aspect du soi qui correspond à la perception des différentes composantes de nous-mêmes. Il comprend les éléments que nous rapportons quand nous répondons à la question : « Qui suis-je ? »

2. L'estime de soi réfère à l'évaluation favorable ou défavorable que nous faisons de notre personne. On retrouve diverses composantes de l'estime de soi qui peuvent être globales ou multidimensionnelles (différents domaines de vie), personnelles ou collectives, dispositionnelles ou situationnelles (ou d'état), explicites ou implicites.

3. Le schéma de soi est une généralisation cognitive à propos de soi issue d'expériences passées qui organise et guide le traitement de l'information contenue dans les expériences sociales de la personne (Markus, 1977).

4. Nous pouvons nous comparer avec des personnes qui nous sont semblables, qui nous sont supérieures ou inférieures. Ces comparaisons répondent à des besoins d'évaluation, d'amélioration et de rehaussement de soi, respectivement.

5. Plusieurs sources d'influence servent à modeler notre soi : l'observation que nous faisons de notre comportement, de nos pensées et de nos émotions, l'évaluation objective et de comparaison sociale, le *feedback* que l'on reçoit des autres ainsi que le contexte social et culturel dans lequel on évolue.

6. La conscience de soi privée, ou le fait d'être en contact avec les aspects intimes de nous-mêmes (attitudes, pensées, valeurs, émotions), et la conscience de soi publique, ou les éléments de notre soi qui sont apparents aux autres (apparence physique, comportement).

7. Le soi nous amènera à traiter plus rapidement l'information qui nous concerne et à nous rappeler de façon sélective des choses qui nous sont arrivées.

8. La conscience de soi, les structures de soi et les processus d'autorégulation.

9. Notre soi influe sur une foule de phénomènes interpersonnels. Ainsi, nous percevrons les autres à la lumière de notre soi ; nous nous présenterons aux autres aussi différemment en fonction de nos buts et objectifs ; nous choisirons d'investir dans diverses situations sociales plutôt que d'autres.

10. Le monitorage de soi représente une différence individuelle orientant la personne à régler différemment son comportement en situation sociale selon son orientation. Il peut être fort ou faible. Les personnes fortes en monitorage de soi agissent selon ce qui semble approprié dans une situation donnée, alors que les personnes faibles à l'égard de cette dimension se comportent de façon conforme à leurs propres dispositions personnelles, et ce, quelle que soit la situation.

Chapitre 4

1. Contrairement à un objet, une personne peut changer après avoir été la cible d'une perception. Étant sensibles à l'évaluation d'autrui, les cibles de nos perceptions peuvent se modifier d'une situation à l'autre de façon à apparaître encore mieux aux yeux du percevant. Bien sûr, des objets comme des tables ou des chaises ne peuvent se modifier de cette façon.

Une deuxième distinction porte sur le fait que les gens changent avec le temps et les circonstances beaucoup plus que les objets ne peuvent le faire. On ne peut en dire autant d'un objet. Les cibles peuvent influencer de façon intentionnelle l'environnement en essayant de contrôler ce dernier, et elles peuvent ainsi manipuler nos perceptions. Ce n'est pas le cas des objets dans notre environnement. Les cibles de nos perceptions sociales sont simultanément des percevants de nous-mêmes. Enfin, les gens sont beaucoup plus complexes que les objets. Cette complexité rend la perception sociale beaucoup plus difficile et beaucoup plus approximative que la perception des objets.

2. Parce que les membres d'un groupe minoritaire sont des individus distincts et parce que, par le fait même, ils sont plus facilement identifiables, la fréquence de leurs actions est plus facilement surestimée. Lorsqu'un stéréotype culturel est en place, les gens ont donc plus tendance à surestimer les situations qui soutiennent des éléments du stéréotype, ce qui favorise le maintien de croyances stéréotypées.

3. Les schémas sur le soi, sur les personnes, les rôles ou groupes sociaux (stéréotypes), les événements (scripts, les représentations sociales et les événements personnels).

4. Une représentation sociale.

5. Les schémas guident notre attention lors des situations sociales ; ils facilitent l'emmagasinement de l'information dans la mémoire ; ils favorisent le rappel d'informations spécifiques ; ils nous incitent à avoir des hypothèses spécifiques sur la cible, et ces hypothèses influent sur notre jugement et elles nous incitent à interagir avec la cible de façon à confirmer nos croyances.

6. Le percevant n'est pas déjà occupé sur le plan cognitif ; il a comme objectif d'avoir une perception précise ; lorsqu'une perception erronée de la cible peut entraîner des coûts pour le percevant, les conséquences associées à la situation sociale sont dépendantes de la cible ; le percevant doit justifier sa perception, sa décision au sujet de la cible ou son jugement sur la cible ; il y a des conséquences négatives pour le percevant s'il commet une erreur ; la cible n'agit pas de façon conforme aux attentes du percevant.

7. La culture favorise le développement de schémas sur les groupes (stéréotypes) qui ont pour but de faciliter la perception des individus appartenant à ces groupes. La culture représente aussi une source d'influence à l'origine de systèmes de pensée qui influent sur l'analyse et le traitement de l'information sociale.

8. Elle peut utiliser certains indices (par exemple son habillement, son comportement, son attitude) qui correspondent à l'image qu'elle veut donner. Si le percevant a une impression erronée de la cible, celle-ci peut adopter

des stratégies afin d'inciter le percevant à modifier sa perception. La cible peut aussi choisir d'interagir ou d'entretenir des relations avec des percevants qui ont une impression qui correspond à l'image que la cible a d'elle-même.

9. Cela crée un effet de rebond qui nous incite à penser au stéréotype ou qui rend celui-ci plus accessible.

Ce processus ironique serait dû à deux facteurs. Tout d'abord, parce que le processus de chasser de notre esprit une pensée indésirable demande des ressources mentales et que nous tentons d'utiliser nos ressources pour effectuer une autre tâche, nous devenons alors moins efficaces pour chasser de notre esprit la pensée indésirable. Selon le deuxième facteur, même si nous avons eu du succès à supprimer la pensée indésirable de notre esprit, nous continuons tout de même à chercher la pensée à supprimer, ce qui, ironiquement, nous amène à penser à celle-ci. En tentant de ne pas penser à quelque chose et en vérifiant à l'occasion si nous avons réussi à le faire, nous rendons plus présente la pensée à éliminer.

10. Lorsque nous avons des croyances au sujet d'une cible et que nous tentons de vérifier si elles sont vraies, nous avons tendance à agir en accord avec elles. Nos actions influent sur la cible, et celle-ci adopte des comportements qui correspondent à nos croyances, ce qui confirme ces dernières.

11. Bien que les deux phénomènes mènent à une confirmation d'une croyance, la prophétie qui s'autoréalise n'implique pas nécessairement une croyance et une interaction avec un autre individu. La confirmation béhavioriste implique une croyance au sujet d'une cible qui nous incite à agir de façon spécifique avec elle. Nos actions ont pour effet d'inciter la cible à agir de façon à confirmer nos croyances.

12. La cible a une image stable d'elle-même ou elle est certaine de ses propres caractéristiques ; elle est prête à repousser les attentes du percevant parce qu'elle sait que la perception que celui-ci a d'elle est erronée.

Chapitre 5

1. Une attribution est une inférence qui a pour but d'expliquer les causes d'un événement, ou notre comportement ou celui d'autrui.

2. Les attributions causales, les attributions dispositionnelles et les attributions de responsabilité.

3. Lorsqu'une autre personne nous fait une demande, que nous éprouvons de l'incertitude, que des événements inattendus se produisent ou que nous subissons des échecs.

4. C'est une attribution de disposition qui se rapporte directement au comportement observé. Par exemple, le fait de conclure qu'une personne qui vient d'agir avec violence est violente représente une attribution de correspondance.

5. Les dimensions de consensus, de distinction et de consistance. Une attribution interne à la personne correspondrait à un bas niveau de consensus (seule la personne en question agit de la sorte), à un bas niveau de distinction (la personne agit de la sorte avec plusieurs objets ou dans plusieurs activités) et à un haut niveau de consistance (la personne agit toujours de la sorte).

6. C'est le fait que l'observateur attribue le comportement de l'acteur à des causes internes à l'acteur et que ce dernier attribue son comportement à des causes situationnelles ou extérieures à lui-même.

7. C'est la tendance de l'observateur à attribuer le comportement de l'acteur à des causes internes à ce dernier, même si des forces situationnelles peuvent expliquer son comportement.

8. Le lieu de causalité (attributions internes/externes), la stabilité (attributions stables/instables) et la contrôlabilité (attributions contrôlables/incontrôlables).

9. L'observateur émet une attribution pour expliquer la demande (ou le comportement) de l'acteur. Cette attribution mène à une perception de la responsabilité de l'acteur pour sa condition, et cette responsabilité entraîne des émotions de colère et de perte de sympathie qui influent sur le comportement de l'observateur envers l'acteur.

10. C'est le processus par lequel on amène une personne à remplacer son patron attributionnel non adaptatif par des attributions plus adaptatives. Par exemple, si un étudiant émet des attributions internes, stables et incontrôlables pour expliquer ses échecs scolaires (le manque d'intelligence), une réattribution de ses échecs à des causes externes, stables et contrôlables (l'utilisation de bonnes stratégies) devrait lui permettre de conserver sa motivation et, éventuellement, de mieux réussir dans ses études.

Chapitre 6

1. Une attitude consiste en une évaluation favorable ou défavorable d'un objet inanimé (une pomme), d'une personne ou d'une activité (par exemple jouer au basket-ball).

2. Une attitude peut se distinguer par sa valence (ou sa direction positive ou négative), une intensité plus ou moins élevée, une centralité (elle est plus ou moins importante), une ambivalence (des évaluations contraires de différents éléments de l'attitude), un haut ou un bas niveau d'accessibilité, et par le fait qu'elle est explicite ou implicite, selon que la personne est consciente ou non d'avoir cette attitude.

3. Les mesures peuvent être verbales (questionnaires), comportementales, psychophysiologiques et implicites.

4. Les fonctions de connaissance, d'adaptation sociale, d'expression de ses valeurs et croyances importantes et de défense du soi.

5. Les influences génétiques, affectives, culturelles, cognitives et comportementales.

6. Selon la théorie de la dissonance cognitive, un changement d'attitude se produit lorsqu'un comportement adopté est contraire à l'attitude de la personne. Il y a alors un sentiment négatif de dissonance, que la personne sera motivée à éliminer. Cela pourra se faire de différentes façons. L'une de celles-ci consiste à changer d'attitude, de manière à ce qu'elle soit conforme au comportement qui vient d'être adopté.

7. Il s'agit du principe d'autopersuasion. Pendant ou après la présentation du message, la personne l'évalue et émet des pensées et des évaluations concernant ce message. Ce sont ces pensées qui détermineront s'il y aura changement d'attitude. Si les pensées qui sont générées sont favorables au message, l'attitude sera modifiée conformément au message. Sinon, il n'y aura pas de changement d'attitude.

8. Il y a deux processus par lesquels le changement d'attitude se produit : la route centrale (déterminée par la qualité du message) et la route périphérique (déterminée par des heuristiques et d'autres indices menant à un raisonnement rapide).

9. Selon la théorie de l'action raisonnée, le comportement résulte de l'intention d'adopter ce comportement. En retour, l'intention résulte d'une attitude positive envers le comportement et des normes subjectives relatives à ce comportement. Par ailleurs, des déterminants évaluatifs déterminent ces deux composantes. La théorie du comportement planifié ajoute à ces composantes l'idée que le contrôle comportemental perçu peut influer sur l'intention et le comportement.

10. Le modèle du processus attitude-comportement propose qu'un événement déclenche l'attitude automatiquement. Cette attitude produit une perception de l'objet attitudinal qui mène à la définition de la situation et au comportement.

Chapitre 7

1. Farr (1980) et Moscovici (1967) n'attribuent pas la paternité du domaine aux mêmes chercheurs. Pour le premier (voir aussi Kroeger & Scheibe, 1990), la jonction de la psychologie sociale et du langage était un des principaux thèmes de la *Völkerpsychologie* de Wundt (1900-1920), qui traitait de phénomènes collectifs et de personnes en interaction. Cet ouvrage fut cependant largement ignoré dans le contexte nord-américain, principalement à cause de l'insistance d'Allport (1924) sur le fait que l'unité d'analyse appropriée était l'individu, sans égard à son contexte.

Pour Moscovici, la distinction faite par de Saussure (1955) entre langue et parole a cristallisé la séparation entre le système langagier relativement stable (la langue) et la façon dont le langage est utilisé par ses usagers (la parole). La linguistique s'est alors presque exclusivement penchée sur la langue, écartant la parole et ses connotations plus sociales comme objet légitime de recherche.

2. Elles se démarquent par le fait qu'elles constituent des modèles interactifs qui génèrent des inférences quant à la signification de l'interaction, et ce, sur la base du contexte immédiat de cette interaction.

3. Le terrain d'entente est défini par trois aspects de l'interaction :

   • L'expérience langagière : les interlocuteurs partagent comme terrain d'entente les éléments linguistiques déjà définis dans la conversation ;

   • L'expérience perceptuelle : le terrain d'entente est aussi fait de tous les aspects paraverbaux de la conversation ;

   • L'appartenance à une même communauté : les interlocuteurs partagent la connaissance des règles d'usage d'une même langue. Ils partagent aussi une connaissance des faits et des personnages notoires commune aux individus ayant la même éducation. Ils partagent aussi un certain nombre de croyances relatives, par exemple, à la nutrition, à la santé, à l'écologie et à l'exercice physique. Finalement, ils partagent également un certain nombre de « scénarios » (voir Schank & Abelson, 1977) quant aux comportements appropriés en différentes circonstances, incluant les réunions d'amis et les rapports hétérosexuels.

4. Six émotions primaires, la surprise, la peur, la haine, le dégoût, la joie et la tristesse, sont exprimées de la même façon et reconnues à peu près universellement. Les règles régissant la manifestation des émotions faciales ainsi que la motivation sociale associée aux expressions ont cependant tendance à être définies culturellement.

5. Communiquer l'information, régler l'interaction et exercer le contrôle.

6. Communiquer les émotions, l'attrait interpersonnel et la dominance en appuyant ou non le discours verbal, en réglant la conversation.

7. La proxémique est l'étude de la distance physique naturellement adoptée par des personnes en fonction des circonstances. Selon Hall (1966), chaque personne possède un espace vital, soit une espèce de « bulle » entourant son corps dont la dimension varie en fonction du type de relation établi avec l'environnement. Le Nord-Américain blanc, par exemple, dispose d'une zone

« intime » (de 0 à 46 cm), d'une zone « personnelle » (de 46 cm à 1,20 m), d'une zone « sociale » (de 1,20 à 3,65 m) et d'une zone « publique » (de 3,65 à 7,60 m). À chacune de ces zones correspond un type d'interlocuteur ou de relation. Ainsi, un partenaire ou un ami très proche sera admis à l'intérieur de la zone « intime » alors que ce ne sera pas le cas des collègues de travail.

8. Les critiques de l'hypothèse de la relativité linguistique rejettent l'idée que des langues différentes nous fassent vivre dans des mondes sensoriels différents. Ce n'est pas parce qu'on n'a pas accès à deux mots différents qu'on ne pourra voir la différence entre deux sortes de pluie. Les travaux de Chomsky (1992) et de Pinker (1993) ont orienté le débat vers l'étude des structures profondes d'un langage commun à tous les humains plutôt que vers les variations culturelles de surface. De plus, il semble évident que la pensée n'opère pas seulement sur la base du langage, mais également sur la base d'images et des relations entre ces images (Paivio, 1986). Il est cependant impossible d'éviter entièrement d'évoquer l'influence, par l'entremise de la langue, de la culture sur la pensée.

Les psychologues culturels présentent la culture comme un système de symboles partagés par une collectivité. Cette culture émerge à cause de la nécessité de définir et de valider de façon consensuelle ce qu'est la réalité. Elle est construite à partir des interactions entre les membres de cette collectivité. Les croyances et les comportements qui sont plus communicables sont donc plus susceptibles de devenir des normes culturelles. De la même façon que les processus psychologiques influencent l'émergence et le contenu d'une culture, celle-ci influence en retour les processus cognitifs.

9. Trois aspects caractérisent la parole puissante. En premier lieu, elle définit la situation comme ayant de *vraies conséquences* (dans le cas d'une blessure, par exemple). Ces dernières ne sont pas toujours évidentes pour un observateur externe non impliqué. En deuxième lieu, les mots puissants *ciblent* une personne en particulier. Cela a pour effet de personnaliser le problème et de singulariser la responsabilité de l'intervention. Enfin, la parole puissante précise l'intervention attendue. *Définition de la situation, ciblage* et *définition de l'action* sont donc les caractéristiques de la parole puissante, du moins en ce qui a trait à de courtes interventions.

10. Les formules de politesse sont des stratégies verbales directement liées au maintien d'une face positive (Holtgraves, 2001). Brown et Levinson (1978) soutiennent qu'il existe deux types de faces : la face positive, qui correspond au désir de projeter une image positive de soi, et la face négative, qui correspond au désir d'autonomie. Toute forme d'interaction entre des interlocuteurs est susceptible de menacer

leur face. L'échange de commentaires critiques menace leur face positive, alors que le seul fait d'entrer en communication menace leur face négative en les obligeant à fournir une réponse. Pour cette raison, les interlocuteurs feront usage de formules de politesse destinées à sauver réciproquement leur face. Plus précisément, Brown et Levinson (1978) définissent le degré de politesse requise dans une interaction en fonction de trois facteurs : l'écart de statut entre les interlocuteurs, le pouvoir relatif de l'auditeur sur le parleur et l'importance de la demande.

11. Bien qu'il soit possible de reconnaître, dans une situation précise et dans un environnement contrôlé, les véritables signaux de tromperie, il n'y a aucune assurance que ces résultats soient généralisables à d'autres situations. On devrait plutôt envisager la tromperie comme un processus dans lequel un trompeur et un trompé, tous deux plus ou moins habiles, participent à un échange. Le trompeur, caractérisé par ses motivations, ses émotions, son style particulier et sa connaissance préalable du trompé, propose à ce dernier une version de la réalité. Le trompé, caractérisé également par ses propres motivations ainsi que par sa connaissance préalable du trompeur, tente d'évaluer la véracité du discours qui lui est proposé et réagit en conséquence. Les deux opèrent sous l'égide de normes de communication qui donnent à la communication un biais véridique selon lequel les interlocuteurs doivent échanger la vérité. En effet, les interactions sont régies par une règle qui veut que nous acceptions la « face » de notre interlocuteur telle qu'elle nous est présentée. Tout soupçon mettrait en péril notre propre « face » et l'avenir de l'interaction. Par contre, nous protégerions tous, légitimement, des informations à propos de nous-mêmes que nous jugeons intimes. La préservation de l'intégrité de ce domaine de vie intime justifierait non seulement les mensonges fabriqués pour la protéger, mais également l'absence de motivation à les déceler chez les autres. Nous reconnaissons aux autres la même prérogative quant aux aspects intimes de la vie privée que nous nous accordons à nous-mêmes.

12. Les différences culturelles déterminent le degré d'interculturalité d'un échange. Ce degré est bas dans la mesure où les deux groupes partagent les mêmes valeurs, les mêmes normes par rapport au comportement, une perception égalitaire de l'échange et des buts communs, et des moyens d'expression mutuellement intelligibles.

13. Premièrement, l'appartenance à un groupe influence les processus cognitifs en rendant plus facile l'accès à certains symboles culturels encodés originalement à l'aide d'une langue particulière. Deuxièmement, l'appartenance à un groupe influence notre façon particulière de nous exprimer, soit le style particulier du langage que nous utilisons. Les caractéristiques de ce style permettent aux autres de nous reconnaître comme membres de ce groupe.

Finalement, l'appartenance à un groupe influence la façon dont nous parlons des autres groupes pour maintenir notre caractère distinctif ainsi que l'estime collective existant à l'intérieur de notre groupe.

14. Gardner et Lambert (1972) postulent que la motivation joue un rôle prépondérant dans l'acquisition d'une langue seconde. De plus, ils soulignent que cette motivation, appelée motivation intégrative, est liée à l'attitude (ou aux prédispositions affectives) des individus à l'égard du groupe de langue seconde. Les résultats initiaux de leurs travaux tout autant que ceux obtenus plus récemment confirment le lien étroit existant entre l'acquisition d'une langue et les prédispositions de l'apprenant à l'égard du groupe associé à cette langue. Lorsque des contacts avec des membres de l'autre groupe sont possibles, un autre processus entre en jeu.

Cet autre processus est responsable du degré d'anxiété ou de confiance langagière ressentie par l'individu lorsqu'il utilise la langue seconde. Il s'agit ici de l'estimation que le locuteur fait de sa capacité de communiquer de façon adaptative et efficace dans une langue seconde dans un contexte particulier. Une confiance langagière basse implique un haut degré d'anxiété par rapport à la situation de communication. Il s'agit ici d'anxiété et de confiance spécifiques à la situation de communication plutôt que d'anxiété générale et permanente.

15. Selon la théorie de l'accommodation de la communication, la volonté de se rapprocher d'un interlocuteur et de nouer avec lui des relations positives se traduirait généralement par un comportement langagier de convergence. Par contre, l'hostilité ou l'antagonisme interpersonnel correspondrait à un comportement de divergence ou de maintien.

Afin de promouvoir une image positive de soi, on doit nécessairement signifier son adhésion à un groupe valorisé. L'usage approprié du code qui caractérise ce groupe est un instrument de cette identification. Cette motivation entraîne la convergence langagière vers le code d'un groupe valorisé ou la divergence langagière comme façon de distinguer son identité de celle des membres d'un autre groupe.

Sur le plan social, toutes les langues ne sont pas équivalentes, car certaines marquent l'appartenance à des groupes plus prestigieux que d'autres. On devrait normalement tendre à converger vers les langues associées au prestige et à la puissance. Les facteurs qui déterminent l'importance d'une langue définissent du même coup la vitalité ethnolinguistique de celle-ci. Ces facteurs sont au nombre de trois : la *représentation démographique*, qui correspond au nombre relatif de locuteurs d'un code dans un milieu donné ; le *statut socioéconomique*, qui se mesure à l'accessibilité qu'ont les locuteurs d'un code

aux biens et services ; et la *représentation institutionnelle*, qui correspond au contrôle que les locuteurs d'un code exercent sur les institutions politiques et communautaires. Selon la formulation théorique originale, la vitalité ethnolinguistique est définie *objectivement*, comme la représenteraient les chiffres des démographes, des économistes et des statisticiens. La vitalité perçue ou subjective, telle qu'elle est déterminée, par exemple, par le paysage langagier, joue cependant un rôle prépondérant dans l'adoption d'une stratégie d'accommodation langagière.

16. Certains auteurs considèrent le lien entre langage et identité ethnique comme fondamental alors que d'autres pensent que l'identité ethnique peut persister de nombreuses années en l'absence d'un code qui la caractérise. Quoi qu'il en soit, même si l'identité d'un groupe peut survivre à l'érosion et à la disparition de son langage, il semble certain que l'usage et la valorisation d'un code particulier sont liés à une identité ethnolinguistique forte. La relation entre identité et langage a ici été traitée en fonction des phénomènes de divergence et de convergence langagière, et en fonction des phénomènes relevant de l'acquisition des langues secondes. Ainsi, une identité ethnique forte a été associée à des stratégies de divergence et à un manque de motivation relativement à l'acquisition d'une langue seconde. Cependant, les différentes formulations varient sensiblement quant à la direction du lien causal entre l'identité et la pratique d'un code.

Dans une première façon de voir cette relation, l'identité est présentée comme la cause du comportement langagier. Ainsi, Giles et ses collègues (Giles & Byrne, 1982 ; Giles & Johnson, 1981, 1987) soutiennent qu'une forte identification à son propre groupe ethnique (associée à d'autres conditions) serait une des conditions menant à des stratégies de divergence langagière. Schumann (1978) et Young et Gardner (1990), quant à eux, pensent que la compétence en langue seconde est le résultat d'un processus d'acculturation par lequel les individus empruntent les valeurs du groupe auquel ils désirent appartenir.

À l'opposé, d'autres théoriciens croient que le comportement langagier précède en quelque sorte la formation de l'identité ethnique. Pour Berger et Bradac (1982), par exemple, une communication interpersonnelle est régie par la volonté de réduire l'incertitude à propos de l'interlocuteur. Le comportement langagier particulier de celui-ci joue alors un rôle causal quant au type d'identité qui sera endossé par le locuteur. Par ailleurs, pour Clément (1984), l'apprentissage d'une langue seconde se traduit par des conséquences sur le plan de l'identité sociale. Selon qu'il s'agit d'un groupe minoritaire qui apprend la langue d'un groupe majoritaire ou d'un groupe majoritaire qui apprend la langue d'un groupe minoritaire, une identité ethnique différente en résultera. Dans le premier cas, la perte de l'identité première en résultera et ce sera l'assimilation ; dans le deuxième cas, les individus bénéficieront de l'ajout d'une deuxième identité, un phénomène appelé « intégration ». Cette distinction correspond à celle faite entre le bilinguisme soustractif et le bilinguisme additif, et y ajoute l'idée que le gain ou la perte d'une langue ont des conséquences sociales tant pour l'individu que pour la collectivité.

De façon générale, comme l'illustre l'analyse de la tromperie et de la présentation de la face faite dans ce volume, le langage et la communication sont toujours utilisés dans le contexte d'une présentation de soi associée aux circonstances. La question de la direction du lien causal entre la langue et l'identité est peut-être une question futile : le langage et l'identité interagissent continuellement. Au cours d'un échange, les interlocuteurs partagent une identité résultant d'interactions précédentes et modifient cette identité en fonction du comportement langagier qu'ils adoptent momentanément.

Chapitre 8

1. On définit le besoin d'appartenance comme le besoin de former et de maintenir un minimum de relations interpersonnelles importantes, durables et positives. Comme, dans le passé, les relations avec les autres nous ont permis de survivre et de nous reproduire, rechercher la compagnie des autres ferait maintenant partie de notre héritage génétique.

2. Dans sa définition la plus simple, une relation interpersonnelle est un ensemble de liens continus entre deux personnes ou plus qui s'influencent mutuellement. On peut classifier les relations interpersonnelles selon les personnes entre qui il existe un lien, selon le moment où elles se tiennent (de l'enfance à la vieillesse), ou encore selon les dimensions, les processus et les motivations qui les définissent.

3. Il s'agit d'une théorie qui tient compte de la dépendance de chacun des partenaires dans l'échange des ressources et la satisfaction de leurs besoins. Les indicateurs d'une interdépendance élevée sont la fréquence des influences réciproques, la diversité des domaines où s'exercent les influences et la force des influences, laquelle est mesurée par la vitesse et l'amplitude de la réponse de l'autre ainsi que par la capacité d'obtenir une réponse de l'autre, sur une longue période de temps, sur la base d'une seule intervention.

4. Nous avons de fortes chances d'être attirés par une personne si celle-ci partage les mêmes opinions et les mêmes valeurs que nous, peut satisfaire certains de nos besoins, vit près de nous géographiquement, semble aussi être attirée par nous, et si elle est plaisante, agréable à côtoyer et attirante physiquement.

5. Les trois composantes sont : l'intimité ou le sentiment de se sentir très près d'une personne, attaché à cette personne ; la passion, qui réfère à l'énergie qui provoque, entre autres, le désir de romance, l'attirance physique et l'acte sexuel ; et l'engagement qui, à la suite de la prise de conscience d'être amoureux, exprime l'intention de maintenir la relation même dans les moments difficiles.

6. Selon la théorie de l'attachement, nos parents, dans les relations qu'ils ont eues avec nous, nous ont enseigné qui nous sommes, ce que sont les relations avec les autres et à quoi nous devons nous attendre dans nos relations futures. Selon que nos parents nous ont offert une base de sécurité plus ou moins efficace, nous développons un style ou un modèle d'attachement particulier, c'est-à-dire une façon confiante ou anxieuse d'aborder les relations avec les autres, laquelle perdure à l'âge adulte et influence notre vie amoureuse.

7. Plusieurs raisons peuvent expliquer pourquoi une personne peut vouloir maintenir une relation même dans les moments difficiles. Nous pouvons toutefois les regrouper en deux grandes catégories, selon que la personne veut ainsi principalement éviter les conséquences négatives associées à la dissolution de la relation (engagement d'obligation) ou désire maintenir la relation parce qu'elle est attachée à son partenaire, et que cette relation a une grande valeur pour elle et donne un sens à sa vie (engagement personnel).

8. Plusieurs études empiriques ont révélé un lien positif entre les relations interpersonnelles et, d'une part, la santé (les gens qui ont une personne importante dans leur vie sont moins malades, récupèrent plus vite après une maladie ou une opération et meurent plus vieux que les gens qui sont seuls) et, d'autre part, le bonheur (les gens qui vivent des relations intimes satisfaisantes sont plus heureux que les gens seuls, et des relations satisfaisantes sont de meilleurs prédicteurs du bonheur que le sont l'âge, la situation économique ou les événements de la vie).

9. Les statistiques récentes mettent en lumière certains facteurs qui, seuls ou combinés, sont associés à un risque accru de violence : être jeune, avoir un partenaire qui boit beaucoup et souvent, vivre dans une union libre ou venir tout juste de se séparer.

10. Elle peut se sentir seule parce qu'elle prend conscience de la certitude de sa mort et du fait que personne n'y peut rien (solitude existentielle), parce qu'elle ne fréquente pas assez de gens (solitude sociale) ou parce qu'elle n'a pas, ou a perdu, une relation intime satisfaisante avec une autre personne (solitude émotionnelle).

Chapitre 9

1. L'agression hostile a pour objectif d'infliger la douleur à autrui et de le blesser. L'agressivité instrumentale a également pour but de nuire à autrui, mais dans le but de réaliser certains objectifs. Ce dernier type de comportement agressif est donc perçu comme un moyen d'obtenir certaines ressources, d'atteindre ou de maintenir une position sociale, et non comme un but en soi.

2. Selon Lorenz, l'agression intraspécifique permet le contrôle du nombre d'individus à l'intérieur de l'espèce, de même que la dispersion optimale des individus sur un territoire donné, favorisant ainsi la survie de l'espèce. L'agression remplit également une fonction sur le plan de la sélection sexuelle en permettant aux individus les plus forts de se reproduire et de perpétuer l'espèce.

3. La position initiale de Berkowitz était que le lien entre la frustration et l'agression ne s'observe que sous certaines conditions. Premièrement, la frustration doit d'abord susciter une réaction émotionnelle de colère pour inciter à l'agression. De plus, certains indices externes sont plus susceptibles de favoriser l'agression. Si ces indices sont absents, la réponse à la frustration peut être différente et non agressive. En somme, la colère est perçue comme un état motivationnel intervenant entre la frustration et l'agression, cet état sensibilisant l'individu aux indices de l'environnement qui pourront alors activer la réponse agressive. Plus récemment, Berkowitz a généralisé son modèle en s'appuyant sur l'idée que les sentiments, les idées et les souvenirs sont organisés en réseaux mnémoniques et que l'activation d'un élément a également tendance à activer les autres éléments du réseau. Il considère que toutes les formes d'affect négatif, y compris la tristesse et le sentiment dépressif, ont le potentiel de provoquer un sentiment primitif de colère et donc une inclination à l'agression hostile avant que des processus cognitifs supérieurs n'interviennent pour moduler l'expression de l'agression.

4. Selon les principes de l'apprentissage vicariant, l'acquisition d'un nouveau comportement agressif s'effectue par l'observation d'un modèle, lorsque l'observateur retient en mémoire et inclut à son répertoire un comportement agressif observé. L'expression ultérieure d'un tel comportement agressif est influencée par la perception qu'a l'observateur des conséquences de ce comportement. L'observateur est plus à risque de reproduire le comportement agressif observé si ce dernier a été suivi d'une récompense et s'il n'a pas été suivi d'une punition.

5. Parmi les stratégies de désengagement moral, on trouve la comparaison avec des actes plus odieux et excessifs, la propension à se référer à des principes moraux prétendument plus élevés, le refus d'envisager les conséquences de ses actes, la déshumanisation des victimes ou le rejet du blâme sur elles, et le déplacement et la diffusion de la responsabilité. Les stratégies de désengagement moral servent à justifier les comportements agressifs, ce qui a pour effet de réduire l'anticipation d'autocritique et de désinhiber un acte agressif.

6. Lorsque le parent retire sa demande suite à un comportement agressif de l'enfant, ce comportement agressif est renforcé parce qu'il s'avère efficace pour éliminer la demande, un stimulus négatif ou frustrant pour l'enfant. Du côté du parent, le comportement de retrait est alors renforcé parce qu'il a eu pour effet de mettre fin à l'échange aversif avec l'enfant. Lorsque l'enfant cesse son comportement aversif suite à une sanction punitive du parent, ce type de sanction est renforcé pour la même raison. Les comportements ainsi négativement renforcés sont plus susceptibles de se reproduire lors de conflits ultérieurs.

7. Dans une situation sociale donnée, les enfants agressifs sont plus susceptibles de sélectionner des indices suggérant l'hostilité (étape 1 : encodage de l'information), d'interpréter les intentions d'autrui comme hostiles (étape 2 : interprétation des indices), de choisir des objectifs qui risquent de miner la relation sociale (étape 3 : formulation ou clarification d'un objectif), d'élaborer des solutions plutôt agressives (étape 4 : recherche ou construction d'une réponse), de choisir une solution agressive après évaluation sommaire de son efficacité et de ses conséquences (étape 5 : choix d'une réponse), et de commettre une agression excessive ou maladroite (étape 6 : adoption de la réponse).

8. Les comportements et attitudes des parents peuvent renforcer les choix de comportements à adopter (agressifs ou non) dans une situation sociale. Les abus physiques des parents peuvent conduire certains enfants à des biais dans le traitement de l'information sociale (par exemple, fixer son attention sur les indices hostiles, attribuer à autrui des intentions hostiles et adopter des solutions agressives).

9. Les différences individuelles liées aux conduites agressives sont en partie dues aux sources d'influences génétiques, alors que les expériences partagées dans la famille y contribuent peu. L'environnement contribuerait surtout à accroître les différences entre les enfants d'une même famille.

10. Plusieurs mécanismes sont potentiellement impliqués. Premièrement, il est possible que l'observation de la violence télévisée provoque une activation physiologique persistante qui augmente la probabilité d'une agression ultérieure si le contexte s'y prête. Deuxièmement, le fait d'être placé devant des modèles agressifs dans les médias peut amener un apprentissage par imitation de ces comportements. Troisièmement, l'observation de la violence télévisée peut avoir pour effet de désinhiber l'individu face à la violence, en diminuant ses craintes et ses hésitations relativement à l'adoption de ces comportements et en créant

un sentiment d'indifférence à l'égard de la violence. Enfin, l'observation d'un comportement agressif peut simplement avoir pour effet d'éveiller des pensées, émotions, scripts, schémas associés à la violence, la rendant plus accessible au point de vue cognitif, et donc plus probable.

Chapitre 10

1. Le comportement d'aide consiste uniquement à aider une personne. En revanche, le comportement altruiste renvoie à une action dont une personne ou un groupe de personnes bénéficiera et dont le but premier n'est pas d'en retirer quelques conséquences positives pour soi-même. En d'autres termes, dans les deux cas, on aide une personne, mais c'est seulement dans le cas du comportement altruiste que l'aide n'est offerte que pour l'aidé.

2. Les normes de réciprocité, d'équité, de responsabilité sociale et de justice.

3. C'est le fait que la présence des autres diminue les probabilités qu'un comportement d'aide soit adopté en situation d'urgence. La diffusion de responsabilité ou le fait que personne ne prend la responsabilité d'aider est responsable de cet effet.

4. Les facteurs génétiques, le sexe (les hommes aidant plus, du moins en situation d'urgence), la personnalité et les émotions.

5. C'est le fait que, lorsque l'on ressent des émotions positives, on est porté à aider autrui.

6. Ce modèle montre que le comportement d'aide est adopté pour éliminer les émotions négatives que l'on ressent à voir une autre personne souffrir.

7. Les émotions empathiques sont celles que l'on ressent en se mettant à la place de la personne ayant besoin d'aide (par exemple de la sympathie ou de la tristesse pour l'autre personne). Les émotions de détresse personnelle renvoient à des affects comme le dégoût, l'augmentation de l'activation psychologique ou même le stress ressenti après avoir observé la scène d'un accident de la route, par exemple. Les deux types d'émotions peuvent mener au comportement d'aide. Les émotions de détresse personnelle mènent à une motivation égoïste à vouloir cesser de souffrir, et les émotions empathiques entraînent une motivation altruiste à vouloir arrêter la souffrance de la victime.

8. Ce modèle postule que, à la suite d'une demande d'aide, l'aidant étudie la nature des causes expliquant la demande d'aide. Dans la mesure où des attributions de contrôlabilité sont émises, l'aidant potentiel jugera la cible comme étant responsable de sa situation, ressentira des émotions de colère et ne l'aidera pas. Par contre, si l'« attributeur » détermine que l'attribution n'est pas contrôlable par le demandeur, il ne jugera pas la personne comme responsable, ressentira de la sympathie pour elle et l'aidera.

9. L'attirance de la personne demandant l'aide, le fait d'être une femme, le fait qu'il y ait plusieurs victimes et la similarité avec l'aidant potentiel représentent tous des facteurs facilitant l'adoption du comportement d'aide.

10. L'aidant peut vivre une foule de conséquences positives : 1) une perception de soi plus positive ; 2) un développement social plus positif (surtout chez les adolescents) ; 3) des émotions positives ; 4) se faire aider à son tour plus tard ; (5) une amélioration de la santé mentale et physique, et même une longévité accrue (surtout chez les personnes âgées). Toutefois, il y a aussi certaines conséquences négatives sur la santé mentale et physique, surtout lorsqu'il y a prise en charge d'une personne souffrant d'une longue maladie à la maison.

Chapitre 11

1. c)
2. b)
3. b)
4. b)
5. b)
6. b)
7. On distingue le conformisme par identification, le conformisme par infériorisation et le conformisme par acquiescement. La forme de conformisme la plus durable est le conformisme par intériorisation.
8. b)
9. d)
10. b)

Chapitre 12

1. a)
2. e)
3. b)
4. a)
5. b)
6. a)
7. d)
8. e)
9. c)
10. a)

Chapitre 13

1. À la suite d'une catégorisation « nous-eux », le processus de l'assimilation-différenciation a pour effet d'*atténuer* les différences perçues entre les membres d'un même

groupe et d'*accentuer* les différences perçues entre les membres de groupes différents. L'entativité est la propriété des membres d'un groupe d'être cohérents et homogènes, d'être unifiés par des croyances et des actions, d'être semblables et d'avoir un destin commun. Quand une catégorie sociale est facilement objectivable visuellement ou linguistiquement (couleur de la peau, âge, sexe, langue ou accent), la croyance au caractère « naturel » de cette catégorie porte à l'essentialisme psychologique. Lorsque, en observant les membres d'une catégorie naturelle, on présume qu'ils ont une nature inaltérable et immuable qui reflète une essence profonde qui peut être génétique, raciale, culturelle ou linguistique, on fait de l'essentialisme psychologique. Les idéologies nationalistes, racistes et sexistes utilisent souvent l'essentialisme psychologique pour légitimer la supériorité de l'endogroupe et la « différence » immuable des exogroupes dévalorisés.

2. L'effet du cas exceptionnel fait que l'information individualisante qui contredit un stéréotype nous amène rarement à modifier ce stéréotype. Les stéréotypes plutôt défavorables qu'entretiennent plusieurs membres de la majorité du Québec relativement aux Haïtiens pourraient continuer à s'appliquer à l'ensemble de cette minorité visible, sauf dans le cas particulier de Mme Michaëlle Jean, dont la réputation personnelle est très positive. Cette personne devient l'exception qui confirme la règle des stéréotypes concernant les membres de la communauté haïtienne du Québec. Étant donné les stéréotypes défavorables relatifs aux Haïtiens dont a fait état l'étude de Tchoryk-Pelletier en 1989, il serait intéressant de refaire cette étude avec des collégiens québécois francophones quelque temps après le début du mandat de Mme Michaëlle Jean comme gouverneure générale du Canada. Des stéréotypes toujours défavorables à l'endroit des Haïtiens dans cette nouvelle étude pourraient corroborer la thèse de l'effet du cas exceptionnel. Par contre, si une telle étude révélait des stéréotypes plus favorables concernant les Haïtiens, pourraient-ils être uniquement attribués à l'effet bénéfique de l'entrée en fonction de Michaëlle Jean dans son nouveau poste, en septembre 2005 ?

3. Le racisme hiérarchique est une idéologie qui attribue une supériorité à certaines « races » par rapport à d'autres « races » considérées comme plus ou moins inférieures sur le plan intellectuel, social et comportemental. Sans déclarer que certaines « races » sont supérieures à d'autres, le racisme différencialiste soutient que l'antagonisme entre les « races » et les préjugés y afférents sont naturels et inévitables étant donné les incompatibilités fondamentales entre ces « races » sur le plan culturel ou religieux. Ainsi, selon cette idéologie, l'assimilation de certains groupes d'immigrants jugés « trop différents » est impossible, et une solution est de rapatrier dans leur pays d'origine ces immigrants déjà établis au pays d'accueil et d'interdire l'entrée de nouveaux immigrants.

4. La discrimination individuelle est un comportement négatif à l'égard des membres d'un exogroupe contre lequel nous entretenons des préjugés. Certains individus peuvent faire de la discrimination même dans un cadre juridique ou organisationnel qui sanctionne ce genre de comportement indésirable. Ainsi, la plupart des États de droit ont adopté une constitution ou une charte des droits et des libertés qui rend les pratiques discriminatoires illégales dans le monde du travail, dans le logement locatif et dans la vie publique. Par contre, la discrimination institutionnelle existe toujours dans certains pays et dans certaines organisations qui ont adopté des lois ou des règlements qui autorisent le traitement inégal de personnes uniquement parce qu'elles sont membres de catégories sociales considérées comme « dévalorisées ». Par exemple, jusqu'aux années 1960, au Canada comme aux États-Unis, certaines municipalités aisées avaient des règlements qui rendaient impossible la vente de maisons aux membres de minorités dévalorisées telles que les Noirs, les Italiens et les Asiatiques. Aujourd'hui, les lois ancestrales de la charia islamique imposent encore un statut inférieur aux femmes dans plusieurs pays du Moyen Orient.

5. La soumission autoritaire est le premier des trois éléments de la personnalité autoritaire : elle suppose l'acceptation sans condition, par l'individu, d'une autorité morale idéalisée, et cette acceptation est accompagnée d'un désir d'être associé au symbole de l'autorité et de faire partie de l'endogroupe idéalisé. Le deuxième élément, le conventionnalisme, implique la conformité aux traditions, ce qui inclut la nécessité d'obéir aux lois et aux règlements en place. L'agression autoritaire, le troisième élément, est la surveillance des manquements aux règlements et aux valeurs traditionnelles, et la condamnation et la punition des individus considérés comme coupables. La personnalité autoritaire valorise le pouvoir et la fermeté. La pensée est organisée en fonction de catégories sociales rigides. Ces trois éléments de la personnalité autoritaire ont été opérationnalisés à l'aide de l'échelle d'autoritarisme (*F scale*). Reprenant ces trois éléments, Altemeyer (1981) a proposé le concept de « l'autoritarisme de droite », qui offre une interprétation moins essentialiste et plus contextuelle d'une orientation autoritaire moderne, mesurée à l'aide de l'échelle de l'autoritarisme de droite.

6. Les tenants de la théorie des conflits réels (TCR) soutiennent que la concurrence entre les groupes pour l'obtention de ressources limitées est une des causes fondamentales des préjugés et de la discrimination. L'existence ou non d'un réel conflit d'intérêts entre deux groupes détermine la qualité des relations qu'ils entretiennent. La coopération (interdépendance positive) engendre des perceptions positives et des comportements intergroupes harmonieux. La

compétition (interdépendance négative) entraîne des attitudes négatives et des comportements antagonistes envers l'exogroupe. Plus la concurrence pour l'obtention de ressources limitées est grande, plus les préjugés, la discrimination et l'hostilité sont intenses entre les groupes.

7. Le paradigme des groupes minimaux (PGM) vise à éliminer tous les facteurs sociologiques, historiques, économiques et psychologiques habituellement reconnus comme les causes de la discrimination entre les groupes. Dans les études classiques du PGM, on souligne le fait que l'étude servira à analyser les processus de prise de décision et on demande aux participants de distribuer des ressources valorisées (argent, points de cours, bonbons) à des membres anonymes de l'endogroupe et de l'exogroupe. Les éléments de la situation du PGM sont les suivants : deux groupes sont créés à l'aide d'une répartition arbitraire (pile ou face). Les répondants sont membres d'un des groupes : l'endogroupe ; il n'y a aucune histoire de conflit réel ou de compétition entre les groupes ; l'anonymat des participants est complet, ce qui élimine les effets possibles des affinités interpersonnelles ou des conflits de personnalité déjà existants ; aucune interaction sociale n'a lieu entre les participants, ni entre les membres de l'endogroupe ni avec les membres de l'exogroupe, ce qui élimine le développement d'affinités ou d'incompatibilités interpersonnelles ou intergroupes ; il y a absence de lien économique entre les réponses des participants et leurs intérêts propres, les participants ne s'allouant jamais de ressources personnellement.

8. La théorie de la justification du *statu quo* (TJS) offre une analyse des processus psychologiques qui expliquent pourquoi les groupes désavantagés adoptent souvent des rationalisations idéologiques qui justifient le système en place, même quand ce système les désavantage personnellement ou collectivement. Ainsi, les groupes défavorisés peuvent finir par croire que la structure intergroupes qui les désavantage est non seulement équitable, mais aussi stable et légitime. Ces croyances encouragent les groupes défavorisés à croire que leur situation désavantageuse est méritée, ce qui les incite à maintenir des autostéréotypes négatifs contribuant au développement d'une identité sociale négative.

Selon la théorie de la dominance sociale (TDS), les individus qui endossent l'idéologie de la dominance sociale (échelle de l'IDS) croient que les groupes sociaux sont fondamentalement inégaux et que les groupes supérieurs méritent d'être mieux traités que les groupes inférieurs. Les personnes qui endossent l'idéologie de la dominance sociale perçoivent la stratification sociale comme étant juste et légitime, et elles préfèrent être membres du groupe avantagé, même si l'accession à cette position privilégiée peut nécessiter d'infliger un mauvais traitement aux exogroupe perçus comme « inférieurs ». Les membres des groupes avantagés sont plus susceptibles d'endosser l'idéologie de la dominance sociale que les membres des groupes désavantagés. Les recherches montrent que plus les individus endossent l'idéologie de la dominance sociale, plus ils sont conservateurs, sexistes et racistes.

9. Selon Allport (1954), les contacts intergroupes ont l'avantage de réduire « l'ignorance de l'autre », perçue comme une cause importante des préjugés et des tensions intergroupes. Selon Allport, trois conditions sont nécessaires à la réduction des préjugés et des tensions lors de contacts intergroupes : les individus membres des groupes distincts doivent avoir un statut égal dans la situation de contact ; le contact intergroupes doit comporter un élément de coopération en vue d'atteindre un but commun ; le contact intergroupes doit être sanctionné par un appui officiel des autorités. Ce n'est qu'en réunissant ces conditions optimales que les politiques de contact intergroupes ont des chances de favoriser l'harmonie intergroupes dans les domaines de l'emploi, de l'habitation et de l'éducation. Dans leur analyse de plus de 200 études récentes sur l'hypothèse du contact, Pettigrew et Tropp (2000) ont fait les constats suivants : le contact intergroupes atténue les préjugés contre l'exogroupe ; plus les études sont menées de manière rigoureuse, plus l'effet bénéfique du contact intergroupes est important ; le respect des conditions proposées par Allport entraîne les effets les plus favorables ; les changements bénéfiques du contact sont mesurables sur les plans cognitif et affectif ; les changements bénéfiques sont plus importants chez les personnes provenant de groupes majoritaires que chez celles provenant de groupes minoritaires ou stigmatisés ; l'ampleur de l'effet bénéfique varie en fonction du groupe cible ; les effets positifs du contact se généralisent à l'ensemble des membres de l'exogroupe.

10. a) Les différents types de « néoracisme » décrits dans l'encadré 13.1 peuvent être utiles pour comprendre le comportement des séparatistes « purs et durs » envers Michaëlle Jean. Au Québec comme ailleurs en Amérique, les normes sociales ont évolué vers la désapprobation de manifestations flagrantes de racisme ou de xénophobie. Des manifestations plus subtiles du racisme et de la xénophobie s'expriment dans les discours et pratiques du néoracisme.

Aux États-Unis, le racisme moderne peut se manifester par la critique des programmes d'accès à l'égalité en faveur des minorités visibles. En soulignant l'anachronisme des programmes d'accès à l'égalité, considérés comme étant contraires aux valeurs de la méritocratie, on remet en question la compétence et la sincérité des membres des minorités visibles qui occupent les postes obtenus grâce à ces programmes. Au Québec, certains nationalistes québécois vivent des tensions entre, d'une part, leurs valeurs égalitaires et, d'autre part, les sentiments négatifs qu'ils éprouvent à l'endroit de certains individus issus de l'immigration, perçus comme étant plus ou moins intégrés à la majorité dominante, soit parce qu'ils parlent la langue majoritaire avec un accent, qu'ils ne s'identifient pas uniquement à la culture dominante de la société d'accueil québécoise (puisque ces minorités visibles s'identifient aussi à la culture haïtienne et à la culture canadienne) ou qu'ils ne votent pas « du bon bord » aux élections ou aux référendums concernant l'indépendance du Québec (le discours du premier ministre Parizeau le soir de la défaite du référendum de 1995 : « On a perdu à cause de l'argent et des votes ethniques. »). Cela amène des nationalistes québécois « purs et durs » à plutôt orienter leurs préjugés vers des objets sociaux moins évidents et à élaborer des justifications plus socialement acceptables de leur préjugés latents et, ce faisant, ils évitent l'opprobre d'être perçus comme des personnes ouvertement xénophobes ou racistes. Tout en reconnaissant les qualités individuelles de Michaëlle Jean dans le préambule de leur intervention, les « purs et durs » mettent en cause la légitimité et la pertinence du poste de gouverneur général du Canada et s'interrogent sur les allégeances politiques de l'époux de Mme Jean, mettant par conséquent en question le jugement, la sincérité et la loyauté d'une femme néo-québécoise qui accepte ce genre de poste au sein de la fédération canadienne. Michaëlle Jean était-elle un peu optimiste en affirmant dans son discours d'acceptation qu'elle a « vu les préjugés reculer et les mentalités évoluer » ?

La théorie des conflits réels (Sherif, 1966) peut aussi être utile pour aider la compréhension du comportement des souverainistes « purs et durs » à l'endroit de Mme Michaëlle Jean. Depuis la mince défaite essuyée par le camp du OUI au référendum pour l'indépendance du Québec de 1995 (49,4 % pour le OUI, 50,6 % pour le NON), le mouvement souverainiste reconsidère ses stratégies à l'égard du « vote ethnique » et la capacité de ce dernier de « faire la différence » en faveur de l'indépendance au moment d'un prochain référendum. Des analyses du mouvement souverainiste observent :

> Tenant apparemment les conclusions qui s'imposent à partir de l'expérience du référendum de 1995 où le camp du changement a fait peu de place aux souverainistes issus de « l'immigration » ou de la « deuxième génération », les structures du militantisme souverainiste s'ouvrent, certes graduellement mais sûrement à ces personnes. (Labelle & Marhraoui, 2005 p. 125.)

Ainsi, pour les stratèges souverainistes, il s'agit d'attirer le « vote ethnique » en faveur du Parti Québécois au moment de la prochaine élection et surtout au moment du prochain vote référendaire pour l'indépendance du Québec. Sur l'échiquier du « vote ethnique », celui de la communauté haïtienne est substantiel et précieux. Grâce à son excellente réputation de journaliste dans la communauté haïtienne et chez les membres de la majorité québécoise francophone, Michaëlle Jean aurait pu être pressentie pour épouser la cause indépendantiste. Mais voilà, en réponse à l'invitation du premier ministre du gouvernement fédéral, Michaëlle Jean accepte le poste de gouverneure générale du Canada. Pour les souverainistes, il s'agit de neutraliser les répercussions de cette décision en faveur du fédéralisme canadien en mettant en doute le jugement et la sincérité de Michaëlle Jean. On invoque que le camp fédéraliste a fait « un bon coup » en manipulant cette journaliste de renom de manière à la faire passer dans son camp. Ainsi, quand il s'agit de gagner des votes à leur cause, autant le camp des souverainistes que celui des fédéralistes finissent par « instrumentaliser » le vote haïtien en tentant de se rallier l'élite de cette minorité visible. L'ensemble des minorités immigrantes et de « deuxième génération » ne sont pas dupes de cette « instrumentalisation » de leurs communautés autant par les souverainistes québécois que par les fédéralistes du Québec ou du Canada.

b) Par ailleurs, l'analyse offerte par Dany Laferrière des répercussions sur la communauté haïtienne des insinuations négatives visant Michaëlle Jean s'interprète assez bien à l'aide de la théorie de l'identité sociale (TIS). Selon la TIS, l'identité sociale est cette partie du concept de soi des individus qui provient de leur appartenance à un groupe social et qui est associée à la valence et à la signification émotive de cette appartenance. Pour arriver à une identité sociale positive, le groupe d'appartenance doit paraître différent des autres groupes dans des dimensions de comparaison jugées positives et importantes par ses membres. C'est par l'intermédiaire de comparaisons sociales favorables à l'endogroupe qu'une identité sociale positive peut être établie et affirmée. Ainsi, selon la TIS, autant les Haïtiens établis au Québec que les « Québécois de souche » cherchent à maintenir et à affirmer leur identité sociale positive. Les membres de la communauté haïtienne établis au Québec sont très conscients du fait que leur pays d'origine est l'un des plus pauvres des Amériques, et que les drames politiques et sociaux qui l'affligent sont pénibles à vivre pour les membres de leurs familles qui y demeurent toujours. Les mauvaises nouvelles provenant d'Haïti, les problèmes d'intégration vécus par les membres moins fortunés de la communauté haïtienne de Montréal, et les préjugés et la discrimination que les Haïtiens subissent de la part de la majorité d'accueil (tableau 13.1 et figure 13.3) sont des éléments de la réalité quotidienne qui effritent l'identité positive des Haïtiens établis au Québec (« la douleur au ventre »). C'est dans ce contexte morose que le rayonnement de personnalités comme le coureur Bruni Surin dans le monde du sport et Michaëlle Jean dans le monde du journalisme peut contribuer symboliquement à l'identité sociale positive des Haïtiens établis au Québec. Le succès de ces Haïtiens d'origine contribue, par l'exemple, à l'effort d'intégration de tous les Haïtiens qui cherchent à se tailler une place acceptable dans la société québécoise. Mais qu'arrive-t-il quand les indépendantistes « purs et durs » mettent en cause la réputation de Michaëlle Jean, menaçant ainsi l'identité sociale des membres de la communauté haïtienne qui s'identifient au succès de Mme Jean ? D'une part, selon la TIS, il y a une réaction individuelle et personnelle de résignation : « la tristesse de voir des gens salir leur unique bonne nouvelle. » D'autre part, comme le suggère la TIS, il y a une réaction collective qui se traduit par la compétition sociale et l'action collective, justement ce que soutient Dany Laferrière : « […] les Haïtiens et leurs nombreux amis sortiront pour la première fois dans les rues de Montréal pour défendre leur fierté bafouée […] Une déception qui pourrait bien se changer en colère. » Ainsi, Dany Laferrière, qui connaît bien l'histoire du mouvement de résistance et d'affirmation collective des Africains américains, n'hésite pas à promouvoir ce type de mobilisation collective, qui a contribué à l'émancipation des Noirs aux États-Unis durant les années 1960, justement à l'époque ou Pierre Vallières proposait aussi, dans son livre *Nègres blancs d'Amérique,* l'action collective comme moyen d'émanciper les Québécois francophones de l'élite anglophone qui bafouait leur fierté.

Chapitre 14

1. Trois raisons expliquent l'échec de l'autorégulation : 1) l'individu se fixe des buts qui ne sont pas clairs et qui ne lui permettent pas de suivre le comportement souhaité (standards) ; 2) il a de la difficulté à se concentrer sur l'objectif visé de sorte qu'il maîtrise mal son comportement (monitorage) ; 3) l'individu n'a plus assez de forces pour maîtriser le comportement en question (opération).

2. À cause de son instabilité émotionnelle, l'individu névrotique tend à être en moins bonne santé physique.

3. Un premier facteur est l'adoption d'une stratégie d'adaptation positive (proactive). Elle consiste à utiliser des moyens concrets pour modifier la situation qui est la cause du stress. Un deuxième facteur est le soutien social perçu. Le soutien social peut se traduire par de l'empathie (soutien social moral), des services rendus (soutien social tangible), etc. Quelle que soit la forme qu'il prend, le soutien permet à l'individu d'évacuer son stress et de recevoir du réconfort.

4. L'individu qui, au terme de son analyse « coût-bénéfices », constate que les avantages liés au comportement de santé excèdent les inconvénients sera plus motivé à adopter ce dernier.

5. Les émotions ressenties au moment de crimes graves entravent la codification des faits chez les témoins oculaires. La recherche suggère notamment que le stress empêche les témoins oculaires de percevoir une scène de crime dans son ensemble. Le phénomène de focalisation sur l'arme du crime en est un bon exemple. Ce phénomène peut se manifester chez les témoins oculaires qui se sentent menacés par la présence d'un stimulus menaçant, tels un couteau et un fusil, et ce, même dans des situations inoffensives. Le caractère inattendu de l'arme fait en sorte que le témoin oculaire fixe son attention sur celle-ci plutôt que sur le visage de l'agresseur ou sur tout autre élément périphérique important (par exemple les lieux ou les autres personnes présentes au moment du crime).

6. Vrai. La recherche sur les biais présents chez les candidats jurés montre que les faits publicisés par les médias, et en particulier ceux dont le contenu est incriminant, influent sur le jugement des jurés. L'influence des médias persiste même en dépit des instructions du juge concernant l'établissement du verdict sur la preuve présentée en cour.

7. Faux. À ce jour, les études qui visaient à apprécier l'influence des facteurs démographiques tels que le genre sur l'établissement des verdicts demeurent non concluantes.

8. La sélection scientifique des jurés réfère au procédé empirique par lequel les données démographiques et les attitudes d'une population sont corrélées. Les résultats de ces analyses servent notamment à la création d'un profil type de candidats jurés qui est favorable (ou défavorable) à la cause jugée. Dans le but de sélectionner le maximum de candidats jurés qui sont favorables à leur cause et de maximiser l'utilisation de leurs récusations péremptoires au moment des voir-dire, les avocats utilisent judicieusement le profil type pour formuler leurs questions et orienter la sélection du jury. On procède ensuite à la sélection ou à la récusation des candidats jurés jusqu'à ce qu'on considère que le jury est complètement formé.

9. Ce comportement témoigne d'un état de dissonance cognitive chez l'employé. Il semble exister un déséquilibre entre l'attitude de l'employé (insatisfaction) et son comportement au travail (maintenir son emploi). Devant cette situation,

le travailleur devrait être motivé à changer son attitude au travail ou à modifier son comportement. Ainsi, dans la présente situation, afin de réduire l'inconfort psychologique créé par l'état de dissonance, l'employé sera amené à rationaliser. Il peut alors justifier son comportement en se disant qu'il ne serait pas plus satisfait s'il occupait un autre poste ou un autre emploi.

10. Vrai. Un employé qui a le sentiment d'être surpayé fournit plus d'efforts afin de préserver son sentiment d'équité.

11. Vrai. Lorsque la situation de travail permet d'exercer un certain contrôle sur la charge de travail, l'employé est davantage motivé et créatif. Cette situation lui permet de développer ses compétences et ses habiletés au travail.

12. Les contraintes au travail proviennent de l'évaluation subjective de l'employé. Bien que deux employés peuvent effectuer des tâches de travail similaires, cela ne signifie pas qu'ils perçoivent et vivent les mêmes contraintes au travail. La perception des contraintes au travail peut être influencée par certaines ressources sociales et par les caractéristiques individuelles de l'employé. Certains employés bénéficient davantage des ressources au travail, telles que le soutien provenant du supérieur et des collègues, ou encore du degré d'autonomie décisionnelle qui leur est offert au travail. Les ressources individuelles des employés, telles qu'elles sont reflétées par leur personnalité ou leur intelligence émotionnelle, peuvent aussi minimiser les contraintes liées à la réalisation du travail.

BIBLIOGRAPHIE

Abbey, A. & Andrews, F.M. (1985). Modeling the psychological determinants of life quality. *Social Indicators, 16,* 1-34.

Abbey, A., Cozzarelli, C., McLaughlin, K. & Xharnish, R.J. (1987). The effects of clothing and dyad sex composition on perceptions of sexual intent : Do women and men evaluate these cues differently. *Journal of Applied Social Psychology, 17,* 108-126.

Abelson, R.P. (1986). Beliefs are like possessions. *Journal for the Theory of Social Behavior, 16,* 223-250.

Abelson, R.P. & Kanouse, D.E. (1966). Subjective acceptance of verbal generalizations. Dans S. Feldman (dir.), *Cognitive consistency : Motivational antecedents and behavioral consequents* (p. 171-197). New York : Academic Press.

Abelson, R.P. & Rosenberg, M.J. (1958). Symbolic psycho-logic : A model of attitudinal cognition. *Behavioral Science, 3,* 1-13.

Aberson, C.L. (2003). Support for race-based affirmative action : Self-interest and procedural justice. *Journal of Applied Social Psychology, 33,* 1-15.

Aberson, C.L., Healy, M. & Romero, V. (2000). Intergroup bias and self-esteem : A meta-analysis. *Personality and Social Psychology Review, 4,* 157-173.

Aboud, F.E. (1988). *Children and prejudice.* Oxford, R.-U. : Blackwell.

Aboud, F.E. & Amato, M. (2001). Developmental and socialization influences on intergroup bias. Dans R. Brown & S. Gaertner (dir.), *Blackwell handbook of social psychology : Intergroup processes* (p. 65-85). Malden, Mass. : Blackwell.

Aboud, F.E. & Doyle, A.B. (1996). Does talk of race foster prejudice or tolerance in children ? *Revue canadienne des sciences du comportement, 28,* 161-170.

Aboud, F.E. & Levy, S.R. (2000). Interventions to reduce prejudice in children and adolescents. Dans S. Oskamp (dir.), *Reducing prejudice and discrimination. Présentation au Claremont symposium on applied social psychology* (p. 269-293). Mahwah, N.J. : Erlbaum.

Abrams, D. (1992). Processes of social identification. Dans G.M. Breakwell (dir.), *Social psychology of identity and the self concept.* Londres, R.-U. : Surrey University press.

Abrams, D. & Hogg, M.A. (1990). *Social identity theory : Constructive and critical advances.* New York : Harvester Wheatsheaf.

Abrams, D. & Hogg, M.A. (dir.) (1999). *Social identity and social cognition.* Oxford, R.-U. : Blackwell.

Abramson, L.Y., Metalsky, G.I. & Alloy, L.B. (1989). Hopelessness depression : A theory-based subtype of depression. *Psychological Review, 96,* 358-372.

Abramson, L.Y., Seligman, M.E.P. & Teasdale, J.D. (1978). Learned helplessness in humans : Critique and reformulation. *Journal of Abnormal Psychology, 87,* 49-74.

Adair, J.G., Sharpe, D. & Huynh, C.L. (1989). Placebo, Hawthorne, and other artifact controls : Researchers' opinions and practices. *Journal of Experimental Education, 57,* 341-355.

Adair, J.G. & Vohra, N. (2003). The explosion of knowledge, references, and citations : Psychology's unique response to a crisis. *American Psychologist, 58,* 15-23.

Adams, D., Barnett, S.A., Betchereva, N.P., Carter, B.F. *et al.* (1990). The Seville statement on violence. *American Psychologist, 45,* 1167-1168.

Adams, J.M. & Jones, W.H. (1997). The conceptualization of marital commitment :

An integrative analysis. *Journal of Personality and Social Psychology, 72,* 1177-1196.

Adams, J.S. (1963). Towards an understanding of inequity. *Journal of Abnormal and Social Psychology, 67(5),* 422-436.

Adams, J.S. (1965). Inequity in social exchange. Dans L. Berkowitz (dir.), *Advances in experimental social psychology.* (vol. 2, p. 266-300). New York : Academic Press.

Adaval, R. (2003). How good gets better and bad gets worse : Understanding the impact of affect on evaluations of known brands. *Journal of Consumer Research, 30,* 352-367.

Adaval, R. & Wyer, R.S., Jr. (2002). Communicating about a social interaction : Effects on memory for protagonists' statements and nonverbal behavior. *Journal of Experimental Social Psychology, 40,* 450-465.

Addis, D.R. & Tippett, L.J. (2004). Memory of myself : Autobiographical memory and identity in Alzheimer's disease. *Psychology Press, 12,* 56-74.

Adler, R.B., Rosenfeld, L.B. & Towne, N. (1986). *Interplay : The process of interpersonal communication.* New York : Holt, Rinehart & Winston.

Adorno, T.W., Frenkel-Brunswick, E., Levinson, D.J. & Sanford, R.N. (1950). *The authoritarian personality.* New York : Harper.

Aebischer, V. & Oberlé, D. (1998). *Le groupe en psychologie sociale.* Paris : Dunod.

Affleck, G., Tennen, H., Pfeiffer, C. & Fifield, J. (1987). Appraisals of control and predictability in adapting to a chronic disease. *Journal of Personality and Social Psychology, 53,* 273-279.

Aguinis, H. & Henle, C.A. (2001). Effects of nonverbal behavior on perceptions of a female employee's power bases. *Journal of Social Psychology, 141,* 537-541.

Aikins, J.W., Bierman, K.L. & Parker, J.G. (2005). Navigating the transition to Junior High school : The influence of pre-transition friendship and self-system characteristics. *Social Development, 14,* 42-60.

Aimé, A., Sabourin, S. & Valois, P. (2000). L'appariement des styles de motivation et l'évolution de la satisfaction conjugale. *Revue canadienne des sciences du comportement, 32,* 178-186.

Ainsworth, M.D.S. (1990). Epilogue. Dans M.T. Greenberg, D. Cicchetti & E.M. Cummings (dir.), *Attachment in the preschool years : Theory, research, and intervention* (p. 463-488). Chicago, Ill. : University of Chicago Press.

Ainsworth, M.D.S., Blehar, M.C., Waters, E. & Wall, S. (1978). *Patterns of attachment : A psychological study of the strange situation.* Hillsdale, N.J. : Erlbaum.

Ajzen, I. (1989). Attitude structure and behavior. Dans A.R. Pratkanis, S.J. Breckler & A.G. Greenwald (dir.), *Attitude, structure and function* (p. 241-274). Hillsdale, N.J. : Erlbaum.

Ajzen, I. (1991). The theory of the planned behavior. *Organizational Behaviour and Human Decision Processes, 50,* 179-211.

Ajzen, I. (1998). Models of human social behavior and their application to health psychology. *Psychology and Health, 13,* 735-739.

Ajzen, I. (2001). Nature and operation of attitudes. *Annual Review of Psychology, 52,* 27-58.

Ajzen, I. (2002). Attitudes. Dans R. Fernandez Ballesteros (dir.), *Encyclopedia of psychological assesment* (vol.1, p.110-115). Londres, R.-U. : Sage.

Ajzen, I. & Fishbein, M. (1977). Attitude-behavior relations : A theoretical analysis and review of empirical research. *Psychological Bulletin, 84,* 888-918.

Ajzen, I. & Fishbein, M. (1980). *Understanding attitudes and predicting social behavior.* Englewood Cliffs, N.J. : Prentice-Hall.

Ajzen, I. & Fishbein, M. (2000). Attitudes and the attitude-behavior relation : Reasoned and automatic processes. Dans W. Stoebe & M. Hewstone (dir.), *European review of social psychology* (vol. 11, p. 1-33). Chichester, R.-U. : Wiley.

Ajzen, I. & Fishbein, M. (2005). The influence of attitudes on behavior. Dans D. Albarracin, B.T. Johnson & M.P. Zanna (dir.), *The handbook of attitudes and attitude change* (p. 173-221). Mahwah, N.J. : Erlbaum.

Ajzen, I. & Holmes, W.H. (1976). Uniqueness of behavioral effects in causal attribution. *Journal of Personality, 44,* 98-108.

Alain, M. (1985). Self-presentation and physical attraction. *Canadian Journal of Behavioural Science, 17,* 271-276.

Alba, J.W. & Hasher, L. (1983). Is memory schematic ? *Psychological Bulletin, 93,* 203-231.

Albarracin, D., Johnson, B.T., Fishbein, M. & Muellerleile, P.A. (2001). Theories of reasoned action and planned behavior as models of condom use : A meta-analysis. *Psychological Bulletin, 127,* 142-161.

Albarracin, D. & Wyer, R.S. (2000). The cognitive impact of past behavior : Influences on beliefs, attitudes, and futur behavioral decisions. *Journal of Personality and Social Psychology, 79,* 5-22.

Albouy, S. (1976). *Éléments de sociologie et de psychologie sociale.* Toulouse : Privat.

Albright, L., Kenny, D.A. & Malloy, T.E. (1988). Consensus in personality judgments at zero acquaintance. *Journal of Personality and Social Psychology, 55,* 387-395.

Alcock, J.E., Carment, D.W. & Sadava, S.W. (1991). *A textbook of social psychology.* Scarborough : Prentice-Hall.

Alford, J.R., Funk, C. & Hibbing, J.R. (2005). Are political orientations genetically transmitted ? *American Political Science Review, 99,* 153-167.

Alford, J.R. & Hibbing, J.R (2004). The origin of politics : An evolutionary theory of political behavior. *Perspectives on Politics, 2,* 7007-723.

Alicke, M.D., Braun, J.C., Glor, J.E., Klotz, M.L., Magee, J., Sederholm, H. & Siegel, R. (1992). Complaining behavior in social interaction. *Personality and Social Psychology Bulletin, 18,* 286-295.

Allen, B.P. (1996). African Americans' and European Americans' mutual attributions : Adjective generation technique (AGT) stereotyping. *Journal of Applied Social Psychology, 26,* 884-912.

Allen, M. (1998). Comparing the persuasive effectiveness one- and two-sided message. Dans M. Allen & R.W. Preiss (dir.), *Persuasion : Advances through meta-analysis* (p. 87-98). Cresskill, N.J. : Hampton Press.

Allen, N.J. & Meyer, J.P. (1990). The measurement and antecedents of affective, continuance and normative commitment to the organization. *Journal of Occupational Psychology, 63,* 1-18.

Allen, V.L. & Levine, J.M. (1969). Consensus and conformity. *Journal of Experimental Social Psychology, 5,* 389-399.

Allen, V.L. & Levine, J.M. (1971). Social support and conformity : The role of independent

assessment of reality. *Journal of Experimental Social Psychology, 7,* 48-58.

Alloy, L.B. & Clements, C.M. (1998). Hopelessness theory of depression : Tests of the symptom component. *Cognitive Therapy and Research, 22,* 303-335.

Allport, F.H. (1924). *Social psychology.* Boston, Mass. : Mifflin.

Allport, G.W. (1935). Attitudes. Dans C. Murchison (dir.), *Handbook of social psychology* (p. 798-844). Worcester, Mass. : Clark University Press.

Allport, G.W. (1954). *The nature of prejudice.* Reading, Mass. : Addison-Wesley.

Allport, G.W. (1968). The historical background of modern social psychology. Dans G. Lindzey & E. Aronson (dir.), *The handbook of social psychology* (2ᵉ éd.). Reading, Mass. : Addison-Wesley.

Aloise-Young, P.A., Graham, J.W. & Hanse, W.B. (1994). Peer influence on smoking initiation during early adolescence : A comparison of group members and group outsiders. *Journal of Applied Psychology, 79,* 281-287.

Altemeyer, B. (1981). *Right-wing authoritarianism.* Winnipeg : University of Manitoba Press.

Altemeyer, B. (1988). *Enemies of freedom : Understanding right-wing authoritarianism.* San Francisco, Calif. : Jossey-Bass.

Altemeyer, B. (1996). *The authoritarian specter.* Cambridge, Mass. : Harvard University Press.

Altemeyer, B. (1998). The other « authoritarian personality ». Dans M.P. Zanna (dir.), *Advances in experimental social psychology* (vol. 30, p. 47-92). New York : Academic Press.

Altman, I. & Taylor, D. (1973). *Social penetration : The development of interpersonal relationships.* New York : Holt, Rinehart & Winston.

Alwin, D.F., Cohen, R.L. & Newcomb, T.M. (1991). *Political attitudes over the life span : The Bennington women after fifty years.* Madison, Wis. : University of Wisconsin Press.

Amato, P.R. & Booth, A. (1997). *A generation at risk : Growing up in an era of family upheaval.* Cambridge, Mass. : Harvard University Press.

Amato, P.R. & Booth, A. (2001). Legacy of parents' marital discord : Consequences for children's marital quality. *Journal of Personality and Social Psychology, 81,* 627-638.

Amato, P.R. & Sobolewski, J.M. (2001). The effects of divorce and marital discord on adult children's psychological well-being. *American Sociological Review, 66,* 900-921.

Ambert, A.M. (2005a). *Changing families : Relationships in context.* Toronto : Pearson Education.

Ambert, A.M. (2005b). Divorce : Faits, causes et conséquences. Institut Vanier de la famille. Dans Internet : < http ://www.ivfamille.ca/library/cft/divorce_05_fr.html >.

American Psychological Association (1992). Ethical principles of psychologists and code of conduct. *American Psychologist, 47,* 1597-1611.

Ames, D.R., Flynn, F.J. & Weber, E.U. (2004). It's the thought that counts : On perceiving how helpers decide to lend a hand. *Personality and Social Psychology Bulletin, 30,* 461-474.

Amiot, C. & Bourhis, R.Y. (1999). *Ethnicity and French-English communication in Montreal.* Affiche présentée au 60ᵉ congrès annuel de la Société canadienne de psychologie, Halifax, N.-É.

Amiot, C. & Bourhis, R.Y. (2005a). Discrimination between dominant and subordinate groups : The positive-negative asymmetry effect and normative processes. *British Journal of Social Psychology, 44*, 289-308.

Amiot, C. & Bourhis, R.Y. (2005b). Ideological beliefs as determinants of discrimination in positive and negative outcome distributions. *European Journal of Social Psychology, 35*, 581-598.

Amodio, D., Harmon-Jones, E. & Devine, P. (2003). Individual differences in the activation and control of affective race bias as assessed by startle eyeblink response and self-report. *Journal of Personality and Social Psychology, 84*, 738-753.

Amodio, D., Harmon-Jones, E., Devine, P., Curtin, J. Harley, S. & Covert, A. (2004). Neural signals for the detection of unintentional race bias. *Psychological Sciences, 15*, 88-93.

Anctil, P. (1988a) *Le Devoir, les Juifs et l'immigration : de Bourassa à Laurendeau*, Québec : Institut québécois de recherche sur la culture.

Anctil, P. (1988b) *Le rendez-vous manqué. Les Juifs de Montréal face au Québec de l'entre-deux-guerres*, Québec : Institut québécois de recherche sur la culture.

Andersen, P.A. (2000). Explaining intercultural differences in nonverbal communication. Dans L.A. Samovar & R.E. Porter (dir.), *Intercultural communication : A reader* (9e éd., p. 258-279). Belmont, Calif. : Wadsworth.

Andersen, P.A., Hecht, M.L., Hooble, G.D. & Smallwood, M. (2002). Nonverbal communication across cultures. Dans W.B. Gudykunst & B. Mody (dir.), *Handbook of international and intercultural communication* (2e éd., p. 88-106). Thousand Oaks, Calif. : Sage.

Andersen, S.M. & Baum, A. (1994). Transference in interpersonal relations : Inferences and affect based on significant-other representations. *Journal of Personality, 62*, 459-498.

Andersen, S.M. & Chen, S. (2002). The relational self : An interpersonal socio-cognitive theory. *Psychological Review, 109*, 619-645.

Andersen, S.M. & Coles, S.W. (1990). « Do I know you ? » : The role of the significant others in general social perception. *Journal of Personality and Social Psychology, 59*, 383-399.

Andersen, S.M., Glassman, N.S., Chen, S. & Coles, S.W. (1995). Transference in social perception : The role of chronic accessibility in significant-other representations. *Journal of Personality and Social Psychology, 69*, 41-57.

Andersen, S.M., Reznik, I. & Glassman, N.S. (2004). The unconscious relational self. Dans R. Hassin, J.S. Uleman & J.A. Bargh (dir.), *The new unconscious* (p. 421-481). New York : Oxford Press.

Andersen, S.M., Reznik, I. & Manzella, L.M. (1996). Eliciting facial affect, motivation, and expectancies in transference : Significant-other representations in social relations. *Journal of Personality and Social Psychology, 71*, 1108-1129.

Andersen, S.M. & Saribay, S.A. (2005). The relational self and transference : Evoking motives, self-regulation, and emotions through activation of mental representations of significant others. Dans M.W. Baldwin (dir.), *Interpersonal cognition* (p. 1-32). New York : Guilford.

Andersen, S.M. & Williams, M. (1985). Cognitive/affective reactions in the improvement of self-esteem : When thoughts and feelings make a difference. *Journal of Personality and Social Psychology, 49*, 1086-1097.

Anderson, C.A. (1983). Abstract and concrete data in the perseverance of social theories : When weak data lead to unshakeable beliefs. *Journal of Experimental Social Psychology, 19*, 93-108.

Anderson, C.A. (1999). Attributional style, depression, and loneliness : A cross-cultural comparison of American and Chinese students. *Personality and Social Psychology Bulletin, 25*, 482-497.

Anderson, C.A., Anderson, K.B. & Deuser, W.E. (1996). Examining an affective aggression framework : Weapon and temperature effects on aggressive thoughts, affect, and attitudes. *Personality and Social Psychology Bulletin, 22*, 366-376.

Anderson, C.A., Anderson, K.B., Dorr, N., DeNeve, K.M. & Flanagan, M. (2000). Temperature and aggression. *Advances in Experimental Social Psychology, 32*, 63-134.

Anderson, C.A., Benjamin, A.J. & Bartholow, B.D. (1998). Does the gun pull the trigger ? Automatic priming effects of the weapon pictures and weapon names. *Psychological Science, 9*, 308-314.

Anderson, C.A., Berkowitz, L., Donnerstein, E., Huesmann, L.R., Johnson, J.D., Linz, D., Malamuth, N.M. & Wartella, E. (2003). The influence of media violence on youth. *Psychological Science in the Public Interest, 4*, 81-110.

Anderson, C.A. & Bushman, B.J. (1997). External validity of « trivial » experiments : The case of laboratory aggression. *Review of General Psychology, 1*, 19-41.

Anderson, C.A. & Bushman, B.J. (2001). Effects of violent video games on aggressive behavior, aggressive cognition, aggressive affect, physiological arousal, and prosocial behavior : A meta-analytic review of the scientific literature. *Psychological Science, 12*, 353-359.

Anderson, C.A. & Bushman, B.J. (2002). Human aggression. *Annual Review of Psychology, 53*, 27-51.

Anderson, C.A. & Craig, A. (1999). Attributional style, depression and loneliness : A cross-cultural comparison of American and Chinese students. *Personality and Social Psychology Bulletin, 25*, 482.

Anderson, C.A., Deuser, W.E. & DeNeve, K.M. (1995). Hot temperatures, hostile affect, hostile cognition, and arousal : Tests of a general model of affective aggression. *Personality and Social Psychology Bulletin, 21*, 434-448.

Anderson, C.A. & Dill, K.E. (2000). Video games and aggressive thoughts, feelings, and behavior in the laboratory and in life. *Journal of Personality and Social Psychology, 78*, 772-790.

Anderson, C.A. & Godfrey, S.S. (1987). Thoughts about actions : The effects of specificity and availability of imagined behavioral scripts on expectations about oneself and others. *Social Cognition, 5*, 238-258.

Anderson, C.A., Horowitz, L.M. & French, R.D. (1983). Attributional style of lonely and depressed people. *Journal of Personality and Social Psychology, 45*, 127-136.

Anderson, C.A. & Huesmann, L.R. (2003). Human aggression : A social-cognitive view. Dans M.A. Hogg & J. Cooper (dir.), *Handbook of social psychology* (p. 296-323). Londres, R.-U. : Sage.

Anderson, C.A., Miller, R.S., Riger, A.L., Dill, J.C. & Sedikides, C. (1994). Behavioral and characterological attributional styles as predictors of depression and loneliness : Review, refinement, and test. *Journal of Personality and Social Psychology, 66*, 549-558.

Anderson, C.A. & Murphy, C.R. (2003). Violent video games and aggressive behavior in young women. *Aggressive Behavior, 29*, 423-429.

Anderson, C.A. & Slusher, M.P. (1986). Relocating motivational effects : A synthesis of cognitive and motivational effects on attributions for success and failure. *Social Cognition, 4*, 250-292.

Anderson, D.E., Ansfield, M.E. & DePaulo, B.E. (1999). Deception in the context of relationships. Dans P. Philippot, R.S. Feldman & F.J. Coats (dir.), *The social context of nonverbal behaviour* (p. 372-409). Cambridge : Cambridge University Press.

Anderson, J.R. (1991a). Rushton's racial comparisons : An ecological critique of theory and method. *Canadian Psychology, 32*, 51-60.

Anderson, J.R. (1991b). The adaptative nature of human categorization. *Psychological Review, 98*, 409-429.

Anderson, N.H. (1965). Averaging versus adding as a stimulus combination rule in impression formation. *Journal of Experimental Psychology, 70*, 394-400.

Anderson, N.H. (1968). Likableness rating of 555 personality-trait words. *Journal of Personality and Social Psychology, 9*, 272-279.

Anderson, N.H. (1981). *Foundations of information integration theory*. New York : Academic Press.

Anderson, N.H. & Nickerson, K. (2005). Genes, race, and psychology in the Genome Era : An introduction. *American Psychologist, 60*, 5-8.

André, C. (1998). *Les thérapies cognitives*. Paris : Bernet-Danilo.

Andrews, B. & Brewin, C.R. (1990). Attribution of blame for marital violence : A study of antecedents and consequences. *Journal of Marriage and the Family, 52*, 757-767.

Andrews, G., Singh, M. & Bond, M. (1993). The defense style questionnaire. *Journal of Nervous and Mental Disease, 181*, 246-256.

Angus Reid Group (1997, 16 octobre). Workplace 2000 : Working towards the millenium – A portrait of working Canadians. Extrait du site Web Ipsos Canada, le 2 septembre 2005 : <http://www.angusreid.com>.

Antonovsky, A. (1987). *Unraveling the mystery of health : How people manage stress and stay well*. San Francisco, Calif. : Jossey-Bass.

Antonucci, T.C., Akiyama, H. & Lansford, J. (1998). Negative effects of close social relations. *Family Relations, 47*, 379-384.

Archer, R.L. & Burleson, J.A. (1980). The effects of timing of self-disclosure on attraction and reciprocity. *Journal of Personality and Social Psychology, 38*, 120-130.

Archibald, F.S., Bartholomew, K. & Marx, R. (1995). Loneliness in early adolescence : A test of the cognitive dicrepancy model of loneliness. *Personality and Social Psychology Bulletin, 21*, 296-301.

Argyle, M. (1987a) *Bodily communication*. Londres, R.-U. : Methuen.

Argyle, M. (1987b). *The psychology of happiness*. Londres, R.-U. : Methuen.

Armitage, C.J. (2005). Can the theory of planned behavior predict the maintenance of physical activity ? *Health Psychology, 24*, 235-245.

Armitage, C.J. & Conner, M. (2000). Attitude ambivalence : A test of three key hypotheses. *Personality and Social Psychology Bulletin, 26*, 1421-1432.

Armitage, C.J. & Conner, M. (2001). Efficacy of the theory of planned behavior : A meta-analysis review. *British Journal of Social Psychology, 40*, 471-499.

Armony, V. (2002). Des latins du nord ? L'identité culturelle québécoise dans le contexte panaméricain. *Recherches sociographiques, 43*, 19-48.

Aron, A. (2003). Self and close relationships. Dans M.R. Leary & J.P. Tangney (dir.), *Handbook of self and identity* (p. 442-461). New York : Guilford.

Aron, A. & Aron, E.N. (1986). *Love as the expansion of self : Understanding attraction and satisfaction*. New York : Hemisphere.

Aron, A. & Aron, E.N. (1996). Self and self-expansion in relationships. Dans G.J.O. Fletcher & J. Fitness (dir.), *Knowledge structures in close relationships : A social psychological approach* (p. 325-344). Mahwah, N.J. : Erlbaum.

Aron, A., Aron, E.N. & Norman, C. (2001). The self expansion model of motivation and cognition in close relationships and beyond. Dans M. Clark & G. Fletcher (dir.), *Blackwell handbook in social psychology : Vol. 2. Interpersonal processes* (p. 478-501). Oxford, R.-U. : Blackwell.

Aron, A., Aron, E.N. & Smollan, D. (1992). Inclusion of others in the self scale and the structure of interpersonal closeness. *Journal of Personality and Social Psychology, 63*, 596-612.

Aron, A., Aron, E.N., Tudor, M. & Nelson, G. (1991). Close relationships as including other in the self. *Journal of Personality and Social Psychology, 60*, 241-253.

Aron, A., Mashek, D. & Aron, E.N. (2004). Closeness as including other in the self. Dans D. Mashek & E.N. Aron (dir.), *Handbook of closeness and intimacy* (p. 27-41). Mahwah, N.J. : Erlbaum.

Aron, A., Mashek, D., McLaughlin-Volpe, T., Wright, S., Lewandowski, G. & Aron, E.N. (2005). Including close others in the cognitive structure of the self. Dans M.W. Baldwin (dir.), *Interpersonal cognition* (p. 206-232). New York : Guilford.

Aronson, E. (1969). The theory of cognitive dissonance : A current perspective. Dans L. Berkowitz (dir.), *Advances in experimental social psychology* (vol. 4, p. 1-34). New York : American Press.

Aronson, E. (1990). Applying social psychology to desegregation and energy conservation. *Personality and Social Psychology Bulletin, 16*, 118-132.

Aronson, E., Blaney, N., Stephan, C., Sikes, J. & Snapp, M. (1978). *The jigsaw classroom*. Newbury Park, Calif. : Sage.

Aronson, E., Wilson, T.D. & Brewer, M. (1998). Experimentation in social psychology. Dans G.S. Fiske & G. Lindzey (dir.), *Handbook of social psychology* (p. 99-142). New York : McGraw-Hill.

Aronson, J., Cohen, G. & Nail, P.R. (1999). Self-affirmation theory : An update and appraisal. Dans E. Harmon-Jones & J. Mills (dir.), *Cognitive dissonance : Progress on a pivotal theory in social psychology* (p.127-147). Washington, D.C. : American Psychological Association.

Arvey, R.D., Bouchard, T.J., Segal, N.L. & Abraham, L.M. (1989). Job satisfaction : Environmental and genetic components. *Journal of Applied Psychology, 74*, 187-192.

Asch, S.E. (1946). Forming impressions of personality. *Journal of Abnormal and Social Psychology, 41*, 258-290.

Asch, S.E. (1951). Effects of group pressure upon the modification and distortion of judgments. Dans H. Guetzkow (dir.), *Groups, leadership, and men*. Pittsburgh, Penn. : Carnegie Press.

Asch, S.E. (1952). *Social psychology*. New York : Prentice-Hall.

Asch, S.E. (1956). Studies of independence and conformity : A minority of one against a unanimous majority. *Psychological Monographs, 70*, 416.

Ashmore, R.D. (1981). Sex stereotyping and implicit personality theory. Dans D.L. Hamilton (dir.), *Cognitive processes in stereotyping and intergroup behavior* (p. 37-81). Hillsdale, N.J. : Erlbaum.

Aspinwall, L.G. & Taylor, S.E. (1992). Modeling cognitive adaptation : A longitudinal investigation of the impact of individual differences and coping on college adjustment and performance. *Journal of Personality and Social Psychology, 63*, 989-1003.

Aspinwall, L.G. & Taylor, S.E. (1997). A stitch in time : Self-regulation and proactive coping. *Psychological Bulletin, 121*, 417-436.

Atkinson, J.W. (1964). *An introduction to motivation*. Princeton, N.J. : Reinhold.

Atran, S. (2004). Mishandling suicide terrorism. *The Washington Quarterly, 27*, 67-90.

Augustinova, M., Oberlé, D. & Stasser, G.L. (2005). Differential accesss to information and anticipated group interaction : Impact on individual reasoning. *Journal of Personality and Social Psychology, 88*, 619-631.

Austin, W. (1986). Justice in intergroup conflict. Dans S. Worchel & G. Austin (dir.), *Psychology of intergroup relations* (p. 152-175). Chicago, Ill. : Nelson-Hall.

Axsom, D. (1989). Cognitive dissonance and behavior change in psychotherapy. *Journal of Experimental Social Psychology, 25*, 234-252.

Axsom, D. & Cooper, J. (1985). Cognitive dissonance and psychotherapy : The role of effort justification in inducing weight loss. *Journal of Experimental Social Psychology, 21*, 149-160.

Azzi, A. & Klein, O. (1998). *Psychologie sociale et relations intergroupes*. Paris : Dunod.

Baccus, J.R., Baldwin, M.W. & Packer, D.J. (2004). Increasing implicit self-esteem through classical conditioning. *Psychological Science, 15*, 498-502.

Bagozzi, R.P., Moore, D.J. & Leone, L. (2004). Self-control and the self-regulation of dieting decisions : The role of prefactual attitudes, subjective norms, and resistance to temptation. *Basic and Applied Social Psychology, 26*, 199-213.

Baillargeon, J., Dubois, G. & Marineau, R. (1986). Traduction française de l'Échelle d'Ajustement Dyadique. *Revue canadienne des sciences du comportement, 18*, 25-34.

Bakeman, R. (2000). Behavioral observation and coding. Dans H.T. Reis & C.M. Judd (dir.), *Handbook of research : Methods in social and personality psychology* (p.138-159). Cambridge : Cambridge University Press.

Baldwin, M.W. (1992). Relational schemas and the processing of social information. *Psychological Bulletin, 112*, 461-484.

Baldwin, M.W. (1995). Relational schemas and cognition in close relationships. *Journal of Social and Personal Relationships, 12*, 547-552.

Baldwin, M.W. (dir.) (2005). *Interpersonal cognition*. New York : Guilford.

Baldwin, M.W., Carrell, S.E. & Lopez, D.F. (1990). Priming relationship schemas : My advisor and the Pope are watching me from the back of my mind. *Journal of Experimental Social Psychology, 26*, 435-454.

Baldwin, M.W. & Dandeneau, S.D. (2005). Understanding and modifying the relational

schemas underlying insecurity. Dans M.W. Baldwin (dir.), *Interpersonal cognition* (p. 33-61). New York : Guilford.

Baldwin, M.W. & Kay, A.C. (2003). Adult attachment and the inhibition of rejection. *Journal of Social and Clinical Psychology, 22*, 275-293.

Baldwin, M.W., Keelan, J.P.R., Fehr, B., Enns, V. & Koh-Rangarajoo, E. (1996). Social-cognitive conceptualization of attachment working models : Availability and accessibility effects. *Journal of Personality and Social Psychology, 71*, 94-109.

Baldwin, M.W. & Main, K.J. (2001). Social anxiety and the cued activation of relational knowledge. *Personality and Social Psychology Bulletin, 27*, 1637-1647.

Bales, R.F. (1950). A set of categories for the analysis of small group interaction. *American Sociological Review, 15*, 257-263.

Bales, R.F. (1970). *Personality and interpersonal behavior*. New York : Holt, Rinehart & Winston.

Balta, P. (1995). *L'Islam*. Paris : Le Monde.

Bandettini, P.A., Birn, R.M. & Donahue, K.M. (2000). Functional MRI : Background, methodology, limits, and implementation. Dans J.T. Cacioppo, L.G. Tassinary & G.G. Berntson (dir.), *The handbook of psychophysiology* (p.978-1014). New York : Cambridge University Press.

Bandura, A. (1977a). Self-efficacy : Toward a unifying theory of behavior change. *Psychological Review, 84*, 191-215.

Bandura, A. (1977b). *Social learning theory*. Englewood Cliffs, N.J. : Prentice-Hall.

Bandura, A. (1978). The self system in reciprocal determinism. *American Psychologist, 33*, 344-358.

Bandura, A. (1982). Self-efficacy mechanism in human agency. *American Psychologist, 37*, 122-147.

Bandura, A. (1986). *Social foundations of thought and action : A social cognitive theory*. Englewook Cliffs, N.J. : Prentice-Hall.

Bandura, A. (1991). Social cognitive theory of moral thought and action. Dans W.M. Kurtines & J.L. Gewirtz (dir.), *Handbook of moral behavior and development* (vol. 1, p. 45-103). Hillsdale, N.J. : Erbaum.

Bandura, A. (1997). *Self-efficacy : The exercise of control*. New York : Freeman.

Bandura, A. (1999). Moral disengagement in the perpetration of inhumanities. *Personality and Social Psychology Review, 3*, 193-209.

Bandura, A. (2001). Social cognitive theory : An agentic perspective. *Annual Review of Psychology, 52*, 1-26.

Bandura, A., Ross, D. & Ross, S.A. (1963). Vicarious reinforcement and imitative learning. *Journal of Abnormal and Social Psychology, 67*, 601-607.

Bandura, A. & Schunk, D.H. (1981). Cultivating competence, self-efficacy, and intrinsic interest through proximal self-motivation. *Journal of Personality and Social Psychology, 41*, 586-598.

Banuazizi, A. & Movahedi, S. (1975). Interpersonal dynamics in a simulated prison : A methodological analysis. *American Psychologist, 30*, 152-160.

Barber, B.L., Eccles, J.S. & Stone, M.R. (2001). Whatever happened to the jock, the brain, and the princess ? Young adult pathways linked to adolescent activity involvement and social identity. *Journal of Adolescent Research, 16*, 429-455.

Barber, J.P., Abrams, M.J., Connolly-Gibbons, M.B., Crits-Christoph, P., Barrett, M.S., Rynn, M. & Siqueland, L. (2005). Explanatory style change in supportive-expressive dynamic therapy. *Journal of Clinical Psychology, 61*, 257-268.

Bardi, A. & Schwartz, S.H. (2003). Values and behavior : Strenght and structure of relations. *Personality and Social Psychology Bulletin, 29*, 1207-1220.

Bargh, J.A. (1990). Auto-motives : Preconscious determinants of social interaction. Dans E.T. Higgins & R.M. Sorrentino (dir.), *Handbook of motivation and cognition : Vol. 2. Foundations of social behavior* (p. 93-130). New York : Guilford.

Bargh, J.A. (sous presse). Bypassing the will : Towards demystifying the nonconscious control of social behavior. Dans R. Hassin, J. Uleman & J. Bargh (dir.), *The new unconscious*. New York : Oxford University Press.

Bargh, J.A. & Chartrand, T.L. (1999). The unbearable automacity of being. *American Psychologist, 54*, 462-479.

Bargh, J.A. & Chartrand, T.L. (2000). The mind in the middle : A practical guide to priming and automaticity research. Dans H.T. Reis & C.M. Judd (dir.), *Handbook of research : Methods in social and personality psychology* (p. 253-285). Cambridge : Cambridge University Press.

Bargh, J.A., Chen, M. & Burrows, L. (1996). Automaticity of social behavior : Direct effects of trait construct and stereotype activation on action. *Journal of Personality and Social Psychology, 71*, 230-244.

Bargh, J.A. & Ferguson, M.J. (2000). Beyond behaviorism : On the automaticity of higher mental processes. *Psychological Bulletin, 126*, 925-945.

Bargh, J.A., Gollwitzer, P.M., Lee-Chai, A., Barndollar, K. & Trotschel, R. (2001). The automated will : Nonconscious activation and pursuit of behavioral goals. *Journal of Personality and Social Psychology, 81*, 1014-1027.

Bargh, J.A., Lombardi, W.J. & Higgins, E.T. (1988). Automaticity of chronically accessible constructs in person X situation effects on person perception : It's just a matter of time. *Journal of Personality and Social Psychology, 55*, 599-605.

Barkin, S., Kreiter, S. & Durant, R.H. (2001). Exposure to violence and intentions to engage in moralistic violence during early adolescence. *Journal of Adolescence, 24*, 777-789.

Barnett, M.A., Thompson, M.A. & Schroff, J. (1987). Reasons for not helping. *Journal of Genetic Psychology, 148*, 489-498.

Baron, R.A. (1974). Aggression as a function of victim's pain cues, level of prior anger arousal, and exposure to an aggressive model. *Journal of Personality and Social Psychology, 29*, 117-124.

Baron, R.A. (1986). *Behavior in organizations*. Newton, Mass. : Allyn and Bacon.

Baron, R.A. (1990). Environmentally induced positive affect : Its impact on self-efficacy, task performance, negotiation, and conflict. *Journal of Applied Psychology, 75*, 235-245.

Baron, R.A. & Bell, P.A. (1973). Effects of heightened sexual arousal on physical aggression. *Proceedings of the 81st annual convention of the American Psychological Association* (p. 171-172).

Baron, R.A. & Byrne, D. (1981). *Social psychology : Understanding human interaction* (3e éd.). Boston, Mass. : Allyn and Bacon.

Baron, R.A. & Byrne, D. (2004). *Social Psychology* (10e éd.). Boston, Mass. : Pearson.

Baron, R.A., Markman, G.D. & Hirsa, A. (2001). Perceptions of women and men as entrepreneurs : Evidence for differential effects of attributional augmenting. *Journal of Applied Psychology, 86*, 923-929.

Barquissau, M. & Stone, J. (2000). *When hypocrisy induced dissonance encourages exercise behavior*. (Manuscrit non publié) University of Arizona.

Barrett, M. (2000). Practical and ethical issues in planning research. Dans G. Breakwell, S. Hammond & C. Fife-Shaw (dir.), *Research methods in psychology* (p. 22-40). Londres, R.-U. : Sage.

Barrett, P.M., Rapee, R.M., Dadds, M.M. & Ryan, S.M. (1996). Family enhancement of cognitive style in anxious and aggressive children. *Journal of Abnormal Child Psychology, 24*, 187-203.

Barrette, G. & Bourhis, R.Y. (2004). La gestion de la diversité culturelle en emploi : Les outils de la recherche actuelle. Dans R.Y. Bourhis (dir.). *La diversité culturelle dans les institutions publiques québécoises : Où en sommes-nous à l'UQAM ? Cahier des conférences et séminaires scientifiques* (vol. 9, p. 77-99) Montréal : Chaire Concordia-UQAM en études ethniques.

Barrette, G., Bourhis, R.Y., Personnaz, M. & Personnaz, B. (2004). Acculturation orientations of French and North African undergraduates in Paris. *International Journal of Intercultural Relations, 28*, 415-438.

Barron, G. & Yechiam (2002). Private e-mail requests and the diffusion of responsibility. *Computers in Human Behavior, 18*, 507-520.

Bar-Tal, D., Raviv, A., Raviv, A. & Brosh, M.E. (1991). Perception of epistemic authority and attribution for its choice as a function of knowledge area and age. *European Journal of Social Psychology, 21*, 477-492.

Bartels, A. & Zeki, S. (2000). The neutral basis of romantic love. *Neuro-Report, 11*, 3829-3834.

Bartholomew, K. (1990). Avoidance of intimacy : An attachment perspective. *Journal of Social and Personal Relationships, 7*, 147-178.

Bartholomew, K., Henderson, A.J.Z. & Marcia, J.E. (2000). Coding semistructured interviews in social psychological research. Dans H.T. Reis & C.M. Judd (dir.), *Handbook of research : Methods in social and personality psychology* (p. 286-312). Cambridge : Cambridge University Press.

Bartholomew, K. & Horowitz, L.M. (1991). Attachment styles among young adults : A test of a four-category model. *Journal of Personality and Social Psychology, 61*, 226-244.

Bartholow, B.D. & Anderson, C.A. (2002). Effects of violent games on aggressive behavior : Potential sex differences. *Journal of Experimental Social Psychology, 38*, 283-290.

Bartlett, F.C. (1932). *Remembering*. Cambridge : Cambridge University Press.

Bassili, J.N. (1996). Meta-judgmental versus operative indexes of psychological attributes : The case of measures of attitude strenght. *Journal of Personality and Social Psychology, 71*, 637-653.

Bassili, J.N. & Fletcher, J.F. (1991). Response-time measurement in survey research : A method for CATI and a new look at nonattitude. *Public Opinion Quarterly, 55*, 331-346.

Bassili, J.N. & Provencal, A. (1988). Perceiving minorities : A factor-analytic approach. *Personality and Social Psychology Bulletin, 14*, 5-15.

Bataille, P. (1997). *Le racisme au travail*. Paris : La Découverte.

Bateson, G. (1941). The frustration-aggression hypothesis and culture. *Psychological Review, 48*, 350-355.

Batson, C.D. (1987). Prosocial motivation : Is it ever truly altruistic ? Dans L. Berkowitz (dir.), *Advances in Experimental Social Psychology* (vol. 20, p. 65-122).

Batson, C.D. (1991). *The altruism question: Toward a social-psychological answer.* Mahwah, N.J.: Erlbaum.

Batson, C.D. (1998). Altruism and prosocial behavior. Dans D.T. Gilbert, S.T. Fiske & G. Lindzey (dir.), *The hanbook of social psychology* (vol. 2, 4e éd., p. 282-316). Boston, Mass.: McGraw-Hill.

Batson, C.D., Batson, J.G., Griffitt, C.A., Barrientos, S., Brandt, J.R., Sprengelmeyer, P. & Bayly, M.J. (1989). Negative-state relief and the empathy-altruism hypothesis. *Journal of Personality and Social Psychology, 56*, 922-933.

Batson, C.D., Darley, J.M. & Coke, J.S. (1978). Altruism and human kindness: Internal and external determinants of helping behavior. Dans L. Pervin & M. Lewis (dir.), *Perspectives in interactional psychology* (p. 111-140). New York: Plenum.

Batson, C.D., Duncan, B.D., Ackerman, P., Buckley, T. & Birch, K. (1981). Is empathic emotion a source of altruistic motivation? *Journal of Personality and Social Psychology, 40*, 290-302.

Batson, C.D., Fultz, J. & Shoenrade, P.A. (1987). Distress and empathy: Two qualitatively distinct vicarious emotions with different motivational consequences. *Journal of Personality, 55*, 19-39.

Batson, C.D., Lishner, D.A., Cook, J. & Sawyer, S. (2005). Similarity and nurturance: Two possible sources of empathy for strangers. *Basic and Applied Social Psychology, 27*, 15-25.

Batson, C.D. & Oleson, K.C. (1991). Current status of the empathy-altruism hypothesis. Dans M.S. Clark (dir.), *Review of personality and social psychology: Vol. 12. Prosocial behavior* (p. 62-85). Newbury Park, Calif.: Sage.

Batson, C.D. & Powell, A.A. (2003). Altruism and prosocial behavior. Dans T. Million & M.J. Lerner (dir.). *Handbook of psychology: Vol. 5. Personality and social psychology* (p. 463-484). Hoboken, N.J.: Wiley.

Batson, C.D., Tsang, J. & Thompson, E.R. (2000). *Weakness of will: Counting the cost of being moral.* (Manuscrit non publié). Lawrence, Kans.: University of Kansas.

Bauerle, S.Y., Amirkhan, J.H. & Hupka, R.B. (2002). An attribution theory analysis of romantic jealousy. *Motivation and Emotion, 26*, 297-319.

Baum, A., Fleming, R. & Singer, J.E. (1982). Stress at Three Mile Island: Applying psychological impact analysis. Dans L. Bickman (dir.), *Applied social psychology annual* (vol. 3, p. 217-248). Beverly Hills, Calif.: Sage.

Baum, A., Fleming, R. & Singer, J.E. (1983). Coping with victimization by technological disaster. *Journal of Social Issues, 39*, 117-138.

Baumann, M. (1976). Two features of « women's speech ». Dans B.L. Dubois & I. Crouch (dir.), *The sociology of the languages of American women* (p. 33-40). San Antonio, Tex.: Trinity University.

Baumeister, R.F. (1982). A self-presentational view of social phenomena. *Psychological Bulletin, 91*, 3-26.

Baumeister, R.F. (1984). Choking under pressure: Self-consciousness and paradoxical effects of incentives on skillful performance. *Journal of Personality and Social Psychology, 46*, 610-620.

Baumeister, R.F. (1990). Suicide as escape from self. *Psychological Review, 97*, 90-113.

Baumeister, R.F. (1991). *Escaping the self.* New York: Basic Books.

Baumeister, R.F. (1998). The self. Dans D.T. Gilbert, S.T. Fiske & G. Lindzey (dir.), *The handbook of social psychology* (4e éd, vol. 1, p. 680-740). New York: McGraw Hill.

Baumeister, R.F., Bratslavsky, E., Muraven, M. & Tice, D.M. (1998). Ego depletion: Is the active self a limited resource? *Journal of Personality and Social Psychology, 74*, 1252-1265.

Baumeister, R.F., Dale, K. & Sommer, K.L. (1998). Freudian defense mechanisms and empirical findings in modern social psychology: Reaction formation, projection, displacement, undoing, isolation, sublimation, and denial. *Journal of Personality, 66*, 1081-1124.

Baumeister, R.F., DeWall, C.N., Ciarocco. N.J. & Twenge J.M. (2005). Social exclusion impairs self-regulation. *Journal of Personality and Social Psychology, 88*, 589-604.

Baumeister, R.F., Heatherton, T.F. & Tice, D.M. (1994). *Losing control: How and why people fail at self-regulation.* San Diego, Calif.: Academic Press.

Baumeister, R.F. & Leary, M.R. (1995). The need to belong: Desire for interpersonal attachments as a fundamental human motivation. *Psychological Bulletin, 117*, 497-529.

Baumeister, R.F. & Steinhilber, A. (1984). Paradoxical effects of supportive audiences on performance under pressure: The home field disadvantage in sports championships. *Journal of Personality and Social Psychology, 47*, 85-93.

Baumeister, R.F., Stillwell, A. & Wotman, S.R. (1990). Victim and perpetrator accounts of interpersonal conflict: Autobiographical narratives about anger. *Journal of Personality and Social Psychology, 59*, 994-1005.

Baumeister, R.F. & Vohs, K.D. (2003). Self-regulation and the executive functions of the self. Dans K.R. Leary & J.P. Tangney (dir.), *Handbook of self and identity* (p. 197-217). New York: Guilford.

Bavelas, J.B., Black, A., Lemery, C.R. & Mullett, J. (1986). « I show how you feel »: Motor mimicry as a communicative act. *Journal of Personality and Social Psychology, 50*, 322-329.

Baxter, L.A. & Wilmot, W.W. (1985). Taboo topics in close relationships. *Journal of Social and Personal Relationships, 2*, 253-269.

Beach, S.R.H. & Tesser, A. (1995). Self-esteem and the extended self-evaluation maintenance model: The self in social context. Dans M.H. Kernis (dir.), *Efficacy, agency, and self-esteem.* New York: Plenum.

Beaman, A.L., Cole, C.M., Preston, M., Klentz, B. & Stebly, N.M. (1983). Fifteen years of foot-in-the-door research: A meta-analysis. *Personality and Social Psychology Bulletin, 9*, 181-196.

Beaton, A.M. & Tougas, F. (2001). Reactions to affirmative action: Group membership, and social justice. *Social Justice Research, 14*, 61-78.

Beaugrand-Champagne, D. (2004). *Le Procès de Marie-Josèphe-Angélique.* Montréal: Libre Expression.

Beauregard, K.S. & Dunning, D. (1998). Turning up the contrast: Self-enhancement motives prompt egocentric contrast effects in social judgments. *Journal of Personality and Social Psychology, 74*, 606-621.

Beauregard, M., Lévesque, J. & Bourgouin, P. (2001). Neural correlates of conscious self-regulation of emotion. *Journal of Neuroscience, 21*, 1-6.

Beauvois, J.-L. (1994). *Traité de la servitude libérale. Analyse de la soumission.* Paris: Dunod.

Beauvois, J.-L. (1995a). De la facilitation sociale aux relations humaines. Dans G. Mugny, D. Oberlé & J.-L. Beauvois (dir.), *Relations humaines, groupes et influence sociale* (p. 17-29). Grenoble: Presses universitaires de Grenoble.

Beauvois, J.-L. (1995b). Le statut du concept de groupe en psychologie sociale. Dans G. Mugny, D. Oberlé & J.-L. Beauvois (dir.), *Relations humaines, groupes et influence sociale* (p. 151-157). Grenoble: Presses universitaires de Grenoble.

Beauvois, J.-L. & Joule, R.V. (1996). *A radical dissonance theory.* Londres, R.-U.: Taylor & Francis.

Beauvois, J.-L. & Joule, R.V. (1999). A radical point of view on dissonance theory. Dans E. Harmon-Jones & J. Mills (dir.), *Cognitive dissonance: Progress on a pivotal theory in social psychology* (p. 43-70). Washington, D.C.: American Psychological Association.

Beauvois, J.-L. & Oberlé, D. (1995). Le formel et l'informel. Dans G. Mugny, D. Oberlé & J.-L. Beauvois (dir.), *Relations humaines, groupes et influence sociale* (p. 175-191). Grenoble: Presses universitaires de Grenoble.

Becker, M.H. & Maiman, L.A. (1975). Sociobehavioral determinants of compliance with health and medical care recommendations. *Medical Care, 13*, 10-24.

Bégin, G. & Couture, H. (1980). Construction et validation d'une échelle d'attitudes envers les détenu(e)s et les ex-détenu(e)s. *Canadian Journal of Criminology, 22*, 390-403.

Bégin, C., Sabourin, S., Lussier, Y. & Wright, J. (1997). L'évaluation subjective directe des émotions ressenties au sein du couple. *Journal international de psychologie, 32*, 315-327.

Bégin, G., Tremblay, D. & Lavoie, H. (1981). Construction et validation d'une échelle d'attitudes envers les homosexuel(le)s (EAEH). *Revue québécoise de psychologie, 2*, 2-15.

Bègue, L. & Bastounis, M. (2003). Two spheres of belief in justice: Extensive support for the bidimensional model of belief in a just world. *Journal of Personality, 71*, 435-463.

Beilock, S.L., Carr, T.H., MacMahon, C. & Starkes, J.L. (2002). When paying attention becomes counterproductive: Impact of divided versus skill-focused attention on device and experience performance of sensorimotor skills. *Journal of Experimental Psychology: Applied, 8*, 6-16.

Bekkers, R. (2005). Participation in voluntary associations: Relations with resources, personality, and political values. *Political Psychology, 26*, 439-454.

Bélanger, C., Sabourin, S., Dulude, D. & Wright, J. (1993). Les corrélats comportementaux et conjugaux des attentes d'efficacité en matière de résolution de problèmes personnels. *Journal international de psychologie, 28*, 443-448.

Bell, D.W. & Esses, V.M. (1997). Ambivalence and response amplification toward native peoples. *Journal of Applied Social Psychology, 27*, 1063-1084.

Bell, R.A. (1991). Gender, friendship network density, and loneliness. *Journal of Social Behavior and Personality, 6*, 45-56.

Bem, D.J. (1967). Self perception: An alternative interpretation of cognitive dissonance. *Psychological Review, 74*, 183-200.

Bem, D.J. (1972). Self-perception theory. Dans L. Berkowitz (dir.), *Advances in experimental social psychology* (vol. 6, p. 1-62). New York: Academic Press.

Bem, S.L. (1993). *The lenses of gender: Transforming the debate of sexual inequality.* New Haven, Conn.: Yale University Press.

Benfield, C.Y., Palmer, D.J., Pfefferbaum, B. & Stowe, M.L. (1988). A comparison of depressed and nondepressed disturbed children on measures of attributional style, hopelessness, life stress, and temperament. *Journal of Abnormal Child Psychology, 16*, 397-410.

Benson, P.L., Karabenick, S.A. & Lerner, R.M. (1976). Pretty pleases: The effects of physical attractiveness, race and sex on receiving help. *Journal of Experimental Social Psychology, 12*, 409-415.

Berg, J.H. & Archer, R.L. (1980). Disclosure or concern: A second look at liking for the norm breaker. *Journal of Personality, 48*, 245-257.

Berg, J.H. & Archer, R.L. (1983). The discloser-liking relationship: Effects of self-perception, order of disclosure, and topical similarity. *Human Communication Research, 10*, 269-282.

Berger, C.R. & Bradac, J.J. (1982). *Language and social knowledge.* Londres, R.-U.: Arnold.

Bergeron, J.-L. (1979). Le leadership I: Traits personnels et comportements des leaders. Dans J.-L. Bergeron, N.C. Léger, J. Jacques & L. Bélanger (dir.), *Les aspects humains de l'organisation.* Chicoutimi: Gaëtan Morin Éditeur.

Berglas, S.C. & Jones, E.E. (1978). Drug choice as a self-handicapping strategy in response to non-contingent success. *Journal of Personality and Social Psychology, 36*, 405-417.

Berk, M.S. & Andersen, S.M. (2000). The impact of past relationships on interpersonal behavior: Behavioral confirmation in the social-cognitive process of transference. *Journal of Personality and Social Psychology, 79*, 546-562.

Berkman, L.F. & Kawachi, I. (dir.) (2000). *Social epidemiology.* New York: Oxford University Press.

Berkman, L.F. & Syme, S.L. (1979). Social networks, host resistance, and mortality: A nine-year follow-up study of alameda county residents. *American Journal of Epidemiology, 109*, 186-204.

Berkowitz, L. (1962). *Aggression: A social psychological analysis.* New York: McGraw-Hill.

Berkowitz, L. (1972). Social norms, feelings, and other factors affecting helping and altruism. Dans L. Berkowitz (dir.), *Advances in experimental social psychology* (vol. 6, p. 63-108). New York: Academic Press.

Berkowitz, L. (1989a). Frustration, appraisals, and aversively stimulated aggression. *Aggressive Behavior, 14*, 3-11.

Berkowitz, L. (1989b). Frustration-aggression hypothesis: Examination and reformulation. *Psychological Bulletin, 106, 1*, 59-73.

Berkowitz, L. (1990). On the formation and regulation of anger and aggression. A cognitive-neoassociationistic analysis. *American Psychologist, 45*, 494-503.

Berkowitz, L. (1993). *Aggression: Its causes, consequences, and control.* New York: McGraw-Hill.

Berkowitz, L. (2000). *Causes and consequences of feelings.* Cambridge: Cambridge University Press.

Berkowitz, L. & Connor, W.H. (1966). Success, failure, and social responsibility. *Journal of Personality and Social Psychology, 3*, 664-669.

Berkowitz, L. & Daniels, L.R. (1963). Responsibility and dependency. *Journal of Personality and Social Psychology, 66*, 427-436.

Berkowitz, L. & Harmon-Jones, E. (2004). Toward an understanding of the determinants of anger. *Emotion, 4*, 107-130.

Berkowitz, L. & LePage, A. (1967). Weapons as aggression-eliciting stimuli. *Journal of Personality and Social Psychology, 7*, 202-207.

Bernard, M.M., Maio, G.R. & Olson, J.M. (2003). The vulnerability of values to attack : Inoculation of values and value-relevant attitudes. *Personality and Social Psychology Bulletin, 29*, 63-75.

Berndt, T.J. (1979). Developmental changes in conformity to peers and parents. *Developmental Psychology, 15*, 608-616.

Bernichon, T., Cook, K.E. & Brown, J.D. (2003). Seeking self-evaluative feedback : The interactive role of global self-esteem and specific self-views. *Journal of Personality and Social Psychology, 84*, 194-204.

Bernier, A., Larose, S. & Boivin, M. (2000). L'attachement et les modèles cognitifs opérants : conceptualisation, mesures et structure. Dans G. Tarabulsy, S. Larose, D.R. Pederson & G. Moran (dir.), *Attachement et développement : le rôle des premières relations dans le développement humain* (p. 111-134). Sainte-Foy : Presses de l'Université du Québec.

Bernieri, F.J. (1988). Coordinated moment and rapport in teacher-student interactions. *Journal of Nonverbal Behavior, 12*, 120-138.

Berridge, K.C. & Winkielman, P. (2003). What is an inconscious emotion ? (The case for unconscious « liking »). *Cognition and Emotion, 17*, 181-211.

Berry, J.W. (1997). Immigration, acculturation, and adaptation. *Applied Psychology, 46*, 5-68.

Berry, J.W. & Kalin, R. (1995). Multiculturalism and ethnic attitudes in Canada. An overview of the 1991 national survey. *Canadian Journal of Behavioral Science, 27*, 301-320.

Berry, J.W., Kalin, R. & Taylor, D.M. (1977a). *Attitudes à l'égard du multiculturalisme et des groupes ethniques au Canada*. Ottawa : Approvisionnements et Services Canada.

Berry, J.W., Kalin, R. & Taylor, D.M. (1977b). *Multiculturalism and ethnic attitudes in Canada* : Approvisionnements et Services Canada.

Berry, J.W., Poortinga, Y.H., Segall, M.H. & Dasen, P.R. (1992). *Cross-cultural psychology : Research and applications*. New York : Cambridge University Press.

Berscheid, E. (1985). Interpersonal attraction. Dans G. Lindzey & E. Aronson (dir.), *The handbook of social psychology* (3e éd., vol. 2, p. 413-484). New York : Random House.

Berscheid, E. (1988). Some comments on love's anatomy : Or whatever happened to old-fashioned lust ? Dans R.J. Sternberg & M.L. Barnes (dir.), *The psychology of love* (p. 359-374). New Haven, Conn. : Yale University Press.

Berscheid, E. (1999). The greening of relationship science. *American Psychologist, 54*, 260-266.

Berscheid, E. & Fei, J. (1977). Sexual jealousy and romantic love. Dans G. Clanton & G. Smith (dir.), *Sexual jealousy : An anthology of research and reflection* (p. 101-109). Englewood Cliffs, N.J. : Prentice-Hall.

Berscheid, E., Graziano, W., Monson, T. & Dermer, M. (1976). Outcome dependency : Attention, attribution, and attraction. *Journal of Personality and Social Psychology, 34*, 978-989.

Berscheid, E. & Regan, P. (2005). *The psychology of interpersonal relationships*. Upper Saddle River, N.J. : Prentice Hall.

Berscheid, E. & Reis, H.T. (1998). Attraction and close relationships. Dans D.T. Gilbert, S.T. Fiske & G. Lindzey (dir.), *The handbook of social psychology* (4e éd., vol. II, p. 193-281). New York : McGraw-Hill.

Berscheid, E., Snyder, M. & Omoto, A.M. (2004). Measuring closeness : The relationship closeness inventory (RCI) revisited. Dans D. Mashek & A. Aron (dir.), *The handbook of closeness and intimacy* (p. 81-101). Mahwah, N.J. : Erlbaum.

Berscheid, E. & Walster, E. (1974). Physical attractiveness. Dans L. Berkowitz (dir.), *Advances in experimental social psychology* (vol. 7, p. 157-215). New York : Academic Press.

Berscheid, E. & Walster, E. (1978). *Interpersonal attraction* (2e éd.). Reading, Mass. : Addison-Wesley.

Bersoff, D.M. (1999). Why good people sometimes do bad thing : Motivated reasoning and unethical behavior. *Personality and Social Psychology Bulletin, 25*, 28-39.

Betancourt, H. (1990). An attribution-empathy model of helping behavior : Behavioral intentions and judgements of help-giving. *Personality and Social Psychology Bulletin, 16*, 573-591.

Betancourt, H. & Blair, I. (1992). A cognition (attribution)-emotion model of violence in conflict situations. *Personality and Social Psychology Bulletin, 18*, 343-350.

Betsch, T., Plessner, H., Schwieren, C. & Gutig, R. (2001). I like it but I don't know why : A value-account approach to implicit attitude formation. *Personality and Social Psychology Bulletin, 27*, 242-253.

Bettencourt, B.A., Brewer, M.B., Rogers-Croak, M. & Miller, N. (1992). Cooperation and the reduction of intergroup bias : The role of reward structure and social orientation. *Journal of Experimental Social Psychology, 28*, 301-319.

Bettencourt, B.A., Charlton, K. & Kernahan, C. (1997). Numerical representation of groups in co-operative settings : Social orientation effects on in-group bias. *Journal of Experimental Social Psychology, 33*, 630-659.

Bettencourt, B.A., Dorr, N., Charlton, K. & Hume, D.L. (2001). Status differences and in-group bias : A meta-analytic examination of the effects of status stability, status legitimacy, and group permeability. *Psychological Bulletin, 127*, 520-542.

Bibby, R. (2004). *Familles de demain : Un sondage sur les espoirs et les rêves des Canadiens*. Ottawa : Institut Vanier de la famille.

Bickman, L. (1980). *Applied Social Psychology Annual 1*. Berverly Hills, Calif. : Sage.

Bickman, L., Brehm, S.S., Farrington, D.P., Fisher, R.J., Leventhal, H., McConahay, J.B., Stephan, W.G. & Stokols, D. (1980). Applied social psychology and the future : A symposium. Dans R.F. Kidd & M.J. Saks (dir.), *Advances in applied social psychology* (vol. 1, p. 177-211). Hillsdale, N.J. : Erlbaum.

Bierhoff, H.W., Klein, R. & Kramp, P. (1991). Evidence for the altruistic personality from data on accident research. *Journal of Personality, 59*, 263-280.

Bies, R.J. (1987). The predicament of injustice : The management of moral outrage. Dans L.L., Cummings & B.M. Staw (dir.), *Research in organizational behavior* (vol. 9, p. 289-319). Greenwich, Conn. : JAI Press.

Bies, R.J. (2001). Interactional (in)justice : The sacred and the profane. Dans J. Greenberg & R.R. Cropanzano (dir.), *Advances in organizational justice* (p. 89-118). Stanford, Calif. : Stanford University Press.

Bigler, R.S. (1999). The use of multicultural curricula and materials to counter racism in children. *Journal of Social Issues, 55*, 687-705.

Billig, M. (1976). *Social psychology and intergroup relations*. Londres, R.-U. : Academic Press.

Billig, M. (1978). *Fascists : A social psychological view of the National Front*. Londres, R.-U. : Academic Press.

Billig, M. (1982). *Ideology and social psychology*. Oxford, R.-R. : Blackwell.

Billig, M. (1996). *Arguing and thinking : A rhetorical approach to social psychology* (2e éd.). Cambridge : Cambridge University Press.

Billig, M., Condor, S. & Edwards, D. (1988). *Ideological dilemmas*. Londres, R.-U. : Sage.

Billings, A.G. & Moos, R.H. (1982). Psychosocial theory and research on depression : An integrative framework and review. *Clinical Psychology Review, 2*, 213-237.

Bingman, C.R., Marks, G. & Crepaz, N. (2001). Attributions about one's HIV infection and unsafe sex in seropositive men who have sex with men. *Aids and Behavior, 5*, 283-289.

Bird, C., Monachesi, E.D. & Bundick. M. (1952). Studies of group tensions : III. The effects of parental discouragement of play activities of white children towards Negroes. *Child Development, 23*, 295-306.

Birdwhistell, R.L. (1970). *Kinesics and context*. Philadelphie, Penn. : University of Philadelphia Press.

Birnbaum, M.H. (2004). Methodological and ethical issues in conducting social psychology research via the Internet. Dans C. Sansone, C.C. Morf & A.T. Panter (dir.), *The Sage handbook of methods in social psychology* (p. 359-382). Thousand Oaks, Calif. : Sage.

Bishop, G.D. (1994). *Health psychology : Integrating mind and body*. Boston, Mass. : Allyn & Bacon.

Bjoerkqvist, K., Lagerspetz, K.M.J. & Kaukiainen, A. (1992). Do girls manipulate and boys fight ? Developmental trends in regard to direct and indirect aggression. *Aggressive Behavior, 18*, 117-127.

Blader, S.L. & Tyler, T.R. (2003). A four-component model of procedural justice : Defining the meaning of a « fair » process. *Personality and Social Psychology Bulletin, 29*(6), 747-758.

Blair, C.A., Foster Thompson, L. & Wuensch, K.L. (2005). Electronic helping behavior : The virtual presence of others makes a difference. *Basic and Applied Social Psychology, 27*, 171-178.

Blais, M.R., Brière, N.M., Lachance, L., Riddle, A.S. & Vallerand, R.J. (1993). L'inventaire des motivations au travail de Blais. *Revue québécoise de psychologie, 14*, 185-215.

Blais, M.R., Sabourin, S., Boucher, C. & Vallerand, R.J. (1990). Toward a motivational model of couple happiness. *Journal of Personality and Social Psychology, 59*, 1021-1031.

Blais, M.R., Vallerand, R.J., Brière, N.M., Gagnon, A. & Pelletier, L.G. (1990). Significance, structure, and gender differences in life domains of college students. *Sex Roles, 22*, 199-212.

Blake, R.R. & Mouton, J.S. (1962). Over-evaluation of own group's product in inter-group competition. *Journal of Abnormal and Social Psychology, 64*, 237-238.

Blake, R.R. & Mouton, J.S. (1978). *The new managerial grid*. Houston, Tex. : Gulf.

Blake, R.R., Shepard, H.A. & Mouton, J.S. (1964). *Managing intergroup conflict in industry*. Houston, Tex. : Gulf.

Blanchard, C.M., Courneya, K.S., Rogers, W.M., Fraser, S.N., Murray, T.C., Daub, B. & Black, B. (2003). Is the theory of planned behavior a useful framework for understanding exercise adherence during phase II cardiac rehabilitation ? *Journal of Cardiopulmonary Rehabilitation, 23*, 29-39.

Blaney, P.H. (1977). Contemporary theories of depression : Critique and comparison. *Journal of Abnormal Psychology, 86*, 203-223.

Blascovich, J. (2000). Psychophysiological methods. Dans H.T. Reis & C.M. Judd (dir.), *Handbook of research : Methods in social and personality psychology* (p. 117-137). Cambridge : Cambridge University Press.

Blascovich, J., Loomis, J., Beall, A.C., Swinth, K.R., Hoyt, C.L. & Bailenson, J.N. (2002). Immersive virtual environment technology as a methodological tool for social psychology. *Psychological Inquiry, 13*, 103, 124.

Blascovich, J., Seery, M.D., Mugridge, C.A., Norris, K.R. & Weisbuch, M. (2004). Predicting athletic performance from cardiovascular indexes of challenge and threat. *Journal of Experimental Social Psychology, 40*, 683-688.

Blass, T. (1991). Understanding behavior in the Milgram obedience experiment : The role of personality, situations and their interactions. *Journal of Personality and Social Psychology, 60*, 398-413.

Blass, T. (1999). The Milgram paradigm after 35 years : Some things we now know about obedience to authority. *Journal of Applied Social Psychology, 29*, 955-978.

Blass, T. (dir.) (2000). *Obedience to authority : Current perspectives on the Milgram paradigm*. Mahwah, N.J. : Erlbaum.

Blau, P.M. (1964). *Exchange and power in social life*. New York : Wiley.

Bless, H. (2001). The consequences of mood on the processing of social information. Dans A. Tesser & N. Schwarz (dir.), *Blackwell handbook of social psychology* (p. 391-412). Oxford, R.-U. : Blackwell.

Bless, H., Fiedler, K. & Strack, F. (2004). *Social cognition : How individual construct social reality*. New York : Psychology Press.

Blessum, K.A., Lord, C.G. & Sia, T.L. (1998). Cognitive load and positive mood reduce typicality effects in attitude-behavior consistency. *Personality and Social Psychology Bulletin, 24*, 496-504.

Blickle, G. (2003). Some outcomes of pressure, ingratiation and rational persuasion used with peers in the workplace. *Journal of Applied Social Psychology, 33*, 648-665.

Blier, J.M. & de Royer, S. (2001). *Discriminations raciales, pour en finir*. Paris : Éditions Jacob-Duvernet.

Blieszner, R. (2000). Close relationships in old age. Dans C. Hendrick & S.S. Hendrick (dir.), *Close relationships : A sourcebook* (p. 84-95). Thousand Oaks, Calif. : Sage.

Blieszner, R. & Adams, R.G. (1992). *Adult friendship*. Newbury Park, Calif. : Sage.

Block, J. & Kremen, A.M. (1996). IQ and ego-resiliency : Conceptual and empirical connections and separateness. *Journal of Personality and Social Psychology, 70*, 349-361.

Blumstein, P. & Kollock, P. (1988). Personal relationships. *Annual Review of Sociology, 14*, 467-490.

Bobocel, D.R., Son Hing, L.S., Davey, L.M., Stanley, D.J. & Zanna, M.P. (1998). Justice-based opposition to social policies : Is it genuine ? *Journal of Personality and Social Psychology, 75*, 653-669.

Bodenhausen, G.V., Macrae, C.N. & Hugenberg, K. (2003). Social cognition. Dans Irving B. Weiner (dir.), *Handbook of psychology : Personality and social psychology* (vol. 5, p. 257-282). Hoboken, N.J. : Wiley.

Boerner, K., Schulz, R. & Horowitz, A. (2004). Positive aspects of caregiving and adaptation to bereavement. *Psychology and Aging, 19*, 668-675.

Bogardus, E.E. (1925). Measuring social distance. *Journal of Applied Sociology, 9,* 299-308.

Bois, J.E., Sarrazin, P.G., Brustad, R.J., Trouilloud, D.O. & Cury, F. (2005). Elementary schoolchildren's perceived competence and physical activity involvement : The influence of parents' role modelling behaviours and perceptions of their child's competence. *Psychology of Sport and Exercise, 6,* 381-397.

Boisvert, J.M. & Beaudry, M. (1979). *S'affirmer et communiquer.* Montréal : Éditions de l'Homme.

Boisvert, M., Lussier, Y., Sabourin, S. & Valois, P. (1996). Styles d'attachement sécurisant, préoccupé, craintif et détaché au sein des relations de couple. *Science et comportement, 25,* 55-69.

Boivin, M., Pérusse, D., Dionne, G., Saysset, V., Zoccolillo, M., Tarabulsy, G.M., Tremblay, N. & Tremblay, R.E. (2005). The genetic-environmental etiology of parents' perceptions and self-assessed behaviours toward their 5-month-old infants in a large twin and singleton sample. *Journal of Child Psychology and Psychiatry, 46,* 612-630.

Boivin, M. & Vitaro, F. (1995). The impact of peer relationships on aggression in childhood : Inhibition through coercion or promotion through peer support. Dans J. McCord (dir.), *Coercion and punishment in long-term perspectives* (p. 183-187). New York : Cambridge University Press.

Boivin, M., Vitaro, F. & Poulin F. (2005). Peer relationships and the development of aggressive behaviour in early childhood. Dans R.E. Tremblay, W. Hartup & J. Archer (dir.), *Developmental origins of aggressive behaviour* (p. 376-397) New York : Guilford.

Bok, D.C. (1986). *Higher learning.* Cambridge, Mass. : Harvard University Press.

Boldry, J.G. & Kashy, D.A. (1999). Intergroup perception in naturally occurring groups of differential status : A social relational perspective. *Journal of Personality and Social Psychology, 77,* 1200-1212.

Bolger, N., Davis, A. & Rafaeli, E. (2003). Diary methods : Capturing life as it is lived. *Annual Review of Psychology, 54,* 579-616.

Bolger, N., DeLongis, A., Kessler, R.C. & Schilling, E.A. (1989). Effects of daily stress on negative mood. *Journal of Personality and Social Psychology, 57,* 808-818.

Bollinger, D. & Hofstede, G. (1987). *Les différences culturelles dans le management.* Paris : Éditions d'Organisation.

Bond, M.H. (1983). How language variation affects inter-cultural differentiation of values by Hong Kong bilinguals. *Journal of Language and Social Psychology, 2,* 57-66.

Bond, R. & Smith, P.B. (1996). Culture and conformity : A meta-analysis of studies using Asch's (1952, 1956) line judgment. *Psychological Bulletin, 119,* 111-137.

Bookwala, J. & Schulz, R. (2000). A comparison of primary stressors, secondary stressors, and depressive symptoms between elderly caregiving husbands and wives : The caregiver health effects study. *Psychology and Aging, 15,* 607-616.

Bootzin, R.R., Herman, C.P. & Nicassio, P. (1976). The power of suggestion : Another examination of misattribution and insomnia. *Journal of Personality and Social Psychology, 34,* 673-679.

Bordel, S., Vernier, C., Dumas, R., Guingouain, G. & Somat, A. (2004). L'expertise psychologique, élément de preuve du jugement judiciaire ? *Psychologie française, 49,* 389-408.

Borkowski, J.G., Weyhing, R.S. & Carr, M. (1988). Effects of attributional retraining on strategy-based reading comprehension in learning-disabled students. *Journal of Educational Psychology, 80,* 46-53.

Borman, W.C. (2004). The concept of organizational citizenship. *Current Directions in Psychological Science, 13*(6), 238-241.

Bornholt, L., Möller, J.S. (2003). Attributions about achievement and intentions about further study in social context. *Social Psychology of Education, 6,* 217-231.

Bornstein, R.F. (1989). Exposure and affect : Overview and meta-analysis of research, 1968-1987. *Psychological Bulletin, 106,* 265-289.

Borsari, B. & Carey, K.B. (2001). Peer influences on college drinking : a review of the research. *Journal of Substance Abuse, 13,* 391-424.

Boster, F.J., Fediuk, T.A. & Kotowski, R. (2001). The effectiveness of an altruism appeal in the presence and absence of favors. *Communication Monographs, 68,* 340-346.

Bouchard, C. (1991). *Un Québec fou de ses enfants.* Québec : Ministère de la Santé et des Services sociaux.

Bouchard, G., Sabourin, S., Lussier, Y. & Wright, J. (2000). Les perspectives déontologiques en recherche. Dans R.J. Vallerand & U. Hess (dir.), *Méthodes de recherche en psychologie* (p. 483-506). Montréal : Gaëtan Morin Éditeur.

Bouchard, G., Sabourin, S., Lussier, Y., Wright, J. & Richer, C. (1998). Predictive validity of coping strategies on marital satisfaction : Cross-sectional and longitudinal evidence. *Journal of Family Psychology, 12,* 112-131.

Bouchard, G. & Thériault, V.J. (2003). Defense mechanisms and coping stategies in conjugal relationships : An integration. *International Journal of Psychology, 38,* 79-90.

Bouchard, T.J. (2004). Genetic influence on human psychological traits. *Current Directions in Psychological Science, 13,* 148-151.

Bourbonnais R., Larocque, L.B., Brisson C. & Vézina, M. (2001). Contraintes psychosociales du travail : Dans *Portrait social du Québec : Données et analyses* (p. 267-277). Collection les conditions de la vie, 2001. Gouvernement du Québec : Institut de la statistique du Québec.

Bourdieu, P. & Passeron, J.C. (1970). *La reproduction.* Paris : Les éditions de Minuit.

Bourhis, R.Y. (1982). Language policies and language attitudes : Le monde de la francophonie. Dans E.B. Ryan & H. Giles (dir.), *Attitudes towards language variation* (p. 34-62). Londres, R.-U. : Edward Arnold.

Bourhis, R.Y. (1984a). Cross-cultural communication in Montreal : Two field studies since Bill 101. *International Journal of the Sociology of Language. 46,* 33-47.

Bourhis, R.Y. (1984b). Language policies in multilingual settings. Dans R. Bourhis (dir.), *Conflict and language planning in Quebec* (p. 1-28). Clevedon, Avon, R.-U. : Multilingual Matters.

Bourhis, R.Y. (1994a). Ethnicity and language attitudes in Quebec. Dans J.W. Berry & J. Laponce (dir.), *Ethnicity and culture in Canada : The research landscape* (p. 322-360). Toronto : University of Toronto Press.

Bourhis, R.Y. (1994b). Power, gender, and intergroup discrimination : Some minimal group experiments. Dans M.P. Zanna & J. Olson (dir.), *The psychology of prejudice : The Ontario Symposium* (p. 171-208). Hillsdale, N.J. : Erlbaum.

Bourhis, R.Y. (2001). Reversing language shift in Quebec. Dans J. Fishman (dir.), *Can*

threatened languages be saved ? (p. 101-141). Clevedon, R.-U. : Multilingual Matters.

Bourhis, R.Y. (2003). Measuring ethnocultural diversity using the Canadian Census. *Canadian Ethnic Studies, 25,* 9-32.

Bourhis, R.Y. & Dayan, J. (2004). Acculturation orientations towards Israeli Arabs and Jewish immigrants in Israel. *International Journal of Psychology, 39,* 118-131.

Bourhis, R.Y. & Gagnon, A. (2001). Social orientations in the minimal group paradigm. Dans R. Brown & S. Gaertner (dir.), *Intergroup processes : Blackwell handbook in social psychology, 4,* 89-111. Oxford, R.-U. : Blackwell.

Bourhis, R.Y., Gagnon, A. & Cole, R. (1997). Sexe et pouvoir, une recherche de terrain sur un cas de ségrégation sexuelle de deux syndicats au Canada. *Revue internationale de psychologie sociale, 2,* 109-133.

Bourhis, R.Y., Gagnon, A. & Sachdev, I. (1997). Les matrices de Tajfel : Un guide méthodologique pour la recherche intergroupes. *Les cahiers internationaux de psychologie sociale, 34,* 11-28.

Bourhis, R.Y., Helly, D., Montreuil, A. & Jantzen, L. (2005). Discrimination experienced by ethnolinguistic minorities in Quebec and the rest of Canada : Some results from the 2002 ethnic diversity survey. Présentation à la conférence : *The ethnic diversity survey and the future of ethnic identification in Canada.* Toronto : Association for Canadian Studies.

Bourhis, R.Y. & Landry, R. (2002). La loi 101 et l'aménagement du paysage linguistique au Québec. *Revue d'aménagement linguistique, Hors série* (p. 107-132).

Bourhis, R.Y. & Lepicq, D. (1990). Quebec French and language issues in Quebec. Dans R. Posner & J.N. Green (dir.), *Trends in romance linguistics and philology : Bilingualism and linguistic conflict in romance* (vol. 5). Berlin : De Gruyter.

Bourhis, R.Y. & Lepicq, D. (1993). Québécois French and language issues in Quebec. Dans R. Posner & J.N. Green (dir.), *Trends in romance linguistics and philology : Vol. 5. Bilingualism and linguistic conflict in romance* (p. 345-381). Berlin : De Gruyter.

Bourhis, R.Y. & Lepicq, D. (2002). Aménagement linguistique et vitalité des communautés francophone et anglophone du Québec. *La Purdum, 7,* 137-176.

Bourhis, R.Y. & Leyens, J.-P. (dir.) (1999). *Stéréotypes, discrimination et relations intergroupes.* Bruxelles : Mardaga.

Bourhis, R.Y. & Maass, A. (2005). Linguistic prejudice and stereotypes. Dans U. Ammon, N. Dittmar, K. Mattheier & P. Trudgill (dir.), *Sociolinguistics : An International handbook of the science of language and society* (p. 1-15). Berlin : De Gruyter.

Bourhis, R.Y., Sachdev, I. & Gagnon, A. (1994). Conducting intergroup research with the Tajfel matrices : Some methodological notes. Dans M.P. Zanna & J. Olson (dir.), *The Ontario symposium : The psychology of prejudice* (p. 209-232). Hillsdale, N.J. : Erlbaum.

Bourhis, R.Y., Turner, J. & Gagnon, A. (1997). Interdependence, social identity, and discrimination. Dans R. Spears, P.J. Oakes, N.E. Ellemers & S.A. Haslam (dir.), *The social psychology of stereotyping and group life* (p. 273-295). Oxford, R.-U. : Blackwell.

Bower, G.H. (1981). Emotional mood and memory. *American Psychologist, 36,* 129-148.

Bowers, J.W. & Bradac, J.J. (1982). Issues in communication theory : A metatheoretical analysis. *Communication Yearbook, 5,* 1-27.

Bowlby, J. (1973). *Attachment and loss. Vol. 2 : Separation, anxiety and anger.* New York : Basic Books.

Bowlby, J. (1980). *Attachment and loss. Vol. 3 : Sadness and depression.* New York : Basic Books.

Bowlby, J. (1982a). *Attachment and loss. Vol. 1 : Attachment* (2e éd.). New York : Basic Books. (Édition originale publiée en 1969)

Bowlby, J. (1982b). Violence in the family as a disorder of the attachment and caregiving system. *American Journal of Psychoanalysis, 44,* 9-27 & 29-31.

Bowlby, J. (1988). *A secure base : Parent-child attachment and healthy human development.* New York : Basic Books.

Bradac, J.J. & Wisegarver, R. (1984). Ascribed status, lexical diversity and accent : Determinants of perceived status, solidarity and control of speech style. *Journal of Language and Social Psychology, 3,* 239-256.

Bradburn, N.M. (1969). *The structure of psychological well-being.* Chicago, Ill. : Aldine.

Bradford, S.A., Feeney, J.A. & Campbell, L. (2002). Links between attachment orientations and dispositional and diary-based measures of disclosure in dating couples : A study of actor and partner effects. *Personal Relationships, 9,* 491-506.

Bradley, D.E. (1995). Religious involvement and social resources : Evidence from the data set americans' changing lives. *Journal for the Scientific Study of Religion, 34,* 259-267.

Bradley, G.W. (1978). Self-serving biases in the attribution process : A reexamination of the fact or fiction question. *Journal of Personality and Social Psychology, 36,* 56-71.

Brannon, L. & Feist, J. (2000). *Health psychology : An introduction to behavior and health.* Belmont, Calif. : Wadsworth.

Branscombe, N.R. & Ellemers, N. (1998). Coping with group-based discrimination : individualistic versus group-level strategies. Dans J.K. Swim & C. Stangor (dir.), *Prejudice : The target perspective* (p. 243-266). San Diego, Calif. : Academic Press.

Branscombe, N.R., Schmitt, M.T. & Harvey, R.D. (1999). Perceiving pervasive discrimination among African Americans : Implications for group identification and well-being. *Journal of Personality and Social Psychology, 77,* 135-149.

Branscombe, N.R., Wohl, M.J.A, Owen, S., Allison, J.A. & N'gbala, A. (2003). Counterfactual thinking, blame assignment, and well-being in rape victims. *Basic and Applied Social Psychology, 25,* 265-273.

Brauer, M. (2001). Intergroup perception in the social context : the effects of social status and group membership on perceived outgroup homogeneity and ethnocentrism. *Journal of Experimental Social Psychology, 37,* 15-31.

Brauer, M. & Judd, C.M. (1996). Group polarization and repeated attitude expression : A new take on an old topic. Dans W. Stroebe & M. Hewstone (dir.), *European review of social psychology* (vol. 7, p. 174-207). West Sussex, R.-U : Wiley.

Braun, O.L. & Wicklund, R.A. (1989). When discounting fails. *Journal of Experimental Social Psychology, 25,* 450-461.

Brawley, L.R., Carron, A.V. & Widmeyer, W.N. (1987). Assessing the cohesion of teams : Validity of the group environment questionnaire. *Journal of Sport Psychology, 9,* 275-294.

Bray, R.M., Johnson, D. & Chilstrom, J.T., Jr. (1982). Social influence by group members with minority opinions : A comparison of Hollander & Moscovici. *Journal of Personality and Social Psychology, 43,* 78-88.

Breakwell, G.M. & Rowett, C. (1982). *Social work : The social psychological approach.* Wokingham, R.-U. : Reinhold.

Breckler, S.J. (1984). Empirical validation of affect, behavior, and cognition as distinct attitude components. *Journal of Personality and Social Psychology, 47*, 1191-1205.

Brehm, J.W. (1956). Post-decision changes in desirability of alternatives. *Journal of Abnormality and Social Psychology, 52*, 384-389.

Brehm, J.W. (1966). *A Theory of psychological reactance.* New York : Academic Press.

Brehm, J.W. & Cole, A.H. (1966). Effect of a favor wich reduces freedom. *Journal of Personality and Social Psychology, 3*, 420-426.

Brehm, S.S. (1985). *Intimate relationships.* New York : Random House.

Brehm, S.S. & Brehm, J.W. (1981). *Psychological reactance : A theory of freedom and control.* New York : Oxford University Press.

Brehm, S.S., Kassim, S.M. & Fein, S. (1999). *Social psychology* (4ᵉ éd.). New York : Mifflin.

Brehm, S.S., Kassin, S.M. & Fein, S. (2005). *Social psychology* (6ᵉ éd.). Boston, Mass. : Houghton Mifflin.

Brehm, S.S., Miller, R., Perlman, D. & Campbell, S.M. (2002). *Intimate relationships* (3ᵉ éd.). New York : McGraw-Hill.

Brennan, K.A., Clark, C.L. & Shaver, P.R. (1998). Self-report measurement of adult attachment : An integrative overview. Dans J.A. Simpson & W.S. Rholes (dir.), *Attachment theory and close relationships* (p. 46-76). New York : Guilford.

Brennan, K.A. & Shaver, P.R. (1995). Dimensions of adult attachment, affect regulation, and romantic relationship functioning. *Personality and Social Psychology Bulletin, 21*, 267-283.

Brewer, M.B. (1979). In-group bias in the minimal intergroup situation : A cognitive-motivational perspective. *Psychological Bulletin, 86*, 307-324.

Brewer, M.B. (1991). The social self : On being the same and different at the same time. *Personality and Social Psychology Bulletin, 17*, 475-482.

Brewer, M.B. (2000a). Reducing prejudice through cross-categorization : Effects of multiple social identities. Dans S. Oskamp (dir.), *Reducing prejudice and discrimination. The Claremont symposium on applied social psychology* (p. 165-183). Mahwah, N.J. : Erlbaum.

Brewer, M.B. (2000b). Research design and issues of validity. Dans H.T. Reis & C.M. Judd (dir.), *Handbook of research : Methods in social and personality psychology* (p. 3-16). Cambridge : Cambridge University Press.

Brewer, M.B. & Brown, R.J. (1998). Intergroup relations. Dans D.T. Gilbert, S.T. Fiske & G. Lindzey (dir.), *Handbook of social psychology* (4ᵉ éd., vol. 2, p. 554-594). New York : McGraw Hill.

Brewer, M.B. & Caporael, L.R. (1990). Selfish genes vs. selfish people : Sociobiology as origin myth. *Motivation and Emotion, 14*, 237-243.

Brewer, M.B. & Gaertner, S.L. (2001). Toward reduction of prejudice : Intergroup contact and social categorization. Dans R. Brown & S. Gaertner (dir.), *Blackwell handbook of social psychology : Intergroup processes* (p. 451-472). Oxford, R.-U. : Blackwell.

Brewer, M.B. & Kramer, R. (1985). The psychology of intergroup attitudes and behavior. *Annual Review of Psychology, 36*, 219-243.

Brewer, M.B. & Miller, N. (1984). Beyond the contact hypothesis : Theoretical perspectives on desegregation. Dans N. Miller & M.B. Brewer (dir.), *Groups in contact : The psychology of desegregation* (p. 281-302). New York : Academic Press.

Brewer, M.B. & Miller, N. (1988). Contact and co-operation : When do they work ? Dans P. Katz & D. Taylor (dir.), *Eliminating racism : Profiles in controversy* (p. 315-326). New York : Plenum.

Brewin, C.R. (1985). Depression and causal attribution : What is their relation ? *Psychological Bulletin, 98*, 297-309.

Brickman, A.L., Yount, S.E., Blaney, N.T., Rothberg, S.T. & Denour, A. (1996). Personality traits and long-term health status : The influence of neuroticism and conscientiousness on renal deterioration in type-1 diabetes. *Psychosomatics : Journal of Consultation Liaison Psychiatry, 37*, 459-468.

Brickman, P. (1987). *Commitment, conflict, and caring.* Englewoods Cliffs, N.J. : Prentice Hall.

Brinol, P. & Petty, R.E. (2003). Overt head movements and persuasion : A self-validation analysis. *Journal of Personality and Social Psychology, 84*, 1123-1139.

Brisson, R. (2000). *Oka, par la caricature : Deux visions distinctes d'une même crise.* Québec : Septentrion.

Britt, T.A. & Shepperd, J.A. (1999). Trait relevance and trait assessment. *Personality and Social Psychology Review, 3*, 108-122.

Brockner, J. (1988). *Self-esteem at work : Research, theory, and practice.* Lexington, Mass. : Lexington Books.

Brockner, J., Ackerman, G., Greenberg, J., Gelfand, M.J., Francesco, A.-M., Chen, Z.X., Leung, K., Birbrauer, G., Gomez, C., Kirkman, B.L. & Shapiro, D. (2001). Culture and procedural justice : The influence of power distance on reactions to voice. *Journal of Experimental Social Psychology, 37*, 300-315.

Bröder, A. (1998). Deception can be acceptable. *American Psychologist, 53*(7), 805-806.

Broderick, J.E., Junghaenel, D.U. & Schwartz, J.E. (2005). Written emotional expression produces health benefits in fibromyalgia patients. *Psychosomatic Medicine, 67*, 326-334.

Brodt, S.E. & Zimbardo, P.G. (1981). Modifying shyness-related social behavior through symptom misattribution. *Journal of Personality and Social Psychology, 41*, 437-449.

Broidy, L.M., Nagin, D.S., Tremblay, R.E., Bates, J.E., Brame, B., Dodge, K.A., Fergusson, D., Horwood, J.L., Loeber, R., Laird, R., Lynam, D.R., Moffitt, T.E., Pettit, G.S. & Vitaro, F. (2003). Developmental trajectories of childhood disruptive behaviors and adolescent delinquency : A six-site, cross-national study. *Developmental Psychology, 39*, 222-245.

Brooks-Gunn, J. & Lewis, M. (1981). Infant social perception : Responses to pictures of parents and strangers. *Developmental Psychology, 17*, 647-649.

Brown, C.S. & Bigler, R.S. (2005). Children's perceptions of discrimination : A developmental model. *Child Development, 76*, 533-553.

Brown, J.M. (2003). Eyewitness memory for arousing events : Putting things into context. *Applied Cognitive Psychology, 17*, 93-106.

Brown, K.W. & Ryan, R.M. (2003). The benefits of being present : Mindfulness and its role in psychological well-being. *Journal of Personality and Social Psychology, 84*, 822-848.

Brown, P. & Levinson, S. (1978). *Politeness : Some universals in language use.* Cambridge : Cambridge University Press.

Brown, R. (1965). *Social psychology.* New York : Macmillan.

Brown, R. (1988). *Group processes : Dynamics within and between groups.* New York : Blackwell.

Brown, R. (1995). *Prejudice : Its social psychology.* Oxford, R.-U. : Blackwell.

Brown, R. (2000). Social identity theory : Past achievements, current problems and future challenges. *European Journal of Social Psychology, 30*, 745-778.

Brown, R., Croizet, J.C., Bohner, G., Fournet, M. & Payne, A. (2003). Automatic category activation and social behavior : The moderating role of prejudiced beliefs. *Social Cognition, 21*, 167-193.

Brown, R. & Fish, D. (1983). The psychological causality implicit in language. *Cognition, 14*, 237-273.

Brown, R. & Turner, J.C. (1981). Interpersonal and intergroup behaviour. Dans J.C. Turner & H. Giles (dir.), *Intergroup behaviour.* Oxford, R.-U. : Blackwell.

Brown, R. & Williams, J.A. (1984). Group identification : The same thing to all people ? *Human Relations, 37*, 547-564.

Brown, R.J. (1988). *Group processes : Dynamics within and between groups.* New York : Blackwell.

Brown, R.J. & Abrams, D. (1986). The effects of intergroup similarity and goal interdependence on intergroup attitudes and task performance. *Journal of Experimental Social Psychology, 22*, 78-92.

Brown, R.J. & Turner, J.C. (1979). The criss-cross categorization effect in intergroup discrimination. *British Journal of Social Psychology, 18*, 371-383.

Brown, R.J., Vivian, J. & Hewstone, M. (1999). Changing attitudes through intergroup contact : The effects of group membership salience. *European Journal of Social Psychology, 29*, 741-764.

Brown, S.L., Nesse, R.M., Vinokur, A.D. & Smith, D.M. (2003). Providing social support may be more beneficial than receiving it : Results from a prospective study of mortality. *Psychological Science, 14*, 320-327.

Brown, S.L., Roebuck Bulanda, J. & Lee, G.R. (2005). The significance of nonmarital cohabitation : Marital status and mental health benefits among middle-aged and older adults. *Journal of Gerontology : Social Sciences, 60B*, S21-S29.

Bruck, C.S. & Allen, T.D. (2003). The relationship between big five personality traits, negative affectivity, type a behaviors, and work-family conflict. *Journal of Vocational Behaviors, 63*, 457-472.

Bruner, J. (1957). On perceptual readiness. *Psychological Review, 64*, 123-152.

Brunswick, E. (1934). *Perception and the representative design of psychological experiment.* Los Angeles, Calif. : University of California Press.

Bryan, J.H. & Test, M.A. (1967). Models and helping : Naturalistic studies in aiding behavior. *Journal of Personality and Social Psychology, 6*, 400-407.

Buchman, D.D. & Funk, J.B. (1996). Video and computer games in the `90s : Children's time commitment and game preference. *Children Today, 24*, 12-16.

Buck, R. (2002). The genetics and biology of true love : Prosocial biological affects and the left hemisphere. *Psychological Review, 109*, 739-744.

Buehler, C. & Gerard, J.M. (2002). Marital conflict, ineffective parenting, and children's and adolescents maladjustment. *Journal of Marriage and the Family, 64*, 78-92.

Bugental, D.B. (2000). Acquisition of the algorithms of social life : A domain-based approach. *Psychological Bulletin, 126*, 187-219.

Bugental, D.E., Kaswan, J.E. & Love, L.R. (1970). Perception of contradictory meanings conveyed by verbal and nonverbal channels. *Journal of Personality and Social Psychology, 16*, 647-655.

Bui, K., Peplau, L.A. & Hill, C.T. (1996). Testing the Rusbult model of relationship commitment and stability in a 15-year study of heterosexual couples. *Personality and Social Psychology Bulletin, 22*, 1244-1257.

Bull, P. (1987). *Posture and gesture.* Oxford, R.-U. : Pergamon.

Bull, R. & Rumsey, N. (1988). *The social psychology of facial appearance.* New York : Springer-Verlag.

Buller, D.B. & Burgoon, J.K. (1996). Interpersonal deception theory. *Communication Theory, 6*, 203-242.

Bulman, R.J. & Wortman, C.B. (1977). Attribution of blame and coping in the « real world » : Severe accident victims react to their lot. *Journal of Personality and Social Psychology, 35*, 351-363.

Bunzel, B. & Wollenek, G. (1994). Heart transplantation : Are there psychosocial predictors for clinical success of surgery ? *Thoracic Cardiovascular Surgery, 42*, 103-107.

Burger, J.M. (1985). Desire for control and achievement-related behaviors. *Journal of Personality and Social Psychology, 48*, 1520-1533.

Burger, J.M. (1986a). Desire for control and the illusion of control : The effects of familiarity and sequence of outcomes. *Journal of Research in Personality, 20*, 66-77.

Burger, J.M. (1986b). Temporal effects on attributions : Actor and observer differences. *Social Cognition, 4*, 377-387.

Burger, J.M. (1987). Desire for control and conformity to a perceived norm. *Journal of Personality and Social Psychology, 53*, 355-360.

Burger, J.M. (1991). Changes in attributions over time : The ephemeral fundamental attribution error. *Social Cognition, 9*, 182-193.

Burger, J.M. (1995). Individual differences in preference for solitude. *Journal of Research in Personality, 29*, 85-108.

Burger, J.M. (1999). The foot-in-the-door compliance procedure : A multiple-process analysis and review. *Personality and Social Psychology Review, 3*, 303-325.

Burger, J.M. & Caldwell, D.F. (2003). The effects of monetary incentives and labeling on the foot-in-the-door effect : Evidence for a self-perception process. *Basic and Applied Social Psychology, 25*, 235-241.

Burger, J.M. & Cornelius, T. (2003). Raising the price of agreement : Public commitment and the low-ball compliance procedure. *Journal of Applied Social Psychology, 33*, 923-934.

Burger, J.M. & Guadagno, R.E. (2003). Self-concept clarity and the foot-in-the-door procedure. *Basic and Applied Social Psychology, 25*, 79-86.

Burger, J.M. & Hemans, L.T. (1988). Desire for control and the use of attribution processes. *Journal of Personality, 56*, 531-546.

Burger, J.M., Horita, M., Kinoshita, L., Roberts, K. & Vera, C. (1997). Effects of time on the norm of reciprocity. *Basic and Applied Social Psychology, 19*, 91-100.

Burger, J.M. & Huntzinger, R.M. (1985). Temporal effects on attribution for one's own behavior : The role of task outcome. *Journal of Experimental Social Psychology, 21*, 247-261.

Burger, J.M., Messian, N., Patel, S., Del Prado, A. & Anderson, C. (2004). What a coincidence ! The effects of incidental similarity on compliance. *Personality and Social Psychology Bulletin, 30*, 35-43.

Burger, J.M., Reed, M., DeCesare, K., Rauner, S. & Rozolios, J. (1999). The effect of initial request size on compliance : More about the that's-not-all technique. *Basic and Applied Social Psychology, 21*, 243-249.

Burgoon, J.K. (1978). Nonverbal communication. Dans M. Burgoon & M. Ruffner (dir.), *Human communication* (p. 129-170). New York : Holt, Rinehart & Winston.

Burgoon, J.K., Buller, D.B. & Woodall, W.G. (1996). *Nonverbal communication : The unspoken dialogue* (2e éd.). New York : McGraw-Hill.

Burgoon, J.K. & LePoire, B.A. (1999). Nonverbal cues and interpersonal judgements : Participant and observer perceptions of intimacy, dominance, composure, and formality. *Communications Monographs, 66*, 105-124.

Burgoon, J.K., Stern, L.A. & Dillman, L. (1995). *Interpersonal adaptation : Dyadic interaction patterns*. New York : Cambridge University Press.

Burke, P.J. & Reitzes, D.C. (1991). An identity theory approach to commitment. *Social Psychology Quarterly, 54*, 239-251.

Burleson, B.R. (1994). Comforting messages : Significance, approaches, and effects. Dans B.R. Burleson, T.L. Albrecht & I.G. Sarason (dir.), *Communication of social support : Messages, interactions, relationships, and community* (p. 3-28). Thousand Oaks, Calif. : Sage.

Burns, M.O. & Seligman, M.E.P. (1989). Explanatory style accross the life span : Evidence for stability over 52 years. *Journal of Personality and Social Psychology, 56*, 471-477.

Burnstein, E. & Branigan, C. (2001). Evolutionary analyses in social psychology. Dans A. Tesser & N. Schwarz, (dir.), *Blackwell handbook of social psychology : Intraindividual processes* (p. 3-21). Londres, R.-U. : Blackwell.

Burnstein, E. & Vinokur, A. (1977). Persuasive argumentation and social comparison as determinants of attitude polarization. *Journal of Experimental Social Psychology, 13*, 515-532.

Burr, V. (2002). *The person in social psychology*. East Sussex, R.-U. : Psychology Press : Taylor & Francis Group.

Burstein, E., Crandall, C. & Kitayama, S. (1994). Some neo-Darwinian decision rules for altruism : weighing cues for inclusive fitness as a function of the biological importance of the decision. *Journal of Personality and Social Psychology, 67*, 773-789.

Bushman, B.J. (1988). The effects of apparel on compliance : A field experiment with a female authority figure. *Personality and Social Psychology Bulletin, 14*, 459-467.

Bushman, B.J. (1995). Moderating role of trait aggressiveness in the effects of violent media on aggression. *Journal of Personality and Social Psychology, 69*, 950-960.

Bushman, B.J. (2002). Does venting anger feed or extinguish the flame ? Catharsis, rumination, distraction, anger, and aggressive responding. *Personality and Social Psychology Bulletin, 28*, 724-731.

Bushman, B.J. & Anderson, C.A. (2001). Media violence and the American public. Scientific facts versus media misinformation. *American Psychologist, 56*, 477-489.

Bushman, B.J. & Anderson, C.A. (2002). Violent video games and hostile expectations : A test of the general aggression model. *Personality and Social Psychology Bulletin, 28*, 1679-1686.

Bushman, B.J., Baumeister, R.F. & Phillips, C.M. (2001). Do people aggress to improve their mood ? Catharsis beliefs, affect regulation opportunity, and aggressive responding. *Journal of Personality and Social Psychology, 81*, 17-32.

Bushman, B.J., Baumeister, R.F. & Stack, A.D. (1999). Catharsis, aggression, and persuasive influence : Self-fulfilling or self-defeating prophecies ? *Journal of Personality and Social Psychology, 76*, 367-376.

Bushman, B.J. & Bonacci, A.M. (2004). You've got mail : Using e-mail to examine the effect of prejudiced attitudes on discrimination against Arabs. *Journal of Experimental Social Psychology, 40*, 753-759.

Bushman, B.J. & Huesmann, L.R. (2001). Effects of televised violence on aggression. Dans D. Singer & J. Singer (dir.), *Handbook of children and the media* (p. 223-254). Thousand Oaks, Calif. : Sage.

Bushman, B.J. & Stack, A.D. (1996). Forbidden fruit versus tainted fruit : Effects of warning labels on attraction to television violence. *Journal of Experimental Psychology : Applied, 2*, 207-226.

Buss, A.H. (1961). *The psychology of aggression*. New York : Wiley.

Buss, A.H. (1966). Instrumentality of aggression, feedback, and frustration as determinants of physical aggression. *Journal of Personality and Social Psychology, 3*, 153-162.

Buss, D.M. (1988). Love acts : The evolutionary biology of love. Dans R.J. Sternberg & M.L. Barnes (dir.), *The psychology of love*. New Haven, Conn. : Yale University Press.

Buss, D.M. (1997). The emergence of evolutionary social psychology. Dans J.A. Simpson & D.T. Kenrick (dir.), *Evolutionary social psychology* (p. 387-400). Mahwah, N.J. : Erlbaum.

Buss, D.M. & Kenrick, D.T. (1998). Evolutionary social psychology. Dans D.T. Gilbert, S.T. Fiske & G. Lindzey (dir.), *The handbook of social psychology* (4e éd., vol. 2, p. 982-1026). New York : McGraw-Hill.

Buss, D.M. & Schmitt, D.P. (1993). Sexual strategies theory : An evolutionary perspective on human mating. *Psychological Review, 100*, 204-232.

Buss, D.M. & Shackelford, T.K. (1997). From vigilance to violence : Mate retention tactics in married couples. *Journal of Personality and Social Psychology, 72*, 346-361.

Buunk, B.P. & Mussweiler, T. (2001). New directions in social comparison research. *European Journal of Social Psychology, 31*, 467-475.

Buunk, B.P., Oldersma, F.L. & De Dreu, C.K.W. (2001). Enhancing satisfaction through downward comparison : The role of relational discontent and individual differences in social comparison orientation. *Journal of Experimental Social Psychology, 37*, 452-467.

Byers, E.S. & Demmons, S. (1999). Sexual satisfaction and sexual self-disclosure within dating relationships. *Journal of Sex Research, 36*, 180-189.

Byrne, C.A. & Arias, I. (2004). Predicting women's intentions to leave abusive relationships : An application of the theory of planned behavior. *Journal of Applied Psychology, 34*, 2586-2601.

Byrne, D. (1971). *The attraction paradigm*. New York : Academic Press.

Cacioppo, J.T. (2002). Social neuroscience : Understanding the pieces fosters understanding the whole and vice versa. *American Psychologist, 57*, 819-831.

Cacioppo, J.T., Berntson, G.G., Adolphs, R., Carter, C.S., Davidson, R.J., McClintock, M.K. *et al.* (dir.) (2002). *Foundations in social neuroscience*. Cambridge, Mass. : MIT Press.

Cacioppo, J.T., Berntson, G.G., Sheridan, J.F. & McClintock, M.K. (2000). Multilevel integrative analyses of human behavior. Social neuroscience and the complementing nature of social and biological approaches. *Psychological Bulletin, 126*, 829-843.

Cacioppo, J.T., Ernst, J.M., Burleson, M.H. *et al.* (2002). Lonely traits and concomitant physiological processes : The MacArthur social neuroscience studies. Dans J.T. Cacioppo, G.G. Berntson, R. Adolphs, J.D. Carter, O.B. Davidson, L.A. McClintock, R.J. Sternberg, S.E. Suomi & A. Taylor (dir.), *Foundations in social neuroscience* (p. 839-852). Cambridge, R.-U. : MIT Press.

Cacioppo, J.T. *et al.* (2000). Lonely traits and concomitant physiological processes : The MacArthur social neuroscience studies. *International Journal of Psychophysiology, 35*, 143-154.

Cacioppo, J.T., Hawkley, L.C. & Berntson, G.G. (2003). The anatomy of loneliness. *Current Directions in Psychological Science, 12*, 71-74.

Cacioppo, J.T., Hawkley, L.C., Berntson, G.G., Ernst, J.M., Gibbs, A.C., Stickgold, R. *et al.* (2002). Do lonely days invade the nights ? Potential social modulation of sleep efficiency. *Psychological Science, 13*, 384-387.

Cacioppo, J.T., Lorig, T.S., Nusbaum, H.C. & Bernston, G.G. (2004). Social neuroscience : Bridging social and biological systems. Dans C. Sansone, C.C. Morf & A.T. Panter (dir.), *The Sage handbook of methods in social psychology* (p. 383-404). Thousand Oaks, Calif. : Sage.

Cacioppo, J.T. & Petty, R.E. (1979). Attitudes and cognitive response : An electrophysiological approach. *Journal of Personality and Social Psychology, 37*, 2181-2199.

Cacioppo, J.T. & Petty, R.E. (1982). The need for cognition. *Journal of Personality and Social Psychology, 42*, 116-131.

Cacioppo, J.T., Petty, R.E., Feinstein, J.A. & Jarvis, W.B.G. (1996). Dispositional differences in cognitive motivation : The life and times of individuals varying in need for cognition, *Psychological Bulletin, 119*, 197-253.

Cacioppo, J.T., Petty, R.E., Kao, C.F. & Rodriguez, R. (1986). Central and peripheral routes to persuasion : An individual difference perspective. *Journal of Personality and Social Psychology, 51*, 1032-1043.

Cacioppo, J.T., Petty, R.E. & Morris, K.J. (1983). Effects of need for cognition on message evaluation, recall, and persuasion. *Journal of Personality and Social Psychology, 45*, 805-818.

Caddick, B. (1982). Perceived illegitimacy and intergroup relations. Dans H. Tajfel (dir.), *Social identity and intergroup relations* (p. 137-154). Cambridge : Cambridge University Press.

Cadoret, R.J., Leve, L.D. & Devor, E. (1997). Genetics of aggressive and violent behavior. *Psychiatric Clinics of North America, 20*, 301-322.

Cairns, R.B., Cairns, B.D., Neckerman, H.J., Gest, S.D. & Gariépy, J.-L. (1988). Social networks and aggressive behavior : Peer support or peer rejection ? *Developmental Psychology, 24*, 815-823.

Caldwell, D.F. & Burger, J.M. (1997). Personality and social influence strategies in the workplace. *Personality and Social Psychology Bulletin, 23*, 1003-1012.

Callagan, C. & Manstead, A.S. (1983). Causal attribution for task performance : The effects of performance outcome and sex of subject. *British Journal of Educational Psychology, 53*, 14-23.

Cameron, L.D., Petrie, K.J., Ellis, C., Buick, D. & Weinman, J.A. (2005). Symptom experiences, symptom attributions, and causal attributions in patients following first-time myocardial infarction. *International Journal of Behavioral Medicine, 12*, 30-38.

Campbell, A. (1981). *The sense of well-being in America : Patterns and trends*. New York : McGraw-Hill.

Campbell, A. (1996). Bernardo Investigation Review. *Rapport du juge Archie Campbell*.

Campbell, D.T. (1947). Factors associated with attitudes towards Jews. Dans T. Newcomb & E. Hartley (dir.), *Readings in social psychology*. New York : Holt, Rinehart and Winston.

Campbell, D.T. (1958). Common fate, similarity, and other indices of the status of aggregate of persons as social entities. *Behavioural Sciences, 3*, 14-25.

Campbell, J.D., Assanand, S. & DiPaula, A. (2003). The structure of the self-concept and its relation to psychological adjustment. *Journal of Personality, 71*, 115-140.

Campbell, J.D. & Fairey, P.J. (1989). Informational and normative routes to conformity. *Journal of Personality and Social Psychology, 57*, 457-468.

Campbell, L., Simpson, J.A., Boldry, J. & Kashy, D.A. (2005). Perceptions of conflict and support in romantic relationships : The role of attachment anxiety. *Journal of Personality and Social Psychology, 88*, 510-531.

Campbell, R.S. & Pennebaker, J.W. (2003). The secret life of pronouns : Flexibility in writting style and physical health. *Psychological Science, 14*, 60-65.

Campbell, W. & Sedikides, C. (1999). Self-threat magnifies the self-serving bias : A meta-analytic integration. *Review of General Psychology, 3*, 23-43.

Canada. Ministère de la Justice (2004). *Équité en matière d'emploi, Loi sur l'_ (1995, ch. 44)*. Dans Internet : <http ://lois.justice.gc.ca/fr/E-5.401/>. (Consulté le 15 décembre 2004.)

Canada. Ministère de la Justice (2005a). L'identification par témoin oculaire et les témoignages connexes. *Comité FPT des chefs des poursuites pénales : rapport sur la prévention des erreurs judiciaires*. Dans Internet : <http ://canada.justice.gc.ca/fr/dept/pub/hop/toc.html>. (Consulté le 26 octobre 2005).

Canada. Ministère de la Justice (2005b, juin). Le système de justice au Canada. Extrait du site Web du ministère de la Justice du Canada, le 30 août 2005 : <http ://www.canada.justice.gc.ca/fr/resource/>.

Capella, J.N. (1997). Behavioural and judged coordination in adult informal social interactions : Vocal and kinesic indicators. *Journal of Personality and Social Psychology, 72*, 119-131.

Capella, J.N. & Palmer, M.T. (1989). The structure and organization of verbal and nonverbal behavior : Data for models of reception. *Journal of Language and Social Psychology, 8*, 167-192.

Caplan, N. (1970). The new ghetto man : A review of recent empirical studies. *Journal of Social Issues, 26*, 59-73.

Caporael, L.R. (2001). Evolutionary Psychology : Toward a unifying theory and a hybrid science. *Annual Review of Psychology, 52*, 607-628.

Caporael, L.R. & Brewer, M.B. (1990). We are darwinians, and this is what the fuss is about. *Motivation and Emotion, 14*, 287-295.

Caporael, L.R., Lukaszewski, M.P. & Culbertson, G.H. (1983). Secondary baby talk : Judgements by institutionalized elderly and their caregivers. *Journal of Personality and Social Psychology, 44*, 746-754.

Capozza, D. & Brown, R. (dir.) (2000). *Social identity processes*. Londres, R.-U. : Sage.

Capozza, D. & Volpato, C. (1999). Relations intergroupes : approches classiques et contemporaines. Dans R.Y. Bourhis et J.P. Leyens (dir.), *Stéréotypes, discrimination et relations intergroupes* (2e éd., p. 13-39). Sprimont, Belgique : Mardaga.

Caprara, G.V., Pastorelli, C. & Weiner, B. (1994). At-risk children's causal inferences

given emotional feedback and their understanding of excuse giving process. *European Journal of Personality, 8*, 31-43.
Carlo, G., Eisenberg, N., Troyer, D., Switzer, G. & Speer, A.L. (1991). The altruistic personality : In what contexts is it apparent ? *Journal of Personality and Social Psychology, 61*, 450-458.
Carlopio, J.R. (1996). Construct validity of a physical work environment satisfaction questionnaire. *Journal of Occupational Health Psychology, 1*, 330-344.
Carlson, M., Charlin, V. & Miller, N. (1988). Positive mood and helping behavior : A test of six hypotheses. *Journal of Personality and Social Psychology, 55*, 211-229.
Carroll, J.S. (1978). Causal attributions in expert parole decisions. *Journal of Personality and Social Psychology, 36*, 1501-1511.
Carroll, L. & Anderson, R. (2002). Body piercing, tattooing, self-esteem, and body investment in adolescent girls. *Adolescence, 37*, 627-637.
Carron, A.V., Widmeyer, W.N. & Brawley, L.R. (1988). Group cohesion and individual adherence to physical activity. *Journal of Sport and Exercise Psychology, 10*, 127-138.
Cartwright, D. & Harary, F. (1956). Structural balance : A generalization of Heider's theory. *Psychological Review, 63*, 277-293.
Carver, C.S. (1975). Physical aggression as a function of objective self-awareness and attitudes toward punishment. *Journal of Experimental Social Psychology, 11*, 510-519.
Carver, C.S. (2003). Self-awareness. Dans M.R. Leary & J.P. Tangney (dir.), *Handbook of self and identity* (p. 179-196). New York : Guilford.
Carver, C.S. (2004). Self-regulation of action and affect. Dans R.F. Baumeister & K.D. Vohs (dir.), *Handbook of self-regulation : Research, theory, and applications* (p. 13-39). New York : Guilford.
Carver, C.S. & Scheier, M.F. (1981). *Attention and self-regulation : A control-theory approach to human behavior*. New York : Springer-Verlag.
Carver, C.S. & Scheier, M.F. (1994a). Optimism and health-related cognition : What variables actually matter ? *Psychology and Health, 9*, 191-195.
Carver, C.S. & Scheier, M.F. (1994b). Situational coping and coping dispositions in a stressful transaction. *Journal of Personality and Social Psychology, 66*, 184-195.
Carver, C.S. & Scheier, M.F. (1998). *On the self-regulation of behavior*. Cambridge : Cambridge University Press.
Carver, C.S. & Scheier, M.F. (2002). Control processes and self-organization as complementary principles underlying behavior. *Personality and Social Psychology Review, 6*, 304-315.
Carver, C.S., Scheier, M.F. & Weintraub, J.K. (1989). Assessing coping strategies : A theoretically based approach. *Journal of Personality and Social Psychology, 56*, 267-283.
Case, R.B., Moss, A.J., Case, N., McDermott, M. & Eberly, S. (1992). Living alone after myocardial infarction : Impact on prognosis. *Journal of the American Medical Association, 267*, 515-519.
Caspi, A., McClay, J., Moffitt, T.E., Mill, J., Martin, J., Craig, I.W., Taylor, A. & Poulton, R. (2002). Role of genotype in the cycle of violence in maltreated children. *Science, 297*, 851-854.
Cassidy, J. & Berlin, L.J. (1994). The insecure-ambivalent pattern of attachment. Theory and research. *Child Development, 65*, 971-981.
Cassidy, J. & Shaver, P.R. (dir.) (1999). *Handbook of attachment. Theory, research, and clinical applications*. New York : Guilford.
Castano, E., Yzerbyt, V., Paladino, M.-P. & Sacchi, S. (2002). I belong, therefore, I exist : Ingroup identification, ingroup entitativity, and ingroup bias. *Personality and Social Psychology Bulletin, 28*, 135-143.
Castonguay, C. (1999). Getting the facts straight on French : Reflections following the 1996 Census. *Inroads : A Journal of Opinion, 8*, 57-76.
Catipovic-Veselica, K. (2003). Bortner type a scores and basic emotions : Agression, distrustful, depression, and gregarious. *Psychological Reports, 93*, 132-134.
Caudill, B.D., Wilson, G.T. & Abrams, D.B. (1987). Alcohol and self-disclosure : Analyses of interpersonal behavior in male and female social drinkers. *Journal of Studies on Alcohol, 48*, 401-409.
CDPDJ (1998). *Les programmes d'accès à l'égalité au Québec : Bilan et perspectives*. Québec : Commission des droits de la personne et des droits de la jeunesse.
Centers, R. (1951). An effective classroom demonstration of stereotypes. *Journal of Social Psychology, 34*, 41-46.
Cervone, D., Mor, N., Orom, H., Shadel, W.G. & Scott, W.D. (2004). Self-efficacy beliefs on architecture of personality : On knowledge, appraisal, and self-regulation. Dans R.F. Baumeister & K.D. Vohs (dir.), *Handbook of self-regulation : Research, theory, and applications* (p. 188-210). New York : Guilford.
Chaiken, A.L. & Cooper, J. (1973). Evaluation as a function of correspondence and hedonic relevance. *Journal of Experimental Social Psychology, 9*, 257-264.
Chaiken, A.L. & Derlega, V.J. (1974). *Self-disclosure*. Morristown, N.J. : General Learning Press.
Chaiken, A.L., Derlega, V.J. & Miller, S.J. (1976). Effects of the room environment on self-disclosure in a counseling analogue. *Journal of Counseling Psychology, 23*, 479-481.
Chaiken, S. (1987). The heuristic model of persuasion. Dans M.P. Zanna, J.M. Olson & C.P. Herman (dir.), *Social influence : The Ontario symposium* (p. 3-40). Hillsdale, N.J. : Erlbaum.
Chaiken, S. & Baldwin, M.W. (1981). Affective-cognitive consistency and the effect of salient behavioral information on the self-perception of attitudes. *Journal of Personality and Social Psychology, 41*, 1-12.
Chaiken, S. & Eagly, A.H. (1976). Communication modality as a determinant of message persuasiveness and message comprehensibility. *Journal of Personality and Social Psychology, 34*, 605-614.
Chalk, L.M., Meara, N.M., Day, J.D. & Davis, K.L. (2005). Occupational possible selves : Fears and aspirations of college women. *Journal of Career Assessment, 13*, 188-203.
Champion, V.L. (1990). Breast self-examination in women 35 and older : A prospective study. *Journal of Behavioral Medicine, 13*, 523-538.
Chandra, V., Szklo, M., Goldberg, R. & Tonascia, J. (1983). The impact of marital status on survival after an acute myocardial infarction : A population-based study. *American Journal of Epidemiology, 117*, 320-325.
Chang, E.C. & Asakawa, K. (2003). Cultural variations on optimistic and pessimistic bias for self versus a sibling : Is there evidence for self-enhancement in the west and for self-criticism in the east when referent group is specified ? *Journal of Personality and Social Psychology, 84*, 569-581.
Chantal, Y. & Vallerand, R.J. (2000). Construction et validation de l'Échelle de Motivation envers l'Action Bénévole (ÉMAB). *Loisir et Société, 23*, 477-508.
Charbonneau, D. & Nicol, A.A. (2002). Emotional intelligence and prosocial behavior in adolescents. *Psychological Reports, 90*, 361-370.
Chartrand, C.L. & Bargh, J.A. (1999). The chameleon effect : The perception-behaviour link and social interaction. *Journal of Personality and Social Psychology, 76*, 893-910.
Chen, F. & Kenrick, D.T. (2002). Repulsion or attraction ? Group membership and assumed attitude similarity. *Journal of Personality and Social Psychology, 83*, 111-125.
Chen, H.J., Yates, B.T. & McGinnies, E. (1988). Effects of involvement on observers' estimates of consensus, distinctiveness, and consistency. *Personality and Social Psychology Bulletin, 14*, 468-478.
Chen, S. & Andersen, S.M. (1999). Relationships from the past in the present : Significant-other representations and transference in interpersonal life. Dans M.P. Zanna (dir.), *Advances in experimental social psychology* (vol. 31, p. 123-190). San Diego, Calif. : Academic Press.
Chen, S. & Chaiken, S. (1999). The heuristic-systematic model in its broader context. Dans S. Chaiken & Y. Trope (dir.), *Dual process theories in social psychology* (p. 73-96). New York : Guilford.
Cherlin, A.J. (1992). *Marriage, divorce, remarriage*. (Édition revue et corrigée) Cambridge, Mass. : Harvard University Press.
Chiasson, N. & Dubé, L. (1997). La conception du bonheur : similitudes et différences interculturelles. *Revue québécoise de psychologie, 18*, 119-142.
Chiasson, N., Dubé, L. & Blondin, J.P. (1996). Happiness : A look into the folk psychology of four cultural groups. *Journal of Cross-Cultural Psychology, 27*, 673-691.
Chirumbolo, A., Areni, A. & Sensales, G. (2004). Need for cognitive closure and politics : Voting, political attitudes and attributional style. *International Journal of Psychology, 39*, 245-253.
Chneiweiss, L. & Tanneau, E. (2003). *Maîtriser son trac*. Paris : Odile Jacob.
Choi, I., Dalal, R., Kim-Prieto, C. & Park, H. (2003). Culture and judgment of causal relevance. *Journal of Personality and Social Psychology, 84*, 46-59.
Choi, I., Nisbett, R.E. & Norenzayan, A. (1999). Causal attribution across cultures : Variation and universality. *Psychological Bulletin, 125*, 47-63.
Chomsky, N. (1957). *Syntactic structures*. La Haye : Mouton.
Chomsky, N. (1992). Language and interpretation : Philosophical reflections and empirical inquiry. Dans J. Earman (dir.), *Inference, explanation and other philosophical frustrations : Essays in the philosophy of science*. Berkeley, Calif. : University of California Press.
Christensen, A.J. & Heavy, C.L. (1999). Interventions for couples. *Annual Review of Psychology, 50*, 165-190.
Christensen, A.J., Moran, P.J. & Wiebe, J.S. (1999). Assessment of irrational health beliefs : Relation to health practices and medical regimen adherence. *Health Psychology, 18*, 169-176.
Christensen, T.C., Wood, J.V. & Feldman Barrett, L.F. (2003). Remembering everyday experience through the prism of self-esteem. *Personality and Social Psychology Bulletin, 29*, 51-62.
Christianson, S.A. (1992). Emotional stress and eyewitness memory : A critical review. *Psychological Bulletin, 112*, 284-309.
Christie, R. (1991). Authoritarianism and related constructs. Dans J.P. Robinson & P.R. Shaver (dir.), *Measures of personality and social psychological attitudes* (p. 501-571). San diego, Calif. : Academic Press.
Christy, P., Gelfand, D.M. & Hartmann, D.P. (1971). Effects of competition-induced frustration on two classes of modeled behavior. *Developmental Psychology, 5*, 104-111.
Chua, H.F., Leu, J. & Nisbett, R.E. (2005). Culture and diverging views of social events. *Personality and Social Psychology Bulletin, 31*, 925-934.
Cialdini, R.B. (2001). *Influence : Science and practice* (4e éd.). Boston, Mass. : Allyn & Bacon.
Cialdini, R.B. (2003). Crafting normative messages to protect the environment. *Psychological Science, 12*, 105-109.
Cialdini, R.B. & Ascani, K. (1976). Test of a concession procedure for inducing verbal, behavioral, and further complicance with a request to give blood. *Journal of Applied Psychology, 61*, 295-300.
Cialdini, R.B., Borden, R.J., Thorne, A., Walker, M.R., Freeman, S. & Sloan, L.R. (1976). Basking in reflected glory : Three (football) field studies. *Journal of Personality and Social Psychology, 34*, 366-375.
Cialdini, R.B., Brown, S.L., Lewis, B.P., Luce, C. & Neuberg, S.L. (1997). Reinterpreting the empathy-altruism relationship : When one into one equals oneness. *Journal of Personality and Social Psychology, 52*, 749-758.
Cialdini, R.B., Cacioppo, J.T., Bassett, R. & Miller, J.A. (1978). Low-ball procedure for producing compliance : Commitment then cost. *Journal of Personality and Social Psychology, 36*, 463-476.
Cialdini, R.B., Darby, B.L. & Vincent, J.E. (1973). Transgressional altruism : A case for hedonism. *Journal of Personality and Social Psychology, 9*, 502-516.
Cialdini, R.B., Kallgren, C.A. & Reno, R.R. (1991). A focus theory of normative conduct : A theoretical refinement and reevaluation of the role of norms in human behavior. *Advances in Experimental Social Psychology, 24*, 201-234.
Cialdini, R.B. & Kenrick, D.T. (1976). Altruism as hedonism : A social development perspective on the relationship of negative mood state and helping. *Journal of Personality and Social Psychology, 34*, 907-914.
Cialdini, R.B., Reno, R.R. & Kallgren, C.A. (1990). A focus theory of normative conduct : Recycling the concept of norms to reduce littering in public places. *Journal of Personality and Social Psychology, 58*, 1015-1026.
Cialdini, R.B., Schaller, M., Houlihan, D., Arps, K., Fultz, J. & Beaman, A.L. (1987). Empathy-based helping : Is it self-lessly or selfishly motivated ? *Journal of Personality and Social Psychology, 52*, 749-758.
Cialdini, R.B. & Schrœder, D.A. (1976). Increasing contributions by legitimizing paltry contributions : When even a penny helps. *Journal of Personality and Social Psychology, 34*, 599-604.
Cialdini, R.B. & Trost, M.R. (1998). Social influence : Social norms, conformity, and compliance. Dans D.T. Gilbert, S.T. Fiske & G. Lindzey (dir.), *The handbook of social psychology* (vol. 2, 4e éd., p. 151-192). Boston, Mass. : McGraw-Hill.
Cialdini, R.B., Vincent, J.E., Lewis, S.K., Catalan, J., Wheeler, D. & Darby, B.L. (1975). Reciprocal concessions procedure for inducing compliance : The door-in-the-face technique. *Journal of Personality and Social Psychology, 31*, 206-215.

Ciarrochi, J., Dean, F.P. & Anderson, S. (2002). Emotional intelligence moderates the relationship between stress and mental health. *Personality and Individual Differences, 32*, 197-209.

Citeau, J.-P. & Engelhardt-Bitrian, B. (1999). *Introduction à la psychosociologie*. Paris : Colin.

Clark, H.H. (1985). Language use and language users. Dans G. Lindsey & E. Aronson (dir.), *The handbook of social psychology* (3ᵉ éd., vol. 2, p. 179-231). New York : Random House.

Clark, H.H. & Krych, M.A. (2004). Speaking while monitoring addresses for understanding. *Journal of Memory and Language, 50*, 62-81.

Clark, K.B. & Clark, M.P. (1947). Racial identification and preference in Negro children. Dans T.M. Newcomb & L.E. Hartley (dir.), *Readings in social psychology* (p. 551-560). New York : Holt.

Clark, M.S., Dubash, P. & Mills, J. (1998). Interest in another's consideration of one's needs in communal and exchange relationships. *Journal of Experimental Social Psychology, 34*, 246-264.

Clark, M.S. & Grote, N.K. (2003). Close relationships. Dans T. Million & M.J. Lerner (dir.), *Handbook of psychology : Vol. 5. Personality and social psychology* (p. 447-462). New York : Wiley.

Clark, M.S. & Mills, J. (1979). Interpersonal attraction in exchange and communal relationships. *Journal of Personality and Social Psychology, 37*, 12-24.

Clark, M.S. & Mills, J. (2001). Behaving in such a way as to maintain and enhance relationship satisfaction. Dans J.H. Harvey & A.E. Wenzel (dir.), *Relationship maintenance and enhancement* (p. 13-26). Mahwah, N.J. : Erlbaum.

Clark, M.S., Ouellette, R., Powell, M.C. & Milberg, S. (1987). Recipient's mood, relationship type, and helping. *Journal of Personality and Social Psychology, 53*, 94-103.

Clary, E.G. & Orenstein, L. (1991). The amount and effectiveness of help : The relationship of motives and abilities to helping behavior. *Personality and Social Psychology Bulletin, 17*, 58-64.

Clary, E.G. & Snyder, M. (2002). Community involvment : Opportunities and challenges in socializing adults to participate in society. *Journal of Social Issues, 58*, 581-591.

Clary, E.G., Snyder, M., Ridge, R.D., Copeland, J., Stukas, A.A., Haugen, J. & Miene, P. (1998). Understanding and assessing the motivations of volunteers : A functional approach. *Journal of Personality and Social Psychology, 74*, 1516-1530.

Clément, R. (1984). Aspects socio-psychologiques de la communication inter-ethnique et de l'identité sociale. *Recherches sociologiques, 15*, 293-312.

Clément, R. (1986). Second language proficiency and acculturation : An investigation of the effects of language status and individual characteristics. *Journal of Language and Social Psychology, 5*, 271-290.

Clément, R. (1996). Social psychology and intergroup communication. *Journal of Language and Social Psychology, 15*, 222-229.

Clément, R. & Baker, S.C. (sous presse). *Langue, statut et identité : quelques réflexions sur les processus et conséquences de l'usage langagier*. Gouvernement du Québec, Conseil supérieur de la langue française.

Clément, R., Baker, S.C. & MacIntyre, P.D. (2003). Willingness to communicate in a second language : The effects of context norms, and vitality. *Journal of Language and Social Psychology, 22*, 190-209.

Clément, R., Dörnyei, Z. & Noels, K. (1994). Motivation, self-confidence and group cohesion in the foreign language classroom. *Language Learning, 44*, 417-448.

Clément, R. & Gardner, R.C. (2001). Second language mastery. Dans H. Giles & W.P. Robinson (dir.), *Handbook of language and social psychology* (p. 489-504). Londres, R.-U. : Wiley.

Clément, R. & Kruidener, B. G. (1985). Aptitude, attitude and motivation in second language proficiency : A test of Clément's model. *Journal of Language and Social Psychology, 4*, 21-37.

Clément, R. & Laplante, L. S. (1983). L'étude de la communication en tant que paradigme fondamental de la psychologie sociale. *Psychologie canadienne, 24*, 75-80.

Clément, R. & Noels, K.A. (1994). Langage et communication intergroupes. Dans R.Y. Bourhis & J.P. Leyens (dir.), *Stéréotypes, discrimination et relations intergroupes* (p. 233-259). Liège : Mardaga.

Clément, R., Noels, K.A. & Deneault, B. (2001). Inter-ethnic contact, identity, and psychological adjustment : The mediating and moderating roles of communication. *Journal of Social Issues, 57*, 559-577.

Cockell, S.J., Zaitsoff, S.L. & Geller, J. (2004). Maintaining change following eating disorder treatment. *Professional Psychology : Research and Practice, 35*, 527-534.

Coe, C.L. (1993). Psychosocial factors and immunity in nonhuman primates : A review. *Psychomatic Medicine, 55*, 298-308.

Cohen, S. (1988). Psychosocial models of the role of social support in the etiology of physical disease. *Health Psychology, 7*, 269-297.

Cohen, S., Doyle, W.J., Turner, R., Alper, C.M. & Skoner, D.P. (2003). Sociability and susceptibility to the common cold. *Psychological Science, 14*, 389-395.

Cohen, S., Underwood, L.G. & Gottlieb, B.H. (2000). *Social support measurement and intervention : A guide for health and social scientists*. Londres, R.-U. : Oxford University Press.

Cohen, S. & Wills, T.A. (1985). Stress, social support, and the buffering hypothesis. *Psychological Bulletin, 98*, 310-357.

Coie, J.D., Cillessen, A.H.N., Dodge, K.A., Hubbard, J.A., Schwartz, D., Lemerise, E.A. & Bateman, H. (1999). It takes two to fight : A test of relational factors and a method for assessing aggressive dyads. *Develomental Psychology, 35*, 1179-1188.

Coie, J.D. & Dodge, K.A. (1998). Aggression and antisocial behaviour. Dans W. Damon & N. Eisenberg (dir.), *Handbook of child psychology : Social emotional and personality development* (5ᵉ éd., vol. 3, p. 779-862). New York : Wiley.

Coke, J.S., Batson, C.D. & McDavis, K. (1978). Empathic mediation of helping : A two-stage model. *Journal of Personality and Social Psychology, 36*, 752-766.

Collins, N.L. & Feeney, B.C. (2000). A safe heaven : An attachment theory perspective on support seeking and caregiving in intimate relationships. *Journal of Personality and Social Psychology, 78*, 1053-1073.

Collins, N.L. & Miller, L.C. (1994). Self-disclosure and liking : A meta-analytic review. *Psychological Bulletin, 116*, 457-475.

Collins, N.L. & Read, S.J. (1990). Adult attachment, working models, and relationships quality in dating couples. *Journal of Personality and Social Psychology, 58*, 644-663.

Collins, W.A. & Laursen, B. (2000). Adolescent relationships : The art of fugue. Dans C. Hendrick & S.S. Hendrick (dir.), *Close relationships. A sourcebook*. Londres, R.-U. : Sage.

Colon, E.A., Callies, A.L., Popkin, M.K. & McGlave, P.B. (1991). Depressed mood and other variables related to bone marrow transplantation survival in acute leukemia. *Psychosomatics, 32*, 420-425.

Colquitt, J.A. & Greenberg, J. (2003). *Organizational justice : A fair assessment of the state of the literature*. Mahwah, N.J. : Erlbaum.

Colvin, C.R., Block, J. & Funder, D.C. (1995). Overly positive self-evaluations and personality : Negative implications for mental health. *Journal of Personality and Social Psychology, 68*, 1152-1162.

Comstock, G. (1995). Television and the American child. Dans C. Hedley, P. Antonacci & M. Rabinowitz (dir.) *Thinking and literacy : The mind at work* (p. 101-123). Hillsdale, N.J. : Erlbaum.

Comstock, G. & Scharrer, E. (1999). *Television : What's on, who's watching, and what it means*. San Diego, Calif. : Academic Press.

Condry, J. & Condry, S. (1976). Sex differences : A study in the eye of the beholder. *Child Development, 47*, 812-819.

Conger, R., Cui, M., Bryant, C. & Elder, G. (2000). Competence in early adult romantic relationships : A developmental perspective on family influences. *Journal of Personality and Social Psychology, 79*, 224-237.

Contrada, R.J., Goyal, T.M., Cather, C., Rafalson, L., Idler, E.L. & Krause, T.J. (2004). Psychosocial factors in outcomes of heart surgery : The impact of religious involvement and depressive symptoms. *Health Psychology, 23*, 227-238.

Conway, M.A. (1996). Failures in autobiographical remembering. Dans D.J. Hermann, C. McEvoy, C. Hertzog, P. Hertel & M.K. Johnson (dir.), *Basic and applied memory research : Theory in context* (vol. 1, p. 295-315). Mahwah, N.J. : Erlbaum.

Conway, M.A. & Ross, M. (1984). Getting what you want by revising what you had. *Journal of Personality and Social Psychology, 47*, 738-748.

Cook, K.S. (1987). *Social exchange theory*. Beverly Hills, Calif. : Sage.

Cook, T.D. & Groom, C. (2004). The methodological assumptions of social psychology : The mutual dependance of substansive theory and method choice. Dans C. Sansone, C.C. Morf & A.T. Panter (dir.), *The Sage handbook of methods in social psychology* (p. 19-44). Thousand Oaks, Calif. : Sage.

Cook, W.L. (2000). Understanding attachment security in family context. *Journal of Personality and Social Psychology, 78*, 285-294.

Cooley, C.H. (1902). *Human nature and the social order*. New York : Scribner's.

Cooper, J., Fazio, R.H. & Rhodewalt, F. (1978). Dissonance and humor : Evidence for the undifferentiated nature of dissonance arousal. *Journal of Personality and Social Psychology, 36*, 280-285.

Cooper, J., Zanna, M. & Goethals, G. (1974). Mistreatment of an esteemed other as a consequence affecting dissonance reduction. *Journal of Personality and Social Psychology, 20*, 224-233.

Corenblum, B. & Annis, R.C. (1987). Racial identity and preference in Native and White Canadian children. *Canadian Journal of Behavioural Science, 19*, 254-265.

Corenblum, B. & Stephan, W.G. (2001). White fears and Native apprehensions : An integrated threat theory approach to intergroup attitudes. *Canadian Journal of Behavioural Science, 33*, 351-368.

Corneille, O. & Leyens, J.P. (1999). Catégories, catégorisation sociale et essentialisme psychologique. Dans R. Bourhis & J.P. Leyens (dir.), *Stéréotypes, discrimination et relations intergroupes* (p. 41-68). Sprimont : Mardaga.

Cornelius, R.R. (1996) *The science of emotion : Research and tradition in the psychology of emotions* (p. 89-92). Upper Saddle River, N.J. : Prentice-Hall.

Cosmides, L. & Tooby. (1992). Cognitive adaptations for social exchange. Dans J.H. Barkow, l. Cosmides & J. Tooby (dir.), *The adapted mind : Evolutionary psychology and the generation of culture* (p. 163-228). New York : Oxford University Press.

Costa, P.T., Fleg, J.L., McCrae, R.R. & Lakatta, E.G. (1982). Neuroticism, coronary artery disease, and chest pain complaints : Cross-sectional and longitudinal studies. *Experimental Aging Research, 8*, 37-44.

Costa, P.T. & McCrae, R.R. (1987a). Neuroticism, somatic complaints, and disease : Is the bark worse than the bite ? *Journal of Personality, 55*, 299-316.

Costa, P.T. & McCrae, R.R. (1987b). Role of neuroticism in the perception and presentation of chest pain symptoms and coronary artery disease. Dans J.W. Elias & P.H. Marshall (dir.), *Cardiovascular disease and behavior* (p. 39-66). New York : Hemisphere.

Costa, P.T., Jr. & McCrae, R.R. (1992). *Professional manual for the Revised NEO Personality Inventory and NEO Five-Factor Inventory*. Odessa, Fla. : Psychological Assessment Resources.

Cota, A.A. & Dion, K.L. (1986). Salience of gender and ad hoc group sex composition : An experimental test of distinctiveness theory. *Journal of Personality and Social Psychology, 50*, 770-776.

Cottraux, J. (2001). *Les thérapies cognitives*. Paris : Retz.

Cottrell, N.B. & Epley, S.W. (1977). Affiliation, social comparison, and socially mediated stress reduction. Dans J.M. Suls & R.L. Miller (dir.), *Social comparison processes* (p. 43-68). New York : Wiley.

Coulson, M. (2004). Attributing emotion to static body postures : Recognition accuracy, confusions, and viewpoint dependence. *Journal of Nonverbal Behaviour, 28*, 117-139.

Courneya, K.S., Friedenreich, C.M., Sela, R.A., Quinney, A., Rhodes, R.E. & Jones, L.W. (2004). Exercise motivation and adherence in cancer survivors after participation in a randomized controlled trial : An attribution theory perspective. *International Journal of Behavioral Medicine, 11*, 8-17.

Courneya, K.S. & McAuley, E. (1996). Understanding intentions to exercise following a structured exercise program : An attributional perspective. *Journal of Applied Social Psychology, 26*, 670-685.

Covington, M.V. (1992). *Making the grade : A self-worth perspective on motivation and school reform*. Cambridge : Cambridge University Press.

Cox, T.H. (2001). *Creating the multicultural organisation*. San Francisco, Calif. : Jossey-Bass.

Coyne, J.C. (1999). Thinking interactionally about depression : A radical restatement. Dans T. Joiner & J.C. Coyne (dir.), *The interactional nature of depression*. Washington, D.C. : American Psychological Association.

Coyne, J.C. & DeLongis, A. (1986). Going beyond social support : The role of social relationships in adaptation. *Journal of Consulting and Clinical Psychology, 54*, 454-460.

Coyne, J.C. & Downey, G. (1991). Social factors and psychopathology : Stress, social support and coping processes. *Annual Review of Psychology, 42*, 401-425.

Cramer, R.E., McMaster, M.R., Bartell, P.A. & Dragna, M. (1988). Subject competence and minimization of the bystander effect.

Journal of Applied Social Psychology, 18, 1133-1148.

CRI (2001). Pour une fonction publique à l'image de la diversité québécoise. *Avis présenté au ministre des Relations avec les citoyens et de l'Immigration*. Montréal : Conseil des relations interculturelles. Gouvernement du Québec.

Crick, N.R. & Dodge, K.A. (1994). A review and reformulation of social-information processing mechanisms in children's social adjustment. *Psychological Bulletin*, 115, 74-101.

Crick, N.R. & Dodge, K.A. (1996). Social information-processing mechanisms in reactive and proactive aggression. *Child Development*, 67, 993-1002.

Crick, N.R. & Grotpeter, J.K. (1995). Relational aggression, gender, and social-psychological adjustment. *Child Development*, 66, 710-722.

Crisp, R.J. & Beck, S.R. (2005). Reducing intergroup bias : The moderating role of ingroup identification. *Group Processes and Intergroup Relations*, 8, 173-185.

Crisp, R.J. & Hewstone, M. (1999). Differential evaluation of crossed category groups : Patterns, processes, and reducing intergroup bias. *Group Processes and Intergroup Relations*, 2, 307-333.

Crittenden, K.S. & Bae, H. (1994). Self effacement and social responsibility : Attribution as impression management in Asian culture. *American Behavioral Scientist*, 37, 653-671.

Crocker, J. & Park, L.E. (2003). Seeking self-esteem : Construction, maintenance, and protection of self-worth. Dans M.R. Leary & J.P. Tangney (dir.), *Handbook of self and identity* (p. 291-313). New York : Guilford.

Crocker, J. & Park, L.E. (2004). The costly pursuit of self-esteem. *Psychological Bulletin*, 130, 392-414.

Crocker, J. & Quinn, D.M. (2001). Psychological consequences of devalued identities. Dans R. Brown & S. Gaertner (dir.), *Blackwell handbook of social psychology : Intergroup processes* (p. 238-257). Oxford, R.-U. : Blackwell.

Crocker, J. & Wolfe, C.T. (2001). Contingencies of self-worth. *Psychological Review*, 108, 593-623.

Croizet, J.-C., Després, G., Gauzins, M.-E., Huguet, P., Leyens, J.-P. & Méot, A. (2004). Stereotype threat undermines intellectual performance by triggering a disruptive mental load. *Personality and Social Psychology Bulletin*, 30, 721-731.

Croizet, J.-C. & Leyens, J.P. (2003). *Mauvaises réputations : réalités et enjeux de la stigmatisation sociale*. Paris : Colin.

Cronley, M.L., Kardes, F.R., Goddard, P. & Houghton, D.C. (1999). Endorsing products for money : The role of the correspondance bias in celebrity advertising. *Advances in Consumer Research*, 26, 627-631.

Crosby, F.J. (1982). *Relative deprivation and working women*. New York : Oxford University Press.

Crosby, F.J., Feldman, B.M. & Wingate, B.R. (2001). Addressing and redressing discrimination : Affirmative action in social psychological perspective. Dans R. Brown & S.L. Gaertner (dir.), *Blackwell handbook of social psychology : Intergroup processes* (p. 495-513). Oxford, R.-U. : Blackwell.

Cross, S.E., Bacon, P. & Morris, M. (2000). The relational-interdependant self-construal and relationships. *Journal of Personality and Social Psychology*, 78, 791-808.

Cross, S.E. & Gore, J.S. (2003). Cultural models of the self. Dans M.R. Leary & J.P. Tangney (dir.), *Handbook of self and identity* (p. 536-566). New York : Guilford.

Croyle, R.T. & Cooper, J. (1983). Dissonance arousal : Physiological evidence. *Journal of Personality and Social Psychology*, 45, 782-791.

Cruce, M.K., Stinnett, T.A. & Choate, K.T. (2003). Educational practices and problems : Student sexual orientation, promiscuity and urban acculturation as factors that influence teacher judgements about HIV+ students. *Psychology in the Schools*, 40, 173-182.

Crutchfield, R.S. (1955). Conformity and character. *American Psychologist*, 10, 191-198.

Cruz, M.G. (1998). Explicit and implicit conclusions in persuasive messages. Dans M. Allen & R.W. Preiss (dir.), *Persuasion : Advances through meta-analysis* (p. 217-230). Cresskill, N.J. : Hampton Press.

Csikszentmihalyi, M. (1982). Toward a psychology of optimal experience. Dans L. Wheeler (dir.), *Review of personality and social psychology* (vol. 3, p. 13-36). Beverly Hills, Calif. : Sage.

Csikszentmihalyi, M. (1990). *Flow. The psychology of optimal experience*. New York : Harper & Row.

Csikszentmihalyi, M. (1999). If we are so rich, why aren't we happy ? *American Psychologist*, 54, 821-827.

Cuccioletta, D. (2005). Scandale des commandites – Notre Watergate. *Le Devoir*, 22 avril 2005.

Cuddy, M.E. & Frame, C. (1991). Comparison of aggressive and non aggressive boys' self-efficacy and outcome expectancy beliefs. *Child Study Journal*, 21, 135-152.

Cungi, C. (2001). *Savoir s'affirmer*. Paris : Retz.

Cunningham, M.R. (1988). Does happiness mean friendliness ? Induced mood and heterosexual self-disclosure. *Personality and Social Psychology Bulletin*, 14, 283-297.

Cunningham, M.R., Barbee, A.P. & Druen, P.B. (1997). Social allergens and the reactions that they produce : Escalation of annoyance and disgust in love and work. Dans R.M. Kowalski (dir.), *Aversive interpersonal behaviors* (p. 190-215). New York : Plenum.

Cunningham, W.A., Johnson, M.K., Gatenby, J.C., Gore, J.C. & Banaji, M.R. (2003). Neural components of social evaluation. *Journal of Personality and Social Psychology*, 85, 639-649.

Cunningham, W.A., Raye, C.L., Jonhson, M.K. (2004). Implicit and explicit evaluation : FMRI correlates of valence, emotional intensity, and control in the processing of attiudes. *Journal of Cognitive Neuroscience*, 16, 1717-1729.

Cutler, B.L. (1990). Introduction : The status of scientific jury selection in psychology and law. *Forensic Reports*, 3, 227-232.

Cutler, B.L. & Penrod, S.D. (1995). *Mistaken identification : The eyewitness, psychology, and the law*. New York : Cambridge University Press.

Cutrona, C.E. (1982). Transition to college : Loneliness and the process of social adjustment. Dans L.A. Peplau & D.Perlman (dir.), *Loneliness : A sourcebook of current theory, research and therapy* (p. 291-309). New York : Wiley.

Dagnan, D. & Cairns, M. (2005). Staff judgments of responsability for the challenging behavior of adults with intellectual disabilities. *Journal of Intellectual Disability Research*, 49, 95-101.

Dainton, M. (2000). Maintenance behaviors, expectations for maintenance, and satisfaction : Linking comparisons levels to relational maintenance strategies. *Journal of Social and Personal Relationships*, 17, 827-842.

Dakof, G.A. & Taylor, S.E. (1990). Victims' perceptions of social support : What is help-ful from whom ? *Journal of Personality and Social Psychology*, 58, 80-89.

Dambrun, M. & Guimond, S. (2001). La théorie de la privation relative et l'hostilité envers les Nord-Africains. *Revue internationale de psychologie sociale*, 14, 57-89.

Dambrun, M., Guimond, S. & Duarte, S. (2002). The impact of hierarchy-enhancing vs. attenuating academic major on stereotyping : The mediating role of perceived social norm. *Current Research in Social Psychology*, 7, 114-136.

Dambrun, M., Guimond, S. & Taylor, D.M. (2006). The counter-intuitive effect of relative gratification on intergroup attitudes. Dans S. Guimond (dir.), *Social comparison and social psychology : Understanding cognition, intergroup relations and culture*. Cambridge : Cambridge University Press.

Dambrun, M., Maisonneuve, C., Duarte, S. & Guimond, S. (2002). Modélisation de quelques déterminants psychosociaux de l'attitude envers l'extrême droite. *Cahiers internationaux de psychologie sociale*, 55, 49-63.

Dandeneau, S.D. & Baldwin, M.W. (2004). The inhibition of socially rejecting information among people with high versus low self-esteem : The role of attentional bias and the effects of bias reduction training. *Journal of Social and Clinical Psychology*, 23, 584-602.

Dandurand, R.B. (1994). Divorce et nouvelle monoparentalité. Dans F. Dumont, S. Langlois & Y. Martin (dir.), *Traité des problèmes sociaux*. Québec : Institut québecois de recherche sur la culture.

Dane, F.C. (1992). Applying social psychology in the courtroom : Understanding stereotypes in jury decision making. *Contemporary Social Psychology*, 16, 33-36.

Dane, F.C. & Wrightsman, L.S. (1982). Effects of victims' and defendants' characteristics upon jury verdicts. Dans N.L. Kerr & R.M. Bray (dir.), *The psychology of the courtroom* (p. 83-115). New York : Academic Press.

Danner, D.D., Snowdon, D.A. & Friesen, W.A. (2001). Positive emotions in early life and longevity : Findings from the nun study. *Journal of Personality and Social Psychology*, 80, 804-813.

Darley, J. (1970, septembre). Diffusion of responsability and helping behavior. Présentation au congrès annuel de l'American Psychological Association.

Darley, J. & Batson, C.D. (1973). « From Jerusalem to Jericho » : A study of situational and dispositional variables in helping behavior. *Journal of Personality and Social Psychology*, 27, 100-108.

Darley, J.M. (1992). Social organization for the production of evil. *Psychological Inquiry*, 3, 199-218.

Darley, J.M., Fleming, J.H., Hilton, J.L. & Swann, W.B., Jr. (1988). Dispelling negative expectancies : The impact of interactions goals and target characteristics on the expectancy confirmation hypothesis. *Journal of Experimental Social Psychology*, 24, 19-36.

Darley, J.M. & Latané, B. (1968). Bystander intervention in emergencies : Diffusion of responsability. *Journal of Personality and Social Psychology*, 8, 377-383.

Darwin, C. (1859). *On the origins of species*. Londres, R.-U. : Murray.

Darwin, C. (1872). *The expression of emotions in man and animals*. Londres, R.-U. : Murray.

Dasgupta, N. & Greenwald, A.G. (2001). On the malleability of automatic attitudes : Combating automatic prejudice with images of admired and disliked individuals. *Journal of Personality and Social Psychology*, 81, 800-814.

Dashiell, J.F. (1935). Experimental studies of the influence of social situations on the behavior of individual human adults. Dans C. Murchison (dir.), *Handbook of social psychology* (1re éd., p. 1097-1158). Worcester, Mass. : Clark University.

Daus, C.S. & Ashkanasy, N.M. (2005). The case for the ability-based model of emotional intelligence in organizational behavior. *Journal of Organizational Behavior*, 26, 453-466.

Davidson, O.B. & Eden, D. (2000). Remedial self-fulfilling prophecy : Two field experiments to prevent Golem effects among disadvantaged women. *Journal of Applied Psychology*, 85, 386-398.

Davidson, R.J., Jackson, D.C. & Kalin, N.H. (2000). Emotion, plasticity, context, and regulation : Perspectives from affective neuroscience. *Psychological Bulletin*, 126, 890-909.

Davies, P.G., Spencer, S.J. & Steele, C.M. (2005). Clearing the air : Identity safety moderates the effects of stereotype threat on women's leadership aspirations. *Journal of Personality and Social Psychology*, 88, 276-287.

Davis, C.G., Nolen-Hoeksema, S. & Larson, J. (1998). Making sense of loss and benefiting from the experience : Two construals of meaning. *Journal of Personality and Social Psychology*, 75, 561-574.

Davis, M.H. (1994). *Empathy : A social psychological approach*. Madison, Wis. : Benchmark.

Davis, M.H. (1996). *Empathy : A Social Psychological Approach*. Boulder, Colo. : Westview Press.

De Castro, B.O., Slot, N.W., Bosch, J.D., Koops, W. & Veerman, J.W. (2003). Negative feelings exacerbate hostile attributions of intent in highly aggressive boys. *Journal of Clinical Child and Adolescent Psychology*, 32, 56-65.

De Guise, J. & Paquette, G. (1999). *La violence à la télévision canadienne 1993-1998 : analyse des émissions de fiction diffusées par les six réseaux généralistes*. Sainte-Foy : Centre d'études sur les médias, Université Laval.

De Houwer, J., Thomas, S. & Baeyens, F. (2001). Associative learning of likes and dislikes : A review of 25 years of research on human evaluative conditioning. *Psychological Bulletin*, 127, 853-869.

De Jong-Gierveld, J. (1986). Loneliness and the degree of intimacy in interpersonal relationships. Dans R. Gilmour & S. Duck (dir.), *The emerging field of personal relationships* (p. 241-249). Hillsdale, N.J. : Erlbaum.

De La Ronde, C. & Swann, W.B., Jr. (1998). Partner verification : Restoring shattered images of our intimates. *Journal of Personality and Social Psychology*, 75, 374-382.

De Saint-Exupéry, A. (1946). *Le petit prince*. Paris : Gallimard.

De Saussure, G.F. (1955). *Cours de linguistique générale*. Paris : Payot.

De St-Aubin, E., McAdams, D.P. & Kim, T.C. (dir.) (2004). *The generative society : Caring for future generations*. Washington, D.C. : American Psychological Association.

De Vellis, R.F. (2003). *Scale development : Theory and applications* (2e éd.) Thousand Oaks, Calif. : Sage.

De Visscher, P. (1991). *Us, avatars et métamorphoses de la dynamique des groupes. Une brève histoire des groupes restreints*. Grenoble : Presses universitaires de Grenoble.

De Visscher, P. (2001). *La dynamique des groupes d'hier à aujourd'hui*. Paris : Presses universitaires de France.

Deaux, K. (1984). From individual differences to social categories : Analysis of a decade's research on gender. *American Psychologist*, 39, 105-116.

Deaux, K. & Emswiller, T. (1974). Explanations of successful performance on sex-linked tasks : What is skill for the male is luck for the female. *Journal of Personality and Social Psychology*, 29, 80-85.

Deaux, K. & Farris, E. (1977). Attributing causes for one's own performance : The effects of sex, norms, and outcome. *Journal of Research in Personality*, 11, 59-72.

Deaux, K. & LaFrance, M. (1998). Gender. Dans D.T. Gilbert, S.T. Fiske & G. Lindzey (dir.), *The handbook of social psychology* (4ᵉ éd., vol. 1, p. 788-827). Boston, Mass. : McGraw-Hill.

Deaux, K. & Lewis, L.L. (1984). The structure of gender stereotypes : Interrelationships among components and gender label. *Journal of Personality and Social Psychology*, 46, 991-1004.

Deci, E.L. (1971). Effects of externally mediated rewards on intrinsic motivation. *Journal of Personality and Social Psychology*, 15, 105-115.

Deci, E.L. (1975). *Intrinsic motivation*. New York : Plenum.

Deci, E.L. (1980). *The psychology of self-determination*. Lexington, Mass. : Lexington Books.

Deci, E.L., Connell, J.P. & Ryan, R.M. (1989). Self-determination in a work organization. *Journal of Applied Psychology*, 74, 580-590.

Deci, E.L., Koestner, R. & Ryan, R.M. (1999). A meta-analytic review of experiments examining the effects of extrinsic rewards on intrinsic motivation. *Psychological Bulletin*, 125, 627-668.

Deci, E.L., Koestner, R. & Ryan, R.M. (2001). Extrinsic rewards and intrinsic motivation in education : Reconsidered once again. *Review of Educational Research*, 71, 1-27.

Deci, E.L. & Ryan, R.M. (1985). *Intrinsic motivation and self-determination in human behavior*. New York : Plenum.

Deci, E.L. & Ryan, R.M. (1991). A motivational approach to self : Integration in personality. Dans R. Dienstbier (dir.), *Nebraska Symposium on Motivation : Perspectives on Motivation* (vol. 38, p. 237-288). Lincoln, Nebr. : University of Nebraska Press.

Deci, E.L. & Ryan, R.M. (1995). Human autonomy : The basis for true self-esteem. Dans M. Kernis (dir.), *Efficacy, agency, and self-esteem* (p. 31-49). New York : Plenum.

Deci, E.L. & Ryan, R.M. (2000). The « what » and « why » of goal pursuits : Human needs and the self-determination of behavior. *Psychological Inquiry*, 11, 227-268.

Deci, E.L. & Ryan, R.M. (dir.) (2002). *Handbook of self-determination research*. Rochester, N.Y. : University of Rochester Press.

DeJong, W. (1979). An examination of self-perception mediation of the foot-in-the-door effect. *Journal of Personality and Social Psychology*, 37, 2221-2239.

Demski, R.M. & McGlynn, R.P. (1999). Fear or moral indignation ? Predicting attitudes toward paroles. *Journal of Applied Social Psychology*, 29, 2024-2058.

DePaulo, B.M. (1992). Nonverbal behaviour and self-presentation. *Psychological Bulletin*, 111, 203-243.

DePaulo, B.M., Bell, K.L. & Witt, C.L. (1996). Feigning spontaneity. (Manuscrit non publié).

DePaulo, B.M. & Friedman, H.S. (1998). Nonverbal communication. Dans D. Gilbert, S.T. Fiske & G. Lindzey (dir.),

Handbook of social psychology (4ᵉ éd., vol. 2, p. 3-40). New York : Random House.

DePaulo, B.M. & Kashy, D.A. (1998). Everyday lies in close and casual relationships. *Journal of Personality and Social Psychology*, 74, 63-79.

DePaulo, B.M., Kashy, D.A., Kirkendol, S.E., Wyer, M.M. & Epstein, J.A. (1996). Lying in everyday life. *Journal of Personality and Social Psychology*, 70, 979-995.

DePaulo, B.M., Lindsay, J.J., Malone, B.E., Muhlenbruck, L., Charlton, K. & Cooper, H. (2003). Cues to deception. *Psychological Bulletin*, 129, 74-118.

DePaulo, B.M. & Pfeifer, R.L. (1986). On-the-job experience and skill at detecting deception. *Journal of Applied Social Psychology*, 16, 249-267.

DePaulo, B.M., Rosenthal, R., Eisenstat, R.A., Rogers, P.L. & Finkelstein, S. (1978). Decoding discrepant nonverbal cues. *Journal of Personality and Social Psychology*, 36, 313-323.

DePaulo, B.M., Stone, J.I. & Lassiter, G.D. (1985). Deceiving and detecting deceit. Dans B.R. Schlenker (dir.), *The self and social life* (p. 323-370). New York : McGraw-Hill.

DePaulo, B.M., Wetzel, C., Sternglanz, R.W. & Wilson, M.J.W. (2003). Verbal and nonverbal dynamics of privacy, secrecy, and deceit. *Journal of Social Issues*, 59, 391-410.

Depuiset, M.-A. & Butera, F. (2003). The stability of patriotism in the face of variation in national laws. *Psychologica Belgica*, 43, 123-138.

Derevensky, J.L. & Gupta, R. (2001). *Lottery ticket purchases by adolescents : A qualitative and quantitative examination*. Report to the Ministry of Health and Long Term Care. Guelph : Ontario Problem Gambling Research Centre.

DeRidder, R., Schruijer, S.G.L. & Rijsman, J.B. (1999). Retaliation to personalistic attack. *Aggressive Behavior*, 25, 91-96.

Derlega, V.J., Lewis, R.J., Harrisson, S., Winstead, B.A. & Costanza, R. (1989). Gender differences in the initiation and attribution of tactile intimacy. *Journal of Nonverbal Behavior*, 13, 83-96.

Derlega, V.J., Metts, S., Petronio, S. & Margulis, S.T. (1993). *Self-disclosure*. Newbury Park, Calif. : Sage.

Derlega, V.J., Winstead, B.A., Green, K., Serovich, J. & Elwood, W.N. (2004). Reasons for HIV disclosure/nondisclosure in close relationships : Testing a model of HIV-disclosure decision making. *Journal of Social and Clinical Psychology*, 23, 747-767.

DeRubeis, R.J. & Hollon, S.D. (1995). Explanatory style in the treatment of depression. Dans G.M. Buchanan & M.E.P. Seligman (dir.), *Explanatory style* (p. 99-112). Hillsdale, N.J. : Erlbaum.

Deschamps, J.-C. (1982). Social identity and relations of power between groups. Dans H. Tajfel (dir.), *Social identity and intergroup relations* (p. 85-98). Cambridge : Cambridge University Press.

Deschamps, J.-C. & Doise, W. (1978). Crossed category memberships in intergroup relations. Dans H. Tajfel (dir.), *Differentiation between social groups* (p. 141-158). Cambridge : Cambridge University Press.

Deschamps, J.-C., Morales, J.F., Paez, D. & Worchel, S. (dir.) (1999). *L'identité sociale : La construction de l'individu dans les relations entre groupes*. Grenoble : Presses universitaires de Grenoble.

Deschênes, L. (1987). *Les ménages et les familles au Québec*. Montréal : Bureau de la statistique du Québec.

Desor, D. (1999). *Le comportement social des animaux*. Grenoble : Presses universitaires de Grenoble.

Deutsch, M. (1949). A theory of cooperation and competition. *Human Relations*, 2, 129-152.

Deutsch, M. & Gerard, H.B. (1955). A study of normative and informational social influences upon individual judgment. *Journal of Abnormal and Social Psychology*, 51, 629-636.

Deutscher, I. (1966). *What we say/What we do*. Glenview, Ill. : Foresman.

Devine, P.G. (1989). Stereotypes and prejudice : Their automatic and controlled components. *Journal of Personality and Social Psychology*, 56, 44-50.

Devine, P.G. & Elliot, A.J. (1995). Are racial stereotypes really fading ? The Princeton trilogy revisited. *Personality and Social Psychology Bulletin*, 21, 1139-1150.

Devine, P.G., Plant, A., Amodio, D., Harmon-Jones, E. & Vance, S. (2002). The regulation of explicit and implicit race bias : The role of motivation to respond without prejudice. *Journal of Personality and social Psychology*, 82, 835-848.

Devine, P.G., Plant, E.A. & Blair, I.V. (2001). Classic and contemporary analysis of racial prejudice. Dans R. Brown & S. Gaertner (dir.), *Blackwell handbook of social psychology : Intergroup processes* (p. 198-217). Malden, Mass. : Blackwell.

Diamond, W.D. & Loewry, B.Z. (1991). Effects of probabilistic rewards on recycling attitudes and behavior. *Journal of Applied Social Psychology*, 21, 1590-1607.

Dickerson, C., Thibodeau, R., Aronson, E. & Miller, D. (1992). Using cognitive dissonance to encourage water conservation. *Journal of Applied Social Psychology*, 22, 841-854.

Dickerson, S.S., Gruenewald, T.L. & Kemeny, M.E. (2004). When the social self is threatened : Shame, physiology, and health. *Journal of Personality*, 72, 1191-1216.

Dickoff, H. (1961). Reactions to evaluations by another person as a function of self evaluation and the interaction context. (Thèse de doctorat inédite) Durham, N.C. : Duke University.

Dickson, W.J. & Roethlisberger, F.J. (1966). *Counselling in organization : A sequel to the Hawthorne studies*. Boston, Mass. : Harvard University.

Diener, E. (2000). Subjective well-being : The science of happiness and a proposal for a national index. *American Psychologist*, 55, 34-43.

Diener, E. & Biswas-Diener, R. (2002). Will money increase subjective well-being ? A literature review. *Social Indicators Research*, 57, 119-169.

Diener, E., Fraser, S.C., Beaman, A.L. & Kelem, R.T. (1976). Effects of deindividuation variables on stealing among Halloween trick-or-treaters. *Journal of Personality and Social Psychology*, 37, 413-423.

Diener, E. & Oishi, S. (2000). Money and happiness : Income and subjective well-being across nations. Dans E. Diener & E.M. Suh (dir.), *Culture and subjective well-being*. Cambridge, Mass. : MIT Press.

Diener, E. & Seligman, M.E.P. (2002). Very happy people. *Psychological Science*, 13, 80-83.

Diener, E., Suh, E.M., Lucas, R.E. & Smith, H.L. (1999). Subjective well-being : Three decades of progress. *Psychological Bulletin*, 125, 276-302.

Diener, E., Wolsic, B. & Fujita, F. (1995). Physical attractiveness and subjective well-

being. *Journal of Personality and Social Psychology*, 69, 120-129.

Dietz, T.L. (1998). An examination of violence and gender role portrayals in video games : Implications for gender socialization and aggressive behavior. *Sex Roles*, 38, 425-442.

Dietz-Uhler, B., Bishop-Clark, C. & Howard, E. (2005). Formation of an adherence to a self-disclosure norm in an online chat. *Cyberpsychology and Behavior*, 8, 114-120.

Digman, J.M. (1990). Personality structure : Emergence of the five-factor model. *Annual Review of Psychology*, 41, 417-440.

Dijksterhuis, A. (2004a). I like myself but I don't know why : Enhancing implicit self-esteem by subliminal evaluative conditioning. *Journal of Personality and social Psychology*, 86, 345-355.

Dijksterhuis, A. (2004b). Think different : The merits of unconscious thought in preference development and decision making. *Journal of Personality and Social Psychology*, 87, 586-598.

DiLalla, L.F. (2002). Behavior genetics of aggression in children : Review and futur directions. *Developmental Review*, 22, 593-622.

Dill, J.C. & Anderson, C.A. (1995). Effects of frustration justification on hostile aggression. *Aggressive Behavior*, 21, 359-369.

Dillard, J.P. (1994). Rethinking the study of fear appeals : An emotional perspective. *Communication Theory*, 4, 295-323.

Dillard, J.P., Hunter, J.E. & Burgoon, M. (1984). Sequential request persuasive strategies : Meta-analysis of foot-in-the-door and door-in-the-face. *Human Communication Research*, 10, 461-488.

Dindia, K. & Allen, M. (1992). Sex differences in self-disclosure : A meta-analysis. *Psychological Bulletin*, 112, 106-124.

Dion, K.K. & Berscheid, E. (1974). Physical attractiveness and peer perception among children. *Sociometry*, 37, 1-12.

Dion, K.K., Berscheid, E. & Walster, E. (1972). What is beautiful is good. *Journal of Personality and Social Psychology*, 24, 285-290.

Dion, K.L. (1975). Women's reactions to discrimination from members of the same or opposite sex. *Journal of Research in Personality*, 9, 294-306.

Dion, K.L. (1979). Intergroup conflict and intragroup cohesiveness. Dans W.G. Austin & S. Worchel (dir.), *The social psychology of intergroup relations*. Monterey, Calif. : Brooks/Cole.

Dion, K.L. (1986). Responses to perceived discrimination and relative deprivation. Dans J.M. Olson, C.P. Herman & M.P. Zanna (dir.), *Relative deprivation and social comparison. The Ontario symposium* (p. 159-179). Hillsdale, N.J. : Erlbaum.

Dion, K.L. & Dion, K.K. (1976). Love, liking and trust in heterosexual relationships. *Personality and Social Psychology Bulletin*, 2, 187-190.

Dion, K.L. & Dion, K.K. (1987). Belief in a just world and physical attractiveness stereotyping. *Journal of Personality and Social Psychology*, 52, 775-780.

DiPaula, A. & Campbell, J.D. (2002). Self-esteem and persistence in the face of failure. *Journal of Personality and Social Psychology*, 83, 711-724.

Dishion, T.J., Patterson, G.R. & Griesler, P.C. (1994). Peer adaptations in the development of antisocial behavior : A confluence model. Dans L.R. Huesmann (dir.), *Aggressive behavior : Current perspectives* (p. 61-95). New York : Plenum.

DiTommaso, E. & Spinner, B. (1997). Social and emotional loneliness : A re-examination of Weiss' typology of loneliness. *Personality and Individual Differences, 22,* 417-427.

Dodge, K.A. (1980). Social cognition and children's aggressive behavior. *Child Development, 51,* 162-170.

Dodge, K.A. (1986). A social information processing model of social competence in children. Dans M. Perlmutter (dir.), *Minnesota symposia on child psychology* (vol. 18, p. 75-127). Hillsdale, N.J. : Erlbaum.

Dodge, K.A. (1991, juillet). Studying mechanisms in the cycle of violence. *Conférence au Biennial Meeting of the International Society for the Study of Behavioral Development.* Minneapolis, Minnesota.

Dodge, K.A., Bates, J.E. & Pettit, G.S. (1990). Mechanisms in the cycle of violence. *Science, 250,* 1678-1683.

Dodge, K.A. & Coie, J.D. (1987). Social-information processing factors in reactive and proactive aggression in children's peer groups. *Journal of Personality and Social Psychology, 53,* 1146-1158.

Dodge, K.A. & Frame, C.L. (1982). Social cognitive biases and deficits in aggressive boys. *Child Development, 53,* 620-635.

Dodge, K.A., Pettit, G.S., Bates, J.E. & Valente, E. (1995). Social information-processing patterns partially mediate the effect of early physical abuse on later conduct problems. *Journal of Abnormal Psychology, 104,* 632-643.

Dodge, K.A., Pettit, G.S., McClaskey, C.L. & Brown, M. (1986). Social competence in children. *Monograph of the Society for Research in Child Development, 51*(2), n° 213.

Dodge, K.A. & Price, J.M. (1994). On the relation between social information-processing and socially competent behaviour in early school-aged children. *Child Development, 65,* 1385-1397.

Dodge, K.A. & Richard, B.A. (1985). Peer perceptions, aggressions and peer relations. Dans J.B. Pryor & J.D. Day (dir.), *The development of social cognition.* New York : Springer-Verlag.

Dohrenwend, B., Pearlin, L., Clayton, P., Hamburg, B., Dohrenwend, B.P., Riley, M. *et al.* (1982). Report on stress and life events. Dans G.R. Elliott & C. Eisdorfer (dir.), *Stress and human health : Analysis and implications of research* (A study by the Institute of Medicine/National Academy of Sciences). New York : Springer-Verlag.

Doise, W. (1969). Intergroup relations and polarization of individual and collective judgments. *Journal of Personality and Social Psychology, 12,* 136-143.

Doise, W. (1976). *L'articulation psychosociologique et les relations entre groupes.* Bruxelles : De Boeck.

Doise, W. (1986). *Levels of explanation in social psychology.* Londres, R.-U. : Cambridge University Press.

Doise, W. & Moscovici, S. (1984). Les décisions en groupe. Dans S. Moscovici (dir.), *Psychologie sociale* (p. 254-274). Paris : Presses universitaires de France.

Dollard, J., Doob, L.W., Miller, N.E., Mowrer, O.H. & Sears, R.R. (1939). *Frustration and aggression.* New Haven, Conn. : Yale University Press.

Dollard, J. & Miller, N.E. (1941). *Social learning and imitation.* Londres, R.-U. : Oxford University Press.

Donahue, E.M., Robins, R.W., Roberts, B.W. & John, O.P. (1993). The divided self : Concurrent and longitudinal effects of psychological adjustment and social roles on self-concept differentiation. *Journal of Personality and Social Psychology, 64,* 834-846.

Donnerstein, E., Donnerstein, M. & Evans, R. (1975). Erotic stimuli and aggression : Facilitation or inhibition. *Journal of Personality and Social Psychology, 32,* 237-244.

Donnerstein, E. & Hallam, J. (1978). Facilitating effects of erotica on aggression against women. *Journal of Personality and Social Psychology, 36,* 1270-1277.

Doosje, B., Spears, R., Ellemers, N. & Koomen, W. (1999). Perceived group variability in intergroup relations : The distinctive role of social identity. *European Review of Social Psychology, 10,* 41-74.

Doré, F.Y. & Goulet, S. (2000). La rédaction et la diffusion des résultats de recherche. Dans R.J. Vallerand & U. Hess (dir.), *Méthodes de recherche en psychologie* (p. 457-482). Montréal : Gaëtan Morin Éditeur.

Dörnyei, Z. & Schmidt, R. (2001). *Motivation and second language acquisition.* Manoa, Hawaï : University of Hawaï.

Dovidio, J.F. (1984). Helping behavior and altruism : An empirical and conceptual overview. Dans L. Berkowitz (dir.), *Advances in experimental social psychology* (vol. 17, p. 361-427). New York : Academic Press.

Dovidio, J.F. & Gaertner, S.L. (1986). Prejudice, discrimination, and racism : Historical trends and contemporary approaches. Dans J.F. Dovidio & S.L Gaertner (dir.), *Prejudice, discrimination, and racism* (p. 1-34). New York : Academic Press.

Dovidio, J.F., Gaertner, S.L. & Kawakami, K. (2003). Intergroup contact : The past, present, and the future. *Group Processes and Intergroup Relations, 6,* 5-21.

Dovidio, J.F., Kawakami, K. & Beach, K.R. (2001). Implicit and explicit attitudes : Examination of the relationship between measures of intergroup bias. Dans R. Brown & S. Gaertner (dir.), *Blackwell handbook of social psychology : Intergroup processes.* Oxford, R.-U. : Oxford University Press.

Dovidio, J.F., Kawakami, K. & Gaertner, S.L. (2000). Reducing contemporary prejudice : Combating explicit and implicit bias at the individual and intergroup level. Dans S. Oskamp (dir.), *Reducing prejudice and discrimination. The Claremont symposium on applied social psychology* (p. 137-163). Mahwah, N.J. : Erlbaum.

Dovidio, J.F., Kawakami, K., Johnson, C., Johnson, B. & Howard, A. (1997). On the nature of prejudice : Automatic and controlled processes. *Journal of Experimental Social Psychology, 33,* 510-540.

Dovidio, J.F. & Penner, L.A. (2004). Helping and altruism. Dans M.B. Brewer & M. Hewstone (dir.), *Emotion and motivation.* Malden, Mass. : Blackwell.

Dovidio, J.F., Piliavin, J.A., Gaertner, S.L., Schroeder, D.A. & Russel III, D.C. (1991). The arousal : Cost-reward model and the process of intervention : A review of the evidence. Dans M.S. Clark (dir.), *Review of personality and social psychology : Vol. 12. prosocial behavior* (p. 86-118). Newbury Park, Cafif : Sage.

Doyle, A.B., Aboud, F.E. & Sufrategui, M. (1992). Le développement des préjugés ethniques durant l'enfance. *Revue québécoise de psychologie, 13,* 63-73.

Drigotas, S.M. & Rusbult, C.E. (1992). Should I stay or should I go ? A dependence model of breakups. *Journal of Personality and Social Psychology, 62,* 62-87.

Drigotas, S.M., Rusbult, C.E. & Verette, J. (1999). Level of commitment, mutuality of commitment, and couple well-being. *Personal Relationships, 6,* 389-409.

Drozda-Senkowska, E. & Oberlé, D. (2000). Raisonner en groupe. Questions sur les effets de la discussion et du consensus. Dans J.-L. Beauvois, R.V. Joule & J.-M. Monteil (dir.), *Perspectives cognitives et conduites sociales* (vol. VII, p. 18-40). Rennes : Presses universitaires de Rennes.

Duarte, S., Dambrun, M. & Guimond, S. (2004). La dominance sociale et les « mythes légitimisateurs » : Validation d'une version française de l'échelle d'orientation à la dominance sociale. *Revue internationale de psychologie sociale, 17,* 97-126.

Dubé, L., Blondin, J.P. & Kairouz, S. (1991). Happiness : What does it mean to people ? *Présentation au congrès annuel de la Société canadienne de psychologie,* Calgary, Alberta.

Dubé, L. & Brault-Labbé, A. (2002). De la possibilité du bonheur : Une approche psychosociale. Dans C. Bonardi, F. Girandola, N. Roussiau & N. Soubiale (dir.), *Psychologie sociale appliquée. Environnement, santé, qualité de vie* (p. 185-200). Paris : In Press Editions.

Dubé, L., Kairouz, S. & Jodoin, M. (1997). L'engagement : Un gage de bonheur ? *Revue québécoise de psychologie, 18,* 211-237.

Dubé, L. & Guimond, S. (1986). Relative deprivation and social protest : The personal-group issue. Dans J.M. Olson, C.P. Herman & M.P. Zanna (dir.), *Relative deprivation and social comparison : The Ontario symposium. Relative deprivation and social comparison* (p. 201-216). Hillsdale, N.J. : Erlbaum.

Dubois, B.L. & Crouch, I. (1977). The question of tag questions in women's speech : They don't really use more of them do they ? *Language in Society, 4,* 289-294.

Dubois, N. (1994). *La norme d'internalité et le libéralisme.* Grenoble : Presses universitaires de Grenoble.

Duck, J., Hogg, M. & Terry, D. (1995). Me, us and them : Political identification and the third-person effect in the 1993 Australian federal election. *European Journal of Social Psychology, 25,* 195-215.

Duck, S. (1986). *Human relationships : An introduction to social psychology.* Londres, R.-U. : Sage.

Duckitt, J.H. (1992). Threat and authoritarianism : Another look. *Journal of Social Psychology, 132,* 697-698.

Duckitt, J.H. (2001a). A dual-process cognitive-motivational theory of ideology and prejudice. Dans M.P. Zanna (dir.), *Advances in experimental social psychology* (vol. 33, p. 41-112). San Diego, Calif. : Academic Press.

Duckitt, J.H. (2001b). Reducing prejudice : An historical and multi-level approach. Dans M. Augoustinos & K.J. Reynolds (dir.), *Understanding prejudice, racism, and social conflict* (p. 253-272). Thousand Oaks, Calif. : Sage.

Dufresne, E. (2001). La récusation d'un juge pour partialité. *Le Journal du Barreau, 33*(2), 9.

Duggan, E.S. & Brennan, K.A. (1994). Social avoidance and its relation to Bartholomew's adult attachment typology. *Journal of Social and Personal Relationships, 11,* 147-153.

Dulude, D., Sabourin, S., Lussier, Y. & Wright, J. (1990). Attributions, complexité attributionnelle et satisfaction conjugale. *International Journal of Psychology, 25,* 439-454.

Duncan, S.D. (1972). Some signals and rules for taking speaking turns in conversations. *Journal of Personality and Social Psychology, 23,* 283-292.

Duncan. S.D. & Niederehe, G. (1974). On signaling that it's your turn to speak. *Journal of Experimental Social Psychology, 10,* 234-247.

Dunning, D. (2003). The relation of self to social perception. Dans M.R. Leary & J.P. Tangney (dir.), *Handbook of self and identity* (p. 421-441). New York : Guilford.

Dunning, D. & Beauregard, K.S. (2000). Regulating impressions of others to affirm images of the self. *Social Cognition, 18,* 198-222.

Durkheim, E. (1937). *Les formes élémentaires de la vie religieuse, le système totémique en Australie.* Paris : Presses universitaires de France.

Durrheim, K. & Dixon, J. (2004). Attitudes in the fiber of everyday life : The discourse of racial evaluation and the lived experience of desegregation. *American Psychologist, 59,* 626-636.

Dutton, D.G. & Aron, A.P. (1974). Some evidence for heightened sexual attraction under condition of high anxiety. *Journal of Personality and Social Psychology, 30,* 510-517.

Dutton, D.G., Saunders, K., Starzomski, A.J. & Bartholomew, K. (1994). Intimacy-anger and insecure attachment as precursors of abuse in intimate relationships. *Journal of Applied Social Psychology, 24,* 1367-1386.

Duval, S. & Wicklund, R.A. (1972). *A theory of objective self-awarness.* New York : Academic Press.

Dweck, C.S. (1975). The role of expectations and attributions in the alleviation of learned helplessness. *Journal of Personality and Social Psychology, 31,* 674-685.

Dweck, C.S., Goetz, T.E. & Strauss, N.L. (1980). Sex differences in learned helplessness : IV. An experimental and naturalistic study of failure generalization and its mediators. *Journal of Personality and Social Psychology,* 38(3), p. 441-452.

Eagly, A.H. (1987). *Sex differences in social behavior : A social-role interpretation.* Hillsdale, N.J. : Erlbaum.

Eagly, A.H., Ashmore, R.D., Makhjiani, M.G. & Longo, L.C. (1991). What is beautiful is good but ... : A meta-analytic review of research on the physical attractiveness stereotype. *Psycholgical Bulletin, 110,* 109-128.

Eagly, A.H., Beall, A.E. & Sternberg, R.J. (dir.) (2004). *The psychology of gender* (2e éd.). New York : Guilford.

Eagly, A.H. & Carli, L.L. (2003). The female leadership advantage : An evaluation of the evidence. *The Leadership Quarterly, 14,* 807-834.

Eagly, A.H. & Chaiken, S. (1993). *The psychology of attitudes.* Orlando, Fla. : Harcourt Brace.

Eagly, A.H. & Chaiken, S. (1998). Attitude structure and function. Dans D.T. Gilbert, S.T. Fiske & G. Lindzey (dir.), *The handbook of social psychology* (4e éd., vol. 1, p. 269-322). New York : McGraw-Hill.

Eagly, A.H., Chen, S., Chaiken, S. & Shaw-Barnes, K. (1999). The impact of attitudes on memory : An affair to remember. *Psychological Bulletin, 125,* 64-89.

Eagly, A.H. & Chravala, A.C. (1986). Sex differences in conformity : Status and gender-role interpretations. *Psychology of Women Quarterly, 10,* 203-220.

Eagly, A.H. & Crowley, M. (1986). Gender and helping behavior : A meta-analytic review of the social psychological litterature. *Psychological Bulletin, 100,* 283-308.

Eagly, A.H., Kulesa, P., Brannon, L.A., Shaw, K. & Hutson-Comeaux, S. (2000). Why counterattitudinal messages are as memorable as proattitudinal messages : The importance of active defence against attack. *Personality and Social Psychology Bulletin, 26,* 1392-1408.

Eagly, A.H., Wood, W. & Chaiken, S. (1981). An attribution analysis of persuasion. Dans J. Harvey, W. Ickes & R. Kidd (dir.), *New directions in attribution research* (vol. 3, p. 37-62). Hillsdale, N.J. : Erlbaum.

Eagly, A.H., Wood, W. & Fishbaugh, L. (1981). Sex differences in conformity : Surveillance by the group as a determinant of male nonconformity. *Journal of Personality and Social Psychology, 40*, 384-394.

Earle, M. (1969). A cross-cultural and cross-language comparison of dogmatism scores. *Journal of Social Psychology, 78*, 247-259.

Eberhardt, J.L. (2005). Imaging race. *American Psychologist, 60*, 181-190.

Eccles, J.S. & Barber, B.L. (1999). Student council, volunteering, basketball, or marching band : What kind of extracurricular involvement matters ? *Journal of Adolescents Research, 14*, 10-43.

Edwards, J. & Chisholm, J. (1987). Language, multiculturalism and identity : A Canadian study. *Journal of Multicultural and Multilingual Development, 8*, 391-408.

Edwards, J.R. (1994). *Multilingualism*. Londres, R.-U. : Routledge.

Egbert, J.M., Moore, F.H., Wuensch, K.L. & Castellow, W.A. (1992). The effect of litigant social desirability on judgements regarding a sexual harassment case. *Journal of Social Behavior and Personality, 7*, 569-579.

Ehrlinger, J. & Dunning, D. (2003). How chronic self-views influence (and potentially mislead) estimates of performance. *Journal of Personality and Social Psychology, 84*, 5-17.

Eichstaedt, J. & Silvia, P.J. (2003). Noticing the self : Implicit assessment of self-focused attention using word recognition latencies. *Social Cognition, 21*, 349-361.

Eisenberg, N. (2000). Emotion, regulation, and moral development. *Annual Review of Psychology, 51*, 665-698.

Eisenberg, N. & Fabes, R.A. (1990). Prosocial behavior and empathy : A multimethod developmental perspectives. Dans M.S. Clark (dir.), *Review of personality and social psychology : Vol. 12. Prosocial behavior* (p. 34-61). Newbury Park, Calif. : Sage.

Eisenberg, N., Fabes, R.A., Guthrie, I.K. & Reiser, M. (2000). Dispositional emotionality and regulation : Their role in predicting quality of social functioning. *Journal of Personality and Social Psychology, 78*, 136-157.

Eisenberg, N., Guthrie, I.K., Cumberland, A., Murphy, B.C., Shepard, S.A., Zhou, Q. & Carlo, G. (2002). Prosocial development in early adulthood : A longitudinal study. *Journal of Personality and Social Psychology, 83*, 993-1006.

Eisenberg, N., Guthrie, I.K., Murphy, B.C., Shepard, S.A., Cumberland, A. & Carlo, G. (1999). Consistency and development of prosocial dispositions : A longitudinal study. *Child Development, 70*, 1360-1372.

Eisenberg, N., Miller, P.A., Schaller, M., Fabes, R.A., Fultz, J., Shell, R. & Shea, C.L. (1989). The role of sympathy and altruistic personality traits in helping : A reexamination. *Journal of Personality, 57*, 41-67.

Eisenberg, N., Zhou, Q. & Koller, S. (2001). Brazilian adolescents' prosocial moral judgment and behavior : Relations to sympathy, perspective taking, gender-role orientation, and demographic characteristics. *Child Development, 72*, 518-534.

Eisenberger, R. & Cameron, J. (1996). Detrimental effects of reward : Reality or myth ? *American Psychologist, 51*, 1153-1166.

Eisenberger, R., Cotterell, N. & Marvel, J. (1987). Reciprocation ideology. *Journal of Personality and Social Psychology, 53*, 743-750.

Eiser, J.R. (1990). *Social judgment*. Buckingham, R.-U. : Open University Press.

Eiser, J.R., Fazio, R.H., Stafford, T. & Prescott, T.J. (2003). Connectionist stimulation of attitude learning : Asymmetries in the acquisition of positive and negative evaluations. *Personality and Social Psychology Bulletin, 29*, 1221-1235.

Eiser, J.R. & Van der Plight, J. (1988). *Attitudes and decisions*. Londres, R.-U. : Routledge.

Ekman. P. (1979). Biological and cultural contributions to body and facial movement. Dans J. Blacking (dir.), *ASA Monograph 15, The anthropology of the body* (p. 39-84). Londres, R.-U. : Academic Press.

Ekman, P. (1982). *Emotion in the human face*. New York : Cambridge University Press.

Ekman, P. (1985). *Telling lies*. New York : Norton.

Ekman, P. (1992a). Are there basic emotions ? *Psychological Review, 99*, 550-553.

Ekman, P. (1992b). *Telling lies. Clues to deceit in the marketplace, politics, and marriage* (2e éd.). New York : Norton.

Ekman, P. (1993). Facial expression of emotion. *American Psychologist, 48*, 384-392.

Ekman, P., Davidson, R. & Friesen, W.V. (1990). Duchenne's smile : Emotional expression and brain physiology II. *Journal of Personality and Social Psychology, 58*, 342-353.

Ekman, P. & Friesen, W.V. (1969). Nonverbal leakage and clues to deception. *Psychiatry, 32*, 88-106.

Ekman, P. & Friesen, W.V. (1975). *Unmasking the face*. Englewood Cliffs, N.J. : Prentice-Hall.

Ekman, P., Friesen, W.V. & Bear, J. (1984). The international language of gestures. *Psychology Today, 18*, 64-69.

Ekman, P., Friesen, W.V. & O'Sullivan, M. (1988). Smiles when lying. *Journal of Personality and Social Psychology, 54*, 414-420.

Ekman, P. & O'Sullivan, M. (1991). Who can catch a liar ? *American Psychologist, 46*, 913-920.

Ekman, P., O'Sullivan, M. & Frank, M.G. (1999). A few can catch a liar. *Psychological Science, 10*, 263-266.

Elfenbein, H.A. & Ambady, N. (2002). On the universality and cultural specificity of emotion recognition : A meta-analysis. *Psychological Bulletin, 128*, 203-235.

Elfenbein, H.A., & Ambady, N. (2003). When familiarity breeds accuracy : Cultural exposure and facila emotion recognition. *Journal of Personality and Social Psychology, 85*, 265-290.

Ellemers, N. (2001). Individual upward mobility and the perceived legitimacy of intergroup relations. Dans J. Jost & B. Major (dir.), *The psychology of legitimacy : Emerging perspectives on ideology, justice, and intergroup relations* (p. 205-222). New York : Cambridge University Press.

Ellemers, N., Spears, R. & Doosje, B. (1997). Sticking together or falling apart : In-group identification as a psychological determinant of group commitment versus individual mobility ? *Journal of Personality and Social Psychology, 72*, 617-626.

Ellemers, N., Spears, R. & Doosje, B. (2002). Self and social identity. *Annual Review of Psychology, 53*, 161-186.

Ellemers, N., Van Knippenberg, A. & Wilke, H. (1990). The influence of permeability of group boundaries and stability of group status on strategies of individual mobility and social change. *British Journal of Social Psychology, 29*, 233-246.

Eller, A. & Abrams, D. (2003). « Gringos » in Mexico : Cross-sectional and longitudinal effects of language school-promoted contact on intergroup bias. *Group Processes and Intergroup Relations, 6*, 55-75.

Elliot, A.J. & Church, M. (1997). A hierarchical model of approach and avoidance achievement motivation. *Journal of Personality and Social Psychology, 72*, 218-232.

Elliot, A.J. & Devine, P.G. (1994). On the motivational nature of cognitive dissonance : Dissonance as psychological discomfort. *Journal of Personality and Social Psychologie, 67*, 382-394.

Elliot, A.J. & Harackiewicz, J.M. (1996). Goal setting, achievement orientation, and intrinsic motivation : A mediational analysis. *Journal of Personality and Social Psychology, 66*, 968-980.

Elliot, A.J. & Reis, H.T. (2003). Attachment and exploration in adulthood. *Journal of Personality and Social Psychology, 85*, 317-331.

Elliot, A.J. & Sheldon, K.M. (1997). Avoidance achievement motivation : A personal goals analysis. *Journal of Personality and Social Psychology, 73*, 171-185.

Elliot, A.J. & Sheldon, K.M. (1998). Avoidance personal goals and the personality : well-being relationship. *Journal of Personality and Social Psychology, 75*, 1282-1299.

Elliot, A.J., Sheldon, K.M. & Church, M. (1997). Avoidance personal goals and subjective well-being. *Personality and Social Psychology Bulletin, 23*, 915-927.

Ellis, S. & Kruglanski, A.W. (1992). Self as an epistemic authority : Effects on experiential and instructional learning. *Social Cognition, 10*, 357-375.

Ellison, C.G. & George, L.K. (1994). Religious involvement, social ties, and social support in a southeastern community. *Journal for the Scientific Study of Religion, 33*, 46-61.

Ellsworth, P.C. (1975). Direct gaze as a social stimulus : The example of agression. Dans P. Pliner, L. Kramer & T. Alloway (dir.), *Advances in the study of communication and affect : Nonverbal communication of aggression* (vol. 2, p. 53-76). New York : Plenum.

Ellsworth, P.C. (1991). To tell what we know or wait for Godot ? *Law and Human Behavior, 15*, 77-90.

Ellsworth, P.C. (2004). Clapping with both hands : Numbers, people, and simultaneous hypotheses. Dans J.T. Jost, M.R. Banaji & D.A. Prentice (dir.), *Perspectivism in social psychology : The yin and the yang of scientific progress* (p. 261-274). Washington, D.C. : American Psychological Association.

Elms, A. & Milgram, S. (1966). Personality characteristics associated with obedience and defiance toward authoritative command. *Journal of Experimental Research in Personality, 1*, 282-289.

Emmons, R.A. (1997). La contribution des buts personnels au bonheur et au sens de la vie. *Revue québécoise de psychologie, 18*, 191-209.

Emmons, R.A. & Kaiser, H.A. (1996). Goal orientation and emotional well-being : Linking goals and affect through the self. Dans L.L. Martin & A. Tesser (dir.), *Striving and feeling : Interactions among goals, affect, and self-regulation* (p. 79-98). Mahwah, N.J. : Erlbaum.

Emmons, R.A. & McCullough, M.E. (2003). Counting blessings versus burdens : An experimental investigation of gratitude and subjective well-being in daily life. *Journal of Personality and Social Psychology, 84*, 377-389.

Endler, N.S. & Parker, J.D.A. (1994). Assessment of multidimensional coping : Task, emotion, and avoidance strategies. *Psychological Assessment, 6*, 50-60.

Enzle, M.E., Hansen, R.D. & Lowe, C.A. (1975). Causal attribution in the mixed-motive game : Effects of facilitory and inhibitory environmental forces. *Journal of Personality and Social Psychology, 31*, 50-54.

Erber, R. & Fiske, S.T. (1984). Outcome dependency and attention to inconsistent information. *Journal of Personality and Social Psychology, 47*, 709-726.

Erez, A. & Isen, A.M. (2002). The influence of positive affect on the components of expectancy motivation. *Journal of Applied Psychology, 87*, 1055-1067.

Erikson, E.H. (1950). *Childhood and Society*. New York : Norton.

Erikson, E.H. (1963). *Childhood and Society* (2e éd.). New York : Norton.

Eron, L.D. (1994). Theories of aggression : From drives to cognitions. Dans L.R. Huesmann (dir.), *Aggressive behavior : Current perspectives* (p. 3-11) New York : Plenum.

Eron, L.D., Huesmann, L.R., Lefkowitz, M.M. & Walder, L.O. (1972). Does television violence cause aggression ? *American Psychologist, 27*, 253-263.

Eslinger, P.J., Moll, J. & De Oliveira-Souza, R. (2002). Emotional and cognitive processing in empathy and moral behavior. *Behavioral and Brain Sciences, 25*, 34-35.

Esses, V.M. & Dovidio, J.F. (2002). The role of emotions in determining willingness to engage in intergroup contact. *Personality and Social Psychology Bulletin, 28*, 1202-1214.

Esses, V.M., Dovidio, J.F., Jackson, L. & Armstrong, T.L. (2001). The immigration dilemma : The role of perceived group competition, ethnic prejudice, and national identity. *Journal of Social Issues, 57*, 389-412.

Esses, V.M., Haddock, G. & Zanna, M.P. (1993). Values, stereotypes, and emotions as determinants of intergroup attitudes. Dans D.M. Mackie & D.L. Hamilton (dir.), *Affect, cognition and stereotyping* (vol. 17, p. 137-166). San Diego, Calif. : Academic Press.

Esses, V.M. & Zanna, M.P. (1995). Mood and the expression of ethnic stereotypes. *Journal of Personality and Social Psychology, 69*, 1052-1068.

Etcheverry, P.E. & Lee, B. (2005). Thinking about commitment : Accessibility of commitment and prediction of relationship persistence, accomodation, and willingness to sacrifice. *Personal Relationships, 12*, 103-123.

Evans, G.W. & Lepore, S.J. (1993). Household crowding and social support : A quasiexperimental analysis. *Journal of Personality and Social Psychology, 65*, 308-316.

Evans, J., Heron, J., Lewis, G., Araya, R. & Wolke, D. (2005). Negative self-schemas and the onset of depression in women : Longitudinal study. *British Journal of Psychiatry, 186*, 302-307.

Everson-Rose, S.A. & Lewis, T.T. (2005). Psychosocial factors and cardiovascular diseases. *Annual Review of Public Health, 26*, 469-500.

Exline, R.V., Ellyson, S.L. & Long, B. (1975). Dans P. Pliner, L. Kramer & T. Alloway (dir.), *Advances in the study of communication and affect : Nonverbal communication of aggression*, (vol.2, p. 21-52). New York : Plenum.

Exline, R.V. & Winters, L.C. (1965) Affective relations and mutual glances in dyads. Dans S.S. Tomkins & C.E. Izard (dir.), *Affect, cognition, and personality* (p. 319-350). New York : Springer.

Eyal, T., Liberman, N., Trope, Y. & Walther, E. (2004). The pros and cons of temporally near and distant action. *Journal of Personality and Social Psychology, 86*, 781-795.

Eysenck, H.J. (2000). Personality as a risk factor in cancer and coronary heart disease. Dans Kenny, D.T. & Carlson, J.G. (dir.) *Stress and health : Research and clinical applications.* Amsterdam, Hollande : Harwood Academic Publishers.

Fabrigar, L.R., MacDonald, T.K. & Wegener, D.T. (2005). The origin and structure of attitudes. Dans D. Albarracin, B.T. Johnson & M.P. Zanna (dir.), *The handbook of attitudes and attitude change* (p. 79-124). Mahwah, N.J. : Erlbaum.

Farley, J. (2000). *Majority-minority relations.* Toronto : Prentice-Hall.

Farnham, S.D., Greenwald, A.G. & Banaji, M.R. (1999). Implicit self-esteem. Dans D. Abrams & M. Hogg (dir.), *Social identity and social cognition* (p. 230-248). Oxford, R.-U. : Blackwell.

Farr, R.M. (1980). Homo loquens in social psychological perspective. Dans H. Giles, W.P. Robinson & P. Smith (dir.), *Language : Social psychological perspectives.* Oxford, R.-U. : Pergamon.

Farr, R.M. (1996). *The roots of modern social psychology.* Oxford, R.-U. Blackwell.

Fazio, R.H. (1981). On the self-perception explanation of the overjustification effect : The role of the salience of initial attitude. *Journal of Experimental Social Psychology, 17,* 417-426.

Fazio, R.H. (1986). How do attitudes guide behavior ? Dans R.M. Sorrentino & E.T. Higgins (dir.), *The handbook of motivation and cognition : Foundations of social behavior* (p. 204-243). New york : Guilford.

Fazio, R.H. (1987). Self-perception theory : A current perspective. Dans M.P. Zanna, J.M. Olson & C.P. Herman (dir.), *Social influence : The Ontario symposium* (vol. 5, p. 129-150). Hillsdale, N.J. : Erlbaum.

Fazio, R.H. (1989). On the power and functionality of attitudes : The role of attitude accessibility. Dans A.R. Pratkanis, S.J. Breckler & A.G. Greenwald (dir.), *Attitude, structure and function* (p. 153-179). Hillsdale, N.J. : Erlbaum.

Fazio, R.H. (1990). Multiple processes by which attitudes guide behavior : The MODE model as an integrative framework. Dans M.P. Zanna (dir.), *Advances in experimental social psychology* (vol. 23, p. 75-109). San Diego, Calif. : Academic Press.

Fazio, R.H. (1995). Attitudes as object-evaluation associations : Determinants, consequences, and correlates of attitude accessibility. Dans R.E. Petty & J.A. Krosnick (dir.), *Attitude strength : Antecedents and consequences* (p. 247-282). Mahwah, N.J. : Erlbaum.

Fazio, R.H. (2000). Accessible attitudes as tools for object appraisal : Their costs and benefits. Dans G. Maio & J. Olson (dir.), *Why we evaluate : Functions of attitudes* (p. 1-36). Mahwah, N.J. : Erlbaum.

Fazio, R.H., Eiser, J.R. & Shook, N.J. (2004). Attitude formation through exploration : Valence asymmetries. *Journal of Personality and Social Psychology, 87,* 293-311.

Fazio, R.H., Jackson, J.R., Dunton, B.C. & Williams, C.J. (1995). Variability in automatic activation as an unobtrusive measure of racial attitudes : A bona fide pipeline ? *Journal of Personality and Social Psychology, 69,* 1013-1027.

Fazio, R.H. & Olson, M.A. (2003). Implicit measures in social cognition research : Their meaning and use. *Annual Review of Psychology, 54,* 297-327.

Fazio, R.H. & Powell, M.C. (1997). On the value of knowing one's likes and dislikes : Attitude accessibility, stress, and health in college. *Psychological Science, 8,* 430-436.

Fazio, R.H. & Roskos-Ewoldsen, D. (2005). Acting as we feel : When and how attitudes guide behavior. Dans T. Brock & M. Green (dir.), *Persuasion : Psychological insight and perspectives* (2e éd., p. 41-62). Thousand Oaks, Calif. : Sage.

Fazio, R.H. & Towles-Schwen, T. (1999). The MODE model of attitude-behavior processes. Dans S. Chaiken & Y. Trope (dir.), *Dual-process theories in social psychology* (p. 97-116). New York : Guilford.

Fazio, R.H. & Williams, C.J. (1986). Attitude accessibility as a moderator of the attitude-perception and attitude-behavior relations : An investigation of the 1984 presidential election. *Journal of Personality and Social Psychology, 51,* 505-514.

Fazio, R.H. & Zanna, M.P. (1981). Direct experience and attitude-behavior consistency. Dans L. Berkowitz (dir.), *Advances in experimental social psychology* (vol. 13, p. 161-200). New York : Academic Press.

Fédération des commissions scolaires du Québec (2000, mars). *Étude statistique sur les absences pour invalidité de nature psychique en milieu scolaire.* Québec : FCSQ.

Feeney, B.C. & Cassidy, J. (2003). Reconstructive memory related to adolescent-parent conflict interactions : The influence of attachment-related representations on immediate perceptions and changes in perception over time. *Journal of Personality and Social Psychology, 85,* 945-955.

Feeney, B.C. & Collins, N.L. (2003a). Attachment : Couple relationships. Dans J.J. Ponzetti, Jr. (dir.), *International encyclopedia of marriage and family* (2e éd., vol. 3, p. 96-103). New York : Macmillan.

Feeney, B.C. & Collins, N.L. (2003b). Motivations for caregiving in adult intimate relationships : Influences on caregiving behavior and relationship functioning. *Personality and Social Psychology Bulletin, 29,* 950-968.

Feeney, J.A. (1999). Adult romantic attachment and couple relationships. Dans J. Cassidy & P.S. Shaver (dir.), *Handbook of attachment : Theory, research, and clinical applications* (p. 355-377). New York : Guilford.

Feeney, J.A. (2002). Attachment, marital satisfaction, and relationship satisfaction : A diary study. *Personal Relationships, 9,* 39-55.

Feeney, J.A. & Noller, P. (1996). *Adult attachment.* Thousand Oaks, Calif. : Sage.

Fehr, B. (1988). Prototype analysis of the concepts of love and commitment. *Journal of Personality and Social Psychology, 55,* 557-579.

Fehr, B. (1994). Prototype-based assessment of laypeople's views of love. *Personal Relationships, 1,* 309-331.

Fehr, B. (1996). *Friendship processes.* Londres, R.-U. : Sage.

Fehr, B. (2000). The life cycle of friendship. Dans C. Hendrick & S.S. Hendrick (dir.), *Close relationships : A sourcebook* (p. 71-95). Thousand Oaks, Calif. : Sage.

Feick, D.L. & Rhodewalt, F. (1997). The double-edged sword of self-handicapping : Discounting, augmentation, and the protection and enhancement of self-esteem. *Motivation and Emotion, 21,* 147-163.

Fein, S. 1996 . Effects of suspicion on attributional thinking and the correspondence bias. *Journal of Personality and Social Psychology, 70,* 1164-1184.

Feinberg, L.S. (1996). *Teasing : Innocent fun or sadistic malice ?* Far Hills, N.J. : New Horizon Press.

Feingold, A. (1990). Gender differences in effects of physical attractiveness on romantic attraction : A comparison across five research paradigms. *Journal of Personality and Social Psychology, 59,* 981-993.

Feingold, A. (1992a). Gender differences in mate selection preferences : A test of the parental investment model. *Psychological Bulletin, 112,* 125-139.

Feingold, A. (1992b). Good looking people are not what we think. *Psychological Bulletin, 111,* 304-341.

Feldman-Barrett, L. & Barrett, D.J. (2001). An introduction to computerized experience sampling in psychology. *Social Science Computer Review, 19,* 175-185.

Feldman Barrett, L. & Salovey, P. (dir.) (2002). *The wisdom in feeling : Psychological processes in emotional intelligence.* New York : Guilford.

Felson, R.B. (1981). Self- and reflected appraisals among football players : A test of the Meadian hypothesis. *Social Psychology Quarterly, 44,* 116-126.

Felson, R.B. (1985). Reflected appraisal and the development of self. *Social Psychology Quarterly, 48,* 71-78.

Felson, R.B. (1989). Parents and the reflected appraisal process : A longitudinal analysis. *Journal of Personality and Social Psychology, 56,* 965-971.

Fenigstein, A. (1979). Self-consciousness, self-attention, and social interaction. *Journal of Personality and Social Psychology, 37,* 75-86.

Fenigstein, A., Scheier, M.F. & Buss, A.H. (1975). Public and private self-consciousness, assessment and theory. *Journal of Consulting and Clinical Psychology, 43,* 522-527.

Fenigstein, A. & Vanable, P.A. (1992). Paranoia and self-consciousness. *Journal of Personality and Social Psychology, 62,* 129-138.

Fernet, C., Guay, F. & Senecal, C. (2004). Adjusting to job demands : The role of work self-determination and job control in predicting burnout. *Journal of Vocational Behavior, 65,* 39-56.

Fernet, C., Senécal, C. & Guay, F. (2005, janvier). *La motivation des enseignant(e)s et leur santé psychologique* (rapport préliminaire, n° 2). Québec : Université Laval, Laboratoire de psychologie sociale.

Feshbach, S. (1964). The function of aggression and the regulation of aggressive drive. *Psychological Review, 71,* 257-272.

Feshbach, S. (1970). Aggression. Dans P.H. Mussen (dir.), *Carmichael's manual of child psychology* (vol. 3). New York : Wiley.

Feshbach, S. (1989). The bases and development of individual aggression. Dans J. Groebel & R.A. Hinde (dir.) *Aggression and war, their biological and social bases.* Cambridge : Cambridge University Press.

Feshbach, S., Stiles, W.B. & Bitter, E. (1967). The reinforcing effect of withnessing aggression. *Journal of Experimental Research in Personality, 2,* 133-139.

Festinger, L. (1954). A theory of social comparison processes. *Human Relations, 7,* 117-140.

Festinger, L. (1957). *A theory of cognitive dissonance.* Evanston, Ill. : Row & Peterson.

Festinger, L. (1964). Behavioral support for opinion change. *Public Opinion Quarterly, 28,* 404-417.

Festinger, L. & Carlsmith, J.M. (1959). Cognitive consequences of forced compliance. *Journal of Abnormal and Social Psychology, 58,* 203-210.

Festinger, L., Pepitone, A. & Newcomb, T. (1952). Some consequences of deindividuation in a group. *Journal of Abnormal and Social Psychology, 47,* 382-389.

Festinger, L., Riecken, H.W. & Schachter, S. (1956). *When prophecy fails.* Minneapolis, Minn. : University of Minnesota Press.

Festinger, L., Schachter, S. & Back, K. (1950). *Social pressures in informal groups.* New York : Harper.

Fiedler, F.E. (1978). The contingency model and the dynamics of the leadership process. Dans L. Berkowitz (dir.), *Advances in experimental social psychology* (vol. 12, p. 59-112). New York : Academic Press.

Fiedler, K. & Schmid, J. (2001). How language contributes to persistence of stereotypes as well as other, more general intergroup issues. Dans R. Brown & S.L. Gaertner (dir.), *Blackwell handbook of social psychology : Intergroup processes* (p. 261-280). Oxford, R.-U. : Blackwell.

Field, A.E., Herzog, D.B., Keller, M.B., West, J., Nussbaum, K. & Colditz, G.A. (1997). Distinguishing recovery from remission in a cohort of bulimic women : How should asymptomatic periods be described ? *Journal of Clinical Epidemiology, 50,* 1339-1345.

Fincham, F.D. (2001). Attributions in close relationships : From balkanization to integration. Dans G.J.O. Fletcher & M.S. Clark (dir.), *Blackwell handbook of social psychology : Interpersonal processes.* Oxford, R.-U. : Blackwell.

Fincham, F.D., Beach, S.R.H., Arias, I. & Brody, G.H. (1998). Children's attributions in the family : The children's relationship attribution measure. *Journal of Family Psychology, 12,* 481-493.

Fincham, F.D. & Bradbury, T.N. (1992). Assessing attributions in marriage : The relationship attribution measure. *Journal of Personality and Social Psychology, 62,* 457-468.

Fincham, F.D., Bradbury, T.N., Arias, I., Byrne, C.A. & Karney, B.R. (1997). Marital violence, marital distress and attributions. *Journal of Family Psychology, 11,* 367-372.

Fincham, F.D., Bradbury, T.N. & Scott, C.K. (1990). Cognition in marriage. Dans F.D. Fincham & T.N. Bradbury (dir.), *The psychology of marriage : Basic issues and applications* (p. 118-149). New York : Guilford.

Fincham, F.D., Harold, G.T. & Gano-Phillips, S. (2000). The longitudinal association between attributions and marital satisfaction : Direction of effects and role of efficacy expectations. *Journal of Family Psychology, 14,* 267-285.

Fincham, F.D., Paleari, F.G. & Regalia, C. (2002). Forgiveness in marriage : The role of relationship quality, attributions, and empathy. *Personal Relationship, 9,* 27-37.

Fine, M.A. (2000). Divorce and single parenting. Dans C. Hendrick & S.S. Hendrick (dir.), *Close relationships. A sourcebook* (p. 139-152). Londres, R.-U. : Sage.

Finkel, E.J. & Campbell, W.K. (2001). Self-control and accommodation in close relationships : An interdependence analysis. *Journal of Personality and Social Psychology, 81,* 263-277.

Finkelstein, R. (2004). Des applications de la psychologie sociale dans le domaine judiciaire : Nouvelles perspectives. *Psychologie française, 49,* 353-355.

Fischhoff, B. (1975). Hindsight = Foresight : The effects of outcome knowledge on judgment under uncertainty. *Journal of Experimental Psychology : Human Perception and Performance, 1,* 288-299.

Fishbein, M. (1980). A theory of reasoned action : Some applications and implications. Dans M.M. Page (dir.), *Nebraska symposium on motivation 1979* (vol. 27, p. 65-116). Lincoln, Nebr. : University of Nebraska Press.

Fishbein, M. & Ajzen, I. (1974). Attitudes toward objects as predictors of single and multiple behavioral criteria. *Psychological Review, 81,* 59-74.

Fishbein, M. & Ajzen, I. (1975). *Belief, attitude, intention, and behavior : an introduction to theory and research.* Reading, Mass. : Addison-Wesley.

Fisher, J.D., Harrison, C.L. & Nadler, A. (1978). Exploring the generalizability of donnor-recipient similarity effects. *Personality and Social Psychology Bulletin, 4,* 627-630.

Fisher, J.D., Nadler, A. & Whitcher-Alagna, S. (1982). Recipient reactions to aid. *Psychological Bulletin, 91,* 27-54.

Fisher, J.D., Rytting, M. & Heslin, R. (1976). Hands touching hands. Affective and evaluative effects of an interpersonal touch. *Sociometry, 39,* 416-421.

Fisher, R.J. (1982). *Social psychology : An applied approach.* New York : St. Martin's Press.

Fishman, J.A. (1977). Language and ethnicity. Dans H. Giles (dir.), *Language, ethnicity, and intergroup relations* (p. 15-57). Londres, R.-U. : Academic Press.

Fishman, P.M. (1980). Conversational insecurity. Dans H. Giles, W.P. Robinson & P.M. Smith (dir.), *Language : Social psychological perspectives* (p 127-132). New York : Pergamon.

Fishtein, J., Pietromonaco, P.R. & Feldman Barrett, L. (1999). The contribution of attachment style and relationship conflict to the complexity of relationship knowledge. *Social Cognition, 17,* 228-244.

Fiske, A.P. (1991). The cultural relativity of selfish individualism : Anthropological evidence that humans are inherently sociable. Dans M.S. Clark (dir.), *Review of personality and social psychology : Vol. 12. Prosocial behavior* (p. 176-214). Newbury Park, Calif. : Sage.

Fiske, A.P. & Haslam, N. (1997). The structure of social substitutions : A test of relational models theory. *European Journal of Social Psychology, 25,* 725-729.

Fiske, A.P. & Haslam, N. (2005). The four basic social bonds : Structures for coordinating interaction. Dans M.W. Baldwin (dir.), *Interpersonal cognition* (p. 267-298). New York : Guilford.

Fiske, S.T. (1998). Stereotyping, prejudice and discrimination. Dans D.T. Gilbert, S.T. Fiske & G. Lindzey (dir.), *Handbook of social psychology* (4e éd., vol. 2, p. 357-411). New York : McGraw Hill.

Fiske, S.T. (2004a). Developing a program of research. Dans C. Sansone, C.C. Morf & A.T. Panter (dir.), *The SAGE handbook of methods in social psychology* (p. 71-90). Thousand Oaks, Calif. : Sage.

Fiske, S.T. (2004b). *Social Beings : A core motives approach to social psychology.* Hoboken, N.J. : Wiley.

Fiske, S.T., Cuddy, A.J., Glick, P. & Xu, J. (2002). A model of (often mixed) stereotype content : Competence and warmth respectively follow from perceived status and competition. *Journal of Personality and Social Psychology, 82,* 878-902.

Fiske, S.T., Lin, M.H. & Neuberg, S.L. (1999). The continuum model : Ten years later. Dans S. Chaiken & Y. Trope (dir.), *Dual process theories in social psychology* (p. 231-254). New York : Guilford.

Fiske, S.T. & Neuberg, S.L. (1990). A continuum of impression formation, from category-based to individuating processes : Influences of information and motivation on attention and interpretation. Dans M.P. Zanna (dir.), *Advances in experimental social psychology* (vol. 23, p. 1-74). New York : Academic Press.

Fiske, S.T. & Pavelchak, M.A. (1986). Category-based versus piecemeal-based affective responses : developments in schema-triggered affect. Dans R.M. Sorrentino & E.T. Higgins (dir.), *Handbook of motivation and cognition : foundations of social behavior* (p. 167-203). New York : Guilford.

Fiske, S.T. & Taylor, S.E. (1984). *Social cognition.* Reading, Mass. : Addison-Wesley.

Fiske, S.T. & Taylor, S.E. (1991). *Social cognition* (2e éd.). New York : McGraw-Hill.

Fitzsimons, G.M. & Bargh, J.A. (2003). Thinking of you : Nonconscious pursuit of interpersonal goals associated with relationship partners. *Journal of Personality and Social Psychology, 84,* 148-163.

Fitzsimons, G.M. & Bargh, J.A. (2004). Automatic self-regulation. Dans R.F. Baumeister & K.D. Vohs (dir.), *Handbook of self-regulation : Research, theory, and applications* (p. 151-170). New York : Guilford.

Fitzsimons, G.M., Shah, J., Chartrand, T.L. & Bargh, J.A. (2005). Goals and labors, friends and neighbors. Dans M.W. Baldwin (dir.), *Interpersonal cognition* (p. 103-125). New York : Guilford.

Flay, B.R., Ryan, K.B., Best, J.A., Brown, K.S., Kersell, M.W., D'Avernas, J. & Zanna, M.P. (1985). Are social psychological smoking prevention programs effective ? *Journal of Behavioral Medicine, 8,* 37-60.

Fleras, A. & Elliot, J.L. (1999). *Unequal relations : An introduction to race, ethnic and aboriginal dynamics in Canada* (3e éd.). Scarborough : Prentice Hall.

Fletcher, G.J., Danilovics, P., Fernandez, G., Peterson, D. & Reeder, G.D. (1986). Attributional complexity : An individual differences measure. *Journal of Personality and Social Psychology, 51,* 875-884.

Fletcher, G.J., Reeder, G.D. & Bull, V. (1990). Bias and accuracy in attitude attribution : The role of attributional complexity. *Journal of Experimental Social Psychology, 26,* 275-288.

Fletcher, J.F. (2000). Two-timing : Politics and response latencies in a bilingual survey. *Political Psychology. Special Response Latency Measurement in Telephone Surveys, 21,* 27-55.

Flett, G.L. & Hewitt, P.L. (2005). The perils of perfectionnism in sports and exercise. *American Psychological Society, 14,* 14-18.

Florack, A., Piontkowski, U., Knocks, I., Rottman, J. & Thiemann, P. (2002). Attitude change : The case of attitudes towards the « green card » in Germany. *Current Research in Social Psychology, 8,* 39-49.

Flynn, F.J. & Brockner, J. (2003). It's different to give than to receive : Predictors of givers' and receivers' reactions to favor exchange. *Journal of Applied Psychology, 88,* 1034-1045.

Ford, W.S. (1986). Favorable intergroup contact may not reduce prejudice : A study of White-Negro contact. *American Sociological Review, 6,* 9-23.

Forehand, M.R. (2000). Extending overjustification : The effect of perceived reward-giver intention on response to rewards. *Journal of Applied Psychology, 85,* 919-931.

Forgas, J.P. (1995). Mood and judgment : The affect infusion model (AIM). *Psychological Bulletin, 117,* 39-66.

Forgas, J.P. (2000). *Feeling and thinking : The role of affect in social cognition.* New York : Cambridge University Press.

Forgas, J.P. (2001). Affect and the « Social Mind » : Affective influences in strategic interpersonal behaviors. Dans J.P. Forgas, K.D. Williams & L. Wheeler (dir.), *The social mind : Cognitive and motivational aspects of interpersonal behavior* (p. 46-72). Cambridge : Cambridge University Press.

Forgas, J.P. & Bower, G.H. (1987). Mood effects on person-perception judgments. *Journal of Personality and Social Psychology, 53,* 53-60.

Forgas, J.P. & Laham, S.M. (2005). The interaction between affect and motivation in social judgments and behavior. Dans J.P. Forgas, K.D. Williams & S.M. Laham (dir.), *Social motivation : Conscious and inconscious processes.* Cambridge : Cambridge University Press.

Forgas, J.P. & Moylan, S.J. (1987). After the movies : The effect of transient mood states on social judgments. *Personality and Social Psychology Bulletin, 13,* 478-489.

Forgas, J.P., Williams, K.D. & Wheeler, L. (2001). *The social mind : Cognitive and motivational aspects of interpersonal behavior.* Londres, R.-U. : Cambridge University Press.

Försterling, F. (1985). Attribution retraining : A review. *Psychological Bulletin, 98,* 495-512.

Försterling, F. & Bühner, M. (2003). Attributional veridicality and evaluative beliefs : How do they contribute to depression ? *Journal of Social and Clinical Psychology, 22,* 369-392.

Forsyth, D.R. (1999). *Group dynamics.* New York : Brooks/Cole Wadsworth.

Forsyth, D.R. & McMillan, J.H. (1981). Attributions, affect, and expectations : A test of Weiner's three-dimensional model. *Journal of Educational Psychology, 73,* 393-403.

Forsyth, N.L. & Forsyth, D.R. (1982). Internality, controllability and the effectiveness of attributional interventions in counseling. *Journal of Counseling Psychology, 29,* 140-150.

Fortier, M.S., Vallerand, R.J. & Guay, F. (1995). Academic motivation and school performance : Toward a structural model. *Contemporary Educational Psychology, 20,* 257-274.

Fraley, B. & Aron, A. (2004). The effect of a shared humorous experience on closeness in initial encounters. *Personal Relationships, 11,* 61-78.

Fraley, R.C. & Shaver, P.R. (2000). Adult romantic attachment : Theoretical developments, emerging controversies, and unanswered questions. *Review of General Psychology, 4,* 132-154.

Francesco, A.M. & Gold, B.A. (1998). *International organizational behavior.* Upper Saddle River, N.J. : Prentice Hall.

Francis-Smythe, J.A. & Robertson, I.T. (1999). On the relationship between time management and time estimation. *British Journal of Psychology, 90,* 333-347.

Frank, E. & Brandstätter, V. (2002). Approach versus avoidance : Different types of commitment in intimate relationships. *Journal of Personality and Social Psychology, 82,* 208-221.

Fredricks, J.A. & Eccles, J.S. (2004). Parental influences on youth involvement in sports. Dans M.R. Weiss (dir.), *Developmental sport and exercise psychology : A lifespan perspective.* Morgantown, W.Va. : Fitness Information Technology, Inc.

Fredrickson, B.L. (1998). What good are positive emotions ? *Review of General Psychology, 2,* 300-319.

Fredrickson, B.L. (2001). The role of positive emotions in positive psychology : The broaden-and-build theory of positive emotions. *American Psychologist, 56,* 218-226.

Fredrickson, B.L. (2002). Positive emotions. Dans C.R. Snyder & S.J. Lopez (dir.), *Handbook of positive psychology* (p. 120-134). New York : Oxford University Press.

Fredrickson, B.L. & Branigan, C. (2005). Positive emotions broaden the scope of attention and thought-action repertoires. *Cognition and Emotion, 19,* 313-332.

Fredrickson, B.L., Tugade, M.M., Waugh, C.E. & Larkin, G.R. (2003). What good are positive Emotions in crises ? A prospective study of resilience and emotions following the terrorist attacks on the United States on September, 11th, 2001. *Journal of Personality and Social Psychology, 84,* 365-376.

Freedman, J. (1978). *Happy people : What happiness is, who has it, and why.* New York : Harcourt Brace.

Freedman, J.L. & Frazer, S.C. (1966). Compliance without pressure : The foot-in-the-door technique. *Journal of Personality and Social Psychology, 4,* 195-202.

Freeman, S.J. & Cameron, K.S. (1993). Organizational downsizing : A convergence and reorientation framework. *Organization Science, 4,* 10-29.

French, J.R.P., Jr. (1956). A formal theory of social power. *Psychological Review, 63,* 181-194.

French, J.R.P., Jr. & Raven, B.H. (1959). The bases of social power. Dans D. Cartwright (dir.), *Studies in social power* (p. 150-167). Ann Arbor, Mich. : University of Michigan Press.

Freud, S. (1915/1957). Instincts and their vicissitudes. Dans L. Strachey (dir.), *The standard edition of the complete psychological works of Sigmund Freud* (vol. 14, p. 117-140). Londres, R.-U. : Hogarth. (Édition originale publiée en 1915).

Freud, S. (1916-1917) (1956 pour la traduction française). *Introduction à la psychanalyse.* Paris : Payot.

Freud, S. (1950). Why war ? Dans J. Strachey (dir.), *Collected papers of Sigmund Freud* (vol. 5). Londres, R.-U. : Hogarth.

Freud, S. (1953). *Psychologie collective et analyse du moi.* Paris : Payot.

Frey, D. & Rosch, M. (1984). Information seeking after decisions : The roles of novelty of information and decision reversibility. *Personality and Social Psychology Bulletin, 10,* 91-98.

Fridja, N.H. (2003). Emotions and hedonic experience. Dans D. Kahneman, E. Diener & N. Schwarz (dir.), *Well-Being : The foundations of hedonic psychology* (p. 190-210). New York : Sage.

Fried, C.B. & Aronson, E. (1995). Hypocrisy and identification with transgressions : A case of undetected dissonance. *Basic and Applied Social Psychology, 20,* 145-154.

Friedman, H.S. (2002). *Health Psychology* (2e éd.). Upper saddle River, N.J. : Prentice-Hall.

Friedman, H.S. & Booth-Kewley, S. (1987a). Personality, type A behavior, and coronary heart disease : The role of emotional expression. *Journal of Personality and Social Psychology, 53,* 783-792.

Friedman, H.S. & Booth-Kewley, S. (1987b). The « disease-prone personality » : A meta-analytic view of the construct. *American Psychologist, 42,* 539-555.

Friedman, H.S. & Tucker, J.S. (1990). Language and deception. Dans H. Giles & W.P. Robinson (dir.), *Handbook of language and social psychology* (p. 257-270). Chichester, R.-U. : Wiley.

Friedman, H.S., Tucker, J.S., Schwartz, J.E., Martin, L.R., Tomlinson-Keasey, C., Wingard, D.L. & Criqui, M. (1995). Childhood conscientiousness and longevity : Health behaviors and cause of death. *Journal of Personality and Social Psychology, 68,* 696-703.

Friedrich, J., Fetherstonhaugh, D., Casey, S. & Gallagher, D. (1996). Argument integration and attitude change : Suppression effects in the integration of one-sided arguments that vary in persuasiveness. *Personality and Social Psychology Bulletin, 22,* 179-191.

Frijda, N.H., Manstead, A.S.R. & Bem, S. (2000). The influence of emotions on beliefs. Dans N.H. Frijda, A.S.R. Manstead & S. Bem (dir.), *Emotions and beliefs : How feelings influence thoughts.* (p. 144-170). Cambridge : Cambridge University Press.

Fromkin, H.L., Goldstein, J.H. & Brock, T.C. (1977). The role of « irrelevant » derogation in vicarious aggression catharsis : A field experiment. *Journal of Experimental Social Psychology, 13,* 239-252.

Fromm, E. (1941). *Escape from freedom.* New York : Holt, Rinehart & Winston.

Fromm, E. (1956). *The art of loving.* New York : Bantam Books.

Fromm, E. (1956/1967). *L'art d'aimer* (J.L. Laroche & F. Tcheng pour la traduction française). Paris : Éditions universitaires.

Fulero, S.M. & Penrod, S.D. (1990). Attorney jury selection folklore : What do they think and how can psychologists help ? *Forensic Reports, 3,* 233-259.

Funder, D.C. & Van Ness, M.J. (1983). On the nature and accuracy of attributions that change over time. *Journal of Personality, 51,* 17-33.

Funk, J.B., Buchman, D.D. Jenks, J. & Bechtoldt, H. (2003). Playing violent video games, desensitization, and moral evaluation in children. *Journal of Applied Developmental Psychology, 24,* 413-436.

Funke, F. (2005). The dimensionality of right-wing authoritarianism : Lessons from the dilemma between theory and measurement. *Political Psychology, 26,* 195-218.

Furedy, J.J. & Heslegrave, R.J. (1991). The forensic use of the polygraph : A psychophysiological analysis of current trends and future prospects. *Advances in Psychophysiology, 4,* 157-189.

Furnham, A. (2003). Belief in a just world : Research progress over the last decade. *Personality and Individual Differences, 34,* 795-817.

Furstenberg, F.F. & Cherlin, A.J. (1991). *Divided families : What happens to children when parents part.* Cambridge, Mass. : Harvard University Press.

Gaertner, S.L. (1975). The role of racial attitudes in helping behavior. *Journal of Social Psychology, 97,* 95-101.

Gaertner, S.L. & Dovidio, J.F. (1986). The aversive form of racism. Dans J.F. Dovidio & S.L. Gaertner (dir.), *Prejudice, discrimination, and racism* (p. 61-89). San Diego, Calif. : Academic Press.

Gaertner, S.L. & Dovidio, J.F. (2000). *Reducing intergroup bias : The Common Ingroup Identity Model.* Philadelphia (Penn.) : Psychology Press.

Gaertner, S.L., Dovidio, J.F., Anastasio, A., Bachman, B. & Rust, M. (1993). The common identity model : Recategorization and the reduction of intergroup bias. Dans W. Stroebe & M. Hewstone (dir.), *European review of social psychology, 4,* 1-26. Chichester, R.-U. : Wiley.

Gaertner, S.L., Dovidio, J.F., Nier, J.A., Banker, B.S., Ward, C.M., Houlette, M. & Loux, S. (2000). The common ingroup model for reducing intergroup bias : Progress and chalenges. Dans D. Capozza & R.J. Brown (dir.), *Social identity processes* (p. 133-148). Londres, R.-U. : Sage.

Gaertner, S.L., Mann, J.A., Dovidio, J.F., Murrell, A.J. & Pomare, M. (1990). How does cooperation reduce intergroup bias ? *Journal of Personality and Social Psychology, 59,* 692-704.

Gaertner, S.L., Mann, J.A., Murrell, A.J. & Dovidio, J.F. (1989). Reducing intergroup bias : The benefit of recategorization. *Journal of Personality and Social Psychology, 57,* 239-249.

Gaertner, S.L., Rust, M, Dovidio, J.F., Bachman, B. & Anastasio, A. (1996). The role of common ingroup identity on reducing intergroup bias among majority and minority group members. Dans J.L. Nye & A.M. Brower (dir.), *What's social about social cognition ? Research on socially shared cognition in small groups* (p. 230-260). Thousand Oaks, Calif. : Sage.

Gaes, G.G., Kalle, R.J. & Tedeschi, J.T. (1978). Impression management in the forced compliance paradigm : Two studies using the bogus pipeline. *Journal of Experimental Social Psychology, 14,* 493-510.

Gagné, F.M. & Lydon, J.E. (2004). Bias and accuracy in close relationships : An integrative review. *Personality and Social Psychology Review, 8,* 322-338.

Gagné, M. & Deci, E. (2005). Self-determination theory and work motivation. *Journal of Organizational Behavior, 26,* 331-362.

Gagnon, A. & Bourhis, R.Y. (1996). Discrimination in the minimal group paradigm : Social identity or self-interest ? *Personality and Social Psychology Bulletin, 22,* 1289-1301.

Gagnon, C. & Coutu, S. (1986). Caractéristiques sociocognitives d'enfants agressifs selon un modèle de traitement de l'information. *Revue canadienne de psycho-éducation, 15,* 147-163.

Gaines, S.O., Jr. & Liu, J.H. (2000). Multicultural/multiracial relationships. Dans C. Hendrick & S.S. Hendrick (dir.), *Close relationships : A sourcebook* (p. 97-108). Thousand Oaks, Calif. : Sage.

Galen, B.R. & Underwood, M.K. (1997). A developmental investigation of social aggression among children. *Developmental Psychology, 33*(4), 589-600.

Galinsky, A.D., Leonardelli, G.J., Okhuysen, G.A. & Mussweiler, T. (2005). Regulatory focus at the bargaining table : Promoting distributive and integrative success. *Personality and Social Psychology Bulletin, 31,* 1087-1098.

Galinski, A.D., Stone, J. & Cooper, J. (2000). The reinstatement of dissonance and psychological discomfort following failed affirmations. *European Journal of Social Psychology, 30,* 123-147.

Galland, O. (dir.) (1995). *Le monde des étudiants.* Paris : Presses universitaires de France.

Gallo, L.C., Troxel, W.M., Matthews, K.A. & Kuller, L.H. (2003). Marital status and quality in middle-aged women : Associations with levels and trajectories of cardiovascular risk factors. *Health Psychology, 22,* 453-463.

Gallois, C., Giles, H., Jones, E., Cargile, A. & Ota, H. (1995). Communication accommodation theory : Elaborations and extensions. Dans R. Wiseman (dir.), *Intercultural communication theory (Intercultural and international communication annual)* (p. 115-147). Thousand Oaks, Calif. : Sage.

Gangestad, S.W. & Simpson, J.A. (2000). The evolution of human mating : Trade-offs and strategic pluralism. *Behavioral and Brain Sciences, 23,* 573-644.

Gangestad, S.W. & Snyder, M. (2000). Self-monitoring : Appraisal and reappraisal. *Psychological Bulletin, 126,* 530-555.

Ganong, L. & Coleman, M. (2004). *Stepfamily relationships : Development, dynamics, and interventions.* New York : Plenum.

Garcia, K. & Mann, T. (2003). From « I wish » to « I will » : Social-cognitive predictors of behavioral intentions. *Journal of Health Psychology, 8*(3), 347-360.

Garcia, S.M., Weaver, K., Moskowitz, G.B. & Darley, J.M. (2002). Crowed minds : The implicit bystanders effect. *Journal of Personality and Social Psychology, 83,* 843-853.

Gardner, R.C. (1985). *Social psychology and second language learning : The role of attitudes and motivation.* Londres, R.-U. : Arnold.

Gardner, R.C. (2001). Integrative motivation and second language acquisition. Dans Z. Dörnyei & R. Schmidt (dir.), *Motivation and second language acquisition, technical report* (vol. 23, p. 1-19). Honolulu, Hawaï : University of Hawaï, Second Language Teaching & Curriculum Center.

Gardner, R.C. & Clément, R. (1990). Social psychological perspectives on second language acquisition. Dans H. Giles & W.P. Robinson (dir.), *The handbook of language and social psychology* (p. 495-517). Chichester, R.-U. : Wiley.

Gardner, R.C. & Lambert, W.E. (1959). Motivational variables in second language acquisition. *Canadian Journal of Psychology, 13,* 266-272.

Gardner, R.C. & Lambert, W.E. (1972). *Attitudes and motivation in second language learning.* Rowley, Mass. : Newbury House.

Gardner, R.C., MacIntyre, P.D. & Lalonde, R.N. (1995). The effects of multiple social categories on stereotyping. *Canadian Journal of Behavioural Science, 27,* 466-483.

Gardner, R.E. & Hausenblas, H.A. (2004). Understanding exercise and diet motivation in overweight women enrolled in a weight-loss program : A prospective study using the theory of planned behaviour. *Journal of Applied Social Psychology, 34,* 1353-1370.

Gardner, W.L., Gabriel, S. & Hochschild, L. (2002). When you and I are « we », you are not threatening : The role of self-expansion in social comparison. *Journal of Personality and Social Psychology, 82,* 239-251.

Gawronski, B. & Strack, F. (2004). On the propositional nature of cognitive consistency : Dissonance changes explicit, but not implicit attitudes. *Journal of Experimental Social Psychology, 40,* 535-542.

Geen, R.G. (1968). Effects of frustration, attack, and prior training in aggressiveness upon aggressive behavior. *Journal of Personality and social Psychology, 9,* 316-321.

Geen, R.G. (2001). *Human Aggression* (2e éd.). Philadelphie, Penn. : Taylor & Francis.

Geen, R.G. & O'Neal, E.C. (1969). Activation of cue-elicited aggression by general arousal. *Journal of Personality and Social Psychology, 11,* 289-292.

Geen, R.G. & Quanty, M.B. (1977). The catharsis of aggression : An evaluation of a hypothesis. Dans L. Berkowitz (dir.), *Advances in experimental social psychology* (vol. 10, p. 1-37). New York : Academic Press.

Geen, R.G. & Thomas, S.L. (1986). The immediate effects of media violence on behavior. *Journal of Social Issues, 42*(3), 7-28.

Genesee, F. & Bourhis, R.Y. (1988). Evaluative reactions to language choice strategies : The role of sociostructural factors. *Language and Communication, 8,* 229-250.

Genesee, F. & Holobow, N. (1989). Change and stability in intergroup perceptions. *Journal of Language and Social Psychology, 8,* 17-38.

Gerard, H.B. & Mathewson, G.C. (1966). The effects of severity of initiation on liking for a group : A replication. *Journal of Experimental Social Psychology, 2,* 278-287.

Gerard, H.B., Whilhelmy, R.A. & Connolley, R.S. (1968). Conformity and group size. *Journal of Personality and Social Psychology, 8,* 79-82.

Gerbner, G. & Gross, L. (1976). The scary world of TV's heavy viewer. *Psychology Today, 89,* 41-45.

Gergen, K.J. (1973). Social psychology as history. *Journal of Personality and Social Psychology, 26,* 309-320.

Gibbons, F.X. & Buunk, B.P. (1999). Individual differences in social comparison : development of a scale of social comparison orientation. *Journal of Personality and Social Psychology, 76,* 129-142.

Gibbons, F.X., Lane, D.J., Reis-Bergan, M., Lautrup, C.L., Pexa, N.A. & Blanton, H. (2002). Comparison-level preferences after performance : Is downward comparison theory still useful ? *Journal of Personality and Social Psychology, 83,* 865-880.

Gibbons, F.X., Smith, T.W., Ingram, R:E., Pearce, K., Brehm, S.S. & Schroeder, D.J. (1985). Self-awareness and self-confrontation : Effects of self-focused attention on members of a clinical population. *Journal of Personality and Social Psychology, 48,* 662-675.

Gilbert, D.T. (1998). Ordinary personology. Dans D.T. Gilbert, S.T. Fiske & L. Gardner (dir.), *The handbook of social psychology* (4e éd., vol 2, p. 89-150.). Boston, Mass. : McGraw-Hill.

Gilbert, D.T. & Jones, E.E. (1986). Perceiver-induced constraint : Interpretations of self-generated reality. *Journal of Personality and Social Psychology, 50,* 269-280.

Gilbert, D.T., Krull, D.S. & Pelham, B.W. (1988). Of thoughts unspoken : Social inference and the self-regulation of behavior. *Journal of Personality and Social Psychology, 55,* 685-694.

Gilbert, D.T. & Malone, P.S. (1995). The correspondance bias. *Psychological Bulletin, 117,* 21-38.

Gilbert, D.T., Pelham, B.W. & Krull, D.S. (1988). On cognitive busyness : When person perceivers meet person perceived. *Journal of Personality and Social Psychology, 54,* 733-740.

Gilbert, G.M. (1951). Stereotype persistence and change among college students. *Journal of Abnormal and Social Psychology, 46,* 245-254.

Gilbert, L.A. (1981). Toward mental health : The benefits of psychological androgyny *Professionnal Psychology, 12*(1), 29-38.

Giles, H., Bourhis, R.Y. & Taylor, D.M. (1977). Towards a theory of language in ethnic group relations. Dans H. Giles (dir.), *Language, ethnicity and intergroup relations.* New York : Academic Press.

Giles, H. & Byrne, J.L. (1982). An intergroup approach to second language acquisition. *Journal of Multilingual and Multicultural Development, 1,* 17-40.

Giles, H. & Coupland, J. (1991). *Language : Contexts and consequences.* Pacific Grove, Calif. : Brooks/Cole.

Giles, H. & Johnson, P. (1981). The role of language in ethnic group relations. Dans J.C. Turner & H. Giles (dir.), *Intergroup behaviour* (p. 199-243). Oxford, R.-U. : Blackwell.

Giles, H. & Johnson, P. (1987). Ethnolinguisitic identity theory : A social psychological approach to language maintenance. *International Journal of the Sociology of Language, 68,* 69-99.

Giles, H. & Powesland, P.F. (1975). *Speech style and social evaluation.* Londres, R.-U. : Academic Press.

Giles, H. & Street, R.L. (1985). Communicator characteristics and behavior. Dans M.L. Gleason (dir.), *An introduction to descriptive linguistics.* New York : Holt, Rinehart and Winston.

Gillen, B. (1981). Physical attractiveness : A determinant of two types of goodness. *Personality and Social Psychology Bulletin, 7*, 277-281.

Gillig, P.M. & Greenwald, A.G. (1974). Is it time to lay the sleeper effect to rest ? *Journal of Personality and Social Psychology, 29*, 132-139.

Gillihan, S.J. & Farah, M.J. (2005). Is self special ? A critical review of evidence from experimental psychology and cognitive neuroscience. *Psychological Bulletin, 131*, 76-97.

Gilovich, T. (1983). Biased evaluation and persistence in gambling. *Journal of Personality and Social Psychology, 44*, 1110-1126.

Gilovich, T. (1987). Secondhand information and social judgment. *Journal of Experimental Social Psychology, 23*, 59-74.

Gilovich, T., Grifin, D. & Kahneman, D. (2002). *Heuristics and biases : The psychology of intuitive judgment.* New York Cambridge University Press.

Giner-Sorolla, R. & Chaiken, S. (1997). Selective use of heuristic and systematic processing under defense motivation. *Personality and Social Psychology Bulletin, 23*, 84-97.

Glass, D.C. & Singer, J.E. (1972). *Urban stress : Experiments on noise and urban stressors.* New York : Academic Press.

Glass, G.V. (1976). Primary, secondary, and meta-analysis of research. *Educational Researcher, 5*, 3-8.

Gleason, H.A. (1961). *An introduction to descriptive linguistics.* New York : Holt, Rinehart & Winston.

Glenn, N.D. & Weaver, C.N. (1981). The contribution of marital happiness to global happiness. *Journal of Marriage and the Family, 43*, 161-168.

Glick, P. & Fiske, S. (1996). The ambivalent sexism inventory : Differentiating hostile and benevolent sexism. *Journal of Personality and Social Psychology, 70*, 491-512.

Glick, P., Zion, C. & Nelson, C. (1988).What mediates sex discrimination in hiring decisions ? *Journal of Personality and Social Psychology, 55*, 178-186.

Glinder, J.G. & Compas, B.E. (1999). Self-blame attributions in women with newly diagnosed breast cancer : A prospective study of psychological adjustment. *Health Psychology, 18*, 475-481.

Goffman, E. (1959). *The presentation of self in everyday life.* New York : Doubleday.

Goffman, E. (1967). *Interaction ritual : Essays on face-to-face behavior.* Garden City, N.Y. : Anchor Books.

Goffman, E. (1969). *The presentation of self in everyday life.* Garden City, N.Y. : Doubleday.

Gold, G.J. & Weiner, B. (2000). Remorse, confession, goup identity and expectancies about repeating a transgression. *Basic and Applied Social Psychology, 22*, 291-300.

Gold, M. (1999). *The complete social scientist.* Washington, D.C : American Psychological Association.

Goldberg, S. & Rosenthal, R. (1986). Self-touching behavior in the job interview : Antecedents and consequences. *Journal of Nonverbal Behavior, 10*, 65-80.

Goldhagen, D.J. (1997). *Hitler's willing executioners : Ordinary Germans and the Holocaust.* New York : Vintage Books.

Goldinger, S.D., Kleider, H.M., Azuma, T. & Beike, D.R. (2003). « Blaming the victim » under memory load. *Psychological Science, 14*, 81-85.

Goldman, M. & Fordyce, J. (1983). Prosocial behavior as affected by eye contact, touch, and voice expression. *Journal of Social Psychology, 121*, 125-129.

Golin, S. & Terrell, F. (1977). Motivational and associative aspects of mild depression in skill and chance tasks. *Journal of Abnormal Psychology, 86*, 389-401.

Gollwitzer, P.M., Earle, W.B. & Stephan, W.G. (1982). Affect as a determinant of egotism : Residual excitation and performance attributions. *Journal of Personality and Social Psychology, 43*, 702-709.

Gonzalez, R. & Brown, R.J. (2003). Generalization of positive attitude as a function of subgroup and superordinate group identifications in intergroup contact. *European Journal of Social Psychology, 33*, 195-214.

Gordon, C. (1968). Self conceptions : Configurations of content. Dans C. Gordon & K.J. Gergen (dir.), *The self in social interaction* (vol. 1). New York : Wiley.

Gordon, H.S. & Rosenthal, G.E. (1995). Impact of marital status on outcomes in hospitalized patients : Evidence from an academic medical center. *Archives of Internal Medicine, 155*, 2465-2471.

Gordon, R.A. (1996). Impact of ingratiation on judgments and evaluations : A meta-analytic investigation. *Journal of Personality and Social Psychology, 71*, 54-70.

Gordon, S. (1976). *Lonely in America.* New York : Simon & Schuster.

Gosselin, P. & Kirouac, G. (1995). Le décodage de prototypes émotionnels faciaux. *Revue canadienne de psychologie expérimentale, 49*, 313-329.

Gosselin, P., Kirouac, G. & Doré, F.Y. (1995). Components and recognition of facial expression in the communication of emotion by actors. *Journal of Personality and Social Psychology, 68*, 83-96.

Gosselin, P. & Larocque, C. (2000). Facial morphology and children's categorization of facial expressions of emotions : A comparison between Asian and Caucasian faces. *The Journal of Genetic Psychology, 16*, 346-358.

Gosselin, P. & Simard, J. (1999). Children's knowledge of facial expressions of emotions : Distinguishing fear and surprise. *The Journal of Genetic Psychology, 160*, 181-193.

Gottman, J.M. (1994). *What predicts divorce ?* Hillsdale N.J. : Erlbaum.

Gottman, J.M. (1998). Psychology and the study of marital processes. *Annual Review of Psychology, 49*, 169-197.

Gottman, J.M. & Levenson, R.W. (2000). The timing of divorce : Predicting when a couple will divorce over a 14-year period. *Journal of Marriage and the Family, 62*, 737-745.

Gottman, J.M. & Silver, N. (1994). *Why marriages succeed or fail : What you can learn from the breakthrough research to make your marriage last.* New York : Simon & Schuster.

Gottman, J.M. & Silver, N. (1999). *The seven principles to making marriage work.* New York : Crown.

Gould, R. & Sigall, H. (1977). The effects of empathy and outcome on attribution : An examination of the divergent-perspectives hypothesis. *Journal of Experimental Social Psychology, 13*, 480-491.

Gould, S.-J. (1996). *The mismeasure of man.* New York : Norton.

Gouldner, A.W. (1960). The norm of reciprocity : A preliminary statement. *American Sociological Review, 25*, 161-178.

Gove, W., Style, C. & Hughes, M. (1990). The effects of marriage on the well-being of adults : A theoretical analysis. *Journal of Family Issues, 11*, 4-35.

Graham, S. (1984). Communicating sympathy and anger to black and white children : The cognitive (attributional) consequences of affective cues. *Journal of Personality and Social Psychology, 47*, 40-55.

Graham, S. & Barker, G.P. (1990). The down side of help : An attributional-developmental analysis of helping behavior as a low-ability cue. *Journal of Educational Psychology, 82*, 7-14.

Graham, S. & Lowery, B.S. (2004). Priming unconscious racial stereotypes about adolescent offenders. *Law and Human Behavior, 28*, 483-504.

Graham, S., Weiner, B. & Zucker, G.S. (1997). An attributional analysis of punishment goals and public reactions to O.J. Simpson. *Personality and Social Psychology Bulletin, 23*, 331-346.

Graham, T.R., Kowalski, K.C. & Crocker, P.R.E. (2002). The contributions of goal characteristics and causal attributions to emotional experience in youth sport participants. *Psychology of Sport and Exercise, 3*(4), p. 273-291.

Grant, P.R. (1992). Ethnocentrism between groups of unequal power in reponse to perceived threat to social identity and valued resources. *Canadian Journal of Behavioural Science, 24*, 348-370.

Green, D.P., Glaser, J. & Rich, A. (1998). From lynching to gay bashing : The elusive connection between economic conditions and hate crime. *Journal of Personality and Social Psychology, 75*, 82-92.

Green, J.D. & Sedikides, C. (2001). When do self-schemas shape social perception ? : The role of descriptive ambiguity. *Motivation and Emotion, 25*, 67-83.

Green, L.R., Richardson, D.S., Lago, T. & Schatten-Jones, E.C. (2001). Network correlates of social and emotional loneliness in young and older adults. *Personality and Social Psychology Bulletin, 27*, 281-298.

Green, M.C. & Brock, T.C. (2000). The role of transportation in the persuasiveness of public narratives. *Journal of Personality and Social Psychology, 79*, 701-721.

Greenberg, J. (1990). Organizational justice : Yesterday, today, and tomorrow. *Journal of Management, 16*, 399-432.

Greenberg, J., Solomon, S. & Pyszczynski, T. (1997). Terror management theory of self-esteem and cultural worldviews : Empirical assessments and conceptual refinements. Dans M.P. Zanna (dir.), *Advances in experimental social psychology* (vol. 29, p. 61-141). San Diego, Calif. : Academic Press.

Greenberg, M.S. & Westcott, D.R. (1983). Indebtedness as a mediator of reactions to aid. Dans J.D. Fisher, A. Nadler & B.M. DePaulo (dir.), *New directions in helping : Vol. 1. Recipient reactions to aid* (p. 85-112). New York : Academic Press.

Greenlees, I.A., Thelwell, R., Lane, A., Holder, T. & Hobson, G. (À paraître). *Team-referent attributions among sports team players : Measurement of team attributions.*

Greenwald, A.G. & Banaji, M.R. (1995). Implicit social cognition : Attitudes, self-esteem, and stereotypes. *Psychological Review, 102*, 4-27.

Greenwald, A.G., Banaji, M. R., Rudman, L.A., Farnham, S.D., Nosek, B.A. & Mellott, D.S. (2002). A unified theory of implicit attitudes, stereotypes, self-esteem, and self-concept. *Psychological Review, 109*, 3-25.

Greenwald, A.G. & Farnham, S.D. (2000). Using the Implicit Association Test to measure self-esteem and self-concept. *Journal of Personality and Social Psychology, 79*, 1022-1038.

Greenwald, A.G., McGhee, D.E. & Schwartz, J.L.K. (1998). Measuring individual differences in implicit cognition : The implicit association test. *Journal of Personality and Social Psychology, 74*, 1464-1480.

Greenwald, A.G., Nosek, B.A. & Banaji, M.R. (2003). Understanding and using the Implicit Association Test : I. An improved scoring algorithm. *Journal of Personality and Social Psychology, 85*, 197-216.

Grice, H.P. (1975). Logic and conversation. Dans P. Cole & J.L. Morgan (dir.), *Syntax and semantics* (vol. 3, p. 41-58). New York : Academic Press.

Gross, A.E. & Fleming, J. (1982). Twenty years of deception in social psychology. *Personality and Social Psychology Bulletin, 8*, 402-408.

Grossman, D. (1996). *On killing : The psychological cost of learning to kill in war and society.* New York : Little, Brown.

Grossmann, K.E., Grossmann, K. & Zimmerman, P. (1999). A wider view of attachment and exploration : Stability and change during the years of immaturity. Dans J. Cassidy & P.R. Shaver (dir.), *Handbook of attachment : Theory, research, and clinical applications* (p. 760-786). New York : Guilford.

Grote, N.K. & Clark, M.S. (2001). Does conflict drive perceptions of unfairness or do persceptions of unfairness drive conflict ? *Journal of Personality and Social Psychology, 80*, 281-293.

Grove, J.R., Hanrahan, S.J. & McInman, A. (1991). Success/failure bias in attributions across involvement categories in sport. *Personality and Soci Psychology Bulletin, 17*, 93-97.

Grube, J.W., Weir, I.L., Getzlaf, S. & Rokeach, M. (1984). Own value system, value images, and cigarette smoking. *Personality and Social Psychology Bulletin, 10*, 306-313.

Gruder, C.L., Cook, T.D., Hennigan, K.M., Flay, B.R., Alessis, C. & Halamaj, J. (1978). Empirical tests of the absolute sleeper effect predicted from the discounting cue hypothesis. *Journal of Personality and Social Psychology, 36*, 109-118.

Grusec, J.E., Kuczynski, L., Simutis, Z. & Rushton, J.P. (1978). Modeling, direct instruction, and attributions : Effects on altruism. *Developmental Psychology, 14*, 51-57.

Grusec, J.E. & Lytton, H. (1986). *Social Development : History, theory, and research.* New York : Springer-Verlag.

Grusec, J.E. & Skubiski, S.L. (1970). Model nurturance, demand characteristics of the modelling experiment, and altruism. *Journal of Personality and Social Psychology, 14*, 352-359.

Grush, J.E. (1980). Impact of candidate expenditures, regionality, and prior outcomes on the 1976 Democratic presidential primaries. *Journal of Personality and Social Psychology, 38*, 337-347.

Guay, F. & Vallerand, R.J. (1996). L'implication du contexte social et de la motivation dans la réussite scolaire : une analyse structurale de leurs relations. Présentation au symposium « Motivation intrinsèque/extrinsèque en milieu naturel » au congrès international de psychologie sociale en langue française. Montréal, 22-24 août 1996.

Guay, F., Vallerand, R.J. & Blanchard, C. (2000). On the assessment of the situational intrinsic and extrinsic motivation : The Situational Motivation Scale (SIMS). *Motivation and Emotion, 24*, 175-213.

Gudjonsson, G.H. & Sigurdsson, J.F. (1994). How frequently do false confessions occur ? An empirical study among prison inmates. *Psychology, Crime and Law, 1*, 21-26.

Gudykunst, W.B. & Mody, B. (2002). *Handbook of international and intercultural communication* (2ᵉ éd.). Thousand Oaks, Calif. : Sage.

Guedeney, N. & Guedeney, A. (dir.) (2002). *L'attachement. Concepts et applications.* Paris : Masson.

Guerin, B. (1993). *Social facilitation.* Cambridge : Cambridge University Press.

Guerra, N.G., Huesmann, L.R. & Hanish, L. (1995). The role of normative beliefs in children's social behavior. Dans N. Eisenberg (dir.), *Review of personality and social psychology, development, and social psychology : The interface* (p. 140-158). Thousand Oaks, Calif. : Sage.

Guerra, N.G., Nucci, L. & Huesmann, L.R. (1994). Moral cognition and childhood aggression. Dans L.R. Huesmann (dir.), *Aggressive behaviors : Current perspective* (p. 13-32). New York : Plenum.

Guilford, J.P. (1931). Racial preferences of a thousand American university students. *Journal of Social Psychology*, 2, 199-208.

Guimond, S. (1992). Les effets de l'éducation post-secondaire sur les attitudes intergroupes : L'importance du domaine d'études. *Revue québécoise de psychologie*, 13, 74-93.

Guimond, S. (1995). Encounter and metamorphosis : The impact of military socialisation on professional values. *Applied psychology : An international review*, 44, 251-275.

Guimond, S. (1998a). L'enseignement supérieur et la diffusion des croyances concernant la cause des inégalités intergroupes. Dans J.-L. Beauvois, R.-V. Joule & J.-M. Monteil (dir.), *Perspectives cognitives et conduites sociales* (p. 185-207). Lausanne : Delachaux et Niestlé.

Guimond, S. (1998b). Processus de socialisation dans l'enseignement supérieur : le pouvoir de la connaissance. Dans J.-L. Beauvois, R.V. Joule & J.-M. Monteil (dir.), *20 ans de recherches expérimentales en psychologie sociale francophone* (p. 231-272) Grenoble : Presses universitaires de Grenoble.

Guimond, S. (1999a). Attitude change during college : Normative or informational social influence ? *Social Psychology of Education*, 2, 237-261.

Guimond, S. (1999b). Le multiculturalisme comme politique de gestion de la diversité culturelle. Dans J.-L. Beauvois, N. Dubois & W. Doise (dir.), *La construction sociale de la personne* (p. 173-181). Grenoble : Presses universitaires de Grenoble.

Guimond, S. (2000). Group socialization and prejudice : The social transmission of intergroup attitudes and beliefs. *European Journal of Social Psychology*, 30, 335-354.

Guimond, S. (2004). Lutter contre le racisme et le sexisme en milieu scolaire. Dans M.C. Toczek-Capelle & D. Martinot (dir.), *Le défi éducatif* (p. 169-195). Paris : Collin.

Guimond, S., Bégin, G. & Palmer, D.L. (1989). Education and causal attributions : The development of « person-blame » and « system-blame » ideology. *Social Psychology Quarterly*, 52, 126-140.

Guimond, S. & Dambrun, M. (2002). When prosperity breeds intergroup hostility : The effects of relative deprivation and relative gratification on prejudice. *Personality and Social Psychology Bulletin*, 28, 900-912.

Guimond, S., Dambrun, M., Michinov, N. & Duarte, S. (2003). Does social dominance generate prejudice ? Integrating individual and contextual determinants of intergroup cognitions. *Journal of Personality and Social Psychology*, 84, 697-721.

Guimond, S. & Dif, S. (2001). Les aléas de la socialisation. Dans J.-M. Monteil & J.-L. Beauvois (dir.), *La psychologie sociale 5 : Des compétences pour l'application* (p. 177-193). Grenoble : Presses universitaires de Grenoble.

Guimond, S., Dif, S. & Aupy, A. (2002). Social identity, relative group status and intergroup attitudes : When favourable outcomes change intergroup relations for the worse.

European Journal of Social Psychology, 32, 739-760.

Guimond, S. & Dubé-Simard, L. (1983). Relative deprivation theory and the Quebec nationalist movement : The cognition-emotion distinction and the personal-group deprivation issue. *Journal of Personality and Social Psychology*, 44, 526-535.

Guimond, S. & Palmer, D.L. (1990). Type of academic training and causal attributions for social problems. *European Journal of Social Psychology*, 20, 61-75.

Guimond, S. & Palmer, D.L. (1996). The political socialization of commerce and social science students : Epistemic authority and attitude change. *Journal of Applied Social Psychology*, 26, 1985-2013.

Guimond, S., Palmer, D.L. & Bégin, G. (1989). Education, academic program and intergroup attitudes. *Revue canadienne de sociologie et d'anthropologie*, 26, 193-216.

Guimond, S. & Tougas, F. (1999). Sentiments d'injustice et actions collectives : La privation relative. Dans R.Y. Bourhis & J.P. Leyens (dir.), *Stéréotypes, discrimination et relations intergroupes* (p. 201-231). Sprimont, Belgique : Mardaga.

Guingouain, G., Manchec, K. & Testé, B. (2002). Insertion sociale et jugements judiciaires : Influences de l'anticipation de délibération en jury en fonction de l'origine ethnique endo- ou exogroupe de l'accusé. *Cahiers internationaux de psychologie sociale*, 54, 113-124.

Gumperz, J.J. & Hymes, D. (1972). *Directions in sociolinguistics.* New York : Holt, Rinehart and Winston.

Gunderson, M. (1989). Implementation of comparable worth in Canada. *Journal of Social Issues*, 45, 209-222.

Gurr, T.R. (1970). *Why men rebel.* Princeton, N.J. : Princeton University Press.

Gurung, R.A.R. (2006). *Health psychology : A cultural approach.* San Francisco, Calif. : Wadsworth.

Gutierres, S.E., Kenrick, D.T. & Partch, J.J. (1999). Beauty, dominance, and the mating game : Contrast effects in self-assessment reflect gender differences in mate selection. *Personality and Social Psychology Bulletin*, 25, 1126-1134.

Habermas, T. & Bluck, S. (2000). Getting a life : The emergence of the life story in adolescence. *Psychological Bulletin*, 126, 748-769.

Hackman, J. & Oldham, G.R. (1976). Motivation through the design of work : Test of a theory. *Organizational Behavior and Human Performance*, 16, 250-279.

Hackman, J.R. (1990). *Groups that work (and those that don't).* San Francisco, Calif. : Jossey-Bass.

Haddock, G., Zanna, M.P. & Esses, V.M. (1994). The (limited) role of trait-laden stereotypes in predicting attitudes toward native peoples. *British Journal of Social Psychology*, 33, 83-106.

Hafer, C.L. (2000). Do innocent victims threaten the belief in a just world ? Evidence from a modified Stroop task. *Journal of Personality and Social Psychology*, 79, 165-173.

Hafer, C.L. & Bègue, L. (2005). Experimental research on just-world theory : Problems, developments, and future challenges. *Psychological Bulletin*, 131, 128-167.

Hafez, M.M. (2004, avril). Manufacturing human bombs : Strategy, culture, and conflict in the making of Palestinian suicide terrorism. Communication présentée au National Institute of Justice. Washington, D.C.

Haft, W.L. & Slade, A. (1989). Affect attunement and maternal attachment : A pilot

study. *Infant Mental Health Journal*, 10(3), 157-172.

Hagège, C. (1985). *L'homme de paroles.* Paris : Fayard.

Hagger, M.S., Chatzisarantis, N.L.D. & Biddle, S.J.H. (2002). A meta-analytic review of the theories of reasoned action and planned behavior in physical activity : Predictive validity and the contribution of additional variables. *Journal of Social Psychology*, 61, 267-272.

Hall, C.S. & Lindzey, G. (1985). *Introduction to theories of personality.* New York : Wiley.

Hall, E.T. (1966). *The hidden dimension.* Garden City, N.Y. : Doubleday.

Hall, J.A., Carter, J.D. & Horgan, T.G. (2001). Status roles and recall of nonverbal cues. *Journal of Nonverbal Behaviour*, 25, 79-100.

Hall, M., McKeown, L. & Roberts, K. (2001). *Canadiens dévoués, Canadiens engagés : Points saillants de l'Enquête nationale de 2000 sur le don, le bénévolat et la participation.* Ottawa : Statistique Canada.

Hall, S., French, D.P. & Marteau, T.M. (2003). Causal attributions following serious unexpected negative events : A systematic review. *Journal of Social and Clinical Psychology*, 22, 515-536.

Hamermesh, D.S. & Biddle, J.E. (1994). Beauty and the labor market. *American Economic Review*, 84, 1174-1195.

Hamers, J.F. (2004). A sociocognitive model of bilingual development. *Journal of Language and Social Psychology*, 23, 70-98.

Hamers, J.F. & Blanc, M.H.A. (1983). *Bilingualité et bilinguisme. Série psychologie et sciences humaines.* Bruxelles : Mardaga.

Hamers, J.F. & Blanc, M.H.A. (2000). *Bilinguality and bilingualism* (2e éd.). Cambridge : Cambridge University Press.

Hamilton, D.L. (dir.) (1981a). *Cognitive processes in stereotyping and intergroup behavior.* Hillsdale, N.J. : Erlbaum.

Hamilton, D.L. (1981b). Illusory correlation as a basis for stereotyping. Dans D.L. Hamilton (dir.), *Cognitive processes in stereotyping and intergroup behavior.* Hillsdale, N.J. : Erlbaum.

Hamilton, D.L. & Gifford, R.K. (1976). Illusory correlation in interpersonal perception : A cognitive basis of stereotypic judgment. *Journal of Experimental Social Psychology*, 12, 392-407.

Hamilton, D.L. & Rose, T.L. (1980). Illusory correlation and the maintenance of consolation beliefs. *Journal of Personality and Social Psychology*, 39, 832-845.

Hamilton, D.L. & Sherman, S.J. (1989). Illusory correlation : Implications for stereotype theory and research. Dans D. Bar-Tal, C.F. Graumann, A.W. Kruglanski & W. Stroebe (dir.), *Stereotyping and prejudice : Changing conceptions* (p. 59-82). New York : Springer.

Hamilton, D.L., Sherman, S.J. & Castelli, L. (2002). A group by any other name – The role of entitativity in group perception. Dans W. Stroebe & M. Hewstone (dir.), *European review of social psychology* (vol. 12, p. 139-166). West Sussex, R.-U. : Wiley.

Hamilton, D.L., Sherman, S.J. & Maddox, K.B. (1999). Dualities and continua : Implications for understanding perceptions of persons and groups. Dans S. Chaiken & Y. Trope (dir.), *Dual process theories in social psychology* (p. 606-626). New York : Guilford.

Hamilton, D.L. & Trolier, T.K. (1986). Stereotypes and stereotyping. Dans J. Dovidio & S.L. Gaertner (dir.), *Prejudice, discrimination, and racism : Theory and research* (p. 127-163). Orlando, Fla. : Academic Press.

Hampson, S.E., John, O.P. & Golberg, L.R. (1986). Category breadth and hierarchical

structure in personality : Studies in asymmetries in judgments of trait implications. *Journal of Personality and Social Psychology*, 51, 37-54.

Haney, C. (1984). On the selection of capital juries : The biasing effects of the death-qualification process. *Law and Human Behavior*, 8, 121-132.

Haney, C., Banks, C. & Zimbardo, P. (1973). Interpersonnal dynamics in a simulated prison. *International Journal of Criminology and Penology*, 1, 69-97.

Haney, C. & Zimbardo, P. (1998). The past and the futur of U.S. prison policy twenty-five years after the Standford Prison Experiment, *American Psychologist*, 53, 709-727.

Hankin, B.L., Abramson, L.Y., Miller, N. & Haeffel, G.J. (2004). Cognitive vulnerability-stress theories of depression : Examining affective specificity in the prediction of depression versus anxiety in three prospective studies. *Cognitive Therapy and Research*, 28, 309-345.

Hankin, B.L., Abramson, L.Y. & Siler, M. (2001). A prospective test of the hopelessness theory of depression in adolescence. *Cognitive Therapy and Research*, 25, 607-632.

Hansen, C.H. & Hansen, R.D. (1988). Finding the face in the crowd : An anger superiority effect. *Journal of Personality and Social Psychology*, 54, 917-924.

Hansen, D.M., Larson, R.W. & Dworkin, J.B. (2003). What adolescents learn in organized youth activities : A survey of self-reported developmental experience. *Journal of Research on Adolescence*, 11, 25-55.

Hansen, R.D. (1980). Commonsense attribution. *Journal of Personality and Social Psychology*, 39, 996-1009.

Hansen, R.D. (1985). Cognitive economy and commonsense attribution processing. Dans J.H. Harvey & G. Weary (dir.), *Attribution : Basic issues and applications* (p. 65-85). Orlando, Fla. : Academic Press.

Hansen, R.D. & Hall, C.A. (1985). Discounting and augmenting facilitative and inhibitory forces : The winner takes almost all. *Journal of Personality and Social Psychology*, 49, 1482-1493.

Harackiewicz, J.M., Sansone, C., Blair, L.W., Epstein, J.A. & Manderlink, G. (1987). Attributional processes in behavior change and maintenance : Smoking cessation and continued abstinence. *Journal of Consulting and Clinical Psychology*, 55, 372-373.

Harmon-Jones, E. & Allen, J.J.B. (2001). The role of affect in the mere exposure effect : Evidence from psychophysiological and individual differences approaches. *Personality and Social Psychology Bulletin*, 27, 889-898.

Harmon-Jones, E. & Harmon-Jones, C. (2002). Testing the action-based model of cognitive dissonance : The effect of action orientation on postdecisional attitudes. *Personality and Social Psychology Bulletin*, 6, 711-723.

Harmon-Jones, E. & Mills, J. (dir.) (1999). *Cognitive dissonance : Progress on a pivotal theory in social psychology.* Washington, D.C. : American Psychological Association.

Harper, R.G., Wiens, A.N. & Matarazzo, J.D. (1978). *Nonverbal communication.* New York : Wiley.

Harris, C.R. (2003). A review of sex differences in sexual jealousy, including self-report data, psychophysiological responses, interpersonal violence, and morbid jealousy. *Personality and Social Psychology Review*, 7, 102-128.

Harris, J.R. (1995). Where is the child's environment ? A group socialization theory of

development, *Psychological Review, 102*, 458-489.
Harris, R.N. & Snyder, C.R. (1986). The role of uncertain self-esteem in self-handicapping. *Journal of Personality and Social Psychology, 51*, 451-458.
Harrison, J.A., Mullen, P.D. & Green, L.W. (1992). A meta-analysis of studies of the health belief model with adults. *Health Education Research, 7*, 107-116.
Hart, A.J. (1995). Naturally occurring expectation effects. *Journal of Personality and Social Psychology, 68*, 109-115.
Harter, S. (1999). *The construction of the self*. New York : Guilford.
Harter, S. (2002). Authenticity. Dans C.R. Snyder & S.J. Lopez (dir.), *Handbook of positive psychology* (p. 382-394). Londres, R.-U. : Oxford University Press.
Harter, S. (2003). The development of self-representations during childhood and adolescence. Dans M.R. Leary & J.P. Tangney (dir.), *Handbook of self and identity* (p. 610-642). New York : Guilford.
Hartshorne, H., May, M.A. (1928). *Studies in the nature of character, studies in deceit*. New York : Macmillan.
Harvey, J. & Wenzel, A. (dir.) (2001). *Close romantic relationships : Maintenance and enhancement*. Mahwah, N.J. : Erlbaum.
Harvey, J.H. & Omarzu, J. (1997). Minding the close relationship. *Personality and Social Psychology Review, 1*, 224-240.
Harvey, J.H., Orbuch, T.L. & Weber, A.L. (1991). *Attributions, accounts and close relationships*. New York : Springer-Verlag.
Harvey, J.H. & Weary, G. (1981). *Perspectives on attributional processes*. Dubuque, Iowa : Wm. C. Brown.
Harvey, J.H. & Weary, G. (1984). Current issues in attribution theory and research. *Annual Review of Psychology, 35*, 427-459.
Harvey, J.H., Wenzel, A. & Sprecher, S. (dir.) (2004). *The handbook of sexuality in close relationships*. Mahwah, N.J. : Erlbaum.
Harwood, J., Giles, H. & Bourhis, R.Y. (1994). The genesis of vitality theory : Historical patterns and discoursal dimensions. *International Journal of the Sociology of Language, 108*, 167-206.
Haselton, M.G. & Buss, D.M. (2000). Error management theory : A new perspective on biases in cross-sex mind reading. *Journal of Personality and Social Psychology, 78*, 81-91.
Haslam, N. (dir.) (2004). *Relational models theory : A contemporary overview*. Mahwah, N.J. : Erlbaum.
Haslam, S.A. (2001). *Psychology in organisations : The social identity approach*. Londres, R.-U. : Sage.
Haslam, S.A. & McGarty, C. (2004). Experimental design and causality in social psychology research. Dans C. Sansone, C.C. Morf & A.T. Panter (dir.), *The Sage handbook of methods in social psychology* (p. 237-264). Thousand Oaks, Calif. : Sage.
Haslam, S.A. & Platow, M.J. (2001). The link between leadership and followership : How affirming social identity translates vision into action. *Personality and Social Psychology Bulletin, 27*, 1469-1479.
Hassall, R. & Rose, J. (2005). Parental cognitions and adaptation to the demands of caring for a child with an intellectual disability : A review of the literature and implications for clinical interventions. *Behavioural and Cognitive Psychotherapy, 33*, 71-88.
Hassebrauck, M. (1998). The visual process method : A new method to study physical attractiveness. *Evolution and Human Behavior, 19*, 111-123.
Hassin, R. & Trope, Y. (2000). Facing faces : Studies on the cognitive aspects of physiognomy. *Journal of Personality and Social Psychology, 78*, 837-852.
Hastie, R., Park, B. & Weber, R. (1984). Social memory. Dans R.S. Wyer, Jr. & T.K. Srull (dir.), *Handbook of social cognition* (vol. 2, p. 151-212). Hillsdale, N.J. : Erlbaum.
Hastie, R., Penrod, S. & Pennington, N. (1983). *Inside the jury*. Cambridge, Mass. : Harvard University Press.
Hastie, R. & Stasser, G. (2000). Computer simulation methods for social psychology. Dans H.T. Reis & C.M. Judd (dir.), *Handbook of research : Methods in social and personality psychology* (p. 85-116). Cambridge : Cambridge University Press.
Hastings, P.D., Zahn-Waxler, C., Robinson, J., Usher, B. & Bridges, D. (2000). The development of concern for others in children with behavior problem. *Developmental Psychology, 36*, 531-546.
Hastorf, A.H. & Cantril, H. (1954). They saw a game : A case study. *Journal of Abnormal and Social Psychology, 49*, 129-134.
Hatfield, E. (1984). The dangers of intimacy. Dans V.J. Derlaga (dir.), *Communication, intimacy and close relationship*. Orlando, Fla. : Academic Press.
Hatfield, E. (1988). Passionate and companionate love. Dans R.J. Sternberg & M.L. Barnes (dir.), *The psychology of love*. New Haven, Conn. : Yale University Press.
Hatfield, E. & Rapson, R.L. (1993). *Love, sex, and intimacy : Their psychology, biology, and history*. New York : Harper-Collins.
Hatfield, E. & Sprecher, S. (1986). *Mirror, mirror : The importance of looks in everyday life*. Albany, N.Y. : State University of New York Press.
Hatfield, E. & Traupmann, J. (1981). Intimate relationships : A perspective from equity theory. Dans S. Duck & R. Gilmour (dir.), *Personal relationships : Studying personal relationships* (p. 165-178). Londres, R.-U. : Academic Press.
Hatfield, E., Walster, G.W. & Berscheid, E. (1978). *Equity : Theory and research*. Boston, Mass. : Allyn & Bacon.
Haugtvedt, C. & Petty, R.E. (1992). Personality and persuasion : Need for cognition moderates the persistence and resistance of attitude changes. *Journal of Personality and Social Psychology, 63*, 308-319.
Hawkley, L.C., Burleson, M.H., Berntson, G.G. & Cacioppo, J.T. (2003). Loneliness in everyday life : Cardiovascular activity, psychosocial context, and health behaviors. *Journal of Personality and Social Psychology, 85*, 105-120.
Hay, D.F. (2005). The beginnings of aggression in infancy. Dans R.E. Tremblay, W. Hartup & J. Archer (dir.), *Developmental origins of aggressive behaviour* (p. 107-132) New York : Guilford.
Hayward, M.L.A., Rindova, V.P. & Pollock, T.G. (2004). Believing one's own press : The causes and consequences of CEO celebrity. *Strategic Management Journal, 25*, 637-653.
Hazan, C. & Shaver, P.R. (1987). Romantic love conceptualized as an attachment process. *Journal of Personality and Social Psychology, 52*, 511-524.
Hazan, C. & Shaver, P.R. (1990). Love and work : An attachment-theoretical perspective. *Journal of Personality and Social Psychology, 59*, 270-280.
Hearn, J. (1998). *The violences of men*. Londres, R.-U. : Sage.
Hearold, S. (1986). A synthesis of 1043 effects of television on social behavior. Dans G. Comstock (dir.), *Public communication and behavior* (vol. 1, p. 65-133). New York : Academic Press.
Heatherton, T.F., Kleck, R.E. Hebel, M.R. & Hull, J.G. (2000). *The social psychology of stigma*. New York : Guilford Press.
Heatherton, T.F., Macrae, C.N. & Kelley, W.M. (2004). What the social brain sciences can tell us about the self. *Current Directions in Psychological Science, 13*, 190-193.
Heatherton, T.F. & Polivy, J. (1991). Development and validation of a scale for measuring state self-esteem. *Journal of Personality and Social Psychology, 60*, 895-910.
Heaton, A.W. & Sigall, H. (1991). Self-consciousness, self-presentation, and performance under pressure : Who chokes, and when ? *Journal of Applied Social Psychology, 21*, 175-188.
Hébert, J.C. (2004). La justice dénudée. *Le Journal du Barreau, 36*(20), 11.
Heidegger, M. (1962) (J. Macquarrie & E. Robinson pour la traduction). *Being and time*. New York : Harper & Row.
Heider, F. (1944). Social perception as phenomenal causality. *Psychological Review, 51*, 358-374.
Heider, F. (1946). Attitudes and cognitive organization. *Journal of Psychology, 21*(2), 107-112.
Heider, F. (1958). *The psychology of interpersonal relations*. New York : Wiley.
Heine, S.J., Kitayama, S., Lehman, D.R., Takata, T., Ide, E., Leung, C. & Matsumoto, H. (2001). Divergent consequences of success and failure in Japan and North America : An investigation of self-improving motivations and malleable selves. *Journal of Personality and Social Psychology, 81*, 599-615.
Heine, S.J. & Lehman, D.R. (1997). Culture, dissonance, and self-affirmation. *Personality and Social Psychology Bulletin, 23*, 389-400.
Heine, S.J., Lehman, D.R. Markus, H.R. & Kitayama, S. (1999). Is there a universal need for positive self-regard ? *Psychological Review, 106*, 766-794.
Helgeson, V.S. (2003). Cognitive adaptation, psychological adjustment, and disease progression among angioplasty patients : 4 years later. *Health Psychology, 22*, 30-38.
Helgeson, V.S. & Cohen, S. (1996). Social support and adjustment to cancer : Reconciling descriptive, correlational, and intervention research. *Health Psychology, 15*, 135-148.
Helgeson, V.S., Cohen, S., Schulz, R. & Yasko, J. (2000). Group support interventions for women with breast cancer : Who benefits from what ? *Health Psychology, 19*, 107-114.
Helgeson, V.S., Snyder, P. & Seltman, H. (2004). Psychological and physical adjustment to breast cancer over 4 years : Identifying distinct trajectories of change. *Health Psychology, 23*, 3-15.
Hellmich, C. (2005). Al-Qaeda : Terrorists, hypocrites, fundamentalists ? The view from within. *Third World Quarterly, 26*, 39-54.
Helms, J., Jernigan, M. & Mascher, J. (2005). The meaning of race in psychology and how to change it. *American Psychologist, 60*, 27-36.
Hemenover, S.H. (2003). The good, the bad, and the healthy : Impacts of emotional disclosure of trauma on resilient self-concept and psychological distress. *Personality and Social Psychology Bulletin, 29*, 1236-1244.
Henderson, D. (1985). *Cohesion : The human element in combat*. Washington, D.C. : National Defence University Press.
Hendrick, C. & Hendrick, S.S. (1986). A theory and method of love. *Journal of Personality and Social Psychology, 50*, 392-402.
Hendrick, C. & Hendrick, S.S. (1988). Lovers wear rose colored glasses. *Journal of Social and Personal Relationships, 56*, 784-794.
Hendrick, C. & Hendrick, S.S. (1989). Research on love : Does it measure up ? *Journal of Personality and Social Psychology, 5*, 161-183.
Hendrick, C. & Hendrick, S.S. (1991). Dimensions of love : A sociobiological interpretation. *Journal of Social and Clinical Psychology, 10*, 206-230.
Hendrick, C. & Hendrick, S.S. (dir.) (2000). *Close relationships. A sourcebook*. Londres, R.-U. : Sage.
Hendrick, S.S. & Hendrick, C. (1992). *Liking, loving, and relating* (2e éd.). Pacific Grove, Calif. : Brooks/Cole.
Hendrick, S.S. & Hendrick, C. (1993). Lovers as friends. *Journal of Social and Personal Relationships, 10*, 459-466.
Hendrick, S.S. & Hendrick, C. (2000). Romantic love. Dans C. Hendrick & S.S. Hendrick (dir.), *Close relationships. A sourcebook* (p. 203-215). Londres, R.-U. : Sage.
Hendrick, S.S., Hendrick, C. & Adler, N.L. (1988). Romantic relationships : Love, satisfaction, and staying together. *Journal of Personality and Social Psychology, 54*, 980-988.
Hendrick, S.S., Hendrick, C. & Dicke, A. (1998). The love attitudes scale : Short form. *Journal of Social and Personal Relationships, 15*, 147-159.
Henry, F. (1989). Préjugés et tolérance au Canada. Dans Conseil économique du Canada (dir.), *Le nouveau visage du Canada : Incidence économique et sociale de l'immigration*. Ottawa : Approvisionnements et Services Canada.
Henry, F. & Ginsberg, E. (1985). *Who gets the work : A test of racial discrimination in employment in Toronto*. Toronto : The Urban Alliance on race relations and the social planning council of Metropolitan Toronto.
Henry, P.J. & Sears, D.O. (2002). The symbolic racism 2000 scale. *Political Psychology, 23*, 253-283.
Herek, G.M. (1997). The HIV epidemic and public attitudes toward lesbians and gay men. Dans M.P. Levine, P. Nardi & J. Gagnon (dir.), *In changing times : Gay men and lesbians encounter HIV/AIDS* (p. 191-218). Chicago, Ill. : University of Chicago Press.
Herek, G.M. (2000). The social construction of attitudes : Functional consensus and divergence in the US public's reactions to AIDS. Dans G. Maio & J. Olson (dir.), *Why we evaluate : Functions of attitudes*. Mahwah, N.J. : Erlbaum.
Herrald, M.M. & Tomaka, J. (2002). Patterns of emotion-specific appraisal, coping, and cardiovascular reactivity during an ongoing emotional episode. *Journal of Personality and Social Psychology, 83*, 434-450.
Hersey, J.C., Niederdeppe, J., Evans, W.D., Nonnemaker, J., Blahut, S., Holden, D., Messeri, P. & Haviland, M.L. (2005). The theory of « truth » : How counterindustry media campaigns affect smoking behavior among teens. *Health Psychology, 24*, 22-31.
Hersey, P. & Blanchard, K.H. (1988). *Management of Organizational Behavior*. Englewood Cliffs, N.J. : Prentice-Hall.
Herzberg, F. (1966). *Work and the nature of man*. Oxford, R.-U. : World.
Heslin, R. & Alper, T. (1983). Touch : A bonding gesture. Dans J.M. Wiemann & R.P. Harrison (dir.), *Nonverbal interaction*. Beverly Hills, Calif. : Sage.
Heslin, R. & Boss, D. (1980). Nonverbal intimacy in airport arrival and departure. *Personality and Social Psychology Bulletin, 6*, 248-252.

Hess, R.L., Jr., Ganesan, S. & Klein, N.M. (2003). Service failure and recovery : The impact of relationship factors on customer satisfaction. *Journal of the Academy of Marketing Science, 31*, 127-145.

Hess, U., Kappas, A., McHugo, G.J., Kleck, R.E. & Lanzetta, J.T. (1989). An analysis of the encoding and decoding of spontaneous and posed smiles : The use of facial electromyography. *Journal of Nonverbal Behavior, 13*, 121-137.

Hess, U., Philippot, P. & Blairy, S. (1999). Mimicry : Facts and fiction. Dans P. Philippot, R.S. Feldman & F.J. Coats (dir.), *The social context of nonverbal behaviour* (p. 213-241). New York : Cambridge University Press.

Hess, U., Senécal S. & Vallerand, R.J. (2000). Les concepts fondamentaux. Dans R.J. Vallerand & U. Hess (dir.), *Méthodes de recherche en psychologie* (p. 33-54). Boucherville : Gaëtan Morin Éditeur.

Hewstone, M. (1990). The « ultimate attribution error ? » A review of the literature on intergroup causal attribution. *European Journal of Social Psychology, 20*, 311-335.

Hewstone, M. (1996). Contact and categorization : Social psychological intervention to change intergroup relations. Dans C.N. Macrae, C. Stangor & M. Hewstone (dir.), *Stereotypes and stereotyping* (p. 223-268). New York : Guilford.

Hewstone, M., Rubin, M. & Willis, H. (2002). Intergroup bias. *Annual Review of Psychology, 53*, 575-604.

Hewstone, M. & Ward, C. (1985). Ethnocentrism and causal attribution in Southeast Asia. *Journal of Personality and Social Psychology, 48*, 614-623.

Hewstone, M.R.C. (1988). Attributional bases of intergroup conflict. Dans W. Stroebe, A.W. Kruglanski, D. Bar-Tal & M. Hewstone (dir.), *The social psychology of intergroup conflict : Theory, research and applications*. New York : Springer-Verlag.

Hickson III, M., Stacks, D.W. & Moore, N. (2004). *Nonverbal communication : Studies and applications* (4ᵉ éd.). Los Angeles, Calif. : Roxbury Publishing.

Higgins, C.A. & Judge, T.A. (2004). The effect of applicant influence tactics on recruiter perceptions of fit and hiring recommendations : A field study. *Journal of Applied Psychology, 89*, 622-632.

Higgins, E.T. (1996). Knowledge activation : Accessibility, applicability, and salience. Dans E.T. Higgins & A.W. Kruglanski (dir.), *Social psychology : Handbook of basic principles* (p. 133-168). New York : Guilford.

Higgins, E.T. (1998). Promotion and prevention : Regulatory focus as a motivational principle. Dans M.P. Zanna (dir.), *Advances in experimental social psychology* (vol. 30, p. 1-46). San Diego, Calif. : Academic Press.

Higgins, E.T. (1999). Persons or situations : Unique explanatory principles or variability in general principles ? Dans D. Cervone & Y. Shoda (dir.), *The coherence of personality : Social-cognitive bases of consistency, variability, and organization* (p. 61-93). New York : Guilford.

Higgins, E.T. (2000). Making a good decision : Value from fit. *American Psychologist, 55*, 1217-1230.

Higgins, E.T. (2001). Promotion and prevention experiences : Relating emotions to nonemotional motivational states. Dans J.P. Forgas (dir.), *Handbook of affect and social cognition* (p. 186-211). Mahwah, N.J. : Erlbaum.

Higgins, E.T. (2004). Making a theory useful : Lessons handed down. *Personality and Social Psychology Review, 2*, 138-145.

Higgins, E.T. & Bargh, J.A. (1987). Social cognition and social perception. *Annual Review of Psychology, 38*, 369-425.

Higgins, E.T., Grant, H. & Shah, J.Y. (2003). Self-regulation and the quality of life : Emotional and non-emotional life experiences. Dans D. Kahneman, E. Diener & N. Schwarz (dir.), *Well-Being : The foundations of hedonic psychology* (p. 244-266). New York : Sage.

Higgins, E.T. & Kruglanski, A.W. (1996). *Social psychology : Handbook of basic principles*. New York : Guilford.

Higgins, E.T., Kruglanski, A.W. & Pierro, A. (2003). Regulatory mode : Locomotion and assessment as distinct orientations. Dans M.P. Zanna (dir.), *Advances in experimental social psychology* (vol. 35, p. 293-344). New York : Academic Press.

Higgins, E.T., McCann, C.D. & Fondacaro, R. (1982). The « communication game » : Goal directed encoding and cognitive consequences. *Social Cognition, 1*, 21-37.

Higgins, E.T., Shah, J. & Friedman, R. (1997). Emotional responses to goal attainment : Strength of regulatory focus as moderator. *Journal of Personality and Social Psychology, 72*, 515-525.

Higgings, E.T. & Spiegel, S. (2004). Promotion and prevention strategies for self-regulation : A motivated cognition perspective. Dans R.F. Baumeister & K.D. Vohs (dir.), *Handbook of self-regulation : Research, theory, and applications* (p. 171-187). New York : Guilford.

Highman, P.A. & Carment, W.D. (1992). The rise and fall of politicians : The judged heights of Broadbent, Mulroney and Turner before and after the 1988 Canadian federal election. *Canadian Journal of Behavioral Science, 24*, 404-409.

Hildum, D.C. & Brown, R.W. (1956). Verbal reinforcement and interviewer bias. *Journal of Abnormal and Social Psychology, 53*, 108-111.

Hilgard, E.R. (1987). *Psychology in America : A historical survey*. Orlando, Fla. : Harcourt Brace.

Hill, C. & Dagnan, D. (2002). Helping, attributions, emotions and coping style in response to people with learning disabilities and challenging behaviour. *Journal of Learning Disabilities, 6*, 363-372.

Hill, M.E. & Augoustinos, M. (2001). Stereotype change and prejudice reduction : Short-and long-term evaluation of a cross-cultural awareness programme. *Journal of Community and Applied Social Psychology, 11*, 243-262.

Hill, W.F. (1978). Effects of mere exposure on preferences in nonhuman mammals. *Psychological Bulletin, 85*, 1177-1198.

Hillerband, E. (1987). Philosophical tensions influencing psychology and social action. *American Psychologist, 42*, 111-118.

Hilt, L.M. (2003-2004). Attribution retraining for therapeutic change : Theory, practice, and future directions. *Imagination, Cognition, and Personality, 23*, 289-307.

Hilton, J.L. & Darley, J.M. (1985). Constructing other persons : A limit on the effect. *Journal of Experimental Social Psychology, 21*, 1-18.

Hilton, J.L. & Von Hippel, W. (1996). Stereotypes. Dans J.T. Spence, J.M. Darley & D.J. Foss (dir.), *Annual review of psychology, 47*, 237-271. Palo Alto, Calif. : Annual Reviews.

Hinde, R.A. (1979). Towards understanding relationships. New York : Academic Press.

Hinde, R.A. (1997). *Relationships : A dialectical perspective*. Philadelphie, Penn. : Psychology Press.

Hindy, C.G., Schwarz, J.C. & Brodsky, A. (1989). *If this is love, why do I feel so insecure ?* New York : Atlantic Monghly Press.

Hiroto, D.S. (1974). Locus of control and learned helplessness. *Journal of Experimental Psychology, 102*, 187-193.

Hiroto, D.S. & Seligman, M.E.P. (1975). Generality of learned helplessness in man. *Journal of Personality and Social Psychology, 31*, 311-327.

Hirt, E.R., McCrea, S.M. & Boris, H.I. (2003). « I Know you self-handicapped last exam » : Gender differences in reactions to self-handicapping. *Journal of Personality and Social Psychology, 84*, 177-193.

Hirt, E.R. & Sherman, S.J. (1985). The role of prior knowledge in explaining hypothetical events. *Journal of Experimental Social Psychology, 21*, 519-543.

Hodson, G. & Olson, J.M. (2005). Testing the generality of the name letter effect : Name initials and everyday attitudes. *Personality and Social Psychology Bulletin, 31*, 1099-1111.

Hoeksema-van Orden, C.Y.D., Gaillard, A.W.K. & Buunk, B.P. (1998). Social loafing under fatique. *Journal of Personality and Social Psychology, 75*, 1179-1190.

Hofling, C.K., Brotzman, E., Dalrymple, S., Graves, N. & Pierce, C. (1966). An experimental study of nurse-physician relations. *Journal of Nervous and Mental Disease, 143*, 171-180.

Hofstede, G. (1980). *Culture's consequences*. Beverly Hills, Calif. : Sage.

Hogg, M.A. (1995). Le concept de cohésion reformulé : une approche en termes de catégorisation et d'identité sociale. Dans G. Mugny, D. Oberlé & J.-L. Beauvois (dir.), *Relations humaines, groupes et influence sociale* (p. 161-174). Grenoble : Presses universitaires de Grenoble.

Hogg, M.A. (2000). Subjective uncertainty reduction through self-categorization : A motivational theory of social identity processes. Dans W. Stroebe & M. Hewstone (dir.), *European review of social psychology* (vol. 11, p. 223-255). West Sussex, R.-U : Wiley.

Hogg, M.A. & Abrams, D. (1990). Social motivation, self-esteem, and social identity. Dans D.A. Abrams & M.A. Hogg (dir.), *Social identity theory : Constructive and Critical advances* (p. 28-47). Londres, R.-U. : Harvester Wheatsheaf.

Hogg, M.A. & Turner, J.C. (1987). Intergroup behaviour, self-stereotyping and the salience of social categories. *British Journal of Social Psychology, 26*, 325-340.

Hogg, M.A. & Van Knippenberg, D. (2003). Social identity and leadership processes in groups. Dans M.P. Zanna (dir.), *Advances in experimental social psychology* (vol. 35, p. 1-52). New York : Academic Press.

Hokanson, J.E. (1970). Psychophysiological evaluation of the catharsis hypothesis. Dans E.I. Megargee & J.E. Hokanson (dir.), *The dynamics of aggression*. New York : Harper.

Hokanson, J.E. & Burgess, M. (1962). The effects of three types of aggression on vascular processes. *Journal of Abnormal and Social Psychology, 64*, 446-449.

Hokanson, J.E., Burgess, M. & Cohen, M.E. (1963). Effects of displaced aggression on systolic blood pressure. *Journal of Abnormal and Social Psychology, 67*, 214-218.

Hokanson, J.E., Willers, K.R. & Koropsak, E. (1968). The modification of autonomic responses during aggresive interchanges. *Journal of Personality, 36*, 386-404.

Holbrook, A.L., Berent, M.K., Krosnick, J.A. & Visser, P.S. (2005). Attitude importance and the accumulation of attitude-relevant knowledge in memory. *Journal of Personality and Social Psychology, 88*, 749-769.

Holland, R.W., Roeder, U.R., Van Baaren, R.B., Brandt, A.C. & Hannover, B. (2004). Don't stand so close to me : The effects of self-construal on interpersonal closeness. *Psychological Science, 15*, 237-242.

Hollander, E.P. (1958). Conformity, status, and idiosyncrasy credit. *Psychological Review, 65*, 117-127.

Holmes, D.S. (1978). Projection as a defense mechanism. *Psychological Bulletin, 85*, 677-688.

Holmes, J.G. & Cameron, J. (2005). An integrative review of theories of interpersonal cognition : An interdependence theory perspective. Dans M.W. Baldwin (dir.), *Interpersonal Cognition* (p. 415-447). New York : Guilford.

Holmes, J.G., Miller, D.T. & Lerner, M.J. (2002). Committing altruism under the cloak of self-interest : The exchange fiction. *Journal of Experimental Social Psychology, 38*, 144-151.

Holmes, J.G. & Rempel, J.K. (1989). Trust in close relationships. Dans C. Hendrick (dir.), *Review of personality and social psychology : Vol 10. Close relationships* (p. 187-220). Newbury Park, Calif. : Sage.

Holtgraves, T.M. (2001). *Language as social action : Social psychology and language use*. Mahwah, N.J. : Erlbaum.

Hölzl, E. & Kirchler, E. (2005). Causal attribution and hindsight bias for economic developments. *Journal of Applied Psychology, 90*(1), 167-174.

Homans, G.C. (1961). *Social behavior*. New York : Harcourt, Brace & World.

Homans, G.C. (1974) (Édition revue et corrigée). *Social behavior*. New York : Harcourt, Brace, Jovanovich.

Homburg, C. & Stock, R.M. (2005). Exploring the conditions under which salesperson work satisfaction can lead to customer satisfaction. *Psychology and Marketing, 22*, 393-420.

Homer, P.M. & Kahle, L.R. (1988). A structural equation test of the value-attitude-behavior hierarchy. *Journal of Personality and Social Psychology, 54*, 638-646.

Hommel, K.A., Chaney, J.M., Mullins, L.L., Palmer, W., Wees, S. & Klein, H. (1998). Relative contributions of attributional style and arthritis helplessness to depression in rheumatoid arthritis : A longitudinal investigation. *International Journal of Rehabilitation and Health, 4*, 59-67.

Hong, Y., Benet-Martinez, V., Chiu, C. & Morris, M. W. (2003). Boundaries of cultural influence : Construct activation as a mechanism for cultural differences in social perception. *Journal of Cross-cultural Psychology, 34*, 453-464.

Hong, Y., Chiu, C. & Kung, M. (1997). Bringing culture out in front : Effects of cultural meaning system activation on social cognition. Dans K. Leung, U. Kim, S. Yamaguchi & Y. Kashima (dir.), *Progress in Asian social psychology* (vol. 1, p. 139-150). Singapour : Wiley.

Hong, Y., Morris, M.W., Chiu, C. & Benet-Martinez, V. (2000). Muti-cultural minds : A dynamic constructivist approach to culture and cognition. *American Psychologist, 55*, 709-720.

Hooker, S.P., Seavey, W., Weidmer, C.E., Harvey, D.J., Stewart, A.L., Gillis, D.E., Nicholl, K.L, & King, A.C. (2005). The California active aging community grant program : Translating science into practice to promote physical activity in older adults. *Annals of Behavioral Medicine, 29*, 155-165.

Hopkins, N., Reicher, S. & Levine, M. (1997). On the parallels between social cognition and the « new racism ». *British Journal of Social Psychology, 36*, 305-330.

Hornsey, M.J. & Hogg, M.A. (2000). Subgroup relations : A comparison of mutual intergroup differentiation and common in-group identity models of prejudice reduction. *Personality and Social Psychology Bulletin, 26*, 242-256.

Hornstein, H.A. (1982). Promotive tension : Theory and research. Dans V.J. Derlega & J. Grzelak (dir.), *Cooperation and helping behavior : Theories and research* (p. 229-248). New York : Academic Press.

Hornstein, H.A., Ficsh, E. & Holmes, M. (1968). Influence of a model's feeling about his behavior and his relevance as a comparison other on observer's helping behavior. *Journal of Personality and Social Psychology, 10*, 222-226.

Horowitz, L.M., Krasnoperova, E.N., Tatar, D.G., Hanse, M.B., Person, E.A., Galvin, K.L. & Nelson, K.L. (2001). The way to console may depend on the goal : Experimental studies of social support. *Journal of Experimental Social Psychology, 37*, 49-61.

Horselenberg, R., Merckelbach, H. & Josephs, S. (2003). Individual differences and false confessions : A conceptual replication of Kassin and Kiechel (1996). *Psychology, Crime and Law, 9*, 1-8.

Horvath, A.O. & Luborsky, L. (1993). The role of the therapeutic alliance in psychotherapy. *Journal of Consulting and Clinical Psychology, 61*, 561-573.

Horvath, F.S. (1977). The effect of selected variables on interpretation of polygraph records. *Journal of Applied Psychology, 62*, 127-136.

Hospers, H.J., Kok, G. & Strecher, V.J. (1990). Attributions for previous failures and subsequent outcomes in a weight reduction program. *Health Education Quaterly, 17*, 409-415.

House, J.S. (1977).The three faces of social psychology. *Sociometry, 40*, 161-177.

House, J.S., Landis, K.R. & Umberson, D. (1988). Social relationships and health. *Science, 241*, 540-545.

Hovland, C., Janis, L. & Kelley, H. (1953). *Communication of persuasion*. New Haven, Conn. : Yale University Press.

Hovland, C., Lumsdaine, A. & Sheffield, F. (1949). *Experiments on mass communications*. Princeton, N.J. : Princeton University Press.

Hovland, C. & Sears, R.R. (1940). Minor studies in aggression : VI. Correlation of lynchings with economic indices. *Journal of Psychology, 9*, 301-310.

Howard, G.S. (1985). The role of values in the science of psychology. *American Psychologist, 40*, 255-265.

Hubbard, J.A., Dodge, K.A., Cillessen, A.H.N., Coïe, J.D. & Schwartz, D. (2001). The dyadic nature of social information processing in boys' reactive and proactive aggression. *Journal of Personality and Social Psychology, 80*, 268-280.

Huesmann, L.R., Moise-Titus, J., Podolski, C.L. & Eron, L.D. (2003). Longitudinal relations between children's exposure to TV violence and their aggressive and violent behavior in young adulthood : 1977-1992. *Developmental Psychology, 39*, 201-221.

Huguet, P. (1995). Travail collectif et performance individuelle. Dans G. Mugny, D. Oberlé, & J.-L. Beauvois (dir.), *Relations humaines, groupes et influence sociale* (p. 31-41). Grenoble : Presses universitaires de Grenoble.

Hulin, C.L. & Judge, T.A. (2003). Job attitudes. Dans D.R. Ilgen & W.C. Borman (dir.), *Handbook of psychology : Industrial and organizational psychology* (vol. 12, p. 255-276). New York : Wiley.

Hull, J.G. & Mendolia, M. (1991). Modeling the relations of attributional style, expectancies, and depression. *Journal of Personality and Social Psychology, 61*, 85-97.

Hull, J.G. & Slone, L.B. (2004). Alcohol and self-regulation. Dans R.F. Baumeister & K.D. Vohs (dir.), *Handbook of self-regulation : Research, theory, and applications* (p. 466-491). New York : Guilford.

Huskinson, T.L.H. & Haddock, G. (2004). Individual differences in attitude structure : Variance in the chronic reliance on affective and cognitive information. *Journal of Experimental Social Psychology, 40*, 82-90.

Hyde, J.S. & DeLamater, J. (2006). *Understanding human sexuality* (9e éd.). Boston, Mass. : McGraw-Hill.

Hyman, H. (1942). The psychology of status. *Archives of Psychology, 269*.

Iaffaldano, M.T. & Muchinsky, P.M. (1985). Job satisfaction and job performance : A meta-analysis. *Psychological Bulletin, 97*, 251-273.

Ibanez, T. (1999). Idéologie et relations intergroupes. Dans R.Y. Bourhis & J.P. Leyens (dir.), *Stéréotypes, discrimination et relations intergroupes* (p. 322-345). Sprimont, Belgique : Mardaga.

Ickes, W. (dir.) (1997). *Empathic accuracy*. New York : Guilford.

Ickes, W. & Duck, S. (dir.) (2000). *The social psychology of personal relationships*. Chichester, R.-U. : Wiley.

Iizuka, Y. (1993). Regulators in Japanese conversation. *Psychological Bulletin, 72*, 203-209.

Inglehart, R. (1990). *Culture shift in advanced industrial society*. Princeton, N.J. : Yale University Press.

Inglehart, R. (1997). *Modernization and postmodernization : Cultural, economic and political change in 43 societies*. Princeton, N.J. : Yale University Press.

Inglehart, R. & Baker, W.E. (2000). Modernization, cultural change, and the persistence of traditional values. *American Sociological Review, 65*, 19-51.

Innocence project, Benjamin N. Cardozo school of Law, New York. (2001). Extrait du site Web Innocence Project, le 30 août 2005 : <http://www.innocenceproject.org/>.

Insko, C.A. (1965). Verbal reinforcement of attitude. *Journal of Personality and Social Psychology, 2*, 621-623.

Irvine, D.M. & Evans, M.G. (1995). Job satisfaction and turnover among nurses : Integrating research findings across studies. *Nursing Research, 44*, 246-253.

Isen, A.M. (1987). Positive affect, cognitive processes, and social behavior. Dans L. Berkowitz (dir.), *Advances in experimental social psychology* (vol. 20, p. 203-253) Hillsdale, N.J. : Erlbaum.

Isen, A.M. (2001). An influence of positive affect on decision making in complex situations : Theoretical issues with practical implications. *Journal of Consumer Psychology, 11*, 75-85.

Isen, A.M. & Levin, P.F. (1972). The effect of feeling good on helping : Cookies and kindness. *Journal of Personality and Social Psychology, 21*, 384-388.

Islam, M.R. & Hewstone, M. (1993). Dimensions of contact as predictor of intergroup anxiety, perceived outgroup variability and outgroup attitude : An integrative model. *Personality and Social Psychology Bulletin, 19*, 700-710.

Izard, C.E. (1992). Basic emotions, relations among emotions, and emotion-cognition relations. *Psychological Review, 99*, 561-565.

Izard, C.E. (1993). Four systems for emotion activation : Cognitive and noncognitive processes. *Psychological Review, 100*, 68-90.

Izard, C.E., Huebner, R.R., Risser, D., McGinnes G.C. & Dougherty, L.M. (1980). The young infant's ability to produce discrete emotion expressions. *Developmental Psychology, 16*, 132-140.

Jackson, J.M. (1987). Social impact theory : A social forces model of influence. Dans B. Mullen & G.R. Goethals (dir.), *Theories of group behavior*. New York : Springer-Verlag.

Jackson, J.W. (1993). Realistic group conflict theory : A review and evaluation of the theoretical and empirical literature. *Psychological Record, 43*, 395-413.

Jacobson, N.S. & Gottman, J. (1998). *When men batter women : New insights into ending abusive relationships*. New York : Simon and Schuster.

Jacobson, N.S. & Gurman, A.S. (1995). *Clinical handbook of couple therapy*. New York : Guilford.

James, C.L.R. (1989). *The Black Jacobins*. Londres, R.-U. : Alison and Busby.

James, S. & Thomas, P. (2000). John Henryism and blood pressure in Black population : A review of the evidence. *African American Research Perspectives, 6*, 1-10.

James, W. (1890). *Principles of psychology*. New York : Holt, Rinehart and Winston.

Jamieson, D.W. & Zanna, M.P. (1989). Need for structure in attitude formation and expression. Dans A.R. Pratkanis, S.J. Breckler & A.G. Greenwald (dir.), *Attitude, structure and function* (p. 383-406). Hillsdale, N.J. : Erlbaum.

Janis, I.L. (1951). *Air war and emotional stress : Psychological studies of bombing and civilian defence*. New York : McGraw-Hill.

Janis, I.L. (1972). *Victims of groupthink*. Boston, Mass. : Houghton Mifflin.

Janis, I.L. (1982). *Groupthink : Psychological studies of policy decisions and fiascoes*. Boston, Mass. : Houghton Mifflin.

Janoff-Bulman, R. (1979). Characterological versus behavioral self-blame : Inquiries into depression and rape. *Journal of Personality and Social Psychology, 37*, 1798-1809.

Janoff-Bulman, R. (1992). *Shattered assumptions*. New York : Free Press.

Janoff-Bulman, R. & Lang-Gunn, L. (1988). Coping with disease and accidents : The role of self-blame attributions. Dans L.Y. Abramson (dir.), *Social-personal inference in clinical psychology* (p. 116-147). New York : Guilford.

Janoff-Bulman, R., Timko, C. & Carli, L.L. (1985). Cognitive biases in blaming the victim. *Journal of Experimental Social Psychology, 21*, 161-177.

Janz, N.K. & Becker, M.H. (1984). The health belief model : A decade later. *Health Education Quarterly, 11*, 1-47.

Jarvis, W.B.G. & Petty, R.E. (1996). The need to evaluate. *Journal of Personality and Social Psychology, 70*, 172-194.

Jawahar, J.M. & Mattsson, J. (2005). Sexism and beautyism effects in selection as a functional self-monitoring level of decision maker. *Journal of Applied Psychology, 90*, 563-573.

Jenkins, C., Stanton, B.A. & Jono, R.T. (1994). Quantifying and predicting recovery after heart surgery. *Psychosomatic Medicine, 56*, 203-212.

Jenkins, J.M. (1993). Self-monitoring and turnover : The impact of personality on intentions to leave. *Journal of Organizational Behavior, 36*, 364-396.

Jenkins, J.M., Oatley, K. & Stein, N.L. (1998). *Human Emotions : A reader*. Malden, Mass. : Blackwell.

Jetten, J., Branscombe, N.R. & Spears, R. (2002). On being peripheral : Effects of identity insecurity on personal and collective self-esteem. *European Journal of Social Psychology, 32*, 105-123.

Ji, L.-J., Peng, K., & Nisbett, R.E. (2000). Culture, control, and perception of relationships in the environment. *Journal of Personality and Social Psychology, 78*, 943-955.

Jodoin, M. & Dubé, L. (2000). *High work commitment and work overcommitment : Their relation to personal well-being*. Montréal. (Manuscrit inédit).

Johannesen-Schmidt, M.C (2003). Transformational, transactional, and laissez-faire leadership styles : A meta-analysis comparing women and men. *Psychological Bulletin, 129*, 569-591.

John, O.P. & Benet-Martinez, V. (2000). Measurement : Reliability, construct validation, and scale construction. Dans H.T. Reis & C.M. Judd (dir.), *Handbook of research : Methods in social and personality psychology* (p. 339-369). Cambridge : Cambridge University Press.

John, O.P., Cheek, J.M. & Klohnen, E.C. (1996). On the nature of self-monitoring : Construct explication with Q-sort ratings. *Journal of Personality and Social Psychology, 71*, 763-776.

Johns, M., Schmader, T. & Martens, A. (2005). Knowing is half the battle : Teaching stereotype threat as a means of improving women's math performance. *Psychological Science, 16*, 175-179.

Johnson, B.T. & Eagly, A.H. (1989). The effects of involvement on persuasion : A meta-analysis. *Psychological Bulletin, 106*, 290-314.

Johnson, B.T. & Eagly, A.H. (2000). Quantitative synthesis of social psychological research. Dans H.T. Reis & C.M. Judd (dir.), *Handbook of research : Methods in social and personality psychology* (p. 496-528). Cambridge : Cambridge University Press.

Johnson, D.J. & Rusbult, C.E. (1989). Resisting temptation : Devaluation of alternative partners as a means of maintaining commitment in close relationships. *Journal of Personality and Social Psychology, 57*, 967-980.

Johnson, D.W. (2003). Social interdependence : The interrelationships among theory, research, and practice. *American Psychologist, 58*(11), 931-945.

Johnson, D.W., Johnson, R. & Maruyama, G. (1983). Interdependence and interpersonal attraction among heterogonous and homogenous individuals : A theoritical formulation and a meta-analysis of the research. *Review of Educational Research, 53*, 5-54.

Johnson, J.L. (1980). Questions and role responsibility in four professional meetings. *Anthropological Linguistics, 22*, 66-76.

Johnson, M.K., Beebe, T., Mortimer, J.T. & Snyder, M. (1998). Volunteerism in adolescence : A process perspective. *Journal of Research on Adolescence, 8*, 309-332.

Johnson, M.P. (1991). Commitment to personal relationships. Dans W.H. Jones & D.W. Perlman (dir.), *Advances in personal relationships* (vol. 3, p. 117-143). Londres, R.-U. : Jessica Kingsley.

Johnson, M.P. (1995). Patriarchal terrorism and common couple violence : Two forms of violence against women. *Journal of Marriage and the Family, 57*, 283-294.

Johnson, R.J., Hobfoll, S.E. & Zalcberg-Linetzy, A. (1993). Social support knowledge and behavior and relational intimacy : A dyadic study. *Journal of Family Psychology, 6*, 1-12.

Johnson, R.N. (1972). *Aggression in man and animals*. Toronto : Saunders.

Johnson, S.L. (1985). Black innocence and the white jury. *Michigan Law Review, 83*, 1611-1708.

Johnson-George, C. & Swap, W. (1982). Measurement of specific interpersonal trust : Construction and validation of a scale to assess trust in a specific order. *Journal of Personality and Social Psychology, 43*, 1306-1317.

Johnston, L. & Hewstone, M. (1992). Cognitive models of stereotype change : 3. Subtyping and the perceived typicality of disconfirming group members. *Journal of Experimental Social Psychology, 28*, 360-386.

Joly, S., Tougas, F. & De la Sablonnière, R. (2004). The nationalism of a minority group : For better or for worse ? *Canadian Journal of Behavioural Science, 36*, 45-55.

Jonas, K., Diehl, M. & Bromer, P. (1997). Effects of attitude ambivalence on information processing and attitude-intention consistency. *Journal of Experimental Social Psychology, 33*, 190-210.

Jones, E.E. (1964). *Ingratiation : A social psychological analysis.* New York : Appleton-Century Crofts.

Jones, E.E. (1979). The rocky road from acts to dispositions. *American Psychologist, 34*, 107-117.

Jones, E.E. (1985). Major developments in social psychology during the past five decades. Dans G. Lindzey & E. Aronson (dir.), *The handbook of social psychology* (3ᵉ éd., vol. 1, p. 47-107). New York : Random House.

Jones, E.E. & Berglas, S.C. (1978). Control of attributions about self through self-handicapping strategies : The appeal of alcohol and the role of underachievement. *Personality and Social Psychology Bulletin, 4*, 200-206.

Jones, E.E. & Davis, K.E. (1965). From acts to dispositions : The attribution process in person perception. Dans L. Berkowitz (dir.), *Advances in experimental social psychology* (vol. 2, p. 219-266). New York : Academic Press.

Jones, E.E., Davis, K.E. & Gergen, K. (1961). Role playing variations and their informational value for person perception. *Journal of Abnormal and Social Psychology, 63*, 302-310.

Jones, E.E., Farina, A., Hastorf, A.H., Markus, H., Miller, D. & Scott, R.A. (1984). *Social stigma : The psychology of marked relationships.* New York : Freeman.

Jones, E.E. & Harris, V.A. (1967). The attribution of attitudes. *Journal of Experimental Social Psychology, 3*, 1-24.

Jones, E.E. & McGillis, D. (1976). Correspondent inferences and the attribution cube : A comparative reappraisal. Dans H.H. Harvey, W.J. Ickes & R.F. Kidd (dir.), *New directions in attribution research* (vol. 1, p. 389-420). Hillsdale, N.J. : Erlbaum.

Jones, E.E. & Nisbett, R.E. (1972). The actor and the observer : Divergent perceptions of causality. Dans E.E. Jones, D.E. Kanouse, H.H. Kelley, R.E. Nisbett, S. Valins & B. Weiner (dir.), *Attribution : Perceiving the causes of behavior* (p. 79-94). Morristown, N.J. : General Learning Press.

Jones, E.E. & Pittman, T.S. (1982). Toward a general theory of strategic self-presentation. Dans J. Suls (dir.), *Psychological perspectives on the self* (vol. 1, p. 231-262). Hillsdale, N.J. : Erlbaum.

Jones, E.E. & Thibault, J.W. (1958). Interaction goals as bases of human inference in interpersonal perception. Dans R. Tagiuri & L. Petrullo (dir.), *Person perception and interpersonal behavior.* Stanford, Calif. : Stanford University Press.

Jones, E.E. & Wortman, E.E. (1973). *Ingratiation : An attributional approach.* Morristown, N.J. : General Learning Press.

Jones, J.M. (1972). *Prejudice and racism.* Philadelphie, Penn. : Addison-Westley.

Jones, J.M. (1997). *Prejudice and racism* (2ᵉ éd.). New York : McGraw-Hill.

Jones, J.T., Pelham, B.W., Carvallo, M. & Mirenberg, M.C. (2004). How do I love thee ? Let me count the Js : Implicit egotism and interpersonal attraction. *Journal of Personality and Social Psychology, 87*, 665-683.

Jones, W.H., Carpenter, B. & Quintana, D. (1985). Personality and interpersonal predictors of loneliness in two cultures. *Journal of Personality and Social Psychology, 48*, 1503-1511.

Jones, W.H., Moore, D.S., Schratter, A.K. & Negel, L.A. (2001). Interpersonal transgressions and betrayals. Dans R.M. Kowalski (dir.), *Behaving badly : Aversive behaviors in interpersonal relationships.* Washington, D.C. : American Psychological Association.

Jordan, C., Spencer, S. & Zanna, M.P. (2003). « I love me…I love me not » : Implicit self-esteem, explicit self-esteem, and defensiveness. Dans S.J. Spencer, S. Fein, M.P. Zanna & J.M. Olson (dir.), *The Ontario Symposium : Motivated social perception* (vol. 9, p. 117-145). Mahwah, N.J. : Erlbaum.

Jordan, C, Spencer, S. & Zanna, M.P. (2005). Types of high self-esteem and prejudice : How implicit self-esteem relates to ethnic discrimination among high explicit self-esteem individuals. *Personality and Social Psychology Bulletin, 31*, 693-702.

Jordan, C., Spencer, S., Zanna, M.P. & Hoshino-Brown, E. (2003). Secure and defensive self-esteem. *Journal of Personality and Social Psychology, 85*, 969-978.

Jost, J.T. & Banaji, M.R. (1994). The role of stereotyping in system-justification and the production of false consciousness. *British Journal of Social Psychology, 33*, 1-27.

Jost, J.T, Banaji, M.R. & Nosek, B. (2004). A decade of system justification theory : Accumulated evidence of conscious and unconscious bolstering of the status quo. *Political Psychology, 25*, 881-919.

Jost, J.T., Burgess, D. & Mosso, C. (2001). Conflicts of legitimation among self, group, and system : The integrative potential of system justification theory. Dans J.T. Jost & B. Major (dir.), *The psychology of legitimacy : Emerging perspectives on ideology, justice, and intergroup relations* (p. 363-388). New York : Cambridge University Press.

Jost, J.T., Glaser, J., Kruglanski, A.W. & Sulloway, F.J. (2003). Political conservatism as motivated social cognition. *Psychological Bulletin, 129*, 339-375.

Jost, J.T. & Hunyady, O. (2002). The psychology of system justification and the palliative function of ideology. *European Review of Social Psychology, 13*, 111-153.

Jost, J.T. & Major, B. (dir.) (2001). *The psychology of legitimacy : Emerging perspectives on ideology, justice, and intergroup relations.* Cambridge : Cambridge University Press.

Jost, J.T., Pelham, B.W. & Carvallo, M. (2002). Non-conscious forms of system justification : Cognitive, affective, and behavioral preferences for higher status groups. *Journal of Experimental Social Psychology, 38*, 586-602.

Jost, J.T., Pelham, B.W., Sheldon, O. & Sullivan, B.N. (2003). Social inequality and the reduction of ideological dissonance on behalf of the system : Evidence of enhanced system justification among the disadvantaged. *European Journal of Social Psychology, 33*, 13-36.

Jost, J.T. & Thompson, E.P. (2000). Group-based dominance and opposition to equality as independent predictors of self-esteem, ethnocentrism, and social policy attitudes among African Americans and European Americans. *Journal of Experimental Social Psychology, 36*, 209-232.

Jouffre, S., Py, J. & Somat, A. (2001). Norme d'internalité, norme de consistance et clairvoyance normative. *Revue internationale de psychologie sociale, 14*, 121-164.

Joule, R.V. & Beauvois, J.-L. (1987). *Petit traité de manipulation à l'usage des honnêtes gens.* Grenoble : Presses universitaires de Grenoble.

Joule, R.V. & Beauvois, J.-L. (1998). Cognitive dissonance theory : A radical view. Dans W. Stroebe & M. Hewstone (dir.), *European review of social psychology* (vol. 8, p. 1-32). West Sussex, R.-U. : Wiley.

Joule, R.V. & Beauvois, J.-L. (2002). *Petit traité de manipulation à l'usage des honnêtes gens* (2ᵉ éd.). Grenoble : Presses universitaires de Grenoble.

Judge, T.A. (2004). Promote job satisfaction through mental challenge. Dans E.A. Locke (dir.), *The blackwell handbook of principles of organizational behavior* (p. 75-89). Malden, Mass. : Blackwell.

Judge, T.A. & Cable, D.M. (2004). The effect of physical height on workplace success and income : Preliminary test of a theoretical model. *Journal of Applied Psychology, 89*, 428-441.

Judge, T.A., Thoresen, C.J., Bono, J.E. & Patton, G.K. (2001). The job satisfaction-job performance relationship : A qualitative and quantitative review. *Psychological Bulletin, 127*, 376-407.

Jurgensen, C.E. (1978). Job preferences (what makes a job good or bad ?). *Journal of Applied Psychology, 63*, 267-276.

Jussim, L. & Harber, K.D. (2005). Teacher expectations and self-fulfilling prophecies : Knowns and unknowns, resolved and unresolved controversies. *Personality and Social Psychology Review, 9*, 131-155.

Kachadourian, L.K., Fincham, F. & Davila, J. (2005). Attitudinal ambivalence, rumination, and forgiveness of partner transgressions in marriage. *Personality and Social Psychology Bulletin, 31*, 334-342.

Kahan, D. (1997). Social influence, social meaning, and deterrences. *Virginia Law Review, 83*, 349-395.

Kahn, A. & Ryan, A.H. (1972). Factors influencing the bias towards one's own group. *International Journal of Group Tensions, 2*, 33-50.

Kahneman, D. (2003a). A perspective on judgment and choice : Mapping bounded rationality. *American Psychologist, 58*, 697-720.

Kahneman, D. (2003b). Objective happiness. Dans D. Kahneman, E. Diener & N. Schwarz (dir.), *Well-Being : The foundations of hedonic psychology* (p. 3-25). New York : Russell Sage Foundation.

Kahneman, D., Diener, E. & Schwarz, N. (dir.) (2003). *Well-Being : The foundations of hedonic psychology.* New York : Russell Sage Foundation.

Kahneman, D. & Miller, D.T. (1986). Norm theory : Comparing reality to its alternatives. *Psychological Review, 93*, 136-153.

Kahneman, D. & Tversky, A. (1982). The simulation heuristic. Dans D. Kahneman, P. Slovic & A. Tversky (dir.), *Judgment under uncertainty : Heuristics and biases.* New York : Cambridge University Press.

Kaiser, C.R. & Miller, C.T. (2001). Stop complaining ! The social costs of making attributions to discrimination. *Personality and Social Psychology Bulletin, 27*, 254-263.

Kaiser, C.R., Vick, S.B. & Major, B. (2004). A prospective investigation of the relationship between just-world beliefs and the desire for revenge after September 11, 2001. *Psychological Science, 15*, 503-506.

Kaiser Family Foundation. (1999). *Kids and Media @ the new millennium : A comprehensive national analysis of children's media use.* Menlo Park, Calif. : The Henry J. Kaiser Foundation.

Kalin, R. (1981). Ethnic attitudes. Dans R.C. Gardner & R. Kalin (dir.), *A Canadian social psychology of ethnic relations.* Toronto : Methuen.

Kalin, R. & Rayko, D.S. (1978). Discrimination in evaluative judgments against foreign-accented job candidates. *Psychological Reports, 43*, 1203-1209.

Kallgren, C.A., Reno, R.R. & Cialdini, R.B. (2000). A focus theory of normative conduct : When norms do and do not affect behavior. *Personality and Social Psychology Bulletin, 26*, 1002-1012.

Kalven, H. & Zeisel, H. (1966). *The american jury.* Boston, Ill. : Little Brown.

Kamen-Siegel, L., Rodin, J., Seligman, M.E.P. & Dwyer, J. (1991). Explanatory style and cell-mediated immunity in elderly men and women. *Health Psychology, 10*, 229-235.

Kanagawa, C., Cross, S.E. & Markus, H.R. (2001). « Who am I ? » The cultural psychology of the conceptual self. *Personality and Social Psychology Bulletin, 27*, 90-103.

Kanungo, R.N. (1982). Measurement of job and work involvement. *Journal of Applied Psychology, 67*, 341-349.

Kaplan, M.F. & Martin, A.M. (1999). Effects of differential status of members on process and outcome of deliberation. *Group Processes and Intergroup Relations, 2*, 347-364.

Kaprio, J., Koskenvuo, M. & Rita, H. (1987). Mortality after bereavement : A prospective study of 95,647 widowed persons. *American Journal of Public Health, 77*, 283-287.

Karasek, R. (1979). Job demand, job decision latitude, and mental strain : Implication for job redesign. *Administrative Science Quarterly, 24*, 285-306.

Karasek, R. & Theorell, T. (1990). *Healthy work : Stress, productivity, and the reconstruction of working life.* New York : Basic Books.

Karlins, M., Coffman, T.L. & Walters, G. (1969). On the fading of social stereotypes : Studies in three generations of college students. *Journal of Personality and Social Psychology, 13*, 1-16.

Karlsen, B. & Bru, E. (2002). Coping styles among adults with type 1 and type 2 diabetes. *Psychology, Health and Medicine, 7*, 245-259.

Karney, B.R., Bradbury, T.N. & Johnson, M.D. (1999). Deconstructing stability : The distinction between the course of a close relationship and its endpoint. Dans J.M. Adams & W.H. Jones (dir.), *Handbook of interpersonal commitment and relationship stability* (p. 481-499). New York : Plenum.

Karpinski, A., Steinman, R.B. & Hilton, J.L. (2005). Attitude importance as a moderator of the relationship between implicit and explicit attitude measures. *Personality and Social Psychology Bulletin, 31*, 949-962.

Kashima, Y., Kokubo, T., Kashima, E.S., Boxall, D., Yamaguchi, S. & Macrae, K. (2004). *Personality and Social Psychology Bulletin, 30*, 816-823.

Kashy, D.A. & Kenny, D.A. (2000). The analysis of data from dyads and groups. Dans H.T. Reis & C.M. Judd (dir.), *Handbook of research : Methods in social and personality psychology* (p. 451-477). Cambridge : Cambridge University Press.

Kasser, T., Koestner, T. & Lekes, N. (2002). Early family experiences and adult values : A 26-year prospective longitudinal study.

Personality and Social Psychology Bulletin, 28, 826-835.

Kasser, T. & Ryan, R.M. (1993). A dark side of the American dream : Correlates of financial success as a central life aspiration. *Journal of Personality and Social Psychology, 65*, 410-422.

Kasser, T. & Ryan, R.M. (1996). Further examining the American dream : Differential correlates of intrinsic and extrinsic goals. *Personality and Social Psychology Bulletin, 22*, 280-287.

Kassin, S.M., Goldstein, C.C. & Savitsky, K. (2003). Behavioral confirmation in the interrogation room : On the danger of presuming guilt. *Law and Human Behavior, 27*, 187-203.

Kassin, S.M. & Kiechel, K.L. (1996). The social psychology of false confessions : Compliance, internalization, and confabulation. *Psychological Science, 7*, 125-128.

Kassin, S.M. & Sukel, H. (1997). Coerced confessions and the jury : An experimental test of the « harmless error » rule. *Law and Human Behavior, 21*, 27-46.

Kassin, S.M. & Wrightsman, L.S. (1983). The construction and validation of a juror bias scale. *Journal of Research in Personality, 17*, 423-442.

Katz, D. (1960). The functional approach to the study of attitudes. *Public Opinion Quarterly, 24*, 163-204.

Katz, D. & Braly, K.W. (1933). Racial stereotypes in one hundred college students. *Journal of Abnormal and Social Psychology, 28*, 280-290.

Katz, I. & Hass, R.G. (1988). Racial ambivalence and value conflict : Correlational and priming studies of dual cognitive structures. *Journal of Personality and Social Psychology, 55*, 893-905.

Katz, I., Wackenhut, J. & Hass, R.G. (1986). Racial ambivalence, value duality, and behavior. Dans J.F. Dovidio & S.L. Gaertner (dir.), *Prejudice, discrimination, and rascim*, (p. 35-60). San Diego, Calif. : Academic Press.

Katz, L.F. & Gottman, J.M. (1993). Patterns of marital conflic predict children's internalizing and externalizing behaviors. *Developmental Psychology, 29*(6), 940-950.

Kawada, C.L., Oettingen, G., Gollwitzer, P.M. & Bargh, J.A. (2004). The projection of implicit and emplicit goals. *Journal of Personality and Social Psychology, 86*, 545-559.

Kawakami, K., Dovidio, J.F., Moll, J., Hermsen, S. & Russin, A. (2000). Just say no (to stereotyping) : Effects of training in the negation of stereotypic associations on stereotype activation. *Journal of Personality and Social Psychology, 78*, 871-888.

Kawasaki, H., Adolphs, R., Kaufman, O., Damasio, H., Damasio, A.R., Granner, M., Bakken, H., Hori, T. & Howard, M.A. (2001). Single-neuron responses to emotional visual stimuli recorded in human ventral prefrontal cortex. *Nature Neuroscience, 4*, 15-16.

Keating, C.F., Randall, D.W., Kendrick, T. & Gutshall, K.A. (2003). Do babyfaced adults receive more help ? The (cross-cultural) case of the lost resume. *Journal of Nonverbal Behaviour, 27*, 89-109.

Keelan, J.P.R., Dion, K.L. & Dion, K.K. (1994). Attachment style and heterosexual relationships among young adults : A short-term panel study. *Journal of Social and Personal Relationships, 11*, 201-214.

Keller, L.M., Bouchard, T.J., Jr., Arvey, R.D., Segal, N.L. & Dawis, R.V. (1992). Work values : Genetic and environmental influences. *Journal of Applied Psychology, 77*, 79-88.

Keller, P.A., Fiore, M.C., Curry, S.J. & Orleans, C.T. (2005). Systems change to improve health and health care : Lessons from addressing tobacco in managed care. *Nicotine & Tobacco Research, 7*(1), 5-8.

Kelley, H.H. (1950). The warm-cold variable in first impressions of persons. *Journal of Personality, 18*, 431-439.

Kelley, H.H. (1967). Attribution theory in social psychology. Dans D. Levine (dir.), *Nebraska Symposium on Motivation* (vol. 5). Lincoln : Nebr. : University of Nebraska Press.

Kelley, H.H. (1972a). Attribution in social interaction. Dans E.E. Jones, D.E. Kanouse, H.H. Kelley, R.E. Nisbett, S. Valins & B. Weiner (dir.), *Attribution : Perceiving the causes of behavior* (p. 1-27). Morristown, N.J. : General Learning Press.

Kelley, H.H. (1972b). Causal schemata and the attribution process. Dans E.E. Jones, D.E. Kanouse, H.H. Kelley, R.E. Nisbett, S. Valins & B. Weiner (dir.), *Attribution : Perceiving the causes of behavior* (p. 151-174). Morristown, N.J. : General Learning Press.

Kelley, H.H. (1973). The process of causal attribution. *American Psychologist, 28*, 107-128.

Kelley, H.H. (1979). *Personal relationships : Their structures and processes*. Hillsdale, N.J. : Erlbaum.

Kelley, H.H. (1986). Personal relationships : Their nature and significance. Dans R. Gilmour & S. Duck (dir.), *The emerging field of personal relationships*. Hillsdale, N.J. : Erlbaum.

Kelley, H.H., Berscheid, E., Christensen, A., Harvey, J.H., Huston, T.L., Levinger, G. *et al.* (dir.) (2002). *Close relationships* (2e éd.). Clinton Corners, N.Y. : Percheron Press.

Kelley, H.H., Holmes, J.G., Kerr, N.L., Reis, H.T., Rusbult, C.E. & Van Lange, P.A.M. (2003). *An atlas of interpersonal situations*. Cambridge : Cambridge University Press.

Kelley, H.H. & Michela, J.L. (1980). Attribution theory and research. *Annual Review of Psychology, 31*, 457-502.

Kelley, H.H. & Thibaut, J.W. (1978). *Interpersonal relations : A theory of interdependence*. New York : Wiley.

Kelley, S., Jr. & Mirer, T.W. (1974). The simple act of voting. *American Political Science Review, 68*, 572-591.

Kelley, W.M. & Berridge, K.C. (2002). The neuroscience of natural rewards : Relevance to addictive drugs. *Journal of Neuroscience, 22*, 3306-3311.

Kelley, W.M., Macrae, C.N., Wyland, C.L., Coglar, S., Inati, S. & Heatherton, T.F. (2002). Finding the self ? An event-related fMRI study. *Journal of Cognitive Neuroscience, 14*(5), 785-794.

Kelln, B.R.C. & Ellard, J.H. (1999). An equity theory analysis of the impact of forgiveness and retribution on transgressor compliance. *Personality and Social Psychology Bulletin, 25*, 864-872.

Kellogg, R. & Baron, R.S. (1975). Attribution theory, insomnia, and the reverse placebo effect : A reversal of Storm's and Nisbett's finding. *Journal of Personality and Social Psychology, 32*, 231-236.

Kelly, A.E., Klusas, J.A., Von Weiss, R.T. & Kenny, C. (2001). What is it about revealing secrets that is beneficial ? *Personality and Social Psychology Bulletin, 27*, 651-665.

Kelly, A.E. & McKillop, K.J. (1996). Consequences of revealing personal secrets. *Psychological Bulletin, 120*, 450-465.

Kelly, J.G., Ferson, J.E. & Holtzam, W.H. (1958). The measurement of attitudes toward the Negro of the South. *Journal of Social Psychology, 32*, 305-312.

Kelman, H.C. (1958). Compliance, identification, and internalization : Three processes of attitude change. *Journal of Conflict Resolution, 2*, 51-60.

Kelman, H.C. & Hamilton, V.L. (1989). *Crimes of obedience*. New Haven, Conn. : Yale University Press.

Kenny, D.A. (1994). *Interpersonal perception : A social relation analysis*. New York : Guilford.

Kenrick, D.T. (1989). Bridging social psychology and sociobiology : The case of sexual attraction. Dans R.W. Bell & N.J. Bell (dir.), *Sociobiology and the social sciences*. Lubbock, Tex. : Texas Tech University Press.

Kenrick, D.T., Groth, G.E., Trost, M.R. & Sadalla, E.K. (1993). Integrating evolutionary and social exchange perspectives on relationships : Effects of gender, self-appraisal, and involment level on mate selection critaria. *Journal of Personality and Social Psychology, 64*, 951-969.

Kenrick, D.T., Sadalla, E.K., Groth, G. & Trost, M. (1990). Evolution, traits, and the stages of human courtship : Qualifiying the parental investment model. *Journal of Personality, 53*, 97-116.

Kenrick, D.T. & Trost, M. (2000). An evolutionary perspective on human relationships. Dans W. Ickes & S. Duke (dir.), *The social psychology of personal relationships*. Chichester, R.-U. : Wiley.

Kenworthy, J.B., Turner, R.N., Hewstone, M. & Voci, A. (2005). Intergroup contact : When does it work, and why ? Dans J.F. Dovidio, P. Glick & L.A. Rudman (dir.), *On the nature of prejudice. Fifty years after Allport*. Malden, Mass. : Blackwell.

Kerlinger, F.N. (1973). *Foundations of behavioral research*. New York : Holt, Rinehart and Winston.

Kernis, M.H. & Goldman, B.M. (2003). Stability and variability in self-concept and self-esteem. Dans M.R. Leary & J.P. Tangney (dir.), *Handbook of self and identity* (p. 106-127). New York : Guilford.

Kernis, M.H., Paradise, A.W., Whitaker, D., Wheatman, S. & Goldman, B. (2000). Master of one's psychological domain ? Not likely if one's self-esteem is unstable. *Personality and Social Psychology Bulletin, 26*, 1297-1305.

Kerr, N.L. (1981). Social transition schemes : Charting the group's road to agreement. *Journal of Personality and Social Psychology, 41*, 684-702.

Kerr, N.L., Aronoff, J. & Messé, L.A. (2000). Methods of small group research. Dans H.T. Reis & C.M. Judd (dir.), *Handbook of research : Methods in social and personality psychology* (p. 160-189). Cambridge : Cambridge University Press.

Kerr, N. L., Hymes, R. W., Anderson, A. B., & Weathers, J. E. (1995). Defendant-juror similarity and mock juror judgments. *Law and Human Behavior, 19*, 545-567.

Kerr, N.L., Niedermeier, K.E. & Kaplan, M.F. (1999). Bias in jurors vs bias in juries : New evidence from the sds perspective. *Organizational Behavior and Human Decision Processes, 80*, 70-86.

Kerr, N.L. & Tindale, R.S. (2004). Group performance and decision making. *Annual Review of Psychology, 55*, 623-655.

Kidd, R.F. & Saks, M.J. (1980). *Advances in applied social psychology* (vol. 1). Hillsdale, N.J. : Erlbaum.

Kiecolt-Glaser, J.K. & Newton, T.L. (2001). Marriage and health : His and hers. *Psychological Bulletin, 127*(4), 472-503.

Kierkegaard, S. (1954) (W. Lowrie pour la traduction). *Fear and trembling/The sickness into death*. Garden City, N.Y. : Doubleday.

Kiesler, C.A. (1971). *The psychology of commitment*. New York : Academic Press.

Kiesler, S.B. & Mathog, R. (1968). The distraction hypothesis in attitude change. *Psychological Reports, 23*, 1123-1133.

Kihlstrom, J.F. (2004). Implicit methods in social psychology. Dans C. Sansone, C.C. Morf & A.T. Panter (dir.), *The Sage hanbook of methods in social psychology* (p. 195-212). Thousand Oaks, Calif. : Sage.

Kihlstrom, J.F., Beer, J.S. & Klein, S.B. (2003). Self and identity as memory. Dans M.R. Leary & J.P. Tangney (dir.), *Handbook of self and identity* (p. 68-90). New York : Guilford.

Kilduff, M. & Day, D.V. (1994). Do chameleons get ahead ? The effects of self-monitoring on managerial careers. *Academy of Management Journal, 37*, 1047-1060.

Kilham, W. & Mann, L. (1974). Level of destructive obedience as a function of transmitter and executant roles in the Milgram obedience paradigm. *Journal of Personality and Social Psychology, 29*, 696-702.

Kim, Y.Y. (2001). *Becoming intercultural : An intergrative theory of communication and cross-cultural adaptation*. Thousand Oaks, Calif. : Sage.

Kimble, C.E., Forte, R.A. & Yoshikawa, J.C. (1981). Nonverbal concommitants of enacted emotional intensity and positivity : Visual and vocal behavior. *Journal of Personality, 49*, 271-283.

Kimmel, A.J. (2004). Ethical issues in social psychology research. Dans C. Sansone, C.C. Morf & A.T. Panter (dir.), *The Sage handbook of methods in social psychology* (p. 45-70). Thousand Oaks, Calif. : Sage.

Kinder, D.R. & Sears, D.O. (1981). Prejudice and politics : Symbolic racism versus racial threats to the good life. *Journal of Personality and Social Psychology, 40*, 414-431.

Kinder, D.R. & Sears, D.O. (1985). Public opinion and political action. Dans G. Lindzey & E. Aronson (dir.), *The handbook of social psychology* (2e éd., vol. 2, p. 659-741). New York : Random House.

King, L.A. (2001). The health benefits of writing about life goals. *Personality and Social Psychology Bulletin, 27*, 798-807.

King, L.A. (2004). Measures and meanings : The use of qualitative data in social and personality psychology. Dans C. Sansone, C.C. Morf & A.T. Panter (dir.), *The Sage handbook of methods in social psychology* (p. 173-194). Thousand Oaks, Calif. : Sage.

King, L.A. & Smith, N.G. (2004). Gay and straight possible selves : Goals, identity, subjective well-being, and personality development. *Journal of Personality, 72*, 967-994.

Kintsch, W. (1998). *Comprehension : A paradigm for cognition*. Cambridge : Cambridge University Press.

Kipnis, D. (1984). The use of power in organizations and in interpersonal settings. Dans S. Oskamp (dir.), *Applied social psychology annual 5* (p. 179-210). Beverly Hills, Calif. : Sage.

Kirkpatrick, L.A. & Davis, K.E. (1994). Attachment style, gender, and relationship stability : A longitudinal analysis. *Journal of Personality and Social Psychology, 66*, 502-512.

Kirouac, G. (1993). Les émotions. Dans R.J. Vallerand & E. Thill (dir.), *Introduction à la psychologie de la motivation* (p. 41-82). Laval : Éditions Études Vivantes.

Kirouac, G. & Doré, F.Y. (1984). Judgement of facial expressions of emotion as a function of exposure time. *Perceptual and Motor Skills, 59*, 147-150.

Kirouac, G., Doré, F.Y. & Gosselin, P. (1985). La reconnaissance des expressions faciales émotionnelles. Dans R.E. Tremblay, M.A. Provost & F.F. Strayer (dir.), *Éthologie et développement de l'enfant* (p. 131-147) Paris : Stock.

Kitayama, S., Markus, H.R., Matsumoto, H. & Norasakkunkit, V. (1997). Individual and collective processes in the construction of the self : Self-enhancement in the United States and self-criticism in Japan. *Journal of Personality and Social Psychology, 72,* 1245-1267.

Klandermans, B., Sabucedo, J.M., Rodriguez, M. & De Weerd, M. (2002). Identity processes in collective action participation : Farmers' identity and farmers' protest in the Netherlands and Spain. *Political Psychology, 23,* 235-251.

Klein, D.C., Fencil-Morse, E. & Seligman, M.E.P. (1976). Depression, learned helplessness, and the attribution of failure. *Journal of Personality and Social Psychology, 33,* 508-516.

Klein, O., Snyder, M. & Livingston, R.W. (2004). Prejudice on the stage : Self-monitoring and public expression of group attitudes. *British Journal of Social Psychology, 43,* 299-314.

Kleinhesselink, R.R. & Edwards, R.E. (1975). Seeking and avoiding belief-discrepant information as a function of its perceived refutability. *Journal of Personality and Social Psychology, 31,* 787-790.

Kleinke, C.L. (1986). Gaze and eye contact : A research review. *Psychological Bulletin, 100,* 78-100.

Kleinke, C.L., Meeker, F.B. & LaFong, C. (1974). Effects of gaze, touch, and use of name on evaluation of « engaged » couples. *Journal of Research in Personality, 7,* 368-373.

Kline, R.B. (1998). *Principles and practice of structural equation modeling.* New York : Guilford.

Kline, R.B. (2005). *Principles and practice of structural equation modeling* (2e éd.). New York : Guilford.

Klinger, E. (1977). *Meaning and void : Inner experience and the incentives in people's lives.* Minneapolis, Minn. : University of Minnesota Press.

Klohnen, E.C. & Bera, S. (1998). Behavioral and experiential patterns of avoidantly and securely attached women across adulthood : A 31-year longitudinal perspective. *Journal of Personality and Social Psychology, 74,* 211-223.

Knapp, M.L. & Vangelisti, A.L. (2000). Interpersonal communication and human relationships (4e éd.). Needham Heights, Mass. : Allyn and Bacon.

Knee, C.R., Patrick, H., Vietor, N.A., Nanayakkara, A. & Neighbors, C. (2002). Self-determination as growth motivation in romantic relationships. *Personality and Social Psychology Bulletin, 28,* 609-619.

Knowles, E.S. (1983). Social physics and the effects of others : Tests of the effects of audience size and distance on social judgments and behavior. *Journal of Personality and Social Psychology, 45,* 1263-1279.

Koch, E.J. & Shepperd, J.A. (2004). Is self-complexity linked to better coping ? A review of the litterature. *Journal of Personality, 72,* 727-760.

Koenig, H.G., McCullough, M.E. & Larson, D.B. (2001). *Handbook of religion and health.* Londres, R.-U. : Oxford University Press.

Koestner, R., Losier, G.F., Vallerand, R.J. & Carducci, D. (1996). Identified and introjected forms of political internalization : Extending self-determination theory. *Journal of Personality and Social Psychology, 70,* 1025-1036.

Koestner, R., Losier, G.F., Worren, N.M., Baker, L. & Vallerand, R.J. (1995). False consensus effects for the 1992 Canadian Referendum. *Canadian Journal of Behavioural Science, 27,* 214-225.

Kohnken, G. (1987). Training police officers to detect deceptive eyewitness statements : Does it work ? *Social Behaviour, 2,* 1-17.

Konecni, V.J. & Ebbesen, E.G. (1976). Disinhibition versus the cathartic effect : Artifact and substance. *Journal of Personality and Social Psychology, 34,* 352-365.

Korchmaros, J.D. & Kenny, D.A. (2001). Emotional closeness as a mediator of the effect of genetic relatedness on altruism. *Psychological Science, 12,* 262-265.

Koslowsky, M. & Schwarzwald, J. (2001). The power interaction model : Theory, methodology, and empirical applications. Dans A.Y. Lee-Chai & J.A. Bargh (dir.), *The use and abuse of power : Multiple perspectives on the causes of corruption* (p. 195-214). Philadelphie, Penn. : Psychology Press.

Kovera, M.B. (2002). The effects of general pretrial publicity on juror decisions : An examination of moderators and mediating mechanisms. *Law and Human Behavior, 26,* 43-72.

Kowalski, R.M. (2000). « I was only kidding ! » : Victims' and perpetrators' perceptions of teasing. *Personality and Social Psychology Bulletin, 26,* 231-241.

Kowalski, R.M. (dir.) (2001). *Behaving badly. Aversive behaviors in interpersonal relationships.* Washington, D.C. : American Psychological Association.

Kramer, G.P., Kerr, N.L. & Carroll, J.S. (1990). Pretrial publicity, judicial remedies, and jury bias. *Law and Human Behavior, 14,* 409-438.

Kraus, S.J. (1995). Attitudes and the prediction of behavior : A meta-analysis of the empirical literature. *Personality and Social Psychology Bulletin, 21,* 58-75.

Krause, N., Liang, J. & Yatomi, N. (1989). Satisfaction with social support and depressive symptoms : A panel analysis. *Psychology and Aging, 4,* 88-97.

Krauss, R.M., Apple, W., Morency, N., Wenzel, C. & Winton, W. (1981). Verbal, vocal, and visible factors in judgments of another's affect. *Journal of Personality and Social Psychology, 40,* 312-320.

Krauss, R.M. & Chiu, C.-Y. (1998). Language and social behavior. Dans D.T. Gilbert, S.T. Fiske & G. Lindsey (dir.), *The handbook of social psychology* (4e éd, vol. 2, p. 41-88) Boston, Mass. : McGraw-Hill.

Krauss, R.M. & Fussell, S.R. (1996). Social psychological approaches to the study of communication. Dans E.T. Higgins & A. Kruglanski (dir.), *Social psychology : Handbook of basic principles* (p. 655-701). New York : Guilford.

Kraut, R.E. (1973). Effects of social labeling on giving to charity. *Journal of Experimental and Social Psychology, 9,* 551-562.

Kraut, R.E. & Johnston, R.E. (1979). Social and emotional messages of smiling : An ethological approach. *Journal of Personality and Social Psychology, 37,* 1539-1553.

Kraut, R.E. & Poe, D. (1980). Behavioral roots of person perception : The deceptive judgements of customs inspectors and laymen. *Journal of Personality and Social Psychology, 39,* 784-798.

Kravitz, D.A., Harrison, D.A., Turner, M.E., Levine, E.L., Chaves, W., Brannick, M.T., Denning, D.L., Russell, C.J. & Conard, M.A. (1997). *Affirmative action : A review of psychological and behavioral research.* Bowling Green, Ohio : Society for Industrial and Organisational Psychology.

Kravitz, D.A. & Platania, J. (1993). Attitudes and beliefs about affirmative action : Effects of target and of respondent sex and ethnicity. *Journal of Applied Social Psychology, 78,* 928-938.

Kray, L.J., Thompson, L. & Galinsky, A.D. (2001). Battle of the sexes : Gender stereotype confirmation and reactance in negotiations. *Journal of Personality and Social Psychology, 80,* 942-958.

Krebs, D.L. (1975). Empathy and altruism. *Journal of Personality and Social Psychology, 32,* 1134-1146.

Krebs, D.L. (1982). Altruism : A rational approach. Dans N. Eisenberg (dir.), *The development of prosocial behavior* (p. 57-76). New York : Academic Press.

Kressel, N.J. & Kressel, D.F. (2002). *Stack and sway : The new science of jury consulting.* Boulder, Colo. : Westview Press.

Kristiansen, C.M. & Hotte, A.M. (1996). Morality and the self : Implication for the when and now of value, attitude-behavior-relations. The psychology of values : The Ontario symposium (vol. 8). Dans *The Ontario symposium on Personality and Social Psychology, 8,* 77-105. Hillsdale, N.J. : Erlbaum.

Kroger, R.O. & Scheibe, K.E. (1990). A reappraisal of Wundt's influence on social psychology. *Psychologie canadienne, 31,* 220-228.

Krohne, H.W. & Slangen, K.E. (2005). Influence of social support on adaptation to surgery. *Health Psychology, 24,* 101-105.

Krohne, H.W., Slangen, K.E. & Kleemann, P.P. (1996). Coping variables as predictors of perioperative emotional states and adjustment. *Psychology and Health, 11,* 315-330.

Krosnick, J.A. & Alwin, D.F. (1989). Aging and susceptibility to attitude change. *Journal of Personality and Social Psychology, 57,* 416-425.

Krueger, J. (1998). The bet on bias : A foregone conclusion ?, *Psyloquy, 9*(46), *Social bias.* Dans Internet : <http ://psycprints.ecs.soton.ac.uk/archive/00000595>.

Krueger, J. & Rothbart, M. (1988). The use of categorical and individuating information in making inferences about personality. *Journal of Personality and Social Psychology, 59,* 1140-1152.

Kruger, J., Wirtz, D. & Miller, D.T. (2005). Counterfactual thinking and the first instinct fallacy. *Journal of Personality and Social Psychology, 88*(5), 725-735.

Kruger, J., Wirtz, D., Van Boven, L. & Altermatt, T.W. (2004). The effort heuristic. *Journal of Exprimental Social Psychology, 40,* 91-98.

Kruglanski, A.W. (1989). *Lay epistemics and human knowledge : Cognitive and motivational bases.* New York : Plenum.

Kruglanski, A.W. (2002, avril). Inside the terrorist mind. *Présentation au congrès de la National Academy of Science.* Washington, D.C., 29 avril 2002.

Kruglanski, A.W. (2004a). *The psychology of closed mindedness.* New York : Psychology Press.

Kruglanski, A.W. (2004b). The quest for the gist : On challenges of going abstract in social and personality psychology. *Personality and Social Psychology Review, 2,* 156-163.

Kruglanski, A.W. & Mayseless, O. (1988). Contextual effects in hypothesis testing : The role of competing alternatives and epistemic motivations. *Social Cognition, 6,* 1-20.

Kruglanski, A.W. & Stroebe, W. (2005). Attitudes, goals and beliefs : Issues of structure, function and dynamics. Dans D. Albarracin, B.T. Johnson & M.P. Zanna (dir.), *The handbook of attitudes and attitude change* (p. 323-368). Mahwah, N.J. : Erlbaum.

Kruglanski, A.W. & Webster, D.M. (1991). Group members' reactions to opinion deviates and conformists at varying degrees of proximity to decision deadline and of environmental noise. *Journal of Personality and Social Psychology, 61,* 212-225.

Kruglanski, A.W. & Webster, D.M. (1996). Motivated closing of the mind : « seizing » and « freezing ». *Psychological Review, 103,* 263-283.

Kruskal, J.B. & Wish, M. (1978). *Multidimensional scaling.* Beverly Hills, Calif. : Sage.

Kuhlmeier, V., Wynn, K. & Bloom, P. (2003). Attribution of dispositional states by 12-month-olds. *Psychological Science, 14,* 402-408.

Kühnen, U., Hannover, B. & Schubert, B. (2001). The sementic procedural interface model of the self : The role of self-knowledge for context-depenent versus context-independent modes of thinking. *Journal of Personality and Social Psychology, 80,* 397-409.

Kühnen, U. & Oyserman, D. (2002). Thinking about the self influences thinking in general : Cognitive consequences of salient self-concept. *Journal of Experimental Social Psychology, 38,* 492-499.

Kulik, J.A. & Mahler, H.I. (1989). Social support and recovery from surgery. *Health Psychology, 8,* 221-238.

Kumkale, G.T. & Albarracin, D. (2004). The sleeper effect in persuasion : A meta-analytic review. *Psychological Bulletin, 130,* 143-172.

Kunda, Z. (1999). *Social cognition : Making sense of people.* Cambridge, Mass. : MIT Press.

Kunda, Z. & Oleson, K.C. (1997). When exceptions prove the rule : How extremity of deviance determines the impact of deviant examples on stereotypes. *Journal of Personality and Social Psychology, 72,* 965-979.

Kunst-Wilson, W.R. & Zajonc, R.B. (1980). Affective discrimination of stimuli that cannot be recognized. *Science, 207,* 557-558.

La Guardia, J.G., Ryan, R.M., Couchman, C. & Deci, E.L. (2000). Within-person variation in security of attachment : A self-determination theory perspective on attachment, need fulfillment, and well-being. *Journal of Personality and Social Psychology, 79,* 367-384.

Labelle, M. & Marhraoui, A. (2005). Souveraineté et diversité : pour un nouveau modèle de reconnaissance. Dans J. Couture (dir.), *Redonner sens à l'indépendance.* Montréal : VLB Éditeur.

Labov, W. (1966). *The social stratification of English in New York City.* Washington, D.C. : Center for Applied Linguistics.

Lacroix, J.M. & Rioux, Y. (1978). La communication nonverbale chez les bilingues. *Canadian Journal of Behavioural Science, 10,* 130-140.

Ladd, E.C. & Lipset, S.M. (1975). *The divided academy : Professors and politics.* New York : Norton Library.

Lafontaine, M.-F. & Lussier, Y. (2003). Évaluation bidimensionnelle de l'attachement amoureux. *Revue canadienne des sciences du comportement, 35,* 56-60.

La France, M. (1992). Gender and interruptions : Individual infraction or violation of the social order ? *Psychology of Women Quarterly, 16,* 497-512.

La France, M., Hecht, M.A. & Paluck, E.L. (2003). The contingent smile : A meta-analysis of sex differences in smiling. *Psychological Bulletin, 129,* 305-334.

Lafrenière, K.D., Ledgerwood, D.M. & Docherty, A.L. (1997). Influences of leaving home, perceived family support, and

gender on the transition to university. *Guidance and Counselling, 12*, 14-18.
Lahav, G. (2004). *Immigration and politics in the new Europe : Reinventing borders*. Cambridge : Cambridge University Press.
Lakoff, R. (1975). *Language and woman's place*. New York : Harper & Row.
Lalonde, R.N. & Gardner, R.C. (1989). An intergroup perspective on stereotype organisation and processing. *British Journal of Social Psychology, 28*, 289-303.
Lamarche, J. (1990). *L'été des Mohawks : Bilan des 78 jours*. Montréal : Stanké.
Lambert, J.F., Difede, J. & Contrada, R.J. (2004). The relationship of attribution of responsability to acute stress disorder among hospitalized burn patients. *The Journal of Nervous and Mental Disease, 192*, 304-312.
Lambert, W.E. (1974) Culture and language as factors in learning and education. Dans F.E. Aboud & R.D. Meade (dir.), *Cultural factors in learning and education*. Bellingham, Wash. : 5th Western Washington Symposium on Learning.
Lambert, W.E. (1987a). The effects of bilingual and bicultural experiences on children's attitudes and social perspectives. Dans P. Homel, M. Palij *et al.* (dir.), *Childhood bilingualism : Aspects of linguistic, cognitive, and social development* (p. 197-221). Hillsdale, N.J. : Erlbaum.
Lambert, W.E. (1987b). The fate of old-country values in a new land : A cross-national study of child rearing. *Canadian Psychology, 28*, 9-20.
Lambert, W.E., Hodgson, J., Gardner, R. & Fillenbaum, S. (1960). Evaluational reactions to spoken languages. *Journal of Abnormal and Social Psychology, 60*, 44-51.
Lamberth, J. (1980). *Social Psychology*. New York : Macmillan.
Lamm, H. & Wiesmann, U. (1997). Subjective attributes of attraction : How people characterize their liking, their love, and their being in love. *Personal Relationships, 4*, 271-284.
Landry, R. & Bourhis, R.Y. (1997). Linguistic landscape and ethnolinguistic vitality : An empirical study. *Journal of Language and Social Psychology, 16*, 23-49.
Langer, E.J. (1989). *Mindfulness*. Reading, Mass. : Addison-Wesley.
Langer, E.J. (1997). *The power of mindful learning*. Reading, Mass. : Addison-Wesley.
Langer, E.J. (2000). Mindful learning. *Current Directions in Psychological Science, 9*, 220-223.
Langer, E.J. (2002). Well-being : Mindfulness versus positive evaluation. Dans C.R. Snyder & S.J. Lopez (dir.), *Handbook of positive psychology* (p. 214-230). Londres, R.-U. : Oxford University Press.
Langer, E.J. & Abelson, R.P. (1974). A patient by any other name... : Clinician group difference in labeling biais. *Journal of Consulting and Clinical Psychology, 42*, 4-9.
Langer, E.J., Blank, A. & Chanowitz, B. (1978). The mindlessness of ostensibly thoughtful action. *Journal of Personality and Social Psychology, 36*, 635-642.
Langlois, J.H., Kalakanis, L., Rubenstein, A.J., Larson, A., Hallam, M. & Smoot, M. (2000). Maxims or myths of beauty ? A meta-analytic and theoretical review. *Psychological Bulletin, 126*, 390-423.
Langlois, J.H., Ritter, J.M., Casey, R.C. & Sawin, D.B. (1995). Infant attractiveness predicts maternal behavior and attidudes. *Developmental Psychology, 31*, 462-472.
Lapadat, J. & Seesahai, M. (1977). Male versus female codes in informal contexts. *Sociolinguistics Newsletter, 8*, 7-81.
LaPiere, R.T. (1934). Attitudes versus action. *Social Forces, 13*, 230-237.
LaPiere, R.T. & Farnsworth, P.R. (1942). *Social psychology*. New York : McGraw-Hill.
Lapinski, M.K. & Boster, F.J. (2001). Modeling the ego-defensive function of attitudes. *Communication Monographs, 68*, 314-324.
Lapointe, G., Lussier, Y., Sabourin, S. & Wright, J. (1994). La nature et les corrélats de l'attachement au sein des relations de couple. *Revue canadienne des sciences du comportement, 23*, 399-410.
Laporte, S. (2003). *Chroniques du dimanche*. Montréal : Les Éditions La Presse.
Laporte, S. (2005, mai). *Pourquoi les gens font du mal aux gens ?* Journal *La Presse* (29 mai).
Larose, S., Bernier, A., Soucy, N. & Duchesne, S. (1999). Attachment style dimensions, network orientation, and the process of seeking help from college teachers. *Journal of Social and Personal Relationships, 16*, 225-247.
Larose, S., Bernier, A. & Tarabulsy, G.M. (2005). Attachment state of mind, learning disposition, and academic performance during the college transition. *Developmental Psychology, 41*, 281-289.
Larsen, K.S. (1990). The Asch conformity experiment : Replication and transhistorical comparisons. *Journal of Social Behavior and Personality, 5*, 163-168.
Larsen, R.J. (1993, août). Mood regulation in everyday life. Dans D.M. Tice (dir.), *Self-regulation of mood and emotion : Symposium tenu lors de la 101e convention de l'American Psychological Association*. Toronto.
Larsen, R.J. & Prizmic, Z. (2004). Affect regulation. Dans R.F. Baumeister & K.D. Vohs (dir.), *Handbook of self-regulation : Research, theory, and applications* (p. 40-61). New York : Guilford.
Lassiter, G.D., Geers, A.L., Handley, I.M., Weiland, P.E. & Munhall, P.J. (2002). Videotaped interrogations and confessions : A simple change in camera perspective alters verdicts in simulated trials. *Journal of Applied Psychology, 87*(5), 867-874.
Lassiter, G.D., Geers, A.L., Munhall, P.J., Handley, I.M. & Beers, M.J. (2001). Videotaped confessions : Is guilt in the eye of the camera ? Dans M.P. Zanna (dir.), *Advances in experimental social psychology* (vol. 33, p. 189-254). San Diego, Calif. : Academic Press.
Lassiter, G.D. & Irvine, A.A. (1986). Videotaped confessions : The impact of camera point of view on judgements of coercion. *Journal of Applied Social Psychology, 16*, 268-276.
Lassiter, G.D., Munhall, P.J. & Berger, I.P. (2005). Attributional complexity and the camera perspective bias in videotaped confessions. *Basic and Applied Social Psychology, 27*, 27-35.
Lassiter, G.D., Munhall, P.J., Geers, A.L., Handley, I.M., & Weiland, P.E. (2001). Criminal confessions on videotape : Does camera perspective bias their perceived veracity ? *Current Research in Social Psychology, 7*, 1-10.
Lasswell, H.D. (1948). The structure and function of communication in society. Dans L. Bryson (dir.), *The communication of ideas : Religion and civilisation series* (p. 37-51). New York : Harper & Row.
Lasswell, M.E. & Lobsenz, N.M. (1980). *Styles of loving*. New York : Ballantine.
Latané, B. (1981). The psychology of social impact. *American Psychologist, 36*, 434-356.
Latané, B. (1996). Dynamic social impact : the creation of culture by communication. *Journal of Communication, 6*, 13-25.
Latané, B. & Bourgeois, M.J. (2001). Successfully simulating dynamic social impact : Three levels of prediction. Dans J. Forgas & K. Williams (dir.), *Social Influence : Direct and indirect processes : The Sydney symposium on social psychology* (p. 61-76). Philadelphie, Penn. : Psychology Press.
Latané, B. & Darley, J.M. (1970). *The unresponsive bystander : Why doesn't he help ?* New Yok : Appleton-Century-Crofts.
Latané, B. & Rodin, J. (1969). A lady in distress : Inhibiting effects of friends and strangers on bystander intervention. *Journal of Experimental Social Psychology, 5*, 187-202.
Latané, B., Williams, K. & Harkins, S. (1979). Many hands make light the work : The causes and consequences of social loafing. *Journal of Personality and Social Psychology, 37*, 822-832.
Laubach, W.J., Brewer, B.W., Van Raalte, J.L. & Petitpas, A.J. (1996). Attributions for recovery and adherence to sport injury rehabilitation. *Australian Journal of Science and Medicine in Sport, 28*, 30-34.
Laudenslager, M.L., Boccia, M.L. & Reite, M.L. (1993). Biobehavioral consequences of loss in nonhuman primates : Individual differences. Dans M.S. Stroebe & W. Stroebe (dir.), *Handbook of bereavement : theory, research, and intervention* (p. 129-142). New York : Cambridge University Press.
Laumann-Billings, L. & Emery, R.E. (2000). Distress among young adults from divorced families. *Journal of Family Psychology, 14*, 671-687.
Lavine, H., Borgida, E. & Sullivan, J.L. (2000). On the relationship between attitude involvement and attitude accessibility : Toward a cognitive-motivational model of political information processing. *Political Psychology, 21*, 81-106.
Lavine, H., Lodge, M. & Freitas, K. (2005). Threat, authoritarianism, and selective exposure to information. *Political Psychology, 26*, 219-244.
Lavine, H. & Snyder, M. (1996). Cognitive processing and the functional matching effect in persuasion : The mediating role of subjective perceptions of message quality. *Journal of Experimental Social Psychology, 32*, 580-604.
Lavine, H., Thomsen, C.J., Zanna, M.P. & Borgida, E. (1998). On the primacy of affect in the determination of attitudes and behavior : The moderating role of affective-cognitive ambivalence. *Journal of Experimental Social Psychology, 34*, 398-421.
Lazarus, R.S. (1991). *Emotion and adaptation*. Oxford, R.-U. : Oxford University Press.
Lazarus, R.S. (1998). *Fifty years of the research and theory of R.S. Lazarus : An analysis of historical and perennial issues*. Mahwah, N.J. : Erlbaum.
Lazarus, R.S. & Folkman, S. (1984). *Stress, appraisal, and coping*. New York : Springer.
Le Bon, G. (1895). *Psychologie des foules*. Paris : Presses universitaires de France.
Le Bon, G. (1963). *Psychologie des foules*. Paris : Presses universitaires de France.
Leary, M.R. & Baumeister, R.F. (2000). The nature and function of self-esteem : Sociometer theory. Dans M.P. Zanna (dir.), *Advances in experimental social psychology* (vol. 32, p. 2-51). San Diego, Calif. : Academic Press.
Leary, M.R., Bednarski, K.R., Hammon, D. & Duncan, T. (1997). Blowhards, snobs, and narcissists : Interpersonal reactions to excessive egotism. Dans R.M. Kowalski (dir.), *Aversive interpersonal behaviors* (p. 111-131). New York : Plenum.
Leary, M.R. & Downs, D.L. (1995). Interpersonal functions of the self-esteem motive : The self-esteem system as a sociometer. Dans M.H. Kernis (dir.), *Efficacy, agency, and self-esteem* (p. 123-144). New York : Plenum.
Leary, M.R., Galagher, B., Fors, E., Buttermore, N., Baldwin, E., Kennedy, K. & Mills, A. (2003). The invalidity of disclaimers about the effects of social feedback on self-esteem. *Personality and Social Psychology Bulletin, 29*, 623-636.
Leary, M.R., Haupt, A.L., Strauss, K.S. & Chokel, J.T. (1998). Calibrating the sociometer : The relationship between interpersonal appraisal and state self-esteem. *Journal of Personality and Social Psychology, 74*, 1290-1299.
Leary, M.R. & MacDonald, G. (2003). Individual differences in self-esteem : A review and theoretical integration. Dans M.R. Leary & J.P. Tangney (dir.), *Handbook of self and identity* (p. 401-418). New York : Guilford.
Leary, M.R. & Springer, C. (2000). Hurt feelings : The neglected emotion. Dans R.M. Kowalski (dir.), *Behaving badly : Aversive behaviors in interpersonal relationships* (p. 151-175). Washington, D.C. : American Psychological Association.
Leary, M.R. & Tangney, J.P. (2003). The self as an organizing construct in the behavioral and social sciences. Dans M.R. Leary & J.P. Tangney (dir.), *Handbook of self and identity* (p. 3-14). New York : Guilford.
Leathers, D.G. (1997) *Successful nonverbal communication : Principles and applications* (3e éd.). Boston, Mass. : Allyn & Bacon.
Leaune, V. & Adrien, A. (2004). Attitudes envers les personnes vivant avec le VIH et l'homosexualité masculine dans la population générale du Québec. Présentation au 10e colloque provincial sur les maladies infectieuses : Montréal. [Document Web]. Dans Internet : <http ://www.santepub-mtl. qc.ca/cpmi2004/presentation/F6-Leaune.pdf> (Consulté le 2 août 2004).
Leavy, R.L. (1983). Social support and psychological disorder : A review. *Journal of Community Psychology, 11*, 3-21.
Lecci, L. & Myers, B. (2002). Examining the construct validity of the original and revised JBS : A cross-validation of sample and method. *Law and Human Behavior, 26*, 455-463.
Lecky, P. (1945). *Self-consistency : A theory of personality*. New York : Island Press.
Lee, F., Peterson, C. & Tiedens, L.Z. (2004). Mea culpa : Predicting stock prices from organizational attributions. *Personality and Social Psychology Bulletin, 30*, 1636-1649.
Lee, J.A. (1973). *The colors of love : An exploration of the ways of loving*. Don Mills, Ont. : New Press.
Lee, J.A. (1977). A typology of styles of loving. *Personality and Social Psychology Bulletin, 3*, 173-182.
Lee, J.A. (1988). Love-styles. Dans R.J. Sternberg & M.L. Barnes (dir.), *The psychology of love*. New Haven, Conn. : Yale University Press.
Lee, Y.-T. & Seligman, M.E.P. (1997). Are Americans more optimistic than the Chinese ? *Personality and Social Psychology Bulletin, 23*, 32-40.
Leeper, R. (1935). A study of a neglected portion of the field of learning – The development of sensory organization. *Journal of Genetic Psychology, 46*, 41-75.
Lefcourt, H.M. (2002). Humor. Dans C.R. Snyder & S.J. Lopez (dir.), *Handbook of positive psychology* (p. 619-631). New York : Oxford University Press.

Lehman, D.R., Chiu, C. & Schaller, M. (2004). Psychology and culture. *Annual Review of Psychology, 55*, 689-714.

Leik, R.K. & Leik, S.K. (1977). Transition to interpersonal commitment. Dans R. Hamblin & H. Kunkel (dir.), *Behavior theory in sociology*. New Brunswick, N.J. : Transaction Books.

Lemay, E.P., Jr. & Ashmore, R.D. (2004). Reactions to perceived categorization by others during transition to college : Internalization and self-verification process. *Group Processes and Intergroup Relations, 7*, 173-187.

Lemyre, L. & Smith, P.M. (1985). Intergroup discrimination and self-esteem in the minimal group paradigm. *Journal of Personality and Social Psychology, 49*, 1189-1199.

Lennox, R.D. & Wolfe, R.N. (1984). Revision of the self-monitoring scale. *Journal of Personality and Social Psychology, 46*, 1349-1364.

Lenski, G.E. (1984). *Power and privilege : A theory of social stratification*. Chapel Hill, N.C. : University of North Carolina Press.

LePoire, B.A., Shepard, C. & Duggan, A. (1999). Nonverbal involvement, expressiveness, and pleasantness as predicted by parental and partner attachment style. *Communication Monographs, 66*, 293-311.

Lepore, L. & Brown, R. (1997). Category and stereotype activation : Is prejudice inevitable ? *Journal of Personality and Social Psychology, 72*, 275-287.

Lepore, S.J. (1992). Social conflict, social support, and psychological distress : Evidence of cross-domain buffering effects. *Journal of Personality and Social Psychology, 63*, 857-867.

Lepper, M.R., Greene, D. & Nisbett, R.E. (1973). Undermining children's intrinsic interest with external rewards : A test of the overjustification hypothesis. *Journal of Personality and Social Psychology, 28*, 129-137.

Lerner, J.S., Gonzalez, R.M., Small, D.A. & Fischhoff, B. (2003). Effects of fear and anger on perceived risks of terrorism : A national field experiment. *Psychological Science, 14*, 144-150.

Lerner, M.J. (1970). The desire for justice and reactions to victims. Dans J.R. Macaulay & L. Berkowitz (dir.), *Altruism and helping behavior* (p. 205-229). New York : Academic Press.

Lerner, M.J. (1977). The justice motive : Some hypotheses as to its origins and forms. *Journal of Personality, 45*, 1-52.

Lerner, M.J. (1980). *The belief in a just world : A fundamental delusion*. New York : Plenum.

Lerner, M.J. (2003). The justice motive : Where social psychologists found it, how they lost it, and why they may not find it again. *Personality and Social Psychology Review, 7*, 388-399.

Lerner, M.J. & Simmons, C.H. (1966). Observers' reaction to the « innocent victim » : Compassion or rejection ? *Journal of Personality and Social Psychology, 4*, 203-210.

Lester, S.W., Turnley, W.H., Bloodgood, J.M. & Bolino, M.C. (2002). Not seeing eye to eye : Differences in supervisor and subordinate perceptions of and attributions for psychological contract breach. *Journal of Organizational Behavior, 23*, 39-56.

Leung, L. (2002). Loneliness, self-disclosure, and ICQ (« I Seek You ») use. *Cyberpsychology and Behavior, 5*, 241-251.

Leve, L.D., Winebarger, A.A., Fagot, B.I., Reid, J.B. & Goldsmith, H.H. (1998). Environmental and genetic variance in children's observed and reported maladaptive behavior. *Child Development, 69*, 1286-1298.

Leventhal, H. (1970). Findings and theory in the study of fear communications. Dans L. Berkowitz (dir.), *Advances in experimental social psychology* (vol. 5, p.119-186). San Diego, Calif. : Academic Press.

Lévesque, G., Larose, S. & Bernier, A. (2002). L'organisation cognitive du système d'attachement des adolescents et leurs perceptions de l'encadrement dyadique en tutorat. *Revue canadienne des sciences du comportement, 34*, 186-200.

Lévesque, M., Blais, M.R. & Hess, U. (2004a). Dynamique motivationnelle de l'épuisement et du bien-être chez des enseignants africains. *Canadian Journal of Behavioural Science, 36*(3), 190-201.

Lévesque, M., Blais, M.R. & Hess, U. (2004b). Motivation, comportements organisationnels discrétionnaires et bien-être en milieu africain : Quand le devoir oblige ? *Canadian Journal of Behavioural Science, 36*(4), 321-332.

Levin, S., Van Laar, C. & Sidanius, J. (2003). The effects of ingroup and outgroup friendships on ethnic attitudes in college : A longitudinal study. *Group Processes and Intergroup Relations, 6*, 76-92.

Levine, J.M. (1989). Reaction to opinion deviance in small groups. Dans P.B. Paulus (dir.), *Psychology of group influence* (2ᵉ éd., p. 187-231). Hillsdale, N.J. : Erlbaum.

Levine, J.M. & Moreland, R.L. (1985). Innovation and socialisation in small groups. Dans S. Moscovici, G. Mugny & E. Van Avermaaet (dir.), *Perspectives on minority influence*. Cambridge : Cambridge University Press et Paris : Maison des sciences de l'homme.

Levine, J.M., Moreland, R.L. & Ryan, C.S. (1998). Group socialization and intergroup relations. Dans C. Sedikides, C.A. Schopler & C.A. Insko (dir.), *Intergroup cognition and intergroup behavior* (p. 283-308). Londres, R.-U. : Erlbaum.

LeVine, R.A. & Campbell, D.T. (1972). *Ethnocentrism : Theories of conflict, ethnic attitudes and group behavior*. New York : Wiley.

Levine, R.V. (2003). The kindness of strangers, *American Scientist, 91*, 226-233.

Levine, R.V., Prosser, A., Evans, D. & Reicher, S. (2005). Identity and emergency intervention : How social group membership and inclusiveness of group boundaries shape helping behavior. *Personality and Social Psychology Bulletin, 31*, 443-453.

Levinger, G. (1980). Toward the analysis of close relationships. *Journal of Experimental Social Psychology, 16*, 510-544.

Levy, M.B. & Davis, K.E. (1988). Lovestyles and attachment styles compared : Their relations to each other and to various relationship characteristics. *Journal of Social and Personal Relationships, 5*, 439-471.

Lewin, K. (1936a). *A dynamic theory of personality*. New York : McGraw-Hill.

Lewin, K. (1936b). *Principles of topological psychology*. New York : McGraw-Hill.

Lewin, K. (1947). Group decision and social change. Dans T.M. Newcomb & E.L. Hartley (dir.), *Readings in social psychology* (p. 330-344). New York : Holt.

Lewin, K. (1948). *Resolving social conflicts*. New York : Harper.

Lewin, K. (1951). *Field theory in social science*. New York : Harper.

Lewin, K. (1965). Décisions de groupe et changement social. Dans A. Lévy (dir.), *Psychologie sociale : Textes fondamentaux anglais et américains* (p. 498-519). Paris : Dunod.

Lewin, K. (1997). *Resolving social conflicts : Field theory in social science*. Washington, D.C. : American Psychological Association.

Lewin, K., Lippitt, R. & White, R. (1939). Patterns of aggressive behavior in experimentally created « social climates ». *Journal of Social Psychology, 10*, 271-299.

Lewis, D.K. (1969). *Convention*. Cambridge : Harvard University Press.

Lewis, M. & Haviland-Jones, J.M. (2000). *Handbook of emotions* (2ᵉ éd.). New York : Guilford.

Leyens, J.P. (1983). *Sommes-nous tous des psychologues ? Approche psychosociale des théories implicites de la personnalité*. Bruxelles : Mardaga.

Leyens, J.P. & Bourhis, R.Y. (1999). Épilogue : Perception et relations intergroupes. Dans R.Y. Bourhis & J.P. Leyens (dir.), *Stéréotypes, discrimination et relations intergroupes*, (2ᵉ éd., p. 347-360). Sprimont, Belgique : Mardaga.

Leyens, J.P., Parke, R.D., Camino, L. & Berkowitz, L. (1975). Effects of movie violence on aggression in a field setting as a function of group dominance and cohesion. *Journal of Personality and Social Psychology, 32*, 346-360.

Leyens, J.P. & Yzerbyt, V. (1997). *Psychologie sociale*. Bruxelles : Margada.

Leyens, J.P., Yzerbyt, V. & Schadron, G. (1996). *Stéréotypes et cognition sociale*. Sprimont, Belgique : Mardaga.

Li, N.P., Bailey, J.M., Kenrick, D.T. & Linsenmeier, J.A. (2002). The necessities and luxuries of mate preferences : Testing the trade-offs. *Journal of Personality and Social Psychology, 82*, 947-955.

Lichty, W., Chyou, J., Aron, A., Anderson, A., Ghahremani, D. & Gabrieli, J. (2004). Neural correlates of subjective closeness : An FMRI study. *Affiche présentée au congrès annuel de la Society for Neuroscience*. San Diego, Calif.

Lieberman, M.D., Gaunt, R., Gilbert, D.T. & Trope, Y. (2002). Reflection and reflexion : A social cognitive neuroscience approach to attributional inference. Dans M.P. Zanna (dir.), *Advances in experimental social psychology* (p. 129-199). New York : Academic Press.

Lieberman, M.D., Ochsner, K.N., Gilbert, D.T. & Schacter, D.L. (2001). Do amnesics exhibit cognitive dissonance reduction ? The role of explicit memory and attention in attitude change. *Psychological Science, 12*, 135-140.

Lieberman, M.D., Schreiber, D.H. & Ochsner, K.N. (2003). Is political cognition like riding a bicycle ? How cognitive neuroscience can inform research on political thinking. *Political Psychology, 24*, 681-704.

Likert, R. (1932). A technique for the measurement of attitudes. *Archives of Psychology, 140*.

Lindzey, G. & Byrne, D. (1968). Measurement of social choice and interpersonal attractiveness. Dans G. Lindzey & E. Aronson (dir.), *The handbook of social psychology* (2ᵉ éd., vol. 2, p. 452-525). Reading, Mass. : Addison-Wesley.

Linnehan, F. (2004). The relation of source credibility and message frequency to program evaluation and self-confidence of students in a job shadowing program. *Journal of Vocational Education Research, 29*, 67-84.

Linville, P.W. (1987). Self-complexity as a cognitive buffer against stress-related illness and depression. *Journal of Personality and Social Psychology, 52*, 663-676.

Lipkus, I.M. & Bissonnette, V.L. (1996). Relationships among belief in a just world, willingness to accomodate, and marital well-being. *Personality and Social Psychology Bulletin, 22*, 1043-1056.

Lippert, T. & Prager, K.J. (2001). Daily experiences of intimacy : A study of couples. *Personal Relationships, 8*, 283-298.

Lippke, S., Knäuper, B. & Fuchs, R. (2003). Subjective theories of exercise course instructors : Causal attributions for dropout in health and leisure exercise programmes. *Psychology of Sport and Exercise, 4*, 155-173.

Lischetzke, T. & Eid, M. (2003). Is Attention to feelings beneficial or detrimental to affective well-being ? Mood regulation as a moderator variable. *Emotion, 3*, 361-377.

Livingston, R.W. (2001). What you see is what you get : Systematic variability in perceptual-based social judgment. *Personality and Social Psychology Bulletin, 27*, 1086-1096.

Locke, E.A. (1976). The nature and causes of job satisfaction. Dans M. Dunnette (dir.), *Handbook of industrial and organizational psychology* (p. 1297-1349). Chicago, Ill. : McNally.

Locke, E.A. & Latham, G.P. (1990). *A theory of goal setting & task performance*. Upper Saddle River, N.J. : Prentice-Hall.

Lockwood, P. (2002). Could it happen to you ? Predicting the impact of downward comparisons on the self. *Journal of Personality and Social Psychology, 82*, 343-358.

Lockwood, P., Dolderman, D., Sadler, P. & Gerchak, E. (2004). Feeling better about doing worse : Social comparisons within romantic relationships. *Journal of Personality and Social Psychology, 87*, 80-95.

Loftus, E.F. (1979). *Eyewitness testimony*. Cambridge, Mass. : Harvard University Press.

Loftus, E.F. & Doyle, J. (1992). *Eyewitness testimony : Civil and criminal* (2ᵉ éd.). New York : Lexis Law Publishing.

Loftus, E.F., Loftus, G.R. & Messo, J. (1987). Some facts about « weapon focus ». *Law and Human Behavior, 11*, 55-62.

Loftus, E.F. & Palmer, J.C. (1974). Reconstruction of automobile destruction : An example of the interaction between language and memory. *Journal of Verbal Learning and Verbal Behavior, 13*, 585-589.

Loftus, E.F. & Palmer, J.C. (1996). Reconstruction of automobile destruction : An example of the interaction between language and memory. Dans S.E. Spencer & S.E. Fein (dir.), *Readings in social psychology : The art and science of research* (p. 143-147). Boston, Mass. : Mifflin.

Loiselle, M., Vallerand, R.J., Miquelon, P. & Charbonneau, M.-E. (2005). L'impact de la culture sur le développement de la passion. Présentation sur affiche au 27ᵉ congrès annuel de la Société québécoise pour la recherche en psychologie. Québec, 18-20 mars 2005.

Long, K. & Spears, R. (1997). The self-esteem hypothesis revisited : Differentiation and the disaffected. Dans R. Spears, P.J. Oakes, N. Ellemers & S.A. Haslam (dir.), *The social psychology of stereotyping and group life* (p. 296-317). Oxford, R.-U. : Blackwell.

Lopata, H.Z. (1969). Loneliness, forms and components. *Social Problems, 17*, 248-261.

Lopes, P.N., Bracket, M.A., Nezlek, J., Schütz, A. Sellin, I. & Salovey, P. (2004). Emotional intelligence and social interaction. *Personality and Social Psychology Bulletin, 30*, 1018-1034.

Lord, C.G., Lepper, M.R. & Mackie, D. (1984). Attitude prototypes as determinants of attitude-behavior consistency. *Journal of Personality and Social Psychology, 46*, 1254-1266.

Lord, C.G., Ross, L. & Lepper, M.R. (1979). Biased assimilation and attitude polarization : The effects of prior theories on subsequently considered evidence. *Journal of Personality and Social Psychology, 37*, 2098-2109.

Lorenz, K. (1966). *On aggression*. New York : Hartcourt Brace.

Lorenzi-Cioldi, F. (2002). *Les représentations des groupes dominants et dominés : Collections et agrégats*. Grenoble : Presses universitaires de Grenoble.

Lorenzi-Cioldi, F. & Chatard, A. (2006). The cultural norm of individualism and group status : Implications for social comparisons. Dans S. Guimond (dir.), *Social comparison and social psychology : Understanding cognition, intergroup relations and culture*. Cambridge : Cambridge University Press.

Lortie-Lussier, M. (1987). Minority influence and idiosyncrasy credit : A new comparison of the Moscovici and Hollander theories of innovation. *European Journal of Social Psychology, 17*, 431-446.

Losch, M.E. & Cacioppo, J.T. (1990). Cognitive dissonance may enhance sympathetic tonus, but attitudes are changed to reduce negative affect rather than arousal. *Journal of Experimental Social Psychology, 37*, 2098-2109.

Lott, A.J. & Lott, B.E. (1965). Group cohesiveness as interpersonal attraction : A review of relationships with antecedent and consequent variables. *Psychological Bulletin, 64*, 259-309.

Lott, B.E. & Lott, A.J. (1985). Learning theory in contemporary social psychology. Dans G. Lindzey & E. Aronson (dir.), *The handbook of social psychology* (3e éd., vol. 1, p. 109-135). New York : Random House.

Lowery, B.S., Hardin, C.D. & Sinclair, S. (2001). Social influence effects on automatic racial prejudice. *Journal of Personality and Social Psychology, 81*, 842-855.

Lu, L. & Shih, J.B. (1997). Sources of happiness : A qualitative approach. *Journal of Social Psychology, 37*, 181-187.

Lu, V. (1999). Rising sick days cost billions. *Toronto Star*, 15 août, p. A1, A10.

Lucas, R.E., Clark, A.E., Georgellis, Y. & Diener, E. (2003). Reexamining adaptation and the set point model of happiness : Reactions to changes in marital status. *Journal of Personality and Social Psychology, 84*, 527-539.

Ludwig, D., Franco, J.N. & Malloy, J.E. (1986). Effects of reciprocity and self-monitoring on self-disclosure with a new acquaintance. *Journal of Personality and Social Psychology, 50*, 1077-1082.

Luhtanen, R. & Crocker, J. (1992). A collective self-esteem scale : Self-evaluation of one's social identity. *Personality and Social Psychology Bulletin, 18*, 302-318.

Lund, M. (1985). The development of investment and commitment scales for predicting continuity of personal relationships. *Journal of Social and Personal Relationships, 2*, 3-23.

Lussier, Y., Sabourin, S. & Turgeon, C. (1997). Coping strategies as moderators of the relationship between attachment and marital adjustment. *Journal of Social and Personal Relationships, 14*, 777-791.

Lydon, J.E. (1996). Toward a theory of commitment. Dans C. Seligman, J. Olson & M.P. Zanna (dir.), *Values : The Eighth Ontario Symposium* (p. 191-213). Hillsdale, N.J. : Erlbaum.

Lydon, J.E., Burton, K. & Menzies-Toman, D. (2005). Commitment calibration with the relationship cognition toolbox. Dans M.W. Baldwin (dir.), *Interpersonal cognition* (p. 126-152). New York : Guilford.

Lydon, J.E., Meana, M., Sepinwall, D., Richards, N. & Mayman, S. (1999). The commitment calibration hypothesis : When do people devalue attractive alternatives ? *Personality and Social Psychology Bulletin, 25*, 152-161.

Lydon, J.E., Pierce, T. & O'Regan, S. (1997). Coping with moral commitment to long-distance relationships. *Journal of Personality and Social Psychology, 73*, 104-113.

Lynn, M. & Harris, J. (1997). The desire for unique consumer products : A new individual differences scale. *Psychology and Marketing, 14*, 601-616.

Lynn, M. & Snyder, C.R. (2002). Uniqueness seeking. Dans C.R. Snyder & S.J. Lopez (dir.), *Handbook of positive psychology* (p. 395-410). New York : Oxford University Press.

Lyons, A. & Kashima, Y. (2003). How are stereotypes maintained through communication ? The influence of stereotype sharedness. *Journal of Personality and Social Psychology, 85*, 989-1005.

Lyubomirski, S. (2001). Why are some people happier than others ? The role of cognitive and motivational processes in well-being. *American Psychologist, 56*, 239-249.

Maass, A. (1999). Linguistic intergroup bias : Stereotype-perpetuation trough language. Dans M.P. Zanna (dir.), *Advances in experimental social psychology* (vol. 31, p. 79-121).

Maass, A. & Clark, R.D. III. (1984). Hidden impact of minorities : Fifteen years of minority research. *Psychological Bulletin, 95*, 428-450.

Maass, A., Clark, R.K. & Haberkorn, G. (1982). The effects of differential ascribed category membership and norms on minority influence. *European Journal of Social Psychology, 12*, 89-104.

Maass, A. & Kohnken, G. (1989). Eyewitness identification : Simulating the « weapon effect ». *Law and Human Behavior, 13*, 397-408.

Maass, A., Salvi, D., Arcuri, L. & Semin, G. (1989). Language use in intergroup contexts : The linguistic intergroup bias. *Journal of Personality and Social Psychology, 57*, 981-993.

McAdams, D.P. & Logan, R.L. (2004). What is generativity ? Dans E. de St-Aubin, D.P. McAdams & T.C. Kim (dir.), *The generative society : Caring for future generations*. Washington, D.C. : American Psychological Association.

McAdams, W.H. (1985). *Power, intimacy, and the life story : Personological inquiries into identity*. New York : Guilford.

McArthur, L.Z. (1972). The how and what of why : Some determinants and consequences of causal attribution. *Journal of Personality and Social Psychology, 22*, 171-193.

Macaulay, J.R. (1970). A shill for charity. Dans J.R. Macaulay & L. Berkowitz (dir.), *Altruism and helping behavior*. New York : Academic Press.

McAuley, E. (1991). Efficacy, attributional, and affective responses to exercise participation. *Journal of Sport and Exercise Psychology, 13*, 382-393.

McAuley, E., Duncan, T.E. & Russell, D.W. (1992). Measuring causal attributions : The revised Causal Dimension Scale (CDSII). *Personality and Social Psychology Bulletin, 18*, 566-573.

McCall, M., Reno, R.R., Jalbert, N. & West, S.G. (2000). Communal orientation and attributions between the self and other. *Basic and Applied Social Psychology, 22*, 301-308.

MacCallum, R.C. & Austin, J.T. (2000). Applications of structural equation modeling in psychological research. *Annual Review of Psychology, 51*, 201-226.

McCann, C.D. & Higgins, E.T. (1992). Personal and contextual factors in communication : A review of the « Communication Game ». Dans G.R. Semin & K. Fiedler (dir.), *Language, interaction and social cognition* (p. 144-172). Cambridge : Academic Press.

McCann, S.J.H. (2001). The precocity-longevity hypothesis : Earlier peaks in career achievement predict shorter lives. *Personality and Social Psychology Bulletin, 27*, 1429-1439.

McCaskill, J. & Lakey, B. (2000). Perceived support, social undermining and emotion : Idiosyncratic and shared perspectives of adolescents and their families. *Personality and Social Psychology Bulletin, 26*, 820-832.

McClelland, D.C. (1985). How motives, skills, and values determine what people do. *American Psychologist, 40*, 812-825.

McClure, J. (1998). Discounting causes of behavior : Are two reasons better than one ? *Journal of Personality and Social Psychology, 74*, 7-20.

Maccoby, E.E. (2000). Parenting and its effects on children : On reading and misreading behavior genetics. *Annual Review of Psychology, 51*, 1-27.

Maccoby, E.E. & Martin, J.A. (1983). Socialization in the context of the family : Parent-child interaction. Dans P.H. Mussen & E.M. Hetherington (dir.), *Handbook of child psychology : Vol. 4. Socialization, personality and social development* (p. 1-101). New York : Wiley.

McConahay, J.B. (1986). Modern racism, ambivalence, and the modern racism scale. Dans J.F. Dovidio & S.L. Gaertner (dir.), *Prejudice, discrimination and racism* (p. 91-125). New York : Academic Press.

McConahay, J.B. & Houg, J.C., Jr. (1976). Symbolic racism. *Journal of Social Issues, 32*, 23-45.

McConnell, A.R. & Leibold, J.M. (2001). Relations among the Implicit Association Test, discriminatory behavior, and explicit measures of racial attitudes. *Journal of Experimental Social Psychology, 37*, 435-442.

MacCoun, R.J. & Kerr, N.L. (1988). Asymmetric influence in mock jury deliberation : Jurors' bias for leniency. *Journal of Personality and Social Psychology, 54*, 21-33.

McCrae, R.R. & Costa, P.T. (1987). Validation of the five-factor model of personality across instruments and observers. *Journal of Personality and Social Psychology, 52*, 81-90.

McCrea, S.M. & Hirt, E.R. (2001). The role of ability judgments in self-handicapping. *Personality and Social Psychology Bulletin, 10*, 1378-1389.

McCroskey, J.C. & Teven, J.J. (1999). Goodwill : A reexamination of the construct and its measurement. *Communication Monographs, 66*, 90-103.

McCullough, M.E., Hoyt, W.T., Larson, D.B., Koenig, H.G. & Thoresen, C. (2000). Religious involvement and mortality : A meta-analytic review. *Health Psychology, 19*, 211-222.

McDaniel, E. & Andersen, P.A. (1998). International patterns of interpersonal tactile communication : A field study. *Journal of Nonverbal Behavior, 22*, 59-73.

MacDonald, G. & Leary, M.R. (2005). Roles of social pain and defense mechanisms in response to social exclusion : Reply to Panksepp (2005) and Corr (2005). *Psychological Bulletin, 131*, 237-240.

MacDonald, T.K. & Zanna, M.P. (1998). Cross-dimension ambivalence toward social groups : Can ambivalence affect intentions to hire feminists ? *Personality and Social Psychology Bulletin, 24*, 427-441.

McDougall, W. (1908). *An introduction to social psychology*. Londres, R.-U. : Methuen.

McFarland, C., Buehler, R. & MacKay, L. (2001). Affective responses to social comparisons with extremely close others. *Social Cognition, 19*, 547-586.

McFarland, C. & Ross, M. (1982). Impact of causal attributions on affective reactions to success and failure. *Journal of Personality and Social Psychology, 43*, 937-946.

McGarty, C. (1999). *Categorization in social psychology*. Thousand Oaks, Calif. : Sage.

McGarty, C. & Penny, R.E.C. (1988). Categorization, accentuation, and social judgement. *British Journal of Social Psychology, 27*, 147-157.

McGhee, P.E. & Teevan, R.C. (1967). Conformity behavior and need for affiliation. *Journal of Social Psychology, 72*, 117-121.

McGill, A.L., Tenbrunsel, A.E. (2000). Mutability and propensity in causal selection. *Journal of Personality and Social Psychology, 79*, 677-689.

McGraw, K.O., Tew, M.D. & Williams, J.E. (2000). The integrity of Web-delivered experiments : Can you trust the data ? *Psychological Science, 11*, 502-506.

McGregor, D.M. (1960). *The human side of enterprise*. New York : McGraw-Hill.

McGuire, W.J. (1964). Inducing resistance to persuasion : Some contemporary approaches. Dans L. Berkowitz (dir.), *Advances in experimental social psychology* (vol. 1, p. 191-229). New York : Academic Press.

McGuire, W.J. (1973). The yin and yang of progress in social psychology : Seven Koan. *Journal of Personality and Social Psychology, 26*, 446-456.

McGuire, W.J. (1984). Search for the self : Going beyond self-esteem and the reactive self. Dans R.A. Zucker, J. Aronoff & A.I. Rabin (dir.), *Personality and the prediction of behavior* (p. 73-120). New York : Academic Press.

McGuire, W.J. (1985). Attitudes and attitudinal change. Dans G. Lindzey & E. Aronson (dir.), *The handbook of social psychology* (3e éd., vol. 2, p. 233-246). Reading, Mass. : Addison-Wesley.

McGuire, W.J. (1989). Theoretical formulations of campaigns. Dans R.E. Rice & C.K. Atkins (dir.), *Public communication campaigns* (2e éd., p. 43-65). Thousand Oaks, Calif. : Sage.

McGuire, W.J. (1999). *Constructing social psychology : Creative and critical processes*. Cambridge : Cambridge University Press.

McGuire, W.J. & McGuire, C.V. (1981). The spontaneous self-concept as affected by personal distinctiveness. Dans A. Norem-Hebeisen, M.D. Lynch & K. Gergen (dir.), *The self-concept*. New York : Ballinger.

McGuire, W.J. & McGuire, C.V. (1988). Content and process in the experience of self. Dans L. Berkowitz (dir.), *Advances in experimental social psychology* (vol. 21, p. 97-144). San Diego, Calif. : Academic Press.

McGuire, W.J., McGuire, C.V., Child, P. & Fujioka, T. (1978). Salience of ethnicity in the spontaneous self-concept as a function of one's ethnic distinctiveness in the social environment. *Journal of Personality and Social Psychology, 36*, 511-520.

McGuire, W.J., McGuire, C.V. & Winton, W. (1979). Effects of household sex composition on the salience of one's gender in the spontaneous self-concept. *Journal of Experimental Social Psychology, 15*, 77-90.

Machover, K. (1949). *Personality projection in the drawing of the human figure*. Oxford, R.-U. : C.C. Thomas.

McIntosh, D.N., Zajonc, R.B., Vig Stephen, P.S. & Emerick, W. (1997). Facial movement, breathing, temperature, and affect : Implications of the vascular theory of emotional efference. *Cognition and Emotion, 11*, 171-196.

MacIntrye, P.D., Clément, R., Dörnyei, Z. & Noels, K.A. (1998). Conceptualizing willingness to communicate in a L2 : A situational model of L2 confidence and affiliation. *Modern Language Journal, 82*, 545-562.

MacIntyre, P.D. & Gardner, R.C. (1990). Anxiety and second-language learning : Toward a theoretical clarification. *Language Learning, 39*, 251-275.

Mackie, D.M. & Hamilton, D.L. (dir.) (1993). *Affect, cognition and stereotyping : Interactive processes in group perception*. Orlando, Fla. : Academic Press.

Mackie, D.M., Worth, L.T. & Asuncion, A.G. (1990). Processing of persuasive in-group messages. *Journal of Personality and Social Psychology, 58*, 812-822.

MacKinnon-Lewis, C., Castellino, D.R., Brody, G.H. & Fincham, F.D. (2001). A longitudinal examination of the associations between fathers' and children's attributions and negative interactions. *Social Development, 10*, 473-487.

MacMartin, C., Wood, L.A. & Kroger, R.O. (2001). Facework. Dans W.P. Robinson & H. Giles (dir.), *The new handbook of language and social psychology* (p. 221-237). Chichester, R.-U. : Wiley.

McMillan, J.R., Clifton, A.K., McGrath, D. & Gale, W.S. (1977). Women's language : Uncertainty or interpersonal sensitivity and emotionality ? *Sex Roles, 3*, 545-559.

MacNeil, S. & Byers, E.S. (2005). Dyadic assessment of sexual self-disclosure and sexual satisfaction in heterosexual dating couples. *Journal of Social and Personal Relationships, 22*, 169-181.

McNeill, D. (1985). So you think gestures are nonverbal ? *Psychological Review, 92*, 350-371.

McNeill, D. & Levy, E. (1982). Conceptual representations in language activity and gesture. Dans R.J. Jarvella & W. Klein (dir.), *Speech, place, and action*. Chichester, R.-U. : Wiley.

McNulty, J.K. & Karney, B.R. (2001). Attributions in marriage : Integrating specific and global evaluations of a relationship. *Personality and Social Psychology Bulletin, 27*, 943-955.

Macqueron, G. & Roy, S. (2004). La timidité. Comment la surmonter. Paris : Odile Jacob.

Macrae, C.N., Bodenhausen, G.V., Milne, A.B. & Jetten, J. (1994). Out of mind but back in sight : Stereotypes on the rebound. *Journal of Personality and Social Psychology, 13*, 1-16.

Macrae, C.N., Moran, J.M., Heatherton, T.F., Banfield, J.F. & Kelley, W.M. (2004). Medial prefrontal activity predicts memory for self. *Cerebral Cortex, 14*, 647-654.

Macrodimitris, S.D. & Endler, N.S. (2001). Coping, control, and adjustment in type 2 diabetes. *Health Psychology, 20*, 208-216.

McWhirter, B.T. (1990). Loneliness : A review of current literature with implications for counseling and research. *Journal of Counseling and Development, 68*, 417-423.

Maddux, J.E. & Gosselin, J.T. (2003). Self-efficacy. Dans M.R. Leary & J.P. Tangney (dir.), *Handbook of self and identity* (p. 218-239). New York : Guilford.

Madon, S., Smith, A., Jussim, L., Russell, D.W., Eccles, J., Palumbo, P. & Walkiewicz, M. (2001). Am I as you see me or do you see me as I am ? Self-fulfilling prophecies and self-verification. *Personality and Social Psychology Bulletin, 27*, 1214-1224.

Magdol, L., Moffitt, T.E., Caspi, A. & Silva, P.A. (1998). Hitting without a license : Testing explanations for differences in partner abuse between young adult daters and cohabitors. *Journal of Marriage and the Family, 60*, 41-45.

Mageau, G.A. & Vallerand, R.J. (2005). *When one's passion is all that counts : The difficulty of people with an obsessive passion to experience positive affect in other activities*. Montréal : Université du Québec à Montréal. (Manuscrit soumis pour publication).

Mageau, G.A., Vallerand, R.J., Rousseau, F.L., Ratelle, C.F. & Provencher, P.J. (2005). Passion and gambling : Investigating the divergent affective and cognitive consequences of gambling. *Journal of Applied Social Psychology, 35*, 100-118.

Magnan, M.O. & Gauthier, M. (2004). *« To stay or not to stay » migration des jeunes anglo-québécois : revue de la littérature*. Montréal : Institut national de la recherche scientifique : urbanisation, culture et société.

Maillet, L. (1988). *Psychologie et organisations*. Montréal : Agence D'arc.

Main, M., Kaplan, N. & Cassidy, J. (1985). Security in infancy, childhood, and adulthood : A move to the level of representation. *Monographs of the Society for Research in Child Development, 50*, 66-104.

Maio, G.R. & Esses, V.M. (2001). The need for affect : Individual differences in the motivation to approach or avoid emotions. *Journal of Personality, 69*, 583-615.

Maio, G.R., Esses, V.M. & Bell, D.W. (2000). Examining conflict between components of attitudes : Ambivalence and inconsistency are distinct constructs. *Canadian Journal of Behavioural Science, 32*, 58-70.

Maio, G.R., Olson, J.M., Allen, L. & Bernard, M.M. (2001). Addressing discrepancies between values and behaviour. The motivating effect of reasons. *Journal of Experimental Social Psychology, 37*, 104-117.

Maison, D., Greenwald, A.G. & Bruin, R. (2001). The implicit association test as a mesure of implicit consumer attitudes. *Polish Psychological Bulletin, 32*, 1-9.

Maison, D., Greenwald, A.G. & Bruin, R. (2004). Predictive validity of the implicit association test in studies of brands, consumer attitudes, and behavior. *Journal of Consumer Psychology, 14*, 405-415.

Major, B., Quinton, W.J. & McCoy, S.K. (2002). Antecedents and consequences of attributions to discrimination : Theoretical and empirical advances. Dans M.P. Zanna (dir.), *Advances in experimental social psychology, 34*, 251-330. New York : Academic Press.

Major, B. & Schmader, T. (2001). Legitimacy and the construal of social disadvantage. Dans J.T. Jost & B. Major (dir.), *The psychology of legitimacy : Emerging perspectives on ideology, justice, and intergroup relations* (p.176-204). Cambridge : Cambridge University Press.

Malle, B.F. (1999). How people explain behavior : A new theoretical framework. *Personality and Social Psychology Review, 3*, 23-48.

Malle, B.F. (2004). *How the mind explains behavior : Folk explanations, meaning, and social interaction*. Cambridge : MIT Press.

Malle, B.F. & Knobe, J. (1997). Which behavior do people explain ? A basic actor-observer asymmetry. *Journal of Personality and Social Psychology, 72*, 288-304.

Malpass, R.S. & Kravitz, J. (1969). Recognition for faces of own and other race. *Journal of Personality and Social Psychology, 13*, 330-334.

Mandel, D.R. (2003). Judgment dissociation theory : An analysis of differences in causal, counterfactual, and covariational reasoning. *Journal of Experimental Psychology : General, 132*, 419-434.

Maner, J.K., Kenrick, D.T., Becker, D.V., Delton, A.W., Hofer, B., Wilbur, C.J. & Neuberg, S.L. (2003). Sexually selective cognition : Beauty captures the mind of the beholder. *Journal of Personality and Social Psychology, 85*, 1107-1120.

Maner, J.K., Kenrick, D.T., Becker, D.V., Roberston, T.E., Hofer, B., Neuberg, S.L., Delton, A.W., Butner, J. & Schaller, M. (2005). Functional projection : How fundamental social motives can bias interpersonal perception. *Journal of Personality and Social Psychology, 88*, 63-78.

Maner, J.K., Luce, C.L., Neuberg, S.L., Cialdini, R.B., Brown, S. & Sagarin, B.J. (2002). The effects of perspective taking on motivations for helping : Still no evidence for altruism. *Personality and Social Psychology Bulletin, 28*, 1601-1610.

Mannetti, L., Pierro, A., Kruglanski, A., Taris, T. & Bezinovic, P. (2002). A cross-cultural study of the need for cognitive closure scale : Comparing its structure in Croatie, Italy, USA and the Netherlands. *British Journal of Social Psychology, 41*, 139-156.

Manucia, G.K., Baumann, D.J. & Cialdini, R.B. (1984). Mood influences in helping : Direct effects or side effects ? *Journal of Personality and Social Psychology, 46*, 357-364.

Manusov, V. & Harvey, J.H. (2001). *Attribution, communication behavior, and close relationships*. Cambridge : Cambridge University Press.

Marcus-Newhall, A., Miller, N., Holtz & Brewer, M.B. (1993). Cross-cutting category membership with role assignment : A mean of reducing intergroup bias. *British Journal of Social Psychology, 32*, 125-146.

Marcus-Newhall, A., Pedersen, W.C., Carlson, M. & Miller, N. (2000). Displaced aggression is alive and well : A meta-analytic review. *Journal of Personality and Social Psychology, 78*, 670-689.

Marian, V. & Neisser, U. (2000). Language-dependent recall of autobiographical memories. *Journal of Experimental Psychology General, 129*, 361-368.

Markovits, H. (2000). L'interprétation et la diffusion des résultats. Dans R.J. Vallerand & U. Hess (dir.), *Méthodes de recherche en psychologie* (p. 435-456). Montréal : Gaëtan Morin Éditeur.

Markus, H. (1977). Self-schemata and processing information about the self. *Journal of Personality and Social Psychology, 42*, 63-78.

Markus, H. & Kitayama, S. (1991). Culture and the self : Implications for cognition, emotion, and motivation. *Psychological Review, 98*, 224-253.

Markus, H. & Nurius, P. (1986). Possible selves. *American Psychologist, 41*, 954-969.

Markus, H., Smith, J. & Moreland, R.L. (1986). The role of the self-concept in the perception of others. *Journal of Personality and Social Psychology, 49*, 1495-1512.

Markus, H. & Wurf, E. (1987). The dynamic self-concept : A social-psychological perspective. *Annual Review of Psychology, 38*, 299-337.

Marsh, H.W. (1991). The failure of high ability high schools to deliver academic benefits : The importance of academic self-concept and educational aspirations. *American Educational Research Journal, 28*, 445-480.

Marsh, H.W. & Craven, R.G. (1997). Academic self-concept : Beyond the dustbowl. Dans G. Phye (dir.), *Handbook of classroom assessment : Learning, achievement and adjustment* (p. 131-198). Orlando, Fla. : Academic Press.

Marsh, H.W. & Craven, R.G. (2002). The pivotal role of frames of reference in academic self-concept formation : The big-fish-little-pond effect. Dans F. Pajares & T. Urdan (dir.), *Adolescence and education* (vol. 2, p. 83-123). Greenwich, Conn. : Information Age.

Marsh, H.W. & Hau, K.T. (2003). Big-fish-little-pond effect on academic self-concept : A cross-cultural (26-country) test of the negative effects of academically selective schools. *American Psychologist, 58*, 364-376.

Marsh, H.W., Kong, C.-K. & Hau, K.-T. (2000). Longitudinal multilevel modeling of the big-fish-little-pond effect on academic self concept : Counterbalancing social comparison and reflected-glory effects in Hong Kong high schools. *Journal of Personality and Social Psychology, 78*, 337-349.

Marsh, H.W., Trautwein, U., Ludtke O. & Baumert, J. (2005). Academic self-concept, interest, grades, and standardized test scores : Reciprocal effects models of causal ordering. *Child Development, 76*, 397-416.

Marshall, G.D. & Zimbardo, P.G. (1979). Affective consequences of inadequately explained physiological arousal. *Journal of Personality and Social Psychology, 37*, 970-988.

Martin, A.J., Marsh, H.W. & Debus, R.L. (2001). Self-handicapping and defensive pessimism : Exploring a model of predictor and outcomes from a self-protection perspective. *Journal of Educational Psychology, 93*, 87-102.

Martin, A.J. & Weisberg, J. (2003). Neural foundations for understanding social and mechanical concepts. *Cognitive Neuropsychology, 20*, 575-587.

Martin, J.L. (2001). The authoritarian personality, 50 years later : What lessons are there for political psychology ? *Political Psychology, 22*, 1-26.

Martin, N.G., Eaves, L.J., Heath, A.C., Jardine, R., Feingold, L.F. & Eysenck, H.J. (1986). Transmission of social attitudes. *Proceedings of the National Academy of Sciences, USA, 83*, 4364-4368.

Martin, R. & Hewstone, M. (2001). Conformity and independance in groups : Majorities and minorities. Dans M.A. Hogg & S. Tindale (dir.), *Blackwell handbook of social psychology : Group processes* (p. 209-234). Malden, Mass. : Blackwell.

Martin, T.A. & Cohn, E.S. (2004). Attitudes toward the criminal legal system : Scale development and predictors. *Psychology, Crime and Law, 10*, 367-391.

Mashel, D. & Aron, A. (dir.) (2004). *The handbook of closeness and intimacy*. Mahwah, N.J. : Erlbaum.

Maslach, C. (1979). Negative emotional biaising of unexplained arousal. *Journal of Personality and Social Psychology, 37*, 953-969.

Maslach, C. (1982). *Burnout : The cost of caring*. Englewood Cliffs, N.J. : Prentice-Hall.

Maslach, C. & Leiter, M.P. (1997). *The truth about burnout : How organizations cause personal stress and what to do about it*. San Francisco, Calif. : Jossey-Bass.

Maslach, C., Schaufeli, W.B. & Leiter, M.P. (2001). Job burnout. *Annual Review of Psychology, 52*, 397-422.

Maslow, A.H. (1941). Deprivation, threat, and frustration. *Psychological Review, 48*, 364-366.

Maslow, A.H. (1954). *Motivation and personality*. New York : Harper & Row.

Maslow, A.H. (1968). *Toward a psychology of being*. New York : Reinholt.

Mastekaasa, A. (1995). Age variations in the suicide rates and self-reported subjective well-being of married and never-married persons. *Journal of Community and Applied Social Psychology, 5*, 21-39.

Matsumoto, D. (1989). Cultural influences on the perception of emotion. *Journal of Cross-Cultural Psychology, 20*, 92-105.

Matsumoto, D. (1992). American-Japanese cultural differences in the recognition of universal facial expressions. *Journal of Cross-Cultural Psychology, 23*, 72-84.

Matthews, K.A. (1988). Coronary heart disease and type A behaviors : Update on and alternative to the Booth-Kewley and Friedman (1987) quantitative review. *Psychological Bulletin, 104*, 373-380.

Mayer, J.D. & Salovey, P. (1997). What is emotional intelligence ? Dans D.J. Sluyter & P. Salovey (dir.), *Emotional development and emotional intelligence : Educational implications* (p. 3-34). New York : Basic Books.

Mayer, J.D., Salovey, P. & Caruso, D. (2000). Models of emotional intelligence. Dans R.J. Sternberg (dir.), *The handbook of intelligence* (p. 396-420). New York : Cambridge University Press.

Mayo, C. & LaFrance, M. (1980). Toward an applicable social psychology. Dans R.F. Kidd & M.J. Saks (dir.), *Advances in applied social psychology* (vol. 1, p. 81-96). Hillsdale, N.J. : Erlbaum.

Mayo, E. (1933). *The social problems of an industrial civilization*. Cambridge : Harvard University Press.

Mazur-Hart, S.F. & Berman, J.J. (1979). Changing from fault to no-fault divorce : An interrupted time series analysis. *Journal of Applied Psychology, 7*, 300-312.

Mazzella, R. & Feingold, A. (1994). The effects of physical attractiveness, race, socioeconomic status, and gender of defendants and victims on judgments of mock jurors : A meta-analysis. *Journal of Applied Social Psychology, 24*, 1315-1344.

Mead, G.H. (1913). The social self. *Journal of Philosophy, Psychology, and Scientifics, 7*, 397-405.

Mead, G.H. (1934). *Mind, self, and society*. Chicago, Ill. : University of Chicago Press.

Medin, D.L. (1988). Social categorization : Structure, processes, and purpose. Dans T.K. Srull & R.S. Wyer (dir.), *Advances in social cognition : Vol. 1. A dual process model of impression formation* (p. 119-126). Hillsdale, N.J. : Erlbaum.

Medvec, V.H., Madey, S.F. & Gilovich, T. (1995). When less is more : Counterfactual thinking and satisfaction among olympic medalists. *Journal of Personality and Social Psychology, 69*, 603-610.

Mehlman, R.C. & Snyder, C.R. (1985). Excuse Theory : A test of the self-protective role of attributions. *Journal of Personality and Social Psychology, 54*, 994-1001.

Mehrabian, A. (1972). *Nonverbal communication*. Chicago, Ill. : Aldine.

Mehrabian, A. (1981). *Silent messages : Implicit communication of emotions and attitudes* (2e éd.). Belmont, Calif. : Wadsworth.

Meissner, C.A. & Brigham, J.C. (2001). Thirty years of investigating the own-race bias in memory for faces : A meta-analytic review. *Psychology, Public Policy, and Law, 7*, 3-35.

Mellen, S.L.W. (1981). *The evolution of love*. San Francisco, Calif. : W.H. Freeman.

Mendolia, M. & Kleck, R.H. (1993). Effects of talking about a successful events on arousal : Does what we talk about make a difference ? *Journal of Personality and Social Psychology, 64*, 283-292.

Mendonca, P.J. & Brehm, S.S. (1983). Effects of choice on behavioral treatment of overweight children. *Journal of Social and Clinical Psychology, 1*, 343-358.

Mental Health Works (2005). Mental health facts : Why mental health in the workplace matters. Extrait du site Web Mental Health Works, le 2 septembre 2005 : <http ://www.mentalhealthworks.ca/facts/why_it_matters.asp>.

Merari, A. (2005). Social, organizational and psychological factors in suicide terrorism. Dans T. Bjorgo (dir.), *Root causes of terrorism*. Londres, R.-U. : Routledge.

Merei, F. (1949). Group leadership and institutionalization. *Human Relations, 2*, 23-29.

Merton, R. (1948). Self-fulfilling prophecy. *Antioch Review, 8*, 193-210.

Merton, R. & Kitt, A. (1965). La théorie du groupe de référence et la mobilité sociale. Dans A. Levy (dir.), *Psychologie sociale : Textes fondamentaux anglais et américains*. Paris : Dunod.

Messick, D.M. & Mackie, D.M. (1989). Intergroup relations. Dans M.R. Rosenzweig (dir.), *Annual review of psychology, 40*, 45-91. Palo Alto, Calif. : Annual Reviews.

Meyer, J.P. & Allen, N.J. (1987). A longitudinal analysis of the early development and consequences of organizational commitment. *Canadian Journal of Behavioural Science, 19*, 199-215.

Meyer, J.P. & Allen, N.J. (1991). A three-component conceptualization of organizational commitment. *Human Resource Management Review, 1*, 61-98.

Meyer, J.P. & Allen, N.J. (1997). *Commitment in the workplace : Theory, research, and applications*. Londres, R.-U. : Sage.

Meyer, J.P. & Mulherin, A. (1980). From attribution to helping : An analysis of the mediating effects of affect and expectancy. *Journal of Personality and Social Psychology, 39*, 201-210.

Meyer, T.P. (1972). The effects of sexually arousing and violent films on aggressive behavior. *Journal of Sex Research, 8*, 324-333.

Mezulis, A.H., Abramson, L.Y., Hyde, J.S. & Hankin, B.L. (2004). Is there a universal positivity bias in attributions ? A meta-analytic review of individual, developmental, and cultural differences in the self-serving attributional bias. *Psychological Bulletin, 130*, 711-747.

Michela, J.L. & Wood, J.V. (1986). Causal attributions in health and illness. *Advances in Cognitive-Behavioral Research and Therapy, 5*, 179-235.

Michener, H.A., DeLamater, J.D. & Myers, D.J. (2004). *Social psychology* (5e éd.). Belmont, Calif. : Wadsworth.

Michinov, N., Dambrun, M., Guimond, S. & Méot, A. (2005). Social dominance orientation, prejudice and discrimination : A new computer-based method for studying discriminatory behaviors. *Behavior Research Methods, 37*, 91-98.

Midlarsky, E. (1968). Aiding responses : An analysis and review. *Merrill-Palmer Quaterly, 14*, 229-260.

Midlarsky, E. (1991). Helping as coping. Dans M.S. Clark (dir.), *Review of personality and social psychology : Vol. 12. Prosocial behavior* (p. 238-264). Newbury Park, Calif. : Sage.

Midlarsky, E. & Kahana, E. (1994). *Altruism in later life*. Thousand Oaks, Calif. : Sage.

Migdal, M.J., Hewstone, M. & Mullen, B. (1998). The effects of crossed categorization on intergroup evaluations : A meta-analysis. *British Journal of Social Psychology, 37*, 303-324.

Mikulincer, M., Birnbaum, G., Woddis, D. & Nachmias, O. (2000). Stress and accessibility of proximity-related thoughts : Exploring the normative and intraindividual components of attachment theory. *Journal of Personality and Social Psychology, 78*, 509-523.

Mikulincer, M. & Florian, V. (1995). Appraisal of and coping with real-life stressful situations : The contribution of attachment styles. *Personality and Social Psychology Bulletin, 21*, 406-414.

Mikulincer, M. & Florian, V. (2000). Exploring individual differences in reactions to mortality salience – Does attachment style regulate terror management mechanisms ? *Journal of Personality and Social Psychology, 79*, 260-273.

Mikulincer, M., Gillath, O. & Shaver, P.R. (2002). Activation of the attachment system in adulthood : Threat-related primes increase the accessibility of mental representations of attachment figures. *Journal of Personality and Social Psychology, 83*, 881-895.

Mikulincer, M. & Selinger, M. (2001). The interplay between attachment and affiliation systems in adolescent's same-sex friendships : The role of attachment style. *Journal of Social and Personal Relationships, 18*, 81-106.

Mikulincer, M. & Shaver, P.R. (2003). The attachment behavioral system in adulthood : Activation, psychodynamics, and interpersonal processes. Dans M.P. Zanna (dir.), *Advances in experimental social psychology* (vol. 35, p. 53-152). San Diego, Calif. : Academic Press.

Mikulincer, M. & Shaver, P.R. (2005a). Attachment security, compassion, and altruism. *Current Directions in Psychological Science, 14*, 34-38.

Mikulincer, M. & Shaver, P.R. (2005b). Mental representations of attachment security : Theoretical foundation for a positive social psychology. Dans M.W. Baldwin (dir.), *Interpersonal cognition* (p. 233-266). New York : Guilford.

Milavsky, J.R., Stipp, H.H., Kessler, R.C. & Rubens, W.S. (1982). *Television and aggression : A panel study*. New York : Academic Press.

Miles, D.R. & Carey, G. (1997). Genetic and environmental architecture of human aggression. *Journal of Personality and Social Psychology, 72*, 207-217.

Milgram, S. (1963). Behavioral study of obedience. *Journal of Abnormal and Social Psychology, 67*, 371-378.

Milgram, S. (1965). Some conditions of obedience and disobedience to authority. *Human Relations, 18*, 57-76.

Milgram, S. (1972). The lost-letter technique. Dans L. Bickman & T. Henchy (dir.), *Beyond the laboratory : Field research in social psychology*. New York : McGraw-Hill.

Milgram, S. (1974). *Obedience to authority : An experimental view*. New York : Harper.

Milgram, S. (1977). *The individual in a social world*. Reading, Mass. : Addison-Wesley.

Milgram, S., Bickman, L. & Berkowitz, L. (1969). Note on the drawing power of crowds of different size. *Journal of Personality and Social Psychology, 13*, 79-82.

Milgram, S. & Sabini, J. (1978). On maintaining urban norms : A field experiment in the subway. Dans A. Baum, J.E. Singer & S. Valins (dir.), *Advances in environmental psychology* (vol. 1). Hillsdale, N.J. : Erlbaum.

Miljkovitch, R. (2001). *L'attachement au cours de la vie*. Paris : Presses universitaires de France.

Millar, M.G. (2002). Effects of guilt induction and guilt reduction on door in the face. *Communications Research, 29*, 666-680.

Millar, M.G., Millar, K.U. & Tesser, A. (1988). The effects of helping and focus of attention on mood states. *Personality and Social Psychology, 51*, 270-276.

Miller, A.G. (1986). *The obedience experiments : A case study of controversy in social science*. New York : Praeger.

Miller, A.G., McHoskey, J.W., Bane, C.M. & Dowd, T.G. (1993). The attitude polarization phenomenon : Role of response measure, attitude extremity, and behavioral consequences of reported attitude change. *Journal of Personality and Social Psychology, 64*, 516-574.

Miller, D.T. (1977). Altruism and threat to a belief in a just world. *Journal of Experimental Social Psychology, 13*, 113-124.

Miller, D.T. & Porter, C.A. (1980). Self blame in victims of violence. *Journal of Social Issues, 39*, 139-152.

Miller, D.T. & Ross, M. (1975). Self-serving biases in the attribution of causality : Fact or fiction ? *Psychological Bulletin, 82*, 213-255.

Miller, D.T., Turnbull, W. & McFarland, C. (1989). When a coincidence is suspicious : The role of mental simulation. *Journal of Personality and Social Psychology, 57*, 581-589.

Miller, G.R. & Burgoon, J.K. (1982). Factors affecting assessment of witness credibility. Dans N. Kerr & R. Bray (dir.), *The psychology of the courtroom* (p. 169-194). New York : Academic Press.

Miller, J.B. (1993). Learning from early relationship experience. Dans S.W. Duck (dir.), *Understanding relationship processes : 2. Learning about relationships* (p. 1-29). Newbury Park, Calif. : Sage.

Miller, J.G. (1984). Culture and the development of everyday social explanation. *Journal of Personality and Social Psychology, 46*, 961-978.

Miller, J.G. (2001). The cultural grounding of social psychological theory. Dans A. Tesser & N. Schwarz (dir.), *Blackwell handbook of social psychology : Intraindividual processes* (p. 22-43). Malden, Mass. : Blackwell.

Miller, N. (2002). Personalization and the promise of contact theory. *Journal of Social Issues, 58*, 387-410.

Miller, N., Brewer, M.B. & Edwards, K. (1985). Cooperative interaction in desegregated settings : A laboratory analogue. *Journal of Social Issues, 41*, 63-81.

Miller, N., Pedersen, W.C., Earleywine, M. & Pollock, V.E. (2003). A theoretical model of triggered displaced aggression. *Personality and Social Psychology Review, 7*, 75-97.

Miller, N.E. (1941). The frustration-aggression hypothesis. *Psychological Review, 48*, 337-342.

Miller, P.J.E. & Rempel, J.K. (2004). Trust and partner-enhancing attributions in close relationships. *Personality and Social Psychology Bulletin, 30*, 695-705.

Miller, R.S. (1997). Inattentive and contended : Relationship commitment and attention to alternatives. *Journal of Personality and Social Psychology, 73*, 758-766.

Miller, R.S. (2001). Breaches of propriety. Dans R.M. Kowalski (dir.), *Behaving badly : Aversive behaviors in interpersaonal relationships*. Washington, D.C. : American Psychological Association.

Miller, W.R. (1985). Motivation for treatment : A review with special emphasis on alcoholism. *Psychological Bulletin, 98*, 84-107.

Miller, W.R. & Thoresen, C.E. (2003). Spirituality, religion, and health. An emerging research field. *American Psychologist, 58*, 24-35.

Milner, D. (1975). *Children and race*. Harmondsworth, R.-U. : Penguin.

Mischel, W. (1996). From good intentions to willpower. Dans J.A.E. Bargh & P.M.E. Gollwitzer (dir.), *The psychology of action :*

Linking cognition and motivation to behavior (p. 197-218). New York : Guilford.
Mischel, W. (2004). Toward an integrative science of the person (Chapitre d'introduction). *Annual Review of Psychology, 55*, 1-22.
Mischel, W. & Shoda, Y. (1995). A cognitive-affective system theory of personality : reconceptualizing situations, dispositions, dynamics, and invariance in personality structure. *Psychology Review, 102*, 246-268.
Mita, T.H., Dermer, M. & Knight, J. (1997). Reversed facial images and the mere exposure hypothesis. *Journal of Personality and Social Psychology, 35*, 597-601.
Moghaddam, F.M., Taylor, D.M. & Wright, S.C. (1993). *Social psychology in cross-cultural perspective.* New York : Freeman.
Moghaddam, F.M. & Vuksanovic, V. (1990). Attitudes and behavior toward human rights across different contexts : The role of right-wing authoritarianism, political ideology, and religiosity. *International Journal of Psychology, 25*, 455-474.
Moïse, L.C. & Bourhis, R.Y. (1994). Langage et ethnicité : Communication interculturelle à Montréal, 1977-1991. *Canadian Ethnic Studies, 26*, 86-107.
Möller, J. & Köller, O. (2000). Spontaneous and reactive attributions according to academic achievement. *Social Psychology of Education, 4*, 67-86.
Monahan, J.L., Murphy, J.L. & Zajonc, R.B. (2000). Subliminal mere exposure : Specific, general, and diffuse effects. *Psychological Science, 11*, 462-466.
Monin, B. & Norton, M.I. (2003). Perceptions of a fluid consensus : Uniqueness bias, false consensus, false polarization, and pluralistic ignorance in a water conservation crisis. *Personality and Social Psychology Bulletin, 29*, 559-567.
Monteil, J.M. (1993). *Soi et le contexte : constructions autobiographiques, insertions sociales et performances cognitives.* Paris : Colin.
Monteith, M., Berkowitz, L., Krusglanski, A. & Blair, C. (1990). *The influence of physical discomfort on experienced anger and anger-related ideas, judgments, and memories.* (Manuscrit non publié).
Montepare, J.M. (2003). Introduction evolution and nonverbal behavior : Adaptive social perceptions. *Journal of Nonverbal Behavior, 27*, 61-64.
Montepare, J.M. & Clements, A.E. (2001). « Age schemas » : Guides to processing information about the self. *Journal of Adult Development, 8*, 99-108.
Montepare, J.M. & McArthur, L.Z. (1988). Impressions of people created by age-related qualities of their gaits. *Journal of Personality and Social Psychology, 55*, 547-556.
Montreuil, A., Barrette, G. & Bourhis, R.Y. (2000). *Politiques d'intégration et orientations d'acculturation envers les immigrants : Comparaison de collégiens à Paris, Montréal et Los Angeles. Cahier de recherche N° 9.* Montréal : Chaire Concordia-UQAM en études ethniques.
Montreuil, A. & Bourhis, R.Y. (2001). Majority acculturation orientations toward « valued » and « devalued » immigrants. *Journal of Cross-Cultural Psychology, 32*, 698-719.
Montreuil, A. & Bourhis, R.Y. (2004). Acculturation orientations of competing host communities toward valued and devalued immigrants. *International Journal of Intercultural Relations, 28*, 507-532.
Montreuil, A., Bourhis, R.Y. & Vanbeselaere, N. (2004). Perceived threat and host community acculturation orientations toward immigrants : Comparing Flemings in Belgium and Francophones in Quebec. *Canadian Ethnic Studies, 36*, 113-135.
Moon, Y. & Nass, C. (1998). Are computers scapegoats ? Attributions of responsibility in human-computer interaction. *International Journal of Human-Comupter Studies, 49*, 79-94.
Moore, C.H., Wuensch, K.L., Hedges, R.M. & Castellow, W.A. (1994). The effects of physical attractiveness and social desirability on judgments regarding a sexual harassment case. *Journal of Social Behavior and Personality, 9*, 715-730.
Moore, J.S., Graziano, W.G. & Miller, M.G. (1987). Physical attractiveness, sex role orientation, and the evaluation of adults and children. *Personality and Social Psychology Bulletin, 13*, 95-102.
Moore, T.E. & Cadeau, M. (1985). The representation of women, the ederly and minorities in Canadian television commercials. *Canadian Journal of Behavioural Science, 17*, 213-225.
Moore, W.E. (1969). Occupational socialization, Dans D.A. Goslin (dir.), *Handbook of socialization theory and research* (p. 861-883), Chicago, Ill. : McNally.
Mor, N. & Winquist, J. (2002). Self-focused attention and negative affect : A meta-analysis. *Psychological Bulletin, 128*, 638-662.
Morales, A.C. (2005). Giving firms an « E » for effort : Consumer responses to high-effort firms. *Journal of Consumer Research, 31*, 806-812.
Moran, G. & Cutler, B.L. (1991). The prejudicial impact of pretrial publicity. *Journal of Applied Social Psychology, 21*, 345-367.
Moreland, R.L. (1987). The formation of small groups. *Review of Personality and Social Psychology, 8*, 80-110.
Moreland, R.L. & Beach, S.R. (1992). Exposure effects in the classroom : The development of affinity among students. *Journal of Experimental Social Psychology, 28*, 255-276.
Moreland, R.L., Hogg, M.A. & Hains, S.C. (1994). Back to the future : Social psychological reserach on groups. *Journal of Experimental Social Psychology, 30*, 527-555.
Moreland, R.L. & Levine, J.M. (1982). Socialization in small groups : Temporal changes in individual-group relations. Dans L. Berkowitz (dir.), *Advances in experimental social psychology* (vol. 15, p.137-192). New York : Academic Press.
Moreland, R.L. & Zajonc, R.B. (1982). Exposure effects in person perception : Familiarity, similarity, and attraction. *Journal of Experimental Social Psychology, 18*, 395-415.
Moreno, J.L. (1934). *Who shall survive ? Foundations of sociometry, group psychotherapy, and sociodrama.* Washington, D.C. : Nervous and Mental Disease Publ. Co.
Morfei, M.Z., Hooker, K., Fiese, B.H. & Cordeiro, A.M. (2001). Continuity and change in parenting possible selves : A longitudinal follow-up. *Basic and Applied Psychology, 23*, 217-223.
Mori, D., Chaiken, S. & Pliner, P. (1987). « Eating lightly » and the self prevention of feminity. *Journal of Personality and Social Psychology, 53*, 693-702.
Moriarty, T. (1975). Crime, commitment, and the responsive bystander : Two field experiments. *Journal of Personality and Social Psychology, 31*, 370-376.
Morrow-Howell, N., Hinterlong, J., Rozario, P.A. & Tang, F. (2003). Effects of volunteering on the well-being of older adults. *Journal of Gerontology Series B : Psychological Sciences and Social Sciences, 58*, 137-145.
Morse, S.J. & Gergen, K.J. (1970). Social comparison, self-consistency and the presentation of self. *Journal of Personality and Social Psychology, 16*, 148-159.
Moscovici, S. (1967). Communication processes and the properties of language. Dans L. Berkowitz (dir.), *Advances in experimental social psychology, 3*, 225-270. New York : Academic Press.
Moscovici, S. (1972a). L'homme en interaction : machine à répondre ou machine à inférer. Dans S. Moscovici (dir.), *Introduction à la psychologie sociale*, (vol. 1, p. 59-81). Paris : Larousse.
Moscovici, S. (1972b). Society and theory in social psychology. Dans J. Israel & H. Tajfel (dir.), *The context of social psychology : A critical assessment.* Londres, R.-U. : Academic Press.
Moscovici, S. (1984). The phenomenon of social representations. Dans R. Farr & S. Moscovici (dir.), *Social representations* (p. 3-69). Cambridge : Cambridge University Press.
Moscovici, S. (1985). Social influence and conformity. Dans G. Lindzey & E. Aronson (dir.), *The handbook of social psychology* (3e éd., p. 347-412). New York : Random House.
Moscovici, S. (1988). *La machine à faire des dieux : Sociologie et psychologie.* Paris : Fayard.
Moscovici, S. (2001). The phenomenon of social representations. Dans G. Duveen (dir.), *Social representations* (p. 18-77). New York : New York University Press.
Moscovici, S., Lage, E. & Naffrechoux, M. (1969). Influence of a consistent minority on the responses of a majority in a color perception task. *Sociometry, 32*, 365-380.
Moscovici, S., Mugny, G. & Van Avermaet, E. (dir.) (1985). *Perspectives on minority influence.* New York : Cambridge University Press.
Moscovici, S. & Ricateau, P. (1972). Conformité, minorité et influence sociale. Dans S. Moscovici (dir.), *Introduction à la psychologie sociale* (p. 139-191). Paris : Larousse.
Moscovici, S. & Zavalloni, M. (1969). The group as a polariser of attitudes. *Journal of Personality and Social Psychology, 12*, 125-135.
Moskalenko, S. & Heine, S.J. (2003). Watching your troubles away : Television viewing as a stimulus for subjective self-awareness. *Personality and Social Psychology Bulletin, 29*, 76-85.
Moskowitz, G.B. (2005). *Social cognition : Understanding self and others.* New York : Guilford.
Mosler, H.J., Schwarz, K., Ammann, F. & Gutscher, H. (2001). Computer simulation as a method of further developing a theory : Simulating the elaboration likelihood model. *Personality and Social Psychology Review, 5*, 201-215.
Mount, M.K., Harter, J.K., Barrick, M.R. & Colbert, A. (2000, août). *Does job satisfaction moderate the relationship between conscientiousness and job performance ?* Communication présentée au Meeting of the Academy of Management, Toronto, Canada.
Mowen, J.C. & Cialdini, R.B. (1980). On implementing the door-in-the-face compliance technique in a business context. *Journal of Marketing Research, 17*, 253-258.
Mowrer, O.H. (1950). On the psychology of « talking birds » – A contribution to language and personality theory. Dans O.H. Mowrer (dir.), *Learning theory and personality dynamics : Selected papers.* New York : Ronald Press.
Mueller, P. & Major, B. (1989). Self-blame, self-efficacy, and adjustment to abortion. *Journal of Personality and Social Psychology, 57*, 1059-1068.
Mugny, G., Quiamzade, A., Pigière, D., Dragulescu, A. & Buchs, C. (2002). Self-competence, interaction style and expert social influence : Toward a correspondence synthesis. *Swiss Journal of Psychology, 61*, 153-166.
Mullen, B. (1983). Operationalizing the effect of the group on the individual : A self-attention perspective. *Journal of Experimental Social Psychology, 19*, 295-322.
Mullen, B. & Copper, C. (1994). The relation between group cohesiveness and performance : An integration. *Psychological Bulletin, 115*, 210-227.
Mullen, B. & Hu, L. (1989). Perceptions of in-group and outgroup variability : A meta-analytic integration. *Basic and Applied Social Psychology, 10*, 233-252.
Mummendey, A. & Otten, S. (1998). Positive-negative asymetry in social discrimination. Dans M. Hewstone & W. Stoebe (dir.), *European Review of Social Psychology, 9*, 107-143.
Mummendey, A. & Wenzel, M. (1999). Social discrimination and tolerance in intergroup relations : Reactions to intergroup differences. *Personality and Social Psychology Review, 3*, 158-174.
Muraven, M. (2005). Self-focused attention and the self-regulation of attention : Implications for personality and pathology. *Journal of Social and Clinical Psychology, 24*, 382-400.
Muraven, M. & Baumeister, R.F. (2000). Self-regulation and depletion of limited resources : Does self-control ressemble a muscle ? *Psychological Bulletin, 126*, 247-259.
Muraven, M., Baumeister, R.F. & Tice, D.M. (1999). Longitudinal improvement of self-regulation through practice : Building self-control strength through repeated exercise. *Journal of Social Psychology, 139*, 446-457.
Muraven, M., Collins, R. & Neinhaus, K. (2002). Self-control and alcohol restraint : An initial application of the self-control strength model. *Psychology of Addictive Behaviors, 16*, 113-120.
Muraven, M., Tice, D.M. & Baumeister, R.F. (1998). Self-control as limited resource : Regulatory depletion patterns. *Journal of Personality and Social Psychology, 74*, 774-789.
Murphy, G. (1949). *Historical introduction to modern psychology* (Édition revue et corrigée). New York : Harcourt Brace. (Édition originale publiée en 1929).
Murphy, G. & Murphy, L.B. (1931). *Experimental social psychology.* New York : Harper.
Murray, S.L. (1999). The quest for conviction : Motivated cognition in romantic relationships. *Psychological Inquiry, 10*, 23-34.
Murray, S.L. (2005). Regulating the risks of closeness : A relationship-specific sense of felt security. *Current Directions in Psychological Science, 14*, 74-78.
Murray, S.L. & Derrick, J. (2005). A relationship-specific sense of felt security : How perceived regard regulates relationship-enhancement processes. Dans M.W. Baldwin (dir.), *Interpersonal cognition* (p.153-179). New York : Guilford.
Murray, S.L. & Holmes, J.G. (1993). Seeing virtues in faults : Negativity and the transformation of interpersonal narratives in close relationships. *Journal of Personality and Social Psychology, 65*, 707-722.
Murray, S.L. & Holmes, J.G. (1997). A leap of faith ? Positive illusions in romantic relationships. *Personality and Social Psychology Bulletin, 23*, 586-604.
Murray, S.L. & Holmes, J.G. (1999). The (mental) ties that bind : Cognitive structures that predict relationship resilience. *Journal of Personality and Social Psychology, 77*, 1228-1244.
Murray, S.L., Holmes, J.G., Dolderman, D. & Griffin, D.W. (2000). What the motivated

mind sees : Comparing friends' perspectives to married partners' views of each other. *Journal of Experimental Social Psychology, 36*, 600-620.
Murray, S.L., Holmes, J.G. & Griffin, D.W. (1996a). The benefits of positive illusions : Idealization and the construction of satisfaction in close relationships. *Journal of Personality and Social Psychology, 70*, 79-98.
Murray, S.L., Holmes, J.G. & Griffin, D.W. (1996b). The self-fulfilling nature of positive illusions in romantic relationships : Love is not blind, but prescient. *Journal of Personality and Social Psychology, 71*, 1155-1180.
Murray, S.L., Holmes, J.G. & Griffin, D.W. (2000). Self-esteem and the quest for felt security : How perceived regard regulates attachment processes. *Journal of Personality and Social Psychology, 78*, 478-498.
Murray, S.L., Rose, P., Holmes, J.G., Podchaski, E., Derrick, J., Bellavia, G. *et al.* (2005). Putting the partner within reach : A dyadic perspective on felt security in close relationships. *Journal of Personality and Social Psychology, 88*, 327-347.
Murrell, A.J., Dietz-Uhler, B.L., Dovidio, J.F., Gaertner, S.L. & Drout, C. (1994). Aversive racism and resistance to affirmative action : Perception of justice are not necessarely color blind. *Basic and Applied Social Psychology, 15*, 71-86.
Murstein, B.I. & Adler, E.R. (1995). Gender differences in power and self-disclosure in dating and married couples. *Personal Relationships, 2*, 199-209.
Musick, M.A. & Wilson, J. (2003). Volunteering and depression : The role of psychological and social resources in different age groups. *Social Science and Medicine, 56*, 259-269.
Mussweiler, T. (2001). Focus of comparison as a determinant of assimilation versus contrast in social comparison. *Personality and Social Psychology Bulletin, 27*, 38-47.
Mussweiler, T., Rüter, K. & Epstude, K. (2004). The man who wasn't there : Subliminal social comparison standards influence self-evaluation. *Journal of Experimental Social Psychology, 40*, 689-696.
Myers, D.G. (1997). La poursuite scientifique du bonheur. *Revue québécoise de psychologie, 18*, 13-28.
Myers, D.G. (2000). The funds, friends, and faith of happy people. *American Psychologist, 55*, 56-67.
Myers, N.D., Feltz, D.L. & Short, S.E. (2004). Collective efficacy and team performance : A longitudinal study of collegiate football teams. *Group Dynamics : Theory, Research, and Practice, 8*, 126-138.
Nadler, A. (1991). Help-seeking behavior : Psychological costs and instrumental benefits. Dans M.S. Clark (dir.), *Review of personality and social psychology : Vol. 12. Prosocial behavior* (p. 290-311). Newbury Park, Calif. : Sage.
Nadler, A. (2002). Inter-group helping relations as power relations : Maintaining or challenging social dominance between groups through helping. *Journal of Social Issues, 58*, 487-502.
Nadler, A. & Fisher, J.D. (1986). The role of threat to self-esteem and perceived control in recipient reaction to help : Theory development and empirical validation. Dans L. Berkowitz (dir.), *Advances in experimental social psychology* (vol. 19, p. 81-123).
Nadler, A., Fisher, J.D. & Ben-Itzhak, S. (1983). With a little help from my friend : Effect of single or multiple acts of aid as a function of donor and task characteristics. *Journal of Personality and Social Psychology, 44*, 310-321.
Nadler, A. & Mayseless, O. (1983). Recipient self-esteem and reactions to help. Dans J.D. Fisher, A. Nadler & B.M. DePaulo (dir.), *New directions in helping : Vol. 1. Recipient reactions to aid* (p. 167-188). New York : Academic Press.
Nakanishi, H., Nakazawa, S., Ishida, T., Takanashi, K. & Isbister, K. (2003). Can software agents influence human relations ? Balance theory in agent-mediated communities. International Joint Conference on Autonomous Agents and Multiagent Systems (AAMAS 2003). Melbourne, Australie, 717-724.
Narby, D.J., Cutler, B.L. & Moran, G. (1993). A meta-analysis of the association between authoritarianism and jurors' perceptions of defendant culpability. *Journal of Applied Psychology, 78*, 34-42.
Nathanson, A.I. (1999). Identifying and explaining the relationship between parental mediation and children aggression. *Communication Research, 26*, 124-143.
National Television Violence Study (vol. 3 : 1996-1998). Santa Barbara, Calif. : Center for Communication and Social Policy, University of California.
Neff, L.A. & Karney, B.R. (2002). Judgments of a relationship partner : Specific accuracy but global enhancement. *Journal of Personality, 70*, 1079-1112.
Neff, L.A. & Karney, B.R. (2004). How does context affect intimate relationships ? Linking external stress and cognitive processes within marriage. *Personality and Social Psychology Bulletin, 30*, 134-148.
Nehmé, M. (1998). Profil démographique de la fonction publique fédérale 1994-1997. Extrait du site Web Agence de gestion des ressources humaines de la fonction publique du Canada, tiré le 2 septembre 2005 : <http://www.hrma-agrh.gc.ca/research/demographics/communities/ps_demo_f.asp>.
Neisser, U. (1976). *Cognition and reality*. San Fransisco, Calif. : Freeman.
Nell, K. & Ashton, N.L. (1996). Gender, self-esteem, and perception of own attractiveness. *Perceptual and Motor Skills, 83*, 1105-1106.
Nelson, K. & Fivush, R. (2004). The emergence of autobiographical memory : A cultural developmental theory. *Psychological Review, 111*, 486-511.
Nelson, N. (1988). *A meta-analysis of the life-event/health paradigm : The influence of social support*. (Thèse de doctorat inédite) Temple University.
Neuberg, S.L. (1988). Behavioral implications of information presented outside of conscious awareness : The effect of subliminal presentation of trait information on behavior in the Prisoner's Dilemma Game. *Social Cognition, 6*, 207-230.
Neumann, R. (2000). The causal influences of attributions on emotions : A procedural priming approach. *Psychological Science, 11*, 179-182.
Neumann, R. & Strack, F. (2000). « Mood Contagion » : The automatic transfer of mood between persons. *Journal of Personality and Social Psychology, 79*, 211-223.
Newcomb, T.M. (1943). *Personality and social change*. New York : Holt, Rinehart and Winston.
Newcomb, T.M. (1958). Attitude development as a function of reference groups : The Bennington study. Dans E.E. Maccoby, T.M. Newcomb & E.L. Hartley (dir.), *Readings in social psychology*. New York : Academic Press.
Newcomb, T.M., Koenig, K.E., Flacks, R. & Warwick, D.P. (1967). *Persistence and change : Bennington college and its students after twenty-five years*. New York : Wiley.
Newman, L.S., Duff, K.J. & Baumeister, R.F. (1997). A new look at defensive projection : Thought suppression, accessibility, and biased person perception. *Journal of Personality and Social Psychology, 72*, 980-1001.
Newtson, D. (1974). Dispositional inference from effects of actions : Effects chosen and effects foregone. *Journal of Experimental Social Psychology, 10*, 487-496.
Neyer, F.J. (2002). The dyadic interdependance of attachment security and dependency : A conceptual replication across older twin pairs and younger couples. *Journal of Social and Personal Relationships, 19*, 483-503.
Neyer, F.J. & Lang, F.R. (2003). Blood is thicker than water : Kinship orientation across adulthood. *Journal of Personality and Social Psychology, 84*, 310-321.
Nezlek, J.B., Hampton, C.A. & Shean, G.D. (2000). Clinical depression and everyday social interaction in a community sample. *Journal of Abnormal Psychology, 109*, 11-19.
Ng, S.H. (1982). Power and intergroup discrimination. Dans H. Tajfel (dir.), *Social identity and intergroup relations* (p. 179-206). Cambridge : Cambridge University Press.
Ng, S.H. (1984). Power and intergroup discrimination. Dans H. Tajfel (dir.), *The social dimension : European developments in social psychology*. Cambridge : Cambridge University Press.
Ng, S.H. (1990). Language and control. Dans H. Giles & W.P. Robinson (dir.), *Handbook of language and social psychology* (p. 271-285). Chichester, R.-U. : Wiley.
Ng, S.H. & Bradac, J.J. (1993). *Power in language : Verbal communication and social influence*. Newbury Park, Calif. : Sage.
Ng, S.H. & Reid, S.A. (2001). Power. Dans W.P. Robinson & H. Giles (dir.), *The new handbook of language and social psychology* (p. 357-370). Chichester, R.-U. : Wiley.
Ngo Manguelle, C. & Rinfret, N. (2004, juin). *L'impact de la décroissance organisationnelle chez les fonctionnaires : Différent ou non selon le sexe et le niveau hiérarchique*. Présentation à l'Association des sciences administratives du Canada (ASAC), Québec, Canada.
NICHD Early Child Care Research Network (2004a). Fathers' and mothers' parenting behavior and beliefs as predictors of children's social adjustment in the transition to school. *Journal of Family Psychology, 16*, 628-638.
NICHD Early Child Care Research Network (2004b). Trajectories of physical aggression from toddlerhood to middle childhood. *Monographs of the Society for Research in Child Development, 69*, n° 278.
Niederhoffer, K.G. & Pennebaker, J.W. (2002). Sharing one's story : On the benefits of writing or talking about emotional experience. Dans C.R. Snyder & S.J. Lopez (dir), *Handbook of positive psychology* (p. 573-583). New York : Oxford University Press.
Nienhuis, A.E., Manstead, A.S.R. & Spears, R. (2001). Multiple motives and persuasive communication : Creative elaboration as a result of impression motivation and accuracy motivation. *Personality and Social Psychology Bulletin, 27*, 118-132.
Nisbett, R.E. (2003). *The geography of thought : How Asians and Westerners think differently... and why*. New York : Free Press.
Nisbett, R.E. (2005). Heredity, environment, and race differences in IQ : A commentary on Rushton and Jensen. *Psychology, Public Policy, and Law, 11*, 302-310.
Nisbett, R.E., Borgida, E., Crandall, R. & Reed, H. (1976). Popular induction : Information is not necessarily informative. Dans J.S. Carroll & J.W. Payne (dir.), *Cognition and social behavior* (p. 113-133). Hillsdale, N.J. : Erlbaum.
Nisbett, R.E., Caputo, C., Legant, P. & Marecek, J. (1973). Behavior as seen by the actor and as seen by the observer. *Journal of Personality and Social Psychology, 27*, 154-164.
Nisbett, R.E., Peng, K., Choi, I. & Norenzayan, A. (2001). Culture and systems of thought : Holistic versus analytic cognition. *Journal of Personality and Social Psychology, 108*, 291-310.
Nisbett, R.E. & Ross, L. (1980). *Human inferences : Strategies and shortcomings of social judgement*. Englewood Cliffs, N.J. : Prentice-Hall.
Noels, K.A. (2001). New orientations in language learning motivation : Towards a model of intrinsic, extrinsic, and integrative orientations and motivation. Dans Z. Dörnyei & R. Schmidt (dir.), *Motivation and second language acquisition* (p. 43-68). United States of America : Second Language Teaching & Curriculum Center.
Noels, K.A. & Clément, R. (1996). Communicating across cultures : Social determinants and acculturative consequences. *Canadian Journal of Behavioural Science, 28*, 214-228.
Noels, K.A., Giles, H. & LePoire, B. (2003). Language and communication processes. Dans M.A. Hogg & J. Cooper (dir.), *The Sage handbook of social psychology* (p. 232-257). Thousand Oaks, Calif. : Sage.
Noels, K.A., Pelletier, L.G., Clément, R. & Vallerand, R.J. (2000). Why are you learning a second language ? Motivational orientations and self-determination theory. *Language and Learning, 50*, 57-85.
Noer, D.M. (1993). *Healing the wounds : Overcoming the trauma of layoffs and revitalizing downsized organizations*. San Francisco, Calif. : Jossey-Bass.
Nolen-Hoeksema, S., McBride, A. & Larson, J. (1997). Rumination and psychological distress among bereaved partners. *Journal of Personality and Social Psychology, 72*, 855-862.
Noller, P. & Feeney, J.A. (1998). Communication in early marriage : Responses to conflict, nonverbal accuracy, and conversational patterns. Dans T.N. Bradbury (dir.), *The developmental course of marital dysfunction* (p. 11-43). Cambridge : Cambridge University Press.
Norenzayan, A. & Nisbett, R.E. (2000). Culture and causal cognition. *Current Directions in Psychological Science, 9*, 132-135.
Norman, P. & Brain, K. (2005). An application of an extended health belief model to the prediction of breast self-examination among women with a family history of breast cancer. *British Journal of Health Psychology, 10*, 1-16.
Norman, P. & Hoyle, S. (2004). The theory of planned behavior and breast self-examination : Distinguishing between perceived control and self-efficacy. *Journal of Applied Social Psychology, 34*, 694-708.
Norton, M.I., Monin, B., Cooper, J. & Hogg, M.A. (2003). Vicarious dissonance : Attitude change from the inconsistency of others. *Journal of Personality and Social Psychology, 85*, 47-62.
Nosek, B.A., Banaji, M.R. & Greenwald, A.G. (2002). Harvesting implicit group attitudes and beliefs from a demonstration Website. *Group dynamics, 6*, 101-115.
Nosek, B.A., Greenwald, A.G. & Banaji, M.R. (2005). Understanding and using the implicit association test : II. Method variables and construct validity. *Personality and Social Psychology Bulletin, 31*, 166-180.

Novacek, J. & Lazarus, R.S. (1990). The structure of personal commitments. *Journal of Personality, 58*, 693-715.

Nummenmaa, L. & Niemi, P. (2004). Inducing affective states with success-failure manipulations : A meta-analysis. *Emotion, 2*, 207-214.

Nussbaum, S., Trope, Y. & Liberman, N. (2003). Creeping dispositionism : The temporal dynamics of behavior prediction. *Journal of Personality and Social Psychology, 84*, 485-497.

Nuttin, J.M., Jr. (1985). Narcissism beyond gestalt and awareness : The name letter effect. *European Journal of Social Psychology, 15*, 353-361.

O'Barr, W.M. (1982). *Linguistic evidence : Language power, and strategy in the courtroom*. New York : Academic Press.

O'Connor, B.P. & Dyce, J. (1993). Appraisals of musical ability in bar bands : Identifying the weak link in the looking-glass self chain. *Basic and Applied Social Psychology, 14*, 69-86.

O'Keefe, D.J. (1999). How to handle opposing arguments in persuasive messages : A meta-analytic review of the effects of one-sided and two-sided messages. Dans M.E. Roloff (dir.), *Communication Yearbook, 22*, 209-249.

O'Keefe, D.J. & Figge, M. (1997). A guilt-based explanation of the door-in-the-face influence strategy. *Human Communication Research, 42*, 64-81.

O'Keefe, D.J. & Hale, S.L. (1998). The door-in-the-face influence strategy : A random effects meta-analytic review. Dans M.E. Roloff (dir.), *Communication Yearbook, 21* (p. 1-33). Thousand Oaks, Calif. : Sage.

O'Keefe, D.J. & Hale, S.L. (2001). An odds-ration based meta-analysis of research on the door-in-the-face influence strategy. *Communications Report, 14*, 31-38.

O'Leary, A. & Brown, S. (1995). Self-efficacy and the physiological stress response. Dans J.E. Maddux (dir.), *Self-efficacy, adaptation, and ajustment : Theory, research and application* (p. 227-248). New York : Plenum.

O'Leary, K.D. & Cascardi, M. (1998). Physical aggression in marriage : A developmental analysis. Dans T.N. Bradbury (dir.), *The developmental course of marital dysfunction* (p. 343-374). Cambridge : Cambridge University Press.

O'Neil, K.M., Patry, M.W. & Penrod, S.D. (2004). Exploring the effects of attitudes toward death penalty on capital sentencing verdicts. *Psychology, Public Policy and Law, 10*, 443-470.

O'Sullivan, C.S. & Durso, F.T. (1984). Effect of schema-incongruent information on memory for stereotype attributes. *Journal of Personality and Social Psychology, 47*, 55-70.

O'Sullivan, M., Ekman, P., Friesen, W. & Scherer, K. (1985). What you say and how you say it : The contribution of speech content and voice quality to judgements of others. *Journal of Personality and Social Psychology, 48*, 54-62.

Oakes, P.J. (2001). The roots of all evils in intergroup relations ? Unearthing the categorization process. Dans R. Brown & S. Gaertner (dir.), *Blackwell handbook of social psychology : Intergroup processes* (p. 3-21). Malden, Mass. : Blackwell.

Oakes, P.J., Haslam, S.A. & Turner, J.C. (1994). *Stereotyping and social reality*. Oxford, R.-U. : Blackwell.

Oakes, P.J., Haslam, S.A. & Turner, J.C. (1999). Construction de l'identité à partir du contexte. Dans J.-C. Deschamps, J.F. Morales, D. Paez & S. Worchel (dir.), *L'identité sociale : La construction de l'individu dans les relations entre groupes* (p. 103-125). Grenoble : Presses universitaires de Grenoble.

Oberlé, D. (1996). Est-ce que le groupe intéresse toujours les psychologues sociaux. *Connexions, 68*, 29-53.

Oberlé, D., Drozda-Senkowska, E. & Quémy, F. (2002). Lorsque la discussion de groupe doit aboutir à une solution consensuelle de la tâche de sélection : polarisation et autres modalités de consensus. *Cahiers internationaux de psychologie sociale, 55*, 10-25.

Oberlé, D. & Gosling, P. (2003). Stéréotype, jugement de responsabilité et sanctions : Effet du groupe et d'une consigne d'exactitude. *Cahiers internationaux de psychologie sociale, 57*, 74-82.

Oberlé, D., Testé, B. & Drozda-Senkowska, E. (2002). Regards croisés sur le groupe : De quelques bénéfices mutuels de l'articulation de l'approche dynamique et de l'approche catégorielle du groupe. *Communication présentée au 4e congrès international de psychologie sociale en langue française*. Athènes, Grèce.

Office québécois de la langue française du Québec (2005, août). *Le grand dictionnaire terminologique*. Gouvernement du Québec. Extrait du site Web de l'Office québécois de la langue française du Québec, le 30 août 2005 : <http://www.oqlf.gouv.qc.ca/ressources/gdt.html>.

Ofshe, R.J. & Leo, R.A. (1997). The social psychology of police interrogation. The theory and classification of true and false confessions. *Studies in Law, Politics and Society, 16*, 189-251.

Ogden, J. & Wardle, J. (1990). Control of eating and attributional style. *British Journal of Clinical Psychology, 29*, 445-446.

Ogloff, J.R.P. & Vidmar, N. (1994). The impact of pretrial publicity on jurors : A study to compare the relative effects of television and print media in a child sex abuse case. *Law and Human Behavior, 18*, 507-525.

Ognibene, T.C. & Collins, N.L. (1998). Adult attachment styles, perceived social support and coping strategies. *Journal of Social and Personal Relationships, 15*, 323-345.

Olson, J.M. (1988). Misattribution, preparatory information, and speech anxiety. *Journal of Personality and Social Psychology, 54*, 758-767.

Olson, J.M. & Maio, G.R. (2003). Attitudes in social behavior. Dans T. Millon, M.J. Lerner & I.B. Weiner (dir.), *Handbook of psychology : Personality and social psychology* (vol. 5, p 299-325). New York : Wiley.

Olson, J.M. & Ross, M. (1988). False feedback about placebo effectiveness : Consequences for the misattribution of speech anxiety. *Journal of Experimental Social Psychology, 24*, 275-291.

Olson, J.M. & Stone, J. (2005). The influence of behavior on attitudes. Dans D. Albarracin, B.T. Johnson & M.P. Zanna (dir.), *The handbook of attitudes and attitude change* (p. 223-271). Mahwah, N.J. : Erlbaum.

Olson, J.M., Vernon, P.A., Aitken Harris, J. & Jang, K.L. (2001). The heritability of attitudes : A study of twins. *Journal of Personality and Social Psychology, 80*, 845-860.

Olson, M.A. & Fazio, R.H. (2001). Implicit attitude formation through classical conditioning. *Psychological Science, 12*, 413-417.

Olson, M.A. & Fazio, R.H. (2002). Implicit acquisition and manifestation of classically conditioned attitudes. *Social Cognition, 20*, 89-103.

Olsson, I.I. (2002). Spouses' attributions for helping : The effects of styles of help-seeking, self-serving bias, and sex. *Scandinavian Journal of Psychology, 43*, 279-289.

Olweus, D. (1979). Stability of aggressive reaction patterns in males : A review. *Psychological Bulletin, 86*, 852-875.

Oman, D., Thoresen, E. & McMahon, K. (1999). Volunteerism and mortality among the community-dwelling elderly. *Journal of Health Psychology, 4*, 301-316.

Omarzu, J. (2000). A disclosure decision model : Determining how and when individuals will self-disclose. *Personality and Social Psychology Review, 4*, 174-185.

Omond, R. (1986). *The apartheid handbook*. New York : Penguin.

Orbach, I., Mikulincer, M., Stein, D. & Cohen, O. (1998). Self-representation of suicidal adolescents. *Journal of Abnormal Psychology, 107*, 435-439.

Orbach, I., Robert, N. & Murphey, M. (1997). Changing attributions with an attribution training technique related to basketball dribbling. *Sport Psychologist, 11*, 294-304.

Orbach, I., Singer, R. & Price, S. (1999). An attribunal training program and achievement in sport. *The Sport Psychologist, 13*, 69-82.

Organ, D.W. & Ryan, K. (1995). A meta-analytic review of attitudinal and dispositional predictors of organizational citizenship behavior. *Personnel Psychology, 22*, 775-802.

Orne, M.T. (1962). On the social psychology of the psychological experiment : With particular reference to demand characteristics and their implications. *American Psychologist, 17*, 776-783.

Orvis, B.R., Kelley, H.H. & Butler, D. (1976). Attributional conflict in young couples. Dans J.H. Harvey, W.J. Ickes & R.E. Kidd (dir.), *New directions in attribution research* (vol. 1, p. 353-386). Hillsdale, N.J. : Erlbaum.

Oschner, K.N., Bunge, S.A., Gross, J.J. & Gabrielli, J.D.E. (2002). Rethinking feelings : An fMRI study of the cognitive regulation of emotion. *Journal of Cognitive Neuroscience, 14*, 1215-1229.

Osgood, C.E., Suci, G.J. & Tannenbaum, P.H. (1957). *The measurement of meaning*. Urbana, Ill. : University of Illinois Press.

Oskamp, S. (1991). *Attitudes and opinions*. Englewood Cliffs, N.J. : Prentice-Hall.

Oskamp, S. & Jones, J.M. (2000). Promising practices in reducing prejudice : A report form the President initiative on race. Dans S. Oskamp (dir.), *Reducing prejudice and discrimination*. Présentation au Claremont Symposium on Applied Social Psychology (p. 319-334). Mahwah, N.J. : Erlbaum.

Oswald, M.E., Hupfeld, J., Klug, S.C. & Gabriel, U. (2002). Lay-perspectives on criminal deviance, goals of punishment, and punitivity. *Social Justice Research, 15*, 85-98.

Otten, C.A., Penner, L.A. & Waugh, G. (1988). That's what friends are for : The determinants of psychological helping. *Journal of Social and Clinical Psychology, 7*, 34-41.

Ouellette, J.A., Hessling, R., Gibbons, F.X., Reis-Bergan, M. & Gerrard, M. (2005). Using images to increase exercise behavior : Prototypes versus possible selves. *Personality and Social Psychology Bulletin, 31*, 610-620.

Ouwerkerk, J.W., Ellemers, N. & De Gilder, D. (1999). Group commitment and individual effort in experimental and organizational contexts. Dans N. Ellemers, R. Spears & B. Doosje (dir.), *Social identity* (p. 184-204). Oxford, R.-U. : Blackwell.

Overall, N., Fletcher, G. & Friesen, M. (2003). Mapping the intimate relationship mind : Comparisons between three models of attachment representations. *Personality and Social Psychology Bulletin, 29*, 1479-1493.

Overbeck, J., Jost, J.T, Mosso, C. & Flizik, A. (2004). Resistance vs acquiescent responses to ingroup inferiority as a function of social dominance orientation in the USA and Italy. *Group Processes and Intergroup Relations, 7*, 35-54.

Oyserman, D., Kemmelmeier, M., Fryberg, S., Brosh, H. & Hart-Johnson, T. (2003). Racial-ethnic self-schemas. *Social Psychology Quarterly, 66*, 333-347.

Oyserman, D. & Markus, H.R. (1996). Self as social representation. Dans S. Moscovici & U. Flick (dir.), *The psychology of the social* (p. 107-125). New York : Cambridge University Press.

Page, M.M. (1969). Social psychology of a classical conditioning of attitude experiment. *Journal of Personality and Social Psychology, 11*, 177-186.

Page, M.M. (1974). Demand characteristics and the classical conditioning of attitudes experiment. *Journal of Personality and Social Psychology, 30*, 468-476.

Paik, H. & Comstock, G. (1994). The effects of television violence on antisocial behavior : A meta-analysis. *Communication Research, 21*, 516-546.

Paivio, A. (1986). *Mental representations. A dual coding approach*. New York : Oxford University Press.

Panee, C. & Ballard, M. (2002). High versus low aggressive priming during video-game training : Effects on violent action during game play, hostility, heart rate, and blood pressure. *Journal of Applied Developmental Psychology, 32*, 2458-2474.

Paolini, S., Hewstone, M., Voci, A., Harwood, J. & Cairns, E. (2005) (Sous presse). Intergroup contact and the promotion of intergroup harmony : The influence of intergroup emotions. Dans R.J. Brown & D. Capozza (dir.), *Social identities : Motivational, emotional, cultural influences*. Hove, R.-U. : Psychology Press.

Pape, K.T. & Arias, I. (2000). The role of perceptions and attributions in battered women's intentions to permanently end their violent relationships. *Cognitive Therapy and Research, 24*, 201-214.

Pargament, K.I. (1997). *The psychology of religion and coping*. New York : Guilford.

Park, J.H. & Schaller, M. (2005). Does attitude similarity serve as a heuristic cue for kinship ? Evidence of an implicit cognitive association. *Evolution and Human Behavior, 26*, 158-170.

Parke, R.D. & Slaby R.G. (1983). The development of aggression. Dans P.H. Mussen (dir.) *Handbook of child psychology*, (4e éd., vol. 4). New York : Wiley.

Parker, J.D.A. & Endler, N.S. (1996). Coping and defense : A historical overview. Dans M. Zeidner & N.S. Endler (dir.), *Handbook of coping : Theory, research, applications* (p. 3-23). New York : Wiley.

Pascarella, E.T. & Terenzini, P.T. (1991). *How college affects students : Findings and insights from twenty years of research*. San Francisco, Calif. : Jossey-Bass.

Pasupathi, M. (2001). The social construction of the personal past and its implications for adult development. *Psychological Bulletin, 127*, 651-672.

Patterson, G.R. (1982). *Coercive family process*. Eugene, Ore. : Castalia.

Patterson, G.R., Reid, J.B. & Dishion, T.J. (1992). *Antisocial boys*. Eugene, Ore. : Castalia.

Patterson, M.L. (1982). A sequential function model of verbal exchange. *Psychological Review, 89*, 231-249.

Patterson, M.L. (1983). *Nonverbal behavior : A functional perspective*. New York : Springer-Verlag.

Patterson, M.L. (1990). Functions of non-verbal behavior in social interaction. Dans H. Giles & W.P. Robinson (dir.), *Handbook of language and social psychology* (p. 101-120). Chichester, R.-U. : Wiley.

Patzer, G.L. (1985). *The physical attractive-ness phenomenon*. New York : Plenum.

Paulhus, D.L. (1998). Interpersonal and intrapsychic adptiveness of trait self-enhancement : A mixed blessing ? *Journal of Personality and Social Psychology*, 74, 1197-1208.

Paulhus, D.L., Harms, P.D., Bruce, M.N., & Lysy, D.C. (2003). The over-claiming tech-nique : Measuring self-enhancement inde-pendent of ability. *Journal of Personality and Social Psychology*, 84, 890-904.

Pavelchak, M.A. (1989). Piecemeal and category-based evaluation : An idiogra-phic analysis. *Journal of Personality and Social Psychology*, 56, 354-363.

Pavlenko, A. & Blackledge, A. (2004). *Negotiation of identities in multilingual settings*. Clevedon, R.-U. : Multilingual Matters.

Pavlov, I.P. (1927). *Conditioned reflexes*. Londres, R.-U. : Oxford University Press.

Pavot, W., Diener, E. & Fujita, F. (1990). Extraversion and happiness. *Personality and Individual Differences*, 11, 1299-1306.

Payne, R.L. & Morrison, D. (1999). The importance of knowing the affective mean-ing of job demands revisited. *Work and Stress*, 13, 280-288.

Pedersen, W.C., Gonzales, C. & Miller, N. (2000). The moderating effect of trivial triggering provocation on displaced aggres-sion. *Journal of Personality and Social Psychology*, 78, 913-927.

Peele, S. (1988). Fools for love : The roman-tic ideal, psychological theory, and addictive love. Dans R.J. Sternberg & M.L. Barnes (dir.), *The psychology of love* (p. 159-188). New Haven, Conn. : Yale University Press.

Pelham, B.W., Carvallo, M., DeHart, T. & Jones, J.T. (2003). Assessing the validity of implicit egotism : A reply to Gallucci. *Journal of Personality and Social Psychology*, 85, 800-807.

Pelham, B.W., Carvallo, M. & Jones, J.T. (2005). Implicit egotism. *Current Directions in Psychological Science*, 14, 106-110.

Pelham, B.W. & Hetts, J.J. (2001). Un-derworked and overpaid : Elevated entit-lement in men's self pay. *Journal of Experimental Social Psychology*, 37, 93-103.

Pelham, B.W., Mirenberg, M.C., Matthew, C. & Jones, J.T. (2002). Why Susie sells seashells by the seashore : Implicit egotism and major life decisions. *Journal of Personal-ity and Social Psychology*, 82, 469-487.

Pelletier, L.G., Tuson, K.M., Green-Demers, I., Noels, K. & Beaton, A.M. (1998). Why are you doing things for the environment ? The motivation toward the environment scale (MTES). *Journal of Applied Social Psy-chology*, 28, 437-468.

Pelletier, L.G. & Vallerand, R.J. (1990). L'échelle révisée de conscience de soi : une traduction et une validation canadienne-française du Revised Self-Consciousness Scale. *Revue canadienne des sciences du comportement*, 22, 191-206.

Pelletier, L.G. & Vallerand, R.J. (1996). Supervisors' beliefs and subordinates' intrin-sic motivation : A behavioral confirmation analysis. *Journal of Personality and Social Psychology*, 71, 331-340.

Pelletier, L.G., Vallerand, R.J., Green-Demers, I., Brière, N.M. & Blais, M.R. (1995). Loisirs et santé mentale : Les relations entre la motivation pour la pratique des loisirs et le bien-être psychologique. *Revue cana-dienne des sciences du comportement*, 27, 140-156.

Pemberton, M. & Sedikides, C. (2001). When do individuals help close others improve ? The role of information diagnosticity. *Journal of Personality and Social Psychology*, 81, 234-246.

Pendakur, R. (2000). *Immigrants and the labour force : Policy, regulation and impact*. Montréal : McGill-Queen's University Press.

Pennebaker, J.W. (1989). Confession, inhibi-tion, and disease. Dans L. Berkowitz (dir.), *Advances in Experimental Social Psychology* (vol. 22, p. 211-244). New York : Academic Press.

Pennebaker, J.W., Kiecolt-Glaser, J. & Glaser, R. (1988). Disclosure of traumas and immune function : Health implications for psychotherapy. *Journal of Consulting and Clinical Psychology*, 56, 239-245.

Pennebaker, J.W. & Sanders, D.Y. (1976). American graffiti : Effects of authority and reactance arousal. *Personality and Social Psychology Bulletin*, 2, 264-267.

Penner, L.A. (2002). Dispositional and orga-nizational influences on sustained volun-teerism : An interactionist perspective. *Journal of Social Issues*, 58, 447-467.

Penner, L.A., Dovidio, J.F., Piliavin, J.A. & Schroeder, D.A. (2005). Prosocial behav-ior : Multilevel perspectives. *Annual Review of Psychology*, 56, 365-392.

Pennington, N. & Hastie, R. (1988). Explanation-based decision-making : Effects of memory structure on judgment. *Journal of Experimental Psychology : Learning, Memory and Cognition*, 14, 521-533.

Penrod, S. (1983). *Social psychology*. Englewood Cliffs, N.J. : Prentice-Hall.

Peplau, L.A. & Perlman, D. (dir.) (1982). *Loneliness : A source book of current theory, research and therapy*. New York : Wiley.

Peplau, L.A. & Spalding, L.R. (2000). The close relationships of lesbians, gay men and bisexuals. Dans C. Hendrick & S.S. Hendrick (dir.), *Close relationships. A source-book*. Londres, R.-U. : Sage.

Perkins, H.W. (1991). Religious commitment, Yuppies values, and well-being in post-collegiate life. *Review of Religious Research*, 32, 244-251.

Perkins-Ceccato, N., Passmore, S.R. & Lee, T.D. (2003). Effects of focus attention depend on golfers' skill. *Journal of Sports Sciences*, 21, 593-600.

Perlman, D. & Peplau, L.A. (1981). Toward a social psychology of loneliness. Dans S. Duck & R. Gilmour (dir.), *Personal rela-tionships : Personal relationships in disorder* (vol. 3). New York : Academic Press.

Perlman, D. & Rock, K.S. (1987). Social support, social deficits, and the family : Toward the enhancement of well-being. Dans S. Oskamp (dir.), *Family processes and problems : Social psychological aspects*. Newsbury Park Calif. : Sage.

Perloff, R.M. (2003). *The dynamics of persua-sion : Communication and attitudes in the 21ˢᵗ Century*. Mahwah, N.J. : Erlbaum.

Perlow, L. & Weeks, J. (2002). Who's helping whom ? Layers of culture and workplace behavior. *Journal of Organizational Behavior*, 23, 345-361.

Perreault, S. & Bourhis, R.Y. (1998). Social identification, interdependence and discrim-ination. *Group processes and intergroup rela-tions*, 1, 49-66.

Perry, R.P., Hechter, F.J., Menec, V.H. & Weinberg, L.E. (1993). Enhancing achieve-ment motivation and performance in college students : An attributional retraining perspective. *Research in Higher Education (Historical Archive)*, 34, 687-723.

Person, E.S. (1988). *Dreams of love and fate-ful encounters*. New York : Norton.

Pérusse, D. & Gendreau, P. (2005). Genetics and the development of aggression. Dans R.E. Tremblay, W. Hartup & J. Archer (dir.), *Developmental origins of aggressive behaviour* (p. 223-241). New York : Guilford.

Peters, H.J., Greenberg, J., Williams, J.M. & Schneider, N.R. (2005). Applying terror management theory to performance : Can reminding individuals of their mortality increase strengh output ? *Journal of Sport and Exercise*, 27, 111-116.

Peters, T.J. & Waterman, R.H., Jr. (1982). *In search of excellence*. New York : Harper & Row.

Peters-Golden, H. (1982). Breast cancer : Varied perceptions of social support in the illness experience. *Social Science and Medi-cine*, 16, 483-491.

Peterson, B.E. (2004). Guarding the next generation : The politics of generativity. Dans E. de St-Aubin, D.P. McAdams & T.C. Kim (dir.), *The generative society : Caring for future generations*. Washington, D.C. : American Psychological Association.

Peterson, C. & Barrett, L.C. (1987). Expla-natory style and academic performance among university freshmen. *Journal of Personality and Social Psychology*, 53, 603-607.

Peterson, C. & Seligman, M.E.P. (1984). Causal explanations as a risk factor for depression : Theory and evidence. *Psychol-ogical Review*, 91, 347-374.

Peterson, C. & Seligman, M.E.P. (1987). Explanatory style and illness. *Journal of Personality*, 55, 237-265.

Peterson, C., Seligman, M.E.P. & Vaillant, G. (1988). Pessimistic explanatory style is a risk factor for physical illness : A thirty-five-year longitudinal study. *Journal of Personality and Social Psychology*, 55(1), 23-27.

Peterson, C., Semmel, A., Baeyer, C., Abramson, L.Y., Metalsky, G.I. & Seligman, M.E.P. (1982). The attributional style question-naire. *Cognitive Therapy and Research*, 6, 287-299.

Peterson, C. & Villanova, P. (1988). An expan-ded attributional style questionnaire. *Journal of Abnormal Psychology*, 97, 87-89.

Pettigrew, T.F. (1959). Regional differences in anti-Negro prejudice. *Journal of Abnormal and Social Psychology*, 53, 603-607.

Pettigrew, T.F. (1991). Normative theory in intergroup relations : Explaining both harmony and conflict. *Psychology and Developing Societies*, 3, 3-16.

Pettigrew, T.F. (1998). Intergroup contact theory. *Annual Review of Psychology*, 49, 65-85.

Pettigrew, T.F. (1999). Placing authoritarian-ism in social context. *Politics, Groups and the Individual*, 8, 5-20.

Pettigrew, T.F. & Meertens, R.W. (1995). Subtle and blatant prejudice in western Europe. *European Journal of Social Psychol-ogy*, 25, 57-75.

Pettigrew, T.F. & Tropp, L.R. (2000). Does intergroup contact reduce prejudice ? Recent meta-analytic findings. Dans S. Oskamp (dir.), *Reducing prejudice and discrimination*. Présentation au Claremont symposium on applied social psychology (p. 93-114). Mahwah, N.J. : Erlbaum.

Pettijohn, T.F. & Pettijohn, T.F. (1996). Perceived happiness in college students measured by Maslow's hierarchy of needs. *Psychological Reports*, 79, 759-762.

Petty, R.E., Brinol, P. & Tormala, Z.L. (2002). Though confidence as a determinant of persuasion : The self-validation hypothe-sis. *Journal of Personality and Social Psychol-ogy*, 82, 722-741.

Petty, R.E. & Cacioppo, J.T. (1979). Issue-involvement can increase or decrease persua-sion by enhancing message-relevant cognitive responses. *Journal of Personality and Social Psychology*, 37, 1915-1926.

Petty, R.E. & Cacioppo, J.T. (1981). Issue involvement as a moderator of the effects on attitude of advertising content and context. *Advances in Consumer Research*, 8, 20-24.

Petty, R.E. & Cacioppo, J.T. (1986). *Communication and persuasion : Central and peripheral routes to attitude change*. New York : Springer-Verlag.

Petty, R.E., Cacioppo, J.T., Strathman, A.J. & Priester, J.R. (2005). To think or not to think : Exploring two routes to persuasion. Dans T. Brock & M. Green (dir.), *Persuasion : psychological insights and perspectives* (p. 81-116). Thousands Oaks, Calif. : Sage.

Petty, R.E. & Krosnick, J.A. (dir.) (1995). *Attitude strength : Antecedents and conse-quences*. Mahwah, N.J. : Erlbaum.

Petty, R.E., Tormala, Z.L. & Rucker, D.D. (2004). Resistance to persuasion : An atti-tude strength perspective. Dans J.T. Jost, M.R. Banaji & D.A. Prentice (dir.), *Perspectivism in social psychology : The yin and yang of scientific progress* (p. 37-51). Washington, D.C. : American Psychological Association.

Petty, R.E. & Wegener, D.T. (1998). Attitude change : Multiple roles for persuasion vari-ables. Dans D. Gilbert, S. Fiske & G. Lindzey (dir.), *Handbook of social psychol-ogy* (4ᵉ éd., vol. 1, p. 323-390). New York : McGraw-Hill.

Petty, R.E. & Wegener, D.T. (1999). The elab-oration likelihood model : Current status and controversies. Dans S. Chaiken & Y. Trope (dir.), *Dual process theories in social psychology* (p. 41-72). New York : Guilford.

Petty, R.E., Wheeler, S.C. & Bizer, G.B. (2000). Attitude functions and persuasion : An elaboration likelihood approach to matched versus mismatched messages. Dans G.R. Maio & J.M. Olson (dir.), *Why we evaluate : Functions of attitudes* (p. 133-162). Mahwah, N.J. : Erlbaum.

Petty, R.E., Wheeler, S.C. & Tormala, Z.L. (2003). Persuasion and attitude change. Dans T. Millon, M.J. Lerner & I.B. Weiner (dir.), *Handbook of psychology : Personality and social psychology* (vol. 5, p. 353-382). New York : Wiley.

Peukert, D. (1989). *Inside Nazi Germany : Conformity, opposition and racism in every-day life*. Londres, R.-U. : Penguin.

Pfeifer, J. (1990). Reviewing the evidence on jury racism : Findings of discrimination or discriminatory findings ? *Nebraska Law Review*, 69, 230-250.

Philippot, P. (2000). Du problème de recherche à l'hypothèse. Dans R.J. Vallerand & U. Hess (dir.), *Méthodes de recherche en psychologie* (p. 57-90). Montréal : Gaëtan Morin Éditeur.

Phinney, J.S. & Rotheram, M.J. (1987). *Children's ethnic socialization*. Newbury Park, Calif. : Sage.

Pickel, K.L. (1999). The influence of context on the « weapon focus » effect. *Law and Human Behavior*, 23, 299-311.

Pierce, T. & Lydon, J.E. (2001). Global and specific relational models in the experience of social interactions. *Journal of Personality and Social Psychology*, 80, 613-631.

Pierce, T., Lydon, J.E. & Yang, S. (2001). Enthusiasm and moral commitment : What sustains family caregivers of those with de-mentia ? *Basic and Applied Social Psychology*, 23, 29-41.

Pierrehumbert, B. (2003). *Le premier lien. Théorie de l'attachement*. Paris : Odile Jacob.

Pietromonaco, P.R. & Carnelley, K.B. (1994). Gender and working models of attachment : Consequences for perceptions of self and romantic partners. *Personal Relationships, 1*, 63-82.

Pietromonaco, P.R. & Feldman Barrett, L. (1997). Working models of attachment and daily social interactions. *Journal of Personality and Social Psychology, 73*, 1409-1423.

Piliavin, J.A., Dovidio, J.F., Gaertner, S.S. & Clark, R.D. (1981). *Emergency intervention.* New York : Academic Press.

Piliavin, J.A. & Unger, R.K. (1985). The helpful but helpless female : Myth or reality ? Dans V.E. O'Leary, R.K. Unger & B.S. Walston (dir.), *Women, gender, and social psychology* (p. 149-189). Hillsdale, N.J. : Erlbaum.

Pinker, S. (1993). The central problem for the psycholinguist. Dans G. Harman (dir.), *Conceptions of the human mind : Papers in honor of George Miller.* Hillsdale, N.J. : Erlbaum.

Pinkney, A. (1987). *Black Americans.* Upper Saddle River, N.J. : Prentice-Hall.

Pittman, T.S. (1993). Control motivation and attitude change. Dans G. Weary, F. Gleicher, & K. Marsh (dir.), *Control motivation and social cognition* (p. 157-175). New York : Springer-Verlag.

Platz, S.J. & Hosch, H.M. (1988). Cross-racial/ethnic eyewitness identification : A field study. *Journal of Applied Social Psychology, 18*, 972-984.

Plomin, R., DeFries, J.C., McClearn, G.E. & Rutter, M. (2001). *Behavioral genetics.* New York : Worth Publishers.

Ployhart, R.E., Ehrhart, K.H. & Hayes, S.C. (2005). Using attributions to understand the effects of explanations on applicant reactions : Are reactions consistent with the covariation principle ? *Journal of Applied Social Psychology, 35*(2), 259-296.

Plutchik, R. (1995). A theory of ego defenses. Dans H.R. Conte & R. Plutchik (dir.), *Ego defenses : Theory and measurement* (p. 13-37). New York : Wiley-Interscience.

Plutchik, R. (2002). *Emotions and life : Perspectives for psychology, biology, and evolution.* Washington, D.C. : American Psychological Association.

Podsakoff, P.M., MacKenzie, S.B., Paine, J.B. & Bachrach, D.G. (2000). Organizational citizenship behaviors : A critical review of the theoretical and empirical literature and suggestions for future research. *Journal of Management, 26*, 513-563.

Poliakov, L. (1951). *Bréviaire de la haine : Le IIIᵉ Reich et les Juifs.* Bruxelles : Éditions Complexe.

Polivy, J. & Herman, C.P. (2000). The false hope syndrome : Unfulfilled expectations of self-change. *Current Directions in Psychological Science, 9*, 128-131.

Polivy, J. & Herman, C.P. (2002). If at first you don't succeed : False hopes of self-change. *American Psychologist, 57*, 677-689.

Pomazal, R.J. & Clore, G.L. (1973). Helping on the highway : The effects of dependency and sex. *Journal of Applied Social Psychology, 3*, 150-164.

Porter, L.W. & Lawler, E.E., III. (1968). *Managerial attitudes and performance :* Homewood, Ill. : Irwin.

Porter, L.W., Lawler, E.E. & Hackman, J.R. (1975). *Behavior in organizations.* New York : McGraw-Hill.

Porter, L.W. & Steers, R.M. (1973). Organizational, work, and personal factors in employee turnover and absenteeism. *Psychological Bulletin, 80*, 151-176.

Porterfield, A.L., Mayer, F.S., Dougherty, K.G., Kredich, K.E., Kronberg, M.M., Marsee, K.M. & Okazaki, Y. (1988). Private

self-consciousness, canned laughter, and responses to humorous stimuli. *Journal of Research in Personality, 22*, 409-423.

Postmes, T. & Spears, R. (1998). Deindividuation and antinormative behavior : A meta-analysis. *Psychological Bulletin, 123*, 238-259.

Postmes, T., Spears, R. & Lea, M. (1999). Social identity, normative content, and « Deindividuation » in Computer-mediated Groups. Dans N. Ellemers, R. Spears & B. Doosje (dir.), *Social identity* (p. 164-183). Oxford, R.-U. : Blackwell.

Poulin, F. & Boivin, M. (2000). Reactive and proactive aggression : Evidence of a two-factor model. *Psychological Assessment, 12*, 115-122.

Pouta, E. & Rekola, M. (2001). The theory of planned behavior in predicting willingness to pay for abatement of forest regeneration. *Society and Natural Resources, 14*, 93-106.

Powell, L.H., Shahabi, L. & Thoresen, C.E. (2003). Religion and spirituality : Linkages to physical health. *American Psychologist, 58*, 36-52.

Powers, W.T. (1973). *Behavior : The control of perception.* Chicago, Ill. : Aldine.

Prager, K.J. (1995). *The psychology of intimacy.* New York : Guilford.

Prager, K.J. (2003). Intimacy. Dans J.J. Ponzetti, Jr. (dir.), *International encyclopedia of marriage and family* (2ᵉ éd., vol. 3, p. 941-948). New York : Macmillan.

Prapavessis, H., Grove, J.R., Maddison, R. & Zillmann, N. (2003). Self-handicapping tendencies, coping, and anxiety responses among athletes. *Psychology of Sport and Exercise, 4*, 357-375.

Pratkanis, A.R. (1989). The cognitive representation of attitudes. Dans A.R. Pratkanis, S.J. Breckler & A.G. Greenwald (dir.), *Attitude, structure and function* (p. 71-98). Hillsdale, N.J. : Erlbaum.

Pratkanis, A.R. & Greenwald, A.G. (1989). A sociocognitive model of attitude structure and function. Dans L. Berkowitz (dir.), *Advances in experimental social psychology* (vol. 22, p. 245-285). New York : Academic Press.

Pratkanis, A.R., Greenwald, A.G., Leippe, M.A. & Baumgardner, M.H. (1988). In search of reliable persuasion effects : III. The sleeper effect is dead. Long live the sleeper effect. *Journal of Personality and Social Psychology, 54*, 203-218.

Pratto, F. (1999). The puzzle of continuing group inequality : piecing together psychological, social, and cultural forces in social dominance theory. Dans M.P. Zanna (dir.), *Advances in experimental social psychology* (vol. 31, p. 191-263). New York : Academic Press.

Pratto, F., Liu, J.H., Levin, S., Sidanius, J., Shih, M., Barchrach, H. & Hegarty, P. (2000). Social dominance orientation and the legitimation of inequality across cultures. *Journal of Cross Cultural Psychology, 31*, 369-409.

Pratto, F., Sidanius, J., Stallworth, L.M. & Malle, B.F. (1994). Social dominance orientation : A personality variable predicting social and political attitudes. *Journal of Personality and Social Psychology, 67*, 741-763.

Prentice, D.A. & Miller, D.T. (1993). Pluralistic ignorance and alcohol use on campus : Some consequences of misperceiving the social norm. *Journal of Personality and Social Psychology, 64*, 243-256.

Prentice-Dunn, S. & Rogers, R.W. (1989). Deindividuation and the self-regulation of behavior. Dans P.B. Paulus (dir.), *Psychology of group influence* (p. 87-109). Hillsdale, N.J. : Erlbaum.

Preston, S.D. & De Wall, F.B.M. (2002). Empathy : Its ultimate and proximate bases. *Behavioral and Brain Sciences, 25*, 1-72.

Prévost, J.G. (2004). *L'extrême droite en Europe : France, Autriche, Italie.* Montréal : Fides.

Price Dillard, J. (1991). The current status of research on sequential-request compliance techniques. *Personality and Social Psychology Bulletin, 17*, 283-289.

Prinstein, M.J., Cheah, C.S. & Guyer, A.E. (2005). Peer victimization, cue interpretation, and internalizing symptoms : Preliminary concurrent and longitudinal findings for children and adolescents. *Journal of Clinical Child and Adolescent Psychology, 34*, 11-24.

Prochaska, J.O. & DiClemente, C.C. (1983). Stages and processes of self-change of smoking : Toward an integrative model of change. *Journal of Consulting and Clinical Psychology, 51*, 390-395.

Prochaska, J.O. & DiClemente, C.C. (1986). Toward a comprehensive model of change. Dans N.E. Heather & W.R.E. Miller (dir.), *Treating addictive behaviors : Processes of change* (p. 3-27). New York : Plenum.

Prochaska, J.O., DiClemente, C.C. & Norcross, J.C. (1992). In search of how people change : Applications to addictive behaviours. *American Psychologist, 47*, 1102-1114.

Prochaska, J.O., Velicer, W.F., Prochaska, J.M. & Johnson, J.L. (2004). Size consistency, and stability of stage effects for smoking cessation. *Addictive Behaviors, 29*, 207-213.

Pruitt, D.G. (1968). Reciprocity and credit building in a laboratory dyad. *Journal of Personality and Social Psychology, 8*, 143-147.

Pyszczynski, T. & Greenberg, J. (1987). Self-regulatory preservation and the depressive self-focusing style : A self-awareness theory of reactive depression. *Psychological Bulletin, 102*, 122-138.

Pyszczynski, T., Greenberg, J., Hamilton, J. & Nix, G. (1991). On the relationship between self-focused attention and psychological disorder : A critical reappraisal. *Psychological Bulletin, 110*, 538-543.

Pyszczynski, T., Greenberg, J. & Solomon, S. (2000). Proximal and distal defense : A new perspective on unconscious motivation. *Current Directions in Psychological Science, 9*, 156-160.

Pyszczynski, T., Greenberg, J., Solomon, S., Arndt, J. & Schimel, J. (2004). Why do people need self-esteem ? A theoretical and empirical review. *Psychological Bulletin, 130*, 435-468.

Quarantelli, E.L. & Dynes, R.R. (1972). When disaster strikes. *Psychology Today, 5*, 66-70.

Quattrone, G. (1982). Overattribution and unit formation : When behavior engulfs the person. *Journal of Personality and Social Psychology, 42*, 593-607.

Québec. Ministère de la Justice (2005, avril). Les jurés. Extrait du site Web du ministère de la Justice du Québec, le 30 août 2005 : <http://www.justice.gouv.qc.ca/francais/publications/generale/jure.htm>.

Québec. Ministère des Relations avec les citoyens et Immigration (MRCI) (2003). *La planification des niveaux d'immigration : 2005-2007.*

Quiamzade, A., Mugny, G., Falomir, J.M., Invernizzi, F., Buchs, C. & Dragulescu, A. (2004). Correspondance entre style d'influence et significations des positions initiales de la cible : Le cas des sources expertes. Dans J.-L. Beauvois, R.-V. Joule & J.-M. Monteil (dir.), *Perspectives cognitives et conduites sociales* (vol. 9). Rennes : Presses universitaires de Rennes.

Quinones-Vidal, E., Lopez-Garcia, J.J., Penaranda-Ortega, M. & Tortosa-Gil, F. (2004). The nature of social and personality psychology as reflected in *JPSP*, 1965-2000. *Journal of Personality and Social Psychology, 86*, 435-452.

Rabbie, J.M. & Horwitz, M. (1969). Arousal of ingroup-outgroup bias by a chance win or loss. *Journal of Personality and Social Psychology, 13*, 269-277.

Rabbie, J.M., Schot, J.C. & Visser, L. (1989). Social identity theory : A conceptual and empirical critique from the perspective of a behavioural interaction model. *European Journal of Social Psychology, 19*, 171-202.

Rabow, J., Newcomb, M.D., Monto, M.A. & Hernandez, A.C.R. (1990). Altruism in drunk driving situations : Personal and situational factors in intervention. *Social Psychology Quaterly, 53*, 199-213.

Rafaeli, A. & Harness, A. (2002). Validation of self-presentation : Theory and findings from letters of application for employment. *Advances in Quantitative Organization Research, 4*, 1-37.

Rafaeli-Mor, E. & Steinberg, J. (2002). Self-complexity and well-being : A review and research synthesis. *Personality and Social Psychology Bulletin, 6*, 31-58.

Rank, O. (1945). (J. Taft pour la traduction) *Will therapy and truth and reality.* New York : Alfred A. Knopf.

Ratelle, C.F., Baldwin, M. & Vallerand, R.J. (2005). On the cued activation of situational motivation. *Journal of Experimental Social Psychology, 41*, 482-487.

Ratelle, C.F., Vallerand, R.J., Chantal, Y. & Provencher, P.J. (2004). Cognitive adaptation and mental health : A motivational analysis. *European Journal of Social Psychology, 34*, 459-476.

Ratelle, C.F., Vallerand, R.J., Mageau, G.A., Rousseau, F.L. & Provencher, P.J. (2004). When passion leads to pathology : A look at gambling. *Journal of Gambling Studies, 20*, 105-119.

Rathus, S.A., Nevid, J.S. & Fichner-Rathus, L. (2005). *Human sexuality in a world of diversity* (6ᵉ éd.). Needham Heights, Mass. : Allyn and Bacon.

Raven, B.H. (1988). Social power and compliance in health care. Dans S. Maes, C.D. Spielberger, P.B. Defares & I.G. Sarason (dir.), *Topics in health psychology* (p. 229-244). New York : Wiley.

Raven, B.H., Schwarzwald, J. & Koslowsky, M. (1998). Conceptualizing and measuring a power/interaction model of interpersonal influence. *Journal of Applied Social Psychology, 28*, 307-322.

Redersdorff, S. & Martinot, D. (2003). Impact des comparaisons ascendantes et descendantes sur l'estime de soi : importance de l'identité mise en jeu. *L'Année Psychologique, 104*, 411-444.

Reeder, G.D. (1985). Implicit relations between dispositions and behaviors : Effects on dispositional attribution. Dans J.H. Harvey & G. Weary (dir.), *Attribution : Basic issues and applications* (p. 87-116). New York : Academic Press.

Reeder, G.D. & Brewer, M.B. (1979). A schematic model of dispositional attribution in interpersonal perception. *Psychological Review, 86*, 61-79.

Reeder, G.D., Vonk, R., Ronk, M.J., Ham J. & Lawrence, M. (2004). Dispositional attribution : Multiple inferences about motive-related traits. *Journal of Personality and Social Psychology, 86*, 530-544.

Regan, D.T. (1971). Effects of a favor and liking on compliance. *Journal of Experimental and Social Psychology, 7*, 627-639.

Regan, D.T. & Totten, J. (1975). Empathy and attribution : Turning observers into actors. *Journal of Personality and Social Psychology, 32*, 850-856.

Regan, P.C. (1998). Minimum mate selection standards as a function of perceived mate value, relationship context and gender. *Journal of Psychology and Human Sexuality, 10*, 53-73.

Regan, P.C. & Berscheid, E. (1997). Gender differences in characteristics desired in a potential sexual and marriage partner. *Journal of Psychology and Human Sexuality, 9*, 25-37.

Regan, P.C. & Berscheid, E. (1999). *Lust : What we know about human sexual desire.* Thousand Oaks, Calif. : Sage.

Regan, P.C., Levin, L., Sprecher, S., Christopher, F.S. & Cate, R. (2000). Partner preferences : What characteristics do men and women desire in their short-term sexual and long-term romantic partners ? *Journal of Psychology and Human Sexuality, 12*, 1-21.

Reicher, S. (2001). Studying psychology studying racism. Dans M. Augoustinos & K.J. Reynolds (dir.), *Understanding prejudice, racism, and social conflict* (p. 273-298). Thousand Oaks, Calif. : Sage.

Reicher, S. & Hopkins, N. (2001). *Self and nation.* Londres, R.-U. : Sage.

Reilly-Harrington, N.A., Alloy, L.B., Fresco, D.M. & Whitehouse, W.G. (1999). Cognitive styles and life events interact to predict bipolar and unipolar symptomatology. *Journal of Abnormal Psychology, 108*, 567-578.

Reingen, P.H. (1982). Test of a list procedure for inducing compliance with a request to donate money. *Journal of Applied Psychology, 67*, 110-118.

Reis, H.T. (1995). Relationships. Dans A.S.R. Manstead & M. Hewstone (dir.), *The Blackwell encyclopedia of social psychology* (p. 470-475). Cambridge, Mass. : Blackwell.

Reis, H.T. & Collins, W.A. (2004). Relationships, Human behavior, and psychological science. *Current Directions in Psychological Science, 13*(6), 233-237.

Reis, H.T., Collins, W.A. & Berscheid, E. (2000). The relationship context of human behavior and development. *Psychological Bulletin, 126*(6), 844-872.

Reis, H.T. & Franks, P. (1994). The role of intimacy and social support in health outcomes : Two Processes or One ? *Personal Relationships, 1*, 185-197.

Reis, H.T. & Gable, S.L. (2000). Event-sampling and other methods for studying everyday experience. Dans H.T. Reis & C.M. Judd (dir.), *Handbook of research : Methods in social and personality psychology* (p. 190-222). Cambridge : Cambridge University Press.

Reis, H.T. & Patrick, B.C. (1996). Attachment and intimacy : Component processes. Dans E.T. Higgins & A. Kruglanski (dir.), *Social psychology : Handbook of basic principles* (p. 523-563). New York : Guilford.

Reis, H.T. & Rusbult, C.E. (dir.) (2004). *Close relationships.* New York : Psychology Press.

Reis, H.T. & Shaver, P.R. (1988). Intimacy as an interpersonal process. Dans S. Duck (dir.), *Handbook of personal relationships : Theory, research, and interventions* (p. 367-389). Chichester, R.-U. : Wiley.

Reis, H.T., Sheldon, K.M., Gable, S.L., Roscoe, J. & Ryan, R.M. (2000). Daily well-being : The role of autonomy, competence, and relatedness. *Personality and Social Psychology Bulletin, 26*, 419-435.

Reis, H.T. & Stiller, J. (1992). Publication trends in JPSP : A three-decade review. *Personality and Social Psychology Bulletin, 18*, 465-472.

Reisenzein, R. (1983). The Schachter theory of emotion : Two decades later. *Psychological Bulletin, 94*, 239-264.

Reisenzein, R. (1986). A structural equation analysis of Weiner's attribution-affect model of helping behavior. *Journal of Personality and Social Psychology, 50*, 1123-1133.

Remley, A. (1988, octobre). The great parental value shift : From obedience to independence. *Psychology Today, 22*, 56-59.

Rempel, J.K., Holmes, J.G. & Zanna, M.P. (1985). Trust in close relationships. *Journal of Personality and Social Psychology, 49*, 95-112.

Renaud, J., Germain, A. & Leloup, X. (dir.) (2004). *Racisme et discrimination : Permanence et résurgence d'un phénomène inavouable.* Ste-Foy, Québec : Presses de l'Université Laval.

Renaud, J. & Goyette, C. (2002). *Description des flux interprovincaux et interurbains d'immigrants à partir de la BDMI.* Ottawa, Ont. : Citoyenneté et Immigration Canada.

Reno, R.R., Cialdini, R.B. & Kallgren, C.A. (1993). The trans-situational influence of norms. *Journal of Personality and Social Psychology, 64*, 104-112.

Rentsch, J.R. & Heffner, T.S. (1994). Assessing self-concept : Analysis of Gordon's coding scheme using « Who Am I ? » responses. *Journal of Social Behavior and Personality, 9*, 283-300.

Rentsch, J.R. & Steel, R.P. (1992). Construct and concurrent validation of the Andrews and Withey job satisfaction questionnaire. *Educational and Psychological Measurement, 52*, 357-367.

Rescol Canadien, réseau d'accès à la justice du Canada (1998, août). *La foire aux questions sur la loi et le droit : Le jury dans les affaires criminelles.* Extrait du site Web du Rescol Canadien le 30 août 2005 : <http://www.acjnet.org/jeunefaq/juryfr.html>.

Reyna, C. & Weiner, B. (2001). Justice and utility in the classroom : An attribution analysis of the goals of teachers' punishment and intervention strategies. *Journal of Educational Psychology, 93*, 309-319.

Reynolds, R.A. & Reynolds, J.L. (2002). Evidence. Dans J. Dillard & M. Pfau (dir.), *The persuasion handbook : Developments in theory and practice* (p. 427-444). Thousand Oaks, Calif. : Sage.

Rhee, S.H. & Waldman, I.D. (2002). Genetic and environmental influences on antisocial behavior : A meta-analysis of twin and adoption studies. *Psychological Bulletin, 128*, 490-529.

Rhoads, K.V.L. & Cialdini, R.B. (2002). The business of influence : Principles that lead to success in commercial settings. Dans J. Dillard & M. Pfau (dir.), *The persuasion handbook : Developments in theory and practice* (p. 427-444). Thousand Oaks, Calif. : Sage.

Rhodes, N. & Wood, W. (1992). Self-esteem and intelligence affect influence-ability : The mediating role of message reception. *Psychological Bulletin, 111*, 156-171.

Rhodes, R.E. & Courneya, K.S. (2003). Threshold assessment of the theory of planned behavior for predicting exercise intention and behavior. *Medicine and Science in Sports and Exercise, 35*, Supplement 1, S149.

Rhodewalt, F. & Davison, J. (1986). Self-handicapping and subsequent performance : Role of outcome valence and attributional certainty. *Basic and Applied Social Psychology, 7*, 307-323.

Rholes, W.S. & Pryor, J.B. (1982). Cognitive accessibility and causal attributions. *Personality and Social Psychology Bulletin, 8*, 719-727.

Rholes, W.S., Simpson, J.A., Campbell, L. & Grich, J. (2001). Adult attachment and the transition to parenthood. *Journal of Personality and Social Psychology, 81*, 421-435.

Rice, B. (1982). The Hawthorne defect : Persistence of a flawed theory. *Psychology Today, 16*, 70-74.

Rice, S.A. (1926). Stereotypes, a source of error in judging human character. *Journal of Personnel Research, 5*, 267-276.

Richard, B. (1995). *Psychologie des groupes restreints.* Cap Rouge, Québec : Presses inter-universitaires.

Richards, G. (1997). « *Race* », racism and psychology. Londres, R.-U. : Routledge.

Richer, S.F., Blanchard, C. & Vallerand, R.J. (2002). A motivational model of work turnover. *Journal of Applied Social Psychology, 32*, 2089-2113.

Richmond, V.P., Gorham, J.S. & McCroskey, J.C. (1987). The relationship between selective immediacy behaviors and cognitive learning. Dans M.L. McLaughlin (dir.), *Instructional communication* (p. 574-590). Beverly Hills, Calif. : Sage.

Rigby, B.T. & Huebner, E.S. (2005). Do causal attributions mediate the relationship between personality characteristics and life satisfaction in adolescence ? *Psychology in the Schools, 42*, 91-99.

Riggio, H.R. & Riggio, R.E. (2002). Emotional expressiveness, extraversion, and neuroticism : A meta-analysis. *Journal of Nonverbal Behavior, 26*, 195-218.

Rind, B. & Strohmetz, D. (1999). Effect on restaurant tipping of a helpful message written on the back of customer's checks. *Journal of Applied Social Psychology, 29*, 139-144.

Rinn, W.E. (1984). The neuropsychology of facial expression : A review of the neurological and psychological mechanisms for producing facial expressions. *Psychological Bulletin, 95*, 52-77.

Rip, B., Fortin, S. & Vallerand, R.J. (2005). *On the role of harmonious and obsessive passion for danse in injury and coping.* (Manuscrit soumis pour publication).

Riseborough, M.G. (1981). Physiographic gestures as decoding facilitators : Three experiments exploring a neglected facet of communication. *Journal of Nonverbal Behavior, 5*, 172-183.

Robbins, S.P. & Langton, N. (2003). *Organizational behaviour : Concepts, controversies, applications* (3e éd. canadienne). Toronto : Prentice Hall.

Roberts, B.W. & Pomerantz, E.M. (2004). On traits, situations, and their integrations : A developmental perspective. *Personality and Social Psychology Review, 8*, 402-416.

Robertson, J.S. (2000). Is attribution training a worthwhile classroom intervention for K-12 students with learning difficulties ? *Educational Psychology Review, 12*, 111-134.

Robins, L. & Regier, D. (1991). *Psychiatric disorders in America.* New York : Free Press.

Robins, R.W. & Beer, J.S. (2001). Positive illusions about the self : Short-term and long-term costs. *Journal of Personality and Social Psychology, 80*, 340-352.

Robins, R.W., Hendin, H.M. & Trzesniewski, K.H. (2001). Measuring global self-esteem : Construct validation of a single-item measure and the Rosenberg self-esteem scale. *Personality and Social Psychology Bulletin, 27*, 151-161.

Robinson, J. & McArthur, L.Z. (1982). The impact of salient vocal qualities on causal attributions for a speaker's behavior. *Journal of Personality and Social Psychology, 43*, 236-247.

Robinson, W.P. (1972). *Language and Social Behavior.* Baltimore, Md. : Penguin.

Robinson, W.P. & Giles, H. (2001). *The new handbook of language and social psychology.* Chichester, R.-U. : Wiley.

Rockeach, M. (1960). *The open and closed mind.* New York : Basic Books.

Rodin, J. & Langer, E. (1980). Aging labels : The decline of control and the fall of self-esteem. *Journal of Social Issues, 36*, 12-29.

Roese, N.J. (1997). Counterfactual thinking. *Psychological Bulletin, 121*, 133-148.

Roese, N.J. (2005). *If only : How to turn regret into opportunity.* New York : Broadway Books.

Roese, N.J. & Olson, J.M. (1996). Counterfactuals, causal attributions, and the hindsight bias : A conceptual integration. *Journal of Experimental Social Psychology, 32*, 197-227.

Roethlisberger, F.J. & Dickson, W.J. (1939). *Management and the worker : An account of a research program conducted by the Western Electric Company, Hawthorne works, Chigaco.* Cambridge, Mass. : Harvard University Press.

Rogers, R.W. (1983). Cognitive and physiological processes in fear appeals and attitude change : A revised theory of protection motivation. Dans J.T. Cacioppo & R.E. Petty (dir.), *Social psychophysiology : A sourcebook* (p. 153-176). New York : Guilford.

Rogers, R.W. & Prentice-Dunn, S. (1981). Deindividuation and anger-mediated interracial aggression : Unmasking regressive racism. *Journal of Personality and Social Psychology, 41*, 63-73.

Rogers, T.B., Kuiper, N.A. & Kirker, W.S. (1977). Self-reference and the encoding of personal information. *Journal of Personality and Social Psychology, 35*, 677-688.

Rogoff, E.G., Lee, M.-S. & Suh, D.-C. (2004). « Who done it ? » Attributions by entrepreneurs and experts of the factors that cause and impede small business success. *Journal of Small Business Management, 42*, 364-376.

Rohrberg, R.G. & Sousa-Poza, J.F. (1976). Alcohol, field dependence, and dyadic self-disclosure. *Psychological Reports, 39*, 1151-1161.

Rokach, A. & Bacanli, H. (2001). The experience of loneliness in Canada, Argentina, and Turkey. *Psychological Studies, 46*, 77-87.

Rokach, A., Moya, M., Orzeck, T. & Exposito, F. (2001). Loneliness in North America and Spain. *Social Behavior and Personality, 29*, 477-489.

Rokach, A. & Neto, F. (2000). Coping with loneliness inadolescence : a cross-cultural study. *Social Behavior and Personality, 28*, 329-341.

Rokeach, M. (1973). *The Nature of human values.* New York : Free Press.

Rokeach, M. (1979). *Understanding human values : Individual and societal.* New York : Free Press.

Rommetveit, R. (1974). *On message structure : A framework for the study of language and communication.* New York : Wiley.

Rook, K.S. (1998). Investigating the positive and negative sides of personal relationships : Through a lens darkly ? Dans B.H. Spitzberg & W.R. Cupach (dir.), *The dark side of close relationships.* Mahwah, N.J. : Erlbaum.

Rose, A.J. & Asher, S.R. (2000). Children's friendships. Dans C. Hendrick & S.S. Hendrick (dir.), *Close relationships. A sourcebook.* Londres, R.-U. : Sage.

Roseman, I.J. (2004). Appraisals, rather than unpleasantness or muscle movements, are the primary determinants of specific emotions. *Emotion, 4*, 145-150.

Roseman, I.J., Antoniou, A.A. & Jose, P.E. (1996). Appraisal determinants of emotions : Constructing a more accurate and comprehensive theory. *Cognition and Emotion, 10*, 241-277.

Rosen, S. (1983). Perceived inadequacy and help-seeking. Dans B.M. DePaulo, A. Nadler & J.D. Fisher (dir.), *New directions in helping : Vol. 2. Help-seeking* (p. 73-107). New York : Academic Press.

Rosen, S., Mickler, S.E. & Collins II, J.E. (1987). Reactions of would-be helpers whose offer of help is spurned. *Journal of Personality and Social Psychology, 53*, 288-297.

Rosenbaum, M.E. (1986). The repulsion hypothesis : On the nondevelopment of relationships. *Journal of Personality and Social Psychology, 51*, 1156-1166.

Rosenberg, G.B. & Langer, J. (1965). A study of postural-gestural communication. *Journal of Personality and Social Psychology, 2*, 593-597.

Rosenberg, M. (1965). *Society and the adolescent self-image*. Princeton, N.J. : Princeton University Press.

Rosenberg, M.J. & Hovland, C.I. (1960). Cognitive, affective, and behavioral components of attitudes. Dans C.I. Hovland & M.J. Rosenberg (dir.), *Attitude organization and change : An analysis of consistency among attitude components* (p. 1-14). New Haven, Conn. : Yale University Press.

Rosenstock, I.M. (1974). The health belief model and preventative health behavior. Dans M.H. Becker (dir.), *The health belief model and personal health behavior* (p. 27-59). Thorofare, N.J. : Charles B. Black.

Rosenstock, I.M. (2000). Health Belief Model. Dans A.E. Kazdin (dir.), *Encyclopedia of psychology, vol. 4* (p.78-80). Washington, D.C. : American Psychological Association.

Rosenthal, R. (1963). On the social psychology of the psychological experiment : The experimenter's hypothesis as unintended determinant of experimental results. *American Scientist, 51*, 268-283.

Rosenthal, R. (1991). *Meta-analytic procedures for social research* (2ᵉ éd.). Beverly Hills, Calif. : Sage.

Rosenthal, R. (2003). Covert communication in laboratories, classrooms, and the truly real world. *Current Directions in Psychological Science, 12*, 151-154.

Rosenthal, R. & DiMatteo, M.R. (2001). Meta-analysis : Recent developments in quantitative methods for literature reviews. *Annual Review of Psychology, 52*, 59-82.

Rosenthal, R., Hall, J.A., DiMatteo, M.R., Rogers, P.L. & Archer, D. (1979). *Sensitivity to nonverbal communication : The PONS test*. Baltimore, Md. : Johns Hopkins University Press.

Rosenthal, R. & Jacobson, L. (1968). *Pygmalion in the classroom : Teacher expectation and pupils' intellectual development*. New York : Holt, Rinehart & Winston.

Rosenthal, R. & Rubin, D.B. (1978). Interpersonal expectancy effects : The first 345 studies. *Behavioral and Brain Sciences, 3*, 377-415.

Rosenweig, S. (1944). An outline of frustrtion theory. Dans J. McV. Hunt (dir.), *Personality and the behavior disorders* (vol. 1, p. 379-388). New York : Ronald Press.

Roser, M. & Gazzaniga, M.S. (2004). Automatic brains – interpretative brains. *Current Directions in Psychological Science, 13*, 56-59.

Rosnow, R.L. & Rosenthal, R. (2005). *Beginning behavioral research : A conceptual primer*. Englewood Cliffs, N.J. : Prentice Hall.

Ross, E.A. (1908). *Social psychology : An outline and source book*. New York : Macmillan.

Ross, L. (1977). The intuitive psychologist and his shortcommings : Distorsions in the attribution process. Dans L. Berkowitz (dir.), *Advances in experimental social psychology* (vol. 10, p. 173-220). New York : Academic Press.

Ross, L., Greene, D. & House, P. (1977). The « false consensus effect » : An egocentric bias in social perception and attribution processes. *Journal of Experimental Social Psychology, 13*, 279-301.

Ross, L. & Nisbett, R.E. (1991). *The person and the situation : Perspectives of social psychology*. New York : McGraw-Hill.

Ross, M. & Fletcher, G. (1985). Attribution and social perception. Dans G. Lindzey & E. Aronson (dir.), *The handbook of social psychology* (3ᵉ éd., vol. 2, p. 73-122). New York : Random House.

Ross, M. & Olson, J.M. (1981). An expectancy-attribution model of the effects of placebos. *Psychological Review, 88*, 408-437.

Ross, M. & Wilson, A.E. (2002). It feels like yesterday : Self-esteem, valence of personal past experiences, and judgments of subjective distance. *Journal of Personality and Social Psychology, 82*, 792-803.

Ross, M. & Wilson, A.E. (2003). Autobiographical memory and conceptions of self : Getting better all the time. *Current Directions in Psychological Science, 12*, 66-69.

Ross, M., Xun, Q.E. & Wilson, A.E. (2002). Language and the bicultural self. *Personality and Social Psychology Bulletin, 28*, 1040-1050.

Rothbart, M., Dawes, R. & Park, B. (1984). Stereotyping and sampling biases in intergroup perception. Dans R. Eiser (dir.), *Attitudinal judgment* (p. 109-134). New York : Springer-Verlag.

Rothbart, M. & John, O.P. (1985). Social cognition and behavioral episodes : A cognitive analysis of the effects of intergroup contact. *Journal of Social Issues, 41*, 81-104.

Rothbart, M. & Lewis, S. (1988). Inferring category attributes from exemplar attributes : Geometric shapes and social categories. *Journal of Personality and Social Psychology, 55*, 861-872.

Rothbart, M. & Taylor, M. (1992). Category labels and social reality : Do we view social categories as natural kinds ? Dans G. Semin & K. Fiedler (dir.), *Language, interaction and social cognition*. Londres, R.-U. : Sage.

Rousseau, F.L. & Vallerand, R.J. (2003). Le rôle de la passion dans le bien-être subjectif des aînés. *Revue québécoise de psychologie, 24*, 197-211.

Routledge, C., Arndt, J. & Goldenberg, J.L. (2004). A time to tan : Proximal and distal effects of mortality salience on sun exposure intentions. *Personality and Social Psychology Bulletin, 30*, 1347-1358.

Rozanski, A., Blumenthal, J.A. & Kaplan, J. (1999). Impact of psychological factors on the pathogenesis of cardiovascular disease and implications for therapy. *Circulation, 99*, 2192-2217.

Rubenstein, C.M., Shaver, P. & Peplau, L.A. (1979). Loneliness. *Human Nature, 2*, 58-65.

Rubin, K.H. & Krasnor, L.R. (1986). Social cognitive and social behavioral perspectives on problem-solving. Dans M. Perlmutter (dir.), *Minnesota symposia on child psychology* (vol. 18, p. 1-68). Hillsdale, N.J. : Erlbaum.

Rubin, M. & Hewstone, M. (1998). Social identity theory's self-esteem hypothesis : A review and some suggestions for clarification. *Personality and Social Psychology Review, 2*, 40-62.

Rubin, R.R. & Peyrot, M. (2001). Psychological issues and treatments for people with diabetes. *Journal of Clinical Psychology, 57*, 457-478.

Rubin, Z. (1970). Measurement of romantic love. *Journal of Personality and Social Psychology, 16*, 265-273.

Rubin, Z. (1973). *Liking and loving : An invitation to social psychology*. New York : Holt, Rinehart & Winston.

Ruble, D. & Goodnow, J.J. (1998). Social development in childhood and adulthood. Dans D. Gilbert, S. Fiske & G. Lindzey (dir.), *Handbook of social psychology* (4ᵉ éd., p. 741-787). Boston, Mass. : McGraw-Hill.

Rummel, A. & Feinberg, R. (1988). Cognitive evaluation theory : A meta-analytic review of the literature. *Social Behavior and Personality, 16*, 147-164.

Runciman, W.G. (1966). *Relative deprivation and social justice : A study of attitudes to social inequity in twentieth-century England*. Berkeley, Calif. : University of Califiornia Press.

Rusbult, C.E. (1983). A longitudinal test of the investment model : The development (and deterioration) of satisfaction and commitment in heterosexual involvements. *Journal of Personality and Social Psychology, 45*, 101-117.

Rusbult, C.E. (1991). Commentary on Johnson's commitment to personal relationships : What's interesting, and what's new ? *Advances in Personal Relationships, 3*, 151-169.

Rusbult, C.E. & Arriaga, X.B. (2000). Interdependence in personal relationships. Dans W. Ickes & S. Duck (dir.), *The social psychology of personal relationships* (p. 79-108). New York : Wiley.

Rusbult, C.E. & Martz, J.M. (1995). Remaining in an abusive relationship : An investment model analysis of nonvoluntary dependence. *Personality and Social Psychology Bulletin, 21*, 558-571.

Rusbult, C.E. & Van Lange, P.A.M. (2003). Interdependence, interaction, and relationships. *Annual Review of Psychology, 54*, 351-375.

Rusbult, C.E., Van Lange, P.A.M., Wildschut, T., Yovetich, N.A. & Verette, J. (2000). Perceived superiority in close relationships : Why it exists and persists. *Journal of Personality and Social Psychology, 79*, 521-545.

Rusbult, C.E., Verette, J., Whitney, G.A., Slovik, L.F. & Lipkus, I. (1991). Accommodation processes in close relationships : Theory and preliminary evidence. *Journal of Personality and Social Psychology, 60*, 53-78.

Ruscher, J.B. (2001). *Prejudiced communication. A social psychological perspective*. New York : Guilford.

Rushton, J.P. (1975). Generosity in children : Immediate and long-term effects of modeling, preaching, and moral judgment. *Journal of Personality and Social Psychology, 31*, 459-466.

Rushton, J.P. & Sorrentino, R.M. (dir.) (1981). *Altruism and helping behavior : Social, personality, and developmental perspectives*. Hillsdale, N.J. : Erlbaum.

Rushton, P. (1988a). Race differences in behaviour : A review and evolutionary analysis. *Personality and Individual Differences, 9*, 1009-1024.

Rushton, P. (1988b). The reality of racial differences : A rejoinder with new evidence. *Journal of Personality and Individual Differences, 9*, 1035-1040.

Rushton, P. & Jensen, A. (2005). Thirty years of research on race differences in cognitive ability. *Psychology, Public Policy, and Law, 11*, 235-294.

Russell, D. (1982). The Causal Dimension Scale : A measure of how individuals perceive causes. *Journal of Personality and Social Psychology, 42*, 1137-1145.

Russell, D., Peplau, L.A. & Cutrona, C.E. (1980). The revised UCLA Loneliness Scale : Concurrent and discriminant validity evidence. *Journal of Personality and Social Psychology, 39*, 472-480.

Rusthon, P. (1990). Race, brain size, and intelligence : A reply to Cernovsky. *Psychological Reports, 66*, 659-666.

Rusthon, P. (1991). Do r-k strategies underlie human race differences ? A reply to Weizman *et al.*, *Canadian Psychology, 32*, 29-32.

Rusting, C.L. & Nolen-Hoeksema, S. (1998). Regulating responses to anger : Effects of rumination and distraction on angry mood. *Journal of Personality and Social Psychology, 74*, 790-803.

Ruvolo, A.P. & Markus, H.R. (1992). Possible selves and performance : The power of self-relevant imagery. *Social Cognition, 10*, 95-124.

Ryan, C.S., Robinson, D.R. & Hausman, L.R.M. (2004). Group socialization, uncertainty reduction, and the development of new members' perceptions of group variability. Dans V. Yzerbyt, C.M. Judd & O. Corneille (dir.), *The Psychology of group perception : Perceived variability, entitativity, and essentialism* (p. 275-292). New York : Psychology Press.

Ryan, E.B., Bartolucci, G., Giles, H. & Henwood, K. (1986). Psycholinguistic and social psychological components of communication by and with older adults. *Language and Communication, 6*, 1-22.

Ryan, R.M., Chirkov, V.I., Little, T.D., Sheldon, K.M., Timoshina, E. & Deci, E.L. (1999). The American Dream in Russia : Extrinsic aspirations and well-being in two cultures. *Personality and Social Psychology Bulletin, 25*, 1509-1524.

Ryan, R.M. & Deci, E.L. (2000). Self-determination theory and the facilitation of intrinsic motivation, social development, and well-being. *American Psychologist, 55*, 68-78.

Ryan, R.M. & Deci, E.L. (2001). On happiness and human potentials : A review of research on hedonic and eudaimonic well-being. *Annual Review of Psychology, 52*, 141-166.

Ryan, R.M., Sheldon, K.M., Kasser, T. & Deci, E.L. (1996). All goals are not created equal : An organismic perspective on the nature of goals and their regulation. Dans P.M. Gollwitzer & J.A. Bargh (dir.), *The psychology of action : Linking cognition and motivation to behavior* (p. 7-26). New York : Guilford.

Ryden, O., Nevander, L., Johnsson, P., Westbom, L. & Sjoblad, S. (1990). Diabetic children and their parents : Personality correlates of metabolic control. *ACTA Paediatrica Scandinavica, 79*, 1204-1212.

Ryen, A.H. & Kahn, A. (1975). Effects of intergroup orientation on group attitudes and proxemic behaviors. *Journal of Personality and Social Psychology, 31*, 302-310.

Ryff, C.D. & Singer, B.H. (dir.) (2001). *Emotion, social relationships and health*. New York : Oxford University Press.

Ryff, C.D. & Singer, B.H. (2005). Social environments and the genetics of aging : Advancing knowledge of protective health mechanisms. *Journal of Gerontology : Psychological Sciences and Social Sciences, 60*, 12-23.

Sabourin, S., Laporte, L. & Wright, J. (1990). Problem solving self-appraisal and coping efforts in distressed and nondistressed couples. *Journal of Marital and Family Therapy, 16*, 89-97.

Sabourin, S., Lussier, Y., Simoneau, A. & Wright, J. (1993). La motivation en contexte naturel : La théorie de l'attribution et les problèmes du couple. Dans R.J. Vallerand & E.E. Thill (dir.), *Introduction à la psychologie de la motivation* (p. 511-532). Laval, Québec : Éditions Études Vivantes.

Sabourin, S., Lussier, Y. & Wright, J. (1991). The effects of measurement strategy on attributions for marital problems and behaviors. *Journal of Applied Social Psychology*, 21, 734-746.

Sabourin, S., Valois, P. & Aimé, A. (2000). L'appariement des styles de motivation et l'évolution de la satisfaction conjugale. *Revue canadienne des sciences du comportement*, 32, 178-186.

Sachdev, I. & Bourhis, R.Y. (1984). Minimal majorities and minorities. *European Journal of Social Psychology*, 14, 35-52.

Sachdev, I. & Bourhis, R.Y. (1985). Social categorization and power differentials in group relations. *European Journal of Social Psychology*, 15, 415-434.

Sachdev, I. & Bourhis, R.Y. (1987). Status differentials and intergroup behaviour. *European Journal of Social Psychology*, 17, 277-293.

Sachdev, I. & Bourhis, R.Y. (1990a). Bilinguality and multilinguality. Dans H. Giles & W.P. Robinson (dir.), *Handbook of language and social psychology* (p. 293-308). Chichester, R.-U. : Wiley.

Sachdev, I. & Bourhis, R.Y. (1990b). Language and social identification. Dans D. Abrams & M. Hogg (dir.), *Social identity theory : Constructive and critical advances* (p. 211-229). New York : Harvester/Wheatsheaf.

Sachdev, I. & Bourhis, R.Y. (1991). Power and status differentials in minority and majority group relations. *European Journal of Social Psychology*, 21, 1-24.

Sachdev, I. & Bourhis, R.Y. (2001). Multilingual Communication. Dans W.P. Robinson & H. Giles (dir.), *The New Handbook of Language and Social Psychology* (p. 407-428). New York : Wiley.

Sachdev, I. & Bourhis, R.Y. (2005). Multilingual communication and social identification. Dans J. Harwood & H. Giles (dir.), *Intergroup communication : Multiple perspectives* (p. 65-91). New York : Peter Lang.

Sadava, S.W. & Matejcic. (1987). Generalized and specific loneliness in early marriage. *Canadian Journal of Behavioural Studies*, 18, 133-139.

Safran, J.D. (1998). *Widening the scope of cognitive therapy : The therapeutic relationship, emotion, and the process of change.* Norvale, N.J. : Aronson.

Sagarin, B.J., Cialdini, R.B., Rice, W.E. & Serna, S.B. (2002). Dispelling the illusion of invulnerability : The motivations and mechanisms of resistance to persuasion. *Journal of Personality and Social Psychology*, 83, 526-541.

Sageman, M. (2004). *Understanding terror networks.* Philadelphie, Penn. : University of Pennsylvania Press.

Sahakian, W.S. (1982). *History and systems of social psychology* (2e éd.). New York : McGraw-Hill.

Sakai, H. (1999). A multiplicative power-function model of cognitive dissonance : Toward an integrated theory of cognition, emotion, and behaviour after Leon Festinger. Dans E. Harmon-Jones & J. Mills (dir.), *Cognitive dissonance : Process on a pivotal theory in social psychology* (p. 267-294). Washington, D.C. : American Psychological Association.

Salancik, G.R. (1982). Attitude-behavior consistencies as social logics. Dans M.P. Zanna & C.P. Herman (dir.), *Consistency in social behavior* (p. 51-73). Hillsdale, N.J. : Erlbaum.

Salancik, G.R. & Conway, M. (1975). Attitude inferences from salient and relevant cognitive content about behavior. *Journal of Personality and Social Psychology*, 32, 829-840.

Salovey, P. (1991). *The psychology of jealousy and envy.* New York : Guilford.

Salovey, P., Mayer, J.D., Caruso, D. & Lopes, P.N. (2003). Measuring emotional intelligence as a set of abilities with Mayer-Salovey-Caruso Emotional Intelligence Test. Dans S.J. Lopez & M. Snyder (dir.), *Positive psychological assessment : A handbook of models and measures.* Washington, D.C. : American Psychological Association.

Salovey, P., Mayer, J.D. & Rosenhan, D.L. (1991). Mood and helping : Mood as a motivator of helping and helping as a regulator of mood. Dans M.S. Clark (dir.), *Review of personality and social psychology : Vol. 12. Prosocial behavior* (p. 215-237). Newbury Park, Calif. : Sage.

Salovey, P. & Pizarro, D.A. (2003). The value of emotional intelligence. Dans Sternberg, R.J. et al. (dir.), *Models of intelligence : International perspectives* (p. 263-278). Washington, D.C. : American Psychological Association.

Sampson, E.E. & Marthas, M. (1990). *Group processes for the health professions.* Albany, N.Y. : Delmar.

Sanbonmatsu, D.M. & Fazio, R.H. (1990). The role of attitudes in memory-based decision making. *Journal of Personality and Social Psychology*, 59, 614-622.

Sanders, G.S. & Baron, R.S. (1977). Is social comparison irrelevant for producing choice shifts ? *Journal of Experimental Social Psychology*, 13, 303-314.

Sangrador, J.L. & Yela, C. (2000). « What is beautiful is loved » : Physical attractiveness in love relationships in a representavive sample. *Social Behavior and Personality*, 28, 207-218.

Santee, R.T. & Maslach, C. (1982). To agree or not to agree : Personal dissent amid social pressure to conform. *Journal of Personality and Social Psychology*, 42, 690-700.

Santos, M.D., Leve, C. & Pratkanis, A.R. (1994). Hey buddy, can you spare seventeen cents ? Mindful persuasion and the pique technique. *Journal of Applied Social Psychology*, 24, 755-764.

Sapir, E. (1949). *Selected writings in language, culture and personality.* Berkeley, Calif. : University of California Press.

Sarafino, E.P. (2002). *Health psychology : Biopsychosocial interactions* (4e éd.). New York : Wiley.

Saraiya, M., Glanz, K., Briss, P.A., Nichols, P., White, C., Das, D., Smith, S.J., Tannor, B., Hutchinson, A.B., Wilson, K.M., Gandhi, N., Lee, N.C., Rimer, B., Coates, R.C., Kerner, J.F., Hiatt, R.A., Buffler, P. & Rochester, P. (2004). Interventions to prevent skin cancer by reducing exposure to ultraviolet radiation : A systematic review. *American Journal of Preventive Medicine*, 27, 422-466.

Sarason, B.R., Pierce, G.R., Shearin, E.N., Sarason, I.G. & Waltz, J.A. (1991). Perceived social support and working models of self and actual others. *Journal of Personality and Social Psychology*, 60, 273-287.

Sarason, B.R., Sarason, I.G. & Gurung, R.A.R. (2001). Close personal relationships and health outcomes : A key to the role of social support. Dans B.R. Sarason & S.W. Duck (dir.), *Personal relationships : Implications for clinical and community psychology* (p. 15-42). New York : Wiley.

Sarason, B.R., Sarason, I.G. & Pierce, G.R. (1990). Traditional views of social support and their impact on assessment. Dans B.R.

Sarason, I.G. Sarason & G.R. Pierce (dir.), *Social support : An interactional view* (p. 9-25). New York : Wiley.

Sarason, I. G., Sarason, B.R., & Pierce, G. R. (1995). Social and personal relationships : Current issues, future directions. *Journal of Social and Personal Relationships*, 12, 613-619.

Sarbaugh, L.E. (1988). A taxonomic approach to intercultural communication. Dans Y.Y. Kim & W.B. Gudykunst (dir.), *Theories in intercultural communication.* Newbury Park, Calif. : Sage.

Sarbin, T.R. & Allen, V.L. (1968). Role theory. Dans G. Lindzey & E. Aronson (dir.), *The handbook of social psychology* (vol. 2). Reading, Mass. : Addison-Wesley.

Sargent, M.J. (2004). Less thought, more punishment : Need for cognition predicts support for punitive responses to crime. *Personality and Social Psychology Bulletin*, 30, 1485-1493.

Sassenberg, K. & Postmes T. (2002). Cognitive and strategic processes in small groups : Effects of anonymity of the self and anonymity of the group on social influence. *British Journal of Social Psychology*, 41, 463-480.

Saucier, D.A., Miller, C.T. & Doucet, N. (2005). Differences in helping whites and blacks : A meta-analysis. *Personality and Social Psychology*, 9, 2-16.

Saulnier, K. & Perlman, D. (1981). The actor-observer bias is alive and well in prison : A sequel to Wells. *Personality and Social Psychology Bulletin*, 7, 559-564.

Savoie, A. (1993). Les groupes informels dans les organisations : cadre général d'analyse. *Psychologie canadienne*, 34, 79-97.

Sawyer, J. (1966). The altruism scale : A measure of co-operative, individualistic, and competitive interpersonal orientation. *American Journal of Sociology*, 71, 407-416.

Schachter, S. (1951). Deviation, rejection, and communication. *Journal of Abnormal and Social Psychology*, 46, 190-207.

Schachter, S. (1959). *The psychology of affiliation.* Palo Alto, Calif. : Stanford University Press.

Schachter, S. (1964). The interaction of cognitive and physiological determinants of emotional state. Dans L. Berkowitz (dir.), *Advances in experimental social psychology* (vol. 1, p. 49-80). New York : Academic Press.

Schachter, S. (1965). Déviation, rejet et communication. Dans A. Levy (dir.), *Psychologie sociale : Textes fondamentaux anglais et américains.* Paris : Dunod.

Schachter, S., Ellerston, N., McBride, D. & Gregory, D. (1951). An experimental study of cohesiveness and productivity. *Human Relations*, 4, 229-238.

Schachter, S. & Singer, J. (1962). Cognitive, social and physiological determinants of emotional state. *Psychological Review*, 69, 379-399.

Schachter, S. & Singer, J. (1979). Comments on the Maslach and Marshall-Zimbardo experiments. *Journal of Personality and Social Psychology*, 37, 989-995.

Schacter, D.L. & Badgaiyan, R.D. (2001). Neuroimaging of priming : New perspectives on implicit and explicit memory. *Current Directions in Psychological Science*, 10, 1-4.

Schaefer, R.T. (2000). *Racial and ethnic groups.* Toronto, Ont. : Prentice-Hall.

Schafer, R.B. & Keith, P.M. (1985). A causal model approach to the symbolic interactionist view of the self-concept. *Journal of Personality and Social Psychology*, 48, 963-969.

Schank, R.C. & Abelson, R.P. (1977). *Scripts, plans, goals, and understanding.* Hillsdale, N.J. : Erlbaum.

Schank, R.C. & Abelson, R.P. (1995) Knowledge and memory : The real story. Dans R.S. Wyer, Jr. & S. Robert (dir.), *Knowledge and memory : The real story* (p. 1-85). Mahwah, N.J. : Erlbaum.

Scharfe, E. & Bartholomew, K. (1994). Reliability and stability of adult attachment patterns. *Personal Relationships*, 1, 23-43.

Schaufeli, W. & Enzmann, D. (1998). *The burnout companion to study and practice : A critical analysis.* Londres, R.-U. : Taylor & Francis.

Scheib, J.E. (2001). Context specific mate choice criteria : Women's trade-offs in the contexts of long-term and extra-pair mateships. *Personal Relationships*, 8, 371-389.

Scheier, M.F., Buss, A.H. & Buss, D.M. (1978). Self-consciousness, self-report of aggressiveness, and aggression. *Journal of Research in Personality*, 12, 133-140.

Scheier, M.F. & Carver, C.S. (1977). Self-focused attention and the experience of emotion : Attraction, repulsion, relation, and depression. *Journal of Personality and Social Psychology*, 35, 625-636.

Scheier, M.F. & Carver, C.S. (1983). Two sides of the self : One for you and one for me. Dans J. Suls & A.G. Greenwald (dir.), *Psychological perspectives on the self* (vol. 2, p. 123-158). Hillsdale, N.J. : Erlbaum.

Scheier, M.F. & Carver, C.S. (1985). The Self-Consciousness Scale : A revised version for use with general population. *Journal of Applied Social Psychology*, 15, 687-699.

Scheier, M.F., Carver, C.S. & Bridges, M.W. (1994). Distinguishing optimism from neuroticism (and trait anxiety, self-mastery, and self-esteem) : A reevaluation of the life orientation test. *Journal of Personality and Social Psychology*, 67, 1063-1078.

Scheier, M.F., Carver, C.S. & Gibbons, F.X. (1979). Self-directed attention, awareness of bodily states, and suggestibility. *Journal of Personality and Social Psychology*, 37, 1576-1588.

Scheier, M.F., Matthews, K.A., Owens, J.F., Magovern, G.J., Lefebvre, R.C., Abbott, R.A. & Carver, C.S. (1989). Dispositional optimism and recovery from coronary artery bypass surgery : The beneficial effects on physical and psychological well-being. *Journal of Personality and Social Psychology*, 57, 1024-1040.

Schein, E.H. (1967). Attitude change during management education. *Administrative Science Quarterly*, 11, 601-628.

Schein, E.H. (1987). Organizational socialization and the profession of management. Dans E.H. Schein (dir.), *The art of managing human resources* (p. 83-100). Oxford, R.-U : Oxford University Press.

Schelling, T.C. (1960). *The strategy of conflict.* Cambridge, Mass. : Harvard University Press.

Scherer, K.R. (1999). Appraisal theories. Dans T. Dalgleish & M. Power (dir.), *Handbook of cognition and emotion* (p. 637-663). New York : Wiley.

Scherer, K.R. & Wallbott, H.G. (1994). Evidence for universality and cultural variation of differential emotion response patterning. *Journal of Personality and Social Psychology*, 66, 310-328.

Schermerhorn, R.A. (1970). *Comparative ethnic relations : A framework for theory and research.* New York : Random House.

Schimel, J., Greenberg, J. & Martens, A. (2003). Evidence that projection of a feared trait can serve a defensive function. *Personality and Social Psychology Bulletin*, 29, 969-979.

Schlenker, B.R. (1982). Translating actions into attitudes : An identity-analytic approach to the explanation of social conduct. Dans L. Berkowitz (dir.), *Advances in experimental social psychology* (vol. 15, p. 193-247). New York : Academic Press.

Schlenker, B.R. (1985). Introduction : Foundations of the self in social life. Dans B.R. Schlenker (dir.), *The self and social life* (p. 1-28). New York : McGraw-Hill.

Schlenker, B.R. (2003). Self-presentation. Dans M.R. Leary & J.P. Tangney (dir.), *Handbook of self and identity* (p. 492-518). New York : Guilford.

Schlenker, B.R. & Pontari, B.A. (2000). The strategic control of information : Impression management and self-presentation in daily life. Dans A. Tesser, R. Felson & J. Suls (dir.), *Perspectives on self and identity* (p. 199-232). Washington, D.C. : American Psychological Association.

Schlenker, B.R., Pontari, B.A. & Christopher, A.N. (2001). Excuses and character : Personal and social implications of excuses. *Personality and Social Psychology Review, 5*, 15-32.

Schmidt, G. & Weiner, B. (1988). An attribution-affect-action theory of behavior : Replications of judgements of help-giving. *Personality and Social Psychology Bulletin, 14*, 610-621.

Schmitt, D.P. & Buss, D.M. (2001). Human mate poaching : Tactics and temptations for infiltrating existing mateships. *Journal of Personality and Social Psychology, 8*, 894-917.

Schmitt, M., Eid, M. & Maes, J. (2003). Synergistic person x situation interaction in distributive justice behavior. *Personality and Social Psychology Bulletin, 29*, 141-147.

Schmitt, M.T. & Branscombe, N.R. (2001). The good, the bad, and the manly : Effects of threats to one's prototypicality on evaluations of fellow ingroup members. *Journal of Experimental Social Psychology, 37*, 510-517.

Schmitt, M.T. & Branscombe, N.R. (2002). The meaning and consequences of perceived discrimination in disadvantaged and privileged social groups. Dans W. Stroebe & M. Hewstone (dir.), *European review of social psychology* (vol. 12, p. 167-199). West Sussex, R.-U. : Wiley.

Schmitt, M.T., Branscombe, N.R. & Kappen, D. (2003). Attitudes toward group-based inequality : Social dominance or social identity ? *British Journal of Social Psychology, 42*, 161-186.

Schneider, D.J. (2004). *The psychology of stereotyping*. New York : Guilford.

Schneider, D.J., Hastorf, A.H. & Ellsworth, P.C. (1979). *Person perception* (2e éd.). Reading, Mass. : Addison-Wesley.

Schneider, D.M. & Watkins, M.J. (1996). Response conformity in recognition testing. *Psychonomic Bulletin and Review, 3*, 481-485.

Schneider, F.W., Gruman, J.A. & Coutts, L.M. (dir.) (2005). *Applied social psychology : Understanding and adressing social and practical problems*. Londres, R.-U. : Sage.

Schneider, S.L. (2001). In search of realistic optimism : Meaning, knowledge, and warm fuzziness. *American Psychologist, 56*, 250-263.

Schoeneman, T.J. & Rubanowitz, D.E. (1985). Attributions in the advice columns : Actors and observers, causes and reasons. *Personality and Social Psychology Bulletin, 11*(3), 315-325.

Schopler, J. (1967). An investigation of sex differences on the influence of dependence. *Sociometry, 30*, 50-63.

Schroeder, D.A., Penner, L.A., Dovidio, J.F. & Piliavin, J.A. (1995). *The psychology of helping and altruism : Problems and puzzles*. New York : McGraw-Hill.

Schuller, R.A. & Yarmey, M. (2001). The jury : Deciding guilt and innocence. Dans J.R. Ogloff & R.A. Schuller (dir.), *Introduction to psychology and law : Canadian perspectives* (p. 157-187). Toronto : University of Toronto Press.

Schulman, J., Shaver, P., Colman, R., Emrich, B. & Christie, R. (1973, mai). Recipe for a jury. *Psychology Today*, 37-83.

Schultz, P.W. (1999). Changing behavior with normative feedback interventions : A field experiment on curbside recycling. *Basic and Applied Social Psychology, 21*, 25-36.

Schulz, R., O'Brien, A.T., Bookwala, J. & Fleissner, K. (1995). Psychiatric and physical morbidity effects of dementia caregiving : Prevalence, correlates, and causes. *The Gerontologist, 35*, 171-191.

Schumann, J.H. (1978). The acculturation model for second-language acquisition. Dans R.C. Gingras (dir.), *Second language acquisition and foreign language teaching*. Arlington, Va. : Center for Applied Linguistics.

Schwartz, S.H. (1994). Are there universal aspects in the structure and contents of human values ? *Journal of Social Issues, 50*, 19-45.

Schwartz, S.H. (1996). Value priorities and behavior : Applying a theory of integrated value systems. Dans C. Seligman, J.M. Olson & M.P. Zanna (dir.), *Values : The Ontario symposium* (vol. 8, p. 1-24). Mahwah, N.J. : Erlbaum.

Schwartz, S.H. & Bardi, A. (2001). Values hierarchies across cultures : Taking a similarities perspective. *Journal of Cross-Cultural Psychology, 32*, 268-290.

Schwartz, S.H. & Gottlieb, A. (1980). Bystander anonimity and reaction to emergencies. *Journal of Personality and Social Psychology, 39*, 418-430.

Schwartz, S.H. & Sagiv, L. (1995). Identifying culture-specifics in the content and structure of values. *Journal of Cross-Cultural Psychology, 26*, 92-116.

Schwarzwald, J., Koslowsky, M. & Shalit, B. (1992). A field study of employees' attitudes and behaviors after promotion decisions. *Journal of Applied Psychology, 77*, 511-514.

Schwarzwald, J., Raz, M. & Zvibel, M. (1979). The applicability of the door-in-the-face technique when established behavioral customs exist. *Journal of Applied Social Psychology, 9*, 576-586.

Scott, W.A. (1957). Attitude change through reward of verbal behavior. *Journal of Abnormal and Social Psychology, 55*, 72-75.

Searle, J.R. (1975). Indirect speech acts. Dans P. Cole & J.L. Morgan (dir.), *Syntax and semantics 3 : Speech acts* (p. 283-298). Hillsdale, N.J. : Erlbaum.

Sears, D.O. (1983). The person positivity biais. *Journal of Personality and Social Psychology, 44*, 233-240.

Sears, D.O. (1986). College students in the laboratory : Influences of a narrow data base on social psychology's view of human nature. *Journal of Personality and Social Psychology, 51*, 515-530.

Sechrest, L. & Belew, J. (1983). Nonreactive measures of social attitudes. Dans L. Bickman (dir.), *Applied social psychology annual* (vol. 4, p. 23-63). Beverly Hills, Calif. : Sage.

Sechrist, G.B., Swim, J.K. & Stangor, C. (2004). When do the stigmatized make attributions to discrimination occuring to the self and others ? The roles of self-presentation and need for control. *Journal of Personality and Social Psychology, 87*, 111-122.

Secord, P.F. & Backman, C.W. (1965). An interpersonal approach to personality. Dans B. Maher (dir.), *Progress in experimental personality research* (vol. 2, p. 91-125). New York : Academic Press.

Sedikides, C. (1992). Attentional effects on mood are moderated by chronic self-conception valence. *Personality and Social Psychology Bulletin, 18*, 580-584.

Sedikides, C. (2003). On the status of self in social prediction : Comment on Karniol. *Psychological Review, 110*, 591-594.

Sedikides, C. & Brewer, M.B. (2001). *Individual self, relational self, collective self*. Philadelphie, Penn. : Psychology Press.

Sedikides, C., Campbell, W.K., Reeder, G.D. & Elliot, A.J. (1998). The self-serving bias in relational context. *Journal of Personality and Social Psychology, 74*, 378-386.

Sedikides, C., Gaertner, L. & Toguchi, Y. (2003). Pancultural self-enhancement. *Journal of Personality and Social Psychology, 84*, 60-70.

Sedikides, C. & Green, J.D. (2004). What I don't recall can't hurt me : Information negativity versus information inconsistency as determinants of memorial self-defense. *Social Cognition, 22*, 4-29.

Sedikides, C. & Gregg, A.P. (2003). Portraits of the self. Dans M.A Hogg & J.Cooper (dir), *Sage handbook of social psychology* (p. 110-138). Londres, R.-U. : Sage.

Sedikides, C. & Jackson, J.M. (1990). Social Impact Theory : A field test of source strenght, source immediacy and number of targets. *Basic and Applied Social Psychology, 11*, 273-281.

Seeman, T.E. (2000). Health promoting effects of friends and family on health outcomes in olderadults. *American Journal of Health Promotion, 14*, 362-370.

Seeman, T.E. & McEwen, B.S. (1996). Impact of social environment characteristics on neuroendocrine regulation. *Psychosomatic Medicine, 58*, 459-471.

Segerstrom, S.C., Taylor, S.E., Kemeny, M.E. & Fahey, J.L. (1998). Optimism is associated with mood, coping and immune change in response to stress. *Journal of Personality and Social Psychology, 74*, 1646-1655.

Séguin-Lévesque, C., Laliberté, M.-L., Pelletier, L.G., Blanchard, C. & Vallerand, R.J. (2003). Harmonious and obsessive passion for the Internet : Their association with the couple's relationship. *Journal of Applied Social Psychology, 33*, 197-221.

Seligman, C., Bush, M. & Kirsch, K. (1976). Relationship between compliance in the foot-in-the-door paradigm and size of first request. *Journal of Personality and Social Psychology, 33*, 517-520.

Seligman, M.E.P. (1975). *Helplessness : On depression, development and death*. San Francisco, Calif. : Freeman.

Seligman, M.E.P. (1992). Power and powerlessness : Comments on « Cognates of personal control ». *Preventive Psychology, 1*(2), 119-120.

Seligman, M.E.P., Castellon, C., Cacciola, J., Schulman, P., Luborsky, L., Ollove, M. & Downing, R. (1988). Explanatory style change during cognitive therapy for unipolar depression. *Journal of Abnormal Psychology, 97*, 13-18.

Seligman, M.E.P. & Csikszentmihalyi, M. (2000). Positive psychology : An introduction. *American Psychologist, 55*, 5-14.

Seligman, M.E.P., Kaslow, N.J., Alloy, L.B., Peterson, C., Tanenbaum, R.L. & Abramson, L.Y. (1984). Attributional style and depressive symptoms among children. *Journal of Abnormal Psychology, 93*, 235-238.

Seligman, M.E.P. & Maier, S.F. (1967). Failure to escape traumatic shock. *Journal of Experimental Psychology, 74*, 1-9.

Seligman, M.E.P., Nolen-Hoeksema, S., Thornton, N. & Thornton, K.M. (1990). Explanatory style as a mechanism of disappointing athletic performance. *Psychological Science, 1*, 143-146.

Seligman, M.E.P. & Schulman, P. (1986). Explanatory style as a predictor of productivity and quitting among life insurance sales agents. *Journal of Personality and Social Psychology, 50*, 832-838.

Sellers, R.M. & Shelton, J.N. (2003). The role of racial identity in perceived racial discrimination. *Journal of Personality and Social Psychology, 84*, 1079-1092.

Semin, G.R. (2003). Language as social action. *Journal of Language and Social Psychology, 22*, 251-252.

Semin, G.R. & Fiedler, K. (1988). The cognitive functions of linguistic categories in describing persons : Social cognition and language. *Journal of Personality and Social Psychology, 54*, 558-568.

Semin, G.R. & Smith, E.R. (1999). Revisiting the past and back to the future : Memory systems and the linguistic representation of social events. *Journal of Personality and Social Psychology, 76*, 877-892.

Semmer, N. (1996). Individual differences, work stress, and health. Dans M.J. Schabracq, J.A.M. Winnubst & C.L. Cooper (dir.), *Handbook of work and health psychology* (p. 51-86). Chichester, R.-U. : Wiley.

Senécal, C. & Vallerand, R.J. (1999). Construction et validation de l'Échelle de motivation envers les activités familiales (ÉMAF). *Revue européenne de psychologie appliquée, 49*, 261-274.

Sermat, V. (1980). Some situational and personality correlates of loneliness. Dans J. Hartog, J.R. Audy & Y.A. Cohen (dir.), *The anatomy of loneliness*. New York : International Universities Press.

Seta, J. (1982). The impact of comparison processes on coactors' task performance. *Journal of Personality and Social Psychology, 42*, 281-291.

Seymour, T.L., Seifert, C.M., Shafto, M.G. & Mosmann, A.L. (2000). Using response time measures to assess « guilty knowledge ». *Journal of Applied Psychology, 85*, 30-37.

Shackelford, T.K. (2001). Self-esteem in marriage. *Personality and Individual Differences, 30*, 371-390.

Shaffer, D.R. & Pegalis, L.J. (1998). Gender and situational context moderate the relationship between self-monitoring and induction of self-disclosure. *Journal of Personality, 66*, 215-234.

Shaffer, D.R., Rogel, M. & Hendrick, C. (1975). Intervention in the library : The effect of increased responsability on bystanders' willingness to prevent a theft. *Journal of Applied Social Psychology, 49*, 347-356.

Shah, J.Y. (2003). Automatic for the people : How representations of significant others implicitly affect goal pursuit. *Journal of Personality and Social Psychology, 84*, 661-681.

Shanab, M.E. & Yahya, K.A. (1977). A behavioral study of obedience in children. *Journal of Personality and Social Psychology, 35*, 530-536.

Shanab, M.E. & Yahya, K.A. (1978). A cross cultural study of obedience. *Bulletin of the Psychonomic Society, 11*, 267-269.

Shannon, C.E. & Weaver, W. (1949). *The mathematical theory of communication*. Urbana, Ill. : University of Illinois Press.

Shapiro, J.P., Baumeister, R.F. & Kessler, J.W. (1991). A three-component model of children teasing : Aggression, humor, and ambiguity. *Journal of Social and Clinical Psychology, 10*, 459-472.

Shapiro, P.N. & Penrod, S. (1986). Meta-analysis of facial identification studies. *Psychological Bulletin, 100*, 139-156.

Sharma, A. (1999). Does the salesperson like customers ? A conceptual and empirical examination of the persuasive effect of perceptions of the salesperson's affect toward customers. *Psychology and Marketing, 16*, 141-162.

Shaver, P.R. & Brennan, K.A. (1992). Attachment styles and the Big Five personality traits : Their connections with each other and with romantic relationship outcomes. *Personality and Social Psychology Bulletin, 18*, 536-545.

Shaver, P.R., Collins, N.L. & Clark, C.L. (1996). Attachment styles and internal working models of self and relationship partners. Dans G. Fletcher & J. Fitness (dir.), *Knowledge structures in close relationships : A social psychological approach*. Hillsdale, N.J. : Erlbaum.

Shaver, P.R. & Hazan, C. (1988). A biased overview of the study of love. *Journal of Social and Personal Relationships, 5*, 473-501.

Shavitt, S. (1989). Operationalizing functional theories of attitude. Dans A.R. Pratkanis, S.J. Breckler & A.G. Greenwald (dir.), *Attitude, structure and function* (p. 311-337). Hillsdale, N.J. : Erlbaum.

Shavitt, S. (1990). The role of attitude objects in attitude functions. *Journal of Experimental Social Psychology, 26*, 124-148.

Shaw, D.S., Gilliom, M., Ingoldsby, E.M. & Nagin, D.S. (2003). Trajectories leading to school-age conduct problems. *Developmental Psychology, 39*, 189-200.

Shaw, J.C., Wild, E. & Colquitt, J.A. (2003). To justify or excuse ? : A meta-analytic review of the effects of explanations. *Journal of Applied Psychology, 88*, 444-458.

Shaw, M.E. & Costanzo, P.R. (1982). *Theories of social psychology* (2e éd.). New York : McGraw-Hill.

Sheeran, P. (2002). Intention-behavior relations : A conceptual and empirical review. Dans W. Stroebe & M. Hewstone (dir.), *European review of social psychology* (vol. 12, p. 1-36). Chichester, R.-U. : Wiley.

Sheeran, P. & Abraham, C. (1996). The health belief model. Dans P.E. Norman & M.E. Conner (dir.), *Predicting health behaviour : Research and practice with social cognition models* (p. 23-61). Buckingham, R.-U. : Open University Press.

Sheese, B.E., Brown, E.L. & Graziano, W.G. (2004). Emotional expression in cyberspace : Searching for moderators of the Pennebaker disclosure effect via e-mail. *Health Psychology, 23*, 457-464.

Sheese, B.E. & Graziano, W.G. (2005). Research reports. Deciding to defect : The effects of video-game violence on cooperative behavior. *Psychological Science, 16*(5), 354.

Shekelle, R.B., Vernon, S.W. & Ostfeld, A.M. (1991). Personality and coronary heart disease. *Psychosomatic Medicine, 53*, 176-184.

Sheldon, K.M. & Kasser, T. (1998). Pursuing personal goals : Skills enable progress, but not all progress is beneficial. *Personality and Social Psychology Bulletin, 24*, 1319-1331.

Sheldon, K.M. & King, L. (2001). Why positive psychology is necessary. *American Psychologist, 56*, 216-217.

Sheldon, K.M., Williams, G. & Joiner, T. (2003). *Self-determination theory in the clinic : Motivating physical and mental health*. New Haven, Conn. : Yale University Press.

Shepard, J.W. & Ellis, H.D. (1973). The effect of attractiveness on recognition memory for faces. *American Journal of Psychology, 86*, 627-633.

Shepperd, J.A. & Arkin, R.M. (1989). Self-handicapping : The moderating roles of public self-consciousness and task importance. *Personality and Social Psychology Bulletin, 15*, 252-265.

Shepperd, J.A., Grace, J., Cole, L.J. & Klein, C. (2005). Anxiety and outcome predictions. *Personality and Social Psychology Bulletin, 31*, 267-275.

Shepperd, J.A., Ouellette, J.A. & Fernandez, J.K. (1996). Abandoning unrealistic optimism : Performance estimates and the temporal proximity of self-relevant feedback. *Journal of Personality and Social Psychology, 70*, 844-855.

Sherif, C.W., Sherif, M. & Nebergall, R.E. (1965). *Attitude and attitude change : The social judgment-involvement approach*. Philadelphie, Penn. : Saunders.

Sherif, M. (1936). *The psychology of social norms*. New York : Harper.

Sherif, M. (1953). The concept of reference group in human relations. Dans M. Sherif & M.O. Wilson (dir.), *Group relations at the crossroads* (p. 203-231). New York : Harper.

Sherif, M. (1966). *Group conflict and cooperation*. Londres, R.-U. : Routledge and Kegan Paul.

Sherif, M., Harvey, O.J., White, B.J., Hood, W.R. & Sherif, C. (1961). *Intergroup conflict and cooperation : The Robber's cave experiment*. Norman, Okla. : University of Oklahoma Press.

Sherif, M. & Sherif, C.W. (1953). *Groups in harmony and tension : An integration of studies on intergroup relations*. New York : Octagon books.

Sherman, S.J. (1987). Cognitive processes in the formation, change, and expression of attitude. Dans M.P. Zanna, J.M. Olson & C.P. Herman (dir.), *Social influence : The Ontario symposium* (p. 75-105). Hillsdale, N.J. : Erlbaum.

Shestowsky, D., Wegener, D.T. & Fabrigar, L.R. (1998). Need for cognition and interpersonal influence : Individual differences in impact on dyadic decisions. *Journal of Personality and Social Psychology, 74*, 1317-1328.

Shields, C.A., Paskevich, D.M. & Brawley, L.R. (2003). Self-handicapping in structured and unstructured exercise : Toward a measurable construct. *Journal of Sport and Exercise Psychology, 25*, 267-283.

Shiffrin, R.M. & Schneider, W. (1977). Controlled and automatic human information processing : II. Perceptual learning, automatic attending and a general theory. *Psychological Review, 84*(2), 127-190.

Shiloh, S., Rashuk-Rosenthal, D. & Benyamini, Y. (2002). Illness causal attributions : An exploratory study of their structure and associations with other illness cognitions and perceptions of control. *Journal of Behavioral Medicine, 25*, 373-394.

Shim, S. & Eastlick, M.A. (1998). The hierarchical influence of personal values on mall shopping attitude and behavior. *Journal of Retailing, 74*, 139-160.

Shmotkin, D. & Lomranz, J. (1998). Subjective well-being among Holocaust survivors : An examination of overlooked differentiations. *Journal of Personality and Social Psychology, 75*, 141-155.

Shoenrade, P.A., Batson, C.D., Brandt, J.R. & Loud, R.E., Jr. (1986). Attachment, accountability, and motivation to benefit another not in distress. *Journal of Personality and Social Psychology, 51*, 557-563.

Showers, C. (1992). Compartmentalization of positive and negative self-knowledge : Keeping bad apples out of the bunch. *Journal of Personality and Social Psychology, 62*, 1036-1049.

Showers, C. & Cantor, N. (1985). Social cognition : A look at motivated strategies. Dans M.R. Rosenzweig & L.W. Porter (dir.), *Annual review of psychology* (vol. 36, p. 275-305). Palo Alto, Calif. : Annual Reviews.

Showers, C.J. (2000). Self-organization in emotional contexts. Dans J.P. Forgas (dir.), *Feeling and thinking : The role of affect in social cognition* (p. 238-307). New York : Cambridge University Press.

Showers, C.J., Abramson, L.Y. & Hogan, M.E. (1998). The dynamic self : How the content and structure of the self-concept change with mood. *Journal of Personality and Social Psychology, 75*, 478-493.

Showers, C.J. & Kling, K.C. (1996). Organization of self-knowledge : Implications for recovery from sad mood. *Journal of Personality and Social Psychology, 70*, 578-590.

Showers, C.J. & Zeigler-Hill, V. (2003). Organization of self-knowledge : Features, functions, and flexibility. Dans M.R. Leary & J.P. Tangney (dir.), *Handbook of self and identity* (p. 47-57). New York : Guilford.

Shultz, T.R. & Lepper, M.R. (1996). Cognitive dissonance reduction as constraint satisfaction. *Psychological Review, 103*, 219-240.

Sidanius, J., Levin, S., Federico, C. & Pratto, F. (2001). Legitimizing ideologies : The social dominance approach. Dans J.T. Jost & B. Major (dir.), *The psychology of legitimacy : Emerging perspectives on ideology, justice, and intergroup relations* (p. 307-331). New York : Cambridge University Press.

Sidanius, J. & Pratto, F. (1999). *Social dominance : An intergroup theory of social hierarchy and oppression*. New York : Cambridge University Press.

Sidanius, J., Pratto, F., Martin, M. & Stallworth, L. (1991). Consensual racism and career track : Some implications of social dominance theory. *Political Psychology, 12*, 691-721.

Sidanius, J., Pratto, F. & Mitchell, M. (1994). In-group identification, social dominance orientation, and differential intergroup allocation. *Journal of Social Psychology, 134*, 151-167.

Sidanius, J., Pratto, F., Van Laar, C. & Levin, S. (2004). Social dominance theory : Its agenda and method. *Political Psychology, 25*, 845-880.

Silver, R.C., Holman, E.A., McIntosh, D.N., Poulin, M. & Gil-Rivas, V. (2002). Nationwide longitudinal study of psychological responses to September 11. *The Journal of the American Medical Association, 288*, 1235-1244.

Silver, R.L., Boon, C. & Stones, M.H. (1983). Searching for meaning in misfortune : Making sense of incest. *Journal of Social Issues, 39*, 81-100.

Silverman, I. (1977). *The human subject in the psychological experiment*. Elmsford, N.Y. : Pergamon.

Silvia, P.J. (2003). Throwing away the key : Measuring prison reform attitudes. *Journal of Applied Social Psychology, 33*, 2553-2564.

Silvia, P.J. & Duval, T.S. (2001). Objective self-awareness theory : Recent progress and enduring problems. *Personality and Social Psychology Review, 5*, 230-241.

Simard, C. (1998). *La place de l'autre : fonctionnaires et immigrés au Québec*. Montréal : Fidès.

Simon, B. (1992). The perception of ingroup and outgroup homogeneity : Reintroducing the intergroup context. Dans M.W. Stroebe & M. Hewstone (dir.), *European Review of Social Psychology* (vol. 3 p. 1-30). New York : Wiley.

Simon, B. & Brown, R.J. (1987). Perceived intragroup homogeneity in minority-majority contexts. *Journal of Personality and Social Psychology, 53*, 703-711.

Simon, B. & Klandermans, B. (2001). Politicized collective identity : a social psychological analysis. *American Psychologist, 56*, 319-331.

Simonoff, E., Pickles, A., Hewitt, J., Silberg, J., Rutter, M., Loeber, R., Meyer, J., Neale, M. & Eaves, L. (1995). Multiple raters of disruptive child behavior : Using a genetic strategy to examine shared views and bias. *Behavior Genetics, 25*, 311-326.

Simpson, J.A. (1990). The influence of attachment styles on romantic relationships. *Journal of Personality and Social Psychology, 59*, 971-980.

Simpson, J.A., Gangestad, S.W. & Biek, M. (1993). Personality and nonverbal social behavior : An ethological perspective on relationship initiation. *Journal of Experimental Social Psychology, 29*, 434-461.

Simpson, J.A., Gangestad, S.W. & Lerma, M. (1990). Perception on physical attractiveness : Mechanisms involved in the maintenance of romantic relationships. *Journal of Personality and Social Psychology, 59*, 1192-1201.

Simpson, J.A., Ickes, W. & Grich, J. (1999). When accuracy hurts : Reactions of anxious-ambivalent dating partners to a relationship-threatening situation. *Journal of Personality and Social Psychology, 76*, 754-769.

Simpson, J.A. & Kenrick, D.T. (1997). *Evolutionary social psychology*. Mahwah, N.J. : Erlbaum.

Simpson, J.A. & Rholes, W.S. (dir.) (1997). *Attachment theory and close relationships*. New York : Guilford.

Simpson, J.A., Rholes, W.S. & Nelligan, J.S. (1992). Support seeking and support giving within couples in an anxiety-provoking situation : The role of attachment styles. *Journal of Personality and Social Psychology, 62*, 434-446.

Simpson, J.S., Rholes, W.S., Oriña, M.M. & Grich, J. (2002). Working models of attachment, support giving, and support seeking in a stressful situation. *Personality and Social Psychology Bulletin, 28*, 462-472.

Singer, J.L. & Singer, D.G. (1980). *Television, imagination and aggression : A study of preschoolers's play*. Hillsdale, N.J. : Erlbaum.

Singerman, K.J., Borkovec, T.D. & Baron, R.S. (1976). Failure of a « misattribution therapy » manipulation with a clinically relevant target behavior. *Behavior Therapy, 7*, 306-313.

Singh, R., Yeoh, B.S.F., Lim, D.I. & Lim, K.K. (1997). Cross categorization effects in intergroup discrimination : Adding versus averaging. *British Journal of Social Psychology, 36*, 121-159.

Sistrunk, F. & McDavid, J.W. (1971). Sex variable in conforming behavior. *Journal of Personality and Social Psychology, 17*, 200-207.

Skelton, J.A. (2005). How negative are attitudes toward persons with AIDS ? Examining the AIDS-Leukemia paradigm (Manuscrit inédit), Carlisle, Penn. : Dickinson College.

Skov, R.B. & Sherman, S.J. (1986). Information-gathering processes : Diagnosticity, hypothesis-confirmatory strategies, and perceived hypothesis confirmation. *Journal of Experimental Social Psychology, 22*, 93-121.

Skowronski, J.J. & Carlston, D.E. (1987). Social judgment and social memory : The role of cue diagnosticity in negativity, positivity, and

extremity biases. *Journal of Personality and Social Psychology, 52*, 689-699.
Skowronski, J.J. & Carlston, D.E. (1989). Negativity and extremity biases in impression formation : A review of explanations. *Psychological Bulletin, 105*, 131-142.
Skowronski, J.J. & Walker, W.R. (2004). How describing autobiographical events can affect autobiographical memories. *Social Cognition, 22*, 555-590.
Slovic, P., Finucane, M., Peters, E. & MacGregor, D.G. (2002). The affect heuristic. Dans T. Gilovich, D. Griffin & D. Kahneman (dir.), *Heuristics and biases* (p. 397-420). New York : Cambridge University Press.
Slugoski, B.R. & Hilton, D.J. (2001). Conversation. Dans W.P. Robinson & H. Giles (dir.), *The New handbook of language and social psychology* (p. 193-210). New York : Wiley.
Smedley, A. & Smedley, B. (2005). Race as biology is fiction, racism as a social problem is real : Anthropological and historical perspectives on the social construction of race. *American Psychologist, 60*, 16-26.
Smith, C.A., Haynes, K.N., Lazarus, R.S. & Pope, L.K. (1993). In search of the « hot » cognitions : Attributions, appraisals, and their relation to emotion. *Journal of Personality and Social Psychology, 65*, 916-929.
Smith, C.A. & Kirby, L.D. (2004). Appraisal as a pervasive determinant of anger. *Emotion, 4*, 133-138.
Smith, C.P. (1983). Ethical issues : Research on deception, informed consent, and debriefing. Dans L. Wheeler & P. Shaver (dir.), *Review of personality and social psychology* (vol. 4, p. 297-328). Beverly Hills, Calif. : Sage.
Smith, C.P. & Berard, S.P. (1982). Why are human subjects less concerned about ethically problematic research than human subjects committees ? *Journal of Applied Social Psychology, 12*, 209-221.
Smith, E.R. (1994). Procedural knowledge and processing strategies in social cognition. Dans R.S. Wyer, Jr. & T.K. Srull (dir.), *The handbook of social cognition* (2ᵉ éd., vol. 1, p. 99-152). Hillsdale, N.J. : Erlbaum.
Smith, E.R. (1996). What do connectionism and social psychology offer each other ? *Journal of Personality and Social Psychology, 70*, 893-902.
Smith, E.R. (1998). Mental representation and memory. Dans D. Gilbert, S.T. Fiske & G. Lindzey (dir.), *The handbook of social psychology* (4ᵉ éd., vol. 1, p. 391-445). New York : McGraw-Hill.
Smith, E.R. (2000). Research design. Dans H.T. Reis & C.M. Judd (dir.), *Handbook of research : Methods in social and personality psychology* (p. 17-39). Cambridge : Cambridge University Press.
Smith, H.J., Spears, R. & Hamstra, I.J. (1999). Social identity and the context of relative deprivation. Dans N. Ellemers, R. Spears & B. Doosje (dir.), *Social identity : Context, commitment, content* (p. 205-229). Oxford, R.-U. : Blackwell.
Smith, M.B., Bruner, J.S. & White, R.W. (1956). *Opinions and personality*. New York : Wiley.
Smith, P.B. & Bond, M.H. (1999). *Social psychology across cultures*. Boston, Mass. : Allyn & Bacon.
Smith, T.W. & Gallo, L.C. (1999). Hostility and cardiovascular reactivity during marital interaction. *Psychosomatic Medicine, 61*, 436-445.
Smith, T.W., Glazer, K., Ruiz, J.M. & Gallo, L.C. (2004). Hostility, anger, aggressiveness, and coronary heart disease : An interpersonal perspective on personality, emotion, and health. *Journal of Personality, 72*, 1217-1270.
Smyth, J.M., Stone, A.A., Hurewitz, A. & Kaell, A. (1999). Effects of writing about stressful experiences on symptom reduction in patients with asthma or rheumatoid arthritis : A randomized trial. *JAMA : Journal of the American Medical Association, 281*, 1304-1309.
Sniderman, P. & Piazza, T. (1993). *The scar of race*. Cambridge, Mass. : Harvard University Press.
Snyder, C.R. & Higgins, R.L. (1988). Excuses : Their effective role in the negociation of reality. *Psychological Bulletin, 104*, 23-35.
Snyder, C.R., Higgins, R.L. & Stucky, R.J. (1983). *Excuses : Masquerades in search of grace*. New York : Wiley.
Snyder, C.R., Stephan, W.G. & Rosenfield, D. (1976). Egotism and attribution. *Journal of Personality and Social Psychology, 33*, 435-441.
Snyder, J.J. & Patterson, G.R. (1995). Individual differences in social aggression : A test of a reinforcement model of socialization in the natural environment. *Behavior Therapy, 26*, 371-391.
Snyder, M. (1974). The self-monitoring of expressive behavior. *Journal of Personality and Social Psychology, 30*, 526-537.
Snyder, M. (1984). When belief creates reality. Dans L. Berkowitz (dir.), *Advances in experimental social psychology* (vol. 18, p. 248-306). New York : Academic Press.
Snyder, M. (1987). *Public appearances-private realities : The psychology of self-monitoring*. New York : Freeman.
Snyder, M. & Cantor, N. (1998). Understanding personality and social behavior : A functionalist strategy. Dans D.T. Gilbert, S.T. Fiske & G. Lindzey (dir.), *The handbook of social psychology* (4ᵉ éd., vol. 1, p. 635-679). New York : Oxford University Press.
Snyder, M. & Clary, G. (2004). Volunteerism and the generative society. Dans E. de St-Aubin, D.P. McAdams & T.C. Kim (dir.), *The generative society : Caring for future generations* (p. 221-237). Washington, D.C. : American Psychological Association.
Snyder, M. & Gangestad, S. (1986). On the nature of self-monitoring : Matters of assessment, matters of validity. *Journal of Personality and Social Psychology, 51*, 125-139.
Snyder, M., Gangestad, S. & Simpson, J.A. (1983). Choosing friends as activity partners : The role of self-monitoring. *Journal of Personality and Social Psychology, 45*, 1061-1072.
Snyder, M., Grether, J. & Keller, C. (1974). Staring and compliance : A field experiment in hitch-hiking. *Journal of Applied Social Psychology, 4*, 165-170.
Snyder, M. & Jones, E.E. (1974). Attitude attribution when behavior is constrained. *Journal of Experimental Social Psychology, 10*, 585-600.
Snyder, M. & Klein, O. (2005). Construing and constructing others : On the reality and the generality of the behavioral confirmation scenario. *Interaction Studies, 6*, 53-67.
Snyder, M. & Omoto, A.M. (1992). Who helps and why ? The psychology of aids volunteerism. Dans S. Spacapan & S. Oskamp (dir.), *Helping and being helped : Naturalistic studies* (p. 213-239). Newbury Park, Calif. : Sage.
Snyder, M. & Simpson, J.A. (1984). Self-monitoring and dating relationships. *Journal of Personality and Social Psychology, 47*, 1281-1291.
Snyder, M., Simpson, J.A. & Gangestad, S. (1986). Personality and sexual relations. *Journal of Personality and Social Psychology, 51*, 181-190.
Snyder, M. & Stukas, A.A., Jr. (1999). Interpersonal processes : The interplay of cognitive, motivational, and behavioral activities in social interaction. *Annual Review of Psychology, 50*, 273-303.
Snyder, M. & Swann, W.B., Jr. (1976). When actions reflect attitudes : The politics of impression management. *Journal of Personality and Social Psychology, 34*, 1034-1042.
Snyder, M. & Swann, W.B., Jr. (1978). Behavioral conformation in social interaction : From social perception to social reality. *Journal of Experimental Social Psychology, 14*, 148-162.
Snyder, M., Tanke, E.D. & Berscheid, E. (1977). Social perception and interpersonal relation : On the self-fulfilling nature of social stereotypes. *Journal of Personality and Social Psychology, 35*, 656-666.
Société canadienne de psychologie (1991). *Code canadien de déontologie professionnelle des psychologues*. Ottawa.
Soibelman, M. (2004). Palestinian suicide bombers. *Journal of Investigative Psychology and Offender Profiling, 1*, 175-190.
Solomon, J. & George, C. (1999). *Attachment disorganization*. New York : Guilford.
Solomon, S., Greenberg, J. & Pyszczynski, T. (1991). A terror management theory of social behavior : The psychological functions of self-esteem and cultural worldviews. Dans M.P. Zanna (dir.), *Advances in experimental social psychology* (vol. 24, p. 91-159). New York : Academic Press.
Sommer, K.L. & Baumeister, R.F. (1997). Making someone feel guilty : Causes, strategies, and consequences. Dans R. Kowalski (dir.), *Aversive interpersonal behaviors* (p. 31-55). New York : Plenum.
Sommers, M.S., Dyehouse, J.M., Howe, S.R., Lemmink, J., Davis, K., McCarthy, M. & Russell, A.C. (2000). Attribution of injury to alcohol involvement in young adults seriously injured in alcohol-related motor vehicle crashes. *American Journal of Critical Care, 9*, 28-35.
Sommers, S.R. & Ellsworth, P.C. (2001). White juror bias : An investigation of prejudice against black defendants in the american courtroom. *Psychology, Public Policy, and Law, 7*, 201-229.
Son Hing, L.S., Bobocel, D.R. & Zanna, M.P. (2002). Meritocracy and opposition to affirmative action : Making concessions in the face of discrimination. *Journal of Personality and Social Psychology, 83*, 493-509.
Son Hing, L.S., Li, W. & Zanna, M.P. (2002). Inducing hypocrisy to reduce prejudicial responses among aversive racists. *Journal of Experimental Social Psychology, 38*, 71-78.
Sorrentino, R.M. & Boutillier, R.G. (1975). The effect of quantity and quality of verbal interaction on ratings of leadership ability. *Journal of Experimental Research in Personality, 11*, 403-411.
Sorrentino, R.M. & Short, J.C. (1986). Uncertainty orientation, motivation, and cognition. Dans R.M. Sorrentino & E.T. Higgins (dir.), *Handbook of motivation and cognition : Foundations of social behavior* (p. 379-403). New York : Guilford.
Sotirovic, L. (2001). Effect of media use on complexity and extremity of attitudes toward the death penalty and prisoners' rehabilitation. *Media Psychology, 3*, 1-24.
Soulié, J.-P. (2004, dimanche, 4 janvier). Dʳᵉ Gloria Jeliu. *La Presse*, p. 12.
Spacapan, S. & Oskamp, S. (1992). *Helping and being helped : Naturalistic studies*. Newbury Park, Calif. : Sage.
Spanier, G.B. (1976). Mesuring dyadic adjustment : New scales for assessing the quality of marriage and similar dyads. *Journal of Marriage and the Family, 38*, 15-28.
Sparling, L.R. & Hardin, C.D. (1999). Unconscious unease and self-handicapping : Behavioral consequences of individual differences in implicit and explicit self-esteem. *Psychological Science, 10*, 535-539.
Spaulding, C.B. & Turner, H.A. (1968). Political orientations and field of specialization among college professors. *Sociology of Education, 41*, 247-262.
Spencer, S.J., Steele, C.M. & Quinn, D.M. (1999). Stereotype threat of women's math performance. *Journal of Experimental Social Psychology, 35*, 4-28.
Spivey, C.B. & Prentice-Dunn, S. (1990). Assessing the directionality of deindividuated behavior : Effects of deindividuation, modelling, and private self-consciousness on aggressive and prosocial responses. *Basic and Applied Social Psychology, 11*, 387-403.
Sporer, S.L., Penrod, S., Read, D. & Cutler, B. (1995). Choosing, confidence, and accuracy : A meta-analysis of the confidence accuracy relation in eyewitness identification studies. *Psychological Bulletin, 118*, 315-327.
Sprecher, S. & Duck, S. (1994). Sweet talk : The importance of perceived communication for romantic and friendship attraction experienced during a get-acquainted date. *Personality and Social Psychology Bulletin, 20*, 391-400.
Sprecher, S. & Hendrick, S.S. (2004). Self-disclosure in intimate relationships : Associations with individual and relationship characteristics over time. *Journal of Social and Clinical Psychology, 23*, 857-877.
Sprecher, S. & Regan, P. (1998). Passionnate and companionate love in courting and young married couples. *Sociological Inquiry, 68*, 163-185.
Sprecher, S., Sullivan, Q. & Hatfield, E. (1994). Mate selection preferences : Gender differences examined in a national sample. *Journal of Personality and Social Psychology, 66*, 1074-1080.
Sprecker, K. (2002). How involvement, citation style, and funding source affect the credibility of university scientists. *Science Communication, 24*, 72-97.
Srull, T.K. & Wyer, R.S., Jr. (1989). Person memory and judgment. *Psychological Review, 96*, 58-83.
Staats, A.W. & Staats, C.K. (1958). Attitudes established by classical conditioning. *Journal of Abnormal and Social Psychology, 57*, 37-40.
Stacy, R.D. & Loyd, B.H. (1990). An investigation of beliefs about smoking among diabetes patients : Information for improving cessation efforts. *Patient Education and Counseling, 15*, 181-189.
Stang, D.J. (1972). Conformity, ability, and self-esteem. *Representative Research in Social Psychology, 3*, 97-103.
Stansfeld, S. (2005, juin). *Work and mental health : Providing the evidence for intervention*. Conférence au 1ᵉʳ colloque canadien de recherche sur la santé mentale et le travail. Montréal.
Stapel, D.A. & Blanton, H. (2004). From seeing to being : Subliminal social comparisons affect implicit and explicit self-evaluations. *Journal of Personality and Social Psychology, 87*, 468-481.
Stapel, D.A. & Koomen, W. (2005). Competition, cooperation, and the effects of others on me. *Journal of Personality and Social Psychology, 6*, 1029-1038.
Stasser, G., Kerr, N.L. & Bray, R.M. (1982). The social psychology of jury deliberations : Structure, process, and product. Dans N.L. Kerr & R.M. Bray (dir.), *The psychology of the courtroom* (p. 221-256). New York : Academic Press.

Statistique Canada (2003a). L'écoute de la télévision : tableaux de données. *Document 87F0006XIF.* Ottawa.

Statistique Canada (2003b, mai). *Recensement de 2001 : série « analyse ». Les religions au Canada.* Extrait du site Web de Statistique Canada, le 2 septembre 2005 : <http://www.statcan.ca>.

Statistique Canada (2003c, juin). *Source et stress en milieu de travail.* Extrait du site Web de Statistique Canada, le 2 septembre : <http://www.statistique.ca>.

Statistique Canada (2004, avril). *Religions au Canada, recensement de 2001 (Religion et groupes d'âge pour la population).* Extrait du site Web de Statistique Canada, le 2 septembre 2005 : <http://www.statcan.ca>.

Statistique Canada. (2005). *Divorces.* Dans Internet : <http://www.statcan.ca>.

Staub, E. (1996). Cultural-societal roots of violence : The examples of genocidal violence and of contemporary youth violence in the United States. *American Psychologist, 51,* 117-132.

Staub, E. (1999). The roots of evil : Social conditions, culture, personality, and basic human needs. *Personality and Social Psychology Review, 3,* 179-192.

Staub, E. (2000). Genocide and mass killing : Origins, prevention, healing and reconciliation. *Political Sociology, 21(2),* 367-382.

Staub, E. (2003). *The psychology of good and evil : Why children, adults, and groups help and harm others.* Cambridge : Cambridge University Press.

Steblay, N.M. (1992). A meta-analytic review of the weapon focus effect. *Law and Human Behavior, 16,* 413-424.

Steck, L., Levitan, D., McLane, D. & Kelley, H.H. (1982). Care, need, and conceptions of love. *Journal of Personality and Social Psychology, 43,* 481-491.

Steele, C.M. (1988). The psychology of self-affirmation : Sustaining the integrity of the self. Dans L. Berkowitz (dir.), *Advances in experimental social psychology* (vol. 21, p. 261-302). New York : Academic Press.

Steele, C.M. (1997). A threat in the air : How stereotypes shape intellectual identity and performance. *American Psychologist, 52,* 613-629.

Steele, C.M. & Aronson, J.A. (2004). Stereotype threat does not live by Steele and Aronson (1995) alone. *American Psychologist, 59,* 47-55.

Steele, C.M., Southwick, L.L. & Critchlow, B. (1981). Dissonance and alcohol : Drinking your troubles away. *Journal of Personality and Social Psychology, 41,* 831-846.

Steers, R.M. & Porter, L.W. (1991). *Motivation and work.* New-York : McGraw-Hill.

Steil, J.M. (2000). Contemporary marriage : Still an unequal partnership. Dans C. Hendrick & S.S. Hendrick (dir.), *Close relationships. A sourcebook.* Londres : Sage.

Stein, K.F., Roeser, R. & Markus, H.R. (1998). Self-schemas and possible selves as predictors and outcomes of risky behaviors in adolescents. *Nursing Research, 47,* 96-106.

Stein, N.L. & Levine, L.J. (1999). The early emergence of emotional understanding and appraisal : Implications for theories of development. Dans T. Dalgleish & M.J. Power (dir.), *Handbook of cognition and emotion* (p. 383-408). New York : Wiley.

Steinbeck, K. (2005). Treatment options. *Best Practice and Research Clinical Endocrinology and Metabolism, 19,* 455-469.

Steiner, I.D. (1974). Whatever happened to the group in social psychology ? *Journal of Experimental Social Psychology, 10,* 94-108.

Stellmacher, J. & Petzel, T. (2005). Authoritarianism as a group phenomenon. *Political Psychology, 26,* 245-274.

Stephan, C.W., Stephan, W.G. & Pettigrew, T.F. (dir.) (1991). *The future of social psychology : Defining the relationship between sociology and psychology.* New York : Springer-Verlag.

Stephan, W.G. (1987). The contact hypothesis in intergroup relations. Dans C. Hendrick (dir.), *Review of personality and social psychology : Group processes and intergroup relations, 9,* 13-40. Newbury Park, Calif. : Sage.

Stephan, W.G. & Finlay, K. (1999). The role of empathy in improving intergroup relations. *Journal of Social Issues, 55,* 729-743.

Stephan, W.G. & Stephan, C.W. (1990). *The two social psychologies.* Pacific Grove, Calif. : Brooks/Cole.

Stephan, W.G. & Stephan, C.W. (2000). An integrated threat theory of prejudice. Dans S. Oskamp (dir.), *Reducing prejudice and discrimination* (p. 23-45). Mahwah, N.J. : Erlbaum.

Stephan, W.G., Ybarra, O., Martinez, C., Schwarzwald, J. & Tur-Kaspar, J. (1998). Prejudice toward immigrants to Spain and Israel : An integrated threat theory analysis. *Journal of Cross-Cultural Psychology, 29,* 559-576.

Stephenson, G. (1996). Applied social psychology. Dans M. Hewstone, W. Stroebe & G. Stephenson (dir.) (2ᵉ éd.), *Introduction to social psychology* (p. 565-605). Oxford, R.-U. : Blackwell.

Stern, L.D., Marrs, S., Millar, M.G. & Cole, E. (1984). Processing time and the recall of inconsistent and consistent behaviors of individuals and groups. *Journal of Personality and Social Psychology, 47,* 253-262.

Sternberg, R. (2005). There are no public-policy implications : A reply to Rushton and Jensen. *Psychology, Public Policy, and Law, 11,* 295-301.

Sternberg, R.J. (1986). A triangular theory of love. *Psychological Review, 93,* 119-135.

Sternberg, R.J. (1988). Triangulating love. Dans R.J. Sternberg & M.L. Barnes (dir.), *The psychology of love* (p. 119-138). New Haven, Conn. : Yale University Press.

Sternberg, R.J. (1998). *Cupid's arrow : The course of love through time.* Cambridge : Cambridge University Press.

Sternberg, R.J. & Barnes, M.L. (dir.) (1988). *The psychology of love* (p. 119-138). New Haven, Conn. : Yale University Press.

Sternberg, R.J. & Beall, A.E. (1991). How can we know what love is ? An epistemological analysis. Dans J.O. Fletcher & F.D. Fincham (dir.), *Cognition in close relationships* (p. 257-278). Hillsdale, N.J. : Erlbaum.

Sternberg, R.J. & Grajek, S. (1984). The nature of love. *Journal of Personality and Social Psychology, 47,* 312-329.

Sternberg, R.J., Grigorenko, E. & Kidd, K. (2005). Intelligence, race, and genetics. *American Psychologist, 60,* 46-59.

Stets, J.E. & Burke, P.J. (2003). A sociological approach to self and identity. Dans M.R. Leary & J.P. Tangney (dir.), *Handbook of self and identity* (p. 128-152). New York : Guilford.

Stevens, L.E. & Fiske, S.T. (1995). Motivation and cognition in social life : A social survival perspective. *Social Cognition, 13,* 189-214.

Stewart, T.L., Vassar, P.M., Sanchez, D.T. & David, S.E. (2000). Attitude toward women's societal roles moderates the effect of gender cues on target individuation. *Journal of Personality and Social Psychology, 79,* 143-157.

Stier, D.S. & Hall, J.A. (1984). Gender differences in touch : An empirical and theoretical review. *Journal of Personality and Social Psychology, 47,* 440-459.

Stogdill, H. (1974). *Handbook of leadership.* New York : Free Press.

Stone, A.A., Shiffman, S.S. & DeVries, M.W. (1999). Ecological momentary assessment. Dans D. Kahneman, E. Diener & N. Schwarz (dir.), *Well-being : The foundations of hedonic psychology* (p. 26-39). New York : Sage.

Stone, J. (1999). What exactly have I done ? The role of self-attribution accessibility in dissonance. Dans E. Harmon-Jones & J. Mills (dir.), *Cognitive dissonance : Process on a pivotal theory in social psychology* (p. 175-200). Washington, D.C. : American Psychological Association.

Stone, J. (2001). Behavioral discrepancies and construal processes in cognitive dissonance. Dans G. Moskowitz (dir.), *Cognitive social psychology : The Princeton symposium on the legacy and future of social cognition* (p. 41-58). Hillsdale, N.J. : Erlbaum.

Stone, J. (2002). Battling doubt by avoiding practice : The effects of stereotype threat on self-handicapping in white athletes. *Personality and Social Psychology Bulletin, 28,* 1667-1678.

Stone, J. (2003). Self-consistency for low self-esteem in dissonance processes : The role of self-esteem standards. *Personality and Social Psychology Bulletin, 29,* 846-858.

Stone, J. & Cooper, J. (2001). A self-standards model of cognitive dissonance. *Journal of Experimental Social Psychology, 37,* 228-243.

Stone, J., Wiegand, A.W., Cooper, J. & Aronson, E. (1997). When exemplification fails : Hypocrisy and the motive for self-integrity. *Journal of Personality and Social Psychology, 72,* 54-65.

Storms, M.D. (1973). Videotape and attribution process : Reversing actor's and observer's points of view. *Journal of Personality and Social Psychology, 27,* 165-175.

Storms, M.D., Denney, D.R., McCaul, K.D. & Lowery, C.R. (1979). Treating insomnia. Dans I.H. Frieze, D. Bar-Tal & J.S. Carroll (dir.), *New approaches to social problems : Application of attribution theory.* San Francisco, Calif. : Jossey-Bass.

Storms, M.D. & McCaul, K.D. (1976). Attribution processes and emotional exacerbation of dysfonctional behavior. Dans J.H. Harvey, W.J. Ickes & R.F. Kidd (dir.), *New directions in attribution research* (vol. 1, p 143-164). Hillsdale, N.J. : Erlbaum.

Storms, M.D. & Nisbett, R.E. (1970). Insomnia and the attribution process. *Journal of Personality and Social Psychology, 16,* 319-328.

Stouffer, S.A., Guttman, L., Suchman, E.A., Lazarsfeld, P.E., Star, S.A. & Clausen, J.A. (1950). *Measurement and prediction* (Studies in social psychology in World War II, vol. 4). Princeton, N.J. : Princeton University Press.

Stouffer, S.A., Lumsdaine, A.A, Lumsdaine, M.H., Williams, R.B., Jr., Smith, M.B., Janis, I.L., Star, S.A. & Cottrell, L.S., Jr. (1949). *The American soldier : Combat and its aftermath* (Studies in social psychology in World War II, vol. 2). Princeton, N.J. : Princeton University Press.

Stouffer, S.A., Suchman, E.A., DeVinney, L.C., Star, S.A. & Williams, R.B, Jr. (1949). *The American soldier : Adjustment during army life* (Studies in social psychology in World War II, vol. 1). Princeton, N.J. : Princeton University Presss.

Strack, F., Argyle, M. & Schwartz, N. (dir.) (1991). *Subjective well-being : An interdisciplinary perspective.* Elmsford, N.Y. : Pergamon.

Strack, S. & Coyne, J.C. (1983). Social information of dysphoria : Shared and private reactions to depression. *Journal of Personality and Social Psychology, 44(4),* 798-806.

Strawbridge, W., Shema, S., Cohen, R. & Kaplan, G. (2001). Religious attendance increases survival by improving and maintaining good health behaviors, mental health, and social relationships. *Annals of Behavioral Medicine, 23,* 63-74.

Street, R.L., Jr. (2001). Active patients as powerful communicators. Dans W.P. Robinson & H. Giles (dir.), *The new handbook of language and social psychology* (p. 271-284). Chichester, R.-U. : Wiley.

Strier, F. (1999). Whither trial consulting ? Issues and projections. *Law and Human Behavior, 23,* 93-115.

Stringer, C. (1991). L'émergence de l'homme moderne. *Pour la science, 160,* 54-61.

Stroebe, W. & Stroebe, M.S. (1995). *Social psychology and health.* Belmont, Calif. : Brooks/Cole.

Stroebe, W. & Stroebe, M.S. (1996). The social psychology of social support. Dans E.T. Higgins & A. Kruglanski (dir.), *Social psychology : Handbook of basic principles* (p. 597-621). New York : Guilford.

Stroebe, W., Stroebe, M., Abakoumkin, G. & Schut, H. (1996). The role of loneliness and social support in adjustment to loss : A test of attachment versus stress theory. *Journal of Personality and Social Psychology, 70,* 1241-1249.

Strohmetz, D.B., Rind, B., Fisher, R. & Lynn, M. (2002). Sweetening the pill : The use of candy to increase restaurant tipping. *Journal of Applied Social Psychology, 32,* 300-309.

Struch, N. & Schwartz, S.H. (1989). Intergroup agression : Its predictors and distinctness from ingroup bias. *Journal of Personality and Social Psychology, 56,* 364-373.

Struthers, C.W., Miller, D.L., Boudens, C.J. & Briggs, G.L. (2001). Effects of causal attributions on coworker interactions : A social motivation perspective. *Basic and Applied Social Psychology, 23,* 169-181.

Stukas, A.A., Jr. & Snyder, M. (2001). Target's awareness of expectations and behavioral confirmation in ongoing interactions. *Journal of Experimental Social Psychology, 38(1),* 31-40.

Stürmer, S., Snyder, M. & Omoto, A.M. (2005). Prosocial emotions and helping : The moderating role of group membership. *Journal of Personality and Social Psychology, 88,* 532-546.

Suedfeld, P. (2003). Specific and general attributional patterns of holocaust survivors. *Canadian Journal of Behavioural Science, 35,* 133-141.

Sullivan, H.S. (1953). *The interpersonal theory of psychiatry.* New York : Newton.

Suls, J. & Wallston, K.A. (dir.) (2005). *Social psychological foundations of health and illness.* Londres, R.-U. : Blackwell.

Suls, J. & Wan, C.K. (1987). In search of the false-uniqueness phenomenon : Fear and estimates of social consensus. *Journal of Personality and Social Psychology, 52,* 211-217.

Suls, J. & Wheeler, L. (dir.) (2000). *Handbook of social comparison : Theory and research.* New York : Plenum.

Sumner, W.G. (1906). *Folkways.* New York : Ginn.

Sussman, S.W. & Siegal, W.S. (2003). Informational influence in organizations : An integrated approach to knowledge adoption. *Information Systems Research, 14,* 47-65.

Suzuki, L. & Aronson, J. (2005). The cultural malleability of intelligence and its impact on the racial/ethnic hierarchy. *Psychology, Public Policy, and Law, 11,* 320-327.

Swann, W.B., Jr. (1984). Quest for accuracy in person perception : A matter of pragmatics. *Psychological Review, 91,* 457-477.

Swann, W.B., Jr. (1987). Identity negociation : Where two roads meet. *Journal of Personality and Social Psychology, 53*, 1038-1051.

Swann, W.B., Jr. (1999). *Resilient identities : Self, relationships, and the construction of social reality*. New York : Basic Books.

Swann, W.B., Jr., Bosson, J.K. & Pelham, B.W. (2002). Different partners, different selves : Strategic verification of circumscribed identities. *Personality and Social Psychology Bulletin, 28*, 1215-1228.

Swann, W.B., Jr. & Ely, R.J. (1984). A battle of wills : Self-verification versus behavioral confirmation. *Journal of Personality and Social Psychology, 46*, 1287-1302.

Swann, W.B., Jr. & Hill, C.A. (1982). When our identities are mistaken : Reaffirming self-conceptions through social interaction. *Journal of Personality and Social Psychology, 43*, 59-66.

Swann, W.B., Jr., Hixon, G.J. & De La Ronde, C. (1992). Embracing the bitter « truth » : Negative self-concepts and marital commitment. *Psychological Science, 3*, 118-121.

Swann, W.B., Jr., Pelham, B.W. & Chidester, T.R. (1988). Change through paradox : Using self-verification to alter beliefs. *Journal of Personality and Social Psychology, 54*, 268-273.

Swann, W.B., Jr. & Read, S.J. (1981). Acquiring self-knowledge : The search for feedback that fits. *Journal of Personality and Social Psychology, 41*, 1119-1128.

Swann, W.B., Jr., Rentfrow, P.J. & Guinn, J.S. (2003). Self-verification : The search for coherence. Dans M.R. Leary & J.P. Tangney (dir.), *Handbook of self and identity* (p. 367-383). New York : Guilford.

Swann, W.B., Jr. & Seyle, C. (2005). Personality psychology's comeback and its emerging symbiosis with social psychology. *Personality and Social Psychology Bulletin, 31*, 155-165.

Sweeney, J.C., Hausknecht, D. & Soutar, G.N. (2000). Cognitive dissonance after purchase : A multidimensional scale. *Psychology and Marketing, 17*, 369-385.

Sweeney, P.D., Anderson, K. & Bailey, S. (1986). Attribution style in depression : A meta-analytic review. *Journal of Personality and Social Psychology, 50*, 974-991.

Sweeney, P.D. & Gruber, K.L. (1984). Selective exposure : Voter information preferences and the Watergate affair. *Journal of Personality and Social Psychology, 46*, 1208-1221.

Swim, J.K. & Stangor, C. (dir.) (1998). *Prejudice : The target's perspective*. New York : Academic Press.

Symons, C.S. & Johnson, B.T. (1997). The self-reference effect in memory : A meta-analysis. *Psychological Bulletin, 121*, 371-394.

Tafarodi, R.W. (1998). Paradoxical self-esteem and selectivity in processing of social information. *Journal of Personality and Social Psychology, 74*, 1181-1196.

Tafarodi, R.W., Marshall, T.C. & Milne, A.B. (2003). Self-esteem and memory. *Journal of Personality and Social Psychology, 84*, 29-45.

Tafarodi, R.W. & Milne, A.B. (2002). Decomposing global self-esteem. *Journal of Personality, 70*, 443-483.

Tafarodi, R.W., Tam, J. & Milne, A.B. (2001). Selective memory and the persistence of paradoxical self-esteem. *Personality and Social Psychology Bulletin, 27*, 1179-1189.

Taggar, S. & Neubert, M. (2004). The impact of poor performers on team outcomes : An empirical examination of attribution theory. *Personnel Psychology, 57*, 935-968.

Taguieff, P.A. (1987). *La force du préjugé : essai sur le racisme et ses doubles*. Paris : La Découverte.

Taguieff, P.A. (1997). *Le racisme*. Paris : Dominos-Flammarion.

Tajfel, H. (1972). La catégorisation sociale. Dans S. Moscovici (dir.), *Introduction à la psychologie sociale* (vol. 1). Paris : Larousse.

Tajfel, H. (1974). Social identity and intergroup behavior. *Social Science Information, 13*, 65-93.

Tajfel, H. (1978a). *Differentiation between social groups*. Londres, R.-U. : Academic Press.

Tajfel, H. (1978b). The achievement of group differentiation. Dans H. Tajfel (dir.), *Differentiation between social groups : Studies in the social psychology of intergroup relations*, (p. 77-100). Londres, R.-U. : Academic Press.

Tajfel, H. (1978c). *The social psychology of minorities*. Londres, R.-U. : Minority Rights Press.

Tajfel, H. (1979). Individuals and groups in social psychology. *British Journal of Social and Clinical Psychology, 18*, 183-190.

Tajfel, H. (1981). *Human groups and social categories*. Cambridge : Cambridge University Press.

Tajfel, H. (1982). Social psychology of intergroup relations. *Annual Review of Psychology, 33*, 1-39.

Tajfel, H. (1984). Intergroup relations, social myths, and social justice in social psychology. Dans H. Tajfel (dir.), *The social dimension : European developments in social psychology* (p. 695-715). Cambridge : Cambridge University Press.

Tajfel, H., Flament, C., Billig, M.G. & Bundy, R.P. (1971). Social categorisation and intergroup behavior. *European Journal of Social Psychology, 1*, 149-178.

Tajfel, H. & Turner, J.C. (1979). An integrative theory of intergroup conflict. Dans W.G. Autin & S. Worchel (dir.), *The social psychology of intergroup relations* (p. 33-47). Monterey, Calif. : Brooks/Cole.

Tajfel, H. & Turner, J.C. (1986). The social identity theory of intergroup behavior. Dans S. Worchel & W.G. Autin (dir.), *The psychology of intergroup relations* (p. 7-24). Chicago, Ill. : Nelson-Hall.

Tang, S.H. & Hall, V.C. (1995). The overjustification effect : A meta-analysis. *Applied Cognitive Psychology, 9*, 365-404.

Tangney, J.P. (2003). Self-relevant emotions. Dans M.R. Leary & J.P. Tangney (dir.), *Handbook of self and identity*. New York : Guilford.

Tangney, J.P., Baumeister, R.F. & Boone, A.L. (2004). High self-control predicts good adjustment, less pathology, better grades, and interpersonal success. *Journal of Personality, 72*, 271-322.

Tangney, J.P. & Dearing, R.L. (2002). *Shame and guilt*. New York : Guilford.

Tarabulsy, G., Larose, S., Pederson, D.R. & Moran, G. (dir.) (2000). *Attachement et développement : Le rôle des premières relations dans le développement humain*. Sainte-Foy, Québec : Presses de l'Université du Québec.

Tarde, G. (1903). *The laws of imitation*. New York : Holt. (Édition originale publiée en 1890).

Taylor, D.M. & Brown, R.J. (1979). Towards a more social social psychology ? *British Journal of Social and Clinical Psychology, 18*, 173-180.

Taylor, D.M. & Clément, R. (1974). Normative reactions to styles of Quebec French. *Anthropological Linguistics, 16*, 202-217.

Taylor, D.M., Doria, J. & Tyler, J.K. (1983). Group performance and cohesiveness : An attribution analysis. *Journal of Social Psychology, 119*, 187-198.

Taylor, D.M. & Dubé, L. (1986). Two faces of identity : The « I » and the « We ». *Journal of Social Issues, 42*, 81-98.

Taylor, D.M. & Jaggi, V. (1974). Ethnocentrism and causal attribution in a South Indian context. *Journal of Cross-Cultural Psychology, 23*, 291-300.

Taylor, D.M. & Louis, W. (2004). Terrorism and the quest for identity. Dans A.J. Marsella & F. Mooghaddam (dir.), *Understanding terrorism : Psychological roots, consequences, and interventions* (p. 169-185). Washington, D.C. : American Psychological Association.

Taylor, D.M. & Moghaddam, F.M. (1994). *Theories of intergroup relations : International social psychological perspectives* (2e éd.). Westport, Conn. : Praeger.

Taylor, D.M., Wright, S.C., Moghaddam, F.M. & Lalonde, R.N. (1990). The personal/group discrimination discrepancy : perceiving my group, but not myself, to be a target for discrimination. *Personality and Social Psychology Bulletin, 16*, 254-262.

Taylor, S.E. (1981). A categorization approach to stereotyping. Dans D.L. Hamilton (dir.), *Cognitive processes in stereotyping and intergroup behavior* (p. 83-114). Hillsdale, N.J. : Erlbaum.

Taylor, S.E. (1990). Health psychology : The science and the field. *American Psychologist, 45*, 40-50.

Taylor, S.E. (1991). Health psychology : The science and the field. Dans R.S.E. Lazarus & A.E. Monat (dir.), *Stress and coping : An anthology* (3e éd., p. 62-80). New York : Columbia University Press.

Taylor, S.E. (1998). The social being in social psychology. Dans D.T. Gilbert, S.T. Fiske & G. Lindzey (dir.), *The handbook of social psychology* (4e éd., vol. 1, p. 58-95). New York : McGraw-Hill.

Taylor, S.E. (2002). *Health psychology* (5e éd.). New York : McGraw-Hill.

Taylor, S.E. & Brown, J.D. (1988). Illusion and well-being : A social-psychological perspective on mental health. *Psychological Bulletin, 103*, 193-210.

Taylor, S.E. & Brown, J.D. (1994). Positive illusions and well-being revisited : Separating fact from fiction. *Psychological Bulletin, 116*, 21-27.

Taylor, S.E. & Fiske, S.T. (1978). Salience, attention, and attribution : Top of the head phenomena. Dans L. Berkowitz (dir.), *Advances in experimental social psychology* (vol. 11, p. 249-288). New York : Academic Press.

Taylor, S.E., Kemeny, M.E., Reed, G.M., Bower, J.E. & Gruenerwald, T.L. (2000). Psychological resources, positive illusions and health. *American Psychologist, 55*, 99-109.

Taylor, S.E., Lerner, J.S., Sage, R.M., Lehman, B.J. & Seeman, T.E. (2004). Early environment, emotions, responses to stress and health. *Journal of Personality, 72*, 1365-1393.

Taylor, S.E., Lerner, J.S., Sherman, D.K., Sage, R.M. & Mcdowell, N.K. (2003). Portrait of the self-enhancer : Well adjusted and well liked of maladjusted and friendless ? *Journal of Personality and Social Psychology, 84*, 165-176.

Taylor, S.E., Lichtman, R.R. & Wood, J.V. (1984). Attributions, beliefs about control, and ajustment to breast cancer. *Journal of Personality and Social Psychology, 46*, 489-502.

Taylor, S.E., Sherman, D.K., Kim, H.S., Jarcho, J., Takagi, K. & Dunagan, M.S. (2004). Culture and social support : Who seeks it and why ? *Journal of Personality and Social Psychology, 87*, 354-362.

Tchoryk-Pelletier, P. (1989). *L'adaptation des minoritiés ethniques*. Montréal : Cégep de Saint-Laurent.

Tedeschi, J.T., Schlenker, B.R. & Bonoma, T.V. (1971). Cognitive dissonance : Private ratiocination or public spectacle ? *American Psychologist, 26*, 685-695.

Tennen, H. & Affleck, G. (1990). Blaming others for threatening events. *Psychological Bulletin, 108*, 209-232.

Tennen, H., Affleck, G. & Gershman, K. (1986). Self-blame among parents of infant with perinatal complications : The role of self-protective motives. *Journal of Personality and Social Psychology, 50*, 1174-1185.

Tennov, D. (1979). *Love and limerence : The experience of being in love*. New York : Stein and Day.

Tennov, D. (1998). Love madness. Dans V.C.D. Munck (dir.), *Romantic love and sexual behavior : Perspectives from the social sciences* (p. 77-88). Westport, Conn. : Praeger.

Termote, P. & Gauvreau, D. (1988). *La situation démolinguistique au Québec*. Québec : Conseil de la langue française.

Tesser, A. (1978). Self-generated attitude change. Dans L. Berkowitz (dir.), *Advances in experimental social psychology* (vol. 11, p. 181-227). New York : Academic Press.

Tesser, A. (1988). Toward a self-evaluation maintenance model of social behavior. Dans L. Berkowitz (dir.), *Advances in experimental social psychology* (vol. 21, p. 181-227). New York : Academic Press.

Tesser, A. (1993). The importance of heritability in psychological research : The case of attitudes. *Psychological Review, 100*, 129-142.

Tesser, A. (2001). On the plasticity of self-defense. *Current Directions in Psychological Science, 10*, 66-69.

Tesser, A. & Jopp Bau, J. (2002). Social psychology : Who we are and what we do. *Personality and Social Psychology Review, 6*, 72-85.

Tesser, A. & Smith, J. (1980). Some effects of task relevance and friendship on helping : You don't always help the one you like. *Journal of Experimental Social Psychology, 16*, 582-590.

Testé, B. (2001). Perspective socionormative sur la polarisation de groupe : effets du consensus dans le cadre d'une activité de détection d'utilité sociale. *Revue internationale de psychologie sociale, 14*, 91-129.

Tetlock, P.E. (1983). Accountability and the perseverance of first impressions. *Social Psychology Quarterly, 46*, 285-292.

Tetlock, P.E. (1984). Cognitive style and political belief systems in the British House of Commons. *Journal of Personality and Social Psychology, 46*, 365-375.

Tetlock, P.E. (1989). Structure and function in political belief systems. Dans A.R. Pratkanis, S.J. Breckler & A.G. Greenwald (dir.), *Attitude, structure and function* (p. 129-151). Hillsdale, N.J. : Erlbaum.

Tetlock, P.E. & Boettger, R. (1994). Accountability amplifies the status quo effect when change creates victims. *Journal of Behavioral Decision Making, 7*, 1-23.

Tetlock, P.E. & Levi, A. (1982). Attribution bias : On the inconclusiveness of the cognition-motivation debate. *Journal of Experimental Social Psychology, 18*, 68-88.

Tetlock, P.E., Peterson, R.S. & Lerner, J.S. (1996). Revising the value pluralism model : Incorporating social content and context postulates. Dans C. Seligman, J.M. Olson & M.P. Zanna (dir.), *The psychology of values : The Ontario symposium* (vol. 8, p. 25-51). Mahwah, N.J. : Erlbaum.

Tett, R.P. & Gutterman, H.A. (2000). Situation trait relevance, trait expression, and cross-situational consistency : Testing a principle of trait activation. *Journal of Research in Personality, 34,* 397-423.

Thibaut, J.W. & Kelley, H.H. (1959). *The social psychology of groups.* New York : Wiley.

Thibaut, J.W. & Walker, L. (1975). *Procedural justice : A psychological analysis.* Hillsdale, N.J. : Erlbaum.

Thomas, D.S. (1929). Some new techniques for studying social behavior. *Child Development Monographs* (Nº 1). New York : Teachers College.

Thomsen, C.J., Lavine, H. & Kounios, J. (1996). Social value and attitude concepts in semantic memory : Relational structure, concept strength, and the fan effect. *Social Cognition, 14,* 191-225.

Thorngate, W. (1990). The economy of attention and the development of psychology. *Canadian Psychology, 31,* 262-271.

Thornton, B. & Moore, S. (1993). Physical attractiveness contrast effect : Implications for self-esteem and evaluations of the social self. *Personality and Social Psychology Bulletin, 19,* 374-380.

Thurstone, L.L. (1928). Attitudes can be measured. *American Journal of Sociology, 33,* 529-554.

Thurstone, L.L. (1931). The measurement of attitudes. *Journal of Abnormal and Social Psychology, 26,* 249-269.

Thurstone, L.L. & Chave, E.J. (1929). *The Measurement of attitude.* Chicago, Ill. : University of Chicago Press.

Tice, D.M. & Baumeister, R.F. (1997). Longitudinal study of procrastination, performance, stress, and health : The costs and benefits of dawdling. *Psychological Science, 8,* 454-458.

Tice, D.M. & Wallace, H.M. (2003). The reflected self : Creating yourself as (you think) others see you. Dans M.R. Leary & J.P. Tangney (dir.), *Handbook of self and identity* (p. 91-105). New York : Guilford.

Tidwell, M.C.O., Reis, H.T. & Shaver, P.R. (1996). Attachment, attractiveness, and social interaction : A diary study. *Journal of Personality and Social Psychology, 71,* 729-745.

Tiedens, L.Z. & Fragale, A.R. (2003). Power moves : Complementarity in dominant and submissive behaviour. *Journal of Personality and Social Psychology, 84,* 558-568.

Tilker, H.A. (1970). Socially responsible behavior as a function of observer responsibility and victim feedback. *Journal of Personality and Social Psychology, 14,* 95-100.

Till, B.D. & Priluck, R.L. (2000). Stimulus generalization in classical conditioning : An initial investigation and extension. *Psychology and Marketing, 17,* 55-72.

Timko, C. & Janoff-Bulman, R. (1985). Attributions, vulnerability, and psychological adjustment : The case of breast cancer. *Health Psychology, 4,* 521-544.

Tinbergen, N. (1968). On war and peace in animals and man. *Science, 160,* 1411-1418.

Todd, M., Tennen, H., Carney, M.A., Armeli, S. & Affleck, G. (2004). Do we know how we cope ? Relating daily coping reports to global and time-limited retrospective assessments. *Journal of Personality and Social Psychology, 86,* 310-319.

Todorov, T. (1996). *L'homme dépaysé.* Paris : Seuil.

Tomakowsky, J., Lumley, M.A., Markowitz, N. & Frank, C. (2001). Optimistic explanatory style and dispositional optimism in HIV-infected men. *Journal of Psychosomatic Research, 51,* 577-587.

Tomassello, M. & Rakoczy, H. (2003). What makes human cognition unique ? From individual to shared to collective intentionality. *Mind and Language, 18,* 121-147.

Tomkins, S.S. (1962). *Affect, imagery, consciousness, the positive affects* (vol. 1). New York : Springer.

Tomkins, S.S. (1963). *Affect, imagery, consciousness, the negative affects* (vol. 2). New York : Springer.

Tooby, J. & Cosmides, L. (1990). The past explains the present : Emotional adaptations and the structure of ancestral environments. *Ethology and Sociobiology, 11,* 375-424.

Tooke, W. & Camire, W. (1991). Patterns of deception in intersexual and intrasexual mating stategies. *Ethology and Sociobiology, 12,* 345-364.

Tormala, Z.L. & Petty, R.E. (2004a). Resistance to persuasion and attitude certainty : The moderating role of elaboration. *Personality and Social Psychology Bulletin, 30,* 1446-1457.

Tormala, Z.L. & Petty, R.E. (2004b). Source credibility and attitude certainty : A metacognitive analysis of resistance to persuasion. *Journal of Consumer Psychology, 14,* 427-442.

Tornqvist, J.S., Anderson, D.E. & DePaulo, B.M. (2001). Deceiving. Dans W.P. Robinson & H. Giles (dir.), *The new handbook of language and social psychology* (p. 271-284). Chichester, R.-U. : Wiley.

Tougas, F. & Beaton, A.M. (2002). Personal and group relative deprivation : Connecting the « I » to the « We ». Dans I. Walker & H.J. Smith (dir.), *Relative deprivation* (p. 119-135). Cambridge : Cambridge University Press.

Tougas, F., Beaton, A.M., Joly, S. & St-Pierre, L. (1998). Préjugés racistes et évaluation négative des programmes d'accès à l'égalité et de leurs bénéficiaires. *Revue canadienne des sciences administratives, 15,* 245-254.

Tougas, F., Beaton, A.M. & Veilleux, F. (1991). Why women approve of affirmative action : The study of a predictive model. *International Journal of Psychology, 26,* 761-776.

Tougas, F., Brown, R., Beaton, A.M. & Joly, S. (1995). Neosexism : plus ça change, plus c'est pareil. *Personality and Social Psychology Bulletin, 21,* 842-849.

Tougas, F., Desruisseaux, J.-C., Desrochers, A., St-Pierre, L., Perrino, A. & De la Sablonnière, R. (2004). Two forms of racism and their related outcomes : The bad and the ugly. *Canadian Journal of Behavioural Science, 36,* 177-189.

Tougas, F., Dubé, L. & Veilleux, F. (1987). Privation relative et programme d'action positive. *Revue canadienne des sciences du comportement, 19,* 167-177.

Tougas, F. & Veilleux, F. (1988). The influence of identification, collective relative deprivation, and procedure of implementation on women's response to affirmative action : A causal modeling approach. *Canadian Journal of Behavioural Sciences, 20,* 15-28.

Tougas, F. & Veilleux, F. (1989). Who likes affirmative action : Attitudinal processes among men and women. Dans F.A. Blanchard & F.J. Crosby (dir.), *Affirmative action in perspective* (p. 111-124). New York : Springer-Verlag.

Tougas, F. & Veilleux, F. (1991). L'accès à l'égalité en emploi : rétrospective et perspectives d'avenir. *Journal of Psychiatry and Neuroscience, 16,* 166-169.

Tougas, F. & Veilleux, F. (1992). Quelques déterminants des réactions des hommes et des femmes à l'action positive. *Revue québécoise de psychologie, 13,* 128-139.

Tracy, J.L., Shaver, P.R., Albino, A.W. & Cooper, M.L. (2003). Attachment styles and adolescent sexuality. Dans P. Florsheim (dir.), *Adolescent romance and sexual behavior : Theory, research, and practical implications* (p. 137-159). Mahwah, N.J. : Erlbaum.

Tracy, K. (1990). The many faces of facework. Dans H. Giles & W.P. Robinson (dir.), *Handbook of language and social psychology* (p. 209-226). Chichester, R.-U. : Wiley.

Trapnell, P.D. & Campbell, J.D. (1999). Private self-consciousness and the five-factor model of personality : Distinguishing rumination from reflection. *Journal of Personality and Social Psychology, 76,* 284-304.

Tremblay, C., Kirouac, G. & Doré, F.Y. (1987). The recognition of adults' and children's facial expressions of emotion. *Journal of Psychology, 121,* 341-350.

Tremblay, E., Senécal, C. & Rinfret, N. (2001). Survivre à la décroissance de son organisation : Une question de justice organisationnelle et de motivation. *Psychologie du travail et des organisations, 3,* 127-149.

Tremblay, M.-C. (2002). Des statistiques sur les femmes qui en disent long. *Le Bloc-Notes, 5*(10), 1-2.

Tremblay, R.E., Boulerice, B., Harden, P.W., McDuff, P., Pérusse, D., Pihl, R.O. & Zoccolillo, M. (1996). Do children in Canada become more aggressive as they approach adolescence ? Dans Human Resources Development Canada and Statistics Canada (dir.), *Growing up in Canada : National longitudinal survey of children and youth* (p. 127-137). Ottawa, Ont. : Statistique Canada.

Tremblay, R.E., Japel, C., Pérusse, D., Boivin, M., Zoccolillo, M., Montplaisir, J. & McDuff, P. (1999). The search for the age of « onset » of physical aggression : Rousseau and Bandura revisited. *Criminal Behaviour and Mental Health, 9,* 24-39.

Tremblay, R.E. & Nagin, D.S. (2005). The developmental origins of physical aggression in humans. Dans R.E. Tremblay, W. Hartup & J. Archer (dir.), *Developmental origins of aggressive behaviour* (p. 83-106). New York : Guilford.

Triandis, H.C. (1995). *Individualism and collectivism. New directions in social psychology.* Boulder, Colo. : Westview Press.

Triplett, N. (1897/1898). The dynamogenic factors in pacemaking and competition. *American Journal of Psychology, 9,* 507-533.

Trivers, R.L. (1971). The evolution of reciprocal altruism. *Quality Review of Biology, 46,* 35-57.

Trivers, R.L. (1972). Parental investment and sexual selection. Dans B. Campbell (dir.), *Sexual selection and the descent of man : 1871-1971* (p. 136-179). Chicago, Ill. : Aldine de Gruyher.

Trope, Y. (1980). Self-assessment, self-enhancement, and taste preference. *Journal of Experimental Social Psychology, 16,* 116-129.

Trope, Y. (1983). Self-assessment in achievement behavior. Dans J. Suls & A.G. Greenwald (dir.), *Psychological perspectives on the self* (vol. 2, p. 93-122). Hillsdale, N.J. : Erlbaum.

Trope, Y. (1986). Identification and inferential processes in dispositional attribution. *Psychological Review, 93,* 239-257.

Trope, Y. & Alfieri, T. (1997). Effortfulness and flexibility of dispositional inference processes. *Journal of Personality and Social Psychology, 73,* 662-675.

Trope, Y. & Ben-Yair, E. (1982). Task construction and persistence as means for self-assessment of abilities. *Journal of Personality and Social Psychology, 42,* 637-645.

Trope, Y. & Gaunt, R. (2000). Processing alternative explanations of behavior : Correction or integration. *Journal of Personality and Social Psychology, 79,* 344-354.

Trope, Y. & Liberman, N. (2003). Temporal construal. *Psychological Review, 110,* 403-421.

Trope, Y. & Mackie, D.M. (1987). Sensitivity to alternatives in social hypothesis-testing. *Journal of Experimental Social Psychology, 23,* 445-459.

Trope, Y. & Neter, E. (1994). Reconciling competing motives in self-evaluation : The role of self-control in feedback seeking. *Journal of Personality and Social Psychology, 66,* 646-657.

Tropp, L.R. & Wright, S.C. (1999). Ingroup identification and relative deprivation : An examination across multiple social comparisons. *European Journal of Social Psychology, 29,* 707-724.

Trottier, C. (1983). Le processus de socialisation à l'école. Dans R. Cloutier, J. Moisset & R. Ouellet (dir.), *Analyse sociale de l'éducation* (p. 87-104). Montréal : Boréal Express.

Trudel, M. & D'Allaire, M. (2004). *Deux siècles d'esclavage au Québec.* Montréal : Éditions Hurtubise HMH.

Trzebinski, J. & Richards, K. (1986). The role of goal categotries in person impression. *Journal of Experimental Social Psychology, 22,* 216-227.

Trzesniewski, K.H., Donnellan, M.B. & Robins, R.W. (2003). Stability of self-esteem across the life span. *Journal of Personality and Social Psychology, 84,* 205-220.

Tsai, W.C., Chen, C.C. & Chiu, S.F. (2005) Exploring boundaries of the effects of applicant impression management tactics in job interviews. *Journal of Management, 31,* 108-125.

Tugade, M.M. & Fredrickson, B.L. (2004). Resilient individual use positive emotions to bounce back from negative emotional experience. *Journal of Personality and Social Psychology, 86,* 320-333.

Turner, J.C. (1980). Fairness or discrimination in intergroup behavior : A reply to Branthwaite, Doyle and Lightbown. *European Journal of Social Psychology, 10,* 131-147.

Turner, J.C. (1981). The experimental social psychology of intergroup behaviour. Dans J.C. Turner & H. Giles (dir.), *Intergroup behaviour* (p. 53-78). Oxford, R.-U. : Blackwell.

Turner, J.C. (1982). Towards a cognitive redefinition of the social group. Dans H. Tajfel (dir.), *Social identity and intergroup relations* (p. 15-40). Cambridge : Cambridge University Press.

Turner, J.C. (1985). Social categorization and the self concept : A social theory of group behavior. Dans E.J. Lawler (dir.), *Advances in group processes* (vol. 2, p. 71-122). Greenwich, Conn. : JAI Press.

Turner, J.C. (1991). *Social influence.* Pacific Grove, Calif. : Brooks/Cole.

Turner, J.C. (1995). Autocatégorisation et influence sociale. Dans G. Mugny, D. Oberlé & J.-L. Beauvois (dir.), *Relations humaines, groupes et influence sociale* (p. 210-213). Grenoble : Presses universitaires de Grenoble.

Turner, J.C. (2005). Explaining the nature of power. *European Journal of Social Psychology, 35,* 1-22.

Turner, J.C. & Bourhis, R.Y. (1996). Social identity, interdependence and the social group : A reply to Rabbie *et al.* Dans W.P. Robinson (dir.), *Social groups and identities : Developing the legacy of Henri Tajfel* (p. 25-63). Oxford, R.-U. Butterworth/Heinemann.

Turner, J.C. & Brown, R.J. (1978). Social status, cognitive alternatives and intergroup relations. Dans H. Tajfel (dir.), *Differentiation between social groups : Studies in the social psychology of intergroup relations* (p. 201-234). Londres, R.-U. : Academic Press.

Turner, J.C., Hogg, M.A., Oakes, P.J., Reicher, S.D. & Wetherell, M.S. (1987). *Rediscovering the social group : A self-categorization theory*. Oxford, R.-U. : Blackwell.

Turner, J.C, Hogg, M.A., Oakes, P.J. & Smith, P.M. (1984). Failure and defeat as determinants of group cohesiveness. *British Journal of Social Psychology*, 23, 97-111.

Turner, J.C., Oakes, P.J., Haslam, S.A. & McGarty, C. (1994). Self and collective : Cognition and social context. *Personality and Social Psychology Bulletin*, 20, 454-463.

Turner, J. C. & Reynolds, K. J. (2001). The social identity perspective in intergroup relations : Theories, themes, and controversies. Dans R. Brown & S. Gaertner (dir.), *Blackwell handbook of social psychology : Intergroup processes* (p. 133-152). Malden, Mass. : Blackwell.

Turner, J.C. & Reynolds, K.J. (2003). Why social dominance theory has been falsified. *British Journal of Social Psychology*, 42, 199-206.

Turner, J.C., Wetherell, M.A. & Hogg, M.S. (1989). Referent informational influence and group polarization. *British Journal of Social Psychology*, 28, 135-147.

Turnley, W.H. & Bolino, M.C. (2001). Achieving desired images while avoiding undesired images : Exploring the role of self-monitoring in impression management. *Journal of Applied Psychology*, 86, 351-360.

Tversky, A. & Kahneman, D. (1973). Availability : A heuristic for judging frequency and probability. *Cognitive Psychology*, 5, 207-232.

Tversky, A. & Kahneman, D. (1974). Judgment under uncertainty : Heuristics and biases. *Science*, 185, 1124-1131.

Twenge, J.M., Catanese, K.R. & Baumeister, R.F. (2002). Social exclusion causes self-defeating behavior. *Journal of Personality and Social Psychology*, 83, 606-615.

Tyler, T.R. (2001). Social justice. Dans R. Brown & S. Gaertner (dir.), *Blackwell handbook of social psychology : Intergroup processes* (p. 344-364). Malden, Mass. : Blackwell.

Tyler, T.R. & Boeckmann, R.J. (1997). Three strikes and you are out, but why ? The psychology of public support for punishing rule breakers. *Law and Society Review*, 31, 237-265.

Tyler, T.R. & Schuller, R.A. (1991). Aging and attitude change. *Journal of Personality and Social Psychology*, 61, 689-697.

Uchino, B.N. (2004). *Social support and physical health : Understanding the health consequences of relationships*. New Haven, Conn. : Yale University Press.

Uchino, B.N., Cacioppo, J.T. & Kiecolt-Glaser, J.K. (1996). The relationship between social support and physiological processes : A review with emphasis on underlying mechanisms and implications for health. *Psychological Bulletin*, 119, 488-531.

Umberson, D. (1992). Gender, marital status, and the social control of health behavior. *Social Science and Medicine*, 34, 907-917.

Underwood, M., Galen, B.R. & Paquette, J.A. (2001). Top ten challenges for understanding gender and aggression in children : Why can't we all just get along ? *Social Development*, 10, 248-266.

UNESCO (1969). *Race and science*. New York : Columbia Press.

Urban, L.M. & Miller, N.M. (1998). A meta-analysis of crossed categorization effects. *Journal of Personality and Social Psychology*, 74, 894-908.

Urdan, T. (2004). Predictors of academic self-handicapping and achievement : Examining achievement goals, classroom goal structures, and culture. *Journal of Educational Psychology*, 96, 251-264.

Vaillancourt, T. (2005). Indirect aggression among humans. Social construct or evolutionary adaptation. Dans R.E. Tremblay, W. Hartup & J. Archer (dir.), *Developmental origins of aggressive behaviour* (p. 158-177). New York : Guilford Press.

Vaillant, G.E. (1992). *Ego mechanisms of defense : A guide for clinicians and researchers*. Washington, D.C. : American Psychological Association.

Valentine, M.E. (1980). The attenuating influence of gaze upon the bystander intervention effect. *Journal of Social Psychology*, 11, 197-203.

Valins, D. (1966). Cognitive effects of false heart-attack feedback. *Journal of Personality and Social Psychology*, 4, 400-408.

Valins, S. (1972). Persistent effects of information about internal reactions : Ineffectivness of debriefing. Dans R.H. London & R.E. Nisbett (dir.), *The cognitive alteration of feeling states* (p. 116-140). Chicago, Ill. : Aldine.

Valle, P.O.D., Rebelo, E., Reis, E. & Menzes, J. (2005). Combining behavioral theories to predict recycling involvement. *Environment and Behavior*, 37, 364-396.

Vallerand, R.J. (1985). Vers une intégration de la perspective attributionnelle à la psychologie sociale appliquée : dangers, critiques et recommandations de recherches futures. *Revue québécoise de psychologie*, 6, 114-139.

Vallerand, R.J. (1987). Antecedents of self-related affects in sport : Preliminary evidence on the intuitive-reflective appraisal model. *Journal of Sport Psychology*, 9, 161-182.

Vallerand, R.J. (1994). Les attributions en psychologie sociale. Dans R.J. Vallerand (dir.), *Les fondements de la psychologie sociale* (p. 259-326). Boucherville : Gaëtan Morin Éditeur.

Vallerand, R.J. (1997). Toward a hierarchical model of intrinsic and extrinsic motivation. Dans M.P. Zanna (dir.), *Advances in Experimental Social Psychology* (p. 271-360). New York : Academic Press.

Vallerand, R.J. (2001). A hierarchical model of intrinsic and extrinsic motivation in sport and exercise. Dans G. Roberts (dir.) ,*Advances in motivation in sport and exercise* (p. 263-319). Champaign, Ill. : Human Kinetics.

Vallerand, R.J. (2004). Intrinsic motivation in sport. Dans C. Spielberger (dir.), *Encyclopedia of applied psychology* (vol. 2, p. 427-436). San Diego, Calif. : Academic Press.

Vallerand, R.J. & Bissonnette, R. (1992). Intrinsic, extrinsic, and amotivational styles as predictors of behavior : A prospective study. *Journal of Personality*, 60, 599-620.

Vallerand, R.J. & Blanchard, C. (1998). Motivation et éducation permanente : Contributions du modèle hiérarchique de la motivation intrinsèque et extrinsèque. *Éducation permanente*, 136, 15-36.

Vallerand, R.J. & Blanchard, C. (2000). The study of emotions in sport and exercise : Historical, definitional, and conceptual perspectives. Dans Y. Hanin (dir.), *Emotions in sports* (p. 3-37). Champaign, Ill. : Human Kinetics.

Vallerand, R.J., Blanchard, C., Mageau, G.A., Koestner, R., Ratelle, C.F., Léonard, M., Gagné, M. & Marsolais, J. (2003). Les passions de l'âme : On obsessive and harmonious passion. *Journal of Personality and Social Psychology*, 85, 756-767.

Vallerand, R.J. & Bouffard, L. (1985). Concepts et théories en attribution. *Revue québécoise de psychologie*, 6, 45-65.

Vallerand, R.J., Deshaies, P., Cuerrier, J-P., Pelletier, L.C. & Mongeau, C. (1992). Ajzen and Fishbein's theory of reasoned action as applied to moral behavior : A confirmatory analysis. *Journal of Personality and Social Psychology*, 62, 98-109.

Vallerand, R.J., Fortier, M.S. & Guay, F. (1997). Self-determination and persistence in a real-life setting : Toward a motivational model of high school dropout. *Journal of Personality and Social Psychology*, 72, 1161-1176.

Vallerand, R.J., Gagné, F., Senécal, C.B. & Pelletier, L.G. (1994). A comparison of the school intrinsic motivation and perceived competence of gifted and regular students. *Gifted Child Quarterly*, 38, 172-175.

Vallerand, R.J., Gauvin, L.I. & Halliwell, W.R. (1986). Effects of zero sum competition on children's intrinsic motivation and perceived competence. *Journal of Social Psychology*, 126, 465-472.

Vallerand, R.J. & Grouzet, F.M.E. (2001). Pour un modèle hiérarchique de la motivation intrinsèque et extrinsèque dans les pratiques sportives et l'activité physique. Dans F. Cury, P. Sarrazin & J.-P. Famose (dir.), *Théories de la motivation et pratiques sportives : états de la recherche* (p. 57-95). Paris : Presses universitaires de France.

Vallerand, R.J., Guay, F. & Blanchard, C. (2000). Les méthodes de mesure verbales en psychologie. Dans R.J. Vallerand & U. Hess (dir.), *Méthodes de recherche en psychologie* (p. 241-286). Montréal : Gaëtan Morin Éditeur.

Vallerand, R.J. & Halliwell, W.R. (1983). Formulations théoriques contemporaines en motivation intrinsèque : revue et critiques. *Psychologie canadienne*, 24, 243-256.

Vallerand, R.J. & Hess, U. (dir.) (2000). *Méthodes de recherche en psychologie*. Boucherville : Gaëtan Morin Éditeur.

Vallerand, R.J. & Houlfort, N. (2003). Passion at work : Toward a new conceptualization. Dans D. Skarlicki, S. Gilliland & D. Steiner (dir.), *Social issues in management : Emerging perspectives of values in organizations* (vol. 3, p. 175-204). Greenwich, Conn. : Information Age Publishing.

Vallerand, R.J. & Losier, G.F. (1994). Le soi en psychologie sociale : Perspectives classiques et contemporaines. Dans R.J. Vallerand (dir.), *Les fondements de la psychologie sociale* (p. 121-192). Boucherville, Québec : Gaëtan Morin Éditeur.

Vallerand, R.J. & Losier G.F. (1999). An integrative analysis of intrinsic and extrinsic motivation in sport. *Journal of Applied Sport Psychology*, 11, 142-169.

Vallerand, R.J., Mageau, G.A., Salvy, S-J., Rousseau, F.L., Elliot, A.J., Blachard, C., Dumais, A., Denis, P. & Grouzet, F. (2005). *On the role of passion in performance*. (Manuscrit soumis pour publication).

Vallerand, R.J & Miquelon, P. (2006). Passion in sport : Theory, research and applications. Dans D. Lavallée & S. Jowett (dir.), *Social psychology in sport*. Champaign, Ill. : Human Kinetics.

Vallerand, R.J., O'Connor, B.P. & Hamel, M. (1995). Motivation in later life : Theory and assessment. *International Journal of Aging and Human Development*, 41, 221-238.

Vallerand, R.J., Pelletier, L.G. & Gagné, F. (1991). On the multidimensional versus unidimensional perspectives of self-esteem : A test using the group-comparison approach. *Social Behavior and Personality*, 19, 121-132.

Vallerand, R.J., Perreault, S., Hess, U. & Ratelle, C. (2000). La démarche scientifique en psychologie. Dans R.J. Vallerand & U. Hess (dir.), *Méthodes de recherche en*

psychologie (p. 3-32). Montréal : Gaëtan Morin Éditeur.

Vallerand, R.J. & Ratelle, C.F. (2002). Intrinsic and extrinsic motivation : A hierarchical model. Dans E.L. Deci & R.M. Ryan (dir.), *Handbook of self-determination research* (p. 37-63). Rochester, N.Y. : University of Rochester Press.

Vallerand, R.J. & Reid, G. (1984). On the causal effects of perceived competence on intrinsic motivation : A test of cognitive evaluation theory. *Journal of Sport Psychology*, 6, 94-102.

Vallerand, R.J. & Reid, G. (1988). On the relative effects of positive and negative feedback on males' and females' intrinsic motivation. *Canadian Journal of Behavioral Science*, 20, 239-250.

Vallerand, R.J. & Richer, F. (1988). On the use of the Causal Dimension Scale in a field setting : A test with confirmatory factor analysis in success and failure situations. *Journal of Personality and Social Psychology*, 54, 704-712.

Vallerand, R.J. & Rousseau, F.L. (2001). Intrinsic and extrinsic motivation in sport and exercise : A review using the hierarchical model of intrinsic and extrinsic motivation. Dans R. Singer, H. Hausenblas & C. Janelle (dir.), *Handbook of sport psychology* (2e éd., p. 389-416). New York : Wiley.

Vallerand, R.J. & Thill, E. (1993). Introduction au concept de motivation. Dans R.J. Vallerand & E. Thill (dir.), *Introduction à la psychologie de la motivation* (p. 3-40). Laval : Éditions Études Vivantes.

Vallières, E.F. & Vallerand, R.J. (1990a). *Motivation and gender as determinants of commitment toward gambling*. (Manuscrit inédit) Montréal : Université du Québec à Montréal.

Vallières, E.F. & Vallerand, R.J. (1990b). Traduction et validation canadienne-française de l'Échelle de l'estime de soi de Rosenberg. *Journal international de psychologie*, 25, 305-316.

Vallières, P. (1968). *Nègres blancs d'Amérique : autobiographie d'un terroriste québécois*. Montréal : Parti Pris.

Van Baaren, R.B., Holland, R.W., Kawakami, K. & Knippenberg, A.V. (2004). Mimicry and prosocial behavior. *Psychological Science*, 15, 71-74.

Van den Berghe, P. (1967). *Race and racism : A comparative perspective*. New York : Wiley.

Van den Berghe, P. (1976). *South Africa : A study in conflict*. Berkeley, Calif. : University of California Press.

Van der Doef, M. & Maes, S. (1998). The job demand-control (-support) model and physical health outcomes : A review of the strain and buffer hypotheses. *Psychology and Health*, 13, 909-936.

Van der Doef, M. & Maes, S. (1999). The job demand-control (-support) model and psychological well-being : A review of 20 years of empirical research. *Work and Stress*, 13, 87-114.

Van der Pligt, J., De Vries, N.K, Manstead, A.S.R. & Harreveld, F. (2000). The importance of being selective : Weighing the role of attribute importance in attitudinal judgment. Dans M.P. Zanna (dir.), *Advances in experimental social psychology* (vol. 32, p. 135-200). San Diego, Calif. : Academic Press.

Van Knippenberg, A. & Van Oers, H. (1984). Social identity and equity concerns in intergroup perceptions. *British Journal of Social Psychology*, 23, 351-361.

Van Laar, C., Levin, S., Sinclair, S. & Sidanius, J. (2005). The effect of university roommate contact on ethnic attitudes and behav-

ior. *Journal of Experimental Social Psychology, 41*, 329-345.
Van Lange, P.A.M., Rusbult, C.E., Drigotas, S.M., Arriaga, X.B., Witcher, B.S. & Cox, C.L. (1997). Willingness to sacrifice in close relationships. *Journal of Personality and Social Psychology, 72*, 1373-1395.
Van Oudenhoven, J.P., Groenewoud, J.T. & Hewstone, M. (1996). Cooperation, ethnic salience and generalization of interethnic attitudes. *European Journal of Social Psychology, 26*, 649-662.
Van Overwalle, F.J. (1997). Dispositional attributions require the joint appliaction of the methods of difference and agreement. *Personality and Social Psychology Bulletin, 23*, 974-980.
Van Overwalle, F.J. & De Metsenaere, M. (1990). The effects of attribution-based intervention and study strategy training on academic achievement in college freshmen. *British Journal of Educational Psychology, 60*, 299-311.
Van Overwalle, F.J. & Heylighen, F.P. (1995). Relating covariation information to causal dimensions through principles of contrast and invariance. *European Journal of Social Psychology, 24*, 1-19.
Van Schie, E.G.M. & Wiegman, O. (1997). Children and videogames : Leisure activities, aggression, social integration, and school performance. *Journal of Applied Social Psychology, 27*, 1175-1194.
Van Swol, L.M. (2003). The effects of nonverbal mirroring on perceived persuasiveness, agreement with an imitator, and recriprocity in a group discussion. *Communication Research, 30*, 461-480.
Vanbeselaere, N. (1987). The effect of dichotomous and crossed social categorization upon intergroup discrimination. *European Journal of Social Psychology, 17*, 143-156.
Vanbeselaere, N. (1991). The different effects of simple and crossed categorization : A result of category differentiation process or of diffential category salience ? Dans W. Stroebe & M. Hewstone (dir.), *European Review of Social Psychology* (vol. 2, p. 247-278). New York : Wiley.
Vanbeselaere, N. (1996). The impact of differentially valued overlaping categorization upon the differenciation between positively, negatively and neutraly valued social groups. *European Journal of Social Psychology, 26*, 75-96.
Varella Mallou, J., Sanchez, J.J., Tobio, M.T. & Mellenbergh, G. (1992), Category accessibility : An alternative explanation for the effects of « patterning » on aggressive behavior. *Aggressive Behavior, 18*, 401-410.
Vasquez, E.A., Denson, T.F., Pederson, W.C., Stenstrom, D.M. & Miller, N. (2005). The moderating effect of trigger intensity on triggered displaced aggression. *Journal of Experimental Social Psychology, 41*, 61-67.
Vaughan, G.M. (1978). Social categorization and intergroup behavior in children. Dans H. Tajfel (dir.), *Differentiation between social groups* (p. 339-360). Londres, R.-U. : Academic Press.
Vecchio, R.P. (2005). Explorations in employee envy : Feeling envious and feeling envied. *Cognition and Emotion, 19*, 69-81.
Veenhoven, R. (1989). Does happiness bind ? Marriage chances of the unhappy. Dans R. Veenhoven (dir.), *How harmful is happiness ? Consequences of enjoying life or not* (p. 44-60). Den Haag, Hollande : Presses universitaires de Rotterdam.
Veroff, J., Kulka, R. & Douvan, E. (1981). *Mental health in America, 1957-1976*. New York : Basic Books.
Verschueren, K., Buyck, P. & Marcoen, A. (2001). Self-presentations and socioemotional competence in young children : A three-years longitudinal study. *Developmental Psychology, 37*, 126-134.
Vézina, M., Cousineau, M., Mergler, D. & Vinet, A. (1992). *Pour donner un sens au travail*. Montréal : Gaëtan Morin Éditeur.
Victoroff, J. (2005). The mind of terrorist : A review and critique of psychological approaches. *Journal of Conflict Resolution, 49*, 3-42.
Vidal, M.A., Clemente, M. & Espinosa, P. (2003). Types of media violence and degree of acceptance in under-18s. *Aggressive Behavior, 29*, 381-392.
Vidmar, N. (1997). Generic prejudice and the presumption of guilt in sex abuse trials. *Law and Human Behavior, 21*, 5-25.
Vidmar, N. (1999). The canadian criminal jury : Searching for a middle ground. *Law and Contemporary Problems, 62*, 141-173.
Vidmar, N. & Schuller, R.A. (2001). The jury : Selecting twelve impartial peers. Dans R.A. Schuller & J.R.P. Ogloff (dir.), *Introduction to psychology and law : Canadian perspectives* (p. 126-156). Toronto, Ont. : University of Toronto Press.
Vincenzi, H. & Grabosky, F. (1989). Measuring the emotional/social aspects of lonelinesss and isolation. Dans M. Hojjat & R. Crandall (dir.), *Loneliness : Theory, research, and applications* (p. 257-270). Newbury Park, Calif. : Sage.
Vinokur, A.D. & van Ryn, M. (1993). Social support and undermining in close relationships : Their independent effects on the mental health of unemployed persons. *Journal of Personality and Social Psychology, 65*, 350-359.
Viscusi, W.K. & Zeckhauser, R.J. (2005). Recollection bias and the combat of terrorism. *Journal of Legal Studies, 34*(1), 27-55.
Visser, M. (1994). Policy voting, projection, and persuasion : An application of balance theory to electoral behavior. *Political Psychology, 15*, 699-711.
Visser, P.S., Krosnick, J.A. & Lavrakas, P.J. (2000). Survey research. Dans H.T. Reis & C.M. Judd (dir.), *Handbook of research : Methods in social and personality psychology* (p. 223-252). Cambridge : Cambridge University Press.
Viswesvaran, C., Sanchez, J.I. & Fisher, J. (1999). The role of social support in the process of work stress : A meta-analysis. *Journal of Vocational Behavior, 54*, 314-334.
Vitaglione, G.D. & Barnett, M.A. (2003). Assessing a new dimension of empathy : Empathic anger as a predictor of helping and punishing desires. *Motivation and Emotion, 27*, 301-325.
Vitaliano, P.P., Zhang, J. & Scanlan, J.M. (2003). Is caregiving hazardous to one's physical health ? A meta-analysis. *Psychological Bulletin, 129*, 946-972.
Vitaro, F. & Brendgen, M. (2005). Proactive and reactive aggression : A developmental perspective. Dans R.E. Tremblay, W. Hartup & J. Archer (dir.), *Developmental origins of aggressive behaviour* (p. 178-201) New York : Guilford.
Vitelli (1988). The crisis issue assessed : An empirical analysis. *Basic and Applied Social Psychology, 9*, 301-309.
Vohs, K.D., Bardone, A.M., Joiner, T.E., Jr., & Abramson, L.Y. (1999). Perfectionism, perceived weight status, and self-esteem interact to predict bulimic symptoms : A model of bulimic symptom development. *Journal of Abnormal Psychology, 108*, 695-700.
Vohs, K.D. & Baumeister, R.F. (2000). Escaping the self consumes regulatory resources : A self-regulatory model of suicide. Dans T.E. Joiner & M.D. Rudd (dir.), *Suicide science : Expanding the boundaries* (p. 33-41). New York : Plenum.
Vohs, K.D. & Baumeister, R.F. (2004). Understanding self-regulation : An introduction. Dans R.F. Baumeister & K.D. Vohs (dir.), *Handbook of self-regulation : Research, theory, and applications* (p. 1-9). New York : Guilford.
Vohs, K.D., Baumeister, R.F. & Ciarocco, N.J. (2005). Self-regulation and self-presentation : Regulatory resource depletion impairs impression management and effortful self-presentation depletes regulatory resources. *Journal of Personality and Social Psychology, 88*, 632-657.
Vohs, K.D. & Ciarocco, N.J. (2004). Interpersonal functioning requires self-regulation. Dans R.F. Baumeister & K.D. Vohs (dir.), *Handbook of self-regulation : Research, theory, and applications* (p. 392-407). New York : Guilford.
Vohs, K.D. & Heatherton, T.F. (2000). Self-regulatory failure : A resource-depletion approach. *Psychological Science, 11*, 249-254.
Von Baeyer, C.L., Sherk, D.L. & Zanna, M.P. (1981). Impression management in the job interview : When the female applicant meets the male (chauvinist) interviewer. *Personality and Social Psychology Bulletin, 7*, 45-51.
Von Hippel, W., Hawkins, C. & Schooler, J.W. (2001). Stereotype distinctiveness : How counterstereotypic behavior shapes the self-concept. *Journal of Personality and Social Psychology, 81*, 193-205.
Vonk, R. (1998). The slime effect : Suspicion and dislike of likeable behaviors towards supervisors. *Journal of Personality and Social Psychology, 74*, 849-864.
Vonk, R. (1999). Effects of outcomes dependency on correspondance bias. *Personality and Social Psychology Bulletin, 25*, 382-389.
Vonk, R. (2002). Self-serving interpretations of flattery : Why ingratiation works. *Journal of Personality and Social Psychology, 82*, 515-526.
Vorauer, J.D. & Kumhyr, S.M. (2001). Is this about you or me ? Self-versus other-directed judgments and feelings in response to intergroup interaction. *Personality and Social Psychology Bulletin, 27*, 706-719.
Vorauer, J.D., Main, K. & O'Connel, G.B. (1998). How do individuals expect to be viewed by members of lower status groups ? Content and implications of meta stereotypes. *Journal of Personality and Social Psychology, 75*, 917-937.
Voyer, J-P., Valois, P. & Rémillard, B. (2000). La sélection des participants. Dans R.J. Vallerand & U. Hess (dir.), *Méthodes de recherche en psychologie* (p. 94-132). Montréal : Gaëtan Morin Éditeur.
Vreven, R. & Nuttin, J. (1976). Frequency perception of successes as a function of results previously obtained by others and by oneself. *Journal of Personality and Social Psychology, 34*, 734-743.
Vrij, A. (2000). *Detecting lies and deceit. The psychology of lying and the implications for professional practice*. Chichester, N.J. : Wiley.
Vroom, V.H. (1964). *Work and motivation*. Oxford, R.-U. : Wiley.
Vroom, V.H. & Yetton, P.W. (1973). *Leadership and decision-making*. Pittsburgh, Kans. : University of Pittsburg Press.
Wagner, U., Van Dick, R., Pettigrew, T.F. & Christ, O. (2003). Ethnic prejudice in East and West Germany : The explanatory power of intergroup contact. *Group Processes and Intergroup Relations, 6*, 22-36.
Waldzus, S., Mummendey, A., Wenzel, M. & Weber, U. (2003). Towards tolerance : representation of superordinate categories and perceived ingroup prototypicality. *Journal of Experimental Social Psychology, 39*, 31-47.
Walen, H.R. & Lachman, M.E. (2000). Social support and strain from partner, family, and friends : Costs and benefits for men and women in adulthood. *Journal of Social and Personal Relationships, 17*, 5-30.
Walker, I. & Mann, L. (1987). Unemployement, relative deprivation and social protest. *Personality and Social Psychology Bulletin, 13*, 275-283.
Walker, I. & Pettigrew T.F. (1984). Relative deprivation theory : An overview and conceptual critique. *British Journal of Social Psychology, 23*, 301-310.
Walker, I. & Smith, H.J. (dir.) (2002). *Relative deprivation theory : Specification, development, and integration*. New York : Cambridge University Press.
Wallace, H.M., Baumeister, R.F. & Vohs, K.D. (2005). Audience support and choking under pressure : A home disadvantage ? *Journal of Sports Sciences, 23*, 429-438.
Walster, E., Walster, G.W. & Berscheid, E. (1978). *Equity theory and research*. Boston, Mass. : Allyn and Bacon.
Walster, E., Walster, G.W., Piliavin, J. & Schmidt, L. (1973). « Playing hard to get » : Understanding an elusive phenomenon. *Journal of Personality and Social Psychology, 26*, 113-121.
Walters, G.C. & Grusec, J.E. (1977). *Punishment*. San Francisco, Calif. : Freeman.
Walther, E., Nagengast, B. & Trasselli, C. (2005). Evaluative conditioning in social psychology : Facts and speculations. *Cognition and Emotion, 19*, 175-196.
Wang, Q. (2001). Culture effects on adults' earliest childhood recollection and self-description : Implications for the relation between memory and the self. *Journal of Personality and Social Psychology Bulletin, 81*, 220-233.
Wang, Q. & Conway, M.A. (2004). The stories we keep : Autobiographical memory in American and Chinese middle-aged adults. *Journal of Personality, 72*, 911-938.
Wang, X.T. (2002). Kith and kin rationality in risky choices. Dans F.K. Salter (dir.), *Risky transactions : Trust, kinship, and ethnicity* (p. 47-70). Oxford, R.-U. : Berghahn.
Watson, C.B., Chemers, M.M. & Preiser, N. (2001). Collective efficacy : A multilevel analysis. *Personality and Social Psychology Bulletin, 27*, 1057-1068.
Watson, D. (1982). The actor and the observor : How are the perception of causality divergent ? *Psychological Bulletin, 92*, 682-700.
Watson, R.I., Jr. (1973). Investigation into deindividuation using a cross-cultural survey technique. *Journal of Personality and Social Psychology, 25*, 342-345.
Weary, G. (1980). Affect and egotism as mediators of bias in causal attributions. *Journal of Personality and Social Psychology, 38*, 348-357.
Weary, G. & Arkin, R.M. (1981). Attributional self-presentation. Dans J.H. Harvey, W. Ickes & R.F. Kidd (dir.), *New directions in attribution research* (vol. 3, p. 223-246). Hillsdale, N.J. : Erlbaum.
Weary, G. & Edwards, J.A. (1994). Individual differences in causal uncertainty. *Journal of Personality and Social Psychology, 67*, 308-318.
Weary, G., Jacobson, J.A., Edwards, J.A. & Tobin, S.J. (2001). Chronic and temporarily activated causal uncertainty beliefs and stereotype usage. *Journal of Personality and Social Psychology, 81*, 206-219.
Webb, E.J., Campbell, D.T., Schwartz, R.D., Secherest, L. & Grove, J.B. (1982).

Nonreactive measures in the social sciences (2e éd.). Boston, Mass. : Mifflin.

Weber, R. & Crocker, J. (1983). Cognitive processes in the revision of stereotypic beliefs. *Journal of Personality and Social Psychology, 45*, 961-977.

Webster, D.M. (1993). Motivated augmentation and reduction of the overattribution bias. *Journal of Personality and Social Psychology, 65*, 261-271.

Webster, D.M. & Kruglanski, A.W. (1994). Individual differences in need for cognitive closure. *Journal of Personality and Social Psychology, 67*, 1049-1062.

Wegener, D.T. & Fabrigar, L.R. (2004). Constructing and evaluating quantitative measures for social psychological research : Conceptual challenges and methodological solutions. Dans C. Sansone, C.C. Morf & A.T. Panter (dir.), *The Sage handbook of methods in social psychology* (p. 145-172). Thousand Oaks, Calif. : Sage.

Wegner, D.M. (1994a) : Ironic processes of mental control. *Psychological Review, 101*, 34-52.

Wegner, D.M. (1994b). You can't always think what you want : Problems in the suppression of unwanted thoughts. Dans M.P. Zanna (dir.), *Advances in Experimental Social Psychology, 25*, 193-225. San Diego, Calif. : Academic Press.

Wegner, D.M. & Erber, R. (1992). The hyperaccessibility of suppressed thought. *Journal of Personality and Social Psychology, 63*, 903-912.

Wegner, D.M. & Schaefer, D. (1978). The concentration of responsibility : An objective self awareness analysis of group size effects in helping. *Journal of Personality and Social Psychology, 36*, 147-155.

Weigel, R.H. & Newman, L.S. (1976). Increasing attitude-behavior correspondance by broadening the scope of the behavioral measure. *Journal of Personality and Social Psychology, 33*, 793-802.

Weimann, G. & Brosius, H.B. (1989). The predictability of international terrorism : A time-scale analysis. *Terrorism, 11*, 491-502.

Weiner, B. (1972). *Theories of motivation : From mechanism to cognition*. Chicago, Ill. : Markham.

Weiner, B. (1974). Achievement motivation as conceptualized by an attribution theorist. Dans B. Weiner (dir.), *Achievement motivation and attribution theory* (p. 3-48). Morristown, N.J. : General Learning Press.

Weiner, B. (1979). A theory of motivation for some classroom experiences. *Journal of Educational Psychology, 71*, 3-25.

Weiner, B. (1980a). A cognitive (attribution)-emotion-action model of motivated behavior : An analysis of judgements of help-giving. *Journal of Personality and Social Psychology, 39*, 186-200.

Weiner, B. (1980b). May I borrow your class notes ? An attributional analysis of judgements of help-giving in an achievement-related context. *Journal of Educational Psychology, 72*, 676-681.

Weiner, B. (1983). Some methodological pitfalls in attributional research. *Journal of Educational Psychology, 75*, 530-543.

Weiner, B. (1985a). An attributional theory of achievement motivation and emotion. *Psychological Review, 92*, 548-573.

Weiner, B. (1985b). « Spontaneous » causal thinking. *Psychological Bulletin, 97*, 74-84.

Weiner, B. (1986). *An attributional theory of motivation and emotion*. New York : Springer-Verlag.

Weiner, B. (1995a). Inferences of responsability and social motivation. Dans M.P. Zanna (dir.), *Advances in experimental social psychology* (vol. 27, p. 1-47). San Diego, Calif. : Academic Press.

Weiner, B. (1995b). *Judgments of responsibility : A foundation for a theory of social conduct*. New York : Guilford.

Weiner, B., Amirkhan, J., Folkes, V.S. & Verette, J.A. (1987). An attributional analysis of excuse giving : Studies of a naive theory of emotion. *Journal of Personality and Social Psychology, 52*, 316-324.

Weiner, B., Figueroa-Munoz, A. & Kakihara, C. (1991). The goals of excuses and communication strategies related to causal perceptions. *Personality and Social Psychology Bulletin, 17*, 4-13.

Weiner, B. & Graham, S. (1999). Attribution in personality psychology. Dans L.A. Pervin & O.P. John (dir.), *Handbook of personality : Theory and research* (2e éd., p. 605-628). New York : Guilford.

Weiner, B., Russell, D. & Lerman, D. (1978). Affective consequences of causal ascriptions. Dans J.H. Harvey, W. Ickes & R.F. Kidd (dir.), *New directions in attribution research* (vol. 2, p. 59-90). Hillsdale, N.J. : Erlbaum.

Weiner, B., Russell, D. & Lerman, D. (1979). The cognition-emotion process in achievement-related contexts. *Journal of Personality and Social Psychology, 37*, 1211-1220.

Weinfield, N.S., Sroufe, L.A., Egeland, B.E. & Carlson, E.A. (1999). The nature of individual differences in infant-caregiver attachment. Dans J. Cassidy & P.R. Shaver (dir.), *Handbook of attachment : Theory, research, and clinical applications* (p. 68-88). New York : Guilford.

Weinman, J., Petrie, K.J., Sharpe, N. & Walker, S. (2000). Causal attributions in patients and spouses following first-time myocardial infarction and subsequent lifestyle changes. *British Journal of Health Psychology, 5*, 263-273.

Weisbuch, M., Mackie, D.M. & Garcia-Marques, T. (2003). Prior source exposure and persuasion : Further evidence for misattributional processes. *Personality and Social Psychology Bulletin, 6*, 691-700.

Weiss, B., Dodge, K.A., Bates, S.E. & Pettit, G.S. (1992). Some consequences of early harsh discipline : Child aggression and a maladaptive social information processing style. *Child Development, 63*, 1321-1335.

Weiss, R.S. (1973). *Loneliness : The experience of emotional and social isolation*. Cambridge, R.-U. : MIT Press.

Weitlauf, J., Cervone, D., Smith, R.E. & Wright, P.M. (2001). Assessing generalization in perceived self-efficacy : Multidomain and global assessments of the effects of self-defense training for women. *Personality and Social Psychology Bulletin, 27*, 1683-1691.

Weizmann, F., Wiener, N., Wiesenthal, D. & Ziegler, M. (1990). Differential K theory and racial hierarchies. *Canadian Psychology, 31*, 1-13.

Weizmann, F., Wiener, N., Wiesenthal, D. & Ziegler, M. (1991). Eggs, eggplants, and eggbreads : A rejoinder to Rushton. *Canadian Psychology, 32*, 43-50.

Wells, G.L. & Gavanski, I. (1989). Mental simulations of causality. *Journal of Personality and Social Psychology, 56*, 1059-1068.

Wells, G.L. & Olson, E.A. (2003). Eyewitness testimony. *Annual Review of Psychology, 54*, 277-295.

Wells, G.L. & Petty, R.E. (1980). The effects of overt head-movements on persuasion : Compatibility and incompatibility of responses. *Basic and Applied Social Psychology, 1*, 219-230.

West, S.G., Biesanz, J.C. & Pitts, S.C. (2000). Causal inference and generalization in field settings : Experimental and quasi-experimental designs. Dans H.T. Reis & C.M. Judd (dir.), *Handbook of research : Methods in social and personality psychology* (p. 40-84). Cambridge : Cambridge University Press.

West, S.G., Newsom, J.T. & Fenaughty, A.M. (1992). Publication trends in JPSP : Stability and change in topics, methods, and theories across two decades. *Personality and Social Psychology Bulletin, 18*, 473-484.

West, S.G. & Wicklund, R.A. (1980). *A primer of social psychological theories*. Monterey, Calif. : Brooks/Cole.

Westen, D. & Heim, A.K. (2003). Disturbances of self and identity in personality disorders. Dans M.R. Leary & J.P. Tangney (dir.), *Handbook of self and identity* (p. 643-664). New York : Guilford.

Westen, D. & Rosenthal, R. (2003). Quantifying construct validity : Two simple measures. *Journal of Personality and Social Psychology, 84*, 608-618.

Wethington, E. & Kessler, R.C. (1986). Perceived support, received support, and adjustment to stressful life events. *Journal of Health and Social Behavior, 27*, 78-89.

Weyant, J.M. (1978). Effects of mood states, costs, and benefits on helping. *Journal of Personality and Social Psychology, 36*, 1169-1176.

Whalen, P.J., Rauch, S.L., Etcoff, N.L., McInerney, S.C., Lee, M.B. & Jenike, M.A. (1998). Masked presentations of emotional facial expressions modulates amygdale activity without explicit knowledge. *Journal of Neuroscience, 18*, 411-418.

Whatley, M.A., Webster, M.J. & Smith, R.H. (1999). The effect of a favor on public and private compliance : How internalized is the norm of reciprocity ? *Basic and Applied Social Psychology, 21*, 251-259.

Wheeler, L. (2000). Individual differences in social comparison. Dans J. Suls & L. Wheeler (dir.), *Handbook of social comparison : Theory and research* (p. 141-158). New York : Kluwer Academic.

Wheeler, L. & Zuckerman, M. (1977). Commentary. Dans J.M. Suls & R.L. Miller (dir.), *Social comparison processes* (p. 335-357). New York : Wiley.

Wheeler, M. & Fiske, S. (2005). Controlling racial prejudice : Social-cognitive goals affect amygdala and stereotype activation. *Psychological Science, 16*, 56-63.

Wheeler, S.C., Petty, R.E. & Bizer, G.Y. (2005). Self-Schema matching and attitude change : Situational and dispositional determinants of message elaboration. *Journal of Consumer Research, 31*, 787-797.

Whitcher, S.J. & Fisher, J.D. (1979). Multidimensional reaction to therapeutic touch in a hospital setting. *Journal of Personality and Social Psychology, 37*, 87-96.

White, G.L. & Shapiro, D. (1987). Don't I know you ? Antecedents and social consequences of perceived familiarity. *Journal of Experimental Social Psychology, 23*, 75-92.

White, K. & Lehman, D.R. (2005). Culture and social comparison seeking : The role of self-motives. *Personality and Social Psychology Bulletin, 31*, 232-242.

White, P.A. (1988). Causal processing : Origins and development. *Psychological Bulletin, 104*, 36-52.

Whitehead, J.R. & Corbin, C.B. (1991). Effects of fitness test type, teacher, and gender on exercise intrinsic motivation and physical self-worth. *Journal of School Health, 61*, 11-16.

Whitley, B.E. (1999). Right-wing authoritarianism, social dominance orientation, and prejudice. *Journal of Personality and Social Psychology, 77*, 126-134.

Whittaker, J.O. & Meade, R.D. (1967). Social pressure in the modification and distortion of judgment : A cross-cultural study. *International Journal of Psychology, 2*, 109-113.

Whorf. B.L. (1956). *Language, thought, and reality*. Cambridge, Mass. : MIT Press.

Wicker, A.W. (1969). Attitudes vs actions : The relationship of verbal and overt behavioral responses to attitude objects. *Journal of Social Issues, 25*, 41-78.

Wicklund, R.A. (1982). Self-focused attention and the validity of self-reports. Dans M.P. Zanna, E.T. Higgins & C.P. Herman (dir.), *Consistency in social behavior : The Ontario Symposium* (vol. 2, p.149-172). Hillsdale, N.J. : Erlbaum.

Wiegman, O. & Van Shie, E.G. (1998). Video game playing and its relations with aggressive and prosocial behavior. *British Journal of Social Psychology, 37*, 367-378.

Wiersma, U.J. (1992). The effects of extrinsic rewards in intrinsic motivation : A meta-analysis. *Journal of Occupational and Organizational Psychology, 65*, 101-114.

Wieselquist, J., Rusbult, C.E., Foster, C.A. & Agnew, C.R. (1999). Commitment, pro-relationship behavior, and trust in close relationships. *Journal of Personality and Social Psychology, 77*, 942-966.

Wieviorka, M. (1991). *L'espace du racisme*. Paris : Seuil.

Wieviorka, M. (1998). *Le racisme, une introduction*. Paris : La Découverte.

Wihtol de Wenden, C. (1999). *L'immigration en Europe*. Paris : La documentation française.

Wilder, D.A. (1977). Perception of groups, size of opposition, and social influence. *Journal of Experimental and Social Psychology, 13*, 253-268.

Wilder, D.A. (1984). Intergroup contact : The typical member and the exception to the rule. *Journal of Experimental Social Psychology, 20*, 177-194.

Wilder, D.A. & Simon, F. (2001). Affect as a cause of intergroup bias. Dans R. Brown & S. Gaertner (dir.), *Blackwell handbook of social psychology : Intergroup processes* (p. 153-172). Malden, Mass. : Blackwell.

Wilke, H. & Lanzetta, J.T. (1970). The obligation to help : The effects of amount of prior help on subsequent helping behavior. *Journal of Experimental Social Psychology, 6*, 488-493.

Wilkinson, J. (2000). Direct observation. Dans G.M. Breakwell, S. Hammond & C. Fife-Schaw (dir.), *Research methods in psychology* (2e éd., p. 224-238). Londres, R.-U. : Sage.

Willer, R. (2004). The effects of government-issued terror warnings on presidential approval ratings. *Current Research in Social Psychology, 10*(1), 1-12.

Williams, C. (2001). Incidence de la famille éclatée sur le bonheur de l'enfant. *Tendances sociales canadiennes, 62*, 2-5.

Williams, G.C. (2002). Improving patients' health through supporting the autonomy of patients and providers. Dans E.L. Deci & R.M. Ryan (dir.), *Handbook of self-determination research* (p. 233-254). Rochester, N.Y. : University of Rochester Press.

Williams, G.C., Deci, E.L. & Ryan, R.M. (1998). Building health-care partnerships by supporting autonomy : Promoting maintained behavior change and positive health outcomes. Dans A.L. Suchman, P. Hinton-Walker & R. Botelho (dir.), *Partnerships in healthcare : Transforming relational process* (p. 67-87). Rochester, N.Y. : University of Rochester Press.

Williams, G.C., Freedman, Z.R. & Deci, E.L. (1998). Supporting autonomy to motivate patients with diabetes for glucose control. *Diabetes Care, 21*, 1644-1651.

Williams, G.C., McGregor, H.A., Zeldman, A., Freedman, Z.R. & Deci, E.L. (2004).

Testing a self-determination theory process model for promoting glycemic control through diabetes self-management. *Health Psychology, 23*, 58-66.

Williams, G.C., Rodin, G.C., Ryan, R.M., Grolnick, W.S. & Deci, E.L. (1998). Autonomous regulation and long-term medication adherence in adult outpatients. *Health Psychology, 17*, 269-276.

Williams, K.B., Harkins, S. & Latané, B. (1981). Identifiability as a deterrent to social loafing : Two cheering experiments. *Journal of Personality and Social Psychology, 40*, 303-311.

Williams, K.B., Radefeld, P.A., Binning, J.F. & Suadk, J.R. (1993). When job candidates are « hard- » versus « easy-to-get » : Effects of candidate availability on employment decisions. *Journal of Applied Social Psychology, 23*, 169-198.

Williams, R.B., Barefoot, J.C., Califf, R.M., Haney, T.L., Saunders, W.B., Pryor, D.B. *et al.* (1992). Prognostic importance of social and economic resources among medically treated patients with angiographically documented coronary artery disease. *Journal of the American Medical Association, 267*, 520-524.

Williams, T.M. & Handford, A.G. (1986). Television and other leisure activities. Dans T.M. Williams (dir.), *The impact of television : A natural experiment in three-communities* (p. 143-213). Orlando, Fla. : Academic Press.

Wills, T.A. (1991). Social support and interpersonal relationships. Dans M.S. Clark (dir.), *Review of personality and social psychology : Vol. 12. Prosocial behavior* (p. 265-289). Newbury Park, Calif. : Sage.

Wills, T.A., Gibbons, F.X., Gerrard, M. & Brody, G.H. (2000). Protection and vulnerability processes relevant for early onset of substance use : A test among african american children. *Health Psychology, 19*, 253-263.

Wilson, A.E. & Ross, M. (2000). The frequency of temporal-self and social comparisons in people's personal appraisals. *Journal of Personality and Social Psychology, 78*, 928-942.

Wilson, A.E. & Ross, M. (2001). From chump to champ : People's appraisals of their earlier and present selves. *Journal of Personality and Social Psychology, 80*, 572-584.

Wilson, E.O. (1975). *Sociobiology : The new synthesis*. Cambridge, Mass. : Harvard University Press.

Wilson, E.O. (1978). The genetic evolution of altruism. Dans L.G. Wispé (dir.), *Altruism, sympathy and helping*. New York : Academic Press.

Wilson, S.L. (2000). Single case experimental designs. Dans G.M. Breakwell, S. Hammond & C. Fife-Schaw (dir.), *Research methods in psychology* (2e éd., p. 59-74). Londres, R.-U. : Sage.

Wilson, T.D. (2002). *Strangers to ourselves : Discovering the adaptative unconscious*. Cambridge, Mass. : Harvard University Press.

Wilson, T.D. & Dunn, E.W. (2004). Self-knowledge : Its limits, value, and potential for improvement. *Annual Review of Psychology, 55*, 493-518.

Wilson, T.D., Lindsey, S. & Schooler, T.Y. (2000). A model of dual attitudes. *Psychological Review, 107*, 101-126.

Wilson, T.D. & Linville, P.W. (1982). Improving the academic performance of college freshmen : Attribution therapy revisited. *Journal of Personality and Social Psychology, 42*, 367-376.

Wilson, T.D. & Linville, P.W. (1985). Improving the academic performance of college freshmen with attributional techniques. *Journal of Personality and Social Psychology, 49*, 287-293.

Winkielman, P. & Berridge, K.C. (2004). Unconscious emotion. *Current Directions in Psychological Science, 13*, 120-125.

Winkielman, P., Berridge, K.C. & Wilbarger, J.L. (2005). Unconscious affective reactions to masked happy versus angry faces influence consumption behavior and judgments of value. *Personality and Social Psychology Bulletin, 31*, 121-135.

Winnicott, D.W. (1964). *The child, the family, and the outside world*. New York : Penguin.

Winter, P.L., Sagarin, B.J., Rhoads, K., Barrett, D.W. & Cialdini, R.B. (2000). Choosing to encourage or discourage : Perceived effectiveness of prescriptive versus proscriptive messages. *Environmental Management, 26*, 589-594.

Witte, K. (1998). Fear as motivator, fear as inhibitor : Using the extended parallel process model to explain fear appeal successes and failures. Dans P.A. Andersen & L.K. Guerrero (dir.), *Handbook of communication and emotion : Research, theory, applications and contexts* (p. 423-450). San Diego, Calif. : Academic Press.

Witte, K. & Allen, M. (2000). A meta-analysis of fear appeals : Implications for effective public health campaigns. *Health Education and Behavior, 27*, 591-615.

Wittig, M.A. & Molina, L. (2000). Moderators and mediators of prejudice reduction in multicultural education. Dans S. Oskamp (dir.), *Reducing prejudice and discrimination. The Claremont symposium on applied social psychology* (p. 295-318). Mahwah, N.J. : Erlbaum.

Wolfson, S., Wakelin, D. & Lewis, M. (2005). Football supporters' perceptions of their role in the home advantage. *Journal of Sports Sciences, 23*, 365-374.

Wong, N.-Y. & Watkins, D. (1996). Self-monitoring as a mediator of person-environment fit : An investigation of Hong Kong mathematics classroom environments. *British Journal of Educational Psychology, 66*, 223-229.

Wong, P.T.P. & Weiner, B. (1981). When people ask « why » questions and the heuristics of attributional search. *Journal of Personality and Social Psychology, 40*, 650-663.

Wood, J.T. (2001). *Gendered lives : Communication, gender and culture*. Belmont, Calif. : Wadsworth.

Wood, J.T. (2004). *Interpersonal communication. Everyday encounters*. Belmont, Calif. : Wadsworth/Thomson Learning.

Wood, J.V. (2000). Examining social comparisons with the test selection measure : Opportunities for the researcher and the research participant. Dans J. Suls & L. Wheeler (dir.), *Handbook of social comparison : Theory and research* (p. 201-222). New York : Kluwer Academic.

Wood, J.V., Michela, J.L. & Giordano, C. (2000). Downward comparison in everyday life : Reconciling self-enhancement models with the mood-cognition priming model. *Journal of Personality and Social Psychology, 79*(40), 563-579.

Wood, J.V. & Taylor, K.L. (1991). Serving self-relevant goals through social comparison. Dans J. Suls & T.A. Wills (dir.), *Social comparison : Contemporary theory and research* (p. 23-49). Hillsdale, N.J. : Erlbaum.

Wood, J.V., Taylor, S.E. & Lichtman, R.R. (1985). Social comparison in adjustment to breast cancer. *Journal of Personality and Social Psychology, 49*, 1169-1183.

Wood, J.V. & Wilson, A.E. (2003). How important is social comparison ? Dans M.R. Leary & J.P. Tangney (dir.), *Handbook of self and identity* (p. 344-366). New York : Guilford.

Wood, W. (2000). Attitude change : Persuasion and social influence. *Annual Review of Psychology, 51*, 539-570.

Wood, W. & Christensen, P.N. (2004). Quantitative research synthesis : Examining study outcomes over settings, samples, end time. Dans C. Sansone, C.C. Morf & A.T. Panter (dir.), *The Sage handbook of methods in social psychology* (p. 335-356). Thousand Oaks, Calif. : Sage.

Wood, W., Pool, G.J., Leck, K. & Purvis, D. (1996). Self-definition, defensive processing, and influence : The normative impact of majority and minority groups. *Journal of Personality and Social Psychology, 71*, 1181-1193.

Wood, W. & Quinn, J.M. (2003). Forewarned and forearmed ? Two meta-analysis syntheses of forewarnings of influence appeals. *Psychological Bulletin, 129*, 119-138.

Woodside, A.G. & Chebat, J.C. (2001). Updating Heider's balance theory in consumer behavior : A Jewish couple buys a German car and additional buying-consuming transformation stories. *Psychology and Marketing, 18*, 475-495.

Woodside, D., Kohn, M. & Kerr, A. (1998). Patterns of relapse and recovery following intensive treatment for eating disorders : A qualitative description. *Eating Disorders : The Journal of Treatment and Prevention*, 6, 231-239.

Worchel, S. (1986). The role of cooperation in reducing intergroup conflict. Dans S. Worchel & W.G. Autin (dir.), *The psychology of intergroup relations* (p. 288-304). Chicago, Ill. : Nelson-Hall.

Worchel, S. (1999). Les cycles des groupes et l'évolution de l'identité. Dans J.-C. Deschamps, J.F. Morales, D. Paez & S. Worchel (dir.), *L'identité sociale : La construction de l'individu dans les relations entre groupes* (p. 69-83). Grenoble : Presses universitaires de Grenoble.

Worchel, S., Andreoli, V.A. & Folger, R. (1977). Intergroup cooperation and intergroup attraction : The effect of previous interaction and outcome of combined effort. *Journal of Experimental Social Psychology, 13*, 131-140.

Worchel, S. & Norvell, N. (1980). Effects of perceived environmental conditions during cooperation on intergroup attraction. *Journal of Personality and Social Psychology, 38*, 764-772.

Worchel, S. & Teddlie, C. (1976). The experience of crowding : A two-factor theory. *Journal of Personality and Social Psychology, 34*, 30-40.

Worthington, D. (2004). The effect of mock juror attitudes toward suicide on assignment of negligence and damages in a civil suit. *Behavioral Science and the Law, 22*, 715-730.

Wortman, C.B. & Brehm, J.W. (1975). Responses to uncontrollable outcomes : An integration of reactance theory and the learned helplessness model. Dans L. Berkowitz (dir.), *Advances in experimental social psychology* (vol. 8, p. 277-336). New York : Academic Press.

Wortman, C.B. & Dunkel-Schetter, C. (1987). Conceptual and methodological issues in the study of social support. Dans A. Baum & J.E. Singer (dir.), *Handbook of psychology and health : Vol. 5. Stress* (p. 63-108). Hillsdale, N.J. : Erlbaum.

Wright, J. & Fichten, C.S. (1976). Denial of responsibility, videotape feedback and attribution theory : Relevance for behavioral marital therapy. *Canadian Psychology Review, 17*, 219-230.

Wright, M.E. (1942). Constructiveness of play as affected by group organization and frustration. *Character and Personality, 11*, 40-49.

Wright, M.E. (1943). The influence of frustration upon the social relations of young children. *Character and Personality, 12*, 111-122.

Wright, M.J. & Myers, C.R. (1982). *History of academic psychology in Canada*. Toronto : Hogrefe.

Wright, S.C., Taylor, D.M. & Moghaddam, F.M. (1990). Responding to membership in a disadvantaged group : From acceptance to collective action. *Journal of Personality and Social Psychology, 58*, 994-1003.

Wright, S.C. & Tropp, L. (2002). Collective action in response to disadvantage : Intergroup perceptions, social identification and social change. Dans I. Walker & H.J. Smith (dir.), *Relative deprivation : Specification, development, and integration* (p. 200-236). Cambridge : Cambridge University Press.

Wrightsman, L.S. & Deaux, K. (1981). *Social psychology in the 80's* (3e éd.). Monterey, Calif. : Brooks/Cole.

Wundt, W. (1900-1920). *Völkerpsychologie [Group psychology]* (vol. 1 à 10). Leipzig, Allemagne : Engelmann.

Wundt, W. (1912/1916). *Elements of folk psychology* (E.L. Schaub pour la traduction). Londres, R.-U. : Allen. (Édition originale publiée en 1912).

Wyer, R.S. (1966). Effects of incentive to perform well, group attraction and group acceptance on conformity in a judgmental task. *Journal of Personality and Social Psychology, 29*, 829-835.

Wyer, R.S. & Srull, T.K. (1986). Human cognition in its social context. *Psychological Review, 93*, 322-359.

Wyer, R.S., Jr. (2002). Language and advertising effectiveness : Mediating influences of comprehension and cognitive elaboration. *Psychology and Advertising, 19*, 693-712.

Wyer, R.S., Jr., (2004). *Social comprehension and judgment : The role of situation models, narratives, and implicit theories*. Mahwah, N.J. : Erlbaum.

Wyer, R.S., Jr. & Carlston, D.E. (1994). The cognitive representation of person and events. Dans R.S. Wyer, Jr. & T.K. Srull (dir.), *Handbook of social cognition* (2e éd., vol. 1, p. 41-98). Hillsdale, N.J. : Erlabaum.

Wyer, R.S., Jr. & Radvinsky, G.A. (1999). The comprehension and validation of social information. *Psychological Review, 106*, 89-118.

Wyer, R.S., Jr. & Srull, T.K. (1989). *Memory and cognition in its social context*. Hillsdale, N.J. : Erlbaum.

Wyman, M. & Snyder, M. (1997). Attitudes toward « gays in the military » : A functional perspective. *Journal of Applied Social Psychology, 27*, 306-329.

Xia, W. & Lee, G. (2000). The influence of persuasion, training, and experience on user perceptions and acceptance of IT innovation. Dans *Proceedings of the twenty first International Conference on Information Systems*. Brisbane, Australie, 1999 (p. 371-384).

Yalom, I.D. (1980). *Existential psychotherapy*. New York : Basic Books.

Ybarra, O. & Trafimow, D. (1998). How priming the private self affects the relative weights of attitudes and subjective norms. *Personality and Social Psychology Bulletin, 24*, 362-370.

Yechiam, E. & Barron, G. (2003). Learning to ignore online help requests. *Computational and Mathematical Organization Theory, 9*, 327-339.

Yeung, A.S., Chui, H.-S., Lau, I.C.-Y. (2000). Where is the hierarchy of academic self-concept ? *Journal of Educational Psychology*, 92, 556-567.

Yihong, G., Ying, C., Yuan, Z. & Yan, Z. (2005). Self-identity changes and English learning among Chinese undergraduates. *World Englishes*, 24, 39-51.

Yin, R.K. (1984). *Case study research : Design and methods*. Beverly Hills, Calif. : Sage.

Yinon, Y. & Landau, M.O. (1987). On the reinforcing value of helping behavior in a positive mood. *Motivation and Emotion*, 11, 83-93.

Yost, J.H. & Weary, G. (1996). Depression and the correspondent inference bias : Evidence for more effortful cognitive processing. *Personality and Social Psychological Bulletin*, 22, 192-200.

Young, M.Y. & Gardner, R.C. (1990). Modes of acculturation and second language proficiency. *Canadian Journal of Behavioural Science*, 22(1), 59-71.

Young, T.J. & French, L.A. (1996). Height and perceived competence of U.S. Presidents. *Perceptual and Motor Skills*, 82, 1002.

Younger, J.C. & Doob, A.N. (1978). Attribution and aggression : The misattribution of anger. *Journal of Research in Personality*, 12, 164-171.

Yu, D.L. & Seligman, M.E.P. (2002). Preventing depressive symptoms in Chinese children. *Prevention and Treatment*, 5, article 9.

Yukl, G. & Tracey, J.B. (1992). Consequences of influence tactics used with subordinates, peers, and the boss. *Journal of Applied Psychology*, 77, 525-535.

Yuzawa, M. & Yuzawa, M. (2001). Roles of outcome expectations and self-efficacy in preschoolers' aggression. *Psychological Reports*, 88, 667-678.

Yzerbyt, V.Y., Castano, E., Leyens, J.-P. & Paladino, M.-P. (2000). The primacy of the ingroup : The interplay of entitativity and identification. Dans W. Stroebe & M. Hewstone (dir.), *European review of social psychology* (vol. 11, p. 257-295). West Sussex, R.-U. : Wiley.

Yzerbyt, V.Y., Corneille, O., Dumont, M. & Hahn, K. (2001). The dispositional inference strikes back : Situational focus and dispositional suppression in causal attribution. *Journal of Personality and Social Psychology*, 81, 365-376.

Yzerbyt, V.Y., Corneille, O. & Estrada, C. (2001). The interplay of subjective essentialism and entitativity in the formation of stereotypes. *Personality and Social Psychology Reviews*, 5, 141-155.

Yzerbyt, V.Y., Judd, C. & Corneille, O. (2004). *The psychology of group perception : Perceived variability, entitativity, and essentialism*. New York : Psychology Press.

Yzerbyt, V.Y. & Rogier, A. (2001). Blame it on the group : Entitativity, subjective essentialism, and social attribution. Dans J.T. Jost & B. Major (dir.), *The psychology of legitimacy* (p. 103-134). Cambridge : Cambridge University Press.

Zadro, L., Williams, K.D. & Richardson, R. (2004). How low can you go ? Ostracism by a computer is sufficient to lower self-reported levels of belonging, control, self-esteem, and meaningful existence. *Journal of Experimental Social Psychology*, 40, 560-567.

Zajonc, R.B. (1965). Social facilitation. *Science*, 149, 269-274.

Zajonc, R.B. (1968). Attitudinal effects of mere exposure. *Journal of Personality and Social Psychology Monograph Supplement*, 9, 1-27.

Zajonc, R.B. (1985). Emotion and facial reference : A theory reclaimed. *Science*, 228, 15-21.

Zajonc, R.B. (1998). Emotions. Dans D.T. Gilbert, S.T. Fiske & G. Lindzey (dir.), *The handbook of social psychology* (vol. 1, p. 591-632). New York : McGraw-Hill.

Zajonc, R.B. (2000). Feeling and thinking : Closing the debate over the independence of affect. Dans J.P. Forgas (dir.), *Feeling and thinking : The role of affect in social cognition* (p. 31-58). Cambridge : Cambridge University Press.

Zajonc, R.B. (2001). Mere exposure : A gateway to the subliminal. *Current Directions in Psychological Science*, 10, 224-228.

Zajonc, R.B. & McIntosh, D.N. (1992). Emotions research : Some promising questions and some questionable promises. *Psychological Science*, 3, 70-74.

Zanna, M.P. (2004). The naive epistemology of a working social psychologist (Or the working epistemology of a naive social psychologist) : The value of taking « Temporary givens » seriously. *Personality and Social Psychology Review*, 8, 210.

Zanna, M.P., Kiesler, C.A. & Pilkonis, P.A. (1970). Positive and negative attitudinal affect established by classical conditioning. *Journal of Personality and Social Psychology*, 14, 321-328.

Zanna, M.P. & Pack, S.J. (1975). On the self-fulfilling nature of apparent sex differences in behavior. *Journal of Experimental Social Psychology*, 11, 252-256.

Zanna, M.P. & Rempel, J.K. (1988). Attitudes : A new look at an old concept. Dans D. Bar-Tal & A. Kruglanski (dir.), *The social psychology of knowledge* (p. 315-334). New York : Cambridge University Press.

Zanna, M.P. & Sande, G.N. (1987). The effects of collective actions on the attitudes of individual group members : A dissonance analysis. Dans M.P. Zanna, J.M. Olson & C.P. Herman (dir.), *Social influence : The Ontario symposium* (vol. 5, p. 151-163). Hillsdale, N.J. : Erlbaum.

Zebrowitz, L.A. (1997). *Reading faces : Window to the soul ?* Boulder, Colo. : Westview Press.

Zebrowitz, L.A. & Collins, M.A. (1997). Accurate social perception at zero acquaintance : The affordance of a Gibsonian approach. *Personality and Social Psychology Review*, 1, 204-223.

Zelli, A., Dodge, K.A., Lochman, J.E., Laird, R.D. & Conduct Problems Research Group (1999). The distinction between beliefs legitimizing aggression and deviant processing of social cues : Testing measurement validity and the hypothesis that biased processing mediates the effects of beliefs on aggression. *Journal of Personality and Social Psychology*, 77, 150-166.

Zhang, L. (2005). Prediction of Chinese life satisfaction : Contribution of collective self-esteem. *Journal of Personality*, 40, 189-200.

Zhou, Q., Eisenberg, N., Losoya, S.H., Fabes, R.A., Reiser, M., Guthrie, I.K., Murphy, B., Cumberland, A. & Shepard, S.A. (2002). The relations of parental warmth and positive expressiveness to children's empathy-related responding and social functioning : A longitudinal study. *Child Development*, 73, 893-915.

Zillmann, D. (1971). Excitation transfer in communication-mediated aggressive behavior. *Journal of Experimental and Social Psychology*, 7, 419-434.

Zillmann, D. (1978). Attribution and misattribution of excitatory reactions. Dans J.H. Harvey, W.J. Ickes & R.F. Kidd (dir.), *New directions in attribution research : Vol. 2*. Hillsdale, N.J. : Erlbaum.

Zillmann, D. (1979). *Hostility and aggression*. Hillsdale, N.J. : Erlbaum.

Zillmann, D. (1983). Arousal and aggression. Dans R. Geen & E. Donnerstein (dir.), *Aggression : Theoretical and empirical reviews : Vol. 1* (p. 75-102). New York : Academic Press.

Zillmann, D. (1988). Cognition-excitation interdependencies in aggressive behavior. *Aggressive Behavior*, 14, 51-64.

Zillmann, D. (1996). The psychology of suspense in dramatic exposition. Dans P. Vorderer, H.J. Wulf & M. Friedrichsen (dir.), *Suspense : Conceptualizations, theoretical analyses, and empirical explorations* (p. 199-231). Mahwah, N.J. : Erlbaum.

Zillmann, D. & Cantor, J. (1975). Effect of timing of information about mitigating circumstances on emotional responses to provocation and retaliatory behavior. *Journal of Experimental Social Psychology*, 12, 38-55.

Zillmann, D., Hoyt, J.L. & Day, K.D. (1974). Strenght and duration of the effect of aggressive, violent, and erotic communications on subsequent aggressive behavior. *Communication Research*, 1, 286-306.

Zillmann, D., Katcher, A.H. & Milavsky, B. (1972). Excitation transfer from physical exercise to subsequent aggressive behavior. *Journal of Experimental Social Psychology*, 8, 247-259.

Zimbardo, P.G. (1965). The effect of effort and improvisation in self-persuasion produced by role playing. *Journal of Experimental Social Psychology*, 1, 103-120.

Zimbardo, P.G. (1970). The human choice : Individuation, reason, and order versus deindividuation-impulse, and chaos. Dans W.J. Arnold & D. Levine (dir.), *Nebraska Symposium on Motivation, 1969*. Lincoln, Nebr. : University of Nebraska Press.

Zimbardo, P.G. (1975). Transforming experimental research into advocacy for social change. Dans M. Deutsch & H.A. Hornstein (dir.), *Applying social psychology* (p. 33-66). Hillsdale, N.J. : Erlbaum.

Zimbardo, P.G. (1977). *Shyness : What it is, what to do about it*. Reading Mass. : Addison-Wesley.

Zuckerman, M. & Brody, N. (1988). Oysters, rabbits and people : A critique of « Race differences in behaviour » by J.P. Rushton. *Journal of Personality and Individual Differences*, 9, 1025-1033.

Zuckerman, M., DePaulo, B.M. & Rosenthal, R. (1981). Verbal and nonverbal communication of deception. *Advances in Experimental Social Psychology*, 14, 1-59.

Zuckerman, M., Klorman, R., Larrance, D.T. & Spiegel, N.H. (1981). Facial, autonomic, and subjective components of emotion : The facial feedback hypothesis versus the externalizer-internalizer distinction. *Journal of Personality and Social Psychology*, 41, 929-944.

Zuckerman, M., Koestner, R. & Driver, R. (1981). Beliefs about cues associated with deception. *Journal of Nonverbal Behavior*, 6, 105-114.

Zuckerman, M., Lazzaro, M.M. & Waldgeir, D. (1979). Undermining effects of the foot-in-the-door technique with extrinsic rewards. *Journal of Applied Social Psychology*, 9, 292-296.

Zuckerman, M. & Tsai, F.F. (2005). Costs of self-handicapping. *Journal of Personality*, 73, 411-412.

Zwaan, R.A. & Radvinsky, G.A. (1998). Situation models in language comprehension and memory. *Psychological Bulletin*, 123, 162-185.

A

Abbey, A., 170, 365
Abelson, R.P., 151, 166, 240, 264, 299, 310
Aberson, C.L., 574, 593
Aboud, F.E., 563, 572, 585, 586
Abraham, C., 615
Abrams, D., 496, 573, 574, 584, 587, 589, 592
Abrams, D.B., 135
Abramson, L.Y., 115, 224, 190, 191, 193, 197, 203, 224, 225, 226
Adair, J.G., 7, 32, 55
Adams, D., 388
Adams, J.M., 361
Adams, J.S., 337, 635
Adams, R.G., 339
Adaval, R., 157, 240
Addis, D.R., 87
Adler, E.R., 135
Adler, N.L., 361
Adler, R.B., 297
Adorno, T.W., 17, 488, 560, 561
Adrien, A., 545
Aebischer, V., 517, 528
Affleck, G., 229, 230
Aguinis, H., 303
Aikins, J.W., 91
Aimé, A., 369
Ainsworth, M.D.S., 332, 355, 356
Ajzen, I., 200, 238, 243, 245, 247, 250, 261, 282, 283, 284, 285, 286, 287, 288, 613, 615, 618
Akiyama, H., 372
Alain, M., 471
Alba, J.W., 91
Albarracin, D., 260, 274, 287, 288, 290
Albouy, S., 507
Albright, L., 170
Alcock, J.E., 497
Alfieri, T., 204, 205
Alford, J., 262
Alicke, M.D., 313
Allen, B.P., 537
Allen, J.J.B., 23, 258
Allen, M., 135, 272, 273
Allen, N.J., 363, 514, 632
Allen, T.D., 608
Allen, V.L., 470, 506
Alloy, L.B., 26, 226
Allport, F.H., 8, 10, 15, 16, 25, 296, 496
Allport, G.W., 8, 9, 13, 237, 238, 251, 445, 534, 544, 559, 562, 586, 587, 592
Aloise-Young, P.A., 508
Alper, T., 307
Altemeyer, B., 512, 513, 535, 561, 582, 583
Altman, I., 313
Alwin, D.F., 509
Amato, M., 563, 572
Amato, P., 334
Amato, P.R., 372
Ambady, N., 147, 301
Ambert, A.M., 362, 372, 373, 374
Ames, D.R., 452
Amiot, C.E., 324, 512, 514, 570, 577, 582, 583
Amodio, D., 544
Anctil, P., 562
Andersen, D.E., 316
Andersen, P.A., 306, 307, 308
Andersen, S.M., 95, 129, 179, 344, 345, 346, 347
Anderson, C., 316, 413, 416, 419, 420
Anderson, C.A., 9, 156, 176, 194, 210, 211, 221, 229, 231, 377, 391, 392, 395, 397, 407, 414, 415, 418, 419, 420
Anderson, D.E., 316
Anderson, E., 280
Anderson, J.R., 534, 542, 547
Anderson, K., 226
Anderson, K.B., 231

Anderson, N., 547
Anderson, N.H., 159, 160
Anderson, R., 87
Anderson, S., 643
André, C., 377
Andreoli, V.A., 587
Andrews, B., 224
Andrews, F.M., 365
Andrews, G., 370
Angus Reid Group, 632
Annis, R.C., 572
Ansfield, M.E., 316
Antoniou, A.A., 389
Antonovsky, A., 363
Antonucci, T.C., 372
Archer, J., 420
Archer, R.L., 135, 313
Archibald, F.S., 375
Argyle, M., 130, 302, 303, 304, 308, 368
Arias, I., 224, 288
Aristote, 5, 15
Arkin, R.M., 133, 201
Armitage, C.J., 241, 285, 287, 288
Armony, V., 254, 255
Arndt, J., 103
Aron, A., 23, 231, 331, 336, 344, 345, 363, 379
Aron, A.P., 217
Aron, E.N., 344, 345
Aronoff, J., 68
Aronson, E., 6, 47, 76, 79, 267, 270, 587
Aronson, J., 547
Aronson, J.A., 127
Arowood, J., 26
Arriaga, X.B., 338, 361
Arvey, R.D., 262
Asakawa, K., 102
Ascani, K., 478
Asch, S.E., 19, 25, 165, 464, 465, 466, 468, 469, 470, 472, 618
Asher, S.R., 334
Ashkanasy, N.M., 643
Ashmore, R.D., 151, 172, 183
Ashton, N.L., 344
Askew, M.W., 350
Aspinwall, L.G., 118, 610
Assanand, S., 87
Asuncion, A.G., 510
Atkinson, J.W., 220
Atran, S., 106
Augoustinos, M., 585
Augustinova, M., 525
Aupy, A., 502
Austin, J.T., 71
Austin, W., 579, 584
Axsom, D., 269
Azzi, A., 559, 585, 594

B

Bacanli, H., 375
Baccus, J.R., 90, 101
Bachman, G., 546
Back, K., 509
Backman, C.W., 171
Badgaiyan, R.D., 67
Bae, H., 211
Baeyens, F., 257
Bagozzi, R.P., 288
Bailey, S., 226
Baillargeon, J., 369
Bakeman, R., 67
Baker, S.C., 320, 324
Baker, W.E., 254
Baldwin, M.W., 90, 92, 94, 95, 101, 125, 127, 131, 331, 336, 346, 359, 379
Bales, R.F., 19, 311
Ballard, M., 418
Balta, P., 548
Banaji, M.R., 66, 250, 582
Bandettini, P.A., 67

Bandura, A., 22, 28, 118, 119, 120, 130, 260, 386, 391, 392, 395, 400, 401, 402, 403, 414, 418, 419, 420, 427, 429, 433, 438, 440, 614
Banks, C., 57
Banuazizi, A., 58
Barbee, A.P., 354
Barber, B.L., 451
Barber, J.P., 232
Bardi, A., 253, 254, 255
Bargh, J.A., 23, 31, 66, 110, 124, 125, 154, 155, 168, 176, 177, 178, 179, 250, 308, 346
Barker, G.P., 452
Barkin, S., 419
Barnes, M.L., 352
Barnett, M.A., 443, 454
Baron, R.A., 44, 76, 134, 173, 203, 286, 399, 401, 432, 514. 517
Baron, R.S., 231, 525
Barquissau, M., 267, 270
Barrett, D.J., 65
Barrett, L.C., 193
Barrett, M., 75
Barrett, P.M., 408
Barrette, G., 549, 550, 558, 593
Barron, G., 431
Bar-Tal, D., 508
Bartels, A., 67
Bartholomew, K., 55, 61, 66, 355, 357, 359, 375
Bartholow, B.D., 418
Bartlett, F., 16
Bassili, J.N., 240, 243, 472
Bastounis, M., 212
Bataille, P., 548
Bates, J.E., 409
Bateson, G., 389
Batson, C.D., 38, 42, 46, 74, 339, 425, 427, 440, 442, 443, 444, 445, 448, 449, 457
Bauerle, S.Y., 222
Baum, A., 50, 51, 52, 228, 346
Baumann, D.J., 441
Baumann, M., 312
Baumeister, R.F., 24, 42, 84, 86, 99, 111, 114, 115, 117, 118, 125, 126, 127, 131, 132, 134, 139, 147, 179, 332, 346, 368, 372, 372, 391, 393, 501, 605, 606, 607, 609
Bavelas, J.B., 302
Baxter, L.A., 135
Beach, K.R., 250
Beach, S.R., 341
Beach, S.R.H., 448
Beall, A.E., 339, 352
Beaman, A.L., 476
Bear, J., 298
Beaton, A., 521
Beaton, A.M., 502, 521, 593
Beaudry, M., 378
Beaugrand-Champagne, D., 532
Beauregard, K.S., 128
Beauregard, M., 67
Beauvois, J.-L., 269, 270, 473, 477, 491, 495, 496, 498, 506, 519, 520
Beck, S.R., 589
Becker, M.H., 613, 614
Beer, J.S., 86, 91, 118
Bégin, C., 358
Bégin, G., 25, 26, 236, 247, 358, 510, 511, 512
Bègue, L., 212
Beilock, S.L., 126
Bekkers, R., 130
Bélanger, C., 369
Belew, J., 68
Bell, D.W., 240, 241
Bell, K.L., 300
Bell, R.A., 377, 399
Bem, S.L., 151

Bem, S., 113
Benet-Martinez, V., 65, 246
Benfield, C.Y., 232
Benjamin, A.J., 418
Benson, P.L., 447
Ben-Yair, E., 95
Bera, S., 358
Berard, S.P., 76
Berg, J.H., 313
Berger, C.R., 323
Bergeron, J.-L., 516
Berglas, S.C., 132, 133
Berk, M.S., 179
Berkman, L.F., 366, 610
Berkowitz, L., 25, 389, 390, 391, 392, 393, 394, 395, 396, 397, 398, 400, 403, 405, 416, 419, 420, 426, 448, 526, 562, 583
Berlin, L.J., 357
Berman, J.J., 51, 52
Berman, P.W., 307
Bernard, M.M., 281
Berndt, T.J., 508
Bernichon, T., 131
Bernier, A., 355, 356, 359
Bernieri, F.J., 305
Berntson, G.G., 376
Berridge, K.C., 23, 46, 219, 257
Berry, J.W., 110, 501, 538, 545, 553, 560, 561, 563
Berscheid, E., 4, 76, 163, 170, 181, 331, 333, 336, 337, 341, 342, 343, 344, 348, 349, 354, 366, 379, 426, 453, 542, 579
Bersoff, D.M., 75
Betancourt, H., 59, 222, 446
Betsch, T., 259
Bettencourt, B.A., 513, 576, 578, 588
Bibby, R., 372
Bickman, L., 21, 22, 526, 603
Biddle, J.E., 342
Bierhoff, H.W., 426, 439
Bierman, K.L., 91
Bies, R.J., 635
Biesanz, J.C., 45
Bigler, R.S., 572
Billig, M., 535, 565, 568, 579
Billings, A.G., 367
Bingman, C.R., 222
Bird, C., 563
Birdwhistell, R.L., 304
Birenbaum, G., 18
Birn, R.M., 67
Birnbaum, M.H., 23, 48, 79
Bishop, G.D., 615
Bissonnette, R., 121
Bissonnette, V.L., 213
Biswas-Diener, R., 368
Bitter, E., 401
Bizer, G.Y., 277
Bjoerkqvist, K., 384
Blackledge, A., 323
Blader, S.L., 635
Blair, C.A., 431
Blair, I., 222
Blair, I.V., 547
Blairy, S., 306
Blais, M.R., 54, 55, 364, 369, 634, 637
Blake, R.R., 517, 518, 566, 587
Blanc, M., 326
Blanc, M.H.A., 311, 319
Blanchard, C.M., 65, 121, 219, 223, 246, 288, 440, 637
Blanchard, K.H., 518
Blaney, P.H., 225
Blank, A., 473
Blanton, H., 97
Blascovich, J., 58, 59, 66, 67
Blass, T., 486, 488
Blatz, W.E., 26
Blau, P.M., 337
Bless, H., 148, 173, 185
Blessum, K.A., 283

Blickle, G., 134
Blier, J.M., 548
Blieszner, R., 334, 339
Block, J., 71, 118
Blondin, J.P., 368
Bloom, P., 194
Bluck, S., 112
Blumenthal, J.A., 365
Blumstein, P., 334
Bobocel, D.R., 594
Boccia, M.L., 366
Bodenhausen, G.V., 23
Boeckmann, R.J., 70
Boerner, K., 451
Boettger, R., 254
Bogardus, E.E., 534, 544
Bois, J.E., 99
Boisvert, J.M., 378
Boisvert, M., 358
Boivin, M., 356, 384, 405, 413
Bok, D.C., 32
Boldry, J.G., 576
Bolger, N., 65, 372
Bolino, M.C., 138
Bollinger, D., 501, 518, 522
Bonacci, A.M., 248, 448
Bond, M., 370
Bond, M.H., 310, 522
Bond, R., 471, 491
Bono, J.E., 644
Bonoma, T.V., 269
Bookwala, J., 451
Boon, C., 230
Boone, A.L., 132
Booth, A., 334
Booth-Kewley, S., 608
Bootzin, R.R., 231
Bordel, S., 523
Borgida, E., 268
Boris, H.I., 133
Borkovec, T.D., 231
Borkowski, J.G., 232
Borman, W.C., 334
Bornholt, L., 215
Bornstein, R.F., 257
Borsari, B., 508
Boss, D., 307
Bosson, J.K., 101, 131
Boster, F.J., 252, 253, 426, 437, 451
Bouchard, C., 373
Bouchard, G., 50, 75, 370
Bouchard, T.J., 23, 261
Boucher, J. D., 301
Bouffard, L., 21, 190, 199, 202, 224
Bourbonnais R., 641
Bourdieu, P., 559
Bourgeois, M.J., 526
Bourhis, R.Y., 318, 321, 322, 324, 498, 512,
    514, 534, 538, 553, 544, 549, 550, 552,
    554, 555, 556, 557, 569, 570, 571, 572,
    573, 575, 576, 577, 578, 579, 581, 582,
    583, 584, 593, 594, 596
Boutillier, R.G., 311
Bower, G.H., 113, 173
Bowers, J.W., 296
Bowlby, J., 332, 355, 359, 367, 438
Bradac, J.J., 296, 312, 323
Bradburn, N.M., 368
Bradbury, T.N., 193, 224, 372
Bradford, S.A., 135
Bradley, D.E., 611
Bradley, G.W., 210
Brain, K., 614
Braly, K.W., 534, 536, 537, 538
Brandstätter, V., 359, 362, 363, 364
Branigan, C., 23, 117, 486
Brannon, L., 609, 612
Branscombe, N.R., 88, 229, 498, 513, 558,
    583, 584, 594
Brauer, M., 513, 524
Brault-Labbé, A., 361, 367, 368
Braun, O.L., 204
Brawley, L.R., 502, 503
Bray, R.M., 472, 630

Breakwell, G.M., 11
Breckler, S.J., 244
Brehm, J.W., 225, 267, 280, 453
Brehm, S.S., 280, 348, 349, 354, 453, 465,
    612, 631
Brendgen, M., 384, 407
Brennan, K., 358
Brennan, K.A., 357, 358, 359, 377
Brewer, M.B., 34, 43, 44, 47, 79, 102, 139,
    208, 331, 437, 540, 569, 570, 576, 588,
    591
Brewin, C.R., 224, 226
Brickman, A.L., 608
Brickman, P., 362, 363
Bridges, M.W., 608
Brigham, J.C., 627, 628
Brinol, P., 249, 275
Brisson, R., 565
Britt, T.A., 607
Brock, T.C., 272, 290, 393
Brockner, J., 453, 522, 636
Bröder, A., 75
Broderick, J.E., 136
Brodsky, A., 350
Brodt, S.E., 231
Brody, N., 547
Broidy, L.M., 411
Bromberg, M., 326
Bromer, P., 241
Brooks-Gunn, J., 341
Brosius, H.B., 261
Brown, C.S., 572
Brown, E.L., 136
Brown, J.D., 118, 131
Brown, J.M., 627
Brown, K.W., 115, 117
Brown, P., 313
Brown, R., 298, 310, 496, 499, 506, 510, 541,
    543, 563, 567, 569, 570, 572, 573, 574,
    596
Brown, R.J., 496, 540, 541, 573, 576, 578,
    587, 590, 591
Brown, R.W., 259
Brown, S., 120
Brown, S.L., 368, 451
Bru, E., 610
Bruck, C.S., 608
Bruin, R., 250
Bruner, J., 534
Bruner, J.S., 251
Brunswick, E., 144, 145
Bryan, J.H., 427
Buchman, D.D., 418
Buck, R., 437
Buehler, C., 334
Bugental, D.B., 334
Bugental, D.E., 300
Bühner, M., 226
Bui, K., 362
Bull, P., 304
Bull, R., 341
Bull, V., 212
Buller, D.B., 306, 316
Bulman, R.J., 228
Bundick, M., 563
Bunzel, B., 611
Burger, J.M., 195, 216, 374, 474, 476, 477,
    480, 482, 483, 491
Burgess, D., 573
Burgess, M., 393
Burgoon, J.K., 297, 306, 307, 316, 626
Burgoon, M., 476
Burke, P.J., 98, 363
Burleson, B.R., 367
Burleson, J.A., 135
Burns, M.O., 193
Burnstein, E., 23, 436, 437, 524
Burr, V., 10
Burrows, L., 23, 178
Burton, K., 361, 362
Burton, R., 350
Bush, M., 477

Bushman, B.J., 117, 248, 280, 391, 392, 393,
    395, 397, 398, 407, 414, 415, 416, 417,
    418, 419, 420, 448, 484
Buss, A.H., 284, 383, 389
Buss, D.M., 24, 152, 284, 332, 343, 350
Butera, F., 498
Butler, D., 224
Buunk, B.P., 96, 339, 523
Byers, E.S., 135
Byrne, C.A., 288
Byrne, D., 30, 44, 76, 286, 340, 341, 432
Byrne, J.L., 323

C

Cable, D.M., 53, 54
Cacioppo, J.T., 23, 34, 67, 195, 249, 265, 273,
    275, 276, 277, 278, 281, 332, 366, 376,
    435, 482, 611
Caddick, B., 579
Cadeau, M., 564
Cadoret, R.J., 412
Cairns, M., 222, 446
Cairns, R.B., 405
Caldwell, D.F., 477, 482, 483
Callagan, C., 215
Cameron, J., 63, 339
Cameron, K.S., 636
Cameron, L.D., 230
Camire, W., 343
Campbell, A., 368, 617
Campbell, D.T., 500, 540, 562
Campbell, J.D., 87, 109, 124, 468
Campbell, L., 135, 360
Campbell, R.S., 136
Campbell, W., 209
Campbell, W.K., 132
Cantor, J., 399
Cantor, N., 9, 110, 130, 147
Cantril, H., 154
Capella, J.N., 306, 308
Caplan, N., 584
Caporael, L.R., 312, 331, 437
Capozza, D., 571, 573
Caprara, G.V., 227
Carey, G., 412
Carey, K.B., 508
Carli, L.L., 213, 521
Carlo, G., 442, 443, 445
Carlopio, J.R., 640
Carlsmith, J.M., 265, 266, 270
Carlson, M., 440, 441
Carlston, D.E., 160
Carment, D.W., 497
Carment, W.D., 53
Carnelley, K.B., 358
Carpenter, B., 377
Carr, M., 232
Carrell, S.E., 101
Carroll, J.S., 222, 621
Carroll, L., 87
Carron, A.V., 502, 503
Carter, J.D., 306
Cartwright, D., 263
Caruso, D., 439
Carvallo, M., 581
Carver, C.S., 22, 42, 105, 107, 108, 109, 114,
    121, 123, 124, 217, 363, 364, 608, 609
Cascardi, M., 373
Case, R.B., 365, 610
Caspi, A., 413
Cassidy, J., 356, 357, 359
Cassirer, E., 18
Castano, E., 500
Castelli, L., 500
Castonguay, C., 324
Catipovic-Veselica, K., 608
Caudill, B.D., 135
Centers, R., 537
Cervone, D., 120
Chaiken, A.L., 135
Chaiken, S., 94, 95, 171, 237, 238, 251, 258,
    261, 269, 273, 275, 276, 471
Chalk, L.M., 91
Champion, V.L., 615

Chandra, V., 365
Chanel, C., 350
Chang, E.C., 102
Chanowitz, B., 473
Chantal, Y., 450
Charbonneau, D., 439
Charlin, V., 440, 441
Charlton, K., 588
Chartrand, C.L., 308
Chartrand, T.L., 23, 66, 124, 125, 168, 250,
    346
Chatard, A., 506
Chave, E.J., 239, 246
Chebat, J.C., 264
Cheek, J.M., 137
Chemers, M.M., 120
Chen, F., 341
Chen, H.J., 215
Chen, M., 23, 178
Chen, S., 129, 275, 276, 345, 346
Cherlin, A.J., 334, 373
Chiasson, N., 368
Chidester, T.R., 163, 241
Chirumbolo, A., 206
Chisholm, J., 323
Chiu, C., 24, 309, 310, 526
Chiu, C-Y., 297, 298, 310
Chneiweiss, L., 378
Choi, I., 169, 212
Chomsky, N., 296, 309
Chravala, A.C., 471
Christensen, A., 373
Christensen, A.J., 607
Christensen, P.N., 62
Christensen, T.C., 112
Christianson, S.A., 627
Christie, R., 560
Christy, P., 398
Chua, H.F., 129
Church, M., 363, 364
Cialdini, R.B., 27, 42, 48, 49, 50, 133, 272, 441,
    443, 445, 449, 463, 468, 469, 470, 477,
    478, 479, 480, 470, 491
Ciarocco, N.J., 127, 132
Ciarrochi, J., 643
Citeau, J.-P., 497, 498
Clark, C.L., 357
Clark, H.H., 298, 299
Clark, K.B., 572
Clark, M.P., 572
Clark, M.S., 370, 448
Clark, R.D., 436
Clark, R.D. III., 472
Clary, E.G., 445
Clary, G., 449, 450
Clément, R., 311, 317, 319, 320, 321, 323,
    324, 498
Clemente, M., 415
Clements, A.E., 91
Clements, C.M., 226
Clore, G.L., 447
Cockell, S.J., 612
Coe, C.L., 366
Coffman, T.L., 536
Cohen, G., 270
Cohen, M.E., 393
Cohen, R.L., 509
Cohen, S., 6, 365, 366, 452, 610, 611, 612
Cohn, E.S., 618
Coie, J.D., 384, 405, 408, 420
Coke, J.S., 443
Cole, A.H., 453
Cole, R., 534
Coleman, M., 334
Coles, S.W., 346
Colette, G., 350
Collins II, J.E., 455
Collins, A.W., 4
Collins, M.A., 143, 169
Collins, N.L., 135, 357, 358, 367, 452
Collins, R., 607
Collins, W.A., 331, 333, 334, 337
Colon, E.A., 365
Colquitt, J.A., 228, 635

Colvin, C.R., 118
Compas, B.E., 229
Comstock, G., 414, 415, 416, 420
Comte, A., 13
Condor, S., 579
Condry, J., 151, 507
Condry, S., 151, 507
Conger, R., 334
Connell, J.P., 634
Conner, M., 241, 285, 287
Connolley, R.S., 468
Connor, W.H., 448
Contrada, R.J., 192, 611
Conway, M.A., 112, 113, 151, 259, 260
Cook, K.E., 131
Cook, K.S., 29
Cook, T.D., 39
Cook, W.L., 359
Cooley, C.H., 22, 84, 98
Cooper, J., 197, 233, 265, 269, 270
Copper, C., 504
Corbin, C.B., 99
Corenblum, B., 545, 572
Corneille, O., 528, 535
Corneille, P., 350
Cornelius, R.R., 398, 399
Cornelius, T., 480
Cosmides, L., 332
Costa, P.T., 607
Costa, P.T., Jr., 482
Costanzo, P.R., 24, 27, 30
Cota, A.A., 97
Cotterell, N., 475
Cottraux, J., 377
Cottrell, N.B., 501
Coulson, M., 304
Coupland, J., 323
Courneya, K.S., 221, 288
Coutts, L.M., 32, 34, 644
Coutu, S., 405
Couture, H, 236
Covington, M.V., 232
Cowen, P., 26
Cox, T.H., 549, 593
Coyne, J.C., 372, 374, 451
Cramer, R.E., 434
Craven, R.G., 89, 98
Crawford, T.J., 584
Crick, N.R., 384, 405, 406, 407, 408, 409
Crisp, R.J., 589, 591
Critchlow, B., 265
Crittenden, K.S., 211
Crocker, J., 88, 116, 558, 588
Croizet, J.-C., 127, 558
Cronbach, L.J., 45
Cronley, M.L., 198
Crosby, F.J., 502, 583, 584, 592, 593, 594
Cross, S.E., 85, 87, 102, 130
Crouch, I., 312
Crowley, M., 438
Croyle, R.T., 265
Cruce, M.K., 447
Crutchfield, R.S., 470
Cruz, M.G., 272
Csikszentmihalyi, M., 33, 122, 363, 368
Cuccioletta, D., 189
Cuddy, M.E., 408
Culbertson, G.H., 312
Cungi, C., 378
Cunningham, M.R., 135, 354
Cunningham, W.A., 249
Cutler, B.L., 619, 620, 621, 627
Cutrona, C.E., 376, 377

D

D'Allaire, M., 532
Dagnan, D., 222, 446
Dainton, M., 338
Dakof, G.A., 452
Dale, K., 393
Dambrun, M., 502, 510, 512, 564
Dandeneau, S.D., 92, 102, 131, 346, 359
Dandurand, R.B., 373
Dane, F.C., 618

Daniels, L.R., 448
Danner, D.D., 62
Darby, B.L., 441
Darley, J.M., 25, 38, 46, 74, 158, 180, 183, 233, 430, 431, 433, 434, 455, 489, 560
Darwin, C., 23, 296, 300, 331
Dasgupta, N., 263
Dashiell, J.F., 19
Daus, C.S., 643
Davidson, O.B., 74
Davidson, R., 301
Davidson, R.J., 23
Davies, P.G., 127
Davila, J., 242
Davis, A., 65
Davis, C.G., 117
Davis, K.E., 11, 197, 198, 200, 358, 359
Davis, M.H., 339, 438
Davison, J., 133
Dawes, R., 541
Day, D.V., 138
Day, K.D., 398
Dayan, J., 582
De Castro, B.O., 208
De Dreu, C.K.W., 339
De Gilder, D., 504, 521
De Guise, J., 414
De Houwer, J., 257
De Jong-Gierveld, J., 375, 376
De La Ronde, C.
De la Sablonnière, R., 548
De Metsenaere, M., 232
De Royer, S., 548
De Saint-Exupéry, A., 330, 331
De Saussure, G.F., 298
De St-Aubin, E., 450, 457
De Visscher, P., 495, 499, 528
De Wall, F.B.M., 437
Dean, F.P., 643
Dearing, R.L., 445
Deaux, K., 151, 215, 216, 312, 464
Deci, E., 634, 637
Deci, E.L., 11, 21, 25, 43, 45, 63, 113, 116, 119, 120, 121, 223, 225, 319, 332, 359, 363, 364, 368, 369, 612, 634, 637
DeJong, W., 476
DeLamater, J.D., 10, 339
DeLongis, A., 372
Dembo, T., 18
Demmons, S., 135
Demski, R.M., 253
Deneault, B., 323
DePaulo, B., 171, 326
DePaulo, B.E., 316
DePaulo, B.M., 296, 299, 300, 308, 314, 315, 316, 372, 626
Depuiset, M.-A., 498
Derevensky, J.L., 72
DeRidder, R., 200
Derlega, V.J., 134, 135, 307
Dermer, M., 258
Derouin, J.M., 554
Derrick, J., 132, 346, 371
DeRubeis, R.J., 232, 233
Deschamps, J.-C., 495, 507, 591
Deschênes, L., 61
Desor, D., 501
Deuser, W.E., 231
Deutsch, M., 19, 466, 567
Deutscher, I., 282
DeVellis, R.F., 79
Devine, P.G., 265, 536, 543, 544, 547, 564
Devor, E., 412
Dewey, J., 25
Diamond, W.D., 259
Dicke, A., 352
Dickerson, C., 267
Dickerson, S.S., 131
Dickoff, H., 475
Dickson, W.J., 55
DiClemente, C.C., 616
Diehl, M., 241
Diener, E., 344, 368, 499
Dietz, T.L., 418

Dietz-Uhler, B., 134
Dif, S., 502, 507, 509
Difede, J., 192
Digman, J.M., 607
Dijksterhuis, A., 6, 90, 101
DiLalla, L.F., 412
Dill, J.C., 391
Dill, K.E., 231, 418
Dillard, J.P., 272, 476
Dillman, L., 297
DiMatteo, M.R., 62
Dindia, K. 135
Dion, K.K., 342, 348, 359
Dion, K.L., 97, 170, 342, 348, 359, 503, 558
DiPaula, A., 87, 124
Dishion, T.J., 405, 420
DiTommaso, E., 375
Dixon, J., 238
Docherty, A.L., 610
Dodge, K.A., 31, 208, 384, 405, 406, 407, 408, 409, 410, 420
Dohrenwend, B., 365
Doise, W., 11, 495, 524, 559, 591
Dollard, J., 28, 386, 389, 392, 394, 561
Donahue, E.M., 115
Donahue, K.M., 67
Donnellan, M.B., 104
Donnerstein, E., 398, 420
Doob, A.N., 399
Doosje, B., 541, 570, 584
Doré, F.Y., 39, 300, 301
Doria, J., 503, 567
Dörnyei, Z., 319
Doucet, N., 448
Douvan, E., 372
Dovidio, J.F., 249, 250, 280, 425, 435, 436, 442, 447, 449, 457, 536, 545, 547, 548, 589, 590, 591, 592, 595
Downey, G., 374
Downs, D.L., 99
Doyle, A.B., 572, 587
Doyle, J., 627
Drigotas, S.M., 361, 362
Driver, R., 316
Drozda-Senkowska, E., 495, 525
Druen, P.B., 354
Duarte, S., 510, 512, 564
Dubash, P., 448
Dubé, L., 26, 97, 361, 362, 363, 364, 367, 368, 502
Dubé-Simard, L., 502, 584
Dubois, B.L., 312
Dubois, G., 369
Dubois, N., 506
Duck, J., 541
Duck, S., 135, 337, 342
Duckitt, J., 512, 514, 561, 592
Duckitt, J.H., 561
Duff, K.J., 147
Dufresne, E., 617
Duggan, A., 377
Duggan, E.S., 377
Dulude, D., 369
Duncan, S.D., 302, 303
Dunkel-Schetter, C., 452
Dunlap, M.R., 457
Dunn, E.W., 93
Dunning, D., 127, 128, 152
Durant, R.H., 419
Durkheim, E., 14, 313
Durrell, L., 350
Durrheim, K., 238
Durso, F.T., 156
Dutton, D.G., 217, 374
Duval, S., 22
Duval, T.S., 105, 107, 113, 114
Dweck, C.S., 232
Dyce, J., 99

E

Eagly, A., 339
Eagly, A.H., 62, 237, 238, 241, 258, 261, 269, 273, 281, 342, 438, 471, 521, 539
Earle, M., 310
Eastlick, M.A., 255
Ebbesen, E.G., 393
Eberhardt, J.L., 67
Eccles, J.S., 261, 451
Eden, D., 74
Edwards, D., 579
Edwards, J., 323
Edwards, J.A., 195
Edwards, J.R., 323
Edwards, K., 588
Edwards, R.E., 268
Egbert, J.M., 621
Ehrlinger, J., 152
Eichstaedt, J., 111
Eid, M., 45, 109
Einstein, A., 26, 97, 544
Eisenberg, N., 426, 429, 438, 439, 440, 442, 443, 445, 457
Eisenberger, R., 63, 475, 477
Eiser, J.R., 243, 255, 259, 541
Ekman, P., 66, 298, 300, 301, 302, 304, 305, 315, 626
Elfenbein, H.A., 147, 301
Ellard, J.H., 426
Ellemers, N., 504, 521, 570, 574, 578, 579, 584, 594
Eller, A., 589, 592
Elliot, A.J., 265, 358, 363, 364, 536
Elliot, J.L., 549, 553, 554, 561, 562
Elliott, J., 586
Ellis, H.D., 343
Ellis, S., 518
Ellison, C.G., 611
Ellsworth, P.C., 40, 302, 308, 618, 620
Ellyson, S.L., 303
Elms, A., 488
Ely, R.J., 163, 183
Emery, R.E., 373
Emmons, R.A., 117, 364
Emswiller, T., 216
Endler, N.S., 370, 609, 610
Engelhardt-Bitrian, B., 497, 498
Enzle, M.E., 203
Enzmann, D., 640
Epley, S.W., 501
Epstude, K., 97
Erber, R., 158, 160, 163, 179
Erez, A., 440
Erikson, E.H., 450
Eron, L.D., 416
Eslinger, P.J., 438
Espinosa, P., 415
Esses, V.M., 240, 241, 245, 545, 567, 582
Estrada, C., 535
Etcheverry, P.E., 243
Evans, G.W., 610
Evans, M.G., 638
Everson-Rose, S.A., 376
Exline, R.V., 302, 303
Eyal, T., 174
Eysenck, H.J., 608

F

Fabes, R.A., 442, 443
Fabrigar, L.R., 65, 71, 246, 251, 482
Fairey, P.J., 468
Farah, M.J., 85, 112
Farley, J., 559
Farnham, S.D., 90
Farnsworth, P.R., 26
Farr, R.M., 13, 34, 296
Farris, E., 216
Fazio, R.H., 66, 201, 204, 237, 238, 242, 243, 250, 251, 257, 259, 260, 265, 282, 284, 285, 288, 289, 454, 541, 543
Feeney, B.C., 358, 359, 452
Feeney, J.A., 135, 339, 356, 357, 358, 359

Fehr, B., 334, 339, 348, 349
Fei, J., 349
Feick, D.L., 133
Fein, S., 212, 465, 631
Feinberg, L.S., 372
Feinberg, R., 63
Feingold, A., 342, 354, 621
Feist, J. 609, 612
Feldman Barrett, L.F., 65, 112, 358, 440
Feldman, B.M., 592
Felson, R.B., 99, 346
Feltz, D.L., 102
Fenaughty, A.M., 47
Fencil-Morse, E., 225
Fenigstein, A., 108, 115, 131
Ferguson, M.J., 23, 31, 168, 176, 177
Fernandez, J.K., 174
Fernet, C., 640, 642
Ferson, J.E., 563
Feshbach, S., 383, 391, 401
Festinger, L., 18, 19, 25, 30, 57, 68, 96, 263, 264, 265, 266, 267, 268, 269, 270, 362, 499, 509, 515, 632
Fichner-Rathus, L., 334
Fichten, C.S., 224
Ficsh, E., 428
Fiedler, F.E., 517, 527
Fiedler, K., 148, 185, 310, 318
Field, A.E., 612
Figge, M., 479
Figueroa-Munoz, A., 227
Fincham, F., 242
Fincham, F.D., 193, 194, 224
Fine, M.A., 334
Finkel, E.J., 132
Finkelstein, R., 523
Finlay, K., 586
Fischhoff, B., 213
Fish, D., 310
Fishbaugh, L., 471
Fishbein, M., 243, 247, 250, 261, 282, 283, 284, 285, 286, 287, 288, 613
Fisher, J., 641
Fisher, J.D., 307, 452, 453, 603
Fisher, R.J., 21, 22
Fishman, J.A., 323
Fishman, P.M., 312
Fishtein, J., 357
Fiske, A.P., 334, 335, 425, 437
Fiske, S.T., 16, 21, 34, 39, 146, 148, 149, 153, 158, 160, 162, 163, 164, 167, 185, 264, 331, 533, 534, 535, 536, 537, 540, 544, 545, 548, 619
Fitzsimons, G.M., 124, 125, 346
Fivush, R., 112
Flay, B.R., 281
Fleming, J., 75
Fleming, R., 51, 228
Fleras, A., 549, 553, 554, 561, 562
Fletcher, G.J.O., 195, 203, 212, 359, 379
Fletcher, J.F., 243
Flett, G.L., 6
Florack, A., 274
Florian, V., 358
Flynn, F.J., 452, 453
Folger, R., 587
Folkman, S., 370, 608, 609
Fondacaro, R., 310
Ford, W.S., 587
Fordyce, J., 303
Forehand, M.R., 201
Forgas, J.P., 173, 174, 185, 219, 258
Försterling, F., 226, 232
Forsyth, D.R., 209, 232, 500, 506, 510, 517, 528
Forsyth, N.L., 232
Forte, R.A., 302
Fortier, M.S., 121, 364
Fortin, S., 122
Fragale, A.R., 306
Fraley, B., 231
Fraley, R.C., 357
Frame, C., 408
Frame, C.L., 407

Francesco, A.M., 549, 593
Franco, J.N., 313
Frank, E., 359, 362, 363, 364
Frank, M.G., 626
Franks, P., 367
Frazer, S.C., 451, 476
Fredricks, J.A., 261
Fredrickson, B.L., 71, 117
Freedman, J., 368
Freedman, J.L., 451, 476
Freedman, Z.R., 612
Freeman, S.J., 636
Freitas, K., 277
French, D.P., 194
French, J.R.P., Jr., 19, 483
French, L.A., 53
Freud, S., 25, 128, 346, 384, 495
Frey, D., 268
Fried, C.B., 267, 270
Friedman, H.S., 171, 296, 299, 300, 308, 316, 605, 608
Friedman, R., 116
Friedrich, J., 275
Friesen, M., 359
Friesen, W.A., 62
Friesen, W.V., 298, 300, 301, 304, 315
Frijda, N.H., 113
Fromkin, H.L., 393
Fromm, E., 347, 374, 375
Fuchs, R., 194
Fujita, F., 344, 368
Fulero, S.M., 618, 619
Fultz, J., 442, 444
Funder, D.C., 118, 216
Funk, C., 262
Funk, J.B., 413, 418, 419
Funke, F., 561
Furedy, J.J., 626
Furnham, A., 212
Furstenberg, F.F., 373
Fussell, S.R., 297, 298, 317

G

Gable, S.L., 65
Gaertner, L., 110
Gaertner, S.L., 447, 596, 536, 547, 548, 588, 589, 590, 591, 592
Gaertner, S.S., 436
Gaes, G.G., 269
Gagné, F., 89
Gagné, F.M., 132
Gagné, M., 121, 634, 637
Gagnon, A., 534, 569, 575, 576
Gagnon, C., 405
Gaillard, A.W.K., 523
Gaines, S.D. jr., 334
Galen, B.R., 384
Galinsky, A.D., 116, 153, 265
Galland, O., 510
Gallo, L.C., 400, 610, 644
Gallois, C., 321
Gangestad, S.W., 28, 136, 137, 138, 284, 342, 343
Ganong, L., 334
Garcia, K., 614
Garcia, S.M., 430, 434
Garcia-Marques, T., 258
Gardner, R., 26
Gardner, R.C., 298, 319, 320, 323, 541
Gardner, R.E., 288
Gardner, W.L., 97
Gaunt, R., 205
Gauthier, M., 551
Gauvreau, D., 324
Gavanski, I., 207
Gawronski, B., 263
Gazzaniga, M.S., 86
Geen, R.G., 261, 389, 390, 393, 398
Gelfand, D.M., 398
Gendreau, P., 412
Genesee, F., 572
George, C., 356
George, L.K., 611
Gerard, H.B., 268, 466, 468

Gerard, J.M., 334
Gerbner, G., 564
Gergen, K., 20, 198
Gergen, K.J., 21, 25, 97, 98
Germain, A., 559
Gershman, K., 229
Gibbons, F.X., 96, 135, 217
Gifford, R.K., 152, 542
Gilbert, D., 34
Gilbert, D.T., 161, 191, 192, 197, 198, 204, 205, 210, 211, 625
Gilbert, G.M., 536
Gilbert, L.A., 490
Giles, H., 296, 298, 299, 312, 320, 322, 323, 326
Gillath, O., 358, 375
Gillen, B., 342
Gillett, P.M., 274
Gillihan, S.J., 85, 112
Gilovich, T., 169, 175, 207, 209
Giner-Sorolla, R., 251
Ginsberg, E., 553
Giordano, C., 96
Glaser, J., 390
Glass, D.C., 225
Glass, G.V., 62
Glassman, N.S., 346
Glazer, K., 644
Gleason, H.A., 309
Glenn, N.D., 372
Glick, P., 162, 545, 548, 595
Glinder, J.G., 229
Godfrey, S.S., 176
Goethals, G., 270, 465
Goffman, E., 136, 313, 316
Golberg, L.R., 155
Gold, B.A., 549, 593
Gold, G.J., 227, 228
Gold, M., 18
Goldberg, S., 306
Goldenberg, J.L., 103
Goldhagen, D.J., 560, 563
Goldinger, S.D., 207
Goldman, B.M., 104, 116
Goldman, M., 303
Goldstein, C.C., 193
Goldstein, J.H., 393
Golin, S., 225
Gonzales, C., 390
Gonzalez, R., 590
Goodnow, J.J., 507
Gordon, C., 87, 102
Gordon, H.S., 365
Gordon, R.A., 475
Gordon, S., 376
Gore, J.S., 85
Gorham, J.S., 306
Gosling, P., 523
Gosselin, J.T., 120
Gosselin, P., 300, 301
Gottlieb, A., 435, 451
Gottlieb, B., 365
Gottman, J., 339
Gottman, J.M., 68, 69, 77, 334, 339, 371
Gould, R., 215
Gould, S.-J., 547
Gouldner, A.W., 313
Goulet, S., 39
Gove, W., 368
Goyette, C., 551
Grabosky, F., 375
Graham, J.W., 508
Graham, S., 190, 194, 208, 221, 222, 452
Graham, T.R., 219
Grajek, S., 352, 353
Grant, H., 364
Grant, P.R., 579
Graziano, W.G., 136, 342
Green, D.P., 390
Green, J.D., 113, 128, 129
Green, L.R., 375
Green, L.W., 614
Green, M., 290
Green, M.C., 272

Greenberg, J., 103, 114, 115, 129, 375, 635, 636
Greenberg, M.S., 474
Greene, D., 128, 223
Greenlees, I.A., 193
Greenwald, A.G., 23, 66, 88, 90, 240, 242, 250, 263, 274, 541, 581
Gregg, A.P., 86, 88, 110
Grether, J., 303
Grice, H.P., 297, 316
Grich, J., 358
Griesler, P.C., 405
Griffin, D., 175, 346, 371
Griffin, D.W., 370
Grigorenko, E., 547
Groenewoud, J.T., 590
Groom, C., 39
Gross, A.E., 75
Gross, L., 564
Grossman, D., 419
Grote, N. K., 370, 448
Grotpeter, J.K., 384
Grouzet, F.M.E., 121
Grove, J.R., 209
Grube, J.W., 253
Gruber, K.L., 268
Gruder, C.L., 274
Gruenewald, T.L., 131
Gruman, J.A., 32, 34, 644
Grusec, J.E., 425, 429, 441
Grush, J.E., 258
Guadagno, R.E., 477
Guay, F., 65, 121, 246, 364, 640, 642
Gudjonsson, G.H., 622
Gudykunst, W.B., 317, 323, 326
Guedeney, A., 356
Guedeney, N., 356
Guerin, B., 12
Guerra, N.G., 408, 419
Guilford, J.P., 534
Guimond, S., 502, 507, 509, 510, 511, 512, 513, 514, 515, 563, 564, 580, 583, 584
Guingouain, G., 523
Gumperz, J.J., 320
Gunderson, M., 580
Gupta, R., 72
Gurman, A.S., 373
Gurr, T.R., 583
Gurung, R.A.R., 366, 367
Gutierres, S.E., 343
Gutterman, H.A., 607
Guttman, L., 65

H

Haberkorn, G., 472
Habermas, T., 112
Hackman, J., 633, 634
Hackman, J.R., 514
Haddock, G., 245, 545
Hafer, C.L., 212
Hafez, M.M., 106
Hagège, C., 308
Hagger, M.S., 287
Hains, S.C., 495
Hale, S.L., 478, 491
Hall, C.A., 204
Hall, C.S., 24, 25
Hall, E. T., 307
Hall, J.A., 306, 307
Hall, M., 450
Hall, S., 194
Hall, V.C., 63
Hallam, J., 398
Halliwell, W.R., 63
Hamermesh, D.S., 342
Hamers, J.F., 311, 319, 326
Hamilton, D.L., 152, 496, 500, 534, 542
Hamilton, V.L., 42
Hampson, S.E., 155
Hamstra, I.J., 583
Handford, A.G., 414
Haney, C., 57, 58, 619
Hanish, L., 408
Hankin, B.L., 226

Hanrahan, S.J., 209
Hanse, W.B., 508
Hansen, C.H., 300
Hansen, D.M., 451
Hansen, R.D., 203, 204, 300
Harackiewicz, J.M., 232, 233, 364
Harary, F., 263
Harber, K.D., 181
Hardin, C.D., 90, 153
Harkins, S., 523
Harmon-Jones, C., 270
Harmon-Jones, E., 23, 258, 266, 270, 271, 290, 391, 393, 394, 395, 396, 397, 400, 403, 544
Harness, A., 134
Harper, R.G., 306
Harris, C.R., 339
Harris, J., 128
Harris, J.R., 507, 508
Harris, R.N., 133
Harris, V.A., 198, 211
Harrison, C.L., 453
Harrison, J.A., 614
Hart, A.J., 629
Harter, S., 89
Hartmann, D.P., 398
Hartshorne, H., 438
Hartup, W., 420
Harvey, J.H., 203, 210, 224, 233, 334, 336, 339, 345
Harvey, R.D., 558
Harwood, J., 322
Haselton, M.G., 152
Hasher, L., 91
Haslam, N., 334, 335, 425, 437
Haslam, S.A., 46, 52, 521, 528, 533
Hass, R.G., 545, 547
Hassall, R., 224
Hassebrauck, M., 343
Hassin, R., 8
Hastie, R., 59, 156, 162, 618, 619, 630
Hastorf, A.H., 154, 308
Hatfield, E., 76, 337, 341, 348, 349, 354
Hau, K.T., 98
Haugtvedt, C., 278
Hausenblas, H.A., 288
Hausknecht, D., 268
Hausman, L.R.M., 514
Haviland-Jones, J.M., 113, 217, 440
Hawkins, C., 97
Hawkley, L.C., 376, 377
Hay, D.F., 403
Hayward, M.L.A., 201, 211
Hazan, C., 350, 355, 358
Healy, M., 574
Hearn, J., 339
Hearold, S., 260
Heatherton, T.F., 85, 88, 112, 115, 125, 454, 605
Heaton, A.W., 126
Heavy, C.L., 373
Hébert, J.C., 624
Hecht, M.A., 302
Heffner, T.S., 87
Heidegger, M., 374
Heider, F., 17, 19, 21, 25, 30, 189, 193, 196, 197, 208, 224, 263, 632
Heim, A.K., 85
Heine, S.J., 102, 110, 115, 221
Helgeson, V.S., 118, 610, 611, 612
Hellmich, C., 106
Helms, J., 547
Hemans, L.T., 195
Hemenover, S.H., 136
Henderson, A.J.Z., 55
Henderson, D., 504
Hendin, H.M., 89
Hendrick, C., 331, 334, 336, 352, 361, 379, 434
Hendrick, S.S., 135, 331, 334, 336, 352, 361, 379
Henle, C.A., 303
Henry, E., 553
Henry, P.J., 545

Herek, G.M., 253
Herman, C.P., 105, 231
Herrald, M.M., 395, 398
Hersey, J.C., 281
Hersey, P., 518
Herzberg, F., 636, 640
Heslegrave, R.J., 626
Heslin, R., 307
Hess, R.L., Jr., 222
Hess, U., 43, 45, 79, 301, 305, 637
Hetts, J.J., 579, 580
Hewitt, P.L., 6
Hewstone, M., 12, 34, 540, 569, 573, 586, 588, 589, 590, 591
Hewstone, M.R.C., 540
Heylighen, F.P., 202
Hibbing, J.R., 262
Hickson, M., 326
Hickson III, M., 299
Higgins, C.A., 475
Higgins, E.T., 24, 25, 110, 116, 128, 154, 155, 156, 167, 179, 242, 310, 363, 364, 520, 521
Higgins, R.L., 226, 227
Higgins, T., 116
Highman, P.A., 53
Hildum, D.C., 259
Hilgard, E.R., 13, 16
Hill, C., 446
Hill, C.A., 100
Hill, C.T., 362
Hill, M.E., 585
Hill, W.F., 258
Hillerband, E., 77
Hilt, L.M., 232
Hilton, D.J., 314
Hilton, J.L., 183, 250, 542
Hinde, R.A., 336, 344, 361
Hindy, C.G., 350
Hirsa, A., 203
Hirt, E.R., 133, 156
Hixon, G.J., 131
Hobfoll, S.E., 367
Hodson, G., 111
Hoeksema-van Orden, C.Y.D., 523
Hofling, C.K., 485
Hofstede, G., 471, 501, 518, 522
Hogan, M.E., 115
Hogg, M., 541, 574
Hogg, M.A., 495, 496, 501, 505, 521, 573, 590
Hogg, M.S., 524
Hokanson, J.E., 393
Holbrook, A.L., 251
Holland, R.W., 130
Hollander, E.P., 472
Hollon, S.D., 232, 233
Holmes, D.S., 128
Holmes, J.G., 132, 339, 346, 348, 349, 371, 426
Holmes, M., 428
Holmes, W.H., 200
Holobow, N., 572
Holtgraves, T.M., 313
Holtzam, W.H., 564
Hölzl, E., 213
Homans, G.C., 337
Homburg, C., 264
Homer, P.M., 255
Hommel, K.A., 230
Hong, Y., 24, 147, 168, 310
Hooker, S.P., 615
Hopkins, N., 535, 547
Horgan, T.G., 306
Hornsey, M.J., 590
Hornstein, H.A., 428, 447
Horowitz, L.M., 134, 355, 357
Horselenberg, R., 623
Horvath, A.O., 612
Horváth, F.S., 626
Horwitz, M., 568
Hosch, H.M., 619
Hospers, H.J., 230
Hotte, A.M., 255

Houg, J.C., Jr., 547
Houlfort, N., 122
House, J.S., 365, 366, 367, 604, 610
House, P., 128
Hovland, C.I., 5, 17, 19, 25, 243, 271, 273, 274, 561
Howard, G.S., 77
Hoyle, S., 288
Hoyt, J.L., 398
Hu, L., 541
Hubbard, J.A., 407, 408
Huebner, E.S., 226
Huesmann, L.R., 408, 416, 417, 418, 419, 420
Hugenberg, K., 23
Hughes, M., 368
Huguet, P., 523
Hulin, C.L., 637
Hull, C.L., 42
Hull, J.G., 115, 226, 227
Hunter, J.E., 476
Huntzinger, R.M., 216
Hunyady, O., 581
Huskinson, T.L.H., 245
Huynh, C.L., 55
Hyde, J.S., 339
Hyman, H., 499
Hymes, D., 320

I
Iaffaldano, M.T., 638
Ibanez, T., 579
Ickes, W., 337, 339, 358
Iizuka, Y., 306
Inglehart, R., 254, 368
Insko, C.A., 259
Irvine, A.A., 625
Irvine, D.M., 638
Isen, A.M., 174, 440
Islam, M.R., 589
Izard, C.E., 219, 301

J
Jackson, J.M., 526
Jackson, J.W., 564
Jacobson, L., 181
Jacobson, N., 339
Jacobson, N.S., 373
Jaggi, V., 540
James, C.L.R., 547
James, S., 558
James, W., 84, 86, 87, 98
Jamieson, D.W., 284
Janis, I.L., 60, 524
Janis, L., 19, 271
Janoff-Bulman, R., 192, 213, 228, 229, 445
Janz, N.K., 613
Jarvis, W.B.G., 245
Jawahar, J.M., 138
Jeliu, G., 354
Jenkins, C., 611
Jenkins, J.M., 138, 217
Jensen, A., 547
Jernigan, M., 547
Jerrold, W.B., 350
Jetten, J., 88
Ji, L.-J., 169
Jodoin, M., 362, 364
Johannesen-Schmidt, M.C., 521
John, O.P., 65, 137, 155, 246, 588
Johns, M., 127
Johnson, B.T., 62, 112, 241, 290
Johnson, D.J., 268, 361, 362
Johnson, D.W., 338, 587
Johnson, J.D., 420
Johnson, J.L., 312
Johnson, M.D., 372
Johnson, M.K., 451
Johnson, M.P., 339, 362, 363
Johnson, P., 323
Johnson, R., 587
Johnson, R.J., 367
Johnson, R.N., 389

Johnson, S.L., 620
Johnson-George, C., 349
Johnston, L., 588
Johnston. R.E., 302
Joly, S., 548, 593
Jonas, K., 241
Jones, E.E., 11, 13, 17, 32, 59, 132, 133, 162, 197, 198, 199, 200, 211, 214, 454, 475
Jones, J.M., 547, 587
Jones, J.T., 130
Jones, W.H., 361, 372, 377
Jono, R.T., 611
Jopp Bau, J., 32
Jordan, C, 574
Jose, P.E., 389
Josephs, S., 623
Joshi, P., 25, 26
Jost, J.T., 206, 269, 535, 536, 547, 559, 573, 579, 581, 596
Jouffre, S., 506
Joule, R.V., 269, 270, 473, 477, 491, 520
Judd, C.M., 79, 524, 528, 535
Judge, T.A., 53, 54, 475, 632, 634, 637, 638, 639, 644
Jurgensen, C.E., 634
Jussim, L., 181

K
Kachadourian, L.K., 242
Kahan, D., 469
Kahana, E., 117, 438, 451
Kahle, L.R., 255
Kahn, A., 567, 587
Kahneman, D., 175, 176, 207, 368
Kairouz, S., 362, 368
Kaiser, C.R., 211, 213, 214
Kaiser, H.A., 364
Kakihara, C., 227
Kalin, R., 501, 538, 545, 552, 553, 561, 563
Kalle, R.J., 269
Kallgren, C.A., 469, 470
Kamen-Siegel, L., 230
Kanagawa, C., 87, 102
Kanouse, D.E., 310
Kanungo, R.N., 632
Kaplan, J., 365
Kaplan, M.F., 523, 631
Kaplan, N, 356
Kappen, D., 583
Kappen, D.K., 513
Kaprio, J., 365
Karabenick, S.A., 447
Karasek, R., 640, 641, 642
Karlins, M., 536
Karlsen, B., 610
Karney, B.R., 224, 371, 372
Karpinski, A., 250
Kashima, Y., 103, 153
Kashy, D.A., 68, 372, 576
Kasser, T., 4, 368
Kassin, S.M., 179, 180, 465, 620, 623, 625, 631
Kaswan, J. E., 300
Katcher, A.H., 398
Katz, D., 251, 534, 536, 537, 538
Katz, I., 545, 547
Katz, L.F., 69
Kaukiainen, A., 384
Kawachi, I., 366
Kawada, C.L., 128
Kawakami, K., 250, 263, 590, 592
Kawasaki, H., 249
Kay, A.C., 359
Keating, C.F., 300
Keelan, J.P.R., 359
Kegels, S.S., 613
Keith, P.M., 100
Keller, C., 303
Keller, L.M., 262
Keller, P.A., 615
Kelley, H.H., 12, 19, 21, 29, 154, 196, 197, 201, 202, 203, 204, 206, 223, 224, 271, 336, 337, 339, 344, 361
Kelley, S., Jr., 282

Kelley, W.M., 67, 85, 112
Kelln, B.R.C., 426
Kellogg, R., 231
Kelly, A.E., 135, 136
Kelly, J.G., 563
Kelman, H., 466, 467
Kelman, H.C., 42
Kemeny, M.E., 131
Kenny, D.A., 68, 170, 346, 437
Kenrick, D.T., 23, 332, 341, 342, 343, 350, 354, 436, 449
Kenworthy, J.B., 590
Kerlinger, F.N., 40
Kernahan, C., 588
Kernis, M.H., 104, 116
Kerr, A., 612
Kerr, N.L., 68, 496, 504, 522, 618, 619, 621, 630, 631
Kessler, J.W., 372
Kessler, R.C., 367
Ketchum, J.D., 26
Kidd, K., 547
Kidd, R.F., 22
Kiechel, K.L., 623
Kiecolt-Glaser, J.K., 365, 366, 367, 372, 373, 610, 611
Kierkegaard, S., 374
Kiesler, C.A., 30, 256, 362, 477, 479, 490
Kiesler, S.B., 273
Kihlstrom, J.F., 23, 66, 86, 90, 91, 93, 112, 250
Kilduff, M., 138
Kilham, W., 488
Kim, T.C., 450, 457
Kim, Y.Y., 317, 323
Kimble, C.E., 302
Kimmel, A.J., 75
Kinder, D.R., 509, 547
King, L., 33
King, L.A., 61, 66, 91, 136
Kintsch, W., 151
Kipnis, D., 483
Kirby, L.D., 395, 400
Kirchler, E., 213
Kirker, W.S., 112
Kirkpatrick, L.A., 358
Kirouac, G., 300, 301, 440
Kirsch, K., 477
Kitayama, S., 113, 130, 309
Kitt, A., 499
Klandermans, B., 584, 594
Kleck, R.H., 135
Kleemann, P.P., 611
Klein, D.C., 225
Klein, O., 136, 179, 559, 585, 594
Klein, R., 439
Klein, S.B., 86, 91
Kleinhesselink, R.R., 268
Kleinke, C.L., 302, 303
Kline, R.B., 22, 71, 79
Kling, K.C., 115
Klinger, E., 363, 368
Klohnen, E.C., 137, 358
Knapp, M.L., 339
Knäuper, B., 194
Knee, C.R., 121
Knight, J., 258
Knobe, J., 215
Knowles, E.S., 468
Koch, E.J., 115
Koenig, H.G., 611
Koestner, R., 63, 121, 128, 225, 316, 637
Koestner, T., 4
Koffka, K., 18, 30
Köhler, W., 18, 30
Kohn, M., 612
Kohnken, G., 626, 627
Kok, G., 230
Köller, O., 193, 194, 195
Kollock, P., 334
Konecni, V.J., 393
Kong, C.-K., 98
Koomen, W., 97
Korchmaros, J.D., 437

Koropsak, E., 393
Koskenvuo, M., 365
Koslowsky, M., 483, 515
Kounios, J., 253
Kovera, M.B., 621
Kowalski, R.M., 354, 372
Kramer, G.P., 621, 622
Kramer, R., 540, 569
Kramp, P., 439
Krasnor, L.R., 408
Kraus, S.J., 284, 285
Krause, N., 452
Krauss, R.M., 297, 298, 297, 310, 314, 317
Kraut, R.E., 302, 316, 477, 626
Kravitz, D.A., 593, 594
Kravitz, J., 627
Kray, L.J., 153
Krebs, D.L., 425, 441, 443
Kreiter, S., 419
Kremen, A.M., 71
Kressel, D.F., 619
Kressel, N.J., 619
Kristiansen, C.M., 255
Kroger, R.O., 296, 313
Krohne, H.W., 611, 644
Krosnick, J.A., 240, 509
Krueger, J., 542
Kruger, J., 176, 177, 207, 214
Kruglanski, A.W., 24, 25, 104, 106, 147, 163, 180, 185, 195, 205, 206, 278, 466, 518, 520
Kruidener, B. G., 320
Krull, D.S., 161, 194, 211
Kruskal, J.B., 70
Krych, M.A., 298
Kuhlmeier, V., 194
Kühnen, U., 130
Kuiper, N.A., 112
Kulik, J.A., 611
Kulka, R., 372
Kumhyr, S.M., 544
Kumkale, G.T., 274
Kunda, Z., 148, 149, 158, 185, 542
Kung, M., 24, 310
Kunst-Wilson, W.R., 257

L

La Guardia, J.G., 359
La Mésangère, P., 350
Labov, W., 296, 311
Lachman, M.E., 372
Lacroix, J.M., 305
Ladd, E.C., 510
Ladouceur, R., 72
LaFong, C., 302
La France, M., 302, 312, 372, 603, 604, 605
Lafrenaye, Y., 26
Lafrenière, K.D., 610
Lage, E., 472
Lagerspetz, K.M.J., 384
Laham, S.M., 219
Lahav, G., 553
Lakey, B., 374
Lakoff, R., 312
Lalonde, R.N., 541
Lamarche, J., 565
Lamarche, L., 26
Lambert, J.F., 192, 228, 229
Lambert, W., 26
Lambert, W.E., 12, 102, 298, 319, 323, 570, 581
Lamberth, J., 487
Lamm, H., 349
Landau, M.O., 441
Landis, K.R., 365, 610
Landry, R., 322, 324
Lang, F.R., 334
Langer, E., 232
Langer, E.J., 166, 473
Langer, H., 126
Langer, J., 304, 305
Lang-Gunn, L., 228
Langlois, J.H., 342, 343, 344
Langton, N., 637

Lansford, J., 372
Lanzetta, J.T., 452
Lapadat, J., 312
LaPiere, R.T., 26, 282, 289, 534
Lapinski, M.K., 252, 253
Lapointe, G., 358
Laporte, L., 370
Laporte, S., 348, 350
Larocque, C., 301
Larose, S., 355, 356, 357, 359, 379
Larsen, K.S., 465
Larsen, R.J., 117
Larson, D.B., 611
Larson, J., 61
Lassiter, G.D., 167, 208, 212, 316, 625
Lasswell, H.D., 271
Lasswell, M.E., 352
Latané, B., 25, 430, 431, 433, 434, 455, 489, 523, 526
Latham, G.P., 636
Laubach, W.J., 230
Laudenslager, M.L., 366
Laumann-Billings, L., 373
Laursen, B., 334
Lavine, H., 138, 241, 253, 268, 277
Lavoie, H., 247
Lawler, E.E., 514, 636
Lazarro, M., 14
Lazarus, R.S., 217, 363, 370, 389, 396, 608, 609
Lazzaro, M.M., 477
Le Bon, G., 13, 495
Lea, M., 500
Leary, M.R., 24, 42, 85, 88, 99, 120, 131, 139, 332, 346, 371, 368, 372, 501
Leathers, D.G., 307
Leaune, V., 545
Leavy, R.L., 367
Lecci, L., 620
Lecky, P., 171
Ledgerwood, D.M., 610
Lee, B., 243
Lee, F., 193
Lee, G., 260
Lee, J.A., 349, 351, 352
Lee, T.D., 126
Lee, Y.-T., 210, 230
Leeper, R., 145
Lefcourt, H.M., 117
Lehman, D.R., 102, 309, 310, 526
Leibold, J.M., 66
Leik, S.K., 361
Leiter, M.P., 640, 644
Lekes, N., 4
Leloup, X., 559
Lemay, E.P., Jr., 172, 183
Lemyre, L., 574
Lennox, R.D., 482
Lenski, G.E., 585
Leo, R.A., 623
LePage, A., 394
Lepicq, D., 322, 581
LePoire, B., 299
LePoire, B.A., 306, 359
Lepore, L., 543
Lepore, S.J., 372, 610
Lepper, M., 59
Lepper, M.R., 156, 223, 283
Lerma, M., 342
Lerman, D., 218, 219
Lerner, J.S., 48, 49, 240
Lerner, M., 26, 212, 213
Lerner, M.J., 426, 427, 454, 488, 579
Lerner, R.M., 447
Lester, S.W., 214, 215
Leu, J., 129
Leung, L., 134
Leve, L.D., 412
Levenson, R.W., 68, 334
Leventhal, H., 272
Lévesque, G., 355, 357, 359
Lévesque, M., 637
Levi, A., 210
Levin, P.F., 440

Levin, S., 592
Levine, J.M., 466, 470, 514
Levine, L.J., 395
Levine, M., 547
LeVine, R.A., 540
Levine, R.V., 427, 448
Levinger, G., 361
Levinson, S., 313
Levy, E., 305
Levy, M.B., 359
Levy, S.R., 585, 586
Lewin, K., 17, 18, 19, 25, 30, 165, 496, 497, 514, 518, 519, 520, 603, 604
Lewis, D.K., 298
Lewis, L.L., 151
Lewis, M., 113, 133, 217, 341, 440
Lewis, S., 542
Lewis, T.T., 376
Leyens, J.-P., 415, 416, 498, 507, 534, 535, 536, 537, 558, 594, 595, 618
Li, W., 267
Liang, J., 452
Liberman, N., 148, 174, 216
Lichtman, R.R., 96, 230
Lichty, W., 23
Lieberman, M.D., 205, 237, 271
Likert, R, 16, 17, 61, 65, 70, 237, 246, 247, 537, 538, 554
Lin, M.H., 163, 185
Lindsey, S., 242, 280
Lindzey, G., 24, 25, 34, 290, 340
Linnehan, F., 272
Linville, P., 115
Linville, P.W., 232
Linz, D., 420
Lipkus, I.M., 213
Lippert, T., 345
Lippitt, R., 18, 19, 518
Lippke, S., 194
Lipset, S.M., 510
Lischetzke, T., 109
Liu, J.H., 334
Livingston, R.W., 137, 170
Lobsenz, N.M., 352
Locke, E.A., 632, 636
Lockwood, P., 96, 97
Lodge, M., 277
Loewry, B.Z., 259
Loftus, E.F., 627, 628, 629
Loftus, G.R., 627
Logan, R.L., 450
Loiselle, M., 261
Lombardi, W.J., 154
Lomranz, J., 368
Long, B., 303
Long, K., 574
Lopata, H.Z., 376
Lopes, P.N., 439
Lopez, D.F., 101
Lord, C.G., 156, 283
Lorenz, K., 385, 386, 436
Lorenzi-Cioldi, F., 506, 528, 576
Lortie-Lussier, M., 472
Losch, M.E., 265
Losier G.F., 121, 132
Lott, A., 503
Lott, A.J., 30
Lott, B., 503
Lott, B.E., 30
Louis, W., 105, 106
Love, L. R., 300
Lowe, C.A., 203, 637
Lowery, B.S., 153, 169, 208, 222
Loyd, B.H., 615
Lu, L., 368
Lu, V., 638
Luborsky, L., 612
Luchins, A.S., 26
Ludwig, D., 313
Luhtanen, R., 88
Lukaszewski, M.P., 312
Lumsdaine, A., 17, 274
Lumsdaine, A.A., 17
Lund, M., 362

Lussier, Y., 26, 224, 357, 358, 369
Lydon, J.E., 132, 359, 361, 362, 363, 364
Lynn, M., 128
Lyons, A., 153
Lytton, H., 425
Lyubomirski, S., 368

M

Maass, A., 318, 472, 544, 627
McAdams, D.P., 450, 457
McAdams, W.H., 112
McArthur, L.Z., 170, 202
McAuley, E., 192, 219, 221
Macaulay, J., 427
McBride, A. 61
McCall, M., 210
MacCallum, R.C., 71
McCann, C.D., 310
McCann, S.J.H., 608
McCaskill, J., 374
McCaul, K.D., 231
McClelland, D.C., 220, 501
McClelland, W, 26
McClure, J., 203
Maccoby, E.E., 507, 508
McConahay, J.B., 547
McConnell, A.R., 66
MacCoun, R.J., 619, 631
McCoy, S.K., 558
McCrae, R.R., 482, 607
McCrea, S.M., 133
McCroskey, J.C., 271, 306
McCullough, M.E., 117, 611
McDaniel, E., 307
McDavid, J.W., 471
McDavis, K., 443
MacDonald, G., 24, 99, 120
MacDonald, T.K., 251, 285
McDougall, W., 14, 26, 25, 443
McFarland, C., 97, 207, 209
McGarty, C., 46, 52, 534, 541
McGhee, D.E., 242, 541
McGhee, P.E., 470
McGill, A.L., 208
McGillis, D., 198, 199
McGinnies, E., 215
McGlynn, R.P., 253
McGraw, K.O., 48
McGregor, D.M., 636
McGuire, C.V., 97
McGuire, W.J., 41, 97, 263, 273, 274, 281
Machover, K., 618
McInman, A., 209
McIntosh, D.N., 219
MacIntrye, P.D., 319, 320, 541
McKeown, L., 450
Mackie, D., 283
Mackie, D.M., 180, 258, 510, 540, 542, 569
McKillop, K.J., 135
MacKinnon-Lewis, C., 224
MacMartin, C., 313
McMillan, J.H., 209
McMillan, J.R., 312
MacNeil, S., 135
McNeill, D., 305
McNulty, J.K., 224
Macphee, E.D., 26
Macqueron, G., 378
Macrae, C.N., 23, 85, 112, 541
Macrodimitris, S.D., 610
McWhirter, B.T., 376
Maddox, K.B., 500
Maddux, J.E., 120
Madey, S.F., 207
Madon, S., 183
Maes, J., 45
Maes, S., 642
Magdol, L., 373
Mageau, G.A., 122, 123
Magnan, M.O., 551
Mahler, H.I., 611
Maier, S.F., 225
Mailhot, B., 26
Maillet, L., 498

Maiman, L.A., 614
Main, K., 544
Main, K.J., 131
Main, M., 356
Maio, G.R., 238, 239, 240, 245, 250, 255, 281, 282
Maison, D., 250
Major, B., 213, 229, 535, 537, 547, 558, 559, 573, 595
Malamuth, N.M., 420
Malle, B.F., 190, 194, 210, 215, 224
Malloy, J.E., 313
Malloy, T.E., 170
Malone, P.S., 198, 211, 625
Malpass, R.S., 627
Manchec, K., 523
Mandel, D.R., 208
Maner, J.K., 152, 162, 170, 343, 441, 443, 445
Mann, L., 488, 584
Mann, T., 614
Mannetti, L., 195
Manstead, A.S.R., 113, 215, 252
Manucia, G.K., 441
Manusov, V., 210, 224, 233, 339
Marcia, J.E., 55
Marcus-Newhall, A., 389, 390, 591
Marian, V., 102
Marineau, R., 369
Markman, G.D., 203
Markovits, H., 72
Markus, H.R., 22, 87, 91, 102, 104, 113, 130, 147, 309
Marrow, A., 18
Marsh, H.W., 89, 91, 98
Marshall, G.D., 217
Marshall, T.C., 112
Marteau, T.M., 194
Martens, A., 127, 129
Marthas, M., 514
Martin, A., 67
Martin, A.J., 133
Martin, A.M., 523
Martin, J.A., 507
Martin, J.L., 560
Martin, N.G., 262
Martin, R., 12
Martin, T.A., 618
Martinot, D., 521, 528
Martz, J.M., 361, 362
Maruyama, G., 587
Marvel, J., 475
Marx, R., 375
Mascher, J., 547
Mashek, D., 331, 336, 344, 345, 379
Maslach, C., 217, 468, 640, 644
Maslow, A.H., 347, 374, 375, 389
Mastekaasa, A., 365, 368
Matarazzo, J.D., 306
Matejcic, C., 377
Mathewson, G.C., 268
Mathog, R., 273
Matsumoto, D., 302
Matthews, K.A., 608
Mattsson, J., 138
May, M.A., 438
Mayer, J.D., 439, 643
Mayo, C., 603, 604, 605
Mayo, E., 498
Mayseless, O., 180, 452, 453
Mazur-Hart, S.F., 51
Mazzella, R., 621
Mead, G.H., 22, 25, 27, 98
Meade, R.D., 470
Medin, D.L., 534
Medvec, V.H., 207
Meeker, F.B., 302
Meertens, R.W., 547
Mehlman, R.C., 228
Mehrabian, A., 304, 306, 314
Meissner, C.A., 627, 628
Mellen, S.L.W., 350
Mendolia, M., 135, 226, 227
Mendonca, P.J., 612

Menzies-Toman, D., 361, 362, 363
Merari, A., 106
Merckelbach, H., 623
Merei, F., 505
Merton, R., 180, 495
Messé, L.A., 68
Messick, D.M., 540, 569
Messo, J., 627
Metalsky, G.I., 226
Meyer, J.P., 22, 363, 446, 514, 632
Meyer, T.P., 398
Mezulis, A.H., 203, 209, 211, 216
Michela, J.L., 96, 196, 230
Michener, H.A., 10, 11
Michinov, N., 512
Mickler, S.E., 455
Midlarsky, E., 117, 438, 448, 451, 452
Mikulincer, M., 356, 357, 358, 359, 375, 438, 439
Milavsky, B., 398
Milavsky, J.R., 416
Miles, D.R., 412
Milgram, S., 76, 248, 403, 473, 485, 486, 487, 488, 489, 490, 491, 506, 519, 526
Miljkovitch, R., 356
Millar, K.U., 441
Millar, M., 478
Millar, M.G., 441
Miller, A.G., 280, 487
Miller, C.T., 211, 448
Miller, D.T., 207, 210, 426, 508
Miller, G.R., 626
Miller, J. G., 24, 212
Miller, J.B., 355
Miller, L.C., 135
Miller, M.G., 342
Miller, N.E., 28, 386, 388, 389, 390, 400, 440, 441, 588, 590
Miller, N.M., 591
Miller, R.S., 354, 371
Miller, S.J., 135
Miller, S.R., 362
Miller, W.R., 611, 612
Mills, J., 266, 271, 290, 370, 448
Milne, A.B., 90, 112
Milner, D., 572
Miquelon, P., 123
Mirer, T.W., 282
Mischel, W., 9, 110, 392, 607
Mita, T.H., 258
Mitchell, M., 582
Mody, B., 317, 323, 326
Moghaddam, F.M., 496, 497, 498, 561, 571, 572, 579, 580, 581, 593
Moïse, L.C., 324
Molina, L., 589
Möller, J., 193, 194, 195
Möller, J.S., 215
Monachesi, E.D., 563
Monahan, J.L., 258
Monin, B., 128
Monteil, J.M., 112
Monteith, M., 395
Montepare, J.M., 91, 170, 300
Montreuil, A., 538, 553, 582
Moon, Y., 209
Moore, C.H., 621
Moore, J.S., 342
Moore, N., 299
Moore, N.J., 326
Moore, S., 343, 344
Moore, T.E., 564
Moore, W.E., 514
Moos, R.H., 367
Mor, N., 109, 114
Morales, A.C., 446
Moran, G., 379, 620, 621
Moran, P.J., 607
Moreland, R.L., 147, 341, 495, 500, 514
Moreno, J.L., 335, 340
Moreno, L., 16
Morf, C.C., 79
Morfei, M.Z., 104

Mori, D., 171
Moriarty, T., 434
Morris, K.J., 277
Morrison, D., 641
Morrow-Howell, N., 451
Morse, S.J., 97, 98
Moscovici, S., 151, 296, 298, 472, 491, 496, 516, 524
Moskalenko, S., 110, 115
Moskowitz, G.B., 16, 34, 185
Mosler, H.J., 278
Mosso, C., 573
Mount, M.K., 639
Mouton, J.S., 517, 518, 566, 587
Movahedi, S., 58
Mowen, J.C., 479
Mowrer, O.H., 319
Moylan, S.J., 258
Muchinsky, P.M., 638
Mueller, P., 229
Mugny, G., 472, 518
Mulherin, A., 222, 446
Mullen, B., 468, 504, 541, 591
Mullen, P.D., 614
Mummendey, A., 582, 590
Muraven, M., 115, 125, 126, 607
Murchison, C., 25
Murphey, M., 232
Murphy, C.R., 418
Murphy, G., 16
Murphy, J.L., 258
Murphy, L, 16
Murray, S.L., 132, 346, 371
Murrell, A.J., 593
Murstein, B.I., 135
Musick, M.A., 451
Mussweiler, T., 96, 97
Myers, B., 620
Myers, C.R., 26
Myers, D.G., 368
Myers, D.J., 10
Myers, G.E., 326
Myers, M.T., 326
Myers, N.D., 120

N

Naditch, M., 583
Nadler, A., 452, 453, 455
Naffrechoux, M., 472
Nagengast, B., 258
Nagin, D.S., 410
Nail, P.R., 270
Nakanishi, H., 264
Narby, D.J., 620
Nass, C., 209
Nathanson, A.I., 415
Nebergall, R.E., 240, 241
Neff, L.A., 224, 371
Nehmé, M., 636
Neinhaus, K., 607
Neisser, U., 102, 154
Nell, K., 344
Nelligan, J.S., 358
Nelson, C., 162
Nelson, K., 112
Nelson, N., 365
Neter, E., 95
Neto, F., 377
Neuberg, S.L., 163, 164, 168, 185
Neubert, M., 222
Neumann, R., 219, 306
Nevid, J.S., 334
Newcomb, T.M., 18, 499, 508, 509, 510, 527, 563
Newman, L.S., 147, 283
Newsom, J.T., 47
Newton, T.L., 366, 367, 372, 373, 610
Newtson, D., 200
Neyer, F.J., 334, 359
Nezlek, J.B., 6
Ng, S.H., 312, 313, 576, 578, 580
Ngo Manguelle, C., 636
Nicassio, P., 231
Nickerson, K., 547

Nicol, A.A., 439
Niederehe, G., 303
Niederhoffer, K.G., 136
Niedermeier, K.E., 631
Niemi, P., 62
Nienhuis, A.E., 252
Nisbett, R.E., 24, 110, 129, 147, 167, 169, 212, 214, 223, 231, 510, 547
Noels, K.A., 299, 311, 317, 319, 321, 323
Noer, D.M., 636
Nolen-Hoeksema, S., 61, 390, 391, 400
Noller, P., 339, 356, 359
Norcross, J.C., 616
Norenzayan, A., 212
Norman, C., 345
Norman, P., 288, 614
Norvell, N., 503
Nosek, B.A., 66, 243, 250, 581
Novacek, J., 363
Nucci, L., 419
Nummenmaa, L., 62
Nurius, P., 91
Nuttin, J.M., Jr., 111, 113

O

O'Connel, G.B., 544
O'Connor, B.P., 99
O'Keefe, D.J., 272, 478, 491
O'Leary, K.D., 120, 373
O'Neal, E.C., 398
O'Neil, K.M., 618
O'Regan, S., 362
O'Sullivan, C.S., 156
O'Sullivan, M., 301, 626
Oakes, P., 521
Oakes, P.J., 533, 534, 536, 537, 541
O'Barr, W.M., 312
Ochsner, K.N., 238
Ofshe, R.J., 623
Ogden, J., 230
Ogloff, J.R.P., 621, 644
Ognibene, T.C., 367
Oishi, S., 368
Oldersma, F.L., 339
Oldham, G.R., 633, 634
Oleson, K.C., 444, 542
Olson, E.A., 627
Olson, J.M., 111, 207, 231, 238, 239, 240, 260, 262, 266, 271, 281, 282
Olson, M.A., 66, 250, 251, 257
Olsson, I.I., 216
Olweus, D., 403
Oman, D., 451
Omarzu, J., 134, 135, 345
Omond, R., 559, 578
Omoto, A.M., 344, 449, 450
Orbach, I., 87, 232
Orenstein, L., 445
Organ, D.W., 426
Orne, M.T., 74
Orvis, B.R., 224
Oschner, K.N., 249
Osgood, C.E., 246, 247
Oskamp, S., 271, 427, 585, 595
Ostfeld, A.M., 607
O'Sullivan, M., , 315
Oswald, M.E., 70, 71
Otten, C.A., 435, 436, 438
Otten, S., 582
Ouellette, J.A., 91, 174
Ouwerkerk, J.W., 504, 521
Overall, N., 359
Overbeck, J., 581
Ovsiankina, M., 18
Oyserman, D., 91, 113, 130

P

Pack, S.J., 134
Packer, D.J., 90
Page, M.M., 256
Paik, H., 414, 416

Paivio, A., 309
Palmer, D.L., 510, 511, 512, 564
Palmer, J.C., 628, 629
Palmer, M.T., 308
Paluck, E.L., 302
Panee, C., 418
Panter, A.T., 79
Paolini, S., 592
Pape, K.T., 224
Paquette, G., 414
Paquette, J.A., 384
Pargament, K.I., 611
Park, B., 162, 541
Park, J.H., 341
Park, L.E., 116
Parke, R.D., 384, 414
Parker, J.D.A., 370, 609
Parker, J.G., 91
Partch, J.J., 343
Pascarella, E.T., 509
Passeron, J.C., 559
Passmore, S.R., 126
Pasupathi, M., 4
Patrick, B.C., 344, 345
Patry, M.W., 618
Patterson, G.R., 404, 405, 420
Patterson, M.L., 299, 303, 311
Patton, G.K., 644
Patzer, G.L., 341
Paulhus, D.L., 118
Pavelchak, M.A., 155, 163
Pavlenko, A., 323
Pavlov, I.P., 41
Pavot, W., 368
Payne, R.L., 641
Pearson, K., 69
Pedersen, W.C., 390
Pederson, D.R., 379
Peele, S., 348, 349
Pegalis, L.J., 138
Pelham, B.W., 101, 130, 131, 161, 163, 211, 241, 579, 580, 581
Pelletier, L.G., 89, 108, 109, 121, 182, 201, 225, 635
Pemberton, M., 449
Pendakur, R., 549
Peng, K., 169
Pennebaker, J.W., 68, 136
Penner, L.A., 424, 435, 436, 439, 449, 457
Pennington, N., 156, 618
Penny, R.E.C., 541
Penrod, S.D., 64, 618, 619, 627, 628
Pepitone, A., 499
Peplau, L.A., 334, 362, 375, 376, 377
Perkins, H.W., 368
Perkins-Ceccato, N., 126
Perlman, D., 214, 215, 365, 375, 376
Perloff, R.M., 271, 272, 273, 290
Perlow, L., 427
Perreault, S., 575
Perry, R.P., 233
Person, E.S., 349
Pérusse, D., 412
Peters, H.J., 103, 104
Peters, T.J., 498
Peters-Golden, H., 452
Peterson, B.E., 450
Peterson, C., 193, 210, 226, 230
Peterson, R.S., 240
Pettigrew, T.F., 11, 547, 561, 563, 584, 587, 591, 592
Pettijohn, T.F., 367
Pettit, G.S., 409
Petty, C.E., 271, 272, 273
Petty, R.E., 237, 238, 240, 242, 245, 248, 249, 263, 273, 275, 276, 277, 278, 279, 281, 290, 482
Petzel, T., 561
Peukert, D., 560, 562, 563
Peyrot, M., 610
Pfeifer, J., 620
Pfeifer, R.L., 626
Philippot, P., 40, 306
Phinney, J.S., 563

Piaget, J., 586
Piazza, T., 581
Pickel, K.L., 627
Pierce, G.R., 367
Pierce, T., 359, 362, 364
Pierrehumbert, B., 356, 359
Pierro, A., 520
Pietromonaco, P.R., 358
Piliavin, J.A., 435, 436, 438, 442, 457
Pilkonis, P.A., 30, 256
Pinard, A., 26
Pinker, S., 309
Pinkney, A., 573
Pittman, T.S., 133, 194
Pitts, S.C., 45
Pizarro, D.A., 643
Plant, E.A., 547
Platania, J., 593
Platon, 15
Platow, M.J., 521
Platz, S.J., 619
Pliner, P., 171
Plomin, R., 412
Ployhart, R.E., 202
Plutchik, R., 217, 370
Podsakoff, P.M., 334
Poe, D., 316, 626
Poliakov, L., 560, 562
Polivy, J., 88, 105
Pollock, T.G., 201
Pomazal, R.J., 447
Pomerantz, E.M., 32
Pontari, B.A., 132
Porter, L.W., 514, 632, 636, 638
Porterfield, A.L., 463
Postmes T., 110, 500
Poulin, F., 384, 405
Pouta, E., 288
Powell, A.A., 440, 443, 444, 445, 449, 457
Powell, L.H., 611
Powell, M.C., 285
Powers, W.T., 121
Powesland, P.F., 320
Prager, K.J., 345
Prapavessis, H., 133
Pratkanis, A.R., 239, 240, 274
Pratto, F., 506, 510, 511, 512, 513, 535, 547, 559, 581, 582, 585, 595
Preiser, N., 120
Prentice, D.A., 508
Prentice-Dunn, S., 499, 500, 547
Preston, S.D., 437
Prévost, J.G., 562
Price Dillard, J., 478
Price, J.M., 409
Price, S., 232
Priluck, R.L., 257
Prinstein, M.J., 226
Prizmic, Z., 117
Prochaska, J.O., 616
Provencal, A., 472
Pruitt, D.G., 452
Pryor, J.B., 208
Py, J., 506
Pyszczynski, T., 103, 114, 115, 375

Q

Quanty, M.B., 393
Quattrone, G., 204
Quémy, F., 525
Quiamzade, A., 518
Quinn, D.M., 127, 558
Quinn, J.M., 282
Quinones-Vidal, E., 32
Quintana, D., 377
Quinton, W.J., 558

R

Rabbie, J.M., 568, 575
Rabow, J., 447
Radvinsky, G.A., 147, 149, 151, 153, 154, 156, 158, 160, 162, 163, 164, 165, 167, 185

Rafaeli, A., 134
Rafaeli, E., 65
Rafaeli-Mor, E., 115
Rakoczy, H., 153
Rank, O., 374, 375
Rapson, R.L., 348, 349
Ratelle, C.F., 55, 118, 119, 122, 125, 223
Rathus, S.A., 334
Raven, B.H., 483, 484
Rayko, D.S., 552
Raz, M., 479
Read, S.J., 172, 357
Redersdorff, S., 521
Reeder, G.D., 208, 212
Regan, D.T., 215, 474
Regan, P., 336, 343, 344, 348, 349, 354, 379
Regan, P.C., 342
Regier, D., 365
Reicher, S., 535, 546, 547, 548
Reid, G., 21, 98, 99
Reid, J.B., 420
Reid, S.A., 313
Reilly-Harrington, N.A., 226
Reingen, P.H., 481
Reis, H., 79
Reis, H.T., 4, 65, 70, 331, 332, 333, 335, 336, 337, 338, 341, 344, 358, 366, 367, 368, 379
Reisenzein, R., 71, 231, 397, 446
Reite, M.L., 366
Reitzes, D.C., 363
Rekola, M., 288
Rémillard, B., 56
Remley, A., 490
Rempel, J.K., 244, 245, 348, 349, 371
Renaud, J., 551, 559
Reno, R.R., 469, 470
Rentsch, J.R., 87, 634
Reyna, C., 446
Reynolds, J.L., 272
Reynolds, K., 583
Reynolds, K.J., 317, 318
Reynolds, R.A., 272
Reznik, I., 346
Rhee, S.H., 412
Rhoads, K.V.L., 272
Rhodes, N., 273
Rhodes, R.E., 288
Rhodewalt, F., 133, 265
Rholes, W.S., 208, 356, 358
Ricateau, P., 496
Rice, S.A., 534
Rich, A., 390
Richard, B., 495
Richard, B.A., 405
Richards, G., 546
Richards, K., 162
Richardson, R., 99
Richer, F., 209
Richer, S.F., 637
Richmond, V.P., 306
Riecken, H.W., 68
Rigby, B.T., 226
Riggio, H.R., 306
Riggio, R.E., 306
Rind, B., 474
Rindova, V.P., 201
Rinfret, N., 636
Rinn, W.E., 301
Rioux, Y., 305
Rip, B., 122
Riseborough, M.G., 305
Rita, H., 365
Robbins, S.P., 637
Robert, N., 232
Roberts, B.W., 32
Roberts, K., 450
Robertson, J.S., 232
Robins, L., 365
Robins, R.W., 89, 104, 118
Robinson, D.R., 514
Robinson, J., 170
Robinson, W.P., 296, 298, 326
Rock, K.S., 365

Rodin, G.C., 612
Rodin, J., 232, 431, 433
Roese, N.J., 206, 207, 233
Roeser, R., 91
Roethlisberger, F.J., 55
Rogel, M., 434
Rogers, R.W., 272, 499, 547
Rogers, T.B., 112
Rogier, A., 540
Rogoff, E.G., 201, 209
Rohrberg, R.G., 135
Rokach, A., 375, 377
Rokeach, M., 253, 254, 255, 310
Romero, V., 574
Rommetveit, R., 297
Rook, K.S., 372, 374
Rosch, M., 268
Rose, A.J., 334
Rose, J., 224
Rose, T.L., 152
Roseman, I.J., 389, 395, 400
Rosen, S., 455
Rosenbaum, M.E., 341
Rosenberg, G.B., 304, 305
Rosenberg, M., 88, 89, 90, 102, 116, 574
Rosenberg, M.J., 243, 264
Rosenfeld, L.B., 297
Rosenfield, D., 215
Rosenstock, I.M., 613
Rosenthal, G.E., 365
Rosenthal, R., 42, 43, 62, 73, 74, 181, 300, 306, 315, 626
Rosenweig, S., 389
Roser, M., 86
Roskos-Ewoldsen, D., 243, 250, 282, 285, 288, 289
Rosnow, R.L., 73
Ross, D., 28, 401, 402
Ross, E., 14
Ross, E.A., 25
Ross, L., 110, 128, 156, 167, 211, 510, 625
Ross, M., 102, 113, 203, 209, 210, 231, 310
Ross, S.A., 28, 401, 402
Rothbart, M., 535, 541, 542, 588
Rotheram, M. J., 563
Rougier, A., 500
Rousseau, F.L., 121, 122
Routledge, C., 103
Rowett, C., 11
Roy, S., 378
Rozanski, A., 365
Rubanowitz, D.E., 215
Rubenstein, C.M., 377
Rubin, D.B., 181
Rubin, K.H., 408
Rubin, M., 540, 569, 573
Rubin, R.R., 610
Rubin, Z., 348
Ruble, D., 507
Rucker, D.D., 277
Rudman, L.A., 595
Ruiz, J.M., 644
Rule, B., 26
Rummel, A., 63
Rumsey, N., 341
Runciman, W.G., 583, 584
Rusbult, C.E., 268, 337, 338, 339, 361, 362, 379
Ruscher, J.B., 544
Rushton, J.P., 429, 441, 547
Russell, D., 192, 218, 219, 376
Rusting, C.L., 390, 391, 400
Rüter, K., 97
Ruvolo, A.P., 91
Ryan, A.H., 567
Ryan, C.S., 514, 515
Ryan, E.B., 312
Ryan, K., 426
Ryan, R.M., 11, 21, 43, 63, 115, 116, 119, 120, 121, 223, 225, 319, 332, 359, 363, 364, 368, 369, 612, 634, 637
Ryden, O., 607
Ryen, A.H., 587
Ryff, C.D., 366, 368
Rytting, M., 307

S
Sabini, J., 473
Sabourin, S., 224, 358, 369, 370
Sachdev, I., 321, 322, 552, 569, 570, 572, 573, 576, 577, 578
Sadava, S.W., 377, 497
Safran, J.D., 346
Sagarin, B.J., 281
Sageman, M., 106
Sagiv, L., 254
Sahakian, W.S., 13, 16
Sakai, H., 271
Saks, M.J., 22
Salancik, G.R., 259, 260
Salovey, P., 339, 439, 440, 454, 643
Sampson, E.E., 514
Sanbonmatsu, D.M., 289
Sanchez, J.I., 641
Sande, G.N., 268
Sanders, D.Y., 68
Sanders, G.S., 525
Sangrador, J.L., 342
Sansone, C., 79
Santee, R.T., 468
Santos, M.D., 474
Sapir, E., 308
Sarafino, E.P., 609, 644
Saraiya, M., 615
Sarason, B.R., 366, 367
Sarason, I.G., 366, 367
Sarbaugh, L.E., 317
Sarbin, T.R., 506
Sargent, M.J., 195
Saribay, S.A., 129, 344, 346, 347
Sassenberg, K., 110
Saucier, D.A., 448
Saulnier, K., 214, 215
Savitsky, K., 179
Savoie, A., 498
Sawyer, J., 448
Schachter, S., 25, 68, 197, 217, 218, 397, 466, 501, 503, 504, 509
Schacter, D.L., 67
Schadron, G., 534
Schaefer, D., 447
Schaefer, R.T., 559
Schafer, R.B., 100
Schaller, M., 309, 341, 526
Schank, R., 299
Schank, R.C., 151
Scharfe, E., 359
Scharrer, E., 414, 420
Schaufeli, W., 640
Schaufeli, W.B., 644
Scheib, J.E., 343
Scheibe, K.E., 296
Scheier, M.F., 22, 42, 107, 108, 109, 114, 121, 123, 124, 217, 284, 363, 364, 608, 609
Schein, E.H., 509, 514, 515, 516
Schelling, T.C., 298
Scherer, K.R., 218, 397
Schermerhorn, R.A., 559, 585
Schimel, J., 129
Schlenker, B., 28
Schlenker, B.R., 110, 132, 136, 226, 227, 228, 269
Schmader, T., 127, 573
Schmid, J., 318
Schmidt, G., 222, 446
Schmidt, R., 319
Schmitt, D.P., 343
Schmitt, M., 45, 583
Schmitt, M.T., 498, 513, 558
Schneider, D.J., 25, 308, 535, 537, 544, 595
Schneider, D.M., 465
Schneider, F.W., 32, 34, 77, 644
Schneider, S.L., 118
Schneider, W., 30
Schoeneman, T.J., 215
Schooler, J.W., 97
Schooler, T.Y., 242
Schopler, J., 448
Schot, J.C., 575
Schreiber, D.H., 238

Schrœder, D.A., 48, 49, 50, 437, 457
Schroff, J., 454
Schuller, R.A., 509, 617, 620, 622, 644
Schulman, J., 619
Schulman, P., 193
Schultz, P.W., 469
Schulz, R., 451
Schumann, J.H., 323
Schunk, D.H., 119
Schwartz, J.L.K., 242, 541
Schwartz, N., 368
Schwartz, S.H., 253, 254, 255, 435, 451, 567
Schwarz, J.C., 350
Schwarzwald, J., 479, 483, 515
Scott, C.K., 224
Scott, W.A., 258
Searle, J.R., 297, 311
Sears, D.O., 44, 509, 545, 547
Sears, R.R., 562
Sechrest, L., 68
Sechrist, G.B., 211
Secord, P.F., 171
Sedikides, C., 86, 88, 102, 110, 113, 114, 128, 129, 139, 201, 209, 210, 449, 526
Seeman, T.E., 376
Seesahai, M., 312
Segerstrom, S.C., 608
Séguin-Lévesque, C., 123
Seligman, C., 477
Seligman, M.E.P., 33, 41, 190, 193, 197, 210, 225, 226, 230, 232, 368, 584
Selinger, M., 358
Sellers, R.M., 150, 169
Seltman, H., 118
Semin, G.R., 216, 310, 318
Semmer, N., 640
Senécal, C., 121, 636, 640, 642
Sermat, V., 377
Seta, J., 525
Seta, J.J., 96
Seyle, C., 32
Seymour, T.L., 627
Shackelford, T.K., 342, 343
Shaffer, D.R., 138, 434
Shah, J., 116
Shah, J.Y., 346, 364
Shahabi, L., 611
ShahShahabi, L., 611
Shalit, B., 515
Shanab, M.E., 486, 488
Shannon, C.E., 297, 298
Shapiro, D., 170
Shapiro, J.P., 372
Shapiro, P.N., 628
Sharma, A., 272
Sharpe, D., 55
Shaver, P., 377
Shaver, P.R., 345, 350, 355, 356, 357, 358, 359, 375, 438, 439
Shavitt, S., 252
Shaw, D.S., 411
Shaw, J.C., 228
Shaw, M.E., 24, 27, 30
Sheeran, P., 287, 615
Sheese, B.E., 136
Sheffield, F., 17, 274
Shekelle, R.B., 607
Sheldon, K.M., 33, 121, 150, 169, 364, 368
Shepard, C., 359
Shepard, H.A., 587
Shepard, J.W., 343
Shepperd, J.A., 115, 133, 174, 231, 607
Sherif, C.W., 240, 241, 503, 565
Sherif, M., 6, 12, 16, 240, 241, 464, 465, 466, 496, 499, 503, 564, 565, 566, 567, 568, 576, 585, 587, 589
Sherk, D.L., 134
Sherman, S.J., 156, 180, 276, 500, 542
Shestowsky, D., 482
Shields, C.A., 133
Shiffrin, R.M., 30
Shih, J.B., 368
Shiloh, S., 194
Shim, S., 255
Shmotkin, D., 368

Shoda, Y., 392
Shoenrade, P.A., 442, 444, 448
Shook, N.J., 243
Short, J.C., 96
Short, S.E., 120
Showers, C., 147
Showers, C.J., 91, 115
Shultz, T., 59
Sia, T.L., 283
Sidanius, J., 506, 510, 511, 512, 513, 535, 547, 559, 573, 581, 582, 583, 585, 592, 595
Siegal, W.S., 272
Sigall, H., 126, 215
Sigurdsson, J.F., 622
Silver, N., 77, 339
Silver, R.C., 71
Silver, R.L., 194, 230
Silverman, I., 40
Silvia, P.J., 105, 107, 11, 113, 114, 253
Simard, C., 550
Simard, J., 301
Simmons, C.H., 454
Simon, B., 541, 594
Simonoff, E., 412
Simpson, J.A., 23, 138, 342, 343, 356, 358, 362, 436
Simpson, J.S., 367
Sinclair, S., 153
Singer, B.H., 366, 368
Singer, D.G., 416
Singer, J., 25, 217, 397
Singer, J.E., 51, 225, 228
Singer, J.L., 416
Singer, R., 232
Singerman, K.J., 231
Singh, M., 370
Singh, R., 591
Sistrunk, F., 471
Skelton, J.A., 447
Skov, R.B., 180
Skowronski, J.J., 112, 160
Skubiski, S.L., 429
Slaby, R.G., 384, 414
Slangen, K.E., 611, 644
Slone, L.B., 115
Slovic, P., 176
Slugoski, B.R., 314
Slusher, M.P., 210
Smedley, A., 547
Smedley, B., 547
Smith, C.A., 395, 400
Smith, C.P., 75, 76
Smith, E.R., 45, 48, 59, 61, 91, 92, 160, 163, 216
Smith, H.J., 502, 583
Smith, J., 147, 449
Smith, M.B., 251
Smith, N.G., 91
Smith, P.B., 471, 491, 522
Smith, P.M., 575
Smith, T.W., 400, 608, 644
Smith, V.L., 307
Smyth, J.M., 136
Sniderman, P., 581
Snowdon, D.A., 62
Snyder, C.R., 128, 133, 215, 226, 227, 228
Snyder, J.J., 405
Snyder, M., 9, 22, 28, 110, 130, 136, 137, 138, 179, 181, 204, 253, 283, 303, 344, 449, 450, 542
Snyder, P., 118
Sobolewski, J.M., 372
Soibelman, M., 106
Solomon, J., 356
Solomon, S., 103, 375
Somat, A., 506
Sommer, K.L., 372, 393
Sommers, M.S., 189
Sommers, S.R., 618, 620
Son Hing, L.S., 267, 594
Sorrentino, R.M., 96, 311, 429
Sotirovic, L., 240

Sousa-Poza, J.F., 135
Soutar, G.N., 268
Southwick, L.L., 265
Spacapan, S., 427
Spalding, L.R., 334
Spanier, G.B., 369
Sparling, L.R., 90
Spaulding, C.B., 510
Spears, R., 88, 252, 500, 570, 574, 583, 584
Spencer, S., 574
Spencer, S.J., 127
Spiegel, S., 116
Spinner, B., 375
Spivey, C.B., 500
Sporer, S.L., 627
Sprecher, S., 135, 336, 341, 342, 348, 349, 354
Sprecker, K., 240
Springer, C., 371
Srull, T.K., 156, 157, 158, 167, 208
Staats, A.W., 256
Staats, C.K., 256
Stack, A.D., 280, 393
Stacks, D.W., 299, 326
Stacy, R.D., 615
Stang, D.J., 470
Stangor, C., 558
Stansfeld, S., 632
Stanton, B.A., 611
Stapel; D.A., 97, 139
Stasser, G., 59, 630
Stasser, G.L., 525
Staub, E., 433, 438, 457
Steblay, N.M., 627
Steck, L., 348
Steel, R.P., 634
Steele, C.M., 127, 265, 270
Steers, R.M., 632, 638
Steil, J.M., 334
Stein, K.F., 91
Stein, N.L., 395
Steinbeck, K., 615
Steinberg, J., 115
Steiner, I.D., 495
Steinhilber, A., 126
Steinman, R.B., 250
Steinthal, H., 14
Stellmacher, J., 561
Stephan, C.W., 11, 503, 546
Stephan, W.G., 11, 215, 503, 545, 546, 548, 586, 587
Stephenson, G., 605
Stern, L.A., 297
Stern, L.D., 155
Sternberg, R.J., 339, 344, 348, 351, 352, 353, 354, 547
Stets, J.E., 98
Stevens, L.E., 331
Stewart, T.L., 251
Stier, D.S., 307
Stiles, W.B., 401
Stiller, J., 70
Stillwell, A., 391
Stock, R.M., 264
Stogdill, H., 519
Stone, A.A., 65
Stone, J., 127, 133, 260, 265, 266, 267, 269, 270, 271
Stone, J.I., 316
Stones, M.H., 230
Storms, M.D., 215, 231
Stouffer, S.A., 17, 502
Strack, F., 148, 185, 263, 306, 368
Strack, S., 451
Strawbridge, W., 611
Strecher, V.J., 230
Street, R.L., 312
Street, R.L., Jr., 312
Streufert, S., 25
Strier, F., 619
Stringer, C., 546
Stroebe, M., 366
Stroebe, M.S., 615
Stroebe, W., 278, 365, 366, 615

Strohmetz, D., 474
Strohmetz, D.B., 474
Struch, N., 567
Struthers, C.W., 222
Stucky, R.J., 226
Stukas, A.A., 457
Stukas, A.A., Jr., 130, 204
Stumpf, C., 18
Stürmer, S., 448
Style, C., 368
Suchman, E.A., 17, 502
Suci, G.J., 246
Suedfeld, P., 194
Sufrategui, M., 572
Sukel, H., 625
Sullivan, H.S., 346
Sullivan, J.L., 268
Sullivan, Q., 342, 354
Suls, J., 96, 128, 139, 502, 605
Sumner, W.G., 560
Sussman, S.W., 272
Suzuki, L., 547
Swann, W.B., Jr., 32, 100, 103, 110, 131, 171, 172, 163, 180, 181, 183, 184, 241, 283
Swap, W., 349
Sweeney, J.C., 268
Sweeney, P.D., 226, 268
Swim, J.K., 558
Swinth, K.R., 58
Syme, S.L., 610
Symons, C.S., 112
Syrus, P., 350

T

Tafarodi, R.W., 90, 112, 113
Taggar, S., 222
Taguieff, P.A., 535, 546, 547, 559, 562
Tajfel, H., 318, 321, 323, 495, 496, 504, 534, 540, 541, 568, 569, 570, 571, 572, 573, 574, 575, 576, 579, 585, 590
Tang, S.H., 63
Tangney, J.P., 85, 132, 139, 445
Tanke, E.D., 181, 542
Tanneau, E., 378
Tannenbaum, P.H., 246
Tarabulsy, G., 355, 356, 379
Tarabulsy, G.M., 359
Tarde, G., 13, 14
Taylor, D., 313
Taylor, D.M., 97, 105, 106, 135, 146, 148, 149, 311, 322, 496, 496, 498, 501, 502, 503, 538, 540, 567, 571, 572, 579, 580, 581, 584, 593
Taylor, K.L., 96
Taylor, M., 535
Taylor, S.E., 9, 13, 16, 21, 96, 118, 132, 153, 158, 162, 167, 210, 227, 230, 264, 371, 452, 454, 534, 605, 610, 611, 613, 615, 619
Tchoryk-Pelletier, P., 537, 538, 539, 540
Teasdale, J.D., 190, 197
Teddlie, C., 217
Tedeschi, J.T., 269
Teevan, R.C., 470
Tenbrunsel, A.E., 208
Tennen, H., 229
Tennov, D., 349, 350
Terenzini, P.T., 509
Termote, P., 324
Terrell, F., 225
Terry, D., 541
Tesser, A., 32, 96, 139, 240, 285, 441, 448, 449, 453
Test, M.A., 427
Testé, B., 495, 522, 523, 524, 525
Tetlock, P.E., 163, 210, 240, 254
Tett, R.P., 607
Teven, J.J., 271
Tew, M.D., 48
Theorell, T., 640, 641
Thériault, V.J., 370
Thibaut, J.W., 29, 162, 338, 635
Thill, E., 118
Thomas, D., 16

Thomas, D.S., 25
Thomas, P., 558
Thomas, S., 257
Thomas, S.L., 261
Thompson, E.P., 581
Thompson, E.R., 427
Thompson, L., 153
Thompson, M.A., 454
Thomsen, C.J., 253
Thoresen, C.E., 611
Thoresen, C.J., 644
Thornton, B., 343, 344
Thurstone, L, 16
Thurstone, L.L., 65, 237, 239, 246, 247
Tice, D.M., 98, 115, 125, 605, 607, 609
Tidwell, M.C.O., 358
Tiedens, L.Z., 306
Tilker, H.A., 490
Till, B.D., 257
Timko, C., 213, 228
Tinbergen, N., 386, 486
Tindale, R.S., 496, 504, 522
Tippett, L.J., 87
Toczek, M.C., 528
Todd, M., 65
Todorov, T., 494, 498
Toguchi, Y., 110
Tomaka, J., 395, 398
Tomakowsky, J., 608
Tomassello, M., 153
Tomkins, S.S., 302
Tomlin, L., 350
Tooby, J., 332
Tooke, W., 343
Tormala, Z.L., 237, 275, 277, 281
Tornqvist, J.S., 316
Totten, J., 215
Tougas, F., 502, 545, 547, 521, 548, 580, 583, 594
Towles-Schwen, T., 238, 250, 288
Towne, N., 297
Tracey, J.B., 482
Tracy, J.L., 358
Tracy, K., 313
Trafimow, D., 287
Trapnell, P.D., 109
Trasselli, C., 258
Traupmann, J., 337
Tremblay, C., 301
Tremblay, D., 247
Tremblay, É., 636
Tremblay, M.-C., 61
Tremblay, R.E., 410, 411, 420
Triandis, H.C., 102
Triplett, N., 14, 15, 19, 25, 25, 40, 523
Trivers, R.L., 343, 437
Trognon, A., 326
Trolier, T.K., 534, 542
Trope, Y., 8, 95, 148, 174, 180, 204, 205, 216
Tropp, L., 594
Tropp, L.R., 502, 584, 587
Trost, M., 332, 350
Trost, M.R., 27, 480
Trottier, C., 508
Trudel, M., 532
Trzebinski, J., 162
Trzesniewski, K.H., 89, 104
Tsai, F.F., 133
Tsai, W.C., 134
Tsang, J., 427
Tucker, J.S., 316
Tugade, M.M., 117
Turgeon, C., 358
Turnbull, W., 207
Turner, H.A., 510
Turner, J., 577
Turner, J.C., 317, 318, 321, 472, 496, 497, 500, 504, 505, 510, 521, 524, 533, 567, 569, 570, 571, 572, 573, 574, 575, 576, 578, 583, 585, 588, 590, 591
Turnley, W.H., 138
Tversky, A., 175, 176
Twenge, J.M., 131
Tyler, J.K., 503, 567
Tyler, T.R., 70, 509, 579, 585, 635

U

Uchino, B.N., 366, 367, 379, 611
Umberson, D., 365, 366, 610
Underwood, M., 384
Underwood, M.K., 384
Underwood, S., 365
Unger, R.K., 438
Urban, L.M., 591
Urdan, T., 133

V

Vaillant, G., 193, 230
Vaillant, G.E., 370
Valentine, M.E., 303
Valins, D., 218
Valle, P.O.D., 288
Vallerand, R.J., 21, 39, 41, 45, 55, 63, 65, 69, 79, 88, 89, 98, 99, 104, 108, 109, 118, 120, 121, 122, 123, 125, 132, 182, 190, 192, 199, 201, 202, 209, 219, 223, 224, 225, 246, 261, 288, 363, 364, 369, 440, 450, 635, 637
Vallières, E.F., 88, 89
Vallières, P., 533
Valois, P., 56, 369
Van Avermaet, E., 472
Van Baaren, R.B., 430
Van den Berghe, P., 547, 559
Van der Doef, M., 642
Van der Plight, J., 255, 261
Van Engen, M.L., 521
Van Knippenberg, A., 579, 580
Van Knippenberg, D., 521
Van Laar, C., 260, 592
Van Lange, P.A.M., 339, 362, 370
Van Ness, M.J., 216
Van Oers, H., 580
Van Oudenhoven, J.P., 590
Van Overwalle, F.J., 202, 232
Van Ryn, M., 372, 374
Van Schie, E.G.M., 418
Van Swol, L.M., 306
Vanable, P.A., 115
Vanbeselaere, N., 582, 591
Vander Pligt, J., 261
Vangelisti, A.L., 339
Varella Mallou, J., 402
Vasquez, E.A., 390
Vaughan, G.M., 572
Vecchio, R.P., 134
Veenhoven, R., 368
Veilleux, F., 502, 521, 580, 594
Verette, J., 361
Vernon, S.W., 607
Veroff, J., 372
Verschueren, K., 89
Vézina, M., 641
Vick, S.B., 213
Victoroff, J., 106
Vidal, M.A., 415, 417, 418
Vidmar, N., 617, 620, 621, 622
Villanova, P., 193
Villon, F., 350
Vincent, J.E., 441
Vincenzi, H., 375
Vinokur, A., 524
Vinokur, A.D., 372, 374
Viscusi, W.K., 213
Visser, L., 575
Visser, M., 264
Visser, P.S., 54, 55
Viswesvaran, C., 641
Vitaglione, G.D., 443
Vitaliano, P.P., 447, 451
Vitaro, F., 384, 405, 407
Vitelli, R., 21
Vivian, J., 590
Vohra, N., 7, 32
Vohs, K.D., 42, 86, 115, 117, 118, 123, 125, 126, 127, 132, 139
Volpato, C., 571
Von Baeyer, C.L., 134
Von Hippel, W., 97, 542

Vonk, R., 212, 475
Vorauer, J.D., 544
Voyer, J-P., 56
Vreven, R., 113
Vrij, A., 316
Vroom, V.H., 521, 636
Vuksanovic, V., 561

W

Wackenhut, J., 547
Wagner, U., 592
Wakelin, D., 133
Waldgeir, D., 477
Waldman, I.D., 412
Waldzus, S., 590, 591
Walen, H.R., 372
Walker, I., 502, 583, 584
Walker, L., 635
Walker, W.R., 112
Wallace, H.M., 98, 126, 127
Wallbott, H.G., 397
Wallston, K.A., 605
Walster, E., 170, 341, 342, 348, 349, 426, 453, 481, 579
Walster, G.W., 337, 426, 579
Walters, G., 536
Walters, G.C., 441
Walther, E., 258
Wan, C.K., 128
Wang, Q., 102, 112, 113
Wang, X.T., 437
Ward, C., 540
Wardle, J., 230
Wartella, E., 420
Waterman, R.H., Jr., 498
Watkins, D., 138
Watkins, M.J., 465
Watson, C.B., 120
Watson, R.I., Jr., 499
Waugh, G., 435, 436
Weary, G., 194, 195, 203, 210, 212
Weaver, C.N., 372
Weaver, W., 297
Webb, E.J., 68
Weber, E.U., 452
Weber, R., 162, 588
Webster, D.M., 195, 206, 466
Weeks, J., 427
Wegener, D.T., 65, 71, 246, 251, 271, 272, 273, 275, 279, 290, 482
Wegner, D.M., 178, 179, 447
Wegner, D.W., 31, 205
Weigel, R.H., 283
Weimann, G., 261
Weiner, B., 21, 25, 189, 190, 191, 192, 194, 195, 197, 203, 218, 219, 220, 221, 222, 227, 228, 233, 445, 446, 447
Weinfield, N.S., 355
Weinman, J., 230
Weintraub, J.K., 609

Weisberg, J., 67
Weisbuch, M., 258
Weiss, B., 409
Weiss, R.S., 375, 376, 377
Weitlauf, J., 120
Weizmann, F., 547
Wells, G.L., 207, 248, 627
Wenzel, A., 334, 336
Wenzel, M., 590
Wertheimer, M., 18, 30
West, S.G., 45, 47, 48, 52, 65, 198
Westcott, D.R., 474
Westen, D., 43, 85
Wetherell, M.A., 524
Wethington, E., 367
Weyant, J.M., 441, 442
Weyhing, R.S., 232
Whalen, P.J., 249
Whatley, M.A., 426, 474
Wheeler, C., 237
Wheeler, L., 96, 139, 501, 502
Wheeler, M., 544
Wheeler, S.C., 277
Whilhelmy, R.A., 468
Whitcher, S.J., 307
Whitcher-Alagna, S., 453
White, G.L., 170
White, K., 102
White, P.A., 194
White, R., 18, 19, 518
White, R.W., 251
Whitehead, J.R., 99
Whitley, B.E., 513, 582
Whittaker, J.O., 470
Whorf, B.L., 308, 309
Wicker, A.W., 282
Wicklund, R.A., 22, 198, 204, 284
Widmeyer, W.N., 502, 503
Wiebe, J.S., 607
Wiegman, O., 418
Wiens, A.N., 306
Wiersma, U.J., 63
Wieselquist, J., 362
Wiesmann, U., 349
Wieviorka, M., 547, 559, 562
Wihtol de Wenden, C., 553
Wilbarger, J.L., 46
Wild, E., 228
Wilder, D.A., 469, 588
Wilke, H., 452, 580
Wilkinson, J., 67, 68, 248
Willer, R., 49
Willers, K.R., 393
Williams, C., 373
Williams, C.J., 285
Williams, G.C., 121, 612
Williams, J.A., 567
Williams, J.E., 48
Williams, K., 523
Williams, K.B., 481, 523

Williams, K.D., 99
Williams, M., 95
Williams, R.B., 365
Williams, T.M., 414
Willis, H., 540
Wills, T.A., 438, 452, 607
Wilmot, W.W., 135
Wilson, A.E., 96, 102, 110, 113, 310
Wilson, E.O., 437
Wilson, G.T., 135
Wilson, J., 451
Wilson, S.L., 60
Wilson, T.D., 47, 79, 93, 94, 232, 242, 278, 279, 280
Wingate, B.R., 592
Winkielman, P., 23, 46, 47, 70, 219, 257
Winnicott, D.W., 385
Winquist, J., 109, 114
Winter, P.L., 272
Winters, L.C., 302
Winton, W., 97
Wirtz, D., 207
Wisegarver, R., 312
Wish, M., 70
Witt, C.L., 300
Witte, K., 272, 273
Wittig, M.A., 589
Wolfe, C.T., 116
Wolfe, R.N., 482
Wolfson, S., 133
Wollenek, G., 611
Wolsic, B., 344
Wong, N.-Y., 138
Wong, P.T.P., 195
Wood, J., 339
Wood, J.T., 307, 312
Wood, J.V., 96, 112, 139, 110, 230
Wood, L.A., 313
Wood, W., 62, 258, 273, 275, 282, 471, 472
Woodall, W.G., 306
Woodside, A.G., 264
Woodside, D., 612
Worchel, S., 217, 503, 514, 587
Worth, L.T., 510
Worthington, D., 618
Wortman, C.B., 225, 228, 452
Wortman, E.E., 475
Wotman, S.R., 391
Wright, J., 224, 369, 370
Wright, M.E., 389
Wright, M.J., 26
Wright, S.C., 496, 502, 572, 584, 594
Wrightsman, L.S., 464, 618, 620
Wundt, W., 14, 296
Wurf, E., 104
Wyer, R.S., Jr., 147, 148, 151, 153, 154, 156, 157, 158, 160, 162, 163, 164, 165, 167, 185, 208, 260, 503
Wyman, M., 253
Wynn, K., 194

X

Xia, W., 260
Xun, Q.E., 310
Xun, W.Q.E., 102

Y

Yahya, K.A., 486, 488
Yalom, I.D., 374
Yang, S., 364
Yarmey, M., 620
Yates, B.T., 215
Yatomi, N., 452
Ybarra, O., 287, 546
Yechiam, E., 431
Yela, C., 342
Yetton, P.W., 521
Yeung, A.S., 91
Yihong, G., 94
Yin, R.K., 59
Yinon, Y., 441
Yoshikawa, J.C., 302
Yost, J.H., 212
Young, M.Y., 323
Young, T.J., 53
Younger, J.C., 399
Yu, D.L., 226, 232
Yukl, G., 482
Yuzawa, M., 408
Yzerbyt, V., 205, 500, 507, 528, 534, 535, 540

Z

Zadro, L., 99
Zajonc, R.B., 19, 20, 25, 42, 219, 256, 257, 258, 300, 341, 523
Zalcberg-Linetzy, A., 367
Zanna, M.P., 30, 40, 134, 243, 244, 245, 256, 267, 268, 270, 284, 285, 290, 349, 545, 574, 594
Zavalloni, M., 524
Zebrowitz, L.A., 143, 167, 169
Zeckhauser, R.J., 213
Zeigarnik, B., 18
Zeigler-Hill, V., 91, 115
Zeki, S., 67
Zelli, A., 408
Zhang, L., 88
Zhou, Q., 429
Zillmann, D., 384, 392, 395, 397, 398, 399, 400, 405, 418, 420
Zimbardo, P.G., 57, 58, 217, 231, 266, 377, 403, 499, 506
Zion, C., 162
Znaniechi, F., 25
Zucker, G.S., 222
Zuckerman, M., 133, 302, 315, 316, 477, 501, 547, 626
Zvibel, M., 479
Zwaan, R.A., 151

INDEX DES SUJETS

A

absentéisme au travail, 638
accomodation de la communication, 321
accomplissement, 220-221
accusés, méthodes d'interrogation des _, 624-625
acquiescement, 473, 477, 482
acquisition d'une langue seconde, 318-320
et codes, 320
acteur(s), 197
biais des _, 208-211
acteur-observateur, biais _, 214
action
positive, 592
raisonnée, 285
activation
automatique de stéréotypes négatifs, 543
d'un schéma, 165-166
physiologique, 397
activation-coût et bénéfice, 442
adaptateurs, 306
adaptation
interpersonnelle, 297
psychologique, 639-643
affect, 258
affectation aléatoire, 45
âgisme, 544
agression, 382, 383
catharsis de l'_, 392
défensive, 384
et activation physiologique, 397-400
et perspective
éthologique, 385-386
psychanalitique, 384-385
et processus cognitifs, 396
et théorie
de l'apprentissage social, 400-404, 410-413
du transfert d'excitation de Zellman, 397-400
et traitement cognitif de l'information sociale, 405-410
et violence
dans les jeux vidéo, 418
dans les médias, 413-419
hostile, 383
indirecte, 384
instrumentale, 383
intraspécifique, 385
relationnelle, 384
sociale, 384
théories psychosociales de l'_, 386-397
aidant, 425
relation entre l'_ et l'aidé, 448-449
aidé, 425
ajustement psychologique, 580
altruisme, 425
ambivalence d'une attitude, 240-242
amélioration de soi, 110
amitié, 348
amorçage, 167, 479
subliminal, 543
amour, 347-353
théorie triangulaire de l'_, 352
vrai, 347
amour-passion, 349
amour-tendresse, 348
analyse(s)
archivistique, 61-62
de contenu, 60-61
de variance, 69-70
du changement d'attitude, 263-271
intuitive du comportement social, 5-7
méta-_, 62-63
multidimensionnelle, 70-72
statistique(s), 68
sophistiquées, 72-74
traditionnelles, 69-70
ancrage, 176
anticonformisme, 464
antisémitisme, 544

apparence physique, 169-170
appartenance,
besoin d'_, 392
groupe d'_, 498-499
apprentissage
par observation, 260-261
social, 28-29, 260-261, 400-404, 410-413
vicariant, 401
approbation sociale, 466-467
approche(s)
des groupes, 495-497
du traitement de l'information, 206-208
interactionniste, 517
personnaliste, 516-517
pragmatique de l'attribution, 204-206
récentes des théories des attributions, 204-208
situationniste, 517
aspects déontologiques, 75
assertion, 383
assimilation-différenciation, 534
association, 69
assouplissement, 273, 274
attachement, 354-359
adulte, 356-358, 359
anxieux
ambivalent, 355
évitant, 355, 356
confiant, 355, 356
dans l'enfance, 355-356
dans les relations amoureuses, 355
détaché, 358
préoccupé, 358
style d'_, 355
attention, 154-155
flexible, 126
insouciante, 126
attitude(s), 236
accessibilité d'une _, 242-243
ambivalence d'une _, 240-242
caractéristiques de l'_, 238-243
centralité d'une _, 240
changement d'_, 263-271
cognitives, 260-261
conditions sociales et _, 84
culturelles, 261
définition d'une _, 237-245
direction d'une _, 239
et paradigme de l'hypocrisie, 266-267
et soumission induite, 265-266
explicites, 242
fonctions des _, 251-253
formation des _, 255-263
génétiques, 261-262
implicites, 242
indicateurs de l'_
comportementaux, 248-249
psychophysiologiques, 249-250
intensité d'une _, 239-240
interprétations possibles des _, 269-271
mesures des _, 245-251
modèle croyance-évaluation de l'_, 261
nature de l'_, 284-285
relation attitude-comportement, 282-289
sources des _, 260-262
attitude-comportement, 282-285, 288-289
attributeur, 190
attribution(s), 189
causales, 190, 204-208
de la correspondance, 197
et effets distinctifs, 199
de responsabilité, 192
injustifiée, 212-214
dispositionnelles, 191
et bonheur dans les couples québécois, 369
et différences entre les sexes, 215-216
et émotions, 216-217, 218-220
et motivation, 220-225
et relations amoureuses, 224
et résignation acquise, 225-226
et santé, 230

hostile, 407
intergroupes, 540
mesure des _, 192
types d'_, 190-192
audace, 524
auditoire, 273
augmentation, 203
autoaffirmation, 270
autocatégorisation, 533
autodétermination, 120, 637
autoefficacité, 119-120
autoévaluation, 448
auto-rapport, questionnaires _, 65
autorégulation
des émotions, 117-119
échec de l'_, 605-607
et performance, 121-125
modèle d'_, 121
autorité
légitime, 484
obéissance à l'_ de Milgram, 485-486
autostéréotypes, 535
autres, la perception des _, 127-130

B

beauté physique, 341
Bennington, groupes de _, 508-509
besoin
d'appartenance, 332
de structure cognitive, 206
biais
acteur-observateur, 214
attributionnels, 208-216
d'attribution hostile, 407
d'identification selon l'origine ethnique, 627
d'indulgence, 619
dans les processus de mémoire, 112
de connaissance après les faits, 213
de fausse perception d'unicité, 128
de faux consensus, 128
de l'expérimentateur, 48, 74-75
des acteurs, 208-211
des observateurs, 211-214
dû au contexte expérimental, 74
égocentrique, 209
en recherche, 73
linguistique proendogroupe, 318
proendogroupe, 540
blâme personnel
caractériel, 228
comportemental, 228
bonheur, 367
dans les couples québécois, 369
scripts personnels du _, 367
bouc émissaire, 561

C

calcul du passant, 435
caractéristiques
de l'attitude, 237-245
de la cible, 168-171
de la psychologie sociale, 9-12
du contexte, 165-166
du percevant, 173-174
carrières en psychologie sociale, 33
catégories naturelles des autostéréotypes, 535
catégorisation, 534
croisée, 591
catharsis de l'agression, 392
causalité, 190
centralité, 240
champ, théorie du _, 30
changement
d'attitude, 263-271
du soi, 103
Charte de la langue française, 584
choix des situations, 130
cible(s), 165
caractéristiques de la _, 168-171

rôle actif des _, 171-173
coercition, 483
familiale, 404
cognition(s)
besoin de _, 276-278
sociales, 143, 144-148
et attitudes, 84
cohabitation, 372
cohérence de soi, 110
cohésion et formation des groupes, 502
communication
accomodation de la _, 321
et langage, 311-314
et société, 317-323
modalités combinées de _, 314-317
non verbale, 299-308
sociale, 296
symboles de _, 298
théories de la _, 297
verbale, 308-314
comparaison, 338
sociale, 570
et processus de groupe, 502
théorie de la _, 96
compétition, 564
et crise d'Oka, 564
intergroupes, 565-566
et relation d'interdépendance négative, 565-566
complexité
attributionnelle, 195
intégrative, 240
comportement, 170-171
d'aide. Voir comportement d'aide.
de santé, 612
génétique du _, 411
planifié, 285
social, 5-7
comportement d'aide, 424
conséquences du _, 449-455
effet(s)
de l'humeur positive et négative sur le _, 440-442
de la présence des autres sur le _, 430-436
et facteurs
de personnalité, 438-439
émotionnels, 440-444
génétiques, 436-438
et influences
interpersonnelles, 447-449
personnelles, 436-447
situationnelles, 425-436
et sexe de l'aidant, 438
modèle(s) et _, 427-430
composantes sociales
des cognitions (sociales), 144-148
des perceptions (sociales), 144-148
concept
de la sélection familiale, 437
de personnalité autoritaire, 560
de soi, 86-87, 104
conditionnement
classique
et frustration-agression, 394
ou pavlovien, 256-257
opérant, 401
ou skinnerien, 258-259
conduites sociales, 222-223
confessions, fausses _, 622-624
confiance, 348-349
langagière, 319-320
conflit(s)
interrôles, 28
intrarôle, 28
résolution des _ et bonheur dans les couples québécois, 369
conformisme, 463, 466
et influence
de la majorité, 468-472
de la minorité, 472-473

privé, 466
public, 466
confusion, effet de _, 44
connaissance après les faits, biais de _, 213
conscience de soi, 105-110
  et influences
    dispositionnelles, 108-110
    situationnelles, 107-108
  privée, 107
  publique, 107
  théorie de la dépression réactive de la _, 114
consensus, 201
conséquences
  interpersonnelles du soi, 127-138
  intrapersonnelles du soi, 111-127
consistance, 201
  cognitive, 263
construit, validité de _, 43
contacts intergroupes, 586-587
contenu, analyse de _, 60-61
contexte
  caractéristiques du _, 165-166
  expérimental, 74
  social, 97
continuum de processus perceptuels, 163-165
contrôlabilité, 190
contrôle, 195
conventionnalisme, 464
coopération, 564
  intergroupes, 566-568
    et relation d'interdépendance positive, 566
corrélation(s), 69
  gène-environnement, 413
  illusoire(s), 152, 542
correspondance, 197
Couronne (la) et biais d'autoritarisme, 620
covariation, 201
crise
  d'Oka et compétition, 564
  de confiance, 20
croyance(s), 243
  à la santé, 613
culture, 168-169
  de soi, 102-103

D

debriefing (séance d'information postexpérimentale), 76
décatégorisation, 588
défense active, 280-281
définition
  d'une attitude, 237-245
  de la psychologie sociale, 8-9
degré d'interculturalité, 317, 318
délibération du jury, 630
  et processus décisionnel, 630-631
départ volontaire (du travail), 638
dépersonnalisation, 588
déplacement vers l'audace, 524
désindividuation, 499
désir de contrôle, 195
désirabilité sociale, 198
détresse personnelle, 442
déviance, 464
devis de recherche, 45-54
  à séries temporelles interrompues, 51-52
  avec groupe témoin non équivalent, 50
  corrélationnel, 52-54
  expérimental, 45-48
    en terrain naturel, 48-50
  prétest post-test avec groupe témoin non
    équivalent, 50
  quasi expérimental, 50-52
diagnosticité, 95
dialectes, 320
différences
  entre les sexes et les attributions, 215-216
  individuelles et acquiescement, 482
différenciateur sémantique, 247
différenciation positive, 573
dimensions causales, 191
  de la globalité, 191

direction d'une attitude, 239
discrimination, 548-557
  à rebours, 593
  et tensions intergroupes, 584-594
  explications de la _ et des relations inter-
    groupes, 559-584
    sur le plan idéologique, 579-584
    sur le plan intergroupes, 564-579
    sur le plan interpersonnel, 563-564
    sur le plan intrapersonnel, 559-562
  institutionnelle, 548
  selon l'origine ethnique, 555
  selon la langue maternelle, 557
  systémique, 549
  victime de _, 553
disponibilité, 176
dissonance
  cognitive, 264-271
  postdécisionnelle, 267-268
distinction, 201
dominance sociale, 582
  orientation à la _, 511-516
  théorie de la _, 510-511
double catégorisation, 556
duperie, 75-76

E

échange social, 337
  théorie de l'_, 29-30
échelle
  de dominance sociale, 582
  du besoin de cognition, 276-277
  évaluative des attitudes du différenciateur
    sémantique, 247
économie cognitive, 204
effet(s)
  autocinétique, 464
  d'interaction statistique, 70
  de confusion, 44
  de l'humeur positive et négative, 440
  de la présence des autres, 430
  de polarisation, 524
  de simple exposition, 257-258
  distinctifs, 199
  du cas exceptionnel, 542
  du passant, 430, 431
  principal, 69
efficacité
  du travail en groupe, 522-525
  personnelle et bonheur dans les couples
    québécois, 369
effort, 268
égotisme implicite, 130
élaboration cognitive, 275-278
emblèmes, 304-305
émotions, 113
  attributions et _, 216-217
  autorégulation des _, 117-119
  de détresse personnelle, 442
  empathiques, 442
  négatives, 441
  régulation des _, 117
  théorie attributionnelle des _ de Weiner,
    218-220
endogroupe, 533
engagement, 352, 359-365
  d'obligation, 362-363
  personnel, 363
enquête, 54-57
entitativité, 500, 534-535
entrevue, 54-57
épuisement professionnel, 640
équations structurales, 71-72
équité, 579
  norme d'_, 426
erreur attributionnelle fondamentale, 211
essentialisme psychologique, 535
estime de soi, 88
  collective, 88
  dispositionnelle, 88
  et modèle du sociomètre, 99
  explicite, 90
  implicite, 90
  personnelle, 88, 453

situationnelle, 88
  théorie de la gestion de la terreur de l'_,
    103
étapes de recherche, 38-39
étiquettes associées aux préjugés, 544
ethnocentrisme, 560
étude(s)
  de cas, 59-60
  du leadership, 516-517
  longitudinales, 410
  sur le Voir Dire, 618
  transversales, 410
évaluation de soi-même, 95-97, 110
  et contexte social, 97
  et diagnosticité, 95
  et théorie de la comparaison sociale, 96
événements, 151
évolution et survie humaine, 331-332
excuse, 226-228
exogroupe, 533
  homogénéisation de l'_, 541
expérimentateur, biais de l'_, 48, 74-75
expérimentation, première _ en psychologie
  sociale, 15
expertise, 483-484
exposition, effet de simple _, 257-258
expressions du visage, 300-302

F

facteurs
  de personnalité, 438-439
  émotionnels, 440-444
  génétiques, 436-438
fait de «se couvrir de gloire indirectement»,
  133
fausse(s)
  confessions, 622-624
  perception d'unicité, 128
faux consensus, biais de _, 128
favoritisme
  proendogroupe, 540
  proexogroupe, 570
fidélité, 45
  interitems, 45
  interjuges, 45
  temporelle, 45
fonctions des attitudes, 251-253
frustration, 388
frustration-agression, 386-392
  et perspective néoassociationniste, 392-397
  et conditionnement classique, 394

G

gène altruiste, 437
gène-environnement
  corrélation _, 413
  interaction _, 413
générativité, besoin de _, 450
génétique du comportement, 411
Gestalt, 30
Gilbert, modèle attributionnel de _, 205
globalité, 191
gravité perçue (de la maladie), 614
grille managériale, 517
groupe(s), 494
  approches dans l'étude des _, 495-497
  comme agent de socialisation, 505-516
  comparaison sociale et les processus de _,
    502
  d'appartenance, 498-499
  de Bennington, 508-509
  de référence, 498-499, 563
  efficacité du travail en _, 522-525
  entitativité des _, 500
  formation des _, 500-505
    cohésion _, 502
    modèle fonctionnaliste de la _, 500-502
    théorie de l'autocatégorisation et la _,
      504-505
  formel, 498
  influence des _, 507-508
  informel, 498
  nature des _, 497-500

normes du _, 506
  primaire, 498
  restreints, 499-500
  rôle à jouer dans le _, 505-506
  secondaire, 498
  sociaux, schémas sur les _, 150-151
  statut du _, 506-507
  structure des _, 505-507
  témoin non équivalent, 50

H

Heider et la théorie
  de l'équilibre, 263-264
  naïve, 196-197
heuristiques
  affectives, 176-177
  d'ancrage, 176
  de disponibilité, 176
  de représentativité, 175
  par simulation, 176
historique de la psychologie sociale, 12-24
homogénéisation de l'exogroupe, 541
homophobie, 544
humeur, 440-442
hypothèse(s), 39, 40
  du contact, 586
  frustration-agression, 386-392
  vérification confirmatoire d'une _, 179-180

I

identification, 467
  double, 590
identité(s), 323
  collective dans le terrorisme, 106
  commune, 589
  sociale(s), 570
    multiples, 591
    positive, 570
    théorie de l'_, 568-579
ignorance, principe d'_, 203
illusions
  du soi, 118
  positives par rapport au partenaire, 371
illustrateurs, 305
imagerie par résonance magnétique fonctionnelle (IRMf), 67, 112
impact social dynamique, théorie de l'_, 525-
  526
impression, formation d'une _, 147
inclusion de l'autre en soi, 344-345
indépendance, 464
indicateurs de l'attitude
  comportementaux, 248-249
  psychophysiologiques, 249-250
indices saillants, 166
influence(s)
  d'autrui et persuasion, 281-282
  de l'information, 466
  de la majorité, 468
  de la minorité, 472-473
  des groupes, 507-508
  des normes, 466
  dispositionnelles, 108-110
  interpersonnelles
    bloquées, 100-101
    directes, 98
    filtrées, 99-100
  non perçues consciemment, 101
  situationnelles, 107-108
  sociales, 462
  sur le comportement d'aide, 425, 436, 447
  théoriques en psychologie sociale, 24-31
information(s), 466, 484
  approche du traitement de l'_, 206-208
  emmagasinage d'_, 155
  intégration d'_, 158-165
  perception sélective de l'_, 268
  postexpérimentale, 76
  rappel de l'_, 155
  saillance de l'_, 166-167
  sociale
    traitement cognitif de l'_, 405
    traitement de l'_, 147-148

subliminale, 168
traitement de l'_, 111
utilisation de schémas et intégration d'_, 158-165
infusion de l'affect, 258
inoculation psychosociale, 281
insatisfaction au travail, 638
et absentéisme, 638
et départ volontaire, 638
et intention de quitter, 638
et rendement, 638-639
intelligence émotionnelle, 643
intensité d'une attitude, 239-240
intention
comportementale, 285
de quitter le travail, 638
interaction
effet d'_ statistique, 70
gène-environnement, 413
interactionnisme
réciproque, 130
symbolique, 98
interculturalité, 317, 318
interdépendance
négative, 565
positive, 566
sociale, 337
intériorisation, 467
interprétations possibles des attitudes, 269-271
intimité, 352
IRMf (imagerie par résonance magnétique fonctionnelle), 67, 112

J

jeu(x)
de rôles, 57-59
vidéo, 418
John Henryisme, 558
juge, 629
jugement, 156
jumeaux, méthode des _, 411
jurés, 617
et biais d'indulgence, 619
jury
délibération du _, 630
sélection du _, 617
justice
distributive, 337, 594
et biais
d'autoritarisme, 620
d'identification selon l'origine ethnique, 627
d'indulgence, 619
et fausses confessions, 622-624
et influence du juge, 629
et méthodes d'interrogation des accusés, 624-625
et récusation d'un juré, 617
et sélection du jury, 617
et témoins oculaires, 627
et Voir Dire, 618
interactionnelle au travail, 635
norme de la _, 426-427
organisationnelle au travail, 635
procédurale, 594
psychologie sociale appliquée au domaine de la _, 617-631
justification
de l'effort, 268
du *statu quo*, 581

K

Kelley, théories de _, 201-204
Kurt Lewin et la psychologie sociale appliquée, 603

L

langage
du corps, 303-306
et communication, 311-314
et identité, 323
langue
et loi, 324
maternelle, discrimination selon la _, 557

seconde, 318-320
leadership, 516-522
approche
interactionniste du _, 517
personnaliste du _, 516-517
situationniste du _, 517
efficacité du _, 518
et grille managériale, 517
et prise de décision, 521-522
et styles de commandement, 517-519
influence du _, 519-520
renaissance de l'intérêt pour le _, 520-521
lien attitude-comportement, conditions facilitant le _, 282-285
lieu de causalité, 190
Likert et les mesures des attitudes, 246-247
linguicisme, 544
loi, 324
Loi sur le multiculturalisme canadien, 553
Loi sur les langues officielles, 553

M

majorité, 468
maladie
et gravité perçue, 614
et vulnérabilité perçue, 614
manipulation, 475
stratégie de _, 133
médiane, 69
médias, violence dans les _, 413
médium, persuasion et le _, 273
mémoire, 155
mésattribution, 231
message(s)
effet d'assouplissement provenant d'un _, 273
implicites, 430
persuasion et _, 271-273
verbaux, 429-430
mesure(s), 64-68
comportementales, 67-68
des attitudes, 245-251
de Likert, 246-247
de Thurstone, 246
directes, 246
et échelle évaluatrice du différenciateur sémantique, 247
et indicateurs comportementaux, 248-249
et indicateurs psychophysiologiques, 249-250
implicites, 250-251
indirectes, 247-248
des attributions, 192
implicites, 66
non réactives, 68
physiologiques, 66-67
verbales, 65-66
méta-analyse, 62-63
métastéréotypes, 544
méthode(s)
d'interrogation des accusés, 624-625
de recherche
non expérimentales, 54-64
secondaires, 59
des jumeaux, 411
Milgram, obéissance à l'autorité, de _, 485-486
minorité(s), 472
visibles, 550
modalités combinées de communication, 314-317
MODE, modèle _, 288
modelage par équations structurales, 71-72
modèle(s), 427
activation-coût et bénéfice, 442
additif, 159
attributionnel de Gilbert, 205
«attributions-émotions-comportement d'aide» de Weiner, 445-447
croyance-évaluation de l'attitude, 261
d'adoption d'un comportement de santé, 612-616
d'attachement adulte, 357-358, 359

d'autorégulation, 121
de comportement d'aide, 427-430
de croyance à la santé, 613
de demande-autonomie au travail, 641
de l'identité commune, 589
de la dépersonnalisation, 588
de la menace
de l'estime personnelle, 453
du stéréotype, 127
de la moyenne, 159
pondérée, 159-160
de la personnalisation, 588
de la perte d'énergie du soi, 125
de la structure attitudinale, 243-245
tripartite classique, 243-244
tripartite révisé, 244-245
unidimensionnel classique, 243
de la vraisemblance de l'élaboration cognitive, 275-278
de traitement cognitif de l'information sociale, 406
des identités sociales multiples, 591
dialogiques, 297
du maintien de l'autoévaluation, 448-449
du processus attitude-comportement, 285, 288-289
du sociomètre, 99
du soulagement des émotions négatives, 441
fonctionnaliste de la formation des groupes, 500-502
intégratifs en psychologie sociale appliquée, 603-605
intégré de la menace, 546
intentionalistes, 297
MODE, 288
transthéorique, 616
monitorage de soi, 136
morphèmes, 308
motivation, 362
à l'accomplissement, 220-221
altruiste, 444-445
attributions et _, 220-225
au travail, 635, 637
autodéterminée, 637
non autodéterminée, 637
autonome, 125
du percevant, 162
égoïste, 445
intégrative, 319
intrinsèque, 223
moyenne, 69
pondérée, 159-160

N

nature
de l'attitude, 284-285
des groupes, 497-500
néoracisme, 546
niveau
d'occupation cognitive du percevant, 161-162
de comparaison, 338
norme(s), 425, 466
de l'équité, 426
de la justice, 426-427
de la responsabilité sociale, 426
de réciprocité, 426, 474, 575
du groupe, 506

O

obéissance à l'autorité de Milgram, 485-486
observance du traitement et la santé, 612
observateur(s), 197
biais des _, 211-214
observation vicariante, 28
occupation cognitive du percevant, 161-162
orientation à la dominance sociale, 511-516
origine ethnique, 552
discrimination selon l'_, 555

P

paradigme de l'hypocrisie, 266-267
paralangage, 314

partenaire, illusions positives par rapport au _, 371
participants volontaires, 73
passant
calcul du _, 435
effet du _, 430, 431
passion, 121, 352
harmonieuse, 122
obsessive, 122
paysage langagier, 322
pensée
groupale, 523-524
suppression d'une _, 178-179
perception(s)
de soi, 259-260
des autres, 127-130
sélective de l'information, 268
sociales, 143
composantes des _, 144-148
et stéréotypes, 146
percevant
caractéristiques du _, 173-174
motivation du _, 162
niveau d'occupation cognitive du _, 161
performance
autorégulation et _, 121-125
soi et _, 121-127
personnalisation, 588
personnalisme, 200
personnalité
autoritaire, 560
et santé, 607-608
personnes, schémas sur les _, 150
perspective
conceptuelle, 332-335
éthologique, 385-386
évolutionniste, 23-24, 331-332
historique, 335-337
psychanalytique, 384-385
persuasion, 271
et auditoire, 273
et défense active, 280-281
et conditions facilitant le lien attitude-comportement, 282-285
et influence d'autrui, 281-282
et médium, 273
et message, 272-273
et source du message, 271-272
résistance à la _, 280-282
pertinence hédonique, 200
phénomène de diffusion de responsabilité, 434
phénoménologie, 30
phonèmes, 308
pied dans la porte, 476
pluralisme des valeurs, 254
polarisation, effet de _, 524
popularité, 340
porte au nez, 478
pouvoir
de référence, 484
social, 483-484
préjugés, 544-548
présence des autres, 430
présentation de soi, 110, 132-138
authentique, 134-136
différences individuelles dans la _, 136
stratégique, 132-134
principe
d'augmentation, 203
d'ignorement, 203
de covariation, 201
de la rareté, 481
prise de décision, 521-522
privation relative, 583
collective, 583
personnelle, 583
processus
automatiques, 177-178
biais dans les _ de mémoire, 112
cognitifs, 396
d'identification, 467
d'intériorisation, 467

de coercition familiale, 404
décisionnel, 630-631
du soi, 110-111
perceptuels, 163-165
relationnels, 339
programmes d'action positive, 592-594
prophétie qui s'autoréalise, 180, 542-543
prosodie, 314
protection de soi, 110
prototypes, 150
proxémique, 307
psychologie sociale
appliquée. *Voir* psychologie sociale appliquée.
au Canada et au Québec, 26
but de la _, 5
caractéristiques de la _, 9-12
carrières en _, 33
contemporaine, 31-33
définitions de la _, 8-9
des relations intergroupes, 533
étapes de recherche en _, 38-39
historique de la _, 12-24
influences théoriques en _, 24-31
père de la _, 18
première expérimentation en _, 15
psychologique, 14
sociologique, 14
psychologie sociale appliquée, 22, 603
au domaine
de la justice, 617-631
de la santé, 605-616
du travail, 632-643
et travaux de Kurt Lewin, 603
modèles intégratifs en _, 603-605

Q

questionnaires auto-rapport, 65

R

racisme, 544, 546
différencialiste, 547
hiérarchique, 547
raisonnement contrefactuel, 207
rappel
de l'information, 155-156
sélectif, 112
rareté, 481
réactance psychologique, 280
réalisme
expérimental, 58
mondain, 58
psychologique, 47-48, 58
réattribution, 231-233
recatégorisation, 589
recherche
biais en _, 73
devis de _, 45-54
étapes de _, 38-39
méthodes de _ non expérimentales, 54-64
valeurs en _, 77
réciprocité, 474, 576
norme de _, 426
récompenses, 483
au travail, 636
récusation (d'un juré)
motivée, 617
péremptoire, 617
référence, groupe de _, 498-499, 563
régulateurs, 306
régulation des émotions, 113
rehaussement de soi, 110
relation(s)
amoureuses, 224
attitude-comportement, 282-289
entre l'aidant et l'aidé, 448-449
intergroupes, 533
interpersonnelles, 131, 331
conséquences positives des _, 365-371
perspective des _, 331, 332, 335
taxonomie des _, 334-335
théorie des _, 337-339
intime, 344
rendement au travail, 638-639

renforcement, 21, 28
représentation duale, 157
représentativité, 175
résignation acquise, 225-226
responsabilité, 222
attributions de _, 192
injustifiée, 212-214
notion de _, 222
phénomène de diffusion de _, 434
sociale, 426
révélation de soi, 345
rôle(s)
à jouer dans le groupe, 505-506
actif des cibles, 171-173
jeu de _, 57-59
schémas sur les _, 150-151
théorie des _, 27
rumination, 390

S

saillance de l'information, 166-167
santé
adoption d'un comportement de _, 612-616
attributions et _, 230
conservation de la _, 608, 609
et échec de l'autorégulation, 605-607
et modèle transthéorique, 616
et observance du traitement, 612
et personnalité, 607-608
et soutien social, 610-612
et stress, 608
et théorie du comportement planifié, 615
psychologie sociale appliquée au domaine de la _, 605-616
satisfaction au travail, 632-637
et justice
interactionnelle, 635
organisationnelle, 635
et rendement, 638-639
et styles interpersonnels des gestionnaires, 634
et système de récompenses, 636
Schachter, théorie bifactorielle de _, 217-218
schéma(s), 149
activation d'un_, 165-166
et intégration d'informations, 158-165
et soi relationnels, 346
et transfert, 346
sur le soi, 91-93, 150
sur les événements, 151
sur les groupes sociaux, 150-151
sur les personnes, 150
sur les prototypes, 150
sur les rôles, 150-151
script(s), 151
personnels du bonheur, 367
«se couvrir de gloire indirectement», fait de _, 133
séance d'information postexpérimentale (*debriefing*), 76
sélection
familiale, 437
du jury, 617
sentiments d'autoefficacité, 119-120
séries temporelles interrompues, 51-52
sexe(s)
de l'aidant, 438
différence entre les _, 215-216
sexisme, 544
simulation, 57-59, 176
situations, choix des _, 130
socialisation, 505-516
société, communication et _, 317-323
sociogramme, 340
soi(s), 84, 85
amélioration de _, 110
cohérence de _, 110
concept de _, 86-87
à l'œuvre, 104
conscience de _, 105-110
conséquences
interpersonnelles du _, 127-138
intrapersonnelles du _, 111-127
informationnel, 634

culture et _, 102-103
dans les relations interpersonnelles, 131-132
estime de _, 88
et performance, 121-127
évaluation de _, 110
formation du _ et sources interpersonnelles, 98-99
illusions du _, 118
inclusion de l'autre en _, 344-345
modèle de la perte d'énergie du _, 125
monitorage de _, 136
perception de _, 259-260, 477
possibles, 91
présentation de _, 110, 132-138
processus du _, 110-111
protection de _, 110
rehaussement de _, 110
relationnels, 346
révélation de _, 345
schémas sur le _, 91-93, 150
stabilité et changement du _, 103-105
structures du _, 115-117
théorie
de la perception de _, 93, 200
de la vérification de _, 131
solitude, 374-378
émotionnelle, 375-376
existentielle, 374
interpersonnelle, 375
sociale, 375
soumission induite, 265-266
source(s)
des attitudes
cognitives, 260-261
culturelles, 261
génétiques, 261-262
perception de soi comme _, 259-260
interpersonnelles, 98
sous-groupe exceptionnel, 542
soutien
émotionnel, 366
informatif, 366
matériel, 366
social, 366
et santé, 610-612
stabilité, 190
du soi, 103
statistique
analyse _, 68
effet d'interaction _, 70
statut du groupe, 506-507
stéréotypes, 146, 534-544
catégories naturelles des _, 535
et autostéréotypes, 535
négatifs, activation automatique de _, 543
stratégie(s)
autohandicapantes, 132
d'adaptation, 608, 609
et santé, 608, 609
d'hyperactivation, 358
de désactivation, 358
de l'amorçage, 479
de l'ultimatum, 482
d'influence du pouvoir social, 483-484
de la porte au nez, 478
de manipulation, 133
du pied dans la porte, 476
stress
et adaptation psychologique au travail, 639-643
et santé, 608
psychologique, 75
structure
cognitive, 206
besoin de _, 206
des groupes, 505-507
du soi, 115-117
style(s)
attributionnel, 226
contrôlant, 634
d'attachement, 355
de commandement et leadership, 517-519
informationnel, 634

suppression d'une pensée, 178-179
symboles de communication, 298
syndrome du John Henryisme, 558
système de récompenses au travail, 636

T

technique de l'amorçage subliminal, 543
téléthons, 441
témoins oculaires, 627
et biais d'identification selon l'origine ethnique, 627
tendance centrale, 69
terrain naturel, devis expérimental en _, 48-50
terrorisme, 106
théorie(s), 24
attributionnelle(s), 196-208
de Weiner, 218-223
bifactorielle de Schachter, 217-218
cliniques de l'amour vrai, 347-348
cognitive, 30
de Kelley, 201-204
de l'accomodation de la communication, 321
de l'action raisonnée et du comportement planifié, 285
de l'adaptation interpersonnelle, 297
de l'apprentissage social, 28-29, 400-404
de l'autocatégorisation, 504
de l'autodétermination, 120
au travail, 637
de l'échange social, 29-30, 337
de l'équilibre de Heider, 263-264
de l'équité, 580
de l'identité sociale, 568-579
de l'impact social dynamique, 525-526
de l'interdépendance sociale, 337-339
de la communication, 297
de la comparaison sociale, 96, 570
de la dépression réactive de la conscience de soi, 114
de la direction de la régulation, 116
de la dissonance cognitive, 264
de la dominance sociale, 510-511
de la gestion de la terreur de l'estime de soi, 103
de la justification du *statu quo*, 581
de la motivation autonome, 125
de la perception de soi, 93, 200
de la privation relative, 583
de la représentation duale, 157
de la vérification de soi, 131
des conflits réels, 564
des rôles, 27
du bouc émissaire, 561-562
du champ, 30
du comportement planifié, 615
du renforcement, 28
du transfert d'excitation de Zillmann, 397
naïve de Heider, 196-197
psychosociales de l'agression, 386-397
relatives à la consistance cognitive, 263
triangulaire de l'amour, 352
Thurstone et la mesure des attitudes, 246
traitement de l'information, 111
approche du _, 206-208
sociale, 147-148
transfert, 346
d'excitation, 398
travail
adaptation psychologique au _, 639-643
en groupe, 522-525
et épuisement professionnel, 640
insatisfaction au _, 638
modèle demande-autonomie au _, 641
motivation au _, 635, 637
psychologie sociale appliquée au domaine du _, 632-643
satisfaction au _, 632-637, 638
tromperie, 315

U

ultimatum, 482
uniformité, 464

V

valeurs, 253-255
  en recherche, 77
  pluralisme des _, 254
validité
  de construit, 43
  externe, 44
  interne, 43

variabilité, 69
variable(s)
  dépendante, 41
  indépendantes, 41
variance, 69-70
vérification
  confirmatoire d'une hypothèse, 179-180
  de soi, 131
victime de discrimination, 553
violence
  dans les jeux vidéo, 418
  dans les médias, 413

physique, 373-374
psychologique, 374
vitalité ethnologique, 322
Voir Dire, 618
voix, 170
vulnérabilité perçue de la maladie, 614

W

Weiner
  modèle «attributions-émotions-comporte-
    ment d'aide» de _, 445-447
  théorie attributionnelle

de la motivation à l'accomplissement de
  _, 220-221
des conduites sociales de _, 222-223
des émotions de _, 218-220

X

xénophobie, 544

Z

Zillmann, théorie du transfert d'excitation de
  _, 397